Großkommentare der Praxis

BRUCK-MÖLLER

Kommentar zum

Versicherungsvertragsgesetz

und zu den Allgemeinen Versicherungsbedingungen
unter Einschluß des Versicherungsvermittlerrechtes

begründet von
Prof. Dr. jur. ERNST BRUCK †

neubearbeitet von
Prof. Dr. jur. Dr. h.c. HANS MÖLLER †
Hamburg

8. Auflage
Zweiter Band
§§ 49–80 VVG

von Prof. Dr. jur. Dr. h.c. HANS MÖLLER †
und Prof. Dr. jur. KARL SIEG
Hamburg

1980

WALTER DE GRUYTER · BERLIN · NEW YORK

Zitiermethode
Bruck-Möller-Sieg VVG

Erscheinungsdaten der Lieferungen:

Lief. 1:	§§ 49–52	1966	Lief. 2c:	§ 67	1970
Lief. 2a:	§§ 53–55	1970	Lief. 2d:	§§ 68–68a	1972
Lief. 2b¹:	§§ 56–57	1972	Lief. 3:	§§ 69–73	1973
Lief. 2b²:	§§ 58–60	1976	Lief. 4:	§§ 74–80	1976
Lief. 2b³:	§§ 61–66	1979	Lief. 5:	Register	1980

Bearbeiter: §§ 49–66: Möller, §§ 67–80 und Register: Sieg

CIP-Kurztitelaufnahme der Deutschen Bibliothek

Kommentar zum Versicherungsvertragsgesetz und zu den allgemeinen Versicherungsbedingungen unter Einschluß des Versicherungsvermittlerrechtes / begr. von Ernst Bruck. Neubearb. von Hans Möller. – Berlin, New York : de Gruyter.
NE: Bruck, Ernst [Begr.]; Möller, Hans [Bearb.]
Bd. 2. §§ 49–80 / von Hans Möller u. Karl Sieg. – 8. Aufl. – 1980.
  (Großkommentare der Praxis)
  ISBN 3-11-008276-4
NE: Möller, Hans [Mitarb.]

Copyright 1966–1979 by Walter de Gruyter & Co., vormals G. J. Göschen'sche Verlagshandlung, J. Guttentag, Verlagsbuchhandlung, Georg Reimer, Karl J. Trübner, Veit & Comp., Berlin 30.
Alle Rechte, insbesondere das Recht der Vervielfältigung und Verbreitung sowie der Übersetzung, vorbehalten. Kein Teil des Werkes darf in irgendeiner Form (durch Fotokopie, Mikrofilm oder ein anderes Verfahren) ohne schriftliche Genehmigung des Verlages reproduziert oder unter Verwendung elektronischer Systeme verarbeitet, vervielfältigt oder verbreitet werden.
Printed in Germany
Satz und Druck: Walter de Gruyter & Co., Berlin 30
Bindearbeiten: Lüderitz & Bauer, Buchgewerbe GmbH, Berlin 61

Hans Möller †

Prof. Dr. jur., Dr. jur. h. c. *Hans Möller* ist am 9. 2. 1979 kurz vor Vollendung des 72. Lebensjahres infolge eines Unfalles gestorben. Der Großkommentar zum Versicherungsvertragsgesetz, dessen Herausgeber er war und dessen Band I er allein, dessen Band II er in den wesentlichen Teilen bearbeitet hat, bedeutet die Krönung des wissenschaftlichen Werkes des Verstorbenen.

Mit *Hans Möller* ist ein weltweit anerkannter Versicherungswissenschaftler dahingegangen, dessen Wirken die sichtbare Resonanz darin fand, daß er 1974 zum Präsidenten der Association Internationale de Droit des Assurances berufen wurde, ein Amt, das er bis 1978 ausgeübt hat. Seine Auffassung von den Obliegenheiten, seine Gefahrtragungslehre, seine einzigartige Durchdringung des Vermittlerrechts haben ebenso ihren Niederschlag in diesem Kommentar gefunden wie seine Kritik gegenüber der Rechtsprechung, der er in mehrfacher Hinsicht zu weitgehende Entfernung vom Gesetzestext vorwarf. Der der Rechtstatsachenforschung verpflichtete Gelehrte hat das Privatversicherungsrecht nie isoliert, sondern stets auf dem Hintergrund des allgemeinen Zivilrechts gesehen, dem er dadurch schon in seiner Habilitationsschrift „Summen- und Einzelschaden" (1937) neue Impulse gab.

Zahlreiche Ehrenämter hat *Hans Möller* bekleidet, von denen hier nur die jahrzehntelange Mitgliedschaft im Beirat des Bundesaufsichtsamts für das Versicherungswesen und im Verfassungsgericht seiner Heimatstadt Hamburg genannt werden sollen. – Nicht nur ein großer Wissenschaftler, sondern auch ein von tiefer Humanität geprägter Mensch ist mit *Hans Möller* dahingegangen. Einer großen Zahl von Doktoranden hat er zum Erfolg verholfen, einigen Habilitanden die beruflichen Wege geebnet. Von der Zuneigung, die ihm von Schülern und Kollegen entgegenschlug, zeugt vor allem die ihm dargebrachte Festschrift zu seinem 65. Geburtstag „Grundprobleme des Versicherungsrechts" (1972).

Von seiner großen Güte fühlte sich jeder angesprochen, der das Glück hatte, mit ihm in Berührung zu kommen. Niemand, der ihn gekannt hat, wird ihn vergessen.

Hamburg, im März 1979

Karl Sieg

INHALT DES ZWEITEN BANDES

2. Abschnitt: Schadensversicherung

1. Titel: Vorschriften für die gesamte Schadensversicherung 1

Vorbemerkungen zu §§ 49–80 1

I. Inhalt des Vertrages

§ 49 Ersatzleistung des Versicherers. Interesse. Kausalität. Bewirkung der Leistung 39
    I. Gefahrtragung des Versicherers 42
    II. Geld- und Naturalersatz 44
    III. Interesse und Schaden 56
    IV. Kausalität und Schaden 141
    V. Bewirkung der Leistung 163

§ 50 Versicherungssumme 170
    I. Wesen der Versicherungssumme 170
    II. Arten der Versicherungssumme 172
    III. Zustandekommen der Versicherungssumme 177
    IV. Änderung der Versicherungssumme 178
    V. Rechtsbedeutung der Versicherungssumme 180
    VI. Abdingbarkeit der Vorschrift 184

§ 51 Überversicherung 184
    I. Begriff der Überversicherung 186
    II. Arten der Überversicherung 193
    III. Einfache Überversicherung 195
    IV. Betrügerische Überversicherung 206

§ 52 Versicherungswert. Eigentümerinteresse 211
    I. Wesen des Versicherungswertes 213
    II. Bestimmung des Versicherungswertes 226
    III. Rechtsbedeutung des Versicherungswertes 239
    IV. Einfluß von Versicherungswertänderungen 242
    V. Eigentümerinteresseversicherung nach § 52 243
    VI. Abdingbarkeit des § 52 244

§ 53 Gewinnversicherung 245
    I. Begriff des entgehenden Gewinns 246
    II. Abgrenzung des Gewinninteresses 247
    III. Arten der Gewinnversicherung 250
    IV. Vereinbarung der Gewinnversicherung 256
    V. Gefahren in der Gewinnversicherung 257
    VI. Schäden in der Gewinnversicherung 259
    VII. Rechtsbehandlung der Gewinnversicherung 262
    VIII. Abdingbarkeit des § 53 266

Inhalt des zweiten Bandes

§ 54 Inbegriffsversicherung 267
    I. Zweck der Vorschrift 268
    II. Anwendungsbereich der Vorschrift 268
    III. Wesen des Inbegriffs 270
    IV. Umschreibung des Inbegriffs 274
    V. Rechtsbehandlung der Inbegriffsversicherung 284
    VI. Abdingbarkeit des § 54 289

§ 55 Schaden. Bereicherungsverbot 290
    I. Schadenshöhe als Leistungsbegrenzung 291
    II. Ableitung des Bereicherungsverbots 292
    III. Begriff des Schadens 295
    IV. Arten des Schadens 299
    V. Versicherungsschaden im engeren und weiteren Sinn 304
    VI. Umfang des Schadens 305
    VII. Beweis des Schadens 313
    VIII. Abwicklung des Schadens 317
    IX. Unabdingbarkeit des § 55 317

§ 56 Unterversicherung. Selbstbeteiligung 318
    I. Übersicht 320
    II. Grundlagen der Unterversicherungsregelung 320
    III. Begriff der Unterversicherung 324
    IV. Arten der Unterversicherung 353
    V. Rechtsfolgen der Unterversicherung 356
    VI. Abdingbarkeit des § 56 362
    VII. Bekämpfung der Unterversicherung 363
    VIII. Selbstbeteiligung des Versicherungsnehmers 367

§ 57 Taxierte Versicherung 380
    I. Wesen der Taxe 381
    II. Vereinbarung der Taxe 389
    III. Wirkungen der Taxe 393

§ 58 Mehrfache und Mitversicherung 409
    I. Beteiligung mehrerer Versicherer 411
    II. Speziell: Mehrfache Versicherung 414
    III. Speziell: Mitversicherung 443

§ 59 Doppelversicherung und Subsidiarität 459
    I. Begriff der Doppelversicherung 461
    II. Arten der Doppelversicherung 468
    III. Rechtsbehandlung der Doppelversicherung 468
    IV. Subsidiarität von Versicherungen 489

§ 60 Beseitigung der Doppelversicherung 497
    I. Übersicht über Beseitigungsrecht 498
    II. Voraussetzungen des Beseitigungsrechts 498
    III. Verlangen der Beseitigung 504
    IV. Rechtsfolgen des Verlangens 509
    V. Abdingbarkeit des Beseitigungsrechts 511

§ 61 Herbeiführung des Versicherungsfalls 512
    I. Übersicht 515
    II. Anwendungsbereich 516

Inhalt des zweiten Bandes

IV.	Umfang und Sicherung des Übergangs	737
V.	Wirkungen des Übergangs	748
VI.	Ausschluß des Übergangs	756
VII.	Mehrheit der Beteiligten	762
VIII.	Verfahrensrecht	770
IX.	Geltungsbereich	774
X.	Surrogatslösungen	786
Nachtrag		791

§ 68 Interessemangel ... 793

I.	Grundlegung	796
II.	Interessemangel	801
III.	Anfänglicher Interessemangel	809
IV.	Nachträglicher Interessemangel (Interessewegfall; § 68 II–IV)	814
V.	Versicherung für fremde Rechnung	818
VI.	Partieller Interessemangel	823
VII.	Halbzwingender Charakter	830

§ 68a Unabdingbarkeit ... 833

I.	Geltungsbereich	833
II.	Inhalt	834
III.	Die einzelnen halbzwingenden Vorschriften	834

II. Veräußerung der versicherten Sache

Vorbemerkungen zu §§ 69–73 ... 835

§ 69 Übergang des Versicherungsverhältnisses ... 840

I.	Voraussetzungen	843
II.	Wirkungen	862

§ 70 Kündigungsrecht bei Veräußerung ... 874

I.	Allgemeines zum Kündigungsrecht (Voraussetzungen und Einwendungen)	876
II.	Kündigungsrecht des Versicherers (§ 70 I)	883
III.	Kündigungsrecht des Erwerbers (§ 70 II)	884
IV.	Wirkungen der Kündigung (insbes. § 70 III)	889
V.	Gesetzeskonkurrierende Vorschriften	895

§ 71 Anzeigepflicht bei Veräußerung ... 895

I.	Zusammenhang mit § 70	896
II.	Erfordernisse der Anzeige	897
III.	Rechtsnatur der Anzeigepflicht	900
IV.	Wirkungen der Anzeige	902
V.	Wirkungen der Unterlassung der Anzeige	902
VI.	Beweislast	906
VII.	Konkurrenzen	907

§ 72 Unabdingbarkeit ... 909

I.	Normativer Geltungsbereich	909
II.	Halbzwingende Natur	910
III.	Bestimmungen im Versicherungsvertrag	911
IV.	Bestimmungen in sonstigen Vereinbarungen	914

Inhalt des zweiten Bandes

    III. Rechtsnatur ... 524
    IV. Abgrenzung ... 529
    V. Objektive Voraussetzungen ... 533
    VI. Subjektive Voraussetzungen ... 544
    VII. Einstehen für Dritte ... 572
    VIII. Rechtsfolgen der Herbeiführung ... 595
    IX. Abdingbarkeit des § 61 ... 605
    X. Ausstrahlungen des § 61 ... 609

§ 62 Abwendungs- und Minderungsobliegenheit ... 616
    I. Übersicht ... 617
    II. Rechtsnatur ... 620
    III. Abgrenzung ... 622
    IV. Objektiver Tatbestand ... 626
    V. Subjektiver Tatbestand ... 643
    VI. Rechtsfolgen der Verletzung ... 646
    VII. Unabdingbarkeit der Vorschrift ... 649

§ 63 Ersatz von Aufwendungen ... 650
    I. Übersicht ... 651
    II. Rechtsnatur ... 652
    III. Begriff der Aufwendung ... 653
    IV. Arten der Aufwendung ... 655
    V. Zweckrichtung der Aufwendung ... 659
    VI. Erforderlichkeit der Aufwendung ... 661
    VII. Anspruch auf Aufwendungsersatz ... 662
    VIII. Abdingbarkeit des § 63 ... 668
    IX. Konkurrierende Ansprüche ... 669

§ 64 Sachverständigenverfahren ... 670
    I. Verfahren der Schadensabwicklung ... 671
    II. Bedeutung des Sachverständigenverfahrens ... 672
    III. Rechtsquellen des Sachverständigenverfahrens ... 673
    IV. Abgrenzung des Sachverständigenverfahrens ... 675
    V. Vereinbarung des Sachverständigenverfahrens ... 678
    VI. Der Sachverständige ... 683
    VII. Das Verfahren ... 695
    VIII. Die Feststellung ... 700/5
    IX. Die Unabdingbarkeit ... 700/16

§ 65 Vertretung des Versicherungsnehmers ... 700/17
    I. Grundsatz ... 700/17
    II. Tragweite ... 700/17
    III. Fallgruppen ... 700/18
    IV. Zwangscharakter ... 700/20

§ 66 Schadensabwicklung. Ermittlungs- und Feststellungskosten ... 700/21
    I. Formen der Schadensabwicklung ... 700/21
    II. Ermittlungs- und Feststellungskosten ... 700/34
    III. Abdingbarkeit des § 66 ... 700/42

§ 67 Übergang von Ersatzansprüchen ... 701
    I. Grundlegung ... 706
    II. Außenversicherungsrechtliche Voraussetzungen des Übergangs ... 716
    III. Versicherungsrechtliche Voraussetzungen des Übergangs ... 729

Inhalt des zweiten Bandes

§ 73 Zwangsversteigerung 916
    I. Bedeutung 916
    II. Tatbestände 917
    III. Durchführung 918
Nachtrag Vorbem. zu §§ 69–73 920

III. Versicherung für fremde Rechnung

Vorbemerkungen zu §§ 74–80 921

§ 74 Begriff 927
    I. Charakteristik der Versicherung für fremde Rechnung 928
    II. Beziehungen zwischen Versicherungsnehmer und versichertem Interesse 930
    III. Versicherung für fremde Rechnung in der Lebensversicherung? 933
    IV. Vertragsschluß 935
    V. Anfechtbarkeit 939
    VI. Beendigung des Versicherungsvertrages für fremde Rechnung 941

§ 75, 76 Stellung des Beteiligten zum Versicherer 943
    I. Überblick 944
    II. Vollzugsverhältnis 945
    III. Deckungsverhältnis 963

§ 77 Rechtsverhältnis zwischen Versicherungsnehmer und Versichertem 964
    I. Überblick 965
    II. Ansprüche des Versicherungsnehmers gegen den Versicherten bei intaktem Innenverhältnis 966
    III. Ansprüche des Versicherten gegen den Versicherungsnehmer 973
    IV. Ansprüche des Versicherungsnehmers gegen den Versicherten bei fehlendem Innenverhältnis 978

§ 78 aufgehoben

§ 79 Kenntnis und Verhalten des Versicherten 979
    I. Überblick 980
    II. Tatbestandsmerkmale des § 79 I 980
    III. Tatbestandsmerkmale des § 79 II, III 983
    IV. Kombinierte Eigen- und Fremdversicherung 984
    V. Besonderheiten bei der Personenversicherung 987

§ 80 Vermutung für Eigenversicherung; Versicherung für Rechnung „wen es angeht" . . . 988
    I. Charakteristik des § 80 I 989
    II. Deckung von Interessen an fremder Sache 991
    III. Versicherung für Rechnung wen es angeht (§ 80 II) 992

Sachregister 1007

Auf das Verzeichnis der **Abkürzungen** in Band I S. XV–XVII wird verwiesen.

Das **Schrifttum** ist grundsätzlich bei den einzelnen Vorschriften angeführt. Für die §§ 69–73 findet es sich in den Vorbemerkungen zu §§ 69–73 Anm. 2, für die §§ 74–79 in den Vorbemerkungen zu §§ 74–80 Anm. 2.

Zweiter Abschnitt.

Schadensversicherung.

Erster Titel.

Vorschriften für die gesamte Schadensversicherung.

Vorbemerkungen zu §§ 49—80.

Gliederung:

I. Wesen der Schadensv Anm. 1—4
Schrifttum Anm. 1
  1. Schadensv im Gegensatz zur Summenv Anm. 2
  2. Schadensv als Nichtpersonen- oder Personenv Anm. 3
  3. Schadensv als V von Einzelschäden Anm. 4

II. Einteilung der Schadensv Anm. 5—9
Schrifttum Anm. 5
  1. Aktiven- und Passivenv Anm. 6
  2. Vszweige und Vsarten Anm. 7
  3. Geldersatz und Naturalersatz Anm. 8
  4. V für eigene und fremde Rechnung Anm. 9

III. Zentralbegriffe der Schadensv Anm. 10—43
Schrifttum Anm. 10
  1. Zusammenfassende Übersicht Anm. 11
  2. Vte Beziehung (Interesse) Anm. 12—21
    a) In der Aktivenv Anm. 12—16
      aa) Sachinteresse Anm. 13
      bb) Forderungsinteresse Anm. 14
      cc) Interesse an „sonstigen" Rechten Anm. 15
      dd) Gewinninteresse Anm. 16
    b) In der Passivenv Anm. 17—21
      aa) V gegen gesetzliche Schulden Anm. 18
      bb) V gegen vertragliche Schulden Anm. 19
      cc) V gegen notwendige Aufwendungen Anm. 20
      dd) V gegen konkrete Verlustmöglichkeiten Anm. 21
  3. Vte Gefahr (Vsfall) Anm. 22—36
    a) Wesen Anm. 22
    b) Lehre Anm. 23—25
    c) Arten Anm. 26—31
      aa) Ursprungssphären der Gefahr Anm. 27
      bb) Totalität und Spezialität Anm. 28
      cc) Gefahren der Passivenv Anm. 29
      dd) Gefahrengruppen besonderer Art Anm. 30
      ee) Einfach- und Komplexgefahren Anm. 31
    d) Vsfall Anm. 32—36
      aa) Gefahrverwirklichung Anm. 32
      bb) Schadensentstehung Anm. 33
      cc) Gedehnter Vsfall Anm. 34
      dd) Mögliche Vereinbarungen Anm. 35
      ee) Ausgelöste Ersatzpflicht Anm. 36
  4. Vter Schaden (Bedarf) Anm. 37—43
    a) Wesen Anm. 37
    b) Arten Anm. 38—43
      aa) Aktiven- und Passivenschäden Anm. 38

bb) Substanz- und Entziehungsschäden Anm. 39
cc) Total- und Teilschäden Anm. 40
dd) Personen-, Sach- und Vermögensschäden Anm. 41
ee) Unmittelbare und mittelbare Schäden Anm. 42
ff) Vsschäden im engeren und weiteren Sinn Anm. 43

IV. Rechtssätze der Schadensv Anm. 44 bis 56
 1. Leistungsbegrenzende Faktoren Anm. 44
 2. Vsrechtliches Bereicherungsverbot Anm. 45—50
  a) Grundsatz Anm. 45
  b) Durchbrechungen Anm. 46—50
   aa) Gleichbleibender Vswert Anm. 46
   bb) Vereinbarung einer Taxe Anm. 47
   cc) V von Gewinn Anm. 48
   dd) Verbindliche Sachverständigenfeststellung Anm. 49
   ee) Scheinausnahme: Neuwertv Anm. 50
 3. Vsrechtliche Vorteilsausgleichung Anm. 51—54
  a) Eigentliche Vorteilsausgleichung Anm. 52
  b) Uneigentliche Vorteilsausgleichung Anm. 53
  c) Vollzug der Vorteilsausgleichung Anm. 54
 4. Spezielle Obliegenheiten Anm. 55
 5. Spezielle Verfahrensregelung Anm. 56

[1] I. Wesen der Schadensversicherung.
Schrifttum: Beyer, Der Folgeschaden in der Individualv, Bonner Diss. 1961, Bruck S. 52—53, 61—82, Dobbert, Der Begriff des Vermögensschadens in der Privatv, Göttinger Diss. 1961, Donati ZVersWiss 1960 S. 289—302, Frey, Das Recht der Sachv einschließlich der Haftpflichtv, Leipzig-Berlin 1936, Hecker, Zur Lehre von der rechtlichen Natur der Vsverträge, 1. Abtlg: Der Schadensvsvertrag, München 1894, Helfesrieder, Die Personenv in ihrer Abgrenzung zur Schadenv nach Schweiz. Privatvsrecht, Basel 1953, Mittelstaedt Gruchot Bd 38 S. 327—373, Möller ZVersWiss 1934 S. 18—43, 1937 S. 128—137, 1962 S. 273—274, 283—288, Summen- und Einzelschaden, Hamburg 1937, in: Jahrbuch 1950 des Vereins für Vswissenschaft und Praxis in Hessen, Frankfurt a. M. (1949), S. 25—38, in: Studi sulle assicurazioni, Rom 1963, S. 174—183, Nussbaumer, Wesen und Grenzen der V, Züricher Diss. 1946, Schiering, Abstrakte und konkrete Bedarfsdeckung im Vsrecht, Hamburger Diss. 1964, Schmidt-Rimpler in: Beiträge zum Wirtschaftsrecht, 2. Band, Marburg 1931, S. 1211—1249, VersR 1963 S. 493—505, Unna, Die Stellung und Bedeutung des Bedarfsbegriffes im Vsvertrag, Hamburg 1933, Winter, Konkrete und abstrakte Bedarfsdeckung in der Sachv, Göttingen 1962.

[2] 1. Schadensversicherung im Gegensatz zur Summenversicherung.
Die §§ 49—158h, zusammengefaßt im zweiten Abschnitt des Gesetzes, betreffen die Schadensv. Die vorangestellten — „vor die Klammer gezogenen" — §§ 49—80 enthalten „Vorschriften für die gesamte Schadensv", bei deren näherer Prüfung sich allerdings erweisen wird, daß manche Bestimmungen nicht auf alle Schadensvszweige Anwendung finden können.

Die **Schadensversicherung** ist dadurch gekennzeichnet, daß bei Gefahrverwirklichung der Ver verpflichtet ist, dem Vmer den durch den Eintritt des Vsfalles verursachten Vermögensschaden zu ersetzen (§ 1 I 1, verdeutlicht in § 1 I 1 österreichisches VVG). Es geht hier also stets um materiellen, bezifferbaren Schaden, der nach dem Prinzip der konkreten Bedarfsdeckung ersetzt wird; es gilt das vsrechtliche Bereicherungsverbot (Anm. 24, 26 zu § 1, Anm. 45).

Der Schadensv steht die **Summenversicherung** konträr gegenüber. Auch sie dient — wie alle V (Anm. 7 zu § 1) — der Bedarfsdeckung. Während aber in der Schadensv ein genau bemeßbarer Vermögensschaden kompensiert wird, hinterläßt in der Summenv die Gefahrverwirklichung (z. B. der Tod, der Unfall) eine Situation, die zwar typischerweise, normalerweise nachteilig und demzufolge bedarfsverursachend ist, aber nicht notwendig in jedem Einzelfall. Überdies handelt es sich bei der Summenv häufig um Nachteile, deren

I. Wesen der Schadensversicherung

Umfang nicht genau bemessen werden kann, sei es, daß immaterielle Schäden entstehen, sei es, daß materielle Schäden sich nicht auf Heller und Pfennig schätzen lassen. Man muß es deshalb in Kauf nehmen, daß bei der Vereinbarung der Vssumme (Anm. 3 zu § 50) eine vom wahren Bedarf mehr oder weniger stark abstrahierende Bedarfsschätzung erfolgt. Es gilt hiernach für die Summenv das Prinzip der **abstrakten Bedarfsdeckung**. Ein Nachteil und ein Bedarf werden in Höhe der vereinbarten Vssumme (Kapital oder Rente) — unter Abstrahierung von der effektiven, konkreten Schadenslage — unwiderleglich vermutet. Der Bedarf wird abstrakt gedeckt, das vsrechtliche Bereicherungsverbot gilt nicht.

Die **Lehre** von der Bedarfsdeckung geht auf Gobbi Zeitschrift für Vs-Recht und -Wissenschaft Bd II (1896) S. 465—476, Bd III (1897) S 246—262 zurück, der jedoch noch von den subjektiven Bedürfnissen ausging. Der Schritt zum objektiven Bedarf hin ist (mit dem Ziele einer einheitlichen Definition der V) besonders von Manes, Vslexikon, 3. Aufl., Berlin 1930, S. 290 getan worden (vgl. über die Bedeutung des Bedarfs für den Begriff der V: Anm. 7 zu § 1). Für die neuere Zeit vgl. wirtschaftswissenschaftlich Hax, Grundlagen des Vswesens, Wiesbaden [1964], S. 22. Die Unterscheidung von konkreter und abstrakter Bedarfsdeckung ermöglicht allein die notwendige Abgrenzung von Schadens- und Summenv im Rahmen eines einheitlichen Begriffes der V (wie hier z. B. Bruck S. 52—53, 62—63, Nussbaumer a. a. O. S. 35—82, weitere Nachweise bei Unna a. a. O. S. 18—26, 114—115; Gegner: Ehrenzweig S. 1 Anm. 3, 56—57, von Gierke I S. 79, Kisch JW 1930 S. 3605, auch Schmidt-Rimpler VersR 1963 S. 493, 500—501).

Neuerdings hat Obayashi ZVersWiss 1964 S. 255—264 angeregt, statt von abstrakter Bedarfsdeckung von abstrakter Bedarfsschätzung zu sprechen, da die Deckung des Bedarfs allemal in konkretem Geld erfolge. Wenn man übrigens im Bereiche des allgemeinen Schadensersatzrechtes konkrete und abstrakte Schadensberechnung (letztere geregelt in § 376 II—IV HGB) unterscheidet, so handelt es sich im Sinne der vsrechtlichen Terminologie auch bei sog. abstrakter Berechnung um einen konkreten Schaden.

Besonders in Italien ist versucht worden, die **Schadensersatztheorie** wiederzubeleben, wonach jede V Schäden ersetzt. Aber diese Theorie muß für den Bereich der Summenv zu einer praesumptio juris et de jure, also zu einer unwiderlegbaren Schadensvermutung und unwiderlegbaren Schätzung der Schadenshöhe greifen und läuft damit im Ergebnis auf die Unterscheidung konkreter und abstrakter Bedarfsdeckung hinaus (Hauptvertreter der Schadensersatztheorie Donati, Trattato del diritto delle assicurazioni private, Bd II, Milano 1954, S. 18—27, ZVersWiss 1960 S. 289—302, dazu Möller ZVersWiss 1962 S. 274, Nussbaumer a. a. O. S. 14—34, Ossa, El principio de la indemnizacion en los seguros de personas, Bogota o. J.).

Die Bedarfstheorie soll neuerdings fortentwickelt werden: An die Stelle eines bilanzmäßigen Denkens tritt der Gedanke der Störung, der **Durchkreuzung eines „Wirtschaftsplanes"**; solche Planwidrigkeit (Vsfall) lasse einen Bedarf entstehen. In diesem Sinne spricht Schmidt-Rimpler VersR 1963 S. 493—496, 498 (auch VersR 1964 S. 793) von der vermögensmäßigen Sicherung der Erreichung eines „Vermögensgestaltungszieles", und er nennt als solche Ziele: Erhaltung der Vermögensobjekte, Schuldenabwehr, Erwerbssicherung, Vermögensansammlung, Rentensicherung. Eine Schadensv soll vorliegen, falls „zielgebunden" „der Vte nur das erhalten soll, was er ohne das durchkreuzende Ereignis gehabt hätte", also nicht „eine frei vereinbarte Summe". Dies läuft darauf hinaus, daß eine Schadensv schützen kann einerseits bei einer Beeinträchtigung von Aktiven, seien diese Güter des „seienden" Vermögens („Erhaltung der Vermögensobjekte"), seien diese Güter des „werdenden" Vermögens (Anwartschaften, „Erwerbssicherung"), andererseits bei einer Entstehung von Passiven („Schuldenabwehr"). Für den weiten Bereich der Aktivenv, insbesondere der Sachv paßt der Ausdruck „Vermögensgestaltungsziel" weniger gut als für die Lebensv, wo es um Vermögensansammlung oder Rentensicherung geht. Denn speziell eine bloße „Erhaltung der Vermögensobjekte" bedeutet keine Gestaltung, wohl auch keine Planverwirklichung, sondern nur eine Sicherung des status quo.

Die Bedarfsdeckungstheorie hat in der höchstrichterlichen **Rechtsprechung** Billigung gefunden: BVerfG 10. V. 1960 BVerfGE Bd 11 S. 112—113, BSozG 20. XII. 1957 BSozGE Bd 6 S. 228, BGH 14. VII. 1962 VersR 1962 S. 976.

[3] 2. Schadensversicherung als Nichtpersonen- oder Personenversicherung.

§ 1 I 2 stellt der Schadensv die Lebens-, Unfall- sowie „anderen Arten der **Personenv**" gegenüber, bei denen der Ver nach Eintritt des Vsfalls „den vereinbarten Betrag an Kapital oder Rente zu zahlen" habe. Die Norm ist mißglückt, jedenfalls durch die Entwicklung überholt. Eine Personenv hat es risikomäßig unmittelbar mit der Körperlichkeit eines Menschen zu schaffen (Tod, Erleben, Unfall, Krankheit, Invalidität, Kinderlähmung; vgl. Anm. 21 zu § 1). Nach Büchner, Grundriß der Individualv, 4. Aufl., Karlruhe 1964, S. 67 liegt bei der Personenv der Vsfall in „einem Ereignis, das sich unmittelbar im leiblichen oder rein persönlichen Lebensbereich eines Menschen zuträgt". Zu eng wäre die Abstellung auf die körperliche Integrität, da auch der Erlebensfall als bedarfauslösender Vsfall berücksichtigt werden muß. § 1 I 2 ist nun insofern mißlungen, als es nicht (mehr) richtig ist, daß bei einer Personenv stets eine abstrakte Geldleistung gewährt wird, vielmehr darf eine Personenv vom Ver auch als Schadensv betrieben werden, und das geschieht in zunehmendem Umfang: Die Krankheitskostenv ist (im Gegensatz zur Krankentagegeldv) V nach dem Prinzip konkreter Bedarfsdeckung. In der Unfallv können (konkrete) Heilkosten mitvert werden (§ 8 IV AUB). In der Lebensv leisten Begräbniskassen — früher auch im Wege von Naturalersatz — Bestattungsleistungen, also konkrete Bedarfsdeckung (Kadatz-Hebel in: Rohrbeck, 50 Jahre materielle Vsaufsicht, 2. Bd, Berlin [1952], S. 5—6 mit RAA VA 1934 S. 130). Allerdings herrscht in der Lebensv die abstrakte Bedarfsdeckung durchaus vor. Immerhin ist die (abstrakte) Zahlung des vereinbarten Betrages an Kapital oder Rente nicht das Kennzeichen der (Lebens-, Unfall- und sonstigen) Personenv, sondern der Summenv. § 1 I 2 müßte also lauten: „Bei der Summenv ist der Ver verpflichtet, nach dem Eintritte des Vsfalls den vereinbarten Betrag an Kapital oder Rente zu zahlen."

Es ergibt sich, daß die §§ 49—80, betreffend die gesamte Schadensv, auch auf die Personenv angewandt werden können, soweit sie nach dem Prinzip der konkreten Bedarfsdeckung betrieben wird. Allenfalls kann man darüber streiten, ob angesichts der redaktionell fehlsamen Formulierung des § 1 II 2 nur eine analoge Anwendung erfolgen soll, z. B. auf die Heilkostenunfallv oder die Krankheitskostenv. Im Ergebnis jedenfalls ist hier das vsrechtliche Bereicherungsverbot (Anm. 45—50) anwendbar, mit allen sich daraus ergebenden Folgerungen, z. B. im Falle einer Doppelv oder hinsichtlich des Überganges von Ersatzansprüchen (Anm. zu § 59, Anm. zu § 67).

Während es bei einer Personenv möglich ist, sie wahlweise als Summen- oder Schadensv zu betreiben, ist es außerhalb der Personenv, also bei einer **Nichtpersonenv** (Anm. 22 zu § 1) stets geboten, konkrete Bedarfsdeckung zu gewähren. Zur Nichtpersonenv zählt z. B. die Sach-, Kredit-, Hypotheken-, Gewinn-, Haftpflicht- und Rückv. Diese Ven dürfen nicht zu einer Bereicherung führen, es gilt unabdingbar das vsrechtliche Bereicherungsverbot. Die §§ 49—80 sind primär auf die Nichtpersonenv zugeschnitten.

Zusammenfassend ergibt sich, daß die §§ 49—80 für die gesamte Schadensv gelten (Gegensatz: Summenv). Eine Nichtpersonenv ist notwendigerweise Schadensv. Ferner ist die Personenv insoweit Schadensv, als sie nach dem Prinzip der konkreten Bedarfsdeckung betrieben wird.

Die entwickelten Grundsätze sind in Theorie und Praxis allgemein anerkannt. Auch Helfesrieder a. a. O. S. 10 erklärt es für unlogisch, wenn das Gesetz der Schadens- die Personenv gegenüberstellt. Er scheint jedoch den Betrieb einer Personenv als Summenv nur dann zulassen zu wollen, wenn der konkrete Schaden sich nicht berechnen läßt (S. 54 bis 55). Wird eine Personenv teilweise als Summen-, teilweise als Schadensv betrieben, so soll ein gemischter oder zusammengesetzter Vertrag vorliegen (S. 56—78). — Winter a. a. O. S. 99—117 erörtert in Abweichung von der herrschenden Auffassung die Möglichkeit einer Sachsummenv, mit positivem Ergebnis, falls es nicht an „wirtschaftlichem Ernst" mangele, es dürfe nicht so liegen, daß „der Vsfall für den Vmer oder Vten keinerlei Nachteil bringt". Aber die Beiseiteschiebung des vsrechtlichen Bereicherungsverbots ist Winter nicht gelungen; die Neuwertv ist mit dem Bereicherungsverbot durchaus vereinbar (Anm. 20, 50).

II. Einteilung der Schadensversicherung

[4] 3. Schadensversicherung als Versicherung von Einzelschäden.
Falls nach allgemeinem **bürgerlichen Recht** ein Schadensersatzanspruch besteht, umfaßt er regelmäßig den gesamten Schaden, der adäquat durch das schädigende Ereignis verursacht worden ist. Entscheidend ist eine Gesamtschau der nachteiligen Veränderungen des status quo. Kraft einer „Differenzhypothese" (Heck, Grundriß des Schuldrechts, Tübingen 1929, S. 37), wie sie § 249¹ BGB vorschreibt, wird der gesamte Schadensklumpen — einschließlich entgehendem Gewinn (§ 252 BGB) — erfaßt, so daß man vom Ersatz des **Summenschadens** sprechen kann (Möller Summen- und Einzelschaden a. a. O. S. 5—9, ZVersWiss 1937 S. 129—130).

Dieser summarische Schadensbegriff erweist sich schon im allgemeinen Zivilrecht wegen seiner Grobschlächtigkeit und wegen des mit ihm verbundenen Alles-oder-Nichts-Prinzips als zum Teil unzweckmäßig. So erklärt es sich z. B., daß die Haftung des Frachtführers und Verfrachters regelmäßig auf den Ersatz des angerichteten reinen Sachschadens beschränkt ist (vgl. §§ 430 I, II, 658, 659 HGB mit Anm. 5 zu § 52). Man spricht solchenfalls auch von Wertersatz, der jedoch gleichfalls dem Schadensersatz zuzurechnen ist (a. M. Winter a. a. O. S. 19). Weitere Beispiele für Einzelschadensersatz bei Möller Summen- und Einzelschaden a. a. O. S. 84—110. Vgl. auch Larenz VersR 1963 S. 1—8 über die „Notwendigkeit eines gegliederten Schadensbegriffs", jedoch ohne zureichende Differenzierung der Einzelschäden.

Im Vsvertragsrecht, und zwar im Bereiche der Schadensv, hat der Ver nach Eintritt des Vsfalles nach Maßgabe des Vsvertrages (§ 1 I 1) **Einzelschaden** zu ersetzen. Aus vstechnischen Gründen ist es einem Ver nicht möglich, gleichsam global sämtliche Vermögensschäden auszugleichen, die dem Vmer etwa durch einen Brand oder eine Krankheit entstehen. Es muß vielmehr im Vsvertrag im Vorwege bestimmt werden, für welche Einzelschäden eine Erstattung in Betracht kommt; nur so läßt sich das zu tragende Risiko erfassen. Deshalb werden in der Feuerv die vten Sachinteressen umschrieben, ersetzt wird nur der Einzelschaden (Sachschaden), der diesen Sachinteressen entspricht, nicht aber z. B. entgehender Gewinn (§ 53). Deshalb werden in der Krankenv jene Arten von Aufwendungen umschrieben, für die eine Erstattung in Frage kommen soll.

So ist die Schadensv eine V von Einzelschäden. Der Schadensver schuldet zwar — wie jeder Ver — primär nicht Schadensersatz, sondern **Gefahrtragung** (Anm. 40—45 zu § 1). Aber nach Eintritt des Vsfalles, wenn die Gefahrtragungsschuld in ihr akutes Stadium tritt, ist sie einer **Schadensersatzschuld** vergleichbar und gleichzusetzen, und zwar einer Schadensersatzschuld nicht aus Gesetz, sondern aus Rechtsgeschäft (hier: Vsvertrag), und nicht sekundärer Natur (wie bei Schadensersatz wegen Nicht- oder Schlechterfüllung), sondern primärer Natur; die Gefahrtragung, der Schadensersatz werden als Vertragserfüllung geschuldet. Es ist zu prüfen, ob der Schaden in Geld oder in natura zu ersetzen ist (dazu Anm. 8); Grundsätze der Vorteilsausgleichung sind anzuwenden (dazu Anm. 51—54). Ein bedeutsamer Unterschied zu einer Schadensersatzschuld des allgemeinen bürgerlichen Rechts liegt aber darin, daß der Schadensver Einzelschadensersatz schuldet, keinen Summenschadensersatz.

Aber so wie im bürgerlichen Recht Fälle des Einzelschadensersatzes vorkommen, gibt es andererseits im Vsrecht ausnahmsweise Fälle des Summenschadensersatzes: Die Speditionsver nämlich haften für **alle** Schäden, welche dem Auftraggeber des Spediteurs infolge eines Spediteurfehlers erwachsen (§ 2 Ziff. 1 SVS), und dabei kann es sich z. B. um Sachschäden (an der spedierten Ware), um Forderungsschäden (mangelnde Nachnahmeerhebung) oder — auf der Passivseite — um Haftpflichtschäden (Entstehung einer Vertragsstrafenschuld gegenüber dem Empfänger) handeln (Näheres bei Schiering, Die Speditionsv, Hamburg 1932, S. 18—24, 29—30).

[5] II. Einteilung der Schadensversicherung.
Schrifttum: Anm. 1, ferner Dorn in: Festgabe für Alfred Manes, Berlin 1927, S. 1 bis 47, Hax in: Studienwerk B I 2 S. 1—18.

[6] 1. Aktiven- und Passivenversicherung.
In der Schadensv — sei sie Nichtpersonen-, sei sie Personenv (Anm. 3) — kann dem Vmer ein Einzelschaden (Anm. 4) entweder dadurch erwachsen, daß eine **Wertbezie-**

hung zu einem vorhandenen Aktivum — ein vtes Interesse — beeinträchtigt wird, oder dadurch, daß für den Vmer ein bislang nicht vorhandenes Passivum entsteht (der seltene Fall, daß ein vorhandenes Passivum größer wird, kann beiseite gelassen werden). Bei einer Schadensv darf sich der Blick also nicht auf den Saldo des Gesamtvermögens vor und nach dem Eintritt des Vsfalles (Summenschaden) richten, sondern es sind die beiden Seiten der Bilanz einzelheitlich zu betrachten, und dort noch spezieller die einzelnen Bilanzposten. Bei den Aktiva können Wertbeziehungen zu Sachen, Forderungen, sonstigen Rechten, Anwartschaften vert werden. Auf der Passivseite kann man sich vern gegen die Entstehung von gesetzlichen oder vertraglichen Schulden, gegen faktisch notwendige Aufwendungen, gegen konkrete Verlustmöglichkeiten. Immer sind es Einzelschäden, gegen die auf der Aktiv- oder Passivseite V genommen wird.

Die klare Erkenntnis der Tatsache, daß es im Rahmen der Schadensv die Aktivenv von der Passivenv zu unterscheiden gilt, ist noch nicht alt. Noch Bruck S. 65 versuchte, bei jeder Schadensv eine vte Wertbeziehung, ein vtes Interesse zu finden, sah also nur den Fall der Aktivenv. Den Fall der Haftpflichtv und der sonstigen Passivenven wollte er dadurch den Aktivenven zuordnen, daß er eine Wertbeziehung zum gesamten Vermögen für vert erklärte. Aber dabei handelte es sich um eine vsrechtlich nicht zu rechtfertigende Zugrundelegung des summarischen Schadensbegriffes oder um eine Verkennung der Tatsache, daß das Vermögen keinen positiven Wert zu verkörpern braucht: Auch ein Überschuldeter oder Vermögensloser kann sich gegen Haftpflicht vern, und bei einer Person mit Aktivvermögen tritt die Schädigung nicht erst ein, falls ein Aktivum zur Bezahlung der Haftpflichtschuld geopfert ist, sondern bereits dann, wenn das Passivum entstanden ist. Der Interessebegriff wird seines spezifisch rechtstechnischen Sinnes (Wertbeziehung) entkleidet, falls man mit Bischoff VersR 1963 S. 10 von dem Interesse des Vmers spricht, „sein Vermögen nicht mit Schulden belastet zu sehen". Zur Begründung der Unterscheidung von Aktiven- und Passivenv vgl. Anm. 27—29 zu § 1, Möller Summen- und Einzelschaden a. a. O. S. 79—83, ZVersWiss 1934 S. 32—43, auch Beyer a. a. O. S. 22—45, Dobbert a. a. O. S. 4—36.

Was die Aktivenv anlangt, so geht es dabei um den Schadensersatz nach einer Beeinträchtigung von Wertbeziehungen (Interessen). Diese Interessen können entweder an Gütern des „seienden" Vermögens bestehen, z. B. Sachen, Forderungen, sonstigen Rechten, oder an Gütern des „werdenden" Vermögens, also Anwartschaften, Chancen. Mögen die letztgenannten Güter in der Handels- und Steuerbilanz auch weitgehend unberücksichtigt bleiben, für das Vsvertragsrecht und überhaupt im Schadensersatzrecht (§ 252 BGB) erheischen sie bei der Vermögensfeststellung Beachtung. Wird ein solches Gewinninteresse beeinträchtigt, so ist der entstehende Schaden entgehender Gewinn (lucrum cessans, im Gegensatz zu anderem Vermögensschaden: damnum emergens). Wenn Hax in: Studienwerk B I 2 S. 4—11 neben die Aktiven- und Passivenv die „Ertrags-(Gewinn-)V" stellen will, so rechnet er zum „gegenwärtigen Vermögen", und zwar zum Aktivvermögen, noch nicht die Gewinnanwartschaften, sondern meint, daß die Ertragsven das zukünftige Vermögen betreffen. Aber der Begriff der Anwartschaft ermöglicht bereits eine Aktualisierung, eine Hineinnahme in das vorhandene Aktivvermögen. Andererseits will Hax mit der Begründung, daß „Gewinn als Teil des Eigenkapitals zu den Passiven gehört", die Ertragsv in die Nähe der Passivenv rücken. Diese Argumentation, welche allein auf die bilanztechnische Operation der Passivierung des Eigenkapitals abhebt, vermag nicht zu überzeugen. Gewinnanwartschaften sind positiv zu bewerten. Es erscheint ratsam, es bei der einfachen Aufgliederung der Schadensv in die Aktiven- und Passivenv zu belassen und die Gewinnv der Aktivenv zuzuordnen.

Über die Versicherbarkeit der verschiedenen Wertbeziehungen zu Aktiven (Interessen): Anm. 12—16 und gegen die Entstehung der verschiedenen Passiven: Anm. 17—21.

Betrachtet man die einzelnen Normen der §§ 49—80, so erweist sich, daß sie weitgehend nur die Aktivenv betreffen. Denn der Begriff des Vswertes kommt nur bei der V einer Wertbeziehung zu einem Aktivum in Betracht, ein Passivum, gegen das man sich vern kann, hat allenfalls einen „Unwert" (Anm. 15 zu § 52). Auch soweit die §§ 49 bis 80 die V von Sachen oder von Gewinn angehen, handelt es sich um Aktivenv, und zwar um eine Unterart der Aktivenv, nämlich die V von Sach- oder Anwartschaftsinteressen. So erweist sich, daß nachstehende Normen — entgegen der Überschrift des Ersten Titels — nicht „für die gesamte Schadensv", sondern nur für die Aktivenv gelten: §§ 51, 52, 53, 54, 55, 56, 57, 60 II, 63 II, 66 III, 69—73 (vgl. aber auch §§ 151 II, 158 h). Dagegen sind auch für die Passivenv bedeutsam: §§ 49, 50, 58, 59, 60 I, III, 61, 62, 63 I, 64, 65, 66 I, II, 67, 68, 68 a, 74—80. Das gilt hinsichtlich der §§ 58, 59, (60 I, III), 68, 80 II, obgleich dort von vtem Interesse die Rede ist. Der Interessebegriff wird nämlich vom Gesetzgeber nicht nur für die Aktiven-, sondern auch für die Passivenv herangezogen (Anm. 38 zu § 49).

[7] 2. Versicherungszweige und Versicherungsarten.

Die Einteilung der Schadensv in Aktiven- und Passivenv (Anm. 6) reicht nicht aus. Die Vswirtschaft unterscheidet mannigfaltige Branchen; einen Gesamtüberblick verschafft Müller-Lutz, Die verschiedenen Vszweige, Wiesbaden 1964, der nicht weniger als 275 „Haupt- und Nebenvszweige mit Unterarten" aufführt. Die Benennung der Branchen erfolgt unter verschiedensten Gesichtspunkten: Die beziehungsverknüpften Güter (bei der Aktivenv) geben den Ausschlag z. B. bei der Glas-, Maschinen- oder Tierv. Die vte Gefahr wird z. B. bei der Feuer-, Einbruchdiebstahl-, Haftpflicht-, Hagel-, Leitungswasser-, Regen-, Sturmv in der Benennung hervorgehoben. Wieder andere Kriterien bestimmen Namen wie Bauwesen-, Kraftverkehrs-, Kredit-, Luftfahrt-, Rechtsschutz-, Transport-, Rückv. (Die genannten Branchen bezeichnet Müller-Lutz a. a. O. S. 13—18 als „Hauptvszweige", außerdem nennt er als solche die Kranken-, Lebens- und Unfallv.) Seit Dorn a. a. O. pflegt man die Untergruppen der Vszweige als Vsarten zu kennzeichnen; z. B. wäre die Immobiliar- oder Mobiliar- oder Hausratfeuerv eine Vsart der Feuerv (Anm. 32 zu § 1); aber die Grenze zwischen Vszweigen und Vsarten ist flüssig. Hax, Grundlagen des Vswesens, Wiesbaden 1964, S. 60—62 beobachtet eine ständige Bewegung der Grenzen und zwei Tendenzen: „eine Tendenz zur Spezialisierung und eine Tendenz zur Kombination".

Rechtlich erlangt der Begriff des Vszweiges mannigfache Bedeutung. Das Vsaufsichtsrecht erfordert die Angabe des zu betreibenden Vszweiges im Gesellschaftsvertrag oder in der Satzung (§ 9 VAG, dazu Prölss VAG[4] Anm. 1 zu § 9, S. 162). Bei einem Gegenseitigkeitsverein bedürfen Aufgabe oder Neueinführung eines Vszweiges eines Beschlusses der obersten Vertretung (§ 39 IV VAG). Da z. B. die Transportv weithin nicht der Vsaufsicht unterliegt, ist es aufsichtsrechtlich sehr wichtig, den Begriff der Transportv zu klären; dazu Bischoff-Vassel VA 1956 S. 229—231, Möller in: Möller, Internationales Vsrecht, Festschrift für Albert Ehrenzweig, Karlsruhe 1955, S. 169—183, Prölss VAG[4] Anm. 2—3 zu § 148, S. 783—785. Das Vssteuerrecht kennt Ausnahmen von der Besteuerung, besondere Steuerberechnungsmethoden und spezielle Steuersätze für bestimmte Vszweige und Vsarten (§§ 4—6 VersStG 1959), so daß man z. B. den steuerrechtlichen Begriff der Vieh- oder Hagelv klären muß.

Aber auch für das Vsvertragsrecht ist die Zurechnung zu bestimmten Vszweigen oft von Bedeutung. So gelten z. B. die §§ 1127—1130 BGB für Fälle, in denen „Gegenstände, die der Hypothek unterliegen, für den Eigentümer oder Eigenbesitzer des Grundstücks unter V gebracht" worden sind. Die §§ 97—106, welche sich besonders mit dem Schutz der Realgläubiger befassen, lassen die wichtige Frage auftauchen, ob eine Gebäudefeuerv vorliegt, z. B. im Blick auf eine V von Maschinen oder eine Neuwertv oder eine Betriebsunterbrechungsv. Wegen § 187 I sind z. B. auch die Begriffe der Transportv von Gütern oder der Kreditv zivilrechtlich von großer Wichtigkeit.

[8] 3. Geldersatz und Naturalersatz.

So wie beim zivilrechtlichen Schadensersatz Geld- und Naturalersatz unterschieden werden müssen, trifft das auch bei der Schadensv zu. Während aber gemäß § 249[1] BGB — mindestens formell — der Naturalersatz die Regel bildet, geht § 49 für das Vsrecht von der Regel aus, daß der Ver Schadensersatz in Geld zu leisten hat.

Aber gemäß § 68 a ist § 49 nicht unabdingbar. Auch aus dem Wesen der V ergibt sich keineswegs das Geldleistungsprinzip (Anm. 11 zu § 1). In der Praxis spielen Fälle des Naturalersatzes eine nicht unerhebliche Rolle, und es können verschiedene Formen des

Naturalersatzes, der im übrigen von verwandten Erscheinungen abzugrenzen ist, unterschieden werden. Die Naturalersatzfälle kommen einerseits in der Aktiven-, andererseits aber auch in der Passivenv in Betracht. Wird eine Personenv als Schadensv betrieben, so kann auch hier Schadensersatz nicht nur in Geld, sondern auch in natura vereinbart werden. Näheres zu alledem Anm. 4—25 zu § 49.

[9] 4. Versicherung für eigene und fremde Rechnung.

Ein Schadensvvertrag hat normalerweise **zwei Beteiligte**, die § 1 I 1, II 1 Ver und Vmer nennt. Die Vorschriften für die gesamte Schadensv gehen gleichfalls zunächst immer davon aus, daß nur diese beiden Beteiligten vorhanden sind: Immer ist nur vom Vmer die Rede (§§ 51, 58 I, 59 III, 60 I, III 2, 61, 62, 65, 67, 68 I, 68 a). Das gilt auch dort, wo von dem **Anspruch auf die Vsleistung** gesprochen wird (§§ 55, 59 I, II 1) oder von dem Anspruch auf Aufwendungsersatz (§ 63 I 1, 3) oder auf Kostenersatz (§ 66 I, II).

In den §§ 69—73 — überschrieben: Veräußerung der vten Sache — wird der Fall behandelt, daß der Vmer veräußert, und zwar regelmäßig mit der Wirkung, daß der **Erwerber an die Stelle des Vmers** (Veräußerers) tritt (§ 69 I, aber auch § 70 III).

Erst in den §§ 74—80 tritt eine dritte Person, der Vte, auf den Plan: Der Schadensvvertrag kann als **Vertrag zugunsten Dritter** ausgestaltet werden, sei es, daß **nur ein dritter Vter** Vsschutz genießt, sei es, daß er **neben dem Vmer** gedeckt ist. Bei der V für Rechnung, wen es angeht, wird es unbestimmt gelassen, ob eigenes oder fremdes Interesse vert ist, ob also die V zugunsten des Vmers und/oder eines Vten wirkt (§ 80 II).

Im Rahmen der Schadensv, die keine Personenv ist, gibt es nur eine einzige Institution, kraft derer die Gestaltung des Vsvertrages zu einem Vertrage zugunsten Dritter werden kann, eben diejenige der erwähnten §§ 74—80, welche irreführend, aber hergebrachtermaßen von der V „für fremde Rechnung" sprechen (die Prämie schuldet nicht der Dritte, sondern nur der Vmer als Vertragskontrahent; lediglich die Rechte aus dem Vsvertrage stehen nicht dem Vmer, sondern dem vertrags-„fremden" Vten zu: § 75 I 1). Die V für fremde Rechnung ist also eine V zu fremden Gunsten.

Soweit in der Haftpflichtv ein eigener Anspruch des geschädigten Dritten, eine **action directe**, gegen den Haftpflichtver vorgesehen ist, muß man insoweit entweder eine (zusätzliche) V zugunsten des Dritten, also eine (zusätzliche) V für fremde Rechnung annehmen, oder einen außerhalb des Vsverhältnisses stehenden Anspruch konstruieren; die V könnte eine Forderungsv oder eine Unfallschadensv sein, der außerhalb des Vsverhältnisses stehende Anspruch ein solcher als Schuldmitübernahme (Beitritt zum Deliktsschuldverhältnis) (hierzu Möller ZVersWiss 1963 S. 432—437, auch Bott, Der Schutz des Unfallgeschädigten durch die Kraftfahrzeug-Pflichtv, Karlsruhe 1964, S. 65—83). Prölss[15] Anm. 2 zu § 3 PflVG, S. 607 entscheidet sich für Schuldmitübernahme.

Was die Personenv anlangt, so gibt es bei der Unfallv zwei streng zu unterscheidende Rechtsfiguren, die den Unfallvsvertrag zu einem Vertrag zugunsten Dritter machen, nämlich neben der **V für fremde Rechnung** (§ 179 II) auch die **Bezugsberechtigung** (§ 180 mit §§ 166—168, 181 II, 182). Das kann sich bei einer Unfallv auch dann auswirken, wenn sie Schadensv ist. Bei einer als Schadensv betriebenen Lebensv kommt nur eine Bezugsberechtigung in Frage; die §§ 74—80 können wegen der Spezialregelung der §§ 166—168, 170 II, 177 I nicht angewendet werden. Bei der gesetzlich nicht geregelten **Krankheitskostenv** kommen (ähnlich wie in der Unfallv) beide Institutionen in Betracht, nämlich sowohl die V für fremde Rechnung als auch die Bezugsberechtigung.

Liegt eine V für fremde Rechnung vor, so steht es fest, daß die Prämie doch nur der Vmer schuldet, daß andererseits aber die Gefahrtragung dem Vten geschuldet wird. In den §§ 55, 59 I, II 1 ist also bei einer V für fremde Rechnung anstelle des Vmers der Vte einzusetzen. Aufwendungs- und Kostenersatz (§§ 63 I 1, 3, 66 I, II) können Vmer und/oder Vter beanspruchen. Bei den übrigen Vorschriften ist von Fall zu Fall zu prüfen, ob an die Stelle des Vmers oder an seine Seite der Vte rückt. § 79 I stellt für Normen, bei denen es auf das Verhalten oder die Kenntnis ankommt, für die V für fremde Rechnung **auch** auf das Verhalten und die Kenntnis des Vten ab. Das ist wichtig für alle Obliegenheiten (z. B. §§ 58 I, 62, 67 I 3) und für die schuldhafte Herbeiführung des Vsfalles (§ 61). Näheres schon Anm. 57—60 zu § 6, ferner Anm. zu § 61.

[10] III. Zentralbegriffe der Schadensversicherung.

Schrifttum: Beyer, Der Folgeschaden in der Individualv, Bonner Diss. 1961, Bruck S. 52—56, 63—65, 368—375, Dernburg-Kohler, Urheber-, Patent-, Zeichenrecht; Vsrecht und Rechtsverfolgung, Halle 1910, S. 363—368, 408—415, Ehrenberg I S. 3—18, von Gierke II S. 157—159, 177—185, Hagen I S. 368—391, 561—563, Kisch II S. 1—171, III S. 1—264, Koenig S. 136—146, 173—183, Möller ZVersWiss 1934 S. 18—43, Ritter Anm. 1—199 zu § 1, S. 49—186, Anm. 1—44 zu § 28, S. 458—497. — Zur vten Beziehung (Interesse): Anm. 28 zu § 49. — Zur vten Gefahr (Vsfall): Braess-Jäger-Fangmeyer, V und Risiko, Wiesbaden (1960), Ehrenzweig S. 74—76, Gürtler ZVersWiss 1928 S. 209—236, 292—326, Die Kalkulation der Vsbetriebe, 2. Aufl., Frankfurt 1958, Hax in: Studienwerk B I 1 S. 15—25, Hecker, Zur Lehre der rechtlichen Natur der Vsverträge, 1. Abteilung, München 1894, S. 63—94, Kisch ZVersWiss 1917 S. 488—506, in: Manes, Vslexikon, 3. Aufl., Berlin 1930, Sp. 612—617, Mahr, Einführung in die Vswissenschaft, Berlin (1951), S. 13—39, Jahrbücher für Nationalökonomie und Statistik Bd 151 (1940) S. 439—454, Manes, Vswesen, 1. Bd, Leipzig-Berlin 1930, S. 7—8, 188—207, Middeke, Die Schadenv in der volkswirtschaftlichen Risikotheorie, Münsteraner Diss. 1957, Pfeffer, Insurance and economic theory, Philadelphia (1956), Schmidt in: Finke, Handwörterbuch des Vswesens, Bd 1, Darmstadt (1958), Sp. 758—761, Vidal WuRdVers 1928 Nr. 2 S. 1—58, Willett, The economic theory of risk and insurance, Philadelphia-London 1951, Wust, Ungewißheit und Wagnis, 4. Aufl., München-Kempten 1946. — Speziell zum Vsfall: Bene, Der Begriff des Vsfalles in der Seev, Hamburg 1928, Boettinger in: Roehrbein, Rechtsfragen aus der Privat- und Sozialv, Berlin 1953, S. 5—116, Ehrenberg VuGeldwirtschaft 1927 S. 169—171, 178—180, 188—189, Fässler, Das befürchtete Ereignis in der Haftpflichtv, Bern 1949, Framhein, Die Herbeiführung des Vsfalles, Berlin 1927, Josef LZ 1910 S. 285—286, Kisch ZVersWiss 1935 S. 83—88, 183 bis 194, Oberbach JRPV 1943 S. 13—18, 26—39, Peef, Der Vsfall überhaupt und insbesondere bei der Haftpflichtv, Leipziger Diss., Halle 1914, R. Schmidt VersR 1956 S. 266—269, Schweighäuser HansRZ 1919 Sp. 219—223, Silberschmidt, Der Vsfall der Veruntreuungsv, Marburg 1930, Wagner, Der Vsfall in der Haftpflichtv, ungedruckte Hamburger Diss. 1958, Wriede, Der gedehnte Vsfall, ungedruckte Hamburger Diss. 1949, VersR 1950 S. 30—31, Ziegler, Untersuchungen über die Begriffe „befürchtetes Ereignis" und „Versicherung", Bern 1935. — Zum vten Schaden (Bedarf): Anm. 1, ferner Fröhlich Das Vsarchiv 1931/32 Nr. 12 S. 12—17.

[11] 1. Zusammenfassende Übersicht.

Zusammengefaßt sei vorausgeschickt, daß es **drei Zentralbegriffe** der Schadensv gibt: Vte Beziehung, vte Gefahr und vter Schaden.

Das **Verhältnis dieser Begriffe zueinander** läßt sich am besten bei der **Aktivenv** (Interessev) verdeutlichen: Vor dem Vsfall ist der Vmer Träger einer vten Wertbeziehung, eines vten Interesses. Diese Wertbeziehung ist von Gefahren bedroht, gegen welche man sich vern kann. Verwirklicht sich eine vte Gefahr, so tritt der Vsfall ein, die Wertbeziehung des Vmers wird beeinträchtigt. Infolge der Gefahrverwirklichung erleidet also der Vmer einen Schaden, der die Kehrseite, die Negation des vten Interesses ist. Es gilt der Satz: Der **Schaden ist die Negation des Interesses.** Genauer läßt sich sagen, der **ersatzpflichtige Schaden sei die Negation eines vten Interesses infolge einer Verwirklichung der vten Gefahr.**

Bei einer **Passivenv** will sich der Vmer für den Fall schützen, daß eine (Unwert-)Beziehung zu einem Passivum für ihn neu entsteht; die Art des Passivums muß im Vsvertrage umschrieben sein. Auch hier ist der Vmer nur gedeckt, wenn das Passivum deshalb entsteht, weil eine vte Gefahr sich verwirklicht (Vsfall). Geschieht das, so erleidet der Vmer einen Schaden. In der Passivenv ist hiernach ein Schaden ersatzpflichtig, der infolge einer Realisierung der vten Gefahr dergestalt für den Vmer erwächst, daß die Beziehung zu einem Passivum der im Vsvertrage umschriebenen Art entsteht.

Während in der Passivenv der eingetretene Schaden bis zur **Höhe** der vereinbarten Vssumme ersetzt werden muß, besitzt in der Aktivenv das vte Interesse einen bestimmten Wert (Vswert: Anm. 16—21 zu § 52), und es kommt für die Schadensdeckung darauf an, ob die Vssumme den Vswert erreicht (Proportionalitätsregel des § 56). Trifft das zu, so gilt nicht nur der Satz, daß der Schaden — gleichsam dem Grunde nach — die Negation des Interesses ist, sondern die **Höhe des Schadens ist dem beeinträchtigten Vswert kongruent**; soweit der Vswert beeinträchtigt ist, reichen Schadensumfang und Ersatzpflicht des Vers. Bei einem Totalschaden entspricht die Höhe des Schadens dem vollen Vswert, bei einem Teilschaden ergibt sich die Schadenshöhe aus der Minderung des Vswertes (alles vorbehaltlich einer etwaigen Vorteilsausgleichung).

Der Ver kann sein **Risiko** dadurch **begrenzen**, daß er im Vsvertrage **primär** die vten Beziehungen (Interessen und Passivenbeziehungen), die vte Gefahr und die vten Schäden umreißt. Während hinsichtlich der beiden ersten Erfordernisse eine Vereinbarung stets notwendig ist, kann auf die Umschreibung der vten Schäden verzichtet werden: Ist z. B. bei einer Transportv nicht vereinbart: „Nur für Totalverlust", so hat der Ver sämtliche Schäden zu ersetzen, die sich als Negation des vten Interesses darstellen. — Eine **sekundäre** Risikobeschränkung kann der Ver dadurch erreichen, daß er gewisse Beziehungen oder gewisse Teilgefahren oder gewisse Schäden aus der Deckung im Wege einer Ausnahmeregelung herausnimmt. Wenn es in § 2 II AFB heißt, Bargeld, Wertpapiere, Urkunden, Gold- und Silberbarren usw. seien prinzipiell unvert, so handelt es sich um einen Ausschluß gewisser vter Interessen. Entsprechendes gilt für Passivenbeziehungen, wenn § 11 Ziff. 4 AKB Haftpflichtansprüche aus Schadensfällen von Angehörigen des Vmers, denen er Unterhalt gewährt, ausschließt. Wenn in vielen AVB die Kriegsgefahr ausgeschlossen wird, so handelt es sich um eine sekundäre Risikobeschränkung hinsichtlich der vten Gefahr, und hierher gehören systematisch auch die Vorschriften über die schuldhafte Herbeiführung des Vsfalles durch den Vmer (§ 61) und Vten (§ 79 I). Wenn bei einer Transportv vereinbart wird: „Frei von Beschädigung", so liegt darin ein Ausschluß an und für sich vter Schäden, desgleichen z. B. bei einer Franchise. — So knüpft manche (primäre oder sekundäre) Risikobegrenzung an einen der drei Zentralbegriffe des Schadensvsrechtes an (vgl. schon Anm. 12 zu § 6).

Hat ein Schaden sich ereignet, so findet sich der Geschädigte nicht damit ab, sondern ruft nach Ersatz, nach Ausgleichung. So weckt jeder Schaden **Bedarf**. Im Wege der Schadensv erfolgt konkrete Bedarfsdeckung. Während es in der Summenv genügt, auf die vte Gefahr, deren Verwirklichung (Vsfall) sowie auf den abstrakten Bedarf und seine Deckung abzustellen, führt in der Schadensv der Weg über die vte Beziehung (in der Aktivenv das vte Interesse) und die vte Gefahr (sowie deren Verwirklichung im Vsfall) zum vten Schaden (der stets einen konkreten Bedarf auslöst).

Über die Fälle, in denen das vte Interesse oder die vte Gefahr nicht besteht oder wegfällt, Anm. 121, 124 zu § 49, Anm. zu § 68. Über Fälle der V angeblich gesetzes- oder sittenwidriger Beziehungen (Interessen) und Gefahren: Anm. 88 zu § 49, Anm. zu § 68.

[12] 2. Versicherte Beziehung (Interesse).

a) In der Aktivenversicherung.

Die Lehre vom vten Interesse soll erst in Anm. 28—126 zu § 49 ausführlicher dargestellt werden. Hier sei nur nochmals betont, daß in der Aktivenv die (Wert-)Beziehung einer Person zu einem Gute (Aktivum) vert ist, id quod inter-est, das **Interesse zwischen Person und Gut**. Bei einer Sachv ist — obgleich der allgemeine Sprachgebrauch und häufig auch die Sprache der Vsfachleute dies nicht beachten — **nicht die Sache** vert, sondern die Wertbeziehung des Eigentümers zur Sache A (das Sachinteresse) bildet den „Gegenstand der V" (ein Ausdruck, der übrigens unklar ist, kann man doch als Gegenstand eines Vertrages auch die Leistungspflichten der Parteien, z. B. die Gefahrtragungspflicht des Vers, oder das durch die Leistungshandlung zu Verschaffende, z. B. die dem Vmer vom Ver zu verschaffende Anwartschaft, verstehen. Das Interesse bildet nur eine der Komponenten für die Bestimmung der Leistung des Schadensvers).

Der Interessebegriff ist zugleich **rechtlich** und **wirtschaftlich** determiniert, letzteres deshalb, weil auch der Schaden, als Negation des Interesses, einen wirtschaftlichen, vermögensmäßigen Nachteil bedeutet. Will man die denkbaren beziehungsverknüpften **Güter** klassifizieren, so ergibt sich die Vierteilung in Sachen, Forderungen, sonstige Rechte und Anwartschaften.

III. Zentralbegriffe der Schadensversicherung

[13] aa) Sachinteresse.

Das Sachinteresse, bedeutsam für alle Sachvszweige, steht dem Eigentümer der Sache zu, wobei aber das Eigentum wegen der wirtschaftlichen Ausrichtung des Interesse- und Schadensbegriffs nach der hier vertretenen Auffassung nicht notwendig dem formal-sachenrechtlichen Eigentümer zusteht. Man hat gesagt, **nicht das Eigentums-, sondern das Eigentümerinteresse** entscheide. Treffen formales und wirtschaftliches Eigentum zusammen, so könnte man bei der Sachv auch das Eigentumsrecht als beziehungsverknüpftes Gut ansehen. Aber so wie man vom Sachkauf, nicht von Eigentumskauf spricht, redet man auch vom Sachinteresse und von der Sachv, wenn man (nur) an das Eigentümerinteresse und die Eigentumsv denkt. Aus § 52 ergibt sich eine Vermutung dahingehend, daß das Eigentümerinteresse vert ist (Anm. 55 zu § 52).

Näheres zur V des Sachinteresses: Anm. 58—68 zu § 49, zum Vswert des Sachinteresses: Anm. 18, 30—36 zu § 52, zur V von Sachinbegriffen: Anm. zu § 54.

[14] bb) Forderungsinteresse.

Wird die Wertbeziehung einer Person zu einem Forderungsrecht vert, so handelt es sich um eine Forderungsv. Der Hauptfall ist die Kreditv, bei der sich der Vsfall meistens derart ereignet, daß zwar juristisch die Forderung bestehenbleibt, daß sie aber **wirtschaftlich** wegen Insolvenz des Schuldners entwertet wird. Dagegen kann z. B. eine Frachtforderungsv den Verfrachter (Reeder) für den Fall schützen, daß er **von Rechts wegen** seine Frachtforderung gemäß § 617 I HGB verliert, weil für Güter, die durch irgendeinen Unfall verlorengegangen sind, keine Fracht zu bezahlen ist.

Näheres zur V des Forderungsinteresses: Anm. 69 zu § 49, zum Vswert des Forderungsinteresses: Anm. 19 zu § 52.

[15] a) Interesse an „sonstigen" Rechten.

Das Eigentumsrecht (über das Sachinteresse: Anm. 13) ist ein **Herrschaftsrecht** (Darfrecht). Aber auch andere Herrschaftsrechte lassen sich vern, z. B. beschränkte dingliche Rechte, insbesondere Grundpfandrechte (speziell Hypotheken [dazu § 105] und Grundschulden im Blick auf den Fall, daß aus dem Grundstück Befriedigung nicht zu erlangen ist) oder Nießbrauchsrechte (im Blick auf den Fall, daß der Nießbraucher die Nutzungen der Sache nicht ziehen kann). Theoretisch ist auch die V von Patentrechten (z. B. für den Fall von Patententwertungen oder Patentverletzungen) und anderen Immaterialgüterrechten, die gleichfalls zu den Herrschaftsrechten zählen, denkbar.

Das Forderungsrecht (über das Forderungsinteresse: Anm. 14) ist ein **Anspruchsrecht** (Sollrecht), und zwar ist eine Forderung ein schuldrechtlicher Anspruch. Aber auch andere Ansprüche, z. B. dingliche, familien- oder erbrechtliche Ansprüche lassen sich vern, obgleich solche Fälle praktisch kaum eine Rolle spielen. Man stelle sich vor, daß ein Vermächtnisnehmer eine V hinsichtlich einer ihm vom Beschwerten noch nicht geleisteten Sache nehmen möchte.

Neben den Herrschafts- und Anspruchsrechten stehen die **Gestaltungsrechte** (Kannrechte). Einige von ihnen, z. B. Aneignungsrechte an herrenlosen Sachen, im Jagd-, Fischerei-, Bergwerksrecht, kommen theoretisch für einen Vsschutz in Frage.

Den subjektiven Rechten stehen **faktische Ansprüche** nahe, deren Erfüllung so gesichert erscheint, daß bei Ausbleiben der Erfüllung ein positiver Vermögensschaden erwächst (Möller Summen- und Einzelschaden a. a. O. S. 64—67).

Näheres zur V des Interesses an „sonstigen" Rechten: Anm. 70 zu § 49, zum Vswert solchen Interesses: Anm. 20 zu § 52.

[16] dd) Gewinninteresse.

Die wirtschaftliche Betrachtungsweise, welche im Schadensersatzrecht geboten ist, macht es erforderlich, unter den Aktiven auch Anwartschaften und Chancen zu beachten, Güter des „werdenden" Aktivvermögens, zu denen jedoch bereits jetzt Wertbeziehungen bestehen, bei deren Negation der Schaden sich als entgehender Gewinn darstellt (Gewinnv, Ertragsv: Anm. 6). Nach § 252^1 BGB umfaßt der zu ersetzende Schaden auch den entgangenen Gewinn. Im Vsrecht läßt sich die Wertbeziehung einer Person zu einer Anwartschaft vern, wobei der Begriff Anwartschaft weit zu fassen ist und unter Anwartschaften nicht etwa Anwartschaftsrechte zu verstehen sind, wie sie z. B. dem Käufer einer Sache bei Eigentumsvorbehalt nach Besitzübergabe zustehen (dieser Vorbehaltskäufer hat wirtschaftlich bereits das volle Sachinteresse, Anm. 53—54, 91 zu § 49).

Gewinninteressen sind häufig an Sachinteressen angelehnt, z. B. wird in der Transportv neben den Gütern oft der imaginäre Gewinn vert. Aber es gibt auch isolierte Gewinninteressen, man denke an die Regenv, genommen vom Veranstalter eines Pferderennens oder Tennisturniers.

Näheres zur V des Gewinninteresses: Anm. 71 zu § 49, Anm. zu § 53, zum Vswert des Gewinninteresses: Anm. 21 zu § 52.

[17] b) In der Passivenversicherung.

Schützt eine Schadensv gegen die Entstehung von (Unwert-)Beziehungen zu Passiven („Ungütern"), so ist vor der Gefahrverwirklichung solches Passivum nicht vorhanden. Die Schädigung besteht hier nicht in der Einbuße von vorhandenem Wertvollem, sondern in dem Existentwerden einer bislang nicht vorhandenen Belastung mit etwas Unwertvollem. Über die Entwicklung dieser Erkenntnis: Anm. 6.

Auch für die Passivenv ist es geboten, von einer zugleich wirtschaftlichen Betrachtungsweise auszugehen und die denkbaren beziehungsverknüpften Passiven zu klassifizieren. Auch hier ergibt sich eine Vierteilung: V gegen gesetzliche Schulden, gegen vertragliche Schulden, gegen notwendige Aufwendungen, gegen konkrete Verlustmöglichkeiten.

[18] aa) Versicherung gegen gesetzliche Schulden.

Schulden, die kraft Gesetzes entstehen, können die Vermögenslage sehr ungünstig beeinflussen. Dabei kann es sich entweder um Schulden aus gesetzlichen Schuldverhältnissen handeln, z. B. aus unerlaubter Handlung (einschließlich Gefährdungshaftung), oder um Schulden, die das Gesetz einem Vertragspartner dann auferlegt, wenn er seine Vertragspflichten nicht oder schlecht erfüllt. Nicht selten stehen einem Gläubiger konkurrierend Forderungen ex lege und ex contractu gegen einen Schuldner zu, man denke an Ansprüche eines Vermieters gegen einen Mieter, eines Passagiers gegen einen Beförderer. Wegen dieser häufigen Konkurrenz sind sekundäre Vertrags(verletzungs)ansprüche den Ansprüchen ex lege insoweit gleichzustellen, als sie nicht „auf Grund Vertrags oder besonderer Zusagen über den Umfang der gesetzlichen Haftpflicht des Vmers hinausgehen" (vgl. § 4 I Ziff. 1 AHaftpflB).

Die V gegen gesetzliche Schulden spielt die Hauptrolle in der Haftpflichtv, die meistens den Fall betrifft, daß der Vmer „auf Grund gesetzlicher Haftpflichtbestimmungen privatrechtlichen Inhalts von einem Dritten auf Schadensersatz in Anspruch genommen wird" (§ 1 I AHaftpflB). Mit dieser Formulierung wird der Kreis der in Betracht kommenden gesetzlichen Schulden im Vsvertrag näher umrissen.

Näheres zur V gegen gesetzliche Schulden: Anm. 73—76 zu § 49.

[19] bb) Versicherung gegen vertragliche Schulden.

Von sekundären Vertragsansprüchen, Vertragsverletzungsansprüchen war schon in Anm. 18 die Rede. Aber ein Schuldner kann sich in gewissem Umfange sogar gegen primäre Vertragsansprüche, Vertragserfüllungsansprüche vern. Zwar beruht hier die Obligation auf dem rechtsgeschäftlichen Willen des Schuldners, und man kann sich z. B. nicht dagegen vern, daß man aufgenommene Darlehen zurückzahlen, kontrahierte Kaufpreisschulden begleichen muß. Aber es gibt Risikogeschäfte, Verträge mit aleatorischem Einschlag, bei denen das Bedürfnis und die Möglichkeit besteht, das Risiko auf einen Ver abzuwälzen. So könnte man sich theoretisch dagegen vern, daß man aus einer Bürgschaft in Anspruch genommen wird. Praktisch wichtig aber ist der Fall der Rückv: Ein Ver vert sich dagegen, daß er aus den von ihm abgeschlossenen (Erst-)Vsverträgen in Anspruch genommen wird.

Näheres zur V gegen vertragliche Schulden: Anm. 77 zu § 49.

[20] cc) Versicherung gegen notwendige Aufwendungen.

Aufwendungen sind freiwillige Vermögensopfer; es besteht keine Rechtspflicht, die Aufwendungen zu machen. Aber nicht selten ist man faktisch gezwungen, Ausgaben zu

III. Zentralbegriffe der Schadensversicherung Vor §§ 49—80
Anm. 21—22

tätigen oder doch Schulden einzugehen, um nach einer Gefahrverwirklichung den früheren Zustand möglichst wiederherzustellen. So entsteht für einen Hauseigentümer die Notwendigkeit, neben der Sachsentschädigung die Differenz zwischen Neuwert und Zeitwert aufzuwenden, falls er nach Zerstörung seines Gebäudes an gleicher Stelle ein gleich geräumiges Haus wiederaufbauen möchte. Der Kranke ist es „seiner Gesundheit schuldig", zum Arzt zu gehen; die Schädigung entsteht bereits mit der Notwendigkeit der Aufwendung der Heilkosten, nicht etwa erst nach Entstehung der vertraglichen Schulden gegenüber dem Arzt. Auch bei einer Vermehrung der Bedürfnisse (§ 843 I BGB) geht es um notwendige Aufwendungen.

Näheres zur V gegen notwendige Aufwendungen: Anm. 78 zu § 49.

[21] dd) Versicherung gegen konkrete Verlustmöglichkeiten.

So wie auf der Aktivseite des Vermögens eine Anwartschaft bereits als Vermögensgut anzusehen ist (Schaden = entgehender Gewinn), so muß anerkannt werden, daß die Entstehung konkreter Verlustmöglichkeiten auf der Passivseite des Vermögens bereits einer Schädigung gleichzuachten ist (dogmatische Begründung: Möller Summen- und Einzelschaden a. a. O. S. 67—75). Werden gegen einen Kraftfahrzeughalter Ansprüche erhoben, so bedeutet dies auch dann für ihn eine Schädigung, wenn die Ansprüche — objektiv gesehen — unbegründet sind; denn bei Nichtabwehr können sich die unbegründeten Ansprüche — etwa kraft Versäumnisurteils — leicht in begründete umwandeln. Von hier aus erklärt sich die Rechtsschutzfunktion der Haftpflichtv (§ 150 I 1, 2). Im Rahmen der echten Rechtsschutzv resultieren konkrete Verlustmöglichkeiten aus dem Umstand, daß im Falle des späteren Unterliegens dem Gegner die erwachsenen Kosten zu erstatten sind und daß (bei defensivem Rechtsschutz) der Unterliegende Zweitschuldner der Gerichtskosten wird.

Näheres zur V gegen konkrete Verlustmöglichkeiten: Anm. 79 zu § 49.

[22] 3. Versicherte Gefahr (Versicherungsfall).

a) Wesen.

Der Begriff der vten Gefahr ist für sämtliche Erscheinungsformen der V wesentlich (vgl. deshalb schon Anm. 5, 31, 49 zu § 1, Anm. 15 zu § 16). Gefahr ist die Möglichkeit der Entstehing eines Bedarfs (Bruck S. 55), in der Schadensv: die **Möglichkeit der Entstehung eines Schadens.** Es kommt n i c h t auf die o b j e k t i v e Betrachtungsweise an, sondern — s u b j e k t i v — darauf, ob insonderheit der Vmer bei Vertragsabschluß weiß, daß der Vsfall sich ereignet hat (Näheres: Anm. 22—43 zu § 2). Die Möglichkeit steht zwischen der Unmöglichkeit und der Gewißheit des Schadens; ihre Realisierung kann ganz entfernt möglich oder so wahrscheinlich sein, daß diese Wahrscheinlichkeit an die Gewißheit grenzt. Die Prämienhöhe richtet sich primär nach dieser „**Grundgefahr**". Neben ihr ist bedeutsam, welcher Umfang des Schadens zu befürchten ist (**Schadenauswirkungsgefahr:** Ehrenzweig S. 79).

Die dem Gefahrenbegriff eigentümliche Ungewißheit besteht in der Schadensv meistens gleichzeitig hinsichtlich des O b, des W a n n und des W i e - h o c h des Schadenseintritts (Hax in: Studienwerk B I 1 S. 20 spricht von drei verschiedenen **Dimensionen der Ungewißheit**). Es würde aber theoretisch auch für die Schadensv ausreichen, wenn z. B. nur das Wann zweifelhaft wäre (Bestattungsv, V hinsichtlich der Lebensdauer von Röntgenröhren) oder nur das Wieviel (V hinsichtlich des Abnutzungsgrades oder Schwundausmaßes).

Die vte Gefahr wird im Vsvertrag **abstrakt** umschrieben. Im Einzelfall, also in c o n c r e t o setzt sie sich aus einer Vielzahl von Gefahrumständen zusammen, die vermöge der vorvertraglichen Anzeigepflicht erfaßt werden sollen (Anm. 14—30 zu § 16). Man spricht von der Gefahrslage, dem Gefahrenzustand. Dieser wird als ruhend gedacht. Änderungen der Gefahrslage werden speziell als Gefahrerhöhungen vsrechtlich berücksichtigt (Anm. 3—17 zu § 23).

In der **Aktivenversicherung** gilt besonders eindringlich der Satz, daß die Gefahr etwas Gefährdetes voraussetze. Vidal WuRdVers 1928 Nr. 2 S. 7, 14—15 spricht vom g e f ä h r d e t e n Z u s t a n d. Da aus vstechnischen Gründen nicht der Gesamtvermögenszustand des Gefährdeten geschützt, kein Summenschadensersatz geleistet werden kann, entspricht es dem Ersatz von Einzelschäden (Anm. 4), daß der gefährdete Zustand jeweils das einzelne vte Interesse ist. Die **Gefahr bedroht ein Interesse,** sie läßt befürchten, daß das Interesse durch Gefahrverwirklichung beeinträchtigt werde.

In der **Passivenversicherung** zeigt sich, daß eine Gefahrverwirklichung nicht notwendig „Werte" raubt, „die durch den Vsvertrag geschützt werden sollen" (so Vidal WuRdVers 1928 Nr. 2 S. 7), sondern daß manche Gefahren die Entstehung von Unwertbeziehungen befürchten lassen: Nicht Werte werden geraubt, sondern Passiven gelangen zur Entstehung. Während die Gefahr im Blick auf die Aktiven begrenzt ist und der Habenichts nichts verlieren kann, ist nach der Passivseite hin das Vermögen des Ärmsten insofern unbeschränkt hoch, als er mit unbegrenzten Schulden, notwendigen Aufwendungen usw. belastet werden kann. Will man auch für die Passivenv etwas Gefährdetes ermitteln, so ist es der s t a t u s q u o der Gesamtvermögenslage; aber diese Betrachtungsweise bedeutet einen Rückfall in den summarischen Schadensbegriff (Anm. 6).

Stets entsteht infolge der Verwirklichung der vten Gefahr ein Schaden. Deshalb spielt die **Kausalitätsfrage** in der gesamten Schadensv eine bedeutsame Rolle: Ist durch die vte Gefahr das Interesse beeinträchtigt? Ist infolge der vten Gefahr ein Passivum entstanden? War nicht etwa eine ausgeschlossene Gefahr kausal? Näheres zur Kausalität Anm. 127—166 zu § 49.

Die Gefahr verwirklicht sich in **Zeit** und **Raum.** Zur Lehre von der materiellen Vsdauer Anm. 3—4, 8—9 zu § 2, Anm. 1—9 zu § 7. Zur Lehre vom Vsort Anm. zu § 68.

[23] b) Lehre.
Mit der „Lehre von der Vsgefahr" hat sich am ausführlichsten Kisch II S. 1—171, vorher schon Kisch ZVersWiss 1917 S. 488—506, befaßt. Er arbeitet verschiedene Bedeutungen des Begriffes heraus, stellt aber in den Vordergrund die Definition als „M ö g l i c h k e i t d e s E i n t r i t t s d e s E r e i g n i s s e s , a n w e l c h e s d i e L e i s t u n g s p f l i c h t d e s V e r s g e k n ü p f t i s t" (Kisch II S. 2, ähnlich Ehrenzweig S. 74). Teilweise wird es vorgezogen, von der Möglichkeit des Eintritts eines Ereignisses zu reden, „an welches die Leistungspflicht des Vers geknüpft sein k a n n" oder von der „Möglichkeit des Eintritts des Vsfalles" (Vidal WuRdVers 1928 Nr. 2 S. 6). Aber der Gefahrbegriff ist auch außerhalb des Vswesens vorgegeben, erst durch den Vsvertrag wird die Gefahr schlechthin zur vten Gefahr, und aus der Möglichkeit der Entstehung eines Schadens wird die Möglichkeit der Entstehung eines ersatzpflichtigen Schadens. Deshalb sagt Ehrenberg I S. 4: „Gefahr nennen wir die Möglichkeit des zufälligen Eintritts einer wirtschaftlich nachteiligen Thatsache" (wobei das Erfordernis der Zufälligkeit problematisch ist). Hecker a. a. O. S. 64 definiert die Gefahr als „Zustand der Schadensmöglichkeit". Koenig S. 137, 140 spricht von der „Möglichkeit des Eintritts eines schädigenden Ereignisses", von der „Befürchtung einer Schädigung" (wobei er aber nur an die „Schädigung des vten Gegenstandes" denkt, die für ihn nicht mit einem wirtschaftlichen Schaden des Vmers verbunden zu sein braucht).

Wenn man sagt, der Ver ü b e r n e h m e (§ 16 I 1) und t r a g e die Gefahr, so bedeutet dies nicht, daß die (primäre) Bedrohung vom Vmer fortgenommen werde, vielmehr v e r b l e i b t die Gefahr beim Vmer, der Ver gleicht lediglich (sekundär) die S c h a d e n s f o l g e n aus, deckt den entstehenden Bedarf (Bruck S. 55—56, Kisch II S. 9—16). In diesem Sinne ist es richtig, daß der Ver einen zweifelhaften Minus-Bestandteil des Vermögens übernimmt (so Dernburg-Kohler a. a. O. S. 364—365).

[24] Im Bereich der **Wirtschaftswissenschaften** geht Mahr Einführung a. a. O. von der Gefahr als einer „Gegebenheit des Lebens" aus (S. 13—18). Dem Begriff der Gefahr entspreche „wirtschaftlich der engere Begriff des Risikos: die instabile Ordnung des Seins bringt in die Wirtschaftsführung Unsicherheiten hinein, die, wenn sie sich verwirklichen, eine abträgliche Diskrepanz zwischen Plandaten und faktischen Daten aufreißen" (S. 21). Im Vsvertragsrecht wird umgekehrt der Begriff des Risikos als weiterer Begriff verwendet; der Ver beschränkt das von ihm getragene Risiko insbesondere durch Umreißung der vten Gefahr (Anm. 12 zu § 6, Hagen I S. 382, Lötsch, Die Risikobeschränkungen, Hamburg 1935, S. 39—41). Das Risiko ist wirtschaftlich eine „Verlustchance" (Middeke a. a. O. S. 8), eine „mögliche negative Abweichung vom Plan" (Hax in: Studienwerk B I 1 S. 15).

III. Zentralbegriffe der Schadensversicherung

Im Bereich der **Versicherungsmathematik** wird die Gefahr besonders durch die Wahrscheinlichkeitsrechnung behandelt, und zwar auf der Grundlage von Daten, welche mit Hilfe der mathematischen Statistik erarbeitet worden sind. Unter (kollektiver) Risikotheorie versteht man ein Teilgebiet der Vsmathematik, das sich mit der Erfassung der Zufallsschwankungen für ganze Vsbestände beschäftigt. Die vsmathematischen Erkenntnisse wurden der Vswirtschaft besonders erschlossen seit Gürtler ZVersWiss 1928 S. 209 bis 236, 292—326, später Gürtler Kalkulation a. a. O. Neuerdings wird die Heranziehung mathematischer Methoden seitens der Wirtschaftswissenschaften immer verbreiteter, vgl. z. B. Middeke a. a. O. S. 1—158.

[25] Im **allgemeinen Zivilrecht** wird der Begriff der Gefahr in verschiedenen Bedeutungen gebraucht. Die Vergütungs- (Preis-, Gegenleistungs-)gefahr spielt bei allen gegenseitigen Verträgen eine Rolle und betrifft das Problem, ob ein Schuldner die Vergütung begleichen muß (oder nicht zurückerhält), obgleich er seinerseits infolge eines zufälligen Ereignisses die ihm geschuldete Leistung nicht oder nicht vollwertig erlangt. Es geht also beim Kauf für den Käufer um ,,die Gefahr des zufälligen Unterganges und einer zufälligen Verschlechterung" der Kaufsache (§§ 446, 447 I BGB; gleichzustellen sind den Substanzschäden die Entziehungsschäden). Die Leistungsgefahr kommt nur bei Gattungsschulden in Betracht und betrifft das Problem, ob der Schuldner — ungenau ausgedrückt — ,,noch einmal leisten" muß, z. B. bei einer Bringschuld nochmals eine (Gattungs-)Sache auf den Weg bringen muß, obgleich ohne sein Zutun ein erster Leistungsversuch nicht zum Ziele geführt hat. — Vsrechtlich formuliert und auf einen Kaufvertrag abgestellt handelt es sich bei der Vergütungsgefahr für den Käufer um die Einbuße eines Aktivums (Sachgefahr) (der Kaufpreis ist verpflichtungsgemäß zu begleichen), bei der Leistungsgefahr für den Verkäufer um die Fortexistenz eines Passivums, obgleich die Verbindlichkeit bereits getilgt sein sollte (,,nochmalige" Lieferung). Die Gefahr spielt aber auch im übrigen für das Zivilrecht eine Rolle, z. B. als Wiederholungsgefahr (§§ 12², 862 I 2, 1004 I 2 BGB), beim Defensivnotstand (§ 228 BGB), bei der Vermögensverschlechterung (§ 321 BGB). Von Gefährdungshaftung spricht man im Deliktsrecht bei einer Haftung ohne Verschulden (für Zufall), die ihren rechtspolitischen Grund darin hat, daß der Haftende eine Gefahr gesetzt hat, z. B. als Kraftfahrzeughalter.

[26] **c) Arten.**

Es war bereits die Rede von der Grundgefahr und der Schadenauswirkungsgefahr, ferner von der Ungewißheit hinsichtlich des Ob, Wann und/oder Wie-hoch der Gefahrverwirklichung (Anm. 22). Hier müssen noch einige weitere Unterscheidungen eingeführt werden im Blick auf Ursprungssphären der Gefahr (Anm. 27), Totalität und Spezialität (Anm. 28), Gefahren der Passivenv (Anm. 29), Gefahrengruppen besonderer Art (Anm. 30), Einfach- und Komplexgefahren (Anm. 31).

[27] **aa) Ursprungssphären der Gefahr.**

Blitz, Sturm, Hagel, Regen, Überschwemmung sind Gefahren, die ihren Ursprung in Naturgewalten haben; Explosion, Kernenergie, Leitungswasser, Kraftfahrzeuge, Maschinen beschwören technische Gefahren herauf; Einbruchdiebstahl, Veruntreuung sind Gefahren, die von (dritten) Menschen ausgehen; Haftpflicht, Krankheit wurzeln in der Person des Vmers selbst. Oft aber kann eine Gefahr nicht nur einer dieser vier Sphären zugeordnet werden: Ein Brand kann sowohl Naturereignis als auch technisch bedingt sein, er kann von Mitmenschen oder vom Vmer selbst verursacht werden.

Mahr Einführung a. a. O. S. 14—17 will die Gefahren der Lebensstruktur und jene der Lebenskultur unterscheiden.

[28] **bb) Totalität und Spezialität.**

Die Vstechnik (und Sprache) gestattet es, nach dem Prinzip der Totalität oder Universalität der Gefahren in einem Oberbegriff eine Vielzahl von Gefahren zusammenzufassen, z. B. die ,,Gefahren der Seeschiffahrt" (§§ 1 I, 28$^{1, 2}$ ADS): Der Ver trägt alle Gefahren, denen das Schiff oder die Güter während der Dauer der V ausgesetzt sind (§ 23^1 ADS); aber er trägt doch nur alle Gefahren der Seeschiffahrt (§ 1 I ADS mit Ritter Anm.

11 zu § 28, S. 465). Die Totalität ist also keine echte. Aber die Zahl der vom Ver getragenen Gefahren ist so umfassend, daß darin alle oben erwähnten Sphären vorkommen, z. B. Erdbeben und Eis, Schiffszusammenstoß und Explosion, Diebstahl und Plünderung, sowie eigenes nautisches Verschulden (§§ 28², 33 I 2 ADS). Näheres Möller ITVMitt 1939 S. 65—68.

Meistens aber wird nach dem Prinzip der Spezialität der Gefahr Vsschutz gewährt, was nicht ausschließt, daß in einem Vsvertrage mehrere spezielle Gefahren aufgezählt werden, z. B. in der Autokasko (§ 12 AKB). „Klassisch" ist die Verbindung von Brand, Blitzschlag und Explosion in der Feuerv (§ 1 I AFB). Von einer kombinierten, verbundenen V spricht man aber erst, wenn z. B. ein Gebäude außerdem gegen Sturm und Leitungswasser vert wird, Hausrat auch gegen Einbruchdiebstahl und Leitungswasser.

Falls der V einer primären Gefahr vom Gesetz oder von den Vsbedingungen ohne weiteres die V einer weiteren Gefahr „angehängt" wird, kann man von einer Adhäsionsgefahr sprechen (Möller WuRdVers 1931 Nr. 1 S. 41—46), man denke an die Gefahr des Abhandenkommens, Löschens, Niederreißens, Räumens in der Feuerv (§ 83 I 2), an die Krankheits- und Unfallgefahr in der Tierlebensv (§ 116 I 2).

In der Binnentransportv findet sich teils das Prinzip der Totalität der Gefahren (§ 1 I ADB), teils eine Aufzählung spezieller Gefahren: Schiffahrtsunfall, Feuer, höhere Gewalt (§ 1 I Allgemeine Bedingungen für die V von Gütertransporten auf Flüssen und Binnengewässern); Betriebsunfall, Feuer, Explosion, höhere Gewalt (§ 1 I 1 Allgemeine Vs-Bedingungen für den Gütertransport mit Kraftfahrzeugen); Betriebsunfall, Brand, Raub, Diebstahl, Unterschlagung, Abhandenkommen ganzer Frachtstücke, höhere Gewalt (§ 1 Allgemeine Vs-Bedingungen für den Gütertransport zu Lande mittels Eisenbahn, Post oder Fuhre). — Bei der Einheitsv werden während der Transporte „alle Gefahren, welchen die Waren dabei ausgesetzt sind", gedeckt, während der Lagerungen dagegen nur spezielle Gefahren (§ 2 I a, II EVB).

[29] cc) Gefahren der Passivenversicherung.

Bei der Passivenv gilt es, die vte Gefahr und die dadurch geschaffene Beziehung zu einem Passivum auseinanderzuhalten. § 1 Ziff. 2a AHaftpflB kennzeichnet die „im Vsschein und seinen Nachträgen angegebenen Eigenschaften, Rechtsverhältnisse oder Tätigkeiten des Vmers" als das vte Risiko. Ergibt sich gerade hieraus eine Haftpflicht, so schafft die vte Gefahr ein Passivum, gegen dessen Entstehung Vsschutz gewährt wird, nämlich den Schadensersatzanspruch eines Dritten „auf Grund gesetzlicher Haftpflichtbestimmungen privatrechtlichen Inhalts" (§ 1 Ziff. 1 AHaftpflB). Ein Gefahrenausschluß findet sich in §§ 2 Ziff. 3, 4 Ziff. I 4 AHaftpflB, z. B. im Hinblick auf das Führen oder Halten von Kraftfahrzeugen. Die Abgrenzung der vten Gefahr (nebst Gefahrausschlüssen) von den Passiven, gegen die Vsschutz gewährt wird (nebst „Beziehungsausschlüssen") ist nicht immer einfach. Es handelt sich um einen Ausschluß bestimmter Passiven (Beziehungsausschluß), nicht um einen Gefahrenausschluß, wenn § 4 Ziff. II 2 AHaftpflB „Haftpflichtansprüche aus Schadensfällen von Angehörigen des Vmers" aus dem Vsschutz herausnimmt (vgl. Anm. 11).

In der Krankheitskostenv ist in analoger Weise zwischen der Gefahr, nämlich der vten Krankheit (dem vten Unfall, evtl. der vten Entbindung) und den dadurch verursachten notwendigen Aufwendungen (Passiven) zu unterscheiden; dabei sind die Tarife wichtig für die Frage, welche Arten von notwendigen Aufwendungen in Betracht kommen (Arzt-, Heilpraktiker-, Krankenhaus-, Kur-, Arznei-, Hilfsmittelkosten). Sowohl an den Gefahrenbegriff als auch an den Aufwendungskreis können Ausschlüsse anknüpfen.

[30] dd) Gefahrengruppen besonderer Art.

Gewisse Gefahrengruppen pflegen in vielen Vszweigen eine Sonderbehandlung zu erfahren, speziell

das **subjektive Risiko,** welches ausgeht von der Person des Vmers und Vten. Oft werden subjektiv-verschuldete Gefahrumstände aus der Gefahrtragung des Vers ausgeschlossen, in § 61 prinzipiell in der Schadensv Vorsatz und grobe Fahrlässigkeit. Dazu Anm. zu § 61.

die **Beschaffenheitsgefahren,** welche besonders in der Gütertransportv — speziell als innerer Verderb — bedeutsam sind (§ 131 II; § 86 ADS); aber man kann so weit gehen, hier auch an „alte Leiden" in der Krankenv zu denken. Dazu Behr, Die Beschaffenheitsgefahren in der V, Hamburger Diss. 1933, Passehl, Die Beschaffenheitsschäden in der Seev, ungedruckte Hamburger Diss. 1960.

die **Katastrophenrisiken.** Dazu Frey ZVersWiss 1965 S. 241—262 m. w. N.

die **politischen Risiken,** insbesondere Krieg, aber auch innere Unruhen, Plünderung, Sabotage, Streik, Aussperrung, Boykott, Verfügung von hoher Hand, Beschlagnahme, Friedensblockade, Embargo. Dazu Kersten, Die politischen Gefahren im Vsrecht mit Ausnahme der Kriegsgefahr, ungedruckte Hamburger Diss. 1950.

die Gefahren der **Kernenergie,** Atomenergie, radioaktiven Isotopen. Dazu Belser, Atomvsrechtliche Fragen unter Berücksichtigung der internationalen Konventionen, Göttingen 1963, Esser VW 1958 Nr. 1 Sonderbeilage S. I—X, Gruse VersPrax 1958 S. 49—53, 1960 S. 75, Knoerrich VA 1960 S. 67—72, Möller in: Kernenergieantriebe für Handelsschiffe, 3. Jahrbuch der Studiengesellschaft zur Förderung der Kernenergieverwertung in Schiffbau und Schiffahrt e. V., München 1964, S. 114—119, Pohl VW 1962 S. 836—839, Scheidwimmer VW 1960 S. 2, 4, VersR 1962 S. 677—683, Schmidt Mitteilungen der Vereinigung kantonal-schweizerischer Feuervsanstalten 1956 S. 179—194, in: Deutsche Landesreferate zum V. Internationalen Kongreß für Rechtsvergleichung in Brüssel 1958, Berlin o. J., S. 130 bis 144, VW 1958 S. 721—722, 724—725, Schwenkhagen, Kernenergiefragen in der Haftpflicht- und Unfallv, Karlsruhe 1957.

Bei allen diesen Gefahrengruppen zeigt sich einerseits die Tendenz, sie aus den „normalen" Ven auszuschließen. Andererseits werden im Zuge des Strebens nach einer Vervollkommnung des Vsschutzes hierfür neue Vszweige und Klauseln entwickelt.

[31] ee) Einfach- und Komplexgefahren.
Die primäre Risikoumschreibung ist zuweilen einheitlich, man denke an Begriffe wie Blitz, Brand, Gefahren der Seeschiffahrt. Zuweilen aber gelingt es nicht, einen einheitlichen Ausgangsbegriff zu finden, z. B. ist der Begriff des Einbruchdiebstahls in § 1 II AEB n i c h t u n i t a r i s c h, sondern in vier V a r i a n t e n definiert, mit manchen Abweichungen vom Strafrecht.

Wenn aber hier E i n f a c h - u n d K o m p l e x g e f a h r e n unterschieden werden, so soll unter Komplexgefahren nicht solche Auffächerung des Vsfalles verstanden werden, auch handelt es sich nicht um das Zusammentreffen mehrerer Ursprungssphären der Gefahr (Anm. 27), um Fälle der Totalität der Gefahren oder um die V mehrerer spezieller Gefahren (Anm. 28), sondern um eine andere Erscheinung:

Die Gefahrverwirklichung setzt — im Hinblick auf eine spezielle Gefahr — die Erfüllung bestimmter T a t b e s t a n d s m e r k m a l e voraus. Diese Tatbestandsmerkmale können einfach sein: Ein Brand, also ein Feuer bestimmter Art, beeinträchtigt ein Sachinteresse. Es kann sich aber auch um einen k o m p l i z i e r t e r e n Tatbestand handeln, innerhalb dessen möglicherweise mehrere Kausalabläufe erforderlich sind. Man denke an eine Feuerbetriebsunterbrechungsv: Ein Brand verursacht wiederum Sachschaden, aber dieser muß eine Betriebsunterbrechung bewirken und letztere muß einen Unterbrechungsschaden zur Folge haben (§§ 1, 2 I, 3 I FBUB). Hier kann man von einer komplizierten, von einer K o m p l e x g e f a h r, vielleicht auch von einer S t u f e n g e f a h r sprechen, weil der Gesamttatbestand sich in mehreren Stufen realisiert, zum mindesten logisch, begrifflich. Auch die Unfallgefahr ist eine Komplexgefahr, weil nach §§ 2 I, 8 Ziff. IV Abs. 1 AUB ein Unfall vorliegt, wenn erstens ein Ereignis plötzlich von außen auf den Körper des Vmers wirkt und zweitens hierdurch der Vmer eine Gesundheitsbeschädigung erleidet; drittens müssen — was die Unfallv als Schadensv anlangt — für die Behebung der Unfallfolgen Kosten eines Heilverfahrens notwendig werden.

Soweit die Gefahren einem Sachinteresse drohen, kann man von S a c h g e f a h r e n sprechen: Brand, Schiffszusammenstoß usw. Solche Sachgefahren kommen für Forderungs- oder Gewinninteressen oder bei einer Passivenv nicht unmittelbar zur Auswirkung, Forderungen können nicht brennen, Gewinnanwartschaften nicht kollidieren. Aber oft hat die Verwirklichung der Sachgefahr in Verbindung mit anderen Umständen eine Beeinträchtigung auch anderer als Sachinteressen oder die Entstehung von Passiven zur Folge: Ein Brand läßt auf Grund des § 537 BGB eine Mietforderung untergehen, ein Schiffszusammenstoß „zerstört" Gewinnanwartschaften aus Schiffsverwendung oder Güterverkauf oder er läßt eine Kollisionshaftpflicht erwachsen. Hier ist also die Sachgefahr den vten Gefahren „i m m a n e n t", sie wohnt der vten Gefahr inne. Deshalb kann man auch hier von einer komplexen Gefahr reden.

[32] d) Versicherungsfall.

aa) Gefahrverwirklichung.

Mit dem Vsfall fällt das über dem Vmer hängende Damoklesschwert, die v t e G e f a h r v e r w i r k l i c h t s i c h (Kisch ZVersWiss 1935 S. 88, BGH 18. XII. 1954 BGHZ Bd 16 S. 42, 19. III. 1956 VersR 1956 S. 250, 14. XI. 1957 VersR 1957 S. 781). Die Gefahrtragung des Vers tritt aus dem latenten in das akute Stadium über. Die dem Vmer durch den Vsvertrag verschaffte Anwartschaft realisiert sich. Der Vsfall ist jener Fall, für den die V genommen worden ist. Da die Gefahrverwirklichung befürchtet werden muß, ist der Vsfall kein Glücksfall, sondern ein Wechselfall des Lebens, ein U n - f a l l (wobei dieser Ausdruck aber heute eine engere rechtstechnische Bedeutung hat; anders noch §§ 811 II, 818, 819 I, 882 II Ziff. 3, 884 Ziff. 3 HGB). Der Vsfall braucht kein Z u f a l l zu sein, wenn man unter Zufall nur (vom Vmer) unverschuldete Vorfälle versteht: Auch ein leichtfahrlässig verursachter Brand, auch ein grobfahrlässig verursachter Haftpflichtfall sind Vsfälle (vgl. §§ 61, 152).

Der Ausdruck „Vsfall" findet sich zuerst in den Entwürfen zum VVG (Bruck S. 627), im Seevsrecht wird er ausnahmsweise in § 811 III HGB benutzt, ständig dagegen in den ADS. Die AVB der Binnenv haben durchweg den Ausdruck Vsfall übernommen, nur ausnahmsweise sprechen sie vom S c h a d e n f a l l (vgl. § 1 V AFB mit Klammerhinweis auf den Begriff Vsfall) oder Schadensfall. In der Schweiz redet man vom „b e f ü r c h t e t e n E r e i g n i s", z. B. in Art. 9, 14 I, 38 I 1 schweizerisches VVG.

Als Vsfall kommt nicht jede Gefahrverwirklichung, z. B. jeder Brand irgendwann, irgendwo, bei irgendwelchen Sachen in Betracht, sondern der Vsfall muß in den Zusammenhang eines Vsvertrages gehören, d. h. in dessen m a t e r i e l l e r V s d a u e r am V s o r t v t e B e z i e h u n g e n betreffen. Werden unvte Sachen beeinträchtigt, so kann von einem Vsfall nicht die Rede sein.

S i n d m e h r e r e P e r s o n e n vert und kommt für sie gleichzeitiger Vsschutz in Betracht, so handelt es sich begrifflich um mehrere Vsfälle. Aber rechtlich werden diese Vsfälle möglicherweise in gewisser Beziehung zusammengefaßt, z. B. hinsichtlich der Maßgeblichkeit der Vssumme. Vgl. hierzu z. B. § 3 II Ziff. 2 AHaftpflB, der die Einheitlichkeit des „Schadenereignisses" fingiert; ähnlich § 10 VI 1, 2 AKB.

[33] bb) Schadensentstehung.

Es ist sehr umstritten, ob in der Schadensv die Schadens- und Bedarfsentstehung M e r k m a l e des Begriffes Vsfall sind. Bejahendenfalls sind Vsfall und Schadensfall identisch. Die Tatbestände, in denen ein Schaden keinen vsvertraglich zu deckenden Bedarf auslöst (etwa weil der Schaden von einem ersatzpflichtigen Dritten sofort kompensiert wird), können hier außer Betracht bleiben.

Die Auffassung, wonach V s f a l l und S c h a d e n s e n t s t e h u n g streng zu u n t e r s c h e i d e n sind, wird vertreten von Bene a. a. O. S. 26—28, Framhein a. a. O. S. 23, von Gierke II S. 201, Kisch ZVersWiss 1935 S. 84—85, Prölss[15] Anm. 1 zu § 33, S. 170, Raiser Anm. 1 zu § 14, S. 337, Ritter Anm. 28 zu § 5, S. 222—223, Schweighäuser HansRZ 1919 Sp. 220, Silberschmidt a. a. O. S. 29—32, Vidal WuRdVers 1928 Nr. 2 S. 51, BGH 18. XII. 1954 BGHZ Bd 16 S. 42—43, 19. III. 1956 VersR 1956 S. 250, 14. XI. 1957 VersR 1957 S. 782, OLG Frankfurt 30. I. 1929 JRPV 1929 S. 189—190.

Die Gegenauffassung, wonach mit dem Vsfall stets ein S c h a d e n s e i n t r i t t verbunden ist, wird vertreten von Bruck S. 629—630, Fässler a. a. O. S. 26—27, Gerhard-Hagen Anm. 11 zu § 1, S. 13, Peef a. a. O. S. 37, Wagner a. a. O. S. 65—66, 8—9, Wriede a. a. O. S. 35—39, Ziegler a. a. O. S. 22, 31.

III. Zentralbegriffe der Schadensversicherung   Vor §§ 49—80
Anm. 33

Vermittelnd meint Ehrenberg VuGeldwirtschaft 1927 S. 169—170, zuweilen unterscheide das Gesetz den Vsfall und den dadurch entstehenden Schaden (§§ 1 I 1, 53, 144 II), „indessen häufig wird offensichtlich auch das gesamte Geschehen, welches erforderlich ist, damit eine Ersatzverpflichtung des Vers überhaupt entstehen kann, also mit Einschluß des Schadens, als ‚Vsfall' bezeichnet". Dobbert a. a. O. S. 26—30 meint, „daß mal das Ursachenereignis und mal das Schadensereignis als Vsfall vereinbart wird". Unentschieden RG 20. I. 1925 JW 1925 S. 952—953.

Die Wahrheit dürfte in der Mitte liegen. Auszuklammern ist die Summenv, bei welcher ein konkreter Vermögensschaden nicht nachgewiesen zu werden braucht, vielmehr bei Verwirklichung der vten Gefahr ein Bedarf abstrakt als entstanden anzusehen ist. Bei der Schadensv hingegen ist nur konkret entstandener Vermögensschaden ersatzpflichtig.

Denkt man zunächst an eine Aktivenv mit einfacher Gefahr (Anm. 31), so wird mit der Gefahrverwirklichung das Interesse des Vmers sogleich beeinträchtigt; der Brand ergreift vte Sachen, die Insolvenz des Schuldners entwertet das vte Forderungsinteresse. Die notwendige Verknüpfung zwischen vter Gefahr und vtem Interesse ist hier nur so vorstellbar, daß mit der Gefahrverwirklichung, also mit dem Eintritt des Vsfalles die Beeinträchtigung des vten Interesses beginnt. Jede Beeinträchtigung des vten Interesses bedeutet aber Schadensentstehung. Der Schaden ist ja die Negation des Interesses. Bevor nicht die Schadensentstehung mindestens begonnen hat, bevor nicht der Brand die ersten vten Sachen ergriffen hat, liegt kein Vsfall vor. Wenn § 62 I 1 sagt, der Vmer sei gehalten, „bei dem Eintritte des Vsfalls nach Möglichkeit für die Abwendung und Minderung des Schadens zu sorgen", so widerlegt diese Formulierung nicht die hier vertretene Meinung. Nach dem Eintritt des Vsfalles könnte allerdings der Schaden nicht mehr völlig abgewendet, sondern nur noch gemindert werden, weil der Vsfall den Beginn des Schadenseintritts jedenfalls in der Feuerv begrifflich voraussetzt. Aber § 62 I 1 läßt die Abwendungsobliegenheit bereits bei dem Eintritte des Vsfalles einsetzen, und das läßt sich dahin erklären, daß auch schon unmittelbar vor dem Vsfall — wenn sich ein Brand den vten Sachen annähere — die Rettungsobliegenheit einsetze (so auch Bruck S. 343, Hagen I S. 638, Kisch WuRdVers 1916 S. 270—271, vgl. auch Anm. zu § 62).

Es gibt aber in der Aktivenv ausnahmsweise auch komplexe Gefahren, erwähnt wurde bereits die Feuerbetriebsunterbrechungsv (Anm. 31), bei der es sich um eine Gewinnv handelt, genommen zum Schutze des Interesses an einer Bruttoertragsanwartschaft (Anm. zu § 53). Der Vsfall ist so umrissen, daß es auf eine Unterbrechung des Betriebes des Vmers infolge eines Sachschadens ankommt. Zunächst muß also z. B. ein Brand eine dem Betriebe dienende Sache ergriffen haben, und dann muß infolge dieses Sachschadens der Betrieb unterbrochen sein. Erst die Unterbrechung führt zum ersatzpflichtigen Unterbrechungsschaden. Aber die Gefahrverwirklichung beginnt bereits mit der ersten Etappe des Vsfalles, also dann, wenn der Brand eine dem Betriebe dienende Sache ergreift (BGH 14. XI. 1957 VersR 1957 S. 781—782: Frage der Währungsumstellung). Es kommt nur darauf an, ob der Brandbeginn in die materielle Vsdauer fällt. Die Haftzeit rechnet vom Eintritt des Sachschadens an (§ 3 III 1 FBUB). Ist solche komplexe Gefahrtragung vereinbart, so kann es auch bei der Aktivenv vorkommen, daß mit dem Eintritt (Beginn) des Vsfalles noch kein Schadenseintritt verbunden ist.

Im Bereich der Passivenv ergibt sich durchweg, daß der Vermögensschaden erst nach einer Summierung zahlreicher Tatbestandsvoraussetzungen entsteht. Das wird am deutlichsten bei einer Haftpflichtv, können doch zwischen dem haftpflichtigmachenden Verhalten des Vmers, z. B. der fehlerhaften Zeichnung eines Architekten (Verstoß), und dem ersten Schadenseintritt lange Zeiträume liegen, wobei noch offenbleiben kann, ob für den Vmer der Schaden wirtschaftlich nicht etwa erst dann eintritt, wenn der Geschädigte seinen Schadensersatzanspruch geltend macht. Bei einer Krankheitskostenv wird die Notwendigkeit von Aufwendungen für Heilbehandlung oft erst erkennbar, nachdem die Krankheit objektiv bereits lange bestanden hat. Für die Unfallv läßt § 8 Ziff. IV Satz 1 AUB erkennen, daß die Schadensentstehung nicht sogleich mit dem Unfallereignis einzusetzen braucht: Es werden im Vsfalle die für die Behebung der Unfallfolgen innerhalb des ersten Jahres nach dem Unfall erwachsenen notwendigen Kosten des Heilverfahrens ersetzt.

Zusammenfassend läßt sich konstatieren, daß ein Vsfall in der Schadensv erst abgeschlossen ist, nachdem der vte Schaden eingetreten ist, und zwar wird man nicht nur den Anfang, sondern sogar die Beendigung der Schadensentstehung fordern müssen. Aber der Vsfall beginnt bereits, tritt bereits ein, sobald das erste Tatbestandsmerkmal sich zu realisieren beginnt, welches zum Tatbestand des Vsfalles gehört, insbesondere bei komplexen Gefahren. Im Einzelfall kann sich ergeben, daß der Tatbestand nicht abgeschlossen wird: Ein Brand hat in der Feuerbetriebsunterbrechungsv möglicherweise zwar einen Sachschaden, aber keine Unterbrechung des Betriebes oder doch keinen Unterbrechungsschaden zur Folge, ein Unfallereignis führt vielleicht nicht zu einer Gesundheitsbeschädigung oder doch nicht zur Notwendigkeit der Aufwendung von Heilkosten. Es handelt sich dann um einen unvollständigen, abgebrochenen Vsfall, hierzu Stiefel-Wussow[5] Anm. 2 zu § 7, S. 183.

[34] cc) Gedehnter Versicherungsfall.

Besonders das in Anm. 33 Gesagte läßt erkennen, daß der Vsfall oft kein momentanes, gleichsam punktuelles Ereignis, sondern ein Vorgang von längerer Zeitdauer ist. Man kann dann von einem gedehnten Vsfall sprechen (dazu schon Anm. 49 zu § 1).

Solche Dehnung kann besonders bei komplexen Gefahren (Anm. 31) eine Rolle spielen (vgl. für die Tierv auch § 116 I 2: Verursachung des Todes durch Krankheit oder Unfall). Aber auch bei einfachen Gefahren kann zwischen Beginn und Ende eines Vsfalles ein längerer Zeitraum liegen, z. B. bei einem lange wütenden Brand oder bei einem Einbruchdiebstahl, der vom Anfang der Ausführung an bis zur Vollendung (Entfernung aller gestohlenen Sachen aus der vten Örtlichkeit: Prölss[15] S. 411) geraume Zeit beansprucht. Zu einem länger währenden Brand vgl. Josef LZ 1910 Sp. 285—286 und dagegen Schweighäuser HansRZ 1919 Sp. 219—223, der mit Recht ausführt, es komme darauf an, ob der Brandbeginn (mit dem „Beginn der Einwirkung") vor oder nach dem materiellen Vsbeginn liegt. Hat der Brand vte Sachen bereits vor dem materiellen Vsbeginn ergriffen, so braucht der Ver für den Gesamtschaden nicht aufzukommen (so wohl auch Raiser Anm. 21 zu § 9, S. 237). Hat der Brand vte Sachen vor dem materiellen Ende der V ergriffen, so haftet der Ver auch für den „überhängenden" Schaden (KG 11. V. 1932 JRPV 1932 S. 264—265, Autokaskov; a. M. Wagner a. a. O. S. 66). Auch bei Seekaskoven kommen öfters gedehnte Vsfälle vor: Der Motorschoner „Martha" war am 11. Dezember 1920 gestrandet, aber erst Anfang Januar 1921 total verloren (OLG Hamburg 20. XI. 1925 HansRZ 1926 Sp. 89—92); das Motorschiff „Havana" lief am 9. Mai 1959 mit einer vollen Ladung Zement auf einer Untiefe auf, aber eine Verformung des Schiffskörpers erwies sich erst im Juli/August 1960 als so schwerwiegend, daß ohne grundlegende Reparatur immer wieder Weiterungsschäden auftreten mußten (OLG Hamburg 29. XI. 1962 VersR 1963 S. 449—454, BGH 21. XII. 1964 VersR 1965 S. 332—335).

Die Anwendung der Normen des Vsvertragsrechtes kann bei gedehnten Vsfällen Schwierigkeiten bereiten. Es gibt keine Einheitslösung. Vielmehr ist vom Normzweck auszugehen und jeweils zu fragen, ob auf einen Zeitpunkt oder einen Zeitraum abzustellen ist, ersterenfalls auf den Beginn des Dehnungszeitraumes oder auf die Beendigung oder auf einen Zwischenzeitpunkt, letzterenfalls, ob es auf den gesamten Deckungszeitraum ankommen soll oder auf einen Ausschnitt daraus (hierzu vgl. schon Anm. 49 zu § 1). Die Abwendungs- und Minderungspflicht ist während des gesamten Dehnungszeitraumes zu erfüllen (Anm. zu § 62), desgleichen die Auskunfts- und Belegpflicht (Anm. 5, 18, 31 zu § 34). Die Haftzeit der Betriebsunterbrechungsv beginnt mit dem Eintritt (Beginn) des Sachschadens und währt 12 Monate (§ 3 III 1 FBUB); später entstehende Unterbrechungsschäden werden abgeschnitten. Der Zeitpunkt des Beginns des Dehnungszeitraumes entscheidet darüber, ob ein Vsfall in die materielle Vsdauer gehört, also in toto unter den Vsschutz fällt, auch hinsichtlich seines „Überhanges". Man denke an einen Tannenbaumbrand in der Neujahrsnacht. § 1 I AHaftpflB läßt es dementsprechend entscheidend sein, ob der Vmer „wegen eines während der Wirksamkeit der V eingetretenen Ereignisses", das gewisse Folgen hatte, für diese Folgen in Anspruch genommen wird. Anzeigepflichten pflegen an Zeitpunkte anzuknüpfen, vgl. die verschiedenen Zeitpunkte des § 153 innerhalb des gedehnten Haftpflichtvsfalles. Im Rahmen des § 39 II kommt es darauf an, ob nach fruchtloser Anmahnung einer Folge-

III. Zentralbegriffe der Schadensversicherung   Vor §§ 49—80
Anm. 35

prämie der Vmer zur Zeit des Eintritts des Vsfalles mit der Zahlung der Folgeprämie im Verzuge ist; entscheidend ist der Beginn des gedehnten Vsfalles (Nachweise Anm. 35 zu § 39). Auch bei § 38 II, also bei der Erstprämie ist es entscheidend, ob die Prämie „zur Zeit des Eintritts des Vsfalles" schon gezahlt ist (Nachweise Anm. 19 zu § 38; im Falle OLG Frankfurt 30. I. 1929 JRPV 1929 S. 189—190 hatte das Feuer die vten Gegenstände im Zahlungszeitpunkt noch nicht ergriffen). Bedenklich ist es, wenn der BGH 26. III. 1952 VersR 1952 S. 180 generell zum Begriff des Vsfalles meint: „Ein solcher liegt nicht erst dann vor, wenn alle eine Haftung des Vers begründenden Umstände gegeben sind, sondern ist bereits dann eingetreten, wenn sich die vte Gefahr realisiert hat" (Vertrauensschadensv).

[35] dd) Mögliche Vereinbarungen.
Vereinbarungen über die vom Ver (primär) getragene Gefahr und über die (sekundären) Gefahrenausschlüsse sind möglich und notwendig. Insbesondere kann der Vsfall im Vsvertrag umschrieben werden (BGH 18. XII. 1954 BGHZ Bd 16 S. 44, 14. XI. 1957 VersR 1957 S. 781).

Besonders bei gedehnten Vsfällen lassen sich im Rahmen der Vertragsfreiheit Bestimmungen darüber treffen, auf welchen Zeitraum oder Zeitpunkt es ankommen solle. Schon erwähnt wurde § 1 I AHaftpflB, vgl. ferner § 5 I AHaftpflB, § 7 Ziff. I 1 AKB, §§ 4 X 2, 5 I a 1 GrundBed, KrankenhausGrundBed. Aber die zwingenden Gesetzesvorschriften sind zu beachten, z. B. § 42.

Die höchstrichterliche Rechtsprechung hat lange Zeit hindurch angenommen, in der Haftpflichtv trete der Vsfall erst ein, wenn der geschädigte Dritte den Vmer in Anspruch nehme (RG 19. XII. 1939 RGZ Bd 162 S. 241 m. w. N.). Danach könnte ein Vmer eine rückständige Erst- oder Folgeprämie bis zu dieser Inanspruchnahme immer noch mit der Wirkung begleichen, daß der Vsschutz (wieder) in Kraft träte, also auch noch nach Anrichtung eines Haftpflichtschadens (Verstoßes). Dieses (unbillige) Ergebnis sollte mit Hilfe von Treu und Glauben nur korrigiert werden, wenn der Vmer „im Zeitpunkte der Zahlung bereits von dem Schadensereignis Kenntnis hatte und die Geltendmachung von Ersatzansprüchen der Geschädigten erwartete" (RG 19. XII. 1939 RGZ Bd 162 S. 243 mit für den Vmer günstigem Ergebnis, auch RG 14. I. 1938 RGZ Bd 156 S. 378—384 mit für den Vmer ungünstigem Resultat). Auf dem Boden dieser Urteile steht noch OLG Stuttgart 2. X. 1956 VersR 1957 S. 79. Vgl. über die in Rechtsprechung und Schrifttum vertretenen Auffassungen auch die Übersicht bei Wagner a. a. O. S. 94 bis 142.

Aber inzwischen hat sich die Auffassung durchgesetzt, daß der Vsfall (und der Beginn eines gedehnten Vsfalles) im Vsvertrag definiert werden kann, und zwar im Haftpflichtvsrecht entsprechend der Verstoßtheorie. Nachdem das in § 5 I AHaftpflB, § 7 Ziff. I 1 AKB geschehen ist, bedarf es nicht mehr der Heranziehung von § 242 BGB, und es kommt nicht darauf an, ob der Vmer bei der Zahlung der rückständigen Prämie um den Verstoß wußte und die Geltendmachung von Ersatzansprüchen erwartete (so auch Prölss[15] Anm. 2 zu § 153, S. 547—548, Stiefel-Wussow[5] Anm. 2 zu § 7, S. 182—184).

§ 4 Allgemeine Bedingungen für die Kraftverkehrs-Strafrechtsschutz-V (VA 1962 S. 149) lautet: „Der Vsfall tritt mit der tatsächlichen oder der der vten Person vorgeworfenen Verletzung der Strafvorschriften ein. Der Vsschutz wird demnach auch dann gewährt, wenn der Vsfall zwar während der Dauer des Vsvertrages eintritt, ein Verfahren aber erst nach dessen Beendigung eingeleitet wird." Für die Rechtsschutz-V interessiert auch § 3 Sonderbedingungen (VA 1963 S. 107): „Als Eintritt des Vsfalles gilt in Fällen der Rechtsverfolgung der Zeitpunkt, in welchem der Gegner beginnt, sich so zu verhalten, daß er gegen Rechtsvorschriften oder Rechtspflichten verstößt; in Fällen der Rechtsverteidigung der Zeitpunkt, in welchem der Vmer oder Vte angeblich begonnen hat, gegen Rechtsvorschriften oder Rechtspflichten zu verstoßen."

Bedenklich ist die Regelung in der Krankenv, wo der Vsfall generell mit dem Eintritt in die Heilbehandlung beginnen soll (§§ 5 I a 1 GrundBed, KrankenhausGrundBed), aber speziell im Blick auf den Folgeprämienverzug bestimmt wird, hier solle es darauf ankommen, ob der Vmer „erst in einem Zeitpunkt zahlt, in dem er bereits weiß, daß der Eintritt des Vsfalles nicht mehr ungewiß ist" (§§ 4 X 2 GrundBed, Kranken-

21

hausGrundBed). Solche dualistische Definition des Vsfalles ist nicht unbedenklich, mag auch das Ergebnis der reichsgerichtlichen Judikatur zur Haftpflichtv, die auf § 242 BGB gestützt wird, entsprechen (ähnlich Wriede VersR 1950 S. 30—31, vgl. auch Wagner a. a. O. S. 72—75).

Zur Definition des Vsfalles in der Unfallv einerseits, in der Invaliditätszusatzv (der Lebensv) andererseits: BGH 15. XII. 1951 BGHZ Bd 4 S. 219—224, 18. XII. 1954 BGHZ Bd 16 S. 37—50 (Probleme der Währungsumstellung). Über verspätet erkannte Invalidität in der Unfallv: Haidinger VersR 1952 S. 412—413.

Zum Vsfall in der Vertrauensschadenv vgl. § 1 ABV (VA 1959 S. 131), § 6 I AVB für die Eigenschadenv von Gemeinden (VA 1953 S. 177—178), BGH 26. III. 1952 VersR 1952 S. 179—180, 19. III. 1956 VersR 1956 S. 250—251, OLG Stuttgart 14. II. 1951 VersR 1951 S. 126—128, LG Berlin 19. XI. 1951 VersR 1952 S. 178—179.

Für die Hausbockv bestimmt § 1 IV HbB (VA 1960 S. 30): „Der Vsfall beginnt, sobald der Vmer von dem Schadenereignis (Befall) Kenntnis erlangt, spätestens mit der Feststellung des Schadens durch den Ver. Er endet mit der Beseitigung des Schadens."

Trefflich § 6 II VGB (VA 1962 S. 171): „Der Vsfall tritt mit dem Zeitpunkt ein, in dem sich eine vte Gefahr an vten Sachen zu verwirklichen beginnt."

[36] ee) Ausgelöste Ersatzpflicht.

Die Begr. I S. 11 betont, das Gesetz verstehe unter Vsfall „das Ereignis, mit dessen Eintritt die Leistungspflicht des Vers begründet ist". Von der Gefahrtragungstheorie her ist an jene Erscheinungsform der Leistung des Vers zu denken, die nach der Gefahrverwirklichung zu erbringen ist (Ersatzleistung).

Aber wenn auch die Regel gilt, daß nach einem Vsfall der Ver zu zahlen (oder Naturalersatz zu leisten) habe, so darf doch nicht verkannt werden, daß aus sprachlichen Gründen ausnahmsweise vom Vsfall auch dann gesprochen wird, wenn eine Leistungspflicht des Vers entfällt, z. B.

wegen eines Gefahrenausschlusses, etwa bei vorsätzlicher oder grobfahrlässiger Herbeiführung des „Vsfalles" (§ 61, anders aber § 152);

wegen der Verletzung einer Rechtspflicht, etwa der Prämienzahlungspflicht (§ 39 II, auch § 38 II, obgleich in diesem Fall die V materiell noch gar nicht begonnen hatte);

wegen der Verletzung einer Obliegenheit, etwa der Gefahrstandspflicht (§§ 25 I, 28 I).

Deshalb gibt es den Begriff des „haftungsfreien Vsfalles" (Kisch ZVersWiss 1935 S. 86—87, BGH 26. III. 1952 VersR 1952 S. 180). An einen solchen können sich weiterreichende Rechtsfolgen knüpfen, z. B. das Erlöschen der V (Vertrauensschadenv: BGH 26. III. 1952 VersR 1952 S. 179—180) oder ein Kündigungsrecht des Vmers oder Vers (§§ 96 I, 113[1], 158 I 1, auch § 18 II 1 AFB, § 9 II 1 AHaftpflB, § 4 II 1 AKB und dazu Prölss[15] Anm. 1 zu § 96, S. 352, Anm. 1 zu § 158, S. 570, Stiefel-Wussow[5] Anm. 6 zu § 4, S. 139—140, und ferner OGH 23. VI. 1950 VersR 1950 S. 117: keine Kündigung bei Gefahrenausschluß). — Zur **Sozialv**: BSozG 5. III. 1965 BSozGE Bd. 22 S. 278—283.

[37] 4. Versicherter Schaden (Bedarf).

a) Wesen.

In der Schadensv ist der Begriff des Schadens selbstverständlich von zentraler Bedeutung, allerdings nicht als Summenschaden (§ 249[1] BGB), sondern als Einzelschaden (Anm. 4). Der Begriff des Vsschadens ist überdies nicht primär zu bestimmen, sondern (wie schon in Anm. 11 deutlich wird)

in der Aktivenv als Negation, als Spiegelbild, als Korrelat des vten Interesses: Der Schaden ist die Negation des Interesses.

in der Passivenv dergestalt, daß der Vsschutz gegen die Entstehung gewisser Passiven gewährt wird: Entsteht solches Passivum, so erwächst ein vter Schaden.

III. Zentralbegriffe der Schadensversicherung Vor §§ 49—80
Anm. 38—39

Beyer a. a. O. S. 58 definiert zusammenfassend den Vsschaden als „die qualitative oder quantitative Abnahme von vten Wert- oder Zunahme von vten Unwertbeziehungen infolge Verwirklichung der vten Gefahr".

Ein Einzelschaden ist hiernach vsrechtlich nur relevant, soweit er **durch eine vte Gefahr** verursacht worden ist. Zur Kausalitätslehre Anm. 127—166 zu § 49. Zum Begriff der Gefahr Anm. 22—36.

Für die Schadensv ist nur **Vermögensschaden** (§ 253 BGB), also materieller Schaden, dessen Höhe objektivierbar ist, bedeutsam. In der Aktivenv hängt die Schadenshöhe mit dem Vswert zusammen (Anm. 11, 43; Anm. 9, 43 zu § 52).

Jeder Vermögensschaden löst bei dem Geschädigten den Wunsch nach wirtschaftlichem Ausgleich, also einen **konkreten Bedarf** aus (Anm. 11).

[38] b) Arten.
aa) Aktiven- und Passivenschäden.

Aus der Lehre von den vten Beziehungen (Anm. 12—21) ergibt sich, daß man im Vsrecht, das vom Einzelschadensbegriff beherrscht wird, zwischen Aktiven- und Passivenschäden zu unterscheiden hat. In der Aktivenv sind diejenigen Fälle bedeutsam, in denen die Beziehung des Vmers zu einem Aktivum, also z. B. ein Sach-, Forderungs- oder Gewinninteresse beeinträchtigt wird. In der Passivenv dagegen entstehen für den Vmer z. B. gesetzliche oder vertragliche Schulden oder notwendige Aufwendungen. Dabei ist hervorzuheben, daß ein Passivschaden nicht erst erwächst, wenn der Geschädigte ein Aktivum aufopfert, um ein Passivum zu beseitigen. Deutlicher: Der Haftpflichtvsnehmer ist nicht erst geschädigt, wenn er die Haftpflichtschuld mit Geld tilgt, sondern bereits von der Entstehung der Schuld an. Nach alledem kann man im Vsrecht z. B. Sachschäden, Gewinnentgang, Haftpflicht- und Aufwendungsschäden unterscheiden. § 53 betont, daß eine Sachschadensv grundsätzlich keinen Gewinnentgang umfaßt.

Im allgemeinen Zivilrecht ist eine Auflösung des Summenschadens in Einzelschäden wegen des Differenzprinzips des § 249¹ BGB nicht vonnöten. Um so mehr ist es bedenklich, wenn meistens der Schadensbegriff nur von der Aktivseite her beleuchtet wird, z. B. bei Enneccerus-Lehmann S. 58: „Schaden ist jeder Nachteil, den wir an unseren Rechtsgütern (Vermögen ....) erleiden", oder Esser S. 162: Schaden sei „jede unfreiwillige Einbuße (Verlust oder Entgang) an Rechtsgütern". Auch derjenige, der keine Rechtsgüter, kein Vermögen besitzt, kann Schaden durch Entstehung von Passiven erleiden.

Man pflegt im Zivilrecht **damnum emergens und lucrum cessans** zu unterscheiden. Damit stellt man einem speziellen Aktivenschaden (der Negation eines Gewinninteresses an Anwartschaften und Chancen: Anm. 16) sämtliche sonstigen Aktiven- und Passivenschäden gegenüber.

[39] bb) Substanz- und Entziehungsschäden.

Besonders bei **Sachschäden** kann man unterscheiden, ob der Schaden die Sache selbst trifft, also **zerstört oder beschädigt** (Substanzschaden), oder ob die Sache selbst unversehrt bleibt, wohl aber die **Beziehung** (das Interesse) des Vmers an der Sache beeinträchtigt, insbesondere getrennt, abgeschnitten wird. Solchenfalls kann man von Entziehungsschäden (oder: Beziehungsschäden) sprechen. Man denke an die Risiken der Beschlagnahme oder — im Seekriegsrecht (Prisenrecht) — auch der Aufbringung, Einbringung oder Einziehung. Man denke auch an die Gefahren des Diebstahls, des Einbruchdiebstahls, der Beraubung, der Unterschlagung. In § 12 Abs. 1 Ziff. I b AKB ist der zusammenfassende Begriff der Entwendung benutzt, der auch den unbefugten Gebrauch durch betriebsfremde Personen, den Fall des furtum usus umfaßt. Ritter Anm. 36 zu § 28, S. 491 identifiziert die Begriffe Sach- und Substanzschäden, indem er als Substanzschäden auch solche bezeichnet, die nicht durch die Veränderung der Sache als solche, sondern „durch ihre Trennung vom Vermögen der Person als solche herbeigeführt werden".

Der Begriff des Sachschadens bedarf noch einer Erweiterung. § 25 II AtomG besagt: „Einer Sachbeschädigung steht es .... gleich, wenn eine Sache durch die Wirkung von Strahlen eines radioaktiven Stoffes in ihrer Brauchbarkeit beeinträchtigt wird." Generell kann jede Beeinträchtigung der Benutzbarkeit einer Sache, also auch eine Verseuchung, als Sachschaden qualifiziert werden (Mattern-Raisch, Atomgesetz, Berlin-Frankfurt 1961, Anm. 17 zu § 25, S. 239—240 m. w. N.). Dabei kann es auch nicht darauf ankommen, ob die Sache selbst radioaktiv verseucht wird, oder aber ob sie infolge radioaktiver Beeinträchtigung anderer Sachen unbenutzbar, z. B. unzugänglich wird. — Bei Gewässerschäden, z. B. durch Abwässer oder Heizöl, ergeben sich Schwierigkeiten der juristischen Würdigung daraus, daß das Wasser als solches oft herrenlos ist.

Bei Aktivenven, die keine Sachven sind, tritt die Unterscheidung zwischen Substanz- und Entziehungsschäden in den Hintergrund. Immerhin kann man bei Ven von Forderungen und sonstigen Rechten prüfen, ob das Recht (ganz oder teilweise) erlischt, oder ob nur die Wertbeziehung zu dem Recht entwertet wird. § 537 BGB behandelt das Erlöschen oder die Minderung von Mietzinsforderungen bei Mängeln der Mietsache, wie sie z. B. durch Brand entstehen können. Laut Nachtrag zu § 1 VI AFB ist der Mietverlust bei Wohngebäudeven mitvert: „Wird durch den Schadenfall ein vtes Gebäude so beschädigt, daß der Mieter einer darin befindlichen Wohnung den Mietzins kraft Gesetzes oder nach dem Mietvertrag ganz oder teilweise verweigern darf, so ersetzt der Ver den dadurch entgehenden Mietzins." Ein weiterer Fall des juristischen Erlöschens einer Forderung findet sich für das Seefrachtrecht in § 617 I HGB: „Für Güter, die durch irgendeinen Unfall verlorengegangen sind, ist keine Fracht zu bezahlen ...." Dieser Frachtverlust spielt für die Frachtv eine große Rolle. Ein Erlöschen von Forderungen kann sich ferner vollziehen durch den Zuschlag in der Zwangsversteigerung (§ 91 I ZVG) oder durch Zwangsvergleich (§ 193¹ KO). Wird dagegen ein Schuldner insolvent, so geht zwar die Forderung als solche nicht unter, aber das Interesse an der Forderung wird entwertet.

[40] cc) Total- und Teilschäden.

Weitere Unterscheidungen knüpfen — besonders in der **Sachversicherung** — an den Grad der Beeinträchtigung eines Interesses an.

Geht man von dem einfachsten Fall aus, so ist nur eine Sache vert. Hier kommt es darauf an, ob die bisherige Beziehung zu der Sache überhaupt nicht mehr vorhanden ist, oder ob das Interesse lediglich beschädigt, verschlechtert ist. Im ersten Falle spricht man von einem Totalschaden, auch von der Zerstörung, der Vernichtung, dem Untergang, dem Verlust der Sache. Solcher Totalschaden kann auch dann vorliegen, wenn noch Reste, Trümmer übrigblieben. „Daß von der Sache noch etwas übriggeblieben ist, kommt nicht in Betracht, wenn das Übriggebliebene nicht mehr die Sache, sondern eine andere Sache ist, wenn etwa das Schiff ein Wrack geworden ist ...., oder wenn Fische verfault und aus Nahrungsmitteln Düngemittel geworden sind, oder wenn der Rest überhaupt nichts mehr taugt" (Ritter Anm. 38 zu § 28, S. 492). Man kann bei „homogenen" Resten von Teilschaden, bei „heterogenen" Resten von Totalschaden sprechen (Planck-Siber, Kommentar zum Bürgerlichen Gesetzbuch, II. Band, 1. Hälfte, 4. Aufl., Berlin 1914, Anm. 5 zu § 249, S. 79). Zuweilen kommen selbstverständlich Grenzfälle vor, bei denen sich fragt, ob die Reste die (beschädigte) Sache darstellen oder ein aliud. Zu diesen Fällen gehören die Gebäudereste (womöglich nur die Grundmauern) nach einem Brande, besonders falls behördliche Wiederaufbauverbote eingreifen (dazu Raiser Anm. 39 zu § 3, S. 134—135).

Die Beurteilung wird noch schwieriger, falls eine zusammengesetzte Sache, falls mehrere Sachen oder ein Inbegriff von Sachen vert sind. Dadurch tritt neben den Totalverlust der Teilverlust, neben die Totalbeschädigung die Teilbeschädigung. Vgl. auch Raiser Anm. 40 zu § 81, S. 1—82. Wird nur die Verpackung, bei der auch an die „Verpackung in der Verpackung" (Ritter Anm. 17 zu § 86, S. 1034—1035) zu denken ist, in Mitleidenschaft gezogen, so wird selbst bei Markenartikeln meistens im ganzen nur ein Teilschaden anzunehmen sein.

Die verschiedenen Schadensarten sind besonders herausgearbeitet im Bereiche der Seev (dazu Bruck S. 433—437, Ritter Anm. 36—41 zu § 28, S. 491—495). — In der Kaskov werden grundlegend Totalverlust (§ 71 I ADS) und Teilschaden (§§ 74—76 ADS) auseinandergehalten. „Als total verloren gilt das Schiff auch, wenn es dem Vmer ohne Aussicht auf Wiedererlangung entzogen, insbesondere unrettbar gesunken, oder wenn es in seiner ursprünglichen Beschaffenheit zerstört ist" (§ 71 II ADS). Ähnlich wie der Totalverlust werden die Fälle des § 72 ADS (Verschollenheit) und des § 73 ADS (Verfügung von hoher Hand, Nehmung durch Seeräuber) behandelt. Dem Totalverlust steht der Teilschaden gegenüber, der im Spezialfall des § 77 ADS so umfassend ist, daß das Schiff reparaturunfähig oder reparaturunwürdig erscheint. — In der Güterv sind Totalverlust, Teilverlust, Beschädigung und Teilbeschädigung auseinanderzuhalten (§§ 91—94 ADS). Dem Totalverlust werden wieder die Verschollenheit und andere Fälle gleichgeachtet (§ 91 II ADS). — Die Unterscheidung der Schadensarten hat aus verschiedenen Gründen erhebliche Bedeutung: Nicht nur der Weg der Schadensfeststellung ist sehr unterschiedlich, sondern es knüpfen an die verschiedenen Schadensarten zugleich wichtige Risikobeschränkungen an (vgl. §§ 82—85, 113—116, 123 ADS). Häufig haftet der Ver nicht für eine Beschädigung oder nur für Totalverlust. Bei dieser Sachlage ist es mißlich, daß die Abgrenzung zwischen den Schadensarten oft schwierig ist, z. B. wenn sich aus einer Beschädigung ein Totalschaden entwickelt (hierzu RG 2. XII. 1916 RGZ Bd 89 S. 144—147). Möglicherweise bewirkt eine geringfügige Beimischung einer anderen Ware einen Totalschaden, z. B. wenn einer zur Sektherstellung bestimmten Weinmenge ein Quantum unvorschriftsmäßig gezuckerten Weines beigemischt wird (vgl. § 15¹ WeinG).

Im Bereiche der Binnenv spielt die Unterscheidung der Schadensarten eine geringere Rolle als in der Seev. Immerhin trennt § 1 III AFB die Substanzschäden (Zerstörung oder Beschädigung) von den in § 1 IV AFB behandelten Entziehungsschäden (durch Abhandenkommen). Eine Einbruchdiebstahlv andererseits ersetzt nicht nur Entziehungs-, sondern auch Substanzschäden, nämlich den Wert der „beim Einbruch zerstörten sowie die Wertminderung der dabei beschädigten Sachen" (§ 1 III, auch § 2 II AEB). In der Autokaskov hängt die Art der Schadensersatzleistung von der Art des vorliegenden Schadens ab (vgl. § 13 AKB), während früher die V oft nur gegen Totalschaden genommen wurde. Zur Abgrenzung vgl. Stiefel-Wussow⁵ Anm. 2 zu § 13, S. 396—397, Anm. 8 zu § 13, S. 401—402, Wussow VersR 1962 S. 308—309, 405 und aus der Rechtsprechung KG 9. XI. 1927 JRPV 1928 S. 10—11, 2. XI. 1929 JRPV 1929 S. 425, 9. VI. 1934 JRPV 1934 S. 318—319, OLG Düsseldorf 9. IV. 1934 JRPV 1934 S. 172, 1. X. 1957 VersR 1958 S. 283, OLG Kassel 13. XII. 1932 VA 1933 S. 120—121 Nr. 2555, OLG Köln 2. II. 1934 VA 1934 S. 46 Nr. 2697, AG München 15. V. 1959 VersR 1959 S. 1017—1019.

Die Unterscheidung der Schadensarten ist von jener der vten Gefahren streng zu trennen. Bei den Schadensarten kommt es nicht auf die Ursache des Schadens, nicht auf die kausale Gefahr an (Ritter Anm. 39 zu § 28, S. 495). Es gibt keine „Beschädigungsgefahr", sondern nur Beschädigungsschäden. Auch bei dem Begriff Bruch ist in der Regel nicht an eine bestimmte Gefahr, sondern an Bruchschaden zu denken, gleichgültig aus welcher Ursache letzterer entstanden ist (Ritter Anm. 13 zu § 113, S. 1279).

[41] dd) Personen-, Sach- und Vermögensschäden.

Während in Anm. 40 von den Schadensarten der Sachv die Rede war, spielt in der **Haftpflichtversicherung** die Unterscheidung zwischen Personen-, Sach- und Vermögensschäden eine erhebliche Rolle. Allerdings geht es hierbei nicht primär um den Vsschaden (welcher ja dem Haftpflichtigen in Gestalt eines Passivums, einer Schadensersatzschuld erwächst), sondern um den Schaden, den der geschädigte Dritte erleidet (Beyer a. a. O. S. 178—181). Insofern gehört das Erfordernis solchen Schadenseintritts zur vten Gefahr. Aber sekundär wirkt es sich aus, daß der Vmer einen Befreiungsanspruch in bestimmter Höhe nur besitzen kann, je nachdem ob er für einen Personen-, Sach- oder Vermögensschaden haftbar gemacht wird.

Die allgemeine Haftpflichtv erfaßt regelmäßig nur Personen- und Sachschäden. § 1 I AHaftpflB erfordert ein Ereignis, „das den Tod, die Verletzung oder Gesundheitsschädigung von Menschen (Personenschaden) oder die Beschädigung oder Vernichtung von Sachen (Sachschaden) zur Folge hatte". § 1 III AHaftpflB ergibt, daß der Vsschutz nur durch besondere Vereinbarung ausgedehnt werden kann „auf die gesetzliche Haftpflicht wegen Vermögensschädigung, die weder durch Personenschaden noch durch Sachschaden entstanden ist, sowie wegen Abhandenkommens von Sachen". Auf die V wegen Abhandenkommens von Sachen sollen dann die Bestimmungen über Sachschaden Anwendung finden.

Die **Kraftfahrhaftpflichtv** umfaßt heute automatisch auch Vermögensschäden, „die weder mit einem Personen- noch mit einem Sachschaden mittelbar oder unmittelbar zusammenhängen"; ferner steht einer Sachbeschädigung oder Sachzerstörung stets das Abhandenkommen von Sachen gleich (§ 10 I AKB).

Schließlich ist die spezielle **Haftpflichtv für Vermögensschäden** zu erwähnen, wie sie z. B. von Rechtsanwälten und Notaren, ferner Beamten und Personen in beamtenähnlicher Stellung genommen wird. Sie beschränkt sich grundsätzlich auf Vermögensschäden, welche folgendermaßen definiert werden: „Vermögensschäden sind solche Schäden, die weder Personenschäden (Tötung, Verletzung des Körpers oder Schädigung der Gesundheit von Menschen) noch Sachschäden (Beschädigung, Verderben, Vernichtung oder Abhandenkommen von Sachen) sind, noch sich aus solchen .... Schäden herleiten. Als Sachen gelten insbesondere auch Geld und geldwerte Zeichen" (§ 1 I Abs. 2 AVB zur Haftpflichtv für Vermögensschäden: VA 1930 S. 130—138).

Die Gegenüberstellung von Personen- und Sachschäden einerseits, Vermögensschäden andererseits ist recht unglücklich. Etwas deutlicher ist es schon, wenn man von „reinen" Vermögensschäden redet. Aber alle Sachschäden und die meisten Personenschäden sind ja zugleich auch Vermögensschäden. Knüpfen an einen Sach- oder Personenschaden weitere Schäden an, z. B. entgangener Gewinn oder notwendige Aufwendungen, so zählt man auch solche Schäden in der Haftpflichtv zu den Sach- oder Personenschäden (während in der Sachv als Sachschaden nur ein Schaden in Betracht kommt, der sich als Negation des Interesses darstellt). Als „reine" Vermögensschäden bleiben in der Haftpflichtv nur solche Schäden übrig, die nicht an einen Sach- oder Personenschaden des Haftpflichtgläubigers anknüpfen. Man denke für die Kraftfahrhaftpflichtv an eine Verkehrsumleitung infolge einer Autokollision: Den umgeleiteten Kraftfahrzeugen ist kein Sach- oder Personenschaden, wohl aber sonstiger Schaden erwachsen, z. B. durch Gewinnentgang, erhöhte Aufwendungen für Benzin, Chauffeurüberstunden usw. Wenn man unterstellt, daß der Verursacher der Kollision diese Schäden den umgeleiteten Fahrzeugen zu ersetzen hat, so handelt es sich um „reinen" Vermögensschaden. Auch bei einer Verletzung von Persönlichkeitsrechten kann solcher Vermögensschaden eintreten (Otto VersR 1964 S. 1129—1131).

Näheres zu der Unterscheidung z. B. bei Boettinger VersR 1953 S. 176—177, Dobbert a. a. O. S. 74—84, Meins, Der Gegenstand der Haftpflichtv, Hamburg 1939, S. 35—48, 49—50, Oberbach I S. 122—123, Rukes VuGeldwirtschaft 1927 S. 417—418, Stiefel-Wussow[5] Anm. 23 zu § 10, S. 298—300.

Bei der Haftpflichtv von **Gewässerschäden** ist die Grenze zwischen Sach- und Vermögensschäden fließend.

[42] ee) Unmittelbare und mittelbare Schäden.

Leider werden die Begriffe des unmittelbaren und mittelbaren Schadens so vieldeutig gebraucht, daß es sich empfiehlt, sie überhaupt nicht mehr zu verwenden (vgl. Beyer a. a. O. S. 5—6, Bruck S. 419, Möller WuRdVers 1931 Nr. 1 S. 67—69, Ritter Anm. 35 zu § 28, S. 490).

Hier können nur **einige Bedeutungen** des Begriffs mittelbarer Schaden herausgestellt werden:

Erstens: Unter mittelbarem Schaden wird oft derjenige verstanden, der sich **nicht als Negation des (primär) vten Interesses darstellt**. So ist durch eine V des Sachinteresses das Gewinninteresse nicht gedeckt (§ 53), der Gewinnentgang sei unvter mittelbarer Schaden. So sind durch eine Aktivenv Passivenschäden nicht mitvert, z. B. deckt eine Autokaskov keine Haftpflichtschäden, die Haftpflichtschäden seien unvte mittelbare Schäden.

Oft erweist es sich übrigens als **zweckmäßig, gewisse mittelbare Schäden** (im hier behandelten Sinn) bei einer V der unmittelbaren Schäden nebenbei **mit zu decken**. So verbindet man mit der Seegüterv, also der V eines Sachinteresses, oft die V imaginären Gewinns (zu dieser „gemeinschaftlichen" V: § 101 ADS). So wird mit der Kaskov (des Interesses am Schiff) die Haftpflichtv für „mittelbare Kollisionsschäden" verbunden (§ 129 II 2, auch § 78 ADS). Weitere Fälle derartiger **Adhäsionsven** (Adhäsionsinteressen) bei Möller WuRdVers 1931 Nr. 1 S. 46—55. Erwähnt sei aus dem Bereich der

Feuersach v die Einbeziehung von Mietforderungen (Mietverlust: Nachtrag zu § 1 VI AFB) oder — auf der Passivseite — von notwendigen Aufwendungen für Aufräumungskosten (Nachtrag zu § 1 VI AFB). Aus der See v sei noch erwähnt, daß mit jeder Kasko- oder Güterv die Haftpflichtv hinsichtlich der Beiträge zur großen Haverei kombiniert ist (§ 133 I 1, auch §§ 29 I 1, 30 ADS), vgl. ferner hinsichtlich notwendiger Aufwendungen für Umladung usw. der vten Güter § 137 III, § 95 III ADS (mit Ritter Anm. 24 zu § 95, S. 1115); schließlich vgl. § 109 III ADS.

Zweitens: Unter mittelbarem Schaden wird oft jeder Schaden verstanden, der sich nicht als Negation eines Sachinteresses darstellt. Danach soll es sich z. B. bei jeder Gewinnv wieder um die V mittelbarer Schäden handeln, aber auch bei jeder Forderungs- oder Haftpflicht-, Rück- oder Aufwendungsv. Stellt man auf solche Weise die Sachschäden als die einzig unmittelbaren Schäden in den Vordergrund, so denkt man wohl daran, daß die Sachgefahren, z. B. Brand oder Schiffbruch unmittelbar nur das Sachinteresse bedrohen, aber die Beeinträchtigung des Sachinteresses hat auch andere Schäden im Gefolge: Miet- oder Frachtverlust, Gewinnentgang, Haftpflicht- oder Aufwendungsschäden. Insofern drohen den „Nebeninteressen" Gefahren, denen die Sachgefahren nur innewohnen, immanent sind. Chancen, Anwartschaften brennen nicht, aber ein Brand der Fabrik führt zur Betriebsunterbrechung und zum Gewinnentgang. Frachtforderungen erleiden keinen Schiffbruch, aber bei Untergang der Güter ist keine Fracht zu zahlen.

Drittens: Unter mittelbarem Schaden wird oft derjenige verstanden, der nicht adäquat durch die vte Gefahr entstanden und deshalb nicht ersatzpflichtig ist.

Viertens: Unter mittelbarem Schaden wird aber auch solcher adäquat verursachte Schaden verstanden, bei welchem der adäquate Kausalzusammenhang ein etwas entfernterer ist. So bringt z. B. § 1 III a, b AFB die wichtige Unterscheidung zwischen der „unmittelbaren Einwirkung und den (mittelbaren) „unvermeidlichen Folgen" eines Brandes usw., wichtig wegen der Einschränkung der Haftung für Folgeschäden (bei ihnen muß „das Ereignis" — etwa der Brand — „auf dem Grundstück, auf dem sich die vten Sachen befinden, oder auf einem Nachbargrundstück eingetreten" sein); dazu Anm. 152 zu § 49. — Der Kausalzusammenhang kann auch Bedeutung gewinnen bei der Unterscheidung von Erst- und (mittelbarem) Folgeschaden in der Haftpflichtv (dazu Beyer a. a. O. S. 143—191, Hartung VersArch 1958 S. 129—145, BGH 21. II. 1957 BGHZ Bd 23 S. 349—355; Anm. 138 zu § 49).

Fünftens: Unter mittelbarem Schaden wird ferner solcher Schaden verstanden, der bei Vorliegen einer (primär) vten Gefahr durch ein vorsätzliches Verhalten des Vmers bewirkt und in den Vsschutz einbezogen wird, z. B. Schaden durch Löschen, Niederreißen oder Ausräumen (§ 1 III c AFB) oder durch Aufopferung der vten Sache in der großen Haverei (§§ 29 I 1, 31 ADS). Hier werden die Gefahren des Löschens, der Aufopferung usw. zu gedeckten Adhäsionsgefahren (Bruck S. 351—352, Raiser Anm. 48 zu § 1, S. 88—89, noch zweifelnd Möller WuRdVers 1931 Nr. 1 S. 59—60; eindeutig § 31 I ADS).

[43] ff) Versicherungsschäden im engeren und weiteren Sinn.

Versicherungsschaden i. e. S. ist der Schaden, der kraft des Vsschutzes, kraft der Gefahrtragung des Vers primär ausgeglichen werden soll, also in der Aktivenv der Schaden als Negation des vten Interesses, in der Passivenv der Schaden durch Entstehung jener Passiven, gegen welche die V genommen ist. Bei Adhäsionsven (Anm. 42) sind auch die in den Vsschutz einbezogenen weiteren Schäden, z. B. mittelbarer Kollisionsschaden, Havariegrossebeiträge, Mietverlust, Aufräumungskosten, Vsschaden i. e. S. Entsprechendes gilt, falls der Ver Adhäsionsgefahren deckt, z. B. die Gefahren des Löschens eines Brandes, der Aufopferung in großer Haverei (Anm. 42). — Bei Vsschäden i. e. S. wirkt die Vssumme, falls vorhanden, leistungsbegrenzend, und zwar gesamtheitlich, falls bei Adhäsionsven keine besondere Vssumme vereinbart worden ist. Für eigenen Kaskoschaden und mittelbaren Kollisionsschaden steht also nur einmal die Vssumme zur Verfügung, desgleichen für eigenen Sachschaden und Havariegrossebeiträge (Ritter Anm. 3 zu § 37, S. 621). Im allgemeinen reicht im Seerecht die Vssumme aus, da jedenfalls nach noch geltendem deutschem Recht der Reeder nur mit dem (Rest-)Wert des Schiffes Dritten haftet (§§ 486 I Ziff. 3, 726 I HGB). Möglichkeiten erweiterter Deckung eröffnen Kollisions- und Havariegrosseexcedentenven.

Versicherungsschaden i. w. S. ist weiterer Schaden, der dem Vmer erwachsen ist und den der Ver im Wege einer Nebenleistung ersetzen muß (Bruck S. 350). In Betracht kommt nur ein numerus clausus von Vsschäden i. w. S., bestehend aus

Aufwendungen zur Abwendung und Minderung des Vsschadens i. e. S.: § 63.

Kosten, welche durch die Ermittelung und Feststellung des Vsschadens i. e. S. entstehen: § 66.

Es ist von Fall zu Fall zu prüfen, ob Vsschaden i. w. S. nur im Rahmen der Vssumme ersetzt wird (dazu § 63 I 2, Anm. 28—29 zu § 50). In Einzelfällen kann der Vmer wählen, ob er einen Schaden, z. B. einen Schaden durch Löschen, als Vsschaden i. e. oder i. w. S. erstattet verlangen will (Prölss[15] Anm. 2 zu § 63, S. 273—274, Raiser Anm. 4 zu § 15, S. 357 leugnen bei Löschschäden an vten Sachen solches Wahlrecht). Franchisen können sich nur auf Vsschäden i. e. S. beziehen (vgl. § 34 I, II ADS).

[44] IV. Rechtssätze der Schadensversicherung.
1. Leistungsbegrenzende Faktoren.

Im Bereich der Schadensv greifen drei leistungsbegrenzende Faktoren ineinander, während in der Summenv allein die Vssumme (bei Rentenven der Rentenbetrag) eine Rolle spielt. Es handelt sich (auch hier) um die Vssumme, ferner um die Schadenshöhe und schließlich — aber nur bei einer Aktivenv — um den Vswert.

Die **Versicherungssumme** bildet die vertraglich vereinbarte Höchstbegrenzung für den Ersatz von Vsschaden in engerem Sinn (Anm. 43): „Der Ver haftet nur bis zur Höhe der Vssumme" (§ 50) — dieser für die Schadensv normierte Rechtssatz gilt in Wahrheit für den Gesamtbereich der Privatv (vgl. § 1 I 2). In der Schadensv kann von der Vereinbarung einer Vssumme ausnahmsweise abgesehen werden, so daß nur die Schadenshöhe ihre leistungsbegrenzende Funktion ausübt. Näheres zur Vssumme: Anm. 1—33 zu § 50.

Die **Schadenshöhe** spielt in der Schadensv eine entscheidende Rolle, weil der Ver in dem Rahmen der Vssumme nur den eingetretenen Vermögensschaden ersetzt; es gilt — im Gegensatz zur Summenv — der Grundsatz der konkreten Bedarfsdeckung (§ 55). Die Schadenshöhe ist eine objektiv feststehende Größe, bei deren Feststellung zwar Vertragsvereinbarungen eine Rolle spielen können, aber stets nur in den Grenzen des die Schadensv beherrschenden Bereicherungsverbotes (Anm. 45). In der Passivenv ergibt sich die Schadenshöhe aus dem Umfang der den Vmer belastenden gesetzlichen oder vertraglichen Schulden oder notwendigen Aufwendungen usw. In der Aktivenv gewinnt die Tatsache Bedeutung, daß der Schaden die Negation des Interesses ist, so daß der Schadensumfang mit dem Interessewert, dem Vswert zusammenhängt. Ein Totalschaden erreicht, wenn keine Reste übrigbleiben, den vollen Vswert. Näheres zur Schadenshöhe: Anm. zu § 55.

Der **Versicherungswert** als objektiver Wert des vten Interesses hat in der Aktivenv — und nur dort — nicht nur eine leistungsbegrenzende Funktion, weil er für die Schadenshöhe bedeutsam ist. Aus § 56, aus der sog. Proportionalitätsregel, ergibt sich darüber hinaus auch eine weitergehende, selbständige Bedeutung des Vswertes: Ist nämlich die Vssumme niedriger als der Vswert, so haftet der Ver für den Schaden nur nach dem Verhältnisse der Vssumme zum Vswert. Ist also ein Objekt mit dem Vswert von 100 nur mit einer Vssumme von 50 vert, und wird das Objekt durch einen Vsfall zur Hälfte entwertet, so ersetzt der Ver nicht 50 (= Vssumme und Schadenshöhe), sondern nur $^{50}/_{100} = ^1/_2$, also nur 25. Der Vswert hat also im Falle der Unterv in Verbindung mit der Proportionalitätsregel eine leistungsbegrenzende Funktion. Passiven haben keinen Wert, deshalb gibt es in der Passivenv keinen Vswert. Näheres zum Vswert: Anm. 1—56 zu § 52, zur Proportionalitätsregel Anm. zu § 56.

IV. Rechtssätze der Schadensversicherung   Vor §§ 49—80
Anm. 45

Hiernach spielen eine leistungsbegrenzende Rolle:

	Vssumme	Schaden	Vswert
in der Schadensv			
als Aktivenv	ja	ja	ja
als Passivenv	ja	ja	nein
in der Summenv	ja	nein	nein

Aus der Relation des Vswertes zur Vssumme ergibt sich nicht nur das etwaige Vorliegen einer Unterv (Anm. zu § 56), sondern auch dasjenige einer Überv (Anm. 3—16 zu § 51). Über das Wesen der mehrfachen V und Mitv vgl. Anm. zu § 58, der Doppelv Anm. zu § 59.

Über Leistungsbegrenzungen nach unten hin, speziell über Franchisen vgl. Anm. zu § 56.

[45] 2. Versicherungsrechtliches Bereicherungsverbot.

a) Grundsatz.

Nur im Bereiche der Schadensv, der konkreten Bedarfsdeckung, kann von der Geltung des vsrechtlichen Bereicherungsverbotes die Rede sein.

Das Bereicherungsverbot geht **historisch** auf die Anfänge der V, insbesondere der Seev, zurück; speziell der Interessebegriff ist entwickelt worden, um Wettelemente aus der V herauszuhalten (Anm. 32—33 zu § 49; Nachweise bei Gärtner ZVersWiss 1963 S. 337—347, 371—375). In fast allen Kodifikationen wird betont, daß eine (Schadens-)V nicht zur Bereicherung führen dürfe, vgl. z. B. § 1983 Teil II Tit. 8 ALR: „Durch Ven muß der Vte sich nur gegen Schaden decken, nicht aber Bereicherung dadurch suchen." Für das geltende Recht sei besonders auf §§ 1 I 1, 55 (mit Begr. I S. 11, 62) verwiesen, ferner auf § 786 III HGB.

Im **Schrifttum** wird das Bereicherungsverbot durchgängig anerkannt, vgl. nur Berndt, Der Ersatzwert in der Feuerv, Weißenburg 1951, S. 75—79, Bruck S. 438—439, Fick, Vsrechtliche Abhandlungen, Bd III: Einige Grundbegriffe der Schadensv, Zürich 1918, S. 51—57 m. w. N., Hagen I S. 573—574, Möller JW 1938 S. 916—920, Raiser Anm. 1 zu § 3, S. 107—108, Samwer, Das sogenannte Bereicherungsverbot im Privatsrecht, Düsseldorf 1937, S. 25—31, G. Schmidt ZfV 1960 S. 602—604, weitere Nachweise bei Winter, Konkrete und abstrakte Bedarfsdeckung in der Sachv, Göttingen 1962, S. 24 Anm. 8. Gegen das Bereicherungsverbot (speziell für die Feuerv): Endemann ZHR Bd 10 S. 244 bis 257.

Auch in der **Judikatur** findet sich mancher Hinweis auf das Bereicherungsverbot, z. B. in RG 19. IX. 1885 RGZ Bd 15 S. 96 (Seev), 6. X. 1894 RGZ Bd 35 S. 48, 63 (Feuerv), 11. I. 1896 RGZ Bd 36 S. 130—134 (Seev), 15. XI. 1911 RGZ Bd 77 S. 309 (Seev), 7. V. 1915 JW 1915 S. 791 = VA 1915 Anh. S. 92 Nr. 905 (Feuerv), 28. 10. 1919 RGZ Bd 97 S. 48 (Feuerv), 1. XI. 1919 RGZ Bd 97 S. 79 (Transportv), 10. VI. 1922 RGZ Bd 104 S. 410 (Seev), dahingestellt 28. VIII. 1942 RGZ Bd 169 S. 374—375 (Seev). Vgl. ferner OLG Hamburg 17. XII. 1941 JRPV 1942 S. 57—58 = HansRGZ 1942 B Sp. 169—172, OLG Kiel 30. III. 1927 Praxis 1928 S. 38. Das Bereicherungsverbot wird geleugnet von OLG Oldenburg 9. VII. 1951 VersR 1951 S. 228—229.

Die **AVB** stellen das Bereicherungsverbot zuweilen ausdrücklich heraus. In § 3 I 1 AFB, § 6 V 1 FBUB, § 3 I 1 AEB heißt es: „Die V darf nicht zu einer Bereicherung führen."

Das Bereicherungsverbot bezweckt nicht nur die Abgrenzung der Schadensv einerseits von Spiel und Wette andererseits, sondern auch die Verminderung des subjektiven Risikos, wird doch die Versuchung zur schuldhaften Herbeiführung des Vsfalles vermehrt, falls der Vsfall nicht nur zur Entschädigung (Versilberung), sondern sogar zur Bereicherung führt.

Das Bereicherungsverbot hat den Charakter eines **Rechtssatzes**, nicht lediglich den einer „Maxime, die nur gilt, wenn sie in einer konkreten Einzelbestimmung durchgeführt worden ist" (so Prölss[15] Anm. 1 zu § 55, S. 247, dagegen mit Recht G. Schmidt ZfV 1960 S. 604). Will man sich nicht auf §§ 1 I 1, 55 (und Einzelnormen wie §§ 51, 59) stützen, so kann man mit Fick a. a. O. S. 55 von einem (ungeschriebenen) „Satze des internationalen Vrechts sprechen ..., der dahin geht, daß die Schadensv keine Gewinne (Vorteile, Bereicherung) bringen dürfe". Aus dem Bereicherungsverbot ergibt sich u. a. die vsrechtliche Vorteilsausgleichung (Anm. 51—54).

Der Rechtssatz des Bereicherungsverbots bewirkt, daß ein Entschädigungsanspruch aus einer Schadensv dem Grunde nach (oder der Höhe nach) der causa entbehrt, soweit es an einem Schaden fehlt. Es kann im Wege eines Vsvertrages nicht gültig vereinbart werden, der „Vmer" solle eine Entschädigung erlangen, ohne geschädigt zu sein, oder er solle eine Entschädigung erlangen, die den Schaden übersteigen würde. Verbirgt sich unter einem Schadensvvertrag Spiel oder Wette, so findet gemäß § 117 II BGB der § 762 I BGB mit der Wirkung Anwendung, daß für den Ver nur eine (erfüllbare, aber nicht erzwingbare) Naturalobligation begründet wird (dazu Hagen I S. 574 Anm. 2). Meistens werden aber die Parteien, insbesondere die Ver, ein solches Scheingeschäft gar nicht wollen, und dann bewirkt die Verletzung des Bereicherungsverbotes, welches man im Bereiche des Vsrechts als absolut zwingend und unabdingbar bezeichnen kann (vgl. Anm. 54), die Nichtigkeit oder Teilnichtigkeit der vsvertraglichen Vereinbarungen (auch Prölss[15] Anm. 4 zu § 55, S. 248, VersR 1951 S. 219 erachtet die grundlegende Bestimmung des § 55 für unabdingbar).

Vorbehaltlich speziellerer Beweisregeln muß der Vmer die Schadenshöhe beweisen (Anm. zu § 55). Klauseln, welche dem Vmer den Beweis erleichtern, sind zulässig, sofern sie dem Ver den Gegenbeweis, also den Beweis einer Bereicherung, offenlassen (vgl. § 885 I HGB, Ritter Anm. 34—40 zu § 43, S. 666—670). Bewertungen eröffnen einen Spielraum: Alle Bewertungen, die sich im Bewertungsrahmen halten, sind unbeanstandbar (Anm. 56 zu § 52). Speziell zur Neuwertv vgl. Anm. 50. Neuerdings sind Zweige der Schadensv entwickelt worden, bei denen besonders sorgsam geprüft werden muß, ob sie nicht dem Bereicherungsverbot widerstreiten. Genannt seien die Reisewetterv (VA 1957 S. 62—63, 1958 S. 57 mit Möller VersR 1953 S. 217—219), die V von Fleischerhandwerks- und anderen Betrieben gegen Vermögensschäden durch Betriebsschließung infolge Seuchengefahr (VA 1962 S. 124—128); Näheres Anm. zu § 55. Zur Rindviehv mit festen Entschädigungsbeträgen (VA 1963 S. 2—6), zur Zuchttierv von Chinchillas mit festen Entschädigungsbeträgen (VA 1965 S. 155—156) und generell zur Tierv zu Durchschnittswerten (§§ 2 II, 5 II ATierB) vgl. Anm. 56 zu § 52.

Im übrigen ist zum Bereicherungsverbot zweierlei zu beachten:

Erstens: Das Bereicherungsverbot gilt nur für die Schadensv, nicht für die Summenv. Jede V, die nicht Personenv ist, muß als Schadensv betrieben werden; im Bereiche der Personenv steht es dem Ver frei, sich für eine konkrete Bedarfsdeckung (Schadensv) oder für eine abstrakte Bedarfsdeckung (Summenv) zu entscheiden (Anm. 3). Helfesrieder, Die Personenv in ihrer Abgrenzung zur Schadensv, Basel 1953, S. 53—55 will allerdings im Einzelfall zusätzlich prüfen, „ob der durch das befürchtete Ereignis hervorgerufene Schaden am Gefahrobjekt Person nicht nur von vorübergehender Dauer ist, so daß bei Wiederherstellung derselben mit der Entrichtung der dazu erforderlichen Aufwendungen und des ... verursachten Verdienstausfalles der Schaden vollauf gedeckt wäre". Solchenfalls müsse die Personenv als Schadensv betrieben werden, wobei besonders auf die Krankenversicherung verwiesen wird. Aber solche Einengung der Zulässigkeit der Summenv, welche zugleich eine Ausweitung des vsrechtlichen Bereicherungsverbotes wäre, erscheint unhaltbar, gibt es doch neben der Krankheitskosten- die Krankentagegeldv. Die Lebensv wird in Deutschland fast nur als Summenv betrieben, das Bereicherungsverbot gilt also nicht (dazu Tiefenbacher, Das Bereicherungsverbot im Lebensvsrecht unter besonderer Berücksichtigung des englischen und amerikanischen Rechts, ungedruckte Hamburger Diss. 1948). Mißbräuche der Summenv verhindern teils die §§ 159 II, 179 III (Zustimmungserfordernis), teils das Faktum, daß der Vmer eine der Höhe der Vssumme entsprechende Prämie aufbringen muß.

Zweitens: Das schadensvsrechtliche Bereicherungsverbot erfährt gewisse Abschwächungen, Durchbrechungen, effektive und scheinbare, von denen in Anm. 46

IV. Rechtssätze der Schadensversicherung Vor §§ 49—80
Anm. 46

bis 50 die Rede sein soll. Sie haben immer wieder gelegentlich zur Leugnung des Bereicherungsverbotes geführt, z. B. bei Blanck ZVersWiss 1928 S. 42—43, welcher meint, es komme nur auf eine Ausschaltung des subjektiven Risikos an, bei V. Ehrenberg NeumannsZ 1927 S. 597—599, der mit ähnlicher Begründung eine Sachsummenv zulassen will, z. B. gegen die Erdbebengefahr. Ehrenzweig S. 284 Anm. 6, Vsvertragsrecht, II. Bd, Wien-Leipzig 1935, S. 546—548 erklärt das schadensvsrechtliche Bereicherungsverbot für einen bloßen Programmsatz und meint, man könne es „der einverständlichen Beurteilung der Vertragsteile überlassen" festzulegen, wann eine „Schadensersatzleistung die Wirtschaftslage ... nicht verbessere". Ritter Anm. 69—70 vor § 1, S. 43—44 leugnet angesichts der Durchbrechungen, also der Ausnahmen, die auch von ihm anerkannte Regel. Neuerdings hat Schiering, Abstrakte und konkrete Bedarfsdeckung im Vsrecht, ungedruckte Hamburger Diss. 1964, S. 34—50, 119 unter dem Eindruck der Durchbrechungen des Bereicherungsverbotes und speziell im Hinblick auf die soziale Unfallv versucht, zwischen die Kategorien der konkreten schadensabhängigen Bedarfsdeckung und der abstrakten schadensunabhängigen Bedarfsdeckung eine schadensabhängige Bedarfsdeckung mit pauschaler Schadensberechnung zu stellen. Viel weiter geht Winter a. a. O. S. 23—51, 85—86, 99—116, der die Existenz eines gesetzlichen Bereicherungsverbotes für die Sachv leugnet, indem er nicht nur die Ausnahmen der Regel hervorkehrt, sondern einige Spezialfälle der Doppelv, des Übergangs von Ersatzansprüchen, der Vorteilsausgleichung usw. fälschlich so behandelt, daß eine Bereicherung des Vmers zustandekommt. Auf dieser Basis will Winter, der besonders die Neuwertv irrigerweise zur Begründung seines Standpunktes heranzieht, generell die Möglichkeit einer Sachsummenv bejahen, wobei er einschränkend nur fordert, daß sie von wirtschaftlichem Ernst getragen werde. Unzulässig sei aber die Sachsummenv, soweit vertraglich das Bereicherungsverbot vereinbart sei, sowie im Bereiche der Seev, für die § 786 III HGB zwingend bestimmt: „Soweit die Vssumme den Vswert übersteigt (Überv), hat die V keine rechtliche Geltung."

In Wahrheit ist nicht nur in der See-, sondern auch in der Binnenv von der Regel des Bereicherungsverbotes auszugehen, welche nur insoweit Ausnahmen zuläßt, als das positive Recht Durchbrechungen des Bereicherungsverbotes gestattet.

[46] b) Durchbrechungen.

aa) Gleichbleibender Versicherungswert.

Der Vswert kann während der Vsdauer schwanken, man kann deshalb den Anfangswert, den jeweiligen Vswert und den Ersatzwert unterscheiden (Anm. 25 zu § 52). Soll der Vswert als Regulator einer den Vmer nicht bereichernden Entschädigung in Betracht kommen (Anm. 44), so muß er als Ersatzwert herangezogen werden, und in der Tat stellen z. B. die §§ 55, 56 auf den „Vswert zur Zeit des Eintritts des Vsfalles" ab.

Aber die Transport- und Seev sind hier großzügiger. Die §§ 140 II, 141 I 2, auch §§ 70 II, 90 II ADS fingieren, daß der Anfangswert mit dem Ersatzwert identisch sei. Wertermäßigungen, die während der Vsdauer eintreten, bleiben also unberücksichtigt: Im Falle des Totalverlustes wird — sofern die Vssumme ausreicht — eine Entschädigung in Höhe des vollen Anfangswertes geleistet, eine Bereicherung des Vmers tritt also ein. Die Regelung beruht auf der Annahme, daß eine Transportv meistens nur für kurze Zeit abgeschlossen wird und daß während dieser Zeit die Werte nicht nennenswert schwanken. Aber dieser Gesichtspunkt läßt sich heute schon für die Güterv kaum noch anführen, man denke an die Einbeziehung von Lagerungen in die Vsdauer. Besonders aber bei der Kaskov können im Verlaufe der Vsdauer große Wertminderungen eintreten, man denke an das Absinken der Schiffswerte nach der Korea- oder Suezkanalkrise. Hiernach können also erhebliche Bereicherungen des Vmers infolge des fiktiv gleichbleibenden Vswertes zustandekommen.

Allerdings ist auch der umgekehrte Fall möglich: Wertsteigerung während der Vsdauer. Die Wertsteigerung wird durch die ursprüngliche Transport- und Seev nicht erfaßt, da hier der Anfangswert entscheidet. Der Vmer kann auch keine zusätzliche Gewinnv nehmen; denn der Gewinn wird nicht erst erwartet, sondern ist bereits realisiert. Als Ausweg haben die Transport- und Seev die sogenannte Mehrwertv ausgebildet, die man zusätzlich nachträglich nehmen kann. Über die Gütermehrwertv vgl. Ritter Anm. 22—27 zu § 90, S. 1067—1069, über die Kaskomehrwertv vgl. Ritter Anm. 13—16 zu § 70, S. 846—848, ferner unten Anm. zu § 53.

[47] bb) Vereinbarung einer Taxe.

Der Vswert, eine objektive Größe, kann zur Vermeidung von Bewertungsstreitigkeiten gemäß § 57¹, auch § 6 II 1 ADS, durch Vereinbarung auf einen bestimmten Betrag (Taxe) festgesetzt werden.

Die Taxe kann übersetzt sein, eine Bereicherung des Vmers kann also eintreten, sofern man von dem übersetzt taxierten Vswert ausgeht. Dennoch ist die Taxe maßgebend, es sei denn, daß sie den wirklichen Vswert „erheblich" übersteigt (§ 57², auch § 6 II 2 ADS).

Die bei nicht erheblich übersetzter Taxe denkbare Bereicherung des Vmers kann verschieden groß sein, je nachdem, welche Bedeutung der Taxe zukommt:

Nach § 87 legt bei der Feuerv beweglicher Sachen die Taxe nur den Anfangswert bindend fest. Der Ver kann also immer noch behaupten, der Vswert sei bis zum Eintritt des Vsfalles gesunken. Dann hat die Taxe ihre Bedeutung verloren, es sei denn, daß der Vmer beweist, eine Wertsenkung könne nicht eingetreten sein, etwa weil die Taxe erst ganz kurze Zeit vor dem Vsfall vereinbart sei. Gelingt dem Vmer dieser Beweis nicht, so muß der Ersatzwert unabhängig von der Taxe ermittelt werden. In der Feuerv beweglicher Sachen ist also durch eine Taxe kaum eine Bereicherung des Vmers zu befürchten.

Anders in allen sonstigen Interessevszweigen; denn dort gilt die Taxe auch als Ersatzwert (§ 57²), ein Grundsatz, der sich für die Transport- und Seev schon aus der Fiktion des gleichbleibenden Vswertes (Anm. 46) ergibt. Trotz der Wertminderungen, die während der Vsdauer eingetreten sein können, erhält also bei einem Totalschaden der Vmer grundsätzlich den vollen Taxbetrag ersetzt, bei einem sonstigen Schaden einen entsprechenden Teil. Weder die Tatsache, daß der Anfangswert zu hoch taxiert gewesen sein kann, noch die eingetretene Wertminderung werden demnach berücksichtigt, solange der Ver keine erhebliche Übersetzung der Taxe behauptet. Geschieht es, so wird in der Binnenv allerdings geprüft, ob im Vergleich zum wirklichen Ersatzwert die Taxe übersetzt erscheint (§ 57²), also nicht nur die eingetretene Wertminderung, sondern auch die von vornherein vorgenommene Höherschätzung werden berücksichtigt.

Näheres zur Taxe: Anm. zu § 57.

[48] cc) Versicherung von Gewinn.

Auch bei einer Gewinnv, also bei einer V von Gewinninteressen (Anm. 16), kann leicht eine Bereicherung des Vmers eintreten. Zwar widerstreitet die Gewinnv als solche nicht dem Bereicherungsverbot, aber in ihrer Einzelausgestaltung kann sie zu einem Vermögensvorteil für den Vmer führen.

Man muß die V entgehenden Gewinns (§§ 83, 89) und die V imaginären Gewinns (§ 100 ADS) unterscheiden:

Bei der V entgehenden Gewinns hat das Gesetz in § 89 für die Feuerv zwar eine Bereicherung des Vmers zu verhindern versucht, insbesondere durch das Verbot einer Taxe, aber der Begriff des entgangenen Gewinns ist aus § 252 BGB zu entnehmen, und nach dieser Vorschrift muß als entgangen auch jener Gewinn gelten, der zur Zeit des Vsfalles mit Wahrscheinlichkeit erwartet werden konnte. Darin liegt die Möglichkeit einer Bereicherung für den Vmer beschlossen: Er braucht nicht zu beweisen, daß der Gewinn auch tatsächlich erzielt worden wäre. Ein Wahrscheinlichkeitsurteil, gefällt für den Zeitpunkt des Vsfalles, reicht aus.

Noch viel weiter kommt man dem Vmer bei der Seev imaginären Gewinns entgegen, die nach § 100 ADS übrigens zugleich auch stets als taxierte V gilt. Hier entscheidet nicht der Zeitpunkt des Vsfalles, sondern es kommt darauf an, ob bei der Schließung des Vsvertrages ein Gewinn zu erwarten war, und obendrein wird keine Wahrscheinlichkeit der Gewinnerzielung erfordert, sondern eine nach kaufmännischer Berechnung gegebene bloße Möglichkeit reicht aus. Da speziell im Überseehandel kaum jemals gesagt werden kann, die Erzielung eines sehr hohen Gewinnes sei unmöglich, können bei der V imaginären Gewinns leicht größere Bereicherungen des Vmers vorkommen.

IV. Rechtssätze der Schadensversicherung Vor §§ 49—80
Anm. 49—51

[49] dd) Verbindliche Sachverständigenfeststellung.

Gemäß § 64 I 1 wird in Schadensvsverträgen häufig ein Sachverständigenverfahren vorgesehen. Die Sachverständigen stellen einzelne Voraussetzungen des Anspruchs aus der V und/oder die Höhe des Schadens fest. Aber auch Sachverständige können irren. Möglicherweise erweist eine Nachprüfung, daß die Höhe des Schadens in Wahrheit niedriger ist, als die Sachverständigen gemeint haben. Dennoch ist aus Gründen der Rechtssicherheit die getroffene Feststellung prinzipiell verbindlich. Unverbindlich ist die Feststellung nur, „wenn sie offenbar von der wirklichen Sachlage erheblich abweicht" (§ 64 I 1). Eine Bereicherung des Vmers wird hiernach in Kauf genommen, sofern es sich entweder um eine nicht erhebliche Abweichung handelt oder sofern die Abweichung nicht „offenbar" klar zutage liegt. Näheres Anm. zu § 64.

[50] ee) Scheinausnahme: Neuwertversicherung.

Die Neuwertv widerstreitet nicht dem schadensvsrechtlichen Bereicherungsverbot. Allerdings hat das Sachinteresse lediglich den Zeitwert, der sich für den Zeitpunkt des Vsfalles ergibt. Im Rahmen der Sachv darf demzufolge eine Entschädigung höchstens in Höhe des Zeitwertes geleistet werden. Aber die Beeinträchtigung des Sachinteresses führt oft dazu, daß der Vmer notwendigerweise Aufwendungen zu machen hat. Will ein Hauseigentümer das durch Brand zerstörte Gebäude wieder errichten, so reicht die Zeitwertentschädigung hierfür nicht aus, sondern der Hauseigentümer ist faktisch gezwungen, überdies einen Betrag in Höhe der Differenz zwischen Neuwert und Zeitwert aufzuwenden (Anm. 20). Betrachtet man solchermaßen die Neuwertv als Kombination zwischen einer Sachv (Aktivenv) und einer V gegen notwendige Aufwendungen (Passivenv), so ergibt sich, daß dem Vmer nur sein (aufspaltbarer) Schaden ersetzt wird und daß eine Durchbrechung des Bereicherungsverbotes nicht gegeben ist. Näheres zur Neuwertv: Anm. 26, 28 zu § 52.

[51] 3. Versicherungsrechtliche Vorteilsausgleichung.

Obgleich der Schadensver primär Gefahrtragung und nicht Schadensersatz schuldet, gelten doch nach Eintritt des Vsfalles manche Rechtsgrundsätze, die auf Schadensersatzschulden generell anwendbar sind (Anm. 4). Für alle Schadensersatzschulden gilt das Prinzip der Vorteilsausgleichung, der compensatio lucri cum damno für den Fall, daß im Schadensfall nicht nur Nachteile, sondern auch Vorteile entstehen. Im Bereich des Vsrechtes handelt es sich zugleich um einen Anwendungsfall des vsrechtlichen Bereicherungsverbotes (Anm. 45).

Schrifttum über die vsrechtliche Vorteilsausgleichung: Bruck S. 439—443, Lentzen, Die Konkurrenz des Vsanspruchs und des Entschädigungsanspruchs des Vmers gegen Dritte, Kölner Diss. 1937, Schultz, Grundsätze der vsrechtlichen Vorteilsausgleichung, Hamburg 1934, Strittmatter, Vsrechtliche Vorteilsausgleichung, Berner Diss., Immensee 1949, von Tobel, Die Vorteilsanrechnung im schweizerischen Schadensersatzrecht, Züricher Diss. 1930.

Nicht zur vsrechtlichen Vorteilsausgleichung gehört der Problemkreis, ob Vsforderungen und Vsleistungen (aus Schadens- oder Summenven) ihrerseits bei nicht vsrechtlichen Schadensersatzforderungen — etwa im Deliktsrecht — auszugleichende Vorteile sind. Dazu vgl. Anm. zu § 67.

Im Rahmen der vsrechtlichen Vorteilsausgleichung geht es um die Frage, ob Vorteile mit ersatzpflichtigen Einzelschäden oder aber deren Ersatz im Zusammenhang stehen. Ersterenfalls, also bei Zusammenhang mit der Entstehung des Vsschadens, mit dem Vsfall, spricht man von **eigentlicher** Vorteilsausgleichung. Im zweiten Fall, also bei Zusammenhang mit der Erbringung der Entschädigungsleistung, spricht man von **uneigentlicher** Vorteilsausgleichung (Bruck S. 440, Schultz a. a. O. S. 38—41). — Zum Zeitpunkt der Vorteilsentstehung vgl. auch § 6 V 2 FBUB: „Wirtschaftliche Vorteile, die sich nach Ablauf des Bewertungszeitraumes als Folge der Unterbrechung innerhalb der Haftzeit ergeben, sind in billiger Weise zu berücksichtigen." Bei gedehnten Vsfällen kann auch die Vorteilsentstehung eine „gedehnte" sein.

Der Zusammenhang wird herkömmlicherweise nach Kausalitätsgrundsätzen, speziell nach dem **Grundsatz der adäquaten Verursachung** festgestellt (Bruck S. 442—443,

Schultz a. a. O. S. 28—32; generell RG 28. X. 1912 RGZ Bd 80 S. 159—160, 21. III. 1931 RGZ Bd 133 S. 223, 4. I. 1935 RGZ Bd 146 S. 278, BGH 15. I. 1953 BGHZ Bd 8 S. 328—329, 17. VI. 1953 BGHZ Bd 10 S. 108, 24. III. 1959 BGHZ Bd 30 S. 33). Neuerdings mehren sich allerdings die Stimmen, welche die Adäquanz für einen sachfremden Gesichtspunkt erachten (so besonders Cantzler ArchCivPrax Bd 156 S. 29—59 m. w. N.). Esser S. 272—275 entwickelt statt dessen eine verwickelte „Typenlehre", ähnlich Larenz Schuldrecht I^7 S. 162—165.

Es läßt sich jedoch mit den Kausalitätsgrundsätzen eine befriedigende Zuordnung der Vorteile erreichen, wenn man — im Vsrecht — ausgehend vom Einzelschadensbegriff — überdies jeweils prüft, ob der Vorteil gerade im Hinblick auf das vte Interesse, auf die vte Beziehung die schädigende Wirkung ganz oder teilweise aufhebt (ähnliche Gedanken bei Esser S. 272 im Hinblick auf das verletzte Recht). Neben der Adäquanz ist also **„Korrespondenz"** von Einzelschaden und Vorteil zu fordern. Da der Schadensver nicht alle nur denkbaren Schäden zu ersetzen hat, kann er auch nicht alle entstehenden Vorteile für sich in Anspruch nehmen (dazu auch Ritter Anm. 9 zu § 45, S. 681—682, Strittmatter a. a. O. S. 17, 25—26). Es schießt andererseits weit über das Ziel hinaus, falls man bei Einzelschadensersatz jede Vorteilsausgleichung für ausgeschlossen erachtet (so aber Wilburg JherJ Bd 46 [1932] S. 125—148). Hiernach ergibt sich: Hat ein Dritter eine Sache fahrlässig in Brand gesetzt, die feuervert ist, und ersetzt der Dritte neben dem Sachschaden auch entgehenden Gewinn, so kommt als auszugleichender Vorteil im Hinblick auf das Sachinteresse nur der Sachschadensersatzanspruch in Betracht, nicht der Anspruch auf Ersatz des entgehenden Gewinns. Hat der Eigentümer den Münchener Glaspalast feuervert, und betreibt er nach dem Brande auf dem Gelände des zerstörten Gebäudes eine Eisbahn, so ist der hieraus erzielte Gewinn im Verhältnis zum Gebäudefeuerver — der die Substanz entschädigt — nicht als Vorteil auszugleichen (a. A. Schultz a. a. O. S. 46); das Gegenteil gilt bei einer Mietverlust- oder Betriebsunterbrechungsv.

Die allgemein-zivilrechtlichen Entscheidungen BGH 15. I. 1953 BGHZ Bd 8 S. 329, 17. VI. 1953 BGHZ Bd 10 S. 108, 24. III. 1959 BGHZ Bd 30 S. 33 fordern neben der Adäquanz eine Prüfung der Frage, ob eine Vorteilsanrechnung nach dem **„Sinn und Zweck"** der Ersatzpflicht **zumutbar** sei. Bei mangelnder „Korrespondenz" von Einzelschaden und Vorteil wird es stets auch an solcher Zumutbarkeit fehlen. Bei gegebener „Korrespondenz" dürfte aber die Anrechnung regelmäßig dem Sinn und Zweck der Ersatzpflicht des Schadensvers entsprechen.

Allerdings bedürfen zwei Arten von Vorteilen besonderer Erwähnung, bei denen auch im Vsrecht eine Ausgleichung **nicht** in Betracht kommt:

Erstens sind freiwillige Leistungen eines Dritten, z. B. Schenkungen aus Anlaß des Schadens, der den Vmer betroffen hat, nicht zur Ausgleichung zu bringen, da (und wenn) solche Zuwendungen den Geschädigten (nicht den Schadensver) begünstigen sollen (Esser S. 273). Wußte der Schenker nichts von der Existenz der Schadensv, so ist allenfalls zu prüfen, ob er das Geleistete mit allgemein-zivilrechtlichen Rechtsbehelfen zurückfordern kann.

Zweitens kann der Schadensver nichts daraus herleiten, daß kraft des Schadens ein Unterhaltsanspruch des Vmers entstanden oder umfangreicher geworden ist; deshalb kann ein Krankheitskostenver sich nicht darauf berufen, daß der Unterhaltsgewährende dem Vmer bereits die zur Kostendeckung erforderlichen Mittel zur Verfügung gestellt habe. Vgl. hierzu Esser S. 273, 915 und § 843 IV BGB, der einen allgemeinen Rechtsgedanken zum Ausdruck bringt, welcher über den unmittelbar geregelten Fall hinaus Geltung beansprucht (BGH 30. III. 1953 BGHZ Bd 9 S. 191, 31. V. 1954 BGHZ Bd 13 S. 364, 22. VI. 1956 BGHZ Bd 21 S. 116).

Man kann die denkbaren auszugleichenden Vorteile ähnlich gruppieren und **einteilen,** wie man — im Spiegelbild — die Einzelschäden einteilt. So können Vorteile (auf der Aktivseite) entstehen durch Entstehung neuer Wertbeziehungen zu Sachen, Forderungen, sonstigen Rechten oder Gewinnanwartschaften (oder durch entsprechende Wertsteigerungen vorhandener Wertbeziehungen), außerdem aber auch (auf der Passivseite) durch Wegfall (oder Verkleinerung) von gesetzlichen oder vertraglichen Schulden, von notwendigen Aufwendungen oder von konkreten Verlustmöglichkeiten (vgl. Anm.

IV. Rechtssätze der Schadensversicherung Vor §§ 49—80
Anm. 52—53

12—21, auch Schultz a. a. O. S. 42—48 im Anschluß an Möller ZVersWiss 1934 S. 42—43). Das soll an einigen Beispielen aus dem Bereich der eigentlichen (Anm. 52) und uneigentlichen (Anm. 53) Vorteilsausgleichung gezeigt werden (Näheres zur vsrechtlichen Vorteilsausgleichung Anm. zu § 67). Es ist ferner zu skizzieren, wie sich die Vorteilsausgleichung vollziehen kann (Anm. 54).

[52] a) Eigentliche Vorteilsausgleichung.

Auf der **Aktivseite** erwächst dem Vmer ein Vorteil durch

Entstehen (oder Wertvollerwerden) **eines Sachinteresses:** Bei einem Totalschaden verbleibt als (heterogener) Rest ein aliud, z. B. ein Wrack in der Seev, ein Kadaver in der Tierlebensv (dagegen ist es kein Problem der Vorteilsausgleichung, falls bei einem Teilschaden ein homogener Rest übrigbleibt: Bruck S. 439). Weiterer Fall der Vorteilsausgleichung: Bei irgendeinem Schaden erlangt der Vmer anderweitigen Ersatz von einem Dritten (nicht nur einen Ersatzanspruch), also ein Surrogat, z. B. einen Geldbetrag vom Brandstifter oder vom ersatzpflichtigen Verfrachter oder Frachtführer (vgl. § 103 II 2 ADS mit Ritter Anm. 16, 17 zu § 103, S. 1207). Zweifelhaft ist es, ob der Vmer es sich als Vorteil anrechnen lassen muß, wenn nach einem Teilverlust die restlichen Güter infolge der Verknappung wertvoller werden (bejahend Bruck S. 442, Schultz a. a. O. S. 47—48).

Entstehen eines Forderungsinteresses: Hierher gehört der wichtige Fall der Entstehung von Schadensersatzansprüchen gegen Dritte (§ 67; Bruck S. 443, Schultz a. a. O. S. 45; aus dem allgemeinen Zivilrecht vgl. §§ 255, 281 II BGB); aber dogmatisch gehört hierher auch der Fall der Doppelv (§ 59), hier überschneiden sich vsrechtliche Vorteilsausgleichung und das Problem der Vsforderung als auszugleichender Vorteil. Neben Schadensersatzansprüchen seien Ansprüche aus Wandlung oder Minderung genannt (§ 118).

Entstehen eines Interesses an sonstigen Rechten: Ein Einbruchdiebstahl läßt für den Bestohlenen einen dinglichen Herausgabeanspruch gegen den Dieb entstehen (§ 985 BGB; auch hier vgl. aus dem allgemeinen Zivilrecht § 255 BGB).

Entstehen eines Gewinninteresses: Für einen Geschädigten können zugleich Gewinnanwartschaften entstehen. Verliert ein Verfrachter infolge eines Unfalls eine Frachtforderung (§ 617 I HGB), so kann er doch vielleicht bei schneller Reparatur des Schiffes und gestiegenen Frachtraten den Schaden mehr als ausgleichen. Dennoch ist es unter dem Gesichtspunkt der „Korrespondenz" fraglich, ob der Verfrachter sich im Rahmen der Frachtforderungsv den Vorteil anrechnen lassen muß (verneinend Ritter Anm. 71 vor § 1, S. 45, Schultz a. a. O. S. 47).

Auf der **Passivseite** erwächst dem Vmer ein Vorteil durch

Wegfall (oder Verkleinerung) **von gesetzlichen Schulden:** Falls der Reeder bei einer Kollision Eigenschaden erleidet, mindert sich in entsprechendem Umfange seine Haftung für mittelbaren Kollisionsschaden (wegen der dinglich-beschränkten Haftung des § 486 I Ziff. 3 HGB).

Wegfall von vertraglichen Schulden: Falls der Käufer einer Sache infolge eines Transportschadens den Kaufpreis, den er noch nicht gezahlt hatte, mindern kann, so ist dieser Vorteil anzurechnen.

Wegfall von sonstigen Belastungen: Falls der Eigentümer eines Gebäudes infolge eines Sturmschadens aus einer Grundschuld nicht mehr belangt werden kann, so ist Vorteilsausgleichung geboten (Schultz a. a. O. S. 48—49).

Wegfall von notwendigen Aufwendungen: Beispiel: § 800 HGB mit Ritter Anm. 70 vor § 1, S. 44; aus dem allgemeinen Zivilrecht § 642 II BGB.

Wegfall von konkreten Verlustmöglichkeiten.

[53] b) Uneigentliche Vorteilsausgleichung.

Zuweilen ergibt sich ein Vorteil für den Vmer nicht schon durch die Entstehung des Vsschadens, durch den Vsfall, sondern erst im Zusammenhang mit der Erbringung der Entschädigungsleistung seitens des Vers. Diese Entschädigungsleistung könnte zu einer Bereicherung führen, falls nicht im Wege einer uneigentlichen Vorteilsausgleichung eine Korrektur erfolgt.

In Betracht kommen besonders **zwei Fälle** (vgl. daneben § 104):

Erster Fall: Der Ver leistet **Naturalersatz,** die Naturalleistung ist überwertig, so daß der Vmer durch eine Geldzahlung den Vorteil ausgleichen muß. War z. B. bei der Glasv eine schon beschädigte Scheibe mitvert und tritt nun ein neuer Schaden ein, der zur vollwertigen Naturalherstellung führt, so hat nach einer Klausel (VA 1953 S. 218) „der Vmer ....% der Ersatzkosten selbst zu tragen und auf Verlangen vor der Ersatzausführung an die Gesellschaft abzuführen". Leistet bei einer Fahrradneuwertv mit Selbstbeteiligung des Vmers im Totalschadensfalle der Ver Naturalersatz durch Lieferung eines neuen gleichwertigen Fahrrades, so trifft gleichfalls den Vmer eine ausgleichende Zahlungspflicht (vgl. § 10 I—III AFVB). Leistet bei einer Haftpflichtv mit Selbstbeteiligung des Vmers der Ver volle Befreiung des Vmers (durch Zahlung an den Drittgeschädigten), so hat gleichfalls eine uneigentliche Vorteilsausgleichung zu erfolgen; hierher gehört auch der Fall des § 158f.

Zweiter Fall: Der Ver leistet **Geldersatz,** aber dabei wird eine Berechnung zugrunde gelegt, die einen übersetzten Betrag ergibt, welcher der Korrektur bedarf. So wird z. B. in der Seekaskov ein Teilschaden auf Grund der für die Ausbesserung aufgewendeten Kosten liquidiert. Aber hiervon muß ein Abzug gemacht werden, der dem aus dem Unterschiede zwischen neu und alt sich ergebenden Minderwert entspricht, ferner ein Abzug, „der dem Werte der durch neue ersetzten Sachen entspricht" (vgl. §§ 75 III, 76 ADS, ferner §§ 710 III, 872 HGB mit BGH 24. III. 1959 BGHZ Bd 30 S. 32).

[54] c) Vollzug der Vorteilsausgleichung.

Hier besteht eine große **Alternative:** Entweder **mindert sich der Schadensersatz** des Vers im Umfange des Vorteils **oder** der Ver leistet **vollen Schadensersatz**, wobei letzterenfalls meistens der **Vorteil dem Ver** zur Verwertung **übertragen** wird (man spricht bei dem Erlös des Vers von „Provenu"). Denkbar ist auch, daß der Ver zwar vollen Schadensersatz leistet, auch die Vorteilsverwertung dem Vmer beläßt, aber verlangt, daß ihm, dem Ver, der Erlös ausgeschüttet werde.

Zuweilen kommen auch Fälle vor, in denen der **Ver die Wahl** hat, entweder geminderten Schadensersatz zu leisten oder vollen Schadensersatz unter Vorteilsübernahme. So heißt es für die Einheitsv in § 9 II EVB: „Leistet der Ver Entschädigung, so ist er berechtigt, aber nicht verpflichtet, die beschädigte Ware zu übernehmen." Etwas ausführlicher §§ 7 VI, 10 VI AVB für Ausstellungsven (VA 1951 S. 164): „Beschädigtes Ausstellungsgut kann niemals an den Ver abandonniert werden." „Im Falle eines Schadens, für den Ansprüche seitens des Vmers geltend gemacht werden, ist der Ver berechtigt, aber niemals verpflichtet, das beschädigte Ausstellungsgut gegen Erstattung des Vswertes zu übernehmen."

Aber regelmäßig besteht kein solches Wahlrecht, sondern eine der beiden Grundlösungen wird normiert:

Erste Lösung: Die **Schadensersatzleistung** des Vers **mindert sich** z. B. in den Fällen des § 13 III AKB (Rest- und Altteile verbleiben dem Kaskovmer; sie werden zum Zeitwert angerechnet), § 71 I 1, 2 ADS (Vssumme abzüglich Wert der geretteten Sachen und des anderweit Erlangten), § 77 I 1, II 1 ADS (Versicherungssumme abzüglich Versteigerungserlös). Vgl. ferner § 3 I AFB (Schwierigkeit der Bewertung der Reste: Verwendbarkeit für die Wiederherstellung; Gebäudereste bei behördlichen Wiederaufbaubeschränkungen), § 9 I, II ATierB (Entschädigungssumme abzüglich Kadavererlös; vgl. auch § 8 Ziff. 1 IV, Ziff. 2 I, III AVB für Rindviehven: VA 1963 S. 5), § 9 I 4 AGlasB (Barersatz in der Glasv abzüglich Wert der Bruchstücke), § 4 II AVB für die V von Betrieben gegen Vermögensschäden durch Betriebsschließung infolge Seuchengefahr (VA 1962 S. 127: Anrechnung von öffentlichrechtlichen Entschädigungen), § 103 II ADS (Anrechnung von Erlösen bzw. Ersatzbeträgen bei einer V imaginären Gewinns), § 800 HGB (Anrechnung von Ersparnissen), § 11 III 2 Allgemeine Bedingungen für die V von Bankvaloren gegen die Gefahren des Transportes (Abzug der Vergütung der Beförderungsanstalt).

IV. Rechtssätze der Schadensversicherung   Vor §§ 49—80
                                                                  Anm. 54

Zweite Lösung: Die **Schadensersatzleistung** des Vers wird — unter **Übertragung des Vorteils auf den Ver** — **voll erbracht** z. B. in folgenden Fällen:

Übergang von Ersatzansprüchen gegen Dritte (cessio legis): § 67; ferner gegen Doppelver: § 59 II 2, § 426 II BGB.

Übergang von Gewährleistungsansprüchen: § 118.

Übergang der kreditvten Forderung: § 11 AVB für die Ausfuhr-Kreditv: VA 1958 S. 52.

Übergang von (dinglichen) Ansprüchen: § 15 II Allgemeine Bedingungen für die V von Juwelierwaren: VA 1936 S. 101.

Übergang der Rechte des Vmers an dem Schiff bei Totalverlust: § 71 III ADS, und bei Verschollenheit mit Abandon des Vmers: §§ 72 III 1, 73 ADS.

Übergang der Rechte des Vmers an dem in Verlust geratenen Fahrrad: § 10 VI AFVB, an den ersetzten Bijouterie-, Silberwaren, Uhren (§ 14 II 1 Allgemeine Bedingungen für Bijouterie-, Silberwaren- und Uhren-Reiselager-V). — Eigenartig ist die Rechtslage nach § 17 III AEB, § 17 AHausratB bei **Wiederherbeischaffung entwendeter Sachen**; der Vmer hat die Wahl, die Entschädigung zurückzuzahlen oder die Sachen dem Ver „zur Verfügung zu stellen". Zuweilen muß der Vmer die wieder zur Stelle geschaffte Sache zurücknehmen und den Entschädigungsbetrag oder das Ersatzstück zurückgeben (§ 5 IV Allgemeine Bedingungen für die V von Juwelen, Schmuck- und Pelzsachen, ähnlich § 6 Ziff. 2 I 3 AVB für Weidetier-Ven: VA 1963 S. 59, § 13 VII AKB).

Übergang des Eigentums des Vmers an den Bruchstücken in der Glasv: § 9 I 2, 3 AGlasB.

Übergang des Grundpfandrechts (mit gesicherter Forderung): Klausel 5.07 Klauseln der Feuerv; V des hypothekarischen Interesses.

Bei dem Übergang von (dinglichen) Herrschaftsrechten, insbesondere von **Eigentumsrechten** tauchen sachenrechtliche Sonderprobleme auf (dazu Prölss NJW 1950 S. 350 bis 351, Sieg VersR 1954 S. 205—208). — Für das Seevsrecht normieren die §§ 859 II, 868 I HGB selbständige Eigentumserwerbsfälle (Ritter Anm. 38 zu § 71, S. 871, Anm. 17 zu § 72, S. 888). — Im Binnenvsrecht erheischen jedoch die §§ 929—931 BGB Beachtung. In den AVB ist durchweg ein automatischer Eigentumsübergang vorgesehen, zu dem es keiner weiteren Handlungen oder Erklärungen der Parteien bedürfen soll. Dagegen ist in den Fällen der abhandengekommenen Sachen nichts einzuwenden. Die nach § 929¹ BGB zur Übertragung des Eigentums erforderliche Einigung kann vorweggenommen und unter einer aufschiebenden Bedingung erklärt werden. Die ebenfalls notwendige Übergabe der Sache (§ 929¹ BGB) kann durch die Abtretung des gegen den Besitzer bestehenden Herausgabeanspruches ersetzt werden (§ 931 BGB); auch diese Abtretung kann im voraus für den erst künftig entstehenden Herausgabeanspruch vereinbart werden. Das Eigentum geht sogar dann über, wenn die vte Sache derart verloren ist, daß kein Dritter sie im Besitz hat; abgetreten ist auch der eventuell noch entstehende Herausgabeanspruch gegen den Finder. Allerdings muß die Einigung bis zum Zeitpunkt des vorgesehenen Eigentumsüberganges fortdauern, die Klausel versagt also, wenn der Vmer sich nachträglich anders besinnt (dazu und zu weiteren Bedenken: Sieg VersR 1954 S. 205). — Anders ist die Rechtslage, falls sich der Vmer im Besitz der Sachen befindet. So ist z. B. im Falle des § 9 I 2 AGlasB der Vmer im Zeitpunkt der Ersatzleistung regelmäßig noch im Besitze der Bruchstücke, die Übergabe kann also nicht nach § 931 BGB ersetzt werden. Auch ein Besitzmittlungsverhältnis, welches die Übergabe nach § 930 BGB ersetzen könnte, liegt nicht vor; es würde eine besondere Abrede voraussetzen, nach der vom Zeitpunkt der Leistung an der Vmer die Bruchstücke nur noch als Verwahrer oder in einem ähnlichen abhängigen Verhältnis für den Ver besitzen sollte. Demnach kann entgegen dem Wortlaut der AVB das Eigentum nicht ipso iure übergehen, sondern nur, wenn der Ver tatsächlich in den Besitz der Bruchstücke gelangt. Regelmäßig wird der vom Ver mit dem Einsetzen der neuen Scheibe beauftragte Handwerker auch die Bruchstücke an sich nehmen und damit Besitz und Eigentum für den Ver erwerben; es ist aber auch denkbar, daß der Vmer die Bruchstücke beiseite schafft

37

und sie dann nicht herausgibt. In solchen Fällen kann der Ver nicht etwa die Eigentumsherausgabeklage nach § 985 BGB erheben, sondern kann allenfalls die Übergabe der Bruchstücke auf Grund des (gemäß § 242 BGB auszulegenden) Vsvertrages verlangen. — Als Zeitpunkt und damit zugleich als aufschiebende Bedingung des Eigentumsüberganges ist bei den meisten der zitierten Klauseln die Bewirkung der Leistung durch den Ver festgesetzt. Man wird hierunter die volle Leistung zu verstehen haben, so daß Teilleistungen, insbesondere Vorschüsse den Eigentumsübergang noch nicht herbeizuführen vermögen. Eine Abweichung hinsichtlich des Zeitpunktes findet sich in § 13 VII AKB, wonach der Wagen zwei Monate nach der Schadensanzeige in das Eigentum des Vers fällt, wenn er nicht vorher wieder aufgefunden worden ist. Da die Ersatzleistung des Vers hier frühestens mit Ablauf der Zweimonatsfrist fällig wird (§ 15^1 AKB), erlangt der Ver das Eigentum, ohne seinerseits geleistet zu haben. Hiergegen lassen sich Bedenken im Hinblick auf die halbzwingende Natur des § 67 (§ 68a) geltend machen (LG Kiel 22. XII. 1949 NJW 1950 S. 350—351; Sieg VersR 1954 S. 205—206).

Da über den Wert von heterogenen Resten und anderen Vorteilen oft Streit entsteht, sind nicht selten **öffentliche Versteigerungen** vorgesehen, z. B. in §§ 71 I 3, 77 I 1, 91 I 1, 92 ADS, vgl. auch § 93 III ADS für die Wertermittlung bei homogenen Resten. Falls es der Vmer ist, der den Zuschlag erhält und falls dieser Erwerb für den Vmer sehr lukrativ ist, so ist der erzielte Gewinn kein auszugleichender Vorteil (Ritter Anm. 71 vor § 1, S. 45). Das gilt entsprechend bei einem freihändigen lukrativen Erwerb des Vmers aus den Händen des Vers (vgl. RG 15. XI. 1911 RGZ Bd 77 S. 308—309). Übrigens kann ausnahmsweise schon für den Ver der Erlös aus der Verwertung des „Vorteils" höher sein als die von ihm erbrachte Entschädigungsleistung (RG 15. II. 1911 RGZ Bd 77 S. 307). Einen sehr krassen Fall dieser Art erörtern Josef Vs-Wochenschrift 1925 S. 151 (Glasver leistet in der Inflationszeit Vssumme von 2000 M und beansprucht das Bruchstück im Werte von 30000 M) und RG 2. III. 1923 Mitt. 1923 S. 132—133 (Bezahlung des Mehrwertes der Bruchstücke durch den Ver?). Solche „Bereicherung" des Vers ist jedenfalls im Rahmen des § 67 I 1 ausgeschlossen („soweit").

Die Grundsätze über die Vorteilsausgleichung dienen der Realisierung des Bereicherungsverbotes und müssen deshalb wie dieses als **zwingend, unabdingbar** angesehen werden (vgl. Anm. 45). Deshalb sind Klauseln unwirksam, welche die Vorteilsausgleichung ganz oder teilweise ausschließen sollen (Beispiele bei Argyriadis, Die Frachtv, Hamburg 1961, S. 171—172).

[55] 4. Spezielle Obliegenheiten.

Neben jene Obliegenheiten, welche in den Vorschriften für sämtliche Vszweige (§§ 1 bis 48) geregelt sind, setzt das Recht der Schadensv gewisse speziellere Obliegenheiten, sei es für sämtliche oder mehrere Vszweige, sei es für einzelne Vszweige. Es handelt sich im Gesetz um folgende:

Anzeige- und Auskunftsobliegenheiten: § 58 (mehrfache V), § 71 (Veräußerung); § 90 (Feuersach- und Gewinnv), § 92 (Feuervsfall), § 110 (Hagelvsfall), §§ 114, 115 (Hagelv, Veräußerung), § 121 (Tierv, Erkrankung, Unfall), § 143 (Kaskov, Gefahrerhöhung, Veräußerung), § 146 (Transportv, Unfall), §§ 151 II, 158 h (Haftpflichtv, Veräußerung), § 153 (Haftpflichtv, Vsfall usw.).

Sonstige Obliegenheiten:

Tun: § 62 (Abwendung, Minderung, Weisungseinholung und -befolgung); § 97 (Feuerv, Wiederherstellung); § 122 (Tierv, Tierarztzuziehung).

Unterlassen: § 67 I 3 (Nichtaufgabe von Ersatzansprüchen); §§ 93, 111 (Feuer-, Hagelv, Veränderungsverbot), § 118^3 (Tierv, Nichtaufgabe von Ersatzansprüchen), § 126 (Tierv, Nottötungsverbot), § 154 II (Haftpflichtv, Befriedigungs- und Anerkennungsverbot).

Es gibt neben den Obliegenheiten, welche den Vmer belasten, solche zu Lasten des Vten bei der V für fremde Rechnung (§ 79 I), des Hypothekengläubigers bei der Feuerv (Anmeldung der Hypothek: §§ 100, 101, 102 II 2, 103, 106, 107, Mitteilung der Wohnungsänderung: § 107a), des sonstigen Realgläubigers bei der Feuerv (§ 107b), des geschädigten Dritten bei der Pflichthaftpflichtv (§ 158d, e; § 3 Zff. 7 PflVG).

IV. Rechtssätze der Schadensversicherung Vor §§ 49—80
Anm. 56

[56] 5. Spezielle Verfahrensregelung.
Für das **Zustandekommen** von Schadensvsverträgen gelten kaum Besonderheiten. Allenfalls läßt sich erwähnen, daß Abschlußagenten hier eine faktisch viel größere Rolle spielen als in der Summenv (Anm. 16 vor §§ 43—48). Auch die vorläufige Deckungszusage (Anm. 91—107 zu § 1) hat hier ihr Hauptanwendungsgebiet. Bei dem bedeutendsten Zweig der Schadensv, der Kraftfahrhaftpflichtv handelt es sich um eine Pflichtv; öffentlichrechtliche Normen wirken deshalb in das Zustandekommen der Vsverhältnisse hinein (Anm. 54—68 zu § 1). Die Prämienhöhe ist — anders als in der Lebens- und Krankenv — im Bereich der „klassischen" Schadensvszweige nicht geschäftsplanmäßig festgelegt (Anm. 20 zu § 35), jedoch gelten Besonderheiten für die Unternehmenstarife der Kraftfahrtv, die den Einheitstarif abgelöst haben (§ 13 VO PR Nr. 15/59 zur Auflockerung der Preisbindung in der Kraftfahrtv in der Fassung vom 3. IV. 1963 Bundesanzeiger Nr. 71 vom 11. IV. 1963, S. 1), auch sind die internen Regelungen der Ver für gewisse Schadenszweige wichtig (zum Prämienkartell der Industriefeuerv vgl. VA 1964 S. 186—191).

Für die **Abwicklung** der Vsverhältnisse gewinnt im Stadium der **Schadensregulierung** häufig die Vereinbarung eines Sachverständigenverfahrens Bedeutung, auch in der Unfallv. Für den Fall solcher Vereinbarung gelten die §§ 64, 184. Im übrigen befassen sich mit der Ermittlung und Feststellung des Schadens § 65 (Bevollmächtigte) und § 66 (Kosten).

Schiedsgerichte spielen eine Rolle in gewissen „kaufmännischen" Vszweigen, z. B. in der Rückv und nach § 18 II SVS (Näheres Anm. 30 zu § 48).

I. Inhalt des Vertrags.

§ 49

Der Versicherer hat den Schadensersatz in Geld zu leisten.

Ersatzleistung des Versicherers. Interesse. Kausalität. Bewirkung der Leistung.

Gliederung:

Entstehung Anm. 1
I. Gefahrtragung des Vers Anm. 2—3
  1. Vor dem Vsfall Anm. 2
  2. Nach dem Vsfall Anm. 3
II. Geld- und Naturalersatz Anm. 4—27
  Schrifttum Anm. 4
  1. Vorbemerkungen Anm. 5—6
  2. Geldersatz Anm. 7—11
    a) Geldleistung ohne Zweckbindung Anm. 7
    b) Geldleistung an Dritte Anm. 8
    c) Geldleistung entsprechend Wiederherstellungskosten Anm. 9
    d) Geldleistung nach Aufwendungen Anm. 10
    e) Rechtsbehandlung reiner Geldschulden Anm. 11
  3. Naturalersatz Anm. 12—18
    a) Motive Anm. 12
    b) Arten Anm. 13—14
    c) Zulässigkeit Anm. 15—16
    d) Ausstrahlungen auf Vsverhältnis Anm. 17
    e) Rechtsbehandlung reiner Naturalersatzschulden Anm. 18
  4. Mischformen Anm. 19—27
    a) Wahlrecht zwischen Ersatzformen Anm. 19—21
      aa) Im allgemeinen Anm. 19
      bb) Zugunsten des Vers Anm. 20
      cc) Zugunsten des Vmers Anm. 21
    b) Arten der Wiederherstellungsregelungen Anm. 22—27
      aa) Allgemeines Anm. 22
      bb) Unterscheidungen Anm. 23
      cc) Rechtsformen Anm. 24
      dd) Freistellungen Anm. 25—27
        aaa) Speziell vorgesehene Ausnahmen Anm. 26
        bbb) Generell heranziehbare Rechtsgedanken Anm. 27
III. Interesse und Schaden Anm. 28—126
  Schrifttum Anm. 28
  1. Gliederung der Darstellung Anm. 29
  2. Geschichte der Interesselehre Anm. 30—35

§ 49

a) Außerhalb des Vsrechtes Anm. 30
b) Innerhalb des Vsrechtes Anm. 31—35
3. Funktionen des Interessebegriffs Anm. 36
4. Interesse im Rechtssystem Anm. 37—46
   a) Interesse in der Gesetzgebung Anm. 37—38
      aa) Interessebegriff in allgemeinen Zivilgesetzen Anm. 37
      bb) Interessebegriff in speziellen Vsnormen Anm. 38
   b) Interesse in Vsbedingungen Anm. 39
   c) Interesse in der Rechtslehre Anm. 40—45
      aa) Anhänger der Interesselehre Anm. 41—44
         aaa) Interesselehre auch für die Summenv Anm. 42
         bbb) Interesselehre für die gesamte Schadensv Anm. 43
         ccc) Interesselehre nur für die Aktivv Anm. 44
      bb) Gegner der Interesselehre Anm. 45
   d) Interesse in der Rechtsprechung Anm. 46
5. Begriff des Interesses Anm. 47—56
   a) Interesse im weiteren und engeren Sinn Anm. 47—51
      aa) Interessebegriff im weiteren Sinn Anm. 48
      bb) Interessebegriff im engeren Sinn Anm. 49—51
   b) Problem des subjektiven oder objektiven Interesses Anm. 52
   c) Problem des rechtlichen oder wirtschaftlichen Interesses Anm. 53—55
      aa) Grundlegung Anm. 53
      bb) Anwendung Anm. 54
      cc) Rechtsprechung Anm. 55
   d) Abzulehnende Definitionen des Interessebegriffes Anm. 56
6. Arten des Interesses Anm. 57—89
   a) Grundlegende Einteilung Anm. 57—79
      aa) Aktivv Anm. 58—71
         aaa) Sachinteresse Anm. 58—68
            α) Wesen des Sachinteresses Anm. 58
            β) Träger des Sachinteresses Anm. 59
            γ) Eigentums- und Eigentümerinteresse Anm. 60—68
               αα) „Eigentumsinteresse" Anm. 61—63
                  ααα) Anhänger Anm. 61
                  βββ) Durchbrechungen Anm. 62
                  γγγ) Folgerungen Anm. 63
               ββ) „Eigentümerinteresse" Anm. 64—67
                  ααα) Ausgangspunkte der wirtschaftlichen Betrachtungsweise Anm. 64
                  βββ) Theorie von dem Nutzen oder den Vorteilen Anm. 65
                  γγγ) Theorie von der vertraglich vorgesehenen Gefahrtragung Anm. 66
                  δδδ) Theorie von der effektiven, tatsächlichen Gefahrtragung Anm. 67
               γγ) Stellungnahme Anm. 68
         bbb) Forderungsinteresse Anm. 69
         ccc) Interesse an sonstigen Rechten Anm. 70
         ddd) Gewinninteresse Anm. 71
      bb) Passivv Anm. 72—79
         aaa) V gegen gesetzliche Schulden Anm. 73—76
         bbb) V gegen vertragliche Schulden Anm. 77
         ccc) V gegen notwendige Aufwendungen Anm. 78
         ddd) V gegen konkrete Verlustmöglichkeiten Anm. 79
   b) Weitere Einteilungen Anm. 80—89
      aa) Vergangene, gegenwärtige, zukünftige Interessen Anm. 81
      bb) Eigene, fremde Interessen Anm. 82
      cc) Bestimmte, bestimmbare Interessen Anm. 83

dd) Haupt-, Nebeninteressen Anm. 84
ee) Gewisse, schwebende Interessen Anm. 85
ff) Neutrale, feindliche Interessen Anm. 86
gg) Übertragbare, höchstpersönliche Interessen Anm. 87
hh) Versicherbare, unversicherbare Interessen Anm. 88
ii) Sonstige Unterscheidungen Anm. 89
7. Interessenlage in Einzelfällen Anm. 90—126
 a) Schuldrechtliche Grundlage Anm. 90—113
  aa) Kauf und Übereignung Anm. 90—94
   aaa) Grundstückskauf Anm. 90
   bbb) Mobiliarkauf Anm. 91—94
    α) Abzahlungskauf (Eigentumsvorbehalt) Anm. 91
    β) Versendungskauf Anm. 92—93
     αα) Überseekauf Anm. 92
     ββ) Landkauf Anm. 93
    γ) Restfälle Anm. 94
  bb) Miete Anm. 95
  cc) Pacht Anm. 96
  dd) Leihe Anm. 97
  ee) Darlehen (Sicherungsübereignung) Anm. 98—102
   aaa) Kredit und V Anm. 98
   bbb) Spezielles zur Sicherungsübereignung Anm. 99—102
    α) Grundlegung Anm. 99
    β) Kreditpraxis Anm. 100—102
     αα) Vspflicht Anm. 100
     ββ) Vsformen außerhalb der Kraftfahrv Anm. 101
     γγ) Vsformen in der Kraftfahrv Anm. 102
  ff) Dienstvertrag Anm. 103
  gg) Werkvertrag Anm. 104—105
   aaa) Allgemeines Anm. 104
   bbb) Vsformen Anm. 105
  hh) Güterbeförderung Anm. 106
  ii) Personenbeförderung Anm. 107
  kk) Vermittlerverträge Anm. 108
  ll) Verwahrungs- und Lagervertrag Anm. 109
  mm) Einbringung bei Gastwirten Anm. 110
  nn) Gesellschaftsverhältnisse Anm. 111
  oo) Kommission Anm. 112
  pp) Spedition Anm. 113
 b) Außerschuldrechtliche Einzelfälle Anm. 114—116
  aa) Sachenrechtliche Tatbestände Anm. 114
  bb) Familienrechtliche Tatbestände Anm. 115—117
  cc) Erbrechtliche Tatbestände Anm. 118
 c) Spezielle Vertragsformen Anm. 119—120
  aa) Kundenv Anm. 119
  bb) Sonstige Fälle Anm. 120
8. Rechtssätze zur Interessenlehre Anm. 121—126
 a) Existenz des Interesses Anm. 121
 b) Bezeichnung des Interesses Anm. 122
 c) Übergang des Interesses Anm. 123
 d) Wegfall des Interesses Anm. 124
 e) Interesse im Schadensfall Anm. 125
 f) Beweis des Interesses Anm. 126
IV. Kausalität u. Schaden Anm. 127—166
Schrifttum Anm. 127
1. Bedeutung der Kausalität Anm. 128—133
 a) Kausalität beim Vsfall Anm. 128—132
  aa) Einführende Übersicht Anm. 128
  bb) Summen- und Schadensv Anm. 129
  cc) Totalität und Spezialität Anm. 130
  dd) Einfach- und Komplexgefahren Anm. 131
  ee) Haftungsbegründung, -ausfüllung, -ausschließung Anm. 132
 b) Kausalität in sonstigen Fällen Anm. 133
2. Beurteilung der Kausalität Anm. 134—146
 a) Vsrechtliche Besonderheiten Anm. 134
 b) Primäre Anwendbarkeit spezieller Regelungen Anm. 135—139

aa) Gesetz Anm. 135
bb) Vsbedingungen Anm. 136
cc) Parteiwille Anm. 137—139
  c) Sekundäre Maßgeblichkeit allgemeiner Kausaltheorie Anm. 140—146
aa) Bedingungstheorie Anm. 141
bb) Adäquanztheorie Anm. 142—143
cc) Lehre von der causa proxima Anm. 144
dd) Lehre von der wesentlich mitwirkenden Ursache Anm. 145
ee) Schutzzwecktheorien Anm. 146
 3. Sonderprobleme der Kausalität Anm. 147—155
  a) Einleitender Überblick Anm. 147
  b) Mittelbare Verursachung Anm. 148—152
  c) Konkurrierende Verursachung Anm. 153—154
  d) Hypothetische Verursachung Anm. 155
 4. Feststellung der Kausalität Anm. 156—166
  a) Alternativursachen Anm. 156
  b) Beweislast Anm. 157—158
  c) Beweisführung Anm. 159—162
  d) Gerichtsüberzeugung Anm. 163

  e) Sachverständigenverfahren Anm. 164—165
  f) Revisibilität Anm. 166
V. Bewirkung der Leistung Anm. 167—182
 1. Leistungshandlung Anm. 167—175
  a) Leistender Anm. 167
  b) Leistungsempfänger Anm. 168
  c) Leistungsgegenstand Anm. 169
  d) Leistungsort Anm. 170
  e) Leistungszeit Anm. 171
  f) Leistungssurrogate Anm. 172—174
aa) Aufrechnung Anm. 173
bb) Hinterlegung Anm. 174
  g) Forderungsverletzungen Anm. 175
 2. Leistungswirkungen Anm. 176—182
  a) Rechtsverhältnis Ver/Vmer Anm. 176—180
aa) Schuldtilgung Anm. 176
bb) Empfangsbekenntnis Anm. 177
cc) Vorteilsausgleichung Anm. 178
dd) Veränderung des Vsvertrages Anm. 179
ee) Beendigung des Vsvertrages Anm. 180
  b) Rechtsverhältnis Ver/Dritte Anm. 181
  c) Rechtsverhältnis Vmer/Dritte Anm. 182

[1] Entstehung: § 49 ist unverändert geblieben. — Begr. I S. 59—60.

[2] I. Gefahrtragung des Versicherers.
1. Vor dem Versicherungsfall.

Der Ver — also auch der Schadensver — schuldet und leistet Gefahrtragung (Anm. 40—45 zu § 1). Auch schon vor Eintritt eines Vsfalles, nämlich vom materiellen Vsbeginn (Anm. 3 zu § 2) an, hat hiernach der Ver ein Leistungsverhalten zu beobachten, einen Leistungserfolg herbeizuführen. Der Leistungserfolg liegt darin, daß dem Vmer sogleich die Anwartschaft verschafft wird, bei Gefahrverwirklichung eine Ersatzleistung, also konkrete Bedarfsdeckung zu erlangen.

Schadensverhütung ist billiger als Schadensvergütung. Deshalb bemühen sich viele Ver um die Vorbeugung, um die Verhinderung, „Meidung" und „Unterdrückung" von Schäden (vgl. z. B. Beenken in: Studienwerk E IX S. 1—26, Braess ÖffrechtlV 1933 S. 29—32, Schadensverhütung und Bedarfsvorbeugung in der Sachv, Leipzig-Berlin 1936, Büchner Der Volkswirt 1953 Beilage zu Nr. 49 S. 18, 20—21, Cuntz in: Studienwerk E IX S. 45—54, John in: Finke, Handwörterbuch des Vswesens, Bd 2, Darmstadt 1958, Sp. 1814—1816, von Guenther in: Studienwerk E IX S. 35—44, Prölss WuRdVers 1933 Nr. 2 S. 1—79, Samson-Himmelstiern, Präventive Vspolitik, Berlin 1904, Sós Vsarchiv 1931/32 S. 70—75). Am stärksten verfeinert ist die Brandverhütung (vgl. z. B. Bues, „Meidung" und „Unterdrückung" in der Geschichte der Feuerv, Tübinger Diss., Hannover 1916, Helmer, Berufung und Verpflichtung der öffentlich-rechtlichen Feuer-

I. Gefahrtragung des Versicherers § 49
Anm. 3

vsanstalten zu schadenverhütender Tätigkeit, Hamburg 1954, Schmidt-Sievers S. 26, 74). Zur Schadensverhütung in der Maschinenv: Schiemann, Aufgaben und Ziele in der Maschinenv, Berlin 1961, S. 159—165, in der Hausbockkäferv: § 6 HbB.

Rechtlich ist hervorzuheben, daß die Gefahrtragungsleistung des Vers eine zivilrechtliche Verpflichtung zur Schadensverhütung im Verhältnis zum Vmer nicht umfaßt. Soweit anderweitige, etwa öffentlichrechtliche Verpflichtungen der Ver im Einzelfall bestehen sollten, fragt sich allenfalls, ob sie in Schutzgesetzen auferlegt worden sind, deren Verletzung dem Vmer als Begünstigtem einen Schadensersatzanspruch aus § 823 II BGB verleihen könnte.

Bloße Instandhaltungsverträge begründen keine V (Anm. 15; Anm. 5 zu § 1). Über eine Einrichtung, welche Bergschädenprozesse verhütet hat, RFH 13. I. 1928 VA 1928 S. 71—72 Nr. 1843, auch RFH 16. XI. 1928 VA 1929 S. 61 Nr. 1967.

Den Vmer können Obliegenheiten treffen, Inspektionen des Vers — z. B. in der Feuerv — zu dulden; eine Rechtspflicht des Vers zur Inspektion wird dadurch nicht begründet. Über Schadensverhütungsobliegenheiten des Vmers vgl. Anm. 4—31 zu § 32. — Über die Mitwirkung des Vers bei der Abwendung und Minderung des Schadens, insbesondere durch Weisungen (zu denen er aber nicht verpflichtet ist): Anm. zu § 62. Über ein Recht des Vers, einzugreifen und Maßregeln zu treffen: § 8 AVB für die V von Film-Apparaten. Über die Mitwirkung des Vers bei der Ermittlung und Feststellung des Schadens: Anm. zu § 65.

Die Gefahrtragung setzt voraus, daß (in der Interessev) ein vtes und **versicherbares Interesse** des Vmers (oder des Vten) besteht und nicht weggefallen ist und daß (in der gesamten Schadensv) eine vte und **versicherbare Gefahr** besteht und nicht weggefallen ist, auf Grund derer der Beeinträchtigung des Interesses oder die Entstehung von Passiven zu befürchten ist. Über die Versicherbarkeit von Interessen und Gefahren (speziell die Fälle der Gesetzes- oder Sittenwidrigkeit), ferner über Nichtbestehen und Wegfall des Interesses oder der Gefahr: Anm. zu § 68, vgl. auch Anm. 88, 121, 124.

Der Ver kann seine Gefahrtragungspflicht schon vor Eintritt des Vsfalles **verletzen,** man denke an den Fall des Unsicherwerdens (Anm. 33—40 zu § 13) oder an eine unberechtigte hartnäckige Verweigerung des Vsschutzes (Anm. 15 zu § 11).

[3] 2. Nach dem Versicherungsfall.

Mit dem Eintritt des Vsfalles tritt die Gefahrtragung aus dem latenten Stadium hinüber in das akute (Anm. 49 zu § 1, Anm. 32—36 vor §§ 49—80). Sofern in einem Schadensvszweig — wie meistens — mehrere Vsfälle aufeinander folgen können und kein Totalschaden eingetreten ist, muß man genauer sagen: Während die latente Gefahrtragung im Hinblick auf denkbare weitere, künftige Vsfälle fortdauert, wird die Gefahrtragung akut im Hinblick auf den eingetretenen Vsfall.

Der Eintritt des Vsfalles führt regelmäßig zur Schadensentstehung (Anm. 33 vor §§ 49—80) und zur Auslösung der Ersatzpflicht des Vers (Anm. 36 vor §§ 49—80). Die dem Vmer verschaffte Anwartschaft realisiert sich, und der Vmer (oder Vte) erlangt einen Anspruch auf **Geld- oder Naturalersatz** (Anm. 4—27), also auf Ersatzleistung.

Allerdings ist vorauszusetzen, daß der eingetretene Schaden sich in der Aktiven-(Interesse-)versicherung als Negation des vten Interesses darstellt, was in manchen Fällen problematisch ist. In der Passivenv muß der eingetretene Schaden darauf beruhen, daß eines jener Passiven entstanden ist, gegen deren Entstehung der Vsschutz genommen wurde. Zu alledem, speziell aber zum Verhältnis von **Interesse und Schaden:** Anm. 28 bis 126.

Ferner braucht der Ver die Ersatzleistung nur zu erbringen, falls der Schaden auf die Verwirklichung der vten Gefahr zurückzuführen ist. Die Fragen des ursächlichen Zusammenhanges sind für das Vsrecht von großer Bedeutung, obgleich sich das Gesetz kaum dazu äußert. Zweckmäßig werden auch die Probleme um **Kausalität und Schaden** sogleich bei § 49 behandelt: Anm. 127—166.

Manche Einzelheiten im Zusammenhang mit der **Bewirkung der Ersatzleistung** (und ihrer **Höhe**) sind bei anderen Bestimmungen behandelt worden oder zu behandeln. Einen Überblick bieten Anm. 167—182.

[4] II. Geld- und Naturalersatz.

Schrifttum: Allgemein: Josef Vs-Wochenschrift 1925 S. 151, Riebesell ÖffrechtlV 1932 S. 167, Rothkegel, Naturalersatz als Leistungsprinzip in der Individualv, Berlin 1932, R. Schmidt in: Roehrbein, Rechtsfragen aus der Privat- und Sozialv, Berlin 1953, S. 127—133, Wörner NeumannsZ 1918 S. 305—306. Zu Wiederherstellungsklauseln: Börner, Die Wiederherstellungsklausel in der Gebäudefeuerv, ungedruckte Hamburger Diss. 1951, VersR 1952 S. 109—111, Farnsteiner VersR 1954 S. 41—44, Goralewski, Die rechtliche Natur der Wiederherstellungsklausel im Vsrecht, Frankfurter Diss., Ludwigshafen 1933, Groth, Die Wiederaufbauklausel (Wiederaufbaupflicht) in der Gebäudefeuerv und die Unmöglichkeit des Wiederaufbaus, Hamburger Diss., Hamburg 1932, Hagen JRPV 1932 S. 33—40, Helberg VA 1951 S. 57—58, Möller ÖffrechtlV 1932 S. 33—38.

[5] 1. Vorbemerkungen.

Während bei bürgerlichrechtlichen Schadensersatzansprüchen der Naturalersatz die Regel bildet (§ 249[1] BGB), stellt umgekehrt für die Schadensv § 49 das **Prinzip des Geldersatzes** in den Vordergrund. Bestünde § 49 nicht, so würde § 249[1] BGB auch für die Schadensv Geltung beanspruchen; denn der Vsvertrag ist ein zivilrechtliches Schuldverhältnis (Einl. Anm. 10) und allgemeine Schadensersatzvorschriften müssen auf die Schadensv Anwendung finden, obgleich der Ver primär Gefahrtragung schuldet (Anm. 4 vor §§ 49—80).

Es ist bemerkenswert, daß im Schadensvsrecht das Geldersatzprinzip gilt, obgleich die Schadensv als V von Einzelschäden (Anm. 4 vor §§ 49—80) einen Ersatz in natura an und für sich leichter gestattet als das allgemeine Zivilrecht, welches vom Summenschadensersatz beherrscht wird (hierauf weist Börner a. a. O. S. 2—4 hin). Das allgemeine Zivilrecht muß denn auch ausnahmsweise zahlreiche Fälle des Geldersatzes zulassen (vgl. nur §§ 249[2]—251 BGB). Wenn sich das Vsrecht trotz der Herrschaft des Einzelschadensbegriffes für das Geldersatzprinzip entschieden hat, so deshalb, weil das Vswesen geldwirtschaftlich orientiert ist und die Naturalherstellung die Leistungserbringung kompliziert, ja sogar die Gefahr mit sich bringt, daß „vsfremde" Elemente in den Vsbetrieb eindringen. (Riebesell ÖffrechtlV 1932 S. 167 betont demgegenüber allzusehr auch für die Gegenwart noch die Naturalleistung als „Endprinzip der V".)

Man darf nicht sagen, § 49 enthalte „nicht einmal eine Regel, sondern eine Beschreibung der üblichen Art, Schadensersatz zu leisten" (Prölss[15] Anm. 2 zu § 49, S. 232). § 49 entfaltet vielmehr seine volle Kraft als **gesetzliche Regel**, sobald der Vsvertrag über die Art des vom Ver zu leistenden Ersatzes schweigt oder Zweifel offen läßt. Deshalb wurde auch bei der Beratung des Gesetzes ein Antrag, die Vorschrift als überflüssig zu streichen, abgelehnt (Bericht der VIII. Kommission S. 50).

Aber § 49 ist **nicht zwingend**; abweichende Vereinbarungen sind zulässig (Begr. I S. 49). Solche **Naturalersatzvereinbarungen** spielen in der Praxis sogar eine recht erhebliche Rolle, zumal wenn man bedenkt, daß immer dann ein Naturalersatzanspruch gegeben ist, wenn dem Vmer — wie in der Haftpflichtv — ein Befreiungsanspruch gegen den Ver zusteht (Anm. 13).

[6]
Geld- und Naturalersatz sind nicht leicht voneinander abzugrenzen. Es ergeben sich **Zwischenformen,** falls — besonders in der Sachv — Wiederherstellung, Wiederaufbau, Ausbesserung, Wiederbeschaffung vsrechtlich bedeutsam sind. Wenn die geschätzten Kosten solcher Maßnahmen lediglich den Maßstab bieten sollen für den Umfang einer zu erbringenden Geldleistung, so handelt es sich noch um einen klaren Fall des Geldersatzes. Oft aber ist die reale Durchführung solcher Maßnahmen erforderlich. Wird die Durchführung vom Ver geschuldet, so liegt ein klarer Fall des Naturalersatzes vor. Dazwischen liegt eine bunte Vielfalt von Fällen, in denen der Vmer solche Wiederherstellungsmaßnahmen durchführt, und mit dieser Durchführung ist juristisch der Anspruch auf die Ersatzleistung in mannigfaltiger Weise verknüpft, so daß bei Nicht-Wiederherstellung der Vmer die Ersatzleistung ganz oder teilweise nicht erhält. Über die verschiedenen Arten solcher **Wiederherstellungsregelungen**: Anm. 22—27.

II. Geld- und Naturalersatz § 49
Anm. 7—8

Andere Zwischenformen ergeben sich, falls dem Ver oder Vmer ein **Wahlrecht zwischen Geld- und Naturalersatz** eingeräumt ist (Anm. 19—21). Möglicherweise **wandeln sich Natural- in Geldersatzansprüche um**, z. B. der Befreiungsanspruch des Haftpflichtvmers in einen Geldanspruch, nachdem er seinerseits aus eigenen Mitteln den Dritten befriedigt hat (vgl. § 154 I 1, BGH 30. X. 1954 BGHZ Bd 15 S. 158—159). Solche Umwandlung ist auch anzunehmen, wenn sich der Dritte im Wege der Aufrechnung, des Pfandverkaufs oder in sonstiger Weise befriedigt (Wussow VersR 1959 S. 976 bis 977 gegen BGH 13. VII. 1959 VersR 1959 S. 701—703).

[7] 2. Geldersatz.

a) Geldleistung ohne Zweckbindung.

Regelmäßig leistet der Ver Geldersatz, ohne daß der Vmer hinsichtlich der Verwendung des Geldes gebunden wird. Denn wenngleich jeder Schaden eine Ausgleichung erwünscht macht und einen Bedarf weckt, so ist es doch nicht erforderlich, daß die Ersatzleistung des Vers gerade zur Wiederherstellung des früheren Zustandes Verwendung findet. Mahr, Einführung in die Vswirtschaft, Berlin 1951, S. 74 unterscheidet die Wahrung des sachlichen und des finanziellen Status der vten Wirtschaft. Der **finanzielle Status** bleibt auch erhalten, falls der Vmer einen anderen Bedarf deckt, statt die zerstörte Sache wiederanzuschaffen. Er kann eine beschädigte Sache im beschädigten Zustand belassen und die Ersatzleistung anderweitig verwenden.

Geldersatz liegt auch vor, falls der Ver in **ausländischer Währung** leistet. Hierzu vgl. aber § 244 BGB, wonach der Ver im Inlande im Zweifel in DM zahlen kann, auch wenn die Schuld in ausländischer Währung ausgedrückt ist. Der Zweifel wird jedoch beseitigt, wenn z. B. § 11 I 3, 4 ADB besagt: „Entschädigungsansprüche sind grundsätzlich in der Währung zu befriedigen, in der die V genommen und die Prämienzahlung geleistet wurde. Bei Aufwendungen und Havarie-grosse-Beiträgen in fremder Währung erfolgt die Umrechnung in die Policenwährung zum Kurse des Zahlungstages." Über die häufigsten Fälle von Schadenszahlungen in ausländischer Währung vgl. Dürr, Die Liberalisierung des internationalen Vsverkehrs, Berlin 1956, S. 37—40.

Um eine Geldleistung handelt es sich auch dann, wenn ausnahmsweise der Vmer nach Eintritt des Vsfalles **gegen Geldwertschwankungen abgesichert** wird, z. B. durch Bezugnahme auf den Gold- oder einen anderen Sachwert. Näheres Anm. 40 zu § 52.

Über Geldleistungen **mit Zweckbindung**, bei denen sich eine gewisse Annäherung an den Naturalersatz ergibt, Anm. 22—27.

[8] b) Geldleistung an Dritte.

Eine Geldleistung kann auch dergestalt erbracht werden, daß sie nicht an den Vmer, bei der V für fremde Rechnung nicht an den Vten gezahlt wird: Man denke an die Fälle der **Abtretung, Verpfändung und Pfändung** der gegen den Ver gerichteten Entschädigungsforderung, speziell an das Immobiliarpfandrecht der Realgläubiger, welches sich auf die Vsforderung erstreckt (§§ 1127 I, 1128 BGB).

Man denke ferner an die Leistung an **Empfangsvertreter**, mit dem Spezialfall des § 370 BGB (Überbringer einer Quittung), erweitert durch § 4 VI GrundBed („Der Ver ist berechtigt, an den Überbringer von ordnungsmäßigen Belegen die Leistung zu bewirken"); hier spielt der Gedanke der Rechtsscheinsvollmacht herein. Man denke ferner an **Empfangsermächtigte**, die im Gegensatz zu Empfangsvertretern im eigenen Namen empfangen. Hierher zählt nach § 76 II der Vmer bei der V für fremde Rechnung, falls er im Besitze des Vsscheins ist oder der Vte zustimmt. Hierher gehört auch jeder, der solutionis causa adjectus ist: Der Einfachheit wegen bittet der Krankenvmer den Ver um direkte Zahlung an den Arzt.

Die Geldleistung aus einem Todesfallvsvertrage nähert sich der Naturalleistung aus einer Schadensv, falls zugunsten eines **Bestattungsunternehmens** eine **Bezugsberechtigung** eingeräumt wird. Nachweise zu diesem nicht unbedenklichen Fall: Anm. 16.

Vgl. im Einzelnen Anm. 168.

[9] c) Geldleistung entsprechend Wiederherstellungskosten.

In der Aktivenv finden sich häufig Vereinbarungen über den Vswert (Ersatzwert), die darauf abstellen, wieviel die Wiederanschaffung oder Wiederherstellung kosten würde, falls sie durchgeführt werden würde. Beispiele: Anm. 11 zu § 11, Anm. 31, 34 zu § 51.

Hier erbringt der Ver eine reine Geldleistung. Es wird nur ein Maßstab für die Berechnung der Höhe dieser Leistung aufgestellt. Die „Kosten der Neuherstellung" oder der „Wiederbeschaffungspreis" oder die „erforderlichen Kosten der Wiederherstellung" lassen sich auch abstrakt und vorausschauend feststellen (so auch RG 27. IV. 1928 JW 1928 S. 1744 = JRPV 1928 S. 184, KG 9. XI. 1927 JRPV 1928 S. 10—11). Zu § 13 V 1, 2 AKB vgl. Stiefel-Wussow[5] Anm. 6, 12 zu § 13, S. 400, 405, BGH 13. VII. 1961 VA 1962 S. 17—18 = VersR 1961 S. 724—725.

[10] d) Geldleistung nach Aufwendungen.

Im Bereich der Passivenv erfolgt möglicherweise die Ersatzleistung des Vers dergestalt, daß vorher der Vmer nach dem Schadensfall bereits Aufwendungen gemacht haben muß. Gemäß § 4 V 2 GrundBed kann der Krankheitskostenver bei Vorlage von Rechnungen „den Nachweis vorheriger Bezahlung fordern". Es soll also bei dieser V gegen die Entstehung notwendiger Aufwendungen nicht ausreichen, daß die Aufwendungen notwendig geworden sind, sondern es wird gefordert, daß sie bereits gemacht worden sind. Hat der Haftpflichtvmer den Dritten bereits befriedigt (§ 154 I 1), so sind Schulden für den Vmer nicht nur entstanden, sondern bereits getilgt; der Haftpflichtver schuldet nicht mehr Befreiung, sondern Geld (Anm. 6).

Aber bei einer Passivenv entsteht für den Vmer der Schaden bereits dann, wenn Schulden entstanden (und noch nicht getilgt) oder Aufwendungen notwendig geworden (aber noch nicht gemacht) sind. Wenn nichts anderes vereinbart ist, hat der Ver schon zu leisten, wenn die Schuld entstanden oder die Aufwendung notwendig geworden ist, und in dubio hat er eine Geldleistung zu erbringen. Für wichtige Fälle gelten allerdings Ausnahmen: In der Haftpflichtv schuldet der Ver Befreiung in natura. Gemäß § 6 V Allgemeine Bedingungen für die Kraftverkehrs-Strafrechtsschutz-V (VA 1962 S. 149) hat die vte Person alle Kostenrechnungen, die ihr zugehen, unverzüglich dem Ver vorzulegen: Offenbar braucht also der Vmer nicht in Vorlage zu treten; der Ver übernimmt die Befreiung des Vmers.

Speziell bei einer V gegen notwendige Aufwendungen handelt es sich um eine faktische, nicht um eine rechtliche Notwendigkeit. Solches Faktum wird nur bewiesen, falls der Versicherungsnehmer effektiv Schritte einleitet, den Aufwand zu machen. Ein Krankenvmer, der schwer krank in einer unerreichbaren Berghütte liegt, bis ihm die Natur hilft, müßte zwar notwendige Arztkosten aufwenden, aber für ihn entstand kein Schaden. Auch die Neuwertv ist in Höhe der Differenz zwischen Neu- und Zeitwert eine V gegen notwendige Aufwendungen (Anm. 20 vor §§ 49—80). Auch hier muß die Notwendigkeit des Aufwandes sich dadurch erweisen, daß er demnächst tatsächlich gemacht wird (Farnsteiner VersR 1954 S. 41—42, Wahren, Neuwertv, Hamburg 1935 S. 48). Bei der Krankenv ist hiernach der früheste Zeitpunkt für eine Geldleistung des Vers der Besuch beim Arzt oder gar erst der Empfang der Rechnung; bei der Neuwertv ist es der Abschluß der entsprechenden Kauf-, Dienst- oder Werkverträge, aber in der Praxis finden sich hier stets Wiederherstellungsregelungen (Anm. 22—27).

[11] e) Rechtsbehandlung reiner Geldschulden.

Die rechtliche Behandlung reiner Geldschulden bereitet keine Schwierigkeiten:

Die Vorteilsausgleichung kann durch Abzüge vollzogen werden (Anm. 53, 54 vor §§ 49—80).

Eine Selbstbeteiligung ist leicht zu errechnen und zu verwirklichen.

Die Fälligkeitsregelung für Geldleistungen findet sich in § 11.

Aufrechnung, welche Gleichartigkeit voraussetzt, ist möglich, falls der Ver seinerseits Geldforderungen hat (Anm. 3 zu § 35a); auch die Verwirklichung des Abzugsrechts nach § 35b ist ohne weiteres möglich (Anm. 5 zu § 35b).

Geld kann auch stets hinterlegt werden (§ 372 BGB).

II. Geld- und Naturalersatz § 49
Anm. 12—13

[12] 3. Naturalersatz.
a) Motive.
Solange das Vswesen naturalwirtschaftlichen Charakter trug, ergab sich hieraus — besonders bei Gegenseitigkeitseinrichtungen — eine Vorherrschaft des Naturalersatzes. Hierzu und speziell über die gegenseitige Hilfe durch Hand- und Spanndienste: Rothkegel a. a. O. S. 15—23.

Sooft in der modernen Vswirtschaft Naturalersatz vorkommt, kann er auf verschiedenen Motiven beruhen: Leichtere Gewinnung von Vmern durch Hinweis auf „bequemere" Schadensregulierung, Schutz gegen Geldentwertung, Einsparungen beim Ver durch verbilligten (Groß-)Bezug der Naturalersatzleistungen, Erleichterung der Schadensberechnung, Eindämmung des subjektiven Risikos, Existentwerden eines versicherbaren Ersatzobjektes. Ähnlich wie bei der Schaffung von Wiederherstellungsregelungen (Anm. 22—27) kommt auch der bessere Schutz von Pfand- und anderen Realgläubigern in Betracht, ferner die Wahrung öffentlicher Belange (Erhaltung des Volksvermögens, Baupflege usw.). Dazu Rothkegel a. a. O. S. 61—78.

[13] b) Arten.
Als Naturalersatzleistungen kommen alle Leistungstypen in Betracht, welche nicht die (endgültige) Verschaffung von Geld zum Gegenstand haben, also nicht Geldleistungen sind. Es kann sich also nicht nur um **Sachleistungen** handeln, sondern insbesondere auch um **Geschäftsbesorgungsleistungen**, wobei Dienste oder Werke, Arbeitsbemühungen oder Arbeitserfolge geschuldet sein können. Ausnahmsweise kommen auch **Gebrauchsüberlassungsleistungen** des Vers in Betracht, z. B. Darlehens- oder Sachgebrauchsüberlassungen. Sogar die **Bürgschaftsübernahme** oder **Schuldmitübernahme** kann in den Dienst der V gestellt werden. Um **Grenz- und Mischformen** handelt es sich z. B. bei der Dienstverschaffung (Rechtsanwalt, Arzt) oder bei der Bestattungsv (Sachverschaffung und Geschäftsbesorgung).

Beispiele: Eine Darlehensgewährung findet sich in Klausel 4.02 Klauseln der Feuerv (Spediteurv). Danach sind durch die Feuerv Gegenstände nicht gedeckt, soweit für sie z. B. eine Deckung durch Transportv gewährt wird. Falls aber die Transportver eine Entschädigung zu Unrecht verweigern, zahlen die Feuerver die „Entschädigung" aus, soweit es durch die AFB begründet ist. Der Vmer ist verpflichtet, im eigenen Namen die Transportver — notfalls im Klagewege — in Anspruch zu nehmen und das Erlangte auszuschütten. Materiell gesehen leisten die Feuerver ein Darlehen; wäre es anders, so läge Doppelv vor und § 59 II fände Anwendung. — Ähnlich ist die Rechtslage bei Cif-Schutzven nach der Cif-Schutzklausel. — Eine Darlehensgewährung sieht auch § 4 II AVB für die V von Betrieben gegen Vermögensschäden durch Betriebsschließung infolge Seuchengefahr (VA 1962 S. 127) vor. Hat z. B. eine Schlachterei Ansprüche aus dem BundesseuchenG, so kann der Vmer verlangen, daß der Tierver ihm ein Darlehen gewährt, bis die staatliche Entschädigung gezahlt wird. — Vor Einführung der Neuwertv hat man vorgeschlagen, die Differenz zwischen Neu- und Zeitwert dem Vmer nur als Darlehen zu geben.

Im Rahmen der Kreditv kommen **Bürgschaften** des Vers vor. Schon das ROHG 26. III. 1872 ROHGE Bd 5 S. 332—336 hat bei einer „V gegen Subhastationsverlust", also bei einer Hypothekenv angenommen, es gebe „Verbürgungen, welche nach festem Geschäftsplan gewerblich oder auf dem Gegenseitigkeitsfuße nach den für Ven üblichen Grundsätzen übernommen werden", es könne „die Leistung des Vers sehr wohl auch in einer Verbürgung bestehen". Die Besonderheit liegt hier allerdings darin, daß schon vor Eintritt des Vsfalles der Ver noch etwas Zusätzliches tut: Bei einer V für fremde Rechnung tritt womöglich neben den dem Vmer ausgehändigten Vsschein eine dem Vten ausgehändigte Bürgschaftsurkunde, z. B. bei Zollbürgschaften, und der Vte erlangt einen (womöglich zusätzlichen, neben dem Vsanspruch stehenden) Bürgschaftsanspruch gegen den Kreditver. — Eigenartig ist die Rechtslage, falls der direkte Anspruch des Drittgeschädigten in der Kraftfahrhaftpflichtv so zu konstruieren ist, daß neben den Haftpflichtvsanspruch des haftpflichtigen Vmers ein selbständiger Anspruch des Dritten gegen den Ver aus **Schuldmitübernahme** tritt (vgl. Anm. 9 vor §§ 49—80).

Über eine Schlüsselverlustv mit dem Zweck, verlorene Schlüssel zurückzuverschaffen: VA 1936 S. 127—128.

Hervorzuheben ist, daß die **Schuldbefreiung,** die in der Haftpflichtv eine beherrschende Rolle spielt, eine Naturalersatzleistung (Geschäftsbesorgung: Werk) darstellt. Es kommt nur darauf an, daß derjenige, gegen den ein (begründeter oder unbegründeter) Anspruch erhoben worden ist, von diesem Passivum befreit wird. Wie der Leistende diesen Erfolg erreicht, ist gleichgültig. Zwar wird er dem Anspruchserhebenden durchweg Geld zahlen müssen, aber möglicherweise kann er den Befreiungserfolg auch durch einen Vergleich oder Erlaßvertrag oder durch privative Schuldübernahme herbeiführen. Vgl. für die Haftpflichtv Möller JW 1934 S. 1076—1078, BGH 30. X. 1954 BGHZ Bd 15 S. 157—158, 20. II. 1956 VersR 1956 S. 187, 13. VII. 1959 VersR 1959 S. 701—702, ferner allgemein zur „Exnexuation": Planck-Siber, Kommentar zum Bürgerlichen Gesetzbuch, II. Bd, 1. Hälfte, 4. Aufl., Berlin 1914, Anm. 3 zu § 249, S. 68, Soergel-Siebert-Schmidt, Bürgerliches Gesetzbuch, I. Bd, Stuttgart 1959, Anm. 6 zu § 257, S. 956. Wenn neben den Befreiungsanspruch des Haftpflichtvmers ein direkter Anspruch des Drittgeschädigten tritt, muß es sich insoweit um einen Geldanspruch handeln (§ 3 Ziff. 1 S. 2 PflVG).

[14] Was die einzelnen **Versicherungszweige** anlangt, so kommen in der **Sachversicherung** primär Sachleistungen in Frage: Man denke an die Lieferung eines neuen gleichwertigen Fahrrades nebst vtem Zubehör in der Fahrradverkehrsv (§ 10 II a AFVB). Sind Wertpapiere dem Vmer gestohlen oder sonst entzogen, so kann oft der Ver andere Stücke gleicher Art liefern (§ 3 II Abs. 3 S. 2 AEB, auch § 11 III 1 Allgemeine Bedingungen für die V von Bankvaloren); auch in der V von Juwelen, Schmuck- und Pelzsachen behält sich der Ver vor, Naturalersatz zu leisten (§ 5 II 1 Allgemeine Bedingungen für die V von Juwelen, Schmuck- und Pelzsachen). Desgleichen bei Filmrequisiten (§ 8 I Allgemeine Vsbedingungen für die Film-Requisiten-V).

Bei Immobilien sowie bei der Beschädigung beweglicher Sachen kommt eine Ausbesserung in Betracht. Gehen dabei Ersatzteile oder andere Sachen in das Eigentum des Vmers über, so hat man an Werklieferung zu denken. So kann in der Glasv der Ver den früheren Zustand wiederherstellen, indem er Scheiben gleicher Art und Güte einsetzt (§ 9 I 1 AGlasB, Naturalersatz- und Prämienklausel: VA 1953 S. 218). So kann der Leitungswasserschädenver die Wiederherstellung des bisherigen Zustandes selbst übernehmen (§ 17 I 1 AWB). Meistens wird auch bei der V von Schwachstromanlagen und Fernsehempfängern Naturalersatz geleistet, z. B. bei Fernsehempfängern durch Wiederinstandsetzung oder Erneuerung der beschädigten Geräteteile (§ 2 I 1 Allgemeine Vsbedingungen für Fernsehempfänger: VA 1955 S. 112).

Außerhalb der Sachv kamen in der Bestattungsv Sachleistungen vor; man sprach von Sachleistungs-Lebensv (Rothkegel a. a. O. S. 23—27).

Bei einer **Forderungsversicherung** oder V von sonstigen, z. B. dinglichen Rechten wäre es theoretisch vorstellbar, daß der Ver für den Vmer die Beitreibung und sonstige Realisierung versucht; aber dem Vmer ist mit einer frühzeitigen Geldleistung besser gedient.

Zur **Passivversicherung** wurde in Anm. 13 bereits dargetan, daß die Schuldbefreiungsleistung des Haftpflichtvers Naturalersatzleistung sei. Soweit ein Dritter möglicherweise unbegründete Ansprüche erhebt, kommt die Rechtsschutzfunktion der Haftpflichtv zum Zuge. Dabei ist die Führung des Haftpflichtprozesses am wesentlichsten (dazu Beisler, Die Rechtsschutzfunktion der Haftpflichtv, ungedruckte Hamburger Diss. 1957, S. 119—161). Nach § 3 II Ziff. 3 AHaftpflB „führt der Ver den Rechtsstreit im Namen des Vmers auf seine Kosten"; die Leistung des allgemeinen Haftpflichtvers geht also über eine Dienstverschaffung (und erst recht über eine bloße Übernahme von Kosten) hinaus. Ähnlich, aber weniger deutlich § 7 II Ziff. 5 AKB: „Wenn es zu einem Rechtsstreit kommt, hat der Vmer die Führung des Rechtsstreits dem Ver zu überlassen, auch dem vom Ver bestellten Anwalt Vollmacht und jede verlangte Aufklärung zu geben." Vgl. dazu Stiefel-Wussow[5] Anm. 6 zu § 10, S. 277.

Für die **Rechtsschutzversicherung** ergibt sich aus § 4 Abs. 2 b Allgemeine Bedingungen für Rechtsschutz-V (VA 1954 S. 141), daß regelmäßig der Vmer dem Ver einen Anwalt benennt, „der von der Vs-Gesellschaft mit der Wahrnehmung der Interessen des

II. Geld- und Naturalersatz

Vmers beauftragt werden soll". Danach handelt es sich um einen Dienstverschaffungsvertrag, aus welchem dem Vmer eigene Ansprüche gegen den Rechtsanwalt erwachsen (OLG Frankfurt 9. IV. 1957 VersR 1957 S. 672). Dagegen ist der Weg des Naturalersatzes bei der Kraftverkehrs-Strafrechtsschutz-V nahezu verlassen worden. Der Ver leistet Kostenersatz. Es heißt in § 5 I 4 Allgemeine Bedingungen für die Kraftverkehrs-Strafrechtsschutz-V (VA 1962 S. 149) nur noch: „Der Ver hat den von der vten Person benannten Rechtsanwalt in ihrem Namen mit der Wahrnehmung ihrer Interessen zu beauftragen." Da der Vmer das Anwaltshonorar schuldet, kann von einer Dienstverschaffung nicht mehr gesprochen werden.

[15] c) Zulässigkeit.

Naturalleistungen des Vers sind mit dem **Begriff der Versicherung** vereinbar: Anm. 3, 11 zu § 1, Prölss VAG[4] Anm. 4 zu § 1, S. 98, RAA VA 1936 S. 40—41 (Rechtsschutz), 1937 S. 40 (Glasv).

Dazu, daß bloße Instandhaltungsverträge (reine Wartungsverträge) keine V begründen, vgl. Anm. 5 zu § 1, auch VA 1949 S. 47, BAA Geschäftsbericht 1960 S. 31. Für den Fall, daß dabei der Ersatz von eingetretenen Schäden mitübernommen wird, ist die aufsichtsbehördliche Praxis später schärfer geworden; hierdurch ist insbesondere die Schwachstromv entstanden (vgl. VA 1938 S. 130—131). Vgl. auch BAA Geschäftsbericht 1955/56 S. 16 (Instandsetzungsgenossenschaft von Autovermietern), LG Berlin 23. XII. 1930 JW 1931 S. 3231—3232 = VA 1932 S. 59—60 Nr. 2417 (Vertrag für Instandhaltung und Naturalersatz von Schaufensterscheiben als Vsvertrag, wobei betont wird, daß Naturalersatz mit dem Wesen der V durchaus vereinbar sei), OLG Bremen 6. VI. 1956 VersR 1956 S. 689 („Radiostörschutz").

Das vorbehandelte Problem berührt sich mit der Frage, ob V vorliege, wenn eine Gefahrtragungsleistung (hier mit Naturalersatz) als minderbedeutsame **Nebenleistung** im Rahmen eines anderen Rechtsverhältnisses zugesagt werde. Dazu Anm. 10 zu § 1, Prölss VAG[4] Anm. 4 zu § 1, S. 99—101, der auf den „inneren Zusammenhang mit einem Rechtsgeschäft anderer Art" abhebt.

[16] Aufsichtsrechtlich können gegen Naturalleistungsversprechen, insbesondere Sachleistungszusagen zweierlei Bedenken bestehen:

Erstens fragt sich, ob „die Verpflichtungen aus den Ven .... genügend als **dauernd erfüllbar** dargetan sind" (§ 8 I Ziff. 2 VAG). Besonders ist an das Risiko von Geldwertschwankungen zu denken. Für die früher sehr verbreitete Bestattungsv, bei welcher der Ver die Durchführung der ganzen Bestattung mit allen Nebenleistungen besorgte (Rothkegel a. a. O. S. 23—27) hat das RAA schon frühzeitig auf diese Bedenken hingewiesen und die Ansammlung besonderer Sicherungsmittel zusätzlich zu den vom Ver bereits vorgesehenen Schutzmaßnahmen (Nachschußpflicht, Möglichkeit von Beitragserhöhungen, Vereinfachung der vorgesehenen Sachleistungen) verlangt (VA 1925 S. 28—29, 1934 S. 130). Schließlich hat das RAA die Gewährung echter Sachleistungen verboten, vielmehr grundsätzlich Wert darauf gelegt, daß ein festes Sterbegeld ausgezahlt wird (VA 1938 S. 36). Über die Bindung an eine bestimmte Bestattungsart (z. B. Feuerbestattung): VA 1932 S. 150, 1934 S. 130, über die Bestattung ohne Mitwirkung des Vsunternehmens: VA 1932 S. 150. — Außerdem der Bestattungsv begegnen den Gefahren von Geldwertschwankungen Wahlrechtsvereinbarungen zugunsten des Vers (Anm. 20), ferner Prämiengleitklauseln und Limitierungsvereinbarungen (Anm. 17).

Zweitens beschwören Naturalersatzversprechen die Gefahr herauf, daß der Ver sich **versicherungsfremde Nebenbetriebe** angliedert. Über die Verbindung von Unternehmen zur Sargherstellung und von Beerdigungsinstituten mit der Bestattungsv vgl. VA 1932 S. 150. Über vsfremde Geschäfte vgl. auch Prölss VAG[4] Anm. 12 zu § 8, S. 155.

Über Bestattungsvorverträge in Verbindung mit Lebensvsverträgen, womöglich mit Bezugsberechtigung des Bestattungsunternehmens, vgl. BVerwG 12. IV. 1956 BVerwGE Bd 3 S. 237—245 = VersR 1956 S. 377—379 und ferner VA Hamburg 1952 S. 24, VA 1954 S. 110—111, 1959 S. 4—5, auch Arnold VA 1954 S. 118—120.

[17] d) Ausstrahlungen auf Versicherungsverhältnis.

Damit gewährleistet ist, daß Vsverträge mit Naturalersatz dauernd erfüllt werden können, fordert die Aufsichtsbehörde — speziell im Hinblick auf Geldwertschwankungen — gewisse Kautelen bei der Gestaltung der Vertragsverhältnisse.

In der Aktivenv ist bei einer Erhöhung der Preise, Löhne und Gehälter eine Prämienanpassung zweckmäßig, wie sie für die Glasv die Naturalersatz- und Prämienklausel (VA 1953 S. 218) vorsieht: „Ändern sich die Wiederherstellungskosten (Glashandelspreis zuzüglich Verpackungs-, Fracht- und Einsatzkosten) unter Berücksichtigung aller versicherbaren Glasarten gegenüber dem letzten für die Prämienfestsetzung der Gesellschaft maßgebend gewesenen Stand im Durchschnitt um mehr als 5%, so wird vom Beginn des nächsten Vsjahres an die Prämie entsprechend geändert." Solche Prämienanpassung gibt es auch bei der V von Fernmelde- und sonstigen elektrischen Anlagen und in der Fahrradv (Nachweise bei Möller, Rechtsprobleme zur Prämienangleichungsklausel in der allgemeinen Haftpflichtv, Stuttgart 1963, S. 10—11).

Bei einer Passivenv kann sich bei Geldwertsenkungen, aber auch bei einer Anhebung des Lebensstandards der durchschnittliche Schadensaufwand erhöhen. Demzufolge kann ein Haftpflichtver, welcher Befreiung verspricht, nur bei entsprechender Prämienangleichung seine Leistungszusage erfüllen (vgl. § 8 III AHaftpflB mit Möller a. a. O. S. 5—48, Weber, Die gegenwärtige Problematik der Prämienangleichungsklausel in der allgemeinen Haftpflichtv, Stuttgart 1963, S. 5—30). (In der Passivenv ist eine Prämienanpassung wegen Nichtvorhandenseins eines Vswertes übrigens auch bei Geldersatz ratsam; hierüber für die Krankenv Kiencke VW 1963 S. 703—705.)

Fehlt es an einer Prämienangleichung, so kann dem Ver ein Wahlrecht zwischen Natural- und Geldersatz helfen (Anm. 20). Es kann ausnahmsweise auch eine feste Vssumme mit der Maßgabe vereinbart werden, daß der Wert der Naturalleistung diese Vssumme nicht zu überschreiten braucht. Solchenfalls kann eine Mehrwertv oder eine „Glasvorsorgev" für einen Vsschutz hinsichtlich des „Überhanges" sorgen (Bachschuster in: 50 Jahre materielle Vsaufsicht, 2. Bd, Berlin 1952, S. 312—313).

[18] e) Rechtsbehandlung reiner Naturalersatzschulden.

Das Wesen des Naturalersatzes bringt es mit sich, daß bei der Erfüllung von Naturalersatzschulden größere Schwierigkeiten auftauchen als bei Geldschulden (über letztere Anm. 11):

Bei Naturalersatzschulden ist die Feststellung des Vorliegens einer Unterv unmöglich, wenn nicht ausnahmsweise eine Vssumme vereinbart ist. Liegt jedoch solche Vereinbarung vor, so fragt es sich, ob sie nicht lediglich für die Prämienbemessung und für etwa wahlweise geschuldeten Geldersatz (Anm. 19—21) Bedeutung habe. Solche beschränkte Bedeutung der Vssumme ist im Zweifel anzunehmen, da eine Naturalleistung regelmäßig nicht teilbar ist, eine Anwendung des § 56 unmöglich erscheint. Überdies ist es juristisch unerheblich, welchen Geldbetrag der Ver aufwenden muß, um seiner Naturalleistungspflicht zu genügen. Gerade deshalb haben auch die Vsaufsichtsbehörden Bedenken gegen reine Naturalersatzvereinbarungen geäußert (Anm. 16). Der Versuch von Wörner NeumannsZ 1913 S. 305—306 zu begründen, daß der Ver „bei Unterv und Naturalherstellung deren Kosten nur bis zur Höhe der Vssumme zu tragen hat", muß deshalb als gescheitert angesehen werden; ganz abwegig ist der Gedanke, es bestehe zwischen Ver und Vmer ein Gesellschaftsverhältnis, dessen gemeinschaftlicher Zweck in der Naturalherstellung bestehe. Es bedarf vielmehr einer besonderen Vereinbarung, falls der Rechtsgedanke der Unterv in Analogie verwirklicht werden soll. Hierfür besteht bei Vereinbarung einer Vssumme der Ausweg, daß der Vmer eine Zuzahlung verspricht. So denn auch in der Glasv die Naturalersatz- und Prämienklausel (VA 1953 S. 218): Es werde „Naturalersatz nur gewährt, wenn der Vmer den Unterschiedsbetrag vor Erteilung des Ersatzauftrages hinzuzahlt". Ähnlich die Glasvsklauseln VA 1962 S. 203, 1963 S. 2.

Eine Doppelv ist auch dergestalt denkbar, daß eine V, bei der Naturalersatz vorgesehen ist, mit einer Geldersatz-V zusammentrifft.

Die Vorteilsausgleichung kann bei Naturalersatz nicht im Wege eines Abzuges seitens des Vers erfolgen, sondern nur durch Übertragung des Vorteils auf den Ver (z. B.

II. Geld- und Naturalersatz § 49
Anm. 19

Übergang des Rechts an dem in Verlust geratenen Fahrrad: § 10 VI AFVB; allgemeiner: Anm. 54 vor §§ 49—80) oder durch Zuzahlung seitens des Vmers (bei Mitv beschädigter Scheiben in der Glasv hat der Vmer einen Teil „der Ersatzkosten selbst zu tragen und auf Verlangen vor der Ersatzausführung an die Gesellschaft abzuführen": Klausel VA 1953 S. 218; allgemeiner: Anm. 53 vor §§ 49—80).

Eine **Selbstbeteiligung** erfordert gleichfalls eine Zuzahlung seitens des Vmers.

Die **Fälligkeitsregelung** des § 11 gilt nur für Geldleistungen des Vers. Für die Befreiungsleistung des Haftpflichtvers gilt § 154 I (dazu OLG Celle 14. VII. 1954 VersR 1954 S. 428). Im übrigen vgl. Anm. 3 zu § 11. Eine Spezialregelung für die Glasv bringt § 9 III 1 AGlasB: „Wählt der Ver Naturalersatz, so hat er den Auftrag auf Ersatz unverzüglich zu erteilen." Von der Fälligkeitsregelung hängt der **Verzug** des Vers ab. Als weitere Form der Leistungsstörung kommen **Unmöglichkeit** und **Schlechterfüllung**, nach herrschender Meinung auch **positive Vertragsverletzungen** in Frage (man denke daran, daß der Fahrradver ein schadhaftes Fahrrad liefert, mit dem der Vmer einen Unfall erleidet). — Der Ver, welcher Naturalersatz schuldet, hat für seine **Erfüllungsgehilfen** (§ 278[1] BGB) einzustehen, jedoch bei Dienstverschaffungsleistungen nur für gehöriger Auswahlverschulden. — Da der Vsvertrag ein entgeltlicher, gegenseitiger Vertrag ist (Anm. 38 zu § 1) haftet der Ver für **jedes Verschulden,** auch leichte Fahrlässigkeit (Beispiel des Einstehenmüssens des Haftpflichtvers für leichte Fahrlässigkeit des Rechtsanwalts, der sein Erfüllungsgehilfe ist: Stiefel-Wussow[5] Anm. 25 zu § 7, S. 215). — Im einzelnen sind analog jene Grundsätze anzuwenden, die für die einzelnen Leistungsarten (dazu Anm. 13) gelten. So kann bei Sachverschaffungsleistungen Kaufrecht, bei Werklieferungsverträgen § 651 BGB angewendet werden. Aus dem Kaufrecht ist die Sachmängelhaftung (§§ 459—480 BGB) besonders wichtig; die Anwendbarkeit kann speziell auf § 493 BGB gestützt werden. Immer aber ist zu berücksichtigen, daß ein Vsvertrag, kein Kauf-, Dienst- oder Werkvertrag vorliegt. Deshalb dürfte z. B. eine „Minderung" der Prämie bei mangelhafter Sachleistung nicht in Frage kommen.

Eine **Aufrechnung** ist für den Naturalersatz schuldenden Ver mangels Gleichartigkeit unmöglich, falls ihm Geldforderungen gegen den Vmer zustehen. In Betracht kommt also nur ein Zurückbehaltungsrecht, ferner das Abzugsrecht nach § 35b, bei welchem Gleichartigkeit im engeren Sinne nicht gegeben zu sein braucht (dazu Anm. 5 zu § 35b).

Eine **Hinterlegung** wird bei Naturalleistungen regelmäßig nicht in Betracht kommen (vgl. § 372 BGB).

Über die **Abtretung und Pfändung** von Ansprüchen auf Naturalleistungen: Anm. 17 zu § 15.

Zur **Währungsumstellung** bei Sachleistungen: VA 1949 S. 44.

[19] 4. Mischformen.

a) Wahlrecht zwischen Ersatzformen.

aa) Im allgemeinen.

In manchen Fällen sehen die Vsbedingungen eine Wahlmöglichkeit zwischen Geld- und Naturalersatz vor, sei es zugunsten des Vers (Anm. 20), sei es zugunsten des Vmers (Anm. 21). Dafür kann es verschiedene Motive geben: Die Naturalleistung ist möglicherweise allzu kostspielig (z. B. nach einer Geldentwertung) oder sonstwie dem Ver unzumutbar oder — umgekehrt — der Vmer hat an der Naturalleistung kein Interesse oder sie würde zu lange währen. Rechtlich kann es sich um ein **Wahlschuldverhältnis** (mit Schuldner- oder Gläubigerwahl) oder um eine **facultas alternativa** handeln, letzteren Falles so, daß der Ver Naturalersatz schuldet, sich aber durch Geldleistung befreien kann oder umgekehrt (Ersetzungsbefugnis, Abfindungsbefugnis), oder so, daß der Vmer die Befugnis hat, statt der zunächst allein geschuldeten Leistung eine andere zu verlangen (Parallelfall § 249[2] BGB: Geld statt Naturalersatz).

Von den behandelten Fällen sind jene zu unterscheiden, in denen sich ein Naturalersatzanspruch nachträglich notwendigerweise in einen Geldanspruch umwandelt; dazu schon Anm. 6.

[20] bb) Zugunsten des Versicherers.

Nicht zuletzt unter dem Einfluß der Vsaufsichtsbehörden, welche die dauernde Erfüllbarkeit der Verträge — wenngleich mit unzureichenden Geldbeträgen — anstreben (Anm. 16), begegnet häufig ein Wahlrecht oder eine facultas alternativa des Vers.

Ein **Wahlrecht** des Vers sehen z. B. vor: § 17 I AWB, § 10 II a AFVB (bei Totalschaden), § 2 I 1 Allgemeine Vsbedingungen für Schwachstromanlagen, § 2 I 1 Allgemeine Vsbedingungen für Fernsehempfänger (VA 1955 S. 112), § 8 I Allgemeine Vsbedingungen für die Film-Requisiten-V, § 5 II 1 Allgemeine Bedingungen für die V von Juwelen, Schmuck- und Pelzsachen, § 11 III 1 Allgemeine Bedingungen für die V von Bankvaloren (wo auch die Möglichkeit vorgesehen ist, daß der Ver teils in Geld, teils in natura entschädigt, während regelmäßig das Wahlrecht nur einheitlich ausgeübt werden kann).

In der Glasv hat der Ver gleichfalls prinzipiell das Wahlrecht (§ 9 I 1 AGlasB; Prölss[15] Anm. 2 zu § 49, S. 232—233). Aber das Wahlrecht kann durch die Naturalersatz- und Prämienklausel (VA 1953 S. 218) wegbedungen werden, allerdings kann der Ver immer noch — im Wege einer facultas alternativa — Geld leisten, falls „eine Ersatzbeschaffung zu den ortsüblichen Wiederherstellungskosten nicht möglich ist". Mit dem Naturalersatz ist eine Prämiengleitklausel gekoppelt (anders nach Ziff. II 1 Zusatzbedingungen für Haushalt-Glasbruchschäden: VA 1955 S. 156—157 und nach Ziff. III Abs. 1 Zusatzbedingungen für die Glas-Pauschalv).

Bei Wahlschulden mit Wahlrecht des Schuldners gelten die §§ 263, 264 I, 265 BGB. Die Wahl erfolgt durch Erklärung gegenüber dem anderen Teile, hier gegenüber dem Vmer und hat rechtsgestaltende Wirkung: Hat der Ver Naturalersatz gewählt, so kann er nicht nachträglich auf Geldersatz übergehen (RAA VA 1922 S. 62—63, 10—12, KG 19. II. 1921 VA 1922 Anh. S. 26 Nr. 1552). Wählt der Ver in Zeiten der Geldentwertung Geldersatz, so widerstreitet das nicht Treu und Glauben (KG 9. VII. 1921 VA 1922 Anh. S. 26—27 Nr. 1253, vgl. auch RG 2. III. 1923 Mitt. 1923 S. 132—133, Josef Vs-Wochenschrift 1925 S. 151).

Eine **facultas alternativa** (Ersetzungsbefugnis) des Vers verleiht z. B. § 3 II Abs. 5 Satz 2 AEB: „Der Ver kann bei Wertpapieren auch andere Stücke gleicher Art liefern." Besonders wichtig ist der sog. Abandon des Vers in der Haftpflicht- und Rechtsschutzv, der vertraglich vereinbart werden muß (BGH 30. X. 1954 BGHZ Bd 15 S. 160): Die Gesellschaft hat dann unter bestimmten Voraussetzungen das Recht, sich von ihrer Naturalersatzpflicht zu befreien „durch Zahlung der Vssumme und ihres der Vssumme entsprechenden Anteils an den bis dahin erwachsenen Kosten" (§ 3 III Ziff. 1 Satz 2 AHaftpflB, für die Kraftfahrv ähnlich, nämlich mit Hinterlegung § 10 VI 4 AKB, für die Rechtsschutzv gleichfalls mit Hinterlegung § 2 I 3 Allgemeine Bedingungen für Rechtsschutz-V: VA 1954 S. 139—142). Allerdings ist bei einer Zahlung an den Vmer § 156 I 1 (relatives Verfügungsverbot) zu beachten (anders und weitergehend Prölss[15] S. 634—635, wonach der Vmer auch nach dem Abandon des Vers den Naturalersatzanspruch, den Befreiungsanspruch behält).

[21] cc) Zugunsten des Versicherungsnehmers.

Aus Gründen der Zeitersparnis kann bei einer Glas-Pauschalv mit Naturalersatzabrede der Vmer zerbrochene Fenster- und Türscheiben — sogar vor der Anzeige — selber ersetzen lassen, so daß der Ver ihm Geld leisten muß (Ziff. III Abs. 2 Zusatzbedingungen für die Glas-Pauschalv, ebenso Ziff. II 2 Zusatzbedingungen für Haushalt-Glasbruchschäden: VA 1955 S. 156—157). — In der Bestattungsv konnten die Hinterbliebenen Geld anstelle der Bestattung verlangen (VA 1932 S. 150).

[22] b) Arten der Wiederherstellungsregelungen.
aa) Allgemeines.

Rechtlich gehören die zahlreichen Fälle, in denen der Vmer gehalten ist, den früheren Zustand wiederherzustellen (vgl. schon Anm. 6), zu den Tatbeständen des Geldersatzes, aber wirtschaftlich gesehen nähern sich diese Fälle dem Naturalersatz (so denn auch Rothkegel a. a. O. S. 14). Man kann von Geldersatz mit Zweckbindung sprechen.

II. Geld- und Naturalersatz § 49
Anm. 23—24

Die Motive für solche Zweckbindung können dieselben sein, die bei echtem Naturalersatz eine Rolle spielen, deshalb vgl. oben Anm. 12. Besonders oft tritt bei Wiederherstellungsregelungen der Gesichtspunkt einer Wahrung öffentlicher Belange (Schmidt-Sievers S. 70—71) und des Schutzes von Realgläubigern in Erscheinung. Es ist aber rechtlich nicht geboten, solche Tatbestände besonders zu behandeln (wie es Rothkegel a. a. O. S. 14—15 tut).

Die Zweckbindung fehlt, falls bei einem Geldleistungsversprechen der zu ersetzende Geldbetrag entsprechend den abstrakt festzustellenden Wiederanschaffungs- oder Wiederherstellungskosten bemessen wird (Anm. 9). Die Zweckbindung ist dagegen höchst intensiv, falls bei einer V gegen notwendige Aufwendungen der Aufwand tatsächlich gemacht sein muß, wie bei einer Neuwertv (Anm. 10). Dazwischen liegen zahlreiche andere Möglichkeiten.

[23] bb) Unterscheidungen.

Die Wiederherstellung des früheren Zustandes kann durch den Vmer in verschiedener Weise erfolgen, also im Wege **verschiedenartiger Maßnahmen** vorgenommen werden, z. B. durch Kauf (Wiederbeschaffung), durch Werkvertrag oder Werklieferungsvertrag mit einem Dritten (Wiederaufbau, Ausbesserung), durch eigene Tätigkeit (Wiederherstellung durch einen vten Fabrikanten). Über eine Photoapparatev mit Verpflichtung zum Kauf eines anderen Apparates: VA 1934 S. 167. Über die Hausbockkäferv: §§ 1 II, 14 I HbB.

Zuweilen setzen die Vsbedingungen die **Vollendung** der Wiederherstellungsmaßnahmen voraus, oft aber begnügen sie sich damit, daß „die **bestimmungsmäßige Verwendung des Geldes gesichert ist**" (so § 97, vgl. ferner §§ 98—100).

Es können **Fristen** für die Wiederherstellung oder die Sicherung der Verwendung des Geldes vorgesehen sein, wie z. B. in § 7 III a 3 VGB. Über deren Verlängerung: Anm. 27.

Es kann darauf abgestellt werden, ob ein Wiederaufbau **an der gleichen Stelle** oder auch **anderswo** erfolgen darf, möglicherweise beschränkt auf dieselbe Gemeinde (so § 7 III a 2 VGB). Bei der Photoapparatev kann auch ein wertvollerer Apparat gekauft werden (VA 1934 S. 167). Bei Maschinen kann es auf die Identität des Betriebszwecks ankommen, bei der Neuwertv von Fabriken auf die Identität der Produktionskapazität (Anm. 28 zu § 52).

Wichtig ist auch, welcher Nachteil den Vmer bei Nichtwiederherstellung treffen soll, insbesondere **vollständige oder teilweise Einbuße der Ersatzleistung**. Beispiele auch für teilweise Einbußen in Anm. 24. — Da man eine Neuwertv in die Aktivenv (Zeitwert) und Passivenv (Differenz zwischen Neu- und Zeitwert) aufteilen kann, kann man im Rahmen der Passivenv von einer vollen Einbuße der Ersatzleistung sprechen, falls bei Nicht-Wiederherstellung nur der Zeitwert geleistet wird: So § 4 Sonderbedingungen für die Neuwertv des Hausrats (VA 1958 S. 4, 164), § 3 Sonderbedingungen für die Neuwertv industrieller Anlagen, landwirtschaftlicher Gebäude und von Wohngebäuden (VA 1951 S. 49).

Wiederherstellungsvereinbarungen kennen neben der Zahlung an den Vmer oder Vten auch **Zahlungen an Dritte**, z. B. Realgläubiger oder Personen, welche die Wiederherstellung bewirken, z. B. Handwerker. Bedeutsam kann auch die bloße **Zustimmung** der Realgläubiger sein (vgl. § 100, auch § 17 III 2 AFB); das **Schweigen** des Realgläubigers kann nach § 99 Bedeutung gewinnen.

[24] cc) Rechtsformen.

Es ist auf mannigfachen juristischen Wegen versucht worden, Sanktionen an den Tatbestand der Nicht-Wiederherstellung zu knüpfen:

Die Ersatzforderung des Vmers kann (ganz oder teilweise) durch die Wiederherstellung **aufschiebend**, ausnahmsweise auch durch die Nicht-Wiederherstellung **auflösend bedingt** sein: „Der Anspruch des Vten auf Ersatz eines Teilschadens ist .... bedingt durch die Ausführung der Ausbesserung" (DTV-Kasko-Klauseln). Weniger deutlich Klausel 5.04 Klauseln der Feuerv:

> „(1) Im Schadenfalle hat der Vmer Anspruch auf zwei Drittel des Betrages, der bei Anwendung des § 3 der Allgemeinen Feuervs-Bedingungen als Entschädigung zu zahlen wäre.
>
> (2) Der ihm nach Ziffer (1) zustehende Betrag erhöht sich um die Hälfte, wenn die vten Sachen an der bisherigen Stelle wiederhergestellt sind ...."

Vgl. ferner § 7 III a 1 VGB: „Der Vmer erwirbt den Anspruch .... nur, wenn und soweit er das Gebäude .... wiederhergestellt hat." Oder umgekehrt: „Kann die Wiederherstellung .... nicht erfolgen ...., so verliert der Vmer den Anspruch auf ein Drittel der .... Entschädigung" (dazu Anm. 14 zu § 6).

Die **Fälligkeit** der Ersatzforderung kann von der Wiederherstellung abhängen, also möglicherweise nie eintreten. So § 19 I 4 VGB für den Zeitwertschaden: „Soweit die Zahlung der Entschädigung von der Wiederherstellung oder deren Sicherstellung abhängt, wird sie zwei Wochen nach Eintritt dieser Voraussetzung fällig." Vgl. dazu Anm. 11 zu § 11 (unter Hinweis auf § 17 III 1 AFB), ferner § 97 (mit Prölss[15] Anm. 5 A zu § 97, S. 355).

Es kommen ferner **alternative Vereinbarungen hinsichtlich** des maßgebenden **Versicherungswertes** vor. So gehen die Klauseln 12, 2.04 und 8.04 Klauseln der Feuerv bei Modellen, Negativfilmen, Platten und Bildern davon aus, daß ihr Materialwert maßgebend sei, im Falle der Wiederherstellung jedoch ein höherer Wert (Näheres Anm. 36 zu § 52). Über die Alternative Zeitwert/Neuwert vgl. Anm. 23. Auch in der oben wiedergegebenen Klausel 5.04 Klauseln der Feuerv erblickt Prölss[15] Anm. 5 B zu § 97, S. 355—356 eine alternative Ersatzwertvereinbarung.

Der Vmer (oder Vte) kann auch mit einer **Obliegenheit** zur Wiederherstellung belastet werden. So ergeben §§ 11[1], 45 KaskoB, daß den Vmer die Obliegenheit treffe, Reparaturen ohne Verzug vorzunehmen und Prölss[15] S. 524 bestätigt durch den Hinweis auf § 6 den Obliegenheitscharakter.

Fernerliegend ist die Konstruktion, dem Vmer eine **echte Rechtspflicht** zur Wiederherstellung aufzuerlegen: Aber Ritter Anm. 13 zu § 75, S. 932 mit Anm. 11 zu § 74, S. 904—905 meint, den Kaskovmer treffe eine einklagbare, im Verletzungsfall schadensersatzpflichtig machende Rechtspflicht, wenn es in § 75 I 1 ADS heiße: „Nach Feststellung eines Teilschadens ist das Schiff unverzüglich auszubessern." Dagegen RG 12. VII. 1928 RGZ Bd 121 S. 396—397.

Über die rechtliche **Wirksamkeit** der verschiedenen Arten von Rechtsformen, insbesondere im Hinblick auf den zwingenden § 6 III vgl. Anm. 15 zu § 6, unten Anm. 27.

[25] dd) Freistellungen.

Die Wiederherstellungsregelungen können große Härten mit sich bringen, besonders wenn sie zur vollständigen Einbuße der Ersatzleistung bei Nichtwiederherstellung führen sollen. Diese Härten mildern zum Teil schon die speziellen Vorschriften, insbesondere Vsbedingungen (Anm. 26). Zum Teil aber können allgemeinere Rechtsregeln herangezogen werden, um den Wiederherstellungsregelungen eine unbillige Schärfe zu nehmen (Anm. 27).

[26] aaa) Speziell vorgesehene Freistellungen.

Soll eine Wiederherstellungsregelung nur einen Realgläubiger schützen (sog. einfache Wiederaufbauklausel), so entfällt ihre Anwendung bei mangelnder dinglicher Belastung des Grundstücks (OLG Kiel 30. III. 1927 Praxis 1928 S. 37—38). Im übrigen sehen die §§ 99, 100 bei mangelndem Widerspruch bzw. schriftlicher Zustimmung des Realgläubigers einen Wegfall der Wiederaufbaunotwendigkeit vor. Im Falle des § 99 III 2 kann sogar die sonst vorgesehene Anzeige an den Realgläubiger unterbleiben, weil sie untunlich ist. § 17 III 2 AFB sieht vorbehaltlose Zahlung vor, „soweit die am Schadentage eingetragenen Realgläubiger sich schriftlich einverstanden erklären oder selbst zur Empfangnahme der Entschädigung berechtigt sind". Ähnlich, aber doch anders § 19 III VGB, weil § 7 III a VGB unberührt bleiben soll.

II. Geld- und Naturalersatz § 49
Anm. 27

Wenigstens eine **Verlängerung der Wiederherstellungsfrist** kennt die Modellklausel (Klausel 12 Klauseln der Feuerv). Mit einer Wiederherstellung **an anderem Orte** begnügt sich unter bestimmten Voraussetzungen § 7 III a 2 VGB, Klausel 5.04 Klauseln der Feuerv.

Selbst eine **Nichtwiederherstellung** ist gemäß § 45 KaskoB unschädlich, wenn sie weder auf grober Fahrlässigkeit noch auf Vorsatz beruht. In der Seekaskov sieht § 75 V, VI ADS vor, daß eine Notwendigkeit auszubessern auf Grund einer Erklärung des Vmers entfalle, „wenn ein wichtiger Grund, der in seinen besonderen Verhältnissen liegt und von ihm nicht zu vertreten ist, vorliegt....; als ein wichtiger Grund ist es auch anzusehen, wenn der Vmer das Schiff vor dem Beginn der Ausbesserung veräußert, ohne daß der Erwerber in das Vsverhältnis eintritt." Streitigkeiten darüber, ob ein wichtiger Grund vorliege, werden durch ein Schiedsgericht entschieden.

[27] bbb) Generell heranziehbare Rechtsgedanken.

Nicht selten erweist sich, daß die speziell vorgesehenen Ausnahmen und Freistellungen von Wiederherstellungsregelungen (Anm. 26) nicht ausreichen, um alle Tatbestände gerecht und billig zu entscheiden.

Im Bereiche der **Binnenversicherung,** und zwar der **Beschränkungen der Vertragsfreiheit** läßt sich der halbzwingende § 6 III heranziehen; denn hinter jeder Wiederherstellungsregelung, wie auch immer sie juristisch formuliert sein mag (Anm. 24), verbirgt sich das Gebot, also die **Obliegenheit,** nach dem Vsfall wiederanzuschaffen, wiederherzustellen, insbesondere wiederaufzubauen. Deshalb gilt das **Verschuldensprinzip** (nicht einmal leichte Fahrlässigkeit läßt die Verwirkungsfolge eintreten: § 6 III 1). Deshalb gilt bei grobfahrlässiger Verletzung der Obliegenheit das **Kausalitätserfordernis** (§ 6 III 1); es kommt darauf an, ob die Nichtwiederherstellung Einfluß auf die Feststellung des Vsfalles oder auf die Feststellung oder den Umfang der dem Ver obliegenden Leistung gehabt hat, was nicht etwa schon deshalb anzunehmen ist, weil an die Stelle der tatsächlichen Wiederherstellungskosten jetzt ein errechneter Betrag treten muß. Ist für den Fall der Obliegenheitsverletzung keine **Sanktion** vereinbart, so entfällt eine solche (Anm. 17 zu § 6).

Alles das gilt auch bei **Versuchen der Umgehung** des § 6 III, wie sie in Bedingungskonstruktionen, Fälligkeits- oder Ersatzwertvereinbarungen zu sehen wären, während eine echte Rechtspflicht des Vmers zur Wiederherstellung nie anzunehmen sein dürfte, da der Ver kein ausreichendes Eigeninteresse an der Wiederherstellung hat (im übrigen würde sich solchenfalls aus §§ 276¹, 278¹ BGB das Verschuldenserfordernis ergeben, und § 275 BGB wäre zu beachten: OLG Hamburg 31. X. 1950 VersR 1951 S. 15).

Zu alledem vgl. bereits Anm. 13, 14 zu § 6 m. w. N., besonders RG 19. VI. 1931 RGZ Bd 133 S. 117—124 (auflösende Bedingung; die vte Mühle kam vor vollständiger Wiederherstellung zur Zwangsversteigerung). Darüber, daß eine Fälligkeitshinausschiebung ad infinitum der Vereinbarung einer Leistungsfreiheit gleichsteht, vgl. Anm. 20 zu § 6. Auch alternative Ersatzwertvereinbarungen verbergen (teilweise) Leistungsbefreiung; jedoch ist der etwaige Nichtersatz der Differenz von Neu- und Zeitwert zu rechtfertigen, da eine notwendige Aufwendung gar nicht gemacht wird (Anm. 10). Auf den Boden der Obliegenheitskonstruktion stellen sich erfreulicherweise §§ 11¹, 45 KaskoB, ohne allerdings das Kausalerfordernis zu erwähnen.

Läßt man den zwingenden Charakter des § 6 III außer Betracht, so wäre bei Formulierung einer (aufschiebenden oder auflösenden) **Bedingung** der Rechtsgedanke bedeutsam, daß Bedingungen auszulegen sind und daß die Bedingung gar nicht gelten sollte, falls der Vmer ohne Verschulden nicht wiederherzustellen vermag (Möller MDR 1950 S. 397).

Hinzuweisen ist auch darauf, daß sogar bei der Versäumung einer Klagefrist das Verschuldensmoment berücksichtigt wird (Anm. 43—47 zu § 12); entsprechendes gilt für die Versäumung einer Wiederherstellungsfrist gemäß OLG Colmar 12. VI. 1913 VA 1913 Anh. S. 124—125 Nr. 773, OLG Königsberg 21. X. 1930 JRPV 1931 S. 61—62. Auch im Bereich der Neuwertv ergibt sich solche **Fristverlängerung,** insbesondere falls der Ver die Mittel zurückgehalten hat, welche den Beginn der Wiederherstellung erst ermöglicht hätten (BGH 1. IV. 1953 BGHZ Bd 9 S. 207—208 unter Hinweis auch auf Hagen JRPV 1932 S. 39).

Soweit in der Binnenv keine Beschränkungen der Vertragsfreiheit gelten, also z. B. bei öffentlichrechtlichen Vern (ohne Vszwang) (§ 192 II), ist § 6 III unmittelbar anzuwenden. Diese Vorschrift wäre hier zwar an und für sich abdingbar, aber § 25 I preußisches SozietätenG, der nach wie vor im ehemaligen Preußen anzuwenden ist (Schmidt-Sievers S. 471), schreibt vor, die AVB dürften „keine Bestimmungen enthalten, welche zum Nachteile des Vmers" von § 6 „abweichen".

Soweit das **VVG nicht gilt,** z. B. bei öffentlichrechtlichen Zwangsven (§ 192 I), halten Schmidt-Sievers S. 70—71 die Befreiung von der Wiederaufbauregelung einerseits „für eine echte Ermessensentscheidung im Rahmen der Verwaltungstätigkeit der Anstalt" und sie verneinen grundsätzlich einen „Anspruch auf Auszahlung der Entschädigung ohne Wiederherstellung zum Ausgleich unbilliger Härten". Andererseits soll der Vte den Entschädigungsanspruch nicht verlieren, wenn „Umstände einen Wiederaufbau hindern, die er nicht zu vertreten hat".

Sogar in der **Seeversicherung** soll gemäß § 157 BGB der Gedanke des § 6 trotz der formellen Unanwendbarkeit dieser Vorschrift (§ 186) Berücksichtigung erheischen. Bei unverschuldeter Unmöglichkeit der Ausbesserung (erzwungene Auslieferung des Schiffes an die Alliierten) seien die Belange des Vmers zu berücksichtigen. Im übrigen sei einer Veräußerung i. S. des § 75 V ADS eine unfreiwillige Entäußerung gleichzustellen. Zu alledem BGH 15. VI. 1951 BGHZ Bd 2 S. 336—346; Vorinstanz OLG Hamburg 31. X. 1950 VersR 1951 S. 15 im Anschluß an Möller MDR 1950 S. 395—397.

[28] III. Interesse und Schaden.

Schrifttum: Bache Oesterreichische Revue 1920 S. 189—190, Benecke, System des Assekuranz- und Bodmerei-Wesens, 1. Bd, Hamburg 1805, S. 208—281, Bernhöft in: Festschrift zum fünfzigjährigen Doctorjubiläum Dr. Hermann von Buchka, Rostock 1891, S. 1—36, Bischoff VersR 1963 S. 8—15, ZVersWiss 1963 S. 193—206, Blanck ZVersWiss 1929 S. 393—404, Brockmann ZfV 1964 S. 165—167, 244—248, Broquet, Essai sur l'intérêt économique dans le contrat d'assurance, Lausanner Diss., Sion 1932, Bruck S. 475—626, in: Die Reichsgerichtspraxis im deutschen Rechtsleben, Bd IV, Berlin-Leipzig 1929, S. 123—142, Das Interesse, ein Zentralbegriff der V, Wien 1931, Buttaro, L'interesse nell' assicurazione, Milano 1954, Cahn, Der Wechsel des Interessenten im Rechte der Schadensv, Leipzig 1914, Daube, Die rechtliche Konstruktion der Kundenv, Hamburger Diss. 1964, Donati Assicurazioni 1950 I S. 311—344, Ehrenberg I S. 8—13, 293—319, in: Festgabe für Rudolph Sohm, Sonderdruck, Leipzig 1915, AssJhrb Bd 22 S. 1—11, Ehrenzweig S. 199—242, Vsvertragsrecht, Bd 2, Wien-Leipzig 1935, S. 375—462, Die Rechtslehre des Vsvertrages und die klassische Logik, Karlsruhe 1954, S. 15—16, ZVersWiss 1931 S. 375—382, Elkan, Die Bedeutung des Interesses für die Veräußerung der vten Sache, Hamburg 1928, Federspiel, Begrebet interesse i laeren om forsikring, Kopenhagen 1901, Ferrarini, L'interesse nell' assicurazione, Pisa 1935, Fick, Einige Grundbegriffe der Schadensv, Zürich 1918, S. 23—51, Frey JRPV 1935 S. 149—151, Friedmann, Das vsrechtliche Nebeninteresse, Hamburger Diss. 1933, Gärtner ZVersWiss 1963 S. 337—375, VersR 1964 S. 699—702, von Gierke II S. 175—193, Hagen I S. 367—382, ZVersWiss 1907 S. 15—30, Hecker, Zur Lehre von der rechtlichen Natur der Vsverträge, München 1894, S. 23—63, Hellner, Om försäkringsbara intressen och några därmed sammanhängande frågor, Stockholm 1957, Kisch M S. 1—621, JherJ Bd 63 S. 361—450, Koenig S. 175—183, Gegenstand der V, Eine systematische Begründung des Vsrechtes ohne den Interessebegriff, Bern 1931, in: Referate und Mitteilungen des Schweizerischen Juristenvereins 96. Jahrg. (1962) S. 176—185, Leibl AssJhrb 1898 S. 137—143, Lenski, Systematisierung der Rechtsprechung und des Schrifttums zu §§ 69ff. VVG, ungedruckte Hamburger Diss. 1964, Lewis, Lehrbuch des Vsrechts, Stuttgart 1889, S. 35—64, van der Meersch Bulletin des assurances 1963 S. 21—42, Möller, Cifgeschäft und V, Mannheim-Berlin-Leipzig 1932, S. 55—80, Summen- und Einzelschaden, Hamburg 1937, SchweizVersZ 1948/49 S. 225—237, 263—270, Assicurazioni 1955 I S. 131—144, Müller-Erzbach, Deutsches Handelsrecht, 2., 3. Aufl., Tübingen 1928, S. 779—784, Prölss[15] Anm. 1—3 vor § 51, S. 237—240, JRPV 1935 S. 70—73,

III. Interesse und Schaden **§ 49**
Anm. 29—30

Reatz in: Endemann, Handbuch des deutschen Handels-, See- und Wechselrechts, 4. Bd, 1. Abtlg, Leipzig 1884, S. 338—359, 379—382, Ritter Anm. 1—134 zu § 1, S. 49—143, Roelli-Jaeger II Anm. 1—43a zu Art. 48, 49, S. 30—56, Rommel Schweizerische Juristen-Zeitung 1924/25 S. 181—190, 201—208, Schmidt-Rimpler in: Beiträge zum Wirtschaftsrecht, Marburg 1931, S. 1252—1254, Thiele, Begriff und Wesen der „Veräußerung" bei „vten Sachen", Erlanger Diss., Düsseldorf 1934, Vorwerk, Die Rechtsnachfolge in das vte Interesse, insbesondere die Veräußerung der vten Sache, Oelsnitz 1912, Weygand, Die Grundzüge der Kundenv mit einer Einleitung über das Interesse als Element der Sachv, Berlin 1914, Wolff in: von Holtzendorff-Kohler, Enzyklopädie der Rechtswissenschaft, 2. Bd, 7. Aufl., München-Leipzig-Berlin 1914, S. 431—435, Wolff, Der Begriff der Veräußerung nach § 69 VVG, Kölner Diss., Düsseldorf 1934.

[29] 1. Gliederung der Darstellung.

Da im Schadensvsrecht der ersatzpflichtige Schaden die Negation des vten Interesses ist (Anm. 37 vor §§ 49—80), muß die Lehre vom Interesse in den Vordergrund gestellt werden. Nach einer Einführung in die Geschichte der Interesselehre (Anm. 30—35) sind die Funktionen des Interessebegriffs herauszustellen (Anm. 36). Der Interessebegriff hat beileibe nicht nur für das Vsrecht Bedeutung, mag er hier auch seine besondere Ausprägung in den Gesetzen, Vsbedingungen, in der Rechtslehre und in der Rechtsprechung erfahren haben — nicht ohne Gegnerschaft (Anm. 37—46). Im Einzelnen ist der Begriff sehr umstritten, z. B. für die Passivenv, auch ist zu klären, ob der Interessebegriff subjektiv oder objektiv, rechtlich oder wirtschaftlich zu fassen ist (Anm. 47—56). Mannigfaltige Arten des Interesses lassen sich unterscheiden; bei den wichtigen Sachinteressen ist auf das Problem der formal-sachenrechtlichen oder der wirtschaftlichen Betrachtungsweise zurückzukommen (Anm. 57—89).

Das generell Gesagte ist zu veranschaulichen, indem für die Fülle von Einzelfällen die Interessenlage analysiert wird (Anm. 90—126). Dabei sind nicht nur die vom Schuldrecht ausgehenden Fälle von den einzelnen Schuldverhältnissen her zu betrachten (Anm. 90—113), sondern auch sachen-, familien- und erbrechtliche Tatbestände einzubeziehen (Anm. 114—116). Spezielle Vertragsformen, z. B. Kundenven, sind von der Vspraxis ausgebildet (Anm. 119—120).

Abschließend können wichtige Rechtssätze zur Interesselehre herausgearbeitet werden (Anm. 121—126).

[30] 2. Geschichte der Interesselehre.
a) Außerhalb des Versicherungsrechtes.

Wenn man für das geltende allgemeine Zivilrecht feststellt, der Schadensersatz erfolge im Wege des Interesseersatzes, so geht man vom Summenschadensbegriff (§ 249[1] BGB) sowie davon aus, daß nach der Differenzhypothese „id quod inter-est" ermittelt werden muß, also der Unterschied zwischen dem Zustand, wie er ohne die Schädigung bestehen würde, und dem jetzigen status.

Die zivilrechtliche Lehre vom Interesse führt zwar auf das klassische römische Recht zurück, aber besonders Medicus, Id quod interest, Köln-Graz 1962, S. 2, 299—311, 327 bis 338 hat dargetan, daß der modernrechtliche Schadensbegriff mit dem (schillernden) interesse-Terminus des römischen Rechts nicht identifiziert werden kann. Die Fälle der isolierten Betrachtung des reinen Sachschadens standen — auch in der nachklassischen Zeit — im Vordergrund (Medicus a. a. O. S. 302—303, auch S. 338—340, Möller Summen- und Einzelschaden a. a. O. S. 21—22). Etwa um 1100 beginnt die substantivische Verwendung des Wortes interesse, aber die mittelalterliche Rechtstheorie bedeutete gegenüber dem, was die Römer schon erreicht hatten, eher einen Rückschritt (Medicus a. a. O. S. 340—344, Näheres bei Lange, Schadensersatz und Privatstrafe in der mittelalterlichen Rechtstheorie, Münster-Köln 1955, S. 10—123, der auf S. 30 den arbor super interesse des Rebuffus reproduziert, ein verwirrendes Schema der damaligen Aufgliederung des Interessebegriffes). Erst im 16. Jahrhundert, in welchem manche Monographien „de eo quod interest" entstanden, bereitete sich — speziell unter dem Einfluß von Molinaeus (Pseudonym: Caballinus), Cujacius und Donellus — die moderne Differenztheorie vor, wie sie von Cohnfeldt, Die Lehre vom Interesse, Leipzig 1865, Mommsen, Beiträge zum Obligationenrecht, 2. Abtlg: Lehre von dem Interesse, Braunschweig 1855 geschildert worden ist. Vgl. auch die Nachweise zum gemeinen Recht bei Fick a. a. O. S. 23—24 und die kritischen Gedanken von Neuner ArchCivPrax Bd 133 S. 277—314 („Interesse und Vermögensschaden").

Es ist die Auffassung geäußert worden, daß die vsrechtliche Interesselehre jener des allgemeinen Schadensersatzrechtes völlig entspreche (Ehrenzweig Vsvertragsrecht I a.a.O. S. 375). Das Interesse sei „nichts anderes .... als der subjektive Bestandteil des Schadens" (Prölss[15] Anm. 1 vor § 51, S. 238 im Anschluß an Ehrenzweig). Aber diese Meinung steht schon zur Entstehungsgeschichte des vsrechtlichen Interessebegriffs in Widerspruch.

[31] b) Innerhalb des Versicherungsrechtes.
Im Bereiche des Vswesens hat sich der Begriff des Interesses **eigenständig** entwickelt: So wünschenswert es sein mag, keine Scheidewände aufzurichten zwischen dem Vsvertrags- und dem sonstigen Zivilrecht, hier ist das Vorhandensein wichtiger Differenzen unverkennbar. Das dürfte damit zusammenhängen, daß dem Summenschadensprinzip des allgemeinen Zivilrechts im Vsrecht aus vstechnischen Gründen von vornherein ein **Einzelschadensprinzip** gegenüberstehen mußte (Anm. 4 vor §§ 49—80). Überdies stellt Ehrenberg Festgabe a. a. O. S. 6 fest, daß der vsrechtliche Interessebegriff „ausschließlich die Richtung auf die Zukunft" habe. In der Tat muß die notwendige prospektive Risikoerfassung in dem Interesse etwas **Positives** sehen (Hagen ZVersWiss 1907 S. 15), eine zu versichernde Beziehung einer Person zu einem Gut, während das allgemeine Zivilrecht den (negativen) Schaden mit dem Interesse identifiziert. Das vsrechtliche Interesse ist nicht die Differenz, das inter-esse zwischen zwei Zuständen, sondern das inter-esse verbindet hier eine Person mit einem Gute. So gilt im Vsrecht der Satz, daß der **Schaden die Negation des Interesses** sei (Bruck S. 419, 478—479, 487). Im allgemeinen Recht aber ist das Interesse — wie schon gesagt — mit dem Schaden identisch. Besondere Anliegen, die zur Entwicklung des vsrechtlichen Interessebegriffs geführt haben, wie z. B. die Abgrenzung von Spiel und Wette, spielen im sonstigen Schadensersatzrecht keine Rolle.

Auch im Zusammenhang mit Einzelfragen zeigen sich die Besonderheiten der vsrechtlichen Interesselehre. Die vorwiegend wirtschaftliche Ausrichtung des vsrechtlichen Interessebegriffs, der u. a. den Sinn hat, die Entschädigung dem wirklich Geschädigten zuzuordnen, kann dazu führen, nicht auf das formal-sachenrechtliche Eigentums-, sondern auf das wirtschaftliche Eigentümerinteresse abzuheben (Anm. 53—55, 60—68). Die wirtschaftliche Ausrichtung führt möglicherweise auch dazu, vsrechtliche Interessen und korrespondierende ersatzpflichtige Schäden anzuerkennen, wo allgemein-zivilrechtlich Schadensersatzberechtigungen negiert werden (z. B. bei gewissen Arten erhofften Gewinnes). Das anerkennen auch die Kritiker einer besonderen vsrechtlichen Interesselehre: „Jedes wirtschaftliche Interesse ist versicherbar. Aber nicht jedes wirtschaftliche Interesse ist gemeinrechtlich geschützt. Darin liegt der tiefgreifende Unterschied in Ansehung des Wirkungskreises des Interesses im Schaden-Vs-Recht und im gemeinen Schadenersatzrecht" (Ehrenzweig S. 201); auch Prölss[15] Anm. 1 vor § 51, S. 238 muß anerkennen, daß das Vsrecht über das Zivilrecht hinausgehe.

[32] Was die **Geschichte der vsrechtlichen Interesselehre** bis zum Ende des 19. Jahrhunderts anlangt (dazu ausführlich Gärtner ZVersWiss 1963 S. 337—375 m. w. N.), so führt sie zurück auf die Anfänge der Seeversicherung im Mittelmeerraum, speziell in Italien.

Als im ausgehenden Mittelalter erstmals Vsgeschäfte im heutigen Sinn abgeschlossen wurden, fehlte es noch an einer scharfen begrifflichen Abgrenzung gegenüber verwandten, damals üblichen Geschäftstypen. Der Vsvertrag wurde als Darlehens- und als Kaufvertrag konstruiert (Goldschmidt, Universalgeschichte des Handelsrechts, Stuttgart 1891, S. 364—365) und wurde im übrigen immer wieder in Beziehung gebracht zu dem damals sehr verbreiteten **Wettgeschäft.** Weder in tatsächlicher noch in rechtlicher Beziehung gab es eine genaue Grenzziehung zwischen V und Wette, und vom praktischen Ergebnis her war eine scharfe Unterscheidung zunächst auch nicht notwendig, weil der Wettvertrag ebenso wie der Vsvertrag rechtlich zulässig war und beide Vertragstypen gleicher-

III. Interesse und Schaden
§ 49
Anm. 33

maßen einen klagbaren Anspruch gewährten. Bezeichnenderweise behandelt die erste Darstellung des Vsrechts V und Wette gemeinsam: Es ist das Werk von Santerna, Tractatus de assecurationibus et sponsionibus mercatorum, Venedig 1552. Aber bereits den alten juristischen Autoren blieb nicht verborgen, daß trotz einer gewissen rechtstechnischen Vergleichbarkeit von Vs- und Wettgeschäft ein erheblicher innerer Unterschied zwischen beiden Geschäftsarten bestehe. Deutlich kommt dieser Gedanke bei Scaccia, Tractatus de commerciis et cambio, (in der Ausgabe) Frankfurt 1648, § 1 Quaestio I Nr. 131 zum Ausdruck. Das Vsgeschäft war danach eine anerkennenswerte volkswirtschaftliche Einrichtung, die kraft ihrer Schadensersatzfunktion eine einleuchtende innere Legitimation hatte; sie gehörte in den Bereich ernsthaften Wirtschaftens. Demgegenüber fiel die Wette aus dem Rahmen echter kaufmännischer Vorsorge und sinnvollen Planens; sie war lediglich Gegenstand spielerischer Spekulation. So war die Unterscheidung zwischen V und Wette zunächst eher eine Frage der moralischen Bewertung als der rechtstechnischen Ausgestaltung. Immerhin bildete sich — auch im juristischen Schrifttum — das Bewußtsein, daß die V von der Wette unterschieden werden müsse. In beiden Vertragsarten wurde eine Leistung für den Fall des Eintretens eines ungewissen Ereignisses versprochen, man erkannte aber, daß bei der Wette die Leistungspflicht an nichts weiteres geknüpft war als an den Eintritt des Ereignisses, während bei der V ein weiterer Umstand hinzutreten mußte: Der Anspruchsteller mußte nicht nur beweisen, daß ein ungewisses Ereignis eingetreten sei, er mußte darüber hinaus dartun, daß ihm infolge des eingetretenen Ereignisses ein Schaden in Höhe der beanspruchten Vsleistung erwachsen sei.

An folgendem Beispiel entzündete sich die Diskussion: Ein Kaufmann hatte Güter vert, welche während der Reise verlorengingen. Der Kaufmann verlangte die Vsleistung. Es stellte sich aber heraus, daß er gar nicht Eigentümer der Güter gewesen war, und für den Ver entstand das Problem, ob er den Schaden vergüten müsse. Santerna a. a. O. Teil IV Nr. 47—48, Teil V Nr. 10 meinte, der Ver könne dem Kaufmann dessen fehlendes Eigentum nicht entgegenhalten, sondern müsse die Summe bezahlen. Straccha, Tractatus de assecurationibus, Venedig 1569, Glossa X Nr. 17 entschied wenig später im gegenteiligen Sinn und sprach dabei zum erstenmal von dem Erfordernis eines Interesses, welches der Anspruchsteller nachweisen müsse. Eine dogmatisch einwandfreie Lösung des Problems findet sich — im Zusammenhang mit einer entwickelten Interesselehre — bei de Casaregis, Discursus legales de commercio, Florenz 1719. Dieser hält es für eine Tatfrage, ob im oben genannten Fall dem Kaufmann die Summe zu zahlen sei: Hätten nämlich die Parteien vereinbart, daß bei Verlust der Güter in jedem Fall 1000 zu leisten seien, so könne der Ver die Zahlung der Summe nicht deswegen verweigern, weil der Kaufmann nicht Eigentümer derselben gewesen sei. Hätte man dagegen vereinbart, bei Verlust der Güter den Schaden zu ersetzen und dabei den Wert der Güter mit 1000 angegeben, so könne dem Anspruchsteller immer sein mangelndes Eigentum und damit sein fehlendes Interesse entgegengehalten werden. Im letzteren Fall handele es sich um einen Anspruch aus Vsvertrag, im ersteren Fall dagegen um eine Wettvereinbarung. Jede V erfordere begriffsnotwendig ein Interesse des Vten: ,,Sicuti enim principale fundamentum assecurationis est risicum, seu interesse assecuratorum, sine quo non potest subsistere assecuratio" (de Casaregis Disc. IV. Nr. 1). Entsprechend den tatsächlichen damaligen Verhältnissen, die im Grunde nur die V von Waren und Schiffen — also die V von Eigentum — kannten, konnte de Casaregis das Interesse mit dem Eigentum gleichsetzen, Interesseträger war der Eigentümer.

[33] Man kann den Interessebegriff, der seit de Casaregis als Abgrenzungskriterium des Vsgeschäfts vom Wettgeschäft entwickelt wurde, den **allgemeinen Interessebegriff** nennen. Die Freihaltung der V von Wettelementen ist eine Aufgabe, der sich die Vsjuristen bis in die neueste Zeit hinein gewidmet haben. Dabei bekam das Problem einen anderen Aspekt, nachdem neben die Güterv die **Lebensversicherung** getreten war. Daß diese zu Spekulationszwecken mißbraucht werden konnte, lag auf der Hand; es bestand also auch hier das Bedürfnis, V und Wette klar zu scheiden. Auf der anderen Seite machte das Arbeiten mit dem herkömmlichen Interessebegriff Schwierigkeiten: In der Güterv ließ sich das Vorhandensein und die Höhe des Interesses in der Regel leicht feststellen, indem

man sich an den Eigentümer und den Sachwert der vten Güter hielt. Einen solchen Anknüpfungspunkt gab es in der Lebensv nicht. Allerdings legte man in den Anfängen des Lebensvsrechts ähnliche Vorstellungen zugrunde: So sollte beispielsweise das Leben des Schuldners für den Gläubiger einen vsfähigen Wert in Höhe der Schuldsumme haben (Benecke a. a. O. I S. 541); das Interesse wurde gesehen in der mit dem Tode des Schuldners verbundenen pekuniären Verlustmöglichkeit (Pöhls, Darstellung des See-Assecuranzrechtes, Teil I, Hamburg 1832, S. 75). Allmählich rückte man jedoch von dieser streng rechnerischen Bestimmung des Interesses in der Lebensv ab und begnügte sich mit einem „allgemeineren Interesse" (so schon Pöhls a. a. O. S. 76); Benecke a. a. O. I S. 541 glaubte auf den Nachweis eines „wirklichen Interesses" verzichten zu können, wenn eine Einwilligung der Gefahrsperson zum Abschluß des Lebensvsvertrages vorliege.

Diese Entwicklung kam 1893 mit Ehrenberg I S. 293—297 zum Abschluß. Er brach mit dem bis dahin nahezu uneingeschränkt geltenden Satz, daß jede V, um sich vor der Wette legitimieren zu können, ein Interesse erfordere. Ehrenberg hatte erkannt, daß gar nicht alle neuzeitlichen Vsbranchen die Gefahr in sich bergen und die Möglichkeit bieten, zu Wett- und Spielzwecken mißbraucht zu werden. Insoweit könne man auch einen Begriff entbehren, dessen Funktion lediglich darin bestehe, die V von Wettelementen freizuhalten. So sei beispielsweise die Gefahr einer Wettv bei der V auf eigenen Tod nicht vorhanden, weswegen man hier von dem Nachweis eines Interesses absehen könne. Wo die Gefahr einer Wettv vorhanden sei, wie bei der V auf fremden Tod, sei der Nachweis eines Interesses nicht der einzige Weg, um Wettven vorzubeugen; man könne auch die Einwilligung der Gefahrsperson als ausreichenden Schutz ansehen und diese Einwilligung als Ersatz für ein Interesse gelten lassen.

Vgl. zum Thema Glücksvertrag und V in historischer Betrachtung ferner: Ebel ZVersWiss 1962 S. 53—76.

[34] Neben der allgemeinen Interesselehre, deren Aufgabe es war, die V von Wettelementen freizuhalten, entwickelte sich eine spezielle Interesselehre, die man die **technische Interesselehre** nennen kann: In den Anfängen des Vswesens war der Eigentümer von Gütern oder eines Schiffes praktisch der alleinige denkbare Interessent; er erlitt einen Schaden, wenn Schiff oder Güter verlorengingen. Die Entwicklung und Differenzierung des Wirtschaftslebens brachten es im Laufe der Zeit jedoch mit sich, daß **auch andere Personen** an der Erhaltung der Güter interessiert waren und durch ihren Untergang geschädigt werden konnten, so etwa der Pfand- oder Hypothekengläubiger, der Darlehensgeber, der Makler, welcher eine Courtage verdienen wollte, und andere Personen mehr. Wie früher der Eigentümer, suchten sich nunmehr auch diese Personen zu vern. Hier galt es jetzt, einen juristischen Weg zu finden, der es anderen Personen als dem Eigentümer erlaubte, neben diesem V zu nehmen, gleichzeitig aber vor den Konsequenzen einer von jeher unzulässigen Doppelv bewahrte. Beide Ziele konnten erreicht werden, wenn man nicht mehr die Sache selbst als vert ansah, sondern die spezielle Beziehung, welche eine Person mit der Sache verknüpfte. „Es fällt in die Augen, daß bei Ven eines Gegenstandes, an welchem verschiedene Personen verschiedenes Interesse haben, die Unterscheidung: Für welches Interesse, und in Folge welches Rechts, eine V geschieht, von großer Wichtigkeit sey" (Benecke a. a. O. I S. 213—214). Damit war man von der früher — als nur ein einziges Interesse, nämlich das des Eigentümers, in Frage stand — praktisch gangbaren Vorstellung abgekommen, die Sache selbst sei vert. Nachdem mehrere Arten von Interessenten ins Blickfeld getreten waren, mußte bei jedem Vsabschluß geklärt werden, um welche konkrete, subjektive Beziehung zur Sache es gehe. So zeigte sich bei den oben genannten Personen, daß sie alle eine verschiedene Beziehung zur Sache hatten, und da nach der neuen Auffassung diese Beziehung Gegenstand der V war, konnte mangels Identität des Gegenstandes eine Doppelv nicht vorliegen. Die technische Interesselehre nahm für sich in Anspruch, die V mehrerer Interessen in bezug auf einen Gegenstand gegenüber der Doppelv juristisch legitimieren zu können, und unter Berufung auf diese Funktion wurde sie bis in die neueste Zeit hinein im wissenschaftlichen Schrifttum gewürdigt (z. B. von Ehrenberg Festgabe a. a. O. S. 8).

[35] Die Lehre vom Interesse im Vsrecht hatte um die Jahrhundertwende, vor allem durch das große Werk Ehrenbergs, einen gewissen Abschluß gefunden. Der wesent-

III. Interesse und Schaden § 49
Anm. 36

liche Gehalt dieser Lehre und ihr doppelter rechtlicher Aspekt ist knapp und treffend dargestellt in der Botschaft des schweizerischen Bundesrates an die Bundesversammlung zu dem Entwurfe eines Bundesgesetzes über den Vsvertrag (vom 2. II. 1904 BBl 1904 I S. 241):

„Gegenstand der Sachv ist nicht die Sache, an der sich das schädigende Ereignis betätigen kann, sondern das Interesse, das der Vte am Ausbleiben des befürchteten Ereignisses hat. Diesem Satze liegen nicht nebensächliche terminologische Erwägungen, sondern eine theoretisch und praktisch bedeutsame Auffassung zugrunde. Dadurch, daß auf das Interesse abgestellt wird, setzt man nicht nur der Wettv einen wirksamen Damm entgegen, sondern erklärt auch, im Interesse des wirtschaftlichen Lebens, verschiedenartige Wertbeziehungen, die verschiedenen Personen an demselben Objekte zustehen, als versicherbar."

[36] 3. Funktionen des Interessebegriffs.
Der Sinn der Lehre vom vten Interesse wurde teilweise schon bei der historischen Betrachtung (Anm. 31—35) deutlich, aber die Entwicklung des Wirtschafts- und Rechtslebens und die Verfeinerung der Vstechnik ließen weitere Funktionen des Interessebegriffs in Erscheinung treten:

Historisch am Anfang stand das Bestreben, **Vs- und Wettverträge voneinander abzugrenzen**.

Im Rahmen einer mehr technischen Interesselehre trat das Bestreben hinzu, die **Versicherbarkeit verschiedenartiger Interessen an einem einzigen Gegenstand** zu rechtfertigen, z. B. die V des Eigentümers und des Pfandgläubigers — ohne Gegebensein einer Doppelv (Hagen ZVersWiss 1907 S. 17).

Drittens ermöglicht die Interesselehre die Erfassung des **subjektiven Risikos**: Nicht eine Sache schlechthin, in der Hand eines beliebigen Eigentümers wird feuervert, sondern die Wertbeziehung des Eigentümers X; sein Nachfolger könnte ein unsorgfältiger Mensch, womöglich ein notorischer Brandstifter sein (über die Fälle der Veräußerung und des sonstigen Interesseüberganges vgl. §§ 69—73).

Viertens ergibt sich aus der Verwendung des Interessebegriffs nicht nur eine **Konkretisierung der Risikotragung** des Vers hinsichtlich des vten Gutes und der vten Person, sondern auch hinsichtlich der **Höhe** der in Betracht kommenden Maximalleistung des Vers; denn die Beziehung des Vten zu dem Gut hat einen bestimmten Wert (Vswert), welcher in Verbindung mit der Vssumme und der Größe der Gefahr eine genaue Prämienbestimmung ermöglicht (Ehrenberg Festgabe a. a. O. S. 8).

Fünftens können Schäden sich nicht nur an dem vten Gute (z. B. an der vten Sache) ereignen, vielmehr gibt es neben den Substanzschäden (Zerstörung, Beschädigung der Sache) solche Schäden, bei denen nur die Wertbeziehung zwischen Person und Gut, nicht das Gut selbst beeinträchtigt wird (**Entziehungs-, Beziehungsschäden**) (z. B. durch Einbruchdiebstahl, Beschlagnahme, prisenrechtliche Aufbringung). Vgl. schon Anm. 39 vor §§ 49—80.

Sechstens kann der Interessebegriff im Rahmen der Schadensv die Aufgabe erfüllen, die **Entschädigung dem wirklich Geschädigten zuzuweisen**, nach dem Grundsatz, daß der Schaden die Negation des Interesses ist. Dabei kann der wirtschaftlich ausgerichtete Interessebegriff der Tatsache Rechnung tragen, daß die moderne Rechtsentwicklung immer häufiger zu einem Auseinanderfallen von rechtlicher und wirtschaftlicher Position führt, man denke nur an die Fälle von Sicherungsübereignung und Eigentumsvorbehalt. So braucht das vsrechtliche Eigentümerinteresse nicht notwendig dem formal-sachenrechtlichen Eigentümer zuzustehen, so braucht die Veräußerung der vten Sache i. S. des § 69 I nicht stets zusammenfallen mit der Übertragung des dinglichen Rechts. Näheres Anm. 53—55, 60—68.

Negativ sei hervorgehoben, daß es nicht förderlich ist, das Interesse als **Gegenstand der Schadensv** zu bezeichnen (so aber Bruck S. 475, Lewis a. a. O. S. 35—36). Der Begriff des „Gegenstandes" eines Rechtsverhältnisses, insbesondere eines schuldrechtlichen Vertrages ist allzu schillernd. Ehrenzweig ZVersWiss 1931 S. 375 sagt: „Das ist nur eine Ausdrucksfrage, für die Gestaltung der Rechtsordnung ohne allen Belang." In der Tat könnte man auch z. B. die vte Person (den Interesseträger), die Leistung des

Vers (die Gefahrtragung), das beziehungsverknüpfte Gut (z. B. die Sache), den Schaden, den Schadensersatz oder Geldersatz „Gegenstand" der V nennen (kritisch auch Blanck ZVersWiss 1929 S. 393—394, von Gierke II S. 177—178, Kisch III S. 183, besonders eingehend Reatz a. a. O. S. 342—344). Wenn Bruck, Das Interesse, ein Zentralbegriff der V, Wien 1931 allerdings die zentrale Bedeutung des Interessebegriffes heraushebt, so ist dagegen nichts einzuwenden. Zu Koenig, Gegenstand a. a. O. S. 1—102 vgl. Anm. 45.

[37] **4. Interesse im Rechtssystem.**

a) Interesse in der Gesetzgebung.

aa) Interessebegriff in allgemeinen Zivilgesetzen.

Der Interessebegriff kommt in einer vagen allgemeinen untechnischen Bedeutung häufig in den Zivilgesetzen vor, z. B. in den schuldrechtlichen Normen der §§ 280 II 1, 286 II 1, 325 I 2, 326 II, 343 I 2, 542 I 3, 634 II, 677, 679, 683[1], 745 II, 809, 810, 824 II BGB. Der allgemeine Interessebegriff beherrscht die Interessenjurisprudenz (vgl. etwa Kraft, Interessenabwägung und gute Sitten im Wettbewerbsrecht, München-Berlin 1963).

Der Interessebegriff klingt dagegen als Schadensbegriff i. S. der Differenztheorie (oben Anm. 30) an in §§ 122 I, 179 II, 307 I 1 BGB. In diesen Fällen geht es um den Ersatz des sog. negativen Interesses (in den Grenzen des positiven Interesses), mit anderen Worten: des Vertrauensinteresses (in den Grenzen des Erfüllungsinteresses). In allen Fällen werden zwei Vermögenslagen miteinander verglichen: Wie stünde der Kläger da, wenn er nicht auf die Gültigkeit des Vertrags (der Erklärung) vertraut hätte? (Aber der Kläger kann niemals verlangen, besser gestellt zu werden, als er stünde, wenn der Vertrag [die Erklärung] gültig gewesen wäre.) Dieser Interessebegriff und die Unterscheidung von positivem und negativem Interesse spielen im Vsrecht keine Rolle.

[38] **bb) Interessebegriff in speziellen Versicherungsnormen.**

Auch in vsrechtlichen Normen wird der Interessebegriff zuweilen untechnisch gebraucht, z. B. in §§ 8 I Ziff. 2, 81 II 1 VAG (wo jetzt von den „Belangen der Vten" gesprochen wird), sowie in § 26 (Gefahrerhöhung im Interesse des Vers: Anm. 4 zu § 26) und § 93 (feuervsrechtliches Änderungsverbot, außer wenn Änderungen im öffentlichen Interesse geboten sind).

Aber regelmäßig wird der Interessebegriff im Vsrecht in jenem vstechnischen Sinne benutzt, der sich historisch herausgebildet hat. Alle einschlägigen Normen bestätigen zugleich, daß sowohl für das Binnen- als auch für das Seevsrecht der Gesetzgeber auf dem Boden der Interessenlehre steht:

Binnenvsrecht: §§ 51 I, 57[2], 58 I, 59 I, 68, 80 II, 87, 105, 187 II.

Seevsrecht: §§ 778, 781 I, 789, 882 II Ziff. 1, 895, 500 II 2, 3 HGB.

Bemerkenswert ist, daß der Gesetzgeber den vstechnischen Interessebegriff nur in der Schadensv (nicht für die Summenv) verwendet, dort aber offenbar nicht nur im Bereich der Aktivenv (§§ 51 I, 57[2], 87, 105), sondern auch gemeinsam für den Bereich der Aktiven- und der Passivenv (§§ 58 I, 59 I, 68, 80 II, 187 II).

Auch die gesamte Seev, welche auch Passivenven umfaßt, wird gemäß § 778 HGB vom Interessebegriff beherrscht.

Prölss[15] Anm. 1 vor § 51, S. 238 will etwas daraus herleiten, daß das Gesetz zuweilen von der vten Sache spreche, z. B. in §§ 69 I, 73, 83 I. Hier handelt es sich um Vorschriften aus dem Rechte der Sachv. Dabei entspricht es auch dem Lebenssprachgebrauch, nicht umständlich von dem vten Sachinteresse, sondern — allein im Blick auf das interesseverknüpfte Gut — von der vten Sache zu reden.

[39] **b) Interesse in Versicherungsbedingungen.**

Da die AVB sich meistens mit einzelnen Vszweigen befassen, können sie sich im allgemeinen darauf beschränken, das spezielle interesseverknüpfte Gut zu nennen, z. B. in der Feuerv die vten Sachen (§§ 1 III, IV, 2 AFB), was aber nichts daran ändert, daß das Sachinteresse als vert anzusehen ist (dazu Raiser Anm. 3 zu § 3, S. 108). In Bedingungswerken, welche die V von mehreren verschiedenartigen Interessen vorsehen, greift man auf den Interessebegriff zurück, besonders im Seevsrecht (sehr konsequent die

III. Interesse und Schaden § 49
Anm. 40—43

ADS; grundlegend §§ 1, 2 I ADS). In modernen Bedingungswerken wird der Interessebegriff anscheinend — auch unter dem Einfluß des BAA — immer häufiger verwendet, vgl. nur § 17 VI VGB, §§ 1 Ziff. 1 I 2, 13 Ziff. 1 II 1 AHagelB, § 12 II 1 EVB. Zuweilen sprechen AVB sogar von vten „Beziehungen", vgl. nur vor § 1 VGB.

[40] c) Interesse in der Rechtslehre.

Das deutsche vswissenschaftliche Schrifttum hat immer den Standpunkt vertreten, das Interesse — und nicht etwa die Sache — sei vert. Im einzelnen weichen die Ansichten der Autoren allerdings voneinander ab (Anm. 41—44). Erst in neuerer Zeit haben sich kritische Stimmen erhoben, welche die Lehre vom vten Interesse für abwegig halten (Anm. 45).

[41] aa) Anhänger der Interesselehre.

Man kann sagen, daß etwa bis zum Jahre 1930 die Rechtslehre einhellig auf dem Standpunkt stand, Gegenstand der V sei das Interesse und das Interesse sei ein spezifischer Begriff des Vsrechtes. Die moderne Interesselehre ist zuerst von Ehrenberg dargestellt worden, als Hauptvertreter der Interesselehre seien Bruck, Hagen, Kisch und Ritter genannt.

Im einzelnen lassen sich die im Schrifttum vertretenen Meinungen in drei Gruppen einteilen:

[42] aaa) Interesselehre auch für die Summenversicherung.

Am weitesten geht die Ansicht, nach welcher das Interesse ein Rechtsbegriff des gesamten Vsrechtes ist. Danach beherrscht die Interesselehre nicht nur die Schadensv, sondern auch die Summenv, also auch alle Personenvszweige, die nach dem Prinzip der abstrakten Bedarfsdeckung betrieben werden.

Lewis a. a. O. S. 43 sagt: „Interesse bildet also bei jeder V die Voraussetzung", und er zieht hieraus in Anlehnung besonders an das englische Recht Konsequenzen für die Lebensv (Lewis a. a. O. S. 317—321). Vgl. ferner die Gedankengänge bei von Gierke II S. 175—176, Schmidt-Rimpler a. a. O. S. 1252—1253, Wolff a. a. O. S. 435, rechtstheoretisch (ohne Rücksicht auf das geltende Recht) auch Möller ZVersWiss 1934 S. 34—37. Über die Bedeutung des Interessebegriffs im anglo-amerikanischen Summenvsrecht: Tiefenbacher, Das Bereicherungsverbot im Lebensvsrecht unter besonderer Berücksichtigung des englischen und amerikanischen Rechts, ungedruckte Hamburger Diss. 1948.

Was das geltende deutsche Recht anlangt, so wird der Interessebegriff nur im Schadensvrecht verwendet (Anm. 38). Schon Ehrenberg I S. 293—297, speziell S. 296—297, hatte darauf hingewiesen, daß bei der Summenv „von der Frage nach dem Interesse ganz abgesehen werden" könne, wenn man bei einer V auf fremden Tod oder Unfall eine Einwilligung der Gefahrsperson voraussetze (so heute §§ 159 II, 179 III). De lege ferenda vgl. Bruck Das Interesse a. a. O. S. 10—18.

[43] bbb) Interesselehre für die gesamte Schadensversicherung.

Das geltende deutsche Gesetzesrecht (Anm. 38) geht davon aus, daß der Interessebegriff in der gesamten Schadensv Bedeutung besitze, also nicht nur im Bereiche der Aktivenv, sondern auch in jenem der Passivenv, speziell der Haftpflichtv. So nimmt denn auch die herrschende Auffassung an, in der gesamten Schadensv sei der Interessebegriff Zentralbegriff.

Grundlegend definiert dieses Interesse i. w. S. Ehrenberg Festgabe a. a. O. S. 5 als „eine Beziehung, kraft deren jemand (der sog. Interessent) durch eine im Vsvertrag vorgesehene Tatsache (den Vsfall) einen Vermögensnachteil erleiden kann" (speziell über das Haftpflichtinteresse: a. a. O. S. 38—46). Dabei findet sich für die Haftpflichtv die Bemerkung: „Man kann sagen: Gegenstand der V ist das gesamte Vermögen des Vmers, weil es mit einer Verpflichtung belastet wird, aber das ist eine rein theoretische Vorstellung ohne jeden praktischen vsrechtlichen oder vstechnischen Wert" (a. a. O. S. 41 Anm. 4).

Vgl. im übrigen Bruck S. 475 mit S. 477 speziell für die Haftpflichtv, Bruck Reichsgerichtspraxis a. a. O. S. 123, Hagen I S. 370, 372, der für die Haftpflichtv eine „Verflüchtigung" des Interessebegriffs konstatiert, ZVersWiss 1907 S. 15, Kisch III S. 28, 181, 142—144 speziell über das Interesse bei der V gegen Passiven, Ritter Anm. 3, 6, 8 zu § 1, S. 50, 51—53, ferner z. B. Bischoff VersR 1963 S. 10, Blanck ZVersWiss 1929 S. 401, Hagen ZVersWiss 1907 S. 15, 22, Hecker a. a. O. S. 29—30, Müller-Erzbach a. a. O. S. 780, Schmidt-Rimpler a. a. O. S. 1253—1254, Weygand a. a. O. S. 18, Wolff a. a. O. S. 432—433, aus dem schweizerischen Schrifttum Fick a. a. O. S. 23—51, Roelli-Jaeger II Anm. 1—43a zu Art. 48, 49, S. 29—56, Rommel Schweizerische Juristen-Zeitung 1925 S. 181—190, 201—208.

[44] ccc) Interesselehre nur für die Aktivenversicherung.
Wenn man innerhalb der Schadensv die Aktiven- und die Passivenv unterscheidet, und wenn man unter Aktivenv eine solche versteht, die den Vmer für den Fall der Beeinträchtigung einer Beziehung zu einem Aktivum (Gute) schützt, so liegt es nahe, den Interessebegriff i. e. S. auf solche Wertbeziehung zu einem Aktivum zu beschränken. Denn nur bei einer Aktivenv kann man sagen, daß im Vsfalle das Interesse an einem bestimmten Gute beeinträchtigt werde und daß der Schaden die Negation des Interesses sei (Bruck Reichsgerichtspraxis a. a. O. S. 139). Bei einer Passivenv dagegen tritt der Schaden — ohne Rücksicht auf das Vorhandensein von Aktiven — dadurch ein, daß das Vermögen des Vmers mit einem Passivum belastet wird.

Schon Ehrenberg Festgabe a. a. O. S. 41 hat im Blick auf die Haftpflichtv gesagt, zwar bestehe hier gleichfalls eine Schadensmöglichkeit, „aber es fehlt die ‚Beziehung' zu einem Objekte...., woran sich das Interesse des Vmers knüpft". Besonders Leibl AssJhrb Bd 19 S. 137—143 hat sodann bei der Prüfung der juristischen Natur der Haftpflichtv das Ergebnis gewonnen, hier sei kein Interesse des Vmers in dem Sinne vorauszusetzen, wie es bei „Objectsven" (Aktivenven) vonnöten sei. In diesem Sinne auch Carstensen, Die Anwendbarkeit des § 69 VVG auf die Haftpflichtv, Kieler Diss., Quakenbrück 1936, S. 27—29, Möller ZVersWiss 1934 S. 33, Assicurazioni 1955 I S. 142—143, ZVersWiss 1962 S. 287—288, vgl. auch oben Anm. 28—29 zu § 1, Anm. 6 vor §§ 49—80.

[45] bb) Gegner der Interesselehre.
Trotz ihrer historischen Verwurzelung und trotz ihrer Anerkennung in der Gesetzgebung und seitens der herrschenden Meinung, gibt es einige Gegner der vsrechtlichen Interesselehre, insbesondere Ehrenzweig und Koenig.

Ehrenzweig S. 199 hält den Begriff des Schadens für einen nicht bestimmbaren Urbegriff, und er identifiziert — wie im allgemeinen Zivilrecht — Schaden und Interesse. Er meint: „Das ‚Interesse' ist eben nichts anderes als der subjektive Bestandteil des möglichen Schadens und des eingetretenen Schadens eines Rechtssubjektes". Ähnlich schon Ehrenzweig Vsvertragsrecht II a. a. O. S. 375—376, ZVersWiss 1931 S. 375—382, Logik a. a. O. S. 15—16.

Koenig S. 175—186, Gegenstand a. a. O. S. 1—102 versucht seit 1931 eine systematische Begründung des Vsrechtes ohne den Interessebegriff und will nur auf den „Gegenstand der V" abheben, wobei er drei Arten des Gegenstandes unterscheidet: Person, Sache, Vermögen. Als Personenv wird nur die nach dem Prinzip der abstrakten Bedarfsdeckung, also als Summenv betriebene Personenv bezeichnet; ansonsten soll z. B. die Unfall- oder Krankenv nicht zur Personenv gehören. Bei der Sachv soll es auf die „Vernichtung oder Beschädigung der Sache an sich" ankommen, aber auch die Kreditv (und die Hypothekenv) soll zur Sachv gehören. Alles andere wird als Vermögensv bezeichnet, z. B. die Gewinnv und sämtliche Passivenven. Die mannigfaltigen Funktionen der Interesselehre werden von Koenig nicht anerkannt, insbesondere verkennt er, daß der ersatzpflichtige Schaden immer die Negation des vten Interesses darstellen muß, nach Grund und Höhe. So schlägt Koenig Referate und Mitteilungen a. a. O. S. 176—185 de lege ferenda für das schweizerische Recht vor, den Interessebegriff ganz fallen zu lassen (zum geltenden schweizerischen Recht vgl. Anm. 35).

Als weitere Gegner der Interesselehre seien Bache Oesterreichische Revue 1920 S. 189 bis 190 und Prölss[15] Anm. 1, 2 vor § 51, S. 238—240 genannt.

III. Interesse und Schaden §49
Anm. 46—47

[46] d) Interesse in der Rechtsprechung.
Die Rechtsprechung hat nicht in dem gleichen Maße wie das Schrifttum Gelegenheit gehabt, die Lehre vom vsrechtlichen Interesse zu vertiefen; denn die Zahl der Sachverhalte, deren Entscheidung sich unmittelbar aus der Interesselehre ableiten ließe, ist — mindestens seit der Geltung des VVG — verhältnismäßig gering. Dennoch gibt es eine Anzahl von Entscheidungen, die zum Begriff und der Lehre vom Interesse Stellung nehmen.

In älteren Entscheidungen wurde zuweilen die Auffassung vertreten, in der Seev sei zwar ein Interesse Gegenstand der V; dasselbe gelte aber nicht im Bereich der Binnenv. Wichtig besonders RG 6. X. 1894 RGZ Bd 35 S. 54—55 betreffend den Fall einer von einer Lagerhausgesellschaft genommenen Feuerv: Zwar liege bei einer Seev nach dem HGB möglicherweise ein Vertrag zugunsten Dritter, nämlich zugunsten des dritten Interessenten vor. „Diese dem Seevsrechte eigentümliche Gestaltung auf die an sich den allgemeinen Grundsätzen entsprechende Binnenv, insbesondere auf die Feuerv zu übertragen fehlt es aber .... an ausreichenden Gründen. Denn die seerechtliche Gestaltung erklärt sich aus der eigentümlichen Anschauung, nach welcher nicht die der Seegefahr ausgesetzte Sache, sondern ein sich an dieselbe knüpfendes, bestimmt zu bezeichnendes Interesse den Gegenstand der V bildet .... und nach welcher folgerichtig auch nur derjenige, in dessen Person das vte spezielle Interesse begründet ist, der Vte sein kann, wogegen es der natürlichen Anschauung vielmehr entspricht, daß die einer gewissen Gefahr ausgesetzte Sache den Gegenstand der V bildet, und in Ermangelung einer entgegengesetzten gesetzlichen Vorschrift bei der Binnenv hieran festzuhalten ist." In diesem Sinne schon vorher auch OLG Hamburg 21. I. 1887 SeuffArch Bd 43 S. 83—85, 17. X. 1887 SeuffArch Bd 43 S. 395—398, 10. V. 1889 SeuffArch Bd 45 S. 452—456 (gebilligt von RG 14. V. 1890 SeuffArch Bd 46 S. 202), sodann OLG Hamburg 18. III. 1909 VA 1909 Anh. S. 105 Nr. 488. Weitere Nachweise bei Ritter Anm. 6 zu § 1, S. 51—52.

Später aber, vor allem nachdem das VVG in Kraft getreten war, hat sich die Rechtsprechung gewandelt, und das **Reichsgericht** hat mit Nachdruck den Standpunkt eingenommen, daß im Bereich der gesamten Schadensversicherung an die Stelle der versicherten Sache das versicherte Interesse getreten sei (so besonders deutlich RG 9. XI. 1934 RGZ Bd 145 S. 387 [Beeinträchtigung des Interesses durch Veruntreuung], RG 15. X. 1935 RGZ Bd 149 S. 73—74 [gesamte Schadensv als „Interessenv", Herbeiführung des Vsfalls durch „zwar nicht förmlich, aber in Wirklichkeit (auch) Vten"]). Für die Seev vgl. RG 10. VI. 1922 RGZ Bd 104 S. 410.

Auch der **Bundesgerichtshof** spricht regelmäßig ganz unbefangen vom vten Interesse und setzt diesen Begriff damit als gegeben voraus, vgl. nur BGH 28. X. 1953 BGHZ Bd 10 S. 376—385 (Feuerv), 4. III. 1955 VersR 1955 S. 225—226 (Feuerv), 13. XI. 1956 VersR 1957 S. 58—59 (Seev), 22. IX. 1958 BGHZ Bd 28 S. 140 (Haftpflichtv), 24. V. 1962 MDR 1962 S. 719 (mit Anm. Sieg S. 888) = VersR 1962 S. 659—660 (Seev), 21. III. 1963 VersR 1963 S. 516 (Haftpflichtv); ebenso OGH Wien 19. IV. 1961 VersR 1962 S. 817 (Feuerv).

Nur vereinzelt finden sich neuere Entscheidungen, welche — wie früher das Reichsgericht — ausdrücklich auf die Gegensätzlichkeit zwischen V der Sache und V des Interesses in bezug auf eine Sache hinweisen. Deutlich aber OLG Hamburg 5. VII. 1962 VersR 1963 S. 154: Das Gericht sieht „mit der herrschenden Meinung .... nicht die Sache selbst als vert an, sondern die Beziehung der Person (des Interesseträgers) zu der Sache — nur auf Grund einer solchen Betrachtungsweise ist die Versicherbarkeit anderer als der Eigentümerinteressen erklärbar —." § 69 I sei analog auf Fälle anwendbar, in denen (nicht das Eigentum, sondern) das Interesse auf einen anderen übergeht.

[47] 5. Begriff des Interesses.
a) Interesse im weiteren und engeren Sinn.
Wie ausgeführt (Anm. 38, 43), verwendet das geltende deutsche Recht den Interessebegriff in der gesamten Schadensv (Aktiven- und Passivenv: Interesse i. w. S.), aber das Kerngebiet der Anwendung ist die Aktivenv (Interesse i. e. S.). Wenn man den Begriff Interessev einführt, so kann er entweder mit jenem der Schadensv identisch sein (so Bruck S. 65) oder auf die Aktivenv beschränkt werden. (Als Interessenv bezeichnet man

überdies in der Seev die V für behaltene Ankunft, für behaltene Fahrt: § 120 ADS, Ritter Anm. 5 zu § 120, S. 1305, Friedmann a. a. O. S. 60, unten Anm. 83.)

[48] aa) Interesse im weiteren Sinn.
Der Interessebegriff i. w. S. wird am besten mit Ehrenberg Festgabe a. a. O. S. 5 definiert als „eine **Beziehung, kraft deren jemand** (der sog. Interessent) durch eine im Vsvertrag vorgesehene Tatsache (den Vsfall) **einen Vermögensnachteil erleiden kann**" (übernommen seitens Hagen I S. 370, Weygand a. a. O. S. 18, RG 28. VIII. 1942 RGZ Bd 169 S. 373). Dies bedeutet für die Aktivenv, daß eine Wertbeziehung des Vmers durch Eintritt des Vsfalles beeinträchtigt wird, so daß der Schaden, der Vermögensnachteil als Negation der Wertbeziehung eintritt. In der Passivenv dagegen erleidet der Vmer den Vermögensschaden dadurch, daß eine Beziehung zu einem Ungut, einem Passivum infolge des Vsfalles entsteht. So kann sich ein Schaden entweder aus der Beeinträchtigung einer Wertbeziehung oder aus der Entstehung einer Unwertbeziehung ergeben.

An und für sich ist der Begriff des Interesses unabhängig von jenem der Gefahr (Elkan S. 14—15, Kisch III S. 204—207), aber für das Vswesen sind nur gefährdete Interessen von Belang.

[49] bb) Interesse im engeren Sinn.
Der Interessebegriff i. e. S. hat nur für die Aktivenv Bedeutung und hier läßt sich das Interesse definieren als eine **Beziehung einer Person zu einem Gute.** Da Güter positiv zu bewerten sind, kann man das Interesse auch als Wertbeziehung einer Person zu einem Objekt (zu einem Gegenstand) kennzeichnen. Zu diesen Definitionen RG 9. XI. 1934 RGZ Bd 145 S. 387, 28. VIII. 1942 RGZ Bd 169 S. 373, Bruck S. 478, Friedmann a. a. O. S. 11—12, Hecker a. a. O. S. 26, Vorwerk a. a. O. S. 5.

Der Schaden ist bei solcher Betrachtungsweise die Negation des Interesses (Anm. 31). Das LG Bremen 20. VI. 1957 VersR 1958 S. 282 hebt mit Recht hervor, daß der Interessebegriff „lediglich das Verhältnis zwischen Person und Gut kennzeichnet und von dem Bestand des Vsvertrages unabhängig ist". Aber für das Vsvertragsrecht gilt der Satz: Ersatzpflichtig ist ein Schaden, der sich als Negation des vten Interesses infolge Verwirklichung der vten Gefahr (des Vsfalles) darstellt.

Jedes vte Interesse muß einen Wert, den **Vswert** haben, und es liegt nach dem Gesagten auf der Hand, daß **die Höhe des Schadens und der Wert des Interesses in Zusammenhang** stehen: Niemals kann der ersatzpflichtige Schaden höher sein als der volle Vswert, der Maximalschaden entspricht also dem Vswert. Bei Teilschäden korrespondieren Grad der Interessebeeinträchtigung und Schadenshöhe.

[50] Das Interesse i. e. S. und i. w. S. setzt eine **Person** (einen Interesseträger, Interessenten) als potentiell Geschädigten voraus, der im Vsvertrag bezeichnet werden muß. Im Zweifel wird der Vmer als Interessent angesehen (V für eigene Rechnung: § 80 I). Aber es kann sich auch ergeben, daß die V zugunsten eines anderen, des Vten genommen werden sollte (V für fremde Rechnung: § 74 I). Über Fälle, in denen die Person nicht bestimmt, wohl aber bestimmbar ist, vgl. Anm. 83.

Das Interesse i. e. S. setzt ferner ein **Gut** voraus, an welches die (Wert-)Beziehung anknüpft (also ein Objekt, einen Gegenstand). Man hat oft verkannt, daß dieses Gut beileibe nicht nur eine Sache sein kann (zu eng z. B. von Gierke II S. 180, Ritter Anm. 3, 4 zu § 1, S. 50, auch noch Bruck Reichsgerichtspraxis a. a. O. S. 123). Lediglich in der Sachv geht es um das Sachinteresse. Daneben gibt es Interessen an Forderungen, sonstigen Rechten, Gewinnanwartschaften. So wie die Person des Interesseträgers muß auch das Gut im Vsvertrag bezeichnet werden. Über Fälle, in denen das Gut nicht bestimmt, wohl aber bestimmbar ist, vgl. Anm. 83.

[51] Wenn das Gut, zu welchem die Person in Beziehung steht, ausreichend genau bestimmt ist, kommt es **nicht** mehr auf die **Art der Beziehung** an. Früher war es üblich, verschiedene Arten von Beziehungen zu demselben Gut — z. B. zu einer Sache — zu unterscheiden (Anm. 34), so ergab sich das verwirrende Nebeneinander von Sachinhaber-,

III. Interesse und Schaden §49
Anm. 52

Sacherwerbs-, Sachverwertungs-, Sachgebrauchs-, Sachnutzungs-, Sachgewinn- und Sachersatzinteressen (bei Kisch III S. 84—133, vgl. auch z. B. Hecker a. a. O. S. 27). Aber heute versteht man unter Sachinteresse nur das von Kisch in den Vordergrund gestellte „Sachinhaberinteresse" (Eigentümerinteresse). Wer eine Aussicht auf den Erwerb der Sache hat, ist durchweg Inhaber einer Forderung (Kisch III S. 97—99), und er könnte (kein Sach-, sondern) ein Forderungsinteresse vern, wobei die Forderung auf Sachlieferung gerichtet ist. Als Sachverwertungsinteressen bezeichnet Kisch III S. 99—101 diejenigen von Immobiliar- oder Mobiliarpfandgläubigern; hier aber ist es viel zweckmäßiger, von einem Interesse an einem Pfandrecht zu reden. Die Sachgebrauchs-, Sachnutzungs- und Sachgewinninteressen haben es mit dem Recht oder der Anwartschaft auf Nutzungen i. S. des § 100 BGB oder mit der Anwartschaft auf Veräußerungsgewinne zu schaffen, es handelt sich also um Interessen an sonstigen Rechten (d. h. Rechten, die keine Forderungen darstellen) oder um Gewinninteressen. Die Sachersatzinteressen gehören überhaupt nicht in den Bereich der Aktivenv, sondern hier entsteht der Schaden des Vmers dadurch, daß er im Falle der Beeinträchtigung der Sache ersatzpflichtig werden kann, z. B. als Verwahrer oder Frachtführer (Kisch III S. 120—122); es handelt sich also um Haftpflichtinteressen (BGH 29. X. 1956 BGHZ Bd 22 S. 114, 30. IV. 1959 BGHZ Bd 30 S. 43). Die bisherige Terminologie konnte zu Mißverständnissen und Widersprüchen verleiten: Wenn z. B. Bruck S. 479 die genaue Bestimmung auch der Art der Beziehung fordert, so mußte er etwa auf das Interesse eines Eigentümers oder eines Hypothekariers zu einem Hause abheben, aber Bruck S. 477 führt bereits aus, daß das Eigentümerinteresse am Gebäude ein ganz anderes Gut betrifft als das Hypothekarierinteresse am Immobiliarpfandrecht. So ist bei ausreichender Konkretisierung des Gutes gar kein Raum mehr für die Konkretisierung der Art der Beziehung zu dem Gute (ebenso schon Möller JRPV 1930 S. 45 Anm. 20 bei der Abgrenzung der Sach- und Gewinninteressen; nur erstere beziehen sich auf eine Sache, letztere auf eine Anwartschaft, auch wenn aus einer Sache Gewinn gezogen werden soll; ferner Möller ZVersWiss 1934 S. 22, Magnusson, Rechtsfragen der Betriebsunterbrechungsv, Hamburg 1955, S. 15).

[52] b) Problem des subjektiven oder objektiven Interesses.

Ehrenberg I S. 309—318 hat für das vorgesetzliche Recht den Standpunkt vertreten, es könne nicht nur ein subjektives, personengebundenes Interesse vert werden, sondern möglicherweise sei kraft Vereinbarung „der Vsvertrag bloß auf das **objektive Interesse** gestellt". Solchenfalls hafte „der Vsanspruch gewissermaßen an dem vten Gegenstande, wird mit diesem erworben und verloren, geht mit diesem bei jeder Veräußerung .... auf den Erwerber des Gegenstandes über". Bei einer V des Eigentümerinteresses seien auch die Hypothekengläubiger, Nutznießer usw. mitvert, gleichgültig wann sie ihren „Wertanteil" erworben haben.

Die von Ehrenberg vertretene Auffassung ist allgemein abgelehnt worden, z. B. von Blanck ZVersWiss 1929 S. 396, Bruck S. 4 1—483, Reichsgerichtspraxis a. a. O. S. 123—136, Cahn a. a. O. S. 22—23, von Gierke II S. 179, Hagen I S. 376—377, ZVersWiss 1907 S. 21—22, Kisch III S. 34—46, JherJ Bd 63 S. 361—396, Ritter Anm. 5 zu § 1, S. 51, Weygand a. a. O. S. 27—34, ROHG 26. VI. 1874 ROHGE Bd 14 S. 129, RG 11. XII. 1884 RGZ Bd 13 S. 104, 25. X. 1916 RGZ Bd 89 S. 37. Einlenkend daraufhin Ehrenberg Festgabe a. a. O. S. 52—62. — Ehrenzweig S. 200 meint, der Streit sei „nur ein Wortstreit".

Das Interesse ist seinem Wesen nach als Beziehung einer Person zu einem Gute ein **subjektives** (persönliches, individuelles). Die Funktionen des Interessebegriffs knüpfen vielfältig gerade an seine Subjektgebundenheit an (Anm. 36). Das geltende Recht betont den subjektiven Charakter des Interesses z. B. in der Unterscheidung der V für eigene und für fremde Rechnung und in den Normen über die Veräußerung der vten Sache, welche auf dem Prinzip beruhen, daß bei einem Interessentenwechsel die V an und für sich enden müßte (§ 68 II), nur in gewissen Veräußerungsfällen soll der Erwerber eintreten, aber auch hier ist der Ver zur Kündigung berechtigt (§ 70 I 1). Ist das Eigentümerinteresse vert, so sind andere Interessen, etwa das Realgläubigerinteresse nicht mitvert, vielmehr wird der Realgläubiger auf ganz andere Weise geschützt, nämlich durch ein Pfandrecht an der Vsforderung des Eigentümers (vgl. § 1127 I BGB).

Allenfalls eine gewisse Annäherung an eine Objektivierung bedeutet es, wenn die V für **Rechnung wen es angeht** genommen wird. Hier bleibt unbestimmt, „ob eigenes oder fremdes Interesse vert ist" (§ 80 II; Anm. 83), der Ver legt ausnahmsweise zunächst auf die Person des Interessenten keinen Wert, etwa weil das subjektive Risiko — z. B. in der Gütertransportv — keine Rolle spielt. Deshalb sind auch aufeinanderfolgende Interessen als vert anzusehen (ohne Kündigungsmöglichkeit des Vers nach § 70 I 1). Aber im Vsfall muß aufgedeckt werden, wer Interessent war und ist, was bei Obliegenheitsverletzungen und hinsichtlich der Anspruchsberechtigung Bedeutung besitzt. Es bleibt also auch hier dabei, daß subjektive Interessen vert werden.

Nicht zu verwechseln mit der abzulehnenden Lehre vom objektiven Interesse ist es, daß das subjektive Interesse **objektiv, in Geld zu bewerten** ist (Anm. 8 zu § 52). Deshalb sind alle versicherbaren Interessen materielle, schätzbare, wirtschaftliche Interessen; Affektionsinteressen sind unversicherbar (Bruck S. 487, Ehrenberg Festgabe a. a. O. S. 5—6, Ehrenzweig S. 200, 203, Fick a. a. O. S. 27—28, 47, Kisch III S. 66—74, Prölss[15] Anm. 2 vor § 51, S. 240, Reatz a. a. O. S. 344, Ritter Anm. 21 zu § 1, S. 76—77).

[53] c) Problem des rechtlichen oder wirtschaftlichen Interesses.

aa) Grundlegung.

Der Interessebegriff hat die Funktion, die Vsentschädigung in die richtigen Hände fließen zu lassen, und zwar überdies in rechter Höhe (Anm. 36). Interesse und Schaden, Interessewert und Schadenshöhe korrespondieren. Mit Recht bezeichnet es Prölss[15] Anm. 1 vor § 51, S. 238 als verwirrend und abwegig, wenn man von einem Interesse spricht, dem in der Person des Interesseträgers kein Schaden entsprechen kann: „Die Möglichkeit der Entstehung von Schaden für den Vmer oder den Vten setzt voraus, daß sie zu der vten Sache .... in einer Beziehung stehen, die sie den eingetretenen Schaden **als ihren Schaden** empfinden läßt" (zustimmend LG Bremen 20. VI. 1957 VersR 1958 S. 282).

„Der **Begriff des Schadens** ist .... kein reiner Rechtsbegriff, sondern ein auf die Rechtsordnung bezogener **wirtschaftlicher Begriff**" (BGH 30. IX. 1963 BGHZ Bd 40 S. 347). Wenn aber der Schaden — im allgemeinen Zivilrecht ebenso wie im Vsrecht — ein wirtschaftliches Phänomen ist, so müßte auch das mit dem vten Schaden korrespondierende vte Interesse wirtschaftlich determiniert sein.

Meistens fällt eine Rechtsposition mit einer bestimmten wirtschaftlichen Stellung zusammen. Ein Eigentümer hat nicht nur rechtlich das volle Herrschaftsrecht, sondern normalerweise auch wirtschaftlich eine Stellung, die ihn bei einem Totalschaden der Sache den Verlust vollen Umfangs spüren läßt. Entsprechend pflegt der Gläubiger einer Geldforderung durch die Insolvenz des Schuldners vollen Umfangs in Mitleidenschaft gezogen zu werden.

Dieses Zusammenfallen von Rechts- und Wirtschaftslage ist in neuerer Zeit aber öfters nicht mehr zu verzeichnen. Die **Verfeinerung der Rechtstechnik** hat z. B. zur Ausbreitung des Eigentumsvorbehaltes und zur Entstehung der Sicherungsübereignung und Sicherungsabtretung sowie zu anderen Rechtsinstitutionen hingeführt, die hinter dem angestrebten wirtschaftlichen Ziel entweder zurückbleiben oder darüber hinausschießen: Der Käufer, der bereits 90% des Kaufpreises beglichen hat, ist sachenrechtlich immer noch kein Eigentümer. Der Sicherungsnehmer ist kein bloßer Pfandgläubiger, sondern formaler Eigentümer oder Gläubiger, auch wenn der von ihm dem Sicherungsgeber gewährte Kredit nie den Wert der übereigneten Sache oder abgetretenen Forderung erreichte und inzwischen fast völlig getilgt worden ist.

Für das Schadensersatzrecht und damit auch für das Recht der Schadensv läßt solches Auseinanderfallen von rechtlichen und wirtschaftlichen Positionen die Frage auftauchen, ob als Geschädigter im Blick auf die Sache der formal-sachenrechtliche Eigentümer oder der wirtschaftliche Eigentümer anzusehen ist, wobei der wirtschaftliche Eigentümer jene Stellung innehaben soll, wie sie gewöhnlich ein Eigentümer hat. Das Problem taucht nicht nur bei Sachinteressen, sondern entsprechend z. B. auch bei Forderungsinteressen auf, wie der Hinweis auf die Sicherungszession zeigt.

III. Interesse und Schaden § 49
Anm. 54

[54] bb) Anwendung.
Für das allgemeine Schadensersatzrecht ist heute anerkannt, daß derjenige, der eine Sache unter Eigentumsvorbehalt gekauft hat, gegen den schuldhaften Sachzerstörer einen Schadensersatzanspruch aus § 823 I BGB erheben kann, obgleich er noch kein Eigentümer ist. Wie steht es mit dem Schadensersatzanspruch des formal-sachenrechtlichen Eigentümers? Fest steht, daß der Schädiger nicht zweimal voll schadensersatzpflichtig sein kann; neben dem Träger der Eigentumsanwartschaft kann nicht außerdem der Eigentümer voll schadensersatzberechtigt sein. RG 1. VII. 1942 RGZ Bd 170 S. 6—7 betonte in dieser Hinsicht, daß der Vorbehaltsverkäufer, also der formale Eigentümer mit der Geltendmachung des Ersatzanspruchs durch den Kläger (Käufer) einverstanden war. Alle Einzelfragen sind noch sehr umstritten. Über die verschiedenen Lösungsversuche vgl. Forkel, Grundfragen der Lehre vom privatrechtlichen Anwartschaftsrecht, Berlin 1962, S. 203—205, Georgiades, Die Eigentumsanwartschaft beim Vorbehaltskauf, Tübingen 1963, S. 49—52, Serick, Eigentumsvorbehalt und Sicherungsübertragung, Bd I, Heidelberg 1963, S. 277—279, ferner im Blick auch auf das Vsrecht: Gärtner VersR 1964 S. 702.

Für das Versicherungsrecht hat schon Ehrenberg I S. 9 betont, daß der Interessebegriff ein wirtschaftlicher Begriff sei, so wie der Spiegelbegriff des zu ersetzenden Vermögensschadens eine wirtschaftliche Betrachtungsweise voraussetze: „Interesse ist ein rein wirtschaftlicher, kein Rechtsbegriff." Ebenso ausführlich auch bereits Hecker a.a.O. S. 33—41.

Hiernach ergeben sich folgende Fälle versicherbarer Interessen:
Stimmen wirtschaftliche und rechtliche Lage überein, wie dies regelmäßig zutrifft, so hat der sachenrechtliche Eigentümer das Sachinteresse, der Forderungsgläubiger das Forderungsinteresse (vgl. Ehrenberg Festgabe a. a. O. S. 11—12). Jeder typischen Rechtsposition entsprechen versicherbare wirtschaftliche Interessen, gleichgültig ob es sich um eine dingliche oder obligatorische Rechtsposition handelt (Prölss[15] Anm. 1 vor § 51, S. 238 unter Berufung auf RG 6. X. 1894 RGZ Bd 35 S. 55). Meistens sind die Rechtspositionen noch so typisiert, daß es zweckmäßig erscheint, die wirtschaftlichen Interessen auf Grund der Rechtslage zu benennen, also z. B. vom Interesse des Mieters oder Kommissionärs zu reden.

Fallen aber wirtschaftliche Lage und Rechtsposition auseinander wie beim Kauf unter Eigentumsvorbehalt, bei der Sicherungsübereignung oder Sicherungszession, so entsteht jener Widerstreit zwischen Wirtschaft und Recht, den man mit der Antithese Eigentümer- oder Eigentumsinteresse kennzeichnen will (dazu Anm. 60—68). Dabei kann sich ergeben, daß jemand, der nicht der Träger des formalen Rechtes ist (Nichteigentümer: Vorbehaltskäufer, Sicherungsgeber) wirtschaftlich die Eigentümerposition innehat. Andererseits pflegt dann wirtschaftlich auch der Träger des formalen Rechtes (Eigentümer: Vorbehaltsverkäufer, Sicherungsnehmer) nicht völlig uninteressiert zu sein, nur ist sein Interesse bei wirtschaftlicher Betrachtungsweise kein Eigentümer-, sondern ein sonstiges Interesse (z. B. ein Kreditinteresse).

Es gibt aber auch rein wirtschaftliche, faktische Interessen, z. B. auf der Aktivseite außerrechtliche Anwartschaften, Chancen (Gewinnv: Anm. 71), auf der Passivseite faktisch notwendige Aufwendungen (Anm. 78). (Prölss[15] Anm. 1 vor § 51, S. 238 erwähnt neben tatsächlichen Anwartschaften tatsächliche Kausalbeziehungen und meint, hier gehe das Vsrecht über das Zivilrecht hinaus. Aber der Begriff der Kausalbeziehung ist undeutlich.) Über rein wirtschaftliche Interessen auch Ehrenberg Festgabe a. a. O. S. 11—12, Gärtner VersR 1964 S. 702, von Gierke ZHR Bd 79 S. 344, Hagen I S. 370, ZVersWiss 1907 S. 16, Ritter Anm. 8 zu § 1, S. 52—53.

Für das Schadensvsrecht (und Schadensersatzrecht) ist es unerheblich, ob es verstattet ist, in der Steuer- oder Handelsbilanz die wirtschaftlich relevanten Güter (z. B. Anwartschaften) zu aktivieren, die entsprechenden Negativposten (z. B. notwendige Aufwendungen) zu passivieren. Man kann aber sagen, daß bei Bilanzierbarkeit die Existenz des wirtschaftlichen versicherbaren Interesses außer Zweifel steht. — Die bloße Übernahme der Verpflichtung, ein fremdes Interesse zu vern, reicht für die Begründung eines eigenen wirtschaftlichen Interesses des Vmers nicht aus (Hagen I S. 375, Prölss[15] Anm. 1 vor § 51, S. 239, Ritter Anm. 17 zu § 1, S. 64, ROHG 26. VI. 1874 ROHGE

Bd 14 S. 133, RG 16. XI. 1881 RGZ Bd 7 S. 12, bedenklich RG 30. IV. 1915 RGZ Bd 86 S. 392—394, wo ein eigenes „Eigentumsinteresse" eines Zwangsverwalters eines Gebäudes angenommen worden ist, weil er verpflichtet war, für die Feuerv Sorge zu tragen; Bedenken auch bei Bischoff VersR 1963 S. 14). — Auch eine eventuelle **Verpflichtung aus § 2 1 I BGB** schafft für einen Schuldner kein Interesse (Ritter Anm. 17 zu § 1, S. 60—65).

Angaben über die verschiedenen Theorien zur Bestimmung des wirtschaftlichen Interesses: Anm. 64—67 (zum Eigentümerinteresse).

[55] cc) Rechtsprechung.

Die **seeversicherungsrechtliche** Rechtsprechung ist stets auf dem Boden der wirtschaftlichen Betrachtung verblieben seit ROHG 26. VI. 1874 ROHGE Bd 14 S. 122, wo ein Leitsatz lautet: „Das Eigenthum an der Ladung begründet nicht immer ein versicherbares Interesse", und seit RG 16. XI. 1881 RGZ Bd 7 S. 9—14, wo es für nicht ausreichend erachtet wurde, daß dem Vmer das formelle, „nackte" Eigentum an einem Schiff zwecks Ermöglichung der Führung der deutschen Flagge übertragen sei. „Denn den Gegenstand der Ven bildet das volle, materielle Eigentumsinteresse des Vten an den betreffenden Schiffen ...., mithin der — wenn nicht vert wäre — für den Vten auf dem Spiele stehende volle Wert dieser Vermögensgegenstände." Wichtig ferner RG 11. XII. 1884 RGZ Bd 13 S. 100:

„Da ‚das Gut' schlechthin vert war, so war das Eigentumsinteresse vert. Es fragt sich also, ob der Kläger ein solches Interesse an dem Gute gehabt habe, genauer, ob er daran, daß das Gut die Seegefahr bestehe, ein Interesse gehabt habe, wie es an sich, d. h. abgesehen von sonstigen auf das Gut sich beziehenden Rechtsverhältnissen, der Eigentümer hat; mit anderen Worten, ob sein Interesse bestehe im Werte der Güter in unbeschädigtem Zustande, beziehentlich ob es diesem Werte gleich sei, ob also, wenn die Güter untergehen, ihm ein Schade erwächst in Höhe dieses Wertes, wenn sie beschädigt werden, sein Schaden bestehe in der Differenz zwischen den Werten der unbeschädigten und der beschädigten Güter. So ist das s.g. Eigentumsinteresse aufzufassen. Gleichgültig ist, ob der Vte Eigentümer im rechtlichen Sinne ist oder nicht."

(Heute nennt man das formalrechtlich bestimmte Interesse „Eigentumsinteresse", dagegen das vom RG umschriebene wirtschaftliche Interesse „Eigentümerinteresse".) Im Sinne der wirtschaftlichen Betrachtungsweise für die Seev auch RG 13. VI. 1888 RGZ Bd 23 S. 82—83, ferner RG 25. X. 1916 RGZ Bd 89 S. 37, 31. I. 1917 RGZ Bd 89 S. 69, BGH 13. XI. 1956 VersR 1957 S. 58—59 (Bezugnahmen).

Die Judikatur des **Binnenversicherungsrechts** schwankt. Die höchsten Gerichte haben in dubio bei der Bestimmung des Interessenten und bei der Definition des Begriffes der Veräußerung der vten Sache auf das formal-sachenrechtliche Eigentum und dessen Übertragung abgestellt. Zur höchstrichterlichen Rechtsprechung im Sinne des formellen Eigentums vgl.:

für die **Interessentenbestimmung**: RG 28. IV. 1914 RGZ Bd 84 S. 411 (rechtliches Interesse an der Erhaltung der Sache), BGH 21. III. 1963 VersR 1963 S. 516 (ebenso). Besonders ausführlich BGH 4. III. 1955 VA 1955 S. 28 = VersR 1955 S. 225: „Grundsätzlich ist davon auszugehen, daß der Vmer, wenn eine ihm gehörige Sache zerstört wird, einen Schaden erleidet, ohne daß es darauf ankommt, ob ein anderer die Gefahr trägt; denn Rechtsbeziehungen des Vmers zu Dritten, die außerhalb des Vsverhältnisses stehen, können bei der Beurteilung des Schadens nicht berücksichtigt werden.... Trotz des Übergangs der Gefahr bestand das vte Eigentümerinteresse der Beklagten schon deshalb fort, weil der Kaufpreis noch nicht bezahlt war. Die Frage der Zahlungsfähigkeit der Käuferin ist nicht entscheidend. Das aus dem Eigentum fließende Interesse wird durch das Bestehen einer Kaufpreisforderung nicht ausgeschlossen".

für den **Veräußerungsbegriff**: RG 28. IV. 1914 RGZ Bd 84 S. 409—415 (Leitentscheidung mit vier Hauptargumenten: Veräußerungsbegriff in § 69 I übereinstimmend mit jenem des BGB, Wortlaut des § 69 I: „während der Dauer seines Eigentums", Anlehnung des § 69 I an § 571 I BGB, Bedürfnis nach Rechtsklarheit), RG 24. IX. 1926 RGZ

III. Interesse und Schaden §49
Anm. 56

Bd 114 S. 316—318, 17. VI. 1927 RGZ Bd 117 S. 270—272, 4. X. 1927 JRPV 1927 S. 311, 16. IV. 1929 JRPV 1929 S. 184—185, 5. VII. 1929 RGZ Bd 125 S. 193—196, 19. VI. 1931 JRPV 1931 S. 238—239, 3. VII. 1931 VA 1931 S. 232—233 Nr. 2305 = JRPV 1931 S. 238, 13. X. 1933 JW 1934 S. 552—553 = VA 1933 S. 426—427 Nr. 2646, 8. VI. 1934 RGZ Bd 144 S. 395—397, 4. VII. 1939 RGZ Bd 161 S. 86—88, 15. I. 1943 RGZ Bd 170 S. 290, 21. VII. 1943 RGZ Bd 171 S. 182—183. Diese Judikatur ist vom **Bundesgerichtshof** fortgeführt worden: BGH 28. X. 1953 BGHZ Bd 10 S. 376—385, 4. III. 1955 VA 1955 S. 281—283 = VersR 1955 S. 225—226, 21. III. 1963 VersR 1963 S. 516.

Andererseits hat aber auch die höchstrichterliche Rechtsprechung nie geleugnet, daß **auch der wirtschaftliche Interessent** ein **versicherbares Interesse besitze,** das bei entsprechender ausdrücklicher oder stillschweigender Vereinbarung als vert angesehen werden könne; vgl. RG 28. IV. 1914 RGZ Bd 84 S. 412—413 (Grundstückskäufer nach Gefahrübergang), BGH 28. X. 1953 BGHZ Bd 10 S. 376—385 (Sicherungsübereigner). Aus dem vorgesetzlichen Recht vgl. RG 14. VI. 1910 RGZ Bd 74 S. 126—130 (Interesse des Käufers bei Eigentumsvorbehalt).

Notwendigerweise handelt es sich um **rein wirtschaftliche Interessen,** falls ein Interessent sich nicht in einer Rechtsposition befindet, etwa weil die Rechtsordnung einer Wertbeziehung nicht den Rang eines subjektiven Rechts verleiht. So ist der Träger einer Gewinnanwartschaft kein Rechtsinhaber, wohl aber erleidet er Schaden (nämlich durch Gewinnentgang), falls sein (wirtschaftliches) Gewinninteresse beeinträchtigt wird. Faktisch (also nicht juristisch) notwendige Aufwendungen lassen gleichfalls Schäden (auf der Passivseite) entstehen. Nachweise Anm. 54.

Über die einzelnen **Fallgruppen** der Praxis: Anm. 90—120. — Näheres zur **Veräußerung** der vten Sache: Anm. zu § 69.

[56] d) Abzulehnende Definitionen des Interessebegriffes.

Nachdem der Interessebegriff i. w. S. und i. e. S. herausgearbeitet worden ist (Anm. 47—51) und dessen Subjektivität betont wurde (Anm. 52), wurde die Problematik des rechtlichen oder wirtschaftlichen Interesses behandelt mit dem Ergebnis, daß die deutsche höchstrichterliche Rechtsprechung in dubio auf das formal-sachenrechtliche Eigentum abhebt, aber die Versicherbarkeit auch wirtschaftlich-faktischer Interessen sehr wohl anerkennt (Anm. 53—55). So ist das Interesse i. e. S. zu definieren als die (subjektive rechtliche und/oder wirtschaftliche) Beziehung einer Person zu einem Gute.

Es sind auch manche anderen Definitionsversuche unternommen worden, mit denen sich besonders Kisch III S. 12—26 auseinandersetzt. Hervorzuheben ist die rechtstechnische Bedeutung des Interessebegriffs, die unbeachtet bleibt, falls man — in Deutschtümelei — von einer „Belangnislage" redet (RG 15. I. 1943 RGZ Bd 170 S. 289). Der vsrechtliche Interessebegriff ist streng zu unterscheiden von jenem des allgemeinen Zivilrechts. Letzterer betrifft die (negative) Differenz zwischen zwei Vermögenslagen, also einen entstandenen Schaden. Im Vsrecht ist das inter-esse die (positive) Beziehung einer Person zu einem Gute, also gerade das vor dem Schadenseintritt Vorhandene, und der Schaden ist die Negation des Interesses (Anm. 31). Das hat Hecker a. a. O. S. 24—25 verkannt, der aber immerhin „fühlt, daß dem ‚Interesse' ein Moment positiver Art beigemengt ist", da ja „zum Abschluß einer V ein Interesse gefordert wird". Das haben in neuerer Zeit Ehrenzweig Vsvertragsrecht I a. a. O. S. 375, Prölss[15] Anm. 1 zu § 51, S. 238 übersehen, wenn sie meinen, das Interesse sei nichts als der subjektive Bestandteil des Schadens (Anm. 30). Immerhin ist hier der subjektive Charakter des Interesses anerkannt, im Gegensatz zu den Verfechtern des objektiven Interesses (Anm. 52). Wenn man im Interesse nur die Beziehung „einer Person zu einem Gegenstand" erblickt (wie RG 28. VIII. 1942 RGZ Bd 169 S. 373), so kommt — für den Bereich der Aktivenv — nicht genügend zum Ausdruck, daß das beziehungsverknüpfte Objekt und die Beziehung selbst wertvoll sein müssen; deshalb spricht man besser von Gütern als von Gegenständen. Wenn Ritter Anm. 3, 4 zu § 1, S. 50 nur die „Beziehung zur Sache" als Interesse anerkennt, so verkennt er, daß neben Sachinteressen auch Interessen an anderen Gütern als versicherbar in Betracht kommen (Anm. 50). Das Interesse darf auch nicht mit dem Wert identifiziert werden (was Ehrenberg I S. 10—11, Kisch III S. 21—23 tun); richtig ist nur, daß das Interesse einen Wert (Vswert) besitzt, der Wert ist ein Maßstab, der an das Interesse angelegt wird (Anm. 7 zu § 52). Schließlich darf das vte Interesse auch nicht mit dem Interesse am Vsschutz, dem Motiv der Vsnahme verwechselt werden (Blanck ZVersWiss 1929 S. 404, Ehrenberg Festgabe a. a. O. S. 7, 13—14, 32, z. B. gegen Weygand S. 60).

[57] 6. Arten des Interesses.
  a) Grundlegende Einteilung.

Da das geltende Recht den Interessebegriff für die gesamte Schadensv verwendet (Anm. 38, 43), ist es — in Verbindung mit dem das Vsrecht beherrschenden Einzelschadensbegriff (Anm. 4 vor §§ 49—80) — notwendig zu prüfen, erstens welche Beziehungen zu Gütern (Interessen i. e. S.: Anm. 49—51) in der Aktivenv versicherbar sind und zweitens, inwieweit man sich im Bereiche der Passivenv gegen die Entstehung von Beziehungen zu Passiven vern kann. Ein knapper Überblick findet sich bereits in Anm. 12—21 vor §§ 49—89.

[58] aa) Aktivenversicherung.
  aaa) Sachinteresse.
  α) Wesen des Sachinteresses.

Dieses die gesamte Sachv beherrschende Interesse steht dem sachenrechtlichen Eigentümer mindestens dann zu, wenn er zugleich die mit dem Eigentum als umfassendem, unbeschränktem dinglichen Herrschaftsrecht normalerweise verbundene wirtschaftliche Position innehat. So ist das Sachinteresse identisch mit dem Eigentums- oder Eigentümerinteresse (zu diesen Begriffen: Anm. 60—68); als beziehungsverknüpftes Gut könnte man nicht nur die Sache, sondern auch das Eigentum, sogar das Eigentumsrecht bezeichnen (so wie man bei einer Kreditv die Forderung oder das Forderungsrecht als interesseverknüpftes Gut ansieht: Anm. 69). Ehrenberg Festgabe a. a. O. S. 23, 28 will das Sachinteresse „Substanz- oder Verwertungsinteresse" nennen (wobei er an den durch Veräußerung vom Eigentümer erzielbaren Substanzwert denkt), Kisch III S. 84 will es als „Sachinhaberinteresse" kennzeichnen (während Kisch III S. 99—100 beim Begriff Sachverwertungsinteresse besonders an das Interesse von Pfandgläubigern denkt).

Sieht man von der Problematik ab, ob das Eigentum formal-sachenrechtlich oder wirtschaftlich zu bestimmen sei, so ist zu leugnen, daß es **Sachinteressen an fremder Sache** gebe. Die von Bischoff VersR 1963 S. 8—15, ZVersWiss 1963 S. 193—206 behandelten Fälle eines „eigenen Sachwertinteresses an fremder Sache", an welche Brockmann ZfV 1964 S. 165—167, 244—248 anknüpft, werden viel deutlicher, wenn man sich vor Augen führt, daß hier durchweg gerade nicht die Sache, sondern das Eigentum beziehungsverknüpftes Gut ist, sondern z. B. ein Pfandrecht oder Nießbrauch (Anm. 51). Praktische Schwierigkeiten bei der „V eines eigenen Interesses an fremden Sachen" sieht auch Prölss[15] Anm. 1 vor § 51, S. 239; a. A. Ehrenzweig S. 202—203.

[59] β) Träger des Sachinteresses.

Träger des Sachinteresses kann jeder sein, der Träger von Eigentumsrechten sein kann, insbesondere jede natürliche oder juristische Person. Ein und dieselbe Sache kann mehreren Eigentümern gehören, und zwar als Gesamthandseigentum oder Miteigentum nach Bruchteilen.

Beim **Gesamthandseigentum** gehört die Sache zu einem Gesamthandsvermögen, etwa einer bürgerlichrechtlichen Gesellschaft oder einer offenen Handelsgesellschaft oder einer ehelichen Gütergemeinschaft oder einer Erbengemeinschaft. „Der Anteil des einzelnen ‚Gesamthänders' an den einzelnen zum Gesamthandsvermögen gehörigen Gegenständen ist sachenrechtlich nicht faßbar; daher kann über ihn auch nicht verfügt werden" (Baur, Lehrbuch des Sachenrechts, 2. Aufl., München-Berlin 1963, S. 16). Wird eine zum Gesamthandsvermögen gehörige Sache vert, so handelt es sich um die V **eines** Interesses, das den Beteiligten zur gesamten Hand zusteht (RG 13. V. 1938 RGZ Bd 157 S. 319—320, BGH 13. VI. 1957 BGHZ Bd 24 S. 383, auch BGH 9. III. 1964 VA 1964 S. 230 = VersR 1964 S. 479, OLG Koblenz 16. II. 1956 VersR 1956 S. 302). Die Vsforderung gehört zum

III. Interesse und Schaden §49
Anm. 59

Gesamthandsvermögen. Näheres zur Vsnahme und zum Fall der Obliegenheitsverletzung durch einen Beteiligten: Anm. 64, 65 zu § 6, zur Herbeiführung des Vsfalles durch einen Beteiligten: Anm. zu § 61. Der einzelne Beteiligte könnte allenfalls seinen Anteil am ganzen Gesamthandsvermögen (also nicht an den einzelnen Vermögensgegenständen) gegen Entwertung vern. Trifft eine derartige V zusammen mit einer Sachv zugunsten der Gesamtheit, so liegt keine Doppelv vor, denn das Interesse ist ein verschiedenes: Die V des Anteils am Gesamthandsvermögen gegen Entwertung kann erst eingreifen, wenn der Sachver nicht zu leisten braucht, denn, wenn er leistet, wird der ursprüngliche Wert des Anteils am Gesamthandsvermögen ja nicht geschmälert (Möller Verantwortlichkeit S. 21 Anm. 2).

Den Gesamthandsgemeinschaften stehen die Fälle des **Miteigentums nach Bruchteilen** gegenüber. Hier — z. B. bei Sammelladungen, Sammellagern, Sammeldepots — bestehen getrennte selbständige Interessen der einzelnen Miteigentümer (RG 13. V. 1938 RGZ Bd 157 S. 319—320, OGH Wien 19. IV. 1961 VersR 1962 S. 817—818 mit Anm. Wahle). Es gibt auch keine einheitliche Vsforderung. Dazu sowie über die Folgen von Obliegenheitsverletzungen durch einen Miteigentümer: Anm. 66 zu § 6, über die Folgen der Herbeiführung des Vsfalles durch einen Miteigentümer: Anm. zu § 61. Kisch III S. 236, 257 spricht von Separatinteressen der Miteigentümer. Unrichtig ist die Annahme, daß neben den Bruchteilsinteressen auch noch ein versicherbares gemeinschaftliches Gesamtinteresse bestehe (dazu treffend Ausborn, Wohnungseigentum und privatrechtliche Gebäudev, Karlsruhe 1964, S. 17—18 m. w. N.).

Beim **Wohnungseigentum** ist die Lage hinsichtlich der vten Interessen besonders verwickelt. Jeder Wohnungseigentümer ist in doppeltem Sinne Eigentümer, nämlich Bruchteilseigentümer der zum gemeinschaftlichen Eigentum gehörenden Grundstücks- und Gebäudeteile und Alleineigentümer der Raumteile. Als Bruchteilseigentümer wäre jeder Wohnungseigentümer Träger eines selbständigen Bruchteilsinteresses. Dem Sondereigentum dagegen würde ein selbständiges Alleineigentümerinteresse hinsichtlich der zu dem Eigentumsbereich gehörenden Raumteile entsprechen. Ausborn a. a. O. S. 18—20 hat jedoch mit guten Gründen dargelegt, das Wohnungseigentum sei nur als Einheit, als die Verbindung zweier Eigentumsrechte zu einem neuen Herrschaftsrecht zu verstehen. Danach besitzt jeder Wohnungseigentümer nicht zwei Güter, sondern ein Gut. Jeder Wohnungseigentümer ist deshalb auch nicht Träger zweier selbständiger Eigentümerinteressen, sondern nur Träger eines einheitlichen Wohnungseigentümerinteresses, das sich allerdings — ebenso wie das Wohnungseigentum selbst — auf verschiedene, voneinander abgegrenzte Sachbereiche bezieht. Im Bereiche des gemeinschaftlichen Eigentums trifft ein Schaden notwendigerweise alle Beteiligten, während er im Bereiche des Sondereigentums den einzelnen Beteiligten trifft. Am zweckmäßigsten ist übrigens die gemeinschaftliche V sämtlicher Wohnungseigentümerinteressen, also des gemeinschaftlichen Eigentums und allen Sondereigentums, in einem einheitlichen Vsvertrag (dazu Klausel 8.07 Klauseln der Feuerv mit Erläuterungen). Rechtlich besteht allerdings auch die Möglichkeit, daß jeder Wohnungseigentümer für sich allein sein Wohnungseigentümerinteresse (Bruchteilsinteresse und Sondereigentumsinteresse) vert. Da man auch Teile eines einheitlichen Gutes (Wohnungseigentum) vern kann, ist es auch denkbar, daß z. B. die Bruchteilsinteressen gemeinsam, die Sondereigentumsinteressen aber gesondert von den einzelnen Beteiligten vert werden (Ausborn a. a. O. S. 21).

Beim **Erbbaurecht** verbleibt das Eigentümerinteresse hinsichtlich des Grund und Bodens beim Grundstückseigentümer; man denke an den Abschluß einer Hagelv. Das auf Grund des Erbbaurechts errichtete oder übernommene Bauwerk gilt als wesentlicher Bestandteil des Erbbaurechts und fällt in das Eigentum des Erbbauberechtigten, der insoweit ein eigenes Eigentümerinteresse besitzt, welches er vern kann (Kisch III S. 93, welcher übrigens überdies annimmt, daß der Träger des Erbbaurechts obendrein ein „Inhaberinteresse .... auch für den Grund und Boden" vern könne; so wohl auch Ehrenberg Festgabe a. a. O. S. 35—36). Näheres Lenski a. a. O. S. 82—83.

Auch das **Bergwerkseigentum** schafft ein Eigentümerinteresse.

Hinsichtlich des **Schiffseigentums** ist für die Fälle der Partenreederei von Bedeutung, daß die Schiffspart nicht gesellschaftsrechtlicher Anteil am Reedereivermögen ist, sondern Miteigentumsanteil am Schiff (Wüstendörfer, Neuzeitliches Seehandelsrecht, 2. Aufl.,

Tübingen 1950, S. 148—149). Es gilt also das oben hinsichtlich des Miteigentums nach Bruchteilen Gesagte.

[60] γ) Eigentums- oder Eigentümerinteresse.
Das allgemeine Problem, ob für die Bestimmung des Interessenten (und spezieller für den Begriff der Veräußerung) die rechtliche oder wirtschaftliche Beurteilung geboten sei (darüber bereits Anm. 53—55), konzentriert sich speziell beim Sachinteresse darauf, ob es auf das formal-sachenrechtliche Eigentum (und seinen Übergang) ankommt oder auf das „wirtschaftliche" Eigentum (und den Interessentenwechsel im wirtschaftlichen Sinn). Zugespitzt hat man das Problem mit der Frage auszudrücken versucht: Eigentums- oder Eigentümerinteresse? (vgl. RG 9. XI. 1934 RGZ Bd 145 S. 387, Bruck S. 488, von Gierke II S. 182).

Bei der Problemerörterung ist zu konstatieren, daß die Vertreter der Lehre vom Eigentumsinteresse zuweilen gewisse Ausnahmen anerkennen, falls das formale Eigentum allzusehr „ausgehöhlt", also zum „nackten" Eigentum geworden ist, und daß die Lehre vom Eigentümerinteresse durchaus nicht einheitlich formuliert wird, sondern verschiedene Versionen mit differierenden Ergebnissen kennt.

[61] αα) „Eigentumsinteresse".
ααα) **Anhänger.**
Die formal-sachenrechtliche Theorie wird — wie in Anm. 55 belegt — für das Binnenvsrecht vom Reichsgericht und Bundesgerichtshof in ständiger Rechtsprechung verfochten, wobei sich in der Leitentscheidung RG 28. IV. 1914 RGZ Bd 84 S. 409—415 eine ausführliche Begründung findet, die allerdings primär auf die Auslegung des Veräußerungsbegriffes abhebt, nebenbei aber betont, daß ein Bedürfnis nach Rechtsklarheit die Theorie rechtfertige.

Die Judikatur der Instanzgerichte ist durchweg jener der höchsten Gerichte gefolgt, vgl. z. B. KG 25. II. 1913 VA 1913 Anh. S. 84 Nr. 750, 12. I. 1927 JRPV 1927 S. 110, 2. V. 1928 JRPV 1928 S. 189, 4. VII. 1928 JRPV 1928 S. 256, 13. IV. 1929 JRPV 1929 S. 223, 8. V. 1929 JRPV 1929 S. 247, 15. II. 1930 JRPV 1930 S. 155, 26. III. 1930 JRPV 1930 S. 239, 22. X. 1930 VA 1930 S. 235 Nr. 2194 = JRPV 1930 S. 432—433, 16. XII. 1931 JRPV 1932 S. 60, 12. III. 1932 JRPV 1932 S. 154, OLG Celle 22. I. 1914 VA 1914 Anh. S. 23, 25 Nr. 795, 21. XII. 1953 NJW 1954 S. 60 = VersR 1954 S. 89, OLG Dresden 19. V. 1933 JRPV 1933 S. 370, OLG Düsseldorf 21. V. 1928 JRPV 1928 A Sp. 512, 13. II. 1930 JRPV 1930 S. 22, 7. X. 1940 HansRGZ 1942 A Sp. 63, OLG Hamburg 12. VII. 1893 SeuffArch Bd 50 S. 74—75, 12. II. 1926 HansRZ 1926 Sp. 333, OLG Hamm 14. II. 1927 JRPV 1927 S. 229, 23. III. 1933 HansRGZ 1934 A Sp. 399, OLG Königsberg 23. VI. 1914 OLGRspr. Bd 32 S. 213, 25. XI. 1930 VA 1931 S. 34 Nr. 2262, 5. XI. 1931 JRPV 1932 S. 91, OLG München 16. oder 30. III. 1927 VA 1927 S. 276—277 Nr. 1774 = JRPV 1927 S. 248; OG Danzig 31. III. 1931 JRPV 1933 S. 126; Landgerichtsurteile bei Lenski a. a. O. S. 48 Anm. 3.

Aus dem Schrifttum bekennen sich zur formal-sachenrechtlichen Auffassung z. B. Bischoff JRPV 1934 S. 100, Böhme BetrBer 1957 S. 167, Bronisch-Sasse-Starke Anm. 2 zu § 69, S. 160, Ehrenzweig S. 227, Gärtner VersR 1964 S. 699—702, von Gierke I S. 126 bis 127, II S. 180—181, 182, Josef NeumannsZ 1917 S. 118, Kisch WuRdVers 1914 S. 68 bis 70, III S. 266—267, Nippel, Die Auswirkung des Eigentumsüberganges auf der vten Sache auf das Vsverhältnis, Kölner Diss. 1960, S. 108—110, Prölss JRPV 1935 S. 72, [15] Anm. 1 vor § 51, S. 239—240, Anm. 2 zu § 69, S. 310, Raiser Anm. 2 zu § 12, S. 299, Roesch Betrieb 1953 S. 99; weitere Nachweise bei Lenski a. a. O. S. 46—47.

[62] βββ) Durchbrechungen.
Analysiert man die höchstrichterliche Rechtsprechung, so wird im Seevsrecht seit jeher auf eine wirtschaftliche Betrachtungsweise abgehoben (Belege: Anm. 55), und besonders in RG 16. XI. 1881 RGZ Bd 7 S. 9—14 betont, daß die Übertragung des nur „formellen (nackten) Eigentumes" kein versicherbares Interesse schaffe, vielmehr bilde „den Gegenstand der Ven .... das volle, materielle Eigentumsinteresse des Vten" (heute würde man Eigentümerinteresse sagen).

III. Interesse und Schaden § 49
Anm. 63

Im Binnenvsrecht hat die für das vorgesetzliche Recht (ALR) ergangene Entscheidung RG 5. VI. 1903 VA 1904 S. 39 Nr. 33 den Standpunkt vertreten, bei einem Grundstückskauf komme es auf den Gefahrübergang (Übergabe), nicht auf den Eigentumsübergang an: Obgleich nach dem ALR nicht das Interesse des Vten, sondern die vte Sache selbst den Gegenstand der V bilde, müsse man annehmen, „daß als der Berechtigte zur Erhebung der Vssumme nach der Absicht des Vers und nach dem im Kaufvertrage stillschweigend zum Ausdrucke gelangenden Vswillen des Vmers und seines Sondernachfolgers derjenige angesehen werden soll, der die Gefahr der vten Sache gesetzlich trägt. Denn der Zweck und Erfolg der V geht der Natur der Sache nach nicht dahin, den Gegenstand der V gegen das Eintreten einer Zerstörung durch Brand zu schützen, sondern denjenigen, der durch die eingetretene Zerstörung geschädigt ist, von dem ihm erwachsenen Schaden zu entlasten". Man müsse unter dem „neuen Eigentümer" nicht denjenigen verstehen, „der das formale Eigentum der Sache durch Auflassung erhalten habe, sondern denjenigen, der die Gefahr der erworbenen Sache als ihr mit einem zum Eigentumserwerbe geeigneten Titel versehener Besitzer trage". (RG 28. IV. 1914 RGZ Bd 84 S. 414 ist von dem zitierten Urteil abgerückt: „Jene Entscheidung betraf .... einen Fall aus dem Gebiete des ehemaligen preußischen Rechtes und ist lediglich für den damals tatbestandlich zugrunde liegenden eigenartigen Sachverhalt getroffen worden.")

Zum geltenden Binnenvsrecht sind aber gerade für Grundstückskäufe, bei denen ein Käufer noch nicht Eigentümer war, aber die Gefahr trug und vollständig den Kaufpreis beglichen hatte, wachsende Zweifel in der höchstrichterlichen Rechtsprechung zu vermerken: RG 28. IV. 1914 RGZ Bd 84 S. 412—413 meint: „Hierbei lassen sich Fälle denken, in denen das nach der Übergabe des Grundstücks fortbestehende Eigentum des Verkäufers nicht mehr einen berechtigten materiellen Inhalt, sondern nur noch formale Bedeutung hat, namentlich, wenn der gesamte Kaufpreis bar zu bezahlen und in vollem Betrage bei der Übergabe gezahlt ist. Es kann sich aber dabei nur um sehr seltene Ausnahmefälle handeln. Ob in derartigen Fällen der Verkäufer nach der Grundstücksübergabe noch als Inhaber der Rechte aus der V angesehen werden könnte, steht hier nicht zur Entscheidung." Schon sehr viel bestimmter sagt RG 13. X. 1933 JW 1934 S. 553 = VA 1934 S. 427: „Allerdings lassen sich Fälle denken, in denen das nach der Übergabe des gegen Feuergefahr vten Gebäudegrundstücks fortbestehende Eigentum des Verkäufers nicht mehr einen berechtigten materiellen Inhalt, sondern nur noch formale Bedeutung hat, so z. B., wenn der ganze Kaufpreis bereits bei der Übergabe bezahlt ist." Der BGH 4. III. 1955 VA 1955 S. 282 = VersR 1955 S. 225—226 läßt die Problemlösung für den skizzierten Fall wiederum dahingestellt.

In einem anderen Einzelfall (RG 9. XI. 1934 RGZ Bd 145 S. 387—389) hält das Gericht bei einer Lagerv für Rechnung wen es angeht nicht das formale Eigentums-, sondern das wirtschaftliche Eigentümerinteresse für vert.

Prölss[15] Anm. 1 vor § 51, S. 239—240, Anm. 2 zu § 69, S. 310, auch JRPV 1935 S. 70—73 spricht von Inkonsequenz des Reichsgerichts, setzt sich für ein rein formales Interesse ein und meint, die Rechtsprechung des Reichsgerichts „zu § 69 ist .... nur zu halten, wenn man den Begriff formalen Interesses anerkennt". Ähnlich konsequent, aber unbefriedigend von Gierke II S. 199. Bei Gärtner VersR 1964 S. 701 wird es sogar bewußt in Kauf genommen, „daß die Entschädigung einmal an den ‚Falschen' ausgezahlt wird".

[63] γγγ) **Folgerungen.**

Von der formalen Theorie her ergibt sich, daß ein Verkäufer, der noch Eigentümer ist, bei einem Sachschaden auch dann die volle Entschädigung erlangt, wenn der Käufer die Vergütungsgefahr trägt und den Kaufpreis teilweise, vielleicht sogar zum größten Teil (oder voll; hierzu vgl. aber die drei Urteile: Anm. 62) beglichen hat.

Man sieht jedoch ein, daß dem Käufer wenigstens über § 281 I BGB geholfen werden muß. Der Käufer soll Herausgabe des vom Verkäufer als Ersatz Empfangenen (der Vsentschädigung) oder Abtretung des Ersatzanspruchs (der Vsforderung) verlangen können: BGH 4. III. 1955 VA 1955 S. 281—283 = VersR 1955 S. 225—226, Prölss[15] Anm. 1 vor § 51, S. 239. Wenn der Käufer den Kaufpreis noch nicht beglichen hat, könnte der Verkäufer aufrechnen (soweit es um die Herausgabe der Vsentschädigung geht). Das Ergebnis ist aber recht unbefriedigend, falls der Verkäufer in Konkurs gefallen ist, vor oder nach Einziehung der Vsentschädigung. Denn der Käufer, der bereits den größten Teil des Kaufpreises beglichen hat, würde gegen die Konkursmasse des Verkäufers eine einfache Konkursforderung aus § 281 I BGB erlangen.

Das Gesagte würde auch dann gelten, falls der Käufer — wie beim Abzahlungskauf mit Eigentumsvorbehalt des Verkäufers — bereits den Besitz erlangt hat.

Bei der Sicherungsübereignung steht nach der formalen Theorie das Eigentumsinteresse dem Sicherungsnehmer zu, auch wenn der aufgenommene Kredit fast vollständig zurückgezahlt ist. Der Kreditgeber erlangt die volle Sachsentschädigung, obgleich der Kreditnehmer trotz der Sachzerstörung seine Schuld weiter tilgen muß.

Fraglos haben auch nach der formalen Theorie neben dem sachenrechtlichen Eigentümer der Träger der Vergütungsgefahr, der Vorbehaltskäufer und der Sicherungsgeber versicherbare Interessen (Anm. 55 mit Zitaten), die jedoch keine Sachinteressen (da keine Eigentumsinteressen), sondern Interessen sui generis wären. Deshalb liegt keine Doppelv vor, wenn nebeneinander Verkäufer und Käufer, Sicherungsnehmer und Sicherungsgeber ihre Interessen vern (Bischoff VersR 1963 S. 10, Prölss JRPV 1935 S. 72—73, KG 15. II. 1936 VA 1936 S. 200—203 Nr. 2885 = JRPV 1936 S. 141—143). Eine analoge Anwendung der Doppelvsregeln, wie sie RG 13. X. 1933 JW 1934 S. 553 = VA 1933 S. 427 Nr. 2646, Raiser Anm. 2 zu § 10, S. 264 erwogen haben, ist höchst problematisch. Ein Regreß des Vers, der den Käufer oder Sicherungsgeber vert hat, aus § 67 I 1 gegen den Verkäufer oder Sicherungsnehmer kommt deshalb nicht in Frage, weil ein Anspruch aus § 281 I BGB kein Schadensersatzanspruch ist. Unbillig wäre es aber auch, falls der Verkäufer oder Sicherungsnehmer die volle Entschädigung behält, obgleich der Schaden wirtschaftlich viel geringer ist, oder falls der Käufer oder Sicherungsgeber erstens die Leistung aus der von ihm genommenen V erhält und zweitens womöglich gegen den Verkäufer oder Sicherungsnehmer vorgehen und das Surrogat nach § 281 I BGB verlangen kann.

Genaueres über die Fälle der Gefahrtragung des Käufers, des Eigentumsvorbehalts und der Sicherungsübereignung vgl. unten Anm. 90—94, 99—102.

[64] ββ) „Eigentümerinteresse".

ααα) Ausgangspunkte der wirtschaftlichen Betrachtungsweise.

Die Lehre, wonach es auf eine wirtschaftliche Betrachtungsweise ankomme, beruht darauf, daß Interesse und Schaden korrespondierende Begriffe sind. Der Schaden ist ein wirtschaftliches Phänomen, demzufolge muß auch das Interesse wirtschaftlich bestimmt werden (Anm. 53). Eine Funktion des Interessebegriffs liegt darin, dem wirklich Geschädigten die Entschädigung in rechter Höhe zuzuweisen (Anm. 36). Bei einer Sachv geht es im Falle des Totalschadens um eine Entschädigung in Höhe des Sachwertes. In dieser Höhe erleidet normalerweise der sachenrechtliche Eigentümer den Schaden. Wenn aber der rechtlichen Position ausnahmsweise die wirtschaftliche Position nicht entspricht, ermittelt die Lehre vom wirtschaftlichen Interesse denjenigen, der jenes Interesse besitzt, „wie es unter gewöhnlichen Umständen ein Eigentümer hat" (Ritter Anm. 10 zu § 1, S. 55); „es genügt die Beziehung, wie sie an sich der Eigentümer hat" (Bruck Reichsgerichtspraxis a. a. O. S. 130, ähnlich schon Hagen I S. 372—373, ZVersWiss 1907 S. 23, Hecker a. a. O. S. 41).

Es sind mannigfache Versuche unternommen worden, das Wesen des wirtschaftlichen „Eigentümerinteresses" zu erfassen. Man tauscht also fraglos eine gewisse Rechtsunsicherheit gegen klare sachenrechtliche Kriterien ein, wenn man sich im Streben nach einer billigeren und gerechteren Lösung der wirtschaftlichen Betrachtungsweise verschreibt. Entsprechend wird auch gegen den Begriff der Veräußerung im allgemeinzivilrechtlichen Sinn der schwieriger zu bestimmende Begriff des Interesseüberganges, des Interessentenwechsels vertauscht.

Die verschiedenen Theorien sind vorwiegend im Bereiche des Seevsrechtes, und zwar in Verbindung mit dem Überseekauf (Cif-, Fob-, Ankunftsvertrag) entwickelt worden, Übersicht bei Möller Cifgeschäft a. a. O. S. 149—182. Bei Gefahrtragung des Käufers sagt z. B. Ritter Anm. 10 zu § 1, S. 54—55: „Der Käufer hat von diesem Zeitpunkt an

III. Interesse und Schaden §49
Anm. 65

das Eigentümerinteresse. ... Der Verkäufer hat aber auch noch eine Beziehung zur Sache, ein Interesse ...., denn der Kauf kann sich vielleicht als nichtig herausstellen oder rückgängig gemacht werden. Dann fällt ein Schaden dem Verkäufer zur Last. ... Man mag in solchen Fällen schwebender Interessen von einem ‚aktuellen‘, ‚prinzipalen‘, ‚zweifellosen‘, ‚unbedingten‘ oder ‚gewissen‘ Interesse des Käufers, von einem eventuellen, zweifelhaften, bedingten oder ungewissen des Verkäufers sprechen. ... Viel ist mit solchen Kunstausdrücken nicht gewonnen, viel dagegen verloren, wenn sie zum Angelpunkt gewagter Konstruktionen gemacht werden."

Geschildert seien hier drei auch für das Binnenvsrecht vertretene Auffassungen, nämlich die Theorie von dem Nutzen oder den Vorteilen (Anm. 65), die Theorie von der vertraglich vorgesehenen Gefahrtragung (Anm. 66) und die Theorie von der effektiven, tatsächlichen Gefahrtragung (Anm. 67). Eine weitere Theorie vertritt z. B. Cahn a. a. O. S. 32—37, der bei dem Interessentenwechsel nicht nur abstellen will auf die Übertragung in die Machtsphäre einer anderen Person, sondern auch auf eine „räumliche Verschiebung". Dazu kritisch von Gierke ZHR Bd 79 S. 333—348, Hagen ZVersWiss 1914 S. 597 bis 598.

[65] ββ) Theorie von dem Nutzen oder den Vorteilen.

Besonders Bruck hat — mit gewissen Nuancierungen — den Träger des Eigentümerinteresses derart zu bestimmen versucht, daß er auf gewisse typische Ausstrahlungen des Eigentums abhob:

„Das vte Interesse ist die Beziehung an einem Gegenstand, also der Nutzen, den der Gegenstand dem Interessenten gewährt. ... Der Nutzen zeigt sich in der Fruchtziehung aus dem Gegenstand und in der Benutzung des Gegenstandes (§ 100 BGB), aber auch in der tatsächlichen Verfügungsgewalt über den Gegenstand. Es entscheidet daher über die Frage, wer der vte Interessent ist und von wann ab er der vte Interessent ist, nicht ob und von wann ab er die Gefahr trägt (§§ 446, 447 BGB), sondern wem und von wann ab die vte Beziehung, der Nutzen des Gegenstandes, zusteht. Hat die Nutzungen und/oder die Verfügungsgewalt der Verkäufer behalten, so ist der Käufer trotz der Übergabe oder ihrer Surrogate noch nicht in die vte Beziehung eingetreten, die vte Beziehung ist bei dem Verkäufer verblieben. Hat die Nutzungen und/oder die Verfügungsgewalt der Käufer, dann ist er bereits in die vte Beziehung eingetreten, ihm steht das Interesse, wie es an sich der Eigentümer hat, zu. Bei dieser Auffassung haben Verkäufer und Käufer nicht eventuelle oder schwebende Eigentumsinteressen, solange das Eigentum nicht übertragen ist, oder solange noch der Kauf aus irgendeinem Grunde rückgängig gemacht werden kann, sondern der eine oder der andere hat das vte Eigentümerinteresse. Im allgemeinen wird der Zeitpunkt der Übergabe (oder ihrer Surrogate) der verkauften Sache auch der Zeitpunkt sein, von dem ab dem Käufer die Nutzungen und die Verfügungsgewalt zusteht, es muß jedoch nicht der Fall sein" (Bruck Reichsgerichtspraxis a. a. O. S. 131, zustimmend Ewald ITVMitt 1929 S. 135).

Später hat Bruck S. 558—559 seine Lehre über den Begriff des Eigentümerinteresses geringen Änderungen unterzogen. Anstelle des Nutzens soll es „der wirtschaftliche Vorteil, den der Gegenstand dem Interessenten gewährt", sein, der den Träger des Eigentümerinteresses kenntlich macht. Die Wendung „die Nutzungen und/oder die Verfügungsgewalt" ist ausgemerzt worden. Aber der Vorteil soll sich nach wie vor „in der Fruchtziehung aus dem Gegenstand und in der Benutzung des Gegenstandes (§ 100 BGB), aber auch schon in der bloßen Innehabung des Gegenstandes" — dieser Ausdruck wird offenbar gleichbedeutend mit dem Wort „Verfügungsgewalt" benutzt — zeigen. Die vorgenommenen Änderungen sind somit in der Hauptsache terminologischer Natur.

Der Meinung von Bruck hat ein (exzeptionelles) Urteil des Reichsgerichts zugestimmt (RG 9. XI. 1934 RGZ Bd 145 S. 387, 389: Vorteil, den das Gut dem Interessenten gewährt), ferner haben sich ihr zwei Entscheidungen des Kammergerichts genähert: KG 20. VI. 1931 JRPV 1931 S. 321—322, 7. I. 1933 JRPV 1933 S. 124—125 (entgegen der sonstigen Judikatur dieses Gerichtes: Anm. 61), ferner OLG Dresden 25. VII. 1928 VA 1929 S. 253—254 Nr. 2017, 19. XI. 1931 VA 1932 S. 52—53 Nr. 2409 = HansRGZ 1932 A Sp. 34—35, OLG Düsseldorf 30. XII. 1927 VA 1928 S. 42—43 Nr. 1821 = JRPV 1928 S. 63—64, 21. V. 1931 VA 1931 S. 237—238 Nr. 2308 = HansRGZ 1931 A Sp. 482—483.

Die von Bruck vertretene Auffassung kann nicht befriedigen. Besinnt man sich darauf, daß es die zu lösende Aufgabe ist, die Vorteile der V der richtigen Person zukommen zu lassen, so wird ersichtlich, daß man eine Person als vte nicht deshalb ansehen kann, weil ein Gegenstand ihr Nutzen oder Vorteil gewährt. Das bedeutet ja, daß man jemandem die Vorteile der V nicht deshalb zuteilt, weil er ihrer bedarf, sondern deshalb, weil er schon andere Vorteile genießt. Die Betrachtung des Eigentums gleichsam von der Sonnenseite aus mag wohl dann ihre Berechtigung haben, wenn es gilt, dem Eigentümer eine Last, etwa eine Steuer aufzuerlegen; denn es ist gerecht, daß die Last denjenigen trifft, der sie am besten tragen kann. Aber bei der Bestimmung des Eigentümerinteresses im vsrechtlichen Sinne handelt es sich um die diametral entgegengesetzte Aufgabe, nämlich nicht um die Aufbürdung einer Last, sondern um die Verschaffung eines Vorteils, einer Entschädigung. Im übrigen ist es für den Eigentümerinteressenten nicht typisch, daß er ein Interesse daran hat, Nutzen aus seiner Beziehung zu ziehen, sondern entscheidend ist allein, daß er ein Interesse daran besitzt, die Beziehung als solche zu behalten. Ferner ist es auch durchaus nicht immer leicht festzustellen, wer den Nutzen oder Vorteil eines Gegenstandes hat; man denke nur an das Stadium des Transportes nach dem Abschluß eines Versendungskaufvertrages oder an Miet- und Pachtverhältnisse. Schließlich ist der von Bruck verwendete Begriff der tatsächlichen Verfügungsgewalt nicht ausreichend deutlich und obendrein können Fruchtziehung und Nutzung anderen Personen zustehen als die Verfügungsgewalt.

Bruck 7. Aufl. Anm. 2 zu § 69, S. 262 scheint die vorstehend geschilderte und kritisierte Auffassung aufgegeben zu haben und kommt zum Begriff der Veräußerung zu dem Ergebnis: „Entscheidend ist .... allein der Augenblick, in dem sich die Interessenlage so gestaltet, daß durch Eintritt des Vsfalles nicht mehr der Veräußerer, sondern der Erwerber wirtschaftlich als Eigentümer geschädigt wird." Diese billigenswerte Formulierung bedürfte aber noch der Konkretisierung.

[66] γγγ) Theorie von der vertraglich vorgesehenen Gefahrtragung.

Sehr verbreitet ist die Auffassung, daß es bei der Abwicklung von Kaufverträgen darauf ankomme, wann die Vergütungsgefahr, Preisgefahr auf den Käufer übergehe. So kann man von einer Gefahrträgertheorie sprechen, welche übrigens bei einem Gattungskauf voraussetzt, daß mindestens gleichzeitig mit dem Übergang der Vergütungsgefahr auch die Konkretisierung erfolgt ist, also der Übergang der Leistungsgefahr. Denn vorher kann man gar nicht von einer konkreten Sache reden, an welche das Sachinteresse des Käufers anknüpfen könnte.

Die Gefahrträgertheorie, welche den Interessenübergang beim Grundstückskauf in der Übergabe oder in der Eintragung in das Grundbuch erblickt (§ 446 BGB), beim Versendungskauf in der Übergabe an die „Transportperson" (§ 447 I BGB), bei allen anderen Käufen in der Übergabe an den Käufer (§ 446 I 1 BGB), wird im Schrifttum von hervorragenden Autoren vertreten, z. B. Cosack, Lehrbuch des Handelsrechts, 12. Aufl., Stuttgart 1930, S. 455, Ehrenberg ZVersWiss 1910 S. 192—193, Elkan a. a. O. S. 15, Hagen ZVersWiss 1907 S. 23, Kersting VuGeldwirtschaft 1925 S. 25—27, 35—37, Ritter Anm. 5 zu § 49, S. 706, Rohrbeck ZVersWiss 1913 S. 443—444, Vorwerk a. a. O. S. 17; weitere Nachweise bei Lenski a. a. O. S. 49—50.

In der Rechtsprechung wird die Gefahrträgertheorie verfochten weithin in der Seev — besonders beim Überseekauf seit ROHG 26. VI. 1874 Bd 14 S. 130—133, weitere Nachweise bei Möller Cifgeschäft a. a. O. S. 156—166 —, aber zum Teil auch in der Binnenv, z. B. schon vom OAG Dresden Februar 1868 SeuffArch Bd 22 S. 443—445, ferner vom KG 20. II. 1926 JRPV 1926 S. 71, OLG Düsseldorf 30. XII. 1933 JRPV 1934 S. 171—172 = HansRGZ 1934 A Sp. 177, OLG Marienwerder 4. II. 1913 VA 1913 Anh. S. 85—86 Nr. 751, sogar vom RG 19. IX. 1919 VA 1920 Anh. S. 83—85 Nr. 1169. Weitere Nachweise bei Lenski a. a. O. S. 50—51.

Demgegenüber meinen kritisch RG 28. IV. 1914 RGZ Bd 84 S. 412, 24. VI. 1926 RGZ Bd 114 S. 317—318, OLG Hamburg 12. VII. 1893 HGZ 1893 Hptbl. S. 257—260, Bruck Reichsgerichtspraxis a. a. O. S. 131, 139, Kisch III S. 267—268, es komme auf die Gefahrtragung als interne Rechtsbeziehung zwischen Verkäufer und Käufer nicht an. Wesentlicher erscheint der Einwand, daß das Interesse des Verkäufers mit dem Über-

III. Interesse und Schaden § 49
Anm. 67

gang der Vergütungsgefahr auf den Käufer nicht stets endet; das wird in Anm. 67 deutlicher.

[67] δδδ) Theorie von der effektiven, tatsächlichen Gefahrtragung.
Wenn man sagt, der Käufer trage die **Vergütungsgefahr**, so bedeutet dies nur, daß er **verpflichtet** bleibt, den Kaufpreis zu zahlen, auch wenn durch Zufall die Sache untergeht oder verschlechtert wird. Aber es steht noch dahin, ob der Käufer seine Verpflichtung **erfüllen** wird. Es muß zwischen der Gefahrtragungspflicht und der effektiven Gefahrtragung unterschieden werden. Erst wenn der Käufer pflichtgemäß bezahlt hat, steht fest, daß der Käufer auch faktisch die Gefahr getragen hat. Bis zur Zahlung besteht ein Schwebezustand. Zwischen dem Zeitpunkt des Gefahrübergangs und der Zahlung haben Verkäufer und Käufer alternative Interessen. Die Alternative wird bei Nichtzahlung (Zahlungsverweigerung) zugunsten des Verkäufers, bei Zahlung zugunsten des Käufers geklärt. So Möller Cifgeschäft a. a. O. S. 181—182.

Dieser Standpunkt ist auch im Kriegssachschädenrecht durchgedrungen, wo es gleichfalls galt, die Entschädigung zugunsten des Geschädigten festzusetzen: „Bei der Prüfung der Frage, ob jemand die Gefahr des zufälligen Untergangs trägt, kommt es entscheidend nicht auf die rein rechtliche Verpflichtung zur Gefahrtragung, sondern auf die wirtschaftliche Wirklichkeit an. Daher ‚trägt' die Gefahr des zufälligen Untergangs .... nicht stets derjenige, der hierzu nach den Grundsätzen des Privatrechts verpflichtet ist, sondern nur derjenige, der die Gefahr auch tatsächlich trägt" (Büchner-Hoffmann, Kriegsschäden-Verordnungen, 4. Aufl., Berlin 1944, S. 49). Das Reichsverwaltungsgericht (Reichskriegsschädenamt) 2. XII. 1942 DR 1943 S. 664—667 führt aus:

> „Häufig ist es aber so, daß die schuldrechtliche Gefahr zwar schuldrechtlich wirksam bleibt, aber wirtschaftlich nicht den Eigentumsverlust ausgleicht, weil der Anspruch auf die Gegenleistung vom Vertragspartner nicht erfüllt wird, sei es wegen Zahlungsunwilligkeit des Vertragspartners, der nicht ohne Gegenwert leisten will, sei es wegen seiner Zahlungsunfähigkeit, sei es aus anderen Gründen, und auch weder eine persönliche noch eine dingliche Haftung hierfür verwirklicht werden kann, weil eine Rechtsverfolgung erfolglos bleibt. In solchen Fällen bleibt zwar für die schuldrechtliche Abwicklung zwischen den Parteien der Partner immer noch Gefahrträger. Eine Entschädigungsgesetzgebung, die der wirtschaftlichen Wirklichkeit den Vorrang vor der formalen Rechtslage geben will, kann aber dieses Ergebnis nicht übernehmen. Man muß daher der charakteristischen Unterscheidung von Möller" (Cifgeschäft a. a. O. S. 182—183) „in seinen Erörterungen über den Träger des Eigentumsinteresses bei der Seetransportversicherung, welche wichtige Parallelen zu dem hier zu lösenden Problem des Geschädigten im Kriegsschädenrecht aufweisen, folgen und so unterscheiden: Der Gefahrträger im Sinne des Privatrechts, der seine geschuldete Gegenleistung nicht erbringt, bleibt zwar zur Tragung der Gefahr dem Eigentümer gegenüber verpflichtet, er **trägt** die Gefahr aber nicht wirklich, da er keinen wirtschaftlichen Verlust erleidet, wenn er seine Leistung nicht erbringt. Wird hier die Gefahr des schuldrechtlichen Gefahrträgers nicht wirklich, so bleibt also allein wirklich die Sachgefahr des Eigentümers, der somit .... in diesem Falle als Geschädigter .... anzusehen ist. Mit anderen Worten: Gefahrträger .... ist nicht ohne weiteres, wer nach Privatrecht als Gefahrträger erscheint, sondern nur, wessen Pflicht zur Gefahrtragung verwirklicht wird, wer also tatsächlich die Gefahr trägt".

Die Theorie von der effektiven, tatsächlichen Gefahrtragung läßt sich nicht nur in Fällen anwenden, in welchen — wie beim Kauf — das Problem der Vergütungsgefahr zu lösen ist. Der Eigentumsbegriff wird in der zivilistischen Praxis immer stärker formalisiert. Die formal-sachenrechtliche Eigentumsentscheidung schießt über das wirtschaftliche Ziel oft hinaus, andererseits kann sie hinter dem wirtschaftlichen Ziel zurückbleiben. Das zeigt sich darin, daß der alte Satz „casum sentit dominus" nur noch mit vielen Ausnahmen gilt. Der vsrechtliche Begriff des Eigentümerinteresses duldet keine Entmaterialisierung: Die Vorteile der V müssen der richtigen Person zukommen, wenn die V ihre wirtschaftliche Funktion ausüben und nicht zu einer Wette werden soll. So muß im Vsrecht der Grundsatz „casum sentit dominus" noch ohne irgendeine Durchbrechung gelten. Nach der hier vertretenen Ansicht kann der Träger des Eigentümerinteresses durch die Prüfung der Frage bestimmt werden, wer einen etwaigen Schaden fühlt: „dominus est qui casum sentit". Der wahre wirtschaftliche Eigentümer erleidet bei einem Totalschaden notwendigerweise einen Nachteil in Höhe des vollen Wertes der Sache. Dieses Faktum kann dazu benutzt werden, den Eigentümerinteressenten zu finden: Wird eine unter Eigentumsvorbehalt verkaufte Sache durch Feuer zerstört, so ist es der Käufer, der den vollen Sachschaden erleidet; denn einen Teil des Kaufpreises wird er beim Abzahlungskauf schon beglichen haben, den Rest aber muß er trotz der Zerstörung bezahlen. Der Verkäufer aber, obgleich noch formal-sachenrechtlicher Eigentümer, erleidet allenfalls einen Schaden in Höhe der noch ausstehenden Kaufpreisraten, hat also ein typisches Kreditinteresse. Bei der Sicherungsübereignung ist es der Sicherungsgeber, der den vollen Sachschaden fühlt: Er muß trotz der Zerstörung der Sache den aufgenommenen Kredit zurückzahlen, ohne nach der Kredittilgung die (zerstörte) Sache zurückerhalten zu können. Der Sicherungsnehmer dagegen besitzt, obgleich er der formal-sachenrechtliche Eigentümer war, nur ein Kreditinteresse in Höhe der noch ausstehenden Kreditforderung. In beiden Fällen werden übrigens die Kreditinteressen keineswegs automatisch durch die Verwirklichung der Sachgefahr in Mitleidenschaft gezogen; es kommt vielmehr darauf an, ob z. B. der Vorbehaltskäufer des jetzt zerstörten Lastwagens bzw. der Sicherungsgeber, welcher diesen Lastwagen übereignet hatte, noch in der Lage ist, trotz des Einnahmeausfalles die restlichen Kaufpreisraten zu tilgen bzw. den aufgenommenen Kredit zurückzuzahlen.

Das Beispiel des Abzahlungskaufes unter Eigentumsvorbehalt oder des sonstigen Kreditkaufes hat übrigens deutlich gemacht, daß der Verkäufer sein (alternatives) Eigentümerinteresse verliert, wenn und soweit er den Kaufpreis **stundet**. Diese Stundung — als Aufgabe des Zug-um-Zug-Prinzips — bewirkt, daß dem Käufer die (alleinige) Position des Eigentümerinteressenten eingeräumt wird, der Verkäufer begnügt sich mit einem Kreditinteresse, zu welchem bei einer Restkaufgeldhypothek ein Hypothekarierinteresse hinzutritt. Das gilt auch für den Überseekauf, wenn anstelle der üblichen Klausel „Kasse gegen Dokumente" die Kondition „Kasse gegen Dreimonatsakzept" eingeräumt wird (Möller Cifgeschäft a. a. O. S. 173—175).

Die hier entwickelte Auffassung mag zwar zu gerechten und billigen Ergebnissen hinführen, hat aber den Nachteil, in dem zum Ausgangspunkt genommenen Fall speziell des Versendungskaufs einen Schwebezustand anzunehmen, währenddessen alternative Interessen bestehen. Wird eine V für Rechnung wen es angeht (§ 80 II) genommen, wie dies bei der Gütertransportv üblich ist, so verschlägt die entstehende Ungewißheit nichts; denn solche V deckt alternative und sukzessive Interessen, ohne daß es einer Veräußerungsanzeige bedarf (Möller JRPV 1928 S. 337—342, Cifgeschäft a. a. O. S. 134 bis 138). Hat aber der Verkäufer zunächst eine V für eigene Rechnung genommen, so entstehen unliebsame Zweifel, wann er und der Käufer die „Veräußerung" anzuzeigen haben (vgl. § 71 I); man würde auf den Zeitpunkt abzustellen haben, von dem an mindestens alternativ der Käufer Interesseträger ist, d. h. auf den Zeitpunkt der Übergabe an den Käufer oder an die Transportperson oder — bei Grundstücken — der Eintragung in das Grundbuch.

[68] γγ) Stellungnahme.

Der Meinungsstreit darüber, ob das „Eigentumsinteresse" oder „Eigentümerinteresse" maßgeblich sei, ist mit einigen seiner Verästelungen zur Theorie des Eigentümerinteresses geschildert worden (Anm. 60—67), auf der Basis des allgemeineren Problems, ob eine rechtliche oder wirtschaftliche Betrachtungsweise geboten sei (Anm. 53—55).

Die **Praxis**, insbesondere die höchstrichterliche Rechtsprechung, hat sich dahin entschieden, sowohl bei der Bestimmung des Interessenten als auch bei der Interpretation des Begriffs der Veräußerung in § 69 I auf **formal-sachenrechtliche Kriterien** abzustellen. Deshalb werden die Gegner kapitulieren müssen, zumal da es nicht einmal mehr für entschuldbar angesehen wird, falls z. B. eine Sicherungsübereignung nicht als Veräußerung angezeigt wird (vgl. RG 16. IV. 1929 VA 1929 S. 246—247 Nr. 2010 =

III. Interesse und Schaden **§ 49**
Anm. 68

JRPV 1929 S. 184—185, 5. VII. 1929 RGZ Bd 125 S. 193—194, 19. VI. 1931 VA 1931 S. 200 Nr. 2279 = JRPV 1931 S. 238, anders noch RG 17. VI. 1927 RGZ Bd 117 S. 273).

Dennoch unterbleibt die Anzeige oft und die Vmer meinen auch, daß die abgeschlossene V Sachen umfasse, die unter Eigentumsvorbehalt gekauft worden sind. Hier wollte das **Bedingungsrecht** helfen, z. B. lauten §§ 2 I 1, 2 AFB, AEB:

„Soweit nichts anderes vereinbart ist, sind nur die dem Vmer gehörigen Sachen vert. Vert sind auch Sachen, die vom Vmer unter Eigentumsvorbehalt erworben und ihm übergeben sind, sowie Sachen, die er sicherungshalber übereignet hat, und für die dem Erwerber ein Entschädigungsanspruch gemäß § 71 Abs. 1 Satz 2 VVG nicht zusteht."

Man sollte meinen, daß hierdurch bei den unter Eigentumsvorbehalt erworbenen Sachen das (wirtschaftliche) Interesse des Käufers = Vmers und im Falle der Sicherungsübereignung — bei nicht fristgemäßer Anzeige der „Veräußerung" und Leistungsfreiheit des Vers gegenüber dem „Erwerber" (aus § 71 I 2) — das (wirtschaftliche) Interesse des Sicherungsgebers = Vmers vert sei, aber die Rechtsprechung ist derart eingeschworen auf die formal-sachenrechtliche Betrachtungsweise, daß sie jeweils eine V für fremde Rechnung annimmt: Der Vorbehaltskäufer soll das Interesse des Verkäufers, der Sicherungsgeber jenes des Sicherungsnehmers für fremde Rechnung vert haben (so BGH 28. X. 1953 BGHZ Bd 10 S. 376—3₅5). Dabei beruft sich der BGH irrigerweise auf RAA VA 1933 S. 24⁹, wo für den Fall der Sicherungsübereignung zu § 2 I 1, 2 AFB, AEB jedoch festgestellt wird, „daß der Vmer (Sicherungsübereigner) .... dann einen Entschädigungsanspruch hat, wenn der Erwerber den ihm gesetzlich zustehenden Anspruch infolge Fristablaufs verloren hat". Bei der bundesgerichtlichen Konstruktion einer V für fremde Rechnung erlangt dagegen der Sicherungsnehmer einen Entschädigungsanspruch aus § 75 I 1! Kritisch zum BGH z. B. auch Bischoff ZVersWiss 1963 S. 200—203, Vassel MDR 1954 S. 710—713, zustimmend dagegen Raiser VersR 1954 S. 201—204. Es bleibt abzuwarten, ob der BGH seine Rechtsprechung aufrechterhält; in der Praxis wird man hiermit rechnen müssen.

So bieten einen sicheren **Ausweg** nur **speziellere Vertragsabreden,** die noch deutlicher als §§ 2 I 1, 2 AFB, AEB sagen, welche Interessen vert sein sollen. Auch der BGH erkennt ja an, daß z. B. das Interesse des Vorbehaltskäufers oder des Sicherungsgebers trotz mangelnden formalen Eigentums vert werden könne (Anm. 55). Es gibt derartige Vertragsabreden in mannigfaltiger Form (Näheres Anm. 91, 100—102). Hingewiesen sei für Abzahlungskäufe auf die Allgemeinen Vsbedingungen für die Warenv bei Abzahlungsgeschäften (WABA; VA 1958 S. 54—57); danach ist sowohl der Verkäufer (als Vmer) als auch der Käufer (als Vter) vert (vgl. Bischoff-Vassel VA 1958 S. 75, Hammes, Die Warenv bei Abzahlungsgeschäften, Karlsruhe 1960, S. 26—30). Hingewiesen sei ferner auf die Sicherungsscheine und Sicherungsbestätigungen, welche im Fall der Sicherungsübereignung von den Banken verwendet werden (Muster 416—418, 422—423 in: Schütz-Trost, Bankgeschäftliches Formularbuch, 15. Aufl., Berlin 1959, S. 525—52⁷, 532—533 mit S. 501—502, 505—506); danach kann z. B. vereinbart sein: „Die V der übereigneten Gegenstände gilt insoweit für Rechnung des Kreditgebers, als die Vssumme den Darlehensbetrag einschließlich Nebenleistung und Kosten nicht übersteigt" (Muster 418) oder: „Die V gilt insoweit für Rechnung der vorgenannten Bank, als die Entschädigung deren Forderung an den Vmer nicht übersteigt" (Muster 422). Die höchstrichterliche Auffassung, es liege bei Sicherungsübereignung eine Veräußerung der vten Sache vor, wird (trotz erfolgender Anzeige) beiseitegeschoben durch die Erklärung der Bank: „Wir verzichten darauf, in den obengenannten Vsvertrag als Vmer gemäß § 69 VVG einzutreten" (Muster 416—418). — Es läßt sich nicht nur der Weg beschreiten klarzustellen, wessen Interesse vert sein soll, sondern — ausgehend von der höchstrichterlichen Rechtsprechung — könnte auch eine **Abtretung** helfen, z. B. könnte ein Grundstückskäufer, der noch nicht Eigentümer ist, darauf dringen, daß ihm die Feuervsforderung des formalen Eigentümers (Verkäufers) ab Gefahrübergang mindestens insoweit abgetreten wird, als er den Kaufpreis bereits beglichen hat.

Über typische Fälle der V des Sachinteresses Anm. 90—120.

6 Bruck-Möller, VVG, 8. Aufl. II

[39] bbb) **Forderungsinteresse.**

Forderungsrechte eines Gläubigers gegen einen Schuldner, welcher verpflichtet ist, eine Leistung zu erbringen, also ein Leistungsverhalten (Tun oder Unterlassen) zu beobachten (§ 241 BGB), schaffen für den Gläubiger einen schuldrechtlichen Anspruch (§ 194 I BGB) auf fremdes Verhalten, ein Sollrecht. Der Gläubiger hat, wie schon in Anm. 14 vor §§ 49—80 erwähnt, ein Interesse an der Forderung, am Forderungsrecht, und diese Wertbeziehung des Gläubigers zur Forderung ist mannigfachen Gefahren ausgesetzt, die erst enden, wenn die Forderung durch Erfüllung erloschen ist (§ 362 I BGB). Besonders wichtig sind die Geldforderungen.

Die Forderung schafft nur eine Verpflichtung, eine Obligation des Schuldners; es ist zu befürchten, daß der Schuldner seine Verpflichtung nicht erfüllt und daß die Forderung sogar uneinbringlich, unrealisierbar wird (Insolvenz, Böswilligkeit). In diesem Zusammenhang spricht man gern vom Kreditinteresse, dem **Kreditrisiko,** wobei juristisch die Forderung als solche meistens voll existent bleibt, aber die Wertbeziehung zu ihr beeinträchtigt wird.

Die Forderung kann aber auch von Rechts wegen **erlöschen,** z. B. (teilweise) in einem Vergleichsverfahren (dazu § 82 VerglO mit RG 8. II. 1937 RGZ Bd 153 S. 342—343, 14. III. 1939 RGZ Bd 160 S. 134—139). Bei einem Seefrachtvertrag ist für Güter, die durch irgendeinen Unfall verlorengegangen sind, keine Fracht zu bezahlen (§ 617 HGB); bei einem Schiffsuntergang verliert der Reeder/Verfrachter also nicht nur sein Schiff (Sachinteresse), sondern auch seine Frachtforderungen (Forderungsinteresse), und er kann im Blick auf diese Gefahr eine Frachtv abschließen (Argyriadis, Die Frachtv, Hamburg 1961, S. 79—83, RG 18. IX. 1909 RGZ Bd 71 S. 395). Ein Vermieter verliert seine Mietzinsforderung (ganz oder teilweise), falls die vermietete Sache mit einem Fehler behaftet wird, welcher die Tauglichkeit zu dem vertragsmäßigen Gebrauch aufhebt oder mindert (§ 537 I BGB). Kann also der Mieter infolge eines Brandes die ihm vermietete Wohnung nicht weiter benutzen, so tritt zu dem Sachschaden des Vermieters ein Schaden als Negation des Forderungsinteresses hinzu; die Forderung erlischt kraft Gesetzes. Ein Nachtrag zu § 1 VI AFB gewährt für sechs Monate eine Mitv solchen Mietverlustes bei Wohngebäuden: „Wird durch einen Schadenfall ein vtes Gebäude so beschädigt, daß der Mieter einer darin befindlichen Wohnung den Mietzins kraft Gesetzes oder nach dem Mietvertrag ganz oder teilweise verweigern darf, so ersetzt der Ver den dadurch entgehenden Mietzins." Die **Sachgefahr** (Schiffsuntergang, Brand) führt in den behandelten Fällen mittelbar (in Verbindung mit einer Gesetzesvorschrift) auch zur Beeinträchtigung des Forderungsinteresses.

Um eine Forderungsv handelt es sich auch, wenn ein Frachtvertrag abgeschlossen war, die Reise jedoch noch nicht begonnen hatte, als das Schiff unterging (unbesegelte Fracht: Argyriadis a. a. O. S. 72—74). Entsprechendes gilt, wenn ein Mietvertrag abgeschlossen, aber die vermietete Wohnung noch nicht überlassen war, als das Haus abbrannte (vgl. gleichfalls § 537 I BGB; auch dieser Fall ist durch den Nachtrag zu § 1 VI AFB gedeckt).

Neben dem eigentlichen Kreditrisiko und neben den Sachgefahren, welche mittelbar auch Forderungsinteressen bedrohen, ist das **politische Risiko** zu nennen, z. B. bei den deutschen Ausfuhrgarantien „die Uneinbringlichkeit der Forderung infolge allgemeiner staatlicher Maßnahmen des Schuldnerlandes oder bestimmter politischer Ereignisse oder infolge von Stockungen bei der Durchführung oder Abwicklung von Zahlungs- oder Verrechnungsabkommen oder ähnlicher Vereinbarungen. Darunter fallen u. a.: Moratorien, Zahlungs- und Transferverbote, das Einfrieren im Schuldnerland gezahlter Landeswährungsbeträge. Unter die Deckung fallen auch Kursverluste, die bei der Konvertierung und Transferierung von in nicht vereinbarter Währung hinterlegten Fremdwährungsbeträgen entstehen, dagegen sind nicht gedeckt Kursverluste an der im Liefervertrag vereinbarten Währung."

Bei der Kredit- (speziell Ausfuhrkredit-), Fracht- und Mietverlustv geht es um die V **primärer Forderungen** aus geschlossenen Verträgen, also um die V von Erfüllungsansprüchen. Möglich ist aber auch die V von Forderungen, die sich **sekundär,** im Falle einer Vertragsverletzung, speziell als **Schadensersatzansprüche** gegen einen Schuldner richten, z. B. im Rahmen einer Vertrauensschadenv: Hier ersetzt der Ver dem Vmer oder Vten die

III. Interesse und Schaden § 49
Anm. 70

Schäden, die von Vertrauenspersonen durch vorsätzliche oder fahrlässige Handlungen verursacht werden; neben die Schadensersatzforderung gegen die Vertrauensperson tritt die Vsforderung, und der Vmer oder Vte braucht nicht einmal zu versuchen, zunächst die Schadensersatzforderung beizutreiben (§§ 1 Allgemeine Bedingungen der Vertrauensschadenv: VA 1959 S. 131, 133).

Durchweg sind die vten Forderungen **Geldforderungen.** Aber ausnahmsweise deckt eine Forderungsv auch **Sachforderungen.** Beispielsweise hat ein Unternehmer gegen seinen Handelsvertreter eine Forderung auf Herausgabe von wertvollen Mustern, Vorführapparaten, unternehmereigenen Kraftwagen. Die Vertrauensschadenv kann den Unternehmer gegen die Beeinträchtigung der Rückgabeforderung auch für den Fall schützen, daß ohne eigenes Verschulden der Handelsvertreter seinerseits einem Raub, einer Erpressung, einem Betrug, einem Diebstahl zum Opfer fällt oder daß er die anvertrauten Werte verliert oder daß sie durch Feuer vernichtet werden (Zusatzbedingungen: VA 1959 S. 132, 134—145). Hier berührt sich die Vertrauensschadenv stark mit der Sachv, könnte doch statt der Rückgabeforderung des Unternehmers gegen den Handelsvertreter auch das Eigentümerinteresse des Unternehmers zum Ausgangspunkt genommen werden.

Die Grenze zwischen Forderungs- und Sachinteressen ist auch dort flüssig, wo Forderungen in einer Urkunde, also einer Sache verbrieft werden. Die Sachv kann z. B. Schäden durch A b h e b u n g U n b e r e c h t i g t e r v o n S p a r b ü c h e r n decken, die anläßlich eines Brandes oder durch Einbruchdiebstahl entwendet worden sind (Klausel 8. 10 Klauseln der Feuerv, Klausel Nr. 49 ED-Klauselheft).

Vmer braucht bei einer Forderungsv nicht immer der Träger des Forderungsinteresses, also der **Gläubiger** zu sein. Oft setzt es dieser als der mächtigere Teil durch, daß der **Schuldner** den Vsschutz im Wege einer V für fremde Rechnung zu beschaffen hat: Die Vertrauensschadenv muß dann die (kautionspflichtige) Vertrauensperson abschließen, und man spricht von Personenkautionsv. Zur Kautionsv zählen auch Bürgschaften, so genannt, weil dem Vten vom Kautionsver ein Bürgschein übermittelt wird (dazu Anm. 13). Es gibt solche Bürgschaften für Zölle und Verbrauchssteuern, Frachtbürgschaften, Vertragserfüllungs- und Mängelgewährleistungsbürgschaften. Eine Besonderheit solcher V für fremde Rechnung besteht darin, daß die vorsätzliche oder fahrlässige Herbeiführung des Versicherungsfalles durch den Vmer (entgegen § 61) die Vsforderung des Vten nicht berührt.

Über den Vswert von Forderungsinteressen: Anm. 19 zu § 52.

Literatur zur V von Forderungsinteressen: v. Halem in: Studienwerk F V 9 S. 1—108 m. w. N., Möller in: Handwörterbuch der Sozialwissenschaften, Bd 6, Stuttgart-Tübingen-Göttingen 1959, S. 344—348 m. w. N.

[70] ccc) Interesse an sonstigen Rechten.

Neben dem Eigentumsrecht (Eigentumsanwartschaftsrecht) und Forderungsrechten kommen andere subjektive Rechte in Betracht, zu denen eine Person in Beziehung stehen kann (Anm. 15 vor §§ 49—80). In Betracht kommt die V der Wertbeziehung zu

weiteren **Darfrechten** (außer dem Eigentumsrecht), z. B. durch den

N i e ß b r a u c h e r oder N u t z p f a n d g l ä u b i g e r für den Fall, daß die ihnen (kraft absoluten Rechtes) zustehenden Nutzungen (§§ 1030 I, 1213 BGB) nicht gezogen werden können;

d i n g l i c h W o h n b e r e c h t i g t e n für den Fall, daß sein (absolutes) Recht zur Wohnungsbenutzung (§ 1093 I 1 BGB) beeinträchtigt wird (Bischoff ZVersWiss 1963 S. 195—196).

M i e t e r für den Fall, daß sein (relatives) Gebrauchsrecht beeinträchtigt wird;

P ä c h t e r für den Fall, daß sein (relatives) Gebrauchs- und Fruchtgenußrecht beeinträchtigt wird;

P f a n d g l ä u b i g e r für den Fall, daß das ihm zustehende (absolute) Verwertungsrecht nicht zur Abgewinnung der zu erwartenden Beträge aus der belasteten Sache führt;

Z u r ü c k b e h a l t u n g s b e r e c h t i g t e n beim kaufmännischen Zurückbehaltungsrecht (§ 369—372 HGB), für den Fall, daß sein Befriedigungsrecht wegen Beeinträchtigung der zurückbehaltenen Sache nicht realisierbar ist (Ehrenberg Festgabe a. a. O. S. 18).

weiteren **Sollrechten**/Ansprüchen (außer den Forderungsrechten: Anm. 69) z. B. zu einem
dinglichen Herausgabeanspruch,
familienrechtlichen Unterhaltsanspruch,
erbrechtlichen Vermächtnisanspruch.

gewissen **Kannrechten**/Gestaltungsrechten, z. B.
Aneignungsrechten, sei es an fremden, sei es an herrenlosen Sachen.

gewissen **faktischen Rechten** (vgl. Möller, Summen- und Einzelschaden a. a. O. S. 62—67).

Was den **Mieter** und **Pächter** anlangt, so haben diese nicht nur Forderungsrechte, sondern auch das Gebrauchs- und Fruchtziehungsrecht (§§ 535^1, 581 I 1 BGB). Hier handelt es sich nicht nur um ein gegen den Vermieter oder Verpächter gerichtetes Anspruchs-(Soll-)recht, sondern um ein Recht zu eigenem Verhalten, ein (relatives) Herrschafts-(Darf-)recht (Raape IherJ Bd 71 S. 113—116). Dieses Recht kann besonders bei langjährigen Verträgen und günstigen Vereinbarungen hinsichtlich der Miet- und Pachthöhe einen hohen Wert besitzen, der z. B. bei einem Brand des vermieteten oder verpachteten Gebäudes verlorengeht und vert zu werden vermag, ganz unabhängig vom Eigentümerinteresse.

Das Interesse eines **Pfandgläubigers** steht selbständig neben demjenigen des Eigentümers. Der Wert des Eigentümerinteresses wird durch das Bestehen von Pfandrechten nicht geschmälert (Bruck S. 490—491, Ehrenzweig S. 207, Hagen ZVersWiss 1907 S. 24—25, Kisch III S. 87—89, 106, Ritter Anm. 10 zu § 1, S. 53—54 m. w. N., Weygand a. a. O. S. 21—22, RG 10. VI. 1922 RGZ Bd. 104 S. 409—413; generell RG 17. IX. 1892 RGZ Bd 30 S. 176—181 [auch für Servituten]; a. A. Ehrenberg Festgabe a. a. O. S. S. 28—32, welcher meint, das Interesse eines Pfandgläubigers sei ein „Konkurrenzinteresse", welches das Eigentümerinteresse schmäle; durch die V der Sache seien „eigentlich" sämtliche Konkurrenzinteressen mit gedeckt [S. 34], Ehrenberg I S. 12, 312—313, der neben dem Ausdruck Konkurrenzinteresse auch jenen des Komplementärinteresses verwendet, von Gierke II S. 180, aber auch S. 182). Allerdings ist die gleichzeitige V des Eigentümer- und des Pfandgläubigerinteresses meistens unnötig, da sich das Pfandrecht auf die Vsforderung des Eigentümers erstreckt (§§ 1127 I, 1192 I, 1200 I BGB), beim Mobiliarpfandrecht allerdings nur im Falle des § 22 I 2 OrderlagerscheinVO (Feuerv). Wenn eine V des (vollen) Eigentümerinteresses und eine solche des Pfandgläubigerinteresses zusammentreffen, so ergibt sich keine Doppelv, da es sich um verschiedene Interessenten und beziehungsverknüpfte Güter handelt (RG 10. VI. 1922 RGZ Bd. 104 S. 410; a. M. Ehrenberg Festgabe a. a. O. S. 30, 35). Zu beachten ist dabei, daß das Pfandgläubigerinteresse nicht beeinträchtigt wird, soweit sich das Pfandrecht auf die Vsforderung des Eigentümers erstreckt. (Zur Frage, ob das Eigentümerinteresse dann geschmälert wird, wenn nach dem Exekutionssystem des deutschen Seerechts der Reeder nur dinglich haftet, vgl. [bejahend] Prölss^{15} Anm. 1 vor § 51, S. 239, RG 8. X. 1913 RGZ Bd 83 S. 166—172.)

Entsprechendes wie bei Pfandrechten gilt für das Interesse eines **Nießbrauchers:** Der Wert des Eigentümerinteresses wird durch den Nießbrauch nicht geschmälert. Gemäß § 1046 I BGB steht dem Nießbraucher der Nießbrauch an der Forderung des Eigentümers gegen den Ver zu. Vgl. auch Anm. 114.

Das Interesse desjenigen, der ein **Anwartschaftsrecht** aus bedingter Übereignung hat, ist in Anm. 64—68 bei den Eigentümerinteressen behandelt worden. Vgl. auch Anm. 91.

Aber für die **Versicherungspraxis** haben alle aufgezeigten Vsmöglichkeiten keine sehr große Bedeutung. Hingewiesen sei aber zum Fall des Nießbrauchs, des Pachtvertrags oder eines ähnlichen Verhältnisses auf § 115, wonach eine Hagelv des Eigentümers auf den Nießbraucher usw. übergeht (nicht aber umgekehrt: RG 4. VII. 1939 RGZ Bd 161 S. 86—90), ferner für die Haftpflichtv auf § 151 II 1. Bedeutsam ist ferner die V des Hypothekengläubigerinteresses, auch sonstiger Realgläubigerinteressen, und zwar insbesondere auf dem Wege über die §§ 105, 107b oder die Klausel 5.07 Klauseln der Feuerv: Anm. 98. Über die V eines Mobiliarpfandrechtsinteresses vgl. für Pfandleihen

III. Interesse und Schaden **§ 49**
Anm. 71

Klausel 8.03 Klauseln der Feuerv: Anm. 98, und beim Werkvertrag im Blick auf Veredlungslohn in der Textilindustrie: Anm. 105.
Über den Vswert von Interessen an „sonstigen" Rechten: Anm. 20 zu § 52.

[71] ddd) Gewinninteresse.
Wenn man Güter (Aktiven) des „seienden" und des „werdenden" Vermögens unterscheidet, so stehen den Interessen an Sachen, Forderungen und sonstigen Rechten die Interessen an **Anwartschaften, Chancen und Aussichten** gegenüber (zuerst Möller JRPV 1930 S. 45). Dabei ist der Begriff der Anwartschaft hier in einem weiten wirtschaftlichen Sinn zu verstehen; rechtlich handelt es sich um Vermögenspositionen, die nicht durch ein subjektives Recht geschützt zu sein pflegen. Verdichtet sich eine Anwartschaft zu einem Anwartschaftsrecht — wie z. B. bei einem Vorbehaltskäufer —, so handelt es sich bei dem Träger des Anwartschaftsrechts nicht um ein Gewinn-, sondern um ein wirtschaftliches Eigentümerinteresse (Anm. 67, 68, 70).

Soweit einem Interessenten Nutzungen (§ 100 BGB) auf Grund von Nutzungsrechten, also als Nießbraucher, dinglich Wohnberechtigtem, Mieter oder Pächter zustehen, ist die Abgrenzung von den Gewinninteressen deshalb problematisch, weil sich der Interessent zwar einerseits in einer gesicherten Rechtsposition befindet, andererseits aber Früchte und Gebrauchsvorteile rein faktisch von zukünftigen Ereignissen abhängen. Brennt das gemietete Haus, so kann dadurch das Interesse des Mieters an seinem Gebrauchsrecht beeinträchtigt werden, wird doch der Vermieter von seinen Verpflichtungen frei. Verhagelt die Ernte, so wird dadurch nicht das Interesse des Pächters an seinem Fruchtgenußrecht, wohl aber seine Anwartschaft auf eine gute Ernte beeinträchtigt.

Bereits in Anm. 16 vor §§ 49—80 war von der Unterscheidung **angelehnter und isolierter Gewinninteressen** die Rede. Erstere sind meistens mit Sachinteressen verbunden; man denke an die gemeinschaftliche Güter- und Gewinnv des § 101 ADS. Hier ist jener Gefahr, die dem Gewinninteresse droht, die Sachgefahr immanent: Wenn die Güter untergehen, schwindet auch die Gewinnanwartschaft.

Um eine angelehnte Gewinnv handelt es sich auch, wenn in einem Wohngebäude der Eigentümer und Vmer eine Wohnung selbst bewohnt. Wird solche Wohnung durch Brand ganz oder teilweise unbenutzbar, so ersetzt der Ver, welcher primär Sachver ist, als Gewinnver „den Mietwert der unbenutzbar gewordenen Räume ... Als Mietwert gilt der gesetzliche oder ortsübliche Mietzins für Wohnungen gleicher Art, Größe und Lage" (Nachtrag zu § 1 VI AFB). Jeder Eigentümer einer Sache, welche **Gebrauchsvorteile** gewährt, hat die Anwartschaft, solche Vorteile zu genießen. Diese Anwartschaft setzt bei manchen Sachen voraus, daß man vorbereitend Aufwendungen macht, die sich nicht in der Anschaffung der Sache, also in der Verzinsung und Abschreibung des Anlagekapitals erschöpfen. So müssen z. B. für einen Kraftwagen Steuern, Vsprämien, Garagenmiete aufgewendet werden. Wird das Sachinteresse beeinträchtigt, so wird zugleich die erwähnte Anwartschaft in Mitleidenschaft gezogen. Auf die Bewertung der Anwartschaft sind die gemachten und fortlaufenden, jetzt vergeblichen Aufwendungen von Einfluß. Im allgemeinen Schadensersatzrecht führt diese Betrachtungsweise dazu, daß der vorübergehende Fortfall der Benutzbarkeit bereits als materieller Schaden zu qualifizieren ist; es kommt also insbesondere nicht darauf an, ob der Geschädigte sich einen Ersatzwagen beschafft hat (BGH 30. IX. 1963 NJW 1964 S. 542—545). „Wenn ... dem Kraftfahrzeugbesitzer durch Verschulden eines anderen diese 'erkaufte' Nutzungsmöglichkeit genommen worden ist, so hat er tatsächlich diese Aufwendungen erbracht, ohne den wirtschaftlichen 'Gegenwert' (Benutzungsmöglichkeit) dafür zu erhalten" (BGH 30. IX. 1963 VersR 1964 S. 381 = NJW 1964 S. 717). Zum allgemeinen Problem Löwe NJW 1964 S. 701—705, Zeuner ArchZivPrax Bd 163 S. 390—399. Eine neue Form der Kraftverkehrsversicherung könnte die Kraftfahrzeughalter gegen die Beeinträchtigung ihrer Benutzungschance vern, so wie der Mietwert der Eigenwohnung in der Feuerv ersetzt wird. Die Reisewetterv hat die Beeinträchtigung einer erkauften Erholungschance zum Gegenstand (Möller VersR 1953 S. 217—218, dazu allgemein der Seereise-Fall BGH 7. V. 1956 NJW 1956 S. 1234—1235). Bei der Reisewetterv handelt es sich übrigens um ein isoliertes Gewinninteresse, also ein solches, welches nicht an ein Sachinteresse angelehnt ist. — Ehrenberg Festgabe a. a. O. S. 23—25 spricht vom **Nutzungsinteresse**, wobei er aber nicht nur an die faktischen Anwartschaften, sondern z. B. auch an den Mietverlust denkt, also an Forderungsinteressen (Anm. 69). Bemerkenswert ist sein Hinweis auf vorgängige Verwendungen zur Erzielung eines Unternehmergewinns, also auf „erkaufte" Anwartschaften; man denke bei einem Schiff an die Ausrüstungskosten, welche die Frachtverdienstchancen verschaffen oder erhöhen und mit der erhofften Bruttofracht vert werden (§ 796¹ HGB). Ehrenzweig S. 204 spricht von Güterertragsv.

Dem Gewinninteresse entspricht als Negation ein **Schaden**, der sich darstellt als entgehender, entgangener, erhoffter, erwarteter, imaginärer Gewinn. Da der Schadensbegriff ein wirtschaftlicher ist, müssen auch die zwar außerrechtlichen, aber vermögenswerten Anwartschaftsinteressen Beachtung finden. Während für das allgemeine Schadensersatzrecht § 252 BGB den Kreis der relevanten Anwartschaften begrenzt, können im Vsvertragsrecht auch „fernere" Chancen Berücksichtigung finden (Anm. 31).

Über den **Vswert** von Gewinninteressen Anm. 21 zu § 52.

Wann die Gewinnanwartschaft bestanden haben muß und welche Realisierungswahrscheinlichkeit bei der Anwartschaft gegeben gewesen sein muß, damit sie versicherbar erscheine, soll in Anm. zu § 53 abgehandelt werden.

[72] bb) Passivenversicherung.

Der Interessebegriff i. w. S. paßt auch für die Passivenv (Anm. 43, 48). Hier ist die Beziehung, kraft deren der Vmer einen Schaden erleidet, eine Beziehung zu einem Ungut, zu einem Passivum. Der Vmer wird dadurch geschädigt, daß für ihn ein Passivum entweder neu entsteht oder daß ein bereits existierendes Passivum größer, umfassender wird. Die zweite Alternative spielt für das Vswesen kaum eine Rolle, theoretisch denke man etwa an das Anwachsen einer Unterhaltsverpflichtung, nachdem die Bedürfnisse des Unterhaltsberechtigten infolge eines Unfalls oder einer Erkrankung angestiegen sind.

In der Passivenv kann der Begriff des Vswertes begrifflich keinen Raum haben, da ein Passivum keinen positiven Wert, sondern nur einen (negativen) Mißwert besitzen kann. Meistens und speziell in der Haftpflichtv läßt sich dieser Mißwert nicht von vornherein begrenzen. Eine Ausnahme gilt in Fällen einer beschränkten Haftung. Näheres Anm. 15 zu § 52.

So wie es vier Unterarten der Aktivenv gibt, lassen sich auch **vier** Arten der **Passivenv** unterscheiden (dazu auch bereits Anm. 17—21 vor §§ 49—80):

[73] aaa) Versicherung gegen gesetzliche Schulden.

Den Forderungen auf der Aktivseite des Vermögens (Anm. 69) entsprechen Schulden auf der Passivseite. Man kann sich im Wege der **Haftpflichtv** für den Fall der Schuldenentstehung vern, allerdings grundsätzlich nur, wenn man die Schulden nicht selbst durch ein Rechtsgeschäft, also eine Willenserklärung willentlich zur Entstehung gebracht, kontrahiert hat.

So steht im Vordergrunde die V gegen **Obligationen aus gesetzlichen Schuldverhältnissen,** insbesondere aus **Delikt.** In Fällen der Haftung ohne Verschulden, speziell der Gefährdungshaftung, ist die Vsmöglichkeit stets gegeben, sei es bis zur Grenze der höheren Gewalt, sei es einschließlich höherer Gewalt. In Fällen der Verschuldenshaftung hielt man ursprünglich eine Haftpflichtversicherung für unmoralisch, auch deshalb, weil sie zu Leichtsinn, also Fahrlässigkeit verführe. Heute zieht § 152 die Grenze der Versicherbarkeit zwischen vorsätzlichen und fahrlässigen Delikten: „Der Ver haftet nicht, wenn der Vmer vorsätzlich den Eintritt der Tatsache, für die er dem Dritten verantwortlich ist, widerrechtlich herbeigeführt hat." § 152 fordert neben dem Vorsatz Widerrechtlichkeit, so daß der Vmer Haftpflichtvsschutz genießt, falls ihm ein Rechtfertigungsgrund zur Seite steht, z. B. Notwehr, Notstand oder Selbsthilfe (§§ 227—229, 904 BGB). Dagegen läßt die Ausschlußklausel des § 4 II Ziff. 1 AHaftpflB vorsätzliche Schadensherbeiführung genügen. Wussow AHB⁴ Anm. 66 zu § 1, S. 104, Anm. 76 zu § 4, S. 308—310 vertritt die Auffassung, es komme hiernach auf die Rechtswidrigkeit nicht an, auch der in Notwehr Handelnde genieße keinen Vsschutz. Anders BGH 28. IV.

III. Interesse und Schaden § 49
Anm. 74—75

1958 VersR 1958 S. 361—362, wonach Vorsatz jedenfalls dann entfällt, wenn der Täter die tatsächlichen Voraussetzungen des Vorliegens eines Rechtfertigungsgrundes angenommen hat. — Nach § 4 II Ziff. 1 AHaftpflB muß sich übrigens der Vorsatz auf die Schadensherbeiführung beziehen, während § 152 (ebenso wie § 823 I BGB) die vorsätzliche Herbeiführung der Tatsache, für die der Täter dem Dritten verantwortlich ist, genügen läßt. Versetzt der Vmer einem Dritten eine Ohrfeige und umfaßt der Vorsatz die Schadensfolgen nicht, so genießt der Vmer Vsschutz nach § 4 II Ziff. 1 AHaftpflB; das Bedingungsrecht hat also § 152 hier zugunsten des Vmers geändert.

Die V gegen „gesetzliche" Schulden kommt auch als V gegen **Schulden aus Vertrag** vor. Zwar kann man sich normalerweise nicht dagegen vern, daß ex contractu primäre Erfüllungsansprüche entstehen; denn man hat die Erfüllung ja selbst willentlich versprochen. Aber im Falle einer Forderungsverletzung (Nichterfüllung oder Schlechterfüllung) sieht das Gesetz Sanktionen vor, und wenn die Forderungsverletzung keine vorsätzliche ist, könnte Haftpflichtvsschutz gegen die Entstehung solcher sekundärer vertraglicher Ansprüche gewährt werden. Das gilt jedenfalls solange, als sich die Schadensersatzansprüche und sonstigen sekundären Ansprüche des Vertragspartners im Rahmen der gesetzlichen Vorschriften halten. So bezieht sich nach der Ausschlußregelung des § 4 I Ziff. 1 AHaftpflB der Vsschutz nicht auf „Haftpflichtansprüche, soweit sie auf Grund Vertrags oder besonderer Zusagen über den Umfang der gesetzlichen Haftpflicht des Vmers hinausgehen." Eine gewisse weitere Begrenzung sekundärer Vertragsansprüche ist abzuleiten aus § 4 I Ziff. 6 III AHaftpflB: „Die Erfüllung von Verträgen und die an die Stelle der Erfüllungsleistung tretende Ersatzleistung ist nicht Gegenstand der Haftpflichtv, auch dann nicht, wenn es sich um gesetzliche Ansprüche handelt" (dazu Wussow AHB[4] Anm. 64 zu § 1, S. 102—103). Was die Vorsatzfälle anlangt, so gewinnt bei vertraglichen Ansprüchen § 4 II Ziff. 1 S. 2 AHaftpflB Bedeutung: „Bei der Lieferung oder Herstellung von Waren, Erzeugnissen oder Arbeiten steht die Kenntnis von der Mangelhaftigkeit oder Schädlichkeit der Waren usw. dem Vorsatz gleich."

[74] Die allgemeine Haftpflichtv umreißt die vten Passiven als **Schadensersatzschulden** bestimmter Art: Der Vmer muß wegen eines Ereignisses, das einen **Personen-** oder einen **Sachschaden** zur Folge hatte, „für diese Folgen auf Grund gesetzlicher Haftpflichtbestimmungen privatrechtlichen Inhalts von einem Dritten auf Schadenersatz in Anspruch genommen" werden.

Bei Architekten, Ärzten, Rechtsanwälten, Steuerberatern usw. gewinnen neben den Personen- und Sachschäden auch die **reinen Vermögensschäden** Bedeutung; die Haftung ex contractu spielt in der Vermögensschadenhaftpflichtv eine größere Rolle als in der allgemeinen Haftpflichtv.

Begrifflich braucht sich die Haftpflichtv **nicht** auf **Schadensersatzansprüche** Dritter zu beschränken, könnte vielmehr z. B. auch Ansprüche aus Vertragsstrafenvereinbarungen, sowie Ansprüche zum Gegenstande haben, die bei Anfechtung, Rücktritt, Wandlung, Minderung usw. ergeben. Reeder/Verfrachter nehmen nicht selten eine Frachtrückerstattungsv, die von § 617 I HGB ausgeht, wonach der Verfrachter vorausbezahlte Fracht dem Befrachter zu erstatten hat, falls die beförderten Güter durch irgendeinen Unfall verloren gegangen sind (vgl. Argyriadis, Die Frachtv, Hamburg 1961, S. 77—79, der hier von einer Haftpflichtv redet). Es wäre auch denkbar, daß eine Haftpflichtv Inanspruchnahmen umfaßt, die auf Grund von gesetzlichen Haftpflichtbestimmungen öffentlichrechtlichen Inhalts erfolgen.

[75] Praktisch bedeutsamer sind spezielle Haftpflichtvsverträge, bei denen sich der Vmer gegen eine Vertragshaftung vert, welche in ihren Voraussetzungen über die gesetzliche Haftpflicht möglicherweise weit hinausgeht. Es kommt nicht selten vor, daß ein Vmer befürchten muß, bestimmte Sachschäden ersetzen zu müssen; man hat hier irreführend von **Sachersatzinteressen** gesprochen (Kisch III S. 120—128), obgleich es sich nicht um eine Sach-, sondern um eine Haftpflichtv handelt (BGH 29. X. 1956 BGHZ Bd 22 S. 114, 30. IV. 1959 BGHZ Bd 30 S. 43). Kisch III S. 121—122 erwähnt besonders den Fall, daß „der Mieter, Pächter, Beauftragte, Werkunternehmer, Verwahrer, Lagerhalter, Entleiher, Frachtführer, Spediteur, Kommissionär, Gesellschafter ausdrücklich oder stillschweigend die Haftung auch für zufälligen Untergang der ihm anvertrauten Sache übernommen hat." Man denke nur an den häufigen Fall, daß der Mieter eines Ladens Spiegelscheiben zu erneuern hat, selbst wenn sie ohne sein Verschulden zerbrechen. Die genannten Personen nehmen in dem hier behandelten Falle die V für eigene Rechnung, nicht etwa vern sie für fremde Rechnung das Eigentümerinteresse. Deshalb liegt auch keine Doppelv vor, falls erstens der Nichteigentümer und zweitens der Eigentümer sein Interesse vert (a. A. Kisch III S. 126—128, welcher leugnet, daß die V des Nichteigentümers eine Haftpflichtv sei).

In der Seev können Verfrachter sich dagegen vern, daß sie wegen eines Ladungsschadens von dem Befrachter oder sonstigen Ladungsbeteiligten nach Maßgabe der Haager Regeln in Anspruch genommen werden (Anm. 106).

Die Bauwesenv wird nach Maßgabe der AVB für die Bauwesenv der Bauunternehmer (VA 1938 S. 123—125, 1955 S. 112; Herde, Die Bauwesenv des Bauunternehmers, Wiesbaden-Berlin 1962, S. 63—67) von Bauunternehmern genommen und schützt diese u. a. „gegen alle Schäden durch unvorhergesehene Baunfälle (unvorhergesehene Beschädigungen oder Zerstörungen) der vten Bauleistung ..., soweit der Bauunternehmer diese Schäden nach der Verdingungsordnung für Bauleistungen (VOB) zu vertreten hat." Zu vertreten hat der Schuldner eigenes Verschulden (§ 276 I 1 BGB) und jenes seiner Erfüllungsgehilfen (§ 278[1] BGB); trifft aber den Bauunternehmer eigenes Verschulden, so greift eine Ausschlußklausel ein, der Vsschutz entfällt. Der Vsschutz soll sich aber auch auf zufällige Schäden beziehen, hinsichtlich derer der Bauunternehmer die Gefahr trägt; in Abweichung von § 644 I 1 BGB erstreckt sich jedoch seine Gefahrtragung nicht auf unabwendbare Umstände (B § 7 Ziff. 1 VOB). — Stürzt hiernach ein Bauwerksteil infolge Verschuldens eines Erfüllungsgehilfen oder infolge Unfalls ein und unterstellt man, daß es sich um einen wesentlichen Bestandteil des im Bau befindlichen Gebäudes handelt, so liegt ein Sachinteresse nur beim Grundeigentümer, nicht beim Bauunternehmer (a. M. Wussow VersR 1964 S. 572—573). Auch von einem wirtschaftlichen Eigentümerinteresse des Bauunternehmers kann nicht die Rede sein; denn die Höhe des Schadens, den er erleiden kann, steht in keiner notwendigen Relation zum Wert des Gebäudes (vgl. Anm. 67); es gibt hier keine Unterv, und es entsteht keine Doppelv, wenn neben dem Bauunternehmer der Grundeigentümer die „Bauleistung", das Gebäude vert. Der Bauunternehmer verliert seinen Vergütungsanspruch, er trägt die Vergütungsgefahr; aber die V wird auch nicht gegen die Beeinträchtigung des Forderungsinteresses genommen (a. M. Sieg BetrBer 1964 S. 18). Entscheidend ist vielmehr, daß der Besteller seinen Erfüllungsanspruch behält, der Bauunternehmer muß also noch einmal bauen (Esser S. 606 spricht von einem „Garantiemoment"). Dieses Nocheinmalleistenmüssen zwecks Herstellung des geschuldeten Bauerfolges stellt sich als Vertragshaftung dar, die Bauwesenv gehört insoweit dogmatisch zur Haftpflichtv (Bischoff ZVersWiss 1963 S. 205—206; Herde a. a. O. S. 59—60 versucht allerdings darzutun, daß eine gewöhnliche Betriebshaftpflichtv die hier erwähnten Bauwesenschäden [an der eigenen Arbeit] nicht decken würde, auch nicht soweit der Bauunternehmer für Erfüllungsgehilfen haftet).

Bei allen Gattungsschulden belastet den Schuldner bis zur Konkretisierung die (soeben erwähnte) Gefahr, „noch einmal" leisten zu müssen, die sogen. Leistungsgefahr. Das gilt besonders für den Gattungskauf (Anm. 94): Der Verkäufer hat bis zur Konkretisierung die Wahl, ob er sein Eigentümerinteresse vern will oder sein Haftpflichtinteresse daran, daß er nicht ein „zweites Mal" liefern muß. Über einen weiteren Fall der Leistungsgefahr beim Werkvertrag vgl. Klausel 2.06 g Klauseln der Feuerv und unten Anm. 105 (Schnitzelrücklieferungsverpflichtung der Zuckerindustrie).

[76] Die vten Verbindlichkeiten müssen entstanden sein infolge Verwirklichung der vten **Gefahr,** welche dadurch genauer umschrieben wird, daß im Vsschein und seinen Nachträgen die „Eigenschaften, Rechtsverhältnisse oder Tätigkeiten des Vmers (vtes „Risiko") angegeben werden (§ 1 II a AHaftpflB; Näheres Anm. 29 vor §§ 49—80).

III. Interesse und Schaden

[77] bbb) Versicherung gegen vertragliche Schulden.

Während von Vertragsverletzungsansprüchen schon in Anm. 73 bei der Haftpflichtv die Rede war, ist hier festzustellen, daß man sich sogar gegen die Entstehung primärer vertraglicher Schulden dann vern kann, wenn den kontrahierten Schulden ein aleatorisches Moment innewohnt, das der Vertragsschuldner vermindern oder ganz abwälzen möchte. Der Hauptfall ist jener der Rückv, bei welcher sich der Erstver gegen die Belastung mit Ansprüchen aus (im Vsvertrage bestimmten) Erstvsverträgen seinerseits vert, wobei zu prüfen ist, ob der Rückver den Erstver nur von jenen Belastungen freizuhalten hat, die sich aus Vsschäden i. e. S. (Anm. 43 vor §§ 49—80) ergeben, oder auch von Nebenansprüchen; man denke an Rettungs-, Ermittlungs- und Feststellungskosten, Prozeßkosten, Verzugsschaden bei Verzug des Erstvers (zu letzterem Prölss VsRdschau 1964 S. 109—116).

Die vten Passiven müssen auch hier entstanden sein durch die vte Gefahr. Meistens wird die Rückv zu Originalbedingungen, also vollen Umfangs genommen, aber es gibt auch die Möglichkeit einer Gefahrenrückv: Hat der Erstver bei einer Wohngebäudev nur das Sturmrisiko, nicht das Feuer- und Leitungswasserrisiko rückvert, so hat der Rückver den Erstver nur in dessen Eigenschaft als Sturmver freizuhalten. Man darf aber — genau genommen — nicht sagen, der Rückver trage hier die Sturmgefahr, werde seinerseits Sturmver. Die Sturmgefahr ist eine Sachgefahr (Aktivenv), die Rückv ist die Gefahr der Entstehung eines Passivums (Passivenv). Der Gefahr der Passivenentstehung ist aber die Sachgefahr immerhin immanent. Ein Lebensrückver ist ein Schadensver, kein Summenver wie der Lebenserstver, und doch wohnt der vom Lebensrückver getragenen Gefahr jene Gefahr inne, die der Erstver als Todes- und Erlebensfallgefahr trägt.

Die Verknüpfung der Rückv mit der Erstv führt auch dazu, daß die Leistungsbegrenzungen der Erstv sich beim Rückver auswirken. Wenn der Erstver nur nach Maßgabe der Vssumme, des Schadens und des Vswertes haftet, so hat auch der Rückver nicht mit einer höheren Belastung zu rechnen. So gibt es bei der Rückv einen Maximalschaden, einen dem Vswert reziproken Begriff des Mißwertes.

Zum Risiko des Rückvers und sein Verhältnis zum „Originalrisiko" vgl. auch Prölss, Ansichten der Rückv, Karlsruhe 1964, S. 15—37 = VW 1959 Nr. 6 Sonderbeilage S. I—V.

[78] ccc) Versicherung gegen notwendige Aufwendungen.

Die Tatsache, daß bereits die faktische Notwendigkeit, Aufwendungen zu machen, eine Schädigung bedeutet (Lewis a. a. O. S. 37), ergibt sich aus dem wirtschaftlichen Charakter des Schadensbegriffes.

Im allgemeinen Schadensersatzrecht läßt § 249^2 BGB für Personenschäden ersehen, „daß der Verletzte den Anspruch auf die Heilungskosten nicht erst dann erheben könne, wenn er die Kosten bezahlt habe oder wenigstens schuldig geworden sei" (RG 11. VI. 1936 RGZ Bd 151 S. 303). Entsprechendes gilt für die Vermehrung der Bedürfnisse des Verletzten i. S. des § 843 I BGB. Der Schadensersatz ist bereits zu leisten, wenn der Verletzte Aufwendungen machen muß; es kommt nicht darauf an, daß er sie gemacht hat. Irrig wäre die Annahme, „daß ein auf die Vermehrung der Bedürfnisse gestützter Anspruch in Wirklichkeit ein Erstattungsanspruch ist, der nicht mit dem schädigenden Ereignis, sondern mit der die Befriedigung des Bedürfnisses bezweckenden Verauslagung eines bestimmten Geldbetrages entsteht" (RG a. a. O. S. 300). „Ein Vermögensschaden liegt im Sinne des § 843 BGB ... schon dann vor, wenn eine Vermehrung der Bedürfnisse eingetreten ist, die eine sachgemäße Befriedigung verlangt, nicht erst dann, wenn die vermehrten Bedürfnisse befriedigt worden sind" (RG 23. V. 1935 RGZ Bd 148 S. 70—71). Auch der BGH 29. X. 1957 VersR 1958 S. 176—177 hebt darauf ab, daß die Verletzte gewisser „Stärkungsmittel bedurft hat; sei dies der Fall, so könne sie einen entsprechenden Betrag als Schadensersatz auch dann verlangen, wenn die Stärkungsmittel aus Geldmangel nicht hätten gekauft werden können." Zu alledem auch Esser S. 913.

Auch im Strafrecht wird ein vollendeter Betrug, also eine Vermögensbeschädigung bereits angenommen, wenn die faktische Notwendigkeit entstanden ist, Aufwendungen zu machen. Jemand hatte auf Grund betrügerischen Verhaltens des Angeklagten eine formlose Rückbürgschaft übernommen. Er mußte trotz des Formmangels seine „Schuld" tilgen, denn für ihn bestand eine „tatsächliche Zwangslage ...", wenn nicht seine geschäftlichen Beziehungen ... erheblich gestört werden sollten" (RG 30. I. 19.1 RGSt Bd 65 S. 109).

Die Bedeutung der notwendigen Aufwendungen für das **Schadensvsrecht** ist recht groß. Wie bereits in Anm. 20 vor §§ 49—80 angedeutet, gehört hierher die Neuwertv (hinsichtlich der Differenz von Neu- und Zeitwert: Anm. 26, 28 zu § 52 m. w. N., insbesondere BGH 1. IV. 1953 BGHZ Bd 9 S. 203). Hierher gehört die Krankheitskostenv, bei welcher der Ver verpflichtet ist, „dem Vmer die Aufwendungen, die durch notwendige Heilbehandlung der vten Personen entstehen, ... zu ersetzen" (§ 4 I 1 GrundBed). Der gedehnte Vsfall beginnt (spätestens) mit der Notwendigkeit der Heilbehandlung, also von Aufwendungen.

Es ist unbedenklich, wenn eine Geldleistungspflicht des Vers bereits zu erfüllen ist, sobald jene Notwendigkeit einer Aufwendung feststeht. Aber häufig werden gerade bei einer V gegen notwendige Aufwendungen spezielle Vereinbarungen getroffen, welche eine **Zweckbindung** der Geldleistung des Vers gewährleisten sollen (Anm. 10). So fordern die Krankenver die Vorlage bezahlter (oder unbezahlter) Rechnungen, in der Neuwertv sind Wiederherstellungsregelungen üblich (Anm. 22—27).

Meistens fehlt es bei den notwendigen Aufwendungen zunächst an einem bestimmten **Destinatär**: Der Krankenvmer kann sich den Arzt aussuchen, bei der Neuwertv hat der Vmer unter mehreren Bauunternehmern die Wahl. Nur in Ausnahmefällen steht von vornherein ein bestimmter „Gläubiger" fest; man denke an den erwähnten strafrechtlichen Fall einer formlosen Rückbürgschaft.

Stets tritt der vte **Schaden** nicht erst ein, wenn die notwendige Aufwendung gemacht worden ist, also beispielsweise Geld ausgegeben oder ein Schuld kontrahiert worden ist. Eine Schmälerung des Aktivvermögens ist nicht erforderlich und das Passivvermögen ist schon durch die bloße Notwendigkeit der Aufwendung vergrößert; es handelt sich also auch nicht um eine Versicherung gegen vertragliche Schulden. Zu allem schon Möller, Summen- und Einzelschaden a. a. O. S. 77—79.

[79] ddd) Versicherung gegen konkrete Verlustmöglichkeiten.

Wie schon in Anm. 21 vor §§ 49—80 angedeutet, entsprechen den Anwartschaften und Chancen, die zur Aktivseite des Vermögens gehören, auf der Passivseite konkrete Verlustmöglichkeiten. Man könnte von negativen Anwartschaften sprechen, würde nicht in dem Worte Anwartschaft allzusehr das Moment der Hoffnung mitspielen. Ähnlich wie die Anwartschaft hat auch die Verlustmöglichkeit transitorischen Charakter; hier steht dringend zu befürchten, daß die Verlustmöglichkeit sich konkretisiere, so wie man auf der anderen Seite hofft, daß eine Anwartschaft sich verwirkliche.

Die konkrete Verlustmöglichkeit darf nicht mit der vten Gefahr verwechselt werden. Die Gefahr ist etwas Dynamisches und läßt bei ihrer Verwirklichung Schäden entstehen. Die konkrete Verlustmöglichkeit ist dagegen eine Schadensart, welche eine Gefahrverwirklichung voraussetzt. Die Gefahr ist kein Passivum, sondern droht, Aktiven zu beeinträchtigen oder Passiven entstehen zu lassen. Die Gefahr ist also die Möglichkeit eines Schadens. Die konkrete Verlustmöglichkeit ist dagegen eine ganz bestimmte Schadensform der Passivenv. Genaueres: Möller, Summen- und Einzelschaden a. a. O. S. 67—75 (auch zum Folgenden), Beisler VersArch 1957 S. 282—288.

Im allgemeinen **Schadensersatzrecht** sind die konkreten Verlustmöglichkeiten bislang wenig beachtet. Hinzuweisen ist etwa auf den Fall, daß Prokuristen oder Handlungsbevollmächtigte zwar im Rahmen ihrer Vertretungsmacht, aber unter Überschreitung ihres Auftrages eine Ausfallbürgschaftsverpflichtung eingehen oder daß Prokuristen unter denselben Umständen Wechsel girieren. In diesen Fällen erwächst für den Prinzipal jeweils eine aufschiebend bedingte Schuld, die in Wahrheit gegenwärtig nur eine Verlustmöglichkeit darstellt. Bereits mit der Entstehung der Unwertbeziehung zu der Verlustmöglichkeit erleidet aber der Prinzipal einen Schaden, den er ersetzt verlangen kann, speziell im Wege des Naturalersatzes. Vgl. auch RG 25. IV. 1934 JW 1934 S. 2395, 25. I. 1935 RGZ Bd 146 S. 360—363.

III. Interesse und Schaden **§ 49**
Anm. 80—81

Im Strafrecht sind Fälle, bei denen Verlustmöglichkeiten eine Rolle spielen, im Zusammenhang mit den Tatbeständen des Betruges und der Untreue oft behandelt. Anerkanntermaßen reicht eine „Vermögensgefährdung" für die Annahme einer Vermögensbeschädigung, eines Nachteils aus. Hier sei nur auf den Fall einer betrügerischen Überv hingewiesen: „die Möglichkeit einer die Gesellschaft treffenden tatsächlichen Einbuße an ihrem Vermögen war bei der von den Angeklagten in Aussicht genommen alsbaldigen Brandstiftung unmittelbar gegeben" (RG 9. III. 1914 RGSt Bd 48 S. 190; vgl. Anm. 51 zu § 51). Ein anderes Urteil nahm die Schädigung eines Lotterieunternehmers an; denn für ihn „wurde die naheliegende Gefahr begründet, daß der Angeklagte die Lose gutgläubigen Erwerbern zu Eigentum übertragen werde, die alsdann einen Anspruch auf Gewinnbeteiligung nach dem Lotterieplan erlangten, während der Unternehmer des ihm gebührenden Kaufpreises für die Lose verlustig ging" (RG 9. I. 1933 RGSt Bd 67 S. 69). Wohlgemerkt liegt eine Schädigung des Lotterieunternehmers nicht erst vor, wenn die gutgläubigen Erwerber ihre Forderung erlangen, sondern schon dann, wenn die konkrete Verlustmöglichkeit existent wird.

So wie bei den Anwartschaften ihre Realisierungswahrscheinlichkeit eine Rolle spielt (vgl. § 252 Satz 2 BGB: „mit Wahrscheinlichkeit erwartet werden konnte"), können auch Verlustmöglichkeiten nur als gegenwärtiger Vermögensschaden qualifiziert werden, wenn ihre Realisierungsmöglichkeit nicht ganz entfernt, sondern einigermaßen konkret ist. Soweit allerdings Naturalersatz, d. h. Beseitigung der Verlustmöglichkeit gefordert wird, können die Anforderungen an die Konkretheit der Verlustmöglichkeit gemildert werden.

Im Schadensvsrecht gewinnen die Fälle einer V gegen konkrete Verlustmöglichkeiten laufend an Bedeutung. Hierher gehört die Rechtsschutzfunktion der Haftpflichtv; letztere umfaßt die Kosten, die durch die Verteidigung gegen den von einem Dritten geltend gemachten Anspruch entstehen, soweit die Aufwendung der Kosten den Umständen nach geboten ist, und zwar auch dann, wenn sich der Anspruch als unbegründet erweist (§ 150 I 1, 2). Erhebt der Dritte Ansprüche, so ergibt sich daraus immer eine konkrete Verlustmöglichkeit, mögen sich auch diese Ansprüche als unbegründet herausstellen. — Die Haftpflichtv mit ihrer Rechtsschutzfunktion ist nicht zu verwechseln mit der echten Rechtsschutzv, welche sich stark ausbreitet. Sie ist gleichfalls der Passivenv zuzurechnen. Die zu deckenden Schäden sind nicht erst die für den Vmer entstandenen Kostenobligationen, sondern sie liegen zeitlich früher. Sie sind vielmehr teilweise notwendige Aufwendungen (insbesondere für Anwalts- und Gerichtskosten), besonders aber auch konkrete Verlustmöglichkeiten, resultierend aus dem Umstand. daß im Falle des späteren Unterliegens dem Gegner die erwachsenen Kosten zu erstatten sind und daß der Unterliegende Zweitschuldner der Gerichtskosten wird (§§ 91 I, II ZPO, 99 Ziff. 1 GKG). Es geht also um das Kostenrisiko.

Über das Problem des Naturalersatzes bei der V gegen konkrete Verlustmöglichkeiten: Anm. 14.

[80] b) Weitere Einteilungen.

Abgesehen von der grundlegenden Einteilung in Sach-, Forderungsinteressen, Interessen an sonstigen Rechten, Gewinninteressen (insgesamt: Aktivenv) und der V gegen gesetzliche Schulden, vertragliche Schulden, notwendige Aufwendungen und konkrete Verlustmöglichkeiten (insgesamt: Passivenv) (darüber Anm. 57—79) war bereits die Rede vom Interesse im weiteren und engeren Sinn (Anm. 47—51), vom subjektiven und objektiven Interesse (Anm. 52) sowie vom rechtlichen und wirtschaftlichen Interesse (Anm. 53—55, 60—68). Jetzt sind noch einige sonstige Einteilungen zu erwähnen:

[81] aa) Vergangene, gegenwärtige, künftige Interessen.

Vergangene, nicht mehr existente Interessen können nicht vert werden, es sei denn, es handele sich um eine reine Rückwärtsv (dazu Anm. 22—26 zu § 2). Normalerweise werden gegenwärtige Interessen, die zur Zeit des materiellen Vsbeginns vorhanden sind, vert. Aber die V künftiger Interessen kann vereinbart werden (Prölss[15] Anm. 1 vor § 51, S. 238), eine Unterart ist gemäß § 68 I die V für ein künftiges Unternehmen. Bei der Sachv eines Inbegriffs von Sachen sind die künftig angeschafften oder sonst in den Inbegriff hinein-

91

fallenden Sachen mitvert (Anm. zu § 54), Eine laufende V (§ 187 II) wird ihrem Wesen nach für künftige Interessen genommen (vgl. § 97 I 1 ADS).

[82] bb) Eigene, fremde Interessen.

Der Vmer kann eigene und/oder fremde Interessen vern, die V ist eine V für eigene und/oder fremde Rechnung (vgl. schon Anm. 9 vor §§ 49—80). In dubio sind nur eigene Interessen vert (§ 80 I).

[83] cc) Bestimmte, bestimmbare Interessen.

Im Vsvertrage müssen die vten Interessen genau bestimmt werden, jedoch reicht ausnahmsweise Bestimmbarkeit aus. Die Bestimmung erfolgt durch Kennzeichnung der interesseverknüpften Person und des interesseverknüpften Gutes, in der Passivenv: Ungutes, Passivums.

Was die Person des Interesseträgers anlangt, so muß der Vmer, bei der V für fremde Rechnung der Vte im Vsvertrage bezeichnet werden. Möglich ist aber eine V für fremde Rechnung ohne Benennung der Person des Vten (V für Rechnung eines ungenannten Dritten: § 74 I). Möglich ist ferner sogar eine V für Rechnung wen es angeht, bei der „unbestimmt gelassen werden soll, ob eigenes oder fremdes Interesse vert ist" (§ 80 II; Anm. 52). Auch in diesen Fällen muß aber bei Schadenseintritt der Interessent aufgedeckt werden, denn er ist der Träger der Entschädigungsforderung. Bis dahin können die Interesseträger wechseln (ohne daß eine Veräußerung der vten Sache i. S. der §§ 69—72 anzunehmen ist), die Interesseträger können alternative sein (um das vte Haus wird prozessiert), es kann sich auch um mehrere Interesseträger handeln (z. B. Miteigentümer). So kann die V für Rechnung wen es angeht der V sukzessiver, alternativer oder kumulativer Interessen dienen (Näheres zu § 80; Glitza, Die V für Rechnung „wen es angeht", Hamburger Diss. 1964, S. 18—21, Möller JRPV 1928 S. 337—342). Der jeweilige Interesseträger ist unmittelbar geschützt. — Über eine V von Fahrradeigentümern, die ein bestimmtes Schloß als Schutzvorrichtung gegen Diebstahl gekauft haben, Ehrenberg Festgabe a. a. O. S. 1—2.

Was das Gut oder Passivum anlangt, so muß es gleichfalls im Vsvertrage bezeichnet werden. Aus § 52 ist zu entnehmen, daß in dubio, wenn es um eine Sache geht, das Eigentümerinteresse vert ist (Anm. 55 zu § 52). In Verbindung mit § 80 I zeigt sich also, daß das Eigentümerinteresse des Vmers als vert anzusehen ist, wenn sich nicht aus den Umständen oder ausdrücklicher Vereinbarung etwas anderes ergibt. Stellt sich heraus, daß der Vmer nicht Träger des Eigentümerinteresses ist, so greift § 68 I ein: Das Interesse, für welches die V genommen ist, besteht nicht. — Die Seev kennt die eigenartige V für behaltene Ankunft (für behaltene Fahrt), auch Interessenv schlechthin genannt (§ 120 ADS; Anm. 47). Hier ist vom Vmer zwar ein Schiff oder es sind Güter zu bezeichnen, aber im übrigen wird der Vmer von der Verpflichtung, beim Abschluß des Vertrags das vte Interesse anzugeben, dispensiert; die Parteien lassen das Interesse (einstweilen) im Dunkel (Ritter Anm. 5 zu § 120, S. 1304—1305). Spätestens im Vsfall muß sich dann aber ergeben, welches Interesse gedeckt ist. So kann sich bei einer V für behaltene Ankunft des Schiffes herausstellen, daß z. B. ein Kasko-, Fracht- oder Schiffsmaklerprovisionsinteresse vert werden sollte. bei einer V für behaltene Ankunft der Güter z. B. ein Eigentümer-, Gewinn-, Verkaufskommissionsinteresse. Die zunächst gegebene Unbestimmtheit ist noch größer, wenn die V für behaltene Ankunft des Schiffes oder der Güter genommen wird, was zulässig ist (Ritter Anm. 9 zu § 120, S. 1306).

Wird obendrein die V für behaltene Ankunft für Rechnung wen es angeht abgeschlossen, so kennt der Ver zunächst weder die vte Person noch das beziehungsverknüpfte Gut. Das Risiko wird nur dadurch für den Ver tragbar, daß in § 120 ADS entweder ein Totalverlust des Schiffes vorausgesetzt wird oder der Tatbestand, daß die Güter den Bestimmungsort nicht erreichen. Der Anspruchsteller muß den ihm erwachsenen Schaden beweisen.

[84] dd) Haupt-, Nebeninteressen.

Friedmann a. a. O. S. 21 definiert das Nebeninteresse als „Beziehung einer Person zu einem die Substanz eines (oder mehrerer) Sachgüter voraussetzenden Gut, die be-

III. Interesse und Schaden § 49
Anm. 85

droht wird von Gefahren, denen die dem (oder den) Sachgütern drohenden Gefahren innewohnen". Danach ist das Hauptinteresse ein Eigentümerinteresse, ein Sachinteresse. Im Zusammenhang mit der Sache können aber auch Gewinninteressen, Forderungsinteressen, Interessen an sonstigen Rechten bestehen, und zwar dergestalt, daß bei Verwirklichung der Sachgefahr auch die Nebeninteressen beeinträchtigt werden. So kann man sagen, daß jenen Gefahren, die den Nebeninteressen drohen, die Sachgefahren immanent sind (dazu für Forderungsinteressen: Anm. 69, für Gewinninteressen: Anm. 71). Benecke a. a. O. S. 212—213 unterscheidet direkte und indirekte Interessen, Weygand S. 22—23 primäre und sekundäre Interessen, wobei erstere den Haupt-, letztere den Nebeninteressen entsprechen. Vgl. auch Bruck S. 489—490, Hagen I S. 374—375, Reatz a. a. O. S. 346—348.

Besonders in der Seev sind die Nebeninteressen bedeutsam; sie stehen mit dem Schiff und/oder den Gütern in Zusammenhang. Die Kasko- oder Gütervsregeln finden entsprechende Anwendung (§§ 79, 99 ADS); Kasko- und Güterinteresse sind die Hauptinteressen. Als Nebeninteressen nennt § 99^2 ADS die V von imaginärem Gewinn oder Provision oder endgültig bezahlter Fracht. In den §§ 100—112 ADS sind außerdem die V von Schiffsmiete, Überfahrtsgeld, Bodmerei-, Haverei- und ähnlichen Geldern behandelt.

Friedmann a. a. O. S. 23—24 will den Begriff des Nebeninteresses auch für die Binnenv nutzbar machen und nennt besonders die verschiedenen Branchen der Gewinnv, z. B. die Betriebsunterbrechungsv, aber auch die Hagelv.

Als uneigentliches Nebeninteresse wird das Mehrwertinteresse von Friedmann a. a. O. S. 22, 37—40 qualifiziert (dazu RG 28. VIII. 1942 RGZ Bd 169 S. 372—373, Anm. 25 zu § 52, Anm. zu § 53).

[85] ee) Gewisse, schwebende Interessen.

Die meisten Interessen sind gewisse, zweifellose Interessen, deren Träger für die Gegenwart feststeht.

Man kann aber auch schwebende, ungewisse, zweifelhafte, eventuelle, alternative, (aufschiebend oder auflösend) bedingte Interessen vern (Ehrenzweig S. 202 Anm. 12, Hagen I S. 370, ZVersWiss 1907 S. 16, Kisch III S. 77—78, Lewis a. a. O. S. 45, Ritter Anm. 10 zu § 1, S. 55, a. A. Bruck S. 491), insbesondere auch vermöge einer V für Rechnung wen es angeht oder für Rechnung eines ungenannten Dritten. Eine reine V für eigene Rechnung würde hier nur nützlich sein, falls sich der Vmer endgültig als Interessent herausstellt, eine V für fremde Rechnung nur, falls dies hinsichtlich des genannten Vten zutrifft.

Die Versicherbarkeit schwebender Interessen ist eingehend begründet von RG 11. XII. 1884 RGZ Bd 13 S. 99—104. Es handelte sich um den Fall eines Überseekaufes von Hopfen, bei welchem der Käufer zwar grundsätzlich die Gefahr zu tragen hatte, aber den durch Seewasser schwer beschädigten Hopfen mit der Begründung zur Disposition stellte, er sei mit Sand vermischt gewesen. Dem Verkäufer wird nun zwar für den Zeitpunkt der Versicherungsnahme angesichts der Gefahrtragung des Käufers „am Gute kein aktuelles Eigentumsinteresse (wenigstens kein zweifelloses) mehr" zugebilligt, aber: „Ist die Vertragsmäßigkeit der als Erfüllung abgeladenen Gegenstände unter den Parteien streitig, so ist bis zur Entscheidung dieses Streites der Übergang der Gefahr und damit das Vorhandensein des Eigentumsinteresses beim Verkäufer in suspenso", Der Vmer sei nicht verpflichtet, bei Abschluß der V anzugeben, daß das zu versichernde Interesse ein zweifelhaftes oder ein eventuelles sei. Erwähnt werden auch die Möglichkeiten, daß der Kauf durch Rechtsgeschäft rückgängig gemacht werde, daß der Verkäufer durch Vergleich die Beanstandung der Ware als begründet zugebe oder daß der Verkäufer bei Konkurs des Käufers von seinem Verfolgungsrecht (§ 44 KO) Gebrauch mache. Vgl. auch Anm. 64, 94.

Die V schwebender Interessen gewinnt besonders große Bedeutung, wenn man den Träger des Eigentümerinteresses auf Grund der Theorie von der effektiven, tatsächlichen Gefahrtragung bestimmt (Anm. 67).

[86] ff) Neutrale, feindliche Interessen.

Man versteht unter neutralen Interessen solche, die nebeneinander bestehen können, ohne sich zu beeinträchtigen. Dagegen sind feindliche Interessen dadurch gekennzeichnet, daß eines das andere schmälert. Ritter Anm. 10 zu § 1, S. 53 unterscheidet Interessen, die „einander gleichgültig" sind, von solchen, die aufeinander reagieren, ähnlich Bruck S. 490—491.

Verschiedenartige Interessen werden im allgemeinen neutrale Interessen sein: So stehen Sach- und Gewinninteressen nebeneinander, z. B. in der Hagelv. Auch Sach- und Aufwendungsinteressen ergänzen sich, z. B. in der Neuwertv. Auch mehrere Personen können gleichzeitig interessiert sein: Bei einem Landgut steht das Eigentümerinteresse neben dem Interesse des Pächters.

Feindliche Interessen sind seltener. Man wird hierher nicht den Fall zählen können, daß bei Miteigentum von A, B und C das Interesse des A durch jenes der B und C geschmälert werden, denn jeder hat nur ein begrenztes Interesse (Separatinteresse). Gesamthandseigentümer haben ein gemeinschaftliches Interesse. Zu beiden Fällen: Anm. 59. — Aber der Eigentümer eines Wohnhauses hat eine Wahlmöglichkeit: Bewohnt er es selbst, so hat er eine Nutzungsanwartschaft, also ein Gewinninteresse (Anm. 71). Vermietet er das Haus, so hat er eine Mietzinsforderung, also ein Forderungsinteresse (Anm. 69). Das eine Interesse schließt das andere aus. Kisch III S. 237—243 spricht von Exklusivinteressen, unter denen er Alternativinteressen, Sukzessivinteressen und Konkurrenzinteressen scheidet.

Es ist — wie in Anm. 70 dargetan — umstritten, ob ein Pfandgläubigerinteresse das Eigentümerinteresse schmälert, also ein feindliches Interesse ist (bejahend besonders Ehrenberg I S. 12, 312—313, Festgabe a. a. O. S. 28—32). In Wahrheit sind die Interessen des Eigentümers und des Pfandgläubigers neutrale Interessen. Der Eigentümer kann trotz der Belastung den vollen Wert vern, was sich z. B. aus § 1128 BGB schließen läßt. Andererseits kann der Hypothekengläubiger sein Forderungs- oder sein Hypothekeninteresse vern. Beide Ven nebeneinander sind zwar unzweckmäßig, da Prämie verschwendet wird, aber es handelt sich nicht um eine Doppelv. Das Hypothekeninteresse wird trotz eines Brandes gar nicht beeinträchtigt, solange sich die Hypothek auf die Vsforderung des Eigentümerinteressenten erstreckt.

[87] gg) Übertragbare, höchstpersönliche Interessen.

Genau genommen, ist kein Interesse übertragbar; denn mit dem Wechsel des Interesseträgers wird das Interesse ein anderes (Ehrenberg I S. 13) und es müßte § 68 II eingreifen (Wegfall des Interesses). Aber bei „Veräußerung der vten Sache" geht aus Zweckmäßigkeitsgründen die V auf den Erwerber über (§ 69 I), vorbehaltlich einer Kündigung (§ 70), zu welcher insbesondere der Ver berechtigt ist, da ihm möglicherweise der neue Sachinteressent als Vertragspartner unerwünscht ist. Die §§ 69—72 können analog angewendet werden, wenn bei einer Forderungsv die Forderung abgetreten wird, bei einer Hypothekenv die Hypothek übergeht, bei einer Gewinnv die Anwartschaft ihren Träger wechselt. Man kann hier von sukzessiven Interessen sprechen, die vermöge einer V für Rechnung wen es angeht unmittelbar vert werden können (Anm. 83).

Bei unveräußerlichen, individuellen höchstpersönlichen Aktiven ist auch das Interesse ein unübertragbares (Ehrenberg I S. 13). In der Passivenv handelt es sich oft um höchstpersönliche Interessen i. w. S., deshalb geht z. B. eine Krankheitskostenv nicht auf eine andere Person, z. B. einen Erben über, auch eine Grundeigentümer- oder Anwaltshaftpflichtv geht nicht auf den Erwerber des Grundstückes oder der Praxis über. Ausnahmen von der Höchstpersönlichkeit bilden infolge des engen Zusammenhangs mit Sachinteressen die Neuwertv (bezüglich des Aufwendungsinteresses), die Betriebs- und Pflichthaftpflichtv (vgl. §§ 151 II, 158 h).

[88] hh) Versicherbare, unversicherbare Interessen.

Die Rechtsordnung billigt es nicht, daß gewisse Interessen oder Gefahren vert werden, der Vsvertrag ist nichtig. Es handelt sich um gesetzwidrige oder unsittliche Vsverträge (§§ 134, 138 I BGB; Ehrenzweig S. 203—204, Fick a. a. O. S. 42, Prölss[15] Anm. 2

III. Interesse und Schaden § 49
Anm. 89

vor § 51, S. 240), im Grunde also nicht um unerlaubte oder unsittliche Interessen oder Gefahren (wie Bruck S. 484—486, Ehrenberg Festgabe a. a. O. S. 11, Hagen I S. 378 bis 379, ZVersWiss. 1907 S. 20—21, Kisch III S. 52—61, ArchBürgR Bd 40 S. 1—40, Ritter Anm. 23, 24 zu § 1, S. 78—79 meinen). Aber man spricht von solchen unerlaubten, illegalen, unsittlichen, nicht vsfähigen, nicht vswürdigen, unversicherbaren Interessen. § 780 HGB verbietet dem Kapitän und der Schiffsmannschaft die V der Heuerforderung; hier haftet aber dem Forderungsinteresse keinerlei Makel an, es sollte nur verhütet werden, daß das Schiff und die Ladung womöglich nicht tatkräftig verteidigt werden (Ritter Anm. 23 zu § 1, S. 78). Ein Sachinteresse wäre unversicherbar, wenn es sich z. B. um (einziehbares) Falschgeld oder gefälschte Personalausweise handelt. Ein Forderungsinteresse könnte unversicherbar sein, wenn der Gläubiger z. B. Schmiergeld zu fordern hat. Ein Sachinteresse an Gütern, die geschmuggelt werden sollen, ist als solches nicht unversicherbar. Näheres zu § 68.

[89] ii) Sonstige Unterscheidungen.

Da nur Vermögensschäden in der Schadensv ersetzt werden können, muß der Wert des Interesses objektiv in Geld schätzbar sein (Anm. 9 zu § 52) und man spricht von **materiellen, schätzbaren Interessen** im Gegensatz zum unversicherbaren **Affektionsinteresse** (Anm. 13 zu § 52). Vgl. Anm. 52.

Die von Kisch III S. 84—133 gebrachte Unterscheidung von **Sachinhaber-, Sacherwerbs-, Sachverwertungs-, Sachgebrauchs-, Sachnutzungs-, Sachgewinn- und Sachersatzinteresse** ist in Anm. 51 kritisch gewürdigt worden.

Den **Separatinteressen** der Miteigentümer nach Bruchteilen steht das **gemeinschaftliche Interesse** einer Gesamthandsgemeinschaft gegenüber (Anm. 59). Der Begriff des Separat- oder Sonderinteresses wird von Kisch II S. 234—237 immer gebraucht, wenn „die durch den gleichen Fall bedrohten Interessen in ihrer Existenz, in ihrem Wert und ihrer Verwirklichung nicht durcheinander bedingt" sind.

Bei Vorhandensein mehrerer Interessen spricht man je nach Lage des Falles von **kumulativen, alternativen oder sukzessiven Interessen**. Man kann z. B. die Interessen von Miteigentümern kumulativ vern. Die alternativen Interessen gehören zu den schwebenden (Anm. 85), die sukzessiven Interessen zu den übertragbaren (Anm. 87). Die V für Rechnung wen es angeht eröffnet die Möglichkeit, Interessen der genannten Art als zunächst nur bestimmbare unter Vsschutz zu bringen (Anm. 52, 67, 83).

Ehrenberg I S. 12, 312—313, Festgabe a. a. O. S. 26, 28—32 sprach bei feindlichen Interessen von **Konkurrenz- oder Komplementärinteressen**, jedoch hat sich erwiesen, daß in seinem Hauptanwendungsfall die Interessen neutrale sind (keine Schmälerung des Eigentümer- durch das Pfandgläubigerinteresse: Anm. 70, 86).

Von Ehrenberg I S. 11—12, Festgabe a. a. O. S. 38—39 stammt auch der Begriff der **Koinzidenzinteressen** her, die vorliegen sollen, wenn ein Ereignis eine Person primär schädigt (z. B. ein Sachinteresse), zugleich aber eine zweite Person zu einem Vermögensaufwand zwingt (z. B. durch Gegebensein eines Haftpflichtinteresses). Hiernach hätten bei einer Autokollision der Autokaskovte und sein haftpflichtvter schuldhaft handelnder Schädiger Koinzidenzinteressen (dagegen von Gierke II S. 179). Weygand a. a. O. S. 20—21 hebt die besondere Bedeutung der Koinzidenzinteressen in den Verkehrsgewerben (Frachtführer, Spediteur, Lagerhalter) hervor. Kisch III S. 244—246 und Bruck S. 491 Anm. 64 unterscheiden innerhalb der Koinzidenzinteressen erstens **Dependenz- und zweitens Konvergenzinteressen**. Sach- und Haftpflichtinteresse sollen im genannten Fall in Existenz und Umfang voneinander abhängen (Dependenzinteressen), was insofern zutrifft, als der Sachschaden den Autokaskovten nicht mehr belastet, wenn er vom Haftpflichtigen ersetzt worden ist. Sind mehrere Personen gesamtschuldnerisch haftpflichtig, so sollen die Haftpflichtinteressen im Verhältnis zueinander koordinierte Konvergenzinteressen sein.

Eigenartig ist die von Ehrenzweig S. 209—211 gebrachte Unterscheidung von **Einschluß- und Ausschlußinteressen**. Bei V einer pfandrechtsbelasteten Sache soll die V des Eigentümerinteresses jene des Pfandgläubigerinteresses einschließen, „im inneren Verhältnis" müsse der Eigentümer „die V als für Rechnung des Teil-Interessenten genommen gelten lassen". Wenn aber extern der Eigentümer das volle Eigentümerinteresse innehat (Anm. 70), so ist für eine interne V des Pfandgläubigers, die es begrifflich gar nicht geben kann, kein Raum; der Pfandgläubiger wird auf zivilrechtlichem Wege geschützt, etwa durch Erstreckung der Hypothek auf die Vsforderung des Eigentümers (§ 1127 I BGB). Die Ausschlußinteressen sollen nicht notwendig feindliche sein; Ehrenzweig bezeichnet als solche die Interessen des Verkäufers und Käufers (dazu Anm. 90—94).

Über Adhäsionsinteressen Anm. 42 vor §§ 49—80 mit Hinweis auf Möller WuRdVers 1931 Nr. 1 S. 46—55.

Mit Recht kritisiert von Gierke II S. 178 „eine wertlose Begriffsspielerei", Prölss[15] Anm. 1 vor § 51, S. 238 eine verwirrende „freigebige Begriffsbildung". Hagen I S. 371 meint, die Fülle der Unterscheidungen habe keinen „sonderlich praktischen Wert". Besonders bedenklich ist es, wenn z. B. der Ausdruck Konkurrenzinteresse in verschiedenem Sinne verwendet wird (Kisch III S. 242 Anm. 4).

[90] 7. Interessenlage in Einzelfällen.

a) Schuldrechtliche Grundlage.

aa) Kauf und Übereignung.

aaa) Grundstückskauf.

Versucht man, von der höchstrichterlichen Praxis herausgearbeitete, also praktikable Ergebnisse zu fixieren, so ergibt sich — unbeschadet der theoretischen Probleme — für den Grundstückskauf folgende Rechtslage (vgl. schon Anm. 54, 62, 63, 68):

Hat der **Grundstücksverkäufer** eine V des Eigentümerinteresses genommen, so geht diese gemäß § 69 I auf den Käufer nach der höchstrichterlichen Rechtsprechung erst mit dem Eigentumsübergang über, also nach Auflassung und Eintragung (§§ 873 I, 925 I 1 BGB): RG 28. IV. 1914 RGZ Bd 84 S. 409—415, 13. X. 1933 JW 1934 S. 552 = VA 1933 S. 426 Nr. 2646, 15. I. 1943 RGZ Bd 170 S. 289—290, BGH 4. III. 1955 VA 1955 S. 281 = VersR 1955 S. 225, auch BAA VA 1964 S. 185—186. Der Übergang der Vergütungsgefahr auf den Käufer (entweder kraft Übergabe [§ 446 I 1 BGB] oder kraft bloßer Eintragung [§ 446 II BGB]) soll unerheblich sein: RG 28. IV. 1914 RGZ Bd 84 S. 411—412, 13. X. 1933 JW 1934 S. 552—553 = VA 1933 S. 426—427 Nr. 2646, BGH 4. III. 1955 S. 282 = VersR 1955 S. 225, a. M. RG 5. VI. 1903 VA 1904 S. 39 Nr. 33 (zum vorgesetzlichen Recht).

Eine Ausnahme soll nur gelten, falls beim Gefahrübergang der Käufer den **Kaufpreis voll beglichen** hat, wenn also die Gefahrtragungspflicht des Käufers zur faktischen, effektiven Gefahrtragung erstarkt (vgl. Anm. 67). Hier verliert der Verkäufer sein Interesse, es wird zu einem rein formalen: RG 28. IV. 1914 RGZ Bd 84 S. 412—413 (offen gelassen), 13. X. 1933 JW 1934 S. 553 = VA 1933 S. 427 Nr. 2646 (dezidiert), BGH 4. III. 1955 VA 1955 S. 282 = VersR 1955 S. 225 (wieder offengelassen) (ablehnend, also die Versicherbarkeit eines rein formalen Verkäuferinteresses bejahend, Prölss NJW 1954 S. 679, der übrigens meint, der BGH sei vom RG „abgerückt"). Folgt man dem RG, nimmt man also an, der Verkäufer verliere nach Erhalt des vollen Kaufpreises sein Interesse, so müßte man auch das Vorliegen einer (anzeigepflichtigen) **Veräußerung**, also einen Übergang der V auf den Käufer gemäß § 69 I annehmen (a. A. OLG Hamm 2. III 1934 HansRGZ 1934 A Sp. 403, Bischoff Praxis 1933 S. 89—90, die einen Interessewegfall erwägen).

In diesen Fällen vollständiger Kaufpreiszahlung empfiehlt sich (neben der Veräußerungsanzeige) die vorsorgliche **Abtretung** der eventuellen Vsforderung des Verkäufers an den Käufer. Die Abtretung eines entsprechenden **Teiles** der Vsforderung ist insbesondere dann ratsam, wenn der Käufer den Kaufpreis teilweise vor dem Eigentumsübergang zahlt. Zur Abtretung Prölss NJW 1954 S. 679—680, Schmidt BetrBer 1955 S. 399.

Steht dem Verkäufer die Vsforderung (ganz oder teilweise) noch zu, weil keine Veräußerung der vten Sachen angenommen wird und keine Abtretung der Vsforderung erfolgt ist, so ist der Verkäufer Gläubiger der Vsentschädigung, obgleich er überdies wegen der Gefahrtragung des Käufers einen Kaufpreiszahlungsanspruch gegen den

III. Interesse und Schaden §49
Anm. 90

Käufer hat. Der Ausgleich muß über § 281 I BGB erfolgen, der Käufer kann Herausgabe der Entschädigung oder Abtretung der Entschädigungsforderung verlangen: BGH 4. III. 1955 VA 1955 S. 281—283 = VersR S. 225—226, dazu Schmidt BetrBer 1955 S. 399. Das gilt auch insoweit, als der Kaufpreis geringer ist als die Entschädigung oder Entschädigungsforderung: BGH 4. III. 1955 VA 1955 S. 283 = VersR 1955 S. 226.

Soweit man ein Sachinteresse des **Grundstückskäufers** nach Vorstehendem leugnet, hat er doch auch schon vor dem Eigentumsübergang als Gefahrträger ein eigenes Interesse, das er unter Vsschutz bringen kann: RG 28. IV. 1914 RGZ Bd 84 S. 412, 13. X. 1933 JW 1934 S. 552—553 = VA 1933 S. 426—427 Nr. 2646, OLG Königsberg 17. XII. 1926 JRPV 1927 S. 66. Dabei empfiehlt es sich, dem Ver gegenüber klarzustellen, daß die V auch schon vor dem Eigentumsübergang zugunsten des Käufers laufen solle. Im Falle RG 13. X. 1933 JW 1934 S. 552—553 = VA 1933 S. 426—427 Nr. 2646 (Vorinstanz OLG Hamm. 23. III. 1933 HansRGZ 1934 A Sp. 399—401) hatte sich die Käuferin im Antrage fälschlich als Eigentümerin bezeichnet, aber der Vsagent hatte erklärt, es mache nichts aus, daß die Käuferin noch nicht eingetragen sei (vgl. Anm. 122).

Das **Zusammentreffen** der V des Verkäufers und Käufers bedeutet keine Doppelv, solange beide Interesseträger sind, z. B. vor (vollständiger) Zahlung des Kaufpreises: KG 15. II. 1936 VA 1936 S. 200—203 Nr. 2885 = JRPV 1936 S. 141—143. Immerhin erwägt eine Doppelv RG 13. X. 1933 JW 1934 S. 553 = VA 1933 S. 427 Nr. 2646 und im Anschluß daran nimmt OLG Hamm 2. III. 1934 VA 1934 S. 241—242 Nr. 2735 = HansRGZ 1934 A Sp. 402—406 eine Doppelv an. Richtiger wird man — auf der Basis der höchstrichterlichen Rechtsprechung — sagen müssen, daß der Verkäufer seine Entschädigung (oder den Anspruch darauf) dem Käufer wieder gemäß § 281 I BGB herauszugeben hat. So erlangt der Käufer statt des geschuldeten Gebäudes ein Surrogat und erleidet insoweit keinen Schaden. Der Ver des Käufers braucht also nur insoweit zu leisten, als die gegen ihn gerichtete Vsforderung höher ist als die (surrogatsweise weitergeleitete) Entschädigung, die der Ver des Verkäufers gezahlt hat. Hat der Ver des Käufers schon gezahlt, so kann er das Geleistete zurückverlangen (§ 812 I BGB): Prölss JRPV 1935 S. 72—73. — Sobald der vte **Käufer Eigentümer** wird, wandelt sich unter Fortbestand des Vsschutzes sein wirtschaftliches Eigentümerinteresse in ein sachenrechtliches Eigentumsinteresse um und es geht obendrein die V des Verkäufers auf ihn über; somit entsteht nunmehr wirklich eine Doppelv.

Ist das verkaufte, aber noch nicht übereignete Grundstück mit einem **Grundpfandrecht** belastet, so dürften sich die Ergebnisse nicht ändern. Das verbleibende Verkäuferinteresse vor Übergang des Eigentums wird öfters damit begründet, daß der Verkäufer noch dinglich hafte, auch wenn der Käufer die persönliche Schuld schon übernommen habe (RG 28. IV. 1914 RGZ Bd 84 S. 413), oder daß der Verkäufer noch persönlich schulde (RG 13. X. 1933 JW 1934 S. 553 = VA 1933 S. 427 Nr. 2646). Wird zu Lasten des Käufers eine Restkaufgeldhypothek eingetragen, so geht doch das volle Sachinteresse spätestens mit der Übereignung auf den Käufer über.

Der Problemkreis ist oft **literarisch** behandelt worden, vgl. z. B. Baumgarte Mitt. 1911 S. 516, Bernhöft a. a. O. S. 21—22, Bischoff Praxis 1933 S. 89—90, JRPV 1934 S. 100, VersR 1963 S. 12, ZVersWiss 1963 S. 199, Bruck HansRGZ 1934 A Sp. 391—400, Burchard LZ 1911 Sp. 343—346, Cahn a. a. O. S. 40—41, Domizlaff WuRdVers 1913 S. 139, Ehrenzweig S. 207, 211 mit Anm. 4, 229—230, Elkan a. a. O. S. 23—32, von Gierke ZHR Bd 79 S. 339—340, Hagen I S. 373 mit Anm. 3, ZVersWiss 1907 S. 23, Josef ZVersWiss 1909 S. 244—247, Mitt 1917 S. 201—204, Junck JRPV 1933 S. 348, Kersting VuGeldwirtschaft 1928 S. 25—27, 35—37, Kisch III S. 267, Lenski a. a. O. S. 57—70, Möller JW 1934 S. 1120, Oellers JW 1934 S. 1120—1121, Ossig ÖffrV 1936 S. 363—364, 407—408, 454—457, Prange NeumannsZ 1937 S. 77—80, 101—104, Prölss JRPV 1935 S. 70—73, NJW 1954 S. 679—680, Raiser Anm. 3 zu § 12, S. 300, Rakely Mitt 1913 S. 146—150, Schmidt BetrBer 1955 S. 399, Schweighäuser Mitt 1920 S. 119—121, AssJhrb Bd 43 S. 7—11, Thiele a. a. O. S. 15—21, Wolff a. a. O. S. 44—45.

In der **Rechtsprechung** wird zuweilen erwogen, daß es darauf ankomme, ob der die Gefahr tragende Käufer zahlungsfähig sei (RG 13. X. 1933 JW 1934 S. 553 = VA 1933 S. 427 Nr. 2646, darauf aufbauend OLG Hamm 2. III. 1934 HansRGZ 1934 A Sp.

402—403). Was die Abtretung der Vsforderung des Verkäufers an den Käufer anlangt, so soll in der Vereinbarung des Übergangs der mit dem Kaufgegenstand verbundenen Rechte keine Abtretung liegen (BGH 4. III. 1955 VA 1955 S. 281 = VersR 1955 S. 225). Weitere Urteile OLG Celle 22. I. 1914 VA 1914 Anh. S. 23—26 Nr. 795, 21. XII. 1953 NJW 1954 S. 679—681 = VersR 1954 S. 89—90 (Vorinstanz zu BGH 4. III. 1955 VA 1955 S. 281—283 = VersR 1955 S. 225—226), OLG Hamm 23. III. 1933 HansRGZ 1934 A Sp. 399—402 (Vorinstanz zu RG 13. X. 1933 JW 1934 S. 552—553 = VA 1933 S. 426—427 Nr. 2646), OG Danzig 31. III. 1931 JRPV 1933 S. 126—127, LG Berlin 30. III. 1937 JRPV 1937 S. 174—175, 1. IV. 1957 VersR 1957 S. 510—511.

Für die **Hagelversicherung** gilt die Sondervorschrift des § 115, welche auf den Erwerb der Berechtigung abstellt, die vten Bodenerzeugnisse zu beziehen. Solcher Erwerb greift schon mit der Übergabe des Grundstücks, also vor dem Eigentumserwerb Platz: Pfeiffer JRPV 1930 S. 145, Prölss[15] Anm. 1 zu § 115, S. 431, KG 25. II. 1913 VA 1913 Anh. S. 83—85 Nr. 750, 26. IV. 1930 VA 1930 S. 39 Nr. 2126 = JRPV 1930 S. 254, 4. X. 1930 JRPV 1930 S. 436, OLG Königsberg 23. VI. 1914 OLGRspr Bd 32 S. 213—214, OLG Marienwerder 4. II. 1913 VA 1913 Anh. S. 85—86 Nr. 751. Zur **Betriebshaftpflichtversicherung** vgl. § 151 II 1.

[91] bbb) Mobiliarkauf.
α) **Abzahlungskauf (Eigentumsvorbehalt).**

Ein **Kreditkauf** beweglicher Sachen, der durch die Hinausschiebung der Kaufpreiszahlung gekennzeichnet ist, kommt insbesondere als **Abzahlungsgeschäft** vor, bei dem der Kaufpreis in Teilzahlungen entrichtet werden soll. Regelmäßig sichert sich der Verkäufer dadurch, daß er zwar die Sache übergibt, sich aber das **Eigentum vorbehält.** Die für den Eigentumsübergang (neben der Übergabe) notwendige Einigung (§ 929[1] BGB) wird unter der aufschiebenden Bedingung vollständiger Zahlung des Kaufpreises erklärt (§ 455 BGB). Das sachenrechtliche Eigentum verbleibt also beim Vorbehaltsverkäufer, der Käufer erlangt zunächst nur ein dingliches Anwartschaftsrecht. Die Vergütungsgefahr geht auf den Käufer mit der Übergabe (§ 446 I 1 BGB), beim Versendungskauf mit der Auslieferung an den Transporteur über (§ 447 I BGB).

Spezialschrifttum: Albers, Die V von unter Eigentumsvorbehalt verkauften Sachen, Kölner Diss. 1936, Asch ArchCivPrax Bd 140 S. 197—201, Bischoff-Vassel VA 1958 S. 74—79, Crisolli-Ostler, Abzahlungsgesetz, 5. Aufl., Berlin 1958, S. 54—55, 88—89, 95, 117—118, 122—123, Cuntz ÖffrV 1934 S. 27—29, Elkan a. a. O. S. 35—38, Hammes, Die Warenv bei Abzahlungsgeschäften, Karlsruhe 1960, Helberg VW 1949 S. 290—291, Herzfelder ZVersWiss 1930 S. 290—300, Lenski a. a. O. S. 71—73, Löffler, Kraftfahrzeugv und Autoabsatzfinanzierung, Hamburger Diss. 1937, Mayer JRPV 1932 S. 145—147, Meisner, Der Eigentumsvorbehalt, München-Berlin-Leipzig 1932, S. 10—12, Plumeyer ZVersWiss 1934 S. 310—331, Raiser NeumannsZ 1935 S. 140—141, Reutlinger ZfV 1959 S. 746—750, 790—791, 818—819, Rühl, Eigentumsvorbehalt und Abzahlungsgeschäft, Berlin 1930, S. 202—204, Schlössingk, Sicherungsübereignung und Übereignung unter Eigentumsvorbehalt im Falle der V der übereigneten Sachen, Erlanger Diss. 1933, Serick, Eigentumsvorbehalt und Sicherungsübereignung, Bd. I: Der einfache Eigentumsvorbehalt, Heidelberg 1963, S. 164—170, 173—174, Sieg Der Betrieb 1953 S. 482—483, VersR 1953 S. 219—221, Starck NeumannsZ 1934 S. 53—54, Stoeber, Eigentumsanwartschaft und Vsrecht, Göttinger Diss. 1936, Bleichenrode 1936, Thiele a. a. O. S. 21—25, Vassel BetrBer 1958 S. 826—830, Voss VW 1957 S. 70—73, Wolff a. a. O. S. 46—48.

Läuft für den **Verkäufer** eine V, so führen bei Eigentumsvorbehalt der Verkauf und der Übergang der Vergütungsgefahr nach h. M. noch nicht zu einer Veräußerung der vten Sache i. S. des § 69 I (Anm. 61), vielmehr bleibt der Verkäufer vert (RG 24. IX. 1926 RGZ Bd 114 S. 316—318). Von einem Interessewegfall beim Verkäufer kann danach nicht die Rede sein (Raiser Anm. 22 zu § 11, S. 297). Ein Aufhören des Vsschutzes kann sich jedoch daraus ergeben, daß die Kaufsache vom ursprünglichen Vsort entfernt wird. Jedoch ist z. B. eine Autokaskov vom Vsort unabhängig. Allenfalls könnte eine anzeigepflichtige **Gefahrerhöhung** darin liegen, daß das Kraftfahrzeug in die Hände

III. Interesse und Schaden § 49
Anm. 91

eines unzuverlässigen Käufers gelangt, mag auch der Vsschutz für den Verkäufer weiterlaufen. Im Falle OLG Stuttgart 25. X. 1912 VA 1913 Anh. S. 91—93 Nr. 755 hat der Verkäufer die Kaskov erst nach dem Verkauf genommen, und es soll auf die schuldhafte Herbeiführung des Vsfalles durch den Käufer nicht ankommen. In Wahrheit aber muß ein Vorbehaltskäufer — gleichgültig, wann die V genommen wird — als Repräsentant des Verkäufers angesehen werden: KG 16. I. 1935 JRPV 1935 S. 172—175, OLG Düsseldorf 20. XI. 1962 VersR 1963 S. 352, OLG Hamburg 30. X. 1956 VersR 1957 S. 15—16, OLG Köln 25. VII. 1935 JRPV 1936 Zus. S. 1—2 (Autov), Prölss[15] Anm. 8 zu § 6, S. 73, vgl. auch schon RG 22. X. 1895 RGZ Bd 37 S. 149—151 (Feuerv). Das kann nicht nur bei schuldhafter Herbeiführung des Vsfalles, sondern auch bei Obliegenheitsverletzungen durch den Käufer Bedeutung gewinnen.

Je nach der Vermögens- und Machtlage kann der Käufer daran interessiert sein durchzusetzen, daß ihm die Vsforderung des Verkäufers mindestens in Höhe der von ihm gezahlten Kaufpreisraten abgetreten wird. Häufiger ist der umgekehrte Fall, in welchem der Verkäufer den Käufer verpflichtet, Vsschutz zugunsten des Verkäufers, also im Wege einer V für fremde Rechnung zu besorgen oder doch die Prämie für eine vom Verkäufer für eigene Rechnung genommene V zu tragen; jedoch ist ohne vertragliche Vereinbarung solche Verpflichtung des Käufers in der Regel nicht anzunehmen (Serick a. a. O. S. 164—166, 173).

Erst wenn die aufschiebende Bedingung für die Übereignung mit Zahlung der letzten Kaufpreisrate eingetreten ist, liegt eine (anzeigepflichtige) Veräußerung der vten Sache vor, und die V geht auf den Käufer über. Hatte allerdings der Verkäufer einen Inbegriff von Sachen, etwa Hausrat vert, so bewirkt das Ausscheiden einer Einzelsache aus dem Inbegriff, z. B. die Übereignung eines einzelnen Möbelstückes, keinen Übergang des Vsverhältnisses (von der Problematik des Vsortes wieder ganz abgesehen).

Was den **Käufer** anlangt, so erlangt er anerkanntermaßen auch schon vor dem Eigentumserwerb ein eigenes versicherbares Interesse, das als wirtschaftliches Eigentümerinteresse oder Interesse am Anwartschaftsrecht qualifiziert werden kann (Anm. 55 mit Hinweis auf RG 14. VI. 1910 RGZ Bd. 74 S. 126—130). Will der Käufer für eigene Rechnung dieses Interesse vern, so sollte er es vorsichtshalber genau kennzeichnen. Der Käufer erlangt dieses sein Interesse spätestens mit dem Übergang der Vergütungsgefahr. Er könnte dem Verkäufer seine Vsforderung soweit abtreten, als noch Kaufpreisraten unbeglichen sind (zu diesem Fall OLG Hamburg 3. XI. 1938 JW 1938 S. 3235: Verpflichtung des Verkäufers, die Vsleistung zur Wiederherstellung zu verwenden, OLG Düsseldorf 3. I. 1939 JRPV 1939 S. 159: Schadensersatzpflicht des Käufers, der seine Abtretungspflicht verletzt). Der Vsschutz besteht für den Käufer fort, nachdem er kraft vollständiger Zahlung des Kaufpreises sachenrechtlich Eigentümer geworden ist.

Nimmt der Käufer ohne nähere Bezeichnung die V, so kommt die formale h. M. zu dem Ergebnis, der Käufer sei nicht vert, da er noch kein sachenrechtlicher Eigentümer sei. Hier wollen §§ 2 I 1, 2 AFB, AEB mit der Bestimmung helfen:

„Soweit nichts anderes vereinbart ist, sind nur die dem Vmer gehörigen Sachen vert. Vert sind auch Sachen, die vom Vmer unter Eigentumsvorbehalt erworben und ihm übergeben sind . . . ."

Wie in Anm. 68 geschildert, nimmt der BGH 28. X. 1953 BGHZ Bd 10 S. 382 an, hierdurch würden die unter Eigentumsvorbehalt erworbenen Sachen vom Käufer für fremde Rechnung, also zugunsten des Verkäufers vert (ebenso Raiser Anm. 6 zu § 2, S. 100, Serick a. a. O. S. 170). Den Namen des sonach vten Verkäufers wird der Ver durchweg nicht kennen. Der Käufer könnte sich die Vsforderung des Verkäufers insoweit abtreten lassen, als der Käufer den Kaufpreis beglichen hat. Mit der vollen Zahlung des Kaufpreises muß aus der V für fremde Rechnung eine V für eigene Rechnung des Vmers (Käufers) werden. Da der Übergang auf einer Veräußerung beruht, könnte man annehmen, letztere sei anzeigepflichtig; es empfiehlt sich sonach die Anzeige. Allerdings ändert sich ja nach h. M. in diesem Falle nur der Interesseträger, nicht der Vmer und Prämienschuldner. Vgl. zu alledem (für Tabakven) auch Klausel 2.06f) Satz 2 Klauseln der Feuerv.

Treffen vor vollständiger Zahlung des Kaufpreises eine V zugunsten des Verkäufers und des Käufers zusammen, so handelt es sich **nicht** um eine **Doppelversicherung** (Anm.

99

63, KG 15. II. 1936 VA 1936 S. 202 = JRPV 1936 S. 142, Serick a. a. O. S. 167). Der Käufer kann aus § 281 I BGB das Surrogat der Kaufsache verlangen und erleidet in dieser Höhe keinen Schaden, sodaß die Existenz der Verkäuferv wirtschaftlich dem Ver des Käufers zugute kommt (Anm. 63). Die V des Spezialinteresses des Käufers könnte also prämiengünstiger sein.

Dagegen liegt eine Doppelv beim **Käufer** vor, wenn der Käufer voll gezahlt hat, sodaß die bis dahin den Verkäufer deckende V auf den Käufer übergeht und mit einer zugunsten des Käufers genommenen V zusammentrifft. Eine Doppelv ist ferner beim **Verkäufer** (entsprechend der Auffassung des BGH) gegeben, falls eine V zugunsten des Verkäufers gemäß § 2 I 2 AFB mit einer vom Verkäufer selbst genommenen Außenv zusammentrifft (Raiser Anm. 6 zu § 2, S. 100—101).

Bisher war von Fällen die Rede, in denen entweder das Verkäuferinteresse oder das Käuferinteresse (**voll**) vert ist und in denen allenfalls mit Teilabtretungen der Vsforderungen gearbeitet wird. Man kann aber auch eine **gemeinschaftliche Sachversicherung** des Verkäufer- und Käuferinteresses vereinbaren. Solche Kombination von Sachven des Verkäufers und Käufers findet sich in der Kraftfahrv vermöge von Sicherungsscheinen (Muster: Anm. 102, auch Stiefel-Wussow[5] S. 582—583). Danach wird die Fahrzeugv vom Käufer genommen, aber: „Die V gilt in Höhe des vom Vmer geschuldeten Betrages für Rechnung . . . . des Kraftfahrzeughändlers" (Näheres bei Serick a. a. O. S. 168—169, Sieg Der Betrieb 1953 S. 482—483, VersR 1953 S. 219—221, Stiefel-Wussow[5] Anm. 23 zu § 3, S. 128—132). Die V ist also primär V für fremde Rechnung zugunsten des Verkäufers, hinsichtlich des überschießenden Betrages V für eigene Rechnung des Käufers (Vmers). Das Eigentumsinteresse des Verkäufers wird mit dem Eigentümerinteresse des Käufers in einem Vertrage gemeinschaftlich vert.

Überträgt der **Käufer** seine **Anwartschaft** und ist sein Interesse vert, so ist § 69 I anzuwenden, die V geht auf den Anwartschaftserwerber über (Lenski a. a. O. S. 130—132, a. M. Prölss[15] Anm. 1 zu § 69, S. 309 unter fälschlicher Berufung auf OLG Düsseldorf 7. X. 1940 HansRGZ 1942 A Sp. 63—64; vgl. ferner Plumeyer ZVersWiss 1934 S. 310 bis 331).

Für die **Tierversicherung** vgl. Mayer JRPV 1932 S. 145—147.

Die bisher behandelten Ven des Verkäufers und Käufers betreffen die **Sachgefahren,** z. B. die Feuersgefahr oder die durch eine Autokaskov gedeckten Gefahren. Ist die unter Eigentumsvorbehalt verkaufte Sache durch Feuer zerstört, so wird der Käufer oft nicht mehr willens sein, sie zu bezahlen. Die Zerstörung etwa eines Lastwagens wird den Käufer oft auch seiner laufenden Einnahmen berauben. Da aber der Käufer — rechtlich gesehen — die Gefahr trägt, also zu zahlen verpflichtet bleibt, handelt es sich beim Verkäufer recht eigentlich um ein **Kreditinteresse,** das ohne Rücksicht auf die Sachgefahren in Höhe der ungedeckten Kaufpreisraten stets besteht.

Eine **Kreditv** zugunsten des Verkäufers (schon erwähnt bei Benecke a. a. O. I S. 211—212) deckt den Verkäufer hinsichtlich seines Forderungsinteresses, wobei nicht nur an die Kaufpreisforderung, sondern auch an die Forderung auf Rückgabe der Kaufsache zu denken ist. Einzelheiten zur Warenkreditv, speziell zur Teilzahlungskreditv bei v. Halem in: Studienwerk F V 9 S. 18—41; Vsbedingungen bei Finke B I 22. Über die V gegen Veruntreuung von finanzierten Kraftfahrzeugen: v. Halem a. a. O. S. 96—97.

Eine eigenartige **Kombination von Sachversicherung** (gegen zahlreiche Gefahren) **und Kreditversicherung** (Einstellung der Ratenzahlung mit „Unterschlagung der vten Ware durch den Käufer") bieten die Allgemeinen Vsbedingungen für die **Warenv bei Abzahlungskäufen** (WABA; VA 1958 S. 54—57, dazu Anm. 68, Bischoff-Vassel VA 1958 S. 74—79, Hammes a. a. O. S. 1—48, Vassel BetrBer 1958 S. 826—830, Voss VW 1957 S. 70—73). Danach ist teils der Verkäufer, teils auch der Käufer Vter.

Über aufsichtsrechtliche Probleme solcher Kreditven: VA 1949 S. 34, 1952 S. 45, 122, 1953 S. 178—180, 1958 S. 54 vgl. auch VW 1948 S. 358.

Unter einer **Restschuldversicherung,** die im Zusammenhang mit Abzahlungskäufen vorkommt, versteht man eine Lebens- und Krankenv, die in Höhe der Restschuld auf die Person des Käufers genommen wird. Als Vmer treten besonders Versandhäuser auf. Ein Problem liegt darin, wieweit bei diesem Massengeschäft die Gesundheitsprüfung unterbleiben kann. Näheres zur Restschuldv bei Steenhoff, Kredit- und Mobiliarv als Kredit-

III. Interesse und Schaden
§ 49
Anm. 92

sicherung im Inlandsgeschäft der Banken und Sparkassen, ungedruckte Hamburger Diss. 1962, S. 125—131.

Was die **Autohaftpflichtversicherung** anlangt, so kann sich bei Verkauf des Kraftwagens unter Eigentumsvorbehalt ergeben, daß der Eigentümer vert bleibt, weil er die V genommen hat und nach h. M. noch keine Veräußerung vorliegt, und daß der Käufer schon mitvert ist, weil er bereits als Halter anzusehen ist (§ 10 II a AKB). Dazu OLG Hamburg 30. X. 1956 VersR 1957 S. 15, speziell zur Haltereigenschaft des Vorbehaltskäufers BGH 22. IX. 1958 BGHZ Bd. 28 S. 140—141).

[92] β) **Versendungskauf.**

αα) **Überseekauf.**

Schrifttum: Brandt NeumannsZ 1937 S. 40—42, Glitza, Die V für Rechnung „wen es angeht", Hamburger Diss. 1964, S. 52—57, Hertlin ZfV 1964 S. 982—984, Himer, Kostfrachtgeschäft und laufende V, Hamburg 1933, Möller, Cifgeschäft a. a. O. S. 55—80 m. w. N., HansRGZ 1934 A Sp. 117—124, ITVMitt 1934 S. 84—89, 1938 S. 37—40, Ritter Anm. 10, 18—20, 45 zu § 1, S. 53—55, 65—76, 93, Sieg Außenwirtschaftsdienst des BetrBer. 1958 S. 90—92, Storck, Kreditgewährung und V beim Überseekauf, ungedruckte Hamburger Diss. 1962, Wildegans NeumannsZ 1938 S. 1120—1122.

Die Frage nach dem Interesseträger beim Überseekauf „ist gewiß eine der schwierigsten im ganzen Gebiete der Assekuranzwissenschaft" (Benecke a. a. O. Bd 1 S. 215). Bei der Beantwortung ist davon auszugehen, daß die Rechtsprechung in der Seev eigene Wege geht und nicht eine formal-sachenrechtliche Bestimmung des Eigentümerinteressenten vornimmt (Anm. 55), ferner daß die V für Rechnung wen es angeht genommen zu werden pflegt, sodaß alternative, sukzessive, kumulative Interessen vert sein können, ohne daß im Falle der Veräußerung einer Anzeige bedarf und ohne daß Kündigungsrechte entstehen (Anm. 67, 83). Im Vsfalle muß allerdings festgestellt werden, wer der wahre Interesseträger im Zeitpunkte des Schadens ist. Von dieser materiell-vsrechtlichen Frage ist das wertpapierrechtliche Problem zu trennen, wem die Rechte aus einer Order- oder Inhaberpolize zustehen; der wertpapierrechtlich oder der infolge einer Abtretung Berechtigte braucht nicht der Interesseträger zu sein. Besonders Orderpolizen werden vielfach verwendet, und auch die auf Grund einer laufenden Police ausgestellten Vszertifikate sind regelmäßig Orderpapiere (dazu Bloch, Das Vszertifikat in der Praxis der internationalen Waren-Transportv, Hamburger Diss. 1963, Nothmann, Das Vs-Zertifikat, Hamburg 1932, Tsirintanis, Die Order-Polize, Hamburg 1930).

Die vorliegenden Entscheidungen stehen durchweg mit der Auffassung in Einklang, daß es auf die **effektive, tatsächliche Gefahrtragung** ankomme (Anm. 67). Beim Cif-, Kostfracht- und Fobgeschäft „trägt" der Käufer die Vergütungsgefahr während des Seetransportes, d. h. er ist zur Zahlung — meistens auf Grund der Klausel „Kasse gegen Dokumente" — **verpflichtet**, auch wenn unterwegs ein Schaden eintritt. Der Käufer trägt aber **effektiv** die Gefahr nur, wenn er den Kaufpreis zahlt. Bis dahin sind Verkäufer- und Käuferinteresse alternative, mit der Zahlung klärt sich die Lage dergestalt, daß nunmehr feststeht, der Käufer sei schon von der Anbordbringung an Interesseträger gewesen, von der Zahlung an ist er es zweifellos. Nimmt der Käufer die Dokumente nicht auf, verweigert er die Zahlung, so stellt sich heraus, daß in Wahrheit stets der Verkäufer Interesseträger geblieben ist. Zu alledem (mit mancherlei Nuancen im Einzelnen): ROHG 26. VI. 1874 ROHGE Bd 14 S. 122—140 (cif), RG 29. I. 1887 RGZ Bd 19 S. 207 bis 216 (cif), 13. VI. 1888 RGZ Bd 23 S. 81—90 (cf), 25. X. 1916 RGZ Bd 89 S. 34—40 (cif), 31. I. 1917 RGZ Bd 89 S. 68—76 (cif), 25. I. 1919 RGZ Bd 94 S. 300—305 (cif), 10. I. 1922 RGZ Bd 104 S. 409—413 (cif), 22. X. 1927 RGZ Bd 118 S. 254—256 (anscheinend: cif), 19. I. 1929 RGZ Bd 123 S. 141—146 (cf), 29. I. 1930 RGZ Bd 130 S. 302—309 (fob), 28. VIII. 1942 RGZ Bd 169 S. 368—376 (cif), Reichsverwaltungsgericht 2. XII. 1942 DR 1943 S. 664—667 (cif; Auszug Anm. 67); BGH 13. XI. 1956 VersR 1957 S. 58—59 (Landtransport mit Gefahrtragung des Käufers, Anwendbarkeit der ADS).

Wird das „Abwicklungstempo" bei Überseekäufen verlangsamt, also **dem Käufer Kredit gewährt**, so gelten Besonderheiten auch für den Vsschutz; dazu Möller Cifgeschäft a. a. O. S. 171—181, Storck a. a. O. S. 62—128.

Über Gefahrteilungen beim Überseekauf und ihren Einfluß auf die Vsfrage: Kulenkamp, Gefahrteilungen im Überseekauf, Hamburger Diss. 1964, S. 73—98, Möller Cifgeschäft a. a. O. S. 171—181, HansRGZ 1940 A Sp. 253—264.

[93] ββ) **Landkauf.**

Soweit es sich beim Versendungskauf nicht um einen Übersee-, sondern einen Landkauf handelt (dem Käufe mit Binnengewässer- und Lufttransporten gleichzustellen sind), kommt nicht das Seevsrecht mit seiner speziellen Interesselehre (Anm. 55, 92) zur Anwendung. Jedoch ist zu beachten, daß bei gemischten Reisen, die teilweise über die See führen, insgesamt Seevsrecht angewendet wird (§ 147¹, § 125 ADS). Ferner werden vertraglich nicht selten die ADS auf reine Landtransportven angewendet (vgl. den Fall BGH 13. XI 1956 VersR 1957 S. 58—58), und dann ist auch die seevsrechtliche Interesselehre maßgeblich.

Nach Binnenvsrecht läßt die h. M. den Übergang der Vergütungsgefahr auf den Käufer gemäß § 447 I BGB nicht ausreichen, um den Interesseübergang (§ 69 I) anzunehmen, maßgebend soll auch hier der Eigentumsübergang sein, der durchweg erst am Erfolgsort (Bestimmungsort) gemäß § 929¹ BGB mit Übergabe der Ware an den Käufer eintritt. Hieraus ergibt sich das unbefriedigende Ergebnis, daß die Vsforderung aus einer vom Verkäufer genommenen V materiell dem Verkäufer zusteht, obgleich der Käufer die Gefahr trägt, vielleicht sogar den vollen Kaufpreis vorausbezahlt hat (letzterenfalls nimmt beim Grundstückskauf die Rechtsprechung allerdings zum Teil Interessewegfall beim Verkäufer, möglicherweise Veräußerung an den Käufer gemäß § 69 I an: Anm. 90). Gerät der Verkäufer in Konkurs, so fällt die Vsentschädigung oder Vsforderung in seine Konkursmasse; § 281 I BGB nützt dem Käufer hiernach nicht viel.

Den Käufern ist also anzuraten, sich die Vsforderung des Verkäufers **abtreten** zu lassen; bei **Orderpolizen**, die es auch in der Binnentransportv gibt (§ 363 II HGB), muß der Käufer Übergabe des auf ihn indossierten Wertpapiers durchsetzen. Der Veräußerungstatbestand (§ 69 I) läßt sich vorverlegen, falls dem Käufer anstelle der Ware ein **Traditionspapier** übergeben wird, insbesondere ein Ladeschein eines Frachtführers (§ 450 HGB). Das Eisenbahn- und Luftfrachtrecht kennt Traditionspapiere nicht (für das Luftrecht: Abraham, Der Luftbeförderungsvertrag, Stuttgart 1955, S. 39). Jedoch wird bei Übergabe eines **Frachtbriefduplikats** (Frachtbriefdritts im Luftrecht) an den Käufer häufig eine Abtretung des Herausgabeanspruchs an den Käufer anzunehmen sein, sodaß mit dem Eigentumsübergang nach §§ 929¹, 931 BGB eine Veräußerung i. S. des § 69 I verbunden ist. — Wird dem Käufer der **Vsschein** vom Verkäufer **ausgehändigt**, so stehen dem Käufer nunmehr die Rechte aus der V nicht nur insoweit zu, als der Vsfall nach der Veräußerung eintritt, sondern es wird anzunehmen sein, daß der Verkäufer damit zugleich die Vsforderung insoweit an den Käufer abtritt, als der Vsfall vor dem Eigentumsübergang auf der Reise eintritt. Hierfür spricht auch ein praktisches Bedürfnis, weil sich häufig nachträglich der genaue Schadenseintritt nicht feststellen läßt.

Dem Käufer ist auch dann, wenn er noch nicht Eigentümer ist, ein **wirtschaftliches Eigentümerinteresse** zuzubilligen, das er für eigene Rechnung vern kann. Eine Kennzeichnung ist zu empfehlen.

RG 19. IX. 1919 VA 1920 Anh. S. 83—85 Nr. 1169 = HGZ 1919 Hptbl S. 169—170 hat trotz eindeutigen Vorliegens einer Binnenv angenommen, schon mit dem **Gefahrübergang** auf den Käufer ende das Verkäuferinteresse, und der Gefahrübergang soll bereits erfolgen, falls ein Arbeitnehmer des Verkäufers mit Handwagen das Gut zum Eilgüterbahnhof schafft. Aber die Entscheidung ist eine isoliert dastehende, gegen die Gefahrträgertheorie Material in Anm. 66. Einen Gefahrübergang erst mit Auslieferung an die Eisenbahn hatte angenommen OLG Hamburg 13. III. 1919 HGZ 1919 Hptbl S. 111 bis 112.

Zum Schrifttum Lenski a. a. O. S. 73—74.

[94] γ) **Restfälle.**

Vom Immobiliarkauf war in Anm. 90 die Rede, vom Mobiliarkauf, soweit er Abzahlungskauf ist, in Anm. 91, soweit er Versendungskauf (mit Schickschuld) ist, in Anm. 92—93.

III. Interesse und Schaden **§ 49**
Anm. 95

Bei einer **Holschuld** soll das Interesse des Verkäufers erst enden, der Käufer erst Interessent werden, wenn das sachenrechtliche Eigentum gelegentlich der Abnahme der Ware übergeht. So für eine Partie Südfrüchte, die nach der Auktion im Kaischuppen lagerten, OLG Hamburg 12. VII. 1893 SeuffArch Bd 50 S. 71—75, bestätigt von RG 10. II. 1894 SeuffArch Bd 50 S. 75—76.

Bei einer **Bringschuld** muß man annehmen, es komme auf die Übergabe an den Käufer an, zumal da hiermit nicht nur das Eigentum, sondern auch erst die Vergütungsgefahr übergeht (§ 446 I 1 BGB).

Beim **Gattungskauf** kann von einem Eigentümerinteresse des Käufers nicht die Rede sein, solange die Konkretisierung nicht erfolgt ist. Denn erst wenn sich das Schuldverhältnis auf eine bestimmte Sache beschränkt (§ 243 II BGB), kann ein Interesse des Käufers speziell an dieser Sache bestehen. Vorher hat der Käufer allenfalls ein Forderungsinteresse im Blick auf seine Lieferungsforderung gegen den Verkäufer. Man sagt, daß mit der Konkretisierung die Leistungsgefahr auf den Käufer übergehe, den Verkäufer treffe nicht mehr die Gefahr, „noch einmal" leisten zu müssen. Vor der Konkretisierung ist der Verkäufer nicht nur (alleiniger) Träger des Eigentümerinteresses, sondern ihn belastet auch die (Haftpflicht-) Gefahr, noch einmal leisten zu müssen, z. B. bei einer Schick- oder Bringschuld die Gefahr, noch einmal die Ware auf den Weg bringen zu müssen (Anm. 75). Die Vergütungsgefahr geht frühestens mit der Leistungsgefahr auf den Käufer über; denn die Frage, ob der Käufer bezahlen müsse, obgleich die Ware nicht unversehrt in seine Hände gelangt, kann bei einer Gattungsschuld erst gestellt werden, wenn die Ware aus der Gattung ausgeschieden, also die Konkretisierung erfolgt ist. Letztere setzt vertragsmäßige Beschaffenheit der Ware voraus. Dazu RG 11. XII. 1884 RGZ Bd 13 S. 101—102.

Im Falle eines **Anfechtungsrechts**, eines (vereinbarten oder gesetzlichen) **Rücktrittsrechts**, eines **Wandlungsrechts**, einer auflösenden **Bedingung** oder einer vertraglichen **Aufhebung** des Kaufvertrages hat der Verkäufer ein Eigentümerinteresse, das vor der Ausübung der Gestaltungsrechte bzw. vor Eintritt der Bedingung oder Aufhebung als eventuelles besteht und durch eine V für Rechnung wen es angeht vert sein kann. Dazu RG 11. XII. 1884 RGZ Bd 13 S. 102, 13. VI. 1888 RGZ Bd 23 S. 86, 104. Über das **Verfolgungsrecht** des Verkäufers (right of stoppage in transitu) nach Absendung der Ware an den in Konkurs geratenen Käufer, der noch nicht vollständig bezahlt hat, § 44 KO, und zum hieraus sich ergebenden versicherbaren Interesse des Verkäufers RG 11. XII. 1884 RGZ Bd 13 S. 102, 13. VI. 1888 RGZ Bd 23 S. 86, Ehrenberg Festgabe a. a. O. S. 34.

Beim **Erbschaftskauf** geht die Vergütungsgefahr gemäß § 2380[1] BGB bereits mit dem Abschluß auf den Käufer über. Er erlangt damit sogleich zwar kein formales, wohl aber ein wirtschaftliches Eigentümerinteresse. Vgl. auch Lenski a. a. O. S. 101—102.

Ein **Vorkaufsrecht**, sei es obligatorisch (§§ 504—514 BGB), sei es dinglich (§§ 1094 bis 1104 BGB), schafft für den Berechtigten noch kein Eigentümerinteresse, sondern eine Anwartschaft, also ein Gewinninteresse (dazu Ehrenzweig S. 209 Anm. 13 gegen Kisch III S. 96—97). Nach der Ausübung des Gestaltungsrechtes erlangt der Berechtigte Ansprüche auf Übereignung und Übergabe, die ein Forderungsinteresse begründen. Das Eigentümerinteresse entsteht für den Käufer frühestens mit dem Gefahrübergang, als formales erst mit der Übereignung. — Ein **Rückkaufsrecht** des Verkäufers schafft für ihn gleichfalls kein Eigentümerinteresse (ROHG 5. IV. 1879 ROHGE Bd 25 S. 40).

Über einen **Schiffskauf** (zur Gefahrtragung vgl. § 446 II BGB, zur Übereignung § 929a BGB, §§ 2, 3 I G über Rechte an eingetragenen Schiffen und Schiffsbauwerken): RG 16. XI. 1881 RGZ Bd 7 S. 9—14 (nur formelles Eigentum des Käufers).

Ansichts- und Auswahlsendungen schaffen kein versicherbares Interesse des Empfängers, falls er nicht die Gefahr eines zufälligen Schadens trägt (RG 9. I. 1935 JRPV 1935 S. 204—205).

[95] bb) Miete.

Bei der Miete als Gebrauchsüberlassungsvertrag verbleibt das Eigentümerinteresse beim Vermieter (so schon Oberappellationsgericht Dresden Februar 1868 SeuffArch Bd 22 S. 445), eine Veräußerung der vten Sache liegt nicht vor (Lenski a. a. O. S. 79—80 m. w. N.).

Beeinträchtigt der Mieter das Eigentümerinteresse des Vermieters, so kann sich aus Mietvertrag oder Gesetz eine **Ersatzpflicht des Mieters** ergeben, die von einem Verschulden unabhängig sein kann. So hat der Mieter zerstörte **Fensterscheiben,** speziell Schaufensterscheiben, oft ohne Rücksicht auf Verschulden zu erneuern. Mag auch die Ersatzpflicht der Höhe nach genau dem Wert des Eigentümerinteresses entsprechen, so ist doch das Vsbedürfnis des Mieters auf den Schutz gegen ein Passivum gerichtet, das sogen. **Sachersatzinteresse des Mieters** gehört in den Bereich der **Haftpflichtv,** der V gegen Schulden (Anm. 75).

Nimmt der Mieter die V, so ist zuweilen **unklar, ob er sein Haftpflichtinteresse oder das Eigentümerinteresse des Vermieters** (für fremde Rechnung) vern wollte; letzteres ist anzunehmen, wenn erkennbar wird, daß der Vmer bloßer Mieter ist (OLG Colmar 3. IV. 1912 LZ 1912 Sp. 949—953, wo eine Doppelv dadurch entstanden ist, daß außerdem der Vermieter V genommen hatte; OLG Hamm 15. XI. 1938 HansRGZ 1939 A Sp. 122—123, wo der Mieter vorsätzlich den Brand gestiftet hatte; Prölss[15] Anm. 1 zu § 74, S. 324; offen gelassen bei OLG Hamburg 5. VII. 1962 VersR 1963 S. 154; vgl. auch Brockmann ZfV 1964 S. 166—167, 244—245, der es unscharf dahingestellt sein läßt, ob bei Vsnahme durch Mieter und Vermieter eine Doppelv entsteht). — Im Falle einer V, die der Mieter zugunsten des Vermieters nimmt, kann der Ver nicht gegen den Mieter Regress nehmen, weil der Mieter Vmer ist. Deshalb kann Ehrenberg Festgabe a. a. O. S. 41—42 davon sprechen, hier bestehe die Möglichkeit, durch einmalige V des Substanzinteresses „zugleich das Haftpflichtinteresse mitzudecken". — Nimmt der **Vermieter** die V, so wälzt er oft die Glasvsprämie intern auf den Mieter ab. Hier könnte obendrein der Glasver gemäß § 67 I 1 gegen den Mieter Regreß nehmen; aber die Glasver haben sich in geschäftsplanmäßigen Erklärungen verpflichtet, solchenfalls auf sie übergegangene Ersatzansprüche gegen Mieter nur bei Vorsatz oder grober Fahrlässigkeit geltend zu machen (VA 1953 S. 218).

Die für die Glasv aufsichtsrechtlich geregelte Frage hat auch bei **Selbstfahrermietwagen** Bedeutung. Hier hat der BGH 29. X. 1956 BGHZ Bd 22 S. 109—123 geprüft, welche Rechtswirkungen es zeitigt, daß der Vermieter den Mieter mit einer anteiligen Fahrzeug- und Haftpflichtvsprämie zu belasten pflegt. Zur Fahrzeugv meint der BGH, sie decke „als reine Sachv .... regelmäßig nur das Interesse des (rechtlichen oder wirtschaftlichen) Eigentümers an der Erhaltung der Sache. Eine V, die auch das ‚Sachersatzinteresse' des Mieters einbeziehen würde, wäre in Wirklichkeit keine Kasko-, sondern eine Haftpflichtv". Aber dem Selbstfahrer wird geholfen, weil in interessemäßiger Auslegung des Mietvertrages der BGH zu dem Ergebnis kommt, daß der Kraftwagenmieter dem Vermieter bei Fahrzeugschäden für leichte Fahrlässigkeit nicht hafte. Das wirtschaftliche Ergebnis ist also identisch mit jenem in der Glasv. — In BGH 28. I. 1958 BGHZ Bd 26 S. 284—285 ist aus der Belastung des Mieters mit 3,— DM Vskosten pro Tag und der Angabe, der Wagen sei haftpflicht- und kaskovert, abgeleitet worden, den Vermieter treffe gegenüber dem Mieter die Verpflichtung, für eine den Mieter als Selbstfahrer schützende Haftpflichtv zu sorgen.

Die V eines **Mieterinteresses** (Raiser Anm. 5 zu § 3, S. 110) wird der Feuerv von Eigentümerinteressen hinzugefügt, falls kraft Klausel 2.06b Klauseln der Feuerv dem Vmer **Schuhmaschinen** versichert sind; dann ist „Ersatzwert" „der Betrag, für den der Vmer nach seinem Mietvertrag im Brandschadensfalle dem Vermieter haftet" (übrigens selbst bei Schäden infolge von höherer Gewalt). Bischoff VersR 1963 S. 9 spricht undeutlich von einer „V eigenen Interesses an fremder Sache". Es handelt sich aber um eine mit der Feuerv verknüpfte Haftpflichtv zugunsten des Mieters. Hätte auch der Vermieter die Schuhmaschinen vert, so läge keine Doppelv vor, vielmehr ginge auf den Feuerver des Vermieters der Ersatzanspruch gegen den Mieter über, dessen Ver (als Haftpflichtver) ihn freizuhalten hätte.

Der Vermieter erwartet Erträge, welche die Sache vermöge eines Rechtsverhältnisses gewährt, die **Mieteinnahmen** sind Früchte (§ 99 III BGB). Soweit der Vermieter bereits vermietet hat, ist er Träger von **Forderungsinteressen,** soweit die Vermietung noch nicht erfolgt ist, ist er Träger von **Anwartschaftsinteressen,** dazu Anm. 69. Die Mietforderungen entfallen juristisch z. B. bei Brandzerstörung des Hauses (§ 537 I BGB). Überdies können sich bei Insolvenz des Mieters Ausfälle ergeben; der Vermieter könnte

III. Interesse und Schaden **§ 49**
Anm. 96

auch diese Kreditgefahr vern, welche jedoch durch das gesetzliche Pfandrecht der §§ 559, 560 BGB gemindert wird. An eine V nur für den Fall der Nichtrealisierbarkeit des Pfandrechts (Pfandrechtsinteresse) denkt Bischoff VersR 1963 S. 13.

Ist **Miete vorausgezahlt** oder sind (nicht verlorene) **Baukostenzuschüsse** vom Mieter gewährt, die — etwa infolge einer Brandzerstörung des vermieteten Gebäudes — ganz oder teilweise zurückgezahlt werden müssen, so trifft den Vermieter ein Haftungsrisiko, gegen das er sich vern könnte. Im Wege der Analogie ist Nachtrag a) zu § 1 VI AFB dahin auszulegen, daß nicht nur entgehender Mietzins vom Feuerver zu ersetzen ist, sondern er hat den Vermieter auch freizuhalten, falls letzterer vorausgezahlte Miete zurückzahlen hat.

Über die allgemeine Haftpflichtv eines Vermieters: Schmidt VersR 1956 S. 145 bis 146, mit besonderem Hinweis auf die mangelnde Exkulpationsmöglichkeit des Vermieters im Verhältnis zum Mieter bei Verschulden von Erfüllungsgehilfen, ferner auf das besondere Wagnis, das sich ergibt, wenn der Mieter wertvolles Gut einlagert.

Von den **Mieterinteressen** war schon in Anm. 70, 71 die Rede, soweit speziell sein Gebrauchsrechtsinteresse in Frage steht. Es ist dabei auch an den Fall zu denken, daß ein hoher verlorener Baukostenzuschuß an den Vermieter gezahlt worden ist; dieser erhöht den Wert des durch einen Brand beeinträchtigten Gebrauchsrechtsinteresses.

Überdies haftet ein Mieter dem Vermieter für gewisse Schäden, insoweit kommt das schon erwähnte Haftpflichtinteresse des Mieters in Betracht (dazu Bischoff VersR 1963 S. 13, ZVersWiss 1963 S. 204—205). Eine solche Haftpflichtv geht bei Mieterwechsel nicht auf den neuen Mieter über (RAA VA 1928 S. 166, a. M. Bruck S. 571, LG Berlin 27. XI. 1928 JW 1929 S. 679—681 mit kritischer Anm. Gottschalk = JRPV 1929 S. 23 bis 24 mit kritischer Anm. Lesser, dahingestellt von OLG Hamburg 5. VII. 1962 VersR 1963 S. 154; weiteres Material bei Lenski a. a. O. S. 126—130). Es ist zu beachten, daß die allgemeine Haftpflichtv gemäß § 4 I Ziff. 6a AHaftpflB Haftpflichtschäden an gemieteten Sachen ausschließt.

Denkbar wäre theoretisch auch, daß der Mieter sich gegen die notwendigen Mehraufwendungen für den Fall vert, daß ein bestehendes günstiges Mietverhältnis vorzeitig endet (Umzugskosten, Baukostenzuschuß, Mehrmiete).

Bei Mietverträgen über **Ferienwohnungen** kann man im Blick auf den Fall plötzlich eintretender ernster Krankheit usw. eine Reise-Ausfallkosten-V abschließen (VA 1964 S. 117—118, Suppes VA 1964 S. 126).

Über einen Fall der **Kaufmiete** eines Kraftwagens mit Kaskov durch den „Verkäufer": OLG Hamburg 30. X. 1956 VersR 1957 S. 15—16.

[96] cc) Pacht.

Auch bei der Pacht handelt es sich um einen Gebrauchsüberlassungsvertrag, bei welchem das in Anm. 95 zur Miete Gesagte entsprechend gilt: Das Eigentümerinteresse verbleibt beim Verpächter, eine Veräußerung (§ 69 I) erfolgt nicht (Lenski a. a. O. S. 79—80 m. w. N.). — Zum „Sachersatz" —, also Haftpflichtinteresse des Pächters: Kisch III S. 121; § 4 I Ziff. 6a AHaftpflB. — Zum Forderungs- und Gewinninteresse des Verpächters im Hinblick auf den Pachtzins: Kisch III S. 115. Das Interesse wird hinsichtlich des Solvenzrisikos vermindert durch das gesetzliche Pfandrecht des Verpächters (§§ 581 II, 559—560, 585 BGB). — Zum Gebrauchsrechtsinteresse des Pächters: Ehrenzweig S. 208, der zu Unrecht annimmt, wenn die Sache schlechtweg vert werde, könne sich schon aus der Eigenschaft des Vmers als Pächter ergeben, daß dessen Interesse vert werden sollte; dem Ver muß vielmehr erkennbar sein, daß es sich um die spezielle (und seltene) Deckung des Pächterinteresses handle.

Nun tritt aber bei der Pacht zum bloßen Gebrauchsrecht des Pächters das **Recht auf** den Genuß der **Früchte** hinzu (§ 581 I 1 BGB). Über das Interesse des Pächters am Fruchtgenußrecht und an seiner Fruchtanwartschaft vgl. Anm. 70, 71. Eine Hagelv deckt bei bestehendem Pachtverhältnis den Pächter, sie geht bei Verpachtung vom Eigentümer auf den Pächter über (§ 115); maßgebend ist zeitlich der Beginn des Fruchtziehungsrechts, auch wenn eine behördliche Genehmigung der Verpachtung mit Wirkung ex tunc erst später erteilt wird (Prölss[15] Anm. 3 zu § 115, S. 432). Wechselt der Pächter, so geht auch die Hagelv über (KG 12. VII. 1930 VA 1930 S. 209 Nr. 2171 = JRPV 1930

105

S. 402—403). Gibt der Pächter die Sache in Unterpacht, so geht gleichfalls die Hagelv über (Prölss[15] Anm. 2 zu § 115, S. 431). Fällt aber das Fruchtgenußrecht nach dem Ende einer Pacht wieder dem Eigentümer zu, so geht die V nicht auf den Eigentümer über (RG 4. VII. 1939 RGZ Bd 161 S. 86—90, wo auch für den Fall des Pächterwechsels offenbar die Anwendbarkeit des § 115 geleugnet werden soll [Vorinstanz: OLG Celle 2. XII. 1938 VA 1939 S. 218—219 Nr. 3104 = HansRGZ 1939 A Sp. 200—203], LG Berlin 22. XI. 1913 VA 1914 Anh. S. 46—47 808, a. M. KG 12. VII. 1930 VA 1930 S. 209 Nr. 2171 = JRPV 1930 S. 402—403). Weiteres Material zu alledem Pfeiffer JRPV 1930 S. 144—147, v. Stackelberg JRPV 1937 S. 147; RAA VA 1913 S. 119. Einen Sonderfall, in welchem der Verpächter die Ernte noch für eigene Rechnung vern konnte, erörtert RG 11. XII. 1889 RGZ Bd 26 S. 217—224, speziell S. 221. Zur Frage, ob der Pächter mit dem Eigentumserwerb an den Früchten auch in eine V eintritt, die der Verpächter für die Früchte abgeschlossen hat, Lenski a. a. O. S. 91—92.

Weitere Besonderheiten ergeben sich bei der Pacht aus der Rechtsbehandlung des **Inventars.** Das formale Eigentümerinteresse verbleibt beim Verpächter, auch wenn der Pächter das Inventar zum Schätzungswerte übernimmt, denn dies ändert nichts am Eigentum des Verpächters, und vom Pächter neu angeschaffte Stücke werden gemäß § 588 II 2 BGB mit der Einverleibung in das Inventar Eigentum des Verpächters. Aber bei Übernahme des Inventars zum Schätzungswerte trägt der **Pächter** die Gefahr zufälliger Schäden, auch hat der Pächter ein beschränktes Verfügungsrecht (§ 588 I BGB). Hieraus ergibt sich für ihn ein wirtschaftliches Eigentümerinteresse, das er für eigene Rechnung vern kann (im Ergebnis ebenso Lenski a. a. O. S. 80—81 m. w. N., RG 14. VI. 1904 RGZ Bd 58 S. 273—277, wo der Pächter eigene Sachen und Sachen des Verpächters, letztere für eigene Rechnung, vert hatte; der Gesichtspunkt der mittelbaren Stellvertretung wird dabei allerdings zu Unrecht herangezogen; Kisch III S. 121—122 scheint lediglich ein Haftpflichtinteresse, ein „Sachersatzinteresse" des Pächters hinsichtlich des Inventars annehmen zu wollen).

Oft wird dem Pächter eine Vspflicht auch hinsichtlich des Inventars auferlegt; dieser wird genügt durch eine V für fremde Rechnung zugunsten des Verpächters.

Zur Ablehnung von Inventarstücken, die der Pächter angeschafft hat, durch den Verpächter: §§ 589 II, 594 BGB und vsrechtlich Lenski a. a. O. S. 92.

Im Falle RG 14. VI. 1910 RGZ Bd 74 S. 126—130 hatte ein Dritter die V genommen, aber zugunsten des Pächters, und der Pächter hatte unter Eigentumsvorbehalt des Verkäufers eine Landmaschine gekauft: Die V soll auch hinsichtlich dieser noch nicht voll bezahlten Landmaschine den Pächter schützen.

Ein Pfandrechtsinteresse des Grundstückpächters am Inventar begründet § 590 BGB.

Älteres Material zum versicherbaren Interesse des Verpächters und Pächters bei Malss ZHR Bd. 13 S. 418—430.

[97] dd) Leihe.

Bei der Leihe als unentgeltlichem Gebrauchsüberlassungsvertrag steht das Eigentümerinteresse dem Verleiher zu (so für einen einem Dritten unentgeltlich überlassenen Schuppen RG 3. VII. 1931 VA 1931 S. 232—233 Nr. 2305 = JRPV 1931 S. 238). Eine V des Sachersatz-, also Haftpflichtinteresses sieht die Klausel 2.06 b Klauseln der Feuerv bei geliehenen Schuhmaschinen vor (Raiser Anm. 5 zu § 3, S. 110), vgl. ferner Anm. 75, Kisch III S. 121—122, § 4 I Ziff. 6a AHaftpflB. Falls der Entleiher, wozu er nicht selten verpflichtet wird (z. B. bei Gemäldeausstellungen), die entliehene Sache für Rechnung, also zu Gunsten des Verleihers vert, so deckt er dadurch wirtschaftlich zugleich sein Haftpflichtinteresse, weil der Ver niemals gegen den Vmer Regreß nehmen kann (so wohl auch Ehrenberg Festgabe a. a. O. S. 41—42).

[98] ee) Darlehen (Sicherungsübereignung).

aaa) Kredit und Versicherung

Die wichtigste Erscheinungsform des Kreditgeschäftes ist das Darlehen. Über den Fall, daß Kredit durch Hinausschiebung der Leistung aus anderen Schuldverhältnissen gewährt wird, insbesondere über den Kreditkauf vgl. Anm. 91, 92. Das Risiko aus einem

III. Interesse und Schaden **§ 49**
Anm. 98

ungesicherten Darlehen, einem reinen **Personalkredit,** kann im Wege einer Kreditversicherung gedeckt werden. Erwähnt sei die V von Kleinkrediten gegen die Ausfälle, welche der Kreditgeber (Vmer) „aus der Gewährung der Kleinkredite infolge der Zahlungsunfähigkeit der Kleinkreditnehmer … erleidet".

Tritt neben den Darlehensschuldner ein Mitverpflichteter, z. B. durch Bürgschaft, Schuldbeitritt oder Ausstellung eines auf den Darlehensschuldner gezogenen und von diesem akzeptierten Wechsels, so muß eine etwaige Kreditv die Existenz dieses zweiten Garanten berücksichtigen. Der Vsfall tritt z. B. ein, wenn auch der Mitverpflichtete zahlungsunfähig wird.

Das Risiko aus einem Personalkredit kann auch dadurch gemindert werden, daß eine Personenv auf die Person des Darlehensnehmers abgeschlossen wird, sei es vom letzteren, sei es vom Kreditgeber. Bei einer Todesfallv oder Unfallv, die vom Kreditgeber genommen wird, ist das Einwilligungserfordernis der §§ 159 II 1, 179 III 1 zu beachten. Den Bedürfnissen des Kreditgebers genügt bei Darlehen mit allmählicher Tilgung eine Lebensv mit fallender Vssumme. Tritt der Darlehensnehmer als Vmer auf, so muß der Kreditgeber im Wege der Abtretung oder unwiderruflichen Bezugsberechtigung gesichert werden, wobei es ausreicht, wenn sich die Sicherung auf die jeweils verbleibende Darlehensschuld beschränkt.

Bei **Realkredit** dienen Gegenstände (Sachen oder Rechte) zur Sicherung des Darlehensgebers, speziell Grundstücke (Immobiliarkredit) oder bewegliche Sachen (Mobiliarkredit).

Die **Immobiliarsicherung** erfolgt durch Hypotheken, Grundschulden oder Rentenschulden. Ein Darlehensgläubiger, der zugleich Realgläubiger ist, kann entweder sein Forderungsinteresse vern, das schon beeinträchtigt wird, falls eine fällige Zins- oder Tilgungsrate nicht bezahlt wird, oder sein Interesse am Pfandrecht, das nur beeinträchtigt wird, falls und soweit er aus dem Grundstück keine Befriedigung erlangt (zur V des Pfandgläubigerinteresses: Anm. 70). Eine V des Eigentümerinteresses schützt mittelbar auch den Realgläubiger, sogar bei „krankem" Vsverhältnis (§§ 1127 bis 1130, 1192 I, 1200 I BGB, §§ 99—107c, ferner Brisken, Der Schutz der Hypothekengläubiger bei Gebäudev, Karlsruhe 1964, Petersen, Der Schutz des Realberechtigten in der Immobiliarfeuerv, Hamburger Diss. 1964). — Das **Schiffs- und Luftfahrzeughypothekenrecht** ist weitgehend dem Grundstückspfandrecht angenähert (§§ 32 bis 38 G über Rechte an eingetragenen Schiffen und Schiffsbauwerken, §§ 32—38 G über Rechte an Luftfahrzeugen). — Die zitierten Schutzvorschriften führen entweder zu einer Erstreckung des Pfandrechts auf die Sachvsforderung oder sogar zur V des Realgläubigerinteresses (vgl. § 105). Dafür steht die Klausel 5.07 Klauseln der Feuerv zur Verfügung:

„**5.07 Versicherung des hypothekarischen Interesses.**

Die V deckt nach Maßgabe der Allgemeinen Feuervs-Bedingungen und der folgenden Bestimmungen des hypothekarische Interesse, das dem Vmer als Gläubiger der im Grundbuch Band … Blatt … Abt. III unter Nr … eingetragenen Hypothek — Grundschuld — Rentenschuld an den im Vsschein bezeichneten Gebäuden zusteht.

1. Vswert ist der Kapitalbetrag des Realrechts einschließlich der rückständigen und bis zur Entschädigungszahlung fällig werdenden Zinsen und Nebenleistungen und der Kosten. Die Entschädigung ist jedoch, auch wenn mehrere Realgläubiger ihr Interesse vert haben, auf den Betrag des Neubauwertes der Gebäude beschränkt. Mehreren Vmern wird nach Maßgabe ihres Ranges gehaftet.

2. Die Ersatzpflicht ist ausgeschlossen, wenn und soweit nach dem Schaden der gemeine Wert der verpfändeten Grundstücke und der Gebäudereste das hypothekarische Interesse nicht deckt, ferner wenn und soweit der gemeine Wert der verpfändeten Grundstücke und Gebäude schon vor dem Schaden das hypothekarische Interesse nicht mehr gedeckt hat.

3. Der Vmer hat dem Ver auf Verlangen die durch das Realrecht gesicherte Forderung nebst dem Realrecht insoweit zu übertragen, als dieser ihm den Schaden ersetzt.

4. Die V erlischt, wenn das Realrecht des Vmers erlischt oder, abgesehen von Erbschaftsfällen, auf einen anderen übergeht oder wenn die Gebäude ganz oder teilweise vom Eigentümer oder für dessen Rechnung vert werden.

Bemerkung:
Die vorstehende Klausel ist auch dann anzuwenden, wenn die V von dem Realgläubiger gemäß § 105 VVG beantragt wird. Als Vssumme ist in allen Fällen der Betrag der Hypothek zuzüglich eines Pauschalbetrages in Höhe der schätzungsweise zu erwartenden Zinsen und Kosten zu wählen. Ob und welcher Schaden an dem hypothekarischen Interesse eingetreten ist, wird im Schadenfall gegebenenfalls im bedingungsmäßigen Sachverständigenverfahren zu ermitteln sein; es braucht nicht erst die Zwangsversteigerung des Grundstücks abgewartet zu werden."

Beim **Mobiliarkredit** setzt eine **Verpfändung** nach dem das deutsche Recht beherrschenden Faustpfandprinzip die Übergabe der Sache an den Darlehensgeber voraus. Eine vom Eigentümer genommene Sachv schützt den Pfandgläubiger nicht; das Pfandrecht erstreckt sich nicht auf die Mobiliarvsforderung. Dem Pfandgläubiger muß deshalb die Sachvsforderung gesondert verpfändet oder abgetreten werden. Eine Abtretung spielt besonders bei Pachtkrediten eine Rolle:

„Die Vsansprüche tritt der Pächter der Bank sicherungshalber in Höhe der pfandgesicherten Forderung mit Rang von dem Reste ab. Mit jeder Erhöhung der pfandgesicherten Forderung, insbesondere mit Gewährung eines Zusatzdarlehens, erhöht sich in gleichem Maße der Betrag dieser Abtretung. Die Vsgesellschaft ist auf Verlangen anzuweisen, der Bank einen Sicherungsschein zu erteilen."

Der Sicherungsschein besagt dann allerdings: „Die V gilt für Rechnung der Pachtbank". Danach würde es sich nicht um eine Abtretung der Vsforderung des Pächters (für sein Eigentümerinteresse am Inventar), sondern um eine V zugunsten der Pachtbank (für ihr Pfandgläubigerinteresse) handeln. Muster 286—287 in: Schütz-Trost, Bankgeschäftliches Formularbuch, 15. Aufl., Berlin 1959, S. 371—374.

Ausnahmsweise erstreckt sich das gesetzliche Pfandrecht des Lagerhalters wegen der Lagerkosten auf die Forderung aus einer Feuerv (§ 22 I 2 OrderlagerscheinVO).

Für Pfandleihen lautet die Klausel 8.03 Klauseln der Feuerv:

„Die Entschädigung für die Pfänder beschränkt sich auf den Betrag, den der Vmer den Pfandgebern als Schadenersatz zu leisten und nachweislich geleistet hat, äußerstenfalls auf den Betrag im Pfandbuch eingetragenen Schätzungswertes. Soweit der Vmer dem Pfandgeber keinen Schadenersatz leistet, wird Entschädigung nur bis zur Höhe des beliehenen Wertes zuzüglich der nachweislich aufgelaufenen Zinsen und Lagerspesen gewährt. Die Pfandbücher sind, solange sie nicht im Gebrauch sind, feuersicher aufzubewahren."

Der Darlehensgeber, der als Vmer auftritt, vert nur eigene Interessen. Dabei handelt es sich um das Sachersatz-, also ein Haftpflichtinteresse, sofern dem Pfandgeber Schadensersatz zu leisten ist, nachdem dieser das Darlehen zurückgezahlt hat und die Pfandsache nicht unversehrt zurückerlangen kann. Verfällt das Pfand, so bezieht sich der Vsschutz auf das Pfandrechtsinteresse im Werte des Darlehens zuzüglich Zinsen und Lagerspesen. § 8 VO über den Geschäftsbetrieb der gewerblichen Pfandleiher vom 1. II. 1961, BGBl. I S. 58 fordert jedoch eine Sachv zugunsten des Eigentümers („Der Pfandleiher hat das Pfand mindestens zum doppelten Betrag des Darlehens gegen Feuerschäden, Leitungswasserschäden, Einbruchdiebstahl sowie angemessen gegen Beraubung zu vern"), so daß eine V gemäß Klausel 8.03 Klauseln der Feuerv nicht genügt. Vgl. auch Klausel Nr. 36 ED-Klauselheft.

[99] **bbb) Spezielles zur Sicherungsübereignung**

α) **Grundlegung**

Das Faustpfandprinzip beraubt den Sicherungsgeber bei einer Verpfändung des Besitzes. Hieraus erklärt sich die Entstehung und Bedeutung der **Sicherungsübereignung**, welche auf dem juristischen Wege über die §§ 929¹, 930 BGB dem Sicherungsgeber den unmittelbaren Besitz beläßt.

III. Interesse und Schaden §49
Anm. 99

Spezialschrifttum zum Fragenkreis Sicherungsübereignung und V: Bischoff ZVersWiss 1963 S. 198—203, Elkan a. a. O. S. 38—41, Fromm JRPV 1929 S. 57—58, Hallbauer Das Recht 1909 Sp. 688—696, Hellweg ÖffrV 1930 S. 53—56, JRPV 1930 S. 177—179, Helm JRPV 1927 S. 216—218, Junck JRPV 1927 S. 235—236, Kedenburg JRPV 1926 S. 337—339, Koch BetrBer 1950 S. 307, Lenski a. a. O. S. 74—79, Löffler, Kraftfahrzeugv und Autoabsatzfinanzierung, Hamburger Diss. 1937, Mayer JRPV 1932 S. 145—147, Mühsam-Werther JW 1927 S. 160—161, Prölß JW 1934 S. 2135, Raiser VersR 1954 S. 201—204, Richter BetrBer 1950 S. 227—228, Schlössingk, Sicherungsübereignung und Übereignung unter Eigentumsvorbehalt im Falle der V der übereigneten Sachen, Erlanger Diss. 1933, Berlin 1933, Schultz ZfV 1956 S. 582—584, 780—781, Sieg Der Betrieb 1953 S. 482—483, VersR 1953 S. 219—221, Starck NeumannsZ 1934 S. 53—54, Steenhoff, Kredit- und Mobiliarv als Kreditsicherung im Inlandsgeschäft der Banken und Sparkassen, ungedruckte Hamburger Diss. 1962, Stoeber, Eigentumsanwartschaft und Vsrecht, Göttinger Diss. 1936, Bleichenrode 1936, Thiele a. a. O. S. 25—31, Vassel MDR 54 S. 710 bis 713, Wolff a. a. O. S. 48—51.

Hatte der Sicherungsgeber sein eigenes Sachinteresse vert, so **geht** gemäß § 69 I mit der Sicherungsübereignung nach der formalen h. M. das **Versicherungsverhältnis auf den Sicherungsnehmer über** (so schon zum vorgesetzlichen Recht RG 4. III. 1910 RGZ Bd 73 S. 141—143, sodann z. B. RG 17. VI. 1927 RGZ Bd 117 S. 270—272, 8. VI. 1934 RGZ Bd 144 S. 395—397, BGH 28. X. 1953 BGHZ Bd 10 S. 378—379, 21. III. 1963 VersR 1963 S. 516, vgl. ferner Anm. 55); eine Änderung des Vsortes — wie sie bei Verkauf unter Eigentumsvorbehalt die Regel bildet — findet durchweg nicht statt. Wird eine Sicherungsübereignung nicht gemäß § 71 I angezeigt, so wird es nicht mehr als Entschuldigungsgrund angesehen, falls der Anzeigepflichtige annimmt, es liege keine Veräußerung vor (Anm. 68 m. w. N.).

Aber der **Sicherungsgeber,** der den Kredit auch bei zufälliger Zerstörung oder Beschädigung der Sache zurückzuzahlen hat, besitzt **auch** ein **eigenes** versicherbares **Interesse,** das einen Vswert in Höhe des vollen Sachwertes hat (BGH 28. X. 1953 BGHZ Bd 10 S. 380, 381). Da nach der h. M. im Zweifel das Interesse des sachenrechtlichen Eigentümers vert ist, empfiehlt es sich, daß der Sicherungsgeber bei Vertragsabschluß erkennbar macht, er wolle sein eigenes wirtschaftliches Eigentümerinteresse vern. Der BGH a. a. O. S. 382 läßt dahingestellt, ob das Interesse des Sicherungsgebers „nur bei besonderer Vereinbarung als vert anzusehen ist".

Es liegt **keine Doppelversicherung** vor, wenn nebeneinander die Interessen des Sicherungsnehmers und Sicherungsgebers vert sind; auch eine analoge Anwendung der Doppelvsregelung kommt nicht in Betracht (Anm. 63).

Wird die Sache zerstört, so tritt beim Sicherungsnehmer die Vsforderung — und nach deren Einziehung die Vsentschädigung — wirtschaftlich an die Stelle der Sache. Tilgt der Sicherungsgeber den ihm gewährten Kredit vollständig, so müßte der Sicherungsnehmer die Sache zurückübereignen; nach Zerstörung der Sache hat er die Vsforderung — oder einen Betrag in Höhe der Vsentschädigung — gemäß § 281 I BGB dem Sicherungsgeber herauszugeben. Bei gegenseitigen fälligen Geldforderungen kommt eine Aufrechnung seitens des Sicherungsgebers oder -nehmers in Betracht.

Ist die Sache nur beschädigt, so kann der Sicherungsnehmer nach Treu und Glauben verpflichtet sein, die Vsleistung zur Wiederherstellung der vten Sache zur Verfügung zu stellen, sobald die bestimmungsmäßige Verwendung des Geldes gesichert ist. Nur dadurch wird der Sicherungsgeber in die Lage versetzt, z. B. mit einem übereigneten Lastkraftwagen weiter zu arbeiten und aus dem Einkommen den Kredit abzudecken.

Soweit der Sicherungsgeber auf die angegebene Weise etwas erlangt, erleidet er keinen Schaden; seine eigene V braucht also nur subsidiär einzutreten. Hat sein Ver vorgeleistet, so kann dieser Ver das Geleistete aus § 812 I 2 BGB zurückfordern, sobald der Sicherungsgeber auf dem Wege über die V des Sicherungsnehmers schadlos gestellt ist.

Eine Doppelv entsteht jedoch, wenn auf den Sicherungsnehmer nach der h. M. eine V des Sicherungsgebers übergeht, außerdem aber die Sicherungsnehmer eine eigene V nimmt.

Bei Sicherungsübereignungen wird die **Veräußerungsanzeige** (§ 71 I) oft **unterlassen.** Aber gemäß §§ 2 I 2 AFB, AEB sind auch Sachen vert, die der Vmer „sicherungshalber übereignet hat und für die dem Erwerber ein Entschädigungsanspruch gemäß § 71 Abs. 1 Satz 2 VVG nicht zusteht", weil die Anzeigepflicht schuldhaft verletzt worden ist.

In Anm. 68 ist geschildert worden, daß gemäß BGH 28. X. 1953 BGHZ Bd 10 S. 377 bis 385 dennoch dem Sicherungsnehmer aus §§ 2 I 2 AFB, AEB der Entschädigungsanspruch zustehen soll, zwar nicht aus § 69 I, wohl aber aus § 75 I 1 (V für fremde Rechnung). Stellt man sich auf den Boden dieser (sehr angreifbaren) Entscheidung, so entsteht eine Doppelv, wenn solche Fremdv zugunsten des Sicherungsnehmers mit einer von ihm selbst genommenen V zusammentrifft.

[100] β) Kreditpraxis.

αα) **Versicherungspflicht.**

In der Kreditpraxis sind mannigfaltige Formen der V im Zusammenhang mit Sicherungsübereignungen entwickelt worden.

Regelmäßig wird dem Kreditnehmer eine Vspflicht auferlegt (Steenhoff a. a. O. S. 137—140). Dabei werden die zu versichernden Interessen, Gefahren und Vssummen üblicherweise festgelegt; bei Kraftfahrzeugen oft nicht nur hinsichtlich der Fahrzeug-, sondern auch der Haftpflichtv. Nimmt ausnahmsweise der Kreditgeber die V, so wird meistens der Kreditnehmer verpflichtet, die Prämie zu erstatten. Hat der Kreditgeber eine Kreditv abgeschlossen, so hält oft der Kreditver den Kreditgeber dazu an, daß Sachvsverträge zustande kommen.

Zur Vspflicht vgl. z. B. Ziff. 5 Allgemeine Sicherungsübereignungs-Bedingungen (bei: Schütz-Trost, Bankgeschäftliches Formularbuch, 15. Aufl., Berlin 1959, S. 508, Muster 394):

„(I) Der Sicherungsgeber verpflichtet sich, das Sicherungsgut für die Dauer der Übereignung auf eigene Kosten in voller Höhe gegen die Gefahren, gegen die der Bank ein Vsschutz erforderlich erscheint, zu vern, der Bank auf Verlangen die Vsscheine vorzulegen und die Vsgesellschaft zu ersuchen, der Bank die üblichen Sicherungsscheine zu übersenden. Wenn der Sicherungsgeber die V nicht oder nicht ausreichend bewirkt hat, darf die Bank dies auf Gefahr und Kosten des Sicherungsgebers tun. Auf Wunsch der Bank wird der Sicherungsgeber die V zu Gunsten dessen, den es angeht, oder auf den Namen der Bank nehmen.

(II) Alle Vs- und Schadensersatzansprüche, welche der Sicherungsgeber wegen Verlusten oder Schäden an dem Sicherungsgut der Bank erwirbt, gehen mit ihrer Entstehung auf die Bank über."

Vgl. auch Ziff. 9 Sicherungsübereignungsvertrag bei: Schütz-Trost a. a. O. S. 512, Muster 396.

[101] ββ) Versicherungsformen außerhalb Kraftfahrversicherung.

Die in den Klauseln vorgesehene **Abtretung** an den Kreditgeber (Sicherungsnehmer) ist nur sinnvoll, soweit der Kreditnehmer (Sicherungsgeber) eine V für eigene Rechnung nimmt; die Abtretung könnte sich dabei beschränken auf die Höhe des jeweils noch offenen Kredites. Zur Abtretung auch Steenhoff a. a. O. S. 151—153. Über Abtretungen bei Import-Sicherungsverträgen mit Sicherungsübereignung: Schütz-Trost a. a. O. S. 522, 524, Muster 412, 413.

Sieht man von dem rechtstechnischen Instrument der Abtretung ab, so ist festzustellen, daß die verschiedenen Formen von **Sicherungsscheinen und Sicherungsbestätigungen** zu einer **V des Interesses des Kreditgebers** (Sicherungsnehmers) führen, sei es zu einer ausschließlichen V dieses sachenrechtlichen Interesses, sei es zu einer Kombination mit einer V des wirtschaftlichen Interesses des Kreditnehmers (Sicherungsgebers).

Für die Feuerv von Handelswaren gibt es den Warensicherungsschein bei Sicherungsübereignung vter Waren (Schütz-Trost a. a. O. S. 525—526, Muster 416). Danach ist Vmer der Sicherungsgeber. Die Wirkungen des § 69 I sollen nicht eintreten, womit auch der Ver einverstanden ist. Aber die V der übereigneten Waren gilt für Rechnung des Sicherungsnehmers. Es handelt sich also um eine V für fremde Rechnung. Jedoch wird das Verfügungsrecht des Vmers (vgl. § 76 I) praktisch beseitigt. Ist der Ver „wegen des Verhaltens des Vmers nach dem Vsvertrage von der Entschädigungs-

III. Interesse und Schaden § 49
Anm. 102

pflicht frei", so soll trotz solcher „Krankheit" des Vsverhältnisses der Sicherungsnehmer Vsschutz genießen, hier aber nur „bis zur Höhe der Forderung, zu deren Sicherung die vten Waren übereignet sind" und vorbehaltlich eines Regresses gegen den Sicherungsgeber (Vmer).

Für die Feuerv von Maschinen und Einrichtungsgegenständen gibt es die Sicherungsbestätigung für Maschinen und Einrichtungsgegenstände (Schütz-Trost a. a. O. S. 526—527, Muster 417), und es ist eine analoge Regelung wie bei den Handelswaren vorgesehen, nur schützt die Sicherungsbestätigung den Sicherungsnehmer nicht bei krankem Vsverhältnis.

Für die Einbruchsdiebstahlv von sicherungsübereigneten Sachen gibt es die Sicherungsbestätigung bei Sicherungsübereignung vter Gegenstände (Schütz-Trost a. a. O. S. 527—528, Muster 418). Wieder ist Vmer der Sicherungsgeber und § 69 I bleibt außer Anwendung. Jedoch ist hier nicht nur das Interesse des Sicherungsnehmers vert, sondern zugleich jenes des Sicherungsgebers: „Die V der übereigneten Gegenstände gilt insoweit für Rechnung des Kreditgebers, als die Vssumme den Darlehensbetrag einschließlich Nebenleistung und Kosten nicht übersteigt". Soweit die V eine V für fremde Rechnung, also zugunsten des Sicherungsnehmers ist, ist das Verfügungsrecht des Vmers beseitigt. Auf Fälle eines „kranken" Vsverhältnisses erstreckt sich der Schutz des Sicherungsnehmers nicht.

Hat der Vmer außer sicherungsübereigneten auch andere Sachen vert, so kann es erwünscht sein, eine Teilv aus der Stammv abzuzweigen. Hierzu dient der Gelbe Vsschein (Schütz-Trost a. a. O. S. 528—529, Muster 419). Nachdem der Sicherungsgeber die Prämie vorausgezahlt hat, wird hinsichtlich der abgezweigten Teilv der Sicherungsnehmer als Vmer bezeichnet. Es handelt sich um eine V ausschließlich für eigene Rechnung des Sicherungsnehmers (Kreditinstitutes). Näheres zum Gelben Vsschein: Raiser Anm. 92 zu § 18, S. 479—481. — Über die Ausstellung von Sicherungsscheinen bei Stichtagsven vgl. Erläuterungen Ziff. 3 zu Klausel 5.01 Klauseln der Feuerv.

[102] γγ) **Versicherungsformen in der Kraftfahrversicherung.**

Bei der Sicherungsübereignung von Kraftfahrzeugen werden im Zusammenhang mit der Fahrzeug- und Haftpflichtv besondere Formulare verwendet, speziell der auf Grund einer „Erklärung des Vmers" (gegenüber dem Ver) vom Ver dem Sicherungsnehmer übermittelte „Sicherungsschein" (vgl. auch Stiefel-Wussow[5] S. 582—583).

Siehe hierzu die Formular-Muster auf nachfolgenden S. 112—113.

Die V wird danach vom Sicherungsgeber genommen. Ist sie bereits vor der Sicherungsübereignung abgeschlossen, so sollen offenbar die Rechtsfolgen des § 69 I nicht eintreten. „Die V gilt ... in Höhe des vom Vmer geschuldeten Betrages für Rechnung des genannten Kreditgebers". Es handelt sich also primär um eine V für fremde Rechnung zugunsten des Sicherungsnehmers, hinsichtlich des überschießenden Betrages um eine V für eigene Rechnung des Sicherungsgebers (Vmers). Es wird also das Eigentumsinteresse des Sicherungsnehmers gemeinschaftlich mit dem Eigentümerinteresse des Sicherungsgebers in einem Vertrage vert (BGH 25. XI. 1963 BGHZ Bd 40 S. 300—301; ebenso kraft desselben Formulars im Falle des Eigentumsvorbehaltes: Anm. 91). BGH 28. X. 1953 BGHZ Bd 10 S. 381 erwähnt die beim Sicherungsschein in der Kraftfahrtv „gegebene Möglichkeit, daß durch den gleichen Vertrag beide Interessen zugleich gedeckt werden, daß sich also die V sowohl als Eigen- wie auch als Fremdv darstellt". Was das Verfügungsrecht des Vmers anlangt, so bestätigt der Sicherungsschein dem Sicherungsnehmer: „eine Entschädigung aus der Fahrzeugv für das bezeichnete Fahrzeug wird, wenn sie DM 100,— übersteigt, ohne Ihre schriftliche Zustimmung nicht an den Vmer, sondern an Sie ... gezahlt, höchstens jedoch bis zu dem von Ihnen ... anzugebenden Betrag, den der Vmer noch schuldet". Für den Fall des „kranken" Vsverhältnisses ist der Sicherungsnehmer nicht besonders geschützt (vgl. aber den Sonderfall: BGH 25. XI. 1963 BGHZ Bd 40 S. 297—305). Zuweilen geht allerdings der Vsschutz zugunsten des Sicherungsnehmers über jenen hinaus, den der Vmer (Sicherungsgeber) genießt (BAA VA 1956 S. 24; Wussow[5] Anm. 23 zu § 3, S. 131—132: Verzicht auf den Einwand

111

§ 49
Anm. 102

III. Interesse und Schaden

Erklärung des Versicherungsnehmers zu K ....

Der Unterzeichner ....
(Vor- und Zuname)

Stand oder Beruf ....

Anschrift ....
(Postleitzahl)

hat dem Kreditgeber (Firma) ....

das Kraftfahrzeug mit folgenden Erkennungsmerkmalen:

Art und Verwendung				Hersteller des Fahrgestells	

Nr. des Fahrgestells	Hubraum, Brems-PS, Nutzlast	Plätze	Baujahr	amtl. Kennzeichen

Kraftfahrzeughändler:

zur Sicherung gegenwärtiger und künftiger Forderungen übereignet. Zur Tilgung der Schuld ist Ratenzahlung vereinbart/nicht vereinbart*. Fälligkeit der letzten Rate oder der Gesamtschuld am ....

Der Unterzeichner erklärt sich damit einverstanden,

1. daß für die bei der **x-Versicherungsgesellschaft**
   abgeschlossene bzw. abzuschließende Fahrzeugversicherung bis zum Fortfall des Sicherungsrechts — maßgebend ist die schriftliche Mitteilung der unter a) genannten Personen — die folgenden Bestimmungen gelten:
   a) Die Versicherung gilt, wenn die Entschädigung DM 100,— übersteigt, in Höhe des vom Versicherungsnehmer geschuldeten Betrages für Rechnung des genannten Kreditgebers oder des Kraftfahrzeughändlers, falls dieser die Forderung gegen den Versicherungsnehmer erworben hat und der Übergang der Forderung dem Versicherer angezeigt wurde.
   b) In Abweichung von den Allgemeinen Bedingungen für die Kraftverkehrsversicherung sind allein die unter a) genannten Gläubiger oder ein von diesen namentlich benannter Dritter berechtigt, über die Rechte aus dem Versicherungsvertrag zu verfügen, insbesondere die Entschädigung anzunehmen und diese Rechte neben dem Versicherungsnehmer gerichtlich geltend zu machen, und zwar auch dann, wenn sie sich nicht im Besitz des Versicherungsscheines befinden.
2. daß für den Fall der Einbeziehung der Versicherungsprämie in die Finanzierung eine Prämienerstattung bei vorzeitiger Beendigung des Versicherungsvertrages (Haftpflicht- und/oder Fahrzeugversicherung) an den nach 1. a) oder b) Berechtigten vorgenommen wird, höchstens jedoch bis zu dem Betrage, den der Versicherungsnehmer noch schuldet.

Für den Kreditgeber soll ein Sicherungsschein ausgestellt werden.

.............................., den ....

....
(Unterschrift des Versicherungsnehmers)

* Nichtzutreffendes streichen.

III. Interesse und Schaden §49
Anm. 102

Sicherungsschein

zur Kraftverkehrsversicherung Nr. ....
(Nr. des Finanzierungsvertrages: ....)
Wir teilen Ihnen hierdurch mit, daß
Herr/Frau/Fräulein/Firma
für das folgende Kraftfahrzeug:

    Art: Fabrikat:
    Nr. des Fahrgestells: amtl. Kennzeichen:
eine **Haftpflichtversicherung**
Fahrzeugvollversicherung ohne/mit DM .... Selbstbeteiligung*)
Fahrzeugteilversicherung*)
abgeschlossen hat. Mitgedeckt nach den hierfür maßgebenden Sonderbedingungen ist das Einstellraumrisiko für die Dauer der Nichtbenutzung des abgestellten Fahrzeuges. Die Deckung des Einstellraumrisikos gilt längstens für die Dauer eines Jahres seit Abmeldung bei der Zulassungsstelle.
Wir haben Deckung erteilt. Die Versicherung läuft bei uns unter obiger Versicherungsschein-Nummer.
Der Vertrag ist abgeschlossen für die Zeit vom ....
bis .... und verlängert sich stillschweigend jeweils um ein Jahr, wenn er nicht gekündigt wird.**)
Die Prämie ist entrichtet bis zum ....
Auf Grund der Erklärung des Versicherungsnehmers sind wir bis zum Wegfall Ihres Sicherungsrechts — wenn angegeben ist der Fälligkeitstermin in der Erklärung des Versicherungsnehmers, andernfalls Ihre schriftliche Mitteilung maßgebend —, längstens aber bis zum Ablauf des Versicherungsvertrages zu folgendem bereit:
1. Eine Entschädigung aus der Fahrzeugversicherung für das bezeichnete Fahrzeug wird, wenn sie DM 100,— übersteigt, ohne Ihre schriftliche Zustimmung nicht an den Versicherungsnehmer, sondern an Sie oder an den Kraftfahrzeughändler

      ....
                                   (Name)

sofern dieser die Forderung gegen den Versicherungsnehmer erwirbt und uns dieses vor Auszahlung der Entschädigung angezeigt wird, oder an einen von Ihnen oder dem Kraftfahrzeughändler namentlich benannten Dritten gezahlt, höchstens jedoch bis zu dem von Ihnen oder der Verkäuferfirma anzugebenden Betrag, den der Versicherungsnehmer noch schuldet.
2. Falls die Versicherungsprämie in die Finanzierung einbezogen ist, wird eine Prämienerstattung bei vorzeitiger Beendigung des Versicherungsvertrages (Haftpflicht- und/oder Fahrzeugversicherung) an Sie oder den sonst nach 1. Berechtigten vorgenommen, höchstens jedoch bis zu dem angegebenen Betrag, den der Versicherungsnehmer noch schuldet.
3. Wir werden ihnen oder dem Kraftfahrzeughändler, falls uns dieser als Rechtsnachfolger benannt wurde, sofort Kenntnis geben, wenn
    a) dem Versicherungsnehmer eine Zahlungsfrist nach § 39 VVG gestellt worden und der angemahnte Betrag nicht spätestens eine Woche nach Abgang des Mahnschreibens eingegangen ist;
    b) der Versicherungsvertrag als Ganzes oder teilweise gekündigt oder vorzeitig beendet wird.
4. Sofern Sie oder der Kraftfahrzeughändler es binnen einer Woche nach Eingang unserer Mitteilung zu 3. beantragen, werden wir dem Antragsteller, ohne daß es einer besonderen Annahmeerklärung bedarf, für die Dauer von höchstens zwei Monaten, beginnend vom Zeitpunkt, in dem unsere Eintrittspflicht gegenüber dem Versicherungsnehmer aus den unter 3. a) oder b) genannten Gründen entfällt, Deckung in dem bisherigen Umfang für das Fahrzeug unter Verzicht auf die Leistungsfreiheit nach § 2, Abs. 2, Satz 2, VVG gewähren. Die Höhe der hierfür von ihnen oder dem Kraftfahrzeughändler zu entrichtenden Prämie bestimmt sich nach dem Tarif für die Kraftverkehrsversicherung. Der Antrag ist gegenstandslos, wenn der Versicherungsnehmer im Falle 3. a) die Zahlung binnen einem Monat nach Ablauf der Zahlungsfrist nachholt und der Versicherungsfall bis dahin nicht eingetreten ist.

---
* Nichtzutreffendes streichen.
** bei unterjähriger Versicherung streichen.

aus schuldhafter Herbeiführung des Vsfalles durch den Vmer). Über die Rechtslage, die sich solchenfalls ergibt, wenn der Ver die Kosten einer vom Vmer in Auftrag gegebenen Reparatur bezahlt: BGH 25. IV. 1960 VersR 1960 S. 529—530. Weiteres zum Kraftfahrzeug-Sicherungsschein Sieg Der Betrieb 1953 S. 482—483, VersR 1953 S. 219 bis 221, Spriestersbach VersR 1964 S. 910—911, Stiefel-Wussow[5] Anm. 23 zu § 3, S. 128—132.

Besonders schwierige Rechtsverhältnisse treten auf beim Sicherungsübereignungsvertrag zur Kraftfahrzeugfinanzierung von Kraftwagenhändlern (Schütz-Trost a. a. O. S. 529—532, Muster 420). Beteiligte sind der Kraftwagenhändler, welche Kraftwagen unter Eigentumsvorbehalt verkauft, der Käufer und eine Bank, welche als Finanzierer auftritt. Der Verkäufer zieht auf den Käufer Wechsel, welche dieser akzeptiert. Die Bank diskontiert dem Verkäufer die Kundenakzepte. Die Verkäuferfirma vereinbart mit der Bank:

„IV. Die Firma darf die Benutzung der Kraftfahrzeuge nur gestatten, wenn eine Haftpflichtv besteht.
Die Firma ist ferner verpflichtet, der Bank unverzüglich Mitteilung zu machen, wenn ein Vmer die Prämien der Kaskov nicht ordnungsgemäß entrichtet; wenn ein Vmer die Prämien der Pflicht-Haftpflichtv nicht ordnungsgemäß entrichtet, ist die Firma verpflichtet, unverzüglich das zuständige Straßenverkehrsamt zu unterrichten.
V. Die Firma tritt die ihr aus der Kaskov zustehenden Ansprüche an die Bank ab. Die Bank hat jederzeit das Recht, die Abtretung der Vsansprüche der Vsgesellschaft anzuzeigen; die Firma ist hiermit unwiderruflich einverstanden.
Die Firma ist verpflichtet, Beträge, die ihr aus der Kaskov zufließen, an die Bank abzuführen; die Bank ist verpflichtet, nach Einlösung der Wechsel diese Beträge der Firma zurückzugeben."

Hiernach wird davon ausgegangen, daß der Käufer den Kaskovsvertrag abschließt, und zwar als V zugunsten des Verkäufers, der seinerseits die Vsforderung an die finanzierende Bank zediert. Die V zugunsten des Verkäufers beruht auf dem oben behandelten Sicherungsschein. Der Verkäufer verliert das ursprünglich von ihm vorbehaltene Eigentum durch die Sicherungsübereignung, bleibt aber wirtschaftlich Eigentümerinteressent (neben dem Käufer), weil er aus der Wechselausstellung von der Bank in Anspruch genommen werden könnte. Vgl. auch die Fälle BGH 14. III. 1963 VersR 1963 S. 429—430, 4. IV. 1963 VersR 1963 S. 529, 25. XI. 1963 BGHZ Bd 40 S. 297—305.

Was die Autohaftpflichtversicherung anlangt, so sollen nach § 158h die Vorschriften über die Veräußerung der vten Sache sinngemäß gelten. Es ist aber umstritten, ob auch hier der Übergang des sachenrechtlichen Eigentums entscheiden soll oder der Wechsel der Haltereigenschaft. Die Frage gewinnt besonders bei der Sicherungsübereignung von Kraftfahrzeugen Bedeutung. Hierzu z. B. Capeller BetrBer 1952 S. 705, Dahlgrün BetrBer 1951 S. 878, Eder NJW 1953 S. 370—371, Horstmann VersR 1952 S. 219, Kramer VersR 1952 S. 338—339, Prölss JZ 1953 S. 658—659, Schmitt VersR 1954 S. 49—51, Vassel VersR 1952 S. 338—339, OLG Celle 23. I. 1952 VersR 1952 S. 224—225; unentschieden BGH 28. V. 1953 NJW 1953 S. 1182 = VersR 1953 S. 285.

[103] ff) Dienstvertrag.

Nach § 85 erstreckt sich eine **Feuerversicherung,** die für einen Inbegriff von Sachen genommen ist, auf Sachen der in einem Dienstverhältnis zu dem Vmer stehenden Personen, sofern diese Personen in häuslicher Gemeinschaft mit dem Vmer leben oder an dem Orte, für den die V gilt, ihren Beruf ausüben. Es handelt sich insoweit um eine der V für eigene Rechnung angehängte V für fremde Rechnung (V von Adhäsionsinteressen: Anm. 89). § 2 I 3 AFB hat den § 85 nicht unverändert übernommen, sieht vielmehr die Mitv der Sachen von Arbeitnehmern nur dann vor, wenn es sich um eine V von Hausrat oder von Arbeitsgerät handelt (Raiser Anm. 8 zu § 2, S. 101—102). Entsprechend der h. M. kommt es darauf an, ob der Arbeitnehmer sachenrechtlicher Eigentümer ist, aber in analoger Anwendung des § 2 I 2 AFB gelangt man zu dem Ergebnis, daß auch der von der Hausgehilfin unter Eigentumsvorbehalt des Verkäufers gekaufte und noch nicht voll bezahlte Radioapparat mitvert ist.

III. Interesse und Schaden §49
Anm. 104

Nach Klausel 20 Klauseln der Feuerv kann die V für fremde Rechnung einerseits erweitert, andererseits durch eine Subsidiaritätsabrede eingeschränkt werden:

„**Fremdv für Gebrauchsgegenstände von Betriebsangehörigen.**
1. Werden in die V Gebrauchsgegenstände Betriebsangehöriger eingeschlossen, so wird die Entschädigung nur insoweit geleistet, als keine Entschädigung aus einer anderweitigen V erlangt werden kann.
2. Nicht vert sind: Kraftfahrzeuge, Bargeld und Wertpapiere sowie der in Wohnungen befindliche Hausrat."

Für die Einbruchdiebstahlv vgl. entsprechend § 2 I 3 AEB, Klausel Nr. 25 ED-Klauselheft.

Auch die **Betriebshaftpflichtversicherung** kennt eine Adhäsionsdeckung in § 151 I, jedoch nicht hinsichtlich sämtlicher Arbeitnehmer: Die Betriebshaftpflichtv des Vmers erstreckt „sich auf die Haftpflicht der Vertreter des Vmers sowie auf die Haftpflicht solcher Personen, welche er zur Leitung oder Beaufsichtigung des Betriebes oder eines Teiles des Betriebes angestellt hat". Die Bestimmung wird in § 7 I, II AHaftpflB nicht wiederholt, sondern als anwendbar vorausgesetzt (Wussow AHB[4] Anm. 1 zu § 7, S. 365 bis 366). Durch speziellere Vsbedingungen wird der Kreis der mitvten Personen oft noch weiter ausgedehnt, z. B. im Falle BGH 4. XII. 1958 VA 1959 S. 81—82 = VersR 1959 S. 42—43, wo betont wird, es stehe „den Mitvten Vsschutz unabhängig davon zu, ob der Haftpflichtfall zugleich auch eine Haftpflicht für den Vmer selbst nach den §§ 278, 831 BGB begründet". Jedoch sind die Ausschlüsse der §§ 4 II Ziff. 2 Satz 1, 7 II AHaftpflB zu beachten.

[104] gg) **Werkvertrag.**
   aaa) **Allgemeines.**

Die im Zusammenhang mit Werkverträgen entstehenden Risiken sind für die Unternehmer, also insbesondere für Handwerk und Industrie, ebenso bedeutsam und mannigfaltig wie für die Besteller.

Was das **sachenrechtliche Eigentümerinteresse** anlangt, so ist der eigentliche, reine Werkvertrag vom Werklieferungsvertrag zu unterscheiden. Beim ersteren geht es um die Herstellung oder Veränderung einer Sache aus Bestellerstoff, so daß das Eigentum stets beim Besteller ruht. Im Falle des § 651 II BGB beschafft der Unternehmer zwar Zutaten oder sonstige Nebensachen. Er verbleibt jedoch Eigentümer dieser Nebensachen nur bis zur Verbindung mit dem Bestellerstoff, mit der Verbindung erwirbt der Besteller das Alleineigentum (§ 947 II BGB). Beim Werklieferungsvertrag hat der Unternehmer das Werk aus einem von ihm zu beschaffenden Stoffe, der keine bloße Nebensache sein darf, herzustellen und sodann dem Besteller das Eigentum an der hergestellten Sache zu verschaffen (§ 651 I 1 BGB). Regelmäßig ist der Unternehmer Träger des Eigentümerinteresses bis zur rechtsgeschäftlichen Übereignung, die sich als Veräußerung i. S. von § 69 I darstellt. Ausnahmsweise geht das Eigentum (originär) vorzeitig auf den Besteller über, insbesondere bei Verbindung von beweglichen Sachen mit Grundstücken, man denke insbesondere daran, daß Bauwerke wesentliche Bestandteile des Grundstückes werden (§ 946 BGB). Wird Unternehmerstoff mit Besteller dergestalt verbunden, daß beide wesentliche Bestandteile einer einheitlichen b lichen Sache werden, so entsteht zunächst Miteigentum (§ 947 I BGB), und de nehmer ist dem Besteller zur Verschaffung des Volleigentums verpflichtet (§ 651 Vsrechtlich bestehen hiernach zunächst getrennte Eigentümerinteressen, eigentümerinteressen, schließlich kommt es zum alleinigen Eigentümer Bestellers. (Über Sachven zugunsten des Bestellers Richter, Die V der in zur Bearbeitung befindlichen fremden Waren gegen Feuergefahr, Sieg BetrBer 1964 S. 13, über die Nichtexistenz einer Vspflicht ein Marienwerder 25. X. 1907 SeuffArch Bd 63 S. 92—94, über die machergesellschaft, welche die Gefahr für den Bestellerstoff ROHG 15. I. 1879 ROHGE Bd 24 S. 318—322).

Ein **wirtschaftliches Eigentümerinteresse** hat der Best verträgen auch vor dem Erwerb des formalen Eigentum gefahr trägt, so z. B. bei Versendung des Werkes (§ 64

des Bestellers (§ 644 I 2 BGB), bei Übergabe des Werkes, soweit es sich um eine vertretbare Sache handelt (§§ 651 I 2, 446 I 1 BGB), bei Abnahme des Werkes, soweit es sich um eine unvertretbare Sache handelt (§§ 651 I 2, 644 I 1 BGB).

Der Unternehmer erlangt ein **Forderungsinteresse** mit Abschluß des Werkvertrages. Er kann seine Forderung rechtlich dadurch verlieren, daß das versprochene Werk nicht zur Vollendung kommt: Der Unternehmer trägt die Vergütungsgefahr regelmäßig bis zur Abnahme des Werkes (§ 644 I 1 BGB). Zerstört also ein Feuer eine aus Bestellerstoff fast fertiggestellte Sache, z. B. einen Maßanzug, so verliert der Unternehmer den Vergütungsanspruch. Darin steckt zugleich der Wert der vom Unternehmer verarbeiteten Zutaten (Kisch III S. 118). Der Verlust des Vergütungsanspruchs tritt für den Unternehmer auch und erst recht ein, wenn der Unternehmer die Unmöglichkeit der Werkleistung zu vertreten hat, z. B. wegen Verschuldens eines Erfüllungsgehilfen (§§ 325 I 1, 3, 323 I BGB). Nur wenn der Besteller die Unmöglichkeit zu vertreten hat, verliert der Unternehmer den Vergütungsanspruch — vorbehaltlich gewisser Anrechnungen — nicht (§ 324 I BGB). Vgl. ferner die Mittellösungen der §§ 645, 642 BGB. Gegen die sich auf Grund des Gesetzes ergebende vollständige oder teilweise Beeinträchtigung seines Forderungsinteresses kann sich der Unternehmer vern, sei es nach dem Prinzip der Totalität der Gefahren, sei es gegen Einzelgefahren, z. B. Brand (Bischoff VersR 1963 S. 14). — Soweit der Unternehmer einen Vorschuß auf eine ihm letztlich nicht zustehende Vergütung erlangt hat, muß er ihn gegebenenfalls zurückzahlen. Bei der vsmäßigen Deckung dieses Risikos handelt es sich um eine Passivenv gegen im Gesetz normierte Schulden.

Der Unternehmer läuft überdies wie jeder Gläubiger das **Kreditrisiko**, das ansteigt, falls die Vollendung des Werkes lange Zeit in Anspruch nimmt oder der Werklohn gestundet wird. Eine Kreditv, insbesondere für den Fall der Insolvenz des Bestellers kann helfen.

Das Kreditrisiko des Unternehmers ist dadurch vermindert, daß § 647 BGB ein gesetzliches **Pfandrecht** des Unternehmers geschaffen hat. Der Unternehmer kann alternativ sein Forderungsinteresse oder sein Pfandrechtsinteresse vern, wobei letzterenfalls der Vsfall erst eintritt, wenn aus den Sachen des Bestellers keine Befriedigung zu erlangen ist. Zu beachten sind auch die sich aus § 648 BGB ergebenden Pfandrechtsinteressen.

Auch der Besteller hat **Forderungsinteressen,** die beeinträchtigt werden können, man denke an die Nichterfüllung eines günstigen Schiffbauvertrages durch eine in Konkurs geratende Werft, ferner an die schadenstiftende Schlechterfüllung seitens des Unternehmers (Unrealisierbarkeit der Gewährleistungsansprüche: §§ 633 II, III, 634, 635 BGB). — Hat der Besteller Anzahlungen auf die Vergütung geleistet, also den Werklohn vor normaler Fälligkeit (§ 641 I BGB) beglichen, so kann ihm eine Kreditv, z. B. eine Kautionsv bei Uneinbringlichkeit der Rückforderung helfen (Sieg BetrBer 1964 S. 17—18).

Der Unternehmer kann sein **Gewinninteresse** im Wege einer Betriebsunterbrechungsv vern, und zwar entgehenden Geschäftsgewinn (aus dem Absatz der im vten Betriebe hergestellten Waren bzw. aus Dienstleistungen) und fortlaufende Geschäftskosten, die in dem Betriebe entstehen (§§ 3 I, 4 I, II FBUB). — Der Besteller kann Sachen, die auf Grund eines Werkvertrages fertiggestellt sind, in seinen Betrieb eingliedern und nunmehr eine Unterbrechungsv abschließen. Dagegen dienen unfertige Bauten, z. B. eine im Bau befindliche Kokerei, die aufbrennt, noch nicht dem Betriebe des Bestellers (i. S. des § 2 I FBUB).

Mißlingt dem Unternehmer eine Werkleistung, so bleibt er regelmäßig verpflichtet, die Leistung zu erbringen, er muß also noch einmal Arbeit und Material investieren. Wie schon in Anm. 75 ausgeführt, spricht man vom „Garantiemoment" des Werkvertrages, den Unternehmer trifft insoweit eine **Haftpflicht** ex contractu, und eine Haftpflichtv, z. B. eine Bauwesenv kann ihm helfen (Anm. 75; Bischoff VersR 1963 S. 14: Passivenv). Allerdings rettet der Unternehmer durch die „Nocheinmalleistung" — die eingestürzte Wand des Neubaus wird nochmals errichtet — seinen Vergütungsanspruch.

III. Interesse und Schaden § 49
Anm. 105

Andere Haftpflichtrisiken ergeben sich daraus, daß der Unternehmer möglicherweise einen Schaden hinsichtlich des Bestellerstoffes anrichtet, z. B. weil er ihn beschädigt oder so aufbewahrt, daß er gestohlen wird. Es können aber auch andere Schäden im Zusammenhang mit der Werkleistung verursacht werden. Der Malermeister beschädigt mit seiner Leiter eine Lampe, der Autoreparateur verursacht bei einer Probefahrt einen Personenschaden, für den der Besteller als Hafter haftet. Von Fällen schadenstiftender Schlechterfüllung durch den Unternehmer war schon in anderem Zusammenhang die Rede. Verschiedene Formen der Haftpflichtv können auch in diesen Fällen Schutz gewähren.

Eine Haftung des Bestellers ist seltener, kommt aber z. B. nach § 645 II BGB in Betracht, wenn vom Bestellerstoff Gefahren ausgehen oder wenn der Besteller schadenbringende Anweisungen gegeben hat.

[105] bbb) **Versicherungsformen**.

Die **Feuerversicherung** schützt Eigentümerinteressen. Ausnahmsweise können bei reinen Werkverträgen die Unternehmer sich feuerv, insbesondere wenn es sich um ausländische Besteller handelt. Zur Verfügung steht die (nicht veröffentlichte) Klausel:

„Veredlungslohn in der Textilindustrie

(1) Vert ist nach Maßgabe der AFB und der folgenden Bestimmungen das Interesse des Vmers an den ihm zur Veredlung übergebenen fremden Waren. Die Höhe dieses Interesses entspricht dem ihm zustehenden Veredlungslohn (Vswert).

(2) Zur Feststellung der Entschädigung gemäß § 17 AFB hat der Vmer nachzuweisen, daß sich sein Auftraggeber mit der Zahlung des Veredlungslohnes in Verzug befindet und daß er sich nicht auf andere Weise, insbesondere durch Ausübung eines Pfand- oder Zurückbehaltungsrechtes, befriedigen kann.

(3) Der Vmer hat dem Ver auf Verlangen seinen Anspruch auf den Veredlungslohn insoweit abzutreten, als dieser ihm den Schaden ersetzt."

Danach ist ein Forderungsinteresse des Veredlers vert, aber nicht gegen die Gefahr des Unterganges der Forderung wegen Nichtvollendung des Werkes. Es wird vielmehr die (vertraglich zu vereinbarende) Fortexistenz der „ihm zustehenden" Forderung auf Zahlung des Veredlungslohns vorausgesetzt, der Auftraggeber muß sich sogar in Verzug befinden. Das gesetzliche Pfandrecht wird im allgemeinen dem Veredler nicht zugutekommen, wenn die Sachen des Auftraggebers verbrannt sind. Das Kreditrisiko ist bei ausländischen Auftraggebern besonders hoch; der Feuerver übernimmt es, den Anspruch auf den Veredlungslohn beizutreiben. Im Veredlungslohn steckt auch der Unternehmergewinn des Veredlers. Zur Klausel auch Bischoff ZVersWiss 1963 S. 198.

Gemäß Klausel 1.06 Klauseln der Feuerv „sind die in Herstellung, Reparatur oder Überholung befindlichen **Triebwerkflugzeuge**" vert. Danach muß das Eigentümerinteresse als vert angesehen werden, also bei in Herstellung befindlichen Flugzeugen durchweg vor der Abnahme das Interesse des Unternehmers, in Reparatur- und Überholungsfällen das Interesse des Bestellers.

Nach der Klausel 2.02 Klauseln der Feuerv sind **Manuskripte** versicherbar, speziell bei der **Druckerei**. Nachdem in Abs. 1 von Manuskripten die Rede ist, die Eigentum des Vmers sind, sagen Abs. 2, 3:

„(2) Sind Urschriften als fremdes Eigentum vert, so gelten sie nur zu dem Wert als vert, für den der Vmer dem Eigentümer zu haften hat. Dabei ist eine zwischen dem Vmer und dem Eigentümer etwa vereinbarte Haftsumme ohne Verbindlichkeit für die Schadenregulierung. Überschreitet der Haftwert den Nutzungswert, den die Urschriften zur Zeit des Eintritts des Schadenfalles hatten, so bildet der Nutzungswert die Höchstgrenze der Leistung des Vers.

(3) Urschriften, gleichviel ob als eigenes oder fremdes Eigentum vert, scheiden je nach Fortschreiten ihrer Drucklegung aus der V aus."

Obgleich in Abs. 2 auf die Haftung des Vmers und den Haftwert abgestellt wird, liegt doch keine Haftpflichtv des Unternehmers (der Druckerei) vor, sondern eine V fremden Eigentums, also eine V des Eigentümerinteresses des Bestellers, genommen vom Unternehmer für fremde Rechnung. Diese Kundenv (Anm. 119) kommt aber zugleich dem Vmer zugute, da der Feuerver nicht gegen den Vmer (Unternehmer) Regreß nehmen kann.

Die Klausel 2.06g Klauseln der Feuerv betrifft die Zuckerrübenindustrie: Der Vmer verpflichtet sich, nach Erhalt von Zuckerrüben eine bestimmte Menge von Trockenschnitzeln und getrockneten Rüben zurückzuliefern. Diese Gattungsschuld muß erfüllt werden, auch wenn die Fabrik abbrennt. Das sich aus der Leistungsgefahr und dem „Garantiemoment" des Werkvertrages ergebende Haftpflichtrisiko (Anm. 75, 94) wird vert:

„Ersatzwert für Mehraufwendungen in der Zuckerindustrie
Die V laut Position ... erstreckt sich auf Mehraufwendungen, die dadurch erforderlich werden, daß der Vmer seine Lieferungsverpflichtungen an Trockenschnitzeln und getrockneten Rüben seinen Rübenlieferanten gegenüber nach einem Brandschaden nicht aus eigenen Beständen erfüllen kann und gehalten wird, für verbrannte Schnitzel anderweitig Ersatz zu beschaffen, dies aber nur zu einem gegenüber dem Brandtagswert der Schnitzel höheren Preis und unter Aufwendung besonderer Frachten und sonstiger Versandspesen möglich ist. Die V gilt auf erstes Risiko.

Bemerkung:
Die Klausel setzt voraus, daß Mehraufwendungen auf Grund der Schnitzelrücklieferungsverpflichtungen durch folgende besondere Position des Vsscheines mitvert werden:
‚Mehraufwendungen für die Wiederbeschaffung von Trockenschnitzeln und getrockneten Rüben . . . . DM auf erste Gefahr'."

In verschiedenen Formulierungen stehen Fremdvsklauseln zur Verfügung, welche speziell den Fall der Bearbeitung durch den Vmer im Auge haben (Klauseln 19, 4.01b, c Klauseln der Feuerv, dazu VA 1962 S. 203). Hiernach handelt es sich nie um eine V für eigene Rechnung des Unternehmers (Sieg BetrBer 1964 S. 18). Immerhin klingt „wiederum der Gedanke des Abschlusses dieser Feuerv als Deckung für etwaige Haftpflichtansprüche gegen den Vmer an" (Wussow AFB Anm. 5 zu § 12, S. 429, vgl. auch Raiser Anm. 11 zu § 13, S. 322—323, der auf die Möglichkeit hinweist, daß ausnahmsweise der Unternehmer sein eigenes [Haftpflicht-] Interesse vert). Vgl. ferner Klausel 24c, d ED-Klauselheft mit VA 1963 S. 78 und KG 15. V. 1906 VA 1906 Anh. S. 128—129 Nr. 265 (Einbruchdiebstahlv von Fahrrädern durch eine Reparaturwerkstätte als V für fremde Rechnung).

Bei Rohbauten wird durch eine Feuerv regelmäßig gleichfalls nur das Eigentümerinteresse geschützt, wobei § 946 BGB zu beachten ist. Baumaterialien werden von der Immobiliarv nicht geschützt (ausdrücklich betont für Hessen: Schmidt-Sievers S. 187).

Bei **Schiffsneubauten** (Ritter Anm. 30 zu § 1, S. 83 leugnet hier stets das Vorliegen einer Seev) liegt das Eigentümerinteresse bis zur Probefahrt meistens bei der Werft. Klauseln für Bau-Risiken decken nach dem Prinzip der Totalität der Gefahren Neubau, Zubehör und Konstruktionsteile, sofern sie für den Neubau verbucht sind. Auch die Werftanlagen sind in gewissem Umfang gedeckt. Allgemein ausgenommen von der V sind Schäden, die sich als eine Folge der Bearbeitung der vten Gegenstände im vorgeschriebenen oder üblichen Arbeitsgange darstellen. Bei einer von einer Werft genommenen Feuerv für eigene und / oder fremde Rechnung hat das RG 22. IX. 1916 LZ 1917 Sp. 207—208 angenommen, es sei nicht nur das Eigentümerinteresse des Schiffseigners vert, sondern auch eine Fülle von Interessen der Werft (Haftpflicht, Verlust des Vergütungsanspruchs, des Pfand- oder Zurückhaltungsrechts). Dazu Bischoff VersR 1963 S. 13—14, ZVersWiss 1963 S. 204.

Aus der Schiffsbaurisikov hat sich die **Montageversicherung** entwickelt (VA 1930 S. 157), die — z. B. bei Bau von Strombrücken oder Fabrikanlagen, besonders im Ausland — regelmäßig vom Werkvertragsunternehmer genommen wird. Die AVB für die Montage-V (VA 1931 S. 167—172, 1932 S. 193) sind hinsichtlich der vten Interessen nicht sehr klar. Zum Teil sind Eigentümerinteressen vert, etwa hinsichtlich der Montageausrüstung. Was aber das Montageobjekt, z. B. eine Brücke angeht, so wird dieses oft wesentlicher Bestandteil des Grundstückes; dennoch soll offenbar das Interesse des Unternehmers vert. sein, und dieses Interesse ergibt sich aus dem Garantiemoment des Werkvertrages: Der Unternehmer hat das Montageobjekt „noch einmal" zu leisten. Es können

III. Interesse und Schaden **§ 49**
Anm. 105

ferner vert werden: „fremde Sachen auf dem . . . Montageplatz, die sich in Benutzung, Gewahrsam oder Obhut des Vmers, seiner Angestellten, Arbeiter, Bediensteten, Bevollmächtigten oder Beauftragten befinden oder bezüglich welcher der Vmer zur Zeit der Beschädigung die Gefahr trägt." Obgleich diese Formulierung des § 1 d für eine Sachv spricht, muß man doch dem § 3 III c entnehmen, daß eine Haftpflichtv vorliegt: „Die Ersatzleistung erfolgt durch Erstattung der Kosten, die der Vmer auf Grund seiner Haftung dem Eigentümer gegenüber zu übernehmen hat. Eine Unterv kann nicht geltend gemacht werden." In § 2 I Ziff. IV wird wegen der Ersatzansprüche dritter Personen für Sachschäden auf die AHaftpflB verwiesen, wobei jedoch die Obhuts- und Bearbeitungsklausel des § 4 I Ziff. 6 AHaftpflB nicht zur Anwendung kommen kann, soweit die Montagev eine Ausnahmeregelung bringt.

Die **Maschinen-Garantie-Versicherung** steht gleichfalls durchweg mit Werkverträgen in Zusammenhang. Obgleich auch die AVB für die Maschinen-Garantie-V (VA 1931 S. 172—174, 1932 S. 193) von vten Sachen sprechen, handelt es sich in Wahrheit doch nicht um eine V des Eigentümerinteresses; denn meistens wird das Eigentum auf den Besteller übergegangen sein. Den Unternehmer trifft aber noch ein Haftpflichtinteresse („Haftung aus Sachmängeln"). Der Ver gewährt Vsschutz bei Konstruktionsfehlern, Guß- oder Materialfehlern, Berechnungs-, Werkstätten- oder Montagefehlern, soweit sie der Vmer auf Grund seines Verkaufs- oder Liefervertrages zu vertreten hat".

Von der **Bauwesenversicherung** war bereits in Anm. 75 die Rede. Es handelt sich durchweg nicht um eine V des Eigentümerinteresses des Bauunternehmers, sondern um eine von ihm genommene Haftpflichtv, wobei es allerdings um eine Vertragshaftung geht. Nur soweit die Baustelleneinrichtung vert wird, z. B. Baugeräte, Baubuden, liegt ein Eigentümerinteresse des Bauunternehmers vor.

Auch die **Einheitsversicherung** gewährt Vsschutz im Zusammenhang mit Werkverträgen, ist doch die Einheitsv gerade dadurch gekennzeichnet, daß sie Waren in verschiedenen Existenzformen auf Transporten und stationär schützt. Zum stationären Risiko gehört jenes der Herstellung und Bearbeitung (§ 2 II EVB). Spezielle Polizen sind entwickelt worden, z. B. die Rauchwaren-Einheitsv für Konservierungs- und Reparaturware (VA 1934 S. 168, 1950 S. 52), die Wäscheschutz-V (VA 1950 S. 52), die V für die Textilveredelung (VA 1933 S. 256, 1950 S. 52). Immer aber wird bei der Einheitsv das Eigentümerinteresse geschützt, mag auch der Kürschner oder die Wäscherei (Färberei, chemische Reinigungsanstalt), der Textilveredler als Vmer (einer Kundenv [Anm. 119] für fremde Rechnung) auftreten.

Im Rahmen der **Kraftfahrversicherung** hat für das Kraftfahrzeughandwerk die Sonderbedingung zur Haftpflicht- und Fahrzeugv für Kfz-Handel und -Handwerk (in VA 1965 S. 212—213 und bei Stiefel-Wussow AKB[5] S. 509—513) Bedeutung. Danach kann der Werkstattbetrieb eine „Fahrzeugv" in zwei Erscheinungsformen abschließen:

„Für fremde Fahrzeuge ist die Fahrzeugv je nach dem Inhalt des Vertrages entweder
a) eine uneingeschränkte, d. i. eine Fahrzeugv im Rahmen der §§ 12—15 AKB oder
b) eine eingeschränkte, d. i. eine Fahrzeugv im Rahmen der §§ 12—15 AKB mit der Maßgabe, daß der Ver nur Vsschutz zu gewähren hat, wenn und soweit der Vmer auf Grund gesetzlicher Haftpflichtbestimmungen privatrechtlichen Inhalts in Anspruch genommen wird. Diese Fahrzeugv umfaßt auch die Abwehr unberechtigter Haftpflichtansprüche gegen den Vmer."

Bei der vom Werkstattbetriebe genommenen uneingeschränkten Kaskov handelt es sich um eine V des Eigentümerinteresses, also um eine V für fremde Rechnung des Bestellers (Vspflicht abgelehnt von RG 9. XII. 1927 SeuffArch Bd 82 S. 80). Hat allerdings der Unternehmer in das Kraftfahrzeug Teile eingebaut, welche Miteigentum entstehen lassen (vgl. § 947 BGB), so wird man annehmen müssen, daß sowohl das Eigentümerinteresse des Bestellers als auch jenes des Unternehmers vert ist (ähnlich Stiefel-Wussow AKB[5] S. 525 bis 527). Nicht vert ist durch solche Kaskov das Haftpflichtinteresse eines berechtigten Fahrers (BGH 30. IV. 1959 BGHZ Bd 30 S. 40—45). — Dagegen ist die eingeschränkte „Fahrzeugv" in Wahrheit eine Haftpflichtv, weil sie nur Vsschutz gewährt, falls der Besteller den Unternehmer in Anspruch nimmt, etwa wegen eines Verschuldens bei Durchführung der Reparatur (ebenso Stiefel-Wussow AKB[5] S. 524—525).

Eine normale **Haftpflichtversicherung** enthält Ausschlüsse, die gerade für Werkvertragsunternehmer schwerwiegend sind, insbesondere die Bearbeitungsklausel des § 4 I Ziff. 6 b AHaftpflB: Danach bezieht sich der Haftpflichtvsschutz nicht auf Haftpflichtansprüche wegen Schäden

> „die an fremden Sachen durch eine gewerbliche oder berufliche Tätigkeit des Vmers an oder mit diesen Sachen (z. B. Bearbeitung, Reparatur ...) entstanden sind; bei Schäden an fremden unbeweglichen Sachen gilt dieser Ausschluß nur insoweit, als diese Sachen oder Teile von ihnen unmittelbar Gegenstand der Tätigkeit gewesen sind."

Zu diesem Ausschluß Prölss[15] S. 639—648, Wehn-Schmidt, Die neue Fassung der Obhuts- und Bearbeitungsschadenklausel in der allgemeinen Haftpflichtv (Besitz- und Tätigkeitsklausel), 3. Aufl., Karlsruhe 1955. Bedeutsam für Werkvertragsunternehmer sind auch die Ausschlüsse, die sich im übrigen finden in § 4 I Ziff. 6, II Ziff. 1, 4 AHaftpflB. Nicht zuletzt diese Ausschlüsse haben die Entstehung neuer Vszweige wie Montage-, Maschinen-Garantie- und Bauwesenv gefördert. Auch auf die eingeschränkte Fahrzeugv für das Kraftfahrzeughandwerk ist hier nochmals zu verweisen. Es sind ferner Besondere Bedingungen für die Zusatzhaftpflichtv für Kraftfahrzeugreparaturwerkstätten genehmigt worden (VA 1960 S. 78—79 und dazu Stiefel-Wussow AKB[5] S. 527—528).

[106] hh) Güterbeförderung.

Es handelt sich beim Frachtvertrag zur Beförderung von Gütern um eine speziell geregelte Art des Werkvertrages, normalerweise mit Tragung der Vergütungsgefahr durch den Beförderer bis zur Auslieferung: „Für Güter, die durch irgendeinen Unfall verlorengegangen sind, ist keine Fracht zu bezahlen und die etwa vorausbezahlte zu erstatten, sofern nicht das Gegenteil bedungen ist" (§ 617 I HGB).

Zu unterscheiden sind versicherbare Interessen des Beförderers und des Güterinteressenten; dabei ist nicht nur an den Vertragspartner des Beförderers (Absender, Befrachter) zu denken, sondern bei Frachtverträgen zugunsten Dritter auch an den Empfänger; ferner kann der Auslieferungsanspruch in einem Wertpapier, z. B. einem Ladeschein oder Konnossement, verbrieft sein, sodaß der wertpapierrechtlich Legitimierte hinzutritt. Die Interessenlage wird noch verwickelter, wenn man auf der Seite der Güterinteressenten daran denkt, daß die Beförderung durchweg in Abwicklung eines Versendungskaufes, speziell Überseekaufes erfolgt (Anm. 92—93).

Da es sich durchweg um Beförderungen über See handelt, sei hier nur verwiesen auf Argyriadis, Die Frachtv, Hamburg 1961, Möller Cifgeschäft a. a. O. S. 55—80, 182—183, ITVMitt 1937 S. 81—87, Hansa 1938 S. 778—781. Anders als § 90 I ADS rechnet § 140 I bei der Binnentransportv die Fracht nicht in den Vswert der Güter ein (anders aber § 2 I 2 ADB, wonach die Fracht im Rahmen der Güterv mitvert werden kann). Vgl. auch Anm. 29 zu § 52.

Im Hinblick auf die Haftung des Beförderers gegenüber den Güterinteressenten, z. B. nach Maßgabe der Haager Regeln (vgl. nur §§ 559, 606, 607, 662 I 1 HGB) kann eine spezielle Haftpflichtv empfehlenswert sein (Möller Hansa 1937 S. 2092—2095; früher Fall OLG Hamburg 20. X. 1879 Handelsgerichts-Zeitung 1879 S. 278—280 mit [heute] unzulänglicher Kennzeichnung des Interesses; heute betont die Frachtführer-Klausel [Ziff. 20 Zusatzbestimmungen zu den ADS für die Güterv], daß eine Güterv nicht zugunsten des Verfrachters oder Frachtführers gilt). Für die allgemeine Haftpflichtv ist die Ausschlußklausel des § 4 Ib AHaftpflB zu beachten. Eine spezielle obligatorische Haftpflichtv müssen Unternehmer des Güterfernverkehrs, des Möbelfernverkehrs und des Güterliniennahverkehrs abschließen (§ 27 I 1, 37, 44, 94[1] GüKG, weitere Nachweise bei Prölss[15] S. 25—26); es ist irreführend, wenn § 38 I KVO von einer V der „beförderten Güter" spricht. Eine Haftpflichtv ist auch vorgesehen in § 21 Allgemeine Beförderungsbedingungen für den gewerblichen Güternahverkehr mit Kraftfahrzeugen (AGNB). Schließt — was sehr selten vorkommt — der Beförderer eine echte Güterv für Rechnung der Güterinteressenten ab, so wirkt diese „Kundenv" zugunsten des Beförderers praktisch wie eine

III. Interesse und Schaden §49
Anm. 107—109

Haftpflichtv (Anm. 119; Ehrenberg Festgabe a. a. O. S. 41—42; von Gierke I S. 126, der den Beförderer als „mittelbarer Vten" bezeichnet). Spezielle Schrift: Wolgast, Die V der Risiken des gewerblichen Transport-Unternehmers und Spediteurs, Hamburg o. J. (auch für den Güterliniennahverkehr und allgemeinen Güternahverkehr). Über die Abgrenzung der Haftung des Spediteurs und des Güterfernverkehrsunternehmers: Sieg VersR 1965 S. 297—308.

Die Deutsche Bundesbahn gewährt im Zusammenwirken mit der Deutschen Verkehrs-Kreditbank Frachtstundung bei Abschluß einer Kautionsv („**Frachtbürgschaft**", vgl. v. Halem in: Studienwerk F V 9 S. 65).

Der Beförderer hat neben dem Forderungsinteresse auch ein **Pfandrechtsinteresse** (§§ 366 III, 440 I, 457, 623 I HGB).

[107] ii) **Personenbeförderung.**

Der Beförderer haftet aus dem Beförderungsvertrag. Er kann eine Haftpflichtv abschließen und er ist hierzu möglicherweise verpflichtet. Nicht selten wird Beförderungsunternehmen im Konzessionsverfahren die Auflage gemacht, eine V abzuschließen. Ein Luftfahrtunternehmen ist gemäß § 50 LuftVG gehalten, die Fluggäste gegen Unfall zu vern: „Soweit aus der Unfallv geleistet wird, erlischt der Anspruch auf Schadensersatz". Hier wird der Gedanke der Haftungsersetzung durch Unfallvsschutz verwirklicht (Möller VW 1964 S. 612).

Die im Seeverkehr mögliche V von **Überfahrtsgeld** (§§ 1 II, 109 ADS) ist der Frachtv (Anm. 106) verwandt; sie umfaßt gewisse Risiken der Vertragshaftung (Ersatz für Schaden am Reisegut) und notwendiger Aufwendungen (Landung und Unterhaltsgewährung für Passagiere im Zwischenhafen, Weiterbeförderung). Näheres Ritter Anm. 108—115 zu § 1, S. 130—134, Anm. 1—14 zu § 109, S. 1236—1240.

Für den Reisenden ist neben der Reisegepäckv bei Pauschalreisen die Reise-Ausfallkosten-V von Bedeutung; Gegenstand der V sind die dem Reiseunternehmen vertraglich geschuldeten Reiseausfallkosten (z. B. bei Reiseunfähigkeit infolge ernster Krankheit) und zusätzliche Rückreisekosten (VA 1964 S. 117—118, Suppes VA 1964 S. 126).

[108] kk) **Vermittlerverträge.**

Handelsvertreter und Handelsmakler könnten ihre Provisionsanwartschaften vern; §§ 1 II, 104 ADS behandeln die V der „im Falle der Ankunft des Schiffes oder der Güter am Bestimmungsorte zu verdienende Provision" (dazu Ritter Anm. 70—74 zu § 1, S. 110 bis 111, Anm. 1—8 zu § 104, S. 1209).

Den Handelsvertretern, auch den Vsvertretern, wird oft das Inkasso anvertraut. Zweckmäßig ist sodann eine **Vertrauensschadenv**. Wird diese vom Unternehmer (Ver) genommen, so handelt es sich um eine Personengarantiev. Wird diese vom Handelsvertreter genommen, so spricht man von Personenkautionsv. Schäden, die ohne Verschulden des Handelsvertreters eintreten (z. B. durch Raub, Diebstahl, Verlieren) können einbezogen werden.

Die von Handelsvertretern mitgeführten Waren, Muster, Vorführapparate gehören dem Unternehmer. Es gibt die **Reiselagerv** nach Maßgabe der Allgemeinen Bedingungen für Bijouterie-, Silberwaren- und Uhren-Reiselager-V, ferner die **Musterkollektionsv** gemäß den Allgemeinen Bedingungen für die V von Musterkollektionen (beide abgedruckt: Deutscher Transport-Vs-Verband, Jahrbuch 1957, o. O. 1957, S. 459—468, 499—505).

Der Vermittler eines Verkaufs kann, auch wenn ihm die zu veräußernde Sache übergeben ist, hinsichtlich des Abschlusses einer Sachv zugunsten des Eigentümers keine weitergehenden Verpflichtungen haben als ein Kommissionär (dazu § 390 II HGB und Anm. 112): RG 9. XII. 1927 SeuffArch Bd 82 S. 80.

[109] ll) **Verwahrungs- und Lagervertrag.**

Das **Eigentümerinteresse** verbleibt beim Eigentümer der verwahrten oder gelagerten Sache. Nur beim depositum irregulare vertretbarer Sachen wird der Verwahrer Eigentümer (§ 700 BGB, § 419 III HGB), und er erlangt ein versicherbares Eigentümerinteresse. Im Sammellagergeschäft und beim Sammeldepot sind die Interessen der Miteigentümer versicherbar. Der Lagerhalter kann vom Einlagerer durch einseitige „Anweisung" verpflichtet werden, die V des Gutes (für fremde Rechnung) zu bewirken (§§ 417 I, 390 II HGB). Solche Anweisung zur Feuervsnahme kennt auch speziell § 20 OrderlagerscheinVO. Übernimmt ein Berufsspediteur eine Lagerung, so gelten für die V des Gutes die §§ 2a). 35—38 ADSp. Der Abschluß einer „Kundenv" wirkt zugunsten des Verwahrers oder Lagerhalters im wirtschaftlichen Ergebnis wie eine Haftpflichtv (Anm. 119; § 37 ADSp; Ehrenberg Festgabe a. a. O. S. 41—42, von Gierke I S. 126). Im Rahmen der Feuerv können Fremdvsklauseln dafür sorgen, daß verwahrte und eingelagerte Güter für Rechnung des Eigentümers mitvert sind (Klauseln 19, 4.01 c, d Klauseln der Feuerv mit VA 1962 S. 203); für die Einbruchdiebstahlv vgl. entsprechend Klausel Nr. 24 EDKlauselheft mit VA 1963 S. 78.

Ein Haftpflichtinteresse des Verwahrers und Lagerhalters ergibt sich besonders aus der ihn treffenden Obhutspflicht, für welche allerdings bei unentgeltlicher Verwahrung die Erleichterung des § 690 BGB zu beachten ist (Haftung für diligentia quam in suis: § 277 BGB). Ziff. 20 Zusatzbestimmungen zu den ADS für die Güterv hebt negativ hervor, daß eine Güterv nicht (als Haftpflichtv) zugunsten eines Lagerhalters gilt. Einen (vorgesetzlichen) Fall der Feuerv durch einen Lagerhalter bringt RG 6. X. 1894 RGZ Bd 35 S. 48—63.

Kühlhausunternehmen schließen eine V von Kühlgütern nach Maßgabe der Allgemeinen Bedingungen für die V von Kühlgütern (VA 1957 S. 219—222) ab. In § 1 I, II heißt es:

„Die V erstreckt sich ... auf sämtliche Güter, die sich im Gewahrsam des Kühlhausunternehmens — Vmerin — befinden sowie auf die An- und Abtransporte ...
Die V wird für eigene und für fremde Rechnung geschlossen. Sie deckt das Interesse der Vmerin und der Einlagerer, Mieter oder sonstiger Interessenten — Vten — an den Gütern."

Wenn hier von dem eigenen Interesse der Vmerin, also des Kühlhausunternehmens, „an den Gütern" die Rede ist, so kann an die Einlagerung eigener Güter sowie an den Fall des depositum irregulare gedacht sein. Gemäß § 2 Ziff. 3 AVB deckt die V auch „Schäden der Vten ..., wenn die Vmerin oder ihre Arbeitnehmer den Schaden vorsätzlich oder grobfahrlässig verursacht haben." Diese Wegbedingung des § 61 gilt nicht, wenn das Kühlhausunternehmen Schäden an eigenen Kühlgütern vorsätzlich oder grobfahrlässig verursacht hat. Zur Rückgriffsfrage klärt § 13 AVB nicht das Problem, ob und wann die Ver gegen das Kühlhausunternehmen Regreß nehmen können. — Es gibt Sonderbedingungen für die Haftpflichtv zur laufenden V von Kühlgütern (VA 1957 S, 222—223), die Vsschutz vorsehen für den Fall, daß das Kühlhausunternehmen „wegen Schäden an den eingelagerten Gütern in Anspruch genommen wird"; jedoch kann ein Kühlhausunternehmen keine Befreiung fordern, wenn es den Schaden vorsätzlich herbeigeführt hat.

Eine unmittelbare Verbindung zwischen Sach- und Haftpflichtv findet sich bei der Garderobenv (Muster: AVB für die Garderobenv in: Finke B I 20). Vert ist einerseits das Eigentümerinteresse an den zur Aufbewahrung übergebenen Garderobestücken. Neben dieser V für fremde Rechnung steht eine echte Haftpflichtv des Vmers für den Fall, daß Schadensersatzansprüche gegen ihn erhoben werden.

Ebensowenig wie die Garderobenv ist die Parkplatzv bislang uniformiert. Nach den Allgemeinen Bedingungen für die Fahrzeugwache-V (abgedruckt bei: Finke B I 31) handelt es sich um eine V des Eigentümerinteresses der Fahrzeugabsteller, sodaß diese „Kundenv" nur mittelbar enthaftend wirkt (vgl. aber auch den Bewachungsschein AG Gelsenkirchen 20. I. 1959 VersR 1959 S. 509). Nach Sondervereinbarungen für Garagenbetriebe ist der Vsschutz für die dort abgestellten Fahrzeuge erweitert.

Verwahrer und Lagerhalter haben kein eigenes Gebrauchsrecht, wie es bei Gebrauchüberlassungsverträgen ein Interesse z. B. des Mieters begründet (Anm. 70, 71, 95).

Das Kreditinteresse der Lagerhalter ist verringert durch die Existenz des gesetzlichen Pfandrechts nach §§ 421 HGB, 22 I 1 OrderlagerscheinVO. Das Pfandrecht des

III. Interesse und Schaden §49
Anm. 110—112

Lagerhalters erstreckt sich nach § 22 I 2 OrderlagerscheinVO auf eine Forderung des Einlagerers aus einer Feuerv.

[110] mm) Einbringung bei Gastwirten.
Besonders streng ist die Haftung des Gastwirtes nach § 701 I BGB (Zufallshaftung bis zur höheren Gewalt). Jedoch ist es in Deutschland nicht üblich, Kundenven, also Sachven für fremde Rechnung abzuschließen. Im allgemeinen beschränkt sich der Gastwirt auf eine Haftpflichtv, bei der das Verwahrungsrisiko — für von beherbergten Gästen eingebrachte Sachen und aus Gastgaragen und Einstellplätzen — besonders tariiert ist. In Österreich gibt es neben der Betriebshaftpflichtv als Kundenv eine Hotelreiseeffektenv (dazu Kiefhaber, Die gesetzliche Haftung bei gewerblicher Fremdenbeherbergung, Die Möglichkeit ihrer V, Wien [1964]).
Das Kreditinteresse des Gastwirts ist verringert durch sein gesetzliches Pfandrecht aus § 704 BGB.
Über das Verhältnis von Bewachungsverträgen bei Kraftfahrzeugen zur Gastwirtehaftung vgl. AG Gelsenkirechen 20. I. 1959 VersR 1959 S. 508—509.

[111] nn) Gesellschaftsverhältnisse.
Eine Sachv, die von einer Gesellschaft, auch einer offenen Handelsgesellschaft oder Kommanditgesellschaft, genommen wird, deckt das einheitliche Interesse der Gesamthandsgemeinschaft (Anm. 59). Das gilt auch dann, wenn ein einzelner Gesellschafter die V für Rechnung der Gesellschaft abschließt.
Der BGH 13. IV. 1957 BGHZ Bd 24 S. 383 betont „das gemeinschaftliche, gleichartige und ungeteilte Interesse aller Mitglieder an der Erhaltung der vten Sache", „demgemäß besteht bei ihr nur ein einziger unteilbarer Vsanspruch, der den Teilhabern zur gesamten Hand zusteht und deshalb auch nur ein einheitliches Rechtsschicksal haben kann". Abschwächend für eine Kraftfahrzeugkaskov BGH 9. III. 1964 JR 1964 S. 301—302 = VersR 1964 S. 479, wo es heißt: Gegenstand der Fahrzeugv sei das Eigentümerinteresse. „Ein derartiges Interesse ist bei einer Gesamthandsgemeinschaft, die für einen zum gemeinschaftlichen Vermögen gehörigen Kraftwagen eine Kaskov abschließt, in der Person jedes Gemeinschaftsangehörigen gegeben. Jedem der Teilhaber steht an dem gemeinschaftlichen Kraftfahrzeug ein Eigentumsrecht zu. Dieses unterliegt zwar der gesamthänderischen Bindung des Gemeinschaftsvermögens. Es läßt jedoch einen Verlust des Fahrzeugs als eine unmittelbare Beeinträchtigung der dinglichen Rechtsstellung des einzelnen Teilhabers erscheinen. Da die einzelnen Gemeinschaftsangehörigen unter diesen Umständen unbeschadet der Unteilbarkeit, Gleichartigkeit und Gemeinschaftlichkeit des vten Interesses ... als dessen (Mit-)Träger angesehen werden müssen, genießen sie als (Mit-)Vte Vsschutz." Diese recht widersprüchliche Aufteilung des doch angeblich unteilbaren Interesses wird vom BGH vorgenommen, damit der Ver nicht gegen einen einzelnen Gesellschafter oder dessen Familienangehörige vorgehen kann (§ 67 I 1, II). Dieses Ergebnis ließe sich aber auch ohne Aufteilung des einheitlichen Interesses begründen.
Hat eine von Fabrikanten gegründete offene Handelsgesellschaft von Tuchmachern eine Feuerv genommen und befindet sich in der Fabrik Tuch, das einem Gesellschafter gehört, so ist das Interesse daran nicht vert. Ein Interesse der Gesellschaft entsteht jedoch, wenn „die von den einzelnen Teilhabern zur Verarbeitung in der Fabrik gebrachten Stoffe daselbst auf Gefahr der Gesellschaft lagern" (ROHG 15. I. 1879 ROHGE Bd 24 S. 318—332). Durch solche Abrede entsteht ein **Haftpflichtinteresse** der Gesellschaft.
Eine von einer Gesellschaft genommene Haftpflichtv schützt auch die einzelnen Gesellschafter, wenn sie einzeln in Anspruch genommen werden (so für Brüder, die als Gesellschafter des bürgerlichen Rechts eine Metallschleiferei betreiben: BGH 13. VI. 1957 BGHZ Bd 24 S. 378—386).

[112] oo) Kommission.
Während es heute unbestritten ist, daß bei einer **Versicherung für fremde Rechnung** ein Vertrag zugunsten Dritter vorliegt, war im vorgesetzlichen Recht die Auffassung verbreitet, der Vmer trete hier als Kommissionär auf, welcher das Interesse des Vten, also des Kommittenten unter Vsschutz bringe. Da nach außen hin der Kommissionär

nicht deutlich macht, daß er für fremde Rechnung kontrahiere, und da er als solcher nicht in Erscheinung tritt, vielmehr im eigenen Namen handelt, brauchte bei dieser Konstruktion nach der h. M. der Kommissionär nicht anzugeben, daß der Interessent ein Dritter, der Kommittent sei. Der Kommissionär hatte dann dem Kommittenten die Vsforderung abzutreten oder das Erlangte herauszugeben. Hierzu noch RG 6. X. 1894 RGZ Bd 35 S. 55—57, 22. XII. 1906 LZ 1907 Sp. 439—441 = VA 1907 Anh. S. 77—79 Nr. 328 und besonders deutlich RG 29. V. 1903 VA 1903 S. 151 Nr. 19: Die Klägerin müsse „für befugt erachtet werden, wenn sie als Kommissionärin das Kommissionsgut im eigenen Namen und für eigene Rechnung vert, auf Grund ihrer Stellung als Kommissionärin, die sie nach außen hin zur Vertreterin des Kommissionsgutes nach jeder Richtung hin macht, die Vssumme insoweit von der Beklagten einzufordern, als diese materiell nicht ihr, sondern dem Kommittenten zur Deckung seines Schadens zugute kommt. Das ist durch das Wesen des Kommissionsverhältnisses gegeben." — Gegen diese Verwendung des Kommissionsgedankens im Vsrecht bereits Voigt-Seebohm, Das deutsche Seeversicherungs-Recht, Jena 1887, S. 38, später Bruck S. 599. Der Interessebegriff darf nicht beiseitegeschoben werden.

Nach geltendem Recht ist beim Abschluß von Vsverträgen keine mittelbare, verdeckte Stellvertretung zulässig. Der Ver muß wissen, wer Interesseträger ist. Deshalb muß der Kommissionär angeben, daß er das Eigentümerinteresse des Kommittenten (für fremde Rechnung) vert (Bruck S. 483). Allerdings genügt es gemäß § 80 I, daß sich **aus den Umständen** ergibt, es solle fremdes Interesse vert werden. Weiß der Ver, daß es sich bei dem Vmer um einen Kommissionär handelt (z. B. bei entsprechendem Firmenzusatz), so ergibt sich daraus regelmäßig bereits das Vorliegen einer V für fremde Rechnung zugunsten des Kommittenten (Kisch III S. 409, Prölss[15] Anm. 1 zu § 74, S. 323, KG 12. XI. 1930 JRPV 1931 S. 9 = Praxis 1931 S. 7—8).

Da in dubio nur das Eigentümerinteresse vert ist und da sonstige Interessen genau gekennzeichnet werden müssen, läßt es sich nicht halten, wenn Kisch III S. 163 meint: „Der Kommissionär . . ., der das ihm anvertraute Gut ohne nähere Angabe über die Eigentumsverhältnisse eigenen Namens unter V bringt, hat einen gültigen Vertrag geschlossen, auch wenn zunächst nicht erkennbar gemacht ist, ob sein Interesse begründet liegt in seinem Eigentum, so z. B. bezüglich einer gekauften Ware (Inhaberinteresse), oder in seiner Verantwortlichkeit gegenüber dem Geschäftsherrn für den Fall des Unterganges des Kommissionsgutes (Ersatzinteresse), oder in seiner Befugnis, für eine den Wert der Ware erreichende Forderung Befriedigung aus derselben zu suchen (Verwertungsinteresse)."

Den Kommissionär kann eine **Versicherungspflicht** treffen, und zwar primär, wenn eine solche im Kommissionsvertrag ausdrücklich vereinbart ist (Beispiel: KG 12. XI. 1930 JRPV 1931 S. 9 = Praxis 1931 S. 7—8), oder wenn man den Kommissionsvertrag kraft Handelsbrauches ergänzt (§ 346 HGB). Ferner ergibt sich gemäß § 390 II HGB eine Vspflicht des Kommissionärs, wenn er von dem Kommittenten einseitig angewiesen wird, die V zu bewirken; die Anweisung kann auch stillschweigend erfolgen (ROHG 17. IV. 1872 ROHGE Bd 7 S. 361). Die Anweisung kann auf das Gewinninteresse des Kommittenten erstreckt werden, sie muß ergeben, gegen welche Gefahren vert werden soll.

Beurteilt man das **Eigentümerinteresse** bei der Kommission entsprechend der herrschenden formellen Theorie rein sachenrechtlich, so ergibt sich, daß bei der **Verkaufskommission** der Kommittent Eigentümer bleibt, bis das Eigentümerinteresse auf den Käufer übergeht, wobei § 185 I BGB oft anwendbar ist (über den Vswert des Interesses des Kommittenten: KG 12. XI. 1930 JRPV 1931 S. 9 = Praxis 1931 S. 7—8). Auf den Verkaufskommissionär geht also eine vom Kommittenten genommene V nicht über (Domizlaff WuRdVers 1913 S. 141, Elkan a. a. O. S. 35, Kedenburg VuGeldwirtschaft 1926 S. 99 Anm. 17, Kisch III S. 268, Lenski a. a. O. S. 85; Cahn a. a. O. S. 79 nimmt an, mit dem Übergang des Kommissionsgutes auf den Verkaufskommissionär entstehe eine V für fremde Rechnung, bei welcher der Kommissionär Vmer, der Kommittent Vter werde, bis letztlich der Käufer in das ganze Rechtsverhältnis gemäß § 69 I eintrete; aber diese Auffassung läßt sich aus dem Gesetz nicht begründen). Übernimmt der Kommissionär das Gut, welches er verkaufen soll, im Wege des Selbsteintritts selbst

III. Interesse und Schaden §49
Anm. 113

als Käufer (§ 400 I HGB), so wird er allerdings Träger des Eigentümerinteresses und Erwerber der vten Sache (Bischoff VersR 1963 S. 13).

Bei der **Einkaufskommission** wird regelmäßig der Kommissionär in einem Durchgangsstadium Träger des Eigentümerinteresses und Erwerber der vten Sache, jedenfalls nach der formalen h. M. (Elkan a. a. O. S. 35, Kisch III S. 357 Anm. 15, Lenski a. a. O. S. 85—87, anders Bruck S. 569, Cahn a. a. O. S. 77—79, Ritter Anm. 18 zu § 49, S. 712). Übereignet sodann der Einkaufskommissionär die Ware pflichtgemäß dem Kommittenten, so liegt darin eine zweite Veräußerung (Elkan a. a. O. S. 35, Kisch III S. 357 Anm.15, Lenski a. a. O. S. 85—86). Allerdings ist nicht zu verkennen, daß es sich bei dem Eigentum des Einkaufskommissionärs um ein „Formaleigentum" (Bischoff VersR 1963 S. 13) handelt; der Kommissionär haftet nur bei Verschulden (§ 390 I HGB), trägt also nicht die Sachgefahr (Cahn a. a. O. S. 78); er braucht dem Kommittenten nur dasjenige herauszugeben, was er aus der Geschäftsbesorgung erlangt hat. Wenn man mit der h. M. das Formaleigentum als ausreichende Grundlage eines Interesses anerkennt, so erlangt der Kommissionär die Vsentschädigung, die er sodann als Surrogat (§ 281 I BGB) anstelle des Kommissionsgutes dem Kommittenten herauszugeben hat (vgl. RG 29. V. 1903 VA 1903 S. 151 Nr. 19). — Auch bei der Einkaufskommission entfällt ein Zwischeninteresse des Kommissionärs, wenn der Verkäufer an wen es angeht, d. h. direkt an den Kommittenten übereignet. Die Zeitdauer des Zwischeninteresses wird verkürzt, wenn der Einkaufskommissionär ein Stückeverzeichnis übersendet (§ 18 III DepotG); der Zeitraum schrumpft auf einen logischen Moment zusammen, falls zwischen Kommissionär und Kommittent ein antizipiertes Besitzkonstitut vereinbart worden ist (§§ 929¹, 930 BGB).

Ein **wirtschaftliches Eigentümerinteresse** erlangt bei der **Verkaufs**kommission der Käufer bereits von dem Zeitpunkt an, in dem die Vergütungsgefahr auf ihn übergeht (Cahn a. a. O. S. 79), und zwar zumal dann, wenn der Käufer den Kaufpreis bereits voll beglichen hat. Bei der **Einkaufskommission** erlangt der Kommittent bereits ein wirtschaftliches Eigentümerinteresse in dem Zeitpunkt, von dem an der Kommissionär (aus Kaufvertrag) die Vergütungsgefahr trägt und erst recht von dem Zeitpunkt an, in dem das Gut in den Besitz des Kommissionärs gelangt, weil nunmehr der Kommittent auch die Sachgefahr trägt. Sollen diese wirtschaftlichen Eigentümerinteressen vert werden, so empfiehlt sich angesichts der h. M. eine besondere Klarstellung im Vsvertrag.

Versicherbar sind weiterhin **Forderungsinteressen**. Dabei ist an die Forderungen des Kommittenten gegen den Kommissionär zu denken, z. B. auf Herausgabe kassierter Kaufpreise bei Verkaufskommission (Kreditv). Versicherbar sind umgekehrt auch die Forderungen des Kommissionärs gegen den Kommittenten, man denke an die Provisionsforderung oder die Forderung auf Erstattung von Aufwendungen (§ 396 HGB). Das Risiko des Kommissionärs ist insoweit gemindert durch sein gesetzliches Zurückbehaltungs- und Pfandrecht (§§ 369 I, 397 HGB). Diese Sicherungen entfallen jedoch bei Untergang der Sache. Über die Versicherbarkeit des Forderungs- und Pfandrechtsinteresses des Kommissionärs Bischoff VersR 1963 S. 13, Hagen ZVersWiss 1907 S. 25, Kisch III S. 163, Voigt-Seebohm a. a. O. S. 38, RG 29. V. 1903 VA 1903 S. 151 Nr. 19. Im Zweifel können diese Interessen des Kommissionärs nicht als vert angesehen werden (ROHG 17. IV. 1872 ROHGE Bd 7 S. 362).

Solange der Kommissionsvertrag noch nicht abgeschlossen ist, hat der Kommissionär lediglich eine Anwartschaft, Provision zu verdienen. Dieses **Gewinninteresse** ist versicherbar (Benecke a. a. O. I S. 253—257, §§ 1 II, 104 ADS).

Der Kommissionär ist bei Verschulden für den Verlust und die Beschädigung des in seiner Verwahrung befindlichen Gutes verantwortlich (§ 390 I HGB). Deshalb kann der Kommissionär eine **Haftpflichtversicherung** abschließen (Bruck S. 483—484, Kisch III S. 163, RG 29. V. 1903 VA 1903 S. 151 Nr. 19).

[113] pp) Spedition.

Das lebende Recht der Spedition weicht vom Gesetzesrecht (Vsanweisung nach §§ 407 II, 390 II HGB) ab. Im Zusammenhang mit den Allgemeinen Deutschen Spediteurbedingungen (ADSp) haben sich auch besondere Vsregelungen ausgebildet, nämlich einerseits der Speditions-Vsschein (SVS), andererseits die Sp-Police (Texte: ADSp,

Allgemeine deutsche Spediteurbedingungen nebst Sp-Police, Ausgabe 1. Januar 1961, Hamburg 1961).

Schrifttum: Brüning, Die Bedeutung von Gewohnheitsrecht, Handelsbrauch und Verkehrssitte für die Anwendung der Allgemeinen Deutschen Spediteurbedingungen, Hamburger Diss. 1963, Möller BetrBer 1962 S. 394—396, Schiering, Die Speditionsv in den Allgemeinen Deutschen Spediteurbedingungen, Hamburg 1932, Steinfeld, Formen der Speditionsv, Karlsruhe 1965, alle m. w. N.

Werden Güter einem Spediteur übergeben, so treten spezifische Probleme hinsichtlich des **Eigentümerinteresses** nicht auf, anders als bei der Einkaufs- oder Verkaufskommission (Anm. 112). Zur V des Gutes durch den Spediteur vgl. §§ 35—38 ADSp: Der Spediteur hat kraft ausdrücklichen schriftlichen Auftrags eine V des Sachinteresses für fremde Rechnung abzuschließen. Die Ansprüche stehen materiell dem vten Auftraggeber zu, der Spediteur kann die Ansprüche allenfalls geltend machen (vgl. §§ 75—76). Deshalb ist es es nicht folgerichtig, wenn § 37 b ADSp von einer Abtretung der gegen den Ver gerichteten Ansprüche des Spediteurs an den Auftraggeber spricht. Diese Formulierung beruht auf der überholten Auffassung, daß der Spediteur auch bei Abschluß der Sachven als verdeckter Stellvertreter auftreten könne (vgl. zur Kommission Anm. 112). Oft wird sich beim Spediteur entsprechend § 80 I aus den Umständen ergeben, daß er das (fremde) Eigentümerinteresse vern wolle (KG 20. II. 1926 JRPV 1926 S. 70—73 mit Anm. Pfeiffer, Prölss[15] Anm. 1 zu § 74, S. 323). Die vom Spediteur genommene „Kundenv" kommt mittelbar auch dem Spediteur zugute (Anm. 119; Ehrenberg Festgabe a. a. O. S. 41—42, von Gierke I S. 126).

In erster Linie kommt der Abschluß einer **Feuerversicherung** durch den Spediteur in Betracht (früher Fall: OLG Hamburg 25. II. 1888 HGZ 1888 Hptbl. S. 124—128). In Klausel 4.02 Klauseln der Feuerv ist eine spezielle Form der Spediteurv vorgesehen:

„4.02 Spediteurv

(1) Die Spediteurv gilt für eigene und/oder fremde Rechnung. Sie deckt alle Güter, die der Vmer zur Zeit des Brandes in den im Vsschein bezeichneten Räumen in Gewahrsam genommen, insbesondere eingelagert hat, vorausgesetzt, daß der Vmer den Gewahrsam auf Grund eines ausdrücklichen oder stillschweigenden Speditions-, Fracht-, Lager- oder sonstigen Spediteurverkehrsvertrages erhalten hat.

(2) Nicht gedeckt sind durch diese V Gegenstände, die nachweislich von der V ausgeschlossen sind.

(3) Nicht gedeckt sind ferner Gegenstände, soweit für sie im Schadenfalle Deckung durch Transport- oder eine Sonder-(spezielle)Feuerv gewährt wird.

Unter einer Sonder- (speziellen) Feuerv ist eine V zu verstehen, die den einzelnen Warenposten oder Gegenstand nach Art, Maß, Zahl, Gewicht und/oder bestimmten Merkmalen genau bezeichnet sowie jede von den Eigentümern der Ware selbst oder in ihrem Auftrage von Dritten genommene V.

(4) Erstreckt sich die V auf mehrere im Vsschein ihrer Lage nach bezeichnete Wagnisse, ohne daß für jedes einzelne Wagnis ein bestimmter Betrag vert wird (ambulante oder flottierende V), so geht ihr jede nicht ambulante V voran.

(5) Falls die nach Ziffer (3) ersatzpflichtigen Ver eine Entschädigung verweigern, zahlen die an dieser Vsurkunde beteiligten Ver die festgestellte Entschädigung dem Vmer auf sein Verlangen aus, soweit es durch die Allgemeinen Feuervs-Bedingungen begründet ist. Die Entschädigung wird jedoch nur unter der Bedingung geleistet, daß der Vmer sowie seine Auftraggeber oder sonstige Dritte, denen das vte Interesse zur Zeit des Schadenseintritts zugestanden hat, vorher ihre Rechte gegen die nach Ziffer (3) ersatzpflichtigen Ver auf die an diesem Vertrage beteiligten Ver übertragen und sich schriftlich verpflichten, auf Anforderung der Ver im eigenen Namen die Ersatzpflichtigen wegen Schadensersatzes in Anspruch zu nehmen, wenn es erforderlich sein sollte, auch im Wege des Prozesses mit Ermächtigung, für Rechnung und nach Anleitung der Ver.

(6) Der Ver kann nur an den Vmer und die Vten gemeinschaftlich leisten, soweit nicht der Vmer nachweist, daß er allein zur Empfangnahme der Entschädigung berechtigt ist.

(7) Anderweitige Feuerven sind bei ihrem Abschluß nicht anzeigepflichtig. Im Schadenfalle hat jedoch der Vmer seinen gesamten von ihm für eigene und/oder fremde Rechnung in den durch diese Vsurkunde gedeckten Vsorten vten

III. Interesse und Schaden §49
Anm. 113

Lagerbestand sowie auch jede darauf bezügliche anderweitige V und Haftpflicht, soweit ihm solche bekannt sind, anzugeben. Dagegen sind Ven auf entgangenen oder imaginären Gewinn oder auf Verlust durch Betriebsstörungen oder Betriebsstillstand infolge Brand, Blitzschlag oder Explosion bei ihrem Abschlusse anzuzeigen (§ 9 [1] der Allgemeinen Feuervs-Bedingungen)."

Wenn gemäß Abs. 1 die Spediteurv auch für eigene Rechnung des Spediteurs laufen soll, so ist wohl weniger an eigene Güter des Spediteurs als daran zu denken, daß die V als Kundenv mittelbar den Spediteur schützen kann (Anm. 119). Die in Abs. 6 vorgesehene Leistung an den Vmer und die Vten gemeinschaftlich bedeutet eine vertragliche Abweichung von den §§ 75—76. Zusätzlich kann gemäß Klausel 5.02 Klauseln der Feuerv für die Speditionsgüter eine „Gleitende Vorratsv mit nachträglicher Prämienverrechnung für Lagergüter der Besorgungs-Auftraggeber" vereinbart werden.

Neben der Feuerv spielt die **Transportversicherung** der Güter die wesentlichste Rolle. Nach dem Prinzip der Totalität der Gefahren (§ 1 I ADB) trägt der Transportver prinzipiell auch Sachschäden infolge von Spediteurfehlern, jedoch sind z. B. ausgeschlossen „Schäden, verursacht durch Verstöße gegen Zoll- oder sonstige behördliche Vorschriften, ferner gegen Versandvorschriften oder Vorschriften des Beförderungsunternehmens . . ." (§ 5 II c ADB). Über die Beschaffung einer V „frei von Beschädigung außer im Strandungsfalle" durch einen Spediteur: RG 1. IV. 1882 RGZ Bd 6 S. 114—119, OLG Hamburg 17. X. 1891 HGZ 1891 Hptbl S. 285—287.

Früher war die Spediteurhaftpflichtv angesichts der Haftung der Spediteure recht bedeutsam. Aber die ADSp verwirklichen den Gedanken der **Haftungsersetzung durch Vsschutz**: „Der Spediteur ist, wenn der Auftraggeber es nicht ausdrücklich schriftlich untersagt hat, verpflichtet, die Schäden, die dem Auftraggeber durch den Spediteur bei der Ausführung des Auftrages erwachsen können, . . . auf Kosten des Auftraggebers zu vern" (§ 39a S. 1 ADSp). Es „werden auch Schäden vert, die denjenigen Personen erwachsen können, denen das vte Interesse zur Zeit des den Schaden verursachenden Ereignisses zugestanden hat" (§ 39b ADSp). „Hat der Spediteur infolge ausdrücklichen oder vermuteten Auftrages . . . die Speditionsv gedeckt, so ist er von der Haftung für jeden durch diese V gedeckten Schaden frei" (§ 41a S. 1 ADSp).

Heute kann der Spediteur die Speditionsv gleichwertig entweder nach Maßgabe des SVS oder der Sp-Police abschließen (Gürtler VW 1963 S. 140). Ziff. 44 Satz 1 Sp-Police enthält eine „Meistbegünstigungsklausel": „Die Gesellschaften haften mindestens im Rahmen des SVS . . .". Enthält der Speditionsvertrag keine ausdrückliche oder stillschweigende Vereinbarung hinsichtlich der Form der Speditionsv, so ist eine Vertragsergänzung gemäß Verkehrssitte, unter Kaufleuten gemäß Handelsbrauch vorzunehmen. Kraft ständiger Übung gelten die ADSp, aber es gibt keine Übung mehr hinsichtlich einer untrennbaren, gleichsam stabilen Verbindung zwischen ADSp und SVS. Vielmehr werden übungsgemäß die ADSp mit (alternativ) einer der beiden Vsregelungen angewendet. Hat ein Spediteur sich für die Anwendung der Sp-Police entschieden, so ist der Speditionsvertrag (§§ 39a, 41c ADSp) dahin zu ergänzen, daß der Spediteur seine Vspflicht über die Sp-Police erfüllt. Näheres Möller BetrBer 1962 S. 394—396.

Die Speditionsv ist als **besonderer Vszweig** zu qualifizieren. Die V wird genommen vom Spediteur für Rechnung des Auftraggebers und anderer Interessenten. Die vte Gefahr ist das Risiko von Spediteurfehlern, und zwar haften die Speditionsver für alle Schäden, wegen welcher der Spediteur auf Grund eines Verkehrsvertrages gesetzlich in Anspruch genommen werden könnte, wenn er sich nicht freigezeichnet hätte. Spediteurfehler können sehr verschiedenartige Schädigungen verursachen, sei es auf der Aktiv-, sei es auf der Passivseite des Vermögens des Auftraggebers oder sonstigen Vten (näheres Schiering a. a. O. S. 18—24).

Auch bei Anwendbarkeit der ADSp verbleiben gewisse **Haftungsrisiken beim Spediteur**, z. B. gegenüber den „Verbotskunden", welche die Deckung einer Speditionsv ausdrücklich schriftlich untersagt haben (§ 39a S. 1 ADSp). Hier haftet der Spediteur gemäß §§ 51—63 ADSp. Nach § 41c ADSp darf sich ein Spediteur dem Auftraggeber gegenüber nicht auf die ADSp berufen, wenn er — nach dem heutigen Stand der Vsregelung — überhaupt keine Speditionsv genommen hat. Hier haftet der Spediteur

§ 49
Anm. 114

nach Maßgabe der gesetzlichen Vorschriften, also bei jedem Verschulden und ohne Haftungsbeschränkung (§ 408 HGB). Die Sp-Police ist nicht nur eine Speditionsv zugunsten der Auftraggeber usw., sondern zugleich eine Haftpflichtv zugunsten des Spediteurs (auch jeden Zwischenspediteurs des durch die Sp-Police vten Hauptspediteurs). Hierzu vgl. Ziff. 1, 2 I, 3 I, 44 S. 2 Sp-Police.

Das **Kreditinteresse** des Spediteurs im Blick auf seine Forderungen gegen den Auftraggeber auf Provision und Auslagenerstattung (speziell für Fracht) ist gemindert durch das gesetzliche Pfandrecht des § 410 HGB, so daß Kreditven von Spediteuren nicht abgeschlossen zu werden pflegen.

Über Vskosten, die ein Spediteur schuldhaft verursacht hat, und ihre Bedeutung im Rechtsverhältnis Verkäufer—Käufer bei einem Versendungskauf: RG 4. V. 1920 RGZ Bd 99 S. 56—60.

[114] b) Außerschuldrechtliche Einzelfälle.

aa) Sachenrechtliche Tatbestände.

Von den wichtigsten sachenrechtlichen Tatbeständen und den sich bei ihnen ergebenden versicherbaren Interessen war schon im Zusammenhang mit Schuldverhältnissen die Rede, so von der Grundstücksübereignung (Anm. 90), dem Eigentumsvorbehalt (Anm. 91), der Sicherungsübereignung (Anm. 99—102).

Eigentumsfragen spielen im Vsrecht auch eine Rolle bei der Pacht (Inventar: Anm. 96), beim Werkvertrag (Unternehmer- und Bestellerstoff: Anm. 104—105), bei der Verwahrung (depositum irregulare: Anm. 109), bei der Kommission (Kommissionsgut: Anm. 112).

Das Eigentum zur gesamten Hand oder nach Bruchteilen ist in Anm. 59, aber auch bei der Gesellschaft in Anm. 111 vsmäßig behandelt worden. Über die versicherbaren Interessen beim Wohnungseigentum Anm. 59. Zu Fällen des Strohmanns- oder Treuhandeigentums RG 10. II. 1882 RGZ Bd 7 S. 9—14, der Zwangsverwaltung eines Gebäudes RG 30. IV. 1915 RGZ Bd 86 S. 392—394 (wogegen Bedenken Anm. 54).

Über die Eigentumsanwartschaft vgl. Anm. 54, 64—68, 91.

Zu den **beschränkten dinglichen Rechten** führt das Erbbaurecht hinüber, darüber Anm. 59. Zum dinglichen Wohnrecht vgl. Anm. 70.

Der **Nießbrauch** schafft ein Nutzungsinteresse des Nießbrauchers (Anm. 70), das von dem Eigentümerinteresse zu unterscheiden ist, welches ungeschmälert fortbesteht (vgl. § 1046 I BGB). Vgl. dazu Bernhöft a. a. O. S. 3—36, Bischoff ZVersWiss 1963 S. 195, Brockmann ZfV 1964 S. 246, 248, Domizlaff WuRdVers 1913 S. 141—143, Ehrenberg I S. 198, 304—305, 314—315, Festgabe a. a. O. S. 29 Anm. 1, S. 70, von Gierke I S. 131—132, II S. 178—179, 183, 184, IherJ Bd 40 S. 341—450, Hagen I S. 713—718, Kisch III S. 270, Lenski a. a. O. S. 81—82, Malss ZHR Bd 13 S. 418—430. Aus der Judikatur OAG Dresden Februar 1868 SeuffArch Bd 22 S. 445, ROHG 23. X. 1872 ROHGE Bd 7 S. 374, RG 8. IV. 1911 RGZ Bd 76 S. 136, speziell zu § 115: RG 4. VII. 1939 RGZ Bd 161 S. 86—90, zu § 151 II 1: BGH 21. III. 1963 VersR 1963 S. 516—517. Über die Sonderfälle des Nießbrauchs an verbrauchbaren Sachen (§ 1067 BGB) und der Übernahme von Inventar zum Schätzungswert (§ 1048 II BGB) vgl. Lenski a. a. O. S. 81—82 m. w. N.

Über den vsmäßigen Schutz bei **Pfandrechten** ist im Zusammenhang mit dem Darlehen und überhaupt mit Kreditgewährungen Genaueres gesagt (Anm. 98), vorher ist generell vom Pfandrechtsinteresse gehandelt worden (Anm. 70). Aus dem Schrifttum vgl. noch Bischoff ZVersWiss 1963 S. 196—198, Domizlaff WuRdVers 1913 S. 143, Ehrenberg I S. 12, 302—304, 312—315, Festgabe a. a. O. S. 17—18, 28—35, von Gierke I S. 128—132, II S. 180, 182—183, Lenski a. a. O. S. 81 m. w. N., Malss ZHR Bd 13 S. 430—438.

Der bloße **Besitz** schafft noch kein versicherbares Interesse, es muß das Eigentum oder eine Eigentumsanwartschaft oder ein Nutzungs- oder Verwertungsrecht hinzutreten. Dem Dieb wird wegen seiner Haftung gegenüber dem Eigentümer ein versicherbares Interesse jedoch zugesprochen von Hagen ZVersWiss 1907 S. 24 im Anschluß an OAG

III. Interesse und Schaden **§ 49**
Anm. 115

Dresden Februar 1868 SeuffArch Bd 22 S. 445. Einen Schutz des Eigenbesitzers setzt auch § 1127 I BGB voraus (Bischoff ZVersWiss 1963 S. 196). In analoger Anwendung des § 851 BGB ist anzunehmen, daß ein Ver bei einer V des Eigentümerinteresses für Rechnung wen es angeht gutgläubig an einen Eigenbesitzer die Entschädigung mit befreiender Wirkung zahlen kann.

[115] bb) Familienrechtliche Tatbestände.

Gemäß geltendem **ehelichen Güterrecht** steht das Eigentum bei den gesetzlichen Güterständen (Zugewinngemeinschaft: § 1363 I BGB; Gütertrennung: § 1414 BGB) dem einzelnen Ehegatten zu. Aus dem Grundsatz der Vermögenstrennung ergeben sich isolierte **Eigentümerinteressen** des Ehemannes und der Ehefrau. Bei Abschluß einer Sachv, die nicht für Rechnung beider Eheleute oder für wen es angeht abgeschlossen wird, müßte jeweils vereinbart werden, ob das Eigentümerinteresse des Mannes oder der Frau vert werden soll. Jedoch ergibt sich eine Lockerung für die Feuerv aus § 85, falls die V für einen Inbegriff von Sachen (z. B. Hausrat) genommen ist: Hier erstreckt sich die V auf die Sachen der zur Familie des Vmers gehörenden Personen, sofern diese in häuslicher Gemeinschaft mit dem Vmer leben. Eine vom Mann genommene Hausratv deckt also als V für fremde Rechnung auch Hausratsgegenstände der Frau, und umgekehrt.

Die Rechtsprechung geht noch weiter, obgleich man nicht in Anwendung des § 80 I wird sagen können, bei Abschluß durch einen Ehegatten ergebe sich immer aus den Umständen, daß (eventuell) „die V für einen anderen genommen werden soll", nämlich für den Ehepartner (a. M. Prölss[15] Anm. 1 zu § 74, S. 323—324). Frühe Entscheidungen: ROHG 23. X. 1872 ROHGE Bd 7 S. 374—375 (unter Berufung auf ein Verwaltungs- und Vertretungsrecht des Mannes, hilfsweise auf sein Nutznießungsrecht), ROHG 21. X. 1874 ROHGE Bd 14 S. 412—414 (unter Berufung auf ehemännliche Nutznießung und Verwaltung des Frauenguts), RG 7. III. 1888 RGZ Bd 20 S. 137—139 (unter Abstellung auf den Einzelfall), RG 14. VI. 1907 JW 1907 S. 525—526 = VA 1907 Anh. S. 99 Nr. 9 (unter Berufung auf die eheliche Lebensgemeinschaft).

Das **Reichsgericht** hat sich auf der Grundlage des geltenden Vsrechtes erstmals in RG 8. IV. 1911 RGZ Bd 76 S. 133—138 mit dem Problem befaßt: Güterstand der Verwaltung und Nutznießung; V von Inventar, das zum eingebrachten Gute der Frau gehört, durch den Mann, der das Inventar als sein Eigentum vert. Aus § 1381 BGB a. F. wird abgeleitet, die Frau habe den Anspruch auf die Vsleistung erworben; hilfsweise wird eine Abtretung konstruiert. Das Urteil hat nur vereinzelt Zustimmung gefunden (Dörstling ZVersWiss 1913 S. 828), durchweg ist es abgelehnt worden (Bruck S. 604—605 Anm. 30, Josef LZ 1912 Sp. 839—841, Kisch III S. 409—410 Anm. 7, Raiser Anm. 9 zu § 13, S. 321).

RG 5. III. 1913 VA 1913 Anh. S. 125—126 Nr. 774 = LZ 1913 Sp. 632—634: Gütertrennung; V von Gebäuden, die der Frau gehören, durch den Mann, der sich als Eigentümer bezeichnet. Auf Grund von Feststellungen des Berufungsgerichts läßt das RG es genügen, daß der Mann trotz der Gütertrennung das Vermögen der Frau in eigenem Namen verwaltete (dadurch habe übrigens der Mann auch ein eigenes Interesse, dieses aber rechtfertige nicht die V des ganzen Sachwerts, solche V weise auf die V des Interesses der Frau hin). Auch dieses Urteil ist nicht unbedenklich, weil für den Ver das Vorliegen einer V für fremde Rechnung nicht erkennbar war (Kisch III S. 410 Anm. 7).

RG 13. V. 1938 RGZ Bd 157 S. 314—320: Güterstand der Verwaltung und Nutznießung, aber Miteigentum der Eheleute am Mühlenbetrieb; V von Maschinen durch den Mann, der sich als Alleineigentümer bezeichnet. „Dem Berufungsrichter ist aber darin zuzustimmen, daß er die Ehefrau für ihren Anteil an den Maschinen als Vte ansieht. Der Vorderrichter gibt zwar keine weitere Begründung, geht aber ersichtlich davon aus, daß der Ehemann den von ihm geschlossenen Vsvertrag, soweit er sich auf den Eigentumsanteil seiner Frau bezog, zwar im eigenen Namen, aber für deren Rechnung abgeschlossen hat, weil die V insoweit weniger in seinem als in ihrem Interesse lag" (Zitat RG 5. III. 1913). Daß die Vsgesellschaft „mit einer V für die Ehefrau einverstanden war, geht aus ihrem späteren Verhalten gegenüber dem Wunsche des Grundstücksverwalters hervor, die V auf die Ehefrau auszudehnen. Es bedarf hiernach keines Eingehens auf die Frage, ob der Ehemann auch nach § 1381 Abs. 1 und 2 BGB" a. F. „die Forderung aus der V, soweit sie sich auf den Eigentumsanteil seiner Frau bezog, für diese erworben hat" (Zitat RG 8. IV. 1911).

Dem RG folgend OLG Düsseldorf 22. V. 1962 VersR S. 56—59: Güterstand der Verwaltung und Nutznießung, aber Miteigentum der Eheleute an Haus und Hausrat; V durch die Frau in Vertretung des (vermißten) Mannes. Primär sei der Eigentumsanteil des Mannes für eigene Rechnung vert, außerdem aber auch der Eigentumsanteil der Frau: „Der Abschluß einer V für fremde Rechnung für ihren Hälfteanteil folgt ... gemäß § 74 II aus den Umständen" (Zitat RG 13. V. 1938). (Der Sachverhalt ist verwickelt, weil die Frau nach der Todeserklärung des ersten Mannes erneut heiratet. Der zweite Mann erneuert die V, ohne Eigentümer zu sein, im eigenen Namen. Hier nimmt das Gericht keine V für fremde Rechnung an. Bei Gütertrennung habe der Mann kein Verwaltungsrecht.)

Die juristischen Konstruktionen des Reichsgerichts sind nicht überzeugend. Auch bei den heutigen gesetzlichen Güterständen wird man ohne Rücksicht auf die Frage des Nutznießungs- oder Verwaltungsrechts oder der Vertretungsmacht sagen können, daß die **Ehe** — jedenfalls bei häuslicher Gemeinschaft — unbeschadet der rechtlichen Trennung der Gütermassen stets eine so enge Vermögensverbindung herstellt, daß es vsrechtlich unschädlich ist, wenn die Eigentumsverhältnisse — auch bei Grundstücken — nicht richtig klargestellt werden. Dieser **Rechtssatz**, welcher aus ständiger höchstrichterlicher Rechtsprechung abzuleiten ist und sich allenfalls auf eine Analogie zu den §§ 80 I, 85 stützen läßt, führt zur Annahme einer V für fremde Rechnung, wenn der „falsche" Ehegatte die Sachv im eigenen Namen nimmt. Vgl. auch § 1362 I BGB und die Gedankengänge in RG 14. VI. 1907 JW 1907 S. 525—526 = VA 1907 Anh. S. 99 Nr. 9.

Der umschriebene Rechtssatz bewirkt zugleich, daß sich der Ver nicht auf eine schuldhafte Verletzung der **vorvertraglichen Anzeigepflicht** berufen kann, wenn ein Ehegatte die Eigentumsverhältnisse unrichtig angibt (ROHG 21. X. 1874 ROHGE Bd 14 S. 412—414 hielt die Frage: „wem gehören die zu versichernden Gegenstände?" nach dem Sprachgebrauch des täglichen Lebens für unklar; vgl. ferner RG 7. III. 1888 RGZ Bd 20 S. 138 bis 139). — Man braucht auch nicht darauf abzuheben, ob ein **Vsagent** bei der Antragsaufnahme mitgewirkt und nicht auf Klarstellung der Eigentumsverhältnisse gedrungen hat (vgl. insoweit zur Verschuldensbeeinflussung Anm. 20—28 zu § 44, zur Erfüllungsgehilfenhaftung Anm. 29—52 zu § 44, zur Vertrauensstellung des Vsagenten Anm. 54—72 zu § 44; Beispiele: RG 14. VI. 1907 JW 1907 S. 526 = VA 1907 Anh. S. 99 Nr. 343, OLG Düsseldorf 22. V. 1962 VersR 1963 S. 56—59). — Abzulehnen ist auch der vom RG 15. X. 1935 RGZ Bd 149 S. 69—75 unternommene Versuch, den Ehepartner als „zwar nicht förmlich, aber in Wirklichkeit (auch) Vten" anzusehen (Anm. 103—106 zu § 6).

Aus der **Schlüsselgewalt** der Frau kann sich ergeben, daß sie auch gewisse Vsverträge „mit Wirkung für den Mann" abschließen kann, wodurch der Mann berechtigt und verpflichtet wird (§ 1357 I BGB; Anm. 70 zu § 1). Man nimmt an, daß die Frau die eheliche Gemeinschaft vertritt (Staudinger[10]/[11] Anm. 10 zu § 1357, S. 138—139). Aus dem Gesagten ist abzuleiten, daß bei Vsverträgen, die auf Grund der Schlüsselgewalt geschlossen werden, sofern es sich um Sachven handelt, die Frau nicht deutlich zu machen braucht, ob die vten Sachen ihr oder dem Manne oder beiden gehören.

Bemerkt sei noch, daß auch bei den gesetzlichen Güterständen ausnahmsweise **Miteigentum** der Ehegatten bestehen kann, sei es kraft Vereinbarung, sei es gemäß § 8 II VO über die Behandlung der Ehewohnung und des Hausrats nach der Scheidung: „Hausrat, der während der Ehe für den gemeinsamen Haushalt angeschafft ist, gilt .... auch dann, wenn er nicht zum Gesamtgut einer Gütergemeinschaft gehört, als gemeinsames Eigentum, es sei denn, daß das Alleineigentum eines Ehegatten feststeht." Dem Miteigentum entsprechen isolierte versicherbare Interessen (Anm. 59). — Dagegen schafft eine Gütergemeinschaft, die als vertragsmäßiger Güterstand in Betracht kommt (§ 1415 BGB) — neben dem Sondergut und neben dem Vorbehaltsgut einerseits des Mannes, andererseits der Frau — als fünfte Gütermasse das Gesamtgut beider Ehegatten und damit eine **Gesamthandsgemeinschaft**. Letztere läßt ein gemeinsames einheitliches Interesse der Eheleute entstehen (Anm. 59).

III. Interesse und Schaden § 49
Anm. 116—118

Aus dem Schrifttum vgl. noch: Düring, Die rechtlichen Beziehungen der Sachv zum ehelichen Güterrecht, Straßburger Diss. 1913, Borna 1913, ferner die Bemerkungen bei Bernhöft a. a. O. S. 27, Bischoff VersR 1963 S. 14—15. Aus der Rechtsprechung vgl. noch: OLG Breslau 1. VII. 1931 JRPV 1931 S. 276—277, OLG Cassel 27. XI. 1907 VA 1909 Anh. S. 43—44 Nr. 450, AG Berlin 31. X. 1927 JRPV 1928 S. 125—126 (mit Anm. Lesser).

[116] Sieht man von den Eigentümerinteressen ab, so konnte der Güterstand der Verwaltung und Nutznießung ein **Nutzungsinteresse** des Ehemannes begründen, wobei es sich um ein Interesse an einem „sonstigen Recht" handelte (vgl. Anm. 70: Darfrecht, und dazu Dörstling ZVersWiss 1931 S. 829, Raiser Anm. 6 zu § 13, S. 319—320). — Die **Zugewinngemeinschaft** läßt für einen Ehegatten, meistens die Frau, zunächst nur eine Anwartschaft entstehen, die sich besonders im Todesfall des Ehepartners konkretisiert, wobei die erbrechtliche Lösung des § 1371 I BGB von der güterrechtlichen Lösung des § 1371 II BGB zu unterscheiden ist. Eine V der genannten Anwartschaft oder der Ausgleichsforderung gibt es praktisch (noch) nicht. — Soweit ein Ehegatte allein gemeinschaftliches Gut, insbesondere Gesamtgut oder Gut, das dem anderen Ehegatten gehört, verwaltet, entsteht für ihn ein **Haftungsrisiko**. — Bei der **Gütergemeinschaft** fallen die Nutzungen des Sonderguts eines Ehegatten dem Gesamtgut zu (§ 1417 III 2 BGB), sodaß mittelbar der andere Ehegatte an der Erhaltung des Gesamtguts interessiert ist. Andererseits hat das Gesamtgut die laufenden Lasten aus der Verwaltung des Sonderguts zu tragen, sodaß eine Passivenv die Eheleute als Gesamthandsgemeinschaft schützen kann.

[117] Falls die **Eltern** oder ein **Vormund** im Rahmen der Vermögenssorge Sachen des Kindes oder Mündels vern, ist es notwendig, daß der Träger des Eigentümerinteresses genannt oder aus den Umständen erkennbar ist. Vgl. RG 7. III. 1888 RGZ Bd 20 S. 137 bis 139: Eine Mutter hatte ihrer 14 Jahre alten Tochter viele Gegenstände — zwecks Gläubigerbenachteiligung — geschenkt, sich aber Nießbrauch und Verwaltung vorbehalten; die von der Mutter im eigenen Namen abgeschlossene V des Eigentümerinteresses deckt (wegen Verletzung der vorvertraglichen Anzeigepflicht) die Tochter nicht. Ritter Anm. 20 zu § 1, S. 72 meint, es „braucht sich der Ver dessen nicht zu versichern, daß die vten Sachen nicht dem Vmer, sondern seinen Kindern gehören."

[118] **cc) Erbrechtliche Tatbestände.**
Geht das vte Interesse auf einen **Erben** über, so geht auch das Vsverhältnis über, und zwar kraft Erbrechts nach dem Grundsatz der Universalsukzession (§ 1922 I BGB) und ohne Rücksicht darauf, daß der Erbe als Interesseträger ein höheres subjektives Risiko darstellen kann als der Erblasser. Nachweise bei Lenski a. a. O. S. 98—99. Allerdings kann mit dem Tode des Erblassers die vte Gefahr wegfallen; man denke an eine Arzthaftpflichtv (jedenfalls, wenn der Erbe kein Arzt ist).
Etwas anders ist der Ausgangspunkt von RG 3. II. 1939 RGZ Bd 159 S. 340—341: „Ein Übergang des Vsverhältnisses durch Erbfall ist schon bei der Sachschadenv nicht immer selbstverständlich; jedenfalls kann er dort durch den Vsvertrag ausdrücklich oder stillschweigend ausgeschlossen werden. Bei der Haftpflichtv insbesondere bedarf die Frage des im Erbwege stattfindenden Übergangs stets besonderer Prüfung, und zwar sowohl nach der Seite der rechtlichen und tatsächlichen Möglichkeit wie nach der Seite der vertraglichen Regelung (Vertragsauslegung). Nach heute herrschender und zutreffender Auffassung stehen der Annahme, daß der Erbe in das Haftpflichtvsverhältnis des Erblassers eintreten kann, grundsätzliche Bedenken, wie sie früher vielfach gehegt wurden, nicht entgegen. Maßgebend werden insbesondere der durch Auslegung zu ermittelnde Vertragswille, die Natur des vten Gefahrenbereiches und die Beziehungen des Erblassers wie der Erben zu dem Bereiche sein. Die Haftpflichtv knüpft häufig an besondere Umstände und Eigenschaften eines gerade für den Vmer (Erblasser) und nur für ihn gegebenen Gefahrenbereiches in der Weise an, daß sich daraus das Erlöschen des Vsverhältnisses mit dem Ableben des Vmers notwendig von selbst ergeben muß." Es wird sodann eine Auslegung dahin vorgenommen, daß das Haftpflichtvsverhältnis mit dem Tode des Haftpflichtvmers nicht erlösche, sondern auf den Erben übergehe, falls die „Haftpflichtv inhaltlich an den Besitz oder den Betrieb von Sachen — wie beim Kraftfahrzeug — oder auch an den Geschäftsbetrieb eines Vmers oder an beides zugleich geknüpft" ist (S. 342).

Handelt es sich um mehrere Erben, so wird die **Erbengemeinschaft** Vmerin, es handelt sich um ein gemeinschaftliches Interesse (Anm. 59). Wird die V zugunsten der Erbengemeinschaft erst abgeschlossen, so empfiehlt sich eine V für Rechnung wen es angeht. Eine solche ist auch vorteilhaft, wenn die Person von Erben — vielleicht auch wegen schwieriger Ermittlungen oder wegen Ausschlagungen — zunächst nicht feststeht.

Die vom Erblasser abgeschlossenen Ven gehen im Falle der **Nacherbfolge** kraft Erbrechtes zunächst auf den Vorerben, und dann mit Eintritt des Nacherbfalls auf den Nacherben über. Hat jedoch erst der Vorerbe den Vsvertrag abgeschlossen, so geht das Vsverhältnis nicht auf den Nacherben über. Denn der Nacherbe ist nicht Gesamtrechtsnachfolger des Vorerben, und andererseits handelt es sich nicht um einen Fall der Veräußerung der vten Sache (§ 69 I). Zur Nacherbfolge auch Lenski a. a. O. S. 102 bis 103 m. w. N., Dörstling ZVersWiss 1913 S. 833.

Nachlaßpfleger, Nachlaßverwalter und **Testamentsvollstrecker** können das Interesse des Erben vern. Daneben haben sie eigene Haftpflichtinteressen. Hierzu Dörstling ZVersWiss 1913 S. 833—834.

Ist einem **Vermächtnisnehmer** ein bestimmter Gegenstand, der zur Erbschaft gehört, vermacht, so hat der Begünstigte vor dem Erbfall nur eine Anwartschaft, nach dem Erbfall eine Forderung auf Übereignung, die regelmäßig gegen den Erben gerichtet ist. Nach der formellen Theorie geht das Eigentümerinteresse erst mit dem Eigentum auf den Vermächtnisnehmer über. Da jedoch vom Erbfall an der Vermächtnisnehmer die Gefahr eines zufälligen Schadens trägt, könnte man ihm nicht nur ein Forderungsinteresse, sondern ein wirtschaftliches Eigentümerinteresse zubilligen. Ist die Sache vom Erblasser oder von dem Erben vert und wird sie vor oder nach dem Erbfall zerstört, so fällt dennoch dem Vermächtnisnehmer die Vsleistung zu (vgl. §§ 2164 II, 281 I BGB).

Zum **Erbschaftskauf** vgl. Anm. 94.

Bei der sogen. vorweggenommenen Erbfolge, speziell bei **Gutsüberlassungsverträgen** fragt es sich, ob das Interesse kraft Veräußerung (§ 69 I) oder kraft Universalsukzession übergeht. RG 5. VII. 1929 RGZ Bd 125 S. 193—196 legt dar, es liege keine Gesamtrechtsnachfolge vor, übrigens auch nicht bei einer Vermögensübernahme i. S. des § 419 BGB. Weitere Nachweise bei Lenski a. a. O. S. 99—101.

[119] c) Spezielle Vertragsformen.

aa) Kundenversicherung.

Bei der Behandlung der Einzelfälle sind mehrere Tatbestände hervorgetreten, in denen ein Unternehmer eine V für fremde Rechnung, nämlich für Rechnung seiner Kunden abschließt. Erinnert sei an die Sachven, welche ein Werkvertragsunternehmer zugunsten der Besteller (Anm. 105), ein Güterbeförderer zugunsten der Ladungsbeteiligten (Anm. 106), ein Lagerhalter zugunsten der Einlagerer (Anm. 109), ein Gastwirt zugunsten der Gäste (Anm. 110), ein Kommissionär zugunsten der Kommittenten (Anm. 112), ein Spediteur zugunsten der Auftraggeber (Anm. 113) nimmt (vgl. auch die Übersicht bei Daube a. a. O. S. 34—163). Dabei spielt stets eine Rolle, daß der Unternehmer bei Verlust, Zerstörung oder Beschädigung der Sache verantwortlich gemacht werden könnte, so daß man von einem „Sachersatzinteresse" des Unternehmers gesprochen hat, das aber in Wahrheit als Haftpflichtinteresse zu qualifizieren ist (Anm. 51, 75). Oft beschränkt sich die Haftung auf den Ersatz des Sachwertes, z. B. ist solcher Einzelschadensersatz im Gesetz beim Güterbeförderer vorgesehen (§§ 430 I, II, 658, 659 HGB, § 85 I, II EVO, §§ 35—36 KVO).

Es ist nicht empfehlenswert, daß in solchen Fällen erstens der Eigentümer (Kunde) eine Sachv nimmt und daneben zweitens der möglicherweise Haftende (Unternehmer) eine Haftpflichtv. Denn hierdurch entstehen verdoppelte Prämienaufwendungen. Ersetzt der Sachver den Schaden, so gehen gegen den Unternehmer gerichtete Ersatzansprüche des Kunden auf den Sachver gemäß § 67 I 1 über, und der Unternehmer fordert seinerseits Freihaltung vor seinem Haftpflichtver. Da der Unternehmer oft nur bei Verschulden haftet, taucht die für die Geschäftsbeziehungen abträgliche Frage auf, ob den Unternehmer oder seine Erfüllungsgehilfen ein Verschulden treffe.

III. Interesse und Schaden **§ 49**
Anm. 119

Viel zweckmäßiger ist es, daß der **Unternehmer** eine **Sachv** für **Rechnung des Kunden** abschließt, wobei es möglich ist, daß er im Innenverhältnis die Prämie auf den Kunden ganz oder teilweise abwälzt, sei es gesondert, sei es durch entsprechende Erhöhung seiner Leistungsvergütung (Flechtheim LZ 1911 Sp. 684—685). Solche sogen. **Kundenv** verschafft als V für fremde Rechnung, also als Vertrag zugunsten Dritter, dem Kunden einen Anspruch gegen den Sachver, der von der Klärung der Verschuldensfrage grundsätzlich unabhängig, also sehr liquide ist. Die freundschaftlichen Geschäftsbeziehungen zwischen Unternehmer und Kunden werden durch die Aufrollung der Schuldfrage nicht belastet. Diese **Sachv kommt mittelbar auch dem Unternehmer zugute**; denn falls der Kunde ein weiteres vom Sachver entschädigt wird, sieht er von der Verfolgung seines etwaigen Anspruchs gegen den Unternehmer ab; sein Schaden entfällt, weil letzterer vom Ver ersetzt wird. Der Unternehmer muß auch nicht fürchten, im Regreßwege vom Ver in Anspruch genommen zu werden, denn bei einer V für fremde Rechnung findet ein Rückgriff gegen den Vmer nicht statt; der Vmer ist kein Dritter i. S. des § 67 I 1 (Prölss[15] Anm. 2 zu § 67, S. 291—292, NJW 1960 S. 1903—1904). Das übersieht Flechtheim LZ 1911 Sp. 682—683, der jedoch einen Regreßverzicht des Sachvers konstruiert. BGH 11. VII. 1960 BGHZ Bd 33 S. 100—105 nimmt zwar (im Falle einer Personen-Kautionsv) an, daß prinzipiell bei einer V für fremde Rechnung ein Ersatzanspruch des Vten gegen den Vmer auf den Ver übergehe, aber es soll eine Ausnahme gelten, falls die V für fremde Rechnung — wenn auch nur mittelbar — dem Vmer zugute kommen soll:

> „Schließt etwa ein Obhutspflichtiger (z. B. ein Gastwirt, Lagerhalter, Spediteur, Frachtführer) eine Sachv für die in seiner Obhut befindlichen Sachen eines fremden Eigentümers ab, so ist im Zweifel anzunehmen, daß der Vmer, wenn er selbst den Schaden fahrlässig verursacht hat, nach dem Sinn und Zweck des Vsvertrages nicht vom Ver nach § 67 VVG in Anspruch genommen werden kann. Die V des fremden Interesses wirkt dann mittelbar zugleich wie eine Haftpflichtv für den Vmer selbst" (S. 100—101).

A. M. Brockmann VersR 1960 S. 1—7 für den Fall, daß ein Spediteur eine Transportv für fremde Rechnung des Auftraggebers abschließt; hier soll im Zweifel der Transportver gegen den Spediteur Regress nehmen können.

Wie ist nach der hier vertretenen Auffassung die Rechtslage, falls der Sachver sich darauf beruft, der **Vmer**, also der Unternehmer habe den Vsfall **vorsätzlich oder grobfahrlässig herbeigeführt (§ 61)**? Bei einer V für fremde Rechnung kommt neben dem Verhalten des Vten (hier: Kunden) auch jenes des Vmers (hier: Unternehmers) in Betracht (vgl. § 79 I, Anm. 58 zu § 6). Aber bei einer Kundenv wird man annehmen müssen, daß der Sachver sich nicht auf grobe Fahrlässigkeit des Unternehmers berufen kann; dagegen erheischt es eine gerechte Interessenabwägung, daß der Ver bei vorsätzlicher Herbeiführung des Vsfalls durch den Vmer regelmäßig nicht haftet (implicite in beiden Fragen ebenso BGH 11. VII. 1960 BGHZ Bd 33 S. 100—101). Eine anderweitige Vereinbarung könnte getroffen werden, da §§ 61, 79 I nicht zwingend sind. Dabei ist auch an eine Kompromißlösung z. B. dergestalt zu denken, daß dem Vten gegenüber der Ver stets haftet, daß dem Ver aber eine Regreßmöglichkeit gegen einen Unternehmer eingeräumt wird, der vorsätzlich den Vsfall herbeigeführt hat, man denke an Diebstahl seitens eines Güterbeförderers oder Lagerhalters. Zur „Präjudizierung" durch den Vmer vgl. auch Weygand a. a. O. S. 155—157.

Eine weitere Komplikation könnte entstehen, falls ein verärgerter **Kunde** darauf besteht, nicht den Sachver (aus der Kundenv), sondern den **Unternehmer** (aus Vertrag oder Delikt) **in Anspruch** zu nehmen. Vielleicht steht ein Verschulden des Unternehmers eindeutig fest. Bei einem Vertrag zugunsten Dritter (hier: V für fremde Rechnung) kann der Dritte (hier: der Kunde) das aus dem Vertrag erworbene Recht sogar zurückweisen (§ 333 BGB). Die Kundenv muß aber auch in solchem Falle eine gewisse Wirkung entfalten. Da der Kunde (Vte) den Anspruch auf die Vsentschädigung gemäß § 333 BGB nicht erwirbt, kann allerdings der Unternehmer die Sachvsforderung auch nicht für den Kunden geltendmachen, selbst dann nicht, wenn er im Besitz des Vsscheines ist (vgl. § 76). Aber man muß — ausgehend vom Zweck der Kundenv — annehmen, daß solchenfalls die Sachv für fremde Rechnung (des Kunden) wie eine Haftpflichtv für eigene Rechnung (des Unternehmers) wirken soll (vgl. auch § 168). Danach muß der Sachver als quasi-Haftpflichtver den Unternehmer freihalten, falls der Kunde den Unternehmer (mit Recht) in Anspruch nimmt.

Diese haftpflichtsähnliche Funktion der Kundenv darf jedoch nicht überschätzt werden: Der Kundenver ersetzt immer nur den Sachwert, auch braucht der Kundenver keine Rechtsschutzleistungen zu erbringen. Immerhin: Die Kundenv ist keine reine Sachv, sondern in gewissem Umfang auch eine Eventualhaftpflichtv (vgl. RG 22. IX. 1916 LZ 1917 Sp. 207—208, BGH 11. VII. 1960 BGHZ Bd 33 S. 100—101, von Gierke I S. 126, a. A. Ehrenberg Festgabe a. a. O. S. 14 [vgl. aber auch S. 42, 68—69], Flechtheim LZ 1911 Sp. 679—682, Kisch III S. 250).

Tritt neben die vom Unternehmer genommene Kundenv (für fremde Rechnung) eine vom Kunden genommene Sachv (für eigene Rechnung), so entsteht eine Doppelv. Im Aussenverhältnis kann ein geschädigter Kunde sich entweder an den Kundenver oder an seinen eigenen Sachver halten; die beiden Ver sind Gesamtschuldner (§ 59 I). Intern kann der im Außenverhältnis in Anspruch genommene Ver Ausgleichung vom zweiten Ver fordern (§ 59 II 1). Soweit der Kundenver im Außenverhältnis geleistet hat, steht ihm, wie ausgeführt, bei Fahrlässigkeit des Unternehmers kein Regreßanspruch gegen letzteren zu. Solcher Regreßanspruch aus § 67 I 1 (oder ein Provenu daraus) kann demzufolge nicht (anteilsmäßig) auf den zweiten Sachver übergehen (zur Rechtslage im Normalfall Prölss[15] Anm. 4 zu § 67, S. 295—296). Soweit der zweite Sachver im Außenverhältnis geleistet hat, ist er nicht gehindert, im Regreßwege aus § 67 I 1 gegen den Unternehmer vorzugehen. Hier kommt also dem intern ausgleichsberechtigten Kundenver ein Provenu anteilsmäßig zugute; man kann allenfalls annehmen, er müsse das Erlangte als Eventualhaftpflichtver dem Unternehmer wieder ausschütten. Hat der zweite Sachver den Regreß noch nicht durchgeführt, so daß der Regreßanspruch anteilsmäßig auf den Kundenver übergeht, so kann letzterer den Regreßanspruch nicht gegen seinen eigenen Vmer verfolgen. Zu alledem (mit abweichenden Begründungen und Ergebnissen) auch Flechtheim LZ 1911 Sp. 685—688, Moldenhauer LZ 1909 Sp. 42—48, 1911 Sp. 688—690, Weygand a. a. O. S. 140.

Die Kundenv ist in der **Literatur** öfters behandelt worden, monographisch von Weygand, Die Grundzüge der Kundenv, Berlin 1914 und Daube, Die rechtliche Konstruktion der Kundenv, Hamburger Diss. 1964. Vgl. überdies Brockmann VersR 1960 S. 1—7, Bruck S. 606, Ehrenberg Festgabe a. a. O. S. 13—14, 41—42, Flechtheim LZ 1911 Sp. 675—688, von Gierke I S. 126, Hagen I S. 375—376, Josef ZVersWiss 1912 S. 778—786, Kisch III S. 250—251, 255—256, 516—517 Anm. 2, 523, Moldenhauer LZ 1909 Sp. 42—48, 1911 Sp. 688—690, Prölss NJW 1960 S. 1903—1904, Ritter Anm. 19 zu § 1, S. 69—70, Sieg ZVersWiss 1963 S. 274, BetrBer 1964 S. 18 Anm. 6.

Flechtheim LZ 1911 Sp. 675 und Josef ZVersWiss 1912 S. 778 sprechen von **mittelbarer V** des Unternehmers, von Gierke I S. 126 von „mittelbar Vten". Dagegen Kisch III S. 250 Anm. 3. Weygand a. a. O. S. 122—126 leugnet das Vorliegen einer V für fremde Rechnung „im strengen Sinne" sowie sonst eines Vertrages zugunsten eines Dritten. Er nennt den Kunden Primärinteressenten, den Unternehmer, z. B. Spediteur oder Lagerhalter, Sekundärinteressenten. Der Primärinteressent müsse dem zwischen Ver und Sekundärinteressent abgeschlossenen Vsvertrag nachträglich beitreten. Dann aber schütze der Vsvertrag beide Interessen. „Dabei werden das primäre direkt als Gegenstand des Vertrages, die sekundären nur mittelbar vermöge der V des primären, gedeckt." Kritisch zur Beitrittskonstruktion Hagen ZVersWiss 1914 S. 734—735.

[120] bb) Sonstige Fälle.

Der Ausdruck Kundenv ist insofern zu eng, als eine Sachv für fremde Rechnung, die zugleich Quasihaftpflichtv, Eventualhaftpflichtv ist, auch zugunsten von Personen abgeschlossen werden kann, die man nicht als Kunden zu bezeichnen pflegt, z. B. vom **Mieter** zugunsten des Vermieters (Anm. 95, besonders Glasv), vom **Entleiher** zugunsten des Verleihers (Anm. 97, z. B. Ausstellungsv).

Wenn bei der Kundenv Massengeschäfte eine Rolle spielen, empfiehlt sich für den Unternehmer der Abschluß einer **laufenden V** (§ 197 II). Der Kreis jener Risiken, die der laufenden V unterfallen sollen, ist genau zu umreißen, dabei kann z. B. abgestellt

III. Interesse und Schaden §49
Anm. 121

werden auf sämtliche Kundenverhältnisse oder auf eine Anweisung des Kunden (vgl. §§ 390 II, 407 II HGB) oder auf einen ausdrücklichen schriftlichen Auftrag des Kunden (vgl. § 35a ADSp). § 97 I ADS hebt darauf ab, ob der Vmer „nach kaufmännischen Grundsätzen V zu nehmen hat". Danach hat der Cifexporteur (pflichtgemäß) V zu nehmen, der Fobimporteur, Kostfrachtimporteur oder Exporteur eines Ankunftsvertrages (ohne Rechtspflicht) kraft kaufmännischer Übung (vgl. RG 19. I. 1929 RGZ Bd 123 S. 141—146: Kostfrachtgeschäft; RG 29. XI. 1930 RGZ Bd 130 S. 302—309: Fobgeschäft). Solchenfalls hat die Deklaration (Aufgabe) keine konstitutive Bedeutung (vgl. § 97 VI ADS). Es kann aber auch vereinbart werden, daß die (fakultative) Deklaration das Einzelvsverhältnis erst entstehen lasse, und dann kann der Vmer nicht mehr deklarieren, wenn er weiß oder wissen muß, daß das Risiko einen ungünstigen Verlauf genommen hat (Ritter Anm. 13 zu § 102, S. 1201).

Die in Anm. 119 geschilderten Grundsätze der Kundenv gelten nicht, falls der Unternehmer sich freigezeichnet hat, also nicht haftet. Hier entfällt die Möglichkeit eines Regresses gegen den Unternehmer, hier bedarf der Unternehmer keines Eventualhaftpflichtvsschutzes, denn er hat kein „Sachersatzinteresse". Bei solcher „Überwindung" der Haftung und der Haftpflichtv bedarf nur noch der Kunde des Vsschutzes: „Haftungsersetzung durch Vsschutz". Gerade wenn und weil der Unternehmer dem Kunden solchen Vsschutz im Wege der V für fremde Rechnung verschafft, ist seine Freizeichnung von der Haftung unbedenklich, insbesondere nicht sittenwidrig. Die Speditionsv (Anm. 113) ist zum Prototyp solcher fortentwickelten Kundenv geworden: Die Ver haften für alle Schäden, welche dem Auftraggeber erwachsen und für welche der Spediteur gesetzlich in Anspruch genommen werden könnte, wenn er sich nicht freigezeichnet hätte (vgl. § 2 I SVS). Solche Spediteurfehlerv ist nicht in erster Linie Sachv, denn durch den Spediteurfehler können auch andere als Sachschäden entstehen. Die Sachschäden werden sogar primär der Transport- und Lagerv zugewiesen: Ausgeschlossen aus der Speditionsv sind alle Gefahren, welche durch eine Transport- oder Lagerv gedeckt sind oder durch eine solche V „allgemein üblicher Art hätten gedeckt werden können oder nach den herrschenden Gepflogenheiten sorgfältiger Kaufleute über eine ... V allgemein üblicher Art hinaus gedeckt werden", es sei denn, daß solcher Sachvsschutz gerade infolge eines Spediteurfehlers entfällt (§ 5 Ziff. 1 B a)—c), C SVS). Über Ansprüche des Vers gegen den Vmer, die (auch bei Beachtung des § 276 II BGB) in Wahrheit keine übergegangenen Rückgriffsansprüche, sondern selbständige eigene Ansprüche sind, § 12 II SVS. Gewisse restliche Haftpflichtrisiken, die einen Spediteur trotz der Freizeichnungsregelung der ADSp belasten, werden durch die Sp-Police im Wege einer zusätzlichen Haftpflichtv mitgedeckt.

Einen „Rückgriff" des Vers gegen den Vmer bei einer V für fremde Rechnung gibt es auch in der Personen-Kautionsv (BGH 11. VII. 1960 BGHZ Bd 33 S. 97—105, BAA VA 1959 S. 130, Sieg ZVersWiss 1963 S. 273—274).

Richtet der potentiell haftpflichtige Unternehmer möglicherweise Personenschäden an, so kann es empfehlenswert sein, daß er zugunsten seiner Kunden eine Personenv abschließt, zweckmäßig also eine Lebensv auf fremdes Leben (§ 159), eine Unfallv gegen fremden Unfall (§ 179), eine Krankenv gegen fremde Krankheit. Dabei kann im Massenverkehr eine Gruppenv ratsam sein. Daube a. a. O. S. 6—7, 164—183 zählt zur Kundenv auch solche Gruppenven und behandelt dabei die Luftfallv (vgl. auch Anm. 107), die Kraftfahrzeuginsassenv und die Gruppenunfallv aus Anlaß von Sportveranstaltungen, bei Volksfesten und Umzügen. Über den Einfluß solcher V auf die Haftung des Unternehmers, speziell über die Anrechnung von Unfallvsleistungen vgl. § 50 LuftVG, BGH 24. IV. 1963 VersR 1963 VersR 1963 S. 521—523.

[121] 8. Rechtssätze zur Interesselehre.
a) Existenz des Interesses.

Bei einer Schadensv, und zwar speziell bei einer Aktivenv, muß ein vtes Interesse der vten Person beim materiellen Beginn der V existieren, sonst kann der Ver keine Gefahr tragen. Bei einer Passivenv gelangt eine Passivenbeziehung erst durch den Vsfall zur Entstehung, hier gilt also jener Rechtssatz von der notwendigen Existenz des Interesses nicht, vielmehr muß lediglich eine Gefährdung vorausgesetzt werden,

135

also die Möglichkeit, daß für die vte Person eine Unwertbeziehung der im Vsvertrage umrissenen Art entstehe. In der Aktivenv kommt es nicht auf das Bestehen des Interesses schlechthin an, sondern das Interesse muß **versicherbar** sein (vgl. § 2 I 1 ADS; über unversicherbare Interessen: Anm. 88). Existieren muß nicht irgendein Interesse der vten Person, sondern gerade das **v te** Interesse. Welches Interesse vert sei, ist primär dem Vsvertrage zu entnehmen. Ist eine Sache vert, so ist das Eigentümerinteresse vert (Anm. 53—55 zu § 52). Näheres zur Bezeichnung des Interesses Anm. 122.

Das Interesse ist die Beziehung einer Person zu einem Gute. Die **Personengebundenheit** des Interesses macht es notwendig, im Vsvertrage die vte Person, den Interesseträger anzugeben, und das Interesse muß gerade dieser Person zustehen, d. h. bei einer V für eigene Rechnung, wie sie im Zweifel vorliegt, dem Vmer, bei einer V für fremde Rechnung dem Vten. Hierzu Näheres Anm. 123.

Die V kann für **vergangene, gegenwärtige, zukünftige Interessen** genommen werden (Anm. 81). Im Vsvertrage wird der vorgesehene materielle Vsbeginn bezeichnet, im Zweifel soll der Vsschutz am Tage des Vertragsabschlusses, also des formellen Vsbeginns, einsetzen (so § 7¹; Anm. 5 zu § 7). Aber eine Rückwärtsv — mit vorverlegtem materiellem Vsbeginn — ist möglich (§ 2 I). Andererseits kann eine V derart genommen werden, daß sie erst nach dem formellen Vsbeginn einsetzen soll; z. B. sollen bei einer laufenden V die vten Interessen erst jeweils „nach ihrer Entstehung dem Ver einzeln aufgegeben werden" (§ 187 II). Ein vorsichtiger Mann vert heute sein morgen eintreffendes Kraftfahrzeug.

Besteht das vte (und versicherbare) Interesse der vten Person beim vorgesehenen materiellen Beginn der V nicht, so kann — was die **Rechtsfolgen** anlangt — die **Gefahrtragung** des Vers nicht beginnen. Gelangt auch später das vte Interesse während der vorgesehenen materiellen Vsdauer nicht zur Entstehung, so entfällt jede Gefahrtragungsleistung des Vers; man denke an den Untergang der vten Sache vor Vsbeginn oder an den Nichterwerb der vten Sache. Dagegen kann bei verspäteter Entstehung des Interesses die V verspätet materiell beginnen: Bei der V eines angeblich gegenwärtigen Interesses wird das Interesse erst künftig erworben. Bei einer vereinbarten Rückwärtsv ist der Erwerb später erfolgt als vorgesehen. Bei einer V zukünftiger Interessen erfolgt der Erwerb in fernerer Zukunft; das Kraftfahrzeug, das morgen eintreffen sollte, kommt erst in einer Woche an. Obgleich der Wortlaut des § 68 I härter formuliert ist, wird man annehmen müssen, daß in diesen „Verspätungsfällen" der Vsschutz nicht entfällt, sondern verspätet beginnt (so auch Prölss[15] Anm. 1 zu § 68, S. 304, Näheres Anm. zu § 68). Nur wenn das Interesse während der Vsperiode überhaupt nicht entsteht, ist gemäß § 68 I der Vmer (mangels Gefahrtragung durch den Ver) von der Verpflichtung zur Zahlung der **Prämie** frei und der Ver kann eine angemessene **Geschäftsgebühr** verlangen. Negativ ist hervorzuheben, daß der Vsvertrag als solcher gültig bleibt (Prölss[15] Anm. 1 zu § 68, S. 304). Eine Ausnahme gilt im Seevsrecht, wenn ein Interesse unversicherbar ist (vgl. § 2 I 1 ADS: Unwirksamkeit; Näheres Anm. zu § 68.)

[122] b) Bezeichnung des Interesses.

Bei einer Interessev muß das vte Interesse im Vsvertrage bezeichnet werden (so für das Seevsrecht ausdrücklich § 1 II, III ADS, vgl. ferner Hagen I S. 379—381, ZVersWiss 1907 S. 18—20, Kisch III S. 186—189, Weygand a. a. O. S. 26—27, 30—33). Da das Interesse die Beziehung einer Person zu einem Gute ist, müssen sowohl die Person als auch das Gut im Vsvertrage angegeben werden.

Was die **Person** angeht, so kann das Interesse des Vmers oder eines Dritten (Vten) vert sein. Ergibt sich aus dem Vereinbarten oder aus den Umständen nicht, daß die V für einen Dritten genommen werden soll, so gilt sie als **für eigene Rechnung** genommen (§ 80 I); im Zweifel ist also ein Interesse des Vmers vert. Steht solchenfalls das Interesse nicht dem Vmer, sondern einem Treuhänder zu, so besteht das Interesse, für welches die V genommen ist, nicht (Beispiel: RG 16. IV. 1929 VA 1929 S. 246—247 Nr. 2010). — Wird die V für einen anderen genommen, d. h. auf **fremdes Interesse**, so ist eine entsprechende ausdrückliche Vereinbarung erwünscht; dabei kann die Person des Vten unbenannt bleiben (§ 74 I), z. B. kann eine Feuerv zugunsten aller Einlagerer

III. Interesse und Schaden §49
Anm. 122

vom Lagerhalter genommen werden. Eine ausdrückliche Vereinbarung kann sich in Vsbedingungen finden. Sie ist unnötig, falls das Gesetz eine V für fremde Rechnung normiert (vgl. §§ 85, 151 I). Aus den Umständen ergibt sich der Geschäftswille, die V für einen anderen zu nehmen, nur, falls auch für den Ver diese Willensrichtung mindestens erkennbar war, so bei einem mittelbaren Stellvertreter, der als solcher erkennbar ist, z. B. einem Kommissionär (Anm. 112) oder Spediteur (Anm. 113), möglicherweise auch bei einem Mieter (Anm. 95), Pächter, Güterbeförderer, Verwahrer, Lagerhalter. Werden bei Vsnahme durch einen Ehegatten die Eigentumsverhältnisse nicht richtig klargestellt, so ist nach ständiger höchstrichterlicher Rechtsprechung vsrechtlich unschädlich (Anm. 115). Eine echte Stellvertretung beim Abschluß von Vsverträgen ist zwar möglich, aber § 74 II stellt die Vermutung auf, es sei im Falle der Vsnahme für einen anderen im Zweifel anzunehmen, daß der Vertragschließende im eigenen Namen für fremde Rechnung handelt. Über den Fall der Schlüsselgewalt Anm. 115.

Zwischen der V für eigene und fremde Rechnung steht die V für Rechnung wen es angeht (§ 80 II), bei der unbestimmt gelassen werden soll, ob eigenes oder fremdes Interesse vert ist (Anm. 83). Da nach § 10 II a AKB der Halter bei der Kraftfahrzeughaftpflichtv mitvert ist, andererseits der Halter oft auch als Vmer auftritt und vert ist, kann man die Halterv, die den jeweiligen Halter schützt (BGH 22. IX. 1958 BGHZ Bd 28 S. 141), als eine V des Halters, den es angeht, bezeichnen. Zu weit geht es aber, wenn Prölss[15] Anm. 1 zu § 80, S. 335 annimmt, es entscheide allein der Wille des Vmers, wenn es dem Ver gleichgültig sei, ob eigenes oder fremdes Interesse vert werde. Bei einer V für Rechnung wen es angeht wird der Träger des Interesses, der „Kopf" der Wertbeziehung irrelevant, die V nähert sich derjenigen eines „objektiven" Interesses (dazu Anm. 52). — Alles über die Person des vten Interessenten Gesagte gilt nicht nur für die Aktiven-, sondern auch für die Passivenv, wie § 151 und § 10 II a AKB zeigen; man muß wissen, in wessen Person die vten Unwertbeziehungen entstehen müssen, um unter den Vsschutz zu fallen.

Ein Interesse wird nicht nur durch seinen Träger, sondern insbesondere auch durch das interesseverknüpfte Gut individualisiert. Der Ver muß wissen, ob die V eine Erst- oder Rückv ist, bei letzterer vert der Rückver den Erstver gegen vertragliche Schulden (Passivenv), mag auch die Erstv z. B. eine Sachv sein (Aktivenv); demzufolge „gilt eine V nur dann als Rückv, wenn sie bei der Schließung des Vertrags ausdrücklich als solche bezeichnet wird" (§ 1 II Abs. 2 ADS). Bei der Erstv muß im Vsvertrage deutlich werden, welches Aktivum geschützt werden soll oder gegen welche Passiven eine Passivenv schützen soll. Wird eine Sache benannt, so ist anzunehmen, daß das Sachinteresse des Eigentümers vert werden solle (Anm. 53—55 zu § 52), und zwar nach der h. M. das formale Interesse des sachenrechtlichen Eigentümers (Anm. 60—68). So würde bei einer Sachv für Rechnung unbenannter Dritter oder bei einer V für Rechnung wen es angeht der sachenrechtliche Eigentümer Vsschutz genießen (von der Seev abgesehen: Anm. 55, 92). Erweist sich aber, daß der Vmer (bei einer V für eigene Rechnung) oder der namentlich benannte Vte (bei einer V für fremde Rechnung) nicht Träger des sachenrechtlichen Eigentums, sondern wirtschaftlicher Eigentümer ist, so muß er als Träger dieses wirtschaftlichen Eigentümerinteresses als gedeckt angesehen werden. Eine Sachv umfaßt nach § 53 keinen entgehenden Gewinn, ist also nicht zugleich Gewinnv. Überhaupt ist in der V eines Interesses diejenige eines anderen Interesses nicht enthalten (vgl. § 779 II HGB, § 1 II Abs. 2 ADS). Die frühere Auffassung, wonach eine Sachv alle Interessen deckt, die irgendwie mit der Sache zu schaffen haben, ist überholt (Anm. 34, 51, 52, bedenklich Brockmann ZfV 1964 S. 166). Oft stellen leider die Vsbedingungen (trotz aufsichtsbehördlicher Genehmigung) das interesseverknüpfte Gut nicht sehr klar heraus, insbesondere in neueren Vszweigen (wie z. B. der Bauwesenv: Anm. 75). Dann muß im Wege der Auslegung des vte Interesse ermittelt werden. Bei einer V auf behaltene Fahrt, auf behaltene Ankunft (auch „Interessenv" benannt) braucht das beziehungsverknüpfte Gut ausnahmsweise nicht genau bezeichnet zu werden (Anm. 83).

Fehlt es an einer ausreichend genauen Bezeichnung des vten Interesses, sei es personell, sei es sachlich, und ergibt auch die Auslegung nichts, so ist die V mangels ausreichender Einigung nicht zustandegekommen (§ 154 I 1 BGB; Hagen I S. 381,

ZVersWiss 1907 S. 19, Kisch III S. 187). Diese Einigung gehört nicht in den Bereich der vorvertraglichen Anzeigepflicht (Wissenserklärungen), sondern des Vertragsabschlusses (Willenserklärungen).

Ist eine andere Person „vert" als der wahre Interesseträger, so kann in der Sphäre des Vers culpa in contrahendo vorliegen, wobei ein Verschulden des Vsagenten dem Ver zuzurechnen ist und der Vmer so gestellt werden muß, wie wenn der wahre Interessent gedeckt gewesen wäre (Anm. 51 zu § 44). Möglicherweise erwächst dem Vmer Schaden dadurch, daß ein Dritter nicht vert worden ist. — Auch aus dem gewohnheitsrechtlichen Haftungsgrundsatz, der aus der Vertrauensstellung der Vsagenten gefolgert wird, kann sich ergeben, daß der Ver so zu behandeln ist, als habe der Vsagent den Vmer richtig belehrt und aufgeklärt. Beispiele: Anm. 66 zu § 44 (vte Personen). Leitentscheidung: RG 2. VI. 1935 RGZ Bd 147 S. 186—190, Vorinstanz: OLG Köln 26. IX. 1934 JRPV 1935 Zus. S. 1, vgl. auch das Exempel Anm. 90 (Grundstückskauf) und die Fälle bei Haymann JRPV 1936 S. 68—70. — Entsprechendes gilt bei einem Verschulden bei Vertragsschluß bzw. bei unzulänglicher Belehrung oder Aufklärung hinsichtlich der vten Güter. Beispiele: Anm. 66 zu § 44 (vte Gegenstände).

[123] c) Übergang des Interesses.

Wechselt der Interesseträger, so fällt recht eigentlich das Interesse fort. Das ergibt sich aus dem Wesen des Interesses, das personengebunden, subjektbezogen ist. Es gibt kein objektives, sondern nur ein subjektives Interesse (Anm. 52).

So müßte, falls das interesseverknüpfte Gut einen neuen Träger erlangt, falls das Interesse seinen „Kopf" wechselt, der Vsschutz stets erlöschen, „da das Interesse des Vmers aufhört" (Begr. I S. 78). In der Tat läßt sich solcher Rechtssatz als Regel dem § 68 II—IV entnehmen.

Aber Ausnahmen bestätigen die Regel:

aa) Bei einer V für **Rechnung wen es angeht** (§ 80 II), aber auch bei einer V für fremde Rechnung ohne Benennung der Person des Vten (§ 74 I), gibt der Ver zu erkennen, daß es ihm gleichgültig ist, wer der Interesseträger sei; er nimmt das möglicherweise höhere subjektive Risiko in Kauf. Deshalb ist hier bei einem Interessentenwechsel der neue Interesseträger unmittelbar auf Grund des ursprünglichen Vsvertrages Vter (Anm. 83). Es bedarf keiner Veräußerungsanzeige; Ver und Erwerber haben kein Kündigungsrecht (Möller JRPV 1928 S. 337—342).

bb) Wird die vte **Sache** von dem Vmer **veräußert,** so geht die V des Sachinteresses nach Maßgabe der §§ 69—72 auf den Erwerber über; es ist eine Veräußerungsanzeige zu erstatten, Ver und Erwerber erlangen ein Kündigungsrecht. Eine Veräußerung setzt Einzelnachfolge unter Lebenden voraus. Darüber, ob es auf den formal-sachenrechtlichen Eigentumsübergang oder auf den wirtschaftlichen Wechsel des Interessenten ankomme, Anm. 53—55, 60—68 sowie Anm. zu § 69. Über eine Ausnahmeregelung zur Tierv: § 128.

cc) Eine analoge Anwendung der §§ 69—72 auf **andere Fälle der Aktivenversicherung** (außerhalb der Sachv) läßt sich rechtfertigen (Bruck S. 571), man denke an die Abtretung vter Forderungen (a. A. Prölss[15] Anm. 1 zu § 69, S. 309) oder an eine Gewinnv, z. B. eine V imaginären Gewinnes (Ritter Anm. 12—13 zu § 49, S. 710). Über die Rechtslage in der Betriebsunterbrechungsv Bischoff VA 1955 S. 178, Fußhoeller-John, Feuer-Betriebsunterbrechungs-V, Wiesbaden 1957, S. 125—126, Magnusson, Rechtsfragen der Betriebsunterbrechungsv, Hamburg 1955, S. 109—128, 143. Zur Hagelv vgl. § 114 mit Prölss[15] Anm. 2 zu § 114, S. 429—430.

dd) In der **Passivenversicherung** gibt es kein vtes Interesse i. e. S., keine Beziehung zu einem Gut, die übertragen werden könnte. Allenfalls bei einer Sachhaftpflichtv könnte man mit der Sache, bei einer Betriebshaftpflichtv mit dem Betriebe die V übergehen lassen; derartige Ausnahmeregelungen stellen §§ 151 II, 158h dar (dazu vgl. BGH 21. III. 1963 VersR 1963 S. 516—517). Bei einer Neuwertv ist infolge des engen Zusammenhanges mit der Sachv anzunehmen, daß sie bei Veräußerung der Sache auf den Erwerber übergeht (vgl. auch Anm. 87).

III. Interesse und Schaden   § 49
Anm. 124—125

ee) Der Veräußerung der vten Sache ist deren **Zwangsversteigerung** gleichgestellt (§ 73; zur Zwangsversteigerung des transportvten Schiffes: § 143 III).

ff) Das Vsrecht läßt die allgemeinen Grundsätze, welche in Fällen der **Gesamtrechtsnachfolge** gelten, unberührt. Daraus ergibt sich:
Bei der Erbfolge, einschließlich der Nacherbfolge gehen bestehende Vsverhältnisse nach § 1922 I BGB auf den Erben über (OLG Düsseldorf 22. VII. 1958 VersR 1958 S. 757—758, OLG Neustadt 9. XII. 1955 VersR 1956 S. 153—154; Bruck S. 567, von Gierke II S. 198, Kisch III S. 273, Raiser Anm. 7 zu § 12, S. 302, Lenski a. a. O. S. 98—99 m. w. N.).

Gesamtrechtsnachfolge tritt auch ein, wenn das Vermögen aufgelöster Vereine und Stiftungen dem Fiskus zufällt (§§ 45, 46, 88 BGB; Bruck S. 567, Kisch III S. 274, Lenski a. a. O. S. 103).

Die Begründung der ehelichen Gütergemeinschaft bringt gleichfalls eine Gesamtrechtsnachfolge mit sich, § 1416 II BGB. Darüber, in welcher Form hier Vsverhältnisse übergehen bzw. weiterbestehen, vgl. Kisch III S. 274—275, Lenski a. a. O. S. 113 bis 114.

Gesamtrechtsnachfolge tritt ferner ein bei der Verschmelzung von Aktiengesellschaften, und zwar sowohl bei der Verschmelzung durch Aufnahme (§ 346 III 1 AktG) als auch bei der Verschmelzung durch Neubildung (§ 353 V 2 AktG); entsprechendes gilt bei der Verschmelzung von Genossenschaften (§ 93a GenG). Vgl. Ehrenzweig S. 229, Kisch III S. 274, Lenski a. a. O. S. 103—110 (zugleich über die mannigfaltigen Fälle der Umwandlung von Gesellschaften), Raiser Anm. 7 zu § 12, S. 302, Wussow AFB Anm. 2 zu § 11, S. 406—407.

Liegt weder ein Fall der Gesamtrechtsnachfolge noch der Veräußerung vor, so erlischt ein Vsvertrag. Hat z. B. ein Vorerbe eine V für Nachlaßgegenstände genommen und tritt der Nacherbfall ein, so ist der Nacherbe nicht der Erbe des Vorerben, aber auch ein Veräußerungstatbestand ist nicht gegeben (Anm. 118).

[124] d) Wegfall des Interesses.

Sofern sich aus dem in Anm. 123 Gesagten kein Interessentenwechsel mit Fortdauer des Vsschutzes ergibt, greift die Regel und Regelung des § 68 II—IV Platz, sofern das Interesse wegfällt, sei es durch Wegfall des bisherigen Interessenten, sei es durch Wegfall des interesseverknüpften Gutes.

Ein vter Interessent ist z. B. nicht mehr vorhanden nach einer Enteignung (Prölss[15] Anm. 1 zu § 69, S. 309).

Ein interesseverknüpftes Gut ist entfallen, falls die vte Sache zerstört oder verloren ist.

Näheres Anm. zu § 68.

[125] e) Interesse im Schadensfall.

In der Interessev i. e. S. gilt der Satz: Ohne Interesse kein Schaden; denn der Schaden ist die Negation des Interesses. Ohne Schaden kein Schadensersatz (vgl. Hagen ZVersWiss 1907 S. 17). Das Interesse des Vmers oder — bei einer V für fremde Rechnung — des Vten muß bei Eintritt des Vsfalles bestehen. Die materiell Berechtigung entfällt, wenn in diesem Zeitpunkt das beeinträchtigte Interesse, welches sich vom Schaden her bestimmen läßt, nicht dem Vmer oder Vten zustand: Bei einer V für Rechnung wen es angeht ist derjenige der Vte, der zur Zeit des Schadensfalles Interesseträger war, mag auch vorher irgendwann ein anderer vert gewesen sein. Bei einer V für eigene Rechnung muß der Vmer selbst (oder bei Veräußerung der vten Sache der in seine Stellung eingetretene Erwerber: § 69 I) Interessent sein, bei einer V für fremde Rechnung der benannte Vte (oder bei V unbenannter Dritter eventuell ein neuer Dritter). Konkreter: Stellt sich im Schadensfall heraus, daß bei einer Gebäudev für eigene Rechnung das Haus dem Vater des Vmers gehört, daß der Vater das Haus auch nicht vom Vmer dergestalt erworben hat, daß das Vsverhältnis vom Vmer auf den Vater übergegangen ist, so entfällt die Ersatzpflicht.

Bei einer Passivenv muß gleichfalls der Geschädigte derjenige sein, zu dessen Gunsten die V genommen worden ist. Bei der Krankheitskostenv müssen die Kosten der vten Person erwachsen, ist nur die Ehefrau vert, so treffen Krankheiten des Ehemannes den Ver nicht. Schickt der Arzt nach einer Erkrankung der Ehefrau die Rechnung dem Ehemann, so würde der Ver nicht ersatzpflichtig sein, bevor die Rechnung auf die Ehefrau umgeschrieben wird.

Der nach dem bisher Gesagten materiell — vom Interesse her — Berechtigte (Vmer, Vte) kann über seinen Vsanspruch vor oder nach dem Vsfall in der Regel verfügen, insbesondere durch **Abtretung** oder **Verpfändung** (Anm. 2—9, 29—38 zu § 15, woselbst auch über Abtretungs- und Verfügungsbeschränkungen). Aber den Vmer und Vten belasten weiterhin alle Rechtspflichten und Obliegenheiten, und der Ver kann z. B. einwenden, das Interesse des Zedenten oder Verpfänders habe zur Zeit des Vsfalles nicht bestanden.

Ist der Vsanspruch in einem echten **Wertpapier** verbrieft, z. B. in einer Orderpolize (in der Seev möglicherweise in einem Inhaberwertpapier: Anm. 32 zu § 3), so braucht der Schaden gleichfalls nicht demjenigen zu erwachsen, der wertpapiermäßig berechtigt ist (Anm. 19 zu § 4). Aber der Ver könnte auch hier einwenden, das vte Interesse habe zur Zeit des Vsfalles nicht bestanden oder sei nicht versicherbar gewesen (vgl. BGH 24. V. 1962 VersR 1962 S. 659—660 = NJW 1962 S. 1436—1438: Seegüterv, Beförderung entgegen Embargo-Bestimmungen; die Polize wurde — zu Unrecht — als bloßes Ausweispapier [Anm. 29 zu § 3] angesehen).

[126] f) Beweis des Interesses.

Der Vmer braucht beim Vertragsabschluß nicht zu beweisen, daß das vte Interesse hinsichtlich seines Gegenstandes existiere und daß es ihm (oder bei einer V für fremde Rechnung dem Vten) zustehe. Im Binnenvsrecht hängt die Gültigkeit der V nicht von der Existenz eines vten Interesses ab (vgl. § 68 I, Anm. 121). § 306 BGB ist nicht anwendbar.

Weigert sich der Vmer, die (volle) Prämie zu zahlen, weil das Interesse nie bestanden hat (§ 68 I) oder weggefallen ist (§ 68 II—IV), so trifft ihn die **Beweislast** (abweichend für den Fall anfänglichen Interessenmangels Drefahl, Die Beweislast und die Beweiswürdigung im Vsrecht, Hamburg 1939, S. 31—34 m. w. N., Kisch III S. 219—220, welche jedoch nur geringe Anforderungen an den Ver stellen wollen, wenn sie von ihm verlangen, er solle den Beweis führen, der Vsvertrag sei wirksam zustandegekommen. In Wahrheit ist die Wirksamkeit des Vertragsabschlusses in der Binnenv von der Existenz vten Interesses unabhängig).

Im **Schadensfall** muß der Anspruchsberechtigte beweisen, bei Eintritt des Vsfalls habe der vten Person das Interesse zugestanden. Da der Schaden die Negation des Interesses ist, gehen Interesse- und Schadensbeweis Hand in Hand (Drefahl a. a. O. S. 30, Kisch III S. 219). Bei einer V für Rechnung wen es angeht muß vom Anspruchserhebenden aufgedeckt werden, wer der Interesseträger zur Zeit des Eintritts des Vsfalles war, es muß sich nunmehr „ergeben", zu wessen Gunsten die V lief (vgl. § 80 II, Drefahl a. a. O. S. 35). Bei einer V auf behaltene Fahrt muß vom Kläger aufgedeckt und bewiesen werden, welches das beziehungsverknüpfte Gut war (Drefahl a. a. O. S. 35—36).

Besonders im Bereich der Seev kommen nicht selten **Klauseln** — z. B. in Maklerbedingungen — vor, welche die den Anspruchserhebenden treffende Beweislast im Schadensfalle aufheben oder mildern sollen. Man spricht von „Interessebeweisklauseln", welche oft zugleich auch Obliegenheiten des Vmers, nämlich die Auskunfts- und Belegpflicht (§ 34), beeinflussen. § 885 I HGB erklärt solche Klauseln für gültig, „jedoch unbeschadet des Rechtes des Vers, das Gegenteil zu beweisen". Man wird diesen Grundsatz auch für das Binnenvsrecht zur Anwendung bringen müssen; aus dem die Schadensv beherrschenden vsrechtlichen Bereicherungsverbot ergibt sich, daß wenigstens dem Ver die Möglichkeit erhalten bleiben muß, das Fehlen des Interesses für den Zeitpunkt des Schadensfalles darzutun. Näheres bei Ritter Anm. 12 zu § 2, S. 188—189, Anm. 22 zu § 6, S. 239, Anm. 34—37, 39—40 zu § 43, S. 666—670, vgl. auch Drefahl a. a. O. S. 36, RG 19. X. 1885 RGZ Bd 15 S. 83—94 („und verzichtet der Ver auf jeden weiteren Nachweis ... des Interesses"), RG 22. I. 1890 RGZ Bd 25 S. 78—85 („ohne weiteren Nachweis des Interesses"), RG 17. XII. 1898 RGZ Bd 43 S. 142—147 („Interesse er-

IV. Kausalität und Schaden **§ 49**
Anm. 127

wiesen"), RG 8. X. 1913 RGZ Bd 83 S. 166—172 („Interesse, gleichviel welcher Art, ohne weiteren Beweis als die Police"), OLG Hamburg 19. V. 1926 JRPV 1926 S. 203 bis 204 („Im Schadensfall gilt diese Police als alleiniger Beweis des Interesses").

[127] IV. Kausalität und Schaden.

Schrifttum.

a) Privatversicherung:

Anonym NeumannsZ 1914 S. 479—481, Argyriadis ZVersWiss 1965 S. 1—17, Beyer, Der Folgeschaden in der Individualv, Bonner Diss. 1961, Binz, Die Mitwirkung fremder Schadensursachen in der privaten Unfall- und Krankenv, Bern 1951, Böhme VW 1963 S. 732, Bruck S. 402—406, 7. Aufl. Anm. 2, 3 zu § 55, S. 209, Buss VuGeldwirtschaft 1927 S. 321—322, Döring NeumannsZ 1916 S. 283—284, 380, Mitt 1917 S. 168—170, Ehrenberg I S. 425—430, ZVersWiss 1906 S. 373—375, Ehrenzweig S. 261—263, AssJhrb Bd 49 S. 135—149, Elster JRPV 1931 S. 157—158, von Gierke II S. 207, 269—270, Gougler, De la relation de causalité en matière d'assurance, Lausanner Diss. 1956, Hagen I S. 582—587, ZVersWiss 1926 S. 253—254, Hagens HansRZ 1923 Sp. 361—368, von Haselberg Mitt 1917 S. 122—123, Hochgräber JRPV 1925 S. 33—36, NeumannsZ 1942 S. 293—294, Josef VuGeldwirtschaft 1926 S. 406—408, Kato VersArch 1957 S. 205—217, Kisch II S. 334—336, 551—552, WuRdVers 1926 Nr. 1 S. 1—86, Kißkalt ZVersWiss 1909 S. 248—252, Kobelt, Der adäquate Kausalzusammenhang und der Umfang der Schadendeckung in der privaten Feuerv, Bern 1957, Lindenmaier ZHR Bd 113 S. 207—280, JbAkDR 1938 S. 174, Möller VersPrax 1936 S. 59—61, Hansa 1937 S. 1028—1030, MDR 1950 S. 393 bis 397, VW 1964 S. 605—612, Müllereisert JRPV 1937 S. 161—165, Vsarchiv Bd 13 (1942/43) S. 421, Oertmann Mitt 1920 S. 78—86, 110—114, Olters, Das Problem der Reserveursache unter besonderer Berücksichtigung des Vsrechts, ungedruckte Hamburger Diss. 1955, Prölss HansRGZ 1942 A Sp. 145—156, Renold, Die mittelbaren und die Folgeschäden bei der Feuerv, Bern 1939, Reydt NeumannsZ 1916 S. 351—352, Ritter Anm. 17—26 zu § 28, S. 469—482, Rüeger, Die causa proxima Regel im Seevsrecht, Zürcher Diss., Winterthur 1966, Runge, Die causa proxima Lehre nach französischem, englischem, norwegischem und deutschem Recht unter besonderer Berücksichtigung allgemeiner Kausalitätsgrundsätze, ungedruckte Hamburger Diss. 1950, Schlegelberger Anm. 1—3 zu § 28, S. 91—94, Schmidt in: Klingmüller, Aktuelle Fragen der Individual- und der Sozialv, Festgabe für Erich Roehrbein, Karlsruhe 1962, S. 164—174, Schneider HansRZ 1918 Sp. 477—487, Schultze VersR 1958 S. 273—276, Vidal, Die Tatsachengrundlage des Vsverhältnisses und die Beurteilung des ursächlichen Zusammenhangs im Privatvsrecht, Hamburger Diss., Berlin-Dahlem 1928, von Weinrich ZVersWiss 1904 S. 93—100, Welchert, Die Konkurrenz freier und gedeckter Schadensursachen im Vsrecht, ungedruckte Hamburger Diss. 1942, Werneburg ZVersWiss 1919 S. 343 bis 349.

b) Sozialversicherung:

Bensel, Der Ursachenbegriff des gesetzlichen Unfallvsrechts vom Standpunkt der Rechtsprechung, Saarbrücker Diss. 1960, Kaltenbrunner, Die Kausalität in der sozialen Unfallv, Wien o. J. (1960), Lohmar, Der Unfall als Ursache in der Unfallv nach der Reichsvsordnung, Kölner Diss. 1936, Reiff, Die Lösung des ursächlichen Zusammenhanges zwischen Unfall und Tätigkeit in der Unfallv der RVO, Münsteraner Diss. 1960, Wannagat, Lehrbuch des Sozialvsrechts, I. Bd, Tübingen 1965, S. 323—338, Watermann in: Festschrift für Lauterbach, Berlin 1961, S. 129—153.

c) Allgemeines Zivilrecht:

Bydlinski, Probleme der Schadensverursachung, Stuttgart 1964, von Caemmerer, Das Problem des Kausalzusammenhangs im Privatrecht, Freiburg 1956, Das Problem der überholenden Kausalität im Schadensersatzrecht, Karlsruhe 1962, Cassens, Die Bedeutung des gegliederten Schadensbegriffs für die Berücksichtigung hypothetischer Schadensereignisse, ungedruckte Kieler Diss. 1961, Esser S. 231—275, Gass, Ursache, Grund und Bedingung im Rechtsgeschehen, Graz-Köln 1960, Heinemann, Überholende Kausalität und Schadensbegriff, Hamburger Diss. 1961, Hofmann VersR 1960 S. 1063 bis 1074, 1961 S. 12—18, Kirchberger NJW 1952 S. 1000—1002, Knappe, Das Problem der überholenden Kausalität, Göttingen 1954, Lange ArchCivPrax Bd 156 S. 114—136, Larenz I [7] S. 149—174, NJW 1950 S. 487—493, VersR 1963 S. 1—8, Möller ArchCivPrax Bd 160 S. 422—425, Neuner ArchCivPrax Bd 133 S. 277—314, Niederländer ArchCivPrax Bd 153 S. 41—80, Rudolf Schmidt ArchCivPrax Bd 152 S. 112—138, Thalheim, Möglichkeiten der Haftungsbegrenzung, Hamburger Diss. 1964, Traeger, Der Kausalbegriff im Straf- und Zivilrecht, 2. Abdruck, Marburg 1929, Wahle VersR Beiheft Karlsruher Forum 1959 S. 58—64, Wolf, Der Normzweck im Deliktsrecht, Göttingen 1962, Wussow VersR 1957 S. 8—9, Zeuner ArchCivPrax Bd 157 S. 441—454.

[128] **1. Bedeutung der Kausalität.**
 a) Kausalität beim Versicherungsfall.
 aa) Einführende Übersicht.

Geht man von den Zentralbegriffen des Vsrechts aus, so deckt jeder Ver einen Bedarf, der **infolge** Verwirklichung der vten Gefahr entsteht. Speziell für die Schadensv läßt sich im Hinblick auf die **Aktivenv** sagen: Der ersatzpflichtige Schaden ist die Negation eines vten Interesses infolge einer Verwirklichung der vten Gefahr. In der **Passivenv** ist der Vmer gedeckt, wenn (gleichfalls) infolge Realisierung der vten Gefahr ein Passivum der im Vsvertrage umschriebenen Art entsteht. Dazu Anm. 11 vor §§ 49 bis 80. Bei Verwirklichung der vten Gefahr tritt der Vsfall ein. So liegt es auf der Hand, daß Fragen des ursächlichen Zusammenhanges beim Vsfall eine erhebliche Rolle spielen; daneben tauchen allerdings Kausalprobleme im Vsrecht in manchen sonstigen Fällen auf (darüber Anm. 133).

Eine genauere Betrachtung zeigt, daß die Kausalität beim Vsfall für die Schadens- und Summenv nicht gleichermaßen bedeutsam ist (Anm. 129). Es kommt auch darauf an, ob Totalität oder Spezialität der Gefahrendeckung vereinbart ist (Anm. 130) und ob es sich um Einfach- oder Komplexgefahren handelt (Anm. 131). Es wird auch zu klären sein, ob im Vsrecht die Begriffe der haftungsbegründenden und haftungsausfüllenden Kausalität unterschieden werden müssen und ob daneben eine haftungsausschließende Kausalität bedeutsam ist (Anm. 132).

[129] **bb) Summen- und Schadensversicherung.**

In der **Summenversicherung** erfolgt eine abstrakte Bedarfsdeckung, der Ver hat „nach dem Eintritte des Vsfalls den vereinbarten Betrag an Kapital oder Rente zu zahlen" (§ 1 I 2), z. B. wird im Todes- oder Erlebensfall ohne weiteres davon ausgegangen, daß dadurch ein Bedarf in Höhe der vereinbarten Leistung eingetreten ist. Hiernach entfällt in der Summenv die Notwendigkeit, einen Kausalzusammenhang zwischen Vsfall und Schaden/Bedarf zu untersuchen. Aber damit ist nicht gesagt, daß für die Summenv überhaupt Probleme der Verursachung beim Vsfall unerheblich seien. Die Summenv kennt viele **Komplexgefahren** (dazu Anm. 131), so daß es sich z. B. fragt, ob eine Person **durch** ein bestimmtes (Unfall-) Ereignis eine Gesundheitsbeschädigung erleidet und **dadurch** wiederum z. B. Tod oder Invalidität eintreten (§§ 2 I, 8 I, II AUB). In der Krankenhaustagegeldv müssen Krankheiten oder Unfälle aus medizinischen Gründen stationäre Heilbehandlung im Krankenhaus notwendig gemacht, also verursacht haben; es verschlägt aber nichts, wenn im Krankenhaus unentgeltlich Aufnahme gewährt wird, also kein Vermögensschaden entsteht.

Von solchen Komplexgefahren abgesehen kennt die Summenv manche **Gefahrenausschlüsse**, so daß geprüft werden muß, ob ein ausgeschlossener Umstand kausal geworden ist: So fragt es sich in der Todesfallv, ob der Tod auf Selbstmord (§ 169[1]) oder auf Krieg beruht, in der Unfallv, ob der Unfall erlitten wird „infolge der vorsätzlichen Ausführung oder des Versuches von Verbrechen oder Vergehen" oder „infolge von Schlaganfällen" oder (auch hier) infolge eines Kriegsereignisses (§ 3 Ziff. 2, 4, 1 AUB).

In der **Schadensversicherung** „ist der Ver verpflichtet, nach dem Eintritte des Vsfalls dem Vmer den **dadurch** verursachten Vermögensschaden ... zu ersetzen" (§ 1 I 1). Es ist also stets eine ursächliche Verknüpfung von Gefahrverwirklichung und Schaden erforderlich. Genauer müßte man statt von Schadensverursachung „von der Verur-

IV. Kausalität und Schaden §49
Anm. 130

sachung des (der Schadensberechnung zugrunde liegenden) Erfolges" sprechen (Traeger a. a. O. S. 190—191), wobei es auf die Endwirkung ankommt (Traeger a. a. O. S. 219, 325).

Auch in der Schadensv kommen überdies viele **Komplexgefahren** vor, so daß die Gefahrverwirklichung (schon vor der Schadensentstehung für den Vmer) verschiedene Kausalstufen durchläuft: So erfordert die Haftpflichtv ein Ereignis, das einen Personen- oder Sachschaden eines Dritten zur Folge hat (bevor der Dritte den Vmer auf Schadensersatz in Anspruch nimmt) (§ 1 I AHaftpflB), so erfordert die Betriebsunterbrechungsv die Kausalreihe Brand — Sachschaden — Betriebsunterbrechung (bevor durch letztere der Unterbrechungsschaden entsteht) (§ 1 FBUB).

Ferner sind auch für die Schadensv die mannigfachen **Gefahrenausschlüsse** bedeutsam, z. B. fragt es sich stets, ob die Gefahrverwirklichung, etwa eine Explosion oder ein Einbruchdiebstahl auf Vorsatz oder grober Fahrlässigkeit des Vmers beruht (§ 61).

[130] cc) Totalität und Spezialität.

Falls der Ver **spezielle einzelne Gefahren** trägt, sind die Kausalfragen praktisch viel bedeutsamer, als wenn der Gefahrenkreis so weit umrissen ist, daß ein konkreter Schaden fast immer gedeckt sein wird.

In der Einbruchdiebstahlv werden nur Schäden durch Einbruchdiebstahl ersetzt, wobei der letztgenannte Begriff nicht einmal einheitlich, sondern **aufgefächert** ist; es gibt gemäß § 1 II AEB vier Fälle von gedecktem Einbruchdiebstahl, und der Vmer muß beweisen, daß einer der vier speziellen Tatbestände kausal geworden ist. Entsprechendes gilt für andere Fälle der Spezialität der Gefahr.

Wenn man für die **See- und Binnentransportv** die Geltung des Prinzips der **Totalität** oder Universalität der Gefahren behauptet, so ist doch diese Totalität keine echte (Anm. 28 vor §§ 49—80), sondern nur ein Hinweis darauf, daß der Gefahrenkreis sehr weit umschrieben ist, z. B. alle Gefahren der Seeschiffahrt oder des Binnentransportes umfasse. Immerhin sind Schäden, die nicht auf diesen Gefahren beruhen, nicht zu ersetzen, z. B. Schäden, welche die seevten Güter auch an Land betroffen hätten (Ritter Anm. 11 zu § 28, S. 465). Aber diese Fälle sind von so geringer Bedeutung, daß die Beweislast bei Geltung des sogen. Grundsatzes der Totalität der Gefahren umgekehrt ist: Der Ver muß beweisen, daß eine von ihm nicht getragene Gefahr den Schaden verursacht habe (Anm. 157). Ein Beispiel ist nicht leicht zu finden. Wenn eine Seegüterv sogar die Kriegsgefahr umfaßt, könnte doch der Ver sich darauf berufen und dartun, die Wegnahme der Güter durch den Feind beruhe nicht auf Seekriegsrecht (insbesondere Prisenrecht), sondern auf einem generellen Gesetz, wonach alle feindlichen Güter weggenommen werden, gleichgültig wo sie sich befinden, auf einem Schiff oder an Land. Hier würde es sich dann nicht um eine Gefahr der Seeschiffahrt handeln. (Dagegen gehören z. B. Diebstahl und Blitzschlag auf See zu den vten Gefahren, obgleich sie auch an Land Schaden zufügen können [vgl. § 28² ADS]; immerhin aber doch wohl in anderer Konstellation.)

Tritt hiernach in der Schadensv mit sogen. Totalität der Gefahrendeckung die primäre Kausalitätsproblematik stark in den Hintergrund (bei Umkehrung der Beweislast), so bleibt sie doch auch hier stets bedeutsam hinsichtlich der **Gefahrenausschlüsse**, für deren Eingreifen gleichfalls der Ver beweispflichtig ist. So müßte der Ver bei einer V „Frei von Kriegsgefahr" (§ 35 ADS) beweisen, die Kriegsgefahr habe sich realisiert. Zuweilen ist es umstritten, ob eine Gefahr, für welche der Ver nicht haftet, (gleichsam primär) nicht zu den gedeckten Transportgefahren gehöre oder ob sie (sekundär) ausgeschlossen sei. Wenn z. B. bei der Güterv die durch deren natürliche Beschaffenheit verursachten Schäden dem Ver nicht zur Last fallen (§ 131 II; § 86 I 1 ADS), so kann man bezweifeln, daß die Beschaffenheitsgefahren überhaupt zu den Transportgefahren, insbesondere den Gefahren der Seeschiffahrt gehören; wenn sie aber dazu gehören, so sind sie aus der Gefahrtragung ausgeschlossen (zu dieser Frage Passehl, Die Beschaffenheitsschäden in der Seev, ungedruckte Hamburger Diss. 1960, S. 14—53, der eine vermittelnde Auffassung vertritt, wonach es sich bei § 131 II, § 86 I 1 ADS teils um eine Klarstellung, teils um einen Ausschluß handelt). Die Beweislast trifft nach beiden

143

Konstruktionen den Ver. Entsprechendes gilt — bei der V eines Schiffes — für einen Schaden, der daraus entsteht, daß das Schiff in einem nicht fahrtüchtigen Zustand oder nicht gehörig ausgerüstet oder bemannt die Reise antritt (§ 132 I); im Seevsrecht ist allerdings hier die Beweislast besonders geregelt (§ 58 ADS).

Bei Spezialität der Gefahrendeckung ist die Beweislast so verteilt, daß der Vmer — wie oben gezeigt — die (primäre) Realisierung der vten Gefahr darzutun hat, während es dem Ver obliegt, das kausale Eingreifen eines etwaigen Gefahrenausschlusses zu beweisen.

[131] dd) Einfach- und Komplexgefahren.

Zur Unterscheidung von Einfach- und Komplexgefahren vgl. bereits Anm. 31 vor §§ 49—80.

Bei Einfachgefahren der Schadensv handelt es sich um einen einfachen Tatbestand: Es ist nur erforderlich, daß die vte Gefahr einen Schaden verursacht. Dabei handelt es sich um einen möglicherweise zeitlich komprimierten Vorgang: Eine Explosion zerstört Mobiliar, ein Brand läßt eine Gardine in Asche zerfallen. Hier wird die Kausalitätsfrage selten auftauchen, ja man ist versucht, jede Anwendungsmöglichkeit für die Verursachungslehre zu leugnen, weil man nur die Einheit des Vorganges der Interessebeeinträchtigung sieht und weil hier in der Aktivenv der Schadenseintritt zum Wesen des Vsfalles gehört (Anm. 33 vor §§ 49—80). Dennoch empfiehlt es sich, auch solche einfachen Vorgänge nicht aus der Kausalitätsbetrachtung auszuklammern (Traeger a. a. O. S. 5). Es könnte z. B. streitig werden, ob Mobiliar durch eine (gedeckte) Explosion von Leuchtgas oder durch eine (ungedeckte) Explosion anderer Art zerstört ist (vgl. § 1 I b AFB). Was Brandschäden anlangt, so müssen sie nicht immer auf der unmittelbaren Einwirkung des Brandes beruhen, sondern können auch weitere Folgen des Brandes sein (vgl. § 1 III a, b AFB); in solchen Fällen kann es durchaus problematisch sein, ob die in Asche zerfallene Gardine durch Funkenflug vom Nachbargrundstück oder anderweitig zerstört worden ist. Man kann die bei Einfachgefahren erforderliche Kausalität zwischen Gefahrverwirklichung und Schaden als **schadensverursachende Kausalität** bezeichnen.

Komplexgefahren sind dadurch gekennzeichnet, daß die Gefahrverwirklichung einen komplexen Tatbestand voraussetzt, der sich — mindestens logisch — stufenweise verwirklicht, so daß man auch von einer Stufengefahr sprechen kann. Man denke an die Gefahrverwirklichung in der Betriebsunterbrechungs- oder Unfallv. Bei einer Forderungs-, Gewinn- oder Sachhaftpflichtv verwirklicht sich nicht selten zunächst eine Sachgefahr, es müssen aber weitere Tatbestandsmerkmale hinzutreten: Eine Frachtforderung geht unter, nachdem ein Schiff gesunken ist, ein Gewinn entgeht, nachdem vorher eine Sache untergegangen ist, ein Kraftfahrhaftpflichtvsfall beginnt möglicherweise mit Verursachung eines Sachschadens. Die verschiedenen Tatbestandsmerkmale einer Komplexgefahr sind durchweg durch einen Kausalnexus miteinander verbunden (vgl. bereits Anm. 129). Besonders kennzeichnend ist der Vsfall in der sozialen Unfallv, wo nur Arbeitsunfälle gedeckt sind. Deshalb ist ein dreifacher Kausalzusammenhang zu unterscheiden: Tätigkeit / Ereignis, Ereignis / Gesundheitsschädigung, Gesundheitsschädigung / Tod bzw. Verlust oder Minderung der Erwerbsfähigkeit (Möller VW 1964 S. 610).

Beschränkt man sich auf die Betrachtung der Schadensv, so ist letztlich auch bei Komplexgefahren eine schadensverursachende Kausalität zwischen Gefahrverwirklichung und Schaden erforderlich. Aber die Gefahrverwirklichung vollzieht sich hier in Kausalitätsstufen. Zu der schadensverursachenden Kausalität tritt eine **vorgängige, vorbereitende Kausalität** hinzu (Kisch WuRdVers 1926 Nr. 1 S. 6 spricht von positiven Qualifikationsmomenten für die Annahme eines Vsfalles).

Solche vorgängige Kausalität spielt auch bei der Haftpflichtv eine Rolle. Denn der Ver haftet nur, wenn die Haftpflicht sich „aus den im Vsschein . . . . angegebenen Eigenschaften, Rechtsverhältnissen oder Tätigkeiten des Vmers (vtes ‚Risiko')" ergibt (§ 1 II a AHaftpflB). Der BGH 4. V. 1964 BGHZ Bd 41 S. 334—335 spricht vom „Schutzbereich" der Haftpflichtv und fordert bei einer Betriebshaftpflichtv einen „inneren ursächlichen Zusammenhang der schadenstiftenden Handlung mit der Betriebstätigkeit" (dazu auch BGH 9. III. 1961 VersR 1961 S. 399—401).

IV. Kausalität und Schaden § 49
Anm. 132—133

[132] ee) **Haftungsbegründung, -ausfüllung, -ausschließung.**

Es ist im allgemeinen Zivilrecht üblich geworden, haftungsbegründende und haftungsausfüllende Kausalität zu unterscheiden (Esser S. 232; vgl. auch schon Traeger a. a. O. S. 191—193). Bei § 823 I BGB begründet es die Haftung, daß durch ein Verhalten ein bestimmtes Rechtsgut oder Recht (z. B. der Körper oder das Eigentum) verletzt ist; dann aber kommt es haftungsausfüllend auf den Umfang „des daraus entstehenden Schadens" an.

Im Schadensvsrecht ist diese Unterscheidung von haftungsbegründender und haftungsausfüllender Kausalität nicht ergiebig. Man braucht vielmehr nur auf die Haftungsbegründung abzustellen. Die vertragliche Haftung des Vers ist (im Blick auf die zu erbringende Geldleistung) erst begründet, wenn eine vte Gefahr vten Schaden verursacht.

Die Schadensentstehung kann sich lange hinziehen, man denke an sich summierende Krankheitskosten in der Krankenv, an Rentenzahlungen in der Haftpflichtv, an einen lange währenden Brand, an die Haftzeit in der Betriebsunterbrechungsv. Aber es ist nicht förderlich, hier von haftungsausfüllender Kausalität zu reden.

Ist die vte Gefahr eine Komplexgefahr (Anm. 131), so tritt eine vorgängige, vorbereitende Kausalität zur schadensverursachenden Kausalität hinzu, und nur die gesamte Ursachenreihe wirkt „haftungsbegründend" für den Ver.

Die Lehre vom gedehnten Vsfall (Anm. 49 zu § 1, Anm. 34 vor §§ 49—80) versucht, den Fällen einer verlangsamten Haftungsbegründung einheitlich gerecht zu werden.

Ist sonach für das Vsrecht der Begriff der haftungsausfüllenden Kausalität entbehrlich, so erweist sich doch gerade hier der Begriff der **haftungsausschließenden** (und möglicherweise **haftungsmindernden**) **Kausalität** als fruchtbar (dazu Esser S. 232 bis 233).

Hier geht es zunächst um die Gefahrenausschlüsse (Kisch WuRdVers 1926 Nr. 1 S. 5 nennt sie „negatives Kennzeichnungsmerkmal für die Eigenschaft eines Ereignisses als Vsfall"). Denkt man an Einfachgefahren, so kann z. B. die Haftung des Feuervers entfallen, weil ein Brand auf Krieg oder Vorsatz des Vmers beruht. Bei Komplexgefahren ist die Möglichkeit von Gefahrenausschlüssen insofern mannigfaltig, als auf jeder Stufe der Kausalität auch ein Ausschluß einsetzen kann. Denkt man für die Unfallv an die Kausalreihe Unfallereignis / Gesundheitsbeschädigung / Tod, so kann eine Ausschlußvereinbarung Platz greifen, wenn das Unfallereignis auf einer bestimmten ausgeschlossenen Ursache beruht oder wenn die Gesundheitsbeschädigung in bestimmter Weise verursacht ist oder wenn schließlich der Tod auf eine bestimmte ausgeschlossene Ursache zurückzuführen ist. Tatsächlich kommen auf jeder dieser Stufen Ausschlüsse vor: Der Unfallver haftet nicht, wenn das Unfallereignis durch Krieg verursacht wurde (§ 3 Ziff. 1 AUB). Er haftet ferner nicht, wenn die Gesundheitsbeschädigung auf Heilmaßnahmen und bestimmten Eingriffen beruht (§ 3 Ziff. 3 AUB). Haben schließlich beim Unfalltode neben dem Unfall Krankheiten oder Gebrechen mitgewirkt, so ist die Leistung entsprechend dem Anteil der Krankheit oder des Gebrechens zu kürzen (§ 10 Abs. 1 AUB).

Es ist nicht selten zu fragen, ob in der Schadensv ein Schaden außer durch die vte Gefahr auch durch einen anderen Umstand verursacht worden ist. Für solchen Fall ist in § 58 I 1 ADS ein Haftungswegfall vorgesehen: „Der Seekaskover haftet nicht für einen Schaden, der dadurch verursacht wird, daß das Schiff nicht seetüchtig.... in See gesandt ist" (vgl. auch § 132 I). Eine bloße Haftungseinschränkung kennt § 3 II a FBUB: „Der Ver haftet nicht, soweit der Unterbrechungsschaden erheblich vergrößert wird.... durch außergewöhnliche, während der Unterbrechung eintretende Ereignisse".

[133] b) **Kausalität in sonstigen Fällen**

Kausalprobleme tauchen im Vsrecht nicht nur beim Vsfall, sondern auch an anderen Stellen auf.

In Zusammenhang mit dem Vsfall steht die Vorteilsausgleichung; denn mit ersatzpflichtigen Schäden (oder aber mit deren Erstattung) können Vorteile zusammenhängen. Darüber, daß hier der Grundsatz der adäquaten Verursachung und das Prinzip der „Korrespondenz" gilt, vgl. Anm. 51 vor §§ 49—80.

Wird eine **Obliegenheit verletzt**, so treten Verwirkungsfolgen in manchen Fällen nur ein, falls die Verletzung für den Ver nachteilige Konsequenzen zeitigen würde. Vgl. schon Anm. 37—39 zu § 6 und im einzelnen zu

Obliegenheiten vor dem Vsfall: §§ 6 II, 21, 25 III, 28 II 2 (mit BGH 12. XII. 1963 VersR 1964 S. 157), 25. II. 1965 VersR 1965 S. 431);

Obliegenheiten nach dem Vsfall: §§ 6 III 2, 62 II 2, 67 I 3, 118³, 125, 158e I 1, II; § 3 Ziff. 7 PflVG.

Ein hypothetisches Kausalitätsurteil ist vonnöten, um den Begriff der **Gefahrerheblichkeit** bei der vorvertraglichen Anzeigepflicht zu definieren (§ 16 I 2), ferner für den allgemeinen Begriff der Gefahrerhöhung (Anm. 8 zu § 23). Eine **subjektive Gefahrerhöhung** muß nach § 23 vom Vmer verursacht, nämlich vorgenommen oder gestattet sein.

Auch eine **arglistige Täuschung** muß kausal geworden sein, sei es die Täuschung bei Abschluß eines Vsvertrages (Anm. 15 zu § 22), sei es bei der Schadensermittlung (Anm. 48—49 zu § 34).

Über den Schaden, der durch Verzug des Vers entsteht: Anm. 27 zu § 11.

Weitere Fälle, die eine Kausalitätsbeurteilung erheischen, sind geregelt in §§ 11 III, 26, 66 I, II, 68 III, IV.

Auch im **Vsagentenrecht** ist nicht selten ein ursächlicher Zusammenhang zu fordern, z. B. bei der Frage, ob ein Vsagent einen Vsvertrag vermittelt, also Provision verdient hat (Anm. 283—289 vor §§ 43—48). Zu verweisen ist auch auf die Fälle der Verantwortlichkeit des Vers für das Verhalten des Vsagenten: Erfüllungsgehilfenhaftung (Anm. 51 zu § 44), Haftung aus Vertrauensstellung (Anm. 68 zu § 44), aus Rechtsschein (Anm. 39 zu § 45).

Auf diese weitreichende Bedeutung des Kausalitätsproblems im Vsrecht hat bereits Kisch WuRdVers 1926 Nr. 1 S. 7—10 hingewiesen. Es ist von Fall zu Fall zu prüfen, nach welchen Grundsätzen die Kausalität zu beurteilen ist. Im Folgenden kann wieder nur von der Kausalität beim Vsfall die Rede sein.

[134] 2. Beurteilung der Kausalität.

a) Versicherungsrechtliche Besonderheiten.

Ein **Schadensver** hat regelmäßig nur bestimmte Einzelschäden zu ersetzen, und zwar in der Aktivenv Schäden, die sich als Negation des vten Interesses darstellen, in der Passivenv Schäden, die dadurch entstehen, daß für den Vmer eine Unwertbeziehung zu ganz bestimmten, vertraglich umrissenen Passiven zur Entstehung gelangt (Anm. 4 vor §§ 49—80). Die Tatsache, daß nur solcher Einzelschadensersatz vom Ver zu leisten ist, vermindert die praktische Bedeutung der Kausalitätsproblematik für das Schadensvsrecht. Denn Schäden, welche nicht der vten Beziehung entsprechen, scheiden von vornherein für die Ersatzpflicht aus, gleichgültig ob sie durch die vte Gefahr verursacht sind oder nicht. Dieser Grundsatz wird (unnötigerweise) oft hervorgehoben, z. B. umfaßt eine Sachv nicht den durch den Eintritt des Vsfalls entgehenden Gewinn (§ 53). In der Seev pflegt man die verschiedenen versicherbaren Interessen aufzuzählen und hinzuzufügen: „In der einen dieser Ven ist die andere nicht enthalten" (§ 779 HGB, § 1 II ADS; Anm. 122). Sehr ausführlich stellt § 4b KaskoB klar: „Der Ver haftet nicht . . . . für Schäden, welche dem Vmer nur mittelbar entstanden sind, sei es, daß ihm infolge einer Beschädigung der vten Gegenstände selbst ein weiterer Schaden zugefügt worden ist (z. B. Nutzungsverlust und Zeitversäumnis, Nichterfüllung von Frachtverträgen), sei es, daß der Vmer außer im Falle eines Schiffszusammenstoßes . . . . Dritten gegenüber haften muß" (bei der Deckung der Kollisionshaftpflicht handelt es sich um eine V eines Adhäsionsinteresses, Anm. 42 vor §§ 49—80). — Das Kausalproblem tritt im Vsrecht noch stärker zurück, falls der Ver nicht alle dem vten Interesse entsprechenden Einzelschäden zu ersetzen hat, sondern z. B. nur bei Totalverlust oder nur für Beschädigungsschäden, also nur für spezielle **Schadensarten** haftet (vgl. Anm. 40 vor §§ 49—80).

Während es im allgemeinen Schadensersatzrecht regelmäßig um die **Kausalität eines Verhaltens** geht, braucht es sich bei den Ursprungssphären der vten Gefahr durchaus nicht immer um ein menschliches Tun oder Unterlassen zu handeln, man denke

IV. Kausalität und Schaden § 49
Anm. 135—136

an Naturgewalten oder technische Gefahren (Anm. 27 vor §§ 49—80). Kausal ist also im Vswesen oft nicht ein Verhalten, sondern ein sonstiges Ereignis. Auch ein Zustand (z. B. einer Sache, des menschlichen Körpers oder Geistes) kann als kausal wirkend vorgestellt werden. So wie als Verhalten anerkanntermaßen auch eine Unterlassung kausal sein kann (allgemein: Traeger a. a. O. S. 61—73, BGH 30. I. 1961 BGHZ Bd 34 S. 205), so kann auch das Nichtvorhandensein eines (Normal-) Zustandes als ursächlich festgestellt werden, etwa die nicht gehörige Ausrüstung oder Bemannung eines Schiffes (§ 132) oder das Fehlen eines Blitzableiters oder Sicherheitsschlosses. Daß „Vorgänge im Bereich des Psychischen oder Geistigen ‚Ursachen' im Rechtssinne sein können", wird hervorgehoben von BSozG 18. XII. 1962 BSozGE Bd 18 S. 164.

Im Bereich des Vswesens, beim Abschluß von Vsverträgen kann man — anders als in Fällen deliktischer Schadensersatzschuldverhältnisse — planend berücksichten, daß — trotz der vorgenannten Einschränkung — manche Verursachungsprobleme auftauchen werden. Deshalb finden sich zum Teil spezielle Regelungen der Kausalfrage, welche primär zu beachten sind (Anm. 135—139). **Erst wenn sich aus speziellen Gesetzesvorschriften, Vsbedingungen oder dem Parteiwillen keine konkrete Kausalitätsregel entnehmen läßt, ist auf die allgemeine Kausaltheorie zuzückzugreifen** (Anm. 140—146).

[135] b) Primäre Anwendbarkeit spezieller Regelungen.

aa) Gesetz.

Meistens beschränkt sich der Gesetzgeber darauf, die Notwendigkeit eines bestimmten Kausalzusammenhanges in einer Terminologie erkennbar zu machen, welche keine Richtschnur für eine bestimmte Beurteilung der Ursachenfrage erkennbar werden läßt. Kisch WuRdVers 1926 Nr. 1 S. 10—11 hat ausgeführt und belegt, daß die Terminologie außerordentlich mannigfaltig ist. Erwähnt seien nur die Wörter „durch" und „infolge", ferner die Substantive „Ursache", „Grund", „Folge", „Wirkung", „Einfluß", „Entstehung", „Herbeiführung", „Vornahme". Daneben stehen die korrespondierenden Verben, zu denen noch „beruhen" hinzutritt.

Nur selten finden sich Gesetzesnormen, welche Kausalprobleme inhaltlich lösen wollen. Hierher gehören §§ 51 II, 68 III, welche unterscheiden, ob ein Kriegsereignis eine Überv oder einen Interessewegfall verursacht hat, oder ob die Überv oder der Interessewegfall „die unvermeidliche Folge eines Krieges" ist. Hierher gehört § 83, der für die Feuerv die „Einwirkung des Feuers" unterscheidet von der unvermeidlichen Folge des Brandereignisses und der ferner Schaden „durch Löschen, Niederreißen oder Ausräumen" sowie durch Abhandenkommen „bei dem Brande" für ersatzpflichtig erklärt. § 108 spricht von dem Schaden „durch die Einwirkung des Hagelschlags". § 116 I behandelt den Tod eines vten Tieres durch Krankheit oder Unfall und bestimmt, daß auch bei einer Todesfallv nicht der Wert vor dem Tode des Tieres entscheidend sein soll, sondern der Wert, den das Tier unmittelbar vor Eintritt der Erkrankung oder des Unfalls gehabt hat. § 132 II läßt den Binnentransportver nicht haften für einen Schaden, „der nur eine Folge der Abnutzung des Schiffes im gewöhnlichen Gebrauch ist oder nur durch Alter, Fäulnis oder Wurmfraß verursacht wird."

Auch im Seevsrecht findet sich die gleiche, das Wörtchen „nur" enthaltende Bestimmung (§ 821 Ziff. 2 HGB). Bei einer V „nur für Seegefahr" haftet der Ver „nicht für die zunächst durch Kriegsgefahr verursachten Schäden", und im Zweifel wird angenommen, daß ein eingetretener Schaden durch Kriegsgefahr nicht verursacht sei (§ 849 I, II HGB).

[136] bb) Versicherungsbedingungen.

Zuweilen enthalten AVB oder besondere Vsbedingungen richtungsweisende Regelungen für Kausalfragen, wobei manchmal lediglich Beweislastvereinbarungen getroffen werden.

Verwiesen sei auf § 1 III, IV, VII AFB (dazu Neufassung: VA 1948 S. 47), § 6 IV FBUB, § 1 III AEB, § 1 IVc ATierB, § 5 III ADB, § 4f Ziff. 2 KaskoB, §§ 2 III, 12 I Ziff. Ic AKB, §§ 3 Ziff. 1, 10 I, II AUB. Für die Seev vgl. §§ 58 II, 59, 114 I 2, III 2, 3 ADS.

Gelegentlich kann eine Vorschrift der AVB im Sinne einer bewußten **Rezeption** einer allgemeinen Kausaltheorie verstanden werden (vgl. z. B. § 3 IIa FBUB und dazu Bischoff VA 1955 S. 177, Fußhoeller-John, Feuer-Betriebsunterbrechungs-V, Wiesbaden 1957, S. 50).

[137] cc) Parteiwille.

Auch für Fälle, in denen es im Gesetz (Anm. 135) oder in den Vsbedingungen (Anm. 136) an einer speziellen Anweisung zur Lösung eines Kausalproblems fehlt, hat man im Schrifttum die Auffassung vertreten, es sei nicht notwendig, womöglich sogar nicht zulässig, zur Lückenausfüllung die allgemeine Kausaltheorie, z. B. die Adäquanztheorie anzuwenden. Vielmehr sei hinsichtlich des ursächlichen Zusammenhanges auf den Parteiwillen abzuheben, und dieser lasse sich dem spezifischen **Schutzzweck der Vsvertrages** entnehmen.

So im Schrifttum sehr klar Argyriadis, Die Frachtv, Hamburg 1961, S. 155—156, abstellend auf den „von den Vertragspartnern gewollten Schutzumfang des Vsvertrages", früher schon Ehrenberg I S. 425—426 („Absicht der Parteien", gemäß „Übungen des Vsverkehrs" feststellbar), ZVersWiss 1906 S. 373-375 („solidere Grundlage .... als im sonstigen bürgerlichen Recht .... mit Hilfe der Vstechnik", Frage nach dem Willen der Parteien sowie danach, welche „weitere Kausalreihe" der sachverständige Ver bei der „Kalkulation der Prämie" in Betracht gezogen hat), Ehrenzweig S. 261-262 („zweckmäße Normauslegung", ausgehend „von dem besonderen vswirtschaftlichen Zweck der Ein- und Ausschlußklausel" und „von der verkehrsüblichen Auffassung der Schutzaufgabe der betreffenden V": „Hier hat freilich das Ermessen freieste Bahn. Darüber kann keine ‚Kausalitätstheorie' hinweghelfen"), Esser S. 238 (abhebend „auf den Schadendeckungszweck hinsichtlich des vten Risikos"), Gerhard-Hagen Anm. 9 zu § 55, S. 256 (Parteiwille, nicht einseitiger Wille des Vers, wobei die Übung und die Natur der Sache eine Rolle spielen), von Gierke II S. 207 („Die Auswirkungen des Ereignisses müssen so sein, daß sie verständigerweise vom Standpunkt der Vspraxis und der Gefahrengemeinschaft eine Einbeziehung in die Ersatzleistung ergeben .... Es kommt auf freies vernünftiges Ermessen an. Vielfach ist das entscheidend, was als voraussehbarer Verlauf angesehen werden kann"), Kisch WuRdVers 1926 Nr. 1 S. 16—17, 69—76 („Grundsatz der Privatautonomie", Aufzählung möglicher Vereinbarungen), Lindenmaier ZHR Bd 113 S. 243 (Maßgeblichkeit der Adäquanztheorie nur, „soweit der maßgebenden gesetzlichen oder vertraglichen Norm nichts Abweichendes zu entnehmen ist), Ritter Anm. 19 zu § 28, S. 471 („Der Wille der Parteien entscheidet und in Ermangelung eines besonderen Ausdrucks dieses Willens die Verkehrsanschauung"), Rüeger a. a. O. S. 14 (primäre Beachtlichkeit der „Willenserklärungen der Parteien"), Sieveking Anm. 8 zu § 882, S. 186 (in erster Reihe komme es auf den Parteiwillen an), Traeger a. a. O. S. 190 (primär entscheide die „Parteiabsicht", erst im Zweifel sei der gesetzliche Verursachungsbegriff zugrunde zu legen).

In der Rechtsprechung enthalten Hinweise auf den Parteiwillen und den Schutzzweck RG 28. XI. 1919 RGZ Bd 97 S. 208 (Auslegung des Aufruhrbegriffs nach dem „inneren Sinn der Vsbedingungen"), RG 28. XI. 1941 RGZ Bd 169 S. 5—6, 19 (es sei „für die Entscheidung in erster Linie die im Einzelfalle durch Vertrag getroffene Regelung also der durch Auslegung zu ermittelnde Wille der Parteien maßgebend").

[138] Nicht selten erfolgt die **Auslegung** und Ergänzung von Vsbedingungen, und damit auch die Beantwortung der Kausalfrage, unter dem Gesichtspunkt, daß der vertragschließende Vmer einen **Sicherungszweck** verfolgt (Einl. Anm. 65 m. w. N., z. B. von Gierke I S. 30—31, BGH 21. II. 1951 VersR 1951 S. 80). Dieser Gesichtspunkt führt leicht zu einer einseitigen Berücksichtigung der Belange des Vmers, nämlich zu einer ausdehnenden Auslegung des gedeckten Gefahrenkreises und zu einer einschränkenden Auslegung von Gefahrausschlüssen, wobei auch die Kausalität in dubio im ersten Falle bejaht, im zweiten Falle verneint wird. Es darf nie außer Betracht gelassen werden, daß auch der Gedanke der **Gefahrengemeinschaft** Berücksichtigung erheischt (Einl. Anm. 65).

Ein Auslegungsproblem im Zusammenhang mit einer Ausschlußbestimmung hat der BGH 21. II. 1957 BGHZ Bd 23 S. 349—355 behandelt: Im Blick auf § 4 II Ziff. 5

IV. Kausalität und Schaden **§ 49**
Anm. 139—141

AHaftpflB lehnt der BGH den Satz: „Folgeschäden teilen das rechtliche Schicksal des" (ausgeschlossenen) „unmittelbaren Schadens" ab, ebenso jetzt Prölss[15] S. 650, vgl. ferner Beyer a. a. O. S. 143—191, Hartung VersArch 1958 S. 129—145.

[139] Ein besonders häufig auftretendes Auslegungsproblem ergibt sich, falls Vsbedingungen oder gar Gesetze in Ausschlußbestimmungen das Wort „bei" benutzen: Nach § 548 I 1 RVO soll ein Arbeitsunfall sein „ein Unfall, den ein Vter bei einer der" ihn vspflichtig machenden „Tätigkeiten erleidet"; es ist aber anerkannt, daß es nicht auf den nur zeitlichen Zusammenhang, sondern auf die Kausalität ankomme (Möller VW 1964 S. 606 m. w. N., Bensel a. a. O. S. 9, Reiff a. a. O. S. 5). Für die Privatv vgl. z. B. § 2 III b AKB („bei Beteiligung an Fahrtveranstaltungen"), § 17 III AKB („Unfälle, die der Vte erleidet bei der Ausführung oder dem Versuch von Verbrechen oder Vergehen" oder „bei" Schwarzfahrten). Aufsichtsbehördlich ist besonders in der Unfallv darauf hingewirkt worden, daß es jetzt überall auf die Kausalität ankommt (z. B. bei Verbrechen oder Vergehen, Heilmaßnahmen: Millert VersR 1964 S. 119—120, 120, Prölss[15] S. 866—867, vgl. ferner BGH 10. I. 1957 BGHZ Bd 23 S. 80—83, 22. XI. 1962 NJW 1963 S. 489 = VersR 1963 S. 133, KG 3. XI. 1934 VA 1935 S. 13—14 Nr. 2762, Möller VersPrax 1935 S. 46). Siehe auch Anm. 152.

[140] c) Sekundäre Maßgeblichkeit allgemeiner Kausaltheorie.
Es ist richtig, daß bei der Beantwortung vsrechtlicher Kausalitätsfragen primär der Parteiwille und spezielle Gesetzesnormen zu beachten sind (Anm. 135—139). Der Parteiwille kann in Vsbedingungen ausdrücklich erklärt werden. Fehlt es jedoch an einer ausdrücklichen Regelung, so ist es im praktischen Fall oft unmöglich, den gewollten Schutzzweck eines Vsvertrages zu ermitteln; die Übung und Anschauung des Vsverkehrs, die Vstechnik, die Prämienkalkulation und die Voraussehbarkeit des Schadensverlaufs geben dabei meistens keine klare Richtschnur (anders teilweise das in Anm. 137 zitierte Schrifttum). Zwei Beispiele: Gemäß RG 19. VI. 1886 HGZ 1886 Hptbl S. 246—248, Ehrenberg I S. 426, ZVersWiss 1906 S. 373—374 haftet ein Feuerver nicht, wenn Ware durch einen Wolkenbruch vernichtet wird, während sie in einem Lagerhaus liegt, dessen Dach bei einem Brand (der ganzen Stadt) einige Tage vorher vernichtet worden ist; heute aber nimmt man an, der Feuerver müsse solche Schäden ersetzen (Raiser Anm. 43 zu § 1, S. 84). Einige meinen, es ergebe sich aus dem Wesen der Feuerv, daß der Ver (auch ohne entsprechende Ausschlußklausel) nicht für Kernenergiebrandschäden einstehen müsse (Esser VW 1958 Sonderbeilage S. 1—X), die h. M. hält eine Ausschlußklausel für erforderlich.

Will man nicht in arge Rechtsunsicherheit hineingeraten, so muß man bei einem Fehlen oder bei Lücken spezieller Regelungen, also sekundär auf die allgemeine Kausaltheorie des Zivilrechts zurückgreifen. Das Ermessen des Richters, dem Ehrenzweig S. 261—262 (auch von Gierke II S. 207) „freieste Bahn" lassen will, würde zu unberechenbaren Entscheidungen hinführen. Die sekundäre Maßgeblichkeit der allgemeinen Kausaltheorie nehmen auch an Kisch WuRdVers 1926 Nr. 1 S. 16—17, Lindenmaier ZHR Bd 113 S. 243, Traeger a. a. O. S. 190, RG 28. XI. 1941 RGZ Bd 169 S. 5—6, 19.

Bei der Ermittlung, welche Kausalitätstheorie (sekundär) heranzuziehen sei, ist von der Bedingungstheorie auszugehen (Anm. 141). Aber es wird sich erweisen, daß im Binnenvsrecht die Adäquanztheorie die herrschende ist (Anm. 142—143), im Seevsrecht die Lehre von der causa proxima (Anm. 144). Die Lehre von der wesentlich mitwirkenden Ursache wird nur im Sozialvsrecht angewendet (Anm. 145). Problematisch ist es, inwieweit die traditionelle vsrechtliche Kausallehre beeinflußt wird durch die modernen Theorien des allgemeinen Zivilrechts, die man als Schutzzwecktheorien zusammenfassend bezeichnen kann (Anm. 146).

[141] aa) Bedingungstheorie.
Für eine philosophische und naturwissenschaftliche Betrachtungsweise sind Ursachen sämtliche Bedingungen, sämtliche Faktoren, die nicht hinweggedacht werden können, ohne daß eine Wirkung, ein Erfolg entfällt. Jede conditio sine qua non, wie man sie im Wege eines hypothetischen Eliminationsverfahrens ermitteln kann, ist hiernach kausal, weil sie den Erfolg fördert. Bei Unterlassungen (oder negativen Zuständen) ist zu fragen,

ob mit dem Hinzudenken eines Tuns gewisser Art (oder eines positiven Zustandes) der Erfolg verhindert worden wäre. Sämtliche conditiones sine quibus non sind gleichwertig; deshalb nennt man die Bedingungstheorie auch Aequivalenztheorie. Zu alledem Traeger a. a. O. S. 38—73.

Die Bedingungstheorie ist für das Zivilrecht unverwertbar; denn sie würde den Kreis der juristisch relevanten Ursachen viel zu weit ziehen (Traeger a. a. O. S. 73—79).

Speziell für das Vsrecht weist Kisch WuRdVers 1926 Nr. 1 S. 20 darauf hin, daß der weite Ursachenbegriff der conditio sine qua non hier nicht — wie meistens im Strafrecht — gleichsam korrigiert werden würde durch das zusätzliche Erfordernis eines Verschuldens; denn meistens haftet ein Versicherer bei Verwirklichung einer objektiven Gefahr, z. B. eines Brandes. „Die Bedingungstheorie würde dazu führen, den Ver für solche Folge des Vsfalles haften zu lassen, welche nur vermöge einer so fernliegenden, verwickelten, ungewöhnlichen Verkettung von Umständen eintritt, daß die Parteien an sie bei Vertragsschluß vernünftigerweise gar nicht denken konnten."

[142] bb) Adäquanztheorie.

Gemäß dem in Anm. 141 Gesagten ist es erforderlich, unter den allzu zahlreichen conditiones sine quibus non eine Auswahl zu treffen. Diese Aufgabe stellt sich insbesondere die Theorie von der adäquaten Verursachung, welche nur adäquate Bedingungen eines Erfolges als juristisch erheblich ansieht. Die Adäquanztheorie, besonders durch von Kries, Rümelin und Traeger in verschiedenen Varianten entwickelt, hat in Lehre und Praxis des Zivilrechts herrschende Bedeutung gewonnen.

Das Reichsgericht bevorzugte bei der Umschreibung der Adäquanztheorie eine vorwiegend **negative Formulierung**, welche solche Bedingungen als nicht adäquat ausschied, welche „nur unter besonders eigenartigen, ganz unwahrscheinlichen und nach dem regelmäßigen Lauf der Dinge außer Betracht zu lassenden Umständen zur Herbeiführung des eingetretenen Erfolgs geeignet gewesen" sind (RG 22. VI. 1931 RGZ Bd 133 S. 127, auch RG 18. XI. 1932 JW 1933 S. 767 = HRR 1933 Nr. 498). Es dürfe „die Möglichkeit des eingetretenen Erfolges .... nicht von vornherein außerhalb jeder Wahrscheinlichkeit liegen" (RG 30. III. 1942 RGZ Bd 169 S. 91).

Der Bundesgerichtshof verwendet daneben eine **positive Formel**, wonach „eine adäquate Erfolgsbedingung" eine solche ist, welche **„nach der Lebenserfahrung die objektive Möglichkeit eines Erfolgs von der Art des eingetretenen in nicht unerheblicher Weise erhöhte** und deshalb dem Beklagten unter dem Gesichtspunkt der Haftung für diesen Erfolg zurechenbar ist" (BGH 2. VII. 1957 BGHZ Bd 25 S. 88—89). Vorher grundlegend BGH 23. X. 1951 BGHZ Bd 3 S. 265—267, unter gründlicher Auseinandersetzung mit dem Schrifttum.

Die neueren Urteile pflegen — im Anschluß an Lindenmaier ZHR Bd 113 Bd 239, 241—242 — auf das Ziel der Kausalitätsprüfung hinzuweisen, „nämlich die Suche nach einem Korrektiv, das den Kreis der rein logischen Folgen im Interesse billiger Ergebnisse auf die zurechenbaren Folgen einschränkt. Nur wenn die Rechtsprechung sich dessen bewußt bleibt, daß es sich hier nicht eigentlich um eine Frage der Kausalität, sondern um die Ermittlung der Grenze handelt, bis zu der dem Urheber einer Bedingung eine Haftung für ihre Folgen billigerweise zugemutet werden kann, also im Grunde um eine positive Haftungsvoraussetzung ...., wird die Gefahr einer Schematisierung der Formel vermieden und die Ermittlung richtiger Ergebnisse gewährleistet" (BGH 23. X. 1951 BGHZ Bd 3 S. 267). Vgl. auch Anm. 146.

[143] Die Adäquanztheorie wird im Bereich des gesamten Zivilrechts, also auch des Vsvertragsrechts, und zwar speziell für die **Binnenversicherung** angewendet.

Bruck S. 405—406, Kisch WuRdVers 1926 Nr. 1 S. 24—26, Vidal WuRdVers 1928 Nr. 2 S. 76—79 haben sogar dargetan, daß die Adäquanztheorie für das Vsvertragsrecht zu besonders angemessenen Ergebnissen führe. Es wird hingewiesen auf den Vsvertrag als Massenvertrag (Gefahrengemeinschaft) und auf das Wesen der Gefahrtragung. Dabei sei es geradezu notwendig, in einer generalisierenden Betrachtungsweise auf die Lebenserfahrung abzustellen und solche Faktoren auszuscheiden, die nicht im allgemeinen, sondern nur unter besonders eigenartigen, ganz unwahrscheinlichen und nach dem regel-

IV. Kausalität und Schaden § 49
Anm. 144

mäßigen Lauf der Dinge außer Betracht zu lassenden Umständen zur Herbeiführung des eingetretenen Erfolgs geeignet gewesen sind. In der Tat macht das „Postulat der Typizität oder doch der generellen Eignung der Ursache zur Bewirkung von Folgen der aufgetretenen Art" (Esser S. 236) die Adäquanztheorie besonders geeignet, gerade im Vsvertragsrecht zugrunde gelegt zu werden. Bei der Schaffung neuerer AVB sind alle Beteiligten, insbesondere auch die Vsaufsichtsbehörden, von der Maßgeblichkeit der Adäquanztheorie ausgegangen. Sollte letztere ausnahmsweise nicht gelten, so wurde das in den AVB zum Ausdruck gebracht (Anm. 136).

Im Schrifttum billigen für das Binnenvsrecht die Adäquanztheorie Bruck S. 402 bis 406, Ehrenberg ZVersWiss 1906 S. 374—375, Gerhard-Hagen Anm. 9 zu § 55, S. 257, Hagen I S. 583—584, Kisch WuRdVers 1926 Nr. 1 S. 20—26, Kobelt a. a. O. S. 34—40, Lindenmaier ZHR Bd 113 S. 246, Prölss[15] Anm. 4 zu § 49, S. 234, Renold a. a. O. S. 71 bis 74, Vidal WuRdVers 1928 Nr. 2 S. 61—63 m. w. N., S. 76—79, 83. Dagegen nur Ehrenzweig S. 261, von Gierke II S. 207.

Auch die ständige Rechtsprechung legt die Adäquanztheorie zugrunde, vgl. nur RG 3. VII. 1917 RGZ Bd 90 S. 384 (Einbruchdiebstahlv), 28. XI. 1919 RGZ Bd 97 S. 209—210 (Einbruchdiebstahlv), 8. VI. 1920 VA 1920 Anh. S. 70 Nr. 1159 (Einbruchdiebstahlv), 29. VI. 1920 RGZ Bd 99 S. 283 (Feuerv), 9. VII. 1920 VA 1920 Anh. S. 61 Nr. 1153 (Feuerv). 18. XI. 1932 JW 1933 S. 767 = HRR 1933 Nr. 498 (Unfallzusatzv), BGH 10. I. 1957 BGHZ Bd 23 S. 82 (Unfallv), 20. IX. 1962 VA 1963 S. 8 Nr. 348 = VersR 1962 S. 1050 (Haftpflichtv), 22. XI. 1962 VA 1963 S. 49 Nr. 356 = VersR. 1963 S. 133 (Unfallv).

[144] cc) Lehre von der causa proxima.

Die Theorie von der Maßgeblichkeit der nächsten Ursache hat (nur) für das **Seeversicherungsrecht** Bedeutung. Sie stellt sich die Aufgabe, aus mehreren adäquaten Bedingungen eines Schadens eine einzige rechtlich erhebliche Ursache auszuwählen, die nächste Ursache, die causa proxima. Das Bedürfnis für solche Auswahl hängt mit dem die Seev beherrschenden Grundsatz der sogen. Totalität der Gefahren (Anm. 130) zusammen sowie damit, daß gerade im Seeverkehr bei dem Zusammenspiel von Naturgewalten, Technik und menschlichem Verhalten (Nautik, Ladungsbehandlung) oft mehrere adäquate Ursachen zusammenwirken. Sind einzelne Gefahren nicht gedeckt, z. B. Krieg, Beschaffenheitsgefahren, so will man angesichts des häufigen Zusammenwirkens mit anderen Gefahren klären, welcher Gefahrenkreis juristisch allein relevant ist. Entferntere adäquate Ursachen (causae remotae) werden ausgeschaltet. Vgl. auch RG 28. XI. 1941 RGZ Bd 169 S. 18—19.

Die in Deutschland aus dem anglo-amerikanischen Recht übernommene Lehre von der causa proxima geht nicht erst auf Francis Bacon zurück (wie Lindenmaier ZHR Bd 113 S. 278—279 meinte), sondern findet sich schon bei dem Postglossator Petrus D. Bellapertica († 1308) (Lange, Schadensersatz und Privatstrafe, Münster-Köln 1955, S. 163, 25 bezeichnet die Distinktion von causa proxima und causa remota als eine „der einflußreichsten logischen Figuren...., die die gesamte mittelalterliche Rechtsdogmatik durchzieht").

Für das geltende Seevsrecht der ADS ist die Anwendbarkeit der Lehre von der causa proxima als Vertragsinhalt anzusehen (RG 5. XII. 1936 RGZ Bd 153 S. 117—119, 28. XI. 1941 RGZ Bd 169 S. 5, ohne Begründung auch schon RG 2. XI. 1929 HansRGZ 1929 B Sp. 792, vgl. ferner OLG Hamburg 26. X. 1938 HansRGZ 1938 B Sp. 475—477, 10. III. 1948 VA 1948 S. 39—49 = VW 1948 S. 150—151, 29. XI. 1962 VersR 1963 S. 453; zum früheren Recht vgl. ROHG 2. II. 1872 ROHG Bd 5 S. 201, RG 18. XII. 1907 RGZ Bd 67 S. 255, 29. XI. 1916 RGZ Bd 89 S. 140). Ebenso Ritter Anm. 19 zu § 28, S. 472, Schlegelberger Anm. 3 zu § 28, S. 92—93, a. M. Bruck HansRZ 1923 Sp. 120. Bevor die causa proxima ermittelt wird, müssen die adäquaten Ursachen festgestellt werden; denn nur eine adäquate Ursache kann causa proxima sein. „Die Rechtsfrage nach der nächsten Ursache tritt nicht auf, wenn nur eine Schadensursache vorliegt oder wenn mehrere Ursachen getrennt zu ermittelnde Schäden herbeigeführt haben. Es besteht daher kein Bedenken, in solchen Fällen auch im Seesrecht den ursächlichen Zusammenhang nach dem im Gebiete des bürgerlichen Rechts allgemein anerkannten Grundsatz der adäquaten

Verursachung zu beurteilen. Aber auch bei einer Mehrheit von Ursachen eines einheitlichen Schadens besteht nicht immer ein Bedürfnis zur Anwendung der Causa-Proxima-Regel. Haftet der Ver für sämtliche Ursachen im gleichen Umfange, so liegt nach dem Vertrage kein Grund zu einer rechtlichen Unterscheidung vor. Einer solchen bedarf es in Rücksicht auf das für den Anwendung der Causa-Proxima-Regel maßgebende Bedürfnis der Seevswirtschaft nach einfacher und übersichtlicher Regelung der Haftungsfrage .... vielmehr erst dann, wenn der einheitliche Schaden auf ein Zusammentreffen von haftungsfreien mit den durch den Vsvertrag gedeckten Gefahrumständen oder auf ein Zusammentreffen von solchen Gefahrumständen zurückzuführen ist, die durch den Vertrag in verschiedenem Umfange gedeckt sind" (RG 28. XI. 1941 RGZ Bd 169 S. 17).

Ähnlich wie die Adäquanztheorie (Anm. 142) tritt auch die Lehre von der causa proxima in verschiedenen Versionen auf.

Frühere Reichsgerichtsentscheidungen deuten darauf hin, daß die zeitlich letzte Ursache (causa ultima) als causa proxima angesehen wurde: RG 18. XII. 1907 RGZ Bd 67 S. 254—255, 29. XI. 1916 RGZ Bd 89 S. 140, 29. XI 1916 RGZ Bd 89 S. 143 (referiert von RG 5. XII. 1936 RGZ Bd 153 S. 120—121). Die Abstellung auf die zeitlich letzte Ursache bietet zwar den Vorteil leichter Anwendbarkeit der Rechtsregel, führt aber oft zu unbefriedigenden Ergebnissen.

Deshalb ist man zunächst in England dazu übergegangen, nicht mechanisch die Zeitfolge des Bedingungseintrittes entscheiden zu lassen, sondern auf die Wirkungskraft der Bedingungen abzuheben. Das House of Lords bezeichnet als causa proxima die causa „proximate in efficiency" (Nachweise bei RG 5. XII. 1936 RGZ Bd. 153 S. 122). In der Praxis ist es allerdings bei Zusammenwirken mehrerer adäquater Faktoren oft recht willkürlich, welchen dieser Faktoren man als wirkungsvollsten, vorherrschenden, überwiegenden kennzeichnet.

Eine konkretere Lösung hat Ritter Anm. 21 zu § 28, S. 474 (auch schon ZVersWiss 1914 S. 42) mit der Formel zu finden versucht: „Der Ver haftet für den unmittelbar durch Gefahrereignisse entstandenen Schaden und für die unvermeidlichen Folgen von Gefahrereignissen, sofern diese Ereignisse nicht etwa ihrerseits unvermeidliche Folgen vsfreier Ereignisse sind. Der Ver haftet nicht für den unmittelbar durch vsfreie Ereignisse entstandenen Schaden und nicht für die unvermeidlichen Folgen vsfreier Ereignisse, sofern diese Ereignisse nicht etwa ihrerseits unvermeidliche Folgen von Gefahrereignissen sind." Hierzu kritisch Lindenmaier ZHR Bd 113 S. 254—259, welcher besonders beanstandet, daß Ritter das Moment der Unvermeidlichkeit, also der Zwangsläufigkeit fordert, ferner Rüeger a. a. O. S. 24—27, OLG Hamburg 29. XI. 1962 VersR 1963 S. 453.

Statt auf die Unvermeidlichkeit will Lindenmaier ZHR Bd 113 S. 261—274 auf die Wahrscheinlichkeit abstellen, wobei er entsprechend dem allgemeinen Sprachgebrauch eine Möglichkeit dann als Wahrscheinlichkeit bezeichnet, wenn die Realisierung mit mehr als 50% zu erwarten steht: „Eine Bedingung ist dann die nächste Ursache eines Erfolges, wenn sie einen Erfolg von der Art des eingetretenen objektiv generell unvermeidlich oder wahrscheinlich zu machen geeignet war. Bei der Würdigung daraufhin sind zu berücksichtigen alle zur Zeit des Eintritts der Bedingung dem einsichtigsten Beurteiler als vorhanden erkennbaren und von ihm als nicht völlig unwahrscheinlich und möglicherweise vorhanden in Rechnung zu stellenden Umstände. Der zugrunde zu legende Sachverhalt ist unter Berücksichtigung des gesamten zur Zeit der Beurteilung zur Verfügung stehenden Erfahrungswissens zu beurteilen" (S. 262). Zustimmend OLG Hamburg 29. XI. 1962 VersR 1963 S. 453. Gegen diese „Wahrscheinlichkeitstheorie" Argyriadis ZVersWiss 1965 S. 11, welcher bemerkt, „daß es theoretisch durchaus möglich ist, daß zwei oder mehrere adäquate Ursachen eines Erfolges objektiv und generell geeignet sein können, einen Erfolg von der Art des eingetretenen wahrscheinlich, d. h. über 50% möglich zu machen, daß also ein Schaden zwei oder mehrere nächste Ursachen im Sinne Lindenmaiers haben kann, wie es auch umgekehrt nicht ausgeschlossen ist, daß ein Erfolg mehrere Ereignisse als adäquate Ursachen hat, ohne daß eine dieser adäquaten Ursachen objektiv und generell geeignet ist, die Herbeiführung eines solchen Erfolges unvermeidlich oder über 50% möglich zu machen".

Im Urteil RG 28. XI. 1941 RGZ Bd 169 S. 22—23 wird mehrfach das nautische Verhalten des Kapitäns deshalb als causa proxima bezeichnet, „weil es dem Geschehensab-

IV. Kausalität und Schaden § 49
Anm. 145—146

lauf erst die entscheidende, den Unfall unvermeidlich machende Richtung gegeben hat."

Die Lehre von der causa proxima wird verworfen von Esser S. 234, Vidal WuRdVers 1928 Nr. 2 S. 87—102.

[145] dd) Lehre von der wesentlich mitwirkenden Ursache.

Für gewisse Bereiche des Sozialvs- und Versorgungsrechtes ist eine besondere Kausaltheorie entwickelt worden (zum Unterschied vom Zivilrecht: BGH 22. X. 1963 VersR 1964 S. 50). Sie hat besonders für die soziale Unfallv Bedeutung, muß doch bei jedem Arbeitsunfall in dreifacher Richtung ein Kausalzusammenhang vorliegen, nämlich zwischen Tätigkeit und Unfallereignis, Unfallereignis und Körperschaden sowie zwischen Körperschaden und Tod bzw. Verlust oder Minderung der Erwerbsfähigkeit.

Nach der für die Unfallv "maßgebenden Ursachenlehre ist nur diejenige Bedingung des Erfolgs rechtserheblich, die wegen ihrer besonderen Beziehung zum Erfolg nach der natürlichen Betrachtungsweise zum Eintritt dieses Erfolgs wesentlich mitgewirkt hat . . . .; haben neben dieser Bedingung auch noch andere Bedingungen, die nur für die philosophische Betrachtung Ursachen sind, mitgewirkt, so scheiden diese anderen Bedingungen als Ursachen i. S. des Versorgungsrechts und der Unfallv aus; haben mehrere Bedingungen ‚gleichwertig' zu dem Erfolg beigetragen, so ist jede von ihnen Ursache im Rechtssinne" (BSozG 20. VIII. 1963 BSozGE Bd 19 S. 275—276), Vgl. auch BSozG 20. X. 1955 BSozGE Bd 1 S. 269—270, 30. X. 1962 BSozGE Bd 18 S. 101—105.

Näheres zum sozialvsrechtlichen Ursachenbegriff bei Bensel a. a. O. S. 1—170, Kaltenbrunner a. a. O. S. 9—154, Reiff a. a. O. S. 1—49, Wannagat a. a. O. S. 327—337, generell zur Kausalität im öffentlichen Recht Kraemer NJW 1965 S. 183—187. — Watermann a. a. O. S. 129—153 will neben der Kategorie der Kausalität auch jene der **Finalität** heranziehen, insbesondere bei der Erfassung des Zusammenhangs von ausgeübter Tätigkeit und Unfallereignis; der Vte sei nicht nur Objekt des Unfalls, sondern zugleich handelndes Subjekt mit einer finalen Handlungstendenz. — Zum Kausalbegriff in der schweizerischen sozialen Unfallv: Morell Schweizerische Zeitschrift für Sozialv 1965 S. 16—51 (Adäquanztheorie).

Stark angenähert an die Kausaltheorie der sozialen Unfallv sind die zum „inneren ursächlichen Zusammenhang" zwischen schadenstiftender Tätigkeit und Betrieb, zwischen Betriebstätigkeit und Unfall in der **Betriebshaftpflichtv** entwickelten Grundsätze. Vgl. dazu BGH 12. I. 1961 VersR 1961 S. 121—122, 9. III. 1961 Vers 1961 S. 399—401, 4. V. 1964 BGHZ Bd 41 S. 333 (unter ausdrücklichem Hinweis auf die Parallele zur sozialen Unfallv).

[146] ee) Schutzzwecktheorien.

Die bislang behandelten Kausaltheorien (Anm. 141—145) und speziell die das Zivilrecht beherrschende Adäquanztheorie sind neuerdings oft angegriffen worden; man besinnt sich auf die Funktion der Lehre und meint, daß diese Funktion von der herkömmlichen Theorie nicht befriedigend erfüllt werde.

Schon BGH 23. X. 1951 BGHZ Bd 3 S. 267 weist ergänzend zur Adäquanztheorie darauf hin, es gehe recht eigentlich „um die Ermittlung der Grenze . . . ., bis zu der dem Urheber einer Bedingung eine Haftung für ihre Folgen **billigerweise zugemutet** werden kann". BGH 24. IV. 1952 NJW 1952 S. 1010—1011 wiederholt diese Wendung und meint sogar, „daß die Lehre von der adäquaten Verursachung eine in § 242 BGB ihre Grundlage findende Haftungsbegrenzung zum Gegenstand hat". Demgegenüber wendet sich insbesondere Esser S. 238-239 gegen „unkontrollierbare ‚Zumutbarkeits'-Urteile"; es handle sich vielmehr um ein Problem der **Zurechnung** (ebenso Larenz I[7] S. 157 mit Anm. 1). Auch solche Zurechnung erfolgt jedoch in einer „wertenden Beurteilung" (BGH 17. X. 1955 BGHZ Bd 18 S. 288).

Die Zurechnung von Schadensfolgen soll erleichtert werden durch die Herausarbeitung eines **Schutzzweckes** und Schutzbereiches sowie durch die Lehre vom **Rechtswidrigkeitszusammenhang,** wobei im Schrifttum das Verhältnis dieser Rechtsfiguren zueinander noch ebenso umstritten ist wie die Frage, ob neben diesen Rechtsfiguren überhaupt noch

Raum für ist eine Anwendung der Adäquanztheorie. Bejahend zur letztgenannten Frage Bydlinski a. a. O. S. 64, Larenz I⁷ S. 161, BGH 22. IV. 1958 BGHZ Bd 27 S. 139—140 (zu § 823 I, II BGB), verneinend von Caemmerer Problem des Kausalzusammenhanges a. a. O. S. 12. 20.

Für das Vsvertragsrecht muß festgestellt werden, daß der Begriff des **Rechtswidrigkeitszusammenhanges** unzweckmäßig ist; denn bei der Verwirklichung der vten Gefahr geht es nicht um ein rechtswidriges Verhalten, um einen Unrechtsgehalt (das sieht auch Esser S. 247, vgl. ferner Thalheim a. a. O. S. 26).

Angängig aber ist es, nach dem **Schutzzweck des Versicherungsvertrages** zu fragen, und diese Fragestellung ist nicht neu, sondern im Vsrecht seit altersher verbreitet, und zwar vorwiegend derart, daß auf den (stillschweigenden oder ergänzten) Parteiwillen abgehoben wird (Nachweise Anm. 137—139). Über die Ermittlung des Schutzzweckes bei Vertragsverhältnissen durch „ergänzende Vertragsauslegung" generell, ohne nähere Behandlung des Vsvertrags: Th. Raiser, Haftungsbegrenzung nach dem Vertragszweck, Tübinger Diss. 1962, S. 24—25, vgl. auch JZ 1963 S. 462—466, Thalheim a. a. O. S. 139—151.

Wie schon in Anm. 140 angedeutet, ist die Ermittlung des generellen Schutzzwecks gerade bei Vsverträgen oft nicht angängig. Deshalb erscheint es nicht ratsam, die Adäquanztheorie (und für das Seevsrecht die Lehre von der causa proxima) zum alten Eisen zu werfen. Die Schutzzwecktheorie tritt auch deshalb in ihrer Bedeutung für das Vsrecht zurück, weil Schäden hier nur als Negation des vten Interesses ersetzt werden; nur bestimmte Einzelschäden sind vert (Anm. 134).

[147] 3. Sonderprobleme der Kausalität.

a) Einleitender Überblick.

Nicht selten hat ein Erfolg mehrere juristisch relevante Ursachen, insbesondere **mehrere adäquate Ursachen** (sogar mehrere wesentlich mitwirkende Ursachen i. S. des Sozialvsrechts können zusammentreffen: Anm. 145).

Neben wirklichen Ursachen sind nach verbreiteter Auffassung auch mögliche, **hypothetische Ursachen** zu berücksichtigen.

Die Ursachen können in verschiedenem Verhältnis zueinander stehen (dazu besonders Kisch WuRdVers 1926 Nr. 1 S. 35—45). Bei einem „**Generationsverhältnis**" löst die (mittelbare) Ursache A die (unmittelbare) Ursache B und letztere den Erfolg X aus (dazu Anm. 148—152). Bei **konkurrierender** (oder kumulativer) **Verursachung** (dazu Anm. 153—154) wirken mehrere Ursachen (A und B) dergestalt zusammen, daß sie gemeinsam den Erfolg X herbeiführen, sei es so, daß keine der Ursachen (A oder B) allein den Erfolg bewirken würde (ergänzende, komplementäre Verursachung), sei es so, daß sowohl die Ursache A als auch die Ursache B den Erfolg X allein herbeiführen konnte, aber beide traten gleichzeitig auf (solidarische Verursachung). **Hypothetische Ursachen**, die man auch Reserveursachen nennen kann, spielen eine Rolle, falls für einen Erfolg X zwei Ursachen zur Verfügung stehen. Die Ursache A hat den Eingriff bewirkt, also den Erfolg X herbeigeführt (Eingriffsursache). Die Reserveursache B hätte gleichfalls den Erfolg zeitigen können (dazu Anm. 155).

Alle genannten adäquaten Ursachen können unter den Vsschutz fallen (**gedeckte Ursachen**) oder nicht (**ungedeckte Ursachen**). Die Nichtdeckung kann auf einem speziellen Ausschluß beruhen (**ausgeschlossene Ursachen**). Es wird sich erweisen, daß ausgeschlossene Ursachen anders zu behandeln sind als sonstige ungedeckte Ursachen. Enthalten AVB eine **Klarstellung**, betonen sie z. B., daß ein Seng- oder Betriebsschaden nicht unter den Vsschutz falle (§ 1 II 2 AFB), so taucht das Problem auf, ob Ursachen aus dem Bereich der Klarstellung (es wird z. B. eine vte Sache einem Nutzfeuer zur Bearbeitung ausgesetzt) zu behandeln sind wie ausgeschlossene Ursachen oder wie sonstige ungedeckte Ursachen.

Über alternative Ursachen vgl. Anm. 156.

Haben unterschiedliche Ursachen trennbare Schäden zur Folge, so hat der Ver nur solche Schäden zu ersetzen, welche durch die vte Gefahr verursacht sind (Ehrenberg I S. 427, vgl. auch RG 23. I. 1931 HRR 1931 Nr. 824).

IV. Kausalität und Schaden §49
Anm. 148—151

[148] b) **Mittelbare Verursachung.**
Wird in der Schadensv der Schaden X durch die (unmittelbare) Ursache B, letztere aber durch die Ursache A ausgelöst, so kann man im Blick auf A von mittelbarer Verursachung sprechen. Die Ursachen A und B stehen in einem „Generationsverhältnis" (Kisch WuRdVers 1926 Nr. 1 S. 35—36, 45—49). Vgl. im übrigen über die Vieldeutigkeit des Begriffes „mittelbarer Schaden": Anm. 42 vor §§ 49—80, wo auch von der Unterscheidung der Erst- und Folgeschäden in der Haftpflichtv die Rede ist (dazu auch Anm. 138).

[149] Eine mittelbare Verursachung im Sinne von Anm. 148 spielt zunächst eine Rolle bei **Komplexgefahren** (Anm. 129—131); Beispiel: Ein Brand verursacht adäquat einen Sachschaden, letzterer eine Betriebsunterbrechung, letztere einen Unterbrechungsschaden. Brand und Sachschaden sind notwendigerweise mittelbare Ursachen des Unterbrechungsschadens, dessen unmittelbare Ursache die Betriebsunterbrechung ist.

[150] Zweitens ist die mittelbare Verursachung durchweg bedeutsam bei **Gefahrausschlüssen**; Beispiele: Vorsatz des Vmers (§ 61) oder Krieg (§ 1 VII AFB) verursacht Brand, letzterer Sachschaden; oder Ausschlüsse aus der Unfallv (§ 3 Ziff. 2, 4, 3 AUB): Vorsätzliche Ausführung eines Verbrechens verursacht Unfallereignis (BGH 22. XI. 1962 NJW 1963 S. 489 = VersR 1963 S. 133), Schlaganfall verursacht Unfallereignis, Heilmaßnahme verursacht Gesundheitsbeschädigung. Hier ist an sich die Kausalreihe: Unfallereignis / Gesundheitsbeschädigung / Tod gegeben, aber der Vsschutz entfällt, weil entweder das Unfallereignis oder die Gesundheitsbeschädigung auf bestimmten ausgeschlossenen (mittelbaren) Ursachen beruht. Prölss[15] Anm. 4 zu § 49, S. 235 spricht davon, daß „die ausgeschlossene Ursache eine für sich eingeschlossene hervorgerufen hat".
Die Ausschlußverursachung kann ihrerseits eine mittelbare sein. Gerade bei der ausgeschlossenen Kriegsgefahr heben viele AVB hervor, ein Kriegsereignis dürfe weder unmittelbar noch mittelbar ursächlich geworden sein, z. B. für Kraftverkehrsschäden oder für ein Unfallereignis (§ 2 III a AKB, § 3 Ziff. 1 AUB). Nicht nur wenn ein Geschoß ein Auto trifft, sondern auch wenn nach dem Einmarsch der Besatzungstruppen Zivilflüchtlinge oder freigewordene Häftlinge oder Fremdarbeiter einen Kraftwagen entwenden, greift die Ausschlußklausel ein (OLG Hamburg 9. VII. 1947 VW 1948 S. 118). In der Unfallv wurde im Kriege aufsichtsbehördlich angeordnet, der Ausschluß dürfe sich nur auf Unfälle erstrecken, die in unmittelbarem Zusammenhang mit Kampfhandlungen stehen (dazu Möller JRPV 1942 S. 61—63); damit schieden z. B. Verdunkelungsunfälle aus. § 12 I Ziff. I c AKB schließt für die Autokaskov nur die „durch unmittelbare Einwirkung von Sturm, Hagel, Blitzschlag oder Überschwemmung" angerichteten Schäden aus; allerdings genügt es, wenn „durch diese Naturereignisse Gegenstände auf oder gegen das Fahrzeug geworfen werden", während Schäden nicht gedeckt sind, falls sie zurückzuführen sind „auf ein durch diese Naturgewalten veranlaßtes Verhalten des Fahrers". Überschwemmungsfall: BGH 21. V. 1964 VersR 1964 S. 712—713.
Zuweilen wird die Bedeutung des Ausschlusses dadurch wieder eingeschränkt, daß darauf abgestellt wird, **worauf der ausgeschlossene Umstand beruht**. Beispiele: § 5 II a ADB: „Ausgeschlossen sind .... Schäden verursacht durch die natürliche Beschaffenheit der Güter ...., es sei denn, daß die .... Schäden als unmittelbare Folgen höherer Gewalt, eines Brandes, einer Explosion oder einem Transportmittel zugestoßenen Unfalles vom Vmer nachgewiesen werden", § 3 Ziff. 3 AUB: „Ausgeschlossen von der V sind .... Gesundheitsschädigungen durch Heilmaßnahmen oder Eingriffe ...., soweit die Heilmaßnahmen oder Eingriffe nicht durch ein unter die V fallendes Unfallereignis veranlaßt waren". Vgl. auch § 2 III, § 3 Ziff. 4, § 10 V AUB, § 2 IV c Ziff. 1 FBUB und für die Transportv § 131 II (mit LG Düsseldorf 8. IV. 1964 NJW 1964 S. 2066).

[151] Sieht man von den Gefahrausschlüssen (Anm. 150) ab, so sind (drittens) bei **Einfachgefahren** die **mittelbaren Ursachen gundsätzlich unerheblich,** es ist z. B. gleichgültig, worauf in der Feuerv der Brand beruht. Bei einer Tierlebensv hat es allerdings wegen § 116 I 2 Bedeutung, wenn der Tod des Tieres durch Krankheit oder Unfall herbeigeführt wird.

155

Nach dem Gesagten müßte es auch gleichgültig sein, wenn ein **Brand auf Explosion** oder eine **Explosion auf Brand beruht**. In der Tat kommt es hierauf nicht an, wenn eine Feuerv sowohl die Brand- als auch die Explosionsgefahr voll erfaßt. Wie aber ist die Rechtslage, wenn nur Explosionen von Leuchtgas und von Beleuchtungskörpern gedeckt sind (§ 1 I b AFB), jedoch eine andere Explosion kausal geworden ist? Wie ist die Rechtslage, wenn nur die Brandgefahr, also nicht die Explosionsgefahr vert ist? Von einem Ausschluß kann man in beiden Fällen nicht reden, es sei denn, daß man auf das Gesetz (§ 82) zurückgeht, wonach der Ver für Brand und jede Explosion haftet. Kisch WuRdVers 1926 Nr. 1 S. 46—47 weist darauf hin, daß in beiden Fällen sowohl der Brand als auch die Explosion als kausal anzusehen seien, aus den Regeln über die Kausalität lasse sich eine Lösung nicht gewinnen, es komme auf den Parteiwillen an (heute würde man auf den Schutzzweck der konkreten V abstellen). Hat eine (ungedeckte) Explosion einen (prinzipiell gedeckten) Brand verursacht, so soll nach h. M. der Ver haften, es komme auf die Ursache des Brandes nicht an; hat aber umgekehrt ein (prinzipiell gedeckter) Brand eine (ungedeckte) Explosion verursacht, so soll die Haftung des Vers entfallen (Prölss[15] Anm. 3 zu § 82, S. 339, Raiser Anm. 45 zu § 1, S. 86 und zum letztgenannten Fall RG 21. X. 1907 VA 1908 Anh. S. 26—27 Nr. 366, besonders aber RG 29. VI. 1920 RGZ Bd 99 S. 280—283).

Unter den Vsschutz fallen solche Schäden nicht, die dadurch entstehen, daß die vten Sachen einem **Nutzfeuer** oder der **Wärme** zur Bearbeitung oder zu sonstigen Zwecken **ausgesetzt** werden (§ 1 II 2 AFB). Solche „Aussetzung" kann ihrerseits auf Brand beruhen, man spricht von „Betriebsschäden als Folgeschäden", dazu Kobelt a.a.O. S. 71—72, Raiser Anm. 46 zu § 1, S. 86—87, Renold a. a. O. S. 79—80. Das Nutzfeuer kann sich aber auch zum Brand entwickeln: „Folgeschäden von Betriebsschäden", dazu Kobelt a. a. O. S. 71, Raiser Anm. 47 zu § 1, S. 87—88, Renold a. a. O. S. 80, Prölss[15] Anm. 2 zu § 1 AFB, S. 386. Im Einzelnen bedarf es der Prüfung, ob die Nichtdeckung von Betriebsschäden auf einer Klarstellung oder einem Ausschluß beruht; die deckbaren Kausalabläufe bedürfen der Analyse. — Wegen Schäden an elektrischen Einrichtungen vgl. Schlußsatz § 2 IV FBUB.

[152] Man redet von mittelbarer Verursachung in der Feuerv auch dann, wenn man der „**unmittelbaren Einwirkung**" eines Brandes usw. „die **unvermeidliche Folge** eines solchen Ereignisses" gegenüberstellt (so § 1 III a, b AFB, ähnlich § 83 I 1, generell auch §§ 51 II, 68 III über unvermeidliche Kriegsfolgen). Der Begriff der Unvermeidbarkeit ist irreführend; es kommt auf die adäquate Verursachung an (Raiser Anm. 42 zu § 1, S. 83—84; auch Prölss[15] Anm. 1 zu § 83, S. 340: „jede weitere durch Vermittlung von Zwischentatsachen herbeigeführte, adäquate Folge", Renold a. a. O. S. 74—75; zweifelnd Schmidt VersRBeiheft Karlsruher Forum 1960 S. 18). Die Unterscheidung hat Bedeutung, weil nach § 1 IIIb AFB Folgeschäden nicht unbeschränkt, sondern nur dann ersetzt werden, wenn das Schadensereignis, z. B. der Brand, „auf dem Grundstück, auf dem sich die vten Sachen befinden, oder auf einem Nachbargrundstück eingetreten ist." Beispiele bei Raiser Anm. 43 zu § 1, S. 84—85. Sonderfall: Einfluß von behördlichen Wiederaufbaubeschränkungen auf Höhe des Gebäudebrandschadens (dazu i. S. eines zu deckenden Folgeschadens RG 22. XII. 1908 JW 1909 S. 132—133, 27. V. 1910 VA 1910 Anh. S. 112—113 Nr. 563, 14. V. 1915 LZ 1915 Sp. 1451—1452, 18. I. 1918 RGZ Bd 92 S. 60—64, 14. XI. 1922 RGZ Bd 105 S. 356—359, dagegen Prölss[15] Anm. 1 zu § 83, S. 341 und entsprechend die Regelung in § 3 I 3 AFB).

Hiernach wären — vorbehaltlich des § 61 — auch Schäden zu ersetzen, die an vten Sachen „bei dem Brande durch **Löschen, Niederreissen oder Ausräumen** verursacht werden". Wenn § 83 I 2, § 1 III c AFB die Haftung besonders herausheben, so primär zur Ausschaltung des § 61 sowie deshalb, um klarzustellen, daß der Vmer nicht lediglich gemäß § 63 Erstattung als Aufwendungsschaden (Vsschaden i. w. S.) verlangen kann, sondern zugleich Liquidation als Vsschaden i. e. S. (vgl. Anm. 43 vor §§ 49—80). Es handelt sich um die Deckung einer Adhäsionsgefahr (Anm. 42 der §§ 49—80). Fraglich ist, ob adäquater Kausalzusammenhang mit einem Brand („bei") zu fordern ist (so Raiser Anm. 48 zu § 1, S. 89, zweifelnd Möller WuRdVers 1931 Nr. 1 S. 59—60).

IV. Kausalität und Schaden § 49
Anm. 153

Die Fälle des **Abhandenkommens** „bei" einem Brand (gedeckt durch § 83 I 2, § 1 IV AFB) lassen gleichfalls das Problem der Notwendigkeit eines Kausalzusammenhanges auftauchen (bejahend Raiser Anm. 51 zu § 1, S. 90, verneinend Möller WuRdVers 1931 Nr. 1 S. 43—44, Prölss[15] Anm. 4 zu § 83, S. 341). — Entsprechendes gilt, wenn im Falle des § 1 III AEB „beim Einbruch" Sachen zerstört oder beschädigt werden (Prölss[15] S. 413 läßt auch „Schäden aus Vandalismus oder Rache" genügen).— Noch weiter führt die Kausalreihe, falls bei einem Brand ein Sparbuch abhanden kommt und nunmehr ein Unberechtigter Geld abhebt (Einschluß durch Klausel 8.10 Klauseln der Feuerv, vgl. auch Klausel Nr. 49 ED-Klauselheft und zu beiden VA 1959 S. 15, 1961 S. 233—234).

Prinzipiell wird man annehmen müssen, daß auch solche Schäden gedeckt sind, die **nur mittelbar auf die vte Gefahr zurückzuführen** sind; lediglich adäquater Kausalzusammenhang ist zu fordern. Bedenklich deshalb Stiefel-Wussow[5] Anm. 9 zu § 12, S. 358—359, der es für die Autokaskov nicht ausreichen läßt, wenn infolge eines Brandes eine einstürzende Wand auf die Garage fällt und das vte Fahrzeug beschädigt.

[153] c) Konkurrierende Verursachung.

Falls mehrere Ursachen A und B nebeneinander effektiv einen einheitlichen Schaden verursachen, so kann man von konkurrierender (oder kumulativer) Verursachung sprechen, ohne Rücksicht darauf, ob A und B nur gemeinsam in der Lage sind, den Schaden herbeizuführen oder ob A oder B allein den Schaden hätte bewirken können (Kisch WuRdVers 1926 Nr. 1 S. 36—39, 50—54).

Wenn in der Schadensv zwei **gedeckte Gefahren** konkurrieren, entsteht kein Problem, man denke an einen Schaden durch Schiffszusammenstoß und Sturm in der Transportv. Ist die eine Gefahr beim Ver X, die andere beim Ver Y gedeckt, so haften die Ver nach den Grundsätzen der Doppelv (Prölss[15] Anm. 4 zu § 49, S. 234, der jedoch im Innenverhältnis zu Unrecht das „Maß der Kausalität" entscheiden lassen will).

Wenn eine **gedeckte und eine ungedeckte Gefahr** konkurrieren, muß der Ver voll haften, weil eine gedeckte Gefahr den Schaden adäquat verursacht hat (Kisch WuRdVers 1926 Nr. 1 S. 50—51, 53). Demgegenüber meint Prölss[15] Anm. 4 zu § 49, S. 234: „Wird ein Schaden durch das Zusammenwirken einer gedeckten und einer nicht gedeckten Ursache herbeigeführt, so haftet, da hier nur eine Analogie zu § 59 II zur Debatte stehen kann, der Ver dem Vmer pro rata der Kausalität". Jedoch ist die Heranziehung von § 59 II unmöglich; denn diese Vorschrift setzt eine Doppelv voraus und betrifft nur das Innenverhältnis der Ver. Die angezogenen Entscheidungen betreffen nicht den hier behandelten Fall, RG 5. XII. 1936 RGZ Bd 153 S. 118—119 weist auf „ganz erhebliche, mit dem Verkehrsbedürfnis nicht in Einklang zu bringende Schwierigkeiten" einer Aufteilung des Schadens hin. Vgl. auch Ehrenzweig S. 263, Wriede VersR 1964 S. 177—178.

Es kann sich bei der ungedeckten Ursache um eine **ausgeschlossene Ursache** handeln, die mit einer **gedeckten** konkurriert, z. B. können Sturm und ein Verschulden des Vmers (§ 130[1]) in der Binnenkaskov zusammentreffen. Hier ist in der Regel anzunehmen, daß nach dem Parteiwillen und Zweck des Vsvertrages die **Ausschlußklausel sich durchsetzen soll** (Prölss[15] Anm. 4 zu § 49, S. 235). Die ausgeschlossene Ursache verdrängt, überspielt die gedeckte Mitursache; der Vsschutz entfällt. Beispiel: Zusammenwirken von Abwässern (Ausschluß) mit anderen Ursachen in der Haftpflichtv: KG 2. XI. 1959 VA 1960 S. 36—37 = VersR 1960 S. 589. — Zuweilen allerdings stellen AVB auf den **Grad der Mitverursachung** ab, z. B. § 10 I AUB: „Haben bei den Unfallfolgen Krankheiten oder Gebrechen mitgewirkt, so ist die Leistung entsprechend dem Anteil der Krankheit oder des Gebrechens zu kürzen, sofern dieser Anteil mindestens 25 Prozent beträgt." — Wieder anders § 10 II AUB, auf die „**überwiegende Ursache**" abhebend, oder § 131 II für die Gütertransportv: Vsschutz, falls die (ungedeckte) natürliche Beschaffenheit zusammenwirkt mit einer ungewöhnlichen Reiseverzögerung „durch einen Unfall, für den der Ver haftet". — Falls bei einer Krankenv kein Vsschutz besteht für Krankheiten, die auf Alkoholgenuß zurückzuführen sind, so muß der Ver doch leisten, falls der Vmer nicht nur wegen einer Entziehungskur, sondern auch wegen einer Tuberkuloseerkrankung im Krankenhaus liegt (OLG Hamburg 17. X. 1963 VersR 1964 S. 34—36 mit kritischer Anm. Wriede VersR 1964 S. 177—178).

Binz a. a. O. S. 26—77 nennt eine ungedeckte (auch ausgeschlossene) Ursache eine „fremde Schadensursache" und prüft für die Unfall- und Krankenv den Einfluß der Mitwirkung solcher fremden Schadensursache; leistet der Ver alles oder nichts oder gekürzt?

[154] Im **Seeversicherungsrecht** ist zu fragen, ob die gedeckte oder die ungedeckte (ausgeschlossene) adäquate Ursache des Schadens als causa proxima anzusehen ist; ersterenfalls besteht Deckung, letzterenfalls nicht. Deshalb ist Deckung zu gewähren, wenn anfängliche Seeuntüchtigkeit (§ 58 I 1 ADS) nur eine causa remota des Schadens ist, causa proxima dagegen ein (gedecktes) Verschulden des Kapitäns. Deshalb ist Deckung nicht zu gewähren, wenn die natürliche Beschaffenheit (§ 86 I 1 ADS) die causa proxima des Schadens ist (Beispiele, auch für den umgekehrten Fall, bei Passehl a. a. O. S. 107—131, 174—175, etwa RG 10. IV. 1929 JRPV 1929 S. 187). — Zuweilen allerdings beachtet auch das Seevsrecht eine causa remota. Wenn z. B. § 59^1 ADS einen Ver nicht haften läßt „für einen Schaden, der nur eine Folge der Abnutzung des Schiffes im gewöhnlichen Gebrauch ist oder nur durch Alter ... verursacht wird", so haftet der Ver, wenn neben der Abnutzung oder dem Alter als (adäquate) causa remota eine Seegefahr wirksam geworden ist (Ritter Anm. 8 zu § 59, S. 794, Passehl a. a. O. S. 131—132). Vgl. auch § 821 Ziff. 2 HGB und ferner § 132 II für die Binnentransportv.

[155] d) Hypothetische Verursachung.

Hypothetische oder Reserveursachen stehen neben einer Eingriffsursache dergestalt, daß sie den Schaden herbeigeführt hätten, falls nicht die Eingriffsursache wirksam geworden wäre. Schon Kisch WuRdVers 1926 Nr. 1 S. 40—44, 55—63 läßt erkennen, daß es sich hier um eine Mehrzahl von Gestaltungsmöglichkeiten handelt, zu denen u. a. die sogen. überholende Kausalität und die Unterbrechung des Kausalzusammenhanges gehören. Gute Systematik bei Olters a. a. O. S. 1—15. Im Falle der sogen. Unterbrechung des Kausalzusammenhanges geht es nicht etwa darum, daß „eine Ursächlichkeit im Rechtssine ... schlechthin durch ein selbständiges und auf freiwilligem Entschluß beruhendes Verhalten eines Dritten ausgeschlossen wird. Die Ursächlichkeit des ersten Umstandes entfällt vielmehr nur dann, wenn dieser für die Auslösung des zweiten völlig unerheblich und indifferent gewesen ist", so daß die Adäquanz fehlt (BGH 1. II. 1954 BGHZ Bd. 12 S. 211, auch BGH 28. IV. 1955 BGHZ Bd 17 S. 159 [allgemein].

Im Bereich des Vsrechts taucht die Frage auf, ob ein Ver, der auf Grund einer wirksam gewordenen Eingriffsursache leisten müßte, sich darauf berufen kann, daß eine (ungedeckte) Reserveursache den gleichen oder einen noch höheren Schaden verursacht hätte. § 844 HGB beantwortet die Frage: „Die Verpflichtung des Vers, einen Schaden zu ersetzen, wird dadurch nicht wieder aufgehoben oder geändert, daß später infolge einer Gefahr, die der Ver nicht zu tragen hat, ein neuer Schaden und selbst ein Totalverlust eintritt." Sind während des Krieges gedeckte Teilschäden an einem Schiff eingetreten, aber nicht ausgebessert worden, so bleibt der Ver hierfür ersatzpflichtig, auch wenn später die Alliierten das Schiff weggenommen haben (wogegen der Vsvertrag nicht schützte): BGH 15. VI. 1951 BGHZ Bd 2 S. 336—339, Vorinstanzen LG Hamburg 26. X. 1950 VersR 1950 S. 37—38, OLG Hamburg 31. X. 1950 VersR 1951 S. 15 und dazu Möller MDR 1950 S. 393—395. In § 844 HGB findet ein allgemeiner Grundsatz des Vsrechts seinen Niederschlag. Vgl. auch Bruck S. 663, Ehrenberg I S. 430, Ehrenzweig S. 271—272, Gerhard-Hagen Anm. 9 zu § 55, S. 258, Hagen I S. 586, Prölss HansRGZ 1942 A Sp. 151—152, Ritter Anm. 24 zu § 28, S. 476—477, Schmidt a. a. O. S. 166—170.

Abzulehnen ist die von Ritter Anm. 23 zu § 28, S. 475—476 verfochtene „Todesstoß"-Theorie (dazu Olters a. a. O. S. 122—123, 132—133). Über die Berücksichtigung von „Anlagen", „Anfälligkeiten": RG 3. X. 1930 HRR 1930 Nr. 2142, BGH 29. II. 1956 BGHZ Bd 20 S. 141, 19. IV. 1956 BGHZ Bd 20 S. 275—281, von Abbruchsabsichten bei Gebäuden: Anm. 8 zu § 52.

IV. Kausalität und Schaden §49

Dagegen können vertraglich Reserveursachen für relevant erklärt werden, wie in § 6 IV FBUB: „Bei der Feststellung des Unterbrechungsschadens sind alle Umstände zu berücksichtigen, die den Gang und das Ergebnis des Betriebes während des Bewertungszeitraums günstig oder ungünstig beeinflußt haben würden, wenn die Unterbrechung nicht eingetreten wäre."

Über die hypothetische Verursachung in der Gewinnv Anm. zu § 53.

[156] 4. Feststellung der Kausalität.

a) Alternativursachen.

Zuweilen läßt sich nicht feststellen, auf welche Ursache — insbesondere auf welche Gefahr — ein Schaden zurückzuführen ist, z. B. können die Ursachen A oder B alternativ den Schaden X verursacht haben (dazu Kisch WuRdVers 1926 Nr. 1 S. 39—40, 54—55, 84—85). Hat ein Ver beide Gefahren A und B übernommen, so reicht es aus, wenn der Vmer die Alternativverursachung beweist; es kommt zu einer Alternativfeststellung des Gerichts. Ist die Gefahr A beim Ver I vert und die Gefahr B beim Ver II vert und trifft für beide Ven den Vmer die Beweislast, so „kann der Vmer keinen von beiden in Anspruch nehmen, weil er keinem den Beweis liefern kann, daß der Schade gerade auf der von diesem zu vertretenden Ursache beruht. Ebensowenig kann er sie gemeinschaftlich belangen, sei es jeden auf einen Teil des Schadens, sei es jeden auf den Gesamtbetrag" (Kisch WuRdVers 1926 Nr. 1 S. 55, a. A. Ehrenzweig S. 263). — Eine Alternativfeststellung seitens des Gerichtes kommt jedoch dann in Betracht, wenn der beweispflichtige Ver dartut, daß entweder der Ausschluß A oder der Ausschluß B Platz greife (vgl. BGH 26. I. 1956 VA 1956 S. 66—68 = VersR 1956 S. 147—149: Brandstiftung durch Vmer oder Ehefrau als Repräsentantin).

[157] b) Beweislast.

Regelmäßig hat bei Geltung des Grundsatzes der Spezialität der Gefahr der Vmer zu beweisen, daß die vte Gefahr sich realisiert habe, und hierzu gehört auch der Kausalitätsbeweis, sei es für die schadensverursachende Kausalität, sei es (bei Komplexgefahren) für die vorgängige, vorbereitende Kausalität (vgl. Anm. 131). Vgl. nur Drefahl, Die Beweislast und die Beweiswürdigung im Vsrecht, Hamburg 1939, S. 18, Kisch WuRdVers 1926 Nr. 1 S. 82, für die Einbruchdiebstahlv RG 11. XII. 1936 RGZ Bd 153 S. 136—137, für die Unfallv RG 1. XI. 1935 JRPV 1935 S. 364.

Dagegen trifft den Ver die Beweislast für die Kausalität, wenn er bei Geltung des sogen. Prinzips der Totalität der Gefahren (also z. B. in der Transportv) geltend machen will, es habe sich keine Transportgefahr realisiert (Anm. 130, Bruck S. 646, Ritter Anm. 9 zu § 28, S. 462—464, a. M. Drefahl a. a. O. S. 22—24). Entsprechendes gilt in allen Vszweigen, falls der Ver sich darauf beruft, ein Ausschlußtatbestand sei kausal geworden. Der Ver muß also z. B. die schuldhafte Herbeiführung des Vsfalls durch den Vmer beweisen (Möller HansRGZ 1929 A Sp. 559). Das würde auch bei vorsätzlicher Herbeiführung eines Unfalls (§ 181 I 1) gelten, falls nicht § 2 I AUB die Unfreiwilligkeit der Gesundheitsbeschädigung zum Begriffsmerkmal des Unfalls erhoben hätte, so daß der Kläger nunmehr die Unfreiwilligkeit beweisen muß. — Auch bei Ausschluß des Kriegsrisikos trifft regelmäßig den Ver die Beweislast für die Kausalität des Krieges (dazu im Blick auf die Beweislastanordnung des RAA vom 14. II. 1940 für die Feuerv: BGH 2. V. 1951 BGHZ Bd 2 S. 55—62, 28. VI. 1952 BGHZ Bd 6 S. 373—378 = VersR 1952 S. 277—278 [vollständiger]).

[158] Ausnahmsweise gilt das in Anm. 157 Gesagte nicht, falls das Gesetz oder AVB eine abweichende Regelung vorsehen.

Ist in der Seev die Klausel „Frei von Beschädigung außer im Strandungsfall" vereinbart, so müßte der Vmer dartun, daß speziell eine Strandung die Beschädigung verursacht habe. Aber § 114 I 2 ADS dreht die Beweislast um: „Eine Beschädigung, die durch die Strandung entstanden sein kann, gilt im Zweifel als durch sie verursacht."

Meistens jedoch begünstigen die Beweislastumkehrungen den Ver: § 125[1] erlegt im Falle einer schweren Mißhandlung oder Vernachlässigung des vten Tieres dem Vmer die Beweislast dafür auf, „daß der Schaden nicht durch die Mißhandlung oder die Vernachlässigung entstanden ist" (dazu Prölss[15] Anm. 1 zu § 125, S. 453). Bei den Ausschlüssen der Transportv findet sich nicht selten (nach dem Vorbilde des § 83 II EVO) eine Umkehrung der Beweislast: „Konnte nach den Umständen des Falles ein Schaden aus einer oder mehreren der" ausgeschlossenen „Ursachen entstehen, so wird bis zum Nachweis des Gegenteils durch den Vmer oder Vten vermutet, daß der Schaden daraus entstanden ist" (§ 5 III ADB, vgl. auch BGH 20. V. 1963 VersR 1963 S. 719). Weitere Umkehrungen: §§ 58 II, 114 III 2, 3 ADS. Hierher gehört auch die frühere Kriegsklausel der Feuerv (§ 1 VII AFB: „Im Falle von inneren Unruhen oder Kriegsereignissen jeder Art sowie im Falle von Erdbeben haftet der Ver nur, wenn der Vmer nachweist, daß der Schaden mit diesen Ereignissen weder unmittelbar noch mittelbar in Zusammenhang steht").

Falls Gesetz oder AVB eine **qualifizierte Form der Verursachung** fordern, hat der Beweispflichtige auch insoweit den Beweis zu führen (Kisch WuRdVers 1926 Nr. 1 S. 82—83). Er hat also z. B. die unmittelbare Verursachung i. S. des § 12 I Ziff. I c AKB darzutun oder die alleinige Verursachung i. S. des § 132 II.

[159] c) Beweisführung.

Von der Beweislast (Anm. 157—158) ist die Beweisführung zu unterscheiden, bei welcher es darum geht, wann der Beweispflichtige den ihm obliegenden Beweis erbracht hat. An dritter Stelle wird zu untersuchen sein, welche zivilprozessualen Bestimmungen hinsichtlich der Beweiswürdigung und der Überzeugung des Gerichtes gelten (Anm. 163).

[160] Mathematische Präzision, ein absolut „sicheres Erkennen ist in vielen menschlichen Verhältnissen nicht zu erzielen, weil die Erkenntnismittel versagen. Dann muß dem Richter unter Umständen ein hoher Grad von **Wahrscheinlichkeit** dazu genügen, daß eine zur Herbeiführung eines schädlichen Erfolgs geeignete Handlung den Schaden wirklich verursacht hat" (RG 26. IV. 1937 RGZ Bd 155 S. 40, BGH 21. XI. 1950 NJW 1951 S. 71). Das hat auch für die Beweisführung im Vsrecht erhebliche Bedeutung, z. B. bei dem Beweis der Unfreiwilligkeit eines Unfalltodes (RG 1. XI. 1935 JRPV 1935 S. 364) oder eines Einbruchdiebstahls (BGH 4. IV. 1957 VA 1957 S. 298 = VersR 1957 S. 325). Vgl. auch für alle Vszweige Kisch WuRdVers 1926 Nr. 1 S. 79.

Eine Beweisführung, bei welcher bereits eine nur **überwiegende Wahrscheinlichkeit** ausreichen soll, ist in der 1948 eingeführten Neufassung der Kriegsklausel des § 1 VII AFB vorgesehen:

> „Der Ver haftet nicht für Schäden, die durch Krieg, innere Unruhen oder durch Erdbeben verursacht werden. Ist nicht festzustellen, ob eine dieser Ursachen vorliegt, so entscheidet die überwiegende Wahrscheinlichkeit (§ 287 ZPO)."

Vgl. VA 1948 S. 47, Büchner VA 1948 S. 48, ferner ähnlich § 1 IV c ATierB; § 4f Ziff. 2 AKaskoB (für Eisschaden). In der Feuerv soll also der Ver den Beweis für das Eingreifen der Ausschlußklausel zunächst geführt haben, falls er z. B. dartut, daß mit überwiegender Wahrscheinlichkeit der Krieg den Brand usw. verursacht habe. Demgegenüber muß es dem Vmer offenstehen, mit Sicherheit oder doch mit gleicher Wahrscheinlichkeit darzutun, nicht der Krieg habe den Brand usw. verursacht. Das Zitat von § 287 ZPO paßt nicht (Anm. 163).

[161] Es reicht aus, wenn der Beweisbelastete einen **Indizienbeweis** führt, so z. B. für eine Brandstiftung. Die Eigenart des Indizienbeweises besteht darin, „daß die unstreitigen oder unter Beweis gestellten Tatsachen nicht schon unmittelbar den gesetzlichen Tatbestand erfüllen, sondern nur in eine bestimmte Richtung weisende Anzeichen sind, aus denen aber nach der Lebenserfahrung auf die unmittelbar rechtserheblichen Tatsachen geschlossen werden kann. Während beim Anscheinsbeweis" (Anm. 162) „gewisse Lücken in der Feststellung der Ursachenkette durch die Heranziehung allgemeiner Erfahrungssätze über den regelmäßigen Hergang geschlossen werden können, darf die Beweisführung durch Anzeichen keine irgendwie beachtliche Lücke aufweisen" (BGH 22. XII. 1955 VA 1957 S. 99—100 = VersR 1956 S. 85 für eine KVO-V). Vgl. auch BGH 22. III. 1956 VersR 1956 S. 276 für eine Autokaskov. Nicht selten wird sich „aus

IV. Kausalität und Schaden §49
Anm. 162—163

der Natur der Schadensfolge ... ohne weiteres ergeben, daß sie auf eines von mehreren (feststehenden) Ereignissen als ihre Ursache zurückgeführt werden muß" (Kisch WuRdVers 1926 Nr. 1 S. 78—79), z. B. wird Asche und Verkohlung regelmäßig einen Brand als Ursache indizieren.

[162] Große Bedeutung für das Vsrecht hat der **Anscheinsbeweis** (Beweis des ersten Anscheins, Primafaciebeweis).

„Die Beweisregeln des ersten Anscheins beruhen bei typischen Geschehensabläufen auf der Erfahrung, daß typische Ursachen gewisse Folgen zu zeitigen pflegen, die deshalb ohne weiteren Nachweis rein erfahrungsmäßig nach dem ersten Anschein unterstellt werden dürfen. Das Berufungsgericht irrt aber, wenn es annimmt, daß sich auf diesem Wege die Beweislast umkehre und nunmehr derjenige, gegen den sich dieser Beweis kehrt, das Gegenteil der als bewiesen angesehenen Tatsache beweisen müsse. Wenn die Rechtsprechung die Beweispflicht einer Klagepartei durch die Berufung auf die Erfahrung des täglichen Lebens als erfüllt ansieht, so verlangt sie doch von dem Gegner nur die Entkräftung der auf die Erfahrung gestützten Vermutung, nicht aber den Beweis des Gegenteils. Gelingt es dem Gegner, eine Tatsache zu beweisen, aus der die Möglichkeit eines anderen Sachverhalts als des erfahrungsmäßigen folgt, so verbleibt es bei der vollen Beweislast der von Anfang an beweispflichtigen Partei" (BGH 17. IV. 1951 BGHZ Bd 2 S. 5, kein Vsrecht). Später ist unterstrichen worden, es sei nicht erforderlich, „daß zur Entkräftung einer prima facie Beweiswürdigung nicht nur die Möglichkeit, sondern die Wahrscheinlichkeit eines anderen Sachablaufs in ernstliche Beachtung gerückt werden müsse" (BGH 23. V. 1952 BGHZ Bd 6 S. 171, gleichfalls kein Vsrecht).

Ein Anscheinsbeweis kommt nicht in Betracht, sofern es an einem typischen Geschehensablauf fehlt. Deshalb „kann er in der Regel nicht zur Anwendung kommen, wenn streitig ist, ob das als Schadensursache vom Vmer in Anspruch genommene Ereignis gegen oder mit dessen Willen erfolgt ist" (so bei einem möglicherweise vorgetäuschten Einbruch: RG 11. XII. 1936 RGZ Bd 153 S. 137 [vgl. aber auch BGH 4. IV. 1957 VA 1957 S. 298—299 = VersR 1957 S. 325—326], bei einem möglicherweise absichtlich herbeigeführten Unfall: RG 28. VIII. 1936 JW 1936 S. 3234—3235 mit Anm. Prölss, bei Brandstiftungsverdacht: BGH 26. I. 1956 VA 1956 S. 66—68 = VersR 1956 S. 147 bis 149, BGH 22. XII. 1955 VA 1957 S. 99—100 = VersR 1956 S. 84—85; in einem Falle des Selbstmordverdachts in der Lebensv arbeitet BGH 10. I. 1955 VersR 1955 S. 99—100 inkonsequent mit Anscheinsbeweis). Ein Anscheinsbeweis kommt in der Haftpflichtv dann nicht in Betracht, wenn fraglich ist, ob der Vmer den Dritten vorsätzlich getötet hat (BGH 28. IV. 1958 VersR 1958 S. 361). Ein typischer Geschehensablauf ist möglicherweise auch nicht feststellbar, wenn es um die Kausalität von Kriegsereignissen geht (BGH 28. VI. 1952 VersR 1952 S. 278; Gegenbeispiel: BGH 28. XI. 1951 VersR 1952 S. 52—53). Bei Trunkenheitsunfällen spielt der Anscheinsbeweis eine große Rolle (BGH 8. VII. 1957 VersR 1957 S. 509—510). Kritisch zur Rechtsprechung: Hauke VersArch 1957 S. 315—388.

Der Anscheinsbeweis kann sowohl beim Ver als auch beim Vmer zunächst genügen, beim Vmer übrigens auch dann, wenn nach den AVB „der Ansteckungsstoff nachweislich durch äußere Verletzungen ... in den Körper gelangt" sein muß; das Wort „nachweislich" besagt nicht mehr, als daß derjenige beweispflichtig ist, der sich auf die Infektionsklausel beruft, und für den Nachweis gelten die allgemeinen Grundsätze des Anscheinsbeweises (RG 5. II. 1932 RGZ Bd 135 S. 137—138).

[163] **d) Gerichtsüberzeugung.**

Gemäß § 287 I 1 ZPO entscheidet das Gericht unter Würdigung aller Umstände nach freier Überzeugung, falls unter den Parteien streitig ist, „ob ein Schaden entstanden sei und wie hoch sich der Schaden oder ein zu ersetzendes Interesse belaufe"; die Anordnung einer beantragten Beweisaufnahme ist dem Ermessen des Gerichts überlassen (§ 287 I 2 ZPO). Die Vorschrift wird auch auf die schadensverursachende Kausalität bezogen (BGH 25. X. 1952 BGHZ Bd 7 S. 203—204 m. w. N.), und zwar auch bei vertraglichen Schadensersatzansprüchen (Kisch WuRdVers 1926 Nr. 1 S. 80—81). Auch bei Vsverträgen gilt hiernach für die schadensverursachende Kausalität nicht die strenge Beweisregel des § 286 ZPO, sondern diejenige des § 287 ZPO, und das Gericht ist im Rahmen dieser Vorschrift nicht gehindert, die freie Überzeugung von einem adäquaten Ursachenzusammenhang auch dann aus dem Ergebnis der Beweisaufnahme und den Umständen zu gewinnen, wenn nicht mit an Sicherheit grenzender Wahrscheinlichkeit die Möglichkeit ausgeschlossen werden kann, daß der Schaden auch anderweitig hätte eintreten können. Die Vorschrift des § 287 ZPO „stellt den Tatrichter besonders frei; sie berechtigt ihn, unabhängig von der Beweislast über die Folgen ... zu befinden und bei Vorliegen ausreichender Unterlagen auch zu einer Schätzung zu greifen. Diese freiere Stellung im Rahmen des § 287 ZPO gegenüber der im § 286 ZPO gilt nicht nur für die Auswahl der Beweismittel, sondern auch für die Würdigung des Verhandlungsergebnisses. So kann der Richter bereits auf Grund einer erheblichen Wahrscheinlichkeit einen ursächlichen Zusammenhang feststellen, wenn sie ihm zur freien Überzeugungsbildung ausreicht" (BGH 8. V. 1964 VersR 1964 S. 845, kein Vsrecht). Ehrenzweig S. 263 weist bei § 287 ZPO besonders auf das Zusammenwirken mehrerer Schadensursachen hin.

Es ist jedoch zu beachten, daß § 287 ZPO nur für die schadensverursachende Kausalität gilt, nicht für die vorgängige, vorbereitende Kausalität (Anm. 131; BGH 13. XII. 1951 BGHZ Bd 4 S. 196—197, 10. III. 1954 VersR 1954 S. 224—225, 16. XII. 1960 VersR 1961 S. 183—184). Gemäß § 286 I ZPO hat also das Gericht unter Berücksichtigung des gesamten Inhalts der Verhandlungen und des Ergebnisses einer etwaigen Beweisaufnahme nach freier Überzeugung zu entscheiden, ob eine tatsächliche Behauptung für wahr oder für nicht wahr zu erachten sei. Diese strengere Regelung gewinnt z. B. Bedeutung, wenn der Vmer in der Betriebshaftpflichtv darzutun hat, es bestehe ein ursächlicher Zusammenhang zwischen Betriebstätigkeit und schadenstiftender Handlung. Bedenklich die Kriegsklausel der Feuerv (VA 1948 S. 47) mit ihrem Hinweis auf § 287 ZPO, weil es dort um die Kausalität Krieg/Brand, nicht um die Kausalität Brand/Schaden geht (Anm. 160). Wichtig BGH 25. II. 1965 VersR 1965 S. 431, zu § 25 III den § 286 ZPO anwendend.

[164] e) Sachverständigenverfahren.

Gemäß § 64 I 1 kann Sachverständigen die Feststellung einzelner Voraussetzungen des Anspruchs aus einer Schadensv anvertraut werden. So können sie kraft des Vsvertrages (z. B. § 74 V Ziff. 4 ADS, bei besonderer Vereinbarung: § 15 I 2 AFB) auch über Kausalitätsfragen Feststellungen treffen (Kisch WuRdVers 1926 Nr. 1 S. 77). Nichtjuristen entscheiden also möglicherweise darüber, ob adäquate Verursachung gegeben ist (Asmus ZVersWiss 1962 S. 236—237 will die Sachverständigenaufgabe darauf beschränken, ob eine conditio sine qua non vorliege).

Wenn § 4f Ziff. 2 AKaskoB in der Eisklausel von der Entscheidung eines Schiedsgerichts spricht, so handelt es sich in Wahrheit um ein Schiedsgutachterverfahren (§ 64).

[165] Auch die **Ärztekommission** der Unfallv (§ 20 II a AKB, § 12 I Abs. 1 AUB) hat sich mit Kausalfragen zu befassen (§ 184 I 1). Dabei spielen auch juristische Fragen herein (RG 17. X. 1939 JRPV 1939 S. 317, Asmus ZVersWiss 1962 S. 237, Haidinger VersR 1952 S. 35, Prölss[15] S. 885).

Wegen der hiergegen sprechenden rechtspolitischen Bedenken BAA VA 1958 S. 35 bis 37, BVerwG 22. XI. 1960 BVerwGE Bd. 11 S. 248—249 = VersR 1961 S. 145—147 sowie die Neufassung des § 12 I Abs. 2 AUB.

[166] f) Revisibilität.

Eine Revision kann darauf gestützt werden, daß die Rechtsgrundsätze, welche zur Kausalität entwickelt worden sind, nicht oder nicht richtig angewendet worden sind (BSG 20. VIII. 1963 BSGE Bd 19 S. 275—276).

V. Bewirkung der Leistung § 49
Anm. 167

[167] V. Bewirkung der Leistung.
1. Leistungshandlung.
a) Leistender.

Die Schadensersatzleistung, die nach dem Vsfall als Ausfluß der Gefahrtragung geschuldet wird, hat der **Versicherer** (als Schadensver) zu erbringen, sei es im Wege des Geld-, sei es im Wege des Naturalersatzes (Anm. 4—27). Als Ver kommen nicht nur in- und ausländische (private oder öffentlich-rechtliche) Vsunternehmen in Betracht (Anm. 17—19 zu § 1), sondern ausnahmsweise auch Personen, die sich wie ein Ver verpflichtet haben, ohne daß sie aufsichtsbehördlich zugelassen sind (Anm. 11 zu § 1) und vielleicht ohne daß überhaupt eine Gefahrengemeinschaft planmäßig geschaffen werden soll.

Bei einer **Mitv** sind die mehreren beteiligten Ver **Teilschuldner**; ganz selten kommt eine gesamtschuldnerische Haftung mehrerer Ver vor, die gemeinsam einen Vsvertrag abgeschlossen haben (Prölss[15] Anm. 1 zu § 58, S. 252, Hübener, Die Führungsklausel in der Mitv, Karlsruhe 1954, S. 27—31). Bei einer **mehrfachen** V ohne Zusammenwirken der Ver (von Prölss[15] Anm. 1 zu § 58, S. 252 „**Nebenv**" genannt) haftet jeder Ver entsprechend seinem Vertrage. Nur bei einer **Doppelv** sind die mehreren Ver **Gesamtschuldner** (§ 59 I). Näheres Anm. zu § 58.

Ein **Rückver** haftet dem Vmer der Erstv nicht, sondern ist lediglich Schuldner des Erstvers (RG 8. VI. 1903 RGZ Bd 55 S. 90, LG Köln 19. IV. 1951 VersR 1953 S. 130). Auch dann, wenn der Ver an einem Vspool beteiligt ist, ist Schuldner des Vmers allein dasjenige Poolmitglied, welches die V geschlossen hat (Hübener a. a. O. S. 20, Prölss[15] Anm. 5 zu § 186, S. 900).

Der Ver kann sich als Leistender bei der Leistungshandlung eines **Erfüllungsgehilfen** bedienen, für dessen Verschulden er einzustehen hat (§ 278[1] BGB). Erfüllungsgehilfen können nicht nur Angestellte des Vers, sondern auch z. B. selbständige Vsvertreter oder Banken sein, so daß ein Bankversehen bei einer Überweisung zu Lasten des Vers geht.

Da eine Zahlung der Vsentschädigung zugleich ein Rechtsgeschäft, ein Verfügungsgeschäft ist, können **Vertretungsgrundsätze** zur Anwendung kommen. So können z. B. Prokuristen oder Handlungsbevollmächtigte Auszahlungen oder Überweisungen vornehmen. Überdies kann der Ver als juristische Person durch seine **Organe** handeln, ein ausländischer Ver durch seinen Hauptbevollmächtigten, der eine organähnliche Stellung hat (Anm. 21 vor §§ 43—48).

Vsagenten sind auf Grund der §§ 43, 45 nicht bevollmächtigt, Schadenszahlungen zu leisten (Anm. 20 zu § 45). Hierzu bedürfen sie — auch als Abschlußagenten — einer besonderen Vollmacht, die als Regulierungsvollmacht auf kleinere Schäden, z. B. bis 500 DM, begrenzt werden kann (Anm. 33 zu § 43; über das Innenverhältnis zum Ver: Anm. 223 vor §§ 43—48). Auch Regulierungsbeamte haben nicht notwendig zugleich Zahlungsvollmachten (dazu BGH 26. XI. 1952 VersR 1953 S. 13), jedoch ist der Gedanke des Rechtsscheins — besonders nach wiederholter Schadensregulierung — zu beachten (Anm. 42 zu § 45).

Erfüllungsgehilfen und Vertreter sind keine **Dritten** i. S. des § 267 BGB. Wenn aber ein Vsagent oder Vsmakler ohne Vollmacht des Vers eine Entschädigung für diesen auszahlt, oder wenn ein führender Ver ohne entsprechende Vollmacht Schadenszahlungen für die mitbeteiligten Ver leistet (vgl. Hübener a. a. O. S. 75, Kisch, Die mehrfache V desselben Interesses, Berlin 1935, S. 22—23), so handelt es sich um eine Leistung durch Dritte, falls die Zahlenden im eigenen Namen leisten. Handeln sie dagegen im Namen des schuldenden Vers, so finden die Grundsätze über Vertretung ohne Vertretungsmacht im Blick auf den Abschluß des dinglichen Vertrages Anwendung (§§ 177—179 BGB).

Bei dem Verfügungsgeschäft, das in der Zahlung der Vsentschädigung liegt, ist es umstritten, ob auch die **Einigung über den Leistungszweck** Teil der dinglichen Erfüllung sei, wofür § 812 I 2 BGB spricht („bezweckte Erfolg", Leisten als finales Handeln). Überdies ist streitig, ob — ganz abgesehen von dem dinglichen Verfügungsgeschäft — ein Leistender einen **rechtsgeschäftlichen Erfüllungswillen** haben muß. Zu alledem Esser Schuldrecht S. 300—302, Larenz I[7] S. 314—317. Diese Fragen gewinnen Bedeutung, falls versehentlich Schäden oder Schadensteilbeträge bezahlt werden, obgleich der Ver die Entschädigung nicht leisten wollte.

[168] b) **Leistungsempfänger.**

In der Schadensv ist empfangsberechtigter Gläubiger der Entschädigungsleistung grundsätzlich der **Versicherungsnehmer.** Die (noch) herrschende Meinung sieht auch auf Seiten des Gläubigers im Abschluß des dinglichen Vertrages zugleich eine Verfügung über die (damit erlöschende) Forderung, eine Auffassung, die sich stützen läßt auf § 362 II (mit der Verweisung auf § 185), §§ 1812 I 1, 1813 BGB, § 829 I^2 ZPO. Stattdessen will Larenz I^7 S. 316, gefolgt von Esser Schuldrecht S. 302, den Begriff der „Empfangszuständigkeit" einführen, die sich aber nach den gleichen Grundsätzen richten soll wie die Verfügungsmacht. Der Geschäftsunfähige wird nicht Eigentümer der ausgezahlten Entschädigung. Der beschränkt Geschäftsfähige wird zwar Eigentümer, denn er kann das Geld mit sachenrechtlicher Wirkung annehmen (vgl. § 107 BGB), aber die Schuld wird damit nicht getilgt. Der Erbe verliert die Verfügungsmacht mit der Anordnung der Nachlaßverwaltung und bei Verwaltung durch den Testamentsvollstrecker (§§ 1984 I 1, 2, 2211 I BGB), der Gemeinschuldner mit der Eröffnung des Konkursverfahrens (§ 6 I KO), ferner jeder Gläubiger, falls in seine Forderung gegen den Drittschuldner zwangsvollstreckt worden ist (§ 829 I 2 ZPO). In Einzelfällen wird der gute Glaube des Vers geschützt, falls er dennoch an den Nichtverfügungsberechtigten zahlt (vgl. § 8 II, III KO, §§ 1984 I 2, 2211 II BGB).

Anstelle des Vmers sind Organe oder Vertreter empfangsberechtigt. Bei Gesamtvertretung ist nicht der einzelne Gesamtvertreter zum Inkasso befugt (trotz § 78 II 2 AktienG n. F., der sich nur auf die Entgegennahme von Willenserklärungen bezieht; für die offene Handelsgesellschaft: § 125 II 3 HGB). Empfangsvertreter können gesetzliche Vertreter oder Bevollmächtigte sein. Gesetzliche Vertreter sind bei einem minderjährigen Kind grundsätzlich die Eltern (§ 1626 II BGB), und zwar beide gemeinschaftlich (Gesamtvertretung). Über die Leistung an den Nachlaßverwalter, Testamentsvollstrecker, Konkursverwalter: §§ 1985 I, 2205 I 1, 2 BGB, § 6 II KO. Es reicht aus, wenn der Nichtverfügungsberechtigte das Geleistete an den Vertreter gelangen läßt, also abführt (arg. § 8 I KO, Esser Schuldrecht S. 302). Eine Ehefrau kann im Rahmen der Schlüsselgewalt (§ 1357 I 1 BGB) im allgemeinen keine Vsentschädigungen entgegennehmen, Ausnahmen können bei kleinen Entschädigungen z. B. aus einer Hausratv gelten, ferner bei der Entgegennahme von Postsendungen. Überläßt ein Ehegatte sein Vermögen der Verwaltung des anderen Ehegatten (§ 1413 BGB), so wird der verwaltende Ehegatte zugleich Empfangsbevollmächtigter. Gesamtgut kann bei einer Gütergemeinschaft nicht nur gemeinschaftlich, sondern bei entsprechender Vereinbarung durch den Mann oder die Frau verwaltet werden; sodann ist der Verwalter nicht Vertreter, sondern er kann im eigenen Namen die volle Vsentschädigung annehmen (vgl. §§ 1421, 1422^1 BGB). Eine besondere Empfangsvollmacht wird unwiderlegbar vermutet, falls jemand eine (echte) Quittung des Vmers überbringt, „sofern nicht die dem Leistenden bekannten Umstände der Annahme einer solchen Ermächtigung entgegenstehen" (§ 370 BGB). Für die Krankheitskostenv vgl. § 4 VI GrundBed (Überbringer von Belegen). In beiden Fällen spielt rechtspolitisch der Gedanke des Rechtsscheinschutzes eine Rolle (ähnlich wie bei § 56 HGB, jedoch sind bei Ladenangestellten Empfangnahmen von Vsentschädigungen nicht „gewöhnlich"). Handelsvertreter oder Außendienstangestellte dürfen Zahlungen für den Unternehmer nicht annehmen, auch wenn es sich um die Entschädigung z. B. für das firmeneigene Kraftfahrzeug handelt, das einem Handelsvertreter zum Gebrauch überlassen ist (vgl. §§ 55 III, 91 I HGB). Über die Inkassovollmacht von Vsmaklern: Anm. 42, 110 vor §§ 43—48.

Von einem Empfangsvertreter ist ein Empfangsbote zu unterscheiden (Anm. 46, 47 zu § 43); ein einem Boten des Vmers übergebener Betrag tilgt die Schuld des Vers erst, sobald der Bote das Geld dem Vmer übermittelt hat.

Während Empfangsvertreter und Empfangsboten im Namen des Vmers empfangen, spricht man von Empfangsermächtigung bei Leistung an einen Dritten, die mit Einwilligung des Gläubigers erfolgt (§§ 362 II, 185 I BGB); der wichtigste Fall ist jener der Gutschrift auf ein Bank- oder Postscheckkonto des Vmers; die Einwilligung liegt in der Kontoaufgabe, mag diese sich auch nur auf einem Briefkopf des Vmers finden. Die Bezeichnung des Empfangsermächtigten kann unwiderruflich (solutionis causa adjectus)

V. Bewirkung der Leistung § 49
Anm. 169

oder widerruflich sein. Auch eine nachträgliche Zustimmung reicht aus (§§ 362 II, 185 II 1 BGB). Zu allem Esser Schuldrecht S. 300, auch Anm. 53 zu § 35.

Bei einer V für fremde Rechnung ist Träger der Entschädigungsforderung der **Versicherte** (§ 75 I 1). Jedoch ist das Gläubigerrecht des Vten eingeschränkt, er bedarf zum Inkasso der Vsforderung der Zustimmung des Vmers oder des Besitzes des Vsscheins (§ 75 II). Umgekehrt ist dem Vmer eine gesetzliche Ermächtigung verliehen, im eigenen Namen über die Vsforderung des Vten zu verfügen; allerdings kann der Vmer bei Ausstellung eines Vsscheins nur dann die Zahlung annehmen, wenn der Vte zustimmt oder wenn er — der Vmer — im Besitze des Vsscheins ist; überdies ist der Ver zur Zahlung an den Vmer nur verpflichtet, wenn der Vmer nachweist, daß der Vte seine Zustimmung zu der V erteilt hat (§ 76). Diese verwickelten Regeln können durch die Vsbedingungen abgewandelt werden. So besteht ein uneingeschränktes Gläubigerrecht des Vten nach § 10 IV AKB bei der Autohaftpflichtv; andererseits ist das Gläubigerrecht des Vten noch weiter eingeschränkt durch § 12 II AFB: „Der Vte kann über seine Rechte nicht verfügen, selbst wenn er im Besitze des Vsscheins ist; er kann die Zahlung der Entschädigung nur mit Zustimmung des Vmers verlangen." Näheres Anm. zu § 75, Anm. zu § 76. Bei einer V **für Rechnung wen es angeht** gelten die Grundsätze der V für eigene Rechnung, falls sich herausstellt, daß bei Eintritt des Vsfalls der Vmer Interesseträger ist; sonst gelten die Grundsätze der V für fremde Rechnung (§ 80 II). Näheres Anm. zu § 80.

Aus dem **Wertpapierrecht** i. w. S. ergibt sich, daß der Ver mit befreiender Wirkung an den Inhaber des Vsscheins leisten kann, wenn dieser als Ausweispapier ausgestaltet ist (§ 808 I 1 BGB, § 4 I; über Ausnahmen Anm. 13 zu § 4). Jedoch kommen in der Schadensv Vsscheine als Ausweispapiere kaum vor. — Jedoch gibt es in der Binnentransportv Orderpapiere (§ 363 II HGB). Hier kann und muß der Ver dem durch eine fortlaufende Kette von Indossamenten legitimierten Inhaber der Urkunde leisten (Anm. 18, 19 zu § 4).

Bei einer **Veräußerung** der vten Sache ist der Veräußerer Gläubiger, soweit während der Dauer seines Eigentums der Vsfall eingetreten ist. Bei späteren Vsfällen ist der Erwerber Gläubiger. Entsprechendes gilt bei einer Zwangsversteigerung der vten Sache. Näheres Anm. zu § 69, Anm. zu § 73.

Über **Zessionare, Pfandgläubiger und Pfändungspfandgläubiger** als Gläubiger der Entschädigungsforderung: Anm. 4, 8—10 zu § 15. Über Beschränkungen der Abtretbarkeit, Verpfändbarkeit und Pfändung, die für die Schadensv Bedeutung gewinnen können: Anm. 11—18, 29—38 zu § 15.

Besonders geschützt sind bei der Auszahlung von Vsentschädigungen die **Realgläubiger**: §§ 98—100, 107b; §§ 1128, 1192 I, 1200 I, 1281, 1282 I 1, 2 BGB. Die Realgläubiger kommen bei „krankem" Vsverhältnis auch als primäre Gläubiger der Feuervsforderung in Betracht: §§ 102, 103, 105, 107b.

Schließlich kommt nach Einführung des Direktanspruchs eine Auszahlung an den **geschädigten Dritten** bei der Haftpflichtv für Kraftfahrzeuge in Frage; sei es bei „gesundem", sei es bei „krankem" Vsverhältnis (§ 3 I, II PflVG). Im übrigen hat auch bei einer Pflichtv der geschädigte Dritte in der Haftpflichtv keinen unmittelbaren Anspruch gegen den Ver (§ 158c VI). Bei jeder Haftpflichtv ist aber der Ver berechtigt und auf Verlangen des Vmers verpflichtet, die Zahlung an den geschädigten Dritten zu bewirken (§ 156 II). Auch das Verlangen des Vmers begründet aber keinen eigenen Anspruch des geschädigten Dritten (Prölss[15] Anm. 5 B zu § 156, S. 561 m. w. N.), letzterer ist nur Empfangsermächtigter.

Es ist umstritten, ob neben der Mitwirkung des Empfangsberechtigten bei der dinglichen Einigung zusätzlich eine Annahme „**als Erfüllung**" (vgl. § 363 BGB) vonnöten ist. In Verbindung mit einer Willenserklärung des Schuldners (Anm. 167) könnte man bejahendenfalls zur Konstruktion eines besonderen Erfüllungsvertrages kommen. Dazu Esser Schuldrecht S. 314—317.

[169] c) Leistungsgegenstand.

Der Schadensver schuldet nach Eintritt des Vsfalls als Ausfluß der Gefahrtragung regelmäßig Geld (§ 49, für den direkten Anspruch des Verkehrsopfers in der Haftpflichtv: § 3 I 2 PflVG), ausnahmsweise Naturalersatz (Anm. 12—18, über Mischformen: Anm. 19—27).

Im Blick auf den Leistungsgegenstand sind die **Leistungshandlung** des Vers und der **Leistungserfolg** beim Vmer (oder sonstigem Gläubiger) zu unterscheiden. Die Leistungshandlung ist bei einer Geldschuld abgeschlossen, falls der Ver alles Erforderliche getan hat. Der Leistungserfolg ist dagegen erst eingetreten, sobald dem Vmer das Geld verschafft ist, so daß er darüber seinerseits disponieren kann. Besonders bei Schickschulden tritt der Unterschied zeitlich und örtlich zutage.

Bei **Naturalleistungen** kann der Leistungserfolg nicht nur eine Sachverschaffung, sondern auch eine Geschäftsbesorgung, Gebrauchsüberlassung usw. sein (Anm. 13). Danach richtet sich die vom Ver geschuldete Leistungshandlung. Der Leistungserfolg einer Schuldbefreiung, wie sie in der Haftpflichtv geschuldet wird, kann durch verschiedenartige Leistungshandlungen erreicht werden, insbesondere auch dadurch, daß der Haftpflichtver privativ die Schuld des Vmers übernimmt.

Der Schadensver muß neben dem Vsschaden i. e. S. auch den Vsschaden i. w. S. ersetzen, insbesondere Aufwendungen zur Abwendung und Minderung sowie Ermittlungs- und Feststellungskosten (Anm. 43 vor §§ 49—80).

Ausnahmsweise kann sich der Ver durch **Leistung der Vssumme** befreien (Abandon: Anm. 24 zu § 50).

Über Abschlagszahlungen: Anm. 171, über Vorschüsse §§ 63 I 3, 150 I 4.

Bei der Erbringung seiner Schadensersatzleistung muß der Ver zuweilen **Nebenpflichten** erfüllen. Wenn z. B. der Ver nicht an den Vmer, sondern an einen Dritten leistet, kann eine Benachrichtigung des Vmers geboten sein. Sie ist in § 156 II als vorherige Benachrichtigung einem Haftpflichtver vorgeschrieben, falls er die Zahlung an den geschädigten Dritten bewirkt. Auch als ergänzende Leistungspflicht aus Treu und Glauben kann eine Benachrichtigungspflicht bestehen. In § 99 ist eine Anzeige des Feuervers an den Hypothekengläubiger vorgesehen (wegen anderer Realgläubiger vgl. § 107b).

[170] d) Leistungsort.

Hinsichtlich des Leistungsortes gelten für die Leistung des Vers nicht die §§ 36, 37, die sich nur auf die Entrichtung der Prämie beziehen. Maßgebend ist vielmehr das allgemeine Zivilrecht, also bei Geldschulden des Schadensvers § 270 BGB.

Danach ist für den Ver der **Leistungshandlungsort** (Vollzugsort) der Ort der gewerblichen Niederlassung (§§ 270 IV, 269 II BGB). Über den Sitz des Vers: Anm. 7 zu § 48.

Der Ver hat Geld dem Gläubiger, also insbesondere dem Vmer auf seine Kosten an dessen Wohnsitz zu übermitteln; handelt es sich um eine Vsforderung im Zusammenhang mit dem Gewerbebetriebe, so tritt die gewerbliche Niederlassung des Vmers an die Stelle des Wohnsitzes (§ 270 I, II BGB). Der **Leistungserfolgsort** (Erfolgsort) liegt also beim Gläubiger. Da Vollzugsort und Erfolgsort auseinanderfallen, liegt eine **Schickschuld** vor. Das hat Konsequenzen für die Leistungszeit (Anm. 171), auch hinsichtlich der Übermittlungskosten, die zu Lasten des Vers gehen, es sei denn, daß Mehrkosten entstehen, weil der Vmer nach Vertragsabschluß seinen Wohnsitz oder seine gewerbliche Niederlassung geändert, z. B. ins Ausland verlegt hat (§ 270 III BGB).

Bei einer gewöhnlichen Schickschuld trägt der Gläubiger die **Leistungsgefahr**, da der Schuldner mit der Absendung das seinerseits Erforderliche getan hat (§§ 243 II, 447 I BGB). Nun schreibt aber für die Geldschuld § 270 I vor, der Schuldner habe Geld „auf seine Gefahr" zu übermitteln. Kommt also Geld beim Gläubiger nicht an, so muß der Schuldner „noch einmal" leisten (Ausnahme bei Änderung des Erfolgsortes mit gleichzeitiger Erhöhung der Übermittlungsgefahr: § 270 III BGB). Wegen der Gefahrtragung des Vers handelt es sich bei seiner Geldschuld nicht um eine reine, sondern um eine **qualifizierte Schickschuld** (Näheres Anm. 7 zu § 36).

Vom Vollzugsort und Erfolgsort ist der **Schuldort** zu unterscheiden, der Bedeutung hat für die Maßgeblichkeit der Verkehrssitte oder des Handelsbrauchs, ferner für das internationale Privatrecht (bei Maßgeblichkeit des Statutes des Erfüllungsortes) sowie für den **Gerichtsstand** (§ 29 ZPO mit Anm. 14 zu § 48). Fehlt es an einer besonderen Vereinbarung, so ist der Schuldort mit dem Vollzugsort identisch; der Gerichtsstand liegt also am Ort der gewerblichen Niederlassung des Vers (§§ 270 IV, 269 II BGB).

V. Bewirkung der Leistung § 49
Anm. 171—173

Es kommen aber auch andere **Gerichtsstände** für Klagen gegen den Ver in Betracht, so der Gerichtsstand des Sitzes, des Vermögens, der Vermögensverwaltung, der Niederlassung, der Agentur, des Hauptbevollmächtigten (Näheres: Anm. 4—29 zu § 48).

[171] e) Leistungszeit.

Da es sich bei den Geldleistungen des Vers um (qualifizierte) Schickschulden handelt (Anm. 170), kommt es nur darauf an, ob der Ver seine **Leistungshandlung rechtzeitig vollzieht**; die Zeitfrage ist also vom Vollzugsort aus zu beurteilen. Bei Zahlung von Bargeld kommt es hiernach auf die Absendung, auch durch die Post, an. Bei der Übermittlung auf Konten sind die Fälle der Zahlkarte und der Überweisung zu unterscheiden. Möglicherweise gibt der Ver einen Scheck. Näheres: Anm. 8—12 zu § 36; das hinsichtlich der Prämie Gesagte gilt entsprechend für die Entschädigungsleistung des Vers.

Für den Zeitpunkt der **Fälligkeit** der Geldleistungen des Vers gilt § 11 I, II (Anm. 3—13 zu § 11). Speziell für die Haftpflichtv vgl. § 154 I.

Abschlagszahlungen sieht § 11 II, III vor (Anm. 31—36 zu § 11). Sie sind zu unterscheiden von Vorschüssen, z. B. nach §§ 63 I 3, 150 I 4.

Zur **Klagefrist**: Anm. 20—50 zu § 12.

Zur **Verjährung**: Anm. 2—19 zu § 12, auch § 3 III, IX PflVG.

[172] f) Leistungssurrogate.

Normalerweise erfolgt die Leistung durch Erfüllung; das Schuldverhältnis erlischt, wenn die geschuldete Leistung an den Gläubiger bewirkt ist (§ 362 I BGB). Näheres: Anm. 176.

Neben der echten Erfüllung kommen Erfüllungssurrogate in Frage, insbesondere die **Leistung an Erfüllungs Statt**. In den Fällen der Einzahlung oder Überweisung auf ein Konto erlangt der Vmer nicht Bargeld, sondern eine Forderung gegen seine Bank, gegen die Post usw. Es handelt sich um einen Fall der Empfangsermächtigung (Anm. 168). Der Ver hat seine Schuld im Zeitpunkt der Gutschrift auf dem Konto des Vmers getilgt, Benachrichtigung des Vmers von der Gutschrift ist nicht erforderlich. Vgl. entsprechend Anm. 53 zu § 35.

Der Geldanspruch des Vmers erlischt außerdem, wenn der Vmer dem Ver durch Vertrag die Schuld **erläßt** (§ 397 I BGB). Dem Erlaß steht ein negatives Schuldanerkenntnis gleich (§ 397 II BGB). Einen einseitigen Verzicht auf Forderungen gibt es nicht. Nicht selten werden kleinere Ansprüche z. B. aus Kraftverkehrs- oder Krankheitskostenven nicht geltend gemacht, weil der Vmer bei Anspruchserhebung Prämienrabatte oder Prämienrückvergütungen einbüßen würde. Hier ist ein Erlaßvertrag zu konstruieren, bei welchem der Ver die Annahme dem Vmer gegenüber nicht zu erklären braucht (§ 151¹ BGB).

Speziell über die Aufrechnung Anm. 173, über die Hinterlegung Anm. 174.

[173] aa) Aufrechnung.

Ein Ver kann möglicherweise dem Vmer ein Erfüllungssurrogat aufdrängen, indem er die Aufrechnung erklärt, insbesondere wegen einer ihm zustehenden Prämienforderung. Näheres: Anm. 60—62 zu § 35.

Jede Aufrechnung setzt Gegenseitigkeit der Forderungen voraus (§ 387 BGB). Das Erfordernis der Gegenseitigkeit wird beiseitegeschoben in Fällen der Abtretung (§ 406 BGB), ferner bei Veräußerung der vten Sache (§ 69 III). Diese Schutzvorschriften werden zugunsten des Vmers erweitert durch § 35b, wo ein **Abzugsrecht** des Vers gegenüber Dritten normiert ist, z. B. gegenüber Vten bei der V für fremde Rechnung. Näheres: Anm. 1—7 zu § 35b.

§ 158g stellt für obligatorische Haftpflichven klar, daß § 35b in Ansehung des geschädigten Dritten nicht anzuwenden sei; der Ver kann also die Leistung an den Dritten nicht dadurch verkürzen, daß er mit einer gegen den Vmer gerichteten Prämienforderung aufrechnet.

§ 49
Anm. 174—179

[174] bb) Hinterlegung.

Hinterlegung kommt als Leistungssurrogat nur in drei Fällen in Betracht, nämlich bei Annahmeverzug des Vmers, bei sonstigen in der Person des Vmers liegenden Gründen oder bei einer Ungewissheit über die Person des Gläubigers, die nicht auf Fahrlässigkeit des Vers beruht (§ 372 BGB).

Beispiele: KG 24. II. 1937 JRPV 1937 S. 150—151; OLG Hamburg 23. V. 1939 DR 1939 S. 1452—1453 = JRPV 1939 S. 218—220 (wo der Vmer die Hinterlegung nicht gegen sich gelten zu lassen braucht).

Vertraglicher Hinterlegungsfall: § 10 VI 4 AKB (dazu Stiefel-Wussow[5] Anm. 30 zu § 10, S. 306—307).

[175] g) Forderungsverletzungen.

Hinsichtlich der Geldleistungen des Vers scheiden praktisch die Tatbestände der Unmöglichkeit und der Schlechterfüllung aus. Nur der Verzug kann eine Rolle spielen.

Über den Verzug des Vers Anm. 14—29 zu § 11. Der Anspruch auf Verzugszinsen kann nicht ausgeschlossen werden (§ 11 IV). Der zu ersetzende Verzugsschaden kann über die Verzugszinsen weit hinausgehen (§§ 286 I, 288 II BGB).

Von den Verzugszinsen sind andere Zinsen zu unterscheiden. Näheres: Anm. 30 zu § 11.

Über Forderungsverletzungen bei Naturalersatz Anm. 18.

[176] 2. Leistungswirkungen.
a) Rechtsverhältnis Versicherer / Versicherungsnehmer.
aa) Schuldtilgung.

Mit dem Leistungserfolg (nicht schon mit der Leistungshandlung) wird die Schuld des Vers getilgt. Bei Barzahlung kommt es darauf an, daß der Empfangsberechtigte, insbesondere der Vmer oder sein Organ oder sein Vertreter oder sein Empfangsermächtigter das Geld angenommen hat. Einen Scheck nimmt der Vmer nur erfüllungshalber entgegen (§ 364 II BGB).

Ist der Ver aus mehreren Schuldverhältnissen (oder im Rahmen eines einheitlichen Vsvertrages, z. B. einer laufenden V, aus mehreren Vsfällen) zu Geldleistungen verpflichtet, so wird primär diejenige Schuld getilgt, welche der Ver bei seiner Leistung bestimmt. Fehlt es an einer Bestimmung, so greifen §§ 366, 367 BGB ein.

Über den Einfluß der Leistungsbewirkung auf den Vsvertrag vgl. Anm. 179 (Veränderung) und Anm. 180 (Beendigung).

[177] bb) Empfangsbekenntnis.

Nach § 368[1] BGB hat der Vmer oder sonstige Gläubiger gegen Empfang der Vsentschädigung auf Verlangen ein schriftliches Empfangsbekenntnis, eine Quittung zu erteilen. Dazu sowie über Abfindungserklärungen Anm. 8 zu § 4.

Der Vsschein ist stets Schuldschein. Deshalb ist nach § 371[1] BGB der Ver berechtigt, die Rückgabe des Vsscheins zu verlangen. Das kann jedoch nur gelten, wenn nach dem Vsfall die Gefahrtragung des Vers nicht fortdauert. Ansonsten muß die Vorlage des Vsscheins genügen. Näheres: Anm. 6 zu § 4.

[178] cc) Vorteilsausgleichung.

Hat der Schadensver einen Schaden zu ersetzen, so kommt nicht selten eine Vorteilsausgleichung in Betracht, da im Schadensfall oft nicht nur Nachteile, sondern auch Vorteile entstehen. Über die (eigentliche und uneigentliche) vsrechtliche Vorteilsausgleichung vgl. bereits Anm. 51—54 vor §§ 49—80.

[179] dd) Veränderung des Versicherungsvertrages.

Nachdem der Schadensver eine Leistung erbracht hat, ändert sich möglicherweise der Inhalt des fortbestehenden Vsvertrages.

V. Bewirkung der Leistung **§ 49**
Anm. 180—182

So kann sich die Vssumme ändern: Die §§ 95, 112, 119 bestimmen, der Ver hafte nach dem Eintritt eines Vsfalles für den durch einen späteren Vsfall verursachten Schaden nur bis zur Höhe des Restbetrags der Vssumme. Näheres: Anm. 27 zu § 50.

In Betracht kommt aber auch ein teilweiser **Interessewegfall** (§ 68 IV), z. B. dann, wenn bei einer Feuerv mit mehreren Positionen die Sachen einer Position völlig zerstört sind. Dagegen würde eine Überv entstehen, falls z. B. bei einer V eines Inbegriffs nur Teile beeinträchtigt sind, die Vssumme jedoch unverändert geblieben ist. Hierzu Anm. 15 zu § 51.

Die Leistung einer Vsentschädigung kann einen Anspruch auf **Prämienrabatt** oder **Prämienrückvergütung erlöschen** lassen.

Gelegentlich kann ein Vsfall auch das **Ruhen der V** zur Folge haben, z. B. wenn nach einem Schadensfall ein Kraftfahrzeug vorübergehend aus dem Verkehr gezogen wird und der Vmer die Unterbrechung des Vsschutzes verlangt (§ 5 I AKB). Bei einer Maschinenv kann vorgesehen werden: „Nach Eintritt eines Schadenfalls ruht die V für den beschädigten Gegenstand solange, bis die Reparatur endgültig durchgeführt und der ordnungsmäßige Betrieb wiederhergestellt ist" (VA 1926 S. 167).

[180] ee) Beendigung des Versicherungsvertrages.

Tritt ein Totalschaden ein, so **fällt das vte Interesse weg**; dem Ver gebührt noch die Prämie für die laufende Vsperiode (§ 68 IV). Zum Problem, ob solchenfalls der Vsvertrag (auch nach Zahlung der Prämie) „inhaltslos" weiterbesteht, vgl. Prölss[15] Anm. 2 zu § 68, S. 305, unten Anm. zu § 68. Zuweilen wird ausdrücklich das Erlöschen des Vsvertrages angeordnet, so in § 7 I AFaB (VA 1958 S. 105): „Hat der Ver im Falle eines Totalschadens Ersatz geleistet, so erlischt die V; dem Ver gebührt die Prämie für das laufende Vsjahr."

Durch **Rücktritt** kann auch nach Eintritt eines Vsfalls der Vsvertrag wegen einer Verletzung der vorvertraglichen Anzeigepflicht erlöschen: Die Ersatzpflicht des Vers für den eingetretenen Vsfall richtet sich danach, ob der Umstand, in Ansehung dessen die Anzeigepflicht verletzt worden war, Einfluß auf den Eintritt des Vsfalls oder auf den Umfang der Leistung des Vers gehabt hat (§ 21).

Ein **Kündigungsrecht** nach Eintritt des Vsfalls sehen die §§ 96 I, 113[1], 158 I vor.

[181] b) Rechtsverhältnis Versicherer / Dritte.

Durch den Eintritt eines Schadensfalles können nicht nur Rechtsbeziehungen des Vers zu den Leistungsempfängern (Anm. 168) entstehen, sondern auch zu Dritten.

Für den Fall einer **Doppelv** gewinnen Ausgleichsansprüche gegenüber anderen Vern Bedeutung (§ 59 II).

Für den Ver können ferner **Ansprüche gegen Dritte** zur Entstehung gelangen, insbesondere kraft des gesetzlichen Forderungsüberganges gemäß § 67, aber auch in anderen Fällen vsrechtlicher Vorteilsausgleichung (Einzeltatbestände: Anm. 54 vor §§ 49—80).

Zu erwähnen sind hier auch die **Schadensteilungs- und Regreßverzichtsabkommen** (dazu Prölss[15] Anm. 10 zu § 67, Anm. 300—303; unten Anm. zu § 67).

[182] c) Rechtsverhältnis Versicherungsnehmer / Dritte.

Die Tatsache, daß ein Schadensver einem Vmer (oder Vten) Leistungen zu erbringen hat, wirkt sich in weitem Umfang auf das Rechtsverhältnis des Vmers oder Vten zu Dritten aus. Man kann von einem **Einfluß des Vsrechtes auf das Haftungsrecht** sprechen. Der Einfluß kommt in doppelter Richtung in Frage: Einerseits kann das Problem, inwieweit **Dritte gegen den Vmer** (oder Vten) Ansprüche besitzen, durch die Existenz des Vsschutzes (eventuell schon durch die Vsmöglichkeit) beeinflußt werden. Andererseits kommt aber auch in Betracht, daß die **Ansprüche des Vmers** (oder des Vten) gegen Dritte durch den Vsschutz berührt werden.

Eine Übersicht über die einzelnen Fallgruppen findet sich in Anm. zu § 67.

§ 50

Der Versicherer haftet nur bis zur Höhe der Versicherungssumme.

Versicherungssumme.

Gliederung:

Entstehung Anm. 1
Schrifttum Anm. 2

I. Wesen der Vssumme Anm. 3—5
   1. Begriff Anm. 3
   2. Notwendigkeit Anm. 4
   3. Abgrenzung Anm. 5

II. Arten der Vssumme Anm. 6—9
   1. Einheitliche und differenzierte Vssumme Anm. 6
   2. Unabhängige und abhängige Vssumme Anm. 7—10
      a) Feuerv Anm. 8
      b) Sonstige Vszweige Anm. 9
      c) Laufende V Anm. 10
   3. Mindest- und Höchstvssumme Anm. 11—13
      a) Kraftfahrthaftpflichtv Anm. 11
      b) Sonstige Pflichtven Anm. 12
      c) Andere Vszweige Anm. 13
   4. Sonstige Arten der Vssumme Anm. 14

III. Zustandekommen der Vssumme Anm. 15—17

IV. Änderung der Vssumme Anm. 18—23
   1. Nachträgliche Vereinbarung Anm. 18
   2. Antizipierte Vereinbarung Anm. 19
   3. Einseitige Erklärung Anm. 20
   4. Gesetz Anm. 21
   5. Verwaltungsakt Anm. 22
   6. Rechtsprechung Anm. 23

V. Rechtsbedeutung der Vssumme Anm. 24—32
   1. Leistungsbegrenzende Funktion Anm. 24—29
      a) Vsschaden im engeren Sinn Anm. 24—27
         aa) Mehrere Vte Anm. 25
         bb) Mehrere Schäden Anm. 26
         cc) Mehrere Vsfälle Anm. 27
      b) Vsschaden im weiteren Sinn Anm. 28—29
         aa) Aufwendungen zur Rettung Anm. 28
         bb) Ermittlungs- und Feststellungskosten Anm. 29
   2. Prämienbestimmende Funktion Anm. 30
   3. Sonstige Funktionen Anm. 31—32
      a) Innerhalb des Vsverhältnisses Anm. 31
      b) Außerhalb des Vsverhältnisses Anm. 32

VI. Abdingbarkeit der Vorschrift Anm. 33

[1] Entstehung: § 50 ist unverändert geblieben. — Begr. I S. 60.

[2] Schrifttum: Asmus VersR 1965 S. 635—642, Berndt, Der Ersatzwert in der Feuerv, Weißenburg 1951, Blanck, Entschädigungsberechnung in der Sachv, 2. Aufl., Karlsruhe 1963, S. 11—82, Bruck S. 412—419, Hans RZ 1922 Sp. 495—502, Durst Hans RZ 1920 Sp. 514—516, Ehrenberg ZVersWiss 1906 S. 379—384, Ehrenzweig S. 245—247, Fick, Einige Grundbegriffe der Schadensv, Zürich 1918, S. 18—20, Hagen in: Manes, Vslexikon, 3. Aufl., Berlin 1930, Sp. 1752—1754, Hagen I S. 460—462, Ritter Anm. 10—18 zu § 6, S. 235—237, Wörner LZ 1918 Sp. 233—238.

[3] I. Wesen der Versicherungssumme.

1. Begriff.

Die Vssumme begrenzt nach oben die Geldleistung, welche der Ver nach Eintritt des Vsfalls zu erbringen hat. Der Ver trägt nur die Gefahr, er schuldet und „haftet nur bis zur Höhe der Vssumme" (§ 50).

Die Vorschrift findet sich im Abschnitt über die Schadensv, jedoch übt auch (und erst recht) in der Summenv die Vssumme eine leistungsbegrenzende Funktion aus (Anm. 44 vor §§ 49—80): Gemäß § 1 I 2 hat in der Summenv der Ver „nach dem Eintritte des Vsfalls den vereinbarten Betrag an Kapital oder Rente zu zahlen"; von der Vssumme ist ausdrücklich die Rede z. B. in § 5 II 2, III ALB alt, § 4 II b ALB neu, während das Gesetz bei der Regelung der Lebens- und Unfallv den Ausdruck vermeidet und von der vereinbarten Leistung und dem „Betrag" redet, z. B. in § 159 II 1, III,

I. Wesen der Versicherungssumme **§ 50**
Anm. 4

174 II, 180. Was die Lebensv anlangt, so ist es allerdings nur bei der Kapitalv in der Praxis üblich, von Vssumme zu sprechen. Bei der Rentenv wird der Betrag der einzelnen Renten vereinbart; zuweilen auch eine an die Stelle der Renten tretende Kapitalabfindung oder eine Mindestrentenleistung, z. B. kraft der Klausel: „Sind bis zum Tode des Vten noch keine 50 Monatsrenten gezahlt, so wird eine sofort fällige Todesfallleistung in Höhe von 50 Monatsrenten abzüglich der bereits gezahlten Renten gewährt". Will man für statistische Zwecke Vsbestände angeben und dabei Kapital- und Rentenven zusammenzählen, so pflegt man der Kapitalvssumme eine xfache, z. B. zwölffache vereinbarte Jahresrente gleichzuachten. Im Rahmen der Unfallv sind verschiedene Vssummen zu unterscheiden, nämlich die Todesfallsumme, die Invaliditätssumme, das Tagegeld und die Vssumme für Heilkosten. Invaliditätssumme und Tagegeld werden überdies nicht immer voll gewährt, sondern oft teilweise, etwa nach Maßgabe der „Gliedertaxe" oder nach dem Grad der Beeinträchtigung der Arbeitsfähigkeit. Vgl. hierzu § 8 AUB. Zu den „Höchstsätzen" der Krankenv vgl. Anm. 14.

In der Haftpflichtv spricht man statt von Vssumme oft von Deckungssumme, die meistens differenziert wird für Personen-, Sach- und Vermögensschäden. Es kommt aber auch die pauschale Deckung aller drei Schadensarten vor (z. B. mit 1 Million DM Deckungssumme). Sachlich besteht kein Wesensunterschied zwischen der Deckungssumme der Haftpflichtv und der Vssumme der übrigen Schadensvszweige (Heimbücher VW 1961 S. 252—253, Oberbach I S. 188, anders Hartung, Die allgemeine Haftpflichtv, Berlin 1957, S. 112).

Außerhalb der Summenv ist die Vssumme nur einer von mehreren leistungsbegrenzenden Faktoren (Anm. 44 vor §§ 49—80). Es wäre nicht angängig zu bestimmen, „daß der Ver dem Vten bei eintretender Gefahr die stipulierte Summe ohne Rücksicht auf den erlittenen Schaden zahle" (Cohn ZHR Bd 18 S. 75—89). Sonach ergibt sich aus der Vssumme nicht ohne weiteres die Höhe der konkreten Schadensvsforderung. Insbesondere: „Bei Haftpflichtven ist die Vshöchstsumme nicht Gegenstand einer Forderung, sondern sie bildet nur den Rahmen der V, die Höchstgrenze, bis zu der vereinbarungsgemäß der Ver im Vsfalle für den dem Vten entstandenen Schaden zu haften hat. Diese Haftungsgrenze der Vers ist ein für allemal feststehend, solange nicht eine anderweitige Vereinbarung getroffen wird" (RG 8. XII. 1925 RGZ Bd 112 S. 207 in einem Aufwertungsfall).

Zuweilen ist der Begriff der Vssumme so auszulegen, daß ihr Nebenbeträge — etwa Vtendividenden oder Zinsen — hinzuzurechnen sind. So kann bei einer Rentenv der vor Rentenbeginn gutzuschreibende Gewinn verzinslich angesammelt und bei Rentenbeginn zur Erhöhung der vten Rente auf Lebenszeit verwendet werden: „Die so erhöhte Rente gilt dann als vte Rente". Tritt ein Vmer den Anspruch auf die Vssumme ab, so werden durch die Abtretung in dubio auch solche einbezogenen Gewinnanteile und eventuell auch Zinsen mit ergriffen. Entsprechendes gilt bei Verpfändung oder Pfändung der Vssumme. Vgl. hierzu Hagen I S. 461.

Leider spricht man auch außerhalb der Summenv oft von der Auszahlung der Vssumme, wenn man die Auszahlung der Vsentschädigung meint, welche ja keineswegs die Vssumme zu erreichen braucht. Diesen Lebenssprachgebrauch haben auch die §§ 1046 II 1, 1128 I, 1130 BGB übernommen, in denen also statt Vssumme genauer Vsentschädigung zu lesen ist (Begr. I S. 60, Tarnke DJZ 1901 S. 70). Aber: „Das kann heute nicht mehr verwirren" (Ehrenzweig S. 245 Anm. 1).

[4] 2. Notwendigkeit.

Während für eine Summenv eine Vssumme begrifflich notwendig erscheint (Ehrenzweig S. 64), trifft das bei einer Schadensv nicht zu, weil hier auch andere leistungsbegrenzende Faktoren vorhanden sind, nämlich die Schadenshöhe und (in der Aktivenv) der Vswert (Anm. 44 vor §§ 49—80). Man hat sogar für die Abschaffung der Vssumme in der Schadensv plädiert, damit sich die Schadensersatzfunktion immer voll durchsetzen könne (Riebesell AssJhrb Bd 52 S. 152). Aber man darf nicht nur die Belange der Vmer sehen, sondern muß berücksichtigen, daß aus vstechnischen Gründen die Gefahrtragung des Vers nach oben begrenzt sein muß, zumal da die Prämie in Relation zur Vssumme zu stehen pflegt.

Immerhin sind Schadensv ohne Vssumme nicht nur gesetzlich zulässig (Anm. 33) und theoretisch vorstellbar (RG 25. XI. 1927 JW 1928 S. 793 = VA 1928 S. 51 Nr. 1825, Hagen I S. 461), sondern auch praktisch vorkommend. Die Haftpflichtv wurde früher oft ohne Vssumme gewährt, man sprach von „Volldeckung" (Oberbach I S. 187—188 m. w. N., Beispiel: KG 12. XI. 1924 JRPV 1924 S. 83—84). Die Auslandsdeckung kraft der Pflichtv für Kraftfahrzeughalter ist unbegrenzt, falls im Besuchslande unbegrenzte Haftung vorgeschrieben ist (Bormann-Cuntz S. 185, 186). Ferner kommen Krankheitskostenven ohne Vssumme vor, wobei jedoch die Leistungspflicht des Vers zeitlich limitiert werden kann: „Aussteuerung". Was die Aktivenv anlangt, so kennt die bedeutsame Autokaskov keine Vssumme (Gericke DAR 1953 S. 64, Prölss[15] S. 720). Auch bei Ven mit Naturalersatz ist für eine Vssumme grundsätzlich kein Raum (Anm. 17, 18 zu § 49).

Für die öffentlichrechtliche Gebäudev ist die Beseitigung der Vssumme als Ersatzgrenze von Wörner LZ 1918 Sp. 233—238 empfohlen worden. Zum Teil — insbesondere bei Vszwang — kennt das Landesrecht in der Tat keine Vssumme. So wird z. B. in Hamburg auf den Schätzungswert (auf Grund der Durchschnittspreise vom August 1914) abgestellt. Das Ergebnis der Schätzung wird im Schätzungs- und Vsschein niedergelegt. Auch die Schäden werden zu dem Betrage geschätzt, den die Wiederherstellung 1914 erfordert hätte. Die Entschädigungssumme ergibt sich aus einem Multiplikator, der „Feuerkassenrichtzahl" (welche nicht mit der Beitragseinhebungszahl identisch ist: 1966 betrug die Einhebungszahl 3,7, die Richtzahl 5,5). Zu alledem §§ 28 I, 32, 42, 35 II FeuerkassenG. Weitere Nachweise zur Vssumme in der öffentlichrechtlichen Sachv bei Schmidt-Sievers S. 520—521, 65—66.

[5] 3. Abgrenzung.

Die Vssumme ist von einigen anderen Erscheinungen abzugrenzen, nämlich
dem Vsschaden, der in der Schadensv neben der Vssumme leistungsbegrenzend wirkt;
dem Vswert, der in der Aktivenv neben der Vssumme (und dem Vsschaden) leistungsbegrenzend wirkt (RG 3. I. 1930 JRPV 1930 S. 54);
der Taxe (§ 57), welche den Vswert durch Vereinbarung auf einen bestimmten Betrag festsetzt (nur nach § 100 I ADS gilt bei der V imaginären Gewinns die Vssumme als Taxe, vgl. auch § 104¹ ADS);
der Vorschätzung, welche bis zu einem bestimmten Zeitpunkt als (korrigierbare) Grundlage für die Ermittlung eines Schadens an den abgeschätzten Gegenständen dient (Klauseln 5.05, 5.06, 6.02 Klauseln der Feuerv);
der Gesamtwertsumme, welche bei einer Bruchteilv (dazu Blanck a. a. O. S. 11—13) für die Berechnung der Vssumme zum Ausgangspunkt genommen wird. Wird z. B. bei einer Einbruchdiebstahlv eines Warenhauses ein Bruchteil von 10% vert, weil man nicht mit höheren Schäden zu rechnen braucht, so gilt: „Ist als Vssumme ein Bruchteil der Gesamtwertsumme ... genommen, so tritt bei Feststellung einer Unterv an Stelle der Vssumme die Gesamtwertsumme" (§ 3 IV Abs. 4 AEB).

Alles Gesagte schließt aber nicht aus, daß bei der **Wahl der Vssumme** durchweg ausgegangen wird vom zu erwartenden Höchstschaden oder vom Vswert oder daß man als Vssumme den Betrag der Taxe oder Vorschätzung zugrundelegt. Es spricht aber keine Vermutung dafür, daß der Vswert identisch sei mit der Vssumme oder gar daß die Vssumme als Taxe gelten solle. Deshalb ist die Vssumme kein Beweis für den Vswert (Prölss[15] Anm. 2 zu § 50, S. 237). Deshalb bildet auch in der Seev die nicht taxierte, also die „offene Polize" rechtlich die Regel (RG 29. I. 1887 RGZ Bd 19 S. 210—211).

[6] II. Arten der Versicherungssumme.
1. Einheitliche und differenzierte Versicherungssumme.

Im Rahmen eines einzigen Vsvertrages gibt es zuweilen nur eine Vssumme (z. B. bei einer Kapitallebensv), zuweilen mehrere, differenzierte Vssummen (z. B. bei der Unfallv für Todesfall, Invalidität, Tagegeld, Heilkosten, bei der Haftpflichtv für Personen-, Sach- und Vermögensschäden: Anm. 3). Besonders bei Sachven sind häufig zahlreiche Sachen vert, und zwar seltener mit einer einheitlichen Vssumme — dann

II. Arten der Versicherungssumme § 50
Anm. 7—8

spricht man von summarischer V — als in separaten Positionen, Gruppen, Rubriken mit differenzierten Vssummen — dann spricht man von positionsweiser V. Ein Grenzgebilde liegt vor, falls eine Position einen Sachinbegriff oder mehrere Sachen summarisch erfaßt, z. B. Maschinen oder Waren oder Hausrat oder Arbeitsgerät (Raiser Anm. 15 zu § 2, S. 104—105), wobei nach § 3 IV 3 AFB Hausrat und Arbeitsgerät mangels anderer Vereinbarung sogar als in einer Gruppe vert gelten. Für jede Position ist besonders festzustellen, ob Unterv vorliegt (§ 3 IV 2 AFB, KG 2. VIII. 1939 JRPV 1939 S. 284—285). „Liegt ... positionsweise V vor, so bildet die Position für sich gleichsam einen besonderen Teil des Vsvertrages" (Berndt a. a. O. S. 87—88 unter Aufzählung der üblichen Positionen einer industriellen Feuerv, dazu auch Blanck a. a. O. S. 45—48). Für den Fall, daß eine der Vssummen in den Positionen sich als zu niedrig erweist, kann eine Vorsorgev genommen werden; in der entsprechenden Klausel sind die erhöhungsfähigen Positionen anzugeben (Klausel 21 Klauseln der Feuerv, auch Blanck a. a. O. S. 71—73). Man kann in einer Kompensationsklausel (Ehrenzweig S. 247) auch einen Summenausgleich dergestalt vereinbaren, daß „die etwaige Überv einer oder mehrerer Positionen einer etwa festgestellten Unterv anderer Positionen zugute kommt" (Berndt a. a. O. S. 89, auch Blanck a. a. O. S. 64—67). Man hat sogar eine „Feuerblockpolize" vorgeschlagen, bei welcher in einer einzigen Position, in einem „Block" mit einheitlicher Vssumme industrielle Risiken vert werden sollten (dazu Berndt a. a. O. S. 89, Lauinger VW 1948 S. 8—9, Zonenamt VA 1948 S. 13). — Trotz einheitlicher Vssumme ist es zuweilen angängig, diese Vssumme — etwa an Hand des Antrages — aufzuteilen (so für einen Glasvsfall bei V mehrerer Scheiben: KG 9. VII. 1921 VA 1922 Anh. S. 26—27 Nr. 1253); vgl. auch § 794 HGB (Aufteilung auf Grund besonderer Taxen).

[7] 2. Unabhängige und abhängige Versicherungssumme.

Regelmäßig sind mehrere Vssummen, die im Rahmen eines einheitlichen Vsvertrages vereinbart sind — z. B. für verschiedene Positionen — unabhängig voneinander. Aber es kann durch besondere Abreden nicht nur wirtschaftlich, sondern auch rechtlich eine bestimmte Beziehung (Abhängigkeit, Interdependenz) zwischen mehreren Vssummen geschaffen werden, speziell im Verhältnis von Gesamt- und Sondervssumme (Ehrenberg ZVersWiss 1928 S. 354).

[8] a) Feuerversicherung.

Beispiele bieten zunächst die in Anm. 6 erwähnten Fälle der Vorsorgev und des Summenausgleiches.

Die Außenv von Hausrat und Arbeitsgerät erstreckt sich nur auf höchstens 10 v. H. der Vssumme für Hausrat und Arbeitsgerät zusammen, höchstens 3000 DM (§ 4 III AFB, vgl. auch § 4 III AEB, § 5 II AHausratB). Die abhängige Außenv ist nur bei besonderer Vereinbarung V auf erstes Risiko (Anm. zu § 56); zur Frage, wann für Hausrat und Arbeitsgerät insgesamt eine Unterv vorliegt, vgl. § 3 IV 2 AFB. Vgl. ferner Klausel 15 Klauseln der Feuerv, Blanck a. a. O. S. 55—58, Prölss[15] S. 394, Raiser Anm. 9—11 zu § 4, S. 154—156.

Gemäß Nachtrag zu § 1 VI AFB sind in die V von Wohngebäuden „auch Aufräumungskosten, die im Schadenfalle dem Vmer entstehen, in Höhe bis 1 v. H. der Vssumme eingeschlossen" (VA 1938 S. 118—119).

Mag auch bei einer landwirtschaftlichen V die Vssumme für Ernteerzeugnisse insgesamt höher bemessen sein, so sind doch beim Aufstellen in Schobern (Diemen) die Ernteerzeugnisse nur bis zum Höchstbetrage von (jetzt) 30000 DM vert (§ 6 Zusatzbedingungen für landwirtschaftliche Ven: VA 1951 S. 52, 1956 S. 3).

Im Klauselwerk der Feuerv finden sich noch manche andere Beispiele für interdependente Vssummen, z. B. unterscheidet die Stichtagsv für Vorräte (Klausel 5.01) die Höchstvssumme von der Stichtagssumme, die gleitende Vorratsv mit nachträglicher Prämienverrechnung für Lagergüter der Besorgungs-Auftraggeber (Klausel 5.02) die Höchstvssumme von dem Höchstwert eines jeden Monats, die Klausel: Nachzeichnung für Vorräte (Klausel 5.03) die Grundsumme von den Nachvssummen, die mit höchstens 200 v. H. der Grundsumme begrenzt sind.

[9] b) Sonstige Versicherungszweige.

In der Reisegepäckv sind gewisse wertvolle Gegenstände wie Schmuckstücke, Uhren, Fotoapparate, Ferngläser, Pelze „nur bis zur Höhe von 30% der Gesamtvssumme in die V einbegriffen". Hierzu — speziell zum Begriff Fotoapparate — LG Karlsruhe 8. IV. 1960 VersR 1960 S. 940—941 mit Anm. Brockmann.

In der Tierv spielt die „pauschale Form" eine große Rolle, z. B. in den Allgemeinen Vsbedingungen für Rindviehven (VA 1963 S. 2—6). Dabei wird für jede Tiergruppe eine Gesamtvssumme und entsprechend je Tier eine gleiche Höchstsumme vereinbart. Diese Einzelvssumme je Tier wird in der Weise errechnet, daß die Gesamtvssumme durch die Zahl der vsfähigen Tiere geteilt wird, die im Zeitpunkt des Schadens in der Gruppe vorhanden waren, begrenzt durch die je Tier vereinbarte Höchstvssumme (§§ 2 V b, 5 I b, 8 I Abs. 2). Über Tiervn in pauschaler Form vgl. auch die Zusatzbedingungen für die Reaktionstuberkulosev und die Euterschadenv: VA 1961 S. 218, ferner für die Zuchttierv von Chinchillas: VA 1965 S. 155—156.

In der Vertrauensschadenv steht neben der Vssumme, welche die Entschädigungsleistung für sämtliche Schäden begrenzt, eine Sondervssumme, z. B. nach § 3 II Allgemeine Bedingungen der Vertrauensschadenv: VA 1959 S. 131: „Im Rahmen der Vssumme ist die Entschädigungsleistung begrenzt mit höchstens 25 000,— DM für Schäden, die verursacht werden ... von einer ohne Namensnennung als Stellvertreter in die V eingeschlossenen Vertrauensperson".

[10] c) Laufende Versicherung.

Besonders häufig kommen abhängige Vssummen — als Maxima — im Rahmen der kaufmännischen Vszweige, speziell bei der laufenden V vor.

Allerdings gibt es bei der gewöhnlichen laufenden V (§ 187 II, auch § 97 ADS) keine Gesamtvssumme (Prölss[15] Anm. 2 zu § 187, S. 902). Zu deklarieren sind Vswerte (§ 97 VI 1 ADS), nicht Vssummen (Ritter Anm. 52 zu § 97, S. 1168). Aber es wird nicht selten ein Maximum vereinbart, bis zu welchem Güter mit einem Schiff befördert werden dürfen (§ 97 VII ADS). Dann wirkt der Höchstbetrag wie eine Vssumme, gegebenenfalls liegt Unterv vor und der Ver haftet nur proportional (Ritter Anm. 68 zu § 97, S. 1174, a. A. RG 16. IV. 1924 RGZ Bd 108 S. 153—156).

Bei einer Abschreibev wird „die laufende V für eine bestimmte Zeit und in der Weise genommen, daß von einer im Vertrage bestimmten Höchstvssumme die einzelnen Vssummen abgeschrieben werden" (§ 98 ADS). Hier kann Unterv nicht nur im Blick auf die einzelnen abgeschriebenen Vssummen vorliegen, sondern auch dann, wenn die Höchstvssumme bereits so verkleinert ist, daß der Rest für einen (letzten) Transport nicht mehr ausreicht (RG 25. XI. 1927 JW 1928 S. 793 = VA 1928 S. 50—51 Nr. 1825).

In allen Fällen der Vereinbarung von Maxima taucht die Frage auf, ob bei Überschreitung die Proportionalitätsregel (§ 56) Anwendung finden soll, oder ob bei solcher Unterv eine V auf erstes Risiko (Anm. zu § 56) anzunehmen ist. Die Frage ist nicht richtig gestellt, wenn man darauf abhebt, ob das Maximum Vssumme oder Entschädigungsbegrenzung sei (so aber Prölss[15] Anm. 2 zu § 187, S. 903); denn auch eine Vssumme ist ja stets Entschädigungsbegrenzung, es kommt lediglich auf die Anwendung der Proportionalitätsregel an. Unglücklich ist es auch, „Vsmaximum" und „Schadensmaximum" zu unterscheiden, wobei man beim Schadensmaximum an die V auf erstes Risiko denkt.

Liegt keine klarstellende Vereinbarung vor, so wird man bei Überschreitung des Maximum die Proportionalitätsregel anwenden müssen; ansonsten ergibt sich im Rahmen des Maximum für den Ver eine durch die Prämie nicht äquivalent entgoltene Gefahrtragung: Bruck S. 415, Ehrenberg JW 1928 S. 791—793, ZVersWiss 1928 S. 354, Hagen ZVersWiss 1928 S. 213—217, HansRGZ 1928 A Sp. 149—152. Anders aber leider die höchstrichterliche Rechtsprechung: RG 25. XI. 1927 JW 1928 S. 793 = VA 1928 S. 50—51 Nr. 1825, 18. III. 1930 JW 1930 S. 3622 = VA 1930 S. 46 Nr. 2132 (dahingestellt RG 25. XI. 1927 JW 1928 S. 1738 = JRPV 1928 S. 9) und wie das RG auch KG 14. X. 1925 VA 1926 S. 65—67 Nr. 1573 = JRPV 1925 S. 317—318, Ehrenzweig JW 1928 S. 1737—1738, Martin VersPrax 1928 S. 47—48, auch S. 65—67, Prölss[15] Anm. 2 zu § 187, S. 903.

II. Arten der Versicherungssumme § 50
Anm. 11

Angesichts der Zwiespältigkeit der vertretenen Auffassungen ist es ratsam, bei der Vereinbarung der Maxima klarzustellen, ob § 56 angewendet werden soll oder nicht. So heißt es in § 11 AVB für die Rauchwaren-Einheitsv nach Festlegung der Höchsthaftsummen für Bahntransporte usw.: „Unberührt hiervon bleiben die Bestimmungen über Unterv" (§ 56 VVG). Ein Schema für die Maxima der Einheitsv ist in einer geschäftsplanmäßigen Erklärung der Ver vorgesehen (VA 1960 S. 123—124). Über die wirtschaftliche Bedeutung der Maxima Schurgast JRPV 1928 S. 131—132.

[11] 3. Mindest- und Höchstversicherungssumme.
a) Kraftfahrthaftpflichtversicherung.
Im Rahmen der Kraftfahrthaftpflichtv gilt es, verschiedene summenmäßige Begrenzungen zu unterscheiden: Die Gefährdungshaftung des Halters ist summenmäßig beschränkt, z. B. im Falle der Tötung oder Verletzung eines Menschen auf einen Kapitalbetrag von 250 000 DM, für den Fall der Sachbeschädigung auf 50 000 DM (§ 12 I StVG in der Fassung des G vom 15. IX. 1965, BGBl. I S. 1362). — Die Mindestvssummen sind auf Grund des § 4 II PflVG geregelt in einer Anlage zum PflVG. Hiernach beträgt die Mindesthöhe der Vssumme für Personenschäden bei Personenfahrzeugen bis zu 9 Plätzen z. B. 250 000 DM; 1957 war die Mindestversicherungssumme noch nicht erhöht worden, wohl aber die Gefährdungshaftung (vgl. aus der Fragestunde des Bundestages: VW 1960 S. 751). — Die Haftpflichtver bieten in den jetzt maßgebenden Unternehmenstarifen Haftpflichtdeckungssummen in durchweg vier Abstufungen an, und zwar bei Personenwagen nach folgendem Schema:

Haftpflichtdeckungssummen von DM

	1	2	3	4
Personenschäden . . .	1 000 000	750 000	500 000	250 000
Sachschäden		150 000	100 000	50 000
Vermögensschäden . .		30 000	20 000	10 000

Die „Millionendeckung" der Abstufung 1 wird summarisch, d. h. ohne Aufgliederung in Personen-, Sach- und Vermögensschäden geboten. Die Abstufung 4 ist die obligatorische Mindestdeckung.

Wird in einem Vsvertrag die gesetzliche Mindestvsumme unterschritten, so ist im Interesse der Verkehrsopfer anzunehmen, daß dennoch der Vsvertrag mit der gegesetzlichen Mindestvssumme (mindestens: mit der Haftpflichtdeckungssumme der Spalte 4) als zustande gekommen gelte. Dazu Pienitz[3] S. 229, Weber VersR 1953 S. 121 bis 123, LG Düsseldorf 21. II. 1952 VersR 1953 S. 132—133. Zum umgekehrten Fall der Überschreitung der Mindestvssumme: BGH 28. V. 1953 VersR 1953 S. 285.
Der für den Ver durch § 5 II PflVG geschaffene Kontrahierungszwang kann nur gerechtfertigt werden, soweit sich der Antrag auf Abschluß eines Vsvertrags auf die Mindestvssumme (genauer: die Haftpflichtdeckungssumme der Spalte 4), beschränkt (Fromm S. 219—220, a. A. Thees-Hagemann S. 132). Schwierig ist die Rechtslage, falls der Antrag weitergeht. Schweigt der Ver, so kann er sich nicht darüber beklagen, daß der Antrag vollen Umfangs als angenommen gilt. Falls der Ver fristgemäß eine vollständige Ablehnungserklärung absendet, wird man annehmen müssen, daß auch in Höhe der Mindestvssumme kein Vsvertrag zustande kommt; dadurch erlangt der Antragsteller die Möglichkeit, bei einem anderen Ver umfassendere Deckung anzustreben. Der Ver kann nicht entscheiden, er nehme den Antrag unter Beschränkung auf die Mindestdeckungssumme an; hierin läge ein neuer Antrag, welcher der Annahme seitens des Vmers bedürfte.
Bei einem „kranken" Vsverhältnis haftet der Ver gemäß § 158 c III „nur im Rahmen der amtlich festgesetzten Mindestvssummen", vgl. auch § 3 Ziff. 6 S. 1, § 4 II 3 PflVG. Liegen die vom Ver gebotenen niedrigsten Haftpflichtdeckungssummen darüber, so wird man von diesen Haftpflichtdeckungssummen auszugehen haben.

[12] **b) Sonstige Pflichtversicherungen.**

Wie bei der Kraftfahrthaftpflichtv müssen auch bei sonstigen Pflichtven Mindestvssummen bezeichnet werden.

Ein sehr kompliziertes System von Mindestvssummen ist vorgesehen in der VO über die Deckungsvorsorge nach dem AtomG (Deckungsvorsorge-VO). Nach § 6 VO ist bei der Festsetzung der Höhe der Deckungssumme z. B. bei Reaktoren von einer Regeldeckungssumme auszugehen, „die sich daraus ergibt, daß ein von der Höchstleistung des Reaktors abhängiger Betrag (Grundbetrag) mit einem von der Besiedlungsdichte im Umkreis des Reaktors abhängigen Faktor (Besiedlungsfaktor) vervielfacht wird." Aus bestimmten Gründen kommen gemäß § 8 VO Erhöhungen und Ermäßigungen in Frage, und zwar Erhöhungen um höchstens die Hälfte der Regeldeckungssumme, Ermäßigungen um höchstens vier Fünftel des Grundbetrages. Die Deckungssumme beträgt aber immer mindestens 500000 DM. Die sich ergebenden Deckungssummen sind sämtlich als Mindestdeckungssummen anzusehen. Genaueres bei Borst BetrBer 1962 S. 241 bis 243.

Nach § 17 I Ziff. 6 BundesjagdG ist eine Haftpflichtv mit einer Vssumme von 250000 DM für Personenschäden, 25000 DM für Sachschäden zu nehmen.

Auch § 2 VO über das Bewachungsgewerbe vom 22. XI. 1963 (BGBl I S. 846) sieht Mindestvssummen vor, und zwar regelmäßig mit 250000 DM für Personenschäden, 25000 DM für Sachschäden, 5000 DM für das Abhandenkommen bewachter Sachen, 4000 DM für reine Vermögensschäden.

Eine Unfallpflichtv kennt § 50 LuftverkehrsG: Die Fluggäste sind gegen Unfälle zu vern, und zwar für den Fall des Todes oder der dauernden Erwerbsunfähigkeit mit einer Vssumme von mindestens 35000 DM.

„Der Pfandleiher hat das Pfand mindestens zum doppelten Betrag des Darlehns gegen Feuerschäden, Wasserleitungsschäden, Einbruchsdiebstahl sowie angemessen gegen Beraubung zu vern" (§ 8 VO über den Geschäftsbetrieb der gewerblichen Pfandleiher vom 1. II. 1961, BGBl I S. 58).

[13] **c) Andere Versicherungszweige.**

Wegen der bedeutsamen Unterschiede zwischen Groß- und Kleinlebensv muß eine Grenzziehung versucht werden, und zwar durch eine Höchstvssumme in der Kleinlebensv (dazu VA 1961 S. 38: 5000 DM). In der Großlebensv sind Ven ohne ärztliche Untersuchung nur zulässig, falls eine Höchstvssumme nicht überschritten wird (dazu VA 1964 S. 34: 40000 DM, vorher VA 1925 S. 29—30, Geschäftsbericht 1959/60 S. 37: 20000 DM). Für die Kindestodesfallv sind gemäß § 159 IV Höchstvssummen festgesetzt (dazu VA 1956 S. 99: 300—10000 DM). Mindest- und Höchstsummen spielen für die aufsichtsrechtliche Zulässigkeit von Gruppenlebensven eine Rolle, besonders bei Vereinsgruppenven (vgl. VA 1965 S. 18—21).

Mindest- und Höchstvssummen kennt auch die Reisewetterv: „Die Mindestvssumme für 14 Tage (2 Wochen) beträgt DM 200,—, die Höchstvssumme DM 1000,—. Für jede weiteren 7 Tage beträgt die Mindestvssumme DM 100,— und die Höchstvssumme DM 500,—. In allen Fällen gelten jeweils Staffeln von vollen DM 50,—" (§ 4 II Allgmeine Vsbedingungen für die Reisewetterv: VA 1955 S. 111).

Auch die Speditionsv standardisiert die Vssummen. Gemäß § 9 SVS haften die Ver für alle auf ein Schadensereignis angemeldeten Ansprüche bis zu einem Betrag von 400000 DM, auch wenn mehrere Vte desselben Spediteurs durch dieses Schadensereignis betroffen werden. Neben dieser Höchstgrenze ist die Vssumme je Verkehrsvertrag zu beachten, und zwar ist im Zweifel jeder Verkehrsvertrag bis zu einem Höchstbetrag von 2500 DM vert, allerhöchstens aber auch wieder bis 400000 DM: „Vssummen über 400000,— DM für den einzelnen Verkehrsvertrag sind ausgeschlossen. Bei Sendungen mit einem höheren Wert als DM 400000,— können, wenn tatsächlich zu DM 400000,— vert ist, die Ver den Einwand der Unterv nicht erheben" (§ 6 B SVS). Die Prämien betragen bei Vssummen bis 500 DM 10 Pf, bei Vssummen von 500—2500 DM 20 Pf (Näheres § 13 SVS).

III. Zustandekommen der Versicherungssumme § 50
Anm. 14—16

[14] 4. Sonstige Arten der Versicherungssumme.
Zuweilen werden eine **vorläufige** und eine berichtigte Vssumme unterschieden, etwa in der Bauwesenv beim Wohngebäude-Jahresvertrag (vgl. Anm. 17).

Besonders buntscheckig sind die in der Krankenv vorkommenden Höchstsätze, welche rechtlich als Vssummen anzusehen sind. Eine Systematik bringt Ohrt, Die Allgemeinen Vsbedingungen der Privaten Krankenv, Karlsruhe 1961, S. 139—142. Er unterscheidet Höchstsätze nach Sachumfang, Zeitumfang und Berechnungsart, wobei hinsichtlich des Sachumfangs auf sämtliche Leistungen eines Tarifs oder auf Einzelleistungen (z. B. Arzthonorare) oder auf Leistungsgruppen (z. B. alle Arten der Zahnbehandlung) abgehoben werden kann. Die Höchstsätze kommen zeitlich je Vsfall, je Krankheit, je Vsjahr oder für die gesamte Vszeit in Betracht. Es kann sich, was die Berechnungsart angeht, nicht nur um feste Höchstsätze handeln, sondern auch um solche, die gestaffelt sind nach der Vszeit, oder die berechnet werden nach der Prämie; überwiegend aber werden Gebührenordnungen oder Leistungsverzeichnisse derart zugrunde gelegt, daß höchstens das X-fache der Mindestsätze je Einzelfall gezahlt wird. Selbstverständlich werden die drei Typen der Höchstsätze meistens kombiniert. Insgesamt ergibt sich daraus die starke Differenziertheit (und schwere Vergleichbarkeit) der Tarife in der privaten Krankenv.

[15] III. Zustandekommen der Versicherungssumme.
Die Vssumme wird zwischen Ver und Vmer frei **vereinbart**, es handelt sich — anders als beim Vswert — nicht um eine objektiv feststehende Größe (Berndt a. a. O. S. 82, Fick a. a. O. S. 20). In der **Summenv** wird der Antragsteller vom (abstrakten) Bedarf, aber praktisch auch von der Höhe der zu zahlenden Prämie ausgehen. Für den Ver steigt das subjektive Risiko mit der Höhe der Vssumme. In der **Passivenv** muß der Vmer beachten, daß die Schäden sehr hoch sein können. Bei Verschulden haftet z. B. auch der Kraftfahrzeughalter in unbeschränkter Höhe (§ 16 StVG). In der **Aktivenv** sollte die Vssumme dem Vswert entsprechen: Ist sie höher, so ergibt sich eine unrationelle Überv; ist sie niedriger, so wird unvollständiger Vsschutz gewährt, eine Unterv liegt vor (Berndt a. a. O. S. 83).

[16] Die Vereinbarung der Vssumme erfolgt durchweg **ausdrücklich** auf Grund einer entsprechenden Frage im Vsantrag. Die Vereinbarung bildet einen Bestandteil des gesamten Vsvertrages; es ist nicht sinnvoll, von einem „Nebenvertrag" zu reden (so aber Ritter Anm. 16 zu § 6, S. 237, der an eine gesonderte Anfechtung denkt). Eine Vereinbarung durch Bezugnahme findet sich in § 4 1 Sonderbedingungen für die einfache Betriebsunterbrechungsv (VA 1956 S. 77): „Als Vssumme gilt die in der Feuerv für Vorräte und Einrichtung vereinbarte Summe."

Es bedarf aber **keiner ausdrücklichen** Vereinbarung und Benennung der Vssumme. Wird im Vsantrag oder Vsschein die Vssumme nicht als solche angegeben, wohl aber der Vswert, womöglich als Taxe oder auf Grund einer Vorschätzung, so spricht bei einer solchen Aktivenv die Vermutung dafür, daß eine Vollv gewollt ist, sodaß die genannten Beträge zugleich als Vssummen anzusehen sind (Hagen I S. 461, Ritter Anm. 13 zu § 6, S. 236). §§ 107 III, 108 III, 109 I ADS bestimmen sogar, daß eine Taxe in bestimmten Fällen nur als Vssumme gelte. Bei einer Kraftfahrhaftpflichtv wird man davon auszugehen haben, daß die niedrigsten Vssummen des Unternehmenstarifes vert sein sollen. Jedoch kann sich aus der vereinbarten Prämienhöhe ein Rückschluß auf erhöhte Haftpflichtvssummen ergeben. Auch in anderen Fällen kann von der Prämie her auf die Höhe der Vssumme geschlossen werden.

Die Ver suchen die Bemessung der Höhe der Vssumme in gewissem Umfange zu **beeinflussen.** Sie bevorzugen „runde" Vssummen (wenn nicht „runde" Prämien). In der Unfallv streben die Ver ein bestimmtes Verhältnis der differenzierten Vssummen zueinander an, z. B. in der Luftfahrtv Tod: Invalidität: Tagegeld = 1 000 : 2 000 : 1. Bei einer V für Tod allein soll ein Zuschlag von 33 $\frac{1}{3}$% auf die Todesfallprämie erhoben werden. In § 3 II Allgemeine Vs-Bedingungen für die Bauwesen-V von Wohngebäuden heißt es sogar: „Als Vssumme gilt .... für die Bauleistung die vertragliche Bausumme mit Taglohnarbeiten zuzüglich des Wertes aller Lieferungen von Baustoffen und Bauteilen...."

Etwas abweichend Besondere Vereinbarungen zum Wohngebäude-Jahresvertrag, wo bei der Prämienberechnung zunächst auf die vorläufige, später auf die berichtigte Vssumme abgehoben wird (vgl. zu § 3 Ziff. 2, zu § 6 Ziff. 2). Über Mindest- und Höchstvssummen vgl. Anm. 11—13.

[17] **Fehlt** es bei einer Summenv an einer ausdrücklichen oder stillschweigenden **Vereinbarung** der Vssumme, so fehlt es an einer vollständigen Einigung, der Vsvertrag ist nicht geschlossen (§ 154 I 1 BGB, OLG Düsseldorf 16. VI. 1930 JRPV 1930 S. 355—356). Antrag und Annahme stimmen nicht überein, wenn Höchstbeträge der Haftung für das einzelne Transportmittel vom Ver geändert werden (KG 26. IV. 1922 HansRZ 1922 Sp. 851—853).

Entsteht Streit über die Höhe der Vssumme, so ist der Streitwert nach Maßgabe des Unterschiedes der in Betracht kommenden Jahresprämie festzusetzen (Oberbach I S. 189).

[18] **IV. Änderung der Versicherungssumme.**
1. Nachträgliche Vereinbarung.

Da die Vssumme Bestandteil des Vsvertrages ist und Verträge erfüllt werden müssen, bedarf es regelmäßig einer nachträglichen Vereinbarung, wenn während der formellen Vsdauer die Vssumme erhöht oder vermindert werden soll; bei Erhöhungen spricht man von einer Nachv (Anm. 110 zu § 1, Anm. 51 zu § 52). Nicht selten besteht Kontrahierungszwang, insbesondere eine Verpflichtung des Vmers, einen Nachvsantrag zu stellen (Anm. 121 zu § 1).

Beispiele: § 11 IV AHagelB, wo ungenau von Zustimmung des Vers statt von Annahme des Erhöhungsantrages die Rede ist: „Eine Erhöhung der Vssumme nach Einreichung des Anbauverzeichnisses bedarf der schriftlichen Zustimmung der Gesellschaft. Eine Erhöhung nach einem Schaden ergibt jedoch keinen erhöhten Anspruch aus diesem Schaden." — Für die Einheitsv bestimmt § 5¹ EVB, eine Änderung der Höchsthaftungssummen sei besonders schriftlich zu vereinbaren.

[19] **2. Antizipierte Vereinbarung.**

Besonders in dem Bestreben, Unterven gar nicht erst entstehen zu lassen, werden in wachsendem Maße im Vsvertrage Vereinbarungen getroffen, wonach sich die Vssumme verändert, sei es automatisch, sei es auf Grund einer Erklärung des Vers oder des Vmers; manchmal sind auch beide in der Lage, solche Erklärung abzugeben. Zur gleitenden Vssumme generell Bruck HansRZ 1922 Sp. 500—502, Durst HansRZ 1920 Sp. 514—516.

Automatisch wirken z. B. §§ 1 II c, 2 AHaftpflB, wo die sogen. Vorsorge-V behandelt wird, welche Risiken erfaßt, die für den Vmer nach Abschluß der Haftpflichtv neu entstehen; der Vsschutz beginnt sofort mit dem Eintritt des neuen Risikos, ist allerdings auf den Betrag von 50 000,— DM für Personenschaden und 5 000,— DM für Sachschaden begrenzt. — Den umgekehrten Fall einer automatischen Herabsetzung behandelt § 5 II, III ATierB: „Werden Tiere zu Durchschnittswerten .... vert und sind zur Zeit des Schadenfalls mehr aufnahmefähige Tiere .... vorhanden als vert sind, mindert sich die Einzelvssumme entsprechend .... Bei Pferden wird mit Beginn des 11. Lebensjahres eine jährliche Herabsetzung der Vssumme vorgenommen, und zwar um jeweils 10% der Vssumme bei Beginn der Abschreibung ...."

Der Ver verändert auf Grund vorweggenommener Vereinbarungen, aber nunmehr durch einseitigen Akt die Vssumme bei einer gleitenden Neuwertv. Dabei wird etwa von der „Vssumme 1914" ausgegangen, welche durch einen Teuerungszuschlag verändert wird: „Er wird vom Ver auf Grund der Veröffentlichungen des Statistischen Bundesamtes festgesetzt" (vgl. die verschiedenen Sonderbedingungen für die gleitende Neuwertv VA 1951 S. 49—51, 99, 1962 S. 174—175 und dazu Helberg VA 1951 S. 58—59). Ähnliche Regelungen finden sich oft in der öffentlichrechtlichen Gebäudev (Anm. 4). — Nach § 5 IV ATierB ist der Ver berechtigt, jederzeit auf seine Kosten durch Beauftragte eine Abschätzung der vten Tiere vornehmen zu lassen und, soweit begründet, die Vssumme mit sofortiger Wirkung herabzusetzen. Gemäß Prölss[15] S. 463, AG Köln 11. I.

IV. Änderung der Versicherungssumme § 50
Anm. 20—21

1951 VersR 1951 S. 230 ist der Ver nicht gehalten, immer zunächst durch Beauftragte eine Abschätzung vorzuschalten; anderweitige Feststellungen — wie eine allgemeine Preissenkung auf dem Viehmarkt — genügen. Auch in der Hagelv kann der Ver die Vssumme auf Grund neuer Einschätzung der Hektarwerte erhöhen oder herabsetzen (§ 11 I AHagelB).

Der Vmer kann in der Hagelv die Herabsetzung der Vssumme insoweit verlangen, als sich nach Einreichung des Anbauverzeichnisses herausstellt, daß der zu erwartende Erntewert hinter der Vssumme wesentlich zurückbleibt. Obgleich § 11 V AHagelB hier von einem Antrag des Vmers spricht, dürfte doch das einseitige Verlangen des Vmers rechtsgestaltend wirken. — Große Bedeutung hat die einseitige Nachzeichnung für Vorräte gemäß Klausel 5.03 Klauseln der Feuerv: Die schriftliche Aufgabe des Vmers bewirkt, „daß die an einem bestimmten Tage aufgegebene Vssumme für den gleichen Tag mittags 12 Uhr für die Ver verbindlich ist." „Die Verpflichtung der Ver zur Übernahme von Nachven wird mit höchstens 200 v. H. der in der Vsurkunde genannten Grundsumme begrenzt." Umgekehrt sieht die Klausel auch eine Verminderung oder Zurückziehung der nachvten Summen vor. „Aus den aufgegebenen Nachvssummen und der Zahl der Tage, an denen sie in einem Monat in Kraft gewesen sind, wird die Durchschnittsnachvssumme für diesen Monat festgestellt."

Der Ver und der Vmer können nach den Vereinbarungen der Wertzuschlagsklauseln (Klauseln 6.02, 6.03, 6.04 und 6.05: VA 1950 S. 156, 1962 S. 230—231) eine Änderung des Wertzuschlages verlangen, dazu kann eine Vorsorgev für Neubauten und Neuanschaffungen vereinbart werden (Klausel 6.06: VA 1962 S. 231).

[20] 3. Einseitige Erklärung.

Die in Anm. 19 behandelten Fälle einseitiger Erklärung des Vers oder Vmers beruhen auf einer antizipierten Vereinbarung, welche letztlich der Erklärung ihre vertragsändernde Wirkung verschafft. Zuweilen aber können Ver oder Vmer auch ohne vorweggenommene Vereinbarung, nämlich auf Grund Gesetzes, rechtsgestaltende Willenserklärungen abgeben, welche die Vssumme verändern.

Der Ver bewirkt in der Lebensv mit einer Kündigung des Vsverhältnisses nach § 39 III, daß sich mit der Kündigung die Lebensv in eine prämienfreie V umwandelt, d. h. in eine V mit veränderter Kapitalvssumme oder verändertem Rentenbetrag (§§ 175 I, 174 II—IV). Gemäß geschäftsplanmäßigen Erklärungen verpflichten sich die Ver, dem Vsschein eine Tabelle der prämienfreien Vssummen beizufügen (VA 1957 S. 60—61, 80—81).

Der Vmer kann jederzeit für den Schluß der laufenden Vsperiode die Umwandlung der Lebensv in eine prämienfreie V verlangen, wiederum mit der Wirkung einer veränderten Kapitalvssumme oder eines veränderten Rentenbetrages (§ 174 mit oben erwähnten geschäftsplanmäßigen Erklärungen).

Der Ver und der Vmer können verlangen, daß zur Beseitigung einer Überv die Vssumme unter verhältnismäßiger Minderung der Prämie mit sofortiger Wirkung herabgesetzt wird (§ 51 I und dazu Anm. 23—31 zu § 51).

[21] 4. Gesetz.

In Einzelfällen verändert sich unmittelbar kraft Gesetzes, also nicht kraft Vertrages oder einseitiger Willenserklärung, eine Vssumme.

Hierhin wird man aus der Lebensv den Fall des § 175 II rechnen müssen. Dieser setzt zwar die Anmahnung einer Folgeprämie und den fruchtlosen Ablauf der Mahnfrist voraus, damit aber tritt ohne Rücksicht auf den Geschäftswillen des Vers die Rechtsfolge ein, daß der Ver nur noch die (prämienfreie) verminderte Kapitalvssumme, den verminderten Rentenbetrag zu leisten braucht, falls nunmehr der Vsfall eintritt.

Gemäß § 22 VO PR Nr. 15/59 wirkt sich die Änderung von Unternehmenstarifen in der Kraftfahrtv jeweils auch auf laufende Verträge aus. Die Änderung kann auch die Vssumme betreffen, z. B. ist in der Haftpflichtv die Sachschädendeckungssumme erhöht worden (Bormann-Cuntz S. 221—222). Vgl. auch § 10 PflVG.

Große Bedeutung hat die gesetzliche Umstellung von Vssummen infolge der Währungsreform gewonnen. Allerdings ist in der Schadens- und Unfallv die RM-Vssumme ab

21. VI. 1948 unverändert in DM in Kraft geblieben (Füssel in: Härle, Währungsreform in der Privatv, Hamburg 1948, S. 92—93). Für Lebensven, bei denen eine Prämienreserve zu bilden war, ist dagegen eine neue, umgestellte Vssumme berechnet worden, und zwar wurden im Prinzip Summenteile, welche auf die am 20. Juni 1948 schon abgelaufenen Prämienzahlungsabschnitte entfielen, mit 10%, die restlichen Summenteile voll in Ansatz gebracht (vgl. § 1 Erste VO über die Lebens- und Rentenv aus Anlaß der Neuordnung des Geldwesens, Hebel in: Härle a. a. O. S. 20—24). Inzwischen sind die Leistungen, besonders aus Rentenven und aus Kapitalzwangsven mehrfach aufgebessert, also die Vssummen erhöht worden (vgl. z. B. G zur weiteren Aufbesserung vom 19. III. 1963, BGBl. I S. 161).

[22] **5. Verwaltungsakt.**

§ 89 II VAG sieht vor, daß zu Sanierungszwecken von der Vsaufsichtsbehörde bei einem Lebensvsunternehmen die Verpflichtungen herabgesetzt werden. Das führt zu einer Neufeststellung der Vssummen (Näheres Prölss VAG[4] Anm. 4—5 zu § 89, S. 654—656).

[23] **6. Rechtsprechung.**

Das geltende Recht kennt keine Fälle, in welchen dem Richter die Aufgabe gestellt ist, durch ein Gestaltungsurteil eine Vssumme neu festzusetzen. Nach der Inflation fragte es sich, ob im Wege der freien (richterlichen) Aufwertung Vssummen aufgewertet werden konnten. Vgl. dazu RG 10. III. 1925 RGZ Bd 110 S. 256—262, 16. VI. 1925 JW 1925 S. 1989, 8. XII. 1925 RGZ Bd 112 S. 205—208. Die letztgenannte Entscheidung meint: „Nachdem der Satz ‚Mark gleich Mark' als unrichtig erkannt worden ist, muß als Vshöchstsumme der Goldmarkbetrag angesehen werden, den die vereinbarte Vssumme zur Zeit des Abschlusses des Vsvertrags gehabt hat. Dieser Goldmarkbetrag bildet die Haftungsgrenze des Vers im Sinne von § 50".

[24] **V. Rechtsbedeutung der Versicherungssumme.**
1. Leistungsbegrenzende Funktion.
a) Versicherungsschaden im engeren Sinne.

Zweifellos bezieht sich die leistungsbegrenzende Aufgabe der Vssumme (Anm. 3) auf den Vsschaden i. e. S. (Anm. 43 vor §§ 49—80). Daneben wirkt in der Schadensv die Schadenshöhe, speziell in der Aktivenv auch der Vswert leistungsbegrenzend. Einer Nichtbeachtung der Schadenshöhe stünde das Bereicherungsverbot entgegen (Anm. 45 vor §§ 49—80). Dagegen kann in der Aktivenv die Bedeutung des Vswertes abgedungen werden durch eine V auf erstes Risiko (Ehrenzweig S. 247, Anm. zu § 56). Bei allen Sondervssummen, Maxima usw. taucht immer speziell das Problem auf, ob in ihrem Rahmen eine V auf erstes Risiko gewollt sei (vgl. hierzu die Hinweise in Anm. 8, 10, 13).

Erhebt bei einer Haftpflichtv der geschädigte Dritte Zinsansprüche, so gehören die Zinsbeträge zum Vsschaden i. e. S., so daß der Haftpflichtver insoweit nicht über die Vssumme hinaus zu leisten braucht (Pienitz[3] S. 228, LG Koblenz 10. XII. 1954 NJW 1955 S. 1235—1236 mit Anm. Prölss). Das Gesagte ergibt sich daraus, daß die Vorschrift des § 150 II 2 abdingbar ist durch §§ 10 VI 1 AKB, 3 II Ziff. 2, 4 AHaftpflB. — Schuldet allerdings der Ver auf die Vsleistung Zinsen, insbesondere Verzugszinsen, so haftet er für diese Zinsen über die Vssumme hinaus (Anm. 27 zu § 11 m. w. N., insbesondere RG 9. VI. 1925 RGZ Bd 111 S. 104, vgl. ferner Ehrenzweig S. 247, Prölss[15] Anm. 1 zu § 50, S. 237, Anm. 2 zu § 94, S. 350).

Überschreitet der Vsschaden i. e. S. die Vssumme und sind mehrere geschädigte Dritte beteiligt, so kommt in der Haftpflichtv das Verteilungsverfahren des § 156 III in Betracht. — Bei Rentenansprüchen des geschädigten Dritten kommt eine proportionale Rentenzahlung in Frage, sofern der Kapitalwert der Rente die Vssumme übersteigt (vgl. § 155, auch § 3 III Ziff. AHaftpflB).

Der Abandon ermöglicht es dem Ver, sich nach dem Eintritt eines Vsfalles durch Leistung der Vssumme von allen weiteren Verbindlichkeiten zu befreien, z. B. in der Transportversicherung (vgl. § 145 und Helberg, Der Abandon in der Seev, Mannheim-

V. Rechtsbedeutung der Versicherungssumme **§ 50**
Anm. 25—26

Berlin-Leipzig 1925). Im Bereiche der Haftpflichtv ist bei dem in § 3 III Ziff. 1 Satz 2 AHaftpflB, § 10 VI 4 AKB vorgesehenen Abandon das Verfügungsverbot des § 156 I 1 zu beachten (Prölss[15] Anm. 2 zu § 156, S. 559). Ein Abandon ist im übrigen nur möglich, wo Gesetz oder Vsbedingungen dem Ver das Recht zum Abandon einräumen (BGH 30. X. 1954 BGHZ Bd 15 S. 154).

Beziffern **Klageantrag** und **Urteilstenor** nicht die Höhe der (geforderten oder zugesprochenen) Schadensersatzleistung, so ist darauf zu achten, daß die Vssumme als Höchstgrenze angegeben wird (Oberbach I S. 189, OLG Köln 6. III. 1923 VA 1923 Anh. S. 64—65 Nr. 1321).

Der Vssumme als Leistungsbegrenzung „nach oben" stehen mannigfaltige Formen der **Selbstbeteiligung**, speziell der Franchise als Leistungsbegrenzung „nach unten" gegenüber, dazu Anm. zu § 56.

§ 50 ist insofern unvollständig, als er nicht erkennen läßt, wie sich die Vssumme auswirkt bei Vorhandensein mehrerer Vter (Anm. 25), mehrerer Schäden (Anm. 26) oder mehrerer Vsfälle (Anm. 27).

[25] aa) Mehrere Versicherte.

Sind durch einen einheitlichen Vsvertrag mehrere Personen vert, so werden zuweilen gesonderte Vssummen für die V fremden Interesses ausgeworfen, z. B. in der Industriefeuerv eine Position „Gebrauchsgegenstände der Betriebsangehörigen" oder „Kraftfahrzeuge der Betriebsangehörigen" oder „Kraftfahrzeuge der Betriebsangehörigen und der Besucher, nur in ruhendem Zustand, soweit sie auf dem Vsgrundstück abgestellt sind" oder sogar schlechthin „fremdes Eigentum außerhalb der Gruppenerläuterung" (Blanck a. a. O. S. 45—46).

Fehlt es an gesonderten Vssummen, so müssen sich bei einem Schadensfall die mehreren Vten in die einheitliche Vssumme teilen. Das betont § 3 II Ziff. 2 Satz 2 AHaftpflB: Die Vssumme bilde bei einem Schadensereignis auch dann die Höchstgrenze, „wenn sich der Vsschutz auf mehrere entschädigungspflichtige Personen erstreckt". Da häufig Halter und Fahrer nebeneinander haften, ist das Problem besonders wichtig für die Kraftfahrthaftpflichtv, wo das gleiche gilt, obgleich § 10 AKB die Frage nicht behandelt.

Bei einer **Insassenunfallv** nach dem **Pauschalsystem** ist jede einzelne der unter die V fallenden Personen vert mit dem der Anzahl dieser Personen entsprechenden Teilbetrag der vten Pauschalsummen. Auf die einzelne Person entfallen aber höchstens 200 000,— DM für den Todesfall (Näheres vgl. §§ 16 I, 18 I Abs. 2, IV Abs. 2 AKB, Bormann-Cuntz S. 262—263).

[26] bb) Mehrere Schäden.

Erleidet der Vmer bei einem Schadensfall mehrere Schäden verschiedener Art, so stehen zuweilen mehrere Vssummen zur Verfügung; man denke daran, daß in der Haftpflichtv der Vmer zugleich Personen- und Sachschaden verursacht.

Fehlt es an gesonderten Vssummen, so müssen die bei einem einheitlichen Schadensfall entstehenden mehreren Schäden durch die einheitliche Vssumme gedeckt werden. Wenn also bei einer Schiffskollision Schaden am eigenen Schiff des Vmers und zugleich mittelbarer Kollisionsschaden (Haftpflicht gegenüber dem „Gegensegler") entsteht, so müssen beide Schäden, die gemäß § 129 II 2, auch § 78 ADS vert sind, aus der Kaskovssumme beglichen werden, was nach dem deutschen Haftungssystem regelmäßig möglich ist, weil der Reeder für den Anspruch eines Dritten nicht persönlich, sondern nur mit dem Restwert seines vten Schiffes haftet (§ 486 I Ziff. 3 HGB). Für den Fall, daß das Schiff Gewässer befährt, in denen das System der dinglich beschränkten Haftung nicht gilt, kann eine Kollisions-Excedenten-V genommen werden; in der entsprechenden Klausel (Deutscher-Transport-Vs-Verband, Jahrbuch 1957, S. 212—213) heißt es: „Die Höchsthaftung der Kollisions-Excedenten-V beträgt ‚die Vssumme' für jeden einzelnen Fall von Zusammenstoß von Schiffen, auch wenn sich mehrere Kollisionsfälle auf einer Reise ereignen", Man spricht dann von separater Haftung.

[27] cc) Mehrere Versicherungsfälle.

Es gibt Vszweige, in denen sich der Vsfall begrifflich **nur einmal** ereignen kann, wie z. B. in der normalen Todesfallv. Besonders in der Schadensv sind aber durchweg **mehrere Vsfälle** denkbar, sofern nicht beim ersten Vsfall ein Totalschaden eintritt, der das vte Interesse untergehen läßt (vgl. § 68 IV).

Sind mehrere Vsfälle denkbar, so fragt es sich, welche Bedeutung die Vssumme hat: Steht sie für jeden neuen Vsfall wieder voll zur Verfügung? Gilt das auch in der laufenden Vsperiode oder erst wieder in der neuen Vsperiode?

Die Ermittlung einer **Regel**, eines Prinzips ist für den Fall erforderlich, daß Spezialvorschriften des Gesetzes oder der AVB fehlen. Besonders Ehrenzweig JRPV 1930 S. 105—106 hat das Problem untersucht, ob die Haftungsbegrenzung des § 50 „auf die Vertragszeit .... oder auf die Vsperiode .... oder auf den einzelnen Schadenfall .... bezogen werden" müsse. Er meint, de lege lata sei hier wie bei allen Haftungsvorschriften des Gesetzes nur an den einzelnen Schadenfall zu denken (de lege ferenda meint er allerdings, die Prämienzeiteinheit, also die Vsperiode, sollte mangels Gegenabrede auch als Haftungszeiteinheit gelten). Das Wiederaufleben der Vssumme nach jedem Vsfall nimmt als ungeschriebene gesetzliche Regel auch an Ehrenzweig S. 245—246, Prölss[15] Anm. 3 zu § 50, S. 237.

Hiernach bedeutet eine **Bestätigung der Regel** § 144 II, wo von dem Fall die Rede ist, daß eine durch einen Transportvsfall beschädigte Sache wiederhergestellt oder ausgebessert ist und nunmehr durch einen späteren Vsfall in Mitleidenschaft gezogen wird. Vgl. ferner § 3 II Ziff. 2 Satz 1, 3 AHaftpflB, § 10 VI 1, 2 AKB.

Dagegen bestimmen § 95 (Feuerv), § 112 (Hagelv) und § 119 (Tierv), der Ver hafte nach dem Eintritt eines Vsfalls für den durch einen späteren Vsfall verursachten Schaden nur bis zur Höhe des **Restbetrags der Vssumme**. § 18 I AFB, AEB entspricht § 95 mit der Maßgabe, daß nur für spätere Vsperioden wieder die ursprüngliche Vssumme und Prämie gelten, wenn nicht aus den Umständen ein anderes ergibt. Durch Klauseln kann die Rechtslage geändert werden, z. B. durch Klausel 47 ED-Klauselheft (VA 1960 S. 28): Danach erhöht sich vom Tage des Schadens an für den Rest der Vsperiode die verminderte Vssumme wieder um den Betrag der Entschädigung, und der Ver ist berechtigt, die Prämie für diese Nachv bei Zahlung der Entschädigung einzubehalten.

[28] b) Versicherungsschaden im weiteren Sinn.

aa) Aufwendungen zur Rettung.

Die erste große Gruppe der Vsschäden i. w. S. wird durch die Aufwendungen zur Abwendung und Minderung des Vsschadens i. e. S. gebildet (Anm. 43 vor §§ 49—80). § 63 I 2 ist die Regel zu entnehmen, daß der Ver für Vsschaden i. e. S. und Aufwendungsersatz nur bis zur Höhe der Vssumme haftet (Begr. I S. 72—73).

Der Grundsatz kennt Ausnahmen, und zwar schlechthin für die Transport- und Seev (§ 144 I, auch §§ 37 III. 32 I Ziff. 1, 2 ADS), ferner dann, wenn die Aufwendungen gemäß den vom Ver gegebenen Weisungen gemacht worden sind (§ 63 I 2). Vgl. ferner § 150 II 1 und dazu RG 10. II. 1925 RGZ Bd 110 S. 256—259.

Näheres Anm. zu § 63.

[29] bb) Ermittlungs- und Feststellungskosten.

Hier handelt es sich um die zweite große Gruppe von Vsschäden i. w. S. Während der Wortlaut des § 66 über die Bedeutung der Vssumme im Hinblick auf zu erstattende Kosten schweigt, meint die Begr. I S. 74: „der allgemeine Grundsatz, daß der Ver nur bis zur Höhe der Vssumme haftet (§ 50), bleibt aber auch hier maßgebend. Der Ver hat daher dem Vmer nur für denjenigen Betrag der in Frage kommenden Kosten aufzukommen, welcher zusammen mit der sonstigen Entschädigung über die Vssumme nicht hinausgeht." Ebenso Hagen I S. 461, Prölss[15] Anm. 2 zu § 66, S. 290.

Der Grundsatz kennt Ausnahmen, und zwar schlechthin für die Seev (§§ 37 II, 32 I Ziff. 3 ADS).

Näheres Anm. zu § 66.

V. Rechtsbedeutung der Versicherungssumme § 50
Anm. 30—31

[30] 2. Prämienbestimmende Funktion.
Durchweg richtet sich die Höhe der vom Vmer zu zahlenden Prämie nach der Höhe der Vssumme. Jedoch wird diese Funktion überbetont, wenn Fick a. a. O. S. 19 sagt: „Die Vssumme bildet die Grundlage für die Prämienberechnung und deshalb auch den Höchstbetrag der Entschädigung". Nach der umgekehrten Richtung ist es übertrieben, wenn Ritter Anm. 12 zu § 6, S. 236 meint, die Vssumme sei nicht dazu bestimmt, als Grundlage für die Prämienbemessung zu dienen.

Bei der Lebensv muß die Prämie in Kongruenz mit der Vssumme ansteigen, wenn man davon absieht, daß bei kleinen Vssummen die fixen Verwaltungskosten relativ höher liegen (dem tragen Summenzuschläge oder umgekehrt bei großen Vssummen Summenrabatte Rechnung). Entsprechendes gilt auch für die meisten Sachvszweige, in denen sich aber auswirkt, daß Ven mit hohen Vssummen und Prämien stark umworben sind, sodaß die Konkurrenz die Prämien drückt.

Ausnahmsweise kommen aber auch in der Sachv Fälle vor, in denen die Gefahr des Eintrittes von Großschäden relativ geringer ist als die Gefahr von Kleinschäden; man denke an die Einbruchdiebstahlv von Wagenlagern; hier genügt deshalb zuweilen eine Bruchteilv (Anm. 5). Besonders in der Passivenv steigt das Risiko nicht kongruent der Vssumme. Der durchschnittliche Schadensaufwand betrug in der allgemeinen Haftpflichtv 1962 etwa 318,— DM (vgl. auch VW 1962 S. 924). Sehr hohe Schäden sind also relativ seltener. Würde also eine nicht ganz niedrige Haftpflichtvssumme verdoppelt, so benötigt der Ver bei weitem nicht die doppelte Prämie. Vgl. etwa für die Kraftverkehrsv die bei Bormann-Cuntz S. 228—229 für verschiedene Haftpflichtdeckungssummen in den Spalten 1—3 angegebenen Prämien.

Das Gesagte erheischt Beachtung bei der Auslegung des § 51 I (Beseitigung der Überv „unter verhältnismäßiger Minderung der Prämie"), dazu Anm. 33 zu § 51.

[31] 3. Sonstige Funktionen.
a) Innerhalb des Versicherungsverhältnisses.
Nebengebühren richten sich oft nach der Höhe der Vssumme, z. B. die Bearbeitungsgebühr in der Ausfuhr-Kreditv (VA 1958 S. 50—51: § 3 I).

Sachverständigenkosten, die dem Vmer auferlegt werden, können von der Höhe der Vssumme abhängig gemacht werden (vgl. § 20 IV AKB, § 12 II 3 AUB).

Vssteuer wird zum Teil nach Maßgabe der Vssumme berechnet (vgl. §§ 4 Ziff. 9, 5 I Ziff. 2, III, 6 II VersStG 1959).

Geschäftsgebühr (§ 40 II 2, 3) könnte nach Maßgabe der Vssumme abgestuft werden (vgl. Anm. 12 zu § 40).

Selbstbeteiligungen des Vmers werden oft von der Vssumme her bemessen. Beispiele: § 1 II AHagelB: „Schäden, die 8% der Vssumme eines jeden Feldstücks . . . . nicht erreichen, trägt der Vmer selbst." Manchmal ersetzt der Ver höchstens einen bestimmten Prozentsatz der Vssumme, z. B. nach § 9 I 1 ATierB: „Die Entschädigung beträgt . . . . bei Tod und Nottötung 80% des tatsächlichen Wertes bei Eintritt des Vsfalles . . . ., jedoch nicht mehr als 80% der Vssumme" (vgl. auch VA 1963 S. 5: § 8 I; VA 1963 S. 59: § 6 I). § 3 I Abs. 2 Allgemeine Bedingungen für die V von Maschinen lautet: „Die für jede Sache vte Summe abzüglich von 20% oder des Mindestselbstbehaltes bildet die Grenze der Ersatzpflicht."

Obliegenheiten können sich nach der Höhe der Vssumme richten, so nach § 6 III Zusatzbedingungen für landwirtschaftliche Ven: VA 1951 S. 52, 1956 S. 3: „Schober bis zu 10000,— DM Vssumme müssen mindestens 30 Meter, solche über 10000,— DM Vssumme mindestens 60 Meter von jedem anderen Schober entfernt stehen." — Die Klausel 18 Klauseln der Feuerv (Nachprüfung elektrischer Licht- und Kraftanlagen) ist regelmäßig bei Vssummen von 50000,— DM an anzuwenden. — Vgl. ferner Blanck a. a. O. S. 50.

In der Lebensv spielt die Höhe der Vssumme bei verschiedenen Dividendensystemen eine tragende Rolle, z. B. kann der „gleichbleibende" Gewinnanteil nach Maßgabe der Vssumme berechnet werden, aber auch ein „natürlicher Gewinnverteilungsplan" pflegt nach Maßgabe der Vssumme zu verteilen; als Gewinnanteil kann ferner eine Erhöhung der Vssumme in Höhe eines Bonus gewährt werden (vgl. Kahlo, Lebens-Vsbedingungen und Prämien 1964, Berlin 1964, S. XXII).

[32] b) Außerhalb des Versicherungsverhältnisses.

Im Vsvertreterverhältnis werden die Vermittlungsprovisionen besonders in der Lebensv von der Vssumme her berechnet, und zwar in einem Promillesatz (Näheres Anm. 296 vor §§ 43—48).

Das Rückvsverhältnis knüpft weitgehend an die Vssumme der Erstv an, z. B. beim Quotenvertrag oder beim Exzedentenvertrag. Man nennt den Selbstbehalt des Erstvers Priorität, Plein oder Maximum. Sind die Rückvsmöglichkeiten summenmäßig beschränkt, so übernimmt der Erstver Ven nur im Rahmen bestimmter Zeichnungsgrenzen, die man gleichfalls zuweilen Maxima nennt. Zur Rückvstechnik: Herrmannsdorfer, Technik und Bedeutung der Rückv, München 1927, S. 15—24.

Das Feuervskartell (Rothenburger Vereinigung) gilt für Wagnisse, „deren Gesamtsummen für Gebäude, Maschinen, Einrichtungen, Vorräte und dergleichen mindestens 1 Million Deutsche Mark . . . . betragen" (§ I 1 Ausführungsbestimmungen: VA 1964 S. 189).

Gegenüber den Finanzämtern besteht für Lebensvsunternehmen eine Anzeigepflicht nach § 187a III RAbgO. Kapitalversicherungen bis 1 000,— DM Vssumme sind nicht anzeigepflichtig (§ 7 IV Erbschaftsteuer-DurchführungsVO).

Bei einem Grundstückskauf steht in gewissen Fällen, in denen eine amtliche Schätzung üblich ist, die Zusicherung, ein Gebäude sei mit bestimmter Vssumme vert, der Zusicherung gleich, das Gebäude habe laut Sachverständigenansicht einen Wert in der angegebenen Höhe. Solchenfalls kommt eine Sachmängelhaftung wegen Fehlens einer zugesicherten Eigenschaft (§ 459 II BGB) in Betracht (RG 1. IV. 1903 RGZ Bd 54 S. 222—223).

Ansprüche aus Todesfallven sind nur bedingt pfändbar, wenn die Vssumme 1 500,— DM nicht übersteigt (§ 850b I Ziff. 4 ZPO), vgl. Anm. 26 zu § 15.

[33] VI. Abdingbarkeit der Vorschrift.

§ 50 ist nicht zwingend, was sich schon daraus ergibt, daß in der Schadensv eine Vssumme überhaupt fehlen kann (Anm. 4). Ist eine Vssumme vereinbart, so kann doch verabredet werden, der Ver solle in bestimmten Fällen über die Vssumme hinaus haften, z. B. bei Vorliegen mehrerer Schäden (Anm. 26) oder für Vsschaden i. w. S. (Anm. 28—29).

§ 51

(1) Ergibt sich, daß die Versicherungssumme den Wert des versicherten Interesses (Versicherungswert) erheblich übersteigt, so kann sowohl der Versicherer als auch der Versicherungsnehmer verlangen, daß zur Beseitigung der Überversicherung die Versicherungssumme, unter verhältnismäßiger Minderung der Prämie mit sofortiger Wirkung, herabgesetzt wird.

(2) Ist die Überversicherung durch ein Kriegsereignis oder durch eine behördliche Maßnahme aus Anlaß eines Krieges verursacht oder ist sie die unvermeidliche Folge eines Krieges, so kann der Versicherungsnehmer das Verlangen nach Abs. 1 mit Wirkung vom Eintritt der Überversicherung ab stellen.

(3) Schließt der Versicherungsnehmer den Vertrag in der Absicht, sich aus der Überversicherung einen rechtswidrigen Vermögensvorteil zu verschaffen, so ist der Vertrag nichtig; dem Versicherer gebührt, sofern er nicht bei der Schließung des Vertrags von der Nichtigkeit Kenntnis hatte, die Prämie bis zum Schlusse der Versicherungsperiode, in welcher er diese Kenntnis erlangt.

Überversicherung.

Gliederung:

    Entstehung Anm. 1
    Schrifttum Anm. 2
I. Begriff der Überv Anm. 3—16
   1. Überblick Anm. 3

2. Vssumme Anm. 4—8
   a) Fehlen einer Vssumme Anm. 5
   b) Ein Vertrag, eine Vssumme Anm. 6
   c) Ein Vertrag, mehrere Vssummen Anm. 7

§ 51
Anm. 1

d) Mehrere Verträge, mehrere Vssummen Anm. 8
3. Vswert Anm. 9—12
   a) Arten des Vswertes Anm. 9
   b) Zeitpunkt der Bewertung Anm. 10
   c) Taxe und Überv Anm. 11
   d) Passivenv und Überv Anm. 12
4. Übersteigen Anm. 13—15
   a) Anfängliches Übersteigen Anm. 14
   b) Späteres Übersteigen Anm. 15
5. Erheblichkeit Anm. 16

II. Arten der Überv Anm. 17—21
1. Anfängliche, nachträgliche Überv Anm. 17
2. Qualitative, quantitative Überv Anm. 18
3. Vorübergehende, dauernde Überv Anm. 19
4. Gewollte, ungewollte Überv Anm. 20
5. Einfache, betrügerische Überv Anm. 21

III. Einfache Überv Anm. 22—43
1. Regelfall des § 51 I Anm. 23—35
   a) Verlangen des Vers oder Vmers Anm. 23—31
      aa) Rechtsnatur Anm. 23—26
         aaa) Vertragstheorie Anm. 23
         bbb) Gestaltungstheorie Anm. 24
         ccc) Theorie Raiser Anm. 25
         ddd) Vermittelnde Theorie Anm. 26
      bb) Erklärender Anm. 27
      cc) Empfänger Anm. 28
      dd) Zeitpunkt Anm. 29
      ee) Inhalt Anm. 30
      ff) Form Anm. 31

   b) Rechtsfolgen des Verlangens Anm. 32—35
      aa) Für die Vssumme Anm. 32
      bb) Für die Prämie Anm. 33—35
         aaa) Minderung Anm. 33
         bbb) Zeitpunkt Anm. 34
         ccc) Rückforderung Anm. 35
2. Sonderfall des § 51 II Anm. 36—42
   a) Verlangen des Vmers Anm. 37—39
      aa) Besondere Voraussetzungen Anm. 37—38
         aaa) Krieg usw. Anm. 37
         bbb) Kausalität Anm. 38
      bb) Sonstige Voraussetzungen Anm. 39
   b) Rechtsfolgen des Verlangens Anm. 40—42
      aa) Allgemeine Wirkungen Anm. 40
      bb) Besondere Wirkungen Anm. 41—42
         aaa) Zeitpunkt Anm. 41
         bbb) Rückforderung Anm. 42
3. Halbzwingender Charakter Anm. 43

IV. Betrügerische Überv Anm. 44—51
1. Zivilrecht Anm. 44—50
   a) Tatbestand Anm. 44—47
      aa) Kriterien der Überv Anm. 45
      bb) Zeitpunkt des Vertragsabschlusses Anm. 46
      cc) Betrugsabsicht des Vmers Anm. 47
   b) Rechtsfolgen Anm. 48—49
      aa) Allgemein: Nichtigkeit Anm. 48
      bb) Speziell: Prämienschicksal Anm. 49
   c) Unabdingbarkeit Anm. 50
2. Strafrecht Anm. 51

[1] **Entstehung:** Die Vorschrift ist durch Art. I Ziff. 1 Zweite VO zur Ergänzung und Änderung des VVG vom 6. IV. 1943 (RGBl. I S. 178) geändert worden. Ursprünglich hieß es am Ende von § 51 I: „unter verhältnismäßiger Minderung der Prämie für die künftigen Vsperioden", nunmehr soll die Minderung „mit sofortiger Wirkung" Platz greifen. § 51 II ist neu eingefügt worden. Der ursprüngliche § 51 II wurde unverändert der jetzige § 51 III. Zum intertemporalen Recht Art. II Zweite VO, zur Fälligkeit zurückzuerstattender Prämien Art. I Dritte VO zur Ergänzung und Änderung des VVG vom 25. X. 1944 (RGBl. I S. 278), auch Anm. 35. — Begr. I S. 60—62, zur Zweiten VO: Deutsche Justiz 1943 S. 268.

[2] Schrifttum: Adler LZ 1912 Sp. 496—505, Arndt Zeitschrift für Vsrecht 4. Bd S. 868—897, Badstübner ZVersWiss 1906 S. 66—85, Benrath Der Vmer 1957. S. 134—135, Bruck S. 528—535, Durst JRPV 1928 S. 308—309, Ehrenberg I S. 359—362, Ehrenzweig S. 248—251, von Gierke II S. 187—188, Haase, Die Überv bei der Gebäude-Feuerv, Greifswald 1930, Hagen I S. 463—466, Herold Der Vmer 1964 S. 66, Hinz, Die Über- und Unterv im deutschen Privatvsrecht, Hamburger Diss. 1963, Kaufmann, Die Über- und Doppelv im Privatvsrecht, Frankfurter Diss. 1930, Koch JRPV 1931 S. 140—142, Kübel, Zeitschrift für Vsrecht 1. Bd S. 379—387, Lesser JRPV 1929 S. 213—214, Meyer, Die Über- und Doppelv im Gebiet des Privatvsrechts, Züricher Diss. 1913, Raiser VW 1948 S. 369—371, Ritter Anm. 1—18 zu § 9, S. 261—264, Rüdiger AssJhrb Bd 12 S. 4—17, Thees, Deutsche Justiz 1943 S. 280—282, Wiechmann, Die Über- und Doppelv, Göttinger Diss. 1908.

[3] I. Begriff der Überversicherung.

1. Überblick.

Eine Überv liegt nach § 51 I vor, wenn die Vssumme den Vswert erheblich übersteigt. Es handelt sich hiernach bei dem Begriff der Überv um einen Relationsbegriff: Vssumme und Vswert sind zu vergleichen. Falls erstere letzteren überschreitet, und zwar erheblich, ist eine Überv gegeben. Hiernach müssen sich die folgenden Ausführungen kurz mit der Vssumme (Anm. 4—8) und mit dem Vswert (Anm. 9—12) befassen, ferner mit dem Merkmal des Übersteigens (Anm. 13—15) und der Erheblichkeit (Anm. 16).

Da der Summenv ein Vswert unbekannt ist, kommt eine Überv nur im Bereich der Schadensv vor. In einem übertragenen, unjuristischen Sinn spricht man von „Überv" allerdings auch dann, wenn eine Summenv mit übersetzter Vssumme abgeschlossen wird, z. B. eine Lebensv mit einer Vssumme, welche so hohe Prämien erfordert, daß der Vmer sie nach seinen wirtschaftlichen Verhältnissen nicht auf die Dauer wird aufbringen können, eine Unfallv — womöglich bei mehreren Vern — mit Vssummen, welche (auch bei Berücksichtigung des Wesens der „abstrakten" Bedarfsdeckung) den Bedarfsumfang weit überschreiten. Solche Vsverträge sind rechtswirksam. Tritt allerdings ein Vsfall ein und ergibt sich — aus anderen Indizien — der Verdacht eines Selbstmordes oder einer Selbstverstümmelung, so kann die Tatsache der „Überv" dazu beitragen, daß der Ver den ihm obliegenden Beweis des Selbstmordes in der Lebensv führt, der Anspruchsteller den ihm obliegenden Beweis der Unfreiwilligkeit in der Unfallv nicht zu führen vermag (vgl. Bornemann ÖffrechtlV 1933 S. 130, Drefahl, Die Beweislast und die Beweiswürdigung im Vsrecht, Hamburg 1939, S. 89, Hauke VersArch 1957 S. 337, 339).

Einen Vswert gibt er nur bei solcher Schadensv, die eine Aktivenv ist; deshalb gelten die Normen des § 51 nicht „für die gesamte Schadensv" (Überschrift vor § 49), sondern nur für die V des Interesses an Gütern (Aktiven). Hier dienen die Übervsregeln der Durchsetzung des vsrechtlichen Bereicherungsverbotes (Anm. 45 vor §§ 49—80). Eine entsprechende Anwendung der Übervsregeln auf die Passivenv kommt nur in Betracht, sofern der Vmer bei einer Haftpflichtv beschränkt haftet oder auf andere Weise jene Passiven, welche für den Vmer entstehen können, maximiert, also der Höhe nach beschränkt sind (Anm. 12).

Gegenbegriff für die Überv ist die Unterv, die erst in § 56 geregelt ist und bei welcher die Vssumme niedriger ist als der Vswert. Bei Übereinstimmung von Vssumme und Vswert spricht man von einer Voll(wert)v.

[4] 2. Versicherungssumme.

Von der Vssumme war in Anm. 1—33 zu § 50 bereits ausführlich die Rede. Sie begrenzt nach oben die Leistung des Vers, in der Aktivenv aber im Zusammenwirken mit der Schadenshöhe und dem Vswert (Anm. 44 vor §§ 49—80). Daraus folgt, daß die Vssumme nur die Summe bezeichnet, „die der Ver im schlimmsten Falle wirklich zahlen muß" (Ritter Anm. 11 zu § 6, S. 236). Er muß die Vssumme nicht wirklich zahlen, wenn sie den Vswert (und die Schadenshöhe) übersteigt, also im Falle der Überv.

Möglicherweise fehlt es aber an einer Vssumme (Anm. 5). Im übrigen ist zu unterscheiden, ob es in einem Vsvertrag eine Vssumme (Anm. 6) oder mehrere Vssummen

I. Begriff der Überversicherung § 51
Anm. 5—7

(Anm. 7) gibt. Auch der Fall, daß mehrere Vssummen sich in mehreren Vsverträgen finden, ist zu erwähnen (Anm. 8).

[5] a) Fehlen einer Versicherungssumme.

Es gibt Schadensven, und zwar auch Aktivenven ohne Vssumme. In Anm. 4 zu § 50 ist auf die Autokaskov, auf Ven mit Naturalersatz und auf öffentlichrechtliche Gebäudeven hingewiesen worden. Hier kommt begrifflich eine Überv nicht in Betracht, weil keine Differenz zwischen Vssumme und Vswert auftreten kann; § 51 kann nicht angewendet werden (vgl. Roelli-Jaeger Anm. 7 zu Art. 51, S. 76).

[6] b) Ein Vertrag, eine Versicherungssumme.

Für die meisten Aktivenven ist eine Vssumme vereinbart. Handelt es sich um eine einheitliche Vssumme, so bereitet die Anwendung des § 51 keine Schwierigkeiten. Bei einer **summarischen V**, welche eine Mehrzahl von Sachen — insbesondere einen Inbegriff (Hausrat, Warenvorräte) — mit einer einheitlichen Vssumme erfaßt, gilt es, den Gesamtwert der vten Güter mit der Vssumme zu vergleichen (Höhne BetrBer 1956 Beilage zu Heft 34 S. 6). Steht künftig eine Erhöhung des Vswertes — z. B. durch Anschaffungen — zu erwarten, so ist es oft unzweckmäßig, die Überv zu beseitigen.

Eine Überv kann bei hoher Beleihung dadurch entstehen, daß § 8 VO über den Geschäftsbetrieb der gewerblichen **Pfandleiher** vorschreibt, der Pfandleiher habe das Pfand — für Rechnung des Eigentümers — mindestens zum doppelten Betrag des Darlehns zu vern (Anm. 12 zu § 50). Trotz der Vspflicht wird solchenfalls möglicherweise der Ver eine Herabsetzung der Vssumme verlangen.

Bei einer **Bruchteilv** ist in analoger Anwendung des § 3 IV Abs. 3 AEB nicht nur bei der Feststellung einer Unterv, sondern auch bei der Feststellung einer Überv die „Gesamtwertsumme" mit dem Gesamtwert zu vergleichen. Vgl. Anm. 5 zu § 50.

Nicht zu einer Überv führt eine **Vorsorgev**, mag auch die Vorsorgevssumme reichlich bemessen sein. Sie soll ja dazu dienen, eine entstandene oder entstehende Unterv auszugleichen. Zugunsten des Vmers kann bei prospektiv offensichtlich übersetzter Vorsorgevssumme § 51 I allenfalls analog angewendet werden.

Bei einer **laufenden V** vereinbarte **Maxima** (Anm. 10 zu § 51) lassen auch dann keine Überv entstehen, wenn sie übersetzt sind; man denke z. B. an eine überhöhte Höchstvssumme in der Abschreibev oder i. S. des § 97 VII 1 ADS. Die Interessenlage kann aber auch hier ergeben, daß § 51 I zugunsten des Vmers analog anzuwenden ist, z. B. falls der Vmer Prämien oder Prämienvorschüsse ausnahmsweise auf Grund der überhöhten Maxima zu begleichen hat. — Auf Grund einer einzelnen **Deklaration** kann eine Überv entstehen: Zwar sind Vswerte, keine Vssummen zu deklarieren, aber in der Deklaration eines angeblichen Vswertes steckt zugleich die Angabe einer Vssumme (vgl. Ritter Anm. 52 zu § 97, S. 1168). Überschreitet die Vssumme den wahren Vswert, so kommt eine Anwendung des § 51 in Betracht; es kann sogar eine betrügerische Überv vorliegen (vgl. LG Hamburg 11. IX. 1959 VersR 1960 S. 316—317, auf die Absicht des Vmers im Zeitpunkt der Deklaration, nicht im Zeitpunkt des Abschlusses der laufenden V abhebend).

[7] c) Ein Vertrag, mehrere Versicherungssummen.

Sind in einem Vsvertrag mehrere Positionen mit gesonderten Vssummen vert, so ist für jede **Position** gesondert zu prüfen, ob eine Überv vorliege.

Enthält der Vsvertrag eine Kompensationsklausel, die einen **Summenausgleich** vorsieht, so kommt die etwaige Überv einer oder mehrerer Positionen einer etwa festgestellten Unterv anderer Positionen zugute (Anm. 6 zu § 50). Erst wenn die Summe aller Vssummen der durch die Klausel verbundenen Positionen die Summe aller Vswerte übersteigt, liegt eine Überv vor, und § 51 kann angewendet werden.

Wenn bei einer **Reisegepäckv** gewisse wertvolle Gegenstände „nur bis zur Höhe von 30% der Gesamtvssumme in die V einbegriffen sind", so fragt es sich, wann eine Überv vorliegt. Beispiel: Gesamtvssumme 10 000 DM. Vorhanden sind Sachen im gleichen Werte, davon Schmuckstücke, Pelze und andere „wertvolle Gegenstände" im Werte von 5 000

DM, sonstige Sachen im Werte von gleichfalls 5000 DM. Da die wertvollen Gegenstände nur mit 3000 DM vert sind, übersteigt die restliche Vssumme von 7000 DM den Vswert der sonstigen Sachen (5000 DM). Man kann auch sagen, daß die Klausel zwei Positionen von 7000 DM und 3000 DM schaffe, jedenfalls dann, wenn für volle 3000 DM wertvolle Gegenstände vorhanden sind. Hinsichtlich der Position von 7000 DM liegt eine Überv vor. Dagegen kann von einer Überv nicht die Rede sein, wenn die wertvollen Gegenstände im Beispielsfalle den Wert von 3000 DM nicht erreichen.

Nicht zu einer Überv führt es fernerhin, falls bei einer abhängigen Außenv i. S. des § 4 III AFB der Vswert von Sachen außerhalb des Vsortes 10 v. H. der Vssumme für Hausrat und Arbeitsgerät oder 3000 DM nicht erreicht (vgl. Anm. 8 zu § 50). Nur wenn sämtlicher Hausrat und sämtliches Arbeitsgerät, einschließlich vorübergehend außerhalb des Vsortes befindlichem, bei summarischer V einen niedrigeren Vswert als die Vssumme besitzt, liegt eine Überv vor. — Eine selbständige (Nur-)Außenv hat eine völlig selbständige Vssumme (Frey VersR 1950 S. 124—125), und sie ist ganz isoliert zu betrachten, wenn es gilt zu ermitteln, ob eine Überv vorliegt.

Eine Überv liegt nicht deshalb vor, weil der Wert von Ernteerzeugnissen in Schobern (Diemen) den (Höchst-)Betrag von 30000 DM nicht erreicht (vgl. Anm. 8 zu § 50).

Bei der Stichtagsv für Vorräte (Klausel 5.01 Klauseln der Feuerv) ergibt sich eine Überv nicht daraus, daß die Höchstvssumme den höchsten Vswert überschreitet. Wohl aber kann die Stichtagssumme zu hoch aufgegeben werden, sogar eine Anwendung der Grundsätze über die betrügerische Überv kommt in Frage. Entsprechendes gilt bei überhöhter Meldung eines Monatshöchstwertes bei der gleitenden Vorratsv (Klausel 5.02 Klauseln der Feuerv). Zu beiden Fällen Anm. 8 zu § 50.

Bei Vereinbarung einer Nachzeichnung für Vorräte (Klausel 5.03 Klauseln der Feuerv) könnte sich schon die Grundsumme als überhöht erweisen, z. B. kraft mehrmonatiger Erfahrung; dann kommt eine entsprechende Anwendung des § 51 I zugunsten des Vmers in Betracht. In Abs. 2 Satz 1 ist die Herabsetzung der nachvten Summen vorgesehen:

„Der Vmer ist berechtigt, die auf Grund der Bestimmungen des vorigen Absatzes nachvten Summen jederzeit zu vermindern oder ganz zurückzuziehen, soweit die Vorräte nicht mehr vorhanden oder in ihrem Wert vermindert sind."

Bei einer Tierv in „pauschaler Form" (Anm. 9 zu § 50) kann der Ver oder Vmer sich nicht darauf berufen, die Einzelvssumme für ein einzelnes Tier sei überhöht. Wohl aber ist die Gesamtvssumme übersetzt, falls sie für die Summe aller vten Tiere deren summierte Vswerte übersteigt.

[8] d) Mehrere Verträge, mehrere Versicherungssummen.

§ 51 geht bei der Normierung der Überv davon aus, daß ein einziger Vsvertrag vorliegt, bei welchem die Vssumme den Vswert übersteigt. Ist ein Interesse gegen dieselbe Gefahr in getrennten Vsverträgen bei mehreren Vern vert, so braucht bei solcher mehrfachen V die Summe der Vssummen vom Vswert nicht zu übersteigen. Dennoch ist jedem Ver von jeder der anderen V unter Angabe der Vssumme Mitteilung zu machen (§ 58). Die mehrfache V wird zur Doppelv, sofern die Vssummen zusammen den Vswert übersteigen (§ 59 I). Die Doppelv ließe sich somit als Unterart der Überv betrachten (wenn man davon absieht, daß nach § 51 I die Vssumme den Vswert „erheblich" übersteigen muß), vgl. Haase a. a. O. S. 17—18. Infolge des Beteiligtseins mehrerer Ver in mehreren selbständigen Vsverträgen ergibt sich jedoch die Notwendigkeit, die Doppelv als selbständiges Rechtsinstitut speziellen Vorschriften zu unterwerfen (Hinz a. a. O. S. 12). § 51 ist deshalb auf die Doppelv nicht anzuwenden.

Von der mehrfachen V mit selbständigen getrennten Vsverträgen ist die Mitv zu unterscheiden. Hier handelt es sich um einen einzigen Vsvertrag mit Teilschuldnern. Die Vorschriften betreffend eine Überv sind anwendbar, falls die Summe der von den beteiligten Vern gezeichneten Vssummen den Vswert übersteigt (a. M. Hinz a. a. O. S. 40).

Tritt zu einer V eine Mehrwertv hinzu, so kann eine Überv dadurch entstehen, daß die Mehrwertvssumme überhöht ist und zusammen mit der ursprünglichen Vssumme den (neuen) Vswert übersteigt; dazu Anm. zu § 53.

I. Begriff der Überversicherung § 51
Anm. 9—10

[9] 3. Versicherungswert.
a) Arten des Versicherungswertes.

Versicherbar sind nur **objektive Werte**, einschließlich objektiver Liebhaber- und Kunstwerte (Anm. 7—13 zu § 52). Gerade bei letzteren ergibt sich die Gefahr einer Überv. Affektionswerte sind überhaupt nicht versicherbar.

Der Vswert von **Forderungsinteressen** und **Interessen an sonstigen Rechten** ist durchweg an Hand des Nennwertes leicht zu ermitteln. Jedoch kann der wirkliche Wert niedriger sein als der Nennwert, und es entsteht eine Überv, falls hier die Vssumme gemäß dem (überhöhten) Nennwert bemessen wird. Vgl. für Realgläubigerrechte Klausel 5.07 Klauseln der Feuerv, § 110 I ADS. Schwierig ist die Bewertung von **Gewinninteressen** (Anm. 21 zu § 52), so daß sich eine Überv schwer nachweisen läßt.

Eine Überv ist sowohl bei einer **Zeitwertv** als auch bei einer **Neuwertv** (dazu Anm. 12) denkbar. Besonders angesichts steigender Baukosten kann eine Überv in gewissem Umfange zweckmäßig sein, zu denken ist auch an Änderungen, die beim Wiederaufbau notwendig werden, z. B. infolge von Auflagen der Baupolizei. Der für die Bewertung maßgebende **Ort** ist zu beachten. Die Bewertung kann im **Wertrahmen** in verschiedener Weise **konkretisiert** werden (Anm. 30—36 zu § 52); ist z. B. die Maßgeblichkeit des Herstellungswertes vereinbart, so liegt eine Überv vor, falls die Vssumme den Herstellungswert erheblich übersteigt, mag auch z. B. der Verkaufswert der Vssumme entsprechen.

[10] b) Zeitpunkt der Bewertung.

Je nach dem Zeitpunkt der Bewertung sind der Anfangswert, der Ersatzwert (Letztwert) und der jeweilige Vswert zu unterscheiden (Anm. 25 zu § 52). Für die Überv kommen sämtliche Bewertungszeitpunkte und -zeiträume in Betracht:

Wenn § 51 III davon ausgeht, der Vmer schließe den Vsvertrag in der Absicht, sich aus der Überv einen rechtswidrigen Vermögensvorteil zu verschaffen, so legt diese Norm die Annahme nahe, daß die vereinbarte Vssumme schon den **Anfangswert**, also den Vswert bei Abschluß des Vsvertrages, übersteige. Nähere Betrachtung klärt allerdings, daß die betrügerische Überv auch nachträglich entstehen kann; es reicht aus, wenn der Vmer beim Vertragsabschluß die Absicht hegt, sich aus einer (künftigen) Überv einen rechtswidrigen Vermögensvorteil zu verschaffen. Bei einer V von Warenvorräten sind möglicherweise beim Abschluß der V Vorräte im Werte der Vssumme vorhanden, aber der Vmer hat von vornherein die Absicht, bald nach dem formellen Vsbeginn den größten Teil der Ware beiseite zu schaffen. Bei einer Stichtagsv für Vorräte (Anm. 7) könnte eine betrügerische Überv unzweifelhaft angenommen werden, wenn sich nachweisen läßt, daß der Vmer schon beim Vertragsabschluß die Absicht hatte, eine Stichtagssumme späterhin zu hoch aufzugeben, um sich aus solcher künftigen Überv einen rechtswidrigen Vermögensvorteil zu verschaffen. Entsteht die Betrugsabsicht erst nachträglich, also bei der Aufgabe der Stichtagssumme oder — bei einer laufenden V — bei einer überhöhten Deklaration, so kommt eine entsprechende Anwendung der zivilrechtlichen Bestimmungen über die betrügerische Überv in Betracht (Anm. 6).

§ 51 I, II setzt voraus, daß sich irgendwann das Vorliegen einer Überv ergibt oder daß sie irgendwann durch ein Kriegsereignis eintritt. Hier kommt es also auf die Bemessung des **jeweiligen** Vswertes an. Eine Überv kann sich sehr früh ergeben, vielleicht schon im Zeitraum zwischen dem formellen und materiellen Vsbeginn. Sie kann sich aber auch erst nach einem Schaden herausstellen, z. B. geht § 51 II davon aus, daß infolge eines Kriegsereignisses — bei Ausschluß der Kriegsgefahr aus dem Vsschutz — eine vte Sache beschädigt wird, sodaß hierdurch eine Überv eintritt.

§ 55 betrifft die Überv zur Zeit des Eintritts des Vsfalls. Hier ist also die Vssumme höher als der **Ersatzwert**. Aus dem vsrechtlichen Bereicherungsverbot ergibt sich, daß der Ver trotz der hohen Vssumme eine Entschädigung höchstens entsprechend dem Ersatzwert zu zahlen hat, wobei überdies der Betrag des Schadens die Ersatzpflicht des Vers limitiert.

Die Transportv kennt die **Fiktion des gleichbleibenden Versicherungswertes** (§§ 140 II, 141 I 2; Anm. 25 zu § 52). Infolge dieser Fiktion gilt der Anfangswert auch als jeweiliger

Vswert und Ersatzwert. Man geht davon aus, daß während der relativ kurzen Vsdauer einer Transportv der Vswert nicht schwanke. Aber der Ausgangspunkt kann der Realität widersprechen. Möglicherweise sinkt während der Vsdauer der Wert von Gütern oder Schiffen sehr stark ab. Hierdurch entsteht aber kraft der Fiktion des gleichbleibenden Vswertes keine Überv. Weder der Ver noch der Vmer kann die Korrektur der überhöhten Vssumme fordern; nur in beiderseitigem Einvernehmen kann durch contrarius consensus die Überv beseitigt werden. Im Schadensfall erlangt der Vmer in Durchbrechung des vsrechtlichen Bereicherungsverbotes (§ 55) mehr als den Betrag des Schadens (Anm. 46 vor §§ 49—80). Bruck S. 528—529 spricht davon, es sei bei der Transportv „die Möglichkeit der Entstehung einer Überv während der Vsdauer durch die Gleichstellung von Vswert und Ersatzwert ausgeschlossen"; vgl. auch Begr. I S. 60—61.

[11] c) Taxe und Überversicherung.

Durch eine Taxenvereinbarung wird der Vswert auf einen bestimmten Betrag festgesetzt (§ 57^1). Eine Überv könnte nur vorliegen, wenn die Vssumme die Taxe übersteigt. Das aber kommt praktisch nicht vor (Bruck S. 529, Hinz a. a. O. S. 25, Ritter Anm. 5 zu § 9, S. 262).

Eine Taxe kann jedoch im Falle erheblicher Übersetzung „angefochten" werden (§ 57^2). „Nunmehr ergibt sich, daß ... Überv besteht. Die Überv hatte zwar tatsächlich schon vorher bestanden .... Sie kam aber rechtlich nicht in Betracht, weil die Taxe maßgebend war" (Ritter Anm. 33 zu § 6, S. 244, auch Anm. 5 zu § 9, S. 262). Nunmehr kann zur Beseitigung der Überv Herabsetzung der Vssumme verlangt werden (Kaufmann a. a. O. S. 36, a. M. Hinz a. a. O. S. 26—27, der in dem Verlangen nach Herabsetzung der Taxe zugleich auch schon ein Verlangen auf Beseitigung der Überv erblickt).

[12] d) Passivenversicherung und Überversicherung.

Da der Begriff der Überv das Vorhandensein eines Vswertes voraussetzt, da es aber in der Passivenv an einem Vswert fehlt — es gibt bei Passiven nur einen „negativen Wert", einen Unwert, einen Mißwert (Anm. 15 zu § 52) — scheint bei Passivenven eine Überv nicht vorkommen zu können. Es läßt sich auch durchweg nicht voraussehen, in welcher Höhe Passiven entstehen könnten: Es gibt keine Verschuldungsgrenze, speziell Deliktsansprüche Dritter können unabsehbar hoch sein; langwierige Krankheiten erfordern enorme Aufwendungen. Dazu Hinz a. a. O. S. 196 m. w. N. Über die Unanwendbarkeit des § 51 bei einer Gebäudehaftpflichtv: BGH 24. I. 1951 NJW 1951 S. 314—315 = VersR 1951 S. 76.

Aber es gibt Ausnahmefälle, in denen sich von vornherein ein Maximalschaden festlegen läßt, in denen also prospektiv die Passiven einen Maximalmißwert besitzen. In diesen Fällen können die Vorschriften des § 51 analog angewendet werden. Zu unterscheiden sind folgende Passivenven mit Maximalschaden:

Versicherungen gegen gesetzliche Schulden bei beschränkter Schuld und/oder Haftung. Regelmäßig schuldet und haftet ein Schuldner unbeschränkt (übrigens auch eine Gesellschaft mit beschränkter Haftung, bei der nur die Besonderheit gilt, daß sie eine juristische Person ist). Aber es gibt doch ausnahmsweise Fälle, in denen Haftungsbeschränkungen eingreifen (der Unterschied zwischen Schuld und Haftung bleibt im folgenden unberücksichtigt, man spricht oft von Haftungsbeschränkungen, wenn auch die Schuld limitiert ist). Im Seerecht ist seit jeher die Reederhaftung beschränkt, und es kommen — besonders wenn man auch das Auslandsrecht einbezieht — alle denkbaren Formen der Beschränkung vor (vgl. Sotiropoulos, Die Beschränkung der Reederhaftung, Berlin 1962). Zu unterscheiden sind die gegenständlich beschränkte Haftung (z. B. mit dem Schiffsvermögen) und summenmäßig beschränkte Haftungen, wobei die Summe fix (StVG, AtomG, § 702 BGB) oder flexibel sein kann (z. B. abhängig vom Wert einer beschädigten oder schädigenden Sache, eines Sondervermögens [Nachlaß; § 419 BGB], von einem Maximalbetrag je Gewichtseinheit, je Registertonne, von der Höhe einer Kommanditeinlage). Zuweilen haben solche Haftungsbeschränkungen rechtspolitisch ihren Grund darin, daß dem potentiellen Schuldner die Möglichkeit eröffnet werden soll, Haftpflichtvsschutz zu tragbaren Prämien zu erlangen. Würde eine Haftpflichtv abgeschlossen werden, welche mit ihrer Vssumme mehr als den Maximalhaftungsbetrag

I. Begriff der Überversicherung

deckt, so kann und muß man § 51 I, II analog anwenden (während die betrügerische Überv des § 51 III hier schwer vorstellbar ist). Von einer Überv kann aber nicht die Rede sein, wenn außer einer beschränkten Haftung des Vmers (§ 12 StVG) auch eine unbeschränkte Haftung (§ 16 StVG) in Betracht kommt; deshalb ist die „Millionendeckung" in der Kraftfahrhaftpflichtv keine Überv. Mit einer Schiffskaskov ist als Adhäsionshaftpflichtv die V gegen Kollisionshaftpflichtschäden verbunden. Da der Reeder nur beschränkt haftet, liegt eine Überv auch im Rahmen der Adhäsionshaftpflichtv vor, falls das Kaskointeresse übervert ist (Anm. 15 zu § 52, Hinz a. a. O. S. 198—199; dabei wird außer Betracht gelassen, daß in ausländischen Gewässern der deutsche Reeder möglicherweise nicht nur mit dem Schiffsvermögen haftet; dann kann ein Bedürfnis nach einer Kollisionsexzedenten [haftpflicht]v bestehen).

Versicherungen gegen vertragliche Schulden können dann wie Überven behandelt werden, wenn Gesetz oder Vertrag die Vertragshaftung des Vmers beschränken, eine umfassendere Haftung für den Vsschutz nicht bedeutsam ist, die Vssumme jedoch den Haftungshöchstbetrag überschreitet. Solche beschränkte Haftung kommt z. B. bei Beförderungs-, Werk-, Verwahrungs-, Lagerverträgen in Betracht, besonders wenn die Haftung an Sachschäden anknüpft und auf den Wert der Sache beschränkt ist. Tritt allerdings zu der beschränkten Haftung möglicherweise eine unbeschränkte hinzu (vgl. § 430 III HGB), und umfaßt der Vsschutz auch diese unbeschränkte Haftung, so können Übervsregeln nicht angewendet werden. Da die Rückv eine V gegen limitierte vertragliche Schulden des Erstvers ist, könnte eine Rückv eine Überv sein (Beispiel: Der Erstver deklariert im Rahmen einer fakultativen laufenden Rückv versehentlich eine zu hohe Vssumme).

Versicherungen gegen notwendige Aufwendungen können nur dann als Überven behandelt werden, wenn feststeht, daß die Aufwendungen ein bestimmtes Ausmaß nicht zu überschreiten vermögen. Das kann z. B. bei einer Neuwertv zutreffen, soweit die Differenz von Neu- und Zeitwert in Betracht kommt und als Neuwert nur der Wiederherstellungsaufwand für eine gleiche Sache wie die beeinträchtigte zu ersetzen ist. Ist die Neuwertvssumme erheblich übersetzt, so kann § 51 (auch § 51 III) angewendet werden, obgleich es sich insoweit um eine Passivenv handelt (vgl. schon Anm. 9).

[13] 4. Übersteigen.

Eine Überv liegt nur vor, falls die Vssumme den Vswert übersteigt, und zwar erheblich. Solche Übersetzung der Vssumme kann schon bei Abschluß des Vsvertrages vorliegen (Anm. 14), aber auch später eintreten (Anm. 15).

Betriebswirtschaftlich gesehen hat die Überv vorwiegend negative Auswirkungen. Sie bedeutet für den Vmer Prämienvergeudung, auch kommt er in den Verdacht, sich bereichern zu wollen. Für den Ver beschwört eine Überv die Gefahr herauf, überhöhten Vsansprüchen ausgesetzt zu sein. Das subjektive Risiko ist fraglos erhöht. Weiß der Ver um die Überv, ohne die Herabsetzung zu verlangen, so setzt er sich dem Vorwurf aus, eine überhöhte Prämie einnehmen zu wollen, ohne eine entsprechende Gefahrtragungsleistung zu erbringen. Im Vsfall wird es oft zu geschäftsschädlichen Auseinandersetzungen kommen.

Über die volkswirtschaftlichen Auswirkungen einer Überv: Haase a. a. O. S. 57—72.

[14] a) Anfängliches Übersteigen.

Eine betrügerische Überv (§ 51 III) liegt regelmäßig (Anm. 10) bereits beim formellen Vsbeginn vor. Auch aus anderen Gründen kann aber von Anfang an eine Überv gegeben sein: Der Vswert ist nicht leicht zu schätzen, der Vmer neigt zur Überschätzung, er setzt nicht selten unversicherbare subjektive Werte an und bemißt entsprechend die Vssumme. Vsvertreter und Vsmakler als Ratgeber des Vmers werden auch ihrerseits eher die Tendenz zur Überschätzung zeigen, wobei auch an ihr Provisionsinteresse zu denken ist. Sogar Gebäudevorschätzungen oder Maschinenvorschätzungen (Vortaxen) könnten unrichtig sein; sie verwehren den Beteiligten nicht die Berufung auf das Vorliegen einer Überv (vgl. Anm. 37 zu § 52). Über die Rechtslage bei einer echten Taxe: Anm. 11.

Die Ver pflegen vor Unterven zu warnen und die Vereinbarung ausreichender Vssummen zu empfehlen, was oft — reaktionsweise — zur Überv führt (Haase a. a. O. S. 30—31). Neuerdings werden aus Rationalisierungsgründen Vssummen oft nicht von Fall zu Fall berechnet, sondern pauschaliert angeboten; hier wird der Vmer, der nicht untervert sein möchte, zum Abschluß mit der nächsthöheren Vssumme, also zur Überv verleitet. Nach Haase a. a. O. S. 29—30 werden Vmer zuweilen auch dadurch zur Überv veranlaßt, daß „eine Gesellschaft mit der Entschädigung geizt und ... verhältnismäßig hohe ... Abzüge macht".

Recht zweckmäßig kann eine vorausschauende großzügige Bemessung der Vssumme sein, wenn Inbegriffe vert werden, und die Vmer — man denke an junge Eheleute — für die Zukunft mit Anschaffungen rechnen. Die Begr. I S. 61—62 behandelt den Fall der V eines Warenlagers mit neuhinzukommenden Waren; hier sei „auch auf den voraussichtlichen Wert solcher Waren Rücksicht" zu nehmen; auch von erwarteten Preissteigerungen ist die Rede. Kommt es nicht zu den Zugängen oder Preiserhöhungen, so ist § 51 I anwendbar (zu eng Begr. I S. 62, wonach eine Herabsetzung der Vssumme nur zulässig sein soll, falls ein Bestand oder ein Preis der Vssumme zugrunde gelegt worden ist, „der im Laufe des Vsvertrages bei verständiger Würdigung der gegebenen Verhältnisse niemals erreicht werden wird."

§ 8 VO über den Geschäftsbetrieb der gewerblichen Pfandleiher schreibt vor, der Pfandleiher habe das Pfand — für Rechnung des Eigentümers — mindestens zum doppelten Betrag des Darlehens zu vern (Anm. 12 zu § 50). Diese Vorschrift kann zu einer Überv führen, falls der Pfandleiher das Pfand mit mehr als der Hälfte des Wertes beliehen hat. — Haben Realgläubiger ein Grundstück „bis über den Schornstein" beliehen, und fordern sie vom Eigentümer den Abschluß einer entsprechend hohen Feuerv, so kommt eine Überv zustande.

[15] b) Späteres Übersteigen.

Eine zunächst vorliegende Vollwert- oder gar Unterv kann dadurch zur Überv werden, daß nachträglich der Vswert unter die Vssumme sinkt. Bei einer Zeitwertv ist besonders an die laufende Entwertung, speziell durch Abnutzung, zu denken, die bei kurzlebigen Wirtschaftsgütern oder langfristigen Vsverträgen große Bedeutung gewinnen kann. In Betracht kommen aber auch Wertsenkungen, Verbilligungen, z. B. bei Warenvorräten, ferner gewisse Valutaschwankungen (Haase a. a. O. S. 55—57).

Liegt eine Veräußerung oder Teilveräußerung vter Sachen vor und geht das Vsverhältnis gemäß § 69 I auf den Erwerber über, so kann nicht davon gesprochen werden, daß beim Veräußerer eine Überv verbleibe. Eine Überv entsteht auch insoweit nicht, als wegen Wegfalls des vten Interesses § 68 II—IV anwendbar ist. Bei teilweisem Interessewegfall soll allerdings eine Überv entstehen und § 51 anwendbar sein (Begr. I S. 77 bis 78, Deutsche Justiz 1943 S. 268; Hinz a. a. O. S. 21—24, Kisch III S. 228—229, Lesser JRPV 1929 S. 213—214, Prölss[15] Anm. 5 zu § 68, S. 306).

Man wird mit Hinz a. a. O. S. 23—24 annehmen müssen, daß § 68 II—IV anwendbar ist, sofern eine positionsweise V vorliegt und eine Position vollständig fortfällt. § 69 I kann bei einer positionsweisen V angewendet werden, falls die gesamten in der Position vten Sachen veräußert werden, mag es sich dabei auch um einen vten Inbegriff handeln (Näheres Lenski, Systematisierung der Rechtsprechung und des Schrifttums zu §§ 69 ff. VVG, ungedruckte Hamburger Diss. 1964, S. 187—188).

Hiernach kann eine Überv bei der V eines Inbegriffs dadurch entstehen, daß einzelne, zum Inbegriff gehörende Sachen aus dem Inbegriff ausscheiden. Dies folgt daraus, daß bei der Inbegriffsv die einzelnen Sachen, die wegen ihrer Zweckverbundenheit im Verkehr als eine Einheit betrachtet werden, nicht als Einzelgegenstände, sondern als Gesamtheit unter Vsschutz gebracht sind. Die V erfaßt den Inbegriff als solchen, nicht die Einzelteile, aus denen er sich zusammensetzt. Mit dem Ausscheiden aus dem Inbegriff kann hinsichtlich der restlichen Inbegriffssachen eine Überv zur Entstehung gelangen (vgl. auch Lenski a. a. O. S. 185—187).

Besondere Gründe für das nachträgliche Entstehen einer Überv nennt § 51 II: Krieg, behördliche Maßnahme aus Anlaß eines Krieges. Wenn diese Gefahren das vte Interesse beeinträchtigen, aber nicht zerstören, so ist § 51 II, nicht § 68 III anwendbar. Wäre

II. Arten der Überversicherung §51

übrigens die Kriegsgefahr mitgedeckt, so läge in ihrer Verwirklichung ein Vsfall: „Fällt das vte Interesse weg, weil der Vsfall eingetreten ist", so gilt § 68 IV, wird die vte Sache durch den Vsfall dagegen nur beschädigt, so kann durch ihn eine Überv zur Entstehung gelangen.

[16] 5. Erheblichkeit.

Über Wertungsfragen läßt sich trefflich streiten. Es ist nicht einfach, die erforderliche Diskrepanz zwischen Vswert und Vssumme festzustellen. Überdies: minima non curat praetor. Deshalb ist „aus praktischen Gründen" (Begr. I S. 60) in § 51 I bestimmt, es sei nur beachtlich, wenn die Vssumme den Vswert **erheblich** übersteigt. Auch für § 51 II und III muß des Sachzusammenhanges wegen das Erfordernis der Erheblichkeit gelten (Bericht der VIII. Kommission zu § 51). Im Rahmen des § 55 kommt es dagegen nicht darauf an, daß die Vssumme erheblich höher ist als der Vswert. Anders wieder zur erheblichen Übersetzung der Taxe: § 57.

Es ist hiernach ein unergiebiger Begriffsstreit, ob man eine Überv nur dann als vorliegend ansieht, wenn die Vssumme den Vswert erheblich übersteigt (so Begr. I S. 60), oder ob man auf die Erheblichkeit als Kriterium des Begriffes der Überv verzichtet (so Bruck S. 528, Hinz a. a. O. S. 19).

Die Frage, wann die Differenz von Vssumme und Vswert i. S. des § 51 erheblich sei, kann im Anschluß an § 2170 II 8 ALR (ebenso wie zu § 57) auch heute noch dahin entschieden werden, daß eine Überschreitung des Vswertes um **mehr als 10%** als erheblich anzusehen ist (Bruck S. 530 Anm. 7, 510, Hinz a. a. O. S. 20). Prölss[15] Anm. 1 zu § 51, S. 241 meint, es lasse sich nicht generell sagen, wann Erheblichkeit vorliege. Im Falle RG 29. I. 1887 RGZ Bd 19 S. 215 (Taxe) ist eine Übersetzung um $6^6/_{10}\%$ nicht als wesentlich angesehen worden.

Im Blick auf die Rechtsfolgen einer nicht betrügerischen Überv (§ 51 I, II) wird überdies gefordert, es müsse eine merkliche, eine spürbare **Prämienermäßigung** herauskommen (Benrath Der Vmer 1957 S. 121, Ehrenzweig S. 249, Hinz a. a. O. S. 20, Prölss[15] Anm. 1 zu § 51, S. 241). Dem Gesetz läßt sich dieses Erfordernis nicht entnehmen. Wenn der Ver die Herabsetzung der Überdeckung verlangt, so kommt es auf die Prämienersparnis beim Vmer nicht an. Ehrenzweig S. 249 will solchenfalls die Überv dann als erheblich ansehen, wenn sie „das subjektive Risiko verschlechtern kann".

[17] II. Arten der Überversicherung.
1. Anfängliche, nachträgliche Überversicherung.

Abstellend auf den Zeitpunkt des Abschlusses des Vsvertrages, also des formellen Vsbeginns, kann man die anfängliche von der nachträglichen Überv unterscheiden und eine anfängliche Überv dann als gegeben ansehen, wenn sie schon im Zeitpunkt des Vertragsabschlusses vorliegt.

Über Fälle **anfänglicher** Überv vgl. Anm. 14. Durchweg wird eine betrügerische Überv (§ 51 III) eine anfängliche sein; aber der Grundsatz kennt Ausnahmen (Anm. 10). Eine Beseitigung der Überv gemäß § 51 kommt auch bei anfänglicher Überv in Betracht. Aber die anfängliche Überv ist von dem anfänglichen Interessemangel (§ 68 I) abzugrenzen. Letzterer liegt vor, wenn das Interesse, welches vert werden sollte, im Zeitpunkt des vorgesehenen materiellen Vsbeginns nicht (nicht mehr, noch nicht) besteht; das kaskovte Kraftfahrzeug wird nicht angeschafft oder wird schon vor dem vorgesehenen materiellen Vsbeginn zerstört oder wird verspätet geliefert. Ist in einer Position ein Inbegriff vert, z. B. Vorräte, so fehlt das Interesse, falls beim materiellen Vsbeginn keinerlei Vorräte vorhanden sind; eine (anfängliche) Überv kann nur vorliegen, wenn (im Zeitpunkt des Vertragsabschlusses) Vorräte vorhanden sind, deren Vswert die Vssumme nicht erreicht.

§ 51 II denkt primär an den Fall **nachträglichen** „Eintritts" der Überv, besonders durch unvte Kriegsschäden. Selbstverständlich gilt § 51 I auch bei nachträglicher Überv, während § 51 III hier nur ausnahmsweise angewendet werden kann. Was das Verhältnis zu § 68 anlangt, so ist wiederum darauf abzustellen, welches Interesse vert ist. Wird das Kraftfahrzeug oder das gesamte Warenlager, das vert war, nach dem formellen Vsbeginn enteignet, so gilt § 68 I, wenn die Enteignung vor dem materiellen Vsbeginn erfolgt, dagegen § 68 II, wenn sie erfolgt, nachdem die Gefahrtragung des Vers begonnen hatte. § 51 I kann nur eingreifen, d. h. eine Überv kann nur entstehen, falls das Warenlager teilweise enteignet wird. Über andere Entstehungsursachen nachträglicher Überv vgl. Anm. 15.

[18] 2. Qualitative, quantitative Überversicherung.

Diese nicht sehr plastische Unterscheidung stellte darauf ab, ob vorhandene Gegenstände über ihren Vswert hinaus vert werden (qualitative Überv) oder ob überhaupt nicht vorhandene Gegenstände vert werden (quantitative Überv): Haase a. a. O. S. 17, Meyer a. a. O. S. 25. Bei Nichtvorhandensein des vten Interesses gilt heute nicht § 51, sondern § 68, vgl. auch Hinz a. a. O. S. 21—22.

[19] 3. Vorübergehende, dauernde Überversicherung.

Eine V kann als anfängliche vorübergehende Überv genommen werden, weil der Vmer mit einem Wertzuwachs oder mit einem Zugang bei Inbegriffsven rechnet. Nachträglich kann vorübergehend eine Überv durch Wertschwund oder Abgang bei Inbegriffsven entstehen. Der Vmer bemißt in diesen Fällen die Vssumme absichtlich zu hoch, um solche Wertschwankungen oder Bestandsbewegungen aufzufangen. Dann wird er die Beseitigung der Überv gemäß § 51 I in praxi nicht verlangen, aber rechtlich ist weder ihm noch dem Ver das Verlangen verwehrt (a. M. Begr. I S. 61—62, Hagen I S. 464, Hinz a. a. O. S. 30—31, Raiser Anm. 3 zu § 11, S. 290). Es könnte jedoch vorweg vereinbart werden, daß der Ver das Verlangen nicht stellen könne, auch könnten beide Parteien nachträglich auf das Herabsetzungsrecht verzichten (Anm. 43).

Eine nur ganz kurzfristige Überv darf von den Parteien nach Treu und Glauben nicht ausgenutzt werden, um das Verlangen aus § 51 I zu stellen: Der Vmer würde nur einen geringfügigen Prämienbetrag einsparen. Der Ver darf die vorübergehende Überv nicht ausnutzen, um (im Ergebnis) eine Teilkündigung der V vorzunehmen; das gilt besonders, wenn er reichliche Bemessung der Vssumme z. B. in der Hausratv empfohlen hat.

Bei dauernder Überv gilt § 51 uneingeschränkt.

Ist eine V für ein künftiges Interesse genommen und entsteht dieses Interesse nicht, so handelt es sich nicht um eine vorübergehende Überv, sondern um einen Fall des § 68 I. Eine Überv kommt erst in Betracht, wenn das Interesse entsteht, aber mit einem Vswert, der die Vssumme nicht erreicht.

[20] 4. Gewollte, ungewollte Überversicherung.

Eine betrügerische Überv (§ 51 III) muß vom Vmer gewollt sein, muß der Vmer doch den qualifizierten Vorsatz, die Absicht haben, sich aus der Überv einen rechtswidrigen Vermögensvorteil zu verschaffen. Aber nicht jede gewollte Überv ist betrügerisch, unredlich. Sie kann als anfängliche Überv in der Erwartung abgeschlossen werden, der Vswert werde steigen. Der Vmer kann sie als nachträgliche Überv unbeseitigt lassen, weil er mit erneutem Wertzuwachs rechnet. Obgleich eine Überv gewollt ist, kann der redliche Vmer dennoch die Beseitigung verlangen (Hagen I S. 464, Hinz a. a. O. S. 31—32, beide mit Hinweis auf die anderweitige Regelung des § 60 I).

Ungewollte Überven können besonders durch Fehlbewertungen entstehen.

[21] 5. Einfache, betrügerische Überversicherung.

§ 51 unterscheidet die mit der Nichtigkeitsfolge bedrohte betrügerische Überv von jeder sonstigen, redlichen, einfachen Überv, mag diese eine ungewollte oder gewollte sein (Anm. 20).

Die Nichtigkeit ergreift nach § 51 III bei betrügerischer Überv den gesamten Vsvertrag, während bei einfacher Überv der Vertrag gemäß § 51 I, II vollen Umfangs gültig ist und gültig bleibt (Hinz a. a. O. S. 29); es kann lediglich die Vssumme (nicht eigentlich die Gefahrtragung des Vers) sowie die Prämie geändert werden. Demgegenüber sieht § 786 III HGB für die Seev vor, auch eine einfache Überv habe „keine rechtliche Geltung", soweit die Vssumme den Vswert übersteigt (§ 9 I 1 ADS spricht von Unwirksamkeit des Ver-

III. Einfache Überversicherung § 51
Anm. 22—23

trages, die notwendig eine teilweise Unwirksamkeit sein muß: Ritter Anm. 4 zu § 9, S. 262). Zur Unterschiedlichkeit der Regelungen: Begr. I S. 60—61.
Über die einfache Überv: Anm. 22—43, über die betrügerische Überv: Anm. 44—51.

[22] III. Einfache Überversicherung.
Sofern keine betrügerische Überv (Anm. 44—51) vorliegt, spricht man von einfacher (redlicher) Überv. Für deren rechtliche Behandlung gilt § 51 I, II nach Eintritt des Vsfalls (auch) § 55.
Im Regelfall des § 51 I können Ver und Vmer ein Verlangen stellen, das bestimmte Rechtsfolgen zeitigt; über das Verlangen: Anm. 23—31, über die Rechtsfolgen: Anm. 32—35.
Im Sonderfall des § 51 II kann der Vmer ein qualifiziertes Verlangen stellen, das für ihn günstigere Rechtsfolgen auslöst; über dieses Verlangen: Anm. 36—39, über die Rechtsfolgen: Anm. 40—42.
Über den halbzwingenden Charakter des § 51 I, II: Anm. 43.

[23] 1. Regelfall des § 51 I.
a) Verlangen des Versicherers oder Versicherungsnehmers.
aa) Rechtsnatur.
aaa) Vertragstheorie.
Ergibt sich, daß eine Überv vorliegt, „so kann sowohl der Ver als auch der Vmer verlangen, daß zur Beseitigung der Überv die Vssumme unter verhältnismäßiger Minderung der Prämie mit sofortiger Wirkung herabgesetzt wird."
Ähnlich wie bei der Sachmängelhaftung, wo der Käufer gemäß § 462 BGB Wandelung „oder Herabsetzung des Kaufpreises (Minderung) verlangen" kann, ist die rechtliche Konstruktion des Vorganges umstritten.
Die Vertragstheorie sieht in dem Verlangen eine Offerte auf Abschluß eines Herabsetzungsvertrages, die der Annahme durch den Vertragsgegner bedarf. Verlangt der Ver Herabsetzung, so muß das Angebot vom Vmer angenommen werden. Verlangt der Vmer Herabsetzung, so muß dessen Offerte vom Ver akzeptiert werden. Es besteht hiernach bei Gegebensein einer Überv ein Kontrahierungszwang, eine Annahmepflicht des Vertragsgegners, also eine Forderung, ein Anspruch auf Annahme des Angebotes. Es kommt zu einer vertraglichen Änderung des bestehenden Verhältnisses, und zwar sowohl hinsichtlich der Umschreibung der Gefahrtragungspflicht des Vers (Herabsetzung der Vssumme) als auch hinsichtlich der Prämienzahlungspflicht des Vmers (Minderung der Prämie).
Anhänger der Vertragstheorie sind Benrath Der Vmer 1957 S. 134—135, Hagen I S. 465, Josef AssJhrb 1915 I S. 53—54, sowie z. T. zur Doppelv Kisch, Die mehrfache V desselben Interesses, Berlin 1935, S. 188, 193—195, ÖffrechtlV 1932 S. 247—248, ZHR Bd 75 S. 238—242.
Die Vertragstheorie ist abzulehnen. Sie widerstreitet der Forderung nach juristischer Ökonomie. Denn bei Nichtannahme des Angebotes müßte der Offerierende zunächst auf Annahme klagen. Nach § 894 I 1 ZPO würde die Annahmeerklärung als abgegeben gelten, sobald das Urteil Rechtskraft erlangt hat. Erst aus dem so zustandegekommenen Herabsetzungsvertrag könnte in einem zweiten Prozeß z. B. der Vmer auf Teilrückzahlung vorausgezahlter Prämie klagen; Anspruchsgrundlage wäre ungerechtfertigte Bereicherung (§ 812 I 2 BGB). Bei Zugrundelegung der Vertragstheorie erwachsen weitere Schwierigkeiten, falls die Auffassungen des Antragstellers und des Gerichts über den Grad der Überv auseinandergehen. Wenn der Vmer „auf Minderung um eine bestimmte Quote, z. B. ein Drittel, klagt, und der Richter den Minderungsanspruch zwar für begründet, aber nur eine geringere Minderungsquote für zulässig hält, z. B. ein Viertel, so" müßte „er nach der Vertragstheorie den Kläger abweisen . . ., da dessen im Klageantrag liegende Offerte nur auf Minderung um ein Drittel gerichtet ist, also durch die vom Beklagten abzugebende, durch das Urteil zu ersetzende Erklärung, nur um ein Viertel zu mindern, nicht angenommen werden kann" (Enneccerus-Lehmann S. 444). Gegen die Vertragstheorie spricht auch, daß nach dem Gesetz das Verlangen eine sofortige Wirkung

13*

haben soll, so daß der Herabsetzungsvertrag zurückwirken müßte, was ungewöhnlich ist. Im Kaufrecht können sich die Anhänger der Vertragstheorie immerhin auf § 465 BGB berufen; aber eine entsprechende Vorschrift existiert für die Überv nicht. Raiser VW 1948 S. 369 leitet auch aus § 81 mit Recht Bedenken gegen die Vertragstheorie her: Ein Änderungsantrag, den ein Feuerver nicht annimmt, würde jeweils nach zwei Wochen erlöschen. Schließlich sei erwähnt, daß nach der Vertragstheorie ein Vmer in Prämienverzug geraten würde, wenn er nach Stellung eines berechtigten Herabsetzungsverlangens, aber vor Annahme seines Antrages seitens des Vers, also vor dem Vertragsabschluß, die Prämie insoweit nicht zahlt, als sie zu ermäßigen ist.

Gegen die Vertragstheorie besonders Raiser VW 1948 S. 369, Ritter Anm. 31 zu § 6, S. 243—244, Anm. 5 zu § 11, S. 280 (zur Taxe und Doppelv).

[24] bbb) **Gestaltungstheorie.**

Eine zweite Auffassung nimmt an, daß § 51 I demjenigen, der Beseitigung verlangen kann, ein Gestaltungsrecht verleiht, also keinen Anspruch (kein Recht auf fremdes Verhalten), sondern ein Recht zu eigenem Verhalten. Die Ausübung erfolgt durch einseitige rechtsgestaltende Willenserklärung; das Verlangen ändert mit dem Zugang beim Vertragspartner das Vsverhältnis ab. Ohne daß die Notwendigkeit der Konstruktion einer Rückwirkung besteht, wird insbesondere die Prämie „mit sofortiger Wirkung" herabgesetzt. Der Vmer gerät in Verzug, wenn er nur die geminderte Prämie begleicht. Der Vertragspartner kann die Abwicklung nicht verschleppen, da es keiner Willenserklärung von seiner Seite bedarf. Sobald die Gestaltungswirkung eingetreten ist, kann ein Vmer zuviel gezahlte Prämie nach § 812 I 2 BGB zurückfordern; er kann einen berichtigten Vsschein oder Nachtrag entsprechend § 3 I 1 fordern (Anm. 124 zu § 1). Soweit das Verlangen unberechtigt ist, kann es keine Rechtsfolgen auslösen. Bei der Sachmängelhaftung (Wandelung) hat man die Gestaltungstheorie mit der Begründung abgelehnt, daß § 467¹ BGB den § 349 BGB nicht zitiere. Demgegenüber steht es bei der Beseitigung der Überv fest, daß es einer Erklärung gegenüber dem anderen Teile bedarf.

Die Gestaltungstheorie ist begründet worden von Martin Wolff, Das Privatsrecht in: Holtzendorff-Kohler, Enzyklopädie der Rechtswissenschaft, 7. Aufl., 2. Bd, München-Leipzig-Berlin 1914, S. 433; Anhänger sind weiterhin Bruck S. 531, 7. Aufl. Anm. 11 zu § 51, S. 203, Ehrenzweig S. 250, Kaufmann a. a. O. S. 36, Koch JRPV 1931 S. 140—142, Lesser JRPV 1929 S. 213, Ritter Anm. 31 zu § 6, S. 243—244, Anm. 5 zu § 11, S. 280, Roelli-Jäger Anm. 18 zu Art. 50, S. 70, früher auch Prölss⁵ Anm. 3 zu § 51, S. 152, Raiser Anm. 5 zu § 11, S. 290—291.

Raiser VW 1949 S. 370 hat dann aber Bedenken gegen die Gestaltungstheorie geäußert: „Wenn das Ermäßigungsverlangen ... stets unwirksam bleibt, wenn und soweit es ... nicht begründet ist, so hat der Vmer die Möglichkeit, jederzeit ohne das geringste Risiko jede beliebige Summenermäßigung und die daraus sich ergebende Prämienermäßigung zu verlangen, weil er sich gegebenenfalls auch nach Eintritt eines Schadens stets auf den Standpunkt stellen kann, das Verlangen sei nicht begründet gewesen und der Vertrag also nicht geändert worden".

Aber diese Bedenken schlagen nicht durch. Abgesehen von den Fällen, in welchen der Ver den Einwand der allgemeinen Arglist erheben könnte, würde es mindestens Treu und Glauben widerstreiten, falls ein Vmer sich im Schadensfall darauf beruft, die Gestaltungswirkung sei nicht eingetreten. Solches widersprüchliche Verhalten (venire contra factum proprium) wäre dem Vmer vollends verwehrt, falls der Ver zu erkennen gegeben hat, er stelle sich auf den Boden einer Herabsetzung: Hierdurch tritt neben die (evtl. unwirksame) einseitige Willenserklärung des Vmers ein Änderungsvertrag (vgl. § 140 BGB). Sofern der Ver meint, es liege keine Überv vor, ist ihm eine negative Feststellungsklage zuzumuten, oder er kann die nicht herabgesetzte Prämie einklagen oder die Rückzahlung eines Teiles der vorausgezahlten Prämie ablehnen. Erweist sich der Standpunkt des Vers als richtig, so hat das Verlangen des Vmers keine Gestaltungswirkung gehabt und der Ver erbringt jene Gefahrtragungsleistung, für welche er die volle Prämie erhält. In Streitfällen kann auch der Vmer Feststellungsklage erheben (KG 7. VII. 1928 JRPV 1928 S. 277), keine Leistungsklage (es sei denn, er fordere überzahlte

III. Einfache Überversicherung **§ 51**
Anm. 25—26

Prämie zurück), keine Gestaltungsklage (a. A. Hagen I S. 465). Prölss[15] Anm. 3 zu § 51, S. 242 will dem Vmer eine Klage auf Berichtigung des Vsscheins ermöglichen.

So erweist sich die Gestaltungstheorie als befriedigender Erklärungsversuch (vgl. auch die in Anm. 116—119 zu § 1 zusammengestellten Fälle).

[25] ccc) Theorie Raiser.

Raiser VW 1948 S. 370—371, dem Prölss[15] Anm. 3 zu § 51, S. 242 folgt, meint, der Vmer, der etwas verlangen könne, habe ein Recht auf fremdes Verhalten, also nicht ein (Gestaltungs-)Recht zu eigenem Verhalten. Der Anspruch des Vmers (§ 194 I BGB) richte sich „auf Ausführung derjenigen Maßnahmen . . . , die die Ermäßigung der Summe und Prämie in Erscheinung treten lassen, also auf Ausfertigung einer Vsurkunde, auf entsprechende Änderung der künftigen Prämienrechnungen, auf Zahlung bzw. Rückstellung oder Anrechnung der etwa sich ergebenden Rückprämie." Diese Auffassung stehe in Parallele zu der für den Minderungsanspruch des Käufers vorwiegend vertretenen Herstellungstheorie. § 81 sei unanwendbar. Der Zeitpunkt, zu dem die Ermäßigung verlangt worden könne, sei der Tag des Zugangs des Ermäßigungsverlangens. Letzteres bleibe „solange frei widerruflich, bis es entweder erfüllt wird oder ein Schaden eintritt." Im letztgenannten Fall sei „nach den Grundsätzen von Treu und Glauben der Vmer an seine Erklärungen gebunden", sogar dann, wenn der Ver die Berechtigung des Herabsetzungsverlangens des Vers bestritten hatte.

Die Theorie Raiser vermag nicht zu überzeugen. Sie erklärt nicht, auf welche Weise der Vsvertrag auch für die zukünftigen Vsperioden umgestaltet wird: Die Ermäßigung der Vssumme und Prämie muß irgendwie eintreten, bevor der Ver sie „in Erscheinung treten lassen" kann. Man muß also von einer Gestaltungswirkung des Verlangens des Vmers ausgehen. Es ist unbefriedigend, wenn Raiser eine Widerruflichkeit des Herabsetzungsverlangens konstruiert, andererseits aber mit dem Eintritt eines Schadensfalles unter Heranziehung von Treu und Glauben den Vmer festlegen will, auch wenn bis dahin der Ver zu Unrecht die Berechtigung des Verlangens bestritten hatte. Im übrigen geht die Theorie von Raiser allein von dem Fall aus, daß der Vmer das Verlangen stellt, während doch § 51 I auch dem Ver dieses Recht verleiht. Welchen Herstellungsanspruch soll der Ver erlangen ? Es ist gekünstelt, einen Anspruch des Vers anzunehmen, wonach der Vmer gehalten ist, eine etwaige Prämienrückzahlung anzunehmen und die folgenden Jahresprämien in ermäßigter Höhe zu entrichten.

[26] ddd) Vermittelnde Theorie.

Hinz a. a. O. S. 48—50 geht davon aus, daß die höchstrichterliche Rechtsprechung zur Sachmängelhaftung eine vermittelnde Stellung zwischen Vertrags- und Herstellungstheorie einnehme (vgl. BGH 8. I. 1959 NJW 1959 S. 620—622). „Verlangt eine der Vertragsparteien die Herabsetzung der Vssumme, so hat sie, wenn das Verlangen berechtigt ist, vom Augenblick des Zugangs der Erklärung Anspruch auf die Rechtsfolgen einer entsprechend herabgesetzten Vssumme. Gewährt der Erklärungsempfänger aufgrund des Herabsetzungsverlangens diese Rechtsfolgen, indem er beispielsweise eine abgeänderte Vsurkunde übersendet oder eine niedrigere Prämie berechnet, so liegt darin zugleich eine auf rechtsgeschäftlichem Wege vollzogene Herabsetzung der Vssumme. Diese ist auch dann wirksam, wenn das Verlangen ganz oder teilweise unbegründet war. . . . Das Verlangen der Herabsetzung der Vssumme kann abweichend von § 145 BGB vor der Annahme zurückgezogen werden. Das beruht darauf, daß der Antragsteller sowohl in den Fällen des § 462 BGB als auch in denen der §§ 51, 60 . . . keinen Antrag stellt, dessen Annahme in das Belieben des Empfängers gestellt ist, sondern daß er einen Anspruch geltend macht, zu dessen Erfüllung der Empfänger verpflichtet ist, wenn die Anspruchsvoraussetzungen erfüllt sind" (Hinz a. a. O. S. 49—50, welcher im übrigen hinsichtlich der Unanwendbarkeit des § 81 und der Widerruflichkeit des Ermäßigungsverlangens der Theorie Raiser [Anm. 25] folgt).

Soweit die vermittelnde Theorie sich an die Herstellungstheorie des Kaufrechtes anlehnt, begegnet sie dem Bedenken, daß es keinen „Anspruch auf die Rechtsfolgen einer entsprechend herabgesetzten Vssumme" geben kann; es bedarf einer Erklärung, wie es zu der Herabsetzung von Vssumme und Prämie kommt, und diese Erklärung liefert nur die Gestaltungstheorie. Letztere läßt aber auch Raum für die Annahme, daß bei Einverständnis des Vertragspartners ein Änderungsvertrag neben die einseitige Willenserklärung des Verlangenden tritt (Anm. 24). Über die Bedenken gegen eine grundsätzliche Widerruflichkeit des Ermäßigungsverlangens und die von Raiser hierzu angenommenen Ausnahmen vgl. Anm. 25.

[27] bb) Erklärender.

Nach § 51 I kann jede Partei des Vsvertrages die Beseitigung der Überv verlangen. Der Ver macht allerdings von seinem Gestaltungsrecht (Anm. 24) in der Praxis selten Gebrauch, sei es weil er den Vswert schwer kontrollieren kann, sei es weil er seine Prämieneinnahmen nicht schmälern möchte (vgl. Koch JRPV 1931 S. 140, Raiser VW 1948 S. 369). Die Vsaufsichtsbehörde kann gemäß § 81 II 1 VAG einschreiten, falls die Nichtausübung des Gestaltungsrechts zu einem Mißstand führt, welcher die Belange der Vten gefährdet (RAA VA 1905 S. 35—36, 1912 S. 122—123, 1926 S. 147, Hagen I S. 464, Koch JRPV 1931 S. 140). Öfter als der Ver wird der Vmer, welcher nutzlos aufzuwendende Prämienbeträge einsparen möchte, das Herabsetzungsverlangen stellen.

Hinsichtlich der Erklärungsberechtigung ist zu verweisen auf die Rechtslage bei der Kündigung des Vsvertrages (vgl. Anm. 31 zu § 8). Jedoch darf die Parallele nur nach sorgfältiger Prüfung des Einzelfalles gezogen werden.

Stellt der **Versicherer** das Verlangen, so handelt er durch seine Organe oder Bevollmächtigte. Was Abschlußagenten anlangt, so können sie gemäß § 45 den Ver vertreten, wenn man die Vertragstheorie (Anm. 23) zugrundelegt. Nach der Gestaltungstheorie (Anm. 24) handelt es sich jedoch bei dem Herabsetzungsverlangen nicht um einen Änderungsantrag, sondern um eine rechtsgestaltende Willenserklärung. Obgleich § 45 insoweit nur Kündigungs- und Rücktrittserklärungen nennt, wird man auf das Herabsetzungsverlangen § 45 analog anwenden müssen (Anm. 10 zu § 45, Bruck S. 530—531, Hinz a. a. O. S. 40). Ein bloßer Vermittlungsagent kann die Herabsetzung nicht verlangen (Anm. 27 zu § 43). — Bei einer Mitv hat jeder der Mitver das Gestaltungsrecht. Es hängt von dem Inhalt einer Führungsklausel ab, ob der führende Ver zugleich namens der übrigen Mitver das Verlangen stellen kann (nach Klausel 27 Klauseln der Feuerv ist der führende Ver hierzu nicht bevollmächtigt). — Ehrenzweig S. 250, Hinz a. a. O. S. 41—42 wollen dem Ver ein Recht zubilligen, in angemessenen Zwischenräumen oder nach einem auf Wertminderung hinweisenden Vorgang vom Vmer die Gestattung der Überprüfung der Wertlage zu verlangen. Ohne eine solche Befugnis sei das Herabsetzungsrecht des Vers praktisch wertlos. Jedoch läßt sich aus dem Gesetz eine entsprechende Duldungspflicht des Vmers nicht ableiten. Das Eigeninteresse des Vers wird im übrigen regelmäßig zu gering sein, um eine Duldungspflicht aus Treu und Glauben rechtfertigen zu können. Vertraglich könnte jedoch ein Kontrollrecht des Vers vereinbart werden.

Stellt der **Versicherungsnehmer** das Verlangen, so fragt es sich, ob ein beschränkt geschäftsfähiger Vmer der Einwilligung des gesetzlichen Vertreters bedarf (§ 107 BGB). Das ist — wie bei der Kündigung — anzunehmen, weil die Herabsetzung nicht lediglich einen rechtlichen Vorteil (Prämienersparnis) verschafft, sondern insofern auch einen Nachteil mit sich bringt, als die Vssumme herabgesetzt wird, was Bedeutung gewinnen könnte, falls nachträglich der Vswert wieder ansteigt. Sind mehrere Vmer an einem Vsvertrage beteiligt, so können sie regelmäßig nur gemeinschaftlich und dann mit Wirkung für und gegen alle das Herabsetzungsverlangen stellen. Dies kann sich ergeben aus der Gemeinschaftlichkeit des vten Interesses, z. B. bei Gesamthandsgemeinschaften, ferner daraus, daß die mehreren Vmer die Prämie als Gesamtschuldner zu begleichen haben. Nur dann kommt ein isoliertes Herabsetzungsrecht in Betracht, wenn mehrere Vmer in einem einheitlichen Vsvertrag gesonderte Interessen decken, ohne Prämiengesamtschuldner zu sein (Näheres Hinz a. a. O. S. 32—37; bedenklich Bruck S. 530, der generell annimmt, bei mehreren Vmern könne das Verlangen „von einem jeden für seinen Teil" gestellt werden). Im Falle der Veräußerung der vten Sache wird der Erwerber zum Vmer und damit geht auch das Herabsetzungsrecht auf ihn über, gleichgültig, wann die Überv entstanden ist. Obgleich der Veräußerer gemäß § 69 II übergangsweise noch als Gesamtschuldner für die Prämie haftet, kann er doch nach der Veräußerung die Herab-

III. Einfache Überversicherung §51
Anm. 28—29

setzung nicht mehr verlangen, da er nicht mehr Vmer ist (Hinz a. a. O. S. 38—39 gegen Kisch, Die mehrfache V desselben Interesses, Berlin 1935, S. 212). Auf den Erben und sonstige **Gesamtrechtsnachfolger** geht das Herabsetzungsrecht über, nicht aber auf den **Zessionar**, Vertrags- oder Pfändungspfandgläubiger. Das Herabsetzungsrecht kann als Gestaltungsrecht isoliert nicht abgetreten werden. Bei einer V für fremde Rechnung steht das Herabsetzungsrecht allein dem Vmer, also nicht dem V t e n zu (trotz des Wortlauts von § 75 I 1: Ehrenzweig S. 248 Anm. 3, Hinz a. a. O. S. 37—38, a. M. Bruck S. 530). Auch bei einer V für Rechnung wen es angeht hat nur der Vmer das Herabsetzungsrecht, so daß es nicht billigenswert ist, wenn Prölss[15] Anm. 4 zu § 51, S. 243 meint, hier könne § 51 „nicht angewandt werden, solange die Person des Interessenten ungewiß ist".

[28] cc) Empfänger.

Ein vom Ver oder Vmer gestelltes Verlangen muß als empfangsbedürftige Willenserklärung dem anderen Vertragsteil z u g e h e n. Über den Begriff des Zugangs Anm. 2—7 zu § 10.

Für den Fall, daß der Ver dem **Versicherungsnehmer** das Verlangen zugehen läßt, vgl. entsprechend Anm. 32 zu § 8. Beim gesetzlichen Güterstand der Zugewinngemeinschaft verwaltet jeder Ehegatte sein Vermögen selbständig (§ 1364 BGB); bei Vsverträgen der Ehefrau muß demnach das Verlangen der Ehefrau gegenüber erklärt werden. Aber bei jedem Güterstand kann ein Ehegatte sein Vermögen der Verwaltung des anderen Ehegatten überlassen (§ 1413 BGB); solchenfalls wird regelmäßig der andere Ehegatte empfangsbevollmächtigt sein. Auch beim Gesamtgut einer vereinbarten Gütergemeinschaft pflegt die Verwaltung durch den Mann oder durch die Frau zu erfolgen (§ 1421¹ BGB); die Willenserklärung kann sodann dem verwaltenden Teil gegenüber abgegeben werden. Bei einer Wohnungsänderung des Vmers gilt § 10.

Für den Fall, daß der Vmer dem **Versicherer** das Verlangen zugehen läßt, vgl. entsprechend wiederum Anm. 32 zu § 8. Auch ein Vermittlungsagent kann gemäß § 43 Ziff. 2 die Erklärung von dem Vmer entgegennehmen (Anm. 19 zu § 43). Bei einer Mitv kommt es auf den Wortlaut der Führungsklausel an (nach Klausel 27 Klauseln der Feuerv ist der führende Ver bevollmächtigt, Willenserklärungen für alle beteiligten Ver in Empfang zu nehmen).

[29] dd) Zeitpunkt.

Das Verlangen nach § 51 I kann immer gestellt werden, wenn sich ergeben hat, daß eine Überv vorliegt.

Hat ein Vertragsteil, z. B. ein Vmer, einen bindenden Antrag gestellt, so könnte schon **vor dessen Annahme** die Herabsetzung verlangt werden, hier mit Wirkung vom Vsbeginn an.

Während der gesamten **Vsdauer** kann das Verlangen ohne Rücksicht darauf gestellt werden, ob es sich um eine anfängliche oder um eine nachträgliche Überv handelt, auch wenn die Überv eine gewollte (aber nicht betrügerische) ist. Es braucht also nicht erst während der Vsdauer zur Kenntnis des Verlangenden zu kommen, daß eine Überv vorliege; auch eine von vornherein bekannte Überv, bei der man nicht eigentlich sagen kann, sie „ergebe" sich, rechtfertigt das Verlangen. In Österreich heißt es denn auch im revidierten Text des § 51 I: „Wenn die Vssumme ... übersteigt, kann sowohl der Ver als auch der Vmer verlangen ...".

Auch noch **nach Eintritt** eines Vsfalls kann das Verlangen erhoben werden, sogar vom Vmer, dessen Entschädigung sich ja gemäß § 55 nicht nach der (übersetzten) Höhe der Vssumme, sondern nach der Schadenshöhe richtet (a. M. Prölss[15] Anm. 2 zu § 51, S. 242, der voraussetzen will, daß die Überv vor Eintritt des Vsfalls entdeckt werde, sonst gelte § 55, ohne Anspruch auf Prämienermäßigung). Aber zu denken ist nicht nur an Vsfälle, die keine Leistungspflicht des Vers auslösen (z. B. wegen Eingreifens einer Ausschlußklausel), sondern auch an die Fälle, in denen die V mit unveränderter Vssumme nach einem Schadensfall fortbesteht, was die Regel bildet (Anm. 27 zu § 50). Hier kann der Vmer sich z. B. bei einer V eines Inbegriffs sehr wohl darauf berufen, seine Neuanschaffungen erreichten mit ihrem Vswert nicht die Vssumme. In Fällen wie jenen der

§§ 95, 112, 119 ermäßigt sich die Vssumme auf einen „Restbetrag". Hier kann begrifflich eine Überv nur vorliegen, wenn dieser Restbetrag den verbleibenden Vswert erheblich übersteigt.

Da das Verlangen nur sofortige Wirkung zeitigen soll, kann es **nicht für die Vergangenheit**, rückwirkend erklärt werden. Die Überv muß im Zeitpunkt des Verlangens vorhanden sein: Ist übersehbar, daß die Überv in **Zukunft** entstehen wird, so kann doch das Verlangen nicht im Vorwege erklärt werden; die Unsicherheit wäre zu groß. **Nach dem Ende der V** ist die Erklärung nach § 51 I sinnlos, weil die Prämie nicht rückwirkend ermäßigt wird (Prölss[15] Anm. 2 zu § 51, S. 242).

Aber auch nach längerem Bestehen einer Überv ist das Verlangen immer noch statthaft, eine **Frist**, insbesondere eine Unverzüglichkeitsfrist, läuft — anders als nach § 60 III — **nicht**. Da es sich nicht um einen Anspruch des Berechtigten handelt, kommt nach der Gestaltungstheorie auch **keine Verjährung** in Betracht (Anm. 7 zu § 12, a. M. Thees Deutsche Justiz 1943 S. 282).

Ein **mehrfaches Verlangen** ist denkbar und zulässig (Ehrenzweig S. 249). Erhöht sich nachträglich der Vswert wieder, so kann doch die Vssumme nur durch Vereinbarung zwischen Vmer und Ver wieder erhöht werden, also durch Änderungsvertrag. Ein einseitiges Verlangen führt nicht zur Wiedererhöhung: Ehrenzweig S. 250, Hinz a. a. O. S. 56, Raiser Anm. 5 zu § 11, S. 291.

[30] ee) Inhalt.

Die einseitige empfangsbedürftige rechtsgestaltende **Willenserklärung**, welche der Ver oder der Vmer abgibt, muß den **Geschäftswillen** des Erklärenden verlautbaren, der darauf gerichtet ist, „daß zur Beseitigung der Überv die Vssumme unter verhältnismäßiger Minderung der Prämie mit sofortiger Wirkung herabgesetzt" werde (§ 51 I). Der Geschäftswille wird bereits ausreichend deutlich, wenn der Erklärende nur geltendmacht, es liege eine Überv vor, oder wenn er nur die Herabsetzung der Vssumme verlangt (was dem Ver besonders naheliegt) oder wenn er nur die Minderung der Prämie erstrebt (was für den Vmer im Vordergrund des Interesses steht). Zusätzlich liegt allerdings stets die Notwendigkeit vor, den **Umfang der Überv** zu kennzeichnen, sei es durch Angabe der richtigen Vssumme (Bruck 7. Aufl. Anm. 10 zu § 51, S. 203), sei es durch Angabe des Vswertes, mit dem die Vssumme bei einer normalen Vollwertv übereinstimmt (Hinz a. a. O. S. 50). Ohne solche Bezifferung ist das Verlangen nicht ausreichend konkret, es würde auch nicht ausreichen, wenn der Vmer schreibt, die Vssumme sei um mehr als die Hälfte übersetzt. Ein allzu unbestimmtes Verlangen äußert keine rechtliche Wirkung. Besonders den Ver kann nach Treu und Glauben allerdings eine Nachfragepflicht treffen. Ergänzt der Vmer seine ursprünglichen ungenauen Angaben, so tritt die Wirkung des Verlangens erst mit solcher Ergänzung ein. Zu allem Hinz a. a. O. S. 51. Nicht notwendig ist es, § 51 I zu zitieren oder zu begründen, wann und wie die Überv entstanden ist. Ausnahmsweise kann das Verlangen **konkludent** gestellt werden, man denke an eine Prämienkürzung oder die Zusendung eines „berichtigten" Vsscheines. Ein **stillschweigend** gestelltes Verlangen ist kaum denkbar.

Es muß dem Erklärenden verstattet sein, eine **Teilherabsetzung** zu verlangen, etwa bei einer Inbegriffv mit einer Vssumme von 100 000 DM auf 75 000 DM, obgleich der gegenwärtige Vswert nur 50 000 DM beträgt. Vielleicht rechnet der Erklärende mit einem späteren Wertzuwachs auf 75 000 DM, niemals aber auf 100 000 DM. In solchem Falle könnte dann allerdings der andere Teil seinerseits ein zweites Verlangen stellen mit dem Ziel einer Herabsetzung auf 50 000 DM. Vgl. Hinz a. a. O. S. 50—51. — Ist umgekehrt ein Verlangen **überhöht**, also nur zum Teil gerechtfertigt, so muß es als unwirksam angesehen werden. Bewertungsfragen sind allzu schwer zu beantworten, als daß man es rechtfertigen könnte, hier anzunehmen, das Verlangen wirke nur insoweit, als es berechtigt ist.

Als rechtsgestaltende Willenserklärung ist ein gestelltes und zugegangenes Verlangen **unwiderruflich**. — Jedoch lassen sich durch **contrarius consensus** die Wirkungen eines Verlangens wieder beseitigen, auch für die inzwischen abgelaufene Zeit. Verlangt also ein Vmer (mit Recht) eine Herabsetzung, erreicht aber der Ver, daß der Vmer seinen Wunsch fallen läßt (vielleicht mit Rücksicht auf Bewertungszweifel oder künftige Wertschwankungen), so entfaltet das Verlangen im Endergebnis keine Wirkungen. — Die

III. Einfache Überversicherung §51
Anm. 31—32

Gegner der Gestaltungstheorie nehmen teilweise eine Widerruflichkeit eines Verlangens an, bis zur „Annahme" durch den Erklärungsempfänger, aber nicht mehr nach einem Schadenseintritt (Prölss[15] Anm. 3 zu § 51, S. 242, Raiser VW 1948 S. 370); dagegen Anm. 25, 26.

Wie jede Willenserklärung ist das Verlangen prinzipiell **anfechtbar**. Hat sich allerdings der Verlangende hinsichtlich des wahren Vswertes geirrt, dergestalt daß in Wahrheit keine Überv vorliegt, so erweist sich, daß das Verlangen unbegründet war und es ist schon aus diesem Grunde wirkungslos. Die Rechtsunsicherheit wird beseitigt, falls der andere Teil sich auf den Boden des unbegründeten Verlangens stellt, so daß ein Änderungsvertrag zustandekommt. Solcher Änderungsvertrag wäre wegen eines bloßen Motivirrtums nicht anfechtbar. Ein einseitiges Herabsetzungsverlangen könnte angefochten werden, falls eine **arglistige Täuschung** vorliegt, z. B. wenn dem Verlangenden vorgespiegelt worden war, er sei verpflichtet, die Herabsetzung zu verlangen. Eine **Irrtumsanfechtung** kommt in Betracht, falls der objektive Erklärungswert zwar ein Herabsetzungsverlangen bedeutet, der Geschäftswille jedoch fehlt; vielleicht wollte der Vmer dem Ver nur vor Augen führen, er zahle laufend eine materiell überhöhte Prämie. Zur Anfechtung Hinz a. a. O. S. 49, Kisch ZHR Bd 75 S. 240, 255, Raiser VW 1948 S. 371. Nach einer begründeten Anfechtung kann das Geleistete kondiziert werden, z. B. kann der Ver zurückgezahlte Prämie wieder verlangen, einen „berichtigten" Vsschein zurückfordern.

Wer ein Verlangen stellt, muß im Bestreitensfalle **beweisen**, daß sein Verlangen inhaltlich begründet sei, also eine Überv vorliege (Hinz a. a. O. S. 55, Prölss[15] Anm. 3 zu § 51, S. 242). Besonders für den Ver ist die Beweissituation oft schwierig, zumal da er kein Kontrollrecht hat (Anm. 27).

[31] ff) Form.

Das Gesetz sieht für das Verlangen keine Form vor, das Verlangen kann also auch formlos, z. B. mündlich, fernmündlich, konkludent (Anm. 30) gestellt werden. § 68a erklärt § 51 I für zugunsten des Vmers zwingend und enthält nicht die in § 34a² vorgesehene Ausnahmeregelung, wonach die schriftliche Form z. B. für vorvertragliche Anzeigen bedungen werden·kann. Deshalb würde sich der Ver auf eine vereinbarte Schriftform nicht berufen können; trotzdem findet sich solche Vereinbarung häufig, z. B. in §§ 19 AFB, AWB, AHausratB, § 17 FBUB. Die Rechtslage ist folgende: Hat trotz der Formvereinbarung ein Vmer das Verlangen nur mündlich gestellt (vielleicht gegenüber einem Vsagenten), so ist es wirksam, die Rechtsfolgen treten ein; angesichts dieser Gestaltungswirkung kann sich der Vmer nachträglich nicht auf den Boden der AVB stellen und geltendmachen, er berufe sich nunmehr auf den Formmangel (dazu Einl. Anm. 49). Wenn allerdings der Ver sich hierauf einläßt, würden durch besondere Vereinbarung die Wirkungen des Verlangens rückwirkend wieder beseitigt werden.

[32] b) Rechtsfolgen des Verlangens.

aa) Für die Versicherungssumme.

Ein berechtigtes Verlangen hat die Rechtsfolge, daß die Vssumme sich **ermäßigt**, sobald die Willenserklärung dem Vertragspartner zugeht. Es kommt nur darauf an, ob im Zeitpunkt des Zugangs das Verlangen im angegebenen Umfang oder darüber hinaus (Anm. 30) gerechtfertigt ist. Der Wortlaut des § 51 I führt insofern irre, als das Herabgesetztwerden auf Grund des rechtsgestaltenden Verlangens eintritt und als solches kein Verhalten der Parteien (keinen Vertrag, keine Handlung des Vers) erfordert. Über andere Fälle der Veränderung der Vssumme kraft einseitiger Erklärung: Anm. 20 zu § 50.

Man kann im Falle des § 51 I nicht sagen, die Gefahrtragungsleistung des Vers vermindere sich; denn immer hat der Ver nur den Betrag des Schadens zu ersetzen, mag auch die Vssumme höher als der Vswert sein. Der Umfang der Schadensersatzpflicht des Vers wird also durch die Herabsetzung der Vssumme nicht berührt. Allenfalls könnte es während der ferneren Vertragsdauer geschehen, daß der Vswert ansteigt, z. B. infolge von Neuanschaffungen bei einer Hausratv oder infolge von Wertsteigerungen. Dann wäre, wenn man die Herabsetzung der Vssumme fortdenkt, die Überv womöglich gerade zur Vollwertv geworden, der Vmer hätte erhöhten Vsschutz genossen. Nach der Herabsetzung der Vssumme hat die V ihre „Auffangfunktion" verloren, es entsteht bei Ansteigen des Vswertes eine Unterv und eine Wiedererhöhung setzt einen Änderungsvertrag der Beteiligten voraus (Anm. 29).

Die Herabsetzung der Vssumme erfolgt unter verhältnismäßiger Minderung der Prämie (dazu Anm. 33—35), hat aber auch andere Auswirkungen: Ein Vsschein, welcher mit der ursprünglichen Vssumme ausgestellt worden war, ist unrichtig geworden. Der Ver ist verpflichtet, einen berichtigten Vsschein oder einen Nachtrag auszuhändigen (Anm. 124 zu § 1). In besonderen Fällen ist eine Verpflichtung des Vmers anzunehmen, den unrichtig gewordenen Vsschein zurückzugeben (Analogie zu § 371[1] BGB, vgl. Bruck S. 531—532).

[33] **bb) Für die Prämie.**

aaa) Minderung.

Für den Ver und für den Vmer steht wirtschaftlich die Prämienermäßigung im Vordergrunde, welche kraft der rechtsgestaltenden Willenserklärung eintritt: Herabsetzung der Vssumme „unter verhältnismäßiger Minderung der Prämie mit sofortiger Wirkung".

Eine verhältnismäßige Minderung bedeutet — wörtlich genommen — eine Ermäßigung in starrer rechnungsmäßiger Kongruenz zur Herabsetzung der Vssumme. Frühere Vssumme 12000 DM, frühere Prämie 12 DM; neue Vssumme 6000 DM, neue Prämie hiernach 6 DM. So denn auch Bischoff ÖffrechtlV 1934 S. 249—250, der allenfalls die „Grundsätze über die Verschiebung der Geschäftsgrundlage" heranziehen will.

Aber man darf nicht am Wortlaut haften, muß die Forderungen der Vstechnik beachten und davon ausgehen, daß der Prämientarif des Vers nicht nur unternehmensinterne Bedeutung hat (Anm. 20, 21 zu § 35). Viele Tarife sehen Mindestprämien vor oder gehen davon aus, daß niedrigere Vssummen relativ höhere Prämien erfordern (man denke an die fixen Verwaltungskosten), oder berücksichtigen umgekehrt, daß zuweilen mit der Vssumme das Risiko mehr als proportional ansteigt (besonders wertvoller Schmuck, Pelze). In allen diesen Fällen ist auch im Rahmen des § 51 I die Heranziehung der „Verhältnisse" des Prämientarifes geboten. Beträgt z. B. im obigen Beispiel die Mindestprämie 10 DM, so hat künftig der Vmer diese 10 DM, und nicht nur 6 DM zu begleichen (weshalb es sich für ihn nicht empfiehlt, die Herabsetzung der Vssumme auf weniger als 10000 DM zu verlangen). Wie hier Benrath Der Vmer 1957 S. 134, Bruck S. 531, Durst JRPV 1928 S. 308—309, Ehrenzweig S. 249, Hinz a. a. O. S. 56—58, Kisch ZHR Bd 75 S. 250—251, Prölss[15] Anm. 4 zu § 51, S. 242, Raiser Anm. 6 zu § 11, S. 291, KG 7. VII. 1928 VA 1929 S. 51—52 Nr. 1961 = JRPV 1928 S. 276—277. Maßgebend muß jener Prämientarif sein, der zur Zeit des formellen Vsbeginnes angewendet wurde, nicht also der Prämientarif zur Zeit der Herabsetzung (Durst JRPV 1928 S. 308—309, Ehrenzweig S. 249, Hinz a. a. O. S. 57—58).

Nach der Vsprämie richtet sich genau proportional die Vssteuer. Nebengebühren, z. B. Inkassogebühren, folgen der Prämie (Anm. 10 zu § 35), jedoch führt eine Prämienermäßigung nicht immer zu einer korrespondierenden Minderung der Nebengebühren, man denke an Mindestgebühren für das Inkasso kleinerer Beträge. Prölss[15] Anm. 4 zu § 51, S. 242—243 will zu Unrecht die „Nebenkosten" unverändert lassen. Allerdings werden „verdiente" Nebenkosten nicht nachträglich vermindert, z. B. Aufnahmegebühren (Bruck S. 531). Die Kosten des neuen Vsscheins oder Nachtrages hat der Vmer entsprechend der neuen Vssumme zu begleichen, falls er das Verlangen nach Beseitigung der Überv gestellt hat (Ehrenzweig S. 249).

[34] **bbb) Zeitpunkt.**

Nach der ursprünglichen Fassung des § 51 I wurde die Prämie nur „für die künftigen Vsperioden" gemindert. Der angebliche „Grundsatz der Unteilbarkeit der Prämie" stand bei der Schaffung dieser Regelung Pate. Als der Grundsatz sich als unhaltbar erwies (Anm. 4 zu § 40), griff der Gesetzgeber ein, und zwar mit Art. I Ziff. 1 Zweite VO zur Ergänzung und Änderung des VVG vom 6. IV. 1943 (RGBl. I S. 178); jetzt tritt die Prämienminderung „mit sofortiger Wirkung", also mit Zugang des Verlangens ein. Die

III. Einfache Überversicherung § 51
Anm. 35

Begründung betont, die Prämienermäßigung wirke nicht etwa in die Vergangenheit zurück (obgleich der Ver bei Überv keine entsprechende Gefahr trug), sie sei „für beide Teile billig. Sie trägt auch nicht unerheblich dazu bei, daß der Ver beim Abschluß des Vertrages darauf achtet, daß die Vssumme in den richtigen Grenzen gehalten wird" (Deutsche Justiz 1943 S. 268). Der Vater der Novelle: Thees Deutsche Justiz 1943 S. 280—282 stellt die Aufhebung des abzulehnenden Grundsatzes der Unteilbarkeit der Prämie in den Vordergrund.

§ 51 I gestattet dem Ver nicht, die Prämie nach Kurztarif zu berechnen oder die für eine spätere Zeit aufgewendeten Kosten, z. B. Provisionen, zu berücksichtigen. Die Prämie ist vielmehr zeitlich als **Proratapr ämie** zu berechnen (Anm. 14 zu § 40).

Wird eine **Doppelv** herabgesetzt, so tritt die Prämienermäßigung für den Vmer erst mit der nächsten Vsperiode ein (§ 60 III 1); die Vorschrift soll lex specialis gegenüber § 51 I sein (Prölss[15] Anm. 5 zu § 60, S. 264—265). Man wird jedoch differenzieren müssen: Ist eine Sache im Werte von 100000 DM beim Ver A mit 120000 DM und später beim Ver B mit 150000 DM vert, so kann der Vmer zunächst bei A und B die Beseitigung der Überven gemäß § 51 I verlangen und sodann von B gemäß § 60 I verlangen, daß der (reduzierte) Vertrag mit B als der später geschlossene Vertrag ganz aufgehoben werde. Dieses getrennte Vorgehen ist wegen der unterschiedlichen Rechtsfolgen (§ 51 I mit sofortiger Wirkung, § 60 III 1 mit Wirkung zum Schluß der Vsperiode) zweckmäßig.

Da die Herabsetzung nicht zurückwirkt, könnte der Vmer versuchen, für die Vergangenheit einen **Schadensersatzanspruch** gegen den Ver zu erheben, falls der Ver (oder sein Agent) beim Vertragsschluß den Vmer zum Abschluß einer Überv schuldhaft veranlaßt hat. Eine culpa in contrahendo des Agenten könnte ausnahmsweise auch darin gesehen werden, daß der Agent nicht auf das Vorliegen einer Überv aufmerksam macht (Anm. 41—42 zu § 43), aber primär ist es Sache des Vmers, die Vssumme zu bestimmen (LG Stolp 8. X. 1940 JRPV 1940 S. 167—168, Prölss[15] Anm. 5 zu § 51, S. 243).

[35] ccc) Rückforderung.

Hat der Vmer die (jetzt ermäßigte) Prämie **noch nicht beglichen**, so entfällt in Höhe der Senkung die Verpflichtung des Vmers, die Forderung des Vers schrumpft. Befand sich der Vmer mit der Prämie in Teilverzug, in Höhe des jetzt ermäßigten Betrages, so wird der Verzug beseitigt. Im Falle des § 38 II setzt nunmehr der Vsschutz ein, im Falle des § 39 I entfällt die Leistungsfreiheit des Vers. Eingetretene Gestaltungswirkungen, z. B. ein Rücktritt nach § 38 I 1, eine Kündigung nach § 39 III 1 bleiben jedoch wirksam (vorbehaltlich der entsprechenden Anwendung des § 39 III 3).

Hat der Vmer einen Prämienbetrag **gezahlt**, der sich jetzt als überschießend erweist, so kann ihn der Vmer zurückfordern. Es handelt sich nicht um einen Anspruch aus dem Vsvertrage, sondern um einen Bereicherungsanspruch (Hinz a. a. O. S. 58—59); der rechtliche Grund für die Zahlung der Prämiendifferenz ist nachträglich weggefallen (§ 812 I 2 BGB). Damit muß aber ein Ver wegen § 51 I stets rechnen, so daß er nach § 820 I 2 BGB verschärft haftet, sich also nicht auf den Wegfall der Bereicherung (§ 818 III BGB) berufen kann.

Der Rückforderungsanspruch wird gemäß Art. I Dritte VO zur Ergänzung und Änderung des VVG vom 25. X. 1944 (RGBl. I S. 278) nicht sofort fällig, sondern erst am Schluß der Vsperiode:

„In den Fällen des § 51 Abs. 1 und 2 des Gesetzes über den Vsvertrag vom 30. Mai 1908 (Reichsgesetzbl. S. 263) in der Fassung der Verordnung vom 6. April 1943 (Reichsgesetzbl. I S. 178) sind die dem Vmer zurückzuerstattenden Prämienteile erst am Schluß der Vsperiode . . . zu zahlen."

Obgleich die Vorschrift wohl vorwiegend kriegsbedingt war, gilt sie fort; sie ist in Österreich als § 51 III in den Gesetzestext aufgenommen worden. Die Bestimmung schließt nicht aus, daß unterjährig zu zahlende künftige Prämienraten der laufenden Vsperiode sich bereits ermäßigen. Die Fälligkeit des Rückforderungsanspruchs am Ende der Vsperiode ist insofern zweckmäßig, als am Anfang der neuen Vsperiode eine Aufrechnung erfolgen kann. Der Ver kann auch schon vor der Fälligkeit aufrechnen, z. B. anläßlich einer Entschädigungszahlung (vgl. § 271 II BGB).

Der Bereicherungsanspruch des Vmers **verjährt** gemäß § 195 BGB in dreißig Jahren (Hinz a. a. O. S. 58—59), nicht gemäß § 12 I in zwei Jahren, beginnend mit dem Schluß

203

des Fälligkeitsjahres (Anm. 9 zu § 12). Allerdings wollen RG 4. I. 1938 JW 1938 S. 876, Prölss[15] Anm. 2 zu § 12, S. 103, Anm. 4 zu § 51, S. 243 alle Ansprüche auf Rückzahlung unverdienter Prämie als Vertragsansprüche verjähren lassen. Dagegen mit Recht BGH 14. I. 1960 BGHZ Bd 32 S. 13—17.

[36] 2. Sonderfall des § 51 II.

Die Vorschrift des § 51 II mit ihrer Spezialregelung für den Fall kriegsbedingter Überven ist 1943 durch Art. I Ziff. 1 Zweite VO zur Ergänzung und Änderung des VVG eingefügt worden (Anm. 1). Sie modifiziert — stets ein Verlangen des Vmers erfordernd — § 51 I in seinen Voraussetzungen (Anm. 37—39) und in seinen Rechtsfolgen (Anm. 40 bis 42).

[37] a) Verlangen des Versicherungsnehmers.
aa) Besondere Voraussetzungen.
aaa) Krieg usw.

§ 51 II begünstigt den Vmer, falls die Überv „durch ein Kriegsereignis oder durch eine behördliche Maßnahme aus Anlaß eines Krieges verursacht oder ... die unvermeidliche Folge eines Krieges" ist. Dieselbe Formulierung findet sich in § 68 III für den Tatbestand des Interessewegfalls.

Es muß sich bei § 51 II stets um eine nachträgliche Überv handeln, welche ganz spezielle Gründe hat. Letztere stehen stets mit einem Krieg in Zusammenhang; andere politische Risiken (dazu Anm. 30 vor §§ 49—80) rechtfertigen allenfalls eine analoge Anwendung des § 51 II, z. B. langwierige innere Unruhen.

Zum Kriegsbegriff vgl. Anm. zu § 84. Gemäß Begründung: Deutsche Justiz 1943 S. 268 soll der Ausdruck Kriegsereignis auf die einzelne Kampfhandlung abstellen, gleichgültig, ob sie von gegnerischer Seite ausgegangen ist oder nicht. Ein Sonderfall ist die behördliche Maßnahme aus Anlaß eines Krieges, die sowohl Verwaltungsakt als auch Verordnung sein könnte.

[38] bbb) Kausalität.

Die Überv muß adaequat durch den Krieg, ein Kriegsereignis oder eine behördliche Maßnahme aus Anlaß eines Krieges veranlaßt sein (Begründung: Deutsche Justiz 1943 S. 268).

Indem in § 51 II (an dritter Stelle) auf die Überv als unvermeidliche Folge eines Krieges abgehoben wird, sind bereits alle Überven erfaßt, welche als adaequate Folgen durch einen Krieg verursacht sind (Anm. 152 zu § 49). Die Formulierung greift mindestens ebenso weit wie die (an erster Stelle genannte) Verursachung der Überv durch ein Kriegsereignis, wobei besonders an einen Geschütz- oder Bombenangriff zu denken ist, der einen Teil der vten Sachen zerstört und hinsichtlich des Restes eine Überv entstehen läßt (bei völliger Zerstörung gilt § 68 III: Interessewegfall). Dabei ist es gleichgültig, ob der Ver für die Kriegsgefahr haftet, sofern nur (ohne die Regelung des § 51 II) die Vssumme künftig den verbliebenen Vswert erheblich überschreiten würde. Bei den (an zweiter Stelle genannten) behördlichen Maßnahmen aus Anlaß eines Krieges denke man an eine Requisition oder eine angeordnete Evakuierung, bei der ein Vmer soviele Sachen vom Vsort entfernt, daß die verbleibenden Sachen übervert sind.

[39] bb) Sonstige Voraussetzungen.

Das vom Vmer zu stellende Verlangen (dazu Anm. 27—31) setzt wie im Falle des § 51 I eine Überv voraus, wobei der allgemeine Begriff der Überv (Anm. 3—16) maßgebend ist, insbesondere auch das Merkmal der Erheblichkeit jener Diskrepanz zwischen Vssumme und Vswert.

Was den Zeitpunkt des Verlangens des Vmers angeht, so ist es im Falle des § 51 II auch noch nach dem Ende der V möglich und sinnvoll, da die Prämie mit Wirkung vom Eintritt der Überv ab reduziert wird.

Zum Inhalt des Verlangens gehört ein Hinweis auf die Kriegsbedingtheit der nachträglichen Überv oder auf die angestrebte Wirkung vom Eintritt der Überv ab.

III. Einfache Überversicherung **§ 51**
Anm. 40—43

[40] b) Rechtsfolgen des Verlangens.
   aa) Allgemeine Wirkungen.

Herabsetzung der Vssumme (Anm. 32) und Minderung der Prämie (Anm. 33—35) sind auch bei kriegsbedingter Überv die Rechtsfolgen eines Herabsetzungsverlangens des Vmers. Grundsätzlich kann also auf Anm. 32—35 verwiesen werden. Aber es gelten Besonderheiten hinsichtlich des Zeitpunktes des Wirksamwerdens des Verlangens (Anm. 41) und entsprechend hinsichtlich der Rückforderung überzahlter Prämie (Anm. 42).

[41] bb) Besondere Wirkungen.
   aaa) Zeitpunkt.

Gleichgültig wann der Vmer das Verlangen stellt, es wirkt „vom Eintritt der Überv ab" (§ 51 II), also zurück auf den Zeitpunkt der kriegsbedingten Entstehung der Überv. Das gilt für die Herabsetzung der Vssumme ebenso wie für die verhältnismäßige Minderung der Prämie, und letzteres ist praktisch wichtig. „Diese Regelung für Kriegsereignisse ist die für den Vmer überhaupt günstigste von den in Betracht kommenden Lösungsmöglichkeiten" (Thees Deutsche Justiz 1943 S. 282). Die von dem Ver aufgewendeten Kosten werden nicht berücksichtigt. Auf die Kenntnis des Vmers oder Vers vom kriegsbedingten Entstehen der Überv kommt es nicht an.

Gestaltungsrechte verjähren nicht, eine Ausschlußfrist hat das Gesetz nicht gesetzt, und so kann der Vmer sein Verlangen noch nach dem Ende der V stellen (Anm. 39), und während des Laufes der V auch noch, nachdem die Überv inzwischen, z. B. durch Neuanschaffungen, wieder beseitigt ist.

Liegt eine Doppelv und zugleich ein Fall des § 51 II vor, so soll hier § 51 II lex specialis sein und vorgehen (Prölss[15] Anm. 5 zu § 60, S. 264—265). Das ist unklar. Ist ein Gebäude, das einen Wert von 200000 DM hatte, beim Ver A mit 100000 DM, beim Ver B mit gleichfalls 100000 DM vert (ohne daß eine Mitv [Anm. 8] vorliegt), und brennt dieses Gebäude infolge des Krieges ab, so daß der Restwert 50000 DM beträgt, so ist der Vmer bei beiden Vern übervert, und er kann von jedem Herabsetzung der Vssumme auf 50000 DM verlangen (§ 51 II), nicht mehr. Soll die Doppelv beseitigt werden, so bedarf es eines Vorgehens des Vmers nach § 60.

[42] bbb) Rückforderung.

Da das Verlangen aus § 51 II zurückwirkt auf den Zeitpunkt des kriegsbedingten Eintritts der Überv, auch wenn dieses Verlangen sehr verspätet — womöglich in einer späteren Vsperiode — gestellt wird, kann der überzahlte Prämienbetrag erheblich sein. Die Fälligkeit der Rückforderung „tritt erst am Schluß der Vsperiode" ein (Art. I Dritte VO: Anm. 35). Maßgeblich ist die Vsperiode, in welcher der Vmer das Verlangen stellt.

Der Rückforderungsanspruch verjährt erst in dreißig Jahren (Anm. 35).

[43] 3. Halbzwingender Charakter.

Gemäß § 68a kann sich der Ver auf eine Vereinbarung, durch welche von § 51 I, II zum Nachteile des Vmers abgewichen wird, nicht berufen. Nur für die in § 187 I, II genannten Vszweige und Vsformen sowie für die öffentlichrechtlichen Wettbewerbseinrichtungen (§ 192 II) herrscht Vertragsfreiheit. Der Ver ist durch § 68a nicht begünstigt, könnte also vertraglich seine Rechte aus § 51 I wegbedingen.

Der relativ zwingende Charakter des § 51 I, II zugunsten des Vmers verbietet nicht nur den Ausschluß, sondern auch jede Schmälerung oder Erschwerung des Herabsetzungsrechts; über Formerschwerungen vgl. schon Anm. 31. Eine Ausschlußfrist für das Verlangen wäre unzulässig. Auch die Rechtsfolgen des Verlangens dürfen für den Vmer nur verbessert, nicht verschlechtert werden. Die verhältnismäßige Minderung der Prämie (dazu Anm. 33) darf im Falle des § 51 I z. B. nicht erst für künftige Vsperioden vorgesehen werden, wie nach vorgesetzlichem Recht. Nachdem die Rechte des Vmers entstanden sind, kann er jedoch auf sie verzichten.

Für die **Betriebsunterbrechungsv** behandelt § 9 I FBUB das Problem der Überv:

> „Entspricht das Versicherungsjahr dem Geschäftsjahr und meldet der Versicherungsnehmer spätestens 4 Monate nach Ablauf eines Versicherungsjahres, daß nach seinen Geschäftsbüchern Geschäftsgewinn und erwirtschaftete Geschäftskosten im abgelaufenen Versicherungsjahr niedriger waren als die Versicherungssumme, so wird auf den überschießenden Betrag gezahlte Prämie bis zu einem Drittel der entrichteten Jahresprämie rückvergütet. Die Rückvergütung ist für jede Gruppe besonders festzustellen."

Die Vorschrift ist z. T. nicht unbedenklich: Die Meldung entspricht dem Verlangen. Dieses ist jedoch befristet. Die Prämienrückvergütung soll zwar für das ganze Vsjahr, also rückwirkend erfolgen, was gegenüber § 51 I eine Besserstellung bedeutet, aber die Prämienminderung soll nur „bis zu einem Drittel der entrichteten Jahresprämie" erfolgen, eine Begrenzung, die § 51 I nicht kennt.

[44] IV. Betrügerische Überversicherung.

1. Zivilrecht.

a) Tatbestand.

§ 51 III bringt eine Sonderregelung für den Fall der sogen. betrügerischen Überv; dieser besondere Tatbestand löst spezielle Rechtsfolgen (Anm. 48—49) aus. Die zivilrechtliche Regelung ist unabdingbar (Anm. 50). Von ihr ist die strafrechtliche Regelung (Anm. 51) zu unterscheiden.

Der zivilrechtliche Tatbestand der betrügerischen Überv setzt neben den allgemeinen Kriterien der **Überv** (Anm. 45) voraus, daß der Vmer im Zeitpunkt des **Vertragsabschlusses** (Anm. 46) eine **Betrugsabsicht** hegt (Anm. 47).

[45] aa) Kriterien der Überversicherung.

Auch im Sonderfalle des § 51 III muß das Vorliegen einer Überv im Sinne des § 51 I gefordert werden, das ergibt der Gesetzeszusammenhang. Insbesondere muß die Vssumme den Vswert **erheblich** übersteigen (Bruck S. 533, Hinz a. a. O. S. 60—62, Wiedemann a. a. O. S. 16). Wer —wenngleich in betrügerischer Absicht — die Vssumme um 10% oder weniger übersetzt (Anm. 16), braucht demnach die zivilrechtliche Nichtigkeit seines Vertrages nicht zu befürchten.

Da § 51 auf die **Doppelv** nicht anzuwenden ist (Anm. 8), mußte die betrügerische Doppelv in § 59 III besonders geregelt werden. — Zur betrügerisch übersetzten Taxe Anm. zu § 57.

[46] bb) Zeitpunkt des Vertragsabschlusses.

§ 51 III hebt auf den Vertragsabschluß ab, woraus man fälschlich gefolgert hat, es müsse sich bei der betrügerischen Überv immer um eine anfängliche Überv handeln (Hinz a. a. O. S. 68—69). Diese Auffassung ist jedoch nicht zutreffend. Entscheidend ist nur, ob die **Absicht** des Betruges schon bei dem **formellen Vsbeginn** besteht. Es ist durchaus denkbar, daß die Überv erst später entsteht (Prölss[15] Anm. 6 zu § 51, S. 243): Der Vmer plant von vornherein, vor einer beabsichtigten Brandstiftung den größten Teil jener Warenvorräte heimlich beiseitezuschaffen, die er beim Vertragsabschluß bei einer Besichtigung dem Beauftragten des Vers gezeigt hat.

Als Vertragsabschluß ist auch die Vereinbarung einer **Vertragsänderung** anzusehen, man denke an die nachträgliche Erhöhung der Vssumme in betrügerischer Absicht (dazu OLG Hamm 26. X. 1936 HansRGZ 1937 A Sp. 221—223). Man wird solchenfalls die Nichtigkeitsfolge nicht nur auf die Vertragsänderung zu beziehen haben, sondern auch den ursprünglichen Vertrag einbeziehen, also (für die Zeit ab Vertragsänderung) vernichten müssen (Hinz a. a. O. S. 69); dagegen sind früher erbrachte Leistungen des Vers nicht sine causa erbracht worden.

Die zivilrechtliche Vorschrift des § 51 III gestattet eine **analoge** Anwendung auf Fälle, in denen ein dem Vertragsabschluß ähnlicher Tatbestand vom Vmer in betrügerischer Absicht realisiert wird, man denke bei einer Stichtagsv für Vorräte an eine überhöhte Aufgabe der Stichtagssumme, bei einer laufenden V an eine überhöhte Deklaration

IV. Betrügerische Überversicherung **§ 51**
Anm. 47

(Anm. 6, 7, 10; LG Hamburg 11. IX. 1959 VersR 1960 S. 316—317, wo der „ganze Vertrag" für unwirksam erklärt wird).

[47] cc) Betrugsabsicht des Versicherungsnehmers.
Der Vmer muß den Vertrag schließen „in der Absicht, sich aus der Überv einen rechtswidrigen Vermögensvorteil zu verschaffen". Für die Begriffe „Absicht" und „rechtswidriger Vermögensvorteil" läßt sich die strafrechtliche Auslegung des § 263 I StGB nutzbar machen (Hinz a. a. O. S. 63, OLG Königsberg 20. III. 1934 HansRGZ 1935 A Sp. 126).
Absicht ist qualifizierter Vorsatz. Erforderlich ist das Wissen um die Überv und ein Wollen, das auf einen bestimmten (beabsichtigten) Erfolg gerichtet ist, nämlich auf die Verschaffung eines rechtswidrigen Vermögensvorteils. Fehlt das Wissen, das Bewußtsein der Überv, hat sich z. B. der Vmer bei der Bemessung des Vswertes verschätzt, so kann von Betrugsabsicht nicht die Rede sein. Der Vmer muß sich auch dessen bewußt sein, daß der erstrebte Vermögensvorteil rechtswidrig ist (a. M. widersprüchlich Hinz a. a. O. S. 63—64). Auch wenn das zweckgerichtete Wollen fehlt, entfällt die Betrugsabsicht, z. B. dann, wenn der Vmer mit einem Wertzuwachs, etwa durch Neuanschaffungen, rechnet und deshalb eine Überv nimmt (vgl. OLG Kiel 30. VI. 1928 VA 1928 S. 202—203 Nr. 1858 = JRPV 1928 S. 281—282). Solchenfalls handelt es sich um eine zwar gewollte, aber nicht betrügerische Überv (Anm. 20).
Die Absicht muß gerichtet sein auf die Erlangung eines **rechtswidrigen Vermögensvorteils.** Dieser Vorteil liegt hier nicht schon in der latenten Gefahrtragung des Vers, sondern in der überhöhten Entschädigungsleistung. Da nach § 55 die Schadensersatzpflicht des Vers durch den Betrag des Schadens begrenzt ist, ist die Überhöhung rechtswidrig. Der Vmer muß planen, den Ver später hinsichtlich der Schadenshöhe zu täuschen. „Für eine betrügerische Absicht spricht ... bei einer Überv in erster Linie, daß sich der Vmer von einer späteren Täuschung Erfolg hinsichtlich der Entschädigung verspricht" (BGH 19. XI. 1962 VersR 1963 S. 79 unter Berufung auf OLG Hamm 26. X. 1936 HansRGZ 1937 A Sp. 221—223, LG Hamburg 11. IX. 1959 VersR 1960 S. 316—317; Prölss[15] Anm. 6 zu § 51, S. 243). Es reicht aus, wenn der Vmer für den Fall eines Schadenseintritts den Vermögensvorteil anstrebt, also die eventuelle überhöhte Entschädigungsleistung (Hinz a. a. O. S. 64, der deshalb unzweckmäßig den Ausdruck „Eventualdolus" verwendet, ebenso Bruck S. 533, Raiser Anm. 7 zu § 11, S. 291, Schweizerisches Bundesgericht 4. V. 1927 HansRGZ 1928 A Sp. 305—306).
Nicht erforderlich ist es, daß der Vmer schon beim Vertragsabschluß den Ver täuscht „durch Vorspiegelung falscher oder durch Entstellung oder Unterdrückung wahrer Tatsachen" (so aber strafrechtlich für den Betrug § 263 I StGB: Hinz a. a. O. S. 61—62). Unerheblich ist auch, ob überhaupt ein Vsfall eintritt und ob der Vmer „bei Eintritt eines Schadens entsprechende Schritte zur Realisierung des Vermögensvorteils unternommen hat" (Hinz a. a. O. S. 61). Nicht ausreichend für die Anwendung des § 51 III ist es, falls der Vmer mit Überv nur das Ziel verfolgt, Dritte (z. B. Kreditgeber oder Kaufinteressenten) hinsichtlich des Wertes der vten Sache zu täuschen (Hinz a. a. O. S. 66—68 gegen Ehrenzweig S. 250, Hagen I S. 465, Kaufmann S. 37, vgl. auch OLG Hamm 26. X. 1936 HansRGZ 1937 A Sp. 221—223).
Was die **Personenfrage** anlangt, so erwähnt § 51 III nur den Vmer. Wie ist die Rechtslage, wenn dieser nicht „sich", sondern einem Dritten, nämlich bei der V für fremde Rechnung dem Vten einen rechtswidrigen Vermögensvorteil verschaffen will? § 79 I paßt nicht. § 263 I StGB umfaßt diesen Fall ausdrücklich, was aber einen Gegenschluß nicht gestattet. Im Gegenteil, man wird annehmen müssen, daß § 51 III analog anzuwenden sei (Bruck S. 533, JRPV 1931 S. 362, Hinz a. a. O. S. 64—66, Raiser Anm. 7 zu § 11, S. 291, Prölss[15] Anm. 8 zu § 51, S. 243, LG Hamburg 11. IX. 1959 VersR 1960 S. 317). Wenn ein betrügerischer Vter einen gutgläubigen Vmer vorspannt, damit dieser die V abschließe, wird gleichfalls § 51 III analog anzuwenden sein (Hinz a. a. O. S. 74, Raiser Anm. 7 zu § 11, S. 291). — Bedient sich der Vmer beim Vertragsabschluß eines Vertreters, so kommt es nur auf die betrügerische Absicht des Vertreters an, bei weisungsgebundenen Bevollmächtigten auch auf die betrügerische Absicht des Vollmachtgebers (§ 166 I, II 1 BGB, § 19[1] analog): Hinz a. a. O. S. 69—70, OLG Königsberg 20. III. 1934 HansRGZ

1935 A Sp. 125—126. Der rechtliche Gesichtspunkt einer Repräsentantenhaftung kommt nach dieser Entscheidung bei der Überv nicht in Betracht (a. M. Hinz a. a. O. S. 70, Prölss[15] Anm. 7 zu § 51, S. 243). — Bei Vorhandensein **mehrerer** Vmer genügt die betrügerische Absicht eines Vmers, wenn es sich bei den Vmern um eine Gesamthandsgemeinschaft handelt. Zweifelhafter ist die Rechtslage bei mehreren Miteigentümern nach Bruchteilen, falls nur einer betrügen will. Jedoch wird man wegen der Einheitlichkeit des Vertragsabschlusses die Nichtigkeit des Gesamtvertrages annehmen müssen. Zu allem Bruck S. 533 (abweichend für Miteigentum nach Bruchteilen), Hinz a. a. O. S. 70—72, Prölss[15] Anm. 7 zu § 51, S. 243; vgl. auch Anm. 64—66 zu § 6.

Die **Beweislast** für das Vorliegen einer betrügerischen Überv trifft den Ver. Aus der bloßen Tatsache der Überv kann nicht auf Betrugsabsicht geschlossen werden, auch nicht zuweilen oder gar oft (so aber KG 15. VI. 1929 JRPV 1929 S. 320, Prölss[15] Anm. 6 zu § 51, S. 243). Die Grundsätze des Primafaciebeweises gelten nicht, weil es sich nicht um typische Geschehensabläufe handelt. Aber ein Indizienbeweis ist möglich, z. B. wenn simulierte Verträge oder fingierte Rechnungen gegenüber dem Ver verwendet worden sind und sodann im Schadensfall überhöhte Forderungen vom Vmer erhoben werden. Der Verdacht einer vorsätzlichen Herbeiführung des Vsfalls reicht jedoch für den Beweis der betrügerischen Überv nicht aus (BGH 16. XI. 1962 VersR 1963 S. 79).

Der Beweis ist als **geführt** angesehen worden in den Fällen: Schweizerisches Bundesgericht 4. V. 1927 HansRGZ 1928 A Sp. 305—306, LG Hamburg 11. IX. 1959 VersR 1960 S. 316—317. Der Beweis ist **nicht** als geführt angesehen worden in den Fällen: BGH 19. XI. 1962 VersR 1963 S. 77—79, KG 23. III. 1927 JRPV 1927 S. 130—131, 15. VI. 1929 JRPV 1929 S. 320, OLG Düsseldorf 11. IV. 1961 VersR 1961 S. 1014, OLG Hamm 26. X. 1936 HansRGZ 1937 A Sp. 221—223, OLG Kiel 30. VI. 1928 VA 1928 S. 202—203 Nr. 1858 = JRPV 1928 S. 281—282, OLG Königsberg 20. III. 1934 HansRGZ 1935 A Sp. 125—126, OLG Stuttgart 26. IV. 1927 JRPV 1927 S. 211. Über Fälle simulierter Verträge: Schweizerisches Bundesgericht 4. V. 1927 HansRGZ 1928 A Sp. 305—306, BGH 19. XI. 1962 VersR 1963 S. 77—79, fingierter Rechnungen LG Hamburg 11. IX. 1959 VersR 1960 S. 316—317.

[48] b) Rechtsfolgen.

aa) Allgemein: Nichtigkeit.

Nach § 51 III ist eine betrügerische Überv nichtig, und zwar vollen Umfangs (anders § 786 III HGB, wonach eine Überv im Bereich der Seev nur insoweit keine rechtliche Geltung hat, als die Vssumme den Vswert übersteigt). Bei einer V mit einzelnen Positionen ist der **gesamte** Vertrag auch dann nichtig, wenn eine betrügerische Überv nur hinsichtlich einer einzelnen Position vorliegt (OLG Königsberg 18. VI. 1937 HansRGZ 1938 A Sp. 165—166, Bruck S. 534, Hinz a. a. O. S. 76). Entsprechendes gilt, wenn in einem einheitlichen Vertrage mehrere Ven verbunden sind; so könnte sogar eine Haftpflichtv von der Nichtigkeit ergriffen werden, wenn sie mit einer Sachv verbunden ist, hinsichtlich derer eine betrügerische Überv vorliegt. Dagegen handelt es sich bei einer „gebündelten" V um **mehrere Vsverträge** (Anm. 12 zu § 30). Hier und erst recht bei nebeneinander bestehenden völlig selbständigen Verträgen ergreift die Nichtigkeit nur jenen Vertrag, bei welchem die betrügerische Absicht vorgelegen hat (Bruck S. 534, Hinz a. a. O. S. 76 bis 77, RG 29. I., 23. II. 1915 Recht 1915 Nr. 1418). Jedoch kann möglicherweise der Ver den wirksamen zweiten Vertrag wegen Irrtums über die Person des Vmers anfechten (§ 119 II BGB; Bruck S. 534, Hinz a. a. O. S. 77).

Infolge der Nichtigkeit hat ein wirksamer Vsvertrag **nie bestanden**. Das muß auch dann gelten, wenn die Überv erst später entsteht, der Vmer aber von Anfang an die Absicht des Betruges gehabt hat (Anm. 46). Entsteht die betrügerische Überv durch eine Vertragsänderung, so ist erst von der Änderung an der (ganze) Vertrag nichtig (Anm. 46). Soweit § 51 III analog angewendet wird, z. B. bei betrügerisch überhöhten Deklarationen in einer laufenden V, wird man annehmen müssen, daß der ganze Vertrag erst ex nunc unwirksam werde (vgl. Anm. 46).

Die Nichtigkeitswirkung ist eine **definitive**, bleibt also auch bestehen, wenn nachträglich die Überv fortfällt (Hinz a. a. O. S. 77). Die Wirkungen der Nichtigkeit können auch „**gutgläubige**" Dritte treffen, z. B. bei einer V für fremde Rechnung den gut-

IV. Betrügerische Überversicherung   § 51
Anm. 49—50

gläubigen Vten, bei Abschluß durch mehrere Vmer einen Nichtbetrüger (Anm. 47). Bei Veräußerung der vten Sache wird der gutgläubige Erwerber betroffen, wenn das Vsverhältnis wegen der Betrugsabsicht des Veräußerers nichtig ist (Hinz a. a. O. S. 77—78). Kennt allerdings der Ver die Nichtigkeit und macht er den Erwerber auf diese nicht aufmerksam, so kann dem Ver die Berufung auf die Nichtigkeit nach Treu und Glauben versagt sein (Bruck S. 534, Hinz a. a. O. S. 80 erwägen hier eine vertragliche oder deliktische Schadensersatzpflicht des Vers).

Die Nichtigkeit hat zur Folge, daß der Ver etwa geleistete Entschädigungen zurückfordern kann (§ 812 I 1 BGB). Der Vmer kann sich nicht auf den Wegfall der Bereicherung (§ 818 III BGB) berufen, haftet vielmehr verschärft (§ 819 BGB). Der Bereicherungsanspruch verjährt erst in 30 Jahren (Hinz a. a. O. S. 76; Anm. 9 zu § 12).

Trotz der Nichtigkeit werden gewisse Realgläubiger geschützt (Hinz a. a. O. S. 78—79, Prölss[15] Anm. 9 zu § 51, S. 244), insbesondere Hypothekengläubiger usw. bei einer Feuerv (§§ 103 III, 107 b), Schiffshypothekengläubiger (§ 34 IV SchiffsrechteG), Luftfahrzeugregisterpfandrechtsgläubiger (§ 34 IV Gesetz über Rechte an Luftfahrzeugen vom 26. II. 1959, BGBl. I S. 57).

Die Nichtigkeit der betrügerischen Überv schließt nicht aus, daß der Ver den Vertrag wegen Irrtums oder arglistiger Täuschung anficht (dahingestellt von OLG Düsseldorf 11. IV. 1961 VersR 1961 S. 1014). Die Lehre von den Doppelwirkungen im Recht lehnt die (naturwissenschaftliche) Vorstellung, ein nullum könne nicht mehr durch Anfechtung beseitigt werden, ab. Möglicherweise kann der Ver die Voraussetzungen der Anfechtung leichter beweisen als das Vorliegen einer betrügerischen Überv. Dazu Hinz a. a. O. S. 82—83 m. w. N. — Dagegen ist § 51 III lex specialis im Verhältnis zu den §§ 134, 138 BGB; die Nichtigkeitsfolge ergibt sich bereits aus der genaueren Regelung des § 51 III (Hinz a. a. O. S. 83).

[49] bb) Speziell: Prämienschicksal.

Aus einem nichtigen Vsvertrag kann kein vertraglicher Prämienanspruch erwachsen. Wenn dennoch § 51 III dem Ver unter gewissen Voraussetzungen einen Prämienbetrag zubilligt, so kann es sich nur um ein Legalschuldverhältnis handeln (Hinz a. a. O. S. 80, Prölss[15] Anm. 9 zu § 51, S. 244; a. A. Bruck S. 534, der eine „relative Unwirksamkeit des Vertrags" annimmt, weil der Vmer möglicherweise noch Prämie schuldet; dagegen — auch terminologisch — mit Recht Hinz a. a. O. S. 76). Der Legalanspruch des Vers auf einen Prämienbetrag hängt davon ab, ob der Ver faktisch die Gefahr getragen hat oder nicht.

Der Ver hat keine Gefahr getragen, sofern er „bei der Schließung des Vertrags von der Nichtigkeit Kenntnis hatte" (§ 51 III). Entscheidend ist nach dem Wortlaut der formelle Vsbeginn; es muß aber ausreichen, wenn der Ver bis zum vorgesehenen materiellen Vsbeginn die Kenntnis erlangt hat. Das Kennenmüssen steht der Kenntnis nicht gleich. Der Kenntnis des Vers ist diejenige des abschließenden Abschlußagenten gleichzustellen (Anm. 13 zu § 44; Hinz a. a. O. S. 79—80). Nicht ausreichend ist die Kenntnis des Vermittlungsagenten oder Vsmaklers. Ein Ver, der von der Nichtigkeit Kenntnis hatte, hat keinen Prämienanspruch. Er muß eine bezogene Prämie nach § 812 I 1 BGB herausgeben, haftet sogar verschärft (§ 819 I BGB). Der anspruchserhebende Vmer muß die Kenntnis des Vers beweisen (Kaufmann a. a. O. S. 38, Wiechmann a. a. O. S. 17).

Hat dagegen der (unwissende) Ver faktisch die Gefahr getragen, so gebührt ihm nach § 51 III die Prämie, und zwar bis zum Schlusse der Vsperiode, in welcher er die Kenntnis erlangt. Hier gilt also die Unteilbarkeit der Prämie (Anm. 7 zu § 40), der Vmer verdient keine Schonung. Klagt der Ver die Prämie aus dem Legalschuldverhältnis ein, so braucht er nur die betrügerische Überv zu beweisen, nicht seine Unkenntnis (Kaufmann a. a. O. S. 38, Wiechmann a. a. O. S. 17).

[50] c) Unabdingbarkeit.

§ 51 III, der die Nichtigkeitsfolge vorsieht, gehört zu den absolut zwingenden Bestimmungen (Einl. Anm. 46; Hinz a. a. O. S. 80—81, Prölss[15] Anm. 10 zu § 51, S. 244). Damit sich das vsrechtliche Bereicherungsverbot gegenüber Betrügern durchsetze, muß die weitgehende Nichtigkeitssanktion auch bei solchen Vsverträgen Platz greifen, die den

Beschränkungen der Vertragsfreiheit nicht unterliegen (Einl. Anm. 42, 46; offengelassen vom KG 15. VI. 1929 JRPV 1929 S. 320).

[51] 2. Strafrecht.

Anders als früher — insbesondere nach preußischem Recht — ist die wissentliche Überv als solche nicht mehr kraft einer Sondernorm strafbar (RG 24. VI. 1911 VA 1912 Anh. S. 35—40 Nr. 656; Aufsichtsamt VA 1912 S. 123). Näheres zum vorgesetzlichen Recht bei Badstübner ZVersWiss 1906 S. 66—85.

Nach geltendem Recht hat die „betrügerische" Überv nichts mit dem „Vsbetrug" des § 265 StGB zu schaffen, der insbesondere die Inbrandsetzung einer feuervten Sache erfaßt. Zur Terminologie Kohlhaas VersR 1955 S. 465.

Die Handlung des § 51 III ist vielmehr strafrechtlich allein unter dem Gesichtspunkt des allgemeinen Betrugstatbestandes zu würdigen. Im einzelnen herrscht Streit:

Im Schrifttum wird überwiegend der Standpunkt vertreten, daß der Abschluß einer betrügerischen Überv allein noch keine strafbare Betrugshandlung — auch noch keinen Betrugsversuch — darstelle; es fehle insbesondere an einer Vermögensschädigung des Vers. Dieser habe im Vsfalle lediglich echten Schadensersatz zu leisten (§ 55), so daß sich die Überv grundsätzlich nicht nachteilig auf sein Vermögen auswirke. Versuche im Schadensfall der Vmer durch überhöhte Wertangaben Gewinn aus der Überv zu ziehen, so liege erst hierin ein betrügerisches Verhalten, während der bloße Abschluß der Überv eine straflose Vorbereitungshandlung darstelle (vgl. Baumann, Der Vsbetrug, Stuttgart o. J., S. 85—86, Briel, Der Vsbetrug des § 265 StGB und seine Reform, Tübinger Diss., Urach 1938, S. 24—25, Dietz, Das Delikt des Vsbetrugs, Heidelberger Diss., Mainz 1911, S. 43—49, Krekeler, Der Vsbetrug, Heidelberger Diss., Cassel 1912, S. 37—38, Langheineken, Vsschutz im kommenden deutschen Strafrechte, Halle-Wittenberger Diss., Würzburg 1937, S. 30—31, Matschewsky, Der Vsbetrug im künftigen Recht, Kölner Diss., Düsseldorf 1934, S. 33—34, von Speßhardt, Der Vsbetrug im Reichsstrafgesetzbuch, Marburg 1885, S. 70—71, Watzka, Über die Vermögensgefährdung beim Betrug, Hamburger Diss. 1965, S. 60—65).

Demgegenüber hat die höchstrichterliche Rechtsprechung den Standpunkt eingenommen, daß bereits in dem Abschluß einer betrügerischen Überv ein vollendeter Betrug im Sinne des § 263 StGB zu sehen sei (RG 9. III. 1914 RGSt Bd 48 S. 186—191). Allerdings lag der vom RG entschiedene Fall so, daß der Vmer nicht nur eine Überv abgeschlossen hatte, sondern gleichzeitig beabsichtigte, die vten Gegenstände alsbald in Brand zu setzen. Die Entscheidung des RG läßt nicht mit hinreichender Deutlichkeit erkennen, ob diesem Umstand entscheidende Bedeutung beigemessen wurde, oder ob das Gericht den Abschluß einer betrügerischen Überv schlechthin bestrafen wollte. Im Schrifttum wird das Urteil des RG in beiden Richtungen ausgelegt (vgl. Oberhansberg, Der Vsbetrug und sein Verhältnis zu Betrug, Brandstiftung und Sachbeschädigung nach geltendem und künftigem Recht, Kölner Diss., Kaldenkirchen o. J., S. 34 einerseits und Briel a. a. O. S. 24—25 andererseits).

Es dürfte nicht gerechtfertigt sein, danach zu unterscheiden, ob der Vmer von vornherein die Herbeiführung des Vsfalls beabsichtigt oder nicht. In beiden Fällen sind die Voraussetzungen eines Betruges gegeben. Dabei ist von der heute anerkannten Auffassung auszugehen, daß ein Vermögensschaden im Sinne des § 263 StGB bereits darin liegen kann, daß das Vermögen einer Gefährdung ausgesetzt ist (Maurach, Deutsches Strafrecht, Besonderer Teil, 4. Aufl., Karlsruhe 1964, S. 309, Schönke-Schröder, Strafgesetzbuch, 12. Aufl., München-Berlin 1965, Anm. 100—101 zu § 263 StGB). Eine solche Gefährdung des Vers liegt bereits vor, wenn der Tatbestand des § 51 III (mit Unkenntnis des Vers) vorliegt; der abgeschlossene Vertrag ist nichtig, so daß eine Leistungspflicht des Vers nicht besteht. Infolge des Verhaltens des Vmers kennt der Ver die Nichtigkeit jedoch nicht und hält sich zur Leistung bereit. In dieser faktischen Gefahrtragung, in diesem Bereitsein, bei Eintreten des Vsfalls eine nicht geschuldete Leistung zu erbringen, dürfte schon eine so erhebliche Vermögensgefährdung des Vers liegen, daß man von einer Schädigung sprechen kann. Denn es liegt in der normalen Entwicklung der Dinge, daß der Ver bei Eintritt des Vsfalls leisten wird. Wenn demgegenüber argumentiert wird, der Ver werde auch bei Vorliegen einer betrügerischen Überv normalerweise nur in Höhe des

IV. Betrügerische Überversicherung § 51
Anm. 51

wahren Wertes haften (§ 55), so ist dieser Gedankengang unrichtig. Auch die Auszahlung des wahren Wertes im Sinne des § 55 würde zu einer Schädigung des Vers führen, denn der Ver ist wegen der Nichtigkeit des Vertrages zu keinerlei Leistungen verpflichtet. Man wird daher den Abschluß einer betrügerischen Überv im Sinne des § 51 III regelmäßig nach § 263 StGB wegen **vollendeten Betruges** bestrafen können.

Oben wurde dargelegt, daß der Vsbetrug des § 265 StGB nicht mit dem Abschluß einer betrügerischen Doppelv verwechselt werden dürfe. Immerhin ist zu **§ 265 I StGB** auf Folgendes hinzuweisen. Die Norm geht von einer vten Sache aus, und es fragt sich, ob eine Bestrafung auch dann möglich ist, wenn der Vsvertrag wegen § 51 III nichtig ist. Die Rechtsprechung hält eine Bestrafung nach § 265 I StGB hier für möglich; § 265 I StGB stelle nur auf den formellen Abschluß eines Vsvertrages ab, nicht aber komme es darauf an, ob im Einzelfall materielle Vsdeckung bestehe (vgl. RG 25. V. 1925 RGSt Bd 59 S. 247—248, RG 6. II. 1933 RGSt Bd 67 S. 108—110, BGH 1. XII. 1955 BGHSt Bd 8 S. 343—346).

§ 52

Bezieht sich die Versicherung auf eine Sache, so gilt, soweit sich nicht aus den Umständen ein anderes ergibt, der Wert der Sache als Versicherungswert.

Versicherungswert. Eigentümerinteresse.

Gliederung:

Entstehung Anm. 1
Schrifttum Anm. 2
I. Wesen des Vswertes Anm. 3—22
  1. Ausgangspunkte Anm. 3—13
    a) Wert außerhalb Vsbereiches Anm. 3—6
      aa) Außerrechtliche Wertbegriffe Anm. 3
      bb) Rechtliche Wertbegriffe Anm. 4—6
        aaa) Speziell: Verkehrsrecht Anm. 5
        bbb) Speziell: Steuerrrecht Anm. 6
    b) Wert im Vsbereich Anm. 7—13
      aa) Subjektiver Ausgangspunkt Anm. 7
      bb) Objektive Erfordernisse Anm. 8
      cc) Versicherbarer Wert Anm. 9—13
        aaa) Allgemein: Wertrahmen Anm. 9
        bbb) Speziell: Gemeiner Wert Anm. 10
        ccc) Speziell: Objektiver Liebhaberwert Anm. 11
        ddd) Speziell: Objektiver Kunstwert Anm. 12
      dd) Unversicherbarer Wert Anm. 13

  2. Bedeutungsbereich Anm. 14—21
    a) Negativ: Summenv Anm. 14
    b) Negativ: Passivenv Anm. 15
    c) Positiv: Interessev Anm. 16—21
      aa) Umschreibung der Wertbeziehungen Anm. 16
      bb) Wert der Wertbeziehungen Anm. 17
        aaa) Sachinteressen Anm. 18
        bbb) Forderungsinteressen Anm. 19
        ccc) Interessen an sonstigen Rechten Anm. 20
        ddd) Gewinninteressen Anm. 21
  3. Abgrenzung Anm. 22
II. Bestimmung des Vswertes Anm. 23—42
  1. Gesetz und Vertrag Anm. 23—24
    a) Gesetzliche Bestimmungen Anm. 23
    b) Vertragliche Vereinbarungen Anm. 24
  2. Zeitpunkt der Bewertung Anm. 25—28
    a) Anfangs- und Ersatzwert Anm. 25
    b) Zeitwert und Neuwert Anm. 26—28
      aa) Schrifttum Anm. 26
      bb) Zeitwert Anm. 27
      cc) Neuwert Anm. 28

§ 52
Anm. 1—2

3. Ort der Bewertung Anm. 29
4. Konkretisierung der Bewertung Anm. 30—36
   a) Generelle Vorbemerkungen Anm. 30
   b) Bewertung im Blick auf Veräußerungsvorgänge Anm. 31—32
      aa) Anschaffung Anm. 31
      bb) Weiterveräußerung Anm. 32
   c) Bewertung im Hinblick auf Herstellungsvorgänge Anm. 33—34
      aa) Frühere Herstellung Anm. 33
      bb) Erneute Herstellung Anm. 34
   d) Bewertung im Hinblick auf Nutzungsvorgänge Anm. 35
   e) Kombination verschiedener Bewertungsmöglichkeiten Anm. 36
5. Verfahren der Bewertung Anm. 37—42
   a) Bewertungsvorgang Anm. 37—38
      aa) Bewertung bei Vertragsabschluß Anm. 37
      bb) Bewertung im Vsfall Anm. 38
   b) Bewertungsmethode Anm. 39
   c) Wertmesser Anm. 40
   d) Wertgrenzen Anm. 41
   e) Wertbeweis Anm. 42

III. Rechtsbedeutung des Vswertes Anm. 43—49
   1. Bedeutung für Schadenshöhe Anm. 43—44
      a) Grundlagen Anm. 43
      b) Einzelfragen Anm. 44
   2. Bedeutung für Überv Anm. 45
   3. Bedeutung für Unterv Anm. 46
   4. Bedeutung für Doppelv Anm. 47
   5. Weitere Bedeutung innerhalb Vsverhältnisses Anm. 48
   6. Weitere Bedeutung außerhalb Vsverhältnisses Anm. 49
IV. Einfluß von Vswertänderungen Anm. 50—52
   1. Allgemeine Vorbemerkungen Anm. 50
   2. Nachträgliche Vereinbarungen Anm. 51
   3. Antizipierte Vereinbarungen Anm. 52
V. Eigentümerinteressev nach § 52 Anm. 53—55
   1. Sache und V Anm. 53
   2. Sachwert als Vswert Anm. 54
   3. V als Eigentümerinteressev Anm. 55
VI. Abdingbarkeit des § 52 Anm. 56

[1] **Entstehung:** § 52 ist unverändert geblieben. — Begr. I S. 62.

[2] **Schrifttum:** Asmus ZVersWiss 1964 S. 369—435, Baur, Der vertragliche Vswert, Züricher Diss., Affoltern 1934, Berndt, Der Ersatzwert in der Feuerv, Weißenburg 1951, Blanck, Die Entschädigungsberechnung in der Sachv, 2. Aufl., Karlsruhe 1963, ZVersWiss 1928 S. 39—47, Botsch ZVersWiss 1922 S. 117—127, Bruck S. 503—522, HansRZ 1922 Sp. 495—502, Capeller, Der Vswert industrieller Erzeugnisse und seine Ermittelung im Brandschadenfalle, Hannover 1915, Clauss, Der Vswert, Leipziger Diss., Zeulenroda 1913, Döring Mitt 1924 S. 289—291, Domizlaff WuRdVers 1912 S. 401—416, Ecker, Feuervswert und Interesse, Borna-Leipzig 1914, Ehrenberg I S. 358—369, ZVersWiss 1906 S. 369—414, JRPV 1926 S. 77—80, Ehrenzweig S. 242—245, VuGeldwirtschaft 1925 S. 116—119, Fick, Einige Grundbegriffe der Schadensv, Zürich 1918, Der Ersatzwert in der Feuerv, Zürich 1918, HansRZ 1920 Sp. 169—180, Fleischfresser ZVersWiss 1920 S. 236—238, von Gierke II S. 185—186, Griem, Zum Begriff des Sachwertes im Vsrecht, Hamburger Diss. 1964, Hagen I S. 468—471, in: Manes, Vslexikon, 3. Aufl., Berlin 1930, Sp. 1754—1758, von Haselberg Mitt 1916 S. 123—129, Heyne, Beitrag zur Praxis der Vswertermittlung an beweglichen Gegenständen im Brandschadenfalle, Königsberger Diss., Leipzig 1910, Hilbert, Der Vswert von Maschinen, Leipzig 1937, Höhne Beilage zu BetrBer 1956 Heft 34, Hoppe, Vswert und Schadenersatz in der Feuerv, Leipzig 1939, ZVersWiss 1907 S. 535—599, Josef Mitt 1924 S. 21—23, Käser, Untersuchungen über den Begriff des Ersatzwertes in der V, Bern 1937, Koch, Die Ermittelung des Ersatz-Wertes in der Feuerv, Hamburger Diss., Bad Segeberg 1928, Köhler VuGeldwirtschaft 1925 S.

I. Wesen des Versicherungswertes **§ 52**
Anm. 3—4

113—116, JRPV 1926 S. 112—113, Der Betrieb 1955 S. 106, Kübel MalssZ Bd 1 S. 379—387, Loewenfeld AssJhrb Bd 29 S. 99—105, Malss MalssZ Bd 1 S. 6—22, Möller, Summen- und Einzelschaden, Hamburg 1937, ZVersWiss 1934 S. 18—43, SchweizVersZ 1948/49 S. 225—237, 263—270, Moldenhauer WuRdVers 1914 S. 450—461, Offenberg Mitt 1923 S. 118—120, Prange, Die Theorie des Vswertes in der Feuerv, Teil I, Jena 1895, Teil II 1. Buch, Jena 1902, Teil II, 2. und 3. Buch, Jena 1907, Prölss[15] Anm. 1—4 zu § 52, S. 244 bis 245, Raiser Anm. 2—54 zu § 3, S. 108—147, Rasch, Zur Frage des Vswertes in der Feuerv, Jena 1892, Ritter Anm. 21 zu § 1, S. 76—77, Anm. 1—9 zu § 6, S. 233—235, Anm. 1—21 zu § 70, S. 837—849, Anm. 1—33 zu § 90, S. 1060—1071, Schmidt, Über den Feuersvwert, Frankfurt a. M. o. J., Schneider AssJhrb Bd 36 I S. 3—32, Weiland ZVersWiss 1913 S. 445—449, Werneburg JRPV 1940 S. 177—179, Winter, Konkrete und abstrakte Bedarfsdeckung in der Sachv, Göttingen 1962, S. 3—8. — Schrifttum speziell zum **Kunstwert**: Anm. 12, zum **Neuwert**: Anm. 26, zum Einfluß von **Höchstpreisen**: Anm. 41.

[3] I. Wesen des Versicherungswertes.
1. Ausgangspunkte.
a) Wert außerhalb Versicherungsbereiches.
aa) Außerrechtliche Wertbegriffe.

Der Begriff des Wertes wird vielseitig verwendet und ist entsprechend schillernd. Ursprünglich angesiedelt wohl im Rechenwesen, in der **Mathematik** und in den **Naturwissenschaften** („Wertigkeit der Elemente"), hat er sich ausgebreitet bis in die **Philosophie**, insbesondere bis in die Ethik (dazu etwa Eisler, Wörterbuch der philosophischen Begriffe, 4. Aufl., 3. Bd, Berlin 1930, S. 514—537, Heyde, Wert, Eine philosophische Grundlegung, Erfurt 1926, Gesamtbibliographie des Wertbegriffes, in: Literarische Berichte aus dem Gebiete der Philosophie, Heft 15/16, Erfurt 1928, S. 111—119, Heft 17/18, Erfurt 1928, S. 66—75, Krohn, Die normative Wertethik, Turku 1958, Messer, Wertphilosophie der Gegenwart, Berlin 1930, Wiederhold, Wertbegriff und Wertphilosophie, Berlin 1920). **Psychologisch** beruht der Wert auf dem Werterlebnis, welches als Lustfühlen zu qualifizieren ist.

Besonders wichtig ist der Wertbegriff im Bereiche der **Wirtschaftswissenschaften**. In der volkswirtschaftlichen Wertlehre gab und gibt es äußerst viele Streitfragen und Theorien und zu ihnen ein überreiches Schrifttum (dazu von Böhm-Bawerk in: Handwörterbuch der Staatswissenschaft, 4. Aufl., Bd VIII, Jena 1928, S. 991, 1005, Kade in: Handwörterbuch der Sozialwissenschaften, Bd. XI, Stuttgart-Tübingen-Göttingen 1961, S. 654—658; Texte: Hofmann, Wert- und Preislehre, Berlin-München 1964). Die modernere Werttheorie sucht den Gegensatz zwischen objektivistischer und subjektivistischer Betrachtungsweise zu überwinden, indem sie die Höhe des Tauschwertes aus dem Zusammenspiel von Angebot und Nachfrage erklärt (Stephinger, Wert und Geld, Tübingen 1918, S. 36—37). Die Betriebswirtschaftslehre mußte den Wertbegriff so stark in den Vordergrund rücken, daß Mellerowicz, Allgemeine Betriebswirtschaftslehre, 6. Aufl., Bd II, Berlin 1948, S. 78, Wert und Wertung im Betrieb, Essen 1952, S. 8 hier die betriebswirtschaftlichen Zentralprobleme sieht. Die verschiedenen Lehrmeinungen hat Wittmann, Der Wertbegriff in der Betriebswirtschaftslehre, Köln-Opladen 1956 systematisiert: Er unterscheidet allein 10 Hauptgruppen mit mehr als 30 Spielarten. Termini wie Tauschwert oder Gebrauchswert (Adam Smith: value in exchange und value in use) haben Eingang in das vswissenschaftliche Schrifttum gefunden (etwa bei Käser a. a. O. S. 6—8).

Sprachlich ist das Wort „Wert" die Substantivierung des Adjektives „wert", dem das Zeitwort „werten" entspricht. Der „Wert" bezeichnet in unterschiedlicher Anwendung einmal das „Wert-sein" eines Wertobjektes und zum anderen das „Wertseiende" im Sinne eines Wertträgers, z. B. in der Feststellung, es seien Werte von hohem Wert gestohlen worden (Griem a. a. O. S. 6—7).

[4] bb) Rechtliche Wertbegriffe.

Im **Zivilrecht** spielt der Ersatz des Wertes oder der Minderung des Wertes eines Gegenstandes in Fällen des Unterganges, der Entziehung, der sonstigen Nichtherausgabe, der Verschlechterung oder Beschädigung des Gegenstandes eine Rolle (vgl. §§ 290, 818 II, III 849 BGB). Zu ersetzen ist der „gemeine Verkehrswert" (RG 3. V. 1935 RGZ Bd 147 S. 398, auch BGH 27. II. 1952 BGHZ Bd 5 S. 201—202, 10. VII. 1953 BGHZ Bd 10 S. 180—181, vgl. ferner [besonders zum Zeitpunkt der Bewertung] Furtner MDR 1961 S. 649—650). Der gemeine Wert ist „regelmäßig der Wiederbeschaffungspreis" (Larenz VersR 1963 S. 6). — Auch sonst ist im bürgerlichen Recht oft vom Wert die Rede, so vom Wert von Diensten, Benutzungsüberlassungen (§ 346² BGB), der Kaufsache (§ 459 I, 471, 472, 473¹ BGB), des Werkes (§§ 633 I, 634 III BGB), von eingebrachten Einlagen (§ 733 II 1 BGB), eines Grundstücksrechtes (§ 882¹ BGB), der Pfandsache (§§ 1218 I, 1219 I BGB), des Erbteils (§§ 2303 I 2, 2305 BGB), des Nachlasses (§ 2311 I 1, II BGB). Dabei fehlt es stets an einer näheren Vorschrift für die Wertbestimmung. — Genaueres über die Bewertung wird nur für Gold- und Silbersachen bestimmt, die beim Pfandverkauf „nicht unter dem Gold- oder Silberwerte zugeschlagen werden" dürfen (§ 1240 BGB). Ferner wird bei land- oder forstwirtschaftlichen Betrieben und speziell bei Landgütern öfters auf den Ertragswert abgehoben (§§ 1376 IV, 1515 II, 2049, 2312 I, II BGB); der Ertragswert bestimmt sich nach dem Reinertrage, den das Landgut nach seiner bisherigen wirtschaftlichen Bestimmung bei ordnungsmäßiger Bewirtschaftung nachhaltig gewähren kann (§ 2049 II BGB). — Gemäß § 31 Ziff. 2 AtomG haftet der Ersatzpflichtige bei Sachschäden nur in Höhe des gemeinen Wertes.

Im **Handelsrecht** enthalten die §§ 39 I, 40 II, III HGB knappe Bewertungsvorschriften für Inventar und Bilanz. Für die Aktiengesellschaften finden sich eingehendere Normen hinsichtlich der Wertansätze in der Jahresbilanz in §§ 153—156 AktienG n. F., für Vsunternehmen in § 56 VAG. Für die Wertlehre des Vsvertragsrechtes sind am bedeutsamsten die verkehrsrechtlichen Haftungsnormen, darüber speziell Anm. 5.

Zum **öffentlichen Recht** führen die Begriffe Wert des Streitgegenstandes, Gegenstandswert, Geschäftswert, Wert des Beschwerdegegenstandes hinüber; im Zwangsvollstreckungsrecht heben die §§ 813, 817a ZPO auf den „gewöhnlichen Verkaufswert" ab. — Im Enteignungsrecht bildet der Wiederbeschaffungswert, also der Betrag, der erforderlich ist, um eine gleiche Ersatzsache zu beschaffen, den Maßstab für die Entschädigung (BGH 16. XI. 1953 BGHZ Bd 11 S. 160). — Die entschädigungsrechtliche Vorschrift des § 18 I 4 AtomG verwendet den Begriff des Zeitwertes. — Die §§ 136—144 BundesbauG betreffen die Ermittlung von Grundstückswerten, wobei abgestellt wird auf „den gemeinen Wert (Verkehrswert)", der durch den Preis bestimmt wird, der im gewöhnlichen Geschäftsverkehr zu erzielen wäre. Dazu unterscheidet die VO über Grundsätze für die Ermittlung des Verkehrswertes von Grundstücken vom 7. VIII. 1961 (BGBl I S. 1183) das Vergleichswertverfahren, das Ertragswertverfahren und das Sachwertverfahren. — Über die Beleihungswerte für Grundstücke und Schiffe: VA 1955 S. 36—38, 1962 S. 1.— Von den sehr eingehenden steuerrechtlichen Bewertungsgrundsätzen soll speziell die Rede sein in Anm. 6.

[5] aaa) Speziell: Verkehrsrecht.

Die Haftung des Beförderers ist grundsätzlich beschränkt auf das Sachinteresse, was vsrechtlich auch deshalb wichtig ist, weil oft zugleich ein Transportver für den Sachschaden haftet. Der Haftungsbetrag wird entweder nach einer subtraktiven oder nach einer additiven Methode berechnet; die verwendeten Wertbegriffe differieren. Betrachtet man nur die Fälle des Verlustes (also nicht der Beschädigung), so ergibt sich:

Die Landfrachtführer und der Verfrachter des Seerechtes haften nach der **subtraktiven Methode,** d. h. es wird vom Wert der Ware am Ablieferungsort/Bestimmungsort ausgegangen; hiervon kommt in Abzug, was infolge des Verlustes der Ware an Zöllen und sonstigen Kosten sowie an Fracht erspart ist. Maßgebend ist der gemeine Handelswert und in dessen Ermangelung der gemeine Wert der Ware. Vgl. §§ 430 I, 658 HGB.

Umgekehrt ist die Regelung im **Eisenbahnfrachtrecht und Recht des Güterfernverkehrs:** Hier wird ausgegangen vom Wert der Güter am Versandort, zu welchem **addiert** werden die Fracht, die Zölle und sonstige aus Anlaß der Beförderung des verlorenen Gutes bezahlte Beträge. Maßgebend ist im Eisenbahnrecht der Börsenpreis, in dessen Ermangelung der Marktpreis, in Ermangelung beider der gemeine Wert, wäh-

I. Wesen des Versicherungswertes § 52
Anm. 6—7

rend im Güterfernverkehr primär auf den Fakturenwert, sekundär auf den „Zeitwert (auch ‚gemeiner' Wert)" abgehoben wird. Vgl. §§ 85 I EVO, 35 I, II KVO.

Zum Begriff des gemeinen Werts im Transportrecht: RG 13. XI. 1909 LZ 1910 Sp. 402—404, 16. VI. 1919 RGZ Bd 96 S. 124—126 („derjenige, den das Gut nach seiner objektiven Beschaffenheit für jedermann hat") sowie RG 5. XI. 1919 RGZ Bd 98 S. 150 bis 152 (Wiederbeschaffungspreis, vgl. Anm. 10), RG 21. V. 1927 JRPV 1927 S. 208—209 („Verkäuflichkeitswert"), BGH 4. XI. 1955 VersR 1955 S. 756—757 („Großhandelspreise"). Weitere Nachweise bei Finger, Eisenbahn-Verkehrsordnung, 2. Aufl., München-Berlin 1960, Anm. 6 zu § 85, S. 478.

[6] bbb) Speziell: Steuerrecht.

Das Bewertungsgesetz vom 16. X. 1934 (abgekürzt: BewG) dient der Zusammenfassung der Bewertungsregeln des Steuerrechtes. Es gibt allgemeine Bewertungsvorschriften und solche, die nur für bestimmte Vermögensarten bedeutsam sind.

Die allgemeinen Bewertungsvorschriften enthalten u. a. den Grundsatz der Bewertung nach dem gemeinen Wert (§ 10 BewG). Dieser ist immer zugrunde zu legen, soweit nicht ausdrücklich etwas anderes vorgeschrieben ist. Nach der Legaldefinition wird der gemeine Wert „durch den Preis bestimmt, der im gewöhnlichen Geschäftsverkehr nach der Beschaffenheit des Wirtschaftsguts bei einer Veräußerung zu erzielen wäre." Gewöhnlicher Geschäftsverkehr ist der Handel im freien Markt, auf dem die Preise vor allem durch Angebot und Nachfrage bestimmt werden. Es sind alle Umstände zu berücksichtigen, die den Preis beeinflussen. Ungewöhnliche oder persönliche Verhältnisse bleiben aber außer Betracht.

Auch der Ertragswert spielt im Steuerrecht eine wesentliche Rolle; er entspricht nach § 31 II 1 BewG, der sich auf die Bewertung landwirtschaftlichen Vermögens bezieht, dem 25-fachen „des Reinertrages, den der Betrieb seiner wirtschaftlichen Bestimmung gemäß im Durchschnitt der Jahre nachhaltig erbringen kann." Reinertrag ist der Rohertrag nach Abzug der Bewirtschaftungskosten.

Der Teilwert wird besonders der Bewertung von Wirtschaftsgütern landwirtschaftlicher und gewerblicher Betriebe zugrunde gelegt. Nach § 12 BewG errechnet er sich nach dem „Betrag, den ein Erwerber des ganzen Unternehmens im Rahmen des Gesamtkaufpreises für das einzelne Wirtschaftsgut ansetzen würde. Dabei ist davon auszugehen, daß der Erwerber das Unternehmen fortführt". Der Teilwert berücksichtigt also die funktionsgemäße Einfügung des einzelnen Gegenstandes in den betreffenden Betrieb.

Vgl. im übrigen über steuerrechtliche Wertbegriffe Griem a. a. O. S. 26—38 (z. B. über den Kapitalwert, Nennwert, Kurswert, Steuerkurswert, Einheitswert). Zum Verhältnis von Einheitswert und Feuerwert: Diesselhorst VW 1949 S. 200, Köhler Der Betrieb 1955 S. 106, Sievers BetrBer 1949 S. 445, von Teilwert und Feuerswert: Bundesminister der Finanzen BetrBer 1957 S. 69.

[7] b) Wert im Versicherungsbereich.

aa) Subjektiver Ausgangspunkt.

Die Wertlehre ist für das Vswesen, speziell für die Schadensv von zentraler Bedeutung: **Versicherungswert**. Dieser Begriff ist vom Subjekt her zu definieren, erheischt aber für den praktischen Gebrauch eine Objektivierung (Anm. 8).

Eine Sache (oder ein sonstiges Objekt) hat als solche keinen Wert, man denke an unentdeckte, herrenlose oder abhanden gekommene Sachen. Es muß vielmehr eine Beziehung einer Person zu dem Objekt bestehen, bevor von einer Bewertung die Rede sein kann, bevor das Objekt zu einem Gut wird. Erst zwischen Person und Objekt besteht eine Wertbeziehung, ein Interesse. Erst die Verknüpfung, welche eine Person zum zuständigen Subjekt von Objekten macht, gestattet es, von bewertbaren und versicherbaren Interessen zu reden.

Der Wert ist ein Maßstab, der an die Beziehung, an das Interesse angelegt wird, nicht etwa an das Objekt selbst. Der Vswert ist der **„Wert des versicherten Interesses"** (so § 51 I und RG 3. I. 1930 JRPV 1930 S. 53—54). Es ist also ungenau, wenn man z. B. vom Vswert einer Sache spricht, aber ein Sachinteresse hat einen Vswert. Ohne persönliche

Verknüpfung hat das Objekt keinen Wert. Bestehen jedoch personale Wertbeziehungen, so können sie **individuell** durchaus **verschieden** bemeßbar sein; entscheidend sind mannigfaltige individuelle Wertumstände. Es gibt also wohl ebensoviele Werturteile über die Beziehungen zu einem Gut wie wertende Subjekte. Der Versicherungsnehmer bekundet meistens seine subjektive Einschätzung des Versicherungswertes durch Bestimmung der Vssumme beim Vertragsabschluß. Denn die Vssumme ist keine objektiv feststehende Größe (Anm. 15 zu § 50).

Der Wert ist hiernach **keine Eigenschaft des Objektes** (Berndt a. a. O. S. 40). Deshalb ist er auch keine verkehrswesentliche Eigenschaft einer Sache i. S. des § 119 II BGB (BGH 21. II. 1952 NJW 1952 S. 778 unter Anführung von RG 22. XI. 1935 RGZ Bd 149 S. 238—239).

[8] bb) Objektive Erfordernisse.

Subjektive Werturteile, von denen gemäß Anm. 7 auszugehen wäre, sind unkontrollierbar. Das Bereicherungsverbot (Anm. 45 vor §§ 49—80) ließe sich demzufolge nicht durchführen, würde man praktisch nur auf die subjektiv bestimmte Vssumme abstellen. Das subjektive Risiko könnte sich in untragbarer Weise auswirken.

Deshalb muß die Divergenz der subjektiven Werturteile beseitigt werden. Erst dadurch wird das Risiko für den Ver homogen, überschaubar, kalkulierbar und tragbar. Obgleich der Begriff des **objektiven Wertes** im Grunde eine contradictio in adiecto ist (Hoppe a. a. O. S. 6), läßt sich doch — besonders in einer Marktwirtschaft — auf die **typischen, die normalen Wertungen** eines bestimmten Interessentenkreises abheben, unter Beiseitelassung der persönlichen Verhältnisse und Auffassungen des einzelnen Vmers und anderer individueller Momente. Die Preise können als Indiz für die Höhe des objektiven Wertes dienen.

Der Vswert ist hiernach der **objektive Wert des vten Interesses** (Bruck S. 503—504, HansRZ 1922 Sp. 496—497 stellt fälschlich auf den Wert ab, den der Vmer dem Interesse „beilegt", auf „die rein subjektive Auffassung des Vten von dem Wert des vten Interesses").

Aus der **Rechtsprechung:** OLG Breslau 28. VII. 1938 JRPV 1939 S. 27, wonach „nur der objektive, von den persönlichen Verhältnissen des Vmers losgelöste Wert als Ausgangspunkt für die Schadensschätzung und Bewertung in Betracht kommt", OLG Kiel 30. III. 1927 Praxis 1928 S. 38, wonach „rein subjektive Momente ... überhaupt unberücksichtigt bleiben. Maßgebend ist immer ein gegenständlicher, objektiver Maßstab, die rein persönlichen Verhältnisse, Pläne und Absichten des Vmers bleiben auch insofern außer Betracht, als sie dazu führen würden, die Entschädigung herabzusetzen", OLG Köln 28. X. 1931 JRPV 1932 S. 124: „Somit scheidet für die Bestimmung des Zeitwertes ein besonders günstiges Gelegenheitsangebot ebenso aus wie andererseits dabei Umstände, die gerade dem Vmer das beschädigte Fahrzeug besonders wertvoll machten, nicht zu berücksichtigen sind. ... Gerade dieses, dem Zeitwert begrifflich innewohnende objektive, von aller persönlichen Auffassung im Einzelfalle abstrahierende Moment führt notwendig dazu, auch bezüglich des Neuwertes, auf dem sich der Zeitwert aufbaut, Besonderheiten des Einzelfalles unberücksichtigt zu lassen."

Als subjektiver Umstand, welcher den objektiven Wert nicht verändern kann, ist besonders der **Konkurs des Vmers** zu nennen: RG 7. V. 1915 JW 1915 S. 790—791 = VA 1915 Anh. S. 91—93 Nr. 905, OLG Hamburg 31. X. 1914 VA 1915 Anh. S. 28—31 Nr. 870, LG Posen 20. XII. 1906 VA 1907 Anh. S. 75 Nr. 325, Heine Mitt 1917 S. 274 bis 275, Prölss[15] Anm. 3 zu § 52, S. 245. Auch die **Absicht, ein vtes Gebäude abzubrechen,** ist als solche für den objektiven Wert unerheblich: RG 6. VI. 1902 SeuffArch Bd 59 S. 402—403, 29. XII. 1905 VA 1906 Anh. S. 21 Nr. 188, OLG Kiel 30. III. 1927 Praxis 1928 S. 38.

Ein objektiver Wert kann nur festgestellt werden, soweit eine überindividuelle Wertung möglich ist, und dies setzt voraus, daß eine **Mehrzahl von Personen** — im Durchschnitt — die Höhe des Wertes ebenso einschätzt wie der konkrete Vmer. Steht der Vmer ganz allein, so kann der von ihm einer Wertbeziehung beigelegte **außerordentliche, besondere Wert** vsrechtlich keine Berücksichtigung finden, mag er auch materiell fundiert werden können. Wie hier Bruck S. 520 Anm. 76. — A. M. Kisch

I. Wesen des Versicherungswertes § 52
Anm. 9

III S. 70, der auf den besonderen wirtschaftlichen Wert abhebt, welchen ein Interesse unter den besonderen Umständen des Falles für den Vmer besitzt, „etwa weil gerade er in der Lage ist, von ihm einen bestimmten Gebrauch oder Nutzen zu machen, der Anderen nicht zustatten käme", Ritter Anm. 21 zu § 1, S. 77: „Versicherbar ist insbesondere nicht nur der Wert, den eine Sache gleichmäßig für einen bestimmten Kreis von Personen hat, sondern auch der bloß subjektive Wert, der wirtschaftliche Wert, den die Sache nur für eine einzige Person hat (z. B. ein vom Eigentümer erfundenes, nur für ihn, für ihn aber mit wirtschaftlichem Vorteil, verwendbares Werkzeug)." — Koch a. a. O. S. 38—39 bildet das Beispiel: „Ein Geigenkünstler spielt bei seinen Konzerten auf einem jener seltenen Instrumente von Stradivarius. Sein Instrument hat an und für sich schon einen hohen sogenannten objektiven Liebhaberwert. Für ihn hat es jedoch noch einen weit über diesen objektiven Liebhaberwert hinausgehenden Wert, weil er auf das Instrument ganz besonders gut eingespielt ist und infolgedessen besonders Hervorragendes leistet." Die Wertdifferenz soll zwar nicht als Substanzwert, wohl aber als Nutzungswert versicherbar sein. Das muß verneint werden, weil auch die Gewinnchance nur speziell dem Vmer zusteht.

[9] cc) Versicherbarer Wert.
   aaa) Allgemein: Wertrahmen.

Ist nach Anm. 8 ein Interesse nur versicherbar, wenn und soweit es einen objektiven Wert hat, so bedeutet dies, daß der Wert ein materieller, vermögensmäßiger, also **in Geld schätzbar** sein muß (§ 778 HGB, § 1 I ADS). Die Negation des Interesses, der Schaden, muß ein Vermögensschaden, also kein immaterieller Schaden (§ 253 BGB) sein.

Die Höhe des objektiven Wertes steht in einer Relation zur Höhe des eintretenden Schadens: Bei einem Totalschaden wird das Interesse in seinem vollen Werte zerstört, und der Schaden erreicht den Vswert. Insofern ist der Vswert Schadensgrenzwert, Höchstschadenswert. Bei einem Teilschaden korrespondieren gleichfalls Grad der Interessebeeinträchtigung und Schadenshöhe. RG 28. X. 1919 RGZ Bd 97 S. 45 hebt diese Verbundenheit von Vswert und Schadenshöhe hervor: „Für die Bemessung des durch die Zerstörung oder Beschädigung der Sachen erwachsenen Schadens soll ihr Wert entscheidend sein".

Der objektive Wert ist ein sehr weiter Begriff. Durch ihn wird ein umfassender **Wertrahmen** abgesteckt, innerhalb dessen mannigfache Bewertungen möglich sind. Alle Bewertungen, die sich „im Rahmen" halten, sind „richtig"; nur Bewertungen, die außerhalb des Wertrahmens liegen, sind falsch. Der Vergleich mit dem Ermessensspielraum und der Ermessensüberschreitung drängt sich auf. BGH 23. X. 1963 NJW 1964 S. 149 spricht — nicht ganz zutreffend — von einer Mehrdeutigkeit des Begriffes „Wert" und davon, daß es mehr als einen Wertbegriff gebe.

Die Weite des Wertrahmens ergibt sich daraus, daß es bei der Bewertung ankommt auf

> den **Zeitpunkt** der Bewertung, an welchen die Begriffe Anfangs- und Ersatzwert, Zeitwert und Neuwert anknüpfen (Anm. 25—28);
> den **Ort** der Bewertung, an welchen z. B. bei Transporten die Begriffe Abgangs- und Empfangswert anknüpfen (Anm. 5, 29);
> die **weitere Konkretisierung** der Bewertung, z. B. im Blick auf Veräußerungsvorgänge (etwa Anschaffungswert, Verkäuflichkeitswert), im Blick auf Herstellungsvorgänge (z. B. Herstellungswert), im Blick auf Nutzungsvorgänge (z. B. Ertragswert) (Anm. 30—36).

Im Gesetz oder Vsvertrag wird durchweg geregelt, welcher Wert im Einzelfall maßgebend sein solle. Hierdurch wird sodann der Wertrahmen verengert, an die Wertfeststellung werden genauere Anforderungen gestellt, der Bereich des „Richtigen" wird entsprechend verkleinert.

Im Zweifel, also bei Fehlen einer gesetzlichen oder vertraglichen Regelung kommt es für die Feststellung der Schadenshöhe auf den Wert des versicherten Interesses im Zeitpunkte des Vsfalles, auf den sogen. Ersatzwert an, und zwar auf den Zeitwert. Bei stationären Risiken muß für die Bewertung der Ort des Schadens maßgeblich sein;

in der Transportv ist der maßgebende Ort durchweg geregelt, z. B. entscheidet sich das Gesetz in der Binnentransportv von Gütern (in additiver Methode) für den Ort der Absendung (§ 140 I). Am schwierigsten ist die weitere Konkretisierung der Bewertung. Hier muß — wie außerhalb des Vsrechts (Anm. 4—6) — in dubio der **gemeine Wert** ermittelt und zugrunde gelegt werden: RG 28. X. 1919 RGZ Bd 97 S. 46 unter Berufung auf Begr. I S. 92, OLG Hamburg 19. II. 1932 VA 1932 S. 323—324 Nr. 2502 = HansRGZ 1933 A Sp. 478—479, LG Bochum 25. I. 1938 ÖffrechtlV 1938 S. 214—215, Berndt a. a. O. S. 43, Bruck S. 515, Fleischfresser ZVersWiss 1920 S. 236, Hagen I S. 470, Hoppe a. a. O. S. 4, Prölss[15] Anm. 3 zu § 52, S. 245, Anm. 4 zu § 86, S. 344, Raiser Anm. 7 zu § 3, S. 110, a. M. Blanck ZVersWiss 1928 S. 43—44. Genaueres zur Bestimmung des gemeinen Wertes, den man oft auch als **Verkehrswert** bezeichnet: Anm. 10.

Der geschilderte Rechtssatz, wonach es heute im Zweifel auf den gemeinen Wert ankommt, ist nicht etwa durch späteres Gewohnheitsrecht, Handelsbrauch oder Verkehrssitte abgeändert (OLG Hamburg 19. II. 1932 VA 1932 S. 324—325 Nr. 2502 = HansRGZ 1933 A Sp. 479—481).

Das vorgesetzliche Recht schrieb zwingend vor: „Niemand darf eine Sache höher vern lassen, als zum gemeinen Werthe derselben, zur Zeit des geschlossenen Vertrages" (§ 1984 Teil II Tit. 8 ALR und zur Strafsanktion: RG 24. VI. 1911 RGSt Bd 44 S. 118 bis 126).

[10] bbb) Speziell: Gemeiner Wert.

Was die Bestimmung des gemeinen Wertes anlangt, so muß man von der Person des Interessenten (und seinesgleichen) ausgehen (vgl. dazu allgemein BGH 24. III. 1959 BGHZ Bd 30 S. 34: „Wert gerade für den Geschädigten").

Bei einem **Erzeuger** von Rohöl hat das RG 28. X. 1919 RGZ Bd 97 S. 44—49 angenommen, es komme nicht auf die bloßen Gestehungskosten an: „Die schon mit der Erzeugung des fertigen Rohöls verbundene Gewinnziehung gehörte zur Zeit des Brandes bereits der Vergangenheit an; ihr Ergebnis, der Gewinn, war schon ein gegenwärtiger fester Bestandteil des Vermögens der Klägerin geworden, ... wenn, was hier anzunehmen ist, der sofortigen Veräußerung zum Marktpreise nichts entgegenstand. ... Da hiernach zur Zeit des Versicherungsfalls der Unternehmergewinn bereits gezogen war, konnte er der Klägerin im Sinne der Vsbestimmungen nicht mehr ‚entgehen'." Für den Erzeuger landwirtschaftlicher Produkte, speziell von Getreide gelte dasselbe. OLG Hamburg 19. II. 1932 VA 1932 S. 324 Nr. 2502 = HansRGZ 1933 A Sp. 479 bemerkt dazu für einen Fall, in welchem beim Erzeuger Pappen verbrannt waren, es komme darauf an, was der Vmer „selbst aufwenden muß, um sich die verbrannten Pappen im Handel wieder zu beschaffen." „Soweit es sich um Sachen handelt, bei denen der Fabrikationsprozeß noch nicht vollständig abgeschlossen war, kann der gemeine Wert derselben dadurch ermittelt werden, daß der gemeine Wert des Fertigfabrikats festgestellt und davon ein von den Sachverständigen zu schätzender Abzug für die restliche Fertigstellung gemacht wird."

Kommt die Sache sodann zu einem **Umsatzkaufmann,** also in den Handel, so kommt es auf den Neubeschaffungswert an. „Durch Gewährung dieses Neubeschaffungswerts wird der Vte regelmäßig in die Lage versetzt, seinen Schaden — abgesehen vom entgehenden Gewinn — in vollem Maße zu decken. Zu einer Bereicherung darf die V nicht führen. Der Neubeschaffungswert ist aber bei marktgängigen Waren gleich dem gemeinen Werte, da sich der Marktpreis einer Ware — also der Betrag, in dem durch Nachfrage und Angebot der Einkaufspreis und der Verkaufspreis sich zusammenfinden, — nach dem Werte richtet, den die Ware für jedermann aus dem in Betracht kommenden Interessentenkreise nat." Der mit dem Umsatz der Ware befaßte Kaufmann habe also Anspruch auf Ersatz „des Betrags, den er aufzuwenden hat, um sich zur Zeit des Brandes die Ware, je nachdem im Großhandel oder im Kleinhandel neu zu beschaffen" (RG 28. X. 1919 RGZ Bd 97 S. 48). Infolge der Zwischengewinne der Handelsstufen ist hiernach der gemeine Wert im Großhandel geringer als beim Kleinhändler. Bei Kommissionsware ist entscheidend, welche Summe der Eigentümer, also der Kommittent zur Wiederbeschaffung gleichwertiger Waren zur Zeit des Eintritts des Vsfalles aufwenden mußte (KG 12. XI. 1930 JRPV 1931 S. 9).

I. Wesen des Versicherungswertes § 52
Anm. 11

In den Händen des **Verbrauchers** bestimmt sich der gemeine Wert nach dem Gesagten danach, welcher Betrag für den Einkauf gleicher Sachen aufzuwenden ist. Wird Umzugsgut gestohlen, etwa gebrauchte Kleider und Wäschegegenstände, so entscheidet nicht, wieviel man beim Altwarenhändler für die Sachen bei einem Verkauf bekommen hätte, sondern maßgebend ist der Preis, zu welchem man beim Althändler entsprechende alte Sachen wiederkaufen kann (so für einen verkehrsrechtlichen Fall RG 5. XI. 1919 RGZ Bd 98 S. 150—152). Bei einem wenig getragenen Maßanzug würde man von dem Wiederbeschaffungspreis beim Schneider auszugehen haben.

Alles in allem zeigt sich, daß es vsrechtlich für die Bestimmung des gemeinen Wertes darauf ankommt, wieviel der Vmer für die Wiederbeschaffung einer entsprechenden Sache aufwenden müßte, wobei auch beim Erzeuger zu unterstellen ist, daß er nicht neu erzeugt, sondern einen Deckungskauf abschließt. Vsrechtlich ist also der gemeine Wert ein Anschaffungswert, kein Verkäuflichkeitswert (richtig Fick Ersatzwert a. a. O. S. 256). Hier unterscheidet sich das Vsrecht vom Steuerrecht, wo der gemeine Wert durch den Preis bestimmt wird, der bei einer Veräußerung zu erzielen wäre (§ 10 II 1 BewG; Anm. 6). Auf solchen Verkäuflichkeitswert stellen für das Vsrecht fälschlich auch ab Berndt a. a. O. S. 43, Blanck ZVersWiss 1928 S. 44—45, Clauss a. a. O. S. 27, von Gierke II S. 185, Käser a. a. O. S. 9, RG 29. IX. 1928 VA 1929 S. 46 Nr. 1957 = JRPV 1928 S. 333, LG Berlin 5. III. 1929 JRPV 1929 S. 354—355. Der BGH 19. XI. 1962 VersR 1963 S. 78 meint präzisierend: „Maßgebend für die Bewertung im Rahmen des Vsverhältnisses war der im normalen, für derartige Warenlager im üblichen Geschäftsverkehr zu erzielende Erlös, nicht der etwa durch besondere Verkaufsmethoden ausnahmsweise zu erreichende Preis." Unscharf ist es, wenn in einem Gebrauchtwagenfalle KG 25. XI. 1931 VA 1932 S. 26 meint, der gemeine Wert finde „seinen Ausdruck in dem Preise, welchen man beim Erwerbe der Sache anlegen muß, und für welchen man sie auch veräußern kann"; gerade bei Gebrauchtwagen besteht zwischen Verkäuflichkeits- und Einkaufswert für den „Konsumenten" eine erhebliche Differenz, hinsichtlich derer Klarheit bestehen muß.

[11] ccc) Speziell: Objektiver Liebhaberwert.

Der Kreis der Personen, welche als Interessenten eines Objektes in Betracht kommen und welche einer Beziehung einen Wert beilegen, braucht kein unbegrenzter, unbestimmter zu sein oder gar die Allgemeinheit zu umfassen. Eine Objektivierung ist schon möglich, wenn ein beschränkter Markt vorhanden ist, vielleicht sogar nur ein bekannter und bestimmter Kreis von Interessenten (Liebhabern, Sammlern) vorhanden ist. Man spricht dann vom objektiven Liebhaberwert.

Deshalb ist es unzweifelhaft, daß Briefmarken, Münzen versicherbar sind, aber auch Bieruntersätze, Streichholzschachteln, Autogramme von Boxern oder Filmgrößen scheinen von einer größeren Anzahl von Personen gesammelt zu werden, die mit materiellen Opfern ihre Sammlung zu erweitern bereit sind, so daß ein objektiver Liebhaberwert besteht. Hierher gehören auch Kuriositäten und Raritäten, Sachen, die mit berühmten oder berüchtigten Personen oder Ereignissen in Zusammenhang stehen, Museumsgegenstände aus dem geschichtlichen, völkerkundlichen, naturwissenschaftlichen Bereich, wie Steinzeitgeräte, Indianerschmuck, Fossilien. Über die Bewertung des anatomischen Museums eines Schaustellers: KG 6. VI. 1934 JRPV 1934 S. 347—348. Auch wissenschaftliche Werte sonstiger Art kommen in Frage. Ferner kann eine Jacht mit Regattaerfolgen einen objektiven Liebhaberwert besitzen (KG 12. XII. 1928 JRPV 1929 S. 53—54). Daß der Kreis derer, die solche Gegenstände verkaufen und erwerben, der Natur der Sache nach beschränkter ist als bei anderen, der Befriedigung menschlicher Bedürfnisse dienenden Dingen, hindert nicht, von einem Markt (Briefmarkenbörsen und -auktionen!) und von schätzbaren Preisen zu sprechen, die auf diesem Markt erzielt werden (ähnlich VA 1912 S. 10 im Anschluß an RG 25. II. 1910 VA 1910 Anh. S. 76—77 Nr. 539). Einen interessanten Fall der V liberianischer, in Deutschland gedruckter Briefmarken behandeln RG 8. I. 1919 RGZ Bd 94 S. 268—271, 2. X. 1920 RGZ Bd 100 S. 90—95.

Schwierig ist die Ermittlung des Vswertes von Archivalien. Dazu Anonym VW 1952 S. 175 (anknüpfend an den Brand des Sylter Inselarchivs), wo unterschieden wird zwischen Archivalien, die Handelswert besitzen, solchen, die auf mechanische Weise ersetzt werden können, und solchen, bei denen beides nicht zutrifft. Bei der dritten Gruppe lasse sich lediglich der Materialwert vern (man denke an Pergament, Schweinsleder), eventuell der Wiederherstellungsaufwand (Photokopie der zu Asche gewordenen, aber noch lesbaren Urkunde).

Als Wert eines Sachinteresses ist auch ein objektiver Liebhaberwert ein Substanzwert (a. A. Prölss[15] Anm. 2 zu § 52, S. 244).

[12] ddd) Speziell: Objektiver Kunstwert.

Eine besondere Gruppe bilden Kunstgegenstände, Antiquitäten, alte Orientteppiche, und zwar auch Sachen mit sehr begrenztem Sammler- und Kennerkreis (chinesische Dachreiter), ferner bibliophile Werke, Inkunabeln. Entscheidend ist die Bewertung auf dem Kunstmarkt, bei international gesuchten Gegenständen auf dem internationalen Kunstmarkt. Die auf Auktionen erzielten Preise, zum Teil in laufenden Veröffentlichungen zusammengestellt, bieten eine wesentliche Grundlage, trotz der auf Auktionen mitwirkenden Momente der Massenpsychologie, des Sozialprestiges, der Eitelkeiten. Besonders schwierig ist die Bewertung bei „preislosen" Kunstwerken wie der „Mona Lisa" von Leonardo da Vinci oder der „Pietà" von Michelangelo (dazu Schweisheimer ZfV 1963 S. 122—123). Wichtig sind ferner die modischen Wertschwankungen und der Nachweis der Echtheit (Schaffran NeumannsZ 1938 S. 616—617). Ehrenberg JRPV 1926 S. 78 will anscheinend generell die Objektivierbarkeit des Kunstwertes leugnen, und zwar für Kunstwerke „um so sicherer, je seltener sie sind". Inzwischen aber hat sich der Kunstmarkt international noch weiter ausgebildet und „eingespielt".

Schrifttum: Anonym Masius' Rundschau 1910 S. 237—246, von Geyer ZVersWiss 1912 S. 711—717, von Haselberg Mitt 1918 S. 62—65, Moldenhauer WuRdVers 1914 S. 450—461, Prange WuRdVers 1936 Nr. 2 S. 87—126, Rosenbaum Mitt 1913 S. 322 bis 323, Schaffran, Die V von Werken der bildenden Kunst, Wien 1935, NeumannsZ 1938 S. 616—617, Schweisheimer ZfV 1963 S. 122—123, Weber VW 1964 S. 806—807. Aus dem Steuerrecht: Heuer Der Betrieb 1964 S. 48—50, 85—87, Oswald Finanz-Rundschau 1960 S. 535—539.

Rechtsprechung: RG 25. II. 1910 RGZ Bd 73 S. 66—68 betrifft die V eines Kupferstichs, der mit einer Vssumme von 6000 DM vert war, dessen Kunstwert jedoch nur 150 DM betrug: „Kunstwert ist der objektive (gemeine) Wert, den ein Gegenstand im Verkehre hat ... Der Verkehrswert eines Bildes ist danach bestimmbar" (zustimmend VA 1912 S. 10). RG 6. VII. 1926 VA 1926 S. 293—294 Nr. 1646b stellt im Anschluß an OLG Dresden 21. XII. 1925 VA 1926 S. 292—293 Nr. 1646a fest, daß für alte und künstlerisch ausgeführte Perserteppiche ein objektiver allgemeiner Liebhaberwert feststellbar sei. LG Bochum 25. I. 1938 ÖffrechtlV 1938 S. 213—216 befaßt sich mit der Berechnung, und zwar dem gemeinen Wert, von serienmäßig hergestellten „kitschigen Bildwerken ohne künstlerischen Wert", „Machwerken".

[13] dd) Unversicherbarer Wert.

Ein rein subjektiver, nicht objektivierbarer Wert ist als **Affektionswert** unversicherbar, mögen auch erhebliche Gemüts-, Gefühls- oder Erinnerungsmomente etwa an Kinderzähne, Familienphotos, Liebesbriefe, Haarlocken anknüpfen. Solche rein subjektiven Werte sind in Geld nicht messbar (Ehrenberg JRPV 1926 S. 78 spricht von einer „Illusion").

Nicht selten kommen auch Fälle vor, in denen Sachen zwar einen gewissen objektiven Wert besitzen, ein spezieller Interessent jedoch solcher Sache einen **zusätzlichen Affektionswert** beilegt. Ein Pferd hat einen objektiven Wert, aber Richard III wollte sein Königreich für ein Pferd bieten. VA 1912 S. 9—10 geht von dem Fall aus, daß ein Gemälde von Franz Hals mit einem objektiven Wert von 100000 DM einen Vorfahren des Vmers darstellt, so daß dem Vmer das Bild 150000 DM wert ist und er es dementsprechend vern möchte.

Ein reiner oder zusätzlicher Affektionswert, also ein subjektiver Liebhaberwert ist nicht versicherbar: Das ergibt sich aus dem Wesen der Schadensv, die nur

I. Wesen des Versicherungswertes § 52 Anm. 14

(objektivierbare) Vermögenseinbußen auszugleichen hat und vom Bereicherungsverbot beherrscht wird. Man hat auch geltend gemacht: Wenn für die Feuerv § 87² eine Vereinbarung für nichtig erkläre, „nach welcher eine Taxe als der Wert gelten soll, den das vte Interesse zur Zeit des Eintritts des Vsfalls hat", so sei die „V des subjektiven Liebhaberwerts ... im Grunde nichts anderes als eine vom Gesetz für nichtig erklärte V nach Taxe" (VA 1912 S. 10, auch S. 138). § 3 III AFB bestimmt heute: „Ein persönlicher Liebhaberwert (Affektionswert) darf bei Ermittelung des Ersatzwertes nicht berücksichtigt werden".

Umgekehrt sind Fälle denkbar, in denen der **objektive den subjektiven Wert übersteigt**, etwa deshalb, weil sich an ein Objekt für einen Eigentümer so traurige Erinnerungen knüpfen, daß er es unbedingt „loswerden" möchte. Solche Sachlage ändert nichts daran, daß der Eigentümer die Sache zum objektiven Wert vern könnte.

Früher ist teilweise angenommen worden, der subjektive Liebhaberwert sei versicherbar. Wenn Vsbedingungen besagten, der Vswert schließe einen besonderen Liebhaberwert nicht ein, soweit dies besonders vereinbart sei, so ist diese Vorschrift im Sinne der Versicherbarkeit von Affektionswerten verstanden worden (vgl. etwa RG 25. II. 1910 RGZ Bd 73 S. 66—68. 6. VII. 1926 VA 1926 S. 293—294 Nr. 1646b, Köhler JRPV 1926 S. 112—113, auch Raiser Anm. 28 zu § 3, S. 128). In Wahrheit besteht solche Versicherbarkeit nicht, und zwar auch nicht außerhalb der Feuerv (also des § 87²). Richtig Berndt a. a. O. S. 47—48, Ehrenberg JRPV 1926 S. 78, Prölss[15] Anm. 2 zu § 52, S. 244—245.

Ritter Anm. 21 zu § 1, S. 76—77 unternimmt den Versuch, den Vertrag über die „V" eines Affektionswertes zwar nicht als Vsvertrag, wohl aber als (verdecktes) **Rechtsgeschäft anderer Art** aufrecht zu erhalten. Jedoch führt die Verletzung des Bereicherungsverbots zur Nichtigkeit (Anm. 45 vor §§ 49—80); ansonsten müßte man wohl zur Annahme einer Wette (§ 762 I BGB) kommen.

Zuweilen ist die Frage, ob es sich um Sachen mit Affektionswert oder objektivem Wert handle, nicht einfach zu entscheiden; man denke an **Stammbäume, Testamente, Vertragsurkunden, Wechsel, Manuskripte**. Haben solche Sachen für eine, wenn auch nur begrenzte Anzahl von Personen Geldeswert, so ist Versicherbarkeit gegeben: Interessiert sein könnten Familienkreise, Vertragsparteien, Wechselberechtigte und -verpflichtete, und bei ungedruckten Manuskript Verfasser und Verleger. Vgl. dazu Kisch III S. 72, Ritter Anm. 21 zu § 1, S. 77 und zur V von Manuskripten Klausel 2.02 Klauseln der Feuerv.

[14] 2. Bedeutungsbereich.

a) Negativ: Summenversicherung.

Im Bereiche der abstrakten Bedarfsdeckung erfolgt kein Schadensersatz, vielmehr wird die Leistung des Vers nach Eintritt des Vsfalles **allein durch die Vssumme** begrenzt.

Das gilt sogar im anglo-amerikanischen Lebensvsrecht, wo man zwar den Begriff des insurable interest verwendet, aber das Gegebensein eines Interesses nur gleichsam dem Grunde nach, nicht der Höhe, dem Umfange nach prüft (vgl. Vance-Anderson, Handbook on the Law of Insurance, 3. Aufl., St. Paul 1951, S. 189—190).

In Deutschland hat man trotz des Prinzips der abstrakten Bedarfsdeckung für die Personenvszweige den „**Geldwert des Menschenlebens**" untersucht und dabei Begriffe wie Unter- und Überv, die einen Vswert voraussetzen, verwendet. Vgl. nur Meyer, Der Geldwert des Menschenlebens und seine Beziehungen zur V, Berlin 1930 m. w. N., wo Kostenwert und Ertragswert des Menschen unterschieden werden; bei einer Todesfallv solle die auszuzahlende Vssumme dem Nettoertragswert des Verstorbenen zur Zeit seines Todes entsprechen. Richtig ist nur, daß auch bei abstrakter Bedarfsdeckung die Leistung des Vers dem konkreten Bedarf möglichst angenähert werden soll. Deshalb veröffentlichen z. B. Lebensver, die eine Ausbildungsv anbieten, Werbeschriften: „Was kostet die Zukunft meiner Kinder?"

[15] b) Negativ: Passivenversicherung.

Jeder Wert, also auch der Vswert setzt die Beziehung einer Person zu einem **Aktivum**, zu einem Gute voraus, oder — anders ausgedrückt — ein Objekt wird erst dadurch zu einem Aktivum, zu einem Gute, daß eine Person zu diesem Objekt in eine Beziehung der Wertschätzung tritt, wobei an eine günstige, positive Bewertung zu denken ist.

Steht dagegen eine Person zu einem **Passivum**, etwa eigenen Schulden, in Beziehung, so kann von einem Wert und Vswert nicht die Rede sein. Vielmehr besteht zum Passivum, zum „Ungut" eine **Unwertbeziehung** mit einem negativen „Wert", einem **Mißwert** (Griem a. a. O. S. 9, Möller Summen und Einzelschaden a. a. O. S. 11—16 und speziell für die Haftpflichtv RG 10. III. 1925 RGZ Bd 110 S. 259—260, Bruck S. 505, Prölss[15] Anm. 3 zu § 52, S. 245).

In der **Passivenv**, welche gegen die Entstehung (oder das Unwertvollerwerden) von Beziehungen zu Passiven schützt, kommen als leistungsbegrenzende Faktoren nur die Vssumme und die Schadenshöhe in Frage, nicht aber nach dem Dargelegten der Vswert, der eine Wertbeziehung, ein Interesse (also eine Aktivenv) voraussetzt. Es kann auch nicht die Rede davon sein, daß der jeweilige „Betrag des der Zwangsvollstreckung unterliegenden Vermögens" (Ehrenzweig S. 243) die Leistungspflicht des Vers in der Passivenv begrenze; denn regelmäßig haftet ein Schuldner unbeschränkt, ohne Rücksicht auf die Höhe seiner Aktiven.

Der Vswert kennzeichnet zugleich die maximale Schadenshöhe; denn wenn eine Wertbeziehung zerstört wird, entsteht ein Totalschaden in Höhe des vollen Vswertes. In der Passivenv läßt sich auf solche Weise der **Maximalschaden nicht bestimmen**. Selbst der ärmste Vmer kann mit unabsehbaren Haftpflichtschulden belastet werden. Denkt man an andere Passiven, z. B. notwendige Aufwendungen, so ist — etwa bei Arzt-, Arznei- und Krankenhauskosten — ein Höchstschaden, der den Vmer treffen könnte, nicht festlegbar.

Etwas anderes gilt nur in den relativ seltenen Fällen einer **summenmäßig oder gegenständlich beschränkten Haftung** des Vmers; denn hier läßt sich eine oberste Schadensgrenze konstatieren. In Betracht kommt die **summenmäßig beschränkte Haftung** nach §§ 25—34 AtomG (nicht aber z. B. die Haftungsbegrenzung nach § 12 StVG, welche gemäß § 16 StVG bei Verschulden des Fahrzeughalters entfällt). In Betracht kommt ferner die **gegenständlich beschränkte Haftung** des Reeders mit Schiff und Fracht (§ 486 HGB; Bruck S. 505). — Soweit sich der Vmer gegen vertragliche Schulden zu vern vermag, kann es sein, daß er im Verhältnis zu seinem Vertragspartner die **Vertragshaftung summenmäßig limitiert** hat: Man denke an eine Lagerhalterhaftpflichtv, sofern in den Lagerverträgen eine Höchsthaftungssumme vereinbart ist. Man denke aber auch an die Rückv, da in den Erstvsverträgen Vssummen die Leistungspflicht des Erstvers nach oben begrenzen (Bruck S. 505—506).

In den genannten Fällen solcher beschränkten Haftung des Vmers (Erstvers) gibt es zwar in der Passivenv mangels Wertbeziehung **keinen Vswert**, aber es gibt hier einen gleichsam korrespondierenden, spiegelbildlichen Begriff des „**Vsunwertes**". Das Passivum, gegen dessen Entstehung der Vmer (Erstver) sich vert, kann **schlimmstenfalls** einen Mißwert **von bestimmter Höhe** haben).

Nimmt ein Reeder, welcher (gegenständlich) höchstens auf 100 000 DM haftet, eine **Kollisionshaftpflichtv** mit einer Vssumme von 200 000 DM, so ist er gleichsam **übervert**, und § 51 I kann analog angewendet werden, weil die Vssumme den „Vsunwert" erheblich übersteigt (Anm. 12 zu § 51). Ritter Anm. 16 zu § 78, S. 983 hält die V sogar wegen (teilweise) fehlenden „Interesses" für unwirksam (§ 2 I ADS): „Einer V, die mehr schützt, als das durch die Haftung mit Schiff und Fracht begrenzte Interesse, würde kein versicherbares Interesse zugrunde liegen." Hat ein Transportver eine Ware mit einer Vssumme von 100 000 DM vert, nimmt er aber eine Einzelrückv versehentlich mit einer Vssumme von 200 000 DM, so ist die Rückv wieder eine „Überv". Problematischer ist es, ob auch die **Untervsregeln** (§ 56) analog angewendet werden können, etwa wenn der obige Reeder eine Kollisionshaftpflichtv nur mit einer Vssumme von 50 000 DM abschließt. Ist die Kollisionshaftpflichtv **Adhäsionsv**, also mit der Kaskov verbunden (Anm. 42 vor §§ 49—80), so will Ritter Anm. 9 zu § 70, S. 845 die Proportio-

I. Wesen des Versicherungswertes § 52
Anm. 16—17

nalitätsregel bei dem Ersatz von Kollisionshaftpflichtschäden regelmäßig nicht anwenden: „Wenn Taxe und Vssumme 100000, der ‚wahre Wert' 150000, der indirekte Kollisionsschaden 50000 betragen, hat der Ver ... 50000 zu zahlen." Etwas anderes soll nur gelten bei Vereinbarung einer besonderen Kollisions-pro-rata-Klausel (Ritter Anm. 9 zu § 70, S. 845—846, Anm. 22 zu § 78, S. 986). Es ist unfolgerichtig, wenn demgegenüber Ritter Anm. 4 zu § 8, S. 258 annimmt, es ergebe sich aus der Proportionalitätsregel ohne weiteres, „daß der Ver Havariegrosse-Beiträge ... nur im Verhältnis zu ersetzen hat"; denn die Haftung des Seevers für Havariegrosse-Beiträge unterscheidet sich konstruktiv nicht von der Haftung des Kaskovers für mittelbare Kollisionsschaden. In beiden Fällen liegt eine Adhäsionshaftpflichtv vor. (Die Anwendung der Untervsregeln hinsichtlich der Haftung für Havariegrosse-Beiträge normiert ausdrücklich § 843 HGB.) Es erscheint angezeigt, bei allen Adhäsionsven, die eine Haftpflichtv umschließen, die Proportionalitätsregel anzuwenden. Handelt es sich dagegen um eine **isolierte Haftpflichtv**, so ist in Fällen beschränkter Haftung die Anwendung der Untervsnormen nicht ohne weiteres zu rechtfertigen, ist es doch im allgemeinen einer Haftpflichtv eigentümlich, daß sie „auf erstes Risiko" läuft (anders für eine Frachthaftpflichtv Argyriadis, Die Frachtv, Hamburg 1961, S. 126—127).

Die Klausel 2.02 Klauseln der Feuerv behandelt die V von Manuskripten, die in fremdem Eigentum stehen und für welche der Vmer haften könnte. Bei dieser mit der Feuerv verbundenen Haftpflichtv spielen „Haftwert" und „Nutzungswert" eine Rolle.

Über den Vsunwert bei der **Neuwertv** vgl. Anm. 28.

[16] c) Positiv: Interesseversicherung.

aa) Umschreibung der Wertbeziehungen.

Nachdem Summenv (Anm. 14) und Passivenv (Anm. 15) ausgeschieden sind, läßt sich positiv der „Standort" der Lehre vom Vswert dahin bestimmen, daß nur im Bereiche solcher Schadensven, welche sich als **Aktivenv**, als **Interessev** darstellen, für einen Vswert Raum ist. Nur eine vte Wertbeziehung, eine Beziehung einer Person zu einem Gute kann einen (positiven) Wert besitzen.

Will man die Bewertung vornehmen, so muß man vorher das zu Bewertende genau kennen und umschreiben. Hier gilt Entsprechendes wie bei der Kennzeichnung eines Interesses (Anm. 49—51 zu § 49). Man muß nämlich erstens die beziehungsverknüpfte **Person** und zweitens das beziehungsverknüpfte **Gut** möglichst konkret herausstellen. Geschieht das, so erübrigt es sich, noch auf ein drittes Kriterium abzuheben, nämlich auf die „**Art der Wertbeziehung**". Dieses dritte Kriterium könnte nämlich verwirren und zu Unklarheiten führen. Es ist also z. B. nicht empfehlenswert, etwa von einer bestimmten Sache als beziehungsverknüpftem Objekt zu sprechen und sodann zu prüfen, ob hinsichtlich dieser Sache der Interessent X der „Art" nach eine Eigentümerbeziehung, ein Forderungsinteresse, ein Hypothekengläubigerinteresse, ein Gewinninteresse oder gar ein Haftpflichtinteresse habe. Solche Betrachtungsweise wirkt deshalb so irreführend, weil man andererseits viel klarer von einem Interesse des X an einer Sache, einer Forderung, einer Hypothek, einer Gewinnanwartschaft reden kann, während die Sachhaftpflichtv überhaupt nicht zur Interessev zählt, sondern als V gegen die Entstehung einer Haftpflichtschuld, also eines Passivums qualifiziert werden muß.

Man sollte sich deshalb dahin entscheiden, künftig allein die an letzter Stelle skizierte Umschreibungsmethode zu wählen, also möglichst genau und konkret das beziehungsverknüpfte Gut anzugeben (so schon Möller ZVersWiss 1934 S. 22). Dann kommt es auf die „Art der Wertbeziehung" überhaupt nicht mehr an, und es treten deutlich nebeneinander: Sachinteressen (identisch mit Eigentümerinteressen), Forderungsinteressen, Interessen an sonstigen Rechten, Anwartschafts-(Gewinn-)interessen.

Es ist die Aufgabe der Bewertung, die genannten einzelnen Interessen hinsichtlich ihres Umfanges, ihrer Höhe zu qualifizieren.

[17] bb) Wert der Wertbeziehungen.

Will man die einzelnen Interessen bewerten, so muß man sie streng **auseinanderhalten**, insbesondere ist das Sachinteresse vom Gewinninteresse zu scheiden. Dementsprechend ist — auf der negativen Seite — der Sachschaden vom Gewinnentgang zu trennen, und gemäß § 53 umfaßt die V den entgehenden Gewinn nur, wenn es besonders vereinbart ist. Näheres über die Abgrenzung des Sachwertes vom Wert des Gewinninteresses Anm. zu § 53.

Abschreibungen, gleichgültig ob in der Steuer- oder in der Handelsbilanz vorgenommen, sind für die vsrechtliche Bewertung — etwa bei Sach- oder Forderungsinteressen — irrelevant.

[18] aaa) Sachinteressen.

Das Sachinteresse ist identisch mit dem Eigentümerinteresse, das nach richtiger Auffassung allerdings nicht notwendig dem sachenrechtlichen Eigentümer zuzustehen braucht, vielmehr reicht wirtschaftliches Eigentum aus (Anm. 53, 55, 58—68 zu § 49). Aus § 52 ist zu entnehmen, daß der Vswert des Sachinteresses im Zweifel identisch ist mit dem „Wert der Sache" (Anm. 54). Letzterer richtet sich danach, wieviel ein Kreis von Prätendenten dafür zu begleichen bereit ist, daß sie in die Eigentümerposition einrücken. Dabei bilden sich aus Angebot und Nachfrage die **Preise** der Sachen, der Preis wird bezahlt für die Erlangung von Eigentum, Geld wird umgetauscht in ein Eigentümerinteresse. So kann man die Werte in Preisen rechnen, wobei oft die Preise in einem Kapitalisierungszusammenhang mit ihren Erträgen stehen. Man nennt solche Preise langlebiger, Erträgnisse erzielender Wirtschaftsobjekte auch deren Kapitalwert (zur wirtschaftswissenschaftlichen Preistheorie vgl. etwa Kromphardt in: Handwörterbuch der Sozialwissenschaften, Bd. VIII, Stuttgart-Tübingen-Göttingen 1964, S. 447—499). Auf den Zusammenhang von Vswert des Sachinteresses, Sachwert und Preis verweist — wie hier — Berndt a. a. O. S. 43.

Es gibt — von einer bestimmten Personengruppe aus gesehen — mehrere Preisgestaltungen. Unterscheiden lassen sich Einkaufs- und Verkaufspreise, wobei in letzteren Gewinn stecken kann (Anm. zu § 53). Trennen lassen sich ferner Erzeuger-, Großhandels-, Kleinhandelspreise, wobei vsrechtlich ungewöhnliche Verkaufsmethoden unbeachtlich sind (BGH 19. XI. 1962 VersR 1963 S. 78). Im konkreten Fall beglichene Preise sind als Rechnungs-(Fakturen-)preise feststellbar. Entsprechend dem Ort der Preisfestsetzung werden Börsen-, Markt-, Messepreise definiert; zu den Börsenpreisen zählen bei Wertpapieren die Kurswerte. Entsprechend der Zeit der Lieferung unterscheidet man Tages- und Terminspreise. Kommt ein Transport der Sache, insbesondere über See, in Betracht, so richtet sich der Preis danach, ob der Verkäufer oder Käufer die Transportkosten trägt: Cif- und Fobpreis differieren um diese Kosten; daneben stehen die Preise für „greifbare" Ware (Locopreise). Bei Vorhandensein von Preisbindungen können neben den gebundenen Preisen die Preise von „Preisbrechern" stehen. Wichtig sind ferner die Listenpreise (vgl. § 13 II AKB).

Besonders bei der Bewertung von Speziessachen müssen alle wertbildenden Faktoren beachtet werden, z. B. bei Gebrauchtwagen oder Grundstücken. Bei letzteren sind deshalb z. B. langjährige Vermietung, Verpachtung oder Nießbrauchbestellung preis- und werterheblich (für den Nießbrauch: Ehrenberg S. 304), auch Dienstbarkeiten gehören hierher. Vgl. Ross-Brachmann, Leitfaden für die Ermittlung des Bauwertes von Gebäuden, 19. Aufl., Hannover 1965.

Jedoch schmälern Pfandrechte, insbesondere Grundpfandrechte weder Preis noch Wert, kann doch der Grundstückskäufer eine Hypothek oder Grundschuld in Anrechnung auf den (Gesamt-)Kaufpreis übernehmen. Der Vswert des Eigentümerinteresses wird durch Pfandrechte nicht geschmälert (so schon Ehrenberg S. 364 mit Anm. 24). Es wird auf verschiedene Weise dafür gesorgt, daß der Eigentümer nicht bereichert werden kann (vgl. nur §§ 1127 I, 1192 I BGB, § 22 I 2 VO über Orderlagerscheine). Auch ein Nießbrauch schmälert den Wert des Eigentümerinteresses nicht, wenn man davon absieht, daß die Existenz des Nießbrauchs ein wertbildender Faktor ist (zur Rechtslage vgl. §§ 1045—1046 BGB).

Über die Berechnungsprobleme bei Wohnungseigentum: Ausborn, Wohnungseigentum und privatrechtliche Gebäudev, Karlsruhe 1964, S. 26—27.

In Verbindung mit dem in Anm. 9, 10 Gesagten, wonach in dubio vom gemeinen Wert im Zeitpunkt des Vsfalles am Schadensort auszugehen ist, läßt sich feststellen, daß es für den Vswert auf den Wiederbeschaffungspreis ankommt, wie ihn der Vmer

I. Wesen des Versicherungswertes § 52
Anm. 19—21

(oder eine vergleichbare Person) aufwenden müßte, also auf den Einkaufspreis, loco bei sofortiger Lieferung.

Das Sachinteresse ist das Substanzinteresse, demzufolge sind die Begriffe Wert des Sachinteresses und **Substanzwert** synonym (Fick Ersatzwert a. a. O. S. 254).

Vgl. im übrigen zum Wert des Sachinteresses besonders Anm. 30—36.

[19] bbb) Forderungsinteressen.

Bei **Forderungsinteressen** entspricht ihr Wert im allgemeinen dem Nennwert der Forderung, sofern es sich um Geldforderungen handelt. Hinzutreten könnten Zins-, Kosten- und sonstige Nebenforderungen. Aber in der Kreditv erstreckt sich die V meistens nicht auf Zinsen, Reugeld, Vertragsstrafen, Schadensersatz, Kosten der Rechtsverfolgung und andere Kosten. Bei später fälligen Forderungen errechnet sich der Gegenwartswert nach Abzug von Zwischenzinsen. Über den Vswert der Frachtforderungsv: Argyriadis, Die Frachtv, Hamburg 1961, S. 122—124 mit § 107 I, II ADS (in dubio: Bruttofracht). Der Vswert der jeder Wohngebäudefeuerv angehängten Mietverlustv entspricht dem Mietzins oder dem Mietwert „der unbenutzbar gewordenen Räume" (Nachtrag zu § 1 VI AFB).

[20] ccc) Interessen an sonstigen Rechten.

Auch Wertbeziehungen zu anderen als Forderungsrechten sind versicherbar und haben einen Vswert. In Betracht kommen speziell beschränkte dingliche Rechte (während das Interesse am Eigentumsrecht als Sachinteresse erfaßt wird: Anm. 18, 55).

Beim **Nießbraucherinteresse** handelt es sich um die Bewertung eines Nutzungsrechtes. ähnlich wie bei Miete und Pacht (Anm. 19). Interesse und Vswert entfallen nicht dadurch, daß der Nießbraucher an der Sachvsforderung des Eigentümers Nießbrauch erlangt (§ 1046 BGB).

Bei den **Realgläubigern** besteht im allgemeinen kein Bedürfnis für eigene Vsnahme, da sich ihr Pfandrecht auf die Vsforderung des Eigentümers erstreckt (§§ 1127 I, 1192 I BGB). Aber es kann vorkommen, daß ein Vsverhältnis des Eigentümers nicht existiert oder „krank" ist und daß im letztgenannten Falle die Schutznormen der §§ 102, 103 versagen: Hier kommt die V des Eigeninteresses des Realgläubigers in Betracht, die §§ 105, 107 b schaffen insoweit für den Feuerver einen Kontrahierungszwang. Für den Vswert des Realgläubigerinteresses kommt es nicht allein auf den Nennwert der gesicherten Forderung an, sondern der Vswert ist „nur so hoch, als der Wert der Sache zur Deckung der Hypothekenforderung genügt," „abzüglich etwaiger vorberechtigter Hypotheken" (Ehrenberg I S. 363 Anm. 21). So denn auch Klausel 5.07 Klauseln der Feuerv, vgl. ferner Prölss[15] Anm. 1 vor § 51, S. 239. Entsprechend für die **Bodmereigelderv** § 110 I ADS: Vswert = Betrag der Forderung, falls nicht der zur Deckung dienende Gegenstand einen geringeren Wert hat (dazu Ritter Anm. 134 zu § 1, S. 142—143, Anm. 3 zu § 110, S. 1241—1 42).

Beim **Erbbaurecht** tauchen keine besonderen Probleme auf, weil das Bauwerk Eigentum des Erbbauberechtigten wird, gleichgültig ob das Bauwerk kraft des Erbbaurechts errichtet worden ist oder ob es schon vorhanden war (wegen einer Anzeigepflicht des Bauwerksvers gegenüber dem Grundeigentümer: § 23 ErbbaurechtsVO). Bei Bewertung des Bauwerks spielen Erbbauzins, Dauer, Heimfall- und Entschädigungsregelung eine Rolle. Theoretisch könnte der Grundstückseigentümer sein Interesse am Bauwerk, das sich besonders bei einer günstigen Entschädigungsregelung oder Heimfallansprüchen ergibt, vern (vgl. §§ 27 I, II, 32 ErbbaurechtsVO). Die Bewertung ist schwierig.

[21] ddd) Gewinninteressen.

Besonders schwer ist die Bewertung von Anwartschaftsinteressen, geht es doch hier um die Vorwegschätzung von möglicherweise entgehendem oder imaginärem Gewinn. Anwartschaften als Güter des erst „werdenden Vermögens" haben einen stark transitorischen Charakter mit Ungewißheitsmomenten, dem Grunde und der Höhe nach. Bei der V entgehenden Gewinns kommt es gemäß § 252² BGB auf ein Wahrscheinlichkeitsurteil an, bei der V imaginären Gewinns sogar nur auf die bloße Möglichkeit der Gewinnerzielung (§ 100 II ADS). Solche Urteile sind schwer objektivierbar und nachprüfbar. Tritt ein Schaden ein, so wird unterstellt, daß die Chance sich realisiert hätte. Der Bewertung wird also nicht der Anwartschaftswert (vergleichbar dem Preise eines Lotterieloses), sondern der Realisationswert (vergleichbar dem Gewinn) zugrunde gelegt (Möller Summen- und Einzelschaden a. a. O. S. 111—118). Näheres Anm. zu § 53, vgl. auch § 89.

Für einzelne Zweige der Gewinnv läßt sich der Vswert genauer bestimmen, so hinsichtlich der Bruttoertragsanwartschaft in der **Feuerbetriebsunterbrechungsv**. Allerdings ist auch hier eine vorausschauende Bestimmung schwierig, man überprüft den Vswert im Schadensfalle, indem man zeitlich vom Ende des gedehnten Vsfalles aus zurückgeht: „Maßgebend für den Vswert im Schadensfalle sind der Geschäftsgewinn und die Geschäftskosten, die der Vmer ohne Unterbrechung des Betriebes in dem Bewertungszeitraum erwirtschaftet hätte. Der Bewertungszeitraum umfaßt 12 Monate. Er endet zu dem Zeitpunkt, von dem an ein Unterbrechungsschaden nicht mehr entsteht, spätestens jedoch mit dem Ablauf der Haftzeit" (§ 5 I FBUB). Zum Vswert der Betriebsunterbrechungsv vgl. auch Blanck VW 1959 S. 277—282, Wankell VW 1960 S. 138—141. — In § 2 Allgemeine Vsbedingungen für die **Regenv** wird zwar der Begriff des Vswertes nicht verwendet, aber gesagt: „Die Vssumme darf die voraussichtlichen Unkosten oder Einnahmen nicht überschreiten." Damit sollte zugleich der Vswert fixiert werden. — Für die **Hagelv** vgl. Anm. 23 (zu § 108).

[22] 3. Abgrenzung.

Der Vswert ist von einigen anderen Erscheinungen abzugrenzen, nämlich

dem **Vsschaden**, der als effektiv entstandener Nachteil bei einer Interessev neben dem Vswert eine leistungsbegrenzende Funktion ausübt (der Vswert bezeichnet allerdings zugleich den Umfang des denkbar höchsten Vsschadens: Anm. 9);

der **Vssumme**, die den Höchstbetrag der Leistung des Vers angibt (§ 50), also bei einer Interessev neben der Schadenshöhe und dem Vswert leistungsbegrenzend wirkt (Anm. 44 vor §§ 49—80);

der **Taxe**, welche den Vswert durch Vereinbarung auf einen bestimmten Betrag festsetzt (§ 57);

der **Vorschätzung**, welche dazu beiträgt, daß der Vmer von einem richtigen Vswert ausgeht (Klauseln 5.05, 5.06, 6.02 Klauseln der Feuerv).

[23] II. Bestimmung des Versicherungswertes.

1. Gesetz und Vertrag.

a) Gesetzliche Bestimmungen.

Die gesetzlichen Vorschriften, welche den Vswert näher bestimmen, sind dürftig. Für die **Sachv** ist von der **Grundnorm** des § 52 auszugehen, welche auf den **gemeinen** Wert abhebt (Anm. 9, 10), welcher an Hand entsprechender **Preise** von Sachen zu bestimmen ist (Anm. 18, 53—55). Daß § 52 die Grund- und Regelbestimmung darstelle, betonen Berndt a. a. O. S. 99—102, 150, Blanck ZVersWiss 1928 S. 45, Bruck S. 515.

Die **Grundnorm** des § 52 wird **ergänzt** für die Feuerv durch §§ 86, 88, für die Hagelv durch § 108, für die Tierv durch § 116 I 2 und für die Transportv durch §§ 140, 141.

§§ 86, 88 gelten für die **Feuerv**, man hat die Vorschriften aber bei anderen Sachven, z. B. bei der Autokaskov analog angewendet, speziell wenn das Kraftfahrzeug von Feuer betroffen worden ist (RG 20. XI. 1911 JW 1912 S. 425—426). Die Vorschriften betreffen nur Haushalts- und sonstige Gebrauchsgegenstände, Arbeitsgerätschaften und Maschinen (§ 86) sowie Gebäude (§ 88), sie sollen § 52 ergänzen (Begr. I S. 92, 94).

Wenn in **§ 86** der Betrag genannt wird, „welcher erforderlich ist, um Sachen gleicher Art anzuschaffen, unter billiger Berücksichtigung des aus dem Unterschiede zwischen alt und neu sich ergebenden Minderwerts", so wird dem Vmer bei gebrauchten Sachen nicht nur der Preis gewährt, der bei einem Altwarenhändler für gebrauchte Sachen gleicher Art aufzuwenden wäre (das wäre der gemeine Wert des § 52: Anm. 10), sondern es ist zu unterstellen, daß sich der Vmer „neue Sachen gleicher Art anschaffen will" (Begr. I S. 93), und

II. Bestimmung des Versicherungswertes § 52
Anm. 24

hiervon ist ein Abzug zu machen, der den Unterschied zwischen alt und neu billig berücksichtigt. Das Ergebnis ist ein **Gebrauchswert** (Bruck S. 514, Hoppe a. a. O. S. 162—163), welcher im allgemeinen höher liegen wird als der gemeine Wert und erst recht höher als der Verkäuflichkeitswert (möglicher Erlös z. B. beim Trödler; KG 3. X. 1928 JRPV 1928 S. 350, OLG Hamm 14. II. 1929 VA 1929 S. 256 Nr. 2020). § 86 ergänzt also nicht nur den § 52, sondern ändert ihn ab.

Das trifft auch hinsichtlich des **§ 88** zu, der für Gebäude gilt. Denn auch hier wird nicht vom Wiederbeschaffungspreis für ein anderes, ähnliches Gebäude ausgegangen, sondern vom **ortsüblichen Bauwert**, und man kann nur neu bauen. Vom ortsüblichen Bauwert sind wieder **Abzüge** zu machen, entsprechend dem Zustand des Gebäudes, speziell Alter und Abnutzung. Begr. I S. 95 spricht von der Abnutzungsquote. Je nach der Lage des Grundstücksmarktes kann der Wert des § 88 über oder unter dem gemeinen Werte liegen (dazu vgl. auch Berndt a. a. O. S. 150—151, Hoppe a. a. O. S. 102—103).

§ 108 erwähnt für die **Hagelv** die „vten Bodenerzeugnisse" und die Begr. I S. 109 bemerkt dazu: „Was den Umfang der Entschädigungsverbindlichkeit des Vers betrifft, so ergibt sich aus dem Zwecke der Hagelv, daß nicht der Unterschied zwischen dem Werte, den der Aufwuchs zur Zeit des Eintritts des Vsfalls im unbeschädigten Zustande hatte und seinem Werte nach dem Hagelschlage zugrunde gelegt werden kann, sondern daß für die durch den Hagelschlag verursachte Minderung des Ertrags Ersatz zu leisten ist." Bei der Hagelversicherung handelt es sich hiernach um die kombinierte V eines Sach- und eines Gewinninteresses. Wie bei allen Gewinnven ist der Wert der Anwartschaftsbeziehung schwer zu schätzen. Aus Zweckmäßigkeitsgründen wird der V ein einheitlicher Vswert zugrunde gelegt, zumal da intern die beiden Werte sich laufend verschieben: Je mehr die Ernte näher rückt, desto größer wird der Wert des Aufwuchses, desto kleiner wird der Wert der noch nicht realisierten Anwartschaft. § 108 ergibt übrigens nicht, auf welche Weise im übrigen der Gesamtvswert zu berechnen ist. Man wird also entsprechend § 52 im Zweifel auf den gemeinen Wert der eingebrachten Bodenerzeugnisse abzustellen haben, d. h. darauf, wieviel der Vmer aufwenden müßte, um sich anderweitig die Bodenerzeugnisse neu zu beschaffen (Anm. 10).

§ 116 I 2 betrifft die **Tierv**, und zwar diejenigen Vsarten, bei denen die Gefahr des Todes des vten Tieres gedeckt ist. „Als Vswert gilt bei der Viehv, wie sich aus § 52 ergibt, der Wert des vten Tieres. Nach diesem Wert bestimmt sich daher die Höhe des vom Ver zu leistenden Schadensersatzes. Hängt, wie das die Regel ist, die Entschädigungspflicht des Vers von dem Tode des Tieres ab, so fragt sich, welcher Zeitpunkt für die Ermittelung des Wertes maßgebend sein soll. Wird lediglich der Wert, den das Tier im Augenblicke des Todes hatte, zu Grunde gelegt, so erhält der Vmer in zahlreichen Fällen eine durchaus unzulängliche Vergütung" (Begr. I S. 113). Denn oft geht dem Tode eine Krankheit oder ein Unfall des Tieres voraus, wodurch der Wert bereits stark gemindert wird. Hier nun bestimmt das Gesetz, es gelte „als Betrag des Schadens der Wert, den das Tier unmittelbar vor Eintritt der Erkrankung oder des Unfalls gehabt hat". Der Vsfall tritt hier als gedehnter Vsfall ein. Es kommt auf den Wert zu Beginn des gedehnten Vsfalles an. Auch § 116 I 2 sagt nichts über die Art der Wertbemessung, sodaß es bei der Regel des § 52 und der Maßgeblichkeit des gemeinen Wertes bleibt.

§§ 140, 141 betreffen die **Transportv**, und zwar die Güter- und die Kaskov. Nur § 140 I berührt den Bewertungsmaßstab; er wiederholt für die Güterv das Prinzip, wonach der **gemeine Wert**, gegebenenfalls der gemeine Handelswert der Güter entscheidend sei. Dieses Prinzip des § 52 gilt im Zweifel auch für den Vswert des Schiffes (§ 141 I 1). — Viel wichtiger ist, daß die §§ 140 II, 141 I 1 für die Transportv die **Fiktion des gleichbleibenden Vswertes** aufrichten (Näheres Anm. 25). — Was den **Ort der Bewertung** anlangt, so geht § 140 I in additiver Methode (vgl. Anm. 5) vom Orte der Absendung aus, jedoch spielt bei Beschädigungen der Güter oder des Schiffes auch der Ablieferungsort/Ausbesserungsort eine Rolle (§§ 140 III, 141 II).

[24] b) Vertragliche Vereinbarungen.

Vertragliche Vereinbarungen über den Vswert, also über die Ausfüllung des Bewertungsrahmens (Anm. 9), sind **zulässig**, da die Gesetzesvorschriften, insbesondere

§ 52, nicht zwingend sind (Anm. 56). Für das Seevsrecht vgl. RG 2. X. 1920 RGZ Bd 100 S. 90—92. Allerdings darf das vsrechtliche Bereicherungsverbot nicht verletzt werden.

Solche Vereinbarungen sind häufig. Sie brauchen nicht ausdrücklich zu erfolgen, sondern müssen nicht selten aus dem Gesamtinhalt des Vsvertrages im Wege der Auslegung erschlossen werden; außerhalb der Sachv, also des Geltungsbereiches von § 52, kommt auch eine Vertragsergänzung in Frage. Oft sind Vereinbarungen undeutlich. Wenn z. B. § 2[1] Allgemeine Vsbedingungen für die Regenv bestimmt, die Vssumme dürfe die voraussichtlichen Unkosten oder Einnahmen nicht überschreiten, so ist dabei an die Vermeidung einer Überv zu denken, und es ergibt sich, daß die voraussichtlichen Unkosten oder Einnahmen den Vswert darstellen.

Ausdrückliche Vereinbarungen betreffen nur ziemlich selten den Vswert zur Zeit des Abschlusses des Vsvertrages (Anfangswert). Viel häufiger ist von dem Vswert zur Zeit des Eintritts des Vsfalles (Ersatzwert) die Rede, z. B. in der wichtigen Vorschrift des § 3 AFB, auch § 5 FBUB. Dabei muß nicht selten der Vswert aus Bestimmungen über die Höhe der vom Ver zu leistenden Entschädigung und ihre Berechnung entnommen werden.

Über die Taxierung des Vswertes vgl. Anm. 25, auch Anm. zu § 57.

[25] 2. Zeitpunkt der Bewertung.

a) Anfangs- und Ersatzwert.

Da Werte sich verändern, insbesondere durch Abnutzung und Alter absinken, aber infolge von Preissteigerungen und Geldwertschwund möglicherweise auch steigen, kommt es auf den Zeitpunkt der Bewertung an. Am wichtigsten ist die Bewertung

bei Abschluß des Vsvertrages, hier spricht man — nach österreichischem Vorbild — von „Anfangswert" (Ehrenzweig S. 243),

bei Eintritt des Vsfalles, hier spricht man — nach schweizerischem Vorbild — von „Ersatzwert", manchmal auch von „Letztwert" (Ehrenzweig S. 243).

Zur Terminologie vgl. besonders Fick Grundbegriffe a. a. O. S. 13—18.

Während des ganzen Laufes der V kann man den jeweiligen Vswert ermitteln. Bei einem gedehnten Vsfall kann während der Ersatzwert während des Dehnungszeitraumes differieren, und falls bis zur Wiederherstellung seitens des Vmers oder bis zur Entschädigungsleistung seitens des Vers weitere Zeit vergeht, kann bis dahin der Vswert sich noch verschoben haben, z. B. können die Baukosten weiter angestiegen sein. Dauert der Vsschutz nach Eintritt eines Teilschadens fort, so ist es sinnvoll, mit § 15 IIb AFB „den Vswert der Sachen unmittelbar vor und nach dem Schaden" festzustellen.

Bei allen gesetzlichen und vertraglichen Bestimmungen über den Vswert muß ermittelt werden, auf welchen der genannten Bewertungszeitpunkte es ankommen soll. So sprechen § 51 I, II von der Beseitigung der Überv im Blick auf den jeweiligen Vswert, § 51 III vom Abschluß einer betrügerischen Überv, also normalerweise vom Anfangswert, § 52 vom jeweiligen Vswert des Sachinteresses, §§ 55, 56 von der Entschädigungsleistung des Vers bei Über- und Unterv, d. h. vom Ersatzwert.

Das Auseinanderfallen der Werthöhe zu verschiedenen Zeitpunkten, insbesondere eine Divergenz von Anfangs- und Ersatzwert ist mißlich. Hier sollen zwei Institutionen abhelfen, nämlich

die sogen. **Fiktion des gleichbleibenden Versicherungswertes** in der Transportv (§§ 140 II, 141 I 2), wonach der Anfangswert auch als Ersatzwert gilt, kraft unwiderlegbarer Vermutung, selbst wenn in Wahrheit der Ersatzwert niedriger oder höher ist. Ist der Ersatzwert niedriger, so kann der Ver sich selbst bei erheblicher Abweichung nicht auf das vsrechtliche Bereicherungsverbot berufen (Anm. 46 vor §§ 49—80). Ist der Ersatzwert höher, so greifen die Untervsregeln (§ 56) nicht ein, der Vmer kann das partielle neue Sachinteresse im Wege einer Mehrwertv schützen. Die Vorschriften sind abdingbar (vgl. Anm. 29). Zur Abgrenzung von der Gewinnv Anm. zu § 53.

die **Taxierung des Versicherungswertes,** wodurch der Anfangswert, (ausnahmsweise ein späterer Vswert: Prölss[15] Anm. 1 zu § 57, S. 251) durch Vereinbarung auf

II. Bestimmung des Versicherungswertes § 52
Anm. 26—28

einen bestimmten Betrag festgesetzt wird; diese „Taxe gilt auch als der Wert, den das vte Interesse zur Zeit des Eintritts des Vsfalls hat" (§ 57²), also als Ersatzwert. Ist in Wahrheit der Ersatzwert niedriger, so kommt nur bei „erheblicher" Übersetzung eine „Anfechtung" der Taxe in Betracht, einer unerheblichen Übersetzung steht das vsrechtliche Bereicherungsverbot nicht entgegen (Anm. 47 vor §§ 49—81). Ist der Ersatzwert höher, so greifen die Untervsregeln nicht ein, aber eine Nachv ist anzuraten. — Eine Taxe verbietet § 89 I, die Bedeutung der Taxe vermindert § 87. — Näheres Anm. zu § 57.

[26] b) Zeitwert und Neuwert.

aa) Schrifttum zur Neuwertv:

Bänninger, Die Neuwertv in der Schweiz, ihre Zulässigkeit und heutige rechtliche Ausgestaltung, Bern 1962, Berchtold, Neuwertven, Ein Beitrag zur vsrechtlichen Wertlehre, Zürich 1930, Biehl, Das Rechtsinstitut der Neuwertv im Inland und Ausland, Jena 1938, Blanck NeumannsZ 1927 S. 866—867, ZVersWiss 1927 S. 73—82, JRPV 1929 S. 75—77, Blau ZVersWiss 1923 S. 48—59, in: Fortbildungs-Vorträge, I. Teil, Berlin 1926, S. 252—267, Brunn JRPV 1929 S. 182—183, Eggers ZVersWiss 1929 S. 164—182, Ehrenberg WuRdVers 1930 Nr. 1 S. 1—23, Eichhorn JRPV 1927 S. 53—54, Farnsteiner, Verbreitung und Konstruktion der Neuwertv, ungedruckte Hamburger Diss. 1952, von Haselberg Neumanns Z 1927 S. 1128—1129, Helberg VA 1951 S. 58—59, Helmer VuGeldwirtschaft 1927 S. 129—131, 138—140, Heymann, Die soziale Sachwerterhaltung auf dem Wege der V, Berlin 1920, Koch Probleme der Neuwertv für industrielle Risiken, Leipzig 1929, Köhler NeumannsZ 1926 S. 361—364, Koenig SchweizVersZ 1958/59 S. 97—105, Kürsten JRPV 1929 S. 258, Krayenbühl, Die Neuwertv, Zürich 1962, Levin NeumannsZ 1928 S. 773—775, 840—842, Lips Mitteilungen der Vereinigung kantonal-schweizerischer Feuervsanstalten 1929 S. 126—140, Riebesell VuGeldwirtschaft 1926 S. 405—406, AssJhrb Bd 47 S. 36—46, JRPV 1929 S. 214—215, G. Schmidt VW 1960 S. 381—383, Seidel VsArchiv 1936/37 S. 546—575, Suter SchweizVersZ 1958/59 S. 38—46, Wahren, Neuwertv, Hamburg 1935, Wreschner Schweizerische Juristenzeitung 1929/30 S. 55—59, Zernetschky, Die Sachlebensv, Erlanger Diss., Forchheim 1928.

[27] bb) Zeitwert.

Entscheidend ist in jedem Zeitpunkt der augenblickliche Vswert, insbesondere bei Eintritt des Vsfalls der Wert, der sich aus dem jetzigen Zustand der vten Sache entsprechend ihrem Alter und ihrer Abnutzung ergibt. Man spricht vom Zeitwert (im Gegensatz zum Neuwert), wobei der Zeitwert innerhalb des Wertrahmens auf verschiedene Weise bestimmt werden kann, z. B. an Hand des gemeinen Werts. So ist es irrig, einen Gegensatz zwischen Zeitwert und gemeinem Wert zu konstruieren (wie es LG Berlin 5. III. 1929 JRPV 1929 S. 354—355 tut; unsinnig auch der Satz LG Berlin 6. X. 1930 JRPV 1931 S. 358: „Es waren .... keine Anhaltspunkte dafür gegeben, daß der Vswert des Streitwagens zur Zeit des Schadensfalles bis auf den Zeitwert gesunken wäre"). Primär auf den Zeitwert stellt für die Autokaskov § 13 I AKB ab, ohne genauere Bewertungsvorschrift (zu § 13 I AKB: Wussow ZfV 1953 S. 588, auch Paul ZfV 1956 S. 108—109, Naeve ZfV 1956 S. 164, Riebesell VW 1953 S. 576—577).

Im Rahmen einer reinen Sachv erheischt das Bereicherungsverbot, daß der Ver bei einem Totalschaden höchstens den Zeitwert ersetze (vgl. allerdings die Einschränkungen kraft der Fiktion des gleichbleibenden Vswertes und der Taxe: Anm. 25). Der Wertrahmen des Sachinteresses wird gesprengt, falls eine höhere Entschädigung als der Zeitwert versprochen wird (a. A. Berndt a. a. O. S. 238—239). So hat man lange die Neuwertv für unzulässig und mindestens in Höhe der Differenz von Neu- und Zeitwert für nichtig gehalten (vgl. besonders die frühere aufsichtsbehördliche Stellungnahme: VA 1926 S. 149—151 unter Berufung auf §§ 1 I 1, 55, Begr. I S. 93).

[28] cc) Neuwert.

Dem Zeitwert steht der Neuwert gegenüber, wobei der Begriff nicht eindeutig ist, kann man doch entweder fragen, wieviel die vte Sache wert war, als sie neu war, oder fragen, wieviel **heute** aufgewendet werden muß, um eine neue Sache zu beschaffen. Nur die letztgenannte Betrachtungsweise spielt in der Praxis eine Rolle (vgl. zum Begriff des Neuwertes Möller ZVersWiss 1934 S. 20—21, Wahren a. a. O. S. 13—14). Besondere Probleme ergeben sich auch daraus, daß besonders bei Bauten und Maschinen die neue Sache nicht in gleicher Gestalt wiederbeschafft werden kann: Die Baumethoden, der Baustil wandeln sich, Maschinen gewinnen eine neue Form. Der Vmer kann mangels spezieller Regelung (dazu Anm. 34) Modernisierung verlangen, aber nicht statt einer Windmühle eine elektrische Mühle und keine Fabrik mit erhöhter Produktionskapazität.

Man könnte die Neuwertv, soweit die Differenz von Neu- und Zeitwert in Rede steht, auf zweierlei Weise zu **rechtfertigen** versuchen:

Es könnte z. B. mit der V gegen die Feuersgefahr eine V gegen die **Abnutzungsgefahr** dergestalt verbunden sein, daß der Ver die Abnutzungsgefahr nur trägt unter der Voraussetzung, daß auch die Feuersgefahr sich verwirklicht (Möller ÖffrechtlV 1932 S. 34, auch von Gierke I S. 96 Anm. 38, II S. 185). Aber diese Konstruktion, welche ex post — nämlich falls es brennt — den Vsfall als sehr gedehnt erscheinen läßt, begegnet erheblichen Bedenken (Wahren a. a. O. S. 43—44), denn womöglich ist die vte Sache schon bei Abschluß des Vsvertrages nicht mehr neu, auch kommt es gar nicht auf den damaligen Neuwert, sondern auf den heute notwendigen Aufwand an.

Deshalb verdient eine zweite Konstruktion den Vorzug, wonach bei der Neuwertv mit der V des Sachinteresses (in Höhe des Zeitwertes) eine Passivenv, und zwar eine **V gegen notwendige Aufwendungen** (in Höhe der Differenz von Neu- und Zeitwert) verbunden ist. Die dogmatische Begründung findet sich bei Möller Summen- und Einzelschaden a. a. O. S. 80—81, JW 1938 S. 919, auch Farnsteiner VersR 1954 S. 41—44, Wahren a. a. O. S. 46—49, andeutungsweise vorher schon bei Bruck S. 521—522, Eggers ZVersWiss 1929 S. 178. Das Reichsaufsichtsamt hat mit ähnlicher Begründung schließlich die Zulässigkeit der Neuwertv bejaht (VA 1929 S. 143—145: „Neuherstellungsinteresse" und hierzu erforderliche „Aufwendungen"). Zustimmend auch BGH 1. IV. 1953 BGHZ Bd 9 S. 203.

Diese mit der Sachv verbundene Passivenv weist die Besonderheit auf, daß der Betrag der erforderlichen Aufwendungen vom Neuwert her fixierbar ist, so daß — ähnlich wie in den Fällen einer Haftpflichtv bei beschränkter Haftung — der **Höchstbetrag der Aufwendungen** (gleichsam ein Vsunwert) sich feststellen läßt (Anm. 15). So lassen sich die Untervsregeln anwenden, falls die Vssumme den Neuwert nicht erreicht. Dabei geht man gemäß § 3 Sonderbedingungen für die Neuwertv des Hausrats (VA 1958 S. 163—164) folgendermaßen vor: „Ist die Vssumme des Hausrats niedriger als sein Vswert z. Z. des Eintritts des Schadenfalls, aber höher als der Zeitwert, so wird nur der Teil des Schadens voll vergütet, der bei Zeitwertv zu ersetzen wäre (Zeitwertentschädigung), der Rest dagegen im Verhältnis der den Zeitwert übersteigenden Vssumme zu dem den Zeitwert übersteigenden Vswert. Ist die Vssumme gleich dem Zeitwert oder niedriger, so finden die Sonderbedingungen für die Neuwertv des Hausrats keine Anwendung."

Die **Neuwertv** dringt immer weiter vor, sie ist sogar bei Hausrat, auch Bekleidung und Wäsche möglich. Allerdings pflegt zur Minderung des subjektiven Risikos vorgesehen zu werden, daß für nicht mehr zum Gebrauch bestimmte Sachen als Vswert nur der Zeitwert gelte, und entsprechendes wird für bereits stark entwertete Sachen bestimmt, etwa mit der Vorschrift: „Ist der Zeitwert einer Sache niedriger als 50 v. H., bei Bekleidung und Wäsche niedriger als 70 v. H. des Wiederbeschaffungspreises, gilt als Vswert nur der Zeitwert" (§ 1 Sonderbedingungen a. a. O.). Es gibt auch genaue Staffeln, aus denen sich z. B. für Gebäude oder industrielle Anlagen entnehmen läßt, wie hoch vom Ver der Schaden zu ersetzen ist, wenn der Zeitwert einer Sache niedriger ist als X v. H. des Neuwertes (vgl. Sonderbedingungen für die Neuwertv industrieller Anlagen: VA 1935 S. 109—110, 1938 S. 117—118, 1951 S. 49; Sonderbedingungen für die Neuwertv landwirtschaftlicher Gebäude: VA 1936 S. 84—85, 1937 S. 83, 1951 S. 49).

Besonders wichtig ist die **gleitende Neuwertv** geworden (vgl. die verschiedenen Sonderbedingungen: VA 1951 S. 49—51, 99, 1962 S. 174—175 und dazu Helberg VA 1951 S. 58—59 sowie oben Anm. 19 zu § 50).

II. Bestimmung des Versicherungswertes § 52
Anm 29—30

[29] 3. Ort der Bewertung.
Es wurde schon dargelegt (Anm. 9), daß bei stationären Risiken der Sachv bei der Bewertung auf die Wertverhältnisse am Vsort abzustellen ist. Bei Gebäuden entscheidet also der Ort der Belegenheit des Grundstücks (Raiser Anm. 23 zu § 3, S. 124). Ist es üblich oder gar notwendig, Ersatzbeschaffungen auswärts zu erledigen, so entscheiden die dortigen Werte, aber es sind Verpackungs-, Fracht- und Versicherungskosten bis zum Vsort hinzuzurechnen (Raiser Anm. 23 zu § 3, S. 123—124). Für ausländische Maschinen und Rohstoffe vgl. Klauseln 9, 10 Klauseln der Feuerv (Auslandspreis). Ist der Vsschutz nicht räumlich beschränkt, wie speziell in Fällen der Außenv (Leibkutsch, Der Vsort, ungedruckte Hamburger Diss. 1949, S. 72—126), so kann man doch nicht auf den Wert des Ortes abheben, an dem die Güter sich jeweils befinden: Derjenige, der einen deutschen Fotoapparat auf eine Auslandsreise mitgenommen hat und auf Grund eines im Ausland erfolgten Verlustes von einem deutschen Ver Ersatz verlangen kann, wird im Zweifel nur den deutschen Inlandspreis fordern können, nicht den durch Importzölle erhöhten Auslandspreis.
In der Transportv kommen — wie im Transportrecht (Anm. 5) — verschiedene Berechnungsmethoden für den Vswert in Frage: Die additive Methode, die vom Abgangswert (im Überseeverkehr: z. B. Fobpreis) ausgeht und aufgewendete Beförderungskosten hinzuzählt und die subtraktive Methode, die vom Ankunftswert (z. B. Cifpreis) ausgeht und etwa ersparte Beförderungskosten abzieht. § 140 I geht grundsätzlich von der erstgenannten Methode aus (Anm. 23). Vgl. auch § 2 I ADB: „Als Vswert der Güter gilt der gemeine Handelswert und in dessen Ermangelung der gemeine Wert, den die Güter am Orte der Absendung bei Beginn der V haben unter Hinzurechnung der Vskosten sowie derjenigen Kosten, die bis zur Annahme der Güter durch den Frachtführer entstehen. Darüber hinaus können die Kosten der Reise, insbesondere die Fracht, und die Kosten am Bestimmungsort einschließlich Zölle mitvert werden." Die Beförderungskosten werden hiernach nicht einheitlich behandelt: Während die Vskosten stets in den Vswert einzurechnen sind, ist die Einrechnung der Fracht, der Kosten am Bestimmungsort und der Zölle fakultativ; spezielle Angaben scheinen dem Ver nicht gemacht werden zu müssen, so daß eine gewisse Unklarheit obwaltet. — Eigenartig ist die Ermittlung des Vswertes gemäß §§ 22 II, 24 I KaskoB: „Im Falle eines Teilschadens am vten Schiffe gilt als jeweiliger Wert des Schiffes der Wert des Schiffes in beschädigtem Zustande zuzüglich der Reparaturkosten laut Schadentaxe", und diese Schadentaxe erfolgt durch Sachverständige am ersten Orte, an welchem dies möglich ist, eventuell am Bestimmungsorte. Die Fiktion des gleichbleibenden Vswertes (Anm. 25) ist damit vertraglich wegbedungen; zur Methode der Berechnung des Wertes vgl. Anm. 38. — Einen Fall, in welchem ein Spediteur schadensersatzpflichtig gemacht wurde, weil er nicht den Ankunfts-, sondern den Abgangswert vert hatte, behandelt RG 29. IX. 1928 VA 1929 S. 45—47 Nr. 1957 = JRPV 1928 S. 332—334.
Weitere Einzelheiten bei Griem a. a. O. S. 154—159.

[30] 4. Konkretisierung der Bewertung.
a) Generelle Vorbemerkungen.
Der Wertrahmen (Anm. 9), der durch den Begriff des Vswertes gegeben ist, bedarf der Konkretisierung, nicht nur im Hinblick auf Zeit (Anm. 25—28) und Ort (Anm. 29). Die Abstellung auf den gemeinen Wert in Verbindung mit den entsprechenden Preisen (Anm. 9—10, 18) ist oft nicht befriedigend, gilt auch nur in dubio, „wenn sich nicht aus den Umständen ein anderes ergibt" (§ 52). Vertragliche Vereinbarungen (Anm. 24), welche die Bewertung konkretisieren, haben demnach den Vorrang.
Keine Ausfüllung des Bewertungsrahmens ist es, wenn, § 57[1] vom „wirklichen Vswert" spricht. Auch wenn Vsbedingungen vom „wahren" Wert reden (KG 12. XII. 1928 JRPV 1929 S. 53—54), ist damit nichts gewonnen.
Der Wertrahmen kann in verschiedener Weise genauer abgesteckt werden; alles, was sich „im Rahmen" hält, ist richtig. Ein Vmer wird nicht bereichert, das Bereicherungsverbot wird nicht verletzt, wenn vereinbarungsgemäß der Wertrahmen in einer für den Vmer günstigen Weise konkretisiert wird (Raiser Anm. 1 zu § 3, S. 107). Eine be-

trügerische Überv mit der Absicht, sich einen rechtswidrigen Vermögensvorteil zu verschaffen, entfällt, wenn der Vmer eine Entschädigung erstrebt, die sich im Wertrahmen hält (RG 20. XI. 1911 JW 1912 S. 425—426).

Was nun die Konkretisierung der Bewertung anlangt, so gibt es eine bunte Fülle der Möglichkeiten, insbesondere können die Parteien, wenn man nur auf die Sachv, auf **Sachinteressen** blickt, ausgehen erstens von Veräußerungsvorgängen, etwa Erwerbs- oder Verkaufswerten (Anm. 31—32), oder zweitens von Herstellungsvorgängen, etwa Kosten der früheren Herstellung des zerstörten oder beschädigten Produktes oder der Wiederherstellung desselben (Anm. 33—34), oder drittens von Nutzungsvorgängen (Anm. 35). Nicht selten werden verschiedene Bewertungsmöglichkeiten miteinander kombiniert (Anm. 36).

[31] b) Bewertung im Hinblick auf Veräußerungsvorgänge.

aa) Anschaffung.

Sehr häufig wird eine Bewertung von Sachen im Hinblick auf effektive oder hypothetische Veräußerungsvorgänge vorgenommen, wobei — wie in § 1 II Ziff. 1 HGB besonders bei „Umsatzkaufleuten", also im Groß- und Kleinhandel — Anschaffung oder Weiterveräußerung in Betracht kommt. Beim Verbraucher spielt normalerweise nur die Anschaffung eine Rolle.

Hat der Vmer die Sache angeschafft, so kann für den Vswert vom faktischen, dereinst effektiv aufgewendeten Einkaufspreis, also vom bezahlten Preis ausgegangen werden, z. B. wird in der Einheitsv bei Bezugstransporten „der Rechnungswert" zugrundegelegt (§ 4 Ia EVB).

Aber dieser Einkaufspreis könnte weit zurück in der Vergangenheit aufgewendet worden sein, und vielleicht ist die Sache vom Vmer geerbt oder ihm geschenkt worden. So ist es zweckmäßiger zu fragen, wieviel der Vmer aufwenden muß, um in der Gegenwart eine (Wieder-) Anschaffung vorzunehmen, sei es hypothetisch, sei es (nach dem Vsfall) effektiv.

Dabei kommt entweder die Anschaffung neuer oder gebrauchter Sachen in Frage und im erstgenannten Fall kann ein Abzug im Hinblick auf vorgängige Entwertung entweder unterbleiben oder erfolgen:

Der Neuwert ohne Abzug gewinnt als Vswert immer größere Bedeutung, man denke an die Neuwertv des Hausrats: „Als Vswert gilt der Wiederbeschaffungspreis" (§ 1 I Sonderbedingungen: VA 1958 S. 163). In der Autokaskov wird bei Personen- und Kombinationswagen für Schäden, die im ersten Jahr nach der Erstzulassung des Fahrzeugs eintreten, der „Listenpreis des Fahrzeugs" zugrundegelegt (§ 13 II AKB). Immer schon hieß es für die allgemeine Feuerv: „Maßgebend für den Ersatzwert sind . . . . bei Waren, mit denen der Vmer handelt, bei Rohstoffen, die der Vmer für die Erzeugung von Waren beschafft hat, sowie bei Naturerzeugnissen: Der Wiederbeschaffungspreis . . . . Maßgebend sind die Preise (soweit sich Marktpreise gebildet haben, die Marktpreise) zur Zeit des Eintritts des Schadenfalles . . . ." (§ 3 IIc AFB).

Der Neuanschaffungspreis mit Abzug wird in § 86 bei Haushalts- und sonstigen Gebrauchsgegenständen, bei Arbeitsgerätschaften und Maschinen als Vswert normiert (Anm. 23). Ganz ähnlich, mit Abzügen vom Wiederbeschaffungspreis: § 3 II a AFB.

Wird dagegen auf den gemeinen Wert abgestellt, so kommt es darauf an, wieviel der Vmer für die Wiederbeschaffung einer entsprechenden Sache aufwenden müßte (Anm. 10); dem Vmer wird also gegebenenfalls die Wiederbeschaffung einer gebrauchten Sache — so wie gehabt — zugemutet. Bei älteren Fahrzeugen ist in der Autokaskov der gemeine Wert maßgebend (§ 13 I AKB und dazu Bundesminister für Wirtschaft: BetrBer 1959 S. 1278). Verwiesen sei ferner auf § 140 I für die Gütertransportv (Anm. 23), wobei jedoch zu beachten ist, daß bei neuwertigen Gütern der gemeine Wert so hoch ist, daß neue Güter wiederbeschafft werden können.

[32] bb) Weiterveräußerung.

Stellt man nicht auf die Anschaffung, sondern auf die Weiterveräußerung ab, so kann das für den Vmer sehr günstig, aber auch sehr ungünstig sein. Zu berücksichtigen ist nur

II. Bestimmung des Versicherungswertes §52
Anm 33—34

der im normalen Geschäftsverkehr zu erzielende Erlös, „nicht der etwa durch besondere Verkaufsmethoden ausnahmsweise zu erreichende Preis" (BGH 19. XI. 1962 VersR 1963 S. 78).

Bei Kaufleuten steckt im Verkaufspreis der **erhoffte Gewinn**. Soweit also ein Verkaufsvertrag noch nicht fest abgeschlossen worden ist, besitzt der Vmer nur eine Anwartschaft, und er muß neben der Sachv eine Gewinnv abschließen (Anm. zu § 53). Deshalb setzen die Verkaufspreisklauseln der Feuerv lieferungsfertige Erzeugnisse voraus, die fest verkauft, dem Käufer aber noch nicht übergeben sind; die nachweislich auf Abruf bestellten lieferungsfertigen Erzeugnisse werden der fest verkauften Ware gleich erachtet (Näheres: Klauseln 14, 2.05 Klauseln der Feuerv). Eine Höchstgrenze für den Ersatzwert bildet der Preis, „der bei dem Verkauf erzielt worden wäre", gemäß § 3 II b) c) AFB.

Handelt es sich nicht um Kaufleute und deren Ware, so sind regelmäßig die Möglichkeiten zur Veräußerung recht **ungünstig**, an eine Gewinnerzielung ist nicht zu denken, oft wird nur ein Trödlerpreis erzielt. Nach der Klausel 2.06 Klauseln der Feuerv sind ausrangierte Maschinen, Apparate und Maschinenteile, die von dem Vmer als solche vor dem Schadenfalle gekennzeichnet waren, nur zu ihrem (niedrigen) Verkaufswert vert. Will ein Privater Briefmarken, Münzen oder Notgeld vern, so wird nach der Klausel 8.01 Klauseln der Feuerv nicht der Katalogwert entschädigt, sondern der im Briefmarkenhandel übliche Ankaufspreis, und üblicherweise wird dem Sammler bei einer Veräußerung nur ein geringer Preis gezahlt.

[33] c) Bewertung im Hinblick auf Herstellungsvorgänge.

aa) Frühere Herstellung.

Herstellungsvorgänge spielen bei Werkvertragsunternehmen, also in Handwerk und Industrie die Hauptrolle, sei es als Bearbeitung, sei es als Verarbeitung. Dabei kann auf die Kosten der **früheren, derzeitigen Herstellung oder einer erneuten Herstellung** abgehoben werden.

Die früher aufgewendeten Herstellungskosten spielen als Herstellungswert bei Modellen, Zeichnungen, Formen und Mustern eine Rolle, insbesondere muß der Herstellungswert durch ordnungsmäßig geführte Bücher oder Karteien oder sonstwie glaubhaft nachgewiesen werden (Klausel 12 Klauseln der Feuerv). Im graphischen Gewerbe sind für Lithographien, Zeichnungen, Photographien und Ätzungen die Herstellungskosten bedeutsam, und es kommt darauf an, wann diese Gegenstände hergestellt sind (Klausel 2.01 Klauseln der Feuerv).

Über die Auslegung der Klausel „Einstandspreis zuzüglich der tatsächlich entstandenen Bearbeitungskosten": OLG Hamburg 26. V. 1933 HansRGZ 1933 A Sp. 481 bis 483 (ein Unternehmen, das beschädigten Gummi aufarbeiten sollte, hatte die Bearbeitung nur vorgetäuscht, aber in Rechnung gestellt). Über die Auslegung der Klausel: „Tagespreis zuzüglich etwaiger Bearbeitungskosten. Unter Tagespreis ist zu verstehen der Anschaffungswert....": KG 9. I. 1935 JRPV 1935 S. 204—206 (Pelzwarenbranche).

[34] bb) Erneute Herstellung.

Größere praktische Bedeutung als der derzeitige Herstellungswert hat jener der erneuten Herstellung, sei diese **hypothetisch**, sei sie **effektiv**. Dabei kann im Hinblick auf eine vorgängige Entwertung ein **Abzug** entweder **unterbleiben oder erfolgen**.

Die Neuherstellungskosten ohne Abzug spielen besonders bei der Neuwertv von Gebäuden eine Rolle, z. B. gemäß § 1 Sonderbedingungen für die gleitende Neuwertv von Wohn- und Geschäftsgebäuden (VA 1951 S. 49): „Als Ersatzwert gilt der ortsübliche Neubauwert am Schadentage". Der Neubauwert ist in den Richtlinien für Vorschätzungen im Hinblick auf Gebäude der Industrie definiert: „Unter Neubauwert ist der Wert zu verstehen, zu dem das abzuschätzende Gebäude bei gleicher Bauweise und unter gleicher Art der Ausführung unter Zugrundelegung der zur Zeit der Schätzung geltenden Materialienpreise und Arbeitslöhne neu errichtet werden kann" (Klausel 5.06 Ziff. 1 C Ziff. 3 Klauseln der Feuerv).

Von genereller Bedeutung ist § 3 II b AFB: „Maßgebend für den Ersatzwert sind ... bei Waren, die der Vmer herstellt (in Arbeit befindlichen und fertigen Fabrikaten):

die Kosten der Neuherstellung ... abzüglich der an dem etwa noch nicht fertigen Erzeugnis ersparten Kosten." Daß die letztgenannten ersparten Kosten abgezogen werden müssen, ergibt sich aus der Natur der Sache, weil ein noch unfertiges Fabrikat vert war.

Dagegen kommen die Neuherstellungskosten mit einem echten Abzug in Betracht nach § 88 (Anm. 23). Der danach bei Gebäuden maßgebliche ortsübliche Bauwert mit Abzug eines dem Zustand des Gebäudes entsprechenden Betrages ist auch übernommen worden in § 3 II a AFB.

Über die Wiederherstellung von Wertpapieren und sonstigen Urkunden Klausel 13 b Klauseln der Feuerv.

[35] **d) Bewertung im Hinblick auf Nutzungsvorgänge.**

Im Zivilrecht wird der in § 2049 II BGB definierte Ertragswert öfters zugrunde gelegt (Anm. 4). Auch im öffentlichen Recht und speziell im Steuerrecht ist der Ertragswert recht bedeutsam (Anm. 4, 6).

Im Vsrecht dagegen erscheint eine Bewertung im Hinblick auf Nutzungsvorgänge deshalb problematisch, weil dabei die Abgrenzung von Sach- und Gewinninteressen erschwert ist; deshalb ist der Begriff „Nutzungswertv" aufsichtsbehördlich beanstandet worden (VW 1948 S. 149, vgl. auch Berndt a. a. O. S. 263). Zur Problematik des Nutzungswertes vgl. auch Hoppe ZVersWiss 1907 S. 594—599.

Eine V von Manuskripten, die Eigentum des Vmers sind, in Höhe des Nutzungswertes kennt die Klausel 2.02 Klauseln der Feuerv.

Im graphischen Gewerbe spielt (neben den derzeitigen Herstellungskosten: Anm. 33) der „volle geschäftliche Gebrauchswert" von Lithographien, Zeichnungen usw. mit besonderem Kunstwert eine Rolle.

Man hat gemeint, bei Filmnegativen, deren Bewertung besonders schwierig ist, einen „Verwertungswert" ermitteln zu müssen. Näheres bei Berndt a. a. O. S. 182—184, Biels NeumannsZ 1927 S. 241, Boehnke NeumannsZ 1927 S. 259—260, Grzywacz NeumannsZ 1927 S. 179—180, Güldenagel NeumannsZ 1927 S. 533—535, Levin NeumannsZ 1929 S. 847, 1930 S. 120—121, Nauth NeumannsZ 1927 S. 302—303, Pfeiffer JRPV 1930 S. 74—75, Unna JRPV 1933 S. 261—263, 277—281, Wellmann NeumannsZ 1927 S. 241—242, KG 15. VI. 1929 JRPV 1929 S. 320—321, RG 3. I. 1930 JRPV 1930 S. 53—54.

In § 1 I Abs. 1 S. 2 A Hagel B wird betont: „Sollen besondere Verwertungsinteressen vert werden, so ist dies ausdrücklich zu vereinbaren ...". Über den forstlichen Nutzungswert von Wäldern vgl. Offenberg WuRdVers 1913 S. 87.

[36] **e) Kombination verschiedener Bewertungsmöglichkeiten.**

Die aufgezählten Möglichkeiten einer Konkretisierung der Bewertung sind — selbst wenn man nur auf Sachinteressen blickt — nicht vollständig. Daneben gibt es **andere Werte,** z. B. den Materialwert (Gold-, Silber-, Metallwert), den Schätzungswert bei Pfandleihern (Klausel 8.03 Klauseln der Feuerv).

Oft werden mehrere Bewertungsmöglichkeiten kombiniert. Ein Musterbeispiel bietet die Aufzählung des § 3 II AFB mit seiner **unterschiedlichen Bewertung** von Hausrat, Gebrauchsgegenständen, Arbeitsgeräten, Maschinen; Gebäuden; Waren, die der Vmer herstellt; Waren, mit denen der Vmer handelt, Rohstoffen, die der Vmer für die Erzeugung von Waren beschafft hat, sowie Naturerzeugnissen. Soweit die Liste Lücken aufweist und besondere Vsbedingungen nicht vereinbart worden sind, ist der gemeine Wert maßgebend (Anm. 9, 10): Raiser Anm. 7 zu § 3, S. 110—111.

Auch bei der Bewertung der einzelnen Sachinteressen kommen Kombinationen vor, insbesondere **Maximierungen:** So sind nach § 3 II b AFB bei Waren, die der Vmer herstellt, grundsätzlich die Kosten der Neuherstellung für den Ersatzwert maßgebend, jedoch nur, „soweit sie den Preis nicht übersteigen, der bei dem Verkauf erzielt worden wäre" (ähnlich § 3 II c AFB). In § 13 I, II AKB finden sich nicht nur nebeneinander der Zeitwert (als gemeiner Wert) und der Neuwert (als Listenpreis), sondern auch der Zeitwert zuzüglich 25 v. H., „höchstens jedoch bis zum Listenpreis des Fahrzeugs". Entscheidend sind die Art des Fahrzeugs und der Zeitpunkt des Schadenseintritts.

II. Bestimmung des Versicherungswertes **§ 52**
Anm. 37

Besonders interessant sind solche Kombinationen, bei denen es für die Bemessung des Vswertes darauf ankommen soll, ob eine **Wiederherstellung** der vten Sache erfolgt. So will die Modellklausel (Klausel 12 Klauseln der Feuerv) zwar grundsätzlich vom Wiederbeschaffungspreis ausgehen, aber soweit die Modelle „nicht innerhalb zweier Jahre nach dem Schadenfalle wiederhergestellt werden, gilt als Ersatzwert ihr Materialwert". „Für vte Negativfilme wird Entschädigung über den Materialwert hinaus nur zum Zwecke ihrer Wiederherstellung, und nachdem diese gesichert ist, geleistet. Als Wiederherstellung gilt die Darstellung derselben Grundidee unter möglichst gleichen Verhältnissen. ... Die Entschädigung für jedes vom Schaden betroffene Negativ ist nach oben auf den Betrag der Herstellungskosten oder, wenn die Wiederherstellungskosten niedriger sind, auf diesen Betrag begrenzt" (Klausel 2.04 Klauseln der Feuerv). Ähnlich bestimmt bei photographischen Anstalten Klausel 8.04 Klauseln der Feuerv: „Für Platten und Bilder wird im Schadenfalle Ersatz nur dann geleistet, wenn sie innerhalb zweier Jahre wiederhergestellt werden; sonst wird nur der Materialwert ersetzt." Zu solchen Abreden vgl. Anm. 24—27 zu § 49.

Rechtsunsicherheit entsteht, wenn es dem Vmer **freigestellt** wird, „wie hoch" er das Sachintresse vern will: Nach § 2 I ADB entscheidet der gemeine Wert am Absendungsort zuzüglich Versicherungskosten sowie derjenigen Kosten, die bis zur Annahme der Güter durch den Frachtführer entstehen: „Darüber hinaus können die Kosten der Reise, insbesondere die Fracht und die Kosten am Bestimmungsort einschließlich Zölle mitvert werden." Anscheinend braucht der Vmer dem Ver nicht offenzulegen, wie er den Vswert berechnet hat. — In der Ausstellungsv hat der Vmer sogar ein **Wahlrecht:** „Als Vswert gilt nach der Wahl des Vmers entweder der Wert, den das Gut am Abgangsort zum Zeitpunkt des Beginns der V hat, oder der Wert am Ausstellungsort, oder der Wert am Bestimmungsort. ... Das Wahlrecht des Vmers kann nur vor Eintritt des Vsfalles ausgeübt werden." Dem so gewählten Vswert sind gewisse Kosten usw. hinzuzurechnen (§ 4 I—III Allgemeine Vsbedingungen für Ausstellungsven: VA 1951 S. 163). Ein ähnliches Wahlrecht des Vmers kennt auch die Kühlgüterv (§ 5 I Allgemeine Bedingungen für die V von Kühlgütern: VA 1957 S. 220). Aus der Tierv vgl. OLG Düsseldorf 11. IV. 1961 VersR 1961 S. 1014 (Kaufpreis „bzw." Tauschwert).

[37] 5. Verfahren der Bewertung.

a) Bewertungsvorgang.

aa) Bewertung bei Vertragsabschluß.

Während die Vssumme zwischen Ver und Vmer frei vereinbart wird (Anm. 50 zu § 50), handelt es sich beim Vswert um eine objektiv feststellbare Größe, die allerdings während der Vsdauer schwanken kann (dazu Anm. 25, 50—52). Unrichtig Bruck S. 506: „Die Bestimmung des Vswertes kann dem Vmer überlassen bleiben". Die objektiv-richtige Feststellung ist allerdings — wie bei allen Bewertungen — nicht einfach, sie beruht auf einer Schätzung, die mehr oder minder sicher erfolgen kann: Während z. B. bezahlte Einkaufspreise (Anm. 31) leicht zu ermitteln sind, sind Kosten einer Neuherstellung, etwa Neubauwerte (Anm. 34), viel schwieriger festzustellen.

Prinzipiell ist es Aufgabe des Vmers, die Bewertung richtig vorzunehmen, und er wird regelmäßig die Vssumme entsprechend dem angenommenen Vswert vereinbaren (Vollwertv). Dabei bleibt zunächst offen, ob die Bewertung richtig erfolgt ist; deshalb spricht man wohl von einer „offenen Police" (Bruck S. 506). Das Risiko der Fehlschätzung liegt allein beim Vmer, insbesondere kann sich der Ver im Vsfall auf eine Über- oder Unterv berufen (auf eine Unterv allerdings dann nicht, wenn die V auf erstes Risiko genommen ist: Anm. zu § 56).

Wirkt ein Vsvertreter des Vers beim Vertragsabschluß mit, so könnten Auskünfte und Belehrungen über die Auslegung der Wertbegriffe und die Vornahme der Bewertung dem Ver zuzurechnen sein. Das ergibt sich aus dem Gewohnheitsrechtssatz, der von der Vertrauensstellung der Vsagenten ausgeht (vgl. Anm. 54—72 zu § 44). — Entsprechendes muß gelten, wenn der Ver durch einen Außenbeamten das zu versichernde Risiko besichtigt und dieser sachkundige Mitarbeiter des Vers Auskünfte und Belehrungen gegeben hat.

Die Rechtsstellung des Vmers wird weiter verbessert, falls bei industriellen Wagnissen Gebäudevorschätzungen oder Maschinenvorschätzungen vorgenommen werden, wie es Klauseln 5.05, 5.06 Klauseln der Feuerv vorsehen. Die Vorschätzung liegt in der Hand eines dem Ver als zuverlässig und sachkundig bekannten Bau- oder Maschinensachverständigen. Die Vorschätzung gilt prinzipiell als Nachweis des Neuwertes und des Zeitwertes der darin verzeichneten Gegenstände zur Zeit der Schätzungsaufnahme und dient während eines gewissen Zeitraums (längstens fünf Jahre) im Schadenfalle als Grundlage für die Ermittlung des Schadens. Jedoch bleibt die Konstatierung von zwischenzeitlichen Wertveränderungen möglich, auch können tatsächliche Unrichtigkeiten, die in der Vorschätzung unterlaufen sein sollten, berichtigt werden. Diese Korrekturmöglichkeiten unterscheiden die Vorschätzung grundlegend von der Taxe (Berndt a. a. O. S. 91). Immerhin verbessert die Vorschätzung, die man auch Vortaxe nennt, insbesondere die Beweissituation des Vmers (vgl. Raiser Anm. 42 zu § 3, S. 136 bis 137).

Viel günstiger aber ist für den Vmer die Vereinbarung einer Taxe (§ 57), welche kraft einer Vereinbarung den Vswert als Anfangs- und als Ersatzwert festsetzt. Eine beschränktere Bedeutung hat die Taxe bei der Feuerv beweglicher Sachen (§ 87); bei der „Feuerv" des entgehenden Gewinns kann eine Taxe überhaupt nicht vereinbart werden (§ 89).

In der Tierv hat der Antragsteller „auf seine Kosten ein tierärztliches Gutachten über Gesundheitszustand und Wert der zu versichernden Tiere beizubringen", und die Vssumme soll dem geschätzten Betrag entsprechen (§§ 2 IV, 5 I ATierB). Während des Laufes der V ist der Ver berechtigt, jederzeit durch Beauftragte eine Abschätzung der vten Tiere vornehmen zu lassen und, soweit begründet, die Vssumme mit sofortiger Wirkung herabzusetzen" (§ 5 IV ATierB).

Die stärkste Bedeutung kommt der Schätzung gemäß Landesrecht im Bereiche mancher öffentlichrechtlicher Sachvseinrichtungen zu. In Hamburg gibt es bei der Feuerkasse die wichtige Institution der Schätzer, die „des Maurer- oder Zimmerhandwerks kundig sein müssen" (§ 5 FeuerkassenG). Es gilt der Satz: „Vswert ist der Schätzungswert" (§ 28 I 1 FeuerkassenG). Die Abwicklung der Gebäudeschätzung einschl. Kostenregelung ist genau normiert (§§ 28—33 FeuerkassenG). Nach Eintritt eines Vsfalls erfolgt eine Schadensschätzung mit Feststellung eines Schadensschätzungswertes. Reicht die danach zu zahlende Entschädigungssumme nicht aus, so kann nach Abschluß der Wiederherstellung durch eine erneute Schätzung ermittelt werden, welche Mehrkosten infolge einer Steigerung der Löhne entstanden sind. Vgl. §§ 41—44, 49 FeuerkassenG.

Als Unterlagen für die Ermittlung des Vswertes kommen mannigfaltige Erkenntnismittel in Frage. Negativ ist hervorzuheben, daß der Buch- oder Bilanzwert der vten Sachen oder sonst vten Gegenstände (z. B. Forderungen) nicht entscheidend ist; hier sind stille Reserven häufig. Auch der Einheitswert ist keine geeignete Grundlage (Nachweise: Anm. 6).

[38] bb) Bewertung im Versicherungsfall.

Da der Vswert veränderlich ist (Anm. 25), ist nicht nur die Bewertung bei Vertragsschluß, sondern auch die spätere Bewertung bedeutsam. Deshalb kann eine Taxe auch nach Vertragsschluß vereinbart werden (Prölss[15] Anm. 1 zu § 57, S. 251). Deshalb kann in der Tierv die Abschätzung des § 5 IV ATierB „jederzeit" erfolgen. Auch in der öffentlichrechtlichen Sachv kommen — neben der Schadensschätzung — nachträgliche neue Schätzungen vor (vgl. § 29 I Ziff. 6, II FeuerkassenG).

Für die Ersatzwertermittlung kann das Sachverständigenverfahren (§ 64) nutzbar gemacht werden, z. B. muß nach § 15 IIb AFB die Feststellung der Sachverständigen „den Vswert der Sachen unmittelbar vor und nach dem Schaden enthalten". Besonders schwierig ist die Ermittlung des Ersatzwertes in der Feuerbetriebsunterbrechungsv. Hier sind eingehende betriebswirtschaftliche Untersuchungen notwendig; denn maßgebend sind der Geschäftsgewinn und die Geschäftskosten, die der Vmer ohne Unterbrechung des Betriebes in dem Bewertungszeitraum erwirtschaftet hätte (§ 5 I 1 FBUB). Die Feststellung der Sachverständigen muß eine Gewinn- und Verlustrechnung

II. Bestimmung des Versicherungswertes §52 Anm. 39

erarbeiten, „aus der sich ergibt, wie sich das Geschäft während des Bewertungszeitraums ohne Unterbrechung des Betriebes gestaltet hätte" (§ 13 I b FBUB). Hiernach haben die Sachverständigen den Ersatzwert festzustellen.

Während bei Totalschäden infolge des Zusammenhangs von Ersatzwert und Schadenshöhe (Anm. 9) die Feststellung des Ersatzwertes zugleich für den Schadensumfang entscheidend ist, muß bei Teilschäden die Ersatzwertermittlung von der Schadensfeststellung logisch geschieden werden. Deshalb ist es nicht unbedenklich, wenn § 22 II KaskoB bestimmt: „Im Falle eines Teilschadens am vten Schiffe gilt als jeweiliger Wert des Schiffes der Wert des Schiffes in beschädigtem Zustande zuzüglich der Reparaturkosten laut Schadentaxe". Hier werden Ersatzwertermittlung und Schadensfeststellung miteinander verquickt. Es ist durchaus denkbar, daß bei einem Teilschaden die Reparaturkosten unverhältnismäßig hoch sind, so daß sie mehr betragen als der wahre Ersatzwert (vgl. zum Begriff der Reparaturunwürdigkeit § 77 II 2 ADS). Bemerkenswert ist, daß § 22 KaskoB den transportvsrechtlichen Grundsatz des gleichbleibenden Vswertes (§ 141 I 2) verlassen hat.

Gehen die Sachverständigen im Rahmen des § 64 von einem irrigen Wertbegriff aus, so ist ihr Gutachten unverbindlich (KG 25. VII. 1936 JRPV 1937 S. 12—13, OLG Hamburg 19. II. 1932 VA 1932 S. 323 Nr. 2502 = HansRGZ 1933 A Sp. 477, LG Bochum 25. I. 1938 ÖffrechtlV 1938 S. 214). Bedenklich ist es, wenn der BGH 1. IV. 1953 BGHZ Bd 9 S. 198—199 einschränkend darauf abheben will, ob etwa der primäre Fehler gleichsam zufällig durch weitere, entgegengesetzt wirkende Fehler kompensiert sei (zustimmend OLG München 15. V. 1959 VorsR 195. S. 1017). Die Frage, ob eine Wertschätzung durch Sachverständige offenbar unrichtig ist, spielt oft eine Rolle. Eine „Anfechtung" hatte Erfolg in den Fällen: RG 14. I. 1930 JW 1930 S. 3088—3089 = JRPV 1930 S. 75, BGH 1. IV. 1953 BGHZ Bd 9 S. 195—208, KG 25. VII. 1936 JRPV 1937 S. 12—13, KG 18. IV. 1934 VA 1934 S. 240—241 Nr. 2734, OLG Colmar 14. V. 1912 VA 1914 Anh. S. 26—28 Nr. 796, OLG Hamburg 19. II. 1932 VA 1932 S. 323—325 Nr. 2502 = HansRGZ 1933 A Sp. 475—481, OLG Hamm 14. II. 1929 VA 1929 S. 256 bis 257 Nr. 2020, OLG München 15. V. 1959 VersR 1959 S. 1017—1019. Dagegen ist die „Anfechtung" erfolglos geblieben in: BGH 19. XI. 1962 VersR 1963 S. 78, KG 12. XII. 1928 JRPV 1929 S. 53—54, 29. X. 1930 JRPV 1931 S. 11, 25. XI. 1933 VA 1933 S. 435—437 Nr. 2653 = JRPV 1934 S. 75—76, 6. VI. 1934 JRPV 1934 S. 347 bis 348, OLG Breslau 28. VII. 1938 JRPV 1939 S. 26—28, OLG Frankfurt 14. IV. 1929 JRPV 1929 S. 225—226, OLG Hamburg 25. IX. 1935 JRPV 1936 Zusatz S. 3—5 = HansRGZ 1936 A Sp. 112—114, OLG Hamm 25. VI. 1928 JRPV 1929 S. 149—150, OLG München 16. XI. 1927 VA 1928 S. 39—41 Nr. 1819.

[39] b) Bewertungsmethode.

Die Bewertung, sei es bei Vertragsabschluß, sei es im Vsfall, setzt in manchen Fällen schwierige Überlegungen voraus.

Nicht selten müssen zahlreiche **Kostenfaktoren** summiert werden: Man denke besonders bei Herstellungsvorgängen (Anm. 33—34) an die verschiedenen Herstellungskosten (auch Bearbeitungskosten, beide enthalten speziell Löhne und Gehälter). Bei Transporten sind neben den Kosten der Verpackung die Beförderungskosten von Bedeutung, zu denen außer der Fracht auch die Transportvsprämien gehören. Bei Schiffen ist an Verholungs- und Dockungskosten zu denken. Im grenzüberschreitenden Verkehr sind Zölle zu beachten. Sowohl bei der Fracht als auch bei den Zöllen kann unterschieden werden, wann sie definitiv geschuldet sind. Man unterscheide vorausbezahlte und am Bestimmungsort zahlende Fracht, ferner bedingte und unbedingte Fracht, wobei letztere nicht zu zahlen ist oder nicht zurückgefordert werden kann, falls die Güter den Bestimmungsort nicht erreichen. Problematisch kann sein, ob Eilfracht oder Luftfracht in den Vswert einzurechnen ist. Wichtig sind ferner bei Maschinen Montagekosten, bei eingelagerten Gütern Lagerkosten. Nach der additiven Methode sind aufgewendete oder aufzuwendende Kosten einem Grundwert hinzuzurechnen, nach der subtraktiven Methode sind sie im Falle ihrer Einsparung (als ersparte Kosten) abzuziehen (vgl. Anm. 29).

Der Zeitwert ist nicht selten derart zu errechnen, daß vom Neuwert Abzüge zu machen sind, insbesondere der **Abzug neu für alt** (z. B. nach § 86, auch § 3 II a AFB). Dieser Abzug bei der Ermittlung des Vswertes ist von dem Abzug neu für alt zu unterscheiden, welcher geboten ist, falls bei einer Ausbesserung einer gebrauchten Sache alte Teile durch neue ersetzt werden (vgl. z. B. § 13 V AKB).

Außer dem erwähnten Abzug neu für alt kennt § 3 II a AFB den Gesichtspunkt der vorgängigen **dauernden Entwertung:** „Ergibt sich bei Gebäuden und Maschinen ein geringerer Wert aus dem Umstande, daß sie vor Eintritt des Schadenfalls schon dauernd entwertet waren, so gilt der geringere Wert als Ersatzwert." Dazu RG 14. I. 1930 JW 1930 S. 3088—3089 = JRPV 1930 S. 75 (mit Vorinstanz: OLG Hamm 14. II. 1929 VA 1929 S. 256—257 Nr. 2020), OLG Köln 14. X. 1930 JRPV 1930 S. 421.

§§ 2 II, 5 II ATierB kennen eine V der Tiere zu **Durchschnittswerten.**

Über die besonderen Schwierigkeiten der Bewertung zusammengesetzter Sachen vgl. Anm. zu § 54.

[40] c) Wertmesser.

Der Vswert wird in aller Regel in Geld gemessen, und zwar in inländischer Währung. Dieser Maßstab wird ein beweglicher, falls auf einen Inlandswert der Vergangenheit abgestellt wird, der entsprechend den eingetretenen Geldwert- oder Kostenschwankungen indexiert wird. So geht man bei der gleitenden Neuwertv von der Vssumme 1914 aus, die dem Neubauwert des Gebäudes in seinem jeweils neuesten Zustand nach Preisen des Jahres 1914 entsprechen soll. Hinzu tritt ein Teuerungszuschlag, welcher der seit 1914 eingetretenen Preiserhöhung Rechnung trägt. Auf diese Weise wird der ortsübliche Neubauwert am Schadentage ermittelt. Vgl. §§ 1, 2 Sonderbedingungen für die gleitende Neuwertv von Wohn- und Geschäftsgebäuden: VA 1951 S. 49, auch S. 50—51. Auch in der öffentlichrechtlichen Gebäudev wird der gegenwärtige Vswert nicht selten durch solche Multiplikation ermittelt (so z. B. in Hamburg gemäß §§ 28 I, 42 I FeuerkassenG).

Falls der Schadensver Geldersatz in ausländischer Währung leistet (Anm. 7 zu § 49), pflegt auch der Vswert in ausländischer Währung bezeichnet zu werden. Bei Maschinen und Rohstoffen ausländischer Herkunft kann es auf den Auslandspreis ankommen (Klauseln 9.10 Klauseln der Feuerv).

Vswerte, die durch Bezugnahme auf den Gold- oder einen anderen Sachwert bemessen werden, kommen praktisch gegenwärtig nicht vor.

[41] d) Wertgrenzen.

Bei der Bewertung ergibt sich aus dem Vorhandensein des Bewertungsrahmens (Anm. 9) ein gewisser Spielraum für Wertvereinbarungen. Jedoch darf der Bewertungsrahmen nicht zugunsten des Vmers überschritten werden; denn dann liegt ein Verstoß gegen das vsrechtliche **Bereicherungsverbot** vor, welcher die Bewertungsabrede nichtig macht, soweit sie den Rahmen sprengt (Anm. 56). Es ist aber hervorzuheben, daß die Neuwertv unbedenklich ist, weil hier eine V gegen notwendige Aufwendungen mit einer Sachinteressev verbunden ist (Anm. 28).

Soweit eine Rechtsordnung **Fest- oder Höchstpreise** kennt, macht der Zweck solcher Preisgesetzgebung es regelmäßig erforderlich, daß der Vswert den limitierten Preis nicht überschreite. OLG Rostock 12. V. 1919 JW 1920 S. 503 (mit Anm. Hagen) betrifft einen Schaden an öffentlich bewirtschafteten Lebensmitteln (Speck, Schinken, Wurst); der Vmer könne sich nicht darauf berufen, daß er auf ungesetzlichem Wege wiedereinkaufen müsse, um für seinen tatsächlichen vollen Schaden tatsächlich vollen Ersatz zu erlangen. Wenn das Gericht meint: „Die Ersatzbeschaffung aus Auslandswaren oder nicht höchstpreispflichtigen Produkten anderer Tierarten hätte zum besonderen Gegenstand des Vsvertrages gemacht werden müssen", so begegnet der Hinweis auf eine derartige Umgehungsmöglichkeit Bedenken, weil lediglich inländisches Schweinefleisch vert war.

Aus dem **Schrifttum:** Bendix ZVersWiss 1915 S. 143—148, 1918 S. 228—234, Bruck HansRZ 1918 Sp. 495—498, Hagen JW 1920 S. 503, Josef HansRZ 1920 Sp. 699—702 und — nach dem zweiten Weltkrieg — Berndt a. a. O. S. 260—264, Heuts VW 1947 S. 177—178, Kratzenstein VW 1947 S. 227, Reger VW 1947 S. 226—227, Vossen VW

III. Rechtsbedeutung des Versicherungswertes §52
Anm. 42—43

1947 S. 107—111. Aus der Aufsichtspraxis: VA 1917 S. 89—90, 1918 S. 88—89, VW 1948 S. 149. Aus der Rechtsprechung: RG 16. VI. 1919 RGZ Bd 96 S. 124—126 (Eisenbahnverkehrsordnung), BGH 27. II. 1952 BGHZ Bd 5 S. 202 (§ 818 II BGB).

Währungsrechtlich dürfte es nicht zu beanstanden sein, wenn der Vswert in einer anderen Währung als in Deutscher Mark oder in Deutscher Mark an Hand des Kurses einer anderen Währung oder durch den Preis oder eine Menge von Feingold oder von anderen Gütern oder Leistungen bemessen wird. Denn § 3 WährungsG bezieht sich nur auf die Eingehung von Geldschulden der gekennzeichneten Art, nicht aber auf die bloße Bewertung.

[42] e) Wertbeweis.

Bei einer **offenen Police** ohne Vorschätzung muß der Vmer die Höhe des Vswertes beweisen, und zwar sowohl des Anfangswertes als auch des Ersatzwertes (Begr. I S. 64; Drefahl, Die Beweislast und die Beweiswürdigung im Vsrecht, Hamburg 1939, S. 38). Dabei ist nicht § 287 ZPO, sondern § 286 ZPO anwendbar (RG 19. III. 1904 RGZ Bd 58 S. 35—36, a. M. RG 17. XI. 1916 LZ 1917 Sp. 192—193, KG 25. III. 1936 JRPV 1936 S. 222, LG Prenzlau 31. V. 1935 JRPV 1936 S. 334—335). Die Beweisanforderungen dürfen — besonders nach Eintritt eines Schadenfalles, vielleicht sogar eines Totalschadens — im Rahmen der freien Beweiswürdigung nicht überspannt werden.

Mit dem Wertbeweis stehen gewisse **Obliegenheiten** des Vmers in Zusammenhang. Die allgemeine Auskunfts- und Belegpflicht des Vmers beziehen sich auch auf Wertfragen (Anm. 13, 26 zu § 34). Über einen Fall, in welchem dem Ver die Bilanz schuldhaft nicht vorgelegt war, obgleich sie für die Ermittlung der Höhe des Wertes der gestohlenen Waren eine Rolle spielte, KG 9. I. 1935 JRPV 1935 S. 205—206. — Nicht selten werden besondere Obliegenheiten vereinbart, welche den Wertnachweis betreffen. So muß nach Klausel 12 Klauseln der Feuerv der Herstellungswert von Modellen, Zeichnungen, Formen und Mustern durch ordnungsmäßig geführte Bücher und Karteien oder sonstwie glaubhaft nachgewiesen werden. Über eine Obliegenheit, in der Einbruchdiebstahlv Lagerbücher zu führen, RG 13. III. 1923 VA 1923 Anh. S. 77—78 Nr. 1332, KG 9. VII. 1921 VA 1922 Anh. S. 55—56 Nr. 1280, LG Berlin 20. X. 1934 JRPV 1925 Zusatz S. 19—20. Zur Wiederherstellungsobliegenheit Anm. 24, 27 zu § 49.

Bei einer **taxierten Police** ist die Beweislage für den Vmer günstiger. Er kann auf die Taxvereinbarung verweisen, braucht also die Höhe des Anfangswertes nicht nachzuweisen. Entsprechendes gilt für den Ersatzwert, weil regelmäßig nach § 57² die Taxe auch als Ersatzwert gilt. Vgl. Begr. I S. 64; Drefahl a. a. O. S. 38—39. Näheres in Anm. zu § 57.

Im Falle einer **Vorschätzung** (Klauseln 5.05, 5.06 Klauseln der Feuerv) gilt die Vorschätzung als Nachweis des Neuwertes und des Zeitwertes zur Zeit der Schätzungsaufnahme. Im Schadensfalle haben die Sachverständigen die Aufgabe, Wertveränderungen und tatsächliche Unrichtigkeiten, die in der Vorschätzung unterlaufen sein sollten, festzustellen.

[43] III. Rechtsbedeutung des Versicherungswertes.
1. Bedeutung für Schadenshöhe.
a) Grundlagen.

Der Vswert, und zwar speziell der Ersatzwert, kennzeichnet zugleich den denkbaren Höchstschaden im Falle eines Totalschadenseintritts. Denn im Blick auf das einzelne vte Interesse kann mehr als sein Ersatzwert vom Schaden nicht betroffen werden. Somit ist der Vswert **Höchstschadenswert, Schadensgrenzwert** (Anm. 9). Ob der Ver einen Totalschaden voll entschädigen muß, hängt allein davon ab, ob die Vssumme ausreicht, also den Ersatzwert erreicht (vgl. § 56).

Wird auf die hypothetischen oder faktischen **Wiederherstellungskosten** abgehoben, so können diese allerdings höher liegen als der Vswert, etwa wegen der Schwierigkeit einer Ausbesserung, wegen der Werklohnforderung des allein in Betracht kommenden Unternehmers. Aber solchenfalls erweist sich, daß die Wiederherstellung sich nicht lohnt. § 77 II S ADS bezeichnet ein Schiff als reparaturunwürdig, wenn die geschätzten Ausbesserungskosten mehr betragen als der Vswert. Es ist unangängig, den Ersatzwert gleichsam ex post von den Ausbesserungskosten her bestimmen zu wollen. Auch deshalb ist verfehlt § 22 II KaskoB: ,,Im Falle eines Teilschadens am vten Schiffe gilt als jeweiliger Wert des Schiffes der Wert des Schiffes in beschädigtem Zustande zuzüglich der Reparaturkosten laut Schadentaxe."

Dagegen ist es besonders in Fällen der faktischen Wiederherstellung nicht zu beanstanden, wenn man neben den Ersatzwert (und zeitlich hinter ihn) noch einen Vswert stellt, der den Wertsteigerungen Rechnung trägt, die zwischen Eintritt des Vsfalles und Wiederherstellung eingetreten sind. Für Hamburg heißt es in § 44 I FeuerkassenG: ,, Reicht die . . . . zu zahlende Entschädigungssumme für die völlige Wiederherstellung nicht aus, so können nach Abschluß der Wiederherstellung auf Antrag des Vten durch eine erneute Schätzung die für Steigerung der Löhne entstandenen Mehrkosten festgestellt und vergütet werden (Wiederherstellungssumme)."

Besonders in der Transportv wird in Fällen des Teilverlustes oder der Beschädigung die Schadenshöhe oft in einem Prozentverfahren ermittelt, bei welchem man vom Vswert / Ersatzwert ausgeht. Man prüft, welcher Prozentsatz der Güter verloren ist oder stellt den Gesundwert der Güter in ein Verhältnis zu dem Wert, den sie im beschädigten Zustande haben. Vgl. §§ 92, 93 ADS.

[44] b) Einzelfragen.

Bei der Ermittlung der Schadenshöhe spielen ähnliche Faktoren eine Rolle wie bei der Ermittlung des Vswertes:

Wenn der Zeitwert errechnet werden soll, werden vom Neuwert nicht selten Abzüge ,,neu für alt" gemacht (vgl. § 86: Anm. 23, auch Anm. 31—34). Wird nach einem Schaden die vte Sache wiederhergestellt, so ergibt sich oft eine Werterhöhung, auch werden alte Teile oft völlig erneuert, und es ist auch in diesem Zusammenhang geboten, von den Wiederherstellungskosten einen Abzug zu machen (Anm. 53 vor §§ 49—80, Anm. zu § 55). Beispielsweise sei auf § 13 V 3, 4 AKB, §§ 75 III, 76 ADS hingewiesen.

Sowohl bei Total- als auch bei Teilschäden können Reste übrigbleiben, seien es (bei Totalschäden) heterogene Reste, z. B. Wracks, Tierkadaver, Autoschrott, seien es (bei Teilschäden) homogene Reste, z. B. erneuerte Teile (leicht eingebeulte Stoßstange eines Kraftwagens). Es ist ein Problem der Schadensliquidation, nicht der Bemessung des Vswertes, ob die Reste auf den Ver übergehen oder beim Vmer verbleiben; letzterenfalls müssen sie bewertet werden, aber nur zwecks Feststellung der Schadenshöhe (dazu Anm. 54 vor §§ 49—80, Anm. zu § 55). Die Bewertung der Reste kann große Schwierigkeiten bereiten (vgl. dazu § 3 I AFB, OLG Breslau 28. VII. 1938 JRPV 1939 S. 26—28); bei einer Neuwertv sollen gemäß BGH 1. IV. 1953 BGHZ Bd 9 S. 201, 205—207 auch die Reste mit dem Neuwert bewertet werden.

Auch der merkantile Minderwert gehört in den Bereich der Feststellung der Schadenshöhe (vgl. dazu § 13 VI AVB).

[45] 2. Bedeutung für Überversicherung.

In §§ 51, 55 ist die Überv dergestalt definiert, daß die Vssumme den Vswert übersteigt. dabei spielen verschiedene Zeitpunkte und Zeiträume eine Rolle (vgl. Anm. 10 zu § 51): Gemäß § 51 III wird die betrügerische Überv vom Vmer abgeschlossen, es kommt also prinzipiell auf den Anfangswert an. In § 55 wird der Fall behandelt, daß die Vssumme den Ersatzwert übersteigt; trotzdem wirkt die Schadenshöhe leistungsbegrenzend. Nach § 51 I, II geht es um die Beseitigung einer Überv während der gesamten Vsdauer, es kommt also auf den jeweiligen Vswert an, wobei hier übrigens die Vssumme diesen Vswert erheblich übersteigen muß. Die Passivenv (und erst recht die Summenv) kennt keinen Vswert, also auch keine Überv (vgl. aber Anm. 15).

[46] 3. Bedeutung für Unterversicherung.

In § 56 ist die Unterv dergestalt definiert, daß die Vssumme den Ersatzwert unterschreitet. Aber denkbar sind vertragliche Vereinbarungen, die schon an eine anfängliche Unterv oder an eine jeweilige Unterv Rechtsfolgen knüpfen, z. B. gibt es zuweilen eine

III. Rechtsbedeutung des Versicherungswertes § 52
Anm. 47—49

für den Vmer obligatorische Unterv (Form der Selbstbeteiligung) oder eine Annahmepflicht des Vers, falls der Vmer eine Erhöhung der Vssumme beantragt. Die Passivenv (und erst recht die Summenv) kennt keinen Vswert, also auch keine Unterv (vgl. aber Anm. 15).

[47] 4. Bedeutung für Doppelversicherung.
In § 59 I a. F. war die Doppelv dergestalt definiert, daß ein Interesse gegen dieselbe Gefahr bei mehreren Vern vert sein mußte, wobei „die Vssummen zusammen den Vswert" zu übersteigen hatten. Damals kannte die Haftpflicht- oder Krankheitskostenv als Passivenv (ohne Vswert) keine Doppelv (Bruck 7. Aufl. Anm. 8 vor § 149, S. 142), allenfalls eine Analogie kam in Betracht.

Die jetzige Fassung des § 59 I behält zwar für die Aktivenv den genannten Begriff der Doppelv bei, erweitert diesen Begriff aber durch die Worte: „oder übersteigt aus anderen Gründen die Summe der Entschädigungen, die von jedem einzelnen Ver ohne Bestehen der anderen V zu zahlen wäre, den Gesamtschaden". Dadurch ist heute eine direkte Anwendung der Doppelvsregeln auch in der Passivenv möglich (nicht aber in der Summenv). Der Begriff des Vswertes spielt im neuen Alternativbegriff der Doppelv nur noch bei der ersten Alternative eine Rolle.

Mit dieser Einschränkung betrachtet, kommt es in § 59 III beim Abschluß einer betrügerischen Doppelv auf den Anfangswert an. In § 59 I, II geht es um die Entschädigungen, also ist der Ersatzwert entscheidend. In § 60 wird die Beseitigung der Doppelv während der Vsdauer behandelt, so daß der jeweilige Vswert bedeutsam ist.

[48] 5. Weitere Bedeutung innerhalb Versicherungsverhältnisses.
Der Vswert ist nicht nur für die Ermittlung der Schadenshöhe (Anm. 44) und für die Feststellung einer Über-, Unter- oder Doppelv erheblich (Anm. 45—47), sondern auch in einigen anderen Beziehungen.

Fehlt es an einer Vssumme, so muß die prämienbestimmende Funktion der Vssumme (Anm. 30 zu § 50) seitens des Vswertes übernommen werden. Das gilt besonders bei Ven mit Naturalersatzvereinbarungen. Aber auch bei Vereinbarung einer Vssumme muß hinsichtlich der Prämienhöhe auf den Vswert zurückgegriffen werden, falls das Risiko nicht kongruent der Vssumme steigt, der Vmer aber eine unzureichende Vssumme wählt, unter Vereinbarung entweder einer Bruchteilv oder einer V auf erstes Risiko. Dazu Blanck a. a. O. S. 11—13, der zur Bruchteilv in der Einbruchdiebstahlv (§ 3 IV Abs. 4 AEB) folgendes ausführt: „Der Bruchteil, berechnet aus der vom Vmer aufgegebenen Gesamtwertsumme wird mit 5% bis äußerstens 25% festgesetzt. Die Prämie wird jedoch nicht vom Bruchteil der Gesamtwertsumme, sondern von der vollen Gesamtwertsumme berechnet, wobei je nach der Höhe des gewählten Bruchteils ein Prämiennachlass gewährt wird, und zwar

bei Bruchteil	Prämiennachlaß in %
25 %	10
20 %	12
15 %	15
10 %	17
5 %	20

Auch bei einer V auf erstes Risiko, z. B. in der Flußkaskov wird eine relativ höhere Prämie geschuldet, die den Vswert in Betracht zieht.

Eigenartig ist die Bestimmung des § 3 I Ziff. 1 VHB, wonach bei einer Hausratv bestimmte dem Gewerbe oder Beruf dienende Sachen mitvert sind, „sofern sie insgesamt keinen höheren Wert als 2000,— DM haben. Übersteigt der Wert 2000,— DM, so sind sie überhaupt nicht mitvert."

[49] 6. Weitere Bedeutung außerhalb Versicherungsverhältnisses.
Wird der Vswert zuverlässig festgestellt, so kann er eine über das Vsverhältnis hinausreichende Bedeutung gewinnen.

Das gilt besonders für den Grundstücksmarkt, wo z. B. in Hamburg der Schätzungswert der Hamburger Feuerkasse („Feuerkassenwert") eine Grundlage für die Ermittlung des angemessenen Preises bildet. Der Feuerkassenwert ist auch für die Feststellung gewisser Einheitswerte und der Bauprüfgebühren bedeutsam (vgl. auch Sievers BetrBer 1949 S. 445). — Wird ein Schiff verkauft, wird sich der Käufer sicherlich danach erkundigen, wie hoch der Schiffswert im Rahmen der Kaskov taxiert ist. Allerdings ist der Wert keine verkehrswesentliche Eigenschaft (Anm. 7).

Auch öffentlichrechtliche Normen können sich an den Vswert anschließen. In Hamburg richten sich öffentliche Abgaben zum Teil nach dem Feuerkassenwert.

[50] IV. Einfluß von Versicherungswertänderungen.

1. Allgemeine Vorbemerkungen.

Werte können während der Vsdauer niedriger werden oder sich erhöhen, es kommt auch nicht selten vor, daß sie bei Abschluß des Vsvertrages vom Vmer unrichtig eingeschätzt werden. Wichtigste Fälle einer nachträglichen Änderung des Wertes ergeben sich einerseits aus einer Entwertung, insbesondere durch Alter oder Abnutzung, andererseits aus einer Wertsteigerung, insbesondere bei Ven von Sachinbegriffen (z. B. Hausrat, Maschinen) durch Anschaffung neuer, unter den Inbegriff fallender Sachen (Anm. zu § 54) oder allgemein durch Preissteigerung, welche nicht nur auf Geldentwertung, sondern auch auf Konjunkturschwankungen bei einzelnen Gütern (z. B. überseeischen Rohstoffen) beruhen kann.

Die sich auf solche Weise ergebende Über- oder Unterv evtl. auch Doppelv macht eine Anpassung des Vsverhältnisses erwünscht. Da der Vswert eine objektive Größe ist, muß die Vssumme verändert werden. Davon, wie das geschehen kann, war bereits in Anm. 18—23 zu § 50 die Rede. Auch auf die Bestimmungen zur Beseitigung einer Über- oder Doppelv sowie auf die Normen zur Unterv sei verwiesen (Anm. 45—47).

Hier seien nur die Fälle zusammengestellt, in denen kraft nachträglicher (Anm. 51) oder antizipierter Vereinbarungen (Anm. 52) Veränderungen des Vswertes, und zwar speziell Werterhöhungen Rechnung getragen wird.

[51] 2. Nachträgliche Vereinbarungen.

Ist die Vssumme unzureichend, weil der Vswert gestiegen ist (oder von Anfang an zu niedrig beurteilt worden war), so kann der Vmer eine **Nachversicherung** abschließen, am besten im Wege einer Änderung des Vsvertrages, dazu Anm. 108—111, 121—130 zu § 1, Anm. 18 zu § 50. Dabei kann dem Vmer eine Pflicht zur Beantragung einer Nachv auferlegt sein (dazu § 6 I, III ATierB und Anm. 121 zu § 1). Umgekehrt kann auch eine Verpflichtung des Vers ausbedungen werden, etwaige Nachvanträge des Vmers anzunehmen.

In der Transport- und Seev ist für eine echte Nachv logisch dann kein Raum, wenn die Fiktion des gleichbleibenden Vswertes (§§ 140 II, 141 I 2; Anm. 25) gilt; hier wird eine Steigerung des Wertes juristisch gleichsam ignoriert. Aber sie läßt sich wirtschaftlich nicht leugnen, und es besteht ein Bedürfnis dafür, auch hier eine zusätzliche Deckung nachträglich zu ermöglichen. Das geschieht vermöge des Abschlusses einer **Mehrwertversicherung,** durchweg eines neuen Vsvertrages, der dazu dient, jenen Teil des Sachinteresses zu schützen, der infolge der Werterhöhung nachgewachsen ist. Die Mehrwertv kann u. a. darauf beruhen, daß ein Gewinn realisiert ist, sie darf aber als V eines partiellen Sachinteresses mit einer Gewinnv nicht verwechselt werden (Anm. zu § 53).

[52] 3. Antizipierte Vereinbarungen.

Vorausschauende Vmer sorgen in vorweggenommenen Vereinbarungen dafür, daß Wertänderungen und Bewertungsirrtümer aufgefangen werden. Erinnert sei an die Vorsorgev und den Summenausgleich (Anm. 6 zu § 50), an die Klauseln 5.01, 5.02 und 5.03 Klauseln der Feuerv (Anm. 8, 19 zu § 50: Stichtagsv für Vorräte, gleitende Vorratsv mit nachträglicher Prämienverrechnung für Speditionsgüter, Nachzeichnung für Vorräte), an die gleitende Neuwertv und die Wertzuschlagsklauseln Klauseln 6.02, 6.03, 6.04 und 6.05 Klauseln der Feuerv (Anm. 19 zu § 50). Vgl. ferner § 11 I AHagelB zur Veränderung

V. Eigentümerinteresseversicherung nach § 52

der Hektarwerte, § 5 IV ATierB zur Verminderung des Wertes vter Tiere (Näheres Anm. 19 zu § 50).

In diesem Zusammenhang bleibe nicht unerwähnt, daß bei Fehlen einer Vssumme (Anm. 4 zu § 50) ohne weiteres Werterhöhungen zu Lasten des Vers gehen; man denke an die Autokaskov, gewisse öffentlichrechtliche Gebäudeven und Ven mit Naturalersatz (dazu Schmidt in: Roehrbein, Rechtsfragen aus der Privat- und Sozialv, Berlin 1953, S. 127—133).

[53] V. Eigentümerinteresseversicherung nach § 52.
1. Sache und Versicherung.

Der Sinn des § 52 ist nicht leicht zu erschließen. Die Vorschrift ändert nichts daran, daß nie eine Sache, sondern stets ein Interesse vert ist (vgl. § 51 I). Aber das vte Interesse (und damit die V) kann sich auf eine Sache „beziehen". Das Interesse ist ja eine Wertbeziehung zwischen Person und Objekt, und das beziehungsverknüpfte Objekt kann natürlich eine Sache sein. Das gilt für jede Sachv, für jede V eines Sachinteresses.

Aber man kann den Kreis der Ven, die sich auf eine Sache beziehen, noch weiter fassen und darunter alle Ven verstehen, bei denen der Eintritt eines Sachschadens, z. B. eine Sachzerstörung, jemanden schädigt. In diesem Sinne kann Geschädigter nicht nur der Eigentümer sein, sondern auch z. B. ein Mieter, ein Hypothekengläubiger.

[54] 2. Sachwert als Versicherungswert.

Vte Interessen haben einen Wert, den Vswert. Man pflegt — außerhalb des Vswesens — auch zu sagen, daß eine Sache einen bestimmten Wert habe, wobei man an ihren Preis, insbesondere ihren Marktpreis denkt. Im Grundsatz sind Interessewert und Sachwert zu unterscheiden (Bruck S. 504, RG 3. I. 1930 JRPV 1930 S. 54). Aber wie schon in Anm. 18 herausgestellt wurde, ist es § 52 zu entnehmen, daß der Vswert des mit der Sache in Verbindung stehenden Interesses im Zweifel identisch sein solle mit dem Wert, also dem Preis der Sache. Dadurch wird dieser Vswert in eine rechtliche Beziehung gerückt zu den Sachpreisen.

[55] 3. Versicherung als Eigentümerinteresseversicherung.

Die Sachpreise werden so bemessen, daß derjenige, der den Preis erhält, sein Eigentum überträgt, derjenige aber, der den Preis bezahlt, das Eigentum erlangt. Sachwerte, Sachpreise haben demnach das Eigentümerinteresse im Auge.

Wenn nun § 52 bestimmt, im Zweifel gelte der Sachwert als Vswert, so bedeutet das zugleich, daß **im Zweifel immer das Eigentümerinteresse versichert** ist, falls die V mit einer Sache zusammenhängt, sich auf eine Sache bezieht (Begr. I S. 62, Berndt S. 42—43, Fick a. a. O. S. 38, Hagen I S. 373, auch schon OLG Hamburg 12. VII. 1893 SeuffArch Bd 50 S. 71). So argumentierte auch RG 28. X. 1919 RGZ Bd 97 S. 45: „Im vorliegenden Falle ist Rohöl, also eine Sache, der Gegenstand der V. Danach ist im Zweifel der Wert des Rohöls, das heißt, das Interesse, das der Eigentümer des Rohöls an ihm hat, zu ersetzen." In der Tat: Nur der Eigentümerinteressent erleidet im Totalschadensfalle einen Schaden in Höhe des vollen Sachwertes, des Sachpreises. Wer die Sache z. B. gemietet oder als Hypothekengläubiger beliehen hat, mag wirtschaftlich betroffen sein, wenn die Sache zerstört wird, aber der Mieterschaden ist vom Sachwert unabhängig, und auch der Schaden des Hypothekengläubigers wird primär durch seine Forderung, nicht durch den Sachwert bestimmt.

Der Rechtssatz des § 52 bewirkt, daß eine V für Rechnung wen es angeht den jeweiligen Eigentümerinteressent schützt. Ferner muß bei einer V für eigene Rechnung der Vmer Eigentümerinteressent sein, sonst besteht das Interesse, für welches die V genommen ist, nicht (§ 68 I; Beispiel: OLG Celle 10. V. 1932 VA 1932 S. 325—326); es besteht z. B. nicht, wenn der Vmer nur Mieter oder Hypothekengläubiger ist. Schließlich muß bei einer V für fremde Rechnung der Vte Eigentümerinteressent sein. Aus § 52 ergibt sich nichts zu der Frage, wie der Begriff des Eigentümerinteresses auszulegen ist, insbesondere ob nur der Träger formal-sachenrechtlichen Eigentums in Betracht kommt (Bischoff VersR 1963 S. 8).

Der deutsche Rechtssatz, welcher das Interesse an einer Sache mit dem Eigentümerinteresse identifiziert, ist nicht selbstverständlich. Im **vorgesetzlichen und zum Teil im ausländischen Recht** konnte und kann durch eine V, bei deren Beantragung nur die Sache genannt wird, jede Person gedeckt sein, die irgendwie mit der Sache in Verbindung steht, also z. B. auch ein Mieter, Pächter oder Hypothekengläubiger (vgl. nur RG 6. X. 1894 RGZ Bd 35 S. 51—52, 54—57 und für das englische Recht: Ritter Anm. 14 zu § 1, S. 59—60). Es ist unrichtig, wenn Ehrenzweig S. 208, Hagen I S. 470—471 trotz § 52 das gleiche noch für das geltende deutsche Recht annehmen.

Jedoch kann sich aus einer **ausdrücklichen oder stillschweigenden Vereinbarung, direkt oder konkludent** („aus den Umständen") auch nach geltendem deutschen Recht ergeben, daß nicht das Eigentümerinteresse, sondern ein **anderes Interesse** vert sein soll, das mit der Sache in Verbindung steht. Aber solche Abweichung von der Regel muß von demjenigen bewiesen werden, der sich auf sie beruft. Ein Mieter oder Hypothekengläubiger muß also dartun, daß er bei einer Vsnahme für eigene Rechnung — und eine solche ist nach § 80 I im Zweifel anzunehmen — ausreichend erkennbar gemacht hat, er sei nicht Eigentümer, wolle aber sein spezielles andersartiges Interesse ausnahmsweise unter Vsschutz bringen. Dieses andersartige Interesse hat dann seinen eigenen, von Fall zu Fall zu bestimmenden Vswert. Dieser Vswert ist nicht notwendig geringer als jener des Sachinteresses (Bischoff VersR 1963 S. 8, a. A. Bruck S. 488—489, Berndt a. a. O. S. 44—45), auch dann nicht, wenn man hohe Gewinninteressen beiseiteläßt. Man denke an den Wert eines Pächterinteresses bei einem besonders günstigen langfristigen Pachtverhältnis.

Gemäß § 52 in Verbindung mit § 80 I besteht bei einer V, bei der ein Sachschaden in Frage steht, eine gesetzliche (widerlegbare) **Vermutung** für die **Versicherung** des eigenen **Eigentümerinteresses** (Bischoff VersR 1963 S. 8, Ehrenzweig S. 64, Prölss[15] Anm. 3 vor § 51, S. 240, Anm. 1 zu § 52, S. 244; OGH Wien 19. IV. 1961 VersR 1962 S. 817 für den Fall der Vsnahme durch Miteigentümer).

[56] VI. Abdingbarkeit des § 52.

§ 52 ist **nicht für zwingend** erklärt worden. Die Vermutung des § 52, wonach in dubio des Eigentümerinteresse vert ist, ist schon nach dem Wortlaut des Gesetzes („soweit sich nicht aus den Umständen ein anderes ergibt") widerlegbar.

Bei einer Sachinteressev ist der Vswert allerdings durch den Sachwert nach oben limitiert. Aber das ergibt sich nicht aus einer Unabdingbarkeit des § 52, sondern aus dem vsrechtlichen Bereicherungsverbot (Anm. 45 vor §§ 49—80); ebenso Hagen I S. 469. Dabei ist aber zu beachten, daß die Bewertung einen weiten Spielraum läßt, daß also der **Wertrahmen** (Anm. 9) in verschiedener Weise ausgefüllt werden kann. Solange sich die Bewertung noch „im Rahmen" hält, ist sie richtig, mag sie auch den Vmer besonders günstig stellen (dazu OLG Kiel 30. III. 1927 Praxis 1928 S. 37—38); man denke an gewisse Fälle der Bewertung im Hinblick auf Veräußerungsvorgänge (z. B. Weiterveräußerungen: Verkaufspreisklausel Anm. 32) oder im Hinblick auf Herstellungsvorgänge, man denke an hohe Kosten früherer Herstellung (Anm. 33). Gegen die Neuwertv bestehen unter dem Gesichtspunkt des Bereicherungsverbotes keine Bedenken, da sie zugleich eine Passivenv gegen notwendige Aufwendungen ist (Anm. 28). Unter diesem Gesichtspunkt läßt es sich auch rechtfertigen, falls der Ver für den Fall der Wiederherstellung auf Abzüge „neu für alt" verzichtet, etwa in der Seekaskov oder in der Frühgeschichte der Neuwertv (dazu Döring Mitt 1924 S. 289—291, der den Verzicht für unzulässig hielt). Auch die Fiktion des gleichbleibenden Vswertes sowie Taxvereinbarungen sind gesetzlich vorgesehen (Anm. 25) und deshalb auch dann nicht zu beanstanden, wenn sie in gewissem Umfange zu einer Bereicherung des Vmers führen.

Dagegen würde im Rahmen einer reinen Sachinteressev z. B. eine Ersatzwertvereinbarung „aus dem Rahmen fallen", also **unzulässig und teilnichtig** sein, die vorsieht, daß auch bei noch nicht verkauften Waren der vom Eigentümer aus einem Verkauf erhoffte Gewinn in den Sachvswert eingerechnet werden solle. Dagegen würden gegen eine

VI. Abdingbarkeit des § 52 **§ 52**
Anm. 56

zusätzliche Gewinnv keine Bedenken obwalten, auch kann eine Sachv mit einer Gewinnv verbunden werden („gemeinschaftliche Güter- und Gewinnv"; § 101 ADS). — Eine Tierv zu Durchschnittswerten (§§ 2 II, 5 II ATierB) könnte zwar theoretisch im Einzelfall zu einer Bereicherung des Vmers führen, ist aber bei Rindern, Schweinen, Schafen und Ziegen so zweckmäßig und kraft Herkommens verbreitet, daß nach Gewohnheitsrecht das Bereicherungsverbot nicht bemüht werden darf. Entsprechendes gilt für eine V von Rindvieh mit festen Entschädigungsbeträgen (§§ 2 Ziff. 5, 5 Ziff. 2a AVB für Rindviehven: VA 1963 S. 2—6). — Dagegen kann nicht rechtswirksam vereinbart werden, der Vswert solle sich in der Tierv nach einem Prozentsatz der Vssumme bestimmen (Kisch VersR 1951 S. 229—230, Prölss VersR 1951 S. 219—220 gegen OLG Oldenburg 9. VII. 1951 VersR 1951 S. 228—229).

Über die Bedeutung von Fest- und Höchstpreisen vgl. Anm. 41.

§ 53

Die Versicherung umfaßt den durch den Eintritt des Versicherungsfalls entgehenden Gewinn nur, soweit dies besonders vereinbart ist.

Gewinnversicherung.

Gliederung:

Entstehung Anm. 1

Schrifttum Anm. 2

I. Begriff des entgehenden Gewinns Anm. 3—4
   1. Im allgemeinen Zivilrecht Anm. 3
   2. Im speziellen Vsrecht Anm. 4

II. Abgrenzung des Gewinninteresses Anm. 5—9
   1. Abgrenzung vom Sachinteresse Anm. 5—7
      a) Dingliche Anwartschaft Anm. 5
      b) Verkaufspreisklausel Anm. 6
      c) Nach- und Mehrwertv Anm. 7
   2. Abgrenzung vom Forderungsinteresse Anm. 8
   3. Abgrenzung von Passivenven Anm. 9

III. Arten der Gewinnv Anm. 10—23
   1. Sachgewinn Anm. 11—17
      a) V imaginären Gewinns Anm. 12
      b) Schiffsgewinnv Anm. 13
      c) Provisionsv Anm. 14
      d) Mietverlustv Anm. 15
      e) Hagelv Anm. 16
      f) Restfälle Anm. 17
   2. Betriebsgewinn Anm. 18—20
      a) Betriebsunterbrechungsv Anm. 19
      b) Sonstige Fälle Anm. 20
   3. Veranstaltungsgewinn Anm. 21

   4. Gewinnentgang durch Personenschäden Anm. 22
   5. Restfälle Anm. 23

IV. Vereinbarung der Gewinnv Anm. 24

V. Gefahren in der Gewinnv Anm. 25—28
   1. Mittelbare Sachgefahr Anm. 25
   2. Mittelbare Personengefahr Anm. 26
   3. Sonstige Gefahren Anm. 27
   4. Gedehnter Vsfall Anm. 28

VI. Schäden in der Gewinnv Anm. 29—31
   1. Brutto- und Nettogewinn Anm. 29
   2. Sonstige Berechnungsweisen Anm. 30
   3. Kausalität, Beweis Anm. 31

VII. Rechtsbehandlung der Gewinnv Anm. 32—40
   1. Schadensv Anm. 32
   2. Aktivenv Anm. 33
   3. Vswert, Taxe Anm. 34
   4. Unter-, Überv Anm. 35
   5. Mehrfache, Doppelv Anm. 36
   6. Herbeiführung Vsfalls Anm. 37
   7. Rettungspflicht, Aufwendungen Anm. 38
   8. Ausgleichung von Vorteilen Anm. 39
   9. Veräußerung vter „Sache" Anm. 40

VIII. Abdingbarkeit des § 53 Anm. 41

§ 53 I. Begriff des entgehenden Gewinns
Anm. 1—4

[1] Entstehung:
§ 53 ist unverändert geblieben. — Begr. I S. 62.

[2] Schrifttum:
Balzer ZfV 1963 S. 822—825, Bon ZVersWiss 1913 S. 186—233, 383—408, 509—535, Fleischfresser ZVersWiss 1920 S. 236—238, Gestefeld, Die Rechtsnatur der Mehrwertv, ungedruckte Hamburger Diss. 1948, Grandke ZVersWiss 1912 S. 287—298, Hagen I S. 476—482, Hochfeld, Theorie der Chômagev, Münchener Diss. 1932, ZVersWiss 1932 S. 137—149, 1934 S. 332—339, Hochgräber JRPV 1925 S. 153—155, 185—187, Hoppe ZVersWiss 1913 S. 749—772, 1914 S. 177—203, Kisch III S. 114—119, Lamotte, Gewinn- und Mehrwertv im Rahmen der gebundenen Preise, ungedruckte Hamburger Diss. 1942, Manes, Mietverlust-V, Berlin 1908, Möller JRPV 1930 S. 43—48, Summen- und Einzelschaden, Hamburg 1937, S. 111—134, in: Farny, Wirtschaft und Recht der V, Paul Braess zum 66. Geburtstag, Karlsruhe 1969, S. 185—197, Offenberg MittÖffFeuerVsAnstalten 1923 S. 118—120, Rakely WuRdVers 1913 S. 149—162, Riska ZVersWiss 1964 S. 451—470, Ritter-Abraham Anm. 39—65 zu § 1, S. 85—102, Selmer ZVersWiss 1964 S. 471—488, Sonderegger, Die Gewinnv und die Betriebsverlustv, Bern 1935, Weber, V von Häusern gegen Mietverlust, Berlin 1912, Warkallo MatZweiterWeltkongreß II S. 17—20, 25—32, 34 (und dazu Landesreferate, Sonderbeiträge sowie Diskussion: MatZweiterWeltkongreß II S. 39—267 passim), Winkler, Die Gewinnv, Hamburg 1930. Speziell zur modernen Betriebsunterbrechungsv vgl. Anm. 19, zur Hagelv vgl. Anm. 16, zur V imaginären Gewinnes vgl. Anm. 12.

[3] I. Begriff des entgehenden Gewinns.
1. Im allgemeinen Zivilrecht.

Während es im römischen Recht noch problematisch war, ob der Schadensersatzpflichtige neben sonstigem Schaden (damnum emergens) auch entgehenden Gewinn ersetzen mußte (Below, Die Haftung für lucrum cessans im römischen Recht, München 1934), bestimmt heute § 252 ^{1} BGB: „Der zu ersetzende Schaden umfaßt auch den entgangenen Gewinn." Diese umfasende Ersatzpflicht beruht auf dem Summenschadensprinzip, welches das allgemeine Zivilrecht beherrscht (Anm. 4 vor §§ 49—80).
In welchem Umfang entgangener Gewinn zu ersetzen sei, ist umstritten: Die herrschende Beweiserleichterungstheorie (z. B. Soergel-Siebert-Schmidt II Anm. 41—44 zu §§ 249—253, S. 170—171) fügt in § 252^2 BGB das Wort „auch" ein, sodaß z. B. ein nachweislich entgangener Lotteriegewinn auch dann zu ersetzen ist, wenn er keineswegs „mit Wahrscheinlichkeit erwartet werden konnte", d. h. nicht mit einer Chance von 51% oder mehr. Die „materiell-rechtliche Theorie", zu der sich Staudinger-Werner II 1 c Anm. 6—19 zu § 252, S. 107—113 (auch Möller Summen- und Einzelschaden S. 114—118) bekennen, fügt in § 252^2 BGB das Wort „nur" ein und berücksichtigt lediglich Gewinnaussichten, deren Realisierung (im Zeitpunkt der Schadenszufügung) mit Wahrscheinlichkeit erwartet werden konnte, diese allerdings mit ihrem vollen Realisationswert, nicht nur mit dem Chancenwert.

[4] 2. Im speziellen Versicherungsrecht.

Dem Vsvertragsrecht liegt nicht das Summen-, sondern das Einzelschadensprinzip zugrunde: Der Ver muß übersehen können, welche einzelnen Schäden er bei einer Gefahrverwirklichung zu ersetzen hat. Der besseren prognostischen Erfassung dient die Lehre vom vten Interesse (Anm. 36 zu § 49), und so ist es angezeigt, neben die Sachinteressen usw. die Gewinninteressen zu stellen, welche dadurch gekennzeichnet sind, daß hier die Wertbeziehung des Vmers an eine Gewinnaussicht, Anwartschaft anknüpft, also an ein Gut nicht des „seienden", konsolidierten Aktivvermögens, sondern an ein Gut des „werdenden" Aktivvermögens, das Übergangscharakter besitzt und dem regelmäßig ein gewisses Ungewißheitsmoment innewohnt (Möller Summen- und Einzelschaden S. 113—114), welches von einer ganz entfernten Möglichkeit ansteigen kann (über die Wahrscheinlichkeit) bis zur an die Gewißheit grenzenden Wahrscheinlichkeit. Vgl. über Gewinninteressen schon Anm. 16 vor §§ 49—80, Anm. 71 zu § 49.

II. Abgrenzung des Gewinninteresses § 53
Anm. 5, 6

Vsrechtlich ist der Schaden die Negation des vten Interesses; in der Gewinnv — die zur Schadensv gehört — ist der entgehende Gewinn die Negation eines Gewinnintersses, und ein solcher Schaden ist nur vert, wenn das Gewinninteresse versichert ist (§ 53). Insbesondere **umfaßt die V eines Sachinteresses nicht die V eines Gewinninteresses** (§ 52).

Der Begriff des entgehenden Gewinns ist in § 53 nicht besonders definiert. Bruck 7. Aufl. Anm. 5 zu § 53, S. 207 stellte deshalb auf die Begriffsbestimmung ab, die § 252 BGB nach der materiell-rechtlichen Theorie enthält (Anm. 3), ebenso Ritter-Abraham Anm. 40 zu § 1, S. 85—86, während Winkler a. a. O. S. 24—25 die Beweiserleichterungstheorie anwendet. Es ist jedenfalls möglich, durch **Vereinbarung** den vsrechtlichen Begriff des entgehenden Gewinns anders, insbesondere weiter zu umreißen, also z. B. nicht die **Wahrscheinlichkeit** der Gewinnerzielung zu fordern, sondern eine **bloße Möglichkeit** ausreichen zu lassen. Es ist auch angängig, nicht auf die Erwartungen im Zeitpunkt des Vsfalls abzuheben, sondern auf die Erwartungen zur Zeit des Vertragsabschlusses. Die Wörter **entgehender** und **entgangener** Gewinn bezeichnen den gleichen Gegenstand, wobei der entgehende Gewinn mehr prospektiv betrachtet wird, der entgangene Gewinn wird retrospektiv festgestellt.

Die bloße **Möglichkeit** der Gewinnerzielung im Zeitpunkt des **Vertragsabschlusses** reicht stets aus bei der **V imaginären Gewinns** in der Seev (§ 100 II ADS: Gewinn, der „bei der Schließung des Vertrags nach kaufmännischer Berechnung möglicherweise zu erwarten war") (dazu Ritter-Abraham Anm. 41 zu § 1, S. 86—88). Der Begriff des imaginären Gewinns ist verfestigt zu einem seevsrechtlichen Spezialbegriff.

Der Gewinn kann als **Brutto- oder Nettogewinn** vert werden, aber es gibt auch sonstige Berechnungsweisen (Anm. 29—30).

Während nach allgemeinem Zivilrecht der Gewinn durchweg infolge eines schädigenden **Verhaltens** des Ersatzpflichtigen entgeht, kommt es im Vsrecht darauf an, ob die vte **Gefahr** den Gewinnentgang verursacht, z. B. kann ein Brand letztlich Gewinnentgang zur Folge haben.

Über die Gefahren in der Gewinnv: Anm. 25—28.

[5] II. Abgrenzung des Gewinninteresses.
1. Abgrenzung vom Sachinteresse.
a) Dingliche Anwartschaft.

Der Begriff der Anwartschaft wird in **verschiedener Bedeutung** gebraucht.

Man spricht einem Käufer, der eine Sache unter Eigentumsvorbehalt des Verkäufers gekauft hat, eine dingliche, **sachenrechtliche Anwartschaft** zu, die ein dem Vollrecht (Eigentum) ähnliches Recht begründet (BGH 22. II. 1956 BGHZ Bd 20 S. 99). Das Anwartschaftsrecht sei im Vergleich zum Eigentum kein aliud, sondern ein wesensgleiches minus (BGH 10. IV. 1961 BGHZ Bd 35 S. 89). Da dies Anwartschaftsrecht übertragen und gepfändet werden kann, und da es u. a. als sonstiges Recht i. S. des § 823 Abs. 1 BGB Schutz genießt, wird es bereits als Gut des „seienden" Vermögens (Anm. 4) behandelt und verschafft dem Vorbehaltskäufer ein wirtschaftliches Eigentümerinteresse, ein **Sachinteresse** (Anm. 91 zu § 49), also nicht ein bloßes Gewinninteresse.

Bei der Gewinnv handelt es sich um die V des Interesses an Anwartschaften im **wirtschaftlichen Sinn**, Gewinnaussichten, die sich noch nicht zu subjektiven Rechten verdichtet haben (Kisch III S. 118), wie das beim Anwartschaftsrecht des Vorbehaltskäufers der Fall ist.

[6] b) Verkaufspreisklausel.

Der Vswert kann — in bestimmtem Wertrahmen — verschieden umschrieben werden, und zwar auch im Hinblick auf Weiterveräußerungsvorgänge (Anm. 32 zu § 52). Da bei einem Kaufmann im Verkaufspreis der erhoffte Gewinn steckt, kommt es für die Abgrenzung von Sach- und Gewinninteresse darauf an, ob der Verkauf bereits erfolgt, ein Kaufvertrag bereits abgeschlossen ist.

Um eine Sachv handelt es sich, wenn bei vom Vmer selbst hergestellten, lieferungsfertigen Erzeugnissen, die fest **verkauft**, dem Käufer aber **noch nicht übergeben** sind, der vereinbarte Verkaufspreis als Ersatzwert vereinbart wird. Näheres Klauseln 14, 2.05 Klauseln der Feuerv, Klauseln 17, 17a, 18 ED-Klauselheft. In solchen Fällen ist der Gewinn nicht mehr nur erhofft, sondern durch den Verkauf bereits realisiert und damit dem Sachwert beim Verkäufer zugewachsen. Beim **Spezieskauf** wird der Verkäufer vor der Übergabe durchweg die Vergütungsgefahr tragen (§ 446 I 1 BGB). Beim **Gattungskauf** wird der Verkäufer „noch einmal" leisten können und müssen, sofern die Konkretisierung noch nicht erfolgt ist (vgl. § 243 II BGB). Hier führt die Verkaufspreisklausel dazu, daß der Verkäufer erstens für die (verbrannte oder gestohlene) primär zur Lieferung vorgesehene Ware den vollen Verkaufspreis erhält und dann zweitens noch einmal liefert und damit den Gewinn noch einmal erzielt (vgl. auch Berndt, Der Ersatzwert in der Feuerv, Weißenburg 1951, S. 206—208, auch RAA VA 1914 S. 49—50).

Wird eine Ware, **ohne schon verkauft zu sein**, in Höhe des vorgesehenen Verkaufspreises vert, so handelt es sich in Wahrheit nicht um eine reine Sachv, sondern um eine **kombinierte Sach- und Gewinnv**. Sie kann besonders bei solchen Gütern gerechtfertigt werden, welche begehrt sind und sicher erzielbare, z. B. preisrechtlich fixierte Verkaufspreise haben. Sachen in Automaten werden mit hoher Sicherheit verkauft, und es kann deshalb auch hier auf den Verkaufspreis als Vswert abgehoben werden (§ 6 II Allgemeine Bedingungen für die V von Automaten: VA 1965 S. 229—233).

Um bereits **realisierten Gewinn** handelt es sich, wenn ein Erzeuger von Rohöl letzteres gefördert hat, hier ist (insoweit) „der Unternehmergewinn bereits gezogen" (RG 28. X. 1919 RGZ Bd 97 S. 47; Anm. 10 zu § 52). Vgl. auch OLG Hamburg 19. II. 1932 VA 1932 S. 323—325 Nr. 2502 = HansRGZ 1933 A Sp. 475—481 (verbrannte Pappfabrikate).

[7] c) Nach- und Mehrwertversicherung.

Der Vswert eines Sachinteresses kann während der Vsdauer steigen, sodaß eine Unterv entsteht. Dabei kommt es nicht darauf an, ob eine Infaltion den Geldwert mindert oder ob der Wert einer Sache ansteigt z. B. bei einem Kunstwerk oder Grundstück.

Das Gesetz sieht eine Beseitigung der entstandenen Unterv nicht vor (anders bei der Überv: § 51 I). Es kann aber durch Vereinbarung eine Erhöhung der Vssumme vorgenommen werden, und die Vereinbarung kann antizipiert sein (z. B. bei Wertzuschlagsklauseln) oder nachträglich erfolgen im Wege einer **Nachversicherung** (Anm. 52, 51 zu § 52). In diesen Fällen handelt es sich nicht etwa um eine Gewinnv; denn die Gewinnaussicht ist bereits realisiert und der Sachwert, das „seiende" Vermögen hat sich erhöht (Oertmann WuRdVers 1918 S. 82).

Tritt solche Werterhöhung des Sachinteresses in der **Transport- und Seev** ein, so gerät sie in Konflikt mit der Fiktion des gleichbleibenden Vswertes (§§ 140 II, 141 I 2; §§ 70 II, 90 II ADS), wonach der Anfangswert auch bei dem Eintritt des Vsfalles als Vswert gilt (Anm. 25 zu § 52). Trotzdem hat auch die Transport- und Seev einen Weg gefunden, eine Nachv vorzunehmen; man nennt in diesem Bereich die Nachv eine **Mehrwertversicherung**. Sie deckt partiell das nachgewachsene Sachinteresse, kein Gewinninteresse; denn der Gewinn ist bereits realisiert, zugewachsen. Friedmann, Das vsrechtliche Nebeninteresse, Hamburger Diss. 1933, S. 37—40, spricht von einem „uneigentlichen Nebeninteresse", das er als Substanzinteresse = Sachinteresse qualifiziert. Ebenso: RG 8. VI. 1928 JW 1928 S. 3175—3176 (mit Anm. Gottschalk) = VA 1928 S. 259—260 Nr. 1913, Vorinstanz: OLG Hamburg 2. XI. 1927 HansRGZ 1928 A Sp. 162—166. Ebenso auch schon RG 15. XI. 1911 RGZ Bd 77 S. 305—306, später unentschieden RG 28. VIII. 1942 RGZ Bd 169 S. 372—373. Bedenklich KG 10. XII. 1927 JRPV 1928 S. 44.

Beim **Cifgeschäft** vert der Verkäufer für Rechnung wen es angeht erstens das Güterinteresse in Höhe des Cifpreises und zweitens imaginären Gewinn. Kommt die V dem Käufer zugute, z. B. weil er die Dokumente aufgenommen (bezahlt) hat, so wird mit Recht sein Eigentümer- und sein Gewinninteresse geschützt; denn er hätte die Güter im Importlande möglicherweise mit Gewinn verkaufen können. Kommt die V ausnahmsweise dem Cifverkäufer zugute, etwa weil der Käufer die Dokumente nicht auf

II. Abgrenzung des Gewinninteresses **§ 53**
Anm. 8, 9

genommen hat, so erhält der Verkäufer mit Recht nach einem Güterverlust den vollen Cifpreis; denn dies war der vom Verkäufer schon realisierte Betrag. Auch der vte imaginäre Gewinn wird solchenfalls dem Verkäufer ausgezahlt, da man sagen kann: Möglicherweise hätte der Verkäufer die Ware günstiger verkaufen können, wenn von vornherein festgestanden hätte, daß der erste Käufer den Kaufvertrag nicht erfüllen würde. Hat nun ein Cifkäufer die eingekaufte, aber noch nicht angekommene Ware günstig weiterverkauft, so hat sich für ihn ein Gewinn realisiert, der über den Cifwert hinausgewachsen ist. Hierfür kann der Käufer auf eigene Kosten eine Mehrwertv nehmen, die dann nur sein eigenes Interesse zu decken braucht (Möller, Cifgeschäft und V, Mannheim-Berlin-Leipzig 1932, S. 132). Daneben bleibt die Gewinnv bestehen. Über eine vom Cifkäufer genommene Gewinnv: RG 25. I. 1919 RGZ Bd 94 S. 302—303, auch Möller a. a. O. S. 132.

Im einzelnen ist die Abgrenzung von Mehrwertv und V imaginären Gewinns schwierig und umstritten. Vgl. dazu Gestefeld a. a. O. S. 67—71, Ritter-Abraham Anm. 42 zu § 1, S. 88—89, Anm. 26 zu § 90, S. 1090—1091, auch Hochgräber JRPV 1925 S. 153—155, 185—187, RG 28. VIII. 1942 RGZ Bd 169 S. 368—376, Vorinstanzen: OLG Hamburg 17. XII. 1941 JRPV 1942 S. 57—58 = HansRGZ 1942 B Sp. 169—172, LG Hamburg 25. VII. 1941 JRPV 1941 S. 217—219 = HansRGZ 1941 B Sp. 393—399. Mit dem Begriff „Mehrwert des imaginären Gewinns" arbeitet RG 25. I. 1919 RGZ Bd 94 S. 303—304. In der Praxis können Schwierigkeiten besonders vermieden werden durch eine gemeinschaftliche V von Mehrwert und/oder imaginärem Gewinn.

Oertmann WuRdVers 1918 S. 73 braucht den Ausdruck Mehrwertv in untechnischem Sinn, wenn er jene Nachven bespricht, die während des Ersten Weltkrieges und später wegen der Werterhöhung — besonders bei Gebäuden — notwendig wurden.

[8] 2. Abgrenzung vom Forderungsinteresse.

Die Gewinninteressen müssen auch von Forderungsinteressen abgegrenzt werden. Hat ein Hauseigentümer sein Haus vermietet, ein Reeder sein Schiff verchartert, so bestehen Forderungen aus Miet- oder Frachtverträgen, die durch einen Brand oder Schiffsuntergang beinträchtigt werden. Besteht hier eine Mietverlust- oder Frachtv, so handelt es sich nicht um eine Gewinn-, sondern um eine Forderungsv (Anm. 69, 95, 106 zu § 49).

Aber im Zusammenhang mit unvermieteten Mietsachen, mit Schiffen, für die noch keine Frachtverträge — z. B. für künftige Reisen — abgeschlossen sind, bestehen Gewinninteressen, welche gleichfalls vert werden können, theoretisch für lange Zeit im voraus, praktisch nach der Übung der Ver nur für beschränkte Zeiträume (vgl. Argyriadis, Die Frachtv, Hamburg 1961, S. 58, 63—65, Möller JRPV 1930 S. 45, ITV-Mitt 1937 S. 86).

Auch bei eigengenutzten Sachen, z. B. einer Wohnung im Eigenheim, besteht ein Gewinninteresse, dessen Vwert dem Mietwert entspricht. Infolge einer „Kostenlosen Erweiterung" des Feuervsschutzes übernimmt bei einer Wohngebäudev der Ver die V des Mietverlustes, aber nicht für bislang unvermietete Wohnungen. Eine Gewinnv wird jedoch hinsichtlich der vom Vmer selbst bewohnten Wohnung gewährt, allerdings längstens bis zum Ablauf von 6 Monaten nach dem Eintritt des Schadenfalles (vgl. Ziff. 2a Kostenlose Erweiterung des Feuervsschutzes: VA 1939 S. 118—119). Solcher V entspricht es, wenn ein Reeder eigene Güter zu befördern beabsichtigt und die „Reedersfracht" vert (vgl. Anm. 13).

Wird eine bislang unvermietete Sache vermietet, so wandelt sich das Gewinninteresse, die Anwartschaft des Eigentümers in ein Forderungsinteresse um, und es ist kein Raum mehr für eine Gewinnv.

[9] 3. Abgrenzung von Passivenversicherungen.

Gewinnaussichten müssen oft mit Aufwendungen „erkauft" werden, und notwendige Aufwendungen gehören zu den Passiven, gegen deren Entstehung man sich vern kann, z. B. in der Krankheitskostenv (Anm. 20 vor §§ 49—80, Anm. 78 zu § 49). Wenn Aufwendungen bereits gemacht sind, und sie erweisen sich als nutzlos, z. B. weil die erkaufte Anwartschaft zunichte wird, etwa weil ein Kraftwagen, für den Steuern,

Vsprämien und Garagenmieten aufgewendet sind, bei einer Kollision unbrauchbar wird, so kann die Schädigung nicht nachträglich zurückverlegt werden auf den Zeitpunkt der später „frustrierten" Aufwendungen, sondern sie muß gesehen werden in der Beeinträchtigung des Anwartschaftsinteresses, das durch die vorangegangenen Aufwendungen nur leichter feststellbar und bewertbar geworden ist (dazu Anm. 71 zu § 49, unten Anm. 30, Detlefsen, Schadensersatz für entgangene Gebrauchsvorteile, Karlsruhe 1969, S. 16—50, der auf entgangene Gebrauchsvorteile als Vermögensschaden abhebt, Möller in: Ausblick und Rückblick, Erich R. Prölss zum 60. Geburtstag, München 1967, S. 245).

In eigenartiger Weise sind mit vielen Sachen gesondert bewertbare Nutzungsaussichten einerseits verbunden, andererseits aber doch von ihnen abgetrennt zu denken. Das Eigentum umfaßt zwar die Nutzungsmöglichkeit, aber neben dem Sachgut ist oft eine Nutzungsanwartschaft konstruierbar, deren Wert mit dem Sachwert nicht erfaßt ist (zu diesem Problem generell Ehrenberg ZVersWiss 1906 S. 372—373, Offenberg MittÖffFeuerVsAnstalten 1923 S. 118—120, auch Anm. 35 zu § 52). Deshalb kann der geschädigte Autohalter nach der neueren Rechtsprechung neben dem Kaskoschaden Nutzungsverlust liquidieren. Die Judikatur schwankt noch in der Umgrenzung des Schadensumfanges oder positiv ausgedrückt: in der Umreißung der Anwartschaft des Autohalters und ihrer Bewertung (Detlefsen a. a. O. S. 51—97, BGH 30. IX. 1963 BGHZ Bd 40 S. 345—355, 15. IV. 1966 BGHZ Bd 45 S. 212—221).

Die Reisewetterv läßt sich rechtfertigen als V des Interesses an einer erkauften Anwartschaft, die den Niederschlägen zum Opfer fällt. Der Wert des Anwartschaftsinteresses entspricht den vergeblich aufgewandten Reise- und Aufenthaltskosten (§ 1 AVB für die Reisewetterv und dazu Möller VersR 1953 S. 217—218). Somit ist die Reisewetterv eine Form der Gewinnv, keine V gegen Aufwandsschäden.

[10] III. Arten der Gewinnversicherung.

Die Anwartschaften, welche eine Gewinnerzielung erhoffen lassen, sind oft eng verknüpft mit Sachen (Sachgewinn: Anm. 11—17). Immer stärkere Bedeutung gewinnt aber für das Vswesen die Tatsache, daß sich aus einem Unternehmen, einem Inbegriff von Sachen, Rechten, anderen Aktiva und Passiva, wenn es lukrativ betrieben wird, Gewinne erwarten lassen, gegen deren Verlust man sich vern kann (Betriebsgewinn: Anm. 18—20). Damit sind aber nicht alle Möglichkeiten erschöpft: Zuweilen läßt schon eine einzelne Veranstaltung, z. B. ein Tennisturnier Gewinn erhoffen (Veranstaltungsgewinn: Anm. 21). Von der körperlichen Integrität eines Menschen kann es abhängen, ob Gewinn zu erwarten ist (Gewinnentgang durch Personenschäden: Anm. 22). Auch sonstige Tatbestände von Gewinnven kommen vor (Restfälle: Anm. 23).

[11] 1. Sachgewinn.

Oft ist in der Gewinnv die Gewinnanwartschaft angelehnt an eine Sache, man kann von sachbezogenen Anwartschaften sprechen. Aus einer Ware, einem Schiff, einem Haus kann Gewinn gezogen werden. Verwirklicht sich nun eine Sachgefahr, so kann auch zugleich das Gewinninteresse beeinträchtigt sein; mit der Ware und dem Schiff versinkt eine Gewinnanwartschaft, der Gebäudebrand verhindert die Nutzung. Deshalb ist in diesen Fällen das Gewinninteresse „mittelbar" von denselben Gefahren bedroht, die dem Sachinteresse drohen. Anwartschaften schwimmen zwar nicht auf See, können nicht brennen, aber Seegefahren und Brand beeinträchtigen zugleich, in zweiter Potenz auch die Gewinnaussichten (Anm. 25). Diesen Gewinninteressen drohen aber neben der mittelbaren Sachgefahr auch sonstige Gefahren (Anm. 27).

[12] a) Versicherung imaginären Gewinns.

Der älteste Fall einer Sachgewinnv ist die V imaginären Gewinns in der Gütertransport- und Seegüterv (Anm. 4, 7; §§ 100—103 ADS, § 6 II b ADB 1963). Interesseträger ist der Träger des Eigentümerinteresses (Ritter-Abraham Anm. 52 zu § 1, S. 96—97, Anm. 2 zu § 100, S. 1208, zweifelnd Hesse VersR 1963 S. 215, der aber immerhin meint, der Gewinnvte müsse „auch ein Substanzinteresse" haben, und ein Unterschied zwischen Eigentümer- und Substanzinteresse ist nicht ersichtlich).

III. Arten der Gewinnversicherung **§ 53**
Anm. 13—15

Die vte Anwartschaft braucht nur eine entfernte Erwartung beim Abschluß des Vsvertrages zu sein (vgl. § 100 II ADS: „bei der Schließung des Vertrags ... möglicherweise zu erwarten"). Es kommt also nicht auf die Chance der Gewinnerzielung noch im Zeitpunkt des Vsfalles an (RG 19. IX. 1885 RGZ Bd 15 S. 91—92); und möglich ist auch bei Berücksichtigung „kaufmännischer Berechnung" ausnahmsweise ein außergewöhnlich hoher Gewinn.

Wenn der Wortlaut des § 1 II ADS abstellt auf den „von der Ankunft der Güter am Bestimmungsort erwarteten Gewinn", so schließt doch diese Formulierung die Leistungspflicht des Gewinnvers nicht aus, falls die Güter ankommen, aber beschädigt (vgl. § 103 III ADS).

Sonderschrifttum zur V imaginären Gewinns: Bolze ZHR Bd 42 S. 36—38, Ernst VersR 1963 S. 1004—1005, Fricke ITVMitt 1931 S. 139—143, Grillo, Der imaginäre Gewinn in der Seetransportv, Kölner Diss. 1969, Hesse VersR 1963 S. 215—217, Kühn NeumannsZ 1928 S. 362—363.

[13] b) Schiffsgewinnversicherung.

Während die V imaginären Gewinns an transportierte Güter anknüpft, ist die Schiffsgewinnv durchweg mit dem Kaskointeresse des Reeders verbunden. Zu denken ist nicht nur an Gewinn aus der Verwendung des Schiffes, sondern auch aus einem geplanten Verkauf. Über Gewinne aus abzuschließenden Frachtverträgen vgl. schon Anm. 8; Beispiel für eine Ausfallv auf Flußkasko RFH 7. V. 1929 VA 1929 S. 286—288 Nr. 2044 = HansRGZ 1929 B Sp. 771—774 = HansRGZ 1929 A Sp. 607—610 und dazu Möller JRPV 1930 S. 43—48. Auch die sogen. Reedersfracht (Beförderung eigener Güter im eigenen Schiff) läßt sich im Wege einer Gewinnv vern (Argyriadis, Die Frachtv, Hamburg 1961, S. 62—63, 95—96, 176, vgl. § 107 I ADS). Interesseträger einer Schiffsgewinnv kann nicht nur der Reeder sein (so aber Ritter-Abraham Anm. 55 zu § 1, S. 98), sondern im Falle der Vercharterung eines Schiffes auch der Charterer, der Unterfracht verdienen möchte (Argyriadis a. a. O. S. 34—35). Was die vte Anwartschaft anlangt, so wollen Ritter-Abraham Anm. 54 zu § 1, S. 98 nicht den großzügigen Maßstab des § 100 II ADS, sondern § 252 BGB anwenden (vgl. Anm. 4).

[14] c) Provisionsversicherung.

Vert werden kann auch die „im Falle der Ankunft des Schiffes oder der Güter am Bestimmungsort zu verdienende Provision" (§ 1 II ADS, vgl. auch § 104 ADS). Man denke an Gewinnanwartschaften von Schiffsmaklern, Schiffsagenten, oder bei Gütern an Kommissionäre, Spediteure und wiederum Makler und Handelsvertreter, oder bei Schiffen und Gütern an Hafenbetriebe (Grillo a. a. O. S. 13—17). Hier steht fest, daß das Gewinninteresse zwar sachverknüpft ist, aber nicht dem Träger des Eigentümerinteresses, sondern einem Dritten zusteht. Ritter-Abraham Anm. 63 zu § 1, S. 101 wollen auch hier § 252 BGB anwenden (vgl. Anm. 4).

Über eine Provisionsverlustv in Verbindung mit der Feuergefahr für Warenmakler und -agenten im Binnenhandel: Bossert MittÖffFeuerVsAnstalten 1914 S. 42—44.

[15] d) Mietverlustversicherung.

Während die in Anm. 12—14 behandelten Formen der Gewinnv zwar auch in der Binnentransportv, aber doch vorwiegend in der Seev eine Rolle spielen, gehört die Mietverlustv eindeutig der Binnenv an. Soweit es um den Verlust der Miete aus bestehenden Mietverträgen geht, handelt es sich um Forderungen (Anm. 8). Ist aber die Mietsache in Eigengebrauch oder wird der Abschluß von Mietverträgen erst erwartet, so hat der Grundeigentümer eine Anwartschaft (Näheres Anm. 71, 95 zu § 49).

In der Kostenlosen Erweiterung des Feuervsschutzes (Nachtrag zu § 1 AFB: VA 1938 S. 118—119) ist nur für Wohngebäudeven längstens bis zum Ablauf von 6 Monaten nach dem Eintritt des Brandes usw. eine Mietverlustv des Grundeigentümers vorgesehen, und zwar außer für vermietete Wohnungen für die vom Vmer selbst bewohnte Wohnung bei ganzer oder teilweiser Unbenutzbarkeit in Höhe des gesetzlichen oder ortsüblichen Mietzinses und bei Teilschäden nur, falls nicht dem Vmer die Beschränkung auf den benutzbar gebliebenen Teil der Wohnung zugemutet werden kann. Über einen Fall, in dem die Baupolizei die Bewohnung durch den Vmer verboten hatte: KG 5. III. 1953 VA 1953 S. 135—138 = VersR 1953 S. 276—277.

Eine gesonderte Mietverlustv regeln die Bedingungen für die V gegen Mietverlust infolge von Brand, Blitzschlag oder Explosion (VA 1931 S. 146—147, dazu Prange NeumannsZ 1936 S. 19—20), welche gleichfalls Gebäude und Räume im eigenen Gebrauch einbeziehen (§ 2), ferner gewisse Fälle, in denen nach Beendigung des beim Brande bestehenden Mietverhältnisses und Wiederherstellung eine Neuvermietung trotz aller Sorgfalt nicht erfolgen konnte (4 Abs. 1).

Eine von einem vorgängigen Sachschaden unabhängige Mietverlustv haben erörtert: Grandtke ZVersWiss 1912 S. 287—298, Manes, Mietverlust-V, Berlin 1908, S. 77—126, Weber, V von Häusern gegen Mietverlust, Berlin 1912; vgl. auch RAA VA 1910 S. 79, 1911 S. 108.

[16] **e) Hagelversicherung.**

Die in den §§ 108—115a sowie in den Allgemeinen Hagelvsbedingungen (AHagelB: VA 1954 S. 36—41, 1966 S. 159 mit Einführung Renker VA 1954 S. 46—47) geregelte Hagelv betrifft die „an den vten Bodenerzeugnissen" durch Hagelschlag entstandenen Schäden. Es handelt sich aber nicht etwa nur um eine Sachv des bisher Gewachsenen, sondern um eine V „des zu erwartenden mengenmäßigen Ertrages" (§ 1 II, auch § 19 I b) AHagelB) nach Maßgabe „des zu erwartenden Erntewerts" (§ 11 I AHagelB). Knoll, Hagelv, Wiesbaden 1964, S. 11—12 spricht deshalb von einer „Ertragsausfallv (gegen Minderung des Bruttoertrages durch Hagelschaden") und hebt hervor, daß nicht von dem Wert der Bodenerzeugnisse bei Eintritt des Schadenereignisses auszugehen sei. Die Annahme, die Hagelv sei eine Kombination von Sach- und Gewinnv (Anm. 23 zu § 52; Eichler S. 130, Winkler a. a. O. S. 16—19) lehnt Knoll a. a. O. S. 13 ab mit der Begründung, bei einer reinen Körnerv sei möglicherweise bis zum Hagelschlag noch nichts gewachsen (dann liegt in der Tat eine reine Gewinnv vor), und außerdem komme es auf den erhofften Brutto-(Roh-)ertrag, nicht auf den Reinertrag an, nur letzterer könne als Gewinn angesehen werden (hier wird der Gewinnbegriff zu eng ausgelegt: Anm. 29). Die Hagelv kann nicht nur vom Grundeigentümer, sondern z. B. auch vom Pächter oder Nießbraucher genommen werden oder vom Eigentümer auf ihn übergehen (§ 115).

Näheres zur Hagelv Anm. zu §§ 108—115a.

Schrifttum bei Knoll a. a. O. S. 61—62, juristisch insbesondere Büchner WuRdVers 1937 Nr. 1 S. 45—74, Knoll VW 1954 S. 201—204, Rohrbeck, Der Hagelvsvertrag, Leipzig 1909, Die Hagelv in der Welt, Berlin 1937.

Über andere Erscheinungsformen der Ernteertragsv Rommel in: Finke, Handwörterbuch des Vswesens, Bd 1, Darmstadt 1958, Sp. 561—567 m. w. N.

[17] **f) Restfälle.**

Sachbezogene Gewinninteressen kommen auch bei anderen als den bisher genannten Sachen in Betracht, sofern sich Gebrauchs- oder Verwertungsvorteile, also Gewinn-(Ertrags-)erwartungen an sie knüpfen. Man denke an Luftfahrzeuge, Kraftwagen (Anm. 9; Anm. 71 zu § 49).

Werden unverkaufte Sachen zum Verkaufspreis vert, so handelt es sich neben der Sachv um eine V unrealisierter Gewinnerwartungen, also um eine kombinierte Sach- und Gewinnv (Anm. 6).

Ferner soll eine Gewinnv vorliegen bei den Sonder-Zusatzbedingungen für Zuckerfabriken und Zuckerhandel, nämlich den Zusatz-Bedingungen für die V gegen Minderverwertbarkeit von Rohzucker der Raffinerien, den Besonderen Bedingungen für die V des Preisunterschiedes bei der Rübenverwertung und den Bedingungen für die V von Preisdifferenzen im Zuckerhandel (Klauseln 7.01, 7.03, 7.05 Klauseln der Feuerv), vgl. Hagen II S. 23—24, Raiser Anm. 54 zu § 1, S. 92 (vgl. auch S. 528—537), Winkler a. a. O. S. 28.

Mit einer Tierv kann eine Gewinnv verbunden werden nach der Zusatzbedingung zu den AVB für Rindviehven und für Tierlebensv über den Ersatz des entgehenden Gewinns (VA 1967 S. 280).

III. Arten der Gewinnversicherung §53
Anm. 18, 19

Nicht als Gewinnv ist die Waldv nach Maßgabe der ABV für Waldven (VA 1932 S. 180—185) ausgestaltet, denn der Ver ersetzt bei „stehenden, wachsenden Waldbeständen" im Brandfalle nicht den entgangenen Gewinn (§ 1 VI), sondern den „Bestandeskostenwert", der allerdings den Holzwert übersteigen kann (Näheres: § 3 II).

[18] 2. Betriebsgewinn.
Oft ergibt sich eine Gewinnanwartschaft nicht schon in Anlehnung an bestimmte Sachen, sondern aus dem Betrieb eines Unternehmens. Die Grenzen zwischen Sach- und Betriebsgewinn sind allerdings flüssig, z. B. könnte man bei dem Schiffsgewinn (Anm. 13) auch den Reedereibetrieb in den Vordergrund rücken, bei der Hagelv (Anm. 16) den landwirtschaftlichen Betrieb.
Die größte Bedeutung hat als Betriebsgewinn die Betriebsunterbrechungsv (Anm. 19), aber es gibt auch andere hierher gehörige Vszweige (Anm. 20).

[19] a) Betriebsunterbrechungsversicherung.
Schrifttum zur modernen Betriebsunterbrechungsv: Blanck in: Vswirtschaftliches Studienwerk F IV 2 S. 1—54, Birck, Die Betriebsunterbrechungsv, 2. Aufl., Berlin 1938, Bischoff VA 1955 S. 176—179, Fusshoeller-John, Feuer-Betriebsunterbrechungs-V, Wiesbaden 1957, Hax, Grundlagen der Betriebsunterbrechungsv, 2. Aufl., Köln-Opladen 1965 (S. 234—238 m. w. N.), Kraemer, Die Betriebsunterbrechungs-V, Köln 1949, Lüttgen, Die Betriebsunterbrechungsv, Kölner Diss. 1957, Magnusson, Rechtsfragen zur Betriebsunterbrechungsv, Hamburg 1955, Zimmermann, Der Betriebs-Unterbrechungs-Schaden, 2. Aufl., Karlsruhe 1968. Älteres Schrifttum: Anm. 2.

Maßgebend sind die Allgemeinen Feuer-Betriebsunterbrechungs-Vsbedingungen (FBUB) (VA 1955 S. 153—156), ein besonders gut gearbeitetes Bedingungswerk. Wird der Betrieb des Vmers infolge eines Sachschadens unterbrochen, so ersetzt der Ver den dadurch entstehenden Unterbrechungsschaden (§ 1 FBUB). Sachschaden ist besonders die Zerstörung, die Beschädigung oder das Abhandenkommen einer dem Betrieb dienenden Sache infolge von Brand, Explosion oder Blitzschlag (§ 2 I a) FBUB). Unterbrechungsschaden ist der entgehende Geschäftsgewinn und der Aufwand an fortlaufenden Geschäftskosten in dem vten Betriebe, sofern sich der Sachschaden auf einem Grundstück ereignet hat, das in der Vsurkunde als Betriebsstelle bezeichnet ist (§ 3 I FBUB). Erforderlich ist also eine **lange Kausalreihe**: Brand/Sachschaden/Betriebsunterbrechung/Unterbrechungsschaden, letzterer aufgegliedert in entgehenden Geschäftsgewinn und Aufwand an fortlaufenden Geschäftskosten.

Primär ist also ein **Sachschaden** durch Brand usw. vorauszusetzen. Die Sache muß dem Betriebe dienen, braucht aber nicht dem Vmer zu gehören (Fusshoeller-John a. a. O. Anm. 3 zu § 2, S. 41). Einschließbar sind auch sogen. Rückwirkungsschäden, bei denen der Sachschaden bei einer Zulieferfirma eintritt (Klausel für die Mitv von Rückwirkungsschäden in der Feuer-Betriebsunterbrechungs-V: VA 1964 S. 118—119).

Der Begriff der **Betriebsunterbrechung** ist mit Fusshoeller-John a. a. O. Anm. 2 zu § 1, S. 35 weit auszulegen und umfaßt nicht nur eine Unterbrechung des ganzen Betriebes, sondern auch den Ausfall von Betriebsteilen sowie sogar „eine Minderung von Leistung oder Ertrag, ohne daß es zu einer Unterbrechung der Produktion kommt".

Ersatzpflichtig ist der **Unterbrechungsschaden**, welcher in §§ 3 I, 4 FBUB dualistisch betrachtet wird, nämlich einerseits als entgehender Geschäftsgewinn, andererseits als Aufwand an fortlaufenden Geschäftskosten. Diese Aufgliederung legte eine dualistische Konstruktion der Betriebsunterbrechungsv nahe, wonach diese einerseits Gewinnv, andererseits V gegen notwendige Aufwendungen (Anm. 20 vor §§ 49—80, Anm. 78 zu § 49) ist (so z. B. Möller in: Verein für Vswissenschaft und Praxis in Hessen, Jahrbuch 1950, Frankfurt a. M. 1950, S. 37, ferner die bei Magnusson a. a. O. S. 29—30 Zitierten). Da aber Geschäftsgewinn und Geschäftskosten in einer Gruppe (Position) vert sind (§ 4 IV FBUB), erscheint es richtiger, von einem **einheitlichen** Gewinninteresse des Vmers auszugehen, das dann allerdings ein Bruttoertragsinteresse ist (Magnusson a. a. O. S. 30—46, 129—130). „Zu ersetzen sind der Geschäftsgewinn und die Geschäftskosten, die der Vmer infolge der Betriebsunterbrechung im Bewertungszeitraum nicht erwirtschaften konnte" (§ 6 I FBUB). Von einer einheitlichen Brutto-

§ 53
Anm. 20

ertragsv geht auch aus Hax a. a. O. S. 113—118, der Sache nach ebenso Fusshoeller-John a. a. O. Anm. 1 zu § 1, S. 34—35.

Die Betriebsunterbrechungsv ist hiernach primär betriebsbezogen, stellt auf den Betriebsbruttoertrag ab. Es handelt sich also um eine Betriebsgewinn-, nicht um eine Sachgewinnv. Der Sachschaden hat hier nur die Funktion, die Betriebsunterbrechung auszulösen.

Eine Nebenform der Betriebsunterbrechungsv ist die Klein-Betriebsunterbrechungsv, sie kann in den Feuervsvertrag einbezogen werden und ist für mittlere und kleinere Betriebe vorgesehen laut Sonderbedingungen für die einfache Betriebsunterbrechungsv (Klein-BU-V): VA 1956 S. 76—77. Hier wird besonders häufig der Sachschaden an Sachen eintreten, die nicht dem Vmer gehören, etwa weil er in gemieteten Räumen arbeitet. Eine Anknüpfung nicht nur an Feuerschäden, sondern auch an Einbruchdiebstahl-, Leitungswasser- und Sturmschäden sehen die Sonderbedingungen für die einfache Betriebsunterbrechungs-V (Klein-BU-V) (VA 1962 S. 3—4) vor (dazu Bischoff VA 1962 S. 20—21, Feldmann VA 1956 S. 91—92).

[20] b) Sonstige Fälle.
Es entwickeln sich immer weitere Fälle von Betriebsgewinnven.

Die Allgemeinen Maschinen-Betriebsunterbrechungs-Vsbedingungen (MBUB) (VA 1959 S. 166—171, 1966 S. 250) gehen davon aus, daß der Betrieb des Vmers infolge eines während der Vsdauer eingetretenen Sachschadens unterbrochen wird und daß dadurch ein Unterbrechungsschaden entsteht (§ 1 I MBUB). Sachschaden ist dabei die aus bestimmten Ursachen „unvorhergesehen und plötzlich eintretende Zerstörung oder Beschädigung einer in der Vsurkunde aufgeführten Maschine" (§ 2 I MBUB). Zu den in Betracht kommenden Ursachen gehören Betriebsunfälle und insbesondere sind z. B. Ungeschicklichkeit, Fahrlässigkeit, Böswilligkeit, unmittelbare Wirkungen der elektrischen Energie, Konstruktionsfehler, Guß- und Materialfehler, Zerreißungen infolge von Zentrifugalkraft, Wassermangel in Dampfkesseln und Dampfgefäßen, Sturm, Frost und Eisgang aufgeführt (§ 3 I MBUB). Den Fall eines Zusammentreffens von Maschinen- und Feuerbetriebsunterbrechungsv regelt die Klausel 9 des Klauselwerkes der Feuer-Betriebsunterbrechungsv (VA 1957 S. 111). Schrifttum: Vandrey in: Vswirtschaftliches Studienwerk F V 5 S. 23—30.

Ferner sind die Allgemeinen Bedingungen für die V gegen Schaden durch Betriebsunterbrechung infolge des Ausfalls der öffentlichen Elektrizitätsversorgung (ABUB [E]) (VA 1956 S. 134—136) zu nennen. Hier kommt es auf einen auslösenden Sachschaden nicht an, es wird vielmehr sogar bestimmt, daß Betriebsunterbrechungen infolge eines Sachschadens innerhalb des Betriebes des Vmers nicht unter die Ersatzpflicht des Vers fallen (§ 1 III Abs. 2 ABUB [E]). Dazu Feldmann VA 1956 S. 149, 151. Diese Betriebsunterbrechungsv darf nicht verwechselt werden mit einer V für Verderbschäden infolge des Ausfalls der öffentlichen Elektrizitätsversorgung (VA 1960 S. 200); hier handelt es sich um eine reine Sachv.

Im Anschluß an das Bundesseuchengesetz sind die AVB für die V von Fleischerhandwerksbetrieben gegen Vermögensschäden durch Betriebsschließung infolge Seuchengefahr neu gefaßt worden (VA 1962 S. 124—126). Hier gewährt der Ver „Vsschutz für den Fall, daß der von dem Vmer im Antrag bezeichnete Fleischereibetrieb während der Vertragsdauer von der zuständigen Behörde deshalb geschlossen (Betriebsschließung) wird, weil die Verbreitung von meldepflichtigen Krankheiten ..... durch den Betrieb verursacht oder vermutet wird" (§ 1). Dazu Feldmann VA 1956 S. 149—150.

Um landwirtschaftliche Betriebe geht es bei den AVB für die V von landwirtschaftlichen Betrieben gegen Vermögensschäden durch Produktionsausfall infolge Tierseuchen (VA 1969 S. 198—203). Der Ver tritt ein für Schaden, der dadurch entsteht, daß infolge amtstierärztlicher oder veterinärpolizeilicher Anordnungen wegen bestimmter Tierseuchen die Produktion aus der Haltung und Nutzung einer vten Tiergattung ausfällt oder trotz fortlaufender Kosten vorübergehend eingeschränkt wird (§ 1 I).

Für Betriebe aller Art kommen die AVB für die V von Betrieben gegen Vermögensschäden durch Betriebsschließung infolge Seuchengefahr in Betracht (VA

III. Arten der Gewinnversicherung § 53
Anm. 21, 22

1962 S. 126—128). Hier ist besonders an den Fall zu denken, daß ein Betrieb von der zuständigen Behörde zur Verhinderung der Verbreitung von Seuchen geschlossen wird, wobei als Seuchen die in § 3 I, II Bundesseuchengesetz aufgeführten meldepflichtigen Krankheiten in Betracht kommen (§ 1). Dazu Feldmann VA 1956 S. 149—151.

Die **Filmtheatereinheitsv** beinhaltet auch eine Betriebsunterbrechungsv nach Maßgabe der §§ 24—32 Allgemeine Bedingungen für die Filmtheater-Einheitsv (VA 1956 S. 100—107), wobei ein Sachschaden vorausgesetzt wird.

Schließlich sei die **Filmhersteller-Betriebsunterbrechungsv** erwähnt (dazu Möller WuRdVers 1935 Nr. 3 S. 3—30 mit AVB als Beilage). Auch hier ist primär ein Sachschaden erforderlich.

[21] 3. Veranstaltungsgewinn.

Neben dem Sach- und Betriebsgewinn (Anm. 11—20) läßt sich Veranstaltungsgewinn vern, wie er aus der Abhaltung von Veranstaltungen erhofft wird, möglicherweise als Bruttoertrag auch zur Deckung der Unkosten. Man denke an Fußballspiele, Tennisturniere, Pferderennen, Autorennen, Feuerwerke, Sommernachtsfeste, Freilichttheater, Festzüge, Jahrmärkte.

Hierher gehört die **Regenversicherung** nach Maßgabe der AVB für die Regenv (in: Rechtsgrundlagen der Individualv, Teil B, B I 41). „Die V gewährt . . . . . Vschutz gegen Vermögensschäden, die aus der Abhaltung von Veranstaltungen oder der Durchführung von Außenarbeiten als unmittelbare Folge von Regen, Hagel, Schnee oder Graupeln entstehen, wenn während der vten Zeit die Niederschlagsmenge die vereinbarte Höhe (in mm) erreicht oder überschritten hat". „Die V kann zu jeder Jahreszeit für Stunden, Tage, Wochen oder Monate abgeschlossen werden" (§ 1 I, II). Für Spezialfälle, z. B. Tennisveranstaltungen gibt es Besondere Zusatzbedingungen (vgl. Rechtsgrundlagen der Individualv, Teil B, B I 41). Schrifttum: Bischoff ZfV 1953 S. 161—162, Müller-Lutz in: Vswirtschaftliches Studienwerk F V 6 S. 1—10 (S. 10 m. w. N.).

[22] 4. Gewinnentgang durch Personenschäden.

Es gibt auch Gewinnversicherungen, bei denen die Beeinträchtigung der Anwartschaft auf einen **Personenschaden** zurückzuführen ist.

Hier ist die **Filmausfallversicherung** nach Maßgabe der AVB für die Film-Ausfall-V (VA 1965 S. 74—80) zu nennen. „Die V umfaßt . . . . . Schäden, die der vten Firma durch zeitweiligen oder dauernden Ausfall von Regisseuren und/oder Künstlern und/oder anderen an der Herstellung des . . . . . Films aktiv beteiligten Personen, auf welche sich die V antragsgemäß bezieht, erwachsen." „Ein Vsfall liegt vor, wenn eine oder mehrere der im Antrag genannten Personen innerhalb der vten Zeit vorübergehend oder dauernd durch Unfall, Krankheit oder Tod ausscheiden, sofern hierdurch in der Herstellung des Films Störungen oder Unterbrechungen verursacht werden oder die Fertigstellung des Films gänzlich unmöglich gemacht wird und sofern der vten Firma aus einem dieser Ereignisse ein materieller Schaden erwächst" (§ 1 I, II). Es führt also ein Personenschaden, z. B. eines Hauptdarstellers, zu einer Störung oder Unterbrechung der Filmherstellung oder gar zu einer Unmöglichkeit der Fertigstellung des Films, wodurch dem Vmer, z. B. dem Filmhersteller ein Vermögensschaden entsteht. Wegen des vorauszusetzenden Personenschadens gehört diese V zugleich zur Personenv, aber den Vsschutz genießt nicht diese Gefahrsperson, sondern der Vmer, nach Prinzipien der Schadensv. Näheres Möller Archiv für Urheber-, Film- und Theaterrecht Bd 8 S. 219-240, Rehbinder, Die Filmv, Baden-Baden 1964, S. 65—74.

Erwähnt sei auch die **Lizenzverlustversicherung von Luftfahrern** gemäß den AVB für die Lizenzverlustv von Luftfahrern (VA 1966 S. 209—212). „Der Ver gewährt Vsschutz für den Fall, daß . . . . . die dem Vten erteilte amtliche Erlaubnis als Luftfahrer von der Erlaubnisbehörde widerrufen wird oder durch Ablauf erlischt, weil der Vte infolge Krankheit, Körperverletzung oder Kräfteverfalls flugtauglich geworden ist und . . . . . in absehbarer Zeit nicht damit zu rechnen ist, daß die Erlaubnis wieder erteilt werden kann" (§ 1). Ein Luftfahrer hat die Anwartschaft, mindestens bis zur Vollendung des 55. Lebensjahres mit gutem Einkommen aktiv bleiben zu können. Wird er flugtauglich, so entgeht ihm Einkommen, und die Lizenzverlustv sieht im

Wege einer Schadensv eine Kapitalzahlung vor. Das BAA VA 1966 S. 209—210 meint: „Da die Lizenzverlustv Elemente der Unfall- und Lebensv in sich vereint, ohne sich einem der genannten Zweige eindeutig zuordnen zu lassen, ist sie als Vermögenschadenv allgemeiner Art anzusehen." Wie die Filmausfallv muß auch die Lizenzverlustv zugleich als Personen- und als Gewinnv (Schadensv) qualifiziert werden. Durch Tarifvertrag haben die Luftfahrtgesellschaften die Verpflichtung übernommen, den Luftfahrern bei Entlassung wegen Lizenzentzugs durch eine Kapitalzahlung den Übergang zu einer anderen Beschäftigung zu erleichtern oder eine Überbrückung zum gesetzlich anerkannten Pensionsalter von 55 Jahren zu bieten. Die Luftfahrtgesellschaften hätten demnach eine (Vertrags-) Haftpflichtversicherung abschließen können, haben aber den Weg einer V für fremde Rechnung, also unmittelbar zugunsten der Luftfahrer gewählt. Die Luftfahrer sind Vte, die Luftfahrtgesellschaft ist Vmerin, und es bedeutet nur die Einziehung eines fremden Anspruchs, wenn § 11 AVB die Zahlung der Entschädigung an die Vmerin vorsieht.

Genereller zur **Erwerbsverlustv**: Eichler S. 130.

[23] 5. Restfälle.

Die bisherigen Gruppierungen (Anm. 11—22) erfassen nicht alle denkbaren Fälle von Gewinnven; Anwartschaften ergeben sich nicht nur in Anlehnung an Sachen, Betriebe und Veranstaltungen, es gibt auch isolierte Anwartschaften, und bei ihnen braucht ein Gewinnentgang nicht durch Personenschäden ausgelöst zu sein.

Zu diesen Restfällen zählt besonders der Fall der **Reisewetterv** nach Maßgabe der AVB für die Reisewetterv (VA 1957 S. 62—63, 1958 S. 57). „Urlaubsreisende erhalten ganz oder teilweise Ersatz ihrer Reisekosten und Aufwendungen für den Ferienaufenthalt, wenn an einer der jeweiligen Vsdauer entsprechenden Anzahl von Tagen die für den einzelnen Tag vereinbarte Mindestregenmenge erreicht worden ist (‚Regentage')" (§ 1). Der Reisende hat sich vermöge der Aufwendung der Reisekosten und sonstiger Beträge die Anwartschaft „erkauft", wettergünstige Urlaubs- und Erholungstage zu verleben. Diese Anwartschaft kann ihm „verregnen". Die Reisewetterv läßt sich demzufolge als Anwartschafts-, d. h. als Gewinnv konstruieren (Möller VersR 1953 S. 217—219, zum **Schrifttum** vgl. auch Bischoff ZfV 1953 S. 162—163, Braun, Die Reisewetterv, Karlsruhe 1956, Feldmann VA 1957 S. 75—77, Müller-Lutz in: Vswirtschaftliches Studienwerk F V 6 S. 1—10, VersArch 1956 S. 129—138.

Keine Gewinnv, sondern eine V gegen notwendige Aufwendungen ist jene nach Maßgabe der AVB für die **Reise-Ausfallkosten-V** (VA 1964 S. 117—118), welche dagegen schützt, daß z. B. wegen einer ernsten Krankheit oder eines bedeutenden häuslichen Sachschadens der Vmer eine Reise nicht antritt oder nicht fortsetzt, so daß einem Reiseunternehmen Reiseausfallkosten geschuldet werden oder dem Vmer zusätzliche Rückreisekosten erwachsen oder bei Mietverträgen bei Ferienwohnungen dem Vermieter Ausfallkosten geschuldet werden (dazu Suppes VA 1964 S. 126 mit Hervorhebung der partiellen Nähe zur Personenv).

Im Zusammenhang mit Werkverträgen und erhofften **Auftragsgewinnen** lassen sich weitere Formen der Gewinnv entwickeln, desgleichen in Verbindung mit **Beteiligungen**; man denke an Gewinne aus Investmentverträgen. Sind solche Beteiligungen in **Wertpapieren** verbrieft, so ist auch an die V erwarteter Kursgewinne — theoretisch — zu denken. Über eine **Werbeerfolgsv** Koch VW 1963 S. 173—176.

[24.] IV. Vereinbarung der Gewinnversicherung.

§ 53 ist überflüssig, weil das Vsrecht vom Einzelschadensprinzip beherrscht wird, so daß jedes Interesse gesondert vert werden muß. Insbesondere deckt eine V des Substanzinteresses (Eigentümerinteresses) nicht zugleich das Gewinninteresse (§ 52, auch § 801 I HGB). Es bedarf also notwendigerweise einer **besonderen Vereinbarung**, wenn ein Gewinninteresse vert werden soll.

§ 53 geht von einer besonderen Vereinbarung aus, wonach eine V den entgehenden Gewinn „umfaßt". Dabei ist anscheinend an die Vereinbarung **kombinierter Sach- und Gewinnven** gedacht, wie sie zustande kommen durch eine Verkaufspreisklausel bei unverkaufter Ware, z. B. in der Automatenv (Anm. 6). Werden in der Seev die Güter

V. Gefahren in der Gewinnversicherung **§ 53**
Anm. 25, 26

und der Gewinn gemeinschaftlich vert (etwa mit den Worten: „einschließlich imaginären Gewinn"), so sorgt § 101 ADS für eine klare **Aufteilung** der Interessen, Vswerte und Taxen: Es „gelten 10% des Vswerts der Güter als Vswert des Gewinns", und entsprechendes gilt für die Taxe. Diese Regelung läßt sich allerdings beiseite schieben durch die Klausel: „einschließlich imaginärem Gewinn, gleichviel wie hoch" (Beispiel: RG 9. XI. 1934 RGZ Bd 145 S. 387—388). Bei der Hagelv als kombinierter Sach- und Gewinnv (Anm. 16) ergibt es sich aus der Natur der Sache, daß im Laufe des Wachstums zunächst die Anwartschaft (Gewinnv) im Vordergrund steht, während später die Sachkomponente (Sachv) in der Kombination die größere Bedeutung gewinnt. In allen genannten Fällen handelt es sich um einen **einheitlichen** Vsvertrag.

Für das Zustandekommen einer Gewinnv bedarf es aber auch dann selbstverständlich einer besonderen Vereinbarung, wenn sie getrennt, **isoliert** abgeschlossen werden soll. Früher zeigte sich eine starke Neigung, Gewinnven mit Sachven zu **bündeln**, also z. B. die Feuerbetriebsunterbrechungsv mit der Feuerv. Bei einer Bündelung handelt es sich zwar um getrennte Vsverträge (Anm. 12 zu § 30), aber doch durchweg um den gleichen Ver. Die FBUB brachten die Verselbständigung der Betriebsunterbrechungsv (Fußhoeller-John a. a. O. S. 14—16). Auch in der Klein-Betriebsunterbrechungsv ist die ursprünglich vorgesehene Bündelung (VA 1956 S. 77) nicht mehr vorgeschrieben (VA 1962 S. 2 mit Bischoff VA 1962 S. 20).

An die „besondere" Vereinbarung der Gewinnv sind keine erhöhten Anforderungen zu stellen: Auch der Gewinnvsvertrag kann mündlich und fernmündlich zustandekommen. Es bedarf keiner ausdrücklichen Vereinbarung (Hagen I S. 477); möglicherweise ergibt sich der Abschluß aus den Umständen, besonders bei stillschweigenden oder konkludenten Willenserklärungen. Aber das Interesse muß richtig bezeichnet werden (vgl. § 1 III 1 ADS; RG 2. X. 1920 RGZ Bd 100 S. 90—95: Gewinn aus Briefmarken für Liberia).

[25] V. Gefahren in der Gewinnversicherung.
1. Mittelbare Sachgefahr.

Gewinnanwartschaften sind unkörperliche Gegenstände, sie können nicht brennen, nicht im Meer untergehen. Aber stets bei Sachgewinn und regelmäßig auch bei Betriebsgewinn kann die Beeinträchtigung einer Sachbeziehung, also ein Sachschaden zugleich den Entgang von Sachgewinn oder Betriebsgewinn zur Folge haben: Wenn die Fabrik brennt, entsteht nicht nur Sachschaden, sondern es entgeht zugleich Gewinn. Jenen Gefahren, die dem Gewinninteresse drohen, sind hier also die Sachgefahren immanent (aber daneben drohen dem Gewinninteresse auch andere Gefahren, z. B. die Gefahr des Konjunkturrückganges: Anm. 27). Man kann von einer mittelbaren Sachgefahr sprechen, von einer **Sachgefahr zweiter Potenz**, auch von einer **Stufengefahr** (Anm. 31 zu § 49—80).

So trägt in der Seev ein Gewinnver mittelbar die Totalität der Seegefahren (§ 28[1, 2] ADS; Ritter-Abraham Anm. 4 zu § 103, S. 1218). Bei der Hagelv verwirklicht sich die Sachgefahr (Hagelschlag) an den bislang gewachsenen Bodenerzeugnissen. In der Feuerbetriebsunterbrechungsv wird ein Sachschaden vorausgesetzt, der auf Brand, Explosion, Blitzschlag usw. beruht (§ 2 I—III FBUB). In der Maschinenbetriebsunterbrechungsv wird gleichfalls vorausgesetzt, daß primär ein Sachschaden an einer Maschine eintritt, aus ganz bestimmten Ursachen (Sachgefahren) (§ 2 MBUB).

Gefahrenausschlüsse können die gedeckten Sachgefahren **einschränken** und damit mittelbar auch die Gefahrtragung für die Gewinnv. Vgl. z. B. § 2 IV a) FBUB.

Während hiernach der Begriff der mittelbaren (Sach-) Gefahr ergiebig ist, erscheint es unzweckmäßig, bei entgangenem Gewinn den vieldeutigen Ausdruck „**mittelbarer Schaden**" zu benutzen (Anm. 42 vor §§ 49—80; Winkler a. a. O. S. 21—24).

[26] 2. Mittelbare Personengefahr.

In einigen Fällen knüpft eine Gewinnv mittelbar an Personenschäden an (Anm. 22): Ein Filmregisseur oder -künstler fällt durch Unfall, Krankheit oder Tod aus, und dadurch erwächst der vten Firma materieller Schaden, den die **Filmausfallv** deckt. Hier sind demnach Gefahrsperson und Vter nicht identisch. Identität liegt vor, wenn ein Luftfahrer infolge Krankheit, Körperverletzung oder Kräfteverfalls fluguntauglich geworden ist und ihm hierdurch ein Einkommensverlust entsteht, für den die **Lizenzverlustv** entschädigt. Durch die Abstellung auf den Widerruf oder den Ablauf der amtlichen Erlaubnis ist hier der Vsfall gut objektiviert.

Auch wenn die Personengefahr nur mittelbar eine Rolle spielt, wird dadurch die V zu einer **Personenv** (die in den genannten Fällen allerdings als Schadensv betrieben wird). Daraus kann sich z. B. die Anwendbarkeit der §§ 159 II, 179 III (Einwilligungserfordernis) ergeben.

Nicht nur bei Identität von Gefahrsperson und Vtem könnte auch der Weg einer **Summenv** beschritten werden. Ein Arbeitgeber, der im Krankheitsfall Lohn oder Gehalt fortzahlen muß, hatte die Anwartschaft, Arbeitsleistungen entgegenzunehmen. Gegen die Frustrierung der Aufwendungen kann er eine Krankentagegeldv nehmen (Summenv) oder eine Lohn- oder Gehaltsersatzv (Schadensv).

[27] 3. Sonstige Gefahren.

Anwartschaften sind auch vielen anderen Gefahren ausgesetzt, die oft schwer objektivierbar sind. Die Herausarbeitung eines eindeutigen Vsfalls ist erforderlich, auch zur Eindämmung des subjektiven Risikos.

Eindeutig sind z. B. folgende Gefahren umrissen (dazu Anm. 20, 21, 23): Ausfall der öffentlichen Elektrizitätsversorgung; Betriebsschließung durch die zuständige Behörde infolge Seuchengefahr; Untersagung der Tätigkeit einer im Betrieb beschäftigten Person wegen Seuchenerkrankung, Verdachts der Erkrankung oder Dauerausscheidung von Bakterien; Erreichung oder Überschreitung einer Niederschlagsmenge oder Mindestregenmenge (festgestellt nach den Messergebnissen einer amtlich anerkannten Regenmeßstelle).

Dagegen ist sehr problematisch eine von einem Sachschaden unabhängige **Mietverlustv**, eine „**Konjunktur-Chomagev**" (Manes a. a. O. S. 77—126, besonders S. 123—125), speziell in Zeiten einer Überproduktion von Mietwohnungen, ferner selbstverständlich die V von **Gewinnerwartungen aus Investments**, speziell **Aktien**; denn die Konjunktur ist auch mit modernen wirtschaftswissenschaftlichen Methoden nicht durch Prognosen sicher zu erfassen und bei einer Rezession würden alle Risiken zugleich betroffen.

Über das (subjektive) Konjunkturrisiko bei der V imaginären Gewinns: Bolze ZHR Bd 42 S. 39—43, Ritter-Abraham Anm. 41 zu § 1, S. 86—88. Hier wird nicht das Konjunkturrisiko schlechthin übernommen, sondern nur für den Fall, daß die Seegefahren das Sachinteresse beeinträchtigen (RG 23. III. 1881 RGZ Bd 4 S. 38—39, 19 IX. 1885 RGZ Bd 15 S. 91).

[28] 4. Gedehnter Versicherungsfall.

Da sich die **Gefahr** in der Gewinnv oft **stufenweise** verwirklicht, z. B. zunächst als Sach- oder Personengefahr (Anm. 25, 26) und da der Gewinnentgang sich durchweg über einen **Zeitraum** erstreckt, sind für die Gewinnv gedehnte Vsfälle (Anm. 34 vor §§ 49—80) kennzeichnend. Hingewiesen sei auf die Kausalreihe Brand/Sachschaden/Betriebsunterbrechung/Unterbrechungsschaden in der Feuerbetriebsunterbrechungsv, wobei der Ver für den Unterbrechungsschaden haftet, der innerhalb von 12 Monaten seit Eintritt des Sachschadens entsteht (Haftzeit) (§ 3 III 1 FBUB). Entsprechendes gilt für andere Betriebsgewinnven. Bei der Regenv kommt es immerhin darauf an, ob „während der vten Zeit die Niederschlagsmenge die vereinbarte Höhe (in mm) erreicht oder überschritten hat" (§ 1 I AVB für die Regenv). Bei der Reisewetterv hängt die Ersatzpflicht des Vers davon ab, ob „an einer der jeweiligen Vsdauer entsprechenden Anzahl von Tagen die für den einzelnen Tag vereinbarte Mindestregenmenge erreicht worden ist („Regentage")" (§ 1 AVB für die Reisewetterv).

Liegt ein gedehnter Vsfall vor, so ergeben sich daraus bestimmte Rechtsfolgen (Anm. 34 vor §§ 49—80): Der Vsfall darf nicht **beginnen** vor dem materiellen Vsbeginn. Während des gesamten **Dehnungszeitraums** ist z. B. die Abwendungs- und Minderungspflicht zu erfüllen (Anm. 38). Das **Ende** des Vsfalls hat nicht nur Bedeutung für die Leistungspflicht des Vers, sondern möglicherweise auch für Klagefrist und Verjährung.

VI. Schäden in der Gewinnversicherung **§ 53**
Anm. 29

Ausnahmen bestätigen die Regel: Besonders bei der Sachgewinnv kommt es vor, daß der Vsfall gleichsam ein punktueller ist, etwa im Zeitpunkt eines Schiffsuntergangs bei der V imaginären Gewinns, eines Hagelschlags bei der Hagelv.

[29] VI. Schäden in der Gewinnversicherung.
1. Brutto- und Nettogewinn.

In der Wirtschaftswissenschaft ist die Lehre von den Arten des Gewinnes — und damit auch von den möglichen Schäden — sehr sorgfältig entwickelt worden (vgl. z. B. Castan in: Handwörterbuch der Betriebswirtschaft, 3. Aufl., Bd II, Stuttgart 1958, Sp. 2327—2332, Eschner, Neuere Auffassungen zum Gewinnbegriff, Erlangen-Nürnberger Diss. 1966). Bei den Betriebswirten steht im Vordergrund der Betriebsgewinn (dazu Dusemund, Der betriebswirtschaftliche Gewinnbegriff, Frankfurt 1967), der zu unterscheiden ist von Gewinnen, die auf bestimmte Leistungen bezogen sind (Einzelgewinn). Diese Leistungen können nicht nur geplante Verkäufe sein (Stückgewinn, Partiegewinn), sondern auch abzuschließende Mietverträge oder Werkverträge (Auftragsgewinn).

Beim Betriebsgewinn sind Brutto- und Nettogewinn unterscheidbar. Für Zwecke der periodischen Erfolgsrechnung ergibt sich der Netto-(Rein-)gewinn aus dem Überschuß der Erträge über die Aufwendungen/Kosten (über die Gleichstellung von Aufwendungen und Kosten in diesem Zusammenhang: Hax Grundlagen a. a. O. S. 25—26). Zu den Kosten gehören auch die fixen Kosten (welche trotz Betriebsunterbrechung fortlaufen). So ergeben sich die Gleichungen Nettogewinn = Erträge ./. Aufwendungen (d. h. fixe und variable Kosten) oder Nettogewinn + fixe Kosten = Erträge ./. variable Kosten. Fallen bei einer Betriebsunterbrechung alle Erträge (Erlöse), aber auch die variablen Kosten fort, so entsteht ein **Schaden in Höhe des entgehenden Nettogewinns zuzüglich fortlaufender fixer Kosten**. Dieser Betrag sei als entgehender **Bruttogewinn** bezeichnet. § 5 I 1 FBUB spricht von dem entgehenden Geschäftsgewinn (Nettogewinn) und den fortlaufenden Geschäftskosten (fixen, nicht variablen Kosten), die der Vmer ohne Unterbrechung des Betriebes erwirtschaftet hätte. Auf die Bedeutung dieses Bruttogewinns hat besonders Magnusson a. a. O. S. 30—47 hingewiesen, der zu dem Ergebnis kommt, es sei in der Betriebsunterbrechungsv „die Beziehung zur Brutto-Betriebsertragsanwartschaft" vert (S. 41). Von Bruttoertrag oder Bruttogewinn ist der Bruttoerlös zu unterscheiden. Hax a. a. O. S. 241 führt aus „Die Größe, deren Entwicklung die Höhe eines Unterbrechungsschadens bestimmt, ist also nicht der ... Brutto-Erlös, sondern nur derjenige Teil des Erlöses, der nach Abzug der rein proportionalen Kosten vom Brutto-Erlös verbleibt. Man bezeichnet diese Größe betriebswirtschaftlich gewöhnlich als Rohertrag; in neuerer Zeit hat sich von der Kostenrechnung her die Bezeichnung ‚Deckungsbeitrag' eingebürgert."

Die **Feuerbetriebsunterbrechungsv** ist hiernach eine **Bruttogewinnv**, welche die fortlaufenden Geschäftskosten umfaßt, die nur ersetzt werden, „soweit ihr Weiteraufwand rechtlich notwendig oder wirtschaftlich begründet ist und soweit sie ohne die Unterbrechung erwirtschaftet worden wären" (§ 6 II FBUB).

Andere Arten der Gewinnv, insbesondere der Sachgewinnv decken nur den **Nettogewinn**. So wird für die V imaginären Gewinns darauf hingewiesen, es handele sich nur um den Nettogewinn (Ritter-Abraham Anm. 3 zu § 100, S. 1208).

Die **Hagelv** ist V des **Brutto-(Roh-)ertrags** der bevorstehenden Ernte (Knoll a. a. O. S. 12); denn die Entschädigung richtet sich nach dem zu erwartenden Erntewert (§ 11 I Abs. 1 AHagelB), „genauer: nach dem Wert des Ertrages ..., den die Bodenerzeugnisse dem Vmer nach der Aberntung erbringen, falls sie bis dahin keinen Hagelschaden erleiden" (Knoll a. a. O. S. 12).

In der **Frachtv** läßt sich sowohl **Brutto-** als auch **Nettofracht** vern (dazu Argyriadis a. a. O. S. 31—32, 63—65, 122—124), und nach der Regel des § 107 ADS ist sogar im Zweifel eine V der Bruttofracht anzunehmen. Die Vorschrift dürfte auch auf die Frachtgewinnv anzuwenden sein.

Generell zur Frage, ob eine Bruttogewinnv, eine Bruttoertragsv als V eines **einheitlichen Interesses** möglich sei: Kisch III S. 119, Winkler a. a. O. S. 14—16.

[30] 2. Sonstige Berechnungsweisen.

Es kann durch Vereinbarung bestimmt werden, ob es für die Gewinnerwartungen des Vmers auf den **Zeitpunkt** des formellen oder materiellen Vsbeginns oder auf jenen des Vsfalls oder gar der Schadensliquidation ankommen soll (über diese Zeitpunkte Ritter-Abraham Anm. 40 zu § 1, S. 86). Bei der V imaginären Gewinns entscheidet z. B. der Zeitpunkt der Schließung des Vsvertrags, also des formellen Vsbeginns (§ 100 II ADS). Legt man in der Binnenv im Zweifel § 252 BGB zugrunde, so ist als entgangen der Gewinn zu ersetzen, „der zur Zeit der Entstehung des Schadens, genau zur Zeit der Erstattung des Schadens oder, im Falle gerichtlicher Feststellung, zur Zeit des Urteils (genauer der letzten mündlichen Verhandlung) mit Wahrscheinlichkeit zu erwarten war" (Ritter-Abraham Anm. 40 zu § 1, S. 85).

Für die Berechnung der Schadenshöhe ist es überdies von Bedeutung, ob Gewinnentgang als **sicher** dargetan werden muß, oder ob es ausreicht, wenn der Vmer den Gewinn mit **Wahrscheinlichkeit** (252^2 BGB) oder gar nur **möglicherweise** erwarten konnte (§ 100 II ADS). Auch hier kann der Vsvertrag den Kreis der zu berücksichtigenden Gewinnanwartschaften genauer umschreiben.

252^2 BGB hebt überdies darauf ab, ob ein Gewinn „nach dem **gewöhnlichen Laufe der Dinge** oder nach den **besonderen Umständen**, insbesondere nach den getroffenen Anstalten und Vorkehrungen, mit Wahrscheinlichkeit erwartet werden konnte." § 100 II ADS fordert, daß ein Gewinn „nach **kaufmännischer Berechnung** möglicherweise zu erwarten war." Diese Formeln versuchen eine Objektivierung der Wahrscheinlichkeits- oder Möglichkeitsbeurteilung, so daß individuelle Fehleinschätzungen des Vmers nicht zu berücksichtigen sind. Vgl. dazu Ritter-Abraham Anm. 43 zu § 1, S. 89. Der gewöhnliche Lauf der Dinge und die kaufmännische Berechnung legen abstrakte Berechnungsmaßstäbe zugrunde, während die besonderen Umstände, insbesondere die getroffenen Anstalten und Vorkehrungen eine konkretere Berechnung ermöglichen (Ritter-Abraham Anm. 44 zu § 1, S. 89—90).

Werden Gewinnanwartschaften vert, deren Realisierung nur möglich oder wahrscheinlich, aber nicht sicher ist, so wird doch (im Falle eines Totalschadens) **nicht etwa der Chancen-, sondern der volle Realisationswert vom Ver vergütet**.

Andererseits kommt es aber bei der Gewinnv auch vor, daß der Vsvertrag dem Geschädigten **nur den Ersatz frustrierter Aufwendungen** (Anm. 9) zubilligt, also nicht den vollen entgangenen Gewinn (Kisch III S. 119).

Im übrigen lassen sich auch bei der Gewinnv **Total- und Teilschäden** unterscheiden, wobei erstere bei völliger Vernichtung des Anwartschaftsinteresses vorliegen, letztere bei teilweiser Beeinträchtigung. Über Totalschäden bei der V imaginären Gewinns vgl. auch § 856 HGB, § 103 I ADS mit RG 12. I. 1927 RGZ Bd 115 S. 399, über Teilschäden bei der V imaginären Gewinns, z. B. bei bloßer Beschädigung der Güter: § 879 HGB, § 103 III ADS; Grillo a.a.O. S. 66—74, Hesse VersR 1963 S. 216—217, Ritter-Abraham Anm. 21 zu § 103, S. 1223, OLG Hamburg 20. V. 1925 HansRZ 1925 Sp. 556—558.

Nach § 89 II 1 können **Bestimmungen über die Berechnung des entgehenden Gewinns** mit Genehmigung der Aufsichtsbehörde **in den Versicherungsbedingungen** getroffen werden (dazu Begr. I S. 96). Diese für die Feuerv vorgesehene Bestimmung muß auch außerhalb der Feuerv angewendet werden, damit die Berechnung des eingetretenen Schadens erleichtert wird. Das RAA sowie das BAA haben solche besonderen Berechnungsweisen mehrfach genehmigt, wobei nach Bruck 7. Aufl. Anm. 4 zu § 89, S. 311 die Genehmigung rechtsbegründende Kraft hat.

So wird z. B. in der **Regenv** maximierend abgehoben auf die voraussichtlichen **Unkosten oder Einnahmen** (2^1 AVB für die Regenv). Besondere Zusatzbedingungen für die Sa-Police lassen im Schadenfall den Betrag entscheiden, „um welchen die Brutto-Einnahmen des Veranstalters . . . unter der vereinbarten Vssumme bleiben." Für mehrtägige Veranstaltungen ist nach der Sd-Police „die Haftung des Vers beschränkt auf den Unterschiedsbetrag zwischen der Gesamt-Brutto-Einnahme aller vten Tage und der für diese Tage insgesamt vereinbarten Vssumme."

In der **Filmausfallv** entscheiden bei Unmöglichkeit der Fertigstellung des Films „die bis zur Feststellung der Unmöglichkeit nachweislich aufgewendeten oder auf Grund

VI. Schäden in der Gewinnversicherung § 53
Anm. 31

von Verträgen noch aufzuwendenden Gesamtherstellungskosten ..." (§ 1 III AVB für die Film-Ausfall-V). Der Nettogewinn wird also auch hier nicht berücksichtigt, nur auf die frustrierten Aufwendungen wird abgestellt.

Sehr kühn ist die Bestimmung der Ersatzleistung nach § 3 I Ziff. 1 AVB für die V von **Fleischereihandwerksbetrieben** gegen Vermögensschäden durch **Betriebsschließung infolge Seuchengefahr**: Maßgebend sind „die doppelte Wochenumsatzsumme und die Dauer der Betriebsschließung", z. B. wird bei einer Betriebsschließung von 3—7 Tagen Dauer 100% einer doppelten Wochenumsatzsumme gewährt, und für jeden weiteren Tag der Betriebsschließung bis zu insgesamt 30 Tagen erhöht sich die Ersatzleistung um 10% der doppelten Wochenumsatzsumme bis höchstens insgesamt 330% der doppelten Wochenumsatzsumme (§ 3 I Ziff. 1. a. a. O.). Das ist eine sehr abstrakte Berechnungsweise, bei der neben dem entgangenen Bruttogewinn auch Sachschaden „durch angeordnete Vernichtung, Zuführung zur Freibank oder unschädliche Beseitigung von Waren" (§ 2 I a. a. O.) mit abgegolten werden soll.

Ähnlich abstrakt ist die „vereinbarte ‚Tagesentschädigung' für jeden Tag der Betriebsschließung bis zur Dauer von 30 Tagen" gemäß § 2 I AVB für die V von Betrieben gegen Vermögensschäden durch **Betriebsschließung infolge Seuchengefahr**, wobei die Tagesentschädigung von der Wochenumsatzsumme aus zu errechnen ist.

Bei der V von landwirtschaftlichen Betrieben gegen Vermögensschäden durch **Produktionsausfall infolge Tierseuchen** wird von einem Jahresproduktionswert ausgegangen und „Jahresproduktionswert ist unter Berücksichtigung von Futterkostenanteilen der Rohertrag, errechnet aus Großvieheinheiten der zu versichernden Tiergattung und deren Nutzung" (§ 5 I 3 AVB).

In der **Reisewetterv** setzt der Vmer im Benehmen mit dem Ver die „ihm voraussichtlich in seinem Urlaubsort entstehenden, seinen Lebensverhältnissen entsprechenden Aufwendungen" fest (§ 4 AVB für die Reisewetterv) mit Wochenbeträgen zwischen 100,— DM und 500,— DM. Winter, Konkrete und abstrakte Bedarfsdeckung in der Sachv, Göttingen 1962, S. 110—111 spricht hier von einer V mit abstrakter Bedarfsdeckung, also von einer Summenv (außerhalb der Personenv), die jedoch unzulässig wäre (Anm. 45 vor §§ 49—80, Möller VersR 1953 S. 217).

Bischoff VersR 1958 S. 1—2 beobachtet „eine recht interessante Auseinandersetzung mit dem elementaren Grundsatz des VVG, wonach in der Schadensv nur der konkrete Schaden zu ersetzen ist", es sei „zu erkennen, daß der Grundsatz des konkreten Schadenersatzes kein starrer, unbeugsamer sein kann, sondern nach den Bedürfnissen des Lebens an seinen Grenzen eine gewisse Beweglichkeit haben muß."

[31] 3. Kausalität, Beweis.

Der Gewinnver braucht nur den Schaden zu ersetzen, der infolge der vten Gefahr als Negation des Gewinninteresses entstanden ist. Es muß also die vte Gefahr den Gewinnentgang adäquat verursacht haben. Der Gewinnver braucht also nicht zu leisten, wenn der Gewinn dennoch erzielt worden ist (Bruck 7. Aufl. Anm. 5 zu § 53, S. 207). Legt man bei § 252 BGB die materiell-rechtliche Theorie zugrunde (Anm. 3) und geht man davon aus, daß diese Vorschrift bei einem Gewinnvszweig der Binnenv anzuwenden sei, so braucht der Ver nicht zu leisten, „wenn feststeht, daß dieser mit Wahrscheinlichkeit zu erwartende Gewinn aus irgendwelchen Gründen in Wirklichkeit nicht erzielt sein würde, die Wahrscheinlichkeit getrogen hat" (Bruck 7. Aufl. Anm. 4 zu § 53, S. 207, Ritter-Abraham Anm. 40 zu § 1, S. 85). Nach der herrschenden Beweiserleichterungstheorie bleibt der Ver leistungspflichtig.

Oft handelt es sich bei der Betriebsgewinnv um komplizierte Kausalitätsketten, speziell bei Komplexgefahren, Stufengefahren (Anm. 131 zu § 49). Bei einer Feuerbetriebsunterbrechungsv muß der Brand einen Sachschaden, der Sachschaden eine Betriebsunterbrechung, die Betriebsunterbrechung einen Unterbrechungsschaden verursacht haben. Besonders auf der letzten Kausalstufe können tatsächliche Zweifel auftauchen. Deshalb sagt § 3 II FBUB klarstellend: „Der Ver haftet nicht, soweit der Unterbrechungsschaden erheblich vergrößert wird a) durch außergewöhnliche, während der Unterbrechung eintretende Ereignisse, b) durch behördlich angeordnete Wiederaufbau- oder Betriebsbeschränkungen, c) dadurch, daß dem Vmer zur Wiederherstellung oder

Wiederbeschaffung ... nicht rechtzeitig genügend Kapital zur Verfügung steht." Nach § 3 IV FBUB haftet der Ver nicht für nicht erhebliche Unterbrechungen, deren Folgen sich im Betriebe ohne wesentliche Aufwendungen wieder einholen lassen (eine besondere 48-Stunden-Klausel verdeutlicht: „Für Unterbrechungen des Betriebes von weniger als 48 Stunden wird keine Entschädigung geleistet"). Die Kausalitätsfrage wird auch berührt durch § 6 IV FBUB: „Bei der Feststellung des Unterbrechungsschadens sind alle Umstände zu berücksichtigen, die den Gang und das Ergebnis des Betriebes während des Bewertungszeitraums günstig oder ungünstig beeinflußt haben würden, wenn die Unterbrechung nicht eingetreten wäre." Hier werden vertraglich Reservensachen für relevant erklärt (Anm. 155 zu § 49, dazu allerdings Zimmermann a. a. O. S. 46—50).

Der Vmer hat sein vtes Interesse, die Gefahrverwirklichung und den Schadenseintritt zu beweisen. Jedoch ist bei der Gewinnv zu beachten, daß es oft ausreicht, wenn der Gewinn zu einem bestimmten Zeitpunkt wahrscheinlich oder möglicherweise zu erwarten war (Anm. 30). Es ist sodann von der Hypothese auszugehen, daß die Anwartschaft sich realisiert hätte: „Als entgangen gilt der Gewinn ..." (§ 252² BGB). In der Praxis sind also die Beweisanforderungen sehr gering. Erfolgt die Berechnung des entgehenden Gewinns nach Maßgabe genehmigter Vsbedingungen, so obliegt der Beweis, daß das Ergebnis der Berechnung den wirklichen Schaden übersteige, dem Ver, und diesen Beweis wird der Ver niemals führen können" (Prölss[17] Anm. 1 zu § 89, S. 369).

Zuweilen begnügen sich AVB mit einer bloßen Glaubhaftmachung. So § 4³ AVB für die Reisewetterv (wo es übrigens einer Schadenanzeige durch den Vmer nicht bedarf und die Schadensermittlung Sache des Vers ist: § 8 I a. a. O.). So auch nach § 2² AVB für die Regenv.

Der Beweiserleichterung dient das Veränderungsverbot in der Hagelv (§ 111), wonach der Vmer an den von dem Hagelschlage betroffenen Bodenerzeugnissen bis zur Feststellung des Schadens grundsätzlich keine Änderungen vornehmen darf. Die Obliegenheit ist konkretisiert in § 17 AHagelB.

Nicht selten werden in das Beweisverfahren bei der Gewinnv unabhängige Dritte eingeschaltet. So sieht das Sachverständigenverfahren des § 13 FBUB die Erarbeitung von Gewinn- und Verlustrechnungen vor, aus denen sich z. B. ergibt, wie sich einerseits das Geschäft während des Bewertungszeitraums ohne Unterbrechung des Betriebes gestaltet hätte (hypothetische Rechnung) und andererseits, wie sich das Geschäft während des Bewertungszeitraums infolge der Unterbrechung gestaltet hat (faktische Rechnung). Dabei ist herauszustellen, „ob und in welcher Weise Umstände, welche die Entschädigungspflicht des Vers beeinflussen, bei Feststellung des Unterbrechungsschadens berücksichtigt worden sind". Einen Ärzteausschuß kennt § 10 AVB für die Lizenzverlustv von Luftfahrern. Bei der Reisewetterv sind für die Schadensberechnung ausschließlich die dem Ver von den Wetterämtern amtlich mitgeteilten Meßergebnisse der zuständigen Regenmeßstelle maßgebend (§ 8 II 1 AVB für die Reisewetterv). Bei der Regenv kommen bei besonderer Vereinbarung auch Sondermessungen durch einen Beamten oder Beauftragten des Deutschen Wetterdienstes in Betracht (§ 4 AVB für die Regenv), und bei Tennisveranstaltungen fällt dem von der Turnierleitung eingesetzten Oberschiedsrichter bedingungsgemäß die Aufgabe zu, schriftlich zu bestätigen, daß eine Spielverzögerung oder ein Speilabbruch erfolgt ist (Besondere Zusatzbedingungen für die Sd-Police).

[32] VII. Rechtsbehandlung der Gewinnversicherung.
1. Schadensversicherung.

Die Gewinnv ist regelmäßig Nichtpersonenv; man denke an Sach-, Betriebs- oder Veranstaltungsgewinn (Anm. 11—21). Eine Nichtpersonenv muß als Schadensv betrieben werden, und es gilt unabdingbar das vsrechtliche Bereicherungsverbot (Anm. 3 vor §§ 49—80).

Das Bereicherungsverbot wird besonders herausgestellt in § 6 V 1 FBUB, und es gilt auch in den Fällen des § 89 II bei der Anwendung der aufsichtsbehördlich genehmigten Bestimmungen über die Berechnung des entgehenden Gewinns (Anm. 30); denn: „Übersteigt das Ergebnis der Berechnung den der wirklichen Sachlage entsprechenden

VII. Rechtsbehandlung der Gewinnversicherung § 53
Anm. 33, 34

Betrag, so hat der Ver nur diesen Betrag zu ersetzen." Gegen die V „extraimaginären Gewinns" in der Seev wenden sich Ritter-Abraham Anm. 46 zu § 1, S. 92.

Und doch gelten in der Gewinnv gewisse Einschränkungen, Durchbrechungen des strengen vsrechtlichen Bereicherungsverbots: Die Möglichkeit oder Wahrscheinlichkeit der Gewinnerwartung reicht aus und wird einer Sicherheit der Gewinnerzielung gleichgeachtet, so daß im Vsfall nicht der Chancenwert, sondern der Realisationswert der Chance erstattet wird (Anm. 30). Ist bei der Beurteilung der Existenz der Gewinnanwartschaft auf einen bestimmten Zeitpunkt, z. B. den der Schließung des Vsvertrages, abzustellen, so verschlägt es nichts, wenn seitdem die Gewinnerwartung zunichte geworden ist (RG 19. IX. 1885 RGZ Bd 15 S. 91—92). Im oben erwähnten Falle des § 89 II wird man — analog § 57² — eine erhebliche Diskrepanz zwischen dem Ergebnis der Berechnung und wirklicher Sachlage voraussetzen müssen (Anm. 34). Ritter-Abraham Anm. 39 zu § 1, S. 85 meinen, die V imaginären Gewinns habe sich „im Laufe der Zeit, am weitesten vom Wesen der Schadensv als einer auf Ersatz von Schaden ... gerichteten V entfernt" (vgl. auch Ritter-Abraham Anm. 46 zu § 1, S. 91—92). Generell stellt Warkallo Mat-Zweiter Weltkongreß II S. 19—22, 27—34 heraus, man könne von einem „präsumierten" Gewinn sprechen; immerhin handle es sich — trotz einiger Gefahren der Gewinnv — bei der Gewinnv nicht um eine Untergrabung des Entschädigungsprinzips, vielmehr um „Ausnahmen, die die Regel bestätigen und die als Ausnahmevorkehrungen mit Vorsicht und strikt zu handhaben sind".

Ausnahmsweise kann eine Gewinnv Personenv sein, sofern es sich nämlich um einen Gewinnentgang durch Personenschäden handelt (Anm. 22). Hier wäre theoretisch die Möglichkeit gegeben, die V als Summenv zu betreiben, aber in der Praxis sind die Filmausfallv und die Lizenzverlustv den Schadensvsregeln unterworfen (Anm. 26, 30).

[33] 2. Aktivenversicherung.

Da bei der Gewinnv das Interesse an einer Gewinnanwartschaft, also die Wertbeziehung zu einem Gute, zu einem Aktivum vert ist, gehört die Gewinnv im Rahmen der Schadensv zur Aktivenv (Anm. 16 vor §§ 49—80, Anm. 71 zu § 49). Bei solcher Aktivenv gibt es einen Vswert, der allerdings bei der Gewinnv manchmal schwer zu ermitteln ist (Anm. 9 zu § 51, Anm. 21 zu § 52). Vgl. über die Gewinnv als Interessev auch Hesse VersR 1963 S. 215—217, Ritter-Abraham Anm. 40 zu § 1, S. 85—86.

Die Gewinnv ist also keine V gegen die Entstehung von Passiven (oder nach einer Einteilung von Braess VW 1969 S. 300—302: keine V gegen planwidrige Ausgaben, vielmehr eine Bruttoeinnahmev). Wenn ein Haftpflichtver dem Haftpflichtigen den Haftpflichtschaden ersetzen muß, so kann der Haftpflichtschaden selbstverständlich auch entgangenen Gewinn umfassen (gleichgültig, ob es sich um eine Personen-, Sach- oder Vermögensschadenhaftpflichtv handelt, Anm. 41 vor §§ 49—80). Dadurch wird aber die Haftpflichtv (Passivenv) nicht zu einer Gewinnv (Aktivenv), und § 53 findet auf die Haftpflichtv keine Anwendung (OLG Hamburg 23. X. 1918 VA 1920 Anh. S. 13—14 Nr. 1124 = HansRZ 1919 Sp. 196—197).

Auch die Krankheitskostenv ist eine Passivenv. Wenn ein kranker Apotheker aus der eigenen Apotheke zum Eigenverbrauch Arzneimittel entnimmt, so kann er von seinem Krankenver nur die Selbstkosten ersetzt verlangen, nicht aber entgangenen Gewinn (LG Bayreuth 28. X. 1964 VersR 1965 S. 77—78 unter Hinweis auf § 53).

[34] 3. Versicherungswert, Taxe.

Über den Vswert bei der V von Gewinninteressen vgl. schon Anm. 21 zu § 52, mit Beispielen, etwa zum Ersatzwert in der Feuerbetriebsunterbrechungsv. Weitere Beispiele Anm. 30.

Die Vssumme sollte dem Vswert möglichst genau entsprechen, sonst entsteht eine Unter- oder Überv (Anm. 35).

Zu Zwecken der Beweiserleichterung fingiert § 100 I ADS bei der V imaginären Gewinns die Vereinbarung einer Taxe; es „gilt die Vssumme als Taxe". „Untaxierte Gewinnpolicen wären eine Quelle von Streitigkeiten" (Ritter-Abraham Anm. 11 zu § 100, S. 1210). Bei einer gemeinschaftlichen V der Güter und des Gewinns „gelten 10% der Taxe als Taxe des Gewinns" (§ 101² ADS). Gerade umgekehrt verbietet § 89 I für die Feuerv eine Taxe, aus Gründen des durch eine Taxe angeblich erhöhten subjektiven Risikos (Begr. I S. 96). Bei der laufenden V gelten die im Gesetz vorgesehenen Beschränkungen der Vertragsfreiheit nicht (§ 187 II). Da aber § 89 I als absolut zwingende Bestimmung angesehen werden muß, kann sie auch in einer laufenden V nicht wegbedungen werden (Anm. 42, 46 Einl., a. A. RG 8. VI. 1928 JRPV 1928 S. 198 = VersPrax 1928 S. 91—92; Vorinstanz: KG 10. XII. 1927 JRPV 1928 S. 44, unentschieden Prölss[17] Anm. 2 zu § 89, S. 369).

Eine Herabsetzung der Taxe kann nach allgemeinen Grundsätzen bei erheblicher Übersetzung erfolgen (§ 57²). Das Wort „erheblich" ist in § 100 II ADS wohl nur infolge eines Redaktionsversehens fortgelassen worden (Ritter-Abraham Anm. 12 zu § 100, S. 1211).

Auch das Ergebnis der Berechnung des entgehenden Gewinns nach Maßgabe der aufsichtsbehördlich genehmigten Vsbedingungen kann gemäß § 89 II 2 der wirklichen Sachlage angepaßt werden. Eine gewisse Schwankungsbreite entspricht der Intention der Berechnungsbestimmungen. Auch hier ist demnach eine erhebliche Differenz zwischen Berechnung und Realität vorauszusetzen. Prölss[17] Anm. 1 zu § 89, S. 369 meint, die Berechnungsgrundlage werde gerade vereinbart, weil eine exakte Schadensberechnung unmöglich sei und deshalb werde der Ver den Beweis niemals führen können, daß das Ergebnis der Berechnung den wirklichen Schaden übersteige. Ganz so aussichtslos dürfte die Beweislage für den Ver aber nicht sein.

[35] **4. Unter-, Überversicherung.**

Gewinnerwartungen sind schwer bezifferbar und schwanken. Bei Gewinnven kommt es deshalb leicht zu einer Unter- oder Überv, sei es bei Vertragsabschluß, sei es später.

Am eingehendsten befassen sich mit dem Problemkreis die §§ 5, 9, 11 III FBUB. Danach wird bei der Unterv die Proportionalitätsregel des § 56 voll angewendet, was dadurch ermöglicht wird, daß der Ersatzwert ganz klar definiert ist. Für den Vmer empfiehlt sich eine vorsichtige, d. h. großzügige Bemessung der Vssumme, da der Ver in gewissen Grenzen eine volle Prämienrückgewähr zugesteht (Fusshoeller-John a. a. O. Anm. 1 zu § 9, S. 98).

Die §§ 4, 6 II, III AVB für die Film-Ausfall-V sehen im Zusammenhang mit der Hauptv eine Vorsorgev vor, die bei der Beurteilung, ob eine Unterv vorliege, mit zu berücksichtigen ist, während bei einer Überv „die gezahlte Prämie auf den nicht im Risiko gewesenen Teil der Vorsorgev zurückgezahlt" wird und im übrigen § 51 gilt.

Bei den Ven gegen Betriebsschließung infolge Seuchengefahr ist dem Vmer eine echte Rechtspflicht (keine bloße Obliegenheit) auferlegt worden, bestimmte Änderungen der Wochenumsatzsumme anzuzeigen und den Vsvertrag zu „berichtigen": § 8 AVB für die V von Fleischerhandwerksbetrieben gegen Vermögensschäden durch Betriebsschließung infolge Seuchengefahr, § 6 AVB für die V von Betrieben gegen Vermögensschäden durch Betriebsschließung infolge Seuchengefahr.

Bei der Mietverlustv, die mit der Feuerv verbunden ist, wirkt sich eine Unterv hinsichtlich der vten Sachen entsprechend auf die Mietverlustv aus (Wussow AFB Anm. 43 zu § 1, S. 180—181). Die selbständige Mietverlustv kennt eine Unterv, falls die Vssumme niedriger ist als der Betrag des Jahresmietzinses (§ 5 Bedingungen für die V gegen Mietverlust infolge von Brand, Blitzschlag oder Explosion).

Dagegen ist der Einwand der Unterv in einigen Gewinnvszweigen ausgeschlossen. Es handelt sich z. B. um eine V auf erstes Risiko gemäß § 4 I 2 Sonderbedingungen für die einfache Betriebsunterbrechungs-V (Klein BU-V) und § 5 I 2 AVB für die Reisewetterv.

Über die Behandlung der Überv in der Hagelv § 11 III AHagelB, wonach für Überven kein Ersatz geleistet wird; aber eine Überv besteht nur, wenn die Vssumme eines Feldstücks den zu erwartenden Erntewert um mehr als 25% übersteigt. Ein „großzügig bemessener Spielraum", „weil es unmöglich ist, den zu erwartenden Ernteertrag mit voller Genauigkeit vorauszubestimmen" (Knoll a. a. O. S. 21).

[36] **5. Mehrfache, Doppelversicherung.**

Treffen eine Sach- und eine Gewinnv zusammen, so handelt es sich nicht um eine mehrfache V (§ 58), und auch eine Doppelv (§ 59 I) kann nicht vorliegen, weil das Sach-

VII. Rechtsbehandlung der Gewinnversicherung § 53
Anm. 37—39

interesse und das Gewinninteresse streng zu unterscheiden sind. Dennoch normiert § 90 für den Bereich der Feuerv eine Mitteilungsobliegenheit sowohl gegenüber dem Sach- als auch dem Gewinnver. Solche Offenlegung der Verhältnisse könnte wegen des subjektiven Risikos erwünscht sein, das sich jedenfalls für den Sachver bei gleichzeitigem Bestehen einer Gewinnv erhöht. Bei kombinierten und gebündelten Sach- und Gewinnven (Anm. 24) entfällt die Mitteilungspflicht, da der Ver den Sachverhalt bereits kennt. Da § 90 keine Sanktion vorsieht, normiert für die Sachv § 9 I AFB die Verwirkungsfolgen, während für die Feuerbetriebsunterbrechungsv § 90 ein Schwert mit stumpfer Klinge bleibt (Prölss[17] Anm. 1 zu § 90, S. 369).

Eine echte mehrfache V und Doppelv können vorliegen, wenn zwei Gewinnven zusammentreffen. Hat sich eine Gewinnanwartschaft erhöht, so muß im zweiten Vsvertrag erkennbar gemacht werden, daß der über den schon vten Gewinn hinausreichende Gewinn vert werden soll (Ritter-Abraham Anm. 9 zu § 100, S. 1210 mit Hinweis auf RG 19. IX. 1885 RGZ Bd 15 S. 84).

[37] **6. Herbeiführung des Versicherungsfalles.**

Bei einem gedehnten Vsfall (Anm. 28) läßt sich § 61 auf verschiedenen Stufen der Gefahrverwirklichung anwenden: So kann in der Feuerbetriebsunterbrechungsv der Vmer entweder „den Sachschaden oder den Unterbrechungsschaden vorsätzlich oder grobfahrlässig" herbeiführen (§ 14 FBUB).

Bei der Lizenzverlustv ist nur eine solche Fluguntauglichkeit aus der V ausgeschlossen, die verursacht ist durch „absichtliche Herbeiführung von Krankheit oder Kräfteverfall, absichtliche Selbstverletzung oder verursachte Selbsttötung" (§ 2 I b) AVB für die Lizenzverlustv von Luftfahrern).

Bei der Betriebsschließung infolge Seuchengefahr haftet der Ver nicht, wenn die Verbreitung von Krankheiten durch wissentliches Abweichen des Vmers von den Vorschriften des Bundesseuchengesetzes und des Fleischbeschaugesetzes sowie der dazu erlassenen Durchführungsverordnungen verursacht ist (§ 5 AVB für die V von Fleischerhandwerksbetrieben gegen Vermögenschäden durch Betriebsschließung infolge Seuchengefahr; vgl. auch § 4 I AVB für die V von Betrieben gegen Vermögenschäden durch Betriebsschließung infolge Seuchengefahr).

[38] **7. Rettungspflicht, Aufwendungen.**

Die Obliegenheit, nach Möglichkeit für die Abwendung und Minderung des Schadens zu sorgen, ist bei gedehnten Vsfällen laufend zu erfüllen, so daß bei einer Feuerbetriebsunterbrechungsv der Vmer nicht nur einen Brand und damit einen Sachschaden abzuwenden und zu mindern hat, sondern auch einen Unterbrechungsschaden abwenden und mindern muß (§ 10 II a) FBUB). Die Rettungsmaßnahmen können sich auf die ganze Unterbrechungsdauer erstrecken (Fusshoeller-John a. a. O. Anm. 1 zu § 11, S. 108).

Was den Aufwendungsersatz anlangt, so spricht § 11 I FBUB nur von solchen zur Abwendung oder Minderung „des Unterbrechungsschadens". Wird aber ein Sachschaden abgewendet, der eine Unterbrechung zur Folge gehabt hätte, so erscheint es unbillig, die Aufwendungen nur dem Sachver, nicht aber auch dem Gewinnver aufzuerlegen. (A. M. Ritter-Abraham Anm. 6 zu § 100, S. 1209 für den Fall der Abwendung eines Güterschadens, wenn dadurch zugleich auch imaginärer Gewinn gerettet wird.)

[39] **8. Ausgleichung von Vorteilen.**

Da die Gewinnv Schadensv ist, gelten die Grundsätze der vsrechtlichen Vorteilsausgleichung (Anm. 51—54 vor §§ 49—80). Da oft Sachschaden und Gewinnentgang zusammentreffen, aber bei verschiedenen Vern gedeckt sind, stellt sich die Aufgabe, die mit dem Gewinnentgang korrespondierenden Vorteile abzutrennen. Das wird relativ einfach sein bei dem Übergang von Ersatzansprüchen gemäß § 67 I 1; denn hier kommt es darauf an, ob der Dritte speziell auch verpflichtet ist, den entgangenen Gewinn zu ersetzen.

In Erweiterung des § 67 I 1 sollen in der V durch Betriebsschließung infolge Seuchengefahr auch behördlich gewährte Entschädigungen (§ 3 II AVB für die V von

Fleischerhandwerksbetrieben gegen Vermögenschäden durch Betriebsschließung infolge Seuchengefahr) oder ,,Amtshaftungs-, Aufopferungsansprüche oder Ansprüche aus dem Bundesseuchengesetz" (§ 4 II, III AVB für die V von Betrieben gegen Vermögensschäden durch Betriebsschließung infolge Seuchengefahr) auf die Leistungen des Vers ,,angerechnet" werden, wobei zum Teil vorgesehen ist, daß der Ver in Höhe dieser Ansprüche dem Vmer zunächst ein Darlehen zur Verfügung stellt.

§ 6 V 2 FBUB leitet aus dem Bereicherungsverbot ab: ,,Wirtschaftliche Vorteile, die sich nach Ablauf des Bewertungszeitraumes als Folge der Unterbrechung innerhalb der Haftzeit ergeben, sind in billiger Weise zu berücksichtigen." Hier werden also zeitlich recht spät auftauchende Vorteile noch berücksichtigt. Fusshoeller-John a. a. O. Anm. 5 zu § 6, S. 90 setzen voraus, daß es sich um erhebliche wirtschaftliche Vorteile handeln müsse; zu denken sei an Produktions- und Absatzsteigerungen bis zum Ende der Haftzeit, das längere Zeit hinter dem Ende des Bewertungszeitraums (des Unterbrechungsschadens) liegen könne.

Den Übergang von Sachvorteilen sieht § 11 II AVB für die Film-Ausfall-V vor, z. B. können vor Bezahlung eines Schadens auszuliefern sein ,,alle Filmstreifen und Kopien ..., Requisiten und Kostüme ..., Manuskripte und Musik", wobei aber Filmstreifen und Kopien von den Vern zu vernichten sind. Der Vszweig kennt auch eine eigenartige Regreßnahme gegen Künstlerinnen, welche bei der Antragstellung den Vern, der vten Firma und dem Vertrauensarzt gegenüber ihre Schwangerschaft verschwiegen haben (§ 2 II a. a. O.).

Zur Vorteilsausgleichung bei der V imaginären Gewinns vgl. § 103 II ADS, bei der Hagelv vgl. § 19 III Abs. 1 AHagelB.

[40] 9. Veräußerung versicherter ,,Sache".

Die Vorschriften über die ,,Veräußerung der vten Sache" (§§ 69—73) können auf Gewinnven nicht unmittelbar angewendet werden; denn die Gewinnv ist nie eine Sachv.

Für die Hagelv schreiben jedoch die §§ 114—115 eine modifizierte Anwendung der Veräußerungsbestimmungen vor, und ein Übergang des Vsverhältnisses kommt nicht nur bei Eigentumswechsel in Betracht, sondern auch bei Begründung eines Nießbrauchs, eines Pachtvertrages oder eines ähnlichen Verhältnisses. Näheres zum Übergang des Vsverhältnisses bei Besitzwechsel in der Hagelv Knoll a. a. O. S. 46—50.

In den übrigen Fällen einer Sachgewinnv (Anm. 11—15, 17) erscheint es möglich und angezeigt, bei Veräußerung der Sache auch das Gewinnvsverhältnis auf den Erwerber übergehen zu lassen, wenn der Erwerber mit der Sache auch die Gewinnanwartschaft erlangt. Hier sind die §§ 69—73 analog anzuwenden.

Kühner schon wäre die analoge Anwendung, falls ein Betrieb veräußert wird, sodaß zugleich die Betriebsgewinnanwartschaft ihren Träger wechselt. Zum Streitstand generell Lenski, Zur Veräußerung der vten Sache, Karlsruhe 1965, S. 65—67, der sich gegen die Analogie wendet. Unentschieden Fusshoeller-John a. a. O. S. 125—126. Berücksichtigt man § 151 II, wonach sogar bei einer Passivenv, nämlich bei einer Betriebshaftpflichtv die Veräußerungsbestimmungen entsprechend angewendet werden sollen, so sprechen doch überwiegende Gründe auch hier für die Analogie (so auch Magnusson a. a. O. S. 109—128, 143).

Dagegen ist bei einer V von Veranstaltungsgewinn oder gegen Gewinnentgang durch Personenschäden kein Raum für eine entsprechende Anwendung der §§ 69—73.

[41] VIII. Abdingbarkeit des § 53.

§ 53 ist nicht (absolut oder relativ) zwingend. Die Vorschrift besagt nur, daß es zur V eines Gewinninteresses einer besonderen Vereinbarung bedarf. Für solche Vereinbarung besteht Vertragsfreiheit, die allerdings eingeschränkt ist durch das allgemeine schadensvsrechtliche Bereicherungsverbot (Anm. 32) und einige spezielle Vorschriften, z. B. für die Feuerv § 89 I, II 2 (Anm. 34).

VIII. Abdingbarkeit des § 53 § 53
Anm. 41

Die **Vertragsfreiheit** läßt einen erheblichen Spielraum bei der Umschreibung der vten Gewinnanwartschaften, z. B. hinsichtlich des erforderlichen Erwartungsgrades und des Beurteilungszeitpunktes (Anm. 30). Der Gewinnv ist noch eine vielfältige Entfaltung zu prophezeien.

§ 54

Ist die Versicherung für einen Inbegriff von Sachen genommen, so umfaßt sie die jeweils zu dem Inbegriffe gehörigen Sachen.

Inbegriffsversicherung.

Gliederung:

Entstehung Anm. 1
Schrifttum Anm. 2
I. Zweck der Vorschrift Anm. 3
II. Anwendungsbereich der Vorschrift Anm. 4—7
  1. Unmittelbar: Sachv Anm. 4
  2. Analog: Aktivenv Anm. 5
  3. Analog: Passivenv Anm. 6
  4. Analog: Summenv Anm. 7
III. Wesen des Inbegriffs Anm. 8—13
  1. Im allgemeinen Zivilrecht Anm. 8
  2. Im Vsvertragsrecht Anm. 9—13
    a) Definition Anm. 9
    b) Abgrenzungen Anm. 10—13
      aa) Inbegriff und Verzeichnisse Anm. 10
      bb) Inbegriff und Positionen Anm. 11
      cc) Inbegriff und summarische V Anm. 12
      bb) Inbegriff und laufende V Anm. 13
IV. Umschreibung des Inbegriffs Anm. 14—21
  1. Vertragliche Vereinbarung Anm. 14

  2. Sonstige Hilfsmittel Anm. 15
  3. Verhältnis zum Sachenrecht Anm. 16
  4. Ein- und Ausschlüsse Anm. 17
  5. Praktische Beispiele Anm. 18—21
    a) Industriefeuerv Anm. 18—19
      aa) Gruppenerläuterung Anm. 18
      bb) Einzelprobleme Anm. 19
    b) Hausratv Anm. 20
    c) Tierv Anm. 21
V. Rechtsbehandlung der Inbegriffsv Anm. 22—34
  1. Anfangsbestand Anm. 22
  2. Zugang Anm. 23—26
    a) Wirkung Anm. 23
    b) Ortsfrage Anm. 24
    c) Verlautbarung Anm. 25
    d) Gefahrerhöhung Anm. 26
  3. Abgang Anm. 27—30
    a) Wirkung Anm. 27
    b) Ortsfrage Anm. 28
    c) Verlautbarung Anm. 29
    d) Gefahrminderung Anm. 30
  4. Über- und Unterv Anm. 31
  5. Veräußerung vter Sachen Anm. 32
  6. Wegfall des Interesses Anm. 33
  7. Beweislast Anm. 34
VI. Abdingbarkeit des § 54 Anm. 35

[1] Entstehung: § 54 ist unverändert geblieben. — Begr. I S. 62.

[2] Schrifttum: Berndt, Der Ersatzwert in der Feuerv, Weissenburg 1951, Blanck VW 1961 S. 197—198, Entschädigungsberechnung in der Sachv, 2. Aufl., Karlsruhe 1963, Bolte, Die Feuerv von Hausrat, Göttinger Diss. 1936, Düby, Die rechtliche Natur der Kollektivv, Bern 1930, Keunecke, Das Recht der Einbruchdiebstahlv unter Berücksichtigung der Hausratv, Hamburger Diss. 1965, Keup MittÖffFeuerVsAnstalten 1912 S. 228—230, Kisch III S. 147—155, Lenski, Die Veräußerung der vten Sache, Karlsruhe 1965, Ottow, Interessen- und Gefahrenwegfall, Hamburger Diss. 1965, Prölss Einbruchdiebstahlv[3] S. 103—107, Roelli-Jaeger II Anm. 1—13 zu Art. 66, S. 455—460, Weiland, Die Feuerv im Dienste der Landwirtschaft, Düsseldorf (1911), Wussow AFB Anm. 12—16 zu § 3 AFB, S. 218—221.

[3] I. Zweck der Vorschrift.

Der Ver muß wissen, welche Interessen er vert, welche Schäden er zu ersetzen haben wird; denn sonst kann er das Risiko nicht beurteilen. Das vte Interesse ist durch die vte Person und das vte Gut gekennzeichnet; die vten Güter, insbesondere die vten Sachen müssen im Vsvertrage genau bezeichnet werden (Anm. 122 zu § 49), damit im Schadensfall feststeht, welcher Einzelschaden vom Ver zu ersetzen ist. Kisch III S. 147 spricht von der Individualisierung der vten Sachen.

Es wäre nun aber mühevoll und kaum praktikabel, beim Abschluß eines Vsvertrages z. B. jene unzähligen Sachen etwa in Listen zu erfassen, die zu einem Hausstand gehören. Überdies besteht oft eine ständige Fluktuation durch Zu- und Abgänge. Deshalb erscheint es **rationell**, mit **Inbegriffen** Gruppen von Sachen zusammengefaßt zu vern und dabei auch die Veränderungen einzubeziehen. Praktisches Bedürfnis und mutmaßlicher Parteiwille haben deshalb zur Vorschrift des § 54 hingeführt (Begr. I S. 62), wonach alle jeweils zu dem Inbegriff gehörenden Sachen vert sind.

Bestünde § 54 nicht, so wären wohl nur die zur Zeit des Vertragsabschlusses oder des materiellen Vsbeginns, also zu einem gewissen **Zeitpunkt** vorhandenen Sachen vert, und das vte Interesse würde wegfallen (§ 68 II), falls allmählich alle Sachen aus dem Inbegriff, z. B. aus einem Warenbestand, ausscheiden (Kisch III S. 153; das OLG Colmar 14. V. 1912 VA 1914 Anh. S. 26—27 Nr. 796 nahm allerdings an, der Rechtsgedanke des § 54 habe auch schon im vorgesetzlichen Recht Geltung beansprucht, dazu in der Tat: OAG Lübeck 29. XI. 1862 SeuffArch Bd 19 S. 282—284 Nr. 177, Endemann ZHR Bd 10 S. 254—255). § 54 stellt klar, daß es auf den **jeweiligen Bestand** ankommt, so daß ein Wegfall des vten Interesses nur in Betracht kommt, wenn (endgültig) der Bestand durch Abgänge erschöpft ist und Zugänge nicht zu verzeichnen sind (dazu vgl. Anm. 33). Da § 54 nicht zwingend ist, kann jedoch — abweichend von dieser Norm — vereinbart werden, es solle nur der Bestand eines bestimmten Zeitpunktes vert werden.

Im Falle von § 54 kann man von einer **Inbegriffsv** sprechen, Kisch III S. 152 redet von einer **Gesamtv**. In der Schweiz verwendet man den Ausdruck Kollektivv (Düby a. a. O. S. 82—83, Koenig[3] S. 315, Roelli-Jaeger II Anm. 3 zu Art. 66, S. 457) auch für eine Inbegriffsv, während in Deutschland dieser Ausdruck heute (für die Vergangenheit: Ehrenberg S. 287—288) der V einer Mehrheit von Personen vorbehalten zu werden pflegt, speziell der Gruppenv (Anm. 87 zu § 1).

[4] II. Anwendungsbereich der Vorschrift.

1. Unmittelbar: Sachversicherung.

§ 54 steht zwar unter den Vorschriften für die gesamte Schadensv, gilt aber nach seinem Wortlaut nur für die Sachv. Die Begr. I S. 62 nennt als Beispiele die Feuer-, Diebstahls- und Viehv von Inbegriffen und erwähnt, ,,daß in den Fällen, in denen die V für einen nur der Gattung nach bezeichneten Viehbestand genommen ist, die neugeborenen Tiere von selbst in die V einbezogen sind". Einer Sondernorm bedurfte es insoweit nicht.

Über die genannten Vszweige hinaus kommen Inbegrifsven in praktisch allen Sachvszweigen vor. Schon in der Benennung des Vszweiges tritt ein Inbegriff hervor bei der **V des Hausrats**.

Zu der Frage, ob die zum Inbegriff gehörenden Sachen dem **gleichen Eigentümer** gehören müssen, vgl. Anm. 9.

[5] 2. Analog: Aktivenversicherung.

Es steht nichts im Wege, auch außerhalb der Sachv Inbegriffsven zu vereinbaren und sodann § 54 analog anzuwenden. Zur Stützung dieser Auffassung kann auch auf § 30 verwiesen werden, der die V einer Mehrheit von ,,Gegenständen" voraussetzt, und diese Mehrheit kann auch durch einen Inbegriff umschrieben werden (dazu Düby a. a. O. S. 48—52; Anm. 6 zu § 30).

Die Analogie zu § 54 liegt auf der Hand, wenn **Sachgewinninteressen** vert werden, womöglich sogar kombiniert oder gebündelt mit Sachinteressen (Anm. 11—17, 24 zu § 53). Aber auch andere Anwartschaften könnten durch einen Inbegriff gekennzeichnet

II. Anwendungsbereich der Vorschrift

werden. Für den Betriebsgewinn faßt § 4 IV FBUB die Inbegriffe Geschäftsgewinn und Geschäftskosten für den Regelfall zusammen (Bruttoertrag).

Für die inbegriffsweise V von Forderungsinteressen bietet die Kreditv manches Beispiel, man denke an die Warenkreditv, wo der Begriff der „Forderungen aus Warenlieferungen" gegen die in die V eingeschlossenen Kunden eine Rolle spielt und wo alle jeweiligen derartigen Forderungen vert sind. Oder man denke an die Teilzahlungskreditv, wo die Abstellung auf die eingeschlossenen Kunden entfällt und es nur darauf ankommt, ob im Vsschein festgelegte Kaufgegenstände gegen Teilzahlung verkauft worden sind, v. Halem, Kreditv, Wiesbaden 1964, S. 41—43 = Vswirtschaftliches Studienwerk F V 9 S. 26—29 weist darauf hin, eine gesunde Risikomischung könne schon beim einzelnen Vmer dadurch erreicht werden, daß ein Warenkreditvsvertrag den gesamten Kreditumsatz des Vmers umfaßt oder „zum mindesten den Kreditumsatz mit allen Kunden des Vmers, denen Warenkredite über einen gewissen Betrag hinaus eingeräumt werden". Dementsprechend werden Pauschaldelkrederev und Mantelv (von der gefährlichen Einzelv) unterschieden, und schon die Bezeichnungen lassen ersehen, daß alle unter die generelle Pauschal- oder Mantelregelung fallenden Forderungen inbegriffsmäßig vert sind. Vgl. auch Weipert, Teilzahlungsgeschäft und V, Karlsruhe 1966, S. 8—10, der bei der Mantelkreditv eine laufende V als gegeben ansieht. Zur Abgrenzung Anm. 13.

[6] 3. Analog: Passivenversicherung.

Auch die Passivenv kann nicht darauf verzichten, manche Passiven, gegen deren Entstehung Vsschutz gewährt wird, zusammenfassend zu umschreiben.

In der Haftpflichtversicherung erfolgt die primäre gegenständliche Begrenzung des Vsschutzes in doppelter Weise, nämlich einmal durch § 1 I AHB, wonach der Vmer nur vert ist für den Fall, daß bestimmte Schadensersatzansprüche gegen ihn erhoben werden. Schon die Kennzeichnung dieser Schadensersatzansprüche erfolgt abstraktgenerell, und man könnte von einem Inbegriff bestimmter Passiven sprechen. Näheres Bruck-Möller-Johannsen Anm. G 57—82. Aber ein Haftpflichtver muß seine Gefahrtragung primär noch genauer eingrenzen, und das geschieht vermittelst des Instituts des vten „Risikos" (im spezifisch haftpflichtvsrechtlichen Sinn). Im Vsschein oder seinen Nachträgen werden die vten „Eigenschaften, Rechtsverhältnisse oder Tätigkeiten des Vmers" angegeben, und der Vsschutz erstreckt sich nur auf die gesetzliche Haftpflicht aus diesem Risiko (§ 1 IIa) AHB), ferner allerdings auf Erhöhungen oder Erweiterungen des vten Risikos (§ 1 IIb) AHB) und — im Wege der Vorsorge-V — auf neu entstehende Risiken (§§ 1 II c), 2 AHB). Diese primären Begrenzungen führen zu einer Spezialisierung der vten Gefahr (Bruck-Möller-Johannsen Anm. G 83), aber doch nur in dem Sinne, daß der Vmer bei der Entstehung von bestimmten Schadensersatzansprüchen, die zu einem Inbegriffe gehören, gedeckt ist, z. B. als Privatmann, Haus- und Grundbesitzer, Hundehalter, Jäger, aus betrieblicher oder beruflicher Tätigkeit, etwa als Fleischer, Friseur, Architekt. Die Abgrenzung dieser Sphären, bei welcher der Prämientarif herangezogen werden kann, ist schwierig, aber notwendig (Einzelheiten zu §§ 1 II, 2 AHB bei Bruck-Möller-Johannsen Anm. G 83—144).

Auch die Krankheitskostenv vert gegen Inbegriffe von Passiven, nämlich verschiedene notwendige Aufwendungen, die im Tarif und den Tarifbedingungen genauer umschrieben werden (§ 4 I MB/KK). So kann es z. B. notwendig werden, die Begriffe der Arzneien, Heil- und Hilfsmittel möglichst klar zu bestimmen (dazu Ohrt, Die AVB der Privaten Krankenv, Karlsruhe 1961, S. 151—155).

Wenn der Feuerver Aufräumungs-, Abbruchs- und Feuerlöschkosten ersetzt (vgl. Anm. 18 a. E.) so handelt es sich gleichfalls um Inbegriffe von Passiven.

[7] 4. Analog: Summenversicherung.

Bei der Summenv, die notwendigerweise Personenv ist, kann man nur in einem sehr erweiterten Sinne von einer Inbegriffsv sprechen. Ein „Personeninbegriff" kann eine Rolle insbesondere spielen bei einer Gruppenv. Millauer, Rechtsgrundsätze der Gruppenv, 2. Aufl., Karlsruhe 1966, S. 16 bezeichnet es als Idealfall der Gruppenv, wenn „die Risiken der Gruppe in deren jeweiligem, wechselnden Bestande, also in jedem denkbaren Zeitpunkt zu 100%" erfaßt werden. Solche „automatische V" macht eine sehr präzise Umschreibung der Gruppe erforderlich, zumal dann, wenn die V ohne Namensnennung erfolgt; aber auch in allen anderen Fällen der Gruppenv ist die Umschreibung des in Betracht kommenden Personenkreises nötig, auch für die Bestimmung des Zugangs und Abgangs und damit des Kreises der jeweils vten Gefahrspersonen. Mit der Bestimmung der „Gruppe", welche dem Inbegriffe entspricht, befaßt sich Millauer a. a. O. S. 6—14; es handelt sich hier um Begriffe wie Arbeitnehmer, Veranstaltungsteilnehmer, Vereinsmitglieder. Vgl. auch Ehrenzweig VersR 1955 S. 197 (Inbegriff von Personen), Koenig[3] S. 219.

[8] **III. Wesen des Inbegriffs.**
1. Im allgemeinen Zivilrecht.

Außerhalb des Vsrechts taucht das Wort „Inbegriff" in verschiedenen Bestimmungen auf, z. B. den §§ 92 II, 260 I, 1035[1] BGB. Die Bedeutung ist — je nach dem Sinne der einzelnen Vorschrift — nicht ganz einheitlich; denn zuweilen stellt man die durch den Inbegriff zusammengefaßten Objekte in den Vordergrund, zuweilen aber auch das die Objekte zusammenhaltende Band.

Was zunächst die zusammengefaßten Objekte anlangt, so spricht das Gesetz manchmal von Sachinbegriffen (§§ 92 II, 1035[1] BGB), also von einer Gesamtheit von Sachen i. S. von § 90 BGB, manchmal aber auch von Gegenstandsinbegriffen (§ 260 Abs. 1 BGB), also einer Gesamtheit von Sachen, Rechten und anderen Gütern. Schon hier erklärt sich der jeweilige Gehalt des „Inbegriffs" aus dem zu ordnenden Sachverhalt: In § 92 etwa geht es um die Definition verbrauchbarer Sachen und in § 260 BGB um ein Verzeichnis, das die Funktion hat, vollständigen Aufschluß zu geben, woraus die Notwendigkeit resultiert, in dem Verzeichnis nicht nur Sachen, sondern auch andere Aktiva aufzuführen. Es lassen sich aber auch Passiva in Inbegriffen zusammenfassen, z. B. Geschäftsschulden oder enger: Lieferantenschulden, Bankschulden. Ein Vermögen und ein Sondervermögen, z. B. ein Unternehmen, läßt sich vom Objekt her kennzeichnen als ein Inbegriff von Aktiva und Passiva (vgl. Soergel-Baur Anm. 9—17 vor § 90, S. 364—366).

Das die Objekte zusammenfassende Band kann wirtschaftlich-faktischer Natur sein und besonders auf einem bestimmten gemeinsamen — meist ökonomischen — Zweck beruhen, welcher die Sachen etwa einem bestimmten Geschäftsbetrieb oder Haushalt widmet, man denke an Inventar oder Hausrat oder daran, daß nach § 1035 BGB ein Nießbrauch an einem Inbegriff von Sachen bestellt wird. Das Band kann aber auch ein solches rechtlicher Natur sein, wobei darauf abgehoben wird, daß bestimmte Aktiva und Passiva einer bestimmten Person zugeordnet sind. Hier ist auf § 260 BGB zu verweisen: „Unter einem Inbegriff von Gegenständen im Sinne dieses Paragraphen ist jede Mehrheit von Vermögensgegenständen, Sachen wie Rechten oder Forderungen zu verstehen, bei der der Berechtigte nach dem obwaltenden Verpflichtungsgrunde nicht in der Lage ist, die einzelnen Vermögensgegenstände zu bezeichnen, und bei der die Einheitlichkeit dieses Rechtsgrundes, der zur Herausgabe oder Auskunftserteilung verpflichtet, das Band bildet, welches jene Mehrheit zum Inbegriff vereinigt" (RG 4. IV. 1917 RGZ Bd 90 S. 139 hinsichtlich gezogener Nutzungen).

Zusammenfassend läßt sich der Inbegriff von Sachen oder Gegenständen (im Anschluß an Oertmann ArchZivPrax Bd 136 S. 88—104 und — ihm folgend — Soergel-Baur Anm. 6 vor § 90, S. 364) definieren als eine Mehrheit selbständiger Sachen, die wegen ihres gemeinsamen Zwecks zu einer wirtschaftlichen Einheit verbunden sind, ohne zueinander im rechtlichen Verhältnis der Über- und Unterordnung zu stehen.

Während die einzelnen in einem Inbegriff zusammengefaßten Sachen körperlicher Natur sind (§ 90 BGB), ist der Inbegriff selbst etwas Unkörperliches (Lehmann-Hübner, Allgemeiner Teil des Bürgerlichen Gesetzbuches, 16. Aufl., Berlin 1966, S. 374).

Bei der rechtlichen Behandlung der Sachinbegriffe bleibt im Sachenrecht der Spezialitätsgrundsatz zu beachten, so daß z. B. eine Verpfändung eines Holzlagers als Sachinbegriff rechtlich unmöglich ist; möglich ist nur die Verpfändung der zu der Sachgesamtheit gehörigen Einzelsachen (RG 23. XII. 1902 RGZ Bd 53 S. 218—221). Bei der Sicherungsübereignung von Warenlagern stellt sich die Aufgabe, auch künftige Waren im Lager mit wechselndem Bestand einzubeziehen, wofür Nachschub- oder

III. Wesen des Inbegriffs **§ 54**
Anm. 9

Ersatzklauseln erforderlich sind, mit antizipierter Einigung und antizipiertem Besitzkonstitut (dazu Serick, Eigentumsvorbehalt und Sicherungsübertragung, Bd II, Heidelberg 1965, S. 163—176, mit Hinweis auf Mantelsicherungsübereignungsverträge; BGH 13. VI. 1956 BGHZ Bd 21 S. 52—59). Zuweilen wird das Einigungsprinzip gerade bei Inbegriffen durch das Surrogationsprinzip ersetzt (vgl. z. B. §§ 718 II, 2019, 2041, 2111, 2374 BGB).

Bei der Gestaltung **schuldrechtlicher** Beziehungen kann — anders als im Sachenrecht — durchaus an Sachinbegriffe angeknüpft werden, z. B. bei der Verpflichtung zur Vorlegung eines Verzeichnisses (§ 260 BGB) oder beim Verkauf oder der Vermietung oder Verpachtung eines Sachinbegriffs, etwa eines Landgutes mit Inventar und landwirtschaftlichen Erzeugnissen (§§ 586—594 BGB). Deshalb kann sich auch ein Vsvertrag auf einen Sachinbegriff beziehen.

[9] 2. Im Versicherungsvertragsrecht.
a) Definition.

Aus Gründen der Rationalisierung werden sehr häufig Sachinbegriffe vert; das sachenrechtliche Bestimmtheitsprinzip gilt hier nicht (Anm. 8). Der Grundsatz, wonach der Ver nur **Einzelschäden** ersetzt (Anm. 4 vor §§ 49—80), schließt doch nicht aus, daß Sachinbegriffe vert werden, zumal wenn die Risikolage bei den zur Sachgesamtheit zählenden Sachen einheitlich ist.

Im übrigen sorgt der **Interessebegriff** dafür, daß der Kreis der Vten feststeht. Im Zweifel ist nur das Eigentümerinteresse des Vmers vert (§ 80 I; Anm. 55 zu § 52). Es entsteht ein V für fremde Rechnung, wenn für die Feuerv § 85¹ bestimmt, eine für einen Inbegriff von Sachen genommene V erstrecke „sich auf die Sachen der zur Familie des Vmers gehörenden sowie der in einem Dienstverhältnis zu ihm stehenden Personen, sofern diese Personen in häuslicher Gemeinschaft mit dem Vmer leben oder an dem Orte, für den die V gilt, ihren Beruf ausüben." Hiernach gibt es **überpersonale, mehrpersonale** Inbegriffe (irrig aber die generelle Trennung der „Ordnungsreihen" Eigentum und Inbegriff bei Blanck VW 1961 S. 197—198, irrig auch OLG Celle 15. VII. 1953 VersR 1953 S. 388, OLG Köln 30. XI. 1933 HansRGZ 1934 A Sp. 174, wonach es bei Inbegriffsven gemäß § 2 I 1 AFB stets auf den Interesseträger ankommen soll, bei der V von Einzelsachen dagegen nicht). Bruck S. 421 Anm. 81, S. 605 Anm. 33 will § 85¹ auch außerhalb der Feuerv anwenden und beruft sich auf KG 3. X. 1905 VA 1905 Anh. S. 111 Nr. 171. Für die Haftpflichtv „aus einem geschäftlichen Betriebe des Vmers" bestimmt § 151 I 1, die V erstrecke „sich auf die Haftpflicht der Vertreter des Vmers sowie auf die Haftpflicht solcher Personen, welche er zur Leitung oder Beaufsichtigung des Betriebs oder eines Teiles des Betriebs bestellt hat."

Neben dem personellen trägt auch der räumliche Zusammenhang, der **Vsort** (Anm. 39 zu § 32) bei zur genügenden Kennzeichnung des vten Sachinbegriffs (vgl. Kisch III S. 149—151). Eine Regelung des Vsorts gilt auch für vte Inbegriffe (Raiser Anm. 2 zu § 4 AFB, S. 150). Vgl. auch Anm. 24, 28.

Diese Eingrenzungen erleichtern die Umschreibung vter Sachinbegriffe, bei denen sonach das die Mehrheit der Sachen zusammenhaltende **Band** so gekennzeichnet werden muß, daß Zweifel über den Kreis der vten Sachen möglichst ausgeschlossen erscheinen. Dabei ist auf die **Gemeinsamkeit des Zweckes**, der durchweg ein **wirtschaftlicher** ist, abzuheben.

Demzufolge **definiert** Prölss[17] Anm. 1 zu § 54, S. 263 den Inbegriff als „**eine Mehrheit von Sachen, die wegen ihrer Zweckverbundenheit — es mögen dauernde oder vorübergehende Zwecke sein — im Verkehr als Einheit betrachtet werden**, z. B. Hausrat, Arbeitsgerät". Ähnlich Bolte a. a. O. S. 5, Hagen I S. 390, Kisch III S. 151—152, Raiser Anm. 4 zu § 2 AFB, S. 99. Kisch II S. 151—152 erwähnt neben den **wirtschaftlichen** Zwecken auch **wissenschaftliche** (Bibliothek), **künstlerische** (Gemäldesammlung), **didaktische** (Lehrmittel einer Schule), **religiöse** (Kircheninventar), **sportliche** (Sportgeräte) und solche des häuslichen **Gebrauchs** (Mobiliar) oder des **Konsums** (Weinkeller). Vorübergehende Zwecke werden z. B. bei Ausstellungen verfolgt (Ausstellungsgegenstände). Handelt es sich um einen **gemischten** Zweck, wird z. B. ein Schreibtisch sowohl für häusliche als auch für Bürozwecke benutzt, so genügt es z. B. für die Zurechnung zum Hausrat, daß der Schreibtisch auch häuslicher Arbeit dient.

Genau genommen ist nicht das Interesse am Inbegriff, sondern jenes an den jeweils dazugehörenden Einzelsachen vert (Bolte a. a. O. S. 5). Der Vmer kann keinen Schadensersatzanspruch daraus herleiten, daß durch die Zerstörung von Einzelsachen der gesamte Inbegriff an Wert eingebüßt habe; vielmehr ist die Frage, wieweit die Ersatzpflicht des Vers gehe, isoliert im Hinblick auf die zerstörten Einzelsachen zu entscheiden (Keup MittÖffFeuerVsAnstalten 1912 S. 229—230). Geht solche Einzelsache unter, so handelt es sich um einen Totalverlust (Ehrenberg S. 451—452, a. M. Bruck S. 432), trotz der Zugehörigkeit zum Inbegriff (vgl. aber auch Anm. 22 zu § 55). Vgl. allerdings im Blick auf zum Inbegriff gehörige Komplementärsachen: Anm. 16, und im Blick auf die Anwendbarkeit des § 69 I: Anm. 32. Domizlaff-Liebig-Berliner Anm. 5 zu § 2 AFB, S. 57—58 halten eine Vereinbarung für möglich, wonach der Inbegriff als solcher vert ist.

Handelt es sich um einen einheitlichen Inbegriff, so steht es entgegen der Annahme des KG 4. X. 1933 JRPV 1934 S. 57 nicht „im Belieben des Vmers, seine Habe, auch soweit sie einen Inbegriff darstellt, zu teilen und gewisse Gegenstände bei der einen und andere Gegenstände bei der zweiten Vsgesellschaft zu vern".

Da die V von Sachen, Forderungen, sonstigen Rechten usw. sowie gegen Passiven streng getrennt genommen werden muß, kommt die gesamtheitliche V von Gegenstands- und Vermögensinbegriffen praktisch nicht vor, sondern vert werden z. B. in der Feuerv Sachinbegriffe, in der Kreditv Forderungsinbegriffe, in der Haftpflichtv Inbegriffe von Passiven.

[10] b) Abgrenzungen.
aa) Inbegriff und Verzeichnisse.

Wenn mehrere oder viele Gegenstände (sei es nun mit oder ohne Sammelbezeichnung) vert werden sollen, wird zum Zwecke ihrer Kennzeichnung häufig ein Verzeichnis, ein Katalog, ein Inventar erstellt und dem Vsschein beigefügt. Im Grundsatz deutet eine solche Einzelauflührung darauf hin, daß eine Inbegriffsv nicht gewollt ist (dazu Anonym MittÖffFeuerVsAnstalten 1920 S. 51). Indessen kann trotz der Anlegung des Verzeichnisses eine Inbegriffsv bestehen; möglicherweise ist das Verzeichnis nur aufgestellt, um zu Beginn der V einen Überblick über den Bestand und Vswert eines Inbegriffs zu gewinnen. Solche „Spezifikationen" schließen also nicht aus, daß der gesamte Inbegriff vert ist, obgleich Sachen unberücksichtigt geblieben sind (Berndt a. a. O. S. 124—125). Auch in der Tierv gibt es solche Aufstellungen (Weiland a. a. O. S. 33).

Es kommt auf den Parteiwillen, wie er auch außerhalb des Verzeichnisses im Vsvertrag zum Ausdruck kommt, an. Ist z. B. eine Anzeige bei Zu- und Abgängen vorgesehen, bei Zugängen womöglich ein Zusatzantrag, so spricht das gegen eine Inbegriffsv, da diese ohne weiteres die zu dem Inbegriffe gehörigen Sachen umfaßt. So liegt keine Inbegriffsv vor gemäß § 2 III ATierB, weil sämtliche Tiere einer Gattung nach Einzelbeschreibung vert werden; der Vmer ist verpflichtet, „jeden Wechsel und Neuzugang in seinem Tierbestand ..... dem Ver schriftlich anzuzeigen und, soweit die Tiere vsfähig sind, die Nachv zu beantragen" (§ 6 I 1 ATierB, auch § 2 III ATierB).

Über eine Obliegenheit, Verzeichnisse zu führen und gesondert aufzubewahren: Anm. 25.

[11] bb) Inbegriff und Positionen.

Möglicherweise ist in einem Vsvertrag nur ein Sachinbegriff vert, z. B. der Hausrat (§ 3 I 1 VHB). Es bedarf dann nur einer Vssumme, und der Hausrat hat einen einheitlichen Vswert.

Oft aber wird besonders die Feuerv aufgeteilt in Positionen, Gruppen, z. B. in der industriellen und landwirtschaftlichen V (Berndt a. a. O. S. 86—89): Dann kann jede dieser Positionen (besonders aufgeführte Sachen und/oder) einen oder mehrere Sachinbegriffe umfassen, z. B. „Vorräte" oder „Technische und kaufmännische Betriebseinrichtung". Nach § 3 IV 3 AFB gelten „Hausrat und Arbeitsgerät ..... mangels anderer Vereinbarung als in einer Gruppe vert." Nach § 4 IV FBUB sind Geschäfts-

III. Wesen des Inbegriffs § 54
Anm. 12

gewinn und Geschäftskosten gleichfalls „in einer Gruppe (Position) vert, soweit für sie die gleiche Haftzeit gilt".

Über die in der Industriefeuerv üblichen 12 Positionen vgl. Berndt a. a. O. S. 87—88, Blanck Entschädigungsberechnung a. a. O. S. 45—46, ferner unten Anm. 18. Über die Positionen in der landwirtschaftlichen V vgl. Berndt a. a. O. S. 88 und dazu Weiland a. a. O. S. 23—56.

Für jede Position gibt es (mindestens) eine Vssumme und einen Vswert, im gleichen Vsvertrag kann eine Position untervert, eine andere übervert sein. Wenn mehrere Sachinbegriffe zusammen in einer Position vert sind, so wird meistens eine gesamtheitliche Vssumme vereinbart. Zuweilen werden aber getrennte Vssummen ausgeworfen, z. B. eine Vssumme für die technische, eine andere für die kaufmännische Betriebseinrichtung.

Es ist auch denkbar, daß innerhalb eines Inbegriffs, z. B. des Mobiliars noch besondere Untergruppen gebildet werden, z. B. Wäsche, Silber, Porzellan, Möbelstücke, Bilder. Hier fragt es sich, ob Mobiliarstücke, welche sich keiner der Untergruppen zuordnen lassen, z. B. eine Nähmaschine, ein Fernsehapparat, von der V nicht erfaßt werden. Es kommt auf den Parteiwillen an. Kisch III S. 155 nimmt im Prinzip die Nichterfassung an, bei „ungeschickter oder unvollständiger Bezeichnung der Gattungen" rechnet er aber das Objekt der Gruppe zu, mit deren Bestandteilen es die größte Ähnlichkeit und wirtschaftliche Verwandtschaft aufweise. Wichtig dürfte es hier sein, ob es Vssummen nur bei den Untergruppen gibt oder auch eine Gesamtvssumme, die womöglich über die Summe der Vssummen der Untergruppen hinausgeht. Eine Restsammelgruppe wird empfohlen. — Über den verwandten Fall der V in getrennten Komplexen: Anm. 24.

In den Positionen fluktuiert oft der Bestand. Die Deckung der jeweils zur Position gehörenden Sachen beruht aber auf § 54, ist also eine Folge der Inbegriffsv, nicht der V nach Positionen. Werden mehrere oder viele Gegenstände in einer Position mit einer Vssumme vert, so handelt es sich nicht immer um eine Inbegriffsv; denn die einzelnen Sachen können im Vsvertrage aufgezählt sein, ohne daß ein Inbegriff verwendet wird; dann ist § 54 unanwendbar. Blanck VW 1961 S. 197 identifiziert zu Unrecht Inbegriff und Position.

[12] cc) Inbegriff und summarische Versicherung.

Es liegt im Wesen des Inbegriffs, daß er mit einer einheitlichen Vssumme vert wird. Von einer summarischen Vssumme sollte man erst reden, wenn für mehrere Sachinbegriffe (Anm. 10) oder für einen Sachinbegriff zusammen mit anderen (Einzel-) Sachen eine einzige Vssumme ausgeworfen wird.

Blanck Entschädigungsberechnung a. a. O. S. 64 will von einer summarischen V nur sprechen, wenn mehrere Positionen in eine einzige Position mit einer Vssumme zusammengezogen werden, z. B. Gebäude mit technischer und kaufmännischer Betriebseinrichtung und Rohstoffen. Durchweg wird solche summarische V nur bei Positionen mit gleichem Prämiensatz gewährt.

Schließlich könnten sämtliche Sachen eines Industriebetriebes, von den Gebäuden bis zu den letzten beweglichen Sachen mit einer Vssumme, in einem „Feuerblock", gleichsam in einem Super-Inbegriff vert werden, ganz summarisch. Gegen diese von seiten eines Vsmaklers propagierte Feuerblockpolice sind vstechnische und aufsichtsbehördliche Bedenken erhoben worden (VA 1949 S. 106—107, Höhne BetrBer 1956 Beilage zu Heft 34 S. 5, 7).

Von der summarischen V ist der Summenausgleich (die Kompensation) zu unterscheiden, welche nur eine Verrechnung gestattet, wenn eine Position über-, eine andere untervert ist (Blanck Entschädigungsberechnung a. a. O. S. 64—67).

Begrifflich haben die summarische V i. e. S. und der Summenausgleich nichts mit der Inbegriffsv zu tun: Inbegriffsvssummen können ebenso wie Vssummen für Einzelsachen mit anderen bei einer summarischen Vssumme zusammengezogen werden, ein Summenausgleich ist möglich ohne Rücksicht darauf, ob die einzubeziehenden Vssummen solche für Inbegriffe oder für Einzelsachen sind. Kennzeichnend für die Inbegriffsv ist nur die Zusammenfassung mehrerer Sachen zu einer wirtschaftlichen Einheit, innerhalb derer eine Fluktuation möglich ist.

[13] dd) Inbegriff und laufende Versicherung.

Die laufende V ist eine „Schadensv, die in der Weise genommen wird, daß die vten Interessen bei der Schließung des Vertrags nur der Gattung nach bezeichnet und erst nach ihrer Entstehung dem Ver einzeln aufgegeben werden" (§ 187 II). Die gattungsmäßige Bezeichnung rückt die laufende V in die Nähe der Inbegriffsv, z. B. können Güter aller Art oder Güter bestimmter Art laufend seevert werden (§ 97 I 1 ADS). Die wesentliche Differenz zwischen beiden Institutionen liegt aber darin, daß bei der **Inbegriffsv** durch den **einheitlichen Vsvertrag mit fester Vssumme und Prämie** der fluktuierende jeweilige Bestand des Inbegriffs vert ist, während die laufende V nur einen **Rahmenvertrag** darstellt, in den (obligatorisch oder fakultativ) Einzelvsverhältnisse mit speziellen Vssummen und Vsprämien eingefügt werden, wobei die **Deklarationen** (Aufgaben) sowie **Einzelpolizen** eine bedeutende Rolle spielen. Bei einer Inbegriffsv entfällt die Deklarationspflicht, und es werden keine Einzelpolizen ausgestellt.

Wenn übrigens in § 187 II von einer **gattungsmäßigen Bezeichnung** der vten Interessen die Rede ist, so entspricht diese Terminologie dem Art. 66 schweizerisches VVG: „Ist die vte Sache der Gattung nach bestimmt, so fallen alle zur Zeit des Eintrittes des befürchteten Ereignisses zur Gattung gehörenden Gegenstände unter die V." Der Begirff Gattung dürfte enger sein als jener des Inbegriffs; denn es können z. B. zum Hausrat oder zu einer Betriebseinrichtung so verschiedenartige Sachen gehören, daß man schwerlich noch von Gattungssachen reden kann. Auch Roelli-Jaeger II Anm. 6 zu Art. 66, S. 458 betonen den Unterschied zwischen Sachgesamtheit und Gattung.

[14] IV. Umschreibung des Inbegriffs.

1. Vertragliche Vereinbarung.

Der Inbegriff wird im Vsvertrag bezeichnet, mit einem engen oder weiten Begriff. Der Begriff muß **klar** sein, damit keine Zweifel hinsichtlich des Kreises der vten Objekte bestehen. Sind die Zweifel nicht klärbar, so fehlt es an einer ausreichenden Einigung und ein Vertrag ist nicht geschlossen (§ 154 I 1 BGB; Roelli-Jaeger II Anm. 1 zu Art. 66, S. 455).

Nicht selten wird der Inhalt des Inbegriffs erläutert. **Legaldefinitionen** sind allerdings selten, so enthält z. B. die VO über die Behandlung der Ehewohnung und des Hausrats nach der Scheidung vom 21. X. 1944 (RGBl. I S. 256), die sogen. HausratsVO keine Definition des Hausrats (vgl. §§ 8—10 a. a. O.). Aber die AVB bringen gelegentlich solche Begriffsbestimmungen oder doch -erläuterungen, z. B. § 3 II VHB zum Hausratsbegriff (Anm. 20). Der Vsschein kann gleichfalls Vereinbarungen enthalten, möglicherweise durch Bezugnahme auf den **Antragsschein**, der nicht selten Erläuterungen bringt, deren bindender Charakter allerdings von Fall zu Fall geprüft werden muß (dazu VA 1930 S. 152). Dem Vsschein wird in der industriellen Feuerv oft eine **Gruppenerläuterung** beigefügt (Anm. 18), auf die sich der Vmer zu seinen Gunsten, also positiv berufen kann, während bei negativen Aussagen der Gruppenerläuterung von Fall zu Fall untersucht werden muß, ob sie Vertragsinhalt geworden sind. Legt der Ver dem Vskandidaten ein **Formular**, eine „Spezifikation" vor, mit welchem er die Vssumme für seinen Hausrat **errechnen** soll (Anm. 10), so darf der Vmer davon ausgehen, daß die darin genannten einzelnen Objekte wirklich zum Hausrat gehören. Auch die Richtlinien für **Vorschätzungen** (bei Berndt a. a. O. S. XXI—XXVI) geben einen Anhaltspunkt für den positiven Inhalt der Inbegriffe Gebäude und Maschinen (Berndt a. a. O. S. 131, 149).

Möglicherweise weicht infolge differierender Vereinbarungen die Definition der gleichen Begriffsbezeichnung in verschiedenen Vsverträgen voneinander ab, so z. B. der Hausratsbegriff (Anm. 20) in der Feuer- und in der Hausratsv (AFB und VHB) (nach Wussow AFB Anm. 12 zu § 3 AFB, S. 218—219.

IV. Umschreibung des Inbegriffs § 54
Anm. 15

[15] 2. Sonstige Hilfsmittel.
Bei der Auslegung von Inbegriffen ist selbstverständlich der allgemeine Sprachgebrauch zugrunde zulegen, bei speziellen Sachen, z. B. Chemikalien, Kunststoffen der Sprachgebrauch der Branche, bei Maschinen der technische Sprachgebrauch.

Betriebswirtschaftliche, buchungstechnische, steuerrechtliche Gesichtspunkte können bei der Abgrenzung eine Rolle spielen, vor allem aber vstechnische Gesichtspunkte der Gefahreneinschätzung und Prämienbemessung, wobei die Tarife des Vers Anhaltspunkte bieten.

Wenn ein Vsvertreter den Vmer bei Abschluß einer Inbegriffsv berät, so kann eine dem Ver zuzurechnende culpa in contrahendo darin liegen, daß der Vsvertreter den Vmer über die Bedeutung eines Inbegriffs nicht oder unrichtig aufklärt (Anm. 41—43 zu § 44); als Rechtsfolge ergibt sich eine Schadensersatzpflicht des Vers (Anm. 51 zu § 44). Beispiel: Eine Haftpflichtv ist durch Agentenverschulden nicht auf das Risiko der „Personenbeförderung" erstreckt (RG 31. I. 1941 DR 1941 S. 1212 = JRPV 1941 S. 60). Kein Agentenverschulden lag vor bei einer V von Materialien in verschiedenen Komplexen mit getrennten Vssummen (RG 3. XI. 1914 MittÖffFeuerVsAnstalten 1915 S. 41—42) und bei der V eines Hausrats mit wertvoller Briefmarkensammlung (OLG Köln 11. IV. 1967 VersR 1967 S. 13—15).

Infolge der Vertrauensstellung, die ein Vsvertreter innehat, kann kraft Gewohnheitsrecht der Vmer auf Auskünfte und Belehrungen so vertrauen, als ob der Ver selbst sie erteilt hätte, mit der Rechtsfolge, daß der Vsvertrag im Sinne der Auskunft oder Belehrung zustande kommt (Anm. 54—72 zu § 44). Beispiele: Bei einer Geschäftseinrichtung verwendet der Agent ein Formular für eine Haushaltv, so daß die Sachen fälschlich den Haushaltsgegenständen zugeordnet werden (OLG Köln 21. XII. 1923 VA 1924 S. 108—109 Nr. 1404, auch LG Hamburg 26. X. 1950 VersR 1951 S. 172—174 und die alte Entscheidung HAG Nürnberg 10. XII. 1869 SeuffArch Bd 27 S. 109—113 Nr. 62); zur Haftpflichtv vgl. Anm. 55 zu § 44 (vtes Risiko).

Im Falle **BGH** 28. X. 1963 VersR 1964 S. 36—38 wurden die Gesichtspunkte der culpa in contrahendo und des Gewohnheitsrechtsatzes nebeneinander angewendet: Ein Vmer hatte für sein Sägewerk- und Holzbearbeitungsunternehmen die technische und kaufmännische Betriebseinrichtung vert. Ein Vsvertreter regte an, das Vsverhältnis im Blick auf eine etwaige Unterv zu überprüfen. In Verkennung des § 54 hat der Vsvertreter vorgeschlagen und bewirkt, daß nicht etwa eine Nachv für die technische und kaufmännische Betriebseinrichtung genommen wurde, sondern lediglich eine besondere zusätzliche V für eine anscheinend nachträglich angeschaffte Gasanlage. „Das eigentliche Ziel, die Unterv der bisher nur mit insgesamt 20 000,— DM vten Betriebseinrichtung zu beseitigen, wurde damit nur unzulänglich erreicht. Denn die Gasanlage gehörte für den" Ver „nach wie vor zur technischen Betriebseinrichtung und bestimmte deren Ersatzwert mit, so daß die Unterv im alten Ausmaß fortbestand". Nach einem Schadensfall mußte der Ver wegen des Verhaltens des Vsvertreters den Vmer so stellen, wie wenn die Inbegriffsv ordnungsgemäß durch eine Nachv gesamtheitlich erhöht worden wäre.

Zum Wesen der Inbegriffsv hat der BGH (a. a. O. S. 37) ausgeführt: „Ohne Sachkunde könnte man ... annehmen, daß alle Maschinen versichert seien, die zur Zeit des Abschlusses oder des Beginns der V vorhanden sind, alle später hinzugekommenen Maschinen also neu zu versichern seien.... Die Annahme ist aber falsch. Der Vmer muß hier von einem Vsfachmann darüber aufgeklärt werden, daß in der Industrie-Feuerv ... Sachinbegriffe vert werden. Zu diesem Zweck werden verschiedene Gruppen oder Positionen gebildet, wie z. B. die der technischen und kaufmännischen Betriebseinrichtung, zu denen dann alle in der Gruppenerläuterung aufgeführten Maschinen, Anlagen und Einrichtungen gehören ... Die Regelung hat nach § 54 zur Folge, daß die V alle Sachen umfaßt, die jeweils zu dem vten Inbegriff, d. h. zu der einzelnen Gruppe, gehören ... Die Kenntnis dieser für die Industrie-Feuerv typischen Regelung ist unerläßlich, um eine etwaige Unterv und ihren Umfang erkennen zu könnnen, und ist ebenso unentbehrlich, um eine festgestellte Unterv beheben zu können. Hierfür kommt eine Nachv in der Weise in Betracht, daß die einschlägige Position ... mit einer zusätzlichen Vssumme im Umfang der vorhandenen Unterv nachvert wird. Anstelle der danach gebotenen Nachv

§ 54
Anm. 16, 17

hat" die Vmerin auf Veranlassung des Vsagenten nur die V der Gasanlage beantragt. Das war „ebenso ungewöhnlich wie verfehlt".

[16] 3. Verhältnis zum Sachenrecht.

Der Inbegriff faßt verschiedene selbständige Sachen wegen ihrer Zweckverbundenheit zu einer Sachgesamtheit zusammen (Anm. 9), aber die Rechtsordnung behandelt die Sachgesamtheit nicht wie eine Sacheinheit (de lege ferenda: Wieacker ArchZivPrax Bd 148 S. 77—81).

Zu einem Inbegriff können alle Arten von Sachen gehören: Grundstücke und bewegliche Sachen, teilbare und unteilbare, vertretbare und unvertretbare, verbrauchbare und unverbrauchbare Sachen (dazu § 92 II BGB). So gehört z. B. zum Hausrat auch alles, was „zum Verbrauch dient" (§ 3 I 2 VHB).

Es ist im Zweifel davon auszugehen, daß Inbegriffe wesentliche Bestandteile nicht auseinanderreißen. Deshalb gehören Gebäudebestandteile nicht zu einer Mobiliarv, z. B. nicht zu einer Hausratv (§ 3 I 3 VHB). Aber die sachenrechtliche Zuordnung ist für das Vsrecht nicht stets entscheidend (Wussow AFB Anm. 15 zu § 3 AFB, S. 220). So erstreckt sich z. B. die Leitungswasserv eines Mieters auch auf Fußböden, Verputz, Anstrich und Tapeten der gemieteten Wohnung (§ 3 C II VHB), obgleich dies wesentliche Bestandteile des Gebäudes sind (§ 94 II BGB), ferner z. B. auf Badewannen, Badeöfen, Waschbecken und sonstige wasserführende Installationen mit den Zu- und Ableitungsrohren, wenn der Vmer die Anlagen als Mieter auf seine Kosten beschafft hat und für sie die Gefahr trägt (§ 3 C III VHB). Allerdings vermeiden die Bedingungen verbal die Zurechnung dieser Dinge zum Hausrat, und im letztgenannten Fall dringt ein Haftpflichtmoment in die Sachv ein.

Hauptsache und Zubehör (§ 97, 98 BGB) gehören zwar wirtschaftlich zusammen, aber vsrechtlich können sich auch ihre Wege trennen: Gebäude einerseits und Maschinen, Gerätschaften andererseits (§ 98 Ziff. 1 BGB), Landgut einerseits und Gerät, Vieh, Erzeugnisse, Dünger andererseits (§ 98 Ziff. 2 BGB) sind oft getrennt in verschiedenen Positionen oder gar Vsverhältnissen vert (auch hier Wussow AFB Anm. 15 zu § 3 AFB, S. 220).

Die gesonderte Behandlung von Bestandteilen oder Zubehör beruht u. a. auf den vstechnischen Besonderheiten der Gebäudev, zum Teil auch auf Zwangs- und Monopolven für Gebäude (Anm. 19).

Nicht um einen Inbegriff, sondern um eine Sacheinheit handelt es sich bei Komplementärsachen (Prölss[17] Anm. 1 zu § 54, S. 263), z. B. bei einem Paar Schuhe, einem Kartenspiel, den Entscheidungen des Bundesgerichtshofes in Zivilsachen und gemäß LG Lübeck 1. II. 1910 VA 1911 Anh. S. 78—79 Nr. 610 bei einer Möbelgarnitur, die aus einem Sofa und vier Stühlen besteht: Wenn das Sofa teilweise verbrennt, der Möbelstoff nicht mehr beschafft werden kann und demzufolge die ganze Garnitur neu überzogen werden muß, so haftet hierfür der Feuerver, und Entsprechendes gilt bei mehreren Vorhängen eines Zimmers. Weitere Beispiele bei Hoppe, Vswert und Schadenersatz in der Feuerv, Leipzig 1939, S. 16—18, Keup MittÖffFeuerVsAnstalten 1912 S. 228—230, vgl. auch Berndt a. a. O. S. 66—67, Bruck S. 432.

[17] 4. Ein- und Ausschlüsse.

Bei einer Inbegriffsv kann es erwünscht sein, aus dem Inbegriff gewisse dazugehörige Sachen im Wege von Ausschlüssen (Anm. 11 vor §§ 49—80) herauszunehmen, etwa wegen der besonderen Größe des Risikos, das auch ein subjketives sein kann, oder wegen der Deckung durch Spezialven (z. B. für Glas, Juwelen, Kraftfahrzeuge). Zuweilen ist der Umfang eines Inbegriffs auch zweifelhaft, und man läßt offen, ob es sich um eine bloße Klarstellung oder um einen Ausschluß handelt, wenn man z. B. sagt: „Nicht zum Hausrat gehören" (abgesehen von Falt-, Schlauch-, Kunststoffbooten und Kanus), „sonstige Wasserfahrzeuge, Kraftfahrzeuge aller Art und deren Anhänger, Gebäudebestandteile, ungefaßte Edelsteine und ungefaßte Perlen" (§ 2 I 2 AHB).

Neben einem Inbegriff können natürlich andere Sachen vert werden; von einem Einschluß könnte man erst reden, wenn z. B. hinsichtlich der Vssumme eine Zusammenfassung erfolgt. Auch hier ist die Grenze zu Klarstellungen flüssig, z. B.

IV. Umschreibung des Inbegriffs **§ 54**
Anm. 18

wenn es für die Hausratv heißt: „Zum Hausrat gehören alle Sachen, die in einem Haushalt zur Einrichtung, zum Gebrauch oder zum Verbrauch dienen, außerdem Bargeld, Goldmünzen, Barrengold, Urkunden einschließlich Wertpapiere, Sammlungen und Campingausrüstungen, in der Wohnung befindliches Kraftfahrzeugzubehör, Falt-, Schlauch-, Kunststoffboote und Kanus" (§ 2 I 2 AHB). „Mitversichert sind: a) Badewannen, Badeöfen, Waschbecken..., b) Arbeitsgeräte und Einrichtungsgegenstände, die dem Beruf oder dem Gewerbe dienen, c) Kleinvieh, Futter- und Streuvorräte..." (§ 2 I 4 VHB).

Manchmal werden aus einem Inbegriff einzelne Sachen, z. B. Bargeld, Goldmünzen, Barrengold, Briefmarken- und Münzensammlungen, Schmucksachen herausgenommen, und es wird für sie besonders bestimmt, daß sie nur vert seien bis zu einem bestimmten Maximum oder nur an einem bestimmten Vsort (z. B. nur in verschlossenen Behältnissen) oder bei Erfüllung bestimmter Obliegenheiten (vgl. § 2 III, IV VHB). Wird ein Maximum vereinbart, so kann bei der Bemessung der Vssumme und bei der Feststellung, ob eine Unterv vorliege, der das Maximum überschreitende Betrag und Wert außer Ansatz bleiben (Anm. zu § 56). Über die Frage der Mitv einer Briefmarkensammlung mit Maximum im Rahmen einer Hausratv: OLG Köln 11. IV. 1967 VA 1968 S. 11—13.

[18] **5. Praktische Beispiele.**
a) Industriefeuerversicherung.
aa) Gruppenerläuterung.

Die schon in Anm. 14 erwähnte wichtige Gruppenerläuterung lautet:

**Feuerversicherung von Fabriken und
gewerblichen Anlagen**

Gruppenerläuterung

Vorbemerkung: Soweit im Versicherungsvertrag nichts anderes vereinbart ist, gelten sämtliche auf dem Versicherungsgrundstück befindlichen und zu den versicherten Positionen gehörenden Sachen als in die Versicherung eingeschlossen.

Gruppe A. Gebäude
Pos. 1   **Als Gebäude werden versichert:**

Alle Bauwerke, die zur Aufnahme von Menschen, Tieren oder Sachen geeignet sind, einschl. Verbindungsbrücken, Rampen, Vordächer, Einfriedungen, Hof- und Gehsteigbefestigungen,
ferner Schornsteine (auch freistehende), Wasserhochbehälter, freistehende Silos und sonstige Behälter, sofern sie in Mauerwerk oder Beton ausgeführt sind.
Ausnahmen: Baubuden, Zelte, Traglufthallen und ähnliche zu vorübergehenden Zwecken erstellte Räume gelten nicht als Gebäude.
Die Versicherung eines Gebäudes umfaßt die für den Bestand und die Herstellung des Gebäudes eingefügten Bauteile, ferner die damit in bleibende Verbindung gebrachten und im Eigentum des Gebäudeeigentümers stehenden Einrichtungen, die der Benutzung des Gebäudes dauernd zu dienen bestimmt sind, letztere aber nur, soweit diese Sachen nicht Betriebseinrichtungen nach Pos. 2 sind. Insbesondere sind mit dem Gebäude versichert
die Einrichtungen für
Raumbeleuchtung, jedoch ohne Beleuchtungskörper.
Raumbeheizung (Herde, Einzel- und Sammelheizungen einschließlich der zugehörigen Rohrleitungen, Brennstoffbehälter, Kessel-, Pumpen- und dgl. Anlagen),

Hauswasserversorgung einschließlich der gesundheitlichen Anlagen, wie Ausgüsse, Waschbecken, Badewannen und Spülaborte, sowie der zugehörigen Warmwasserbereitungsanlagen, Pumpen und dgl.
Raumbelüftung und Klimatisierung,
Personenaufzüge, Speiseaufzüge,
unter Putz verlegte Leitungen für Fernsprech-, Klingel-, Ruf- und Rundfunkanlagen,
Silos, Bunker sowie auch andere Behälter, ferner Aufzugschächte, Einbauschränke und sonstige feste Einbauten, die nach ihrer baulichen Ausführung und ihrem Zusammenhang mit dem Gebäude als dessen Bestandteil anzusehen sind,
gemauerte Gruben, Brunnenanlagen und Fußbodenkanäle einschließlich Abdeckungen,
Blitzableiter, Fahnenstangen.
Ausnahmen: Folgende Gegenstände werden als Betriebseinrichtungen unter Pos. 2 versichert:
Elektrische Leitungen und Verteilungsanlagen, die gleichzeitig der Licht- und Kraftstromversorgung, jedoch überwiegend letzterer dienen,
Kessel, Rohrleitungen und Zubehör, die neben der Raumbeheizung oder Hauswasserversorgung überwiegend der Kraft-, Wärme- oder Wasserversorgung von Betriebseinrichtungen dienen,
maschinelle Lüftungs-, Klima- und Absauganlagen, die Betriebszwecken dienen.
Sofern nicht ausdrücklich ausgeschlossen, umfaßt die Versicherung eines Gebäudes auch die Fundamente, Grund- und Kellermauern, nicht jedoch die Maschinenfundamente.
Unter Fundamenten oder Grundmauern wird der gesamte allseitig vom Erdreich berührte Bauteil verstanden, der bei unterkellerten Gebäuden unter der Unterfläche Kellerboden liegt und bei nicht unterkellerten Gebäuden bis Unterfläche Erdgeschoßfußboden, höchstens jedoch bis zur Erdoberfläche, reicht.
Unter Kellermauern (Kellerwänden) sind die Umfassungswände zu verstehen, die zwischen der Unterfläche des Kellerbodens und der Erdoberfläche liegen.
Bei Ausschluß von Fundamenten oder Grundmauern und von Kellermauern (Kellerwänden) sind versichert: alle über der Erdoberfläche liegenden Mauerteile sowie freistehende Innenmauern (Wände) im Kellergeschoß, äußerer und innerer Putz aller, auch der nicht versicherten Kellermauern, ferner Kellerfußboden und Kellerdecken, Türen, Fenster sowie sonstige Einbauten.

Gruppe B. Gegenstände in Gebäuden und im Freien

Pos. 2 **Technische und kaufmännische Betriebseinrichtungen**

Die Versicherung erstreckt sich auf die festeingebauten und ortsveränderlichen Einrichtungen aller Art einschl. der dazugehörigen Fundamente und Einmauerungen
z. B. Anlagen zur Energieerzeugung, -umformung und -verteilung, wie Dampfkraftanlagen, Verbrennungskraftmaschinen, Wasserkraftanlagen, Gaserzeugungsanlagen, Elektromotoren, Transformatoren, elektrische Schalt- und Verteilungsanlagen, Kühltürme, Rohrleitungen, Kabel,
Einrichtungen für Betriebszwecke aller Art, wie Arbeitsmaschinen, chemische Apparaturen, Rohrleitungen, Pumpen, Gebläse, Trocken- und Darranlagen, Ofenanlagen zum Brennen, Glühen, Schmelzen, Backen und dgl., Kältemaschinen, Versorgungsanlagen für Betriebswasser,

IV. Umschreibung des Inbegriffs **§ 54**
Anm. 18

Antriebe, wie Getriebe, Transmissionen einschl. Riemen, Seilen, Ketten,
Förderanlagen, wie Kräne, Lastenaufzüge mit Schachttüren, Elevatoren,
pneumatische Einrichtungen, Förderbänder, Gleisanlagen mit zugehörigen
Fahrzeugen und Lokomotiven,
Fuhrpark, wie Hubstapler, Kraftkarren, nicht zulassungspflichtige Kraftfahrzeuge, Kraftfahrzeuganhänger und Zugmaschinen, (zulassungspflichtige Kraftfahrzeuge, Kraftfahrzeuganhänger und Zugmaschinen nach Pos.
3), Zugtiere, Geschirre, Decken, Planen, Zubehör, Stallgeräte (Futter- und
Streuvorräte nach Pos. 5),
Behälter und Gefäße aller Art für Lagerung und Transport, wie Tanks,
Kessel, Fässer, Flaschen, Kanister, Kisten, Säcke, Paletten (kurzlebige
Gegenstände dieser Art wie Verpackungsmittel nach Pos. 5),
Bedienungsbühnen, Treppen, soweit sie nicht Bestandteil der Gebäude sind,
Lagereinrichtungen und -gestelle,
Leuchten und Beleuchtungskörper aller Art einschließlich beweglicher Anschlußleitungen, Werbebeleuchtung, Firmenschilder,
Werkzeuge, auch Meßwerkzeuge, für Hand- und Maschinengebrauch, soweit sie nicht Modellcharakter haben (diese nach Pos. 4),
Handmaschinen, Gerätschaften aller Art, Baugerüste, Schriften in Druckereien,
Ersatzteile aller Art für Gebäude und Betriebseinrichtungen, auch für
Kraftfahrzeuge.
Feuerlöscheinrichtungen und -meldeanlagen wie Handfeuerlöscher, Löschfahrzeuge, Ausrüstung, Löschmittel, Sprinkleranlagen, CO_2-Anlagen,
Feuer- und Rauchmelder,
Fernmeldeanlagen, wie Fernsprech-, Fernschreib-, Rohrpost-, Ruf-,
Uhren-, Rundfunk- und Fernsehanlagen (Leitungen unter Putz nach
Pos. 1),
Büroeinrichtungen, wie Büromaschinen und -geräte aller Art, Datenverarbeitungsanlagen, Datenträger, Mobiliar, versetzbare Zwischenwände,
Geldschränke, Einrichtungen von Lichtbildstellen, Lehr- und Werbefilme,
Diapositive, Druck- und Werbesachen, Büchereien, ferner, soweit nicht
nach Pos. 8 versichert, Geschäftsbücher, Karteien, Akten, Patentschriften,
Bau- und Einrichtungspläne, Luftschutz-, Sanitäts-, Werkschutz-, Sporteinrichtungen, Dienstausrüstungen, Fahnen, Außenvorhänge (Markisen),
soweit nicht Gebäudebestandteil,
Einrichtungen von Gemeinschafts-, Unterkunfts- und Galsträumen (soweit
nicht Gebäudebestandteil), Werkbüchereien.
Ausnahmen: Für fremdes Eigentum ist die Mitversicherung nach den
Fremdversicherungsklauseln zu regeln.

Pos. 3 **Zulassungspflichtige Kraftfahrzeuge, Kraftfahrzeuganhänger und Zugmaschinen** (Ersatzteile sowie nicht zulassungspflichtige Kraftfahrzeuge,
Kraftfahrzeuganhänger und Zugmaschinen nach Pos. 2).

Pos. 4 **Modelle, Zeichnungen, Formen, Muster**
Hierzu gehören Modelle und Formen jeder Art, Matrizen, Klischees, Druckplatten und -walzen, Stehsätze, Stempel, Farbmuster und Farbstämme der
chemischen Industrie, Web- und Jacquard-Karten, Schablonen und dgl.,
ferner, soweit sie für die laufende Serienfertigung nicht mehr benötigt werden (sonst zu Pos. 2 gehörig), auch: Schnitte, Stanzen, Präge-, Zieh- und
Drückwerkzeuge, ebenso Fertigungsvorrichtungen, Sonderwerkzeuge,
Sondermeßgeräte.
Zeichnungen (Unterlagen über die Herstellung der Erzeugnisse).

Pos. 5 **Vorräte**
Hierzu gehören Rohstoffe für Fertigung, in Arbeit befindliche und vollendete Erzeugnisse, Handelsware, verwertbare Abfälle, Bau-, Betriebs- und

Hilfsstoffe, wie Schmiermittel, Brennstoffe, Lösungs-, Reinigungs-, Verpackungs-, Nahrungs- und Futtermittel (Katalysatoren nach Pos. 2).

Pos. 6 **Bargeld und Wertpapiere**
Hierzu gehören auch im Verkehr gültige Brief-, Stempel- und Versicherungsmarken; Wertpapiere und im Verkehr als solche gebräuchliche Urkunden wie Sparkassenbücher, Hypothekenbriefe und dgl.

Pos. 7a) **Gebrauchsgegenstände der Betriebsangehörigen**
Zu den Gebrauchsgegenständen gehören Bekleidungsstücke, Taschen, Werkzeuge, Fahrräder, Fachliteratur und dgl. im Eigentum der Betriebsangehörigen; dagegen sind ausgenommen: Kraftfahrzeuge, Bargeld und Wertpapiere sowie der in Wohnungen befindliche Hausrat.

Pos. 7b) **Kraftfahrzeuge der Betriebsangehörigen und von Besuchern**
nur in ruhendem Zustand, soweit sie auf dem Versicherungsgrundstück abgestellt sind und soweit für sie anderweit kein Versicherungsschutz besteht.

Pos. 8 **Sonstiges**
z. B. selbständige Außenversicherung,
Versicherung auf erste Gefahr von Geschäftsbüchern, Karteien, Datenträgern, Akten, Patentschriften, Bau- und Einrichtungsplänen u. dgl.
Versicherung von fremdem Eigentum, soweit nicht unter die übrigen Positionen fallend (vgl. auch „Ausnahmen" zu Pos. 2).

Gruppe C. Ergänzungen

Pos. 9 **Vorsorgeversicherung**
a) **für Wertsteigerung, für Um-, An- und Neubauten sowie Neuanschaffungen**
Die Vorsorgeversicherungssumme wird im Schadenfall auf die Versicherungssummen der Positionen aufgeteilt, für die sie beurkundet ist und bei denen eine Unterversicherung vorliegt. Die Verteilung richtet sich nach den Unterversicherungssummen bei den einzelnen Positionen.
b) **für Neubauten und Neuanschaffungen zur Pos. 1 nach Klausel 6.06**
c) **für Neubauten und Neuanschaffungen zur Pos. 2 nach Klausel 6.06**

Pos. 10 **Aufräumungskosten (auf erste Gefahr)**
Aufwendungen des Versicherungsnehmers für Aufräumen der Schadenstätte und Abfuhr des Schutts zur nächsten Ablagerungsstätte.

Pos. 11 **Abbruchkosten (auf erste Gefahr)**
Kosten für einen im Schadenfall nötig werdenden Abbruch stehengebliebener Teile und deren Abführung bis zur nächsten Ablagerungsstätte.

Pos. 12 **Feuerlöschkosten (auf erste Gefahr)**
Aufwendungen, die der Versicherungsnehmer zur Brandbekämpfung für geboten halten durfte. Sie sind ihm — unbeschadet seines Anspruches aus § 14 der Allgemeinen Feuerversicherungsbedingungen — zu ersetzen.

Die Gruppe C: Ergänzungen mit den Positionen 9—12 (Vorsorgev, Aufräumungs-, Abbruch-, Feuerlöschkosten) bringt keine Sachinbegriffe, behandelt allerdings zum Teil Passiveninbegriffe (Aufwendungen, Kosten) (Anm. 6).

[19] bb) Einzelprobleme.
Die Gruppenerläuterung befaßt sich primär in der Position 1 mit dem Inbegriff **Gebäude**. Gebäude werden allerdings regelmäßig im Vsvertrag einzeln aufgeführt (Blanck VW 1961 S. 197), aber ihre inbegriffsweise V ist möglich. Die sehr sorgfältige Aufzählung in der Gruppenerklärung paßt sich hinsichtlich der Grundstücksbestandteile den §§ 93—95 BGB an, z. B. hinsichtlich der zur „Herstellung des Gebäudes eingefügten

IV. Umschreibung des Inbegriffs **§ 54**
Anm. 20

Bauteile" (vgl. § 94 II BGB). Die „zu vorübergehenden Zwecken erstellten Räume gelten nicht als Gebäude", z. B. Baubuden (vgl. § 95 I 1 BGB). Aber es ergeben sich auch manche **Abweichungen** gegenüber dem bürgerlich-rechtlichen Gebäudebegriff, insbesondere da viele wesentliche Bestandteile den Betriebseinrichtungen zugerechnet werden, also der Position 2: Das gilt für viele festeingebaute Einrichtungen aller Art einschließlich der Fundamente und Einmauerungen, wie Anlagen zur Energieerzeugung, Arbeitsmaschinen, Förderanlagen. Nur gelegentlich (bei Treppen, Markisen und Einrichtungen von Räumen) wird negativ darauf abgehoben, ob sie Gebäudebestandteil sind, dann sollen sie nicht der Position 2, sondern doch der Gebäudeposition 1 zugerechnet werden.

Die Gruppenerläuterung ist bei **Wohngebäuden** nicht ohne weiteres analog anwendbar. Hier heißt es z. B. in § 2 VGB: „Vert sind, soweit nicht anders vereinbart ist, die im Vsschein aufgeführten Gebäude **mit ihren Bestandteilen, aber ohne Zubehör**."

Die **öffentlich-rechtliche** Sachv arbeitet nach zersplittertem Landesrecht (§ 192 I, II). Die Rechtsquellen finden sich bei Schmidt-Sievers-Müller-Stüler, Das Recht der öffentlich-rechtlichen Sachv, 2. Aufl., Karlsruhe 1968. Sie ergeben auch für die Zwangs- und Monopolvseinrichtungen einen recht unterschiedlichen Gebäudebegriff, teils gehören die Bestandteile zum Gebäude, teils nicht, und es findet sich nicht selten auch eine antiquierte Kasuistik im Blick auf Kirchtürme, Glocken, Orgeln, Turmuhren, Windmühlen und ihre Einrichtungen. Mannigfaltig ist auch die V des Zubehörs (Zubehörden, Zugehörungen) geregelt. Fakultativ können zum Teil Bestandteile oder Zubehör in die Gebäudev eingeschlossen werden. Hier sei nur hingewiesen auf nachstehende Fundstellen a. a. O. für folgende Gebiete: Baden S. 5 § 8, S. 6 § 15, Hohenzollern S. 4 § 7, Württemberg S. 64—65 Art. 1, S. 80 § 2, Bayern S. 102 Art. 20, S. 117 §§ 7—9, Berlin S. 161 § 5, Bremen S. 174 § 15, Hamburg S. 183 § 10, S. 188 § 25, Hessen-Darmstadt S. 224—225 Art. 2, Hessen-Nassau S. 258—259 § 1, Braunschweig S. 275 § 7, Ostfriesland S. 345 § 3. Für die früher preußischen Gebiete hat noch das Gesetz betreffend die öffentlichen Feuervsanstalten vom 25. XII. 1910 (a. a. O. S. 427—441) Bedeutung, wonach sich die Vspflicht der Anstalt nicht auf das Zubehör eines Gebäudes erstreckt, auch nicht auf Maschinen und Werkeinrichtungen, mögen sie auch (wesentliche) Bestandteile des Gebäudes geworden sein (§ 10 II a. a. O.).

Es ist besonders Aufgabe der **Vsvertreter**, zwecks Vermeidung von Vslücken einerseits, Doppelven andererseits den Schutzumfang der öffentlich-rechtlichen V zu klären. Jedoch ist in einem badischen Fall bei einer als Lager dienenden Holzbaracke ein Verschulden des Vsvertreters bei Vertragsabschluß abgelehnt worden vom OLG Stuttgart 13. V. 1953 VersR 1953 S. 357—358.

Der **Begriff der Gebäudev** (dazu auch Berndt a. a. O. S. 142—150) spielt noch eine Rolle beim Vswert (§ 88), beim Prämienverzug (§ 91), beim Veränderungsverbot (§ 93), bei der Wiederherstellungspflicht (§§ 97—99 und besonders im **Vshypothekenrecht** (§§ 1127—1128 BGB, §§ 99—107). Nach Prölss[17] Anm. 1 zu § 88, S. 368 soll der Begriff des Gebäudes in diesen Vorschriften differieren, und es soll bei § 97 darauf ankommen, ob vstechnisch z. B. eine Maschine, die wesentlicher Bestandteil ist, über eine Gebäude- oder Inhaltsv oder -position vert wurde (Prölss[17] Anm. 1 zu § 97, S. 376). Diese Auffassung hat zum Nachteil der Hypotheken- und anderer Realgläubiger und im Interesse der Erleichterung des Geschäftsbetriebes der Ver die Rechtsprechung auch für das Hypothekenrecht vertreten (RG 21. X. 1908 RGZ Bd 69 S. 316—321, 26. XI. 1909 JW 1910 S. 71—72, 6. VII. 1910 RGZ Bd 74 S. 109 [in diesen Fällen lagen getrennte Gebäude- und Inhaltsverträge vor], RG 13. V. 1938 RGZ Bd 157 S. 316—317 [kombinierte V des Gebäudes und seines Inhalts, ohne positionsweise Trennung; hier werden die Maschinen als gebäudevert behandelt], OLG Celle 7. XII. 1937 HansRGZ 1938 A Sp. 452—454, LG Münster i. W. 3. XI. 1938 ÖffrechtlV 1938 S. 17—18 [getrennte Positionen; Maschinen außerhalb der Gebäudeposition]).

[20] b) Hausratversicherung.

Ein für das Vswesen wichtiger Inbegriff ist auch jener des Hausrates, der auch im Familienrecht eine Rolle spielt, besonders in der sog. HausratsVO vom 21. X. 1944 (RGBl. I S. 256); von Haushaltsgegenständen ist die Rede in §§ 1361a, 1369 I, 1370 BGB, ferner im Erbrecht in § 1932 I BGB.

§ 54   IV. Umschreibung des Inbegriffs
Anm. 20

Im Vsrecht zählt die **Hausratv** zur Mobiliar- und Inhaltsv. Es gibt AVB, welche auf die Hausratv besonders zugeschnitten sind, voran für die sog. verbundene Hausratv die VHB in fünffacher oder dreifacher Kombination (Feuer, Einbruchdiebstahl und Beraubung, Leitungswasser; Sturm, Glasbruch) (VA 1966 S. 150—159), beide augestaltet als Neuwertv (dazu Knoerrich-Dreger VA 1966 S. 175—183). Überdies existieren Sonderbedingungen für die Neuwertv des Hausrats auf Lebenszeit (VA 1966 S. 207—209), und in Verbindung mit den AFB benutzt man die Sonderbedingungen für die Neuwertv des Hausrats VA 1958 S. 163—164, 1966 S. 250. Die AFB erwähnen den Hausrat bei den Ersatzwertvorschriften (§ 3 II a) AFB), während das Gesetz in § 86 von „Haushalts- und sonstigen Gebrauchsgegenständen" redet.

Zufolge des Einflusses der in den AFB zum Teil enthaltenen Ein- und Ausschlüsse sowie Klarstellungen ist der Begriff des Hausrats nicht für alle Vsbereiche einheitlich (Wussow AFB Anm. 12 zu § 3 AFB, S. 219).

Für den Hausratbegriff der VHB gilt:

„§ 2 — **Versicherte Sachen**

(1) Versichert ist der gesamte Hausrat. Zum Hausrat gehören alle Sachen, die in einem Haushalt zur Einrichtung, zum Gebrauch oder zum Verbrauch dienen, außerdem Bargeld, Goldmünzen, Barrengold, Urkunden einschließlich Wertpapiere, Sammlungen und Campingausrüstungen, in der Wohnung befindliches Kraftfahrzeugzubehör, Falt-, Schlauch-, Kunststoffboote und Kanus. Nicht zum Hausrat gehören sonstige Wasserfahrzeuge, Kraftfahrzeuge aller Art und deren Anhänger, Gebäudebestandteile, ungefaßte Edelsteine und ungefaßte Perlen. Mitversichert sind:

   a) Badewannen, Badeöfen, Waschbecken und sonstige wasserführende Installationen mit den Zu- und Ableitungsrohren, die der Versicherungsnehmer als Mieter auf seine Kosten beschafft hat und für die er die Gefahr trägt,

   b) Arbeitsgeräte und Einrichtungsgegenstände, die dem Beruf oder dem Gewerbe dienen,

   c) Kleinvieh, Futter- und Streuvorräte auf dem Versicherungsgrundstück — mit Ausnahme landwirtschaftlicher oder gewerblicher Kleinviehhaltung — bis zu 500 DM. Die Bestimmungen über Unterversicherung (§ 5 Abs. 2 Satz 2) finden keine Anwendung.

(2) Die in Absatz 1 genannten Sachen sind auch versichert, wenn sie fremdes Eigentum sind, ausgenommen Eigentum der Untermieter.

(3) Bargeld — inbegriffen Goldmünzen und Barrengold — ist versichert

   a) bis 500 DM unverschlossen,

   b) bis 1000 DM in verschlossenen Behältnissen, die eine erhöhte Sicherheit auch gegen die Wegnahme der Behältnisse selbst gewähren. Dieser Betrag erhöht sich bei Versicherungssummen von mehr als 50000 DM auf 2 vH der Versicherungssumme, höchstens auf 5000 DM. In dem Höchstbetrag ist die nach a) versicherte Summe enthalten,

   c) ohne Summenbegrenzung unter Verschluß im Geldschrank oder eingemauerten Stahlwandschrank mit Geldschrankverschluß.

Auf die Versicherung des Bargeldes nach a) und b) finden die Bestimmungen über Unterversicherung . . . . . keine Anwendung.

(4) a) Urkunden, Sparbücher, Wertpapiere, Briefmarken- und Münzensammlungen, soweit der Versicherungswert sämtlicher Urkunden oder der einzelnen Sammlung 1000 DM übersteigt,

   b) außer Gebrauch befindliche Schmuck-, Gold- und Silbersachen mit einem Versicherungswert über 1000 DM je Sache

   sind nur in verschlossenen Behältnissen versichert, die eine erhöhte Sicherheit auch gegen die Wegnahme der Behältnisse selbst gewähren. Über Urkunden,

IV. Umschreibung des Inbegriffs **§ 54**
Anm. 21

Wertpapiere und Sammlungen aller Art, deren Wert insgesamt 5000 DM übersteigt, hat der Versicherungsnehmer Verzeichnisse zu führen und gesondert unter Verschluß aufzubewahren.

(5) Die Beschränkungen der Ersatzleistung nach Absatz 3 und 4 gelten nicht für Beraubungsschäden.

(6) Versicherte Sachen in der Glasversicherung:

a) Gegen Glasbruch sind versichert alle Scheiben in Fenstern und Türen der Versicherungsräume, auch soweit sie Gebäudebestandteile sind, Schrank- und Bilderverglasungen, Stand-, Wand- und Schrankspiegel sowie Glasplatten jeder Art, wenn die einzelne Scheibe nicht größer als 3 Quadratmeter ist. Zu den Versicherungsräumen gehörende Wintergartenverglasungen sind mitversichert, auch soweit sie Gebäudebestandteile sind, wenn deren Gesamtfläche 3 Quadratmeter nicht übersteigt. Das gleiche gilt für Verandenverglasungen.

b) Nicht versichert sind Dachverglasungen, Mehrscheiben-Isolierverglasungen, Sicherheitsgläser jeder Art, Blei-, Messing- und Elektrolytverglasungen, alle künstlerisch bearbeiteten Gläser, optische Gläser, Aquarien, Hohlgläser, Beleuchtungskörper und Handspiegel."

Mit dem sich hiernach aus § 3 VHB ergebenden „erweiterten" Hausratbegriff befassen sich Knoerrich-Dreger VA 1966 S. 177—178, welche u. a. betonen, daß Grundstückszubehör stets zum Hausrat gerechnet werden könne, dagegen Gebäude nur in den aus § 3 VHB ersichtlichen Fällen (dazu auch Anm. 19). Vgl. ferner zu diesem Hausratbegriff Prölss[17] Zusatz II zu §§ 81—107c, S. 447, Einbruchdiebstahlv[3] S. 103—106, Keuneke a. a. O. S. 146. Zur V von Bargeld haben die Ver eine den Vmer begünstigende Erklärung abgegeben (VA 1953 S. 176), die noch gilt und dem Vmer einen Rechtsanspruch verleiht. Zur V einer Briefmarkensammlung bei unklarer Frage im Vsantrag OLG Köln 11. IV. 1967 VA 1968 S. 13—15. Zum Hausratbegriff der AFB: Berndt a. a. O. S. 122—127, Raiser Anm. 34 zu § 1 AFB, S. 79, Wussow AFB Anm. 12 zu § 3 AFB, S. 218—219. Speziell zum Begriff Arbeitsgerät: VA 1917 S. 114—115.

Zur Geschichte: VA 1910 S. 116, 1913 S. 112—113, 1917 S. 108—110, LG Mannheim 20. II. 1918 VA 1919 Anh S. 32—33 Nr. 1083, Hagen II S. 25.

Die Verkehrsauffassung, die in deutschen Landen nicht immer einheitlich ist (z. B. hinsichtlich der Öfen und Herde: Prange NeumannsZ 1933 S. 120—121, auch hinsichtlich verlegter Teppichböden) spielt eine erhebliche Rolle. Die technische Entwicklung läßt immer neue Probleme entstehen (Fernsehantennen, private Telefon- oder Warnanlagen). Die Abgrenzung zu den Verkehrsmitteln ist flüssig (Kraftfahrzeuge, Bestandteile, Zubehör, Ersatzteile; Wohnwagen; Wasserfahrzeuge; Fahrräder). Die Grenzen von Haus, Hof und Garten (Swimming-pool) werden auch sonst gesprengt (Campingausrüstung).

[21] c) Tierversicherung.

Tiere können einzeln, aber auch in Inbegriffen vert werden. Die Grenzziehung hängt von der Gestaltung des Vsvertrages ab. Nach § 2 II 1 ATierB erfolgt die V der Tiere regelmäßig nach Einzelbeschreibung und gemäß § 2 III ATierB müssen sämtliche Tiere einer Gattung angemeldet und, soweit aufnahmefähig, „zur V beantragt werden". Diese Formulierung läßt nicht automatisch den gesamten Bestand, die „Herde" als Inbegriff, vert sein, es bedarf vielmehr der Anmeldung und des Antrags und bei Neuzugängen der Anzeige und der Beantragung der Nachv (§ 6 I ATierB).

Aber Rinder, Schweine, Schafe und Ziegen können zu Durchschnittswerten vert werden (§ 2 II 2 ATierB), und hier gilt § 5 II ATierB:

„Werden Tiere zu Durchschnittswerten . . . . . vert, und sind zur Zeit des Schadenfalles mehr aufnahmefähige Tiere der gleichen Gattung vorhanden, als vert sind, mindert sich die Einzelvssumme entsprechend."

Eine Pflicht zur Anzeige und Beantragung der Nachv (§ 6 I ATierB) besteht hier nicht. Es sind also automatisch alle Tiere der Gattung vert, für die Neuzugänge gilt § 54.

Die sich am Anfang ergebende Gesamtvssumme (Zahl der aufgenommenen Tiere × Durchschnittswert) bleibt unverändert, aber die Einzelvssumme sinkt bei erhöhter Tierzahl ab. Fraglich ist es, ob sich bei einem Abgang von Tieren nach § 3 ATierB die Gesamtvssumme ermäßigt. Jedenfalls verdoppelt sich bei Ausscheiden der Hälfte der Tiere nicht etwa die Einzelvssumme (und der Durchschnittswert). Zu alledem vgl. Schmitt VersR 1953 S. 385—387, der die V eines Inbegriffs annimmt.

Allgemeinere Bedeutung haben auch die AVB für Rindviehven (VA 1963 S. 2—6): Die V bezieht sich auf sämtliche Tiere des Rindviehbestandes oder einer Untergruppe (z. B. Kühe), und man kennt (neben der V nach Einzelbeschreibung) Ven in pauschaler Form (§ 5 I, II a. a. O.). Bei letzteren „haben nach Vertragsabschluß eintretende Änderungen im Tierbestand keinen Einfluß auf die Höhe der Gesamtvssumme bzw. des Gesamtentschädigungsbetrages" (§ 5 II mit Hinweis auf § 8 a. a. O.).

Über andere Arten der Tierv in pauschaler Form und zu Durchschnittswerten, also als Inbegriff vgl. VA 1961 S. 218 (Reaktionstuberkulosev, Euterschadenv), VA 1965 S. 155—156 (Zuchttierv von Chinchillas). Vgl. auch Evers in: Vswirtschaftliches Studienwerk F V 8 S. 9—13.

[22] **V. Rechtsbehandlung der Inbegriffsversicherung.**

1. Anfangsbestand.

Ist eine Inbegriffsv vereinbart (Anm. 14), so umfaßt sie zunächst die beim materiellen Vsbeginn zum Inbegriff gehörigen Sachen. Sind solche Sachen nicht vorhanden, so fehlt es am vten Interesse (§ 68 I), aber oft wird gerade hier die V auch des künftigen Interesses gewollt sein, so wenn der künftige vorsorgliche Ehegatte bereits vor der Einrichtung der Ehewohnung eine Hausratsv abschließt. Schon bei Erwerb der ersten Inbegriffssache kann der Vsschutz einsetzen: Ein in die leere Wohnung gestellter Eisschrank ist zwar noch kein Inbegriff, gehört aber (künftig) dazu, und die Hausratv kann beginnen.

[23] **2. Zugang.**

a) Wirkung.

Die wichtigste Rechtsfolge des § 54 besteht darin, daß Sachen, welche nach dem materiellen Vsbeginn zum Anfangsbestand des Inbegriffs hinzutreten, ohne weiteres mit unter die V fallen. Kisch III S. 154 spricht von einer nachträglichen Einverleibung in den Inbegriff und qualifiziert diese als faktischen Vorgang.

Rechtlich ist jedoch vorauszusetzen, daß die neue Sache im Eigentum einer vten Person, regelmäßig des Vmers steht oder in das Eigentum gelangt. Ist das sachenrechtliche Eigentumsinteresse vert, so muß also der Vmer oder sonstige Vte Eigentümer sein, zum Erwerb unter Eigentumsvorbehalt vgl. z. B. § 2 I 2 AFB. Großzügig verfährt § 2 II VHB, weil danach Hausrat auch vert ist, wenn die dazugehörigen Sachen fremdes Eigentum sind, ausgenommen Eigentum der Untermieter. Man muß danach annehmen, daß vom Vmer unter Eigentumsvorbehalt erworbene Hausratsachen nach der Judikatur des BGH für Rechnung des Verkäufers vert sind, sicherungsübereignete Sachen für Rechnung des Sicherungsnehmers (Anm. 55, 61, 63 zu § 49). Ist bei einem verpachteten Grundstück vom Pächter das Zubehör zu erhalten, so werden angeschaffte Stücke mit der Einverleibung in das Inventar Eigentum des Verpächters (§ 588 II 2 BGB), und dessen Inventarv kann wirksam werden, z. B. eine Tierv, sobald das neuangeschaffte Tier auf das Pachtgrundstück getrieben wird.

Neben der im Vsvertrag vorausgesetzten Eigentumslage muß für den Zugang zum Inbegriff die Zweckwidmung gefordert werden (Anm. 9): Eine Sache aus dem Textilladen des Vmers wird zum Hausratsgegenstand, wenn sie dem privaten Gebrauch zugeführt wird. Bolte a. a. O. S. 7, Kisch III S. 154 wollen eine lediglich vorübergehende Einverleibung nicht genügen lassen. Wenn aber in der Urlaubszeit der Nachbar Pflanzen und Papagei in Pflege nimmt (verwahrt) oder wenn dem Nachbarn der Fernsehapparat geliehen wird, so gehören die Sachen in der Urlaubszeit doch wohl zum Hausrat des Nachbarn. Die Frage hat auch Bedeutung für auf Zeit gemietete Sachen, z. B. Bücher aus einer Mietbücherei, einen gemieteten Frack. Bei einem Warenlager mit schnellem Umschlag sind stets sofort alle zugehenden Waren vert.

V. Rechtsbehandlung der Inbegriffsversicherung § 54

Auch solche Einzelsachen, die gesondert vert sind, können in einen Inbegriff einverleibt werden. Es entsteht sodann hinsichtlich der Einzelsache eine Doppelv (a. M. Bolte a. a. O. S. 9).

[24] b) Ortsfrage.

Bei vielen Sachven kommt es auf den Vsort an; dann gehört zur Einverleibung in den vten Inbegriff auch die Verbringung an den Vsort, z. B. in das Lagerhaus, in die Wohnung (Bolte a. a. O. S. 7, Kisch III S. 154). Sachen, die der Vmer schon zu Eigentum erworben, aber noch nicht an den Vsort verbracht hat, sind noch nicht nach § 54 vert.

Sind allerdings Sachen zunächst einmal örtlich dem Inbegriff einverleibt worden, so können sie kraft Vereinbarung in gewissem Umfang vert bleiben, sofern sie „sich vorübergehend außerhalb des Vsortes in Europa befinden" (vgl. § 4 III AFB) oder „vorübergehend außerhalb der Wohnung" (vgl. § 6 II VHB). Man spricht von Außenv.

„Freizügigkeit" bedeutet, daß der Ver keinen Vsort bezeichnet oder einen Wechsel des Vsortes im Vorwege zuläßt, z. B. einen Wohnungswechsel, womöglich einschließlich Umzug (so § 6 I 1 VHB; § 4 II 1 AFB für die Feuerv von Hausrat und Arbeitsgerät; beide mit Anzeigeobliegenheit).

Bei Großrisiken, z. B. in der industriellen Feuerv werden oft „Komplexe", „Feuerbereiche" gebildet, welche möglicherweise für die Prämienbemessung bedeutsam sind, innerhalb eines einheitlichen Vsvertrages. Befinden sich z. B. Warenlager in zwei verschiedenen Komplexen, so sollten sie mit getrennten Vssummen vert werden, was nicht ausschließt, daß der Vmer wählen kann, wo er Ware einlagert. Es kann sich dann aber ergeben, daß ein Komplex untervert ist (wie im Falle RG 3. XI. 1914 MittÖffFeuerVsAnstalten 1915 S. 41—42). Dazu Hellweg MittÖffFeuerVsAnstalten 1919 S. 240—242, welcher zugleich zeigt, daß für alle Komplexe zusammen oft eine (niedrigere) Gesamtvssumme gebildet wird. Hier „hat der Vmer die Möglichkeit, die einzelnen Komplexe nach Belieben bis zu der für sie festgesetzten Summe zu belegen, darf jedoch, um die Selbstv zu vermeiden, in alle Komplexe zusammen nicht größere Vswerte einbringen, als die Gesamtvssumme beträgt".

[25] c) Verlautbarung.

Anders als bei der laufenden V (§ 187 II) braucht der Vmer einer Inbegriffsv dem Ver die Neuzugänge nicht einzeln aufzugeben, es besteht weder eine Rechtspflicht (Deklarationspflicht) noch eine Obliegenheit (z. B. Anzeigeobliegenheit). Der Ver erfährt deshalb nichts über die Zugänge. Hierin unterscheidet sich die Inbegriffsv auch von einer solchen V von Einzelsachen, bei welcher der Vmer gehalten ist, bei Zugang neuer Einzelsachen eine Nachv zu beantragen, was in der Tierv häufig vorkommt. Es kann sich dann entweder um eine erzwingbare Rechtspflicht handeln (Nachversicherungszwang) oder um eine Obliegenheit im Rahmen des ursprünglichen Vsvertrages; der Ver kann den Antrag ablehnen. Vgl. z. B. §§ 2 III, V, 6 I, III ATierB.

Für Beweiszwecke im Schadensfalle kann es nützlich sein, wenn dem Vmer auferlegt wird, über den Bestand eines Inbegriffs Aufzeichnungen zu machen, z. B. über Warenlager. § 2 IV VHB sieht vor: „Über Urkunden, Wertpapiere, Sammlungen aller Art, deren Wert insgesamt 5000 DM übersteigt, hat der Vmer Verzeichnisse zu führen und gesondert unter Verschluß aufzubewahren." Hier handelt es sich um Obliegenheiten. Die Verzeichnisse haben keinen Einfluß auf den Kreis der vten Sachen, so daß auch nicht verzeichnete Zugänge vert sind. Eine Verletzung der Obliegenheit bleibt ohne Folge, da die VHB eine solche nicht vorsehen (Anm. 17 zu § 6).

[26] d) Gefahrerhöhung.

Es liegt keine Gefahrerhöhung i. S. des § 23 I vor, wenn der Vmer neue, zum Inbegriff gehörige Sachen anschafft; denn der Ver hat von vornherein den ganzen Inbegriff vert, und die Probleme des Verhältnisses der Vssumme zum jeweiligen Vswert des Inbegriffes werden mit Hilfe der Vorschriften zur Über- und Unterv gelöst (Anm. 31). So fehlt es an einer Gefahrerhöhung, wenn der Wert der vten Gegenstände sich erhöht (Anm. 6 zu § 23 m. w. N., Werber, Die Gefahrerhöhung, Karlsruhe 1967, S. 16).

Dennoch kann auch bei einer Inbegriffsv selbstverständlich eine Gefahrerhöhung eintreten und auch in der Zusammensetzung des Inbegriffs wurzeln: Ist ein Lager leicht brennbarer Materialien vert, so kann sich aus einer Überfüllung des Lagers nicht nur eine Erhöhung des Vswertes, sondern zugleich auch eine Steigerung der Brandgefahr ergeben (Werber a. a. O. S. 16). Vorstellbar ist auch, daß für einen Hausstand als Hausrat in ungewöhnlichem Umfang feuer- oder einbruchsgefährdete Sachen angeschafft werden. Gerade bei der Inbegriffsv ist aber eine gesamtheitliche Betrachtung, eine „Gefahrenaufrechnung" notwendig (Anm. 6 zu § 23).

[27] 3. Abgang.
a) Wirkung.

Da nach § 54 der fluktuierende jeweilige Bestand des Inbegriffs vert ist, hört der Vsschutz auf, wenn eine Sache aus dem Inbegriff ausscheidet. Solche Sache hört automatisch von selbst auf, vert zu sein (Bolte a. a. O. S. 7, Kisch III S. 154). Der Grund des Ausscheidens ist unerheblich.

Sind nur Sachen vert, die dem Vmer oder anderen Versicherten gehören, so endet der Vsschutz für diese Sachen, wenn sie an Dritte veräußert werden (Ausnahme bei Sicherungsübereignung nach § 2 I 2 AFB). Zu denken ist auch an Fälle des unfreiwilligen Eigentumsverlustes, z. B. durch Zwangsvollstreckung (Kisch III S. 154). Ein unfreiwilliger Besitzverlust, z. B. durch Diebstahl, steht dem Eigentumsverlust gleich.

Abgesehen von der Eigentumslage entscheidet die Zweckentwidmung, die unfreiwillig bei Diebstahl oder Untergang der Sache eintritt.

Hausboden und Keller gehören regelmäßig zum Vsort bei einer Feuer- und Hausratv (Prölss Einbruchdiebstahlv³ S. 150, Wussow AFB Anm. 10 zu § 4 AFB, S. 296 m. w. N.). Dort befindliche Sachen können also durchaus zum Hausrat gehören, z. B. Kohlen- oder Kartoffelvorräte, Fahrrad, Schlitten, Gartengeräte. Werden benutzte Möbelstücke oder Bücher dorthin gebracht, so wird man darauf abstellen müssen, ob diese Sachen nach dem Willen des Vmers oder Vten noch weiter gebraucht werden sollen oder ob sie demnächst der Müll- oder Sperrgutabfuhr zugeführt werden sollen. Nur im letzten Fall ist ein Ausscheiden aus dem Hausratinbegriff anzunehmen. Eine indizierende Bedeutung kommt dem Wert der Sachen zu. Sollen sie zwar nicht mehr gebraucht, aber verkauft werden, so wird man sie zunächst noch zum Hausrat zu rechnen haben.

Eine nur vorübergehende Entwidmung braucht die Zugehörigkeit zum Inbegriff noch nicht aufzuheben, z. B. wenn eine Sache verliehen, vermietet, zur Reparatur weggegeben wird (Bolte a. a. O. S. 7, Kisch III S. 155). So kann sich ergeben, daß ein kurzfristig verliehener Fernsehapparat sowohl beim Verleiher als auch beim Entleiher vert ist (Anm. 23).

Über das Ende einer Haftpflicht- und Fahrzeugv für Kraftfahrzeug-Handel und -Handwerk (Anm. 31): BGH 8. V. 1961 BGHZ Bd 35 S. 153—165.

[28] b) Ortsfrage.

Ist ein Vsort vereinbart, so spielt für die Zugehörigkeit zum vten Sachinbegriff ebenso wie die Verbringung an den Vsort (Anm. 24) auch die Entfernung aus dem Vsort eine Rolle (Raiser Anm. 4—5 zu § 4 AFB, S. 150—152 m. w. N.). Einerseits kann diese Entfernung ein Indiz dafür sein, daß die Sache nicht mehr zu einem Inbegriff, z. B. dem Hausrat gehört: Ein Schreibtisch wird aus der Wohnung in das Büro überführt. Andererseits kann die Zugehörigkeit zum Inbegriff an und für sich bestehenbleiben, aber vertraglich ist „der Ortsveränderung als solcher Einfluß auf den Bestand der V eingeräumt" worden (Kisch III S. 155): Ein Gemälde ist vorübergehend als Leihgabe nach Amerika geschickt (vgl. § 4 III 1 AFB: „Die V von Hausrat und Arbeitsgerät umfaßt auch Sachen, die sich vorübergehend außerhalb des Vsortes in Europa befinden"). Bei der Berechnung des Vswertes zwecks Ermittlung einer Unterv sind vorübergehend entfernte Sachen dennoch mitzurechnen (OLG Hamburg 4. I. 1922 HansRZ 1922 Sp. 277—278, Hagen I S. 391 und schon OAG Lübeck 29. XI. 1862 SeuffArch Bd 19 S. 282—284 Nr. 178).

V. Rechtsbehandlung der Inbegriffsversicherung § 54
Anm. 29—31

[29] c) Verlautbarung.

Der Vmer ist nicht gehalten, dem Ver einen Abgang aus dem Inbegriffsbestand bekanntzugeben, ihn trifft nach § 54 weder eine Rechtspflicht noch eine Obliegenheit. Solche Verhaltensnorm könnte aber vertraglich geschaffen werden, z. B. können Bestandsverzeichnisse zu führen sein. Aber so wie zum Inbegriff gehörende Sachen automatisch vert sind, welche noch nicht in das Verzeichnis eingetragen sind (Anm. 25), muß umgekehrt angenommen werden, daß eine aus dem Inbegriff ausgeschiedene Sache auch dann nicht mehr vert bleibt, wenn sie im Bestandsverzeichnis noch nicht ausgetragen ist. Die Rechtsfolgen einer Verletzung der vertraglichen Verhaltensnorm, die regelmäßig eine Obliegenheit sein wird, setzen eine entsprechende Vereinbarung voraus, und § 6 I findet Anwendung.

[30] d) Gefahrminderung.

Ist ein womöglich starker Abgang von Sachen aus dem Inbegriff zu verzeichnen, so sinkt der Vswert, während die Vssumme bestehenbleibt. Obgleich dadurch das vom Ver getragene wirtschaftliche Risiko absinkt, liegt doch keine Gefahrminderung im technischen Sinne vor, sondern ein teilweiser Interessewegfall (Anm. 8 zu § 41a), der nach den Vorschriften über die Überv zu behandeln ist (Anm. 31).

Eine echte Gefahrminderung kann bei einer Inbegriffsv dann vorliegen, wenn z. B. das vte Warenlager nicht mehr aus explosiven Stoffen besteht. War hier infolge der Lagerung der explosiven Stoffe eine höhere Prämie vereinbart, so kann nunmehr nach § 41a I der Vmer Prämienherabsetzung verlangen.

[31] 4. Über- und Unterversicherung.

Sehr häufig wird eine Inbegriffsv dergestalt genommen, daß beim materiellen Vsbeginn die Vssumme den Vswert überschreitet, man denke an eine Hausratv junger Eheleute, die noch viele Anschaffungen planen, oder an die V eines ständig wachsenden Warenlagers (Anm. 14 zu § 51). Während der Vsdauer kann eine Überv besonders dann entstehen, wenn Sachen aus dem Inbegriff ausscheiden (Anm. 15 zu § 51). Es ist nicht unbestritten, unter welchen Voraussetzungen bei einer Inbegriffsv der Vmer eine Herabsetzung der Vssumme gemäß § 51 I verlangen kann (der Ver wird aus wirtschaftlichen Gründen von dem Herabsetzungsrecht nie Gebrauch machen). Ergibt sich eine dauernde Überv hinsichtlich eines Inbegriffs, so kann der Vmer die Herabsetzung fraglos verlangen. Handelt es sich jedoch nur um eine vorübergehende Überv, etwa weil nur zu einem gewissen Zeitpunkt ein Warenlager klein ist, so soll das Herabsetzungsrecht gemäß Begr. I S. 61—62, Bruck S. 530 (weitere Nachweise: Anm. 19 zu § 51) entfallen. Richtig dürfte die Auffassung sein, daß formal das Herabsetzungsrecht des Vmers auch hier besteht; er wird davon in der Praxis aber keinen Gebrauch machen.

Sehr häufig entsteht bei einer Inbegriffsv eine Unterv, z. B. bei einer mehrjährigen Hausratv durch Neuanschaffungen, bei einer Vorrätev durch unerwartetes Anwachsen der Vorräte. Aber auch schon beim materiellen Vsbeginn kann eine Unterv gegeben sein. Die Rechtsfolge ergibt sich aus § 56: Der Ver haftet nur proportional.

Bei einer Überv zahlt der Vmer eine übersetzte Prämie, bei einer Unterv ist der Vsschutz unvollständig. Helfen kann neben einer Vorsorgev (Anm. 6 zu § 50) eine Stichtagsversicherung für Vorräte gemäß Klausel 5.01 Klauseln der Feuerv:

„(1) Die Vorräte sind in Höhe ihres jeweiligen Wertes vert, soweit dieser die Höchstsummen von ..... DM nicht überschreitet.

(2) Der Vswert, den die vten Vorräte am ..... eines jeden Monats haben, ist dem Ver jeweils binnen zehn Tagen nach diesem Stichtage aufzugeben (Stichtagssumme). Wird diese Aufgabe für einen Stichtag unterlassen, so behält für diesen Stichtag die zuletzt gemeldete Stichtagssumme Gültigkeit. Ist der Vmer mit der ersten Stichtagsmeldung im Verzuge, so sind die Vorräte bis um Eingang der Meldung nur mit der Hälfte der Höchstvssumme vert.

(3) Ergibt sich in einem Schadenfalle, daß die letztmals vor dem Schadenfalle gemeldete Stichtagssumme niedriger ist als der wirkliche Vswert an dem Stich-

tage, für den sie gilt, so wird der Schaden nur in dem Verhältnis vergütet, in dem die angegebene Stichtagssumme zu dem wirklichen Vswert an diesem Stichtag steht.

(4) Auf die Prämie ist eine Vorauszahlung für die Hälfte der Höchstvssumme für das ganze Vsjahr im voraus zu leisten. Die endgültige Prämie wird auf Grund der Stichtagsmeldungen mit einem Zwölftel der Jahresprämie für einen Monat berechnet und am Ende des Jahres abgerechnet. Ergibt sich während des Vsjahres, daß die Vorauszahlung auf die Prämie auf Grund der Stichtagsmeldungen verbraucht ist, so kann der Ver eine weitere angemessene Vorauszahlung, jedoch nicht mehr als die Hälfte der ursprünglichen Vorauszahlung verlangen."

Die Aufgabefrist kann bis zu einem Monat verlängert werden. Die Stichtagsklausel soll nur zugestanden werden bei einer Höchstvssumme von mindestens 300 000,— DM oder einer Vorauszahlung von mindestens 300,— DM. Für Speicher- und Speditionsfirmen ist eine besondere Klausel 5.02 Klauseln der Feuerv formuliert worden: Gleitende Vorratsversicherung mit nachträglicher Prämienverrechnung für Speditionsgüter. Solche Stichtagsklauseln, welche die Nachteile einer Über- oder Unterv weitgehend ausschließen, nähern die Inbegriffsv einer laufenden V zwar an, aber es besteht der Unterschied, daß im Rahmen der Höchstvssumme bei der Stichtagsv die Vorräte in ihrer Fluktuation automatisch vert sind. Die Stichtagsmeldung ist — anders als die Deklarationspflicht bei der laufenden V — keine echte Rechtspflicht, sondern allenfalls eine Obliegenheit, die sich auch nicht auf die zugegangenen und abgegangenen Vorräte bezieht, sondern lediglich auf den Gesamtversicherungswert am Stichtage. Zur Stichtagsv: Berndt a. a. O. S. 210.

Eine Nachzeichnung für Vorräte mit Verbindlichkeit für den Ver und Recht des Vmers, nachvte Summen jederzeit zu vermindern oder ganz zurückzuziehen, kennt die Klausel 5.03 Klauseln der Feuerv (dazu Berndt a. a. O. S. 210).

Um eine Art von Stichtagsv handelt es sich auch bei der **Haftpflicht- und Fahrzeugv für Kraftfahrzeug-Handel und -Handwerk** (VA 1965 S. 212—213, 1967 S. 4—5). Der BGH 8. V. 1961 BGHZ Bd 35 S. 155—156 stellt fest, es handele sich um „eine Sammelv, die auf den ständigen kurzfristigen Durchlauf von Kraftfahrzeugen beim Vmer zugeschnitten ist. Demgemäß ist bei ihr nicht jedes Fahrzeug einzeln für sich vert, sondern die Gesamtheit der im Vszeitraum beim Vmer hereinkommenden und gegebenenfalls auch wieder ausgehenden Fahrzeuge. Der Ver erhält von den einzelnen durchlaufenden Fahrzeugen keine Kenntnis, ihm wird vielmehr nur der Fahrzeugbestand an bestimmten Stichtagen aufgegeben."

[32] 5. Veräußerung versicherter Sachen.

Ein Übergang des Vsverhältnisses gemäß § 69 I tritt nicht ein, wenn bei einer Inbegriffsv eine **einzelne, zum Inbegriff gehörende Sache** von dem Vmer veräußert wird und infolgedessen aus dem Inbegriff ausscheidet. „Dies folgt daraus, daß bei der Inbegriffsv die einzelnen Sachen, die wegen ihrer Zweckverbundenheit im Verkehr als eine Einheit betrachtet werden, nicht als Einzelgegenstände, sondern als Gesamtheit unter Vsschutz gebracht sind. Die V erfaßt den Inbegriff als solchen, nicht die Einzelteile, aus denen er sich zusammensetzt. Mit dem Ausscheiden aus dem Inbegriff wird daher die einzelne Sache nicht mehr von dem Vsschutz erfaßt. Die V erlischt insoweit nach § 68" II (Lenski, Zur Veräußerung der vten Sache, Karlsruhe 1965, S. 95—96 mit umfassenden Schrifttumsnachweisen). Aus der Rechtsprechung vgl. OLG Bremen 23. VI. 1953 VersR 1953 S. 450 (Übereignung von Maschinen aus einer vten technischen Betriebseinrichtung). A. A. im Schrifttum Blanck VW 1961 S. 198. Wird ein Kraftfahrzeug veräußert, das bisher gedeckt war durch eine Haftpflicht- und Kraftfahrzeugv für Kraftfahrzeug-Handel und -Handwerk (Anm. 31), so kann das Vsverhältnis auf den Erwerber nicht übergehen, weil das Kraftfahrzeug aus einem Inbegriff ausscheidet (BGH 8. V. 1961 BGHZ Bd 35 S. 156, Vorinstanz: OLG Düsseldorf 13. X. 1959 VersR 1960 S. 122—124), überdies erfüllt der Erwerber, da er kein Händler oder Handwerker ist, seinerseits nicht die Voraussetzungen der Inbegriffsv. Zu diesem Fall auch Taube VersR 1957 S. 630—634 mit der Formulierung: „Soweit das Ausscheiden auf einer Veräußerung beruht, ist die

VI. Abdingbarkeit des § 54

Bestimmung des § 54 VVG daher als lex specialis gegenüber § 69 VVG anzusehen." Die Veräußerung berührt den Vsschutz nicht, wenn sie an eine mitvte Person erfolgt und die Sache im (überpersonalen: Anm. 9) Inbegriff, z. B. im Hausrat verbleibt (eine Sache wird von den Eltern der im gleichen Haushalt lebenden Tochter geschenkt).

Anders ist die Rechtslage, wenn der gesamte Inbegriff veräußert wird; hier kommt § 69 I zur Anwendung (Lenski a. a. O. S. 96—97 m. w. N.). Wird also z. B. ein Unternehmen einschließlich Warenlager, technischer und kaufmännischer Betriebseinrichtung veräußert, so geht die V der letztgenannten Inbegriffe auf den Erwerber über.

Zweifelhaft ist der Übergang, wenn ein Teil der zum Inbegriff gehörenden Sachen veräußert wird, sofern sowohl der verbleibende als auch der veräußerte Teil als vte Inbegriffe qualifiziert werden können: Der verwitwete Vmer veräußert den größeren Teil des Hausrats an ein Ehepaar und zieht mit dem Rest in ein Altenheim. Hier soll nach Raiser Anm. 22 zu § 11 AFB, S. 297, Anm. 11 zu § 12 AFB, S. 304, wohl auch Lesser JRPV 1929 S. 213 das Vsverhältnis teilweise auf den Erwerber übergehen; es werden also aus einem einheitlichen Vsverhältnis zwei Vsverträge, während Bolte a. a. O. S. 8 „auf den Kern und auf das Wesentliche des Hausrats" abstellen will.

[33] 6. Wegfall des Interesses.

Auch bei einer Inbegriffsv kann das vte Interesse nach dem Beginn der V wegfallen (§ 68 II—IV). Das trifft zu, wenn alle zum Inbegriff gehörigen Sachen z. B. enteignet werden oder wenn sie einzeln veräußert werden: Ein Haushalt wird aufgelöst, und die Sachen werden einzeln verkauft; die zu einem Warenlager gehörigen Sachen werden einzeln zwangsversteigert. Über die Unanwendbarkeit des § 69 I vgl. Anm. 32. Die Abgrenzung zwischen dem Abgang aus dem Inbegriff (Anm. 27) und dem Interessewegfall kann Schwierigkeiten bereiten, wenn allmählich aus dem Inbegriff so viele Sachen abgehen, daß nur noch ein geringer Restbestand verbleibt. Entscheidend ist hier, ob schon eine „funktionelle Zerstörung" des Inbegriffs vorliegt (Ottow, Interessen- und Gefahrenwegfall, Hamburger Diss. 1965, S. 22). Wird ein Hausstand aufgelöst, so wird der Vsschutz zunächst fortbestehen, auch wenn dem Vmer nur noch sein Bett geblieben ist. Über einen Fall der Aufspaltung des Hausrats AG Berlin-Charlottenburg 12. VI. 1957 VersR 1957 S. 678. Für die Tierv schreibt § 3 II 3 ATierB vor, der Vertrag ende „nicht vorzeitig dadurch, daß der Vmer vorübergehend keine Tiere der vten Gattung hält."

Fällt nur ein Teil des vten Interesses weg, wird z. B. der Hausrat oder das Warenlager verkleinert, so gilt § 68 II—IV nicht; es greifen die Bestimmungen zur Überv (§ 51 I) ein (Begr. I S. 77—78, Ottow a. a. O. S. 93 m. w. N.).

[34] 7. Beweislast.

Der Vmer muß beweisen, was im Zeitpunkte des Eintritts des Vsfalls zum Inbegriffe gehörte, da es sich um eine anspruchsbegründende Tatsache handelt (Bruck 7. Aufl. Anm. 2 zu § 54, S. 208, Raiser Anm. 4 zu § 2 AFB, S. 99).

Behauptet der Ver, jemand habe den Inbegriff als ganzen oder zu einem wesentlichen Teil übernommen, so trifft ihn die Beweislast, sofern der Beklagte den Einwand erhebt, er habe nur wertlose Einzelteile mitgenommen (so für eine Hausratv AG Berlin-Charlottenburg 12. VI. 1957 VersR 1957 S. 678).

[35] VI. Abdingbarkeit des § 54.

§ 54 hat keinen zwingenden Charakter. Es kann also eine Inbegriffsv auch so genommen werden, daß sie nur den Anfangsbestand (Anonym MittÖffFeuerVsAnstalten 1919 S. 44) oder aber den Anfangsbestand und nur gewisse Zugänge umfaßt. Es ließe sich vereinbaren, daß Abgänge, sofern der Vmer oder Vte Interesseträger bleibt, künftig als Einzelsachen vert sein sollen. Wegen des halbzwingenden Charakters von § 69 (§ 72^1) könnte nicht mit Wirkung gegen den Erwerber vereinbart werden, eine aus dem Inbegriff durch Veräußerung ausscheidende Einzelsache solle als solche beim Erwerber vert bleiben.

§ 55

Der Versicherer ist, auch wenn die Versicherungssumme höher ist als der Versicherungswert zur Zeit des Eintritts des Versicherungsfalls, nicht verpflichtet, dem Versicherungsnehmer mehr als den Betrag des Schadens zu ersetzen.

Schaden. Bereicherungsverbot.

Gliederung:

Entstehung Anm. 1
Schrifttum Anm. 2
I. Schadenshöhe als Leistungsbegrenzung Anm. 3—5
  1. Aufgabe des § 55 Anm. 3
  2. Systematische Stellung Anm. 4
  3. Andere Leistungsbegrenzungen Anm. 5
II. Ableitung des Bereicherungsverbots Anm. 6—9
  1. Rechtsquellen Anm. 6
  2. Geltungsbereich Anm. 7
  3. Auswirkungen Anm. 8
  4. Grenzfälle Anm. 9—13
    a) Gleichbleibender Vswert Anm. 10
    b) Vereinbarte Taxe Anm. 11
    c) V von Gewinn Anm. 12
    d) Verbindliche Sachverständigenfeststellung Anm. 13
III. Begriff des Schadens Anm. 14—15
  1. Im allgemeinen Zivilrecht Anm. 14
  2. Im Versicherungsvertragsrecht Anm. 15—19
    a) Subjektivität des Einzelschadens Anm. 16
    b) Objektbezogenheit des Einzelschadens Anm. 17
    c) Einzelschaden als Negation Anm. 18
    d) Umfang des Einzelschadens Anm. 19
IV. Arten des Schadens Anm. 20—25
  1. Aktiven- und Passivenschaden Anm. 21
  2. Total- und Teilschaden Anm. 22
  3. Substanz- und Entziehungsschaden Anm. 23
  4. Unmittelbarer und mittelbarer Schaden Anm. 24
  5. Vsschaden im engeren und weiteren Sinn Anm. 25
V. Umfang des Schadens Anm. 26—33
  1. Differenz zweier Wertlagen Anm. 26
  2. Berechnung bei Passivenschäden Anm. 27
  3. Berechnung bei Aktivenschäden Anm. 28—33
    a) Speziell Totalschaden Anm. 29
    b) Speziell Teilschaden Anm. 30
    c) Bewertung von Resten Anm. 31
    d) Merkantiler Minderwert Anm. 32
    e) Problem „neu für alt" Anm. 33
VI. Beweis des Schadens Anm. 34—38
  1. Beweislast Anm. 34
  2. Beweisführung Anm. 35
  3. Gerichtsüberzeugung Anm. 36
  4. Sachverständigenverfahren Anm. 37
  5. Beweissicherung Anm. 38
VII. Abwicklung des Schadens Anm. 39
VIII. Unabdingbarkeit des § 55 Anm. 40

[1] **Entstehung:** § 55 ist unverändert geblieben. — Begr. I S. 62—64.

[2] **Schrifttum:**

Berndt, Der Ersatzwert in der Feuerv, Weißenburg 1951, Beyer, Der Folgeschaden in der Individualv, Bonner Diss. 1961, Bruck S. 431—443, Dobbert, Der Begriff des Vermögensschadens in der Privatv, Göttinger Diss. 1961, Drefahl, Die Beweislast und die Beweiswürdigung im Vsrecht, Hamburg 1939, Eberhard, Der Schadensnachweis in der V, Straßburger Diss. 1917, Ehrenberg S. 444—455, Ehrenzweig S. 282—285, Fick, Der Ersatzwert in der Feuerv nach dem schweizerischen VVG, Zürich 1918, Einige Grundbegriffe der Schadensv, Zürich 1918, Friedli, Feststellung und Beweis des Schadens in der Schadenv, insbesondere das Sachverständigenverfahren, Berner Diss. 1948, Fröhlich Vsarchiv 1931/32 Nr. 12 S. 12—17, Hagen I S. 573—581, 587—591 Kisch WuRdVers 1932 Nr. 1 S. 1—112, Koch, Die Ermittelung des Ersatz-Wertes in der Feuerv, Hamburger Diss.

I. Schadenshöhe als Leistungsbegrenzung **§ 55**
Anm. 3, 4

1928, Lohmar, Rechtfertigung der Vorteilsausgleichung im Vsrecht, Karlsruhe 1968, Möller in: Ausblick und Rückblick, Erich R. Prölss zum 60. Geburtstag, München 1967, S. 241—249, Pfennigstorf VersR 1964 S. 360—363, Ritter ZVersWiss 1923 S. 269—275, Schärer, Über die Schadenersatzfunktion der V, speziell der Unfallv, Zürich 1932, Schiering, Abstrakte und konkrete Bedarfsdeckung im Vsrecht, Hamburger Diss. 1964, Stiefel-Wussow[7] Anm. 2 zu § 13 AKB, S. 465—468, Wilhelm, Die Beweislast bei Vsansprüchen, Erlanger Diss. 1933, Winter, Konkrete und abstrakte Bedarfsdeckung in der Sachv, Göttingen 1962, Wussow AFB Anm. 7—9 zu § 3, S. 215—217, Zimmermann, Der Betriebs-Unterbrechungs-Schaden, 2. Aufl., Karlsruhe 1968, speziell zum vsrechtlichen Bereicherungsverbot: Anm. 6, 7, zum allgemein-zivilrechtlichen Schadensbegriff: Anm. 14.

[3] **I. Schadenshöhe als Leistungsbegrenzung.**

1. Aufgabe des § 55.

Die Aufgabe der Bestimmung besteht darin, in der Schadensv die Leistung des Vers bei Eintritt eines Vsfalls auf die Ausgleichung des Schadens zu begrenzen, d. h. den Ver zur Leistung nur höchstens in demjenigen Umfang zu verpflichten, der in der Aktivenv dem Grad der Negation des vten Interesses entspricht und der in der Passivenv mit der Höhe des entstandenen Passivums (Unwertes) korrespondiert. § 55 stellt eine Ergänzung — oder eigentlich nur Verdeutlichung — des bereits in § 1 I 1 enthaltenen Satzes dar, daß der Ver bei der Schadensv „nach dem Eintritte des Vsfalls ... den dadurch verursachten Vermögensschaden ... zu ersetzen" habe. § 55 verdeutlicht, daß dies auch dann gelten solle, wenn die Vssumme den Vswert bei Eintritt des Vsfalles (= Ersatzwert: Anm. 25 zu § 52) übersteigt, wenn also im Zeitpunkt des Vsfalles eine **Überv** vorliegt (Begr. I S. 62). Anders ausgedrückt: Auch durch eine überhöhte Prämienzahlung kann man sich im Bereich der Schadensv keinen Vsschutz erkaufen, der mehr als den Schaden deckt. Hier greift das vsrechtliche **Bereicherungsverbot** ein (dazu Anm. 6—9).

[4] **2. Systematische Stellung.**

§ 55 gilt nur in der **Schadensv**, nicht aber für die Summenv. Dies ergibt sich aus dem Wortlaut zwar nicht so sehr des § 55 selbst, wohl aber aus dem des § 1 I 1 („Bei der Schadensv ..."), zu dem die Bestimmung gedanklich in Beziehung zu setzen ist, ferner aus der systematischen Stellung des § 55 bei den „Vorschriften für die gesamte Schadensv". Außerdem weist die nach § 55 gebotene Leistungsbegrenzung an Hand des Ersatzwertes auf das Prinzip der konkreten Bedarfsschätzung und -deckung und der genauen Schadensermittlung hin, das allein im Bereich der Schadensv gilt.

In der nach dem Prinzip der abstrakten Bedarfsschätzung und -deckung arbeitenden **Summenv** dagegen ist für die Abstellung auf einen konkreten Schaden (konkreten Bedarf) und folglich auch für die Verwendung des den konkreten Schaden letztlich bestimmenden Ersatzwertes kein Raum (Anm. 44 vor §§ 49—80, Anm. 14 zu § 52).

Weiterhin hat § 55 im Rahmen der Schadensv, obwohl er unter den für die gesamte Schadensv konzipierten Bestimmungen zu finden ist, jedenfalls hinsichtlich seines über die Aussage des § 1 I 1 hinausgehenden Inhaltes, nur für die **Aktivenv** Geltung (Anm. 6 vor §§ 49—80, Anm. 15 zu § 52): Soweit die Bestimmung besagt, der Ver habe stets nur den entstandenen Schaden zu ersetzen, trifft dies allerdings auch auf die **Passivenv** zu. Dagegen kann der eingeschobene Satz („auch wenn die Vssumme höher ist als der Vswert zur Zeit des Eintritts des Vsfalls") naturgemäß nur die Aktivenv berühren. Dies ergibt sich wiederum aus der Abstellung auf den Begriff des Vswertes, also des Wertes der Beziehung eines Subjektes zu einem Aktivum (Sache, Recht, Anwartschaft). Eine solche Wertbeziehung aber gibt es in der Passivenv nicht. Hier kann man allenfalls von der — in diesem Zusammenhang nicht relevanten — Unwertbeziehung zu einem Ungut (Passivum) sprechen, — und übrigens auch dies, ohne daß sich an Hand eines solchen „Unwertes" im allgemeinen (d. h. abgesehen von den relativ seltenen Fällen einer summenmäßig oder gegenständlich beschränkten Haftung des Vmers: Anm. 15 zu § 52) der dem Ver drohende Maximalschaden bestimmen ließe.

Da jede **Nichtpersonenv** als Schadensv betrieben werden muß (Anm. 3 vor §§ 49—80), gilt für sie § 55: Stets begrenzt hier der Schadensbetrag die Leistungshöhe des Vers. Im Bereich der **Personenv** kann man dieser Rechtsnorm ausweichen, indem man sie als Summenv, d. h. nach dem Prinzip der abstrakten Bedarfsschätzung und -deckung betreibt. Entscheidet man sich dafür, die Personenv als Schadensv zu betreiben, so wird unausweichlich § 55 anwendbar.

Die **Sachv** gehört zur Schadens-, und zwar zur Aktivenv. Es kann deshalb eine „**Sachsummenv**" nicht geben (anders Winter a. a. O. S. 99—116, auch schon Endemann ZHR Bd 10 S. 244—253). Es gibt allenfalls einige gesetzlich vorgesehene Durchbrechungen oder Abschwächungen des vsrechtlichen Bereicherungsverbotes (Anm. 45—50 vor §§ 49—80, Anm. 9—13).

[5] 3. Andere Leistungsbegrenzungen.

Es wurde schon in Anm. 44 vor §§ 49—80 dargetan, daß neben dem „Betrag des Schadens" (§ 55) auch die **Vssumme** (§ 50) und — bei der Aktivenv — der **Vswert** leistungsbegrenzende Faktoren sind. Der Vswert als Ersatzwert entspricht nicht nur dem höchstmöglichen Schaden, sondern infolge der Proportionalitätsregel des § 56 führt eine Unterschreitung des objektiven Ersatzwertes durch die gewählte Vssumme, also eine Unterv dazu, daß ein Schaden nicht voll ersetzt wird (Anm. zu § 56).

Will man das **Verhältnis** des § 55 zu Vorschriften mit ähnlicher leistungsbegrenzender Aufgabe (§§ 50, 51, 56) klären, so gilt:

In **§ 50** wird die Vssumme, in **§ 55** der Schaden (maximiert in der Aktivenv durch den Ersatzwert) als Leistungsgrenze für den Ver fixiert. Gemäß § 50 haftet der Ver nur bis zur Höhe der Vssumme. Ist aber die Vssumme höher als der Schaden, so wirkt sich die Höhe des Schadensbetrages — eben gemäß § 55 — schon vor der Vssumme leistungsbegrenzend aus: Letztere kommt dann nicht zur Wahrnehmung ihrer Funktion; § 55 rangiert also im Falle seiner Anwendbarkeit **vor** § 50. Diese gesetzestechnische Ausgestaltung bedeutet also, daß der Vmer von Vssumme und Schaden immer den niedrigeren Betrag bekommt (Möller JW 1938 S. 917).

Den **§§ 51 und 55** kann insofern die gleiche tatsächliche Situation zugrunde liegen, als in beiden Fällen die Vssumme den Wert des vten Interesses übersteigt (**Überv**), bei § 55 möglicherweise, bei § 51 stets (bei § 51 I, II den jeweiligen Wert, bei § 51 III den Anfangswert, bei § 55 den Ersatzwert; zu diesen Begriffen: Anm. 10 zu § 51, Anm. 25 zu § 52), und zwar bei § 51 erheblich, was bei § 55 gleichfalls möglich, aber doch nicht erforderlich ist (Anm. 16 zu § 51). Der letztlich maßgebende Unterschied zwischen beiden Vorschriften liegt in der Verschiedenheit des Zeitpunktes, in dem die Überv entdeckt wird, nämlich in § 51 I, II vor dem Versicherungsfall, mit der Folge der möglichen Herabsetzung der Vssumme unter Minderung auch der Prämie, und in § 55 bei dem oder nach dem Vsfall mit der Folge der leistungsbegrenzenden Auswirkung der Schadenshöhe (trotz der Überv).

Den Unterschied schließlich zwischen den **§§ 56 und 55** kennzeichnen die Begriffe der Unter- und Überv: Liegt einer Anwendbarkeit des § 55 — wie erwähnt — der Sache nach eine Überv zugrunde, so handelt es sich bei § 56 um den genau umgekehrten Fall der **Unterv**, d. h. eines Zurückbleibens der Vssumme hinter dem Ersatzwert des vten Interesses. Auch diese Sachlage gibt vermöge der Proportionalitätsregel zur Leistungsbegrenzung Anlaß (Näheres Anm. zu § 56).

[6] II. Ableitung des Bereicherungsverbots.

1. Rechtsquellen.

Besonders aus den §§ 1 I 1, 55 läßt sich der Rechtssatz ableiten, daß eine Schadensv nicht zur Bereicherung führen dürfe; aber auch die Regelungen der Überv (§ 51), der Doppelv (§ 59) und des Überganges von Ersatzansprüchen (§ 67 I 1) bestätigen das **Entschädigungsprinzip** (principle of indemnity).

Näheres auch zur Geschichte, zum Schrifttum, zur Rechtsprechung und zu den AVB: Anm. 45 vor §§ 49—80. Reiches internationales Material hat der Zweite Weltkongreß für Vsrecht, Hamburg 1966 zum Bereicherungsverbot erschlossen, vgl. das

II. Ableitung des Bereicherungsverbots **§ 55**
Anm. 7—9

Generalreferat Warkallo MatZweiterWeltkongreß II S. 3—38 (dazu Landesreferate, Sonderbeiträge und Diskussion: MatZweiterWeltkongreß II S. 39—267). Für das schweizerische Recht leugnet Koenig[3] S. 285—286, SchweizVersZ 1965/66 S. 321—344 das Bereicherungsverbot; die Leistung des Vers soll sich nur nach dem Äquivalenzprinzip, also der Prämienhöhe richten. Richtig Roelli-Jaeger II Anm. 4, 5 zu Art. 62, S. 338—339.

[7] 2. Geltungsbereich.
Was für den Anwendungsbereich des § 55 gilt (Anm. 4), gilt zugleich für den Geltungsbereich des vsrechtlichen Bereicherungsverbots: Das Entschädigungsprinzip beherrscht die gesamte **Schadensv**, wobei es für die Nichtpersonenv unausweichlich ist, während eine Personenv auch im Wege der Summenv betrieben werden kann und oft betrieben wird. Wird aber eine Personenv als Schadensv betrieben, wird z. B. eine Krankheitskostenv oder Heilkostenersatz in der Unfallv gewährt, so gilt das Bereicherungsverbot und die §§ 51, 59, 67 I 1 sind anzuwenden (Böhm VersR 1956 S. 736—739, Möller JW 1938 S. 916—918, Prölss[17] Anm. 9 zu § 67, S. 320—321, Schierig a. a. O. S. 101—103; BGH 17. X. 1957 BGHZ Bd 25 S. 338—339; a. M. RG 8. V. 1930 SeuffArch Bd 84 S. 304, 10. I. 1935 RGZ Bd 146 S. 289, 12. III. 1936 JW 1936 S. 2793—2794, 4. I. 1937 RGZ Bd 153 S. 45). Für die Schweiz wie hier Koenig SchweizVersZ 1965/66 S. 334—337 m. w. N.

Dagegen gilt das vsrechtliche Bereicherungsverbot nicht für eine **Personenv**, die als **Summenv** betrieben wird. Hier wird die vom Ver bei Eintritt des Vsfalles zu erbringende Vsleistung frei vereinbart. Jedoch ist solche Summenv eben nur in der Personenv statthaft, und sie darf nicht etwa (zur Umgehung des Bereicherungsverbotes) auf die Nichtpersonenv übertragen werden.

Auf die **Unternehmensform** kommt es nicht an, auch die öffentlich-rechtliche Schadensv geht vom Bereicherungsverbot aus, was einige Landesgesetze hervorheben, z. B. § 32 III 1 G über die Braunschweigische Landesbrandvsanstalt, § 27 VI 1 Satzung der Nassauischen Brandvsanstalt.

In der deutschen **Sozialv** findet sich teils eine abstrakte, teils eine konkrete Bedarfsschätzung und -deckung. Dabei ist wichtig, daß auch die als Summenv betriebene Sozialv einen Übergang von Ersatzansprüchen nach § 1542 I 1 RVO kennt (Schierig a. a. O. S. 101).

[8] 3. Auswirkungen.
Das Bereicherungsverbot ist nicht nur „Maxime" (Prölss[17] Anm. 1 zu § 55, S. 264 bis 265), sondern **absolut zwingender Rechtssatz** (Näheres schon: Anm. 45 vor §§ 49—80). Allerdings handelt es sich nicht um ein „gesetzliches Verbot" mit der Nichtigkeitssanktion des § 134 BGB. Insbesondere ist nicht jede Überv oder Doppelv (teilweise oder völlig) **nichtig**; solche Über- oder Doppelven können sogar wirtschaftlich höchst nützlich sein. Das Gesetz sieht vielmehr Nichtigkeit nur bei Vsnahme in betrügerischer Absicht vor (§§ 51 III, 59 III); im übrigen begnügt es sich mit Vorschriften, die dafür sorgen, daß der Vmer „**nicht mehr als den Betrag des Schadens verlangen kann**" (§ 59 I für die Doppelv; im Ergebnis für die Überv ebenso § 55). Wenn und soweit es an einem Schaden fehlt, **entbehrt der Vsanspruch der causa**: „Der Ver ist ... nicht verpflichtet, dem Vmer mehr als den Betrag des Schadens zu ersetzen." Ein überzahlter Betrag kann nach § 812 I 1 BGB **kondiziert** werden, im übrigen aber liegen das vsrechtliche Bereicherungsverbot und das Institut der ungerechtfertigten Bereicherung auf ganz verschiedenen Ebenen (Koenig SchweizVersZ 1965/66 S. 323—324).

Ausdruck des Bereicherungsverbots ist — über § 67 I 1 hinaus — die vsrechtliche **Vorteilsausgleichung**, die dem Ver das Recht auf die Übertragung der Vorteile verschafft, wenn er ohne Rücksicht auf die vom Vmer erlangten Vorteile voll entschädigt. Dazu Anm. 51—54 vor §§ 49—80. Lohmar a. a. O. S. 33 bezeichnet § 55 als „Rechtsgrundlage der Vorteilsausgleichung".

[9] 4. Grenzfälle.
Ausnahmen bestätigen die Regel. Aus ökonomischen Gründen, auch aus Gründen der Beweiserleichterung und der Rationalisierung der Schadensabwicklung kann es Fälle geben, in denen der Vmer eine Vsleistung erhält, welche seinen Schaden übersteigt.

Auf diese „Durchbrechungen" und Abschwächungen des Bereicherungsverbots ist bereits in Anm. 46—50 vor §§ 49—80 hingewiesen worden, wobei die Neuwert v als Scheinausnahme gekennzeichnet ist (unter Hinweis auf Anm. 26, 28 zu § 52). Eine Scheinausnahme behandelt auch § 116 I 2, wonach bei einer Tierlebens v der Wert unmittelbar vor Eintritt einer dem Tod etwa vorausgehenden Erkrankung oder vor einem Unfall des Tieres entschädigt wird; denn hier handelt es sich um einen gedehnten Vsfall, der schon mit Erkankung oder Unfall beginnt (verkannt von OLG Oldenburg 9. VII. 1951 VersR 1951 S. 229 mit zutreffender Anm. Kisch).

[10] a) Gleichbleibender Versicherungswert.

Die Fiktion des gleichbleibenden Vswertes in der Transport- und Seev (§§ 140 II, 141 I 2; §§ 70 II, 90 II ADS) kann bei starkem Absinken des Anfangswertes tatsächlich dazu führen, daß der Vmer infolge des fingierten überhöhten Ersatzwertes bereichert wird. Die Vsleistung erfolgt nicht ohne rechtlichen Grund. Das Gesetz sieht auch keinerlei Korrektur des übersetzten Vswertes vor. Näheres Anm. 25 zu § 52.

Aber die Sondernormen des Transportvsrechts können nicht auf andere Vszweige, z. B. die Tierv abgewendet werden: Wenn ein 1941 mit RM 1500,— bewerteter Wallach 1950 eingeht, so kann der Vmer nach diesen 9 Jahren nicht ohne weiteres DM 1500,— verlangen, mag auch die Vssumme ziffernmäßig unverändert geblieben sein (so aber OLG Oldenburg 9. VII. 1951 VersR 1951 S. 228—230, dagegen mit Recht Anm. Kisch und Prölss VersR 1951 S. 219—220).

[11] b) Vereinbarte Taxe.

Die Vereinbarung einer Taxe nach § 57^{1,2} fixiert den Vswert zur Vermeidung von Bewertungsstreitigkeiten auf einen bestimmten Betrag, und zwar nicht nur als Anfangswert, sondern auch als Ersatzwert (Ausnahme: § 87 für die Mobiliarfeuerv). Ist die Taxe von vornherein zu hoch oder sinkt der richtig taxierte Anfangswert ab, so ist doch bei einem Totalschaden der volle Betrag der Taxe vom Ver zu leisten; den rechtlichen Grund liefert § 57^{1,2}. Überschreitet allerdings der Taxbetrag erheblich den wirklichen Ersatzwert, so ist die Taxe „anfechtbar". Näheres Anm. zu § 57. Über die Tierv zu Durchschnittswerten und mit festen Entschädigungsbeträgen Anm. 12.

[12] c) Versicherung von Gewinn.

Bei der Gewinnv ergeben sich Bereicherungsmöglichkeiten für den Vmer daraus, daß ein nur mit Wahrscheinlichkeit oder gar nur möglicherweise zu erwartender Gewinn als gesichert behandelt wird, auch wenn er vielleicht nur beim Vertragsschluß, nicht mehr zur Zeit des Versicherungsfalls zu erwarten war. Der Ver kann solchenfalls nicht geltendmachen, dem Vmer sei in Wahrheit kein Schaden oder ein geringerer Schaden erwachsen. Näheres Anm. 4, 31 zu § 53.

Einen Sonderfall regelt § 89 II, wonach in der Feuerv für die Berechnung des entgehenden Gewinns mit aufsichtsbehördlicher Genehmigung in den Vsbedingungen Bestimmungen getroffen werden können (Anm. 30 zu § 53). Hier aber ist vorgesehen: „Übersteigt das Ergebnis der Berechnung den der wirklichen Sachlage entsprechenden Betrag, so hat der Ver nur diesen Betrag zu leisten." Die Beweislast für ein (erhebliches?) Übersteigen trifft den Ver (Bruck 7. Aufl. Anm. 4 zu § 89, S. 4).

Das BAA wendet § 89 II auch außerhalb der Feuerv an: Bei § 53 ist auf solche Berechnungsbestimmungen aus dem Bereich der Regenv, den Ven gegen Vermögensschäden wegen Betriebsschließung infolge Seuchengefahr und der V von landwirtschaftlichen Betrieben gegen Vermögensschäden durch Produktionsausfall infolge Tierseuchen hingewiesen worden (Anm. 30 zu § 53). Es mag hier durchaus vorkommen, daß der Vmer bereichert wird, ohne daß der Ver dies beweisen kann.

Das BAA zeigt eine Tendenz zur Genehmigung großzügiger Berechnungsbestimmungen auch über die Gewinnv hinaus, gleichsam in analoger Anwendung des § 89 II. Hingewiesen sie auf die Tierv zu Durchschnittswerten oder mit festen Entschädigungsbeträgen (Anm. 56 zu § 52 m. w. N., dazu noch VA 1960 S. 201—202, 1961 S. 219, 1965 S. 155—156).

III. Begriff des Schadens

§ 55
Anm. 13—14

Während bei der Gewinnv Feldmann VA 1956 S. 149 — ohne Bezugnahme auf § 89 II — von einer „pauschalen" Schadensfeststellung spricht, unter Zurückstellung der Bedenken aus § 55, betont genereller Bischoff VersR 1958 S. 2, „daß der Grundsatz des konkreten Schadensersatzes kein starrer, unbeugsamer sein kann, sondern nach den Bedürfnissen des Lebens an seinen Grenzen eine gewisse Beweglichkeit haben muß". Prölss[17] Anm. 4 zu § 55, S. 266 will in den pauschalierenden Vereinbarungen — möglicherweise anfechtbare — Taxen (§ 57[1,2]) erblicken (Anm. 11).

[13] d) Verbindliche Sachverständigenfeststellung.

Nach § 64 I 1 ist eine getroffene Sachverständigenfeststellung auch zur Höhe des Schadens in dubio verbindlich, es sei denn, daß im Falle einer übersetzten Feststellung der Schadenshöhe der Ver nachweist, die Feststellung weiche „offenbar von der wirklichen Sachlage erheblich" ab. Bei unerheblichen oder nicht offenbaren Abweichungen nimmt man eine Bereicherung des Vmers lieber in Kauf, als daß man das Sachverständigengutachten erschüttert.

[14] III. Begriff des Schadens.

1. im allgemeinen Zivilrecht.

Wenn § 55 auf den „Betrag des Schadens" abhebt, um die Vsleistung zu maximieren, so ist dabei an den vten Schaden zu denken, an den vsrechtlichen Schadensbegriff (Anm. 15), der vom allgemein-zivilrechtlichen Schadensbegriff zu unterscheiden ist.

Schrifttum zum zivilrechtlichen Schadensbegriff: Larenz VersR 1963 S. 1—8, Mertens, Der Begriff des Vermögensschadens im Bürgerlichen Recht, Stuttgart-Berlin-Köln-Mainz 1967, Möller, Summen- und Einzelschaden, Hamburg 1937 m. w. N., Neuner ArchZivPrax Bd 133 S. 277—314, Neuwald, Der zivilrechtliche Schadensbegriff und seine Weiterentwicklung in der Rechtsprechung, Münchener Diss. 1968, Reinecke, Schaden und Interesseneinbuße, Beiträge zu einer Schadens- und Schadensersatzordnung, Berlin 1968, Selb, Schadensbegriff und Regreßmethoden, Heidelberg 1963, Steindorff ArchZivPrax Bd 158 S. 431—469, Wilburg, Die Elemente des Schadensrechts, Marburg 1941, Zeuner ArchZivPrax Bd 163 S. 380—400.

Läßt man den Nichtvermögensschaden beiseite und denkt man nur an Geldersatz eingetretenen Vermögensschadens, so geht § 249 BGB aus vom Summenschaden, ermittelt durch einen Vermögensvergleich (Vermögen ohne und mit Schädigung), so daß man spricht von einer Differenzhypothese, der Differenz(schaden)theorie, der Interessetheorie (hergeleitet de eo quod inter-est zwischen den beiden Vermögenslagen), der Saldotheorie (Neuwald a. a. O. S. 6 Anm. 5), die undifferenziert den gesamten „Schadensklumpen" erfaßt.

Dieser summarische Schadensbegriff (dazu schon Anm. 4 vor §§ 49—80) ist notwendigerweise subjektiv, weil es auf das Vermögen gerade des Geschädigten ankommt; er trägt keine normativen Züge, sondern ist ein „natürlicher" Begriff (Mertens a. a. O. S. 21—22), weil er allein darauf abhebt, ob der Schaden (adaequat) kausal auf das schädigende Ereignis, insbesondere auf das schädigende Verhalten zurückzuführen ist. Er ist ein wirtschaftlich determinierter Rechtsbegriff, weil es für die Bemessung der Vermögensdifferenz, also der Schadenshöhe auf die wirtschaftliche Bewertung der Position des Geschädigten ohne und mit Schädigung ankommt, wobei auch Gewinnerwartungen zu berücksichtigen sind, die nur wirtschaftliche Bedeutung haben (§ 252 BGB).

Neuerdings zeigen sich Tendenzen, den Summenschaden in Einzelschäden aufzugliedern, wobei aber die Summe der Einzelschäden dem Summenschaden gleichkommt (Möller Summen- und Einzelschaden a. a. O. S. 9—10). In Naturalersatzfällen muß dieser Weg notwendigerweise beschritten werden, da hier an die Stelle des Rechnens und Zahlens die effektiv-konkrete Schadensbeseitigung tritt. Unter den Einzelschäden treten die Sachschäden besonders hervor, deren Höhe auch objektiv bewertbar ist, so daß es möglich erscheint, primär den objektivierten Sachschaden als Mindestschaden zu ersetzen, daneben etwa eingetretene andere Schäden nach Maßgabe der Interessetheorie (aber unter Außerachtlassung des Sachschadens). Vgl. dazu Neuner ArchZivPrax Bd 133 S. 290—314 und speziell aus dem Frachtrecht § 430 HGB mit der Unterscheidung des Ersatzes entweder nur des gemeinen Handelswertes des Gutes oder ausnahmsweise des vollen Schadens.

Bei der Durchführung des Vermögensvergleichs wird neuerdings eine summative Wertung der einzelnen Aktiva und Passiva zum Teil abgelehnt, vielmehr wird das Vermögen als „gegenständliche ‚potentia' des Subjekts gedeutet", als „subjektives Potential" (Mertens a. a. O. S. 139, 143). Im Falle eines Sachschadens sei der Gesamtschaden „in die Minderung des Substanzinteresses oder . . . individuellen Sachwerts und den vermögensbezogenen Ausfallwert aufzugliedern" (Mertens a. a. O. S. 144), im Ausfallwert sei der Gewinn zu berücksichtigen, der mit Hilfe des zerstörten oder beschädigten Sachguts hätte erzielt werden können (Mertens a. a. O. S. 145). Man kann auf die Lehre vom Potential und vom Ausfallwert verzichten, wenn man erkennt, daß neben vielen Sachen Anwartschaften stehen, die zugleich mit einem Sachschaden beeinträchtigt werden. Bei Berücksichtigung dieser Anwartschaften erweist sich eine klare summative Wertung als möglich.

Weitere moderne Anschauungen entkleiden den Schadensbegriff seiner „natürlichen" Vorgegebenheit, indem sie normative Elemente in diesen Begriff hineinlegen. Mit Hilfe eines solchen normativen Schadensbegriffs spricht man dem Anspruchsberechtigten entweder einen geringeren Schadensersatz zu, als er dem adaequat verursachten Schaden entspricht (z. B. unter dem Gesichtspunkt des Schutzzweckes der haftungsbegründenden Norm), oder man konstruiert einen umfassenderen Schadensersatzanspruch, etwa unter dem Gesichtspunkt einer „repressiven Buße" (Steindorff ArchZivPrax Bd 158 S. 455) oder der Heranziehung des Verletzers zu einer Ausgleichsleistung in einem totalen Versorgungsstaat (Selb a. a. O. S. 49—50, 52). Trefflich die Übersicht bei Neuwald a. a. O. S. 1—33, dagegen weithin unverständlich Reinecke a. a. O. S. 1—228.

Die höchstrichterliche Rechtsprechung geht — im Anschluß an § 249 BGB — grundsätzlich von der „klassischen" Differenzhypothese, also vom Summenschadensbegriff aus (vgl. nur BGH 29. IV. 1958 BGHZ Bd 27 S. 183—184). Die Differenzhypothese habe „vorzugsweise die Funktion, durch den auf einen bestimmten Zeitpunkt bezogenen Vergleich des wirklichen Vermögensstandes mit dem das Schadensereignis ausklammernden hypothetischen Vermögensstand allgemeine Vermögensschäden zu erfassen und ihre geldmäßige Höhe mittels der Differenzrechnung zu bestimmen (BGH 15. IV. 1966 BGHZ Bd 45 S. 218).

Dagegen seien bei der konkreten Beeinträchtigung einzelner Vermögensgüter der „rechnerischen Differenzbetrachtung Grenzen gesetzt. Läßt sich das Maß der Beeinträchtigung eines Vermögensgutes nach objektiven Maßstäben geldlich bewerten, so ist die Berechtigung einer Ersatzforderung nicht stets davon abhängig, daß eine das Gesamtvermögen erfassenden Differenzrechnung eine ziffernmäßige Minderung dieses Vermögens im Zeitpunkt der letzten mündlichen Verhandlung ergibt" (BGH 15. IV. 1966 BGHZ Bd 45 S. 218). Es handelte sich um einen Fall des vorübergehenden Verlustes der Gebrauchsfähigkeit eines Kraftfahrzeugs, in dem sich der Geschädigte einen Ersatzwagen nicht beschafft hatte. Sieht man in diesem Falle jedoch den Schaden in der Beeinträchtigung einer „erkauften" Nutzungsmöglichkeit, also Anwartschaft (Anm. 71 zu § 49, Anm. 9 zu § 53), so könnte man den Wert dieser Anwartschaft auch in eine allgemeine rechnerische Differenzbetrachtung einsetzen, und es ist nicht richtig, daß man zu verschiedenen Ergebnissen hinsichtlich der Schadenshöhe gelangt, je nachdem ob man ausgeht vom Summenschaden, also von der Differenzhypothese, oder von einem gegliederten Schadensbegriff, also von Einzelschäden. Die Summe der Einzelschäden muß stets den Summenschaden ergeben. Die zergliedernde Betrachtungsweise macht es nur leichter erkennbar, welche Einzelschäden im Summenschaden enthalten sind.

Von einem normativen Schadensbegriff, der in der neueren Rechtsprechung entwickelt sei, und der sich von der reinen Differenzhypothese abkehre, spricht BGH 9. VII. 1968 BGHZ Bd 50 S. 304—306 (Großer Senat), wo der Ehefrau ein eigener Schadensersatzanspruch zugebilligt wird, wenn ein Schädiger bewirkte, daß sie den Haushalt nicht mehr führen kann, also ihre Arbeitsleistung ausfällt. Der Schadensersatzanspruch der Ehefrau habe „insbesondere eine Parallele in der eigenen Ersatzforderung wegen Arbeitsausfallschadens, die die Rechtsprechung dem verletzten Gesell-

III. Begriff des Schadens §55
Anm. 15, 16

schafter einer Personalgesellschaft auch bei Fortzahlung einer gesellschaftsvertraglich vorgesehenen Tätigkeitsvergütung zuerkennt." Es fragt sich, ob die Heranziehung des normativen Schadensbegriffes nicht überflüssig wird, wenn man erkennt, daß die Ehefrau eine in Geld bewertbare Erwartung hegen konnte und demzufolge die Anwartschaft besaß, ihre Arbeitskraft dem Haushalt zur Verfügung zu stellen. Diese Anwartschaft ist durch den Schädiger, z. B. durch eine Verkehrsverletzung beeinträchtigt worden.

Unter Berufung auf den normativen Schadensbegriff ist auch einem solchen **Arbeitnehmer** ein Schadensersatzanspruch gegen den eine Krankheit oder einen Unfall verursachenden Verletzer zugebilligt worden, dem trotz Krankheit oder Unfall **Gehalt oder Lohn fortgezahlt wird**. Dieser Schadensersatzanspruch kann dann im Wege der Vorteilsausgleichung auf den Arbeitgeber übergehen. Vgl. BGH 19. VI. 1952 BGHZ Bd 7 S. 48—51, 22. VI. 1956 BGHZ Bd 21 S. 112—122, 27. IV. 1965 BGHZ Bd 43 S. 378—384. Auch diese im Ergebnis sicherlich billigenswerte Rechtsprechung läßt sich aber mit der klassischen Differenzhypothese in Einklang bringen, wenn man die Erwartung des Arbeitnehmers, seine Arbeitskraft wie bisher auswerten zu können, als Vermögensgut (Anwartschaft) ansieht. Diese Anwartschaft hat einen Wert in Höhe des Lohnes oder Gehaltes. Wird dem Arbeitnehmer die Arbeit unmöglich, so entsteht trotz Lohn- oder Gehaltsfortzahlung dem Arbeitnehmer ein entsprechender Schaden. Der Arbeitgeber kann nach § 281 I BGB die Abtretung des Ersatzanspruches (des Arbeitnehmers gegen den Verletzer) verlangen.

Zum Verhältnis der Schadensbegriffe im Vsrecht und im sonstigen Zivilrecht Möller in: Ausblick und Rückblick, Erich R. Prölss zum 60. Geburtstag, München 1967, S. 241—249.

[15] 2. im Versicherungsvertragsrecht.

Auch der **Schadensver** leistet Schadensersatz, wenn die vte Gefahr sich verwirklicht hat, also die Gefahrtragung in ein akutes Stadium tritt (Anm. 40—45 zu § 1). Der Schadensersatz, beruhend auf Rechtsgeschäft, ist beim Vsvertrag (primäre) Vertragserfüllung, während im allgemeinen Zivilrecht bei Rechtsgeschäften sekundäre Schadensersatzpflichten (nach Vertragsverletzungen) die größere Bedeutung besitzen.

Schadensersatz setzt **Schaden** voraus. Der vsrechtliche Schadensbegriff ist mit dem allgemein-zivilrechtlichen nicht identisch. Während im sonstigen Zivilrecht von der Differenzhypothese und dem Summenschaden auszugehen ist, erfordert die Vstechnik eine Zergliederung des Summenschadens in Einzelschäden, und ein Ver kann nur **Einzelschadensersatz** zusagen: Die Lehre vom vten Interesse (und den Passivbeziehungen, gegen deren Entstehung man sich vert) ermöglicht die Erfassung der verbaren Schäden schon vor ihrem Eintritt, und die infolge der Gefahrverwirklichung (also infolge des Vsfalles) eingetretenen Schäden werden nur insoweit ersetzt, als sie die Negation der vten Interessen sind (oder korrespondieren mit den vten Passivbeziehungen). **Der vte und ersatzpflichtige Einzelschaden ist in Negation des vten Interesses infolge Verwirklichung der vten Gefahr (Vsfall).**

Jeder ersatzpflichtige Einzelschaden ist subjektiv gebunden (Anm. 16), ist durch das beziehungsverknüpfte Objekt gekennzeichnet (Anm. 17) und stellt ein Negativum dar (Anm. 18), mit bestimmbarem Umfang (Schadenshöhe) (Anm. 19).

[16] a) Subjektivität der Einzelschäden.

Der Einzelschadensbegriff ist — wie der Summenschadensbegriff — **subjektiv** (Dobbert a. a. O. S. 15—18). Die Vsleistung steht nur demjenigen zu, der den Schaden erlitten hat, und zwar nur dann, wenn er im Vsvertrag **Vmer** oder **Vter** ist oder **Erwerber** der vten Sache (Kisch III S. 191—194). Im Zweifel ist nur ein Interesse des Vmers vert (§ 80 I). Vert X ein Haus, das Y gehört, ohne nähere Angaben und brennt das Haus nieder, so erhält X — obgleich Vmer — nichts, weil er nicht geschädigt ist, und Y nichts, weil er — obgleich geschädigt — nicht Vter ist. Das (subjektive) Risiko läßt sich nur beurteilen, wenn der Ver weiß, wer der Interesseträger ist. Man kann im Wege des Vertrags zugunsten Dritter auch fremde Interessen vern (V für fremde Rechnung, mit und ausnahmsweise ohne Benennung der Person des Vten: § 74 I), dann muß der Vte Interesseträger und Geschädigter sein und materiell steht ihm die Entschädigung zu (§ 75 I 1). Stellt sich bei solcher V für fremde Rechnung heraus, daß der Vmer Interesseträger ist, so erhält der Vmer keine Vsleistung, weil er nicht vert ist, der Vte erhält nichts, weil er keinen Schaden erleidet. Nur bei der V für Rechnung wen es angeht bleibt unbestimmt, wessen Interesse vert ist, und der im Zeitpunkt des Vsfalls geschädigte Träger des vten Interesses ist anspruchsberechtigt. Bei Veräußerung der vten Sache tritt der neue Interesseträger, der Erwerber an die Stelle des bisherigen. Er tritt an Stelle des Veräußerers in die während der Dauer seines Eigentums aus dem Vsverhältnisse sich ergebenden Rechte des Veräußerers (meistens des Vmers, evtl. des Vten) ein (§ 69 I).

Nicht selten werden durch einen Vsvertrag mehrere Personen vert, z. B. der Autohalter (meistens als Vmer), der Fahrer, der Beifahrer (als Vte), vgl. § 10 I, II AKB für die Autohaftpflichtv.

Wegen der Subjektivität des vsrechtlichen Schadensbegriffs muß das Gericht im Rechtsstreit primär prüfen, ob der Kläger Vmer, Vter oder Erwerber der vten Sache ist. Sodann muß geprüft werden, ob der Kläger den geltendgemachten Schaden erlitten hat.

Fremde Schäden kann der Kläger nur im eigenen Namen geltend machen auf Grund einer Ermächtigung oder Prozeßstandschaft (z. B. im Rahmen des § 76 als Vmer bei einer V für fremde Rechnung), auf Grund einer Zession, eines Pfandrechts, eines Pfändungspfandrechts, einer Order- oder echten Inhaberpolize. Bei der Pflichtv für Kraftfahrzeughalter hat der Drittgeschädigte (neben dem Haftpflichtigen) die action directe, die direkte Klage gegen den Haftpflichtver (§ 3 Nr. 1 PflVersG).

[17] b) Objektbezogenheit des Einzelschadens.

Vte Schäden sind nicht nur (subjektiv) durch die vte Person qualifiziert (Anm. 16), sondern auch durch die übrigen Merkmale der vten Beziehung, insbesondere des vten Interesses.

In der Aktivenv ist das vte Interesse die (Wert-)Beziehung einer Person zu einem Gute (Aktivum), das im Vsvertrage gekennzeichnet, individualisiert werden muß (Anm. 122 zu § 49). Wenn der Vmer ein Sachinteresse vert hat, ist sein Gewinninteresse nicht vert, und umgekehrt. Dementsprechend braucht der Sachver nur Sachschaden, der Gewinnver nur entgangenen Gewinn zu ersetzen, und die eine V umfaßt nicht die andere (§ 53). Ist eine Sache vert, so nimmt die höchstrichterliche Rechtsprechung an, daß das Eigentumsinteresse des formal-sachenrechtlichen Eigentümers vert sei (Anm. 60, 61 zu § 49). Stellt sich heraus, daß der Kläger (Vmer, Vte) nicht Träger des Eigentums ist, so wird seine Klage abgewiesen, mag er auch wirtschaftlich einen Schaden erlitten haben, z. B. als Vorbehaltskäufer. Wird allerdings das wirtschaftliche Eigentümerinteresse im Vsvertrage als solches gekennzeichnet, so ist auch dieses verbar (Anm. 55, 91 zu § 49) und der Vorbehaltskäufer ist entschädigungsberechtigt.

In der Passivenv schützt der Ver den Vmer oder Vten nur gegen die Entstehung von (Unwert-)Beziehungen zu Passiven, welche gleichfalls im Vsvertrage genau umrissen werden müssen. Solche Umschreibung erfolgt z. B. durch § 1 I AHaftpflB mit der Formel, der Vmer müsse „auf Grund gesetzlicher Haftpflichtbestimmungen privatrechtlichen Inhalts von einem Dritten auf Schadensersatz in Anspruch genommen" werden. Entsteht für die vte Person zwar ein Haftpflichtschaden, beruht er aber nicht auf Gesetz, sondern nur auf Vertrag, oder handelt es sich um eine Haftpflichtbestimmung öffentlich-rechtlichen, nicht privatrechtlichen Inhalts, so braucht der Haftpflichtver solchen Einzelschaden nicht zu ersetzen, da er nicht unter die Deckung fällt.

[18] c) Einzelschaden als Negation.

Im Vsrecht wird der Einzelschaden — jedenfalls in der Aktivenv — stets als Negation, als Spiegelbild, als Kehrseite des vor dem Vsfall vorhandenen und jetzt beeinträchtigten Interesses gesehen. Der Vsschaden ist die Negation des vten Interesses. Oder umgekehrt: Das Interesse ist die (positive) Kehrseite des (negativen) Schadens vor seinem Eintritt (Fick Grundbegriffe a. a. O. S. 25—26 m. w. N.). Vgl. auch Lohmar

IV. Arten des Schadens

a. a. O. S. 33—34. Vor dem Abschluß des Vsvertrages soll sich der Vmer prospektiv überlegen, welche Wertbeziehungen für ihn auf dem Spiele stehen. Die positive Feststellung der Interessen ermöglicht dem Ver die Risikobeurteilung und -übernahme. Der Ver kann fest damit rechnen, daß er — negativ — nur solche Schäden zu ersetzen braucht, die mit den vten Beziehungen korrespondieren.

Einen generellen Begriff des vten Schadens hat Beyer a. a. O. S. 58 entwickelt: „Schaden ist die qualitative oder quantitative Abnahme von vten Wert- oder Zunahme von vten Unwertbeziehungen infolge Verwirklichung der vten Gefahr". Vgl. auch Dobbert a. a. O. S. 35.

[19] d) **Umfang des Einzelschadens.**

Interesse und Einzelschaden können nicht nur dem Grunde nach festgestellt werden, sondern auch umfangsmäßig, der Höhe nach. Der Vswert ist in der Aktivenv der Wert des vten Interesses (Anm. 7 zu § 52), die Schadenshöhe steht mit dem Ersatzwert, d. h. dem Vswert zur Zeit des Eintritts des Vsfalls, insofern in einer Relation, als dieser Ersatzwert zugleich den Höchstschadenswert, den Schadensgrenzwert angibt (Anm. 9, 43 zu § 52). Auch bei einem Teilschaden ergibt sich eine Verbundenheit von Interessebeeinträchtigung und Schadenshöhe insofern, als der Grad der Beeinträchtigung den Umfang des Schadens bestimmt (vgl. Berndt a. a. O. S. 11, Kisch III S. 189—190). Diese Korrelation zwischen Ersatzwert und Betrag des Schadens klingt an in § 55, wenn dort bestimmt wird, daß eine den Ersatzwert übersteigende Vssumme unerheblich sei; der Ver ist nicht verpflichtet, mehr als den Betrag des Schadens zu ersetzen, wie er — maximal — dem Ersatzwert entspricht.

In der Passivenv ergibt sich die Höhe des Schadens aus dem Umfange des den Vmer belastenden Passivums, also aus dem „Unwert" des Passivums. Regelmäßig läßt sich nicht im vorhinein sagen, in welcher Höhe ein Passivum entstehen kann. Ausnahmen bilden die Fälle der beschränkten Haftung, in denen sich aus der summenmäßigen oder gegenständlichen Beschränkung ableiten läßt, wie hoch der Maximalschaden sein kann (dazu Anm. 15 zu § 52).

[20] IV. **Arten des Schadens.**

Es gibt verschiedene **Erscheinungsformen** des Schadens, insbesondere des Einzelschadens. Bei der Einteilung der Schäden kommt es nicht auf die Schadensursachen an, im Vsrecht nicht auf die vte Gefahr, welche sich verwirklicht hat (man spricht auch vom Schadensereignis, dazu Dobbert a. a. O. S. 21—30), sondern es ist der Schaden — als **Ergebnis der Gefahrverwirklichung** — zu betrachten und zu qualifizieren. Zuweilen allerdings verquickt der Sprachgebrauch Ursache und Folge, z. B. muß man bei dem Wort „Bruch" jeweils prüfen, ob die Bruchgefahr oder der Bruch als Schadenserscheinungsform gemeint ist (Ritter-Abraham Anm. 13 zu § 113, S. 1333). Als Erscheinungsform des Schadens kann der Bruch Zerstörung oder Beschädigung sein (Ritter ZVersWiss 1923 S. 273—275).

Die Unterscheidung der Erscheinungsformen des Schadens hat Bedeutung, weil zuweilen der Ver nicht alle durch die vte Gefahr verursachten Schäden deckt, sei es, indem er primär seine Haftung begrenzt (z. B. durch die Klausel „Nur für Totalverlust": § 123 ADS), sei es, indem er aus der Haftung bestimmte Schäden sekundär ausschließt (z. B. durch die Klausel „Frei von Beschädigung": § 113 ADS, wozu Ritter ZVersWiss 1923 S. 269—275). Überdies kann der Weg der Schadensliquidation und der Schadensberechnung verschieden geregelt sein, je nachdem ob es sich um einen Totalverlust oder um einen Teilschaden handelt (vgl. §§ 71, 74 ADS für die Seekaskov).

Es können unterschieden werden Aktiven- und Passivenschaden (Anm. 21), Total- und Teilschaden (Anm. 22), bei Sachschäden: Substanz- und Entziehungsschaden (Anm. 23). Ferner sei auf die Begriffspaare unmittelbarer und mittelbarer Schaden (Anm. 24) sowie Vsschaden i. e. S. und i. w. S. (Anm. 25) eingegangen. Zu alledem schon Anm. 38—43 vor §§ 49—80.

[21] 1. Aktiven- und Passivenschaden.

Grundlegend muß unterschieden werden, ob die Beziehung des Vmers zu einem Aktivum (Interesse) beeinträchtigt ist oder ob für ihn die Beziehung zu einem Passivum neu entstanden ist (ausnahmsweise kommt das Unwertvollerwerden, also die Vergrößerung eines Passivums in Betracht). Dabei sind die verschiedenen Arten von Aktiven und Passiven sowie die korrespondierenden Schäden zu unterscheiden (Übersicht schon Anm. 11—21 vor §§ 49—80): Auf der Aktivseite kommen z. B. Sachschäden, Forderungsschäden, entgangener Gewinn in Betracht, auf der Passivseite z. B. Haftpflicht- und Aufwandsschäden.

Wenn der Transport- und Seever sogen. **mittelbaren Kollisionsschaden** ersetzt (§ 129 II 2; § 78 ADS), so konnten **Zweifel** entstehen, ob es sich um einen Sachschaden, also um einen **Aktivenschaden** handelt, weil der Reeder mit dem Schiff für diesen mittelbaren Kollisionsschaden einzustehen hat (dingliche Belastung des Schiffes mit einem Schiffsgläubigerrecht), oder ob eine Kollisionshaftpflichtv (**Passivenv**) mit der Kaskov verbunden ist. Für den Sachvscharakter ist eingetreten Hochgräber NeumannsZ 1930 S. 483, 858, 1931 S. 110, während die h. M. eine „Adhäsionshaftpflichtv" annimmt (Möller JRPV 1930 S. 161—164, Ritter-Abraham Anm. 15 zu § 78, S. 1004 bis 1005). Genereller formuliert taucht die Frage auf, ob bei **dinglicher Belastung von Sachinteressen**, z. B. mit Pfandrechten, ein Sachschaden oder — im Blick auf die gesicherte Forderung — ein Haftpflicht-, also ein Passivenschaden anzunehmen ist. § 36 ADS läßt den Kasko- und Güterver haften „für den durch gerichtliche Verfügungen und ihre Vollstreckung entstehenden Schaden ....., wenn er dem Vmer zu ersetzen hat, was dieser zur Befriedigung des der Verfügung zugrunde liegenden Anspruchs leisten muß." Dazu auch RG 9. I. 1901 RGZ Bd 47 S. 178—179.

Trifft bei der Gattungsschuld oder beim Werkvertrag den Schuldner die Gefahr, „noch einmal leisten zu müssen" (**Leistungsgefahr, Garantiemoment im Werkvertrag**), so kann **entweder** das **Sachinteresse** am ursprünglich vorgesehenen Leistungsobjekt vert sein, **oder** es kann eine V genommen werden gegen das **Passivum** des Nocheinmalleistenmüssens (Anm. 75, 104, 105 zu § 49).

In der Passivenv ist speziell bei der **Haftpflichtv** regelmäßig noch zu prüfen, ob der Vmer in Anspruch genommen wird wegen eines **Sach-, Personen- oder Vermögensschadens**, den der Drittgeschädigte erlitten hat. Oft sind reine Vermögensschäden nicht gedeckt, für Sach- und Personenschäden bestehen durchweg differierende Vssummen. Die drei Begriffe werden im Bereiche des Haftpflichtvsrechtes durchaus eigenständig gebraucht, z. B. umfaßt der Sachschadensbegriff hier nicht nur die Negation eines Sachinteresses, sondern auch Schäden, die sich aus einem Sachschaden i. e. S. herleiten, etwa entgangenen Gewinn. Vgl. Näheres Anm. 41 vor §§ 49—80 m. w. N.; sowie Bruck-Möller-Johannsen Anm. G 71—82.

Bei der **Krankheitskostenv** als V gegen notwendige Aufwendungen werden im Tarif mit Tarifbedingungen die zahlreichen Einzelschäden bezeichnet, für die in bestimmter Höhe Vsleistungen erbracht werden (§ 4 I MB/KK). Die Aufwandsschäden sind sehr verschiedenartig und bei den einzelnen Krankenvern sehr unterschiedlich gegliedert, was die Markttransparenz beeinträchtigt (Überblick bei Balzer-Aumüller, Tarife und Bedingungen der privaten Krankenv 1968, Karlsruhe 1968). Es gibt z. B. innerhalb der ambulanten Behandlung, Krankenhausbehandlung und Zahnbehandlung (nebst Zahnersatz) noch mannigfache Aufgliederungen, zuweilen in Anlehnung an ärztliche Gebührenordnungen, zuweilen an eigene Leistungsverzeichnisse oder Grundtafeln. § 4 II MB/KK stellt im Zweifel Heilpraktiker den Ärzten gleich; § 4 III, IV MB/KK versucht die Begriffe Krankenanstalten und Krankenhaus zu klären; abgrenzungsbedürftig sind auch die Begriffe der Arznei-, Heil- und Hilfsmittel. Niemals ersetzt der Krankheitskostenver sämtliche durch eine Krankheit verursachten Aufwandschäden, sondern es gilt auch hier das Einzelschadensprinzip, damit das Risiko übersehbar bleibt.

[22] 2. Total- und Teilschaden.

Die Unterscheidung von Total- und Teilschäden, von welcher schon in Anm. 40 vor §§ 49—80 ausführlich die Rede war, kommt nur für die Aktivenv in Betracht. Passiven

IV. Arten des Schadens **§ 55**
Anm. 23

können regelmäßig in unbeschränkter Höhe entstehen, so daß auch ein sehr hoher Haftpflichtschaden in übertragenem Sinn nur ein Teilschaden bleibt, da er theoretisch noch höher hätte sein können. Allenfalls in Fällen beschränkter Haftung darf man von einem Totalschaden sprechen, wenn die summenmäßige Haftungsbegrenzung voll ausgeschöpft wird oder bei gegenständlicher Haftungsbegrenzung das Haftungsobjekt voll in Anspruch genommen wird. Immer ist die Untersuchung, ob ein Totalschaden vorliege, unabhängig von den Leistungsbegrenzungen des Vers vorzunehmen; nur wirtschaftlich ist es richtig, wenn Ver schon immer dann von einem Totalschaden sprechen, falls sie die volle Vssumme leisten müssen, z. B. in der Haftpflichtv.

Beschränkt man den Begriff des Totalschadens (Vollschadens) auf die Aktiven v, so liegt er vor, wenn entweder das interesseverknüpfte Gut als solches zerstört oder die Beziehung des Vmers zu diesem Gut durchschnitten ist. Das Gut ist zerstört, wenn es als solches nicht mehr vorhanden ist. Das Haus ist zu einer Ruine geworden, das Schiff zu einem Wrack, das Kraftfahrzeug zu Schrott; der transportvte Kunstgegenstand ist so stark „beschädigt", daß er „vollkommen wertlos geworden" ist (Ziff. 6 II Besondere Bedingungen für die V von Kunstgegenständen). Zur Definition des Totalschadens Berndt a. a. O. S. 68—69, Bruck S. 432, Hagen I S. 578—579. Dabei kann stets der Wert der Reste immerhin so hoch sein, daß im wirtschaftlichen Endergebnis der Ver nicht die volle Vssumme zu leisten braucht. Die Grenzziehung zwischen Total- und Teilschäden kann erleichtert werden durch die Herausarbeitung von Begriffen wie Reparaturunfähigkeit oder -unwürdigkeit (Anm. 30). Wird die Beziehung des Vmers zu dem vten Gut durchschnitten (Entziehungsschaden), so ist durchweg ein Totalschaden gegeben.

Oft sind gleichzeitig mehrere Güter vert, man denke auch an die V zusammengesetzter Sachen oder an die V von Inbegriffen. Muß hier der Begriff des Totalschadens angewendet werden, so kommt es auf den jeweiligen Zusammenhang an, der darüber entscheidet, ob ein Totalschaden auch dann schon angenommen werden kann, wenn nur ein Teil der Objekte zerstört oder entzogen ist. Ist z. B. eine ganze Flotte des Reeders vert, so wird man doch nicht zögern, einen Totalverlust schon dann anzunehmen, wenn nur eines der Schiffe gesunken ist. Dagegen würde man z. B. bei einer Hausratv von einem Totalschaden mit Interessewegfall (§ 68 IV) regelmäßig nur sprechen, wenn sämtliche zu dem Inbegriff gehörigen Sachen zerstört oder entwendet sind.

Bei transportierten Gütern unterscheiden die §§ 91—94 ADS Totalverlust, Teilverlust, Beschädigung, Teilbeschädigung. Der Teilverlust ist gleichsam ein partieller Totalverlust, und gemäß § 92 ADS finden die für den Totalverlust geltenden Bestimmungen entsprechende Anwendung. Falls eine Eigentumsbelastung dem Berechtigten ein Recht zu unmittelbarem Besitz verschafft, wird es evident, daß man von einem Sachschaden sprechen kann, der bei Besitzergreifung durch den Berechtigten ein Totalschaden ist. Stellt man allerdings die der Belastung zugrunde liegende Forderung in den Vordergrund, so erwächst dem Belasteten ein Passivenschaden (Anm. 21).

Über den Totalschaden in der Frachtv: Möller ITVMitt 1936 S. 129—131, bei einer anderen Forderungsv: RG 9. I. 1901 RGZ Bd 47 S. 178—179, in der Gewinnv: Anm. 30 zu § 53. Über den „Totalverlust" i. S. des § 120 ADS (V für behaltene Ankunft): RG 12. I. 1927 RGZ Bd 115 S. 397—401, Vorinstanz: OLG Hamburg 24. II. 1926 JRPV 1926 S. 108 = HansRZ 1926 Sp. 375—376; vgl. ferner OLG Hamburg 19. V. 1926 JRPV 1926 S. 203—204 = HansRZ 1926 Sp. 535—538.

Folgt ein Totalschaden auf einen Teilschaden, so trifft der erstere nur noch ein schon entwertetes Aktivum. Möglicherweise sind beide Schäden vert. War der Teilschaden unvert, so braucht nur der nachfolgende Totalschaden (in seiner eingeschränkten Höhe) ersetzt zu werden (Hagen I S. 580, der sich gegen den Satz wendet, der Totalschaden verschlinge den Teilschaden; vgl. hierzu aber auch RG 2. XII. 1916 RGZ Bd 89 S. 144 bis 147).

[23] 3. Substanz- und Entziehungsschaden.

Speziell bei Sachschäden muß man beachten, daß eine Schädigung des Eigentümers nicht nur dadurch erfolgen kann, daß die Sache als Substanz in Mitleidenschaft gezogen, insbesondere zerstört oder beschädigt wird (Substanzschaden), sondern auch dadurch, daß — bei Unversehrtheit der Substanz — die Wertbeziehung des Eigentümers zur Sache beeinträchtigt wird (Entziehungsschäden).

Unter den Substanzschäden sind Zerstörung und Beschädigung zu scheiden. Von der Zerstörung als Totalschaden war in Anm. 22 die Rede. Die Beschädigung ist „stoffliche Verschlechterung der Sache" (Ritter ZVersWiss 1923 S. 269—275 zur Klausel: „Frei von Beschädigung"). Hier bleibt die Sache „in ihrer normalen wirtschaftlichen Beschaffenheit wesentlich erhalten", „dergestalt, daß sie durch eine Geldaufwendung, die in einem wirtschaftlich angemessenen Verhältnis zu dem Gesamtwert der Sache steht, ihrem normalen Zwecke zurückgegeben werden kann: sogen. Reparaturfähigkeit und Reparaturwürdigkeit" (Ehrenberg S. 451).

Bei Entziehungsschäden kann zwar formal-sachenrechtlich das Eigentum bei dem Geschädigten verbleiben (etwa bei Diebstahl, vgl. § 935 I BGB), es gibt aber auch Entziehungsschäden, bei denen auch das Eigentum verlorengeht (z. B. bei prisenrechtlicher Einziehung und gewissen Beschlagnahmen). Vsrechtlich entscheidet die wirtschaftliche Betrachtungsweise, und es ergeben sich Probleme der Vorteilsausgleichung, falls entwendete Sachen wieder herbeigeschafft werden können oder beschlagnahmte Güter wieder freigegeben werden (dazu Anm. 54 vor §§ 49—80). Bei einer V eines Warenlagers gegen „Veruntreuungen aller Art" hat das RG 9. XI. 1934 RGZ Bd 145 S. 384—390 betont, daß es auf den Verlust des Eigentums nicht ankomme, es genüge, wenn die Klägerin „über die Ware nicht mehr so verfügen kann, wie sie darüber verfügen könnte, wenn sie Eigentümerin wäre" (S. 388); es handelte sich um Lagerscheinmanipulationen und es spielte auch die Aussicht auf einen Anteil am Erlös der Ware eine Rolle (S. 389—390).

Sprechen Rechtsquellen oder AVB von Schäden schlechthin, so kommen im Zweifel auch Entziehungsschäden in Betracht. Für die Feuerv stellt § 1 III AFB zwar die „Zerstörung oder Beschädigung der vten Sachen" in den Vordergrund, aber nach § 1 IV AFB ersetzt der Ver auch „den Wert der vten Sachen, die bei einem .... Schadensereignisse abhanden gekommen sind", also auch gewisse Entziehungsschäden. Entsprechend weit ist der Sachschadensbegriff in § 2 I FBUB gestaltet. In der Einbruchdiebstahlv steht selbstverständlich der Fall der Entwendung, also eines Entziehungsschadens im Vordergrund, aber nach § 1 III AEB ersetzt der Ver auch den Wert der „beim Einbruch zerstörten sowie die Wertverminderung der dabei beschädigten Sachen", also Substanzschäden. Das Wort Verlust kann sowohl auf substantielle Zerstörungen als auch auf Entziehungen bezogen werden. Deshalb stellt § 1 II a) ADB 1963 für die Transportv nur „Verlust oder Beschädigung der vten Güter als Folge einer vten Gefahr" nebeneinander. Viele andere AVB allerdings nennen ausdrücklich „die Beschädigung, die Zerstörung und den Verlust" (§ 12 I AKB für die Autokaskov, vgl. auch § 1 I AVB für die Fahrradv: VA 1958 S. 104—106; § 1 II Allgemeine Bedingungen für die Filmtheater-Einheitsv: VA 1956 S. 100—107, wo Beschädigung, Vernichtung und/oder Verlust" nebeneinandergestellt werden.

Die bloße Substanz tritt in den Hintergrund, wenn nach Sachschäden auf die Brauchbarkeit und Verwertbarkeit der Sache abgehoben wird. Bei der Mietverlustv kommt es auf die Benutzbarkeit und Wiederbenutzbarkeit der Wohnung an (Anhang zu § 1 AFB, § 1 III b), c) AWB). In der Tierlebensv umfaßt der Vsschutz nicht nur Tod oder Nottötung vter Tiere, sondern nach § 1 III ATierB „auch Schäden, die dadurch entstehen, daß Pferde, Maulesel, Maultiere und Esel infolge einer Krankheit oder eines Unfalles zu dem im Vsantrag angegebenen Verwendungszweck dauernd unbrauchbar oder angekörte Vatertiere dauernd zuchtuntauglich werden...... Dauernde Unbrauchbarkeit bzw. Zuchtuntauglichkeit wird auch dann angenommen, wenn ein Tier, obwohl es zwei Monate ununterbrochen tierärztlich behandelt wurde, zu dem im Antrag angegebenen Verwendungszweck unbrauchbar bleibt und die Aufwendungen für tierärztliche Behandlung und für Fütterung mehr als $^1/_5$ des Vswertes des Tieres betragen". Nach § 22 AVB für die Film-Negativ- und Positiv-V haften die Ver für den Schaden, den der Vmer dadurch erleidet, daß der „im Vsschein bezeichnete Film nicht oder nicht vollständig ausgewertet werden kann." Ist eine Sache schon vor Eintritt des Vsfalles unbrauchbar, so scheidet sie möglicherweise aus dem Vsschutz aus: So bestimmt § 5 II AVB für die Fahrradverkehrsv: „Wird das Fahrrad aus einem Grunde, der

IV. Arten des Schadens § 55
Anm. 23

den Ver nicht ersatzpflichtig macht, technisch unbrauchbar, so erlischt der ganze Vertrag. Die Unbrauchbarkeit ist dem Ver schriftlich anzuzeigen." Generell hat auf den Schaden als „Differenz an Zweckdienlichkeit" Neuwald a. a. O. S. 4—5 hingewiesen; er spricht S. 24—33 auch von „Funktionsschaden".

Das Problem der Brauchbarkeit tritt vollends in den Vordergrund bei Schäden durch radioaktive Verseuchung, welche auf der Grenze zwischen Substanz- und Entziehungsschäden stehen, ohne sich aber diesen Kategorien eindeutig zuordnen zu lassen, da einerseits die Substanz nicht zerstört oder beschädigt ist, andererseits die Beziehung der vten Person zu der Sache nicht völlig zerrissen ist. Während § 25 II AtomG eine Gleichstellung der Kontaminationsschäden mit einer Sachbeschädigung vornimmt, bestimmt eine Klausel 9.11 Zusatzbedingungen zu den FBUB (VA 1961 S. 119) genereller: „Sachschäden im Sinne der FBUB sind auch die Schäden, die als Folge derer in § 2 (1) FBUB genannten Schadenereignisse durch auf dem Vsgrundstück befindliche radioaktive Isotope entstehen, insbesondere Schäden durch Verseuchung." Die Kernenergie-Klausel für die V von Gütertransporten unterscheidet: „Werden die vten Güter durch die Wirkung von radioaktiven Strahlen in ihrer Brauchbarkeit beeinträchtigt, so gilt dies als eine Beschädigung im Sinne der ADS...... Sind die vten Güter durch die Wirkung von radioaktiven Strahlen für die Dauer von mehr als sechs Monaten nach Eintritt des Vsfalls für jegliche Verwendung unbrauchbar geworden, so gilt dies als Totalverlust." Bemerkenswert ist, daß die Gütertransportver hier keinen Wert auf eine Vorteilsausgleichung im Wege des Eigentumsüberganges legen: „Die Rechte an den vten Gütern, die von einem Schaden durch Kernenergie oder Radioaktivität betroffen wurden, gehen in keinem Fall auf den Ver über." Es führt also zu einer Bereicherung, falls — vielleicht nach acht Monaten — die Güter dem Vmer wieder zur Verwendung freigegeben werden, nachdem vorher der „Totalverlust" liquidiert worden ist.

Bei Glasscheiben kann jeder kleine Riß und muß jedes Zerbrechen als Zerstörung angesehen werden, mag auch möglicherweise der Wert der Reste erheblich sein, wenn z. B. bei einer großen Schaufensterscheibe nur eine kleine Ecke zerbrochen ist. Nach § 1 I AGlasB haftet der Ver für den Schaden, der an den „fertig eingesetzten Scheiben oder anderen Gegenständen durch Zerbrechen entsteht..... Beschädigungen der Oberfläche, z. B. Schrammen u. ä., sind nicht Gegenstand der V." Es handelt sich also um eine V gegen Substanzschäden in der Erscheinungsform der Zerstörung.

Bei Sparbüchern ist die Substanz des Buches (Sache) verknüpft mit dem darin beurkundeten Guthaben (Forderung). Bei einer Hausratv leistet gemäß § 1 II c) VHB der Ver auch Entschädigung für „Abhebungen Unberechtigter auf Sparbücher, die entwendet wurden oder abhanden gekommen sind, mit Begrenzung der Entschädigung auf 5000 DM." Da die Sparkasse oder Bank mit befreiender Wirkung an den Inhaber des Sparbuches leisten konnte (§ 808 I 1 BGB), ist hier nicht so sehr die Sache wie die Forderung als vert anzusehen.

Auch außerhalb der Sachv lassen sich die Schäden in mannigfaltiger Weise einteilen. Bei einer Forderungsv kann man z. B. unterscheiden, ob die vte Forderung juristisch untergeht oder infolge der Insolvenz des Schuldners wirtschaftlich entwertet wird, wobei, je nach der Konkurs- oder Vergleichsquote, Teil- und Totalschäden unterscheidbar sind. Bei einem an eine Sache angelehnten Gewinninteresse wird im Falle des Sachverlustes der Gewinn voll entgehen, während im Falle der Sachbeschädigung ein entsprechender teilweiser Gewinnentgang in Betracht kommt, Anm. 30 zu § 53. Wegen der Unterscheidung von Sach- und Betriebsgewinn, Brutto- und Nettogewinn kann verwiesen werden auf Anm. 11, 18, 29 zu § 53.

Die Lehre von den Arten des Schadens, insbesondere die Unterscheidung von Substanz- und Entziehungsschäden spielt auch im allgemeinen Zivilrecht eine noch weithin unbeachtete Rolle. Wenn § 446 I 1 BGB für die Gefahrtragung des Käufers auf „die Gefahr des zufälligen Unterganges und einer zufälligen Verschlechterung" abhebt, so ist nicht nur an Zerstörungen und Beschädigungen (Substanzschäden) zu denken, sondern auch an Entziehungsschäden, z. B. beim Versendungskauf (§ 447 I BGB) an eine Beschlagnahme auf dem Transport.

Die §§ 430 I, II, 658, 659 HGB stellen für den Umfang des Schadensersatzes, den der Beförderer zu leisten hat, einerseits auf den gänzlichen oder teilweisen Verlust des Gutes ab, andererseits auf die Beschädigung. Hier umfaßt der Verlust sowohl den Substanz- als auch den Entziehungsverlust. Auch bei der Lehre von der Unmöglichkeit der Leistung gilt es zu klären, ob z. B. eine qualitative Teilunmöglichkeit (Qualitätsverschlechterung, Beschädigung) einer quantitativen Teilunmöglichkeit gleichzustellen sei (zur Streitfrage Staudinger-Werner II 1 c Anm. 28 vor §§ 275—292, S. 283, Anm. 18 zu § 275, S. 340—341 m. w. N.).

[24] 4. Unmittelbarer und mittelbarer Schaden.

Die sehr vieldeutige und deshalb unzweckmäßige Unterscheidung zwischen unmittelbaren und mittelbaren Schäden ist schon in Anm. 42 vor §§ 49—80, Anm. 25 zu § 53 ausführlich behandelt.

Allerdings hat man neuerdings versucht, bei der Lösung schadensrechtlicher Einzelprobleme diese alte Unterscheidung wieder nutzbar zu machen. Besonders Larenz NJW 1950 S. 487—493, VersR 1963 S. 1—8 meint, daß sich die Frage der Berücksichtigung hypothetischer Schadensursachen bei der Schadensermittlung klären lasse mit dem Kriterium der Unmittelbarkeit oder Mittelbarkeit des Schadens: „Es handelt sich hierbei um die Unterscheidung zwischen dem an einem bestimmten Schadensobjekt selbst eingetretenen, in diesem Sinne ‚unmittelbaren Schaden‘ und dem darüber hinaus nur im Vermögen des Geschädigten als ganzen auftretenden ‚mittelbaren Schaden‘." Es soll der Grundsatz gelten, „daß hinsichtlich des unmittelbaren Schadens hypothetische Schadensursachen nicht zu berücksichtigen sind" und „daß hinsichtlich des mittelbaren Schadens eine hypothetische Schadensursache zu beachten ist". Zur hypothetischen Verursachung im Vsrecht vgl. Anm. 155 zu § 49.

Auch der Begriff des Folgeschadens (dazu generell Beyer a. a. O. S. 1—191) ist mehrdeutig; er ist verwandt mit dem des mittelbaren Schadens: Wenn die Klausel Nr. 10a ED-Klauselheft unter der Überschrift „Folgeschäden" vorsieht: „Der Vsschutz erstreckt sich auch auf die Beschädigung, Zerstörung oder das Abhandenkommen einer vten Sache, wenn dieser Schaden als Folge eines unter § 1 (2) a)—d) AEB fallenden Ereignisse eingetreten ist", so ist zu beachten, daß nach § 1 III AEB nur der Wert der „beim Einbruch zerstörten sowie die Wertminderung der dabei beschädigten Sachen" ersetzt wird. Wenn also der Einbrecher Möbel erbricht, so sind die Möbel schon nach § 1 III AEB vert. Wenn der Einbrecher eine Balkontür öffnet und nicht wieder schließt, so daß später Regen eindringt und Möbel verderben, so greift die zitierte Klausel ein (weitere Beispiele bei Prölss Einbruchdiebstahlv³ S. 80—81). Beide Möbelschäden sind fraglos durch den Einbruchdiebstahl adäquat verursacht.

Wenn § 2 I Abs. 1 AVB für die Maschinen-Garantie-V (Haftung aus Sachmängeln) (VA 1931 S. 172—174) sagt: „Der Ver gewährt Vsschutz gegen Folgeschäden an den vten Sachen, verursacht durch: Konstruktionsfehler, Guß- oder Materialfehler, Berechnungs-, Werkstätten- oder Montagefehler, soweit sie der Vmer auf Grund seines Verkaufs- oder Liefervertrages zu vertreten hat, unter Ausschluß der Kosten, welche zur Beseitigung der Fehler selbst erforderlich sind", so handelt es sich um eine Vertragshaftpflichtv, beschränkt auf gewisse Mangelfolgeschäden, die sich darstellen müssen als Sachschäden an den in Betracht kommenden Maschinen usw. Fliegt beispielsweise ein Schwungrad infolge eines Materialfehlers in die wertvolle Maschine, so beschränkt sich die Ersatzleistung — unter Ausschluß eines jeden weiteren Anspruchs — auf Ersatz der beschädigten Teile der Gesamtmaschine (§ 3 II a. a. O.), aber nicht des Schwungrades selbst oder etwa erwachsener Gebäude- oder Personenschäden.

Über die Benutzung des Ausdrucks Folgeschaden in der Feuer- und Haftpflichtv Anm. 42 vor §§ 49—80, Anm. 138 zu § 49, Bruck-Möller-Johannsen Anm. G 252—254.

[25] V. Versicherungsschaden im engeren und weiteren Sinn.

Über diese Unterscheidung vgl. schon Anm. 43 vor §§ 49—80. Beim Vsschaden i. w. S. handelt es sich um **Aufwendungen zur Abwendung und Minderung des Schadens** sowie um **Kosten zur Ermittlung und Feststellung des Schadens**. Näheres Anm. 28—29 zu § 50, Anm. zu § 63, Anm. zu § 66.

VI. Umfang des Schadens

[26] VI. Umfang des Schadens.

1. Differenz zweier Wertlagen.

Während im allgemeinen Zivilrecht die Differenzhypothese zur Ermittlung des Summenschadens in § 249¹ BGB vorgesehen und gebräuchlich ist (Anm. 14), muß doch auch im Vsvertragsrecht — unter Beschränkung auf die vte Beziehung und den Einzelschaden — eine Wertdifferenz ermittelt werden; es handelt sich auch hier um den Vergleich zweier Wertlagen, vor und nach dem Vsfall. Zumeist wird in der Schadenslehre des allgemeinen Zivilrechts bei Erörterung der Differenzmethode allzu einseitig an den Aktivenschaden, also an die Verminderung von Rechtsgütern gedacht. Aber auch derjenige, der keinerlei Rechtsgüter hat, kann doch Schaden durch die Entstehung von Passiven erleiden (Anm. 38 vor §§ 49—80), und auch in diesem Falle läßt sich der Schaden durch Vergleich zweier Wertlagen feststellen, auf dem einfachen Wege, daß man von der bisherigen Nullage ausgeht und prüft, wie groß das entstandene Passivum ist (nur ausnahmsweise vergrößert sich in der Passivenv ein schon vor dem Vsfall vorhanden gewesenes Passivum).

Bei der Differenzberechnung ist im Vsvertragsrecht auszugehen von dem status vor Eintritt des Vsfalles und dem status nach dem Vsfall (Asmus ZVersWiss 1962 S. 234—235, Berndt a. a. O. S. 73—74, Kisch WuRdVers 1932 Nr. 1 S. 5—6, 7—8). Bei gedehnten Vsfällen (Anm. 34 vor §§ 49—80) entscheidet die Vermögenslage am Ende des Dehnungszeitraumes, z. B. bei einer Betriebsunterbrechungsv der Zeitpunkt, von dem an ein Unterbrechungsschaden nicht mehr entsteht (vgl. § 5 I 3 FBUB). Über die Maßgeblichkeit der Lage zur Zeit der letzten mündlichen Verhandlung vor dem Tatrichter für eine Veruntreuungsv mit langwieriger Schadensentwicklung: RG 9. XI. 1934 RGZ Bd 145 S. 389—390. Zuweilen wird für die Schadensbemessung auf einen späteren Zeitpunkt als den Vsfall abgehoben, z. B. bei Wiederherstellungsklauseln in der Feuerv auf die Kosten im Zeitpunkt der realen Wiederherstellung, was bei inzwischen gestiegenen Löhnen oder Materialpreisen sehr bedeutsam sein kann (Nachweise Anm. 25, 37 zu § 52).

Zur Frage der hypothetischen Verursachung eines Schadens (Reserveursache) und zur „Todesstoß"-Theorie vgl. schon Anm. 155 zu § 49, Anm. 8 zu § 52, dazu LG Detmold 8. II. 1957 NJW 1958 S. 552 = VersR 1957 S. 243—244 (ein wegen Hausbockbefall geräumtes und der Feuerwehr für einen Schaubrand übergebenes feuervtes Gebäude brennt 16 Stunden vor dem geplanten Schaubrand nieder).

[27] 2. Berechnung bei Passivenschäden.

Die Ermittlung des Betrages der Passiven nach Eintritt eines Vsfalls in der Passivenv bereitet dann keine Schwierigkeiten, wenn die dem Vmer entstandenen Schulden und notwendigen Aufwendungen beziffert sind (Ehrenberg S. 444). So steht z. B. in der Haftpflichtv die Urteilssumme auf Grund des Haftpflichtprozesses oder in der Rückv die Vertragsverpflichtung des Erstvers fest, in der Krankheitskostenv ergeben sich die Aufwendungen aus den Rechnungen der Ärzte, Zahnärzte, Krankenhäuser und aus den Rezepten.

Die vorangehende und allerdings häufig sehr schwierige Fixierung der Passiven auf Grund des allgemeinen bürgerlichen Rechts (bzw. in der Rückv auf Grund des allgemeinen Vsvertragsrechts) stellt zunächst kein spezifisch (passiven-)vsrechtliches Problem dar, mag ihr auch aus praktischen Gründen das besondere Augenmerk des Vers gewidmet sein, eben weil seine Verpflichtung gegenüber dem Vmer an den Umfang der Verpflichtungen desselben anknüpft. Dieses besondere Interesse des Vers findet seinen Niederschlag in der Abwehrfunktion der Haftpflichtv, in der Frage, wieweit den Rückver eine „Folgepflicht" belastet, sowie darin, daß die Krankheitskostenver z. B. an den ärztlichen Gebührenordnungen sehr interessiert sind.

In der Haftpflichtv beeinflußt das starke Interesse des Vers an der Niedrighaltung der Passivenschäden den Leistungsinhalt des Vers; denn der Haftpflichtver schuldet einheitlich Befreiung des Vmers von begründeten und unbegründeten Schadenersatzansprüchen (Bruck-Möller-Johannsen Anm. B 36, G 2), so daß er sich bemühen kann, die Haftpflichtansprüche des Drittgeschädigten ganz abzuwehren oder gering zu halten.

§ 55
Anm. 28, 29

Zur Frage einer besonderen Abwehrpflicht des Haftpflichtvers Bruck-Möller-Johannsen Anm. G 5.

[28] 3. Berechnung bei Aktivenschäden.

In der Aktivenv ist zur Ermittlung des Schadens an den Vswert (Ersatzwert) anzuknüpfen, wobei dieser seine Funktion auf unterschiedliche Weise erfüllt, je nachdem im Einzelfall ein Totalschaden (Anm. 29) oder ein Teilschaden (Anm. 30) eingetreten ist. Sehr klar heißt es in § 3 I 2 AFB: „Maßgebend für die Entschädigung ist der Vswert zur Zeit des Eintritts des Schadensfalles (Ersatzwert) . . .". Der Ersatzwert und damit der Maßstab für die Schadensberechnung kann — im Spielraum eines Bewertungsrahmens — sehr verschieden bestimmt werden (Anm. 23—42 zu § 52). Nur bei Fehlen einer besonderen Bestimmung entscheidet der gemeine Wert, der Verkehrswert (Anm. 9, 30 zu § 52). Durchweg aber bringen die AVB konkretere Bewertungsvorschriften. Das gilt besonders für Sachschäden.

Sind Forderungsinteressen beeinträchtigt, so entspricht der Ersatzwert — und die Schadenshöhe — meistens dem Nennwert (Anm. 19 zu § 52); über die Bewertung bei Interessen an sonstigen Rechten: Anm. 20 zu § 52; über die Bewertung von Gewinninteressen — und entgangenem Gewinn — Anm. 21 zu § 52, Anm. 30, 34 zu § 53.

Sonderprobleme ergeben sich für die Sachv bei der Bewertung von Resten (Anm. 31), zum merkantilen Minderwert (Anm. 32) und zum Problem „neu für alt" (Anm. 33).

[29] a) Speziell Totalschaden.

Wenn das vte Sachinteresse total zerstört wird, sei es durch Zerstörung der Sache, sei es durch Entziehung, so muß der Ver den vollen Ersatzwert als Schadensersatz leisten, vorausgesetzt, daß die Vssumme diesen Ersatzwert nicht unterschreitet. In § 71 I 1 ADS wird für die Seekaskov bestimmt: „Im Falle des Totalschadens kann der Vmer die Vssumme verlangen". Diese Vorschrift findet nach § 91 I 1 ADS auf die Güterv entsprechende Anwendung, und zwar gemäß § 92 ADS entsprechend auch bei Teilverlust von Gütern.

In der Seev entsteht nicht ohne weiteres der Anspruch des Vmers, sondern dieser ist von einem Verlangen des Vmers abhängig, es handelt sich um einen sog. verhaltenen Anspruch; das Verlangen ist eine rechtsgestaltende empfangsbedürftige Willenserklärung, durch welche die Entschädigungsforderung gegen den Ver erst voll existent wird (Ritter-Abraham Anm. 15, 17, 18 zu § 71, S. 881—882). Diese Regelung hat ihren Grund darin, daß das Schiff auch dann als total verloren gilt, „wenn es dem Vmer ohne Aussicht auf Wiedererlangung entzogen, insbesondere unrettbar gesunken, oder wenn es in seiner ursprünglichen Beschaffenheit zerstört ist" (§ 71 II ADS). Hier soll dem Vmer die Möglichkeit offenbleiben abzuwarten, ob doch noch eine vage Hoffnung auf Wiedererlangung sich realisiert, so daß vielleicht nur Teilschaden festzustellen sein wird (Ritter-Abraham Anm. 14 zu § 71, S. 880).

Durchweg aber entsteht der Totalschadensersatzanspruch, ohne daß es eines Verlangens des Vmers bedarf, in Höhe des Ersatzwertes, vgl. z. B. § 5 I a) VHB, § 10 I Allgemeine Bedingungen für die V von Musikinstrumenten („ohne Abzug") (VA 1936 S. 102—106).

Aber der Totalschaden schließt nicht aus, daß **Reste** der vten Sache übrigbleiben, heterogene Reste (Anm. 40, 52 vor §§ 49—80), eine Ruine, ein Wrack, ein Schrotthaufen, ein Kadaver.

In dubio braucht der Vmer diese Reste nicht zu behalten und ihren Wert nicht auf die Entschädigung anrechnen, also von dem Ersatzwert abziehen zu lassen. Die Reste gehen vielmehr im Zweifel im Wege der Vorteilsausgleichung auf den Ver über (Anm. 52, 54 vor §§ 49—80), der sie für eigene Rechnung verwerten kann, um ein Provenu zu erzielen. Bei Gebäuderesten ergibt sich aber eine Schwierigkeit wegen ihrer Verbundenheit mit dem Grundstück, dessen wesentlicher Bestandteil sie sind (§ 94 I 1 BGB). Das Grundstück geht nicht auf den Ver über. So gibt es bei Gebäuden praktisch nur eine „Teilschadensliquidation" mit Anrechnung der Gebäudereste (dazu Anm. 31).

VI. Umfang des Schadens § 55
Anm. 30

Den Übergang der Reste auf den Ver (und eine Verwertung durch ihn) regeln z. B. § 71 III ADS (Ritter-Abraham Anm. 23 zu § 71, S. 884 bezeichnen es als Regel, wenn der Ver die ganze Vssumme zahlt und Gerettetes übernimmt), § 9 I 2, 3 AGlasB, falls der Ver Naturalersatz für zerbrochene Scheiben leistet.

Aber es gibt manche **Ausnahmefälle**, in denen die AVB keine Vorteilsausgleichung im Wege der Übertragung der Reste, sondern eine **Verminderung der Schadensersatzleistung** vorsehen: § 71 I 2 ADS sieht eine Anrechnung des Wertes „der vor Zahlung der Vssumme geretteten Sachen" vor, aber Ritter-Abraham Anm. 23 zu § 71, S. 884 betrachten als gerettet nur: „was als solches nicht total verloren ist", man denke an ein gerettetes Rettungsboot. § 9 I AGlasB kennt eine Anrechnung des Wertes der Bruchstücke auf die Entschädigung, falls der Glasver Geldersatz leistet. § 4 III Allgemeine Bedingungen für die V der Elektro- und Gasgeräte des Hausrats (VA 1959 S. 68—69) kennt gleichfalls trotz Totalschadens (die Wiederherstellungskosten übersteigen den Zeitwert der Sache) die Anrechnung des Wertes der Reste. § 9 II ATierB schreibt vor, daß der Erlös aus der Verwertung des Tieres von der Entschädigungssumme abgezogen wird, aber auf Verlangen der Gesellschaft hat der Vmer das Tier „zur Verwertung in seinem Namen und für seine Rechnung der Gesellschaft herauszugeben". In der Autokaskov gewährt der Ver bei Zerstörung oder Verlust des Fahrzeugs die Höchstentschädigung, bei deren Berechnung aber die Restteile, die dem Vmer verbleiben, zum Zeitwert auf die Ersatzleistung angerechnet werden (§ 13 IV, III AKB).

[30] b) Speziell Teilschaden.

Bei einem Teilschaden, speziell bei einer Beschädigung der Sache, ist die Entschädigungsberechnung schwieriger als bei einem Totalschaden. Hier kann nicht einfach vom Ersatzwert ausgegangen werden, dieser kann vielmehr nur Ausgangswert sein.

Zuweilen wird der Teilschaden in **Prozenten eines vorgestellten Totalschadens** ermittelt. Dies ist im Bereich der Seegüterv für den Beschädigungsfall in § 93 I ADS vorgesehen:

„Im Falle einer Beschädigung ist der gemeine Handelswert und in dessen Ermangelung der gemeine Wert zu ermitteln, den die Güter im unbeschädigten Zustand am Ablieferungsorte haben würden (Gesundwert), sowie der Wert, den sie dort im beschädigten Zustande haben. Ein dem Verhältnisse des Wertunterschiedes zum Gesundwert entsprechender Bruchteil des Versicherungswerts gilt als Betrag des Schadens."

Zur Anwendung dieser Vorschrift Ritter-Abraham Anm. 3—13 zu § 93, S. 1101—1107. Für die Binnengütertransportv gilt § 140 III, neu redigiert durch die VO vom 19. XII. 1939 (mit Begr. III: Zu Nr. 40), für die ursprüngliche Fassung vgl. Hagen ZVersWiss 1911 S. 178.

Ein **zweiter** Weg zur Ermittlung eines Teilschadens wird von § 3 I 2, 3 AFB gewiesen:

„Maßgebend für die Entschädigung ist der Vswert zur Zeit des Eintritts des Schadenfalles (Ersatzwert), und zwar bei beschädigten Sachen der Unterschied zwischen diesem Wert und dem Wert der Reste, bei dessen Ermittelung die Verwendbarkeit der Reste für die Wiederherstellung zu berücksichtigen ist. Auf die Bewertung von Gebäuderesten bleiben behördliche Wiederaufbaubeschränkungen ohne Einfluß, soweit nichts anderes vereinbart ist."

Hier soll also **vom Ersatzwert der Wert der Reste abgezogen werden**; die Differenz ergibt die Höhe des Beschädigungsschadens. Die Betrachtungsweise ist einigermaßen statisch, an die Wiederherstellung der Sache wird nur im Blick auf die Reste gedacht, nicht im Blick auf die Beseitigung der Beschädigung. Der BGH 1. IV. 1953 BGHZ Bd 9 S. 205—206 meint dazu:

„In der Vspraxis hat sich bei Teilschäden das Verfahren eingebürgert, bei Schadensberechnungen kurzerhand den notwendigen Wiederherstellungsaufwand zugrunde zu legen ... Ein solches Verfahren ist mit § 3 AFB durchaus vereinbar. Diese Bestimmung erklärt allerdings für die Entschädigung den Unterschied zwischen dem Ersatzwert zur Zeit des Schadensfalles und dem Wert der Reste unter Berücksichtigung ihrer Verwendbarkeit für die Wiederherstellung als maßgebend, geht also von einer derartigen Ermittlung des Wertes der Reste aus. Dieses Verfahren bietet dann keine Schwierigkeiten, wenn die Reste für die Wiederherstellung nicht mehr verwendbar sind ... Sind dagegen die Restteile zur Wiederherstellung noch verwendbar, so muß an sich ... ihr Wert nach dem auch für den Vswert maßgebenden Bewertungsmaßstab ermittelt werden, und zwar nicht der Wert, den sie als Einzelteile, losgelöst von dem Gesundwert der ganzen Maschine haben, sondern der regelmäßig sehr viel höhere Wert, der ihnen dadurch zukommt, daß sie für die Wiederherstellung noch verwendbar sind und damit zusammen mit den neu zu ersetzenden Teilen wieder den Gesundwert der ganzen Maschine ergeben. Dieser theoretisch zwar klar umrissene, praktisch aber nur sehr schwer abschätzbare Wert steht hiernach mit dem Wiederherstellungsaufwand ... in einem engen inneren Zusammenhang, derart, daß er sich notwendig mit diesem Aufwand zu dem Ersatzwert ergänzt. Es ist deshalb durchaus ausreichend und sehr viel wirklichkeitsnäher und praktischer, wenn bei Teilbeschädigungen statt der Ermittlung des Wertes der Restteile der Wiederherstellungsaufwand festgestellt und nach ihm die Entschädigung berechnet wird."

Damit verweist der BGH auf die **dritte** Berechnungsmethode, welche die Reparatur in den Vordergrund stellt, gleichgültig, ob diese durchgeführt wird oder nicht. So für die Autokaskov § 13 V 1, 2 AKB:

„Im Falle der Beschädigung des Fahrzeugs ersetzt der Ver ... die erforderlichen **Kosten der Wiederherstellung** und die hierfür notwendigen einfachen Fracht- und sonstigen Transportkosten. Entsprechendes gilt bei Zerstörung, Verlust oder Beschädigung von Teilen des Fahrzeugs."

So auch §§ 74, 75 ADS für Teilschäden in der Seekaskov, wonach zunächst Sachverständige die Höhe des Teilschadens feststellen; bis zu dieser Höhe werden die für die Ausbesserung tatsächlich aufgewendeten Kosten ersetzt. So auch § 7 I b) VGB, wonach bei beschädigten Sachen die Reparaturkosten zur Zeit des Vsfalles, höchstens jedoch ihr Vswert ersetzt werden. Sehen AVB Wiederherstellungsregelungen vor (dazu Anm. 22—27 zu § 49), so liegt es nahe, die Entschädigungshöhe den Wiederherstellungskosten anzupassen. Gemäß LG Kiel 11. XII. 1956 VersR 1957 S. 310—311 sind die effektiven Wiederherstellungskosten bei strengen Wiederaufbauklauseln auch dann maßgebend, wenn der Vmer wegen Lieferungsschwierigkeiten nur geringerwertiges Material (Fichtenholz statt Pitchpine und nordischer Hölzer) verwendet; ein Barausgleich erfolgt nicht.

Wenn die Wiederherstellungskosten den Ersatzwert übersteigen, liegt **Reparaturunwürdigkeit** vor (vgl. § 77 II 2 ADS), die wie ein Totalschaden zu behandeln ist. Der Begriff der **Reparaturunwürdigkeit** erleichtert die Abgrenzung der Teil- von den Totalschäden: Es lohnt sich nicht, eine Ausbesserung vorzunehmen, falls die Ausbesserungskosten ein bestimmtes Maß übersteigen, insbesondere den Ersatzwert. In der **Autokaskov** spricht man auch von einem „**wirtschaftlichen Totalschaden**" (Brugger VersR 1962 S. 5): Auszugehen ist von der Höchstentschädigungsgrenze, die regelmäßig durch den Zeitwert gebildet wird, bei gewissen Personen- und Kombinationswagen im ersten Jahr nach der Erstzulassung durch den Neuwert, in späteren Jahren durch den **Zeitwert zuzüglich 25 v. H.** (§ 13 I, II, IV AKB). Überschreiten die Kosten der Wiederherstellung diese Höchstentschädigungsgrenze, so ist letztere maßgebend; die Abrechnung erfolgt auf Totalschadensbasis. Gegen diese Berechnungsweise Wussow VersR 1962 S. 308—309, 405, der einen Totalschaden stets annimmt, wenn die Reparaturkosten den Zeitwert überschreiten. Näheres und weitere Nachweise bei Stiefel-Wussow[7] Anm. 2 zu § 13 AKB, S. 465—468, auch Pfennigstorf VersR 1964 S. 360—363, Anm. 40 vor §§ 49—80. Die Frage, wann Reparaturunwürdigkeit vorliegt, läßt sich nicht generell entscheiden, die AVB können den Begriff bestimmen. Nach der vsrechtlichen Legaldefinition des § 479 I Ziff. 2 HGB gilt ein seeuntüchtig gewordenes Schiff schon dann „als reparaturunwürdig, wenn die Kosten der Reparatur ohne Abzug für den Unterschied zwischen alt und neu mehr betragen würden als drei Vierteile seines

VI. Umfang des Schadens **§ 55**
Anm. 31

früheren Wertes". Gemäß OLG Düsseldorf 23. X. 1930 JRPV 1931 S. 344 ist in dubio beim Vergleich von Ersatzwert und Wiederherstellungskosten ein Abzug „neu für alt" nicht zu machen. KG 1. II. 1930 JRPV 1930 S. 155—156 behandelte einen Fall, wo bei einer Flugzeugkaskov zur Feststellung der Reparaturunwürdigkeit Ausbesserungskosten und Vssumme (nicht Vswert) nach den AVB zu vergleichen waren.

Falls das Gesetz (z. B. § 140 III) oder die AVB nichts über die Berechnung des Teilschadens besagen, muß man bei Vorhandensein einer Wiederherstellungsregelung bei der Berechnung des Teilschadens auf die Wiederherstellungskosten abheben, bei Fehlen solcher Regelung jedoch die zweite der angeführten Berechnungsmethoden zugrunde legen, also vom Ersatzwert den Wert der Reste abziehen.

[31] c) Bewertung von Resten.

Die Bewertung der Reste spielt eine Rolle sowohl bei Totalschäden (sofern die Reste beim Vmer verbleiben) (Anm. 29) als auch bei Teilschäden (Anm. 30), wo bei der ersten und zweiten Berechnungsmethode der Wert der Reste stets zu ermitteln ist, während bei der dritten Methode mindestens die Wiederherstellungskosten durch den Wert der Reste beeinflußt werden.

Beim Totalschaden handelt es sich um heterogene Reste, die im Wege der Vorteilsausgleichung zu berücksichtigen sind, beim Teilschaden um homogene Reste, den Restwert der vten Sache. Es können jedoch überdies z. B. bei einer Reparatur Altteile anfallen, die noch einen gewissen Wert haben, z. B. ein ausgebauter und erneuerter Motor, eine leicht verbeulte Stoßstange. Nach § 13 III AKB „verbleiben Rest- und Altteile dem Vmer. Sie werden zum Zeitwert auf die Ersatzleistung angerechnet".

Dem Zeitwert steht der Neuwert gegenüber. Bei einer Neuwertv muß billigerweise im Falle von Teilschäden auch bei der Bewertung der noch verwendbaren Reste vom Neuwert ausgegangen werden (BGH 1. IV. 1953 BGHZ Bd 9 S. 205).

Bei einer Zeitwertv ist der für den Vswert maßgebliche Bewertungsmaßstab nicht ohne weiteres für die Bewertung der Reste maßgeblich. Durchweg bleibt dem Vmer nichts anderes als der bestmögliche Verkauf heterogener Reste und der Altteile übrig, und deshalb muß hier in dubio der gemeine Wert, der Verkehrswert zugrunde gelegt werden (vgl. Anm. 9—10 zu § 52). Wie hier Berndt a. a. O. S. 69, Raiser Anm. 38 zu § 3 AFB, S. 133, Wussow AFB Anm. 8 zu § 3, S. 216, RG 22. I. 1908 JW 1909 S. 132—133 (Materialwert). Am besten ist dieser Wert nachweisbar durch einen tatsächlichen Verkauf (Stiefel-Wussow[7] Anm. 7 zu § 13 AKB, S. 472—473). Sehr sorgsam ist die Verwertung des Tierkadavers in § 9 II ATierB geregelt: Obliegenheit zu bestmöglicher Verwertung und zum Nachweis des Erlöses. Nach § 71 I 3 ADS ist der Wert der geretteten Sachen auf Verlangen des Seekaskovers durch öffentliche Versteigerung festzustellen, und das gleiche gilt für den Wert der beschädigten Güter in der Seegüterv (§ 93 III ADS).

Wenn bei einer Neuwertv nicht zur Wiederherstellung verwendbare Reste anfallen, so „kommt als ihr Wert nur der Verkaufswert in Betracht, und zwar nicht nur dann, wenn die Reste verschrottet werden, sondern ... auch dann, wenn sie noch anderweitig (außerhalb der Reparatur) verwendbar sind; denn für die Ermittlung des dem Vmer entstandenen Schadens besteht in beiden Fällen kein Unterschied" (BGH 1. IV. 1953 BGHZ Bd 9 S. 205).

Der Wert der Reste wird also entscheidend beeinflußt durch ihre Wiederverwendbarkeit seitens des Vmers. Deshalb schreibt § 3 I AFB (Text: Anm. 30) für die Ermittlung des Wertes der Reste die Berücksichtigung der „Verwendbarkeit der Reste für die Wiederherstellung" vor, wobei nur an die Verwendung durch den Vmer gedacht ist, gleichgültig ob die Wiederherstellung erfolgt und ob sie vertraglich vorgesehen ist oder nicht (Raiser Anm. 38 zu § 3 AFB, S. 133—134). Der Verwendbarkeitswert wird regelmäßig höher sein als der gemeine Wert. Sind die Reste für den Vmer wirtschaftlich nicht verwendbar, so muß der gemeine Wert entscheidend bleiben.

Ein Sonderproblem taucht bei der Bewertung von Gebäuderesten auf, falls behördliche Wiederaufbaubeschränkungen die Verwendung ausschließen oder erschweren. An und für sich hat der Vsfall adäquat eine Entwertung der Gebäudereste verursacht, wenn erst infolge des Vsfalls die Wiederaufbaubeschränkung sich praktisch auswirkt, z. B. nur mit zurückverlegter Baufluchtlinie wiederaufgebaut werden kann

(RG 18. I. 1918 RGZ Bd 92 S. 62, wonach nur der Altmaterialwert der Reste anzurechnen ist; vorher schon 22. I. 1908 JW 1909 S. 132—133, 27. V. 1910 VA 1910 Anh. S. 112—113 Nr. 563, 14. V. 1915 LZ 1915 Sp. 1451—1452). Die Feuerver sind dieser Rechtsprechung mit der Formulierung des § 3 I 3 AFB (Text: Anm. 30) entgegengetreten, eröffnen allerdings den Weg besonderer Vereinbarungen (vgl. die Klausel bei Raiser Anm. 39 zu § 3 AFB, S. 135); Näheres Berndt a. a. O. S. 70—73, Wussow AFB Anm. 9 zu § 3 AFB, S. 217.

Macht die Gewinnung und Verwertung der Reste Aufwendungen nötig, z. B. Abbruchs- und Transportkosten, so schmälern diese den Wert der Reste (Raiser Anm. 38 zu § 3 AFB, S. 134, Stiefel-Wussow[7] zu § 13 AKB, S. 473, auch für Zoll bei Verkauf im Ausland).

[32] **d) Merkantiler Minderwert.**

Vermögensnachteile kann der Vmer dadurch erleiden, daß nach der Beseitigung des Sachschadens, etwa nach der Reparatur eines Kraftfahrzeuges, ein Minderwert verbleibt. Das Problem des Minderwerts hat besondere Bedeutung im Bereich der Kraftfahrzeugv erlangt, kann aber bei jeder Maschine, z. B. auch bei Schiffen, und bei manchen sonstigen Sachen, z. B. einem ausgebesserten Haus, auftauchen. Solcher Minderwert stellt für den Geschädigten einen Aktivenschaden, für einen haftpflichtigen Vmer einen Passivenschaden dar.

Üblicherweise unterscheidet man den technischen und den merkantilen Minderwert (vgl. zu dieser Unterscheidung etwa BGH 29. IV. 1958 BGHZ Bd 27 S. 182, Dunz NJW 1958 S. 1613—1615, Esser MDR 1958 S. 726—728, Wussow, Merkantiler Minderwert, Frankfurt 1962, S. 12, 19, Das Unfallhaftpflichtrecht, 9. Aufl., Köln-Berlin-Bonn-München 1967, Nr. 1226, Stiefel-Wussow[7] Anm. 16 zu § 13 AKB, S. 481—482).

Vom technischen (realen) Minderwert spricht man dann, wenn trotz der Reparatur (etwa nach Richt- oder Schweißarbeiten) die betroffenen Einzelteile nicht mehr die gleiche Qualität aufweisen, weil sich ein derartiger Effekt durch eine bloße Reparatur nicht erzielen läßt. — Die Pflicht des Schädigers und damit auch des Haftpflichtvers zum Ausgleich dieser Wertminderung ist niemals einem Zweifel begegnet, weil voller Schadensersatz zu leisten ist. Gemäß § 251 I BGB hat der Schädiger ergänzend in Geld zu leisten, soweit „die Herstellung ... zur Entschädigung des Gläubigers nicht genügend ist"; genau dies ist beim Vorliegen eines technischen Minderwertes der Fall. Ob ein solcher allerdings vorliegt, muß angesichts der modernen Reparaturmethoden in jedem Einzelfall besonders geprüft werden, damit der Vmer keine Bereicherung erfährt. — Der technische Minderwert wird durch die Kraftfahrzeugkaskov nicht gedeckt (so jedenfalls Stiefel-Wussow[7] Anm. 16 zu § 13 AKB, S. 481—482 unter Berung auf § 13 VI AKB).

Wesentlich umstrittener war der sog. merkantile Minderwert, der auf der gefühlsmäßigen, durch keine technische Tatsache zu belegende Minderbewertung eines „Unfallwagens" gegenüber einem anderen Wagen durch das Publikum beruht (Wussow Unfallhaftpflichtrecht a. a. O. Nr. 1226). Soweit der Geschädigte den reparierten Wagen weiterbenutzt und also der merkantile Minderwert sich nicht sogleich in eine Verkaufspreisminderung umsetzt, wurde früher die Auffassung vertreten, daß insoweit noch gar kein Schaden, sondern nur die Gefahr des künftigen Eintritts eines solchen vorliege, oder daß sich der merkantile Minderwert erst bei einem späteren Verkauf als Schaden auswirke (LG Berlin 5. X. 1954 VersR 1955 S. 95, LG Stuttgart 29. VIII. 1956 MDR 1957 S. 162—163, 25. I. 1957 VersR 1957 S. 485—486). Demgegenüber kam der BGH 29. IV. 1958 BGHZ Bd 27 S. 181—190 immerhin zu dem Ergebnis, daß ein Schaden durchaus vorliege, da durch die Verwandlung des Kraftfahrzeugs in einen Unfallwagen in der Gesamtvermögenslage des Betroffenen zu seinen Ungunsten eine Änderung eintrete. Da jedoch der merkantile Minderwert die Eigenschaft habe, mit zunehmendem Alter des Fahrzeugs und dessen sinkendem Wert immer unbedeutender zu werden und sich u. U. schließlich ganz zu verflüchtigen, meinte der BGH, noch diese weitere Schadensentwicklung berücksichtigen zu müssen, da dem Geschädigten anderenfalls eine Bereicherung zugesprochen würde. Stehe aber die Schadenssumme endgültig erst bei

VI. Umfang des Schadens **§ 55**
Anm. 33

einem Verkauf oder aus ähnlichem Anlaß fest, so könne der Geschädigte vorher nur auf Feststellung der Ersatzverpflichtung klagen.
Der an diesem Urteil in der Literatur geübten Kritik (Esser MDR 1958 S. 726—728, Dunz NJW 1958 S. 1613—1615, Staudinger-Werner II 1 c Anm. 10 zu § 249, S. 88—89 trug das Urteil **BGH** 3. X. 1961 BGHZ Bd 35 S. 396—399 Rechnung und zog die Schlußfolgerung, daß zunächst allein die Feststellungsklage zulässig sei, nicht mehr. Ein echter Schaden liegt demnach in der Minderung des vordem unfallfrei gefahrenen Wagens im Verkehrswert, und dieser Schaden ist durch sachverständige Begutachtung sogleich zu ermitteln. — Der letztlich maßgebende Zeitpunkt für die Bemessung des merkantilen Minderwertes ist derjenige der beendeten Instandsetzung (BGH 2. XII. 1966 VersR 1967 S. 183). — Aus dem Schrifttum Haberkorn VersR 1962 S. 208—210, Bach VersR 1962 S. 309—310.

Das für den merkantilen Minderwert Ausgeführte hat Bedeutung für die Kraftfahrzeughaftpflichtv (Schadensersatzanspruch des Geschädigten gegen den Vmer), nicht jedoch für die Kraftfahrzeugkaskov (§ 13 VI AKB; vgl. dazu Stiefel-Wussow[7] Anm. 16 zu § 13 AKB, S. 482).

Der Problemkreis hat auch außerhalb des Versicherungsrechtes Bedeutung: Wenn einem wertvollen jungen Pferd durch einen Wurf ein Auge verlorengeht, so beschränkt sich der Ersatzanspruch nicht auf die Minderung des Gebrauchswertes, und maßgebend für die Schadensberechnung ist der Zeitpunkt des Urteils (RG 13. VI. 1921 RGZ Bd 102 S. 383—384). Wenn ein Wirtschaftsgarten verunstaltet wird durch starkes Verschneiden von Kastanienbäumen und Stauden, so haftet der Schädiger für die Minderung des Verkaufswerts, auch wenn ein Verkauf nicht erfolgt (RG 15. VIII. 1909 JW 1909 S. 275). Wenn ein beschädigtes Bild restauriert wird, so kann doch der Geschädigte neben den Ausbesserungskosten Ersatz des Minderwerts verlangen, den das ausgebesserte Bild im Vergleich mit dem unbeschädigten hat (RG 2. II. 1904 JW 1904 S. 140).

Für die Haftpflichtv hat diese Judikatur mittelbare Bedeutung. Für die Sachvszweige kommt es auf die Formulierung der AVB an, in dubio gehört der merkantile Minderwert auch hier zum entschädigungspflichtigen Schaden. Wenn aber z. B. die §§ 74—75 ADS auf die Ausbesserungskosten abstellen, so bleibt die „dépréciation commerciale" außer Ansatz (Ritter-Abraham Anm. 28 zu § 75, S. 958—959).

Einige AVB sehen ausdrücklich vor, daß neben den Reparaturkosten ein Betrag ersetzt wird für die „durch das Schadenereignis entstandene und durch die Reparatur nicht ausgeglichene Wertminderung" (§ 5 I b) VHB, § 2 I b) Sonderbedingungen für die Neuwertv: VA 1968 S. 300—302, entgegengesetzt § 6 III 2 AVB für die V von Jagd- und Sportwaffen: VA 1965 S. 259—260).

[33] e) Problem „neu für alt".

Der im Bereich des allgemeinen bürgerlichen Rechts mit der Formel „neu für alt" gekennzeichnete Grundsatz, wonach bei einer Bemessung des Schadensersatzes für eine durch Gebrauch und Zeitdauer im Wert gesunkene oder schon vorher schadhafte Sache ein Abzug zwecks Berücksichtigung des Unterschiedes zwischen neu und alt zu machen ist, gilt auch im Bereiche der Schadensv.

Nach der Leitentscheidung BGH 24. III. 1959 BGHZ Bd 30 S. 29—36 braucht nach allgemeinem Zivilrecht auch der Brandstifter nicht die vollen Wiederaufbaukosten des Gebäudes zu begleichen; es soll sich aus dem Gedanken der (uneigentlichen: Anm. 53 vor §§ 49—80) Vorteilsausgleichung, die einen Faktor der Schadensberechnung darstelle, ergeben, daß — auch bei langlebigen Wirtschaftsgütern — „die Bereicherung des Geschädigten, die in dem Wertzuwachs der wiedererrichteten Gebäude, nunmehr neu statt alt, ihren Niederschlag gefunden hat, auszugleichen ist, weil sonst der Geschädigte eine über seinen Schaden hinausgehende Entschädigung erhielte" (S. 35). Der Gedanke, daß „dem Geschädigten eine Ausgabe, die er sonst nicht gemacht hätte, aufgezwungen wird, weil sich die Ausbesserung oder Herstellung der beschädigten Sache nur in einer gegenüber dem Zustand zur Zeit der Schädigung werterhöhten Art durchführen läßt" (S. 34), wird vom BGH wegen des Wertzuwachses der Gebäude, der erhöhten Lebensdauer und Hinausschiebung von Reparaturen verworfen, obgleich doch notwendige Aufwendungen

Schäden bedeuten (Anm. 20 vor §§ 49—80). Zum Problemkreis auch Oertmann LZ 1916 Sp. 1513—1519, Voss VersR 1956 S. 143—145.

Im Bereich der Sachv kommt es darauf an, ob der Ver den Neuwert oder den Zeitwert ersetzt. Schon bei der Ermittlung des Zeitwertes können besonders das Alter und die Abnutzung eine Rolle spielen, vgl. §§ 86, 88 mit Anm. 23 zu § 52, ferner § 3 II a) AFB, § 3 II a) AEB. Speziell vom Anschaffungs-, Wiederbeschaffungs-, Bau- oder Herstellungswert her läßt sich für „alte" Sachen ein Zeitwert ermitteln, indem man Abzüge macht, Abschreibungen vornimmt. Hieran ist aber nicht primär zu denken, wenn man bei der Schadensermittlung vom Abzug „neu für alt" spricht. Hier kommt solcher Abzug in Betracht in allen Fällen des Naturalersatzes durch den Ver sowie bei Wiederherstellungen und in Fällen der Ermittlung der Schadenshöhe bei Teilschäden an Hand von Reparaturkosten (dritte Berechnungsmethode: Anm. 30).

Das führt in Naturalersatzfällen möglicherweise zu einer Zuzahlung des Vmers (Anm. 53 vor §§ 49—80, Anm. 18 zu § 49).

Bei Wiederherstellungsregelungen ist der Vmer gehalten, die vollen Ausbesserungskosten aufzuwenden, wodurch womöglich eine ausgebesserte Sache entsteht, die wertvoller ist als die beschädigte. Für die Seekaskov sagt § 75 I 1, III ADS:

„(1) Nach Feststellung eines Teilschadens ist das Schiff unverzüglich auszubessern . . .

(3) Die Ersatzpflicht des Vers wird durch die für die Ausbesserung aufgewendeten Kosten bestimmt. Übersteigt der Gesamtbetrag dieser Kosten den von den Sachverständigen geschätzten Betrag, so wird die Ersatzpflicht durch den geschätzten Betrag bestimmt. Von diesen Beträgen werden abgezogen:
1. zunächst ein Betrag, der dem aus dem Unterschiede zwischen neu und alt sich ergebenden Minderwert entspricht;
2. demnächst ein Betrag, der dem Werte der durch neue ersetzten Sachen entspricht. Der Wert dieser Sachen ist auf Verlangen des Vers durch öffentliche Versteigerung festzustellen."

Über den Unterschied zwischen neu und alt enthält § 76 ADS sehr detaillierte Bestimmungen, aber: „Soweit nicht ein anderes bestimmt ist, wird ein Drittel abgezogen". In der Maschinenv erfolgt die Ersatzleistung bei Wiederherstellung der beschädigten Sache in den früheren Zustand durch Ersatz der Reparaturkosten, aber: „Tritt durch die Reparatur eine Erhöhung des Wertes, den die Maschine vor dem Schaden hatte, ein, so wird dieser Überwert von den Wiederherstellungskosten abgezogen, sofern dieser Abzug nicht durch besondere Vereinbarung ausgeschlossen ist" (§ 3 II a) Allgemeine Bedingungen für die V von Maschinen). Sehr eingehend § 4 II Vs-Bedingungen für die Mitglieder der Vereinigung Deutscher Elektrizitätswerke (VA 1958 S. 134—137). Von einem Abzug bei Beschaffung von neuen Ersatzteilen — auch wegen Fabrikationsverbesserungen — handelt § 6 III 3 AVB für die V von Jagd- und Sportwaffen: VA 1965 S. 259—260.

Wird bei der Entschädigungsberechnung von den Reparaturkosten ausgegangen, ohne daß eine Wiederherstellungspflicht besteht, so können sich dennoch die Entschädigungsbeträge um den Abzug neu für alt vermindern. Eine eingehende Regelung solchen Inhalts enthält z. B. § 4 I 8., II Vs-Bedingungen für Mitglieder der Vereinigung Deutscher Elektrizitätswerke, wiederum mit Hinweis auf die (genau limitierte) Möglichkeit, durch besondere Vereinbarung gegen Prämienzuschlag den Abzug auszuschließen (Amortisationsklausel: VA 1965 S. 258—259). Praktisch am bedeutsamsten ist § 13 V 3—4 AKB (dazu Brugger VersR 1962 S. 5, Stiefel-Wussow[7] Anm. 13 zu § 13 AKB, S. 478—480):

„Von den Kosten der Ersatzteile und der Lackierung wird ein dem Alter oder der Abnutzung entsprechender Abzug gemacht (neu für alt). Der Abzug beschränkt sich bei Krafträdern, Personen- und Kombinationswagen sowie Omnibussen bis zum Schluß des vierten, bei allen übrigen Fahrzeugen bis zum Schluß des dritten auf die Erstzulassung des Fahrzeugs folgenden Kalenderjahres auf Bereifung, Batterie und Lackierung."

VII. Beweis des Schadens §55
Anm. 34

Zusatzven, welche den Abzug neu für alt ausschließen, hat es schon lange in der Seev gegeben (Ritter-Abraham Anm. 28 zu § 75, S. 958, Anm. 3 zu § 76, S. 970). Wird demzufolge dort das „Drittel" nicht abgezogen, so wird insoweit die Kaskov zur Neuwertv.

In Fällen einer von vornherein vereinbarten Neuwertv werden bei beschädigten Sachen die vollen Reparaturkosten ohne Abzug neu für alt ersetzt (§ 2 I b) Sonderbedingungen für die Neuwertv: VA 1968 S. 300–302). Jedoch kann der Vmer z. B. bei der Neuwertv einer Maschine im Falle der Beschädigung nicht verlangen, daß er „in die Lage versetzt wird, sich nunmehr aus Anlaß des Schadenfalles anstelle der alten reparierbaren Maschine eine neue anzuschaffen" (BGH 1. IV. 1953 BGHZ Bd 9 S. 204, überhaupt S. 201–204).

[34] **VII. Beweis des Schadens.**
1. Beweislast.

Im Blick auf Schadenseintritt und Schadenshöhe spielt die Beweislast eine erhebliche Rolle, sowohl außerprozessual als auch im Prozeß. Für den Richter geht es um die Frage, wie eine Entscheidung auszufallen hat, wenn Zweifel an der Wahrheit einer Tatsachenbehauptung vorhanden sind. Für den Vmer und Kläger bedeutet die Beweislast den Zwang, bestrittene Tatsachen — hier hinsichtlich des Schadenseintritts und der Schadenshöhe — zu beweisen.

Die Beweislast trifft — vorbehaltlich besonderer Vereinbarungen — deshalb den Vmer, weil er aus dem Vorliegen und dem Umfang des Schadens die ihm günstige Rechtsfolge des Ersatzanspruchs ableitet (Begr. I S. 44, Bruck S. 332, Drefahl a. a. O. S. 52, Eberhard a. a. O. S. 10, Ehrenberg S. 482, Friedli a. a. O. S. 13, 17, Hagen I S. 587, Hauke VersArch 1957 S. 332–333, Kisch WuRdVers 1932 Nr. 1 S. 39, Koch a. a. O. S. 25, Roelli-Jaeger II Anm. 7–8 zu Art. 62, S. 339–340, Wilhelm a. a. O. S. 100–101).

Gelegentlich wird diese Beweislastregelung auch von den AVB wiedergegeben. So heißt es in § 8 V 1 AVB für die V von Film-Apparaten, § 8 VII 1 AVB für die Film-Requisiten- und Lampen-V, § 8 VI 1 AVB für die V von Film-Positiven für Lichtspieltheater: „In einem Schadensfalle hat der Vmer bzw. der Vte die Beweislast." Besonders lehrhaft und ausführlich ist § 8 II Allgemeine Bedingungen für die V von Musikinstrumenten (VA 1936 S. 102–106): „Die V selbst begründet keinen Beweis für das Vorhandensein und den Wert der vten Sache zur Zeit des Vsfalles; die Vssumme bildet lediglich die Grenze der Ersatzpflicht des Vers. Der Vmer hat daher den Beweis zu führen, daß die Umstände eingetreten sind, welche die Ersatzpflicht bedingen, und daß die Gegenstände, für welche er Entschädigung beansprucht, den vten Wert vor dem Schadenfall hatten, soweit nicht bei Antragstellung hierüber Nachweise vorgelegt und diese von dem Ver ausdrücklich anerkannt wurden."

Regelmäßig wird ein Kläger Eigenschaden einklagen und hat ihn zu beweisen, z. B. der Vmer bei der V für eigene Rechnung, der Vte bei der V für fremde Rechnung, der Erwerber bei der Veräußerung der vten Sache. Ausnahmsweise muß der Kläger fremden Schaden beweisen, so wenn er als Vmer die Ansprüche des Vten aus einer V für fremde Rechnung im eigenen Namen geltend macht (§ 76 I), ferner als Zessionar, Pfandgläubiger, Pfändungspfandgläubiger oder legitimierter Inhaber einer Order- oder Inhaberpolize.

Da die vte Beziehung (das vte Interesse) und der vte Schaden korrespondierende Begriffe sind, gehen Interesse- und Schadensbeweis Hand in Hand (über Interessebeweis und Interessebeweisklauseln: Anm. 126 zu § 49).

Hat der Ver nicht alle Arten von Schäden zu ersetzen, die dem vten Interesse entsprechen, sondern haftet er z. B. „Nur für Totalverlust" (§ 123 ADS), so muß der Vmer das Vorliegen der gedeckten Schadensart, z. B. des Totalverlustes beweisen (Drefahl a. a. O. S. 52–53). Ist allerdings die Regelung negativ formuliert, haftet z. B. der Ver nicht für eine Beschädigung („Frei von Beschädigung": § 113 ADS), so braucht der Vmer nur den Eintritt eines Schadens zu beweisen; dem Ver liegt es ob zu beweisen, der Schaden sei als Beschädigung zu qualifizieren oder — bei einer Güterv — die Güter seien infolge einer Beschädigung verlorengegangen (Ritter-Abraham Anm. 20 zu § 113, S. 1337).

Schadensbeweisklauseln, wonach der Vmer vom Nachweis des Schadens befreit sein soll, sind zulässig, aber — außerhalb der Seev — selten. In der Seev spielt die „Erreichungsklausel" eine Rolle, wonach der Ver beweisen muß, daß kein vter Schaden (in Höhe der vollen Vssumme) entstanden sei, falls das Schiff seinen Bestimmungsort nicht erreicht (Näheres Drefahl a. a. O. S. 53, Ritter-Abraham Anm. 39 zu § 43, S. 667—668, Anm. 29 zu § 120, S. 1367—1370, RG 9. I. 1901 RGZ Bd 47 S. 179, OLG Hamburg 19. V. 1926 JRPV 1926 S. 204 = HansRZ 1926 Sp. 536).

Grundsätzlich muß der Vmer auch die Höhe des Schadens beweisen, die in einer Relation zum Vswert, speziell zum Ersatzwert steht, und zwar besonders bei Totalschäden, wo die Schadenshöhe mit dem Ersatzwert identisch ist. Über den Wertbeweis vgl. schon Anm. 42 zu § 52. Der Wertbeweis wird erleichtert bei Vereinbarung einer Taxe (§ 57), aber auch schon im Geltungsbereich der Fiktion des gleichbleibenden Vswertes (Anm. 25 zu § 52) und durch eine Vorschätzung, wie sie die Feuerv kennt (Anm. 42 zu § 52).

Die Beweislast ist zu unterscheiden von der materiellrechtlichen Auskunfts- und Belegpflicht nach § 34 (Begr. I S. 44, Bruck S. 332, Koch a. a. O. S. 26, Prölss[17] Anm. 1 zu § 34, S. 186). Das zeigt sich auch an den verschiedenen Sanktionen: Während die Verletzung der Auskunfts- und Belegpflicht kraft Vertrages meistens die Leistungsfreiheit, also die Verwirkung des Vsanspruchs nach sich zieht, ist der beweisfällige Vmer mit der Klage abzuweisen, d. h. es wird davon ausgegangen, daß ein Vsanspruch überhaupt nicht entstanden sei. — Neben den Obliegenheiten des § 34 stehen andere vertragliche Obliegenheiten, welche die Schadensliquidation erleichtern sollen und teils vor, teils nach Eintritt des Vsfalls zu erfüllen sind (Anm. 7 zu § 34, Anm. 42 zu § 52). Immer sind dabei die zwingenden Vorschriften des § 6 zu beachten, auch wenn die Obliegenheiten verhüllt, z. B. in die Form von Bedingungen der Ersatzpflicht gekleidet sind (Anm. 13—15 zu § 6, BGH 26. II. 1969 VersR 1969 S. 507—508, übersehen von Eberhard a. a. O. S. 68—71, der aber Treu und Glauben heranziehen will). Beispiele finden sich bei Eberhard a. a. O. S. 95—98. — Für die Gebäudefeuerv hat § 93 ein gesetzliches Veränderungsverbot normiert, allerdings ohne Sanktion, und eine solche ist auch in den AFB nicht vorgesehen. Aber häufig wird im Verstoß gegen § 93 zugleich die Verletzung anderer Obliegenheiten (z. B. aus § 13 I c) AFB) beinhalten und damit zur Leistungsfreiheit des Vers führen (BGH 20. IV. 1961 VA 1961 S. 204—205 = VersR 1961 S. 497—499, Prölss[17] Anm. 1 zu § 93, S. 371). Hagen I S. 593 hat aus einem Verstoß gegen § 93 die Umkehrung der Beweislast hergeleitet; da aber von vornherein die Beweislast den Vmer trifft, kann von einer Umkehrung nicht gesprochen werden.

Von der Beweislast abzugrenzen sind schließlich auch prozessuale Beweisverträge und Beweisbeschränkungen, welche die freie richterliche Beweiswürdigung unmöglich machen. Sie sind verboten und unwirksam (Eberhard a. a. O. S. 58—67).

[35] 2. Beweisführung.

Im Assekuranzprozeß sind schon früh die starren Beweisgrundsätze des gemeinen Prozeßrechts aufgegeben worden, da der Vmer sich oft in einer schwierigen Beweissituation befindet (Nachweise bei Drefahl a. a. O. S. 77—78, Hauke VersArch 1957 S. 327—329). Das gilt gerade auch für den Schadensbeweis.

Wenn eine V genommen worden ist und womöglich bereits viele Jahre läuft, so spricht ein ausreichend hoher Grad von Wahrscheinlichkeit dafür, daß der Vmer ein Interesse hat und — nach einem Vsfall, z. B. einem Brand — einen entsprechenden Schaden erlitten hat. Bei der Beweiswürdigung ist „das Verlangen einer mathematischen Gewißheit ebenso unzulässig wie unklare Gefühlsprozesse, allgemeine Kombinationen und Akte reiner richterlicher Willkür; die Regeln der Logik und die Erfahrungen des praktischen Lebens sind zu verwerten, bloß abstrakte Möglichkeiten außer Spiel zu lassen" (Hagen I S. 588).

Was die Schadenshöhe anlangt, so darf auf die Höhe der Vssumme auch bei Totalschäden nicht ohne weiteres abgestellt werden. Zwar meint Bruck S. 413, die Vssumme sei der Taxe ähnlich: „Beide sind prima facie Angaben über den Vswert", aber er fügt hinzu, die Vssumme mache — anders als die Taxe — die Ermittlung des Vswertes nicht überflüssig (über den Unterschied auch Hagen I S. 587 Anm. 1). Allzuleicht kom-

VII. Beweis des Schadens § 55 Anm. 35

men irrige Bewertungen, insbesondere Überschätzungen vor, und der Vswert kann abgesunken sein. Deshalb hat die Vssumme für den Beweis des Ersatzwertes und der Schadenshöhe keine Bedeutung (Ehrenzweig S. 244, Fick Ersatzwert a. a. O. S. 246).

Roelli-Jaeger II Anm. 9 zu Art. 62, S. 341—343 kommen dem Vmer weiter entgegen, besonders hinsichtlich des Beweises der Schadenshöhe: „Zwar der Kaufmann, der durch Gesetz sowieso verpflichtet ist, über seine Warenvorräte Buch zu führen, wird sich meistens auf diese, wenn sie regelrecht geführt waren, zum Beweis für den Bestand der vten Gegenstände berufen können. Der Beweis des Wertes der durch das Schadenereignis vernichteten Gegenstände kann sehr oft auch durch die Vorlegung der Fakturen usw. erbracht werden. Allein wenn, was nur zu häufig der Fall ist, diese Bücher und Belege durch das Schadenereignis auch zerstört worden sind, und ferner in allen den vielen Fällen, wo der Vmer über den Bestand der vten Gegenstände nicht Buch zu führen pflegt, würde ein eigentlicher Beweis-Notstand vorliegen, wenn ein strikter Nachweis für das Vorhandensein und den Wert der vten Gegenstände verlangt würde, die vollständig zerstört worden sind. Daher hat sich die Praxis genötigt gesehen, sich mit einem Wahrscheinlichkeitsbeweis, gleich wie für die Verursachung des Schadens durch die vte Gefahr, so auch für das Vorhandensein und den Wert des vten Interesses bei Eintritt des Schadenereignisses zu begnügen. Zweifel, die ohne Verschulden des Vten in diesen Punkten nicht gelöst werden können, dürfen nach Treu und Glauben nicht zu dessen Ungunsten entschieden werden. Das führt aber dazu, daß, wenn im Vsvertrag bestimmte Gegenstände einzeln oder gattungsweise mit Angabe eines bestimmten Wertes genannt wurden und sie nach dem Brande nicht mehr vorhanden sind, ihr vorheriges Vorhandensein zu Gunsten des Vmers präsumiert werden kann. Mangels anderer Anhaltspunkte muß dann auch der angegebene Wert als Ausgangspunkt für die Schadenberechnung genommen werden, so daß es alsdann dem Ver obliegt, wenn er die Berechnung seiner Ersatzpflicht auf diese Elemente nicht stützen lassen will, den Nachweis dafür zu erbringen, daß und aus welchen Gründen die Gegenstände vor dem Schadenereignis schon nicht mehr vorhanden waren oder ihr Wert als geringer anzunehmen sei … Der Richter darf die Tatsache nicht außer acht lassen, … daß die große Mehrzahl der Vmer nicht Gegenstände unter V stellen, die sie gar nicht besitzen, oder absichtlich einen höheren Wert derselben der Prämienberechnung zugrunde legen. Natürlich sind dabei auch alle sonstigen Umstände in Würdigung zu ziehen und wenn irgendwie Anlaß zur Schöpfung von Verdacht vorliegt, wird er auf die Vermutung nicht mehr abstellen."

Ähnlich KG 2. VII. 1925 VA 1925 Anh. S. 98—99 Nr. 1462: „Irgendwelche Umstände, welche die Vermutung rechtfertigen könnten, daß der Vmer bewußt und gewollt seine Warenvorräte auf mehr als das Dreifache des wirklichen Wertes derselben vert hätte, sind von der Beklagten nicht dargetan worden. Dafür, daß er in leichtfertiger Weise die V so hoch genommen hätte, sind auch keinerlei Umstände angeführt worden. Daß er den Wert seiner Warenvorräte auf mehr als das Dreifache des wirklichen Wertes derselben geschätzt habe, kann in Anbetracht der Umstände, daß er Kaufmann war und sich durch die Inventuren einigermaßen zutreffend über den wahren Wert der Warenvorräte unterrichten konnte, schwerlich unterstellt werden. Gewiß muß angenommen werden, daß er wie fast jeder Vmer, der sich voll vern will, aus allzugroßer Ängstlichkeit seine Warenvorräte höher bewertet hat als dem wirklichen Wert derselben entsprach. Aber auch dann kann immer noch nicht davon ausgegangen werden, daß seine Warenvorräte nur ein Drittel der Vssumme oder gar noch weniger wert gewesen seien."

Es reicht jedenfalls aus, wenn der Kläger einen Indizienbeweis (Begriff: Anm. 161 zu § 49) führt, z. B. kann aus einer Vermögenssteuererklärung auf das Vorhandensein der versteuerten Werte geschlossen werden. Vgl. auch Kisch WuRdVers 1932 Nr. 1 S. 36—37.

Der Anscheinsbeweis (Begriff: Anm. 162 zu § 49) beruht auf Erfahrungen bei typischen Geschehensabläufen. Er spielt beim Beweis von Schäden keine erhebliche Rolle.

Zuweilen begnügt sich der Ver mit bloßer Glaubhaftmachung des Schadens. Es bedarf dann nicht eines der fünf primären Beweismittel (Augenschein, Zeugen, Sachverständige, Urkunden, Parteivernehmung), sondern eine Versicherung an Eides Statt reicht aus (§ 294 I ZPO). So heißt es in § 4³ AVB für die Reisewetterv, der Vmer könne „jederzeit die Glaubhaftmachung des der Berechnung der Vssumme zugrunde gelegten Aufwandes verlangen", und danach richtet sich gemäß § 2 a. a. O. die Entschädigung (vgl. Anm. 31 zu § 53). Die Versicherung an Eides Statt ist auch zur „Erhärtung" des Anspruchs ausdrücklich in § 8 II 1 Vsbedingungen für die V von Mannschaftseffekten in der Binnenschiffahrt vorgesehen.

Über die Schadensschätzung außerhalb von Gerichts- und Sachverständigenverfahren: VA 1924 S. 53—54 (gegen den generellen Abzug von „Schätzungsdifferenzen" in der Einbruchdiebstahlv).

[36] **3. Gerichtsüberzeugung.**

Die freie richterliche Beweiswürdigung hat im allgemeinen „unter Berücksichtigung des gesamten Inhalts der Verhandlungen und des Ergebnisses einer etwaigen Beweisaufnahme" zu erfolgen (§ 286 I 1 ZPO).

Für den Schadensbeweis gilt jedoch § 287 I 1, 2 ZPO:

„Ist unter den Parteien streitig, ob ein Schaden entstanden sei, und wie hoch sich der Schaden oder ein zu ersetzendes Interesse belaufe, so entscheidet hierüber das Gericht unter Würdigung aller Umstände nach freier Überzeugung. Ob und inwieweit eine beantragte Beweisaufnahme oder von Amts wegen die Begutachtung durch Sachverständige anzuordnen sei, bleibt dem Ermessen des Gerichts überlassen."

Hier ist also das Gericht noch freier als nach § 286 I 1 ZPO gestellt, man spricht von freier richterlicher Schadensschätzung, die sowohl dem Grunde als auch der Höhe nach erfolgen kann. In Abweichung von § 445 I ZPO kann das Gericht auch den Beweisführer, also den Vmer über den Schaden oder das Interesse vernehmen (§ 287 I 3 ZPO).

Es ist zu fragen, ob auch die vom Schadensver zu ersetzenden Einbußen Schaden im Sinne des § 287 I ZPO sind. ROHG 13. II. 1872 ROHGE Bd 5 S. 110—125 hatte die entsprechende Beweiserleichterung des früheren Prozeßrechts hier zugelassen. OLG Kiel 3. III. 1885 SeuffArch Bd 41 S. 88—90 Nr. 56 legte § 260 CPO, den Vorgänger des jetzigen § 287 ZPO, zugrunde. RG 19. III. 1904 RGZ Bd 58 S. 35—36 scheint die Anwendbarkeit des § 287 ZPO verneint zu haben; nach den Entscheidungsgründen ging es hier aber gar nicht um die Feststellung von Schaden oder Interesse (so auch Drefahl a. a. O. S. 43), sondern um die Ermittlung des Wertes eines vten Kahns, „um die Unterlage für die Beantwortung der Fragen zu gewinnen, ob eine Überv vorliege und ob der durch Vereinbarung der Parteien auf eine bestimmte Summe festgesetzte Vswert bestehenbleiben könne", oder vielmehr der Gegenbeweis gegen den Taxwert gelinge. In RG 17. XI. 1916 RGZ Bd 89 S. 190—193 ist denn auch auf diese unterscheidende Besonderheit hingewiesen und ausdrücklich bejaht worden, daß der Anspruch des Vmers unbeschadet seines vertraglichen Rechtsgrundes auf Schadensersatz im Sinne des § 287 I ZPO gerichtet sei. So ohne Begründung auch RG 9. XI. 1934 RGZ Bd 145 S. 389. Die unteren Gerichte folgen, z. B. KG 2. X. 1926 JRPV 1926 S. 300—301 (Verwertung eines unvollständigen und deshalb unverbindlichen Obmannsgutachtens), KG 25. III. 1936 JRPV 1936 S. 222 (Festsetzung eines Kaskoschadens auf den Mittelwert divergierender Gutachten), LG Prenzlau 31. V. 1935 JRPV 1936 S. 334—335 (freie Schadensschätzung bei Mobiliarschaden und Verdienstausfall). Im Schrifttum haben sich für die Anwendung des § 287 ZPO ausgesprochen Eberhard a. a. O. S. 65, Ehrenzweig S. 263 (indirekt), Hagen I S. 588, Kisch WuRdVers 1932 Nr. 1 S. 38, Wilhelm a. a. O. S. 101; für das schweizerische Recht entsprechend Roelli-Jaeger II Anm. 13 zu Art. 62, S. 345.

Dieser Ansicht ist aus zwei Gründen beizutreten: Die Beweisnot des Vmers kommt derjenigen anderer Schadensersatzgläubiger gleich; der Schadensfall beseitigt den früheren Zustand, welcher Ausgangspunkt der Schadensberechnung ist, und außerdem gehen durch ihn oft auch Belege aller Art verloren, so daß ein strikter Beweis kaum möglich erscheint (Friedli a. a. O. S. 17, Hagen I S. 588, Roelli-Jaeger II Anm. 9 zu Art. 62, S. 341). Schon OAG Lübeck 23. IX. 1853 SeuffArch Bd 23 S. 216 Nr. 132 hatte deshalb ausgeführt: „Es liegt in der Natur der Sache, daß bei Forderungen aus einem Vs-

VIII. Abwicklung; IX. Unabdingbarkeit § 55
Anm. 37—40

vertrage nicht in allen Fällen ein strenger Beweis des Schadens, namentlich der Größe desselben, verlangt werden kann, daß vielmehr die gewöhnlichen Grundsätze über Beweisführung hier erhebliche Ausnahmen leiden müssen." Ähnlich HAG Nürnberg 28. V. 1869 SeuffArch Bd 27 S. 276—278 Nr. 171; kritisch zu diesen Entscheidungen Bruck S. 506 Anm. 8 und Koch a. a. O. S. 26 Anm. 1. Für die Maßgeblichkeit der freien richterlichen Überzeugung sind aber nicht allein die Schwierigkeiten der tatsächlichen Feststellungen maßgebend; eine solche Entscheidung von Fall zu Fall unter billiger Abwägung der beiderseitigen Interessen muß auch deshalb möglich sein, weil die **Bewertungsmaßstäbe oft lückenhaft und zweifelhaft** sind und im Streitfall ein weiter Spielraum offen bleibt (Hagen I S. 575).

Das Gericht hat zu entscheiden. Ist es von einem Wahrscheinlichkeitsbeweis nicht voll überzeugt, so kann es nach geltendem Recht keine **„vermittelnde Entscheidung"** fällen, wie dies von Leo HansRZ 1923 Sp. 41—50, Zeiller LZ 1933 Sp. 1353—1366 befürwortet worden ist (zustimmend aber Ehrenzweig S. 164, ablehnend Roelli-Jaeger II Anm. 9 zu Art. 62, S. 342).

[37] 4. Sachverständigenverfahren.

Oft sehen Schadensvsverträge Sachverständigenverfahren vor, in denen der Schaden und seine Höhe festgestellt werden sollen (§ 64 I 1, vgl. auch § 184 I 1 für die Unfallheilkostenv).

Näheres hierzu bei Asmus ZVersWiss 1962 S. 217—218, 234—236 und Anm. zu § 64.

[38] 5. Beweissicherung.

Für das Beweissicherungsverfahren (§§ 485—494 ZPO) gelten im Bereiche des Vsvertragsrechts keine Besonderheiten (Begr. I S. 44, Ehrenzweig S. 159, Kisch WuRdVers 1932 Nr. 1 S. 39).

Das Antragsrecht des Vmers wird durch seine vsrechtliche Auskunftspflicht nicht berührt (Bruck S. 332), und das rechtliche Interesse an der Beweissicherung entfällt im Hinblick auf einen späteren Prozeß nicht durch die vertragliche Vereinbarung eines Sachverständigenverfahrens (Schnurre JRPV 1932 S. 289—290, zustimmend Prölss-Martin[18] Anm. 1 zu § 64, S. 321).

[39] VIII. Abwicklung des Schadens.

Die Liquidation eingetretener Schäden (auch durch Schadenfeststellungsvertrag oder Vergleich) wird zu § 65 näher erörtert, das Sachverständigenverfahren zu § 64, die Frage der Ermittlungs- und Feststellungskosten zu § 66.

[40] IX. Unabdingbarkeit des § 55.

§ 55 ist in § 68a nicht als relativ zwingende Vorschrift aufgeführt.

Aber in § 55 kommt — wie in § 1 I 1 — für die Schadensv das vsrechtliche Bereicherungsverbot zum Ausdruck, das sich überall durchsetzt, auch dort, wo die Beschränkungen der Vertragsfreiheit ansonsten nicht gelten (Einl. Anm. 42).

Der Ver ist „nicht verpflichtet" — und kann nicht verpflichtet werden —, „dem Vmer mehr als den Betrag des Schadens zu ersetzen". Näheres hierzu Anm. 8. Auch bei einer Überv findet die Leistungspflicht des Vers zwingend eine Grenze an der Höhe des Schadens (wie hier Bruck 7. Aufl. Anm. 1 zu § 55, S. 209, Hagen I S. 574, Prölss-Martin[18] Anm. 4 zu § 55, S. 286, unrichtig OLG Augsburg 25. XI. 1930 VA 1930 S. 262 Nr. 2217, OLG Stuttgart 9. VII. 1951 VersR 1951 S. 228—230 [mit ablehnender Anm. Kisch]).

Die geschilderten **Abschwächungen und Durchbrechungen** des vsrechtlichen Bereicherungsverbots (Anm. 9—13) bestätigen das Grundprinzip, beruhen auf Gesetz und sind vertraglich nicht erweiterbar.

Der Versuch von Gärtner, Das Bereicherungsverbot, Berlin 1970, S. 51—54, 76—84, 135—140, die Zulässigkeit einer Sachv und überhaupt einer Nichtpersonenv zu begründen, für welche das Prinzip der konkreten Bedarfsdeckung und das Bereicherungsverbot nicht gelten sollen, scheitert an den das geltende Recht zwingend beherrschenden Grundsätzen, insonderheit auch § 55 (vgl. auch Anm. 48 zu § 57).

§ 56

Ist die Versicherungssumme niedriger als der Versicherungswert zur Zeit des Eintritts des Versicherungsfalls (Unterversicherung), so haftet der Versicherer für den Schaden nur nach dem Verhältnis der Versicherungssumme zu diesem Werte.

Unterversicherung. Selbstbeteiligung.

Gliederung:

Entstehung Anm. 1

Schrifttum Anm. 2

I. Übersicht Anm. 3

II. Grundlagen der Untervsregelung Anm. 4—7
 1. Prinzip der Vollwertv Anm. 4
 2. Intensität des Vsschutzes Anm. 5
 3. Anwendungsbereich der Untervsregeln Anm. 6
 4. Untervsregeln in Vsbedingungen Anm. 7

III. Begriff der Unterv Anm. 8—40
 1. Übersicht Anm. 8
 2. Abgrenzung Anm. 9
 3. Vssumme Anm. 10—28
  a) Fehlende Vssumme Anm. 10
  b) Fixierte Vssumme Anm. 11—12
   aa) Summarische Vssumme Anm. 11
   bb) Positionsweise Vssumme Anm. 12
  c) Bewegliche Vssumme Anm. 13—22
   aa) Summenausgleich Anm. 14
   bb) Vorsorgev Anm. 15
   cc) Indexierte Vssumme Anm. 16
   dd) Gleitende Neuwertv Anm. 17
   ee) Stichtagssumme Anm. 18
   ff) Höchstwertsumme Anm. 19
   gg) Wertzuschlagsklauseln Anm. 20
   hh) Wiederauffüllung Anm. 21
   ii) Restfälle Anm. 22
  d) Änderbare Vssumme Anm. 23—28
   aa) Vertragliche Änderung Anm. 24
   bb) Nachzeichnung für Vorräte Anm. 25
   cc) Erhöhung von Wertzuschlägen Anm. 26
   dd) Erhöhung der Stammv Anm. 27
   ee) Restfälle Anm. 28
 4. Vswert Anm. 29—36
  a) Identitätsproblem (Interesse) Anm. 30
  b) Bewertungszeitpunkt (Ersatzwert) Anm. 31
  c) Vswert in der See- und Binnentransportv Anm. 32
  d) Vswert in der landwirtschaftlichen V Anm. 33—34
   aa) Ernteerzeugnisse Anm. 33
   bb) Viehbestände Anm. 34
  e) Vswert in der Betriebsunterbrechungsv Anm. 35
  f) Vswert in der Neuwertv Anm. 36
 5. Relation Vssumme/Vswert Anm. 37—40
  a) Relativität der Leistungsbegrenzung Anm. 37
  b) Vssumme niedriger als Vswert Anm. 38
  c) Relation bei Außenven Anm. 39
  d) Relation bei Komplexven Anm. 40

IV. Arten der Unterv Anm. 41—45
 1. Anfängliche, nachträgliche Unterv Anm. 42
 2. Vorübergehende, dauernde Unterv Anm. 43
 3. Gewollte, ungewollte Unterv Anm. 44
 4. Einfache, betrügerische Unterv Anm. 45

V. Rechtsfolgen der Unterv Anm. 46—54
 1. Anwendung der Proportionalitätsregel Anm. 46—49

a) auf Vsschaden i. e. S.
Anm. 46—47
aa) Normalfall Anm. 46
bb) Sonderfälle Anm. 47
b) auf Vsschaden i. w. S.
Anm. 48—49
aa) Abwendungs- und Minderungsaufwendungen
Anm. 48
bb) Ermittlungs- und Feststellungskosten Anm. 49
2. Vorteilsausgleichung bei Unterv
Anm. 50—52
a) Übergang von Ersatzansprüchen Anm. 51
b) Restfälle der Vorteilsausgleichung Anm. 52
3. Sonstige Rechtsfolgen der Unterv
Anm. 53
4. Beweislast, Prozessuales Anm. 54
VI. Abdingbarkeit des § 56 Anm. 55
VII. Bekämpfung der Unterv
Anm. 56—64
1. Verhinderung der Verwirklichung des Tatbestandes der Unterv Anm. 57

2. Verhinderung des Eintritts der Rechtsfolgen der Unterv
Anm. 58—64
a) Erstrisikov Anm. 58—63
aa) Begriff Anm. 58
bb) Anwendung Anm. 59
cc) Arten Anm. 60
dd) Zustandekommen
Anm. 61
ee) Prämie Anm. 62
ff) Sonstiges Anm. 63
b) Bruchteilsv Anm. 64
VIII. Selbstbeteiligung des Vmers
Anm. 65—73
1. Funktionen Anm. 65
2. Abgrenzung Anm. 66—68
a) Abgrenzung von Prämienkorrekturen Anm. 67
b) Abgrenzung von zeitlichen Einschränkungen Anm. 68
3. Begriff Anm. 69
4. Arten Anm. 70
5. Obligatorische Unterv Anm. 71
6. Schadensselbstbeteiligung
Anm. 72
7. Integral- und Abzugsfranchise
Anm. 73

[1] **Entstehung:** § 56 ist unverändert geblieben. — Begr. I S. 62—64.

[2] **Schrifttum:**

Unterversicherung: Anonym Der Betrieb 1954 S. 407, Berndt-Luttmer, Der Ersatzwert in der Feuerv, 2. Aufl., Karlsruhe 1971, S. 76—79, Blanck, Entschädigungsberechnung in der Sachv, 2. Aufl., Karlsruhe 1963, NeumannsZ 1926 S. 777—778, VW 1954 S. 392—393, 510, 1962 S. 937—938, Brockmann ZfV 1952 S. 146—147, Bruck S. 523—528, Buser Annalen 1918 S. 309—310, 317—318, 329—330, Döring in: Aus der Feuerspraxis, Berlin 1922, S. 66—78, NeumannsZ 1926 S. 654—656, Ehrenzweig S. 251—255, NeumannsZ 1926 S. 839—840, Eichler S. 142—145, Freygang, Die Unterv, Hamburg 1957, VW 1966 S. 1108—1110, v. Gierke II S. 187, Gürtler, Betriebswirtschaftliche Probleme des Vswesens, Wiesbaden 1959, S. 14—33, Die Kalkulation der Vsbetriebe, 2. Aufl., Berlin-Frankfurt 1958, Hagen I S. 466—467, Haller, Inflation und Feuerv, Zürich 1970, Henne ZVersWiss 1921 S. 295—301, 1923 S. 276—285, Hinz, Die Über- und Unterv im deutschen Privatvsrecht, Hamburger Diss. 1963, Höhne BetrBer 1956 Beilage zum Heft 34 S. 6—8, Koenig[3] S. 329—332, Münchener Rückversicherungs-Gesellschaft, Einfluß der ‚Inflation' auf die V, München (1971), Oertmann WuRdVers 1918 S. 73—107, Papot, La règle proportionelle dans les assurances terrestres, L'assurance au premier feu, Paris 1934, Patzig NeumannsZ 1926 S. 840—843, Périn, L'assurance au premier feu, Paris 1938, Raiser Anm. 43—56 zu § 3, S. 137—148, Riebesell NeumannsZ 1926 S. 713—714, Ritter-Abraham Anm. 1—8 zu § 8, S. 239—242, Roelli-Jaeger II Anm. 14—28 zu Art. 69, S. 508—517, Roesch Der Vmer 1953 S. 49—50, Rommel Mitteilungen der Vereinigung kantonal-schweizerischer Feuervsanstalten 1947 Nr. 2 S. 68—112, G. Schmidt, Die V auf erstes Risiko in der Sachv, Weißenburg 1953, Schweighäuser Der Vmer 1953 S. 38—39, Sieg BetrBer 1970 S. 856—859, Tsirintanis HansRGZ 1931 A Sp. 545—548, Tuchschmidt, Die Erstrisikov im System der Deckungsarten, Züricher Diss. 1951, Wussow AFB Anm. 57—77 zu § 3, S. 264—283.

Selbstbeteiligung: Brockmann ZfV 1952 S. 201—203, Bruck S. 431—432, Cruziger AssJhrb Bd 32 II S. 31—51, Greulich ZfV 1951 S. 151—152, Grob, Die Selbstbeteiligung des Vten im Schadenfall, Zürich-St. Gallen 1967 m. w. N., Karten VW 1970 S. 362—366, Möller in: Sozialreform und Sozialrecht, Festschrift für Walter Bogs, Berlin 1959, S. 189—213, Wriede in: Finke, Handwörterbuch des Vswesens, Bd 2, Darmstadt 1958, Sp. 1882—1886.

[3] I. Übersicht.

In der Schadensv erhält der Vmer **nicht immer seinen vollen Schaden ersetzt**, auch dann nicht, wenn der Schaden die Vssumme nicht überschreitet. Schadenshöhe (§ 55) und Vssumme (§ 50) bilden also nicht die einzigen leistungsbegrenzenden Faktoren:

Will der Vmer wirklich voll gedeckt sein, so muß die Vssumme in der Aktivenv so hoch bemessen werden, daß sie die Höhe des Vswertes erreicht. Bleibt die Vssumme hinter dem Vswert zurück (**Unterv**), so erlangt der Vmer nach der Regel des § 56 nur eine proportionale Entschädigung (**Proportionalitätsregel**). Über das Zusammenspiel der drei leistungsbegrenzenden Faktoren: Vssumme, Schaden, Vswert (deutlicher: Proportionalitätsregel) generell schon Anm. 44 vor §§ 49—80.

Hier — zu § 56 — werden zunächst die **Grundlagen der Untervsregelung** (Anm. 4—7), der **Begriff der Unterv** (Anm. 8—40), die **Arten der Unterv** (Anm. 41 bis 45), die **Rechtsfolgen der Unterv** (Anm. 46—54) und die **Abdingbarkeit des § 56** (Anm. 55) behandelt.

Da die sehr verbreitete Unterv sowohl für den Ver als auch für den Vmer zahlreiche Nachteile mit sich bringt, kommt der „**Bekämpfung der Unterv**" erhebliche Bedeutung zu (Anm. 56—64), sei es als **Verhinderung der Verwirklichung des Tatbestandes der Unterv** (Anm. 57), sei es als **Verhinderung des Eintritts der Rechtsfolgen der Unterv** (Anm. 58—64). Unter der letztgenannten Zielsetzung ist besonders die **V auf erstes Risiko** zu behandeln (Anm. 58—63).

Aus Gründen der Minderung des subjektiven Risikos, aber auch aus Gründen der Rationalisierung und anderen Motiven kann jedoch eine gewisse **Selbstbeteiligung des Vmers am Schaden**, zu der ja auch die Proportionalitätsregel führt, erwünscht sein. Von den zahlreichen Erscheinungsformen der Selbstbeteiligung soll in Anm. 65—73 die Rede sein.

[4] II. Grundlagen der Unterversicherungsregelung.

1. Prinzip der Vollwertversicherung.

Aus § 56 läßt sich ableiten, daß die Vollwertv „die vom Gesetz vorgesehene Normalform" ist (Ehrenzweig S. 247). Bei einer Vollwertv erreicht (oder überschreitet) die Vssumme den Vswert (also den vollen Wert des vten Interesses). Nur sie gewährleistet, daß der Vmer einen entstehenden Schaden **voll ersetzt** bekommt (Blanck a. a. O. S. 11, Freygang a. a. O. S. 7, Hinz a. a. O. S. 86, G. Schmidt a. a. O. S. 5—6). Ist die Vssumme niedriger als der Vswert, so liegt eine **Unterv** vor.

Würde es die Proportionalitätsregel des § 56 nicht geben, so müßte der Ver jeden eingetretenen Schaden bis zur Höhe der Vssumme ersetzen (§§ 50, 55). Da in vielen Bereichen Teilschäden sehr viel häufiger vorkommen als Totalschäden, wäre es für den Vmer zwecks Prämienersparnis ratsam, die Vssumme — nach der sich die Prämie zu richten pflegt (Anm. 30 zu § 50) — möglichst niedrig zu bemessen. Der Ver müßte, um die angemessene Prämie dennoch zu erlangen, in jedem Einzelfall prüfen, wie hoch im Rahmen der zu niedrig bemessenen Vssumme die Wahrscheinlichkeit seiner Inanspruchnahme wäre (Nachweise Anm. 62). Das wäre einigermaßen schwierig und kostspielig.

Deshalb erscheint es zweckmäßiger, vom Vollwertprinzip auszugehen, also dem Vmer eine Bemessung der Vssumme nahezulegen, welche dem Vswert gleichkommt. Hierdurch wird dem Vmer insofern gedient, als er eine Vollentschädigung erlangt. Ferner: „Nur diese Vertragsform gibt im allgemeinen dem Ver eine ausreichende Gewähr dafür, daß er die dem übernommenen Wagnis entsprechende Prämie erhält" (Zonenamt VA 1949 S. 106; vgl. auch BAA VA 1954 S. 78); schwirige individuelle Prämienberechnungsarbeiten werden erspart, das Gesamtprämienvolumen wird erhöht.

II. Grundlagen der Unterversicherungsregelung **§ 56**
Anm. 5

Das Ziel solcher Vollwertv wird am besten durch die Proportionalitätsregel erreicht, welche zwar keine Rechtspflicht zur Vollwertv begründet, aber einen psychologischen Druck in Richtung auf die Vereinbarung ausreichend hoher Vssummen ausübt. Koenig[3] S. 330 lobt die Proportionalitätsregel, weil sie die Äquivalenz von Leistung und Gegenleistung wahre und rechtssicher angewendet werden könne. In der Tat gründet sich die Regel primär auf vstechnische Erwägungen, die ergeben, daß die normale „Prämienkalkulation auf der Voraussetzung ausreichender V beruht und davon ausgeht, daß in der Vssumme grundsätzlich auch der volle Wert zum Ausdruck kommt" (Berndt-Luttmer a. a. O. S. 77, auch Ehrenzweig S. 252, Gürtler Kalkulation a. a. O. S. 32—33, Henne ZVersWiss 1921 S. 295—297, Hinz a. a. O. S. 86—87, Koenig[3] S. 330, Raiser Anm. 44 zu § 3, S. 138—139). Der Gedanke einer vstechnischen Richtigstellung einer vertragsmäßigen Leistung findet auch in den §§ 41 I, 41a, 162[1] Ausdruck, hier allerdings auf der Prämienseite (vgl. Anm. 7—16 zu § 41, Anm. 10—18 zu § 41a).

Ausnahmen bestätigen die Regel. Das Prinzip der Vollwertv (mit der Proportionalitätsregel) kann durchbrochen werden durch die ausnahmsweise Vereinbarung einer V auf erstes Risiko, für welche die Proportionalitätsregel nicht gilt und die „gerechte" Prämie schwer zu berechnen ist (Anm. 58—63).

Während nach der üblichen Terminologie einer Vollwertv die Unterv gegenübergestellt wird und die V auf erstes Risiko als Spezialfall der Unterv klassifiziert wird, wollen Ritter-Abraham Anm. 5 zu § 6, S. 216, Anm. 3 zu § 8, S. 239 die Unterscheidung von Voll- und Teilv in den Vordergrund stellen und bei letzterer Unterv und V auf erstes Risiko trennen. Im Zweifel sei eine Teilv eine Unterv. Soweit der Vmer ungedeckt ist, spricht man in der Seev davon, er gelte als „Selbstver" (§ 8[1] ADS, dazu Bruck S. 524, Ritter-Abraham Anm. 4 zu § 8, S. 239—240). Roelli-Jaeger Anm. 23 zu Art. 69, S. 513 meinen (m. E. irreführend), die Proportionalitätsregel führe zu einer „Ratenentschädigung" (besser: Quotenentschädigung).

[5] 2. Intensität des Vsschutzes.

Die Anwendung der Proportionalitätsregel des § 56 führt zu einer **Verminderung der Intensität des Vsschutzes.** Diese ergibt sich aus dem Verhältnis

$$\frac{\text{Entschädigung}}{\text{Schaden}}$$

Die Intensität ist = 1, wenn Entschädigung und Schaden bei einer Vollwertv identisch sind. Die Intensität würde auf $\frac{1}{2}$ absinken, falls die Entschädigung nur 1000 DM beträgt bei einem Schaden von 2000 DM (Gürtler Kalkulation a. a. O. S. 2). Man spricht auch vom „Schutzwert der V" (Hinz a. a. O. S. 87) oder von der „Dichte des Vsschutzes", der „Vsdichte" (Blanck a. a. O. S. 26, VW 1962 S. 937—938). „Die Dichte des Vsschutzes wird bestimmt durch einen Bruch, dessen Zähler der Vssumme und dessen Nenner dem Vswert entspricht" (Blanck a. a. O. S. 26). Die maximale Intensität ist $\frac{1}{1} = 1$; die Entschädigung kann nicht höher sein als der Schaden (§ 55).

§ 56 läßt sich die Gleichung entnehmen:

$$\frac{\text{Vssumme}}{\text{Vswert}} = \frac{\text{Entschädigung}}{\text{Schaden}} = \text{Intensität}$$

Daraus folgt zugleich für die Höhe der vom Ver zu leistenden Entschädigung:

$$\text{Entschädigung} = \frac{\text{Schaden} \times \text{Vssumme}}{\text{Vswert}} = \text{Schaden} \times \text{Intensität}$$

Bei einem **Totalschaden** sind Schadenshöhe und Vswert identisch (Anm. 19 zu § 55). Deshalb kann man in der vorbezeichneten Gleichung (in der Mitte) die Begriffe Schaden und Vswert gegeneinander aufheben, also streichen, und es ergibt sich, daß bei einem Totalschaden eine **Entschädigung in Höhe der (unzureichenden) Vssumme** geleistet wird (, wobei unterstellt sei, daß Reste nicht verblieben sind, dazu Anm. 52). Man braucht also bei Totalschäden die Proportionalitätsregel nicht anzuwenden, die Intensität des Vsschutzes nicht zu ermitteln, sondern kann sich als Ver darauf beschränken, auf § 50, also die leistungsbegrenzende Funktion der Vssumme zu verweisen (Berndt-Luttmer a. a. O. S. 77).

Es zeigt sich hiernach, daß die Proportionalitätsregel nur bei Teilschäden eigenständige Rechtsfolgen entfaltet (Begr. I S. 63; Berndt-Luttmer a. a. O. S. 77; verkannt von RG 28. II. 1930 RGZ Bd 127 S. 306).

Unrichtig ist es, wenn die Begr. I S. 62—63 die Proportionalitätsregel aus dem Wesen der Vssumme ableiten will (dagegen auch Ehrenzweig S. 251—252, NeumannsZ 1926 S. 839—840, ferner Blanck NeumannsZ 1926 S. 777—778 mit überspitzter Kritik an der „verfehlten Rechenregel des § 56"). Freygang VW 1966 S. 1108—1110 befürwortet es, de lege ferenda in § 56 auf das Verhältnis der bezahlten Prämie zu der zur Deckung des vollen Vswertes erforderlichen Prämie abzuheben (was bei solchen Prämien angemessen erscheint, deren Satz nach der Höhe der Vssumme gestaffelt ist).

[6] 3. Anwendungsbereich der Unterversicherungsregel.

§ 56 steht unter den Vorschriften für die gesamte Schadensv. Da aber überdies die Proportionalitätsregel des § 56 zweimal auf den Vswert abhebt und dieser Begriff nur in der Aktivenv Bedeutung hat (Anm. 16—21 zu § 52), kann es auch eine Unterv im rechtstechnischen Sinne nur in der Aktivenv (Interessev) geben.

Dabei kommen alle Arten der Aktivenv in Betracht, also neben Sachven auch Forderungsven, Ven sonstiger Rechte, Gewinnven (hierzu Anm. 35 zu § 53; Blanck a. a. O. S. 39—41).

Bei einer Passivenv gibt es keinen Vswert (Anm. 15 zu § 52) und demzufolge auch keine Unterv (Bruck S. 523, 527, Ehrenberg ZVersWiss 1923 S. 262, Freygang a. a. O. S. 10, Heimbücher VW 1968 S. 1103, Hinz a. a. O. 196; Begr. I S. 135). Nimmt ein potentiell Haftender eine Haftpflichtv mit allzu geringen Vssummen, oder nimmt ein wohlhabender Mann eine Krankheitskostenv mit allzu niedrigen Erstattungssätzen, so sagt ihm vielleicht ein Vsvertreter, er sei „untervert", aber der Ausdruck ist solchenfalls nicht fachgerecht gebraucht, und § 56 kann auch analog keine Anwendung finden (Hinz a. a. O. S. 202—203). Haftpflicht- und Krankheitskostenven mit kleiner Vssumme sind für den Ver allerdings besonders gefährlich, weil hier schon die durchschnittliche Schadenshöhe sehr nahe bei der Vssumme liegen wird.

Falls der Haftpflichtvmer summenmäßig oder gegenständlich beschränkt haftet (oder notwendige Aufwendungen limitiert sind, wie bei der Neuwertv hinsichtlich der Differenz von Neu- und Zeitwert), kennt man auch den maximalen Mißwert (Unwert): Der Reeder haftet z. B. nach deutschem Recht (§ 486 HGB) höchstens mit Schiff und Fracht. Hierauf beruht es auch, daß insbesondere mit der Kaskov (Sachv) eine Haftpflichtv für Kollisionsfälle und für Havariegrossebeiträge als Adhäsionsv verbunden ist (Anm. 42 vor §§ 49—80). Ist nun das Schiff untervert, so fragt es sich, ob auch mittelbare Kollisionsschäden und Havariegrossebeiträge nach Maßgabe der Proportionalitätsregel selbst im Rahmen der Vssumme nur limitiert ersetzt werden. Zu solcher analogen Anwendung des § 56 vgl. bereits Anm. 15 zu § 52, mit Hinweis auf § 843 HGB. Verbreitet ist jetzt die Teilhaftungsklausel: „Für jeden Schaden einschließlich ... Havariegrosse, mittelbaren Kollisionsschaden haftet der Ver nur im Verhältnis der Vssumme zum Werte des Schiffes" (DTV-Handbuch, Hamburg 1970, SK 188). Vgl. zu alledem auch Hinz a. a. O. S. 198—199, v. Lehsten, Der mittelbare Kollisionsschaden in der See- und Transportv, Hamburger Diss. 1930, S. 30—31, Ritter-Abraham Anm. 4 zu § 8, S. 240, Anm. 18 zu § 78, S. 1007.

Bei der summenmäßig beschränkten Haftung nach § 12 StVG lassen sich die Untervsregeln auch analog nicht anwenden, da bei Verschulden die unbeschränkte Deliktshaftung eintritt, so daß die Schadensmöglichkeit für einen Haftpflichtigen sich nicht maximieren läßt (dazu Hinz a. a. O. S. 196—198).

Bei der Neuwertv handelt es sich in Höhe der Differenz zwischen Neuwert und Zeitwert um eine V gegen ein Passivum, nämlich eine faktisch notwendige Aufwendung (Anm. 28 zu § 52), deren Mißwert im Vorwege bemessen werden kann. Deshalb können auf eine Neuwertv die Untervsregeln angewendet werden (dazu vgl. die Vsbedingungen Anm. 7, ferner Anm. 36).

II. Grundlagen der Unterversicherungsregelung § 56
Anm. 7

Falls sich bei der Haftpflichtv erweist, daß die Haftpflichtansprüche die Vssumme übersteigen, leistet der Ver die Entschädigung voll bis zur Vssumme, aber es wäre unbillig, müßte er die Prozeßkosten vollen Umfangs übernehmen. Deshalb bestimmt § 3 III. 1. S. 1 AHB, der Ver habe die Prozeßkosten nur im Verhältnis der Vssumme zur Gesamthöhe der Ansprüche zu tragen; es ergibt sich also im Blick auf die Prozeßkosten eine untervsähnliche Regelung (dazu Bruck-Möller-Johannsen Anm. G 28—29). Ähnlich § 10 Ziff. 6 S. 3 AKB. Zu alledem vgl. auch Blaesner JRPV 1935 S. 281, Ehrenberg ZVersWiss 1923 S. 261—268, Hinz a. a. O. S. 199—202, Kast JRPV 1927 S. 256, 1929 S. 297—298; RG 19. VI. 1934 RGZ Bd 145 S. 21—26, BGH 28. IX. 1961 VersR 1961 S. 976. — Freygang a. a. O. S. 11—12, Prölss-Martin[18] Anm. 1 zu § 56, S. 287 sprechen hier von „unechter" Unterv. — Heimbücher VW 1968 S. 1103 rückt auch die Regelung des § 155 I, § 3 III. 2. AHB (Ermäßigung von Renten, falls der Kapitalwert die Vssumme übersteigt) in die Nähe der Unterv.

Im Bereiche der Summenv gibt es keinen Vswert, und auch der Schadensbegriff ist unanwendbar (Anm. 14 zu § 52), so daß auch hier eine Unterv im rechtstechnischen Sinne des § 56 nicht in Betracht kommt, mag auch die Werbung einem reichen Manne, der nur eine kleine Lebensv genommen hat, entgegenhalten, er sei „untervert". Ebenso Freygang a. a. O. S. 12, Hinz a. a. O. S. 202. Dort wo das Gesetz für befreiende Lebensven eine Mindestdeckung vorschreibt und diese Mindestdeckung nicht erreicht wird, darf man gleichfalls nicht von einer „Unterv" reden.

Mit dem vsrechtlichen Bereicherungsverbot haben die Normen über die Unterv, die Proportionalitätsregel — sowie ihre Wegbedingung bei der V auf erstes Risiko — nichts zu schaffen (Wussow AFB Anm. 4, 57 zu § 3, S. 210, 264). Allenfalls kann man sagen, es solle durch die Regelung vermieden werden, daß der Vmer ungerechtfertigt niedrige Prämien begleicht.

[7] 4. Unterversicherungsregeln in Versicherungsbedingungen.

Im Bestreben, die Unterv zu bekämpfen und den Vmer auf die vielfach unbekannten Rechtsfolgen einer Unterv (Proportionalitätsregel) hinzuweisen, finden sich in den meisten AVB Wiederholungen des § 56, zum Teil ergänzt durch Hinweise auf die Rechtslage bei V mehrerer Positionen oder auf die Möglichkeit der Vereinbarung einer V auf erstes Risiko.

Eine bloße Wiederholung des § 56 beinhaltet z. B. § 5 II VHB 1966.

Auf die besondere Rechtslage bei V mehrerer Positionen weist § 3 IV AFB hin: „Ist die Vssumme niedriger als der Ersatzwert (Unterv), so wird nur derjenige Teil des Schadens ersetzt, der sich zum ganzen Schaden verhält wie die Vssumme zum Ersatzwert. Ob Unterv vorliegt, ist für jede Gruppe (Position) des Vsscheins besonders festzustellen; außerhalb des Vsortes ... befindliche Sachen sind hierbei nur dann zu berücksichtigen, wenn der Ver auch außerhalb des Vsortes für sie haftet. Hausrat und Arbeitsgerät gelten mangels anderer Vereinbarung als in einer Gruppe vert."

Ähnlich oder gleichlautend § 2 II Sonderbedingungen für die Neuwertv von Industrie und Gewerbe, § 2 III Sonderbedingungen für die Neuwertv landwirtschaftlicher Gebäude, § 4 IV AWB, § 4 II Allgemeine Bedingungen für die V gegen Sturmschäden, § 5 III FBUB.

§ 3 IV Abs. 2,3 AEB fügt zu der Regelung des § 3 IV AFB hinzu: „Ist eine Gruppe auf „Erstes Risiko" vert, so wird die Entschädigung dafür ermittelt, ohne daß die Bestimmung ... über die Unterv Anwendung findet. Ist als Vssumme ein Bruchteil der Gesamtwertsumme der zu einer Gruppe (Position) gehörigen Sachen genommen, so tritt bei Feststellung einer Unterv an die Stelle der Vssumme die Gesamtwertsumme".

Vgl. hierzu auch Anm. 58—63 (V auf erstes Risiko), Anm. 64 (Bruchteilsv).

Für die gleitende Neuwertv vgl. § 2 Sonderbedingungen für die gleitende Neuwertv von Wohngebäuden (1968), abgedruckt in Anm. 17. Fast gleichlautend § 2 Sonderbedingungen für die gleitende Neuwertv von Geschäftsgebäuden (1968), ferner § 2 Sonderbedingungen für die gleitende Neuwertv von landwirtschaftlichen Gebäuden (1968).

Die Nichtberücksichtigung geringfügiger Unterven sehen die in Anm. 38 und 60 d) wiedergegebenen Vorschriften vor.

[8] III. Begriff der Unterversicherung.
1. Übersicht.

§ 56 ist zu entnehmen, daß bei einer Unterv „die Vssumme niedriger als der Vswert zur Zeit des Eintritts des Vsfalls" ist. Diese — durch den Klammerzusatz: „Unterv" noch verdeutlichte — Legaldefinition weist auf drei Begriffsmerkmale hin: Vssumme (Anm. 10—28), Vswert (Anm. 29—36) und die Relation zwischen beiden (Anm. 37 bis 40). Vorher schon läßt sich die Abgrenzung der Unterv von verwandten Begriffen durchführen (Anm. 9).

[9] 2. Abgrenzung.

Der Unterv steht die Überv, bei welcher die Vssumme höher ist als der Vswert, konträr gegenüber. Während aber § 51 bei der Überv eine Beseitigung kennt, sieht § 56 keine Beseitigung der Unterv vor, weil dem Vmer gegen seinen Willen keine finanziellen Mehrbelastungen aufgebürdet werden können. Jedoch hat die Vspraxis für Spezialfälle einige Möglichkeiten zur Verhinderung oder Beseitigung der Unterv entwickelt (Anm. 13—28). Als Gegenstück zur betrügerischen Überv fehlt eine Regelung der immerhin denkbaren betrügerischen Unterv (dazu Anm. 45).

Haben mehrere Ver das gleiche Interesse gegen die gleiche Gefahr vert, so liegt eine mehrfache oder Mitv vor, je nachdem ob die mehreren Ver in selbständigen getrennten Vsverträgen oder in einem einheitlichen Vsvertrag (mit Teilschuld) das Risiko übernommen haben. Im letztgenannten Fall der Mitv pflegt man im Blick auf den einzelnen Ver und Teilschuldner nicht zu sagen, er biete nur eine Unterv. Nur wenn die Summe der von den einzelnen Mitvern gezeichneten Vssummen niedriger ist als der Vswert, kann die gesamte Mitv als Unterv bezeichnet werden. Bei einer mehrfachen V muß für jede einzelne V beurteilt werden, ob sie eine Unterv sei. Vgl. zu allem Anm. zu § 58.

Bei einer Bruchteilsv wird nur ein ideeller Bruchteil der vorhandenen Interessen vert, in der Erwartung, daß z. B. bei einem Einbruchsdiebstahl nicht alle vorhandenen Werte vom Schaden betroffen werden. Hier ist also die Gesamtwertsumme größer als die Vssumme, und § 3 IV Abs. 3 AEB läßt bei Feststellung einer Unterv an die Stelle der Vssumme die Gesamtwertsumme treten. Ist hiernach eine Bruchteilsv über $1/4$ abgeschlossen, so liegt hierin nur dann eine Unterv, wenn die Gesamtwertsumme zu niedrig bemessen ist. Näheres Anm. 64.

Damit die Erstver im Industrievsgeschäft ausreichende Prämien erheben, haben Rückver seit 1968 die Erstver verpflichtet, gewisse „Grundsätze" bei der Tarifierung zu beachten. Als Sanktion sieht die Rückvsklausel vor:

„Bei Abweichung von dieser Vereinbarung wird im Schadensfalle vom Rückver die Untertarifierung als Unterv behandelt und seine Leistung entsprechend vermindert...

Diese zusätzliche Schadenübernahme darf nicht anderweitig rückgedeckt werden. In Zweifelsfällen darüber, ob die bezogene Prämie den „Grundsätzen" entspricht, entscheidet die Tarifierungskommission zwischen den Parteien verbindlich."

Wenngleich hiernach die Proportionalitätsregel bei unzureichender Prämie herangezogen werden soll, handelt es sich doch nicht um einen echten Fall der Unterv, denn nicht die Vssumme ist unzulänglich, sondern die Prämie.

Den eigenartigen Begriff einer Gefahrunterv hat Ehrenzweig S. 252 Anm. 13, NeumannsZ 1926 S. 840 geprägt und der in § 56 behandelten Wertunterv gegenübergestellt. Es soll sich bei der Gefahrunterv z. B. um den Fall handeln, daß in der Lebensv eine unrichtige Altersangabe gemacht und die Leistung des Vers gemäß § 162[1] korrigiert wird. In beiden Fällen der Unterv sei ausschlaggebend „der Gedanke der vstechnischen Richtigstellung der vertragsmäßigen Vsleistung, der Richtigstellung der Leistung nach dem Verhältnis der wirklich bemessenen und der vstechnisch gebührenden Gegenleistung, d. h. nach dem Verhältnis der (kleineren) ‚Ist'-Prämie zu der (höheren) ‚Soll'-Prämie" (dazu auch Riebesell NeumannsZ 1926 S. 897). Es besteht also eine gewisse Verwandtschaft mit der zitierten Rückvsklausel.

III. Begriff der Unterversicherung **§ 56**
Anm. 10—12

[10] 3. Versicherungssumme.
   a) Fehlende Versicherungssumme.

Fehlt es bei einer Aktivenv an einer Vssumme, so entfällt nicht nur die absolute Leistungsbegrenzung gemäß § 50, sondern es kann auch eine Unterv begrifflich nicht vorliegen, weil der Begriff der Unterv ein Relationsbegriff ist, bei welchem es auf das Verhältnis von Vssumme und Vswert ankommt (Freygang a. a. O. S. 10, Hinz a. a. O. S. 120—121, auch Ritter-Abraham Anm. 16 zu § 6, S. 220).

In der modernen Autokaskov wird auf die Vereinbarung einer Vssumme verzichtet (Gericke DAR 1953 S. 64, Prölss-Martin[18] Anm. 1 zu § 13 AKB, S. 826).

Bei manchen Ven mit Naturalersatz gibt es keine Vssumme; aber auch bei Vereinbarung einer Vssumme ist es hier schwierig, die Untervsregeln anzuwenden, es sei denn vermöge einer Zuzahlung des Vmers. Näheres hierzu unten Anm. 47, ferner Anm. 18 zu § 49, auch Freygang a. a. O. S. 22—23, Hinz a. a. O. S. 91—92. Über den Fall, daß der Vmer die vten Gegenstände, z. B. die Zahl der vten Scheiben in der Glasv, nicht vollständig angegeben hat, vgl. Hinz a. a. O. S. 120—121, der hier eine entsprechende Anwendung der Untervsgrundsätze befürwortet.

Bei der öffentlichrechtlichen Gebäudev fehlt es nach Landesrecht gleichfalls nicht selten an einer Vssumme (Anm. 4 zu § 50). Wörner LZ 1918 Sp. 233—238 hat sich de lege ferenda einen Vorschlag zu eigen gemacht, die Institution der Vssumme und damit die Bedeutung der Unterv in der öffentlichrechtlichen V ganz zu beseitigen. Andererseits hat man aus § 12 II 2 preußisches SozietätenG, wonach über den festgesetzten Schätzungswert hinaus eine Anstalt keine V übernehmen darf, geschlossen, daß nach diesem Gesetz umgekehrt eine Unterv bei öffentlichrechtlichen Wettbewerbsvern statthaft sei (Schmidt-Sievers, Das Recht der öffentlichrechtlichen Sachv, Hamburg 1951, S. 66). Eine analoge Anwendung der Untervsregeln kennt § 43 Hamburger FeuerkassenG, falls der Schätzungsschein geringere Durchschnittspreise als die vom August 1914 zugrunde gelegt hat.

[11] b) Fixierte Versicherungssumme.
   aa) Summarische Versicherungssumme.

In aller Regel ist die Vssumme ein durch Vereinbarung fest bestimmter Betrag, der ein einziger, einheitlicher ist, falls nur das Interesse an einer Sache (z. B. einem Schiff oder Gebäude) oder an einem Sachinbegriff (z. B. Hausrat) vert ist. Man kann aber auch die Interessen an mehreren Gegenständen mit einer summarischen Vssumme vern, z. B. Gebäude zusammen mit technischer und kaufmännischer Betriebseinrichtung und Rohstoffen. Dadurch wird die Feststellung des Vswertes und damit einer eventuellen Unterv erschwert, weil man nach dem Schadensfall alle Einzelwerte zusammenrechnen muß. Andererseits bringt solche summarische V für den Vmer den Vorteil mit sich, daß ohne weiteres ein Ausgleich erfolgt, wenn beim Vertragsabschluß einer der Gegenstände zu hoch, ein anderer zu niedrig geschätzt wurde. Gerade unter diesem Gesichtspunkt der möglichen Verhütung einer Unterv ist auch die „Feuerblockpolize" (mit nur einer einzigen Vssumme z. B. für ein großes Industriewerk) propagiert worden. Zu allem Anm. 6 zu § 50, Anm. 12 zu § 54. Nach § 3 IV 3 AFB gelten Hausrat und Arbeitsgerät mangels anderer Vereinbarung als summarisch vert, nach § 4 IV FBUB Geschäftsgewinn und Geschäftskosten, soweit für sie die gleiche Haftzeit gilt. In der industriellen Feuerv werden im Falle summarischer V zuweilen Prämienzuschläge erhoben.

Vgl. zu alledem Berndt-Luttmer a. a. O. S. 82, Blanck a. a. O. S. 64, Döring a. a. O. S. 70—71, Freygang a. a. O. S. 44—46, Hinz a. a. O. S. 10—11, 100—103 (speziell auch für landwirtschaftliche Ven), Raiser Anm. 47—49 zu § 3, S. 140—142, Wussow AFB Anm. 60 zu § 3, S. 267, Anm. 62 zu § 3, S. 268—269.

[12] bb) Positionsweise Versicherungssumme.

Sind in einem Vsvertrage mehrere Interessen vert, so pflegt man separate Gruppen, Positionen, Rubriken mit differenzierten Vssummen zu bilden (über die in der Industriefeuerv üblichen 12 Positionen vgl. Anm. 11, 18 zu § 54 mit Gruppenerläuterung). Hier muß und kann für jede Gruppe besonders festgestellt werden, ob Unterv vorliegt (§ 3 IV 2 AFB); ist nur eine Gruppe vom Schaden betroffen, so erübrigt sich die Mühe, für die übrigen Positionen den Vswert und sein Verhältnis zur Vssumme festzustellen. Andererseits erfolgt grundsätzlich keine Kompensation; die Vssumme für jede Gruppe ist fixiert. Ebenso Berndt-Luttmer a. a. O. S. 80—82, Blanck a. a. O. S. 42—48, Freygang a. a. O. S. 21—22, Hinz a. a. O. S. 7—10, Wussow AFB Anm. 60 zu § 3, S. 267—268.

Über Fälle, in denen es zweifelhaft ist, ob eine besondere Position vert sei, vgl. Berndt a. a. O. S. 80, Blanck a. a. O. S. 51.

[13] c) Bewegliche Versicherungssumme.

Die in Anm. 11—12 behandelten fixierten Vssummen führen sehr oft zu Unterven, nicht nur bei langfristigen Vsverhältnissen, sondern auch angesichts des Trends zur Geldentwertung (mangelnde Stabilität in Richtung des Kaufkraftschwundes) und des häufigen Zugangs bei Inbegriffsven (Neuanschaffungen in der Hausratv, Anwachsen von Warenlagern und Vorräten: Anm. 31 zu § 54).

Es ist schon viel Gedankenarbeit darauf verwendet worden, im Rahmen bestehender Vsverträge die Vssummen gleichfalls zu mobilisieren, damit Unterven vermieden oder beseitigt werden; andererseits will der Vmer auch keine Prämie verschwenden, indem er von vornherein eine Überv mit voller Prämienbelastung nimmt (dazu vgl. Anm. 22). Freygang a. a. O. S. 50 spricht von „gleitenden Vsformen", man kann auch von beweglichen, flexiblen Vssummen reden.

Schon im Ersten Weltkrieg und besonders nach der Inflation wurden zahlreiche Lösungsversuche vorgeschlagen und praktiziert, worüber Arps, Durch unruhige Zeiten, I. Teil: Erster Weltkrieg und Inflation, Karlsruhe 1970, S. 229—292 (und passim), ZVers 1971 S. 421—443 anschaulich berichtet. Das Thema Geldwertschwankungen und V wird laufend in aller Welt diskutiert. Vgl. nur Möller in: Roehrbein, Rechtsfragen aus der Privat- und Sozialversicherung, Berlin 1953, S. 117—125, Haller, Inflation und Feuerversicherung, Zürich 1970, Münchener Rückversicherungs-Gesellschaft, Einfluß der ‚Inflation' auf die V, München (1971).

Hier soll auf die wichtigsten Vereinbarungen, welche dafür bestimmt sind, die Vssumme aus ihrer gewöhnlichen Fixierung (Anm. 11—12) zu lösen, hingewiesen werden:

[14] aa) Summenausgleich.

„Bei Summenausgleich gehen überschießende Vssummen aus selbständigen Positionen auf die Positionen mit gleichem oder dem nächstniedrigeren Beitragssatz über."

So die Richtlinien für die Bearbeitung von Feuer- und BU-Versicherungen (unter I c). Die übliche Klausel in der Feuerv lautet:

„Summenausgleich (Kompensation):

In der Beschränkung auf ein Vsgrundstück gehen innerhalb der Position 1 überschießende Vssummen auf die Prämiengruppen mit gleichen oder niedrigeren Prämiensätzen über, und zwar im Verhältnis der bei den einzelnen Prämiengruppen ungedeckt gebliebenen Summen. Ein gleicher Summenausgleich gilt auch zwischen den Positionen 2, 3, 5 und 7a u. b. Hiervon ist die Position 5 ausgenommen, wenn für sie die Stichtagsklausel vereinbart ist. Bei Positionen mit Wertzuschlagsklausel gilt als überschießende Summe der Betrag, um den die Vssumme 1938 + einfachem Wertzuschlag den Ersatzwert übersteigt. Die Positionen 9b u. c dürfen in den Summenausgleich nicht einbezogen werden."

Darüber, was unter den einzelnen bezifferten Positionen vert ist, vgl. die Gruppenerläuterung Anm. 18 zu § 54. In den Summenausgleich der Pos. 1 werden die Pos. 2, 3, 5 und 7 öfters gegen Zahlung eines Prämienzuschlages von 10% mit einbezogen. Vgl. zum Summenausgleich ferner Anm. 6 zu § 50, Anm. 12 zu § 54; Berndt-Luttmer a. a. O. S. 83, Blanck a. a. O. S. 64—67, VW 1953 S. 328—329, Freygang a. a. O. S. 46—48, Hein VW 1955 S. 292—293, Hinz a. a. O. 142—144, 163—168, Meyer Die Vspraxis 1952 Heft 2 S. 9—10.

III. Begriff der Unterversicherung § 56
Anm. 15, 16

[15] bb) Vorsorgeversicherung.

Man kann gleichsam eine Reservevssumme für den Fall der Unterv bereitstellen, indem man von vornherein eine Vorsorgev abschließt, bei positionsweiser V entweder zu bestimmten Positionen oder generell zu allen Positionen (so daß es gilt, die Vorsorgevssumme auf die einzelnen Positionen zu verteilen).

Solche generelle Vorsorgev behandelt Klausel 21 Zusatzbedingungen für Fabriken und gewerbliche Anlagen:

„**Vorsorgeversicherung für Wertsteigerung, für Um-, An- und Neubauten sowie Neuanschaffungen.**

Die Vorsorgevssumme wird im Schadenfalle auf die Vssummen der Positionen aufgeteilt, für die sie beurkundet ist und bei denen eine Unterv vorliegt. Die Verteilung richtet sich nach der bei den einzelnen Positionen bestehenden Unterv."

Von Fall zu Fall können Vorsorgeven für Neubauten und Neuanschaffungen bei den Pos. 1 und/oder 2 der Feuerv vereinbart werden (Klausel 6.06; Wortlaut: Anm. 27).

Die Vorsorgevssumme ist recht eigentlich zunächst noch keine echte Vssumme, jedenfalls so lange nicht, als sie keiner bestimmten Position zugeordnet ist; sie dient nur der eventuellen Aufstockung anderer Vssummen (Blanck a. a. O. S. 71, Hinz a. a. O. S. 168—169). Zuweilen soll die Vorsorgevssumme nur herangezogen werden, falls die Unterv auf bestimmten Gründen beruht (Hinz a. a. O. S. 169, Raiser Anm. 52 zu § 3, S. 143—144), z. B. dient die wiedergegebene Klausel 21 Zusatzbedingungen nach ihrer Überschrift nicht zur Beseitigung anfänglicher Unterven. Nach alledem kann auch ein geringerer Prämiensatz für die Vorsorgev gerechtfertigt sein. Andererseits kann auch die Vorsorgev nicht in allen Fällen gewährleisten, daß nach ihrer Heranziehung die Unterv in vollem Umfange entfällt; zumal da sie durchweg auf 15 v. H. der Vssummen der in Betracht kommenden Positionen limitiert wird.

Vgl. zur Vorsorgev ferner Asmus ZVersWiss 1964 S. 400—401 Berndt-Luttmer a. a. O. S. 79, 248—257 (mit interessanten Beobachtungen aus der Inflation nach dem Zweiten Weltkrieg sowie Hinweisen auf das Bestreben, wegen Preisstops und aus steuerlichen Gründen die primäre Vssumme klein zu halten), Blanck a. a. O. S. 71—73 (mit Beispiel), Döring a. a. O. S. 71—76, Freygang a. a. O. S. 42, Hinz a. a. O. S. 168—173, Koch VW 1948 S. 275, Oertmann WuRdVers 1918 S. 75—77, Raiser Anm. 52 zu § 3, S. 143—144, Wussow AFB Anm. 67 zu § 3, S. 272—273.

Nicht selten wird die Vorsorgev als Mehrwertv bezeichnet. Aber diesen Namen sollte man jener Zusatzv vorbehalten, die in der See- und Transportv wegen der Fiktion des gleichbleibenden Vswertes notwendig werden kann (Anm. 25 zu § 52, Anm. 7 zu § 53).

Über eine Vorsorgev in der Film-Ausfall-V vgl. Anm. 35 zu § 53.

[16] cc) Indexierte Versicherungssumme.

In allen Zeiten rapiden Geldwertschwundes, also inflationärer Entwicklung, entwerfen Vswirtschaft und Vswissenschaft indexorientierte Anpassungsklauseln. Von Prämienindexklauseln war schon in Anm. 23 zu § 41 m. w. N. die Rede. Hier interessieren Vereinbarungen, welche die Leistung des Vers, und zwar die Vssumme, unter Zugrundelegung eines Index mobilisieren, was sodann auch zur (wirtschaftlich oft schwer durchsetzbaren) Prämienkorrektur führen muß. Dabei kommen hier z. B. Haftpflicht- und Krankheitskostenv nicht in Betracht, weil es sich um Passivenven handelt, die keinen Vswert kennen (Anm. 6).

Für die Sachv haben nach dem Ersten Weltkrieg Berliner HansRZ 1923 Sp. 583—584 („Indexven"), Bruck HansRZ 1922 Sp. 495—502 („gleitende Vssumme"), Durst HansRZ 1920 Sp. 514—516 („Elastizität der Vssumme"), Mitt 1922 S. 103—104 die Indexven propagiert und behandelt; aus der Aufsichtspraxis vgl. VA 1922 S. 78—79 (Klausel für Mobiliarindexv), VA 1923 S. 13, 42, 1925 S. 49. Zu alledem Arps, Durch unruhige Zeiten, I. Teil, Karlsruhe 1970, S. 272—279 („Lob der Indices"). Speziell über die „Baunotv": VA 1921 S. 133—134, auch Arps a. a. O. S. 258, 280.

Für die Zeit nach dem Zweiten Weltkrieg vgl. Anonym VW 1951 S. 139—140, Freygang a. a. O. S. 53, Haller, Inflation und Feuerversicherung, Zürich 1970, S. 22—23,

Hinz a. a. O. S. 173—174, Lauinger ZfV 1951 S. 147—149, Möller in: Roehrbein, Rechtsfragen aus der Privat- und Sozialv, Berlin 1953, S. 117—125, MünchenerRückversicherungs-Gesellschaft, Einfluß der ‚Inflation' auf die V, München (1971), S. 26—31.

Ist eine inflationäre Entwicklung auf das Inland beschränkt, so werden Fremdwährungen die Rolle des Index übernehmen (dazu Berliner HansRZ 1923 Sp. 584—598, ferner RAA: VA 1923 S. 11—13). Mit Naturalersatzvereinbarungen kann man der Institution der Vssumme völlig aus dem Wege gehen (Anm. 10); vgl. z. B. für die Glasv die Naturalersatz- und Prämienklausel: VA 1953 S. 218 (aus der Geschichte: VA 1921 S. 140—141).

[17] dd) Gleitende Neuwertversicherung.

Nicht zur V mit indexierter Vssumme zählt die gleitende Neuwertv, welche gewährt wird für Geschäftsgebäude, landwirtschaftliche Gebäude und Wohngebäude nach Sonderbedingungen (VA 1968 S. 302—304), nicht dagegen für industrielle Gebäude (dazu Helberg VA 1951 S. 58—59, Matzen, Die moderne Neuwertv im Inland und Ausland, Karlsruhe 1970, S. 55).

Die **„Sonderbedingungen für die gleitende Neuwertv von Wohngebäuden (1968)"** (VA 1968 S. 303—304) lauten:

> „Zur Versicherung von Wohngebäuden zum gleitenden Neuwert sind zwecks Anpassung an Baukostenschwankungen folgende Abweichungen von den Allgemeinen Bedingungen für Neuwertversicherung von Wohngebäuden gegen Feuer-, Leitungswasser- und Sturmschäden (VGB) vereinbart:
>
> **§ 1 — Versicherungssumme 1914, Versicherungswert 1914.**
>
> Die vom Versicherungsnehmer als Versicherungssumme des Vertrages zu bestimmende ‚Versicherungssumme 1914' soll in Preisen des Jahres 1914 dem ortsüblichen Neubauwert des Gebäudes in seiner jeweiligen Größe und seinem jeweiligen Ausbau entsprechen (‚Versicherungswert 1914'). Bei der Ermittlung des ‚Versicherungswertes 1914' werden der umbaute Raum, die Bauart, der Ausbau und — wenn dieses mitversichert wird — das Zubehör zugrunde gelegt.
>
> **§ 2 — Entschädigungsberechnung, Unterversicherung.**
>
> (1) Der errechnete Schaden wird nur dann voll ersetzt, wenn die ‚Versicherungssumme 1914' mindestens dem ‚Versicherungswert 1914' entspricht. Ist die ‚Versicherungssumme 1914' niedriger als der ‚Versicherungswert 1914' zur Zeit des Eintritts des Versicherungsfalles (Unterversicherung), so wird nur derjenige Teil des Schadens ersetzt, der sich zum ganzen Schaden verhält, wie die ‚Versicherungssumme 1914' zum ‚Versicherungswert 1914'.
>
> (2) Eine Unterversicherung wird nur insoweit berücksichtigt, als sie 3 v. H. der ‚Versicherungssumme 1914' der betreffenden Position oder Positionen übersteigt.
>
> **§ 3 — Prämienberechnung.**
>
> Die Prämie berechnet sich nach der ‚Versicherungssumme 1914' und der jeweils festgesetzten Prämienrichtzahl, die vom Stand des Jahres 1914 aus der Baupreisentwicklung nach Vertragsabschluß Rechnung trägt. Die Prämienrichtzahl wird aufgrund der nach Vertragsabschluß veröffentlichten Meßzahlen des Statistischen Bundesamtes vom Versicherer festgesetzt. Bei Erstprämien ist die für den zweiten Monat, bei Folgeprämien die für den vierten Monat vor Fälligkeit festgesetzte Prämienrichtzahl maßgebend.
>
> **§ 4 — Sachverständigenverfahren.**
>
> Im Falle eines Sachverständigenverfahrens müssen die Feststellungen der beiden Sachverständigen auch den ‚Versicherungswert 1914' des versicherten Gebäudes zur Zeit des Eintritts des Versicherungsfalles enthalten.

III. Begriff der Unterversicherung § 56
Anm. 18

§ 5 — Kündigung.

Versicherungsnehmer und Versicherer können jederzeit unter Einhaltung einer Kündigungsfrist von mindestens drei Monaten den Wegfall der Sonderbedingungen für die gleitende Neuwertversicherung verlangen. Die Versicherung bleibt zu den Allgemeinen Bedingungen der für die Neuwertversicherung von Wohngebäuden gegen Feuer-, Leitungswasser- und Sturmschäden und mit einer sich aus der ‚Versicherungssumme 1914' und der letztgültigen Prämienrichtzahl ergebenden Versicherungssumme in Kraft. Das Recht auf Herabsetzung der Versicherungssumme nach § 51 (1) VVG bleibt unberührt."

§ 2 I Sonderbedingungen läßt ersehen, daß hiernach eine Unterv nur vorliegt, wenn die „Vssumme 1914" niedriger ist als der „Vswert 1914"; trifft das nicht zu, so wird der effektive Schaden voll ersetzt (dazu Näheres bei Matzen a. a. O. S. 112—113). Es wird also die Vssumme nicht mit einem Indexfaktor multipliziert, sondern nur die Prämie berechnet nach der jeweils festgesetzten Prämienrichtzahl, die von einer Indexkommission festgesetzt wurde:

ab 11. I. 1951 auf 300   ab 1. III. 1962 auf 500
ab 1. XI. 1951 auf 350   ab 1. IX. 1963 auf 550
ab 1. IX. 1956 auf 380   ab 1. VIII. 1965 auf 600
ab 1. III. 1958 auf 400   ab 1. IX. 1969 auf 660
ab 1. IX. 1960 auf 440   ab 1. IX. 1970 auf 750
                                ab 1. VIII. 1971 auf 900

Vgl. hierzu auch Beenken-Jaenke VW 1953 S. 562—564, Beenken VW 1959 S. 472—474, 1962 S. 257—258, 1965 S. 823—824.

Weiteres zur gleitenden Neuwertv Anonym VW 1954 S. 84, 1957 S. 309—310, 1961 S. 386, Blanck a. a. O. S. 36—39, VW 1969 S. 172—173, Boldt VW 1959 S. 62, Freygang a. a. O. S. 53—54, Hasselmann VW 1969 S. 323—326, Hinz a. a. O. S. 174—178, Matzen a. a. O. S. 106—109, Prölss-Martin[18] Anm. 2 zu § 55, S. 285—286, Stöcklein VW 1958 S. 564—565, Wussow AFB Anm. 66 zu § 3, S. 271—272.

[18] ee) Stichtagssumme.

Bei wechselnden Vorräten kann in der Feuerv eine Unterv vermieden werden vermöge einer „Stichtagsv für Vorräte", bei welcher neben eine (reichlich zu bemessende) Höchstvssumme eine laufend aufzugebende Stichtagssumme tritt. Die Prämie richtet sich grundsätzlich nur nach den Stichtagsmeldungen.

Die von Fall zu Fall zu vereinbarende Klausel 5.01 nebst Erläuterungen lautet:

5.01 Stichtagsversicherung für Vorräte.

(1) Die Vorräte sind in Höhe ihres jeweiligen Wertes versichert, soweit dieser die Höchstversicherungssumme von ...... DM nicht überschreitet.

(2) Der Versicherungswert, den die versicherten Vorräte am ...... eines jeden Monats haben, ist dem Versicherer jeweils binnen zehn Tagen nach diesem Stichtage aufzugeben (Stichtagssumme). Wird diese Aufgabe für einen Stichtag unterlassen, dann behält für diesen Stichtag die zuletzt gemeldete Stichtagssumme Gültigkeit. Ist der Versicherungsnehmer mit der ersten Stichtagsmeldung im Verzuge, so sind die Vorräte bis zum Eingang der Meldung nur mit der Hälfte der Höchstversicherungssumme versichert.

Bemerkung:
Die Aufgabefrist kann bis zu einem Monat verlängert werden.

(3) Ergibt sich in einem Schadenfalle, daß die letztmals vor dem Schadenfalle gemeldete Stichtagssumme niedriger ist als der wirkliche Versicherungswert an dem Stichtage, für den sie gilt, so wird der Schaden nur in dem Verhältnis vergütet, in dem die angegebene Stichtagssumme zu dem wirklichen Versicherungswert an diesem Stichtag steht.

(4) Der Versicherungsnehmer hat eine infolge eines Schreib-, Rechen- oder Hörfehlers versehentlich falsch erstattete Meldung unverzüglich zu berichten. Ist inzwischen ein Schadenfall eingetreten, hat er das Versehen nachzuweisen.

Möller

(5) Auf die Prämie ist eine Vorauszahlung für die Hälfte der Höchstversicherungssumme für das ganze Versicherungsjahr im voraus zu leisten. Die endgültige Prämie wird auf Grund der Stichtagsmeldungen mit einem Zwölftel der Jahresprämie für einen Monat berechnet und am Ende des Jahres abgerechnet. Ergibt sich während des Versicherungsjahres, daß die Vorauszahlung auf die Prämie auf Grund der Stichtagsmeldungen verbraucht ist, so kann der Versicherer eine weitere angemessene Vorauszahlung, jedoch nicht mehr als die Hälfte der ursprünglichen Vorauszahlung verlangen.

(6) Abweichend von § 18 (1) AFB bleibt die Haftung des Versicherers nach einem Schadenfall unverändert. Der Versicherungsnehmer hat jedoch für den Entschädigungsbetrag die Prämie für den Rest der Versicherungsperiode nachzuzahlen.

Bemerkung:
Bei Vereinbarung dieser Klausel muß wenigstens ein Stichtag im Monat, und zwar entweder ein bestimmter Kalendertag oder ein bestimmter Wochentag (z. B. der zweite Montag eines Monats) vereinbart werden.

Erläuterungen für die Anwendung der Stichtagsklausel 5.01

1. Die Stichtagsklausel soll nur zugestanden werden bei einer Höchstversicherungssumme von mindestens 300 000,— DM oder einer Vorauszahlung von mindestens 300,— DM. Bei V von Speicher- und Speditionsfirmen (s. Klausel 5.02) sowie landwirtschaftlichen Betrieben ist die Stichtagsklausel nicht zu vereinbaren.
2. Ausstellung von Sicherungsscheinen bei Stichtagsversicherungen. Wird bei Stichtagsv die Ausstellung von Versicherungsbescheinigungen oder Sicherungsscheinen beantragt, so empfiehlt es sich, entweder die Umwandlung der gesamten V in eine solche mit fester Vsumme oder doch wenigstens die Abzweigung einer Teilv mit fester Vsumme zu verlangen.

Ist dies aus besonderen Gründen nicht durchführbar, dann ist im Nachtrag zum Vschein folgende Klausel zu beurkunden:
„Von den durch obigen
Versicherungsschein
_____
Sammelversicherungsschein versicherten Waren ist ein Teil der .... (Name der Kreditanstalt, nachstehend Anstalt genannt) in .... sicherheitshalber übereignet.

Auf Antrag des Versicherungsnehmers wird hiermit für die Zeit vom .... bis .... je mittags 12 Uhr für den der Anstalt sicherheitshalber übereigneten Teil der versicherten Waren eine besondere Versicherungssumme von .... DM in Worten .... DM festgesetzt.

Auf Grund der Anzeige des Versicherungsnehmers vom .... hat der unterzeichnete Versicherer der Anstalt einen Sicherungsschein erteilt. Will der Versicherungsnehmer die im Absatz 2 bezeichnete Versicherung aufheben, in ihrem Betrage vermindern oder bei Ablauf nicht fortsetzen, so bedarf es hierzu der vorherigen schriftlichen Einwilligung der Anstalt, welche von dem Versicherungsnehmer mindestens einen Monat vorher dem Versicherer erteilt sein muß, um gültig beigebracht zu sein.

Im Schadenfalle ist zunächst die Entschädigungssumme für den der Anstalt sicherheitshalber übereigneten Teil der Vorräte unter Berücksichtigung der dafür oben festgesetzten besonderen Versicherungssumme auf Grund der Allgemeinen Feuerversicherungs-Bedingungen, insbesondere des § 3 (4.) AFB zu ermitteln.

Diese Entschädigungssumme ist in voller Höhe auf die Entschädigungssumme anzurechnen, die für die Gesamtheit der durch obigen
Versicherungsschein
_____
Sammelversicherungsschein versicherten Vorräte auf Grund der Allgemeinen Feuerversicherungs-Bedingungen festgestellt wird.

Bleibt die in Absatz 2 der Stichtagsklausel genannte Stichtagssumme unter der besonderen Versicherungssumme, die für sicherheitshalber übereignete Waren festgesetzt worden ist, dann tritt diese besondere Versicherungssumme an die Stelle der Stichtagssumme. Die Vorschrift des § 55 VVG wird hierdurch nicht berührt."

Bei Beurkundung dieser Klausel muß vom Vn ein mit ihr wörtlich übereinstimmender Antrag unterzeichnet werden. Außerdem sind vom Vn und der Anstalt die Erklärungen nach Form. 91 beizuziehen. Der Kreditanstalt ist — nach vorheriger Zustimmung des Vn — gleichzeitig mit der Übersendung des Sicherungsscheins eine Abschrift des zur Stichtagsv auszustellenden Nachtrages zu übermitteln.

Diese Klausel regelt aber nur die Fälle, in denen der Kreditanstalt nur ein Teil der vten Vorräte sicherheitshalber übereignet wird. Sind die Vorräte in ihrer Gesamtheit übereignet, so empfiehlt es sich, den Sicherungsschein wie folgt zu ergänzen:
„Die Versicherung ist zu folgenden Bedingungen beschlossen:
(Folgt hier der Wortlaut der Stichtagsklausel).

Die in Ziffer 5 Absatz 1 dieses Sicherungsscheines bezüglich der Minderung der Versicherungssumme übernommene Verpflichtung gilt lediglich hinsichtlich Minderungen der Höchstversicherungssummen.

Die durch den 3. Absatz der vorstehenden Stichtagsklausel für die Versicherer gegebenen Rechte bleiben auch in ihrem Verhältnis zum Kreditgeber bestehen."

III. Begriff der Unterversicherung

Die Proportionalitätsregel wird fraglos angewendet, falls die Stichtagssumme zu niedrig aufgegeben wurde (Abs. 3). Liegt — bei richtiger Aufgabe — der Bestand am Brandtage höher als am letzten Stichtage, überschreitet er jedoch die Höchstvssumme nicht, so hat der Ver voll zu entschädigen. Umstritten ist der Fall, in dem am Brandtage der Bestand einen höheren Vswert hat als die Höchstvssumme. Hier ist bei einem Teilschaden nach richtiger Auffassung die Proportionalitätsregel anzuwenden (so ausführlich Hinz a. a. O. S. 189—195 mit Fröse VW 1952 S. 546, 1953 S. 48, 550—551, a. M. aber Feuerfachausschuß VW 1953 S. 110, Breest VW 1956 S. 497, Freygang a. a. O. S. 51—52, Raiser Anm. 53 zu § 3, S. 145). Gibt der Vmer eine Stichtagssumme auf, die höher ist als die Höchstvssumme, so liegt hierin ein Antrag auf Nachv (Anm. 24), den der Ver ablehnen könnte; bei Stillschweigen sind die Gesichtspunkte der culpa in contrahendo und womöglich des § 151¹ BGB zu beachten.

Näheres zur Stichtagsv für Vorräte ferner bei: Berndt-Luttmer a. a. O. S. 188, Blanck a. a. O. S. 29—30, Breest VW 1956 S. 497, Freygang a. a. O. S. 50—52, Fröse VW 1954 S. 612—613, Hinz a. a. O. S. 185—195, Ludolphy VW 1956 S. 286—287, Raiser Anm. 53 zu § 3, S. 144—146, Tetzlaff VW 1952 S. 86, Wussow AFB Anm. 70 zu § 3, S. 276—277.

[19] ff) **Höchstwertsumme.**

Besonders bei Spediteuren wechseln die Werte der unter Feuervsschutz zu bringenden Güter. Deshalb ist hier eine Klausel entwickelt worden, die der Stichtagsklausel 5.01 (Anm. 18) sehr verwandt ist, aber sich doch dadurch von ihr unterscheidet, daß es nicht auf den Stichtagsbestand ankommen soll, sondern auf den Höchstbestand des jeweiligen Kalendermonats.

Die gleichfalls von Fall zu Fall zu vereinbarende Klausel 5.02 nebst Erläuterungen lautet:

5.02 Gleitende Vorratsversicherung mit nachträglicher Prämienverrechnung für Lagergüter der Besorgungs-Auftraggeber.

(1) Die Speditionsgüter sind in Höhe ihres jeweiligen Wertes versichert, soweit dieser die Höchstversicherungssumme von . . . . . . DM nicht überschreitet.

(2) Der innerhalb eines jeden Monats vorhanden gewesene Höchstwert der versicherten Güter ist dem Versicherer spätestens bis zum 10. des darauffolgenden Monats aufzugeben. Wird diese Aufgabe für einen Monat unterlassen, dann behält für diesen Monat die zuletzt gemeldete Summe Gültigkeit. Ist der Versicherungsnehmer mit der ersten Meldung im Rückstand, so sind die Güter bis zum Eingang der Meldung nur mit der Hälfte der Höchstversicherungssumme versichert.

(3) Ergibt sich in einem Schadenfalle, daß der letztmals gemeldete Höchstwert niedriger ist als der wirkliche Höchstwert in dem Monat, für den die Meldung gilt, so wird der Schaden nur in dem Verhältnis vergütet, in dem der gemeldete Höchstwert zu dem wirklichen Höchstwert steht.

(4) Der Versicherungsnehmer hat eine infolge eines Schreib-, Rechen- oder Hörfehlers versehentlich falsch erstattete Meldung unverzüglich zu berichtigen. Ist inzwischen ein Schadenfall eingetreten, hat er das Versehen nachzuweisen.

(5) Auf die Prämie ist eine Vorauszahlung für die Hälfte der Höchstversicherungssumme für das ganze Versicherungsjahr im voraus zu leisten. Die endgültige Prämie wird auf Grund der Meldungen mit einem Zwölftel der Jahresprämie für einen Monat berechnet und halbjährlich abgerechnet. Ergibt sich während des Versicherungsjahres, daß die Vorauszahlung auf die Prämie auf Grund der Meldungen verbraucht ist, so kann der Versicherer eine weitere angemessene Vorauszahlung, jedoch nicht mehr als die Hälfte der ursprünglichen Vorauszahlung verlangen.

(6) Abweichend von § 18 (1) 1 AFB bleibt die Haftung des Versicherers nach einem Schadenfall unverändert. Der Versicherungsnehmer hat jedoch für

Anm. 20

den Entschädigungsbetrag die Prämie für den Rest der Versicherungsperiode nachzuzahlen.

> Bemerkung:
> An Stelle von Ziffer (2) Satz 2 kann nach Wahl des Versicherungsnehmers auch vereinbart werden:
> a) „Wird diese Aufgabe für einen Monat unterlassen, dann gilt für diesen Monat die zuletzt gemeldete Summe, mindestens die Hälfte der Höchstversicherungssumme."
> b) „Wird diese Aufgabe für einen Monat unterlassen, dann gilt für diesen Monat die Höchstversicherungssumme."
> In diesem Falle lautet Ziffer (5) Satz 1 und 2:
> „Die Prämie ist für die Höchstversicherungssumme für das ganze Versicherungsjahr im voraus zu zahlen. Die endgültige Prämie wird auf Grund der Meldungen mit einem Zwölftel der Jahresprämie für einen Monat berechnet und am Ende des Jahres abgerechnet."
> Hinweis:
> Die Klausel soll nur zugestanden werden bei einer Höchstversicherungssumme von mindestens 300000,— DM oder einer Prämievorauszahlung von mindestens 300,— DM.

Näheres zu dieser Klausel bei Blanck a. a. O. S. 30, Wussow AFB Anm. 71 zu § 3, S. 277.

[20] gg) Wertzuschlagsklausel.

Eine limitierte Flexibilität der Vssumme erreicht man in der Feuerv auch durch die Wertzuschlagsklauseln 6.02—6.05, welche ausgehen von einer Vssumme auf der Preisbasis von 1938 zuzüglich (einfachem) Wertzuschlag. Der sich ergebende Gesamtbetrag ist für die Prämienberechnung maßgebend, aber der Ver ist leistungspflichtig bis zur Vssumme 1938 zuzüglich des doppelten Wertzuschlages. Dies wird aus dem Wortlaut der Wertzuschlagsklausel leider nicht ganz deutlich, ist aber 1951 durch den Verband der Sachver klargestellt worden (G. Schmidt a. a. O. S. 82, ohne Begründung ebenso Blanck a. a. O. S. 30—31).

Die Klauseln lauten:

6.02 Wertzuschlagsklausel mit Versicherung der Neubauten und Neuanschaffungen

(mit Vorschätzung)

(1) Die Versicherungssumme der Position .... ist gemäß einer dem Versicherer eingereichten Vorschätzung des Sachverständigen, Herrn .... in .... vom .... auf der Preisbasis des Jahres 1938 unter Berücksichtigung eines von dem genannten Sachverständigen als angemessen erachteten Wertzuschlages von ....% festgesetzt, bei dessen Bemessung auch erhöhte Kosten für solche Maschinen, die Spezialanfertigungen darstellen, und Aufwendungen, die durch besondere Schwierigkeiten in der Wiederbeschaffung oder Wiederherstellung bedingt sind, berücksichtigt wurden. Die Vorschätzung gilt als Nachweis des Wertes der Position .... zur Zeit der Schätzung. Insofern und hinsichtlich künftiger Preissteigerungen kommt die Unterversicherungsbestimmung des § 3 (4) AFB nur zur Anwendung, wenn der Ersatzwert höher ist als die Versicherungssumme 1938 zuzüglich des doppelten Wertzuschlages.

(2) Der Versicherungsnehmer hat die Vollständigkeit der eingereichten Vorschätzung und die Höhe des Wertzuschlages alle 12 Monate durch seinen Sachverständigen überprüfen zu lassen und das Ergebnis dem Versicherer mitzuteilen.

(3) Jede Partei kann während des Versicherungsjahres eine Änderung des Wertzuschlages verlangen. Einigen sich die Parteien über die Änderung des Wertzuschlages, so ist die entprechende Prämie pro rata temporis von der Antragstellung an zu erheben oder zu erstatten. Einigen sie sich nicht, so kann jede Vertragspartei diese Vereinbarung durch Kündigung mit sechswöchiger Frist außer Kraft setzen.

(4) Die Bestimmungen unter (1) bis (3) gelten auch für Neubauten und Neuanschaffungen, wenn diese von dem in (1) genannten Schätzer in die Vorschätzung einbezogen und die Versicherungssummen entsprechend erhöht werden. Solange dies nicht der Fall ist, verzichtet der Versicherer hinsichtlich einer

III. Begriff der Unterversicherung § 56
Anm. 20

Werterhöhung durch Neubauten oder Neuanschaffungen auf den Einwand der Unterversicherung, sofern ihre Nachversicherung in ausreichender Höhe binnen drei Monaten seit der Werterhöhung rückwirkend beantragt wird.

Hinweis:
Die Klausel kann nur zugestanden werden, wenn der Schätzer den Versicherern als zuverlässig und sachkundig bekannt ist und die Vorschätzungen den „Richtlinien für Vorschätzungen" entsprechen.

6.03 Wertzuschlagsklausel mit Versicherung der Neubauten und Neuanschaffungen

(ohne Vorschätzung)

(1) Unter der Voraussetzung, daß

a) die Versicherungssumme der Position .... aufgrund von Verzeichnissen der versicherten Sachen auf der Preisbasis des Jahres 1938 ermittelt und

b) ein im Zeitpunkt seiner Festsetzung ausreichender Wertzuschlag versichert ist, bei dessen Bemessung auch erhöhte Kosten für solche Maschinen, die Spezialanfertigungen darstellen, und Aufwendungen, die durch besondere Schwierigkeiten in der Wiederbeschaffung oder Wiederherstellung bedingt sind, berücksichtigt wurden,

ist vereinbart:

1. Die Unterversicherungsbestimmung des § 3 (4) AFB kommt für künftige Preissteigerungen nur zur Anwendung, wenn der Ersatzwert höher ist als die Versicherungssumme 1938 zuzüglich des doppelten Wertzuschlages.
2. Der Wertzuschlag ist zu Beginn jedes Versicherungsjahres neu festzusetzen.
3. Jede Partei kann während des Versicherungsjahres eine Änderung des Wertzuschlages verlangen. Wird der Wertzuschlag geändert, so ist die entsprechende Prämie pro rata temporis von der Antragstellung an zu erheben oder zu erstatten.

(2) Der Wertzuschlag ist zunächst mit .... versichert.

(3) Die Bestimmungen unter (1) und (2) gelten auch für Neubauten und Neuanschaffungen, wenn diese durch entsprechende Erhöhung der Versicherungssummen berücksichtigt sind. Solange dies nicht der Fall ist, verzichtet der Versicherer hinsichtlich einer Werterhöhung durch Neubauten oder Neuanschaffungen auf den Einwand der Unterversicherung, sofern ihre Nachversicherung in ausreichender Höhe binnen drei Monaten seit der Werterhöhung rückwirkend beantragt wird.

(4) Die Vertragsparteien können jederzeit die vorstehenden Vereinbarungen durch Kündigung mit sechswöchiger Frist außer Kraft setzen.

6.04 Wertzuschlagsklausel ohne Versicherung der Neubauten und Neuanschaffungen

(mit Vorschätzung)

(1) Die Versicherungssumme der Position ..... ist gemäß einer dem Versicherer eingereichten Vorschätzung des Sachverständigen, Herrn .... in .... vom .... auf der Preisbasis des Jahres 1938 unter Berücksichtigung eines von dem genannten Sachverständigen als angemessen erachteten Wertzuschlages von ......% festgesetzt, bei dessen Bemessung auch erhöhte Kosten für solche Maschinen, die Spezialanfertigungen darstellen, und Aufwendungen, die durch besondere Schwierigkeiten in der Wiederbeschaffung oder Wiederherstellung bedingt sind, berücksichtigt wurden. Die Vorschätzung gilt als Nachweis des Wertes der Position .... zur Zeit der Schätzung. Insofern und hinsichtlich künftiger Preissteigerungen kommt die Unterversicherungsbestimmung des § 3 (4) AFB nur zur Anwendung, wenn der Ersatzwert höher ist als die Versicherungssumme 1938 zuzüglich des doppelten Wertzuschlages.

(2) Der Versicherungsnehmer hat die Vollständigkeit der eingereichten Vorschätzung und die Höhe des Wertzuschlages alle 12 Monate durch seinen Sachverständigen überprüfen zu lassen und das Ergebnis dem Versicherer mitzuteilen.

(3) Jede Partei kann während des Versicherungsjahres eine Änderung des Wertzuschlages verlangen. Einigen sich die Parteien über die Änderung des Wertzuschlages, so ist die entsprechende Prämie pro rata temporis von der Antragstellung an zu erheben oder zu erstatten. Einigen sie sich nicht, so kann jede Vertragspartei diese Vereinbarung durch Kündigung mit sechswöchiger Frist außer Kraft setzen.

(4) Die Bestimmungen unter (1) bis (3) gelten nicht für Neubauten und Neuanschaffungen.

Hinweis:
Die Klausel kann nur zugestanden werden, wenn der Schätzer den Versicherern als zuverlässig und sachkundig bekannt ist und die Vorschätzungen den „Richtlinien für Vorschätzungen" entsprechen.

6.05 Wertzuschlagsklausel ohne Versicherung der Neubauten und Neuanschaffungen

(ohne Vorschätzung)

(1) Unter der Voraussetzung, daß

a) die Versicherungssumme der Position .... aufgrund von Verzeichnissen der versicherten Sachen auf der Preisbasis des Jahres 1938 ermittelt und

b) ein im Zeitpunkt seiner Festsetzung ausreichender Wertzuschlag versichert ist, bei desssen Bemessung auch erhöhte Kosten für solche Maschinen, die Spezialanfertigungen darstellen, und Aufwendungen, die durch besondere Schwierigkeiten in der Wiederbeschaffung oder Wiederherstellung bedingt sind, berücksichtigt wurden,

ist vereinbart:

1. Die Unterversicherungsbestimmung des § 3 (4) AFB kommt für künftige Preissteigerungen nur zur Anwendung, wenn der Ersatzwert höher ist als die Versicherungssumme 1938 zuzüglich des doppelten Wertzuschlages.
2. Der Wertzuschlag ist zu Beginn jedes Versicherungsjahres neu festzusetzen.
3. Jede Partei kann während des Versicherungsjahres eine Änderung des Wertzuschlages verlangen. Wird der Wertzuschlag geändert, so ist die entspredende Prämie pro rata temporis von der Antragstellung an zu erheben oder zu erstatten.

(2) Der Wertzuschlag ist zunächst mit .... versichert.

(3) Die Vertragsparteien können jederzeit die vorstehenden Vereinbarungen durch Kündigung mit sechswöchiger Frist außer Kraft setzen.

(4) Die Bestimmungen unter (1) bis (3) gelten nicht für Neubauten und Neuanschaffungen.

Es fällt auf, daß zwischen den Klauseln 6.02, 6.04 einerseits, 6.03, 6.05 andererseits ein wichtiger Formulierungsunterschied besteht: Während die ersten beiden Klauseln (mit Vorschätzung) ohne weiteres den Wertzuschlag zubilligen, hängt bei den an zweiter Stelle genannten Klauseln (ohne Vorschätzung) der durch den Wertzuschlag verstärkte Vsschutz von jeweils zwei Voraussetzungen ab: Er soll z. B. anscheinend nicht gelten, falls der (einfache) Wertzuschlag nicht ausreichend bemessen worden ist. Aber diese „Voraussetzungen" dürften juristisch als bloße Obliegenheiten des Vmers zu qualifizieren sein, so daß bei schuldloser Fehlschätzung wegen § 6 I 1 den Vmer keine Rechtsnachteile treffen, d. h. der (zu niedrige doppelte) Wertzuschlag bleibt vert, selbstverständlich allerdings mit Anwendung der Untervsregel.

Weiteres zu den Wertzuschlagsklauseln auch Anm. 26, ferner bei: Anonym VW 1955 S. 165, Die VsPraxis 1955 S. 122—123, Berndt-Luttmer a. a. O., S. 254—257, Blanck

III. Begriff der Unterversicherung **§ 56**
Anm. 21—24

a. a. O. S. 30—31, Freygang a. a. O. S. 55, Guski Die VsPraxis 1955 S. 39, Hinz a. a. O. S. 178—183, Meyer Die VsPraxis 1952 Heft 2 S. 9—11, Wussow AFB Anm. 69 zu § 3, S. 274—275.

[21] hh) Wiederauffüllung.

In einigen Vszweigen, insbesondere in der Feuerv, bestimmt das Gesetz, der Ver hafte nach einem Vsfall für den durch einen späteren Vsfall verursachten Schaden **nur bis zur Höhe des Restbetrags der Vssumme** (vgl. §§ 95, 112, 119 und Anm. 27 zu § 50). Es entsteht also für den Vmer eine Unterv, besonders, wenn die beschädigten, zerstörten oder entzogenen Sachen ausgebessert oder ersetzt werden. Hier helfen für die künftigen Vsperioden die §§ 18 I AFB, AEB, während für die laufende Vsperiode die Klausel 2.08 im Vorwege vereinbart werden kann:

„**2.08 Wiederauffüllung der Versicherungssumme.**
Die gemäß § 18 (1) AFB verminderte Vssumme erhöht sich vom Schadenstag an für den Rest der Vsperiode um den Betrag der Entschädigung, ohne daß es eines Antrages auf Nachv bedarf, sofern nicht nach Eintritt des Schadens unverzüglich von einer Vertragspartei besondere Vereinbarungen verlangt werden."

Weiter vgl. auch Klausel 47 ED-Klauselheft (VA 1960 S. 28), Klausel 9.07 BU-Klauseln sowie Abs. 6 der Feuerklauseln 5.01 und 5.02 (Anm. 18, 19).

[22] ii) Restfälle.

In Anm. 13 wurde auf die Möglichkeit hingewiesen, eine Unterv dadurch zu vermeiden, daß zunächst vorsorglich eine Überv genommen wird. Der sich hierbei ergebende Nachteil einer Prämienverschwendung wird in der **Feuerbetriebsunterbrechungsv** dadurch vermieden, daß § 9 FBUB eine **Prämienrückgewähr** vorsieht: Meldet der Vmer spätestens 4 Monate nach Ablauf eines Vsjahres, daß der Vswert im abgelaufenen Vsjahr niedriger war als die Vssumme, „so wird die auf den überschießenden Betrag gezahlte Prämie bis zu einem Drittel der entrichteten Jahresprämie rückvergütet. Die Rückvergütung ist für jede Gruppe besonders festzustellen" (§ 9 I FBUB). An schuldhafte Falschmeldungen, die als Obliegenheitsverletzungen zu qualifizieren sind, werden im neuen Vsjahr Sanktionen geknüpft, ähnlich wie bei einer Unterv (obgleich im neuen Geschäftsjahr eine solche möglicherweise gar nicht vorliegt) (§ 9 II, III FBUB mit Fusshoeller-John, Feuer-Betriebsunterbrechungs-V, Wiesbaden 1957, Anm. 1—5 zu § 9, S. 97—103). — Die Prämienrückgewähr hat die Wirkung wie eine nachträgliche Herabsetzung der vorsorglich (bis zu 50 v. H.) übersetzten Vssumme.

Auch die **Hagelv** kennt die Herabsetzung von Vssummen mit einer Erstattung von zwei Dritteln der überzahlten Prämie (§ 11 V AHagB).

[23] d) Änderbare Versicherungssumme.

Bei den in Anm. 13—22 behandelten Klauseln verändert sich die Vssumme und damit der Vsschutz, ohne daß weitere konstitutive Willenserklärungen des Vmers und/oder Vers erforderlich werden (auf der Grenze zu einer Willenserklärung steht die in Anm. 22 behandelte „Meldung" zur Prämienrückgewähr gemäß § 9 FBUB).

Es gibt aber auch Fälle, in denen erst kraft solcher Willenserklärungen die Vssumme sich verändert, speziell mit dem Ziel einer Beseitigung oder Vermeidung einer Unterv. Hierher gehören allgemein vertragliche Änderungen der Vssumme (Anm. 24), spezieller aber auch die Nachzeichnung für Vorräte (Anm. 25), die Erhöhung von Wertzuschlägen (Anm. 26) und die Erhöhung der Stammv (Anm. 27).

Ausnahmsweise könnte auch ein Gesetz oder eine Verfügung die Vssumme verändern, insbesondere erhöhen; auch andere Restfälle kommen in Frage (Anm. 28).

[24] aa) Vertragliche Änderung

Stellt sich bei einem Vsverhältnis eine Unterv heraus, greift also auch keine der Möglichkeiten flexibler, beweglicher Vssummen (Anm. 13—22) Platz, so hat der Vmer oder Ver — anders als bei der Überv (§ 51 I) — **kein einseitiges Recht auf Korrektur der Vssumme**, wohl aber kann im Wege der Vereinbarung nach der Regel des § 305 BGB der Vsvertrag — unter Wahrung seiner Identität — geändert, die Vssumme hinaufgesetzt werden. Man spricht von einer Nachv.

Über das zivilrechtliche Zustandekommen solcher Nachv vgl. Anm. 121 zu § 1. Von den privatrechtlich maßgebenden Grundsätzen sind die aufsichtsbehördlichen Sammelverfügungen zu unterscheiden, welche den Schutz der Vmer bei Summenerhöhungen speziell in der Hausratv anstreben.

Auszugehen ist vom Rundschreiben an alle Hausratver R 1/66 des BAA vom 2. II. 1966 (VA 1966 S. 22—23):

„Betr.: **Änderung von Hausratversicherungsverträgen durch Erhöhung der Versicherungssumme und Erweiterung des Versicherungsschutzes**

Das Bundesaufsichtsamt hatte sich in letzter Zeit wiederholt mit Beschwerden über Hausratver zu befassen, die durch umfangreiche Werbeaktionen bei ihren Vmern eine Erhöhung der Vssumme erreichen wollten. Diese Werbung erfolgte durch Versendung von Rundschreiben, in denen die Ver unter Hinweis auf den allgemein festzustellenden Wertzuwachs des Hausrates und der damit verbundenen Gefahr der Unterv mitteilten, daß die Vssumme „vorsorglich" entweder um einen bestimmten Betrag oder aber pauschal, d. h. um einen bestimmten Prozentsatz der bisherigen Vssumme, erhöht wird. Vereinzelt wurde darüber hinaus der Vsschutz auch auf bisher noch nicht versicherte Risiken (z. B. Haushalt-Glasbruchschäden) ausgedehnt. Eine Antwortkarte war zwar beigefügt; sämtliche Rundschreiben enthielten aber den Hinweis, daß Stillschweigen des Vmers nach Ablauf einer bestimmten Frist als Zustimmung zur Vertragsänderung angesehen und bei der nächsten Prämienfälligkeit die neue erhöhte Prämienrechnung übersandt oder von dem Vertreter vorgelegt werden wird. Einige Ver sahen schließlich bei Einlösung der neuen Prämienrechnung von der Ausstellung eines Nachtrages ab und baten ihre Vmer, das Rundschreiben zu den Vertragsakten zu nehmen.

Das Bundesaufsichtsamt hat diese Verfahren unter Hinweis auf die letztmals im Geschäftsbericht des BAV 1960, Seite 50/51, veröffentlichten Aufsichtsgrundsätze über Vertragsänderungen beanstandet. Danach ist zur Änderung eines Vsvertrages das ausdrückliche schriftliche Einverständnis des Vmers erforderlich.

Die Ver wiesen zur Rechtfertigung ihres Vorgehens darauf hin, daß im Hinblick auf die Wertsteigerungen des Hausrates und die dadurch vorhandene Gefahr einer Unterv eine zeitgemäße Erhöhung der Vssummen im Interesse der Vmer liegt. Sie machten geltend, daß es ihnen bei dem heute herrschenden Mangel an Außendienst-Kräften nicht möglich ist, an die Masse ihrer Hausratvmer persönlich heranzutreten. Eine postalische Werbeaktion hielten sie aber nur dann für sinnvoll, wenn der Arbeitsaufwand bei den ohnehin schon beträchtlichen Kosten des einfachen Geschäfts gering gehalten wird.

Das Bundesaufsichtsamt hat sich diesen Gründen nach eingehenden Erörterungen, die auch mit den zuständigen Interessenverbänden geführt wurden, nicht verschließen können. Es verkennt nicht die Notwendigkeit zur Beseitigung der gerade in der Hausratv bestehenden Gefahr einer Unterv und wendet sich daher auch nicht gegen allgemeine Erhöhungsaktionen, die auf die Hausratv als typischem Massengeschäft ausgerichtet sind und mit denen ein bestimmter Rationalisierungseffekt erzielt werden soll. Andererseits dürfen bei der Durchführung derartiger Änderungen des Vsvertrages im Interesse der Vten gewisse Grenzen der Geschäftsvereinfachung nicht überschritten werden. Aus diesem Grunde sieht sich das BAV veranlaßt, nachfolgend den von Aufsichts wegen vertretbaren Rahmen für die Durchführung von Summenerhöhungen in der verbundenen Hausratv bekanntzugeben:

1. Ausgestaltung der Rundschreiben

Im Rahmen von Werbeaktionen durch Versendung von Rundschreiben müssen diese in Wortlaut und drucktechnischer Anordnung eindeutig und gut lesbar zum Ausdruck bringen, daß es sich bei der Erhöhung der Vssumme lediglich um einen **Vorschlag** des Vers handelt und daß es dem Vmer freigestellt ist, ob er seinen Vertrag mit der bisherigen Vssumme fortsetzen oder ob er die Summe auf die vorgeschlagene Weise erhöhen will. Dem Vmer muß demnach eine **echte Wahlmöglichkeit** eingeräumt werden. Insbesondere darf ein Schweigen des Vmers auf den Erhöhungsvorschlag nicht als Zustimmung zur Vertragsänderung angesehen werden.

Es ist nichts dagegen einzuwenden, dem Vmer auch ein gestaffeltes Erhöhungsangebot zu unterbreiten, um ihm damit die Bedeutung seines eigenen Entschlusses deutlich vor Augen zu führen. In jedem Falle sollte ein entsprechender Hinweis dem Vmer deutlich machen, daß er damit nicht der Verantwortung für die ausreichende Bemessung der Vssumme enthoben und ggf. ein weitergehender Erhöhungsantrag von ihm erwartet wird.

2. **Prämieneinziehungsverfahren**

Unter Aufrechterhaltung der bisherigen Grundsätze hält es das BAV für unzulässig, in der Einlösung einer **bereits vorgedruckten** erhöhten Prämienrechnung durch den Vmer eine Zustimmung zur Vertragsänderung zu sehen.

a) Bei dem **Vertreter-Inkasso** ist das ausdrückliche schriftliche Einverständnis des Vmers mit der vorgeschlagenen Erhöhung einzuholen. Dem Vertreter ist eine entsprechend vorgedruckte Erklärung auszuhändigen, die er vor Einlösung der Prämienrechnung dem Vmer zur Unterschriftsleistung vorlegen muß.

b) Beim **Zentral-Inkassoverfahren** ist das Bundesaufsichtsamt bereit, in Abweichung von den bisherigen Aufsichtsgrundsätzen von dem Erfordernis eines schriftlichen Einverständnisses abzusehen und eine erhöhte Prämienzahlung als Annahme des Vertragsangebots anzuerkennen. Voraussetzung hierfür ist jedoch, daß dem Vmer bei der Übersendung der Prämienrechnung erkennbar eine echte Wahlmöglichkeit zwischen dem neuen Angebot und der Beibehaltung des bisherigen Vertragsinhalts eingeräumt wird. Diese Wahlmöglichkeit ist nur dann gegeben, wenn die Prämienrechnung die alte und neue Prämie — ggf. eine nach verschiedenen Vssummen gestaffelte Prämie — enthält und eine neutrale Zahlkarte beigefügt wird, in die der Vmer die Prämie seiner Wahl einsetzen kann. Auf eine entsprechende Ausgestaltung der Prämienrechnung kann nur dann verzichtet werden, wenn das Aufklärungsrundschreiben zum Zeitpunkt der Prämienfälligkeit versandt wird. In diesem Falle genügt eine neutrale Prämienzahlungsaufforderung. Da dann das Rundschreiben bereits als verbindliches Angebot des Vers anzusehen ist, müßte es allerdings den Charakter einer Werbedrucksache verlieren und zumindest die Faksimile-Unterschrift des Vorstandes tragen.

Sofern auch bei dem Vertreter-Inkassoverfahren die Vertreter die Prämie durch die Post einziehen, kann in gleicher Weise vorgegangen werden.

c) Es ist nichts dagegen einzuwenden, wenn Unternehmen die im Falle b) aus buchungstechnischen Gründen von der Versendung einer neutralen Zahlkarte absehen möchten, auch ein konkretes schriftliches Angebot unter Beifügung eines Vordruckes für eine Einverständniserklärung des Vmers unterbreiten. Dabei ist es den Vsunternehmen freigestellt, ob sie dieses Angebot bereits vor Prämienfälligkeit oder mit der erhöhten Prämienrechnung übersenden wollen. Die Vertragsänderung ist bei diesem Verfahren erst dann als wirksam zu betrachten, wenn der Vmer den Vordruck unterschrieben an das Vsunternehmen zurückgesandt hat. Statt dessen kann auch auf dem Zahlkartenabschnitt eine entsprechende, vom Vmer zu unterzeichnende Einverständniserklärung aufgedruckt werden.

In allen Fällen, in denen der Vmer den erhöhten Beitrag ohne Übersendung der Erklärung leistet, ist die Zustimmungserklärung noch nachträglich einzuholen und die Vertragsänderung bis dahin als noch nicht vollzogen zu behandeln.

3. Einschluß anderer Risiken

Die Ausdehnung des Vsschutzes auf zusätzliche Risiken (z. B. Glas und Sturm) kann zwar in dem aufklärenden Rundschreiben angeboten werden, der Einschluß darf aber nur bei ausdrücklichem schriftlichem Antrag des Vmers erfolgen.

4. Ausfertigung eines Nachtrages

Die Ausfertigung eines Nachtrages ist zur Wahrung der Belange der Vten unbedingt erforderlich. Die Aufforderung an den Vmer, das Rundschreiben oder den Zahlkartenabschnitt zu seinen Akten zu legen, kann im Hinblick auf die Wichtigkeit dieser Dokumentation von Aufsichts wegen nicht als ausreichend angesehen werden.

Ich bitte daher, bei künftigen Werbeaktionen in der verbundenen Hausratv diese Richtlinien zu beachten."

Die Regelung dieses Rundschreibens genügte den Wünschen der Hausratver noch nicht; durch Rundschreiben R 5/70 des BAA vom 4. XI. 1970 (VA 1970 S. 320—321) wurde das Zustandebringen einer Änderungsvereinbarung noch weitergehend erleichtert:

„Betr.: **Änderung von Hausratversicherungsverträgen durch Erhöhung der Versicherungssumme**

— Ergänzung des Rundschreibens R 1/66 vom 2. Februar 1966 — VerBAV 1966 S. 22 f. —

Mit Rundschreiben R 1/66 hatte das Bundesaufsichtsamt den Vern für die Durchführung eines Summenerhöhungsverfahrens in der verbundenen Hausratv bereits mehrere Möglichkeiten zur Wahl gestellt. Insbesondere war es im Hinblick auf die in der verbundenen Hausratv als typischem Massengeschäft vorliegenden besonderen Verhältnisse von dem Grundsatz abgegangen, daß für jede Vertragsänderung das schriftliche Einverständnis des Vmers erforderlich ist. Für das Zentralinkassoverfahren wurde vielmehr auch die Zahlung einer erhöhten Prämie als Annahme des Summenerhöhungsangebotes des Vers anerkannt, sofern der Prämienrechnung eine neutrale Zahlkarte beigefügt war, in die der Vmer die von ihm gewünschte Prämie einsetzen konnte.

Dieses Verfahren hat sich jedoch in der Praxis nicht bewährt. Der Verband der Sachver e. V. war deshalb bereits vor längerer Zeit erneut an das Bundesaufsichtsamt herangetreten, um ein neues kostensparendes und wirksames Verfahren zur Beseitigung der zunehmenden Unterv in dieser Vsart zu finden. Als Ergebnis dieser Verhandlungen kann bei Summenerhöhungsverfahren in der verbundenen Hausratv künftig neben den bereits bestehenden Möglichkeiten auch wie folgt verfahren werden:

Innerhalb einer angemessenen Frist vor Prämienfälligkeit kann dem Vmer ein aufklärendes Schreiben mit einer Antwortkarte übersandt werden, die drei Wahlmöglichkeiten enthalten muß:
a) Erhöhung der Vssumme um einen vom Ver vorgeschlagenen Prozentsatz
b) Erhöhung um einen vom Vmer zu bestimmenden Prozentsatz
c) Ablehnung einer Erhöhung.

Bei Ausfüllung dieser Antwortkarte wird wie bisher die Entscheidung des Vmers der weiteren Vertragsgestaltung zugrunde gelegt. Bei Schweigen des Vmers braucht jedoch künftig nicht mehr eine neutrale Zahlkarte übersandt zu werden. Es kann dem Vmer vielmehr auch eine Prämienrechnung zugestellt werden, die bereits die vom Ver vorgeschlagene erhöhte Vssumme berücksichtigt. Bei diesem vorwiegend aus buchungstechnischen Gründen vereinfachten

Verfahren muß jedoch für den Vmer nach wie vor eindeutig erkennbar bleiben, daß es sich lediglich um einen Vorschlag des Vers handelt. Aus diesem Grunde muß bereits das Aufklärungsschreiben einen Hinweis mit folgendem Wortlaut enthalten:

„Wenn Sie sich innerhalb von sechs Wochen zu diesen Vorschlägen nicht geäußert haben, gehen wir davon aus, daß Sie unserem Vorschlag zu a) zustimmen werden. Wir werden Ihnen dann zum nächsten Fälligkeitstermin eine auf die erhöhte Vssumme abgestellte Prämienrechnung zusenden."

Dem Ver ist es freigestellt, dem Vmer die erhöhte Vssumme vom Zugang dieses Schreibens an bis zur nächsten Prämienfälligkeit prämienfrei zu gewähren. Da es sich hier lediglich um einen rechtlichen Vorteil für den Vmer handelt, bedarf es zu dieser Regelung nicht seiner Zustimmung. In diesem Falle muß jedoch der Hinweis entsprechend ergänzt werden.

Mit der Übersendung der Zahlkarte ist sodann später entweder in einem Begleitschreiben oder auf der Prämienrechnung selbst folgender Vermerk an hervorgehobener Stelle anzubringen:

„Diese Prämienrechnung entspricht unserem Erhöhungsangebot vom ...... Sollten Sie auf dieses Angebot in der gesetzten Frist bisher nicht geantwortet haben, so vermerken wir uns die Zahlung des Betrages dieser Rechnung als Ihre endgültige Zustimmung zu unserem Vorschlag."

Damit soll dem Vmer nochmals verdeutlicht werden, daß es sich bei der Summenerhöhung nur um einen Vorschlag handelt, dem er nicht zuzustimmen braucht. Im Falle der Ablehnung kann er die Prämienrechnung zurücksenden oder die alte Prämie überweisen.

Sofern der Vmer überhaupt keine Zahlung leistet, darf nur die bisherige Prämie angemahnt werden. Hierzu ist die als Anlage beigefügte geschäftsplanmäßige Erklärung abzugeben.

Ferner wird erwartet, daß die Hausratver auch nach Zahlung der erhöhten Prämie begründete Einwendungen der Vmer entgegenkommend behandeln.

Im übrigen bleibt das Rundschreiben R 1/66 in vollem Umfange bestehen. Es ist insbesondere die Ausfertigung eines den gesetzlichen Vorschriften entsprechenden Nachtrages unerläßlich. Außerdem darf das Summenerhöhungsverfahren nach wie vor nicht mit einer Erweiterung des Vsschutzes auf zusätzliche Risiken verbunden werden.

Abschließend wird darauf hingewiesen, daß dieses vereinfachte Verfahren nur für die verbundene Hausratv in Betracht kommen kann.

Geschäftsplanmäßige Erklärung
für die Summenerhöhung in der verbundenen
Hausratv

Wir verpflichten uns, den Vmer nur dann wegen Zahlungsverzugs außer Risiko zu setzen (§ 39 VVG), wenn er trotz Belehrung auch die bisherige Prämie nicht zahlt."

Die Rundschreiben sind zivilrechtlich ungenau abgefaßt: Statt Vorschlag (des Vers) müßte es Angebot heißen, statt Einverständis und Zustimmung (des Vmers) müßte von Annahme die Rede sein. Der vom BAA vorgeschriebene Vermerk: „so vermerken wir uns die Zahlung des Betrages dieser Rechnung als Ihre endgültige Zustimmung zu unserem Vorschlag" ist auch deshalb unpräzis, weil eine „vorläufige" Annahme des Antrages nicht vorangegangen ist. Im übrigen können die aufsichtsbehördlichen Sammelverfügungen den zivilrechtlichen Abschluß eines Änderungsvertrages nicht verhindern, falls die entsprechenden Voraussetzungen vorliegen, aber das aufsichtsbehördlich angeordnete Verfahren nicht beobachtet ist. Umgekehrt kommt unter Umständen trotz Beobachtung dieses Verfahrens die Änderung (und entsprechende Prämienzahlungspflicht) nicht zustande, falls der Zivilrichter die Abschlußvoraussetzungen verneinen muß.

Gegen die Rundschreiben wird von den Vsunternehmen gelegentlich verstoßen, z. B. durch Übersendung einer erhöhten Prämienrechnung ohne vorangehendes Erhöhungsangebot oder durch Schreiben, die den Eindruck erwecken, der Ver habe bereits einseitig die Vssumme erhöht, oder durch Nichtübersendung der Antwortkarte mit den drei Wahlmöglichkeiten zugleich mit dem Erhöhungsangebot, oder durch die Mitteilung, das Schweigen des Vmers gelte als Annahme des Angebotes, oder dadurch, daß dem Erhöhungsangebot sogleich ein Nachtrag zum Vsschein, der die Erhöhung dokumentiert, beigefügt wird. In solchen Fällen muß jeweils geprüft werden, ob trotz des Verstoßes zivilrechtlich ein Änderungsvertrag zustandegekommen ist. Trifft das zu, so könnte allenfalls auf dem Wege über eine Beschwerde beim BAA eine Rückgängigmachung der Vertragsänderung angestrebt werden.

Über die bei Änderungsvereinbarungen nicht seltene culpa in contrahendo des Vers oder seines Agenten vgl. Anm. 122 zu § 1, Anm. 45 zu § 44, über die Dokumentierung in einem Nachtrag oder Anhang zum Vsschein vgl. Anm. 124 zu § 1, über die erneut zu erfüllende vorvertragliche Anzeigepflicht vgl. Anm. 126 zu § 1, über den Charakter der Zusatzprämie als Folgeprämie vgl. Anm. 128 zu § 1. Generell vgl. auch Anm. 18 zu § 50, Anm. 51 zu § 52, Anm. 7 zu § 53.

Die Nachv ist (ähnlich wie die Vorsorgev: Anm. 15) von der Mehrwertv in der See- und Binnentransportv zu unterscheiden (dazu Anm. 51 zu § 52, Anm. 7 zu § 53). Die Abhandlung Oertmann WuRdVers 1918 S. 73—107 bezieht sich trotz ihres irreführenden Titels auf die Nachv, nicht auf die Mehrwertv. Sowohl Nachv als auch Mehrwertv werden allerdings meistens wegen einer Wertsteigerung nachträglich abgeschlossen, aber die Mehrwertv überspielt zugleich die Fiktion des gleichbleibenden Vswertes.

Eine Nachvspflicht begründet für den Vmer bei Veränderungen im Tierbestand § 6 I, III ATierB, allgemein vgl. Anm. 121 zu § 1. Für den Ver könnte ein Annahmezwang bei Nachvsanträgen begründet werden (vgl. dazu auch Anm. 25: Einseitige Willenserklärung des Vmers).

Es ist denkbar, daß die Nachv nicht bei dem gleichen Ver abgeschlossen wird wie die primäre V: Es ergibt sich dann eine mehrfache V.

Die Nachv wirkt regelmäßig nicht zurück (was § 11 IV 2 AHagB hervorhebt). Eine rückwirkende Nachv kennen in der Feuerv die Klauseln 6.02 Abs. 4, 6.03 Abs. 3 (Wortlaut: Anm. 20).

[25] bb) Nachzeichnung für Vorräte.

Während es regelmäßig im Belieben des Vers steht, ob er einen Änderungsantrag des Vmers annehmen will, sieht die für die Feuerv von Fall zu Fall zu vereinbarende Klausel 5.03: Nachzeichnung für Vorräte eine einseitige Willenserklärung („Aufgabe") des Vmers als ausreichend vor, um die Erhöhung der Vssumme zu erreichen; auf den Zeitpunkt des Zuganges der Willenserklärung kommt es nicht an:

5.03 Nachzeichnung für Vorräte.

(1) Die Versicherer sind verpflichtet, auf Grund schriftlicher Aufgabe des Versicherungsnehmers jederzeit Erhöhungen der durch Position ...... für Vorräte versicherten Summe (Grundsumme) in der Weise zu übernehmen, daß die an einem bestimmten Tage aufgegebene Versicherungssumme für den gleichen Tag mittags 12 Uhr für die Versicherer verbindlich ist. Der Aufgabetag wird durch das Datum des Postaufgabestempels festgestellt. Der Versicherungsnehmer ist außerdem verpflichtet, die Aufgabe zu datieren und mit laufender Nummer zu versehen; er ist berechtigt, für ihr Inkrafttreten einen späteren als den Aufgabetag anzugeben. Die Verpflichtung der Versicherer zur Übernahme von Nachversicherungen wird mit höchstens 200 v. H. der in der Versicherungsurkunde genannten Grundsumme begrenzt.

(2) Der Versicherungsnehmer ist berechtigt, die auf Grund der Bestimmungen des vorigen Absatzes nachversicherten Summen jederzeit zu vermindern oder ganz zurückzuziehen, soweit die Vorräte nicht mehr vorhanden oder in ihrem Wert vermindert sind. Die Aufgabe der Verminderung wird in derselben Weise wirksam, wie es für Nachversicherungen im vorigen Absatz vereinbart ist.

III. Begriff der Unterversicherung § 56
Anm. 26, 27

(3) Nachversicherungen werden in der im ersten Absatz bestimmten Weise nur unter der Voraussetzung ohne weiteres wirksam, daß bis zu ihrer Aufgabe kein Schadenfall eingetreten ist. Ist ein Schadenfall eingetreten, so treten weitere Nachversicherungen erst nach dem Schadenfall auf Grund ausdrücklicher Bestätigung des Versicherers in Kraft.

(4) Aus den aufgegebenen Nachversicherungssummen und der Zahl der Tage, an denen sie in einem Monat in Kraft gewesen sind, wird die Durchschnittsnachversicherungssumme für diesen Monat festgestellt.

(5) Der Versicherungsnehmer hat eine infolge eines Schreib-, Rechen- oder Hörfehlers versehentlich falsch erstattete Meldung unverzüglich zu berichtigen. Ist inzwischen ein Schadenfall eingetreten, hat er das Versehen nachzuweisen.

(6) Die Prämie für die Grundsumme ist für das ganze Versicherungsjahr im voraus zu entrichten. Von der Durchschnittsnachversicherungssumme wird die Prämie am Schlusse eines jeden Versicherungsmonats mit einem Zwölftel der Jahresprämie berechnet und erhoben. Sofern die sich ergebende Nachschußprämie den Betrag von insgesamt 100 DM pro Monat nicht übersteigt, erfolgt die Abrechnung erst am Schlusse des laufenden Versicherungs-Vierteljahres.

Hinweis:
Die Nachzeichnungsklausel unterliegt grundsätzlich allen Beschränkungen, die für die Stichtagsklausel in Frage kommen. Die Nachzeichnungsklausel soll daher nur für Wagnisse zugestanden werden, bei denen auch eine Stichtagsv zulässig ist. Die Nachzeichnungspflicht ist auf 200 v. H. der Grundsumme zu beschränken. Die Grundsumme selbst soll mindestens 150000 DM betragen. Die Prämie für diese Grundsumme ist im voraus zu entrichten. Ratenzahlung ist unzulässig.

Vgl. zu dieser Klausel Anm. 19 zu § 50, Freygang a. a. O. S. 53, Hinz a. a. O. S. 183—185, Raiser Anm. 54 zu § 3, S. 146—147, Wussow AFB Anm. 72 zu § 3, S. 277—278.

[26] cc) **Erhöhung von Wertzuschlägen.**

Die im Bereiche der Feuerv zur Verfügung stehenden Wertzuschlagsklauseln 6.02—6.05 sind bereits in Anm. 20 wiedergegeben. Sie sehen nicht nur eine Leistungspflicht des Vers bis zum doppelten Wertzuschlag vor, sondern auch eine alljährliche Überprüfung des Wertzuschlages durch die Sachverständigen des Vmers (Klausel 6.02 Abs. 2, 6.04 Abs. 2) bzw. eine Neufestsetzung zu Beginn jedes Vsjahres (Klausel 6.03 Abs. 1 Ziff. 1, 6.05 Abs. 1 Ziff. 2). Auch während des Vsjahres kann jede Partei eine Änderung des Wertzuschlages verlangen. In allen Fällen dürfte eine Nachtragsvereinbarung vonnöten sein, bei deren Nichtzustandekommen ein Kündigungsrecht vorgesehen ist (Klausel 6.02 Abs. 3, 6.03 Abs. 1 Ziff. 3, Abs. 3, 4, 6.04 Abs. 3, 6.05 Abs. 1 Ziff. 3, Abs. 3).

[27] dd) **Erhöhung der Stammversicherung.**

Die Feuervsklausel 6.06 sieht einerseits eine dauernde Vorsorgev (für Neubauten und Neuanschaffungen) vor (Anm. 15), andererseits antizipiert sie aber auch alljährliche Nachvsvereinbarungen: Die vorjährigen Vorsorgevssummen werden jeweils „ohne besonderen Antrag" der Stammv (provisorisch, vorbehaltlich endgültiger Feststellung) zugeschlagen. Die verwickelte Klausel lautet:

6.06 Vorsorgeversicherung für Neubauten und Neuanschaffungen.

(1) Unter der Voraussetzung, daß für die Versicherung der Positionen 1 und/oder 2 die Klausel 6.04 oder 6.05 (Wertzuschlagsklausel ohne Versicherung der Neubauten und Neuanschaffungen) vereinbart ist und unter der weiteren Voraussetzung, daß das Versicherungsjahr dem Geschäftsjahr entspricht, gilt die unter Position 9b und/oder 9c vereinbarte Vorsorgeversicherung für alle unter die Positionen 1 und/oder 2 fallenden Neubauten und Neuanschaffungen im Laufe des Versicherungsjahres, soweit sie nicht durch Nachtrag in die Stammversicherung übernommen worden sind.

(2) Die Stammversicherungssummen der Positionen 1 und/oder 2 erhöhen sich ohne besonderen Antrag jeweils mit Beginn des nächsten Versicherungs-

jahres vorübergehend um den entsprechenden Betrag der Vorsorgeversicherungssummen. Die Erhöhungen sind sobald als möglich durch die festgestellten endgültigen Summen zu ersetzen. Bei der Ermittlung dieser Summen sind der Wertzuwachs durch Neubauten und Neuanschaffungen, die Werterhöhung durch Reparaturen und Überholungsarbeiten sowie Bestandsverminderungen zu berücksichtigen.

(3) Für die Umrechnung der in die Positionen 1 und/oder 2 der Stammversicherung zu übernehmenden Vorsorgeversicherungssummen auf den Neuwert 1938 ist der für das folgende Versicherungsjahr gültige Wertzuschlag maßgebend.

(4) Die Vorsorgeversicherung bleibt, soweit nicht der Versicherungsnehmer eine Änderung ausdrücklich beantragt, in der bisherigen Höhe bestehen und gilt jeweils für die Neubauten und Neuanschaffungen des nächsten Jahres.

(5) Für die Vorsorgeversicherung wird eine Vorauszahlung in Höhe eines Drittels der Jahresprämie aus der Vorsorgeversicherungssumme erhoben. In der Schlußabrechnung wird für die endgültige Vorsorgeversicherungssumme des abgelaufenen Jahres die halbe Jahresprämie berechnet.

(6) Mit der Erhöhung der Positionen 1 und/oder 2 der Stammversicherung gemäß Absatz 2 ist die Jahresprämie für die hinzutretenden Versicherungssummen fällig. Abschließend abgerechnet wird die Jahresprämie bei Aufgabe der endgültigen Versicherungssumme.

Hinweise:
1. Die Vorsorgeversicherung gemäß Klausel 6.06 ist in erster Linie gedacht für Großbetriebe mit ins Gewicht fallenden Neubauten und Neuanschaffungen von jährlich etwa 25 Millionen DM und mehr.
2. Zur Durchführung der Vorsorgeversicherung gemäß Klausel 6.06 werden zwei neue Positionen gebildet:
   Position 9b (Vorsorgeversicherung nach Kl. 6.06 für Neubauten und Neuanschaffungen der Position 1)
   Position 9c (Vorsorgeversicherung nach Kl. 6.06 für Neubauten und Neuanschaffungen der Position 2)
   (Die vorausgehende Pos. 9a ist die bisherige Pos. 9 (Vorsorgeversicherung für Wertsteigerung usw.). Die bisherige Pos. 9a (Fremdes Eigentum außerhalb der Gruppenerläuterung) wird zur Pos. 7c.)

Zur Klausel vgl. auch Wussow AFB Anm. 68 zu § 3, S. 273—274.

[28] ee) Restfälle.

Bei Vsvereinen auf Gegenseitigkeit sind Sachven mit standardisierten Vssummen denkbar; diese könnten — z. B. bei Hausratven — generell gemäß § 41 III VAG mit Wirkung auch für bestehende Vsverhältnisse hinaufgesetzt werden.

Im Zeichen des Währungsverfalls könnte sogar der Gesetzgeber oder kraft Verwaltungsaktes (auch Sammelverfügung) gemäß § 81a^2 VAG die Aufsichtsbehörde die Vsverhältnisse durch Erhöhung der Vssummen umgestalten (für die Autohaftpflichtv behandelt den Fall der Hinaufsetzung der Mindestvssummen der durch das BAA geänderte § 9a I 3 AKB; BAnz Nr. 134 v. 24. VII. 1971).

[29] 4. Versicherungswert.

Der Rechtsbegriff der Unterv nimmt nicht nur auf die Vssumme (Anm. 10—28) Bezug, sondern auch auf den Vswert (hierüber allgemein Anm. 1—52 zu § 52).

Maßgebend ist der Vswert desjenigen Interesses, dem die Vssumme zugeordnet ist (Identitätsproblem: Anm. 30). Dabei kommt es — zeitlich betrachtet — auf den Ersatzwert an (Anm. 31). Besonderheiten oder doch Probleme bestehen aber für die See- und Binnentransportv (Anm. 32), für die landwirtschaftliche V von Ernteerzeugnissen (Anm. 33) und Viehbeständen (Anm. 34), für die Betriebsunterbrechungsv (Anm. 35) und die Neuwertv (Anm. 36).

Über die Rechtslage bei taxiertem Vswert vgl. erst Anm. 46 zu § 57.

Bei den Sonderfällen der Außenv (Anm. 39) und Komplexv (Anm. 40) steht die Relation Vssumme: Vswert im Vordergrund, also nicht die Problematik des für die Unterv maßgeblichen Vswertes.

III. Begriff der Unterversicherung § 56
Anm. 30

[30] a) **Identitätsproblem (Interesse).**
Da bei einer Unterv die Vssumme niedriger ist als der Vswert, müssen beide Größen auf das gleiche Objekt bezogen sein und dieser Bezugspunkt ist das jeweils vte Interesse: Es kommt hiernach auf den Vswert desjenigen Interesses an, für welches eine bestimmte Vssumme vereinbart wurde. Wird dieses Identitätserfordernis mißachtet, so ergibt sich bei der Ermittlung einer Unterv ein unrichtiges Ergebnis. Hinz a. a. O. S. 98 betont, „daß der für die Feststellung einer Unterv maßgebende Vswert in Zusammenhang mit der ihm zugeordneten Vssumme zu ermitteln ist."

Bei einer **positionsweisen** V (Anm. 12) muß für die einzelne Position der Vswert festgestellt und mit der Vssumme verglichen werden (Berndt-Luttmer a. a. O. S. 80, Blanck a. a. O. S. 43, 51, Hinz a. a. O. 98—99). Das ist relativ einfach bei der positionsweisen V von Einzelgegenständen, dagegen schwieriger, wenn in einer Position ein Inbegriff vert ist. Ist z. B. Hausrat oder die gesamte Betriebseinrichtung in einer Position vert (Anm. 11 zu § 54), so lohnt es sich nach einem kleineren Schaden kaum, den Vswert aller zum Inbegriff gehörenden Sachinteressen festzustellen, und auch Motive der Kulanz führen häufig zur Nichtanwendung der Proportionalitätsregel (Anm. 38).

Noch mühsamer ist die Ermittlung des Vswertes bei einer **summarischen** V (Anm. 11), da hier der Vswert für alle summarisch vten Interessen ermittelt werden muß (Näheres bei Hinz a. a. O. S. 100—101). Deshalb bleibt hier erst recht manche Unterv unentdeckt oder unberücksichtigt.

Beruht die **Berechnung der Vssumme** auf (vorbereitenden) Einzelbewertungen, die auch dem Ver zugänglich gemacht worden sind, so reicht es für den Nachweis einer Unterv nicht schon aus, wenn eine der Einzelbewertungen zu niedrig war; es muß vielmehr für die gesamte Position, insbesondere für den gesamten Inbegriff, und bei summarischer V für alle dadurch vten Interessen, eine neue Gesamtbewertung vorgenommen werden (Hinz a. a. O. S. 100—101).

Bei der Bewertung sind neben der zeitlichen Komponente (Anm. 31) besonders die **Eigentumsverhältnisse** und der Vsort zu beachten (Blanck a. a. O. S. 42—43). Grundsätzlich kommen nur dem Vmer gehörende Sachen — z. B. bei Hausrat — in Betracht, aber z. B. § 2 I AFB läßt ersehen, daß auch gewisse unter Eigentumsvorbehalt erworbene und sicherungsübereignete Sachen zum Inbegriff gehören, ferner Sachen von Familienangehörigen und Arbeitnehmern. Es kann zweckmäßig sein, fremde Sachen unter einer besonderen Position zu vern (Hinz a. a. O. S. 100, Wagner VW 1952 S. 532—533).

Ist ein **Vsort** bedeutsam, so sind prinzipiell nur die am Vsort befindlichen Sachen bei der Ermittlung des Vswertes zu berücksichtigen. Vorübergehend entfernte Sachen sind auch dann bei der Berechnung des Vswertes zwecks Ermittlung einer Unterv mitzurechnen, falls sie außerhalb des Vsortes nicht vert bleiben (Nachweise: Anm. 28 zu § 54, vgl. auch RAA VA 1918 S. 7, OLG Frankfurt o. D. Mitt 1914 S. 204—205, a. M. VA 1922 S. 60, Blanck a. a. O. S. 44—45, 51—52, von Haselberg Mitt 1914 S. 204, Hinz a. a. O. S. 125—126; auf den Einzelfall abhebend Raiser Mitt 1914 S. 205). Über den Fall der (abhängigen oder unabhängigen) Außenv vgl. Anm. 39.

Eine unklare Identitätslage ergibt sich, wenn eine bestimmte **Menge** von Sachen (Waren) vert ist; in Wahrheit aber ist bei Eintritt des Vsfalls eine größere Menge vorhanden, von der ein Teil beschädigt oder zerstört wird. Das RG 28. II. 1930 RGZ Bd 127 S. 306—307 hat dargelegt: „Ob im einzelnen vte oder unvte Waren verbrannt sind, hat sich nicht feststellen lassen ... Die Beklagte und ihr folgend das Kammergericht haben deshalb angenommen, daß vte und unvte Waren im gleichen Verhältnis verbrannt und gerettet seien." Die Revision hielt „die ganze Berechnung für nicht notwendig, weil der tatsächliche Wert der verbrannten Waren ... die Vssumme ... bereits übersteige und die Beklagte allermindestens den Betrag der Vssumme erstatten müsse. Die Revision beruft sich für diese ihre Ansicht auf die vereinbarte Ausschaltung des § 56 VVG aus den rechtlichen Beziehungen der Parteien. Indessen hat es dieser Paragraph mit dem Wert der vten Sachen zu tun, nicht mit ihrer Menge. Sein Ausschluß kann also niemals bewirken, daß Sachen, die nicht vert sind, als vert zu gelten haben". Man kann von einer **Mengenunterv** sprechen. Hierzu vgl. auch OLG Breslau 23. IX. 1904

VA 1906 Anh. S. 122 Nr. 261: 12 Pferdegeschirre à 70 M sind vert, 28 waren vorhanden, mehr als 12 Geschirre sind verbrannt, ihr Ersatzwert beträgt je 55 M. Das Gericht hat dem Kläger 12 × 55 M = 660 M zugebilligt. Richtig hätte aber davon ausgegangen werden müssen, daß vte und unvte Geschirre im Verhältnis 12:28 vom Schaden betroffen sind. Sind 12 Geschirre oder mehr verbrannt, so erhält der Vmer den Schaden (auf der Basis von 55 M) nur zu 12/28 = 3/7 ersetzt (Hinz a. a. O. S. 99 Anm. 43). Hier läßt sich die Parallele ziehen zu dem Tatbestand, daß bei einer Produktionsausfallv von landwirtschaftlichen Betrieben gegen Tierseuchen im Bestand einer Tiergattung weniger Großvieheinheiten vorhanden sind als vert; hier erfolgt Entschädigung nur nach den Wochenproduktionswerten der vorhandenen Großvieheinheiten" (§ 8 III Allgemeine Vsbedingungen für die Produktionsausfallv: VA 1969 S. 201).

Sind Positionen — trotz angestrebter Vollständigkeit — offenbar lückenhaft, so kann ein nicht erfaßtes Objekt einer verwandten Gruppe zugeordnet werden, z. B. eine Nähmaschine, ein Fernsehapparat den Möbelstücken (Anm. 11 zu § 54).

Sind Objekte umgekehrt gleichzeitig mehreren Positionen zurechenbar, so kommt es auf die Umstände des Einzelfalles an. Ist z. B. das Gebäude A einerseits in der Position 1, andererseits mit den Gebäuden B—D in der Position 2 vert, so kann der Vmer sicherlich auf die Position 2 zurückgreifen, falls bei der Position 1 eine Unterv vorliegt (Blanck a. a. O. S. 44). Trifft das jedoch nicht zu, so könnte man bei der Position 2, also bei einem Brand der Gebäude B—D, die gleichzeitige Nennung des Gebäudes A in der Position 2 außer Betracht lassen.

[31] b) Bewertungszeitpunkt (Ersatzwert).

Die Frage, ob Unterv vorliege, ist regelmäßig nur für den Zeitpunkt des Vsfalles zu prüfen, § 56 hebt ab auf den „Vswert zur Zeit des Eintritts des Vsfalls", also den Ersatzwert. Vor dem Vsfall besteht eine Unterv nur latent (Bruck S. 523, Hinz a. a. O. S. 97). Nach dem Vsfall kann sich infolge von nunmehr eintretender Teuerung erweisen, daß die Vollwertentschädigung dennoch keinen vollen Ersatz bietet; hier darf man aber nicht von Unterv reden (über die Versicherbarkeit solcher „Nachschäden", die zwischen Vsfall und Wiederherstellung eintreten: Anm. 43 zu § 52).

Der Ersatzwert ist für den Zeitpunkt des „Eintritts" des Vsfalls zu bestimmen; bei gedehnten Vsfällen wird man darauf abstellen müssen, hinsichtlich welcher Werte der Ver zu Beginn der Interessebeeinträchtigung die Gefahr trug (vgl. auch Anm. 35 zu § 57). Speziell über den Ersatzwert in der Betriebsunterbrechungsv: Anm. 35.

Verzögern sich die Entschädigungsverhandlungen, so bleibt doch für die Frage, ob eine Unterv vorlag, stets der Zeitpunkt des Vsfalls maßgeblich. Insbesondere kann bei Durchführung eines Rechtsstreits nicht der Wert im Zeitpunkt des Urteils entscheiden (a. M. Bruck[7] Anm. 3 zu § 56, S. 210 unter Hinweis auf KG 2. V. 1925 JRPV 1925 S. 216, wo aber nicht von Unterv die Rede ist). Über einen Fall, in welchem die Regulierungskommission nicht den Ersatzwert, sondern die letzten Inventurpreise zugrundegelegt hat: Döring NeumannsZ 1926 S. 654—656, Riebesell NeumannsZ 1926 S. 713—714.

Eine spezielle Regelung hinsichtlich des Zeitpunktes der Bewertung findet sich bei der gleitenden Neuwertv (Anm. 17), bei der Stichtagsv für Vorräte (Anm. 18), bei der gleitenden Vorratsv (Anm. 19) (Blanck a. a. O. S. 26—27). Sie kann auch sonst vereinbart werden, z. B. durch Abstellung allein auf den Anfangswert (OLG Düsseldorf 6. III. 1922 HansRZ 1922 Sp. 554—556: Autokaskov).

Besonderheiten hinsichtlich des Ersatzwertes könnten sich für die nachstehend behandelten Vszweige ergeben:

[32] c) Versicherungswert in der See- und Binnentransportversicherung.

Infolge der Fiktion des gleichbleibenden Vswertes (Anm. 46 vor §§ 49—80, Anm. 25 zu § 52) gilt in der See- und Binnentransportv der Anfangswert auch als Ersatzwert. Dementsprechend liegt eine Unterv vor, wenn die Vssumme niedriger als der Anfangswert vereinbart worden ist. „Die Veränderung des Wertes wird im allgemeinen nicht berücksichtigt. Der Vswert ist künstlich festgemacht" (Ritter-Abraham Anm. 8 zu § 6, S. 217). Ist also eine Ware mit einem Anfangswert von 100 nur mit einer Vssumme von

III. Begriff der Unterversicherung

75 vert, so beträgt die Vsdichte nur ¾, auch wenn bis zum Vsfall der Wert auf 75 absinkt. Ist jene Ware mit einer Vssumme von 100 voll vert, so ergibt sich juristisch eine Unterv dann nicht, falls bei Eintritt eines Vsfalls ihr Wert auf 150 angestiegen ist; denn die Wertsteigerung bleibt außer Betracht. Nur durch eine **Mehrwertv** kann sich der Vmer schützen (Anm. 25 zu § 52, Anm. 7 zu § 53). Ist die Mehrwertvssumme im Zeitpunkt des Abschlusses unzureichend, so kann die Mehrwertv ihrerseits Unterv sein.

[33] d) Versicherungswert in der landwirtschaftlichen Versicherung.
   aa) Ernteerzeugnisse.

In der Feuerv gelten nach den Zusatzbedingungen für landwirtschaftliche Ven (LZB) einige Besonderheiten, die sich aus der vstechnischen Notwendigkeit ergeben, durchlaufend die gesamten Erntevorräte zu vern. Die §§ 4, 5 LZB lauten:

Ernteerzeugnisse

§ 4

1. Die Versicherung der Ernteerzeugnisse umfaßt ohne Unterscheidung nach den einzelnen Fruchtgattungen die gesamten, jeweils in den Versicherungsorten vorhandenen Bestände, einschließlich der älteren Bestände und des Zukaufs, an ungeschnittenen und geschnittenen Halm-, Hülsen- und Ölfrüchten jeder Art, an Faserpflanzen, Körnern, Gräsern, Stroh, Spreu, Heu und Futterkräutern sowie an Samen und Handelsgewächsen.

2. Der Versicherungsnehmer ist verpflichtet, die gesamten Erntevorräte dieser Art, einschließlich der älteren Bestände und des Zukaufs, mit dem vollen Wert für die Zeit des ganzen Erntejahres zur Versicherung anzugeben, gleichviel, ob die Ernte in die Gebäude gebracht wird oder nicht.

3. Auf Hackfrüchte finden Ziffer 1 und 2 keine Anwendung.

§ 5

1. Können nach Eintritt des Schadenfalles die Erntevorräte einschließlich der älteren Bestände und des Zukaufs weder durch ordnungsmäßig geführte Wirtschaftsbücher noch durch Belege oder in anderer zuverlässiger Weise ermittelt werden, so wird angenommen, daß die Vorräte sich gleichmäßig vermindert haben, und zwar bei Dreschfrucht und Stroh vom 1. September an täglich um $1/300$, bei Futtergewächsen vom 1. November an täglich um $1/240$. Für die Wertberechnung sind die amtlich festgelegten Preise am Brandtage maßgebend, mangels solcher die mittleren Preise des nächsten Marktortes.

2. Der Preis für Saatgut wird nur für solche Ernteerzeugnisse berechnet, die ausdrücklich als Saatgut durch eine zuständige Stelle anerkannt worden sind.

3. Bei Dreschfrucht werden vom Körnerwert die Dreschkosten nicht abgezogen, sofern sie tatsächlich nicht erspart worden sind. Ersparte Abfuhrkosten werden nicht abgezogen.

Hiernach, insbesondere nach § 4 II LZB fragt es sich, ob etwa eine Unterv für die ganze Dauer des Erntejahres anzunehmen sei, falls die Vssumme nicht dem Wert des Spitzenbestandes entspricht (so Rero NeumannsZ 1935 S. 900—901, 949—950). Für diese Annahme gibt aber der Wortlaut der §§ 4, 5 LZB keine ausreichende Stütze: Diesen Vorschriften kann nur eine Rechtspflicht (keine bloße Obliegenheit) entnommen werden, die Vssumme entsprechend dem Spitzenbestand zu beantragen und dementsprechend die Prämie zu entrichten. Wird diese Verpflichtung nicht erfüllt, so macht sich der Vmer in Höhe der Prämiendifferenz schadensersatzpflichtig (Blanck a. a. O. S. 59—61, Döring NeumannsZ 1936 S. 76—77, Hinz a. a. O. S. 101—103). Tritt ein Vsfall ein, so ist bei der Berechnung des erwähnten Schadensersatzanspruches zu berücksichtigen, daß der Ver zu einer höheren Vsleistung verpflichtet gewesen wäre, hätte der Vmer seine Vspflicht voll erfüllt (Vorteilsausgleichung: Ersparnis an der Vsleistung). Die

Frage, ob eine Unterv vorliegt, ist — wie sonst — nach Maßgabe des Wertes der Ernteerzeugnisse am Schadenstage (Ersatzwert) festzustellen (so wohl auch KG 8. VIII. 1936 JRPV 1937 S. 44—45). Es liegt also keine Unterv vor, falls der Spitzenbestand schon soweit veräußert ist, daß der Restwert der Vssumme entspricht. De lege ferenda hat man vorgeschlagen, für das ganze Erntejahr das Verhältnis der Vssumme zu dem zu versichernden Spitzenbestand als Maßstab für die Anwendung der Untervsregeln zu normieren (Hinz a. a. O. S. 103, Jessen ÖffrV 1935 S. 4—5, dagegen Prange ÖffrV 1935 S. 266—269). Das OLG Kiel 21. II. 1905 SeuffArch Bd 60 S. 440—442 Nr. 231 hat dem Ver landwirtschaftlicher Produkte den Einwand der Unterv bei einer „Pauschalv" mit 5000 M Vssumme wohl zu Unrecht versagt.

Speziell geregelt ist die Schoberv in § 6 LZB; zur Unterv vgl. RAA VA 1911 S. 105.

[34] bb) **Viehbestände.**
In § 3 Zusatzbedingungen für landwirtschaftliche Ven (LZB) heißt es:

Versicherung der Viehbestände
§ 3

1. Die Versicherung der Viehbestände umfaßt den gesamten jeweils vorhandenen landwirtschaftlichen Viehbestand ohne Unterscheidung nach einzelnen Viehgattungen. Der Versicherungsnehmer ist verpflichtet, seinen gesamten Viehbestand zur Versicherung anzugeben. Luxustiere und andere Tiere von außergewöhnlichem Werte sind besonders anzugeben.

2. Die Versicherung des Viehs geht nach dem Schlachten auf das Fleisch und die Felle über. Bei Schafen ist die Wolle auch nach der Schur versichert.

3. Die Haftung des Versicherers für den Viehbestand umfaßt auch die Schäden, die durch elektrischen Strom verursacht werden.

Auch dieser Vorschrift ist eine Vspflicht für den gesamten Viehbestand zu entnehmen. Ist lediglich eine Gesamtvssumme ausgeworfen worden, so ist davon auszugehen, daß die Vspflicht voll erfüllt ist, und es ergibt sich eine Unterv, falls der Ersatzwert des gesamten Viehbestandes niedriger ist als die Vssumme (vgl. hierzu auch Hinz a. a. O. S. 103). Zu der (grundsätzlich zu verneinenden) Frage, ob Bienen dem Vieh zuzurechnen seien, vgl. VW 1949 S. 429.

[35] d) **Versicherungswert in der Betriebsunterbrechungsversicherung.**
Die Feuerbetriebsunterbrechungsv ist als Aktivenv zu qualifizieren, und zwar als V des Interesses an einer Bruttoertragsanwartschaft (Anm. 19, 29 zu § 53). Die Bestimmung des Ersatzwertes ist hier besonders schwierig. § 15 I FBUB geht von einem Bewertungszeitraum aus, der 12 Monate beträgt und zurückgerechnet wird von dem „Zeitpunkt, von dem an ein Unterbrechungsschaden nicht mehr entsteht, spätestens jedoch ... dem Ablauf der Haftzeit" (vgl. schon Anm. 21 zu § 52).

Eine Unterv liegt vor, wenn der hiernach vom Ende des gedehnten Vsfalles her zu berechnende Ersatzwert höher ist als die Vssumme (§ 5 III FBUB), wobei meistens nur eine Position gebildet wird (vgl. §§ 4 IV, 5 II FBUB). Näheres zur Unterv bei der Betriebsunterbrechungsv: Anm. 35 zu § 53, Fußhoeller-John, Feuer-Betriebsunterbrechungs-V, Wiesbaden 1957, Anm. 8 zu § 5, S. 85—86, Hax, Grundlagen der Betriebsunterbrechungsv, 2. Aufl., Köln-Opladen 1965, S. 140—144, Heyen, Leitfaden der Feuer-Betriebsunterbrechungsv, Karlsruhe 1969, S. 142—146, Kober BetrBer 1967 S. 1403, Magnusson, Rechtsfragen zur Betriebsunterbrechungsv, Hamburg 1955, S. 81—82, 137, Zimmermann, Der Betriebs-Unterbrechungs-Schaden, 2. Aufl., Karlsruhe 1968, S. 188—189.

Die von Fall zu Fall zugestehbare BU-Klausel 9.07 sieht von einem Schadenstage an eine Wiederauffüllung der Vssumme vor (vgl. Anm. 21), die BU-Klausel 9.14 betrifft den Vsschutz bei neu hinzukommenden Betriebsgrundstücken und verweist dabei auf die Anwendbarkeit der Untervsregeln.

III. Begriff der Unterversicherung § 56
Anm. 36, 37

[36] f) Versicherungswert in der Neuwertversicherung.
Die Neuwertv ist die Kombination einer Sachv (in Höhe des Zeitwertes) mit einer V gegen notwendige Aufwendungen (in Höhe der Differenz von Neu- und Zeitwert): Anm. 26, 28 zu § 52. Da sich regelmäßig der Neuwert durch einen Höchstbetrag der notwendigen Aufwendungen limitieren läßt, können die Untervsregeln angewendet werden (Anm. 6), und hierfür bestehen zwei Möglichkeiten:

Erstens können Zeitwert und Neuwertdifferenz getrennt betrachtet werden, so daß zunächst zu prüfen ist, ob die (einheitliche) Neuwertvssumme den Zeitwert erreicht. Trifft das nicht zu, so liegt schon hinsichtlich der Zeitwertv eine Unterv vor; die V gegen notwendige Aufwendungen in Höhe der Neuwertdifferenz kommt nicht zum Zuge. Übersteigt die Vssumme dagegen den Zeitwert, erreicht aber nicht den Neuwert, so liegt nach dieser Methode nur hinsichtlich der Neuwertdifferenz eine Unterv vor. Beispiele: Freygang a. a. O. S. 26—29, Hinz a. a. O. S. 105—113, Tetzlaff VW 1951 S. 188—189, vgl. auch Wussow AFB Anm. 64 zu § 3, S. 270.

Diese Teilungsmethode, auch Aufstockungsmethode genannt, verwandte § 2 I, III Sonderbedingungen für die Neuwertv industrieller Anlagen:

„Ist die Vssumme einer Gruppe (Position) niedriger als der Ersatzwert der zu ihr gehörigen Sachen, aber mindestens gleich ihrem Zeitwert, so wird der Teil des Schadens, der bei bloßer Zeitwertv zu ersetzen wäre (Zeitwertentschädigung), voll vergütet, der Rest aber nur im Verhältnis der den Zeitwert übersteigenden Vssumme zu dem den Zeitwert übersteigenden Ersatzwert."

„Ist die Vssumme niedriger als der Zeitwert, so finden die Sonderbedingungen für die Neuwertv industrieller Anlagen keine Anwendung."

Zweitens ist es aber auch möglich, die Unterv einheitlich zu ermitteln, also schlechthin die Vssumme am Neuwert zu messen, wie es jetzt § 2 II Sonderbedingungen für die Neuwertv von Industrie und Gewerbe vorsieht. Die Wiederherstellungspflicht des Vmers besteht auch hier nur für „den Teil der nach § 2 Abs. 2 errechneten Entschädigung, der den Zeitwertschaden übersteigt" (§ 3 I 1). Auch hier wird also der Kombinationscharakter der Neuwertv noch erkennbar. — Eine einheitliche Ermittlung der Unterv nach dieser **globalen Methode** (auch Pauschalierungs- oder summarische Methode genannt) erfolgt auch bei der gleitenden Neuwertv: Hier wird geprüft, ob die Vssumme 1914 mindestens dem Vswert 1914 entspricht (§ 2 I Sonderbedingungen für die gleitende Neuwertv von Wohngebäuden: Anm. 17). Dazu Blanck VW 1969 S. 172 bis 173, Hasselmann VW 1969 S. 325, Wussow AFB Anm. 66 zu § 3, S. 271—272.

Über die Entwicklung der beiden Methoden vgl. Blanck a. a. O. S. 31—39 (mit Beispielen), auch VW 1968 S. 1200—1201, Matzen, Die moderne Neuwertv in Inland und Ausland, Karlsruhe 1970, S. 110—113 m. w. N.

Enthalten Neuwertsvbedingungen eine **Entwertungsstaffel**, so ergibt sich ein Selbstbehalt. Darüber und über das Zusammentreffen mit einer Unterv: Anm. 72. — Einen Appell zur Bekämpfung der Unterv speziell für die Hausratneuwertv bringt BAA VA 1955 S. 43.

[37] 5. Relation Versicherungssumme/Versicherungswert.
a) Relativität der Leistungsbegrenzung.
Die Vssumme hat verschiedene Funktionen, die es bei der Anwendung des § 56 zu unterscheiden gilt: Die Vssumme dient regelmäßig der **Prämienbestimmung** (Anm. 30 zu § 50), besonders aber schafft sie für die Leistung des Vers in allen Vszweigen eine **absolute Leistungsbegrenzung** (§ 50; Anm. 3—4 zu § 50). In der Aktivenv schließlich führt sie in Verbindung mit dem Vswert zu einer **relativen Leistungsbegrenzung:** Ist die Vssumme niedriger als der Vswert, so haftet der Ver nur proportional (§ 56), also mit geringerer Intensität des Vsschutzes (Anm. 5).

Normalerweise und im Zweifel erfüllt eine vereinbarte Vssumme bei einer Aktivenv alle drei Funktionen. Jedoch kann die letztgenannte dritte Funktion vertraglich wegbedungen werden, so daß eine V auf erstes Risiko vorliegt (Anm. 58—63). Es gibt, wenn man von der prämienbestimmenden Funktion absieht, auch andere Fälle,

Möller

in denen eine vereinbarte Summe entweder **nur als absolute Leistungsbegrenzung** oder **nur als relative Leistungsbegrenzung** fungiert. Die Anwendung der Proportionalitätsregel des § 56 setzt hiernach **stets**, aber auch **nur** voraus, daß einer Summe die Funktion als relative Leistungsbegrenzung zugedacht ist. Vssummen, die **nur** die Funktion der absoluten Leistungsbegrenzung (§ 50) ausüben sollen, haben im Rahmen des § 56 keine Bedeutung.

Betrachtet man die bislang behandelten **Fälle,** so gilt folgendes:
Die **summarische** (Anm. 11) oder **positionsweise Vssumme** (Anm. 12) hat selbstverständlich Bedeutung nicht nur nach § 50, sondern auch nach § 56. Der **Summenausgleich** (Anm. 14) kann bei positionsweiser V zum Übergang von überschießenden Summen führen, erhöht also die nach den §§ 50, 56 maßgebenden Vssummen. Auch die **Vorsorgevssumme** (Anm. 15) wird aufgeteilt und erhöht primäre Vssummen, die aber auch nach der Erhöhung immer noch niedriger sein können als der Vswert. **Indexierte Vssummen** (Anm. 16) sind stets i. S. des § 56 bedeutsam, und eine Unterv ergibt sich, falls z. B. schon die Ausgangssumme zu niedrig bemessen worden ist.

Bei der **gleitenden Neuwertv** (Anm. 17) berechnet sich die Prämie nach der „Vssumme 1914" und der jeweils festgesetzten Prämienrichtzahl. Eine **absolute Leistungsbegrenzung** i. S. des § 50 besteht nicht. Allerdings wird der effektive Schaden nur dann voll ersetzt, wenn die „Vssumme 1914" dem „Vswert 1914" entspricht, so daß die „Vssumme 1914" als (nur) **relative Leistungsbegrenzung** fungiert.

Bei der **Stichtagsv für Vorräte** (Anm. 18) errechnet sich die Prämie auf Grund der Hälfte der Höchstvssumme (Vorauszahlung) und der Stichtagssummen (Endabrechnung). Als **absolute Leistungsbegrenzung** wirkt die Höchstvssumme (solange sie nicht durch eine Nachv erhöht wird). Als (nur) **relative Leistungsbegrenzung** hat die zuletzt gemeldete Stichtagssumme (evtl. die halbe Höchstvssumme) Bedeutung; denn wenn diese niedriger ist als der wirkliche Vswert am Stichtage, so wird die Proportionalitätsregel angewendet (letzteres gilt auch, wenn am Brandtage bei einem Teilschaden der Bestand einen höheren Vswert hat als die Höchstvssumme, während die zuletzt richtig gemeldete Stichtagssumme die Höchstvssumme nicht überschritt: Nachweise Anm. 18).

Bei der **gleitenden Vorratsv** (Anm. 19) errechnet sich die Prämie gleichfalls auf Grund der Hälfte der Höchstvssumme (Vorauszahlung) und der Höchstwertsummen (Endabrechnung). Als **absolute Leistungsbegrenzung** wirkt auch hier die Höchstvssumme. Als (nur) **relative Leistungsbegrenzung** fungiert hier die zuletzt aufgegebene Höchstwertsumme (evtl. die halbe Höchstvssumme); denn wenn die aufgegebene Höchstwertsumme niedriger ist als der wirkliche Höchstwert in dem Monat, für den die Meldung gilt, so wird der Schaden nur proportional vergütet.

Bei den **Wertzuschlagsklauseln** (Anm. 20) errechnet sich die Prämie aus der Vssumme auf der Preisbasis 1938 zuzüglich einfachem Wertzuschlag. Als **absolute Leistungsbegrenzung** fungiert die Vssumme 1938 zuzüglich doppeltem Wertzuschlag. § 56 kommt zur Anwendung, falls der Vswert höher ist als die Vssumme 1938 zuzüglich doppeltem Wertzuschlag, so daß diese Summe auch als **relative Leistungsbegrenzung** wirkt.

Im Falle der **Wiederauffüllung der Vssumme** (Anm. 21) bleibt die wiederaufgefüllte Vssumme, was sie war, nämlich absolute und relative Leistungsbegrenzung.

Entsprechendes gilt auch bei **nachträglichen Änderungen der Vssumme** (Anm. 23—28). Bei der einseitigen Nachzeichnung für Vorräte (Anm. 25) darf die Nachzeichnung höchstens 200 v. H. der Grundsumme erreichen. Bei der Erhöhung von Wertzuschlägen (Anm. 26, 20) fehlt eine Limitierung, aber der Ver könnte den Abschluß einer Zusatzvereinbarung durch Nichtannahme des „Verlangens" scheitern lassen. Eine Erhöhung der Stammv nach der Klausel 6.06 (Anm. 27) erfolgt (provisorisch) ohne besonderen Antrag alljährlich; die erhöhten Stammvssummen stellen gleichfalls absolute und relative Leistungsbegrenzungen dar.

Alles in allem zeigt sich, daß alle in Anm. 13—28 behandelten von vornherein beweglichen Vssummen und alle Änderbarkeiten von Vssummen die Entstehung einer Unterv und Anwendbarkeit der Proportionalitätsregel doch nicht völlig ausschließen.

III. Begriff der Unterversicherung § 56
Anm. 38

Bei der laufenden V, aber auch in einigen anderen Fällen spielen **Maxima** eine Rolle, bis zu denen an bestimmten Vsorten — z. B. in einem Schiff oder Lager — Sachen vert werden können; auch für besonders gefährdete Interessen oder besonders erhebliche Gefahren kommen Maximierungen vor; sie beruhen auf vstechnischen Erwägungen, dienen insbesondere der Verhütung einer Kumulbildung. Stets hat ein Maximum die Eigenschaft einer absoluten Leistungsbegrenzung. Ob aber bei Überschreitung des Maximum die Untervsregeln zur Anwendung kommen, ob also das Maximum auch als relative Leistungsbegrenzung wirkt, ist sehr umstritten.

Müßte der Ver bei einem Lagerhaus, für das ein Maximum von 10 Mio. DM vereinbart ist, in dem sich aber Tabak im Werte von 20 Mio. DM befindet, bei einem Teilschaden, welcher Ware im Werte von 10 Mio DM vernichtet hat, volle 10 Mio. DM zahlen (nur absolute Leistungsbegrenzung), so trüge der Ver bei solcher V (auf erstes Risiko) eine Teilschadensgefahr, welche durch die normale Prämie nicht äquivalent entgolten würde. Deshalb wird man mangels klarstellender Vereinbarung oder gebotener spezieller Vertragsauslegung (Prölss-Martin[18] Anm. 2 zu § 187, S. 1021) das Maximum a u c h als relative Leistungsbegrenzung ansehen, also die Proportionalitätsregel anwenden müssen, wonach der Vmer im Beispielsfalle nur eine Entschädigung von $\frac{10 \times 10}{20}$ Mio. DM $(= \frac{\text{Schaden} \times \text{Vssumme}}{\text{Vswert}}) = 5$ Mio. DM erhält.

Schrifttum und Rechtsprechung zur Streitfrage sind schon in Anm. 10 zu § 50 zusammengestellt. Dort ist auch eine klarstellende Vereinbarung im Sinne der hier vertretenen Auffassung zitiert. Umgekehrt ist Kleinvieh gemäß § 2 I c VHB 1966 bis zu 500 DM auf erstes Risiko mitvert, Entsprechendes gilt für Bargeld bis 500 DM unverschlossen, bis 1000 DM in verschlossenen Behältnissen gemäß § 2 III a, b VHB 1966 (auch Unterv des Gesamthausrats wird dabei nicht berücksichtigt: Prölss-Martin[18] S. 478). Auch in der Einheitsv wird gemäß § 4 I EVB die Entschädigung vergütet „ohne Rücksicht auf den Gesamtwert der z. Z. des Vsfalls in ein und demselben Transportmittel oder Lager vorhandenen vten Waren bis zu den vereinbarten Höchsthaftungssummen" (also auf erstes Risiko); § 5[1] EVB sieht eine besonders schriftlich zu vereinbarende Änderung der Höchsthaftungssummen vor (zur Einheitsv Fischer VW 1952 S. 223). Vgl. ferner zu Maximierungsvereinbarungen Anm. 17 zu § 54, Blanck a. a. O. S. 52—54, OLG Köln 11. IV. 1967 VA 1968 S. 13—15. Über eine Unterv bei einer Abschreibev hinsichtlich des letzten Transportes: RG 25. XI. 1927 JW 1928 S. 793 = VA 1928 S. 50—51 Nr. 1825, auch Anm. 10 zu § 50.

[38] b) Versicherungssumme niedriger als Versicherungswert.

Nur wenn die Vssumme kleiner ist als der Vswert, und zwar normalerweise der Ersatzwert (Anm. 31), kommt die Proportionalitätsregel des § 56 zur Anwendung. Bei Identität beider Größen handelt es sich um den Ideal- und (mindestens theoretischen) Regelfall einer präzisen Vollwertv; bei übersteigender Vssumme liegt eine Überv (§ 51) vor.

Die Ermittlung des Vswertes verursacht oft erhebliche Mühe und entsprechende Kosten, so daß in praxi häufig der Ver den ihm obliegenden Beweis des Vorliegens einer Unterv nicht antritt und führt. Die Ermittlung ist besonders schwierig bei summarischen Ven und bei Inbegriffsven. Selbst bei offenkundigen, leicht beweisbaren Unterven beruft sich der Ver oft aus Kulanzgründen nicht auf die — bei dem Vmer häufig auf Unverständnis stoßende — Proportionalitätsregel: Man will nach langem schadensfreien Verlauf einen Vmer wegen einer relativ geringen Differenz nicht verärgern, oder man will einen Großkunden, der womöglich auch andere Ven abgeschlossen hat, nicht verlieren. Auf Kulanz hat zwar niemand einen Rechtsanspruch (auch wohl nicht unter dem Gesichtspunkt der Gleichbehandlung), aber de facto führt sie — neben den erwähnten Mühen und Kosten — zu vielen Fällen verschleiert bleibender Unterv, eine Tatsache, die es um so notwendiger macht, nach Möglichkeit Unterven zu vermeiden und in krassen Fällen der Spekulation auf die Nichtentdeckung der Unterv oder auf die Kulanz des Vers Exempel zu statuieren. Über Fälle betrügerischer Unterv vgl. Anm. 45.

§ 56
Anm. 39

Bei **geringfügiger** Untersetzung der Vssumme gibt es keine den § 51 I, 57², 64 I 1 entsprechende Vorschrift, wonach eine nicht erhebliche Diskrepanz unbeachtet bleibt. Solche Regel läßt sich auch nicht im Wege der Analogie oder gar aus Treu und Glauben ableiten. Aber einige AVB schreiben vor, daß „kleine" Untervn unbeachtet bleiben: „Eine Unterv wird nur insoweit berücksichtigt, als sie 3 v. H. der Vssumme der betreffenden Position oder Positionen übersteigt" (§ 7 II c VGB 1962) oder: „Eine Unterv wird nur insoweit berücksichtigt, als sie 3 v. H. der ‚Vssumme 1914' der betreffenden Position oder Positionen übersteigt" (§ 2 II Sonderbedingungen für die gleitende Neuwertv: Anm. 17). Es handelt sich in diesen Fällen um eine bedingte Erstrisikov (Anm. 60 δ m. w. N.).

Zur Frage des Einstehenmüssens eines Vers für seinen Agenten und zum Problem der Haftung eines Vsmaklers bei einer vom Vmer ungewollten Unterv vgl. Anm. 44.

[39] c) Relation bei Außenversicherungen.
Sind Sachen an einem bestimmten Vsort vert, so kann dennoch vereinbart werden, daß sie in gewissem Umfange auch außerhalb dieses Vsortes vert seien (Außenv). Man unterscheidet die **selbständige** und die **abhängige** Außenv. Die Klausel 15 Zusatzbedingungen für Fabriken und gewerbliche Anlagen lautet:

15. Außenversicherung
a) Abhängige Außenversicherung

(1) Ist die Versicherungssumme für eine abhängige Außenversicherung niedriger als der Ersatzwert der zur Zeit des Schadenfalles außerhalb befindlichen Sachen, und ist der Prämiensatz für die Außenversicherung höher als für die Versicherung des Betriebes oder entsprechenden Betriebsteiles, so wird nur der Teil des Schadens ersetzt, der sich zum ganzen Schaden verhält wie diese Summe zum Ersatzwert. Ergibt jedoch eine bei der Position des Versicherungsscheines, zu der die Außenversicherung genommen ist, gemäß § 3 (4) AFB festgestellte Unterversicherung eine größere Kürzung, so ist diese anzuwenden.

(2) Die Versicherung gilt nicht für Sachen, die sich auf Ausstellungen und Messen befinden. Soweit nichts anderes vereinbart ist, gilt sie auch nicht für Sachen, die sich in Luftfahrzeugen oder im Gewahrsam eines Transportunternehmers (Frachtführers oder Spediteurs) befinden.

b) Selbständige Außenversicherung
Die Versicherung gilt nicht für Sachen, die sich auf Ausstellungen und Messen befinden. Soweit nichts anderes vereinbart ist, gilt sie auch nicht für Sachen, die sich in Luftfahrzeugen oder im Gewahrsam eines Transportunternehmers (Frachtführers oder Spediteurs) befinden.

Bemerkung:
Will ein Vn die Außenv nicht auf Sachen erstreckt haben, für die anderweit eine Feueroder Transportv besteht, so kann Absatz (2) der Klausel 15a oder die Klausel 15b mit folgendem Wortlaut zugestanden werden:
„Die Versicherung gilt nicht für Sachen, die sich auf Ausstellungen oder Messen, in Luftfahrzeugen oder im Gewahrsam eines Transportunternehmers (Frachtführers oder Spediteurs) befinden. Sie gilt ferner nicht auf Sachen, für die der Vn oder ein von ihm beauftragter Dritter eine anderweitige Feuer- oder Transportv abgeschlossen hat."

Hinweis:
Im Vschein sind außer dem räumlichen Geltungsbereich der selbständigen Außenversicherung diejenigen (Betriebs-)Grundstücke zu bezeichnen, in denen sie nicht gilt.

Bei der **selbständigen** Außenv ergeben sich keine besonderen Probleme; denn es wird eine selbständige Position mit besonderer Vssumme gebildet, und zwecks Ermittlung einer Unterv wird diese Vssumme mit dem Ersatzwert der außenvten Sachinteressen verglichen, während die am primären Vsort befindlichen Gegenstände unberücksichtigt bleiben. Eine dort bestehende Unterv hat keinen Einfluß auf die selbständige Außenv. Vgl. Hinz a. a. O. S. 126—127 KG 15. XI. 1922 HansRZ 1923 Sp. 181—184. Über Ausschlüsse bei der selbständigen Außenv vgl. die zitierte Klausel 15b.

III. Begriff der Unterversicherung § 56
Anm. 39

Bei der abhängigen Außenv deckt dieselbe Vssumme, welche für die am Vsort befindlichen Sachen vorgesehen ist, zugleich auch solche Sachen (oder einen Teil davon) außerhalb des Vsortes in bestimmten Grenzen. So bestimmt § 4 III 1 AFB: „Die V von Hausrat und Arbeitsgerät umfaßt auch Sachen, die sich vorübergehend außerhalb des Vsorts in Europa befinden." Ähnlich § 6 II 1 VHB 1966. Zur Ermittlung einer Unterv wird die Vssumme mit dem Ersatzwert aller Gegenstände (innerhalb und außerhalb des Vsortes) verglichen, auf die sich die V erstreckt. Reziprok bestimmt daher § 3 IV 2 zweiter Halbsatz AFB: „außerhalb des Vsortes ... befindliche Sachen sind (bei der Feststellung der Unterv) nur dann zu berücksichtigen, wenn die Gesellschaft auch außerhalb des Vsortes für sie haftet." Dazu auch Hinz a. a. O. S. 127—128, ferner Prölss-Martin[18] S. 444—445, welche hervorheben, daß eine Gefahrerhöhung bei außerhalb des Vsortes befindlichen Gegenständen außer Betracht bleibe (was nur richtig ist, soweit es sich nicht um den Hinzutritt von Gefahrumständen handelt, die über das normale Risiko einer Entfernung vom Vsort hinausgehen).

Zur abhängigen Außenv bei positionsweiser V vgl. Blanck a. a. O. S. 51, Hinz a. a. O. S. 128. Über Ausschlüsse bei der abhängigen Außenv vgl. die zitierte Klausel 15a Abs. 2.

Mitunter ist zweifelhaft, ob eine selbständige oder abhängige Außenv vorliegt. Gilt die — neben einer nur auf den primären Vsort bezogenen V — selbständig vereinbarte „Außenv" in einem sehr weiten Bereich, z. B. in Lagern in ganz Deutschland, so kann der Gedanke auftauchen, sie gelte — trotz des Wortes „außen" — auch am primären Vsort (Betriebsgrundstück des Vmers). Es würde sich bei dieser „Außenv" dann um eine „Innenv" mit abhängiger Außenv handeln. In diesem Sinne hat der OGH 27. IV. 1950 VersR 1950 S. 100—101 (mit kritischen Bemerkungen Frey VersR 1950 S. 124—125) eine Außensklausel interpretiert und zur Feststellung einer Unterv auf dem Betriebsgrundstück die Vssummen beider Ven berücksichtigt. Eine solche Auslegung wird unmöglich, falls die Ver einem Hinweis folgen, der sich jetzt bei der oben zitierten Klausel 15b findet: „Im Vsschein sind außer dem räumlichen Geltungsbereich der selbständigen Außenv diejenigen (Betriebs-)Grundstücke zu bezeichnen, in denen sie nicht gilt." Empfohlen wird also selbständige Außenv. Eine Auslegung als selbständige Außenv kann durchaus im Interesse des Vmers liegen, wenn es um die Feststellung einer Unterv hinsichtlich der außerhalb des primären Vsortes befindlichen Gegenstände geht. Nach der Auslegung des OGH müssen nämlich die auf dem Betriebsgrundstück lagernden Sachen bei der Berechnung des Vswertes mit berücksichtigt werden, was zu einer beträchtlichen Unterv bei den außenvten Gegenständen führen könnte (Frey VersR 1950 S. 124). Wohl aus diesem Grunde hat bei einem Schaden im Außenbereich das KG 15. XI. 1922 HansRZ 1923 Sp. 181—184 versucht, eine Außenv als selbständige auszulegen.

Selbständige und abhängige Außenv kann also Vor- und Nachteile für den Vmer bieten, je nachdem in welchem räumlichen Bereich die Frage der Unterv auftaucht. Wo eine abhängige Außenv auf erstes Risiko (vgl. unten Anm. 58—63) nicht zugebilligt wird (in § 4 III 3 AFB ist solche Vereinbarung vorgesehen), dürfte eine selbständige Außenv mit Summenausgleich zur „Innenv" für den Vmer am günstigsten sein.

In der abhängigen Außenv ist die Haftung des Vers meistens zusätzlich der Höhe nach begrenzt. So bestimmt § 4 III 2 AFB: „Die Entschädigung darf aber nicht mehr als 10 v. H. der Vssumme für Hausrat und Arbeitsgerät zusammen, höchstens 3000 DM, betragen" (zur Auslegung anderer, unklarer Begrenzungsklauseln Blanck a. a. O. S. 50). Eine solche Begrenzung ist für die Ermittlung einer Unterv ohne Bedeutung, vielmehr handelt es sich um eine weitere absolute Leistungsbegrenzung i. S. des § 50, die erst nach Berücksichtigung einer etwaigen (gesamtheitlichen) Unterv bei den außenvten Sachen Wirkungen entfaltet (ebenso Hinz a. a. O. S. 128—129). Wird ein großer Teil der vten Gegenstände nach außerhalb verbracht, so wird der Vsschutz wegen dieser Entschädigungsbegrenzung mehr oder weniger entwertet, zumal da die ausgelagerten Sachen auch bei einem Schaden am primären Vsort für die Ermittlung einer Unterv weiterhin voll herangezogen werden.

Noch ungünstiger für den Vmer ist die Rechtslage bei einer abhängigen Außenv, welche für diese Außenv eine erhöhte Prämie vorsieht. Hierzu besagt die oben zitierte Klausel 15a Abs. 1, die Unterv solle zweimal ermittelt werden: Einmal hinsichtlich der V insgesamt (wie bei jeder anderen abhängigen Außenv), zum anderen speziell hinsichtlich der außenvten Gegenstände. So erlangt ihr Vswert selbständige Bedeutung, da er der Außenvssumme gegenüberzustellen ist. Der höhere Grad der Unterv setzt sich durch. Weiteres hierzu bei Freygang a. a. O. S. 31, Hinz a. a. O. S. 129—132.

Ob eine Höchstsumme in der abhängigen Außenv als bloße Haftungsgrenze i. S. von § 50 anzusehen ist oder auch die Funktion einer zusätzlichen relativen Leistungsbegrenzung i. S. des § 56 hat, kann im Einzelfalle zweifelhaft sein. Hierzu Raiser Anm. 16 zu § 4, S. 157—158, auch v. Haselberg Mitt 1913 S. 602, Prange Mitt 1913 S. 602—603. Bei erhöhtem Prämiensatz für die Außenv wird man im Zweifel die Regelung der Klausel 15a Abs. 1 anwenden können. Diese Möglichkeit ist in VA 1916 S. 113—114 übersehen worden.

Eine gewisse Verwandtschaft mit der Außenv hat der Fall, daß bei einer **Einbruchdiebstahlv** des **Warenbestandes** (nach der Vsform II: Prölss, Das Recht der Einbruchdiebstahlv, 3. Aufl., München-Berlin 1966, S. 282—286) u. a. die Geschäftseinrichtung bis zu 20% der Warenvssumme mitvert ist. Falls sich hier herausstellt, daß der Warenbestand untervert ist, so wird ein Schaden an der Geschäftseinrichtung „nur im Verhältnis der Warenvssumme zum Wert des Warenlagers entschädigt". Dazu auch Freygang a. a. O. S. 29—30, Hinz a. a. O. 132—133.

[40] b) Relation bei Komplexversicherungen.

Bei der V eines Sachinbegriffs, der sich in verschiedenen Räumlichkeiten befindet, ist die räumliche Aufteilung der Sachen wegen der unterschiedlichen Gefahrenlage und daneben möglicherweise zwecks Maximierung der Risiken oft von erheblicher Bedeutung. Dementsprechend wird häufig bei Waren das Risiko in verschiedene Komplexe (Feuerbereiche) mit speziellem Vsort zerlegt (Komplexv, dazu schon Anm. 24 zu § 54). Man kann positionsweise und summarische Komplexv unterscheiden.

Bei der **positionsweisen** Komplexv umfassen die selbständigen Positionen mit besonderen Vssummen einen vom jeweiligen Vsort umgrenzten Teilbereich, also nicht — wie üblich — ein nach Sachgattungen bestimmtes Interesse. Es sind z. B. Chemikalien im Lager A mit 50 Mio. DM Vssumme vert, im Lager B mit 30 Mio. DM Vssumme. Die Ermittlung einer Unterv erfolgt — entsprechend den Grundsätzen der positionsweisen V — für jeden Komplex gesondert, ohne Rücksicht auf die anderen Komplexe, d. h. es ist lediglich die jeweilige Komplexvssumme dem Ersatzwert der in dem Komplex befindlichen Gegenstände gegenüberzustellen. Durch Vereinbarung eines Summenausgleiches zwischen bestimmten Komplexen, hier auch „Freizügigkeit" genannt, wird es dem Vmer zuweilen ermöglicht, ohne die Gefahr einer Unterv in gewissem Umfang Sachen von einem Komplex in einen anderen zu verlagern. Vgl. hierzu im einzelnen Freygang a. a. O. S. 48—49, Hinz a. a. O. S. 142—144, Raiser Anm. 18 zu § 4, S. 159—160, Wussow AFB Anm. 21 zu § 4, S. 309—311.

Von „voller Freizügigkeit", „ambulanter" oder „flottierender" V spricht man jedoch erst dann, wenn mehrere Komplexe mit einer einheitlichen Vssumme vert sind (so z. B. bei der Spediteurv nach Klausel 4.02 Abs. 3 Feuervsklauseln). Hier kommt es für die Feststellung einer Unterv nicht darauf an, in welchem Komplex sich die vten Gegenstände befinden, da lediglich die Vssumme mit dem Vswert der in allen Komplexen befindlichen Gegenstände zu vergleichen ist. Es handelt sich hier um eine Art **summarischer V** im Hinblick auf verschiedene Vsorte. Hierzu vgl. Blanck a. a. O. S. 67—68, Hinz a. a. O. S. 133—134, Raiser Anm. 18 zu § 4, S. 159.

Mitunter ist **zweifelhaft**, ob positionsweise oder summarische Komplexv vorliegt. Wird für mehrere Komplexe eine Gesamtvssumme vereinbart, daneben aber die Haftung für jeden einzelnen Komplex auf einen bestimmten Teilbetrag begrenzt (zur Formulierung: Hinz a. a. O. S. 134—135), so könnte eine positionsweise Komplexv vorliegen. In diesem Sinne hat das OLG Naumburg 20. VI. 1919 Mitt 1923 S. 91—92 im Anschluß an das RG 3. XI. 1914 Mitt 1915 S. 41—42 entschieden. Ebenso Josef VuGeldwirtschaft 1926 S. 100—101. Eine solche Auslegung kann aber jedenfalls dann

IV. Arten der Unterversicherung § 56
Anm. 41, 42

nicht richtig sein, wenn die Summe aller Teilbeträge die Gesamtvssumme übersteigt. Im Falle positionsweiser V wäre die Gesamtvssumme unmaßgeblich, so daß bei Totalschäden in allen Komplexen die Summe aller Teilbeträge und damit mehr als die Gesamtvssumme ausgezahlt werden müßte. Vgl. Hinz a. a. O. S. 136—137, Hellwig Mitt 1919 S. 240. Soll die Gesamtvssumme eine Funktion haben, so kann es sich hier nur um eine summarische Komplexv handeln. Die Funktion der Teilvssummen bleibt dann allerdings weiterhin zweifelhaft. Handelt es sich lediglich um zusätzliche absolute Leistungsbegrenzungen i. S. des § 50, so sind sie für die Ermittlung einer Unterv ohne Bedeutung (so Blanck a. a. O. S. 68—70, Raiser Anm. 19 zu § 4, S. 160—162). Da die Einteilung in Komplexe jedoch wegen der unterschiedlichen Gefahrenlagen erfolgt, was meistens auch in unterschiedlichen Prämiensätzen zum Ausdruck kommt, ist der Ver gegen Risikoverschiebungen durch den Vmer nur dann geschützt, wenn die Teilvssummen auch eine relativ-leistungsbegrenzende Funktion i. S. des § 56 haben. Die Interessenlage läßt sich mit jener der Außenv bei Klausel 15a Abs. 1 (Anm. 39) durchaus vergleichen. So Hinz a. a. O. S. 138—141 (vgl. auch die Nachweise bei Hinz a. a. O. S. 137). Hier ist also die Frage der Unterv doppelt zu stellen: Einmal hinsichtlich der Gesamtvssume und des Ersatzwertes der vten Gegenstände in allen Komplexen zusammen, zum anderen hinsichtlich der jeweiligen Teilvssumme und des Ersatzwertes des einzelnen Komplexes.

[41] IV. Arten der Unterversicherung.
Es ist — ähnlich wie bei der Überv (Anm. 17—21 zu § 51) — möglich und zuweilen erforderlich, bestimmte Erscheinungsformen der Unterv auseinanderzuhalten. Dabei steht die Unterscheidung von anfänglicher und nachträglicher Unterv im Vordergrund (Anm. 42), aber auch vorübergehende und dauernde Unterv (Anm. 43), gewollte und ungewollte Unterv (Anm. 44), einfache und betrügerische Unterv (Anm. 45) lassen sich trennen.

Schon erwähnt wurde die „unechte" Unterv bei der Summen- und bei der Passivenv, spezieller bei Prozeßkosten in der Haftpflichtv (Anm. 6), ferner die im Rahmen einer Rückvsklausel vorgesehene Anwendung der Unterversregeln bei unzulänglicher Prämie sowie die von Ehrenzweig S. 252 Anm. 13, NeumannsZ 1926 S. 840 versuchte Unterscheidung der Wertunterv von der Gefahrunterv (Anm. 9), schließlich der Begriff der Mengenunterv (Anm. 30). Die vereinbarte obligatorische Unterv ist eine Unterart der gewollten Unterv (Anm. 71). Über „wirtschaftliche" Unterv Anm. 46.

Über die Erstrisikov Anm. 58—63, die Bruchteilsv Anm. 64.

[42] 1. Anfängliche, nachträgliche Unterversicherung.
Liegt eine Unterv schon zur Zeit des Vertragsabschlusses, des formellen Vsbeginnes vor, so kann man von anfänglicher Unterversicherung sprechen. Sie kann darauf beruhen, daß der Vswert (Anfangswert) zu niedrig geschätzt wird, was besonders bei Inbegriffen, z. B. Hausrat leicht vorkommt. Die Bewertung mitvter Sachen von Familienangehörigen und Arbeitnehmern darf nicht übersehen werden; auch an unter Eigentumsvorbehalt gekaufte und sicherungsübereignete Sachen ist — je nach den maßgeblichen Abreden — zu denken, ferner an außenvte Sachen (vgl. Anm. 39). Bei Zeitwertvten gilt es, den richtigen Bewertungsmaßstab anzulegen, z. B. den Wiederbeschaffungspreis, die Neuherstellungskosten (vgl. Anm. 30—36 zu § 52). Auch der Neuwert wird nicht selten unrichtig bemessen, zumal dann, wenn bei der gleitenden Neuwertv von Wohngebäuden auf den Vswert 1914 zurückzugehen ist (Anm. 17). Bei den Wertzuschlagsklauseln (Anm. 20) gilt es, die Preisbasis 1938 zugrunde zu legen, was gleichfalls Fehlerquellen eröffnet. Die anfängliche Unterv kommt aber auch dann vor, wenn der Vswert dem Vmer bekannt ist: Die Vssumme wird zu niedrig bemessen. Das geschieht dann meistens, um Prämien zu „sparen", ferner oft in Unkenntnis der Proportionalitätsregel des § 56 oder im Vertrauen auf ihre Nichtanwendung, sei es aus Kulanz, sei es wegen Nichtentdeckung der Unterv im Schadensfall,

womöglich infolge Verheimlichung nicht vom Schaden betroffener Sachen. Zuweilen führen auch steuerliche Motive dazu, keine Vollwertv zu nehmen.

Ein Sonderfall der anfänglichen Unterv liegt vor, wenn es dem Vmer zur **Pflicht** gemacht wird, einen Teil des Vswertes ungedeckt zu lassen; man spricht von **vereinbarter obligatorischer Unterv**. Sie wird im Zusammenhang mit der Selbstbeteiligung des Vmers in Anm. 71 besonders behandelt.

Der anfänglichen steht die **nachträgliche Unterversicherung** gegenüber, die sich oft daraus ergibt, daß **neue Sachen**, welche besonders oft unter eine Inbegriffsv fallen, hinzukommen; man denke an Neuanschaffungen, Neubauten, Umbauten, erhöhte Warenvorräte, vermehrte Rohstoffvorräte. (Wenn allerdings Interessen neu entstehen, die nicht durch eine Position des Vsscheines erfaßt werden, so handelt es sich nicht um die Entstehung einer Unterv, sondern um eine Nichtv, welche hier außer Betracht bleiben kann.) Zweitens kann sich eine Unterv nachträglich auch dann ergeben, wenn der Sachbestand unverändert bleibt, aber **Wertsteigerungen** eintreten. Gewisse Handelswaren unterliegen erheblichen Wertschwankungen. Nicht zuletzt führt auch Geldwertschwund zum Ansteigen des Vswertes (Ersatzwertes). Angesichts des sekularen Trends zur Geldentwertung entstehen laufend Unterven; der schleichenden Inflation entspricht die „schleichende Unterv" (VW 1970 S. 1196). Sachwerte, in denen ein hoher Anteil an Arbeitslohn steckt, werden auch dann ansteigen, wenn bei einer Hebung des Volkswohlstandes die Arbeitseinkommen relativ besonders steigen. Alte Sachen können an Wert nicht nur einbüßen, sondern Wertsteigerungen erfahren (alte Teppiche, Jugendstilmöbel). In der Wohlstandsgesellschaft wachsen die Werte von seltenen Kunstgegenständen in besonderem Maße.

Bei fixierten Vssummen (Anm. 11—12) entsteht eine Unterv besonders leicht. Bewegliche (Anm. 13—22) und änderbare Vssummen (Anm. 23—28) stellen aber gleichfalls kein Allheilmittel gegen Unterven dar. Bei den einzelnen Klauseln ist zu prüfen, ob sie nur dazu dienen können, nachträgliche Unterven zu beseitigen oder zu verringern, oder aber auch dazu, anfängliche Unterven ganz oder teilweise zu verhüten:

Nur bei **nachträglicher Unterv** nützt eine „Vorsorgev für Wertsteigerung, für Um-, An- und Neubauten sowie Neuanschaffungen" (Anm. 15, 27), eine indexierte Vssumme (Anm. 16), eine gleitende Neuwertv (Anm. 17), eine Stichtagsv für Vorräte (Anm. 18), eine gleitende Vorratsv „für Lagergüter der Besorgungs-Auftraggeber" (Anm. 19) oder eine Wertzuschlagsklausel mit oder ohne Versicherung der Neubauten und Neuanschaffungen (Anm. 20, 26).

Auch bei **anfänglicher Unterv** nützt der Summenausgleich (Anm. 15), eine vertragliche Änderung der Vssumme (Anm. 24) oder eine Nachzeichnung für Vorräte (Anm. 25).

Bei der **Transport- und Seev** kann begrifflich zwar eine anfängliche Unterv, nicht aber eine nachträgliche Unterv entstehen, da die Fiktion des gleichbleibenden Vswertes gilt (Anm. 32). Falls de facto der Wert der Ware und des Schiffes ansteigt, so kann sich der Vmer durch eine **Mehrwertv** hinsichtlich des Wertzuwachses („increased value") decken (Anm. 25 zu § 52, Anm. 7 zu § 53). Demgegenüber scheinen Ritter-Abraham Anm. 13 zu § 70, S. 865, Anm. 22 zu § 90, S. 1090 anzunehmen, eine Mehrwertv liege auch vor, wenn zwecks Beseitigung einer anfänglichen, von vornherein bestehenden Unterv eine Ergänzungsv genommen werde; hier jedoch spricht man besser von einer Nachv (Anm. 24).

Bei einer **taxierten V** liegt eine Unterv begrifflich nur vor, falls die Vssumme von Anfang an niedriger ist als die Taxe (Anm. 29 zu § 57). Erweist sich die Taxvereinbarung als (von Anfang an oder später) zu niedrig, so ist eine Hinaufsetzung der Taxe und der Vssumme nur im Wege der nachträglichen Vereinbarung möglich (Anm. 34 zu § 57).

[43] 2. Vorübergehende, dauernde Unterversicherung.

Bei **wechselnden Lagerbeständen** im Rahmen einer Warenlagerv, überhaupt bei **wechselnden Beständen** im Rahmen einer Inbegriffsv, kann vorübergehend eine Unterv vorliegen, falls der Wert aller vten Gegenstände höher ist als die Vssumme. Helfen kann gegen solche Entstehung einer Unterv insbesondere eine Stichtagsv für Vorräte (Anm. 18), eine gleitende Vorratsv für Lagergüter der Besorgungs-Auftraggeber

IV. Arten der Unterversicherung § 56
Anm. 44

(Anm. 19), eine Nachzeichnung für Vorräte (Anm. 25), bei der eine jederzeitige Verminderung oder Zurückziehung der nachvten Summen vorgesehen ist.

Eine vorübergehende Unterv kann sich auch ergeben, falls — bei gleichbleibendem Bestand der vten Sachen — deren Vswerte stark schwanken, so daß sie zeitweilig die Vssumme übersteigen. Für die Feststellung, ob eine Unterv vorliege, kommt es auf den Vswert des Bestandes bei Eintritt des Vsfalls an.

Über die Frage, ob die vorübergehende Entfernung vom Vsort Einfluß auf die Feststellung einer Unterv übe, vgl. Anm. 30, 39.

Eine dauernde Unterv besteht, wenn (von vornherein oder später) die Vssumme den Vswert (Anfangswert, laufenden Vswert, Ersatzwert) fortwährend unterschreitet. Hier kann insbesondere eine Nachv Abhilfe schaffen, aber im Prinzip trifft selbst bei dauernder Unterv den Vmer keine Nachvspflicht, den Ver keine Verpflichtung zur Annahme eines Nachvsantrages (Anm. 24).

[44] 3. Gewollte, ungewollte Unterversicherung.

Die Unterv wird vom Vmer oft **nicht gewollt** sein, man denke bei anfänglicher Unterv an Fehlbewertungen oder einen Rechtsirrtum über die Proportionalitätsregel. Nachträgliche Untervn werden meistens ungewollt entstehen.

In den Fällen vom Vmer nicht gewollt Unterv taucht die Frage nach der Verantwortlichkeit des Vers, besonders auch für seinen Vsagenten auf, ferner das Problem einer etwaigen Haftung eines mitwirkenden Vsmaklers. In beiden Fällen kommen nicht nur Tatbestände anfänglicher, sondern auch nachträglicher Unterv in Betracht.

Über die Haftung des Vers für seinen Agenten unter dem Gesichtspunkt der **culpa in contrahendo** (vor Vsbeginn oder bei Vertragsänderungen): Anm. 41—43, 46 zu § 44. Der Ver oder sein Erfüllungsgehilfe, der Agent, müssen den Vmer — jedenfalls bei erkannten Irrtümern des Vmers — aufklären über die Bewertungsgrundsätze, die Bedeutung der Proportionalitätsregel und die verfügbaren Möglichkeiten beweglicher und änderbarer Vssummen (Anm. 14—28). Zu einem spontanen Hinweis auf nachträglich entstandene Untervn sind Ver und Agenten regelmäßig nicht verpflichtet (KG 24. V. 1922 VA 1922 Anh. S. 36—37 Nr. 1263). Nur ausnahmsweise kann der Vmer einen Schadensersatzanspruch gegen den Ver (Agent als Erfüllungsgehilfe) erlangen, und der Vmer ist dann so zu stellen, wie wenn die Unterv nicht bestünde, d. h. der Ver könnte sich (bei Prämiennachzahlung) auf die Proportionalitätsregel nicht berufen. Über die spezielle Verantwortung bei der gleitenden Neuwertv Karlson VW 1968 S. 529—530, Pieta VW 1969 S. 223—226, Prölss-Martin[18] Anm. 2 zu § 55, S. 285—286. Über das Einstehenmüssen des Vers für Vsagenten unter dem Gesichtspunkt des **Vertrauensschutzes**, insbesondere bei unrichtigen Belehrungen und Aufklärungen: Anm. 54—72 zu § 44. Beispiel: RG 27. I. 1928 VA 1928 S. 256—257 Nr. 1910 (unrichtige Auslegung einer Maximierungsklausel in der Einheitsv durch den Agenten). Sowohl den Gesichtspunkt des Vertrauensschutzes als auch jenen der culpa in contrahendo verwertet BGH 28. X. 1963 VersR 1964 S. 36—38 (mit Anm. Prölss VersR 1964 S. 57—58) (Agent vermittelt anstelle einer Nachv der gesamten Position Betriebseinrichtung die V einer speziellen Anlage).

Der Vsmakler muß bei der Vermittlung die Interessen des Vmers wahrnehmen, speziell im Blick auf den Deckungsumfang (Anm. 54 vor §§ 43—48), wozu die Vermeidung von ungewollten Untervn und die Vereinbarung geeigneter beweglicher oder änderbarer Vssummen gehört. Der Vsmakler hat den Vmer auch laufend zu betreuen, wozu der Hinweis auf nachträglich entstandene Untervn gehört (Anm. 59 vor §§ 43—48). Bei einer laufenden V hat der Vsmakler auch die Maximalkontrolle durchzuführen (Anm. 66 vor §§ 43—48). Bei schuldhafter Verletzung seiner Verpflichtungen kann der Vsmakler dem Vmer schadensersatzpflichtig sein (Anm. 68 vor §§ 43—48).

Bei vom Vmer **gewollter** Unterv kommt eine Verantwortlichkeit des Vers (evtl. für seine Agenten) oder des Vsmaklers nicht in Betracht. Unterfälle der gewollten Unterv sind einerseits die betrügerische Unterv (Anm. 45), andererseits die vereinbarte obligatorische Unterv (Anm. 71).

[45] 4. Einfache, betrügerische Unterversicherung.

Während § 51 die mit der Nichtigkeitsfolge bedrohte betrügerische Überv von der einfachen Überv unterscheidet (Anm. 21 zu § 51), kennt das Gesetz bei der Unterv eine entsprechende Regelung nicht.

Angesichts der den Vmer benachteiligenden Proportionalitätsregel erscheint es zunächst auch unmöglich, daß der Vmer den Vertrag als gewollte anfängliche Unterv in der Absicht schließt, sich aus der Unterv einen Vermögensvorteil zu verschaffen. Strebt der Vmer lediglich eine Prämienersparnis an, indem er keine Vollwertv kontrahiert, so will er sich auch keinen rechtswidrigen Vermögensvorteil verschaffen; denn es steht jedem Vmer regelmäßig frei, sich so hoch zu vern, wie er will und kann; eine Unterv als solche ist nicht rechtswidrig.

Eine Betrugsabsicht läge erst dann vor, wenn der Vmer im Schadensfall beim Ver durch Vorspiegelung falscher oder durch Entstellung oder Unterdrückung wahrer Tatsachen einen Irrtum erregt oder unterhält (§ 263 I StGB), hier: einen Irrtum über den Vollwert der vten Sachen, also über das Vorliegen einer (anfänglichen oder nachträglichen) Unterv, z. B. durch Wegschaffung eines Teils der geretteten Sachen vor einer Sachverständigenbesichtigung oder durch unrichtige Angaben über den Gesamtbestand des Hausrats im Rahmen der Auskunftsobliegenheit (§ 34 I). Strafrechtlich handelt es sich um einen Betrugsfall, und auch der Versuch ist strafbar (§ 263 II StGB); ein sogen. Vsbetrug im rechtstechnischen Sinn (§ 265 StGB) liegt nicht vor.

Zivilrechtlich ist auch ein Vsvertrag, der von vornherein mit Betrugsabsicht geschlossen wäre, nicht wegen Verstoßes gegen eine gesetzliche Vorschrift nichtig; allenfalls könnte § 138 I BGB die Nichtigkeit begründen, aber hier wird der Ver auf erhebliche Beweisschwierigkeiten stoßen, da er dartun muß, daß von vornherein bei Vertragsabschluß der Vmer eine sittenwidrige Schädigung des Vers in einem Schadensfall beabsichtigte.

Wohl aber kann der Ver leistungsfrei sein wegen vorsätzlicher Verletzung der Auskunftsobliegenheit (§§ 34 I, 6 III 1), vgl. Anm. 13 zu § 34. Auch der rechtliche Gesichtspunkt der arglistigen Täuschung bei der Schadensermittlung kann dazu führen, daß der Ver gegenüber einem Vmer leistungsfrei wird, der eine Unterv verheimlicht; auch hier reicht ein Täuschungsversuch aus (Näheres Anm. 45—60 zu § 34). Will das Gericht aus Treu und Glauben nur eine teilweise Leistungsfreiheit des Vers annehmen, so muß vorher ermittelt werden, welche Leistungspflicht des Vers sich bei bloßer Anwendung der Proportionalitätsregel ergäbe; und diese Leistung wäre sodann zu ermäßigen.

[46] V. Rechtsfolgen der Unterversicherung.

1. Anwendung der Proportionalitätsregel

a) auf Versicherungsschaden i. e. S.

aa) Normalfall.

Liegt eine Unterv vor, so haftet der Ver für den Vsschaden i. e. S. (Anm. 43 vor §§ 49—80) nur nach dem Verhältnis der Vssumme zu dem Ersatzwert (§ 56). Bei dieser Regelung handelt es sich nicht um eine Strafe (was das BAA VA 1954 S. 78 mit Recht betont), sondern um eine vstechnisch gebotene Folgerung aus dem Prinzip der Vollwertv (Anm. 4).

Der verminderte Haftungsumfang des Schadensvers ergibt sich unmittelbar aus dem Gesetz (ähnlich wie im Falle des § 537 I 1 BGB: Minderung des Mietzinses). Es bedarf insbesondere keiner Willenserklärung des Vers, durch die sich die Leistungsverpflichtung des Versicherers „ermäßigt", sondern der Umfang der vom Ver geschuldeten Leistung wird durch die Proportionalitätsregel unmittelbar beeinflußt: Neben Schadenshöhe und Vssumme erweist sich die Proportionalitätsregel als primärleistungsbestimmende Norm. Die Haftung (genauer die Geldschuld des Vers) mindert sich „von selbst" verhältnismäßig (OLG Frankfurt 12. VII. 1922 VA 1923 Anh. S. 12 Nr. 1299 = HansRZ 1923 Sp. 497—498, Hinz a. a. O. S. 92—93).

V. Rechtsfolgen der Unterversicherung § 56
Anm. 46

Kraft § 56 vermindert sich die Entschädigung des Vers, aber — ausgehend von der Gefahrtragungstheorie — muß man annehmen, daß schon die (latente) Gefahrtragung eine verminderte ist, solange die Vssumme den Vswert nicht erreicht (Tsirintanis HansRGZ 1931 A Sp. 545—547; bedenklich Prölss-Martin[18] Anm. 1 zu § 56, S. 287). Die Unterv besteht vor dem Vsfall gleichsam latent (Anm. 31); sie entfällt, falls sich bis zum Vsfall die Spannung zwischen Vssumme und Vswert ausgleicht.

Diese Feststellungen schließen nicht aus, daß der Ver den Einwand der Unterv erheben muß. Zur Beweislast und zum Prozeß Anm. 54. Darüber, daß Unterven de facto oft verschleiert bleiben wegen der mit der Aufdeckung verbundenen Mühen und Kosten, aber auch aus Kulanzgründen oder wegen Verheimlichungsmaßnahmen vgl. bereits Anm. 38.

Die Anwendung der Proportionalitätsregel (darüber grundsätzlich schon Anm. 5) bereitet im Normalfall keine Schwierigkeiten, falls die in die Formel:

$$\text{Entschädigung} = \frac{\text{Schaden} \times \text{Vssumme}}{\text{Vswert}}$$

einzusetzenden Größen: Schadenshöhe, Vssumme, Vswert richtig ermittelt sind. Der Schaden ist nach den für den Vsvertrag maßgebenden Grundsätzen festzustellen (Anm. 26, 28—33 zu § 55). Als Vssumme kommen nur solche Beträge in Betracht, welche nicht lediglich als absolute Leistungsbegrenzung vorgesehen sind, sondern die auch der relativen Leistungsbegrenzung nach § 56 dienen sollen; deshalb sind gewisse Maxima nicht in die Formel einzusetzen (dazu vgl. schon Anm. 37). Der Vswert ist als Ersatzwert zu berücksichtigen (Anm. 31), und zwar — wie der Schaden — nach den für den konkreten Versicherungsvertrag maßgebenden Grundsätzen (z. B. als Zeitwert gemäß § 3 II a AFB: bei Gebäuden ortsüblicher Bauwert unter Abzug eines dem Zustand des Gebäudes entsprechenden Betrages).

Aus der Formel läßt sich entnehmen, daß die Entschädigung um so besser ausfällt, je mehr sich die Vssumme dem Vswert nähert. Ist der Schaden klein, so wirkt sich auch eine Unterv entsprechend gering aus. Je höher der Vswert (Ersatzwert) angesetzt wird, desto größer ist der Divisor der Formel. Hat der Vmer ausnahmsweise die Wahl zwischen verschiedenen Bewertungsmöglichkeiten (Anm. 36 zu § 52), so kann es sich empfehlen, den niedrigeren Vswert anzusetzen, um die Folgen einer Anwendung der Proportionalitätsregel zu mildern oder aufzuheben. Bei gewissen Sachen, z. B. Spezialmaschinen, Kraftfahrzeugen sind die Repraraturkosten relativ hoch, steigen möglicherweise auch sehr stark an, während der Preis der neuen Maschinen oder Autos sich nicht erhöht. Da der Ersatzwert in solchen Fällen unverändert bleibt, liegt eine Unterv juristisch nicht vor, der Ver wird jedoch bei Teilschäden unverhältnismäßig stark belastet, falls er eine Entschädigung in Höhe der Kosten der Wiederherstellung zu begleichen hat (über die denkbaren Methoden der Berechnung von Teilschäden: Anm. 30 zu § 55). Solche „wirtschaftlichen" Unterven, die rechtlich nicht als Unterven zu qualifizieren sind und nicht zur Anwendung des § 56 führen, können sich für die Vsunternehmen ruinös auswirken; sie ergeben sich besonders bei Lohnsteigerungen, die im Preise des Endprodukts keinen Niederschlag finden, vielleicht weil die Herstellung des Endprodukts stark automatisiert ist, während Reparaturen relativ lohnintensiv sind. Oft werden die Kosten des Endprodukts auch erst nachhinkend an die Lohnentwicklung angepaßt, besonders bei „politischen Preisen". Der Ver ist weit besser geschützt, wenn ein Teilschaden in Prozenten eines vorgestellten Totalschadens ermittelt wird (hierzu auch Blanck a. a. O. S. 27—28). — Hat ein Vmer bei der Anschaffung z. B. eines Automaten Kaufpreisvergünstigungen genossen, so kann sich eine wirtschaftliche Unterv im Falle von Teilschäden ergeben, die relativ hohe Reparaturkosten verursachen (VA 1962 S. 26—27 und dazu VA 1963 S. 57—58).

Der verminderte Schutzwert der V, die verminderte Dichte oder Intensität des Vsschutzes wirkt sich, was den Vsschaden i. e. S. angeht, nur bei Teilschäden praktisch aus (Anm. 5), da bei Totalschäden der Ver sich darauf beschränken kann, sich auf § 50 zu berufen, also nur die (unzureichende) Vssumme zu leisten.

Möller

Sowohl bei Teil- als auch bei Totalschäden trägt der Untervte einen Teil seines Schadens selbst, und man könnte bei gewollter Unterv von Eigendeckung reden. Nicht aber sollte man hier von Selbstv sprechen, da es begrifflich diese Institution nicht gibt, beruht doch alle V auf dem Gedanken der Gemeinschaft (Anm. 4 zu § 1). Wenn § 8¹ ADS bei der Unterv den Vmer „für den nicht gedeckten Teil des Vswerts ... als Selbstver" gelten läßt, so könnte dies wichtige Konsequenzen bei der Vorteilsausgleichung haben (vgl. aber Anm. 51).

Zahlt ein Ver zunächst ohne Berücksichtigung einer vorliegenden Unterv eine überhöhte Entschädigung, so kann er das Zuvielgeleistete als ungerechtfertigte Bereicherung vom Vmer zurückfordern; denn von vornherein bestand kein rechtlicher Grund für die Leistung des Mehrbetrages (§ 812 I 1 BGB). Solchen Rückforderungsprozeß betrifft das Urteil OLG Kiel 21. II. 1905 SeuffArch Bd 60 S. 440—442 Nr. 231. Der Ver kann das Geleistete nicht zurückfordern, wenn er bei der Zahlung gewußt hat, daß eine Unterv bestehe (§ 814 BGB).

[47] bb) Sonderfälle.

Schuldet der Ver **Naturalersatz** und liegt eine Unterv vor (was die Vereinbarung einer Vssumme i. S. des § 56 voraussetzt), so kann die entsprechende Anwendung des § 56 nur dergestalt erfolgen, daß der Vmer eine Zuzahlung zu leisten hat (Anm. 18 zu § 49). Dabei handelt es sich um eine Obliegenheit des Vmers, nicht um eine echte Rechtspflicht.

Hat der Ver ein **Wahlrecht** (oder eine Ersetzungsbefugnis) zwischen Natural- und Geldersatz, so wird er in Fällen der Unterv oft die (nicht schadendeckende) Geldleistung wählen (dazu Anm. 20 zu § 49).

Besteht eine **Wiederherstellungsregelung**, so hat regelmäßig der Vmer trotz der Unterv den früheren Zustand wiederherzustellen, jedoch könnte (z. B. bei starker inflationärer Steigerung der Baukosten) die Nichtwiederherstellung eines Gebäudes durch den Vmer entschuldbar sein (zu alledem Anm. 22—27 zu § 49).

Bei der V von **Adhäsionsinteressen** (Anm. 42 vor §§ 49—80) wirkt sich eine Unterv des primär vten Interesses auch auf die Adhäsionsv aus. Vgl. z. B. § 843 HGB, wonach der Ver für Havariegrossebeiträge nur nach dem Verhältnis der Vssumme zum Vswert haftet, im übrigen bereits Anm. 15 zu § 52, Anm. 6.

Trifft eine Vssumme i. S. des § 56 mit einer bloß absoluten Entschädigungsbegrenzung nach § 50 zusammen, z. B. mit einem entsprechenden Maximum (Anm. 37), so ist zunächst bei etwaiger Unterv die Entschädigung nach der Proportionalitätsregel zu berechnen und sodann zu prüfen, ob sie das Maximum nicht überschreitet.

Treffen zwei Vssummen i. S. des § 56 zusammen, so wird meistens die Proportionalitätsregel nur einmal, und zwar derart angewendet, daß sich der für den Vmer ungünstigere Erfolg ergibt; die größere Kürzung ist anzuwenden (vgl. für die abhängige Außenv die Klausel 15a Abs. 1 Zusatzbedingungen: Anm. 39; ferner für den Fall von Komplexven: Anm. 40).

Seltener wird es vorkommen, daß nacheinander zweimal die Proportionalitätsregel zur Anwendung kommt. Bei der Stichtagsv für Vorräte (Anm. 18) kann es aber geschehen, daß erstens die letzte Stichtagssumme zu niedrig angegeben war und zweitens der Ersatzwert der beeinträchtigten Interessen die Höchstvssumme überschreitet. Hier erscheint es geboten, die Proportionalitätsregel zweimal heranzuziehen, und zwar zunächst zwecks Zurückführung der Gesamtdeckung auf die Höchstvssumme und sodann zwecks Ahndung der unrichtigen Stichtagsmeldung. Wie hier Wussow AFB Anm. 70 zu § 3, S. 275.

Über das Zusammentreffen von Unterv und Selbstbeteiligung des Vmers vgl. Anm. 72.

[48] b) auf Versicherungsschaden i. w. S.

aa) Abwendungs- und Minderungsaufwendungen.

Aufwendungen, die der Vmer zwecks Abwendung und Minderung des Schadens macht und die der Ver gemäß § 63 I zu ersetzen hat, sind bei einer Unterv nur nach dem in § 56 (bzw. bei taxierter V § 57²) bezeichneten Verhältnisse zu erstatten. Näheres Anm. zu § 63.

V. Rechtsfolgen der Unterversicherung § 56
Anm. 49—51

[49] bb) Ermittlungs- und Feststellungskosten.

Auch Kosten, welche durch die Ermittlung und Feststellung des Schadens entstehen, sowie gewisse Sachverständigen- und Beistandskosten, sind bei einer Unterv nur nach dem in § 56 (bzw. § 57²) bezeichneten Verhältnis zu erstatten. Näheres Anm. zu § 66.

[50] 2. Vorteilsausgleichung bei Unterversicherung.

Entstehen dem Vmer im Schadensfall nicht nur Nachteile, sondern auch Vorteile (die mit dem Schaden „korrespondieren"), so sind diese in Anwendung des vsrechtlichen Bereicherungsverbotes auszugleichen (Näheres Anm. 51—54 vor §§ 49—80). Die Frage, wie solche Vorteilsausgleichung im Falle der Unterv erfolgt, ist getrennt zu untersuchen für den Hauptfall des Überganges von Ersatzansprüchen (Anm. 51) und die Restfälle der Vorteilsausgleichung (Anm. 52).

[51] a) Übergang von Ersatzansprüchen.

Der Hauptfall der Vorteilsausgleichung ist der Übergang von Ersatzansprüchen des Vmers gegen Dritte auf den Ver gemäß § 67 I 1 (Sieg: Anm. 6 zu § 67). Ist der Vmer untervert, so geht der Anspruch auf den Ver nur insoweit über, als der Ver den Vmer entschädigt, also nur in Höhe der Untervsentschädigung. Der Restanspruch verbleibt dem Vmer. Hat ein Brandstifter ein Haus im Werte von 100 000 DM vernichtet, das nur mit einer Vssumme von 75 000 DM vert ist, so hat nach der Entschädigungszahlung durch den Ver der Brandstifter zwei Gläubiger, nämlich den Vmer in Höhe von 25 000 DM, den Ver in Höhe von 75 000 DM.

Es kann vorkommen, daß der Anspruch gegen den Brandstifter, z. B. wegen anderweitiger Wertbemessung durch den Richter des Schadensersatzprozesses oder wegen unterlassener Schadensminderung (§ 254 II 1 BGB), nur mit insgesamt 90 000 DM bemessen worden ist. Hier geht nach der heute herrschenden Differenztheorie kraft des sog. Quotenvorrechtes des Vmers (dazu Sieg: Anm. 65 zu § 67) auf den Ver nur derjenige Teil der Schadensersatzforderung gegen den Brandstifter über, der nicht verbraucht wird für die volle Schadloshaltung des Vmers. Letzterer benötigt zur Deckung seines Schadens noch 25 000 DM. Demnach erlangt der Ver nur eine Schadensersatzforderung von 90 000 — 25 000 DM = 65 000 DM, ein Ergebnis, das dem Zweck der V, den Vmer schadlos zu halten, am besten gerecht wird und das nicht auf § 67 I 2 gestützt werden kann (a. M. Prölss-Martin[18] Anm. 6 zu § 67, S. 342).

Die letztgenannte Vorschrift befaßt sich nicht mit dem Umfang, sondern der **Wirkung** des Überganges des Ersatzanspruches. Stellt sich im genannten Beispielsfalle, in welchem Forderungen gegen den Brandstifter von 25 000 DM zugunsten des Vmers, von 65 000 DM zugunsten des Vers bestehen, heraus, daß der Brandstifter nur ein Aktivvermögen von 30 000 DM besitzt, so kann vom Ver der übergegangene Regreßanspruch „nicht zum Nachteile des Vmers gltend gemacht werden" (§ 67 I 2; Begr. I S. 75, ausgehend vom Fall der Unterv). Dem Vmer wird also der **besssere Rang bei der Befriedigung** (hier: aus den 30 000 DM) eingeräumt; notfalls hat der Vmer einen **schuldrechtlichen Ausgleichsanspruch** gegen den Ver, wenn dieser ihm zuvorgekommen ist (Sieg: Anm. 88 zu § 67).

Bei Bestehen von Ersatzansprüchen kann hiernach der Untervte die mangelnde Intensität des Vsschutzes möglicherweise wirtschaftlich ausgleichen durch den Übergang von Ersatzansprüchen, wobei er — wie gezeigt — in doppelter Weise gegenüber dem Ver begünstigt ist. Das Ergebnis erscheint nicht unproblematisch in solchen Vszweigen, in denen oft Regreßansprüche entstehen: Hier könnte ein Vmer sich bewußt mit einer Unterv begnügen, indem er auf die Begünstigungen durch die Differenztheorie und § 67 I 2 — zum Nachteil des Vers, welcher gleichfalls mit einem Provenu rechnen könnte — vertraut.

In der **Binnentransportv** soll § 67 I 2 keine Anwendung finden (§ 148), was aber nach der hier vertretenen Auffassung jedenfalls die Anwendung der Differenztheorie nicht ausschließt (Sieg: Anm. 93 zu § 67). Im Bereiche der **Seev** soll nach § 8¹ ADS der untervte Vmer für den nicht gedeckten Teil des Vswertes als Selbstver gelten. Unter zwei (Mit-)Vern gibt es kein Quotenvorrecht, kann die Differenztheorie nicht gelten.

Aber diese Folgerung ziehen Ritter-Abraham Anm. 14, 22 zu § 45, S. 682, 684—686 nicht; vielmehr sollen sowohl das Differenzprinzip als auch der Grundgedanke des § 67 I 2 uneingeschränkt auch in der Seev Geltung beanspruchen.

[52] b) Restfälle der Vorteilsausgleichung.

Bei den übrigen Tatbeständen der (eigentlichen und uneigentlichen) vsrechtlichen Vorteilsausgleichung (Anm. 51—54 vor §§ 49—80) können die Vorteile im Falle der Unterv gleichfalls nicht ungeschmälert dem Ver zukommen. Wenn der Ver seine Geldleistung nicht voll erbringt, müssen auch die Vorteile zwischen Ver und Vmer aufgeteilt werden.

Solche Aufteilung sowie der praktische Vollzug der Vorteilsausgleichung können schwierig sein. In der Seev sind diese Probleme stärker durchdacht als in der Binnenv (vgl. die Beispiele bei Ritter-Abraham Anm. 4 zu § 8, S. 240).

Verbleibt der Vorteil beim Vmer, mindert sich also des Vorteils wegen die Ersatzleistung des Vers, so darf der Ver den Vorteil nicht in voller Höhe in Abzug bringen, sondern nur entsprechend der geminderten Intensität des Vsschutzes (vgl. Ritter-Abraham Anm. 23 zu § 71, S. 884—885). § 859 I HGB bestimmt:

> „Ist im Falle des Totalverlustes vor der Zahlung der Vssumme etwas gerettet, so kommt der Erlös des Geretteten von der Vssumme in Abzug. War nicht zum vollen Werte vert, so wird nur ein verhältnismäßiger Teil des Geretteten von der Vssumme abgezogen."

Soll der Vorteil auf den Ver übertragen werden (für den Fall des Überganges von Ersatzansprüchen vgl. schon Anm. 51), so gebührt dem Ver im Falle der Unterv der Vorteil nur anteilsmäßig. Vgl. § 859 III HGB:

> „Erfolgt erst nach der Zahlung der Vssumme eine vollständige oder teilweise Rettung, so hat auf das nachträglich Gerettete nur der Ver Anspruch. War nicht zum vollen Werte vert, so gebührt dem Ver nur ein verhältnismäßiger Teil des Geretteten."

Bei unteilbaren Sachen muß notfalls Miteigentum des Vers und des Vmers an dem Provenu begründet werden. Solche Probleme tauchen auch auf, falls bei einer Unterv in der Einbruchdiebstahlv entwendete Sachen wiederherbeigeschafft werden. § 17 III Abs. 2 S. 2—5 AEB (ähnlich § 18 III VHG) besagt:

> „Sind die wiederherbeigeschafften Sachen nur mit einem Teil ihres Wertes entschädigt worden, so kann der Vmer sie unter Rückzahlung der Teilentschädigung behalten. Erklärt er sich hierzu innerhalb zweier Wochen nach Aufforderung des Vers nicht bereit, so sind die Sachen im Einvernehmen mit dem Ver öffentlich meistbietend zu verkaufen. Von dem Erlös abzüglich der Verkaufskosten erhält der Ver den Anteil, welcher der von ihm geleisteten Teilentschädigung entspricht."

Dazu auch G. Schmidt a. a. O. S. 72. Über den Fall, daß die wiederherbeigeschafften Sachen beschädigt sind: Prölss, Das Recht der Einbruchdiebstahlv, 3. Aufl., München-Berlin 1966, S. 239—240.

[53] 3. Sonstige Rechtsfolgen der Unterversicherung.

Negativ ist festzustellen, daß die (anfängliche oder nachträgliche) Unterv regelmäßig keine Hinweispflicht des Vers oder Anzeigeobliegenheit des Vmers auslöst. Vgl. jedoch für die ungewollte Unterv über eine etwaige Haftung eines Vsmaklers sowie über eine culpa in contrahendo des Vers (seines Agenten) und die Haftung des Vers aus dem Gesichtspunkt der Vertrauensstellung des Agenten: Anm. 44.

Der Vmer oder Ver hat prinzipiell kein Recht auf Beseitigung einer Unterv (wie es bei der Überv nach § 51 I besteht). Deshalb kann eine Partei auch keinen wichtigen Grund für eine unbefristete Kündigung daraus herleiten, daß sich eine Unterv ergeben hat, welche die andere Partei nicht zu beseitigen bereit ist. Insbesondere besteht kein einseitiges Recht auf Vertragskorrektur oder ein Kontrahierungszwang für eine Vertragsänderung (Anm. 24).

V. Rechtsfolgen der Unterversicherung   § 56
Anm. 54

Aber es können abweichende Vereinbarungen getroffen werden. Über eine **Nachvspflicht** des Vmers, besonders in der Tierv: Anm. 24. Ein **Annahmezwang** des Vers könnte entweder mit einer Nachvspflicht des Vmers korrespondieren oder auch isoliert für Nachvsanträge vereinbart werden.
Bei der **Nachzeichnung für Vorräte** gemäß Klausel 5.03 (Anm. 25) genügt eine einseitige schriftliche „Aufgabe" des Vmers; die Bindung der Ver zur Übernahme der Nachv ist aber mit höchstens 200 v. H. einer Grundsumme begrenzt. Über die Rechtslage bei Erhöhung von **Wertzuschlägen** vgl. Anm. 20, 26, über die **Erhöhung der Stammv** nach Klausel 6.06 vgl. Anm. 27.

[54] 4. Beweislast, Prozessuales.
Im Schadensfall muß der Vmer seinen Schaden — auch der Höhe nach — beweisen, also dartun, daß sein (vtes) Interesse in bestimmtem Umfang beeinträchtigt ist (über Beweislast, Beweisführung, Gerichtsüberzeugung usw.: Anm. 34—38 zu § 55). Wird dabei der Vswert (Ersatzwert) des beeinträchtigten Interesses streitig, so hat der Vmer auch den Wertbeweis zu führen (Anm. 42 zu § 52); nur bei taxierten Polizen hat die Vereinbarung der Taxe konstitutive Bedeutung (§ 57^{1,2}; Anm. 23—27 zu § 57).
Die Unterv hat praktische Bedeutung nur, wenn kein Totalschaden vorliegt. Hier gewinnt für die Schadensliquidation die Frage Bedeutung, in welchem Verhältnis die Vssumme zu dem Ersatzwert sämtlicher vter Interessen steht. Diese Frage wird aber nur untersucht, wenn der Ver es wünscht, wenn er den **Einwand der Unterv** erhebt, welcher — falls berechtigt — eine leistungsmindernde Wirkung hat. Der Einwand der Unterv ist keine Einrede im zivilrechtlichen Sinn; denn für den Vmer entsteht nicht zunächst ein umfassender Anspruch, der erst durch den Einwand im Wege der Gegenwirkung entkräftet wird, sondern schon das Gesetz schreibt die verminderte Intensität des Vsschutzes, der Gefahrtragung vor (Anm. 46). Es handelt sich vielmehr bei dem Einwand der Unterv um die Berufung des Vers auf Tatsachen, welche den Anspruch des Vmers teilweise verneinen. Negativ: Es gehört für den Vmer nicht zu den anspruchs- und klagebegründenden Tatsachen, daß bei Eintritt des Vsfalls eine Vollwertv vorlag, sondern es ist Sache des Vers, den Einwand der Unterv zu erheben.
Geschieht das, so muß der **Ver die Unzulänglichkeit der Vssumme behaupten und beweisen** (Hinz a. a. O. S. 93, Roelli-Jaeger Anm. 24 zu Art. 69, S. 515, OLG Hamburg 29. I. 1918 Mitt 1918 S. 233). Der Beweis ist schwierig und deshalb oft langwierig und kostspielig (Anm. 38); denn es muß der Ersatzwert aller (in der betreffenden Position) vten Sachen, z. B. des Hausrats, ermittelt und in ein Verhältnis zur Vssumme gesetzt werden. Bei einer V mit Wertzuschlagsklausel und Vorschätzung (Anm. 20) gilt allerdings die Vorschätzung als Nachweis des Wertes zur Zeit der Schätzung (Klausel 6.02 I 2, Klausel 6.04 I 2).
Dem Ver können die Erhebung des Einwands der Unterv und der Beweis erleichtert werden, wenn es zum Aufgabenkreis eines **Sachverständigenverfahrens** gehört, das Verhältnis zwischen Vssumme und Ersatzwert festzustellen. Normalerweise allerdings zählt dies nicht zur Zuständigkeit der Sachverständigen (Roelli-Jaeger Anm. 25 zu Art. 69, S. 515), über Ausnahmen: Asmus ZVersWiss 1962 S. 235, § 15 II b S. 2 AEB, § 15 II c S. 2 VHB.
Die **Auskunfts- und Belegpflicht** des Vmers nötigt diesen auch zur Beantwortung von Fragen und Vorlage von Belegen, wenn der Ver nur den Zweck verfolgt, die Anwendbarkeit der Proportionalitätsregel zu prüfen (Anm. 13 zu § 34). Denn § 34 I stellt schlechthin auf die „Feststellung ... der Leistungspflicht des Vers" ab. Überdies kann **arglistige Täuschung** bei der Schadensermittlung vorliegen, wenn der Vmer vorsätzlich eine Unterv verschleiert (Anm. 45).
Einen Fall, in welchem bei Unterv Sachverständigenzuständigkeit, Verletzung der Auskunftspflicht und arglistige Täuschung zusammentrafen und in dem der Ver die Entschädigung zurückforderte, behandelt: LG Bochum 9. XII. 1954 VersR 1955 S. 291—292 (Einbruchdiebstahlv eines Textileinzelhandelsgeschäfts).
Im **Prozeß** hat der Richter wegen § 56 die Proportionalitätsregel von Amts wegen — besonders im Versäumnisverfahren — anzuwenden, wenn sich aus dem Vor-

bringen der Parteien das Vorliegen einer Unterv bereits ergibt. Trifft das nicht zu, so bedarf es der prozessualen Geltendmachung des Einwandes der Unterv.

Ist ein Anspruch nach Grund und Betrag streitig, so kann das Gericht über den Grund vorab entscheiden (§ 304 I ZPO). Beruft sich der Ver auf die Proportionalitätsregel, so fragt es sich, ob hierüber im Grundurteil vorab mitzuentscheiden sei oder ob angesichts des für die Anwendung der Regel notwendigerweise heranzuziehenden Zahlenwerkes und der bloßen Verminderung des Vsschutzes die Feststellung der Intensität des Vsschutzes dem Nachverfahren (Betragsverfahren) vorbehalten werden kann. Nur im letztgenannten Falle könnte der Einwand der Unterv auch noch im Nachverfahren erhoben werden. Das OLG Frankfurt 12. VII. 1922 HansRZ 1923 Sp. 497—498 = VA 1923 Anh. S. 12 Nr. 1299 zieht die Parallele zum Einwand mitwirkenden Verschuldens (§ 254 BGB) und vertritt die Auffassung, daß der Einwand der Unterv den Grund des Anspruchs betreffe, wofür sich anführen läßt, daß das Gericht nur die Intensität des Vsschutzes (als Vomhundertsatz), nicht die Höhe des Schadens im Grundurteil festzustellen braucht. Zustimmend Hinz a. a. O. S. 92, Prölss-Martin[18] Anm. 1 zu § 56, S. 287, ablehnend Raiser Anm. 44 zu § 3, S. 139, Roelli-Jaeger Anm. 25 zu Art. 69, S. 515, vermittelnd Wussow AFB Anm. 59 zu § 3, S. 266, wonach die Feststellung der Unterv dem Nachverfahren vorbehalten werden kann, falls „erhebliche Beweisaufnahmen wegen der Feststellung des Wertes der vten Sachen notwendig sind".

[55] VI. Abdingbarkeit des § 56.

§ 56 — die Proportionalitätsregel — ist nicht zwingend, sie ist weder absolut noch relativ zwingend.

Ein absolut zwingender Charakter ergibt sich insbesondere nicht aus dem vsrechtlichen Bereicherungsverbot (vgl. schon Anm. 6). Für die Durchsetzung dieses Verbotes sorgt in der Schadensv schon ausreichend der zwingende § 55 (Anm. 40 zu § 55).

Die Proportionalitätsregel ist auch nicht halbzwingend:

Sie kann zu Lasten des Vmers vertraglich abgeändert werden, theoretisch sogar in dem Sinne, daß der Ver überhaupt nicht haftet, wenn keine Vollwertv genommen worden ist oder besteht. In praxi würde man bei einer derartigen (grausamen) Klausel — besonders bei ungewollten Unterven — allerdings dem Vmer helfen müssen, vielleicht indem man in solcher Klausel eine Obliegenheit zum Abschluß und zur Aufrechterhaltung einer Vollwertv erblickt, eine Obliegenheit, deren schuldhafte Verletzung nach § 6 I 1 keine Verwirkungsfolge auslösen könnte. Wird dem Vmer eine echte Rechtspflicht zur Vollwertv auferlegt, so hat deren schuldhafte Verletzung nur einen Schadensersatzanspruch des Vers zur Folge; der Ver wäre so zu stellen, wie er bei Vollwertv stehen würde (erhöhte Prämie, aber nach einem Schadensfall ist beim Ver als auszugleichender Vorteil der Wegfall seiner erhöhten Leistungspflicht zu berücksichtigen; vgl. Anm. 33 für die landwirtschaftliche V).

Besonders aber kann die Proportionalitätsregel zugunsten des Vmers wegbedungen werden. Dies geschieht, wenn geringfügige Unterven kraft Vertrages außer Betracht bleiben sollen (Anm. 60δ). Dies geschieht ferner, wenn dem Ver der Einwand der Unterv überhaupt nicht zustehen soll; man spricht hier von Erstrisikov (Anm. 58 bis 63). Eine Bruchteilsv kann als Sonderform der V auf erstes Risiko qualifiziert werden (Anm. 64).

Ihrer relativ-leistungsbegrenzenden Funktion ist die Vssumme auch entkleidet bei der Vereinbarung von Maxima, die nur eine absolute Leistungsbegrenzung darstellen sollen (Anm. 37).

Eine V „Nur für Totalverlust" (§ 123 ADS) läßt de facto den Einwand der Unterv entfallen, weil hier allein die Vssumme schadensbegrenzend wirkt (Anm. 5). Zuweilen wird eine Schiffskaskov zwecks Prämienersparnis mit zwei Vssummen abgeschlossen, einer niedrigen für den Totalverlustfall, einer höheren, damit bei Teilschäden der Einwand der Unterv nicht erhoben werden kann und alle Ausbesserungskosten gedeckt sind.

VII. Bekämpfung der Unterversicherung **§ 56**
Anm. 56, 57

[56] VII. Bekämpfung der Unterversicherung.

Unterven sind für den Ver und Vmer gleichermaßen gefährlich und unerwünscht. Deshalb muß ihre Bekämpfung ein Anliegen aller Beteiligten sein, besonders bei Geldwertschwund. Eine nicht systematisierte Zusammenstellung von Bekämpfungsmaßnahmen bietet Höhne BetrBer 1956 Beilage zu Heft 34 S. 6—8. Einen Appell „Kampf der Unterv" brachte das BAA VA 1954 S. 77—78, auch VA 1955 S. 43, ferner das Rationalisierungs-Kuratorium der Deutschen Wirtschaft VW 1964 S. 729. Über Aktionen zur Summenerhöhung: Anm. 24 und dazu (mit Auslandsvergleichen) Müller-Gotthard VW 1967 S. 389—391.

Bei den Bekämpfungsmaßnahmen wendet sich eine erste Gruppe gegen die Entstehung des Tatbestandes (und damit auch der Rechtsfolgen) einer Unterv, was dadurch geschehen kann, daß man von vornherein auf eine Vssumme verzichtet oder sie ausreichend bemißt oder sie beweglich gestaltet. Läßt sich auf solche Weise eine Unterv nicht von vornherein verhindern, so kann doch durch eine nachträgliche Änderung der Vssumme noch vor dem Vsfall dafür Sorge getragen werden, daß der Ersatzwert die Vssumme nicht überschreitet. Zu alledem Anm. 57.

Stellt sich im Vsfall eine Unterv heraus, so wirkt sich die Proportionalitätsregel aus; die Intensität des Vsschutzes ist gemindert. Da aber § 56 keinen zwingenden Charakter hat (Anm. 55), kann durch Vereinbarung die Proportionalitätsregel wegbedungen werden. Dadurch wird der Eintritt der Rechtsfolgen der Unterv verhindert. Solche Vereinbarungen führen entweder zu einer Erstrisikov (Anm. 58—63) oder zu einer Bruchteilsv (Anm. 64).

Den Ver stört bei einer Unterv — neben der Tatsache, daß ein Kunde nach der Proportionalitätsregel nur unzulänglichen Vsschutz genießt und daß außerdem diese Regel in praxi aus Kosten- oder Kulanzgründen oft nicht angewendet werden kann (Anm. 38) — die Tatsache, daß er eine unzulängliche Prämie bekommt, da die Vssumme zu niedrig bemessen ist und die (oft in praxi obendrein unanwendbare: Anm. 38) Proportionalitätsregel bei größerer Häufigkeit von Teilschäden die Prämienäquivalenz nicht wiederherstellt. Entsprechendes gilt auch bei nur „wirtschaftlicher Unterv" (Anm. 46), also dann, wenn das Niveau der Reparaturkosten (Löhne) sich schneller hebt als das Niveau der Vswerte (Preise). Vom Ver her gesehen gehört hiernach zur Bekämpfung der Unterv auch die Erhöhung der Prämien, welche auch deshalb geboten sein kann, weil bei Kaufkraftschwund nicht nur die Schäden, sondern auch die Verwaltungskosten der sehr lohnintensiven Vswirtschaft anzusteigen pflegen. Auf diese Zusammenhänge, auch auf den Einfluß der technologischen Entwicklung, weist die Schrift der Münchener Rückversicherungs-Gesellschaft, Einfluß der ‚Inflation' auf die V, München 1971, S. 1—46 hin und sieht als Abhilfen neben Abzugsfranchisen (über diese Form der Selbstbeteiligung des Vmers: Anm. 72, 73) Entgeltverbesserungen durch häufigere Prämienüberprüfung (kurzfristige Vsverträge), Indexprämien oder Prämienbindung an vseigene Verlaufsstatistiken vor (sei es individuelle Prämienanpassung, z. B. durch einen retrospective rating plan oder nach dem System des sogen. Seekaskoschragens, sei es im Anschluß an Branchen-Global-Statistiken). Für den Vmer steht demgegenüber die Herstellung der vollen Intensität des Vsschutzes im Vordergrund; eine Prämienerhöhung ohne gleichzeitige Beseitigung der Unterv ist durchweg schwer zu erreichen. Über eine 1970 eingeleitete Aktion des Verbandes der Sachver zur Summenerhöhung in der Hausratv Voss VW 1970 S. 855, vgl. auch R 5/70 des BAA vom 4. XI. 1970 (VA 1970 S. 320—321: Anm. 24).

[57] 1. Verhinderung der Verwirklichung des Tatbestandes der Unterversicherung.

Da der Vswert (Ersatzwert) objektiv zu ermitteln ist, kann eine stetige Vollwertv nur dadurch erreicht werden, daß die Vssumme dem Vswert angepaßt wird.

Solche Anpassung erfolgt gleichsam vollautomatisch, wenn man überhaupt auf eine Vssumme verzichtet (Anm. 10), oder sie erfolgt, indem man von vornherein übersetzte (summarische oder positionsweise: Anm. 11—12) Vssummen fixiert (was zunächst zu einer unrationellen Überv führt: Anm. 14 zu § 51, falls nicht — wie in der Feuerbetriebsunterbrechungsv — eine Prämienrückgewähr vorgesehen wird: Anm. 22).

Zweckmäßiger ist die Vereinbarung beweglicher Vssummen durch Summenausgleich (Anm. 14), Vorsorgev (Anm. 15), indexierte Vssummen (Anm. 16), gleitende Neuwertv (Anm. 17), Wertzuschlagsklauseln (Anm. 20), Wiederauffüllung der Vssumme nach einem Schadensfall (Anm. 21).

Bei der Stichtagsv für Vorräte (Anm. 18) entfällt der Tatbestand der Unterv nur, falls der Vmer dem Ver jeweils die Stichtagssumme pflichtgemäß **aufgibt**, und bei der gleitenden Vorratsv (Anm. 19) ist der Höchstwert der vten Güter für den voraufgegangenen Monat aufzugeben. Man könnte hier von **Halbautomatik** reden, weil es immerhin der (obligatorischen) Aufgaben des Vmers bedarf.

Von Automatik kann nicht gesprochen werden, falls eine **Willenserklärung** des Vmers und womöglich ein Vertrag mit dem Ver notwendig ist, um die Vssumme zu erhöhen. Eine Nachvspflicht des Vmers sowie ein Annahmezwang des Vers kommen in Betracht (generell Anm. 24). Beispiele bieten die für den Vmer fakultative, für den Ver obligatorische Nachzeichnung für Vorräte (Anm. 25), die Vereinbarung einer Erhöhung des Wertzuschlages im Rahmen der Wertzuschlagsklausel (Anm. 26), die gleichfalls letztlich zu vereinbarende Erhöhung der Stammvssummen nach der Klausel 6.06 (Anm. 27). In der See- und Transportv mit ihrem fiktiv gleichbleibenden Vswert hilft bei Wertsteigerungen eine Mehrwertv (Anm. 24, 32).

[58] 2. Verhinderung des Eintritts der Rechtsfolgen der Unterversicherung.

a) Erstrisikoversicherung.

aa) Begriff.

Bei einer V auf erstes Risiko (au premier risque) entschädigt der Ver bis zur Höhe der Vssumme jeden Schaden voll, ohne Rücksicht darauf, in welchem Verhältnis die Vssumme zum Ersatzwert steht. Die Proportionalitätsregel wird also **ausgeschaltet**; die Intensität des Vsschutzes ist = 1. Zu alledem Gürtler Probleme a. a. O. S. 18—19, G. Schmidt a. a. O. S. 6, Tuchschmid a. a. O. S. 24, RG 28. II. 1930 RGZ Bd 127 S. 306.

Nur dann, wenn ein Schaden die Vssumme überschreitet, hat ihn der Vmer selbst zu tragen; der Vmer trägt das „zweite Risiko" allein (G. Schmidt a. a. O. S. 7), weshalb man in der Schweiz von „Teilwertv" spricht (Gürtler Probleme a. a. O. S. 18). Während das erste Risiko summenmäßig durch die Vssumme fixiert ist, kann das zweite Risiko bei ausreichend hoher Vssumme = 0 sein, im übrigen schwanken und z. B. bei inflationärer Entwicklung stark ansteigen, wenn die Vssumme den Höchstschaden (Vswert) immer mehr unterschreitet. Es gehört aber nicht zum Begriff der Erstrisikov, daß der Vswert von vornherein höher ist als die Vssumme (so richtig G. Schmidt a. a. O. S. 8 gegen Rommel a. a. O. S. 68).

Jede Erstrisikov bringt für den Vmer die **Gefahr** mit sich, daß er gerade bei sehr hohen Schäden unzulänglich vert ist (G. Schmidt a. a. O. S. 107—108). Bei einer **Mengenunterv** (Anm. 30) nützt dem Vmer auch eine Erstrisikov nichts (RG 28. II. 1930 RGZ Bd 127 S. 303—307). Die Deutsche Feuervsvereinigung hat sechs gewichtige Bedenken gegen Erstrisikoven erhoben (wiedergegeben bei Döring a. a. O. S. 69—70).

Über Geschichte und Entwicklung der Erstrisikov sowie über die Erstrisikov im Ausland Berndt-Luttmer S. 78—79, G. Schmidt a. a. O. S. 14—47, 77—79, 95—104.

[59] bb) Anwendung.

Da bei der **Summenv** und — im Bereiche der Schadensv — bei der **Passivenv** der Vswert keine Rolle spielt, gibt es dort grundsätzlich auch keine Unterv (Anm. 6) und demzufolge auch keine Erstrisikov. Dennoch pflegt man gerade bei der Passivenv wegen der mangelnden Regulativfunktion des Vswertes zu sagen, es sei z. B. die Haftpflicht- oder Krankheitskostenv eine V auf erstes Risiko (vgl. nur Münchener Rückversicherungs-Gesellschaft, Einfluß der ‚Inflation' auf die V, München 1971, S. 17—18). Diese (juristisch unhaltbare) Zuordnung soll der wirtschaftlichen Tatsache Ausdruck leihen, daß die durchschnittliche Schadenshöhe sich immer stärker den Versicherungssummen annähert, etwa wegen Steigens der Löhne und Gehälter oder der (kostspieligen) Fortschritte der Heilbehandlung.

VII. Bekämpfung der Unterversicherung **§ 56**
Anm. 60

Ersetzt ein Sachver nebenher gewisse Passivenschäden, z. B. notwendige Aufwendungen, so fragt es sich, ob sich eine Unterv des Sachinteresses auch auf den Ersatz der Aufwendungen auswirken soll. Im Zweifel ist das nicht anzunehmen, und so bestimmt § 3 B III Abs. 3 VHB, daß die Bestimmungen über Unterv keine Anwendung finden, soweit es sich um den Ersatz der durch Einbruch oder Beraubung erforderlichen Aufwendungen für Beseitigung entstandener Beschädigungen der Versicherungsräume oder für Beschaffung neuer Schlüssel handelt.

Der Anwendungsbereich der Erstrisikov muß sich also auf die Aktivenv beschränken. Übersicht über Anwendungsfälle bei Brockmann ZfV 1952 S. 146—147, Prölss, Das Recht der Einbruchdiebstahlv, 3. Aufl., München-Berlin 1966, S. 143—144; vgl. auch die in Anm. 37 a. E. zitierten Fälle. In der Feuerv enthalten die Wertzuschlagsklauseln 6.02 IV, 6.03 III (Anm. 20) und die Spediteurvsklausel 4.02 I einen Verzicht auf den Einwand der Unterv. Bei Hausrat und Arbeitsgerät gilt die Außenv im Zweifel nicht als Erstrisikov (§ 4 III 3 AFB). Für die gebündelte Geschäftsv und die gebündelte V von Büro- und Verwaltungsbetrieben vgl. VA 1963 S. 134—135. Stets ist eine Einheitsv gemäß § 4 I EVB eine Erstrisikov: „Vergütet wird ohne Rücksicht auf den Gesamtwert der z. Z. des Vsfalls in ein und demselben Transportmittel oder Lager vorhandenen vten Waren bis zu den vereinbarten Höchsthaftungssummen..." Die Prämie wird hier monatlich von dem Gesamtwert der ausgehenden fakturierten und frei verkauften Waren berechnet (Umsatzprämie) (§ 6 I a EVB). Für die Maschinenv läßt sich eine „Vollwertklausel" vereinbaren, die einen Untervsverzicht beinhaltet, aber eine Prämiennachforderung vorsieht (vgl. von Gerlach, Die Maschinenv, Karlsruhe 1971, S. 98). Die Klein-BU-V wird auf erstes Risiko gewährt (§ 4 I 2 Sonderbedingungen: VA 1962 S. 4).

[60] cc) Arten.
Die Erstrisikov kommt in verschiedenen Erscheinungsformen vor:

α) Man unterscheidet die selbständige und die unselbständige Erstrisikov (Rommel a. a. O. S. 69, G. Schmidt a. a. O. S. 9). Letztere findet sich in Verbindung mit einer zum Vollwert abgeschlossenen Hauptv, und zwar entweder mit einer festen Summe oder mit einem Bruchteil der Hauptvssumme. Es wird z. B. eine Außenv des Hausrats auf erstes Risiko gewährt für Sachen im Werte bis zu 3000 DM oder bis zu 10% der Vssumme des gesamten Hausrats (§ 5 II VHB alte Fassung).

β) Rommel a. a. O. S. 67—68 bezeichnet die Bruchteilsv (Anm. 64) als unechte Erstrisikov, weil hier der Gesamtvswert noch eine Rolle spielt und die Proportionalitätsregel zur Anwendung kommen kann. Aus dem letztgenannten Grunde lehnt es aber G. Schmidt a. a. O. S. 12 ab, die Bruchteilsv als Unterart der Erstrisikov zu qualifizieren.

γ) G. Schmidt a. a. O. S. 12 will von einer unechten Erstrisikov dann sprechen, wenn „nicht in jedem Falle die Entschädigung ohne Rücksicht auf den Gesamtwert zur Zeit des Schadenfalles berechnet wird, ... also nicht immer auf die verhältnismäßige Berechnung der Entschädigung verzichtet wird. Diese Einschränkung tritt dann ein, wenn eine Klausel zugrunde gelegt ist, nach der ein Schaden dann nicht voll vergütet wird, wenn der Gesamtwert zur Zeit des Schadenfalles um einen bestimmten Prozentsatz den Gesamtwert bei Abschluß des Vertrages übersteigt. Dabei wird dann auch der beim Abschluß des Vertrages vorliegende Gesamtwert mit im Vsschein aufgenommen, oder es wird der auf erstes Risiko vte Bruchteil gekennzeichnet.... Es handelt sich also z. B. um eine unechte Erstrisikov, wenn der Ver bestimmt, daß der Gesamtwert zur Zeit des Eintritts des Schadens in dem Falle Einfluß auf die Entschädigungsberechnung hat, wenn der aus dem Vsschein ersichtliche Gesamtwert niedriger als 60% des Gesamtwertes zur Zeit des Schadenfalles ist." Man könnte hier auch von einer eingeschränkten oder bedingten Erstrisikov sprechen.

δ) Während es nach der unter γ) angeführten Regelung auf eine Begrenzung nach oben ankommt, liegt eine bedingte Erstrisikov auch dann vor, wenn bei nur geringfügigen Untervsen die Proportionalitätsregel außer Anwendung bleiben soll. Solche Limitierung nach unten enthält § 7 II c VGB 1962:

„Eine Unterv wird nur insoweit berücksichtigt, als sie 3 vom Hundert der Vssumme der betreffenden Position oder Positionen übersteigt."

Ähnlich § 2 II Sonderbedingungen für die gleitende Neuwertv von Wohngebäuden (Anm. 17), § 4 VI AWB. Wichtig ist für die Feuerv auch die von Fall zu Fall zu vereinbarende Klausel:

„2.07 Untervsverzicht

(1) Auf die Feststellung einer Unterv gemäß § 3 (4) AFB wird verzichtet, sofern der Schaden 1% der Gesamtvssumme nicht übersteigt und nicht mehr als 200 000 DM beträgt.

(2) Dieser Verzicht gilt nicht für Vorräte, die nach der Stichtagsklausel vert sind, und nicht für die Außenv. Die Vssumme für Vorräte, die nach der Stichtagsklausel vert sind, und die Vssumme für die Außenv werden bei der Feststellung der Gesamtvssumme nicht berücksichtigt."

Für die Einbruchdiebstahlv besteht die ähnlich formulierte Untervsverzichtsklausel (Nr. 56 ED-Klauselhaft = VA 1962 S. 2—3, 27 = VW 1961 S. 713).

[61] dd) Zustandekommen.

Jede Abweichung von § 56 und demzufolge auch eine Erstrisikov muß vereinbart werden. Die Vereinbarung muß ergeben, daß der Ver auf den Einwand der Unterv verzichten wolle.

Im Falle RG 12. VI. 1925 JW 1925 S. 1998—1999 = JRPV 1925 S. 214—215 (vgl. auch KG 20. XII. 1924 JRPV 1925 S. 29—30, 9. X. 1926 JRPV 1926 S. 308—310) wurde streitig, ob die Parteien eine Erstrisikov oder eine Bruchteilsv gewollt hatten. Im Falle OLG Kiel 21. II. 1905 SeuffArch Bd 60 S. 440—442 Nr. 231 hat das Gericht eine Pauschalv für landwirtschaftliche Produkte als Erstrisikov konstruiert (bedenklich).

Bedenklich war es, wenn das RAA mit Rundschreiben R 45/43 vom 10. VIII. 1943 von den Sachvsunternehmen eine geschäftsplanmäßige Erklärung forderte, wonach die Ver eine Unterv in zahlreichen Fällen nicht geltend zu machen versprachen (Text bei G. Schmidt a. a. O. S. 77—78). Hier wurde also durch eine Sammelverfügung eine Erstrisikov eingeführt. Die Sammelverfügung und die geschäftsplanmäßigen Erklärungen sind 1946 für hinfällig erklärt worden (VW 1946 Nr. 4 S. 18). Vgl. auch G. Schmidt a. a. O. S. 77—79.

[62] ee) Prämie.

Die Prämienkalkulation bildet vstechnisch das Hauptproblem der Erstrisikov. Näheres dazu bei G. Schmidt a. a. O. S. 48—68, Tuchschmid a. a. O. S. 77—95.

Besonders bei der Erstrisikov sind Möglichkeiten der Prämienkorrektur erwünscht, falls die Grundlagen der Prämienberechnung sich verschieben (so für die Maschinenv nach der „Vollwertklausel": Anm. 59 a. E.). Wird aber keine besondere Vereinbarung getroffen, so hat der Ver keinen Anspruch auf Prämienanpassung. Dazu G. Schmidt a. a. O. S. 71.

[63] ff) Sonstiges.

Die Entschädigungsberechnung ist bei der Erstrisikov einfach: Der Schaden wird bis zur Grenze der Vssumme voll entschädigt (Gürtler Probleme a. a. O. S. 18—19).

Die Vorteilsausgleichung bereitet bei der Erstrisikov einige Schwierigkeiten: Soweit der Vmer infolge unzulänglicher Vssumme im Schadensfall ein „zweites Risiko" getragen hat, wird man bei dem Übergang von Ersatzansprüchen das Differenzprinzip und § 67 I 2 mindestens analog anwenden müssen (vgl. Anm. 51). Handelt es sich bei den auszugleichenden Vorteilen nicht um Ersatzansprüche, sondern z. B. darum, daß gestohlene Sachen wieder herbeigeschafft werden, so ist die Rechtslage zweifelhafter. Eine Lösung bietet G. Schmidt a. a. O. S. 72—73, welcher — unter Berücksichtigung des Provenu — zusammenfassend den Schaden des Vmers feststellen und nachträglich noch einmal bestimmen will, welche Entschädigung der Ver zu leisten habe; „und

VIII. Selbstbeteiligung des Versicherungsnehmers §56
Anm. 64, 65

wenn diese dann niedriger ist als die ursprünglich gezahlte, muß der Differenzbetrag zurückgezahlt werden."

Das **Sachverständigenverfahren** erstreckt sich bei einer Erstrisikov logischerweise nicht auf die Untersuchung, ob eine Unterv vorliege (Prölss, Das Recht der Einbruchdiebstahlv, 3. Aufl., München-Berlin 1966, S. 143).

Auch die **Auskunfts- und Belegpflicht** des Vmers umfaßt hier keine Nachweise und Verzeichnisse sämtlicher vter Sachen (RG 12. VI. 1925 JW 1925 S. 1998—1999 = JRPV 1925 S. 214—215, Prölss a. a. O. S. 143).

Über die **Doppelv** bei Zusammentreffen einer Erstrisikov mit einer anderen V: Anm. zu § 59.

[64] b) Bruchteilsversicherung.

Die Bruchteilsv kommt besonders in der Einbruchdiebstahlv, aber auch in der V gegen Leitungswasserschäden (mit Vssummen ab 500 000 DM: Ziff. 33 Prämienrichtlinien) vor, weil hier nicht zu befürchten ist, daß alle vten Sachen vom Schaden betroffen werden; insbesondere Totalschäden sind selten. Deshalb reicht es hier aus, wenn ein Bruchteil des Gesamtwertes als Vssumme vereinbart wird, z. B. $\frac{1}{4}$, d. h. eine Vssumme von 25 000 DM bei einem Gesamtwert von 100 000 DM.

Hält sich ein Schaden im Rahmen der 25 000 DM, so wird er voll ersetzt; der Ver kann sich also nicht darauf berufen, daß die Vssumme nicht 100 000 DM, sondern nur 25 000 DM beträgt.

Stellt sich allerdings heraus, daß der Gesamtwert mit 100 000 DM zu niedrig angesetzt worden ist, so finden die Untervsregeln insofern Anwendung, als der Ver „den Ersatz nur im Verhältnis des tatsächlichen Gesamtwertes zu dem der Bruchteilsv zugrunde liegenden Gesamtwert" leistet (§ 4 V AWB). Beträgt also der Gesamtwert in Wahrheit 150 000 DM, so wird ein Schaden nur zu $^2/_3$ bis zur Höhe von 25 000 DM ersetzt, d. h. ein Schaden von 24 000 DM mit 16 000 DM, ein Schaden von 37 500 DM oder 50 000 DM mit 25 000 DM.

Für die Einbruchdiebstahlv bestimmt § 3 IV Abs. 3 AEB:

„Ist als Vssumme ein Bruchteil der Gesamtwertsumme der zu einer Gruppe (Position) gehörigen Sachen genommen, so tritt bei Feststellung einer Unterv an Stelle der Vssumme die Gesamtwertsumme."

Hiernach ist die Bruchteilsv ein **Zwischengebilde** zwischen Erstrisiko- und Vollwertv. Prölss, Das Recht der Einbruchdiebstahlv, 3. Aufl., München-Berlin 1966, S. 144: „Die Bruchteilv wirkt also, soweit der Schaden innerhalb der Bruchteilv liegt, wie eine V auf erstes Risiko. Daß sie aber Vollwertv ist..., zeigt sich, wenn die der Bruchteilberechnung zugrunde gelegte Gesamtwertsumme hinter dem vor dem Vsfall wirklich vorhandenen Gesamtwert zurückbleibt." Zur Abgrenzung vgl. auch KG 20. XII. 1924 JRPV 1925 S. 29—30, RG 12. VI. 1925 JW 1925 S. 1998—1999 = JRPV 1925 S. 214—215.

Wie eine Erstrisikov muß auch eine Bruchteilsv speziell **vereinbart** werden (Anm. 61 unter Hinweis auf einen Grenzfall). Zur Prämienberechnung: Henne ZVersWiss 1923 S. 276—285, Rommel a. a. O. S. 86—107, G. Schmidt a. a. O. S. 48—68.

Über das **Zusammentreffen** einer Bruchteilsv mit einer Erstrisiko- oder Vollwertv Anm. zu § 59.

Zum Fall einer Bruchteilsv, die für vier Vsorte mit Freizügigkeit vereinbart worden ist, vgl. Anonym VW 1959 S. 170.

[65] VIII. Selbstbeteiligung des Versicherungsnehmers.

1. Funktionen.

Für die rechtliche Behandlung der verschiedenen Arten von Selbstbeteiligung des Vmers können die mannigfachen **Zwecke** maßgeblich sein, die jeweils mit ihnen verfolgt werden (darüber die Zusammenstellungen bei Brockmann ZfV 1952 S. 201—203, Grob a. a. O. S. 163—244, Möller a. a. O. S. 189—198). Auch die **Nachteile** jeder Selbstbeteiligung dürfen nicht übersehen werden.

Als Einschränkung (Entwertung) des Vsschutzes kann — besonders in der Sozialv — die Selbstbeteiligung u. U. zu für den Einzelnen sozial untragbaren Belastungen führen und z. B. in der Krankenv sogar bewirken, daß ein Arzt nicht in Anspruch genommen, eine Krankheit verschleppt und dadurch verschlimmert wird; in der Kraftfahrhaftpflichtv könnte die Selbstbeteiligung den Autohalter zur Fahrerflucht verleiten.

Andererseits erleichtert die Selbstbeteiligung die Abgrenzung des Vsfalls, in der Transportv z. B. die Ausscheidung von normalen Abnutzungs- und Alterungsschäden, sowie von Beschaffenheitsschäden durch inneren Verderb, Schwund, Leckage (vgl. hierzu § 86 I 2 ADS); in der Krankenv werden kleine Unpäßlichkeiten, pseudomorbide Zustände von den Krankheiten leichter abgrenzbar.

Das subjektive Risiko wird für den Ver eingeschränkt, falls anspruchsvolle Vmer nicht wegen jeder Kleinigkeit den Ver in Anspruch nehmen können oder wegen ihrer Selbstbeteiligung hiervor zurückschrecken. Die Risikofreudigkeit wird eingedämmt. Die Vorsicht wird möglicherweise erhöht. Das Verantwortungsgefühl kann gesteigert werden, und — im Bereiche der Haftpflichtv — behält das Haftenmüssen seine poenale Funktion. Im Interesse der Schadensabwendung und -minderung kann es also liegen, erzieherisch wirkende Selbstbeteiligungen einzuführen, z. B. in der Feuer-, Sturm- und Tierv. Jede Selbstbeteiligung führt zu einer gewissen Identifikation des Vmers mit dem Ver.

Die Selbstbeteiligung sollte regelmäßig eine Prämienermäßigung bewirken, die allerdings geschmälert oder gar aufgezehrt wird, falls die Abwicklung der Vsverhältnisse durch ein kompliziertes Selbstbeteiligungssystem verteuert wird. So verursacht z. B. ein verwickeltes Bonus- und Malussystem nebst Beitragsermäßigung aus technischem Überschuß in der Kraftverkehrsv recht hohe Verwaltungskosten. Andererseits wird eine höhere Beitragsgerechtigkeit unmittelbar oder mittelbar erreicht, wenn schadensträchtige Risiken stärker belastet werden.

Die Ausscheidung von Bagatellschäden („Läpperschäden") kann zweckmäßig sein, zumal dann, wenn hier die Schadenswahrscheinlichkeit so hoch ist, daß eine V — auch in Anbetracht der Verwaltungskosten — kaum sinnvoll erscheint. Andererseits wirkt auch die Bezahlung kleiner Schäden werbend für den Vsgedanken; Selbstbeteiligungen sind durchweg unpopulär.

In einzelnen Vszweigen kann eine Selbstbeteiligung, kraft derer teils Vsschutz besteht, teils der Vmer den Schaden zu decken hat, zu Aufspaltungsproblemen führen: In der Haftpflichtv möchte im Falle der Selbstbeteiligung der Vmer es vielleicht auf einen Prozeß ankommen lassen, der Ver dagegen möchte die Sache außergerichtlich erledigen.

Betriebswirtschaftlich strebt der Ver mit der Selbstbeteiligung des Vmers eine Reduktion der Schadenszahlungen an. In Zeiten, in denen Vszweige sanierungsbedürftig sind, wird immer wieder die Einführung einer Selbstbeteiligung als Sanierungsmittel empfohlen, z. B. für die Feuerbetriebsunterbrechungsv.

Das Für und Wider der Selbstbeteiligung ist besonders für die (private und soziale) Krankenv immer wieder erörtert worden; Nachweise bei Möller a. a. O. S. 213 Anm. 69. Für die Haftpflichtv vgl. die Nachweise bei Johannsen Allg Haftpflichtv: G 52.

[66] 2. Abgrenzung.

Die Ausdrücke Selbstbeteiligung, Selbstbehalt, Eigenbehalt, Selbstv, Eigendeckung, Teilv, Franchise, (bei Kostenv:) Kostenbeteiligung des Vmers haben in der Vsfachsprache keine einheitliche feste Bedeutung (Grob a. a. O. S. 14—16).

Besteht überhaupt kein Vsvertrag und Vsschutz, sondern läuft der Vmer sein Risiko allein, so kann man von Eigendeckung reden, während das Wort Selbstv eine contradictio in se bedeutet, da jede V die Bildung einer Gefahrengemeinschaft voraussetzt (Anm. 4 zu § 1). Wird von einem Konzern ein sogen. Selbstvsunternehmen gegründet, so entsteht juristisch ein Partner für echte Vsverträge, mag auch wirtschaftlich das Vsprinzip nicht immer voll realisiert sein. Bei völliger Eigendeckung kann von Selbstbeteiligung nicht gesprochen werden.

VIII. Selbstbeteiligung des Versicherungsnehmers § 56
Anm. 67

In einem ganz breiten Sinn ergibt sich eine Selbstbeteiligung schon immer dann, wenn der Vsschutz nicht alle Bedarfsfälle deckt, weil die vte Beziehung (das vte Interesse), die vten Gefahren, die vten Schäden begrenzt sind, sei es primär, sei es durch Ausschlüsse (Anm. 11 vor §§ 49—80). Wenn Bargeld unvert bleibt, wenn die Gefahr innerer Unruhen ausgeschlossen wird, oder wenn der Ver nur für Totalverlust Vsschutz nimmt, so ergibt sich insoweit jedesmal ein Eigenrisiko des Vmers, und es kann ein ,,Vsfall" insoweit überhaupt nicht eintreten. Man spricht zuweilen von einer Teilv, wenn der Vsschutz solche Lücken aufweist (Grob a. a. O. S. 33—35).

Zu den Gefahrenausschlüssen gehören auch die Vorschriften, welche die Nichthaftung des Vers bei schuldhafter Herbeiführung des ,,Vsfalls" vorsehen (z. B. §§ 61, 151, und dazu für das schweizerische Recht Grob a. a. O. S. 20—24). Ferner ergibt sich eine ,,Selbstbeteiligung" des Vmers, wenn der Ver wegen einer Obliegenheitsverletzung des Vmers leistungsfrei wird (Anm. 20 zu § 6), wobei es sich auch um eine Teilverwirkung handeln kann (Anm. 21 zu § 6; Beispiele: §§ 6 III 2, 62 II 2, 67 I 3; zum schweizerischen Recht Grob a. a. O. S. 24—29). Besonders deutlich wird in beiden Fällen dem Vmer die Nichtgewährung des Vsschutzes, wenn der Ver in der Haftpflichtv den geschädigten Dritten zunächst befriedigt, dann aber vom Vmer intern Ausgleichung fordert (gemäß § 3 Nr. 9 S. 2 PflVG, § 158f[1]; aus dem Vshypothekenrecht vgl. § 104[1]).

In der Rückv nennt man den nichtrückvten Teil des vom Erstver übernommenen Risikos meistens Selbstbehalt.

Im Bereiche der Sozialv wird eine freiwillige V, die keine Weiter- oder Höherv ist, als Selbstv bezeichnet (Beispielsfall: § 176 RVO). Aber hier ist dieser Ausdruck irreführend, weil durch solche freiwillige V der Zustand der Vslosigkeit ja gerade erst beseitigt wird (vgl. Grob a. a. O. S. 29 Anm. 72).

[67] a) Abgrenzung von Prämienkorrekturen.

Man kann wirtschaftlich eine ,,Selbstbeteiligung" des Vmers auch dadurch erreichen, daß sich bei nichtschadensfreiem Verlauf die Prämie erhöht oder daß eine besondere Auszahlung oder Gutschrift oder Prämienermäßigung seitens des Vers unterbleibt.

Das ganze System solcher ,,Prämienkorrekturen" ist besonders in der Kraftfahrtv angewendet und verfeinert worden. Es kann mit prospektiven oder retrospektiven Methoden gearbeitet werden. Die Korrektur erfolgt entweder nur dann, wenn ein Überschuß beim Ver, den man auf verschiedenste Weise errechnen kann, die erforderlichen Mittel zur Verfügung stellt, oder ,,gewinnunabhängig", so daß dann bei der Prämienkalkulation die zu erwartenden Belastungen einzukalkulieren sind. Weitere Gestaltungsmodalitäten ergeben sich aus der Frage, ob z. B. bei Verwechsel oder Auswechselung eines Fahrzeugs oder Kraftfahrzeugveräußerung die Belastung oder Begünstigung des Vmers mitwandert. Geregelt werden muß auch das Problem, ob ein Vsvertrag auch dann als ,,schadensfrei" zu behandeln ist, wenn unbegründete Ansprüche Dritter abgewehrt werden, oder wenn der Ver lediglich auf Grund eines Teilungsabkommens (mit Privat- oder Sozialvern) leistet.

Nach der VO über die Tarife in der Kraftfahrtv (TVO, Abdruck: VA 1927 S. 38—44) kann jeder Unternehmenstarif nach der Dauer der Schadenfreiheit und nach der Anzahl der Schäden in Schadenklassen gegliedert sein. Die §§ 20 II—IV, 21 TVO lauten:

> ,,§ 20 Allgemeine Grundsätze
>
> ...
>
> (2) Ist der Unternehmenstarif nach der Dauer der Schadenfreiheit oder nach der Anzahl der Schäden gegliedert (Schadenklassen), so ist in den Tarifbestimmungen ferner für die verschiedenen Vsarten der Kraftfahrtv die Zuordnung des einzelnen Wagnisses zu einer bestimmten Schadenklasse zu regeln. In der Kraftfahrzeug-Haftpflichtv für Personen- und Kombinationskraftwagen sind Wagnisse von Vmern, die erstmalig einen Vsvertrag abschließen, der Schadenklasse mit der geringsten Schadenfreiheit zuzuordnen, wenn der Vmer nachweist, daß er mindestens seit drei Jahren eine Fahrerlaubnis hat; das gleiche gilt für

Wagnisse, die der Vmer zusätzlich zu einem bestehenden als schadenfrei zu behandelnden Wagnis gleicher Art vert, und für Wagnisse, deren Vsschutz nach § 5 der Allgemeinen Bedingungen für die Kraftverkehrsv (AKB) auf Verlangen des Vmers länger als drei Monate unterbrochen war, sofern der Vsvertrag vor der Unterbrechung als schadenfrei behandelt worden ist. § 6 Abs. 1 Satz 3 findet Anwendung.

(3) Wechselt der Vmer das Vsunternehmen, so hat das neue Vsunternehmen Dauer und Schadenfreiheit des bisherigen Vsvertrages sowie die Anzahl der Schäden vor dem Wechsel zu berücksichtigen, wenn sie durch eine Bescheinigung des bisherigen Vsunternehmens nachgewiesen werden. Das gleiche gilt für andere Gefahrenmerkmale, wenn sie für die Zuordnung des Wagnisses zu einer bestimmten Wagnisgruppe von Bedeutung sind. Das bisherige Vsunternehmen ist verpflichtet, die entsprechende Bescheinigung dem Vmer oder dem neuen Vsunternehmen auf Verlangen auszustellen.

(4) Geht der Vsvertrag auf einem anderen Vmer über, so entsteht für den Erwerber kein Anspruch auf Berücksichtigung von Gefahrenmerkmalen, die mit der Person des bisherigen Vmers verbunden sind. Geht der Vsvertrag auf den Ehegatten des Vmers über, so bleibt abweichend von Satz 1 die bisherige Zuordnung des Vsvertrages zu einer Schadenklasse unberührt.

§ 21 Schadenfreiheit

(1) Wird in dem Unternehmenstarif das Merkmal der Schadenfreiheit berücksichtigt, so ist ein Vsvertrag im folgenden Kalenderjahr nach Maßgabe der Tarifbestimmungen als schadenfrei zu behandeln und in eine Schadenklasse größerer Schadenfreiheit einzustufen, wenn er von Anfang bis Ende eines Kalenderjahres bestanden hat, ohne daß in dieser Zeit ein Schaden angemeldet worden ist, für den das Vsunternehmen Entschädigungsleistungen erbracht oder Rückstellungen gebildet hat. Bei Vsverträgen, die in den ersten sechs Monaten eines Kalenderjahres begonnen haben, gilt Satz 1 für das folgende Kalenderjahr entsprechend.

(2) Der Vsvertrag ist auch dann als von Anfang bis Ende eines Kalenderjahres bestehend zu behandeln, wenn der Vmer bei einem Wegfall des vten Wagnisses (§ 6 AKB) spätestens nach sechs Monaten ein Kraftfahrzeug oder einen Anhänger der gleichen Art und des gleichen Verwendungszwecks vert. Das gilt nicht in den Fällen des § 20 Abs. 4 Satz 2.

(3) Der Vsvertrag ist auch dann als schadenfrei zu behandeln, wenn das Vsunternehmen Aufwendungen erbracht oder Rückstellungen gebildet hat, die lediglich auf allgemeinen Vereinbarungen der beteiligten Vsunternehmen untereinander oder mit Sozialträgern beruhen. Das gleiche gilt, wenn Rückstellungen in dem auf die Schadenmeldung folgenden Kalenderjahr aufgelöst werden, ohne daß das Vsunternehmen Entschädigungsleistungen erbracht hat.

(4) Ist der Unternehmenstarif nach der Dauer der Schadenfreiheit des Vertrags gegliedert, so ist ein Vsvertrag, dessen Vsschutz nach § 5 AKB nicht länger als drei Monate oder bei Wehr- oder Ersatzdienstpflichtigen für die Dauer der Dienstzeit unterbrochen wird, wenn er zu Beginn der Unterbrechung als mindestens ein Kalenderjahr schadenfrei behandelt worden ist — abweichend von Absatz 1 —, erst dann in eine Schadenklasse größerer Schadenfreiheit einzustufen, wenn er nach Ende der Stillegung des Fahrzeuges mindestens ein volles Kalenderjahr ohne Schaden und ohne erneute Unterbrechung des Vsschutzes bestanden hat; bei einer Unterbrechung von mehr als drei Monaten gilt für die Einstufung des Vsvertrages nach Ende der Stillegung des Fahrzeuges die Bestimmung des § 20 Abs. 2 Satz 2.

(5) Ist der Unternehmenstarif nach der Dauer der Schadenfreiheit gegliedert, so ist ein Vsvertrag mit einer Schadenfreiheit von einem oder mehr Kalenderjahren unbeschadet des Absatzes 3 auch dann als schadenfrei zu behandeln, wenn innerhalb eines Kalenderjahres nicht mehr als ein Schaden gemeldet

VIII. Selbstbeteiligung des Versicherungsnehmers § 56
Anm. 68

worden ist, für den das Vsunternehmen Entschädigungsleistungen erbracht oder Rückstellungen gebildet hat. In diesem Falle ist der Vsvertrag jedoch in eine Schadenklasse geringerer Schadenfreiheit einzustufen. Die Sätze 1 und 2 gelten nach Maßgabe der Tarifbestimmungen entsprechend für Vsverträge mit einer Schadenfreiheit von zwei bis drei Kalenderjahren, wenn innerhalb eines Kalenderjahres nicht mehr als zwei Schäden gemeldet worden sind, und für Vsverträge mit einer Schadenfreiheit von vier und mehr Kalenderjahren, wenn innerhalb eines Kalenderjahres nicht mehr als drei Schäden gemeldet worden sind."

Während die vorstehende Regelung ohne Rücksicht auf eine Überschußerzielung gilt, kennen die §§ 22—27 TVO überdies die „Beitragsermäßigung aus technischem Überschuß", bei der gleichfalls die Schadenfreiheit berücksichtigt werden kann (§ 25 II TVO), so daß sich auch hier wirtschaftlich im Schadensfall eine Selbstbeteiligung des Vmers ergibt (statistischer Überblick für 1969: VA 1970 S. 290—293, für 1970: VA 1971 S. 293—296.

Auch der Krankenv sind auf den Schadensverlauf abstellende Gewinnbeteiligungssysteme geläufig.

Über alle diese Formen der Prämienkorrektur, Bonus und Malus vgl. schon Anm. 39—43 zu § 3, ferner Bachmann, Die Risikoprämie in der Kraftfahrzeug-Haftpflichtv, Karlsruhe 1968, S. 35—42 m. w. N., Grob a. a. O. S. 8—9 Anm. 12, Möller a. a. O. S. 210—211, in: v. Brunn, Die Tarifierung in der Kraftfahrzeugv, Köln-Berlin 1956, S. 67—110, Rösner VersArch 1959 S. 200—201.

Mit einer Prämienkorrektur verwandt ist eine Regelung, bei welcher im Schadensfall der Vmer eine Inanspruchnahme-, Auszahlungs-, Schadensbearbeitungsgebühr, speziell in der Krankenv eine Krankenscheingebühr zu tragen hat (Grob a. a. O. S. 9 Anm. 12, Möller a. a. O. S. 207—209).

[68] b) Abgrenzung von zeitlichen Einschränkungen.

Eine zur Selbstbeteiligung führende Risikobeschränkung ergibt sich auch, wenn zeitliche Schranken sich auswirken, und zwar zusätzlich zu dem vorgesehenen materiellen Vsbeginn und Vsende:

So kennt z. B. besonders die private Krankenv Wartezeiten, die regelmäßig drei Monate betragen und vom vorgesehenen materiellen Vsbeginn an zu laufen pflegen (vgl. §§ 2 I 1, 3 MBKK), wobei eine Wartezeiterkrankung auch dann ungedeckt bleibt, wenn sie über die drei Monate hinaus währt (vgl. auch Anm. 6, 10 zu § 2).

Die Terminologie bei den Ausdrücken Wartezeit und Karenzzeit schwankt. Meistens nennt man Karenzzeit eine Zeit, während derer nach Eintritt eines Vsfalls der Ver eine vereinbarte Dauerleistung noch nicht zu erbringen braucht; verwiesen sei auf die Karenztage der sozialen Krankenv im früheren § 182 I Ziff. 2 RVO: Krankengeld wurde „vom vierten Tage der Arbeitsunfähigkeit an gewährt." Man hat hier auch von einer „Zeitfranchise" gesprochen.

Wird eine Dauerleistung nur für eine bestimmte Zeit gewährt (obgleich die materielle Vsdauer an sich noch nicht abgelaufen ist), so spricht man von Aussteuerung (z. B. nach dem früheren § 183 I RVO: „Krankenhilfe endet spätestens mit Ablauf der sechsundzwanzigsten Woche nach dem Beginn der Krankheit."

Vgl. zur Karenzzeit und Aussteuerung BSozG 21. VIII. 1957 BSozGE Bd 5 S. 286, Möller a. a. O. S. 200—202, auch zur Wartezeit. Ebenso wie Wartezeiten sind auch Karenzzeiten und Aussteuerungen nicht nur bei Summen-, sondern auch bei Schadensven vorstellbar, z. B. bei Krankenhauskostenven.

Einer Karenzzeit verwandt ist in der Feuerbetriebsunterbrechungsv die etwas vage Regelung des § 3 IV FBUB, wonach der Ver nicht haftet für „nicht erhebliche Unterbrechungen, deren Folgen sich im Betriebe ohne wesentliche Aufwendungen wieder einholen lassen" (dazu Fusshoeller-John, Feuer-Betriebsunterbrechungs-V, Wiesbaden 1957, Anm. 10 zu § 3, S. 69—70: Ausschluß von Bagatellschäden). Die von Fall zu Fall zu vereinbarende Klausel 9.00: 48-Stunden-Klausel präzisiert den § 3 IV FBUB: „Für Unterbrechungen des Betriebes von weniger als 48 Stunden wird keine Entschädigung geleistet." Zu einer Art von „Aussteuerung" führt in der Feuerbetriebsunterbrechungsv die beschränkte Dauer der Haftzeit (§ 3 III FBUB: grundsätzlich 12 Monate); bei dem gedehnten Vsfall wird der Dehnungszeitraum beschränkt, gleichsam abgeschnitten (zur Verlängerung der Haftzeit bis zu 24 Monaten dient die Klausel 9.12). Zwecks Sanierung des Vszweiges werden weitere Formen der Selbstbeteiligung des Vmers vorgeschlagen.

Jedenfalls dienen alle genannten Regelungen (Wartezeit, Karenzzeit, Aussteuerung) i. w. S. einer Selbstbeteiligung des Vmers.

[69] 3. Begriff.

Infolge einer Selbstbeteiligungsregelung wird der beim Vmer durch einen Vsfall eingetretene Bedarf teilweise nicht gedeckt; in der Schadensv mindert sich der Entschädigungsanspruch des Vmers (Möller a. a. O. S. 212).

Grob a. a. O. S. 11 definiert als Wirtschaftswissenschaftler die Selbstbeteiligung i. w. S. folgendermaßen: „Eine Selbstbeteiligung des Vmers oder Vten liegt immer dann vor, wenn auf Grund eines konkreten, materiellen Vsverhältnisses und mittels einer besonderen Vereinbarung zwischen Ver und Vmer eine Risikoteilung stattfindet, welche sich immer auf die gleiche vte Gefahr bezieht und die bei Eintritt des befürchteten Ereignisses eine wirtschaftliche Belastung des Vten auslöst, deren Umfang maßgeblich von der Schadenhöhe bestimmt wird."

Im übrigen weist Grob a. a. O. S. 12—14 auf die Notwendigkeit hin, zwecks Ermittlung eines Begriffes der Selbstbeteiligung i. e. S. nur solche Institutionen zu erfassen, die unmittelbar auf den Selbstbeteiligungszweck abzielen, wobei er die Karenzfristen (trotz ihrer Zeitgebundenheit) einbezieht und sie neben die Franchise und die prozentuale Selbstbeteiligung stellt. Da die Franchise durchweg auch als prozentuale Selbstbeteiligung definiert wird, fehlen in der Aufzählung einige der in Anm. 70—73 erörterten Fälle. Vgl. ferner die Definition von Wriede in: Finke, Handwörterbuch des Vswesens, Bd 2, Darmstadt 1958, Sp. 1882—1886.

Wenn man im Anschluß an Grob a. a. O. S. 12—14 auf den Zweck, die Zielrichtung der Selbstbeteiligung abhebt, so sind aus dem Begriff der Selbstbeteiligung i. e. S. jene Fälle auszuscheiden, in denen ungewollt eine Vssumme nicht ausreichend bemessen ist, wobei auch an Erstrisikoven ohne ausreichende Vssumme zu denken ist, sowie an Bruchteilsven, bei denen die Gesamtwertsumme zu niedrig bemessen wurde. Damit scheidet auch jede nicht obligatorische Unterv aus dem Selbstbeteiligungsbegriff i. e. S. aus, obgleich hier der Vmer keine volle Entschädigung erlangt. Aber das beruht hier auf dem gleichsam normalen Funktionieren der leistungsbegrenzenden Instrumente Vssumme und Vswert, während bei einer Selbstbeteiligung i. e. S. zusätzliche wirtschaftlich-juristische Instrumente eingesetzt werden.

[70] 4. Arten.

Die gezielte Selbstbeteiligung des Vmers am eingetretenen Schaden, also die Minderung des Entschädigungsanspruchs, läßt sich in der Schadensv erreichen

a) kraft Vereinbarung oder (bislang mehr theoretisch) kraft Gesetzes, welches abdingbar oder zwingend sein könnte. Selbstbeteiligungsvereinbarungen sind teilweise in den AVB, öfters in besonderen Vsbedingungen vorgesehen. Die Ver können zur Erreichung der in Anm. 65 gekennzeichneten Ziele Selbstbeteiligungen des Vmers durchsetzen, sind dabei aber erfahrungsgemäß dem Druck des Wettbewerbs ausgesetzt (auch durch Maklerbedingungen).

b) obligatorisch oder freiwillig: Eine obligatorische Selbstbeteiligung führt zu Sanktionen, wenn der Vmer schon anfänglich oder aber später anderweitig zusätzlichen Vsschutz sucht; eine fakultative Selbstbeteiligung darf dagegen anderweitig abgedeckt werden.

c) durch in ihrem Umfang absolute oder relative Begrenzungen: Eine absolute Begrenzung arbeitet mit fixen Mindest- oder Höchstsummen, während eine relative Begrenzung abheben kann auf einen Vomhundertsatz oder anderen Bruchteil des

VIII. Selbstbeteiligung des Versicherungsnehmers

Vswertes, der Vssumme, des Schadens oder der Entschädigung, die sich ohne die Selbstbeteiligung ergeben würde.

d) durch **unbedingte** oder **bedingte Schmälerungen des Entschädigungsanspruches**, wobei im ersten Falle der Abzug allemal erfolgt (z. B. bei der Abzugsfranchise), während im zweiten Falle die Selbstbeteiligung des Vmers von der Schadenshöhe abhängt (z. B. bei der Integralfranchise).

Leistet der Ver **in natura**, so läßt sich im Falle der Selbstbeteiligung der Entschädigungsanspruch des Vmers nicht immer in natura schmälern. Würde dies z. B. in der Haftpflichtv geschehen, indem der Ver nur die „weitergehenden" unbegründeten Ansprüche abzuwehren und nur einen Teil der begründeten Ansprüche Dritter zu befriedigen hätte, so ergäbe sich eine mißliche Aufspaltung (Anm. 65), und es müßte zweckmäßigerweise geregelt werden, ob und inwieweit der Vmer dem Haftpflichtver in seinen Entscheidungen zu folgen hat. Zu denken ist auch an die Lösung, daß der Ver die (unteilbare) Naturalleistung zunächst voll erbringt, sich dann aber intern schadlos hält durch Teilrückgriff gegen den Vmer, evtl. sogar aus einem Depot des Vmers.

In der Praxis kommen als Institutionen der Selbstbeteiligung insbesondere vor: die **obligatorische Unterv** (Anm. 71), die **Schadensselbstbeteiligung** (Anm. 72) und spezieller die **Integral- und Abzugsfranchise** (Anm. 73).

[71] 5. Obligatorische Unterversicherung.

Nicht selten wird im Vsvertrage dem Vmer **auferlegt**, einen Teil des Vswertes ungedeckt zu lassen, also eine niedrigere Vssumme zu wählen. Dadurch entsteht **gewollt und gezielt** eine **Unterv**, und unmittelbar aus der Anwendung des § 56 ergibt sich die **proportionale Selbstbeteiligung** des Vmers. Die Prämie wird nur auf Grund der Vssumme berechnet (Bruck S. 526, Hinz a. a. O. S. 146).

Es gilt, jeweils durch Auslegung des Vsvertrages zu ermitteln, **ob dem Vmer wirklich eine Verhaltensnorm auferlegt werden sollte, die Differenz nicht anderweitig zu vern**. Ein Beispiel bietet § 9 II AFB:

> „Ist vereinbart, daß der Vmer einen Teil des Schadens selbst zu tragen hat (vereinbarte Selbstv), so darf er für diesen Teil keine andere V nehmen. Andernfalls wird die Entschädigung so ermäßigt, daß der Vmer den vereinbarten Teil des Schadens selbst trägt."

Man wird die Regel aufstellen können, daß immer dann eine obligatorische Unterv gewollt ist, wenn überwiegende Belange des Vers, insbesondere der Wunsch zur Einschränkung des subjektiven Risikos (vgl. Anm. 65) zur Vereinbarung der gewollten Unterv geführt haben. Überwogen dagegen die Interessen des Vmers, insbesondere sein Streben nach Prämiensenkung, so bleibt es ihm unverwehrt, später doch eine ergänzende zweite V abzuschließen.

Es ist überdies im Einzelfall zu prüfen, ob eine obligatorische Selbstbeteiligung **bei Schwankungen des Vswertes fortbestehen soll**:

Erster Fall: Anfangswert 100 000 DM, vereinbarte Vssumme 75 000 DM, also $\frac{1}{4}$ Selbstbeteiligung. Während der Vsdauer sinkt der Vswert auf 75 000 DM, und ein Totalschaden tritt ein. Erhält nun der Vmer die vollen 75 000 DM, oder muß die Entschädigung auch den Ersatzwert hier um $\frac{1}{4}$ unterschreiten? In dubio soll fortdauernd $\frac{1}{4}$ des (veränderlichen, laufenden) Vswertes unvert bleiben. — Mit guter Begründung wird übrigens befürwortet, in solchen Fällen die Vorschriften betreffend die Herabsetzung einer Überv (§ 51 I) entsprechend anzuwenden, sodaß im Beispielsfall nach Stellung des Verlangens zur Beseitigung der „Überv" Prämie nur noch auf eine Vssumme von 56 250 DM zu begleichen wäre (so Ehrenzweig S. 249, Hinz a. a. O. 148, Kisch III S. 230—231, Tsirintanis HansRGZ 1931 A Sp. 548).

Zweiter Fall: Steigt der Vswert während der Vsdauer, so tritt zu der obligatorischen Unterv eine ungewollte hinzu. Insoweit darf der Vmer eine Nachv abschließen. Besteht solche Nachv nicht, so ist bei der Entschädigungsberechnung nur die höhere

Möller

Unterv zu berücksichtigen. Steigt also im obigen Beispielsfall der Vswert von 100 000 DM auf 200 000 DM, und wird das vte Gut zur Hälfte von Schaden betroffen (Schaden also: 100 000 DM), so ergibt sich die Entschädigung aus der Formel

$$E = \frac{100\,000 \times 75\,000}{200\,000} = 37\,500 \text{ DM}$$

Infolge der doppelten Unterv trägt hier der Vmer also nicht ¼, sondern ⅝ des Schadens selbst. Ebenso Hinz a. a. O. S. 148, Tsirintanis HansRGZ 1931 A Sp. 548, vgl. auch Döring a. a. O. S. 68, Freygang a. a. O. S. 39–40.

Die **Folgen einer Verletzung** der Norm, eine Unterv abzuschließen und aufrechtzuerhalten, genauer: in Höhe der vereinbarten Selbstbeteiligung keinen anderweitigen Vsschutz in Anspruch zu nehmen, hängen von der Rechtsnatur der Unterlassungsnorm ab.

Würde es sich um eine echte Rechtspflicht des Vmers handeln, so läge eine bloße Nebenverpflichtung vor, die §§ 320—327 BGB (Rücktrittsrecht!) könnten also nicht angewendet werden. Zulässig wäre aber eine Unterlassungsklage zur Verwirklichung des Erfüllungsanspruches des Vers; jedoch ist in Wahrheit der Ver nicht stark daran interessiert, daß der Vmer eine anderweitige V unterläßt (oder gar eine schon genommene anderweitige V kündigt). Auch ein Schadensersatzanspruch des Vers bei schuldhafter Verletzung der Unterlassungspflicht seitens des Vmers erscheint nicht sinnvoll, da der Ver kaum einen Schaden wird nachweisen können. Dennoch erörtern die Möglichkeit einer solchen echten Rechtspflicht Hinz a. a. O. S. 157, Kisch, Die mehrfache V desselben Interesses, Berlin 1935, S. 234, beide (m. E. irrig) unter Zubilligung eines Rücktrittsrechtes.

Man wird der Interessenlage besser gerecht, wenn man eine bloße Obliegenheit des Vmers annimmt (Bruck 7. Aufl. Anm. 6 zu § 56, S. 211), deren Verletzung sanktionslos bleibt, falls im Vsvertrage keine Verletzungsfolgen vorgesehen sind (Anm. 17 zu § 6).

Meistens sehen die Vsbedingungen eine teilweise Leistungsfreiheit des Vers für den Fall vor, daß er die Verhaltensnorm verletzt. Es „wird die Entschädigung so ermäßigt, daß der Vmer den vereinbarten Teil des Schadens selbst trägt" (vgl. den oben wiedergegebenen § 9 II 2 AFB, ferner § 9 II 2 AEB, § 10 II 2 AWB). Die Kürzung kommt allein bei dem Ver in Betracht, der die obligatorische Unterv vereinbart hat. Wird also ein Gebäude im Werte von 100 000 DM beim Ver A unter Vereinbarung einer obligatorischen Unterv von 25% mit 75 000 DM vert, und nimmt der Vmer anderweitige V beim Ver B für 25 000 DM, so erhielte er im Fall eines Totalschadens von B 25 000 DM, von A jedoch nur 50 000 DM, so daß er durch die anderweitige V von seiner 25prozentigen Selbstbeteiligung nicht befreit wird (Hinz a. a. O. S. 158, Kisch a. a. O. S. 234—235 mit Anm. 17, Raiser Anm. 25 zu § 10, S. 279).

Handelt es sich um eine vereinbarte Obliegenheit, so muß auch das Verschuldensprinzip (mit dem Klarstellungserfordernis) gemäß § 6 I gelten. Unverschuldet wäre z. B. die Verletzung der Obliegenheit dann, wenn der Vmer die anderweitige V nicht genommen hat, sondern sie gemäß § 69 I beim Erwerb einer vten Sache auf ihn übergegangen ist. Die Anwendbarkeit des Verschuldensgrundsatzes betonte Bruck S. 525—526, 7. Aufl. Anm. 6 zu § 56, S. 211, sah aber in den oben zitierten Ermäßigungsabreden (zu Unrecht) keine Vereinbarung einer teilweisen Leistungsfreiheit des Vers. Ebenso Hinz a. a. O. S. 158, Raiser Anm. 25 zu § 10, S. 279, der jedoch den Obliegenheitscharakter zu bezweifeln scheint. Jedenfalls müßte § 6 I angewendet werden, falls für den Fall der Verletzung volle Leistungsfreiheit des ersten Vers ausbedungen wird (Bruck JRPV 1931 S. 362).

Bruck 7. Aufl. Anm. 6 zu § 56, S. 211 sah überdies in der anderweitigen Deckung des Selbstbehaltes einen gefahrerheblichen Umstand (§ 16 I 1) oder eine Gefahrerhöhung (§ 23 I); beides ist abzulehnen.

Hinsichtlich der Vorteilsausgleichung gelten bei obligatorischer Unterv keine Besonderheiten: Ersatzansprüche gegen Dritte können auf den Ver gemäß § 67 I 1 nur in Höhe der Untervsentschädigung übergehen. Es gilt die Differenztheorie mit Quotenvorrecht des Vmers sowie § 67 I 2. Zu alledem Anm. 51.

VIII. Selbstbeteiligung des Versicherungsnehmers § 56
Anm. 72

[72] 6. Schadensselbstbeteiligung.

Während bei der obligatorischen Unterv (Anm. 71) die Diskrepanz zwischen Vssumme und Vswert sowie die Proportionalitätsregel zu einer Selbstbeteiligung des Vmers führen, ist bei einer Schadensselbstbeteiligung vom Normalfall auszugehen, wonach der Vmer prinzipiell eine ausreichende Vssumme wählt und darauf die Prämie bezahlt (wobei allerdings der Satz der Prämie wegen der Schadensselbstbeteiligung möglicherweise reduziert wird). Im Schadensfalle wird dann aber von der Geldleistung des Vers, wie sie sich aus den leistungsbegrenzenden Faktoren: Vssumme, Schaden und Vswert ergeben würde, ein Abzug gemacht. Dabei kann sich ergeben, daß der „Abzug" höher ist als die an und für sich vom Ver zu erbringende Geldleistung, so daß der Vmer infolge seiner Schadensselbstbeteiligung nichts erhält. — Ist ausnahmsweise die gewählte Vssumme unzulänglich, so wird prinzipiell auf Grund der Proportionalitätsregel die Entschädigung errechnet und hiervon die Schadensselbstbeteiligung abgezogen (so auch Eichler S. 143, von Gierke II S. 313—314, Martin VW 1969 S. 81, Prölss-Martin[18] Anm. 2 zu § 56, S. 288, a. A. Freygang a. a. O. S. 30).

Der Abzug kann gleichsam an der Spitze des sich normalerweise ergebenden Entschädigungsbetrages gemacht werden, meistens aber erfolgt der Abzug am „unteren Ende", z. B. bei den „ersten" 100 DM oder 3%. Im erstgenannten Falle wirkt die Schadensselbstbeteiligung ganz ähnlich wie eine Vssumme, z. B. dann, wenn in einer Krankenv „Höchstsätze" vorgesehen werden, etwa für Zahnbehandlung je Vsjahr, vielleicht ansteigend mit der Vszeit und maximiert auf das X-fache der Mindestsätze von Gebührenordnungen oder Leistungsverzeichnissen (vgl. Anm. 14 zu § 50), oder dann, wenn bei einer Neuwertv eine Entwertungsstaffel die Entschädigung nach oben begrenzt. Über einen Zweifelsfall einer Selbstbeteiligung: VA 1916 S. 113—114 (Einbruchdiebstahlv: „von den ... vten Objekten ... für 1000 M im Schaufenster").

Eine Mindestselbstbeteiligung und eine Höchstselbstbeteiligung lassen sich unterscheiden und möglicherweise kombinieren.

Die Schadensselbstbeteiligung kann ausgedrückt sein in einem absoluten Betrag oder durch eine relative Größe, z. B. einen Vomhundertsatz der (ohne Selbstbeteiligung zu zahlenden) Entschädigung oder des Schadens oder des Vswertes oder der Vssumme. Ist in dieser Beziehung eine Vereinbarung unklar, so wird sie zugunsten des Vmers auszulegen sein, da — ähnlich wie eine Ausschlußklausel — eine Selbstbeteiligung des Vmers einen Ausnahmetatbestand darstellt.

Die Schadensselbstbeteiligung kann — je nach Vereinbarung — berechnet werden auf die gesamte Geldleistung des Vers oder bei einer positionsweisen V auf einzelne (und mehrere) Positionen. Regelmäßig wird bei jedem Vsfall die Selbstbeteiligung in Abzug gebracht (Prölss-Martin[18] Anm. 2 zu § 56, S. 288), aber es gibt auch — besonders in der Krankenv — die Möglichkeiten, auf das ganze Vsjahr oder (für den Vmer ungünstiger) auf jeden Auszahlungsfall abzuheben.

Der Ausdruck Franchise wird öfters in ganz weitem Sinne für jede Schadensselbstbeteiligung benutzt. Es empfiehlt sich aber, den Begriff nur zu verwenden (wie traditionell in der See- und Transportv) für prozentuale Schadensselbstbeteiligungen, die vom Vswert her bestimmt werden. Speziell über solche Integral- oder Abzugsfranchisen vgl. Anm. 73.

Beispiele für absolute Selbstbeteiligungsbeträge: § 4 III Allgemeine Bedingungen für die V gegen Sturmschäden (Begründung: VA 1968 S. 286):

„Bei der V von Gebäuden trägt der Vmer ... für jeden Schaden an jedem Gebäude 200 DM selbst."

Auch im Rahmen der Autokaskov wird durchweg eine absolut bezifferte Selbstbeteiligung vereinbart. Hierzu sowie zur Wildschadendeckung besagt § 13 VIII, IX AKB:

„Eine vereinbarte Selbstbeteiligung gilt für jedes vte Fahrzeug besonders. Sie gilt aber nur für die Vollv, und hierbei auch nur insoweit, als der Vsschutz in der Vollv sich über die Teilv hinaus erstreckt.

Bei einem Wildschaden ... wird in der Teilv und in der Vollv mit einer vereinbarten Selbstbeteiligung von 250 DM oder mehr nur der Teil des Schadens

Möller 375

ersetzt, der 250 DM übersteigt. In der Vollv ohne Selbstbeteiligung gilt diese Begrenzung nicht. In der Vollv mit einer Selbstbeteiligung unter 250 DM wird der Schaden abzüglich dieser Selbstbeteiligung ersetzt."

Soweit eine allgemeine Haftpflichtv Sachhaftpflichtv ist, besteht die Möglichkeit, eine Schadensselbstbeteiligung des Vmers für den Fall vorzusehen, daß ein Sachschaden geringen Ausmaßes eintritt. So der (vertraglich oft für unanwendbar erklärte: Johannsen AllgHaftpflichtv: G 52) § 3 II 1 Abs. 1 S. 2, 3 AHB:

>„Für Sachschäden ist die Leistungspflicht des Vers bei jedem Schadenereignis auf den Ersatz desjenigen Teils des Schadens begrenzt, der den Betrag von DM 30,— übersteigt. Sind aus einem Schadenereignis nur Sachschäden entstanden und übersteigt die für Sachschäden beanspruchte Entschädigung insgesamt nicht den Betrag von DM 30,—, so sind die Ansprüche nicht Gegenstand der V"."

Kombinationen von summenmäßigen und prozentualen Schadensselbstbeteiligungen sind häufig: Für die Maschinenv lautet die Klausel 120 (VA 1969 S. 8):

>„Der Vmer trägt von jedem entschädigungspflichtigen Schaden 20%, mindestens aber den gemäß 4.4.1. AMB vereinbarten Selbstbehalt."

Die letztgenannte Vorschrift bringt Einzelheiten über die Berechnung des Selbstbehalts (VA 1969 S. 4):

>„4.4. Selbstbehalt
>
>4.4.1. Der Vmer trägt von jedem entschädigungspflichtigen Schaden den vereinbarten Selbstbehalt.
>
>4.4.2. Werden durch ein Schadenereignis mehrere vte Sachen betroffen, so wird der Selbstbehalt von der Entschädigung für jede vte Sache einzeln abgezogen.
>
>4.4.3. Wird eine vte Sache von mehreren Schadenereignissen betroffen, so wird der Selbstbehalt von jeder Entschädigung einzeln abgezogen, wenn kein ursächlicher Zusammenhang dieser Schadenereignisse untereinander besteht."

Dazu von Gerlach, Die Maschinenv, Karlsruhe 1971, S. 82—85, Martin VW 1969 S. 81—82.

Einfacher bestimmt § 3 IV AVB für die Bauwesenv von Wohngebäuden (VA 1969 S. 13):

>„Der Vmer trägt von jedem Schaden 10 v. H., wenigstens aber DM 200,—."

Für die Montagev vgl. VA 1952 S. 88.

Auch § 10 III AFVB hält (für die Fahrradv) eine Schadensselbstbeteiligung für zweckmäßig:

>„An jedem ersatzpflichtigen Schaden hat sich der Vmer mit 10 v. H. der Entschädigung, mindestens aber mit 10,— DM zu beteiligen."

Eine Sonderform der Selbstbeteiligung besteht bei einer Neuwertv mit Entwertungsstaffel, z. B. nach § 2 II Sonderbedingungen für die Neuwertv landwirtschaftlicher Gebäude (VA 1968 S. 301):

>„Ist der Zeitwert eines Gebäudes niedriger als 80 v. H., aber noch mindestens 50 v. H. des Neubauwertes, so werden Schaden (§ 2 Abs. 1a) und Reparaturkosten (§ 2 Abs. 1b) bei einem Zeitwert
>
>unter 80 v. H.—75 v. H. des Neuwertes mit 97,5 v. H.
>unter 75 v. H.—70 v. H. des Neuwertes mit 95   v. H.
>unter 70 v. H.—65 v. H. des Neuwertes mit 92,5 v. H.
>unter 65 v. H.—60 v. H. des Neuwertes mit 90   v. H.
>unter 60 v. H.—55 v. H. des Neuwertes mit 85   v. H.
>unter 55 v. H.—50 v. H. des Neuwertes mit 80   v. H.
>
>ersetzt."

Näheres zur Entwertungsstaffel bei Matzen, Die moderne Neuwertv im Inland und Ausland, Karlsruhe 1970, S. 69. Entspricht die Vssumme nicht dem vollen Neuwert, so ist dennoch bei der Schadensberechnung zunächst vom Neuwert auszugehen und die Staffel anzuwenden. Erst dann kommt die Proportionalitätsregel zum Zuge (so § 2 III Sonderbedingungen a. a. O.). Ist also ein landwirtschaftliches Gebäude mit einem Neuwert von 200 000 DM halb verbrannt, war es aber schon zu 62 v. H. entwertet und betrug die Vssumme nur 150 000 DM, so ist für die Entschädigungsberechnung auszugehen von 90 v. H. von 100 000 DM = 90 000 DM, und nunmehr ist die Proportion Vssumme = 150 000 zu Vswert = 200 000 = ¾ zu ermitteln. Die Entschädigung beträgt also ¾ von 90 000 DM = 67 500 DM. Die Berechnungsweise weicht also von jener ab, die normalerweise bei Zusammentreffen von Schadensselbstbeteiligung und Unterv geboten ist: Errechnung der Entschädigung auf Grund der Proportionalitätsregel und hiervon Abzug der Schadensselbstbeteiligung.

Bei der „großen" Feuerbetriebsunterbrechungsv will man durch Selbstbeteiligungen die Risiken leichter tragbar machen und zu schnellen Schadensminderungsmaßnahmen anregen. Bei Großrisiken (mit einer Vssumme von 50 Mio. DM) wird

„a) die Entschädigungsleistung je Schadenereignis begrenzt auf einen vom Vmer festzusetzenden Prozentsatz der Vssumme (Ausfallquote),
höchstens jedoch auf 50 Mio. DM (Regelhöchstentschädigung) ...
b) eine Abzugsfranchise in Höhe von 50 000 DM vereinbart. Diese Abzugsfranchise kann auch gegen einen Prämienzuschlag nicht abgelöst werden."

So § 217 Prämienrichtlinien. Die „Ausfallquote" — ein recht unklarer neuer Begriff — begrenzt die Ersatzpflicht des Vers auf einen Prozentsatz, z. B. 30 v. H. der Vssumme, die hiernach ihre übliche eigenständig leistungsbegrenzende Funktion einbüßt, aber weiterhin prämienbestimmend bleiben soll. Wie die Vssumme bemessen wird, bleibt anscheinend der Parteivereinbarung überlassen: Durch eine (teure) hohe Vsumme, also im Wege der Überv, läßt sich die (unter a) geregelte Selbstbeteiligung vermeiden. Bei Ausfallquoten bis zu 25% können Prämienabschläge, bei solchen über 30% sollen Prämienzuschläge berechnet werden.

Bei der Speditionsv, welche vom Spediteur zugunsten des Auftraggebers genommen wird, besteht eine Besonderheit darin, daß der Spediteur (also der Vmer, nicht der Vte) gemäß § 14 I SVS am Schaden beteiligt wird, damit er Schäden möglichst vermeide:

„Der Spediteur hat den Vern ... 10 v. H. desjenigen Betrags unverzüglich zu erstatten, den die Ver je Schadensfall bezahlt haben, höchstens jedoch DM 300,— zuzüglich einer festen Schadensbeteiligung von DM 10,— je Schadensfall."

Für den Bereich der Rückv ist 1971 nachstehende „Klausel für Schadensselbstbeteiligung" geschaffen worden:

„(1) Übersteigen die Gesamtschäden eines Geschäftsjahres einen Satz von ..% der verdienten Prämie, so beteiligt sich die Zedentin mit 20% an den über diesen Satz hinausgehenden Schäden, höchstens jedoch mit 8% der verdienten Prämie.

(2) Unter Gesamtschäden im Sinne der vorstehenden Bestimmung ist der Betrag der im Geschäftsjahr bezahlten Schäden zuzüglich der auf das folgende Jahr vorgetragenen und abzüglich der aus dem Vorjahr übernommenen Schadenreserve zu verstehen.

Der Schadensatz wird in der Weise berechnet, daß den Gesamtschäden die verdiente Prämie gegenübergestellt wird.

Unter verdienter Prämie ist die Prämieneinnahme des Geschäftsjahres zuzüglich der aus dem Vorjahr übernommenen Prämienüberträge abzüglich der für das folgende Jahr zurückgestellten Prämienüberträge zu verstehen.

(3) Eine Schadenselbstbeteiligung wird bei der Staffelprovisions- bzw. Gewinnanteilsberechnung berücksichtigt."

Anders als bei der obligatorischen Unterv (Anm. 71) darf man bei einer vereinbarten Schadensselbstbeteiligung nicht ohne weiteres annehmen, der Vmer habe eine anderweitige Abdeckung des Risikos zu unterlassen. Zur Begründung solcher Obliegenheit bedarf es einer Würdigung des Zweckes der Selbstbeteiligung, möglichst einer besonderen Vereinbarung, wie sie z. B. enthalten ist in § 9 VHB:

> „Soweit Entschädigungsbegrenzungen vereinbart sind, ermäßigt sich bei mehrfacher V des Hausrats der Entschädigungsanspruch für Sachen, die der Entschädigungsbegrenzung unterliegen, in der Weise, daß der Vmer aus allen Vsverträgen insgesamt nicht mehr erhält, als wenn er die Gesamtsumme in einem Vertrage bei einem Ver in Deckung gegeben hätte."

Dazu vgl. auch Prölss, Das Recht der Einbruchdiebstahlv, 3. Aufl., München-Berlin 1966, S. 192—193. Über die Wegbedingung der Entwertungsstaffel bei der Neuwertv vgl. Matzen a. a. O. S. 69, Schröder VW 1948 S. 273, auch VW 1948 S. 25, 1949 S. 279, 1952 S. 471. Bei Verletzung einer obligatorischen Selbstbehaltsvorschrift konstruiert Korth ZVersWiss 1928 S. 217—218 eine positive Vertragsverletzung mit Schadensersatzpflicht des Vmers (aber worin besteht der Schaden des Vers?).

Auch in Höhe der Schadensselbstbeteiligung können Ersatzansprüche nicht auf den Ver übergehen (vgl. hierzu OLG Stuttgart 7. III. 1962 VersR 1962 S. 1196—1197). Im übrigen gilt das hinsichtlich der Vorteilsausgleichung in Anm. 71 Gesagte. Über einen Fall der Wiederherbeischaffung einbruchdiebstahlvter Sachen bei Selbstbehalt des Vmers: LG Freiburg 12. XII. 1960 VersR 1961 S. 409—410.

Über die Auswirkung einer Schadensselbstbeteiligung auf den Prozeßkostenersatz in der Haftpflichtv vgl. Johannsen AllgHaftpflichtv: G 53.

Über die Unanwendbarkeit einer (summenmäßigen) Schadensselbstbeteiligung bei Aufwendungsersatz: OLG Hamburg 29. III. 1935 JRPV 1935 S. 271—272.

[73] 7. Integral- und Abzugsfranchises.

Von der See- und Transportv herkommend bildet die Franchise einen Sonderfall der Schadensselbstbeteiligung (Hinz a. a. O. S. 154). Zu denken ist an prozentuale Schadensbeteiligungen, die vom Vswert her bestimmt werden (Anm. 72), bei taxierten Ven von der Taxe her (Anm. 28 zu § 57). Zur Geschichte: CruzigerAssJhrb Bd 32 II S. 31—51.

Bei der **Integralfranchise** ist die Beteiligung des Vmers bedingt. Übersteigt der Schaden einen bestimmten Prozentsatz des Vswertes, so wird der gesamte entstandene Schaden voll ersetzt. Hauptfall § 34 ADS:

> „Schaden von weniger als 3%
>
> (1) Der Ver haftet nicht für einen Schaden, wenn dieser 3% des Vswerts nicht erreicht.
>
> (2) Der Ver haftet für Beiträge zur großen Haverei und Aufopferungen auch dann, wenn diese 3% des Vswerts nicht erreichen. Das Gleiche gilt von der Haftung für den durch einen Schiffszusammenstoß entstandenen mittelbaren Schaden und für die im § 32 Abs. 1 Nr. 1 und 2 und im § 95 Abs. 3 bezeichneten Aufwendungen. Schäden und Aufwendungen, für die der Ver hiernach unbeschränkt haftet, sowie die im § 32 Abs. 1 Nr. 3 bezeichneten Kosten kommen für die Berechnung der nach Absatz 1 maßgebenden Haftungsgrenze nicht in Betracht.
>
> (3) Bei einer V, die sich auf das Schiff bezieht, ist für jede Reise besonders zu ermitteln, ob der Schaden in dem im Absatz 1 bezeichneten Verhältnisse zum Vswerte steht. Als Reise im Sinne dieser Bestimmung gilt jede Fahrt, zu der das Schiff von neuem ausgerüstet oder die auf Grund eines neuen Frachtvertrags oder nach vollständiger Löschung der Ladung angetreten wird, sowie jede Zureise in Ballast. Die zwischen zwei Reisen liegende Zwischenzeit wird der vorhergehenden Reise zugerechnet."

VIII. Selbstbeteiligung des Versicherungsnehmers § 56
Anm. 73

§ 34 ADS (vgl. auch §§ 845, 846 HGB) wird öfters abgeändert, z. B. durch § 6 Klauseln für Baurisiken. In genereller Form sagt § 117 ADS (ähnlich § 847 HGB) zu Integralfranchiseklauseln:

"**Frei von gewissen Prozenten**"

Die Bestimmungen des § 34 über die Haftung des Vers im Falle eines 3% des Vswerts nicht erreichenden Schadens finden entsprechende Anwendung."

Bei einer Tabakv "Frei von 10% Beschädigung" wäre ein Beschädigungsschaden von 9% nicht, von 11% voll zu ersetzen; für einen Schaden, der kein Beschädigungsschaden ist, z. B. für einen Diebstahl gilt § 34 ADS weiter, d. h. ein Diebstahl von 2% läßt den Ver nicht haften, ein Diebstahl von 4% läßt ihn voll haften (Ritter-Abraham Anm. 2 zu § 117, S. 1352—1353). Über Integralfranchisen in der Seekaskov vgl. Stelloh VW 1970 S. 159.

Integralfranchisen spielen auch in der Hagelv eine bedeutsame Rolle (Bruck S. 431). § 1 II AHagB besagt:

"Schäden, die 8% des zu ersetzenden mengenmäßigen Ertrags eines jeden Feldstücks oder Feldstückteiles, getrennt nach Vsgegenständen, nicht erreichen, trägt der Vmer selbst."

Dazu Knoll, Hagelv, Wiesbaden 1964, S. 21—24 (zugleich über andere Franchiseformen), Lukis VW 1951 S. 12—13.

Im Gegensatz zur Integralfranchise führt die **Abzugsfranchise** (Decort-, Exzedentenfranchise) zu einem **unbedingten** Abzug. Diese (seltenere) Klausel ist geregelt in § 118 ADS:

"**Frei von gewissen ersten Prozenten**"

Der Ver haftet für einen Schaden nur, soweit dieser die im Vertrage bestimmten Prozente des Vswertes übersteigt."

Beträgt bei Vereinbarung der Klausel: "Frei von den ersten 10%" der Schaden 15%, so haftet der Ver nur für 5% (Näheres bei Ritter-Abraham Anm. 3—7 zu § 118, S. 1353—1354).

Sehr verbreitet sind Abzugsfranchisen bei allen Formen der Kreditv, damit bei der Kredithingabe der Vmer besondere Vorsicht walten läßt (Näheres bei von Halem, Kreditv, Wiesbaden 1964, S. 38, 47, 54, 55, 63, 64, 66—67, 70, auch für Ausfuhrgarantien und -bürgschaften, Korth ZVersWiss 1928 S. 217—218, ferner vgl. RAA VA 1928 S. 154—155 und aus Vsbedingungen VA 1938 S. 160 (§ 4), VA 1958 S. 51, 52 (§§ 7, 13 II). Zum vorgesetzlichen Recht: RG 4. VII. 1905 Gruchot Bd 50 S. 405—410 Nr. 28.

Integral- und Abzugsfranchisen, welche übrigens mit den Freigrenzen und Freibeträgen des Steuerrechts verglichen werden können, werden nicht selten anderweitig vert, besonders in der Kaskov (Ritter-Abraham Anm. 3 zu § 34, S. 574); solche anderweitige V ist dem Vmer im Zweifel nicht verboten. In der Kreditv ist allerdings dem Vmer die Abdeckung verwehrt, und zwar im Wege einer Obliegenheit mit Sanktion der vollen Leistungsfreiheit (dazu Bruck S. 525—526).

Regelmäßig haftet ein Seegüterver gemäß § 82 I 1 ADS für eine Beschädigung nur im Falle einer Strandung. Diese Regel soll nach § 82 II Ziff. 2 ADS bei besonderer Vereinbarung einer Franchise nicht gelten. Hierzu Ritter-Abraham Anm. 4 zu § 82, S. 1029.

Für die Binnentransportv von Schiffen enthalten Franchiseregelungen Ziff. 5 Besondere Bedingungen für das Rheingebiet, Ziff. 3 für das Wesergebiet, Ziff. 3, 7 für das Elbegebiet.

§ 57

Der Versicherungswert kann durch Vereinbarung auf einen bestimmten Betrag (Taxe) festgesetzt werden. Die Taxe gilt auch als der Wert, den das versicherte Interesse zur Zeit des Eintritts des Versicherungsfalls hat, es sei denn, daß sie den wirklichen Versicherungswert in diesem Zeitpunkt erheblich übersteigt. Ist die Versicherungssumme niedriger als die Taxe, so haftet der Versicherer, auch wenn die Taxe erheblich übersetzt ist, für den Schaden nur nach dem Verhältnis der Versicherungssumme zur Taxe.

Taxierte Versicherung.

Gliederung:

Entstehung Anm. 1

Schrifttum Anm. 2

I. Wesen der Taxe Anm. 3—8
  1. Begriff der Taxe Anm. 3
  2. Zweck der Taxe Anm. 4
  3. Anwendungsbereich der Taxe Anm. 5—8
    a) Negativ: Summen- und Passivenv Anm. 5
    b) Positiv: Aktivenv Anm. 6—8
      aa) Sachv Anm. 6
      bb) V von Forderungen und sonstigen Rechten Anm. 7
      cc) Gewinnv Anm. 8
  4. Abgrenzung der Taxe Anm. 9—15
    a) von der Vssumme Anm. 10
    b) von der „vorläufigen" Taxe Anm. 11
    c) von der Vorschätzung Anm. 12
    d) von der Schätzung bei öffentlich-rechtlichen Vseinrichtungen Anm. 13
    e) von der Schadenstaxe Anm. 14
    f) von den Gewinnberechnungsbestimmungen Anm. 15

II. Vereinbarung der Taxe Anm. 16—21
  1. Parteien Anm. 16
  2. Zeitpunkt Anm. 17
  3. Inhalt Anm. 18—20
    a) Klarheit Anm. 18
    b) Bestimmbarkeit Anm. 19
    c) Besondere Taxen Anm. 20
  4. Rechtsnatur Anm. 21

III. Wirkungen der Taxe Anm. 22—32
  1. Normalwirkungen der Taxe Anm. 23—55
    a) Positiv: Festsetzung des Vswertes Anm. 23—31
      aa) Grundsätze Anm. 23
      bb) Einzelheiten Anm. 24—31
        aaa) Fixierung des Anfangswertes Anm. 25
        bbb) Fixierung des Ersatzwertes Anm. 26
        ccc) Fixierung der Schadenshöhe Anm. 27
        ddd) Anwendung von Franchisen Anm. 28
        eee) Über-, Unter-, Doppelv Anm. 29
        fff) Fälle der Vorteilsausgleichung Anm. 30
        ggg) Einfluß auf Obliegenheiten Anm. 31
    b) Negativ: Wirkungsgrenzen der Taxe Anm. 32
  2. Unmaßgeblichkeit der Taxe Anm. 33—35
    a) Vsrechtliche Rechtsbehelfe Anm. 34—52
      aa) Hinaufsetzung der Taxe Anm. 34
      bb) „Herabsetzung" der Taxe Anm. 35—52
        aaa) Tatbestand der Übersetzung Anm. 35—37
          α) Taxe übersteigt Vswert Anm. 35
          β) Taxübersetzung ist erheblich Anm. 36
          γ) Beweislast und Beweisführung Anm. 37
        bbb) Geltendmachung der Übersetzung Anm. 38—42
          α) Beteiligte Anm. 38
          β) Zeitpunkt Anm. 39
          γ) Rechtsnatur Anm. 40
          δ) Inhalt Anm. 41
          ε) Form Anm. 42
        ccc) Folgen der Geltendmachung Anm. 43—47

I. Wesen der Taxe § 57
Anm. 1—3

α) hinsichtlich der Taxe Anm. 43
β) hinsichtlich der Vs-summe Anm. 44
γ) hinsichtlich der Gefahrtragung Anm. 45—46
  αα) im Allgemeinen Anm. 45
  ββ) bei Unterv Anm. 46
δ) hinsichtlich der Prämienzahlung Anm. 47
ddd) Unabdingbarkeit des § 57 Anm. 48—49
α) Erschwerung der „Anfechtung" Anm. 48
β) Erleichterung der „Anfechtung" Anm. 49
eee) Rechtslage bei betrügerischer Übersetzung Anm. 50
fff) Rechtslage in besonderen Vszweigen Anm. 51—52
α) Feuergewinn- und Mobiliarfeuerv Anm. 51
β) See- und Binnentransportv Anm. 52
b) Bürgerlichrechtliche Rechtsbehelfe Anm. 53—55
  aa) Irrtumsanfechtung Anm. 53
  bb) Arglistanfechtung Anm. 54
  cc) Erschütterung der Geschäftsgrundlage Anm. 55

[1] Entstehung:
§ 57 ist unverändert geblieben. — Begr. I S. 64—65.

[2] Schrifttum:
Argus, Die taxierte Police, Frankfurter Diss. 1919, in: Festgabe für Otto Prange, Berlin 1926, S. 9—62 (praktisch identisch, zitiert nach Festgabe), Baur, Der vertragliche Vswert, Zürcher Diss. 1934, Berndt, Der Ersatzwert in der Feuerv, Weissenburg 1951, S. 91—98, Berndt-Luttmer, Der Ersatzwert in der Feuerv, 2. Aufl., Karlsruhe 1971, S. 71—73, Bruck S. 506—513, VuGeldwirtschaft 1926 S. 307—311, Buchwalter, Die sogenannte Taxe in der Vsrecht, Berner Diss. 1940, Damm Mitt 1911 S. 811—824, Ehrenberg ZVersWiss 1906 S. 409—414, Ehrenzweig S. 244—245, Fick, Der Ersatzwert in der Feuerv, Zürich 1918, S. 250—253, Hagen I S. 471—476, 481—482, Hesse VersR 1963 S. 698—700, Hinz, Die Über- und Unterv im deutschen Privatvsrecht, Hamburger Diss. 1963, Hochgräber ZVersWiss 1926 S. 75—80, Kisch, Die Taxierung des Vswertes, Wien 1940, Kübel Zeitschrift für Vsrecht 1. Bd S. 387—395, Laffargue, La clause de valeur agréée dans les assurances terrestres et maritimes, Paris 1936, Lehmann ZVersWiss 1911 S. 785—792, Molt, Der Kreditvsvertrag, Berlin-Stuttgart-Leipzig 1913, S. 56—60, Rehm ZVersWiss 1911 S. 465—473, Ritter-Abraham Anm. 18—43 zu § 6, S. 220—234, Anm. 1—16 zu § 7, S. 234—239, Schlegelberger Anm. 4—11 zu § 6, S. 45—47, Anm. 1—7 zu § 7, S. 48—49, Voigt Neues Archiv für Handelsrecht 2. Bd S. 468—483, 3. Bd S. 68—76, 4. Bd S. 114—135, Wussow AFB Anm. 73—74 zu § 3, S. 278—280, Zippel, Die Taxe im Vsrecht, ungedruckte Hamburger Diss. 1924.

[3] I. Wesen der Taxe.
1. Begriff der Taxe.

Nach § 57^1 kann der Vswert kraft Vereinbarung auf einen bestimmten Betrag (Taxe) festgesetzt werden. Werte schwanken, auch läßt sich über Werte infolge des zuweilen breiten Bewertungsrahmens trefflich streiten. Eine Vereinbarung zwischen Vmer und Ver soll die Schwankungen — in Grenzen — unerheblich machen und Streit vermeiden helfen.

Die Festsetzung beansprucht Geltung nicht nur für den Zeitpunkt des Vsbeginns (Anfangswert), sondern für die gesamte Vsdauer (laufender Vswert), und speziell für den Zeitpunkt eines Vsfalles (Ersatzwert; § 57^2). Allerdings gilt diese Regel nach der absolut zwingenden Norm des § 87 nicht für die Taxe in der Feuerv beweglicher Sachen; hier wird vielmehr nur der Vswert „zur Zeit der Schließung des Vertrags" (Anfangswert i. S. des formellen Vsbeginns) durch die Taxe fixiert, so daß besonders der Ver immer geltendmachen kann, der Wert habe sich seit dem Vertragsschluß verändert.

Die Taxe geht auf die Anfänge der Seev (Güter- und Kaskov) zurück, findet sich aber auch schon früh im Bereich der Feuerv von Gebäuden (zur Geschichte Argus a. a. O. S. 9—19, Baur a. a. O. S. 73—78, Berndt-Luttmer a. a. O. S. 5—15, 71—72, Buchwalter a. a. O. S. 79—84, Büchner VW 1970 S. 839—844, 913—918, Zippel a. a. O. S. 1—3).

Da die meisten Vsverträge in einer Polize verbrieft werden, spricht man bei einer V mit Taxvereinbarung von taxierter Polize (valued policy), bei einer V ohne Taxe von offener Polize (open policy); vgl. § 793 I, III HGB. Entsprechend redet man von einer „Öffnung" der Polize oder Taxe, wenn eine Taxe „angefochten" wird. Bedenklich ist es, beim Vswert „den gesetzlichen und den vertraglichen" zu unterscheiden (wie Argus a. a. O. S. 27, Rehm ZVersWiss 1911 S. 466); denn die Taxe setzt zwar den Vswert vertraglich fest, führt dann aber juristisch — auf anderer Begriffsebene — ein Eigenleben.

[4] 2. Zweck der Taxe.

Taxierte Polizen verfolgen den Zweck, nach Vsfällen die Feststellung der Höhe des vom Ver zu leistenden Schadensersatzes zu erleichtern (Begr. I S. 64). Besonders nach Totalschäden kann es für den Vmer schwierig sein, die Höhe des Schadens, also den Ersatzwert vor Eintritt des Vsfalls darzutun. Bei Vorliegen einer Taxvereinbarung trifft den Vmer solche Beweislast nicht, es ist vielmehr von der Richtigkeit der vereinbarten Taxe auszugehen. Es wird also „durch Abschneidung der ... besonders schwierigen, zeitraubenden und kostspieligen Ermittelungen über den Vswert eine im beiderseitigen Interesse des Vten und des Vers liegende rasche und glatte Erledigung der Schadensvergütung" ermöglicht (RG 24. XI. 1883 RGZ Bd 11 S. 17).

Dieser Vorteil einer Taxvereinbarung ist so groß, daß der Gesetzgeber es sogar in Kauf nimmt, wenn die Regelung zu einer Bereicherung des Vmers führt, weil entweder die Taxe von vornherein zu hoch bemessen war oder weil nachträglich der Vswert abgesunken ist. Diese Durchbrechung des vsrechtlichen Bereicherungsverbotes (Anm. 47 vor §§ 49—80, Anm. 11 zu § 55) begegnet allerdings insofern einer Schranke, als der Ver sich darauf berufen kann, daß zur Zeit des Vsfalles die Taxe den Ersatzwert (den wirklichen Vswert) „erheblich übersteigt" (§ 57², Anm. 35—49). Insoweit trifft die Beweislast den Ver (Anm. 37). Über Taxe und Bereicherungsverbot vgl. auch Baur a. a. O. S. 63—72, Damm Mitt 1911 S. 816, Kisch a. a. O. S. 16, 43, Samwer, Das sogenannte Bereicherungsverbot im Privatvsrecht, Düsseldorf 1937, S. 47 und — mit irreführender Formulierung — RG 10. X. 1930 JRPV 1930 S. 379—380. Im Grunde bestätigen die Normen über die „Anfechtbarkeit" einer erheblich übersetzten Taxe die prinzipielle Geltung des Bereicherungsverbots für die Nichtpersonenv und jene Personenven, die nach Art der Schadensv betrieben werden (a. A. Gärtner, Das Bereicherungsverbot, Berlin 1970, S. 46); § 57² ist absolut zwingend (Anm. 48).

Berndt a. a. O. S. 91 hebt den Nutzen der Taxe auch für die richtige Prämienbestimmung hervor.

Baur a. a. O. S. 44, Ehrenberg ZVersWiss 1906 S. 413 weisen noch darauf hin, daß die Parteien in Fällen eines vereinbarten Selbstbehaltes (Anm. 71 zu § 56) mit der Taxe das Ziel verfolgen können, für die ganze Vsdauer die Relation Entschädigung: Gesamtschaden (= Vssumme: [höherer] Taxe) zu fixieren.

[5] 3. Anwendungsbereich der Taxe.

a) Negativ: Summen- und Passivenversicherung.

Da die Taxvereinbarung den Vswert festlegt und ein Vswert nur bei der Aktivenv (Interessev i. e. S.) Bedeutung besitzt (Anm. 14—21 zu § 52), kommt die Taxe nicht in der Summenv vor und im Bereiche der Schadensv nicht bei der V gegen die Entstehung von Passiven (Passivenv).

Allerdings kennt die private Unfallv die sog. Gliedertaxe: Es wird bei Teilinvalidität ein dem Grade der Invalidität entsprechender Teil der Invaliditätssumme geleistet, der für gewisse Fälle durch „feste Invaliditätsgrade" fixiert ist, z. B. bei Verlust eines

I. Wesen der Taxe **§ 57**
Anm. 6

Armes im Schultergelenk mit 70 v. H., bei Verlust einer großen Zehe mit 5 v. H., einer anderen Zehe mit 2 v. H. (vgl. § 8 II. Abs. 1—4 AUB). Aber diese Gliedertaxe ändert nichts daran, daß die Invaliditätssumme eine Leistung im Rahmen abstrakter Bedarfsdeckung (Summenv) bleibt, und hier gibt es keinen Vswert (deshalb irrig die Anführung des § 57 beim AG Ansbach 19. VII. 1960 VersR 1960 S. 913—914). Die Gliedertaxe ist stets verbindlich.

Bei der Passivenv gibt es keinen Vswert (Anm. 15 zu § 52), folglich auch keine Taxe (a. M. Kisch a. a. O. S. 2). In den Fällen gegenständlich beschränkter Haftung — z. B. des Reeders mit Schiff und Fracht (§ 486 HGB) — läßt sich allerdings der Haftungsgegenstand bewerten und damit die Höchsthaftung, und hier kommt dann (analog) auch eine Taxe in Frage (so für die Frachthaftpflichtv: Argyriadis, Die Frachtv, Hamburg 1961, S. 126—127). Zuweilen ist auch mit einer Aktivenv eine Adhäsionshaftpflichtv gerade in jenen Fällen verbunden, in denen der Vmer gegenständlich beschränkt haftet; man denke an die Haftung für Havariegrossebeiträge oder mittelbaren Kollisionsschaden (§§ 133 I 1, 129 II 2, auch §§ 29 I 1, 30, 78 ADS, oben Anm. 42 vor §§ 49—80). Wenn hier für die Güter oder das Schiff ein taxierter Vswert zugrunde gelegt ist, gewinnt die Taxe auch für die Deckung der Adhäsionshaftpflichtschäden Bedeutung. Das betont für mittelbare Kollisionsschäden die „Schiffswertklausel bei Kollisionsfällen": „Als Schiffswert im Sinne des § 78 Abs. 2 ADS gilt die Gesamt-Kaskotaxe..." (dazu Argyriadis VersR 1963 S. 607, Ritter-Abraham Anm. 19 zu § 78, S. 1008—1009). Haftet der Seever für Havariegrossebeiträge, so deckt sich häufig nicht der taxierte Vswert mit dem in der Dispache zugrunde gelegten Beitragswert; die Taxe ist oft niedriger als der Beitragswert (Ritter-Abraham Anm. 28 zu § 30, S. 521). Das RG 24. XI. 1883 RGZ Bd 11 S. 10—18 hat dem Ver den Einwand versagt, die Taxe sei zu niedrig bemessen (1 Mio. anstelle von 1,2 Mio. bei einem Hapag-Schiff), aber § 30 VIII ADS hat diese Rechtsprechung wegbedungen: „Übersteigt der Beitragswert den Vswert, so haftet der Ver für Beiträge nur im Verhältnisse des Vswerts zum Beitragswert" (vgl. zum Problemkreis schon früh Voigt Neues Archiv für Handelsrecht 3. Bd S. 74—76, 4. Bd S. 114—135, ferner für einen Spezialfall Schiedsspruch HansRZ 1922 Sp. 129—131).

Über die Taxe in der Neuwertv, die zum Teil Passivenv ist, Matzen, Die moderne Neuwertv im Inland und Ausland, Karlsruhe 1970, S. 116, 289.

[6] b) Positiv: Aktivenversicherung.

aa) Sachversicherung.

Primär liegt der Anwendungsbereich der Taxe bei der Aktivenv, und zwar zunächst bei der Sachv, wo es gilt, den Vswert des Sachinteresses, den Sachwert (Anm. 18, 54 zu § 52) zu vereinbaren.

Von der nach § 87 sehr limitierten Bedeutung der Taxe bei der Feuerv beweglicher Sachen war schon in Anm. 3 die Rede; der Gesetzgeber hegte die Befürchtung, daß angesichts der Wertveränderungen beweglicher Sachen während einer oft langwierigen Vsdauer der Ver in einen Beweisnotstand geraten könne und das subjektive Risiko allzu sehr erhöht werde, falls hier die Taxe grundsätzlich auch für den Ersatzwert maßgeblich sei. Dem Ver wird der Beweis dafür aufgebürdet, daß die Wertverhältnisse bei dem Eintritt des Vsfalls noch dieselben waren wie zur Zeit des Vertragsschlusses (Begr. I S. 93—94).

Die einschränkende Norm gilt aber nur für die Feuerv beweglicher Sachen, sicherlich nicht für die Transportv, wo die Taxe seit jeher mit der vollen Tragweite des § 57[1],[2] üblich ist. Der Transportv steht die Einheitsv so nahe, daß auch bei den stationären Risiken und bei Deckung der Brandgefahr eine Taxe nach § 57[1],[2] zulässig sein muß, etwa bei Waren auf der Grundlage des Rechnungswertes (§ 4 I a EVB: VA 1960 S. 106). Obgleich die Allgemeinen Bedingungen für die Neuwertv des Hausrats gegen Feuer-, Einbruchdiebstahl-, Beraubungs-, Leitungswasser-, Strom- und Glasbruchschäden (VHB) stark an die Feuerv angelehnt sind, gilt doch auch hier z. B. für das Einbruchdiebstahlrisiko § 87 nicht, so daß insoweit eine Taxe die Tragweite des § 57[1],[2] hätte. Erst recht greift bei einer isolierten Einbruchdiebstahlv oder sonstigen V stationierter beweglicher Sachen (nicht gegen Feuergefahr) § 87 auch analog nicht ein, weil Ausnahmevorschriften nicht analog angewendet werden sollten, und zwar besonders dann nicht, wenn schon die Regelnorm für die Beseitigung von Mißständen sorgt (§ 57²: Unmaßgeblichkeit der Taxe bei erheblicher Übersetzung).

Über Taxen in der Tierv: Prölss VersR 1951 S. 219—220, KG 9. X. 1929 JRPV 1929 S. 383, OLG Augsburg 25. XI. 1930 VA 1930 S. 262 Nr. 2217 (bedenklich), OLG Oldenburg 9. VII. 1951 VersR 1951 S. 228—230 (wozu Kisch darlegt, daß keine Taxe vorliege) und OLG Stuttgart 2. XII. 1929 Praxis 1930 S. 87.

[7] bb) Versicherung von Forderungen und sonstigen Rechten.

Forderungsinteressen und Interessen an sonstigen Rechten, z. B. Grundpfandrechten, haben einen Vswert (Anm. 20 zu § 52), und deshalb ist Raum für eine taxierte V. Haben allerdings Geldforderungen einen Nennwert, so steht der Vswert regelmäßig fest, und es kann von einer Taxierung abgesehen werden. Wohl aus diesem Grunde bestimmen §§ 107 III, 108 III, 109 I ADS, daß bei der V gewisser Forderungen (auf Fracht, Schiffsmiete, Überfahrtsgeld) die Taxe nur als Vssumme gelte; aber in der Rechtswirklichkeit wird regelmäßig Abweichendes vereinbart (Argyriadis, Die Frachtv, Hamburg 1961, S. 124—126). Über Taxen bei Forderungsven: Argus a. a. O. S. 29—30, 53—55, Ehrenberg ZVersWiss 1906 S. 411, Kisch a. a. O. S. 2, 27—28.

[8] cc) Gewinnversicherung.

In der Seev imaginären Gewinns „gilt die Vssumme als Taxe" (§ 100 I ADS). Denn: „Untaxierte Gewinnpolicen wären eine Quelle von Streitigkeiten" (Ritter-Abraham Anm. 11 zu § 100, S. 1210). Im Falle einer gemeinschaftlichen V der Güter und des Gewinns gelten bei taxiertem Vswert 10 v. H. der Taxe als Taxe des Gewinns (§ 101² ADS). Vgl. für die Provisionsv auch § 104 ADS.

In der Binnenv verbietet die absolut zwingende (Einl. Anm. 46) Norm des § 89 die Vereinbarung einer Taxe bei der Feuerv entgehenden Gewinns: Der Gewinn lasse sich bei Vertragsabschluß nicht zuverlässig abschätzen, ein Anreiz zur Herbeiführung von Bränden dürfe nicht geschaffen werden (Begr. I S. 96). Die Verbotsnorm greift Platz bei der Mietverlustv infolge von Brand (soweit es sich nicht um den Verlust von Miete aus bereits bestehenden Mietverträgen handelt: Anm. 15 zu § 53; a. M. Kisch a. a. O. S. 2 Anm. 2), ferner bei der Feuerbetriebsunterbrechungsv (Begr. I S. 95). § 89 kann trotz § 187 II auch bei einer laufenden Feuergewinnv, genommen z. B. von einem Lagerhalter, nicht wegbedungen werden (Anm. 34 zu § 53).

Außerhalb der Feuerv kann auch für Gewinnven eine Taxe vereinbart werden.

[9] 4. Abgrenzung der Taxe.

Die Taxe ist zu unterscheiden:

[10] a) von der Versicherungssumme:

Da die Taxe eine Vereinbarung über den Vswert darstellt, unterscheiden sich Vssumme und Taxe ähnlich wie Vssumme und Vswert (dazu Anm. 44 vor §§ 49—80, Anm. 5 zu § 50, Anm. 22 zu § 52, auch Asmus VersR 1965 S. 638, Kisch a. a. O. S. 10—11). Die Vssumme wird als Höchstbetrag für die Leistung des Vers frei vereinbart, während der Betrag der Taxe durch die Bezogenheit auf den objektiven Vswert fixiert wird. Jedoch bestehen in praxi insofern Wechselwirkungen, als man normalerweise die Vssumme so wählen wird, daß sie mit dem Taxbetrag identisch ist. Eine überhöhte Vssumme bedeutet Prämienverschwendung durch Überv. Eine Vssumme, die niedriger als die Taxe bemessen ist, kann vorkommen und führt zu einer (gewollten) Unterv; § 57³ behandelt diesen Fall (vgl. dazu Anm. 46). In der Vereinbarung der Vssumme liegt noch nicht die Vereinbarung einer Taxe (Anm. 18; Ausnahmen §§ 100, 104¹ ADS: Anm. 8). Wohl aber ist in der Vereinbarung der Taxe in dubio auch die Vereinbarung einer Vssumme zu erblicken (Anm. 18). Trotzdem ist es irreführend, wenn Ritter-Abraham Anm. 10 zu § 6, S. 218 meinen, die Vssumme sei der Taxe verwandt; denn die Vssumme hat — anders als die Taxe — für die Ermittlung des Vswertes keine Bedeutung (Anm. 5 zu § 50, Begr. I S. 64, Baur a. a. O. S. 3).

I. Wesen der Taxe **§ 57**
Anm. 11, 12

Wird eine einheitliche Vssumme für die V mehrerer Interessen dadurch ermittelt, daß die Vswerte der verschiedenen Interessen festgestellt und addiert werden, so handelt es sich bei den Einzelwerten nicht etwa um Taxen, sondern nur um rechnerische Anhaltspunkte für die Ermittlung der Gesamtvssumme (Begr. I S 64, Baur a. a. O. S. 36, Kisch a. a. O. S. 6).

[11] b) von der „vorläufigen" Taxe:

Nach den §§ 793 III HGB, 6 III ADS ist ein als „vorläufig taxiert" bezeichneter Vswert als nicht taxiert zu behandeln (dazu Ritter-Abraham Anm. 39 zu § 6, S. 231, auch Baur a. a. O. S. 37).

[12] c) von der Vorschätzung:

Sie wird vereinbarungsgemäß häufig bei der Feuerv von Gebäuden und Maschinen durch Sachverständige vorgenommen. Die Klausel wurde früher Vortaxklausel genannt (Raiser Anm. 42 zu § 3, S. 136—137). Sie findet sich heute unter den von Fall zu Fall zugestandenen Feuerklauseln unter 5.05 und lautet mit Erläuterungen (Richtlinien für Vorschätzungen):

5.05 Vorschätzungen

(1) Die zur Versicherung der Gebäude/Maschinen eingereichte Vorschätzung des Herrn .... in .... vom .... gilt als Nachweis des Neuwertes und des Zeitwertes der darin verzeichneten Gegenstände zur Zeit der Schätzungsaufnahme und dient bis zum

(hier ist das Ablaufdatum der Gültigkeit einzufügen, das aber auf keinen späteren Zeitpunkt als längstens fünf Jahre nach Aufnahme oder vollständiger Nachprüfung der Vorschätzung gelegt werden darf)

.... im Schadenfalle als Grundlage für die Ermittlung des Schadens an den abgeschätzten Gegenständen.

(2) Im Schadenfalle haben die im Sachverständigenverfahren erwählten Sachverständigen zunächst zu prüfen und festzustellen, welche Wertveränderungen seit Aufnahme der Vorschätzung eingetreten sind:

a) durch Zu- und Abgang von Gegenständen, worüber der Versicherungsnehmer Buch zu führen hat,
b) durch Steigen oder Fallen der Arbeitslöhne und Materialienpreise,
c) durch besondere Umstände, wie Elementarereignisse, Maschinenbruch, Änderung des Fabrikationsverfahrens, Erfindungen und Entdeckungen, Erlöschen von Patenten, dauernde Betriebseinstellung,
d) durch den Gebrauch, soweit sein Einfluß nachweislich durch die Instandhaltung der Gegenstände und die Erneuerung schadhafter Teile seit Aufnahme der Vorschätzung oder ihrer Nachprüfung nicht ausgeglichen ist.

(3) Tatsächliche Unrichtigkeiten, die in der Vorschätzung unterlaufen sein sollten, sind von Sachverständigen zu berichtigen.

(4) Auf Grund dieser Prüfung haben die Sachverständigen festzustellen, ob der Neuwert und der Zeitwert der Gegenstände mit dem Neuwert und dem Zeitwert, der in der Vorschätzung angegeben ist, übereinstimmt, oder welche Änderungen daran vorzunehmen sind.

(5) Danach haben die Sachverständigen den an den Gegenständen entstandenen Schaden festzustellen. Soweit dies unter Ermittlung des Wertes der Reste erfolgt, ist die Wiederverwendbarkeit der Reste bei der Wiederherstellung zu berücksichtigen.

(6) Der Obmann hat im Falle der Nichteinigung der Sachverständigen innerhalb der durch ihre Gutachten gezogenen Grenzen zu entscheiden.

Hinweis:
Die Vorschätzungsklausel darf in die Vurkunde nur aufgenommen werden, wenn die zur V eingereichte Vorschätzung von einem dem Vr als zuverlässig und sachkundig bekannten Bau- oder Maschinensachverständigen aufgenommen ist, den „Richtlinien für Vorschätzungen" entspricht und bei dem führenden Vr verbleibt.

§ 57
Anm. 12   I. Wesen der Taxe

Erläuterungen zu Klausel 5.05 — Richtlinien für Vorschätzungen
1. Gebäudevorschätzungen industrieller Wagnisse
A. Gegenstand der Schätzung

Gebäude $\frac{\text{mit}}{\text{ohne}}$ Fundament, Grund- und Kellermauern, gemäß Gruppe 1 der Gruppenerläuterung*.

B. Kein Schätzungsgegenstand sind:
Grundstücke,
Hofpflasterungen,
Technische und kaufmännische Betriebseinrichtung gemäß Gruppe 2 der Gruppenerläuterung sowie die unter Gruppe 3—8 der Gruppenerläuterung zu versichernden Gegenstände.

C. Allgemeines

1. Abweichungen sollen in der Erläuterung, welche jeder Vorschätzung voranzustellen ist, angegeben werden. In zweifelhaften Fällen wird Klärung durch Aussprache zwischen Gebäude- und Maschinenschätzer und Versicherungsnehmer empfohlen**).
2. Die Gebäude sind so zu beschreiben und durch maßstäbliche und mit eingetragenen Maßen versehene Zeichnungen zu veranschaulichen, daß die Neuwertberechnung hiernach möglich ist. Die Vorschätzung muß genaue Massenberechnungen enthalten. Für jedes Gebäude ist möglichst das Alter anzugeben und der bauliche Zustand klar zu kennzeichnen (etwa: sehr gut, gut, mangelhaft, Anstrich mangelhaft, baufällig, abbruchsreif oder dgl.). Umbauten und Erneuerungsbauten sind zu kennzeichnen.
3. Unter Neubauwert ist der Wert zu verstehen, zu dem das abzuschätzende Gebäude bei gleicher Bauweise und unter gleicher Art der Ausführung unter Zugrundelegung der zur Zeit der Schätzung geltenden Materialienpreise und Arbeitslöhne neu errichtet werden kann. Wird als Berechnungsgrundlage eine andere Preisbasis gewünscht — etwa 1914 oder 1938 — so ist dies ausdrücklich in der Erläuterung zu sagen; die Vortaxe muß jedoch stets den Wert der Objekte am Tage der Schätzung oder bei Zugrundelegung der Klausel 6.02 die Höhe des Wertzuschlages auf die Preise von 1938 ersichtlich machen. (F 315/52.)
4. Zeitwert ist der Wert, den die abgeschätzten Gebäude unter Berücksichtigung ihres Alters und ihres baulichen Zustandes am Tage der Schätzung noch haben, wobei nicht außer acht gelassen werden darf, in welchem Maße für Instandhaltung der Gebäude Sorge getragen ist. Umstände, welche auf die Bemessung der Abschreibung von ungewöhnlichem Einfluß gewesen sind, müssen besonders erwähnt werden, wobei auch die Verwendungsmöglich-

---

*) Anmerkung zu Grund- und Kellermauern:
    Fundamente, Grund- und Kellermauern sollten nur dann ausgeschlossen werden, wenn sie ein- bzw. mehrseitig im Boden liegen und nicht mit dem Aufbau verankert sind.
    Unter Fundamenten oder Grundmauern oder Gründungen wird der gesamte allseitig vom Erdreich berührte Bauteil verstanden, der bei unterkellerten Gebäuden unter der Unterfläche Kellerboden liegt und bei nicht unterkellerten Gebäuden bis Unterfläche Erdgeschoßfußboden, höchstens jedoch bis zur Erdoberfläche, reicht.
    Unter Kellermauern (Kellerwänden) sind die Umfassungswände zu verstehen, die zwischen der Unterfläche des Kellerbodens und der Erdoberfläche liegen.
    Bei Ausschluß von Fundamenten oder Grundmauern oder Gründungen und Kellermauern (Kellerwänden), d. h. bei allen unter der Erdoberfläche liegenden Bauteilen sind mitversichert: alle über die Erdoberfläche liegenden Mauerteile sowie freistehende Innenmauern (Wände) im Kellergeschoß, äußerer und innerer Putz aller, auch der nicht versicherten Kellermauern, ferner Fenster, Türen, Kellerfußboden und Gewölbe im Verband mit Stahlbetonstützen und Mauern sowie sonstige Einbauten.

**) Die obigen Richtlinien sind entsprechend bei Anfertigung von Vorschätzungen für Wohn-, Warengeschäfts-, Büro- und Lagergebäude anzuwenden. Ist eine maschinelle Anlage, für welche eine Maschinenschätzung anzufertigen ist, nicht vorhanden, so sind bei derartigen Gebäuden auch die Zentralheizungsanlagen, die elektrischen Beleuchtungsanlagen und die Aufzugsanlagen in die Gebäudeschätzung mit aufzunehmen.

I. Wesen der Taxe § 57
Anm. 12

keit des Gebäudes zu beachten ist. Zum Abbruch bestimmte Gebäude sind nur noch mit ihrem etwaigen Abbruchswert zu schätzen. (Materialwert abzüglich der auf den Abbruch zu verwendenden Kosten).

5. Der Schätzer soll vorgefundene Mängel angeben und dann im übrigen danach verfahren, ob die Mängel beseitigt worden sind oder nicht.
6. Jeder Vorschätzung ist eine Erläuterung und ein maßstäblicher Lageplan beizufügen. In der Erläuterung ist auch der Gültigkeitstag der Vorschätzung anzugeben. Am Schlusse der Vorschätzung muß der Gesamtwert erscheinen, der durch eigenhändige Unterschrift des Schätzers zu beglaubigen ist.
7. Die Gebäudebezeichnung oder Raumbezeichnung soll übereinstimmen mit den entsprechenden Bezeichnungen des Versicherungsscheines und der Maschinenschätzung.

2. Maschinen-Vorschätzungen industrieller Wagnisse

A. Gegenstand der Schätzung:
Die technische und kaufmännische Betriebseinrichtung gemäß Gruppe 2 der Gruppenerläuterung.

B. Kein Schätzungsgegenstand sind:
1. Grundstücke und Hofpflasterungen,
2. Gebäude gemäß Gruppe 1 der Gruppenerläuterung.
3. Gegenstände zu den Gruppen 3—8 der Gruppenerläuterung, wenn nicht Ausnahmen gewünscht und in der Erläuterung ausdrücklich genannt sind.

C. Allgemeines
1. Abweichungen sollen in der Erläuterung, die jeder Vorschätzung voranzustellen ist, angegeben werden. In zweifelhaften Fällen wird Klärung durch Aussprache zwischen Gebäude- und Maschinenschätzer und Versicherungsnehmer empfohlen.
2. Sind die Gebäude bei einer öffentlich-rechtlichen Anstalt versichert, so sind deren Vorschriften über den Umfang der Haftung zu berücksichtigen.
3. Es empfiehlt sich, bei der Vorschätzung dem Gang der Fabrikation zu folgen, mit der Kraftanlage zu beginnen und mit Nebenbetrieben, zuletzt mit dem Hofe, zu schließen. Die Aufnahme soll gebäudeweise, innerhalb der Gebäude raumweise, mit dem untersten Stockwerk beginnend, erfolgen.
4. Maschinen, die durch mehrere Räume gehen, sollen in einem Raume ganz gerechnet werden. Dies gilt nicht für Rohrleitungen und lang durchgehende Transmissionen.
5. Die Gegenstände sind kurz und treffend und unter Angabe der technischen Hauptpunkte so zu beschreiben, daß eine Wertberechnung auf Grund der Beschreibung möglich ist. Bei Maschinen und Apparaten ist die Bezugsquelle und das Jahr der Beschaffung anzugeben. Für kleine Geräte, Utensilien und Werkzeuge genügt die einfache Benennung.
6. Neuwert ist der Wert, zu dem die Gegenstände zur Zeit der Vorschätzung in neuem, untadelhaftem Zustande frei Fabrik zu beschaffen sein würden, und zwar einschl. Aufstellungskosten. Siehe Raiser 2. Aufl. v. 1937 § 3, 10 (Seite 113). Von der Fabrik nachgewiesene Rechnungswerte gelten nicht ohne weiteres als Neuwert; bei der Durchsicht der Rechnungen hat der Schätzer vielmehr zu prüfen, ob und welche Veränderungen der darin angegebene Preis mit Rücksicht auf unterlaufene Irrtümer, inzwischen eingetretene Preisänderungen oder deswegen Platz greifen müssen, weil in der Rechnung Ausgaben mit berechnet sind, die bei einer nochmaligen Beschaffung der Gegenstände nachweislich erspart werden (Versuchs-, Modell-, Lizenzkosten und dergl.). Wird als Berechnungsgundlage eine andere Preisbasis gewünscht — etwa 1938 — so ist dies ausdrücklich in der Erläuterung

zu sagen; die Vortaxe muß jedoch stets den Wert der Objekte am Tage der Schätzung oder bei Zugrundelegung der Klausel 6.02 die Höhe des Wertzuschlages auf die Preise von 1938 ersichtlich machen. Die Preisbasis 1914 ist nicht empfehlenswert. (F 315/52).

7. **Zeitwert** ist der Wert, den die abgeschätzten Gegenstände unter Berücksichtigung ihres Alters, ihres Betriebszustandes und ihrer Bestimmung am Tage der Vorschätzung noch haben, wobei nicht außer acht gelassen werden darf, in welchem Maße für Instandhaltung der Gegenstände Sorge getragen ist. Umstände, die auf die Bemessung des Zeitwertes von ungewöhnlichem Einfluß gewesen sind (Ersatz wesentlicher Teile usw.), sollen besonders erwähnt werden. Siehe Raiser, 2. Aufl. § 3, 11. (S. 113/114).

Dauernd ausrangierte Gegenstände, d. h. solche, bei denen das Interesse nur noch im Verkaufswert besteht, sollen auch nur mit dem Verkaufswert geschätzt werden.

Die Schätzungsbeträge sollen auf ganze Mark abgerundet werden.

8. Jeder Vorschätzung ist eine Erläuterung und ein Lageplan mit Gebäudebezeichnung beizufügen.

9. Die Gebäude- und Raumbezeichnung sollen übereinstimmen mit den entsprechenden Bezeichnungen des Versicherungsscheines und der Gebäudeschätzung.

10. In der Erläuterung ist auch der Gültigkeitstag der Vorschätzung anzugeben. Am Schlusse der Vorschätzung muß der Gesamtwert erscheinen, der durch eigenhändige Unterschrift des Schätzers zu beglaubigen ist.

11. Verteilt sich die Einrichtung auf mehrere Gruppen (Pos.) des Versicherungsscheines, so empfiehlt es sich, die Schätzung nach diesen Gruppen (Pos.) zu gliedern.

12. Wird (bei großen Werken) die Schätzung als Kartei angefertigt, so muß bei Vorliegen der Vorschätzungsklausel zur Einreichung an den Versicherer eine Zusammenstellung in Buchform geliefert werden, welche die Erläuterung und den Lageplan enthält und ferner eine Zusammenstellung der Neu- und Zeitwerte in jedem Raum.

Die Vorschätzung legt also zunächst den **Anfangswert** fest; nach der Klausel können später festgestellte tatsächliche Unrichtigkeiten der Vorschätzung berichtigt werden (Raiser Anm. 42 zu § 3, S. 137 will § 16 I 3 AFB — offenbar erhebliche Abweichung im Sachverständigenverfahren — anwenden). Innerhalb einer bestimmten Frist — längstens fünf Jahre — soll die Vorschätzung „als **Grundlage für die Ermittlung des Schadens** an den abgeschätzten Gegenständen" dienen, aber auf dieser Basis bleibt Raum für die Berücksichtigung von zahlreichen Wertveränderungen, insbesondere Wertminderungen, die in der Klausel enumerativ, aber sehr weitreichend umschrieben sind. Die Klausel hat also für den Vmer längst nicht den Wert einer Taxe, bietet aber immerhin eine „abgeschwächte Beweishilfe" (Ehrenzweig S. 245).

Generell läßt sich sagen, daß in einer Schätzung des Vswertes, mag sie auch unter Beteiligung des Vers erfolgen, noch nicht eine Taxvereinbarung liegt. Die Schätzung dient regelmäßig nur der Ermittlung der Vssumme (Begr. I S. 64, RG 4. XI. 1930 JW 1931 S. 3194 [mit kritischer Anm. Ehrenzweig], KG 17. III. 1928 JRPV 1928 S. 122 bis 123). Letzteres gilt auch für **Wertangaben** (Baur a. a. O. S. 36, Buchwalter a. a. O. S. 77, Fick a. a. O. S. 251—253, Kisch a. a. O. S. 5—6, Ritter-Abraham Anm. 21 zu § 6, S. 222). Nicht selten wird die Feststellung des Vswertes durch einen Sachverständigen im untechnischen Sinne als Taxe bezeichnet (z. B. in Ziff. 6 Besondere Bedingungen für das Wesergebiet, Ziff 10 Besondere Bedingungen für das Elbegebiet [Binnenkaskov]).

[13] d) von der Schätzung bei öffentlichrechtlichen Versicherungseinrichtungen:

Solche einseitige, also nicht vertragliche Schätzung ist in den landesrechtlichen Quellen der öffentlichrechtlichen Sachv (§ 192 I) häufig vorgesehen und hat durchweg amtlichen Charakter, so daß die Schätzung auch außerhalb der Feuerv Bedeutung ge-

II. Vereinbarung der Taxe §57
Anm. 14—16

winnen kann (Näheres bei Schmidt-Sievers, Das Recht der öffentlichrechtlichen Sachv, Hamburg 1951, S. 65—66). Eine Überprüfung der Schätzung kennt in zwei Instanzen z. B. das die Hessische Brandvskammer Darmstadt behandelnde G, die Brandvsanstalt für Gebäude betreffend vom 18. IX. 1890 (Art. 11—14, abgedruckt bei Schmidt—Müller-Stüler, Das Recht der öffentlich-rechtlichen Sachv, 2. Aufl., Karlsruhe 1968, S. 227—229). In Hamburg wird bei der Ermittlung des Schätzungswerts der Durchschnittspreis vom August 1914 zugrunde gelegt, das Ergebnis der Schätzung wird in einem Schätzungsschein niedergelegt, gegen den Widerspruch eingelegt werden kann, über den evtl. das Verwaltungsgericht entscheidet (§§ 5 I—IV, 28—33 FeuerkassenG vom 19. XII. 1929 — abgedruckt bei Schmidt—Müller-Stüler a. a. O. S. 181—182, 188—190). Vgl. zur Schätzung bei öffentlichrechtlichen Vseinrichtungen auch Argus a. a. O. S. 21—23, Bruck VuGeldwirtschaft 1926 S. 307—311, Büchner VW 1970 S. 839—844, 913—918, Damm Mitt 1911 S. 815—816, 824.

[14] e) von der Schadenstaxe:

Sie wird erst nach Eintritt eines Schadensfalles bedeutsam. Man denkt dabei nicht so sehr an die richterliche Schadensschätzung (Anm. 36 zu § 55), sondern an ein Sachverständigengutachten, sei es im Verhältnis Ver/Vmer (§ 64 I 1; Anm. 37 zu § 55), sei es in der Haftpflichtv im Verhältnis Vmer/Drittgeschädigter. Von der erstgenannten Schadenstaxe spricht z. B. § 28[1] Allgemeine Bedingungen für die Vs-Police auf Kasko für die Schiffahrt auf Binnengewässern. Von der zweitgenannten Schadenstaxe, welche auf einem Schadensfeststellungsvertrag zwischen Schädiger und Geschädigtem beruht, handeln BGH 21. I. 1965 Hansa 1965 S. 1502—1503, OLG Hamburg 15. II. 1966 VersR 1966 S. 380—382, Wriede VW 1953 S. 492—493. Zur Geschichte Argus a. a. O. S. 20—21.

[15] f) von den Gewinnberechnungsbestimmungen:

In der Feuerv ist hinsichtlich des entgehenden Gewinns eine Taxe verboten (§ 89 I; Anm. 8). Jedoch können mit aufsichtsbehördlicher Genehmigung Bestimmungen über die Berechnung des entgehenden Gewinns in den Vsbedingungen getroffen werden (§ 89 II 1). Solche Bestimmungen wirken ähnlich wie eine Taxvereinbarung mit bestimmbarem Taxbetrag (Anm. 19); Prölss-Martin[18] Anm. 4 zu § 55, S. 287 sprechen sogar von einem Anwendungsfall des § 57. Über Einzelfälle von Gewinnberechnungsbestimmungen (auch außerhalb der Feuerv) vgl. Anm. 30 zu § 53, Anm. 12 zu § 55. Führt die Anwendung der Bestimmungen zu einem überhöhten Ergebnis, so sieht § 89 II 2 vor, der Ver habe nur den der wirklichen Sachlage entsprechenden Betrag zu ersetzen. Zwar wird in § 89 II 2 eine erhebliche Differenz zwischen Berechnungsergebnis und wirklichem Schaden nicht vorausgesetzt, aber nach dem Sinn und Zweck der Berechnungsbestimmungen wird auch hier — wie bei § 57[2] — eine Korrektur des Ergebnisses erst vorgenommen werden dürfen, wenn die Differenz erheblich ist (Anm. 34 zu § 53, Anm. 36; a. M. Argus a. a. O. S. 51). Gefährlich ist die Tendenz des BAA, auch außerhalb der Gewinnv und von Taxvereinbarungen großzügig pauschalierende, möglicherweise stark bereichernde Schadensberechnungsbestimmungen zuzulassen (dazu Anm. 12 zu § 55).

[16] II. Vereinbarung der Taxe.

1. Parteien.

Die Festsetzung der Taxe erfolgt durch Vereinbarung zwischen Vmer und Ver, meistens gleichzeitig mit dem Abschluß des Vsvertrages (Anm. 17), aber doch logisch gesondert zu denken, so daß es vorkommen kann, daß der Antrag für die Taxvereinbarung vom Ver ausgeht, während der Vmer den Vsvertrag beantragt hatte. Bei einer V für fremde Rechnung ist es theoretisch vorstellbar, daß der Vte mit dem Vmer die Taxvereinbarung trifft.

Häufig beruht die Vereinbarung auf einseitigen Angaben des Vmers, welche vom Ver nicht überprüft werden. Es handelt sich sodann um eine „Risikoerklärung" des Vers, an die er grundsätzlich gebunden ist. Es kommt aber auch häufig vor, daß ein Angestellter des Vers oder ein selbständiger Vsvertreter den Vmer beim Abschluß der Taxvereinbarung berät, insbesondere bei der Schätzung des Vswertes. In solchem

Falle hat der Ver möglicherweise für den Angestellten oder Vsvertreter als Erfüllungsgehilfen im Rahmen der culpa in contrahendo einzustehen (Anm. 35, 41—43 zu § 44), auch die Grundsätze über die Haftung aus der Vertrauensstellung des Vsagenten (Anm. 54—72 zu § 44) können zur Anwendung kommen. Wenn Sachverständige bei der Schätzung des Vswertes mitwirken, so sind sie doch nicht Parteien der Taxvereinbarung, sondern bereiten sie nur inhaltlich vor, wobei sie im Innenverhältnis für den Ver, den Vmer oder beide tätig sein können.

[17] 2. Zeitpunkt.
Die Vereinbarung der Taxe erfolgt regelmäßig schon bei Abschluß des Vsvertrages. Aber eine „vorläufige" Taxe ist noch keine Taxe (Anm. 11). Es kann bei Vertragsschluß vereinbart werden, der Vmer dürfe einseitig nachträglich die Bestimmung vornehmen, dann gilt analog § 315 BGB, d. h. z. B. daß die Bestimmung nach billigem Ermessen zu treffen sei, und der Vmer kann die Taxe nicht mehr aufgeben, wenn er weiß oder wissen muß, das Risiko habe sich inzwischen verwirklicht (Kisch a. a. O. S. 3, Ritter-Abraham Anm. 20 zu § 6, S. 221 mit Hinweis auf § 102² ADS). Es kann ferner bei Vertragsschluß vereinbart werden, es solle das noch ausstehende Ergebnis einer Sachverständigenschätzung für die Taxe maßgebend sein. Dann gelten analog die §§ 317—319 BGB. Wird durch den Vmer oder Dritten in solchen Fällen der Betrag bestimmt, so wird man eine Rückwirkung auf den Zeitpunkt des Vertragsabschlusses annehmen müssen, z. B. hinsichtlich der Prämienbemessung, wenn Taxe und Vssumme übereinstimmen.

Nachträgliche Taxvereinbarungen sind nicht selten: Eine zunächst offene Polize wird nachträglich — ex nunc — zur taxierten gemacht. Oder bei einer vorläufig taxierten Polize wird die (endgültige) Taxe vereinbart, wobei letzterenfalls der Parteiwille meistens die Rückwirkung beabsichtigen wird (Kisch a. a. O. S. 3—4). Vgl. über nachträgliche Taxvereinbarungen auch Argus a. a. O. S. 26, Baur a. a. O. S. 8, Berndt a. a. O. S. 92, Prölss-Martin[18] Anm. 1 zu § 87, S. 395.

Eine bestehende Taxvereinbarung kann auch nachträglich verändert werden, z. B. kann der Taxbetrag erhöht werden; man denke an Geldwertschwankungen oder an Veränderungen im Bestand von Inbegriffsven, z. B. Ven von Warenlagern (dazu Anm. 31 zu § 54); generell vgl. Berndt a. a. O. S. 95, 96, Kisch a. a. O. S. 34. Möglicherweise wird eine ergänzende V bei einem zweiten Ver genommen (Argus a. a. O. S. 44, Berndt a. a. O. S. 96); sie könnte gleichfalls eine taxierte sein, mit einem höheren Taxbetrage.

[18] 3. Inhalt.
a) Klarheit.
Es muß klar und eindeutig vereinbart werden, daß der Vswert auf einen bestimmten Betrag festgesetzt werden solle. Im Zweifel ist eine Polize keine taxierte, sondern eine offene (RG 26. XI. 1892 Bolze Bd 15 S. 263 Nr. 401, Argus a. a. O. S. 24, Baur a. a. O. S. 35, Bruck S. 507, Buchwalter a. a. O. S. 78—79, Kisch a. a. O. S. 6).

Die Vereinbarung einer Vssumme bedeutet noch nicht die Vereinbarung einer Taxe; es muß vielmehr dem Parteiwillen entsprechen, nicht nur eine Höchstgrenze für die Leistung des Vers zu bestimmen (§ 50), sondern den Vswert zu fixieren, mit der bindenden Folge, daß im Totalschadensfalle der Taxbetrag dem Schadensersatzbetrag gleichkommt (sofern die Vssumme ausreicht): Baur a. a. O. S. 11, Berndt a. a. O. S. 91 Anm. 2, Bruck S. 507, Ehrenzweig S. 244, Kisch a. a. O. S. 5. Es liegt also keine Taxe i. S. des § 57[1, 2] vor, falls der Ver befugt bleiben soll, nach Eintritt des Vsfalls vom Vmer den Nachweis des Ersatzwertes zu verlangen.

Das Wort „Taxe" braucht nicht benutzt zu werden (Argus a. a. O. S. 25, Bruck S. 507, Ehrenzweig S. 244, Kisch a. a. O. S. 6, Ritter-Abraham Anm. 21 zu § 6, S. 221 bis 222). Es entscheidet der irgendwie zum Ausdruck gebrachte Parteiwille, z. B.: „Als Schiffswert gilt die Vssumme" (OLG Hamburg 30. XI. 1967 VersR 1969 S. 227, BGH 15. XII. 1969 VersR 1970 S. 244) oder „auf Grundlage gegenseitiger Vereinbarung ohne weiteren Beweis" (RG 24. XII. 1883 RGZ Bd 11 S. 11, vgl. auch Argus a. a. O. S. 25,

II. Vereinbarung der Taxe § 57
Anm. 19, 20

Baur a. a. O. S. 7—8, Bruck S. 507 Anm. 12) oder „Der vereinbarte Vswert wird der Entschädigung zugrunde gelegt, es sei denn daß er den wirklichen Wert zur Zeit des Schadensfalles erheblich übersteigt" (KG 9. X. 1929 JRPV 1929 S. 383).

Wird der Ausdruck „Taxe" benutzt, so spricht eine tatsächliche Vermutung dafür, daß er im rechtstechnischen Sinne gemeint ist (Baur a. a. O. S. 35, Ritter-Abraham Anm. 21 zu § 6, S. 222). Jedoch kann die Vermutung widerlegt werden, z. B. wenn nur der Vmer in seinem Antrag das Wort gebraucht hat, z. B. um die Bemessung der Vssumme zu rechtfertigen (Baur a. a. O. S. 35, Bruck S. 507, Ehrenzweig S. 244, Kisch a. a. O. S. 6 Anm. 7, Ritter-Abraham Anm. 21 zu § 6, S. 222).

Es gibt keinen Gewohnheitsrechtssatz, wonach gewisse Polizen als taxierte zu behandeln sind. Kraft Handelsbrauchs werden im hansestädtischen Verkehr Seekaskoven als taxierte Ven abgeschlossen, so daß § 346 HGB eingreifen dürfte (Bruck S. 507 behauptet für sämtliche hansestädtischen Seeverträge solchen Handelsbrauch, ebenso Buchwalter a. a. O. S. 78 Anm. 3, während Ritter-Abraham Anm. 21 zu § 6, S. 223 nur meinen, im hansestädtischen Vsverkehr bilde eine taxierte Polize die Regel). Offen bleibt die Frage in RG 29. I. 1887 RGZ Bd 19 S. 207—211 (Güterv).

Bei der selbständigen V von imaginärem Gewinn und Provision ist eine Taxierung besonders ratsam und deshalb häufig, so daß nach § 802 HGB „im Zweifel angenommen" wurde, daß die Vssumme als Taxe des Vswertes gelten sollte. Die §§ 100 I, 104[1] ADS haben die bloße Auslegungsregel zur schlechthin geltenden, aber abdingbaren Norm erhoben: Die Vssumme gilt hier als Taxe.

Ist eine Taxe vereinbart und ist keine Vssumme — insbesondere keine niedrigere — im Vsvertrag angegeben, so ist im Zweifel anzunehmen, daß die Vssumme mit dem Taxbetrag übereinstimmen soll (OLG Hamburg 8. XII. 1926 HansRZ 1927 Sp. 184, Argus a. a. O. S. 31, 36, 39, Baur a. a. O. S. 11).

Die Beweislast für das Zustandekommen einer Taxvereinbarung trifft denjenigen, der sich auf sie beruft, durchweg also den Vmer (Baur a. a. O. S. 41, Bruck S. 507 Anm. 11, Hagen I S. 473, Ritter-Abraham Anm. 23 zu § 6, S. 222).

[19] b) Bestimmbarkeit.

Der Taxbetrag muß in der Vereinbarung bestimmt oder doch kraft ihres Inhalts bestimmbar sein.

Wird die Taxe auf einen genau bestimmten Betrag festgesetzt, so ergeben sich keine Probleme. Über besondere Taxen vgl. Anm. 20. Bei der Bestimmung bedarf es keiner von Sachverstand getragenen Schätzung (Anm. 16), mag diese auch zweckmäßig sein.

Der Bestimmtheit der Taxe ist ihre objektive Bestimmbarkeit gleichzusetzen (RAA VA 1911 S. 116—117; Baur a. a. O. S. 8, Berndt a. a. O. S. 97, Bruck S. 508, Ritter-Abraham Anm. 20 zu § 6, S. 221, a. M. Fick a. a. O. S. 251). Deshalb wäre es zulässig, den Taxbetrag an einen Index zu knüpfen, z. B. bei Waren an notierte Preise des Warenmarktes. In der Autokaskov kämen die Listenpreise in Betracht. Häufiger ist bei laufenden Gütervn die Bezugnahme auf den Fakturenwert, bei Fobgeschäften möglicherweise zuzüglich Seefracht und Seevsprämie, in allen Fällen meistens zuzüglich × Prozent imaginären Gewinns. Solche Vereinbarung ist dann bereits eine Taxvereinbarung, nicht nur eine Abrede darüber, wie künftig eine Taxe entstehen solle (Ritter-Abraham Anm. 38 zu § 6, S. 231, a. A. Argus a. a. O. S. 25, vgl. aber auch S. 50). Solchenfalls muß der Anspruchsteller beweisen, wie hoch im Einzelfall der Fakturenwert usw. war.

Über die Verwandtschaft einer nur bestimmbaren Taxe mit den nach § 89 II zulässigen Bestimmungen über die Berechnung des entgehenden Gewinns vgl. Anm. 15.

[20] c) Besondere Taxen.

Sind in einem einheitlichen Vsvertrag Interessen an mehreren Gütern vert, so kann auch die Vssumme eine differenzierte sein. Hier ist es notwendig, auch den Vswert gesondert — z. B. je Position — zu bestimmen, und entsprechend können auch besondere Taxen vereinbart werden. Möglicherweise ist eine Position taxiert vert, eine andere nicht.

Aber auch wenn eine einzige Vssumme für mehrere Interessen bestimmt ist, können doch die Vswerte einzelner Interessen besonders taxiert sein. Es kommt auch die besondere Taxierung von wesentlichen Bestandteilen und Zubehör vor (etwa bei der Maschine eines Schiffes: Ritter-Abraham Anm. 9 zu § 7, S. 236; RG 8. VII. 1891 HGZ 1891 Hptbl S. 235—236), ferner die besondere Taxierung von Objekten eines Inbegriffs (Taxe für ein zum Hausrat gehörendes Gemälde). Selbst bei gleichartigen Gegenständen (z. B. 1000 Sack Kaffee) ist es sinnvoll zu vereinbaren: „Jedes Kollo eine Taxe"; man spricht hier von einer Serientaxe (vgl. dazu § 7 I 2, II, III ADS). Hierzu auch Baur a. a. O. S. 30—31, Ritter-Abraham Anm. 5—7, 11—15 zu § 7, S. 235—236, 237—238.

Eine besondere Taxe hat nach § 7 I 1 ADS (§ 794 HGB) sowie in der Binnenv die Bedeutung, daß die besonders taxierten Gegenstände zugunsten des Vmers als besonders vert gelten, z. B. bei der Frage, ob Total- oder Teilschaden vorliegt, ob eine Franchise eingreift, ob Unterv gegeben ist, ob eine Obliegenheit verletzt wurde. Vgl. Ritter-Abraham Anm. 6 zu § 7, S. 235—236. Im Seevsrecht soll die Annahme einer besonderen V nur „zugunsten des Vmers" wirken (dazu Ritter-Abraham Anm. 7 zu § 7, S. 236). Man wird diese Einschränkung nicht auch in der Binnenv gelten lassen können.

Ergibt die Summe der besonderen Taxen (zuzüglich der Vswerte nicht taxierter Gegenstände) einen höheren Betrag als die Vssumme, so liegt insgesamt und für jeden Gegenstand separat eine Unterv vor; jedoch nimmt Ehrenberg ZVersWiss 1906 S. 413 hier an, daß die besonders taxierten Gegenstände auf erstes Risiko vert sein sollen.

[21] 4. Rechtsnatur.
Die nach § 57¹ zu treffende Vereinbarung steht in engem Zusammenhang mit einem Vsvertrag und bildet, wenn sie getroffen wird, dessen Teil, als Nebenabrede (Baur a. a. O. S. 8). Deshalb sind die Bezeichnungen Nebenvertrag (so Ritter-Abraham Anm. 19 zu § 6, S. 220) oder pactum adjectum (OLG Hamburg 4. VII. 1883 HGZ 1883 Hptbl S. 191) oder Sondervertrag (Damm Mitt 1911 S. 817) nicht glücklich. Richtig ist nur, daß die Taxvereinbarung nicht zu den essentialia negotii gehört, daß sie fehlen und auch nachträglich getroffen werden (Anm. 17) kann und daß sie eine gewisse Selbständigkeit besitzt, auch im Falle der „Anfechtung" (Anm. 43, 53): Ist die Taxierung hinfällig, so ist anzunehmen, daß der Vsvertrag auch ohne Taxe abgeschlossen wäre (vgl. § 139 BGB).

Ansonsten aber bildet die Taxe eine Vertragsabrede im Rahmen des Vsvertrages. Deshalb kann der Vmer nach § 3 I 1 verlangen, daß im Vsschein auch etwas über die vereinbarte Taxe gesagt wird. Aber es geht zu weit, wenn Prölss-Martin[18] Anm. 1 zu § 57, S. 289 fordern, stets müsse die „Vereinbarung ... aus dem Vsschein deutlich ersichtlich sein". Wird eine Taxe nachträglich vereinbart oder verändert (Anm. 17, 34), so ist auf Verlangen ein entsprechender Nachtrag zum Vsschein auszuhändigen. Wird von vornherein eine Taxierung vorgesehen, so wird im Zweifel der Vertrag nicht perfekt, bevor eine Vereinbarung über die Taxe zustande kommt (§ 154 I 1 BGB, Kisch a. a. O. S. 3).

Inhaltlich bedeutet die Festsetzung des Vswertes keine Leistung des Vers, auch ist der Ver nicht zur Mitwirkung bei einer Taxvereinbarung verpflichtet. Kommt sie aber zustande, so wird die Gefahrtragung des Vers, wird insbesondere eine Entschädigungsleistung nach Eintritt eines Vsfalles durch die Taxvereinbarung insofern beeinflußt, als von der Taxe als vereinbartem Vswert auszugehen ist, so daß sich eine anderweitige Ermittlung des Vswertes erübrigt. Kisch a. a. O. S. 5, 7—10 spricht von der **konstitutiven Bedeutung der Taxe** und davon, es werde durch die Taxe „eines der für jene Leistungspflicht erheblichen Tatbestandsmomente in **bindender** Weise festgelegt"; er vergleicht die Taxvereinbarung mit einer Abmachung über die Maßgeblichkeit einer bestimmten Rechtsordnung. Die Taxierung habe „nicht nur beweisersparende, sondern ... **normierende Kraft**".

Um einen **Vergleich** (§ 779 I BGB) oder ein **Schuldanerkenntnis** (§ 781¹ BGB) handelt es sich schon deshalb nicht, weil die Taxierung „nicht unmittelbar eine Leistung festsetzt" (Kisch a. a. O. S. 8, auch Baur a. a. O. S. 6—7, Bruck S. 506 Anm. 10, Ritter-Abraham Anm. 19 zu § 6, S. 221, a. A. Molt a. a. O. S. 56—57).

Beruht jedoch ein Vergleich zwischen Ver und Vmer auf einer Verkennung der Bedeutung einer Taxe, so soll gemäß OLG Hamburg 30. XI. 1967 VersR 1969 S. 226—228 nach § 779 I BGB dieser Vergleich unwirksam sein.

Aus ihrer materiellrechtlichen Funktion ergibt sich nur sekundär die Bedeutung der Taxe für die Beweislage. „An sich ist es nach dem Eintritt eines Schadens Sache des Vmers, behufs Feststellung des Umfangs des Schadens darzutun, wie hoch sich der Wert des vten Interesses belaufen hat ... Die Vssumme ist für den Vswert nicht maßgebend, sondern dient nur dazu, die Haftung des Vers zu begrenzen; der Vmer kann daher, selbst wenn ein völliger Verlust eintritt, vom Ver nicht ohne weiteres die Zahlung der Vssumme verlangen, sondern muß im Streitfalle beweisen, daß der Vswert die Vssumme wirklich erreicht hat. Die Beweislast ändert sich jedoch, wenn die Parteien den Vswert durch Vereinbarung auf eine bestimmte Summe (Taxe) festsetzen" (Begr. I S. 64). Jetzt ist bei der Schadensregulierung — vorbehaltlich des § 57^2 — der taxierte Vswert zugrunde zu legen: Argus a. a. O. S. 32 spricht von einer praesumptio juris et de jure, Baur a. a. O. S. 38—42, 55—56 (für das schweizerische Recht) von einer Vermutung mit Beweislastumkehr, Hagen I S. 472 aber weist mit Recht darauf hin, die Taxe bedeute „eine wirkliche, verbindliche Willenseinigung der Parteien, deren Bedeutung sich nicht in der Umkehr der Beweislast erschöpft. Sie ist schlechthin maßgebend", und Kisch a. a. O. S. 7 betont, die Taxe gehöre nicht in das Beweisrecht, sondern in das Vertragsrecht, sie erspare nicht nur einen Beweis, sondern sei ein rechtsgestaltender Tatbestand. Lehmann ZVersWiss 1911 S. 787 spricht von einer Fiktion oder unwiderleglichen Rechtsvermutung. RG 24. XI. 1883 RGZ Bd 11 S. 16—17 bemerkt, die Taxe bedeute keine „bloße Umkehrung der Beweislast, sondern ... die gänzliche Ausschließung von Beweis- und Gegenbeweiserhebungen."

Die Taxe hat nur Bedeutung für den Vswert und damit die Schadenshöhe. Die Frage, ob jemand überhaupt — dem Grunde nach — Interessent und Geschädigter sei, wird durch die Taxvereinbarungen auch beweismäßig nicht beeinflußt (Anm. 32).

Dritten gegenüber — z. B. gegenüber einem Brandstifter — begründet die Taxe keine Änderung der Beweislage (Argus a. a. O. S. 27); allenfalls kann eine (neuere) Taxe als Indiz für den wirklichen Wert auch im Verhältnis zu Dritten dienen.

[22] III. Wirkungen der Taxe.

Wegen § 57^2 ist es von entscheidender Bedeutung, ob die Taxe den wirklichen Vswert erheblich übersteigt. Zunächst sind die Wirkungen der Taxe für den Normalfall (Anm. 23—32) zu schildern; erst sekundär ist der Ausnahmefall einer Unmaßgeblichkeit der Taxe zu erörtern (Anm. 33—55).

[23] 1. Normalwirkungen der Taxe.

a) Positiv: Festsetzung des Versicherungswertes.

aa) Grundsätze.

Ist der Vswert durch die Taxvereinbarung festgesetzt, so ist kein Raum mehr für Zweifel oder Streit über dieses Tatbestandsmoment; der Vswert steht bindend fest, die Vereinbarung zeitigt konstitutive Wirkung (Anm. 21). Die Taxe tritt an die Stelle des Vswertes, und zwar nach § 57$^{1,\,2}$ an die Stelle des Anfangswertes, des laufenden Vswertes und des Ersatzwertes.

Das gilt auch dann, wenn von vornherein die Taxe zu niedrig oder zu hoch war, ferner dann, wenn nachträglich die Taxe zu niedrig wird (Wertsteigerung) oder zu hoch wird (Wertminderung). Die Taxe wird durch den Beweis ihrer Unrichtigkeit nicht entkräftet, verträgt überhaupt keinen Maßstab der Richtigkeit, nachdem sie vereinbart ist (immer vorbehaltlich einer Überschreitung der in Anm. 36 zu behandelnden Höchstgrenze einer erheblichen Übersetzung der Taxe nach oben).

Die Fixierung des Vswertes durch die Taxe wirkt für und gegen den Vmer, also auch gegen und für den Ver. Das Gesetz sieht keine Korrektur der Taxe durch Hinauf- oder Herabsetzung vor. § 51 I, II, betreffend die Herabsetzung der Vssumme bei erheblicher Überschreitung des Vswertes, findet keine Anwendung, solange der Vswert durch eine Taxe fixiert ist und die Vssumme diese Taxe nicht übersteigt (Anm. 11 zu § 51). Es bedarf also einer Vertragsänderungsvereinbarung, falls — entgegen dem Prinzip der Unveränderlichkeit (Argus a. a. O. S. 27) — eine Taxe den wirklichen Wertverhältnissen angepaßt werden soll.

[24] bb) Einzelheiten.

Überall dort hat der bindende, konstitutive Charakter der Taxe Bedeutung, wo es auf den Vswert ankommt.

[25] aaa) Fixierung des Anfangswertes.

Die Taxvereinbarung setzt den Anfangswert fest, der dann auch als Ersatzwert gilt (§ 57$^{1, 2}$). Bei der Feuerv beweglicher Sachen darf nach dem zwingenden § 87 nur der Anfangswert durch die Taxe fixiert werden (Anm. 3, 6, 51), wodurch hier die Taxe stark entwertet wird und entsprechend geringe Verbreitung gefunden hat. Immerhin kann die Taxe Bedeutung gewinnen, falls ein Vsfall bald nach dem Vsbeginn eintritt. Behauptet hier der Ver, der Vswert habe sich seit der Taxvereinbarung geändert, so wird dem Vmer der Nachweis gelingen, „daß die Verhältnisse bei dem Eintritte des Vsfalls noch dieselben waren wie zur Zeit des Vertragsschlusses" (Begr. I S. 93—94). Später wird dieser Beweis schwierig, und es spricht keine Vermutung für die Wertbeständigkeit.

Soweit in der Transport- und Seev die Fiktion des gleichbleibenden Vswertes gilt (Anm. 46 vor §§ 49—80, Anm. 25 zu § 52), wird sowieso unwiderlegbar vermutet, daß der Anfangswert mit dem Ersatzwert identisch sei. Hier ergibt sich also nicht nur aus § 57^2, daß eine Taxierung des Anfangswertes zugleich als Taxe des Ersatzwertes gilt. Nimmt der Vmer zur Ausgleichung einer wertmäßigen Lücke des Vsschutzes eine Mehrwertv, so kann diese ihrerseits als taxierte V genommen werden. Vgl. auch Anm. 52.

[26] bbb) Fixierung des Ersatzwertes.

Sieht man von der Feuerv beweglicher Sachen (§ 87) ab, so gilt die Taxe „auch als der Wert, den das vte Interesse zur Zeit des Eintritts des Vsfalls hat" (§ 57^2), also als Ersatzwert, logischerweise aber auch als laufender, jeweiliger Vswert (Baur a. a. O. S. 10).

Der Vmer braucht also — anders als bei einer offenen Police (Anm. 42 zu § 52) — die Höhe des Ersatzwertes nicht zu beweisen. Auch wenn der Ersatzwert niedriger ist als die Taxe, so gilt die höhere Taxe als Ersatzwert. Umgekehrt muß der Vmer die Taxe auch gegen sich gelten lassen, wenn sie niedriger ist als der wirkliche Ersatzwert.

[27] ccc) Fixierung der Schadenshöhe.

Bei einem Totalschaden muß der Ver den vollen Ersatzwert als Schadensbetrag leisten (Anm. 29 zu § 55), vorausgesetzt daß die Vssume ausreicht. Bei einer taxierten Police tritt an die Stelle des Ersatzwertes die Taxe. Bei besonderer Taxierung ist im Falle des Totalschadens hinsichtlich des gesondert taxierten Gegenstandes der Betrag der besonderen Taxe zu leisten. Verbleiben nach einem Totalschaden Reste und gehen diese auf den Ver über, so trifft dies auch dann zu, wenn die Taxe niedriger ist als der wirkliche Vswert (Ritter-Abraham Anm. 24 zu § 6, S. 223). Gehen die Reste nicht auf den Ver über, so mindert sich die Ersatzleistung um den Wert des Geretteten; dieser Wert ist nicht als entsprechender Bruchteil des Taxwertes zu berechnen, sondern selbständig zu bestimmen, und zwar als gemeiner Wert, als Verkäuflichkeitswert (Anm. 31 zu § 55; Ritter-Abraham Anm. 23 zu § 71, S. 884).

Bei einem Teilschaden (dazu Anm. 30 zu § 55) ist die Berechnung der Schadenshöhe am einfachsten, falls sie in Prozenten eines vorgestellten Totalschadens erfolgt; denn hier erhält der Vmer einen entsprechenden Prozentsatz der Taxe (vgl. hierzu Berndt a. a. O. S. 96 und für den Beschädigungsfall § 93 I ADS, § 140 III). Von der Taxe ist gleichfalls auszugehen, falls vom Ersatzwert der Wert der Reste abgezogen werden soll (dazu § 3 I 2, 3 AFB). Dagegen verliert die Taxe weithin ihre Bedeutung für die Schadensliquidation, falls der Ver die erforderlichen Kosten der Wiederherstellung zu erstatten hat. Hier besteht die Gefahr, daß Teilschäden einen relativ großen Teil des Taxbetrages aufzehren, weil die Taxe allzu niedrig bemessen ist (vielleicht um Prämien zu sparen). Nur diesen dritten Fall berücksichtigen Argus a. a. O. S. 30, 31, 36, Baur a. a. O. S. 21 (der die V mit einer solchen auf erstes Risiko vergleicht), Hagen I S. 475, Hinz a. a. O. S. 104 (wie Baur), Kisch a. a. O. S. 38—39, Ritter-Abraham Anm. 25 zu § 6, S. 224, RG 24. XI. 1883 RGZ Bd 11 S. 14—18, KG 22. XII. 1926 HansRZ 1927 Sp.

III. Wirkungen der Taxe § 57
Anm. 28, 29

138, OLG Hamburg 4. VII. 1883 HGZ 1883 Hptbl S. 187—191, 14. XI. 1883 HGZ 1883 Hptbl S. 298—300, 8. XII. 1926 HansRZ 1927 Sp. 184.

In der Seev soll eine Kasko-Teilschaden-Klausel (DTV-Handbuch, Hamburg 1970, S. 187) dem Ver helfen:

„Im Falle eines Teilschadens am vten Schiff haften die Ver, falls der wahre Wert des Schiffes größer ist als die Vstaxe, nur im Verhältnis der Vssumme zum wahren Wert des Schiffes. Als solcher gilt an Stelle der Taxe der Wert des Schiffes im beschädigten Zustande am Ort und zur Zeit des Beginns der endgültigen Reparatur, zuzüglich der Reparaturkosten."

Hier öffnet also die Klausel im Teilschadensfalle — und nur in ihm — die Taxe (Ritter-Abraham Anm. 9 zu § 70, S. 862—863).

Auch für die Frage, ob Reparaturunwürdigkeit (Anm. 30 zu § 55) vorliege, hat die Taxe insofern entscheidende Bedeutung, als zu prüfen ist, ob die Wiederherstellungskosten die Taxe überschreiten (Prölss-Martin[18] Anm. 1 zu § 57, S. 92). Für ein Binnenschiff vgl. OLG Hamburg 30. XI. 1967 VersR 1969 S. 226—228 (dazu Anm. Gundermann VersR 1970 S. 150), BGH 15. XII. 1969 VersR 1970 S. 243—245. Für ein Seeschiff RG 18. IV. 1891 SeuffArch Bd 47 S. 326—328 Nr. 222.

Über die Bedeutung der Taxe für die Adhäsionshaftpflichtven der Transport- und Seev vgl. schon Anm. 5.

[28] ddd) Anwendung von Franchisen.

Wenn bei der Berechnung einer Selbstbeteiligung des Vmers auszugehen ist von dem Vs- oder Ersatzwert (Anm. 73 zu § 56), so tritt bei einer taxierten Polize die Taxe an die Stelle dieser Werte (Bruck S. 508). Wenn z. B. § 34 I ADS sagt: „Der Ver haftet nicht für einen Schaden, wenn dieser 3% des Vswertes nicht erreicht", so ist bei der Anwendung dieser Integralfranchise maßgebend, ob der Schaden 3% des Taxbetrages erreicht (dann volle Entschädigung) oder nicht (dann keine Entschädigung): Ritter-Abraham Anm. 6 zu § 34, S. 574—575.

Ein Vorteil besonderer Taxen (Anm. 20) liegt darin, daß Franchisen im Blick auf jeden einzelnen taxierten Gegenstand zu berechnen sind. „Denn je größer die vte Ladung, um so kleiner ist an und für sich die Aussicht, die Franchise zu erreichen. Dies war daher auch der Anlaß zur Teilung der V" (Ritter-Abraham Anm. 6 zu § 7, S. 235). Vgl. auch RG 30. VI. 1917 RGZ Bd 90 S. 366—368.

[29] eee) Über-, Unter-, Doppelversicherung.

Der Vswert — auch als Ersatzwert — spielt begrifflich gemäß §§ 51 I, 56, 59 I bei der Über-, Unter- und Doppelv eine Rolle. Bei einer taxierten V tritt die Taxe an die Stelle des Vswertes.

Eine Überv liegt also nur vor, wenn die Vssumme die Taxe übersteigt, und das wird kaum vorkommen (Argus a. a. O. S. 38, Baur a. a. O. S. 15, 22—23, Kisch a. a. O. S. 12—13). Wegen der bindenden Wirkung der Taxe kann bei Übereinstimmung von Taxe und Vssumme normalerweise niemand geltend machen, die Taxe sei zu hoch (über den Ausnahmefall der Unmaßgeblichkeit der Taxe vgl. Anm. 33—55). So kann eine Taxe zur Durchbrechung des vsrechtlichen Bereicherungsverbots führen. Es ist nicht sinnvoll, bei allzu hoher Taxe von Überv zu sprechen (Baur a. a. O. S. 12, Berndt a. a. O. S. 92, 95, Lehmann ZVersWiss 1911 S. 787—788, dagegen Argus a. a. O. S. 39). Allenfalls kann man von einer latenten oder verschleierten Überv reden (Baur a. a. O. S. 13, Bruck S. 511, Buchwalter a. a. O. S. 97). Erst nach einer „Öffnung" der taxierten V wird die Überv offenbar, und ihre Beseitigung kann verlangt werden (Anm. 44).

Eine Unterv ergibt sich, falls die Vssumme niedriger ist als die Taxe. Hier greift gemäß § 57³ die Proportionalitätsregel des § 56 ein (Anm. 46—54 zu § 56; § 6 III 3 ADS). Über eine Unterv bei obendrein untersetzter Taxe vgl. Argus a. a. O. S. 37—38 („Unterv in der Unterv"), auch Buchwalter a. a. O. S. 101.

Über die Frage, wann bei taxierten Ven oder beim Zusammentreffen einer offenen und einer taxierten Polize Doppelv vorliegt, vgl. Anm. zu § 59.

[30] fff) Fälle der Vorteilsausgleichung.

Der Übergang von Ersatzansprüchen (§ 67 I 1) findet eine Begrenzung in der Höhe der Leistung des Vers (Sieg in: Anm. 64 zu § 67), aber auch in der kongruenten Schadensersatzschuld des Dritten (Sieg in: Anm. 59—62 zu § 67). Wenn die Taxe überhöht ist, so kann es vorkommen, daß vsrechtlich der Schaden höher vergütet wird, als bürgerlichrechtlich eine (kongruente) Ersatzforderung gegen den Dritten entsteht. Bei einer zu niedrigen Taxe kann — umgekehrt — die Ersatzforderung den Taxbetrag übersteigen; auf den Ver geht die Ersatzforderung nur in Höhe der Leistung des Vers über (Argus a. a. O. S. 26).

Wird der auszugleichende Vorteil auf den Ver übertragen, z. B. das Eigentumsrecht des Vmers an dem total verlorenen oder verschollenen Schiff oder an entwendeten Silberwaren oder Uhren (vgl. Anm. 54 vor §§ 49—80), so kann sich ergeben, daß bei einer zu niedrigen Taxe der Vorteil wertvoller ist als die Entschädigung (Ritter-Abraham Anm. 24 zu § 6, S. 223).

[31] ggg) Einfluß auf Obliegenheiten.

Die Taxvereinbarung beeinflußt die vsrechtlichen Obliegenheiten.

Im Rahmen der vorvertraglichen Anzeigepflicht braucht es der Vmer nicht anzuzeigen, wenn er weiß, daß der vereinbarte Taxbetrag von dem wirklichen Vswert nach oben oder nach unten abweicht (Ritter-Abraham Anm. 25, 37 zu § 6, S. 224, 230, OLG Hamburg 14. XI. 1883 HGZ 1883 Hptbl S. 300, Schiedsspruch o. D. HansRZ 1922 Sp. 130—131.

Im Rahmen der Gefahrstandspflicht ist es bedeutsam, daß es an einer Gefahrerhöhung fehlt, wenn der Vswert sich erhöht (Anm. 6 zu § 23, Anm. 26 zu § 54) oder ermäßigt, so daß die Taxe unrichtig wird. Bei erheblicher Übersetzung der Taxe gilt die Spezialnorm des § 57^2.

Die Auskunfts- und Belegpflicht des Vmers (§ 34) werden insoweit als modifiziert angesehen werden müssen, als sie den Zweck verfolgen, den Ver über den Ersatzwert zu informieren; denn insoweit ist nach der getroffenen Taxvereinbarung eine Unterrichtung nicht erforderlich. Nur wenn der Ver die Taxe „anficht", leben die beiden Obliegenheiten wieder voll auf (so auch OLG Hamburg 19. III. 1925 HansRZ 1925 Sp. 433—434). A. M. Baur a. a. O. S. 43—44, der generell die Obliegenheiten für fortbestehend erachtet und nur dann eine Ausnahme gelten läßt, wenn etwa die Klausel vereinbart ist: „Ohne weiteren Beweis hinsichtlich der Taxe" oder „Der Ver verzichtet auf jeden Nachweis der Taxe"; ebenso wohl Ritter-Abraham Anm. 33 zu § 6, S. 228, Anm. 36, 38 zu § 43, S. 665—666, 667.

[32] b) Negativ: Wirkungsgrenzen der Taxe.

Die Taxe legt den Vswert fest, ergibt aber nichts für die Frage, ob der Vmer oder Vte ein Interesse, und zwar das vte Interesse besitze, so daß er im Schadensfall ohne weiteres als Geschädigter anzusehen wäre. Es ist unrichtig, wenn Argus a. a. O. S. 29, Gerhard-Hagen Anm. 6 zu § 51, S. 239, Hagen I S. 474 meinen, die Taxe begründe eine Vermutung nicht nur für die Höhe, sondern auch für das Vorhandensein des Interesses. Über Interessebeweisklauseln vgl. Anm. 126 zu § 49. Sie werden zuweilen verknüpft mit einer sachlich überflüssigen Taxbeweisklausel, z. B.: „ohne Beweis des Interesses und der Taxe" (Argus a. a. O. S. 29, auch Ritter-Abraham Anm. 34 zu § 43, S. 664—665). Mit Recht betont Baur a. a. O. S. 41—42, es bleibe „dem Vmer zu beweisen, daß der Vsfall eingetreten ist, d. h., daß der vte Gegenstand verloren ist und der Schaden durch die vte Gefahr herbeigeführt wurde". Wie hier auch Kisch a. a. O. S. 29—30 (unter Erstreckung auf den Fall, daß ein Interesse keinen Vermögenswert hat).

Personell wirkt die vom Vmer mit dem Ver vereinbarte Taxe bei einer V für fremde Rechnung auch für und gegen den Vten, bei einer Veräußerung der vten Sache auch für und gegen den Erwerber (Berndt a. a. O. S. 97, Kisch a. a. O. S. 30), nicht aber für und gegen sonstige Dritte (vgl. dazu § 793 I HGB: „unter den Parteien"). Deshalb richten sich Ersatzansprüche gegen Dritte, welche z. B. die vte Sache zerstört haben, nicht nach der Taxe, sondern nach bürgerlichrechtlichen Grundsätzen, und der

III. Wirkungen der Taxe §57
Anm. 33, 34

Geschädigte sowie der Schädiger können sich nicht auf die Beweiskraft der Taxe stützen. Allenfalls kann eine (neuere) Taxe als Indiz für den wirklichen Wert der Sache dienen. Wegen der grundsätzlich internen Wirkung der Taxe ist bei der Ermittlung „des Wertes des Schiffes und der Ladung und des Betrags der Fracht" zwecks Verteilung eines Havariegrosseschadens (§ 716 HGB) nicht ohne weiteres die Vstaxe entscheidend. Deshalb ist auch in den Fällen beschränkt-persönlicher Haftung, besonders bei Aussendung eines Schiffes zu einer neuen Haftungsreise (§ 774 I HGB) — etwa nach einer Kollision — der Wert des Schiffes nicht einfach nach Maßgabe der Vstaxe zu bemessen. Zu alledem Argus a. a. O. S. 26—27, Baur a. a. O. S. 32—34, 42, Berndt a. a. O. S. 97, Bruck S. 508, Kisch a. a. O. S. 30, Ritter-Abraham Anm. 24 zu § 6, S. 223. Gemäß Handelsgericht Hamburg 8. VII. 1876 Hamburgische Handelsgerichts-Zeitung 1877 S. 199—200 ist es einem Ladungsbeteiligten nicht verwehrt, eine Reederei für den überschießenden Betrag in Anspruch zu nehmen, wenn seine taxierte V zur Deckung seines wirklichen Schadens nicht ausreicht.

Immerhin kann eine Taxe eine gewisse „Fernwirkung" im Verhältnis zu Dritten zeitigen, wenn z. B. beim Verkauf einer Mühle der Verkäufer darauf hinweist, der Wert sei für Zwecke der Feuerv von sachverständiger Seite in bestimmter Höhe geschätzt (vgl. RG 1. IV. 1903 RGZ Bd 54 S. 222—223: zugesicherte Eigenschaft). Geht der Ver nicht nach § 67 I 1, sondern ausnahmsweise aus eigenem Recht gegen einen Dritten, z. B. einen Brandstifter vor, so könnte der Ersatzanspruch des Vers den Wert der Sache überschreiten, falls die Taxe (nicht erheblich) übersetzt war (Raiser VersR 1951 S. 3).

[33] 2. Unmaßgeblichkeit der Taxe.

Die Taxvereinbarung soll normalerweise dazu dienen, Ermittlungen über den Vswert überflüssig zu machen und die Schadensliquidation zu erleichtern (Anm. 4); eine eventuelle Bereicherung des Vmers wird dabei in Kauf genommen. Aber solche Bereicherung darf dennoch keine Ausmaße annehmen, welche die Grundlagen des Schadensvsrechtes — speziell das vsrechtliche Bereicherungsverbot (Anm. 45 vor §§ 49—80, Anm. 6—8 zu § 55) — erschüttern. Hier muß es Korrekturen geben, sei es im Rahmen des Vsvertragsrechtes (Anm. 35—52), sei es nach allgemeinem bürgerlichem Recht (Anm. 53—55). Dabei ist auch an den (umgekehrten) Fall einer allzu niedrigen Taxe zu denken (Anm. 34).

Greift keiner der zu behandelnden Rechtsbehelfe durch, so gilt der Grundsatz der **Unveränderlichkeit der Taxe** (Berndt a. a. O. S. 93), und es ist dem Ver verwehrt, eine etwaige Bereicherung des Vmers unter dem Gesichtspunkt der **ungerechtfertigten Bereicherung** (§ 812 I 1 BGB) zurückzufordern, denn dann fehlt es nicht an einem rechtlichen Grund für die Erlangung des den Schaden übersteigenden Betrages; diesen Grund bildet vielmehr der Vsvertrag in Verbindung mit der Taxvereinbarung.

[34] a) Versicherungsrechtliche Rechtsbehelfe.
aa) Hinaufsetzung der Taxe.

Erweist sich eine Taxvereinbarung insofern als unrichtig, als (vom Vsbeginn an oder später) der wirkliche Vswert höher ist als der Taxbetrag — ein Gebäude im Werte von 300 000 DM ist mit 200 000 DM taxiert —, so ist diese Diskrepanz sowohl für den Vmer als auch für den Ver mißlich: Der Vmer erhält im Totalschadensfalle nur den Taxbetrag; der Ver muß im Teilschadensfalle möglicherweise die erforderlichen Kosten der Wiederherstellung begleichen, obgleich er in der Prämie nicht das entsprechende Äquivalent empfangen hat (Anm. 27). Juristisch handelt es sich nicht um eine Unterv, da Vssumme und (taxierter) Vswert übereinstimmen (Argus a. a. O. S. 35—36; Baur a. a. O. S. 13, der von einer latenten Unterv spricht).

Dennoch sieht das Vsrecht hier keine Korrektur der Taxe vor; weder der Vmer noch der Ver kann die Beseitigung der Diskrepanz verlangen (es gibt nur die Beseitigung einer Überv: § 51 I und einer Doppelv: § 60). Der Ver kann die Hinaufsetzung der Taxe (und der Vssumme) deshalb nicht verlangen, weil der Vmer nicht gegen seinen Willen mit einer Mehrprämie belastet werden kann. Der Vmer kann das Verlangen nicht einseitig stellen, weil den Ver kein Kontrahierungszwang belastet. Zu alledem auch Argus a. a. O. S. 36—37, Baur a. a. O. S. 54—56, Bruck S. 509—510, Hinz a. a. O. S. 104—105, Kisch a. a. O. S. 37—39, Ritter-Abraham Anm. 25 zu § 6, S. 223—224, RG 24. XI. 1883 RGZ Bd 11 S. 10—18, Schiedsspruch o. D. HansRZ 1922 Sp. 129—131 und (bedenklich) Voigt Neues Archiv für Handelsrecht 3. Bd S. 68—76.

Nach alledem ist eine Hinaufsetzung der Taxe nur im Wege der nachträglichen Vereinbarung möglich (Anm. 17). Die Vereinbarung solcher Nachv wirkt im Zweifel von ihrem Zustandekommen an auf die Gefahrtragung des Vers ein; die sich ergebende Mehrprämie ist vom Tage der Vereinbarung an geschuldet und ist als Folgeprämie zu behandeln (Anm. 128 zu § 1). Der Vmer kann verlangen, daß die Erhöhung der Taxe in einem Nachtrag zum Vsschein verbrieft wird (Anm. 21). Kommt eine Vereinbarung nicht zustande, so kann der Vmer bei einem anderen Ver eine Zusatzv nehmen (Anm. 17).

Über den Fall der Erweiterung der vten Interessen: Berndt a. a. O. S. 96 mit Anm. 18, wo jedoch der Tatbestand des Größerwerdens eines Bestandes bei einer Inbegriffsv fälschlich als Entstehung eines neuen Interesses behandelt wird (richtig Kisch a. a. O. S. 39—40).

[35] bb) „Herabsetzung" der Taxe.
aaa) Tatbestand der Übersetzung.
α) Taxe übersteigt Versicherungswert.

Nicht selten ist von vornherein der vereinbarte Taxbetrag übersetzt: Der Vmer rechnet mit Geldwertschwund, bei einer Inbegriffsv mit Zugängen (z. B. bei einem vten Warenlager); vielleicht will er auch die Differenz von Neu- und Zeitwert bei einer Zeitwertv dadurch überbrücken, daß er den Zeitwert übersetzt; möglicherweise handelt es sich sogar um eine betrügerische Übersetzung (dazu speziell Anm. 50). Außer diesen Vorsatzfällen können Irrtümer zur Übersetzung der Taxe führen, insbesondere Schätzfehler, auch bei herangezogenen Sachverständigen. Auf ein Verschulden des Vmers oder Vers kommt es nicht an (Hochgräber ZVersWiss 1926 S. 80). Der Ver schließt die Taxvereinbarung häufig auf Grund der Angaben des Vmers allzu sorglos ab; zuweilen sollen prämienhungrige Ver übersetzte Taxen angeregt haben (vgl. dazu Anm. 40). Alles das verkennt Argus a. a. O. S. 39.

Eine Übersetzung der Taxe liegt nicht nur vor, wenn die Taxe den Anfangswert übersteigt, sondern auch, wenn sie den laufenden Vswert und speziell den Ersatzwert überschreitet. Ein nachträgliches Übersteigen des Vswertes ergibt sich z. B., wenn der Wert des vten Interesses geringer wird, etwa wegen des Alterns, der Abnutzung vter Sachen, bei Geldwerterhöhungen, bei Absinken von Marktpreisen, bei Abgängen in Inbegriffsven.

Gemäß § 57² kommt es nur darauf an, ob zur Zeit des Eintritts des Vsfalls die Taxe den Vswert übersteigt. Zu vergleichen sind also Taxe und Ersatzwert. Dabei ist der Ersatzwert entsprechend den Grundsätzen zu bestimmen, die ohne Vereinbarung einer Taxe maßgeblich sind (Prölss-Martin[18] Anm. 2 zu § 57, S. 290, verkannt von LG Berlin 6. X. 1930 JRPV 1931 S. 357—358). Vor dem Vsfall ergeben sich aus der Übersetzung der Taxe im Binnenvsrecht (anders für die Seev: Anm. 52) keine Rechtsfolgen, insbesondere kann weder der Ver noch der Vmer eine Herabsetzung der Taxe verlangen, auch nicht unter dem Gesichtspunkt einer Beseitigung einer Überv; denn die Taxe hat den Vswert festgesetzt, so daß die Vssumme (wenn sie dem Taxbetrag entspricht) den festgesetzten Vswert nicht übersteigt (Anm. 29). Erst wenn die Taxe im Vsfall „geöffnet" wird, kann sich nunmehr eine (herabsetzbare) Überv ergeben (Anm. 11 zu § 51, Anm. 44).

Der Eintritt des Vsfalls, auf den § 57² zeitlich abstellt, macht die Ermittlung des wirklichen Vswerts im Zeitpunkt des Schadenseintritts erforderlich, bei gedehnten Vsfällen wird man auf den Beginn der Interessebeeinträchtigung abheben müssen (zur Problematik: Anm. 34 vor §§ 49—80). Der Zeitpunkt der Geltendmachung der Übersetzung der Taxe ist unerheblich, mag auch inzwischen — während langjähriger Entschädigungsverhandlungen — der Geldwert stark abgesunken sein. Nur wenn der Ver

III. Wirkungen der Taxe

zum Nachweis ersatzpflichtiger Wiederherstellungskosten faktische Wiederherstellung fordert (vgl. Anm. 34, 43 zu § 52), kann es geboten sein, die Taxe am Wert zur Zeit der Wiederherstellung zu messen.

[36] β) Taxübersetzung ist erheblich.

Nach § 57² kommt es — wie nach § 51 I bei der Überv im Verhältnis Vssumme zu Vswert (Anm. 16 zu § 51) — darauf an, ob die Taxe den Vswert erheblich übersteigt (§ 793 II HGB spricht von „wesentlicher" Übersetzung, was das gleiche bedeutet: Lehmann ZVersWiss 1911 S. 787). Sinn und Zweck der Taxe verbieten die Beachtung nichterheblicher Taxübersetzungen; das Bereicherungsverbot gebietet die Beachtung erheblicher Diskrepanzen.

Die Grenze zwischen Nichterheblichkeit und Erheblichkeit ist nicht strikt gezogen; sie dürfte in der Regel dann übertreten sein, wenn sie 10 v. H. überschreitet: Bis zu 10 v. H. Bereicherungsausmaß können noch hingenommen werden; bei mehr als 10 v. H. wanken die Festen des Bereicherungsverbots, das subjektive Risiko kann beträchtlich werden.

Im Schrifttum billigen die Grenze von 10 v. H.: Baur a. a. O. S. 47—49, Bruck S. 510, Hinz a. a. O. S. 19. Berndt a. a. O. S. 94 will die Frage „letzten Endes dem Ermessen des Richters überlassen". Hagen, Seevsrecht, Berlin 1938, S. 84 meint, man werde „‚unschuldige', dem wirtschaftlichen Zweck entsprechende Übersetzungen auch in der Rechtsprechung durchlassen müssen", Kisch a. a. O. S. 17 verweist auf das „pflichtmäßige Ermessen des Gerichtes", Ritter-Abraham Anm. 28 zu § 6, S. 225—226 gehen von dem „Zweck der Einrichtung" Taxe aus (wohl: Überschreitung eines weiten Bewertungsrahmens).

In der Rechtsprechung hat RG 29. I. 1887 RGZ Bd 19 S. 215 eine Überschreitung mit $6^6/_{10}$ v. H. für nicht wesentlich erklärt; hier sei nicht „das Wesen des Vsvertrages ... geändert", im übrigen müsse der Richter seine Ermessensausübung begründen. Das OLG Stuttgart 2. XII. 1929 Praxis 1930 S. 87 hält sogar eine Übersetzung von 11, 25 v. H. für nicht wesentlich in einem Fall, in welchem 106 Pferde mit einer Durchschnittstaxe von je 1800 RM vert waren; es komme darauf an, ob „die Taxe eben als Durchschnittstaxe erheblich übersetzt ist" (Sachverständige hatten den Durchschnittswert mit 1600 RM geschätzt); es dürfe bei der Beurteilung der Erheblichkeit „nicht kleinlich" verfahren werden.

Das Allgemeine Landrecht (§ 2170 II 8 ALR) ließ eine Abweichung bis zu 10 v. H. zu (vgl. Argus a. a. O. S. 40).

Hat der Ver einen Selbstbehalt zu tragen, so ändert dies doch nichts an der Beurteilung der Erheblichkeit der Übersetzung einer Taxe (a. M. Berndt a. a. O. S. 93 Anm. 8, Prölss-Martin[18] Anm. 2 zu § 57, S. 290, OLG Stuttgart 2. XII. 1929 Praxis 1930 S. 87). Denn es kommt — genau genommen — nicht auf das Bereicherungsausmaß, sondern auf das Verhältnis von Taxe und Ersatzwert an.

Über die Rechtslage bei Vorliegen einer Unterv vgl. Anm. 46.

[37] γ) Beweislast und Beweisführung.

Angesichts der getroffenen Taxvereinbarung ist von deren Richtigkeit auszugehen. Wer sich also darauf beruft, die Taxe übersteige den Vswert erheblich, muß dies beweisen (§ 57²: „es sei denn"). In der Regel wird der Ver die Taxe „öffnen" wollen, so daß ihn die Beweislast trifft (RG 10. X. 1930 JRPV 1930 S. 380 mit der für den Totalschadensfall zutreffenden Formulierung, der Ver müsse beweisen, daß der Vmer einen erheblich geringeren Schaden erlitten hätte als den Betrag der Taxe). Es steht also dem Ver trotz der von ihm getroffenen Taxvereinbarung frei darzutun, der wirkliche Ersatzwert sei niedriger als der (feststehende) Taxbetrag, und zwar erheblich niedriger (Argus a. a. O. S. 40, Berndt a. a. O. S. 94, Bruck S. 511, Kisch a. a. O. S. 18, Ritter-Abraham Anm. 33 zu § 6, S. 228).

Hat der Ver seine „Behauptungen nicht zur Begründung des Einwandes aus § 57 VVG, sondern unter anderen rechtlichen Gesichtspunkten beigebracht", so muß doch das Gericht die rechtliche Prüfung selbständig vornehmen, auch im Blick auf § 57² (RG 10. X. 1930 JRPV 1930 S. 380).

Bei der Beweisführung ist für den Richter § 286 ZPO, nicht § 287 ZPO zu beachten: Es geht nicht um einen Schadensbeweis, sondern um den Beweis des wirklichen Vswertes, also um einen Wertbeweis (vgl. Anm. 42 zu § 52; Hagen I S. 475 Anm. 7, Kisch a. a. O. S. 17, Ritter-Abraham Anm. 28 zu § 6, S. 226; RG 19. III. 1904 RGZ Bd 58 S. 35—36). Die Beweisführung wird dem Ver dadurch erleichtert, daß im Fall der „Anfechtung" der Taxe die Auskunfts- und Belegpflicht des Vmers wiederaufleben (Anm. 31).

[38] bbb) Geltendmachung der Übersetzung.
α) Beteiligte.

§ 57² macht die Entkräftung der Taxe nicht von einer Willenserklärung des Vers abhängig; denn sobald ihre erhebliche Übersetzung feststeht, verliert sie ex lege ihre maßgebliche Kraft (Kisch a. a. O. S. 19). Der Richter hat die erhebliche Übersetzung von Amts wegen zu berücksichtigen, falls sie für ihn feststeht, und zwar auch dann, wenn der Ver sich untätig verhält, sogar im Versäumnisverfahren (Kisch a. a. O. S. 20). Möglicherweise ergibt sich die erhebliche Übersetzung aus dem eigenen Vortrag des Vmers.

Steht aber die erhebliche Übersetzung nicht fest, so muß sich der Ver darauf berufen, er muß sie geltendmachen, einen „Einwand" (RG 10. X. 1930 JRPV 1930 S. 380) erheben (vgl. auch Baur a. a. O. S. 45—46). Denn zunächst ist von der Richtigkeit der getroffenen Taxvereinbarung auszugehen. Zur Beweislast und Beweisführung Anm. 37.

Der Einwand ist gegenüber demjenigen zu erheben, der sich auf die Taxe beruft. Das wird regelmäßig der Vmer sein, besonders nach Eintritt eines Total- oder Teilschadens (Anm. 27). Bei der V für fremde Rechnung kommt der Einwand auch gegenüber dem Vten in Betracht, nach einer Veräußerung der vten Sache gegenüber dem Erwerber.

Gibt ein Vsfall Anlaß zur Feststellung des Ersatzwertes, so könnte sich primär auch der Vmer auf die erhebliche Übersetzung berufen, mit dem Ziel, die Taxe als unmaßgeblich herauszustellen, zu „öffnen" und nunmehr zwecks künftiger Prämienersparnis die Beseitigung der Überv, also die Herabsetzung der Vssumme gemäß § 51 I zu verlangen (Anm. 11 zu § 51).

[39] β) Zeitpunkt.

Die Taxvereinbarung hat den Zweck einer vertraglichen Fixierung des Vswertes für die gesamte Vsdauer. Die bindende, konstitutive Kraft der Taxe besteht selbst dann fort, wenn sich ihre (anfängliche oder nachträgliche) Übersetzung herausstellt. § 57 sieht einen Rechtsbehelf des Vers oder Vmers, ein (jederzeit erhebbares) Herabsetzungsverlangen nicht vor (Ehrenzweig S. 244 Anm. 5, Kisch a. a. O. S. 12, 34—35, unrichtig Argus a. a. O. S. 42, Bruck S. 510—511, Hinz a. a. O. S. 25—26, Prölss-Martin[18] Anm. 2 zu § 57, S. 290).

Lediglich an den Zeitpunkt des Eintritts des Vsfalls knüpft § 57² die Prüfung der Frage an, ob die Taxe den Ersatzwert erheblich übersteige. Der Anfangswert, der (bis zum Vsfall) laufende Vswert werden also nicht an der Taxe gemessen. Nur dann, wenn die Gefahrtragung des Schadensvers durch den Vsfall in ein akutes Stadium tritt, wenn es um die Entschädigung des Vmers geht, wenn also das vsrechtliche Bereicherungsverbot in Frage steht, ist zu untersuchen, ob die Taxe den Ersatzwert erheblich überschreitet (Baur a. a. O. S. 50—51, Berndt a. a. O. S. 95).

Solange die Entschädigungsfrage nach einem Vsfall schwebt, kann der Ver (und zwecks künftiger Prämienersparnis der Vmer; Anm. 38) die erhebliche Taxübersetzung geltend machen, auch noch z. B. in einem gerichtlichen Verfahren, sogar in der Revisionsinstanz (vgl. Anm. 40). Dauert nach einem Vsfall der Vsschutz fort, ohne daß sich der Ver auf § 57² berufen hat, so bindet weiterhin die Taxe, auch wenn durch den Vsfall die vte Sache erheblich beschädigt und nicht repariert ist. Erst bei einem neuen Vsfall wird die Prüfung der erheblichen Übersetzung wieder akut; möglicherweise ist

III. Wirkungen der Taxe

inzwischen die Taxe „richtig" geworden, z. B. wegen Geldentwertung, durch Zugänge bei Inbegriffsven.

Als Vsfall, der die Überprüfung der Taxe gestattet, kommt für den Ver auch ein Fall in Betracht, in welchem er zu Unrecht in Anspruch genommen wird, z. B. weil sich herausstellt, daß der Vmer den Vsfall vorsätzlich oder grobfahrlässig herbeigeführt hat (§ 61). Gerade hier kann ein Bedürfnis bestehen, für die Zukunft die Taxe zu „öffnen" und das subjektive Risiko durch Beseitigung der Überv zu mindern.

Von der Übersetzung der Taxe ist der Tatbestand des teilweisen Wegfalls des vten Interesses zu unterscheiden, der in § 68 II—IV behandelt ist und mittelbar auch zu einem Unwirksamwerden der ehemaligen Taxe für das volle bisherige Interesse führt (Baur a. a. O. S. 51—52, Berndt a. a. O. S. 95—96, Hagen I S. 474, Kisch a. a. O. S. 35—37, Ritter-Abraham Anm. 24 zu § 6, S. 223).

[40] γ) Rechtsnatur.

§ 57² setzt der privatrechtlichen Taxvereinbarung aus Gründen des ordre public eine gesetzliche Schranke, welche krasse Durchbrechungen des vsrechtlichen Bereicherungsverbots verhindern soll. Der Privatautonomie werden bindende, konstitutive Vereinbarungen über den Vswert gestattet, aber bei Eintritt eines Vsfalls übernimmt das Gesetz eine Überwachungsfunktion und entkleidet eine erheblich übersetzte Taxe ihrer maßgeblichen Kraft: An die Stelle der „übersetzt" vereinbarten Taxe tritt wieder der wirkliche Vswert und Ersatzwert.

Die Taxe ist — sofern sie erheblich übersetzt ist — als nicht mehr existent zu behandeln, und zwar kraft Gesetzes, ohne daß eine Willenserklärung des Vers (oder Vmers) eine Rolle spielt (Berndt a. a. O. S. 94, Kisch a. a. O. S. 19), mag auch die Vspraxis immer wieder fälschlich von der „Anfechtung" der Taxe sprechen (Argus a. a. O. S. 41 nimmt auch für die Binnenv fälschlich ein „Recht der Herabsetzung" an). Eine feststehende erhebliche Übersetzung der Taxe hat der Richter von Amts wegen zu berücksichtigen, wenn sie sich aus dem Sachverhalt ergibt (Anm. 38), auch im Versäumnisverfahren und in der Revisionsinstanz.

In praxi wird allerdings meistens der Ver den Richter auf die Übersetzung der Taxe hinweisen müssen, und auch außergerichtlich macht der Ver einen „Einwand" geltend (Anm. 38). Diesem Einwand könnte in Ausnahmefällen ein Gegeneinwand entgegenstehen, z. B. wenn — bei unveränderten Umständen — gerade der Ver oder sein Vertreter (z. B. Schätzer) es gewesen war, der auf die Festsetzung der Taxe in dieser Höhe gedrungen hatte (venire contra factum proprium), oder wenn in langen Schadensverhandlungen der Ver den Einwand erst sehr verspätet hervorkehrt (Verwirkung). Angesichts der Rolle des ordre public wird man allerdings solche Gegeneinwände nur selten zulassen dürfen, und der Richter wird besonders dann dem Bereicherungsverbot zum Siege verhelfen müssen, wenn infolge des Einwandes die erhebliche Übersetzung der Taxe ohne weiteres feststeht, so daß weitere Beweiserhebungen nicht vonnöten sind.

Hagen, Seevsrecht, Berlin 1938, S. 84 Anm. 3 meint, der Einwand sei wegen der zwingenden Kraft des Gesetzes auch zulässig, „wenn der Ver bei der Vereinbarung der Taxe mit der wesentlichen Übersetzung einverstanden war" (sehr „fein" ist solchenfalls das Verhalten des Vers nicht, vgl. hierzu auch Buchwalter a. a. O. S. 65—66, Hochgräber ZVersWiss 1926 S. 77—78, 80). RG 8. I. 1919 RGZ Bd 94 S. 271 führt aus, es komme „nicht darauf an, ob auch der Ver sich der Übersetzung der Taxe bewußt war und aus welchen Gründen er sich damit einverstanden erklärt hat" (vgl. dazu auch Vorinstanz: OLG Hamburg 5. VI. 1918 HGZ 1918 Hptbl S. 135—136).

[41] δ) Inhalt.

Wird die erhebliche Übersetzung der Taxe nicht von Amts wegen berücksichtigt, so kann der Ver sie nach einem Vsfall geltend machen. Dieser Einwand kann ausdrücklich oder stillschweigend, möglicherweise auch konkludent erfolgen, sofern nur für den Vmer (oder Vten oder Erwerber der vten Sache: Anm. 38) erkennbar wird, der Ver wolle sich auf die erhebliche Diskrepanz zwischen Taxe und Vswert berufen.

Es ist unschädlich, wenn der Ver — juristisch ungenau — von einer „Anfechtung" der Taxe spricht oder ein „Verlangen" der Herabsetzung äußert. Ist der Vsfall eingetreten und verlangt nunmehr der Ver „Beseitigung der Überv", so liegt darin zugleich die Geltendmachung der Taxübersetzung; denn die Überv läßt sich nach § 51 I erst beseitigen, wenn vorher die Taxe „geöffnet" ist (Anm. 11 zu § 51). Verweigert im Totalschadensfalle der Ver die Leistung der Entschädigung in Höhe des Taxbetrages, weil der Schaden bedeutend niedriger sei, so liegt hierin die Geltendmachung des Einwandes aus § 57².

Der Einwand ist vom Ver inhaltlich zu substantiieren, d. h. es müssen Behauptungen darüber aufgestellt werden, daß die Taxe den Ersatzwert übersteige, und zwar erheblich, d. h. um mehr als 10 v. H. Diese Behauptungen sind vom Ver durch nähere Angaben zu stützen und im Bestreitensfalle zu beweisen.

[42] ε) **Form.**

Die Geltendmachung des Einwandes der erheblichen Übersetzung der Taxe bedarf **keiner Form**, auch dann nicht, wenn für Willenserklärungen der Parteien des Vsvertrages eine Form vertraglich vorgesehen ist; denn die Geltendmachung setzt keine Willenserklärung voraus.

Bestreitet der Vmer die Berechtigung des Einwandes aus § 57², so kann der Ver auf **Feststellung der Unmaßgeblichkeit der Taxe klagen**, sofern er — z. B. nach einem Totalschadensfalle — seine über den wirklichen Ersatzwert hinausgehende Leistungspflicht bestreitet (vgl. Ritter-Abraham Anm. 30 zu § 6, S. 226). Der Vmer wird solchenfalls eine Leistungsklage auf Zahlung der vollen Entschädigung anstrengen müssen, kann aber in anderen Fällen auch ein rechtliches Interesse daran haben, daß für die Zukunft das Bestehen der Taxvereinbarung — eines Rechtsverhältnisses (§ 256 ZPO) — festgestellt wird.

[43] ccc) **Folgen der Geltendmachung**

α) **hinsichtlich der Taxe.**

Wird mit Erfolg der Einwand der erheblich übersetzten Taxe geltendgemacht, so beeinträchtigt dies **nicht den Vsvertrag im ganzen**; hier zeigt sich, daß die Taxvereinbarung nicht zu den essentialia negotii gehört; es ist stets anzunehmen, daß der Vsvertrag auch ohne Taxe abgeschlossen sein würde (vgl. § 139 BGB: Argus a. a. O. S. 40, Ehrenberg ZVersWiss 1906 S. 412).

Die Teilbedeutung der erheblichen Übersetzung der Taxe wirkt sich **nicht** dahin aus, daß die **Taxe korrigiert**, also herabgesetzt wird, sei es auf den wirklichen Ersatzwert, sei es gar auf den Taxbetrag, der noch gerade unbeanstandbar gewesen wäre, also auf den wirklichen Ersatzwert zuzüglich 10 v. H. Wird eine Sache mit einem Taxwert von 250 000 DM, die in Wahrheit einen Wert von 200 000 DM hat, total zerstört, so erhält der Vmer weder 250 000 DM noch 220 000 DM, sondern 200 000 DM, und zwar letztere deshalb, weil der Ersatzwert 200 000 DM beträgt, nicht aber deshalb, weil die Taxe auf 200 000 DM „herabgesetzt" wird.

Es wird also aus der taxierten **Polize eine offene Polize**, eine V ohne Taxe. An die Stelle der Taxe tritt der wirkliche Vswert, d. h. für den vorliegenden Vsfall der wirkliche Ersatzwert, für die Zukunft der wirkliche laufende Vswert (unrichtig sprechen Argus a. a. O. S. 42—43, 45, Bruck S. 511 von einer herabgesetzten Taxe).

Die „Öffnung" der **Polize wirkt zurück** auf den eingetretenen Vsfall, nicht aber wirkt sie für die Vergangenheit, auch nicht, falls von Anfang an die Taxe erheblich übersetzt war.

[44] β) **hinsichtlich der Versicherungssumme.**

Die Vssumme pflegt bei einer taxierten V dem Taxbetrag genau zu entsprechen. Erweist sich die Taxe als erheblich übersetzt, so tritt zwar an die Stelle der Taxe der Vswert (Anm. 43), aber die **Vssumme bleibt unverändert hoch**. Die Vssumme verliert de facto hier jedoch ihre Bedeutung als Leistungsbegrenzung, weil der nunmehr maßgebliche Vswert niedriger liegt als die Vssumme.

III. Wirkungen der Taxe **§ 57**
Anm. 45, 46

Es ergibt sich also eine Überv, deren Beseitigung nunmehr sowohl der Vmer als auch der Ver nach § 51 I verlangen kann (Anm. 11 zu § 51). Der Ver wird hieran regelmäßig kein Interesse haben, denn die Herabsetzung der Vssumme mindert die Prämie. Beim Vmer ist die Interessenlage nicht so eindeutig: Einerseits kann er die derzeitige Überv bestehen lassen wollen, z. B. weil er mit einem Anwachsen des Vswertes rechnet (Vorsorgegedanke); hat andererseits ausnahmsweise der Vmer die Polize „geöffnet", so kann darin zugleich das Verlangen nach Beseitigung der Überv im Interesse der Prämienersparnis liegen. Allzu generell Hinz a. a. O. S. 26—27, der stets im Verlangen des Vers oder Vmers „nach Herabsetzung der Taxe zugleich auch ein Verlangen auf Herabsetzung der Vssumme erblicken" will. Richtig Kisch a. a. O. S. 18—19 Anm. 26, Lehmann ZVersWiss 1911 S. 789, Ritter-Abraham Anm. 32 zu § 6, S. 227.

[45] γ) hinsichtlich der Gefahrtragung
 αα) im Allgemeinen.

Entfällt die Taxe, so tritt an ihre Stelle der objektiv zu bestimmende Vswert, und hierdurch wird die Gefahrtragungsleistung des Vers beeinflußt, und zwar sowohl die durch den Vsfall aktualisierte Gefahrtragung als auch — für die Zukunft — die latente Gefahrtragung.

Was den eingetretenen Vsfall anlangt, so ist der Schaden wie bei einer offenen Polize zu liquidieren. Die vorhandene Überv tritt zutage. Im Totalschadensfall braucht der Ver nicht den Taxbetrag zu leisten, sondern höchstens den wahren Ersatzwert. Im Teilschadensfall darf man nicht mehr von Prozenten der Taxe ausgehen oder von der Taxe den Wert der Reste abziehen, sondern auch hier ist der Schaden vom wirklichen Ersatzwert her zu ermitteln. Bei Prüfung der Reparaturunwürdigkeit sind die Wiederherstellungskosten nicht mehr mit der Taxe, sondern mit dem wahren Ersatzwert zu vergleichen. Vgl. dazu Anm. 27.

Beruft sich der Ver nicht auf die Unmaßgeblichkeit der Taxe, sondern erbringt er nach dem Vsfall seine volle Geldleistung, so kommt es darauf an, ob er gewußt hat, daß die Taxe erheblich übersetzt ist. Hat er dies gewußt, so entfällt gemäß § 814 BGB ein Bereicherungsanspruch (Kisch a. a. O. S. 46, vgl. auch Ritter-Abraham Anm. 34 zu § 6, S. 228, OLG Hamburg 21. XI. 1896 HGZ 1897 Hptbl S. 13—19).

[46] ββ) bei Unterversicherung.

Es kommt bei taxierten Ven vor, daß die Vssumme den Taxbetrag nicht erreicht. Gemäß § 57³ haftet hier der Ver nur nach dem Verhältnis der Vssumme zur Taxe, also nach der sogen. Proportionalitätsregel. Der Vmer ist mit einem Selbstbehalt belastet, der möglicherweise ein obligatorischer ist (Baur a. a. O. S. 24—26).

Erweist sich bei solcher Unterv mit Taxe, daß die Taxe erheblich übersetzt ist, so soll nach § 57³ trotzdem für die Leistungspflicht des Vers das Verhältnis der Vssumme zur Taxe maßgebend bleiben (ebenso § 6 II 3 ADS). Es soll also nicht das Verhältnis der Vssumme zum wirklichen Ersatzwert entscheiden. Ist eine Ware, deren wirklicher Ersatzwert 200 000 DM beträgt, mit 300 000 DM taxiert und mit einer Vssumme von 100 000 DM vert, und wird nach Eintritt eines Totalschadensfall die erhebliche Übersetzung der Taxe geltend gemacht, so erhält der Vmer nicht 1 : 2 des Schadens = 100 000 DM ersetzt, sondern nur 1 : 3 = 66 666 DM. „Die Bestimmung erscheint gerechtfertigt, weil in der Vereinbarung einer Taxe, die höher ist als die Vssumme, jedenfalls die Absicht der Parteien zum Ausdruck kommt, daß der Vmer nach dem Verhältnisse des nicht gedeckten Teiles des Wertes selbst Ver sein soll; hierbei muß es verbleiben, auch wenn sich die Taxe als übersetzt erweist und deshalb im übrigen für den Vswert nicht maßgebend ist" (Begr. I S. 64—65). Vgl. hierzu Argus a. a. O. S. 42—43, Baur a. a. O. S. 26—30, 50, Berndt a. a. O. S. 94—95, Hinz a. a. O. S. 104, Kisch a. a. O. S. 25—27, Ritter-Abraham Anm. 32 zu § 6, S. 227, Schlegelberger Anm. 8 zu § 6, S. 46 und für das vorgesetzliche Seerecht Voigt Neues Archiv für Handelsrecht 2. Bd S. 468—483.

Die Vorschrift des § 57³ zeigt, daß sogar eine „angefochtene" Taxe für die Gefahrtragung des Vers noch in gewisser Beziehung bedeutsam bleibt. Es bedürfte einer besonderen Vereinbarung zwischen Vmer und Ver, wenn bei gewollter Unterv künftig das Verhältnis Vssumme : Ersatzwert (im obigen Beispiel 1 : 2) für die Entschädigungsberechnung maßgebend sein soll.

[47] δδ) hinsichtlich der Prämienzahlung.

Die „Öffnung" der Polize läßt die Prämienzahlungspflicht des Vmers grundsätzlich **unberührt**; denn die Prämie richtet sich primär nach der Vssumme (Anm. 30 zu § 50), und diese bleibt unverändert (unrichtig Argus a. a. O. S. 43).

§ 57² sieht keine Prämienkorrektur vor, aber die Unmaßgeblichkeit der Taxe läßt ja eine **Überv** hervortreten, so daß nach § 51 I eine Herabsetzung der Vssumme und damit eine verhältnismäßige Minderung der Prämie mit sofortiger Wirkung verlangt werden kann (Näheres Anm. 33—35 zu § 51). § 51 II (Überv durch ein Kriegsereignis mit rückwirkender Prämienermäßigung) kann bei taxierten Polizen deshalb nicht ohne weiteres angewendet werden, weil von einer Überv vor der „Öffnung" der Polize nicht gesprochen werden kann. Man wird hier doch § 51 II analog anwenden müssen.

[48] ddd) Unabdingbarkeit des § 57.
α) Erschwerung der „Anfechtung".

§ 57² ist absolut zwingend. Die Korrektur der erheblich übersetzten Taxe erfolgt kraft Gesetzes und angesichts des vsrechtlichen Bereicherungsverbots sowie des ordre public sind **Vereinbarungen rechtsunwirksam**, welche die Taxe „unanfechtbar" machen oder die Geltendmachung des Einwandes der erheblichen Übersetzung beschränken oder erschweren wollen. Das gilt auch für Vszweige, in denen die (relativen) Beschränkungen der Vertragsfreiheit nicht gelten (§§ 187 I, II, 192 II; unrichtig für die öffentlichrechtliche Feuerv Argus a. a. O. S. 47, Damm Mitt 1911 S. 821).

Deshalb sind Klauseln, wie sie sich besonders in Maklerbedingungen finden, nichtig, welche besagen: „Die Taxe ist unanfechtbar", „Ohne weiteren Beweis hinsichtlich der Taxe", „feste Taxe", „Der Ver verzichtet auf jeden Nachweis der Taxe", „Unter Verzicht auf alle Rechte der Anfechtung gegen den taxierten Wert", „Die vereinbarten Taxen sind geschätzt ohne weiteren Nachweis und unter Verzicht auf alle Rechte der Anfechtung".

Deshalb wären auch Vereinbarungen nichtig, wonach eine Übersetzung der Taxe als nicht erheblich gelten soll, wenn sie z. B. 25 v. H. des Vswertes nicht überschreitet, oder wonach der Ver den Einwand der erheblichen Übersetzung nur innerhalb einer **Frist** soll geltendmachen können.

Wie hier Baur a. a. O. S. 56—59, Berndt a. a. O. S. 97, Bruck S. 511, Hochgräber ZVersWiss 1926 S. 75—80, Kisch a. a. O. S. 42—46, Lehmann ZVersWiss 1911 S. 789—792, Prölss-Martin[18] Anm. 5 zu § 57, S. 290 (mit unverstandener Einschränkung), Ritter-Abraham Anm. 36 zu § 6, S. 228—230; RG 19. III. 1904 WallmannsZ Bd 39 S. 740—743, 8. I. 1919 RGZ Bd 94 S. 270—271, OLG Hamburg 7. XI. 1934 HansRGZ 1934 A Sp. 716. Gegenteiliger Auffassung nur Buchwalter a. a. O. S. 65—67, Molt a. a. O. S. 59, Rehm ZVersWiss 1911 S. 465—473, OLG Hamburg 5. VI. 1918 HGZ 1918 Hptbl S. 135—136 (in einem Fall, in dem der Ver „in voller Kenntnis des geringeren wirklichen Wertes" die Taxe kontrahiert hatte; das Urteil ist vom zitierten Urteil des RG 8. I. 1919 RGZ Bd 94 S. 270—271 aufgehoben worden).

Die absolut zwingenden Gesetzesvorschriften, welche auf dem Bereicherungsverbot beruhen (Anm. 4), können auch nicht dadurch **umgangen** werden, daß man eine Sachv zuläßt, für die das klassische Entschädigungsprinzip nach dem Parteiwillen nicht gelten soll, also eine „Sachsummenv". Wenn Gärtner, Das Bereicherungsverbot, Berlin 1970, S. 35—46 die Normen betreffend Überv und Taxe auf solche Weise zu überspielen versucht, so verkennt er die wohlerwogenen Grundsätze des geltenden (und hoffentlich auch in Zukunft gültig bleibenden) Rechts und die Grenzziehung zu Spiel und Wette, mag er auch seinerseits in Ausnahmefällen eine Anfechtbarkeit seiner Sach-„Summenvereinbarungen" „unter Spielgesichtspunkten" konzedieren (S. 75). Ähn-

III. Wirkungen der Taxe

lich wie Gärtner schon Winter, Konkrete und abstrakte Bedarfsdeckung in der Sachv, Göttingen 1962, S. 114 (Sachv mit abstrakter Bedarfsdeckung = Sachsummenv, bei welcher „man bei einer erheblichen Übersetzung der Taxe lediglich nicht mehr von einer Taxe sprechen kann").

In der Gewinnv — besonders bei der V imaginären Gewinns — sind Taxen de facto nur selten „anfechtbar" (Beispiel: RG 26. X. 1892 Bolze Bd 15 S. 262—263 Nr. 400). Deshalb ist es auch besonders schwierig, eine erhebliche Übersetzung der Taxe dann nachzuweisen, wenn „Güter einschließlich imaginärem Gewinn, gleichviel wie hoch" vert sind. Denn hier kann der Vmer behaupten, zwar seien die Güter nicht sehr wertvoll, aber er habe einen sehr hohen Gewinn erwartet. Fehlt der Zusatz: „gleichviel wie hoch", so gelten 10 v. H. der Taxe als Taxe des Gewinns (§ 101^1 ADS). Ist also eine Ware mit einem wirklichen Vswert von 100 000 DM mit 200 000 DM einschließlich imaginärem Gewinn taxiert vert, so entfallen 20 000 DM auf imaginären Gewinn, und der Ver kann geltend machen, daß mit 180 000 DM die auf die Güterv entfallende Taxe erheblich übersetzt sei. Im Totalschadensfalle erhält der Vmer also 100 000 + 20 000 = 120 000 DM, während bei Einschluß von Gewinn „gleichviel wie hoch" der Ver wohl nicht umhin könnte, 200 000 DM zu zahlen. Nach Argus a. a. O. S. 56, Kisch a. a. O. S. 18 Anm. 25, RG 29. I. 1887 RGZ Bd 19 S. 213—214 soll bei gemeinschaftlicher, prozentualer V von Güter- und Gewinninteresse die „Anfechtung" der Gütertaxe automatisch auch die Taxe des imaginären Gewinns ergreifen, so daß im Beispielsfall der zu vergütende imaginäre Gewinn sich von 20 000 DM auf 11 111 DM ermäßigen würde.

[49] β) Erleichterung der „Anfechtung".

Angesichts des Zweckes von § 57^2 bestehen keine Bedenken dagegen, Vereinbarungen zu treffen, die **zugunsten des Vers** vom Gesetz abweichen. So könnte vereinbart werden, daß schon eine Diskrepanz von mehr als 5 v. H. zwischen Ersatzwert und Taxe als erheblich gelten solle (vgl. Baur a. a. O. S. 59) oder daß eine Taxe nur für eine bestimmte Zeit maßgeblich sein solle, z. B. bei einer zehnjährigen V nur für fünf Jahre (vgl. Argus a. a. O. S. 27, Baur a. a. O. S. 72) oder daß (außerhalb der Mobiliarfeuerv) einer Taxe nur die Bedeutung nach § 87 zukommen solle (vgl. Anm. 51; Begr. I S. 94, Ehrenzweig JW 1931 S. 3194) oder daß Ver und/oder Vmer schon vor Eintritt eines Vsfalls eine Herabsetzung der Taxe sollen verlangen können (ähnlich wie nach § 51 I eine Beseitigung der Überv). Vgl. zu alledem auch Berndt a. a. O. S. 97, Bruck S. 511, Hagen I S. 472—473, Kisch a. a. O. S. 41—42, Ritter-Abraham Anm. 35 zu § 6, S. 228.

§ 57^3 ist insofern abdingbar, als eine Vereinbarung getroffen werden kann, wonach die Proportionalitätsregel bei **Unterv** mit „angefochtener" Taxe angewendet werden soll unter Zugrundelegung des Verhältnisses Vssumme : Ersatzwert (also nicht Vssumme : Taxe); vgl. Anm. 46, a. M. Berndt a. a. O. S. 97 Anm. 20.

[50] eee) Rechtslage bei betrügerischer Übersetzung.

Es fehlt eine gesetzliche Bestimmung, wonach eine betrügerische erhebliche Überhöhung der Taxe den Vsvertrag nichtig macht. Solche Normen gibt es für die betrügerische Überv (§ 51 III) und die betrügerische Doppelv (§ 59 III). Auch eine V mit stark überhöhter Taxe kann aber vom Vmer in der Absicht genommen werden, sich einen rechtswidrigen Vermögensvorteil zu verschaffen (Näheres über diesen Tatbestand Anm. 44—47 zu § 51).

Obgleich eine Überv vor „Öffnung" der Taxe begrifflich nicht vorliegt und obgleich bei der Taxvereinbarung der Ver mitwirkt, kann doch § 51 III mit seiner **Nichtigkeitsfolge** als zivilrechtliche Norm analog angewendet werden (dazu auch Anm. 46 zu § 51), sofern der Vmer den Ver bei Abschluß der Taxvereinbarung absichtlich über die Höhe des wirklichen Vswertes täuscht, z. B. ein „unechtes" Gemälde mit Hilfe von gefälschten Expertisen als echt ausgibt und eine entsprechende Taxe herbeiführt. Hierzu vgl. Argus a. a. O. S. 45, Baur a. a. O. S. 59—60, Hinz a. a. O. S. 62, OLG Hamburg 7. XI. 1934 HansRGZ 1934 A Sp. 715—716 (wonach ein Beweis ersten Anscheins für die Betrugsabsicht genügt), LG Hamburg 11. IX. 1959 VersR 1960 S. 316—317 (nach Öffnung der Taxe); ablehnend nur Buchwalter a. a. O. S. 110—111, Kisch a. a. O. S. 11.

Eine absichtliche Übersetzung der Taxe wegen erhoffter Wertsteigerung, befürchteten Geldwertschwundes, erwarteter Zugänge bei Inbegriffsven löst keine analoge Anwendung des § 51 III aus.

Als Rechtsfolge betrügerischer erheblicher Übertaxierung ergibt sich analog § 51 III die Nichtigkeit des gesamten Vsvertrages, nicht nur der Taxvereinbarung (Argus a. a. O. S. 45); dem Ver gebührt dennoch grundsätzlich die Prämie (Näheres: Anm. 48 bis 49 zu § 51).

Ist die Taxe zunächst irrtümlich übersetzt und zeigt der Vmer dies nach Kenntniserlangung dem Ver nicht an, so wird dadurch die V nie zu einer betrügerischen und nicht nichtig (a. A. Argus a. a. O. S. 45).

Strafrechtlich ist eine vorsätzliche erhebliche Übersetzung der Taxe unter dem Gesichtspunkt des allgemeinen Betrugstatbestandes zu würdigen (vgl. Anm. 51 zu § 51).

[51] fff) Rechtslage in besonderen Versicherungszweigen.
α) Feuergewinn- und Mobiliarfeuerversicherung.

§ 89 I verbietet absolut zwingend (Einl. Anm. 46) die Vereinbarung einer Taxe bei einer Feuerv entgehenden Gewinns. Nach Auffassung der Begr. I S. 96 könnte solche V „ein Anreiz zur Herbeiführung von Bränden werden", besonders in Zeiten wirtschaftlicher Depression. Die Norm ist nur für die Gewinnv im Bereich der Feuerv erlassen, gilt hier aber trotz § 187 II auch bei einer laufenden V (Anm. 34 zu § 53). Außerhalb der Feuerv ist § 89 I auch analog nicht anzuwenden; deshalb wäre bei einer Einbruchdiebstahlv (man denke an Juwelen oder Pelze) die Mitv eines taxierten entgehenden Gewinns juristisch zulässig, wirtschaftlich allerdings gefährlich. Bei der Mietverlustv handelt es sich, soweit Mietverträge bereits laufen, trotz Begr. I S. 95 nicht um eine Gewinn-, sondern um eine Forderungsv (Anm. 8, 15 zu § 53), so daß hier eine Taxierung stets zulässig erscheint (a. M. Kisch a. a. O. S. 2 Anm. 2). Die Härten des § 89 I versucht im übrigen § 89 II zu mildern, der aufsichtsbehördlich genehmigte Vertragsbestimmungen über die Berechnung des entgehenden Gewinns zuläßt (dazu Anm. 15; Begr. I S. 96).

§ 87 schränkt für die Feuersachv beweglicher Sachen die Bedeutung der Taxe sehr ein — gleichfalls absolut zwingend (Einl Anm. 46). so daß die Vorschrift auch bei laufenden und öffentlichrechlichen Ven trotz §§ 187 II, 192 II Beachtung erheischt (a. M. Bruck VuGeldwirtschaft 1926 S. 310, Buchwalter a. a. O. S. 87). Über Tragweite und Anwendungsbereich des § 87 vgl. schon Anm. 6. Nach § 87[1] ist die Taxe von vornherein unmaßgeblich, wenn sie den wahren Anfangswert des vten Interesses zur Zeit der Schließung des Vertrags erheblich übersteigt. Zum Begriff der Erheblichkeit vgl. Anm. 36. Eine Taxvereinbarung im Blick auf erwartete Wertsteigerungen, Inbegriffsvermehrungen ist in der Feuerv beweglicher Sachen hiernach sinnlos. Überhaupt führt § 87 dazu, daß die Taxe bei der Feuerv beweglicher Sachen kaum vorkommt (Berndt a. a. O. S. 93, Bruck S. 512). Sie könnte aber z. B. bei Kunstwerken, deren Wert eher zunimmt als sinkt, sinnvoll sein (Argus a. a. O. S. 48). Im Falle der Unterv gilt auch hier § 57[3] (Begr. I S. 94; Argus a. a. O. S. 48—49). Vgl. im übrigen Begr. I S. 93—94, RAA VA 1911 S. 116—117, 1913 S. 120, KG 25. VII. 1936 JRPV 1937 S. 12.

[52] β) See- und Binnentransportversicherung.

In der See- und Binnentransportv spielen taxierte Polizen eine besonders große Rolle. Aus § 6 II ADS ergeben sich einige wichtige Abweichungen im Vergleich zur Binnenv und speziell zu § 57:

Die Taxvereinbarung, die den Anfangswert festsetzt, muß hier ohne weiteres auch für den laufenden Vswert und den Ersatzwert Bedeutung besitzen, weil die See- und auch die Binnentransportv von der Fiktion des gleichbleibenden Vswertes ausgehen (Anm. 46 vor §§ 49—80, Anm. 25 zu § 52). Wird die vte Sache wertvoller und soll eine ergänzende V genommen werden, so nennt man diese im Bereich obengenannter Fiktion Mehrwertv. Diese kann gleichfalls taxiert genommen werden (Beispiel: RG

III. Wirkungen der Taxe § 57
Anm. 53

28. VIII. 1942 RGZ Bd 169 S. 368—376, LG Hamburg 25. VII. 1941 HansRGZ 1941 B Sp. 393—399 = JRPV 1941 S. 217—219).

Nach § 6 II 2 ADS kann der Ver „eine Herabsetzung der Taxe verlangen, wenn die Taxe den wirklichen Vswert **erheblich übersteigt**". Hier besteht insofern ein Unterschied zu § 57², als nicht abgehoben wird auf den **Eintritt eines Vsfalles**. Als wirklicher Vswert ist hier nicht der Ersatzwert zu ermitteln, sondern der Wert zu Beginn der V (vgl. §§ 70 I 1, II, 90 ADS, auch §§ 140 I, II, 141 I; Argus a. a. O. S. 38, Ehrenberg ZVersWiss 1906 S. 412, Rehm ZVersWiss 1911 S. 469—470, Ritter-Abraham Anm. 27 zu § 6, S. 225). Dabei ist zu beachten, daß eine Mehrwertv erst mit ihrem Abschluß beginnt.

Bei erheblicher Übersetzung der Taxe tritt die Vertragskorrektur in der Seev — anders in der Binnentransportv wegen § 57² — **nicht kraft Gesetzes** ein, vielmehr setzt § 6 II 2 ADS (wie § 793 II HGB) ein **Herabsetzungsverlangen** des Vers voraus, d. h. eine einseitige Willenserklärung, die jederzeit abgegeben werden kann, nicht nur nach Eintritt eines Vsfalles; das Verlangen führt hier nicht nur zur „Öffnung" der Polize, sondern zur Herabsetzung der Taxe (Näheres Kisch a. a. O. S. 21—23, Ritter-Abraham Anm. 30—34 zu § 6, S. 226—228).

Dieses Herabsetzungsrecht des Vers kann auch in der Seev **nicht beschränkt oder ausgeschlossen** werden (Argus a. a. O. S. 57—59, Lehmann ZVersWiss 1911 S. 789—792, Ritter-Abraham Anm. 36 zu § 6, S. 228—230 mit treffenden Argumenten gegen Rehm ZVersWiss 1911 S. 465—473).

Nach **Sondervorschriften** gilt zuweilen eine Vssumme in der Seev als Taxe (§§ 100, 104¹ ADS) oder — umgekehrt — eine Taxe nur als Vssumme (§§ 107 III, 108 III, 109 I ADS). Treten Güter die vte Reise im beschädigten Zustande an, so ist im Verlustfalle die Taxe nicht maßgebend (§ 84³ ADS; Bruck S. 508—509, Ritter-Abraham Anm. 5 zu § 84, S. 1042).

[53] b) Bürgerlichrechtliche Rechtsbehelfe.
aa) Irrtumsanfechtung.

Prölss-Martin¹⁸ Anm. 4 zu § 57, S. 290 leugnen die Anfechtbarkeit der Taxe wegen Irrtums (oder Betruges), weil „der Ver durch das Herabsetzungsrecht des § 57 genügend geschützt" sei. Es geht aber auch um die Frage, ob der Vmer anfechten kann (Prämieninteresse), und ob beide Vertragsteile schon vor Eintritt des Vsfalls anfechten können. Die Taxvereinbarung muß anfechtungsrechtlich isoliert betrachtet werden. Hat sich der Ver oder Vmer bei der Abschätzung des Vswertes geirrt, so liegt kein Fall des § 119 I vor (Kisch a. a. O. S. 4—5). Wohl aber kann der wahre Vswert im Vsverkehr bei der Taxvereinbarung als **wesentliche Eigenschaft** der vten Sache i. S. des § 119 II BGB angesehen werden. Die allgemeine Auffassung, der Wert als solcher sei keine Eigenschaft (Palandt BGB²⁹ Anm. 4 zu § 119, S. 75 m. w. N.), hat für die Taxvereinbarung keine Bedeutung, weil hier gerade die Festsetzung des Wertes den Gegenstand des Rechtsgeschäftes bildet; bei einer taxierten Polize ist der wahre Vswert wesentlich für die Qualifizierung des vten Interesses. Wie hier aber wohl nur Gerhard-Hagen Anm. 8 zu § 57, S. 269—270; dagegen die h. M.: Baur a. a. O. S. 61, Berndt a. a. O. S. 95 Anm. 14, Bruck S. 508, Kisch a. a. O. S. 5 Anm. 5, Prölss-Martin¹⁸ Anm. 4 zu § 57, S. 290, Ritter-Abraham Anm. 19 zu § 6, S. 221, RG 24. XI. 1883 RGZ Bd 11 S. 16, OLG Hamburg 4. VII. 1883 HGZ 1883 Hpbl S. 191). Auf den Einzelfall abstellend Argus a. a. O. S. 46 (vgl. aber auch S. 37), Hagen I S. 473—474).

Die Irrtumsanfechtung der Taxvereinbarung berührt **nicht notwendig** den Vsvertrag im ganzen (vgl. § 139 BGB; unterscheidend Argus a. a. O. S. 46, Hagen I S. 474).

Schlegelberger Anm. 4 zu § 6, S. 45—46 lehnt die Anfechtbarkeit wegen Irrtums ab unter Berufung auf RG 2. II. 1939 RGZ Bd 162 S. 201—202 (Wesen und Zweck eines „Vergleiches").

Der Charakter des § 57² als **lex specialis** verbietet es, von einer Irrtumsanfechtung dann Gebrauch zu machen, wenn die Diskrepanz von Vswert und Taxe 10 v. H. nicht überschreitet. Solche Irrtümer sind bei Bewertungsfragen naheliegend und sollen durch die Taxe gerade unmaßgeblich gemacht werden.

Möller

[54] bb) Arglistanfechtung.

Hat der Vmer den Ver zum Abschluß der konkreten Taxvereinbarung durch arglistige Täuschung bestimmt (oder umgekehrt), so besteht kein Grund, dem Getäuschten das Anfechtungsrecht aus § 123 I BGB (mit Prölss-Martin[18] Anm. 4 zu § 57, S. 92) zu versagen (richtig Bruck S. 507—508, Kisch a. a. O. S. 5, RG 24. XI. 1883 RGZ Bd 11 S. 18).

Ist der Vsvertrag nichtig wegen betrügerischer Übersetzung der Taxe (Anm. 50), so ist dennoch — nach der Lehre von den Doppelwirkungen im Recht — die Anfechtung nach § 123 I BGB statthaft.

Der Ver kann auf sein Anfechtungsrecht nicht wirksam im voraus verzichten.

[55] cc) Erschütterung der Geschäftsgrundlage.

Die Lehre vom Fehlen oder vom Wegfall der Geschäftsgrundlage geht davon aus, daß die Geschäftsgrundlage nicht in das Rechtsgeschäft einbezogen ist. In der Taxvereinbarung wird aber der Vswert ausdrücklich fixiert; überdies ist die Korrektur in § 57² vorgesehen. Deshalb ist für die Anwendung der allgemeinen Lehre von der Erschütterung der Geschäftsgrundlage kein Raum.

Speziell § 779 I BGB ist nicht anwendbar, weil eine Taxvereinbarung nicht als Vergleich zu qualifizieren ist (Anm. 21).

§ 58

Wer für ein Interesse gegen dieselbe Gefahr bei mehreren Versicherern Versicherung nimmt, hat jedem Versicherer von der anderen Versicherung unverzüglich Mitteilung zu machen.

In der Mitteilung ist der Versicherer, bei welchem die andere Versicherung genommen worden ist, zu bezeichnen und die Versicherungssumme anzugeben.

Mehrfache und Mitversicherung.

Gliederung:
Entstehung Anm. 1
Schrifttum Anm. 2

I. Beteiligung mehrerer Ver Anm. 3—9
  1. Primäre Beteiligung mehrerer Ver Anm. 4—6
    a) Kumulierung von Summenven Anm. 5
    b) Kumulierung von Schadensven Anm. 6
  2. Sekundäre Beteiligung weiterer Ver Anm. 7—9
    a) Rückv Anm. 8
    b) Vspool Anm. 9

II. Speziell: Mehrfache V Anm. 10—50
  1. Begriff Anm. 10-22
    a) Erhebliche Begriffsmerkmale Anm. 11—21
      aa) Mehrheit von Vern Anm. 12
      bb) Identität des Vmers/Vten Anm. 13
      cc) Identität des Interesses Anm. 14—16
        aaa) Problemfälle der Interessenidentität Anm. 15
        bbb) Sonderfall der Gewinninteressen Anm. 16
      dd) Identität der Gefahr Anm. 17—19
        aaa) Speziell: Identität der Gefahrtragungszeit Anm. 18
        bbb) Speziell: Identität des Vsortes Anm. 19
      ee) Mehrheit von Vsverhältnissen Anm. 20
      ff) Nebeneinander von Deckungen Anm. 21
    b) Unerhebliche Begriffsmerkmale Anm. 22
  2. Arten Anm. 23

  3. Rechtsbehandlung Anm. 24—50
    a) Mitteilungsobliegenheit Anm. 25 bis 45
      aa) Zweck Anm. 25
      bb) Rechtsnatur Anm. 26
      cc) Konkurrenzen Anm. 27
      dd) Voraussetzungen Anm. 28 bis 31
        aaa) Mehrfache V Anm. 29
        bbb) Kenntnis des Vmers/Vten Anm. 30
        ccc) Unkenntnis des Vers Anm. 31
      ee) Mitteilung Anm. 32—37
        aaa) Mitteilungsbelasteter Anm. 32
        bbb) Mitteilungsempfänger Anm. 33
        ccc) Zeit Anm. 34
        ddd) Ort Anm. 35
        eee) Form Anm. 36
        fff) Inhalt Anm. 37
      ff) Verletzung Anm. 38—45
        aaa) Verletzungsform Anm. 38
        bbb) Verletzungsfolgen Anm. 39—45
          α) Sanktionsvereinbarung Anm. 39
          β) Leistungsfreiheit Anm. 40
          γ) Kündigung Anm. 41
          δ) Verschulden Anm. 42
          ε) Klarstellung Anm. 43
          ζ) Kausalität Anm. 44
          η) Beweisfragen Anm. 45
    b) Sonstige Rechtsfolgen Anm. 46 bis 50
      aa) Abdingbarkeit des § 58 Anm. 46
      bb) Einwilligung in Mehrfachv Anm. 47

cc) Verbot der Mehrfachv Anm. 48
dd) Prämie bei Mehrfachv Anm. 49
ee) Gefahrtragung bei Mehrfachv Anm. 50

III. Speziell: Mitv Anm. 51—75

1. Begriff Anm. 51—53
    a) Allgemeine Definition Anm. 51
    b) Einheitlicher Vsvertrag Anm. 52
    c) Unerhebliche Merkmale Anm. 53
2. Arten Anm. 54—56
    a) Generelle Unterscheidungen Anm. 54
    b) Mitvssystem von Lloyd's Anm. 55
    c) Multinationale Mitv Anm. 56
3. Rechtsbehandlung Anm. 57—75
    a) Abschluß Anm. 57
    b) Verbriefung Anm. 58
    c) Abwicklung Anm. 59—75
        aa) Teil- oder Gesamtschuldverhältnis Anm. 59
        bb) Mitv ohne Führungsklausel Anm. 60
        cc) Mitv mit Führungsklausel Anm. 61—74
            aaa) Erscheinungsformen Anm. 61—65
                α) Typ: Anzeigenklausel der Feuerv Anm. 62
                β) Typ: Prozeßführungsklausel der Feuerv Anm. 63
                γ) Typ: Anschlußklausel der Transportv Anm. 64
                δ) Weitere Führungsklauseln Anm. 65
            bbb) Führungsvertrag Anm. 66
            ccc) Außenverhältnis Anm. 67—70
                α) Vertretungsmacht bei Anzeigenklausel Anm. 67
                β) Außenwirkungen der Prozeßführungsklausel Anm. 68
                γ) Außenwirkungen der Anschlußklausel Anm. 69
                δ) Sonstige Außenwirkungsfragen Anm. 70
            ddd) Innenverhältnis Anm. 71—74
                α) Rechtsnatur und Beteiligte Anm. 71
                β) Pflichten des Führenden Anm. 72
                γ) Rechte des Führenden Anm. 73
                δ) Änderung und Beendigung Anm. 74
        dd) Sonstige Abwicklungsprobleme Anm. 75

[1] Entstehung:

§ 58 ist unverändert geblieben. — Begr. I S. 65—66.

[2] Schrifttum (zugleich zur Doppelv):

Adler LZ 1912 Sp. 497—505, Blanck Entschädigungsberechnung in der Sachv, 2. Aufl., Karlsruhe 1963, S. 83—103, ZVersWiss 1926 S. 314—320, NeumannsZ 1927 S. 725—726, Basedow, Doppelv, eine rechtsvergleichende Studie, Hamburger Diss. 1934, Bruck S. 535—556, Ehrenzweig S. 39—41, 239—242, 255—260, von Gierke II S. 188—193, Fehlmann, Der Vspool, Zürich 1948, Flechtheim LZ 1911 Sp. 685—688, Hagen I S. 482 bis 499, Heimbücher VW 1956 S. 216—219, Homann, Die Ausschließungsklauseln zweier zusammentreffender Vsverträge für fremde Rechnung, Greifswalder Diss. 1910, Hübener, Die Führungsklausel in der Mitv, Karlsruhe 1954, Josef ZVersWiss 1912 S. 778—786, von Jordan VersR 1973 S. 396—397, Keyser, Doppelv, Leipziger Diss., Greifswald 1928, Kisch RheinZ 1914 S. 369—393, 571—574, ZHR 75. Bd S. 221—275, ZVersWiss 1922 S. 295—308, Die mehrfache V desselben Interesses, Berlin 1935, Kümmerlein ZHR 98. Bd S. 377—392, Lurie, Begriff, Wesen und Rechtsnatur des Vspools, Hamburger Diss. 1934, Martin VersR 1973 S. 691—699, Moldenhauer LZ 1909 Sp. 42—48, 1911 Sp. 688 bis 690, Plass OeRevue 1911 S. 59—60, Prölss VW 1950 S. 265—266, Raiser NeumannsZ 1940 S. 178—179, AFB Anm. 1—37 zu § 10 S. 263—288, Anm. 9—19 zu § 11, S. 292 bis 296, Ritter-Abraham Vorbem. Anm. 43—50, S. 26—31, Anm. 1 zu § 10 bis Anm. 12 zu § 12, S. 246—270, Schmidt, Die Obliegenheiten, Karlsruhe 1953, S. 210—212, Senn

SchweizVersZ 1941/42 S. 257—272, Sturm, Die Entwicklung der Mit- und Rückv, Erlanger Diss. 1939, Vogel ZVersWiss 1973 S. 563—579, Wussow AFB Anm. 13—14 zu § 9, S. 384—386, Anm. 5—14 zu § 10, S. 394—402.

[3] I. Beteiligung mehrerer Versicherer.
Die Größe vieler Risiken macht es unangängig oder unzweckmäßig, daß ein einziger Ver die Gefahr trägt. Aber auch andere Umstände, z. B. Versehen des Vmers oder Überschneidungen zweier Vsverträge können zu einer Beteiligung mehrerer Ver an einem Risiko führen.

Zu unterscheiden sind Fälle primärer Beteiligung mehrerer Ver (Anm. 4—6) von solchen sekundärer Beteiligung, besonders im Wege der Rückv oder des Vspools (Anm. 7—9). Über den (umgekehrten) Fall der Beteiligung mehrerer Vmer und/oder Vter: Anm. 63—67 zu § 6, Anm. 27 zu § 35, Anm. zu § 61, Sieveking, Gemeinschaftsv, Hamburger Diss. 1926.

Möglicherweise haftet einer von mehreren Vern nur hilfsweise, subsidiär: Anm. 48—54 zu § 59.

[4] 1. Primäre Beteiligung mehrerer Versicherer.
Das allgemeine Zivilrecht unterscheidet drei Fälle koordinierter Beteiligung mehrerer Personen bei Schuldverhältnissen — auf der Gläubiger- oder der Schuldnerseite: Teilschuldverhältnisse, Gesamtschuldverhältnisse und Gesamthandsschuldverhältnisse.

Es besteht aber selbstverständlich auch die Möglichkeit, daß zwei Schuldverhältnisse mit gesonderten Leistungen völlig getrennt und unabhängig nebeneinander stehen (man denke an den Kauf eines Zweitwagens, die Miete einer zweiten Wohnung).

Bei Vsverträgen sind die Tatbestände der Summenv (Anm. 5) und der Schadensv (Anm. 6) zu trennen.

[5] a) Kumulierung von Summenversicherungen.
Im Bereiche der abstrakten Bedarfsdeckung (Summenv) kann ein Vmer mehrere Ven unabhängig voneinander abschließen, etwa mehrere Lebens- oder Unfall- oder Krankenven mit schadensunabhängigen Leistungen (Todesfall-, Invaliditätssummen, vom Schaden abstrahierende Tagegelder für Krankenhaustage oder Tage der Arbeitsunfähigkeit). Auch neben einer Sozialv können solche Summenven genommen werden. Zwar redet man im Lebenssprachgebrauch bei solchem Nebeneinander von „Doppelv", aber juristisch ist diese Bezeichnung (angesichts der Legaldefinition des § 59 I) nicht gerechtfertigt.

Die §§ 58—60 finden bei dem Zusammentreffen mehrerer Summenven keine Anwendung (Schmidt a. a. O. S. 211, Sieg ZVersWiss 1973 S. 321). Beispiele: OLG Hamm 12. XI. 1969 VersR 1970 S. 320 (Unfalltagegeldven), LG München 15. I. 1967 VersR 1970 S. 1148—1149 (Krankenhaustagegeldven, eine davon beschränkt auf Unfallkrankengeld). Über den Summenrabatt bei Zusammentreffen mehrerer Lebensven: BAA VA 1975 S. 322.

Die Kumulierung von Summenven kann allerdings das subjektive Risiko stark erhöhen, weshalb z. B. § 9 V MBKK bestimmt:

„Eine weitere Krankenhaustagegeldv darf nur mit Einwilligung des Vers abgeschlossen werden".

Es handelt sich um eine Obliegenheit, die Einwilligung einzuholen (Sanktion: § 10 II MBKK). Beispielsfälle: BGH 28. IV. 1971 VersR 1971 S. 662—664 = NJW 1971 S. 1891—1892 mit Anm. Surminski NJW 1972 S. 343—344, LG Düsseldorf 7. I. 1975 VersR 1975 S. 560—561, auch zur Verschuldensfrage und Unanwendbarkeit des § 6 II (Kausalität). Zur Erstreckung auf Unfallkrankenhaustagegeldven: Theda VersVerm 1971 S. 45—46. Zuweilen wird nur eine Anzeigeobliegenheit normiert. Im Rahmen der vorvertraglichen Anzeigepflicht kann das Bestehen einer parallelen zweiten Summenv ein gefahrerheblicher (vertragsgefährlicher) Umstand sein (vgl. Anm. 17, 27 zu § 16), wofür eine widerlegbare Vermutung spricht, sofern der Summenver nach einer anderweitigen V ausdrücklich und schriftlich gefragt hat (§ 16 I 3); Näheres Anm. 27, auch über die Bedeutung der Frage nach anderweitigen Ven in einem Schadensanzeigeformular. Über eine Krankentagegeldv, die eine Anpassung an das Nettoeinkommen mit entsprechender Anzeigeobliegenheit des Vmers vorsieht, Anm. 3 zu § 59.

Besonders bei Lebensven mit hoher Vssumme oder bei Gruppenlebensven kommt es vor, daß nicht nur im Wege der Rückv, sondern schon primär — im Verhältnis zum Vmer — mehrere Ver sich in einem einheitlichen Vsvertrag als Teilschuldner ein Risiko teilen. Sodann gelten entsprechend die für die Mitv in der Schadensv entwickelten Grundsätze (Anm. 51).

In der Unfallv bilden die Flugunfälle ein besonderes Risiko, für das Vsschutz nach § 4 III b AUB nur mit Höchstvssummen gewährt wird, z. B. DM 300.000,— für den Todesfall: „Laufen für eine vte Person bei demselben Ver oder anderen ... Vern weitere Unfallven, so gelten diese Höchstbeträge auch als Höchstvssummen für alle Ven zusammen." Hier müssen die Doppelvsvorschriften analog angewendet werden (Wussow AUB[4] Anm. 16 zu § 4, S. 121—122, Anm. 12 zu § 59, Anm. 5 zu § 60).

[6] b) Kumulierung von Schadensversicherungen.

Falls mehrere Ver das gleiche Risiko vern und beim Vertragsschluß zusammenwirken, so daß ein einheitlicher Vsvertrag entsteht, spricht man von **Mitversicherung.**

Fehlt es an solchem Zusammenwirken, so liegt eine **mehrfache Versicherung i. e. S.** vor (man kann sie zusammen mit der Mitv als mehrfache V i. w. S. bezeichnen). Die Mitteilungsobliegenheit des § 58 gilt nur für die mehrfache V i. e. S.: Anm. 10.

In der Schadensv ist die Frage, ob mehrere Ver beteiligt sind, schon wegen des möglichen Eingreifens des vsrechtlichen Bereicherungsverbotes von erheblicher Bedeutung; bei solchem Eingreifen spricht man von **Doppelversicherung** (§§ 59, 60). Die Doppelv erfordert, daß die Vssummen, die mit den mehreren Vern vereinbart worden sind, zusammen den Vswert (Ersatzwert: Anm. 6 zu § 59) übersteigen oder daß „aus anderen Gründen die Summe der Entschädigungen, die von jedem einzelnen Ver ohne Bestehen der anderen V zu zahlen wären, den Gesamtschaden" übersteigt (§ 59 I).

Doppelv führt zu gesamtschuldnerischer Haftung der beteiligten Ver, wobei der Vmer im ganzen nicht mehr als den Betrag des Schadens verlangen kann.

Eine Doppelv setzt allerdings voraus, daß kein einheitliches Vsverhältnis vorliegt, sondern eine Mehrzahl getrennter Vsverhältnisse (Kisch a. a. O. S. 106), mit Bereicherungsmöglichkeit. Deshalb kann sich zwar eine mehrfache V i. e. S. als Doppelv erweisen; eine Mitv jedoch (die als Aktivenv in der Summierung eine übersetzte Vssumme aufweist) ist nach den Regeln über die Überv zu behandeln (Anm. 8 zu § 51, anders Hinz, Die Über- und Unterv im deutschen Privatvsrecht, Hamburger Diss. 1963, S. 40).

SCHEMA:

Primäre Beteiligung mehrerer Schadensver

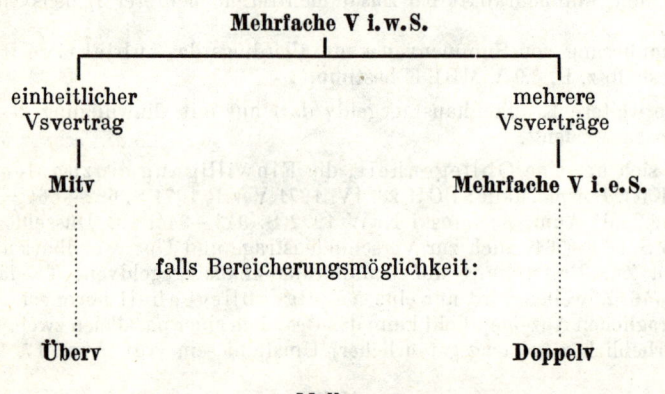

Mehrfache V i. w. S.

einheitlicher Vsvertrag	mehrere Vsverträge
Mitv	**Mehrfache V i. e. S.**

falls Bereicherungsmöglichkeit:

| **Überv** | **Doppelv** |

I. Beteiligung mehrerer Versicherer § 58
Anm. 7—9

Die Terminologie schwankt. Ritter-Abraham Vorbem. V Anm. 43—44, S. 26—27 identifizieren mehrfache V und Mitv. Richtig ist nur, daß die mehrfache V i. w. S. auch die Mitv umfaßt. Prölss-Martin[20] Anm. 1 zu § 58, S. 326—327 nennen die mehrfache V i. w. S., die keine Mitv ist, d. h. also die mehrfache V i. e. S. — nicht sehr plastisch — Nebenv. Von einer Gemeinschaftsv spricht Sieveking, Gemeinschaftsv, Hamburger Diss. 1926 bei Beteiligung mehrerer Personen als Vmer an einem einheitlichen Vsverhältnis.

[7] 2. Sekundäre Beteiligung weiterer Versicherer.

Mehrfache V, Mitv, Doppelv — diese Institutionen spielen in der Schadensv eine Rolle im Rechtsverhältnis des Vmers zu mehreren Vern. Aber es gibt auch sekundäre Beteiligungen weiterer Ver, und zwar im Wege der Rückv (Anm. 8) oder des Vspools (Anm. 9).

[8] a) Rückversicherung.

Der „Atomisierung" des Risikos dient (neben der Mitv) auch die Rückv, wobei sich die Rückver ihrerseits weiter rückvern können im Wege der Retrozession, womöglich in mehrfacher Aufeinanderfolge. Solche Rückdeckungen stärken zwar wirtschaftlich die Position des primären Vmers, aber juristisch erlangt der Vmer keinen unmittelbaren Anspruch gegen den Rückver (BGH 15. X. 1969 VersR 1970 S. 30, LG Köln 19. IV. 1951 VersR 1953 S. 130, Bruck VersArch 1956 S. 17). Das gilt auch bei Konkurs des Erstvers, wobei sich aber der Rückver dem Erstver gegenüber nicht darauf berufen kann, der Erstver habe seinem Vmer nur die Konkursquote zu zahlen und dementsprechend mindere sich die Leistungspflicht des Rückvers (RG 15. VI. 1881 RGZ Bd 5 S. 115—122 [hier war dem Inhaber einer Lebensvspolize die Rückvsforderung vom Konkursverwalter des Erstvers gegen Entgelt zediert]; RG 8. VI. 1903 RGZ Bd 55 S. 86—94). Obgleich die Rückv der Haftpflichtv verwandt ist (Anm. 19 vor §§ 49—80, Anm. 77 zu § 49), kennt das Rückvsrecht kein Konkursprivileg des Erstvmers im Konkurs des Erstvers im Blick auf die Entschädigungsforderung des Erstvers gegen den Rückver, wie es der haftpflichtvsrechtlichen Norm des § 157 entsprechen würde.

Nur ausnahmsweise entstehen unmittelbare Rechtsbeziehungen zwischen (Erst-) Vmer und Rückver. In kaufmännischen Vszweigen kommt es gelegentlich vor, daß sich ein vorsichtiger Vmer von seinem Ver dessen Anspruch gegen den Rückver von vornherein abtreten läßt, was zwar nichts an der Rechtsnatur des Rückvsanspruchs ändert, aber dem Vmer eine zusätzliche Sicherung verschafft (Zession bei einer Kreditrückv wurde verneint vom BGH 15. X. 1969 VersR 1970 S. 29—30). Wickelt ausnahmsweise ein Rückver einen Schadensfall selbst mit dem Erstver ab, und sagt er dabei die Entschädigung im eigenen Namen zu, so kann es zu einer Haftung des Rückvers gegenüber dem Erstvmer kommen, sogar über den Betrag hinaus, den der Rückver dem Erstver schuldet (OLG Köln 17. III. 1952 VersR 1953 S. 131).

[9] b) Versicherungspool.

Während die Rückv von der heute herrschenden Auffassung als echte V, und zwar stets als Schadensv angesehen wird (Prölss-Martin[20] Anm. 2 zu § 186, S. 1101, RG 8. I. 1937 RGZ Bd 153 S. 184—189), ist der Vspoolvertrag den Gesellschaftsverträgen zuzuordnen (Fehlmann a. a. O. S. 194, Labes ZVersWiss 1969 S. 271, Prölss-Martin[20] Anm. 5 zu § 186, S. 1106, differenzierend Lurie a. a. O. S. 58, 65, a. M. Sieg ZVersWiss 1969 S. 508—510).

Auch der Vspool dient der Aufteilung des Risikos (Fehlmann a. a. O. S. 29—69): Dem Vmer tritt nur ein einziger Ver gegenüber; die Poolung spielt sich rein intern dadurch ab, daß die dem Pool angehörenden Gesellschaften ihre Vsgeschäfte ganz oder teilweise bei einer gemeinschaftlichen Zentrale einbringen, von welcher sie unter sämtliche am Pool beteiligten Ver nach einem bestimmten Schlüssel verteilt werden (Fehlmann a. a. O. S. 20). Möglicherweise gehören dem Pool auch Ver (z. B. professionelle Rückver) an, die ihrerseits nicht zu den einbringenden gehören (Fehlmann a. a. O. S. 20—21). Die Haftungsverhältnisse können so gestaltet sein, daß der einzelne Ver

Teilforderungen gegen die einzelnen Poolmitglieder erlangt (zweistufiger Pool) oder daß der einzelne Ver sich an die Gesamtheit der Poolmitglieder als Gesamtschuldner halten kann; erst auf einer späteren Stufe „folgt im Innenverhältnis unter den Gesamtschuldnern die Feststellung der quotenmäßigen Haftung der einzelnen Poolmitglieder" (dreistufiger Pool) (Lurie a. a. O. S. 49—50).

Es handelt sich nicht um einen echten Vspool, falls die beteiligten Ver dem Vmer gegenüber als **Mitver** in Erscheinung treten (Heinrichs ZVersWiss 1963 S. 382). Der Vspool ist auch zu unterscheiden von Rückven, die unter zwei Vern im Wege der **Reziprozität** ausgetauscht werden (Lurie a. a. O. S. 13—15). Auch „eine Vereinbarung mehrerer Vsvereine, entstandene Schäden gemeinsam im Verhältnis ihrer Gesamtvssumme zu tragen, ist Rückv" (so für kleinere Feuervsvereine: BAA VA 1958 S. 3, auch Finanzgericht Nürnberg 29. II. 1972 VersR 1973 S. 44—45; nicht unzweifelhaft).

[10] II. Speziell: Mehrfache Versicherung.
1. Begriff.

Bei einer mehrfachen V nimmt ein Vmer „für ein Interesse gegen dieselbe Gefahr bei mehreren Vern V" (§ 58 I). Dieser Halbsatz des Gesetzestextes würde auch die Mitv. erfassen. Aber die in § 58 anschließend vorgesehene Mitteilungsobliegenheit wäre sinnlos, wenn von vornherein mehrere Ver beim Vertragsabschluß zusammenwirken, wenn sie also im Wege der Mitv gemeinschaftlich kontrahieren und deshalb die Beteiligungsverhältnisse kennen. Der zweite Halbsatz von § 58 I macht deutlich, daß die Mitteilungsobliegenheit nur hinsichtlich einer „**anderen** V" bestehen soll; eine Mitv schafft — trotz der juristischen Trennbarkeit der einzelnen Teilschuldverhältnisse — keine „andere" V, sondern bildet als Schuldverhältnis i. w. S. eine Einheit, beruht auf einem einheitlichen Vsvertrag (Anm. 52, auch Anm. 20). § 58 ist demnach **auf die Mitv nicht anzuwenden** (und diese Rechtsregel ergibt sich nicht etwa nur daraus, daß der Mitver das Mitzuteilende bereits weiß: Grundsatz der §§ 16 III, 17 II, 25 II 2, 28 II 1, 33 II; Anm. 24 zu § 6, Anm. 36 zu § 16).

Hier sind die Begriffsmerkmale der mehrfachen V i. e. S. positiv (Anm. 11—21) und negativ (Anm. 22) näher zu umschreiben. Sie haben nicht nur Bedeutung für die Mitteilungsobliegenheit des § 58, sondern — mit zusätzlichen Kriterien — auch für die Doppelvsvorschriften (§§ 59—60; Anm. 3—4 zu § 59).

[11] a) Erhebliche Begriffsmerkmale.

Positiv muß es sich bei der mehrfachen V i. e. S. handeln um eine Mehrheit von Vern (Anm. 12) bei Identität des Vmers/Vten (Anm. 13), inhaltlich um Identität des Interesses (Anm. 14—16) und Identität der Gefahr, auch zeitlich und räumlich (Anm. 17—19), und zwar bei einer Mehrheit von Vsverhältnissen (Anm. 20) und einem Nebeneinander der Deckungen (Anm. 21).

[12] aa) Mehrheit von Versicherern.

Nach dem Wortlaut des § 58 I setzt eine mehrfache V die Vsnahme „**bei mehreren Versicherern**" voraus, wobei der Fall der einvernehmlichen Mitv auszuscheiden ist (Anm. 10). Gehören zwei Schadensver zum gleichen Vskonzern, so handelt es sich doch um mehrere Ver.

Nimmt ein Vmer **bei demselben Versicherer** zwei Schadensven für dasselbe Risiko, so könnte es Aufgabe des Vers sein, dies zu entdecken. Aber die moderne Betriebstechnik der Großunternehmen führt sicherlich nicht selten zur Nichtentdeckung der mehrfachen V. Auch an Fälle der Kumulierung durch Bestandsübernahmen (§ 14 VAG) ist zu denken. Soll § 58 analog angewendet werden; sollen gegebenenfalls die Doppelvsregeln eingreifen?

Kisch a. a. O. S. 63—66, Prölss-Martin[20] Anm. 1 zu § 58, S. 327 behandeln das Problem: Kisch prüft (mit Recht) primär, ob die zweite V die erste ersetzen oder ergänzen soll; verneinendenfalls — z. B. bei Unkenntnis des Vmers von der bestehenden V — soll der frühere Vertrag „als aufgehoben zu gelten" haben, eine kühne Annahme! Prölss-Martin befürworten: „§§ 51, 60 analog (Herabsetzung nur für die Zukunft); hingegen §§ 306, 812ff BGB (Prämienrückgewähr für die Vergangenheit), wenn alle

II. Speziell: Mehrfache Versicherung §58
Anm. 12

Vsfälle des neu hinzutretenden Vertrages durch den oder die bereits bestehenden Verträge voll gedeckt sind." Aber in Wahrheit ist der zweite Vertrag nicht auf eine unmögliche Leistung gerichtet, wie es § 306 BGB voraussetzt. Beide Verträge sind wirksam. Eine Mitteilung analog § 58 braucht nicht zu erfolgen; jedenfalls wäre der Vmer bei Nichtmitteilung angesichts des Wortlautes von § 58 entschuldigt. Bei Haftpflichtven sind die Vssummen zu addieren; bei Aktivven ist es vorzuziehen, die Regeln zur Überv (§ 51), nicht die Doppelvsvorschriften (§§ 59—60) analog heranzuziehen, also die Herabsetzung nach § 51 I zuzulassen (so schon für das Zusammentreffen einer ersten V mit einer späteren überhöhten Mehrwertv bei demselben Ver: Anm. 8 zu § 51). Über mehrere Krankheitskostenven bei demselben Ver: BAA VA 1952 S. 50.

Aus der systematischen Stellung der §§ 58—60 ergibt sich, daß die **mehreren Versicherer Schadensversicherer** sein müssen, also keine Summenver (Anm. 5). Soweit Ver, wie es in der Personenv möglich ist, teils konkreten Schadensersatz leisten, teils abstrakte Bedarfsdeckung vornehmen, kommen nur im Bereiche des konkreten Schadensersatzes, also der Schadensv die §§ 58—60 zur Anwendung und dies, obgleich die Personenv in der Systematik des Gesetzes von der Schadensv (unlogisch) unterschieden und abgehoben wird (§§ 1 I 1, 49—158 k einerseits, §§ 1 I 2, 159—185 andererseits; vgl. aber schon Anm. 3 vor §§ 49—80). Die §§ 58—60 finden hiernach Anwendung

— bei mehreren Krankheitskostenvern:
Prölss-Martin[20] S. 1001—1002, Anm. 1 zu § 58, S. 326, Wriede in: Bruck-Möller-Wriede Anm. A 12, S. K 5, BGH 24. IX. 1969 VersR 1969 S. 1036—1037 = MDR 1970 S. 29. Eine Krankentagegeldv wird noch nicht dadurch zur Schadensv, daß bei der Vereinbarung des Tagegeldes Lohn, Gehalt oder Einkommen des Vmers oder die Krankenhaustagessätze als Richtschnur gelten sollen, vgl. hierzu Anm. 3 zu § 59.

— bei mehreren Unfallheilkostenvern:
Strauss JRPV 1933 S. 149—151 (auch bei Zusammentreffen mit Krankheitskostenvern), Wussow AUB[4] Anm. 3 zu § 1, S. 42.

— bei mehreren Lebensvern:
mit ausnahmsweise konkreter Bedarfsdeckung z. B. bei Zusammentreffen zweier Begräbniskostenven.

Gleichgültig ist die **Unternehmensform** der mehreren Ver: Aktiengesellschaft, Vsverein auf Gegenseitigkeit, öffentlichrechtliche Vseinrichtung. Gleichgültig ist auch, ob eine der mehreren Ven kraft gesetzlicher Verpflichtung oder gesetzlichen Zwangs genommen worden ist (vgl. § 158b; auch § 192 II, der allerdings auf das Landesrecht verweist [deshalb wohl ablehnend Kisch a. a. O. S. 13 mit Anm. 25]). Bei den öffentlich-rechtlichen Pflicht- und Monopolseinrichtungen besteht zum Teil ein „Verbot mehrfacher V". Solche Verbote anderweitiger V machen den verbotswidrig abgeschlossenen Vsvertrag nicht in allen Fällen nichtig (Näheres: Anm. 48).

Prinzipiell gleichgültig ist es auch, ob die mehreren Ver **inländische oder ausländische** sind. Auch eine mehrfache V, die durch Vsnahme bei einem in Deutschland nicht zugelassenen ausländischen Ver entsteht, ist jedenfalls dem deutschen Ver oder dem in Deutschland zugelassenen ausländischen Ver nach § 58 I mitzuteilen. Ob sie auch dem ausländischen, in Deutschland nicht zugelassenen ausländischen Ver mitzuteilen sei, richtet sich nach dem maßgeblichen ausländischen Vsvertragsrecht. Handelt es sich um eine Doppelv und findet auf eine der Ven ausländisches Recht Anwendung, so erheischt § 59 II 2 Beachtung (vgl. Anm. 38 zu § 59).

Eine (echte) **Selbstversicherung** ist keine V. Trifft sie mit einer V zusammen, so fehlt es an einer Mehrheit von Vern; die §§ 58—59 finden keine Anwendung (Haussmann VersR 1951 S. 8).

Möglicherweise entsteht eine mehrfache V dadurch, daß **neben** einer **Mitversicherung** zusätzlich eine **anderweitige Versicherung** abgeschlossen wird. Dann ist den Mitvern und dem weiteren Ver die Mitteilung nach § 58 I zu machen.

Soweit die **Sozialversicherung** konkreten Bedarf deckt, also Schadensvsschutz gewährt, fragt es sich, ob — mindestens gegenüber einem beteiligten Privatver — die §§ 58—60 anwendbar sind. Das Gesetz schweigt. Für diesen Fall finden sich aber zuweilen vertragliche Regelungen, z. B. in § 9 IV MBKK:

„Wird für die vte Person bei einem weiteren Ver ein Krankheitskostenvsvertrag abgeschlossen oder macht eine vte Person von der Vsberechtigung in der gesetzlichen Krankenv Gebrauch, ist der Vmer verpflichtet, den Ver von der anderen V unverzüglich zu unterrichten."

Die Sanktion ist in § 10 II MBKK normiert (Leistungsfreiheit). Die Leistungspflicht des privaten Krankenvers ist im Verhältnis zu gewissen Leistungen der Sozialv übrigens subsidiär, nach Maßgabe des § 5 IV MBKK:

„Besteht Anspruch auf Leistungen aus der gesetzlichen Unfallv oder der gesetzlichen Rentenv, auf eine gesetzliche Heilfürsorge oder Unfallfürsorge, so ist der Ver, unbeschadet der Ansprüche des Vmers auf Krankenhaustagegeld, nur für die Aufwendungen leistungspflichtig, welche trotz der gesetzlichen Leistungen notwendig bleiben."

Vgl. auch § 11 V Normativbedingungen (AVB der Krankenvs-Aktiengesellschaften bei Wriede in: Bruck-Möller-Wriede Anm. A 41, S. K 18).
Fehlt es an einer vertraglichen Regelung, so ist die Rechtslage problematisch. Generell gegen die Anwendbarkeit der §§ 58—60 zwischen Privatvern und Sozialvsträgern: Schmidt a. a. O. S. 212. Vgl. ferner Sieg ZVersWiss 1973 S. 335. Den vs- oder bürgerlichrechtlichen Ausgleichsanspruch gegen einen privaten Unfallver verneinte das LG Karlsruhe 15. V. 1968 VA 1969 S. 109—110. Schon das KG 15. IV. 1931 JRPV 1931 S. 269 hatte negiert, daß die V bei einer Innungskrankenkasse einerseits, bei einem privaten Krankenver andererseits „den Tatbestand der Doppelv im Sinne des § 59 begründet." Auch Ausgleichsansprüche zwischen privaten Unfallvern und Berufsgenossenschaften entstehen nicht (Möller VW 1964 S. 611).
Das LG Breslau 17. II. 1932 JRPV 1932 S. 329—330 führt mit Recht aus, der Erwerb der Mitgliedschaft bei einem Träger der sozialen Krankenv bewirke nicht das Erlöschen einer bestehenden privaten Krankenv (a. M. OGH Wien 9. II. 1955 VsRdsch 1955 S. 367—368 = ÖSamml Nr. 61). Über ein außerordentliches Kündigungsrecht im Rahmen der privaten Krankenv nach Entstehen der Vspflicht in der sozialen Krankenv vgl. § 13 III MBKV; dazu Wriede in: Bruck-Möller-Wriede D 40, S. K 114—K 121 m. w. N. Auch in der Unfallv bewirkt die Einführung der Vspflicht für neue Personengruppen nicht, daß mit der Entstehung des berufsgenossenschaftlichen Vsverhältnisses eine private Unfallv erlischt (LG Berlin 12. IV. 1930 JRPV 1931 S. 309—310).
Über das Zusammentreffen mehrerer Sozialvsleistungen und die Beziehungen verschiedener Sozialvsträger zueinander vgl. §§ 183 III—VII, 565, 580, 1278 bis 1283, 1285, 1501—1525, 1543 a I RVO, auch Sieg ZVersWiss 1973 S. 334—335.
Für den Fall, daß eine Garantie und eine Schadensv zusammentreffen, befürwortet Sieg Anm. 35 zu § 67, Anm. 9 zu § 74 die analoge Anwendung der Doppelvsregeln, müßte analog also auch eine mehrfache V annehmen (aber ohne Mitteilungsobliegenheit nach § 58?). Martin VersR 1975 S. 101—104 unterscheidet vier mögliche Ausgestaltungen der Garantieabrede und betrachtet dabei die Doppelvslösung als fernliegend. LG Heilbronn 18. VII. 1974 VersR 1975 S. 30—31 hat irrig angenommen, der Käufer und Eigentümer eines Kassenschrankes erleide bei dessen Beschädigung durch einen Einbrecher überhaupt keinen Schaden, falls ihn solchenfalls der Geldschrankverkäufer kraft einer Garantie unentgeltlich ersetze; deshalb entstehe nie ein Anspruch des Eigentümers gegen seinen Einbruchdiebstahlver. Richtig dürfte es sein, bei einem nicht nur subsidiären Garantieversprechen den Anspruch des geschädigten Vmers gegen den Garanten im Wege der Vorteilsausgleichung auf den Einbruchdiebstahlver übergehen zu lassen. Vgl. für den analogen Fall der Garantie eines Leichterschiffers Ritter-Abraham Anm. 12 zu § 10, S. 252 m. w. N.

II. Speziell: Mehrfache Versicherung §58
Anm. 13

[13] bb) Identität des Versicherungsnehmers/Versicherten.

Vermöge einer Schadensv kann der Vmer oder — bei der V für fremde Rechnung — ein Vter geschützt sein. Eine mehrfache V entsteht nicht nur, wenn die Vmer zweier Vsverträge identisch sind (so der Wortlaut des § 58 I), sondern auch, wenn eine V für eigene Rechnung (Vmer) mit einer V für fremde Rechnung (Vter) zusammentrifft, oder wenn sich Ven für fremde Rechnung hinsichtlich der Vten überdecken. Die Gleichstellung der Vten mit den Vmern läßt sich auf § 79 I stützen; das Gesetz kann nicht bei jedem Einzelproblem normieren, ob seine Grundsätze auch für die V für fremde Rechnung gelten. Bei den §§ 58—60 erheischt die gleiche Interessenlage die Gleichstellung (so auch BGH 26. XI. 1957 BGHZ Bd 26 S. 138, 20. III. 1974 NJW 1974 S. 1140 = VersR 1974 S. 536, OLG Colmar 3. IV. 1912 VA 1913 Anh. S. 40—41 Nr. 729 für die Vorschriften über die Doppelv).

Fälle mehrfacher V unter Beteiligung einer V für fremde Rechnung sind häufig, weil oft der Vte nicht weiß, daß für ihn Vsschutz besteht, oder weil der Vmer der V für fremde Rechnung nicht weiß, daß der von ihm Vte schon V für eigene Rechnung genommen hat. Auch bei Veräußerung einer vten Sache entstehen mehrfache Ven, wenn eine V des Veräußerers auf den Erwerber übergeht (§ 69 I), letzterer aber in Unkenntnis von der alten V eine neue V nimmt. Zahlreiche Beispiele bei Kisch a. a. O. S. 45—48. Über die Entstehung einer mehrfachen V infolge einer Hinterhangs- und Schwesterschiffklausel vgl. Möller JRPV 1930 S. 264—267, wo jedoch die von RG 9. I. 1901 RGZ Bd 47 S. 168—173 gezogenen Folgerungen kritisiert werden, vgl. ferner hierzu Begr. I S. 69, Argyriadis VersR 1963 S. 607, Bruck S. 538 Anm. 16, Kisch a. a. O. S. 55—56 Anm. 13, Ritter-Abraham Anm. 10 zu § 78, S. 999—1000, Schlegelberger Anm. 12 zu § 78, S. 196.

Handelt eine Person beim Abschluß von Vsverträgen einmal im eigenen Namen, beim zweiten Vertrag als **Vertreter** im fremden Namen, so kann eine mehrfache V nicht vorliegen, da und sofern einerseits eigenes, andererseits fremdes Interesse vert ist (Wussow AHB⁴ Anm. 13 zu § 1, S. 34); denn Vmer ist beim zweiten Vertrag der Vertretene und auch die Vten sind nicht identisch. Handelt die abschließende Person zwar für beide Vsverträge im eigenen Namen, aber einmal **für eigene Rechnung,** beim zweiten Vertrag **für fremde Rechnung,** so liegt gleichfalls keine mehrfache V vor (Kisch a. a. O. S. 47: Ein Nießbraucher vert einerseits sein Nutzungsinteresse, andererseits durch V für fremde Rechnung das Eigentümerinteresse).

Die Identitätsfrage hinsichtlich des Vmers/Vten kann nur im Zusammenhang mit der Prüfung der **Identität des vten Interesses** beantwortet werden (dazu Anm. 14 bis 16). Sind zugunsten einer Person verschiedene Interessen vert, z. B. ein Eigentümer- und ein Haftpflichtinteresse, so kann von mehrfacher V ebensowenig die Rede sein, wie wenn zugunsten mehrerer Personen (gleiche oder ungleiche) Interessen vert sind. Vert ein Vmer für eigene Rechnung ein Interesse, daß ihm nicht zusteht und das von dem wahren Interesseträger vert worden ist, so liegt keine mehrfache V vor, sondern der erstgenannte Vmer genießt wegen mangelnden Interesses keinen Vsschutz (§ 68 I; Kisch a. a. O. S. 44; über die Fälle des Interessemangels: Sieg Anm. 21—40 zu § 68).

Es ist nicht erforderlich, daß die mehrfachen Ven sich ganz und gar decken, **teilweise Identität** genügt. Es liegt also eine mehrfache V im Blick auf eine einzelne Lagerhauspartie z. B. dann vor, wenn der Eigentümer eine V für eigene Rechnung genommen hat, daneben der Lagerhalter eine **laufende** V für Rechnung wen es angeht, also unter anderem auch zugunsten des Eigentümers der fraglichen Partie. Bei einer V aller Bruchteilseigentümer, z. B. durch einen Hausverwalter, liegt im Blick auf einen Bruchteil eine mehrfache V vor, falls einer der Teileigentümer zusätzlich sein Separatinteresse vert (vgl. Anm. 59 zu § 49; Kisch a. a. O. S. 51). Bei Wohnungseigentum gilt es besonders, darauf zu achten, daß keine teilweise mehrfache V entsteht (auch dazu Anm. 59 zu § 49).

Bei **Konkurs-, Vergleichs-, Zwangsverwaltungsverfahren** werden die Eigentumsverhältnisse nicht verändert; nur das Verfügungsrecht des Eigentümers wird beschränkt. Deshalb liegt auch keine Veräußerung der vten Sache etwa an den Konkursverwalter vor (Sieg Anm. 3 zu § 69). Sofern die vom Eigentümer genommene V nicht erlischt (dazu Anm. 6—11, 20—28 zu § 14), entsteht eine mehrfache V, falls der Konkursverwalter oder Zwangsverwalter eine zweite V für das Eigentümerinteresse (also keine Haftpflichtv) abschließt. So richtig jetzt Prölss-Martin[20] Anm. 5 zu § 14, S. 149—150; vgl. ferner LG Berlin 3. V. 1956 VersR 1956 S. 446). Näheres bei Kisch a. a. O. S. 48—50.

Die Identität des Interessenten wird bei einer mehrfachen V nicht dadurch berührt, daß der Vmer eine Vsforderung **abgetreten** oder **verpfändet** hat und nunmehr eine zweite V nimmt. Die Verfügung über die erste Vsforderung ändert nichts daran, daß das Interesse des Vmers vert bleibt, so daß die zweite Vsnahme eine mehrfache V entstehen läßt. Entsprechendes gilt, wenn eine Vsforderung **gepfändet** worden ist und nunmehr der Pfandschuldner eine zweite V nimmt.

[14] cc) Identität des Interesses.

In der Definition des § 58 I, aber auch des § 59 I wird hervorgehoben, daß „ein Interesse" bei mehreren Vern vert sein müsse. Der Interessebegriff spielt nur in der Schadensv eine Rolle, weshalb die §§ 58—60 für die Summenv nicht gelten (Anm. 5). In der Schadensv hat der Begriff des Interesses i. e. S., d. h. als Wertbeziehung zu einem Gute, nur in der **Aktivenv** — besonders in der Sachv — Bedeutung (Anm. 11—16 vor §§ 49—80, Anm. 49 zu § 49). Aber es wäre falsch, die Normen der §§ 58—60 nur bei Aktivenven anzuwenden. Eine redaktionelle Änderung des § 59 I ist erfolgt, um zu verdeutlichen, daß auch bei einer mehrfachen **Passivenv**, z. B. bei einer mehrfachen Haftpflichtv, die §§ 58—60 Anwendung finden sollen (Anm. 9—11 zu § 59). Auch bei § 58 ist hiernach vom Interessebegriff i. w. S. (Anm. 47—48 zu § 49) auszugehen, und es kommt nur darauf an, ob die mehrfachen Ven genommen werden im Blick auf eine Beziehung, kraft derer jemand einen konkreten Vermögensnachteil erleiden kann. Fälle mehrfacher Passivenven liegen außer bei Zusammentreffen von Haftpflichtven auch vor, wenn zwei Krankheitskosten- oder Unfallheilkostenven zusammentreffen (Anm. 12).

Das kraft einer mehrfachen V vte Interesse muß identisch sein hinsichtlich des **Interesseträgers** (Vmers/Vten: Anm. 13) und des beziehungsverknüpften **Gutes** (Interesse i. e. S., Aktivenv) bzw. des **Passivums**, dessen Entstehung oder Vergrößerung befürchtet wird (Passivenv). Wird das Gut bzw. Passivum genügend spezifiziert, so kommt es auf die Art der Beziehung nicht mehr an; die Konkretisierung des vten Aktivums oder Passivums macht die Abstellung auf die Art der Beziehung überflüssig (Anm. 51 zu § 49). Es genügt z. B. nicht zu konstatieren, eine V habe es mit einer Sache, etwa einem Gebäude zu schaffen; denn hier kann das beziehungsverknüpfte Gut z. B. das Gebäudeeigentum sein oder ein Realgläubigerrecht oder eine Mietforderung, eine Gewinnanwartschaft, ein Pächterinteresse oder — auf der Passivseite — die Gebäudehaftpflicht des Eigentümers oder Nutzungsberechtigten.

So stellt sich die Aufgabe, daß vte Interesse genau zu ermitteln, bevor man das Vorliegen einer mehrfachen V prüfen kann. Diese Aufgabe ist häufig schwierig, da Vsverträge oft nicht klar formuliert sind, so daß man erst ermitteln muß, wer überhaupt vert sein solle, z. B. bei einer Glasv der Eigentümer (für sein Eigentümerinteresse) oder der Mieter (für sein Haftpflichtinteresse, evtl. mit Haftung für unverschuldeten Glasbruch). Die V differierender Interessen führt nie zu einer mehrfachen V; die Auseinandersetzung zwischen den Interessenten erfolgt hier nach allgemein-zivilrechtlichen Grundsätzen, und die Ver können z. B. über § 67 I 1 (Übergang von Ersatzansprüchen) regreßberechtigt werden, aber auch ausgleichsberechtigt nach Doppelvregeln (§ 59 II 1). Hat der Glasver des Eigentümers zunächst einen Schaden ersetzt, für den ein Mieter haftet, so geht der Ersatzanspruch gegen den Mieter auf den Glasver des Eigentümers über, und der Mieter kann sich seinerseits an seinen Glas(haftpflicht)ver halten. Die beiden „Glasver" sind keine mehrfachen oder Doppelver.

Nicht selten kommt eine nur **teilweise Identität** der vten Interessen, insbesondere von vten Sachen vor. Beispielsweise kann eine Haushaltsmaschine einerseits durch eine Hausratv (Inbegriffsv), andererseits aber auch durch eine Spezialv erfaßt sein.

[15] aaa) Problemfälle der Interessenidentität.

Generell ist festzustellen, daß beim Zusammentreffen einer **Sachversicherung** eines Geschädigten **mit einer Haftpflichtversicherung** des Schädigers keine mehrfache und

Doppelv vorliegt (Möller ZfV 1951 S. 463, Prölss-Martin[20] Anm. 2 zu § 58, S. 327). Dies bestätigen BGH 7. XII. 1961 VA 1962 S. 134—135 = VersR 1962 S. 129—130, 21. XII. 1966 NJW 1967 S. 500 = VersR 1967 S. 154, OLG Düsseldorf 18. X. 1960 VersR 1961 S. 114—115 für den Fall des Zusammentreffens eine Gütertransportv mit einer KVO-Haftpflichtv eines Güterfernverkehrsunternehmers. Nimmt eine Kraftfahrzeugwerkstatt eine V nach Maßgabe der Sonderbedingung zur Haftpflicht- und Fahrzeugv für Kraftfahrzeug-Handel und -Handwerk (dazu Stiefel-Wussow-Hofmann[9] S. 749—782) und verursacht ein Werkzeugmonteur einen Schaden an dem zugleich vom Halter kaskovten reparierten Fahrzeug, so fragt es sich, ob zwei Kaskoven zusammentreffen, d. h. mehrfache und Doppelv vorliegt (so BGH 20. III. 1974 NJW 1974 S. 1139—1140 = VersR 1974 S. 535—536, Köhler VersR 1968 S. 661—662) oder ob die Werkstattv als Haftpflichtv wirkt und die Doppelvregeln nicht anwendbar sind (der Kaskover des Halters kann sodann gegen die Werkstatt Regreß nehmen: AG Stuttgart 5. VI. 1967 VersR 1968 S. 543). Hingegen kommt fraglos eine Doppelv im Blick auf zwei Haftpflichtven in Betracht, falls vom Monteur ein drittes Fahrzeug geschädigt wird: Der Monteur ist berechtigter Fahrer des Halters, also durch dessen Pflichtv haftpflichtvert, zugleich aber ist er nach der Sonderbedingung mitvert (LG Münster 23. X. 1972 VersR 1974 S. 534—535; Stiefel-Wussow-Hofmann[9] S. 766—767), ein Ergebnis, das allerdings wegen des speziellen Charakters der Werkstattv nicht ganz befriedigt.

Beispiele für differierende Interessen sind nicht selten das juristische **Eigentumsinteresse des sachenrechtlichen Eigentümers** einerseits und das **wirtschaftliche Eigentümerinteresse** andererseits, wie es z. B. zusteht einem Käufer beim Kauf unter **Eigentumsvorbehalt** des Verkäufers oder einem Sicherungsgeber bei **Sicherungsübereignung** oder einem gefahrbelasteten Käufer, der noch nicht formaler Eigentümer geworden ist, bei einem Versendungskauf. Hier hat der Vorbehaltsverkäufer, der Sicherungsnehmer, der Versendungsverkäufer das formal-sachenrechtliche Eigentumsinteresse, der Vorbehaltsverkäufer und Sicherungsnehmer jedenfalls in Höhe des noch ausstehenden Kaufpreises oder der zu sichernden Forderung. Vorbehaltskäufer, Sicherungsgeber und Versendungskäufer sind Träger eines wirtschaftlichen Eigentümerinteresses; sie erleiden einen Schaden in Höhe des vollen Sachwertes, falls die Sache durch Zufall untergeht, denn der Vorbehalts- und Versendungskäufer tragen die Vergütungsgefahr, und der Sicherungsgeber muß trotz des Sachuntergangs die zu sichernde Forderung tilgen (Serick, Eigentumsvorbehalt und Sicherungsübereignung, Band III, Heidelberg 1970, S. 413). Wenn jeweils beide Teile (Verkäufer und Käufer, Sicherungsgeber und -nehmer) ihre (verschiedenen) Interessen vern, so handelt es sich nicht um eine mehrfache oder gar Doppelv (Näheres Anm. 53—56, 63, 90—94, 99—102 zu § 49; speziell zum Nichtvorliegen einer Doppelv: Anm. 63, 90, 91, 99 zu § 49 sowie KG 15. II. 1936 VA 1936 S. 200—203 Nr. 2885 = JRPV 1936 S. 141—143, Bischoff VersR 1963 S. 10, Prölss JRPV 1935 S. 72—73, Prölss-Martin[20] Anm. 2 zu § 59, S. 333.

Dem Berufungsgericht zur Prüfung aufgegeben hat das RG 13. X. 1933 JW 1934 S. 553 = VA 1933 S. 427 Nr. 2646 die Frage, ob bei einem **Grundstückskauf** bei einer V des Gebäudes durch den Verkäufer sowohl als durch den Käufer die Doppelvsregeln wenigstens analog anwendbar seien, bei Vsverträgen „von verschiedenen Vmern" (!). Das Berufungsgericht OLG Hamm 2. II. 1934 VA 1934 S. 241—242 Nr. 2735 = HansRGZ 1934 A Sp. 402—406 hat daraufhin tatsächlich — fälschlich — § 59 II 1 analog angewendet. Vgl. zu diesen Urteilen auch Bischoff JRPV 1934 S. 100, Bruck HansRGZ 1934 A Sp. 391—400, Möller JW 1934 S. 1120, Oellers JW 1934 S. 1120—1121, Prölss JRPV 1935 S. 70—73. Zu einem Fall der V eines Gebäudes durch den Verkäufer und den Käufer bei nichtigem Kaufvertrag vgl. OLG Hamm 30. III. 1973 VersR 1974 S. 154—155 (keine Doppelv) mit Anm. Martin VersR 1974 S. 253—254.

So wie es gilt, Eigentums- und Eigentümerinteresse zu scheiden, müssen auch die Interessen des **Eigentümers** und des **Pfandgläubigers** gesondert betrachtet werden. Das Pfandgläubigerinteresse mindert das Eigentümerinteresse nicht (Anm. 70, 114 zu § 49 m. w. N.), und es liegt keine Doppelv vor, wenn der Eigentümer sein Interesse voll vert, der Pfandgläubiger das seinige (RG 10. VI. 1922 RGZ Bd 104 S. 409—411; Ritter-Abraham Anm. 8 zu § 10, S. 249).

§ 58
Anm. 15

Verwickelt ist das Zusammenspiel der Interessen bei **Werkverträgen** (Anm. 104—105 zu § 49), so daß auch die Beurteilung der Frage, ob eine mehrfache V vorliege, schwierig sein kann.

Zu denken ist an eine V von Schiffsneubauten durch die Werft und durch den Reeder, wobei die Werft zunächst meistens Eigentümerin wird, daneben aber u. a. das Forderungsinteresse auf den Werklohn hat und im Falle der Zerstörung oder Beschädigung mit der Gefahr belastet ist, „noch einmal" leisten zu müssen (Garantiemoment des Werkvertrages), während der Reeder als Schiffsbesteller andere mannigfache Interessen besitzt, die sich zu einem wirtschaftlichen oder juristischen Eigentümerinteresse verdichten (zu alledem Kanellakis, Die V des Schiffsneubaus, Hamburg 1967, S. 19—74). Über einen Fall, in dem ein Schiff repariert und von einem Feuerschaden betroffen wurde: RG 22. IX. 1916 LZ 1917 Sp. 207—208 (Eigentumsinteresse des Reeders oder Haftpflichtinteresse der Werft?). Eine Forderung der Werft wurde als vert angesehen im Falle RG 9. I. 1901 RGZ Bd 47 S. 173—180.

In der Bauwesen-, Maschinen- und Montagev ergeben sich besondere Schwierigkeiten für die Interessentenbestimmung auch daraus, daß Objekte im Zuge der Erfüllung von Werkverträgen wesentlicher Bestandteil eines Grundstückes des Bestellers werden. Es ist von Fall zu Fall zu prüfen, ob das Eigentumsinteresse des Bestellers oder ein Interesse des Unternehmers vert sein soll, und von dem Ergebnis dieser Prüfung ist es abhängig, ob bei Zusammentreffen der technischen Vszweige z. B. mit einer Gebäudefeuerv eine mehrfache und Doppelv anzunehmen ist, oder nicht. Für die Montagev wollen die neuen AVB klarstellen, daß primär das Unternehmerinteresse vert sei; § 3 I AMoB sagt: „Soweit nicht anderes vereinbart wird, ist das Interesse aller Unternehmer, die an dem Vertrag mit dem Besteller beteiligt sind, einschließlich der Subunternehmer, jeweils an ihren Lieferungen und Leistungen vert". Der Begriff des Interesses an „Lieferungen und Leistungen" ist allerdings unklar, zumal da andererseits § 1 AMoB von vten Sachen (Montageobjekt, Montageausrüstung, fremden Sachen) spricht. Gerade der Besteller — oft schon Eigentümer „vter Sachen" — soll aber nicht mitvert sein (Martin, Montagev, München 1972, S. 4). Wegen Verschiedenheit der Vmer/Vten ergibt sich hiernach keine Doppelv, falls eine Montagev zusammentrifft mit einer Feuerv des Bestellers. Mit Recht fordert auch Martin Identität der vten Interessen (a. a. O. S. 147), andererseits will er aber prüfen, ob etwa in die Feuerv des Bestellers „das Interesse des Unternehmers eingeschlossen" sei (was sehr selten zutreffen dürfte) und empfiehlt hilfsweise eine Ausschlußvereinbarung im Montagevsvertrag (a. a. O. S. 149—151). Zum Doppelvsproblem in den technischen Vszweigen vgl. auch Martin a. a. O. S. 144—149, von Gerlach, Die Maschinenv, Karlsruhe 1971, S. 47, 99—100.

Eine **Neuwertversicherung** ist nach der hier vertretenen Auffassung eine Kombination zwischen Sachv (in Höhe des Zeitwertes) und V gegen notwendige Aufwendungen (in Höhe der Differenz von Neuwert und Zeitwert) (Anm. 78 zu § 49, Anm. 26—28 zu § 52). Treffen zwei Neuwertven zusammen, so liegt selbstverständlich vollständige mehrfache V vor. Trifft aber eine Neuwertv mit einer Zeitwertv zusammen, so kann nur in Höhe der Sachv, des Zeitwertes, eine mehrfache V angenommen werden. Bei Doppelv hat dies insofern Bedeutung, als für die Neuwertdifferenz der Neuwertver extern und intern allein haftet, und nur für den Zeitwertschaden ist intern nach Maßgabe des § 59 II 1 unter den Vern zu teilen. So auch Riebesell NeumannsZ 1936 S. 89—90, wohl unentschieden Prölss-Martin[20] Anm. 4 zu § 58, S. 328. Nach der Auffassung von Prölss-Martin[20] Anm. 4 zu § 52, S. 306 handelt es sich beim Neuwert nur um eine zulässige überhöhte Ersatzwertvereinbarung. Danach müßte konsequenterweise im behandelten Fall eine Doppelv angenommen werden, unter Einbeziehung der Neuwertdifferenz in die interne Ausgleichspflicht! So denn auch Blanck a. a. O. S. 97—98.

Ein Sonderfall der Interessenidentität liegt vor, wenn eine bestehende **mehrfache V noch erweitert**, insbesondere hinsichtlich der Vssumme noch **erhöht** wird (**Nachversicherung** bei mehrfacher V). Hier ist § 58 anzuwenden (Näheres Anm. 29).

Das gleiche gilt, wenn in der Transportv zu einer ursprünglichen V bei einem anderen Ver eine **Mehrwertversicherung** (Anm. 51 zu § 52, Anm. 7 zu § 53) hinzugenommen wird.

II. Speziell: Mehrfache Versicherung §58
Anm. 16, 17

[16] bbb) Sonderfall der Gewinninteressen.
Trifft eine Sachv mit einer Gewinnv zusammen, so liegt begrifflich keine mehrfache V vor, da Sachinteresse und Gewinnanwartschaftsinteresse nicht identisch sind. Aber für die Feuerv bestimmt § 90:

> „Wer in Ansehung derselben Sache bei dem einen Ver für entgehenden Gewinn, bei einem anderen Ver für sonstige Schaden V nimmt, hat jedem Ver von der anderen V unverzüglich Mitteilung zu machen.
> In der Mitteilung ist der Ver, bei welchem die andere V genommen worden ist, zu bezeichnen und die Vssumme anzugeben."

Es ergibt sich hieraus — nur für die Feuerv — eine Erstreckung der Mitteilungsobliegenheit des § 58 auf einen Fall mangelnder Interessenidentität; dagegen kann eine Doppelv (§ 59—60) solchenfalls nicht vorliegen.

§ 90 gilt zweifelsfrei bei Sachgewinnven (Anm. 11—17 zu § 53), z. B. einer selbständigen Mietverlustv, die neben eine Feuerv tritt. Werden unverkaufte Sachen zum Verkaufspreis vert, so handelt es sich um eine kombinierte Sach- und Gewinnv (Anm. 6 zu § 53), die beim Zusammentreffen mit einer reinen Sachv hinsichtlich des Sachwertanteils nach § 58, hinsichtlich des unrealisierten Gewinnes nach § 90 anzuzeigen ist.

Man wird § 90 auch bei Betriebsgewinnven (Anm. 18—20 zu § 53) mindestens analog anwenden können, sofern die Brandgefahr den vten Gefahren immanent ist. Deshalb ist eine Feuerbetriebsunterbrechungsv, die neben einer Feuersachv genommen wird, mitteilungspflichtig (Prölss-Martin[20] Anm. 5 zu § 58, S. 328). Entsprechendes gilt nicht beim Hinzutreten einer Maschinen-Betriebsunterbrechungs-V zu einer Maschinensachv, da beide Brandschäden ausschließen (vgl. von Gerlach, Die Maschinenv, Karlsruhe 1971, S. 47—50; § 2 II a MBUB).

§ 90 wird wiederholt durch § 9 I 1 AFB, wonach der Vmer „eine andere Feuerv, auch gegen mittelbare Schäden" anzuzeigen hat. Die FBUB erwähnen § 90 nicht; trotzdem gilt die (gesetzliche) Vorschrift.

Treffen zwei Gewinnven zusammen, so gilt nicht § 90, sondern § 58. Das gilt auch bei einem Nebeneinander einer Verkaufspreisklauselsachv mit einer anderen Gewinnv, z. B. Betriebsunterbrechungsv (im Ergebnis ebenso d'Arcy ZfV 1967 S. 585—586, Fellmer ZfV 1967 S. 93—94, 120, Karlson VW 1966 S. 1069 gegen Sartori VW 1966 S. 1020—1021, ZfV 1967 S. 353—354 und jetzt auch Prölss-Martin[20] Anm. 4 zu § 58, S. 328).

Eine vertragliche Erweiterung des § 90 findet sich — über Gewinnven und Feuerven hinaus — in § 8¹ AStB:

> „Nimmt der Vmer für vte Sachen noch eine weitere Sturmv, auch gegen mittelbare Schäden, so hat er dem Ver unverzüglich den anderen Ver und die Vssumme schriftlich anzugeben."

Entsprechend für „eine weitere Leitungswasserv auch gegen mittelbare Schäden": § 8¹ AWB. Zu beiden Bestimmungen: Hasselmann VW 1968 S. 1422.

[17] dd) Identität der Gefahr.
Die mehrfache V muß „gegen dieselbe Gefahr" bei mehreren Vern genommen worden sein (§ 58 I).

Dabei ist nicht notwendig, daß die in zwei Vsverträgen gedeckte Gefahr völlig übereinstimmt, daß also z. B. zwei Feuerven zusammentreffen, also beide Ven dem gleichen Vszweig zugehören (Kisch a. a. O. S. 58). Es genügt, daß zwei Gefahrendeckungen sich teilweise überschneiden, was besonders dann häufig vorkommt, wenn eine nach dem Prinzip der Spezialität der Gefahr genommene V zusammentrifft mit einer V, die grundsätzlich alle Gefahren deckt, z. B. mit einer Transportv (über Spezialität und Totalität der Gefahren: Anm. 28 vor §§ 49—80). Oft besteht für angekommene Güter in einem Lager schon eine Feuerv, aber zugleich noch für eine Nachlagerzeit Transportvsschutz, der auch die Brandgefahr umfaßt (Beispiel: RG 23. VI. 1899 RGZ Bd 44

S. 31—35; vgl. auch Begr. I S. 69). Deckt eine V mehrere spezielle Gefahren, z. B. Brand, Leitungswasser, Sturm (verbundene Wohngebäude- oder Hausratv in verschiedenen Kombinationen), so entsteht eine mehrfache V, falls für eine der Gefahren eine weitere V genommen wird. Eine Einbruchdiebstahlv, die mit einer Valorenv zusammentrifft, kann zur mehrfachen V oder Doppelv der Valoren führen (KG 8. II. 1922 VA 1922 Anh. S. 57—59 Nr. 1282 = HansRZ 1922 Sp. 342—346). Auch Haftpflichtgefahren können mehrfach vert sein, und eine teilweise Überdeckung liegt z. B. vor bei Zusammentreffen einer allgemeinen Kraftfahrhaftpflicht mit einer Fahrlehrerhaftpflichtv (BGH 22. XI. 1968 VersR 1969 S. 125—127); weitere Beispiele bei Heimbücher VW 1956 S. 216 (Privat- und Vereinshaftpflichtv, Privat- und Jagdhaftpflichtv, Privat- und Haus- und Grundbesitzerhaftpflichtv, Privat- und Betriebshaftpflichtv).

Es fehlt an der Gefahrenidentität, wenn ein Vsvertrag hinsichtlich einer Gefahr eine Ausschlußklausel enthält und nunmehr ein anderer Ver die ausgeschlossene Gefahr, z. B. die Kriegsgefahr gesondert deckt. (Im Falle RG 28. II. 1917 RGZ Bd 90 S. 5—14 traf eine gesonderte Kriegsgefahrv mit einer Seev zusammen welche auch die Kriegsgefahr deckte, so daß eine mehrfache V der Kriegsgefahr vorlag).

Es fehlt bei Haftpflichtven ferner an der Gefahrenidentität, wenn Binnenschiffshaftpflichtven nur gegen Ansprüche bestimmter Personen gewährt werden und der Kreis dieser Personen sich in den beiden Policen nicht deckt (RG 30. I. 1911 JW 1911 S. 331).

Die Gefahrtragung erfolgt in einer gewissen Zeit (Anm. 18) und oft nur an einem bestimmten Vsort (Anm. 19).

[18] aaa) Speziell: Identität der Gefahrtragungszeit.
Eine mehrfache V liegt nur vor, soweit die **Versicherungsdauer** zweier Vsverträge sich ganz oder teilweise überdeckt. Auf die formelle Vsdauer, speziell den formellen Vsbeginn kommt es nicht an; man kann eine Anschlußv schon abschließen, bevor die vorangehende V abgelaufen ist, und es entsteht keine mehrfache V. Um eine solche handelt es sich auch dann nicht, wenn bei einem Neuabschluß nur die technische Vsdauer so zurückdatiert wird, daß sich die Vsdauer mit derjenigen eines schon bestehenden Vsvertrages zu überdecken scheint. Es kommt hiernach nur auf die Gleichzeitigkeit des **materiellen** Vsschutzes an (Kisch a. a. O. S. 62), unrichtig Ehrenzweig S. 241).

Ruht der Vsschutz (dazu Anm. 10 zu § 2), z. B. bei einer Krankheitskostenv für die Dauer des Studiums, so führt während der Ruhenszeit anderweitiger Vsschutz nicht zu einer mehrfachen V.

Keine mehrfache V entsteht, wenn der erste Vsvertrag von Anfang an ungültig ist, und eine mehrfache V entfällt, falls ein Vsvertrag angefochten wird (Kisch a. a. O. S. 70, 71). Ist auf einen Kraftfahrzeugerwerber eine Autov übergegangen, und nicht durch Kündigung oder Aufhebungsvertrag beendet, so entsteht durch eine vom Erwerber neu abgeschlossene V keine Doppelv, sofern und solange der Erwerber die Erstprämie nicht gezahlt hat (§ 38 II; LG Duisburg 10. VII. 1956 VersR 1956 S. 691, OLG Düsseldorf 15. I. 1957 VersR 1957 S. 407). Dabei wird vorausgesetzt, daß die Erstprämie nicht deckend gestundet ist. (Über den Fall der Leistungsfreiheit bei Folgeprämienverzug: Anm. 21.)

Führt ein Umstand, z. B. eine Kündigung des Vers oder Vmers oder ein Rücktritt des Vers, zu einer vorzeitigen Beendigung der materiellen Vsdauer, so ist von nun an Raum für neuen Vsschutz, ohne daß eine mehrfache V entsteht, mag auch die formelle und technische Dauer des alten Vertrages noch fortdauern, weil noch Prämie für einen Zeitraum nach der vorzeitigen Vertragsbeendigung geschuldet wird oder eine Vsleistung noch abzuwickeln ist. Wird eine zweite V nur für den Fall (bedingt) genommen, daß eine frühere V erlischt, so kann eine mehrfache V nicht entstehen (Kisch a. a. O. S. 62, RG 3. V. 1884 RGZ Bd 13 S. 107—114, 17. XI. 1908 LZ 1909 Sp. 324—325).

Obgleich es für den Begriff der mehrfachen V auf die Überlagerung der materiellen Vsdauer ankommt, muß die Anzeigepflicht des § 58 doch schon bei Abschluß der mehrfachen V erfüllt werden (Anm. 29, 34).

II. Speziell: Mehrfache Versicherung §58

[19] bbb) Identität des Versicherungsortes.

Sofern Vsschutz nicht überall, sondern nur an einem bestimmten Vsort (Anm. 39 zu § 32) gewährt wird, liegt eine mehrfache V nur insoweit vor, als die Gefahrtragung sich auch örtlich deckt. Das trifft zu, sofern Lagergüter durch eine Lagerv in einem Hafenschuppen vert sind, aber zugleich auch eine Transportv das Lagerrisiko einschließt. Bei Inbegriffsven, z. B. von Hausrat, wird oft der Vsort bestimmt, aber zugleich — bei vorübergehendem Ortswechsel — eine Außenv vorgesehen (Anm. 24, 28 zu § 54). Hier nun entstehen nicht selten mehrfache Ven, z. B. wenn ein Hausratsgegenstand während einer Reparaturzeit für fremde Rechnung auch beim Ausbesserer vert ist (vgl. Raiser Anm. 17 zu § 4, S. 159, Anm. 36 zu § 10, S. 285).

Da es in manchen Fällen zweckmäßig erscheint, eine V für fremde Rechnung oder eine Spezialv der Außenv vorgehen zu lassen, enthält Klausel 15 der Zusatzbedingungen für Fabriken und gewerbliche Anlagen die Vorschrift:

„Die V gilt nicht für Sachen, die sich auf Ausstellungen und Messen befinden. Soweit nichts anderes vereinbart ist, gilt sie auch nicht für Sachen, die sich in Luftfahrzeugen oder im Gewahrsam eines Transportunternehmers (Frachtführers oder Spediteurs) befinden."

Noch konkreter ist die Zusatzvereinbarung:

„Sie erstreckt sich ferner nicht auf Sachen, für die der Vmer oder ein von ihm beauftragter Dritter eine anderweitige Feuer- oder Transportv abgeschlossen hat."

Andererseits gibt es **interne** Vereinbarungen zwischen Vern, welche das gleiche Ergebnis anstreben, aber den Vmer/Vten nicht berühren. In diesen Fällen liegt eine mehrfache und Doppelv vor. Text solcher Vereinbarung bei Raiser Anm. 36—37 zu § 10, S. 285—288, vgl. ferner Blanck VW 1958 S. 740, Kisch a. a. O. S. 221—222, Wussow AFB Anm. 20 zu § 4, S. 308, vgl. ferner Anm. 37 zu § 59.

[20] ee) Mehrheit von Versicherungsverhältnissen.

Es wurde bereits (in Anm. 10) ausgeführt, daß § 58 auf die **Mitv nicht** anzuwenden ist, und bei Mitv kann (im Innenverhältnis der Mitver untereinander) auch niemals eine Doppelv vorliegen. Es gehört zu den Begriffsmerkmalen der mehrfachen V i. e. S., daß bei mehreren Vern (Anm. 12) eine **Mehrheit von Vsverhältnissen** begründet ist. Auch die „Doppelv setzt das Bestehen **mehrerer voneinander unabhängiger, gültiger Vsverhältnisse** voraus" (Kisch a. a. O. S. 66). Bei einer Mitv handelt es sich dagegen um ein einheitliches Schuldverhältnis i. w. S., und falls die Summe der Vssummen bei der Mitv den Vswert übersteigt, so liegt wegen der Einheitlichkeit der Mitv eine Überv (§ 51) vor, keine Doppelv (Anm. 8 zu § 51; Anm. 6, 75).

Die Frage, **wann** eine einheitliche Mitv oder eine Mehrheit von Vsverhältnissen (mehrfache V i. e. S. mit Anwendung des § 58 und der Doppelvsregeln) vorliege, ist im Einzelfall zuweilen umso schwerer zu entscheiden, als die Mitv durchweg **Teilschuldverhältnisse** in sich birgt mit prozentualer Aufteilung der Gefahrtragung und der Prämie. Solche Teilschuldverhältnisse (§ 420 BGB) sind außerhalb des Vsvertragsrechtes selten, besonders auch, weil § 427 BGB bestimmt: „Verpflichten sich mehrere durch Vertrag gemeinschaftlich zu einer teilbaren Leistung, so haften sie im Zweifel als Gesamtschuldner." Es wird für Teilschuldverhältnisse sogar die Ansicht vertreten, es liege übergeordnet überhaupt kein einheitliches Schuldverhältnis vor (z. B. von Larenz Schuldrecht I[8] S. 373, Ritter-Abraham Vorbem. V Anm. 44, S. 27, vgl. auch BGH 12. V. 1954 VA 1954 S. 97). Man wird aber bei der Mitv dennoch von einer Einheit des Schuldverhältnisses i. w. S. sprechen müssen, nicht nur wegen des gemeinsamen Zustandekommens, sondern auch wegen der Verbundenheit der Teilschuldverhältnisse, welche sich z. B. in § 320 I 2 BGB (Einrede des nichterfüllten Vertrages), § 356 BGB („unteilbares" Rücktrittsrecht), § 59 ZPO (Streitgenossenschaft) auswirkt und welche bei Mitvsverhältnissen durch die Ausgestaltung des Außen- und Innenverhältnisses oft noch verstärkt wird (Anm. 61—74). Näheres über die für eine Mitv kennzeichnende Einheitlichkeit des Vsvertrages: Anm. 52.

§ 58
Anm. 21

II. Speziell: Mehrfache Versicherung

Die zusammentreffenden Vsverhältnisse können auch laufende Ven sein, mag sich die Überschneidung auch nur auf eine einzelne Deklaration beziehen. Beispiele: RG 23. VI. 1899 RGZ Bd 44 S. 31—35 (zwei laufende Ven), RG 28. II. 1917 RGZ Bd 90 S. 5—14 (eine laufende, eine besondere V), OLG Hamburg 6. III. 1915 VA 1915 Anh. S. 48—51 Nr. 884 (ebenso); bei diesen Entscheidungen ging es um die Anwendung des (jetzt überholten) Prioritätsprinzips (dazu Anm. 15, 38 zu § 59).

Eine mehrfache und sogar Doppelv kann sich auch ergeben, wenn eine Nachv oder eine Mehrwertv bei einem zweiten Ver abgeschlossen wird (Näheres Anm. 15, 29),

An einer Mehrheit der Vsverhältnisse fehlt es, wenn eine der Ven nichtig ist (vgl. schon Anm. 18). Jedoch wird sich der Vmer nie darauf berufen (können), eine zweite genommene V sei als betrügerische Doppelv gemäß § 59 III nichtig (so wohl auch Raiser Anm. 5 zu § 10, S. 266).

[21] ff) Nebeneinander der Deckungen.

Für eine mehrfache V i. e. S. ist es wesentlich, daß die mehrfachen Deckungen koordiniert nebeneinander stehen, so daß sich dem Vmer/Vten eine Mehrheit von Deckungsmöglichkeiten gleichsam parallel eröffnet.

An solcher Gleichstufigkeit fehlt es, falls eine der Ven nur eingreift, wenn die andere versagt. Dabei können mehrere Fälle unterschieden werden:

Von mehr theoretischer Bedeutung ist der Fall, daß eine zweite V nur Deckung gewähren soll, falls bei einer primären V der Ver zahlungsunfähig wird. Solche **Insolvenzdeckung** ist nicht als Kreditv (der Forderung des Vmers gegen den primären Ver) anzusehen, sondern als ein durch die Zahlungsunfähigkeit aufschiebend bedingter Vsschutz, auch mit Wirkung für zurückliegende Vsfälle (Rückwärtsv), und mit der — eventuell stillschweigenden — Abrede, daß die Forderung des Vmers gegen den primären Ver an den zweiten Ver abgetreten wird.

Eine **Schutzversicherung** braucht sich nicht auf den Fall der Zahlungsunfähigkeit des primären Vers zu beschränken. Im Bereich der Seegüterv kann sich z. B. der Cifkäufer (Importeur) vermöge der DTV-Cif-Schutzklausel für den Fall vern, daß der vom Cifverkäufer besorgte, vielleicht überseeische Vsschutz nicht sogleich realisierbar ist (Näheres DTV-Handbuch S. 376—377 SW). Umgekehrt lautet eine **Export-Schutzklausel** (DTV-Handbuch S. 378 SW):

„1. Diese Versicherung ist eine Schutzversicherung (Subsidiärversicherung) für ab Werk-, frei Grenze-, fas-, fob- und c.&f.-Lieferungen und deckt lediglich das eigene Interesse des Versicherungsnehmers; sie kann für einen gemäß den Bedingungen der Police gedeckten Schaden (Verlust, Beschädigungen, Havariegrosse) nur von ihm und nur insoweit in Anspruch genommen werden, als er hierfür die Zahlung des fälligen Kaufpreises oder die Vergütung der etwa von ihm geleisteten Havarie-grosse-Zahlung nicht erzwingen kann.

2. Versicherungswert ist der Netto-Fakturenwert.

3. Eine Abtretung der Rechte aus dieser Versicherung ist unzulässig, außer an diejenige Bank, welche den Gegenstand der Versicherung bevorschußt hat. In diesem Fall gelten die nachstehenden Verpflichtungen des Versicherungsnehmers in gleichem Umfang für die Bank.

4. Der Versicherungsnehmer ist verpflichtet, außer der bevorschussenden Bank, keinem Dritten von dieser Versicherung Kenntnis zu geben; eine Verletzung dieser Bestimmung befreit den Versicherer von seiner Verpflichtung zur Leistung. Die auf den Versicherer infolge Schadenzahlung übergegangenen Rechte sind vom Versicherungsnehmer im eigenen Namen, aber im Einvernehmen mit dem Versicherer, geltend zu machen."

Dazu Näheres bei Möller in: Praxis und Theorie der Vsbetriebslehre, Festgabe für H. L. Müller-Lutz zum 60. Geburtstag, Karlsruhe 1972, S. 314—316, mit Hinweis auf die englische contingency insurance.

II. Speziell: Mehrfache Versicherung § 58 Anm. 21

Über den Fall, daß ein **Versicherungsvertrag** aufschiebend dadurch **bedingt** ist, daß ein anderer erlischt, vgl. schon Anm. 18. Umgekehrt kommt eine mehrfache V auch dann nicht zur Entstehung, falls ein erster Vertrag auflösend dadurch bedingt ist, daß ein zweiter zustandekommt. Die aufschiebende oder auflösende Bedingung braucht nicht den ganzen Vsvertrag zu ergreifen, sondern es kann auch auf die **Gefahrtragung**, also den Vsschutz abgehoben werden, d. h. darauf, ob die materielle Vsdauer des ersten Vertrages erlischt oder ob die zweite V materiell beginnt. Es geht auch hier um den praktisch sehr bedeutsamen Fragenkreis der **Subsidiarität**, worüber Näheres in Anm. 48—54 zu § 59.

Eine gleichsam partielle Subsidiarität ergibt sich, wenn eine zweite V insoweit eingreifen soll, als eine erste V mit ihrer Vssumme nicht ausreicht. Man spricht hier von **Ergänzungs- oder Exzedentenversicherung** (nicht zu verwechseln mit der Rückv eines Exzedenten). Solche Ergänzungsv läßt, unabhängig von der ersten V, bei einem zweiten Ver genommen, eine mehrfache V entstehen (Borchert VersR 1952 S. 8), ist also nach § 58 in der Binnenv mitzuteilen. Exzedentenven sind besonders häufig in der Seekaskov, z. B. als Kollisionsexzedentenven (aber auch für Havariegrossebeiträge und Aufwendungen). Sie sollen nur auf Grund selbständiger Polizen gedeckt werden (Näheres DTV-Handbuch S. 209—211 SK). — Aber auch eine Heilkostenunfallv stellt sich gemäß § 8 VI Abs. 3 a Satz 1, 2 AUB als Exzedentenv dar:

„Bei gleichzeitigem Bestehen einer Einzel-Krankheitskostenv und einer Einzel-Unfallheilkostenv wird Heilkostenersatz im Rahmen der Unfallv nur insoweit gewährt, als der Krankenver seine vertraglichen Leistungen voll erfüllt hat und diese zur Deckung der entstandenen Kosten nicht ausgereicht haben. Ist der Krankenver leistungsfrei oder bestreitet er seine Leistungspflicht, so kann der Vmer sich unmittelbar an den Unfallver halten."

Dazu vgl. auch Wussow AUB[4] Anm. 19 zu § 8, S. 175—177. — Über das Zusammentreffen mehrerer **Vorsorgeven** der Haftpflichtv: Heimbücher VW 1967 S. 344—345.

Von mehrfacher V kann dann nicht gesprochen werden, falls eine Vsdeckung zusammentrifft mit einer **nicht versicherungsmäßigen Deckung**, z. B. einer Schadensersatzpflicht eines Dritten. Haftet einem Eigentümer zugleich ein Ver und ein ersatzpflichtiger Dritter, so sorgt § 67 I 1 durch Übergang des Ersatzanspruchs auf den Ver für die Verhütung einer Bereicherung des Vmers (Sieg Anm. 5 zu § 67). Es besteht keine Verpflichtung oder Obliegenheit des Vmers, dem Ver die Existenz von Ersatzansprüchen anzuzeigen; den Vmer belastet nur ein Verbot, den Anspruch gegen den Dritten aufzugeben (§ 67 I 3 mit Sieg Anm. 72 zu § 67). Über das Zusammentreffen einer **Garantie** mit einer V vgl. oben Anm. 12.

Ein Sonderfall ist gegeben, falls ein Dritter vor Abwicklung des Vsschadens dem Vmer **darlehensweise** einen Betrag in Höhe des Schadens zur Verfügung stellt, durchweg gegen Abtretung der Vsforderung. Auch wenn das Darlehensversprechen schon im Vorwege erteilt wird, handelt es sich hier nicht um eine mehrfache V, und zwar selbst dann nicht, wenn das Darlehen von einem (zweiten) Vsunternehmen zugesagt wird. Solche Darlehenszusagen werden gelegentlich von Vern im Zusammenhang mit einer Subsidiaritätsklausel gemacht. Ein nur subsidiär haftender Ver entschärft seine Zurückhaltung, indem er dem Vmer bei Verzögerung der Schadensregulierung durch den primären Ver seinerseits ein Darlehen verspricht, durchweg bei Abtretung der Forderung gegen den primären Ver, aber dergestalt, daß (im Wege einer Ermächtigung und der Prozeßstandschaft) der Vmer verpflichtet bleibt, die Vsforderung beizutreiben. Der subsidiär haftende „Ver" möchte seine Darlehensgewährung nicht nach außen hervortreten lassen, zumal wenn die Grenzen zur mehrfachen und Doppelv dadurch zweifelhafter werden, daß der darlehensgewährende Ver immer dann auf die Rückzahlung des Darlehens verzichtet, wenn sich aus bestimmten Gründen die Vsforderung als unrealisierbar erweist. — RG 1. X. 1930 RGZ Bd 130 S. 47—52 (Vorinstanzen: LG Berlin 2. VII. 1929 JRPV 1929 S. 403—404, KG 8. II. 1930 JRPV 1930 S. 208—209) behandelt einen Fall, in welchem eine zweite (englische) V einer „Bank eine Sicherung geben sollte, wenn und soweit die (erste) deutsche V sich als unwirksam erweisen würde"; dabei entsprach es dem Inhalt des englischen Vsvertrages, „daß eine nach diesem Vertrag geleistete Zahlung der

Vssumme insofern einen vorläufigen Charakter hat, als sie ... unter Vorbehalt der Erstattung dieser Summe durch die deutschen Gesellschaften erfolgte, wenn und soweit der mit diesen abgeschlossenen Vsvertrag rechtswirksam war". Der Berechtigte hatte die Ansprüche aus der deutschen V den englischen Vern abgetreten.

Nicht selten beruhen solche Einschaltungen darlehensgewährender zweiter Ver vermöge einer Zessionsklausel auf dem Bestreben, im Wettbewerb vorzeitig, d. h. vor Ablauf des ersten Vsvertrages, ein Vsverhältnis an sich zu ziehen; man spricht deshalb auch von Umdeckungsklauseln, „Einwicklungspolizen" (Zonenamt VA Hamburg 1951 S. 180, das aufsichtsrechtlich der geschäftsmäßigen Verwendung der Zessionsklausel entgegengetreten ist und zivilrechtlich die Abtretung als § 399 BGB widerstreitend ansieht, was sich kaum halten läßt). Dazu Bischoff VA Hamburg 1951 S. 185—187. Unrichtig Prölss-Martin[20] Anm. 6 zu § 59, S. 336, die trotz Zessionsklausel Vorliegen einer Doppelv annehmen.

Eine mehrfache V mit einem Nebeneinander der Deckungen wird nicht dadurch ausgeschlossen oder beseitigt, daß bei einem der Vsverhältnisse der Ver aus besonderen Gründen von der Verpflichtung zur Leistung frei ist (Ritter-Abraham Anm. 9 zu § 12, S. 269—270). Solche **Leistungsfreiheit,** die zu unterscheiden ist von einer Vertragsbeendigung, z. B. durch Rücktritt oder Kündigung, kommt besonders oft vor bei Obliegenheitsverletzungen (Anm. 20 zu § 6, dazu BGH 6. V. 1965 BGHZ Bd 44 S. 3); aber auch im Falle des § 39 II, bei Verzug mit einer Folgeprämie tritt Leistungsfreiheit ein. In § 38 II, bei Verzug mit der Erstprämie, ist zwar von Leistungsfreiheit die Rede, aber in Wahrheit beginnt die Gefahrtragung überhaupt nicht, bevor die Erstprämie bezahlt ist (Anm. 17 zu § 38). Eine mehrfache V mit doppelter Deckung liegt deshalb erst nach der Zahlung der Erstprämie vor (vgl. auch bereits Anm. 18), aber es ist zu beachten, daß § 58 I die Mitteilungsobliegenheit schon an die Vsnahme, den formellen Vsbeginn knüpft (Anm. 29, 34). Die Doppelvsvorschriften des § 59 I, II setzen dagegen begrifflich den materiellen Vsschutz aus beiden Vsverträgen voraus.

Da die Mitteilungsobliegenheit des § 58 schon bei der Vsnahme zu erfüllen ist, kommt es auf eine **antizipierte Beurteilung** der Frage an, ob die Deckungen der mehrfachen Ven sich überlagern **können,** wegen Identität des vten Interesses und der vten Gefahr (zugleich in Zeit und Raum) (Anm. 14—19). Enthält eine V eine Ausschlußklausel (Interessen- oder Gefahrenausschluß: Anm. 11 vor §§ 49—80) und deckt die zweite V nur ein in der ersten V ausgeschlossenes Interesse (z. B. Bargeld) oder eine ausgeschlossene Gefahr (z. B. Kriegsgefahr), so fehlt es an einer mehrfachen V. Da es sich bei § 61 um eine Gefahrausschlußklausel für vorsätzlich oder grobfahrlässig herbeigeführte Vsfälle handelt (Anm. zu § 61), liegt keine mehrfache und Doppelv vor, falls ein zweiter Ver die zusätzliche Deckung für grobfahrlässig verursachte Schäden übernimmt.

[22] b) Unerhebliche Begriffsmerkmale.

Für § 58 (mehrfache V) ist es unerheblich, ob eine Bereicherungsgefahr entsteht; die Mitteilung ist vielmehr bei der Aktivenv auch dann zu machen, wenn die Vssummen zusammen nicht den Vswert übersteigen, bei einer Passivenv auch dann, wenn die Summe der potentiellen Entschädigungen den Gesamtschaden (z. B. Haftpflichtschaden) nicht überragt. Auch in sonstigen Fällen ist es für die beteiligten Ver bedeutsam, vom Bestehen der anderweitigen V zu wissen (Anm. 25).

Für § 58 und für § 59 (Anm. 24 zu § 59) ist es unerheblich, ob die mehrerern Ver nach Eintritt eines Vsfalles Geld- oder Naturalersatz schulden (dazu Anm. 8 vor §§ 49 bis 80, Anm. 4—27 zu § 49). Bei der Anwendung der Doppelvsregeln muß sich bei Zusammentreffen einer Geldersatz- mit einer Naturalersatzv der Vmer entscheiden, welchen der Gesamtschuldner er in Anspruch nehmen will. Der interne Ausgleich der Doppelver kann dann allerdings nur auf Geldbasis erfolgen.

Wie in Anm. 13 gezeigt, ist Identität des Vmers trotz des irreführenden Wortlautes von § 58 I nicht erforderlich: Eine mehrfache und Doppelv können auch bei Zusammentreffen einer V für eigene Rechnung (Vmer) mit einer V für fremde Rechnung (Vter) oder sogar bei Zusammentreffen zweier Ven für fremde Rechnung (zwei Vte) entstehen. Über die Person der Mitteilungspflichtigen: Anm. 32.

II. Speziell: Mehrfache Versicherung §58
Anm. 23

Die Fragestellung, ob mehrfache und Doppelv „Identität des zu entschädigenden Vermögensschadens wenigstens der Art nach" erfordere (so Prölss-Martin[20] Anm. 4 zu § 58, S. 328), ist insoweit abwegig, als der vte Schaden die Negation des vten Interesses ist (Anm. 11 vor §§ 49—80): Wenn die vten Interessen in zwei Vsverträgen verschiedene sind, so mangelt es an der Identität des Interesses, und es kann keine mehrfache oder Doppelv vorliegen (Anm. 14—16). Treffen eine Neuwert- und eine Zeitwertv zusammen, so umschließt die Neuwertv zugleich eine Zeitwertv, und insoweit finden die §§ 58, 59 Anwendung; im Falle der Neuwertdifferenz handelt es sich um eine V gegen notwendige Aufwendungen; vgl. schon Anm. 15. Auch im Verhältnis einer Sachsubstanzv zu einer Gewinnv, z. B. Betriebsunterbrechungsv, fehlt es an der erforderlichen Interessenidentität (hier: Sachinteresse, dort: Bruttogewinninteresse) und deshalb an einer mehrfachen oder gar Doppelv; aber auf die besondere Mitteilungsobliegenheit des § 90 ist hinzuweisen (vgl. schon Anm. 16).

Es gibt allerdings gelegentlich Ven, die bei einem vten Interesse nur bestimmte Schadensarten decken, z. B. nur Totalschäden (Anm. 40 vor §§ 49—80). Trifft solche V mit einer normalen V zusammen, die alle Schadensarten deckt, so besteht hinsichtlich der Totalschäden eine (partielle) mehrfache V. Gäbe es die Möglichkeit, durch eine V nur Totalschäden, durch eine andere nur Teilschäden im Blick auf dasselbe Interesse zu vern, so würde es sich bei einem Zusammentreffen nicht um eine mehrfache V handeln. Das gleiche müßte gelten, wenn zwei Haftpflichtven einerseits nur Personen-, andererseits nur Sachschäden decken würden (vgl. Anm. 41 vor §§ 49 bis 80).

[23] 2. Arten.

Aus dem in Anm. 10—22 Dargelegten ergibt sich, daß sich mehrere Arten der mehrfachen V unterscheiden lassen:

Eine mehrfache V i. w. S. umfaßt auch die in einem einheitlichen Vsvertrag kontrahierte Mitv. Unter mehrfacher V i. e. S., die allein nach § 58 mitzuteilen ist, darf man nur eine nicht zur Mitv „verdichtete" V eines Risikos bei mehreren Vern verstehen (Anm. 6).

Eine mehrfache V i. e. S. kann unter den Voraussetzungen des § 59 I (Bereicherungsgefahr) zu einer Doppelv werden. Man könnte die Restfälle als schlichte mehrfache V bezeichnen (Ehrenzweig S. 239).

Mehrfache Ven und Doppelven können nur in der Schadensv, dort aber sowohl bei Aktivenven als auch bei Passivenven vorkommen (was besonders § 59 I ersichtlich macht.).

Bei Aktivenven kann die Summe der Vssummen trotzdem noch unter dem Vswert liegen (insgesamt noch „Unterv") oder gerade den Vswert decken (Vollwertdeckung) oder den Vswert überschreiten (Doppelv).

Eine mehrfache V kann nicht nur entstehen bei Identität der Vmer, sondern auch bei Zusammentreffen einer V für eigene Rechnung (Vmer) mit einer V für fremde Rechnung (Vter) oder durch Zusammentreffen zweier Ven für fremde Rechnung (Identität der Vten), vgl. Anm. 13.

Das von den Vern getragene Risiko braucht sich hinsichtlich der Vmer/Vten, der vten Interessen und der vten Gefahr (mit Zeit- und Ortskomponente) nicht vollständig zu decken, sondern eine mehrfache V liegt auch schon dann vor, wenn eine Teilidentität der Risikotragung gegeben ist (vgl. Anm. 13—19). So gibt es gestaffelte Identitätsgrade. Auch zeitlich können die Vsdauern sich ganz oder nur teilweise decken; die Ven können gleichzeitig oder nacheinander geschlossen werden (Begr. I S. 65).

Wegen der Mitteilungsobliegenheit nach § 58 gewinnt es Bedeutung, ob der Mitteilungsbelastete (Anm. 32) oder der Ver (Anm. 33) um das Bestehen der mehrfachen V weiß oder nicht.

Mit Rücksicht auf vorkommende Verbote der mehrfachen V lassen sich verbotene mehrfache Ven besonders nennen (Anm. 48).

[24] 3. Rechtsbehandlung.

An den Tatbestand des Vorliegens einer mehrfachen V knüpft § 58 eine Mitteilungsobliegenheit (Anm. 25—45). Stellt sich die mehrfache V als Doppelv (mit Bereicherungsgefahr) dar, so gelten zusätzlich die besonderen Bestimmungen der §§ 59 bis 60. Die Vorschrift des § 58 ist in § 68 a nicht für zwingend erklärt worden (Anm. 46), so daß für den Fall des Vorliegens einer mehrfachen V — über die Mitteilungsobliegenheit hinaus — für den Vmer nachteilige strengere Sanktionen vereinbart werden können (Anm. 47—48). Schließlich ist zu fragen, ob eine mehrfache V Einfluß auf die Prämienschuld des Vmers hat (Anm. 49), sowie auf die Gefahrtragungsleistung des Vers (Anm. 50).

[25] a) Mitteilungsobliegenheit.
aa) Zweck.

Mit einer bewußt genommenen mehrfachen V können durchaus legitime Zwecke verfolgt werden: Eine zweite V soll den unzulänglichen Vsschutz einer ersten V vervollständigen (z. B. wegen Wertzuwachses bei einer Sachv, Erhöhung des Haftungsrisikos bei einer Haftpflichtv). Zwar liegt hier eine Nachtragsvereinbarung mit dem ersten Ver nahe, aber möglicherweise soll das Gesamtrisiko (außerhalb der Mitv) auf mehrere Schultern verteilt werden; die Solvenz des ersten Vers für die volle Risikotragung könnte zweifelhaft oder der zweite Ver könnte prämiengünstiger sein. Öfters wird der Vsschutz in standardisierten Formen angeboten, die es mit sich bringen, daß zwei Deckungen sich partiell überlagern, z. B. eine Gütertransport- mit einer Feuerv in einem Lagerhaus für eine gewisse Frist, oder eine Außenv für Sachen eines Inbegriffs mit einer sonstigen V; hier lohnt es sich wirtschaftlich möglicherweise nicht, die Deckungen vertraglich ganz genau gegeneinander abzugrenzen.

Aber eine mehrfache V kann für die beteiligten Ver, besonders wenn sie voneinander nichts wissen, mißlich sein. Besonders in Schadensfällen kann eine Abstimmung mit dem anderen Ver nicht nur zeit- und kostensparend wirken, sondern in problematischen Fällen auch zur Aufklärung und gezieltem einheitlichem Verhalten erwünscht sein. Konkurrenz- und Prestigegesichtspunkte der Ver spielen nicht nur bei der Schadensregulierung, sondern auch schon bei der Prämienbemessung eine Rolle. Das subjektive Risiko ist bei Bestehen einer mehrfachen V höher einzuschätzen. Bei vereinbarter Selbstbeteiligung (Anm. 70 zu § 56) hat der Ver an anderweitigen Ven erhöhtes Interesse. Überdies sind die Grenzen von der schlichten mehrfachen V zur Doppelv flüssig, und es liegt auf der Hand, daß bei Doppelv eine Bereicherung des Vmers/Vten zu verhindern ist und daß die Geltendmachung eines internen Ausgleichungsanspruches eines Vers gegen den anderen (§ 59 II 1) die Kenntnis von der mehrfachen V voraussetzt, auch wenn der Berechtigte nur einen Ver in Anspruch nimmt. Eine betrügerische Doppelv (§ 59 III) ist oft schwer nachzuweisen; hier können sich die Ver stets immerhin auf die Verletzung der Mitteilungsobliegenheit berufen.

Über all diese Zwecke der Mitteilungsobliegenheit: Begr. I S. 65, RAA VA 1937 S. 49, Bruck S. 539, Hübener a. a. O. S. 33—34, Kisch a. a. O. S. 28—29, Ritter-Abraham Anm. 2 zu § 12, S. 268, Schmidt a. a. O. S. 209.

§ 58 wird für die Feuerv ergänzt durch § 90, wonach die Mitteilungsobliegenheit erstreckt wird auf Gewinnven (Anm. 16).

Die Seev kennt keine Anzeige einer schlichten mehrfachen V, nur eine Doppelv ist nach § 12 ADS mitzuteilen (Ritter-Abraham Anm. 2 zu § 12, S. 268).

[26] bb) Rechtsnatur.

Der Vmer/Vte „hat jedem Ver von der anderen V unverzüglich Mitteilung zu machen" (§ 58 I). Die imperativische Verhaltensnorm wird nicht nur auferlegt im Interesse der beteiligten Ver, sondern auch die Erfüllung dient den Ver-Belangen, finanziell besonders deutlich in Doppelvsfällen wegen des Ausgleichungsanspruchs nach § 59 II 1 (Anm. 25).

II. Speziell: Mehrfache Versicherung § 58
Anm. 27

Deshalb ist die Streitfrage, ob es sich bei der Mitteilung des § 58 um eine **echte Rechtspflicht** oder um eine **Obliegenheit** handele, hier schwieriger als bei anderen dem Vmer auferlegten Anzeigen (vorvertragliche Anzeigen: Anm. 5 zu § 16; Gefahrerhöhungen: Anm. 28 zu § 23, Anm. 7 zu § 27; Anzeige des Vsfalls: Anm. 4 zu § 33), bei denen sich der Vmer im (ermittelten) Verletzungsfall nur „ins eigene Fleisch schneidet", nicht aber dem Ver schadet (zur Interessenlage Schmidt a. a. O. S. 210 mit Anm. 1117).

Die Begr. I S. 65 spricht von der Anwendung der „allgemeinen Grundsätze" des Schuldrechts, „nach denen der Vmer, sofern die Verletzung sich als eine schuldhafte darstellt, dem Ver zum Ersatze des Schadens verbunden ist." Hier liegt die Annahme einer echten Rechtspflicht zugrunde, für welche sich auch entschieden haben: Kisch a. a. O. S. 38—39 (anders S. 33 Anm. 14), Ritter-Abraham Anm. 5 zu § 12, S. 268. Aber es ist sehr zweifelhaft, ob ein Ver wirklich bei Verletzung der Mitteilungspflicht auf Erfüllung klagen und Schadensersatz verlangen kann. Denn beides hätte nach einer Kenntniserlangung keine praktische Bedeutung, und es erscheint auch vom Standpunkt des Vers aus wirkungsvoller, eine geminderte Zwangsintensität und damit eine **Obliegenheit** anzunehmen, die bei Verschulden des Vmers zu einer Leistungsfreiheit und zu einem Kündigungsrecht hinführen kann, sofern solche Rechtsfolgen vereinbart sind. Für den Obliegenheitscharakter der Verhaltensnorm des § 58 denn auch (unter Anwendung des § 6 I): Bruck S. 539, von Gierke II S. 188—189, Hagen I S. 484, Schmidt a. a. O. S. 211, Wussow AFB Anm. 2 zu § 9, S. 373; aus der Rechtsprechung KG 20. III. 1929 VA 1929 S. 252—253 Nr. 2016 = JRPV 1929 S. 170.

Die Obliegenheit des § 58 ist im **Gesetz** normiert, aber ohne gleichzeitige Regelung der Verletzungsfolgen, also im Wege der **lex imperfecta;** diese Folgen müssen vereinbart werden (Anm. 39). Anwendbar ist auf die **vor Eintritt des Versicherungsfalls** zu erfüllende Obliegenheit § 6 I 1 (Verschuldenserfordernis: Anm. 42), auch § 6 I 2 (Klarstellungserfordernis: Anm. 43), nicht aber liegen die Voraussetzungen des § 6 II vor (Kausalitätserfordernis: Anm. 44).

Inhaltlich erheischt die Obliegenheit eine **Wissenserklärung** des Vmers, das Gesetz spricht von „Mitteilung", nicht wie in anderen Fällen von „Anzeige".

[27] cc) Konkurrenzen.

Die Mitteilungsobliegenheit des § 58 bedarf der Abgrenzung von anderen Obliegenheiten, insbesondere Wissenserklärungen:

Im Verhältnis zur **vorvertraglichen Anzeigepflicht** ist festzustellen, daß das Vorhandensein oder Entstehen einer mehrfachen V zu den gefahrerheblichen Umständen gehört; denn das subjektive Risiko, die Gefahr, aus dem abzuschließenden Vsvertrage in Anspruch genommen zu werden (Vertragsgefahr: Anm. 17 zu § 16), wird durch eine mehrfache V und besonders durch eine Doppelv erhöht, und die mehrfache V ist geeignet, auf den Entschluß des Vers, den Vertrag abzuschließen, einen Einfluß auszuüben (§ 16 I 2). Aber die Obliegenheit, eine mehrfache V mitzuteilen, ist durch die lex specialis des § 58 besonders geregelt, zwar einerseits nur als lex imperfecta, andererseits aber nicht nur für mehrfache Ven, die bis zur Annahme des Antrages entstehen, sondern auch für nachträgliche entstehende. Die lex specialis schließt die Anwendung der §§ 16 bis 21 im Anwendungsbereich des § 58 (Schadensv) aus, und das muß auch gelten, wenn ein Ver nach anderweitigen Ven ausdrücklich und schriftlich gefragt hat (§ 16 I 3). So auch OLG Hamburg 7. X. 1915 VA 1916 Anh. S. 26—27 Nr. 923 (mit schiefer Begründung). A. A. Bruck S. 540 Anm. 27, Ehrenzweig S. 241—242, Kisch a. a. O. S. 29 Anm. 1.

In der **Seev**, wo nur Doppelven anzuzeigen sind, kann die Nichtanzeige einer schlichten mehrfachen V eine Verletzung der vorvertraglichen Anzeigepflicht darstellen (weitergehend Ritter-Abraham Anm. 10 zu § 12, S. 270).

Außerhalb der Schadensv, also bei **Summenven** greift § 58 nicht ein, es fehlt an einer lex specialis, und die generellen Bestimmungen über die vorvertragliche Anzeigepflicht bleiben anwendbar. So auch Wussow AUB[4] Anm. 3 zu § 1, S. 43, OLG Naumburg 30. I. 1931 VA 1931 S. 25—26 Nr. 2253, OLG Schleswig 25. II. 1971 VersR 1972 S. 433

bis 434, vgl. ferner schon oben Anm. 5. A. A. Kisch a. a. O. S. 11—12, für einen konkreten Fall OLG Königsberg 6. II. 1933 JRPV 1933 S. 255. Im Falle der Verletzung der vorvertraglichen Anzeigepflicht kommt ein Rücktritt des Vers in Betracht. Erfolgt der Rücktritt nach Eintritt eines Vsfalles, so ist die Kausalitätsregel des § 21 zu beachten, und der Vmer wird regelmäßig beweisen können, daß es an einem Kausalzusammenhang zwischen mehrfacher V und dem Eintritt des Vsfalls sowie dem Umfang der Verleitung fehle (zur Beweislast: Anm. 11 zu § 21). So denn auch Kisch a. a. O. S. 29 Anm. 1, OLG Schleswig 25. II. 1971 VersR 1972 S. 433—434.

Die **Anfechtung** eines Vsvertrages **wegen arglistiger Täuschung** wird gemäß § 22 durch die Regeln über die vorvertragliche Anzeigepflicht nicht berührt. Besonders, aber nicht nur in den Fällen betrügerischer Doppelv (59 III) kommt solche Anfechtung in Betracht (Anm. 44 zu § 59). Eine Pflicht zur Anzeige, die das Verschweigen erst rechtswidrig macht, ist § 58 auch dann zu entnehmen, wenn Sanktionen der Mitteilungspflichtverletzung nicht vereinbart sind.

Über einen Fall, in dem nach bestehenden anderweitigen Unfallven gefragt und eine Vielzahl verschwiegen war: OLG Düsseldorf 30. VI. 1970 VersR 1972 S. 197, vgl. auch OLG Naumburg 30. I. 1931 VA 1931 S. 25—26 Nr. 2253. Dagegen ist mangels Feststellbarkeit von Arglist die Anfechtung nicht durchgedrungen in den Fällen OLG Königsberg 6. II. 1933 JRPV 1933 S. 255—256, OLG Schleswig 25. II. 1971 VersR 1972 S. 434. Vgl. auch Kisch a. a. O. S. 12 zur Häufung von Lebens- und Unfallven.

Besteht ein Vsvertrag und tritt im Wege der mehrfachen V ein zweiter Vertrag hinzu, so bedeutet dies eine **Gefahrerhöhung** (sei es eine gewollte, subjektive, sei es eine ungewollte, objektive, die unabhängig vom Willen des Vmers eintritt, z. B. durch eine V für fremde Rechnung). Es handelt sich wiederum um eine Erhöhung der Vertragsgefahr (dazu Anm. 8 zu § 23). Aber auch hier entfällt die Anzeigepflicht der §§ 23 II, 27 II wegen der lex specialis des § 58, jedenfalls im Bereich der Schadensv (ebenso Kisch DJZ 1934 Sp. 833—835).

Auf die Summenv werden die Gefahrerhöhungsvorschriften weithin nicht angewendet; jedoch könnte in der Lebensv ausdrücklich vereinbart werden, es solle eine mehrfache V als Gefahrerhöhung angesehen werden (§ 164 I). In der Krankenv, soweit sie Summenv ist, könnte eine Gefahrerhöhung angenommen werden (Wriede in: Bruck-Möller-Wriede Anm. A 12, S. K 5). Allgemein vgl. Kisch a. a. O. S. 11—12, DJZ 1934 Sp. 835—836.

Nach der Anzeige von Vsfällen wird vom Ver regelmäßig nach anderweitigen Ven gefragt, und zwar im Rahmen der **Auskunftsobliegenheit** des § 34 I. Diese Obliegenheit steht selbständig neben der Mitteilungsobliegenheit des § 58 (Kisch a. a. O. S. 29 Anm. 1, Prölss-Martin[20] Anm. 2 zu § 34, S. 211).

Aber § 6 III bewirkt, daß bei leichtfahrlässiger Verletzung dem Vmer keinerlei Nachteil erwächst. Bei grobfahrlässiger Verletzung wird es im Falle des Verschweigens anderweitigen Vsschutzes oft an der Kausalität des § 6 III 2 fehlen (so im Falle OLG Schleswig 25. II. 1971 VersR 1972 S. 434: mehrere Unfallven). Bei Vorsatz kommt es nach dem Gesetzeswortlaut des § 6 III 1 auf die Kausalität nicht an (Vorsatz nicht festgestellt im Falle OLG Schleswig a. a. O., festgestellt im Falle OGH Wien 6. II. 1959 VsRdsch 1960 S. 82 = ÖSamml Nr. 130, LG Stuttgart 19. X. 1954 VersR 1955 S. 145 bis 146). Abwegig OLG Hamm 12. XI. 1969 VersR 1970 S. 319—320, welches die Frage nach weiteren Unfall-, Lebens- und Krankenven in einem Schadensanzeigeformular für im Rahmen des § 34 I unzulässig erachtet.

Über **arglistige Täuschung bei der Schadensermittlung** durch Versuch des Verschweigens anderweitiger V RG 3. V. 1929 JRPV 1929 S. 236—237.

Wird ein (erster) Vsvertrag abgeschlossen, so **entfällt** damit selbstverständlich **nicht** das vom Vmer vte **Interesse** oder die vte **Gefahr**. Bei mehrfacher V ist also nicht — wegen nunmehr mangelnden Interesses oder mangelnder Gefahr — § 68 I anwendbar (Sasse VersR 1956 S. 72, Sieg Anm. 26 zu § 68, LG Mannheim 27. II. 1963 VersR 1963 S. 572—573 = MDR 1963 S. 504—505; irreführend aus dem vorgesetzlichen Seevsrecht RG 4. V. 1881 RGZ Bd 4 S. 49, 28. II. 1917 RGZ Bd 90 S. 10—12. Vgl. Anm. 12 zu § 60.

Das Bestehen einer mehrfachen V kann Bedeutung gewinnen bei der Beurteilung der Frage, ob eine **vorsätzliche Herbeiführung des Versicherungsfalles** beweisbar ist.

II. Speziell: Mehrfache Versicherung § 58
Anm. 28, 29

Für die Schadensv vgl. Anm. zu § 61. In der Unfallv mußte früher der Vmer die Unfreiwilligkeit des Erleidens der Gesundheitsbeschädigung beweisen, da die Unfreiwilligkeit ein Merkmal des Unfallbegriffes (§ 2 I AUB) war. Der Beweis gelang öfters nicht, wenn mehrfache Ven den Verdacht der Selbstverstümmelung begründeten, zumal dann, wenn eine auffallende Vshäufung mit bedrängten finanziellen Verhältnissen zusammentraf (vgl. nur OLG Köln 27. VI. 1928 JRPV 1928 S. 282—283, OLG Königsberg 6. II. 1933 JRPV 1933 S. 255—257, OLG Schleswig 25. II. 1971 VersR 1972 S. 433—435). Jetzt wird kraft § 180 a I die Unfreiwilligkeit bis zum Beweise des Gegenteils vermutet, der Ver muß seinerseits die Freiwilligkeit des Unfalls beweisen. Dabei ist aber § 287 I 1 ZPO anzuwenden (Anm. 163 zu § 49), und für die Beweisführung gelten die in Anm. 159—162 zu § 49 dargelegten Grundsätze.

[28] cc) Voraussetzungen.

Die gesetzlich normierte Mitteilungsobliegenheit des § 58 setzt neben einer mehrfachen V (Anm. 29) wie jede Anzeigepflicht Kenntnis des Vmers/Vten (Anm. 30) und Unkenntnis des Vers (Anm. 31) voraus.

Vertraglich kann der (nicht zwingende) § 58 gemildert werden, z. B. in der Richtung, daß nicht alle mehrfachen Ven, sondern in der Feuerv nur anderweitige Feuerven (also nicht z. B. Transportven) mitzuteilen sind, oder — zeitlich — daß einem Ver nur später genommene, also nicht vorher bestehende Ven mitgeteilt werden sollen, oder umgekehrt (Anm. 29). Schweigen die Vsbedingungen, so gilt § 58 ebenso, wie wenn sie § 58 nur wiederholen. Wenn aber die Regelung der Vsbedingungen vom Gesetzestext einengend abweicht, so kann im Zweifel daneben nicht außerdem § 58 angewendet werden. Eine Verschärfung des § 58 ist besonders vermöge des Verbotes mehrfacher V möglich (Anm. 48).

[29] aaa) Mehrfache Versicherung.

Die Mitteilungsobliegenheit wird im § 58 I angeknüpft an den Abschluß einer mehrfachen V: „Wer .... bei mehreren Vern V nimmt, hat jedem Ver von der anderen V .... Mitteilung zu machen." Es kommt hiernach auf den formellen Vsbeginn an, nicht darauf, ob der oder die Vsverträge materiell schon begonnen haben, sofern nur für später eine Überdeckung der materiellen Vsdauer zu erwarten steht (Anm. 18).

Unerheblich ist, ob die Vsnahme gleichzeitig oder in zeitlicher Aufeinanderfolge vor sich geht. Ersterenfalls ist die Mitteilung für beide Ven zugleich mit den vorvertraglichen Anzeigen, aber von diesen logisch und rechtlich abgesondert (Anm. 27), zu machen. Letzterenfalls entsteht die mehrfache V mit dem Abschluß der zweiten V, und nunmehr ist dem ersten Ver die Mitteilung nachträglich zu machen, dem zweiten Ver zugleich mit den vorvertraglichen Anzeigen.

Aber die Vsbedingungen können § 58 zugunsten des Vmers mildern. Das OLG Hamburg 7. X. 1915 VA 1916 Anh. S. 26 Nr. 923 hat die Bestimmung: „Wenn der Vmer für vte Sachen gegen dieselbe Gefahr V bei einem anderen Ver nimmt, so hat er hiervon dem Ver unverzüglich schriftlich Mitteilung zu machen", dahin verstanden, „daß sie nur auf den Fall Anwendung finden kann, daß die andere V erst nach Abschluß des mit der Beklagten eingegangenen Vsvertrages genommen ist." Hiernach brauchten nur nachträglich kontrahierte mehrfache Ven mitgeteilt zu werden. Kisch a. a. O. S. 29 Anm. 1 sagt mit Recht: „Übrigens ist genau zuzusehen, ob nach dem gleichzeitigen oder nach dem früheren Bestehen einer V des gleichen Interesses gefragt ist." Es ist prinzipiell unerheblich, ob die mehrfache V durch eine zweite V des gleichen Vszweiges, der gleichen Vsart entstanden ist, z. B. ob zu einer Feuerv eine Feuerv hinzukommt oder etwa eine Transportv. Aber auch in diesem Punkte können die Vsbedingungen vom § 58 I einschränkend abweichen, und so bestimmt § 9 I 1 AFB:

„Nimmt der Vmer für vte Sachen eine andere Feuerv, auch gegen mittelbare Schäden, so hat er dem Ver unverzüglich den Namen des anderen Vers und die Vssumme schriftlich anzugeben."

Hier ist also für den wichtigen Vszweig der Feuerv die Mitteilungsobliegenheit auf anderweitige Feuerven eingeschränkt, worunter Raiser Anm. 5 zu § 10, S. 265 auch kombinierte Ven versteht, die das Feuerrisiko mit decken. Auch hier ist übrigens der Wortlaut so gestaltet, daß eine Mitteilungspflicht „gegenüber der später hinzutretenden Gesellschaft nicht" besteht (Raiser Anm. 5 zu § 10, S. 265).

Es kommt auf den Identitätsgrad der mehrfachen Ven nicht an, Teilidentität der vten Interessen und vten Gefahren reicht aus. Handelt es sich um eine nur geringfügige Überschneidung, so ist zwar objektiv die Mitteilungsobliegenheit trotzdem zu erfüllen, aber eine Nichtmitteilung wird in aller Regel entschuldbar sein und deshalb keine Sanktion auslösen (Anm. 42).

Falls eine mehrfache V nur potentiell entsteht, z. B. für feuervten Hausrat oder Arbeitsgerät während eines eventuellen Umzugs oder einer vorübergehenden Außenv (§ 4 II 1, III 1 AFB) so ist anzunehmen, daß die Mitteilungspflicht objektiv erst mit der Entstehung jener potentiellen Voraussetzungen einsetzt und daß eine Nichtmitteilung regelmäßig entschuldbar sein wird (Anm. 42).

Im übrigen kann wegen der Begriffsmerkmale der mehrfachen V auf Anm. 10—22 verwiesen werden, wonach die Mitteilungsobliegenheit u. a. entfällt, wenn es an einem echten Nebeneinander von Deckungen fehlt (Anm. 21), z. B. bei Insolvenzdeckungen, Schutzven, bedingten Vsverträgen, Subsidiaritätsabreden.

Wird eine schon bestehende mehrfache V verstärkt, etwa durch Erhöhung der Vssumme (Nachv im Rahmen der zweiten V), so ist auch dieser Tatbestand mitteilungspflichtig, was sich auf § 58 II stützen läßt (Bruck S. 540 Anm. 27, Kisch a. a. O. S. 31, Prölss-Martin[20] Anm. 5 zu § 58, S. 328, Raiser Anm. 5 zu § 10, S. 265—266, KG 4. III. 1925 VA 1926 S. 54 Nr. 1564 = JRPV 1925 S. 253—254, a. A. Ehrenzweig S. 241). Über eine bei einem zweiten Ver genommene Mehrwertv vgl. Anm. 16, über eine Erhöhung einer anderweitigen Krankenhaustagegeldv: OLG Hamm 17. IV. 1970 VersR 1971 S. 120—122.

[30] bbb) Kenntnis des Versicherungsnehmers/Versicherten.

Jede Wissenserklärung setzt Wissen voraus. Das Wissen muß sich nicht nur auf Entstehung und Bestehen der anderweitigen V beziehen, sondern sich auch auf die Qualität als mehrfache V erstrecken, also auf das Bewußtsein der — mindestens teilweisen — Interessen- und Gefahrenidentität. Wer von der Überschneidung nichts weiß, weiß nichts von der mehrfachen V. Eine Ermittelungs- oder Erkundigungspflicht besteht nicht; selbst schuldhaftes Nichtwissen ist der Kenntnis nicht gleichzustellen. Aber eine arglistige Nichtkenntnisnahme steht analog § 16 II 2 der Kenntnis gleich (dazu Anm. 33 zu § 16). Kenntnis der Obliegenheit des § 58 ist nicht vorauszusetzen.

Entscheidend ist die Kenntnis des Vmers. Bei juristischen Personen kommt es auf die Kenntnis auch nur eines einzelnen Mitgliedes der Vertretungsorgane an, bei der V mehrerer Personen auf die Kenntnis regelmäßig einer von ihnen. Über Wissenszurechnung Anm. 79—83 zu § 6: Als Wissensvertreter kommen in größeren Unternehmen besonders solche Angestellte in Betracht, welche die Vsangelegenheiten verwalten und womöglich einer besonderen Vsabteilung vorstehen. § 19 gilt nicht, da er sich speziell auf die vorvertragliche Anzeigepflicht bezieht. Vgl. auch Anm. 34 zu § 23. Kenntnis- und Verschuldensfrage wurden verquickt vom OLG Colmar 3. IV. 1912 VA 1913 Anh. S. 40—41 Nr. 729.

Neben der Kenntnis des Vmers kommt auch die Kenntnis anderer Anzeigepflichtiger, z. B. des Vten bei der V für fremde Rechnung (§ 79 I) in Frage (Anm. 32).

[31] ccc) Unkenntnis des Versicherers.

Derjenige Ver, welcher bereits weiß, daß eine mehrfache V besteht, braucht nicht mehr unterrichtet zu werden (Bruck S. 540—541, Kisch a. a. O. S. 40). Überflüssiges verlangt die Rechtsordnung nicht. Dieser allgemeine Rechtsgedanke kommt in den §§ 16 III 1, 17 II, 25 II 2, 28 II 1, 33 II, 71 II 1 zu exemplarischem Ausdruck (Anm. 24 zu § 6, Anm. 36 zu § 16). Denkbar ist, daß alle beteiligten Ver um die anderweitige V wissen, oder daß (bei zwei Vern) der eine (meistens der zweite) Ver weiß, der andere nicht.

II. Speziell: Mehrfache Versicherung §58
Anm. 32, 33

Vsunternehmen sind durchweg Großunternehmen mit vielen Mitarbeitern des Innen- und Außendienstes, so daß es sich fragt, auf welche **Stelle beim Ver** es ankommt, falls die mehrfache V nicht sogar „aktenkundig" ist. Die Quelle der Kenntniserlangung ist nicht entscheidend. Auch wenn der Ver die Kenntnis durch einen internen „Mitteilungsverband" der Ver erlangt hat, oder wenn der Zweitver spontan dem ersten Ver die Mitteilung gemacht hat (VA 1919 S. 93—94, Hagen I S. 483 Anm. 1), kann sich der Vmer hierauf berufen. Die Kenntnis eines Vermittlungsagenten eines Vers reicht grundsätzlich nicht aus (§ 44), aber der Grundsatz kennt viele Ausnahmen (Anm. 11 zu § 44). Dagegen ist die Kenntnis eines Abschlußagenten, der beim Abschluß von einer mehrfachen V Kenntnis nimmt, dem vertretenen Ver zuzurechnen; aber auch das gilt nur mit Einschränkungen (Anm. 13—15 zu § 44). Beim Ver ist die Kenntnis eines Sachbearbeiters ausreichend (Anm. 37 zu § 16). Ver, die zu demselben Vskonzern gehören, z. B. ein Transportver und ein allgemeiner Schadensver, sind nicht als Einheit zu behandeln.

Bei einer **Mitv** entfällt die Mitteilungsobliegenheit nicht deshalb, weil die Ver um die mehrfache V wissen, sondern weil es sich um ein einheitliches Vsverhältnis, nicht um eine „andere V" handelt (Anm. 10, 20).

[32] ee) Mitteilung.

aaa) Mitteilungsbelasteter.

Nach dem Wortlaut des § 58 I hat jener **Vmer** die Obliegenheit zu erfüllen, der die mehreren Ven „nimmt". Der Vmer kann persönlich mitteilen, als juristische Person durch ein Organ. Bei mehreren Vmern sind alle mit der Obliegenheit belastet, aber die Mitteilung eines von ihnen genügt für die Erfüllung der Obliegenheit.

Bei der Mitteilung kann sich der Vmer eines Vertreters bedienen, der hier als Wissenserklärungsvertreter in Betracht kommt (hierzu Anm. 84—87 zu § 6). Nicht selten übernimmt es der (zweite) mehrfache Ver, dem anderen Ver die Mitteilung zu machen; er kann hiermit zum Wissenserklärungsvertreter des Vmers werden (Beispiel: VA 1919 S. 93—94). Die Abgrenzung des Vertreters zum bloßen **Boten** ist zuweilen schwierig (hierzu Anm. 88—90 zu § 6). Auch wenn der (zweite) mehrfache Ver die Benachrichtigung des anderen Vers **spontan** durchführt, kann jedenfalls der andere Ver sich auf eine Verletzung der Mitteilungsobliegenheit durch den Vmer nicht mehr berufen, weil er infolge der Benachrichtigung nicht mehr in Unkenntnis bleibt (Anm. 31).

Nach einer Veräußerung der vten Sache tritt der **Erwerber** in die Rolle des Vmers ein, ihn treffen gemäß § 69 I auch die Obliegenheiten (Sieg Anm. 62 zu § 69), also auch die Mitteilungsobliegenheit des § 58 (Bruck S. 539—540, Ritter-Abraham Anm. 4 zu § 12, S. 268), gleichgültig, wann die mehrfache V entstanden ist. Oft entsteht gerade infolge einer Veräußerung eine mehrfache V, wenn nämlich der Erwerber bereits Vsschutz genießt, besonders infolge einer Inbegriffsv (z. B. des Hausrats).

Bei einer V für fremde Rechnung belastet neben dem Vmer **auch den Vten** die Mitteilungsobliegenheit, was § 79 I zu entnehmen ist; an die Stelle der Kenntnis des Vmers tritt insoweit die Kenntnis des Vten (dazu Bruck S. 540, Ehrenzweig S. 241, Kisch a. a. O. S. 32—33, ablehnend Prölss-Martin[20] Anm. 5 zu § 58, S. 328, Raiser Anm. 6 zu § 10, S. 266, Ritter-Abraham Anm. 4 zu § 12, S. 268, Schmidt a. a. O. S. 210, Wussow AFB Anm. 1 zu § 9, S. 371, zweifelnd OLG Celle 15. VII. 1953 VersR 1953 S. 388). Treffen zwei Ven für fremde Rechnung zusammen, so sind die Vmer und der Vte anzeigebelastet; ausreichend ist die Mitteilung durch einen von ihnen (vgl. Sieg Anm. 7 zu § 79).

Bei Gesamtrechtsnachfolge, insbesondere Erbfolge, tritt der **Rechtsnachfolger** auch in die Obliegenheit des § 58 ein (Anm. 68 zu § 6).

Zessionare, Pfandgläubiger, Pfändungspfandgläubiger sind durch § 58 nicht mitteilungsbelastet (Anm. 68 zu § 6).

[33] bbb) Mitteilungsempfänger.

Die Vorschrift des § 58 I schafft eine Doppelobliegenheit insofern, als der Vmer/Vte „jedem Ver von der anderen V" Mitteilung zu machen hat. Bei aufeinanderfolgenden

Ven bedeutet dies: „Die Vor-V ist dem Nach-Ver, die Nach-V ist dem Vor-Ver anzuzeigen" (Ehrenzweig S. 241). Ein Ver kann durch Vertragsabrede nur befreien von der Mitteilung an ihn selbst, nicht von der Mitteilung an den anderen Ver: Treffen eine Transport- und eine Feuerv zusammen, so braucht wegen § 9 I 1 AFB (Anm. 29) zwar dem Feuerver die Transportv nicht mitgeteilt zu werden, aber dem Transportver gegenüber ist die Obliegenheit zu erfüllen.

Die Mitteilung ist an den Ver zu richten, aber auch jeder Vsvertreter gilt als empfangsbevollmächtigt (§ 43 Ziff. 2; Anm. 19 zu § 43; über einen Vermittlungsagenten als Mitteilungsempfänger: KG 9. VII. 1930 JRPV 1930 S. 400). Jedoch ist nach § 47 die Vertretungsmacht des Agenten abdingbar, vgl. hierzu entsprechend Anm. 13 zu § 23, ferner Anm. 3—9, 16—31 zu § 43.

Entsteht eine mehrfache V durch Hinzutreten einer anderen V zu einer Mitv, so braucht bei entsprechender Führungsklausel (Anm. 62) die Mitteilung des § 58 I nur dem führenden Ver gemacht zu werden (Bruck S. 540, Kisch a. a. O. S. 35, Raiser Anm. 7 zu § 10, S. 266, Ritter-Abraham Anm. 6 zu § 12, S. 269).

[34] ccc) **Zeit.**

Die Obliegenheit des § 58 I wird zeitlich ausgelöst durch den **Abschluß** derjenigen V, welche die mehrfache V entstehen läßt. Eine bloße Antragstellung ist nach § 58 noch nicht mitteilungspflichtig, kann aber im Rahmen einer vorvertraglichen Anzeigepflicht mitteilungspflichtig sein. Entscheidend ist bei § 58 der **formelle Beginn** der V, mag auch die mehrfache V erst später einsetzen, sobald sich die Ven in ihrer materiellen Dauer überschneiden (Anm. 18). Werden mehrfache Ven nicht gleichzeitig, sondern — wie meistens — nacheinander abgeschlossen, so fällt bei der zweiten V hierdurch die Mitteilungsobliegenheit zeitlich zusammen mit der vorvertraglichen Anzeigepflicht (§ 16 I 1: „bei der Schließung des Vertrages"); bei der Vor-V fällt die Mitteilungsobliegenheit in die laufende Vsdauer, und zwar gehört sie zu den Obliegenheiten des § 6 I 1, die zu erfüllen sind „vor dem Eintritt des Vsfalles". Wird eine schon bestehende mehrfache V verstärkt durch eine Zusatzvereinbarung, z. B. bezüglich einer erhöhten Vssumme, so ist die Mitteilungsobliegenheit erneut zu erfüllen (Anm. 29).

Allerdings muß vorausgesetzt werden, daß der Mitteilungsbelastete oder sein Wissensvertreter um die mehrfache V **weiß** (Anm. 30). Das hebt § 12 ADS (für die Doppelv) ausdrücklich hervor, muß aber auch zu § 58 I gelten (Bruck S. 540, Wussow AFB Anm. 7 zu § 9, S. 377—378, zweifelnd Kisch a. a. O. S. 37). Somit wird erst durch die Kenntniserlangung vom Entstehen der mehrfachen V die Mitteilungsobliegenheit begründet. Ein Vter bei einer V für fremde Rechnung weiß häufig nicht, daß zu seinen Gunsten ein Vsvertrag zustande gekommen ist.

Sind beide Voraussetzungen (Vsnahme und Kenntniserlangung) erfüllt, so ist jedem Ver „**unverzüglich**" (§ 58 I) Mitteilung zu machen, d. h. ohne schuldhaftes Zögern (§ 121 I 1 BGB), was nicht gleichbedeutend ist mit „sofort". Dem Mitteilungsbelasteten muß eine angemessene, durch einen ordentlichen Geschäftsverkehr konkretisierbare Zeitspanne verbleiben, um aus seinen Vsunterlagen die für den Inhalt der Mitteilung (Anm. 37) erforderlichen Daten herauszusuchen. Wird diese Zeitspanne, in welche die Zeit bis zum Zugang der Mitteilung einzurechnen ist, gewahrt, so liegt kein Verschulden des Mitteilungsbelasteten vor (zur Verschuldensfrage vgl. auch Anm. 42); durch telegrafische Übermittlung der Mitteilung kann möglicherweise eine Verzögerung bei der Bearbeitung wettgemacht werden. Wussow AFB Anm. 7 zu § 9, S. 377 sieht „im allgemeinen ... eine Frist von 1—2 Wochen noch als ausreichend" an.

Vertraglich könnte die Unverzüglichkeitsfrist konkretisiert werden, allerdings begegnet eine Verkürzung (unter die Unverzüglichkeitsgrenze) Bedenken: Zwar ist § 58 I nach § 68a nicht relativ zwingend, aber §§ 6 I 1, 15a greifen ein, das Verschuldensprinzip muß bei Vereinbarung von Leistungsfreiheit gewahrt werden (abweichend noch Anm. 14 zu § 33). Gemäß Kisch a. a. O. S. 42 können „Fristen bewilligt" werden.

Eine lange **zeitliche Hinausschiebung** der Mitteilungsobliegenheit des § 58 I liegt in der Feuerv vor bei Maßgeblichkeit der von Fall zu Fall zu vereinbarenden Klausel 4.02 Abs. 5 der Zusatzbedingungen für „Spediteurv":

II. Speziell: Mehrfache Versicherung §58
Anm. 35—37

„Anderweitige Feuer- oder Transportven für die vten Sachen oder auch jede darauf bezügliche Haftpflichtv sind vom Vmer im Schadenfalle anzuzeigen, soweit ihm das Bestehen solcher Ven bekannt ist."

[35] ddd) Ort.

Eine „Mitteilung" ist — nach dem Wortsinn noch stärker als eine „Anzeige" — eine empfangsbedürftige Wissenserklärung, deren Zugang bei den Vern maßgeblich ist (§ 130 I 1 BGB). Zum Begriff und Beweis des Zugangs Anm. 3—5 zu § 10, zum Beweis auch KG 4. III. 1925 VA 1926 S. 54 Nr. 1564 = JRPV 1925 S. 253—254 (Vorlage einer Kopie).

Es ist vom Vmer nicht zu verlangen, daß er die Mitteilung persönlich dem Ver bringt. Deshalb ist die Mitteilungsobliegenheit eher einer Schickschuld als einer Bringschuld (so aber Bruck S. 540, Ritter-Abraham Anm. 5 zu § 12, S. 268) gleichzuachten (vgl. Anm. 15 zu § 33). Mit der Absendung ist das Leistungsverhalten des Vmers abgeschlossen, die Kosten der Versendung hat er noch zu tragen (Bruck S. 540). Unverzügliche Absendung genügt. Die Gefahr, daß die Mitteilung verlorengeht, geht zu Lasten des Vmers, jedoch wird ein Verschulden solchenfalls regelmäßig entfallen (Anm. 12 zu § 16, Anm. 34 zu § 6).

[36] eee) Form.

§ 58 schreibt für die Mitteilung keine Form vor. Vertraglich kann die Schriftform vereinbart werden (wie z. B. durch § 9 I 1, auch § 19 AFB). Einer Gesetzesgrundlage (wie § 34a²) bedarf es hierzu nicht, weil § 58 nicht zwingend ist. Näheres zur Rechtslage bei vereinbarter Schriftform: Anm. 6—13 zu § 34a. KG 4. III. 1925 VA 1926 S. 54 Nr. 1564 = JRPV 1925 S. 253—254 hebt hervor, daß der Vmer keinen eingeschriebenen Brief zu schicken braucht.

Bei einer Formverletzung gewinnt es — logisch noch vor der Verschuldensfrage — Bedeutung, daß ein Ver, der anderweitig das zu übermittelnde Wissen erlangt hat, sich auf die Verletzung der Mitteilungsobliegenheit nicht mehr berufen kann (Anm. 31; Kisch a. a. O. S. 36).

[37] fff) Inhalt.

Der Inhalt der vom Vmer/Vten zu machenden Mitteilungen ergibt sich aus dem Zweck der Obliegenheit (Anm. 25), aber auch aus § 58, speziell aus § 58 II.

Der zu unterrichtende Ver muß nicht nur den Namen des anderen Vers erfahren und die Vssumme der anderen V, sondern er muß bei nur teilweiser Interessen- oder Gefahrenidentität auch wissen, für welche Interessen und Gefahren die mehrfache V entstanden ist; denn hiernach werden sich die Konsequenzen richten, die der Adressat der Mitteilung daraus zieht. So auch Ritter-Abraham Anm. 9 zu § 12, S. 270, zurückhaltender Wussow AFB Anm. 6 zu § 9, S. 376—377, in der Annahme, der betroffene Ver werde sich über Einzelheiten beim anderen Ver informieren.

Handelt es sich um die Erweiterung einer schon bestehenden mehrfachen V (Anm. 29), so ist der Inhalt der Erweiterung, insbesondere eine erhöhte Vssumme dem anderen Ver mitzuteilen.

Durch Vereinbarung kann der Inhalt der Mitteilung konkretisiert werden (Bruck S. 540).

Die Vorlage der Police kann auf Grund des § 58 der „andere Ver" nicht verlangen. Über eine bloße Mitteilung ginge solche Tunspflicht ja weit hinaus, und inhaltlich ist insbesondere die Prämienhöhe ein Faktor, der dem Konkurrenten nicht offenbart werden sollte. Allerdings im Wege einer speziellen Vereinbarung könnte die Mitteilungspflicht zur Polizvorlagepflicht umgestaltet werden (Kisch a. a. O. S. 36). In § 2 II c ADB 1963 heißt es für die Binnentransportv von Gütern:

„der Vmer ist verpflichtet, dem Ver auf Verlangen alle ihm über die anderweitige V zur Verfügung stehenden Nachweise zu liefern."

[38] ff) Verletzung.
aaa) Verletzungsform.

Wird die Mitteilung vom Mitteilungsbelasteten nicht rechtzeitig erstattet, so liegt objektiv der Tatbestand einer **Nichterfüllung** vor. Hierdurch können Sanktionen aber nicht ausgelöst werden, falls ein anderer Mitteilungsbelasteter, z. B. anstelle des Vmers (der ersten V) der Vte einer (zweiten) V für fremde Rechnung die Mitteilung macht: Durch einmalige Erfüllung, aber auch durch anderweitige Kenntniserlangung seitens der Ver erlischt die Obliegenheit. Nichterfüllung hinsichtlich eines Vers bleibt aber bestehen, falls die Mitteilung nur dem anderen der beiden Ver zugeht.

Wird die Mitteilung zwar gemacht, aber inhaltlich unvollständig (dazu Anm. 37), so liegt **Schlechterfüllung** vor. Die Rechtsfolgen sind gesetzlich nicht geregelt, aber es ist anzunehmen, daß den Mitteilungsbelasteten — auf Verlangen des Vers — eine Obliegenheit zur unverzüglichen Vervollständigung der Mitteilung trifft (vgl. Kisch a. a. O. S. 36).

[39] bbb) Verletzungsfolgen.
α) Sanktionsvereinbarung.

Da die Mitteilungsobliegenheit des § 58 keine echte Rechtspflicht, sondern eine bloße Obliegenheit ist (Anm. 26), kann der Versicherer im Verletzungsfalle

keinen Erfüllungsanspruch, keine Erfüllungsklage
geltend machen, die ja zugleich auch sinnlos wäre, weil der Ver im Falle der Kenntnis von der Verletzung nicht mehr rechtsschutzbedürftig ist, und ohne Kenntnis, „auf Verdacht" würde kein Ver die Klage anstrengen (dagegen billigt solche Klage zu Kisch a. a. O. S. 38—39, 36, dagegen Ritter-Abraham Anm. 5 zu § 12, S. 268).

keinen vertraglichen Schadensersatzanspruch
geltend machen: Stellt sich die Verletzung der Mitteilungsobliegenheit heraus, so kann regelmäßig von einer Schädigung des Vers nicht die Rede sein (anders wieder, für Schadensersatzpflicht: Begr. I S. 65, Kisch a. a. O. S. 39, Ritter-Abraham Anm. 5 zu § 12, S. 270, OLG Hamburg 7. X. 1915 VA 1916 Anh. S. 26 bis 27 Nr. 923).

keinen deliktischen Schadensersatzanspruch
geltend machen, abgesehen von krassen Fällen sittenwidriger Schadenszufügung, z. B. bei betrügerischer Doppelv (§ 826 BGB, weitergehend Kisch a. a. O. S. 39).

Die Obliegenheit des § 58 bleibt ein Schwert mit stumpfer Klinge, falls in den Vsbedingungen keine **Verletzungssanktion vereinbart** wird; denn § 58 ist eine lex imperfecta, und eine Obliegenheit ohne vereinbarte Sanktion ist ein nullum (Anm. 17 zu § 6). Wie hier Johannsen in: Bruck-Möller-Johannsen Anm. F 22, S. 195.

Als vereinbarte Verletzungsfolge kommt nach § 6 IV ein **Rücktrittsrecht des Vers nicht** in Betracht, hierdurch würde ja das Vsverhältnis wirtschaftlich ex tunc aufgehoben, womöglich auch für eine Zeit, in der noch keine mehrfache V bestand.

Die Vereinbarung einer **Vertragsstrafe** (befürwortet von Ehrenzweig S. 241) kommt praktisch **nicht** vor, wohl auch unter dem Einfluß der Vsaufsichtsbehörden, welche die allgemeinen Vsbedingungen in aller Regel zu genehmigen haben. Vgl. Anm. 23 zu § 6.

So verbleiben als mögliche, zu vereinbarende Sanktionen nur **Leistungsfreiheit** (Anm. 40) und **Kündigungsrecht** (Anm. 41). Bei letzterem ist nicht nur an das (Begleit-) Kündigungsrecht zu denken, daß § 6 I 2, 3 bei jeder Vereinbarung von Leistungsfreiheit im Zusammenhang mit dem Klarstellungserfordernis (Anm. 43) gesetzlich vorsieht, sondern auch an ein besonderes, nicht gesetzlich fundiertes, sondern vertragliches Kündigungsrecht.

Leistungsfreiheit und Kündigungsrecht bedeuten **Verwirkungsabreden**, weil sie den Vsschutz oder sogar den ganzen Vsvertrag betreffen. Besonders schwerwiegend

II. Speziell: Mehrfache Versicherung § 58
Anm. 40, 41

ist für den Vmer die Sanktion der Leistungsfreiheit, weshalb § 6 I 1 das Verschuldenserfordernis (Anm. 42) und der genannte § 6 I 2, 3 das soeben erwähnte Klarstellungserfordernis (Anm. 43) normiert. Dagegen ist § 6 II mit seinem Kausalitätserfordernis (Anm. 44) unanwendbar. Allemal sind in Verletzungsfällen die Beweisfragen wichtig (Anm. 45).

[40] β) Leistungsfreiheit.

Für den Fall einer Verletzung des § 58 wird in den Vsbedingungen meistens Leistungsfreiheit des Vers vereinbart. Das Vorliegen solcher Vereinbarung ist für jeden Vsvertrag gesondert zu prüfen, wenn sich bei einer mehrfachen V ein Ver auf Leistungsfreiheit beruft. Fehlt es an der Vereinbarung, so bleibt die Obliegenheitsverletzung sanktionslos (Anm. 39).

Eine einschlägige Vereinbarung findet sich im § 9 I 3 AFB:

„Ist die andere V nicht angezeigt oder dem Ver sonst nicht bekanntgeworden, und tritt nach Ablauf von drei Monaten seit dem Zeitpunkt, zu dem die Anzeige dem Ver hätte zugehen müssen, ein Schaden ein, so wird der Ver von der Entschädigungspflicht frei."

Ebenso § 11³ VGB, § 8³ AStB, § 8³ AWB, ferner § 9 I 3 AEB mit der Hinzufügung, es werde der Ver „bis zum Fortfall der anderen V" von der Entschädigungspflicht frei.

Die Leistungsfreiheit tritt nach den zitierten Vsbedingungen erst „nach dem Ablauf von drei Monaten" ein, gerechnet von dem Zeitpunkt an, von dem an (nach Kenntniserlangung und Ablauf der Unverzüglichkeitsfrist) die Anzeige hätte erstattet werden müssen (Anm. 34). Es wären auch Vereinbarungen zulässig, welche eine Leistungsfreiheit sogleich nach Ablauf der Unverzüglichkeitsfrist vorsehen.

Die Leistungsfreiheit beschränkt sich nicht auf die Entschädigung für die mehrfach vten Sachen, sondern erstreckt sich auf den gesamten Entschädigungsanspruch des Vmers, eine starre Regelung, die Ehrenzweig S. 241, Schmidt a. a. O. S. 211 sogar als „unbillig" bezeichnen. Eine Korrektur des Ergebnisses nach Treu und Glauben läßt sich jedoch schwerlich rechtfertigen, besonders in Vorsatzfällen. Für volle Leistungsfreiheit denn auch KG 9. VII 1930 JRPV 1930 S. 400; vgl. ferner OGH Wien 6. II. 1959 VsRdsch 1960 S. 82 = ÖSamml Nr. 130 mit rechtspolitischer Würdigung. Über eine Sonderregelung in § 6 Ziff. 3 I AHBVerm: Johannsen in: Bruck-Möller-Johannsen Anm. F 24, S. 195—196.

§ 9 I 3 AEB läßt die Entschädigungspflicht des Vers trotz Verletzung der Mitteilungsobliegenheit wiederaufleben, sofern bis zum Schadenseintritt die andere V wieder fortgefallen ist. Dieser Rechtsgedanke — Wiederherstellung des früheren Zustandes — ist im Gesetz auch bei der Lehre von der Gefahrerhöhung verankert (§§ 24 II, 27 I 2 für das Kündigungsrecht des Vers). Man wird es auch außerhalb der Einbruchdiebstahlv einem Ver verwehren müssen, sich auf die Leistungsfreiheit zu berufen, wenn eine mehrfache V inzwischen nicht mehr vorliegt, wobei nicht nur an den Ablauf der Vsdauer zu denken ist, sondern auch an vorübergehende mehrfache Ven, z. B. bei Umzügen und Außenven.

[41] γ) Kündigung.

An die Verletzung der Mitteilungsobliegenheit kann vertraglich auch ein Kündigungsrecht — befristet oder unbefristet — des Vers geknüpft werden, ja es kann die bloße Tatsache der Entstehung einer mehrfachen V ein vertragliches außerordentliches Kündigungsrecht des Vers auslösen. So denn auch § 9 I 2—4 AFB:

„Der Ver kann innerhalb eines Monats, nachdem er von der anderen V Kenntnis erlangt hat, die V mit dreimonatiger Frist kündigen. Ist die andere V nicht angezeigt oder dem Ver sonst nicht bekanntgeworden, und tritt nach Ablauf von drei Monaten seit dem Zeitpunkt, zu dem die Anzeige dem Ver hätte zugehen müssen, ein Schaden ein, so wird der Ver von der Entschädigungspflicht frei. Die Entschädigungspflicht bleibt bestehen ‚wenn zur Zeit des Schadenfalles trotz Ablauf der Frist eine Kündigung nicht erfolgt war."

§ 58
Anm. 42, 43
II. Speziell: Mehrfache Versicherung

Das im ersten zitierten Satz genannte Kündigungsrecht ist in doppelter Weise befristet: Ausübungsfrist ein Monat ab Kenntniserlangung, Wirkungseintritt drei Monate nach Kündigungserklärung. Zur Ausübungsfrist (Rechtzeitigkeit): Anm. 28 zu § 8; zum Eintritt der Kündigungswirkung (befristete Kündigung): Anm. 29 zu § 8.

Die im letzten zitierten Satz behandelte (Nicht-)Kündigung steht im Zusammenhang mit der Leistungsfreiheit. Letztere entfällt, falls zur Zeit des Vsfalls die Ausübungsfrist verstrichen und eine Kündigung nicht erfolgt ist. Hier geht es also um die Klarstellungsproblematik des § 6 I 3 (Anm. 43).

Die Feuerver haben geschäftsplanmäßig erklärt, daß sie von dem Kündigungsrecht im Falle einer mehrfachen V nur aus wesentlichen, insbesondere zwingenden vstechnischen Gründen Gebrauch machen werden (VA 1929 S. 138, 140, 1930 S. 145—146). Dazu kritisch mit Recht André, Die geschäftsplanmäßige Erklärung, Karlsruhe 1969, S. 17. Über mißbräuchliche Kündigungen: VA 1937 S. 49—50 m. w. N.

[42] δ) Verschulden.

Nur für die Leistungsfreiheit (Anm. 40), nicht aber für das Kündigungsrecht (Anm. 41) ist nach dem gemäß § 15a zwingenden § 6 I 1 ein Verschulden des Mitteilungsbelasteten vorauszusetzen (Begr. I S. 65), wobei leichte Fahrlässigkeit ausreicht. Auch aus § 58 I („unverzüglich") kann das Verschuldenserfordernis abgeleitet werden. Vgl. auch OLG Colmar 3. IV. 1912 VA 1913 Anh. S. 41 Nr. 729.

Schuldhaft handelt ein Vmer, wenn er den Vsschein, insbesondere die Vsbedingungen nicht liest (OLG Hamburg 13. III. 1933 VA 1933 S. 369 Nr. 2604). Eine fehlerhafte Aufklärung durch einen Vsagenten, wonach die Mitteilung nicht gemacht zu werden brauche, kann ein Verschulden des Vmers ausschließen (Anm. 20, 27 zu § 44). Übernimmt es ein Vsvertreter, dem eigenen und/oder dem anderen Ver die mehrfache V mitzuteilen, betraut also der Vmer den Vsvertreter als Wissenserklärungsvertreter, so kann er sich im allgemeinen darauf verlassen, daß der Auftrag ausgeführt werde, und ein Verschulden des Vmers entfällt (KG 20. VI. 1929 VA 1929 S. 252—253 Nr. 2016 = JRPV 1929 S. 170). Im Falle OLG Hamburg 14. III. 1933 VA 1933 S. 369—370 Nr. 2604 wurde ein Verschulden bejaht; denn die Ehefrau des Vmers hatte dem Agenten der Vorv nur beiläufig erzählt, es sei eine Nachv genommen worden; der Agent wurde hierdurch nicht beauftragt; hilfsweise wird der Agent als bloßer Bote qualifiziert. Ein Verschulden ist verneint vom OLG Hamburg 1. XII. 1950 VersR 1951 S. 53—54 (mit kritischer Anm. Prölss): Der Vmer hatte den Ver um Aufhebung der Vorv gebeten und sodann den Vorver ersucht, sich mit dem Nachver in Verbindung zu setzen, was von der Agentur des Vorvers zugesagt wurde. Vom OLG Celle 15. VII. 1953 VersR 1953 S. 388 ist ein Verschulden verneint worden, weil der Vmer meinte, der Ver der Nachv werde den Vorver übungsgemäß von der Entstehung der mehrfachen V unterrichten, zumal da der Nachver im „Vsschein eine genaue anteilsmäßige Aufteilung der durch die beiden Ver gewährten Deckung vorgenommen hatte."

Ein Verschulden des Vmers kann fehlen bei geringfügigen Überschneidungen des Vsschutzes (Anm. 29), bei nachträglichem Auftreten einer vorher nur potentiellen mehrfachen V (Anm. 29), während der Mitteilungsfrist (Anm. 34), bei Verlorengehen einer Mitteilung (Anm. 35).

[43] ε) Klarstellung.

Der Ver soll nach einer Obliegenheitsverletzung nicht ad infinitum leistungsfrei sein. Er erlangt nach § 6 I 2, 3 bei verschuldeten Obliegenheitsverletzungen ein ausübungsbefristetes (1 Monat), im Wirksamwerden unbefristetes Kündigungsrecht, bei dessen Nichtausübung die Leistungsfreiheit entfällt.

§ 6 I 2, 3 ist auch bei der Mitteilungsobliegenheit des § 58 anwendbar (Anm. 41 zu § 6; Hasselmann VW 1968 S. 1422), und dieses gesetzliche Kündigungsrecht ist für die Ver auch dann gegeben, wenn als Sanktion der Nichtanzeige nur Leistungsfreiheit, kein Kündigungsrecht vereinbart worden ist. (Ist auch Leistungsfreiheit nicht vorgesehen, so entfällt auch das Kündigungsrecht nach § 6 I 2). Zur Notwendigkeit einer Kündigung zwecks Klarstellung einschränkend: OGH Wien 21. II. 1974 VsRdsch 1974 S. 371 mit Anm. Frotz, Baumann.

II. Speziell: Mehrfache Versicherung § 58
Anm. 44—46

Problematisch ist das Verhältnis des § 6 I 2, 3 zur Regelung des § 9 I 4 AFB (Anm. 41) und entsprechenden Vorschriften anderer Vsbedingungen. Hiernach muß der Ver innerhalb eines Monats nach Kenntniserlangung von der anderen V kündigen, gemäß § 6 I 2 dagegen innerhalb eines Monats nach Kenntniserlangung von der Obliegenheitsverletzung. Der Vmer kann sich im Falle der Obliegenheitsverletzung auf den für ihn günstigeren Fristablauf berufen. Die Kündigungswirkung tritt nach den Vsbedingungen erst nach drei Monaten ein, nach § 6 I 2 sofort.

Meistens wird sich der Vmer wegen der fortdauernden Leistungspflicht des Vers auf die Vsbedingungen berufen wollen, aber in Ausnahmefällen kann es für den Vmer aus Prämiengründen günstiger sein, wenn die Kündigung sofort wirkt, besonders dann, wenn sonst der Vsschutz in eine neue Vsperiode hineinreicht. Solchenfalls kann sich der Ver wegen § 15a im Falle der Obliegenheitsverletzung auf die Vsbedingungen nicht berufen.

[44] ζ) Kausalität.

§ 58 begründet keine Obliegenheit, die von dem Vmer „zum Zwecke der Verminderung der Gefahr oder der Verhütung einer Gefahrerhöhung" dem Ver gegenüber zu erfüllen ist. Mag auch die Kenntnis von einer mehrfachen V das subjektive Risiko beleuchten, so hat doch die Mitteilungsobliegenheit nicht den primären Zweck der Vorbeugung. Immerhin ist das aber nicht unproblematisch, zumal da Anzeigepflichten auch bei § 32 nicht ganz auszuscheiden sind (Anm. 8 zu § 32). Im Ergebnis wie hier OGH Wien 21. II. 1974 VsRdsch 1974 S. 371 mit Anm. Frotz, Baumann, ferner für den Fall der Obliegenheit, die Einwilligung des Vers zu einer mehrfachen V einzuholen: BGH 28. IV. 1971 NJW 1971 S. 1891—1892 = VersR 1971 S. 662—664 (unten Anm. 47). Zum Falle des Verbots anderweitiger V wie hier Kisch DJZ 1934 Sp. 834—835 (unten Anm. 48).

Wenn § 6 II unanwendbar ist, kommt es auf eine Kausalitätsprüfung bei Verletzung der Mitteilungsobliegenheit nicht an. Insbesondere kann sich ein Ver auf die Leistungsfreiheit auch dann berufen, wenn die Verletzung keinen Einfluß auf den Eintritt des Vsfalls oder den Umfang der ihm obliegenden Leistung gehabt hat. Auch im übrigen kommt es auf die Relevanz der Obliegenheitsverletzung nicht an.

[45] η) Beweisfragen.

Der Ver, der sich auf die Verletzung der Mitteilungsobliegenheit beruft, muß den objektiven Tatbestand beweisen, also dartun, der Vmer/Vte habe trotz Kenntnis die mehrfache V nicht angezeigt. Demgegenüber kann der Mitteilungsbelastete beweisen, der Ver habe anderweitig rechtzeitig Kenntnis erlangt, oder ihn treffe kein Verschulden. Vgl. auch Anm. 28 zu § 33, ferner Kisch a. a. O. 37, 40, Raiser Anm. 17 zu § 10, S. 269, Ritter-Abraham Anm. 10 zu § 12, S. 270. Insbesondere kann der Vmer/Vte beweisen, er habe die Mitteilung rechtzeitig abgesandt. Beruft sich der Vmer/Vte auf mangelnde Klarstellungskündigung, so muß er beweisen, wann der Ver Kenntnis von der Obliegenheitsverletzung oder mehrfachen V erlangt hat, und der Ver muß beweisen, daß er rechtzeitig gekündigt habe (vgl. Anm. 52 zu § 6).

[46] b) Sonstige Rechtsfolgen.

aa) Abdingbarkeit des § 58.

In den §§ 58—60 sind nicht abschließend und zwingend die Rechtsfolgen einer mehrfachen und Doppelv geregelt; § 68a nennt diese Vorschriften nicht. Speziell an die mehrfache V können auch andere Folgen als die Mitteilungspflicht vertraglich geknüpft werden. Behandelt ist bereits das Kündigungsrecht des Vers, das nicht immer von der Verletzung der Mitteilungsobliegenheit abhängt (Anm. 41, 43).

Daneben sind praktisch bedeutsam Vereinbarungen hinsichtlich einer notwendigen Einwilligung des Vers in eine mehrfache V (Anm. 47) und Verbote der mehrfachen V (Anm. 48).

Alle über § 58 hinausgehenden Vereinbarungen finden eine Grenze in §§ 6 I, 15a, auch § 6 IV, denen in entsprechender Anwendung insbesondere zu entnehmen ist, daß ein schuldloser Vmer/Vter seiner Ansprüche nicht verlustig gehen soll und daß eine wirtschaftliche Rückwirkung der Sanktionen nicht zulässig ist (vgl. Kisch a. a. O. S. 37—38).

Zu erörtern ist kurz auch das **Prämienschicksal** bei mehrfachen Ven (Anm. 49) und der **Aufwendungsersatz** durch die Ver (Anm. 50).

[47] bb) Einwilligung in Mehrfachversicherung.

Für die Hagelv bestimmt § 6 AHagB:

„Nimmt der Vmer für vte Bodenerzeugnisse ohne Einwilligung der Gesellschaft vorsätzlich oder grobfahrlässig eine weitere Hagelv, so ist die Gesellschaft von der Verpflichtung zur Leistung für die mehrfach vten Fruchtgattungen frei."

Durch diese Vorschrift (vgl. schon VA 1910 S. 90) wird für den Vmer eine **Obliegenheit** begründet, die vorherige Zustimmung des Vorvers zur Vsnahme einzuholen. Als Verletzungsfolge ist (limitierte) Leistungsfreiheit des Vorvers vorgesehen. Dem Verschuldensprinzip des § 6 I 1 ist Rechnung getragen worden; leichte Fahrlässigkeit des Vmers reicht für die Verwirkung nicht einmal aus. Das Klarstellungserfordernis des § 6 I 2, 3 zwingt den Vorver, innerhalb eines Monats die Vorv zu kündigen, wenn er die Zustimmung nicht erteilen will; wird nicht gekündigt, so kann sich der Vorver auf die (teilweise) Leistungsfreiheit nicht mehr berufen.

In einem vorgesetzlichen Fall hat das RG 13. XI. 1908 RGZ Bd 70 S. 43—45 die Annahme einer Obliegenheit abgelehnt und — ohne Rücksicht auf Verschulden — allein „die objektive Tatsache einer ohne Genehmigung der Beklagten auch anderweit erfolgenden V" für ausreichend erklärt (zustimmend Hagen I S. 485).

Über die Gefahren solcher Einwilligungsklauseln: Begr. I S. 66, Hagen I S. 485—486. Aufsichtsbehördlich ist folgender Klausel entgegengetreten worden: „Der Vmer darf bei einem anderen Ver ohne Genehmigung .... auf gleiche Objekte Deckung nicht nehmen" (VA 1937 S. 49—50). Ein Anspruch auf Zustimmung läßt sich im Einzelfall schwerlich begründen (Hagen I S. 486, a. A. OLG Dresden 6. X. 1903 VA 1904 S. 74—76 Nr. 51 in einem Fall der Weigerung zwecks Bekämpfung eines Konkurrenzunternehmens). Liegt nur der „Versuch einer V", keine gültige anderweitige V vor, so zeitigt dies im Zweifel keine Verwirkungsfolge (OLG Hamburg 11. XII. 1911 HGZ 1912 Beibl. S. 117 bis 118).

Über eine Einwilligungsvorschrift bei mehrfacher Krankentagegeldv und Krankenhaustagegeldv: LG München 15. IX. 1967 VersR 1970 S. 1148—1149 (Obliegenheit, auch auf Unfallkrankenhaustagegeld zu erstrecken), bei mehrfacher Krankenv schlechthin: LG Stuttgart 21. X. 1969 VersR 1970 S. 1149—1150 (Obliegenheit, Verschulden, Unanwendbarkeit der Kausalitätsvorschrift des § 21), OLG Hamm 17. IV. 1970 VersR 1971 S. 120—122 (Obliegenheit, auch bei Erhöhung anderweitiger Tagegeldv, Verschulden, Klarstellungserfordernis, kein Verstoß des Vers gegen Treu und Glauben, keine Verwirkung).

Der BGH 28. IV. 1971 NJW 1971 S. 1891—1892 = VersR 1971 S. 662—664 betont, daß das Verbot, eine weitere Krankentagegeldv ohne Einwilligung des Vers abzuschließen, die Vertragsgefahr, das subjektive Risiko im Auge habe, es handele sich um eine Obliegenheit i. S. des § 6 I, nicht aber finde § 6 II mit seinem Kausalitätserfordernis Anwendung; jedoch verstoße ein Ver, der sich auf die vereinbarte Leistungsfreiheit berufe, möglicherweise gegen Treu und Glauben:

„Ein solcher Verstoß liegt vor, weil dadurch, daß der Kl. mit der Y-Krankenv am 20. XI. 1967 eine weitere Krankentagegeldv abschloß, die für die Regulierung des hier behandelten Vsfalls bestehenden Interessen der Bekl. nicht berührt worden sind. Dieser Vsfall war bereits am 10. XI. 1967 eingetreten, bevor der Kl. die weitere Krankentagegeldv bei der Y-Krankenv abgeschlossen hatte. Die Bekl. konnten daher nicht vor Eintritt des Vsfalls kündigen und dadurch das Vertragsverhältnis beenden. Der Abschluß der V bei der Y-Krankenv hat auch keinen Einfluß auf den Vsfall und den Umfang der der Bekl. obliegenden Leistung gehabt, denn der Kl. hat wegen dieses Vsfalls unstreitig keine Ansprüche gegen die Y-Krankenv. Es besteht daher auch nicht die Möglichkeit, daß er mit

II. Speziell: Mehrfache Versicherung § 58
Anm. 48

Rücksicht auf ein zu erwartendes höheres Krankengeld seine berufliche Tätigkeit erst später wieder aufgenommen hat, als er es getan hätte, wenn er den Verrag mit der Y-Krankenv nicht geschlossen hätte.
Unter diesen besonderen Umständen kann es der Bekl. zwar nicht verargt werden, wenn sie wegen der Obliegenheitsverletzung, die der Kl. begangen hat, das Vsverhältnis fristlos kündigt. Es verstößt aber gegen Treu und Glauben, wenn sie darüber hinaus die hier geforderte Leistung verweigert, denn damit nutzt sie eine formale Rechtsposition in einem Fall aus, in dem objektiv durch die Verletzung eine Gefährdung der Interessen der Bekl. weder eingetreten noch überhaupt denkbar ist. Ein solches Verhalten ist rechtsmißbräuchlich."

[48] cc) Verbot der Mehrfachversicherung.
Über die bloße Mitteilungsobliegenheit, ein Kündigungsrecht oder ein Einwilligungserfordernis geht es weit hinaus, falls ein Ver eine anderweitige V schlechthin verbietet. Über Motive hierfür Kisch a. a. O. S. 226—236.
Ist allerdings einem Vsunternehmen ein Monopol verliehen worden, so läßt sich dieses am besten dadurch verteidigen, daß ein Gesetz die Nichtigkeit einer monopolverletzend genommenen V vorschreibt. So bestimmt § 9 Badisches Gebäudevsgesetz vom 29. III. 1952 (bei Schmidt-Müller-Stüler S. 5):

„Die kraft des Vszwangs bei der Gebäudevsanstalt vten Gebäude dürfen ... anderweitig nicht vert werden. Eine entgegen dieser Vorschrift abgeschlossene V ist nichtig. Das gleiche gilt von bestehenden Vsverträgen, soweit sie dieser Vorschrift zuwiderlaufen."

Aber der Landesgesetzgeber kann auch andere Folgerungen aus einer Monopolverletzung ziehen. So sagt § 16 Hamburgisches Feuerkassengesetz vom 16. Dezember 1929 (bei Schmidt-Müller-Stüler S. 184):

„Verbot mehrfacher V.

(1) Von dem Beginn der V an ist jede mehrfache V gegen Gefahren, deren V die Feuerkasse übernimmt, verboten, sofern sie nicht ausdrücklich in diesem Gesetz für statthaft erklärt ist ...

(2) Bei Zuwiderhandlungen hiergegen verliert der Vte jedes Recht bezüglich des mehrfach vten Gebäudes gegenüber der Feuerkasse aus der V, während er der Feuerkasse auch ferner verpflichtet bleibt.

(3) Den dinglich Berechtigten des mehrfach vten Gebäudes gegenüber bleibt die Verpflichtung der Feuerkasse bestehen.

(4) Auf die Feuerkasse gehen die Rechte aus den mehrfachen Ven bis zur Höhe desjenigen Betrages über, welchen die Feuerkasse den dinglich Berechtigten des mehrfach vten Gebäudes zu zahlen verpflichtet ist ..."

Dazu (gegen Nichtigkeit) vgl. auch OLG Hamburg 17. III. 1926 VA 1926 S. 284—286 Nr. 1638 = JRPV 1926 S. 120—122 (Thüringer Fall), ferner OLG Stuttgart 28. VI. 1929 JRPV 1930 S. 36—37 (Württemberger Fall). Zur Landesgesetzgebung vgl. auch Begr. I S. 68 mit Anm. 1.
Ein weiterer Fall, in welchem das Verbot mehrfacher V notwendig erscheint, ist jener der vereinbarten obligatorischen Selbstbeteiligung des Vmers. Sie kommt insbesondere als obligatorische Unterv, obligatorische Schadensselbstbeteiligung oder obligatorische Franchise vor (Anm. 70 zu § 56).
Für die obligatorische Unterv bestimmt § 9 II AFB:

„Ist vereinbart, daß der Vmer einen Teil des Schadens selbst zu tragen hat (vereinbarte Selbstv), so darf er für diesen Teil keine andere V nehmen. Andernfalls wird die Entschädigung so ermäßigt, daß der Vmer den vereinbarten Teil des Schadens selbst trägt."

Näheres zu dieser Vorschrift, welche eine Obliegenheit des Vmers enthält: Anm. 71 zu § 56, auch Kisch DJZ 1934, Sp. 834—835, der die Anwendung von §§ 6 II, 32 ablehnt (vgl. oben Anm. 44).

Eine Schadensselbstbeteiligung (Entschädigungsbegrenzung) kann nur als obligatorisch angesehen werden, falls der Vmer die Obliegenheit übernommen hat, jenen „Abzug" nicht anderweitig zu vern, den der Ver bei seiner Geldleistung machen darf. Beispiel in § 9 II VHB 74 (VA 1974 S. 112):

> „Bei mehrfacher V des Hausrats ermäßigen sich die Ansprüche, für die Entschädigungsgrenzen gelten, in der Weise, daß der Vmer aus allen Vsverträgen insgesamt nicht mehr erhält, als wenn er die gesamte Vssumme in einem Vertrag bei einem Ver in Deckung gegeben hätte."

Anders formuliert ist Ziff. 4 ED-Klausel Nr. 28 für die Transport-Beraubungsv (VA 1972 S. 35):

> „Für Schäden ... beträgt die Entschädigung höchstens 25 000 DM. Hat der Vmer Entschädigung für solche Schäden aus einer anderen Transport-Beraubungs- oder aus einer Vertrauensschadenv erlangt, so ermäßigt sich der Anspruch auf Entschädigung aus vorliegendem Vertrag, soweit der Vmer andernfalls mehr als 25 000,— DM erhalten würde."

Vgl. zu diesen Vereinbarungen: Anm. 72 zu § 56, Dreger VA 1966 S. 183, Martin VW 1972 S. 169, VersR 1973 S. 289—298, VW 1974 S. 355—356, Prölss-Martin[20] S. 546.

Integral- und Abzugsfranchisen können im Zweifel anderweitig vert werden, nur ausnahmsweise ist die anderweitige V verboten, z. B. in der Kreditv. Vgl. Anm. 73 zu § 56.

Sieht man von den geschilderten Fallgruppen ab, so ist das Verbot der mehrfachen V nicht unproblematisch. In der Begr. I S. 66 (auch von Hagen I S. 485) wird es als Aufgabe der Aufsichtsbehörde bezeichnet, Mißbräuchen entgegenzutreten, z. B. dem Bestreben, das Aufkommen neuer Gesellschaften zu verhindern. Vgl. auch Ehrenzweig S. 242.

Das Verbot der Mehrfachv muß stets besonders vereinbart werden (Kisch a. a. O. S. 228). Es ist als Obliegenheit anzusehen, so daß Verschulden des Vmers vonnöten ist (§ 6 I 1; OG Danzig 1. III. 1927 HansRZ 1927 Sp. 418—420, Ehrenzweig S. 175, 242, JRPV 1931 S. 300; widersprüchlich Kisch a. a. O. S. 234—235, der einerseits an eine Schadensersatzsanktion denkt, andererseits auch § 6 I anwendet). § 6 II (Kausalitätserfordernis) ist unanwendbar (Bischoff VersR 1972 S. 808). Nach vorgesetzlichem Recht konnte objektiv an die Tatsache der mehrfachen V die Ungültigkeit der V geknüpft werden (so für eine mehrfache Jagdhaftpflichtv: RG 10. VI. 1910 VA 1910 Anh. S. 101 bis 102 Nr. 554).

[49] dd) Prämie bei Mehrfachversicherung.

Eine mehrfache V beeinflußt als solche das Prämienschicksal nicht, was sich daraus ergibt, daß jeder der Ver leistungspflichtig bleibt. Dies gilt auch dann, wenn bei einer Kumulierung von Haftpflichtven sich insgesamt eine so hohe Vssumme ergibt, daß das Risiko der vollen Ausschöpfung für die Ver geringer wird und eine Prämienermäßigung eintreten würde, als der Vmer mit dieser hohen Vssumme einen einzigen Vsvertrag geschlossen hätte.

Ist wegen Verletzung der Obliegenheit des § 58 ein Ver leistungsfrei, so bleibt doch der Vsvertrag bestehen, und der Ver erhält die volle Prämie. Im Falle der Kündigung nach § 6 I 2 erhält der Ver die Prämie regelmäßig bis zum Schluß der Vsperiode (Näheres: § 40 I; Anm. 7, 8 zu § 40). Im Falle der Kündigung nach § 9 I 2 AFB gebührt dem Feuerver die Prämie gleichfalls bis zum Ende der Vsperiode (§ 8 IV Abs. 1 AFB).

Da bei „gleichzeitigem Bestehen einer Einzel-Krankheitskostenv und einer Einzel-Unfallheilkostenv" Heilkostenersatz im Rahmen der Unfallv nur subsidiär gewährt wird, sieht § 8 VI Abs. 3a AUB eine Beitragsermäßigung für die Unfallheilkostenv auf die Hälfte (vom Monat nach Kenntniserlangung an) vor. Fällt die Krankheitskostenv wieder

III. Speziell: Mitversicherung

fort, so ist dies nach § 8 VI Abs. 3b AUB dem Unfallver anzuzeigen, der Beitrag ist wieder voll zu zahlen.

Über das Prämienschicksal bei Doppelv vgl. § 59 III (bei betrügerischer Doppelv) und § 60 (bei sonstigen Fällen der Doppelv), und dazu Anm. 45 zu § 59, Anm. 26 zu § 60.

[50] ee) Gefahrtragung bei Mehrfachversicherung.

Bei mehrfacher V liegen verschiedene Vsverträge vor, die isoliert zu beurteilen sind. Sehen die AVB Entschädigungsbegrenzungen vor, so gelten sie für jeden Vsvertrag gesondert, z. B. für die Außenv bei jeder von mehreren Feuerven gemäß § 4 III AFB (Hausrat und Arbeitsgerät: höchstens 3000 DM). Damit solche Entschädigungsbegrenzung gesamtheitlich für alle mehrfachen Ven gilt, vereinbarten Feuerver früher die Klausel 8.08, wonach „der Vmer aus allen Vsverträgen insgesamt nicht mehr erhält, als wenn er die Gesamtvssumme in einem Betrag bei einem Ver in Deckung gegeben hätte" (Wortlaut der jetzt gestrichenen Klausel bei Wussow AFB S. 122 mit Anm. 13 zu § 9, S. 384). Vgl. über jetzt geltende Schadensselbstbeteiligungen Anm. 48.

§ 62 I 2 behandelt den Fall, daß bei Beteiligung mehrerer Ver zur Abwendung und Minderung des Schadens einander widersprechende Weisungen gegeben werden. Das wird im Falle der Mitv wegen der Führungsregelung im allgemeinen nicht geschehen, wohl aber bei mehrfacher V i. e. S. vorkommen, möglicherweise ferner auch in Fällen, in denen die mehreren Ver verschiedene Interessen vert haben, z. B. einerseits das Gebäude, andererseits den Inhalt. Solchenfalls hat der Vmer nach eigenem pflichtgemäßem Ermessen zu handeln (Näheres: Anm. zu § 62).

Zum Übergang von Ersatzansprüchen bei der mehrfachen V: Sieg Anm. 118 zu § 67.

[51] III. Speziell: Mitversicherung.

1. Begriff.

a) Allgemeine Definition.

Bei der Mitv sind mehrere Ver primär an der V eines Risikos beteiligt, und zwar dergestalt, daß ein einheitlicher Vsvertrag (Anm. 52) besteht. Es handelt sich also um einen Unterfall der mehrfachen V i. w. S. (Anm. 6).

Die Mitv dient — ebenso wie die Rückv — der „Atomisierung des Risikos", aber bereits primär, im Verhältnis zum Ver, nicht erst sekundär im Verhältnis des Erstvers zum Rückver. Allerdings ist der wirtschaftliche Zweck der Risikoaufteilung rechtlich nicht entscheidend; es kommen auch Fälle vor, in denen kleine Risiken im Wege der Mitv gedeckt werden, z. B. im Rahmen einer laufenden geschäftlichen Zusammenarbeit mehrerer Ver. Bei einem Vspool (Anm. 9) treten zuweilen die Poolmitglieder nach außen, dem Vmer gegenüber als Mitver auf. Für den Vmer bietet die Mitv den Vorteil größerer Sicherheit; Nachteile des Kontrahierens mit mehreren Vern können vermieden werden, besonders durch Führungsklauseln (Anm. 61—74).

Schon die ältesten bekannten Seevspolizen verbrieften Mitven; zur Geschichte auch Hübener a. a. O. S. 19—20. International bekannt ist das Mitvssystem der Lloyd's-Ver (Anm. 55). In den Europäischen Gemeinschaften ist eine multinationale Mitv durch Ver mehrerer Mitgliedstaaten vorgesehen (Anm. 56). Die Mitv findet sich vorwiegend in der See-, Transport- und Industriefeuerv, neuerdings aber auch in der Haftpflichtv; auch mehrere Rückver können Mitver sein (jedoch braucht auch eine Quotenrückv durch mehrere Rückver nicht notwendig als Mitv kontrahiert zu werden).

Der Begriff der Mitv ist durch § 58 nicht festgelegt, braucht sich also nicht auf die Schadensv zu beschränken. In der Summenv, speziell bei großen Lebens- und Unfallven, kommen Mitven vor (Beispiel: BGH 12. V. 1954 BGHZ Bd 13 S. 259—265 = VA 1954 S. 96—97; Näheres Arnold VA 1955 S. 265—267, Grevemeyer in: Finke, Handwörterbuch des Vswesens, Bd 2, Darmstadt 1958, Sp. 1450—1451).

Wird dem Vmer aufgelastet, einen Teil des Risikos mitzutragen, so handelt es sich um eine Selbstbeteiligung des Vmers (Anm. 65—73 zu § 56); man darf nicht von Mitv sprechen.

[52] b) Einheitlicher Versicherungsvertrag.

Der Unterschied zwischen einer Mitv und einer mehrfachen V. i. e. S. liegt im Entstehungsgrund: Bei einer mehrfachen V i. e. S. steht die erste V unabhängig neben einer „anderen V" (§ 58), bei einer Mitv handelt es sich dagegen um eine **einheitliche V**, wie sie durch einen einheitlichen Vsvertrag des Vmers mit mehreren Vern zustandekommt.

Das Kriterium des einheitlichen Vsvertrages (vgl. schon Anm. 8 zu § 51) ist präziser als die Abstellung auf das Zusammenwirken mehrerer Ver (so aber Ehrenzweig S. 40, Hübener a. a. O. S. 23, Kisch a. a. O. S. 17). Keinesfalls ist es ausreichend, wenn der eine Ver vom Bestehen der zweiten V Kenntnis besitzt, wie sie auch gemäß § 58 erlangt werden kann. Wenn mehrere Ven „im Einvernehmen der Ver geschlossen" werden und doch Doppelvsregeln anwendbar sein sollen (wie im Falle des § 60 II 2), so hat das Einvernehmen sich nicht bis zum Abschluß eines einheitlichen Vsvertrages verdichtet; denn solchenfalls sind nicht Doppel-, sondern Übervsgrundsätze anwendbar (Anm. 6; Anm. 11 zu § 60).

Meistens, aber nicht immer, verpflichten sich die mehreren Ver als **Teilschuldner**. Bei Teilschuldverhältnissen (§ 420 BGB) wird von der Zivilrechtsdogmatik zuweilen von getrennt zu denkenden Einzelschuldverhältnissen ausgegangen. Aber es ist bereits in Anm. 20 dargetan worden, daß zum mindesten ein einheitliches Schuldverhältnis i. w. S. anzunehmen ist und daß die §§ 320 I 2, 356 BGB, § 59 ZPO diese Einheitlichkeit bestätigen. Irreführend deshalb Prölss-Martin[20] Anm. 1 vor § 58, S. 323, wonach soviele Verträge vorliegen wie Ver beteiligt sind.

Für das Vorliegen einer einheitlichen Mitv spricht: Abschluß durch einen Ver, der zugleich Zeichnungsberechtigter der übrigen beteiligten Ver ist, oder Abschluß durch einen Mehrfachagenten namens mehrerer Ver oder Verbriefung in einem Vsschein, evtl. mit Nachträgen dazu, oder Vereinbarung einer Führungsklausel.

[53] c) Unerhebliche Merkmale.

Abweichend vom § 427 BGB, wonach mehrere Schuldner im Zweifel als Gesamtschuldner haften, wenn sie sich durch Vertrag gemeinschaftlich zu einer teilbaren Leistung verpflichten, haften die Mitver regelmäßig als **Teilschuldner**. Das ergibt sich aus dem Zweck der Mitv, das für einen Ver allzu große Risiko aufzuteilen, und durchweg aus eindeutigen Vereinbarungen, welche die Haftung der einzelnen Mitver auf bestimmte Prozentsätze, Bruchteile oder Teilsummen der Gesamtvssumme beschränken (die letztgenannte Möglichkeit schließen Prölss-Martin[20] Anm. 1 vor § 58, S. 323 aus). Teilschuldnerschaft ist aber kein Begriffsmerkmal der Mitv (a. M. Prölss-Martin[20] Anm. 1 vor § 58, S. 323).

Es gibt (seltene) Fälle gesamtschuldnerischer Haftung der Mitver, wobei es sich jeweils fragt, welche Bedeutung die Auslegungsregel des § 427 BGB behält, wenn im Einzelfall ein Mitvsvertrag den Anteil der beteiligten Ver nicht erkennen läßt (dazu Anm. 59).

Die Benennung einer **Gesamtvssumme** im Mitvsvertrag kann unterbleiben, und zwar nicht nur, wenn es an einer Vssumme überhaupt fehlt (Fälle in Anm. 4 zu § 50), sondern auch dann, wenn es nur an einer Addition der von jedem Mitver gezeichneten Teilsumme mangelt.

Es ist ferner für die Mitv nicht kennzeichnend, daß „die Vssummen nicht den Vswert übersteigen" (so aber Prölss-Martin[20] Anm. 1 zu § 58, S. 327). Es kann sehr wohl vorkommen, daß die Mitv eine Überv ist (Anm. 8 zu § 51).

Einheitliche **Vsbedingungen** und **Prämien** sind bei einer Mitv zwar üblich und erwünscht, aber nicht nur theoretisch ist vorstellbar, daß Abweichungen vorkommen (Prölss-Martin[20] Anm. 1 vor § 58, S. 323—324). Vgl. auch RG 3. VII. 1928 JW 1928 S. 3179 bis 3181 mit Anm. Gerhard sowie Sprinz JRPV 1929 S. 414 zur Frage, ob bei einer Feuerv einerseits mit einer öffentlichrechtlichen Sozietät, andererseits mit privaten Vsunternehmen differierende Wiederherstellungsklausel gelten. Über die Beifügung der Satzungen und Vsbedingungen verschieden strukturierter Ver vgl. auch Anm. 58. Bei einer Lebensmitv kann die Gewinnbeteiligung der Vmer oft nur für die einzelnen Ver getrennt errechnet werden (BGH 12. V. 1954 BGHZ Bd. 13 S. 260 = VA 1954 S. 96).

III. Speziell: Mitversicherung § 58
Anm. 54, 55

Eine **Führungsklausel** kommt zwar bei der Mitv oft und sogar regelmäßig vor (Anm. 61—74), aber sie ist nicht begriffswesentlich (a. M. hinsichtlich eines gemeinsamen Bevollmächtigten Plass OeRevue 1911 S. 59).

[54] 2. Arten.
a) Generelle Unterscheidungen.

Wie sich aus Anm. 53 ergibt, steht neben der — die Regel bildenden — **teilschuldnerischen** Mitv die seltene **gesamtschuldnerische** Mitv.

Man kann ferner die **prozentuale, bruchteilige** und **Teilsummenmitv** unterscheiden.

Eine Mitv kann **von Anfang an** vereinbart werden, aber auch **nachträglich** entstehen, z. B. falls wegen Ansteigens der Vssumme dem ursprünglich alleinigen Ver das Risiko zu hoch wird, so daß ein weiterer Ver beteiligt wird.

Über Besonderheiten der Mitv bei **Lloyd's**: Anm. 55, über **multinationale** Mitv: Anm. 56.

Der von Kisch ZVersWiss 1922 S. 305—308 und in: Manes, Vslexikon, 3. Aufl., Berlin 1930, Sp 1081—1082 geprägte, auch von Lorenz-Liburnau VsRdsch 1975 S. 203 benutzte Begriff der „**interne Mitv**", bei welcher der nach außen allein haftende Ver einem anderen Ver einen Teil des Risikos „abgibt", ist nicht zweckmäßig (kritisch z. B. Bruck S. 536 Anm. 4, Brüders ITVMitt 1928 S. 54—56, Hübener a. a. O. S. 26—27, Prölss-Martin[20] Anm. 1 vor § 58, S. 323, Sturm a. a. O. S. 13, 33—34); denn es handelt sich gerade nicht um eine Mitv, sondern um eine Rückv (Lorenz-Liburnau VsRdsch 1975 S. 203, BAA Geschäftsbericht 1967 S. 31, VA 1963 S. 158; nach Kisch ZVersWiss 1922 S. 305—308 bei der „gegenseitigen Innenmitv" um eine Gesellschaft des bürgerlichen Rechts). Einlenkend Kisch, Die mehrfache V. a. O. S. 2 Anm. 3. Entsprechendes wie für die „interne Mitv" gilt für die „**stille Mitv**" und für „**Kellerpolizen**". Über den gleichfalls unscharfen Begriff der „**Abdeckungsv**" vgl. OLG Hamburg 20. II. 1931 HansRGZ 1931 A Sp. 293—294, Brüders ITVMitt 1928 S. 54—55, Clasen HansRZ 1924 Sp. 633—634, Kisch in: Manes, Vslexikon, 3. Aufl., Berlin 1930, Sp. 1082—1083, Pauly HansRZ 1924 Sp. 81—88, 477—478, ITVMitt 1924 S. 124.

[55] b) Mitversicherungssystem von Lloyd's.

Die Lloyd's Underwriter sind ca. 3000 Einzelver, die — zusammengeschlossen in annähernd 300 Syndikaten mit durchschnittlich 30 Mitgliedern — in verschiedensten Gruppierungen Mitven zeichnen. Die Syndikate, vertreten jeweils durch einen Underwriting Agent, pflegen eine bestimmte Vssumme zu übernehmen, die dann innerhalb der Syndikate nach Bruchteilen aufgeteilt wird.(Muster bei Funk in: Finke, Handwörterbuch des Vswesens, Band 2, Darmstadt 1958, Sp. 1340, Sturm a. a. O. S. 43—45). Für den Fall der Insolvenz eines Underwriter besteht ein Central Guarantee Fund.

Das Mitvssystem von Lloyd's gewinnt auch für den deutschen Vsmarkt an Bedeutung. Die Erste Koordinierungsrichtlinie (**Schadensvsdirektive**) der Europäischen Gemeinschaften sieht vor, daß „die Lloyd's genannte Vereinigung von Einzelvern" im Gemeinsamen Markt arbeiten kann (Art. 8 I a). Im Einzelnen wird in Art. 10 I d Unterabs. 2 bestimmt:

> „Im Falle von Lloyd's dürfen bei eventuellen Rechtsstreitigkeiten im Aufnahmestaat, die sich aus übernommenen Verpflichtungen ergeben, den Vten keine größeren Erschwernisse erwachsen als bei Rechtsstreitigkeiten, die klassische Ver betreffen; zu diesem Zweck müssen die Befugnisse des Hauptbevollmächtigten insbesondere die Fähigkeit umfassen, in dieser seiner Eigenschaft mit der Befugnis, für die beteiligten Einzelver von Lloyd's verbindlich aufzutreten, verklagt zu werden".

Danach ist für alle Lloyd's-Ver nur ein einziger Hauptbevollmächtigter vorgesehen. Bei Rechtsstreitigkeiten soll dem Hauptbevollmächtigten —über die Vertretungsmacht hinaus — eine Prozeßstandschaft zugebilligt werden .Weitere Besonderheiten für Lloyd's-Ver: Art. 11 II Unterabs. 2, 16 Abs. 5 Schadensvsdirektive.

Näheres über Lloyd's: Funk, Das Mitvssystem der Londoner Lloyd's, Berliner Diss. 1935, Artikel: Lloyd's in: Finke, Handwörterbuch des Vswesens, Band 2, Darmstadt 1958, Sp. 1309—1402 (m. w. N. Sp. 1402), Beeman, Lloyd's London, London 1951, Golding-King-Page, Lloyd's, London 1952, Gibb, Lloyd's of London, London 1957, Kimura, Die Entstehung der Lloyd's Seevspolice in: Hitotsubashi Journal of Commerce and Management Bd. 7 Nr. 1 1972 S. 1—35, Wright-Fayle, A History of Lloyd's, London 1928.

[56] c) Multinationale Mitversicherung.

In beaufsichtigten Vszweigen könnten die nationalen Regelungen des Vsaufsichtsrechtes, z. B. der Zulassung zum Geschäftsbetrieb und der Genehmigung von Vsbedingungen, es vor der Schaffung des Gemeinsamen Vsmarktes unmöglich machen, daß Ver verschiedener Länder bei einer Mitv zusammenwirken, es sei denn, daß Zweigniederlassungen ausländischer Ver im Inland zur Beteiligung herangezogen wurden. Andererseits ist eine multinationale Mitv angesichts immer größer werdenden Risiken dringend erwünscht; die internationale Rückv reicht nicht immer aus.

In teilweiser Vorwegnahme der allgemein vorgesehenen Dienstleistungsfreiheit will der Rat der Europäischen Gemeinschaften eine Richtlinie zur Liberalisierung der Mitv erlassen (vgl. die Entwürfe 1973: ZVersWiss 1973 S. 625—631 [mit „Kommentar"], 1974: 26. Geschäftsbericht des Gesamtverbandes der Vswirtschaft 1973/74 S. 158—159). Bemerkungen zu den Entwürfen 26. Geschäftsbericht 1973/74 S. 91—92 (auch zu einem Entwurf 1975), 27. Geschäftsbericht 1974/75 S. 110. Vgl. auch BAA Geschäftsbericht 1974 S. 25 und Berichte VersR 1975 S. 602—603, 891.

Frühes Beispiel für eine multinationale Mitv (in getrennten Verträgen) OLG Hamburg 18. III. 1927 HansRZ 1927 Sp. 527—532 = JRPV 1927 S.150—152=Sasse Nr. 370. Eine Gleichschaltung zweier getrennter Ven (Mitven) sieht auch folgende Klausel vor:

> „Diese V valediert zu denselben Bedingungen, zu denen ein Teil des Kaskos bei Lloyd's in London gedeckt ist, und verpflichten sich demgemäß die Ver, etwaige Havarien in gleicher Weise zu regulieren, wie Lloyds in London den dort gedeckten Teil des Kaskos reguliert haben".

Man kann die hier vorgesehene Verpflichtung der Ver als Folgepflicht bezeichnen (Näheres bei Hübener a. a. O. S. 47—48).

[57] 3. Rechtsbehandlung.
a) Abschluß.

Die Mitv kommt regelmäßig dadurch zustande, daß der Vmer sich an einen Vsmakler oder Mehrfachagenten oder Makleragenten wendet mit dem Auftrage, eine Mitv abzuschließen, wobei mindestens der auszuwählende führende Ver oft vom Vmer bezeichnet wird. Der Vsmakler kann (z. B. an der Hamburger Vsbörse) von den Vern einen Börsenslip abzeichnen lassen. Vsabteilungen großer Unternehmen schließen zuweilen unmittelbar mit den einzelnen Mitvern ab. Wendet sich ein Vmer zunächst nur an einen Ver, so ist zu unterscheiden: Ist der Vmer von vornherein mit einer Aufteilung des Risikos einverstanden, so handelt der Ver bei der Mitbeteiligung anderer Ver regelmäßig nicht als Bevollmächtigter des Vmers (so aber Kisch a. a. O. S. 25), sondern er veranlaßt die ausgesuchten Ver, dem Vmer ein Angebot zu machen (Prölss-Martin[20] Anm. 1 vor § 58, S. 324, Raiser Anm. 20 zu § 10, S. 272, LG Berlin 26. II. 1929 JRPV 1929 S. 190—191, auch Hübener a. a. O. S. 41, der darauf hinweist, daß sonst der Vmer ja bereits gebunden wäre). Über die Haftung des Führenden bei unsorgfältiger Auswahl der mitbeteiligten Ver: Raiser Anm. 20 zu § 10, S. 272. — Geht der Vmer zunächst davon aus, daß der betraute Ver das Risiko allein übernimmt, so ist von Fall zu Fall zu untersuchen, ob dennoch eine Mitv zustande kommt, oder ob die „beteiligten" Ver nur als Rückver zu behandeln sind. Letzteres hat das OLG Köln 14. XI. 1932 VA 1933 S. 110—112 Nr. 2550 = JRPV 1933 S. 174—175 in einem Fall angenommen, in dem der Antrag nur bei einem Ver gestellt war, der Vsschein aber zwei weitere Gesellschaften (mit Anteilen) bezeichnete (ohne Bezugnahme auf eine Vollmacht des ersten Vers). Ähnlich, aber noch problematischer, OLG Köln 31. III. 1933 VA 1933 S. 328 —329 Nr. 2572 = JRPV 1934 S. 26—27 (wo aber die Polize „zugleich im Namen der mitbeteiligten Gesellschaft" unterschrieben ist). Bei Dissens liegt weder Mit- noch Rückv vor, und ein Vsvertrag ist nicht zustandegekommen (OLG Hamburg 13. X. 1925 HansRZ 1926 Sp. 57—60, 20. II. 1931 HansRGZ 1931 A Sp. 289—294). Möglicherweise handelt der erste Ver als Vertreter des Vmers ohne Vertretungsmacht (abgelehnt jedoch für den Normalfall von LG Berlin 26. II. 1929 JRPV 1929 S. 190—191). Unter die Verpflichtung eines Feuermitvers, auch an einer Klein-BU-V die Mitbeteiligten entsprechend zu beteiligen, vgl. die geschäftsplanmäßige Erklärung: VA 1969 S. 305.

Die Führungsklausel kommt im Zeitpunkt des Abschlußes der Mitven noch nicht zum Zuge. Die Führung beginnt erst nach Abschluß der Vsverträge (Bruck S. 543, Hübener a. a. O. S. 42).

Deshalb ist auch die vorvertragliche Anzeigepflicht noch jedem einzelnen Mitver gegenüber zu erfüllen (Bruck S. 543). Dieses harte Gebot wird aber dadurch gemildert, daß die mitbeteiligten Ver dem vorgesehenen Führenden für die Empfangnahme der vorvertraglichen Anzeigen —auch stillschweigend — Sondervollmacht erteilen können; auch die Einschaltung eines Maklers, Mehrfach- oder Makleragenten vereinfacht die Obliegenheitserfüllung. Der Ver, mit dem der Vmer zunächst verhandelt, ist zur Aufklärung der zu beteiligenden Ver (intern und dem Vmer gegenüber) verpflichtet (Prölss-Martin[20] Anm. 1 vor § 58, S. 324). Über die Anzeigepflicht gegenüber einem Mitver, der einen Teil der Beteiligung eines anderen Mitvers nachträglich übernimmt: RG 6. IX. 1935 VA 1935 S. 278—280 Nr. 2844 (abhebend auf Treu und Glauben sowie culpa in contrahendo).

Aufsichtsrechtlich bietet die Mitv keine Besonderheiten: Jeder Mitver muß seinen Geschäftsplan beachten (z. B. bei der Gewinnverteilung in der Lebensmitv: Anm. 53). Für die Kraftfahrtv kann auf Antrag genehmigt werden, daß bei einer Mitv einheitlich der Tarif des Unternehmens angewandt wird, das den höchsten Anteil am Gesamtwagnis trägt und den Vsvertrag verwaltet. Näheres § 4 II VO über die Tarife in der Kraftfahrtv, mit Rundschreiben BAA VA 1971 S. 2—3.

Kartellrechtlich ist zu beachten, daß Mitven grundsätzlich nicht meldepflichtig sind nach § 102 I 4 GWB (dazu Prölss-Schmidt-Sasse VAG[7] S. 890—892). Diese Freistellung kann i. S. des § 102 II GWB mißbraucht werden. Zur bisherigen Praxis des Bundeskartellamtes auf dem Gebiet des Vswesens und speziell der Mitv Nachweise bei Prölss-Schmidt-Sasse VAG[7] S. 902, 904, 905, 909, 910, 911—912.

Nach europäischem Gemeinschaftsrecht unterfallen Mitven nicht dem Art. 85 I EWGV, da sie nicht den „Handel" und nicht den Wettbewerb beeinträchtigen (Prölss-Schmidt-Sasse VAG[7] S. 912—913).

[58] b) Verbriefung.

Eine Mitv wird normalerweise in einem einheitlichen Vsschein dokumentiert, den man oft Sammelvsschein oder Sammelurkunde nennt (Ehrenberg S. 257, Hagen I S. 352, Sturm a. a. O. S. 69—71, auch zur Geschichte). In solchem Vsschein werden als Ver — nach den Mustern im Handbuch der Feuerv E 9, 15 — bezeichnet:

„Die im Verteilungsplan genannten Ver unter Führung der . . . ."
Nach der Angabe der Vssumme heißt es:

„Davon übernehmen die Ver als Einzelschuldner den für sie im Verteilungsplan vermerkten Anteil."

Der Verteilungsplan (Muster im Handbuch E 14, 20) zählt die beteiligten Gesellschaften mit ihren prozentualen Anteilen, Vssummen und Prämien auf.

In den Richtlinien für die Bearbeitung von Feuer- und BU-Versicherungen (Handbuch E 1—1c) finden sich speziell für die Mitv wichtige Hinweise. So soll beim Beteiligungsverhältnis möglichst auf volle Prozentsätze abgestellt, kleine Anteile sollen vermieden werden. Der Sammelurkunde sind beizufügen bei „Beteiligung von Gegenseitigkeitsvereinen . . . . deren Satzungen, bei Beteiligung öffentlich-rechtlicher Anstalten außerdem noch deren AFB", und hierauf ist im Vsschein hinzuweisen.

Die Polize muß ersehen lassen, daß eine Mitv vorliegt. Die Richtlinien (Handbuch E 1 b) gehen davon aus, daß der Führende die Urkundenentwürfe liefert, wobei hervorgehoben wird, daß solche Arbeit nur einer bevollmächtigten Geschäftsstelle (Abschlußagent) anvertraut werden solle, nicht einem Vermittlungsagenten oder Makler. Aber in der Rechtswirklichkeit kommt es trotzdem häufig vor, daß ein (technischer) Makler die Sammelurkunde entwirft. Ferner ist in den Richtlinien — wohl als Niederschlag eines Handelsbrauches oder doch einer internen Vereinbarung der in dem Verband der Sachver zusammengeschlossenen Ver — vorgesehen:

"Die Führende darf die Sammelurkunde im Namen der Beteiligten unterzeichnen, wenn die Beteiligte sich mit dem Entwurf einverstanden erklärt hat. Das Einverständnis darf angenommen werden, wenn die Beteiligte binnen 14 Tagen nach Versendung des Entwurfs nicht widersprochen hat. . . . . .

Die unberechtigte Unterzeichnung einer Sammelurkunde im Namen eines anderen Vers macht den führenden Ver schadenersatzpflichtig.

Die Bestätigungsschreiben sind sorgfältig aufzubewahren."

Unterzeichnet ein Ver eine Polize: "Im Auftrage der mitbeteiligten Gesellschaften: . . . ." ohne daß diese bereits gewonnen worden sind, so bewirkt dies, daß der Ver einen Teil des Risikos noch nachträglich auf Mitver abwälzen kann, daß er aber — wenn dies nicht gelingt — im Schadensfall voll haftet (RG 10. VI. 1925 VA 1925 S. 155—158 Nr. 1504). Letzteres gilt auch, wenn ein einziger Ver den Vsschein unterzeichnet, und es ist unerheblich, ob bei den Vertragsverhandlungen eine Mitv ins Auge gefaßt war (KG 4. X. 1922 VA 1924 S. 136—137 Nr. 1420). Alleinhaftung eines Vers trotz Bezeichnung mehrerer Ver im Vsschein haben auch die in Anm. 57 zitierten Urteile OLG Köln 14. XI. 1932 VA 1933 S. 110—112 Nr. 2550 = JRPV 1933 S. 174—175, 31. III. 1933 VA 1933 S. 328—329 Nr. 2572 = JRPV 1934 S. 26—27 angenommen.

Sieht ein Mantelvertrag zwischen einem Verband von Kühlhäusern und einer Anzahl von Vern zwar eine Mitv vor, schließt dann aber ein einzelnes Kühlhaus einen Vsvertrag derart ab, daß ein „Zertifikat" ausgestellt wird, welches nur einer der Ver unterzeichnet, ohne Bezugnahme auf eine Vollmacht der übrigen Ver, so soll nach RG 26. III. 1935 JRPV 1935 S. 154—156 der zeichnende Ver voll verpflichtet sein. Bei einer laufenden V, die sich als Mitv darstellt, werden die Einzelpolizen (Zertifikate) oft von dem führenden Ver zugleich in Vollmacht der mitbeteiligten Ver ausgestellt.

Bezeichnet die Mitvspolize ein einheitliches Datum für den formellen Vsbeginn, so gelten die Vsverträge als gleichzeitig abgeschlossen (Hagen I S. 352).

Von der Verbriefung einer Mitv ist der Fall zu unterscheiden, daß für verschiedene Risiken, die bei unterschiedlichen Vern vert sind, eine einheitliche Polize ausgefertigt wird, z. B. in der Kraftfahrtv (vgl. hierzu LG Hannover 25. XI. 1932 JRPV 1933 S. 32).

[59] c) Abwicklung.

aa) Teil- oder Gesamtschuldverhältnis.

Kraft ausdrücklicher Vereinbarung haften in aller Regel Mitver als Teilschuldner, sie wollen nur jeweils einen Teil des Risikos übernehmen (nicht nur intern im Verhältnis zu den Mitvern, sondern auch extern im Verhältnis zu dem Vmern). Der Anteil wird durchweg im Vsvertrag angegeben. Der Ver mit dem größten Anteil wird oft, aber nicht notwendig führender Ver. Steht die anteilige Haftung fest, ist aber die Höhe der Anteile nicht angegeben, so haften die Ver zu gleichen Teilen, also drei Mitver jeder mit einem Drittel.

Selbstverständliches besagt die in den früheren Zusatzbedingungen zu den ADS (unter Nr. 29) sich findende:

"Einzelhaftungs-Klausel

Bei Ven, die von mehreren Vern übernommen sind, haften diese nur stets anteilig, nicht solidarisch, auch wenn die Polizen oder die Zertifikate von einem Ver für sich selbst und in Vollmacht für die Mitver gezeichnet sind."

Vgl. jetzt 9. 4. 1 ADS Güterv 1973, mit nur formellen Änderungen.

III. Speziell: Mitversicherung § 58
Anm. 60

Es kommt vor, daß die Summe der Prozentsätze oder Bruchteile oder Teilvssummen die volle Deckung **unterschreiten**, sei es infolge eines Rechenfehlers, sei es infolge Nichtdeckung eines Anteils oder Wegfalls eines Vers. Solchenfalls erhöhen sich nicht etwa die Anteile der Mitver, sondern es ergibt sich, daß der Vmer teilweise unvert ist; die gesamte V ist als Unterv zu behandeln, falls die Summe der vten Teilsummen den Ersatzwert des vten Interesses unterschreitet (Anm. 75).

Wenn umgekehrt die volle Deckung **überschritten** wird, z. B. weil versehentlich 110 % vert wurden, so sind die Anteile der beteiligten Mitver zu reduzieren, im Beispielsfall jeder Anteil um 10 %.

Zweifelhaft ist die Rechtslage, wenn zwar mehrere Ver an einem Vsvertrag beteiligt sind, aber eine **Vereinbarung über die anteilige Haftung fehlt**. Greift hier die Auslegunsregel des § 427 BGB Platz, wonach mehrere, die sich durch Vertrag gemeinschaftlich zu einer teilbaren Leistung verpflichten, im Zweifel als **Gesamtschuldner** haften, oder herrscht im Vsvertrag kein Zweifel darüber, daß Mitver zwecks Atomisierung des Risikos nur anteilig — als **Teilschuldner** — haften, im Zweifel zu gleichen Anteilen (vgl. 420 BGB) ?

Eine **Teilschuld** nehmen an Raiser Anm. 19 zu § 10, S. 270—271 (unter Berufung auf die Verkehrssitte), Prölss-Martin[20] Anm. 1 vor § 58, S. 323 (unter Berufung auf eine stillschweigende Vereinbarung). Wenn aber die Mitver es unterlassen, ihre anteilige Haftung herauszustellen, kann von einer stillschweigenden Vereinbarung der Teilhaftung nur in Ausnahmefällen die Rede sein, eine Verkehrssitte hat sich für diesen (seltenen) Fall nicht herausgebildet. Es muß hier deshalb auf Grund des § 427 BGB gesamtschuldnerische Haftung der Mitver angenommen werden, wie sie übrigens in gewissen Fällen auch dem Willen der Mitver entspricht, welche den Vmer besonders absichern möchten. Ebenso LG Hamburg 17. II. 1932 HansRGZ 1932 A Sp. 277—281 (wo aber auch von einem Gesamthandverhältnis die Rede ist), Sprinz JRPV 1929 S. 414, besonders aber RG 6. XII. 1935 RGZ Bd 149 S. 373. Unrichtig KG 28. IX. 1932 JRPV 1933 S. 7—8, wo übersehen wird, daß in Zweifelsfällen bei Verträgen nicht vom § 420 BGB (Teilschuld) auszugehen ist, sondern von § 427 BGB (Gesamtschuld).

Was die **Prämienschuld** anlangt, so belastet den Vmer gegenüber den einzelnen Mitvern eine **Teilschuld**, sofern umgekehrt die Mitver auch nur als Teilschuldner haften. Falls ausnahmsweise die Mitver als Gesamtschuldner haften, wird man annehmen müssen, daß hinsichtlich der Prämie die Mitver Gesamtgläubiger sind (vgl. §§ 428, 430 BGB).

[60] bb) Mitversicherung ohne Führungsklausel.

Bei einer Mitv ohne Führungsklausel, die jeweils besonders vereinbart werden muß (Anm. 61), stehen nach der herrschenden Auffassung die Mitver nicht in vertraglichen Beziehungen, insbesondere bilden sie keine Gesellschaft des bürgerlichen Rechts (Bruck S. 542, Hübener a. a. O. S. 33—34, Prölss-Martin[20] Anm. 1 vor § 58, S. 323, Wussow AFB Anm. 14 zu § 9, S. 385, LG Berlin 26. II. 1929 JRPV 1929 S. 190—191).

Es erscheint jedoch zweifelhaft, ob das Zusammenwirken der Mitver bei einem einheitlichen Schuldverhältnis i. w. S. nicht doch lockere vertragliche Bindungen zwischen den Beteiligten entstehen läßt, einen Vertrag sui generis, ein **Begleitschuldverhältnis**, aus dem sich nach Treu und Glauben z. B. eine Informationspflicht ableiten läßt, falls (nur) einer der Mitver erfährt, daß eine Gefahrerhöhung eingetreten sei oder daß der Vmer einen Vsfall vorsätzlich herbeigeführt oder bei Schadensermittlungen arglistig getäuscht habe. Will ein Ver zurücktreten, z. B. auf Grund der §§ 16 II. 17 I, oder des § 38 I 1, so zwingt auch § 356[1] BGB, wonach das Rücktrittsrecht nur von allen Mitvern ausgeübt werden kann, zu einer internen Abstimmung, und es kann sich ergeben, daß ein Mitver intern gegenüber den anderen Mitvern verpflichtet ist, beim gemeinsamen Rücktritt mitzuwirken.

Für den Vmer ist eine Mitv ohne Führungsklausel lästig; denn alle Rechtspflichten und Obliegenheiten hat der Vmer jedem Mitver gegenüber zu erfüllen (Bruck S. 541—542, Wussow AFB Anm. 14 zu § 9, S. 385), z. B. die Prämienzahlungspflicht und alle Anzeige- und Auskunftsobliegenheiten. Nur dann vereinfacht sich die Mühe für den Vmer, falls ein Makler oder Mehrfachagent ihm die Aufteilung und Weiterleitung abnimmt.

[61] cc) Mitversicherung mit Führungsklausel.
aaa) Erscheinungsformen.

Zur Vereinfachung der Geschäftsabwicklung wird sowohl im Interesse des Vmers als auch der Mitver in aller Regel eine Führungsklausel durch **Führungsvertrag** vereinbart (Anm. 66), die sowohl für das **Außenverhältnis** der Mitver zum Vmer (Anm. 67—70) als auch für das **Innenverhältnis** der Mitver untereinander (Anm. 71—74) bedeutsame Rechtsfolgen zeitigt.

Die Führungsklauseln kommen in verschiedenen Erscheinungsformen vor (Anm. 62—65); die Stellung des führenden Vers, des Führenden ist unterschiedlich stark: Während in der Feuerver eine sogen. „Anzeigenklausel" (Hübener a. a. O. S. 46) dem Führenden nur eine (passive) Empfangsvollmacht verleiht, wird besonders in der Transport- und Seev mit der „Anschlußklausel" die Stellung des Führenden stark erweitert im Sinne einer (aktiven) Vertretungsmacht auch zur Abgabe von Willenserklärungen namens aller Mitver (Hübener a. a. O. S. 46—47).

[62] α) Typ: Anzeigenklausel der Feuerversicherung.

Die **Anzeigenklausel** der Feuerv findet sich in den Zusatzbedingungen für Fabriken und gewerbliche Anlagen als Klausel 27:

> „**Führung**
>
> Der führende Versicherer ist bevollmächtigt, Anzeigen und Willenserklärungen des Versicherungsnehmers für alle beteiligten Versicherer in Empfang zu nehmen.
>
> Hinweise:
> 1. Von Anzeigen des Vmers über Gefahrerhöhungen, von Schadenanzeigen und von Willenserklärungen, namentlich Kündigungen, hat der führende Vmer die Mitver unverzüglich in Kenntnis zu setzen.
> 2. Zu Anträgen des Vmers auf Zugeständnisse und zu genehmigungsbedürftigen Anzeigen des Vmers darf der führende Ver ihm gegenüber auch für seinen Anteil nicht Stellung nehmen, ohne zuvor das Einverständnis der Mitver eingeholt zu haben."

[63] β) Typ: Prozeßführungsklausel der Feuerversicherung.

Die Feuerv kennt überdies eine spezielle **Prozeßführungsklausel** (Klausel 28 der Zusatzbedingungen für Fabriken und gewerbliche Anlagen):

> „**Prozeßführung**
>
> Soweit die vertraglichen Grundlagen für die beteiligten Versicherer die gleichen sind, wird folgendes vereinbart:
>
> 1. Der Versicherungsnehmer wird bei Streitfällen aus diesem Vertrage seine Ansprüche nur gegen den führenden Versicherer und wegen dessen Anteil gerichtlich geltend machen.
> 2. Die an der Versicherung mitbeteiligten Versicherer erkennen die gegen die Führende rechtskräftig gewordene Entscheidung gegenüber dem Versicherungsnehmer sowie die von der Führenden mit dem Versicherungsnehmer nach Rechtshängigkeit geschlossenen Vergleiche als auch für sich verbindlich an.
> 3. Falls der Anteil des führenden Versicherers die Berufungs- oder Revisionssumme nicht erreicht, ist der Versicherungsnehmer berechtigt und auf Verlangen des führenden oder eines mitbeteiligten Versicherers verpflichtet, die Klage auf diesen zweiten, erforderlichenfalls auch auf einen dritten und weitere Versicherer auszudehnen, bis diese Summe erreicht ist.
>
> Wird diesem Verlangen nicht entsprochen, so findet die Bestimmung der Ziffer 2 keine Anwendung.
>
> Hinweise:
> Die Führende ist verpflichtet,
> 1. die Beteiligten über den Gang des Prozesses, auf Verlangen durch Übermittlung von Abschriften der gewechselten Schriftsätze und ergangenen Entscheidungen, auf dem laufenden zu halten;

III. Speziell: Mitversicherung §58
Anm. 64, 65

2. vor der Auswahl des Prozeßbevollmächtigten für jede Instanz, der Geltendmachung von Angriffs- und Verteidigungsmitteln und der Einlegung von Rechtsmitteln den Beteiligten, soweit möglich, Gelegenheit zur Stellungnahme zu geben und die Stellungnahme und Vorschläge der Beteiligten sorgfältig in Erwägung zu ziehen, auf Verlangen auch ihrem Prozeßbevollmächtigten zur Kenntnis zu bringen;
3. Anerkenntnisse, auch Teilanerkenntnisse, nur mit Zustimmung aller Beteiligten zu erklären und Vergleiche nur mit Zustimmung aller Beteiligten zu schließen.
Die Beteiligten sind verpflichtet, der Führenden die Prozeßkosten anteilig zu erstatten."

Eine frühere Fassung der Klausel findet sich bei Raiser Anm. 23 zu § 10, S. 276—277. Eine analoge Klausel für die Filmausfallv in VA 1958 S. 217, für die Maschinenbetriebsunterbrechungsv in VA 1959 S. 169.

[64] γ) Typ: Anschlußklausel der Transportversicherung.

Für die Güterv lautete in den Zusatzbestimmungen zu den ADS (unter Nr. 30) die:

„Anschlußklausel

Die von dem Anfänger der Police mit dem Versicherungsnehmer oder dem Versicherten getroffenen Vereinbarungen sind für die Mitversicherer verbindlich, insbesondere gilt dies zugunsten des Versicherten für die Schadensregulierung, jedoch ist der Anfänger der Police ohne Zustimmung der Mitversicherer, von denen jeder einzeln zu entscheiden hat, nicht berechtigt

    a) zur Erhöhung des Policen-Höchstbetrages,
    b) zum Einschluß der Kriegsgefahr,
    c) zum Einschluß der Beschlagnahmegefahr,
    d) zur Änderung der Policen-Währung,
    e) zur Änderung der Kündigungsbestimmungen.

Bei einer Änderung des Anfängers der Police, die den mitbeteiligten Versicherern unverzüglich schriftlich anzuzeigen ist, hat jeder mitbeteiligte Versicherer das Recht, unter Einhaltung einer zweiwöchigen Frist den Versicherungsvertrag zu kündigen.
Das Kündigungsrecht erlischt, wenn es nicht innerhalb eines Monats nach Erhalt der schriftlichen Mitteilung über die Änderung des Anfängers der Police ausgeübt wird."

Jetzt gilt 9. 4. 2 —9. 4. 4 ADS Güterv 1973, wo zusätzlich zu Abs. 1 festgestellt wird, daß bei Fehlen der Zustimmung der beteiligten Ver der Führende aus einer ohne Einschränkungen abgegebenen Erklärung auch für die Anteile der Mitver haftet und daß Erklärungen, die der Führende erhalten hat, auch als den Mitbeteiligten zugegangen gelten. Dazu Enge u. a., Erläuterungen zu den ADS Güterv 1973, Karlsruhe 1973, S. 85—87.

Eine abweichende Ausschlußklausel der Seev ist vom OLG Hamburg 14. I. 1911 HGZ 1911 Hptbl S. 233 Nr. 105 = ZVersWiss 1912 S. 1060, 7. VI. 1973 MDR 1974 S. 50 wiedergegeben.

Für die Schiffskaskov führt § 35 I G über Rechte an eingetragenen Schiffen unter Vereinbarung einer Führungsklausel aus:

„Ist das Schiff bei mehreren Ver gemeinschaftlich vert, so genügt die Anmeldung der Schiffshypothek .... bei dem Ver, den der Eigentümer dem Gläubiger als den führenden Ver bezeichnet hat. Dieser ist verpflichtet, die Anmeldung den Mitvern anzuzeigen."

Entsprechend lautet § 35 I G über Rechte an Luftfahrzeugen.

Über die Führungsregelung in der norwegischen Seev: Wikborg ITVMitt 1927 S. 53—56, Strom ITVMitt 1928 S. 6—11.

[65] δ) Weitere Führungsklauseln.

Neben den geschilderten Grundformen kommen auch andere Führungsklauseln gelegentlich vor (Hübener a. a. O. S. 48, mit Sammlung deutscher und ausländischer, auch älterer Klauseln S. 94—102).

[66] bbb) Führungsvertrag.

Für den Vmer ist die Vereinbarung einer Führungsklausel bedeutsam, weil sie im **Außenverhältnis** die Rechtsbeziehungen zwischen Vmer und Mitvern berührt (Anm. 67—70). Der Vmer muß nicht nur über die Vertretungsverhältnisse unterrichtet sein, sondern es werden z. T. auch Rechtspflichten für den Vmer durch eine Führungsklausel begründet (z. B. durch die Prozeßführungsklausel: Anm. 68); zuweilen möchte der Vmer auch Einfluß nehmen auf die Auswahl des Führenden, mit dem die Abwicklung der Mitv erfolgt und dessen Kulanz eine Rolle spielen kann (z. B. bei der Anschlußklausel: Anm. 69). Deshalb bildet die Führungsklausel einen **Bestandteil des Mitvsvertrages**, muß also mit dem Vmer vereinbart werden, und dementsprechend auch eine Veränderung oder Beendigung der Führung (unrichtig Raiser Anm. 20 zu § 10, S. 271, der insoweit von einer „Gefälligkeitsbeziehung ohne rechtliche Bindung" spricht).

Jede Führungsklausel berührt aber zugleich das **Innenverhältnis** zwischen den Mitvern (Anm. 71—74), begründet interne Rechtsbeziehungen besonders zwischen dem Führenden und den mitbeteiligten Vern, die bei einer Mitv ohne Führungsklausel nach herrschender Meinung überhaupt nicht, nach hier vertretener Auffassung nur als lockeres Begleitschuldverhältnis entstehen (Anm. 60). Neben dem Vsvertrag (mit Führungsabrede) steht ein **Führungsvertrag** zwischen den Mitvern, der wohl — wie der Mitvsvertrag — auch bei Beteiligung von mehr als zwei Mitvern als Einheit zu denken ist und von dessen rechtlicher Qualifikation später die Rede sein soll (Anm.71).

Inhalt der Führungsabrede des Vsvertrages und des Führungsvertrages sind miteinander verzahnt, z. B. entspricht einer Vollmacht des Führenden im Außenverhältnis ein „Auftrag" der mitbeteiligten Ver im Innenverhältnis; aber der Inhalt der Rechtsverhältnisse beschränkt sich nicht auf solche korrespondierenden Bestandteile, sondern es gibt z. B. Regeln für das Innenverhältnis, die für das Außenverhältnis irrelevant sind. Hübener a. a. O. S. 43 meint: „Alles, was Inhalt der Klausel ist, ist auch Inhalt des Führungsvertrages, nicht aber umgekehrt." Das Handbuch der Feuerv bringt beim Abdruck der Anzeigen- und Prozeßführungsklausel kleingedruckte „Hinweise" (vgl. Anm. 62, 63), welche nur den internen Führungsvertrag betreffen und für den Vmer unerheblich sind. Die in diesem Hinweisen behandelten Verpflichtungen müssen als stillschweigend vereinbarter Inhalt jeden Führungsvertrages angesehen werden, zumal da schriftliche Vereinbarungen nicht getroffen zu werden pflegen. Das gilt auch für die Grundsätze, die in den „Richtlinien" für die Bearbeitung von Feuer- und BU-Versicherungen" (Handbuch der Feuerv E 1—1c) aufgestellt sind.

In Hamburg besteht bei der Seegüterv ein Handelsbrauch, wonach derjenige Mitver als führender Ver gilt, der in der Beteiligungsliste an erster Stelle steht, auch wenn die Polize die Führungsfrage nicht berührt (OLG Hamburg 24. IV. 1975 VersR 1976 S. 37—38).

[67] ccc) Außenverhältnis.
α) Vertretungsmacht bei Anzeigenklausel.

Die Anzeigenklausel (Anm. 62) verleiht dem führenden Ver nur eine (passive) Empfangsvollmacht: Eine Anzeige oder Willenserklärung, die dem Führenden zugegangen ist, ist auch allen mitbeteiligten Vern zugegangen, wobei der Führende nicht nur als Bote, sondern als echter Bevollmächtigter fungiert (was z. B. § 120 BGB unanwendbar macht, falls der Führende sich bei der Weiterleitung einer Willenserklärung irrt).

Die **Empfangsvollmacht** gilt noch nicht für die erste Antragstellung des Vmers und die vorvertraglichen Anzeigen (Anm. 57), da die Führungsklausel erst mit den Vertragsabschluß wirksam wird. Die Vollmacht bezieht sich von dann an auf alle Willenserklärungen, also rechtsgestaltende Willenserklärungen (wie Kündigungen, Verlangen einer Abschlagszahlung nach § 11 II) ebenso wie z. B. Vertragsaufhebungs- oder Vertragsänderungsanträge (wie Nachvs- oder Prämienstundungsanträge). Sie bezieht sich ferner auf Anzeigen, also Wissenserklärungen des Vmers, denen auch Auskünfte gleichzusetzen sind (ferner analog der Belegpflicht: § 34 II). Aber auch bevollmächtigter Adressat anderer juristisch relevanter Handlungen des Vmers kann der Führende sein, man denke an Mahnungen (bei Verzug der Mitver) oder die Erhebung von Leistungsansprüchen (etwa nach § 12 III: Anm. 24 zu § 12). Ein praktisch besonders wichtiger Fall ist die nur gegenüber dem Führenden erfolgende Deklaration bei einer laufenden V.

Die Klausel spricht nur von Anzeigen und Willenserklärungen des Vmers; aber auch der Vte bei der V für fremde Rechnung und der Bezugsberechtigte bei einer Lebens- oder Unfall-Mitv sind analog als durch die Klausel begünstigt anzusehen, bei einer Haftpflicht-Mitv auch der Drittgeschädigte (etwa für die Anzeigen, Auskünfte, Belege des § 158d oder des § 3 Ziff. 7 PflVG), bei einer Feuer-Mitv auch der Realgläubiger (z. B. bei der Anmeldung einer Hypothek nach § 100), bei Veräußerung der vten Sache auch der Erwerber (z. B. bei der Kündigung nach § 70 II oder der Anzeige nach § 71 I).

Im Schadensfall kann der Führende im Rahmen der Anzeigenklausel zwar mit dem Vmer verhandeln, aber nicht die Schadensregulierung vornehmen (Wussow AFB Anm. 14 zu § 9, S. 385—386). Im Falle der Klageerhebung muß die Klage jedem einzelnen Mitver zugestellt werden; die hier fragliche Klausel verleiht keine Vertretungsmacht im Prozeß, auch keine Zustellungsvollmacht (vgl. dazu aber Anm. 68).

Bei den Anzeigen und Willenserklärungen braucht der Vmer usw. nicht jeweils ersichtlich zu machen, daß sie nicht nur für den Führenden selbst, sondern auch für die übrigen beteiligten Ver bestimmt seien. Der Führende handelt stets zugleich auch als Empfangsvertreter.

Infolge der Anschlußklausel ist der Führende zugleich Wissensvertreter der übrigen Mitver; seine Kenntnis ist — auch wenn eine Anzeige unterbleibt — den Mitvern zuzurechnen (Prölss-Martin[20] Anm. 3 vor § 58, S. 325).

Die Anzeigenklausel gewährt nur eine passive Empfangsvollmacht, keine aktive Vertretungsmacht für Willenserklärungen der Mitver (z. B. Anfechtung, Rücktritt, Kündigung) oder für sonstige Erklärungen, z. B. Ablehnungen nach § 12 III 2 (Prölss-Martin[20] Anm. 3 vor § 58, S. 325).

Die Führungsklausel gilt nur im Rahmen des Vsvertrages. Sie begünstigt z. B. nicht einen Vsmakler, der im eigenen Namen — z. B. wegen seiner Courtageansprüche — Erklärungen gegenüber den Mitvern abgeben möchte.

[68] β) Außenwirkungen der Prozeßführungsklausel.

Die Prozeßführungsklausel (Anm. 63) schafft nicht nur ein Recht, sondern auch eine Pflicht des Vmers, im Streitfalle regelmäßig nur den Führenden zu verklagen, wodurch das Kostenrisiko für beide Teile vermindert wird. Verletzt der Vmer seine Unterlassungspflicht aus dem Vertrage, der einem pactum de non petendo (Raiser Anm. 23 zu § 10, S. 277) im Prozeßbereich entspricht, so macht der Vmer sich schadensersatzpflichtig, z. B. hinsichtlich der entstehenden Mehrkosten. Die Klage gegen den oder die mitbeteiligten Ver ist vom Gericht abzuweisen, falls sich der mitbeteiligte Ver auf die Klausel beruft (und zwar nach Raiser Anm. 23 zu § 10, S. 277 als unzulässig).

Eine partielle Ausnahme zum pactum de non petendo gilt insoweit, als der Anteil des führenden Vers die Berufungs- oder Revisionssumme nicht erreicht. Hier ist der Vmer berechtigt und auf Verlangen eines Vers verpflichtet, die Klage — eventuell mit einer Teilforderung — auf andere Ver auszudehnen, bis die Summe erreicht ist. Der Vmer wird den mitbeteiligten Ver frei wählen können.

Erfüllt der Vmer die Verpflichtung nicht, so entfällt nach der Klausel die noch zu erörternde Bindungswirkung im Verhältnis zu den mitbeteiligten Vern (dazu Raiser Anm. 23 zu § 10, S. 278).

Dem Recht und der Pflicht des Vmers zur Beschränkung der Prozeßführung entspricht eine Pflicht der mitbeteiligten Ver, nicht etwa eine negative Feststellungsklage zu erheben.

Eine generelle Ausnahme zum pactum de non petendo sieht die Klausel vor, „soweit" die vertraglichen Grundlagen für die beteiligten Ver nicht die gleichen sind. Diese Ausnahme gewinnt nur Bedeutung, sofern etwaige Unterschiede der Einzelverträge, speziell der Vsbedingungen (Anm. 53), für die Entscheidung des Rechtsstreits nach der Behauptung eines der Beteiligten relevant sind. Bei multinationalen Mitvern (Anm.56) mit differierenden Vsbedingungen kann das öfters vorkommen.

Im Rechtstreit gegen zwei oder mehr Mitver, die gemeinschaftlich verklagt werden, handelt es sich bei identischen vertraglichen Grundlagen um eine Streitgenossenschaft (§ 59 ZPO). Die Prozeßführungsklausel sieht nicht vor, daß der führende Ver mitverklagte Ver vertritt. Überhaupt hat die Prozeßführungsklausel keine Vertretungsmacht des Führenden zum Gegenstand.

Die im Rechtsstreit gegen die führende Gesellschaft (und etwaige Streitgenossen) rechtskräftig gewordene Entscheidung erwächst nicht in Rechtskraft gegenüber den Mitvern. Wohl aber erkennen diese Mitver „die gegen die Führende rechtskräftig gewordene Entscheidung gegenüber dem Vmer.... als auch für sich verbindlich an" (Bindungswirkung).

Hat der Vmer gegen die Führende ein obsiegendes Urteil erstritten, so ergibt sich zivilrechtlich (nicht prozeßrechtlich) kraft der Prozeßführungsklausel eine Tatbestandswirkung im Verhältnis des Vmers zu den mitbeteiligten Vern (Raiser Anm. 23 zu § 10, S. 277—278): Ohne daß es auf eine erneute Prüfung der Rechtslage ankommt, sind diese Ver verpflichtet, den Vmer so zu stellen, wie er stehen würde, wenn die Entscheidung gegen sie ergangen wäre (ohne Prozeßkosten). Zahlt ein solcher Mitver nicht freiwillig, so braucht der Vmer bei einer besonderen Leistungsklage gegen ihn nur auf die Existenz der Mitv, die Prozeßführungsklausel und das gegen den Führenden ergangene Urteil zu verweisen; der Mitver kann nicht einwenden, das Urteil sei falsch; er könnte allenfalls z. B. geltendmachen, daß der Vmer ihm seine anteilige Schuld erlassen habe. Die Bindungswirkung tritt auch dann ein, wenn die Führende den Anspruch anerkannt hat, sofern ein Anerkenntnisurteil vorliegt. Vergleichen sich die Parteien, so sind die mitbeteiligten Ver sogar dann gebunden, wenn der Vergleich kein Prozeßvergleich ist, sondern außergerichtlich zustandekommt. Infolge der Reflexwirkungen des Verhaltens der Führenden wirkt die Prozeßführungsklausel ähnlich wie eine (aktive) Vertretungsmacht der Führenden, woraus es sich erklärt, daß intern die Führende den Mitvern gegenüber stark gebunden ist (vgl. die Hinweise unter der Klausel: Anm. 63). Extern, im Verhältnis zum Vmer tritt aber die Tatbestandswirkung z. B. auch dann ein, wenn die Führende ohne Zustimmung der mitbeteiligten Ver ein Anerkenntnis erklärt oder einen Vergleich geschlossen hat.

Für den Fall, daß die Klage des Vmers gegen die Führende abgewiesen worden ist, sagt die Prozeßführungsklausel unmittelbar nichts über die Bindungswirkung. Aber es wäre unbillig, wenn der Vmer versuchen dürfte, nunmehr gegen andere Mitver bei einem anderen Gericht mit besserem Erfolg vorzugehen. Aus der Verpflichtung des Vmers, bei Streitfällen den führenden Ver zu verklagen, ergibt sich nicht nur eine Unterlassungspflicht im Zeitpunkt der ersten Klageerhebung, sondern eine Dauerunterlassungspflicht (vorbehaltlich des im vorigen Absatz behandelten Falles, daß ein mitbeteiligter Ver einem gegen die Führende ergangenen Urteil nicht freiwillig „folgt"). Ein (trotz Klagabweisung gegen die Führende) nachträglich belangter Mitver könnte also seinerseits Klagabweisung begehen unter Hinweis auf die Prozeßführungsklausel und das zugunsten des führenden Vers ergangene klagabweisende Urteil. Im Ergebnis ebenso Raiser Anm. 23 zu § 10, S. 277.

[69] γ) **Außenwirkungen der Anschlußklausel.**

Die Anschlußklausel (Anm. 64), wie sie von der Seev her entwickelt worden ist, steht neben einer weiteren Führungsklausel oder wird isoliert verwendet (Ritter Vorbem. Anm. 45, S. 28). Da der Führende — hier identifiziert mit „dem Anfänger der Police" — Vereinbarungen treffen, also Willenserklärungen abgeben kann, läßt sich durch einen Schluß a maiore ad minus feststellen, daß er erst recht Willenserklärungen empfangen kann (aktive und passive Vertretungsmacht, so jetzt ausdrücklich 9. 4. 4 ADS Güterv 1973), und Ritter Vorbem. Anm. 46, S. 28 stellt unter Hinweis auf § 54 I HGB, also von einer sogen. „Artvollmacht" ausgehend, fest, die Vollmacht des Führenden erstrecke sich auf alle Geschäfte und Rechtshandlungen, welche die Abwicklung der Mitvsverhältnisse gewöhnlich mit sich bringt.

Für den Umfang der passiven Vertretungsmacht kann auf Anm. 67 verwiesen werden.

III. Speziell: Mitversicherung § 58
Anm. 70

Es fragt sich, ob die aktive Vertretungsmacht durch die Anschlußklausel für gewisse „gefährliche" Fälle eingeschränkt worden ist (nämlich Erhöhung der Vssumme und Maxima, Einschluß der Kriegs- oder Beschlagnahmegefahr, usw. Änderung der Polizenwährung oder der Kündigungsbestimmungen). Nach der Anschlußklausel „ist der Anfänger der Police ohne Zustimmung der Mitver nicht berechtigt ....". Die Zustimmung ist ein rein interner Vorgang; der Vmer kann schwerlich nachprüfen, ob die Zustimmung vorliege. Deshalb sind im Verhältnis zum Vmer die Mitver auch dann gebunden, wenn der Führende eine Vereinbarung getroffen hat, obgleich die interne Zustimmung fehlt (so denn jetzt auch 9. 4. 2 Abs. 2 ADS Güterv 1973 mit Enge u. a., Erläuterungen zu den ADS Güterv 1973, Karlsruhe 1973, S. 85—86). Dies ist sogar dann anzunehmen, wenn der Führende sogleich telefonisch z. B. den beantragten Einschluß der Kriegsgefahr zusagt.

Die Willenserklärung des Führenden kann sich auch auf eine **Schadensregulierung** beziehen, z. B. bindet ein Anerkenntnis oder ein Vergleich auch die mitbeteiligten Ver, und zwar auch in einem Prozeß, der nur zwischen Vmer und Führendem schwebt.

Im übrigen beinhaltet die Anschlußklausel **nicht** die in der Prozeßführungsklausel (Anm. 63, 68) enthaltene Regelung, wonach eine **Klage** nur gegen den Führenden gerichtet werden soll, mit Tatbestandswirkung gegenüber den übrigen beteiligten Mitvern. Vgl. jedoch die Klausel im Falle OLG Hamburg 7. VI. 1973 MDR 1974 S. 50.

Überdies berechtigt die Anschlußklausel den Führenden nicht zum **Prämieninkasso** oder — umgekehrt — zur **Auszahlung** von Vsentschädigungen namens aller Mitver.

Vgl. zu einer Anschlußklausel auch OLG Dresden 28. I. 1930 VA 1930 S. 7—8 Nr. 2101, OLG Stettin 11. X. 1926 JRPV 1927 S. 293—294.

[70] δ) Sonstige Außenwirkungsfragen.
Der führende Ver wird kraft jeder Führungsklausel im Verhältnis zum Vmer in bestimmtem Umfang Erfüllungsgehilfe der mitbeteiligten Ver (Prölss-Martin[20] Anm. 3 vor § 58, S. 324). Falls der Feuerver Willenserklärungen der Mitbeteiligten dem Vmer übermittelt, wirkt er im Zweifel nicht als Bevollmächtigter, sondern nur als **Bote** (Prölss-Martin[20] Anm. 3 vor § 58, S. 325, Raiser Anm. 21 zu § 10, S. 274, LG Stettin 23. XII. 1931 JRPV 1933 S. 179—180).

Soweit der führende Ver kraft der Klauseln keine Vertretungsmacht erlangt, kann doch auf Grund besonderer zusätzlicher **Vollmacht** der Führende vertretungsberechtigt werden. Das gilt schon bei der Ausstellung des Vsscheins, der „Sammelurkunde" gemäß den Richtlinien für die Bearbeitung von Feuer- und BU-Versicherungen (Handbuch der Feuerv E 1 b): Anm. 58. Häufig wird dem Führenden (unabhängig von der Anzeigenklausel) eine Schadensregulierungsvollmacht in der Feuerv erteilt.

Das **Prämieninkasso** erfolgt meistens durch den Führenden, kraft besonderer zusätzlicher Vollmacht. Das RAA VA 1933 S. 307 hat für die Feuerv angenommen, es enthalte „der Führungsvertrag im Zweifel die Inkassovollmacht der führenden Gesellschaft für den von dem Vmer insgesamt zu entrichtenden Betrag". Ähnlich Raiser Anm. 21 zu § 10, S. 273, der darauf abhebt, wer den Vsschein ausgestellt hat. Die Prämienzahlung an den bevollmächtigten Führenden befreit den Vmer. Anwendungsfall: OLG Karlsruhe 12. III. 1930 JRPV 1931 S. 132—133.

Die Inkassovollmacht umfaßt dann auch die Vollmacht zur Mahnung (Prölss-Martin[20] Anm. 3 vor § 58, S. 325, Raiser Anm. 21 zu § 10, S. 273 —274), nicht aber ohne weiteres zur Kündigung und zur Einklagung rückständiger Prämien. Besitzt der Führende eine Vollmacht zur Prämieneinklagung, so kann er nicht im eigenen Namen die Forderung des Mitvers einklagen (OGH Wien 10. VII. 1958 ÖSamml Nr. 114).

Ist bei einer prozentualen Mitv im Bereich der Kraftfahrhaftpflichtv ein Ver als „federführend" bezeichnet, so haftet dieser Ver doch nur anteilig und für den Prozeß ist keine „gewillkürte Prozeßstandschaft" als vereinbart anzunehmen (LG Köln 14. VII. 1961 VersR 1962 S. 439—440).

Der Führende haftet nicht für den Ausfall, den der Vmer durch den Konkurs mitbeteiligter Ver erleidet, und zwar auch dann nicht, wenn er selbst in Verzug geraten sein sollte (LG Stettin 23. XII. 1931 JRPV 1933 S. 179—180).

Über Abtretung von Ansprüchen gegen Mitver OLG Hamm 26. X. 1936 HansRGZ 1937 A Sp. 221.

[71] ddd) Innenverhältnis.
α) Rechtsnatur und Beteiligte.

Bei jedem Mitvsverhältnis mit Führungsklausel entstehen interne Rechtsbeziehungen zwischen dem führenden Ver und den einzelnen mitbeteiligten Vern. Die Annahme eines Gesellschaftsverhältnisses, an dem sämtliche Beteiligte teilhaben, erübrigt sich, da zwischen den einzelnen Mitbeteiligten keine Verpflichtungen erwachsen (abgesehen vom unten zu behandelnden speziellen Fall von Mitvsgemeinschaften).

Falls der Führende seine Aufgabe unentgeltlich wahrnimmt, handelt es sich um einen Auftrag (§§ 662—674 BGB), ansonsten um einen Geschäftsbesorgungsvertrag (einen Dienstvertrag, der eine Geschäftsbesorgung zum Gegenstand hat) (§ 675 BGB, Raiser Anm. 20 zu § 10, S. 271, OLG Karlsruhe 12. III. 1930 JRPV 1931 S. 132—133, LG Berlin 26. II. 1929 JRPV 1929 S. 190—191).

Der Führende muß einer der Mitver sein, der aber seinerseits einen Vsvertreter oder Vsmakler — zuweilen als geschäftsführende Stelle bezeichnet — mit der Erledigung der Führungsarbeit betrauen kann. Allerdings schränken die Richtlinien für die Bearbeitung von Feuer- und BU-Versicherungen verbandsseitig solche Betrauung ein: Führungsarbeiten sollen nur von einer bevollmächtigten Geschäftsstelle (Abschlußagent) ausgeführt werden (Handbuch der Feuerv E 1 b). Aber in der Praxis wird auch Vsmaklern gelegentlich die Führungsarbeit übertragen. Der Agent oder Makler selbst wird durch solche Betrauung nicht zum Führenden, was z. B. bei Beendigung des Agenturverhältnisses Bedeutung gewinnt (LG Bremen 3. III. 1938 HansRGZ 1938 A Sp. 379—383). Betraut der Führende einen selbständigen Vsvertreter oder Vsmakler mit der Aufgabenerledigung, so fragt es sich, ob hierdurch letzterer zum bloßen **Erfüllungsgehilfen** wird, für dessen Verschulden der Führende nach § 664 I 3 BGB verantwortlich ist, oder ob eine von den Mitvern gestattete — **Substitution** erfolgt, so daß der Führende gemäß § 664 I 1, 2 BGB nur für Auswahlverschulden (Verschulden „bei der Übertragung") gegenüber den mitbeteiligten Gesellschaften haftet (letzteres hat — nicht voll überzeugend — das OLG Karlsruhe 12. III. 1930 JRPV 1931 S. 132—133 angenommen mit dem Ergebnis, daß der Führende nicht für einen Generalagenten einzustehen hat, der kassierte Mitvsprämien veruntreut; zustimmend Raiser Anm. 21 zu § 10, S. 273). § 664 I BGB gilt in der Tat auch für entgeltliche Geschäftsbesorgungsverträge bei gestatteter Substitution (RG 2. III. 1912 RGZ Bd 78 S. 313). Keine Substitution, sondern bloße Erfüllungsgehilfenschaft hat das KG 24. III. 1928 JRPV 1928 S. 156—157 angenommen; denn eine Klage auf Auskunftserteilung muß danach gegen den führenden Ver, nicht die von ihr betraute Agentur gerichtet werden.

Ver können sich auf gewisse Dauer zum gemeinsamen Zwecke des Abschlusses von Mitven zusammenschließen; es entsteht eine **Mitversicherungsgemeinschaft**, die intern als Gesellschaft des bürgerlichen Rechts (§§ 705—740 BGB) zu qualifizieren ist, bei der extern jedoch durchaus eine anteilsmäßige Haftung der Mitver Platz greifen kann. Die „Beiträge" der Gesellschafter liegen im Zustandebringen von Mitvsverträgen. Im einzelnen können die Absprachen hinsichtlich der Anteile und der Führung recht mannigfaltig sein. Zuweilen wird neben der Führungsklausel für den „Geschäftsverkehr" eine besondere Regelung getroffen und eine gemeinschaftliche Verwaltungsstelle aller Mitver eingerichtet (Sieg BetrBer 1970 S. 854) Vgl. z. B. die §§ 19, 18 Speditions-Vsschein (SVS):

„§ 19. Führungsklausel und Beteiligungsliste.
An der vorstehenden Police sind die in der Beteiligungsliste ... genannten Ver mit den dabei angegebenen Quoten beteiligt. Die Geschäftsführung liegt bei dem erstgenannten Ver. Der geschäftsführende Ver ist ermächtigt, für alle Ver zu handeln.

III. Speziell: Mitversicherung § 58
Anm. 72

§ 18. Gerichtsbarkeit und Geschäftsverkehr.
1. ...
2. ...
   Klagen gegen den Ver sind zu Händen der zuständigen Niederlassung der Oskar Schunck KG zu richten.
3. Die Oskar Schunck KG ist zur Geltendmachung der Ansprüche der Ver aus diesem Vertrag im eigenen Namen befugt.
4. Sämtliche aus diesem Vertrag sich ergebenden Erklärungen, Versicherungs- und Schadensmeldungen, sowie Prämienzahlungen usw. sind zu richten an die Oskar Schunck KG".

[72] β) Pflichten des Führenden.

Die Verpflichtungen des führenden Vers ergeben sich aus dem Führungsvertrag und den §§ 666—668 BGB. Auch der unentgeltlich tätige Führende haftet für jedes eigene Verschulden (§ 276 I 1 BGB) sowie dasjenige seiner Erfüllungsgehilfen (§278[1] BGB).

Soweit der Führende Willenserklärungen und Anzeigen empfängt, muß er sie an die mitbeteiligten Ver unverzüglich weitergeben (Hinweise Ziff. 1 zur Anzeigenklausel: Anm. 62).

Kenntnisse, die der Führende erlangt, z. B. über Gefahrerhöhungen, Schäden, muß der Führende den Mitbeteiligten übermitteln (Benachrichtigung gemäß § 666 BGB). Nach den Richtlinien für die Bearbeitung von Feuer- und BU-Versicherungen hat der Führende den Mitbeteiligten regelmäßig Besichtigungsberichte sowie Lagepläne zu liefern (Handbuch der Feuerv E 1b). Über den Gang von Prozessen sind die Mitbeteiligten zu unterrichten (Hinweise Ziff. 1 Prozeßführungsklausel: Anm.63).

Der Führende ist regelmäßig zum Entwurf des Vsscheins, zur Abstimmung des Entwurfs mit den Mitbeteiligten, gegebenenfalls zur vertretungsweisen Ausfertigung und Aushändigung an den Vmer verpflichtet (Anm. 58, 70, dazu Raiser Anm. 21 zu § 10, S. 272—273).

Ein inkasso bevollmächtigter Führender ist auch zum Prämieninkasso verpflichtet und, soweit erforderlich, muß er gemäß § 39 namens aller Ver mahnen (a. A. Raiser Anm. 21 zu § 10, S. 273—274). Prämien, die ein Führender kassiert hat, sind von ihm an die Mitbeteiligten anteilig herauszugeben (§ 667 BGB); Verwendungszinsen (§ 668 BGB) spielen in der Praxis regelmäßig keine Rolle; sie kommen aber in Betracht, falls der Führende die monatlich nach dem tatsächlichen Prämieneingang geschuldete Prämienverrechnung verzögert. Hat ein selbständiger Agent oder Makler für den Führenden die Inkassoaufgabe übernommen, so fragt es sich, ob er die eingezogenen Teilprämien an den Führenden oder unmittelbar an die Mitbeteiligten Ver herauszugeben hat (dazu LG Berlin 22. III. 1932 JRPV 1932 S. 237—238 mit Anm. Durst). Zum Prämieninkasso vgl. auch Smedal ITVMitt 1921 S. 85—87.

Auch wenn der Führende extern vertretungsberechtigt ist, kann er intern gehalten sein, die Zustimmung der Mitbeteiligten einzuholen (z. B. bei Vorliegen einer Schadensregulierungsvollmacht, ferner nach der Anschlußklausel Anm. 64, z. B. bei Einschluß der Kriegsgefahr).

Infolge der Bindungswirkung, welche die Prozeßführungsklausel vorsieht (Anm. 63, 68), muß der Führende bei wichtigen Prozeßvorgängen (z. B. Anwaltswahl, Angriffs- und Verteidigungsmitteln, Rechtsmitteln, Anerkenntnissen, Vergleichen) die Stellungnahme bzw. Zustimmung der Mitbeteiligten einholen (Hinweise Ziff. 2, 3 Prozeßführungsklausel: Ziff. 63).

Auch soweit es um die Eigensphäre des Führenden geht, ist er nicht ganz frei, z. B. gegenüber Anträgen des Vmers auf Zugeständnisse (Hinweise Ziff. 1 Anzeigeklausel: Anm. 62).

Auch eine Auskunfts- und Rechenschaftspflicht des Führenden (§ 666 BGB) kann Bedeutung gewinnen (Beispiel: KG 24. III. 1928 JRPV 1928 S. 156—157: Klage gegen den Führenden, nicht gegen die von ihr betraute Agentur.)

Eingehende Regeln sind für die Feuerv aufgestellt worden zur „Behandlung von Schadenfällen im Beteiligungsgeschäft" (Empfehlungen des Feuerfachausschusses im

Handbuch der Feuerv E 4a—b). Dort heißt es (unter Ziff. 2 Abs. 2): „Kleine Schäden bis zu DM 100 Gesamtentschädigung werden von der Führenden allein getragen und den Beteiligten nicht zur Kenntnis gebracht."

Wettbewerbsrechtlich orientiert ist eine Verpflichtung aller beteiligten Mitver, gegenüber dem Vmer (und anderen Außenstehenden) Stillschweigen zu bewahren über interne Erörterungen, Stellungnahmen von Mitbeteiligten usw., sowie es zu unterlassen, Kritik an den Entschließungen zu üben (Ziff. 60 Wettbewerbsrichtlinien der Vswirtschaft).

[73] γ) Rechte des Führenden.

Nach §§ 670, 675 BGB hat der Führende einen Aufwendungsersatzanspruch, z. B. kann der Führende für die Lieferung von Besichtigungsberichten und Lageplänen die Erstattung der Vervielfältigungskosten verlangen, allerdings hat er gemäß Handbuch der Feuerv E 1 b solche Kosten bis zu 50 DM allein zu tragen.

In Fällen, in denen die Führung entgeltlich erfolgt, erhält der Führende von den mitbeteiligten Vern eine Führungsprovision (Arbeits-, Bearbeitungsprovision) von möglicherweise 3 v. H. der Prämie. Hat der Führende bewirkt, daß ein Mitver beteiligt wird, so kann ihm hierfür auch eine der Führungsprovision verwandte Überweisungsprovision zugebilligt werden; nach Raiser Anm. 21 zu § 10, S. 272 gilt solche Überweisungsprovision die Führungsprovision ab. In der Praxis kommen verschiedene Wege der Begleichung vor: Geht die Prämie bei einzelnen Mitvern ein, so müssen sie dem Führenden die Provision zahlen. Geht die Prämie — etwa kraft Inkassovollmacht — beim Führenden ein, so kann er bei der Weiterleitung die Provision einbehalten, also abziehen. Erfolgt das Inkasso durch einen in die Führungsaufgabe eingeschalteten Agenten oder Makler, so verteilt er die eingegangenen Prämien dergestalt, daß er bei den mitbeteiligten Vern um die Führungsprovision kürzt. Solchenfalls verbleibt diese Provision abredegemäß zuweilen (ganz oder zum Teil) dem Vermittler, und zwar als Entgelt, das der Führende auf Grund einer besonderen Abrede den Vermittlern schuldet. Scheidet der Agent aus, endet also seine Führungsarbeit, so gilt wieder die Regel, daß der Führende die Provision erhält und behält (LG Bremen 3. III. 1938 HansRGZ 1938 A Sp. 379—383).

Näheres über Führungs- und Überweisungsprovision aus der Sicht des Vsvermittlers: Anm. 224, 266, 267 vor §§ 43—48 m. w. N., auch zum Steuerrecht.

[74] δ) Änderung und Beendigung.

Soll während des fortbestehenden Vsverhältnisses die Regelung der Führung geändert oder beendet werden, so wirkt sich die Tatsache aus, daß die Führung einerseits im Vsvertrag, andererseits im Verhältnis der Mitver untereinander verwurzelt ist (Anm. 66).

Ohne Mitwirkung des Vmers kann die Führungsregelung nicht angetastet werden. Der Vmer kann aus wichtigem Grunde — wie bei allen Dauerschuldverhältnissen — kündigen, z. B. wenn der Führende objektiv nicht mehr vertrauenswürdig erscheint, und diese Kündigung kann sich als Teilkündigung auf die Regelung der Führung beschränken, wodurch die V zu einer Mitv ohne Führungsklausel wird (Anm. 60). Letzteres trifft auch zu, wenn der Führende aus dem Vsvertrag völlig ausscheidet, z. B. wegen Konkurs (§ 13¹; fälschlich nimmt hier das LG Hamburg 17. II. 1932 HansRGZ 1932 A Sp. 277 bis 281 das Erlöschen des gesamten Mitvsverhältnisses an). Vgl. Raiser Anm. 24 zu § 10, S. 278. In allen anderen Fällen kann der Vmer die Führungsregelung nicht einseitig aufheben oder ändern; es bedarf dazu der Mitwirkung der Ver, insbesondere des bisherigen Führenden (OLG Dresden 15. III. 1929 VA 1929 S. 202 Nr. 1972 = JRPV 1929 S. 303—305 [hier mit Gutachten der Industrie- und Handelskammer Berlin]).

Die Mitver — gebunden an die Mitwirkung des Vmers, welche sie in krassen Fällen beanspruchen können — können bei entgeltlicher Führung den Geschäftsbesorgungsvertrag mit der Führenden nur aus wichtigem Grunde fristlos kündigen (vgl. § 626 BGB). Bei unentgeltlicher Führung fragt es sich, ob (nach § 671 I BGB) der dem Führenden erteilte Auftrag jederzeit widerrufen werden kann; das dürfte zu verneinen sein, weil der Führende an der Aufrechterhaltung seiner Aufgabe im Verhältnis zum „Kunden" besonders interessiert ist. Auch hier muß also den Mitvern ein wichtiger Grund zur Seite

III. Speziell: Mitversicherung §59
Anm. 75

stehen, damit sie den Auftrag kündigen können. Näheres, z. T. abweichend, bei Raiser Anm. 24 zu § 10, S. 278.

Eine Sonderregelung für den Fall einer ,,Änderung des Anfängers der Police" findet sich in der Anschlußklausel der Transportv (Anm. 64). Beispiel für eine Änderung des Führenden und der von ihm betrauten Agentur: KG 24. III. 1928 JRPV 1928 S. 156—157.

[75] dd) Sonstige Abwicklungsprobleme.

Bei der rechtlichen Behandlung von Mitven taucht öfters die Frage auf, ob eine isolierende Betrachtung der einzelnen Mitvsverhältnisse geboten sei oder eine Zusammenschau des Schuldverhältnisses i. w. S.

Für eine **isolierende Betrachtungsweise** hat sich z. B. der BGH 12. V. 1954 BGHZ Bd 13 S. 259—265 = VA 1954 S. 96—97 bei der Frage entschieden, wie bei einer Lebensmitv die **Rentenaufbesserung** nach dem Rentenaufbesserungsgesetz vorzunehmen sei. Da die Aufbesserung gemäß einer Staffel bei niedrigen Renten für den Vmer günstiger war, wurde dem Vmer demzufolge gegen die beiden beteiligten Ver zweimal die günstigere Rente zugesprochen, also keine Gesamtrente ermittelt.

Bei einer **Schadensmitv** gehen etwaige Regreßansprüche anteilig auf die beteiligten Mitver über, wie bei einer gewöhnlichen mehrfachen V (Sieg Anm. 119 mit Anm. 118 zu § 67, zugleich zur Bedeutung einer Führungsklausel und der Möglichkeit einer Prozeßstandschaft, unter Hinweis auf BGH 24. III. 1954 VersR 1954 S. 249—250, 7. V. 1957 VersR 1957 S. 441—442). Ritter-Abraham Vorbem. Anm. 46, S. 28 wollen eine Führungsklausel (Anzeigenklausel) auch im Verhältnis zu einem schadensersatzpflichtigen Dritten wirksam werden lassen.

Die **Einheitlichkeit** der Mitv zeigt sich darin, daß es nicht sinnvoll erscheint, das einzelne Mitvsverhältnis wegen der nur quotalen Beteiligung des Mitvers als **Unterv** zu qualifizieren. Nur wenn die Summe der von den Mitvern gezeichneten Vssummen niedriger ist als der Ersatzwert, stellt sich die gesamte Mitv als Unterv dar (Anm. 9 zu §56, vgl. BGH 1. II. 1974 VersR 1974 S. 281—182). Falls bei einer Mitv ein Ver ausfällt, z. B. wegen Konkurses, so können sich die verbleibenden Mitver nicht darauf berufen, daß eine Unterv entstanden sei. Nur wenn neben einer Mitv eine weitere V steht, kann von einer **Doppelv** die Rede sein. Die in diesem Fall in Betracht kommenden Ausgleichungsansprüche (§ 59 II 1) stehen den einzelnen Mitvern als Teilforderungen zu und richten sich gegen die Mitver als Teilschuldner (teilweise anders Kisch a, a. O. S. 278).

§ 59

Ist ein Interesse gegen dieselbe Gefahr bei mehreren Versicherern versichert und übersteigen die Versicherungssummen zusammen den Versicherungswert oder übersteigt aus anderen Gründen die Summe der Entschädigungen, die von jedem einzelnen Versicherer ohne Bestehen der anderen Versicherung zu zahlen wären, den Gesamtschaden (Doppelversicherung), so sind die Versicherer in der Weise als Gesamtschuldner verpflichtet, daß dem Versicherungsnehmer jeder Versicherer für den Betrag haftet, dessen Zahlung ihm nach seinem Vertrage obliegt, der Versicherungsnehmer aber im ganzen nicht mehr als den Betrag des Schadens verlangen kann.

Die Versicherer sind im Verhältnisse zueinander zu Anteilen nach Maßgabe der Beträge verpflichtet, deren Zahlung ihnen dem Versicherungsnehmer gegenüber vertragsmäßig obliegt. Findet auf eine der Versicherungen ausländisches Recht Anwendung, so kann der Versicherer, für den das ausländische Recht gilt, gegen den anderen Versicherer einen Anspruch auf Ausgleichung nur geltend machen, wenn er selbst nach dem für ihn maßgebenden Rechte zur Ausgleichung verpflichtet ist.

Hat der Versicherungsnehmer eine Doppelversicherung in der Absicht genommen, sich dadurch einen rechtswidrigen Vermögensvorteil zu verschaffen, so ist jeder in dieser Absicht geschlossene Vertrag nichtig; dem Versicherer gebührt, sofern er nicht bei der Schließung des Vertrags von der Nichtigkeit Kenntnis hatte, die Prämie bis zum Schlusse der Versicherungsperiode, in welcher er diese Kenntnis erlangt.

Doppelversicherung und Subsidiarität.

Gliederung:
Entstehung Anm. 1
Schrifttum Anm. 2

I. Begriff der Doppelv Anm. 3—13
  1. Überblick und Rechtspolitik Anm. 3
  2. Mehrfache V Anm. 4
  3. Mögliche Bereicherung Anm. 5—13
    a) Erste Alternative: Vssummen höher als Vswert Anm. 5—8
      aa) Vswert Anm. 6
      bb) Vssummen Anm. 7
      cc) Übersteigen Anm. 8
    b) Zweite Alternative: Entschädigungen höher als Gesamtschaden Anm. 9—13
      aa) Vorgeschichte Anm. 9
      bb) Gesetzesformulierung Anm. 10
      cc) Anwendungsfälle Anm. 11 bis 12
        aaa) Passivenven Anm. 11
        bbb) Restfälle Anm. 12
      dd) Übersteigen Anm. 13

II. Arten der Doppelv Anm. 14

III. Rechtsbehandlung der Doppelv Anm. 15—47
  1. Einfache Doppelv Anm. 15—39
    a) Außenverhältnis Anm. 16—30
      aa) Gesamtschuldnerische Haftung Anm. 16
      bb) Einzelne Folgerungen Anm. 17—26
        aaa) Wahl beim Zugriff Anm. 18
        bbb) Erfüllung und Surrogate Anm. 19
        ccc) Erlaßvertrag Anm. 20
        ddd) Gläubigerverzug Anm. 21
        eee) Restfälle Anm. 22
        fff) Streitgenossenschaft Anm. 23
        ggg) Natural-, Geldersatz Anm. 24
        hhh) Abtretung, Verpfändung Anm. 25
        iii) Zuvielzahlung, Bereicherung Anm. 26
      cc) Spezielle Probleme Anm. 27 bis 30
        aaa) V für fremde Rechnung Anm. 27
        bbb) Rettung und Aufwendungen Anm. 28
        ccc) Ermittlung und Kosten Anm. 29
        ddd) Regreß und Vorteilsausgleichung Anm. 30
    b) Innenverhältnis Anm. 31—39
      aa) Überblick über Rechtsprobleme Anm. 31
      bb) Wesen des Ausgleichungsanspruchs Anm. 32—34
        aaa) Dreifältige Rechtsgrundlage Anm. 32
        bbb) Entstehung der Ansprüche Anm. 33
        ccc) Inhalt der Ansprüche Anm. 34
      cc) Umfang des Ausgleichungsanspruchs Anm. 35
      dd) Ausschluß des Ausgleichungsanspruchs Anm. 36 bis 37
        aaa) Speziell: Erlaßvertrag Anm. 36
        bbb) Sonstige Tatbestände Anm. 37
      ee) Erfordernis der Reziprozität Anm. 38
      ff) Sonderprobleme des Innenverhältnisses Anm. 39
  2. Betrügerische Doppelv Anm. 40 bis 47
    a) Zivilrecht Anm. 40—46
      aa) Tatbestand Anm. 40—43
        aaa) Kriterien der Doppelv Anm. 41
        bbb) Zeitpunkt des Vertragsabschlusses Anm. 42
        ccc) Betrugsabsicht des Vmers Anm. 43
      bb) Rechtsfolgen Anm. 44—45
        aaa) Allgemein: Nichtigkeit Anm. 44
        bbb) Speziell: Prämienschicksal Anm. 45
      cc) Unabdingbarkeit Anm. 46
    b) Strafrecht Anm. 47

I. Begriff der Doppelversicherung

IV. Subsidiarität von Ven Anm. 48—54
  1. Zulässigkeit Anm. 48—49
    a) Zivilrechtliche Zulässigkeit Anm. 48
    b) Aufsichtsrechtliche Zulässigkeit Anm. 49

  2. Erscheinungsformen Anm. 50
  3. Grenzgebilde Anm. 51
  4. Klauselbeispiele Anm. 52
  5. Rechtsbehandlung Anm. 53
  6. Kollisionsfälle Anm. 54

[1] **Entstehung:**
§ 59 ist durch die VO vom 19. XII. 1939 dergestalt geändert worden, daß auch eine doppelte Passivenv, insbesondere eine Doppelhaftpflichtv zweifelsfrei den Doppelvsgrundsätzen unterfällt. — Begr. III S. 11—12, aber weiterhin wichtig Begr. I S. 66—71.

[2] **Schrifttum:**
Vgl. Anm. 2 zu § 58.

[3] **I. Begriff der Doppelversicherung.**
  1. Überblick und Rechtspolitik.
Anknüpfend an die Definition der mehrfachen V in § 58 I (Anm. 4) erfordert der Begriff der Doppelv zusätzlich, daß die mehrfache V zu einer Bereicherung des Vmers führen könnte (Anm. 5—13), sei es bei einer Häufung mehrerer Aktivenv, sei es bei einem Zusammentreffen mehrerer Passivenven.

Solche Bereicherung könnte allerdings entfallen bei vereinbarter Subsidiarität, weshalb die Subsidiarität im Zusammenhang mit der Doppelv behandelt werden soll (Anm. 48—54).

Bei der Doppelv ergeben sich — da es sich um einen Unterfall der mehrfachen V handelt — zunächst die gleichen Rechtsfolgen wie bei jeder mehrfachen V (Anm. 24 bis 50 zu § 58); insbesondere ist die Mitteilungsobliegenheit des § 58 zu erfüllen. In Schadensfällen gilt es, eine Bereicherung des Vmers zu verhindern. Es muß einerseits das Außenverhältnis des Vmers zu den Vern geregelt werden (§ 59 I; Anm. 16—30), andererseits das ausgleichende Innenverhältnis der Doppelver untereinander (§ 59 II; Anm. 31 bis 39). Was wird im übrigen aus der unrationellen Doppelv? § 60 ermöglicht unter bestimmten Voraussetzungen eine Beseitigung der Doppelv (durch Aufhebung oder Vertragsanpassung unter Prämienkorrektur).

Bei alledem gilt es, verschiedene Arten der Doppelv zu unterscheiden (Anm. 14). Besonders die betrügerische Doppelv zeitigt gemäß § 59 III spezifische Rechtsfolgen (Anm. 40—47).

Die Doppelv ist eine Institution der Schadensv. Deshalb ist es unstatthaft, bei einer Kumulierung von Personenv mit abstrakter Bedarfsdeckung von Doppelv zu reden (Anm. 5 zu § 58). In § 59 geht es vorwiegend darum, das schadensvsrechtliche Bereicherungsverbot (Anm. 45 vor §§ 49—80) in einem wichtigen Anwendungsfall zu verwirklichen.

In der neueren Literatur ist einerseits eine **rechtspolitische Tendenz** zu beobachten, Personenv mit abstrakter Bedarfsdeckung in solche mit konkreter Bedarfsdeckung (also Schadensven) umzudeuten und auf solche Weise § 59 I, II für anwendbar zu erklären (desgleichen soll § 67 I 1 angewendet werden: Übergang von Ersatzansprüchen). Diese Tendenz findet sich besonders im Blick auf Tagegeldven, speziell Krankenhaustagegeldven, sofern bei Vertragsabschluß darauf hingewirkt wird, daß bei der vertraglichen Bemessung des Tagegeldes Lohn, Gehalt oder Einkommen des Vmers oder die Krankenhaustagessätze als Richtschnur (aber nicht als fester Maßstab) gelten. Zum Problemkreis vgl. Rokas, Summenv und Schadensersatz, Berlin 1975, S. 51, Sieg Anm. 21 zu § 67, auch Anm. 20, 24 zu § 67, VsRdsch 1968 S. 184—188. Andererseits — wie hier — im Sinne des Summenvscharakters: OLG Hamm 14. VI. 1968 VersR 1969 S. 508—509, 19. IV. 1972 VersR 1972 S. 968—970, bestätigt von BGH 19. XII. 1973 VA 1974 S. 76—77 = VersR 1974 S. 184—185.

Während so auf der einen Seite der Anwendungsbereich des § 59 I, II womöglich ausgeweitet werden soll, gibt es andererseits rechtspolitische Bestrebungen, auch bei eindeutigen Schadensven im Falle der Doppelv das vsrechtliche **Bereicherungsverbot nicht Platz greifen zu lassen**, mindestens de lege ferenda. Der Vmer habe ja die doppelte Prämie gezahlt, somit müsse ihm auch die doppelte Schadensersatzleistung zukommen. Auch hier laufen die Bestrebungen parallel zu solchen, einem Schadensvsnehmer auch Ersatzansprüche gegen Dritte (entgegen § 67 I 1) künftig zu belassen (Nachweise bei Sieg Anm. 16—17 zu § 67, der besonderes Gewicht darauf legt, daß es ja bei einer Personenv den Beteiligten freistehe, den Vertrag als Schadens- oder als Summenv auszugestalten).

Nach **geltendem Recht** besteht keine Möglichkeit, solchen Tendenzen nach der einen oder anderen Richtung Raum zu geben, insbesondere auch nicht bei einer Personenv, die als Schadensv betrieben wird. Würde man z. B. Krankheitskosten im Falle der Doppelv doppelt ersetzen, so würde sich das subjektive Risiko, das gerade in diesem Vszweig eine erhebliche Rolle spielt, in unerträglicher Weise erhöhen. Besonders aber für den Bereich der Nichtpersonenv ist das international anerkannte Bereicherungsverbot unverzichtbar.

[4] 2. Mehrfache Versicherung.

Eine Doppelv setzt zunächst — als Unterart der mehrfachen V i. e. S. (Anm. 6 zu § 58) — voraus, daß bei einer **Mehrheit von Vern** und bei **Identität des Vmers und/oder Vten dasselbe Interesse gegen dieselbe Gefahr in einer Mehrheit von Vsverhältnissen koordiniert nebeneinander vert. ist**. Diese sechs Merkmale sind schon in Anm. 11—21 zu § 58 behandelt worden. Sie grenzen nicht nur die mehrfache, sondern auch die Doppelv von anderen Erscheinungen und Institutionen ab, und das zu § 58 zitierte Material aus Literatur und Rechtsprechung betrifft oft Tatbestände der Doppelv.

Im Einzelnen muß verwiesen werden hinsichtlich der **sechs Kriterien** auf folgende Darlegungen:

Mehrheit von Vern: Anm. 12 zu § 58 — mit Ausführungen zur Rechtslage u. a. bei Identität der Ver, bei konkreter Bedarfsdeckung in der Personenv, bei Selbstversicherung, bei Zusammentreffen von Privat- und Sozialv.

Identität des Vmers/Vten: Anm. 13 zu § 58 — V für eigene und fremde Rechnung; Vertretungsverhältnisse; teilweise Identität der Interessenträger z. B. bei laufender V; Konkurs-, Vergleichs-, Zwangsverwaltung; Abtretung, Verpfändung.

Identität des Interesses: Anm. 14—15 zu § 58 — Bedeutung für die Aktiven- und Passivenv (besonders Haftpflichtv); Teilidentität der Interessen; Verhältnis von Sach- und Haftpflichtv, sachenrechtlichem und wirtschaftlichem Eigentümerinteresse, Eigentümer- und Pfandgläubigerinteresse, Werkvertragsinteressen; Neu- und Zeitwertv; nachträgliche Vssummenerhöhung.

Identität der Gefahr: Anm. 17 zu § 58 — Teilidentität der Gefahren; Spezialität und Totalität; fehlende Identität bei Ausschlußklauseln.

Zur Gefahrtragungszeit: Anm. 18 zu § 58 — Überdeckung materieller Vsdauer; Ungültigkeit, Beendigung eines Vertrages.

Zum Vsort: Anm. 19 zu § 58 — Außenv, Vorrang von Spezialven.

Mehrheit von Vsverhältnissen: Anm. 20 zu § 58 — Abgrenzung zur Mitv; Überschneidung bei laufender V; Nichtigkeit eines Vertrages.

Nebeneinander der Deckungen: Anm. 21 zu § 58 — Gleichstufigkeit fehlend bei Insolvenzdeckung, Schutzven, bedingten Vsverträgen (zur Subsidiarität auch unten Anm. 48—54), Ergänzungs-, Exzedentenven, Zusammentreffen mit nicht vsmäßiger Deckung, speziell Darlehensgewährung; Rechtslage bei Leistungsfreiheit, Ausschlußklauseln.

I. Begriff der Doppelversicherung § 59
Anm. 5, 6

Besonders hervorzuheben ist es, daß bei einer **Mitversicherung** nicht nur § 58 keine Anwendung findet, sondern daß — bei Überdeckung durch die Beteiligungen der Mitver — auch eine Doppelv nicht vorliegen kann, weil es sich bei der Mitv um einen einheitlichen Vsvertrag handelt (Anm. 20, 52 zu § 58). Es sind demnach die Übervsvorschriften anzuwenden. Tritt aber neben eine Mitv eine weitere V, so kann sich in deren Verhältnis zueinander eine Doppelv ergeben. Dazu schon Anm. 75 zu § 58, ferner Kisch a. a. O. S. 138.

An einer Doppelv fehlt es auch im Verhältnis einer Substanzv zu einer **Gewinnversicherung**. Zwar erstreckt § 90 die Mitteilungsobliegenheit auch auf den Fall, daß neben einer Feuersachv eine Gewinnv abgeschlossen wird, aber die hierdurch erfolgende Ausweitung des § 58 führt nicht dazu, daß auch die Doppelvsregeln (§ 59—60) angewendet werden könnten (Anm. 16 zu § 58). Die beiden Ver ersetzen ja verschiedene Schäden, weil sie verschiedene Interessen vern. Abwegig Prölss-Martin [20] Anm. 2 zu § 59, S. 332: „Konsequent wären ... Substanz- und Gewinnentschädigung für § 59 I, II als einheitlicher ‚Betrag des Schadens' zu behandeln"; hier wird das Wesen des vsrechtlichen Einzelschadensersatzes verkannt.

[5] **3. Mögliche Bereicherung.**
a) Erste Alternative: Versicherungssummen höher als Versicherungswert.

Damit eine mehrfache V (Anm. 4) zur Doppelv werde, muß ein zusätzliches Begriffsmerkmal zu den (sechs) Kriterien der mehrfachen V i. e. S. hinzutreten: Aus der „Doppelung" muß sich die Möglichkeit einer Bereicherung des Vmers für den Fall ergeben, daß er bei einem Vsfall die Leistungen aus der Mehrheit von Vsverhältnissen in Anspruch nimmt. Solche Bereicherung würde dem schadensvsrechtlichen Bereicherungsverbot widerstreiten.

Das Merkmal potentieller Bereicherung bedarf der Präzisierung, und diese ist nur möglich, wenn man die beiden Erscheinungsformen der Schadensv getrennt betrachtet, nämlich die Aktiven- und die Passivenv (Anm. 6 vor §§ 49—80).

Für die Aktivenv, also die V von Wertbeziehungen einer Person zu einem Gute, fordert die erste Alternative des § 59 I, daß „die Vssummen zusammen den Vswert" „übersteigen". Es muß also der Vswert (Anm. 6) mit den Vssummen (Anm. 7) verglichen werden, und letztere müssen den Vswert übersteigen (Anm. 8).

[6] **aa) Versicherungswert.**

Auszugehen ist vom Vswert des vten Interesses, und zwar speziell desjenigen Interesses, welches gerade doppelt vert ist. Trifft also die V eines Inbegriffes zusammen mit einer V einer einzelnen Sache, die zum Inbegriff gehört, so kommt es nur auf den Vswert dieses einzelnen Sachinteresses an; nur diese Einzelsache ist doppelt vert (Anm. 23 zu § 54).

Werte schwanken. Im Rahmen des § 59 I, II kommt es auf die Entschädigung an, also auf den Wert bei Eintritt des Vsfalls, auf den Ersatzwert. Bei § 59 III (Nichtigkeit betrügerischer Doppelv) entscheidet der Zeitpunkt der Vsnahme, des Vertragsabschlusses (Näheres: Anm. 42); es ist dort also auf den Anfangswert abzuheben. Die Aufhebung oder Anpassung gemäß § 60 kommt während der gesamten Vsdauer in Betracht; hier ist also auf den jeweiligen Vswert abzustellen. Hierzu Anm. 25, 47 zu § 52.

Die Bewertung für den maßgeblichen Zeitpunkt kann durch Gesetz oder Vereinbarung innerhalb eines bestimmten „Wertrahmens" konkretisiert werden. Solange die Summe der Vssummen „nicht aus dem Rahmen fällt", ergibt sich keine Doppelv; der Vmer wird nicht in unzulässiger Weise bereichert (Anm. 30 zu § 52). Legen z. B. beide Vsverträge den Verkaufspreis zugrunde, der mit 10 000,— DM zu bemessen ist, und decken die Ver A und B je 5000,— DM, so liegt keine Doppelv vor, mag auch der Anschaffungs- oder Herstellungswert nur 8000,— DM betragen.

Bei der Doppelv können für die verschiedenen Vsverhältnisse differierende Grundsätze für die Bemessung des Vswertes gelten, z. B. bei Zusammentreffen einer Transport- und einer Feuerv bei Gütern in einem Lagerhaus. Für die Transportv gilt die Fiktion des gleichbleibenden Vswertes (§ 140 II), und die Rechtsgrundsätze über den Ort der Bewertung (§ 140 I) sind zu beachten (Anm. 25, 29 zu § 52); die Feuerv kennt mannigfaltige abweichende Bewertungsregeln, nicht nur in § 3 II AFB, sondern auch in zahlreichen Klauseln. Da beide sich ergebenden Ersatzwerte „legitim" sind, läßt sich der Grundsatz aufstellen, daß zwar für jedes Vsverhältnis „sein" Ersatzwert maßgeblich bleibt, daß aber bei Anwendung des § 59 I der höhere der Werte die Entschädigung für den Vmer limitiert. Auch Kisch a. a. O. S. 101—102 stellt fest, „daß der Vte im ganzen nicht mehr als den höheren der beiden Vswerte erhalten darf". Durch eine Mehrwertv kann übrigens die transportvsrechtliche Fiktion des gleichbleibenden Vswertes überwunden werden (Anm. 51 zu § 52, Anm. 7 zu § 53).

Der Vswert kann taxiert sein (§ 57), evtl. bei einer der Doppelven. Die Taxe kann den Vswert übersteigen oder unterschreiten. Sie tritt auch bei der Anwendung des § 59 I, sofern sie nicht „angefochten" wird (Anm. 33—52 zu § 57), an die Stelle des Vswertes, und es gilt der Satz, daß zwar für jedes Vsverhältnis seine Taxe oder (in deren Ermangelung) sein Ersatzwert maßgeblich ist, daß aber der Vmer im ganzen nicht mehr als den Betrag verlangen kann, der ihm nach der ihm günstigsten Regelung zusteht. So auch Kisch a. a. O. S. 94—101, 128.

Die Bedeutung des Vswertes tritt zurück bei einer **Erstrisikov** (Anm. 58—63 zu § 56); denn hier ersetzt der Ver bis zur Höhe der Vssumme jeden Schaden voll, ohne Rücksicht darauf, in welchem Verhältnis die Vssumme zum Ersatzwert steht. Dennoch ist § 59 I, II anzuwenden. Auch bei einer Erstrisikov läßt sich der Ersatzwert ermitteln. Gleichgültig, ob zwei Erstrisikoven zusammentreffen, oder eine normale V mit einer Erstrisikov, allemal kommt es primär darauf an, ob die Summe der Vssummen den Ersatzwert übersteigt. Aber es ist auch an Fälle zu denken, in denen es an solcher Überschreitung fehlt und doch die Doppelvsregeln zur Anwendung kommen müssen: Angenommen, ein Schiff im Werte von 300 000,— DM ist bei dem Ver A mit 50 000,— DM, bei dem Ver B mit 100 000,— DM auf erstes Risiko kaskovert und erleidet einen Teilschaden von 100 000,— DM. Dann übersteigt die Summe der Vssummen (50 000,— + 100 000,— DM = 150 000,— DM) beileibe nicht den Vswert von 300 000,— DM, und dennoch müssen die Doppelvsregeln angewendet werden, weil sonst der Vmer insgesamt 150 000,— DM erhalten könnte, obgleich sein Schaden sich nur auf 100 000,— DM beläuft. Das richtige Ergebnis, schon gewonnen von Kisch a. a. O. S. 94, läßt sich in diesem Falle stützen auf die zweite Alternative des § 59 I (es „übersteigt ... die Summe der Entschädigungen ... den Gesamtschaden"): Begr. III S. 12, auch Blanck a. a. O. S. 84.

Da eine **Neuwertversicherung** teils Aktiven-, teils Passiven ist, kommen auch bei einer Neuwertdoppelv beide Alternativen des § 59 Abs. 1 ins Spiel. Eine Aufteilung in den Zeitwert- und den Neuwertdifferenzbestandteil ist nur vonnöten, falls eine Neuwert- mit einer Zeitwertv zusammentrifft; denn hier liegt nur hinsichtlich des Zeitwertes eine Doppelv vor. Vgl. schon Anm. 15 zu § 58.

[7] bb) Versicherungssummen.

Wie bei einer Überv (§ 51 I) ist auch bei einer Doppelv der Vswert in Beziehung zu setzen zur Vssumme, genauer hier: zur **Summe der Vssummen**. Man hat die Doppelv als eine durch mehrfache V herbeigeführte Überv (overinsurance by double insurance) bezeichnet (Kisch a. a. O. S. 90 Anm. 3).

Die maßgeblichen Vssummen sind leicht zu ermitteln, wenn zwei Ven sich vollständig überdecken, z. B. wenn ein Gebäude doppelt vert ist. Die Ermittlung ist auch einfach, wenn eine positionsweise V zusammentrifft mit einer speziellen V nur einer Position: Dann sind die Positionsvssumme und die Vssumme der speziellen V zu addieren.

Schwieriger ist die Feststellung der Vssumme, wenn eine Inbegriffsv und eine V einer zum Inbegriff gehörenden Sache zusammentreffen. Hier gilt es zu ermitteln, welcher Teil der Inbegriffsvssumme auf die Einzelsache entfällt. Ist der Inbegriff untervert, so ergibt sich auch für die Einzelsache eine Vssumme, die niedriger ist als ihr Vswert (Kisch a. a. O. S. 129—130).

Gibt es eine Gesamt- und eine **Sondervssumme**, erstreckt sich z. B. die Außenv von Hausrat und Arbeitsgerät nur auf höchstens 10 v. H. der Vssumme für Hausrat und Arbeitsgerät zusammen, höchstens 3000,— DM (Anm. 8 zu § 50), und werden nunmehr auswärts in Reparatur befindliche Haushaltsmaschinen vom Ausbesserer zusätzlich für

I. Begriff der Doppelversicherung §59
Anm. 8

fremde Rechnung, also zugunsten des Eigentümers vert, so ist als Vssumme für die Außenv höchstens der limitierte Betrag zugrunde zu legen. Sind bei einer Reisegepäckv z. B. Schmuckstücke „nur bis zur Höhe von 30% der Gesamtvssumme in die V einbegriffen" (Anm. 9 zu § 50), und sind die (höherwertigen) Schmuckstücke mehrfachvert, so liegt eine Doppelv nur vor, wenn die limitierte Vssumme zusammen mit der zweiten Vssumme den Vswert übersteigt. Kennt eine laufende V Maxima (Anm. 10 zu § 50), so werden im Falle der Überschreitung der Maxima nur letztere für die Berechnung, ob Doppelv vorliege, eingesetzt.

Zuweilen kennen besonders Feuervsverträge zur Erhöhung unzureichender Vssummen einen Summenausgleich oder eine Vorsorgev (Anm. 6 zu § 50, Anm. 14—15 zu § 56). Solche Erhöhung der Vssumme ist vorzunehmen ohne Rücksicht darauf, daß eine zweite V besteht; jede V ist also zunächst isoliert zu behandeln. Erst auf Grund der „korrigierten" Vssummen ist festzustellen, ob und inwieweit Doppelv vorliegt. Entsprechendes gilt bei indexierten Vssummen, gleitender Neuwertv, Stichtags- und Höchstwertven, Wertzuschlagsklauseln, Wiederauffüllung der Vssumme (Anm. 16—21 zu § 56).

Erst recht sind jene erhöhten Vssummen zu berücksichtigen, die sich ergeben, falls im Wege einer Nachv (oder einer Mehrwertv) nachträglich eine Vssumme erhöht worden ist (Anm. 24 zu § 56), und zwar im ursprünglichen Vsvertrag, durch Änderungsvereinbarung, oft dokumentiert in einem Nachtrag. Es kommt aber auch vor, daß die Nachv (und besonders die Mehrwertv) in einem selbständigen Vsvertrag bei anderen Vern abgeschlossen wird. Dann ergibt sich schon im Verhältnis von primärer und zusätzlicher V eine mehrfache V (Anm. 24 zu § 56) und bei in summa übersetzten Vssummen eine Doppelv (Oertmann WuRdVers 1918 S. 87—97). Wird dagegen die zusätzliche Deckung in den primären Vsvertrag hineingenommen, so kann eine Doppelv nur vorliegen, wenn zu der (erhöhten) primären V noch eine weitere V hinzutritt. Eine Erhöhung der Vssumme im primären Vsvertrag durch Willenserklärung des Vmers kann bewirkt werden durch die Nachzeichnung für Vorräte, die Erhöhung von Wertzuschlägen und die Erhöhung der Stammv (Anm. 25—27 zu § 56). Über das Zusammentreffen einer Bruchteilsv mit einer nachträglich abgeschlossenen Vollwertv: RAA VA 1920 S. 123—124.

Es gibt in seltenen Fällen Aktivenven ohne Vssumme, bei denen nur Vswert und Schadenshöhe die Leistung des Vers begrenzen (Anm. 4 zu § 50). In solchen Fällen muß eine mehrfache V stets zu einer Doppelv führen, und § 59 wird anwendbar. Zu diesem Ergebnis gelangt man entweder dadurch, daß man als Vssumme solcher summenlosen V den vollen Vswert fingiert (erste Alternative von § 59 I) oder dadurch, daß man feststellt, es übersteige „die Summe der Entschädigungen, die von jedem einzelnen Ver ohne Bestehen der anderen V zu zahlen wären, den Gesamtschaden" (zweite Alternative von § 59 I).

[8] cc) Übersteigen.

Damit eine Aktiven-Doppelv vorliege, müssen die Vssummen zusammen den Vswert „übersteigen".

Während es bei der Überv (§ 51 I) und bei der Taxe (§ 57 2, 3) auf ein erhebliches Übersteigen des Vswertes ankommt, ist dieses Erfordernis bei der Doppelv nicht aufgestellt; hier soll auch eine geringfügige Bereicherung des Vmers vermieden werden. Andererseits wird im Vmer das Prämienherabsetzungsverlangen nach § 60 I, II nicht stellen, wenn die erreichbare Prämienminderung praktisch keine Rolle spielt.

Das Übersteigen kann entweder von dem Zeitpunkt an gegeben sein, in welchem die mehrfache V entsteht (anfängliche Doppelv), oder aber der Tatbestand der Doppelv kann nachträglich eintreten, z. B. dadurch, daß der Vswert sinkt; Große Teile eines vten Warenlagers sind veräußert, so daß nunmehr die Summe der Vssummen den geminderten Vswert übersteigt. Bei § 59 I kommt es nur darauf an, ob die Doppelv im Zeitpunkt des Vsfalles vorliegt. Bei einer betrügerischen Doppelv wird es sich in aller Regel um eine anfängliche Doppelv handeln („in der Absicht genommen..."), aber es sind — wie bei der betrügerischen Überv (Anm. 10, 14 zu § 51) — Fälle denkbar, in denen jene Doppelv erst nachträglich entsteht (Anm. 42). Die Aufhebung und Anpassung des § 60 kann sowohl bei anfänglicher wie bei nachträglicher Doppelv Platz greifen: § 60 I behandelt die anfängliche (unerkannte) Doppelv, § 60 II 1 die nachträgliche Doppelv.

Nachträglich kann der Doppelvstatbestand auch wieder entfallen, z. B. wenn zwei Hausratven zusammentreffen und der Vswert so ansteigt, daß die Summe der Vssummen den Vswert nicht mehr übersteigt.

[9] b) Zweite Alternative: Entschädigungen höher als Gesamtschaden.
   aa) Vorgeschichte.

§ 59 I enthielt ursprünglich nur die (jetzt) erste Alternative (Vssummen höher als Vswert), so daß bei allen Schadensvszweigen, welche keinen Vswert kennen, Zweifel hinsichtlich der Frage auftauchen konnten, ob die Doppelvsvorschriften anwendbar seien. Verneinend RG 6. XII. 1935 RGZ Bd 159 S. 365—374, wonach weder § 59 I noch § 426 BGB Anwendung finden konnten (ebenso Bruck[7] Anm. 8 vor §§ 49—158, S. 412, weitere Nachweise für die vorgesetzliche Rechtslage bei Oberbach I S. 33—37).

Mit der Novelle von 1939 (Anm. 1) hat der Gesetzgeber sich dafür entschieden, den Begriff der Doppelv auszuweiten und insbesondere auf die doppelte Haftpflichtv — und überhaupt auf die doppelte Passivenv — zu erstrecken; es sei unbefriedigend, wenn (nach der bis dahin maßgebenden Rechtssprechung des RG) „der zuerst in Anspruch genommene Ver den Schaden allein zu tragen habe" (Begr. III S. 11—12).

[10] bb) Gesetzesformulierung.

Die zweite Alternative des § 59 I lautet jetzt: „oder übersteigt aus anderen Gründen die Summe der Entschädigungen, die von jedem einzelnen Ver ohne Bestehen der anderen V zu zahlen wären, den Gesamtschaden". Die Formulierung ist so weit, daß sie im Grunde auch die erste Alternative umfaßt; denn auch dann, wenn die Vssummen bei einer Aktivenv höher sind als der Vswert (Anm. 5—8) würden die Schadensersatzansprüche, welche sich — isoliert betrachtet — gegen die Doppelver richten würden, mehr als den Gesamtschaden decken. Die zweite Alternative will aber nur die „aus anderen Gründen" resultierenden Restfälle einer möglichen Bereicherung erfassen.

Als solche Restfälle kommen in erster Linie solche in Betracht, in denen es an einen Vswert fehlt, und hierher gehört der große Bereich der gesamten Passivenv; denn die entstehenden Beziehungen zu Passiven, gegen die man sich vert, haben keinen verlorengehenden Wert, sondern im Gegenteil einen belastenden „Unwert", „Mißwert". Näheres Anm. 11.

Es gibt aber auch einige andere Fälle, in denen die Formulierung des Gesetzes in der ersten Alternative zu eng ist, also versagt, und die zweite Alternative zum Zuge kommt: Die Begr. III S. 12 nennt Tatbestände der Erstrisikov (dazu vgl. auch schon Anm. 6). Näheres Anm. 12.

[11] cc) Anwendungsfälle.
   aaa) Passivenversicherungen.

Zur Passivenv, für welche (nach dem in Anm. 10 Gesagten) die zweite Alternative des § 59 I bedeutsam ist, gehört in erster Linie die Haftpflichtv (Begr. III S. 11—12). Bei ihr gibt es keinen Vswert und auf die Vssumme kommt es bei der zweiten Alternative des § 59 I gleichfalls nicht an. In den Regelfällen unbeschränkter Haftung kann ein vorsichtiger Vmer überaus hohe Vssummen wünschen; denn auch der Ärmste kann mit Passiven in unbeschränkter Höhe belastet werden. Nimmt jemand zwei Haftpflichten mit jeweils hohen Vssummen, so kann man nicht von vornherein sagen, es liege eine Doppelv vor. Eine betrügerische Doppelv (§ 59 III) kann kaum jemals nachgewiesen werden, und auch für die Anwendung des § 60 ist nicht ohne weiteres Raum (Anm. 5 zu § 60). Erst im Schadensfall wird sich erweisen, ob die Summe der von den Vern einzeln geschuldeten Entschädigungen höher ist, als der Gesamtschaden. Bei ausreichenden Vssummen und „normaler" Schadenshöhe wird das allerdings durchweg zutreffen.

Auch bei einer Haftpflichtv gegen vertragliche Schulden, insbesondere aus Forderungsverletzungen (Anm. 73 zu § 49), kann eine Doppelv sich herausstellen, man denke an Ven von Fernverkehrsunternehmen oder Rechtsanwälten.

I. Begriff der Doppelversicherung § 59
Anm. 12, 13

Eine Unterart der V gegen vertragliche Schulden ist die **Rückv**, mit der Besonderheit, daß die Leistungsbegrenzungen der Erstv sich beim Rückver auswirken; es gibt bei fast allen Rückven für den Rückver eine Maximalbelastung, einen Maximalschaden (Anm. 77 zu § 49). Wird von einem Erstver — vielleicht versehentlich — zweimal z. B. ein bestimmter Exzedent oder eine bestimmte Quote rückvert, so gelten zwar nach § 186 die §§ 59—60 nicht unmittelbar, aber eine analoge Anwendung kommt in Betracht. Bei § 59 I sollte die zweite Alternative herangezogen werden; es kann auch theoretisch eine betrügerische Doppel-Rückv vorkommen; und die analoge Anwendung von § 60 kann zur Aufhebung oder Herabsetzung einer Doppel-Rückv führen.

In Ausnahmefällen summenmäßig oder gegenständlich beschränkter Haftung kann auch für die Haftpflichtv eine Maximalhaftung des Vmers Bedeutung gewinnen (Anm. 15 zu § 52), und es kommt auch hier eine Anwendung der §§ 59 III, 60 eher in Frage als bei einer Haftpflichtv mit unbeschränkter Haftung des Vmers.

Zur Passivenv zählt auch die V gegen **notwendige Aufwendungen** (Anm. 20 vor §§ 49—80), insbesondere die **Krankheitskostenv** sowie die **Heilkostendeckung in der Unfallv** (§ 8 VI AUB). Treffen zwei derartige Krankenven oder Unfallven zusammen, so können im Vsfall die Entschädigungen, die an und für sich von den einzelnen Vern zu zahlen wären, den Gesamtschaden übersteigen. Für den Fall allerdings, daß eine Krankheitskostenv und eine Unfallheilkostenv zusammentreffen, normiert § 8 VI Abs. 3 a AUB die partielle Subsidiarität der Unfallheilkostenv (Anm. 21 zu § 58).

Auch die **Neuwertv** enthält ein Element der V gegen notwendige Aufwendungen, vgl. darüber schon Anm. 15 zu § 58, Anm. 6.

Die **Rechtsschutzv** ist eine V teils gegen notwendige Aufwendungen, teils gegen konkrete Verlustmöglichkeiten (Anm. 21 vor §§ 49—80, Anm. 79 zu § 49). Auch hier kommt die zweite Alternative des § 59 I im Falle der Doppelv zum Zuge.

[12] bbb) Restfälle.

Es wurde bereits (in Anm. 10) erwähnt, daß die zweite Alternative des § 59 I nicht nur Bedeutung hat für Passivenven (Anm. 11), sondern auch für gewisse sonstige Schadensvsfälle (die hiernach der Aktivenv zugerechnet werden müssen).

Fehlt bei der Aktivenv eine **Vssumme**, und trifft solche V mit einer anderen zusammen, so würden die Entschädigungen der beiden Ver den Gesamtschaden übersteigen (vgl. schon Anm. 7).

Ist bei einer Aktivenv der Vswert gleichsam entmachtet, weil der Ver Vsschutz **auf erstes Risiko** versprochen hat (Ausschaltung der Proportionalitätsregel des § 56: Anm. 58 zu § 56), so kann es vorkommen, daß die Vssummen zweier Ven zwar nicht den Ersatzwert übersteigen, daß aber trotzdem der Vmer bereichert werden könnte; Beispiel schon Anm. 6 unter Hinweis auf Begr. III S. 12, Blanck a. a. O. S. 84.

Analog sind die Doppelvsregeln anzuwenden, falls zwei **Summenven** mit **gemeinsamer Höchstvssumme** zusammentreffen, z. B. Flugunfallrisiken nach § 4 III b AUB (Anm. 5 zu § 58).

[13] dd) Übersteigen.

Während bei der ersten Alternative des § 59 Abs. 1 von einem „Übersteigen" die Rede ist im Verhältnis der Vssummen zum Vswert, erfordert die zweite Alternative ein solches Übersteigen im Verhältnis der Entschädigungen (die von jedem einzelnen Ver ohne Bestehen der anderen V zu zahlen wären) zum Gesamtschaden.

Diese Betrachtungsweise der zweiten Alternative ist präziser, was sich besonders erweist in Fällen der **Selbstbeteiligung** des Vmers (Anm. 65—73 zu § 56):

Wenn eine Krankheitskostenv z. B. eine Schadensselbstbeteiligung von 500,— DM je Vsjahr vorsieht und zusammentrifft mit einer Krankheitskostenv ohne Selbstbeteiligung, so deckt die zweite V zunächst die Schadensselbstbeteiligung ab, und nur in Höhe der überschießenden Entschädigung kann von Doppelv die Rede sein.

Falls eine Aktivenv abgeschlossen worden ist für ein Objekt im Vswert von 150 000,— DM, und zwar beim Ver A mit einer Vssumme von 100 000,— DM und einer Schadens-

Möller 467

selbstbeteiligung von 25%, beim Ver B mit einer Vssumme von 60 000,— DM ohne Selbstbeteiligung, so liegt nach der Definition der ersten Alternative eine Doppelv vor, weil die Vssummen von 100 000,— + 60 000,— DM = 160 000,— DM den Vswert von 150 000,— DM übersteigen. Tritt aber ein Totalschaden ein, so übersteigen die Entschädigungen von 100 000,— DM abzüglich 25% = 75.000,— DM + 60 000,— DM = 135 000,— DM nicht den Gesamtschaden. In solchen Fällen ist von der zweiten Alternative her die erste Alternative des § 59 Abs. 1 außer Anwendung zu lassen, die Doppelvsregeln bleiben demnach unangewendet.

Bei obligatorischer Selbstbeteiligung (Anm. 70—72 zu § 56) nützt dem Vmer der Abschluß der Doppelv wirtschaftlich nichts, sofern bei jener V, welche die Obligation enthält, die Entschädigung so ermäßigt wird, daß der Vmer den vereinbarten Teil des Schadens immer selbst trägt (§ 9 II AFB, mit Beispiel Anm. 71 zu § 56).

[14] II. Arten der Doppelversicherung.
Doppelven im rechtstechnischen Sinne gibt es nur bei der Schadensv, dort aber sowohl bei Aktivenven wie bei Passivenven. § 59 I erste Alternative kommt nur bei Aktivenven (mit Vswert) in Anwendung, die zweite Alternative hat vorwiegend für Passivenven Bedeutung (Anm. 11); nur in seltenen Restfällen auch für spezielle Aktivenven (Anm. 12).

Die erwähnte Unterscheidung deckt sich also annähernd mit jener des § 59 I, wo Fälle unterschieden werden, bei denen die Vssummen höher sind als der Vswert (Anm. 5—8), und Fällen, bei denen aus anderen Gründen die Entschädigungen höher wären als der Gesamtschaden (Anm. 9—13).

Die Doppelven, d. h. zwei oder mehr sich überdeckende Vsverträge, können gleichzeitig oder nacheinander geschlossen werden, ein Problem, das besonders früher unter der Herrschaft des Prioritätsprinzips (Anm. 15) relevant war, das aber auch nach geltendem Recht noch Bedeutung besitzt, z. B. wegen § 60 I, II 2 oder im Rahmen von Subsidiaritätsklauseln (Anm. 50, 53).

Eine V kann von vornherein, von ihrem materiellen Beginn an, Doppelv sein, oder sie kann nachträglich zur Doppelv werden. Eine anfängliche Doppelv wird durchweg im Falle des § 59 III vorliegen, denn hier hat der Vmer eine Doppelv in betrügerischer Absicht genommen. Eine nachträglich entstandene Doppelv behandelt § 60 II 1, wonach die Doppelv durch Absinken des Vswertes „entstanden ist".

Wie bei der mehrfachen V (Anm. 23 zu § 58) kann man Fälle der Identität des Vmers oder der Identität von Vten oder des Zusammentreffens einer V für eigene mit einer V für fremde Rechnung auseinanderhalten, ferner Doppelven mit Voll- oder Teilidentität.

Wie bei der Überv (Anm. 19, 20 zu § 51) lassen sich vorübergehende und dauernde Doppelv, gewollte und ungewollte Doppelv trennen.

§ 59 II 2 scheidet Doppelven nach in- und ausländischem Recht.

Auf die Kenntnis des Vers stellt § 59 III, auf die Kenntnis des Vmers § 60 I, III 2 ab.

So wie es die einfache und die betrügerische Überv gibt (Anm. 21 zu § 51) wird auch die betrügerische Doppelv (§ 59 III) als Unterfall der gewollten, meistens anfänglichen Doppelv besonders behandelt (Anm. 40—47).

[15] III. Rechtsbehandlung der Doppelversicherung.
1. Einfache Doppelversicherung.
Die einfache — normale — Doppelv steht der in Anm. 40—47 zu erörternden betrügerischen Doppelv gegenüber, die nach § 59 III nichtig ist. Die einfache Doppelv ist gültig; das Vertragsschicksal hängt allenfalls von der Ausübung eines Gestaltungsrechtes des Vmers ab, welcher Vertragsaufhebung oder Herabsetzung der Vssumme(n) und Prämie(n) oder sonstige Vertragsanpassung verlangen kann (§ 60; Anm. 3—11 zu § 60).

§ 59 I, II behandelt für die einfache Doppelv nicht das Schicksal des gesamten Vsvertrages, sondern lediglich die Rechtsverhältnisse nach Eintritt eines Vsfalls und unterscheidet dabei die Rechtsbeziehungen des Vmers zu den Vern (Außenverhältnis: § 59 I) von den Rechtsbeziehungen der Ver zueinander (Innenverhältnis: § 59 II).

III. Rechtsbehandlung der Doppelversicherung

Auch im Falle vollständiger Doppelv liegt für den Vmer bei Abschluß der zweiten V nicht etwa **Interessemangel** (§ 68 I) vor: Anm. 27 zu § 58, Sieg Anm. 27 zu § 58.

Für die Lösung der Doppelvsregeln im Außen- und Innenverhältnis standen dem Gesetzgeber verschiedene Lösungsmöglichkeiten zur Verfügung (dazu rechtsvergleichend Basedow a. a. O. S. 62—92). Das deutsche Recht hat sich in § 59 I, II für die **gesamtschuldnerische Haftung der Doppelver** (Anm. 16) **mit interner Ausgleichungspflicht der Ver** (Anm. 31—39) entschieden, und zwar auch für die Seev (§ 787 I, II HGB, § 10 I, II ADS).

Andere Lösungsmöglichkeiten stellen das **Prioritätsprinzip** und das **pro-rata-Prinzip** dar. Bei ersterem, das nach älterem deutschen Handelsrecht für die Seev galt, ist der zweite Vsvertrag insoweit nichtig, als der erste Vsvertrag Deckung verschafft; für die Frage nach der Priorität gibt es — international gesehen — differierende Lösungen; durchweg ist die Reihenfolge des Abschlusses (des formellen Vsbeginns) maßgeblich (Näheres Basedow a. a. O. S. 63—72).

Das **pro-rata-System** läßt die Doppelver extern, dem Vmer gegenüber nur verhältnismäßig haften, durchweg nach Maßgabe des Verhältnisses der Vssummen zueinander (Basedow a. a. O. S. 73—80). Es ist z. B. anwendbar gemäß Art. 71 I schweizerisches BundesG über den Vsvertrag.

Vgl. zu diesen Systemen auch Anm. 38 im Zusammenhang mit § 59 II 2.

[16] a) Außenverhältnis.

aa) Gesamtschuldnerische Haftung.

Nach deutschem Recht sind im Außenverhältnis des Vmers zu den Doppelvern letztere ,,in der Weise als **Gesamtschuldner** verpflichtet, daß dem Vmer jeder Ver für den Betrag haftet, dessen Zahlung ihm nach seinem Vertrage obliegt, der Vmer aber im ganzen nicht mehr als den Betrag des Schadens verlangen kann" (§ 59 I).

Die gesamtschuldnerische Haftung der Doppelver beruht nicht auf gemeinschaftlichem Vertrag in Verbindung mit § 427 BGB; denn bei der mehrfachen V i. e. S. und bei der Doppelv liegt eine Mehrheit von Vsverhältnissen vor (Anm. 20 zu § 58, Anm. 4). Die **gesamtschuldnerische Haftung ergibt sich vielmehr unmittelbar aus § 59 I, also aus Gesetz**.

Die Gesamtschuld ist eine **echte Gesamtschuld**. Denn die Verbindlichkeiten der Doppelver haben nicht nur einen **identischen Leistungszweck** (Schadloshaltung des Vmers), die Verpflichtungen der Ver stehen überdies in einem inneren Zusammenhang im Sinne einer **rechtlichen Zweckgemeinschaft** (Großer Zivilsenat BGH 31. V. 1954 BGHZ Bd 13 S. 365—366, 1. II. 1965 BGHZ Bd 43 S. 229, zurückhaltender BGH 29. VI. 1972 BGHZ Bd 59 S. 99). Besonders aber läßt sich im Sinne der neueren Rechtstheorie (Esser Schuldrecht I[4] S. 432—435, Fikentscher Schuldrecht[4] S. 338—339, Medicus, Bürgerliches Recht, 7. Aufl., Köln-Berlin-Bonn-München 1975, S. 403—405) feststellen, daß die Doppelver **gleichrangig leistungspflichtig** sind; im Außenverhältnis zum Vmer besteht eine Gleichstufigkeit und Gleichwertigkeit der Verbindlichkeiten der Ver. Speziell zu § 59 I spricht auch Kisch a. a. O. S. 122—124 von einer echten Gesamtschuld, wobei er aber auf die Besonderheiten des Tatbestandes der Doppelv hinweist; vgl. ferner Begr. I S. 68.

Es darf allerdings nicht vorschnell generell behauptet werden, die Doppelver hafteten als Gesamtschuldner. Es ist, wie Kisch a. a. O. S. 122 hervorhebt, auch nicht richtig, daß die Ver für den Betrag solidarisch haften, für den ,,die beiden Haftungssummen sich decken"; denn wenn eine total verlorene Sache im Werte von 10 000,— DM mit einer Vssumme von je 6000,— DM bei den Vern A und B vert ist, so wird gesamtschuldnerisch nur für 2000,— DM gehaftet. Mit Recht sagt Kisch a. a. O. S. 122—123, die gesamtschuldnerische Haftung bestehe ,,**nur insoweit, als durch die zusammengerechneten Haftungssummen der wirkliche Schaden des Vmers überschritten würde**. Nur insoweit befreit die Zahlung des einen Vers den anderen, als seine Zahlung unter Hinzurechnung der Haftungssumme des anderen Vers den Schaden übersteigt ... Nur dann wirkt die Zahlung des einen Vers in ihrer vollen Höhe für den anderen befreiend, wenn jener andere für den vollen Schaden haftet" (spezifisch limitierte Bedeutung der Gesamthaftung bei der Doppelv).

Im einzelnen ergibt sich dies aus der Polarität einerseits der **Einzelhaftung** jeden Vers und andererseits der **Gesamthaftung** aller Doppelver.

Jeder Ver haftet „für den Betrag..., dessen Zahlung ihm nach seinem Vertrage obliegt" (§ 59 I). Insoweit ist also eine **isolierte Betrachtung** jeden Vsverhältnisses geboten, die Höhe der Leistungspflicht jeden Vers ist völlig unabhängig von der Tatsache der bestehenden Doppelv zu berechnen (Kisch a. a. O. S. 127). Leistungsbegrenzend wirken jeweils Vssumme, Schadenshöhe und — in der Aktivenv — Vswert, letzterer gegebenenfalls taxiert (§ 57[1]; Kisch a. a. O. S. 132—133); die Proportionalitätsregel greift bei Unterv Platz, wenn die V nicht auf erstes Risiko genommen worden ist (Kisch a. a. O. S. 127); eine vereinbarte Selbstbeteiligung des Vmers ist zu berücksichtigen. Die Einzelhaftung jedes Doppelvers ergibt sich hiernach aus seiner Ersatzpflicht; die Ersatzsumme, nicht die Vssumme ist für das Maß der einzelnen (Gesamt-)Schuld maßgebend (Kisch a. a. O. S. 129).

Aber der Vmer kann „**im ganzen** nicht mehr als den Betrag des Schadens verlangen" (§ 59 I). Das vsrechtliche Bereicherungsverbot gilt nicht nur für das einzelne Vsverhältnis, sondern auch gesamtheitlich, im Verhältnis zu sämtlichen Doppelvern. Dabei ist zugunsten des Vmers von der ihm günstigsten jener Regelungen auszugehen, die im Verhältnis zu den einzelnen Vern gelten. Enthält eines der Vsverhältnisse eine besonders großzügige Bewertungsvorschrift, z. B. eine Abstellung auf den Verkaufswert, so greift das Bereicherungsverbot erst ein, wenn diese Bewertung überschritten wird; der „Betrag des Schadens" bestimmt sich nach der günstigsten Bewertungsregelung und überdies nach der höchsten (aber nicht erheblich übersetzten) Taxe. Eine vereinbarte Selbstbeteiligung des Vmers ist bei der Bemessung des Betrages des Schadens außer Betracht zu lassen, wenn nicht alle Doppelvsverträge die Selbstbeteiligung vorsehen. Vgl. dazu schon Anm. 6, 13.

Unrichtig ist es, wenn Prölss-Martin[20] Anm. 2 zu § 59, S. 331 ausführen, in Höhe der — gesamtheitlich betrachtet — sich ergebenden Überdeckung entfalle „der Anspruch in Höhe dieses Mehrbetrages". Ist eine Sache im Werte von 10000,— DM total verloren, die sowohl bei dem Ver A als auch bei dem Ver B mit 10000,— DM vert ist, und zahlt A dem Vmer die vollen 10000,— DM, so kann der Vmer von B zwar nicht nochmals 10000,— DM fordern, aber der Anspruch gegen B geht nicht schlechthin unter, sondern er geht in Höhe von 5000,— DM auf A über (Anm. 32; § 426 II 1 BGB; Kisch a. a. O. S. 172). Von einem Erlöschen der Vsforderung gegen B darf also nur insoweit gesprochen werden, als A nicht gegen B Regreß nehmen kann.

Das Zusammenspiel isolierter und gesamtheitlicher Berechnung zeigt sich im folgenden Fall (bei Kisch a. a. O. S. 123 mit Anm. 1: S. 123—125 im vierten Beispiel): Eine Sache mit einem Vswert von 10000,— DM ist bei A und B mit je 6000,— DM vert; es tritt ein Teilschaden von 8000,— DM ein. Nach der Proportionalitätsregel des § 56 haftet jeder Ver auf 6/10 = 4800,— DM (isolierte Berechnung). Erlangt der Vmer von A 4800,— DM, so schuldet B noch restliche 3200,— DM (gesamtheitliche Berechnung). Eine gesamtschuldnerische Haftung besteht in diesem Fall nur in Höhe von 1600,— DM, nämlich nur insoweit, als durch die zusammengerechneten Haftungssummen (2×4800,— DM = 9600,— DM) der wirkliche Schaden des Vmers (8000,— DM) überschritten werden würde. Da § 59 I gemäß § 68a nicht zwingend ist, könnte vertraglich ein Ver für den Fall der Doppelv ausbedingen, er wolle — auch extern — **nur pro rata** haften. Dazu vgl. Anm. 48 a. E.

[17] bb) Einzelne Folgerungen.

Aus dem Vorliegen eines echten Gesamtschuldverhältnisses ergibt sich die Anwendbarkeit der §§ 421—425 BGB im Außenverhältnis des Vmers zu den Doppelvern.

[18] aaa) Wahl beim Zugriff.

Nach Belieben kann der Vmer die Vsleistung von jedem der Ver **ganz** oder zu einem **Teile** fordern (§ 421[1] BGB). Ein Ver kann sich nicht beschwert fühlen, falls der Vmer den Schaden nicht auf die Vertragsgegner verteilt (Kisch a. a. O. S. 125). Im Gegenteil: Der

Vmer wird bestrebt sein, wenn angängig, von einem Ver die Gesamtleistung zu erlangen, wobei er den nächsten, kulanten und solventen Schuldner auswählen wird, mit welchem keine Selbstbeteiligung vereinbart ist. Auch der Gesichtspunkt, einen Schadenfreiheitsrabatt nicht zu verlieren, kann dazu führen, nur einen bestimmten Ver in Anspruch zu nehmen (dazu Anm. 67 zu § 56), wobei die Frage auftaucht, ob ein Schadenfreiheitsrabatt verlorengeht, falls ein Doppelver nur intern nach § 59 II 1 in Anspruch genommen wird. In Fällen unzulänglicher Deckung durch einen der Doppelver ist eine beliebige Aufteilung der Vsforderungen angängig, selbstverständlich aber nur in den Grenzen der Einzelhaftung jeden Vers.

Haftet der Ver A ohne, der Ver B mit Selbstbeteiligung des Vmers, so kommt der A für jenen Betrag auf, den B kürzt. Nimmt bei obligatorischer Selbstbeteiligung (Anm. 13) der Vmer zuerst A — auch für den „Sockel" — in Anspruch, so wird der Selbstbeteiligungsver B dennoch von seiner Leistung die Selbstbeteiligung kürzen (z. B. nach § 9 II AFB). Leistet zuerst B unter Abzug der Selbstbeteiligung, so kann sich der A, da er keine Selbstbeteiligung vereinbart hat, nicht auf die mit B vereinbarte obligatorische Selbstbeteiligung des Vmers berufen, muß also die Gesamtleistung voll auffüllen. Solchenfalls fragt es sich aber, ob B nachträglich einen Anspruch gegen den Vmer in Höhe der obligatorischen Selbstbeteiligung geltend machen kann, obgleich doch B schon von seiner primären Leistung die Selbstbeteiligung gekürzt hat und auch im Innenverhältnis der Doppelver die Selbstbeteiligung dem B zugute kommt (Anm. 35). Es erscheint unbillig, daß die mit A abgeschlossene V ohne Selbstbeteiligung nicht den Vmer, sondern B „schützt". Eine ungerechtfertigte Bereicherung des Vmers liegt nicht vor.

Bei Konkurs eines Vers oder mehrerer Ver kann der Vmer „bis zu seiner vollen Befriedigung in jedem Verfahren den Betrag geltend machen, den er zur Zeit der Eröffnung des Verfahrens zu fordern hatte" (Grundsatz der Doppelberücksichtigung für Konkursforderungen: § 68 KO).

In allen Fällen hat der Vmer ein ius variandi: Bis zur Bewirkung ihrer Leistung bleiben sämtliche Schuldner verpflichtet (§ 421² BGB). Falls der zuerst in Anspruch genommene Doppelver berechtigte oder unberechtigte Einwände erhebt, kann sich der Vmer an einen anderen Doppelver halten. Zur Wahrung seiner Ansprüche muß der Vmer allen Doppelvern gegenüber die Obliegenheiten bei und nach Eintritt des Vsfalles erfüllen und überdies die Verjährungs- und Klagefrist (§ 12) beachten.

[19] bbb) Erfüllung und Surrogate.

Man unterscheidet bei Gesamtschulden gesamtwirkende und einzeln wirkende Tatsachen. § 422 I 1 BGB nennt als gesamtwirkende Tatsachen primär die Erfüllung durch einen Gesamtschuldner. Bei der Doppelv ist aber die spezifisch limitierte Bedeutung der gesamtschuldnerischen Haftung zu beachten (Anm. 16): Nur dann wirkt die Zahlung eines Doppelvers A in ihrer vollen Höhe befreiend zugunsten des anderen Doppelvers B, wenn auch B für den vollen Schaden haftet. Kraft der Erfüllung geht die Forderung gegen den nicht leistenden, aber begünstigten Gesamtschuldner B aber nicht einfach unter, sondern — soweit ein interner Ausgleichungsanspruch entsteht — geht sie über auf den erfüllenden A (§ 426 II 1 BGB; Anm. 32).

Bei Teilerfüllung durch einen Doppelver gilt es zu unterscheiden: Erfüllt A nur einen Teil seiner Schuld, so bleibt A wegen der Restschuld verhaftet, daneben B. Ersetzt vom geschuldeten Gesamtschadensersatz A voll jenen Betrag, den er nach seinem Vsvertrag schuldet, so haftet im übrigen nur noch B nach Maßgabe seines Vsvertrages.

Der Erfüllung stehen als gesamtwirkende Tatsachen nach § 422 I 2 BGB Leistung an Erfüllungs Statt und Hinterlegung gleich. Hauptfall der Leistung an Erfüllungs Statt ist die Einzahlung oder Überweisung auf ein Konto des Vmers (Anm. 172 zu § 49). Zur Hinterlegung durch einen Ver vgl. Anm. 174 zu § 49, Anm. 21. Falls einer der Doppelver nach § 10 VI 5 AKB (Abandon) vorgeht, haftet der zweite Ver im Rahmen seines Vertrages für weiter erforderliche Leistungen.

Auch die Aufrechnung durch einen Doppelver zeigt nach § 422 I 2 BGB Gesamtwirkung, steht aber gemäß § 422 II BGB jedem Doppelver selbstverständlich nur für eigene Forderungen zu (Kisch a. a. O. S. 126). Jedoch könnte sich ein Ver von dem zweiten Doppelver dessen Prämienforderung abtreten lassen, auch nach Eintritt eines Vsfalls. Mit der Aufrechnungserklärung braucht ein Doppelver nicht zu warten, bis er vom Vmer in Anspruch genommen wird.

[20] ccc) Erlaßvertrag.

Hier ist besonders scharf das Außenverhältnis vom Innenverhältnis zu trennen. Extern stellt § 423 BGB auf den Willen der Partner des Erlaßvertrages ab: Nur wenn die Vertragsschließenden des Erlaßvertrages das ganze Schuldverhältnis aufheben wollten, hat ein Erlaß Gesamtwirkung, ansonsten nur Einzelwirkung. Im Zweifel ist Einzelwirkung anzunehmen; Kisch a. a. O. § 126 meint sogar, der Erlaßvertrag „müßte, um alle zu befreien, auch mit allen geschlossen werden; insofern kommt der § 423 BGB auf unseren Fall nur in seinem negativen Teil zur Anwendung." Erlaßverträge zugunsten Dritter (Verfügungen zugunsten Dritter) gibt es nach früher herrschender Meinung in der Tat nicht (RG 5. VII. 1935 RGZ Bd 148 S. 262—263, unter Hinweis auf den Ausweg über ein pactum de non petendo zugunsten Dritter; auch noch Esser Schuldrecht I[4] S. 395; vgl. jetzt aber z. B. Fikentscher Schuldrecht[4] S. 150).

Schließt der Vmer mit nur einem Doppelver mit Einzelwirkung einen Erlaßvertrag, so fragt es sich, ob dadurch auch die interne Ausgleichungspflicht des extern befreiten Vers beseitigt wird; dazu vgl. Anm. 36.

[21] ddd) Gläubigerverzug.

Kommt der Vmer gegenüber einem Doppelver in Annahmeverzug, so wirkt dies gemäß § 424 BGB „auch für die übrigen Schuldner" (dazu Kisch a. a. O. S. 126). Wichtigste Rechtsfolge: Hinterlegungsrecht nach § 372[1] BGB.

[22] eee) Restfälle.

„Andere als die in den §§ 422—424" BGB (Anm. 19—21) „bezeichneten Tatsachen wirken, soweit sich nicht aus dem Schuldverhältnis ein anderes ergibt, nur für und gegen den Gesamtschuldner, in dessen Person sie eintreten" (§ 425 I BGB). In § 425 II BGB werden solche in der Person eines Gesamtschuldners eintretenden, einzeln wirkenden Tatsachen aufgeführt, besonders Kündigung, Schuldnerverzug, Verschulden, Unmöglichkeit der Leistung, Verjährung (nebst Unterbrechung und Hemmung), rechtskräftiges Urteil. Konkreter: Gerät ein Doppelver in Schuldnerverzug, so schuldet nur er Verzugszinsen; ergeht gegen einen Doppelver ein rechtskräftiges Urteil, so erstreckt sich die Rechtskraft nicht auf die anderen Ver, gleichgültig ob die Klage erfolgreich war oder abgewiesen worden ist (Kisch a. a. O. S. 126, 146).

Aus dem Bereich des Vsrechtes ist als Rechtstatsache mit Einzelwirkung der transportrechtliche Abandon des Vers (§ 145) zu nennen (dazu Kisch a. a. O. S. 134—136, Ritter-Abraham Anm. 12 zu § 38, S. 625), ferner die Nichtanzeige einer mehrfachen V (KG 8. II. 1922 VA 1922 Anh. S. 58 Nr. 1282).

[23] fff) Streitgenossenschaft.

Der Vmer kann gegen jeden der Doppelver einzeln gerichtlich vorgehen, es handelt sich nicht um eine notwendige Streitgenossenschaft der Doppelver (§ 62 ZPO). Wohl aber steht es dem Vmer frei, Doppelver als gewöhnliche Streitgenossen zu verklagen, da „gleichartige und auf einem im wesentlichen gleichartigen tatsächlichen und rechtlichen Grunde beruhende ... Verpflichtungen den Gegenstand des Rechtsstreites bilden" (§ 60 ZPO). Das passive Gesamtschuldverhältnis läßt auch an eine Anwendung des § 59 ZPO denken. Die subjektive Klagenhäufung beläßt es trotzdem bei einer Mehrheit voneinander unabhängiger Prozesse (§ 63 ZPO), und speziell die Zuständigkeit ist gesondert zu prüfen, es gibt keinen eigenen Gerichtsstand der Streitgenossenschaft (vgl. aber § 36 Ziff. 3 ZPO). Hierzu auch Kisch a. a. O. S. 146—147.

III. Rechtsbehandlung der Doppelversicherung

[24] ggg) Natural-, Geldersatz.

Treffen Ven einerseits mit Geldersatz, andererseits mit Naturalersatz zusammen, so schließt das die Anwendung der Doppelgrundsätze nicht aus (Anm. 18 zu § 49); der Große Zivilsenat des BGH 1. II. 1965 BGHZ Bd 43 S. 231—235 (vgl. auch BGH 29. VI. 1972 BGHZ Bd 59 S. 99—100) hat bei der Gesamtschuld das Erfordernis der Identität der geschuldeten Leistungen „aufgelockert", speziell beim Zusammentreffen von Geld- und Naturalersatz. Leistet zunächst derjenige Ver, welcher Naturalersatz schuldet, so erfolgt die interne Auseinandersetzung durch geldlichen Wertausgleich. Das gilt erst recht, wenn der extern Geldersatz leistende Doppelver intern Ausgleichung verlangt. Ist die Naturalersatzleistung — etwa wegen Unterv — unzulänglich, so hat sie der Doppelver durch Geld aufzufüllen. Vgl. auch schon Anm. 22 zu § 58.

[25] hhh) Abtretung, Verpfändung.

Es kann vorkommen, daß bei einer Doppelv die eine Vsforderung dem Vmer zusteht, die andere abgetreten, verpfändet oder auch gepfändet ist. Obgleich hierdurch die Vsforderungen verschiedene Träger erlangen, finden die Doppelvsregeln Anwendung (Kisch a. a. O. S. 138). Bestehen zwei Vollven bei A und B, und steht die Vsforderung gegen A dem Vmer zu, während die Vsforderung gegen B an Z abgetreten worden ist, so wird B gegenüber Z befreit und Z geht leer aus, wenn A die Entschädigung an den Vmer zahlt. Zwar kann nach den Rechtsbeziehungen zwischen Vmer und Z ersterer verpflichtet sein, dem Z den Vortritt zu lassen, aber hierdurch wird die Rechtsstellung von A und B nicht berührt, und es erweist sich, daß eine Zession der Vsforderung in Doppelvsfällen keine Sicherung verschafft.

Entsprechendes gilt für die Verpfändung und Pfändung einer der Doppelvsforderungen.

[26] iii) Zuvielzahlung, Bereicherung.

Bei Doppelven können leicht Zuvielzahlungen erfolgen, besonders wenn zwei Vollven vorliegen. Ist die Mitteilungspflicht des § 58 nicht erfüllt, so weiß ein Ver nichts von der zweiten V. Auch beim Zusammentreffen einer V für eigene und einer V für fremde Rechnung (Anm. 13 zu § 58) können Doppelzahlungen erfolgen, besonders wenn bei der Fremdv ihr Vmer — im Besitz des Vsscheins — die Zahlung annimmt (vgl. § 76 II). Andere Fälle bei Kisch a. a. O. S. 133.

Ein Bereicherungsanspruch steht nur demjenigen Ver zu, der mehr gezahlt hat, als noch geschuldet wurde. Da der Geschädigte im ganzen nicht mehr als den Betrag des Schadens verlangen kann, wird bei zwei Vollven der letztzahlende Ver den Bereicherungsanspruch nach § 812 I 1 BGB erheben können, wobei der Empfänger der Zuvielzahlung verschärft haftet, wenn er bei dem Empfang der Zahlung den Mangel des rechtlichen Grundes kannte oder ihn später erfährt (§ 819 I BGB). Auch zur Beweislast vgl. Kisch a. a. O. S. 133—134. Für den Fall betrügerischer Doppelv vgl. Anm. 44.

[27] cc) Spezielle Probleme.
  aaa) Versicherung für fremde Rechnung.

Häufig entsteht eine Doppelv durch Zusammentreffen einer V für eigene Rechnung mit einer V für fremde Rechnung. Bei letzterer ist zu beachten, daß die Vsforderung materiell dem Vten zusteht (§ 75 I 1), mag auch einerseits das Verfügungsrecht des Vten eingeschränkt sein (§ 75 II), andererseits sogar der Vmer unter gewissen Voraussetzungen ermächtigt sein, über die (fremde) Vsforderung im eigenen Namen zu verfügen und auch Zahlungen anzunehmen (§ 76 I, II). Besitz des Vsscheins oder Zustimmung des Vten spielen hierbei eine Rolle (dazu §§ 75 I 2, II, 76 II, III, 77), aber die Vsbedingungen können auch abweichende Lösungen vorsehen (Sieg Anm. 44—50 zu §§ 75, 76).

Spezielle Schwierigkeiten entstehen, wenn der Ver A der V für eigene Rechnung an den Vmer X, der Ver B der V für fremde Rechnung nicht an den Vten X, sondern an den Vmer Y zahlt (wegen Doppelzahlungen: Anm. 26). Die Ermächtigung (Prozeßstandschaft)

§ 59
Anm. 28, 29

des Vmers Y bei der V für fremde Rechnung erschwert die Anwendung des § 59 I, der bei der V für fremde Rechnung so zu lesen ist, daß an die Stelle des Vmers der Vte tritt (vgl. § 79 I). Die Normen betreffend die Gesamtschuld bleiben trotz der Rollenspaltungen anwendbar, und zwar dergestalt, daß die Leistung durch einen Doppelver auch dann bereits als bewirkt anzusehen ist, wenn er bei der V für fremde Rechnung an den Vmer gezahlt oder überwiesen hat; es kommt also nicht darauf an, ob der Vmer die Leistung an den Vten weitergeleitet hat (Kisch a. a. O. S. 137). Vgl. zu dem Problemkreis auch Sieg Anm. 51—53 zu §§ 75, 76.

[28] bbb) Rettung und Aufwendungen.

Die Abwendungs- und Minderungspflicht des Vmers besteht gegenüber jedem der Doppelver. Vor den Rettungsmaßnahmen sind tunlichst Weisungen der Ver einzuholen. Falls die Doppelver einander widerstreitende Weisungen erteilen, gewinnt der Vmer seine Entscheidungsfreiheit im Rahmen pflichtmäßigen Ermessens zurück (§ 62 I 2, Anm. 50 zu § 58, Anm. zu § 62).

Die Weisungen haben aber zugleich Bedeutung für die vom Ver zu ersetzenden Rettungsaufwendungen (§ 63 I 2). Jeder Doppelver haftet für Aufwendungen nur dann über die Vssumme hinaus, wenn seine Weisungen befolgt worden sind. Im Außenverhältnis bereitet es keine Schwierigkeiten festzustellen, welcher Gesamt-Vsschaden i. e. S. und welcher Aufwendungsschaden dem Vmer erwachsen ist (über diese Schadensarten: Anm. 43 vor §§ 49—80). Für die getrennt zu betrachtenden Schäden haftet jeder Doppelver nach Maßgabe seines Vsvertrages bis zur Höhe des Gesamtschadens, und eine gesamtschuldnerische Haftung greift Platz, falls die Doppelver für den gleichen Aufwendungsschaden aufzukommen haben. Die Vssumme ist primär auf Vsschaden i. e. S., erst in zweiter Linie auf Aufwendungsschaden zu verrechnen, und es ist zu berücksichtigen, falls ein Doppelver für Aufwendungsschaden über die Vssumme hinaus haftet (dazu auch Anm. 28 zu § 50). Über den Fall, daß beide Ver (wegen übereinstimmender oder gemeinschaftlicher Weisungen) über die Vssumme hinaus haften: Kisch a. a. O. S. 141 Anm. 3. Zu allem vgl. auch Kisch WuRdVers 1916 S. 318—321.

[29] ccc) Ermittlung und Kosten.

Zum Vsschaden i. w. S. gehören auch die Ermittlungs- und Feststellungskosten (Anm. 43 vor §§ 49—80, Anm. zu § 66), für welche prinzipiell gleichfalls der Grundsatz gilt, daß der Ver nur bis zur Höhe der Vssumme haftet (Begr. I S. 74).

Die Feststellung des Schadens hat im Verhältnis zu jedem Doppelver an und für sich getrennt nach seinem Vsvertrag zu erfolgen, etwa in einem Sachverständigenverfahren (§ 64). Dabei können zwei Sachverständigenverfahren sogar trotz gleicher Sach- und Rechtslage zu divergierenden Ergebnissen kommen, und dennoch sind beide Feststellungen verbindlich, wenn sie nicht erheblich — etwa mehr als 10 v. H. — vom „richtigen Ergebnis" abweichen. Wird der gleiche Schaden, der sich objektiv auf 100 beläuft, in dem einen Verfahren mit 92, im anderen mit 108 festgestellt, so haften beide Ver entsprechend dem für sie maßgeblichen Gutachten, insgesamt aber erhält der Vmer nicht mehr als 108 (weil dies die günstigste Feststellung ist). Zu alledem auch Kisch a. a. O. S. 127—128, 144. Über differierende Ausfüllung des Bewertungsrahmens bei Ersatzwertvereinbarungen und über differierende Taxen vgl. schon Anm. 6.

Zweckmäßig, da zeit- und kostensparend, ist es, wenn die Doppelver sich mit dem Vmer auf ein gemeinsames Sachverständigenverfahren einigen (Kisch a. a. O. S. 127, 144—145). Besonders in der Seev kommt es auch vor, daß sich ein Doppelver („Nachzeichner") der Schadensfeststellung durch einen anderen Doppelver („Vorzeichner") anzuschließen zusagt, wodurch eine ähnliche Rechtslage wie bei einer Anschlußklausel der Mitv (Anm. 64 zu § 58) entsteht (dazu Kisch a. a. O. S. 145—146). Zur Prozeßersparnis kann eine entsprechende Vereinbarung auch für den Fall getroffen werden, daß ein Rechtsstreit nur gegen einen Doppelver ausgetragen wird (Kisch a. a. O. S. 146).

Hinsichtlich der Haftung für Ermittlungs- und Feststellungskosten kommt es primär auf die einzelvertragliche Regelung an. Für die nur bei einem der Doppelver er-

III. Rechtsbehandlung der Doppelversicherung § 59
Anm. 30—32

wachsenen Kosten, z. B. eines speziellen Sachverständigenverfahrens, haftet grundsätzlich nur dieser einzelne Ver (Kisch a. a. O. S. 148), für **gemeinsam zu tragende Kosten** haften die Doppelver als Gesamtschuldner.

[30] ddd) Regreß und Vorteilsausgleichung.

Der **Übergang von Ersatzansprüchen** gemäß § 67 I 1 (und intern zwischen den Vern: Anm. 39) ist im Falle der Doppelv recht verwickelt, vgl. darüber SiegAnm.120 bis 121 zu § 67 sowie Kisch a. a. O. S. 148—154, WuRdVers 1935 Nr. 2 S. 116, Prölss-Martin[20] Anm. 4 zu § 67, S. 380—381.

In sonstigen **Fällen der Vorteilsausgleichung** (Anm. 51—54 vor §§ 49—80) ergeben sich keine Probleme, soweit sich für die Doppelver ihre Schadensersatzpflicht mindert (Kisch a. a. O. S. 154—155). Soweit dagegen Vorteile kraft Gesetzes übergehen oder zu übertragen sind, erlangt sie zunächst der im Außenverhältnis leistende Doppelver. Werden im Außenverhältnis mehrere Doppelver in Anspruch genommen, so ist der Vorteil (in natura oder bei Unteilbarkeit im Wege des Wertersatzes) zwischen den Doppelvern aufzuteilen, und zwar primär nach Maßgabe der extern erbrachten Entschädigungsleistungen. In beiden Fällen muß bei der internen Ausgleichung der Doppelver auch der erlangte Vorteil ausgeglichen, also verteilt werden. Kisch a. a. O. S. 156 vertritt die Auffassung, daß die Weiterübertragung (teilbarer) Vorteile sich kraft Gesetzes vollzieht, falls auch primär der Übergang vom Vmer auf den erstleistenden Doppelver sich ex lege vollzogen hatte, daß aber ein (zweiter) Abtretungsakt vonnöten sei, wenn auch auf den erstleistenden Doppelver der „Ausgleichswert" nur kraft Übertragungsaktes übergegangen war.

[31] b) Innenverhältnis.
aa) Überblick über Rechtsprobleme.

Das deutsche System zur Lösung der Doppelvsprobleme kombiniert mit der **gesamtschuldnerischen Haftung** der Doppelver im Außenverhältnis eine **interne Ausgleichungspflicht**, die der „Innenverteilung" (Kisch a. a. O. S. 158) des Schadens dient.

Nach einer Klärung des Wesens des Ausgleichungsanspruches (Anm. 32—34) (dreifältige Rechtsgrundlage und Rechtsnatur, Entstehung und Inhalt) muß speziell der Umfang des Ausgleichungsanspruchs (Anm. 35), sein möglicher Ausschluß (Anm. 36—37) und — speziell bei Beteiligung ausländischer Doppelver — das Problem der Reziprozität (Anm. 38) behandelt werden. Die Erörterung von Sonderproblemen des Innenverhältnisses bildet den Abschluß (Anm. 39).

[32] bb) Wesen des Ausgleichungsanspruchs.
aaa) Dreifältige Rechtsgrundlage.

Man darf sich nicht darauf beschränken, generell vom Ausgleichungsanspruch (Ausgleichsanspruch, Rückgriffsanspruch) des Doppelvers zu sprechen, sondern muß erkennen, daß der erstzahlende Ver regelmäßig aus zwei und möglicherweise aus drei Rechtsgründen gegen den oder die sonstigen Ver vorgehen kann.

Erstens wurzelt der Ausgleichungsanspruch „in dem inneren Schuldverhältnisse, dem Gemeinschaftsverhältnisse, welches ... zwischen den Gesamtschuldnern als solchen besteht" (RG 16. XI. 1908 RGZ Bd 69 S. 424, BGH 21. XI. 1953 BGHZ Bd 11 S. 174). § 426 I 1 BGB (und § 59 II 1) gewährt den Gesamtschuldnern gegeneinander einen selbständigen Ausgleichungsanspruch, der unabhängig ist von dem Rechtsübergang, den § 426 II BGB vorsieht (RG a. a. O.).

Zweitens: „Soweit ein Gesamtschuldner den Gläubiger befriedigt und von den übrigen Schuldnern Ausgleichung verlangen kann, geht die Forderung des Gläubigers gegen die übrigen Schuldner auf ihn über" (§ 426 II 1 BGB). Dieser Rechtsübergang (**Legalzession**) wird auch bei einer Doppelv wirksam, was sich daraus ergibt, daß § 59 I extern eine Gesamtschuld normiert. Ebenso Kisch a. a. O. S. 172, der jedoch — etwas undeutlich — von einer „Verstärkung" des erstbehandelten Ausgleichungsanspruches spricht, andererseits aber die beiden Ansprüche doch unterscheidet: Der erstbehandelte Anspruch sei ein gesetzlicher „aus der Doppelv", der übergegangene Anspruch dagegen sei ein vertraglicher (aus dem Vsvertrage des Vmers mit dem auf Ausgleichung in Anspruch genommenen Ver).

Drittens kann ein Doppelver gegen den anderen aus speziellem Schuldverhältnis einen Ausgleichungsanspruch erlangen. Die Doppelv als solche schafft aber keine Rechtsbeziehung zwischen den Doppelvern. Es kann jedoch ein Auftrag vorliegen, wenn ein Doppelver sich dem anderen gegenüber verpflichtet, dem Vmer gegenüber zunächst einmal den Schaden abzuwickeln (§ 662 BGB). Solchenfalls ergeben sich eine Vorschußpflicht aus § 669 BGB und ein Aufwendungsersatzanspruch (in den Grenzen der anteiligen Haftung) aus § 670 BGB. Fehlt solcher Auftrag, so steht einer Anwendung der Grundsätze über die Geschäftsführung ohne Auftrag (§§ 677, 683¹ BGB) nicht das Bedenken entgegen, daß der erstzahlende Ver zugleich ein eigenes Geschäft führt; eher könnte man sagen, daß die §§ 426 I BGB und 59 II 1 leges speciales darstellen (BGH 4. VII. 1963 NJW 1963 S. 2068). Auch die Annahme ungerechtfertigter Bereicherung des durch die Erstzahlung von seiner externen Schuld befreiten Doppelvers begegnet Bedenken, und zwar allemal insoweit, „als der Zahlende von den anderen keinen Ausgleich fordern kann, sondern ... verpflichtet ist, die Schuld im Verhältnis der Gesamtschuldner zueinander selbst zu tragen" (BGH 4. VII. 1963 NJW 1963 S. 2068). Zu diesen Ansprüchen vgl. allgemein auch Fikentscher Schuldrecht⁴ S. 340.

Negativ ist hervorzuheben, daß der Ausgleichungsanspruch unter den Doppelvern nicht etwa auf dem § 67 I 1 beruht (KG 8. II. 1922 VA 1922 Anh. S. 58 NR. 1282).

Die verschiedenen Ansprüche sind streng zu trennen, insbesondere nach Entstehung (Anm. 33) und Inhalt (Anm. 34).

[33] bbb) Entstehung der Ansprüche.

Der gemeinschaftsrechtliche Ausgleichungsanspruch (§ 59 II 1) entsteht bereits mit Eintritt des Vsfalls (Kisch a. a. O. S. 160). Zu § 426 I BGB ist es anerkannt, daß bei gemeinsamen Deliktschuldnern (§ 830 BGB) schon mit der unerlaubten Handlung der Ausgleichsanspruch zur Entstehung gelangt: „Das Gemeinschaftsverhältnis ... gelangt schon von vornherein durch diejenige Tatsache zur Existenz, welche nach geltendem Recht die gesamtschuldnerische Haftung erzeugt" (RG 16. XI. 1908 RGZ Bd 89 S. 426, vgl. auch BGH 21. XI. 1953 BGHZ Bd 11 S. 174).

Der Forderungsübergang nach § 426 II 2 BGB setzt dagegen die Befriedigung des Gläubigers voraus. Die cessio legis wird also erst wirksam, wenn ein Doppelver den Vmer entschädigt hat. Ist bis zu diesem Zeitpunkt die Vsforderung — z. B. durch Erlaßvertrag zwischen dem Vmer und dem zweiten Doppelver — untergegangen, so ist für den Forderungsübergang kein Raum mehr (Anm. 36).

Für die Entstehung von Ansprüchen aus Auftrag, Geschäftsführung ohne Auftrag oder ungerechtfertigter Bereicherung gelten die für diese Schuldverhältnisse maßgeblichen Grundsätze, z. B. ist auf den Abschluß des Auftragsvertrages abzuheben.

Der Anspruch aus dem Gemeinschaftsverhältnis verjährt erst in 30 Jahren (RG 16. XI. 1908 RGZ Bd 69 S. 426—429, BGH 11. VII. 1960 VersR 1960 S. 996). Dagegen gelten für den übergegangenen Vsanspruch die kurzen Verjährungsfristen des § 12 I, und daneben ist die Klagefrist des § 12 III zu beachten.

Andererseits bietet der Forderungsübergang nach § 426 II 1 BGB den Vorteil, daß mit der Vsforderung auch Neben- und Vorzugsrechte übergehen (§§ 412, 401 BGB; Kisch a. a. O. S. 172). Nimmt z. B. bei Konkurs eines Doppelvers der Vmer den solvent gebliebenen anderen Doppelver in Anspruch, so kommt dem erstleistenden Ver im Falle des § 80 VAG das dort vorgesehene Konkursvorrecht zugute (vgl. Anm. 8 zu § 13).

Nach § 426 II 2 BGB kann der Übergang nicht zum Nachteile des Gläubigers, also des Vmers geltend gemacht werden. Eine analoge Vorschrift findet sich in § 67 I 2 hinsichtlich der Ersatzansprüche gegen Dritte, und die zu jenem Befriedigungsvorrecht des Vmers entwickelten Grundsätze können auch hier Anwendung finden (vgl. Sieg Anm. 88—90 zu § 67). Macht der erstleistende Doppelver den gemeinschaftsrechtlichen Aus-

III. Rechtsbehandlung der Doppelversicherung **§ 59**
Anm. 34, 35

gleichungsanspruch geltend, so sieht das Gesetz ein Befriedigungsvorrecht des Vmers nicht vor; allenfalls läßt sich aus Treu und Glauben eine Verpflichtung des erstleistenden Vers im Verhältnis zum Vmer herleiten, mit seinem gemeinschaftsrechtlichen Ausgleichungsanspruch zurückzutreten hinter den noch unbefriedigten Vsanspruch des Vmers. Ist eine Sache des Vmers im Werte von 200000,— DM mit je 150000,— DM bei A und B vert und hat im Totalschadensfalle A 150000,— DM gezahlt, so würde der Ausgleichungsanspruch des A gegen B in Höhe von 50000,— DM rangieren nach dem restlichen Vsanspruch des Vmers gegen B, gleichfalls in Höhe von 50000,— DM.

[34] ccc) Inhalt der Ansprüche.

Der mit Eintritt des Vsfalls entstandene (Anm. 33) gemeinschaftsrechtliche Ausgleichungsanspruch aus § 426 I 1 BGB, § 59 II 1 schafft eine interne Verpflichtung der Doppelver, die sich schon auswirkt, bevor der extern in Anspruch genommene Ver gezahlt hat:

Es besteht nämlich ein **Befreiungsanspruch** des extern zuerst in Anspruch genommenen Vers in Höhe der Ausgleichungspflicht des Doppelvers. Dieser Liberationsanspruch ist herzuleiten aus dem Ziel des gesetzlichen Ausgleichungsanspruchs, den einzelnen Ver so zu stellen, als ob er auch nach außen nur für die ihm im Innenverhältnis belastende Quote haften würde (Kisch a. a. O. S. 173). Die Befreiung kann durch Zahlung an den zuerst in Anspruch genommenen Ver oder durch direkte Zahlung an den Vmer erfolgen.

Eine Zahlung des zweiten Vers an den ersten Ver kann als **Vorschußleistung** auf den endgültigen Ausgleichungsanspruch qualifiziert werden; im Falle des Auftrages sieht § 669 BGB eine Vorschußpflicht vor (vgl. auch Kisch a. a. O. S. 173).

Normalerweise erfolgt jedoch die Ausgleichung, nachdem der erste Ver geleistet hat, und nunmehr stellt sich der Anspruch als **Zahlungsanspruch** dar. Die gemäß § 426 II 1 BGB übergehende Vsforderung muß ihrem Wesen nach stets Zahlungsanspruch sein.

[35] cc) Umfang des Ausgleichungsanspruchs.

Selbstverständlich beschränkt sich bei **partieller Doppelv** der Ausgleichsanspruch auf den Bereich, in welchem die Ersatzpflichten der Doppelver sich **überdecken** (Kisch a. a. O. S. 170—171).

Für den gemeinschaftsrechtlichen Ausgleichungsanspruch der Doppelver gilt **nicht** § 426 I 1 BGB, wonach die Gesamtschuldner im Verhältnis zueinander **zu gleichen Teilen** verpflichtet sind. Die interne Verteilung erfolgt auch nicht nach dem **Verhältnis der Vssummen** (Kisch a. a. O. S. 169).

Maßgebend ist vielmehr das **Verhältnis der Beträge, deren Zahlung den Vern im Bereiche der Doppelv „dem Vmer gegenüber vertragsmäßig obliegt"** (§ 59 II 1). Die Außenhaftung gibt also den Maßstab ab für die interne Schadenstragung (Kisch a. a. O. S. 167).

Es sind demnach — was den Vsschaden i. e. S. anlangt — im Einzelfall die Beträge zu ermitteln, für die jeder Ver haften würde, falls keine Doppelv vorläge. Diese Berechnung hat zu berücksichtigen: die für den betreffenden Ver maßgebliche Vssumme, den Vswert (Ersatzwert) nach der maßgeblichen Wertbemessungsvereinbarung, eine etwaige Taxe, bei Teilschäden eine etwaige Unterv, wenn nicht eine V auf erstes Risiko vorliegt, ferner die für diesen Ver maßgeblich festgestellte Schadenshöhe, evtl. auf Grund Sachverständigenverfahrens oder gerichtlicher Entscheidung, speziell aber auch eine vereinbarte Selbstbeteiligung des Vmers. Zu alledem vgl. schon Anm. 6, 7, 12, 13, 16, 17, 29.

Ein Vergleich der Außenhaftung mehrerer Ver kann ergeben, daß für den gleichen Vsschaden i. e. S. die Doppelver in verschiedener Höhe haften. Während es sich im Außenverhältnis für den Vmer empfiehlt, eine Höchstleistung zu erreichen (z. B. nach Maßgabe des höchsten Vswertes, der besten Taxe, auf erstes Risiko, nach Maßgabe des günstigsten Sachverständigengutachtens, ohne Selbstbeteiligung), mindert sich im Innenverhältnis für den höchstleistungspflichtigen Ver die Ausgleichungsquote. Beispiele mit divergierenden Sachverständigengutachten und Entscheidungen bei Kisch a. a. O. S. 169—170; teilweise bedenklich Ehrenzweig S. 257.

Treffen zwei Krankheitskostenven bei den Vern A und B zusammen ohne Leistungsbegrenzung, aber bei B mit einer Selbstbeteiligung von 1000,— DM, und entstehen Krankheitskosten von 5500,— DM, so ergibt sich, daß gesamtschuldnerisch A auf 5500,— DM, B auf 4500,— DM haftet. Das Ausgleichungsverhältnis ist also 55:45. Für den Vmer empfiehlt sich die Inanspruchnahme von A auf 5500,— DM. A kann sodann von B nicht 2750,— DM oder 2250,— DM im Wege der Ausgleichung fordern, sondern 45% von 5500,— DM = 2.475,— DM.

Leistet ein Ver — möglicherweise als Abschlagszahlung nach § 11 II — zunächst nur eine Teilzahlung, die seiner internen Ausgleichsquote entspricht oder sie sogar unterschreitet, so fragt es sich, ob er auch schon für solche Teilzahlungen Ausgleichung vom Doppelver fordern kann. Die Frage ist umstritten: Kisch a. a. O. S. 175 bejaht die Regreßmöglichkeit, Ritter-Abraham Anm. 17 zu § 10, S. 256—257 meinen dagegen, Ausgleichung finde nur statt, wenn und soweit ein Ver über seinen Anteil gezahlt habe, nicht schon dann, wenn und soweit ein Ver überhaupt schon etwas geleistet habe. Die letztgenannte Auffassung verdient den Vorzug, auch weil sie unrationelle mehrfache Verrechnungen überflüssig macht. Falls allerdings die Teilzahlung eines Vers seine interne Ausgleichsquote überschreitet, kann er auch schon vor endgültiger Abwicklung des Schadens Ausgleichung verlangen.

Sind bei einer Doppelv **mehr als zwei Ver** beteiligt (eine Mitv zählt nur als einheitliche V), so ergibt sich eine etwas verwickeltere Verhältnisberechnung mit drei oder noch mehr Anteilen (Beispiel bei Ritter-Abraham Anm. 16 zu § 10, S. 255). Die ausgleichungsverpflichteten Doppelver sind Teilschuldner (Kisch a. a. O. S. 176). Nach § 426 I 2 BGB ist bei **Nichterlangbarkeit** des auf einen Gesamtschuldner entfallenen Betrages „der Ausfall von den **übrigen** zur Ausgleichung verpflichteten Schuldnern zu tragen", und zwar nach dem Verhältnis der von **ihnen** dem Vmer vertragsmäßig geschuldeten Beträge (Kisch a. a. O. S. 176—177, Ritter-Abraham Anm. 16 zu § 10, S. 255).

Über die Aufteilung des Vsschadens i. w. S. (Aufwendungen, Kosten) vgl. Anm. 39.

[36] dd) Ausschluß des Ausgleichungsanspruchs.
aaa) Speziell: Erlaßvertrag.

Eine Doppelv schwört — besonders wenn es sich um zwei Vollven handelt — die Gefahr herauf, daß einer der Ver sich seiner Obligation zu entwinden trachtet, etwa dadurch, daß er den Vmer an den anderen Ver verweist, oder gar dadurch, daß er mit dem Vmer — womöglich gegen Gewährung gewisser Vorteile — einen Erlaßvertrag abschließt, der die Entschädigungsforderung des Vmers gegen diesen Doppelver untergehen läßt (§ 397 I BGB). Als Vorteile können z. B. ein Schadenfreiheitsrabatt oder eine Prämienermäßigung in Aussicht gestellt werden.

Nur selten wird sich in solchen Fällen eine vorsätzlich-sittenwidrige Schadenszufügung (§ 826 BGB) im Verhältnis der Doppelver untereinander nachweisen lassen.

Ein Schaden allerdings entsteht für den übrigbleibenden Gesamtschuldner dadurch, daß auf ihn eine Vsforderung des Vmers nach § 426 II 1 BGB nicht mehr übergehen kann. Denn vor dem Übergangszeitpunkt (Entschädigung des Vmers: Anm. 33) ist die Vsforderung gegen den anderen Doppelver durch Erlaß erloschen (Kisch a. a. O. S. 172).

Jedoch wird durch den nach Eintritt des Vsfalls abgeschlossenen Erlaßvertrag der gemeinschaftsrechtliche interne Ausgleichungsanspruch der Doppelver nicht berührt; denn dieser Anspruch entsteht bereits mit dem Eintritt des Vsfalls (Anm. 33). Der BGH 21. XI. 1953 BGHZ Bd 11 S. 174 hat für einen Fall gesamtschuldnerischer Deliktsschuld bestätigt, daß „die Ausgleichungspflicht nicht beseitigt wird, wenn der Geschädigte nur einem der Haftpflichtigen die Schuld erläßt". Ebenso speziell für die Doppelv: Kisch a. a. O. S. 160 mit Anm. 4, S. 172.

[37] bbb) Sonstige Tatbestände.

Jeder Ausgleichungsanspruch entfällt, falls im Außenverhältnis die **Entschädigungsforderung** des Vmers gegen einen der Doppelver in **Wegfall** kommt, z. B. wegen Verletzung einer nach dem Vsfall zu erfüllenden Obliegenheit (§ 6 III), Versäumung der Klagefrist (§ 12 III). Ebenso Kisch a. a. O. S. 161—162.

III. Rechtsbehandlung der Doppelversicherung § 59
Anm. 37

Geht allerdings der Doppelver aus Gesetz auf Grund des gemeinschaftsrechtlichen Ausgleichungsanspruchs gegen den angeblich leistungsfreien Ver vor, so ist in diesem Verfahren die Leistungspflicht selbständig zu prüfen, und sogar eine im Rechtsverhältnis Vmer/leistungsfreier Ver ergangene rechtskräftige Entscheidung hat keine bindende Wirkung im Verhältnis der Doppelver untereinander (RG 16. XI. 1908 RGZ Bd 69 S. 425—426).

Unter den Doppelvern können interne, auch antizipierte Vereinbarungen über die Ausgleichungspflicht getroffen werden, welche die Ausgleichung ausschließen oder verstärken mit dem Ergebnis, daß ein bestimmter Ver intern den Schaden — in den Grenzen seiner Leistungspflicht — allein tragen soll (dazu Anm. 19 zu § 58). Es ist auch angängig, daß ein Vmer mit einem Ver in einem Vertrag zugunsten dritter Ver verabredet, daß im Doppelsvfalle der versprechende Ver intern den Schaden allein tragen solle. Wenn man mit der h. M. davon ausgeht, daß es Verfügungen zugunsten Dritter, insbesondere Erlaßverträge zugunsten Dritter nicht gebe (Esser Schuldrecht I⁴ S. 395), so wäre solcher Vereinbarung ein nur schuldrechtlich verpflichtendes pactum de non petendo zugunsten des begünstigten Doppelvers zu entnehmen. Keinesfalls sind Verträge des Vmers zu Lasten dritter Ver angängig, wonach (intern) ein dritter Ver voll ausgleichungspflichtig sein soll (zu alledem Kisch a. a. O. S. 162—163 mit Anm. 6).

Angängig sind auch Vereinbarungen unter Doppelvern, welche die in § 59 II 1 vorgesehene Quotenbemessung verändern.

Abreden der geschilderten Inhalte kommen nicht selten vor. Drei wichtige Regelungen sind in die Form von „Empfehlungen des Feuerfachausschusses" gekleidet und vom Verband der Sachver im Handbuch der Feuerv E 4 b—d abgedruckt worden (mit mehrfachem Hinweis auf Verbandsrundschreiben). Während besonders bei Prämienempfehlungen kartellrechtliche Probleme auftauchen (dazu Schmitt, Empfehlungen in der Vswirtschaft, Karlsruhe 1974), betreffen die hier fraglichen Empfehlungen zur Doppelv das Innenverhältnis der Ver mit dem Ziel einer Arbeitsteilung und -rationalisierung. Man wird annehmen müssen, daß die Mitgliedsunternehmen des Feuerfachausschusses durch die Richtlinien nicht nur faktisch, sondern sogar vertraglich gebunden sind, wobei der Vertrag unter allen Unternehmen mindestens stillschweigend durch den Erwerb der Mitgliedschaft zustandekommt. Ein begünstigter Doppelver erlangt aus dem Gesamtvertrag einen klagbaren Rechtsanspruch gegen jeden anderen beteiligten Doppelver auf ein „empfehlungsgemäßes" Verhalten.

Nachstehend der verwickelte Wortlaut der drei „Empfehlungen":

A.
„Richtlinien über das Zusammentreffen von Fremd- und Außenversicherung

Vorbemerkung:
Die Richtlinien gelten für Feuer-, Einbruchdiebstahl- und Leitungswasserschädenv jeder Art, nicht aber für Transport- und Einheitsv.

1

(1) Treffen Fremd- und Außenv zusammen, so haftet im Verhältnis der Ver zueinander als erster der Fremdver.

(2) Bezieht sich jedoch die Fremdv
a) auf Speditionsgüter ohne genaue Bezeichnung des einzelnen Warenpostens oder Gegenstandes nach Art, Maß, Zahl, Gewicht oder bestimmten Merkmalen,
b) auf Gebrauchsgegenstände Betriebsangehöriger,
c) auf Gegenstände von Gästen und Besuchern in einem Haushalt,
d) auf Eigentum von Gästen in Hotels und Fremdenheimen,
e) auf Kraftfahrzeuge
so haftet als erster der Außenver.

(3) Nicht als Außenv im Sinne von Abs. (1) und (2) gelten Ven,
a) die für ein bestimmt bezeichnetes fremdes Grundstück mit bestimmter Vssumme abgeschlossen sind,
b) die sich auf mehrere im Vsschein ihrer Lage nach bezeichnete Wagnisse erstrecken, ohne daß für jedes Wagnis ein bestimmter Betrag vert ist („ambulante" V).

(4) Diese Richtlinien finden keine Anwendung, wenn eine V, die einen Inbegriff von Sachen erfaßt, mit einer V zusammentrifft, die für einzelne, genau bezeichnete Sachen genommen ist. In diesem Fall haftet als erstes der Ver der einzelnen Sachen. (Rdschr. A 426 v. 26. 9. 69).

2

(1) Ist eine unter Eigentumsvorbehalt verkaufte und dem Käufer übergebene Sache gleichzeitig vom Eigentümer, vom Käufer oder durch Fremdv von einem Dritten vert, so haftet als erster der Fremdver, sodann der Ver des Käufers, zuletzt der Ver des Eigentümers.

(2) Handelt es sich hierbei um Sachen eines Betriebsangehörigen, so haftet als erster der Ver des Betriebsangehörigen, sodann der Ver des Betriebes, zuletzt der Ver des Eigentümers.

3

(1) Außenven (einschl. der in Ziffer 1 Abs. 3 genannten Ven) dürfen nicht mit der Einschränkung abgeschlossen werden, daß die V nur gelten soll, soweit nicht aus einer Fremdv Entschädigung verlangt werden kann.

(2) Dieselbe Regel gilt entsprechend für Fremdven, jedoch mit Ausnahme der in Ziffer 1 Abs. 2 genannten. Will in den Fällen der Ziffer 1 Abs. 2b oder d der Fremdver dem Außenver den Haftungsvorrang zuschieben, so darf dies nur mit folgendem Wortlaut geschehen:

a) zu Ziffer 1 Abs. 2b:
„Gebrauchsgegenstände Betriebsangehöriger sind durch Gruppe ... nur insoweit vert, als keine Entschädigung aus einer anderweitigen V erlangt werden kann. Nicht vert sind: Kraftfahrzeuge, der in Wohnungen befindliche Hausrat, sowie Bargeld und Wertpapiere."

b) zu Ziffer 1 Abs. 2d:
„Die von Hotelgästen in das Hotel eingebrachten Gegenstände sind durch die Gruppe ... insoweit vert, als keine Entschädigung aus einer anderweitigen V erlangt werden kann. Die Ersatzpflicht im Schadenfalle wird pro Gast auf 5% der Vssumme der Gruppe ... begrenzt. Nicht vert sind: Kraftfahrzeuge, Bargeld und Wertpapiere."

Bemerkung: Die V nach vorstehender Kl. b gilt auf erstes Risiko.

4.

(1) Die V fremden Eigentums darf nur mit einer der folgenden Klauseln beurkundet werden:

a) Fremdes Eigentum ist für Rechnung des Eigentümers insoweit mitvert, als es seiner Art nach unter die vten Positionen fällt und dem Vmer zur Bearbeitung, Benutzung oder Verwahrung oder zu einem sonstigen Zweck in Obhut gegeben wurde, es sei denn, der Vmer hat mit dem Eigentümer nachweislich eine andere Vereinbarung getroffen.

b) In Abänderung der Klausel 19 wird für Position ... folgendes vereinbart: Fremdes Eigentum ist für Rechnung des Eigentümers mitversichert.

III. Rechtsbehandlung der Doppelversicherung § 59
Anm. 37

c) In Abänderung der Klausel 19 wird für Position ... folgendes vereinbart:
Fremdes Eigentum ist für Rechnung des Eigentümers mitvert, soweit nicht der Vmer mit dem Eigentümer nachweislich eine andere Vereinbarung getroffen hat.

d) In Abänderung der Klausel 19 wird für Position ... folgendes vereinbart:
Fremdes Eigentum ist für Rechnung des Eigentümers mitvert, soweit es dem Vmer zur Bearbeitung, Benutzung oder Verwahrung oder zu einem sonstigen Zweck in Obhut gegeben wurde, und dieser nachweislich zum Abschluß der V verpflichtet ist.

e) In Abänderung der Klausel 19 wird für Position ... folgendes vereinbart:
Fremdes Eigentum ist für Rechnung des Eigentümers mitversichert, wenn es dem Vmer zur Bearbeitung, Benutzung oder Verwahrung oder zu einem sonstigen Zweck in Obhut gegeben wurde, soweit nicht auf Antrag des Vmers bestimmte Sachen von der V ausgeschlossen sind.

(2) Sind durch eine Gruppe eigene und fremde Sachen oder Sachen von mehreren fremden Eigentümern vert und trifft diese Fremdv mit einer oder mehreren Außenven zusammen, so soll der Fremdver sich von seinem Vmer durch Vorlage von Empfangsbestätigungen nachweisen lassen, welche Teile der Entschädigung er an die einzelnen Eigentümer gezahlt hat, und hierüber dem Außenver auf Wunsch Auskunft erteilen.

5.

(1) Besteht der Vmer darauf, einen anderen als den nach diesen Richtlinien an erster Stelle haftenden Ver in Anspruch zu nehmen, so kann der in Anspruch genommene Ver sich dem nicht entziehen; er kann aber von den nach diesen Richtlinien in der Reihe vor ihm haftenden Vern Ersatz seiner Leistung insoweit verlangen, als diese dem Vmer vertragsgemäß haften. Bei Ermittlung dieser vertragsmäßigen Haftung ist eine in den Vertrag etwa aufgenommene Ausschlußklausel im Sinne der Ziffer 3 als nicht bestehend anzusehen.

(2) Eine in den Vertrag aufgenommene Ausschlußklausel, die bei der V fremden Eigentums die V auf den Fall beschränkt, daß der Vmer gesetzlich oder vertraglich, die Gefahr trägt, ist im Innenverhältnis der Ver untereinander gleichfalls als nicht bestehend anzusehen.

6.

Hält sich im Falle der Ziffer 5 der vom Vmer in Anspruch genommene Ver für berechtigt, den Schaden im Wege des Vergleichs oder Verzichtes zu erledigen, so hat er sich hierüber mit den nach diesen Richtlinien in der Reihe vor ihm haftenden Vern zu verständigen. Eine solche Verständigung ist nicht nötig, wenn der in Anspruch genommene Ver den Schaden ablehnen will. In allen Fällen des Vergleiches, Verzichtes oder der Ablehnung hat aber der Ver die Schadenregulierung bis zur vollständigen Feststellung der Entschädigung durchzuführen, sofern er mit der Schadenregulierung begonnen hat. Er kann, soweit Billigkeitsgründe dafür sprechen, seine Unkosten anteilig ersetzt verlangen.

B.

Zusammentreffen von Erstrisikoversicherungen oder von Haftungsbegrenzungen

Treffen mehrere Erstrisikoven oder Haftungsbegrenzungen zusammen, so haften die Ver in Abweichung von § 59 Abs. II VVG im Verhältnis zueinander auf den Schaden anteilig nach Maßgabe der Vssummen, die für die Haftungsbegrenzung oder oder die Erstrisikov vorgesehen sind.

Beispiel:
In den Feuervsverträgen dreier Ver über je 50 000 DM Vssumme besteht für Bargeld je eine Erstrisikoposition, und zwar

bei
Ver A in Höhe von . . . . DM 3000,—
bei
Ver B in Höhe von . . . . DM 2000,—
bei
Ver C in Höhe von . . . . DM 5000,—
                                                DM 10000,—

Schaden am Bargeld 1500 DM.

Der Ausgleich der Ver untereinander erfolgt gemäß obiger Verteilungsregel nach Maßgabe der für Bargeld vorgesehenen Vssummen (3000:2000:5000), so daß entfallen

auf A 30% des Schadens . . . . = DM 450,—
auf B 20% des Schadens . . . . = DM 300,—
auf C 50% des Schadens . . . . = DM 750,—
                                              DM 1500,—

nicht, wie § 59 Abs. II VVG vorsieht, nach Maßgabe der vertragsmäßig obliegenden Entschädigungsbeträge von je DM 1500,—, wobei

auf A ⅓ . . . . = DM 500,—
auf B ⅓ . . . . = DM 500,—
auf C ⅓ . . . . = DM 500,—
                                              DM 1500,—

entfallen würden."

C.

„**Zusammentreffen einer Inbegriffsversicherung mit einer Versicherung bestimmter Sachen** (Rdschr. A 426 v. 26. 9. 69)

Trifft eine V, die einen Inbegriff von Sachen erfaßt, mit einer V zusammen, die für einzelne, genau bezeichnete Sachen genommen ist, so haftet im Verhältnis der Ver zueinander als erster der Ver der einzelnen Sachen. Die Richtlinien über das Zusammentreffen von Fremd- und Außenv sind in diesem Falle nicht anzuwenden.

Soweit der Ver der einzelnen Sachen im Schadenfalle hiernach als erster haftet, soll sich der InbegriffsVer gegenüber seinem Vmer auf eine durch das Vorhandensein der einzelnen Sachen entstandene Unterv nicht berufen."

Zu den Empfehlungen sei bemerkt, daß A und C die „Reihenfolge" der internen Haftung der Doppelver regeln, was bei Vollven dazu führt, daß nur der als „erster" benannte Ver den Schaden zu tragen hat. Die Empfehlung B dagegen beläßt es bei einer internen Schadensaufteilung, die jedoch von jener des § 59 II 1 abweichen soll. Die Richtlinie A stellt unter Ziff. 5 klar, daß extern die gesamtschuldnerische Haftung bestehen bleiben soll; allerdings soll anscheinend versucht werden, den Vmer dazu zu veranlassen, auch extern zunächst den „ersten" Ver in Anspruch zu nehmen. Dafür spricht die Formulierung: „Besteht der Vmer darauf, einen anderen als den nach diesen Richtlinien an erster Stelle haftenden Ver in Anspruch zu nehmen . . .". Vgl. auch A Ziff. 6 über den Fall von Vergleichsverhandlungen, die der „zweite" Ver führt.

Den Empfehlungen A und C läßt sich die Regel entnehmen, daß Außenven entlastet werden sollen gegenüber Ven für fremde Rechnung, Inbegriffsven gegenüber Ven einzelner, genau bezeichneter Sachen (A Ziff. 1 IV, C I). Bei der Inbegriffsv sollen die anderweitig

III. Rechtsbehandlung der Doppelversicherung § 59
Anm. 38

vten einzelnen Sachen sogar bei der Berechnung einer Unterv außer Betracht bleiben (C II). Die Richtlinie A Ziff. 2 betrifft den Fall, daß bei **Eigentumsvorbehalt** neben dem wirtschaftlichen Eigentümerinteresse das formal-sachenrechtliche Eigentümerinteresse vert ist. Hier liegt in Wahrheit keine Doppelv (Anm. 15 zu § 58), und doch wird hier eine gewisse Rangfolge vorgesehen.

Die Empfehlungen beziehen sich zugleich auf mit dem Vmer zu treffende **Subsidiaritätsvereinbarungen** (A Ziff. 3), die dann wiederum intern „als nicht bestehend anzusehen sind" (A Ziff. 5 I 2, II). Vgl. auch Anm. 19 zu § 58 a. E.

[38] ee) Erfordernis der Reziprozität.

Das in Deutschland maßgebliche System gesamtschuldnerischer Haftung mit interner Ausgleichungspflicht würde zu unbefriedigenden Ergebnissen führen, wenn ausländische Doppelver einen deutschen Ver im Wege der Ausgleichung intern in Anspruch nehmen könnten, welche ihrerseits gegenüber einem deutschen Ver die Ausgleichung nach der für sie maßgebenden Rechtsordnung abzulehnen vermöchten (Begr. I S. 67). Deshalb bestimmt § 59 II 2, es könne ein Ver, für den ausländisches Recht gilt, gegen den anderen Ver einen Ausgleichungsanspruch nur geltendmachen, wenn er selbst nach dem für ihn maßgebenden Rechte zur Ausgleichung verpflichtet sei.

Es besteht hiernach eine Schranke für die „**Geltendmachung**" gewisser Ausgleichungsansprüche (Kisch a. a. O. S. 164 Anm. 10), wodurch der in Anspruch genommene Ver nicht nur ein Gegenrecht erlangt. Der Ausgleichungsanspruch ist vielmehr nicht existent, also **ausgeschlossen**.

Betroffen sind hierdurch bestimmte Ver, für die **ausländisches Recht** gilt. Das werden durchweg **ausländische Ver** sein, die nicht von einer deutschen Zweigniederlassung aus den Vsvertrag abgeschlossen haben. Es kann sich aber auch um den Ausgleichungsanspruch eines **deutschen Vers** handeln, der vom Ausland her — vielleicht von einer dortigen Filiale aus — den Vsvertrag kontrahiert hat, und nach künftigem EWG-Recht kommt womöglich auch der Fall in Betracht, daß ein deutscher, im Inland tätiger Ver im Wege freier Rechtswahl ausländisches Recht seinem Vsvertrag zugrundegelegt hat.

Auszugehen ist nicht vom Gesamtgeschäft des den Ausgleichungsanspruch geltendmachenden Vers („Auslandsvers"), sondern von der **konkreten Doppelv**, und es ist zu fragen, ob bei ihr das auf den Vertrag des Auslandsvers anwendbare ausländische Recht Ausgleichungsansprüche anerkennt. Spezielle Abreden, durch welche eine Ausgleichungspflicht übernommen worden ist, sind zugunsten des Auslandsvers zu berücksichtigen (Kisch a. a. O. S. 165). Es ist also **hypothetisch** zu prüfen, ob der nach deutschem Recht tätige Ver („Inlandsver") gegen den Auslandsver einen Ausgleichungsanspruch erlangt hätte, wenn er, der Inlandsver, dem Vmer zuerst seine Leistung erbracht hätte.

Das ist zu verneinen, d. h. ein Ausgleichungsanspruch ist unbekannt in solchen Rechtsordnungen, die vom **Prioritätssystem** beherrscht sind (darüber schon Anm. 15). Hat der Inlandsver zuerst geleistet und war sein Vsvertrag der ältere, so scheitert am Prioritätsprinzip jeder Anspruch gegen den Auslandsver. Ist zufällig die Auslandsv die ältere und leistet dennoch der Inlandsver (wegen § 59 I) zuerst an den Vmer, so hat der Inlandsver gegen den Auslandsver wohl nicht einmal einen Bereicherungsanspruch, jedenfalls aber wiederum keinen vsrechtlichen Ausgleichungsanspruch. Deshalb bewirkt § 59 II 2, daß Inlandsver Ausgleichungsansprüchen von Auslandsvern, für welche das Prioritätsprinzip gilt, nicht ausgesetzt sind: Bruck S. 551, Kisch a. a. O. S. 161—165.

Auch das **pro-rata-System**, das in einigen ausländischen Rechtsordnungen gilt (Anm. 15), kennt seinem Wesen nach keinen vsrechtlichen Ausgleichungsanspruch: Kisch a. a. O. S. 164.

Kisch a. a. O. S. 165 will mit Recht § 59 II 2 **analog** anwenden, falls nach Auslandsrecht zwar das Ausgleichungssystem gilt, aber mit einem für die Inlandsver **ungünstigeren Maßstab**. Hier kann der Auslandsver „auch seinerseits nur nach diesem ungünstigeren Maßstab Ausgleichung von den deutschen Vern beanspruchen."

Einen Überblick über die **ausländischen Rechtssysteme** gewährt Basedow a. a. O. S. 62—92. Nach englischem Recht gilt wie in Deutschland das Ausgleichungsprinzip (OLG Hamburg 6. III. 1915 VA 1915 Anh. S. 48—51 Nr. 884).

[39] ff) Sonderprobleme des Innenverhältnisses.

Die Darstellung der internen Ausgleichungsansprüche hat sich bislang auf den Vssschaden i. e. S. beschränkt (Anm. 35).

Bei den **Rettungsaufwendungen** sowie bei den **Ermittlungs- und Feststellungskosten** muß man fragen, ob sie die Doppelver gleichmäßig treffen, z. B. wegen gemeinsamer oder paralleler Weisungen, gemeinsamen Sachverständigenverfahrens. Solchenfalls ist der gesamte Vsschaden in die Berechnung des Ausgleichungsanspruchs einzubeziehen, und es gilt gesamtheitlich der Verteilungsmaßstab des § 59 II 1. Treffen dagegen Aufwendungen oder Kosten nur einen der Doppelver, so greift im Außenverhältnis keine gesamtschuldnerische Haftung Platz (Anm. 28, 29) und dementsprechend besteht im Innenverhältnis auch keine Ausgleichungspflicht. Wie hier Kisch a. a. O. S. 170, WuRdVers 1916 S. 319 bis 321.

Über **Regreß- und Vorteilsausgleichung**, auch im Innenverhältnis, vgl. schon Anm. 30. Leistet extern einer der Doppelver zunächst voll, so gehen auch Ersatzansprüche und Vorteile zunächst voll auf ihn über. Dem Ausgleichspflichtigen und tatsächlich ausgleichenden Doppelver muß aber auch ein Provenu zustatten kommen. Befriedigt der ausgleichspflichtige Doppelver den Ausgleichungsanspruch, und ist der Ersatzanspruch gegen einen Dritten noch nicht von diesem befriedigt, so muß ein entsprechender Teil des Ersatzanspruchs auf den ausgleichenden Doppelver übergehen, und zwar gemäß Sieg Anm. 120 zu § 67 kraft besonderer Abtretung (was den Vorteil bietet, daß bis zur Abtretung der Ersatzanspruch ungeteilt in der Hand des erstleistenden Vers bleibt). Für eine analoge Anwendung des § 67 I 1, also für Legalzession dagegen z. B. Bruck S. 550, Kisch a. a. O. S. 152—154, anscheinend auch Prölss-Martin[20] Anm. 4 zu § 67, S. 381. Hat der erstleistende Ver den Ersatzanspruch oder einen anderweitigen (geldlichen) Vorteil bereits realisiert, so muß er bei der Berechnung und Geltendmachung des Ausgleichungsanspruches dem Doppelver seinen Anteil gutbringen, also von der ausgleichspflichtigen Summe abziehen (Prölss-Martin[20] Anm. 4 zu § 67, S. 381).

In Fällen der **Naturalersatzleistung** des erstleistenden Vers (aber auch bei unteilbaren Naturalvorteilen) ist es notwendig, bei der internen Ausgleichung eine Umrechnung in Geld vorzunehmen (z. B. nach Wiedererlangung eines wertvollen Schmuckstückes). Bei besonders hohem Wert des auszugleichenden Vorteils, z. B. bei einem Schiff, kommt auch die Begründung von Miteigentum der Doppelver in Betracht, wobei die Anteile entsprechend der Ausgleichungsquote zu bemessen sind.

Bereicherungsansprüche unter Doppelvern können sich ergeben, wenn unbeauftragt einer der Doppelver mehr an den Vmer bezahlt, als er aus seinem Vsvertrag schuldet (vgl. Kisch a. a. O. S. 168, der allerdings diesen Bereicherungsanspruch nicht behandelt).

Über die Frage, ob ein Ver gegen einen anderen Ver vor Eintritt eines Vsfalles **Feststellungsklage** erheben kann, dahingehend festzustellen, daß keine Doppelv bestehe, bejahend OLG Hamburg 4. II. 1931 JRPV 1931 S. 93, während Kisch a. a. O. S. 158 Anm. 2 einer Klage auf Feststellung der (Nicht-)Existenz des Ausgleichungsanspruchs den Vorzug gibt (vgl. auch Kisch a. a. O. S. 233 Anm. 13).

[40] 2. Betrügerische Doppelversicherung.

a) Zivilrecht.

aa) Tatbestand.

Während die einfache Doppelv (Anm. 15—39) rechtswirksam ist und eine gesamtschuldnerische Haftung der Ver mit einem internen Ausgleichungsanspruch auslöst (§ 59 I, II), zeitigt eine sogen. unredliche (Kisch a. a. O. S. 110) oder betrügerische Doppelv (§ 59 III) spezifische Rechtsfolgen, und zwar zivilrechtliche (Anm. 44—45), welche unabdingbar sind (Anm. 46) und strafrechtliche (Anm. 47).

Der Tatbestand der betrügerischen Doppelv setzt zivilrechtlich neben den Merkmalen der Doppelv (Anm. 41) voraus, daß im Zeitpunkt des Vertragsabschlusses (Anm. 42) eine Betrugsabsicht des Vmers (Anm. 43) vorliegt.

Die Rechtslage ist derjenigen bei betrügerischer Überv sehr ähnlich (dazu Anm. 44 bis 51 zu § 51). Wird eine Mitv betrügerisch in übersetzter Höhe genommen, so sind jene Normen zur betrügerischen Überv (also nicht Doppelv) anwendbar (vgl. Anm. 75 zu § 58).

III. Rechtsbehandlung der Doppelversicherung § 59
Anm. 41—43

[41] aaa) Kriterien der Doppelversicherung.
Auch im Sonderfalle des § 59 III wird eine Doppelv i. S. des § 59 I vorausgesetzt (Anm. 3—13).
Es kann demnach nicht nur bei Aktiven-, sondern auch bei Passivenven, z. B. Krankheitskostenven eine Nichtigkeit in Betracht kommen; allerdings wird die Betrugsabsicht bei Aktivenven wegen des Maßstabes des Versicherungswertes im allgemeinen leichter nachweisbar sein als bei Passivenven, bei denen es keinen leistungsbegrenzenden Vswert gibt. Auf die Erheblichkeit der Übersetzung kommt es (anders als bei der Überv: § 51 I) nicht an; bei einer unerheblichen Doppelv wird die Betragsabsicht jedoch durchweg fehlen. Auch eine partielle Doppelv kann — jedenfalls theoretisch — eine betrügerische sein.

[42] bbb) Zeitpunkt des Vertragsabschlusses.
Der Vmer muß die Doppelv in Betrugsabsicht „genommen" haben.
Wie bei der Überv (Anm. 46 zu § 51) ist hieraus aber nicht zu folgern, daß es sich (schon beim Vsbeginn) um eine anfängliche Doppelv handeln muß. Schon die erste von zwei Vollwertven kann eine betrügerische Doppelv sein, sofern nur beim Vertragsabschluß die Absicht vorhanden war, noch eine zweite V zu Bereicherungszwecken abzuschließen. Solchenfalls sind beide Vsverträge nichtig („so ist jeder in dieser Absicht geschlossene Vertrag nichtig": § 59 III). Es fragt sich nur, ob die Nichtigkeit des ersten Vertrages auch schon eintritt, wenn der zweite Vertrag noch nicht formell und materiell begonnen hat, vielleicht sogar nicht zustandekommt, z. B. weil die Betrugsabsicht entdeckt wird. Nichtigkeit bejahend zur betrügerischen Überv: Anm. 48 zu § 51, verneinend zur betrügerischen Doppelv mit Recht Kisch a. a. O. S. 115 mit Anm. 10, weil es an dem objektiven Tatbestand der Doppelv noch fehle, welcher zu der betrügerischen Absicht hinzutreten müsse; undeutlich Prölss-Martin[20] Anm. 7 zu § 59, S. 338.
Besteht eine mehrfache V, die erst dadurch zur Doppelv wird, daß im Wege der Vertragsänderung die Vssumme einer der Ven in betrügerischer Absicht erhöht wird (dazu Anm. 29 zu § 58), so ist nicht nur die Erhöhungsvereinbarung als nichtig anzusehen, sondern von ihrem Abschluß an der gesamte Vsvertrag (für die Überv entsprechend: Anm. 46 zu § 51).

[43] ccc) Betrugsabsicht des Versicherungsnehmers.
Der Vmer muß die Doppelv genommen haben „in der Absicht, ... sich dadurch einen rechtswidrigen Vermögensvorteil zu verschaffen" (§ 59 III).
Die gleiche Wendung findet sich in § 51 III, so daß generell verwiesen werden kann auf Anm. 47 zu § 51.
Die **Absicht** als qualifizierter Vorsatz ist nicht schon bei jeder bewußt genommenen Doppelv feststellbar; es können die durchaus legitimen Vorzüge einer Doppelv angestrebt werden, z. B. für den Fall der Insolvenz eines Vers (Kisch a. a. O. S. 110—111); der Vmer kann den Vswert überschätzt haben, oder die Vstechnik führt zu kurzfristigen oder geringfügigen Überschneidungen von Deckungen, die schwer vermeidbar sind (etwa bei Außenven oder bei Lagerbeständen im Verhältnis von Transportv und V stationärer Risiken). Die Betrugsabsicht ist auch nicht daraus zu folgern, daß der Vmer die Mitteilungsobliegenheit des § 58 verletzt hat. Allerdings wird in den meisten Fällen betrügerischer Überv die Mitteilung unterlassen worden sein, und möglicherweise stützt — bei Beweisschwierigkeiten — der Ver seine Leistungsverweigerung leichter auf die Obliegenheitsverletzung (Leistungsfreiheit) denn auf die Nichtigkeit des § 59 III.
Nach dem Gesetz entscheidet die Absicht des abschließenden Vmers. Kontrahiert der Vmer durch einen Vertreter, so kommt es nach § 166 I BGB auf die Absicht des Vertreters an, daneben im Falle der Vollmacht auch auf die Absicht des Vollmachtgebers, falls der Bevollmächtigte weisungsgemäß gehandelt hat. Bei der V für fremde Rechnung kommt es auf die Absicht des Vmers an, wobei nur geklärt werden muß, ob er sich einen Vorteil verschaffen will; auf die Absicht des Vten ist dann nicht abzuheben. Ist der Vmer gutgläubig, hegt aber der Vte betrügerische Absichten, so meint Kisch a. a. O. S. 114, es „widerspräche jedem gesunden Rechtsgefühl, wollte man dem Vten, der die

Doppelv arglistig durch Vermittelung eines gutgläubigen Fremdvmers ... veranlaßt oder geschehen läßt, die Vorteile dieser Doppelv zuteil werden lassen" (allerdings ist hier die Anwendung des § 166 BGB ebenso gewagt wie die Analogie zu § 19). Prölss-Martin[20] Anm. 7 zu § 59, S. 338 wollen § 79 I anwenden, falls der zweite Vertrag für fremde Rechnung geschlossen wird und der Vte die unredliche Absicht hatte.

Über betrügerische Doppelv durch einen Erwerber im Zusammenhang mit **Gesamtrechtsnachfolge oder Veräußerung der vten Sache:** Kisch a. a. O. S. 116.

Beim Abschluß durch **mehrere Vmer,** von denen nur einer die Betrugsabsicht hegt, wird im allgemeinen Gesamtnichtigkeit eintreten (Anm. 22 zu § 30; Kisch a. a. O. S. 114), es sei denn, daß eine Doppelv überhaupt nur hinsichtlich jenes einen Vmers vorliegt, z. B. nicht für den Miteigentumsanteil der übrigen Vmer.

Die Absicht muß im **Zeitpunkt des Vertragsabschlusses** gehegt werden. Die nachträgliche Absicht eines Vmers, eine (einfache) Doppelv betrügerisch auszunutzen, macht den Vsvertrag nicht nachträglich nichtig (Kisch a. a. O. S. 114). Dagegen soll es ausreichen, wenn der Vmer beim Abschluß der Doppelv erwartet, daß durch Fallen der Preise Überdeckung eintreten werde (Prölss-Martin[20] Anm. 7 zu § 59, S. 338).

Inhaltlich muß sich die Absicht richten auf die Erlangung — genauer: das Sichverschaffen — eines **rechtswidrigen Vermögensvorteils.**

Der rechtswidrige **Vermögensvorteil** wird beim Vmer regelmäßig bestehen in der Erlangung einer Vsentschädigung entgegen dem schadensvsrechtlichen **Bereicherungsverbot.** Solche Erlangung ist **rechtswidrig,** weil das Bereicherungsverbot den Charakter eines Rechtssatzes besitzt (Anm. 45 vor §§ 49—80); dieser Rechtssatz kommt im Zusammenhang mit der Doppelv in § 59 I klar zum Ausdruck: „im ganzen nicht mehr als den Betrag des Schadens". Die vorhin behandelte Absicht kann trotz des engeren Gesetzeswortlautes nicht nur darauf gerichtet sein, daß der Vmer für sich selbst (oder der Vertreter für den Vmer) die übersetzte Entschädigung anstrebt, sondern der Vmer kann den Vorteil auch für den Vten einer V für fremde Rechnung erwarten — und noch weitergehend — ein Vter kann diese Bereicherung für sich selbst beabsichtigen (vgl. hierzu auch Kisch a. a. O. S. 112—113 und Anm. 47 zu § 51).

Es fragt sich, ob auch **andere Vermögensvorteile** als vsrechtliche Bereicherung im Rahmen des § 59 III in Betracht kommen. In Frage kämen Fälle der Irreführung eines Kreditgebers oder Kaufanwärters hinsichtlich des Grundstückwertes: Die hohe Gesamtvssumme soll einen hohen Wert des Grundstücks vorspiegeln (wofür eine erhebliche Überv noch geeigneter ist: Anm. 47 zu § 51). Solche Betrugsabsicht macht jedoch den Vsvertrag nach § 59 III nicht nichtig (bestritten; a. M. Kisch a. a. O. S. 111—112); die Betrugsabsicht muß sich gegen einen oder mehrere Doppelver richten, nicht gegen außenstehende Dritte.

Die **Beweislast** für das Vorliegen betrügerischer Doppelv trifft den Ver.

[44] bb) Rechtsfolgen.

aaa) Allgemein: Nichtigkeit.

Die betrügerische Doppelv ist gemäß § 59 III nichtig, und zwar jeder in dieser Absicht geschlossene Vertrag. Für jeden der mehrfachen Vsverträge ist die Nichtigkeit **gesondert zu prüfen.** Oft wird erst der zweite Vsververtrag in betrügerischer Absicht genommen, dann ist und bleibt der erste wirksam. Wenn ausnahmsweise schon der erste Abschluß in unredlicher Absicht vorgenommen wird (Anm. 42), so werden durchweg beide Vsverträge nichtig sein. Nur der erste Abschluß wäre nichtig, falls die zweite V — etwa als V für fremde Rechnung — gutgläubig von einem anderen Vmer getätigt wird, bevor der erste Vmer einen beabsichtigten weiteren Abschluß tätigt.

Nichtig ist die **gesamte** betrügerische Doppelv, auch wenn es sich nur um eine partielle Überschneidung handelt (Prölss-Martin[20] Anm. 7 zu § 59, S. 338): Dem Ver kann die Fortsetzung der V mit dem Vmer auch teilweise nicht zugemutet werden (dazu § 139 BGB). Über die Rechtslage bei mehreren Vmern: Anm. 43. Laufen für den Vmer beim gleichen Ver noch andere Vsverträge, so wird deren Gültigkeit durch die betrügerische Doppelv allerdings nicht berührt.

Die Nichtigkeit läßt den **Vsvertrag von Anfang an** unwirksam sein; über die Rechtslage bei betrügerischer Nachv im Wege der Vertragsänderung bei einer der mehr-

III. Rechtsbehandlung der Doppelversicherung §59
Anm. 45

fachen Ven: Anm. 42. Die Nichtigkeit trifft auch gutgläubige Dritte, die auf das Bestehen des Vsschutzes vertrauen (dazu Anm. 48 zu § 51). Nur bei einer betrügerischen Doppelhaftpflichtv, die sich als Pflichtv und speziell als Kraftfahrhaftpflichtv darstellt, wird der geschädigte Dritte im Rahmen des § 158 c II 1 und des § 3 Ziff. 5 Satz 1 PflVG während einer Monatsfrist geschützt. Über den Schutz von Realgläubigern vgl. Anm. 48 zu § 51.

Die Nichtigkeit ist definitiv und wird durch Fortfall der zweiten V nicht beseitigt, insbesondere nicht vermöge der Nichtigkeit auch der zweiten V.

Infolge der Nichtigkeit kann der Ver etwa geleistete Entschädigungen nach Bereicherungsrecht zurückfordern, wobei der Vmer verschärft haftet (§ 819 BGB). Hat der Ver einem Doppelver, dessen Vertrag wirksam ist, Ausgleichungsleistungen nach § 59 II 1 erbracht, so kann er auch diese nach § 812 I 1 BGB zurückfordern. Sind beide Vsverträge nach § 59 III nichtig, und ist vom Vmer die Entschädigung nicht zurückzuerlangen, so kommt im Innenverhältnis der Doppelver eine entsprechende Anwendung des § 59 II 1 in Frage (Ausgleichungspflicht trotz Nichtigkeit aller Ven), und damit entfiele zugleich die Rückforderung eines schon geleisteten Ausgleichungsbetrages.

Kisch a. a. O. S. 118—119 hält die gesetzliche Lösung, wonach der Vsvertrag „nichtig" ist, für dogmatisch bedenklich, weil zwar die Gefahrtragungspflicht des Vers, nicht aber die Prämienzahlungspflicht des Vmers entfällt (dazu Anm. 45). Es handele sich nur um eine Leistungsfreiheit des Vers. Diese Auffassung steht in Widerspruch nicht nur zum klaren Gesetzeswortlaut (auch § 51 III), sondern auch zur Begr. I S. 67—68 und zur Feststellung eines Regierungsvertreters. Nichtigkeit bedeutet hier das gleiche wie im Bürgerlichen Gesetzbuch (Berichte VIII. Kommission: zu §§ 59 und 60 in: Motive zum Vsvertragsgesetz, Berlin 1963, S. 327). In der Tat ergibt sich die Prämienzahlungspflicht des Vmers nicht aus dem (teilweise) fortbestehenden Vsvertrag, sondern aus einem gesetzlichen Schuldverhältnis.

Die Nichtigkeit des § 59 III beruht auf dem Gesetz selbst (§ 134 BGB braucht nicht herangezogen zu werden). Auch ein landesrechtliches Verbot der Mehrfachv (Anm. 48 zu § 58) kann Nichtigkeit eines Vsvertrages zur Folge haben.

Eine Doppelv kann in seltenen Fällen auch wegen Verstoßes gegen die guten Sitten nichtig sein (§ 138 I BGB), z. B. wenn Vmer und Ver einverständlich handeln, um einen Kaufanwärter oder Kreditgeber zu täuschen (Kisch a. a. O. S. 120—121).

Eine Anfechtung eines betrügerischen Doppelvsvertrages wegen arglistiger Täuschung seitens des Vmers (§ 123 I BGB) ist bei Nichtigkeit nach § 59 III unnötig, aber rechtlich nicht ausgeschlossen (vgl. Anm. 48 zu § 51). Allerdings stimmen die Voraussetzungen und Wirkungen nicht völlig überein: So setzt § 123 I BGB voraus, daß der Ver sich hat täuschen lassen, während § 59 III a. E. erkennen läßt, daß es hierauf nicht ankommt. Die Anfechtung muß erklärt werden, die Nichtigkeit tritt ipso jure ein. Vgl. hierzu auch Kisch a. a. O. S. 112, 121, Bericht der VIII. Kommission a. a. O. S. 327.

In dem Abschluß und der Ausnutzung einer betrügerischen Doppelv kann eine unerlaubte Handlung liegen. § 59 III, jedenfalls aber § 263 StGB (Anm. 47) ist Schutzgesetz i. S. des § 823 II BGB, und es kommt auch eine vorsätzlich-sittenwidrige Schadenszufügung gemäß § 826 BGB in Frage (Kisch a. a. O. S. 114, 122).

[45] bbb) Speziell: Prämienschicksal.

Da aus einem nichtigen Vsvertrag kein Prämienanspruch erwachsen kann, muß ein Legalschuldverhältnis vorliegen, wenn § 59 III trotz Nichtigkeit eine Forderung des Vers für den Fall vorsieht, daß er „nicht bei der Schließung des Vertrags von der Nichtigkeit Kenntnis hatte", und zwar eine Geldforderung in Höhe der „Prämie bis zum Schlusse der Vsperiode", in welcher er Kenntnis von der Nichtigkeit erlangt.

Der Ver hat, sofern er von der Nichtigkeit keine Kenntnis hat, seine Gefahrtragungsleistung latent erbracht, vielleicht Rückvsprämien aufgewandt (Anm. 40—45 zu § 1). Diese faktisch erbrachte Leistung kann der Vmer nicht zurückgewähren, muß also nach § 818 II BGB den Wert ersetzen, und dieser Wert entspricht der vereinbarten Prämie. Dieser Wertersatz ist umsomehr gerechtfertigt, als oft eine betrügerische Doppelv nicht offenbar wird oder unbeweisbar ist. Die Zahlungspflicht bis zum Schlusse der Vsperiode entspricht dem (nicht unproblematischen) Grundsatz der Unteilbarkeit der Prämie (Anm. 4, 7 zu § 40), dessen Anwendung hier in der Unredlichkeit des Vmers eine gewisse (poenale) Rechtfertigung findet.

Die Unteilbarkeit gilt für die Vsperiode, in welcher der Ver Kenntnis von der Nichtigkeit erlangt, und diese Kenntnis setzt im einzelnen Kenntnis von der Existenz der Doppelv und von der Betrugsabsicht des Vmers im Zeitpunkt des Vertragsabschlusses voraus. Kennenmüssen genügt nicht, eine Erkundigungspflicht des Vers läßt sich nicht annehmen.

Der Anspruch des Vers entfällt völlig, wenn ein Ver schon bei der Schließung des Vertrags Kenntnis von der Nichtigkeit (also Doppelv, Betrugsabsicht des Vmers) hat.

Die Beweislast ist so zu verteilen, daß dem auf Prämie klagenden Ver die Kenntnis nachgewiesen werden muß (Kisch a. a. O. S. 118).

[46] cc) Unabdingbarkeit.

In § 68a ist § 59 nicht für relativ zwingend erklärt worden, aber § 59 III, der die Nichtigkeitsfolge normiert, gehört zu den absolut zwingenden Bestimmungen (Einl. Anm. 46), und eine betrügerische Doppelv ist auch in jenen Vsszweigen nichtig, für welche die Beschränkungen der Vertragsfreiheit außer Anwendung bleiben, insbesondere in der Transport- und Kreditv (§ 187 I). Auch eine laufende V ist als betrügerische Doppelv nichtig (§ 187 II), jedenfalls wenn schon bei Abschluß des Gesamtvertrages die betrügerische Absicht obwaltete. Man wird darüber hinaus § 59 III entsprechend anwenden müssen, wenn bei einer einzelnen Deklaration der Vmer in der Absicht handelt, sich durch eine Doppelv einen rechtswidrigen Vermögensvorteil zu verschaffen, und diese entsprechende Anwendung hat von der Deklaration an (ex nunc) die Folge, den gesamten Vsvertrag zu vernichten.

§ 59 I, II ist nicht zwingend; es ist also sowohl im Außen- als auch im Innenverhältnis eine vom Gesetz abweichende Regelung statthaft, insbesondere durch Subsidiaritätsvereinbarungen (darüber Anm. 48—54).

[47] b) Strafrecht.

Die betrügerische Doppelv ist nicht kraft einer Sondernorm strafbar, sie unterfällt auch nicht dem Tatbestand des Vsbetruges, der eine vorsätzliche Herbeiführung bestimmter Vsfälle voraussetzt (§ 265 StGB). Wer übrigens nach Abschluß einer zivilrechtlich nichtigen betrügerischen Doppelv in betrügerischer Absicht die feuervte Sache in Brand setzt oder das transportvte Schiff sinken oder stranden macht, kann sich nicht darauf berufen, die Doppelven seien nichtig, und es bestehe dieserhalb kein Vsschutz, die Sache, das Schiff seien unvert.

Wie bei der betrügerischen Überv (Anm. 51 zu § 51) ist auf den allgemeinen Betrugstatbestand (§ 263 I—III StGB) zurückzugreifen, und hier wie dort taucht die Streitfrage auf, ob eine Vermögensbeschädigung, also ein vollendeter Betrug schon gegeben ist, wenn der Vmer die betrügerische Doppelv abschließt, also ein Vsfall noch nicht eingetreten ist. Da die faktische Gefahrtragung eine geldeswerte Leistung der Doppelver darstellt, liegt in der Tat ein vollendeter (nicht nur ein versuchter) Betrug vor. Wenn allerdings die Ver bei der Schließung der Verträge von der Doppelv Kenntnis haben, tragen sie faktisch keine Gefahr (ihnen gebührt ja auch keine Prämie: Anm. 45). Will man — unter Ablehnung der Gefahrtragungstheorie — einen Schaden der Ver noch nicht anerkennen, so gewinnt vom mindesten jene heute herrschende Auffassung Bedeutung, wonach eine Vermögensgefährdung bereits einen Vermögensschaden bedeutet (Entstehung einer aktuellen Verlustmöglichkeit als Schaden), vgl. Möller, Summen- und Einzelschaden, Hamburg 1937, S. 67—75, BGH 20. VII. 1966 NJW 1966 S. 1975—1976- Vsschutz als Vermögenswert, Notwendigkeit konkreter Gefährdung).

Zivilrechtlich gehört zur sogen. betrügerischen Doppelv nur die Absicht, sich einen rechtswidrigen Vermögensvorteil zu verschaffen, nicht die Irreführung des Vers „durch Vorspiegelung falscher oder durch Entstellung oder Unterdrückung wahrer Tatsachen" (§ 263 I StGB). Kisch a. a. O. S. 119—120 weist auf die sich daraus ergebenden Unterschiede zwischen den Voraussetzungen zivilrechtlicher Nichtigkeit und strafbaren

IV. Subsidiarität von Versicherungen **§ 59**
Anm. 48, 49

Betruges hin. Wer z. B. eine erste Vollwertv abschließt in der Absicht, sich durch Hinzunahme einer zweiten V einen rechtswidrigen Vermögensvorteil zu verschaffen, erregt bei Abschluß der ersten V keinen Irrtum. Erst bei Abschluß der zweiten V kann von einer Irreführung dann die Rede sein, wenn die Obliegenheit zur Mitteilung der mehrfachen V verletzt wird (§ 58).

[48] IV. Subsidiarität von Versicherungen.
1. Zulässigkeit.
a) Zivilrechtliche Zulässigkeit.

§ 59 I, II ist nicht zwingend. Deshalb ist die extern-gesamtschuldnerische Haftung von Doppelvern ebenso abdingbar wie die interne Ausgleichungspflicht. Altbekannt ist das Streben von Vern, einer anderen vorhandenen V den Vortritt zu lassen. Dort wo im Ausland das Prioritätsprinzip (Anm. 15, 38) gilt, ist sogar von Gesetzes wegen eine bestimmte Subsidiarität (hier: der späteren V) vorgesehen.

Die zivilrechtliche Zulässigkeit von Subsidiaritätsvereinbarungen folgt daraus, daß im Vsvertrag die vten Beziehungen (Interessen), die vten Gefahren und Schäden frei vereinbart werden können, so daß z. B. anderweitig vte Sachinteressen aus dem Vsschutz herausgenommen werden können, unter der Voraussetzung, daß auch die vten Gefahren und Schäden sich in concreto überdecken. Das rechtstechnische Mittel, kraft dessen die Subsidiarität erreicht wird, kann demzufolge sein die Ausschlußklausel sein, ebenso aber auch eine (aufschiebende oder auflösende) Bedingung des ganzen Vsvertrages (RG 1. X. 1930 RGZ Bd 130 S. 49, 25. VI. 1943 DR 1943 S. 1236—1237) oder doch des Vsschutzes, der Gefahrtragung des Vers. Wird dem Vmer eine Verhaltensnorm auferlegt, z. B. in Gestalt des Verbotes der Doppelv, so wird es sich selten um eine echte Rechtspflicht, regelmäßig vielmehr um eine Obliegenheit handeln, und dadurch kommen die zwingenden Vorschriften des Obliegenheitenrechtes zur Anwendung, insbesondere das Verschuldensprinzip (vgl. Anm. 48 zu § 58). Wird der rechtstechnische Weg einer Ausschlußklausel oder Bedingung gewählt, so ist es nicht angängig, darin eine verhüllte Obliegenheit zu erblicken (so aber Ehrenzweig S. 175, 242) und auf diesem Wege das Verschuldenserfordernis einzuführen. Auch vermöge einer Regelung der Vsdauer, z. B. des Ruhens von Vsschutz, kann die Subsidiarität erreicht werden. Schließlich ist es angängig, daß ein (zweiter) Ver die Haftung gegenüber dem Vmer mit der Maßgabe übernimmt, daß dieser seinen Anspruch gegen den ersten Ver an ihn abtritt (Kisch a. a. O. S. 163 Anm. 7, 84—87).

Möglich ist es auch, anstelle der gesetzlichen Regelung oder einer vertraglichen Subsidiarität die vertragliche Geltung einer pro-rata-Haftung vorzusehen: Ritter-Abraham Anm. 29 zu § 10, S. 260, RG 23. IX. 1899 RGZ Bd 44 S. 32:

„Sind die vten Gegenstände, sei es im einzelnen oder im ganzen, noch anderswo vert..., so wird der Schade pro rata vergütet."

Enthält nur eine von zwei zusammentreffenden Ven diese Klausel, so haftet extern gesamtschuldnerisch der eine Ver voll, der andere zur Hälfte. Intern kann der pro-rata-haftende Ver zur Ausgleichung wohl so herangezogen werden, als wenn auch der andere Ver nur ratierlich haften würde. In der Feuerv ist solcher pro-rata-Haftung die aufsichtsbehördliche Genehmigung versagt worden (VA 1929 S. 134, 140, dazu Raiser Anm. 29—31 zu § 10, S. 282—283).

[49] b) Aufsichtsrechtliche Zulässigkeit.

Schon das frühere RAA (VA 1924 S. 60, 1925 S. 46, 1929 S. 84) und bestätigend das Zonenamt (VA 1947 S. 4) haben stets betont, „daß Vsbedingungen keine Vereinbarungen enthalten dürfen, nach denen der Ver nicht haftet, wenn bereits ein anderer Ver die Haftung für das betreffende Wagnis übernommen hat..." (dazu Prölss-Schmidt-Sasse VAG[7] Anm. 10 zu § 81 VAG, S. 799). Gegen Subsidiaritätsklauseln vom Aufsichtsstandpunkte auch Knoerrich-Dreger VA 1966 S. 179.

Die Aufsichtspraxis duldet jedoch zahlreiche Durchbrechungen dieser Regel, wie besonders die in Anm. 52 angeführten Beispiele aufsichtsbehördlich genehmigter Klauseln zeigen. Zivilrechtlich sind auch Subsidiaritätsabreden wirksam, welche aufsichtsrechtlich verboten sind. Ein betroffener Vmer kann hier allenfalls den Weg beschreiten, sich beschwerdeführend an das BAA zu wenden, welches möglicherweise den Ver veranlaßt, sich auf die Subsidiarität nicht zu berufen.

[50] 2. Erscheinungsformen.

Subsidiaritätsvereinbarungen kommen in vielfältigen Erscheinungsformen vor.

Formell kann man unterscheiden, ob sich die Subsidiaritätsvereinbarung in allgemeinen oder besonderen Vsbedingungen findet. Man spricht aber von Subsidiaritätsklauseln nicht nur im Falle besonderer Vsbedingungen. Die aufsichtsrechtlichen Bedenken (Anm. 49) richten sich auch gegen im Einzelfall getroffene Vereinbarungen.

Subsidiaritätsabreden können sich beziehen auf alle anderweitigen Ven, oder auf früher abgeschlossene oder auf später abgeschlossene Ven (gelten später abgeschlossene Ven als subsidiär, so herrscht das Prioritätsprinzip).

Die Subsidiarität kann derart geregelt sein, daß der subsidiäre Vsvertrag/Vsschutz bei Bestehen einer anderweitigen V endgültig erlischt oder nur ruht und bei Wegfall der anderweitigen V wiederauflebt.

Bei „uneingeschränkter" Subsidiarität kommt es schlechthin auf das Bestehen einer anderweitigen V für dasselbe Risiko an. Bei eingeschränkter Subsidiarität kann die Einschränkung in verschiedener Richtung liegen:

Es kann in der Subsidiaritätsabrede darauf abgehoben werden, ob die anderweitige V (nicht nur besteht, sondern effektiven) Vsschutz, Deckung gewährt, wobei näher gesagt werden kann, wann die subsidiäre V dennoch — aushelfend — eintreten soll, z. B. bei Konkurs des vorangehenden Vers, bei Zahlungsunfähigkeit, bei Nichterlangbarkeit der Vsleistung, möglicherweise schon bei Leistungsverweigerung oder Leistungsverzug. Zuweilen muß ein subsidiärer Ver sogar eintreten, wenn der vorangehende Ver leistungsfrei ist wegen Verletzung einer Rechtspflicht oder Obliegenheit durch den Vmer.

Die Subsidiarität ist auch dann — summenmäßig — eingeschränkt, wenn Vsschutz nur gewährt werden soll für Schäden, die einen gewissen Umfang überschreiten (Ergänzungs- oder Exzedentenv: Anm. 21 zu § 58).

Die Subsidiarität kann auch insofern eingeschränkt sein, als es darauf ankommen soll, ob eine bestimmte Art anderweitiger V vorliegt, z. B. eine Transport- oder eine Feuerv oder eine V für fremde Rechnung oder eine Außenv.

Prölss-Martin[20] Anm. 6 zu § 59, S. 337—338 wollen einfache und qualifizierte Subsidiaritätsabreden unterscheiden. Erstere „schließen Entschädigung aus, wenn und soweit der Vmer ... Entschädigung aus einem anderen Vsvertrag verlangen kann". „Qualifizierte Subsidiaritätsabreden schließen Entschädigung für bestimmte Gefahren oder Sachen generell aus ..., auch soweit aus dem anderen Vertrag ... nichts zu zahlen ist". Die Abgrenzung ist nicht deutlich, Prölss-Martin sprechen von einer „schwierigen Auslegungsfrage". Im ganzen dürfte die qualifizierte Subsidiarität, die zur Prämienersparnis dienen könne, identisch sein mit der hier als uneingeschränkte Subsidiarität bezeichneten Erscheinungsform.

Bei Überseekaufverträgen sorgen subsidiäre Schutzklauseln (Anm. 21 zu § 58) nicht nur für den Fall vor, daß eine vom Kaufvertragspartner besorgte (meistens überseeische) V nicht sogleich realisierbar ist (Cif-Schutzklausel), sondern auch für solche Fälle wird zuweilen Transport- (und nicht Kredit-)Vsschutz versprochen, in denen der gefahrbelastete Fobkäufer den fälligen Kaufpreis vertragswidrig nicht begleicht und der Verkäufer die Zahlung nicht erzwingen kann (Export-Schutzklausel). Letzterenfalls ist der Vsschutz nicht subsidiär im Verhältnis zu einer anderen Vsforderung, sondern zu der Kaufpreisforderung des Exporteurs.

[51] 3. Grenzgebilde.

Die Export-Schutzklausel (Anm. 50) steht auf der Grenze zur echten Subsidiarität, welche das Nebeneinander von (mindestens) zwei — wenigstens zum Teil gleichartigen — Ven voraussetzt und dabei doch jene Koordination und Gleichstufigkeit beseitigt, welche im Rahmen der §§ 58, 59 I, II den Normalfall kennzeichnen (Anm. 21 zu § 58).

An der Koordination und Gleichstufigkeit zweier Ven fehlt es auch, wenn neben einen Ver ein Zweitschuldner tritt, der ein Darlehen für die Zeit verspricht, in der die Abwicklung eines Vsfalls noch schwebt (Anm. 21 zu § 58), ferner wenn eine Kreditv für den Fall der Insolvenz eines primär haftenden Vers gewährt wird, schließlich wenn zwei Ver zwar nach außen hin als Gesamtschuldner haften, intern jedoch die Ausgleichungspflicht — vom Gesetz abweichend — in dem Sinne geregelt ist, daß ein bestimmter Ver primär haftet (Anm. 37). Über den Fall, daß extern im Falle der Doppelv pro-rata-Haftung Platz greifen soll, vgl. Anm. 16 a. E., Anm. 48 a. E.

Es gibt auch Fälle, in denen ein Vsschutz bereits versagt, wenn nur die Möglichkeit oder doch die Übung besteht, ein Risiko anderweitig zu vern (mag auch von dieser Möglichkeit in concreto kein Gebrauch gemacht worden sein, so daß der Vmer gleichsam „zwischen zwei Stühlen sitzt"). Über Quasi-Vmer vgl. auch Sieg VersR 1976 S. 105 bis 106. In § 5 SVS heißt es:

„Ausgeschlossen von der V sind:
1. ...
   B. a) bei Verkehrsverträgen in der See- und Binnenschiffahrtsspedition,
      b) bei Transportleistungen des Spediteurs, die er selbst als Güterfernverkehrsunternehmer mit Kraftwagen ausführt oder durch dritte Güterfernverkehrsunternehmer gemäß Güterkraftverkehrsgesetz (GüKG) und Kraft-Verkehrs-Ordnung (KVO) ausführen läßt,
      c) bei Transporten, soweit sie nicht den innerdeutschen Verkehr betreffen,
   a—c) alle Gefahren, welche durch eine Transportversicherung allgemein üblicher Art hätten gedeckt werden können oder nach den herrschenden Gepflogenheiten sorgfältiger Kaufleute über eine Transportversicherung allgemein üblicher Art hinaus gedeckt werden. Sollte dagegen eine ordnungsgemäß geschlossene Transportversicherung durch eine fehlerhafte Maßnahme des Spediteurs unwirksam werden, dann fällt diese Gefahr unter die Haftung der Versicherer.

      Schäden, die in der Verantwortung des Güterfernverkehrsunternehmens entstehen, können jedoch, soweit sie auf die KVO-Versicherung entfallen, auch bei den SVS-Versicherern gemeldet werden. Die SVS-Versicherer verpflichten sich alsdann, die Schadensregulierung mit den KVO-Versicherern für den Anspruchsberechtigten durchzuführen.

   C. alle Gefahren, welche bei Lagerverträgen durch eine Lagerversicherung (d. i. insbes. Versicherung gegen Feuer-, Einbruchdiebstahl- und Leitungswasserschäden) gedeckt sind oder durch eine Lagerversicherung allgemein üblicher Art hätten gedeckt werden können oder nach den herrschenden Gepflogenheiten sorgfältiger Kaufleute über den Rahmen einer Lagerversicherung allgemein üblicher Art hinaus gedeckt werden, es sei denn, daß eine ordnungsgemäß geschlossene Versicherung durch fehlerhafte Maßnahmen des Spediteurs unwirksam wird. Unter Lagerverträgen im Sinne dieser Bestimmung sind nicht Vor-, Zwischen- und Nachlagerungen zu verstehen."

Eine Wiederannäherung an die echte Subsidiarität ergibt sich dann, wenn ein Zweitschuldner, der — wie vorhin erwähnt — ein „Überbrückungsdarlehen" verspricht, seinerseits ein Ver ist und obendrein auf die Rückzahlung des Darlehens dann verzichtet, wenn sich die primäre Vsforderung als unrealisierbar erweist. Solches Darlehen ohne unbedingte Rückzahlungspflicht stellt sich in Wahrheit als Gewährung von Vsschutz heraus, mit eingeschränkter Subsidiarität.

Über das Schicksal der primären Vsforderung, insbesondere über die Möglichkeit einer Abtretung an den subsidiär Haftenden vgl. Anm. 53.

Eine der Subsidiarität ähnliche Rechtsfigur findet sich in § 4 III AUB im Blick auf die Fluggastunfallgefahr. Hier wird gemäß lit. b der Vsschutz nur mit gesamtheitlich limitierten Vssummen gewährt, z. B. 300 000,— DM für den Todesfall, und es heißt:

„Laufen für die vte Person bei demselben Ver oder anderen in der Bundesrepublik Deutschland oder nur im Land Berlin zugelassenen Vern weitere Unfallven, so gelten diese Höchstbeträge für alle Ven zusammen."

Da es sich um zwei (oder mehr) Summenven handelt, müßte an und für sich jeder Unfallver die volle Vssumme leisten, z. B. bei entsprechender Vereinbarung A 400 000,— DM, B 200 000,— DM. Angesichts der Limitierung auf 300 000,— DM hat A jedenfalls nie mehr als diesen Betrag zu leisten. Angesichts der gesamtheitlichen Maximierung wird zwar nicht einem der konkurrierenden Ven der volle Vortritt gelassen, aber jede der Leistungen ist mit Rücksicht auf die andere Leistung letztlich intern zu reduzieren. Analog § 59 I haften A und B zwar im Außenverhältnis in Höhe von insgesamt 300 000,— DM, der Berechtigte könnte also z. B. von A volle 300 000,— DM fordern, oder von A und B je 150 000,— DM. Analog § 59 II 1 bestehen jedoch im Innenverhältnis Ausgleichungsansprüche, aber es hat nicht A 200 000,— DM, B 100 000,— DM zu tragen (so Wussow AUB[4] Anm. 15—16 zu § 4, S. 120—122), sondern A 180 000,— DM, B 120 000,— DM.

Schließlich sei angemerkt, daß man von Subsidiär- oder Differenzven in einer anderen Bedeutung auch dann spricht, wenn ein Vmer zunächst darauf angewiesen ist, Ersatzansprüche gegen Dritte geltend zu machen, so daß der Vsschutz nur Platz greift, soweit auf diese Weise der Vmer unbefriedigt bleibt (Sieg Anm. 49 zu § 67).

[52] 4. Klauselbeispiele.

Im Wege der Ausschlußklausel wird die Subsidiarität verabredet, wenn in der Feuerv entsprechend Empfehlungen des Feuerfachausschusses in den Richtlinien über das Zusammentreffen von Fremd- und Außenv (Abdruck: Anm. 34) folgende Klauseln (mit beschränkter Subsidiarität) vereinbart werden:

„Gebrauchsgegenstände Betriebsangehöriger sind ... nur insoweit vert, als keine Entschädigung aus einer anderen V verlangt werden kann" oder
„Die von den Hotelgästen in das Hotel eingebrachten Gegenstände sind ... insoweit vert, als keine Entschädigung aus einer anderweitigen V erlangt werden kann."

Ferner gehört hierher die von Martin VersR 1973 S. 692 erwähnte verbreitete Ausschlußklausel zur Hausratv:

„Die durch eine besondere Juwelen-, Schmuck- und Pelzsachen-V vten Gegenstände sind von der Hausratv ausgeschlossen."

Dieser — im übrigen nicht beschränkte — Ausschluß gilt selbstverständlich nur, sofern die spezielle V die gleichen Gefahren deckt wie die Hausratv.

Schließlich sei die von Fall zu Fall zu vereinbarende Klausel 4.02 der Feuerv (VA 1970 S. 13—14, Handbuch der Feuerv D 19) angeführt, wonach eine von einem Spediteur genommene Feuerv für eigene und/oder fremde Rechnung gilt. In Abs. 2c) heißt es:

„Nicht gedeckt durch diese V sind: ....

c) Gegenstände, soweit für sie im Schadenfall Deckung durch eine Transport- oder eine Sonder- (spezielle) Feuerv besteht, es sei denn, daß der Vmer auf Grund gesetzlicher Haftpflichtbestimmungen privatrechtlichen Inhalts ersatzpflichtig ist und weder Deckung durch eine Betriebshaftpflichtv besteht noch das Feuer-Regreßverzichtsabkommen Anwendung findet. Besteht hiernach Vsschutz, so gilt die V allein für Rechnung des Vmers.
Unter einer Sonder- (speziellen) Feuerv ist eine V zu verstehen, die den einzelnen Warenposten oder Gegenstand nach Art, Maß, Zahl, Gewicht und / oder bestimmten Merkmalen genau bezeichnet, sowie jede von den Eigentümern der Ware selbst oder in ihrem Auftrage von Dritten genommene V.
Kommt die Deckung durch diesen Vertrag deshalb zum Zuge, weil ein Transport- oder Sonder- (spezieller) Feuerver die Deckung verweigert, so kann der Ver vor Auszahlung der Entschädigung verlangen, daß ihm der Vmer sowie dessen Auftraggeber ihre Ansprüche gegen die genannten Ver abtreten und sich schriftlich verpflichten, auf Anforderung der Ver im eigenen Namen die Ersatzpflichtigen wegen Schadenersatzes in Anspruch zu nehmen, wenn es erforderlich sein sollte, auch im Wege des Prozesses mit Ermächtigung, für Rechnung und nach Anleitung der Ver."

IV. Subsidiarität von Versicherungen §59
Anm. 52

Interessant ist hier die Variante, daß die subsidiäre Feuerv möglicherweise zur Haftpflichtv des Spediteurs „umfunktioniert" wird. Der Klausel 4.02 der Feuerv steht die Klausel Nr. 23 der Einbruchdiebstahlv (VA 1968 S. 151—152) nahe.

Die bisher zitierten Klauseln beziehen sich auf die vten Sachen/Gegenstände (Interessen, Beziehungen). Zuweilen wird aber auch die vte Gefahr in den Vordergrund gerückt, z. B. in der Binnentransportv durch § 2 I e ADB:

„Ausgeschlossen sind folgende Gefahren: ...

e) diejenigen Gefahren, gegen welche die Güter anderweitig vert wurden (z. B. Feuer); der Vmer ist verpflichtet, dem Ver auf Verlangen alle ihm über die anderweitige V zur Verfügung stehenden Nachweise zu liefern."

Nach ihrem Wortlaut ist diese Subsidiarität von der effektiven Leistung des anderweitigen Vers unabhängig; Prölss-Martin[20] Anm. 4 zu § 2 ADB, S. 640 heben hervor, daß die Wirkung der Klausel nicht dadurch entfällt, „daß der andere Ver nach dem Vsfall leistungsfrei wird."

Nach § 9 Allgemeine Bedingungen für die V von Musterkollektionen gilt über das:
„Verhältnis zu bestehenden Ven.
Sind die vten Gegenstände gegen einzelne Gefahren, wie Feuer, Einbruch-Diebstahl usw. anderweitig vert, so gehen diese Ven voran."

Nach dem Wortlaut gilt diese Klausel nur im Verhältnis zu älteren Ven, nicht zu nachfolgenden Ven.

Auf die vten Schäden stellt folgende Klausel aus der Valorenv ab, die (mit beschränkter Subsidiarität) in § 2 III Allgemeine Bedingungen für die V von Juwelen, Schmuck- und Pelzsachen in Privatbesitz besagt:

„Der Ver haftet ferner nicht, soweit für die vom Schaden betroffenen Sachen aus Feuer-, Einbruchdiebstahl-, Reisegepäck- oder anderen Ven Entschädigung erlangt werden kann."

Die Subsidiarität ist dreifach beschränkt; der Vsschutz soll nämlich dennoch Platz greifen im Falle der Nichterlangbarkeit, bei Zusammentreffen von zwei Valorenven und hinsichtlich des Exzedenten („soweit").

Auch die Montagev geht von vten Schäden aus in § 16 AMoB (VA 1972 S. 82):

„Der Ver leistet keine Entschädigung, soweit für den Schaden eine Leistung aus einem anderen Vsvertrag des Vmers oder eines Vten beansprucht werden kann."

Hierzu vgl. Martin, Montagev, München 1972, S. 144—151, der den Begriff des „anderen" Vsvertrages so weit interpretiert, daß eine Schadensv jeder Art, auch eine Haftpflichtv der Montagev vorangehen soll.

In der Passivenv, welche gegen Entstehung notwendiger Aufwendungen genommen wird, entsprechen den Schäden die Kosten. § 8 VI Abs. 3a Satz 1, 2 AUB sieht eine (beschränkte) Subsidiarität einer Einzel-Unfallheilkostenv vor:

„Bei gleichzeitigem Bestehen einer Einzel-Krankheitskostenv und einer Einzel-Unfallheilkostenv wird Heilkostenersatz im Rahmen der Unfallv nur insoweit gewährt, als der Krankenver seine vertraglichen Leistungen voll erfüllt hat und diese zur Deckung der entstandenen Kosten nicht ausgereicht haben. Ist der Krankenver leistungsfrei oder bestreitet er seine Leistungspflicht, so kann der Vmer sich unmittelbar an den Unfallver halten."

Die Subsidiarität der Unfallv greift nur im Verhältnis zu einer Einzel-Krankheitskostenv Platz, auch bei Bestreiten der Leistungspflicht und bei Leistungsfreiheit des Krankenvers, und für den Exzedenten bleibt der Unfallver leistungspflichtig. Dazu auch Wussow AUB[4] Anm. 19 zu § 8, S. 175—176, ferner Anonym VW 1955 S. 30.

Umgekehrt sind auch die Krankenver bestrebt, nur subsidiär zu haften. So im Verhältnis zur gesetzlichen Unfall- oder Rentenv § 5 IV MBKK (bei Wriede in: Bruck-Möller-Wriede K 36) und § 6 III a Grundbedingungen (ebendort K 25, 30), im Verhältnis zur privaten Unfallv § 11 III 1, IV Normativbedingungen (ebendort K 18):

„Liegt ein Unfall vor, so tritt eine Leistungspflicht der Gesellschaft nicht ein, soweit Vsschutz bei einer Unfallv besteht. ...
Die Verpflichtung der Gesellschaft zum Ersatze solcher Ansprüche, die ein Vmer auf Grund einer gesetzlichen Zwangsv bei deren Träger (z. B. Berufsgenossenschaft) geltend machen kann, tritt erst ein, wenn die Zwangsv die von ihr beanspruchten Leistungen entweder bereits gewährt oder rechtskräftig abgelehnt hat."

Eine **Bedingung** des Vsvertrages beinhaltet die bei Homann a. a. O. S. 19 wiedergegebene Klausel:
„Diese V soll nicht gelten, falls die Sache anderweitig vert ist."

Ein **Ruhen** der V sieht die bei Vogel ZVersWiss 1973 S. 565 zitierte Klausel vor:
„Diese V ruht, wenn der Vte im Laufe der V die vten Gegenstände noch anderweitig vert."

Diese Vereinbarung bezieht sich nur auf nachträglich hinzutretende Ven.

Atypische Subsidiaritätsvereinbarungen besagen z. B., daß anderweitige Vsverträge „vor diesem Vertrage den Vorzug" haben (OLG Stettin 31. III. 1927 JRPV 1927 S. 292—293). Unjuristisch ist es, wenn es heißt, gewisse anderweitige Ven seien „unwirksam". Vgl. die Klauseln in OLG Hamburg 6. III. 1915 VA 1915 Anh. S. 48—49 Nr. 884, bei Ritter-Abraham Anm. 29 zu § 10, S. 259—260, Anm. 27 zu § 88, S. 1076 bis 1077, Vogel ZVersWiss 1973 S. 563—567.

[53] 5. Rechtsbehandlung.
Subsidiaritätsvereinbarungen bringen eine Abweichung vom Gesetzesrecht mit sich, überdies eine solche zum Nachteil des Vmers, für den die im Gesetz vorgesehene gesamtschuldnerische Haftung der Doppelver eine optimale Regelung bedeutet. Deshalb sind Subsidiaritätsabreden, wenn unklar, eng auszulegen, z. B. zur Frage, wann die zweite V abgeschlossen sein muß (hierzu RG 18. II. 1913 Mitt 1913 S. 288—289, Kümmerlein ZHR 98. Bd S. 380—381), und in der Tendenz, möglichst zu eingeschränkter Subsidiarität zu gelangen: Vsschutz durch die subsidiäre V bei **Nichtdeckung** durch die primäre V und speziell bei nicht ausreichender Deckung durch die primäre V. Diese Auslegungsregeln verkennt Martin VersR 1973 S. 691—693, indem er eindeutige Klauseln extensiv anwendet, z. B. hinsichtlich der notwendigen Zeitfolge der Ven, oder indem er einer anderweitigen V „gegen einzelne Gefahren" auch eine V mit Allgefahrendeckung gleichstellt.

Meistens hat die Subsidiarität einer V keinen unmittelbaren Einfluß auf die **Prämienhöhe**. Der subsidiär haftende Ver kann allenfalls geltendmachen, daß er bei seiner allgemeinen Prämienkalkulation generell die Fälle nur subsidiärer Haftung mitberücksichtige. Allerdings entfällt ausnahmsweise eine Prämienzahlungspflicht dann, wenn das gesamte Vsverhältnis aufschiebend bedingt ist durch die Nichtexistenz anderweitigen Vsschutzes, oder wenn es auflösend bedingt ist durch das Existentwerden solchen Vsschutzes. Auch dann wirkt sich die Subsidiarität aus, wenn z. B. bei einer Hausratv die durch eine besondere Juwelen-, Schmuck- und Pelzwaren-V vten Gegenstände ausgeschlossen sind und wenn daraufhin die Vssumme für die Hausratv herabgesetzt wird. In solchen Fällen kann und muß die Prämienproblematik bei der Auslegung der Subsidiaritätsvereinbarung berücksichtigt werden.

Eine **Sonderregelung** des Prämienproblems kennt § 8 VI Abs. 3a Satz 3, 4 AUB:
„Sobald der Unfallver von dem Zusammentreffen einer Einzel-Krankheitskosten- und einer Einzel-Unfallheilkostenv Kenntnis erhalten hat, wird der anteilige Beitrag für die Unfallheilkostenv vom nächsten Monatsersten an auf die Hälfte herabgesetzt. Der Unfallver hat den zuviel gezahlten Beitrag zurückzuerstatten."

Fehlt es an solcher Fallgestaltung, so ist — besonders bei Ausschlußklauseln — die Prämie trotz der Subsidiarität voll zu zahlen; es liegt insbesondere kein Fall des Interesse- oder Gefahrenmangels (§ 68) vor (vgl. hierzu auch Sieg Anm. 26 zu § 68).

IV. Subsidiarität von Versicherungen § 59
Anm. 54

Eine nur subsidiäre V verhindert das Entstehen einer mehrfachen und (Doppel-)V. Da es an einem Nebeneinander der Deckungen fehlt, entfällt auch die Mitteilungsobliegenheit des § 58 (Anm. 21 zu § 58). Der subsidiär haftende Ver legt zuweilen sogar Wert darauf, daß dem primären Ver seine hilfsweise Mithaftung nicht bekannt wird. Die Export-Schutzklausel (Anm. 21 zu § 58) verpflichtet den Vmer — bei Meidung der Leistungsfreiheit — „keinem Dritten von dieser V Kenntnis zu geben." Über die Anwendbarkeit des § 60 bei Subsidiarität: Anm. 5 zu § 60.

Ist die Subsidiarität dergestalt eingeschränkt, daß der subsidiär haftende Ver eintreten muß bei Zahlungsunfähigkeit oder Leistungsverweigerung des primären Vers (Anm. 50), so wird er Wert darauf legen, sich — wenn möglich — beim primären Ver doch noch zu „erholen", also gegen ihn Rückgriff zu nehmen, sei es auch nur in Höhe einer Konkurs- oder Vergleichsquote oder nach Führung eines langwierigen und kostspieligen Deckungsprozesses. Hier handelt es sich nicht um die interne Ausgleichung zwischen Doppelvern (Kisch a. a. O. S. 163 Anm. 7). Solcher Rückgriff ist wohl auch nicht über § 67 I 1 möglich, da diese Vorschrift Ansprüche gegen Dritte voraussetzen dürfte, die keine Ver sind (vgl. allerdings Sieg Anm. 35 zu § 67). Jedenfalls aber sehen die Subsidiaritätsklauseln zuweilen eine Abtretung der primären Vsforderung an den Subsidiärver vor, zuweilen offen, zuweilen aber auch als verdeckte (stille) Zession, bei welcher nach außen der Vmer ermächtigt und verpflichtet ist, die Vsforderung gegen den primären Ver beizutreiben, im Prozeß im Wege der Prozeßstandschaft.

Solche Abtretung wird auch dann vorgesehen, wenn der vorleistende Ver nur ein „Darlehen" zur Verfügung stellt, oft mit der Maßgabe, daß es nicht zurückgezahlt zu werden braucht, sofern die (abgetretene) primäre Vsforderung unrealisierbar ist (dazu Anm. 51, ferner Anm. 21 zu § 58).

Zur Beweislast bei subsidiärer V: RAA VA 1911 S. 225.

Über einen Fall bloßer Beantragung einer anderweitigen V: KG 8. XI. 1922 VA 1923 Anh. S. 85—86 Nr. 1340.

[54] 6. Kollisionsfälle.

Besonders in kaufmännischen Vszweigen, aber auch z. B. im Verhältnis von Krankheits- und Unfallheilkostenven kommt es vor, daß zwei Subsidiaritätsklauseln zusammentreffen, jeder Ver läßt dem anderen den Vortritt. In diesem Falle wurde früher oft sehr schnell im Interesse des Vmers die Faustregel angewendet, daß die sich kreuzenden Regelungen sich gegenseitig aufhöben, so daß die Ver als Doppelver gesamtschuldnerisch nach Maßgabe des § 59 I, II hafteten. In diesem Sinne Homann a. a. O. S. 19—24, 37, von Jordan VersR 1973 S. 396—397, Kisch a. a. O. S. 87—88, Weingarten VW 1966 S. 614—615, OLG Düsseldorf 18. X. 1960 VersR 1961 S. 115 (a. E.), LG Hamburg 6. III. 1942 HansRGZ 1942 B Sp. 201—207 = Sasse Nr. 726. Vgl. auch Moldenhauer LZ 1909 Sp. 44—46, der allerdings im Einzelfall im Wege der Auslegung zum Vorrang einer der Ven kommt. Undeutlich Ehrenzweig S. 242 Anm. 12.

Neuerdings bemüht man sich primär um eine dem konkreten Kollisionsfall gerecht werdende spezielle Lösung und wendet auch bei Ergebnislosigkeit solcher Bemühung nicht ohne weiteres die oben erwähnte Faustregel an, wonach die sich kreuzenden Subsidiaritätsvereinbarungen unwirksam sind. Vorgeschlagen werden vielmehr folgende Ergebnisse:

Prölss-Martin[20] Anm. 6 zu § 59, S. 337—338 meinen, unter besonderer Berücksichtigung von laufenden Ven (Generalverträgen) (und im Anschluß an Martin VersR 1973 S. 691—699):

„Treffen zwei qualifizierte Subsidiaritätsabreden zusammen (selten), so haftet keiner der beiden Ver ... Trifft eine qualifizierte mit einer einfachen Subsidiaritätsabrede zusammen, so hat erstere ohne Rücksicht auf die zeitliche Reihenfolge Vorrang ... Treffen zwei einfache Subsidiaritätsabreden zusammen, so" hat „die zeitlich spätere Abrede ... Vorrang, so daß allein aus dem früheren Vertrag gehaftet wird ... Bei Generalverträgen mit obligatorischer Anmeldung entscheidet das Datum des Generalvertrages, bei fakultativer Anmeldung ... deren Datum."

§ 59
Anm. 54

IV. Subsidiarität von Versicherungen

Über den schillernden Begriff der qualifizierten und einfachen Subsidiaritätsabrede vgl. schon Anm. 50.

Vogel ZVersWiss 1973 S. 568—579 meint:

„Es gibt Fälle, bei denen beim Zusammentreffen zweier Abreden eine vorrangig ist. Der Vorrang kann sich durch Auslegung des Wortlautes der Abreden oder auf Grund der Interessenlage ergeben.
Bei Gleichrangigkeit beider Subsidiaritätsabreden heben diese einander nicht auf, sondern die Ver haften anteilig im Verhältnis ihrer Vssummen zum Gesamtbetrag der Vssummen (Pro-Rata-Haftung)."

Solche Anteilshaftung befürwortet auch Blanck a. a. O. S. 100—103, NeumannsZ 1927 S. 725—726, Kümmerlein ZHR 98. Bd S. 389—392.

Eine generelle Stellungnahme ist schwierig, weil die Fallgestaltungen sehr mannigfaltig sind. Allgemein muß der Gedanke des Schutzes der Vmer in den Vordergrund gerückt werden. Er wird vernachlässigt, und es ist sogar unerträglich hart, wenn Martin VersR 1973 S. 693, 694, 699 mehrfach die Möglichkeit erörtert, daß infolge des Zusammentreffens von Subsidiaritätsklauseln ein Vmer weder vom einen noch vom anderen Ver etwas erhält; denn immerhin haben die Ver ja keine strikten Ausschlußklauseln, sondern nur Subsidiarität vereinbart. Allzu häufig kommen Prölss-Martin und Martin überdies zu dem Ergebnis, daß nur ein Ver haften solle: In der Regel gebühre der zeitlich später vereinbarten Subsidiaritätsabrede der Vorrang, d. h. (nur) der Vsschutz aus dem ersten Vsvertrag bestehe fort, erst der Wegfall des ersten Vsvertrages führe zur Haftung des zweiten Vers. Diese Argumentation aus dem chronologischen Ablauf verkennt, daß die Dauerleistungen der Gefahrtragung aus beiden Vsverhältnissen sich überdecken (wenn man von den Subsidiaritätsvereinbarungen absieht), und diese Überdeckung besteht auch im Vsfall dergestalt, daß (kraft der Vereinbarungen) bei isolierter Betrachtung beider Rechtsverhältnisse jeder Ver dem anderen den Vortritt lassen will. Auch der erste Ver erstrebt Entlastung für den Fall des Hinzutretens einer zweiten V und will jedenfalls (trotz Subsidiaritätsklausel!) nicht schlechter gestellt sein als bei einer Doppelv. Dem Vmer und/oder Vten ist regelmäßig am besten gedient, wenn er aus beiden Vsverträgen vorgehen kann, wenn also die beiden Subsidiaritätsklauseln sich aufheben. Wie hier auch von Jordan VersR 1973 S. 396—397. Eine gesamtschuldnerische Haftung der Doppelver nach § 59 I ist für den Vmer die einfachste und klarste Lösung. Der besonders von Vogel unternommene Versuch, aus den Subsidiaritätsabreden für die Ver eine anteilsmäßige Haftung abzuleiten (gleichsam als quantitativ geminderte Subsidiarität), findet im Wortlaut der Klauseln keine ausreichende Grundlage, so daß das Prinzip der gesamtschuldnerischen Haftung (§ 59 I) sich durchsetzt. Als Regel verdient demnach die alte herrschende Meinung den Vorzug, wonach zwei Subsidiaritätsabreden einander aufheben, demzufolge Doppelv vorliegt und extern § 59 I und intern § 59 II 1 anwendbar sind.

Zugegeben ist nur, daß vor der Anwendung dieser Regel geprüft werden muß, ob eine Ausnahme vorliege. Bei der Interpretation jeder der Subsidiaritätsklauseln kann sich ergeben, daß sie gar nicht eingreift (dazu Anm. 53). Martin VersR 1973 S. 693 Anm. 26, 694—699 hat die Rechtsfigur der „qualifizierten Subsidiaritätsabrede" (Anm. 50) erfunden, welche — in Vorwegnahme des angestrebten Ergebnisses — vorliegen soll, falls sie „den Vsschutz nur dann ... ausschließen soll, wenn der konkurrierende Vertrag ebenfalls eine Subsidiaritätsklausel enthält" (S. 694). Als wichtige Gruppe solcher qualifizierter Subsidiaritätsabreden wird herausgearbeitet (S. 694): „Wo der Vmer wegen einer Subsidiaritätsabrede erkennbar von einem niedrigeren Vswert ausgeht und die Vssumme entsprechend niedriger vereinbart, Gleichrang oder Nachrang dieser Subsidiaritätsabrede jedoch Unterv auch außerhalb des Subsidiaritätsbereiches auslösen würde, müssen eine qualifizierte Subsidiaritätsabrede und deren Vorrang als Auslegungsergebnis angenommen werden." Das läßt sich hören, aber Martin (S. 694—695) weist selbst darauf hin, daß seine Auslegung für den Vmer nicht in allen Fällen die günstigste Lösung darstellt.

Treffen die subsidiäre Staatshaftung nach § 839 I 2 BGB und eine Haftung aus einem Vsverhältnis zusammen, die gleichfalls nur subsidiär ist, so hat die Staatshaftung den Vorrang (RG 31. V. 1943 RGZ Bd 171 S. 198—202).

§ 60

Hat der Versicherungsnehmer den Vertrag, durch welchen die Doppelversicherung entstanden ist, ohne Kenntnis von dem Entstehen der Doppelversicherung geschlossen, so kann er verlangen, daß der später geschlossene Vertrag aufgehoben oder die Versicherungssumme unter verhältnismäßiger Minderung der Prämie auf den Teilbetrag herabgesetzt wird, der durch die frühere Versicherung nicht gedeckt ist.

Das gleiche gilt, wenn die Doppelversicherung dadurch entstanden ist, daß nach Abschluß der mehreren Versicherungen der Versicherungswert gesunken ist. Sind jedoch in diesem Falle die mehreren Versicherungen gleichzeitig oder im Einvernehmen der Versicherer geschlossen worden, so kann der Versicherungsnehmer nur verhältnismäßige Herabsetzung der Versicherungssummen und Prämien verlangen.

Die Aufhebung oder Herabsetzung wird erst mit dem Ablaufe der Versicherungsperiode wirksam, in der sie verlangt wird. Das Recht, die Aufhebung oder die Herabsetzung zu verlangen, erlischt, wenn der Versicherungsnehmer es nicht unverzüglich geltend macht, nachdem er von der Doppelversicherung Kenntnis erlangt hat.

Beseitigung der Doppelversicherung.

Gliederung:

Entstehung Anm. 1

Schrifttum Anm. 2

I. Übersicht über Beseitigungsrecht Anm. 3

II. Voraussetzungen des Beseitigungsrechts Anm. 4—12

   1. Anfängliche unwissentliche Doppelv Anm. 5—6

      a) Entstehung der Doppelv Anm. 5

      b) Unkenntnis des Vmers Anm. 6

   2. Nachträgliche wertsenkungsbedingte Doppelv Anm. 7—11

      a) Normalfall Anm. 7—9

         aa) Absinken des Vswertes Anm. 7

         bb) Nach den Vertragsabschlüssen Anm. 8

         cc) Entstehung der Doppelv Anm. 9

      b) Sonderfälle Anm. 10—11

         aa) Abschlüsse gleichzeitig Anm. 10

         bb) Abschlüsse einvernehmlich Anm. 11

   3. Ausscheidung restlicher Fälle Anm. 12

III. Verlangen der Beseitigung Anm. 13—21

   1. Rechtsnatur Anm. 13

   2. Erklärender Anm. 14

   3. Empfänger Anm. 15

   4. Zeitpunkt Anm. 16

   5. Inhalt Anm. 17—20

      a) Aufhebung späteren Vertrags Anm. 18

      b) Anpassung späteren Vertrags Anm. 19

      c) Anpassung aller Verträge Anm. 20

   6. Form Anm. 21

IV. Rechtsfolgen des Verlangens Anm. 22—26

   1. Wirksamwerden Anm. 22

   2. Vertragsaufhebung Anm. 23

   3. Vertragsanpassung Anm. 24—25

      a) bei späterem Vertrag Anm. 24

      b) bei allen Verträgen Anm. 25

   4. Prämienschicksal Anm. 26

V. Abdingbarkeit des Beseitigungsrechts Anm. 27

[1] Entstehung:

§ 60 ist durch die VO vom 19. XII. 1939 geändert worden: § 60 I a. F. kannte bei Doppelv nur eine anteilsmäßige Herabsetzung der Vssummen, noch nicht die Aufhebung des später geschlossenen Vertrages. Abgehoben wurde in § 60 I a. F. auf die

§ 60
Anm. 2—5

I. Übersicht — II. Voraussetzungen des Beseitigungsrechts

mangelnde „Kenntnis von der anderen V", nicht auf die mangelnde „Kenntnis von dem Entstehen der Doppelv". Neu eingeführt wurde die Regelung des § 60 II. Die Absätze § 60 II—IV a. F. sind zu § 60 III n. F. zusammengezogen worden, mit Neuregelung des Wirksamwerdens des Beseitigungsverlangens und des Prämienschicksals. — Begr. III S. 12—13; aber weiterhin von Interesse: Begr. I S. 69—71.

[2] **Schrifttum:**

Vgl. Anm. 2 zu § 58.

[3] **I. Übersicht über Beseitigungsrecht.**

Ebenso wie Überv sind auch Doppelv unrationell: Der Vmer hat „doppelte" Prämie zu zahlen, genießt aber infolge des schadensvsrechtlichen Bereicherungsverbotes nur „einfachen" Vsschutz (Begr. I S. 69—70, Kisch a. a. O. S. 180: „Prämienverschwendung"). So wie § 51 I, II eine Beseitigung der Überv vorsieht, kennt § 60 eine Beseitigung der Doppelv. Jedoch bestehen zwischen beiden Regelungen erhebliche Unterschiede: Während das Gestaltungsrecht nach § 41 I sowohl dem Ver als auch dem Vmer zusteht, billigt § 60 II, II es nur dem Vmer zu. Während bei der Überv Herabsetzung und Prämienminderung nach § 51 I „mit sofortiger Wirkung" eintreten, werden Aufhebung oder Herabsetzung (und entsprechend die Prämienkorrektur) bei der Doppelv gemäß § 60 III 1 „erst mit dem Ablaufe der Vsperiode wirksam".

Die Beseitigung der Doppelv ist — anders als jene der Überv nach § 51 I — nicht generell normiert, sondern nur für bestimmte Tatbestände, und zwar erstens der anfänglichen unwissentlichen Doppelv (Anm. 5—6) und zweitens der nachträglichen wertsenkungsbedingten Doppelv (Anm. 7—11). Bei letztgenanntem Tatbestand erfahren überdies zwei Sonder(unter)fälle eine spezielle Behandlung (Anm. 10—11). Bei den ungeregelten Tatbeständen ist vom Gesetz eine Beseitigung der Doppelv nicht vorgesehen; es fragt sich, ob hier andere Rechtsbehelfe Platz greifen können (Anm. 12).

Die Beseitigung der Doppelv ist von einem Verlangen, einer rechtsgestaltenden Willenserklärung des Vmers, abhängig (Anm. 13—21) und kommt mit drei Auswirkungen in Betracht, nämlich Aufhebung des später geschlossenen Vertrages (Anm. 18) oder Anpassung des später geschlossenen Vertrages (Anm. 19) oder Anpassung aller beteiligten Verträge (Anm. 20).

Was die Rechtsfolgen des Verlangens betrifft, so ist das Wirksamwerden der Beseitigung (Anm. 22) in § 60 III 1 geregelt. Im einzelnen sind die Rechtsfolgen eines substantiierten Verlangens (einschließlich Prämienschicksal) im Anschluß an § 60 I, II 2 zu untersuchen (Anm. 23—26).

Schließlich fragt es sich, ob § 60 abdingbar ist (Anm. 27).

[4] **II. Voraussetzungen des Beseitigungsrechts.**

Das Recht des Vmers, die Beseitigung einer Doppelv zu verlangen, ist an bestimmte Tatbestandsvoraussetzungen geknüpft, die entweder dem § 60 I (Anm. 5—6) oder dem § 60 II (Anm. 7—11) zu entnehmen sind. Fehlt es an diesen Voraussetzungen, so entfällt jedenfalls das spezifische Beseitigungsrecht des § 60 (Anm. 12).

[5] **1. Anfängliche unwissentliche Doppelversicherung.**

a) Entstehung der Doppelversicherung.

Das Beseitigungsrecht des § 60 I setzt voraus, daß „der Vmer den Vertrag, durch welchen die Doppelv entstanden ist, ohne Kenntnis von dem Entstehen der Doppelv geschlossen" hat.

Es muß hiernach eine Doppelv durch einen zusätzlichen (durchweg: zweiten, evtl. dritten usw.) Vsvertrag entstanden sein. Der Begriff der Doppelv ist § 59 I zu entnehmen (vgl. Anm. 5—13 zu § 59).

Hiernach käme auch im Bereiche der Passivenv (besonders der Haftpflichtv) und im Bereiche der Personenv, die als Schadensv betrieben wird (besonders der

II. Voraussetzungen des Beseitigungsrechts

§ 60
Anm. 5

Krankheitskostenv), ein Beseitigungsrecht in Betracht. Aber es ist zu beachten, daß man im vorhinein nur ausnahmsweise beurteilen kann, ob „die Summe der Entschädigungen, die von jedem einzelnen Ver ohne Bestehen der anderen V zu zahlen wären, den Gesamtschaden" übersteigen werden (§ 59 I zweite Alternative): Ein künftiger Haftpflichtfall kann ein derartiges Ausmaß annehmen, daß die Vssumme des ersten Vsvertrages nicht ausreicht. Auch eine zweite Krankheitskostenv ist nur dann von vornherein als Doppelv erkennbar, wenn die erste V keine Leistungsbegrenzung vorsieht.

Die Schwierigkeit liegt darin, daß bei § 60 I schon vor einem konkreten Vsfall eine gleichsam **latente** Doppelv generell festgestellt werden muß. Die bloße Wahrscheinlichkeit, daß eine der mehreren Ven im Schadensfall zur Deckung des Gesamtschadens ausreichen wird, genügt nicht; vorsichtige Vmer könnten ja gewillt sein, etwa in der Kraftverkehrshaftpflichtv zwei Millionendeckungen zu kumulieren. Hiernach ist das Beseitigungsrecht ausgeschlossen, wenn die Möglichkeit besteht, daß die mehreren Ven im Einzelfall herangezogen werden müssen, um einen eintretenden Gesamtschaden zu decken.

Wie hier grundsätzlich auch Prölss-Martin[20] Anm. 6 zu § 60, S. 340, welche bei einer Deckung von zweimal 1 Mio DM die Aufnahme eines Selbstbehaltes von 1 Mio DM in den jüngeren Vertrag empfehlen. Zu weitgehend Ehrenzweig S. 260 Anm. 15, der bei Haftpflichtven § 60 schlechthin für unanwendbar erklärt. Das Zonenamt Hamburg des RAA (VA Hamburg 1950 S. 39—40) ist — fälschlich — davon ausgegangen, daß die Haftpflichtversicherung Vssummen nicht kenne und daß deshalb § 60 I Anwendung finde; es gehören jedoch die „Deckungssummen" der Haftpflichtv zu den Vssummen (Anm. 3 zu § 50). Die vorgesetzlichen aufsichtsbehördlichen Regelungen (besonders RAA VA 1918 S. 96—97) sind überholt. Über die rechtstatsächliche Handhabung laut Empfehlungen des HUK-Verbandes: Prölss-Martin[20] Anm. 6 zu § 60, S. 340, Stein ZfV 1957 S. 153, Wehn bei: Oberbach, Die Grundlagen der allgemeinen Haftpflicht-V, Stuttgart-Köln 1951, C 1 S. 57—58.

Beim Zusammentreffen zweier Ven auf **erstes Risiko** kann § 60 I nur eingreifen, falls die Summe der Vssummen den zu ermittelnden Ersatzwert übersteigt (vgl. dazu Anm. 6, 12 zu § 59, im Ergebnis ebenso Prölss-Martin[20] Anm. 4 zu § 60, S. 340, vgl. aber auch Tuchschmidt, Die Erstrisikov im System der Deckungsarten, Züricher Diss. 1951, S. 96 Anm. 149).

Eine **analoge** Anwendung von § 60 I kommt in Betracht, falls zwei **Flugunfallven** (Summenven) zusammentreffen, für die nach § 4 III b AUB eine gemeinsame Höchstvssumme gilt (Anm. 5 zu § 58, Anm. 12 zu § 59). Dahingestellt im parallelen österreichischen Fall vom OGH Wien 21. XII. 1960 VersR 1961 S. 476—478, mit Anm. Wahle VersR 1961 S. 479—480, welcher die Analogie ablehnt.

Anders als bei § 51 I (Überv) kommt es auf die **Erheblichkeit der Überdeckung** hier nicht an. Aber bei nur unerheblicher Überdeckung wird sich das Verlangen nach Herabsetzung der Vssumme kaum lohnen, und es kann zweckmäßig sein, solche Doppelv im Blick auf künftige Wertsteigerungen der vten Aktiven bestehen zu lassen.

Die Doppelv muß sogleich durch den **Abschluß** der zusätzlichen V entstehen; die zweite V muß hiernach eine **anfängliche** Doppelv (Anm. 14 zu § 59) existent werden lassen. Falls also eine Doppelv nicht durch den Abschluß, sondern später entsteht, z. B. infolge Verringerung des Vswertes, so kann nur § 60 II, nicht § 60 I eingreifen. Bei zufällig **gleichzeitigem** Abschluß der mehreren Ven, z. B. bei Zusammentreffen einer gleichzeitig genommenen V für eigene Rechnung mit einer V für fremde Rechnung, wird man in Analogie zu § 60 II 2 annehmen müssen, daß der Vmer nur verhältnismäßige Herabsetzung der Vssummen und Prämien verlangen kann; hier versagt der Prioritätsgedanke.

Obgleich eine Doppelv erst gegeben ist, wenn die **materiellen** Vsdauern zweier Ven sich decken (Anm. 18 zu § 58, Anm. 4 zu § 59), stellt § 60 I, II auf den **Abschluß** der zweiten V ab, also auf den formellen Vsbeginn, gleichgültig, ob der Vsschutz sofort oder später (z. B. wegen § 38 II erst mit der Prämienzahlung) einsetzt. Entscheidend ist der Zugang der Annahmeerklärung, die meistens vom Ver ausgeht (Anm. 79 zu § 1). Schon das RG 28. II. 1917 RGZ Bd 90 S. 9 sagt: „Die Frage, wann die V genommen ist, hat mit der Frage, wann die Gefahr zu laufen beginnt, nichts zu tun."

Bei vorläufigen Deckungszusagen entscheidet nach der Einheitstheorie allein der Abschluß des Vertrages über die vorläufige Deckung (Anm. 94—98 zu § 1, S. 131—133).

Tritt infolge einer Vertragsänderung eine Doppelv ein (Anm. 29 zu § 58, Anm. 2 zu § 59), so kommt es auf das Zustandekommen des Änderungsvertrages an.

Wird ein abgelaufener Vsvertrag durch einen neuen Vertrag (mit anderer Prämie und neuem Vsschein) ersetzt, so handelt es sich um einen neuen Abschluß, mag auch der Vsschein besagen, die neue V gelte „in direktem Anschluß an eine frühere V" (RG 16. XI. 1907 LZ 1908 Sp. 240—242: Neben eine Seekaskov mit Kollisionshaftpflichtersatz tritt vor ihrem Ablauf eine Reedereihaftpflichtv, und sodann wird die Ksakov erneuert: Die erneuerte Kaskov ist im Verhältnis zur Haftpflichtv die spätere).

Mit Rücknahme einer Kündigung kann eine Doppelv neu entstehen, wenn eine solche bereits vor der Kündigung existierte, aber infolge der Kündigung hinfällig geworden war (Raiser NeumannsZ 1940 S. 178). Es ist unangängig, die Nichtausübung des Kündigungsrechts seitens des Erwerbers einer vten Sache (§ 70 II) dem Abschluß eines zweiten Vsvertrages gleichzustellen (so aber Prölss-Martin[20] Anm. 3 zu § 60, S. 340).

Bei Grundstückskäufen ist die Rechtslage nach der höchstrichterlichen Rechtsprechung, welche auf den sachenrechtlichen Eigentumsübergang abhebt, dergestelt, daß erst nach Auflassung und Eintragung das Eigentumsinteresse auf den Käufer übergeht und damit gemäß § 69 I auch eine Gebäudev. Diese behält ihre „Anciennität" im Verhältnis zu einer vom Käufer genommenen V. Letztere läßt aber solange keine Doppelv entstehen, als der Käufer vor der Eintragung bereits ein spezielles eigenes wirtschaftliches Interesse unter Vsschutz gebracht hat. Erst mit der Eintragung des Käufers wandelt sich (unter Fortbestand des Vsschutzes) sein wirtschaftliches Eigentümerinteresse in ein sachenrechtliches Eigentumsinteresse um, und es entsteht eine Doppelv. Zu alledem ausführlich Anm. 90 zu § 49. Kündigt der Erwerber die alte V nicht nach § 70 II, so kann er bei Gegebensein der sonstigen Voraussetzungen das Beseitigungsrecht des § 60 I geltendmachen und insbesondere die Aufhebung der von ihm genommenen neuen V verlangen. Empfehlung BAA und Fachausschuß Feuerv VA 1968 S. 234: Rückwirkende Freigabe der vom Erwerber abgeschlossenen V, wohl gemäß § 60 I und sogar nach Ablauf der Ausübungsfrist.

Auch bei laufenden Ven will RG 22. II. 1917 RGZ Bd 90 S. 5—14 (abweichend von RG 23. IV. 1899 RGZ Bd 44 S. 31—35) auf den Abschluß (des Generalvertrages) abheben. Dazu Kisch a. a. O. S. 224—225 Anm. 15, Ritter-Abraham Anm. 7—8, 11 zu § 97, S. 1159—1163, 1164 (kritisch). Allemal kann sich die Beseitigung der Doppelv nur auf den Überschneidungsbereich erstrecken, d. h. möglicherweise nur auf eine Deklaration, falls sie z. B. mit einer Einzelv zusammentrifft.

Ausgehend von dem Zweck des § 60 I, eine Prämienvergeudung aufhören zu lassen, schließt die Subsidiarität der späteren V das Beseitigungsrecht des Vmers nicht aus, obgleich sie begrifflich das Entstehen einer Doppelv verhindert (Anm. 53 zu § 59). Das Beseitigungsrecht entfällt bei Export-Schutzven (Anm. 21 zu § 58, Anm. 50, 51 zu § 59) und bei Insolvenzdeckungen (Anm. 21 zu § 58); denn hier ist das Nebeneinander zweier Ven von vornherein beabsichtigt.

[6] b) Unkenntnis des Versicherungsnehmers.

Nur einem Vmer, der die zweite V „ohne Kenntnis von dem Entstehung der Doppelv geschlossen" hat, steht nach § 60 I das Beseitigungsrecht zu. An solcher „unbeabsichtigten Doppelv" (Begr. I S. 69), an solcher „ohne sein Bewußtsein entstandenen Doppelv" (Kisch a. a. O. S. 180) soll der Vmer nicht gegen seinen Willen festgehalten werden. Dagegen bedeutet seine Bindung „keine unbillige Beschwerung", „wenn er den zweiten Vertrag geschlossen hat, obwohl ihm das Bestehen der ersten V bekannt war" (Begr. I S. 69).

Positive Kenntnis ist erforderlich, Kennenmüssen reicht nicht aus (RG 8. II. 1921 VA 1921 Anh. S. 75—76 Nr. 1226). Eine Erkundigungspflicht des Vmers besteht nicht. Aber den Vern wird von Aufsichtsbehörden und Verbänden nahegelegt, in Fällen, die häufig Doppelven entstehen lassen, besonders bei Veräußerungen von Gebäuden oder

II. Voraussetzungen des Beseitigungsrechts

§ 60
Anm. 7

von Betrieben, den Vmer aufzuklären und zu Erkundigungen über Vorverträge zu veranlassen (vgl. BAA VA 1968 S. 234 [GebäudeV], Zonenamt VA Hamburg 1950 S. 39—40 mit RAA VA 1918 S. 96—97). Es kommt eine Haftung des Vers aus culpa in contrahendo in Betracht, falls eine Ver oder sein Agent (als Erfüllungsgehilfe) den Vmer vor einer überflüssigen Doppelv nicht warnt oder ihn zu einer solchen veranlaßt (vgl. Anm. 29—36, 41 zu § 44, OLG Celle 6. I. 1931 VA 1931 S. 3—5 Nr. 2237).

Die Unkenntnis muß sich beziehen auf die Entstehung der Doppelv, der Abschluß der zweiten V muß „ohne Kenntnis von dem Entstehen der Doppelv" erfolgen. In diesem Punkt ist 1939 § 60 I geändert worden, früher kam es auf die Kenntnis „von der anderen V" an. Aber es ist richtig, „daß ein Vmer, dem das Bestehen einer anderweitigen V bekannt ist, noch nicht zu wissen braucht, daß mit dem Abschluß einer weiteren V eine Doppelv entsteht" (Begr. III S. 12). Dieses Wissen um die Entstehung einer Doppelv ist heute erforderlich, d. h. der Vmer muß erkennen, daß die Voraussetzungen des § 59 I (Anm. 3—13 zu § 59) vom materiellen Beginn an gegeben sein werden, d. h. nicht nur eine mehrfache V, sondern auch eine Bereicherungsmöglichkeit. Überschätzt z. B. der Vmer den Vswert, so weiß er möglicherweise nicht, daß Vssummen zweier Ven zusammen den wahren Vswert übersteigen. Hiernach schießt es über das Ziel hinaus, wenn Prölss-Martin[20] Anm. 2 zu § 60, S. 339 meinen: „Kenntnis dagegen stets, wenn sich die Überschneidung schon aus dem Typ (AVB-Überschrift) der beiden Ven ergibt."

§ 11 I 1 ADS enthält noch die Formulierung „ohne Kenntnis von der anderen V". Dazu Ritter-Abraham Anm. 3 zu § 11, S. 262. Schon zu dieser Fassung vertraten Kisch a. a. O. S. 184—185, Raiser AFB² Anm. 10 zu § 11, S. 292 die Auffassung, daß es auf die Kenntnis von dem Entstehen der Doppelv ankomme.

Die Unkenntnis muß im Zeitpunkt des Abschlusses, des formellen Beginnes der zusätzlichen V bestehen (Kisch a. a. O. S. 185). Erlangt allerdings der Vmer nach der Antragstellung und nach Eintritt der Bindungswirkung (Anm. 74 zu § 1), aber vor Antragsannahme die Kenntnis, so erscheint es billig, ihm das Beseitigungsrecht in ausdehnender Auslegung des § 60 I nicht zu versagen.

Es kommt auf die Unkenntnis des die Doppelv Abschließenden an. Das ist der Vmer. Bei mehreren Vmern schadet die Kenntnis des einen von ihnen allen übrigen. Das ist auch bei Bruchteilsgemeinschaften (Miteigentum) anzunehmen (Kisch a. a. O. S. 206, a. M. Ritter-Abraham Anm. 3 zu § 11, S. 262 und generell Bruck S. 552). Vgl. hierzu Anm. 63—67 zu § 6, Anm. 48 zu § 51. Wirkt bei dem Vertragsabschluß ein Bevollmächtigter (oder Vertreter ohne Vertretungsmacht) des Vmers mit, so ist im Vsrecht (anders als nach § 166 I 1 BGB) die Unkenntnis sowohl des Vmers als auch des Bevollmächtigten erforderlich (analog §§ 2 III, 19¹). Bei Mitwirkung eines gesetzlichen Vertreters entscheidet allein die Unkenntnis es gesetzlichen Vertreters (§ 166 I BGB). Vgl. Kisch a. a. O. S. 185—186, Ritter-Abraham Anm. 3 zu § 11, S. 262, welche § 166 I, II 1 BGB voll anwenden. Bei einer V für fremde Rechnung, welche eine Doppelv entstehen läßt, ist nach § 79 I auch die Kenntnis des Vten grundsätzlich erheblich (vgl. aber § 79 II, III für Verträge, die ohne Wissen des Vten abgeschlossen werden).

Die Formulierung des § 60 I ergibt, daß der Vmer seine Unkenntnis vom Entstehen der Doppelv zu beweisen hat (Kisch a. a. O. S. 186, Ritter-Abraham Anm. 9 zu § 11, S. 265). Bei ungewandten Vmern wird der Beweis leichter zu führen sein (Prölss-Martin[20] Anm. 2 zu § 60, S. 339).

[7] 2. Nachträgliche wertsenkungsbedingte Doppelversicherung.
   a) Normalfall.
   aa) Absinken des Versicherungswertes.

Bei dem zweiten Tatbestand, der dem Vmer seit der Novelle von 1939 ein Beseitigungsrecht verschafft, muß die Doppelv nachträglich entstehen und eine bestimmte Ursache haben: Eine mehrfache V muß zur Doppelv werden, weil der Vswert gesunken ist (§ 60 II 1).

Einen Vswert gibt es nur bei einer Aktivenv, deshalb kommt nach dem Wortlaut eine Anwendung des § 60 II 1 nur bei der ersten Alternative des § 59 I (Anm. 5—8 zu

§ 59) in Betracht. Eine analoge Anwendung ist jedoch geboten, falls bei Passivenven eine Doppelv dadurch nachträglich entsteht, daß z. B. die Vssumme bei einer von zwei Haftpflichtven oder Krankheitskostenven (ohne daß eine Änderungsvereinbarung getroffen wird) wegfällt, sodaß die Voraussetzungen der zweiten Alternative des § 59 I (Anm. 9—13 zu § 59) eintreten. Eine weitere Analogie zu § 60 II ist bei Aktivenven geboten, falls zwar nicht der Vswert gesunken ist, aber die Vssummen sich (automatisch, jedenfalls wiederum ohne Änderungsvereinbarung) erhöht haben (dazu Anm. 19—23 zu § 50).

Das Hauptanwendungsfeld bleibt das Absinken des Vswertes. Da die Beseitigung der Doppelv während des gesamten Vertragslaufes in Frage kommt, entscheidet hier nicht der Anfangswert oder der Ersatzwert, sondern der laufende Vswert eines vten Interesses (Anm. 25, 47 zu § 52), bei Neuwertven der Neuwert (Anm. 28 zu § 52). Die Bewertung kann in den Vsverträgen konkretisiert werden, z. B. durch Begriffe wie Anschaffungs-, Weiterveräußerungs-, Herstellungs-, Gebrauchswert (Anm. 30—36 zu § 52).

Es ist zu prüfen, ob der für die beteiligten Verträge maßgebliche laufende Vswert abgesunken ist seit dem Abschluß des Vsvertrages, also im Vergleich zum Anfangswert. Das kann durch Alter und Abnutzung geschehen, aber auch durch Preisschwankungen, besonders bei Großhandelsgütern. In Zeiten der Rezession fallen Preise wegen geringer Nachfrage, vermehrten Angebots. Bei Ven von Inbegriffen führt der Abgang von Gütern, welche zum Inbegriff zählen, zu einer Minderung des maßgeblichen Gesamtwertes (Anm. 27, 31 zu § 54). Fällt dagegen bei einer positionsweisen V eine Position völlig fort, so handelt es sich nicht um ein Absinken des Vswertes, sondern um einen Interessewegfall (Anm. 12).

Erheblichkeit der Wertminderung setzt § 60 II 1 nicht voraus.

Es ist auch nicht vorauszusetzen, daß der Vswert voraussichtlich dauernd abgesunken bleibt. Das gilt auch für Inbegriffsven (a. A. Bruck 7. Aufl. Anm. 7 zu § 60, S. 226).

In der Transportv ist infolge der Fiktion des gleichbleibenden Vswertes (Anm. 25 zu § 52) ein Absinken des Vswertes unbeachtlich. Bei einer doppelten Transportv kann demnach § 60 II nicht zur Anwendung kommen.

Bei taxiertem Vswert gilt die Taxe auch als Ersatzwert (und laufender Vswert), es sei denn, daß der Ver die Taxe „anfechten" kann (§ 57²). Solange die taxierte V nicht „geöffnet" wird, sinkt im Rechtssinne der Vswert nicht ab und des Beseitigungsrecht aus § 60 II 1 entsteht nicht (vgl. Anm. 29, 44 zu § 57).

[8] bb) Nach den Vertragsabschlüssen.

Im Rahmen des § 60 II 1 ist das Absinken des Vswertes nur beachtlich, wenn es „nach Abschluß der mehreren Ven" erfolgt.

Es reicht hiernach nicht aus, wenn das Absinken erfolgt nach Abschluß des ersten, aber schon vor Abschluß des zweiten Vertrages: Hier verdient der Vmer keine Begünstigung, es sei denn, daß das Ausmaß der Entwertung sich nach dem Abschluß des zweiten Vertrages steigert.

Abschluß ist der formelle Vsbeginn; maßgeblich ist hiernach das Absinken des Vswertes nach Zustandekommen der zweiten V, bzw. bei mehr als zwei Ven der letzten V. Über gleichzeitigen Abschluß vgl. Anm. 10.

[9] cc) Entstehung der Doppelversicherung.

Die mehreren Ven müssen sich bei Abschluß der letzten von ihnen zunächst als schlichte mehrfache V i. e. S. dargestellt haben (zu den Begriffen Anm. 23 zu § 58), also nicht als einheitliche Mitv, noch nicht als Doppelv. Falls bei einer Mitv eine Wertminderung eintritt, greifen die Regeln betreffend die Überv Platz, und eine Doppelv kann nur entstehen, wenn neben eine Mitv eine weitere V tritt (Anm. 75 zu § 58).

Die schlichte mehrfache V wird in jenem Zeitpunkt zur Doppelv, in welchem die Summe der Vssummen den maßgeblichen Vswert übersteigen. Dieser Zeitpunkt tritt

II. Voraussetzungen des Beseitigungsrechts § 60
Anm. 10—12

logisch in einem feststellbaren Moment ein, und von ihm an läuft die Unverzüglichkeitsfrist des § 60 III 2. Aber Bewertungen sind oft schwierig und bei gleitender Entwertung ist der maßgebliche Moment schwer zu fixieren. Auch ist dem Vmer nachzusehen, wenn er bei unerheblicher Wertminderung noch zuwartet, bevor er von seinem Beseitigungsrecht Gebrauch macht. Deshalb ist im Falle § 60 II 1 die Ausschlußfrist nicht engherzig zu bemessen (Anm. 16). Nur bei sprunghaft-offenbarem Absinken des Vswertes, z. B. auch bei Veräußerung wichtiger Teile eines Inbegriffs, läßt sich der Zeitpunkt des Entstehens der Doppelv scharf fixieren. Wenn sich eine Wertminderung in Schüben, gleichsam in Stufen vollzieht, muß es dem Vmer auch freistehen, noch nicht auf der ersten, sondern erst auf einer zweiten oder späteren Stufe, also nach einer ruckweisen Steigerung des Ausmaßes der Doppelv, vom Beseitigungsrecht Gebrauch zu machen.

Zuweilen differiert die für die mehrfachen Ven maßgebliche Bewertungsmethode, z. B. kann eine der Ven auf den Anschaffungs-, die andere auf den Weiterveräußerungswert abheben. Solchenfalls tritt eine Doppelv bei Wertsenkungen erst ein, wenn der Vmer im Totalschadensfalle aus beiden Ven zusammen mehr erhalten würde als Entschädigungen in Höhe des für ihn günstigeren Bewertungsmaßstabes. Bei einem Zusammentreffen einer Neuwert- mit einer Zeitwertv kann nur in Höhe des Zeitwertes eine Doppelv entstehen. Zu beiden Fällen vgl. Anm. 6 zu § 59.

Den Vmer trifft die Beweislast für das Absinken des Vswertes nach Abschluß der mehreren Ven und für die Entstehung der Doppelv.

[10] b) Sonderfälle.

aa) Abschlüsse gleichzeitig.

Bei § 60 II 1 kommt es nicht darauf an, ob die später entstandenen Doppelven nacheinander oder gleichzeitig geschlossen worden sind. Bei gleichzeitigem formellem Vsbeginn — auf ihn kommt es an (Anm. 8) — versagt aber der Prioritätsgedanke und deshalb tritt bei diesem Tatbestand gemäß § 60 II 2 eine abweichende Rechtsfolge ein: Verhältnismäßige Herabsetzung der Vssummen und Prämien.

Gleichzeitiger formeller Vsbeginn wird relativ selten vorkommen, ist aber z. B. gegeben, wenn die Annahmeerklärungen der Ver mit gleicher Post beim Vmer eingegangen sind. Prölss-Martin[20] Anm. 5 zu § 60, S. 341 läßt „nahezu" gleichzeitigen Abschluß ausreichen, was jedenfalls dann billigenswert erscheint, wenn sich der genaue Zeitpunkt jeder Annahme (Zugang) nachträglich nicht aufklären läßt. Allzu großzügig Raiser NeumannsZ 1940 S. 178.

[11] bb) Abschlüsse einvernehmlich.

Der Prioritätsgedanke soll nach § 60 II 2 dann zurücktreten, wenn die mehreren Ven „im Einvernehmen der Ver geschlossen worden" sind. Dabei ist nicht an eine Mitv zu denken; denn bei ihr sind im Falle der Überdeckung die Übervsgrundsätze anwendbar (Anm. 6, 52 zu § 58). Das Einvernehmen darf sich also nicht zum Zusammenwirken beim Abschluß eines einheitlichen Vsvertrages verdichtet haben. Vorauszusetzen ist vielmehr der Abschluß gleichsam paralleler selbständiger Ven nach Fühlungnahme der Ver untereinander — ein sicherlich seltener Fall. Prölss VW 1950 S. 265—266 erwähnt die Möglichkeit, daß ein Vmer eine Nachv mit einem zweiten Ver abschließt, wobei der zweite Ver mit dem ersten wegen der Prämie und Bedingungen Fühlung aufnimmt; dabei wird aber verkannt, daß es zu einer Mitv nicht kommen darf. Mitvsfälle bezieht fälschlich auch Raiser NeumannsZ 1940 S. 178 ein.

[12] 3. Ausscheidung restlicher Fälle.

Nur unter den geschilderten Voraussetzungen des § 60 I, II (Anm. 4—11; einschließlich der gebotenen Analogien: Anm. 5,7) erlangt der Vmer das spezifische Beseitigungsrecht des § 60. In allen anderen Fällen wird der Vmer an den Vsverträgen festgehalten.

Das gilt bei anfänglicher Doppelv (§ 60 I) besonders dann, wenn der Vertrag, durch welchen die Doppelv entstanden ist, in Kenntnis von dem Entstehen der Doppelv geschlossen wurde, wobei die Kenntnis eines von mehreren Vmern oder eines Bevollmächtigten (oder Vertreters ohne Vertretungsmacht), bei der V für fremde

Rechnung prinzipiell auch die Kenntnis des Vten der Kenntnis des Vmers gleichzuachten ist (Anm. 6). Solche Kenntnis des Vmers kann z. B. bestehen, falls die Vstechnik zur Überschneidungen führt, z. B. wenn eine Transportv, die eine Nachlagerung einschließt, mit einer Feuerv des stationären Risikos zusammentrifft.

Bei **nachträglich entstehender Doppelv** (§ 60 II) entfällt das Beseitigungsrecht in allen Fällen, in denen eine ganz spezielle Ursache der Entstehung nicht beweisbar ist: Kein Absinken des Vswertes.

Die Unabwendbarkeit des § 60 schließt aber nicht aus, daß dem Vmer **andere Rechtsbehelfe** zur Verfügung stehen, um Doppelv und damit Prämienverschwendung zu vermeiden:

Am wichtigsten ist das **Kündigungsrecht des Erwerbers** einer vten Sache nach § 70 II, III. Will der Erwerber eine V des Veräußerers nicht fortführen und schließt er seinerseits eine neue V ab, so entsteht wegen § 69 I zunächst eine Doppelv, deren Beseitigung nach § 60 I ausgeschlossen wäre, falls der Erwerber um die V des Veräußerers wußte (bei Gebrauchtwagenkauf angesichts der Pflichtv für Kraftfahrzeughalter also wohl stets). Bei unwissentlicher Doppelv würde die Beseitigung nach dem Prioritätsprinzip des § 60 I zur Aufhebung des neuen Vertrages führen müssen. Der „gutgläubige" Erwerber hat die Wahl: Möchte er seinen neuen Ver vorziehen, so muß er nach § 70 I kündigen, wobei es ihn keine Prämie kostet, wenn er erst zum Ende der Vsperiode kündigt (§ 70 III; jedoch sind interne Prämienverrechnungsabreden mit dem Veräußerer zu beachten); Kündigungsfrist einen Monat nach dem Erwerb, spätestens der Kenntniserlangung von der Vorversicherung. Ist dem gutgläubigen Erwerber auch der frühere Ver recht, so kann er nach § 60 I Beseitigung seiner neuen V verlangen, unter Prämienrückgewähr, aber erst vom Ende der Vsperiode ab (§ 60 III); Unverzüglichkeitsfrist (Anm. 16).

Negativ ist festzustellen, daß es bei der Entstehung einer Doppelv an einem verbaren **Interesse des Vmers nicht etwa fehlt**; § 68 I (Interessemangel) kann nicht eingreifen (Anm. 27 zu § 58). Ehrenberg S. 370 und RG 28. II. 1917 RGZ Bd 90 S. 10—12 verwechseln das Interesse im rechtstechnischen Sinn mit dem wirtschaftlichen Interesse an (doppeltem) Vsschutz, wenn sie meinen, die spätere V sei wegen mangelnden Interesses unwirksam (Sieg Anm. 26 zu § 68). Fällt bei einer positionsweisen V eine Gruppe völlig weg, z. B. wegen Enteignung, so ist § 68 II—IV anwendbar, nicht § 51 I, II (Beseitigung bei Überv) und bei Bestehen zweier Ven nicht § 60 II 1 (Absinken des Vswertes). Wenn umgekehrt bei einer Inbegriffsposition der Bestand und damit der Vswert sinkt, kommt nur § 60 II zur Anwendung, die Voraussetzungen eines Interessewegfalls liegen nicht vor (Anm. 33 zu § 54, Sieg Anm. 99 zu § 68), und auch die Veräußerungsregeln greifen hinsichtlich einzelner veräußerter Sachen, die zum Inbegriff gehören, nicht Platz (Anm. 32 zu § 54, Sieg Anm. 38 zu § 69).

Eine **Irrtumsanfechtung** seitens eines Vmers, der die Doppelv nimmt, kommt nicht in Betracht, weil es sich um einen bloßen Motivirrtum handelt (Kisch a. a. O. S. 180—181 Anm. 4, Ritter-Abraham Anm. 28 zu § 10, S. 259, KG 6. III. 1908 VA 1908 Anh. S. 89 Nr. 410).

Eine **Anfechtung wegen arglistiger Täuschung** seitens des Vers oder seines Agenten (Anm. 16—18 zu § 44) käme nur in Betracht, falls dem Vmer arglistig vorgespiegelt worden ist, eine Vorv bestehe nicht, sei nicht übergegangen oder sonstwie erloschen. Arglistig ist verneint worden im Falle AG Stuttgart 14. X. 1952 VersR 1952 S. 429.

Über die Möglichkeit eines **Schadensersatzanspruches aus culpa in contrahendo** gegen einen Doppelver vgl. schon Anm. 6.

[13] III. Verlangen der Beseitigung.

1. Rechtsnatur.

So wie bei dem Verlangen nach Beseitigung einer Überv (§ 51 I, II) ist auch bei dem Verlangen nach Beseitigung einer Doppelv die Rechtsnatur problematisch. Aus den in Anm. 23—26 zu § 51 entwickelten Gründen dürfte die Gestaltungstheorie vor der Vertragstheorie und den Konstruktionen von Raiser und Hinz den Vorzug verdienen.

III. Verlangen der Beseitigung § 60
Anm. 14, 15

Zu § 60 vertritt die Vertragstheorie besonders Kisch a. a. O. S. 188, 193—195, ÖffrechtlV 1932 S. 247—248, ZHR Bd 75 S. 238—242. — Raiser VW 1948 S. 369—371 erstreckt seine Theorie, die vom Ver ein bestimmtes Verhalten fordert, auch auf den Fall der Beseitigung einer Doppelv, und dies gilt auch für die vermittelnde Theorie von Hinz, Die Über- und Unterv im deutschen Privatvsrecht, Hamburger Diss. 1963, S. 49—50.

Die Gestaltungstheorie vertreten Bruck S. 553 Anm. 34, S. 531, Ritter-Abraham Anm. 5 zu § 11, S. 263, Begr. III S. 12 („Gestaltungsrechte"); ferner vgl. die in Anm. 24 zu § 51 Zitierten.

Bei einer Vertragsaufhebung ist die rechtsgestaltende Wirkung im allgemeinen unzweifelhaft. Bei einem Verlangen nach Vertragskorrektur können wegen des Umfanges und der sonstigen Modalitäten Streitigkeiten mit den Doppelvern entstehen. Hier gilt das zur Beseitigung der Überv Gesagte (Anm. 24 zu § 51) entsprechend.

Die Gestaltungstheorie schließt es nicht aus, bei Einverständnis des Vers zusätzlich das Zustandekommen eines Änderungs- oder Aufhebungsvertrages mit dem Ver oder den Vern anzunehmen. Überdies kann in Fällen der Doppelv ein Änderungs- oder Aufhebungsvertrag zustandekommen, ohne daß die Voraussetzungen des § 60 vorliegen und geprüft werden müssen; vgl. OLG Hamburg 1. XII. 1950 VersR 1951 S. 53—54 mit Anm. Prölss, ferner Raiser VW 1948 S. 371 (unter Ablehnung eines Gewohnheitsrechts).

[14] 2. Erklärender.
Das Verlangen auf Beseitigung der Doppelv ist eine einseitige empfangsbedürftige Willenserklärung des Vmers; anders als bei der Überv (§ 51 I) steht den Vern das Gestaltungsrecht nicht zu (Kisch a. a. O. S. 182).

Hinsichtlich der Erklärungsberechtigung kann verwiesen werden auf Anm. 27 zu § 51; teilweise abweichend Bruck S. 553, Kisch a. a. O. S. 214—215. Insbesondere steht dem Vten bei der V für fremde Rechnung das Beseitigungsrecht nicht zu (Raiser AFB² Anm. 12 zu § 11, S. 293, Sieg Anm. 4, 54 zu §§ 75, 76), auch nicht mit Zustimmung des Vmers oder bei Besitz des Vsscheins (vgl. § 75 II). Denn Prämienschuldner ist allein der Vmer, ihm steht auch allein ein etwaiger Prämienerstattungsanspruch zu (Anm. 26). Wenn nach dem Innenverhältnis Vmer/Vter der Vte an der Prämienherabsetzung interessiert ist, so muß er intern den Vmer zur Ausübung des Beseitigungsrechtes zwingen.

[15] 3. Empfänger.
Adressat der empfangsbedürftigen Willenserklärung des Vmers ist in den Fällen des § 60 I, II 1 der Ver des später geschlossenen Vertrages; ausnahmsweise kommen in den Fällen des § 60 II 2 Willenserklärungen gegenüber jedem der Doppelver in Betracht. Im letztgenannten Fall steht es aber dem Vmer frei, nur von einem der Ver die verhältnismäßige Beseitigung der Doppelv zu verlangen; dann bleibt wegen der Nichtausübung des Gestaltungsrechts gegenüber dem anderen Ver für sein „Verhältnis" eine partielle Doppelv weiter bestehen.

Sind nicht nur zwei, sondern noch mehr Ver beteiligt, so kann sich ergeben, daß die ersten beiden Ven noch keine Doppelv verursacht haben und daß erst durch Hinzutreten der späteren Ven die Doppelv entstanden ist. Dann richtet sich das Beseitigungsrecht des Vmers nach § 60 I, II 1 nur gegen diese späteren Ver (vgl. auch Ehrenzweig S. 259).

Ist eine der Doppelven eine Mitv, so ergibt sich aus einer etwaigen Führungsklausel, ob es ausreicht, wenn das Beseitigungsverlangen nur dem führenden Ver zugeht (Vollmacht des Führenden z. B. nach der Anzeigenklausel der Feuerv: Anm. 62 zu § 58).

Auch ein bloßer Vermittlungsagent des Vers kann gemäß § 43 Ziff. 2 die Beseitigungserklärung entgegennehmen. Vgl. auch Anm. 28 zu § 51 mit Anm. 32 zu § 8.

Über den Zugang beim Ver Anm. 2—7 zu § 10.

Ist ein beteiligter Ver ein ausländisches Vsunternehmen, so kann sich gegen ihn ein Herabsetzungsverlangen nur richten, wenn deutsches Recht anwendbar ist oder das anwendbare ausländische Recht gleichfalls solche Herabsetzung kennt. Überdies ist vorauszusetzen, daß auch nach ausländischem Recht eine Doppelv vorliegt, d. h. nicht ein Prioritätsgrundsatz oder eine pro-rata-Haftung vorgesehen ist (vgl. Kisch a. a. O. S. 186—187).

[16] 4. Zeitpunkt.

Das Beseitigungsverlangen muß unverzüglich geltend gemacht werden, nachdem der Vmer von der Doppelv Kenntnis erlangt hat (§ 60 III 2). Solche Zeitschranke (Ausschlußfrist) sieht bei der Überv § 51 I nicht vor.

Das Beseitigungsrecht aus § 60 kann mit einem Kündigungsrecht des Erwerbers aus § 70 II zusammentreffen (Anm. 12); hierfür läuft eine Ausschlußfrist von einem Monat seit dem Erwerb, bei Unkenntnis des Erwerbers von der V: von einem Monat seit dem Zeitpunkt, in welchem der Erwerber von der V Kenntnis erlangt (Genaueres bei Sieg Anm. 31—37 zu § 70).

Kenntnis erfordert Wissen um die Doppelv, Kennenmüssen reicht nicht aus. Dauernde Überprüfungen und Wertkontrollen sind vom Vmer nicht zu fordern. Im Falle des § 60 I ist Unkenntnis im Zeitpunkt der Entstehung der Doppelv vorauszusetzen (Anm. 6); hier geht es darum, daß der Vmer nachträglich erfährt, daß (früher) eine (anfängliche) Doppelv entstanden ist. Im Falle des § 60 II geht es um eine (nachträglich) wertsenkungsbedingte Doppelv. Wertsenkungen treten oft allmählich, schleichend ein; die Erkenntnis, daß die Doppelvsschwelle überschritten sei, wird oft auf sich warten lassen. Entscheidend ist auch hier die Kenntnis des Vmers und der ihm nach Anm. 6 gleichstehenden Personen. Die Kenntnis von Wissensvertretern (Anm. 80—83 zu § 6) ist dem Vmer zuzurechnen.

Mit der konkreten Kenntniserlangung beginnt die Unverzüglichkeitsfrist, d. h. der Vmer hat nunmehr ohne schuldhaftes Zögern (§ 121 I 1 BGB) sein Verlangen zu erklären. An einem Verschulden des Vmers fehlt es, wenn er angesichts starker Wertschwankungen eine Wertentwicklung abwartet, welche die Doppelv ihrerseits wieder beseitigen würde, oder wenn er bei einer Inbegriffsv mit Zugängen rechnet, die dann doch ausbleiben, oder wenn er einen gewissen Umfang der Doppelv abwartet, also eine „Erheblichkeit" (analog § 51 I), welche eine Vertragskorrektur prämienmäßig erst interessant macht (vgl. hierzu ähnlich Ehrenzweig S. 259). Bei stoßweisen Wertschüben kann der Vmer ohne Verschulden erst bei einem zweiten oder späteren Schub den Entschluß fassen, Beseitigung zu verlangen. Da die Beseitigung erst mit dem Ablauf der Vsperiode wirksam wird (Anm. 22), kann es entschuldbar sein, wenn in dieser Zeitspanne der Vmer noch zuwartet. Wohl wegen dieser Schwierigkeiten hat der Gesetzgeber bei der Beseitigung der Überv auf eine Ausschlußfrist verzichtet. Die Frist des § 60 III 2 behält aber ihre Bedeutung bei klaren Fällen vollständiger Doppelv, z. B. nach Veräußerungen oder Zusammentreffen einer V für fremde Rechnung mit einer V für eigenen Rechnung.

Da § 60 I, II jeweils auf den formellen Vsbeginn (Abschluß) abhebt, kann theoretisch schon vor dem materiellen Beginn z. B. der später geschlossene Vertrag aufgehoben werden (Kisch a. a. O. S. 192). Solchenfalls erscheint es angemessen, dem Ver der aufgehobenen V nur eine Geschäftsgebühr zuzubilligen. Hier hat die Gefahrtragung für den Ver noch nicht begonnen, also wäre es unbillig, wenn der Vmer für die gesamte Vsperiode (§ 60 III 1) die volle Prämie zahlen müßte. § 40 I 2, 3, auch § 11 II ADS ist hier analog anwendbar. In der Seev kann das Beseitigungsverlangen überhaupt nur gestellt werden, „sofern die V noch nicht begonnen hat" (§ 11 I 1 ADS). — Wegen eines Herabsetzungsverlangens schon vor dem formellen Vsbeginn nach Stellung eines bindenden Antrags: Anm. 29 zu § 51.

Nach Eintritt eines Vsfalls kann das Verlangen, falls unverzüglich, noch erhoben werden, wirkt sich aber wegen § 60 III 1 nicht für den Vsfall aus, berührt also nicht die gesamtschuldnerische Haftung der Doppelver und rettet nicht einen etwaigen Schadensfreiheitsrabatt. Nach dem Ende einer V ist das Verlangen nicht mehr sinnvoll, weil es keine weitere Vsperiode gibt, von der an es wirksam werden könnte.

Ein mehrfaches Verlangen während des Laufes eines Vsvertrages ist bei Gegebensein der rechtlichen Voraussetzungen zulässig (Bruck S. 555—556, Kisch a. a. O. S. 191 Anm. 4).

III. Verlangen der Beseitigung §60
Anm. 17, 18

Die Ausschlußfrist wird durch rechtzeitige Absendung des Verlangens gewahrt (analog § 121 I 2 BGB).

Die Beweislast ist so zu verteilen, daß der Ver zu beweisen hat, das Verlangen sei verspätet geltend gemacht worden. Dies ergibt sich aus der Fassung des § 60 III 2 (Kisch a. a. O. S. 191—192, Bruck S. 553 Anm. 38, a. A. hinsichtlich der Exkulpation Ritter-Abraham Anm. 9 zu § 11, S. 265).

Nach der hier vertretenen Gestaltungstheorie (Anm. 13) gibt es nur die Ausschlußfrist, nicht auch eine Verjährung des Verlangens (Kisch a. a. O. S. 188).

Das zeitliche Wirksamwerden des Verlangens wird in Anm. 22 behandelt.

[17] **5. Inhalt.**

Das Verlangen nach Beseitigung der Doppelv muß als rechtsgestaltende Willenserklärung einen bestimmten Inhalt haben, muß den Willen des Vmers in bestimmter Richtung äußern; denn das Gesetz kennt in § 60 I, II drei Möglichkeiten der Beseitigung: Aufhebung des späteren Vertrages, Anpassung des späteren Vertrages und Anpassung aller Verträge. Der Vmer muß erkennen lassen, was er verlangt. Denn der Ver, an den sich die Willenserklärung richtet, kann nicht ohne weiteres erkennen, ob die Voraussetzungen eines dieser Rechtsbehelfe gegeben sind. Andererseits hat der Vmer nicht die freie Wahl unter den drei Möglichkeiten, sondern es kommt jeweils nur eine von ihnen in Betracht.

Das Gesetz bekennt sich — nur bei der Beseitigung der Doppelv — seit 1939 (in Abweichung von § 60 I a. F.) prinzipiell zum Prioritätsprinzip — gleichsam dem Grunde nach (Aufhebung späterer V) und der Höhe, dem Umfang nach (Anpassung späterer V). Hier mag der Gedanke der „älteren Rechte", des „Besitzstandes" des Vorvers eine Rolle spielen; auch der Kampf gegen „Ausspannung von Vmern" und das Bestreben, im Wege der Beseitigung des zweiten Vertrags die Vsangelegenheiten des Vmers zu vereinfachen, wird von Begr. III S. 12 erwähnt.

Dies schließt aber nicht aus, daß im Wege der Vereinbarung der Beteiligten eine von § 60 I, II abweichende Lösung zur Beseitigung der Doppelv gefunden wird. So kommt es nicht selten vor, daß der früher geschlossene Vertrag aufgehoben wird, daß also der erste Ver die V „freigibt". Der Inhalt solcher Änderungsvereinbarung kann von Fall zu Fall vereinbart werden, insbesondere die Frage des sofortigen oder späteren Wirksamwerdens und des Prämienschicksals kann auch abweichend von § 60 III 1 geregelt werden. Ein Gewohnheitsrecht, eine Verkehrssitte oder ein Handelsbrauch scheint sich jedoch bezüglich solcher Abweichungen vom Inhalt des § 60 nicht gebildet zu haben. Vgl. zu solchem Aufhebungsvertrag OLG Hamburg 1. XII. 1950 VersR 1951 S. 53—54.

[18] **a) Aufhebung späteren Vertrags.**

Diese in § 60 I, II 1 an erster Stelle genannte Möglichkeit der Beseitigung setzt eine vollständige Doppelv, Vollidentität (Anm. 14 zu § 59), also die völlige Überflüssigkeit der späteren V voraus. Abzuheben ist nur auf die Gefahrtragungsleistung des späteren Vers, es ist also unerheblich, ob die spätere V womöglich zu einer bedeutend niedrigeren Prämie abgeschlossen werden konnte. Es kommt nur darauf an, ob „jeder Vsfall des jüngeren Vertrages durch den älteren Vertrag voll gedeckt ist" (Prölss-Martin[20] Anm. 4 zu § 60, S. 340).

Was die Vsdauer beider Verträge anlangt, so meinen Prölss-Martin a. a. O., daß die Aufhebung „mindestens gleich lange Vsdauer des älteren Vertrages veraussetzt; Verlängerungsklausel des jüngeren Vertrages bleibt aber außer Betracht". Enthält der ältere Vertrag eine Verlängerungsklausel, so ist hiernach bei Vollidentität die Aufhebung der späteren V stets möglich. Ist die ältere V zeitlich begrenzt, so ist die Aufhebung statthaft, wenn auch die neuere V nicht länger als die ältere fortdauern soll, und in der Tat erscheint es angebracht, hierbei eine Verlängerungsklausel des jüngeren Vertrags außer Acht zu lassen.

Der Vmer, welcher das Aufhebungsverlangen an den „jüngeren" Ver richtet, muß die Voraussetzungen des § 60 I, II 1 nebst Vollidentität und Überdeckung der Vsdauern behaupten und beweisen.

[19] b) Anpassung späteren Vertrags.

Der Wortlaut des Gesetzes (§ 60 I) erwähnt für den Fall mangelnder Vollidentität nur die Möglichkeit, daß die Vssumme der späteren V „unter verhältnismäßiger Minderung der Prämie auf den Teilbetrag **herabgesetzt wird, der durch die frühere V nicht gedeckt ist.**"

Ist also bei einer Aktivenv die frühere V Unterv (Vssumme niedriger als der Vswert: § 56), so kann die spätere V insoweit nicht beseitigt werden, als sie dazu dient, dem Vmer im Schadensfall eine volle Entschädigung zu gewährleisten: Die Vssumme der späteren V wird auf einen Teilbetrag herabgesetzt, der durch die frühere V nicht gedeckt ist.

Man kann und muß den Gedanken der „Herabsetzung" in solchen Fällen analog anwenden, in denen es nicht um die Vssumme, sondern um **andere Tatbestände partieller Doppelv** geht. So wird die Herabsetzung genereller zur Anpassung der späteren V. Hier kommt in Betracht,

daß die spätere V im Vergleich zur früheren zusätzliche **Interessen** deckt, sodaß nur die Beseitigung der Doppelv bisher schon vter Interessen in Frage kommt: Neben eine erste V, welche Verpächterinteressen für eigene Rechnung deckt, tritt eine zweite V, genommen vom Pächter, die dessen eigenes und für fremde Rechnung das Interesse des Verpächters schützt. Hier führte die Anpassung zur Reduzierung des zweiten Vertrages auf die V des Pächterinteresses (vgl. Prölss-Martin[20] Anm. 6 zu § 60, S. 341). — Wenn die frühere V, z. B. eines Inbegriffs, im Wege der Ausschlußklausel gewisse vte Interessen ausnimmt, enthält die spätere V solchen Ausschluß möglicherweise nicht, sodaß ein Bedürfnis zur Reduzierung des zweiten Vertrags auf die im ersten Vertrag ausgeschlossenen Interessen besteht.

daß die spätere V im Vergleich zur früheren zusätzliche **Gefahren** deckt, z. B. in der Transportv die Kriegsgefahr, sodaß die zweite V (nur) hinsichtlich der Kriegsgefahr fortbestehen könnte. Auch hinsichtlich des Vsortes kann die zweite V weiter reichen als die erste. Hinsichtlich der Vszeit vgl. schon Anm. 18.

daß die spätere V im Vergleich zur früheren zusätzliche **Schäden** deckt, z. B. wenn eine V nur gegen Totalverlust zusammentrifft mit einer V aller Schäden, oder wenn eine V mit Selbstbehalt zusammentrifft mit einer späteren V ohne Selbstbehalt.

Die Anpassung des jüngeren Vsvertrages, z. B. durch Beschränkung des Vschutzess auf die im ersten Vsvertrag ausgeschlossenen Interessen, unvten Gefahren, ungedeckten Schäden („Spitzen") (dazu Prölss-Martin[20] Anm. 4 zu § 60, S. 340) kann daran scheitern, daß der zweite Ver geschäftsplanmäßig solche limitierten Ven nicht abschließt. Sodann kann er durch das einseitige Verlangen des Vmers nicht zu einer regelwidrigen Vertragsgestaltung gezwungen werden. Neben dem Geschäftsplan spielen — besonders auch im Massengeschäft — die branchenüblichen Gepflogenheiten eine Rolle. Nicht selten wird die für den Vmer erzielbare Prämienermäßigung es nicht lohnend erscheinen lassen, eine Anpassung des späteren Vertrages zu verlangen. In der Kraftfahrzeughaftpflichtversicherung dürfte eine Herabsetzung aus den in Anm. 5 angeführten Gründen entfallen; Taube VersR 1959 S. 678 will sie scheitern lassen „wegen der im PflVG vorgeschriebenen Mindestdeckungssummen, unter die kein Ver gehen darf."

Auch hier trifft den Vmer die **Beweislast** für das Vorliegen der Voraussetzungen seines Verlangens.

[20] c) Anpassung aller Verträge.

Nur in den beiden Sonderfällen des § 60 II 2 (Anm. 10—11) tritt an die Stelle der Prioritätslösung eine „verhältnismäßige Herabsetzung der Vssummen und Prämien". Die Doppelver werden aber nicht etwa zu Mitvern zusammengeschlossen, sondern die Doppelv wird zu einer schlichten mehrfachen V i. e. S. (Anm. 6, 23 zu § 58).

Aus zwei vollidentischen Vollwertven werden demnach zwei Unterven mit Vssummen in Höhe der Hälfte des Vswertes. Betrug bei einem (abgesunkenen) Vswert

IV. Rechtsfolgen des Verlangens § 60
Anm. 21, 22

von 15 000 die Vssumme des einen Vertrages 20 000, des zweiten 10 000, so werden die Vssummen auf 10 000 bzw. 5000 reduziert. Die für das Innenverhältnis der Doppelv gemäß § 59 II 1 maßgebenden Grundsätze können bei der Anpassung zugrundegelegt werden (vgl. Anm. 35 zu § 59), jedoch trifft nach der Herabsetzung die Ver keine Ausfallhaftung (Bruck S. 554, Ritter-Abraham Anm. 10 zu § 11, S. 265—266).

Bei Teilidentität wird im Doppelvsbereich die Gefahrtragung aufgeteilt. Trifft z. B. eine Transportv einschließlich Kriegsgefahr mit einer zweiten Transportv ohne Kriegsgefahr zusammen, so wird nur das reine Transportrisiko unter den beiden Vern (mit je gehälfteter Vssumme) aufgeteilt.

§ 60 II 2 ist analog anzuwenden, sofern im Falle des § 60 I die Vsverträge gleichzeitig abgeschlossen sind (Anm. 5).

Vorauszusetzen ist bei alledem, daß der Vmer das Verlangen gegenüber beiden Doppelvern stellt, wozu er nicht verpflichtet ist. Stellt er es gegenüber einem Ver, so tritt nur bei diesem die Gestaltungswirkung ein (Anm. 15).

Die Beweislast für die besonderen Voraussetzungen des § 60 II 2 trifft denjenigen, der sich auf die Anpassung aller Verträge beruft.

[21] 6. Form.

Für das Verlangen ist im Gesetz eine Form nicht vorgeschrieben. Es reicht auch ein (fern-)mündliches Verlangen aus, und auch eine stillschweigende oder konkludente Willenserklärung kommt in Betracht.

Jedoch können Vsbedingungen eine Form für das Verlangen vorsehen, was möglicherweise in einer generellen Bestimmung betreffend Willenserklärungen des Vmers geschieht.

[22] IV. Rechtsfolgen des Verlangens.
1. Wirksamwerden.

Erst mit dem Ablaufe der Vsperiode, in der sie verlangt wird, wird die Vertragsaufhebung oder Vertragsanpassung wirksam (§ 60 III 1). Früher, bis 1939, wirkte die in § 60 I a. F. allein vorgesehene Herabsetzung der Vssumme regelmäßig schon „von dem Beginne der Vsperiode an, in welcher sie verlangt wird" (§ 60 II 1 a. F.), es war also eine Rückwirkung vorgesehen. Die Gesetzesänderung beruht auf österreichischem Vorbild (Begr. III S. 13).

Hiernach bleibt die Doppelv — auch die volle Prämienzahlungspflicht — bis zum Ende der Vsperiode bestehen, und es ist für einen Vmer nicht sinnvoll, die Beseitigung der Doppelv zu verlangen, wenn ihm die Beseitigung keine Vorteile bringt, sei es weil das Vsverhältnis sowieso mit dem Ende der Vsperiode endigt, sei es weil der Vmer mit einem Wiederanstieg des Vswertes zum Ende der Vsperiode rechnet.

Ist die Doppelv durch ein Kriegsereignis verursacht, so würde eine analoge Anwendung des § 51 II das Wirksamwerden des Verlangens mit Wirkung vom Eintritt der Doppelv ab rechtfertigen. Gegen die Analogie jedoch schon Anm. 41 zu § 51.

Ist eine der Ven bei einer Doppelv — schon isoliert betrachtet — eine Überv, so kann der Vmer vorweg die Beseitigung der Überv (mit sofortiger Wirkung: § 51 I) und sodann die Beseitigung der Doppelv verlangen (Anm. 34 zu § 51).

Durch Vereinbarung kann die sofortige oder sogar rückwirkende Beseitigung der Doppelv vereinbart werden; solcher Aufhebungs- oder Änderungsvertrag ist aber dem Vmer nur zu empfehlen, falls er dabei einen Prämienvorteil erlangt (rückwirkende Freigabe und Zurückzahlung der Prämie empfiehlt der Verband der Sachver in Grundstücksveräußerungsfällen: VA 1968 S. 234, vgl. auch Brockmann ZfV 1964 S. 245). Über rückwirkende Freigabe von Haftpflicht- und Kraftfahrtven Frick ZfV 1954 S. 663.

Läßt sich übersehen, daß eine Doppelv nur temporär bestehen wird, z. B. nur noch während der folgenden Vsperiode, so fragt es sich, ob der Vmer die Beseitigung auf Zeit verlangen kann. Solche Komplikation ist dem Ver aber nicht zuzumuten; der Vmer muß sich entscheiden, ob er übergangsweise die Doppelv in Kauf nehmen will (vgl. zum Problem Kisch a. a. O. S. 200—201).

Von dem Wirksamwerden der Beseitigung ist die **Vollendung** der hierauf gerichteten **Willenserklärung** zu unterscheiden: Mit dem Zugang des Verlangens beim Ver ist die rechtsgestaltende Wirkung der Erklärung ausgelöst, die Aufhebung oder Anpassung tritt mit dem Ablaufe der Vsperiode ein. Der Vmer kann diese Rechtsfolge nicht verhindern, indem er sein Verlangen widerruft, selbst dann nicht, wenn inzwischen die Voraussetzungen der Doppelv entfallen sind (z. B. durch Anstieg des Vswertes, speziell Neuanschaffungen bei Inbegriffsven). Es bedarf hiernach eines Vertrages zwischen Vmer und Ver, wenn die beseitigte V doch unverändert fortbestehen soll. Dabei ist anzunehmen, daß das neue Rechtsverhältnis als kontinuierliche Fortsetzung des alten behandelt werden soll. Dazu Kisch a. a. O. S. 204—205.

Ein **unberechtigtes** Verlangen löst keine Rechtsfolgen aus, es sei denn, daß es daraufhin zu einem Aufhebungs- oder Änderungsvertrag mit dem Ver kommt (vgl. Kisch a. a. O. S. 188, Ritter-Abraham Anm. 12 zu § 11, S. 266).

[23] 2. Vertragsaufhebung.

Die auf dem einseitigen Verlangen des Vmers beruhende, zum Ende der Vsperiode wirksam werdende völlige Aufhebung des später geschlossenen Vertrages (§ 60 I, II 1) beendet die materielle und technische Vsdauer, während noch nicht abgewickelte Verpflichtungen aus Vsfällen, die vor dem Ende der Vsperiode eingetreten sind, fortbestehen (auch aus gedehnten Vsfällen, welche „überhängen").

Bei dieser Vertragsbeendigung handelt es sich um einen **selbständigen Beendigungsgrund** (Anm. 19 zu § 8), am ehesten vergleichbar, aber nicht identisch mit einer (durch Ausschlußfrist) befristeten Kündigung auf das Ende der Vsperiode; deshalb können gewisse Kündigungsgrundsätze analog angewendet werden (vgl. Anm. 29, 37 zu § 8).

Über Aufhebungsverträge Anm. 40 zu § 8.

[24] 3. Vertragsanpassung
  a) bei späterem Vertrag.

Hier wird durch einseitige Willenserklärung des Vmers der jüngere Vertrag inhaltlich verändert (Anm. 118 zu § 1). In dem vom Gesetz in den Vordergrund gerückten Fall wird nur die Vssumme herabgesetzt, aber daneben gibt es andere mannigfache Fälle der Vertragsanpassung (Anm. 19). Es wird oft Sache des fachkundigen Vers sein, nach einem mehr wirtschaftlich fundierten Verlangen des Vmers die rechtliche Formulierung für die Vertragsanpassung zu finden.

Der Vmer hat Anspruch auf einen die Vertragsanpassung dokumentierenden **Nachtrag zum Vsschein** (entsprechend § 3 I; Anm. 124 zu § 1).

Über Änderungsverträge Anm. 121 zu § 1.

[25] b) bei allen Verträgen.

Im Falle des § 60 II 2 geht es ausnahmsweise um die Möglichkeit der Herabsetzung oder sonstigen Vertragsanpassung bei mehreren Vsverträgen. Die Anpassungen sind aber rechtlich getrennt zu sehen, bei jeder der Doppelven beruht die Änderung wie im Falle der Anm. 24 auf einseitiger Willenserklärung des Vmers, und er ist nicht verpflichtet, an jeden Ver das Verlangen zu richten (Anm. 20).

[26] 4. Prämienschicksal.

Trotz des Verlangens nach Beseitigung der Doppelv trägt der Ver die Gefahr noch bis zum Wirksamwerden des Verlangens (Anm. 22), und zwar juristisch uneingeschränkt, wirtschaftlich allerdings vermindert wegen der internen Ausgleichungspflicht der Doppelver (§ 59 II 1).

Dem Ver gebührt die bisherige **volle Prämie** bis zum Ende der Vsperiode.

Eine **Entschädigung** des Vers für die eintretende Prämieneinbusse späterer Vsperioden ist im Gesetz nicht vorgesehen und auch in Fällen schuldhafter Doppelv läßt sich ein Schadensersatzanspruch des betroffenen Vers nicht begründen (an § 826 BGB denkt immerhin Bruck S. 555). § 60 III a. F. kannte im Falle der (damals rückwirken-

V. Abdingbarkeit des Beseitigungsrechts § 60
Anm. 27

den) Herabsetzung einen Anspruch des Vers auf angemessene Geschäftsgebühr. Heute findet der Ver allenfalls einen gewissen Ausgleich im vollen Bezug der Periodenprämie trotz wirtschaftlich eingeschränkter Gefahrtragung. Je länger die Vsperiode nach dem Verlangen noch läuft, desto stärker ist diese Begünstigung des Vers.

Eine Geschäftsgebühr steht dem Ver anstelle einer Prämie nur zu, wenn die Gefahrtragung des Vers bei Stellung des Verlangens noch gar nicht begonnen hatte (Anm. 16).

Wird die Vssumme herabgesetzt, so soll dies „unter verhältnismäßiger Minderung der Prämie" geschehen (§ 60 I, vgl. auch § 60 II 2). Die Formulierung spricht für eine genau proportionale Minderung. Jedoch dürfte der Prämientarif des Vers heranzuziehen sein, falls dieser bei niedrigeren Vssummen relativ höhere Prämiensätze vorsieht oder Mindestprämien oder standardisiert-gestaffelte Prämien kennt. Über die Bedeutung des Prämientarifs vgl. auch Bruck S. 554, Kisch a. a. O. S. 201—202, Prölss-Martin[20] Anm. 4 zu § 60, S. 340—341, Ritter-Abraham Anm. 11 zu § 11, S. 266 und das zur Überv in Anm. 33 zu § 51 Gesagte, woselbst auch über Vssteuer und Nebengebühren.

In anderen Fällen der Vertragsanpassung kann die Ermittlung der Prämienminderung noch schwieriger sein (Kisch a. a. O. S. 190—191). Notfalls bedarf es der Einschaltung eines Sachverständigen (Ritter-Abraham Anm. 11 zu § 11, S. 266). Ein Ausschluß des Ermäßigungsrechtes ist aber auch in solchen Fällen nicht anzunehmen (Gerhard-Hagen Anm. 2 zu §§ 58—60, S. 279—280).

War ausnahmsweise die infolge der Beseitigung der Doppelv nicht mehr geschuldete Prämie bereits vorausbezahlt oder wird sie versehentlich weiterbezahlt, so entsteht ein Bereicherungsanspruch des Vmers aus § 812 I (vgl. Anm. 35 zu § 51, Bruck S. 554).

Im Verhältnis des Vers zum Rückver ergibt sich aus dem Grundsatz der Schicksalsteilung, daß der Rückver das Prämienschicksal des Erstvertrages teilt. Handelt es sich um eine Exzedentenv, so kann sich ergeben, daß nach Herabsetzung der Vssumme ein Vertrag der Rückv überhaupt nicht mehr unterfällt (Bruck S. 556, Kisch a. a. O. S. 206, Ritter-Abraham Anm. 16 zu § 11, S. 267).

[27] V. Abdingbarkeit des Beseitigungsrechts.

So wie sämtliche Bestimmungen über die mehrfache und Doppelv ist auch § 60 in den Katalog der (halb) zwingenden Vorschriften des § 68a nicht aufgenommen worden. Die Regeln über das Beseitigungsrecht des Vmers sind also abdingbar.

Das erscheint unfolgerichtig, wenn man bedenkt, daß das bei der Überv vorgesehene Herabsetzungsrecht des § 51 I, II gemäß § 68a unabdingbar ist; denn der Doppelvte müßte denselben Schutz genießen wie der Übervte. Aber im Wege der Analogie wird man hier den zwingenden Charakter nicht begründen dürfen, da das Gesetz immerhin vom Prinzip der Vertragsfreiheit beherrscht wird.

Einen absolut zwingenden Charakter kann man § 60 keinesfalls beilegen.

Die Vsbedingungen enthalten üblicherweise keine Abweichung von § 60. So bringt insbesondere § 10 II AFB nur eine Verweisung auf die gesetzliche Rechtslage. Die Vsaufsichtsbehörde würde wohl — gestützt auf § 8 Ziff. 2 VAG — eine wesentliche Schlechterstellung des Vmers nicht genehmigen.

Abweichungen von der gesetzlichen Rechtslage kommen theoretisch insbesondere in Betracht durch Einengung oder Ausweitung der Voraussetzungen des Beseitigungsrechtes (Anm. 4—12), Verkürzung oder Verlängerung der Ausschlußfrist (Anm. 16), Vereinbarung einer Form für das Beseitigungsverlangen (Anm. 21), Änderungen hinsichtlich des Wirksamwerdens des Verlangens (Anm. 22) und des Prämienschicksals (Anm. 26).

Infolge der Abdingbarkeit des § 60 sind Vereinbarungen zulässig, welche an die Stelle des einseitigen rechtsgestaltenden Verlangens des Vmers einen Aufhebungs- oder Änderungsvertrag mit speziellen Rechtsfolgen setzen (Anm. 17—22). Solche Vereinbarungen können sachdienlich sein, um Zweifel z. B. über den Umfang des Beseitigungsrechtes, die Formulierung der Vertragsanpassung oder das Ausmaß der Prämienminderung auszuräumen.

§ 61

Der Versicherer ist von der Verpflichtung zur Leistung frei, wenn der Versicherungsnehmer den Versicherungsfall vorsätzlich oder durch grobe Fahrlässigkeit herbeiführt.

Herbeiführung des Versicherungsfalls.

Gliederung:

Entstehung Anm. 1
Schrifttum Anm. 2
  I. Übersicht Anm. 3
 II. Anwendungsbereich Anm. 4–16
    1. Schadensv Anm. 4
    2. Sonderregelungen Anm. 5–16
      a) Sonderregelungen außerhalb des VVG-Bereiches Anm. 5–7
        aa) Seev Anm. 5
        bb) Rückv Anm. 6
        cc) Öffentlichrechtliche V Anm. 7
      b) Sonderregelungen innerhalb des VVG-Bereiches Anm. 8–16
        aa) Gesetzliche Sonderregelungen Anm. 8–12
          aaa) Schadensv Anm. 8–10
            α) Binnentransportv Anm. 8
            β) Haftpflichtv Anm. 9
            γ) Tierv Anm. 10
          bbb) Personenv Anm. 11–12
            α) Lebensv Anm. 11
            β) Unfallv Anm. 12
        bb) Vertragliche Sonderregelungen Anm. 13–16
          aaa) Schadensv Anm. 13
          bbb) Personenv Anm. 14–16
            α) Krankenv Anm. 14
            β) Lebensv Anm. 15
            γ) Unfallv Anm. 16
III. Rechtsnatur Anm. 17–22
    1. Gefahrenausschluß Anm. 17
    2. Gegenmeinungen Anm. 18–22
      a) Schadensverhütungspflicht Anm. 18
      b) Schadensverhütungsobliegenheit Anm. 19
      c) Voraussetzungs- und Bedingungskonstruktionen Anm. 20–21
        aa) Nichtherbeiführung als Voraussetzung oder Bedingung Anm. 20
        bb) Herbeiführung als Bedingungsherbeiführung Anm. 21
      d) Sonstige Gegenmeinungen Anm. 22
IV. Abgrenzung Anm. 23–26
    1. Gefahrstandsobliegenheit Anm. 23
    2. Vorbeugende Obliegenheiten Anm. 24
    3. Rettungsobliegenheit Anm. 25
    4. Arglisteinwand Anm. 26
 V. Objektive Voraussetzungen Anm. 27–39
    1. Herbeiführung Anm. 28–29
      a) Tun Anm. 28
      b) Unterlassen Anm. 29
    2. Kausalität Anm. 30
    3. Vsfall Anm. 31
    4. Beweisfragen Anm. 32–39
      a) Beweislast Anm. 33
      b) Beweisführung Anm. 34–38
        aa) Speziell: Wahrscheinlichkeitsbeweis Anm. 35
        bb) Speziell: Kausalitätsbeweis Anm. 36
        cc) Speziell: Indizienbeweis Anm. 37
        dd) Speziell: Anscheinsbeweis Anm. 38
      c) Beweisvereinbarungen Anm. 39
VI. Subjektive Voraussetzungen Anm. 40–56
    1. Schuldfähigkeit Anm. 41
    2. Verschulden Anm. 42–55
      a) Begriff des Vorsatzes Anm. 43–44
        aa) Allgemeines, speziell Sachv Anm. 43
        bb) Haftpflicht- und Rechtsschutzv Anm. 44
      b) Begriff der Fahrlässigkeit Anm. 45–47
        aa) Grobe Fahrlässigkeit Anm. 46
        bb) Gewöhnliche Fahrlässigkeit Anm. 47
      c) Beweis des Verschuldens Anm. 48–50
        aa) Beweislast Anm. 48

Herbeiführung des Versicherungsfalls **§ 61**
Anm. 1, 2

bb) Beweisführung Anm. 49—50
  aaa) Allgemeines Anm. 49
  bbb) Anscheinsbeweis Anm. 50
d) Revisibilität bei Verschuldensfragen Anm. 51
3. Schuldausschließungsgründe Anm. 52
4. Anhang: Fallgruppen grober Fahrlässigkeit Anm. 53—55
  a) Fälle aus der Kraftfahrkasko Anm. 54
  b) Fälle aus anderen Sachvszweigen Anm. 55
VII. Einstehen für Dritte Anm. 57—78
1. Grundlegung Anm. 57
2. Sonderfälle Anm. 58—64
  a) V für fremde Rechnung Anm. 58—59
    aa) Herbeiführung durch den Vmer Anm. 58
    bb) Herbeiführung durch den Vten Anm. 59
  b) Fremdpersonenv Anm. 60
  c) V juristischer Personen Anm. 61
  d) V mehrerer Personen Anm. 62—64
    aa) Gesamthandsgemeinschaften Anm. 62
    bb) Bruchteilsgemeinschaften Anm. 63
    cc) Restfälle Anm. 64
3. Normalfälle Anm. 65—77
  a) Fälle der Rechtsnachfolge Anm. 65
  b) Fälle der Vertretung Anm. 66
  c) Verhalten von Familienangehörigen Anm. 67—68
    aa) Ehegatten Anm. 67
    bb) Sonstige Familienangehörige Anm. 68
  d) Verhalten von „wirtschaftlich Vten" Anm. 69
  e) Verhalten von Repräsentanten Anm. 70—77
    aa) Ablehnung des Selbstverschuldensprinzips Anm. 71
    bb) Ablehnung der Erfüllungsgehilfenhaftung Anm. 72

cc) Ablehnung der Verrichtungsgehilfenhaftung Anm. 73
dd) Begründung der Repräsentantenhaftung Anm. 74—77
  aaa) Schrifttum Anm. 75
  bbb) Rechtsprechung Anm. 76
  ccc) Fallgruppen Anm. 77
4. Sondervereinbarungen Anm. 78
VIII. Rechtsfolgen der Herbeiführung Anm. 79—86
1. Zivilrechtliche Folgen Anm. 79—85
  a) Haftungsfreiheit Anm. 79—83
    aa) Absolute Haftungsfreiheit Anm. 79
    bb) Relative Haftungsfreiheit Anm. 80
    cc) Verzicht, Verwirkung Anm. 81
    dd) Bereicherung, Geschäftsführung Anm. 82
    ee) Rückgriff des Vers Anm. 83
  b) Vertragsschicksal Anm. 84
  c) Schadensersatz Anm. 85
2. Strafrechtliche Folgen Anm. 86
IX. Abdingbarkeit des § 61 Anm. 87—92
1. Vsschutz bei grober Fahrlässigkeit Anm. 88
2. Vsschutz bei Vorsatz Anm. 89
3. Haftungsfreiheit bei leichter Fahrlässigkeit Anm. 90
4. Haftungsfreiheit bei Fahrlässigkeit in der Haftpflichtv Anm. 91
5. Abreden zugunsten bestimmter Personen Anm. 92
X. Ausstrahlungen des § 61 Anm. 93—99
1. Einfluß auf Haftungsverhältnisse Anm. 94—98
  a) Schiffahrtsrecht Anm. 94
  b) Gebrauchsüberlassungsverträge Anm. 95
  c) Werkverträge Anm. 96
  d) Speditionsverträge Anm. 97
  e) Lagerverträge Anm. 98
2. Rückstrahlung auf Vsverhältnisse Anm. 99

[1] Entstehung:
§ 61 ist unverändert geblieben. — Begr. I S. 71.

[2] Schrifttum:
Auer, Die Haftung für Hilfspersonen, Bern 1933, Bach (Die Bedeutung des § 61 VVG in der Kaskov) VersR 1959 S. 246—250, Baumann, Der Vsbetrug, Stuttgart o.J., Dietz, Das Delikt

des Vsbetrugs, Heidelberger Diss., Mainz 1911, Bokelmann, Grobe Fahrlässigkeit, Karlsruhe 1973, Bruck S. 647–665, Dobler, Vertreter und Hilfspersonen im Vsverhältnis, Berner Diss., Winterthur 1961, Dolder, Die Haftung des Vmers für Hilfspersonen, Berner Diss., Chur 1939, Ehrenzweig S. 263–272, Ehrenzweig (Die schuldhafte Herbeiführung des Vsfalls und die Personenhäufung im Vsverhältnis) ZVersWiss 1923 S. 34–48, Farny, Das Vsverbrechen, Berlin 1959, Framhein, Die Herbeiführung des Vsfalles, Berlin 1927, Frohn, Die Auswirkungen des Urteils des Bundesgerichtshofes vom 3. 7. 1951 zur Frage des § 278 BGB. auf die Bedeutung des Repräsentantenbegriffs im Vsrecht, Kölner Diss. 1959, Gerhard–Hagen Anm. 1–5 zu § 61, S. 283–289, J. Gierke (Die Haftung des Vmers für fremdes Verschulden) LZ 1909 Sp. 721–743, Granitza, Erfüllungsgehilfen- und Repräsentantenhaftung, Frankfurter Diss. 1968, Hagen I S. 628–637, Halbreiter, Haftung des Vmers für Dritte, Kölner Diss. 1934, Heerbach, Die Haftung des Vmers für fremdes Verschulden bei Verletzung der Pflicht zur Anzeige des Vsfalles, Jenaer Diss. 1930, Hercher, Die Anwendbarkeit des § 278 BGB auf das Verhältnis des Vmers zum Ver nach dem Reichsgesetz über den Vsvertrag, Heidelberger Diss., Saalfeld 1912, Heukeshoven, Die Haftung des Vmers für das Verhalten Dritter, Kölner Diss. 1938, Huber, Die Herbeiführung des Vsfalles durch den Vmer, Kölner Diss., Leipzig 1939, Joel, Der „Repräsentant" im Privatvsrecht, Greifswalder Diss. 1933, Josef (Die Haftung des Vmers für Handlungen Dritter) ZVersWiss 1914 S. 201–225, Josef (Herbeiführung des Vsfalles durch den Vmer) WuRdVers 1930 Nr. 1 S. 1–21, Josef (V durch den einen und Brandstiftung durch den anderen Ehegatten) ArchCivPrax Bd 107 S. 373–383, Josef (Vorsätzliche Herbeiführung des Vsfalles) ZVersWiss 1913 S. 233–242, Kastner, Der Vsbetrug (§ 265 StGB), Tübinger Diss. 1928, Kirsch, Die vorsätzliche Herbeiführung des Vsfalles in der privaten Unfallv, Kölner Diss. 1972, Kisch (Herbeiführung des Vsfalles durch Unterlassung) HansRZ 1922 Sp. 169–173, Kisch (Schuldhafte Herbeiführung des Schadensvsfalles bei Mehrheit der Interessenten) ZVersWiss 1939 S. 4–17, Kisch (Herbeiführung des Vsfalles durch den gesetzlichen Vertreter des Vmers) WuRdVers 1959 Nr. 1 S. 41–79, Kleinschmidt, Die Anwendbarkeit des § 278 BGB im Vsrecht, Rostocker Diss., Leipzig 1914, König, Der Vsbetrug, Zürich 1968, Koep, Die Haftung des Vmers für das schuldhafte Verhalten Dritter im Rahmen des Vsvertrages, Kölner Diss. 1968, Kreuzhage, Der Vsbetrug, Opladen 1950, Kurmann, Betrügerische Handlungen des Vmers, Berner Diss., Schwarzenbach 1944, Marohn (Herbeiführung des Vsfalles durch den Vmer) WuRdVers 1929 Nr. 1 S. 65–102, Matschewsky, Der Vsbetrug im künftigen Recht, Kölner Diss., Düsseldorf 1934, Meyer, Der Vorsatzbegriff im Vsrecht, Kölner Diss. 1957, Möller, Verantwortlichkeit des Vmers für das Verhalten Dritter, Berlin 1939, Möller (Zu den Normen über die schuldhafte Herbeiführung des Vsfalles) HansRGZ 1929 A Sp. 549–562, Möller (Die rechtliche Konstruktion der Regeln über die schuldhafte Herbeiführung des Vsfalles) JRPV 1929 S. 325–329, Müllereisert (Der Repräsentant des Vsrechts als besondere Form der Fremdzurechnung) JRPV 1936 S. 241–247, 257–260, 273–277, Neubert, Schuldhafte Herbeiführung des Vsfalles, Leipziger Diss., Dresden 1934, Niethner, Die Haftung des Vmers für seinen Repräsentanten im Rahmen des § 61 VVG, Leipziger Diss. 1938, Oberhansberg, Der Vsbetrug und sein Verhältnis zu Betrug, Brandstiftung und Sachbeschädigung nach geltendem und künftigem Recht, Kölner Diss., Kaldenkirchen 1930, Offermann, Die Leistungsfreiheit des Vers bei vorsätzlicher oder grob fahrlässiger Herbeiführung des Vsfalles durch Vmer (§ 61 VVG), Erlanger Diss., Günzburg 1930, Pfretzschner, Die schuldhafte Herbeiführung des Vsfalls bei einer Mehrheit von Eigentümern der vten Sache, ungedruckte Kölner Diss. o.J., Pinckernelle, Die Herbeiführung des Vsfalls, Karlsruhe 1966, Pinckernelle (Die Verantwortlichkeit des Vmers für das Verschulden Dritter bei der Herbeiführung des Vsfalls) VersR 1968 S. 16–21, Pott, Die Bewirkung des Vsfalles durch Dritte nach § 61 des Vsvertragsgesetzes, Kölner Diss., Emsdetten 1933, Prölss (Repräsentantendämmerung) JRPV 1936 S. 33–38, Prölss-Martin[21] Anm. 1–8 zu § 61, S. 331–336, Rabel (Die Verantwortlichkeit des Vmers für Verschulden dritter Personen) VersArch 1937/38 S. 710–734, 917–952, Raiser AFB[2] Anm. 1–13 zu § 17, S. 392–401, Rein, Der Vsbetrug, Tübinger Diss., Oehringen 1932, v. Reuter, Grobe Fahrlässigkeit im Privatvsrecht, Karlsruhe 1977, Ritter (Vorsätzliche Verursachung eines Schadens durch den Vmer) LZ 1914 Sp. 354–363, Schad, Betrügereien gegen Ven, Kieler Diss., München 1965, Schneider (Die Verantwortlichkeit des Vmers für Dritte) ArchBürgR Bd 40 S. 167–195, Schneider (Die Bedeutung des § 278 BGB. im Vsrechte) LZ 1910 Sp. 97–106, 198–206, Schneider (Der sogenannte Repräsentant des Vmers) ZVersWiss 1914 S. 289–291, Schönen-

I. Übersicht

§ 61
Anm. 3

berger, Die Bedeutung des eigenen und fremden Verschuldens für den Vmer, Freiburger (Schweiz) Diss., Rorschach 1923, Schütz (Der Begriff der groben Fahrlässigkeit und seine Anwendung auf §§ 61 VVG, 640 RVO) VersR 1967 S. 733–739, Schuppisser, Die grobfahrlässige Herbeiführung des Vsfalles nach Art. 14 Abs. 2 VVG, Berner Diss. 1964, Sommer, Die Haftung des Vmers für fremdes Verschulden, Göttinger Diss., Hamburg 1913, Stiefel-Wussow-Hofmann AKB[10] Anm. 16–17 zu § 2, S. 91–95, Anm. 44 zu § 12, S. 551, Stupp, Die Herbeiführung des Vsfalles, Kölner Diss., Würzburg 1933, Süss (Zur Schadensverhütungspflicht des Vmers) AkademieZ 1942 S. 88–89, Ursprung, Der Vsbetrug nach schweizerischem Strafrecht, Freiburger (Schweiz) Diss., Dietikon 1945, Visarius, Der Ausschluß des Vsschutzes bei schuldhafter Herbeiführung des Vsfalles durch einen Repräsentanten des Vmers, Ungedruckte Kölner Diss. 1955, Wächter, Der Vsbetrug, Erlanger Diss., 1938, Wahle (Gibt es eine Repräsentantenhaftung im österreichischen Vsrecht?) SA aus: Z für Verkehrsrecht 1959 Heft 4/5 S. 1–10, Weltersbach, Der Begriff des Repräsentanten und seine Umgrenzung im Privatvsrecht, Kölner Diss. 1939, Werneburg (Der Kausalzusammenhang zwischen Unterlassungen des Vmers und Vsschaden) ZVersWiss 1919 S. 343–349, Weyers S. 490–492, Wriede, Der gedehnte Vsfall, ungedruckte Hamburger Diss. 1949, Zillmer, Die Verantwortlichkeit des Vmers für Dritte bei Herbeiführung des Vsfalls, Göttinger Diss. 1930.

[3] I. Übersicht

Ausgehend von der Grundauffassung, daß nur bei zufälligen Ereignissen Vsschutz gewährt werden könne, hat man es in früheren Zeiten für überflüssig gehalten zu normieren, daß bei schuldhafter Herbeiführung des Vsfalles durch den Vmer der Ver nicht hafte (Framhein a.a.O. S. 7–8). Erst § 2119 Teil II Tit. 8 ALR stellte klar: „Insoweit der Vte oder dessen Commissionair durch eigene Schuld oder Nachlässigkeit irgendeinen Schaden veranlaßt haben, ist der Ver zu dessen Vergütung nicht verbunden." In dem Bestreben, den Vsschutz zu verbessern, und in der Erkenntnis, daß nicht der Begriff des Zufalles, sondern jener der Gefahr in den Vordergrund zu rücken sei, haben zunächst die Vsbedingungen und sodann (in § 61) der Gesetzgeber die leichte Fahrlässigkeit des Vmers in die Deckung einbezogen (Begr. I S. 71).

Im Zusammenhang mit der Herbeiführung des Vsfalles pflegt man vom „**subjektiven Risiko**" zu sprechen. Wie Grossmann (bei Farny, Wirtschaft und Recht der V, Paul Braess zum 66. Geburtstag, Karlsruhe 1969, S. 81–97) gezeigt hat, ist der Begriff mehrdeutig. Man sollte sich bei der Definition – jedenfalls juristisch – darauf beschränken, auf die Personen des Vmers und des Vten (sowie in der Personenv: der Gefahrsperson) abzuheben und ihnen allenfalls die Repräsentanten (Anm. 70–77) gleichstellen. Aber auch bei dieser Einschränkung sind verschiedene Grenzziehungen möglich: Wenn man alle im Subjekt wurzelnden Gefahrumstände als subjektives Risiko bezeichnet, gehören z.B. Beruf und Gesundheitszustand hierher (letzterer besonders in der Personenv). Im Zusammenhang mit § 61 kommen aber nur die im Motivations- und Seinszentrum einer Person, die in Charakter und Psyche liegenden Gefahrumstände in Betracht (Möller HansRGZ 1929 A Sp. 549–562). Das subjektive Risiko in diesem engeren Sinne stellt die Vswirtschaft in vielen Vszweigen vor große Probleme, nicht nur wegen der dem Vsschutz unterfallenden leichtfahrlässigen und unverschuldeten Handlungen, sondern vor allem auch wegen der Dunkelziffer unbeweisbarer vorsätzlicher oder grobfahrlässiger Verhaltensweisen (wobei übrigens nicht nur an Herbeiführung des Vsfalles, sondern auch an Vortäuschungen von Vsfällen, Obliegenheitsverletzungen und arglistige Täuschung bei der Schadensermittlung zu denken ist). Im Interesse der Gefahrengemeinschaft, in welcher in Gestalt erhöhter Prämien die Ehrlichen die Schadensersatzforderungen der Nichtberechtigten mit zu befriedigen haben, ist eine Milde gegenüber solchen Anspruchstellern nicht angebracht, welche die (notwendigen) Grundregeln der Gemeinschaft verletzen, und es ist insbesondere auch § 61 streng anzuwenden.

Man stellt neben das objektive und subjektive Risiko das **„moralische Risiko"** (moral hazard), welches nach Mahr (bei Braess-Farny-Schmidt, Praxis und Theorie der Vsbetriebslehre, Festgabe für H. L. Müller-Lutz, Karlsruhe 1972, S. 241–282, ZVersWiss 1977 S. 212–214) gekennzeichnet ist dadurch, daß Anspruchsberechtigte – noch im Rahmen der Legitimität – vermehrte Ansprüche gegen einen Ver als Reaktion auf den gebotenen Vsschutz erheben: Speziell nach Prämienerhöhungen soll sich die Verhaltensweise der Anspruchsberechtigten (im „Rückkoppelungseffekt") zum Nachteil des Vers ändern, eine Beobachtung, die besonders in der Kranken- und Kraftfahrtv gemacht worden ist. Schon wirtschaftlich dürfte dieser Effekt der gesteigerten Begehrlichkeit, den Mahr auch als „Bajazzo-Effekt" glossiert – „Man hat bezahlt ja – will lachen für's Geld" – schwer quantifizierbar sein. Rechtlich ist mit der Begehrlichkeit als Gefahrumstand wenig anzufangen, wenn man von den juristischen Möglichkeiten einer Selbstbeteiligung absieht, die geeignet sein könnte, das moralische Risiko (welches mit Moral im Sinne der Sittengesetze nichts zu schaffen hat) zu mindern (dazu Anm. 65–73 zu § 56).

Hier ist – was die **Gliederung** der Darstellung anlangt – zunächst der Anwendungsbereich des § 61 nebst abweichenden Sonderregelungen zu schildern (Anm. 4–16), sodann ist auf die Rechtsnatur der Regelung (Anm. 17–22) und auf die Abgrenzung von verwandten Institutionen (Anm. 23–26) einzugehen. Bei der Behandlung des Norminhaltes sind die objektiven Voraussetzungen (Anm. 27–39) von den subjektiven Voraussetzungen (Anm. 40–56) zu scheiden. Ein spezieller Abschnitt ist der Verantwortlichkeit des Vmers für Dritte – und dabei insbesondere der Repräsentantenhaftung – zu widmen (Anm. 57–78). Bei der Erörterung der Rechtsfolgen der Herbeiführung des Vsfalles sind die zivilrechtlichen Folgen (Anm. 79–85) von den strafrechtlichen Folgen (Anm. 86) zu trennen. Abschließend ist zu untersuchen, inwieweit § 61 abdingbar ist (Anm. 87–92). Anhangsweise ist auf gewisse Ausstrahlungen des § 61 einzugehen (Anm. 93–99).

De lege ferenda wird erwogen, je nach dem Grade der groben Fahrlässigkeit (so Art. 14 II schweizerisches VVG) oder überhaupt je nach dem Grade des Verschuldens des Anspruchsberechtigten die Haftungsbefreiung des Vers abzustufen, also das Alles- oder Nichts-Prinzip aufzugeben (dazu kritisch wegen entstehender Rechtsunsicherheit Bokelmann a.a.O. S. 111–112, vgl. aber auch Schuppisser a.a.O. S. 73–74). Weitergehend wird sogar gefordert, die Haftungsbefreiung des Vers – wie in der Haftpflichtv (Anm. 9) – auf Vorsatz zu beschränken (Bokelmann a.a.O. S. 112–116). Es dürfte jedoch im Interesse der Prävention und der sorgfältigeren Mitglieder der Gefahrengemeinschaft weiterhin geboten sein, normalerweise bei grober Fahrlässigkeit den Vsschutz zu versagen (ähnlich Pinckernelle a.a.O. S. 95–96).

[4] II. Anwendungsbereich
1. Schadensversicherung

§ 61 steht in den Vorschriften für die gesamte Schadensv. Er gilt jedoch selbstverständlich nur im Anwendungsbereich des VVG, so daß See- und Rückv (§ 186) sowie gewisse öffentlichrechtliche Vsverhältnisse (§ 192 I) Sonderregeln unterstehen (Anm. 5–7). Eine Sonderregelung kennt aber das VVG auch für einzelne, ihm unterfallende Schadensvszweige, besonders die Binnentransport- und Haftpflichtv (Anm. 8–10). Für die Personenv (Lebens- und Unfallv) gelten Spezialvorschriften (Anm. 11–12). Schließlich bleibt zu betonen, daß § 61 abdingbar ist (Anm. 87–92), so daß die Vsbedingungen die gesetzlichen Normen verschärfen oder mildern können (Anm. 13–16).

II. Anwendungsbereich § 61
Anm. 5, 6

Was speziell die Personenv anlangt, so unterscheidet ja bekanntlich das VVG – zu Unrecht (Anm. 3 vor §§ 49–80) – Schadens- und Personenv. Wird eine Personenv nach dem Prinzip der konkreten Bedarfsdeckung betrieben, also als Schadensv, so fragt es sich, ob § 61 anwendbar ist, z. b. auf eine (gesetzlich nicht speziell geregelte) Krankheitskostenv (Anm. 14). Die Frage wird noch schwieriger, wenn – wie in der Lebens- und Unfallv – das VVG Spezialnormen betreffend die Herbeiführung des Versicherungsfalles enthält: Gelten diese auch für eine Lebens- und Unfallv, die als Schadensv betrieben wird, oder greift hier § 61 ein (Anm. 11–12)? Auch in der Personenv ist jedenfalls Raum für vertragliche Vereinbarungen über die Folgen schuldhafter Herbeiführung des Vsfalles (Anm. 14–16).

Nach dieser Differentialdiagnose bleibt für die Schadensv – außerhalb der Personenv – festzustellen, daß § 61 z.B. gilt für die Feuerv (vgl. § 16 AFB) und für die Autokaskov (vgl. Anm. 8). Zahlreiche Beispiele Anm. 53–55.

[5] 2. Sonderregelungen
a) Sonderregelungen außerhalb des VVG-Bereiches
aa) Seeversicherung

Gemäß **§ 821 Ziff. 4 HGB** fällt dem Ver nicht zur Last

„der Schaden, welcher von dem Vten vorsätzlich oder fahrlässig verursacht wird; der Ver hat jedoch den von dem Vten durch fehlerhafte Führung des Schiffes verursachten Schaden zu ersetzen, es sei denn, daß dem Vten eine böslich Handlungsweise zur Last fällt."

Wegen der durch dritte Personen verursachten Schäden vgl. positiv, also haftungsauslösend § 820 II Ziff. 6 HGB (Verschulden einer Person der Schiffsbesatzung), negativ, also haftungsverneinend § 821 Ziff. 5 HGB (Verschulden des Abladers, Empfängers oder Kargadeurs bei der V von Gütern oder imaginärem Gewinn, und dazu RG 9. I. 1926 RGZ Bd 112 S. 310–312 [Ablader]).

Die Vorschriften des Handelsgesetzbuches sind in **§ 33 ADS** besonders für den Fall nautischen Verschuldens des Vmers verschärft:

„(1) Der Ver ist von der Verpflichtung zur Leistung frei, wenn der Vmer den Vsfall vorsätzlich oder fahrlässig herbeiführt. Er hat jedoch den von dem Vmer durch eine fehlerhafte Führung des Schiffes (nautisches Verschulden) verursachten Schaden zu ersetzen, es sei denn, daß dem Vmer eine vorsätzliche oder grobfahrlässige Handlungsweise zur Last fällt; als nautisches Verschulden gilt jedoch nicht ein Verschulden in Ansehung der Übernahme, Stauung, Verwahrung oder Ablieferung der Güter.
(2) Bei einer V, die sich auf die Güter bezieht, haftet der Ver auch nicht für einen Schaden, der von dem Ablader oder dem Empfänger in dieser Eigenschaft vorsätzlich oder fahrlässig verursacht wird.
(3) Der Vmer hat das Verhalten der Schiffsbesatzung als solcher nicht zu vertreten."

Vgl. dazu Hagen Seev S. 34–39, Ritter-Abraham Anm. 1–50 zu § 33, S. 546–573, Schlegelberger Anm. 1–11 zu § 33, S. 115–118. Historisch zur „Baratterie" auch Framhein a.a.O. S. 9–10.

[6] bb) Rückversicherung

Hier bedarf es keiner Sonderregelung, da die Rückv zu „Originalbedingungen" genommen zu werden pflegt, so daß der Rückver immer dann nicht haftet, wenn auch für den Erstver die Haftung entfällt (Ritter-Abraham Anm. 47 zu § 33, S. 571). Gelingt es – umgekehrt – dem Erstver nicht, dem Vmer die schuldhafte Herbeiführung des Vsfalles nachzuweisen, so teilt der Rückver dieses „Assekuranzschicksal" des Erstvers (Kothris, Die Folgepflicht und die Schicksalsteilung in der Rückv, Hamburger Diss. 1973, S. 147, 152).

§ 61
Anm. 7

II. Anwendungsbereich

Wenn ein Erstver einen Schaden reguliert, obgleich nach § 61 oder nach § 33 I 1 ADS seine Haftung entfiel, so fragt es sich, ob ein Geschäftsführungsrecht des Erstvers mit einer entsprechenden Folgepflicht des Rückvers korrespondiert, und wo die Grenzen solcher Berechtigung und Verpflichtung liegen (dazu Kothris a.a.O. S. 30–33, 87–90, 136–146). Kulanzzahlungen – etwa bei grober Fahrlässigkeit des Vmers – verpflichten den Rückver nicht nur dann, wenn der Rückvsvertrag dies ausdrücklich vorsieht, sondern auch, wenn sie der „guten Praxis" der Erstver entsprechen und wirtschaftlich letztlich auch dem Rückver zugute kommen sollen (Kothris a.a.O. S. 145 m.w.N., einschränkend Gerathewohl Rückv I S. 802–806, Grossmann Rückv S. 51–54).

Oft ist es zweifelhaft und streitig, ob ein Vmer z.B. leicht- oder grobfahrlässig gehandelt hat. Wenn solchenfalls der Erstver zur Vermeidung eines Prozesses zahlt, so ist regelmäßig die Zahlung auch für den Rückver verbindlich (Kothris a.a.O. S. 143).

[7] cc) Öffentlichrechtliche Versicherung

§ 61 gilt gemäß § 192 I nicht für Vsverhältnisse, die bei einer nach Landesrecht errichteten öffentlichrechtlichen Vseinrichtung unmittelbar kraft Gesetzes entstehen oder die bei einer solchen infolge eines gesetzlichen Zwanges genommen werden. Hier gilt Landesrecht.

Überprüft man die Rechtsvorschriften des Landesrechts, welche die öffentlichrechtlichen Pflichtvseinrichtungen für **Gebäudefeuerversicherungen** betreffen, so gilt für

Baden: § 5 I–III Gebäudevsgesetz (Schmidt–Müller-Stüler S. 3): wie § 61, ferner keine Haftung bei Schäden „durch Löschmaßregeln in gewinnsüchtiger oder anderer böser Absicht."

Bayern: § 49 I Satzung (Schmidt–Müller-Stüler S. 126): wie § 61 unter Erwähnung „mittelbarer" Herbeiführung und der „Beteiligung", ferner der Nichtanzeige beabsichtigter Herbeiführung.

Braunschweig: § 38 Gesetz (Schmidt–Müller-Stüler S. 288–289): wie § 61, ferner keine Haftung bei Schadensfällen des Vmers, verursacht „mit seinem Willen oder Wissen", Zahlungszurückbehaltung bzw. Sicherungshypothek bei schwebendem Strafverfahren.

Hamburg: § 27 I Feuerkassengesetz (Schmidt–Müller-Stüler S. 188): wie § 61.

Hessen: Kassel: § 14 III Satzung (Schmidt–Müller-Stüler S. 218) erwähnt nur die Auszahlungsvoraussetzung, daß „hinsichtlich der Entstehungsursache des Brandes ein Verdacht gegen den Brandgeschädigten nicht vorliegt".

Darmstadt: Art. 31 Gesetz (Schmidt–Müller-Stüler S. 234): vorsätzliche oder fahrlässige Brandstiftung im Sinne des Strafgesetzbuches; Löschschäden wie Baden.

Nassau: § 18 III c Satzung (Schmidt–Müller-Stüler S. 268): wie Hessen-Kassel.

Hohenzollern: § 11 I 1 Gesetz (Schmidt–Müller-Stüler S. 40): nur bei Vorsatz keine Haftung, ferner wenn Feuer mit Wissen und Willen des Vten von Dritten angelegt.

Lippe: § 63 I 1 Gesetz (Schmidt–Müller-Stüler S. 372): wie § 61.

Oldenburg: § 10 Gesetz (Schmidt–Müller-Stüler S. 324–325): nur keine Haftung bei Verurteilung wegen vorsätzlicher Brandstiftung oder Anwendung von Sprengstoffen; Löschschäden wie Baden, aber auch bei unterlassener Verhinderung.

Württemberg: Art. 32 I–IV Gesetz (Schmidt–Müller-Stüler S. 75): wie § 61; Löschschäden, falls Eigentümer Löschmaßregel fortsetzt, obgleich von Polizeibehörde für unnötig oder unzweckmäßig erkannt.

Durchweg entspricht hiernach die landesrechtliche Regelung jener des § 61. Nur in Hohenzollern und Oldenburg befreit den Ver allein der Vorsatz des Vmers, umgekehrt reicht in Hessen-Darmstadt leichtfahrlässiger Brandverursachung aus.

Bei öffentlichrechtlichen Ven, die nicht auf Gesetz oder gesetzlichem Zwang beruhen, gilt das VVG (§ 192 II) und demzufolge auch § 61.

II. Anwendungsbereich

[8] b) Sonderregelungen innerhalb des VVG-Bereiches
aa) Gesetzliche Sonderregelungen
aaa) Schadensversicherung
α) Binnentransportversicherung

Die Binnentransportv weicht – ähnlich wie die Seev (Anm. 5) – von § 61 ab, teils die Lage des Vmers verschlechternd, teils verbessernd.

§ 130: „Der Ver haftet nicht für einen Schaden, der von dem Vmer vorsätzlich oder fahrlässig verursacht wird. Er hat jedoch den von dem Vmer durch eine fehlerhafte Führung des Schiffes verursachten Schaden zu ersetzen, es sei denn, daß dem Vmer eine bösliche Handlungsweise zur Last fällt."

§ 131 I: „Bei der V von Gütern haftet der Ver nicht für einen Schaden, der von dem Absender oder dem Empfänger in dieser Eigenschaft vorsätzlich oder fahrlässig verursacht wird."

§ 130 gilt nicht für die Autokaskov und Fahrradv (vgl. früher § 148 I VAG, ferner RG 13. III. 1931 RGZ Bd 132 S. 208–211, OLG Hamm 15. II. 1954 VersR 1954 S. 302, Johannsen Autokaskov Anm. J 6, Prölss-Martin[21] Anm. 1 A zu § 129, S. 613, Anm. 5 zu § 130, S. 631).

Vertraglich wird § 131 I zugunsten des Vmers durch § 10 I ADB dahin abgeändert, daß – entsprechend § 61 – der Ver nur bei vorsätzlich oder grobfahrlässig vom Vmer, Absender oder Empfänger verursachten Schäden nicht haftet. In § 4 a Vs-Police auf Kasko für die Schiffahrt auf Binnengewässern wird das nautische Verschulden definiert und verschärfend gegenüber § 130 bestimmt, daß sich nicht nur bei böslicher Handlungsweise, sondern auch bei grober Fahrlässigkeit der Vmer nicht auf den Gesichtspunkt eigenen nautischen Verschuldens berufen könne. Vgl. zu Begriff der böslichen Handlungsweise (Vorsatz und frevelhafter Leichtsinn): KG 9. X. 1935 JRPV 1936 S. 44–46, zum Begriff des nautischen Verschuldens OLG Hamburg 28. VIII. 1958 MDR 1959 S. 395–396.

Soweit eine Binnentransportv von Schiffen sogen. mittelbaren Kollisionsschaden deckt, handelt es sich um eine Adhäsionshaftpflichtv (Anm. 42 vor §§ 49–80). Dennoch wollen Ritter-Abraham Anm. 15 zu § 78, S. 1006 nicht § 152 (Anm. 9) anwenden (ebenso v. Lehsten, Der mittelbare Kollisionsschaden in der See- und Transportv, Hamburger Diss. 1930, S. 35–36).

Bei der Reisegepäckv ist die Zurechnung zur Gütertransportv zweifelhaft (Prölss-Martin[21] Anm. 1 B zu § 129, S. 614), aber die AVB pflegen klarzustellen, daß der Vsschutz nur bei vorsätzlicher oder grobfahrlässiger Herbeiführung des Vsfalles entfällt. Beispiele unten Anm. 55 c.

[9] β) Haftpflichtversicherung

Haftpflichtvsschutz würde stark entwertet, wenn er bei grobfahrlässigem Verhalten des Vmers entfiele. Dehalb ändert § 152 den § 61 ab (BGH 30. V. 1963 VersR 1963 S. 743).

§ 152: „Der Ver haftet nicht, wenn der Vmer vorsätzlich den Eintritt der Tatsache, für die er dem Dritten verantwortlich ist, widerrechtlich herbeigeführt hat."

Vertraglich ist der Problemkreis in § 4 II Ziff. 1, 4 AHB konkretisiert:

„Ausgeschlossen von der V bleiben:
1. Vsansprüche aller Personen, die den Schaden vorsätzlich herbeigeführt haben. Bei der Lieferung oder Herstellung von Waren, Erzeugnissen oder Arbeiten steht die Kenntnis von der Mangelhaftigkeit oder Schädlichkeit der Waren usw. dem Vorsatz gleich. ...
4. Haftpflichtansprüche wegen Personenschaden, der aus der Übertragung einer Krankheit des Vmers entsteht, sowie Sachschaden, der durch Krankheit der dem Vmer gehören-

den, von ihm gehaltenen oder veräußerten Tiere entstanden ist, es sei denn, daß der Vmer weder vorsätzlich noch grobfahrlässig gehandelt hat."

In der Haftpflichtv für **Vermögensschäden** bestimmt § 4 Ziff. 5 AHBVerm:

„Der Vsschutz bezieht sich nicht auf Haftpflichtansprüche:
....
5. wegen Schadenstiftung durch wissentliches Abweichen von Gesetz, Vorschrift, Anweisung oder Bedingung des Machtgebers (Berechtigten) oder durch sonstige wissentliche Pflichtverletzung".

Vgl. hierzu Bruck-Möller-Johannsen IV G 219–233, S. 438–449 m.w.N. und speziell zum Vorsatz Anm. 44, 52.

Für die **Autohaftpflichtversicherung** sehen die Vsbedingungen von einer Wiederholung oder Änderung des § 152 ab, der hiernach unverändert gilt (vgl. nur BGH 27. X. 1954 VA 1955 S. 74–75 = VersR 1954 S. 591, 15. XII. 1970 VersR 1971 S. 239–241 = NJW 1971 S. 459–461).

§ 11 Ziff. 5 AKB regelt nur den Ausschluß der

„Haftpflichtansprüche aus solchen reinen Vermögensschäden, die auf bewußt gesetz- oder vorschriftswidriges Handeln des Vten sowie auf Nichteinhaltung von Liefer- und Beförderungsfristen zurückzuführen sind."

Zum Schutz der geschädigten Dritten bei Vorsatz des Vmers vgl. unten Anm. 80.

[10] γ) Tierversicherung

Im Bereich der Tierv wird § 61 ergänzt durch § 125:

„Hat der Vmer vorsätzlich oder aus grober Fahrlässigkeit das Tier schwer mißhandelt oder schwer vernachlässigt, so ist der Ver von der Verpflichtung zur Leistung frei, es sei denn, daß der Schaden nicht durch die Mißhandlung oder die Vernachlässigung entstanden ist. Als schwere Vernachlässigung gilt es insbesondere, wenn bei einer Erkrankung oder einem Unfalle die Zuziehung eines Tierarztes oder eines Sachkundigen der Vorschrift des § 122 zuwider unterlassen worden ist."

Es handelt sich um Anwendungsfälle des § 61 unter Hervorhebung von Unterlassungen (vgl. unten Anm. 29) und um die Schaffung einer Kausalitätsvermutung zugunsten des Vers (vgl. unten Anm. 33).

[11] bbb) Personenversicherung

α) Lebensversicherung

Die §§ 169–170 behandeln den Selbstmord der Gefahrsperson, die vorsätzliche Tötung durch den Vmer bei der Todesfallv auf die Person eines anderen und die vorsätzliche Tötung durch den Bezugsberechtigten. § 169 ist relativ zwingend (§ 178 I 1).

Alle genannten Vorschriften sind auch anzuwenden, wenn die Lebensv ausnahmsweise als Schadensv betrieben wird: Auch bei einer V der konkreten Begräbniskosten gilt demnach nicht § 61.

[12] β) Unfallversicherung

Zwar nicht nach dem Gesetz, wohl aber nach § 2 I AUB setzt ein Unfall voraus, daß „der Vte ... unfreiwillig eine Gesundheitsbeschädigung erleidet". Hierzu bestimmt in Umkehrung der Beweislast § 180a:

„Hängt die Leistungspflicht des Vers davon ab, daß der Betroffene unfreiwillig eine Gesundheitsbeschädigung erlitten hat, so wird die Unfreiwilligkeit bis zum Beweise des Gegenteils vermutet.
Auf eine Vereinbarung, durch die von den Vorschriften des Absatzes 1 zum Nachteil des Betroffenen abgewichen wird, kann sich der Ver nicht berufen."

II. Anwendungsbereich §　61
Anm. 13

Zusätzlich regelt § 181 die vorsätzliche Herbeiführung eines Unfalles durch Dritte, nämlich durch den Vmer bei einer Unfallfremdv für eigene Rechnung sowie durch einen Bezugsberechtigten:

„Der Ver ist von der Verpflichtung zur Leistung frei, wenn im Falle des § 179 Abs. 3 der Vmer vorsätzlich durch eine widerrechtliche Handlung den Unfall herbeigeführt hat.

Ist ein Dritter als Bezugsberechtigter bezeichnet, so gilt die Bezeichnung als nicht erfolgt, wenn der Dritte vorsätzlich durch eine widerrechtliche Handlung den Unfall herbeiführt."

Auch diese Vorschriften sind ohne Rücksicht darauf anwendbar, ob die Unfallv als Summen- oder Schadensv betrieben wird: Auch bei einer V mit Ersatz der konkreten Unfallheilkosten gilt nicht § 61, d. h. bei grobfahrlässig verursachten Unfällen bleibt der Ver leistungspflichtig (Prölss-Martin[21] Anm. 8 zu § 61, S. 335, Wagner Anm. A 20, LG Münster 8. XII. 1952 VersR 1953 S. 76).

Bei dem komplex-gedehnten Vsfall der Unfallv (Anm. 31 vor §§ 49–80) ist die Unfreiwilligkeit allein auf die Gesundheitsbeschädigung zu beziehen; es kommt nicht darauf an, ob sich der Vmer dem auf seinen Körper wirkenden Ereignis schuldhaft ausgesetzt hat (Wagner Anm. G 68, auch Herdt, Die mehrfache Kausalität im Vsrecht, Karlsruhe 1978, S. 59–60).

[13] bb) Vertragliche Sonderregelungen
　　aaa) Schadensversicherung

Auf gewisse, von der gesetzlichen Normierung abweichende gesetzliche Sonderregelungen innerhalb des VVG-Bereiches wurde bereits im Zusammenhang mit der Binnentransportv (Anm. 8), der Haftpflichtv (Anm. 9) und der Tierv (Anm. 10) hingewiesen.

Es gibt darüber hinaus einige Schadensvszweige, bei denen die Vsbedingungen eine von § 61 abweichende Regelung vorsehen, obgleich an und für sich § 61 anwendbar wäre:

Hierher gehört die **Personenkautionsversicherung**, bei welcher der Ver dem Vten die Schäden an seinem Vermögen ersetzt, die von dem Vmer oder seinen Stellvertretern (Vertrauenspersonen) durch **vorsätzliche** oder fahrlässige Handlungen verursacht werden: § 1 ABV (PKautV), abgedruckt VA 1959 S. 133. Solche V müssen häufig z.B. Handelsvertreter (als Vmer) zugunsten des Unternehmers (Vten) abschließen, besonders wenn ihnen wertvolle Waren oder Muster oder Gelder anvertraut werden, die der Vmer unterschlagen könnte. Nach Eintritt solchen Vsfalls nimmt der Ver gegen seinen eigenen Vmer Regreß (vgl. § 8 II ABV [PKautV] und dazu Sieg Anm. 131 zu § 67, BGH 11. VII. 1960 BGHZ Bd 33 S. 97–105, auch schon BGH 26. III. 1952 VersR 1952 S. 179–180).

Vorsatzschäden deckt auch die **Speditionsversicherung**, die vom Spediteur genommen wird für fremde Rechung besonders der Auftraggeber (§ 1 SVS). Es heißt in § 3 Ziff. 4 SVS:

„Es ist auch der Schaden mitvert, der durch den Vorsatz des Spediteurs, seiner gesetzlichen Vertreter, Angestellten oder Erfüllungsgehilfen herbeigeführt ist."

Aber in § 12 Ziff. 2 SVS wird vorgesehen:

„Ein Rückgriff in voller Höhe ist ... gegen jeden gestattet, der den Schaden vorsätzlich herbeigeführt hat."

Bei der **Rechtsschutzversicherung**, die insoweit der Haftpflichtv (Anm. 9) nahesteht, ist es geboten, dem Vmer auch bei **grobfahrlässiger** Herbeiführung des Vsfalls Deckung zu gewähren. Ausgeschlossen ist aber vorsätzliche Herbeiführung des Vsfalls (Definition in § 14 ARB). Der § 4 IIa), III ARB besagt:

§ 61
Anm. 13

II. Anwendungsbereich

„(2) Ausgeschlossen vom Vsschutz ist die Wahrnehmung rechtlicher Interessen
a) aufgrund von Vsfällen, die der Vmer vorsätzlich und rechtswidrig verursacht hat, es sei denn, daß es sich um Ordnungswidrigkeiten handelt ...
(3) Wird dem Vmer vorgeworfen,
a) eine Vorschrift des Strafrechtes verletzt zu haben, besteht nur dann Vsschutz, wenn ihm ein Vergehen zu Last gelegt wird, das sowohl vorsätzlich als auch fahrlässig begangen werden kann. Vsschutz besteht, solange dem Vmer ein fahrlässiges Verhalten vorgeworfen wird oder wenn keine rechtskräftige Verurteilung wegen Vorsatzes erfolgt. Diese Regelung gilt auch für Rauschtaten (§ 330a Strafgesetzbuch), es sei denn, daß die im Rausch begangene, mit Strafe bedrohte Handlung ohne Rausch nur vorsätzlich begangen werden kann;
b) eine mit Strafe bedrohte Handlung begangen zu haben, die den Tatbestand der Verletzung einer verkehrsrechtlichen Vorschrift erfüllt, besteht nur dann kein Vsschutz, wenn rechtskräftig festgestellt wird, daß der Vmer die Straftat vorsätzlich begangen hat. Für Rauschtaten (§ 330a Strafgesetzbuch) besteht Vsschutz auch dann nicht, wenn die im Rausch begangene Verletzung einer verkehrsrechtlichen Vorschrift nach der Begründung des rechtskräftigen Urteiles ohne Rausch eine mit Strafe bedrohte Handlung gewesen wäre, die nur vorsätzlich begangen werden kann."

Aus § 4 IIa) ARB läßt sich entnehmen, daß bei **vorsätzlichen Ordnungswidrigkeiten** der Vsschutz nicht entfällt.

Beim Beratungsrechtsschutz (vgl. § 25 IIe) ARB nimmt der Vmer Rat oder Auskunft durch einen Rechtsanwalt zwar vorsätzlich in Anspruch, aber als Vsfall gilt schon das Ereignis, das eine Veränderung der Rechtslage zur Folge hat und deshalb einen Rechtsrat oder eine Rechtsauskunft erforderlich macht. Diese Veränderung der Rechtslage darf der Vmer nicht vorsätzlich verursachen (§ 4 IIa) ARB; vgl. Böhme ARB[2] Anm. 11 zu § 25, S. 139).

Bei der **Kraftverkehrs-Strafrechtsschutz-Versicherung** erstreckt sich gemäß § 2 Ziff. 1 Allgemeine Bedingungen (VA 1962 S. 149) der Vsschutz nicht auf

„Verfahrens- und Rechtsanwaltskosten, die in einem Verfahren entstehen, das Taten zum Gegenstand hat, die zu einer Verurteilung der vten Person wegen Vorsatzes führen. Hat das Verfahren auch andere Taten zum Gegenstand, so gilt dieser Ausschluß nur, wenn und soweit die Kosten, die aufgrund der Verurteilung der vten Person wegen Vorsatzes entstanden sind, von denen des übrigen Verfahrens getrennt werden können".

In der **Montageversicherung** leistet der Ver Entschädigung für Schäden und Verluste, die „unvorhergesehen und plötzlich eintreten" (§ 2 I AMoB). Martin, Montagev, München 1972, S. 68–71 stellt dem Vorhersehen kühnerweise die „Vorhersehbarkeit" gleich und kommt so zu dem Ergebnis, daß der Ver bei jeder fahrlässigen Herbeiführung des Vsfalles nicht hafte (so auch Ollick VA 1972 S. 113). Nach Martin a.a.O. S. 25, 69–70 soll das für sämtliche technischen Vszweige gelten, also z.B. auch für die **Maschinenversicherung**, obgleich dort in Ziff. 2.1.1. AMB (VA 1969 S. 3) unter den vten Gefahren „Bedienungsfehler, Ungeschicklichkeit, Fahrlässigkeit, Böswilligkeit" besonders erwähnt werden und obgleich Ziff. 2.2.8. AMB nur Schäden ausschließt, „die der Vmer, die Leitung des Unternehmens oder ein verantwortlicher Betriebsleiter eines Werkes vorsätzlich oder grobfahrlässig verursachen", was § 61 entspricht (von Gerlach, Die Maschinenv, Karlsruhe 1971, S. 54). Wie hier – im Sinne einer engen Auslegung des Begriffes der „unvorhergesehenen ... Schäden" – auch Funk, Die Montagev, Karlsruhe 1972 S. 166–168. Nur in der **Bauwesenversicherung** findet sich in § 2 I ABU und ABN (VA 1974 S. 285, 290) eine (bedenkliche) Definition der „unvorhergesehen eintretenden Schäden", welche besagt: „Unvorhergesehen sind Schäden, die der Vmer oder seine Repräsentanten rechtzeitig weder vorhergesehen haben noch mit dem für die im Betrieb ausgeübte Tätigkeit erforderlichen Fachwissen hätten vorhersehen können." Das fach-fahrlässige Nichtvorhersehen schließt also

II. Anwendungsbereich § 61
Anm. 14, 15

den Vsschutz hier tatsächlich aus (vgl. dazu auch Klingmüller VersR 1977 S. 202). Das Merkmal der Unvorhersehbarkeit ist generell bedenklich; denn die V wird ja gerade deshalb genommen, weil man sich bestimmte Schäden als möglich vorstellt. – In Zusatzbedingungen für die V von elektronischen Datenverarbeitungsanlagen sind nur Schäden ausgeschlossen, „die entstehen durch Vorsatz des Vmers oder des Vten"; Fahrlässigkeitschäden sind gedeckt.

[14] bbb) Personenversicherung

α) **Krankenversicherung**

Für die private Krankenv gilt keine spezielle gesetzliche Regelung. Sie ist Personenv und kann sowohl als Summen- als auch als Schadensv betrieben werden (Anm. 3 vor §§ 49–80).

Da es keine gesetzliche Normierung des Problems der schuldhaften Herbeiführung des Krankheitsfalles gibt, fragt es sich, ob man aus den Personenvsvorschriften der Lebensv (Anm. 11; speziell § 169) und Unfallv (Anm. 12, speziell dem Merkmal der Unfreiwilligkeit) eine allgemeine Regel ableiten kann, wonach bei vorsätzlicher Herbeiführung des Krankheitsfalls der Ver nicht haftet. Wird die Krankenv als Schadensv betrieben, so könnte man – weitergehend – eine Nichthaftung des Krankenvers aus § 61 auch bei grober Fahrlässigkeit des Vmers begründen (so Wriede in Bruck-Möller-Wriede Anm. A 14, S. 116 m.w.N.). Auf eine als Summenv betriebene Krankenv kann jedenfalls § 61 nicht angewendet werden (OLG Düsseldorf 16. VI. 1961 VersR 1961 S. 879).

Das Problem wird durch die Vsbedingungen gelöst, und zwar dergestalt, daß nur bei vorsätzlicher Herbeiführung der Vsschutz entfällt:

§ 5 Ib MB / KK: „Keine Leistungspflicht besteht: ....
b) für auf Vorsatz oder auf Sucht beruhende Krankheiten und Unfälle einschließlich deren Folgen."

§ 4 IX 1 Grundbedingungen: „Der Ver ist von der Verpflichtung zur Leistung frei für die Krankheiten einschließlich ihrer Folgen, die Unfälle und die Todesfälle, die der Vmer oder die vte Person vorsätzlich oder bei Begehen eines Verbrechens oder vorsätzlichen Vergehens herbeigeführt hat; gleiches gilt für die Krankheiten einschließlich ihrer Folgen, die Unfälle und die Todesfälle, die auf einer Sucht oder ihren Folgen beruhen ...."

§ 15 IV Normativbedingungen: „Krankheiten, Unfälle und Verletzungen, die .... auf Vorsatz oder auf den mißbräuchlichen Genuß von Rauschgiften (Morphium, Kokain usw.) zurückzuführen sind, begründen keine Ansprüche auf Vsleistungen."

Vgl. zu diesen Vorschriften OLG Düsseldorf 16. VI. 1961 VersR 1961 S. 879 (Einschluß der groben Fahrlässigkeit). Unrichtig LG Aachen 23. X. 1959 VersR 1960 S. 146–147 (Anwendung des § 61 auf eine Krankheitskostenv trotz Vereinbarung der Grundbedingungen).

In der **sozialen Krankenversicherung** kann gemäß § 192 RVO die Satzung Mitgliedern (nur) das Krankengeld ganz oder teilweise für die Dauer einer Krankheit versagen, die sie sich vorsätzlich zugezogen haben. Im Vordergrund steht der Schutz- und Fürsorgegedanke (vgl. Peters, Handbuch der Krankenv, Teil II, 17. Aufl., Stuttgart-Berlin-Köln-Mainz o.J., Anm. 1–8 zu § 192 RVO; Die Vorschrift ist nicht angewendet worden in den Fällen BSozG 20. III. 1959 BSozG Bd 9 S. 237–238 [Teilnahme an Fußballspiel], 16. XII. 1960 BSozG Bd 13 S. 240–242 [Trunkenheit am Steuer]).

[15] β) Lebensversicherung

Besonders die Selbstmordregelung des § 169 (Anm. 11) wird in § 10 ALB zugunsten des „Vten" abgeändert (Leistungspflicht des Vers, wenn beim Ableben seit der Einlösung des Vsscheins fünf Jahre verstrichen sind; der Wiedereinschluß der Selbstmordgefahr geht davon aus, daß kaum jemand fähig ist, einen Selbstmordentschluß über so lange Zeit hinweg aufrechtzuerhalten).

Bei gewissen Arten der Lebensv wird der Vsfall willentlich herbeigeführt und der Ver übernimmt dennoch das Risiko; man denke an die Potestativvsfälle der Aussteueroder Studiengeldv (Framhein a.a.O. S. 64, 89–90 unter Erwähnung der Eingehung einer Scheinehe).

[16] γ) Unfallversicherung

Die gesetzliche Regelung (Anm. 12) wird ergänzt durch gewisse Ausschlüsse, besonders hinsichtlich solcher „Unfälle, die Vte erleidet infolge der vorsätzlichen Ausführung oder des Versuches von Verbrechen oder Vergehen" (§ 3 Ziff. 2 AUB, sachlich ebenso für die Kraftfahrtunfallv: § 17 IIIa) AKB und dazu Wagner Anm. G 144–151).

[17] III. Rechtsnatur
1. Gefahrenausschluß

Die vte Gefahr setzt sich im konkreten Fall aus zahlreichen Gefahrumständen zusammen, die sich vielfältig einteilen lassen (vgl. Anm. 15–24 zu § 16). Das „subjektive Risiko" (Anm. 3) hängt stark von subjektiven Umständen ab, unter denen die subjektiv-verschuldeten Umstände im Zusammenhang mit § 61 Bedeutung gewinnen.

Es handelt sich im Rahmen des § 61 – wie bei Möller HansRGZ 1929 A Sp. 549–562, JRPV 1929 S. 325–329 zuerst ausführlich dargelegt – um subjektive Gefahrumstände, die in der Person des Vmers selbst, „in seinem Gehirn", in seinem Seins- und Motivationszentrum (Anm. 3) lagern und von denen möglicherweise eine Kausalreihe unmittelbar zum Vsfall hinführt (nicht aber erst nur zu einer Gefahrerhöhung: Anm. 23). Falls dabei überdies dem Vmer ein Schuldvorwurf (gemäß § 61: Vorsatz oder grobe Fahrlässigkeit) gemacht werden kann, erscheint es zum mindesten unzweckmäßig, in Vorsatzfällen oft sogar unzumutbar oder unsittlich, den Ver und damit die Gefahrengemeinschaft aller Vmer haften zu lassen: Die V soll grober Fahrlässigkeit keinen Vorschub leisten, indem sie die wirtschaftlichen Folgen solchen Verhaltens ausgleicht, und bei Vorsatzdeckung hätte es der Vmer in der Hand, die Gefahrverwirklichung willentlich herbeizuführen und damit den Vsgedanken ad absurdum zu führen.

Deshalb nimmt § 61 aus der Gefahrtragung des Vers subjektiv-vorsätzliche und subjektiv-grobfahrlässige Gefahrumstände heraus, von denen potentiell Kausalreihen zum Vsfall führen. Aus den zahlreichen positiven und negativen Gefahrumständen, die z.B. bei einer Feuerv einen Brand verursachen können, werden die entsprechenden subjektiv-verschuldeten Gefahrumstände ausgeschlossen, ähnlich wie auch objektive Gefahrumstände und Gruppen von Gefahrumständen (wie z.B. die Kriegsgefahr und andere politische Risiken) oft aus der Gefahrtragung ausgeschlossen werden (Anm. 30 vor §§ 49–80).

Es handelt sich demnach bei § 61 um eine **„Gefahrumstandsausschlußregelung"**, eine genaue, aber umständliche Kennzeichnung. Man kann kürzer auch von einem **Gefahrenausschluß** sprechen (es gibt auch Ausschlüsse bei den beiden anderen Zentralinstitutionen des Vsvertragsrechtes, nämlich beim vten Interesse und bei den vten Schäden [Anm. 11 vor §§ 49–80]). Juristisch etwas ungenauer, aber sachlich gleichfalls zutreffend ist die Bezeichnung **Risikoausschluß** oder – allzuweit –

III. Rechtsnatur

§ 61
Anm. 17

Risikobeschränkung (es gibt auch viele andere Wege für den Ver, sein Risiko zu limitieren, z.B. durch Vssummen, Obliegenheiten, vgl. Anm. 12 zu § 6).
Die Lehre, wonach es sich bei den Regeln um die schuldhafte Herbeiführung des Vsfalles um einen Gefahrenausschluß handelt, kann heute als herrschend bezeichnet werden.
Aus der **Rechtssprechung** vgl. BGH 25. XI. 1953 BGHZ Bd 11 S. 120–124 (Leitentscheidung), 14. III. 1963 VersR 1963 S. 429–430 = NJW 1963 S. 1052–1053, 27. II. 1964 VersR 1964 S. 475, 21. IX. 1964 BGZ Bd 42 S. 300, 15. XII. 1970 VersR 1971 S. 240 = NJW 1971 S. 459, 13. VII. 1971 VersR 1971 S. 1121, 1. X. 1975 BGHZ Bd 65 S. 121, 14. IV. 1976 VersR 1976 S. 649–650. Vorher schon andeutungsweise RG 4. VI. 1913 RGZ Bd 83 S. 43–45. Unter den Instanzgerichten besonders bemerkenswert OLG Hamburg 6. III. 1969 VersR 1969 S. 558–559 (auch für die Seev).

Schrifttum: Neben Möller HansRGZ 1929 A Sp. 549–562, JRPV 1929 S. 325–329, Verantwortlichkeit a.a.O. S. 10–11: Bruck S. 649–650, Ehrenzweig ZVersWiss 1923 S. 34, Eichler[2] S. 62 (anders allerdings S. 279–280), Kisch WuRdVers 1939 Nr. 1 S. 43, Lötsch, Die Risikobeschränkungen, Hamburg 1935, S. 33–35, Pinckernelle a.a.O. S. 10–12, Prölss-Martin[21] Anm. 1 zu § 61, S. 331, Rabel VersArch 1937/38 S. 937–938, Schmidt Obliegenheiten S. 243–244, Viserius a.a.O. S. 24–26, Weyers S. 491.

Terminologisch ist es zu beanstanden, daß § 61 von „Leistungsfreiheit" des Vers spricht; denn dieser Begriff wird benutzt, wenn eine an und für sich bestehende Leistungspflicht des Vers in Wegfall kommt (Anm. 20 zu § 6 m.w.N.). Hier aber verwirklicht sich infolge der schuldhaften Herbeiführung des Vsfalles überhaupt nicht die vom Ver übernommene Gefahr, sondern ein ausgeschlossener Gefahrumstand führt zum Schaden, und damit konkretisiert sich nicht die vom Ver zu leistende Gefahrtragung (dazu auch BGH 17. IX. 1975 VersR 1975 S. 1094 [Suchtklausel in der privaten Krankenv mit Folgerung hinsichtlich der Unanwendbarkeit des Gedankens von Treu und Glauben]). Deshalb ist es genauer, wenn § 152 für die Haftpflichtv sagt: „Der Ver haftet nicht ...." (ebenso für die Transportv §§ 130[1], 131 I). In vielen modernen Vsbedingungen finden sich die Regeln über die schuldhafte Herbeiführung des Vsfalles richtigerweise bei den Gefahrenausschlüssen. Spitzfindig könnte man sogar sagen, ein aus der Gefahrtragung ausgeschlossenes Ereignis, z.B. ein auf Brandstiftung beruhendes Feuer, sei kein „Vsfall"; aber das Leben und das Gesetz sprechen von Herbeiführung des Vsfalles.

Die Gefahrenausschlußtheorie läßt das Problem ungelöst, ob und inwieweit dem Verhalten des Vmers das **Verhalten Dritter** gleichzustellen ist. Besonders § 278[1] BGB (Erfüllungsgehilfenhaftung) kommt nicht zur Anwendung, da die Theorie keine Verpflichtung des Vmers begründet, den Vsfall nicht herbeizuführen (vgl. Anm. 18, 72). Das Gesetz selbst gibt keine Lösung, sondern spricht grundsätzlich nur vom Vmer. Aber es wäre unbillig, von jeder Gleichstellung abzusehen, wie es die sogen. Selbstverschuldenstheorie (vgl. Anm. 71) tut. Das Problem liegt ähnlich wie bei Obliegenheiten, die dem Vmer ein bestimmtes Tun oder Unterlassen auferlegen (nicht jedoch die Abgabe von Wissenserklärungen). Deshalb wenden hinsichtlich der Drittzurechnung Rechtslehre und Rechtspraxis bei schuldhafter Herbeiführung des Vsfalles die gleichen Regeln an wie bei jenen Obliegenheiten, und dabei steht die sogen. Repräsentantenhaftung im Mittelpunkt (vgl. Anm. 74–77).

Ist die Schadensv als Vertrag zugunsten Dritter ausgestaltet, also zugunsten eines Vten, so steht nach der Gefahrenausschlußtheorie logischerweise der **Versicherte** dem Vmer gleich (so auch § 79 I und unten Anm. 59), und es fragt sich nur, wie die

§ 61
Anm. 18   III. Rechtsnatur

Rechtslage ist, wenn bei solcher V für fremde Rechnung nicht der Vte, sondern der Vmer den Vsfall schuldhaft herbeiführt (Sieg Anm. 9 zu § 79 und unten Anm. 58).
Weitere **Konsequenzen** der Gefahrenausschlußtheorie sind folgende:
Rechtssystematisch gehört § 61 in die Lehre von der vten Gefahr.
Wie bei allen Gefahrenausschlüssen (Anm. 157 zu § 49) trifft den Ver die Beweislast dafür, daß der Schaden auf einem ausgeschlossenen Gefahrumstand, also auf vorsätzlicher oder grobfahrlässiger Herbeiführung des Versicherungsfalles beruhe (Näheres Anm. 48). Die Beweislast darf gemäß der zwingenden Norm des § 180a in der Unfallv nicht mehr dadurch zu Lasten des Vmers umgekehrt werden, daß das Merkmal der Unfreiwilligkeit in den Unfallbegriff aufgenommen wird (Anm. 12).
Ausgehend von dem Vertragswillen der Parteien, der regelmäßig auf eine Deckung des Vmers abzielt, also den Sicherungszweck in den Vordergrund rückt, sind Ausschlußregelungen eng auszulegen (Einl. Anm. 65 m.w.N., BGH 17. IX. 1975 VersR 1975 S. 1094 zur Suchtklausel in der Krankenv), ein Grundsatz, der unabhängig von der sogen. Unklarheitenregel (Einl. Anm. 69–74, jetzt § 5 AGB-Gesetz) Beachtung erheischt.
Subjektiv-verschuldete Gefahrumstände, welche § 61 unterfallen, gehören wegen des Ausschlusses zwar nicht mehr zur Vsgefahr, wohl aber zur sogen. Vertragsgefahr (Anm. 17 zu § 16). Ist der Vmer vor Vertragsabschluß wegen Brandstiftung vorbestraft, so kann das ein indizierender Gefahrumstand sein (Anm. 16, 27 zu § 16). Das kann Bedeutung haben für die vorvertragliche Anzeigepflicht (Frage nach früheren Bränden). Später hinzutretende subjektive Umstände, z.B. Absichten des Vmers, können Gefahrerhöhungen bewirken (Anm. 8 zu § 23; über Absichten als Gefahrumstände Möller HansRGZ 1931 A Sp. 19–28).
Soweit infolge des Gefahrenausschlusses die Gefahrtragung des Vers primär begrenzt ist, müßte in der Haftpflichtv auch der Schutz des geschädigten Dritten entfallen. § 152 bewirkt hiernach, daß bei vorsätzlicher Herbeiführung des Vsfalles die Haftpflichtv dem Drittgeschädigten grundsätzlich nicht zugute kommt. Vgl. jedoch die in Anm. 80 behandelten Fälle der nur relativen Haftungsfreiheit.

[18] 2. Gegenmeinungen
a) Schadensverhütungspflicht
Ritter LZ 1914 Sp. 354–363, Ritter-Abraham Anm. 3–12, 15 zu § 33, S. 546–550, 551–554, aber auch Brodmann IherJ Bd 58 (1911) S. 273, 279, Enge VersR 1965 S. 308–309, Gerhard-Hagen Anm. 4 zu § 61, S. 287, von Gierke II S. 203, Heukeshoven a.a.O. S. 51–52, Marohn WuRdVers 1929 Nr. 1 S. 82–86, Schlegelberger Anm. 1 zu § 33, S. 115, Sprinz S. 126, Süss AkademieZ 1942 S. 88–89, und gelegentlich das RG 20. II. 1929 RGZ Bd 123 S. 323 (beiläufig für die Seev), OLG Hamburg 20. V. 1955 VersR 1955 S. 502 (anders OLG Hamburg 6. III. 1969 VersR 1969 S. 558–559 auch für die Seev) konstruieren eine echte Rechtspflicht des Vmers, einen Schaden zu verhüten, also eine Unterlassungspflicht, den Vsfall herbeizuführen, eine Obligation, die im Falle des § 61 – entgegen § 276 I 1 BGB – nur bei Vorsatz oder grober Fahrlässigkeit Verletzungssanktionen auslösen würde.
Dieser Verbindlichkeitstheorie muß aus vielfältigen Gründen widersprochen werden (vgl. schon Möller JRPV 1929 S. 327, ferner RG 4. VI. 1913 RGZ Bd 83 S. 43–45, 28. VI. 1927 RGZ Bd 117 S. 328–329, 15. III. 1932 RGZ Bd 135 S. 371, 29. IV. 1941 JRPV 1941 S. 138, BGH 25. XI. 1953 BGZ Bd 11 S. 120–124, 27. II. 1964 VersR 1964 S. 475, 21. IX. 1964 BGHZ Bd 42 S. 300, Joel a.a.O. S. 9–13, Kisch WuRdVers 1939 Nr. 1 S. 41–42, Schmidt Obliegenheiten S. 243, Rabel VersArch 1937/38 S. 935–936, Visarius a.a.O. S. 21–23.

III. Rechtsnatur §61
Anm. 19

Die Grundsätze juristischer Ökonomie lassen es nicht empfehlenswert erscheinen, den Ver die Gefahr – z.B. eines Brandes – zunächst unbeschränkt, also auch bei Brandstiftung, tragen zu lassen, dann aber dem Vmer entgegenzuhalten: Wegen Verletzung der Schadensverhütungspflicht – einer „Nebenpflicht"? – brauche der Ver seine Gefahrtragungsleistung nicht zu erbringen. Bei Obligationsverletzungen kennt das Schuldrecht Klage und Schadensersatzsanktionen. Aber eine Klage auf Nichtherbeiführung gibt es nicht, und im Falle schuldhafter Herbeiführung des Vsfalles rechnet der Ver nicht mit einem Schadensersatzanspruch gegen den Vmer auf, sondern er haftet von vornherein nicht. Im Synallagma des Vsvertrages ist für die sogen. Schadensverhütungspflicht kein Raum: Der Ver verspricht die Gefahrtragung nicht auch dafür, daß der Vmer den Vsfall nicht herbeiführe. Es handelt sich nicht um eine Leistung, welcher der Ver wirtschaftlichen Wert beimißt, vielmehr liegt es allein im Interesse des Vmers, die ausgeschlossene Gefahr nicht schuldhaft zu verwirklichen. Bei Anwendung der Verbindlichkeitstheorie wäre es auch geboten, den Vmer für Erfüllungsgehilfen gemäß § 278[1] BGB einstehen zu lassen. Aber abgesehen davon, daß es schwierig wäre festzustellen, welcher Personen sich der Vmer zur Nichtherbeiführung des Vsfalls bedient (!), könnte die Anwendung des § 278[1] BGB zu einer unbefriedigenden Entwertung des Vsschutzes führen (Anm. 72). Überdies vermag die Verbindlichkeitstheorie nicht zu erklären, daß § 61 auch den Vten bei der V für fremde Rechnung belastet (Anm. 59); denn es gibt bekanntlich keine Verträge zu Lasten Dritter.

[19] b) Schadensverhütungsobliegenheit

Verhaltensnormen, deren Beobachtung allein im eigenen Interesse des Vmers liegt, sind häufig Obliegenheiten (Anm. 6, 9 zu § 6). Sie können bei der V für fremde Rechnung auch den Vten treffen; häufige Verletzungsfolge ist die Verwirkungssanktion der Leistungsfreiheit (Anm. 20 zu § 6), und der Wortlaut des § 61 sieht solche „Leistungsfreiheit" des Vers verbal vor.

Im Zusammenhang mit § 61 konstruiert man denn auch gelegentlich eine Obliegenheit des Vmers, den Vsfall nicht herbeizuführen, und man findet in § 61 das Verschuldens- und Kausalitätserfordernis des Obliegenheitenrechtes (Anm. 25, 37, 39 zu § 6) scheinbar bestätigt. Vertreter der Obliegenheitstheorie zu § 61 sind Hagen I S. 533–534 Anm. 8, Lenné, Das Vsgeschäft für fremde Rechnung, Marburg 1911, S. 130.

Aber es gibt keine Obliegenheit des Vmers, den Vsfall nicht (schuldhaft) herbeizuführen. Auch diese Konstruktion widerspräche den Prinzipien juristischer Ökonomie; denn auch sie würde z.B. bei Brandstiftung zunächst die Vsforderung entstehen lassen und sodann erst auf dem Wege über die Leistungsfreiheit wieder beseitigen. Da bei Herbeiführung des Vsfalles das Verhalten des Vmers sich unmittelbar auf die Gefahrverwirklichung richtet und Kausalität erforderlich ist, erscheint es viel rationeller (anstelle des Umweges über eine Obliegenheit, ihre Verletzung und die Verletzungsfolge: Leistungsfreiheit), das Ziel der Nichthaftung über die Konstruktion einer Ausschlußregelung zu erreichen, zumal da ein „Verbot", den Vsfall nicht (schuldhaft) herbeizuführen, lebensfremd – theoretisch anmutet. Systematisch handelt es sich bei den Regeln über die Herbeiführung des Vsfalles nicht um einen Problemkreis, der erst während der materiellen Vsdauer im Zusammenhang mit einem Vsfall auftaucht, sondern um eine von vornherein erfolgende Festlegung des Kreises der übernommenen Gefahrumstände.

Gegen die Annahme einer Schadensverhütungsobliegenheit denn auch – neben Möller JRPV 1929 S. 327 – RG 29. IV. 1941 JRPV 1941 S. 138, BGH 15. XII. 1970 VersR 1971 S. 240.

[20] c) Voraussetzungs- und Bedingungskonstruktionen
   aa) Nichtherbeiführung als Voraussetzung oder Bedingung

Man hat – nach der sogen. Voraussetzungstheorie – alle Obliegenheiten als Voraussetzungen einzuordnen versucht (Anm. 10 zu § 6). Insoweit nähert man sich mit der (in Anm. 19 abgelehnten) Theorie einer Schadensverhütungsobliegenheit einer Auffassung, welche schlechthin in § 61 die Normierung einer gesetzlichen „negativen Voraussetzung des Anspruchs auf Entschädigung" erblickt; durch die schuldhafte Herbeiführung des Vsfalles trete ein Umstand ein, „von dessen Unterbleiben als einer conditio juris die Wirksamkeit des Rechts auf Entschädigung .... abhängt" (Schneider ZVersWiss 1905 S. 260–261). „Im Verschuldungsmomente steckt demnach rechtlich eine negative gesetzliche Voraussetzung der Haftung des Vers, eine Bedingung für die Entstehung oder für den Umfang des Vsanspruches" (Roelli Anm. 1 zu Art. 14 u. 15, S. 194, ähnlich Heerbach a.a.O. S. 24).

Verwandt wäre eine Auffassung, die in der „nicht-vorsätzlichen – oder – grobfahrlässigen Herbeiführung des Vsfalles" für die Schadensvszweige ein negatives Tatbestandsmerkmal aller den Ver ersatzpflichtig machenden Vsfälle erblickt.

Es bedarf jedoch nicht der Konstruktion solcher eigenständigen negativen Voraussetzung, solchen besonderen Tatbestandsmerkmales, solcher conditio juris oder solcher (auflösenden oder aufschiebenden?) Bedingung, die schon wegen ihres negativen Charakters ungewöhnlich anmutet. Führt man sich die Besonderheiten vsvertraglicher Gefahrtragung und die unverzichtbare Lehre von der vten Gefahr und den sie bildenden konkreten Gefahrumständen vor Augen, so liegt es viel näher, anstelle einer vagen negativen Voraussetzung oder Bedingung einen Gefahrenausschluß anzunehmen.

Gegen diese Bedingungs- und Voraussetzungskonstruktion denn auch – außer Möller JRPV 1929 S. 126–127 – Framhein a.a.O. S. 48–49, 50–51.

[21] bb) Herbeiführung als Bedingungsherbeiführung

Framhein a.a.O. S. 53–90 geht davon aus, daß der Ver eine aufschiebend bedingte Geldleistung schuldet. Nach § 162 II BGB gilt der Eintritt einer Bedingung als nicht erfolgt, wenn er „von der Partei, zu deren Vorteil er gereicht, wider Treu und Glauben herbeigeführt" wird. § 61 enthalte nur eine Wiederholung und Konkretisierung dieses Grundsatzes. So auch bereits Kleinschmidt a.a.O. S. 49–50, 91–92.

Auch diese Konstruktion verkennt die spezifisch vsrechtlichen Möglichkeiten, wenn sie überflüssigerweise auf die generelle Norm des § 162 II BGB – Ausdruck des Grundprinzips von Treu und Glauben – zurückgreift. Überdies ist die Geldleistungstheorie mit ihrer Annahme einer aufschiebend bedingten Geldleistung des Vers abzulehnen; die Gefahrtragungslehre (Anm. 40–45 zu § 1) weist deutlich auf die Bedeutung der vten Gefahr (und ihre Begrenzungen) hin. Das Kriterium von Treu und Glauben stimmt mit dem Verschuldenserfordernis der Normen über die Herbeiführung des Vsfalles nicht überein. Auch im übrigen lassen sich manche Argumente gegen die Theorie von Framhein anführen (vgl. Möller JRPV 1929 S. 327–329).

Immerhin erwähnt auch der BGH 14. IV. 1976 VersR 1976 S. 650 – im Anschluß an Weyers S. 491 – nebenher, daß sich der Gedanke von Treu und Glauben in § 61 ähnlich niedergeschlagen habe wie in § 162 II BGB.

[22] d) Sonstige Gegenmeinungen

Es erweist sich, daß § 61 zum Tummelplatz für juristische Konstruktionen werden konnte.

Erwähnt sei noch, daß Gerhard-Hagen Anm. 5 zu § 79, S. 369 sich darauf beschränken, einen Verstoß des Vmers gegen eine **„Treupflicht"** anzunehmen. Die Konstruktion

IV. Abgrenzung § 61
Anm. 23

einer besonderen vsrechtlichen Treuepflicht begegnet jedoch erheblichen Bedenken (Anm. 67 Einl., Möller HansRGZ 1929 A Sp. 133–142).
Neubert a.a.O. S. 11–12 spricht im Falle des § 61 von einem Rechtsbehelf des Vers, der sich als Leistungsverweigerungsrecht, als Einredemöglichkeit, als **Gestaltungsrecht** darstelle. Diese Auffassung verkennt, daß das Gesetz dem Ver kein Gegenrecht zuweist, welches ausgeübt werden muß, sondern ohne Tätigwerden des Vers entfällt seine Haftung (ebenso Pinckernelle a.a.O. S. 9–10).

[23] **IV. Abgrenzung**
1. Gefahrstandsobliegenheit
Der Herbeiführung des Vsfalles steht die Vornahme einer Erhöhung der Gefahr (oder Gestattung der Vornahme durch einen Dritten) nahe. Die diesbezügliche Verbotsobliegenheit, geregelt in § 23 I und meistens als Gefahrstandspflicht bezeichnet, löst im Falle der schuldhaften (also auch leichtfahrlässigen) Verletzung Verwirkungsfolgen aus, insbesondere (neben einem Kündigungsrecht) Leistungsfreiheit nach § 25 I, II 1, vorausgesetzt, daß Kausalität zwischen Gefahrerhöhung und Eintritt des Vsfalls oder Umfang der Leistung des Vers bestanden hat (§ 25 III). Weniger hart als § 61 ist § 25 III nur insofern, als die Verpflichtung des Vers zur Leistung trotz Gefahrerhöhung dann bestehen bleibt, wenn zur Zeit des Eintritts des Vsfalls die einmonatige Frist für die Kündigung abgelaufen und eine Kündigung seitens des Vers nicht erfolgt ist. Wegen der unterschiedlichen Verschuldensvoraussetzungen und des Erfordernisses der klarstellenden Kündigung bei Gefahrerhöhung ist es von erheblicher praktischer Bedeutung, ob die §§ 23 I, 25 I einerseits und § 61 (in der Haftpflichtv § 152) andererseits einander ausschließen oder teilweise oder ganz konkurrieren können.
Das Abgrenzungsproblem ist bereits in Anm. 9–12 zu § 23 behandelt, besonders im Anschluß an die Leitentscheidung BGH 18. X. 1952 BGHZ Bd 7 S. 311–323:
Die Vornahme einer Gefahrerhöhung kann – bei gebotener einschränkender Auslegung des Begriffes – nur angenommen werden, wenn der Vmer oder Vte einen erhöhten Gefahrenzustand herbeiführt, ,,der seiner Natur nach geeignet ist, von so langer Dauer zu sein, daß er die Grundlage eines neuen natürlichen Gefahrenverlaufs bilden und damit den Eintritt des Vsfalles generell fördern kann" (S. 318). ,,Das bedeutet, daß der bisherige Gefahrenzustand in einen neuen Zustand vertauscht wird, derart, daß nunmehr in ihm die Gefahr ,stehen' zu bleiben oder zu ruhen geeignet ist, daß also die Gefahrenlage auf ein neues, höheres Niveau emporsteigt, auf dem sie sich, ebenso wie auf dem bisherigen, stabilisieren" kann (S. 318). ,,Hiernach können in den Begriff der Gefahrerhöhung schon ihrem Wesen nach nicht auch einmalige Gefährdungshandlungen einbezogen werden, bei denen von vornherein feststeht, daß sie den bestehenden Gefahrenzustand nicht durch einen neuen ersetzen, sondern nur für die absehbare kurze Zeit ihrer Vornahme in Form einer Gefahrensteigerung unterbrechen" (S. 318–319). Unerheblich ist es dabei, ob und wie schnell eine Gefahrerhöhung im Einzelfall tatsächlich zu einem Vsfall geführt hat (S. 320), d.h. auch, ob noch Zeit blieb, dem Ver die Anzeige gemäß § 23 II zu machen (S. 319–320). Fahren im Zustand der Trunkenheit kann nicht in die Vorschriften über die Gefahrerhöhung eingeordnet werden. Auch sonst hat die Rechtssprechung es ,,regelmäßig abgelehnt, eine einmalige unter gefahrerhöhenden Umständen vorgenommene Fahrt, wie eine Fahrt mit einem überladenen oder nicht betriebssicheren Fahrzeug oder mit einem nicht vorgesehenen Anhänger oder unter Mitnahme betriebsfremder Personen oder in einem vorübergehenden Zustand der Unsicherheit des Fahrers als Gefahrerhöhung zu werten" (S. 322).

Hiernach können nur die Normen über die schuldhafte Herbeiführung des Vsfalles angewendet werden, falls es angesichts der gebotenen einschränkenden Auslegung des Begriffes der Gefahrerhöhung an einer potentiell länger dauernden, als ruhend und stabilisiert vorstellbaren Erhöhung der Gefahrenlage fehlt, insbesondere also bei einmaligen Gefährdungshandlungen (Musterbeispiele: Trunkenheit am Steuer, Überfahren einer Kreuzung bei Rotlicht).

Liegt dagegen eine subjektive Gefahrerhöhung vor und entwickelt sich aus der erhöhten Gefahrenlage ein Vsfall, so ergibt sich bei Anwendung der Regeln über die adäquate Verursachung wohl stets, daß der Vmer oder Vte zugleich den Vsfall herbeigeführt habe. Was das Verschulden anlangt, so läßt sich in Vorsatzfällen möglicherweise feststellen, daß zwar eine Gefahrerhöhung gewollt oder gebilligt (dolus eventualis) war, nicht aber der Eintritt des Vsfalles; bei solcher Sachlage scheidet die Anwendung der Regeln über vorsätzliche Herbeiführung des Vsfalles (speziell § 152) aus: Der Ver kann sich aber auf die vorsätzlich-subjektive Gefahrerhöhung berufen. Bei Fahrlässigkeit entfällt das Kriterium der Willensrichtung; hier dürfte bei grobfahrlässiger Vornahme einer Gefahrerhöhung wohl immer zugleich eine grobfahrlässige Herbeiführung des Vsfalles vorliegen (sofern überhaupt ein Vsfall eintritt). Der BGH 18. X. 1952 BGZ Bd 7 S. 314–315 läßt die Frage offen, ob die Normen über die Gefahrerhöhung als lex specialis hier § 61 verdrängen. Richtig dürfte es sein, den Ver solchenfalls durch Annahme einer Einwendungskonkurrenz zu begünstigen (Anm. 11 zu § 23), und regelmäßig wird sich der Ver auf den Gesichtspunkt der Gefahrerhöhung stützen, da er solchenfalls keine grobe, sondern nur Fahrlässigkeit schlechthin darzutun braucht. Ein Sonderproblem stellt sich, wenn im Blick auf die Gefahrerhöhung mangels klarstellender Kündigung nach § 25 III der Ver sich nicht mehr auf seine Leistungsfreiheit berufen kann. Bleibt ihm hier die Möglichkeit, sich auf § 61 zu stützen? Nach den Prinzipien der Einwendungs- und Gesetzeskonkurrenz wäre das zu bejahen. Denkt man aber an den Zweck der Institution der klarstellenden Kündigung (Anm. 7 zu § 25), so erscheint es unbillig, daß der Ver trotz einer ihm bekanntgewordenen subjektiven Gefahrerhöhung seine Rechtsbehelfe „auf Eis legt", Prämie einzieht und erst bei Eintritt eines Vsfalles über § 61 seine Haftungsbefreiung hervorkehrt.

Aus der **Rechtssprechung** zur Abgrenzungs- und Konkurrenzfrage im Verhältnis zur Gefahrerhöhung:

Entscheidungen, in denen nur Herbeiführung des Vsfalles, keine subjektive Gefahrerhöhung in Betracht kam: BGH 27. VI. 1951 BGHZ Bd 2 S. 360–366 (Haftpflichtv, einmalige Fahrt mit noch nicht zugelassenem Motorrad, kein Vorsatz), BGH 18. X. 1952 BGHZ Bd 7 S. 311–323 (Haftpflichtv, Trunkenheit am Steuer, kein Vorsatz).

Entscheidungen, bei denen die Gesichtspunkte der Herbeiführung des Vsfalles und der subjektiven Gefahrerhöhung konkurrieren: RG 3. I. 1936 RGZ Bd 150 S. 48–51, KG 15. XI. 1957 VersR 1952 S. 21–22 (Trunkenheitsfall, im Ergebnis durch die Rechtsprechung des BGH überholt), OLG Düsseldorf 17. VI. 1935 JRPV 1936 S. 14–16.

[24] 2. Vorbeugende Obliegenheiten

Die §§ 6 II, 32 behandeln vertragliche Obliegenheiten des Vmers, übernommen zum Zwecke der Verminderung der Gefahr oder der Verhütung einer Gefahrerhöhung. Verletzt der Vmer solche vorbeugende Obliegenheit, so kann sich daraus ein Vsfall entwickeln, und die Leistungsfreiheit des Vers kann bei Gegebensein des Verschuldens-, Kausalitäts- und Klarstellungserfordernisses vereinbarungsgemäß eintreten.

Die Haftungsbefreiung wegen schuldhafter Herbeiführung des Vsfalles und die Leistungsbefreiung wegen Verletzung der vorbeugenden Obliegenheit können konkurrie-

IV. Abgrenzung

ren (Ehrenzweig S. 266 Anm. 9, Prölss VersR 1965 S. 31, Prölss-Martin[21] Anm. 1 zu § 32, S. 195, undeutlich Schmidt Obliegenheiten S. 217−218). Allerdings setzt § 61 mindestens grobe Fahrlässigkeit voraus, während § 6 I 1 bei den vorbeugenden Obliegenheiten jedes Verschulden des Vmers genügen läßt. Bei § 61 muß der Ver das Verschulden beweisen (Anm. 48), bei § 6 I 1 muß sich dagegen der Vmer exkulpieren. Wie bei subjektiven Gefahrerhöhungen (§ 24 II; Anm. 23) kann sich allerdings auch bei Verletzung vorbeugender Obliegenheiten der Ver auf den Gesichtspunkt der schuldhaften Herbeiführung des Vsfalles dann nicht mehr berufen, wenn er die nach § 6 I 2, 3 gebotene klarstellende Kündigung nicht rechtzeitig erklärt hat (vgl. BGH 21. IX. 1964 BGHZ Bd 42 S. 300, a. M. Raiser[2] Anm. 5 zu § 17 AFB, S. 395).

Einzelheiten, besonders zur Rechtsprechung in Anm. 18 zu § 32. In dem Urteil RG 18. V. 1928 RGZ Bd 121 S. 158−163 wird die Vorschrift, Schmuckstücke sorgfältig aufzubewahren und zu behandeln, als „eine vertragsmäßige Erweiterung des § 61" angesehen, nicht als vorbeugende Obliegenheit; dadurch kommt das Gericht (m. E. zu Unrecht) nur zu einer Anwendung der Regeln über die fahrlässige Herbeiführung des Vsfalles. Im Urteil BGH 21. IX. 1964 BGHZ Bd 42 S. 295−301 = VersR 1965 S. 29−32 (mit kritischer Anm. Prölss) ist die unterlassene Absperrung und Entleerung einer Wasserleitung im Rahmen einer Gebäudev als Verletzung einer vorbeugenden Obliegenheit folgenlos geblieben, weil der Ver die klarstellende Kündigung verabsäumt hatte. Das Gericht läßt offen, ob durch eine Unterlassung der Vsfall herbeigeführt werden könne (dazu jetzt Anm. 29) und fährt im Blick auf § 61 fort:

„Allein die Verletzung einer gefahrvermindernden Obliegenheit reicht jedenfalls nicht aus (ebenso Schmidt, Die Obliegenheiten 1953, 217). Unterläßt es der Vmer, zu einer von ihm erwarteten Verringerung der Gefahrenlage beizutragen, so erhöht er dadurch allenfalls die allgemeine Gefahrenlage, verwirklicht aber damit noch nicht den Eintritt der Gefahr. Hierauf ist weder objektiv seine Unterlassung noch subjektiv sein Verschulden gerichtet."

Wie besonders Prölss VersR 1965 S. 31−32 gezeigt hat, ist diese Gedankenführung nicht überzeugend. Die adäquate Kausalität zwischen Unterlassung und Vsfall wird sich durchweg nicht leugnen lassen und grobfahrlässige Herbeiführung des Vsfalles kann in vielen einschlägigen Fällen angenommen werden. Bei Fahrlässigkeit ist eine so spezielle Ausrichtung des Verschuldens wie beim Vorsatz nicht erforderlich. Deshalb bedenklich auch OLG Düsseldorf 8. II. 1966 S. 820−821.

Im Falle OLG Nürnberg 3. III 1961 VersR S. 626−627 wird ausgeführt, daß eine den Kraftfahrzeugabzahlungsverkäufer begünstigende Vereinbarung zu § 61 (Anm. 92: Haftungsfreiheit im Verhältnis zum Verkäufer nur bei Vorsatz des Käufers) es dem Ver nicht verwehre, sich auf eine Verletzung der Führerscheinklausel, also einer vorbeugenden Obliegenheit, zu berufen. Dazu weitere Nachweise in Anm. 92.

Besonders erwähnenswert sind Obliegenheiten die gleichsam zum Zwecke der Nichtherbeiführung des Vsfalles auferlegt werden, z.B. das Verbot, einen Stroh- oder Heuboden mit offener Laterne zu betreten. Wie in Anm. 10 zu § 32 dargelegt, gelten hier die §§ 6 II, 32 analog, aber es kommt zugleich bei Eintritt eines Vsfalles konkurrierend § 61 zur Anwendung. Vgl. hierzu aber Hübner VersR 1978 S. 987−988.

[25] 3. Rettungsobliegenheit

Der Vmer hat „bei dem Eintritt des Vsfalles nach Möglichkeit für die Abwendung und Minderung des Schadens zu sorgen" (§ 62 I 1).

Wenn man annimmt, daß diese Obliegenheit erst nach Eintritt des Vsfalles zu erfüllen ist, so scheint sich die Abgrenzung zur Herbeiführung des Vsfalles ohne weiteres zu ergeben: Vor Eintritt des Vsfalles ist Nichtherbeiführung, nach Eintritt des Vsfalles Rettung geboten. Für die Haftpflichtv hat der BGH 18. I 1965 BGHZ Bd 43

S. 93—94 die Grenzlinie — besonders mit Rücksicht auf das Erfordernis des Vorsatzes in § 152 — auf eben diese Weise gezogen: Wer, ohne vorsätzlich zu handeln, einen Haftpflichtschaden herbeigeführt hat und deshalb Haftpflichtvsschutz genießt, dürfe nicht Gefahr laufen, diesen Vsschutz mit der Begründung wieder zu verlieren, daß man in der Herbeiführung gleichzeitig schon die grobfahrlässige Verletzung der Abwendungsobliegenheit erblicke. Auch für alle anderen Vszweige, besonders im Anwendungsbereich des § 61, leugnen eine zeitliche Überschneidung von Verletzung der Rettungsobliegenheit und Herbeiführung des Vsfalles Ritter-Abraham Anm. 28 zu § 5, S. 206—207, Anm. 4 § 33, S. 547, Siebeck, Die Schadenabwendungs- und -minderungspflicht des Vmers, Karlsruhe 1963, S. 53—73.

Die Abgrenzung der Herbeiführung des Vsfalles von der Rettungsobliegenheit bereitet überdies dann keine Schwierigkeit, wenn man mit Bruck S. 663, 7. Aufl., Anm. 18 zu § 61, S. 234—235 den Standpunkt vertritt, die Herbeiführung bestehe notwendigerweise in einem Tun; bei Unterlassungen des Vmers könne nur der rechtliche Gesichtspunkt einer Verletzung der Rettungsobliegenheit in Betracht kommen.

Beide Argumentationsreihen sind jedoch nicht durchschlagend:

Man muß richtigerweise — zum mindesten bei Aktivenven mit einfacher Gefahr, z.B. für die Feuerv (Anm. 29 zu § 62) — annehmen, daß auch schon unmittelbar vor dem Eintritt (Beginn) des Vsfalles der Vmer gehalten ist, den Vsfall zu verhindern. Diese „Vorerstreckungstheorie" wird in doppelter Weise durch den Wortlaut des § 62 I 1 gestützt: Nicht nach, sondern „bei" dem Eintritte des Vsfalles ist die Obliegenheit zu erfüllen, und sie dient nicht nur der Minderung, sondern schon der völligen „Abwendung" des Schadens. Begrifflich ist in vielen Vszweigen der Beginn der Schadensentstehung mit dem Eintritt des Vsfalles verbunden (Anm. 33 vor §§ 49—80), so daß hier nach Eintritt des Vsfalles eine Schadensabwendung nicht vorstellbar ist. Es besteht auch ein Bedürfnis dafür, einem Vmer Aufwendungen gemäß § 63 bei vorerstreckten Rettungsmaßnahmen zu erstatten (Anm. 29 zu § 62). Die Vorerstreckungstheorie hat aber die Konsequenz, daß zum mindesten im (kurzen) Zeitraum der Vorerstreckung die Rechtsbehelfe aus § 61 und aus Verletzung der Rettungsobliegenheit zueinander in Konkurrenz treten können. Die Frage der Möglichkeit einer Konkurrenz zwischen Rettungsobliegenheit und § 61 tritt überdies in Erscheinung, wenn man mit der neueren höchstrichterlichen Rechtsprechung — entgegen Bruck — annimmt, daß eine Herbeiführung des Vsfalls durch Unterlassung möglich ist. Das wird auch hier jetzt bejaht (Anm. 29). Daraus aber ergibt sich, daß diese Unterlassung sich zugleich darstellen kann als Verletzung der (vorerstreckten) Rettungsobliegenheit.

Im Anwendungsbereich des § 61 sind die Rechtsfolgen einer Herbeiführung des Vsfalls und einer Verletzung der Obliegenheit im praktischen Ergebnis wegen § 62 II identisch (Siebeck a.a.O. S. 63—66, Schmidt Obliegenheiten S. 245). Logisch geht die Gefahrenausschlußvorschrift des § 61 der Leistungsbefreiung nach § 62 II voran. Aber die Lehre von den Doppelwirkungen im Recht gestattet es auch, den Rechtsgedanken der Rettungsobliegenheit in den Vordergrund zu schieben. Im Falle BGH 14. IV. 1976 VersR 1976 S. 649—651 (Nichtrettung hochwassergefährdeter Gebrauchtwagen) ist § 61 angewendet worden; die Anwendung von § 62 II ist dahingestellt geblieben, da „ab" Eintritt des Vsfalls „möglicherweise nicht alle vten Fahrzeuge mehr (hätten) gerettet werden" können.

Die Konkurrenz von § 61 und Verletzung der Rettungsobliegenheit ist nicht nur ein Problem des Vorerstreckungszeitraumes, sondern es gewinnt Bedeutung, daß § 61 auch noch (mindestens analog) angewendet werden kann, falls — bei zeitlich gedehnten Vsfällen — der Vmer den Schaden erhöht (Anm. 31), und daß die Rettungsobliegenheit eine Daueobliegenheit ist, die bei allen gedehnten Vsfällen bis zum Ende des Deckungszeitraumes zu erfüllen ist (Anm. 32 zu § 62). So kann auch nach Eintritt eines

V. Objektive Voraussetzung § 61
Anm. 26, 27

Vsfalles zu prüfen sein, ob § 61 oder § 62 II – evtl. nebeneinander – anzuwenden sind. Bei einem den Schaden vorsätzlich vergrößernden Tun des Vmers – er wirft absichtlicht vte Gegenstände in die Flammen – dürfte nur § 61 anwendbar sein, zum grobfahrlässigen schadenserhöhenden Verhalten des Vmers vgl. Anm. 31.

Im Bereiche der **Haftpflichtversicherung** kollidieren, wie der BGH 18. I. 1965 BGHZ Bd 43 S. 93–94 ausgeführt hat, möglicherweise § 152 und § 62 II, nämlich bei grobfahrlässiger Nichtabwendung. Hier ergibt sich in der Tat, daß sich der Ver auf Leistungsfreiheit wegen Verletzung der Rettungsobliegenheit nicht berufen kann. Es ist auch richtig, daß die Rechtsschutzfunktion der Haftpflichtv die eigene Rettungsobliegenheit des Vmers einschränkt (Johannsen Anm. F 77, S. 238). Aber alles das darf nicht dazu führen, eine Abwendungslast des Haftpflichtvmers völlig zu negieren (so aber Boettinger VersR 1951 S. 153, vgl. auch Johannsen Anm. F 76, S. 257). Denn für den Fall der Erfüllung solcher Rettungsobliegenheit steht dem Vmer Aufwendungsersatz zu, z. B. dann, wenn bei einer Gewässerschadenhaftpflichtv ausgelaufenes Oel das Grundstück des Nachbarn noch nicht erreicht hat und nunmehr kostspielige Abwendungsmaßnahmen getroffen werden (Johannsen Anm. F 85, S. 249).

Über die Haftpflichtv hinaus läßt sich generell feststellen: Vorschriften und Vereinbarungen über die schuldhafte Herbeiführung des Vsfalls, welche den Vmer begünstigen und ihm auch bei grober Fahrlässigkeit (oder gar Vorsatz) Vsschutz verschaffen (vgl. die Beispiele in Anm. 13) dürfen nicht dadurch ihrer begünstigenden Kraft entkleidet werden, daß der Ver sich auf eine korrespondierende schuldhafte Verletzung der Rettungsobliegenheit beruft (vgl. allerdings die hinsichtlich anderer Obliegenheitsverletzungen abweichende Rechtssprechung zum Einwendungsverzicht in der Autokaskov: Anm. 42).

Zum Gesagten vgl. auch Anm. 9 zu § 62.

[26] 4. Arglisteinwand

Die spezielle Regelung der Herbeiführung des Vsfalls macht es überflüssig und unzulässig, in Fällen schuldhafter Herbeiführung des Vsfalles dem Vmer oder Vten auch oder nur den Einwand der Arglist entgegenzuhalten. So ist es wegen § 152 dem Ver verwehrt, sich in einem Falle der Trunkenheit am Steuer darauf zu berufen, der Vmer handele arglistig, „wenn er den Vsschutz für einen Schaden begehre, den er selbst durch seinen betrunkenen Zustand verursacht habe. Die Frage, unter welchen Voraussetzungen die Einwirkungen des Vmers auf den Vsfall eine Leistungsfreiheit des Vers zur Folge haben, ist in den Bestimmungen über die Gefahrerhöhung und über die Herbeiführung des Vsfalles unter Berücksichtigung der Grundsätze von Treu und Glauben besonders und abschließend geregelt. Lassen sie den Vsanspruch unberührt, so kann seiner Geltendmachung auch nicht unter Hinweis auf allgemeine rechtliche Gesichtspunkte mit dem Einwand der Arglist begegnet werden" (BGH 18. X. 1952 BGHZ Bd 7 S. 323, vgl. auch LG Essen 14. II. 1952 VersR 1952 S. 145 gegen Jacobi VersR 1952 S. 5–6, OLG Hamm 20. XI. 1952 VersR 1953 S. 82).

Dennoch stellt auf den Einwand der Arglist OLG Celle 3. VI. 1930 JRPV 1930 S. 338 ab in einem Fall, in dem die Eigentümerin eines Grundstückes von der Brandstiftungsabsicht ihres Ehemannes „Kenntnis hatte, nichts zur Verhütung der Tat unternahm, diese vielmehr stillschweigend billigte". Hier lag Herbeiführung des Vsfalles durch Unterlassung vor (vgl. Anm. 29 mit Urteil RG 16. VI. 1930 JW 1931 S. 1583–1585).

[27] V. Objektive Voraussetzungen

§ 61 setzt, was den objektiven Tatbestand angeht, voraus, daß „der Vmer den Vsfall .... herbeiführt". Zur Person des Herbeiführenden, besonders zur Verantwort-

§ 61
Anm. 28, 29

V. Objektive Voraussetzung

lichkeit des Vmers für Dritte, müssen eingehende spezielle Ausführungen gemacht werden (Anm. 57–78); hier wird zunächst nur von der Person eines einzelnen Vmers, der eine natürliche Person ist, ausgegangen. Das Verhalten des Vmers muß sich als Herbeiführung qualifizieren lassen (Anm. 28–29), welches kausal ist (Anm. 30) für den Vsfall (Anm. 31). Beweisfragen sind dabei recht bedeutsam (Anm. 32–39).

[28] 1. Herbeiführung
a) Tun

In aller Regel erfolgt die Herbeiführung des Vsfalles durch **positives Tun** des Vmers (oder der ihm gleichstehenden Personen: Anm. 57–78), man denke an eine Brandstiftung, an das Überfahren einer Kreuzung bei Rotlicht in der Autokaskov oder die Zufügung einer Körperverletzung in der Haftpflichtv.

Zu unterscheiden ist die Herbeiführung des Vsfalles von der **Vortäuschung** eines gar nicht eingetretenen Vsfalles, wie sie besonders in der Einbruchdiebstahlv, aber auch z. B. in der Reisegepäckv und der Unfallv nicht selten vorkommt (vgl. Farny a. a. O. S. 59–62, 64, 97–100). Da die vte Gefahr sich nicht verwirklicht hat, liegt kein Vsfall vor (RG 11. XII. 1936 RGZ Bd 153 S. 135–139). Der Vmer kann nicht nur wegen Betruges bestraft werden, sondern auch zivilrechtlich gegenüber einem geschädigten Ver schadensersatzpflichtig sein (§§ 823 II 1, 826 BGB). Eine Herbeiführung des Vsfalles liegt vor und § 61 greift ein, falls der Vmer einen Dritten anstiftet, bei ihm einen Einbruchdiebstahl zu begehen (Anm. 30).

[29] b) Unterlassen

Bruck S. 663, 7. Aufl., Anm. 18 zu § 61, S. 234–235 meinte, unter allen Umständen müsse die Herbeiführung eine positive Handlung, ein Tun sein; bei Unterlassungen komme nur der rechtliche Gesichtspunkt einer Verletzung der Rettungsobliegenheit zum Zuge. Diese Meinung läßt sich nicht aufrechterhalten. Wie überall im Recht können gewisse Unterlassungen dem Tun gleichgestellt werden, allerdings vorausgesetzt, daß das Unterlassen – ein nullum – zurechenbar ist, was zutrifft, falls den Unterlassenden eine Verhaltensnorm zum gegenteiligen Tun anhält. Solche Verhaltensnorm kann eine echte Rechtspflicht, aber auch eine Last oder Obliegenheit sein, und sogar eine bloße „Garantenstellung" genügt, um die Zurechenbarkeit zu begründen (eine Rechtspflicht zum Handeln fordert Fikentscher[4] S. 630; er leitet sie ab aus Übernahme, aus vorausgegangenem Tun, aus Gesetz oder aus konkreten Lebensbeziehungen, z.B. Gemeinschaftsverhältnissen).

Für den Bereich der **Haftpflichtversicherung** ist es infolge der Verknüpfung von (meistens) deliktischer Verantwortlichkeit und Vsschutz besonders augenscheinlich, daß der Vsschutz auch ausgelöst werden kann durch eine schadensersatzpflichtigmachende Unterlassung; das Schadenereignis kann fraglos ein Unterlassungsdelikt sein, und der Vsschutz ist nach § 4 II Ziff. 1 Satz 1 AHB ausgeschlossen, wenn dieses Delikt nebst Schadenszufügung vorsätzlich begangen worden ist. Unterlassungsdelikte spielen besonders in Verbindung mit den Verkehrspflichten (Verkehrssicherungspflichten) eine erhebliche Rolle (vgl. z.B. Fikentscher[4] S. 629–632). Beispiel für Unterlassung OLG Hamburg 12. II. 1932 JRPV 1932 S. 156–157.

Aber auch außerhalb der Haftpflichtv und besonders in der **Sachversicherung** kann der Vsfall durch Unterlassung herbeigeführt werden. Der BGH 14. IV. 1976 VersR 1976 S. 649–651 hat einem kaskovten Gebrauchtwagenhändler, der auch gegen Überschwemmungsschäden vert war, den Vsschutz nach § 61 versagt, weil er trotz herannahenden Hochwassers seine Wagen nicht aus der Gefahrenzone gebracht hat:

V. Objektive Voraussetzung § 61
Anm. 29

„Auch derjenige führt den Vsfall herbei, der das ursächliche Geschehen in der Weise beherrscht, daß er die Entwicklung und die drohende Verwirklichung der Gefahr zuläßt, obwohl er die geeigneten Mittel zum Schutz des vten Interesses in der Hand hat und bei zumutbarer Wahrnehmung seiner Belange davon ebenso Gebrauch machen könnte und sollte, wie eine nicht vte Person. Allein dieses Ergebnis wird auch den schutzwürdigen Belangen des Vers und der Gemeinschaft der Vten gerecht, die trotz Fehlens einer förmlichen Schadenverhütungspflicht des Vmers vor Eintritt des Vsfalls nicht außer Betracht bleiben dürfen. Unter den dargelegten Voraussetzungen wird sich der Vmer, der es (vorsätzlich oder grob fahrlässig) durch Untätigkeit zum Eintritt des Vsfalls kommen läßt, mit der Inanspruchnahme der Vsleistung regelmäßig ebenso treuwidrig mit seinem eigenen Verhalten in Widerspruch setzen wie derjenige, der den Vsfall durch positives Tun herbeigeführt hat."
Eine den Vmer belastende Tunsnorm wird also hergeleitet aus der Parallele zum zumutbaren Verhalten einer nicht vten Person, aus den Belangen des Vers und der Gefahrengemeinschaft und aus Treuwidrigkeit. Entscheidend ist m.E. die Tatsache, daß kraft Vsnahme der Vmer eine konkrete Lebensbeziehung anknüpft, die als Gefahrengemeinschaft (vgl. Einl. Anm. 66) zu qualifizieren ist und eine Garantenstellung des Vmers begründet. Wie der BGH ausführt, läßt sich aus § 61 keine Schadensverhütungspflicht herleiten (vgl. Anm. 18); auch eine Schadensverhütungsobliegenheit gibt es nicht (Anm. 19) und die Rettungsobliegenheit des § 62 I 1 („Abwendungspflicht") kann man im Rahmen des § 61 nicht ohne weiteres heranziehen (jedenfalls dann nicht, wenn man die „Vorerstreckungstheorie" ablehnt [vgl. Anm. 25]). Das gleiche gilt für die Verletzung einer vorbeugenden Obliegenheit (§§ 6 II, 32). Ein Eigentümer kann gemäß § 903 BGB prinzipiell mit seiner Sache nach Belieben verfahren. Wenn er aber als Vmer eine Sachv nimmt oder als Vter aus einer V für fremde Rechnung Vsschutz beanspruchen will, muß er sich als Glied seiner Gefahrengemeinschaft gemeinschaftstreu verhalten, so wie er es auch von anderen Beteiligten der Gemeinschaft erwarten wird. Die Funktionsfähigkeit der vsrechtlichen Gefahrengemeinschaft erheischt es, den Eigentümer mit gewährleistenden Verhaltensnormen zu belasten.
Es gibt in der **Rechtssprechung** auch außerhalb der Haftpflichtv zahlreiche Fälle, in denen in einem Unterlassen eine Herbeiführung des Vsfalles gesehen worden ist, durchweg ohne dogmatische Begründung:
RG 3. VII. 1928 JW 1928 S. 3181–3182 (mit Anm. Serini) = VA 1928 S. 245–246 Nr. 1899: Nichtentlassung eines Angestellten, der sich schon früher einer Brandstiftung im Hause des Vmers schuldig gemacht hat,
RG 16. VI. 1930 JW 1931 S. 1583–1584: Vmer hindert die Ehefrau nicht an beabsichtigter Brandstiftung (dazu kritisch Stiefel JRPV 1932 S. 83–84),
BGH 27. II. 1964 VersR 1964 S. 475: Vmer muß „das Handeln eines Dritten .... zumindest gekannt und zugelassen haben",
OLG Celle 15. V. 1936 JRPV 1936 S. 284: Vmer duldet, daß Klempner auf Heuboden zum Auftauen einer Wasserleitung eine Lötlampe benutzt,
OLG Düsseldorf 7. XI. 1934 JRPV 1935 Z S. 41–42: Vmer hat Feststellvorrichtung bei Rolladen trotz vorangegangenen Einbruchs und Fehlens der Fensterscheibe nicht reparieren lassen,
OLG Köln 5. VII. 1965 VersR S. 1066–1068: Unterlassene Sperrung des Getriebeschaltschloßes eines kaskovten Kraftfahrzeuges (der Gedanke der Gefahrengemeinschaft klingt an),
LG Hamburg 25. IV. 1951 VersR 1952 S. 310: Duldung der Brandstifung durch einen Dritten, der dem Vmer „vielleicht nützen wollte".

Im **Schrifttum** wird die Herbeiführung des Vsfalles durch Unterlassen für angängig erachtet von Ehrenzweig S. 265, Framhein a.a.O. S. 41–42, Huber a.a.O. S. 21–23, Johannsen Autokaskov Anm. J 83, Kisch HansRZ 1922 Sp. 169–173, ÖffrV 1932

S. 247, Meyer a.a.O. S. 30−36, Neubert a.a.O. S. 7−8, Offermann a.a.O. S. 17, Pinckernelle a.a.O. S. 35 m.w.N., Prölss-Martin[21] Anm. 3 zu § 61, S. 333, Raiser AFB[2] Anm. 6 zu § 17, S. 396, Ritter-Abraham Anm. 18 zu § 33, S. 554 (von einer Rechtspflicht zur Schadensverhütung ausgehend: Anm. 18), Stupp a.a.O. s. 15−17, 26−29, Werneburg ZVersWiss 1919 S. 343−349, Weyers S. 492; a.M. Bruck S. 663, Schmidt Obliegenheiten S. 217.

Ein gesetzlich speziell geregelter Fall der Herbeiführung des Vsfalls durch Unterlassung findet sich für die **Tierversicherung** in § 125: Tod des Tieres, nachdem „der Vmer vorsätzlich oder aus grober Fahrlässigkeit das Tier schwer mißhandelt oder schwer vernachlässigt" hat; als schwere Vernachlässigung gilt es, wenn bei einer Erkrankung oder einem Unfall die Zuziehung eines Tierarztes oder Sachkundigen unterlassen worden ist. Den Zusammenhang der Vorschrift mit § 61 stellen Begr. I S. 117−118, Prölss-Martin[21] Anm. 1 zu § 125, S. 597−598, Stupp a.a.O. S. 16, 29 heraus.

Es ist nicht zu verkennen, daß die Auffassung, wonach der Vsfall durch Unterlassung herbeigeführt werden kann, zu einer erheblichen **Entwertung** des Vsschutzes zu führen vermag. Zu denken ist besonders an Tatbestände, bei denen der Vmer grobfahrlässig zunächst nur eine Gefahrenerhöhung vorgenommen oder eine vorbeugende Obliegenheit verletzt hat, bei denen sich hieraus aber später ein Vsfall entwickelt. In solchen Fällen gewinnt eine auch vom BGH 14. IV. 1976 VersR S. 650 aufgerichtete Schranke Bedeutung:

„Damit andererseits der Vsschutz nicht unangemessen beschränkt wird, ist an dem vom BGH in VersR 64, 475 aufgestellten Erfordernis festzuhalten, daß der Vmer das zum Vsfall führende Geschehen gekannt hat (vgl. auch RG JW 1928, 3181). Dabei ist notwendig und ausreichend die Kenntnis von Umständen, aus denen sich ergibt, daß der Eintritt des Vsfalls in den Bereich der praktisch unmittelbar in Betracht zu ziehenden Möglichkeiten gerückt ist."

In dem Hochwasserfall legt der BGH (a.a.O. S. 650) Gewicht auf die Feststellung, daß das Ansteigen des Wasserspiegels nicht zunächst zu einer Gefahrenerhöhung geführt hat, daß vielmehr das Hochwasser „alsbald die vte Gefahr selbst unmittelbar verwirklichte".

Macht der Vmer **Aufwendungen**, um den Eintritt des Vsfalls zu verhindern, so besteht für diese keine Ersatzpflicht des Vers (vgl. RG 17. VI. 1916 RGZ Bd 88 S. 313−316), es sei denn, daß man schon einen nach § 63 ersatzpflichtigen Rettungsaufwand annehmen kann (zur sogen. Vorerstreckungstheorie Anm. 28−31 zu § 62).

[30] 2. Kausalität

Der Vmer (oder eine ihm gleichstehende Person: Anm. 57−78) muß den Vsfall herbeigeführt haben, es muß also Kausalität zwischen dem Verhalten des Vmers und dem Eintritt des Vsfalls bestehen (Kisch WuRdVers 1926 Nr. 1 S. 11).

Es gelten − wie bei allen Gefahrenausschlüssen − die allgemein im Vsvertragsrecht angewandten Kausalitätsgrundsätze (geschildert in Anm. 127−166 zu § 49). Nicht etwa ist erforderlich, daß das Verhalten des Vmers „unmittelbar" zum Vsfall führt (richtig Prölss-Martin[21] Anm. 3 zu § 61, S. 333). Es läßt sich nur sagen, daß eine (subjektive) Gefahrerhöhung vorliegt, wenn der Vmer zunächst einen erhöhten Gefahrenzustand herbeiführt, der seinerseits den Eintritt des Vsfalls fördern kann. Hier bewirkt das Verhalten des Vmers − wenn überhaupt − nur mittelbar den Vsfall, aber trotzdem führt der Vmer den Vsfall adäquat herbei, und es kann sich zugunsten des Vers eine Einwendungskonkurrenz ergeben (Anm. 23). Möglicherweise wird aber z.B. die Gefahrerhöhung vorsätzlich vorgenommen, der Vsfall aber grobfahrlässig herbeigeführt. Läuft vom Verhalten des Vmers − ohne das Zwischenstadium einer Gefahrerhöhung − unmittelbar eine Kausalreihe zum Vsfall, so kommen nur die Normen über die Herbeiführung des Vsfalls zur Anwendung (auch hierzu Anm. 23). Verletzt der Vmer eine ihm

V. Objektive Voraussetzung § 61
Anm. 30

auferlegte Obliegenheit, die dem Zwecke der Verhütung einer Gefahrerhöhung dient (§§ 6 II, 32), so kann auch aus der Obliegenheitsverletzung (mittelbar) sich ein Vsfall entwickeln (Anm. 24). Verletzt der Vmer eine speziell vereinbarte Obliegenheit, welche dem Zwecke einer Nichtherbeiführung des Vsfalles dient (und analog §§ 6 II 32 zu behandeln ist: Anm. 10, 42 zu § 32), so liegt in der Obliegenheitsverletzung zugleich eine Herbeiführung des Vsfalles.

Die allgemeinen Regeln zum ursächlichen Zusammenhang erheischen primär, daß das Verhalten des Vmers eine nichtwegdenkbare **Bedingung** des Eintritts des Vsfalls ist; es ist zu fragen, ob nicht auch ohne das Tun oder Unterlassen des Vmers der Vsfall eingetreten wäre. Mittäterschaft, Anstiftung, Beihilfe seitens des Vmers reichen aus (vgl. § 830 BGB). Über Fälle der Nichtverhinderung der Herbeiführung des Vsfalles seitens des Vmers, falls ein Dritter den Vsfall herbeiführt: Anm. 29. Zu weit ging es, wenn Prölss-Martin[20] Anm. 3 zu § 61, S. 343 unter Berufung auf OLG Königsberg 24. X. 1933 JRPV 1935 S. 374 das bloße „Einverständnis" des Vmers mit der Herbeiführung ausreichen ließen; es ist erforderlich, dem Vmer zum mindesten ein konditionales Unterlassen zuzurechnen. Noch weniger als ein „Einverständnis" reicht ein bloßes Wissen des Vmers um Herbeiführungsabsichten eines Dritten aus, wenn der Vmer nicht einmal die Möglichkeit des Verhinderns besitzt.

Ist aber das Verhalten des Vmers conditio sine qua non des Eintrittes des Vsfalles, also Erfolgsbedingung, so wird im algemeinen auch **Adaequanz** gegeben sein, d.h. man kann feststellen, daß „nach der Lebenserfahrung die objektive Möglichkeit eines Erfolges von der Art des eingetretenen in nicht unerheblicher Weise" erhöht worden ist (vgl. Anm. 142 zu § 49).

Adaequate Ursachen brauchen, wie schon ausgeführt, keine unmittelbaren Ursachen zu sein; die Herbeiführungshandlung kann demzufolge auch eine mittelbare Ursache des Vsfalles darstellen, wie z.B. in den oben erwähnten Fällen, in denen der Vmer zunächst eine Gefahrerhöhung vornimmt und erst später die so erhöhte Gefahr sich realisiert.

Werden bei einem Brande Schäden „durch Löschen, Niederreißen oder Ausräumen" verursacht (§ 83 I 2), so ist der Brand allenfalls mittelbare Schadensursache, unmittelbar schädigend wirkt das Rettungsverhalten. Obgleich dieses vorsätzlich vom Vmer ausgehen kann, greift nicht § 61 ein, der Ver ist nicht nur über § 63 I (Rettungsaufwand) ersatzpflichtig, sondern er hat den Schaden qua Versicherungsschaden i. e. S. zu ersetzen; dem Ver wird die Adhäsionsgefahr des Löschens usw. aufgebürdet (Anm. 152 zu § 49). Hat aber der Vmer den primären Brandschaden vorsätzlich oder grobfahrlässig herbeigeführt, so entfällt auch die Haftung für Löschschäden usw.

Wenn der Vmer es trotz gegebener Möglichkeit unterläßt, die Brandstiftung eines Dritten zu verhindern, so stellt die Unterlassung eine **konkurrierende Ursache** dar. Bei solchem Miteinander einer nach § 61 ausgeschlossenen Ursache und der an und für sich gedeckten Brandverursachung durch einen Dritten setzt der Ausschluß sich durch (Anm. 153 zu § 149, Herdt, Die mehrfache Kausalität im Vsrecht, Karlsruhe 1978, S. 110–116 m.w.N., Klingmüller VersR 1976 S. 201).

Wenn allerdings bei Vorliegen mehrerer Ursachen getrennte Schäden ermittelbar sind, so sind die einzelnen Ursachen und die ihnen zuzurechnenden Schäden getrennt zu beurteilen. Wirft der Vmer in ein ohne sein Zutun entstandenes Feuer zusätzlich Sachen hinein (dazu Farny a.a.O. S. 24), so haftet gemäß § 61 der Ver nur für die hineingeworfenen Sachen nicht, für die sonstigen verbrannten Sachen bleibt er prinzipiell ersatzpflichtig.

Hinsichtlich **hypothetischer Verursachung** kann auf Anm. 155 zu § 49 verwiesen werden. Trägt der Vmer Brandstiftungsabsichten oder hat er eine Gefahrerhöhung vorgenommen, von der aus eine Verwirklichung der vten Gefahr bestimmt zu erwarten war, so muß doch der Ver entschädigen, falls wider Erwarten ein anderer (gedeckter) Gefahrumstand zu einem Vsfall führt; Beispiel bei Bruck S. 663 (Schiff mit „Höllenmaschine" geht im Sturm vor der Explosion der Höllenmaschine unter; dazu Ehrenzweig S. 271–272, der die Absicht des Vsbetruges ausreichen läßt). Keine Unterbrechung des Kausalzusamenhanges liegt vor, wenn der Halter eines Kleinbus diesen grobfahrlässig vermietet an einen nahezu unbekannten Dritten, der ihm ein unlauteres Verhalten zumutet, und wenn nunmehr der Dritte den Wagen mit seiner Ladung vorsätzlich in Brand setzt (OLG Hamburg 7. XII. 1955 VersR 1956 S. 42–44).

Aus der **Rechtssprechung** neben OLG Hamburg 7. XII. 1955 VersR 1956 S. 42–44 (Adaequanz, keine Unterbrechung des Kausalzusammenhanges): OLG Köln 5. VII. 1965 VersR 1965 S. 1067 (Adaequanz bei Unterlassungen, unter Berufung auf die nicht vsrechtliche Entscheidung BGH 25. IX. 1952 BGHZ Bd 7 S. 203–204).

Aus dem **Schrifttum** vgl. nur Framhein a. a. O. S. 38–44, Neubert a. a. O. S. 7, Offermann a. a. O. S. 16–18, Stupp a. a. O. S. 24–26.

In der **Seeversicherung**, wo die Lehre von der causa proxima anzuwenden ist (Anm. 144 zu § 49), muß das den Vsfall herbeiführende Verhalten nicht nur conditio sine qua non und adaequate Ursachen des Vsfalles sein, sondern auch **causa proxima** (Ritter-Abraham Anm. 5 zu § 33, S. 547). Sind Schäden durch „fehlerhafte Verladung und Lagerung im Schiffe" ausgeschlossen und führt eine starke Brise dazu, daß das turmartig auf Deck beladene Schiff kentert, so soll nach RG o. D. HGZ 1903 S. 125–127 Nr. 54 das Beladungsverhalten nur „mittelbare Ursache des Schadens" sein, causa proxima also die Brise. Das Urteil fordert jedenfalls dann zur Kritik heraus, wenn man als causa proxima nicht die causa ultima, sondern die causa „proximate in efficiency" ansieht (kritisch auch Ritter-Abraham Anm. 26 zu § 28, S. 474).

[31] 3. Versicherungsfall

Der Vmer oder die ihm gleichstehende Person (Anm. 57–78) muß den Vsfall herbeiführen.

Ausgehend von der Auffassung, daß § 61 einen Gefahrenausschluß normiert (Anm. 17), muß man klarstellen, daß infolge der Haftungsfreiheit des Vers ein die akute Leistungspflicht des Vers auslösender „echter" Vsfall nicht herbeigeführt wird: Ein auf Brandstiftung des Vmers beruhendes Feuer ist keine vte Gefahr im Rahmen der Feuerv. Man kann nur sagen, der Vmer führe einen Tatbestand herbei, der sich als Vsfall darstellen würde, wenn § 61 nicht eingreifen würde. Aber eine verkürzende und dennoch klare Ausdrucksweise ist auch dem Gesetzgeber gestattet. Es gibt „haftungsfreie Vsfälle" (Näheres Anm. 36 vor §§ 46–80 m. w. N.).

Es geht um die **Verwirklichung der Gefahr, die aus einem latenten in ein akutes Stadium eintritt.** Für diese „Wende" hat das VVG den Ausdruck Vsfall geschaffen; der Vsfall wandelt die abstrakte Gefahrtragung des Vers um und schafft die Voraussetzungen für eine konkrete Geld- (oder seltener: Natural-)leistung.

Falls der Vmer vorsätzlich oder grobfahrlässig die Realisierung der Gefahr herbeiführt, versagt der Vsschutz gemäß § 61; der Gefahrengemeinschaft ist regelmäßig die Einbeziehung von Risiken, die auf solcher Herbeiführung beruhen, nicht zumutbar; das Gesetz schließt sie aus.

§ 61 steht unter den Vorschriften für die gesamte Schadensv; über die Herbeiführung des Vsfalles in der Summenv vgl. Anm. 4, 11–12, 14–16. Über den Begriff des Vsfalles in der Schadensv vgl. schon Anm. 32–36 vor §§ 49–80; danach gilt es zu unterscheiden:

Bei **Aktivenversicherungen** mit einfacher Gefahr wird mit der Gefahrverwirklichung, mit dem „Eintritt" des Vsfalles das vte Interesse sogleich beeinträchtigt, ein Schaden entsteht, zum mindesten beginnt die Schadensentstehung, z. B. wenn der Brand

V. Objektive Voraussetzung
§ 61
Anm. 31

die ersten vten Sachen ergreift. Wer hier den Vsfall herbeiführt, verursacht den Brand und die Schadensentstehung. Im Blick auf die Möglichkeit einer zeitlichen Ausdehnung des Brandes **(rein zeitlich gedehnter Vsfälle)** stellt sich die Frage, ob § 61 anwendbar bleibt, wenn der Brand ohne Zutun des Vmers ausgebrochen ist, letzterer aber vte Sachen etwa vorsätzlich ins Feuer wirft (vgl. z.B. KG 29. XI. 1907 VA 1908 Anh. S. 60 Nr. 389, auch LG Berlin 27. X. 1936 JRPV 1937 S. 79–80: grobe Fahrlässigkeit bei unsachgemäßer Bergung kaskovten Autos). Hier wird zwar nicht der Eintritt eines Schadens überhaupt, wohl aber die Höhe des Schadens beeinflußt, und eine zum mindesten analoge Anwendung des § 61 ist geboten, um so mehr als hier die Rettungsobliegenheit des Vmers (§ 62 I 1) unmittelbar nicht eingreift; denn der Vmer verletzt nicht das Gebot zur Minderung des Schadens (durch Unterlassen), sondern erhöht vorsätzlich den Schaden (durch Tun). Bei grobfahrlässigem schadenserhöhendem Tun des Vmers ist die Abgrenzung zu § 62 I 1 schwieriger, weil hier die Willensrichtung des Vmers – anders als bei Vorsatz – keine Rolle spielt; die analoge Anwendung von § 61 ist aber auch hier nicht ausgeschlossen. Bei Unterlassungen des Vmers nach Beginn des zeitlich gedehnten Vsfalls greift wohl immer nur § 62 I 1 ein; auf die Analogie zu § 61 ist man nicht angewiesen. Führt das Verhalten des Vmers nur zu einer Beschleunigung des Schadenseintritts (er gießt Benzin in das Feuer, welches ohnehin die vten Sachen zerstört hätte), so dürfte § 61 nicht eingreifen; über die analoge Anwendung des § 62 I 1 vgl. Anm. 16 zu § 62.

Bei Vsfällen der Aktivenv, die sich in mehreren Stufen verwirklichen **(komplexgedehnten Vsfällen)**, ist eine schuldhafte Herbeiführung auf verschiedenen Stufen vorstellbar. So kann bei einer Feuerbetriebsunterbrechungsv der Vmer entweder den Sachschaden oder den Unterbrechungsschaden vorsätzlich oder grobfahrlässig herbeiführen, und § 14 FBUB stellt beide Fälle einander gleich. Als Sonderfall erwähnt § 3 Ziff. 2c FBUB den Tatbestand, daß der Unterbrechungsschaden erheblich vergrößert wird, weil „dem Vmer zur Wiederherstellung oder Wiederbeschaffung zerstörter, beschädigter oder abhandengekommener Sachen nicht rechtzeitig genügend Kapital zur Verfügung steht".

Bei einer **Passivenversicherung** ereignet sich der Vsfall ganz regelmäßig in Stufen. Für die Haftpflichtv bestimmt § 152, daß es darauf ankommen soll, ob „der Vmer vorsätzlich den Eintritt der Tatsache, für die er dem Dritten verantwortlich ist, ... herbeigeführt hat", während § 4 II Ziff. 1 Satz 1 AHB „Vsansprüche aller Personen, die den Schaden vorsätzlich herbeigeführt haben", ausschließt. Johannsen Anm. G 226, S. 444–445 sieht trotz der differierenden Wortfassung keinen sachlichen Unterschied. Jedenfalls kommt es bei Auseinanderfallen des Verstoßes und des Schadenereignisses nicht auf die Vorsätzlichkeit des Verstoßes an (während in der Vermögensschadenhaftpflichtv § 4 Ziff. 5 AHBVerm auf wissentliche Pflichtverletzungen abhebt: Johannsen Anm. G 220, S. 439–440).

Für die Rechtsschutzv sei angemerkt, daß bei Schadensersatzansprüchen ebenso wie in der allgemeinen Haftpflichtv auf den Eintritt des Schadenereignisses abzustellen ist (§ 14 I 1 ARB), und es kommt darauf an, ob der Vmer dieses Schadenereignis vorsätzlich und rechtswidrig verursacht hat (es sei denn, daß es sich um Ordnungswidrigkeiten handelt) (§ 4 IIa ARB). Es steht der Gewährung des Vsschutzes nicht entgegen, wenn der Vmer vorsätzlich die Wahrnehmung seiner rechtlichen Interessen einleitet; nur bei „mutwilliger" Rechtsverfolgung ist der Vsschutz ausgeschlossen (§§ 1 I 2, 17 ARB). Mutwillig ist eine Rechtsverfolgung, wenn sie abweichend von dem erfolgt, was ein Nichtrechtsschutzvter tun würde (Böhme ARB[2] Anm. 2 zu § 17, S. 83, dazu AG Recklinghausen 24. X. 1973 VersR 1974 S. 796).

In der **Krankheitskostenversicherung** steht es dem Vsschutz selbstverständlich nicht entgegen, wenn der Vmer vorsätzlich den Arzt aufsucht, wohl aber entfällt der

Vsschutz für auf Vorsatz beruhende Krankheiten und Unfälle, zuweilen auch für Krankheiten und Unfälle, die er „bei Begehen eines Verbrechens oder vorsätzlichen Vergehens herbeigeführt hat" oder „die auf aktive Teilnahme an inneren Unruhen, Kampfhandlungen im Kriege oder Wettkämpfen" zurückzuführen sind (Nachweise oben Anm. 14).

In der **Unfallversicherung** ist allein die Unfreiwilligkeit der Gesundheitsbeschädigung gemäß § 2 I AUB relevant; es ist − im Rahmen des komplex-gedehnten Vsfalls − z.B. unerheblich, wenn der Vmer sich dem von außen auf seinen Körper wirkenden Ereignis vorsätzlich aussetzt. Wer sich − etwa als Fallschirmspringer, Bergsteiger, Rennfahrer − einem hohen Risiko bewußt aussetzt, nimmt damit noch nicht eine etwaige Gesundheitsbeschädigung in Kauf (Wussow AUB[4] Anm. 9 zu § 2, S. 62). Gewisse besonders gefährliche Tätigkeiten sind gesondert aus dem Vsschutz ausgeschlossen, z.B. Unfälle durch Teilnahme an inneren Unruhen auf seiten der Unruhestifter oder Unfälle, die der Vte erleidet infolge der vorsätzlichen Ausführung oder des Versuches von Verbrechen oder Vergehen (§ 3 Ziff. 1, 2 AUB). Was die Unfallfolgen anlangt, so kommt es nur darauf an, ob eine Gesundheitsbeschädigung gewollt war, und der Vsschutz entfällt auch dann, wenn anstelle einer gewollten Invalidität (Selbstverstümmelung) der Tod eintritt (a.M. Wussow AUB[4] Anm. 9 zu § 2, S. 62−63).

[32] 4. Beweisfragen

Die Beweisfragen spielen zu § 61 praktisch eine große Rolle. Hier soll zunächst nur vom Beweis des objektiven Tatbestandes die Rede sein, zum Beweis der subjektiven Voraussetzungen, also des Verschuldens, vgl. unten Anm. 48−50.

Beweislast (Anm. 33) und Beweisführung (Anm. 34−38) sind auseinanderzuhalten. Besondere Beweisvereinbarungen erheischen Beachtung (Anm. 39).

Die Tragung der Beweislast und die Beweisführung werden dem Ver de facto oft dadurch erleichtert, daß der Vmer die Schadensanzeige- und Auskunftsobliegenheiten (§§ 33−34) zu erfüllen hat, welche in der Haftpflichtv als Aufklärungsobliegenheiten eine besondere Rolle spielen (Johannsen Anm. F 52 − F 74, S. 212−236, Stiefel-Wussow-Hofmann, AKB[10], Anm. 9−38 zu § 7, S. 279−322). Das dem Ver hierdurch zugängliche Tatsachenmaterial gibt ihm nicht selten beweiserleichternde Hinweise (vgl. BGH 1. X. 1975 BGHZ Bd 65 S. 121−122).

Spezielles **Schrifttum:** Drefahl, Die Beweislast und die Beweisführung im Vsrecht, Hamburg 1939 (speziell S. 95−97), Hauke VersArch 1957 S. 315−388 (speziell S. 357−368). Allgemeiner: Jürgen Prölss, Beweiserleichterungen im Schadensersatzprozeß, Karlsruhe 1966. Zur Rechtsnatur und systematischen Stellung von Beweislast und Anscheinsbeweis generell Diederichsen VersR 1966 S. 211−222, zum Primafaciebeweis in der Verkehrsrechtsprechung Sanden VersR 1966 S. 201−211.

[33] a) Beweislast

Nicht nur von der herrschenden Gefahrenausschlußtheorie (Anm. 17) wird einhellig angenommen, daß der **Versicherer**, welcher sich zur Begründung seiner Haftungsfreiheit auf § 61 beruft, die objektiven (und übrigens auch die subjektiven) Voraussetzungen zu beweisen hat (vgl. schon Anm. 157 zu § 49, ferner BGH 1. X. 1975 BGHZ Bd 65 S. 121−122).

Im einzelnen muß der Ver beweisen, daß der Vmer, der Vte (§ 79 I) oder eine ihnen gleichstehende Person, insbesondere ein Repräsentant (Anm. 60−78) sich in bestimmter Weise verhalten hat. Eine Alternativfeststellung seitens des Gerichtes ist ausreichend, wenn z.B. nur entweder der Vmer oder seine Ehefrau (qua Repräsentantin) als Brandstifter in Betracht kommen (BGH 26. I. 1956 VA 1956 S. 66−68

V. Objektive Voraussetzung § 61
Anm. 33

= VersR 1956 S. 147–149). Vgl. auch die Alternativfeststellung in LG Hamburg 25. IV. 1951 VersR 1952 S. 310.

Der Ver hat ferner zu beweisen, daß die in Betracht kommende Person ein Herbeiführungsverhalten beobachtet hat, und zwar
entweder ein Tun, d.h. ein positives Verhalten (Anm. 28) oder ein Unterlassen, d.h. ein Nichttun (speziell Dulden), obgleich eine Möglichkeit und ein Gebot zum Tun bestand (Anm. 29). Die „Garantenstellung" des Unterlassenden ist vom Ver besonders zu begründen.

Auch der Kausalitätsbeweis obliegt dem Ver, d.h. er muß dartun, daß gerade das Verhalten des Vmers usw. ursächlich war für den Vsfall (Anm. 30). Dabei reicht es nicht aus, daß die Handlung conditio sine qua non des Vsfalls war, sondern auch die Adäquanz ist in Zweifelsfällen zu beweisen.

Schließlich trifft den Ver die Beweislast dafür, daß der Vmer durch sein kausales Verhalten den Vsfall (Anm. 31) herbeigeführt hat. Dies gilt jedoch mit der Einschränkung, daß normalerweise der Vmer zunächst den Eintritt eines Vsfalles, z.B. eines Brandes, behaupten und beweisen muß (Anm. 157 zu § 49). Erst wenn dieser Beweis geführt ist, wendet der Ver ein, der Vsfall beruhe im konkreten Fall auf einer Herbeiführung durch den Vmer, und nur insoweit spielt der Vsfall auch in der Beweiskette des Vers eine Rolle.

Diese Beweislastregeln gelten jetzt (seit 1967) kraft § 181a zwingend auch für die **Unfallversicherung**, obgleich dort die Unfreiwilligkeit der Gesundheitsbeschädigung gemäß § 2 I AUB zum Begriff des Unfalles gehört, so daß an und für sich der Anspruchserhebende die Unfreiwilligkeit beweisen müßte. Aber der Gesetzgeber erachtete solche Verteilung der Beweislast für diabolisch, und deshalb wird heute die Unfreiwilligkeit bis zum Beweise des Gegenteiles (von seiten des Vers) vermutet. Bei der Unfallfremdv für eigene Rechnung des Vmers und bei einer Unfallv mit Bezugsberechtigung ist die Formulierung des § 181 schon immer so gestaltet gewesen, daß bei vorsätzlicher Herbeiführung des Vsfalls durch den Vmer bzw. den Bezugsberechtigten der Ver die Voraussetzungen des Eingreifens des Ausschlusses zu beweisen hatte. Näheres zur Beweislast der Unfallv Wagner Anm. G 74–78.

Außerhalb der Unfallv wäre es zivilrechtlich zulässig, ähnlich wie in § 2 I AUB z.B. in der Krankenv die Nichtherbeiführung zur Tatbestandsvoraussetzung der Definition eines Vsfalls zu machen, so daß der Anspruchserhebende die Nichtherbeiführung zu beweisen hätte. Aber solche Vertragsgestaltung könnte zu aufsichtsrechtlichem Einschreiten führen, weil sie die Belange der Vten nicht ausreichend wahrt (§ 8 I Ziff. 2 VAG).

Gemäß § 125[1] braucht in der **Tierversicherung** der Ver nur eine schwere Mißhandlung oder schwere Vernachlässigung des Tieres durch den Vmer zu beweisen; es obliegt sodann dem Vmer darzutun, der Tod des Tieres sei nicht durch die Mißhandlung oder Vernachlässigung entstanden (Begr. I S. 117–118; Prölss-Martin[21] Anm. 1 zu § 125, S. 598).

In der **Binnentransportversicherung** findet sich in § 2 III ADB 1963 eine Beweiserleichterung zugunsten des Vers hinsichtlich zahlreicher Ausschlüsse, z.B. bei „Schäden, verursacht .... bei Selbstverladung durch den Vmer durch mangelhafte oder unsachgemäße Verpackung" (§ 2 IIc ADB 1963). Aber der allgemeine Ausschlußtatbestand der vorsätzlichen oder grobfahrlässigen Verursachung des Schadens durch den Vmer, Absender oder Empfänger ist nicht in § 2 ADB 1963, sondern gesondert in § 10 I ADB 1963 geregelt, und hier gilt die Beweiserleichterung zugunsten des Vers nicht. Auch in der Flußkaskov trifft den Ver – entsprechend allgemeinen Beweislastgrundsätzen – die Beweislast für die Herbeiführung des Vsfalls (vgl. § 4a Vs-Police auf Kasko).

[34] b) Beweisführung

Es geht darum, wann der Ver den ihm gemäß Anm. 33 grundsätzlich obliegenden Beweis geführt hat, der Vmer (oder der ihm Gleichstehende) habe durch sein Verhalten den Vsfall herbeigeführt. Hierzu vgl. auch bereits Anm. 159–163 zu § 49.

Hier spielen die Institutionen des Wahrscheinlichkeitsbeweises (Anm. 35), mit einer Sonderregelung für den Kausalitätsbeweis (Anm. 36), sowie des Indizienbeweises (Anm. 37) und des Anscheinsbeweises (Anm. 38) eine Rolle.

[35] aa) Speziell: Wahrscheinlichkeitsbeweis

Ein absolut, gleichsam mathematisch sicheres Erkennen der Wahrheit ist bei vielen menschlichen Verhältnissen nicht zu erzielen (vgl. RG 26. IV. 1937 RGZ Bd 155 S. 40), und das gilt gerade dann, wenn und weil der Vmer bestrebt ist, die Herbeiführung des Vsfalls nicht ans Licht kommen zu lassen. Nach § 286 I ZPO kommt es auf die freie richterliche Überzeugung an. Der BGH 17. II. 1970 BGHZ Bd 53 S. 255–256 hat im Fall „Anastasia" ausgeführt:

> „Der Revision ist zuzugeben, daß ein Gericht keine „unerfüllbaren Beweisanforderungen" stellen darf (BGHZ 7, 116; BVerwGE 7, 248), und daß es keine unumstößliche Gewißheit bei der Prüfung verlangen darf, ob eine Behauptung wahr und erwiesen ist. Irrig ist jedoch der Vortrag, der Zivilprozeßrichter dürfe sich in Fällen dieser Art mit einer bloßen Wahrscheinlichkeit begnügen. Denn nach § 286 ZPO muß der Richter aufgrund der Beweisaufnahme entscheiden, ob er eine Behauptung für wahr oder nicht für wahr hält, und er darf sich also gerade nicht mit einer bloßen Wahrscheinlichkeit beruhigen. Im übrigen stellt § 286 ZPO nur darauf ab, ob der Richter selbst die Überzeugung von der Wahrheit einer Behauptung gewonnen hat. Diese persönliche Gewißheit ist für die Entscheidung notwendig, und allein der Tatrichter hat ohne Bindung an gesetzliche Beweisregeln und nur seinem Gewissen unterworfen die Entscheidung zu treffen, ob er die an sich möglichen Zweifel überwinden und sich von einem bestimmten Sachverhalt als wahr überzeugen kann. Eine von allen Zweifeln freie Überzeugung setzt das Gericht dabei nicht voraus. Auf diese eigene Überzeugung des entscheidenden Richters kommt es an, auch wenn andere zweifeln oder eine andere Auffassung erlangt haben würden. Der Richter darf und muß sich aber in tatsächlich zweifelhaften Fällen mit einem für das praktische Leben brauchbaren Grad von Gewißheit begnügen, der den Zweifeln Schweigen gebietet, ohne sie völlig auszuschließen. Das wird allerdings vielfach ungenau so ausgedrückt, daß das Gericht sich mit einer an Sicherheit grenzenden Wahrscheinlichkeit begnügen dürfe; das ist falsch, falls damit von der Erlangung einer eigenen Überzeugung des Richters von der Wahrheit abgesehen werden sollte."

Immerhin: Man spricht vom Wahrscheinlichkeitsbeweis, wobei man sich darüber klar sein muß, daß eine überwiegende Wahrscheinlichkeit nicht ausreichen kann, um die richterliche Überzeugung zu begründen (vgl. Anm. 160 zu § 49).

Zum Wahrscheinlichkeitsbeweis vgl. auch Bruck S. 664.

[36] bb) Speziell: Kausalitätsbeweis

Die speziellere Vorschrift des § 287 I ZPO, welche dem Richter einen noch größeren Spielraum eröffnet, kann im Zusammenhang mit § 61 nur angewendet werden, soweit es um den Beweis der Kausalität zwischen Verhalten des Vmers und Eintritt des Vsfalls (Schadens) geht (vgl. BGH 6. X. 1952 BGHZ Bd 7 S. 295 m.w.N., 25. X. 1952 BGHZ Bd 7 S. 203–204, 27. II. 1973 NJW 1973 S. 1413–1414; kein Vsrecht). Dabei ist es unerheblich, daß das Verhalten des Vmers die Schadensersatzpflicht des Vers nicht (positiv) auslöst, sondern (umgekehrt) seine Haftung ausschließt (vgl. Anm. 131, 132, 163 zu § 49).

V. Objektive Voraussetzung § 61
Anm. 37, 38

[37] cc) Speziell: Indizienbeweis

Im Zusammenhang mit § 61 spielt der Indizienbeweis eine Rolle, der als mittelbarer Beweis auf Hilfstatsachen (Anzeichen) beruht und überzeugungskräftig ist, „wenn andere Schlüsse aus den Indiztatsachen ernstlich nicht in Betracht kommen. Hauptstütze des Indizienbeweises ist also nicht die eigentliche Indiztatsache, sondern der daran anknüpfende weitere Denkprozeß, kraft dessen auf das Gegebensein der rechtserheblichen weiteren Tatsache geschlossen wird" (BGH 17. II. 1970 BGHZ Bd 53 S. 260–261, vgl. auch Anm. 161 zu § 49).
Beispiele: RG 14. II. 1936 JW 1936 S. 1968 (Brandstiftung), BGH 22. XII. 1955 VersR 1956 S. 85 (Indizienbeweis ist dem Ver nicht gelungen), 26. I. 1956 VA 1956 S. 66–67 = VersR 1956 S. 148 (Zurückverweisung), 22. III. 1956 VersR 1956 S. 276–277 (Indizienbeweis ist dem Ver nicht gelungen), KG 5. III. 1953 VA 1953 S. 137 = VersR 1953 S. 276 (dto.), OLG Hamm 15. XII. 1961 VersR 1962 S. 605–607 (dto.).
J. Prölss a. a. O. leugnet entgegen der höchstrichterlichen Rechtssprechung die Eigenständigkeit des Begriffes Indizienbeweis und rechnet ihn dem Anscheinsbeweis zu.

[38] dd) Speziell: Anscheinsbeweis

Schließlich ist der Anscheinsbeweis (Primafaciebeweis) bei Herbeiführung des Vsfalles von erheblicher Bedeutung, jedenfalls soweit der objektive Tatbestand in Frage steht (über den Anscheinsbeweis für Verschulden: Anm. 50). Nicht nur zugunsten des Vmers, der eine Gefahrverwirklichung zu beweisen hat, sondern auch zugunsten des Vers, der sich auf eine Ausschlußregelung beruft und ihre Voraussetzungen zu beweisen hat, greifen die Regeln über den Anscheinsbeweis Platz (RG 18. XI. 1930 RGZ Bd 130 S. 263–264 gegen RG 13. XII. 1929 RGZ Bd 127 S. 26–29). Bei § 61 beruft sich der Ver auf solchen Gefahrenausschluß, und angesichts der Tatsache, daß Herbeiführungen des Vsfalles nicht selten vorkommen, so daß sich typische Geschehensabläufe herausbilden konnten, ist es angängig und notwendig, die von der Rechtssprechung herausgearbeiteten Beweisregeln des ersten Anscheins auch hier – zu Lasten des Vmers oder Vten – anzuwenden. Grundlegend vgl. Anm. 162 zu § 49.
„Wenn z. B. wichtige Feuerverhütungsvorschriften nicht beachtet sind und alsdann ein Brand ausbricht, so wird man vielfach schon auf den ersten Blick einen ursächlichen Zusammenhang zwischen diesen beiden Tatsachen annehmen können" (BGH 22. XII. 1955 VersR 1956 S. 85). Das gilt erst recht, wenn solche Sicherheitsvorschriften vsrechtlich als vorbeugende Obliegenheiten ausgestaltet sind (Anm. 24). Auch die Vornahme einer Gefahrerhöhung, der eine Gefahrverwirklichung nachfolgt, kann prima facie auf eine Herbeiführung des Vsfalles hinweisen (Anm. 23). Im Bereich der allgemeinen und der Autohaftpflichtv spielen die von der Verkehrsrechtsprechung entwickelten Grundsätze zum Anscheinsbeweis (dazu Sanden VersR 1966 S. 201–211) eine erhebliche Rolle.
Für die Anwendung der Grundsätze des Anscheinsbeweises seit RG 18. XI. 1930 a. a. O. (Brandstiftung?) RG 8. V. 1931 VA 1931 S. 229 Nr. 2303 = JRPV 1931 S. 205–206, BGH 22. XII. 1955 VersR 1955 S. 84–85, 26. I. 1956 VA 1956 S. 67–68 = VersR 1956 S. 147–149, 23. III. 1956 VersR 1956 S. 276 (sämtlich Brandstiftungsfälle). Aus dem Schrifttum Prölss-Martin[21] Anm. 6 zu § 61, S. 334–335.
Gegen die Anwendung der Regeln des Anscheinsbeweises Bruck S. 663–664, Ehrenzweig S. 264–265.
Der Primafaciebeweis durch den Vmer reicht nicht aus, wenn es streitig ist, ob ein „Einbruchdiebstahl" gegen oder mit dem Willen des Vmers erfolgt, also möglicherweise vorgetäuscht ist (RG 11. XII. 1936 RGZ Bd 153 S. 137–139).

[39] c) Beweisvereinbarungen

Die Beweisanforderungen sind im Strafrecht im allgemeinen strenger als im Zivilrecht (vgl. Anm. 86). Deshalb bestehen keine Bedenken gegen eine Vereinbarung wie in § 16 III VHB 1966:

> „Ist der Vmer wegen vorsätzlicher Brandstiftung .... rechtskräftig verurteilt worden, so gelten die Voraussetzungen für den Wegfall der Entschädigungspflicht als festgestellt."

Hierdurch ist der Zivilrichter an die rechtskräftige Feststellung des Strafrichters gebunden, wonach eine vorsätzliche Brandstiftung vorliege. Erfolgt ein Freispruch im Strafverfahren, so schließt dies nicht aus, daß im Zivilverfahren dennoch § 61 angewendet wird, möglicherweise aufgrund eines Anscheinsbeweises (der im Strafverfahren nicht ausreicht). Vgl. den Hinweis des LG Hamburg 25. IV. 1951 VersR 1952 S. 310.

[40] VI. Subjektive Voraussetzungen

§ 61 setzt – neben den objektiven Voraussetzungen (Anm. 27–39) – voraus, daß der Vmer (oder die sonst in Betracht kommende Person: Anm. 57–78) vorsätzlich oder durch grobe Fahrlässigkeit, d.h. schuldhaft den Vsfall herbeiführt. Verschulden setzt Schuldfähigkeit voraus (Anm. 41). Der Begriff des Vorsatzes (Anm. 43–44) ist von jenem der Fahrlässigkeit (Anm. 45–47) abzuheben und innerhalb der Fahrlässigkeit ist die Unterscheidung von grober Fahrlässigkeit (Anm. 46) und gewöhnlicher Fahrlässigkeit (Anm. 47) vonnöten, weil § 61 grobe Fahrlässigkeit erfordert; nur in wenigen Vszweigen reicht jeder Grad der Fahrlässigkeit aus.

Die Beweisfragen (Abb. 48–50) spielen auch zum subjektiven Tatbestand in der Praxis eine erhebliche Rolle. Auch hier sind – wie bei den objektiven Voraussetzungen (Anm. 32–39) – Beweislast (Anm. 48) und Beweisführung (Anm. 49–50) auseinanderzuhalten, wobei nach allgemeinen Darlegungen (Anm. 49) zum Anscheinsbeweis die Sonderfrage auftaucht, ob auch Vorsatz und Fahrlässigkeit, speziell grobe Fahrlässigkeit prima facie angenommen werden dürfen (Anm. 50). Prozeßrechtlich ist die Revisibilität bei Verschuldensfragen von großer praktischer Bedeutung (Anm. 51).

Zu den Verschuldensproblemen ist eine Fülle von Kasuistik seitens der Rechtsprechung zu bewältigen. Die Einzeldarstellung kann nur bei den einzelnen Vszweigen erfolgen (vgl. zur allgemeinen Haftpflicht v. z.B. Johannsen Anm. G 219–233, S. 438–449). Hier können nur gewisse typische Fallgruppen herausgestellt werden, und zwar Fälle des Vorsatzes einerseits (Anm. 52), der groben Fahrlässigkeit andererseits (Anm. 53–55). Hinsichtlich des grobfahrlässigen Verhaltens stehen die Fälle aus der Kraftfahrkasko praktisch stark im Vordergrund (Anm. 54), aber auch aus anderen Sachvszweigen gibt es zahlreiche Entscheidungen (Anm. 55).

Dem Vmer ist sein schuldhaftes Verhalten nicht zuzurechnen, wenn bestimmte Schuldausschließungsgründe vorliegen (Anm. 56).

[41] 1. Schuldfähigkeit

Obgleich der Vmer, wenn er den Vsfall herbeiführt, in vsrechtlichem Zusammenhang keine unerlaubte Handlung begeht, und obgleich er auch keine Vertragspflicht verletzt (insbesondere keine Schadensverhütungspflicht: Anm. 18), müssen doch auch bei der Prüfung der Verschuldensfrage im Rahmen des § 61, also des Gefahrenausschlusses (Anm. 17) zugunsten des Vmers die allgemeinen Grundsätze über die Schuldfähigkeit, und zwar der Deliktsfähigkeit (§§ 827–828 BGB) analog angewendet werden. Hierfür sprechen der Schutzzweck der V und der Ausnahme-(Ausschluß-)charakter des § 61. Der Begriff des Verschuldens, wie er in § 276 I 2, 3 BGB umschrieben ist, ist auch im Rahmen des § 61 maßgeblich, und § 276 I 3 BGB verweist auf die §§ 827–828 BGB. Auch beim mitwirkenden Verschulden des § 254 BGB

VI. Subjektive Voraussetzung **§ 61**
Anm. 42

und bei vsrechtlichen Obliegenheitsverletzungen wird – obgleich es sich um ein „Verschulden gegen sich selbst" handelt – Schuldfähigkeit vorausgesetzt (vgl. Schmidt Obliegenheiten S. 117–118, 260, Bruck S. 263). Ebenso zu § 61: Ehrenzweig S. 267, Meyer a. a. O. S. 46–49, Süss AkademieZ 1942 S. 88–89, RG 29. IV. 1941 AkademieZ 1942 S. 90.

Im einzelnen ist zu unterscheiden:
Wer nicht das 7. Lebensjahr vollendet hat, ist nach § 828 I BGB schuldunfähig.
Wer das 7., aber nicht das 18. Lebensjahr vollendet hat, ist nach § 828 II 1 BGB nur „verantwortlich", „wenn er die zur Erkenntnis der Verantwortlichkeit erforderliche Einsicht hat". Beweisbelastet für die mangelnde Einsichtsfähigkeit ist der jugendliche Vmer. Entsprechendes gilt gemäß § 828 II 2 BGB für Taubstumme.

Ist der Minderjährige Vmer, so könnte der Vater oder die Mutter Repräsentant sein (Anm. 68), und deren Verschulden könnte in mangelnder Beaufsichtigung liegen (vgl. § 832 I BGB).

§ 827 BGB schließt für Bewußtlose und für Täter in einem die freie Willensbestimmung ausschließenden Zustande krankhafter Störung der Geistestätigkeit die Verantwortlichkeit aus; jedoch wird der Täter als fahrlässig behandelt, falls er sich durch geistige Getränke oder ähnliche Mittel in einen vorübergehenden Zustand dieser Art – nicht ohne Verschulden – versetzt hat. Die Beweislast für die Unzurechnungsfähigkeit trifft den Vmer, während der Ver nachzuweisen hat, daß der Vmer sich selbst in den Zustand der Willensunfreiheit gebracht habe. Demgegenüber steht dem Vmer der Nachweis offen, daß er ohne Verschulden in diesen Zustand geraten ist. Wer sich vorsätzlich betrinkt, um einen Vsfall herbeizuführen, ist so zu behandeln, als ob die Herbeiführung vorsätzlich begangen sei.

Ehrenzweig S. 267 will bei Schuldunfähigen, auf Grund der §§ 827, 828 BGB nicht Verantwortlichen aus § 829 BGB ableiten, daß bei Gegebensein von Billigkeitsgründen der Ver nur einen Teil der Entschädigung zu leisten habe. Diese Analogie dürfte aber allzu kühn sein.

[42] 2. Verschulden

Die Herbeiführung des Vsfalles soll nur dann zu einem Haftungsausschluß führen, wenn den Vmer ein Schuldvorwurf trifft. Der Vsschutz würde allzu stark entwertet, wenn jedes objektive Verhalten des Vmers, welches zum Vsfall hinführt, ihn des Vsschutzes berauben würde. Denn zahlreiche Vsfälle beruhen letztlich auf einem Eigenverhalten des Vmers.

In der Schadensv hat das vorgesetzliche Recht oft schon bei leichter Fahrlässigkeit des Vmers den Vsschutz versagt (Begr. I S. 71). Aber es erscheint angemessen, nicht schon bei jedem Versehen die Ausschlußregelung eingreifen zu lassen, und so zieht das Gesetz für den Regelfall die Grenze zwischen leichter und grober Fahrlässigkeit, eine Regelung, die allerdings zu vielen Rechtszweifeln führt und oft die Prognose bei Rechtsstreitigkeiten erschwert. Über (zwiespältige) Gedanken de lege ferenda vgl. schon Anm. 3. Das geltende Recht sucht einen gerechten Interessenausgleich, indem es für gewisse Vszweige, besonders für die Haftpflichtv, allein auf Vorsatz abhebt (Anm. 9), für andere Vszweige leichte Fahrlässigkeit ausreichen läßt, z. B in der See- und Transportv, aber mit wichtigen Einschränkungen (Anm. 5, 8).

Die Verschuldensbegriffe sind zwar prinzipiell mit jenen des allgemeinen Zivilrechts identisch (BGH 17. X. 1966 VersR 1966 S. 1150), jedoch darf nicht verkannt werden, daß die schuldhafte Herbeiführung des Vsfalles sich weder als Verletzung einer Rechtspflicht noch als solche einer Obliegenheit darstellt (Anm. 18–19), so daß z. B. das „Bewußtsein des Vorhandenseins der Verhaltensnorm" keine Rolle spielen kann (anders wohl Prölss-Martin[21] Anm. 4 zu § 61, S. 334 durch Verweisung auf Anm. 12 zu § 6, S. 94). Recht eigentlich geht es nur um eine „wirtschaftswidrige Sachbehandlung", um ein „rein wirtschaftliches ‚Verschulden' " (Ehrenzweig S. 266).

Die Tatsache des Versichertseins verändert die Sorgfaltsanforderungen nicht; sie werden weder erhöht noch vermindert. Das gilt z. B. bei der V von Juwelen und Schmucksachen, welche man in einer Großstadt in einem Hotelzimmer im ersten Stock bei offener Balkontür nachts nicht in einem offenen Körbchen auf einen Tisch stellen darf (RG 18. V. 1928 RGZ Bd 121 S. 158–163). Kritisch und doch wohl mit dem hier Ausgeführten übereinstimmen Ritter-Abraham Anm. 18 zu § 33, S. 554–555 zur „prudent uninsured owner-Theorie". Spezielle vorbeugende Obliegenheiten könnten allerdings die Sorgfaltsanforderungen verschärfen (bedenklich KG 12. I. 1918 VA 1918 Anh. S. 46 Nr. 1041).

Die besondere Regelung des § 61 schließt die Anwendbarkeit des § 254 BGB aus (Begr. I S. 71), § 61 kennt nicht den Begriff des mitwirkenden Verschuldens und der Schadensteilung. Speziell bei leichter Fahrlässigkeit des Vmers entfällt die Ersatzpflicht des Vers auch teilweise nicht (KG 12. I. 1918 VA 1918 Anh. S. 46 Nr. 1041, OLG Hamburg 22. II. 1928 HansRGZ 1928 A Sp. 285–288, OLG Karlsruhe 28. IV. 1961 VersR 1961 S. 530–531; Schrifttumsnachweise unten Anm. 79). Bei mitwirkendem Verschulden dritter Personen (die keine Repräsentanten sind) oder gar ausnahmsweise des Vers ist nur zu fragen, ob der Vmer selbst mindestens grobfahrlässig gehandelt hat.

[43] a) Begriff des Vorsatzes
   aa) Allgemeines, speziell Sachversicherung

Bei der Begriffsbestimmung läßt sich im Anschluß an das allgemeine Zivilrecht generell nur feststellen, daß ein Vorstellungs-(Wissens-) und ein Willensmoment den Vorsatz kennzeichnen (vgl. etwa Deutsch Haftungsrecht I S. 252–253, Esser-Schmidt Schuldrecht AllgTeil II S. 30–35, Larenz Schuldrecht I[11] S. 228–230).

Sieht man zunächst von dem Sonderfall des § 152, also von der Haftpflichtv ab (darüber Anm. 44), so ist **negativ** festzuhalten:

Der den Vsfall Herbeiführende braucht von der Existenz des Vsvertrages nichts zu wissen, was z. B. bei Vten der V für fremde Rechnung oder beim Erwerber der vten Sache nicht selten vorkommt (vgl. Ehrenzweig S. 266).

Dementsprechend ist es nicht erforderlich, daß der Herbeiführende die Ausschlußregelung des § 61 oder eine entsprechende vertragliche Abrede kennt. Ein Rechtsirrtum kann die Haftung des Vers weder begründen noch aufheben. Anders als bei Obliegenheitsverletzungen gehört demnach auch zur vorsätzlichen Herbeiführung des Vsfalles nicht das Bewußtsein des Vorhandenseins der Ausschlußnorm (die ja keine Verhaltensnorm ist: vgl. schon Anm. 42). Das gilt auch, wenn die gesetzliche Regelung vertraglich verschärft wird (vgl. Anm. 13).

Unerheblich ist es, ob der Herbeiführende strafrechtlich zur Verantwortung gezogen wird (RG 3. III. 1916 VA 1916 Anh. S. 56–57 Nr. 938).

Positiv gesehen reicht es für den Vorsatz aus, wenn der Vmer oder der ihm gleichstehende Herbeiführende – was das **Vorstellungsmoment** anlangt – wissentlich die Gefahr durch sein Verhalten verwirklicht, z. B. einen Brand „legt", einen Kaskoschaden verursacht. Es geht dabei um ein gewollt-wirtschaftswidriges Verhalten, insbesondere in der Sachv um eine gewollt-„wirtschaftswidrige Sachbehandlung" (Ehrenzweig S. 266). Dabei braucht sich die Vorstellung des Vmers nur auf das möglicherweise schädliche

VI. Subjektive Voraussetzung §61
Anm. 44

Verhalten schlechthin zu beziehen und nicht die Schadensfolgen im einzelnen zu erfassen, die demnach z. B. wider Erwarten umfangreich anfallen können.

Zum **Willensmoment** des Vorsatzes ist erforderlich, daß der Herbeiführende die Gefahrverwirklichung (zielgerichtet) beabsichtigt oder doch will oder doch zum mindesten billigt, also in Kauf nimmt. Es gibt hiernach mindestens drei Stufen des Vorsatzes, deren mildeste dolus eventualis (bedingter Vorsatz) genannt wird und die dennoch nicht der Fahrlässigkeit zuzurechnen ist, weil der Herbeiführende trotz Wissens um den möglichen Schadenseintritt (Vorstellung) nicht etwa nur (leichtsinnig) annimmt, es werde wohl nichts passieren, sondern etwaige Schadensfolgen riskiert und in Kauf nimmt, sich also nicht abschrecken läßt (Beispielsfall: OLG Köln 14. XII. 1977 VersR 1978 S. 265–266, Zusammenstoß bei Flucht vor Polizeibeamten). Auch beim Willensmoment des Vorsatzes brauchen sich Absicht, Wille oder Billigung nicht auf die Schadensfolgen im einzelnen zu beziehen.

[44] bb) Haftpflicht- und Rechtsschutzversicherung

In der **Haftpflichtversicherung** spielen die Vorsatzfälle eine größere Rolle als in anderen Schadensvszweigen, weil hier erstens nur die vorsätzliche Herbeiführung zur Haftungsfreiheit des Vers führt (§ 152; § 4 II Ziff. 1, 4 AHB, § 4 Ziff. 5 AHBVerm, § 11 Ziff. 5 AKB) und sich zweitens der Vorsatz auf einen bestimmten Tatbestand richten muß, nämlich

„den Eintritt der Tatsache, für die" der Vmer „dem Dritten verantwortlich ist" (§ 152), die Schadensherbeiführung (§ 4 II Ziff. 1 Satz 1 AHB),

„Schadenstiftung durch wissentliches Abweichen von Gesetz, Vorschrift, Anweisung oder Bedingung des Machtgebers (Berechtigten) oder durch sonstige wissentliche Pflichtverletzung" (§ 4 Ziff. 5 AHBVerm).

„bewußt gesetz- oder vorschriftswidriges Handeln des Vten" (§ 11 Ziff. 5 AKB für Haftpflichtansprüche wegen reinen Vermögensschäden; ansonsten gilt § 152: BGH 27. X. 1954 VersR 1954 S. 591).

„bewußt gesetz-, vorschrifts- oder sonst pflichtwidriges Verhalten des Vten" (Ziff. III Abs. 1 Besondere Bedingungen für die Haftpflicht-V von Architekten und Bauingenieuren: VA 1964 S. 38; dazu Johannsen Anm. G 220, S. 440, Sieg VersR 1978 S. 193, BGH 13. VII. 1959 VersR 1959 S. 691–692, OLG Hamm 17. XII. 1975 VersR 1978 S. 52–54).

Die Querverbindungen zwischen Haftung und Haftpflichtv bringen es mit sich, daß in der Haftpflichtv das Moment der Rechtswidrigkeit – anders als besonders in der Sachv (vgl. Anm. 42, 43) – eine Rolle spielen kann, beim Vorsatzbegriff das Bewußtsein des Vorhandenseins einer Verhaltensnorm.

Johannsen Anm. G 226, S. 443–445 m.w.N. sieht trotz der abweichenden Formulierung keinen sachlichen Unterschied zwischen § 152 (bedeutungsvoll besonders für die Autohaftpflichtv) und § 4 II Ziff. 1 Satz 1 AHB (anders noch Möller Anm. 73 zu § 49): Der Vmer sei dem Dritten gerade wegen der Schadensherbeiführung verantwortlich.

Betrachtet man die **Rechtsprechung** des Reichsgerichts und des Bundesgerichtshofes zu beiden Normen, so ergibt sich Folgendes:

RG 20. IV. 1917 VA 1917 Anh. S. 60–63 Nr. 1005

stellt die Identität der Regelung der AVB mit jener des § 152 fest; es müsse „der Vorsatz auch die schadensstiftende Wirkung der widerrechtlichen Handlung" umfassen. Es müsse der Vte das Bewußtsein haben, „daß durch sein Verhalten ein Dritter Schaden erleiden wird oder doch wenigstens bei „einem gewöhnlichen Verlaufe der Dinge geschädigt werden kann. Dabei ist es nicht erforderlich, daß der Vmer die Art und den Umfang der konkreten Schadenwirkungen vorausgesehen hat, es genügt vielmehr, daß er das Bewußtsein hat, sein Verhalten könne einem Dritten irgendwelchen Schaden verursachen." Es komme stets auf die subjektive Willensrichtung des Täters an. Vorsatz verneint in einem Fall, in dem ein Minderjähriger mit einem Luftgewehr den bekleideten Rücken eines Dritten treffen wollte, aber ins Auge traf.

RG 27. VI. 1930 VA 1930 S. 192–193 Nr. 2155
führt aus, zur Vorsätzlichkeit widerrechtlichen Handelns „reicht es nicht aus, daß der Handelnde die Widerrechtlichkeit seines Tuns gekannt hat, sondern er muß auch das Bewußtsein gehabt haben, daß durch sein Verhalten einem Dritten Schaden erwachsen könne." Vorsatz bejaht bei Auslieferung sicherungsweise übereigneten Tabaks an einen Dritten ohne Lagerschein.

RG 14. XII. 1937 VA 1937 S. 234–235 Nr. 3036 = JW 1938 S. 684
schließt sich der Vorentscheidung vom 20. IV. 1917 an, läßt dolus eventualis ausreichen und bejaht Vorsatz in einem Fall, in dem ein Minderjähriger mit einem Luftgewehr einem Gegner „eins auswischen" wollte und bei einem dritten Schuß den Gegner beim Herausstecken des Kopfes aus einer Schutzwand ins Auge traf.

BGH 30. IV. 1952 VersR 1952 S. 223
betont, daß der Ver für den „Willens- und Bewußtseinsvorgang" beim Täter beweispflichtig sei. Auch bedingter Vorsatz wird als nicht erwiesen angesehen in einem Fall, in dem bei einer Boxveranstaltung ein auf eine Bank gestiegener minderjähriger Zuschauer, der von Hintermännern deshalb mit Schlackenstücken beworfen wurde, seinerseits eine Coca-Cola-Flasche blindlings über die Schulter nach hinten wirft und dabei einen Dritten schwer am Kopf verletzt.

BGH 18. X. 1952 BGHZ Bd 7 S. 313
führt zu § 152 aus: „Der Begriff des Vorsatzes umfaßt allerdings auch den bedingten Vorsatz. Dieser liegt aber nicht schon dann vor, wenn der Vmer in Erkenntnis der Möglichkeit des Eintritts eines schadenstiftenden Erfolges handelt. Darüber hinaus ist vielmehr erforderlich, daß er den als möglich vorgestellten Erfolg auch in seinen Willen aufnimmt und mit ihm für den Fall seines Eintritts einverstanden ist." Vorsatz verneint bei Trunkenheit am Steuer.

BGH 27. X. 1954 VersR 1954 S. 591–592
weist zu § 152 erneut darauf hin, daß bedingter Vorsatz ausreiche. „Daß der Handelnde den Unfall in seinen Einzelheiten, insbesondere Art und Umfang des eingetretenen Schadens, als möglich vorausgesehen hat, ist .... nicht erforderlich". Im Revisionsrechtszug nachprüfbarer Rechtsirrtum liege vor, wenn das OLG davon ausgegangen ist, „es bestehe ein Erfahrungssatz, daß ein Lastzugfahrer, der einen anderen Lastzug beim Überholen behindern und zum Stehen bringen wolle, auch die Entstehung eines ins Gewicht fallenden Schadens in Kauf nehme und billige."

BGH 28. IV. 1958 VersR 1958 S. 361–362 = MDR 1958 S. 488
stellt zu § 4 II Ziff. 1 Satz 1 AHB fest, daß Vorsatz jedenfalls dann entfalle, wenn der Täter die tatsächlichen Voraussetzungen eines Rechtfertigungsgrundes, z. B. eine Notwehr angenommen habe, wenn auch fahrlässig. Ein 76jähriger hat mit seinem Drilling einen Mann getötet, der ihn mit einem anderen Mann zur Rede stellen wollte.

BGH 9. VI. 1958 VersR 1958 S. 469
erörtert verschiedene Auslegungsmöglichkeiten des § 4 II Ziff. 1 Satz 1 AHB, nimmt aber nur dahin Stellung, daß es ausreiche, wenn sich der Vmer „bei seiner gewußten und gewollten Verletzung der körperlichen Unversehrtheit des" Dritten „bewußt" war, „einen schweren Schlag zu führen, der geeignet war, schweren Schaden herbeizuführen"; „Vorstellungen über den konkreten Schadensverlauf und die im einzelnen eintretenden Verletzungsfolgen" braucht sich der Vmer nicht gemacht zu haben.

BGH 20. IX. 1962 VersR 1962 S. 1051–1053
verneint dolus eventualis eines angetrunkenen Motorradfahrers.

VI. Subjektive Voraussetzung § 61
Anm. 44

BGH 13. VII. 1964 VersR 1964 S. 916
verneint dolus eventualis bei Sandstrahlentrostung, wenn der Vmer darauf vertraut hat, es werde „bei bloßen Belästigungen der Nachbarn durch Sandablagerungen bleiben und ohne wesentliche Nachteile für ihre Betriebe abgehen".

BGH 26. V. 1971 VersR 1971 S. 806—807
führt zu § 4 II Ziff. 1 Satz 1 AHB aus, die vorsätzliche Herbeiführung des Schadens sei nicht identisch mit der vorsätzlichen Körperverletzung i.S. des § 823 I BGB. Der Vte hatte als Büfettier einem Gast eine Ohrfeige verabfolgt, der Gast fiel, schlug mit dem Hinterkopf auf den Fußboden auf und starb. Es sei „der Revision nicht zu folgen, wenn sie den § 4 II Nr. 1 AHB dahin versteht, daß der Vorsatz nur das Schadenereignis, nicht hingegen die Schadenfolgen zu umfassen brauche. Ob diese Ansicht für § 152 VVG zutrifft (vgl. dazu Johannsen .... G 222, wonach der Vorsatz in § 152 VVG auf die Schadenzufügung gerichtet sein muß), kann dahinstehen; denn der § 4 II Nr. 1 AHB setzt jedenfalls zum Ausschluß voraus, daß der „Schaden" vorsätzlich herbeigeführt wird. Das Wissen und Wollen muß sich — mindestens bedingt — auch auf die Schadenfolge erstrecken. Der Vte muß danach das Bewußtsein haben, sein Verhalten werde den schädlichen Erfolg haben (so Hartung, Die allgemeine Haftpflichtversicherung S. 92; Bruck-Möller .... § 49 Anm. 73; Ehrenzweig .... S. 366 Anm. 7; Eichler .... S. 275 und Wussow, AHB, 6. Aufl., § 4 Anm. 79). Eine bedingt vorsätzliche Herbeiführung des Schadens käme hier nur in Betracht, wenn der Kläger sich den durch seine Ohrfeige herbeigeführten Tod des R vorgestellt und für den Fall seines Eintritts gebilligt hätte. Für eine solche Vorstellung des Klägers fehlt jedoch nach der rechtsfehlerfreien Feststellung des Berufungsgerichts jeder Anhaltspunkt."

BGH 13. VII. 1971 VersR 1971 S. 1121
sagt, gleichfalls zu einer Gasthausschlägerei: „Nun genügt es zwar im Haftpflichtrecht, daß der Vorsatz das Schadenereignis umfaßt; für die Schadenfolgen haftet der Verletzer auch dann, wenn diese von seinem Vorsatz nicht umfaßt sind. Wie schon die Wortfassung des § 4 II 1 AHB erkennen läßt, ist der im Vsrecht geltende Begriff des Vorsatzes jedoch enger: er muß nicht nur die Handlung, sondern auch den Schaden, die schadenstiftende Wirkung der Handlung, umfassen. Der Vmer genießt daher Vsschutz, wenn er beispielsweise für die (nicht gewollte) Folge, nämlich den Tod des von ihm vorsätzlich Geohrfeigten haftet, wie dies der IV. Zivilsenat des BGH soeben in seinem Urteil vom 26. V. 1971 .... ausgesprochen hat. Dies muß erst recht im vorliegenden Fall gelten, bei dem der Kausalverlauf ganz besonders gelegen hatte. Der Ehemann F. hatte den ums Leben gekommenen Gast lediglich körperlich verletzt und verletzen wollen; dessen Tod ist nicht unmittelbar infolge dieser Verletzung eingetreten. F. war nur wegen vorsätzlicher Körperverletzung angeklagt und ist auch nur deswegen verurteilt worden, nicht wegen Körperverletzung mit Todesfolge (§§ 226, 56 StGB). Denn es hatte sich schon im Ermittlungsverfahren herausgestellt, daß der Gast erst und nur infolge seines Sturzes über die Treppe auf die Straße gestorben war, wobei dieser Sturz auf den Faustschlag jenes Dritten zurückzuführen war und nicht auf den Schlag mit der Stahlrute." (Der Gastwirt hatte dem Gast mit einer Stahlrute eine Kopfverletzung beigebracht; wenige Sekunden nach dem Stahlrutenschlag hatte ein Dritter dem Gast einen Fausthieb versetzt, so daß dieser durch die Tür taumelnd die Treppe hinunter gestürzt war.)

BGH 12. VII. 1972 VersR 1972 S. 1039 = NJW 1972 S. 1809
bestätigt, „daß sich der in § 4 II 1 AHB bestimmte Ausschluß nur auf Schadenfolgen erstreckt, die vom Vorsatz des Vmers erfaßt werden". Ein haftpflichtvter Besitzer einer im Obergeschoß seines Hauses betriebenen Bar hatte mit einem Gasfeuerzeug die Stoffbespannung des Treppenaufganges angezündet. Infolge des Brandes war den Besuchern der Bar der einzige Ausgang abgeschnitten, und es kam zu schweren Körperschäden. Das Urteil hebt den Unterschied des haftpflichtsrechtlichen Vorsatzes zum deliktischen Verschulden (§ 823 I BGB) hervor. Die Haftpflichtv „schließt die Zurechnung von Schadenfolgen aus, die der Vmer weder als möglich erkannt noch für den Fall ihres Eintritts gewollt hat."

Zur Bedeutung von **Rechtfertigungsgründen** Johannsen Anm. G 226, S. 443–444 mit vorstehender Entscheidung BGH 28. IV. 1958 VersR 1958 S. 361–362 = MDR 1958 S. 488, ferner Meyer a.a.O. S. 37–40.

Ist im **Haftpflichtprozeß** von einem nur fahrlässigen Handeln des Vmers ausgegangen worden, so schließt dies dennoch nicht aus, daß im **Versicherungsverhältnis** der Ver sich auf Vorsatz des Vmers beruft (BGH 24. IV. 1958 VersR 1958 S. 361, auch BGH 26. V. 1971 VersR 1971 S. 806–807). Falls bei Beteiligung des Vers am Haftpflichtprozeß in diesem Vorsatz des Vmers festgestellt wird, hat die Feststellung dagegen Bindungswirkung auch für das Deckungsverhältnis (BGH 28. VI. 1962 BGHZ Bd 38 S. 83 zu § 152). Zu allem Johannsen Anm. G 63, S. 98–99 m.w.N., Prölss-Martin[21] Anm. 5 C zu § 149, S. 687–688.

In der **Rechtsschutzversicherung** ist die Wahrnehmung rechtlicher Interessen ausgeschlossen auf Grund von Vsfällen, die der Vmer vorsätzlich und rechtswidrig verursacht hat (abgesehen von Ordnungswidrigkeiten). Auch hier spielen – wegen der Verknüpfung mit dem Haftungs- und Strafrecht – die Rechtswidrigkeit und das Bewußtsein der Rechtswidrigkeit eine Rolle (vgl. Böhme ARB² Anm. 48 zu § 4, S. 44).

[45] b) Begriff der Fahrlässigkeit

Neben dem Vorsatz steht als zweite „Schuldform" die Fahrlässigkeit. Die Legaldefinition in § 276 I 2 BGB sagt: „Fahrlässig handelt, wer die im Verkehr erforderliche Sorgfalt außer acht läßt." Zwar gibt es – auch im Bereiche des Zivilrechts – Anhänger subjektiver Theorien, welche bei der Schuldprüfung auf den einzelnen Täter abstellen und einen individuellen, die besondere Persönlichkeitsartung berücksichtigenden Beurteilungsmaßstab anlegen, aber die durchaus herrschende Auffassung geht – anknüpfend an den Wortlaut des Gesetzes, also das im Verkehr Erforderliche – von einer objektivierenden Beurteilung aus (BGH Großer Senat für Zivilsachen 4. III. 1957 BGHZ Bd 24 S. 27 unter Berufung auf Niese JZ 1956 S. 465–466, der herausstellt, daß es im Grunde bei der Haftung für [gewöhnliche] Fahrlässigkeit um eine „über das Verschulden hinausgehende gesetzliche Garantiepflicht" gehe).

Immerhin: Bei der Prüfung der im Verkehr erforderlichen Sorgfalt sind nicht an alle Menschen- und Vmertypen gleiche Anforderungen zu stellen, ein abstrakt-gruppenbildender Maßstab ist anzulegen (vgl. Anm. 29 zu § 6), und es wird zu zeigen sein, daß bei der Feststellung grober Fahrlässigkeit subjektive Momente noch stärker hervortreten (Anm. 46). Da überdies in aller Regel das im Verkehr Erforderliche auch dem Vmer – im Interesse der Gefahrengemeinschaft – abverlangt werden kann, läßt es sich rechtfertigen, neben dem Vorsatz auch die Fahrlässigkeit bei den „subjektiven Voraussetzungen" des § 61 zu behandeln.

Näheres zum allgemeinen Fahrlässigkeitsbegriff bei Deutsch Haftungsrecht I S. 268–297, Esser-Schmidt Schuldrecht AllgTeil II S. 35–47, Larenz Schuldrecht I² S. 230–239.

[46] aa) Grobe Fahrlässigkeit

§ 61 läßt die Nichthaftung des Vers wie bei Vorsatz so auch bei grobfahrlässiger Herbeiführung des Vsfalles eintreten, während bei leichter Fahrlässigkeit Vsschutz zu gewähren ist. Diese Kompromißlösung beruht auf einer gerechten und billigen Interessenabwägung (vgl. schon Anm. 3, 42): Es kann davon ausgegangen werden, daß die Mehrzahl der Vmer die Eingliederung in eine Gefahrengemeinschaft anstrebt, in welcher Mitglieder zusammengefaßt sind, welche grobe Fahrlässigkeit vermeiden. Es geht, wie v. Reuter a.a.O. 110 ausführt, um eine „Abgrenzung von Risikobereichen". Bokelmann a.a.O. S. 95–103 verwirft allerdings den Gedanken solcher „Toleranzgrenze im Inter-

VI. Subjektive Voraussetzung § 61
Anm. 46

esse der übrigen Vsmitglieder", da die Prämienhöhe nicht nennenswert beeinflußt werde. Aber diese Behauptung läßt sich nicht beweisen, und auch der Präventionsgedanke dürfte nicht völlig abwegig sein (gegen ihn allerdings v. Reuter a.a.O. S. 107–109).

Bei der **Abgrenzung** der groben von der gewöhnlichen (leichten) Fahrlässigkeit ist nach den überzeugenden Darlegungen von Bokelmann a.a.O. S. 151–152, v. Reuter a.a.O. S. 19–26 nicht für alle **Rechtsgebiete** gleichmäßig vorzugehen. Zu § 61 gibt es Formulierungen, welche die grobe Fahrlässigkeit rein objektiv umreißen, andererseits gibt es rein subjektive Theorien, während herrschend eine **gemischt objektiv-subjektive Auffassung** ist, welche auch in der Tat den Vorzug verdient. Wenn v. Reuter a.a.O. S. 117–118 entgegen der herrschenden Meinung einen rein objektiven Maßstab bei der Anwendung des § 61 befürwortet, so führt dies zu ungerechten Härten, weil der Vsschutz in Fällen versagt wird, in denen beachtliche subjektive Schuldminderungsgründe vorliegen, Gründe, die bei allen Vmern gegeben sein können. Nicht billigenswert ist es auch, wenn v. Reuter a.a.O. 115–117 meint, der (objektive) Begriff der groben Fahrlässigkeit könne „je nach Vszweig verschieden bestimmt werden", es komme auf die besondere Schutzfunktion des einzelnen Vszweiges an. Abgesehen davon, daß Gesetz und AVB z.B. für die Haftpflicht-, Unfall- und Krankenv Sonderregeln enthalten (Anm. 9, 12, 14), ist es unangängig, etwa bei Sachven strengere Maßstäbe an das Verhalten des Vmers anzulegen als bei anderen Schadensvszweigen.

Die **Formeln** zur Bestimmung der groben Fahrlässigkeit sind mannigfaltig (vgl. die Zusammenstellung bei Bokelmann a.a.O. S. 6–8, v. Reuter a.a.O. S. 10–18, Sanden VersR 1967 S. 1013–1016, Schütz VersR 1967 S. 733–739, Weingart VersR 1968 S. 427–431). Hier seien aus dem Bereich des Vsvertragsrechtes zitiert:

Bruck S. 659: „Grobfahrlässig handelt derjenige, der die im Verkehr erforderliche Sorgfalt . . . . in besonders schwerer Weise verletzt."

Ehrenzweig S. 266: Grobe Fahrlässigkeit (= auffallende Sorglosigkeit; AGBG) ist ein „auffallender Verstoß gegen das normale Handeln", „der dem Handelnden in höherem Maß zum Vorwurf gereicht als die einfache Schuldhandlung".

Gerhard-Hagen Anm. 2 zu § 61, S. 285: „Grobe Fahrlässigkeit liegt vor, wenn nach den Umständen des einzelnen Falles eine besonders schwere Verletzung der schuldigen Sorgfalt anzunehmen ist (Planck), also Nichtbeachtung dessen, was jedem einleuchten mußte, völlige Gleichgültigkeit gegen das, was offenbar unter den gegebenen Umständen hätte geschehen müssen (Dernburg)."

Johannsen Autokaskov Anm. J 84: „Das Verhalten des Vmers ist danach an der im Verkehr erforderlichen Sorgfalt zu messen und ein Fehlverhalten nur dann als grobfahrlässig zu qualifizieren, wenn es das gewöhnliche und vom Ver eingerechnete Maß an Verschulden erheblich übersteigt."

Pinckernelle a.a.O. S. 43 „Die grobe Fahrlässigkeit ist eine besonders schwere Verletzung der im Verkehr erforderlichen Sorgfalt unter Zugrundelegung eines „abstrakt gruppenbildenden Maßstabes"."

Wie man sieht, werden bei der Abgrenzung der gewöhnlichen von der groben Fahrlässigkeit teils objektive, teils subjektive Gesichtspunkte herangezogen, letztere setzen die grobe Fahrlässigkeit weithin mit Leichtfertigkeit gleich. Auch Bokelmann a.a.O. S. 103–104 kommt zu dem Ergebnis, daß jedenfalls zu § 61 eine **gemischt objektiv-subjektive Auslegung** des Begriffes geboten sei.

In der Erkenntnis, daß sich mit den Adjektiven wie „grob", „schwer", „besonders schwer", „ungewöhnlich" der Triebsand arger Rechtsunsicherheit nicht festigen läßt, schlägt Bokelmann S. 17–18 im Anschluß an Venzmer, Mitverursachung und Mitverschulden im Schadensersatzrecht, München-Berlin 1960, S. 20–21 vor, als **objektives Kriterium** der groben Fahrlässigkeit die **besondere Gefahrenträchtigkeit** der Handlung

Möller 551

zu wählen, wobei als Beispiele Trunkenheit am Steuer und Überqueren einer Kreuzung bei Rotlicht erwähnt werden (vgl. auch die Zusamenstellung besonders schwerwiegender Verstöße bei Weingart VersR 1968 S. 430–431, Johannsen Autokaskov Anm. J 84). In der Tat bedeutet ein besonders gefährliches Verhalten prinzipiell eine qualifizierte Außerachtlassung der im Verkehr erforderlichen Sorgfalt. Die besondere Gefahrenträchtigkeit ist – mindestens in den maßgebenden Gruppen von Beteiligten – im allgemeinen bekannt oder doch einleuchtend, und die besondere Gefährlichkeit beginnt auch nicht etwa erst, wenn in mehr als 50% der einschlägigen Fälle, also mit überwiegender Wahrscheinlichkeit, „etwas passiert", sondern schon dann, wenn die Möglichkeit eines Schadenseintritts nicht ganz unerheblich gesteigert wird. Offenes Licht mag in einem landwirtschaftlichen Wohnhaus relativ ungefährlich sein, aber in einem landwirtschaftlichen Anwesen mit Heu und Stroh oder in der Nähe anderer leicht entzündlicher Stoffe setzt die besondere Gefährlichkeit ein. Dabei kommt es vsrechtlich auf die erhöhte Wahrscheinlichkeit der Verwirklichung gerade der vten Gefahr an, d.h. in der Feuerv der Brandgefahr (BGH 2. VI. 1976 VersR 1976 S. 822).

Bei solchem Ausgangspunkt spielen **subjektive Momente**, also die Individualität des Handelnden, nur eine Rolle bei der etwaigen Entlastung vom Vorwurf grober Fahrlässigkeit (Bokelmann a.a.O. S. 18–27). Als Schuldminderungsgründe (die auch ein gefahrenträchtiges Verhalten als nur leicht fahrlässig erscheinen lassen können) kommen in Betracht:

„1. Gründen, die in der persönlichen Unfähigkeit, die Handlung ordnungsgemäß durchzuführen, liegen.
2. Gründe, die ihre Ursache in der vorzunehmenden Handlung selbst haben, d.h. in der Dauergefahr, schädigende Handlungen zu begehen; dies sind die typischen Fehlhandlungen.
3 Gründe, die ihre Ursache in der inneren Einstellung des Handelnden zur Tatzeit und zu seiner Handlung haben; diese können sein
a) seelische Belastung,
b) arbeitsmäßige Überbelastung,
c) achtenswerte Motive"

(Bokelmann a.a.O. S. 27 mit Beispielen aus der Rechtsprechung a.a.O. S. 26–27). Die typischen Fehlhandlungen – wohl die am schwersten zu umreißende Fallgruppe – sind durchweg eingebettet in eine Dauertätigkeit, welche Konzentration erfordert. Da kann es jedermann geschehen, daß die Konzentration gelegentlich nachläßt, in einem Augenblicksversagen, gleichsam als „Ausrutscher", „Abirrung".

In der höchstrichterlichen **Rechtssprechung** lassen sich für die hier entwickelte objektiv-subjektive Auffassung zu § 61 manche Anhaltspunkte finden:

BGH 5. XII. 1966 VersR 1967 S. 127: „Für die Fahrlässigkeit gilt zwar der objektive Maßstab des § 276 I 2 BGB; ob aber die Fahrlässigkeit im Einzelfall als einfach oder grob zu werten ist, läßt sich nur nach der jeweiligen Gesamtlage beurteilen, wobei auch subjektive, in der Individualität des Handelnden begründete Umständen zu berücksichtigen sind."

BGH 11. VII. 1967 VersR 1967 S. 910 (Luftverkehrsrecht): Es „gilt für den Begriff der groben Fahrlässigkeit nicht ein ausschließlich objektiver, nur auf die Verhaltensforderungen des Verkehrs abgestellter Maßstab. Vielmehr sind nach feststehender Rechtssprechung auch Umstände zu berücksichtigen, die die subjektive (personale) Seite der Verantwortlichkeit betreffen.... Subjektive Besonderheiten können im Einzelfall im Sinne einer Entlastung von dem schweren Vorwurf der groben Fahrlässigkeit ins Gewicht fallen; denn dieser setzt einen objektiv schweren und subjektiv nicht entschuldbaren Verstoß gegen die Anforderungen der verkehrserforderlichen Sorgfalt voraus. Wegen der Verschlingung objektiver und subjektiver Gesichtspunkte und der Notwendigkeit, die Würdigung auf die besonderer Umstände des Einzelfalles abzustellen, lassen sich nur mit großen Vorbehalten allgemeine

VI. Subjektive Voraussetzung § 61
Anm. 47, 48

Regeln darüber entwickeln, wann eine unfallursächliche Fahrlässigkeit als eine grobe zu qualifizieren ist...."

Vgl. speziell zur groben Fahrlässigkeit des § 61 ferner z.B. die Urteile BGH 17. X. 1966 VersR 1966 S. 1150, 5. XII. 1966 VersR 1967 S. 127, 1. X. 1969 VersR 1969 S. 1088, 14. IV. 1976 VersR 1976 S. 650, 11. VI. 1976 VersR 1976 S. 821–822.

Im Zusammenhang mit § 61 sollte man bei der Definition der groben Fahrlässigkeit – anders als im Haftungsrecht – Ausdrücke wie Vorwerfbarkeit, Verwerflichkeit, Rücksichtslosigkeit nicht verwenden; denn es geht in der Sachv um die Behandlung eigener Sachen des Vmers. Eher benutzbar sind Ausdrücke wie Leichtsinn, Sorglosigkeit, Gedankenlosigkeit. Bei der bewußten Fahrlässigkeit (luxuria) fehlt es nicht einmal an dem dem Vorsatz eigentümlichen Merkmal der Vorstellung, des Bewußtseins von der Gefährlichkeit des Verhaltens, sondern nur an dem Willensmoment: Der Herbeiführende nimmt eine etwaige Gefahrverwirklichung nicht in Kauf (BGH 27. X. 1954 VersR 1954 S. 591–592). Solche bewußte Fahrlässigkeit wird nicht selten grobe Fahrlässigkeit sein, aber auch unbewußte Fahrlässigkeit (negligentia) kann als grobe Fahrlässigkeit einzustufen sein (Weingart VersR 1968 S. 429, 431 gegen Sanden VersR 1967 S. 1016–1017). Es geht zu weit, bei grober Fahrlässigkeit stets das Bewußtsein der Gefährlichkeit des Handelns zu fordern (so aber Lohe VersR 1968 S. 326–328).

Abzulehnen ist die Auffassung von Gierke ZHR Bd 60 S. 45–46, 48–50, welche „gröbste Fahrlässigkeit", „frevelhaften Mutwillen" im Bereich der Haftpflicht dem Vorsatz gleichstellen will, auch gestützt auf § 138 I BGB.

[47] bb) Gewöhnliche Fahrlässigkeit

Fahrlässigkeit, die nicht als grobe zu qualifizieren ist (Anm. 46), ist gewöhnliche Fahrlässigkeit, die man oft auch leichte Fahrlässigkeit nennt. Bei § 61 ist es nicht geboten, in diesem nur negativ abzugrenzenden Bereich noch weitere Unterscheidungen, etwa zwischen culpa levissima und mittlerer Fahrlässigkeit, zu treffen (anders im Arbeitsrecht bei gefahrgeneigter Arbeit; vgl. Bokelmann a.a.O. S. 58–94, Weingart VersR 1968 S. 430).

Bei leichter Fahrlässigkeit greift die Ausschlußregelung des § 61 nicht ein, der Vmer oder Vte genießt also Vsschutz. Nur in einzelnen Vszweigen entfällt für den Ver bei jeder, also auch bei gewöhnlicher Fahrlässigkeit die Gefahrtragung. Das gilt besonders für die Binnentransportv (Anm. 8) und – außerhalb des Anwendungsbereiches des VVG – für die Seev (Anm. 5). Die Regelung belastet den Vmer nicht allzustark, denn im allgemeinen sind die Transportgefahren „jeder Einwirkung des Vmers entzogen" (Begr. I S. 122). Hinzu kommt die Sonderregelung für nautisches Verschulden in § 130², welche den Schiffseigner, der zugleich Kapitän ist, nur bei „böslicher Handlungsweise" des Vsschutzes beraubt; „Böswilligkeit umfaßt außer Vorsatz auch frevelhaften Leichtsinn" (KG 9. X. 1935 JRP 1936 S. 45). Zu § 33 I ADS vgl. Anm. 5 sowie z.B. OLG Hamburg 10. X. 1935 JRPV 1936 Z S. 13–15, zur Gütertransportv (Verschulden des Empfängers) KG 20. II. 1926 VA 1926 S. 304–307 Nr. 1655.

Über die Rechtslage in der Montage-, Maschinen- und Bauwesenv vgl. Anm. 13.

[48] c) Beweis des Verschuldens
    aa) Beweislast

Der Ver, welcher sich auf die Gefahrenausschlußregelung des § 61 oder § 152 beruft, muß nicht nur die objektiven Voraussetzungen der Herbeiführung des Vsfalles beweisen (Anm. 33), sondern auch das Verschulden des Vmers, des Vten oder der ihnen Gleichstehenden: die Beweislast bezieht sich auf alle, also auch auf die subjektiven Voraus-

§ 61   VI. Subjektive Voraussetzung
Anm. 49, 50

setzungen des Haftungsausschlusses. Bei der Haftpflichtv muß also der Ver den Vorsatz des § 152, bei anderen Schadensvszweigen, auf welche § 61 Anwendung findet, muß er Vorsatz oder grobe Fahrlässigkeit behaupten und beweisen.

Das entspricht der durchaus herrschenden Auffassung. Vgl. nur BGH 1. X. 1975 BGHZ Bd 65 S. 121–122.

Konstruiert man allerdings – fälschlich – eine Schadensverhütungspflicht oder -obliegenheit (Anm. 18–19), so würde sich hieraus nach allgemeinen Grundsätzen die Konsequenz ergeben, daß der Vmer oder Vte sich zu exkulpieren habe, genauer: zu beweisen habe, daß ihm kein Vorsatz und keine grobe Fahrlässigkeit zur Last zu legen sei (so denn auch Ritter-Abraham Anm. 22 zu § 33, S. 557–588). Solche Beweislage würde die Stellung des Anspruchsberechtigten stark erschweren.

Wegen der Gleichbehandlung von Vorsatz und grober Fahrlässigkeit in § 61 reicht es aus, wenn der Ver Alternativbehauptungen aufstellt und beweist; dadurch erübrigt sich möglicherweise das Auffahren des schweren Geschützes zugleich strafrechtlich relevanter Tatsachen.

[49] bb) Beweisführung
      aaa) Allgemeines

Die Führung des Verschuldensbeweises ist für den beweisbelasteten Ver nicht selten schwierig, besonders in Vorsatzfällen, da hier schwer beweisbare Vorstellungs- und Willenskriterien eine Rolle spielen. Was die Fälle grober Fahrlässigkeit anlangt, so ist der Beweis der objektiven Komponente, die ja auf die im Verkehr erforderliche Sorgfalt und die besondere Gefahrenträchtigkeit abhebt, dem Ver durchaus zumutbar. Demgegenüber wurde aber (in Anm. 46) gezeigt, daß es hinsichtlich der subjektiven Komponente darauf ankommt, ob dem Herbeiführenden ein Schuldminderungsgrund zur Seite steht, und die hier in Betracht kommenden Möglichkeiten sind so mannigfaltig, daß dem Ansprucherhebenden mindestens zugemutet werden kann, einen solchen Schuldminderungsgrund konkret zu behaupten; erst dann kann dem Ver auferlegt werden, den Beweis zu führen, daß dieser (subjektive) Gesichtspunkt nicht durchschlage. Mit anderen Worten: Der Ver braucht nicht in jedem Falle objektiv-grober Fahrlässigkeit darzutun, daß auch keiner der abstrakt denkbaren Schuldminderungsgründe in Betracht komme. Denn die Grenzen von Beweislast und Beweisführung sind zuweilen flüssig. Das hier Ausgeführte soll nichts an der Beweislast des Vers ändern, sondern soll nur bei der Beweisführung dem Ver eine gewisse Erleichterung verschaffen, indem dem Anspruchsteller aufgebürdet wird, das Vorliegen eines Schuldminderungsgrundes wenigstens zu behaupten. Dies läßt sich rechtfertigen, weil Schuldminderungsgründe ganz in der individuellen Sphäre des Anspruchstellers liegen. Über die verwandte, aber weitergehende Frage, ob die objektive Komponente der groben Fahrlässigkeit prima facie für das Fehlen eines Schuldminderungsgrundes spricht, vgl. Anm. 50.

Gerade bei der Verschuldensfrage gewinnt es Bedeutung, daß die freie richterliche Überzeugung (§ 286 I ZPO) nur auf „persönlicher Gewißheit" des Richters zu beruhen braucht, daß der Richter sich – wie man irreführend sagt – mit einer an Sicherheit grenzenden Wahrscheinlichkeit begnügen darf (Anm. 35).

Nicht selten sprechen Indizien überzeugungskräftig für Vorsatz oder grobe Fahrlässigkeit des Herbeiführenden (Anm. 36).

[50] bbb) Anscheinsbeweis

Während die Zulässigkeit des Primafaciebeweises hinsichtlich der objektiven Voraussetzungen einer Herbeiführung des Vsfalles außer Zweifel steht (Anm. 38), ist diese Frage im Blick auf das Verschulden sehr umstritten.

VI. Subjektive Voraussetzung
§ 61
Anm. 50

Drefahl a. a. O. S. 95—96 eröffnet dem Ver Beweiserleichterungen sowohl für Vorsatz- als auch für Fahrlässigkeitsfälle, aber dies hängt damit zusammen, daß er (S. 59—76) die Rechtsfigur des Primafaciebeweises mit dem Postulat eines typischen Geschehensablaufes ablehnt und einen allgemeineren Begriff des Wahrscheinlichkeitsbeweises einführt.

Auch Hauke VersArch 1957 S. 315—317, 367 wendet sich gegen das Erfordernis eines typischen Geschehensablaufes und kommt deshalb zu dem Ergebnis, daß für einen Primafaciebeweis auch bei allen Verschuldensformen Raum sei.

J. Prölss a. a. O. S. 14—22, 30—32 legt bei der Beweisführung aufgrund ersten Anscheins Wert allein auf die Lebenserfahrung, also auf Erfahrungssätze und lehnt die Rechtsfigur des typischen Geschehensablaufes ab. Von hier aus gelangt er zu dem Ergebnis (S. 30): „Selbstverständlich können prima-facie auch Tatsachen bewiesen werden, aus denen sich eine Fahrlässigkeit des Schädigers ergibt". Was den Vorsatz anlangt, so meint er (S. 32): „Sicher wird es in vielen Fällen im Hinblick auf individuelle Willensentschlüsse an entsprechenden Erfahrungssätzen fehlen. Dann kann selbstverständlich auch kein Anscheinsbeweis geführt werden. Deshalb darf man aber nicht den mißverständlichen Rechtsgrundsatz aufstellen, daß individuelle Willensentschlüsse überhaupt nicht prima-facie bewiesen werden können. Trotz der Verschiedenartigkeit und Unberechenbarkeit der menschlichen Anlagen und Charaktereigenschaften gibt es nämlich auch auf diesem Gebiet häufig Erfahrungssätze, da die große Mehrzahl der Menschen in bestimmten Situationen gleichartig reagiert. Ohne solche Erfahrungen wäre jede Psychologie undenkbar."

Stellt man sich auf den Boden der **höchstrichterlichen Rechtsprechung**, so sind Vorsatz und (grobe) Fahrlässigkeit zu unterscheiden.

Zur **vorsätzlichen** Herbeiführung des Vsfalles zeigt die Judikatur kein einheitliches Bild (gute Übersicht bei Hauke VersR 1957 S. 359—362):

Für **anwendbar** erklärt wird der Primafaciebeweis im Blick auf die Vorsätzlichkeit von

RG 27. VI. 1930 JW 1930 S. 3627—3628 = VA 1930 S. 192—193 Nr. 2155 (zu § 152),

RG 12. XII. 1933 JRPV 1934 S. 22 (zu § 61; allerdings reichten die Umstände „nicht aus, einen sicheren Schluß darauf zu begründen, daß bei regelmäßigem Ablauf der Dinge nach der Erfahrung des Lebens der Brand auf Brandstiftung zurückzuführen sei").

BGH 30. IV. 1952 VersR 1952 S. 223 (zu § 152) meint, beim Schleudern einer Coca-Cola-Flasche rücklings in die Zuschauer einer Boxveranstaltung liege „kein typischer, auf eine bestimmte Schuldform hinweisender Geschehensablauf vor"; aber prinzipiell wird die Anwendbarkeit des Anscheinsbeweises nicht negiert.

BGH 10. I. 1955 VersR 1955 S. 99—100 (zum Selbstmord in der Lebensv für den Fall, daß ein Fleischermeister durch einen auf die Stirn aufgesetzten Bolzenschußapparat getötet ist).

Dahingestellt bleibt die Anwendbarkeit des Anscheinsbeweises in einem Vorsatzfall der Haftpflichtv: BGH 9. VI. 1958 VersR 1958 S. 469.

Nicht anwendbar sind die Grundsätze des Anscheinsbeweises in Vorsatzfällen gemäß

RG 14. II. 1936 JW 1936 S. 1968 = HansRGZ 1937 A Sp. 142—143: „mindestens dann" wenn „die Frage, wer als Brandstifter in Betracht kam", gelöst werden sollte.

BGH 22. XII 1955 VA 1957 S. 99—100 = VersR 1956 S. 84—85 lehnt gleichfalls den Primafaciebeweis jedenfalls dann ab, wenn „ein mehr oder minder großer Kreis von Tätern in Betracht kommt". „Der Anscheinsbeweis versagt . . . ., wo es sich um einen einmaligen besonderen Vorgang handelt".

BGH 26. I. 1956 VA 1956 S. 66—68 = VersR 1956 S. 147—149 behandelt zwar einen Fall, in dem nur ein Brandstifter in Betracht kam, aber: „Das Ungewöhnliche, wenn nicht sogar Regelwidrige des Falles, also gerade das, was seine Einmaligkeit und Besonderheit ausmacht, tritt hier so sehr in den Vordergrund, daß für einen Anscheinsbeweis kein Raum ist."

BGH 28. IV. 1958 VersR 1958 S. 361—362 zur Haftpflichtv zeigt Ansätze zu einer generell den Primafaciebeweis für Vorsatz ablehnenden Begründung in einem Fall, in welchem ein

Jäger einen ihn zur Rede Stellenden erschoß: „Für eine Anwendung der Grundsätze vom Beweis des ersten Anscheins ist nur Raum, wenn es sich im Einzelfall um einen typischen Geschehensablauf handelt, nicht aber dann, wenn es darauf ankommt, den individuellen Willensentschluß eines Menschen angesichts einer besonderen Lage festzustellen . . . . In einem solchen Fall, der auch hier gegeben ist, handelt es sich um einen atypischen Vorgang, bei dem die besondere seelische und verstandesmäßige Veranlagung und Verfassung des Menschen ausschlaggebend sind. Sie entziehen sich der Erfassung durch allgemeine Erfahrungssätze. Die Regeln des Anscheinsbeweises, deren Anwendung die Revision vermißt, sind sonach nicht anwendbar, um mit ihnen die Willensrichtung des Klägers bei Abgabe des Schusses festzustellen."

Anhangsweise sei erwähnt, daß das Reichsgericht einen typischen Geschehensablauf für die Fälle verneint hat, in denen es sich darum handelt, ob Sachen gegen den Willen des Vmers weggenommen worden sind oder ein **Einbruchdiebstahl vorgetäuscht** worden ist (RG 11. XII. 1936 RGZ Bd 153 S. 135—139).

Über die Beweisführung und speziell den Primafaciebeweis zur **Unfreiwilligkeit eines Unfalles** vgl. z.B. RG 6. XI. 1934 RGZ Bd 145 S. 322—328, 28. VIII. 1936 JW 1936 S. 3234—3235 mit Anm. Prölss, RG 20. X. 1936 VA 1936 S. 277—278 Nr. 2937, 12. XI. 1937 RGZ Bd 156 S. 118—119, 18. II. 1938 RGZ Bd 157 S. 83—89, BGH 8, VII, 1965 VersR 1965 S. 797—799, 12. VII. 1965 VersR 1965 S. 946—947, 4. XI. 1965 VersR 1966 S. 29—31, 19. I. 1967 VersR 1967 S. 269—270, 20. III. 1967 VersR 1967 S. 700—701, 23. IV. 1969 VersR 1969 S. 609—611, 22. XII. 1971 VersR 1972 S. 244. Besonders ausführlich — auch im Blick auf § 180a — Kirsch a.a.O. S. 1—213 m.w.N., Wagner Anm. G 74—G 78.

Bei der **fahrlässigen** Herbeiführung des Vsfalles ist die Zulässigkeit des Anscheinsbeweises unzweifelhaft, was sich aus der Objektivierung des Begriffes in § 276 I 2 BGB erklärt: Im Verkehr gibt es typische Geschehensabläufe, und Erfahrungssätze lassen sich feststellen. Man kann sogar sagen, daß es einer der häufigsten Anwendungsfälle des Primafaciebeweises sei, Tatsachen zu beweisen, aus denen sich eine Fahrlässigkeit des Handelnden ergibt. Vgl. nur generell J. Prölss a.a.O. S. 30—31, BGH 18. XII. 1952 BGHZ Bd 8 S. 239—241.

Bei § 61 kommt es jedoch nicht nur auf den Beweis der Fahrlässigkeit, sondern jenen der **groben** Fahrlässigkeit an, so daß das Sonderproblem auftaucht, ob der Anscheinsbeweis für die Annahme grober Fahrlässigkeit zulässig ist. Die Zulässigkeit wird bejaht z.B. von Bach VersR 1959 S. 246, Hagel VersR 1973 S. 796—801 m.w.N., Pinckernelle a.a.O. S. 71, Prölss-Martin[21] Anm. 6 zu § 61, S. 334—335 m.w.N., Ruhkopf VersR 1967 S. 371—372, Schütz VersR 1967 S. 737—738 verneint besonders von Bokelmann a.a.O. S. 108—110, Sanden VersR 1966 S. 204—205, 1967 S. 1018, Weingart VersR 1968 S. 431, auch Johannsen VersR 1976 S. 748, der zwar den Anscheinsbeweis für Fahrlässigkeit zuläßt, dann aber („stufenweise") für den Nachweis grober Fahrlässigkeit die Erleichterung versagt. So auch Johannsen Autokaskov Anm. J 89 a.E.

Nicht ganz klar ist das Urteil BGH 21. XI. 1961 VersR 1962 S. 252—254 (kein Vsrecht), welches Grundsätze des Anscheinsbeweises „für ein Verschulden des Fahrers" schlechthin anwendet, dann aber grobe Fahrlässigkeit konstatiert.

Im übrigen ist auf folgende **Entscheidungen des BGH** zum Primafaciebeweis grober Fahrlässigkeit hinzuweisen:

BGH 5. XII. 1966 VersR 1967 S. 129 läßt zu § 61 dahingestellt, inwieweit die Primafaciebeweisgrundsätze „für die tatsächliche Abgrenzung zwischen einfacher und grober Fahrlässigkeit, die eine Abwägung aller objektiven und subjektiven Tatumstände erfordert und sich deshalb einer Anwendung fester Regeln weitgend entzieht, überhaupt in Betracht kommen".

BGH 11. VII. 1967 VersR 1967 S. 909—910 geht in eine Luftverkehrssache etwas weiter und meint, wegen des Erfordernisses „einer sehr individualisierenden Fallwürdigung wird sich

VI. Subjektive Voraussetzung § 61
Anm. 51

durchweg die Anwendung des Beweises des ersten Anscheins verbieten, wenn es um die Feststellung geht, ob eine grobe Fahrlässigkeit zu bejahen ist".
BGH 9. IV. 1968 VersR 1968 S. 668–669 sagt in einem Fall des Regresses eines Trägers der sozialen Unfallv, welcher grobe Fahrlässigkeit voraussetzt: „Der BGH hat schon in früheren Entscheidungen darauf hingewiesen, daß der Begriff der groben Fahrlässigkeit nicht nur nach objektiven Maßstäben zu beurteilen ist. Vielmehr sind auch Umstände zu berücksichtigen, die die subjektive Seite der Verantwortlichkeit betreffen. Daher lassen sich nur mit großen Vorbehalten allgemeine Regeln darüber aufstellen, wann eine Fahrlässigkeit als eine grobe zu qualifizieren ist. Aus dem gleichen Grunde sind auch die Regeln des Anscheinsbeweises im allgemeinen nicht geeignet, für die Abgrenzung zwischen einfacher und grober Fahrlässigkeit herangezogen zu werden."
BGH 1. X. 1975 BGHZ Bd 65 S. 121–122 meint jedoch: Der Ver „muß nach dem Grundsatz, daß derjenige, der eine günstige Rechtslage für sich in Anspruch nimmt, ihre Voraussetzungen dartun muß, auch das Verschulden des Vmers – Vorsatz oder grobe Fahrlässigkeit – beweisen . . . ., wobei er lediglich durch Anwendung der Regeln über den Beweis des ersten Anscheins . . . . Erleichterung efährt."
Zur Rechtsprechung der Instanzgerichte Nachweise bei Johannsen Autokaskov Anm. J 89.

Auch nach der Auffassung des BGH gibt es also Fallgestaltungen, die als typische Geschehensabläufe und nach vielfältiger Erfahrung prima facie auf grobe Fahrlässigkeit hinweisen. Das gilt sogar für jedes **objektiv besonders gefahrträchtige Verhalten**. Das Vorliegen eines (subjektiven) Schuldminderungsgrundes bildet erfahrungsgemäß die Ausnahme. Deshalb kann immer dann, wenn der Ver ein objektiv besonders gefährliches Verhalten des Vmers oder Vten zu beweisen vermag, auch im konkreten Einzelfall grobe Fahrlässigkeit zunächst als prima facie erwiesen gelten, und es bleibt **dem Anspruchsteller überlassen, den Anscheinsbeweis dadurch zu entkräften, daß er subjektive Besonderheiten gerade dieses Falles anführt**, welche die auf die Erfahrung gestützte Vermutung erschüttern. Der Anspruchsteller braucht also nicht den vollen Beweis für das Vorliegen eines Schuldminderungsgrundes zu erbringen, aber er muß immerhin Tatsachen anführen, die einen oder mehrere bestimmte Schuldminderungsgründe stützen könnten und in ernstliche Beachtung rücken können (vgl. BGH 23. V. 1952 BGHZ Bd 6 S. 171, kein Vsrecht). Solchenfalls „verbleibt es bei der vollen Beweislast der von Anfang an beweispflichtigen Partei" (BGH 17. IV. 1951 BGHZ Bd 2 S. 5, gleichfalls kein Vsrecht), hier also des Vers. Eine **dergestalt abgestufte Anwendung der Grundsätze über den Primafaciebeweis** vermeidet zugleich billigerweise jene Beweisschwierigkeiten, die sich ergäben, falls in jedem Falle der Ver (negativ) beweisen müßte, es komme keiner der denkbaren Schuldminderungsgründe in Betracht. Ähnlich OLG München 17. IX. 1965 VersR 1965 S. 1089–1090, vgl. auch Lohe VersR 1968 S. 327–328, Ruhkopf VersR 1967 S. 371–372.

[51] d) Revisibilität bei Verschuldensfragen

Das Rechtsmittel der Revision kann nur auf Verletzung von Bundesrecht oder anderen Vorschriften gestützt werden, die über den Bezirk eines Oberlandesgerichtes hinaus gelten (§ 549 I ZPO), und ein Gesetz ist verletzt, wenn eine Rechtsnorm nicht oder nicht richtig angewendet worden ist (§ 550 ZPO). Im Zusammenhang mit Verschuldensfragen kann hiernach der BGH prüfen, ob abstrakte Tatbestandsmerkmale einer Rechtsnorm richtig erkannt sind, d.h. die Begriffe des Vorsatzes, einschließlich des bedingten Vorsatzes, der (gewöhnlichen und groben) Fahrlässigkeit. Nachprüfbar ist auch, ob Subsumtionsfehler gemacht worden sind, also ob der konkrete Sachverhalt die abstrakten Tatbestandsmerkmale der angewendeten Norm ausfüllt. Dagegen ist das Revisionsgericht an Tatsachenfeststellungen gebunden (vgl. § 561 ZPO). Revisibel ist eine Beweiswürdigung nur, wenn Rechtsregeln betreffend die Beweislast oder die Be-

§ 61
Anm. 52

VI. Subjektive Voraussetzung

weisführung, z. B. betreffend den Anscheinsbeweis verletzt worden sind. Deshalb kann die Revision auch gestützt werden auf eine Verkennung des Begriffes der typischen Geschehensabläufe oder von Erfahrungssätzen, denen übrigens auch logische Denksätze gleichgestellt werden. Vgl. nur BGH 11. V. 1953 BGHZ Bd 10 S. 16–17 (kein Vsrecht), zum Begriff grober Fahrlässigkeit, zu Erfahrungssätzen und Denkgesetzen, aber mit der Hervorhebung: Es sei „nachzuprüfen, ob das Berufungsgericht den Begriff der gewöhnlichen Fahrlässigkeit richtig beurteilt hat, ob es sich ferner des Unterschieds der Begriffe der gewöhnlichen Fahrlässigkeit und der groben Fahrlässigkeit bewußt und ob es sich schließlich darüber klar ist, daß im gegebenen Falle gewöhnliche Fahrlässigkeit nicht ausreicht, sondern grobe Fahrlässigkeit . . . . vorliegen muß. Das alles hat das Revisionsgericht . . . . zu überprüfen . . . . Dagegen ist der Grad der erforderlichen Abweichung, d. h. die Beurteilung, was im gegebenen Falle ‚grob' ist, eine tatrichterliche Frage. Ihre Beantwortung kann nicht einheitlich für alle Fälle, sondern nur von Fall zu Fall erfolgen, hierbei sind auch subjektive in der Individualität des Handelnden begründete Umstände zu berücksichtigen". Ebenso zu § 61 BGH 2. XII. 1957 VersR 1958 S. 16, 2. XII. 1957 VersR 1958 S. 16–17, 25. XI. 1963 VersR 1964 S. 134, 15. XII. 1966 VersR 1967 S. 127–128, 2. XII. 1967 VersR 1968 S. 16 , 14. III. 1973 VersR 1973 S. 412 (auch zur groben Fahrlässigkeit), BGH 18. X. 1952 BGHZ Bd 7 S. 313, 27. X. 1954 VersR 1954 S. 591–592 (beide zum Vorsatz des § 152). Aus dem Schrifttum zur Revisibilität J.Prölss a.a.O. S. 36–38 (beim Anscheinsbeweis auf Verstöße gegen § 286 ZPO abstellend), Sanden VersR 1967 S. 1018 (m.w.N. und die Revision weitgehend zulassend).

[52] 3. Schuldausschließungsgründe

Stehen Schuldfähigkeit (Anm. 41) und prinzipiell das Verschulden (Anm. 42–51) des den Vsfall Herbeiführenden fest, so kann doch ausnahmsweise der Ver oder Vte sich auf einen Schuldausschließungsgrund berufen, für dessen tatsächliche Grundlagen er behauptungs- und beweispflichtig ist.

Während Rechtfertigungsgründe, die nur im Bereich der Haftpflichsv und Rechtsschutzv eine Rolle spielen können (Anm. 44), die Rechtswidrigkeit bei unerlaubten Handlungen und Straftaten ausschließen und den Vsschutz – besonders im Blick auf dessen Rechtsschutzfunktion – bestehen lassen, können Schuldausschließungsgründe theoretisch in allen Vszweigen Platz greifen und dazu führen, daß eine an und für sich vorsätzliche oder grobfahrlässige Herbeiführung des Vsfalles den Vsschutz nicht ausschließt.

Das Strafrecht kennt die Schuldausschließungsgründe: **Verbotsirrtum**, entschuldigender **Notstand** und **Notwehrexzeß**, irriger Glauben an eine **Befehlsbindung**, die durch einen **rechtswidrigen Befehl** erzeugten Notlage sowie – allgemeiner – der **Güter- und Pflichtenkollision** (Baumann, Strafrecht, Allgemeiner Teil, 6. Aufl., Bielefeld 1974, S. 469–486, Jescheck, Lehrbuch des Strafrechts, Allgemeiner Teil, Berlin 1969, S. 313–337). Diese Schuldausschließungsgründe können theoretisch auch im Vsrecht eine Rolle spielen, praktische Anwendungsfälle sind aber schwer nachweisbar.

In den Bereich der Güter- und Pflichtenkollision gehört der Fall, daß der Vmer zur Herbeiführung des Vsfalles „durch ein Gebot der Menschlichkeit veranlaßt wird". Dieser für die Gefahrerhöhung in § 26 behandelte Tatbestand muß im Wege der Analogie auch bei den §§ 61, 152 herangezogen werden, so daß – selbst bei Vorsatz – solche Herbeiführung des Vsfalles keinen Gefahrenausschluß bewirkt (vgl. schon Anm. 8 zu § 26).

Eine Analogie befürworten auch Ehrenzweig S. 267, Framhein a.a.O. S. 87–88, Gerhard-Hagen Anm. 3 zu § 61, S. 286, von Gierke II S. 203, Hagen I S. 635, Marohn WuRdVers 1929 Nr. 1 S. 76–77, Prölss-Martin[21] Anm. 4 zu § 61, S. 333–334, ferner

VI. Subjektive Voraussetzung §61
Anm. 53, 54

ohne Bezugnahme auf § 26 Bach VersR 1959 S. 247, Bauchwitz ZVersWiss 1912 S. 661–665, Pinckernelle a. a. O. S. 97, ferner unter Verwechselung von Rechtfertigungs- und Schuldausschließungsgründen Meyer a. a. O. S. 49–52. Kritisch Bruck S. 656, Georgii LZ 1907 Sp. 538–546, 777–783, 883–890, Josef ZVersWiss 1913 S. 233–242, WuRdVers 1930 Nr. 1 S. 25–28, Kisch II S. 560 (vgl. aber S. 561 Anm. 5), Offermann a. a. O. S. 33–36, Ritter LZ 1914 Sp. 359–361, Ritter-Abraham Anm. 19 zu § 33, S. 556, Stupp a. a. O. S. 44–46, früher auch Möller HansRGZ 1929 A Sp. 560–561.

Eine Stellungnahme zu dem hiernach höchst kontroversen Problem ist nicht einfach. Immerhin schafft ein Gebot der Menschlichkeit eine höhere sittliche Pflicht, welche die Ausschlußregelung aufhebt (so auch schon Anm. 6 zu § 26). Es kann der Gefahrengemeinschaft zugemutet werden, die selten vorkommenden einschlägigen Leistungsfälle mit zu tragen, wenngleich nicht zu verkennen ist, daß dem Opferbringenden häufig auch andere Ansprüche zugebilligt werden, die ihn wirtschaftlich unterstützen, z. B. aus Geschäftsführung ohne Auftrag (§§ 677, 683, 670 BGB, vgl. etwa BGH 27. XI. 1962 BGHZ Bd 38 S. 270–281 m. w. N.) oder aus sozialer Unfallv (vgl. § 539 I Ziff. 9 RVO) oder aus dem Gesetz über die Entschädigung für Opfer von Gewalttaten vom 11. V. 1976 (BGBl I S. 1181; Kommentar: Schulz-Lüke-Wolf, Gewalttaten und Opferentschädigung, Berlin-New York 1977). Vgl. zur Selbstaufopferung des Kraftfahrers im Straßenverkehr auch Helm VersR 1968 S. 209–217, 318–323. Falls sich wegen des Berufes des Vmers (Feuerwehrmann, Polizist) die Wahrscheinlichkeit des Vorkommens von Hilfeleistungsfällen stark erhöht, kommen besondere Ausschluß- oder Prämienerhöhungsregelungen in Betracht (vgl. z. B. die Arbeits- und Dienstunfallklausel der allgemeinen Haftpflichtv bei Johannsen Anm. A 3, S. 15).

[53] 4. Anhang: Fallgruppen grober Fahrlässigkeit*

Überschaut man die umfangreiche Rechtssprechung zu § 61 und speziell zur groben Fahrlässigkeit, so zeigt sich, daß infolge der Verkehrsentwicklung die Fälle aus der Kraftfahrkaskov weit im Vordergrund stehen (Anm. 54).

In den übrigen Sachvszweigen (Anm. 55) ist die Judikatur nicht ganz so reichhaltig; hier werden Fälle aus der Feuerv und Einbruchdiebstahlv in den Vordergrund gestellt. Besonders auffällig sind die Entscheidungen aus dem Bereich der Reisegepäckv, die sich gerade in den letzten Jahren häufen.

Die Aufzählung der Urteile, welche für die Praxis einen Überblick erleichtern soll, greift der spezielleren Behandlung bei den einzelnen Vszweigen nicht vor. Vollständigkeit ist nicht gewährleistet. Da es jeweils auf den Gesamtzusammenhang ankommt, ist immer nur die erste Seite der Fundstelle angegeben worden. Die Zusammenstellung der Urteile macht deutlich, ob grobe Fahrlässigkeit angenommen worden ist oder nicht. Sofern die Rechtssprechung – wie bei der Trunkenheit am Steuer – gewisse Wandlungen durchgemacht hat, ist dies aus der Übersicht erkennbar.

[54] a) Fälle aus der Kraftfahrkaskoversicherung
Übersichten im Schrifttum: Johannsen Autokaskov Anm. J 90–118, ferner Bach VersR 1959 S. 246–250, Gericke DAR 1953 S. 88–91, Prölss-Martin[21] Anm. 2 AKB Vorbem., S. 835–839, Schütz VersR 1967 S. 733–739, Stiefel-Wussow-Hofmann AKB[10] Anm. 44–49 zu § 12, S. 551–563.

---

* Die in Anm. 53–55 zusammengestellten Entscheidungen sind von Frau Assessor Charlotte Sievers gesammelt und systematisiert worden.

[54a] aa) Abstellen und Sichern des Fahrzeuges
  α) PKW und LKW
   αα) Nichtverschließen des Fahrzeuges
LG Münster 4. V. 1955 VersR 1955 S. 400 (Tür bei Dreiradlieferwagen), OLG Köln 7. XI. 1957 VersR 1957 S. 733 (Tür bei Fahrzeug in unverschließbarer Toreinfahrt), LG Köln 30. I. 1969 VersR 1969 S. 654 (Ausstellfenster).

   ββ) Zurücklassen des Zündschlüssels
in unverschlossenem Kraftwagen im Schloß: OGH Wien 8. XI. 1972 VersR 1973 S. 878 (im offenen Betriebshof), LG Hof 4. V. 1955 VersR 1956 S. 92, OLG Celle 11. VII. 1963 VersR 1965 S. 942 (in unverschlossener Scheune), LG Berlin 22. IX. 1966 Vers R 1967 S. 223 (in offenem Werkstatthof).
in unverschlossenem Kraftwagen im Handschuhfach: LG Nürnberg 19. XII. 1961 VersR 1962 S. 1069 mit Anm. Krebs, OLG Bremen 8. I. 1963 BetrBer 1963 S. 412 (in der Garage), LG Aurich 2. III. 1966 VersR 1966 S. 1178, OLG Nürnberg 17. X. 1969 VersR 1971 S. 311 (in versperrtem Betriebshof), OLG Hamburg 21. X. 1969 VersR 1970 S. 362 (in verschlossenem Hotelhof), LG Weiden 28. III. 1974 RuS 1974 S. 71 (in der Garage mit Drahtglasfenstern im Tor, dessen Schlüssel innen aufsteckte), LG Stuttgart 20. V. 1975 VersR 1976 S. 261, OLG Karlsruhe 23. IX. 1975 VersR 1975 S. 454 (bei gelegentlicher Sichtkontrolle).
in verschlossenem Kraftwagen: LG Köln 24. II. 1963 VersR 1966 S. 331, OLG Nürnberg 16. IX. 1964 VersR 1965 S. 32 = ZfV 1965 S. 256 (im Handschuhfach im Staublappen), OLG Hamm 16. IX. 1970 VersR 1971 S. 165 (am Armaturenbrett im Campingbus, während Vmer im Wohnteil schläft), OLG Hamm 13. III. 1974 VersR 1974 S. 1194 (im verschlossenen Handschuhfach), LG Augsburg 30. X. 1974 VersR 1975 S. 1018 (im Handschuhfach unter Innenverkleidung versteckt).

Nicht (d.h. keine grobe Fahrlässigkeit): OLG Hamm 11. III. 1954 VersR 1954 S. 353 (Kraftfahrzeugvermieter läßt „Kunden" mit fahrbereitem Kfz allein), LG Oldenburg 4. XII. 1957 VersR 1959 S. 202 mit Anm. Kleineck VersR 1959 S. 416 (Steckenlassen des Anlasserschlüssels bei einer Zugmaschine auf Bauernhof), LG München 27. V. 1975 VersR 1976 S. 430 (Zündschlüssel in Reisetasche im verschlossenen Kofferraum).

   γγ) Nichtbetätigen des Lenkradschlosses
bei unverschlossenem Kraftwagen: LG Essen 10. X. 1968 VersR 1969 S. 270, OLG Hamburg 18. IX. 1973 VersR 1974 S. 325.
bei verschlossenem Kraftwagen: OLG Köln 5. VII. 1965 VersR 1965 S. 1066 (Getriebeschaltschloß), LG Köln 9. VII. 1969 VersR 1969 S. 1035, OLG Hamburg 15. VII. 1969 MDR 1970 S. 336, LG Hamburg 5. III. 1971 VersR 1972 S. 291.

Nicht: BGH 31. X. 1973 VersR 1974 S. 26 = NJW 1974 S. 48 (Nichtbetätigen des vorhandenen, aber nicht vorgeschriebenen Lenkradschlosses bei LKW), OLG Hamm 12. XI. 1969 VersR 1970 S. 313, OLG Hamm 4. X. 1972 VersR 1973 S. 121, OLG Hamm 15. XI. 1972 VersR 1973 S. 242, OLG Düsseldorf 8. II. 1966 VersR 1966 S. 820 (Überschreitung der Frist zum nachträglichen Einbau des Lenkradschlosses), OLG Düsseldorf 14. VIII. 1968 VersR 1969 S. 605 (Nichtvorhandensein des vorgeschriebenen Lenkradschlosses bei neu erworbenem, gerade vom TÜV abgenommenem PKW).

VI. Subjektive Voraussetzung § 61
Anm. 54b

δδ) Sonstiges Abstellen
KG 9. XI. 1927 JRPV 1928 S. 28 (auf abschüssiger Fahrbahn ohne Sicherung gegen Abrollen), AG Saarbrücken 11. XI. 1965 VersR 1968 S. 38 (14 Tage auf unbewachtem und unbeleuchtetem Parkplatz nahe Flughafen), LG Duisburg 10. VIII. 1972 VersR 1973 S. 1111 (8 Tage auf Seitenstreifen der Autobahn), LG Bonn 10. I. 1973 VersR 1973 S. 909 (14 Tage auf Abstellplatz neben Autobahnausfahrt), OLG Nürnberg 19. IX. 1974 VersR 1975 S. 228 (24 Stunden mit beschädigter Windschutzscheibe am Waldrand), LG Lüneburg 27. IV. 1962 VersR 1962 S. 1054 (Verlassen des Kfz, obwohl wegen gerade entwendeter Papiere und Schlüssel mit Diebstahl zu rechnen war).
Nicht: OGH Wien 5. VI. 1975 VersRdsch 1977 S. 400 (auf stark abschüssiger Fahrbahn bei Sicherung durch Gang und Feststellbremse), OLG Köln 16. VI. 1926 JRPV 1926 S. 222 (auf gewölbter Straße an Uferböschung ohne Sicherung gegen Abrutschen), LG Hamburg 26. V. 1952 VA 1952 S. 112 (LKW auf öffentlichem Platz, solange es nicht genug bewachte Parkplätze gibt).

β) Anhänger
OLG München 3. II. 1970 VersR 1970 S. 828 (Wohnanhänger zum Überwintern auf Platz am Ortsrand), LG Hagen 15. VIII. 1974 VersR 1975 S. 756 (Wohnanhänger ungesichert auf ungenügend abgesperrtem Verkaufsgelände).
Nicht: BGH 5. II. 1959 VersR 1959 S. 222 = VA 1959 S. 86 (LKW-Anhänger auf nachts unbewachtem Tankstellengelände).

γ) Motorräder
αα) Sicherung nur durch Abziehen des Zündschlüssels bei Dunkelheit
auf beleuchteter Großstadtstraße: OLG Hamburg 17. VII. 1953 VersR 1953 S. 357 = NJW 1953 S. 1517 (mehrere Stunden), LG Hannover 11. V. 1955 VersR 1956 S. 237 (fünf bis zehn Minuten), OLG München 13. VII. 1955 VA 1955 S. 302 (zwei Stunden); – LG Mannheim 27. XI. 1956 VersR 1956 S. 760 (acht bis zehn Minuten in Nähe von Rummelplatz), LG Hamburg 28. XI. 1957 VersR 1958 S. 22 (vorhandenes Lenkerschloß nicht betätigt).
Nicht: OLG Hamburg 10. IV. 1953 VersR 1953 S. 203 ($^1/_2$ Stunde im Gastwirtschaftsgarten), LG Wuppertal 21. V. 1954 DAR 1954 S. 186 und OLG Düsseldorf 1. III. 1955 DAR 1956 S. 47 (auf bewachtem Parkplatz), LG Frankenthal 4. I. 1956 VersR 1956 S. 286 = DAR 1956 S. 46 ($^1/_2$ Stunde nahe Meßplatz).

ββ) Sonstige mangelhafte Sicherung
LG Köln 7. XI. 1957 VersR 1957 S. 817 (Abziehen des Zündschlüssels tagsüber bei gelegentlicher Beobachtung), LG Nürnberg 27. IV. 1973 VersR 1973 S. 1160 (Schlauchschloß bei Dunkelheit in Barcelona).
Nicht: BGH 2. XII. 1957 VersR 1958 S. 16 (ohne Sicherung abends vor Vereinslokal unter anderen Rädern), KG 12. V. 1955 VersR 1955 S. 519 = DAR 1955 S. 196 (Kettensicherung während mehrerer Nächte, da besondere Zwangslage bestand), LG Berlin 28. IX. 1959 NJW 1960 S. 680 (Lenkradschloß).

[54b] bb) Verhalten des Versicherungsnehmers beim Fahren
α) Überhöhte Geschwindigkeit
OLG Celle 5. III. 1960 VersR 1960 S. 507 (90 km/h in S-Kurve von ungeübtem Fahrer in ungewohntem Kfz), OLG Karlsruhe 21. XII. 1965 VersR 1966 S. 331 (bei

schlechter Sicht), OLG Stuttgart 25. II. 1966 VersR 1966 S. 531 (mindestens 130 km/h vor Kurve), LG Baden-Baden 23. XI. 1973 VersR 1974 S. 739 (Überschreitung der zulässigen Höchstgeschwindigkeit um 94%), LG München 9. VI. 1976 VersR 1977 S. 1023 (Überschreitung der zulässigen Geschwindigkeit um 100%, nachts), OLG Frankfurt 28. IX. 1976 VersR 1977 S. 926 (bei Rallye Monte Carlo in Spitzkehre auf regennasser Gebirgsstrecke).
Nicht: BGH 25. XI. 1963 VersR 1964 S. 131 (150 km/h nachts auf Schnellstraße), BGH 17. X. 1966 VersR 1966 S. 1150 (100 km/h in Kurve), OGH Wien 12. IV. 1967 VersR 1967 S. 791 (Übersehen einer links angebrachten Geschwindigkeitsbeschränkungstafel), OGH Wien 22. X. 1969 VersR 1970 S. 727 mit Anm. Gaisbauer VersR 1970 S. 848 (80 km/h auf Schotterstraße), OGH Wien 5. IV. 1972 VersR 1972 S. 1158 (Überschreitung der zulässigen Höchstgeschwindigkeit um mehr als das Doppelte), OGH Wien 29. VIII. 1974 VersR 1975 S. 748 (Übersehen einer Geschwindigkeitsbegrenzungstafel „30 km/h" und Befahren einer Linkskurve mit 90 km/h durch ungeübten Fahrer), OGH Wien 21. XI. 1974 VersR 1975 S. 1168 (Überschreitung der zulässigen Höchstgeschwindigkeit um 60%), OGH Wien 6. V. 1975 VersR 1975 S. 1194 (Überschreitung der zulässigen Höchstgeschwindigkeit um 20%), OLG Celle 2. X. 1958 VersR 1958 S. 800 (Nichtmindern der Geschwindigkeit trotz Blendung), LG Hechingen 29. X. 1963 VersR 1964 S. 671 (50 km/h bei unbemerktem Glatteis).

β) **Falsches Überholen**
KG 8. III. 1930 JRPV 1930 S. 279 (vor Fahrbahnverengung), KG 21. VI. 1930 JRPV 1930 S. 374 (rechts, mit überhöhter Geschwindigkeit), OLG Celle 1. VII. 1971 VersR 1972 S. 1015 (Sattelzug vor Rechtskurve), OLG Schleswig 20. XI. 1973 VersR 1974 S. 703 (Auffahren auf Linksabbieger), LG Darmstadt 9. X. 1974 VersR 1976 S. 335 (bei Autobahnbaustelle unter Benutzung der Gegenfahrbahn).

γ) **Überfahren von Rotlicht**
OLG Wien 18. I. 1970 VersR 1970 S. 1167 (Blitzlicht an unbeschranktem Bahnübergang), OLG Köln 6. X. 1966 NJW 1967 S. 785, LG Essen 28. II. 1974 VersR 1975 S. 512, LG Trier 26. VI. 1974 VersR 1975 S. 512, OLG Frankfurt 2. XII. 1976 VersR 1978 S. 222, LG Köln 28. IX. 1977 VersR 1978 S. 414.
Nicht: BGH 5. XII. 1966 VersR 1967 S. 127 (Blinklicht an unbeschranktem Bahnübergang bei Nebel), OLG Düsseldorf 14. XII. 1965 VersR 1966 S. 529 = NJW 1966 S. 664, KG 13. V. 1975 VersR 1975 S. 1041.

δ) **Ablenkende Bewegung**
OGH Wien 13. V. 1970 VersR 1971 S. 1075, LG Berlin 8. III. 1932 JRPV 1933 S. 323, LG Würzburg 16. IX. 1975 VersR 1977 S. 275 (Aufheben heruntergefallener brennender Zigarette), KG 12. VII. 1930 JRPV 1930 S. 402 (Loslassen des Lenkrades beim Anzünden einer Zigarette), LG München 30. XI. 1954 VersR 1955 S. 55 (nach hinten Umdrehen bei Glatteis), AG Bottrop 17. XII. 1958 VersR 1959 S. 258 (Hinauswerfen einer Zigarette mit rechter Hand aus linkem Fenster bei Glatteis), OLG Frankfurt 26. I. 1973 VersR 1973 S. 610 (Umdrehen), OLG Saarbrücken 21. IX. 1973 VersR 1974 S. 183 mit Anm. Dellmanns VersR 1974 S. 459, Becker VersR 1974 S. 989 (Schauen nach heruntergefallenem Kaugummi).
Nicht: OLG Köln 15. VII. 1970 VersR 1970 S. 1123 = ZfV 1971 S. 282 (Anzünden einer Zigarette mit eingebautem Anzünder durch übermüdeten Fahrer).

VI. Subjektive Voraussetzung § 61
Anm. 54 b

ε) **Abkommen von der Fahrbahn ohne ersichtlichen Grund**
OLG München 1. IV. 1958 VersR 1959 S. 74, LG Essen 7. VII. 1958 VersR 1958 S. 718, OLG Düsseldorf 5. II. 1963 VersR 1963 S. 573, LG Dortmund 14. I. 1964 VersR 1964 S. 585, OLG München 17. IX. 1965 VersR 1965 S. 1089, OLG Stuttgart 25. II. 1966 VersR 1966 S. 531.

Nicht: BGH 23. X. 1967 VersR 1967 S. 1142 (nachts bei ungünstigen Straßen- und Witterungsbedingungen), LG Göttingen 14. I. 1954 VersR 1954 S. 162, OLG Stuttgart 28. IX. 1961 VersR 1962 S. 710, OLG Bremen 2. XI. 1965 VersR 1966 S. 278 (Wölbung der Straße, Wechsel des Belages, leichte Steigung), OLG Köln 6. VI. 1966 VersR 1966 S. 769 (schmale Straße), OLG Karlsruhe 5. VIII. 1966 VersR 1967 S. 369, OLG Köln 9. XI. 1966 VersR 1967 S. 273 mit Anm. Ruhkopf VersR 1967 S. 371.

ζ) **Auffahren auf ein Hindernis ohne ersichtlichen Grund**
LG Tübingen 25. V. 1965 VersR 1966 S. 726 (auf beleuchtete Trenninsel).
Nicht: LG Berlin 11. X. 1929 JRPV 1929 S. 307 (auf unbeleuchtete Schutzinsel), OLG Hamburg 12. III. 1968 VersR 1970 S. 148 (auf Lastzug auf rechter Autobahnspur mit 150 km/h).

η) **Sonstiges Fahrverhalten**
OGH Wien 12. XII. 1973 VersRdsch 1974 S. 307 (Mißachtung einer Vielzahl von Verkehrszeichen vor Gefahrenstelle), OLG Düsseldorf 29. IV. 1929 RdK 1930 S. 318 (Weiterfahren trotz Knallens des Vergasers), KG 29. III. 1930 JRPV 1930 S. 253 und KG 3. VI. 1931 JRPV 1931 S. 304 (Versuch, einen im Sand festgefahrenen Wagen mit eigener Motorkraft herauszufahren), OLG Düsseldorf 15. XII. 1953 DAR 1954 S. 87 (Verwechseln von Gas- und Bremspedal), OLG Nürnberg 21. IX. 1962 VersR 1963 S. 276 (ausnahmsweise erlaubtes Wenden über den Mittelstreifen der Autobahn ohne ausreichende Sicherung gegen den rückwärtigen Verkehr), LG Bielefeld 23. VI. 1972 VersR 1973 S. 612 (unmotiviertes starkes Bremsen auf regennasser Fahrbahn).

Nicht: RG 8. IV. 1927 JRPV 1927 S. 143 (Weiterfahren trotz wiederholtem Glimmen des Trittbretts infolge erhitzten Auspuffrohres nach Schutzmaßnahmen), BGH 28. II. 1962 VersR 1962 S. 601 (Weiterfahren zur nahen Werkstatt trotz Bemerkens von Gummigeruch), BGH 20. I. 1964 VersR 1964 S. 234 (Befahren einer fertigen, noch nicht für den Verkehr freigegebenen Autobahnstrecke, die schon regelmäßig vom allgemeinen Verkehr genutzt wird), OGH Wien 25. XI. 1964 VersR 1966 S. 350 (Nichtbemerken des Aufleuchtens der Ölkontrollampe), KG 13. VII. 1927 JRPV 1927 S. 290 (Weiterfahren trotz Klopfens der Maschine), OLG Hamm 20. III. 1955 VersR 1955 S. 539 (Versuch, in Straßengraben geratenen LKW mit eigener Motorkraft wieder herauszufahren), KG 23. VI. 1964 VersR 1964 S. 1135 (zuviel Gas beim Zurücksetzen auf sandigem, mit Gras bewachsenem Mittelstreifen), OLG München 24. III. 1965 VersR 1966 S. 1151 (Versagen beim Befahren einer besonders gefährlichen Baustraße mit Baustellen-LKW), OLG Frankfurt 14. XII. 1965 VersR 1966 S. 437 (Durchfahren einer überfluteten Stelle, die kleine Fahrzeuge ohne Schaden passiert hatten), OLG Stuttgart 18. X. 1973 VersR 1974 S. 234 (Fortsetzung der Fahrt auf überfluteter Straße in Fahrzeugkolonne), OLG Köln 26. IV. 1966 VersR 1966 S. 918 (Übersehen der Hinweisschilder auf Fahrbahnwechsel).

§ 61
Anm. 54c

VI. Subjektive Voraussetzung

[54c] cc) Zustand des Fahrers
   α) Trunkenheit
   Für Rechtsprechung bis 1954 vgl. Rehberger, Trunkenheit am Steuer in der Kaskov ZfV 1954 S. 526–527. Für die spätere Rechtsprechung Friedrich VersR 1956 S. 604–608 Gaisbauer, Trunkenheit am Steuer als grobe Fahrlässigkeit in der Kaskov, Der Vmer 1965 S. 25–27, Boller VersR 1968 S. 217–227, Hentschel-Born, Trunkenheit im Straßenverkehr, Düsseldorf 1977, S. 242–246.

   αα) **Fahren im Zustand absoluter Fahruntüchtigkeit** (ab 1,3‰ BAK – früher bis BGH 9. XII. 1966 NJW 1967 S. 116–119 ab 1,5‰). BGH 7. V. 1974 NJW 1974 S. 1377 = VRS Bd 47 S. 248 Nr. 107 (auch wenn Fahrentschluß durch alkoholbedingte Enthemmung begünstigt worden ist), LG Kempten 17. XI. 1958 VersR 1959 S. 462, LG Aachen 23. X. 1959 VersR 1960 S. 146, LG Mönchengladbach 25. II. 1965 VersR 1966 S. 34, OLG Köln 13. XI. 1968 VersR 1969 S. 1014, LG Amberg 5. III. 1971 VersR 1972 S. 291, OLG München 21. V. 1973 VersR 1974 S. 73, LG Köln 6. XI. 1974 VersR 1975 S. 850 (alle: in Kenntnis der genossenen Alkoholmenge und der Gefährlichkeit des Verhaltens), OLG Oldenburg 17. II. 1966 VRS Bd 31 S. 349 Nr. 151 (auch bei Unkenntnis über Alkoholgehalt eines Getränkes, da Erkundigungspflicht besteht), LG Mainz 30. I. 1958 VersR 1958 S. 559, LG Hamburg 12. II. 1960 VersR 1960 S. 412, OLG Zweibrücken 30. IV. 1976 VersR 1977 S. 246 (alle: Trinken trotz bevorstehender Fahrt), LG Karlsruhe 9. VII. 1964 VersR 1967 S. 174 (mit betriebsunsicherem Kfz), OLG Koblenz 29. V. 1968 VersR 1968 S. 1053 (Sichbegeben in eine erkennbare Gefahrensituation mit BAK von 1,33‰), LG Essen 11. XII. 1970 VersR 1971 S. 1007 (Versetzen in Rauschzustand, auch wenn Vmer nicht voraussehen konnte, daß er in betrunkenem Zustand fahren werde).

   ββ) **Fahren im Zustand relativer Fahruntüchtigkeit** (0,8–1,29‰ BAK; bis 1966 – 1,5‰).
   OGH Wien 25. IX. 1963 VersR 1965 S. 395, OGH Wien 10. I. 1974 ZVR 1974 S. 279 Nr. 191 (stets grobe Fahrlässigkeit bei mehr als 0,8‰),
      auf verkehrswidrige Weise: OLG Köln 7. X. 1959 VersR 1960 S. 315 (Schneiden einer unübersichtlichen Kurve), LG Mannheim 28. XII. 1962 VersR 1964 S. 181 (Vorfahrtsverletzung), OLG Stuttgart 14. V. 1965 VersR 1965 S. 873 mit Anm. Gaisbauer VersR 1965 S. 1068 (Abkommen von der Fahrbahn), LG Münster 9. VI. 1967 VersR 1969 S. 316, OLG Nürnberg 30. XI. 1972 VersR 1973 S. 171, OLG Koblenz 5. IV. 1973 VersR 1973 S. 1159 (alle: überhöhte Geschwindigkeit), OLG Frankfurt 20. I. 1975 VersR 1976 S. 554 (Weiterfahren und Auffahren auf ordnungsgemäß parkenden PKW, nachdem sich vorher schon Ausfälle gezeigt hatten).
      in Verbindung mit Übermüdung: OGH Wien 11. XI. 1964 VersR 1965 S. 676 mit Anm. Wahle (Weiterfahren nach folgenlosem Unfall, Auffahren auf LKW trotz Warnung durch Mitfahrer), OLG Köln 4. III. 1959 VersR 1959 S. 384 (Vorfahrtsverletzung), LG Köln 17. II. 1960 VersR 1961 S. 783 (Weiterfahren nach Eintritt von Ermüdungserscheinungen und Einschlafen), LG Braunschweig 15. II. 1961 VersR 1961 S. 1131 (Abkommen von der Fahrbahn durch Berufsfahrer), KG 19. III. 1965 VersR 1965 S. 558 (Überholen mit 40–50 km/h nachts bei Glatteis), OLG Köln 9. XII. 1975 VersR 1976 S. 769 (überhöhte Geschwindigkeit).
      in Verbindung mit Krankheit: LG Essen 24. I. 1966 VersR 1967 S. 50 (Abkommen von der Fahrbahn).
   Nicht: BGH 2. XII. 1957 VersR 1958 S. 16 (bei BAK unter 1,5‰ Umstände des Einzelfalles entscheidend. Hier: längeres Arbeiten an der frischen Luft zwischen

VI. Subjektive Voraussetzung § 61
Anm. 54 d

Trinken und Fahrtantritt), BGH 23. X. 1967 VersR 1967 S. 1142 (bei BAK von 0,9‰ Fahrweise und Unfallhergang entscheidend. Hier: Bremsbehinderung durch Frostaufbrüche als Ursache für das Abkommen von der Fahrbahn denkbar), OLG Köln 22. VI. 1966 VersR 1966 S. 971, LG Köln 11. VI. 1969 VersR 1970 S. 51 mit Anm. Kirchner VersR 1970 S. 268, LG Landau 23. X. 1975 VersR 1976 S. 455 (alle: Unfall kann durch kurze Unaufmerksamkeit, die auch nüchternem Fahrer unterlaufen könnte, verursacht worden sein), OLG Celle 14. V. 1974 RuS 1976 S. 59 (zwischen 0,8 und 1,3‰ sind für die Annahme grober Fahrlässigkeit besondere Anhaltspunkte erforderlich, die Fahrer hätte erkennen können und müssen).

β) **Übermüdung**
OGH Wien 24. X. 1962 VersR 1964 S. 1058 (Fahren mit überhöhter Geschwindigkeit in übermüdetem Zustand, trotz Warnung durch einige Monate zurückliegenden Unfall aus gleichem Grund), OGH Wien 13. I. 1977 VersR 1977 S. 972, OLG Düsseldorf 16. XI. 1936 JRPV 1937 S. 123, LG Bochum 5. XI. 1953 VersR 1954 S. 10, OLG Koblenz 28. X. 1955 VersR 1955 S. 707, LG Köln 13. III. 1958 VersR 1958 S. 337 (alle: Fahrtantritt trotz Übermüdung und leichtem Alkoholgenuß; Nichterkennung der eigenen schlechten körperlichen Verfassung), OLG Köln 18. II. 1959 VersR 1959 S. 383 (wesentliche Überschreitung der Höchstfahrzeiten für LKW), OLG München 27. III. 1963 VersR 1963 S. 1044 (Fortsetzung der Fahrt, obwohl Fahrer mit Übermüdung und Gefährdung anderer rechnen mußte), OLG Köln 22. XI. 1965 VersR 1966 S. 530 (Fahren mit überhöhter Geschwindigkeit trotz Übermüdung).

Nicht: BGH 5. II. 1974 VersR 1974 S. 593 = NJW 1974 S. 948 (zu § 640 RVO – „Einnicken" am Steuer nur dann grobfahrlässig, wenn Fahrer sich nachweislich über von ihm erkannte deutliche Vorzeichen der Ermüdung bewußt hinweggesetzt hat), BGH 1. III. 1977 VersR 1977 S. 619 (zu § 640 RVO – Tatsache des „Einnickens" reicht nicht für die Annahme der groben Fahrlässigkeit; daneben ist jeweils eine besondere Begründung notwendig), OGH Wien 17. VIII. 1966 VersR 1967 S. 147 mit Anm. Gaisbauer VersR 1967 S. 388 (Fahrtantritt nach durchwachter Nacht und leichtem Alkoholgenuß, da Erkennbarkeit der Übermüdung nicht feststeht), OGH Wien 13. I. 1977 VersR 1977 S. 1020 (Fahrtantritt nach geschlechtlicher Betätigung und verkürzter Nachtruhe, da Erkennbarkeit der Übermüdung nicht feststeht), OLG Hamm 15. II. 1954 VersR 1954 S. 302, OLG Karlsruhe 12. VII. 1957 VersR 1957 S. 477, OLG München 7. III. 1961 VersR 1961 S. 978 mit Anm. Ehrich VersR 1962 S. 223, OLG Karlsruhe 28. IV. 1961 VersR 1961 S. 530, LG München 18. VI. 1963 VersR 1964 S. 83 (alle: Überschätzung der Spannkraft bei jugendlichem Fahrer), OLG Celle 22. VI. 1966 VersR 1966 S. 946 = DAR 1967 S. 109 (Einschlafen wegen Monotonie der Strecke ausnahmsweise nicht voraussehbar), OLG Köln 15. VII. 1970 VersR 1970 S. 1123 = MDR 1971 S. 52 (Kausalität für Unfall nicht erwiesen, da andere Ursache – Zigarettenanzünden – in Betracht kommt).

[54 d] **dd) Zustand des Kraftfahrzeuges**
α) **Abgefahrene Reifen**
BGH 1. X. 1969 VersR 1969 S. 1086, OGH Wien 16. VI. 1971 ZVR 1971 S. 341 Nr. 257, LG Mainz 21. I. 1949 VW 1949 S. 142, LG Bielefeld 14. XII. 1954 VersR 1955 S. 170, OLG München 26. XI. 1957 VersR 1958 S. 258, LG Hamburg 18. IV. 1968 VersR 1970 S. 634.

β) **Sonstiger verkehrsunsicherer Zustand**

BGH 16. V. 1957 VA 1958 S. 39 = VersR 1957 S. 386 (Bremsen, Überladung), BGH 7. XII. 1961 VersR 1962 S. 79 (Bremsen von LKW 2 Jahre nicht überprüft), KG 13. VII. 1927 JRPV 1927 S. 290 (nicht zugelassen, nicht betriebsfähig), LG Göttingen 25. IV. 1967 VersR 1967 S. 1143 (beschädigter Reifen), LG Karlsruhe 17. XI. 1972 VersR 1973 S. 412 (Lenksystem).
Nicht: BGH 27. II. 1964 VersR 1964 S. 475 (Überladung).

[54e] ee) **Überlassen des Kraftfahrzeuges an Dritte**

α) **Arbeitnehmer**

αα) **Mangelhafte Auswahl, Überwachung und Anleitung**

LG Bielefeld 16. XII. 1954 VersR 1955 S. 170 (mangelhafte Überwachung der Anweisung, abgefahrene Reifen auszuwechseln).
Nicht: BGH 16. V. 1957 VA 1958 S. 39 = VersR 1957 S. 386 (Fahrer vorbestraft), BGH 10. XI. 1966 VersR 1967 S. 53 (ständige Begleitung unzuverlässigen Fahrers durch vertrauenswürdigen Fahrer), BGH 8. IV. 1970 VersR 1970 S. 563 (Unterlassen der Prüfung, ob in einem Fall genügend Frostschutzmittel eingefüllt worden ist, bei ansonsten sorgfältiger Wartung und Überwachung), OLG Oldenburg 18. VII. 1951 VersR 1951 S. 272 mit Anm. Prölss (Fahrer einschlägig vorbestraft, aber danach dreizehnjährige Fahrzeit ohne Beanstandung), OLG München 11./12. X. 1967 VersR 1968 S. 1158 (Anleitung der Fahrer durch dafür angestellten Mechaniker).

ββ) **Überbeanspruchung**

LG Konstanz 16. X. 1953 VersR 1953 S. 448, OLG Neustadt 21. X. 1955 VersR 1957 S. 174, LG Frankenthal 14. VI. 1956 VersR 1956 S. 513, OLG Düsseldorf 7. XI. 1967 VersR 1968 S. 61 (alle: Zulassung des Fahrtantritts in Kenntnis der Übermüdung).
Nicht: BGH 25. IV. 1957 VersR 1957 S. 353 (Verletzung der Arbeitszeitbestimmungen nicht stets grobfahrlässig. Hier: Fahrer versicherte, er fühle sich nach den vorausgegangenen Ruhepausen noch frisch), BGH 27. II. 1964 VersR 1964 S. 475 (nicht ordnungsgemäße Führung des Schichtenbuches beweist nicht Übermüdung), OLG Köln 16. VI. 1933 JRPV 1933 S. 355, OLG Frankfurt 9. II. 1965 VersR 1966 S. 179, OLG Hamm 22. IX. 1971 VersR 1972 S. 732 (alle: einmalige Überbeanspruchung), OLG Karlsruhe 12. VII. 1957 VersR 1957 S. 477 (Fahrer arbeitet ohne Wissen des Vmers übermäßig lange).

γγ) **Duldung der Fahrt durch alkoholisierten Fahrer**
Nicht: OLG Celle 7. I. 1957 VersR 1957 S. 191 (wenn Fahrer dem Vmer, der mit ihm Alkohol getrunken hat, noch fahrtüchtig erscheint).

β) **Sonstige Personen**

OLG Hamburg 7. XII. 1955 VersR 1956 S. 42 (private Vermietung an nahezu unbekannten Dritten), OLG Neustadt 9. XII. 1955 VersR 1956 S. 153 (Dritter ohne Führerschein und alkoholisiert), LG Gießen 25. X. 1956 VersR 1956 S. 614 (Dritter alkoholisiert und übermüdet), LG Aurich 20. X. 1960 VersR 1967 S. 851 (Dritter ohne Führerschein), OLG Celle 22. X. 1962 VersR 1963 S. 156 (Dritter unerfahren), LG Köln 6. XI. 1974 VersR 1975 S. 850 (vom Sehen bekannter Dritter).

VI. Subjektive Voraussetzung § 61
Anm. 54 f, 55 a

Nicht: BGH 27. XI. 1974 VersR 1975 S. 225 (Dritter angeblicher Parkhausangestellter), OHG Wien 13. IV. 1966 VersR 1966 S. 1196 (Nichthindern der Benutzung durch nicht einschlägig vorbestraften Bruder), OLG Neustadt 14. III, 1953 VersR 1953 S. 182 (Duldung der Weiterfahrt durch übermüdeten Sohn nach halbstündiger Ruhepause), OLG Düsseldorf 1. X. 1957 VersR 1958 S. 283 (Monteur einer Kfz-Werkstatt ohne Führerschein für Probefahrt), OLG Hamm 5. XII. 1957 VersR 1958 S. 671 (Dritter ohne Führerschein; er soll aber nur Sachen ins Auto bringen), OLG Neustadt 28. II. 1958 VersR 1958 S. 450 (Sohn einschlägig vorbestraft unter Belassung des Führerscheins), OLG Karlsruhe 26. VII. 1961 VersR 1961 S. 1106 = NJW 1961 S. 2352 (jugendlicher Fahrer, der trotz Alkoholgenusses weder müde noch fahruntüchtig erscheint), OLG Hamm 16. XII. 1970 VersR 1971 S. 409 (Fahrschüler; Lehrer steigt aus, um von draußen Anweisungen zu geben).

[54 f] ff) Sonstiges

BGH 14. IV. 1976 VersR 1976 S. 649 (Unterlassen möglicher, geeigneter und zumutbarer Maßnahmen zum Schutz von Fahrzeugen und Gegenständen bei dringender Überschwemmungsgefahr), OLG Hamburg 28. XI. 1952 VersR 1953 S. 34 (Überfahren der Grenze zur russischen Zone trotz deutlicher Anzeichen), LG Göttingen 14. IV. 1953 VersR 1954 S. 354 (Mitführen unverschlossener Benzinkanister).
Nicht: LG Wiesbaden 18. I. 1973 VersR 1975 S. 630 (Teilnahme an einer Motorsportveranstaltung – Zuverlässigkeitsfahrt –).

[55] b) Fälle aus den übrigen Sachversicherungszweigen

Übersichten im Schrifttum: Prölss, Einbruchdiebstahlv, 3. Aufl., Münden-Berlin 1966, S. 220–224, Prölss-Martin[21] S. 572–573 (Reisegepäckv), Raiser AFB[2] Anm. 8 zu § 17, S. 397–398.

[55 a] aa) Feuerversicherung

α) **Unvorsichtiger Umgang mit Herden**

αα) **Ofen**

OLG Hamm 30. III. 1933 JRPV 1933 S. 274 (Betriebsleiter überzeugt sich nicht sorgfältig genug, daß Feuer in schadhaftem Leimofen gelöscht ist; mangelhafte Überwachung des Betriebsleiters durch den Vmer), LG Köln 31. I. 1952 VersR 1952 S. 126 (Nachschütten von Brennmaterial auf große Glut kurz vor dem Schlafengehen), LG Köln 24. IV. 1953 VersR 1955 S. 419 (Offenlassen der Tür zum Aschenrost während der Nacht, zumal wenn dadurch schon einmal ein Brand entstanden ist), OLG Hamm 10. XII. 1976 VersR 1977 S. 901 (Führen eines Ofenrohres durch selbstgefertigtes Loch in Holzwandverkleidung ohne Hitzeschutz).

ββ) **Gasheizung**

LG Bielefeld 5. IV. 1966 VersR 1967 S. 489 = ZfV 1968 S. 508 (behelfsmäßiges Heizen eines Trockenraumes in Lackierbetrieb, in dem sich aufgetanktes Kfz befindet, mit offener Gasflamme), LG Münster 12. XII. 1975 VersR 1976 S. 921 (Installation einer Propangasheizung unter Verletzung von Sicherheitsvorschriften im Stall).

γγ) **Kohle und Asche**

RG 28. VI. 1927 RGZ Bd 117 S. 327 (Transport glühender Kohlen auf Schaufel von einem zum anderen Ofen), LG Berlin 9. IX. 1939 JRPV 1940 S. 8 (Entleeren der Ofenasche in Pappschachtel, die auf Holzkiste gestellt wird, in die Aschenbecher entleert werden), LG Darmstadt 28. XII. 1976 VersR 1977 S. 442 (Ausleeren von Aschenbechern in Plastikeimer).

δδ) Streichhölzer

RG 18. X. 1901 RGZ Bd 51 S. 20 (glimmend an Stelle mit leichtentzündlichen Gegenständen geworfen).

εε) Kerzen

OLG Breslau 1. VII. 1931 JRPV 1931 S. 276 (ohne Leuchter auf Holzkiste in Bodenraum zurückgelassen), LG Düsseldorf 22. XI. 1966 VersR 1967 S. 365 (Aufstellen auf Holzfußboden mit Stragulanbelag 20–30 cm vor Schlafcouch).

ζζ) Stallaterne

BadVGH 19. III. 1929 Praxis 1930 S. 10 (Zurücklassen mangelhafter Laterne im Stall während der Nacht), KG 25. V. 1932 VA 1932 S. 270 Nr. 2462 = JRPV 1932 S. 248 (Betreten einer Scheune, in der PKW untergestellt ist, mit Stallaterne).

ηη) Zigaretten

AG Bremen 21. I. 1954 VersR 1954 S. 215 (Rauchen auf Bettrand um Mitternacht nach 1–2 Glas Bier und Einnahme einer Phanodorm-Tablette), LG Köln 11. II. 1965 S. 993 (Rauchen im Bett nach dem Schlafengehen).

θθ) Spirituskocher

KG 21. XI. 1931 JRPV 1932 S. 23 (mangelhafte Überwachung und Schutzvorrichtung auf Segeljacht).

ιι) Lötlampe

KG 1. IV. 1930 JRPV 1930 S. 166 (Benutzung in einer Garage), KG 7. VIII. 1935 S. 366 und OLG Braunschweig 28. IX. 1954 VersR 1955 S. 77 = ZfV 1954 S. 650 (Benutzung zum Auftauen einer Wasserleitung im Stall).

Nicht: OLG Celle 15. V. 1936 VA 1936 S. 249 Nr. 2921 = JRPV 1936 S. 284 (Duldung der Verwendung zum Auftauen einer Leitung auf dem Heuboden durch Fachmann).

β) Unvorsichtiger Umgang mit elektrischen Geräten

RG 29. V. 1903 VA 1903 S. 152 Nr. 21 (Nichtbeaufsichtigung einer Beleuchtungsanlage in Geschäftsraum mit leicht brennbarer Ware), OLG Köln 23. XII. 1966 VersR 1967 S. 270 (Föngerät bei Verwendung zum Trocknen einer Decke 2 Stunden unbeaufsichtigt gelassen), OLG Hamm 7. XII. 1972 VersR 1973 S. 169 und OLG Koblenz 15. V. 1975 VersR 1976 S. 281 (Verwendung eines Schleifgerätes, bei dem Funkenflug entsteht, in der Nähe leicht brennbarer Gegenstände).

Nicht: LG Frankfurt 21. III. 1951 VersR 1951 S. 260 (Verwendung einer eingeschalteten Tonwärmflasche im Bett), OLG Karlsruhe 6. X. 1960 VersR 1961 S. 890 (Nichtabschalten eines elektrischen Bügeleisens).

VI. Subjektive Voraussetzung § 61
Anm. 55 b

γ) **Unvorsichtiger Umgang mit leichtbrennbaren Stoffen, Verbringen zu nahe am Herde**
αα) **Benzin**
RG 15. III. 1935 Praxis 1935 S. 87 (unachtsames Nachfüllen in Kfz mit betriebswarmem Motor), LG Wuppertal 25. I. 1950 VersR 1950 S. 116 (Hantieren in der Nähe von elektrischem Heizofen), OLG Hamburg 12, V. 1950 VersR 1950 S. 115 (Verwendung in einer Färberei), LG Bielefeld 19. IX. 1952 VersR 1953 S. 24 (Abfüllen 3 Meter vom Ofen).
Nicht: RG 12. XII. 1933 JRPV 1934 S. 22 (Aufstapeln von mit Waschbenzin gereinigten Möbeln im Wohnraum).

ββ) **Bohnermasse**
OLG Königsberg 20. XII. 1938 JRPV 1939 S. 74 (Erhitzung in der Nähe von offenem Feuer), LG Konstanz 5. XI. 1954 ZfV 1955 S. 120 (Verflüssigen auf Herd ohne ausreichende Aufsicht).

γγ) **Sonstige Stoffe**
OVG Hamburg 18. XII. 1953 VersR 1954 S. 214 (unsachgemäße Lagerung von Filmmaterial), LG Hannover 6. IV. 1954 VersR 1954 S. 355 (Abstellen von Wäschekorb auf Ofenrohr).
Nicht: KG 30. I. 1926 JRPV 1926 S. 69 (vorübergehende Nichtbeaufsichtigung geteerter Netze, die in Ofennähe trocknen), KG 14. XI. 1936 VA 1936 S. 299 Nr. 2952 (Abstellen von Holzlatten auf geschlossener gußeiserner Herdplatte), OLG Celle 13. IX. 1935 JRPV 1936 Z. 27 (Aufbewahrung brennbarer Materialien in unverschlossenem Schuppen), OLG Hamm 20. III. 1974 VersR 1975 S. 607 (Aufstellen von Plastikmülleimer in Gaststätten für unbrennbare Abfälle).

δ) **Sonstiges**
RG 3. VII. 1928 VA 1928 S. 245 Nr. 1899 (Nichtentlassen eines Angestellten, der sich bereits einer Brandstiftung schuldig gemacht hat), BGH 8. III. 1978 VersR 1978 S. 433 (Verletzung von Sicherheitsvorschriften genügt, auch ohne grob fahrlässige Herbeiführung der konkreten Brandgefahr), LG Stettin 11. V. 1932 Praxis 1932 S. 49 (wiederholte leichtfertige Äußerung des Gedankens an Brandstiftung in Gegenwart geistesschwachen Sohnes), LG Wiesbaden 6. X. 1952 VersR 1953 S. 366 (wer wegen fahrlässiger Brandstiftung bestraft ist, hat den Versicherungsfall grobfahrlässig herbeigeführt – offenbar unschlüssig –).
Nicht: OLG Hamm 3. XI. 1976 VersR 1977 S. 1145 (Versuch, kleinere Nachbrände zunächst mit eigenen Mitteln zu löschen, anstatt sofort die freiwillige Feuerwehr erneut zu holen).

[55 b] bb) Einbruchdiebstahlversicherung
α) **Unachtsamer Umgang mit Schlüsseln**
KG 25. X. 1907 VA 1908 Anh. S. 33 Nr. 370 (Geldschrankschlüssel im verschlossenen Schreibpult im selben Zimmer), LG Berlin 7. II. 1931 JRPV 1932 S. 192 (Schmucketuischlüssel hinter Uhr auf Frisiertisch im selben Raum), KG 27. II. 1935 JRPV 1935 S. 186 (Vmer gibt Dritten Gelegenheit, Schlüsselabdrücke zu machen), OLG München 19 II. 1954 VersR 1954 S. 188 (Nichtprüfen ob aufsteckende Buffetschlüssel zu verschlossener Buffetschublade, in der Geld verwahrt wird, auch passen), LG Bochum 28.

III. 1973 RuS 1975 S. 217 (Zurücklassen von Wohnungsschlüssel und Papieren, aus denen sich Adresse ergibt, im PKW).
Nicht: RG 22. II. 1929 Praxis 1929 S. 66 (Ermöglichung der unbefugten Benutzung von Schlüsseln nicht stets grobfahrlässig), OGH Wien 27. VI. 1951 VersRdSch 1952 S. 36 (Steckenlassen der Geschäftsraumschlüssel, obwohl Putzfrauen dort tätig sind und Abdruck nehmen können), KG 9. VI. 1911 VA 1912 Anh. S. 43 Nr. 660 (Verstecken des Geldschrankschlüssels im gleichen Raum in offenem Formularschrank), OLG Düsseldorf 12. III. 1913 VA 1913 Anh. S. 89 Nr. 753 (Verwahren der Schlüssel zur äußeren Geldschranktür in anderem, der Schlüssel zur inneren Tür im selben Raum), KG 19. VI. 1924 VA 1927 S. 50 Nr. 1700 = JRPV 1926 S. 208 (Steckenlassen des Schlüssels in einfachem Schreibtischschloß, da Schloß auch sonst vom Dieb leicht hätte geöffnet werden können), OLG Köln 2. VII. 1930 VA 1930 S. 223 Nr. 2184 = JRPV 1930 S. 321 (Safeschlüssel im verschlossenen Schrank im selben Zimmer [Juwelenv]), KG 13. V. 1936 JRPV 1936 S. 315 (Aufbewahrung der Lagerschlüssel an unauffälliger, Dritten nicht ohne Willen des Vmers zugänglicher Stelle in gut verschlossenem Laden), OLG Bamberg 30. XI. 1971 VA 1975 S. 364 = RuS 1975 S. 260 (Aufbewahrung des Schlüssels zum Kühlraum, in dem sich Geldkassette befindet, an unüblichem Ort).

β) Überlassen von Schlüsseln an Angestellte

RG 14. XI. 1913 VA 1914 Anh. S. 32 Nr. 799 (Vmer merkt, daß Angestellte mit anvertrauten Schlüsseln unsorgfältig umgeht, und unternimmt nichts).
Nicht: Schlüssel wird erprobten Angestellten gelegentlich anvertraut: RG 14. I. 1919 VA 1919 Anh. S. 60 Nr. 1101 (Wohungsschlüssel an Hausportier), KG 19. V. 1928 JRPV 1928 S. 216 (Geschäftsraumschlüssel zum Abschließen), OLG Köln 2. VII. 1930 VA 1930 S. 223 NR. 2184 = JRPV 1930 S. 321 (Safeschlüssel; Nicht-Ändern des Aufbewahrungsortes nach Kündigung).

γ) Nächtliches Offenlassen von Türen und Fenstern

KG 19. I. 1921 VA 1921 Anh. S. 25 Nr. 1188 (oberer Fensterflügel im Parterre), OLG Hamm 30. VI. 1932 JRPV 1933 S. 10 (Tür zum Treppenhaus des Gebäudes, in dem sich versichertes Stofflager befindet).
Nicht: OLG Düsseldorf 12. III. 1913 VA 1913 Anh. S. 89 Nr. 753 (zuverlässiger Hausknecht läßt Tür offen), KG 11. XII. 1926 Praxis 1927 S. 58 (Fenster mit Eisengitter davor), KG 1. VII. 1931 JRPV 1931 S. 321 (Fenster in der Mädchenkammer), LG Berlin 26. I. 1953 VersR 1953 S. 239 (Fenster im Erdgeschoß zur Gartenseite), OLG München 1. VI. 1960 VersR 1961 S. 1079 (schmales Toilettenfenster mit Fliegengitter in einsamer Gegend [trotz Nichtverschließens der inneren Toilettentür]).

δ) Sonstige mangelhafte Sicherung

OLG Düsseldorf 7. XI. 1934 JRPV 1935 S. 41 (durch Einbruchdiebstahl zerstörte Sicherung nicht unverzüglich erneuert), OLG Hamburg 22. X. 1936 JRPV 1937 S. 31 = JW 1937 S. 326 (wertvoller Schmuck während Wochenendreise nicht besonders verwahrt), KG 5. III. 1953 VA 1953 S. 137 = VersR 1953 S. 276 (Verlagerung erheblicher Werte in unbewachte, noch nicht fertiggestellte Wohnung), OLG Köln 2. IV. 1958 VersR 1958 S. 597 (mangelhafte Kontrolle des Werksgeländes und Nichtverständigung der Polizei trotz wiederholter kleinerer Diebstähle).
Nicht: KG 4. VI. 1910 VA 1911 Anh. S. 81 Nr. 613 (Aushängen eines Schildes „von 1–3 Uhr geschlossen", wenn Zugang zum Geschäft in belebtem Hausflur), KG 8. XI. 1922 VA 1923 Anh. S. 85 Nr. 1340 (Unterlassen besonderer Bewachung, wenn vorübergehend Baugerüst aufgestellt ist), KG 24. X. 1925 JRPV 1925 S. 346 (ver-

VI. Subjektive Voraussetzung § 61
Anm. 55 c

sehentliches Liegenlassen wertvoller Kleidungsstücke auf Loggia im zweiten Stock), KG 15. VI. 1935 JRPV 1935 S. 329 (Nichtverschließen des Einsteckschlosses eines Geschäftslokales, da es für Diebe im konkreten Fall kein Hindernis gewesen wäre).

[55 c] cc) Reisegepäckversicherung

α) **Zurücklassen sichtbarer Gegenstände im Fahrzeuginneren**
KG 11. XII. 1926 JRPV 1927 S. 47 (Fenster von außen zu öffnen), KG 29. I. 1930 JRPV 1930 S. 137 (im offenen Wagen), OLG Köln 10. I. 1967 VersR 1967 S. 870 = DB 1967 S. 420 (auf Parkplatz einer Autobahnraststätte; jedenfalls wenn Bargeld und wertvoller Schmuck im Koffer ist), LG Münster 14. VIII. 1970 RuS 1976 S. 176 (Pelzmantel nachts auf Hotelparkplatz), LG Nürnberg 5. V. 1971 VersR 1972 S. 579 (in Sportwagen mit Stoffverdeck tagsüber in Innenstadtstraße), LG Nürnberg 2. V. 1973 VersR 1974 S. 78 (besonders wertvolles Gepäck, nachts), LG Bochum 23. XI. 1973 VersR 1974 S. 745 (in liegengebliebenem PKW auf offener Landstraße im Irak), LG Frankfurt 20. X. 1976 VersR 1977 S. 562 (Ski, nachts).
Nicht: OLG Nürnberg 10. VI. 1960 VersR 1960 S. 892 = BetrBer 1960 S. 924 (auf bis ein Uhr bewachtem Parkplatz, wenn Vmer von durchgehender Bewachung ausgehen durfte), OLG Düsseldorf 28. V. 1974 VersR 1974 S. 901 und KG 17. IX. 1974 VersR 1975 S. 250 (auf Parkplatz einer Autobahnraststätte nachts), LG Wiesbaden 16. VI. 1975 VersR 1976 S. 336 (Fotoausrüstung unter Badesachen eine Stunde), OLG Frankfurt 7. XI. 1975 VersR 1976 S. 1055 (Pelzjacke unter Decke 30 Minuten nachts), OLG Karlsruhe 1. XII. 1977 VersR 1978 S. 417 (normales Reisegepäck).

β) **Kurzes Unbewachtlassen wertvoller Gepäckstücke**
LG Köln 24. V. 1973 VersR 1973 S. 1138 (Pelzjacke bei Paßkontrolle in Südfrankreich), KG Berlin 9. XI, 1973 VersR 1975 S. 463 und LG München 5. III. 1975 VersR 1976 S. 164 (in Großstadtbahnhofshalle), LG München 28. V. 1975 VersR 1975 S. 896 (Krokokoffer im Postamt), LG Köln 2. VII. 1975 RuS 1975 S. 219 (Wertgegenstände beim Baden im Süden), LG Berlin 4. XI. 1975 VersR 1976 S. 725 (in Flughafenschalterhalle beim Kartenlösen), LG Berlin 12. V. 1977 VersR 1977 S. 909 (Fotoapparat über Rückenlehne des Stuhles in Bahnhofsgaststätte), LG München 5. VII. 1977 VersR 1977 S. 859 (Koffer vor Flughafengebäude), AG Köln 7. XII. 1977 VersR 1978 S. 438 (Tasche mit wertvollem Inhalt neben dem Stuhl in belebtem Straßencafé).
Nicht: LG Köln 27. X. 1976 VersR 1977 S. 470 (normaler Urlaubskoffer in Flughafenhalle während Begrüßung), OLG Bremen 20. VII. 1977 VersR 1977 S. 1024 (Koffer auf indonesischem Busbahnhof, während Gesprächs mit einem von zwei Trickdieben).

γ) **Sonstiges:**
LG Köln 17. IX. 1975 VersR 1976 S. 747 (Tragen eines wertvollen Brillantringes beim Spielen im Wasser und Sand [Juwelenversicherung]).
Nicht: OLG Hamm 16. VI. 1971 VersR 1971 S. 1115 (Bewachungsauftrag an für Auskunft zuständigen Bahnbeamten, der sich zur Bewachung bereiterklärt hat), OLG Hamm 9. II. 1973 VersR 1973 S. 757 (Aufbewahren eines Gepäckscheins in Manteltasche), OLG Hamburg 25. X. 1973 VersR 1974 S. 463 (vorübergehendes Zurücklassen von Gepäck im Eisenbahnabteil), LG München 6. IV. 1977 VersR 1977 S. 858 (Zurücklassen von Gepäck in auf der Straße abgestelltem PKW – jedenfalls ab sechs Uhr morgens –).

[55 d] dd) Leitungswasserversicherung

Nicht: OLG Hamm 19. XI. 1971 VersR 1972 S. 265 mit Anm. Stringer VersR 1972 S. 479 (Nichtrechnen mit Einfrieren von an Innenwänden unter Putz verlegten Wasserleitungen bei längerer Abwesenheit im Winter).

[55 e] ee) Sturmversicherung

OLG München 4. IV. 1977 VersR 1977 S. 712 mit Anm. Martin VersR 1977 S. 713 (ungenügendes Schließen einer Balkontür bei Sturm).

[55 f] ff) Gütertransportversicherung

LG Aschaffenburg 21. VIII. 1953 VersR S. 430 (Mitführen eines ungenügend verschlossenen Benzinkanisters unter Textilien auf LKW), LG München 31. X. 1974 VersR 1975 S. 236 (Stehenlassen eines Motorbootes auf Trailer längere Zeit unbeaufsichtigt am Straßenrand).
Nicht: BGH 22. XII. 1955 VersR 1956 S. 84 (Mitnahme von Holzwolle auf Anhänger eines LKW), OLG Karlsruhe 5. II. 1958 VersR 1958 S. 226 (unsachgemäßes Beladen eines Schiffes).

[55 g] gg) Skiversicherung

Nicht: OGH Wien 21. X. 1970 ZVR 1971 S. 132 Nr. 104 (Zurücklassen von Skiern auf Skiträger des Kfz während Einkehr), LG Frankfurt 11. X. 1976 VersR 1977 S. 351 (Aufbewahrung der Skier in unverschlossenem Skiraum in verschlossenem Apartmenthaus).

[55 h] hh) Musikinstrumentenversicherung

LG Darmstadt 18. IV. 1975 VersR 1976 S. 35 (Zurücklassen wertvoller Instrumente mehrere Tage und Nächte unsichtbar in verschlossenem LKW).

[55 i] ii) Luftfahrtzeugversicherung

LG Oldenburg 8. VIII. 1975 VersR 1976 S. 456 und LG Bayreuth 24. XI. 1976 VersR 1977 S. 349 (Nichtüberzeugen von Erhaltung der Voraussetzungen für einen Sichtflug).

[55 j] jj) Wassersportfahrzeugversicherung

OLG Bremen 25. V. 1977 VersR 1977 S. 913 (Nichtbeachten ungekennzeichneter Steinbuhnen, wenn Vmer von ihrem Vorhandensein weiß, die landseitig herausragenden Teile erkennen kann und ihre Länge aus Seekarten ersichtlich ist).
Nicht: OLG Düsseldorf 30. V. 1972 VersR 1972 S. 851 = MDR 1972 S. 1038 (zu kurzes Anbinden eines Bootes an festen Steg bei bevorstehender Ebbe).

[57] VII. Einstehen für Dritte

1. Grundlegung

Ähnlich wie bei den Obliegenheiten (Anm. 54–109 zu § 6) spielt in der Praxis auch bei der Herbeiführung des Vsfalles die Frage eine sehr große Rolle, ob ein Vmer für das Verhalten anderer Personen einzustehen habe. Infolge der unterschiedlichen Rechtsnatur von Obliegenheiten einerseits und Herbeiführungsregeln andererseits (die ja nicht als Obliegenheiten, sondern als Gefahrenausschlüsse zu qualifizieren sind: Anm. 17–22), dürfen nicht ohne Weiteres die für die Obliegenheiten entwickelten Regeln auf die Fälle der §§ 61, 152 übertragen werden. Aber es wird sich doch zeigen, daß im

VII. Einstehen für Dritte §61
Anm. 58, 59

Ergebnis identische Grundsätze gelten. Die hier zitierten Schrifttums- und Rechtssprechungsnachweise beziehen sich speziell auf die Herbeiführung des Vsfalles, soweit nichts anderes vermerkt ist.

Aus der Rechtsnatur des subjektiven Gefahrenausschlusses ergibt sich, daß er sich nicht nur auf das Subjekt des Vmers beziehen kann, sondern auch auf Dritte. Vorweg werden einige Sonderfälle (Anm. 58–64) behandelt, nämlich die V für fremde Rechnung (Anm. 58–59) mit einem Seitenblick auf die Fremdpersonenv (Anm. 60), die V juristischer Personen (Anm. 61), die V mehrerer Personen (Anm. 62–64). Als Normalfälle (Anm. 65–77) – mit regelmäßig nur einem beteiligten Vmer – werden sodann Fälle der Rechtsnachfolge (Anm. 65) und der Vertretung (Anm. 66) ins Auge gefaßt, weiterhin die Fallgruppen der Herbeiführung des Vsfalles durch Familienangehörige (Anm. 67–68) und sogen. „wirtschaftlich Vte" (Anm. 69) und schließlich die wichtigen Tatbestände der Repräsentantenhaftung (Anm. 70–77).

Die Repräsentantenhaftung beruht (negativ) auf der Ablehnung des Selbstverschuldensprinzips (Anm. 71), der Erfüllungsgehilfenhaftung (Anm. 72) und der Verrichtungsgehilfenhaftung (Anm. 73). Ihre Begründung in Schrifttum (Anm. 75) und Rechtssprechung (Anm. 76) führt zur Unterscheidung mehrerer Fallgruppen (Anm. 77).

In wachsendem Umfange wird das Problem des Einstehens für Dritte durch Sondervereinbarungen geklärt (Anm. 78).

[58] 2. Sonderfälle
  a) Versicherung für fremde Rechnung
  aa) Herbeiführung durch den Versicherungsnehmer

Die Aufspaltung der dem Ver gegenüberstehenden Parteien in den Vertragspartner (Vmer) und den materiell aus dem Vsvertrag Berechtigten (Vten; § 75 I 1) läßt die Frage auftreten, wie die Ausschlußregelung der §§ 61, 152 bei einer V für fremde Rechnung Platz greift, wenn der Vmer und/oder der Vte den Vsfall schuldhaft herbeiführen.

Der Wortlaut des Gesetzes verweist in den genannten Vorschriften auf den Vmer. § 79 I besagt aber, daß „auch .... das Verhalten des Vten in Betracht" komme, also neben dem Verhalten des Vmers. Die Vsnahme erweist, daß der Vmer an der V ein gewisses Interesse – wenngleich nicht das „vte Interesse" – hat. Überdies ist der Vmer nach der Regel des § 76 I Verfügungsberechtigter hinsichtlich der (fremden) Vsforderung, und man spricht von einer Treuhänderschaft des Vmers (Sieg Anm. 8, 22 zu §§ 75, 76).

Deshalb sind die §§ 61, 152 hinsichtlich des Vmers bei der V für fremde Rechnung nicht etwa eingeschränkt anzuwenden, vielmehr beraubt auch eine schuldhafte Herbeiführung des Vsfalles seitens des Vmers den oder die Vten ihres Vsschutzes (so auch Bruck S. 650, Hagen I S. 711, Kisch III S. 444, ZVersWiss 1939 S. 9, Möller Verantwortlichkeit a.a.O. S. 14, Muchtaris, Die Rechtslage bei Vorhandensein von mehreren Kraftfahrhaftpflichttvten, Hamburger Diss. 1962, S. 121, Raiser AFB[2] Anm. 25 zu § 13, S. 332, Ritter-Abraham Anm. 16 zu § 33, S. 554, Sieg Anm. 9 zu § 79, S. 982, Stupp a.a.O. S. 71–72, a.M. nur Ehrenzweig S. 264, der darauf abhebt, ob der Vmer „Gefahrverwalter" (Repräsentant) des Vten war, was allerdings „bis auf den Gegenbeweis vermutet werden" soll, und Framhein a.a.O. S. 71–72, von § 162 II BGB ausgehend. Wie hier für Obliegenheitsverletzungen in der Kraftfahrtv BGH 18. I. 1958 BGZ Bd 26 S. 287–289.

[59] bb) Herbeiführung durch den Versicherten

Der Vte ist bei der V für fremde Rechnung der materiell Berechtigte als Träger des vten Interesses. Von ihm muß eine sachgerechte Risikoverwaltung primär gefordert werden, und deshalb bestimmt § 79 I seit 1939, daß es (auch) auf das Verhalten des Vten ankomme (vgl. Begr. III S. 14; zum vorgesetzlichen Recht RG 28. VI. 1927 RGZ Bd 117 S. 327–332, 15. X. 1935 RGZ Bd 149 S. 69–75, 13. V. 1938 RGZ Bd 157 S. 314–320, aber auch Möller Verantwortlichkeit a.a.O. S. 13–14 m.w.N.). Zwar gibt es keine Verträge zu Lasten Dritter, aber ebenso wie Obliegenheiten können auch Gefahrenausschlüsse zum Nachteil jedes Vten vorgesehen werden; es besteht ja keine den Vten belastende echte Rechtspflicht, den Schaden zu verhüten (Anm. 18). Führt also der Vte den Vsfall schuldhaft herbei, so greift die Ausschlußregelung Platz. Der Ausschluß bezieht sich aber nur auf den eigenen Vsschutz des Vten; bei gleichzeitiger Deckung des Vmers und/oder anderer Vter bleibt deren Vsschutz unberührt.

Zu alledem vgl. Sieg Anm. 9, 12 zu § 79, S. 982, 983, Johannsen Anm. H 19, S. 508, ferner Bruck S. 650, Eberhardt Der Vmer 1962 S. 109–111, Kisch III S. 444–445, Muchtaris a.a.O. (Anm. 58) S. 120–121, Pfretzschner a.a.O. S. 31–34, 37, Prölss-Martin[21] Anm. 1 zu § 79, S. 415–416, Stupp a.a.O. S. 68–71, BGH 13. VI. 1957 BGHZ Bd 24 S. 384, 28. I. 1957 BGHZ Bd 26 S. 288 (beide zu Obliegenheitsverletzungen), 15. XII. 1970 VersR 1971 S. 239–241 = NJW 1971 S. 459–461, 13. VII. 1971 VersR 1971 S. 1121–1122, OLG Hamburg 10. X. 1935 JRPV 1936 Z S. 13.

Über die Aufeinanderfolge mehrerer Vter (bei V für Rechnung, wen es angeht) bei einem Versendungskauf und Herbeiführung des Vsfalles durch einen von ihnen: KG 20. II. 1926 VA 1926 S. 304–307 Nr. 1655 = JRPV 1926 S. 70–73 (Empfänger).

Über die Herbeiführung des Vsfalles durch den Realgläubiger in der Gebäudefeuerv: Prölss-Martin[21] Anm. 4 zu § 102, S. 452–453.

[60] b) Fremdpersonenversicherung

Bei der Personenv auf die Person eines anderen steht in dem Falle der §§ 159 I, 179 I, III 1 der Vsforderung dem Vmer zu, z.B. bei einer Firmengruppenv, genommen von einem Unternehmer auf die Person von Arbeitnehmern, aber für **eigene Rechnung**. Führt hier der Vmer den Vsfall vorsätzlich herbei, so haftet der Lebens- und Unfallver nicht (§§ 170 I, 181 I 2, auch Wagner Anm. G 221). Hat der Vmer einen Bezugsberechtigten eingesetzt, so führt die vorsätzliche Herbeiführung des Vsfalles durch den Bezugsberechtigten dazu, daß „die Bezeichnung als nicht erfolgt" gilt (§§ 170 II, 181 II), d.h. die Vsleistung fließt dem Vmer zu. Führt die Gefahrsperson den Vsfall vorsätzlich herbei, so ergibt sich der Haftungsausschluß für den Ver aus §§ 161, 179 IV. Jedoch kann sich in der Lebensv aus einer Selbstmordklausel die Haftung des Vers ergeben, und in der Unfallv entscheiden die Kriterien des Unfallbegriffes.

Bei einer Unfallfremdv für **fremde Rechnung** (§ 179 II) steht die Vsforderung der Gefahrsperson (oder ihren Bezugsberechtigten oder Erben) zu, und die §§ 75–79 finden entsprechende Anwendung (§ 179 II 2). Aus der Verweisung auf § 79 I und § 181 I 1 ergibt sich, daß bei Selbstmord oder Selbstverstümmelung die Gefahrsperson (der Vte) ausdrücklich keinen Vsschutz genießt, ebensowenig wie der den Unfall vorsätzlich herbeiführende Vmer (§ 181 I 2). Für einen bezugsberechtigten Herbeiführer des Vsfalles gilt wieder § 181 II: Ermordet die bezugsberechtigte Ehefrau ihren Ehemann, also die Gefahrsperson, so gilt die Bezeichnung als nicht erfolgt; die Erben treten an die Stelle der Bezugsberechtigten, wobei die Ehefrau selbst als erbunwürdig zu erklären ist (KG 25. V. 1927 JRPV 1927 S. 226–227). Vgl. auch Prölss-Martin[21] Anm. 4 zu § 170, S. 953.

In der gesetzlich ungeregelten privaten Krankenv stellt z.B. § 4 IX 1 Grundbedingungen (oben Anm. 14) den Vorsatz vter Personen jenem des Vmers gleich. Auch wo es an solcher speziellen Regelung fehlt, wie in § 5 I b MB/KK, § 15 IV Normativbedingun-

VII. Einstehen für Dritte **§ 61**
Anm. 61, 62

gen (gleichfalls oben Anm. 14), wird man in Analogie zu den §§ 79, 161, 179 IV annehmen müssen, daß diese Gleichstellung gilt.

[61] c) Versicherung juristischer Personen

Es entspricht dem Rechtsgedanken der §§ 31, 89 I BGB, daß juristische Personen für das Verhalten von Vertretungsorganen einzustehen haben, und zwar auch dann, wenn Gesamtvertretung vorgesehen ist, aber ein einzelner Gesamtvertreter den Vsfall schuldhaft herbeiführt. Dabei handelt es sich ja nicht um ein rechtsgeschäftliches Tun oder Unterlassen der Organmitglieder. Es kommt auch nicht darauf an, ob das Organ „in Ausführung der ihm zustehenden Verrichtungen gehandelt hat"; denn der Ver muß damit rechnen, daß alle Organmitglieder stets eine ordnungsgemäße Risikoverwaltung durchführen.

Wie hier Hagen I S. 636–637 mit S. 537, Huber a.a.O. S. 39–40, Kisch WuRdVers 1939 Nr. 1 S. 46–54, Möller Verantwortlichkeit a.a.O. S. 19–20, Raiser AFB² Anm. 10 zu § 17, S. 399, BGH 9. VII. 1954 NJW 1954 S. 1576–1577 (Strafsache), RG 4. VI. 1907 RGZ Bd 66 S. 181–186, KG 11. II. 1920 VA 1920 Anh. S. 89–90 Nr. 1173.

[62] d) Versicherung mehrerer Personen
   aa) Gesamthandsgemeinschaften

Bei Gesamthandsverhältnissen besteht ein enger Zusammenhang zwischen den Beteiligten, speziell bei der Gesellschaft des bürgerlichen Rechtes, dem nicht rechtsfähigen Verein, der offenen Handelsgesellschaft, der Kommanditgesellschaft, der Miterbengemeinschaft und der ehelichen Gütergemeinschaft. Beim Gesamthandseigentum kommt als Trägerin des vten Interesses nur die Gesamtheit der Beteiligten als solche in Betracht (Anm. 59, 111 zu § 49).

Dies hat im Zusammenhang mit den §§ 61, 152 zur Folge, daß die Herbeiführung des Vsfalles durch einen der Gesamthänder die Ausschlußregelung Platz greifen läßt, gleichgültig wer als Vmer aufgetreten ist – die Gesamthandsgemeinschaft oder ein einzelner Gesamthänder oder ein Dritter. Auf die Vertretungsverhältnisse kommt es gleichfalls nicht an. Einzelbegründung bei Möller Verantwortlichkeit a.a.O. S. 20–23, Hans-RGZ 1938 A Sp. 229–232, JW 1938 S. 1955–1956 m.w.N.

Aus dem Schrifttum ebenso Bach VersR 1959 S. 247, Bruck S. 650 Framhein a.a.O. S. 73–74, Josef WuRdVers 1930 Nr. 1 S. 36, Pfretzschner a.a.O. S. 63–84, 106, Ritter-Abraham Anm. 53 vor § 1, S. 31–32, Schlegelberger S. 13–14, Sieveking, Gemeinschaftsv, Hamburger Diss. 1926, S. 39, Stupp a.a.O. S. 66–67.

Aus der Rechtssprechung zur Herbeiführung des Vsfalles vgl. grundlegend RG 13. V. 1938 RGZ Bd 157 S. 314–320 (Erbengemeinschaft, Gesellschaft), BGH 13. VI. 1957 BGHZ Bd 24 S. 378–386 (Sachv einer Gesamthandsgemeinschaft). Ferner vgl.OLG Breslau 1. VII 1931 JRPV 1931 S. 276–277 (Erbengemeinschaft), OLG Hamburg 12. II. 1912 LZ 1912 Sp. 870–871 (Erbengemeinschaft). OLG Neustadt 9. XII. 1955 VersR 1956 S. 153–154 (Erbengemeinschaft), OLG Stuttgart 11. IX. 1931 JRPV 1932 S. 79 (fortgesetzte Gütergemeinschaft), LG Köln 20. IV. 1932 VA 1933 S. 423–424 Nr. 2644 (Gesellschaft). Zum vorgesetzlichen Recht KG 29. XI. 1907 VA 1908 Anh. S. 60–61 Nr. 389 (offene Handelsgesellschaft, Vergrößerung des Schadens).

Bei der Haftpflichtv ist zu beachten, daß neben der Haftung der **offenen Handelsgesellschaft** die **persönliche Haftung** der Gesellschafter für Verbindlichkeiten der Gesellschaft steht (vgl. §§ 124, 128 HGB). Soweit die Haftpflichtv diese persönliche Haftung mitumfaßt, steht der einzelne Gesellschafter dem Ver als Einzelgläubiger gegenüber, was bei Obliegenheitsverletzungen eine isolierte Betrachtung des Schicksals der Einzelforderung gestattet (BGH 13. VI. 1957 BGHZ Bd 24 S. 378–382). Bei vorsätzlicher Herbeiführung des Vsfalles ist jedoch der Ausschluß des Vsschutzes nach § 152 nicht auf den vorsätzlich handelnden Gesellschafter zu beschränken (Oberbach I S. 249, dahingestellt von BGH a.a.O. S. 382).

Die **Kommanditisten** einer Kommanditgesellschaft sind Gesellschafter der Gesamthandsgemeinschaft, wenngleich von der Vertretung (§ 170 HGB) und regelmäßig von der Geschäftsführung (§ 164 HGB) ausgeschlossen. Infolge der Haftungsregelung (§§ 161 I, 171–172 HGB) und der Gewinn- und Verlustbeteiligung (§§ 167–168 HGB) ist der Kommanditist am Schicksal der Gesamthandsgemeinschaft ebenso interessiert wie ein persönlich haftender Gesellschafter. Die schuldhafte Herbeiführung des Vsfalles durch den Kommanditisten läßt demnach gegen alle Gesamthänder die Ausschlußregelung der §§ 61, 152 eingreifen.

Dieses Ergebnis ist für die „unschuldigen" Gesamthänder unbefriedigend und gefährlich. Pfretzschner a.a.O. S. 84–103, 106–107 erwägt deshalb – auch für analoge Fälle – die Vereinbarung einer **Klausel**, die den Mitbeteiligten den Vsschutz erhält, bei Übergang des Ersatzanspruches gegen den schuldigen Gesamthänder auf den Ver (vgl. dazu auch die Wohnungseigentumsklausel in Anm. 63).

Zu § 67 II ist bedeutsam, daß Regreßansprüche gegen Familienangehörige eines Gesamthänders, die den Vsfall schuldhaft herbeigeführt haben, nicht auf den Ver übergehen (Sieg Anm. 104 zu § 67, S. 756, BGH 9. III. 1964 VA 1964 S. 230 = VersR 1964 S. 479).

[63] bb) Bruchteilsgemeinschaften

Den Gesamthandsgemeinschaften stehen die Fälle des Miteigentums nach Bruchteilen gegenüber. Hier – etwa bei der Sammelladung, dem Sammellager oder dem Sammeldepot – kommt als Interesseträger nur der einzelne Miteigentümer in Betracht, deshalb kann auch nur der einzelne Miteigentümer als Vter angesehen werden (anders Kisch III S. 252 Anm. 3 [vgl. aber auch S. 86, 291–292], ZVersWiss 1939 S. 5–6 und – ihm folgend – OLG Stuttgart 29. IX. 1937 HansRGZ 1938 A Sp. 229–234). Da die Vsforderung stets dem Träger des Interesses, also dem Vten zusteht, kommt auch die Konstruktion einer einheitlichen Vsforderung nicht in Betracht. Werden dennoch die Interessen der verschiedenen Miteigentümer in einem einheitlichen Vertrag vert, so handelt es sich um eine nur aus Zweckmäßigkeitsgründen erfolgende, rein äußerliche Zusammenfassung.

Treten alle Miteigentümer zusammen als Vmer auf, so haften sie als Gesamtschuldner für die Prämie, falls wirklich ein einheitlicher Vertrag gewollt ist (§ 427 BGB). Führt nun einer der Miteigentümer den Vsfall herbei, so wird man angesichts der Einheitlichkeit des Vertrages und angesichts des Gesetzeswortlautes zu dem Ergebnis kommen müssen, daß das Verhalten des einen Miteigentümers den übrigen schadet. Auch das OLG Marienwerder 12. XI. 1927 VA 1928 S. 11–12 Nr. 1794 und das KG 12. IX. 1936 JRPV 1937 S. 43–44 = ÖffrVers 1937 S. 25–26 billigen diesen Standpunkt. Ebenso Bruck S. 650, Pfretzschner a.a.O. S. 28, 52–63, Stupp a.a.O. S. 67, a.A. Framhein a.a.O. S. 74, Ritter-Abraham Anm. 54 vor § 1, S. 32–33, Anm. 13 zu § 33, S. 550, Sieveking, Gemeinschaftsv, Hamburger Diss. 1926, S. 39, OGH Wien 19. IV. 1961 VersR 1962 S. 815–819 mit Anm. Wahle; auf die „Gefahrverwaltung" abstellend und diese vermutend Ehrenzweig S. 269 (vgl. aber für den Betrugsfall auch S. 270–271).

Wenn dagegen als Vmer nur ein einzelner Miteigentümer auftritt, aber die V im eigenen Namen auch für Rechnung der übrigen Miteigentümer nimmt, so muß man unterscheiden: Beobachtet hier der Vmer selbst das die Verwirkungsfolge aus-

VII. Einstehen für Dritte § 61
Anm. 63

lösende Verhalten, so müssen sich dies wegen der Vmereigenschaft des Schuldigen und wegen des Gesetzeswortlauts auch die übrigen Miteigentümer entgegenhalten lassen. Diese Ansicht vertritt seit langem das RG 3. III. 1916 VA 1916 Anh. S. 56—57 Nr. 938, auch Ritter-Abraham Anm. 54 vor § 1 S. 33. Ist dagegen der Schuldige ein anderer beteiligter Miteigentümer, der also nur Vter, nicht Vmer ist, so läßt sich der Gesetzeswortlaut nicht heranziehen, und aus dem Gesetzeszweck läßt sich nur entnehmen, daß der Schuldige seine eigene Vsforderung verwirkt. Dagegen müssen angesichts des Vorhandenseins gesonderter Interessen und Vsforderungen die Rechte der unschuldigen Miteigentümer hier unberührt bleiben; allein auf den Gesichtspunkt, daß ein einheitlicher Vertrag vorliege, läßt sich ein entgegenstehendes Ergebnis kaum stützen. Im Schrifttum wie hier Kisch ZVersWiss 1939 S. 6—7, Ritter-Abraham Anm. 54 vor § 1, S. 33, anders aber Kisch JherJ Bd 63 S. 421, Kisch II S. 504, III S. 574—575, Raiser AFB[2] Anm. 9 zu § 17, S. 398. Das OLG Breslau 1. VII. 1931 JRPV 1931 S. 276—277 = Prax 1931 S. 73 hat die hier vertretene Meinung für einen Sachverhalt gebilligt, in welchem allerdings nur ein einziger Miteigentumsanteil vert war, dann aber ein anderer (unvter) Miteigentümer den Vsfall schuldhaft herbeigeführt hat. Wie hier aber eindeutig RG 13. V. 1938 RGZ Bd 157 S. 320 in einem Fall, in dem ein Ehemann auch den Miteigentumsanteil seiner Ehefrau vert hatte und die Ehefrau den Brand gestiftet hatte.

Ist Vmer ein Außenstehender, so kann das Verhalten dieses Außenstehenden den Vten zugerechnet werden, weil sie für den Vmer einzustehen haben. Das Verhalten eines einzelnen Vten würde aber wiederum nicht gegen die übrigen Vten wirken.

Auch bei der V kraft Gesetzes kann das Verhalten eines Miteigentümers den übrigen Miteigentümern nicht zugerechnet werden. Das hat das OLG Stuttgart 29. IX. 1937 HansRGZ 1938 A Sp. 229—234 klar herausgestellt.

Eine Zurechnung könnte im Einzelfall nur erfolgen, falls man von der Repräsentantenhaftung ausgeht und falls der Schuldige Repräsentant der übrigen Miteigentümer ist (RG 13. V. 1938 RGZ Bd 157 S. 320). Aber davon ist erst in Anm. 70—77 die Rede.

Bei Wohnungseigentum steht neben dem Sondereigentum an einer Wohnung das Miteigentum nach Bruchteilen am gemeinschaftlichen Grundstück (§ 1 I, II, IV WEG). Zur ordnungsgemäßen Verwaltung gehört „die Feuerv des gemeinschaftlichen Eigentums zum Neuwert sowie die angemessene V der Wohnungseigentümer gegen Haus- und Grundbesitzerhaftpflicht" (§ 21 V Ziff. 3 WEG). Die Feuerv des Sondereigentums ist demnach an und für sich Sache der einzelnen Eigentümer; die Haftpflichtv muß dagegen die Risiken sowohl aus dem Sondereigentum als auch diejenigen aus dem gemeinschaftlichen Eigentum decken, zumal da eine Aufspaltung dieser beiden Bereiche schwierig und unzweckmäßig wäre. In Ziff. 61 Wettbewerbsrichtlinien der Vswirtschaft findet sich für die Sachv der Grundsatz: „Bei ‚Wohnungseigentum' sollen das ‚gemeinschaftliche Eigentum', das einzelne Wohnungseigentum und alles ‚Sondereigentum' einheitlich in einem Vsvertrag vert werden."

Der Verband der Sachver hat folgende von BAA genehmigte (VA 1960 S. 198) Klausel 8.07 entwickelt und erläutert:

8.07 Klausel für die Gebäudeversicherung bei Wohnungseigentum

Nachdem die Versammlung der Wohnungseigentümer beschlossen hat, das gemeinschaftliche Eigentum und alles Sondereigentum (§ 1 Abs. 2 und 4 des Wohnungseigentumsgesetzes) unter gesamtschuldnerischer Haftung sämtlicher Wohnungseigentümer für die Prämie und unter Anerkennung der nachfolgenden Bedingungen einheitlich in einem

Versicherungsvertrag zu versichern, werden für diese Versicherung die folgenden Sonderbedingungen eingeräumt:

(1) Hat ein Wohnungseigentümer nach dem Versicherungs-Vertragsgesetz oder den Allgemeinen Versicherungsbedingungen dieses Vertrages den Entschädigungsanspruch verwirkt, so bleibt der Versicherer den übrigen Wohnungseigentümern wegen ihres Sondereigentums und ihrer Miteigentumsanteile (§ 1 Abs. 2 des Wohnungseigentumsgesetzes) zur Entschädigung verpflichtet. Im Falle vorsätzlicher Herbeiführung des Versicherungsfalles ist der Wohnungseigentümer, in dessen Person der Verwirkungsgrund vorliegt, verpflichtet, dem Versicherer diesen Entschädigungsbetrag zu erstatten.

(2) Die übrigen Wohnungseigentümer können verlangen, daß der Versicherer ihnen im Rahmen des Betrages der verwirkten Entschädigung auch hinsichtlich des Miteigentumsanteils des Wohnungseigentümers, der den Entschädigungsanspruch verwirkt hat, Ersatz leistet, jedoch nur unter der Voraussetzung, daß diese zusätzliche Entschädigung zur Wiederherstellung des gemeinschaftlichen Eigentums (§ 1 Abs. 4 des Wohnungseigentumsgesetzes) verwendet wird. Der Wohnungseigentümer, in dessen Person der Verwirkungsgrund vorliegt, ist verpflichtet, dem Versicherer diese Mehraufwendung zu erstatten.

(3) Kann im Falle der Feuerversicherung ein Realgläubiger hinsichtlich des Miteigentumsanteils des Wohnungseigentümers, der den Entschädigungsanspruch verwirkt hat, Leistung aus der Feuerversicherung an sich selbst gemäß § 102 VVG verlangen, so entfällt die Verpflichtung des Versicherers nach Abs. 2 Satz 1. Der Versicherer verpflichtet sich, auf eine nach § 104 VVG auf ihn übergegangene Gesamthypothek (Gesamtgrundschuld) gemäß § 1168 BGB zu verzichten und dabei mitzuwirken, daß der Verzicht auf Kosten der Wohnungseigentümer in das Grundbuch eingetragen wird. Der Wohnungseigentümer, in dessen Person der Verwirkungsgrund vorliegt, ist im Falle von Satz 2 verpflichtet, dem Versicherer die für seinen Miteigentumsanteil und sein Sondereigentum an den Realgläubiger erbrachte Leistung zu erstatten.

(4) Für die Gebäudeversicherung bei Teileigentum (§ 1 Abs. 3 des Wohnungseigentumsgesetzes) gelten die Bestimmungen der Ziffern (1) bis (3) entsprechend.

Erläuterungen zu Klausel 8.07

Das Vorwort nennt die Voraussetzungen, unter denen die Klausel nur gewährt werden soll. Durch den formellen Beschluß der Wohnungseigentümerversammlung wird gewährleistet, daß sämtliche Wohnungseigentümer – auch etwa überstimmte – unter Anerkennung der Bedingungen der Wohnungseigentümer hinsichtlich des gemeinschaftlichen und allen Sondereigentums als Versicherungsnehmer eines einheitlichen Versicherungsvertrages gelten und daß Erstattungsansprüche gegen einen „schuldigen" Wohnungseigentümer realisiert werden können.

Durch Absatz 1 wird hinsichtlich der Miteigentumsanteile im Fall der Verwirkung des Entschädigungsanspruchs die von der normalen Rechtslage bei der Versicherung von Miteigentum abweichende Regelung zugunsten der schuldlosen Wohnungseigentümer vereinbart, die in Anbetracht der besonderen Ausgestaltung des Wohnungseigentums gerechtfertigt ist und überdies der Billigkeit entspricht. Bei vorsätzlicher Herbeiführung des Versicherungsfalles soll der Schädiger jedoch gehalten sein, den Versicherer schadlos zu halten.

In Absatz 2 wird in Abweichung von der – abänderlichen – Regelung des § 61 VVG bestimmt, daß der Versicherer den schuldlosen Wohnungseigentümern auch hinsichtlich des Miteigentumsanteils des Schädigers Ersatz zu leisten hat. Dies ist erforderlich, um den Wiederaufbau des brandgeschädigten Gebäudes zu gewährleisten. Diese zusätzliche Entschädigung soll deshalb auch nur unter der Voraussetzung gezahlt werden, daß sie zur Wiederherstellung des gemeinschaftlichen Eigentums verwendet wird (vgl. hierzu auch Weitnauer-Wirts, Kommentar zum WEG, § 22 Anm. 7ff.).

Hinsichtlich des Sondereigentums des Schädigers verbleibt es bei der Verwirkung. Insoweit ist ein überwiegendes Interesse der übrigen Wohnungseigentümer an einer Entschädigungsleistung entgegen § 61 VVG nicht anzuerkennen, da die Wiederherstellung des Gebäudes auch ohne Ersatz des Sondereigentums möglich ist. Gegenstand des Sonder-

VII. Einstehen für Dritte
§ 61
Anm. 63

eigentums sind gemäß § 5 WEG niemals diejenigen Teile oder Einrichtungen, die für den Bestand und die Sicherheit des Gebäudes erforderlich sind oder die dem gemeinschaftlichen Gebrauch der Eigentümer dienen. Die schuldlosen Wohnungseigentümer können notfalls im Wege der Entziehung des Wohnungseigentums (§§ 18, 19 WEG) auch ohne besondere Inanspruchnahme des Versicherers erreichen, daß sich die Verhältnisse in der Wohnung des Schädigers wieder normalisieren.

Die Regelung des Abs. 2 stellt keinen Verstoß gegen das versicherungsrechtliche Bereicherungsverbot dar. Den schuldlosen Wohnungseigentümern kommt die zusätzliche Entschädigung nicht unmittelbar zugute. Sie können lediglich verlangen, daß die an sich verwirkte Entschädigung für den Wiederaufbau des Gebäudes zur Verfügung gestellt und verwendet wird. Der Schädiger erhält dadurch ebenfalls nicht mehr, als ihm vor Eintritt des Schadenfalles zustand. Er soll gemäß Abs. 2 Satz 2 außerdem verpflichtet sein, dem Versicherer diese Mehraufwendung zu erstatten.

Aus diesem Grund entfällt auch das Bedenken, daß die Entschädigungsleistung – insbesondere bei vorsätzlicher Herbeiführung des Versicherungsfalles – als Verstoß gegen die guten Sitten nichtig sein könnte, wie es auch unbedenklich ist, daß der Schädiger in diesem Fall als Versicherungsnehmer zur Rückerstattung verpflichtet wird.

Der FFA verkennt nicht, daß der Rückgriff in der Praxis nicht immer zu verwirklichen sein wird. Er ist jedoch der Meinung, daß die Versicherer dies im Interesse der schuldlosen Wohnungseigentümer in Kauf nehmen sollten.

In Absatz 3 wird vorsorglich bestimmt, daß eine Verpflichtung des Versicherers gemäß Absatz 2 Satz 1 dann nicht besteht, wenn ein Realgläubiger etwa – trotz Gewährleistung des Wiederaufbaues – gemäß § 102 VVG Leistung an sich selbst verlangen kann, da der Versicherer sonst evtl. doppelt leisten müßte. Wenn das Wohnungseigentum des Schädigers mit einer Einzelhypothek belastet ist, muß es bei dem Übergang des Realrechts auf den Versicherer gemäß § 104 Satz 1 VVO bewenden. Ein berechtigtes Interesse der Wohnungseigentümer, daß der Versicherer – etwa zum Zwecke erleichterter Kreditbeschaffung – zugunsten des Verwirkenden, also z.B. auch eines vorsätzlichen Brandstifters, auf die dingliche Sicherung nachträglich verzichtet, ist nicht anzuerkennen.

Dagegen ist ein solcher Verzicht im Falle einer Gesamthypothek erforderlich, weil diese in Höhe des an den Hypothekengläubiger Geleisteten an sämtlichen Wohnungseigentumsanteilen gemäß § 104 Satz 1 VVG auf den Versicherer übergeht (Prölss § 104 Anm. 1) und die schuldlosen Wohnungseigentümer dadurch belastet und u. U. geschädigt würden. Es erscheint als billig, daß die Wohnungseigentümer als Begünstigte den Verzicht des Versicherers auf ihre Kosten im Grundbuch eintragen lassen. Zum Ausgleich dafür, daß der Versicherer durch seinen Verzicht auf die Gesamthypothek zugleich die dingliche Sicherung für seinen Rückforderungsanspruch gegen den Schädiger verliert und da umstritten ist, ob gemäß § 104 VVG die persönliche Forderung des Hypothekengläubigers jemals auf den Versicherer übergeht, wird diesem in Satz 3 ein selbständiges Rückforderungsrecht eingeräumt.

Zu den Erläuterungen sei bemerkt, daß keine Bedenken dagegen bestehen, bei Vorsatz eines Wohnungseigentümers gegen diesen Regreß zu nehmen (Abs. 1 Satz 2); der Rückgriff findet in der Klausel eine selbständige rechtliche Grundlage. Was den Miteigentumsanteil des den Vsfall Herbeiführenden anlangt, so ergibt sich die Entschädigungsnotwendigkeit aus den Belangen der unschuldigen Miteigentümer. Zwar kommt der Wiederaufbau auch dem Schuldigen zugute, aber dieser Vorteil wird ausgeglichen durch dessen Verpflichtung zur Erstattung der Mehraufwendung (Abs. 2). Vgl. im einzelnen zur Klausel auch Ausborn, Wohnungseigentum und privatrechtliche Gebäudev, Karlsruhe 1964, S. 79–89, 128–243.

Liegen die Voraussetzungen der Klausel (einheitlicher Vsvertrag für das gemeinschaftliche Eigentum und alles Sondereigentum) nicht vor, so gelten hinsichtlich des gemeinschaftlichen Eigentums die oben geschilderten Grundsätze hinsichtlich der V von Bruchteilsgemeinschaften, d.h. bei Vsnahme durch alle Miteigentümer gemeinschaftlich schadet die vorsätzliche oder grobfahrlässige Herbeiführung des Vsfalles eines Miteigentümers auch allen anderen.

[64] cc) Restfälle

Sind in einem einheitlichen Vsvertrag verschiedenartige Interessen vert, z.B. ein Eigentümer- und ein Pfandgläubigerinteresse, so führt die schuldhafte Herbeiführung des Vsfalles seitens des Vmers nach § 61 auch zur Verwirkung der Ansprüche des Vten. Führt dagegen der Vte den Vsfall schuldhaft herbei, so entfällt nur die Haftung des Vers ihm gegenüber; dem Vmer ist Vsschutz zu gewähren (ebenso Framhein a.a.O. S. 73).

Über die Vsprobleme des Stockwerkeigentums (Art. 182 EGBGB) vgl. Pfretzschner a.a.O. S. 40–50.

[65] 3. Normalfälle

a) Fälle der Rechtsnachfolge

Hier ist eine Reihe von Tatbeständen der Einzel- und Gesamtrechtsnachfolge im Blick auf die Anwendung der §§ 61, 152 zu prüfen.

Ist die Vsforderung **abgetreten**, so muß sich der Zessionar die Herbeiführung des Vsfalles seitens des Zedenten entgegenhalten lassen. Das gilt für ein vor der Abtretung beobachtetes Verhalten gemäß § 404 BGB und ergibt sich für die Zeit nach der Abtretung daraus, daß die Zession den Vmer oder Vten unverändert läßt (vgl. für Obliegenheiten Anm. 68 zu § 6). Es kann jedoch vertraglich vereinbart werden, daß dem Zessionar die Herbeiführung des Vsfalles nicht entgegengehalten werden kann; so sehen manche Sicherungsscheine der Autokaskov vor, daß der Fahrzeugver dem Kreditgeber oder Fahrzeughändler gegenüber auf den Einwand aus § 61 bei grobfahrlässiger Herbeiführung des Vsfalles (gegen eine einmalige Gebühr) verzichtet, wobei der Begünstigte dem Fahrzeugver die korrespondierenden Ansprüche gegen den Halter aus dem Finanzierungsgeschäft abtritt (vgl. VA 1956 S. 24 sowie unten Anm. 92 m.w.N.).

Führt der Zessionar den Vsfall vorsätzlich oder grobfahrlässig herbei, so muß in Anwendung der §§ 162 II BGB, 61 – in Höhe des zedierten Betrages – ein Haftungsausschluß angenommen werden; dem Zessionar würde – jedenfalls bei Vorsatz – auch der Einwand der Arglist entgegengehalten werden können (Bruck S. 651, Prölss-Martin[21] Anm. 5 zu § 61, S. 334, Ritter-Abraham Anm. 11 zu § 33, S. 554).

Bei einer **Verpfändung** (und beim **Pfändungspfandrecht**) gilt Entsprechendes wie bei der Abtretung der Vsforderung (Bruck S. 651, Prölss-Martin[21] Anm. 5 zu § 61, S. 334). Grundpfandrechte erstrecken sich auf die Vsforderung (§§ 1127, 1192 I, 1200 I BGB). Für den Fall der schuldhaften Herbeiführung des Vsfalles seitens des Vmers lassen §§ 102 I 1, 107 b die Verpflichtung gegenüber dem Realgläubiger bestehen. Führt letzterer den Vsfall herbei, so tritt (in Höhe der Belastung) die Verwirkungsfolge ein (Brisken, Der Schutz der Hypothekengläubiger bei Gebäudev, Karlsruhe 1964, S. 48–49, 79, der leichte Fahrlässigkeit ausreichen läßt, Prölss-Martin[21] Anm. 4 zu § 102, S. 452).

Bei **Veräußerung** der vten Sache berührt eine schuldhafte Herbeiführung des Vsfalles vor der Veräußerung nur den späteren Veräußerer. Nach der Veräußerung rückt der Erwerber in die Vmerrolle ein (§ 69 I) und der Haftungsausschluß der §§ 61, 152 (dazu § 158 h) trifft den Erwerber (Bruck S. 650, Ritter-Abraham Anm. 17 zu § 33, S. 554). Führt der Veräußerer **nach** der Veräußerung oder führt der Erwerber **vor** der Veräußerung den Vsfall herbei, so könnte das Verhalten des Veräußerers dem Erwerber gegenüber bzw. das Verhalten des Erwerbers dem Ver-

VII. Einstehen für Dritte § 61
Anm. 66

äußerer gegenüber nur insoweit zuzurechnen sein, als der Erwerber oder der Veräußerer für das Verhalten Dritter überhaupt einzustehen hat (Bruck S. 650 [gemeint sind die allgemeinen Grundsätze der Repräsentantenhaftung: Anm. 70—77], vgl. auch Framhein a.a.O. S. 72).

Im **Todesfall** ergibt sich aus dem Wesen der Universalsukzession, daß es den Erben entgegengehalten werden kann, wenn der Erblasser den Vsfall schuldhaft herbeigeführt hat. Führt der Erbe, der in das Vsverhältnis eingetreten ist (dazu Fenyves ZVersWiss 1976 S. 593—649), den Vsfall schuldhaft herbei, so gelten die §§ 61, 152. Bei Miterben, die ja eine Gesamthandsgemeinschaft bilden, ist jedem von ihnen das Verhalten eines anderen Miterben zuzurechnen (Anm. 62 m.w.N.). Schlägt ein Erbe später die Erbschaft aus, führt er aber vorher den Vsfall schuldhaft herbei, so soll nach BGH 26. I. 1956 VersR 1956 S. 147—149 dem späteren tatsächlichen Erben solche Herbeiführung nicht zuzurechnen sein, es sei denn, der vorläufige Erbe sei Repräsentant gewesen, eine bedenkliche Entscheidung, welche es ermöglicht, durch Ausschlagung einen eingetretenen Haftungsausschluß hinfällig zu machen. Führt der künftige Erbe schon vor dem Tode des Erblassers den Vsfall herbei, vielleicht um den bald zu erwartenden Nachlaß zu „versilbern", so widerstreitet es zum mindesten Treu und Glauben, wenn nach dem Tode der Erbe die Entschädigung verlangt (Prölss-Martin[21] Anm. 5 zu § 61, S. 334 gegen KG 24. II. 1934 VA 1934 S. 44 Nr. 2695 = JRPV 1934 S. 203—204 [ein Fall, in dem ein späterer Miterbe Brandstifter war]). Vermächtnisnehmer treten nach den Grundsätzen der Veräußerung der vten Sache in das Vsverhältnis ein (Fenyves ZVersWiss 1976 S. 633—634 m.w.N.).

[66] b) Fälle der Vertretung

Von den Vertretern juristischer Personen war schon in Anm. 61 die Rede. Bei Gesamthandsgemeinschaften (auch bei der Kommanditgesellschaft) kommt es auf die Vertretungsmacht der Gesamthänder, wie in Anm. 62 dargelegt, nicht an.

Hier muß von der Vertretung einzelner natürlicher Personen die Rede sein, und zwar nur kurz von den **Bevollmächtigten**, ausführlicher von den **gesetzlichen Vertretern**. Den letzteren werden weithin gewisse gesetzliche **Verwalter** gleichgestellt.

Eine rechtsgeschäftlich erteilte Vertretungsmacht **(Vollmacht)** ist im Rahmen der §§ 61, 152 als solche unerheblich, weil es sich bei der Herbeiführung des Vsfalles nicht um die Abgabe einer Willenserklärung handelt, sondern um ein faktisches Verhalten (Framhein a.a.O. S. 80—81). Ein Bevollmächtigter kann aber Repräsentant des Vmers sein (Anm. 70—77).

Gesetzliche Vertreter i.e.S., also Vater, Mutter, Vormund, haben so weitreichende Aufgaben und Befugnisse anstelle des Vertretenen oder neben ihm, daß die Risikoverwaltung von ihnen zu verantworten ist. Der Vmer hat also für eine schuldhafte Herbeiführung des Vsfalles seitens solchen gesetzlichen Vertreters einzustehen (vgl. auch die uneingeschränkte Zurechnungsnorm des § 278[1] BGB). Falls der Vmer selbst wegen mangelnder Schuldfähigkeit nicht verantwortlich ist (Anm. 41), drängt sich um so mehr die Notwendigkeit der Haftung für das Verhalten der gesetzlichen Vertreter auf.

Wie hier: Ehrenzweig S. 268, Huber a.a.O. S. 38, Kisch WuRdVers 1939 Nr. 1 S. 55—73 (besonders ausführlich und m.w.N.), Rabel VersArch 1937/38 S. 943—945, Stupp a.a.O. S. 49—51, im Ergebnis auch RG 15. III. 1932 RGZ Bd 135 S. 370—372 (Herbeiführung durch den Vater, aber abhebend auf Repräsentanz), a.M. Bruck S. 653, Framhein a.a.O. S. 81.

Beim Pfleger (auch Nachlaßpfleger) und Beistand kommt es für die Zurechenbarkeit des schuldhaften Verhaltens darauf an, ob ihr Verwaltungsrecht sich auch auf den Bereich des vten Risikos erstreckt, ob z.B. die vte Sache der Vermögensverwaltung des Ergänzungs-, Gebrechlichkeits-, Abwesenheits-, Nachlaßpflegers oder Beistandes unterliegt. Ebenso Huber a.a.O. S. 38–39, Kisch WuRdVers 1939 Nr. 1 S. 73.

Für **Verwalter** wie Konkursverwalter, Testamentsvollstrecker, Nachlaßverwalter, Zwangsverwalter, Vertreter für ein herrenloses Grundstück kommt es gleichfalls auf die Zugehörigkeit des Risikos zum Verwaltungsbereich an, und es ist nicht erheblich, ob man die Verwalter nach der „Vertretertheorie" primär als Interessenwahrer des Vermögensträgers ansieht oder nach der „Amtstheorie" als Inhaber eines Amtes, womöglich objektbezogen als Sachwalter eines bestimmten Vermögens (zu diesen Theorien Enneccerus-Nipperdey I 2^{14} S. 773–774). Der Ver muß davon ausgehen, daß eine Person für eine ordnungsgemäße Risikoverwaltung verantwortlich ist. Wie hier Huber a.a.O. S. 39, Kisch WuRdVers 1939 Nr. 1 S. 73–75, Stupp a.a.O. S. 55, a.M. Bruck S. 653.

Über die Stellung der **Ehegatten** vgl. speziell Anm. 67.

[67] c) Verhalten von Familienangehörigen
   aa) Ehegatten

Bei Eheleuten kommt es nicht selten vor, daß der Ehemann und/oder die Ehefrau den Vsfall schuldhaft herbeiführen, sei es bei gemeinschaftlichem Eigentum, sei es bei Eigentum eines der Beteiligten. Zuweilen ist nur eine Alternativfeststellung möglich. Deshalb hat die Frage, inwieweit ein Ehegatte für das Verhalten des anderen Ehegatten einzustehen hat, erhebliche praktische Bedeutung. Dabei fragt es sich, ob hier besondere Grundsätze gelten oder ob speziell die Voraussetzungen der allgemeinen Repräsentantenhaftung (Anm. 70–77) auch hier zu prüfen sind.

Ausscheidbar sind zunächst die Fälle der **Gütergemeinschaft** sowie der **fortgesetzten Gütergemeinschaft**, soweit die V des Gesamtgutes in Frage steht. Denn hier bilden die Beteiligten eine Gemeinschaft zur gesamten Hand (§§ 1416, 1419, 1487 I BGB), und es gelten demzufolge bei der Herbeiführung des Vsfalles die für Gesamthandsgemeinschaften entwickelten Grundsätze (Anm. 62): Die Herbeiführung durch einen der Beteiligten schließt auch die Vsforderung des (der) anderen Beteiligten aus (für eine fortgesetzte Gütergemeinschaft: OLG Stuttgart 11. IX. 1931 JRPV 1932 S. 79). Dabei kommt es nicht darauf an, wer die V genommen hat, auch nicht darauf, „ob das Gesamtgut von dem Mann oder der Frau oder von ihnen gemeinschaftlich verwaltet wird" (§ 1421^1 BGB).

Bei den **sonstigen Güterständen** bleiben die Gütermassen getrennt, die Abgrenzung wird durch die Eigentumsvermutungen des § 1362 BGB erleichtert. Auch beim gesetzlichen Güterrecht der Zugewinngemeinschaft werden das Vermögen des Mannes und das Vermögen der Frau nicht gemeinschaftliches Vermögen der Ehegatten, auch nicht das Vermögen, das ein Ehegatte nach der Eheschließung erwirbt (§ 1363 II 1 BGB). (Diese gesetzliche Regel schließt allerdings die Schaffung von Miteigentum nach Bruchteilen nicht aus; sodann gelten die in Anm. 63 geschilderten Grundsätze.)

Im Bereich der Sachv ist jeweils zu prüfen, ob Sachen des Mannes und/oder der Frau vert sind. Zur angemessenen Deckung des Lebensbedarfes i.S. des § 1357 I BGB (früher **Schlüsselgewalt** genannt) gehört auch der Abschluß von gewissen Ven, z.B. Hausratven (Nachweis bei Sieg Anm. 26–27 zu § 74; a.M. für die zehnjährige Verlängerung einer Gebäudefeuerv eines Arbeiters: LG Siegen 2. II. 1951 VersR 1951 S. 167–168); bei den kontrahierten Ven sind normalerweise beide Ehegatten als Vmer anzusehen. Oft schließt aber allein der Ehemann eine V ab, hinsichtlich seiner eigenen Sachen für eigene Rechnung. Kommen solchenfalls auch Sachen der Ehefrau in Betracht, so ist zu prüfen, ob sie für fremde Rechnung mitvert sind. Das ist z.B. bei einer V von Hausrat nach § 2 I 3 AFB anzunehmen.

VII. Einstehen für Dritte

Im Falle der schuldhaften Herbeiführung des Vsfalles greift die Ausschlußregelung immer dann Platz, wenn ein Vmer (z.B. der Ehemann) hinsichtlich seines Eigenrisikos, ein Vter (z.B. die Ehefrau) hinsichtlich ihres Fremdrisikos schuldhaft handelt. Sind beide Ehegatten in einem einheitlichen Vsvertrag Vmer, so fragt es sich, ob man die Konsequenz ziehen muß, daß auch den unschuldigen Ehegatten für seine Sachen die Verwirkungsfolge trifft, falls der andere Ehegatte den Vsfall schuldhaft herbeiführt. Das Problem liegt ähnlich wie in dem Fall, daß mehrere Miteigentümer nach Bruchteilen zusammen als Vmer auftreten und einer von ihnen den Vsfall herbeiführt (Anm. 63). Hier wie dort wird man angesichts der Einheitlichkeit des Vsvertrages und des Gesetzeswortlautes die Ausschlußfolge auf den Unschuldigen erstrecken müssen. Führt bei einer vom Ehemann (von der Ehefrau) abgeschlossenen V, die zugleich V für fremde Rechnung des anderen Ehegatten ist, der Vmer den Vsfall herbei, so bewirkt solches Verhalten des Vmers zugleich den Ausschluß der Rechte des anderen schuldlosen Ehegatten (Anm. 58). Führt solchenfalls aber der für fremde Rechnung mitvte Ehegatte den Vsfall schuldhaft herbei, so bezieht sich die Ausschlußwirkung nur auf den schuldigen Ehegatten, die Rechte des schuldlosen Vmers bleiben grundsätzlich unberührt (Anm. 59).

Scheidet man auch diese Fälle der gemeinschaftlichen V aus, denkt man also an eine allein von einem Ehegatten für eigene Rechnung abgeschlossene V – ein Ehemann hat sein Haus vert –, so hat eine Brandstiftung seitens des Ehepartners als solche keine Ausschlußwirkung – die Ehefrau ist weder Vmerin noch Vte. Eine familienrechtliche Sippenhaftung gibt es nicht. Es muß ein besonderer Rechtsgrund vorliegen, damit ausnahmsweise das Verhalten eines Ehegatten dem anderen zuzurechnen sei. Auch bei der Zugewinngemeinschaft verwaltet jeder Ehegatte sein Vermögen prinzipiell selbständig (§ 1364 BGB). Wenn er jedoch die Verwaltung dem anderen Ehegatten überläßt (vgl. § 1413 BGB), wodurch der Verwalter Besitzer wird, so kann der verwaltende Ehegatte zum Repräsentanten des Vmers, also seines Ehepartners werden, und es gelten die allgemeinen Grundsätze der Repräsentantenhaftung (Anm. 70–77).

Es gibt zahlreiche **Entscheidungen**, in denen ein Ehegatte als Repräsentant des anderen angesehen worden ist: OLG Düsseldorf 20. I. 1953 VersR 1953 S. 113 (Ehemann verwaltet Grundbesitz der Ehefrau, Obliegenheit), OLG Hamburg 15. VI. 1927 VA 1928 S. 37–38 Nr. 1817 = HansRZ 1927 Sp. 895–897 (Ehemann Prokurist der Ehefrau als Geschäftsinhaberin), OLG Hamm 11. III. 1954 VersR 1954 S. 353–354 (Ehemann führt nach eigenen Schwierigkeiten den Autovermietbetrieb der Ehefrau), OLG Stuttgart 28. IX. 1961 VersR 1962 S. 710–711 (Ehemann ist formell nur Angestellter, führt aber die Geschäfte der Ehefrau), LG Bielefeld 19. IX. 1952 VersR 1953 S. 24–25 (Ehemann Betriebsleiter, Geschäftsführer, Prokurist der Ehefrau, deren Einmischung in den Geschäftsbetrieb er verwehrt), LG Kassel 26. III. 1968 VersR 1969 S. 32 (Ehemann Prokurist der Ehefrau), LG Hamburg 28. XI. 1957 VersR 1958 S. 22 (Mann Repräsentant der Frau, der ein Motorrad gehört, ohne daß sie den Führerschein besitzt), LG Kassel 26. III. 1968 VersR 1969 S. 32 (Mann Prokurist der Frau); dahingestellt von BGH 13. VII. 1971 VersR 1971 S. 1121, 1122 (Mann Repräsentant der Frau beim Betrieb einer Gastwirtschaft?).

Repräsentanteneigenschaft des Ehegatten ist jedoch verneint worden von: RG 15. X. 1935 RGZ Bd 149 S. 70–73 (Verwaltung eines nur kleinen Anwesens der Ehefrau durch den Ehemann mit der Feststellung, daß die [damalige] Verwaltung und Nutznießung im Rahmen des § 1374 BGB a.F. nicht ausreiche, um Repräsentanz zu begründen), OLG Celle 23. VI. 1936 HansRGZ 1937 A Sp. 53–56 (Ehefrau Pächterin eines Cafébetriebes, mithelfender Ehemann [Brandstifter] kein Repräsentant), OLG Frankfurt 14. XII. 1965 VersR 1966 S. 437–438 (Mann steuert den

Wagen der Frau, die an seiner Seite sitzt), OLG Hamm 13. III. 1974 VersR 1974 S. 1194–1195 (Ehefrau hat Ehemann ihren Wagen für eine Urlaubsfahrt nach Jugoslawien überlassen), OLG Karlsruhe 12. VII. 1957 VersR 1957 S. 477–478 (Ehefrau ist eine zu selbständigen Entscheidungen nicht befugte Angestellte ihres Mannes), OLG Köln 30. I. 1959 VersR 1959 S. 192–194 (Ehefrau hatte allenfalls das Kapital für die Anschaffung eines gemeinsam von beiden Ehegatten benutzten Kraftfahrzeugs gegeben).

Ausgehend vom formalen Begriff des Eigentumsinteresses, nicht vom wirtschaftlichen Eigentümerinteresse (Anm. 53–55, 60–68 zu § 49) mußte die Rechtssprechung – gerade bei Eheleuten – öfters feststellen, daß das formelle Eigentum zu Zwecken der Gläubigerbenachteiligung – im Wege der „Schiebung" – übertragen worden ist auf eine Person – meistens die Ehefrau –, hinter welcher dann materiell ein „zwar nicht förmlich, aber in Wirklichkeit (auch) Vter" steht (RG 15. X. 1935 RGZ Bd 149 S. 73). Entschließt man sich nicht, von vornherein nur den materiellen, wirtschaftlichen Eigentümer als Interessenträger und Vten zu betrachten, sondern billigt man dem nur förmlich Berechtigten die Vsentschädigung zu, so muß diese doch verwirkt sein, wenn der „in Wirklichkeit (auch) Vte" den Vsfall schuldhaft herbeiführt. Dies ergibt sich dann aus entsprechender Anwendung des § 79 I.

Dazu neben RG 15. X. 1935 RGZ Bd 149 S. 69–75 (befürchteter Zugriff der erstehelichen Kinder des Mannes, deshalb formelles Eigentum der Frau) für Fälle der Fahrlässigkeit: KG 4. VII. 1934 JRPV 1934 S. 365–366 (Autokaskov, Ehefrau formell, Ehemann materiell Eigentümer [Urteil hebt z.T. auf Repräsentanz ab]), KG 8. VIII. 1936 VA 1936 S. 252–253 Nr. 2923 = JRPV 1936 S. 366–368 (Juwelenv, Ehemann formeller, Ehefrau wirtschaftliche Eigentümerin), OLG Hamburg 15. VI. 1927 VA 1928 S. 37–38 Nr. 1817 = HansRZ 1927 Sp. 895–897 (Geschäftsfeuerv, Ehefrau formelle, Ehemann wirtschaftlicher Eigentümer), OLG Köln 13. VI. 1928 HansRGZ 1928 A Sp. 512–515 (ebenso), LG Berlin 27. X. 1936 JRPV 1937 S. 79–80 (Autokaskov, Ehefrau formelle, Ehemann wirtschaftlicher Eigentümer). Jedoch darf nicht vorschnell wirtschaftliches Eigentum des Ehemannes angenommen werden, wenn wirklich Sachen im Alleineigentum der Ehefrau stehen (RG 9. IV. 1937 HansRGZ 1938 A Sp. 421–423). Stark einschränkend auch OLG Stuttgart 1. XII. 1975 VersR 1977 S. 173, abstellend auf den „eigentlichen Verantwortungsbereich des Vmers" (dazu soll es bei einer Autokaskov nicht gehören, wenn der Ehemann der Halterin das vte Kraftfahrzeug benutzt).

Spezialschrifttum zur „V durch den einen und Brandstiftung durch den anderen Ehegatten": Josef ArchCivPrax Bd 107 S. 373–383, WuRdVers 1930 Nr. 1 S. 33–34.

[68] bb) Sonstige Familienangehörige

Wie bei den Ehegatten (Anm. 67) ist auch bei sonstigen Familienangehörigen im Einzelfall zu prüfen, ob die allgemeinen Grundsätze der Repräsentantenhaftung (Anm. 70–77) oder ein Verhalten des „wirtschaftlich Vten" (Anm. 67, 69) in Betracht kommen. Eine familienrechtliche Sippenhaftung gibt es hier ebensowenig wie bei Ehegatten. Vgl. für Obliegenheitsverletzungen Anm. 99 zu § 6.

Die Sorge für das Vermögen minderjähriger Kinder (vgl. § 1626 II BGB) legt es – bei Gegebensein der sonstigen Voraussetzungen – nahe, die **Sorgeberechtigten** als Repräsentanten zu behandeln. Sind aber die Eltern gesetzliche Vertreter, so ergibt sich schon hieraus die Zurechnung ihres Verhaltens zu Lasten des Kindes (Anm. 66). Auf Repräsentanz, nicht auf gesetzliche Vertretung stellte jedoch RG 15. III. 1932 RGZ Bd 135 S. 372–374 ab.

Als Repräsentant seiner Mutter ist ein deren Geschäft tatsächlich führender **Sohn** angesehen worden vom LG Köln 13. III. 1958 VersR 1958 S. 337. Repräsentant

VII. Einstehen für Dritte §61
Anm. 69

seines Vaters ist ein Sohn, der am Baugeschäft seines Vaters beteiligt ist und dessen Kraftwagen (zu einer Privatfahrt) benutzt: LG Karlsruhe 9. VII. 1964 VersR 1967 S. 174.
Nicht als Repräsentant angesehen ist z.B. ein als Volontär im väterlichen Geschäft arbeitender Sohn von BGH 27. II. 1964 VersR 1964 S. 475, oder ein als Lehrling im mütterlichen Einzelhandelsgeschäft tätiger Sohn von OLG Nürnberg 16. X. 1959 VersR 1960 S. 975–976, ein Sohn, der anstelle der ermüdeten Eltern deren Kraftfahrzeug lenkt von OLG Neustadt 14. III. 1953 VersR 1953 S. 182–183, oder ein Sohn, der einen Kraftwagen des Vaters vorzugsweise benutzt, von OLG Neustadt 28. II. 1958 VersR 1958 S. 450 oder ein Sohn, der als Werkstattleiter in der Kleiderfabrik des Vaters tätig ist und den Wagen auch außerhalb der Geschäftszeit benutzt, von OLG Karlsruhe 28. VI. 1968 VersR 1969 S. 555–556 (nicht unproblematisch). Dahingestellt von LG München 18. VI. 1963 VersR 1964 S. 83–84 (Sohn benutzt Kraftfahrzeug der Mutter während Urlaubsfahrt nach Spanien).
Über einen Sohn als wirtschaftlichen Eigentümer des auf den Namen des Vaters zugelassenen Kraftfahrzeuges: AG Mülheim/Ruhr 31. VII. 1975 VersR 1976 S. 723.
Ein **Schwiegersohn**, der als Geschäftsführer seiner Schwiegermutter wirkte, ist als Repräsentant behandelt worden von OLG Hamm 11. V. 1955 VersR 1955 S. 385. Verneint ist die Repräsentanteneigenschaft bei einem Schwiegersohn, der zwar eine umfassende Vollmacht des Schwiegervaters für dessen Gastwirtschaft besaß, aber bei gelegentlicher Benutzung des privaten Kraftwagens des Schwiegervaters einen Unfall verursachte (OLG Oldenburg 6. X. 1967 VersR 1969 S. 225–226).
Über **Brüder** vgl. BGH 8. IV. 1970 VersR 1970 S. 563–564 (ein Fuhrunternehmer beschäftigt seinen Bruder als Fahrer, letzterer wird nicht zum Repräsentanten). Vgl. auch KG II. V. 1932 JRPV 1932 S. 264–265 (drei Brüder, Autodroschkenhalter, benutzen trotz getrennten Eigentums gelegentlich den einem Bruder gehörenden Wagen, Repräsentanz bejaht) sowie den Obliegenheitsfall BGH 15. VI. 1961 VersR 1961 S. 651 (auf zwei Brüder zugelassenes Kraftfahrzeug).

[69] **d) Verhalten von „wirtschaftlich Versicherten"**

Schon bei der Behandlung des Verhaltens von Eheleuten (Anm. 67) ist darauf hingewiesen worden, daß die Rechtssprechung dem (formellen) Interesseträger und Eigentümer das Verhalten solcher Personen bei der Herbeiführung des Vsfalles zurechnet, die „zwar nicht förmlich, aber **in Wirklichkeit (auch) Vte**" sind (Leitentscheidung: RG 15. X. 1935 RGZ Bd 149 S. 73). Diese Zurechnung ergibt sich aus der Aufdeckung von Umgehungs-, Schein-, „Schiebungs"-tatbeständen, wie sie meistens zur Gläubigerbenachteiligung geschaffen werden (ohne daß es notwendig und angängig ist, etwa auf § 117 BGB zurückzugreifen).
Führt der materiell Beteiligte, im Hintergrund stehende **reale Interessent**, dem wirtschaftlich meistens auch die Vsentschädigung letzlich zugute kommen soll, den Vsfall schuldhaft herbei, so ist die Rechtslage so zu beurteilen, als ob auch er „Vter" sei, also § 79 I Platz griffe. Diese Notwendigkeit ergibt sich daraus, daß eine verbreitete, in der Rechtssprechung vorherrschende Meinung ohne volle Aufdeckung der wahren Interessenlage das „Eigentumsinteresse" dem formell Berechtigten zuspricht, also nicht dem wirtschaftlichen Eigentümer, nicht dem Träger des „Eigentümerinteresses".
Ist ein **Strohmann**, ein **Treuhänder** formell berechtigt, so kommt es hiernach nicht nur auf sein eigenes Verhalten an, sondern auch auf das Verhalten des Hintermannes, des Treugebers (für Obliegenheiten vgl. schon Anm. 103–106 zu § 6 m.w.N.).

§ 61
Anm. 70, 71

VII. Einstehen für Dritte

Aus der Rechtssprechung zur Herbeiführung des Vsfalles — abgesehen von „Schiebungen" unter Ehegatten (Anm. 67) — vgl. KG 5. VIII. 1936 VA 1936 S. 298–299 Nr. 2951 = JRPV 1937 S. 40–42 (Eltern als wirtschaftlich Vte), OLG Neustadt 28. II. 1958 VersR 1958 S. 450 (Sohn als wirtschaftlich Vter, fälschlich dahingestellt, weil die AVB dem Vmer den Vten nicht gleichstellten).

[70] e) Verhalten von Repräsentanten

Der Gesetzeswortlaut erwähnt nur die Herbeiführung des Vsfalles seitens des Vmers und des Vten, woraus man gefolgert hat, das Verschulden anderer Personen sei unerheblich, das Selbstverschuldensprinzip sei auch allein gerecht und billig (Anm. 71). Die Gegner dieses Prinzips haben zum Teil versucht, eine Erfüllungsgehilfenhaftung (Anm. 72) oder Verrichtungsgehilfenhaftung (Anm. 73) zu begründen — ohne Erfolg.

In der Erkenntnis, daß in gewissem Umfang eine Zurechnung von Drittverschulden, also eine Ablehnung des Selbstverschuldensprinzips, begründet sei, haben Schrifttum und Rechtssprechung die eigenständig-vsrechtliche Institution des Repräsentanten geschaffen und in ständiger Judikatur Grundsätze der **Repräsentantenhaftung** herausgearbeitet, die für bestimmte, häufig vorkommende Fallgruppen eindeutige Ergebnisse sichern (zur Entstehungsgeschichte Visarius a.a.O. S. 5–16). Die Repräsentantenhaftung spielt nicht nur bei der Herbeiführung des Vsfalles eine Rolle, sondern auch bei der Verletzung von Obliegenheiten, die keine Wissenserklärungen zum Gegenstand haben (Anm. 91–102 zu § 6). Die nachstehend angeführten Entscheidungen betreffen nur Fälle der Herbeiführung des Vsfalles, soweit nichts Gegenteiliges bemerkt wird.

[71] aa) Ablehnung des Selbstverschuldensprinzips

Gestützt auf den Gesetzeswortlaut (§§ 61, 152; 79 I) und die Unanwendbarkeit anderer Zurechnungsnormen des positiven Rechts (Anm. 72, 73), aber auch in dem Bestreben, den Vsschutz möglichst umfassend zu gewähren, wurde bereits früher, wird aber auch heute noch die Auffassung vertreten, es komme allein auf das Eigenverschulden des Vmers — und bei der V für fremde Rechnung nur auf das Verschulden des Vten — an.

Vgl. besonders Schneider LZ 1910 Sp. 97–106, 198–206, ZVersWiss 1914 S. 289–291, ArchBürgR Bd 40 S. 180–183, später Bruck[7] Anm. 10 zu § 61, S. 230, Bruck S. 652–653, Framhein a.a.O. S. 78–80, Halbreiter a.a.O. S. 66–67, Huber a.a.O. S. 45–50, Joel a.a.O. S. 22–47, im Ergebnis auch Müllereisert JRPV 1936 S. 276–277, Offermann a.a.O. S. 50–55, 56–61, Sommer a.a.O. S. 57, neuerdings wieder Prölss-Martin[21] Anm. 2 zu § 61, S. 332.

Die Erwägung, der Ausschluß des schuldhaften Verhaltens Dritter „liefe . . . . schlicht auf einen Ausschluß bestimmter Gefahrumstände . . . . hinaus" (Prölss-Martin), verkennt, daß der Repräsentant dem Vmer gleichzuachten ist, so daß das Prinzip des „subjektiven Risikoausschlusses" (Anm. 17) nicht angetastet wird. Wenn § 67 II den Regreß gegen gewisse Familienangehörige ausdrücklich ausschließt, so erweist dies (entgegen der Auffassung von Bruck und Framhein) nicht, daß sich hieraus das Selbstverschuldensprinzip ergebe. Familienangehörige können im Einzelfall Repräsentanten sein (Anm. 67–68); nur dann entfällt für den Vmer der Vsschutz, falls der Angehörige den Vsfall schuldhaft herbeigeführt hat; ein Regreß des Vers steht hier nicht in Frage. Ist aber z.B. die Ehefrau keine Repräsentantin, dann genießt der Ehemann Vsschutz, und nur hier wird es bedeutsam, daß bei grober Fahrlässigkeit der Regreß des Vers gegen die Ehefrau ausgeschlossen ist.

VII. Einstehen für Dritte § 61
Anm. 72, 73

Das Selbstverschuldensprinzip wird aber auch im Ausland verfochten, besonders in **Österreich** (OGH Wien 20. IV. 1949 VsRundschau 1949 S. 220, 8. II. 1961 VersR 1961 S. 1103–1104 mit Anm. Wahle, 19. IV. 1961 VersR 1962 S. 815–819 [für den Fall absichtlicher Herbeiführung des Vsfalles] mit Anm. Wahle, ausführlich auch Wahle Z für Verkehrsrecht 1959 Heft 4/5 [SA], a. M. Ehrenzweig S. 268) und in der **Schweiz** (Roelli Anm. 1 zu Art. 14, 15, S. 202–204, Koenig[3] S. 296–298, vgl. auch Auer a.a.O. S. 33–77, Dobler a.a.O. S. 98–102, Dolder a.a.O. S. 62–86, Schönenberger a.a.O. S. 142–167, Schuppisser a.a.O. S. 1–79).

Es wird darzulegen sein, daß im Interesse der Gefahrengemeinschaft das Selbstverschuldensprinzip abzulehnen ist und daß heute gewohnheitsrechtlich in Deutschland die Grundsätze der Repräsentantenhaftung anzuwenden sind (Anm. 74–77).

Gegen das Selbstverschuldensprinzip z.B. Schmidt Obliegenheiten S. 245, 283–284.

[72] bb) Ablehnung der Erfüllungsgehilfenhaftung

Eine Anwendung des § 278[1] BGB (Einstehenmüssen für Erfüllungsgehilfen) kommt aus theoretischen und praktischen Gründen **nicht** in Betracht:

Es gibt keine Verbindlichkeit des Vmers, Schaden zu verhüten oder den Vsfall nicht herbeizuführen (Anm. 18). Deshalb gibt es auch logischerweise keine Personen, deren sich der Vmer z.B. zur Nichtbrandstiftung bedient.

Bei gewissen, nicht vsrechtlichen Obliegenheiten soll allerdings § 278[1] BGB entsprechend angewendet werden (vgl. §§ 254 II 2, 351[2] BGB). Aber erstens handelt es sich bei §§ 61, 152 nicht um eine Obliegenheit (Anm. 19) und zweitens läßt sich den genannten Vorschriften auch für Obliegenheiten kein allgemeines Prinzip entnehmen, auch nicht für „funktionsbedingte Erfüllungsdiener" (Anm. 74 zu § 6). Drittens aber – und das dürfte im Ergebnis ausschlaggebend sein – würde es mit dem Wesen des Vsvertrages in praxi unvereinbar sein, wollte man dem Verschulden des Vmers das Verschulden aller Personen gleichstellen, die als Hilfspersonen z.B. in der Sachv bei der Betreuung der vten Sachen mitwirken, man denke an Kraftfahrer in der Autokaskov. Dadurch würde der Vsschutz in unerträglicher Weise entwertet. Deshalb lehnen sogar Anhänger der Verbindlichkeitstheorie die uneingeschränkte Anwendung des § 278[1] BGB ab (so von Gierke II S. 151, 153–154, 203–204, ZHR Bd 115 S. 180, vgl. auch Heukeshoven a.a.O. S. 76–79).

Eine Ablehnung der Erfüllungsgehilfenhaftung findet sich besonders ausführlich in BGH 25. XI. 1953 BGHZ Bd 11 S. 122–124, vgl. ferner BGH 16. V. 1957 VA 1958 S. 39–40 = VersR 1957 S. 386, 27. II. 1964 VersR 1964 S. 475, und im Schrifttum bei Kisch WuRdVers 1939 Nr. 1 S. 44–46, Offermann a.a.O. S. 40–50, Schmidt Obliegenheiten S. 245, Steindorff ArchCivPrax Bd 170 S. 105–106, Visarius a.a.O. S. 27–31.

[73] cc) Ablehnung der Verrichtungsgehilfenhaftung

Die deliktsrechtliche Institution des Einstehenmüssens für Verrichtungsgehilfen (§ 831 I BGB), kommt für den Bereich des Vsvertragsrechtes nicht in Betracht (Visarius a.a.O. S. 31).

Angesichts der Tatsache, daß § 831 I BGB Eigenverschulden des Geschäftsherren voraussetzt (und sogar vermutet) mag angemerkt werden, daß bei der Herbeiführung des Vsfalles ein Eigenverschulden des Vmers vorliegen kann (allerdings nicht vermutet wird), wenn letztlich ein Dritter den Vsfall herbeigeführt hat. Prölss-Martin[21] Anm. 2 zu § 61, S. 332 erwähnen den Fall, daß „der Vmer einen Dritten mit der Beseitigung eines Zustandes betraut, dessen Aufrechterhaltung den Vorwurf einer grobfahrlässigen Herbeiführung des Vsfalles begründen würde", aber hinzutreten müßte Auswahl- oder Überwachungsverschulden des Vmers. Dazu vgl. die Nachweise oben Anm. 54e, speziell OLG Hamburg 7. XII. 1955 VersR 1956 S. 42–44, OLG München 11./12. X. 1967 VersR 1968 S. 1150, OLG Neustadt 14. III. 1953 VersR 1953 S. 182–183, 21. X. 1955 VersR 1957 S. 174–175, OLG Oldenburg 18. VII. 1951 VersR 1951 S. 272–274 mit Anm. Prölss; Josef WuRdVers 1930 Nr. 1 S. 36–37, Visarius a.a.O. S. 20.

[74] dd) Begründung der Repräsentantenhaftung

Da das Selbstverschuldungsprinzip untragbar ist, andererseits die Heranziehung des § 831 I BGB ganz ausscheidet und eine (analoge) Anwendung des § 278^1 BGB nicht nur theoretisch bedenklich ist, sondern praktisch den Vsschutz allzustark entwerten würde, hat man – ähnlich wie bei der Verletzung von Obliegenheiten – schon früh (seit RG 22. X. 1895 RGZ Bd 37 S. 149–151, 18. X. 1901 RGZ Bd 51 S. 20–23, besonders aber seit RG 22. IV. 1903 JW 1903 S. 251–252 = Gruchot Bd 47 S. 991–994, Nachweise bei Möller Verantwortlichkeit S. 70–72) den Grundsatz entwickelt, daß es dem Vmer „nicht freistehen darf, die Lage des Vers dadurch wesentlich zu verschlechtern, daß er die vte Sache aus der Hand gibt und sich der Obhut über sie .... entschlägt" (Gedanke der Nichtbenachteiligung solcher Vmer, die ihr Risiko selbst verwalten). Der plastische Begriff des „Sich-Entschlagens" zeigt von vornherein, daß nicht das Verhalten **jeder** Hilfsperson dem Vmer zuzurechnen ist, sondern nur dasjenige solcher Personen, die **„an die Stelle"** des Vmers treten und ihn insofern wirklich **„repräsentieren"**, in der Funktion eines **Ersatzmannes**. Dabei geht es hier nicht um eine rechtsgeschäftliche Vertretungsmacht, sondern um eine faktische Interessenwahrnehmung. Diese muß sich gerade auf das **vte Risiko** beziehen; es kommt nicht darauf an, wie weit im übrigen die Repräsentanz reicht; deshalb braucht der Repräsentant **nicht den gesamten Betrieb** zu betreuen, zu dem das vte Risiko gehört. Neuerdings hat man noch erkannt, daß nicht alle Sachen laufender Obhut, laufender Betreuung bedürfen; erforderlich ist also ein **„Bedürfnis"** nach **Repräsentanz** im Falle eigenen Sich-Entschlagens des Vmers, und solches Bedürfnis gibt es im allgemeinen nur bei **„Geschäftsbereichen von einiger Bedeutung"**. Aber diese Regel kann in die Irre führen; denn eine kleine Strohdachkate bedarf möglicherweise stärkerer Betreuung als eine wertvolle hartgedeckte Luxusvilla, wenn man an die Feuerv denkt – und die Berücksichtigung des Vszweiges ist bei der Beurteilung der Repräsentantenfrage geboten: In der Einbruchdiebstahlv kommt es auf andere Risikomomente an als bei der Feuerv.

Bei der **Haftpflichtv** ergibt sich aus ihrem Schutzzweck, daß der Vmer möglichst und gerade auch dann gedeckt sein möchte, wenn er für Fremdverschulden einzustehen hat, und es wird relativ selten vorkommen, daß ein potentiell Haftpflichtiger sich im Bereiche verantwortlich machenden Handelns eigener Aktivität völlig enthält, so daß z.B. ein Prokurist zum Repräsentanten des haftpflichtigen Geschäftsinhabers wird. Hier, im Bereich der Haftpflichtv, würde übrigens der Frage der **Vertretungsmacht** des Repräsentanten größere Bedeutung zukommen als bei der Sachv; hier kann der Repräsentant öfters auch Verrichtungs- oder Erfüllungsgehilfe des Vmers sein, aber immer bleibt vorauszusetzen, daß er anstelle des Vmers, als Ersatzmann des Vmers tätig wird, daß also der Vmer in jenem haftbarmachenden Geschäftsbereich sich eigener Tätigkeit „entschlägt".

Die hier entwickelte Begründung der Repräsentantenhaftung (vgl. auch schon Möller Verantwortlichkeit S. 92–95), die auf die notwendige laufende Betreuung abhebt, bewirkt zugleich, daß ein **Eigenverschulden** des Vmers vorliegen kann, wenn er **keinen Repräsentanten einsetzt**. Bedient sich der Vmer mehrerer Hilfspersonen, so ist Repräsentant immer nur der an der Spitze stehende Sachwalter. Es wird – bei großen Risiken – nur selten vorkommen, daß Repräsentanz ausnahmsweise anzuneh-

VII. Einstehen für Dritte § 61
Anm. 75

men ist, falls der Dritte nicht an Stelle des Vmers, sondern neben ihm tätig wird, zu diesem Fall: Visarius a.a.O. S. 82–83.

Die **höchstrichterliche Rechtsprechung** kommt – unter Verweisung auf Möller Verantwortlichkeit a.a.O. – zu übereinstimmenden Ergebnissen, besonders in neueren (Obliegenheits-) Entscheidungen, z.B. BGH 17. XII. 1964 VersR 1965 S. 149–150, wo noch betont wird, daß es manche Fälle gibt, in denen Gegenstände an Dritte für kürzere oder längere Zeit überlassen werden und doch der Vmer gerade dann geschützt sein will, wenn ihm Schäden aus der zeitweiligen Beherrschung der Gefahrenquelle durch Dritte drohen. Weitere Nachweise unten Anm. 76.

Man kann heute die Institution der Repräsentantenhaftung als **gewohnheitsrechtlich** begründet bezeichnen. Besonders die ständige höchstrichterliche Rechtsprechung (Anm. 76) hat in gleichmäßiger Übung die Rechtsüberzeugung außer Zweifel gesetzt, daß der Vmer und Vte für seinen Repräsentanten einzustehen habe. Zur gewohnheitsrechtlichen Geltung vgl. Koep a.a.O. S. 164, Pinckernelle a.a.O. S. 55, Schmidt Obliegenheiten S. 246, OLG Oldenburg 18. VII. 1951 VersR 1951 S. 272–274 mit Anm. Prölss; Fischer VersR 1965 S. 200 spricht von einem „gefestigten Rechtsgut", „echter richterlicher Rechtsschöpfung", einem „typischen Fall **institutioneller Rechtsfortbildung**". Diese Feststellungen sind um so bemerkenswerter, als die Rechtsgrundsätze der Repräsentantenhaftung zu **Lasten** des einzelnen Vmers, allerdings im Interesse der Gefahrengemeinschaft aller Vmer, die im Gesetzeswortlaut vorgesehene Regelung verschlechtern.

[75] aaa) Schrifttum

Besonders am Anfang des Jahrhunderts hat man sich gegen die Repräsentantenhaftung ausgesprochen, sei es vom Standpunkt des Selbstverschuldungsprinzips aus (Anm. 71), sei es wegen Konstruktion einer Erfüllungs- oder Verrichtungsgehilfenhaftung (Anm. 72–73). Ausführliche Auseinandersetzung mit jenen Lehrmeinungen bei Visarius a.a.O. S. 54–59.

Wenn neuerdings z.B. Prölss-Martin[21] Anm. 2 zu § 61, S. 332 wieder das Selbstverschuldungsprinzip befürworten, so handelt es sich angesichts der ständigen höchstrichterlichen Rechtsprechung (die ausführlich geschildert wird) eher um Gedanken de lege ferenda, die überdies problematisch sind; denn in den Normalfällen erheischt es die gleichmäßige Behandlung der Vmer, daß der Ver von der Regel ordnungsgemäßer Risikoverwaltung ausgehen kann. Will ein Vmer auch geschützt sein, wenn sein Repräsentant schuldhaft handelt, so möge er eine Sondervereinbarung treffen, die voraussichtlich einen Prämienzuschlag erfordert (Anm. 78).

Die Repräsentantenhaftung wird z.B. anerkannt von Alff BGHKomm.[12] Anm. 30 zu § 278, Ehrenzweig S. 268, Eichler S. 280, Gerhard-Hagen Anm. 4 zu § 61, S. 286–289, Granitza a.a.O. S. 35–136, Hagen I S. 534–535, Koep a.a.O. S. 161–168, Möller Verantwortlichkeit a.a.O. S. 92–96, Niethner a.a.O. S. 65–79, Pinckernelle a.a.O. S. 51–52, Pott a.a.O. S. 25, Stupp a.a.O. S. 58–66, Visarius a.a.O. S. 39–53, 69–84, Weltersbach a.a.O. S. 61–92.

Bemerkenswert ist es, daß auch solche Autoren den Repräsentantenbegriff verwenden, welche eine Schadensverhütungspflicht konstruieren oder über § 254 II 2 BGB prinzipiell zu einer Anwendung des § 278[1] BGB kommen, aber einsehen, daß die uneingeschränkte Haftung für alle Hilfspersonen im Vsrecht zu untragbaren, „absurden" Ergebnissen führen müßte. Deshalb Anhänger der Repräsentantenhaftung z.B. auch Ritter-Abraham Anm. 15 zu § 33, S. 551–554, Gierke II S. 203–204, LZ 1909 Sp. 738, 740–742, 743, wohl auch Schmidt Obliegenheiten S. 245–246. Vgl. hierzu ferner Frohn a.a.O. S. 9–59, Rabel VersArch 1937/38 S. 940–943, Zillmer a.a.O. S. 32–37.

[76] bbb) Rechtsprechung

Über die dreistufige Entwicklung der höchstrichterlichen Rechtssprechung zum Repräsentantenbegriff vgl. schon – für Obliegenheitsverletzungen – Anm. 92–95 zu § 6, für Instanzgerichte Anm. 96 zu § 6.

Auf der letzten Stufe der Entwicklung, seit RG 15. X. 1935 RGZ Bd 149 S. 69–75 hat das **Reichsgericht** den Repräsentantenbegriff stark eingeschränkt:

> „Die Rechtsprechung hat ihn auch stets beschränkt auf Fälle, in denen ein Geschäftsbetrieb, mindestens ein Geschäftsbereich von einiger Bedeutung, auf den sich das Vsverhältnis bezieht, vorlag, innerhalb dessen ein anderer an der Stelle des Vmers stand. Danach müssen Verhältnisse vorliegen, die den klaren Schluß darauf gestatten, daß der Vmer nicht selbst jene Geschäfte wahrnehmen konnte oder wollte, in denen ihm das nach Lage der Dinge auch billigerweise nicht zugemutet werden konnte, Fälle also, in denen ein gewisses Bedürfnis nach jener „Repräsentanz" bestand und die tatsächlichen und rechtlichen Verhältnisse auch jenem Bedürfnis entsprechend sich gestaltet hatten" (S. 71–72).

Vgl. zuletzt RG 13. V. 1938 RGZ Bd 157 S. 320. Dazu kritisch oben Anm. 95 zu § 6.

Der **Bundesgerichtshof** hat prinzipiell die Judikatur zur Repräsentantenhaftung übernommen, neigt aber – wie auch Prölss-Martin[21] Anm. 8 B zu § 6, S. 80–81 feststellen – dazu, einer früheren (zweiten) Formel des Reichsgerichts (z. B. RG 15. III. 1932 RGZ Bd 135 S. 371) den Vorzug zu geben, wonach Repräsentant derjenige ist

> „der in dem Geschäftsbereich, zu dem das vte Risiko gehört, auf Grund eines Vertretungsverhältnisses oder eines ähnlichen Verhältnisses an die Stelle des Vmers getreten ist" (in der Amtlichen Sammlung steht „Vertragsverhältnisses" an Stelle von „Vertretungsverhältnisses"; aber das ist offenbar ein Druckfehler, vgl. den Abdruck: JRPV 1932 S. 115).

Vgl. aus der Rechtsprechung des Bundesgerichtshofes zu Obliegenheitsverletzungen zuerst BGH 25. X. 1952 VersR 1952 S. 428, 27. VI. 1953 VersR 1953 S. 317, 26. I. 1956 VersR 1956 S. 149 (arglistige Täuschung), 29. X. 1959 VersR 1959 S. 1015, 16. VI. 1961 VersR 1961 S. 652. Im Obliegenheitsurteil BGH 17. XII. 1964 VersR 1965 S. 149–150 nimmt das Gericht eine gewisse Konkretisierung im Sinne der unten zitierten Entscheidung BGH 27. II. 1964 zur Herbeiführung des Vsfalles vor und fügt hinzu:

> „Für die Frage, ob der Vmer für das Verhalten eines Dritten einzustehen hat, stellt die Überlassung der Obhut über die vte Sache kein allgemein gültiges Merkmal dar. Allenfalls kann dies berücksichtigt werden, wenn die Erhaltung von Sachen, die gegen Verlust oder Vernichtung vert sind, eine laufende Betreuung erfordert. Hingegen kann es darauf nicht ankommen, wenn ein Geschäftsbetrieb die Überlassung von Gegenständen an Dritte für kürzere oder längere Zeit mit sich bringt und der Betriebsinhaber sich durch eine V gerade gegen Schäden schützen will, die ihm aus der zeitweiligen Beherrschung der Gefahrenquelle durch Dritte drohen . . . . Das ist aber kennzeichnend für die Haftpflichtv eines gefährlichen Betriebes . . . ., insbesondere für die Kfz-Haftpflichtv."

So auch BGH 20. V. 1969 VersR 1969 S. 695–696 = NJW 1969 S. 1387–1388, und weiter verdeutlichend BGH 1. X. 1969 VersR 1969 S. 1087: Es komme auf die rechtsgeschäftliche Vertretungsmacht des Repräsentanten nicht an:

> „denn es leuchtet nicht ein, daß es darauf ankommen soll, ob ein Schaden durch einen rechtsgeschäftlichen Vertreter des Vmers oder durch den Inhaber der tatsächlichen Obhut herbeigeführt worden ist. Entscheidend kann nur sein, wem die Risikoverwaltung, die notwendige laufende Betreuung der vten Sachen tatsächlich obgelegen hat. – So erklärt es sich, daß der BGH die Rechtsprechung des RG zur Repräsentantenhaftung zwar im Prinzip übernommen hat, weil sie den Besonderheiten des Vsverhältnisses gerecht wird . . . ., aber in seinen zur Repräsentantenhaftung ergangenen Entscheidungen . . . . keine Rechtsvertretung, kein rechtsgeschäftliches Handeln, sondern nur selbständiges Handeln für den Vmer in einem gewissen, nicht ganz unbedeutenden Umfang . . . ., fordert".

Hierauf nimmt BGH 14. IV. 1971 VersR 1971 S. 539 Bezug. Im Haftpflichtvsfall BGH 21. IX. 1967 VersR 1967 S. 990–991 gehörte eine Reparaturwerkstatt zwei Inhabern,

VII. Einstehen für Dritte § 61
Anm. 76

aber ein Inhaber führte selbständig die laufenden Geschäfte und wurde damit Repräsentant des anderen Inhabers.
Die Judikatur des Bundesgerichtshofes zur schuldhaften Herbeiführung des Vsfalles stellt im übrigen folgende Gesichtspunkte in den Vordergrund:

BGH 25. XI. 1953 BGHZ Bd 11 S. 123–124: Repräsentantenhaftung im Grundsatz bejaht; jedoch für einen angestellten Kraftfahrer eines Lastkraftwagens – ohne Stellungnahme zum Begriff des Repräsentanten – verneint, weil „der Kraftfahrer.... in keiner Hinsicht an die Stelle des Vmers.... getreten ist".

BGH 16. V. 1957 VA 1958 S. 39–40 = VersR 1957 S. 386: Wiederholung der zweiten Formel des RG; Fahrer eines Lastzuges ist als Fachmann „lediglich mit bestimmten technischen Verrichtungen an der vten Sache ständig betraut".

BGH 27. II. 1964 VersR 1964 S. 475 fordert, daß der Repräsentant „ganz allgemein in dem Geschäftsbereich.... an die Stelle des Vmers getreten ist"; er müsse „demnach befugt sein, selbständig in einem gewissen, nicht ganz unbedeutenden Umfang für den Betriebsinhaber zu handeln und dabei auch dessen Rechte und Pflichten als Vmer wahrzunehmen". Verneint für einen weisungsabhängigen Sohn, der als Volontär im väterlichen Geschäft arbeitet (Kraftfahrzeugv).

Für die Haftpflichtv stellt BGH 13. VII. 1971 VersR 1971 S. 1121 klar, daß die Grundsätze der Repräsentantenhaftung auch bei § 152 Geltung beanspruchen.

Die Judikatur der Instanzgerichte folgt im allgemeinen der höchstrichterlichen Rechtssprechung. Eigenständige Gedanken finden sich aber z.B. beim OLG Hamburg 15. VI. 1927 VA 1928 S. 37–38 Nr. 1817 = HansRZ 1927 Sp. 895–897, 30. IV. 1935 JRPV 1935 S. 286–287, 6. III. 1969 VersR 1969 S. 558–559 (mit bedenklichem Ergebnis), LG Köln 17. II. 1960 VersR 1961 S. 784. Weitere Urteile der Instanzgerichte zur Herbeiführung des Vsfalles werden bei der Darstellung typischer Fallgruppen in Anm. 77 zitiert.

Die Repräsentantenhaftung spielt nicht nur eine Rolle bei der Herbeiführung des Vsfalles und bei der Verletzung von Obliegenheiten (die keine Wissenserklärung zum Gegenstand haben; Anm. 92–102 zu § 6), sondern auch bei **arglistiger Täuschung bei der Schadensermittlung** (Anm. 54 zu § 34). Es geht aber zu weit zu behaupten, für alle Rechtsbeziehungen zwischen Ver und Vmer spiele der Begriff des Repräsentanten eine Rolle (vgl. Prölss-Martin[21] Anm. 8 B zu § 6, S. 84, OLG Hamburg 6. III. 1969 VersR 1969 S. 559, OLG Nürnberg 28. XII. 1930 VA 1930 S. 260–261 Nr. 2216 = JRPV 1931 S. 178–179); er ist z.B. unerheblich bei betrügerischer Überv (Anm. 47 zu § 51) oder betrügerischer Doppelv (Anm. 43 zu § 59), und eine Haftpflichtv umfaßt nicht automatisch Haftpflichtansprüche gegen Repräsentanten (RG 16. III. 1934 RGZ Bd 144 S. 168). Bei Kenntniszurechnung (z.B. von der Mangelhaftigkeit oder Schädlichkeit von Waren [§ 4 II Ziff. 1 Satz 2 AHB]) will BGH 27. VI. 1953 VersR 1953 S. 317 auf die Kenntnis auch von Repräsentanten abstellen; richtiger dürfte hier das Institut der Wissenszurechnung und der Wissensvertretung anzuwenden sein. Im Falle BGH 14. XI. 1960 VA 1961 S. 7–9 = VersR 1960 S. 1107–1108 geht es um die Obliegenheitsverletzung durch eine Repräsentantin (zugleich Mitvte) und die dadurch ausgelöste Kündigungslast des Vers nach § 6 I 2, 3.

Zum Repräsentantenbegriff der sozialen Unfallv vgl. z.B. BGH 29. IV. 1957 VersR 1957 S. 431–432, im Reichshaftpflichtgesetz Weltersbach a.a.O. S. 16. – Ferner wird der Begriff der Repräsentation bei der (weiten) Auslegung des Begriffes des verfassungsmäßig berufenen Vertreters i.S. des § 31 BGB verwertet (BGH 30. X. 1967 BGHZ Bd 49 S. 21) und Steindorff ArchCivPrax Bd 170 S. 108, 113, 131–132 schlägt vor, die Repräsentantenhaftung auch bei der Haftung natürlicher Personen in Ausweitung des § 31 BGB nutzbar zu machen.

[77] ccc) **Fallgruppen**

Unter prinzipieller Beschränkung auf Fälle der Herbeiführung des Vsfalles (Ausnahmen sind gekennzeichnet) seien folgende Fallgruppen herausgestellt, in denen eine Repräsentanz angenommen oder abgelehnt werden muß. Der Vszweig ist, soweit ersichtlich, jeweils angegeben.

Billigt man beim Verkauf unter **Eigentumsvorbehalt** dem Verkäufer noch das (formale) Eigentumsinteresse zu (dazu Anm. 91 zu § 49), so ist doch der Käufer als Repräsentant des Verkäufers zu behandeln (KG 16. I. 1935 JRPV 1935 S. 172–175, OLG Hamburg 30. X. 1956 VersR 1957 S. 15, überholt OLG Stuttgart 25. X. 1912 VA 1913 Anh. S. 91–93 Nr. 755).

Bei der **Sicherungsübereignung** (Anm. 99–102 zu § 49) geht nach der formalen herrschenden Auffassung das Sachinteresse zwar auf den Sicherungsnehmer (z.B. die kreditierende Bank) über, aber der Sicherungsgeber bleibt unmittelbarer Besitzer und so stark an der Sache interessiert, daß er zum mindesten als Repräsentant des Sicherungsnehmers anzusehen ist. Allerdings ist zu beachten, daß eine vom Sicherungsnehmer genommene V gerade den Zweck verfolgen kann, ihn auch für den Fall schuldhaften Verhaltens des Sicherungsgebers zu schützen; solchenfalls verzichtet der Ver auf den Einwand schuldhafter Herbeiführung des Vsfalles seitens des Sicherungsgebers (Repräsentanten) ausdrücklich (Anm. 102 zu § 49), oder die Repräsentantenhaftung ist als stillschweigend abbedungen anzusehen. Vgl. hierzu auch OLG Düsseldorf 20. VII. 1961 VersR 1961 S. 889.

Bei **Kaufmiete** ist die wirtschaftliche Position des Mieters auch vor dem Eigentumsübergang so stark, daß er als Repräsentant des Vermieters anzusehen ist (OLG Hamburg 30. X. 1956 VersR 1957 S. 15–16).

Bei **Gebäuden** kommt es auf die notwendige laufende Betreuung an, nicht so sehr auf die Größe und den Wert. Hausverwalter – z. B. Hausmakler – können besonders dann Repräsentanten sein, wenn sich der Eigentümer um die Risikoverwaltung – womöglich wegen dauernder Ortsabwesenheit – nicht kümmert. Wer während eines längeren Winterurlaubs sein Einfamilienhaus einem „Generalvertreter" zur Benutzung überläßt, macht diesen zum Repräsentanten (BGH 21. IX. 1964 BGHZ Bd 42 S. 295–296). Bei einem Hauswart, der selbständig nicht handeln kann, ist Repräsentanz durchweg nicht anzunehmen. Sind bei einer Leitungswasser- und Einbruchdiebstahlv im Falle der Nichtbewohnung eines Gebäudes Obliegenheiten zu erfüllen, so läßt dies Schlüsse auf die konkrete Tragweite des § 61 zu (vgl. BGH 21. IX. 1964 BGHZ Bd 42 S. 299–300 und oben Anm. 24).

Bei einem **Binnenschiff** ist ein Wächter, der für ein Bewachungsunternehmen tätig ist, kein Repräsentant des Schiffseigners (BGH 29. X. 1960 BGHZ Bd 33 S. 222).

Bei landwirtschaftlichen, gewerblichen, industriellen **Betrieben** und ihren „Inhalt" bestehen durchweg besondere Gefahrenquellen, und dann darf sich der Betriebsinhaber der notwendigen laufenden Obhut nicht entschlagen. Seine verantwortlichen Platzhalter sind Repräsentanten, z.B. Gutsverwalter, kaufmännische oder technische Betriebsleiter. Bei selbständigen Betriebsteilen – Filialbetrieben, Warenhäusern eines Gesamtunternehmens –, die örtlich getrennt liegen, ist die Frage der Repräsentanz für jeden Teilbetrieb gesondert zu beurteilen. Repräsentant ist jeweils nur der an der Spitze des Teilbetriebs Verantwortliche, nicht aber z.B. ein Pförtner, ein Nachtwächter, ein Vorarbeiter.

Bei **beweglichen Sachen** (außerhalb eines Betriebes), kommt es wegen der Notwendigkeit laufender Betreuung besonders auf ihren Wert und ihre Gefährdung an. Geeignete Sicherungsmaßnahmen, z. B. eine Alarmanlage, können das Bedürfnis nach Repräsentanz entfallen lassen. Daß in der Reisezeit auch Einzelhäuser unbewacht blei-

VII. Einstehen für Dritte § 61
Anm. 77

ben, ist besonders in dichtbesiedelten Bezirken weithin üblich. Bei alleinstehenden **Ferienhäusern** kann Repräsentanz geboten sein, wenngleich nicht notwendig durch Hereinnahme eines Bewohners. Bei der Prämienkalkulation wird solchenfalls die besondere Gefahrenlage nicht selten berücksichtigt, was sodann Rückschlüsse auf die Haftungslage zuläßt.

Speziell bei **Warenlagern** in Lagerhäusern ist der Lagerhalter nicht Repräsentant des Eigentümers, der Ver ist gegebenenfalls auf den Rückgriff gegen den Lagerhalter angewiesen. Beim **Beförderungsvertrag** gilt Entsprechendes für den Frachtführer/Verfrachter/Unternehmer des Güterfernverkehrs. Über die spezielle Zurechnung bei Personen der Schiffsbesatzung, des Abladers, des Empfängers oder Kargadeurs in der Seev Anm. 5, in der Binnentransportv Anm. 8. Bedenklich ist es, wenn das OLG Hamburg 6. III. 1969 VersR 1969 S. 558–559 einen selbständigen **Spediteur**, der Möbel in einem Container unzureichend verpackt hat, als Repräsentanten des Exporteurs angesehen hat; denn der Spediteur wirkt als Unternehmer primär im eigenen Interesse. Beim **Versendungskauf**, insbesondere beim Überseekauf, ist der Verkäufer nicht Repräsentant des Käufers, der Käufer nicht Repräsentant des Verkäufers; beide können aber Interessenträger und Vte sein (Anm. 92–93 zu § 49).

Beim **Werkvertrag**, der eine **Ausbesserung** zum Gegenstand hat, wird der Unternehmer für die Reparaturzeit nicht zum Repräsentanten des Eigentümers; er übernimmt die Obhut aus eigenem Interesse, nicht für den Eigentümer, und letzterer behält die Sachherrschaft.

Bei **Kraftfahrzeugen** (dazu Gericke DAR 1953 S. 89, Theda ZfV 1969 S. 766–767) spielt das Problem der Repräsentanz eine besonders große Rolle. Im Rahmen der Kasko- und Gepäckv darf nach ständiger Rechtsprechung der **Fahrer (Chauffeur)** regelmäßig **nicht** als Repräsentant des Halters angesehen werden, auch nicht bei Fernlastzügen. So z.B. RG 4. X. 1929 JRPV 1929 S. 366, BGH 25. XI. 1953 BGHZ Bd 11 S. 120–124, 25. IV. 1957 VersR 1957 S. 353, 16. V. 1957 VA 1958 S. 40 = VersR 1957 S. 386, 29. X. 1956 BGHZ Bd 22 S. 121, 14. XI. 1960 VersR 1960 S. 1131–1132 (Obliegenheit), 17. XII. 1964 VersR 1965 S. 150 (Obliegenheit), 20. V. 1969 VersR 1969 S. 695–696 (Obliegenheit), 14. IV. 1971 VersR 1971 S. 539 (Obliegenheit), OLG Celle 31. I. 1955 VersR 1955 S. 169, 7. I. 1957 VersR 1957 S. 191, OLG Hamburg 30. X. 1956 VersR 1957 S. 15, 23. XII. 1958 VersR 1960 S. 314, OLG Karlsruhe 12. VII. 1957 VersR 1957 S. 477–478, OLG Köln 30. I. 1959 VersR 1959 S. 192–194, OLG München 11./12. X. 1967 VersR 1968 S. 1159, OLG Neustadt 14. III. 1953 VersR 1953 S. 182–183, 21. X. 1955 VersR 1957 S. 174, ArbG Bochum 26. V. 1954 VersR 1955 S. 256.

Bei Autovermietung wird der Mieter nicht zum Repräsentanten des Vermieters (BGH 29. X. 1956 BGHZ Bd 22 S. 117, 121, 20. V. 1969 VersR 1969 S. 695–696, KG 11. V. 1953 VersR 1953 S. 307, OLG Hamburg 7. XII. 1955 VersR 1956 S. 42–43, 23. XII. 1958 VersR 1960 S. 314, LG Braunschweig 15. II. 1961 VersR 1961 S. 1131–1132, a. A. OLG München 1. IV. 1958 VersR 1959 S. 74–75).

Bei Kaufmiete eines Kraftfahrzeugs soll nach OLG Hamburg 30. X. 1956 VersR 1957 S. 15–16 der Kaufmieter zwar an sich Repräsentant des Vermieters sein, aber der Vsvertrag sei dahin auszulegen, daß der Vermieter bei Verschulden des Mieters Kaskovsschutz genießen solle.

Bei Handlungsreisenden und Handelsvertretern, denen ein Kraftwagen überlassen wird, muß man unterscheiden: Handelt es sich um auswärtige Hilfskräfte, z.B. um den Handelsvertreter einer Hamburger Firma in Bayern, so wird regelmäßig die Repräsentanteneigenschaft anzunehmen sein (OLG Hamburg 20. III. 1934 VA 1934 S. 244–245 Nr. 2739 = JRPV 1934 S. 272, auch LG Köln 17. II. 1960 VersR 1961 S. 783–784, LG Münster 9. XI. 1960 VersR 1961 S. 1012–1014 (Obliegenheit)). Das gilt auch für Handelsvertreter, denen als Kolonnenführer ein VW-Bus für einen Teil des Bundesgebietes anvertraut wird (BGH 1. X. 1969 VersR 1969 S. 1086–1088). Das Gleiche gilt aber nicht für einen angestellten Reisevertreter, der am Wochenende den Wagen beim Vmer abzuliefern hat, welcher den Wagen überprüft (OLG Oldenburg 18. VII. 1951 VersR 1951 S. 272–274), auch nicht für einen selbständigen Bezirksvertreter, wenn der Unternehmer allwöchentlich den Wagen ansieht (OLG Hamm 17. III 1964 VersR 1964 S. 743–744). Zu den Vertreterfällen vgl. auch Ruhkopf VersR 1968 S. 1114.

Wer in einem Unternehmen mit mehreren Kraftfahrzeugen die diesbezüglichen Angelegenheiten leitet, kann an Stelle des Betriebsinhabers Repräsentant sein (BGH 29. X. 1959 VersR 1959 S. 1015, 14. IV. 1971 VersR S. 538–540, OLG Hamburg 31. VII. 1958 VersR 1958 S. 777–778 [Obliegenheit], OLG Nürnberg 15. VIII. 1963 VersR 1964 S. 135–136 [Obliegenheit]).

Über **Ehegatten** und **Familienangehörige** als Repräsentanten vgl. schon Anm. 67–68.

Bei einer **Versicherung mehrerer Personen** ist im Falle der Gesamthandsgemeinschaften das Verschulden eines Gesamthänders den übrigen zuzurechnen; deshalb kommt es auf eine Anwendung der Grundsätze über die Repräsentantenhaftung nicht an (Anm. 62); verkannt von OLG Düsseldorf 9. XI. 1965 VersR 1966 S. 1024–1025 und BGH 21. IX. 1967 VersR 1967 S. 990–991 (BGB-Gesellschaft, Kraftfahrzeughaftpflichtv). Wenn dagegen bei einer Bruchteilsgemeinschaft ein vter Miteigentümer (nicht der Vmer) den Vsfall schuldhaft verursacht, geht dies nur zu Lasten des Vmers und anderer Miteigentümer, wenn der Verursachende Repräsentant der übrigen ist (Anm. 63, zugleich mit Ausführungen zum Wohnungseigentum).

Über Fälle der **Unzurechnungsfähigkeit** des Repräsentanten und des Handelns der Repräsentanten entsprechend einem **Gebot der Menschlichkeit:** Visarius a.a.O. S. 64–68.

[78] 4. Sondervereinbarungen

Trotz der erheblichen Lebensbedeutung der Frage des Einstehenmüssens für Dritte und trotz des Schweigens des Gesetzesrechtes – abgesehen von den Sonderfällen der V für fremde Rechnung (§ 79 I; Anm. 58–59) und der Fremdpersonenv (§§ 161, 170, 179 II, IV, 181; Anm. 60) – kommen Vertragsvereinbarungen zur Zurechnungsfrage selten vor.

In der Feuerv wird oft auf die Zusatzbedingungen für Fabriken und gewerbliche Anlagen verwiesen, welche in Ziff. 26 eine „Verantwortlichkeitsklausel" vorsehen:

„(1) Der Vmer hat die Brandverhütungs-Vorschriften für Fabriken und gewerbliche Anlagen in seinem Betrieb ordnungsgemäß bekanntzumachen.
(2) Hat der Vmer diese Brandverhütungs-Vorschriften ordnungsgemäß bekannt gemacht, so ist er nicht verantwortlich für Verstöße gegen gesetzliche, behördliche und vertragliche Sicherheitsvorschriften, die wider Wissen und Willen des Vmers, seiner gesetzlichen Vertreter oder Repräsentanten begangen werden. Repräsentanten sind solche Personen, die in dem Geschäftsbereiche, zu dem das vte Wagnis gehört, aufgrund eines Vertretungs- oder ähnlichen Verhältnisses anstelle des Vmers stehen und für ihn die Obhut über das vte Interesse wahrzunehmen haben."

Hier wird demzufolge für vorbeugende Obliegenheiten (§§ 6 II, 32) auf den Repräsentantenbegriff verwiesen und diese Verweisung muß auch Geltung beanspruchen bei schuldhafter Herbeiführung des Vsfalles (vgl. Anm. 24). Die benutzte Definition des Repräsentantenbegriffs knüpft an die höchstrichterliche Rechtssprechung (Anm. 76) an Vgl. zur Klausel auch Meyer VersPrax 1953 S. 25–26.

In Industrievspolicen finden sich zuweilen besondere Vsbedingungen, speziell **Maklerbedingungen**, welche das Einstehenmüssen des Vmers für Repräsentanten wegbedingen.

VIII. Rechtsfolgen der Herbeiführung § 61
Anm. 79

In der Einbruchdiebstahlv findet sich bei der Gefahrumschreibung in § 1 Ziff. 6 b AEB eine Ausschlußklausel:

„Der Ver haftet nicht ....
b) für Einbruchdiebstahlsachäden, die von einer in häuslicher Gemeinschaft mit dem Vmer lebenden oder bei ihm wohnenden Person vorsätzlich herbeigeführt werden.
Bei Geschäftsven haftet der Ver ferner nicht für Schäden, die durch einen Angestellten vorsätzlich herbeigeführt werden, wenn der Vmer nicht nachweist, daß der Angestellte den Schaden, während das Geschäft für ihn geschlossen war, herbeigeführt hat."

Zu dieser speziellen Regelung vgl. Prölss-Martin[21] Anm. 6 zu § 1 AEB, S. 500–501.

In der Hausratv gilt eine abweichende Regelung kraft § 3 B Ziff. 4 VHB 74:

„Haben Personen, die beim Vmer wohnen, oder Hausangestellte den Vsfall durch Einbruchdiebstahl oder Beraubung herbeigeführt, wird Entschädigung bis zu 1000,– DM einmal je ausführende Person geleistet."

Für die Tierv bestimmt § 10 Ziff. 2 ATierB (VA 1951 S. 55):

„Der Ver ist von der Verpflichtung zur Entschädigungsleistung außer in den schon aufgeführten Fällen auch dann frei, wenn der Vmer und mit ihm in häuslicher Gemeinschaft lebende Familienangehörige oder Angestellte, denen das Tier anvertraut ist, den Vsfall vorsätzlich oder grobfahrlässig herbeiführen oder bei Entschädigungsverhandlungen oder bei Ausfüllung der Vordrucke für die Schadenfeststellung unrichtige Angaben machen."

In der Luftkaskov ist zeitweise eine Klausel verwendet worden, wonach der Ver nicht haftet bei Vorsatz oder grober Fahrlässigkeit des Vmers, des Charterers, deren Angestellten oder Erfüllungsgehilfen oder der Besatzung (vgl. OLG Düsseldorf 27. VI. 1961 VersR 1962 S. 80–83).

Für die Maschinenv bringt Ziff. 2.2.8 AMB eine Ausschlußregelung für Schäden,
„die der Vmer, die Leitung des Unternehmens oder ein verantwortlicher Betriebsleiter eines Werkes vorsätzlich oder grobfahrlässig verursachen."

Eine Übersicht über die Ausweitung der Fremdzurechnung in AVB bietet Weltersbach a. a. O. S. 26–60.

Es kann sich bei der Auslegung von Vsverträgen ergeben, daß der Vmer für bestimmte Personen, auch wenn sie Repräsentanten sind, nicht einstehen soll. So hat das OLG Hamburg 30. X. 1956 VersR 1957 S. 15–16 herausgestellt, der Kaufmieter eines Kraftfahrzeuges sei zwar an sich Repräsentant des Verkäufers und Eigentümers, aber eine vom Verkäufer genommene Kaskov solle letzteren gerade auch dann schützen, wenn der Kaufmieter den Vsfall schuldhaft herbeiführe. Auch in Fällen der Sicherungsübereignung kann sich ergeben, daß eine vom Sicherungsnehmer genommene V letzteren schützen soll, falls der Sicherungsgeber (Repräsentant) den Vsfall schuldhaft verursacht (vgl. Anm. 77). Das OLG Stuttgart 1. XII. 1975 VersR 1977 S. 173 will die Repräsentantenhaftung beschränken auf „Handlungen, die zum eigentlichen Verantwortungsbereich des Vmers gehören", das Fahren eines Kraftfahrzeugs gehöre in der Kaskov nicht dazu (Ehemann hatte Wagen der Ehefrau vielfach gelenkt), zustimmend Johannsen Autokaskov Anm. J 85. Auch aus § 15 II AKB will Johannsen Autokaskov Anm. J 86 eine Einschränkung der Repräsentantenhaftung ableiten.

[79] **VIII. Rechtsfolgen der Herbeiführung**

1. Zivilrechtliche Folgen

a) Haftungsfreiheit

aa) Absolute Haftungsfreiheit

Nach § 61 ist der Ver bei vorsätzlicher oder grobfahrlässiger Herbeiführung des Vsfalles „von der Verpflichtung zur Leistung frei". Der Ausdruck Leistungsfreiheit wird vom Gesetz in doppelter Bedeutung gebraucht. Erstens ist von Leistungsfreiheit die Rede, wenn eine an und für sich geschuldete Leistung des Vers aus besonderen Gründen verwirkt wird, in Wegfall kommt, z.B. wegen Verletzung einer Obliegenheit (§ 6 I 1, 3, II, III 1 und dazu Anm. 20 zu § 6) oder wegen Nichtzahlung einer Folgeprämie (§ 39 II und dazu Anm. 35 zu § 39). Zweitens wird aber der Ausdruck Leistungsfreiheit auch dann benutzt, wenn überhaupt keine Leistungspflicht des Vers besteht, sei es, daß die Gefahrtragung materiell noch gar nicht begonnen hat (etwa wegen Nichtzahlung der Erstprämie: § 38 II und dazu Anm. 17 zu § 38), sei es, daß ein Gefahrenausschluß Platz greift, und das trifft nach richtiger Ansicht bei schuldhafter Herbeiführung des Vsfalles zu (Anm. 17). Es ist präziser, in solchen Fällen nicht von Leistungsfreiheit, sondern von Haftungsfreiheit zu reden, und so sagt denn auch § 152 für die Haftpflichtv: „Der Ver **haftet nicht**, wenn der Vmer vorsätzlich .... herbeigeführt hat" (ähnlich §§ 130¹, 131 I). Es fehlt an einer Realisierung der vten Gefahr, wenn die Voraussetzungen der §§ 61, 152 vorliegen.

Die Rechtsfolge der Haftungsfreiheit tritt **ipso jure** ein, der Ver hat nicht nur ein bloßes Leistungsverweigerungsrecht, Einrederecht. Aber das schließt nicht aus, daß de facto der Ver sich im Einzelfall auf die Herbeiführung des Vsfalles beruft, wobei ihn Behauptungs- und Beweislast treffen (Anm. 33, 48). Er erhebt damit eine rechtshindernde Einwendung, man kann von einem Geltungsmachungserfordernis sprechen (vgl. Anm. 44 zu § 6, aber – für Leistungsfreiheit bei Obliegenheitsverletzungen auch BGH 24. IV. 1974 NJW 1974 S. 1241–1242 = VersR 1974 S. 689–690, wo ein Leistungsverweigerungsrecht angenommen wird, so auch Johannsen Autokaskov Anm. J 83, während Bach VersR 1959 S. 246 meint, das Gericht habe von Amts wegen § 61 zu berücksichtigen).

Die Regelung der Haftungsfreiheit geht in Deutschland vom **Alles- oder Nichts-Prinzip** aus: Aus § 61 ergibt sich, daß nicht nur bei Vorsatz, sondern auch bei grober Fahrlässigkeit der Vmer **nichts** erhält, bei leichter Fahrlässigkeit **alles**. Diese Regelung macht die nicht einfache Unterscheidung von leichter und grober Fahrlässigkeit (dazu Anm. 45–47) so wichtig, erklärt zuweilen auch die Tendenz, grobe Fahrlässigkeit zu verneinen, um dem Vmer zu helfen. Ausländische Rechtsordnungen, z.B. Art. 14 II SchweizVVG kennen ein Kürzungsrecht des Vers bei grobfahrlässiger Herbeiführung des Vsfalles „in einem dem Grade des Verschuldens entsprechenden Verhältnisse" (dazu Pinckernelle a.a.O. S. 93–94). De lege ferenda ist solche Lösung auch für das deutsche Recht öfters empfohlen worden (vgl. z.B. Pinckernelle a.a.O. S. 95–96, Wriede Kraftfahrt und Verkehrsrecht 1968 S. 90–93).

Nach geltendem Recht läßt sich insbesondere aus **§ 254 I BGB** – auch analog – kein von § 61 abweichendes Ergebnis, insbesondere keine Abstufung der Entschädigung nach dem Verschuldensgrad gewinnen (vgl. bereits Anm. 42). Die vertragliche Leistungspflicht des Vers wird vom Vsvertragsrecht abschließend geregelt. Auch in der Schadensv beruht der nach Eintritt eines Vsfalles zu leistende Schadensersatz nur auf der Realisierung der Gefahrtragung des Vers, und diese wird durch § 61 eingegrenzt. Überdies kann von einem mitwirkenden Verschulden des Vers oder einer mitwirkenden Verursachung kaum je die Rede sein. Beruht ausnahmsweise die Schädigung des Vmers auf einer Weisung des Vers (vgl. 62 I) oder auf einem im Interesse des Vers beobachteten Verhalten des Vmers (vgl. § 26), so wird man von grobfahrlässiger Herbeiführung des Vsfalles nicht sprechen können (vgl. zu diesem Fall aber Offermann a.a.O. S. 25, der eine Schadensverteilung befürwortet). Die Anwendung des § 254 I BGB wird allgemein abgelehnt, vgl. nur Begr. I S. 71, Ehrenzweig S. 265 mit Anm. 8, Framhein a.a.O. S. 67, Hagen I S. 631–632, Josef ZVersWiss 1911 S. 214–216, Offermann a.a.O. S. 24–25, Prölss-Martin²¹ Anm. 7 zu § 61, S. 335, Schneider LZ 1910 Sp. 205–206, Sommer a.a.O. S. 22, Stupp a.a.O. S. 41–42, a.A. nur v. Gierke LZ 1909 Sp. 730, 738.

VIII. Rechtsfolgen der Herbeiführung § 61
Anm. 80

§ 254 I BGB kann auch nicht herangezogen werden, um in Fällen leichter Fahrlässigkeit des Vmers eine Minderung der Vsentschädigung zu rechtfertigen; hier hat vielmehr der Ver die volle Leistung zu erbringen (Prölss-Martin[21] Anm. 7 zu § 61, S. 335, KG 12. I. 1918 VA 1918 Anh. S. 46 Nr. 1041, OLG Hamburg 22. II. 1928 HansRGZ 1928 A Sp. 285–288, OLG Karlsruhe 28. IV. 1961 VersR 1961 S. 530–531).

Die Haftungsfreiheit des Vers bezieht sich nur auf den vorsätzlich oder grobfahrlässig herbeigeführten Vsfall, und zwar auf sämtliche Schadensfolgen, auch wenn der Vmer womöglich nur die Absicht hatte, eine alte Scheune abbrennen zu lassen, das Feuer aber – entgegen seiner Absicht – auch das Wohnhaus ergreift. Das muß auch gelten, wenn die zweitgeschädigte Sache kraft eines anderen Vsvertrages, womöglich bei einem anderen Ver vert ist: Bei der Brandstiftung kommt unbeabsichtigt auch vtes Vieh oder ein kaskovtes Fahrzeug zu Schaden.

Wie in Anm. 30 gezeigt, sind Fälle vorstellbar, in denen mehrere Ursachen getrennte Schäden verursachen: Der Vmer wirft in ein ohne sein Zutun entstandenes Feuer absichtlich Sachen hinein. Hier würde § 61 nur für den abtrennbaren Vorsatzschaden eingreifen, der übrige Schaden wäre zu ersetzen, wenn nicht andere rechtliche Gesichtspunkte (z. B. arglistige Täuschung bei der Schadensermittlung) entgegenstehen.

[80] bb) Relative Haftungsfreiheit
Die durch die §§ 61, 152 ausgelöste Haftungsfreiheit wirkt möglicherweise nicht nur gegenüber dem Herbeiführenden, dem schuldhaft Handelnden, sondern personell darüber hinaus: Bei der V für fremde Rechnung schadet die Herbeiführung durch den Vmer auch den mitvten Personen (Anm. 58), die Herbeiführung durch einen Gesamthänder schadet auch allen anderen Beteiligten der Gesamthandsgemeinschaft (Anm. 62).

Andererseits gibt es Tatbestände, bei denen die schuldhafte Herbeiführung des Vsfalles seitens eines Beteiligten anderen Beteiligten nicht entgegengehalten werden kann, z. B. beeinträchtigt das Verschulden eines Vten bei der V für fremde Rechnung nicht die Rechte des Vmers oder anderer Vter (Anm. 59), das Verschulden eines Bruchteilseigentümers, der kein Vmer ist, nicht die Rechte anderer Beteiligter einer Bruchteilsgemeinschaft (Anm. 69).

Weitere Fälle gleichsam relativer Haftungsfreiheit ergeben sich **kraft Gesetzes** im Verhältnis zu gewissen Dritten, die nicht als Vmer oder Vte an einer Schadensv interessiert sind. Geschützte Dritte sind:
Realgläubiger in der Gebäudefeuerversicherung gemäß § 102 I 1. Bei schuldhafter Herbeiführung des Vsfalles ist der Ver im Sinne der genannten Vorschrift „wegen des Verhaltens des Vers von der Verpflichtung zur Leistung frei". Entsprechendes gilt bei der V für fremde Rechnung, wenn der Vte den Vsfall schuldhaft herbeiführt (RG 13. V. 1938 RGZ Bd 157 S. 317; § 79 I). Trotz der Herbeiführung des Vsfalles bleibt für den Ver „gleichwohl seine Verpflichtung gegenüber einem Hypothekengläubiger bestehen", und das gilt entsprechend bei einer Grundschuld, Rentenschuld oder Reallast (§ 107b). Die rechtliche Konstruktion der (relativen) Haftung des Vers ist sehr schwierig und umstritten (dazu Brisken, Der Schutz der Hypothekengläubiger bei Gebäudefeuerv, Karlsruhe 1964, S. 63–71). Die herrschende Meinung (vgl. Prölss-Martin[21] Anm. 6 zu § 103, S. 456–457 m.w.N.) billigt dem Realgläubiger „einen selbständigen unmittelbaren Anspruch hypothekenrechtlicher Natur auf die Vssumme" zu, der allerdings in dem „kranken" Vsverhältnis wurzele (RG 26. VI. 1936 RGZ Bd 151 S. 392). Dies hat zur Folge, daß bei schuldhafter Herbeiführung des Vsfalles seitens eines Realgläubigers § 61 entsprechend anzuwenden ist (im Ergebnis über-

einstimmend Prölss-Martin[21] Anm. 4 zu § 102, S. 452–453; weitergehend Brisken a.a.O. S. 79, wonach schon leichte Fahrlässigkeit dem Realgläubiger schadet). Der Anspruch des Realgläubigers ist doppelt begrenzt, nämlich durch die Entschädigung einerseits, den Betrag der Belastung andererseits (Näheres Brisken a.a.O. S. 74–75, Prölss-Martin[21] Anm. 5 zu § 102, S. 453–454). Über den Rückgriff des Vers vgl. § 104 und unten Anm. 83.

Schiffshypothekengläubiger in der Kaskoversicherung gemäß § 36 I 1 G über Rechte an eingetragenen Schiffen. Die Regelung erwähnt neben dem Verhalten des Vmers ausdrücklich auch jenes des Vten. Im übrigen gilt das für die Gebäudefeuerv Gesagte. Über den Rückgriff des Vers vgl. § 37 SchiffsrechteG und unten Anm. 83.

Registerpfandrechtsgläubiger in der Luftkaskoversicherung gemäß § 36[1] Gesetz über Rechte an Luftfahrzeugen, welcher lautet:

> „Ist der Ver wegen eines Verhaltens des Vmers oder des Vten, das nicht den Betrieb des Luftfahrzeugs betrifft, von der Verpflichtung zu Leistung frei oder tritt er nach dem Eintritt des Vsfalles vom Vertrag zurück, so bleibt gleichwohl seine Verpflichtung gegenüber dem Gläubiger bestehen."

Die Einschränkung bezüglich des „Verhaltens ...., das nicht den Betrieb des Luftfahrzeugs betrifft", ist höchst problematisch. Auch hieraus erklärt es sich, daß es in einer speziellen „Klausel für Registerpfandrecht an Luftfahrzeugen" (Abs. 4) heißt:

> „Der Ver verzichtet dem Gläubiger gegenüber auf den Einwand der Leistungsfreiheit infolge grober Fahrlässigkeit gemäß § 61 VVG und § 4, Ziffer 9 AKB-Lu, und zwar auch insoweit, als diese mit dem Betrieb des Luftfahrzeuges zusammenhängt. Dieser Verzicht gilt jedoch nur in Höhe der für den Gläubiger im Pfandrechtsregister eingetragenen Forderung, soweit diese im Zeitpunkt des Schadensfalles noch für den Gläubiger bestanden hat."

Man beachte aber, daß diese Klausel bei Vorsatz keinen Verzicht auf den Einwand aus § 61 vorsieht, hier taucht also wieder die Frage auf, ob das vorsätzliche Verhalten des Vmers oder Vten den Betrieb des Luftfahrzeugs betrifft. Nur wenn das nicht zutrifft, ist der Gläubiger geschützt. Über den Rückgriff des Vers vgl. § 37 Gesetz über Rechte an Luftfahrzeugen und unten Anm. 83.

Nicht zu den geschützten Dritten gehören **Drittgeschädigte in der Haftpflichtversicherung**. Das gilt allemal außerhalb der Pflicht-Haftpflichtven: Wenn z.B. bei einer Gebäudehaftpflichtv der Eigentümer einen Vsfall vorsätzlich herbeiführt, so entfällt der Vsschutz nach § 152, und auch mittelbar ist der Drittgeschädigte nicht geschützt; denn er kann einen (nicht existenten) Freihaltungsanspruch des Eigentümers gegen den Ver nicht pfänden und sich überweisen lassen. Für den Bereich der Pflicht-Haftpflichtven begünstigt zwar § 158 c I den Drittgeschädigten für den Fall der Leistungsfreiheit des Vers (seine Verpflichtung bleibt „in Ansehung des Dritten" bestehen), aber hier umfaßt der Begriff der Leistungsfreiheit anerkanntermaßen nicht den Fall des § 152, welcher ja präziser als § 61 von Nichthaftung des Vers spricht: Anm. 79. Auch § 158 c III betont, der Ver hafte „nur im Rahmen .... der von ihm übernommenen Gefahr", und § 152 enthält einen Gefahrenausschluß (ebenso Prölss-Martin[21] Anm. 9 zu § 158 c, S. 736 m.w.N.). Entsprechendes gilt auch für die **Autohaftpflichtv**: Hier kann das Verkehrsopfer den Anspruch auf Ersatz des Schadens im Wege der action directe gegen den Ver auch dann geltend machen, wenn letzterer dem Vmer (oder Vten) „gegenüber von der Verpflichtung zur Leistung .... frei ist" (§ 3 Nr. 4, Nr. 1 Satz 1 PflVersG). Aber auch hier ist der Begriff Leistungsfreiheit im engeren Sinne anzuwenden und nicht auf den Fall der Haftungsfreiheit des § 152 zu erstrecken (Prölss-Martin[21] Anm. 2 zu § 3 Nr. 4–6 PflVersG, S. 770, BGH 15. XII. 1970 NJW 1971 S. 459–461 = VersR 1971 S. 239–241). Diese Lücke des Verkehrsopferschutzes ist öfters beklagt worden; sie wird nur zum Teil geschlossen

VIII. Rechtsfolgen der Herbeiführung § 61
Anm. 81

durch § 12 I Ziff. 3 PflVersG (neu durch G vom 11. V. 1976, BGBl I S. 1181), wonach der „Entschädigungsfonds für Schäden aus Kraftfahrzeugunfällen" haftet,
„wenn für den Schaden, der durch den Gebrauch des ermittelten oder nicht ermittelten Fahrzeugs verursacht worden ist, eine Haftpflichtv deswegen keine Deckung gewährt oder gewähren würde, weil der Ersatzpflichtige den Eintritt der Tatsache, für die er dem Ersatzberechtigten verantwortlich ist, vorsätzlich und widerrechtlich herbeigeführt hat".

Diese Haftung ist aber nur eine subsidiäre, umfaßt Schmerzensgeld nur in besonders schweren Fällen und Sachschadensersatz nur limitiert (Näheres § 12 II PflVersG). Über den Rückgriff des Entschädigungsfonds § 12 IV 2, V–VI PflVersG.

Über eine spezielle Lagerhaftpflichtv mit Schutz des Einlagerers gegen Vorsatzhandlungen unten Anm. 87.

Im Zusammenhang mit den Schiffshypothekengläubigern war bereits von einer **Klausel** die Rede, welche kraft Rechtsgeschäfts Registerpfandrechtsgläubiger begünstigt und einen (begrenzten) Verzicht auf den Einwand gemäß § 61 beinhaltet. Solche Vereinbarungen, wonach bestimmte Personen so zu stellen sind, als ob die §§ 61, 152 nicht bestünden, kommen öfters vor, z.B. zugunsten von Sicherungsnehmern bei Sicherungsübereignung, Verkäufern bei Verkauf unter Eigentumsvorbehalt, Vermietern bei Kaufmiete, Pfandgläubigern bei Mobiliarpfandrechten (vgl. beiläufig Anm. 77). Sie schützen die Sicherungsbedürftigen besonders dann, wenn die Vsforderung primär dem Sicherungsgeber, Vorbehaltskäufer, Kaufmieter, Verpfänder zusteht und dem Sicherungsbedürftigen ganz oder teilweise abgetreten wird. Diese Abtretung würde wertlos sein, wenn der Sicherungsgeber usw. seinen primären Anspruch infolge schuldhaften Verhaltens verwirkt. Einzelheiten über solche vertraglichen Regelungen zugunsten einzelner Personen Anm. 92. Über den Rückgriff des Vers vgl. unten Anm. 83.

[81] cc) Verzicht, Verwirkung

Der Ver kann auf den Einwand der Haftungsfreiheit **verzichten.**

Kommt der Willen, sich nicht auf die §§ 61, 152 zu berufen, bereits **vor** Eintritt des Vsfalles zum Ausdruck, so handelt es sich um eine vertragliche Wegbedingung dieser Vorschriften (dazu Anm. 87–92).

Hier ist nur der Fall zu erörtern, daß **nach** Eintritt eines schuldhaft herbeigeführten Vsfalles der Ver die Einwendung der Haftungsfreiheit (Anm. 79) nicht erhebt. Hier kommt neben dem rechtlichen Gesichtspunkt des Verzichtes auch jener der Verwirkung in Betracht (wie bei der Geltendmachung von Obliegenheitsverletzungen: Anm. 44–51 zu § 6).

Der **Verzicht** auf den Einwand der Haftungsfreiheit ist rechtlich schwer zu konstruieren, weil die Verwirkungsfolge dieser „Leistungsfreiheit" kraft Gesetzes eintritt (Anm. 79). Schmidt Obliegenheiten S. 270–274 schlägt deshalb die Konstruktion eines Vertragsänderungsvertrages vor: „Durch den das Schuldverhältnis abändernden Vertrag wird die durch die „Verwirkung" fortgefallene Anspruchsgrundlage nachträglich (rückwirkend) wiedergeschaffen". Hiernach würde in Wahrheit keine einseitige Verzichtswillenserklärung des Vers vorliegen, sondern ein den ursprünglichen Vsvertrag in concreto abändernder Vertrag, der das Risiko eines schuldhaften Verhaltens des Vmers in den Vsschutz für den Einzelfall einbezieht. Die Konstruktion wirkt nicht überzeugend, zumal da der Vmer oft den Standpunkt vertreten wird, er habe z.B. nicht grobfahrlässig gehandelt; es fehlt also bei ihm an einem Vertragsänderungswillen. Geht man davon aus, daß auch Haftungsfreiheit eingewendet, geltend gemacht werden muß (Anm. 79), so ist Raum für einen einseitigen Verzicht auf die Einwendung, der nur vom Ver erklärt zu werden braucht und motiviert sein kann u. a. durch tatsächliche und rechtliche Zweifel hinsichtlich der Herbeiführungsfrage (Brandstiftung?) oder Verschuldensfrage (grobe Fahrlässigkeit?). Rechtszweifel kommen in Betracht z.B. hinsichtlich der Repräsentanteneigenschaft; häufig spielen auch Gesichtspunkte der Kulanz eine Rolle.

Der Verzicht kann ausdrücklich oder stillschweigend-konkludent erklärt werden. Er setzt keine bestimmte Kenntnis des Vers vom vollen Sachverhalt voraus, Brandstiftungsverdacht genügt. Ritter-Abraham Anm. 6 zu § 20, S. 359 betonen, der Ver müsse mindestens aus der Vorstellung heraus handeln, ihm könne ein Rechtsbehelf zustehen. Der Verzichtswille ist solchenfalls erschlossen worden aus vorbehaltloser Zahlung der Entschädigung, Gewährung von Rechtsschutz in der Haftpflichtv, Erteilung von Weisungen zur Abwendung und Minderung, Einleitung eines Sachverständigenverfahrens zur Ermittlung des Schadensumfanges (vgl. entsprechend die Beispiele in Anm. 46—47 zu § 6), in der Autohaftpflichtv auch aus der Entschädigung des Verkehrsopfers im Wege der action directe, da § 152 auch gegenüber dem Verkehrsopfer durchgreift (Anm. 80).

Der BGH 25. IV. 1960 VersR 1960 S. 529—530 hat „eine rechtsgeschäftliche Aufgabe" des Erstattungsanspruches eines Kaskovers verneint, der eine Autoreparaturrechnung bezahlt hatte, als er noch nicht wußte, daß der Vmer bei der Unfallverursachung stark betrunken war.

Die Tragweite des Verhaltens des Vers ist zuweilen zweifelhaft. Bloße Vergleichsverhandlungen schließen regelmäßig die Annahme des Verzichtswillens aus. Beruft sich der Ver zunächst nur auf eine Obliegenheitsverletzung, so schließt dies nicht aus, daß er später auch schuldhafte Herbeiführung des Vsfalles geltend macht. Verzichtet der Ver auf Geltendmachung einer Obliegenheitsverletzung, so besagt dies noch nicht, daß er auch auf den Einwand aus §§ 61, 152 verzichten will (vgl. allerdings über die Wechselbeziehungen wegen des Klarstellungserfordernisses der §§ 6 I 2, 3, 25 III oben Anm. 24, 23). Die Aushändigung des Vsscheins bei einer Gütertransportv nach Eintritt eines Schadensfalles enthält nicht ohne weiteres einen Verzicht auf den Einwand grobfahrlässiger Herbeiführung des Vsfalles (LG Aschaffenburg 21. VIII. 1953 VersR 1953 S. 430).

Eine Verzichtserklärung kann nach allgemeinen Rechtsgrundsätzen, z.B. wegen Irrtums, anfechtbar sein.

Ein Vsvertreter ist nicht bevollmächtigt, namens des Vers auf den Einwand der schuldhaften Herbeiführung des Vsfalles zu verzichten, es sei denn, er hat eine spezielle Schadensregulierungsvollmacht (dazu Anm. 33 zu § 43, Anm. 20 zu § 45). Aber auch dann, wenn dies nicht zutrifft, kann ein Ver — unter dem rechtlichen Gesichtspunkt der Anscheinsvollmacht — an eine Erklärung eines „Bezirksdirektors" gebunden sein, der in Kenntnis grobfahrlässiger Trunkenheit des Vmers sagt: „Unsere V ist großzügig, das Geld ist da und wird auch ausgezahlt."

Von einem Verzicht ist eine **Verwirkung** der Geltendmachung der Einwendung aus §§ 61, 152 zu unterscheiden. Sie setzt keine Willenserklärung des Vers, auch nicht in allen Fällen ein Wissen des Vers um den Sachverhalt voraus, sondern ist aus Treu und Glauben (§ 242 BGB) abzuleiten. Hauptfälle der Verwirkung sind jener der unzulässigen Rechtsausübung (vgl. BGH 25. IV. 1960 VersR 1960 S. 530, Schmidt Obliegenheiten S. 275) und jener des venire contra factum proprium (vgl. Anm. 51 zu § 6, Schmidt Obliegenheiten S. 274—275). Der letztgenannte Einwand gegensätzlichen Verhaltens konnte dem Ver nicht entgegengesetzt werden im Falle LG Aschaffenburg 21. VIII. 1953 VersR 1953 S. 430.

[82] dd) Bereicherung, Geschäftsführung

Hat der Ver eine Entschädigungsleistung erbracht und erfährt er erst nachträglich, daß Haftungsfreiheit gemäß § 61 oder § 152 bestand, so kann er seine Leistung wegen

VIII. Rechtsfolgen der Herbeiführung § 61
Anm. 83

ungerechtfertigter Bereicherung des Vmers oder Vten wieder herausverlangen (§ 812 I 1 BGB): Infolge der ex lege eingetretenen Haftungsfreiheit hatte die Gefahr sich nicht verwirklicht, war die Entschädigungsleistung nicht geschuldet.

Falls der Ver **einem Dritten** gezahlt hat, z.B. einer Reparaturwerkstatt bei der Autokaskov, so ist der Vmer ohne rechtlichen Grund von seiner Schuld befreit worden (BGH 25. IV. 1960 VersR 1960 S. 530). Nur wenn der Ver positiv gewußt hat, daß er zur Leistung nicht verpflichtet war, könnte das Geleistete nicht zurückgefordert werden (§ 814 BGB); Wissenmüssen reicht nicht aus (LG Mainz 30. I. 1958 VersR 1958 S. 559–560).

Der Bereicherungsanspruch setzt nicht voraus, daß die vorgängige Zahlung vom Ver angefochten wird, es sei denn, daß ein besonderer Schuldanerkenntnisvertrag zustande gekommen war (LG Mainz a.a.O.) oder daß man in der Zahlung nicht nur einen realen Tilgungsakt erblickt, sondern ein Rechtsgeschäft, womöglich einen Erfüllungsvertrag konstruiert (so wohl Bach VersR 1959 S. 247, der stets eine unverzügliche Anfechtung der Zahlung wegen Irrtums fordert).

Hat bei der V für **fremde Rechnung** der Ver dem Vmer die Zahlung geleistet (z.B. nach § 76 II), und hat der Vmer die Entschädigung dem Vten weitergeleitet, so ist der Vmer nicht mehr bereichert (§ 818 III BGB), und er haftet nur noch, wenn er um das Vorliegen der Voraussetzungen des § 61 wußte, also den Mangel des rechtlichen Grundes kannte (§§ 819 I, 818 IV BGB; Ritter-Abraham Anm. 5 zu § 20, S. 359). Ausführliche Darstellung der Bereicherungsprobleme bei V für fremde Rechnung bei Sieg Anm. 51–53 zu §§ 75, 76.

An der erforderlichen **Unmittelbarkeit** der Vermögensverschiebung fehlte es im Falle LG Berlin 13. V. 1954 VersR 1954 S. 319–320 (Selbstfahrer-Mietwagen).

In Fällen der Zahlung des Vers an einen Dritten trotz der §§ 61, 152 kommt auch der rechtliche Gesichtspunkt einer **Geschäftsführung ohne Auftrag** (§ 677 BGB) in Betracht, und der Ver kann vom Vmer Ersatz seiner Aufwendungen verlangen (§§ 683[1], 670 BGB). So BGH 25. IV. 1960 VersR 1960 S. 529–530, falls der Kaskover den Werklohn für eine Autoreparatur begleicht, für die der Vmer den Auftrag erteilt hatte; und dies soll auch dann gelten, wenn der Ver bei der Zahlung um das Vorliegen der Voraussetzungen des § 61 wußte. Entsprechendes muß gelten, wenn ein Kraftfahrzeughaftpflichtver ein Verkehrsopfer trotz Vorliegens der Voraussetzungen des § 152 entschädigt.

Die Ansprüche des Vers aus Bereicherung oder Geschäftsführung ohne Auftrag sind keine Ansprüche „aus dem Vsvertrage", deshalb gilt für sie nicht die kurze **Verjährungsfrist** des § 12 I (Anm. 9 zu § 12 m.w.N., a.A. Bach VersR 1959 S. 247, Prölss-Martin[21] Anm. 2 zu § 12, S. 118 unter Berufung auf OLG Düsseldorf 25. III. 1958 VersR 1958 S. 617–618 [ebenso als Vorinstanz LG Düsseldorf 7. III. 1957 VersR 1957 S. 284]).

[83] ee) Rückgriff des Versicherers

Hat der Vmer den Vsfall schuldhaft herbeigeführt und ist der Ver haftungsfrei, so ist auch kein Raum für einen Regreß des Vers gegen Dritte. Leistet der Ver, obgleich er sich auf § 61 oder § 152 hätte berufen können, so sind mit Sieg Anm. 53–56 zu § 67 m.w.N. verschiedene Fälle zu unterscheiden: Leistung bei immerhin zweifelhafter Deckung, bewußte Liberalitätsleistung, irrtümliche Ersatzleistung. In allen Fällen aber findet nach vorherrschender Auffassung – im dritten Fall jedenfalls vor der Kondiktion – ein Übergang von Ersatzansprüchen gemäß § 67 I 1 statt.

Ein Rückgriff des Vers gegen seinen eigenen Vmer oder Vten ist nach § 67 I 1 prinzipiell ausgeschlossen, weil diese Personen keine Dritten sind. Eine Ausnahme gilt aber dann, wenn diese Personen sich ihrer Rolle als Vertragsbeteiligte dadurch gleichsam begeben, daß sie ihre eigene Vsforderung verwirken, sei es durch vorsätzliche Herbeiführung des Vsfalles (§ 152), sei es auch schon durch grobe Fahrlässigkeit (§ 61). Deshalb sagt Sieg Anm. 37 zu § 67 mit Recht, es komme „darauf an, ob dem Vmer oder Vten in concreto Vsschutz zu gewähren ist". Hat z.B. bei einer Autohaftpflichtv der Fahrer einen Haftpflichtschaden vorsätzlich herbeigeführt, und ist dem Vmer als Halter Vsschutz zu gewähren, so ist ein Rückgriff des Vers gegen den an und für sich mitvten Fahrer angängig (vgl. Sieg Anm. 40 zu § 67). Auf dem gleichen Prinzip beruht es, daß bei Bruchteilsgemeinschaften Miteigentümer Ersatzansprüche gegen einen vorsätzlich oder grob fahrlässig handelnden mitvten Miteigentümer erlangen und daß diese auf den Ver übergehen, weil der schuldhaft Handelnde wegen § 61 keinen eigenen Entschädigungsanspruch erwirbt (vgl. Anm. 63 sowie Sieg Anm. 42 zu § 67). Über den Regreß gegen einen vorsätzlich handelnden Wohnungseigentümer vgl. auch Abs. 1 Satz 2, Abs. 2 Satz 2 Klausel für die Gebäudev bei Wohnungseigentum (oben Anm. 63).

Die besondere Struktur der Personenkautionsv erklärt es, daß der Ver gegen seinen eigenen Vmer Rückgriff zu nehmen vermag (Anm. 13). Auf Vertrag beruht es auch, daß ein Speditionsver gegen den Spediteur, der die V genommen hat, in voller Höhe Regreß nehmen kann, wenn der Spediteur den Schaden vorsätzlich herbeigeführt hat (gleichfalls Anm. 13). Zu beiden Fällen vgl. Sieg Anm. 131, 133, 11 zu § 67, der bei der Personenkautionsv § 67, bei der Speditionsv einen Rückgriff außerhalb § 67 annimmt, wenn und weil „die Haftung im Verhältnis zwischen Vmer und Vten ausgeschlossen ist".

In den oben Anm. 80 behandelten Fällen relativer Haftungsfreiheit sehen § 104 für die Gebäudefeuerv, § 67 SchiffsrechteG für die Kaskov und § 37 G über Rechte an Luftfahrzeugen den Übergang des Pfandrechts auf den Ver vor, soweit der Ver den Gläubiger befriedigt. Die Konstruktion dieses Übergangs ist umstritten, vgl. dazu Prölss-Martin[21] Anm. 4 zu § 104, S. 458–459 m.w.N. Den Vorzug verdient die von Bruck[7] Anm. 2 zu § 102, S. 343 entwickelte „Auffassung, daß die Hypothek nach dem Übergang zur Sicherung der dem Ver gegen den Vmer im Wege der Forderungsauswechslung zustehenden Ersatzansprüche dient" (Begr. zu § 104: DJustiz 1943 S. 41).

[84] b) Vertragsschicksal

Die schuldhafte Herbeiführung des Vsfalles löst nur Haftungsfreiheit des Vers für den konkreten Vsfall aus, läßt aber den Vsvertrag mit der Gefahrtragungspflicht des Vers grundsätzlich unberührt.

Es kann jedoch infolge des „Vsfalles" das vte Interesse weggefallen sein, z.B. kann die Brandstiftung das vte Gebäude total zerstört haben. Dieser vollständige Interessewegfall führt zum Erlöschen des Vsvertrages (Sieg Anm. 10 zu § 68). Was die Prämienzahlungspflicht anlangt, so fragt es sich, ob § 68 II oder IV Anwendung findet (Prämien nach Kurztarif oder ungeteilte Jahresprämie?). Das hängt davon ab, ob das Interesse weggefallen ist, „weil der Vsfall eingetreten ist". Ist auch ein den Ver haftungsfrei lassendes Ereignis ein Vsfall? Es besteht kein Grund, hier den Vmer zu schonen, überdies spricht auch § 61 von der Herbeiführung des „Vsfalles". Es gilt also der Grundsatz der Unteilbarkeit der Prämie (Pinckernelle a.a.O. S. 100).

Ist das Interesse nicht weggefallen, so kann dem Ver ein Kündigungsrecht zustehen, weil ein Vsfall eingetreten ist. Solches Kündigungsrecht kennt das Gesetz für die Feuerv (§ 96 I), die Hagelv (§ 113[1]) und die Haftpflichtv (§ 158 I 1); die Vsbedingungen sehen weitere Fälle vor. Auch hier liegt die Voraussetzung „Eintritt

VIII. Rechtsfolgen der Herbeiführung § 61
Anm. 85, 86

eines Vsfalles" trotz Haftungsfreiheit wegen schuldhafter Herbeiführung des Vsfalles vor (Ehrenzweig S. 272, Raiser AFB[2] Anm. 6 zu § 19, S. 487–488). Die AVB fordern allerdings zuweilen einen „entschädigungspflichtigen Vsfall" als Kündigungsvoraussetzung (Nachweise bei Prölss-Martin[21] Anm. 1 zu § 96, S. 436); solchenfalls entfällt bei Haftungsfreiheit des Vers dessen hier behandeltes Kündigungsrecht.

In Betracht kommt aber auch ein Kündigungsrecht wegen subjektiver verschuldeter Gefahrerhöhung (§ 24 I 1), wenn die schuldhafte Herbeiführung des Vsfalles erweist, daß die Gefahr, insbesondere die Vertragsgefahr, sich erhöht hat, z.B. bei wiederholten ernsthaften Aufforderungen an Dritte zur Brandstiftung (Anm. 8, 12 zu § 23 m.w.N.).

Schließlich gibt es bei Vsverträgen – wie bei allen Dauerschuldverhältnissen – die Möglichkeit einer Kündigung aus wichtigem Grunde. Eine Erschütterung des Vertrauensverhältnisses kann besonders nach vorsätzlichen Handlungen des Vmers eintreten, auch hier z.B. dann, wenn der Vmer Dritte schriftlich zur Brandstiftung angeregt hatte (Nachweise Anm. 25 zu § 8). Zu weitgehend Prölss-Martin[21] Anm. 5 zu § 61, S. 334, die stets auch bei grober Fahrlässigkeit des Vmers ein Recht zu sofortiger Kündigung annehmen. § 8 III Normativbedingungen des Krankenv hebt den Fall hervor, daß ein Vmer durch Vortäuschung einer Krankheit Vsleistungen erschleicht oder zu erschleichen versucht und verleiht solchenfalls dem Ver das Recht, das Vsverhältnis mit sofortiger Wirkung zu kündigen. Entsprechendes muß bei Vortäuschung eines Einbruchdiebstahls gelten (Prölss Einbruchdiebstahlv[3] S. 225–226).

Bei einer laufenden V sieht Ziff. 9.2 Bestimmungen für die laufende V eine Kündigung nach „Eintritt eines Vsfalles" vor, welche die gesamte laufende V beendet und auch statthaft ist bei einem „nicht entschädigungspflichtigen Vsfall" (Enge S. 108; nach § 97 IX 1 ADS konnte der Ver nur „nach dem Eintritt eines ihm zur Last fallenden Unfalls.... kündigen", dazu Ritter-Abraham Anm. 80 zu § 97, S. 1195).

[85] c) Schadensersatz

Ein Schaden könnte entstehen nicht nur durch die Auszahlung der Vsentschädigung trotz Haftungsfreiheit, sondern auch durch Aufwendung von Kosten zur Aufklärung des wahren Sachverhalts, womöglich unter Einschaltung eines Detektivs, unter Auslobung einer Belohnung.

Da es keine Rechtspflicht des Vmers gibt, den Vsfall nicht herbeizuführen, löst die Herbeiführung keinen vertraglichen Schadensersatzanspruch wegen Verletzung solcher Unterlassungspflicht aus (a.A. – mit Einschränkungen –, von der Schadensverhütungspflicht [Anm. 19] ausgehend, Ritter-Abraham Anm. 21 zu § 33, S. 557). Die Konstruktion einer „positiven Vertragsverletzung" bei unbegründeter Inanspruchnahme des Vers ist problematisch (dazu LG Essen 14.II.1952 VersR 1952 S.144–145).

Deliktsansprüche des Vers gegen einen Vmer oder Vten kommen in Betracht wegen Verletzung eines (strafrechtlichen) Schutzgesetzes (§ 823 II BGB; über die strafrechtlichen Folgen einer schuldhaften Herbeiführung des Vsfalles vgl. Anm. 86) oder wegen vorsätzlich-sittenwidriger Schadenszufügung (§ 826 BGB). Vgl. Bruck S. 665, der aber irrigerweise einen Schadensersatzanspruch auch auf die Verletzung der Auskunftsobliegenheit stützen will.

[86] 2. Strafrechtliche Folgen

Im Zusammenhang mit der zivilrechtlich relevanten schuldhaften Herbeiführung des Vsfalles kommen auch strafrechtliche Folgen in Betracht, wobei sich die Straftaten gegen den Ver, aber auch gegen andere geschützte Rechtsgüter richten können.

§ 61 VIII. Rechtsfolgen der Herbeiführung
Anm. 86

Primär gegen den Ver richtet sich der in § 265 StGB unter Strafe gestellte „**Versicherungsbetrug**" im rechtstechnischen Sinne:

„(1) Wer in betrügerischer Absicht eine gegen Feuergefahr vte Sache in Brand setzt oder ein Schiff, welches als solches oder in seiner Ladung oder in seinem Frachtlohn vert ist, sinken oder stranden macht, wird mit Freiheitsstrafe von einem Jahr bis zu zehn Jahren bestraft.

(2) In minder schweren Fällen ist die Strafe Freiheitsstrafe von sechs Monaten bis zu fünf Jahren."

Die Vorschrift schützt aber nicht nur den Ver, sondern auch das volkswirtschaftliche Allgemeininteresse an Bestand und Funktionieren des Vswesens: Es könne ein allgemeiner sozialer Schaden eintreten, „wenn die dem allgemeinen Nutzen dienende Feuerv ungerechtfertigt in Anspruch genommen wird" (BGH 29. IV. 1958 BGHSt Bd 11 S. 398 = NJW 1958 S. 1149, ähnlich auch schon BGH 19. XII. 1950 NJW 1951 S. 204–205 und später entsprechend für die „Schiffsunfallv" BGH 15. I. 1974 NJW 1974 S. 568).

Die betrügerische Absicht kann, wie § 263 I StGB erweist, auch darauf gerichtet sein, einem **Dritten** (Vmer oder Vten) einen rechtswidrigen Vermögensvorteil zu verschaffen. Man denke an die Brandstiftung seitens eines **Repräsentanten** oder eines „**in Wahrheit wirtschaftlich Vten**" (Anm. 69); auf letztgenannten Gesichtspunkt hätte sich das Urteil RG 6. I. 1941 RGSt Bd 75 S. 60–62 = DR 1941 S. 1147–1149 mit Anm. Boldt (Brandstiftung durch Sohn als „wahren Herrn des Hofes", „wirtschaftlich in erster Reihe interessiert") besser stützen lassen als auf eine Analogie zu § 265 StGB (heute unstatthaft: BGH 10. IV. 1951 BGHSt Bd 1 S. 209–211 = JR 1951 S. 687). Man denke auch an die Brandstiftung seitens eines Organmitgliedes einer juristischen Person (BGH 9. VI. 1954 NJW 1954 S. 1576–1577 und oben Anm. 61). Führt jemand, dessen Verhalten dem Vmer nicht zuzurechnen ist, den Vsfall herbei, um dem Vmer zur Entschädigung zu verhelfen, so ist § 265 StGB nicht anwendbar, weil dem Vmer diese Entschädigung rechtens zusteht. Entsprechendes muß gelten, wenn aus egoistischen Motiven z. B. ein Sohn, künftiger Erbe des Vmers, aber kein Repräsentant des noch lebenden Vaters, ein Gebäude in Brand setzt. So auch BGH 10. IV. 1951 BGHSt Bd 1 S. 209–211 = JR 1951 S. 687 (Sohn kein Repräsentant seiner an der Brandstiftung unbeteiligten Mutter), abweichend OLG Celle 8. III. 1950 SüddeutscheJZ 1950 S. 682–687 mit kritischer Anm. Bokelmann, vgl. auch Kohlhaas VersR 1965 S. 5, 7.

Der spezielle § 265 StGB gilt zunächst bei **Ven gegen Feuergefahr**. Eine V gegen Feuergefahr ist nicht nur eine spezielle Immobiliar- und Mobiliarfeuerv, sondern jede V, die im Wege der Aufzählung spezieller Gefahren oder nach dem Grundsatz der Totalität der Gefahren auch die Feuerv umfaßt; man denke an ein kaskovtes Kraftfahrzeug. Überdies gilt § 265 bei **Schiffskasko-, Schiffsgüter- und Frachtven** (der See- und Binnenschiffahrt) unter bestimmten Voraussetzungen, die jedoch nicht gegeben sind, wenn der Eigentümer einer Motorjacht sein Schiff versenkt, um dem Ver einen Diebstahl vorzutäuschen (BGH 15. I. 1974 NJW 1974 S. 568 und entsprechend für die Feuergefahr bei einem Kraftfahrzeug LG Braunschweig 1. III. 1956 NJW 1956 S. 962–963).

Näheres zu § 265 StGB bei Baumann a.a.O. S. 6–95, Dietz a.a.O. S. 1–77, Kastner a.a.O. S. 15–60, Krebs VersR 1958 S. 742–743, Oberhansberg a.a.O. S. 11–57, Rein a.a.O. S. 7–56, Schad S. 75–89, 105–109, Wächter a.a.O. S. 5–27; nur de lege ferenda Matschewsky a.a.O. S. 1–43; Einzelfälle: RG 5. V. 1925 RGSt Bd 59 S. 220–221, 25. V. 1925 RGSt Bd 59 S. 247–248, 27. IX. 1928 RGSt Bd 62 S. 297–299, 6. II. 1933 RGSt Bd 67 S. 108–110, 19. X. 1934 RGSt Bd 69 S. 1–3,

IX. Abdingbarkeit des § 61

6. XII. 1934 RGSt Bd 68 S. 430−436, BGH 9. VII. 1954 NJW 1954 S. 1576−1577, 1. XII. 1955 NJW 1956 S. 430−431.
Die Straftat des § 265 StGB ist bereits mit der Inbrandsetzung usw. vollendet. Erstattet nunmehr der Vmer oder Vte dem Ver die Schadensanzeige, so beginnt der eigentliche Betrug (§ 263 StGB: **Betrug zum Nachteil eines Versicherers**). Zwischen ihm und der Straftat des § 265 StGB besteht Realkonkurrenz; es handelt sich beim nachfolgenden Betrug nicht um eine straflose Nachtat, sondern um eine selbständige Straftat; andererseits ahndet § 265 StGB nicht nur eine straflose Vortat des später folgenden Betruges (BGH 19. XII. 1950 NJW 1951 S. 205, 29. IV. 1958 BGHSt Bd 11 S. 398−401 = NJW 1958 S. 1149, Krebs VersR 1958 S. 742−743).

Ein Betrug zum Nachteil eines Vers kann nicht nur vorliegen bei Inanspruchnahme des Vers trotz schuldhafter Herbeiführung des Vsfalles, sondern auch durch **Vortäuschung** eines nicht eingetretenen Versicherungsfalles, z.B. eines Einbruchdiebstahls, des Verlustes von Gepäck, eines Unfalls, einer Krankheit − hier hat sich die vte Gefahr überhaupt nicht verwirklicht, eine Gefahrverwirklichung wird nur vorgespiegelt. Beispiele Farny a.a.O. S. 59−63, 64, 97−100, Schad a.a.O. S. 36.

Weitere häufige Betrugsfälle ergeben sich bei **überhöhten Rechnungen**, z.B. in der Autov bei Einbeziehung unvter Teilschäden in eine Reparatur, Einreichung übersetzter fingierter Arztrechnungen. Zivilrechtlich werden diese Fälle insbesondere als arglistige Täuschungen bei der Schadensermittlung erfaßt (Anm. 46−60 zu § 34).

Zusammenfassende Darstellung von **Vsverbrechen** bei Farny a.a.O. S. 11−113, Kreuzhage a.a.O. S. 3−14, Schad a.a.O. S. 9−152, und sehr weitgreifend, besonders für die Schweiz, König a.a.O. S. 1−175, Kurmann a.a.O. S. 7−136, Ursprung a.a.O. S. 1−174.

Ohne Rücksicht auf die Vsfrage werden „**gemeingefährliche Straftaten**" (§§ 306−330 c StGB) geahndet, darunter die vorsätzliche und fahrlässige Brandstiftung, das Herbeiführen einer Explosion oder einer Überschwemmung, Gefährdungen des Verkehrs, besonders des Straßenverkehrs. Über „eine psychische Mitwirkung" eines Mittäters bei der Brandstiftung: RG 15. I. 1935 JW 1935 S. 945. Oft stehen die gemeingefährlichen Straftaten mit Vstatbeständen in Verbindung, und sie können sich zivilrechtlich zugleich als schuldhafte Herbeiführung von Vsfällen darstellen. Zwischen § 265 StGB und den Brandstiftungsdelikten der §§ 306−308 StGB besteht Idealkonkurrenz (RG 11. III. 1926 RGSt Bd 60 S. 129−130).

Im Wege von **Ausschlußklauseln** werden nicht selten Vsfälle, vom Vmer verursacht durch gemeingefährliche Straftaten, aus dem Vsschutz ausgeschlossen, in der Unfallv sogar alle „Unfälle, die der Vte erleidet infolge der vorsätzlichen Ausführung eines Versuchs von Verbrechen oder Vergehen" (§ 17 III a AKB, auch § 3 II AUB; dazu Krebs VersR 1960 S. 289−292, Wagner Anm. G 144−151, auch − für die Krankenv − OLG Düsseldorf 16. VI. 1961 VersR 1961 S. 878−880).

[87] **IX. Abdingbarkeit des § 61**

§ 61 ist vom Gesetzgeber **nicht** für **zwingend** erklärt worden. Das betont auch die Begr. I S. 71 mit der Schlußfolgerung: „Vereinbarungen, durch welche die Haftung des Vers ausgedehnt oder beschränkt wird, bleiben daher zulässig." Zu beachten bleibt aber die allgemeine Schranke des § 138 I BGB, wonach eine Vereinbarung, die gegen die guten Sitten verstößt, nichtig ist. Besonders bei strafbaren Handlungen kommt auch Nichtigkeit gemäß § 134 BGB in Frage. Dabei dürfte sich aber stets nur Teilnichtigkeit der Einzelabrede und Korrektur im Sinne der gesetzlichen Regelung ergeben, d.h. keine Nichtigkeit des gesamten Vsvertrages (Bruck S. 662).

Über Vereinbarungen, welche die Beweislast zuungunsten des Vmers umgestalten, vgl. für die Unfallv § 181 a (Beweis der Unfreiwilligkeit zwingend beim Ver; dazu Wagner Anm. G 74–78), für sonstige Vszweige oben Anm. 33, 39.

Von den §§ 61, 152 abweichende Vertragsabreden können einerseits vorsehen, daß Vsschutz auch bei grobfahrlässiger oder gar vorsätzlicher Herbeiführung des Vsfalles zu gewähren sei (Anm. 88–89), andererseits daß der Vsschutz schon entfalle bei leichter Fahrlässigkeit, in der Haftpflichtv möglicherweise bei Fahrlässigkeit schlechthin (Anm. 90–91). Denkbar sind auch Vertragsvereinbarungen, die nur zugunsten bestimmter Personen von der gesetzlichen Regelung abweichen (Anm. 92).

[88] **1. Versicherungsschutz bei grober Fahrlässigkeit**

Eine **Ausdehnung** der Haftung des Vers hinsichtlich der **groben Fahrlässigkeit** sieht schon das **Gesetz** selbst vor für die Haftpflichtv (§ 152), und diese Regelung gilt für alle Arten der Haftpflichtv, insbesondere auch für die Autohaftpflichtv (wobei weder das PflVersG noch die AKB einen Hinweis auf den Ausschluß enthalten). Jede Haftpflichtv würde in unerträglicher Weise entwertet, schlösse sie generell grobfahrlässig herbeigeführte Vsfälle aus. Immerhin aber ist auch § 152 abdingbar (BGH 27. X. 1954 VA 1955 S. 74–75 = VersR 1954 S. 591), vgl. dazu Anm. 91.

Vertraglich beziehen grobfahrlässig herbeigeführte Vsfälle ein: die Rechtsschutzv (Anm. 13), die Krankenv (Anm. 14) und zugunsten bestimmter Personen, z.B. Kreditgebern, die Autokaskov (Anm. 13, 92).

[89] **2. Versicherungsschutz bei Vorsatz**

Was die Haftung für **vorsätzlich** herbeigeführte Vsfälle anlangt, so können hier am leichtesten Bedenken aufkommen: Vswissenschaftlich könnte man vom Begriff der Gefahr her argumentieren, es handele sich nicht mehr um ein – vom Standpunkt des Vmers her gesehen – subjektiv-ungewisses Ereignis, wenn der Vmer den Vsfall mit Wissen und Wollen herbeiführe, und solche Ungewißheit sei ein Merkmal der V (Anm. 5 zu § 1). Kein Vmer werde sich gern einer Gefahrengemeinschaft eingliedern, bei der er der Willkür anderer Glieder der Gemeinschaft wirtschaftlich ausgeliefert sei. Der Zweck der V werde mißachtet, wenn sich einzelne auf Kosten des Vers und damit der Gemeinschaft vorsätzlich Sondervorteile verschaffen könnten. In manchen Fällen würden Vorsatztaten zugleich strafbare Handlungen sein, so daß auch Gesetzesverstöße vorlägen, die zivilrechtlich § 134 BGB eingreifen ließen (Anm. 87). Neben Individualinteressen könnten – z.B. durch eine Brandstiftung – auch Allgemeininteressen verletzt sein, wenn ein Vsfall vorsätzlich herbeigeführt werde; auch das verbiete eine Gewährung von Vsschutz. Vgl. zu alledem Bruck S. 661–662, Ehrenzweig S. 266, Gerhard-Hagen Anm. 2 zu § 61, S. 285, von Gierke II S. 304, Joel a.a.O. S. 7, Johannsen Anm. G 220, S. 440, Kramer JRPV 1927 S. 253, Pinckernelle a.a.O. S. 67, Prölss-Martin[21] Anm. 8 zu § 61, S. 335, Stupp a.a.O. S. 24, zum Teil mit Hinweis auf den Grundgedanken des § 276 II BGB.

Es können aber **besondere Verhältnisse** obwalten, die sogar eine Einbeziehung von Vorsatzschäden in den Vsschutz rechtfertigen (Prölss-Martin[21] Anm. 8 zu § 61, S. 335 sprechen von „leichten" Fällen). Hierher gehören zunächst Tatbestände, in denen ungewöhnliche Vorfälle ein spezielles vorsätzliches Verhalten des Vmers erfordern, wie z.B. laut Gesetz (§ 126) eine Nottötung in der Tierv oder – kraft vertraglichen Einschlusses – die vorsätzliche Tötung wildernder Hunde durch den Jagdberechtigten in der Haftpflichtv (Bruck S. 66 mit Hinweis auf VA 1928 S. 129) oder Inanspruchnahme eines Rates oder einer Auskunft eines Rechtsanwalts, wenn ein

IX. Abdingbarkeit des § 61 § 61
Anm. 90

Ereignis, das eine Veränderung der Rechtslage zur Folge hat, Rat oder Auskunft erforderlich macht (§ 25 Ziff. 2 e ARB und dazu oben Anm. 13, Böhme Anm. 11 zu § 25, S. 139). In der Rechtsschutzv entfällt im übrigen bei vorsätzlichen Ordnungswidrigkeiten der Vsschutz nicht (Anm. 13). Handelt in der Haftpflichtv der Vmer zwar vorsätzlich, aber nicht widerrechtlich, so bestehen keine Bedenken gegen die Gewährung von Vsschutz (Anm. 44 sowie Johannsen Anm. G 226, S. 443–444). Aus der Personenv sind Aussteuer- und Studiengeldv zu erwähnen, die ein voluntatives Element enthalten, allerdings als reine Erlebensfallv auch „objektive" Risikomomente (dazu Framhein a.a.O. S. 64, 89).

Bei einer **Versicherung für fremde Rechnung** gibt es Fallgestaltungen, bei denen – wie Prölss-Martin[21] Anm. 8 zu § 61, S. 335 es ausdrücken – „der Vte nicht nur vom Vmer, sondern auch gegen ihn vert wird", d.h. im hier fraglichen Zusammenhang: Der Vte wünscht einen Vsschutz, der auch Platz greift, falls der Vmer vorsätzlich einen Schaden verursacht. Wirtschaftlich läßt sich solcher Vsschutz ermöglichen und rechtfertigen, sofern der Ver gegen den vorsätzlich handelnden Vmer einen Rückgriffsanspruch erlangt (dazu vgl. auch schon Anm. 83). Beispiele für solche Ausgestaltung einer V für fremde Rechnung bieten die Personenkautionsv und die Speditionsv (beide Anm. 13, 83). Bei Lagerhalterhaftpflichtven fordert die Einfuhr- und Vorratsstelle (EVSt) den Einschluß des Vorsatzes „lediglich zugunsten des geschädigten Dritten" „mit der Maßgabe, daß in derartigen Fällen gegen den Vmer Rückgriff genommen werde" (Johannsen Anm. G 220, S. 440); hier kann man annehmen, daß der Haftpflichtv des Lagerhalters (Vmer) eine V für Rechnung der durch Vorsatz Drittgeschädigten (Vten), also für fremde Rechnung, angehängt werde.

Der letztgenannte Fall nähert sich zugleich den Tatbeständen **relativer Haftungsfreiheit** (Anm. 80): hier sind gewisse Realgläubiger auch bei Vorsatzhandlungen des Vmers geschützt, bei Rückgriffsmöglichkeit des Vers gegen den vorsätzlich handelnden Vmer.

[90] 3. Haftungsfreiheit bei leichter Fahrlässigkeit

Eine weitere Beschränkung der Haftung des Vers – über § 61 hinaus – sieht schon das **Gesetz** hinsichtlich gewisser Tatbestände leichtfahrlässiger Herbeiführung des Vsfalles vor: Neben der Seev (Anm. 5) ist hier besonders die Binnentransportv (Anm. 8) zu nennen. Für die Autokaskov gelten jedoch nicht die Transportvssondervorschriften, sondern § 61 (Nachweise: Anm. 8). Auch für eine unter dem Deckmantel einer Transportv betriebene Feuer- und Einbruchdiebstahlv gilt § 61, nicht § 130 (KG 4. X. 1922 VA 1924 Anh. S. 136–137 Nr. 1420).

Einem **vertraglichen** Haftungsausschluß hinsichtlich sämtlicher schuldhaft herbeigeführter Vsfälle steht nichts entgegen (Bruck S. 611, Pinckernelle a.a.O. S. 67, Stupp a.a.O. S. 24). Beispiele bieten technische Vszweige, z.B. die Bauwesenv (Anm. 13).

Zuweilen kann erst im Wege der **Auslegung** der Vsbedingungen der über § 61 hinausgehende Haftungsausschluß ermittelt werden, z.B. wenn bei der V von Juwelen und Schmucksachen dem Vmer sorgfältige Aufbewahrung und Behandlung abverlangt wird (RG 18. V. 1928 RGZ Bd 121 S. 158–163, auch schon RG 4. II. 1927 JRPV 1927 S. 76, 22. II. 1927 JRPV 1927 S. 92–93), oder wenn bei der Juwelier-, Reise- und Warenlager-V der Vmer die Sorgfalt eines ordentlichen Kaufmannes dieses Geschäftszweiges wahrzunehmen hat (BGH 24. XI. 1971 VersR 1972 S. 85–86), oder wenn bei einer Reisegepäckv der Vmer die im Verkehr erforderliche Sorgfalt beim Zurücklassen des Gepäcks in unbeaufsichtigten Fahrzeugen zu beobachten hat und nicht beachtet (BayObLG 30. I. 1974 VersR 1974 S. 1073–1074: Diebstahl in Rom aus einem PKW mit Faltdach).

[91] **4. Haftungsfreiheit bei Fahrlässigkeit in der Haftpflichtversicherung**

In Abweichung von § 152 haftet kraft Vertrages ein Haftpflichtver zuweilen auch nicht für gewisse **(grob-)fahrlässig verursachte Haftpflichtschäden**. Das gilt z.B. für Haftpflichtansprüche wegen Personenschaden, der aus der Übertragung der Krankheit des Vmers entsteht, sowie wegen Sachschaden, der durch Krankheit von Tieren entstanden ist, es sei denn, daß der Vmer weder vorsätzlich noch grobfahrlässig gehandelt hat (§ 4 II Ziff. 4 AHB mit Johannsen Anm. G 220, S. 430, G 229–231, S. 446–447), ferner nicht für gewisse Gewässerschäden (VA 1965 S. 2–3 [§ 5]; Johannsen Anm. G 220, S. 430).

Um eine Modifizierung des § 152 zu Lasten des Vmers handelt es sich auch dann, wenn der **Vorsatzbegriff** des **§ 152 erweitert und verschärft** wird. Spezielle Fälle vorsatznahen Verhaltens des Haftpflichtvmers liegen vor bei **Ausschluß wissentlich gesetzwidriger oder absichtlich pflichtwidriger Handlungen** (OLG Köln 4. II. 1965 VersR 1965 S. 751–752) oder beim Ausschluß von Haftpflichtansprüchen „wegen Schadenstiftung durch wissentliches Abweichen von Gesetz, Vorschrift, Anweisung oder Bedingung des Machtgebers (Berechtigten) oder durch sonstige wissentliche Pflichtverletzung" (§ 4 Ziff. 5 AHBVerm und dazu Johannsen Anm. G 220, S. 439–440, Anm. G 232–233, S. 447–449), oder in Österreich bei Ausschluß bewußten Zuwiderhandelns gegen gewisse gesetzliche oder behördliche Vorschriften (OGH Wien 13. IV. 1959 ÖVersSlg Nr. 135, S. 319–322, 29. XI. 1960 ÖVersSlg Nr. 181, S. 413–415 = VersR 1961 S. 526–527). Vergleiche zu diesem Problemkreis schon Gierke ZHR Bd 60 S. 46–47 und die Klauselbeispiele Anm. 44 m.w.N., ferner Meyer a.a.O. S. 40–45, der einen Ausschluß der Haftung für Fälle der bewußten Fahrlässigkeit annimmt.

[92] **5. Abreden zugunsten bestimmter Personen**

In Anm. 80 war bereits von der Möglichkeit **relativer Haftungsfreiheit** die Rede. Für Sicherungsnehmer bei der Sicherungsübereignung, für Verkäufer bei Eigentumsvorbehalt, für Vermieter bei Kaufmiete, für Pfandgläubiger bei Mobiliarpfandrechten, überhaupt für Kreditgeber besteht ein Bedürfnis, daß ein bestehender Sachvsschutz – hinsichtlich der als Sicherheit dienenden Sache – nicht entfällt wegen schuldhafter Herbeiführung des Vsfalles seitens des Sicherungsgebers, Käufers, Kaufmieters, Pfandschuldners, überhaupt des Kreditnehmers. Die Ver übernehmen das Risiko solcher Schuldhandlungen (regelmäßig einschließlich grober Fahrlässigkeit, seltener auch hinsichtlich des Vorsatzes). Verständlicherweise wird bei Vereinbarung entsprechender Klauseln regelmäßig eine Zuschlagsprämie erhoben und nicht selten wird vereinbart, daß gegen den vorsätzlich Handelnden, zuweilen auch gegen den grobfahrlässig Handelnden ein Rückgriff möglich bleibe. Die Vertragsgestaltung kann dergestalt sein, daß der Kreditgeber oder daß der Kreditnehmer Vmer oder Vter ist, auch das Instrument der Abtretung der Vsforderung kann eingesetzt werden. Von der Vertragsgestaltung hängt es ab, ob die den Kreditgeber begünstigende Abrede ihm als Vmer, Vten oder Zessionar zugute kommt. Die Klauseln sprechen meistens von „Verzicht" auf den „Einwand" aus § 61; es handelt sich dogmatisch jedoch um Vertragsabreden, die den Kreditgeber begünstigen, möglicherweise im Wege des berechtigenden Vertrages zugunsten Dritter.

Am weitesten verbreitet sind sichernde Abreden zugunsten bestimmter Personen in der **Autokaskoversicherung**; gegen eine „einmalige Gebühr" verspricht der Ver, bestimmten Interessenten auch im Falle grobfahrlässiger Herbeiführung des Vsfalles zu leisten gemäß der „Sonderbedingung betreffend Verzicht auf die Einwendung

X. Ausstrahlungen des § 61 § 61
Anm. 93, 94

aus § 61 VVG gegenüber Kreditgeber und/oder Kraftfahrzeughändler" (VA 1956 S. 24):

"Der Fahrzeugver verzichtet dem Kreditgeber .... bzw. dem Kfz.-händler .... gegenüber auf die Einwendung aus § 61 VVG bei grobfahrlässiger Herbeiführung des Vsfalles."

Dazu und zu ähnlichen Autokaskovsklauseln: Johannsen Autokaskov Anm. J 160—176, speziell zur Abbedingung des § 61 Anm. J 172, m.w.N., Prölss-Martin[21] Anm. 2 zu § 15 AKB, S. 916, Stiefel-Wussow-Hofmann[10] Anm. 29 zu § 3 AKB, S. 203—207, BGH 14. III. 1963 VersR 1963 S. 429—430 = NJW 1963 S. 1052—1053.

Die Klausel läßt die Frage auftauchen, ob der Ver trotz ihrer Vereinbarung seine Leistungsfreiheit auf andere rechtliche Gesichtspunkte, z.B. eine Obliegenheitsverletzung, zu stützen vermag. Das bejahen BGH 14. III. 1963 a.a.O. (Gefahrerhöhung), OLG Köln 17. XI. 1964 VersR 1965 S. 229—230 (Gefahrerhöhung), OLG Nürnberg 3. III. 1961 VersR 1961 S. 626—627 (Führerscheinklausel), LG Frankfurt 20. V. 1966 VersR 1966 S. 1130 (Aufklärungsobliegenheit), LG Köln 30. X. 1972 VersR 1973 S. 1112—1113 (Führerscheinklausel).

Über einen Fall, in welchem der Kaskover trotz § 61 in Anspruch genommen werden konnte, weil ein Vsvertreter nicht auf die Möglichkeit hingewiesen hatte, die Verzichtklausel zu vereinbaren: LG Baden-Baden 25. II. 1976 VersR 1977 S. 927—928.

Zum Regreß des Kaskovers gegen den grobfahrlässig handelnden Kraftfahrzeughalter: OLG Düsseldorf 20. VII. 1961 VersR 1961 S. 889, OLG Stuttgart 14. V. 1965 VersR 1965 S. 873—875, LG Hechingen 29. X. 1963 VersR 1964 S. 671—672.

Generell zur Rechtsnatur eines Kfz-Sicherungsscheines BGH 25. XI. 1963 BGHZ Bd 40 S. 297—305, 19. I. 1967 VersR 1967 S. 344, Sieg VersR 1953 S. 219—221, Der Betrieb 1953 S. 482—483, Stiefel-Wussow-Hofmann[10] Anm. 28 zu § 3 AKB, S. 202—203.

Über die (eingeschränkte) Anwendung des § 61 bei der Fahrzeugv des Kraftfahrzeughandels und -handwerks für fremde Fahrzeuge: Bach VersPrax 1956 S. 183—185.

[93] X. Ausstrahlungen des § 61

Die bedeutsame Vorschrift des § 61, welche den Vsschutz einschränkt und damit zugleich eine Aussage macht über den normalerweise erlangbaren Vsschutz, wirkt sich — angesichts der vielfältigen Querverbindungen zwischen Haftungs- und Vsrecht — vielfältig aus auf das vertragliche und deliktische Haftungsrecht. Man kann von haftungsrechtlichen Ausstrahlungen des § 61 sprechen, und dieser Problemkreis gehört in den weiteren Rahmen: "Der Vsgedanke im Schadenrecht" (Titel einer Abhandlung von Buchner VersR 1967 S. 1030—1033). Zum Folgenden vgl. auch Möller in: Festschrift für Fritz Hauss zum 70. Geburtstag, Karlsruhe 1978, S. 251—266.

Die **Versicherbarkeit** eines Risikos — und damit auch der Gesichtspunkt des § 61 — ist generell zu prüfen bei der Beurteilung der Unangemessenheit von Bestimmungen in AGB (Löwe-von Westphalen-Trinkner AGB-Gesetz Anm. 17 zu § 9, S. 158).

[94] **1. Einfluß auf Haftungsverhältnisse**
a) Schiffahrtsrecht

Im Falle BGH 29. IX. 1960 BGHZ Bd 33 S. 216—222 hatte sich ein Unternehmen, das die **Bewachung von Wasserfahrzeugen** im Hamburger Hafen übernimmt, fast völlig **freigezeichnet** vom Verschulden seiner Arbeiter und nicht leitenden Angestellten. Zwei Fahrzeuge waren gesunken. Bei der Beurteilung der Frage, ob die Freizeichnung gegen Treu und Glauben verstoße, ist — nach Auffassung des BGH — von Bedeutung, ob die Schiffseigner für ihre Fahrzeuge eine Kaskoversicherung abschlössen, und das treffe üblicherweise (wie auch im konkreten Fall) zu:

"Bei der Frage, ob Haftungsausschlüsse gegen Treu und Glauben verstoßen, kann der Gesichtspunkt der vsmäßigen Schadenabdeckung freilich nur dann eine entscheidende Rolle spielen, wenn im Einzelfall durch den vereinbarten Haftungsausschluß der Vsanspruch des Geschädigten gegen den Ver nicht gefährdet ist. Denn hat infolge des Haftungsausschlusses der Vte keinen Vsanspruch, kann er sich also gegen den Schaden vsmäßig nicht abdecken, so entfällt dieser Gesichtspunkt bei der Prüfung der Frage der Gültigkeit der Haftungsausschlußklausel. Nach § 61 VVG wird der Ver von der Verpflichtung zur Leistung frei, wenn der Vmer den Vsfall vorsätzlich oder durch grobe Fahrlässigkeit herbeiführt. Könnte der Vmer durch Vereinbarung mit einem Dritten, dem er die Obhut der vten Sache überträgt, dessen Haftung für eigene grobe Fahrlässigkeit – ein Haftungsausschluß für Vorsatz kommt nach § 276 II BGB ohnehin nicht in Frage – mit Rechtswirksamkeit gegenüber seinem Vmer ausschließen, so würde dies praktisch zu einer Gefahrerhöhung, und damit zu einer Erweiterung der Leistungspflicht des Vers führen, ohne daß diese einen Ausgleich in einem Anspruch gegen den Dritten finden würde. Damit würde die Lage des Vers in einer Weise verschlechtert werden, die mit dem Sinn der Vorschrift des § 61 VVG nicht zu vereinbaren wäre. Andererseits hat aber der Ver auch kein Recht darauf, deswegen bessergestellt zu werden, weil der Vmer die Obhut über die vte Sache einem Dritten überträgt. Unter Berücksichtigung des in § 67 I 3 enthaltenen Grundgedankens hat daher die Rechtssprechung (BGHZ 22, 109, 119f. mit Nachweisungen) die Leistungspflicht des Vers bejaht, wenn der Vmer im Rahmen des im Wirtschaftsleben üblichen sich mit einem Haftungsausschluß einverstanden erklärt hat, sie dagegen verneint, wenn der Haftungsausschluß eine ungewöhnliche, die Interessen des Vers gegen Treu und Glauben beeinträchtigende Abrede darstellt. Demgemäß wird nach dieser Rechtssprechung der Vsanspruch gemäß § 67 I 3 VVG grundsätzlich nur dann gefährdet, wenn der Vte seinen Vertragsgegner auch von dessen eigener grober Fahrlässigkeit befreit. Dieser Umfang des Vsschutzes kann bei der Frage, ob ein in Allgemeinen Geschäftsbedingungen enthaltener Haftungsausschluß mit Treu und Glauben zu vereinbaren ist, entscheidend berücksichtigt werden.
Nach den Ausführungen des Berufungsgerichtes kommt im vorliegenden Fall ein Verschulden der Beklagten oder ihrer leitenden Angestellten überhaupt nicht, sondern möglicherweise nur ein fahrlässiges Verhalten ihres Bewachungspersonals in Frage. Durch den von der Beklagten mit der Firma B. vereinbarten Haftungsausschluß ist der Vsanspruch der Firma B. gegen die Klägerin auch dann nicht gefährdet worden, wenn das Wachpersonal grob fahrlässig gehandelt haben sollte. Denn für das Verschulden ihres Bewachungspersonals müßte die Beklagte, auch wenn sie selbst eine Kasko-V über die Schiffe abgeschlossen hätte, nicht einstehen, da der Wächter nicht vsrechtlicher Repräsentant der Beklagten ist (vgl. BGHZ 22, 121)."

Entsprechendes gilt für Freizeichnungsklauseln **anderer Hafenunternehmen**. Für einen Unternehmer der Ewerführerei, Schleppschiffahrt und Leichterei hat der BGH 6. VII. 1967 VersR 1967 S. 1066–1968 (mit Anm. Wodrich) bei leichter Fahrlässigkeit eines leitenden Angestellten ausgeführt:

"Die Freizeichnung widerspricht auch nicht den Geboten der Billigkeit, die bei Aufstellung Allgemeiner Geschäftsbedingungen zu beachten sind. Denn die Eigentümerin der Ladung konnte sich gegen den Schaden durch Abschluß einer Güterschaden-Transportv abdecken (vgl. BGHZ 33, 216 [220f.] = VersR 60, 1133 [1135]) und hat dies getan . . . ."

In der **See- und Binnenschiffahrt** wird für viele Frachtverträge eine Insurance-Klausel vereinbart, wonach der Reeder nicht für solche Güterschäden haftet, welche durch eine (Sach-) Versicherung gedeckt werden können (dazu Ritter-Abraham Anm. 3 zu § 87, S. 1064). Allerdings ist im Bereich der durch die Haager Regeln eingeführten Zwangshaftung des Reeders für Seetüchtigkeit und kommerzielles Verschulden solche Freizeichnung des Reeders ausgeschlossen (§ 662 II HGB). Soweit die Insurance-Klausel gilt, gewinnt die Tatsache Bedeutung, daß der Sachvsschutz in bestimmten Fällen schuldhafter Herbeiführung des Vsfalles entfällt, was zur Folge hat, daß auch die Freizeichnung der Insurance-Klausel nicht Platz greift.

X. Ausstrahlungen des § 61

[95] b) Gebrauchsüberlassungsverträge
Die höchstrichterliche Rechtsprechung nimmt mehrfach Bezug auf die Leitentscheidung BGH 29. X. 1956 BGHZ Bd 22 S. 109–123, welches die **Vermietung eines Kraftfahrzeuges** und die **Haftung des Mieters** (und seines Fahrers) betrifft. Hat der Mieter die Zahlung der Kaskovsprämie übernommen, so soll er dem Vermieter bei Beschädigung des Fahrzeuges nur in dem Umfang haften, in dem er für den Schaden auch dann einzustehen hätte, wenn der Mieter selbst eine Kaskov für einen ihm gehörenden Wagen abgeschlossen hätte, d. h. also in den Fällen des § 61. (Für Vorsatz und grobe Fahrlässigkeit haftet auch der Fahrer des Mieters dem Vermieter in jedem Falle.) Auch diese Entscheidung zeigt, wie stark § 61 das Haftungsrecht berührt. Vgl. zu dem Problemkreis Sieg Anm. 44 zu § 67 m. w. N., Stiefel-Wussow-Hofmann[10] Anm. 15–16 Anh. §§ 10–13 AKB, S. 615–618, OLG Hamburg 23. XII. 1958 VersR 1960 S. 313–315, OLG Köln 22. XI. 1965 VersR 1966 S. 530–531, OLG München 30. IV. 1957 VersR 1958 S. 149–1950, OLG Nürnberg 22. I. 1965 VersR 1965 S. 582–583, OLG Stuttgart 24. III. 1972 VersR 1972 S. 770–772, LG Braunschweig 15. II. 1961 VersR 1961 S. 1131–1132.

Der BGH 30. III. 1965 BGHZ Bd 43 S. 295–300 hat später klargestellt, daß auch die ausdrückliche Erklärung des Vermieters, daß das zu vermietende Kraftfahrzeug kaskovert sei, einen Haftungsverzicht gegenüber dem Mieter und dessen Fahrer im Umfang des bestehenden Vsschutzes beinhalten könne, d. h. wiederum unter Ausschluß von Vorsatz und grober Fahrlässigkeit (entsprechend § 61).

In einer weiteren Entscheidung BGH 16. I. 1974 VersR 1974 S. 492–494 wird zusätzlich festgestellt, daß die geschilderte Rechtslage sich auch dann nicht ändere, wenn der Vermieter keine Kaskov nehme, sondern den Weg der „Selbstv" wähle. Der Vermieter braucht den Mieter auch nicht ausdrücklich darauf hinzuweisen, daß nach den Vertragsbedingungen die gegen eine zusätzliche Zahlung zum Mietzins gewährte Haftungsbefreiung bei grobfahrlässiger Beschädigung des Mietfahrzeuges entfällt.

Im Urteil BGH 8. II. 1978 BGHZ Bd 70 S. 304–313 ist vom „Leitbild eines an den Schutzwirkungen der Vollkaskov orientierten Mietvertrages" die Rede. Die Schutzwirkung ist zwar durch § 61 eingeschränkt, aber eine darüber hinaus gehende Haftungsfreistellung in Mietvertragsbedingungen ist nichtig.

Was die Beweislast anlangt, so widerstreitet es nach BGH 1. X. 1975 BGHZ Bd 65 S. 118–123 Treu und Glauben (und der Regelung des § 61), dem Mieter die Beweislast dafür aufzuerlegen, daß Vorsatz oder grobe Fahrlässigkeit nicht vorgelegen habe. Ebenso BGH 18. II. 1976 VersR 1976 S. 688–689. Anders noch OLG Nürnberg 25. II. 1975 VersR 1976 S. 175–176.

Die Entscheidungen haben einen Vorläufer in einem von RG 2. XI. 1928 RGZ Bd 122 S. 292–295 entschiedenen Fall, in welchem der **Mieter von Fabrikräumen** die Zahlung der Gebäudevsprämie übernommen hatte. Diese Abrede wird dahin ausgelegt, daß der Mieter insoweit für Brandschäden nicht aufzukommen brauche, als der verkehrsübliche Vsschutz (für Zufall und leichte Fahrlässigkeit) reiche; auch das Reichsgericht geht also bereits von solcher Ausstrahlung des § 61 aus.

Gleichsam umgekehrt muß die **Haftung des Vermieters** in gewissen Fällen gleichfalls unter dem Aspekt des § 61 betrachtet werden: Der Inhaber einer Sammelgarage ist auch zur Bewachung der eingestellten Kraftfahrzeuge verpflichtet und kann sich gegenüber einem Mieter nicht von grobfahrlässig verursachten Fahrzeugschäden freizeichnen. Das KG 18. I. 1968 VersR 1968 S. 440–442 begründet dies folgendermaßen:

„Der Ausschluß der Haftung des Vermieters für schuldhaftes Handeln ist nur dann zulässig, wenn sich der Mieter durch den Abschluß einer V gegen eine schuldhafte Schädigung seitens des Vermieters sichern kann. Anderenfalls würde dem Mieter ein unverhältnismäßig hohes Opfer auferlegt werden.... Dieses Opfer ist auch dann gegeben, wenn eine Gefährdung eines möglichen Vsanspruches durch den Ausschluß der Haftung erfolgt. Wird der Anspruch des Vten durch den Ausschluß der Haftung des Dritten gefährdet, so liegt ein Verstoß gegen Treu und Glauben vor . . . .

Nach § 61 VVG wird der Ver, wenn der Vmer den Vsfall vorsätzlich oder durch grobe Fahrlässigkeit herbeiführt, von jeder Leistung frei. Schließt der Vmer vertraglich die Haftung für die grobe Fahrlässigkeit eines Dritten aus, so nimmt sie dem Ver die Möglichkeit eines Rückgriffes gegen den Dritten. Das bedeutet eine Gefahrerhöhung für den Ver; ihm wird ein größeres Risiko auferlegt, ohne daß er die Möglichkeit hätte, die Prämien dafür entsprechend festzusetzen. Ein Haftungsausschluß für die grobe Fahrlässigkeit eines Dritten wäre mit dem Sinn des § 61 VVG unvereinbar.

§ 67 I 3 VVG befreit den Ver von der Leistung, wenn der Vmer einen entstandenen Anspruch gegen einen Dritten aufgibt und dem Ver damit die Möglichkeit eines Rückgriffs nimmt. Der vorherige Ausschluß der Haftung eines Dritten für grobe Fahrlässigkeit hat für den Ver die gleiche Wirkung wie die Aufgabe eines bereits entstandenen Anspruchs. Entsprechend den §§ 61, 67 I 3 VVG war die Kl. daher nach vsrechtlichen Grundsätzen bei dem Ausschluß der Haftung der Bekl. für grobe Fahrlässigkeit nicht zur Zahlung an den Vmer W verpflichtet. Der Anspruch des W gegen die Kl. war somit durch die Vereinbarung des Ausschlusses der Haftung für grobe Fahrlässigkeit der Bekl. gefährdet. Der Ausschluß der Haftung ist nach § 242 BGB unwirksam."

Unerheblich sei es, ob im Einzelfall eine Kaskov bestand oder nicht. Ebenso vorher schon KG 23. XI. 1961 VersR 1962 S. 530–532 (mit Anm. Sprenger).

Werden einem Kraftfahrzeughändler Autos **unter Eigentumsvorbehalt** von der Lieferfirma mit der Maßgabe überlassen, daß letztere eine Fahrzeugv „vollkasko in Ruhe" beschafft, so liegt hierin ein Haftungsverzicht gegenüber dem Kraftfahrzeughändler im Umfang des Vsschutzes, also hinsichtlich leichter Fahrlässigkeit (BGH 17. I. 1973 VersR 1973 S. 214–216, wo aber grobe Fahrlässigkeit des Kraftfahrzeughändlers festgestellt wird).

Beschäftigt ein Kraftfahrzeughändler einen **Verkäufer, der Autos vorführt,** und ereignet sich auf der Rückfahrt zum Arbeitgeber bei Straßenglätte ein vom Verkäufer verschuldeter Unfall mit Kaskoschaden, so „ist davon auszugehen, daß der Arbeitgeber . . . . jedenfalls insoweit keinen Anspruch . . . . hat geltend machen wollen, als der Schaden durch die . . . . (vom Arbeitgeber) abgeschlossene Kaskov gedeckt ist" (OLG Hamm 19. IX. 1975 VersR 1976 S. 453–454 mit Anm. Johannsen VersR 1976 S. 748–749, der auf den unten zu erwähnenden § 15 II AKB hinweist).

Bei **Leihverträgen** verzichtet möglicherweise ein kaskovter Kraftfahrzeughalter gegenüber dem Entleiher des vten Kraftfahrzeugs auf die Geltendmachung von Schadensersatzansprüchen für den Fall, daß der Entleiher leicht fahrlässig einen Kaskoschaden verursacht, der von der V getragen wird (KG 23. VI. 1964 VersR 1964 S. 1135–1136).

Wird einem Kaufinteressenten ein Kraftfahrzeug von einem Händler zu einer **Probefahrt** überlassen, so handelt es sich um ein der Leihe verwandtes Rechtsverhältnis, bei dem jedoch auch das Interesse des Händlers an einem etwaigen Verkauf eine Rolle spielt. Der BGH 7. VI. 1972 VersR 1972 S. 863–864 geht davon aus, daß es für den Händler möglich und auch zumutbar ist, durch den Abschluß einer Fahrzeugvollv das Risiko einer leicht fahrlässigen Beschädigung des Vorführwagens abzusichern. Es sei ein stillschweigender Haftungsausschluß für einfache Fahrlässigkeit anzunehmen, gleichgültig ob der Händler eine Kaskov (mit oder ohne Selbstbeteiligung) abschließe oder bereit sei, im Falle einer leicht fahrlässigen Beschädigung des Kraftfahrzeuges das Risiko selbst zu tragen. Das gilt jedenfalls dann, wenn der Schaden mit den eigentümlichen Gefahren einer Probefahrt im Zusammenhang steht. Wolle der Händler den Probefahrer für leicht fahrlässig herbeigeführte Schäden haften lassen, so müsse er ihn in dieser Richtung aufklären.

X. Ausstrahlungen des § 61

§ 61
Anm. 96

Die Interessenlage ist von entscheidender Bedeutung für die Frage des Haftungsverzichtes. Einen stillschweigenden Haftungsausschluß für einfache Fahrlässigkeit kann man aber nicht allein aus dem Umstand ableiten, daß ein Fahrer den kaskovten Wagen eines anderen unentgeltlich als dessen **Beauftragter** innerhalb der Garantiefrist zur Behebung eines Mangels zur Fabrik überführt, zumal dann wenn der Beauftragte an der Fahrt auch ein Eigeninteresse hat (BGH 30. IV. 1959 BGHZ Bd 30 S. 40−50).

[96] c) **Werkverträge**

Auch bei **Werkverträgen** können die Haftungsverhältnisse von der Sachv her beeinflußt werden.

Einen **Autoreparaturvertrag** betrifft das Urteil BGH 14. III. 1956 VersR 1956 S. 301−302. Das Berufungsgericht hat angenommen, das Bestehen einer vom Besteller genommenen Kaskov spreche für einen weitgehenden Haftungsausschluß zugunsten der Reparaturwerkstatt. Demgegenüber weist aber der BGH darauf hin, daß ein Haftungsausschluß hinsichtlich grober Fahrlässigkeit den Vsschutz des Bestellers aufgrund analoger Anwendung des § 67 I 3 gefährden könne.

Im Falle BGH 2. IV. 1962 VersR 1962 S. 552−554 ging es um die Reparatur eines Fischdampfers; die Werft berief sich auf eine Freizeichnungsklausel ihrer Dock- und Reparaturbedingungen, in denen überdies dem Reeder auferlegt wurde, für die V selbst zu sorgen.

„Die Reederei sei für die hier infrage kommenden Brandschäden vert gewesen, so daß eine V durch die Werft überflüssig gewesen wäre und die Reparatur unnötig verteuert hätte. Die Revision bittet um Nachprüfung, ob die Auffassung des Berufungsgerichts richtig sei, daß nur die Vspflicht verschoben werden sollte. Der erkennende Senat hat sich mit dieser Frage eingehend bereits in seinen Urteilen BGHZ 33, 216 . . . . und BGH VersR 62, 66 . . . . auseinandergesetzt. Danach ist es für den Besteller nicht von wesentlicher Bedeutung, ob sein Kasko-(Transport-)Ver oder ein Haftpflichtver der Werft den Schaden zu tragen habe. Die Wirksamkeit des Haftungsausschlusses kann insbesondere dann nicht in Frage gestellt werden, wenn der Unternehmer auf die Notwendigkeit hingewiesen hat, sich durch Abschluß einer Versicherung vor möglichem Schaden, der unter den Haftungssausschluß fällt, zu bewahren. Das ist hier geschehen."

Einschränkend weist jedoch das Urteil darauf hin, daß ein Unternehmer sich in Allgemeinen Geschäftsbedingungen grundsätzlich nicht von der Haftung für eigenen gröblichen Verstoß gegen die Sorgfaltspflicht oder einen solchen seiner leitenden Angestellten freizeichnen könne. Allerdings könne die Wirksamkeit eines Haftungsausschlusses entscheidend davon abhängen, ob ein wirksamer Vsschutz bestehe. Bei grober Fahrlässigkeit des Vmers oder des Dritten, mit dem der Vmer einen Haftungsausschluß vereinbart hat, bestehe aber kein Vsschutz. Allein aus der Tatsache des Bestehens der Kaskov könne daher kein Argument gegen den Grundsatz der Unzulässigkeit einer weitgehenden Freizeichnung hergeleitet werden.

Für die gleichen Dock- und Reparaturbedingungen ist das Urteil aufrechterhalten worden von BGH 5. VII. 1965 VersR 1965 S. 973−975, wo die Freizeichnung vom Verschulden nicht leitender Mitarbeiter für wirksam erklärt wird „ohne Rücksicht darauf, daß die V des Schiffes nur den Kaskoschaden, nicht aber auch Nutzungsverlust umfaßt". Zu beiden Urteilen kritisch Sieg Anm. 84 zu § 67.

Mit einem Vertrage zur Aufbereitung von Rohmaterial für den Kunststoffspritzguß befaßt sich der BGH 13. I. 1975 VersR 1975 S. 317−318. Der Unternehmer sollte insoweit von dem Risiko entlastet werden, als dieses üblicherweise durch eine V gedeckt wird. Bei solcher Abrede gewinnt § 61 Bedeutung, und zwar auch für die Beweislast, d. h. dem Unternehmer muß − entgegen werkvertraglichen Grundsätzen − wie einem Vmer bewiesen werden, daß er grobfahrlässig gehandelt habe.

§ 61
Anm. 97, 98   X. Ausstrahlungen des § 61

> „Die Verpflichtung des Vmers zur Wahrung der Rechte des Vers reicht nicht weiter, als dies dem verkehrsüblichen Haftungsmaßstab und der Vorschrift des § 61 VVG entspricht. Der Ver kann demgemäß nicht verlangen, daß er gegenüber einem Dritten besser gestellt werde, als er im Verhältnis zum Vmer stehen würde .... Mangels einer besonderen Vereinbarung kann er deshalb auch nicht beanspruchen, daß der Vmer ihn von einer Beweislast befreit, die er diesem gegenüber zu tragen hätte."

[97] d) Speditionsverträge

Bekannt ist die Tatsache, daß im **Speditionsrecht** die Haftungsproblematik mit der Vsfrage eng verzahnt ist. Hier kann der weite Problemkreis der dort vorgesehenen Haftungsersetzung durch Vsschutz, der zugleich zu einer Überwindung der Haftpflichtv hinführt, nicht behandelt werden (vgl. dazu schon Möller JW 1934 S. 1076–1080). Es müßte dann zugleich die Rede sein von Gedanken zur Reform der Kraftfahrzeugv in Richtung auf eine V der potentiell Geschädigten (Sach-, Lebens-, Unfallv für Rechnung der Verkehrsopfer).

Es sei nur darauf hingewiesen, daß die speziellen Freizeichnungsklauseln der Allgemeinen Deutschen Spediteur-Bedingungen zur Haftung des Spediteurs in § 57 Ziff. 5 ADSp besagen:

> „Die Haftung des Spediteurs ist ausgeschlossen: ...
> 5. Für Verluste und Schäden in der Binnenschiffahrtsspedition (einschl. der damit zusammenhängenden Vor- und Anschlußtransporte mit Landtransportmitteln sowie der Vor-, Zwischen- und Anschlußlagerungen), die durch Transport- bzw. Lagerv gedeckt sind oder durch eine Transport- bzw. Lagerv allgemein üblicher Art hätten gedeckt werden können oder nach den herrschenden Gepflogenheiten sorgfältiger Kaufleute über den Rahmen einer Transport- bzw. Lagerv allgemein üblicher Art hinaus gedeckt werden, es sei denn, daß eine ordnungsgemäß geschlossene V durch fehlerhafte Maßnahmen des Spediteurs unwirksam wird."

Diese Insurance-Klausel greift gemäß BGH 16. XI. 1961 VersR 1962 S. 22–24 ohne Rücksicht darauf ein, ob die Transportv von dem Spediteur oder dem Versender abgeschlossen worden ist. Ferner führt der BGH aus, es sei genügend, daß der Transportver den Schaden tatsächlich gedeckt habe; es komme also nicht darauf an, ob er ihn zu decken verpflichtet war. Besonders bedeutsam ist die Feststellung des BGH, daß der Haftungsausschluß auch solche Schäden umfasse, die der Spediteur verschuldet habe.

> „Nur die mit Treu und Glauben nicht zu vereinbarende Freistellung des Spediteurs von eigener grober Fahrlässigkeit oder von grober Sorgfaltsverletzung seiner leitenden Angestellten (Repräsentanten) kann nicht nur die Gültigkeit der Freizeichnungsklausel in Frage stellen...., sondern auch den Vsanspruch des Versenders gegen den Transportver gefährden.... und bei Verweigerung des Vsschutzes auch aus diesem Grunde die Freizeichnungsklausel zu Fall bringen."

[98] a) Lagerverträge

Auch bei **Lagerverträgen** wird das Haftungsrecht vom Vsrecht her beeinflußt (Näheres bei Sellschopp, Die vertragliche Haftung des Lagerhalters, Hamburg 1974, S. 149–154, speziell zu § 16 Allgemeine Lagerbedingungen des Deutschen Möbeltransports).

Der BGH 29. X. 1962 BGHZ Bd 38 S. 183–186 hat Hamburger Lagerungsbedingungen, welche die Haftung vereinbarungsgemäß auf DM 40,– je 100 kg, höchstens auf DM 500,– beschränkten, für unwirksam erklärt:

> „Ohne Rücksicht darauf, ob der Vertragsteil, der die Allgemeinen Geschäftsbedingungen aufgestellt hat, ein Monopol besitzt oder nicht, kann eine Haftungsausschluß- oder -begrenzungsklausel der Rechtswirksamkeit entbehren, wenn sie bei Abwägung der Interessen der normalerweise an solchen Geschäften beteiligten Kreise der Billigkeit widerspricht.

X. Ausstrahlungen des § 61

> Das ist in Fällen der vorliegenden Art bei eigener grober Fahrlässigkeit oder einer solchen leitender Angestellter regelmäßig zu bejahen .... Es liegen hier keine besonderen Umstände vor, die eine derartige Haftungsbeschränkung noch als tragbar erscheinen ließen. Die Möglichkeit oder Üblichkeit einer vsmäßigen Abdeckung des Schadens, die bei der Gültigkeit von Haftungsausschlüssen oder -begrenzungen von entscheidender Bedeutung sein kann, scheidet bei eigenem groben Verschulden regelmäßig aus (vgl. BGHZ 22, 109, 117; 33, 216, 220; BGH VersR 1962, 22; 552)."

Eine weitere lagerrechtliche Entscheidung: BGH 11. VII. 1975 VersR 1976 S. 44–46. Der Lagerhalter übernahm für das Land Berlin im Rahmen der Baustoffbevorratung für Krisenfälle die Einlagerung einer Partie Holz, die dadurch in Brand geriet, daß sich Kinder, eingedrungen durch ein Loch im Maschendrahtzaun des Lagergrundstückes, dort eine Höhle gebaut und mit Streichhölzern gespielt hatten. Nach dem Lagervertrag oblag dem Land Berlin als Eigentümer die V der Ware. Hieraus folgerte der BGH die Freistellung des Lagerhalters von der Haftung für leichte Fahrlässigkeit:

> „Entscheidend ist nicht, ob der Kl. (Einlagerer) nach dem Vertrag verpflichtet gewesen ist, eine Haftpflichtv zugunsten der Erstbekl. (Lagerhalter) abzuschließen. Vielmehr mußte der Kl. die Erstbekl. so stellen, wie diese gestanden hätte, wenn sie, die Erstbekl., eine Sachv abgeschlossen hätte. Hätte sie eine solche Versicherung abgeschlossen, so hätte der Ver gegen sie aber nicht Regreß nehmen können, wenn sie nur leicht fahrlässig gehandelt hätte. Da nach dem Vertrag die V der Ware dem Kl. „oblag", hätte sich eine vom Kl. mit einem Ver abgeschlossene Sachv zugunsten der Erstbekl. wie eine Haftpflichtv dahin ausgewirkt, daß der Ver im Falle nur leichter Fahrlässigkeit keinen Rückgriffsanspruch gegen sie gehabt hätte ...."

Während andere oben zitierte Urteile des BGH hinsichtlich der Quasi-Vsnahme auf eine fingierte V für eigene Rechnung abheben, wird hier fingiert, der Lagerhalter habe eine V für fremde Rechnung, zugunsten des Einlagerers kontrahiert (darauf stellt kritisch auch Sieg VersR 1976 S. 105–106 ab). Das Ergebnis aber bleibt gleich; denn gegen den eigenen Vmer findet kein Rückgriff statt.

[99] **2. Rückstrahlung auf Versicherungsverhältnisse**

Im **Wechselspiel von Haftung und Versicherung** fliegt der Ball hinüber und herüber: Von der Haftung zur V (Haftpflichtv), von der V zur Haftung (Haftungsbefreiung bei Vsschutz) – und wieder zurück von der Haftung zur V:

Die Vswirtschaft findet sich – wie gezeigt – mit verkehrsüblichen Haftungsbefreiungen ab, ja sie schafft sogar eigene Haftungsbefreiungstatbestände, indem sie ihrerseits auf Regresse verzichtet:

In der Glasversicherung haben die Versicherer der Versicherungsaufsichtsbehörde folgende geschäftsplanmäßige Erklärung abgegeben (laut Prölss-Schmidt-Sasse VAG[8] S. 157):

> „Wir werden in den Fällen, in denen der Mieter aufgrund des Mietvertrages die Glasvsprämie dem Vermieter zu erstatten hat, Ersatzansprüche gegen die Mieter wegen Beschädigung vter Gegenstände nur bei Vorliegen von Vorsatz oder grober Fahrlässigkeit geltend machen."

Von besonderer Tragweite ist die Bestimmung des § 15 II AKB, welche durch eine Neufassung der AKB vom 18. XII. 1970 (VA 1971 S. 10) geschaffen worden ist:

> „Ersatzansprüche des Vmers, die nach § 67 VVG auf den Ver übergegangen sind, können gegen den berechtigten Fahrer und andere in der Haftpflichtv mitvte Personen sowie gegen den Mieter oder Entleiher nur geltend gemacht werden, wenn von ihnen der Vsfall vorsätzlich oder grobfahrlässig herbeigeführt worden ist."

Die Bestimmung, die bereits in einer Klausel aus dem Jahre 1967 eine Vorläuferin hatte (VA 1967 S. 167), geht davon aus, daß allgemein-zivilrechtlich der Vmer noch einen

Schadensersatzanspruch gegen die mitvte Person, den Mieter oder Entleiher besitze. Nach der hier wiedergegebenen Rechtsprechung trifft das weithin nicht zu. Besteht aber der Ersatzanspruch, so geht er zwar auf den Ver über, kann aber im Falle leichter Fahrlässigkeit „nicht geltend gemacht werden" (pactum de non petendo zugunsten Dritter). § 15 II AKB verwirklicht einen von Eike von Hippel NJW 1966 S. 1012–1014, 1967 S. 814–815 geäußerten Gedanken (dagegen noch Mahlberg NJW 1966 S. 2154–2156, Sieg Anm. 45 zu § 67 m.w.N.). Johannsen Autokaskov Anm. J 177 und Sieg Anm. 13 vor §§ 74–80 sprechen von einer „faktischen V für fremde Rechnung".

Wie schon BGH 8. XII. 1971 VersR 1972 S. 167–168 hervorgehoben hat, gilt die These, wonach sich die V nach der Haftung und nicht umgekehrt die Haftung nach der V richte, keineswegs uneingeschränkt.

§ 62

Der Versicherungsnehmer ist verpflichtet, bei dem Eintritte des Versicherungsfalls nach Möglichkeit für die Abwendung und Minderung des Schadens zu sorgen und dabei die Weisungen des Versicherers zu befolgen; er hat, wenn die Umstände es gestatten, solche Weisungen einzuholen. Sind mehrere Versicherer beteiligt und sind von ihnen entgegenstehende Weisungen gegeben, so hat der Versicherungsnehmer nach eigenem pflichtmäßigen Ermessen zu handeln.

Hat der Versicherungsnehmer diese Obliegenheiten verletzt, so ist der Versicherer von der Verpflichtung zur Leistung frei, es sei denn, daß die Verletzung weder auf Vorsatz noch auf grober Fahrlässigkeit beruht. Bei grobfahrlässiger Verletzung bleibt der Versicherer zur Leistung insoweit verpflichtet, als der Umfang des Schadens auch bei gehöriger Erfüllung der Obliegenheiten nicht geringer gewesen wäre.

Abwendungs- und Minderungsobliegenheit.

Gliederung:

Entstehung Anm. 1

Schrifttum Anm. 2

I. Übersicht Anm. 3

II. Rechtsnatur Anm. 4–6
 1. Verbindlichkeitstheorie Anm. 4
 2. Obliegenheitstheorie Anm. 5
 3. Sonstige Auffassungen Anm. 6

III. Abgrenzung Anm. 7–15
 1. Vornahme einer Gefahrerhöhung Anm. 7
 2. Vorbeugende Obliegenheiten Anm. 8
 3. Herbeiführung des Vsfalles Anm. 9
 4. Übergang von Ersatzansprüchen Anm. 10
 5. Veränderungsverbot Sachv Anm. 11
 6. Wiederherbeischaffung Einbruchdiebstahlv Anm. 12

 7. Befriedigungsverbot Haftpflichtv Anm. 13
 8. Anerkennungsverbot Haftpflichtv Anm. 14
 9. Aufklärungsobliegenheit Haftpflichtv Anm. 15

IV. Objektiver Tatbestand Anm. 16–34
 1. Schadensabwendung oder -minderung Anm. 16–21
  a) Abwendung und Minderung Anm. 16
  b) Verhinderung von Vsschaden i.e.S. Anm. 17–21
   aa) Maßgeblichkeit vter Beziehung Anm. 17
   bb) Ausscheidung angrenzender Fälle Anm. 18–19
    aaa) Minderung von Wiederherstellungskosten Anm. 18

I. Übersicht

bbb) Sonstige auszuscheidende Fälle Anm. 19
cc) Konkretisierung des Vs-schadens i. e. S Anm. 20—21
aaa) Konkretisierung hinsichtlich vter Gefahr Anm. 20
bbb) Konkretisierung hinsichtlich vter Schäden Anm. 21
2. Einholung von Weisungen Anm. 22
3. Befolgung von Weisungen Anm. 23
4. Erteilung von Weisungen Anm. 24
5. Beteiligte Personen Anm. 25—26
   a) Vmerseite Anm. 25
   b) Verseite Anm. 26
6. Zeitliche Begrenzung Anm. 27—32
   a) Beginn der Rettungsobliegenheit (Vorerstreckungstheorie) Anm. 29—31
      aa) bei Aktivenven mit einfacher Gefahr Anm. 29

bb) bei Aktivenven mit komplexer Gefahr Anm. 30
cc) bei Passivenven Anm. 31
b) Dauer der Rettungsobliegenheit (gedehnter Vsfall) Anm. 32
7. Sachliche Begrenzung Anm. 33
8. Beweislast und Beweisführung Anm. 34
V. Subjektiver Tatbestand Anm. 35—38
1. Kenntnisfrage Anm. 35
2. Vorsätzliche Verletzung Anm. 36
3. Grobfahrlässige Verletzung Anm. 37
4. Beweislast und Beweisführung Anm. 38
VI. Rechtsfolgen der Verletzung Anm. 39—41
1. Volle Leistungsfreiheit Anm. 39
2. Teilweise Leistungsfreiheit Anm. 40
3. Andere Rechtsfolgen Anm. 41
VII. Unabdingbarkeit der Vorschrift Anm. 42

[1] Entstehung:

§ 62 I — früher einziger Absatz der Vorschrift — ist unverändert geblieben. Begr. I S. 71—72. Die Vorschrift enthielt also ursprünglich keine Regelung der Verletzungsfolgen. § 62 II ist erst durch die VO zur Vereinheitlichung des Rechts der Vertragsv vom 19. XII. 1939 (RGBl. I S. 2443) eingefügt worden: Nach österreichischem Vorbild sieht die Vorschrift unter Aufgabe des Alles-oder-Nichts-Prinzips jetzt eine Abstufung vor, nämlich volle Leistungsfreiheit bei Vorsatz, beschränkte Leistungsfreiheit bei grober Fahrlässigkeit, volle Leistungspflicht bei gewöhnlicher Fahrlässigkeit. Begr. III S. 13.

[2] Schrifttum:

Bruck S. 341—360, Ehrenzweig S. 272—275, Eichler S. 280—281, Gerhard-Hagen Anm. 1—5 nebst Zusatz zu §§ 62, 63, S. 289—297, von Gierke II S. 205—207, Hagen I S. 637—647, Hennig, Die Rettungspflicht des Vmers, Leipziger Diss., Dresden 1936, Kisch (Die Rettungspflicht des Vmers) WuRdVers 1928 Nr. 1 S. 1—91, Klingenberg, Rettungspflicht und Rettungskosten im Vsrecht, Züricher Diss. 1930, Ohligmacher, Die Verpflichtung des Vten zur Abwendung des Schadens vor und nach dem Vsfall, Erlanger Diss., München 1918, Prölss-Martin[21] Anm. 1—6 zu § 62, S. 336—341, Raiser AFB[2] Anm. 9—15 zu § 14, S. 339—344, Reichert-Facilides (Zur Schadenminderungspflicht im bürgerlichen und Vsvertragsrecht) VsRdschau 1973 S. 129—141, Ritter-Abraham Anm. 1—36 zu § 41, S. 634—650, Schlegelberger Anm. 1—8 zu § 41, S. 131—134, Schimming, Bergung und Hilfeleistung im Seerecht und im Seevsrecht, Karlsruhe 1971, Schmidt Obliegenheiten S. 219—224, Schneider (Über den Eintritt des Vsfalls im Sinne des § 62 VVG) LZ 1918 Sp. 82—89, Schweighäuser (Zur Frage der Verpflichtung des Vten zur Abwendung und Minderung des Schadens) Mitt. 1920 S. 271—273, Siebeck, Die Schadenabwendungs- und -minderungspflicht des Vmers, Karlsruhe 1963, Stiefel-Wussow-Hofmann AKB[10] Anm. 39—40 zu § 7, S. 322—327, Wilkens, Die Rettungspflicht, Eine rechtsvergleichende Darstellung, Karlsruhe 1970.

[3] I. Übersicht

Die Obliegenheit, in der Schadensv bei dem Eintritte des Vsfalls den Schaden abzuwenden und zu mindern (§ 62) — oft Abwendungs- und Minderungspflicht oder (kürzer) Rettungspflicht genannt — ergibt sich gemäß Begr. I S. 71 aus Treu und Glauben sowie der den Interessen des Vers gebührenden Rücksicht; in modernerer Terminologie muß man die Belange der Gefahrengemeinschaft in den Vordergrund rücken (so auch Reichert-Facilides VsRundschau 1973 S. 140−141).

§ 62 steht mit der Aufwendungsersatzvorschrift des § 63 in engem Zusammenhang. Die Ersatzpflicht erleichtert es, dem Vmer Rettungsmaßnahmen zuzumuten, auch wenn sie Kosten verursachen.

Mehr als andere Obliegenheiten steht die Rettungsobliegenheit in der Nähe der echten Rechtspflichten, zumal da bei grobfahrlässiger Verletzung die teilweise Leistungsfreiheit des Vers einer Schadensersatzpflicht des Vmers nahekommt (vgl. Anm. 4). Auch zeitlich nimmt die Obliegenheit eine Zwischenstellung ein; denn sie ist **„bei dem Eintritte des Vsfalls"** zu erfüllen und steht damit auf der Grenze zwischen jenen Obliegenheiten, die vor, und jenen, die nach dem Vsfall beobachtet werden müssen (vgl. Anm. 27−32).

Genauer betrachtet, stehen in § 62 I 1 neben der Rettungsobliegenheit i.e.S. zwei Zusatzverhaltensnormen, nämlich erstens das Gebot, wenn die Umstände es gestatten, **Weisungen einzuholen,** und zweitens das Gebot, von Ver erteilte **Weisungen zu befolgen** (Anm. 22−23). Die Sanktionsvorschrift des § 62 II, aber auch die Aufwendungsersatzregelung des § 63, umfassen diese Gebote.

Hier soll zunächst die **Rechtsnatur** der Verhaltensnorm des § 62 geklärt werden (Anm. 4−6); die **Abgrenzung** von anderen Rechtsinstituten verdeutlicht die Tragweite der Rettungsobliegenheit (Anm. 7−15).

Anschließend gilt es, zunächst den **objektiven Tatbestand** der Rettungsobliegenheit (Anm. 16−34) herauszustellen. Was bedeutet objektiv das **Gebot der Rettung,** d.h. Abwendung und Minderung (Anm. 16−21), der Weisungseinholung (Anm. 22) und der Weisungsbefolgung (Anm. 23)? Letztere setzt die Erteilung von Weisungen seitens des Vers voraus (Anm. 24). Als **Beteiligte** kommen auf der Vmerseite auch der Vte bei der V für fremde Rechnung, der Erwerber bei Veräußerung der vten Sache usw. in Betracht (Anm. 25); auf der **Verseite** ergeben sich bei Beteiligung mehrerer Ver (§ 62 I 2) besondere Probleme (Anm. 26). Für die Obliegenheiten ist ferner die **zeitliche Begrenzung** sehr umstritten (Anm. 27−32). **Sachliche Begrenzungen** ergeben sich schon aus dem Hinweis des Gesetzes auf die bestehenden Möglichkeiten und Umstände (Anm. 33). Beweisfragen zum objektiven Tatbestand der Obliegenheit und ihrer Verletzung schließen den Teilabschnitt ab (Anm. 34).

Im Verletzungsfalle gewinnt nach § 62 II auch der **subjektive Tatbestand** (Anm. 35−38) Bedeutung. Es fragt sich, inwieweit hier die Kenntnisfrage hereinspielt (Anm. 35). Vorsätzliche (Anm. 36) und grobfahrlässige Verletzung (Anm. 37) lösen Verwirkungsfolgen aus. Auch hier sind Beweisfragen zu klären (Anm. 38).

Als **Rechtsfolgen** der Obliegenheitsverletzung sieht seit 1939 der § 62 II volle Leistungsfreiheit (Anm. 39) oder teilweise Leistungsfreiheit (Anm. 40) vor. Es fragt sich, ob noch andere Rechtsfolgen in Betracht kommen (Anm. 41).

Gemäß § 68a ist § 62 halbzwingend (Anm. 42).

Die §§ 62−63 gelten für die gesamte **Schadensversicherung.** Auch in Vszweigen, in denen die Vsfälle unabwendbare Naturereignisse sind — man denke an Hagel oder Hochwasser — kann doch die Minderungsobliegenheit eine Rolle spielen; möglicherweise lassen die Folgen eines Unwetters sich einschränken. Auf die Summenv sind die Vorschriften nach ihrer systematischen Stellung nicht anwendbar.

Deshalb hat § 183, der für die **Unfallversicherung** das Gebot zur Abwendung und Minderung „der Folgen des Unfalls" aufrichtet, selbständige Bedeutung:

I. Übersicht **§ 62**
Anm. 3

„Der Vmer hat für die Abwendung und Minderung der Folgen des Unfalls nach Möglichkeit zu sorgen und dabei die Weisungen des Vers zu befolgen, soweit ihm nicht etwas Unbilliges zugemutet wird. Auf eine Vereinbarung, durch welche von dieser Vorschrift zum Nachteile des Vmers abgewichen wird, kann sich der Ver nicht berufen."

Die Vorschrift wird ergänzt und konkretisiert durch § 15 Ziff. II Abs. 3 AUB:

„Spätestens am vierten Tage nach dem Unfall ist ein staatlich zugelassener Arzt (Ärztin) zuzuziehen; die ärztliche Behandlung ist bis zum Abschluß des Heilverfahrens regelmäßig fortzusetzen; ebenso ist für angemessene Krankenpflege sowie überhaupt nach Möglichkeit für Abwendung und Minderung der Unfallfolgen zu sorgen."

§ 15 Ziff. II Abs. 6 AUB handelt von der Obliegenheit des Unfallvten, sich ärztlichen Untersuchungen durch von dem Ver bezeichnete oder beauftragte Ärzte zu unterwerfen, und es heißt sodann:

„c) Den von diesen Ärzten nach gewissenhaftem Ermessen zur Förderung der Heilung getroffenen sachdienlichen Anordnungen ist Folge zu leisten. Dies gilt insbesondere auch für den Fall, daß die Behandlung oder Untersuchung des Vten in einer Heilanstalt angeordnet wird. In beiden Fällen darf dem Vten nichts Unbilliges zugemutet werden."

Die Folgen der Obliegenheitsverletzungen sind in § 17 AUB bestimmt. Aufwendungsersatz — entsprechend § 63 — ist im Gesetz nicht vorgesehen, wohl aber in § 9 AUB. Vgl. zu alledem Begr. I S. 172–174; Prölss-Martin[21] Anm. 5 zu § 15 AUB, S. 1092–1093, Wagner Anm. F 50–52, Wussow AUB[4] Anm. 7, 8, 14 zu § 15, S. 238–240, 247, sämtlich m.w.N. Aus der höchstrichterlichen Rechtssprechung vgl. RG 27. II. 1906 VA 1906 Anh. S. 61–62 Nr. 218 (Duldung einer Operation, Berücksichtigung subjektiver Vorstellungen von der Gefährlichkeit), 3. IV. 1906 VA 1906 Anh. S. 60–61 Nr. 217 (Duldung einer Operation bei Ungewißheit des Erfolges und Gefährlichkeit), 15. III. 1907 VA 1907 Anh. S. 54–55 Nr. 310 (Unterbrechung einer Kur bei triftigem Grund), KG 28. X. 1932 JRPV 1933 S. 74–75 (Behandlung durch Hausarzt anstelle Krankenhausbehandlung), OLG Breslau 17. IX. 1928 JRPV 1929 S. 223–224 (Nichtbeachtung einer ärztlichen Anordnung), OLG Colmar 3. XI. 1905 VA 1906 Anh. S. 16–17 Nr. 184 (Nichtbefolgung der Einweisung in Unfallkrankenhaus bei Vsleistung von drei M täglich als Unterhalt für die gesamte Familie), OLG Hamm 4. X. 1935 VA 1935 S. 276–277 Nr. 2842 = JRPV 1936 Zus. S. 37 (Duldung einer Operation bei Ungewißheit völliger Heilung und nach vier Jahren), LG Lüneburg 8. II. 1951 VA Hamburg 1951 S. 90–92 = VersR 1953 S. 155–157 mit Anm. R. Schmidt (Schülerunfallv, mangelnde ärztliche Behandlung).

In der **Krankenversicherung** bestimmt § 5 II a) Grundbedingungen für die Krankentagegeldv:

„Die vte Person ist verpflichtet, nach Möglichkeit für die Wiederherstellung der Arbeitsfähigkeit zu sorgen; sie hat insbesondere die Vorschriften des Arztes gewissenhaft zu befolgen und alle Handlungen zu unterlassen, die der Genesung hinderlich sind."

Werden Unfall- und Krankenv als Schadensv (Kostenv) betrieben, so bestehen keine Bedenken gegen die unmittelbare Anwendung der §§ 62, 63. Vgl. Siebeck a.a.O. S. 107–117, Wriede Anm. A 15, S. K 6. — § 5 II a) Grundbedingungen Krankheitskostenv sowie Grundbedingungen Krankenhauskosten- und Krankenhaustagegeld-V verweisen auf § 62. Transportkosten werden in der Krankenv besonders behandelt (über die Erstattungsfähigkeit hoher Flugkosten OLG Hamburg 24. VIII. 1977 VersR 1978 S. 814–815).

Über die mangelnde Bedeutung der Rettungsobliegenheit für die **Lebensversicherung** Hennig a.a.O. S. 13, Siebeck a.a.O. S. 6 gegen Bruck S. 341.

Rechtsvergleichende Darstellung bei Wilkens a.a.O. S. 1–135.

[4] II. Rechtsnatur
1. Verbindlichkeitstheorie

§ 62 I 1 spricht von einer „Verpflichtung" des Vmers, und im Verletzungsfall läßt sich oft ein Schaden auf seiten des Vers feststellen, und zwar in Gestalt einer Erhöhung der Geldleistungsobligation des Vers. Im Falle grobfahrlässiger Verletzung hebt § 62 II 2 darauf ab, ob der Umfang des vom Ver zu ersetzenden Schadens bei gehöriger Erfüllung der Verhaltensnorm geringer gewesen wäre. In Begr. I S. 72 war ausgeführt worden: „Schon aus allgemeinen Grundsätzen ergibt sich, daß dem Ver, wenn der Vmer diese Pflichten schuldhafter Weise nicht erfüllt, ein Schadensanspruch zusteht, den er im Wege der Aufrechnung geltend machen kann."

Dementsprechend ist die Auffassung, es handle sich bei § 62 I 1 um eine echte Rechtspflicht, besonders vor 1939 vertreten worden. Sie findet sich vor allem bei Hagen I S. 638–641 m.w.N., ferner bei Hennig a.a.O. S. 14–23, Josef LZ 1907 Sp. 483, Kisch WuRdVers 1928 Nr. 1 S. 86–87.

Auch nach der Einfügung des § 62 II, der von Obliegenheiten spricht und als Verletzungssanktion die vollständige oder teilweise Leistungsfreiheit normiert, wird die Verbindlichkeitstheorie vertreten von Ehrenzweig S. 272, Ritter-Abraham Anm. 5 zu § 41, S. 636, Schlegelberger Anm. 1 zu § 41, S. 132. In Österreich hat man sogar im Gesetzestext das Wort „Obliegenheiten" in § 62 II 1 durch „Verpflichtungen" ersetzt (Prölss-Martin[21] Anm. 6 zu § 62, S. 341, Reichert-Facilides VsRdschau 1973 S. 139 Anm. 71).

Zum Teil wird aus der Verbindlichkeitstheorie hinsichtlich des Einstehenmüssens für Dritte die Anwendbarkeit des § 278 BGB abgeleitet: Hagen I S. 640, Ritter-Abraham Anm. 5 zu § 41, S. 636, Schlegelberger Anm. 1 zu § 41, S. 132. Dagegen aber Kisch WuRdVers 1928 Nr. 1 S. 87, der auch einen gerichtlich erzwingbaren Anspruch auf Abwendung und Minderung leugnet.

[5] 2. Obliegenheitstheorie

In Wahrheit handelt es sich bei den Verhaltensnormen des § 62 I 1 um Gebote minderer Zwangsintensität, um vsrechtliche Obliegenheiten. Das ergibt sich aus der fehlenden Erzwingbarkeit, insbesondere Uneinklagbarkeit der Rettungsmaßnahmen usw. Das folgt aber auch aus der seit 1939 im Gesetz vorgesehenen Sanktion der Leistungsfreiheit des Vers, die in Vorsatzfällen unabhängig ist von einem dem Ver erwachsenen Schaden, die aber auch im Falle der groben Fahrlässigkeit keine Aufrechnung mit einem Schadensersatzanspruch des Vers beinhaltet. Das Gesetz spricht in § 62 II 1 bewußt von „Obliegenheiten" und die Begr. III S. 13 verweist auf die Obliegenheitsregelung des § 6 III. Wie die meisten Obliegenheiten stehen auch jene des § 62 in Zusammenhang mit der Gefahrtragung des Vers (Siebeck a.a.O. S. 12–17 spricht von einer „Beschränkung der Schadenausweitungsgefahr"). Das Problem des Einstehenmüssens des Vmers für das Verhalten Dritter läßt sich vermöge der Obliegenheitstheorie besser lösen als über den allzu weitgehenden § 278 BGB (Anm. 25). Da es keine echten Rechtspflichten zu Lasten Dritter gibt, ist auch die Belastung des Vten mit der Rettungs„pflicht" bei der V für fremde Rechnung (§ 79 I) am leichtesten von der Obliegenheitstheorie her erklärbar.

Die Obliegenheitstheorie wird begründet und verfochten von RG 24. II. 1939 RGZ Bd 160 S. 5, BGH 12. VII. 1972 NJW 1972 S. 1809–1810 = VersR 1972 S. 1039–1040, Bruck S. 342, Gerhard-Hagen Anm. 1 zu §§ 62, 63, S. 292, Schmidt Obliegenheiten S. 220, 223–224, Siebeck a.a.O. S. 8–21, Wilkens a.a.O. S. 23–27, dahingestellt von Raiser AFB[2] Anm. 1, 32 zu § 14, S. 337, 351–352.

II. Rechtsnatur § 62
Anm. 6

[6] 3. Sonstige Auffassungen
Würde § 62 I 1 sagen: „Der Ver haftet nicht für Schäden, soweit sie der Vmer grobfahrlässig oder vorsätzlich nicht abgewendet oder gemindert hat", so würde es sich – wie bei § 61 (Anm. 17 zu § 61) – um eine Ausschlußregelung handeln (vgl. Siebeck a.a.O. S. 17–21, Wilkens a.a.O. S. 20–21, 24–25). Diese Konstruktion wird verfochten von Sommer, Die Haftung des Vmers für fremdes Verschulden, Göttingen Diss., Hamburg 1913, S. 25–26, 56–57. Sie läßt sich aber de lege lata nicht rechtfertigen, und zwar schon deshalb nicht, weil bei Vorsatz des Vmers die volle „Leistungsfreiheit" des Vers eintritt ohne Rücksicht darauf, ob Kausalzusammenhang zwischen dem Verletzungsverhalten des Vmers und Eintritt des vollen Vsschadens besteht.

Abwegig ist auch die von Ohligmacher a.a.O. S. 9 verfochtene Auffassung, die Vornahme der Rettungshandlungen bilde den Gegenstand einer dem Vmer „gesetzten Bedingung, einer Potestativbedingung, deren Eintritt oder Ausfall seinem Belieben unterliegt". Der Vmer erlangt keinen durch die Rettungsbemühungen bedingten Vsanspruch; die Verschuldensabstufung, welche auch zu teilweiser Leistungsfreiheit führen kann, ist mit dieser Konstruktion ebenso unvereinbar wie der in § 63 vorgesehene Rettungskostenersatz.

Der Hinweis auf § 254 II 1 BGB erläutert zwar das allgemeine Rechtsprinzip, wonach ein Schadensersatzgläubiger den Schaden möglichst gering zu halten hat, will er nicht gegen Treu und Glauben handeln und sich zu seinem eigenen Begehren in Widerspruch setzen (venire contra factum proprium). Besonders Schmidt Obliegenheiten S. 168–172, 219–224 betont diesen Grundgedanken, welcher der Berücksichtigung mitwirkenden Verhaltens und Verschuldens zugrunde liegt und welcher in § 62 seinen vsrechtlichen Niederschlag findet (vgl. auch die Hinweise auf § 254 II 1 BGB bei Kisch WuRdVers 1928 Nr. 1 S. 88–89, Reichert-Facilides VsRdschau 1973 S. 129–130). Die Parallele zu § 254 BGB ist nur insofern problematisch, als der Schadensver nicht primär Schadensersatz schuldet (wie z.B. ein Deliktsschuldner), sondern nur sekundär, nach Realisierung der vten Gefahr im akuten Stadium der Gefahrtragung. Überdies bedarf auch § 254 BGB der konstruktiven Erfassung, und auch in jener Vorschrift ist nach richtiger Auffassung eine Obliegenheit zu erblicken, bei der die entsprechende Anwendung des § 278 BGB, vorgesehen in § 254 II 2 BGB, nur behutsam erfolgen kann (Schmidt Obliegenheiten S. 170–172).

Die „Rettungspflicht" läßt besonders bei Erteilung von Weisungen auch an das Auftragsrecht denken, im übrigen an Geschäftsführung ohne Auftrag und die zugehörige Regelung des Aufwendungsersatzes (§§ 670, 683 BGB). Aber das Abwendungs- und Minderungsgebot hat seine Wurzel im Vsvertrag, nicht in einem besonderen Schuldverhältnis (Begr. I S. 71–72); auch die Erteilung etwaiger Weisungen vollzieht sich in Abwicklung des Vsverhältnisses und begründet keinen besonderen Auftrag. Bei den Rettungsmaßnahmen braucht nicht, wie im Rahmen des § 687 BGB, untersucht zu werden, ob es sich eigentlich um ein Geschäft des Vers und nicht um ein nur eigenes Geschäft des Vmers handle. Vgl. zu alledem Kisch WuRdVers 1928 Nr. 1 S. 85–86 und zum vorgesetzlichen Seesvrecht RG 6. VII. 1892 RGZ Bd 32 S. 13. Die §§ 62–63 enthalten eine in sich abgeschlossene vsvertragsrechtliche Regelung, was aber nicht ausschließt, in Sonderfällen zu prüfen, ob anstelle eines oder neben einem Aufwendungsersatzanspruch im Einzelfall ein Anspruch aus Auftrag oder Geschäftsführung ohne Auftrag in Frage kommt: Anm. 30 zu § 63.

Abwegig ist der Gedanke, in § 62 eine Vertragsstrafenregelung i.S. der §§ 339–345 BGB zu erblicken: Die Leistungsfreiheit des Vers beruht nicht auf der Verletzung einer Verbindlichkeit des Vmers (Anm. 4) und entspricht nicht der „Zahlung einer Geldsumme als Strafe".

[7] III. Abgrenzung
1. Vornahme einer Gefahrerhöhung

§ 23 I fordert vom Vmer das Unterlassen der Vornahme oder Gestattung einer (subjektiven) Gefahrerhöhung (Anm. 23 zu § 23), während § 62 I 1 dem Vmer primär ein Tun, nämlich die Rettung, die Abwendung und Minderung auferlegt (Anm. 16). Überdies betrifft die Gefahrstandspflicht die vte Gefahr, die im Falle der Verletzung der Obliegenheit auf erhöhtem Niveau auszuruhen geeignet ist (Anm. 9 zu § 23), während die Rettungsobliegenheit im Stadium der Gefahrverwirklichung, bei Eintritt des Vsfalles, zu erfüllen ist, mag auch die Vorerstreckungstheorie schon die Zeit unmittelbar vor Beginn des Schadenseintritts einbeziehen (Anm. 28—31). Immer geht es bei § 62 I 1 um Abwendung (und Minderung) des Schadens, nicht um die Verhinderung einer bloßen Gefahrerhöhung.

[8] 2. Vorbeugende Obliegenheiten

Die §§ 6 II, 32 betreffen vereinbarte Obliegenheiten, übernommen „zum Zwecke der Verminderung der Gefahr oder zum Zwecke der Verhütung einer Gefahrerhöhung". Auch hier — wie bei der Gefahrstandspflicht (Anm. 7) — geht es um die vte Gefahr, im Stadium vor der Gefahrverwirklichung. Die Rettungsobliegenheit dagegen beruht nicht auf Vertrag, sondern auf Gesetz und ist erst beim Eintritt des Vsfalles zu erfüllen.

Denkbar, aber im Gesetz nicht besonders behandelt, sind auf Vereinbarung beruhende Obliegenheiten, die für den Fall des Eintritts des Vsfalls dem Vmer spezielle Rettungsmaßnahmen vorschreiben. Würde man auf solche Obliegenheiten § 6 II analog anwenden, so ergäbe sich auch in Vorsatzfällen die Notwendigkeit eines Kausalzusammenhanges zwischen Verletzung und Leistung des Vers, während die Anwendung des § 62 II solchenfalls stets volle Leistungsfreiheit des Vers ermöglichen würde. Da solche speziellen „Rettungsobliegenheiten" antizipierten Weisungen des Vers (§ 62 I 1) gleichkommen, dürfte bei ihnen die Heranziehung der Rechtsgedanken des § 62 geboten sein. Auf jeden Fall dürfen bei leichter Fahrlässigkeit des Vmers Verwirkungsfolgen nicht vorgesehen werden (vgl. §§ 62 II, 68 a, 6 III 1).

[9] 3. Herbeiführung des Versicherungsfalles

Eine klare Abgrenzung zwischen dem Gefahrenausschluß des § 61 und der Rettungsobliegenheit des § 62 ergibt sich nur, wenn man mit Bruck S. 663 annimmt, § 61 fordere von seiten des Vmers ein bloßes Unterlassen (Nichtherbeiführung des Vsfalles), § 62 I 1 dagegen ein positives (rettendes) Tun, und wenn man obendrein § 62 I 1 auf Tatbestände beschränkt, in denen der Vsfall bereits eingetreten ist (also die in Anm. 28—31 zu behandelnde Vorerstreckungstheorie ablehnt), während man in § 61 nur die (erste) Verursachung des Vsfalles erfaßt sieht.

Aber die heute herrschende Meinung geht davon aus, daß — negativ betrachtet — der Vsfall nicht nur durch ein Tun, sondern auch durch ein Unterlassen herbeigeführt werden könne (Anm. 29 zu § 61). Auch dürfte es notwendig sein anzunehmen, daß bei gedehnten Vsfällen noch nach dem „Eintritt" des Vsfalles (dem Beginn des Dehnungszeitraumes) § 61 anwendbar bleibt (Anm. 31 zu § 61). Dann aber ergeben sich Überschneidungen mit der Rettungsobliegenheit, und zwar in vermehrtem Umfang, wenn man bei § 62 I 1 der Vorerstreckungsauffassung huldigt.

Das Überschneidungsproblem ist bereits in Anm. 25 zu § 61 behandelt, und zwar mit dem Ergebnis, daß im Einzelfall Haftungsfreiheit nach § 61 und Leistungsfreiheit nach § 62 II zusammentreffen können, wobei logisch die Haftungsfreiheit als weitergehende Folge vorweg zu prüfen wäre, in praxi aber auch die Leistungsfreiheit

III. Abgrenzung

in den Vordergrund gerückt werden kann. Vom objektiven Tatbestand her liegt es nahe, Herbeiführung des Vsfalles anzunehmen, wenn erst der Vmer die Bedingungen für die Gefahrverwirklichung, z. B. eines Brandes, setzt. Handelt es sich dagegen um eine Ursachenreihe, bei der objektive Gefahrumstände sich realisieren, und tritt nunmehr ein den Schadenseintritt unterstützendes Verhalten des Vmers hinzu, so ist auch das Vorliegen einer Verletzung der Rettungsobliegenheit zu prüfen, zumal dann, wenn das schadenfördernde Verhalten ein Unterlassen des Vmers ist – man denke an den Hochwasserfall BGH 14. IV. 1976 VersR 1976 S. 649–651 (dazu Anm. 29 zu § 61). Nur der Gesichtspunkt der Rettungsobliegenheitsverletzung kommt in Frage, falls sich bei einer Unterlassung des Vmers – außerhalb des § 62 I 1 – keine Pflicht des Vmers zum Tätigwerden ermitteln läßt. Was die subjektive Seite anlangt, so legt der BGH a. a. O. bei der Anwendung des § 61 Gewicht auf die Notwendigkeit, daß der Vmer das zum Vsfall führende Geschehen gekannt habe. In Vorsatzfällen gewinnt die Richtung der Vorstellung und des Willens des Vmers Bedeutung: Will er die Gefahr erst realisieren (§ 61) oder beschränkt er sich darauf, den „Dingen", d. h. objektiven Gefahrumständen, ihren Lauf zu lassen (§ 62)?

[10] 4. Übergang von Ersatzansprüchen

Wirtschaftlich dient einer Minderung der Ersatzpflicht des Schadensvers neben § 62 auch der in § 67 vorgesehene Übergang von Ersatzansprüchen, welcher sich jedoch ohne Mitwirkung des Vmers ex lege vollzieht, soweit der Ver „dem Vmer den Schaden ersetzt". Der Schaden wird also als bereits eingetreten vorausgesetzt. Verfehlt Prölss-Martin[21] Anm. 1 zu § 62, S. 337, OLG Düsseldorf 2. V. 1961 VersR 1962 S. 59–60, welche meinen, die Verfolgung von Regreßansprüchen gehöre unter Umständen zur Rettungspflicht.

Dennoch bestehen insofern Ähnlichkeiten zur Rettungsobliegenheit, als auch § 67 I 3 dem Vmer ein bestimmtes Verhalten abverlangt: Das Aufgabeverbot verwehrt es dem Vmer, „seinen Anspruch gegen den Dritten oder ein zur Sicherung des Anspruchs dienendes Recht" aufzugeben. Das Verhältnis dieser Obliegenheit (Sieg Anm. 71 zu § 67 m. w. N.) zur „Rettungspflicht" ist umstritten. Nach richtiger Auffassung (Siebeck a. a. O. S. 34–36, Sieg Anm. 71 zu § 67) handelt es sich bei dem Aufgabeverbot nicht um eine bloße Konkretisierung oder Ausprägung der Rettungsobliegenheit, sondern um eine eigenständige Regelung, die notwendig war, weil die Abwendung und Minderung nur hinsichtlich des Vsschadens im technischen Sinne geboten ist (Anm. 20–21), nicht aber darauf abzielt, im Wege der Vorteilsausgleichung kompensatorische Ersatzansprüche zu beschaffen und zu erhalten.

Deshalb ist der Vmer auch vor Erhalt der Vsentschädigung nicht auf Grund des § 62 I 1 gehalten, dem Ver künftige Regreßansprüche zu sichern, insbesondere ist er nicht verpflichtet, Haftungsausschlüsse mit (eventuellen) Dritthaftenden nicht zu vereinbaren. Will man den Ver bei ungewöhnlichen Haftungsausschlüssen schützen, so muß man hierfür entweder eine besondere Rechtsgrundlage suchen (so § 118 für Gewährleistungsansprüche der Tierv, früher § 87 ADS, jetzt Ziff. 7.10.2 ADS-Güterv 1973) oder man muß § 67 I 3 direkt oder analog anwenden (dazu Anm. 94, 95 zu § 61; Sieg Anm. 82 zu § 67).

Zur Frage, ob neben der Obliegenheit des § 67 I 3 eine allgemeine Unterstützungspflicht des Vmers gegenüber dem Ver besteht, vgl. einerseits bejahend Kisch WuRdVers 1935 Nr. 2 S. 67–79, andererseits verneinend Sieg Anm. 72 zu § 67.

[11] 5. Veränderungsverbot Sachversicherung

Das Veränderungsverbot ist eine den Vmer nach Eintritt des Vsfalls belastende Obliegenheit, die ein Unterlassen zum Gegenstand hat und die es dem Vmer in der

Gebäudefeuerv (§ 93) und Hagelv (§ 111) verwehrt, bis zur Schadensfeststellung Änderungen vorzunehmen.
Jedoch geht diesem Veränderungsverbot die Rettungsobliegenheit vor (Bruck S. 362). Das betont § 93 durch Hinweis auf die Vorrangigkeit des § 62, § 111 durch Hinweis auf die „Regeln einer ordnungsmäßigen Wirtschaft".

[12] 6. Wiederherbeischaffung Einbruchdiebstahlversicherung

In der Einbruchdiebstahlv hebt § 13 I b AEB neben der allgemeinen Rettungsobliegenheit das Gebot hervor,

„alle zur Entdeckung des Täters und zur Wiedererlangung der entwendeten Sachen geeigneten Maßnahmen zu treffen."

Geht man davon aus, daß mit der Vollendung des Einbruchdiebstahls der Vsschaden im technischen Sinne eingetreten und abgeschlossen ist, so handelt es sich – ähnlich wie bei dem Übergang von Ersatzansprüchen (Anm. 10) – um eine zusätzliche, der Vorteilsausgleichung förderliche Obliegenheit; von Gierke II S. 206 spricht von einer „verlängerten" Rettungspflicht.

Als taugliche Mittel zur Erfüllung der Obliegenheit nennt Prölss EDV[3] Anm. II B zu § 13 AEB, S. 207–209 „Zeitungsanzeigen, Warnung des Publikums vor Ankauf der gestohlenen Gegenstände, Auslösen bei Pfandleihern, Säulenanschläge, Hinzuziehung von Detektiven" sowie die Stellung eines Strafantrages (einschränkend Silberschmidt JRPV 1928 S. 265–272, 285–290, 303–308).

Die Verletzungsfolgen sind in § 13 II AEB im Anschluß an § 62 II geregelt.

Auf der Grenze zur Rettungsobliegenheit steht auch die im § 13 I c VHB vorgesehene Verhaltensnorm,

„bei Verlust von Sparbüchern oder anderen sperrfähigen Urkunden diese unverzüglich sperren zu lassen."

Im Falle der Wiedererlangung taucht die Alternative auf, ob der Vmer die Entschädigung zurückzuzahlen oder die Sachen dem Ver zur Verfügung zu stellen hat (vgl. § 17 III Abs. 2 AEB). Die eventuelle Verpflichtung zur Übertragung des Eigentums auf den Ver (der Übergabe kann die Abtretung des Herausgabeanspruches gegen den Dieb gemäß § 17 III Abs. 1 AEB vorausgehen), ist keine Maßnahme der Abwendung oder Minderung i.S. des § 62 I 1 (so auch Siebeck a.a.O. S. 36), sondern ein Vorgang im Rahmen der vsrechtlichen Vorteilsausgleichung (dazu Näheres Anm. 54 vor §§ 49–80, woselbst auch über andere Fälle der Übertragung von Vorteilen auf den Ver).

Nach § 13 VII AKB kommt es bei entwendeten Kraftfahrzeugen darauf an, ob sie „wieder zur Stelle gebracht" sind. Das trifft nach OLG Frankfurt 24. XI. 1977 VersR 1978 S. 612–613 (mit Anm. Sander) nicht zu, falls Interpol den Frankfurter Wagen in Damaskus aufspürt; solchenfalls sind die Verpflichtungen des Vers „nach den §§ 62, 63" zu beurteilen.

Grundsätzlich ist der Vmer nicht verpflichtet, sich zu bemühen, seinen Bedarf durch Verschaffung anderweitiger Vorteile zu ermäßigen oder dem Ver solche Vorteile zu verschaffen (vgl. Kisch WuRdVers 1928 Nr. 1 S. 6–8, Siebeck a.a.O. S. 36–37).

[13] 7. Befriedigungsverbot Haftpflichtversicherung

Die Haftpflichtv und speziell auch die Autohaftpflichtv kennen spezielle Obliegenheiten, die zwar wirtschaftlich dazu beitragen sollen, die Entschädigungsleistungen des Vers einzuschränken, die aber doch von der Rettungsobliegenheit des § 62 I 1 abzugrenzen sind, auch wegen der unterschiedlichen Rechtsfolgen im Verletzungsfalle

III. Abgrenzung § 62
Anm. 14, 15

(einerseits § 62 II, andererseits Vereinbarungen im Rahmen des § 6 III) und wegen des Aufwendungsersatzes (§ 63 gilt nur für die Rettungsobliegenheit).

§ 154 II behandelt Vereinbarungen, wonach der Ver von der Verpflichtung zur Leistung frei sein soll, wenn der Vmer ohne seine Einwilligung den Drittgeschädigten befriedigt. Solche Vereinbarungen enthalten § 5 V AHB und § 7 II. 1. AKB. Das Gesetz erklärt die Vereinbarungen für (absolut) unwirksam, falls nach den Umständen der Vmer die Befriedigung nicht ohne offenbare Unbilligkeit verweigern konnte.

Die Vornahme der – auch teilweisen oder vergleichsweisen – Befriedigung ist von einer Verletzung der Rettungsobliegenheit zu unterscheiden, zumal da es nicht darauf ankommt, ob die Haftpflichtansprüche durch die schnelle Befriedigung womöglich günstig „erledigt" werden konnten.

Es gibt allerdings Fälle, in denen eine Rettungsmaßnahme zugleich zur Befriedigung des Drittgeschädigten führt: Nach Eintritt eines Ölschadens durch Auslaufen von Heizöl aus einem Tankwagen beauftragt der Vmer eine Spezialfirma mit der alsbaldigen Beseitigung des Öls aus dem Erdreich; das Befriedigungsverbot könne nicht den Sinn haben, „den Vmer in Fällen, in denen die Schadenabwehr nur durch teilweise Befriedigung des Geschädigten erfolgen kann, an der Schadenabwehr zu hindern" (OLG Hamburg 26. IX. 1967 VersR 1969 S. 223–224).

In der allgemeinen Haftpflichtv verstößt § 5 V AHB insofern gegen § 6 III, als er in jedem Befriedigungsfalle Vorsatz unterstellt und volle Leistungsfreiheit vorsieht (Johannsen Anm. F 110, S. 270, Siebeck a.a.O. S. 205). In der Autohaftpflichtv ergibt sich die Sanktion der Leistungsfreiheit mit prinzipiell summenmäßiger Beschränkung auf 1.000,– DM aus § 7 V. 1. – 3. AKB (die Erweiterung der Leistungsfreiheit auf 5.000,– DM ist bei vorsätzlicher Verletzung des Befriedigungsverbotes nicht vorgesehen.

[14] **8. Anerkennungsverbot Haftpflichtversicherung**

Hinsichtlich des Anerkennungsverbotes kann auf das in Anm. 13 Gesagte verwiesen werden.

Rechtsquellen sind auch hier § 154 II, ferner § 5 V AHB und § 7 II. 1., V. 1. – 3. AKB.

[15] **9. Aufklärungsobliegenheit Haftpflichtversicherung**

Die Aufklärungsobliegenheit, die als vertragliche Obliegenheit nach Eintritt des Vsfalls zu erfüllen ist, spielt besonders in der Haftpflichtv eine Rolle.

Sie wird in § 5 III AHB zur Rettungsobliegenheit in enge Verbindung gerückt:

„Der Vmer ist verpflichtet, unter Beachtung der Weisungen des Vers nach Möglichkeit für die Abwendung und Minderung des Schadens zu sorgen und alles zu tun, was zur Klarstellung des Schadenfalls dient, sofern ihm dabei nichts Unbilliges zugemutet wird. Er hat den Ver bei der Abwehr des Schadens sowie bei der Schadenermittlung und -regulierung zu unterstützen, ihm ausführliche und wahrheitsgemäße Schadenberichte zu erstatten, alle Tatsachen, welche auf den Schadenfall Bezug haben, mitzuteilen und alle nach Ansicht des Vers für die Beurteilung des Schadenfalls erheblichen Schriftstücke einzusenden."

Auch in § 7 I. 2. Satz 3–4 AKB, der für alle Sparten der Kraftfahrtv gilt, wird der Zusammenhang zur Rettungsobliegenheit deutlich:

„Der Vmer ist verpflichtet, alles zu tun, was zur Aufklärung des Tatbestandes und zur Minderung des Schadens dienlich sein kann. Er hat hierbei die etwaigen Weisungen des Vers zu befolgen."

Die Aufklärungsobliegenheit hat nicht nur Wissenserklärungen (Anzeigen und Auskünfte) des Vmers zum Gegenstand, sondern auch sonstiges Tun und Unterlassen, welches dem Zwecke der Wahrheitsfindung dient und dem Ver sachgemäße Entschließungen über die Behandlung des Vsfalles erleichtert, z.B. Rückkehr des Vmers zur Unfallstelle nach ärztlicher Versorgung (Tun), kein Nachtrunk, Ausharren an der Unfallstelle (Unterlassen). Es kommt – anders als bei der Rettungsobliegenheit – nicht darauf an, ob die Erfüllung der Obliegenheit der Abwendung oder Minderung des Haftpflichtschadens dienlich ist; oft wirkt sich die Aufklärung zum Nachteil des Vers (und Vmers) aus.

Es gibt aber durchaus Fälle, in denen ein Verhalten des Vmers zugleich die Aufklärungs- und die Rettungsobliegenheit verletzt; beide Obliegenheiten können also konkurrieren (Stiefel-Wussow-Hofmann AKB[10] Anm. 39 zu § 7 AKB, S. 323). Beispiele bieten BGH 6. VI. 1966 VersR 1966 S. 745–747 (Weiterfahren ohne Tatbestandsaufnahme nach einem Verkehrsunfall unter Mitschleifen eines am hinteren Kotflügel eingeklemmten Verkehrsopfers über 14 km), BGH 9. II. 1972 VersR 1972 S. 363–365 = MDR 1972 S. 401–402 (Unfallflucht unter Zurücklassung eines Verletzten in hilfloser Lage).

Kann der Vmer nur eine der beiden Obliegenheiten erfüllen, so hat bei solcher Pflichtenkollision die Rettungsobliegenheit Vorrang, jedenfalls in einem Fall, in welchem ein Autohalter einerseits einen von ihm Verletzten ins Krankenhaus zu bringen, andererseits an der Unfallstelle Beweise zu sichern hat (Unfallspuren, Zeugen): BGH 7. VII. 1967 VersR 1968 S. 140–142.

Über die zeitliche Begrenzung sowohl der Aufklärungs- als auch der Rettungsobliegenhtv in der Haftpflichtv: OLG Celle 2. X. 1958 VersR 1958 S. 800–801 (Ende mit der unmittelbaren Sach- oder Körperbeschädigung; Ermittlung von Kennzeichen eines im Dunkeln angefahrenen LKW gehört nicht mehr zur Erfüllung der Obliegenheiten).

Die Rechtsfolgen der Verletzung der Rettungspflicht und der Aufklärungsobliegenheit stimmen weitgehend überein. In der Autohaftpflichtv kann sich bei beiden Obliegenheiten im Verletzungsfalle die Leistungsfreiheit von 1.000,– DM auf 5.000,– DM gemäß § 7 V. 2. AKB ausweiten.

[16] **IV. Objektiver Tatbestand**
 1. Schadensabwendung oder -minderung
 a) Abwendung und Minderung

Die „Rettungspflicht" erlegt es dem Vmer auf, „für die Abwendung und Minderung des Schadens" zu sorgen, also gewisse zielgerichtete Maßnahmen zu ergreifen.

Die Ziele der Abwendung und Minderung sind in § 819 I HGB für die Seev umrissen mit den Worten „Rettung der vten Sachen" und „Abwendung größerer Nachteile". Die Grenze zwischen Abwendung und Minderung ist fließend.

Die **Abwendung** verhindert einen Schadenseintritt, vermeidet, „meidet" den Schaden (früher brauchte man das Begriffspaar „Meidung und Unterdrückung": Möller ZVersWiss 1968 S. 64 m.w.N.). Handelt es sich um die Verhinderung schon des ersten Schadens, des Anfangsschadens, so taucht die Frage auf, wann die Rettungsobliegenheit zeitlich einsetzt (darüber Anm. 28–31 mit der Vorerstreckungstheorie). Aber auch abgesehen vom Erstschaden ist immer dann eine Abwendung von (weiteren) Schäden vorstellbar, wenn mehrere Objekte vert sind; man denke an die Verhinderung des Übergreifens des Brandes auf ein mitvtes Nebengebäude, an die V eines Sachinbegriffes, z.B. von Hausrat, der teilweise gerettet werden kann. Hier wird die Ausweitung des Gesamtschadens abgewendet. Siebeck a.a.O. S. 27 definiert die Abwendung „als vollständige oder teilweise Verhinderung des Schadeneintritts und/oder der Schadensausweitung."

IV. Objektiver Tatbestand § 62
Anm. 17

Eine **Minderung** hält den Schadensumfang geringer, was in doppelter Weise vorstellbar ist: Die Erscheinungsform des Schadens wird günstig beeinflußt, z.B. gelingt es, die Zerstörung einer Sache zu verhüten, aber immerhin wird die Sache – etwa durch Löschwasser – beschädigt, oder eine vom Feuer schon beeinträchtigte Sache wird vor der vollständigen Zerstörung den Flammen (wertgemindert) entrissen. Eine zweite Art der Minderung ergibt sich, wenn im Bereich der Seev oder Hochwasserv durch Nässe beschädigte Ware getrocknet wird. Siebeck a.a.O. S. 27–28 erkennt als Minderung nur die letztgenannte Fallgestaltung an, wobei er darauf hinweist, der Erfolg der Minderung könne so groß sein, daß der Schaden gleich Null ausfällt (die getrocknete Partie wird zum ursprünglichen Preise verkauft); die erstgenannte Fallgestaltung muß dann der Abwendung (der völligen Zerstörung) zugerechnet werden.

Als zu ergreifende Abwendungs- und Minderungs**maßnahmen** kommen mannigfaltige Verhaltensweisen in Betracht. Neben dem Eigenverhalten des Vmers (und der ihm gleichstehenden Personen: Anm. 25) kommt auch die Heranziehung dritter Hilfswilliger oder Hilfsverpflichteter in Frage, z.B. die Heranziehung von Arbeitern, Angestellten, Nachbarn, Zuschauern, Polizei, Feuerwehr.

§ 83 I 2 nennt für die Feuerv das Löschen, Niederreißen und Ausräumen; diese Maßnahmen werden jedoch als Adhäsionsgefahren in den Feuervsschutz einbezogen (Anm. 4 zu § 63).

Im Falle KG 8. XII. 1928 JRPV 1929 S. 50–51 bestand eine (vorsätzliche) **Verletzung** der Rettungspflicht des Vmers in der Duldung, daß die von der Feuerwehr gestellte Brandwache überflüssige, nur eine weitere Zerstörung der Brandstätte bezweckende „Rettungsarbeiten" vornahm. Eine objektive Verletzung der Rettungspflicht ist dagegen verneint worden im Brandfalle OLG Düsseldorf 29. X. 1934 JRPV 1935 Zus. S. 38–39.

Das OLG Stuttgart 8. V. 1957 VersR 1958 S. 391 hebt in einem Falle der Unfallflucht hervor, daß objektiv eine Obliegenheitsverletzung bereits vorliege, wenn zum Zwecke der Schadensminderung ein Verbleiben möglicherweise „hätte dienlich sein können" (vgl. auch OLG Frankfurt 1. III. 1960 VersR 1960 S. 721–722).

Eine analoge Anwendung des § 62 I 1 kommt in Betracht, falls der Vmer nicht nur nicht abwendet oder mindert, sondern im Gegenteil den Schadenseintritt beschleunigt, indem er z.B. vorsätzlich Benzin in ein Feuer gießt, das – wie sich später herausstellt – allerdings ohnehin die vten Sachen zerstört hätte. Will man solches Verhalten nicht ohne Sanktion lassen, so dürfte sich die erwähnte Analogie anbieten, während die Annahme schuldhafter Herbeiführung des Vsfalles ferner liegt (vgl. schon Anm. 31 zu § 61).

[17] b) Verhinderung von Versicherungsschaden i.e.S.
aa) Maßgeblichkeit versicherter Beziehung

Abzuwenden und zu mindern ist der „Schaden", nicht der Vsfall; es gibt keine allgemeine Obliegenheit zur Verhütung von Vsfällen, von Gefahrverwirklichungen.

Im Rahmen des Vsvertrages ist nur der Vsschaden i.e.S. von Bedeutung, also in der Aktivenv die Negation des vten Interesses, in der Passivenv die Entstehung oder Vergrößerung jener Passiven, gegen deren Existentwerden die V genommen ist (Schulden, notwendige Aufwendungen, konkrete Verlustmöglichkeiten).

Speziell in der Sachv ist der Schaden, gegen den die Rettungsmaßnahmen sich wenden müssen, die Beeinträchtigung (Zerstörung, Beschädigung, Entziehung) der vten Sachbeziehung, die „Rettung der vten Sachen" (§ 819 I HGB). Bei einer Forderungsv, z.B. einer Kreditv, muß sich der Vmer bemühen um die Nichtbeeinträchtigung der rechtlichen und wirtschaftlichen Existenz der Forderung und ihres Wertes.

In der Gewinnv geht es um die Erhaltung der vten Beziehung zu den vten Chancen und Anwartschaften, und zwar in der Feuerbetriebsunterbrechungsv nicht nur um die Abwendung und Minderung des Brandschadens, sondern auch um jene des Unterbrechungsschadens (§ 10 II a FBUB), z.B. durch beschleunigte Ersatzbeschaffung, Einlegen von Sonderschichten, Verlagerung der Produktion (Fußhoeller-John Anm. 3 zu § 10 FBUB, S. 105–106).

In der Haftpflichtv verdient Beachtung, daß sie nicht nur der Freihaltung von begründeten Ansprüchen Dritter dient, sondern auch der Abwehr unbegründeter Ansprüche (konkrete Verlustmöglichkeiten; Rechtsschutzfunktion), wobei der Ver besondere Rechtsschutzleistungen übernimmt. Zunächst hat der Haftpflichtvte den Sach- und Personenschaden (evtl. Vermögensschaden) möglichst gering zu halten, z.B. bei Personenschäden für die ärztliche Versorgung des Drittgeschädigten zu sorgen. Im rechtlichen Bereich werden jedoch vom Haftpflichtver viele Leistungen geschuldet, welche die Rettungspflicht des Vmers entsprechend einschränken. Aber es bleiben mehrere spezielle Obliegenheiten bestehen, welche die Vsbedingungen besonders herausstellen, z.B. Überlassung der Prozeßführung (§ 5 IV 1 AHB, § 7 II 5 AKB), Bevollmächtigung und Instruktion des Anwalts (§ 5 IV 1 AHB, § 7 II 5 AKB), Unterstützung des Vers bei der Abwehr des Schadens (§ 5 II 2 AHB), Ergreifung von Rechtsbehelfen bei Zahlungsbefehlen und Verfügungen von Verwaltungsbehörden (§ 5 IV 2 AHB, § 7 II 4 AKB). Näheres Siebeck a.a.O. S. 98–106.

Gemäß OLG Celle 2. X. 1958 VersR 1958 S. 800–801 hat der Haftpflichtvte „die durch den Vsfall verursachte unmittelbare Sach- oder Körperbeschädigungsmöglichkeit abzuwenden oder zu verringern"; dazu gehört nicht mehr die Feststellung des Kennzeichens eines im Dunkeln angefahrenen LKW. Gemäß RG 7. XII. 1934 JRPV 1935 S. 24–25 stellt es keine Verletzung der Minderungspflicht dar, wenn der Vmer den Dritten um Übersendung einer Schadensaufstellung ersucht. Der BGH 25. IV. 1955 VA 1955 S. 258–260 = VersR 1955 S. 340–342 hat klargestellt, es könne „kein Verstoß gegen die Schadenabwendungs- und -minderungspflicht mehr vorliegen, wenn der Vte nur auf die Geltendmachung der begründeten Haftpflichtforderung durch den Geschädigten Einfluß nimmt; denn hierdurch wird ja der in der entstandenen Haftpflichtschuld liegende Schaden selbst in keiner Weise berührt .... Daraus folgt, daß der Vte selbstverständlich weder verpflichtet ist, der Geltendmachung begründeter Haftpflichtansprüche durch den Geschädigten entgegenzuwirken noch auch gehindert ist, bei dem Geschädigten den Entschluß zu wecken oder zu fördern, seine berechtigten Haftpflichtansprüche geltend zu machen." Ähnlich OLG Nürnberg 16. XI. 1964 VersR 1965 S. 176–177 (Animierung zu ungewöhnlich hohen Leichenschmauskosten?).

Über die Abwendungs- und Minderungspflicht in der Krankenv Siebeck a.a.O. S. 113–117 sowie oben Anm. 3.

Zum Vsschaden i.e.S., für welchen die Rettungsobliegenheit gilt, gehören auch Schäden an Adhäsionsinteressen. Weil z.B. die See- und Transportkaskov auch mittelbare Kollisionsschäden umfaßt, muß auch für sie die Rettungspflicht gelten (Ritter-Abraham Anm. 13 zu § 32, S. 533, Anm. 8 zu § 41, S. 638, Anm. 12 zu § 78, S. 1001–1002).

[18] **bb) Ausscheidung angrenzender Fälle**
   aaa) Minderung von Wiederherstellungskosten

Ist der Vsschaden abgeschlossen, insbesondere das vte Interesse beeinträchtigt, das Passivum endgültig entstanden, so **endet** die Rettungsobliegenheit. Es geht viel zu weit, wenn Prölss-Martin[21] Anm. 2 zu § 62, S. 338 meinen: „In der Sachv muß der

IV. Objektiver Tatbestand § 62
Anm. 19

Vmer nach Teilschäden bei der Wahl der Zeit, des Ortes und des Werkunternehmers für Reparaturaufträge nach § 62 handeln", und wenn sie § 62 I 1 in allen Fällen anwenden wollen, in denen der Ver nach dem Schaden zu ersetzen hat, bei Totalschäden in allen Fällen, in denen die Wiederbeschaffungskosten maßgeblich sind. Wenn § 7 III 1 AKB für die Autokasko- und Gepäckv vorschreibt, der Vmer habe vor dem Beginn der Wiederinstandsetzung die Weisung des Vers einzuholen, so handelt es sich nicht um einen Anwendungsfall des § 62, sondern um eine zusätzliche, nach dem Vsfall zu erfüllende Obliegenheit zur Weisungseinholung (i.S. des § 6 III). Stiefel-Wussow-Hofmann AKB[10] Anm. 55 zu § 7 AKB, S. 344–345 sprechen hier von einem besonderen Wiederinstandsetzungsverbot und rücken es in die Nähe des Veränderungsverbotes (oben Anm. 11); vgl. auch Johannsen Autokaskov Anm. J 20–21, 138. Auch in der Haftpflichtv endet die Rettungsobliegenheit mit der Schadensentstehung, so daß die Obliegenheit, bei veränderten Umständen die Aufhebung oder Minderung einer Rente zu betreiben (§ 5 VI AHB) über den Anwendungsbereich des § 62 hinausragt.

Daß der Vmer Wiederherstellungs-, Reparatur- und Wiederbeschaffungskosten in angemessenen Grenzen zu halten habe, ergibt sich nicht aus § 62 I 1, sondern aus anderen Rechtsprinzipien: Oft stellen AVB auf die „erforderlichen Kosten der Wiederherstellung" ab, z.B. § 13 IV b, V 1 AKB (dazu Johannsen Autokaskov Anm. J 138, Stiefel-Wussow-Hofmann AKB[10] Anm. 8–9 zu § 13 AKB, S. 579–583, die jedoch überdies annehmen, der Vmer sei gemäß § 62, § 7 I 2 Satz 3 AKB „verpflichtet, die Kosten so niedrig wie möglich zu halten". Richtiger erscheint es, auf die Schadensersatzleistung des Vers den Rechtsgedanken des § 254 II 1 BGB entsprechend anzuwenden.

Selbst in solchen Fällen, in denen den Vmer eine Wiederherstellungsregelung belastet, womöglich eine echte Rechtspflicht oder Obliegenheit zur Wiederherstellung (Anm. 24 zu § 49), gehört der Wiederherstellungsvorgang nicht mehr in den Anwendungsbereich des § 62 I 1. Mit Recht hat der OGH Wien 21. XII. 1965 VersR 1966 S. 1091–1092 generell herausgestellt, daß die Kosten des Wiederaufbaues eines durch Brand zerstörten vten Gebäudes keinen Rettungsaufwand darstellen, und dies gilt auch für die Zinsen, die zur Beschaffung der Geldmittel für den Wiederaufbau aufgewendet werden müssen.

[19] bbb) Sonstige auszuscheidende Fälle

Negativ ist ferner herauszustellen, daß die Rettungsobliegenheit **nicht** etwa alle Maßnahmen umfaßt, die dazu dienen, eine **finanzielle Belastung oder Mehrbelastung** sei es des Vmers, sei es des Vers **zu verhindern**. Auf die Gesamtvermögenslage dieser Beteiligten kommt es nicht an, sondern nur auf die Schäden am vten Interesse und vten Passivbeziehungen, eben auf den Vsschaden i.e.S. Deshalb ist der Vmer im Rahmen der Rettungsobliegenheiten nicht verpflichtet, Ermittlungs- und Feststellungskosten niedrig zu halten, mögen sie auch dem Ver als Vsschaden i.w.S. zur Last fallen. Die Erhaltung und Verfolgung von Ersatzansprüchen ist nicht Gegenstand der Rettungsobliegenheit, ebensowenig die Wiederherbeischaffung in der Einbruchdiebstahlv oder die Verschaffung anderer ausgleichungsfähiger Vorteile (Anm. 10, 12).

Bei einer Sachv gehört es nicht zur Aufgabe des Vmers, (unvte) Haftpflichtschäden abzuwenden oder zu mindern: Wenn bei einer Gütertransportv Fässer mit Gift vert sind und Leckagen auftreten, so beschränkt sich die Rettungspflicht auf die Verhinderung eines Manko. „Müssen aber wegen der Vergiftungsgefahr für Dritte besondere Vorkehrungen getroffen werden, wie Polizeibewachung, Eingreifen der Feuerwehr, Heranschaffen von Spezialgeräten usw., so ist das von der Abwendungs-

und Minderungspflicht nicht umfaßt" (Siebeck a.a.O. S. 39–40). Bei einer Autohaftpflichtv kann einem Drittgeschädigten (auch bei einer action directe) nicht entgegengehalten werden, er habe seine Schadensminderungspflicht verletzt, weil er wegen der Reparaturkosten für sein unfallgeschädigtes Auto zunächst seinen Kaskover in Anspruch genommen habe, so daß er seines Schadenfreiheitsrabatts aus der Kaskov verlustig gegangen sei, den er jetzt vom Haftpflichtver ersetzt verlange; das gilt jedenfalls, wenn es sich um einen größeren Kaskoschaden handelte und eine baldige Regulierung durch den Haftpflichtver des Schädigers nicht abzusehen war (OLG Celle 25. III. 1968 VersR 1968 S. 1070).

Besonders umstritten ist die Frage, ob die Rettungsobliegenheit auch Aufwendungen zur Abwendung und Minderung (**Rettungsaufwendungen**) umfaßt, die gemäß § 63 dem Ver als Vsschaden i.w.S. zur Last fallen. Bejahend Bruck S. 344, Raiser AFB² Anm. 9 zu § 14 AFB, S. 340, Ritter-Abraham Anm. 13 zu § 32, S. 534. Nach richtiger Ansicht ist die Frage jedoch zu verneinen, da die Rettungsaufwendungen nicht zum Vsschaden i.e.S. gehören. Wie hier Ehrenzweig S. 273, Kisch WuRdVers 1928 Nr. 1 S. 5–6, Prölss-Martin[21] Anm. 2 zu § 62, S. 339, Siebeck a.a.O. S. 32. Die sachliche Begrenzung der Ersatzpflicht ergibt sich hier aus dem „pflichtmäßigen Ermessen" (§ 62 I 2) und dem, was der Vmer nach den Umständen für geboten halten durfte (§ 63 I 1), vgl. Anm. 33, Anm. 21 zu § 63.

Haben einheitliche Maßnahmen ein **mehrfaches Ziel**, z.B. bei einer Sachv jenes der Rettung einerseits vter, andererseits unvter Sachen, oder einerseits der Rettung vter Sachen, andererseits der Abwendung von Haftpflichtschäden, so sind sie als Rettungsmaßnahmen i.S. des § 62 I 1 anzuerkennen (Ritter-Abraham Anm. 13, 16–18 zu § 32, S. 534, 535–537, Siebeck a.a.O. S. 40).

[20] cc) Konkretisierung des Versicherungsschadens i.e.S.

aaa) Konkretisierung hinsichtlich versicherter Gefahr

Der abzuwendende und zu mindernde Vsschaden i.e.S. ist nicht nur durch die vten Interessen und Passivenbeziehungen gekennzeichnet, sondern auch durch die vten **Gefahren** und vten **Schäden** (zu letzterem Anm. 21).

Bei einer V „Nur für Kriegsgefahr" brauchen andere als Kriegsschäden nicht verhindert zu werden (vgl. mit negativem Ergebnis der Grundfall RG 17. VI. 1916 RGZ Bd 88 S. 313–316). Trägt der Ver nicht die Beschaffenheitsgefahr, so trifft den Vmer keine Rettungsobliegenheit im Hinblick auf Beschaffenheitsrisiken. Führt der Vmer einen Vsfall grobfahrlässig herbei, so daß die Ausschlußregelung des § 61 eingreift, so belastet den Vmer nicht die vsvertragliche Rettungsobliegenheit. Daraus ergibt sich stets auch, daß Aufwendungen dem Ver nicht gemäß § 63 zur Last fallen.

Von den genannten Fällen sind solche Tatbestände streng zu unterscheiden, in denen erst die Rettungsmaßregel einen Ausschluß eingreifen zu lassen scheint: Die meisten Maßregeln werden vorsätzlich vorgenommen und möglicherweise werden sogar vte Sachen aufgeopfert, z.B. zur Verhütung der Brandausbreitung werden Mauern eingerissen, Löschwasserschäden verursacht. Selbstverständlich wird hier § 61 nicht angewendet (Siebeck a.a.O. S. 40). Der eingetretene Schaden ist als Rettungsaufwand zu erstatten, wenn nicht ausnahmsweise vorgesehen ist, solche Schäden in den Vsschaden i.e.S. einzubeziehen (vgl. § 83 I 2 sowie oben Anm. 16). Über die Behandlung von Aufopferungen in großer Haverei: § 31 ADS. In der Haftpflichtv enthält die Tätigkeitsklausel des § 4 I. 6. b AHB einen wichtigen Ausschluß, der jedoch dann nicht eingreift, wenn der Schaden an fremden Sachen entstanden ist im Zuge einer Rettungstätigkeit: Der Geselle eines Gebäudereinigungsunternehmens läßt beim Reinigen einer Hauswand Schmutzwasser auf die an der Wand befestigten

IV. Objektiver Tatbestand § 62
Anm. 21, 22

Goldbuchstaben tropfen. Beim Entfernen des Wassers beschädigt er die Buchstaben. Die Ersatzpflicht als Rettungsaufwand wird bejaht von Siebeck a.a.O. S. 40–41; dazu OLG Braunschweig 1. III. 1955 VA 1956 S. 7–9 = VersR 1955 S. 245–246, aber auch AG Köln 6. XI. 1957 VersR 1958 S. 282–283. Im Falle BGH 13. VI. 1973 VersR 1973 S. 809–810 wird trotz Tätigkeitsklausel gleichfalls der Gesichtspunkt der Rettungsaufwendung herangezogen, allerdings mit negativem Ergebnis, weil der Vmer unsorgfältig verfahren war.

[21] bbb) Konkretisierung hinsichtlich versicherter Schäden

Zuweilen haftet der Ver nur für gewisse **Schadensarten**, z. B. „Nur für Totalverlust", „Frei von Beschädigung" (Anm. 40 vor §§ 49–80). Sodann kommt als Vsschaden i.S. des § 62 I 1 nur die gedeckte Schadensart in Frage, und die Rettungsobliegenheit greift z.B. dann nicht Platz, wenn bei einer V „Nur für Totalverlust" der Vmer lediglich einen Beschädigungsschaden abwendet oder mindert (Ritter-Abraham Anm. 13 zu § 32, S. 13, dazu RG 28. VI. 1893 RGZ Bd 31 S. 132–133, KG 21. XI. 1925 JRPV 1926 S. 6, abweichend Siebeck a.a.O. S. 42). Das Problem ist übersehen vom BGH 21. III. 1977 VersR 1977 S. 709 = MDR 1977 S. 1001, wo nicht untersucht wird, ob der abgewendete Schaden durch die V gedeckt gewesen wäre.

In Fällen **herabgesetzter Leistungspflicht** des Vers ist zu unterscheiden: Bei Unterv ist dennoch die Rettungsobliegenheit voll zu erfüllen (Siebeck a.a.O. S. 41); die Unterv wirkt sich jedoch bei dem Anspruch auf Aufwendungsersatz gemäß § 63 II aus (Anm. 25 zu § 63). Ist in der Passivenv die Haftung des Vers durch eine Vssumme begrenzt, so berührt dies die Abwendungs- und Minderungspflicht nicht (Siebeck a.a.O. S. 42).

Bei Vereinbarung einer **Franchise** wird gleichfalls die Rettungsobliegenheit durch die Franchise nicht berührt, es sei denn, daß von vornherein feststeht, der Vsschaden i.e.S. werde die Franchisengrenze nicht überschreiten. Über den Ersatz von Rettungsaufwand gemäß § 63: Anm. 26 zu § 63.

[22] 2. Einholung von Weisungen

Der Vmer hat, wenn die Umstände es gestatten, Weisungen des Vers zur Abwendung und Minderung des Schadens einzuholen (§ 62 I 1).

Diese zusätzliche Obliegenheit des Vmers hat den Zweck, dem Ver jene Weisungen zu ermöglichen, die sodann der Vmer zu befolgen hat (§ 62 I 1). An der Weisungserteilung hat der Vmer insofern ein Interesse, als weisungsgemäß gemachte Aufwendungen vollen Umfanges zu ersetzen sind (§ 63 I 2).

Der Zweck der (formlosen) Weisungseinholung erklärt es, daß der Vmer nicht nur vom Eintritt des Vsfalls Mitteilung zu machen hat, sondern sich auch bereithalten muß, die Weisungen entgegenzunehmen. So muß bei einer fernmündlichen Mitteilung der Vmer abwarten, ob und mit welchem Inhalt der Ver etwaige Weisungen erteilt. Möglicherweise ist der Vmer z.B. während eines Brandes oder nach einem Haftpflichtfall schwer erreichbar. Deshalb geht die Weisungseinholung über eine unverzügliche Anzeige des Vsfalles (§ 33 I) hinaus (a.M. Prölss-Martin[21] Anm. 3 zu § 62, S. 339, Siebeck a.a.O. S. 77), was nicht ausschließt, in geeigneten Fällen zugleich in der Schadensanzeige die Weisungseinholung zu sehen.

Adressat der Weisungseinholung kann entsprechend § 43 Ziff. 2 auch ein Vermittlungsagent des Vers sein (Kisch WudRdVers 1928 Nr. 1 S. 25). Einige Ver unterhalten in ihren Zentralen Nacht- und Festtagsdienst zur Entgegennahme von Schadensanzeigen und Weisungseinholungen. Auch Stellen, die zur Schadensregulierung im Vorwege eingesetzt sind, kommen als Adressaten der Anfrage in Betracht.

Die Obliegenheit entfällt schon objektiv, falls die Umstände die Weisungseinholung nicht gestatten, insbesondere bei Dringlichkeit gebotener Maßnahmen.

Andererseits kann bei verwickelten Schadensfällen oder bei Veränderung der Umstände die mehrfache Einholung von Weisungen geboten sein (Kisch WuRdVers 1928 Nr. 1 S. 25–26).

Wird die Obliegenheit verletzt, so ergeben sich auch hier die Rechtsfolgen aus § 62 II. Bei nur leichter Fahrlässigkeit des Vmers treten keine Verwirkungsfolgen ein. Oft wird der Vmer entschuldigt sein, wenn er angesichts der mit dem Vsfall verbundenen Aufregung oder bei schwerer Erreichbarkeit des Vers die rechtzeitige Weisungseinholung unterläßt. Eine analoge Anwendung des § 33 II, wie sie Siebeck a.a.O. S. 77–78 vorschlägt, begegnet in solchen Fällen Bedenken, in denen mangels Weisungseinholung – trotz Kenntnis vom Eintritt des Vsfalls – der Ver seine beabsichtigten Weisungen de facto nicht erteilen kann. Eine Schadensersatzpflicht des Vmers bei Nichteinholung von Weisungen läßt sich angesichts des Obliegenheitscharakters der Einholung nicht begründen (a. M. Kisch WuRdVers 1928 Nr. 1 S. 26).

Für Aufwendungen, die bei der Einholung von Weisungen dem Vmer erwachsen, haftet der Ver nach § 63 I 1.

Die Obliegenheit zur Einholung von Weisungen ist abdingbar. § 7 I 2 Satz 3 AKB schreibt für die Autov keine Einholung von Weisungen vor (vgl. OLG Hamburg 26. IX. 1967 VersR 1969 S. 223–224).

[23] 3. Befolgung von Weisungen

Mit der Obliegenheit zur Weisungseinholung korrespondiert jene zur Weisungsbefolgung, vorausgesetzt, daß der Ver Weisungen erteilt (Anm. 24).

Weisungen, welche Einzelheiten für Abwendungs- und Minderungsmaßnahmen enthalten, welche aber auch negativ besagen können, daß gewisse problematische oder gefährliche oder kostspielige Maßnahmen nicht ergriffen werden sollen, müssen genau befolgt werden, es sei denn sie sind erkennbar unwirksam, z.B. sittenwidrig oder auf einen verbotenen Erfolg gerichtet. Nicht befolgt zu werden brauchen nach Treu und Glauben Weisungen, deren Befolgung für den Vmer eine Gefährdung seines Lebens, seiner Gesundheit oder auch wichtiger unvter eigener Vermögensinteressen hervorrufen würde (Kisch WuRdVers 1928 Nr. 1 S. 28), ferner Weisungen, die Unbilliges zumuten (RG 29. IX. 1931 VA 1931 S. 276–277 Nr. 2333, BGH 11. XII. 1961 NJW 1962 S. 491–492 = VA 1962 S. 136–138, BAA Beschlußkammer 16. XII. 1960 VersR 1961 S. 206 m.w.N., OLG Stuttgart 13. V. 1929 JW 1930 S. 3650–3651, 18. XI. 1930 JRPV 1931 S. 59, insbesondere Einsprüche gegen Strafbefehle betreffend). Bei Weisungen, die der Vmer nicht für zweckmäßig oder erfolgversprechend erachtet, muß der Vmer beim Ver Nachfrage halten (RG 18. I. 1927 VA 1927 S. 48–49 Nr. 1698: Säulenanschlag zur Wiedererlangung gestohlener Sachen ohne Aussetzung angemessener Belohnung).

Belanglose, unerhebliche Abweichungen von erteilten Weisungen sind unerheblich, wenn sie ohne Einfluß auf den Rettungszwecke bleiben. Entsprechend § 665 I BGB ist auch dann der Vmer berechtigt, von den Weisungen abzuweichen, wenn er den Umständen nach annehmen darf, daß der Auftraggeber bei Kenntnis der Sachlage die Abweichung billigen würde; man denke an einen Fall, in dem sich der angestrebte Rettungseffekt mit einem anderen gleichwertigen Mittel bedeutend billiger erreichen läßt. Eine Pflicht zur Abweichung von einer erteilten Weisung läßt sich aus Treu und Glauben nur in Ausnahmefällen ableiten (vgl. den agentenrechtlichen Fall BGH 4. II. 1960 VersR

IV. Objektiver Tatbestand § 62
Anm. 24

1960 S. 492). Grundsätzlich ist der Vmer durch erteilte Weisungen gedeckt (Siebeck a.a.O. S. 82, RG 17. II. 1928 JW 1928 S. 1738—1739 mit Anm. Ehrenzweig).
Im Falle der Verletzung der Weisungspflicht gilt wiederum § 62 II. Eine Schadensersatzpflicht des Vmers bei schuldhafter Nichtbefolgung von Weisungen (die Kisch WuRdVers 1928 Nr. 1 S. 27 vorsieht), ist mit dem Obliegenheitscharakter unvereinbar. Wirtschaftlich läuft aber im Falle grober Fahrlässigkeit die Teilverwirkung nach § 62 II 2 auf eine Schadensberechnung hinaus, ist doch zu ermitteln, ob bei gehöriger Erfüllung der Obliegenheit die Leistung des Vers sich verringert hätte (vgl. Anm. 40).
Aus der Obliegenheit zur Befolgung von Weisungen läßt sich ableiten, daß der Vmer es dulden muß, wenn der Ver selbst Rettungsmaßnahmen vornimmt (Hennig a.a.O. S. 81).

[24] 4. Erteilung von Weisungen
Es steht im Belieben des Vers, Weisungen — auf Einholung des Vmers oder spontan — zu erteilen. Eine Verpflichtung zur Weisungserteilung besteht für den Vmer nicht, wohl auch dann nicht, wenn der Vmer schriftlich um Weisungen gebeten hat und der Ver schweigt (anders in einem Glasvsfall KG 1. X. 1921 VA 1922 Anh. S. 64—65 Nr. 1267).
Weisungen sind formlose einseitige empfangsbedürftige Erklärungen des Vers oder seines Vertreters, die eindeutig und unmißverständlich sein müssen; sie können sich aus dem Gesamtverhalten des Vers (konkludent) ergeben. In Zweifelsfällen muß der Vmer, wenn es möglich ist, zurückfragen.
Die Vertretungsmacht eines Agenten zur Erteilung von Weisungen kann sich schon aus den AVB ergeben, z.B. § 13 Ib AEB („Weisung des Vers oder seines Agenten"). Bei Abschlußagenten empfehlen eine analoge Anwendung des § 45 Prölss-Martin[21] Anm. 3 zu § 62, S. 339, Siebeck a.a.O. S. 82. Eine Schadensregulierungsvollmacht dürfte zweifelsfrei auch die Vollmacht zu Erteilung von Weisungen enthalten (Siebeck a.a.O. S. 82).
Möglicherweise liegt in der Erteilung von Weisungen ein Verzicht auf die Geltendmachung von Obliegenheitsverletzungen (angenommen von OLG Rostock 10. X. 1927 VA 1928 S. 241 Nr. 1894, OLG Hamm 6. VII. 1931 VA 1931 S. 283 Nr. 2338, oben Anm. 46 zu § 6), schwerlich aber ein Anerkenntnis der Leistungspflicht für den eingetretenen Vsfall (Siebeck a.a.O. S. 82—83). Hat der Ver eine Weisung hinsichtlich der Aufbewahrung eines beschädigten LKW erteilt, dann aber seine Schadensersatzpflicht (zu Unrecht) abgelehnt, so darf dennoch der Vmer die Weisung weiter beachten, und eine Wertminderung der Autoreste geht zu Lasten des Vers (RG 12. XI. 1929 JW 1930 S. 3615—3617 mit Anm. Gerhard).
Schuldhaft schädliche Weisungen eines Vers (oder eines Erfüllungsgehilfen des Vers) machen den Ver schadensersatzpflichtig, auch wenn der Ver im übrigen wegen arglistiger Täuschung durch den Vmer bei der Schadensermittlung von der Verpflichtung zur Leistung frei geworden ist (RG 17. II 1928 HansRGZ 1928 A Sp. 158—159 = JW 1928 S. 1738—1739 mit Anm. Ehrenzweig, der sogar einer Erfolgshaftung des Vers annimmt).
Werden schon im Vsvertrage dem Vmer Maßnahmen vorgeschrieben, die er zur Abwendung und Minderung bei Eintritt eines Vsfalles zu ergreifen hat, so handelt es sich nicht um Weisungen i.S. des § 62 I 1, sondern um vsrechtliche Obliegenheiten (Siebeck a.a.O. S. 81). Verletzungsfolgen treten — im Rahmen des § 6 III — nur ein, wenn sie im Vsvertrag vorgesehen sind; § 62 II ist unanwendbar. Beispiel: Obliegenheit zur unverzüglichen Anzeige bei der Polizeibehörde nach § 13 I a AEB; spezielle Sanktionsregelung in § 13 II AEB.

[25] 5. Beteiligte Personen

a) Versicherungsnehmerseite

Primär treffen – besonders bei der V für eigene Rechnung, aber auch bei der V für fremde Rechnung – den **Versicherungsnehmer** die Rettungsobliegenheiten. Bei einer Mehrzahl von Versicherungsnehmern ist jeder von ihnen obliegenheitsbelastet, und es gilt das in Anm. 64–66 zu § 6 Gesagte. Bei gesamthänderisch verbundenen Vmern trifft bei Verschulden eines der Gesamthänder die Verwirkungsfolge die gesamte Gesamthandsgemeinschaft; im Falle des Bruchteilseigentums und Auftreten aller Miteigentümer als Vmer gilt wegen der Einheitlichkeit des Vsvertrages Entsprechendes (ebenso auch Kisch WuRdVers 1928 Nr. 1 S. 66–67).

Neben dem Vmer, der in § 62 I 1 – wie üblich – allein genannt ist, ist bei der V für fremde Rechnung auch der **Versicherte** gemäß § 79 I zur Abwendung und Minderung „verpflichtet", auch ihn belasten die Obliegenheiten einschließlich jener zur Einholung und Befolgung von Weisungen.

Verletzt der Vmer oder Vte die Obliegenheiten, erfüllt sie jedoch – mit gleicher Wirkung – der andere Beteiligte, so kommt dem Verletzter die Erfüllung zugute (Kisch WuRdVers 1928 Nr. 1 S. 73). Verletzen beide die Obliegenheiten, so treten – Verschulden mindestens des einen von ihnen vorausgesetzt – die Verwirkungsfolgen des § 62 II ein. Bei einer kombinierten V für eigene und für fremde Rechnung – man denke an eine Autohaftpflichtv, die, vom Halter genommen, zugleich die Fahrer schützt – schadet eine schuldhafte Verletzung der Obliegenheiten seitens des Vmers grundsätzlich auch den Vten (einschränkend jedoch neuerdings für einen Fall der Verletzung der Aufklärungsobliegenheit und auf den Pflichtvscharakter abhebend: BGH 14. XII. 1967 BGHZ Bd 49 S. 130–140); eine Verletzung der Rettungsobliegenheit nur seitens eines Vten kann dagegen den Vmer nicht des Vsschutzes berauben (Prölss-Martin[21] Anm. 4 zu § 10 AKB, S. 893).

Ein vertraglicher Schadensersatzanspruch des Vers gegen den Vten läßt sich keinesfalls begründen, schon weil es keine Verträge zu Lasten Dritter gibt (a. A. Kisch WuRdVers 1928 Nr. 1 S. 75).

Bei Veräußerung der versicherten Sache treffen bis zum Übergang des Eigentümerinteresses den Veräußerer, anschließend den **Erwerber** die Rettungsobliegenheiten. Der Veräußerer ist nach dem Veräußerungsvorgang nicht mehr obliegenheitsbelastet (Kisch WuRdVers 1928 Nr. 1 S. 76–77).

Realgläubiger in der Feuerv sind nicht obliegenheitsbelastet (dazu Kisch WuRdVers 1928 Nr. 1 S. 72), jedoch ändert sich ihre Rechtsstellung, wenn gemäß §§ 102 I, 103 ein Legalschuldverhältnis zwischen Ver und Realgläubiger entsteht; nunmehr ist auch der Realgläubiger zur Abwendung und Minderung verpflichtet (Schmidt Obliegenheiten S. 281–282, Prölss-Martin[21] Anm. 4 zu § 102, S. 452–453).

Drittgeschädigte in der Haftpflichtv sind gleichfalls nicht mit der Rettungsobliegenheit belastet, jedoch gilt für den Dritten, der den Vmer haftpflichtig macht, § 254 II 1 BGB, woraus sich z. B. ergibt, daß ein Verkehrsopfer seinen Schaden abzuwenden und zu mindern hat.

Ist die Vsforderung **abgetreten, verpfändet** oder **gepfändet**, so verbleibt die Rettungsobliegenheit dennoch beim Vmer, der Zessionar bzw. Gläubiger muß sich die Verwirkungshandlung des Vmers entgegenhalten lassen. Jedoch kann z. B. einem Zessionar, der ohne Schwierigkeiten eine Rettungsmaßnahme hätte ergreifen können, möglicherweise die Arglisteinrede entgegengehalten werden (Anm. 68 zu § 6; Prölss-Martin[21] Anm. 6 zu § 6, S. 77).

Dem Verhalten und Verschulden des Vmers steht auch bei den Obliegenheiten des § 62 I 1 dasjenige seiner **Repräsentanten** gleich. Insoweit kann auf die Anm. 92–102

IV. Objektiver Tatbestand § 62
Anm. 26

zu § 6, ferner auch auf die analogen Ausführungen zum Repräsentantenbegriff bei der Herbeiführung des Vsfalles (Anm. 74–77 zu § 61) verwiesen werden. Speziell bei der Rettungsobliegenheit kann es Fälle geben, in denen der Vmer eine andere Person mit der Einholung und Befolgung der Weisungen und mit den Rettungsmaßnahmen betraut, so daß hier die Anwendung des § 278¹ BGB, auf dessen entsprechende Anwendung ja auch § 254 II 2 BGB hinweist, nahezuliegen scheint. Aber gerade hier zeigt sich, daß die volle Anwendung des § 278¹ BGB zu unerträglichen Ergebnissen führen würde; denn „Erfüllungsgehilfen" des Vmers wären z.B. alle seine Arbeitnehmer, die er etwa bei einer Brandbekämpfung einsetzt. Der Vsschutz würde in untragbarer Weise entwertet, wenn das Verschulden jedes dieser Arbeitnehmer dem Vmer zuzurechnen wäre. Repräsentanz setzt voraus, daß sich der Vmer selbst der Rettungsmaßnahmen „entschlägt" und eine andere Person einsetzt, an seiner Stelle, als „Ersatzmann" das Risiko zu verwalten und gegebenenfalls also auch die Abwendung und Minderung zu leiten. Besonders eingehend zur Frage der Verantwortlichkeit des Vmers für Dritte bei der Rettungspflicht Kisch WuRdVers 1928 Nr. 1 S. 34, 36–45. Der Chauffeur ist kein Repräsentant des Vmers bei der Autokaskov (OLG Düsseldorf 6. XII. 1926 VA 1927 S. 70 Nr. 1715 = JRPV 1927 S. 18–19), der Sohn einer Bäuerin, der den Hof einmal erhalten soll, ist nicht Repräsentant seiner Mutter (OLG Hamm 3. XI. 1976 VersR 1977 S. 1145–1146).

Über das Einstehenmüssen für **„wirtschaftlich Versicherte"** Anm. 103–106 zu § 6 (auch Anm. 69 zu § 61).

[26] b) Versichererseite

Der Ver ist am Rettungsvorgang nicht nur wirtschaftlich interessiert, sondern auch juristisch beteiligt, nämlich als Adressat der Weisungseinholung und Erteiler etwaiger Weisungen. Von der Rechtsstellung der Agenten und Schadensregulierungsstellen war im Zusammenhang hiermit schon die Rede (Anm. 22, 24). Erteilt ein Nichtbevollmächtigter Weisungen, so kann das möglicherweise unter dem Gesichtspunkt der Rechtsscheinshaftung gegen den Ver wirken (vgl. Anm. 27–44 zu § 45).

Das Gesetz behandelt in § 62 I 2 den Sonderfall der Beteiligung **mehrerer Ver**. Hier kommen drei verschiedene Tatbeständen in Betracht:

Denkbar ist die **V mehrerer verschiedenartiger Interessen** bei differierenden Vern, z.B. bei einem Autounfall eine Kasko- und eine Haftpflichtv, bei einem Brande eine Gebäude-, eine Mobiliar- und eine Betriebsunterbrechungsv. Der (einheitliche) Vmer muß Weisungen aller beteiligten Ver einholen, und es ist wünschenswert, daß die Ver sich einigen, insbesondere einem von ihnen die „Federführung" überlassen. Solchenfalls gelten die von diesem Ver erteilten Weisungen als von allen erteilt mit der Folge, daß alle Ver Aufwendungen gemäß § 63 I 2 auch über die Vssummen hinaus ersetzen müssen (Näheres Anm. 22, 24 zu § 63). Falls nur einer der Ver Weisungen erteilt, die anderen jedoch die Erteilung unterlassen, so genießen die anderen den Vorteil, nicht über die Vssummen hinaus haften zu müssen. Bei einander widerstreitenden Weisungen gilt § 62 I 2.

Wird ein Interesse im Wege **mehrfacher V i.e.S.** in getrennten Vsverträgen bei mehreren Vern vert, so gilt Entsprechendes (vgl. Anm. 50 zu § 58).

Bei einer **Mitv** werden kraft der Führungsregelung im allgemeinen vom führenden Ver – wenn überhaupt – einheitliche Weisungen erteilt. Allerdings verschafft die Anzeigenklausel in der Feuerv – im Gegensatz zur Anschlußklausel in der Transportv – dem Führenden keine Vollmacht zur Weisungserteilung (vgl. Anm. 62, 64, 67, 69 zu § 58); die Vollmacht kann aber dem Führenden besonders erteilt werden; auch hier kommt der Gedanke der Rechtsscheinhaftung in Betracht.

Möller 635

In allen drei Fällen wird im Falle „entgegenstehender" Weisungen, also einander widersprechender Weisungen, dem Vmer die Freiheit zurückgegeben, „nach eigenem pflichtmäßigem Ermessen zu handeln" (§ 62 I 2). Ein echter Widerspruch liegt nicht vor, wenn die Weisungen sich nur graduell unterscheiden; solchenfalls muß der Vmer mindestens die graduell schwächere Weisung befolgen, gewinnt also keine volle Handlungsfreiheit.

[27] 6. Zeitliche Begrenzung
Von nicht unerheblicher praktischer Bedeutung ist die Frage nach der zeitlichen Begrenzung der Rettungsobliegenheit. Dabei geht es einerseits um das Einsetzen, den Beginn der den Vmer belastenden Verhaltensnormen, andererseits um die Fortdauer und die Beendigung der Obliegenheit, besonders bei gedehnten Vsfällen.

[28] a) Beginn der Rettungsobliegenheit (Vorerstreckungstheorie)
Was den Beginn gebotener Rettungsmaßregeln anlangt, so empfiehlt es sich, Aktiven- und Passivenven getrennt zu betrachten. Die sogenannte „**Vorerstreckungstheorie**" kann sich für beide Bereiche erstens darauf berufen, daß § 62 I 1 die Obliegenheit „bei dem Eintritt des Vsfalls" einsetzen läßt, nicht erst nach dem Eintritt (ein Ausdruck der ansonsten regelmäßig im Vsrecht verwendet wird, z.B. in § 6 III 1). Dabei ist besonders bemerkenswert, daß der (erste) Entwurf eines Gesetzes über den Vsvertrag, Berlin 1903, S. 12 in § 56[1] noch gesagt hatte: „Der Vte ist verpflichtet, nach dem Eintritte des Vsfalls .... für die Abwendung und Minderung des Schadens zu sorgen ...."; erst in der Reichstagsvorlage ist die Fassung geändert. Auch das Nebeneinander der Begriffe „Abwendung und Minderung des Schadens" läßt sich dann für die Vorerstreckung der Obliegenheit anführen, wenn man bei der Abwendung an eine vollständige Verhinderung des (ersten) Schadenseintritts denkt (Anm. 16) und davon ausgeht, daß der Begriff des Vsfalls andererseits einen Schadenseintritt voraussetze.

[29] aa) Aktivenversicherungen mit einfacher Gefahr
Bei einer Aktivenv mit einfacher Gefahr (z.B. in der Feuerv) wird mit dem Eintritt des Vsfalls das Interesse des Vmers sogleich beeinträchtigt; Eintritt des Vsfalls und Schadenseintritt fallen zusammen (Anm. 33 vor §§ 49–80). Hier taucht also in voller Schärfe die Frage auf, ob die Rettungsobliegenheit des Vmers erst einsetzt in dem Augenblick, in welchem der Brand die ersten vten Sachen erfaßt oder schon in einem früheren Zeitpunkt. Es leuchtet ein, daß das Schadensverhütungsziel des § 62 I 1 voll nur erreichbar wird, daß eine echte „Abwendung" nur gelingen kann, wenn der Vmer schon die Feuerwehr ruft, sobald sich der Waldbrand dem vten Försterhaus bedenklich nähert, wenn also das Ergriffenwerden von den Flammen ernstlich zu befürchten ist. Es besteht auch ein Bedürfnis dafür, dem Vmer bereits einen Aufwendungsersatzanspruch aus § 63 zuzubilligen, wenn er in diesem Stadium Rettungsaufwendungen macht.

Zwar ist zuzugeben, daß ein gewisses Moment der Unsicherheit darin liegt, den Zeitraum der Vorerstreckung scharf abzugrenzen (Siebeck a.a.O. 58, 66). Aber in praxi bereitet die Unterscheidung von bloßen Gefahrerhöhungen, bei denen die Gefahrslage auf erhöhtem Niveau (mindestens potentiell) „ausruht" (Anm. 9 zu § 23), und einer Gefahrverwirklichung, die unmittelbar droht, keine Schwierigkeit. Der „blinde Alarm" läßt sich von vorsichtsgebotenen Maßnahmen normalerweise klar abgrenzen. Auch wenn man eine Herbeiführung des Vsfalles durch Unterlassung mit der heute herrschenden Auffassung zuläßt (Anm. 29 zu § 61), so läßt sich im (umgekehrten) Falle

IV. Objektiver Tatbestand § 62
Anm. 29

des Aktivwerdens des Vmers doch mit hoher Rechtssicherheit umreißen, wann es gerecht und billig erscheint, ihm für dabei gemachte Aufwendungen einen Ersatzanspruch gegen den Ver aus § 63 zuzubilligen (Siebeck.a.a.O. S. 69–73 muß hier – bei Ablehnung der Vorerstreckungstheorie – allgemein-zivilrechtliche Anspruchsgrundlagen bemühen, insbesondere die Geschäftsführung ohne Auftrag). Zur Umschreibung der notwendigen bedenklichen Bedrohung und ernstlichen Befürchtung i.S. des § 62 I 1 sind verschiedene Formulierungen vorgeschlagen worden. Bruck S. 627 und besonders Kisch WuRdVers 1928 Nr. 1 S. 4–5 (auch schon WuRdVers 1916 S. 270–271) wollen dadurch helfen, daß sie dem Begriff des Vsfalls „eine etwas weitere Bedeutung als sonst" geben wollen. Dabei spricht Kisch von einem Ereignis, „welches, wenn auch an anderen Interessen entstanden, doch unmittelbar auf die vten überzuspringen droht". Der Terminus „unmittelbar" wird auch verwendet vom Arzt, Die vorbeugenden Obliegenheiten, ungedruckte Hamburger Diss. 1951, S. 10–14, 107–110, Geisler VersR 1957 S. 277, Ehrenzweig S. 265, 272, Hennig a.a.O. S. 36–40, Oberbach II S. 81, Prölss-Martin[21] Anm. 1 zu § 62, S. 337, Schmidt Obliegenheiten S. 216–267, Schünemann HansRZ 1923 S. 610 (unter Heranziehung des Begriffes der causa proxima), BGH 19. XII. 1950 NJW 1951 S. 205 (Strafsache), OLG Köln 30. XI. 1931 VA 1932 S. 11–12 Nr. 2373 = JRPV 1932 S. 121–122. – Gerhard-Hagen Anm. 4 zu §§ 62, 63, S. 295 lassen es – recht weitgehend – für die Anwendbarkeit des § 62 genügen, „wenn der Vsfall nicht eingetreten ist, sondern nur die Gefahr seines Eintritts bestanden hat, aber durch die Aufwendungen verhütet worden ist" (ähnlich von Gierke II S. 206, Hagen I S. 638). – Ehrenzweig S. 272–273 will das zusätzliche Erfordernis einführen, daß die immanente Gefahr nicht „vom Vmer ohneweiters abgewendet werden kann (z.B. er entdeckt eine kleine Brandstelle, die er ohneweiters löschen oder zertreten kann)". Jedoch schließt die Leichtigkeit und Einfachheit der Abwendung die Notwendigkeit der Rettungsmaßnahme selbstverständlich nicht aus. Es fragt sich allerdings, ob Aufwendungen nach § 63 ersatzfähig sind, die noch im Rahmen gewöhnlichen Betriebsaufwandes liegen (Grenzfall: Beseitigung einer Landebrücke am Rhein bei Eisgang bei Bestehen einer V gegen Eisgangschäden: Ersatzpflicht angenommen vom OLG Köln 30. XI. 1931 VA 1932 S. 11–12 Nr. 2373 = JRPV 1932 S. 121–122 und dazu Siebeck a.a.O. S. 57). – Ritter-Abraham Anm. 6 zu § 41, S. 636 prüfen, ob das eintretende Gefahrereignis „den Schaden .... unvermeidlich herbeiführen würde, wenn der Schaden nicht abgewendet wird" (zustimmend Hennig a.a.O. S. 37); aber das Kriterium der Unvermeidlichkeit geht allzuweit. – Für die Praxis wenig hilfreich ist es, wenn man die Rettungsobliegenheit eine „logische Sekunde" vor der Gefahrverwirklichung selbst einsetzen läßt (so Arzt a.a.O. S. 14. 107, ihm folgend Schmidt Obliegenheiten S. 216–217). – Zutreffender erscheint die Formulierung von Raiser AFB[2] Anm. 10 zu § 14, S. 341, der es ausreichen läßt, wenn das Übergreifen des Feuers mit großer Wahrscheinlichkeit bevorsteht.

Im Falle RG 17. VI. 1916 RGZ Bd 88 S. 313–316 fehlte es an dem erforderlichen Grad von Schadenswahrscheinlichkeit: Eine gegen Kriegsgefahr vte Goldsendung wurde nach Anlaufen des neutralen Nothafens Teneriffa 1915 unter Verlust verkauft, „um den vten Gegenstand der Gefahr, gegen die vert ist, vor Eintritt eines Unfalls zu entziehen." Auch im Falle OLG Düsseldorf 27. II. 1930 JRPV 1930 S. 283 deckte eine V eines Triebwagenherstellers (trotz Vereinbarung einer „Rettungsklausel") nicht die Auswechslung der Motore zweier Triebwagen, die sich schon im Werk wegen Konstruktionsfehlern als notwendig erwies. Verliert ein Kraftfahrzeughalter die Wagenschlüssel und läßt er vorsichtshalber die Türschlösser auswechseln, so gehen die Kosten mangels unmittelbar drohender Diebstahlsgefahr nicht zu Lasten des Kaskovers (Stelzer VersR 1977 S. 307).

Die Gegner der Vorerstreckungstheorie kommen für die Vszweige mit einfacher Gefahr dennoch weithin zu analogen Ergebnissen:

Schneider LZ 1918 Sp. 82—89 wendet sich temperamentvoll gegen die „Vorerstreckung", um dann „kraft der wunderbar weittragenden und jeder Rechtsstarrheit vorbeugenden Regeln des § 242 BGB" die Rettungsobliegenheit auszudehnen, „soweit es das Interesse des einen Vertragsbeteiligten fordert, das das anderen verträgt".

Auch Siebeck a.a.O. S. 68—73 nimmt nur scheinbar „Abschied von der Theorie der Vorerstreckung"; denn besonders für die See- und Feuerv stellt er darauf ab, ob „eine Gefahr mehrere Interessen gleichzeitig bedroht". Solchenfalls soll es statthaft und geboten sein, das noch nicht vom Schaden betroffene vte Interesse zu retten, falls das erste Interesse bereits von Schaden ergriffen ist (Rettung der vten Ladung nach Strandung des Schiffes, Rettung des vten Mobiliars bei Brand des Hauses). Ähnlich auch Hofmann S. 161—162.

[30] bb) Bei Aktivenversicherungen mit komplexen Gefahren

Trägt der Ver eine Komplexgefahr, die sich in mehreren Stufen realisiert (Anm. 31, 33 vor §§ 49—80), so braucht mit dem Eintritt (Beginn) des Vsfalls noch kein Schadenseintritt verbunden zu sein, man denke nur an eine **Feuerbetriebsunterbrechungsversicherung**, welche die V des Unterbrechungsschadens zum Gegenstand hat, bei der aber der Vsfall bereits mit einem Brande beginnt.

Bestünde keine Spezialregelung, so müßte die Abwendungspflicht auch für den Betriebsunterbrechungsschaden bereits „bei" Eintritt eines Brandsachschadens einsetzen, jedenfallls dann, wenn auch die Gefahr einer Betriebsunterbrechung sich mit dem Brande abzeichnet (vgl. Magnusson, Rechtsfragen zur Betriebsunterbrechungsv, Hamburg 1955, S. 105—106, 142). Der Wortlaut des § 10 IIa FBUB verpflichtet den Vmer jedoch, erst bei „Eintritt eines Unterbrechungsschadens" tätig zu werden; offenbar soll hierdurch — auch hinsichtlich des Aufwendungsersatzes — eine bessere Abgrenzung zur Feuersachv erreicht werden. Im Blick auf Unterbrechungsschäden soll dann aber schon die gänzliche Verhinderung (als „Abwendung") angestrebt werden, deshalb beginnt die Rettungspflicht schon mit „dem Drohen eines Ereignisses . . . .,das den Vsfall herbeizuführen in der Lage ist" (so nicht ganz deutlich Fusshoeller-John Anm. 3 zu § 10 FBUB, S. 105, vgl. auch eingehend Zimmermann, der Betriebs-Unterbrechungsschaden, 2. Aufl., Karlsruhe 1968, S. 124—127).

Die Rettungsmaßnahmen spielen in der Betriebsunterbrechungsv eine besonders große Rolle (Näheres Fusshoeller-John Anm. 3 zu § 10 FBUB, S. 106, auch Birck, Die Betriebsunterbrechungsv, Leipzig 1935, S. 136—145, Hax, Grundlagen der Betriebsunterbrechungsv, 2. Aufl., Köln-Opladen 1965, S. 51—74, Zimmermann a.a.O. S. 124—175).

[31] cc) Passivenversicherungen

Prototyp einer als Passivenv ausgestalteten Schadensv mit gedehntem Vsfall ist die **Haftpflichtversicherung**, und gerade hier fragt es sich, wann die Rettungsobliegenheit einsetzt. § 5 III 1 AHB spricht von der Abwendung und Minderung des Schadens, läßt aber trotz Fehlens der Worte „bei dem Eintritte des Vsfalls" erkennen, daß ein inhaltlicher Unterschied zu § 62 I 1 nicht beabsichtigt ist. § 7 AKB handelt von „Obliegenheiten im Vsfall" und erwähnt dabei in § 7 I 2 Satz 3 AKB die „Minderung des Schadens". Der Vsfall ist für beide Bereiche — in § 5 I AHB und § 7 I 1 AKB — als (Schadens-)Ereignis definiert, das Ansprüche gegen den Ver zur Folge haben könnte.

Ausgehend von dieser ersten Stufe des gedehnten Vsfalles, einem „sinnfälligen objektiven Vorgang", „der die Schädigung des Dritten und damit die Haftpflicht des Vmers unmittelbar herbeiführt" — man hat sogar behauptet, das Wort Ereignis habe sprachlich etwas mit dem Sichtbarwerden zu tun, als „Eräugnis" — lehnt der BGH 18. I 1965 BGHZ Bd 63 S. 88—94 „jedenfalls für die Haftpflichv" eine noch weitere

IV. Objektiver Tatbestand § 62
Anm. 32

Vorauserstreckung der Rettungspflicht ab und läßt letztere – besonders unter Berufung auf § 152 – nicht schon mit dem drohenden oder unmittelbar drohenden Schadensereignis einsetzen. Ebenso Boettinger VersR 1951 S. 153, Johannsen Anm. F 76, S. 237–238, Siebeck a.a.O. S. 102, Stiefel-Wussow-Hofmann AKB[10] Anm. 39 zu § 7 AKB, S. 322–323, anders in einem Haftpflichtvsfall LG Köln 22. II. 1965 VersR 1965 S. 706 (dazu Stelzer VW 1968 S. 366–368).

Eine Sonderregelung gilt für die **Gewässerschadenhaftpflichtversicherung**, bei der Rettungsobliegenheit und -kosten eine bedeutsame Rolle spielen. In „Erläuterungen", die den Zusatzbedingungen beigefügt werden, heißt es:

„Rettungskosten im Sinne .... der Zusatzbedingungen entstehen bereits von dem Zeitpunkt an, in dem das Schadenereignis unmittelbar bevorsteht. Für die Erstattung von Rettungskosten ist es unerheblich, aus welchem Rechtsgrund (öffentlichrechtlich oder privatrechtlich) der Vmer zur Zahlung dieser Kosten verpflichtet ist" (vgl. VA 1965 S. 3).

Auch hier (vgl. Anm. 29) ist das Wort „unmittelbar" verschiedenen Auslegungen zugänglich. Die zeitliche Komponente darf nicht allein entscheidend sein (man denke an langsames Versickern von Heizöl), maßgebend ist vielmehr, ob der Gewässerschaden ohne Durchführung von Rettungsmaßnahmen eingetreten wäre.

Das Problem des Beginnes der Rettungspflicht in der Haftpflichtv taucht besonders auch auf in den Fälle der sogen. **„Selbstaufopferung"** des Kraftfahrers (Schulfall: BGH 27. XI. 1962 BGHZ Bd 38 S. 270–281). Hier wird durch das Verhalten des Kraftfahrers ein Personenschaden, etwa eine Tötung oder Verletzung eines Radfahrers, vermieden, der Kraftfahrer selbst erleidet jedoch einen Opferschaden. Helm VersR 1968 S. 320–321 will dem Kraftfahrer einen Anspruch aus den §§ 63, 62 gegen den eigenen Haftpflichtver zubilligen, abhebend auf den Beginn des Schadensereignisses: „jedenfalls kann man .... den Beginn eines solchen Verlaufs maßgeblich sein lassen, der unausweichlich zum Schaden führen muß, und bei dem nur der Vmer den Schaden noch durch Gegenmaßnahmen abwenden kann".

In einem Fall, in welchem künftige Vsfälle verhütet werden sollten durch Beseitigung von Scherben auf einer Fahrbahn, leugnet entsprechend der BGH-Rechtssprechung das LG Mönchen-Gladbach 23. V. 1967 VersR 1968 S. 389 die Ersatzpflicht des Haftpflichtvers gemäß §§ 62, 63. Der BGH 6. VI. 1966 VersR 1966 S. 745–746 stellt klar, daß bei einem mehrschichtigen Unfallgeschehen letzteres nach natürlicher Auffassung als einheitlich angesehen werden muß; bestätigend BGH 30. IV. 1969 VersR 1969 S. 694.

Als früher das Reichsgericht erst in der Anspruchserhebung seitens des Drittgeschädigten den Vsfall in der Haftpflichtv erblickte, war es folgerichtig, die Rettungsobliegenheit vor diesem Zeitpunkt „vorzuerstrecken"; so denn auch RG 24. II. 1939 RGZ Bd 160 S. 5.

Eine **Unfallversicherung** ist Passivenv, soweit sie Heilkosten ersetzt. Auch bei der Unfallv liegt ein gedehnter Vsfall vor. Wussow AUB[4] Anm. 8 zu § 15 AUB, S. 239–240 entnimmt dem § 183, der Vte müsse sich „auch unmittelbar während des Unfalles so verhalten, daß nach Möglichkeit keine unnötigen schweren Unfallfolgen entstehen" (dagegen Wagner Anm. F 50). Im Falle OLG Stuttgart 1. III 1977 VersR 1977 S. 1026–1027 ist bei Tod eines homosexuell veranlagten Vten im Verlauf masochistischer Praktiken die Ablehnung des Vsschutzes nicht auf den Gesichtspunkt einer Verletzung der Abwendungsobliegenheit gestützt worden, sondern auf Sinn und Zweck der Unfallv, die nicht für Folgen aufzukommen habe, „die sich aus der bewußten Übernahme sozial-inadäquater Risiken ergeben".

[32] b) Dauer der Rettungsobliegenheit (gedehnter Versicherungsfall)

Die Abwendungs- und Minderungsobliegenheit ist nicht notwendig nur einmalig, in einem bestimmten Zeitpunkt zu erfüllen, sondern ist eine Dauerobliegenheit, die innerhalb eines gewissen Zeitraumes erfüllt werden muß, möglicherweise in mehrfachem Verhalten (Bruck S. 287–288, 342, Schmidt Obliegenheiten S. 220, Siebeck a.a.O. S. 43).

Vom Beginn der Obliegenheit war in Anm. 28–31 die Rede. Ihr Ende ergibt sich bei zeitlich gedehnten Vsfällen aus dem Ende der Zeitdauer (man denke an einen längerwährenden Brand vter Sachen), bei komplex-gedehnten Vsfällen aus dem Ablauf der verschiedenen Stufen des Geschehens. In Betracht kommt aber nur die Abwendung und Minderung des Vsschadens i.e.S., weshalb aus der Rettungsobliegenheit auszuscheiden waren: das Verbot, Ersatzansprüche gegen Dritte aufzugeben (Anm. 10), das Gebot, zugunsten des Vers kompensationsfähige Vorteile zu verschaffen, (Anm. 12, mit besonderer Erwähnung der Wiederherbeischaffung in der Einbruchdiebstahlv), das Gebot zur Minderung von Wiederherstellungskosten (Anm. 18), das Gebot, schlechthin finanzielle Belastungen oder Mehrbelastungen des Vers zu verhüten (Anm. 19).

Positiv ausgedrückt ist es in der Sachv Aufgabe der den Vmer belastenden Rettungsobliegenheit, vten Sachschaden (Zerstörung, Beschädigung, Entziehung) zu verhüten. Solange das noch möglich ist, dauert die Obliegenheit an. Die Minderungspflicht umfaßt die Löschung von Nachbränden, bei denen nicht sofort wieder die freiwillige Feuerwehr bemüht werden muß (OLG Hamm 3. XI. 1976 VersR 1977 S. 1145–1146), ferner auch noch z.B. die Trocknung durchnäßter vter Sachen (Siebeck a.a.O. S. 73), ferner die Einlagerung feuervter Möbel nach einem Dachstuhlbrand mit dem Ziel, die Möbel vor unvermeidlichen Folgeschäden zu bewahren (LG Hamburg 20. IV. 1950 VA Berlin 1950 S. 65–66). In der Betriebsunterbrechungv gilt es, Unterbrechungsschaden mit immer neuen Maßnahmen niedrig zu halten, solange die Haftzeit währt, also normalerweise 12 Monate seit Eintritt (Beginn) des Sachschadens (vgl. § 3 III FBUB).

Zuweilen allerdings ist die Dauer der Rettungsobliegenheit sachlich begrenzt, so in der Unfallv gemäß § 183¹ auf die „Abwendung und Minderung der Folgen des Unfalls", besonders aber in der Haftpflichtversicherung, welche die Besonderheit aufweist, daß der Ver nicht nur begründete Ansprüche Dritter befriedigt, sondern auch unbegründete Ansprüche abwehrt. Diese Rechtsschutzleistung des Haftpflichtvers erfolgt nicht etwa nur im Zuge des Ersatzes von Rettungsaufwendungen des Vmers gemäß § 63, sondern ist zu einer Vsleistung i.e.S. erhoben, was sich dahin auswirkt, daß die Haftpflichtv als Passivenv nicht nur schützt gegen die Entstehung von (begründeten) Ansprüchen Dritter, sondern auch gegen die Entstehung konkreter Verlustmöglichkeiten (Anm. 21 vor §§ 49–80, Anm. 79 zu § 49, Johannsen Anm. B 35, S. 64–65). Zu dieser primären Vsleistung gehört der Kostenersatz gemäß § 150. Diese Spezialregelung geht den §§ 62, 63 vor: Soweit der Ver im Rahmen seiner Vertragspflichten die Rechtsverteidigung übernimmt, endet die Rettungsobliegenheit des Vmers; nur außerhalb des Rechtsschutzbereiches bleibt diese Obliegenheit bestehen. Im Bereiche der Rechtsschutzfunktion treten an die Stelle der Abwendungs- und Minderungspflicht des Haftpflichtvmers gewisse Unterstützungs- und Mitwirkungsobliegenheiten des Vmers: Unterstützung des Vers bei der Abwehr des Schadens sowie bei der Schadensermittlung und -regulierung (§ 5 III 2 AHB), Überlassung der Prozeßführung mit Bevollmächtigung und Instruktion des Anwalts (§ 5 IV 1 AHB), Ergreifung von Rechtsbehelfen (§ 5 IV 2 AHB). Näheres zur Abgrenzung von Rettungspflicht und Rechtsschutzfunktion Johannsen Anm. F 75–F 85, S. 336–351, Siebeck a.a.O. S. 98–106.

Zur zeitlichen Begrenzung der Rettungspflicht in der Haftpflichtv vgl. ferner auch OLG Celle 2. X. 1958 VersR 1958 S. 800–801 (oben Anm. 15).

[33] 7. Sachliche Begrenzung

Das Gesetz läßt erkennen, daß es für die Rettungsobliegenheit des Vmers sachliche Grenzen gibt, hat er doch nur **„nach Möglichkeit"** für die Abwendung und Minderung

IV. Objektiver Tatbestand
§ 62
Anm. 33

des Schadens zu sorgen (§ 62 I 1). § 819 I HGB gebraucht die Wendung, der Vmer habe für die Rettung „tunlichst zu sorgen". Bei der Weisungseinholung wird darauf abgehoben, ob „die Umstände es gestatten", § 62 I 1. Bei widersprüchlichen Weisungen hat der Vmer „nach eigenem pflichtgemäßem Ermessen zu handeln", § 62 I 2. In der Unfallv läßt § 183¹ bei Weisungen des Vers die Prüfung zu, ob dem Vmer „nicht etwas Unbilliges zugemutet wird". Beim Aufwendungsersatz kommt es nach § 63 I 1 darauf an, ob der Vmer die Aufwendungen den Umständen nach für geboten halten durfte" (dazu Näheres Anm. 21 § § 63).

Alle diese Grenzziehungen lassen erkennen, daß es einen Maßstab dafür gibt, wie der Vmer sich mindestens zu verhalten hat und wo seine „Pflichten" enden, also eine obere Grenze finden — was nicht ausschließt, daß er freiwillig „ein Übriges" tut oder unterläßt, sich stärker einsetzt, als es von ihm verlangt werden kann. In beiden Richtungen läßt sich die Grenze umschreiben mit dem Begriff des **Zumutbaren** oder **Angemessenen**, und hier muß ein Moment der Objektivierung einfließen; denn die Gefahrengemeinschaft erfordert prinzipiell die Gleichbehandlung aller Vmer (Kisch WuRdVers 1928 Nr. 1 S. 17). Es wäre unerträglich, vom Vmer nur die Sorgfalt zu fordern, die er in eigenen Angelegenheiten anzuwenden pflegt (vgl. § 277 BGB). Falls ein Greis oder Jugendlicher den generell zu stellenden Anforderungen nicht zu genügen vermag, möge das Verschuldenserfordernis das allzustrenge objektive Postulat mildern.

Etwas umstritten ist der Typus jener **Idealfigur**, deren Verhalten über das Zumutbare entscheidet. Während Kisch WuRdVers 1928 Nr. 1 S. 17 vom „Standpunkt des ordentlichen (nicht irgendeines) Vmers" ausgeht (so auch BGH 12. VII. 1972 NJW 1972 S. 1810 = VersR 1972 S. 1039—1040), stellte eine früher weitverbreitete Auffassung auf das Verhalten eines „prudent uninsured ower" ab (z.B. RG 6. VII 1892 RGZ Bd 32 S. 13, vgl. auch RG 12. III. 1926 JW 1926 S. 1972—1973 = VA 1926 S. 301—302 Nr. 1652, 18. I. 1927 VA 1927 S. 48—49 Nr. 1698, OLG Hamburg 17. IV. 1936 HansRGZ 1936 b Sp. 377). Hiergegen wenden sich besonders Ritter-Abraham Anm. 18 zu § 33, S. 554—555, Anm. 10 zu § 41, S. 638—639 mit dem Hinweis, daß der Vsvertrag dem Vmer besondere Verhaltensnormen auferlegt, die erfüllt sein wollen. Hiernach hat der Vmer die im Verkehr erforderliche Sorgfalt eines guten Risikoverwalters zu prästieren, auch wenn übungsgemäß im Verkehr Schlendrian eingerissen sein sollte, und diese Sorgfaltsanforderungen werden durch die Tatsache des bestehenden Vsschutzes nie herabgesetzt, sondern im Rahmen des Zumutbaren eher erhöht, und der mutmaßliche Wille des Vers ist zu berücksichtigen, auch wenn Weisungen nicht vorliegen (ähnlich Kisch WuRdVers 1928 Nr. 1 S. 17—20, RG 3. II. 1926 RGZ Bd 112 S. 386).

Entscheidend für die Beurteilung des Zumutbaren ist der **Zeitpunkt**, in welchem die Rettungsmaßregel vorzunehmen ist. Nicht eine Betrachtung ex post, nach Prüfung der Frage, ob eine Maßregel Erfolg hatte, ist geboten, sondern eine aus der Situation heraus vorgenommene Prognose entscheidet, wobei die Nöte und Unklarheiten der Situation berücksichtigt werden müssen. BGH 12. VII. 1972 NJW 1972 S. 1809 = VersR 1972 S. 1040 betont überdies:

„Diese Pflicht besteht unabhängig davon, ob später eine rückschauende Betrachtung ergibt, daß die Maßnahmen tatsächlich zum Erfolg geführt hätten. Der Vmer soll durch die Obliegenheit angehalten werden, die Entwicklung des Schadens nicht mit Blick auf die bestehende Deckung sich selbst zu überlassen, sonden in jeder Form um seine Abwendung oder Eindämmung bemüht zu sein, d. h. die sich hierfür anbietenden und zumutbaren Möglichkeiten, die generell geeignet sind, einen Schaden abzuwenden oder zu mindern, nicht unversucht zu lassen. Die Obliegenheit wäre weitgehend entwertet, wenn sie nur bei der im entscheidenden Zeitpunkt noch unvorhersehbaren Gewißheit eines konkreten Erfolges bestände. Bei der Abwendungs- und Minderungspflicht des Vmers kommt es „auf das Ziel, nicht auf den Erfolg an" (so Bruck .... S. 314 ebenso Siebeck .... S. 27—28). Die

Obliegenheit ist deshalb objektiv schon verletzt, wenn der Vmer im gegebenen Augenblick das nicht tut, was ihm im Sinne dieser Darlegungen . . . . aufgegeben wird."

Dementsprechend sieht § 63 I 1 auch den Ersatz von erfolglos gebliebenen Aufwendungen vor. Das pflichtgemäße Ermessen des Vmers verbietet jedoch von vornherein unsinnige, aussichtslose Maßnahmen. Wenn wider Erwarten eine objektiv unangemessen scheinende Maßregel sich doch als nützlich erweist, kommt dies dem Vmer zugute. Zu alledem Kisch WuRdVers 1928 Nr. 1 S. 20.

Was die Höchstgrenze des dem Vmer Zumutbaren anlangt, so besteht eine **Opfergrenze**, die sich aus personeller und vermögensmäßiger Gefährdung ableiten läßt.

Der Vmer braucht sein Leben und seine Gesundheit nicht in Gefahr zu bringen, um vte Sachen zu retten; in der Unfallv sind gefährliche Operationen und Heilbehandlungen möglicherweise unzumutbar, wobei subjektive Vorstellungen des Vmers nicht ganz unberücksichtigt bleiben können (Nachweise oben Anm. 3). Ein Gebot der Menschlichkeit (vgl. § 26) erfordert es, vor der Rettung vter Sachen gefährdete Menschen in Sicherheit zu bringen (Kisch WuRdVers 1928 Nr. 1 S. 22–23).

Die vermögensmäßige Opfergrenze hat primär zu berücksichtigen, daß der Ver auch Rettungskosten zu ersetzen hat, allerdings nur im Rahmen der Vssumme, wenn keine Weisungen des Vers gegeben sind (§ 63 I 1, 2). Unverhältnismäßig kostspielige Aufwendungen entsprechen nicht dem mutmaßlichen Willen des Vers. Lehnt der Ver die Gewährung von Vsschutz (zu Unrecht) ab, so gewinnen die Vermögensverhältnisse und die Liquidität des Vmers Bedeutung, der Gesichtspunkt der Belange des Vers tritt in den Hintergrund. Solange bei aufwendigen Rettungsmaßnahme der Ver dem Verlangen des Vmers nach Vorschußgewährung (§ 63 I 3) nicht nachkommt, kann der Vmer seine Maßregeln zurückbehalten (Anm. 28 zu § 63), insbesondere ist er mangels eigener liquider Mittel nicht gehalten, etwa einen Kredit aufzunehmen. Zur Frage, ob der Vmer verpflichtet ist, dem in Seenot befindlichen vten Schiff mit einem anderen ihm gehörenden Schiff zur Hilfe zu kommen, OLG Hamburg 12. X. 1934 HansRGZ 1934 B Sp. 680–682 = Sasse Nr. 432.

Interessenkonflikte können besonders dann auftreten, wenn Interessen teils vert, teils unvert sind. Es ist dem Vmer nicht vorzuwerfen, wenn er primär unvte Sachen zu retten versucht, z.B. Tiere, Bargeld, Schmuck, Kunstgegenstände, Andenken, eine Briefmarkensammlung. Gehören dem Vmer zwei benachbarte Häuser, so kann es ratsam sein, das wertvollere Objekt vor den Flammen zu schützen, statt den Brand des vten wertloseren Hauses zu löschen (Kisch WuRdVers 1928 Nr. 1 S. 22). Auch bei solcher Interessenabwägung bilden Zumutbarkeit und Angemessenheit eine vernunftgemäße Schranke; das Wertverhältnis der bedrohten Sachen ist in Betracht zu ziehen (Ritter-Abraham Anm. 10 zu § 41, S. 640).

[34] 8. Beweislast und Beweisführung

Der Ver muß beweisen, daß der Vmer (oder eine ihm gleichstehende Person: Anm. 25) die Rettungsobliegenheit objektiv verletzt habe (Gerhard-Hagen Anm. 2 zu §§ 62, 63, S. 292, Kisch WuRdVers 1928 Nr. 1 S. 78–79, Ritter-Abraham Anm. 30 zu § 41, S. 648, BGH 12. VII. 1972 NJW 1972 S. 1809 = VersR 1972 S. 1040, OLG Celle 2. X. 1958 VersR 1958 S. 800). Hierzu hat der Ver darzutun, welche Maßregeln hätten ergriffen werden müssen und inwiefern der Vmer seine Obliegenheiten nicht oder schlecht erfüllt hat.

Stützt der Ver sich auf die Verletzung der Pflicht zur Einholung und/oder Befolgung von Weisungen, so muß er dartun, daß solche Weisungen nicht eingeholt worden sind bzw. nicht, nicht rechtzeitig oder sonst schlecht befolgt worden sind (Kisch WuRdVers 1928 Nr. 1 S. 79).

V. Subjektiver Tatbestand § 62
Anm. 35

Im Hinblick auf § 62 II 2 fragt es sich bei grobfahrlässiger Verletzung (zum Beweis des Verschuldens vgl. Anm. 38), wer zu beweisen habe, daß der Umfang des Schadens bei gehöriger Erfüllung der Obliegenheiten (nicht) geringer gewesen wäre. Wie bei § 6 III 2 muß dieser Kausalitätsbeweis dem Vmer aufgebürdet werden (vgl. Anm. 52 zu § 6 m.w.N. und spezieller BGH 12. VII. 1972 NJW 1972 S. 1809–1810 = VersR 1972 S. 1040). Es beruht auf der irrigen Auffassung, daß die Verletzung der Rettungspflicht eine Schadensersatzpflicht des Vmers auslösen könne, wenn Kisch WuRdVers 1928 Nr. 1 S. 80–81, Ritter-Abraham Anm. 30 zu § 41, S. 648, OLG Karlsruhe 12. X. 1933 JRPV 1934 S. 30 = HansRGZ 1934 B Sp. 81–82 annahmen, der Ver müsse beweisen, daß ihm aus dem Verhalten des Vmers ein Schaden erwachsen sei.

Was die Beweisführung anlangt, so haben schon Gerhard-Hagen Anm. 2 zu §§ 62, 63, S. 292 hervorgehoben, es sei des Vers „Beweislast nicht zu überspannen". Namentlich kehre sich die Beweislast um, wenn der Vmer dem Ver die Beweisführung schuldhaft unmöglich gemacht hätte oder wenn der Vmer „durch Untätigkeit oder ‚oppositionelle Dispositionen' an sich zweckmäßige Maßnahmen des Vers vereitelt". Kisch WuRdVers 1928 Nr. 1 S. 78 Anm. 2 weist mit Recht darauf hin, daß es sich hier um Fragen nicht der Beweislast, sondern der Beweisführung handle.

[35] V. Subjektiver Tatbestand
1. Kenntnisfrage

Die Erfüllung der Rettungsobliegenheit ist nur angängig, wenn der Vmer (oder die sonst mit der Obliegenheit belastete Person: Anm. 25) um den Eintritt des Vsfalls weiß.

Nach der Rechtsprechung des Bundesgerichtshofes gehört die Kenntnis des Vmers als subjektives Element zur Schuldseite; der Schuldvorwurf kann sich gerade darauf beziehen, daß der Vmer den Vsfall nicht wahrgenommen hat (BGH 30. IV. 1969 BGHZ Bd 52 S. 89, primär zur Aufklärungs-, aber auch zur Rettungspflicht in der Haftpflichtv). Sonach ist es richtig, wenn Kisch WuRdVers 1928 Nr. 1 S. 33 dem Wissen des Vmers um den Eintritt des Vsfalls das Wissenmüssen, also die fahrlässige Unkenntnis gleichstellt, wobei aber wegen § 62 II nur grobe Fahrlässigkeit in Betracht kommt. Jedoch kann nur ausnahmsweise Unkenntnis des Vmers vom Vsfall als grobfahrlässig behandelt werden. Besonders bei wertvollen Objekten kann dem Vmer eine ständige Bewachung auferlegt sein. Fehlt es dann daran, so handelt es sich um eine Verletzung der entsprechenden vorbeugenden Obliegenheit (§§ 6 II, 32), nicht sogleich um eine Verletzung der Rettungspflicht. Letztere käme in Betracht, wenn der Bewacher Kenntnis vom Vsfall erlangt und sein Wissen und Verhalten dem Vmer zuzurechnen sind, was zutrifft, falls der Bewacher Wissensvertreter (Anm. 81, 85 zu § 6) und Repräsentant (oben Anm. 25) des Vmers ist. Grobe Fahrlässigkeit kann bei besonders bedeutenden Risiken auch darin liegen, daß der Vmer nicht für eine Beobachtung sorgt und dadurch nichts vom Eintritt eines Vsfalles erfährt. Solchenfalls müßte aber der Ver auch dartun, daß bei Beobachtung des Risikos der Vsfall entdeckt und eine Rettungsmaßregel ergriffen worden wäre. Abgesehen von diesen Fällen des Wissenmüssens gilt der Satz: Weiß der Vmer nicht, daß der Vsfall eingetreten ist, so trifft ihn regelmäßig kein Verschulden; das Sommerhaus des Vmers brennt im Winter, während der Vmer in der Stadt lebt.

Nach Verkehrsunfällen, bei denen es „gekracht" hat, gilt gemäß BGH 6. VI. 1966 VersR 1966 S. 746 die Regel:

„Um nach einem Verkehrsunfall beurteilen zu können, ob eine Minderung des Schadens möglich ist, muß der Vte sogleich an Ort und Stelle die nötigen Feststellungen treffen. Macht er solche Feststellungen durch seine Weiterfahrt vorsätzlich oder grob fahrlässig unmöglich, so kann er sich hinterher nicht mit seiner selbst verschuldeten Unkenntnis entlasten. Auch hier kommt es daher nicht entscheidend darauf an, ob der tatsächlich eingetretene Schaden von der Art ist, die sich der Vte vorgestellt hat oder vorstellen konnte. Es genügt, daß der Vte die Möglichkeit einer Schadenminderung überhaupt gesehen oder grob fahrlässig nicht gesehen hat."

Die Rettungsmaßnahme selbst kann zwar auch ohne **Kenntnis vom Bestehen des Versicherungsvertrages** ergriffen werden, aber qua Erfüllungshandlung – zugleich unter Wahrung der Belange des Vers – setzt auch solche Maßnahme die Kenntnis von der Existenz der V voraus, und das gilt erst recht für die Obliegenheit zur Einholung (und Befolgung) von Weisungen (Anm. 22, 23). Besonders bei der V für fremde Rechnung, die ja auch den Vten zur Abwendung und Minderung und Weisungseinholung verpflichtet (§ 79 I), kommt es oft vor, daß der Vte keine Kenntnis vom Bestehen des Vsverhältnisses hat.

Für den erwähnten Fall der V für fremde Rechnung bestimmt die Regel des § 79 II, es komme auf die Kenntnis des Vten nicht an, d.h.: „Der Vte, der von der V nichts weiß, gilt als exkulpiert" (Sieg Anm. 13 zu § 79). Die Regel erleidet in § 79 III eine Ausnahme für den Fall, daß der Vmer den Vertrag ohne Auftrag des Vten geschlossen und bei der Schließung den Mangel des Auftrags dem Ver nicht angezeigt hat; hier „wird unwiderleglich Wissen des Vten vom Vsvertrage vermutet" (Sieg Anm. 14 zu § 79), worin aber keine Vermutung des Wissens um den Eintritt des Vsfalls eingeschlossen ist. Speziell beim Vten gewinnt es übrigens Bedeutung, daß er die Vsbedingungen nicht im genauen Wortlaut erfaßt zu haben braucht (vgl. zur Aufklärungspflicht BGH 8. V. 1959 VersR 1958 S. 390).

Die Hinzurechnung der Kenntnis zum subjektiven Tatbestand, zur Schuldseite, hat **beweisrechtlich** die Konsequenz, daß der Vmer oder Vte sich exkulpieren muß. Hierdurch kann er – besonders in Fällen der angeblich vorsätzlichen „Unfallflucht" im Bereiche der Haftpflichtv, bei Zurücklassung des Unfallopfers in hilfloser Lage – in einen Beweisnotstand geraten, den der BGH 30. IV. 1969 BGHZ Bd 52 S. 86–93 dadurch zu mildern trachtet, daß er die Konsequenz der vollen Leistungsfreiheit des Vers nicht zieht (Näheres Anm. 39).

[36] 2. Vorsätzliche Verletzung

Vorsätzliche Verletzungen der Rettungsobliegenheit, aber auch der Obliegenheiten zur Einholung und Befolgung von Weisungen setzen allemal die **Kenntnis** vom Eintritt des Vsfalls (einschließlich seines unmittelbaren Bevorstehens: Anm. 29) voraus; denn nur der Fall, daß sich der Vmer der Kenntnisnahme arglistig entzieht, läßt sich dem Fall der positiven Kenntnis gleichstellen (arg. § 16 II 2).

Fehlt es beim Obliegenheitsbelasteten an der Kenntnis vom Bestehen des Vsvertrages oder der ihn belastenden Verhaltensnorm, so scheidet die Annahme von Vorsatz aus, da letzterer nach ständiger Praxis das Bewußtsein des Vorhandensein der Verhaltensnorm voraussetzt (Anm. 28 zu § 6; Prölss-Martin[21] Anm. 12 zu § 6, S. 94 m.w.N. (a.M. wohl Kisch WuRdVers 1928 Nr. 1 S. 33). Das Ergebnis ist unbefriedigend, wenn man an Fälle denkt, in denen jemand tatenlos zusieht, wie seine Habe vernichtet wird, obgleich er eingreifen könnte. Bei der vorsätzlichen Herbeiführung des Vsfalls kommt es auf die Kenntnisfrage nicht an (Anm. 43 zu § 61); wegen der Überschneidung beider Rechtsfiguren (Anm. 9) würde man in solchen Fällen den Gesichtspunkt der vorsätzlichen Herbeiführung des Vsfalles heranziehen können, besonders dann, wenn schon unmittelbar vor Eintritt des Vsfalles der Vmer untätig bleibt.

Vorsatz entfällt bei der Verletzung der Obliegenheit zur Einholung von Weisungen, falls der Vmer im Zeitpunkt des Vsfalles den Namen des Vers nicht erinnert.

V. Subjektiver Tatbestand

§ 62
Anm. 37, 38

Die **Folgen** einer Obliegenheitsverletzung braucht der Vmer nicht zu kennen.

Das **Willenselement** des Vorsatzes erfordert die Einsicht, daß Rettungsmaßnahmen ergreifbar wären, Dolus eventualis reicht aus (OLG Stuttgart 28. XI. 1957 VersR 1958 S. 21–22). Ein vorsätzliches Verhalten des Vmers kann auch in der Duldung liegen, daß die von der Feuerwehr bestellte Brandwache überflüssige, nur der weiteren Zerstörung der vten Sachen bezweckende „Rettungsarbeiten" vornimmt (KG 8. XII. 1928 JRPV 1929 S. 50–51). Der strafrechtliche Vorsatz bei Unfallflucht deckt sich nicht stets mit dem Vorsatz bei der Verletzung der Rettungsobliegenheit (OLG Stuttgart 8. V. 1957 VersR 1958 S. 391–392). Beispiel für vorsätzliche Unfallflucht als vorsätzliche Verletzung der Rettungsobliegenheit OLG Braunschweig 20. XII. 1955 VersR 1956 S. 172–173 mit Anm. Fleck VersR 1956 S. 316.

Einen „**bewußten und gewollten Verstoß**" gegen die Rettungsobliegenheit fordert auch OLG Köln 14. II. 1962 VersR 1962 S. 1074–1075; RG 22. XII. 1911 Mitt. 1912 S. 208–209 sieht eine böswillige Verletzung der Rettungsobliegenheit in der Aufforderung, vte Gegenstände bei einem Brande zusätzlich zu zerstören.

[37] 3. Grobfahrlässige Verletzung

Eine gewöhnliche (leichte) Fahrlässigkeit gereicht angesichts der Aufregung, des Schreckens und der Nervosität, die mit einem Vsfall verbunden zu sein pflegen, dem Vmer nicht zum Nachteil; Ehrenzweig S. 274 sagt: „die an ihn herantretende Obliegenheit findet ihn in einer gestörten äußeren und inneren Lage".

Aber neben dem Vorsatz (Anm. 36) bleibt die grobe Fahrlässigkeit bei Verletzung der Rettungsobliegenheit relevant, wenngleich mit gemilderter Verwirkungsfolge (Anm. 40).

Zum Begriff der groben Fahrlässigkeit kann auf die entsprechende Ausführung in Anm. 46 zu § 61 verwiesen werden, wo eine objektiv-subjektive Auffassung im Anschluß an die höchstrichterliche Rechtsprechung begründet worden ist. Diese Auffassung kommt zu § 62 zum Ausdruck in dem Urteil BGH 12. VII. 1972 NJW 1972 S. 1810 = VersR 1972 S. 1040 (verkürzt):

> Bei der Entscheidung, ob die Rettungspflicht grobfahrlässig verletzt sei, „ist zu beachten, daß für den Begriff der groben Fahrlässigkeit nicht ein ausschließlich objektiver, lediglich auf die Verhaltensanforderungen des Verkehrs abgestellter Maßstab gilt. Nach feststehender Rechtsprechung sind vielmehr auch Umstände zu berücksichtigen, welche die subjektive (personale) Seite der Verantwortlichkeit betreffen.... Bei der danach notwendigen Würdigung aller Umstände ist neben verwirrender Aufregung und lähmendem Schrecken .... gegebenenfalls auch die durch starken Alkoholgenuß beeinträchtigte Reaktionsfähigkeit des Klägers in Betracht zu ziehen."

Trotz strafrechtlicher Verurteilung wegen Unfallflucht nimmt nur fahrlässige Verletzung der Rettungspflicht an: OLG Stuttgart 8. V. 1957 VersR 1958 S. 390–392.

[38] 4. Beweislast und Beweisführung

Während der Ver den objektiven Tatbestand einer Verletzung der Obliegenheiten des § 62 I 1 darzutun hat, muß der Vmer (oder Vte) nach der gesetzlichen Rechtslage sich **exkulpieren** und beweisen, daß ihn weder Vorsatz noch grobe Fahrlässigkeit treffe, noch besser: überhaupt kein Verschulden, z.B. deshalb, weil er vom Vsfall weder etwas wußte noch wissen mußte. Diese Regel war immer unbestritten, vgl. z.B. BGH 6. VI. 1966 VersR 1966 S. 747, OLG Celle 2. X. 1958 VersR 1958 S. 800, OLG Stuttgart 28. XI. 1957 VersR 1958 S. 21–22.

Bei strenger Durchführung der Regel ergäbe sich in Zweifelsfällen, in denen dem Vmer die Exkulpation nicht gelingt, die volle Leistungsfreiheit des Vers aus § 62 II 1. Der BGH 30. IV. 1969 BGHZ Bd 52 S. 91 meint hierzu:

„Dem Senat erscheint es aus Gründen der materiellen Gerechtigkeit .... untragbar, eine derartige Strafe gegen einen Vmer zu verhängen, dessen Schuld nicht feststeht, sondern lediglich vermutet wird. Das berechtigte Interesse des Vers an der Aufklärung und Minderung des Schadens erfordert und rechtfertigt es nicht, die radikale Folge der Verwirkung auch dann eintreten zu lassen, wenn der Vorsatz des Vmers zweifelhaft geblieben ist. Dem Gesichtspunkt der Generalprävention dürfen die oft lebenswichtigen Interessen eines tatsächlich schuldlosen oder minderschuldigen Vmers nicht in dieser Weise geopfert werden. Kann nicht geklärt werden, ob der Vmer den Unfall wahrgenommen und mithin vorsätzlich gegen seine Pflicht zum Verbleiben am Unfallort verstoßen hat, so geht es nicht an, ihn ‚auf Verdacht' durch Entzug des Vsschutzes zu bestrafen. Die Berufung des Vers auf das zusammenwirkende Eingreifen der Verwirkungsklausel und der Beweislastregel führt in diesen Fällen zu materiellem Unrecht."

Der BGH a.a.O. S. 92—93 zieht daraus die Folgerung, es könne die Beweislastregel „insoweit rechtlich nicht anerkannt werden, als aus dem nur vermuteten Vorsatz (hier: dem Verdacht der vorsätzlichen Unfallflucht) die Leistungsfreiheit als Strafsanktion in Anspruch genommen wird. Dem Ver wird damit nicht angesonnen, bei vorsätzlich begangener Unfallflucht Vsschutz zu gewähren. Nur soweit ein vorsätzliches Handeln des Vmers nicht feststellbar ist, entfällt die bei vorsätzlicher Obliegenheitsverletzung vorgesehene Leistungsfreiheit des Vers. Davon unberührt bleibt die Regelung, wonach der Ver bei einer grobfahrlässigen Obliegenheitsverletzung des Vmers insoweit leistungsfrei ist, als die Verletzung den Eintritt oder die Feststellung des Vsfalls oder den Umfang der dem Ver obliegenden Leistung beeinflußt hat. Für diesen Fall verbleibt es auch bei der Beweislastregelung, daß der Vmer sich von dem Vorwurf grobfahrlässiger Verletzung entlasten muß."

Im Ergebnis ist also der beweisfällige Vmer als nur grobfahrlässig Handelnder anzusehen, und es steht dem Vmer frei, darzutun, daß der Umfang des Schadens bei gehöriger Erfüllung der Obliegenheiten nicht geringer gewesen wäre (Anm. 34).

Bei der Führung des Exkulpationsbeweises wird der Vmer besonders auf mangelnde Kenntnis, und zur Entkräftung des Vorwurfes grober Fahrlässigkeit auf subjektive Entlastungsgesichtspunkte hinweisen. Umgekehrt muß es dem Ver offenstehen, zwecks Ausräumung der bundesgerichtlichen Rechtsprechungsgesichtspunkte (möglicherweise prima facie oder im Wege des Indizienbeweises) darzutun, daß der Vmer bei Unfallflucht Kenntnis von dem eingetretenen Vsfall hatte (so der Leitsatz des BGH a.a.O. S. 86).

[39] VI. Rechtsfolgen der Verletzung
1. Volle Leistungsfreiheit

Die volle Verwirkung der Leistung des Vers ist eine für den Fall vorsätzlicher Verletzung der Rettungsobliegenheiten vorgesehene Sanktion, die gerechtfertigt worden ist mit Treu und Glauben, der Rücksicht auf die Belange der Gefahrengemeinschaft und des Vers sowie auf das „öffentliche Interesse" (Begr. III S. 13). Es läßt sich nicht leugnen, daß der vollen Leistungsfreiheit des Vers ein poenales Element innewohnt, mit Zielsetzung der generalpräventiven Abschreckung und Schadensverhütung (BGH 9. II. 1972 VA 1972 S. 147 = VersR 1972 S. 364).

Andererseits muß aber festgestellt werden, daß diese Sanktion der vollen Leistungsverwirkung allzu hart sein kann, z.B. in Fällen der vorsätzlichen Nichteinholung von Weisungen des Vers, besonders aber kraft der in Anm. 38 geschilderten Beweislastverteilung, die den beweisfälligen Vmer ohne weiteres als vorsätzlich behandelt, ohne daß der Vorsatz wirklich feststeht. Hier hilft der BGH 30. IV. 1969 BGHZ Bd 52 S. 86—93, indem er in kühner Rechtssprechung das Gesetz korrigiert und den beweisfälligen Vmer als grobfahrlässig behandelt, so daß ihm nur Teilverwirkung droht (Anm. 40).

Der Bundesgerichtshof geht in der Gesetzeskorrektur noch weiter, indem er auch in Fällen feststehenden Vorsatzes bei gewissen Tatbeständen die (volle) Leistungspflicht des Vers bejaht, weil ihm nach Treu und Glauben die Verhängung der vsrechtlichen „Vertragsstrafe" untragbar erscheint. Unter Ablehnung auch eines „variablen Strafraumes", der wegen Rechtsunsicherheit wenig praktikabel sei, meint der BGH 9. II. 1972 VA 1972 S. 147 = VersR 1972 S. 364:

> „Wohl aber läßt sich unter der gegenwärtigen Gesetzeslage eine gewisse Mindestkontrolle der Wahrung materieller Gerechtigkeit dadurch erreichen, daß die Strafe des Anspruchsverlustes nur dann als gerechtfertigt anerkannt wird, wenn eine gewisse objektive und subjektive **Erheblichkeit** des Verstoßes gegeben ist. Hieran **fehlt** es, wenn die berechtigten Interessen des Vers nicht ernsthaft gefährdet sind **oder** wenn das Verschulden des Vmers nur gering ist . . . ."

Die Wendung, **trotz Vorsatzes ein nur geringes Verschulden** des Vmers für möglich zu erachten, ist unglücklich (Prölss-Martin[21] Anm. 4 zu § 62, S. 340). Unfolgerichtig erscheint es, daß anscheinend bei nicht erheblichen (vorsätzlichen) Verstößen der Ver **voll leistungspflichtig** bleiben soll, auch wenn in gewissem Ausmaß bei Erfüllung der Rettungspflicht der Umfang des Schadens nachweislich geringer gewesen wäre (ein Faktor, der bei grober Fahrlässigkeit allemal berücksichtigt wird). Vgl. hierzu einerseits BGH 9. II. 1972 VersR 1972 S. 341, andererseits allerdings auch die Schlußbemerkungen in BGH 22. IV. 1970 VersR 1970 S. 562. In Fällen vorsätzlicher Verletzung der Rettungspflicht, insbesondere Unfallflucht, ist dem Vmer die volle Leistung zuerkannt worden von BGH 22. IV. 1970 VersR 1970 S. 561–562 (abhebend nur auf die Aufklärungsobliegenheit), dagegen ist volle Verwirkung angenommen worden von BGH 9. II. 1972 VA 1972 S. 147–148 = VersR 1972 S. 364–365, OLG Braunschweig 20. XII. 1955 VersR 1956 S. 172–173, OLG Stuttgart 28. XI. 1957 VersR 1958 S. 21–22.

Der Vmer wird, wenn man sich auf den Boden der Rechtsprechung stellt, die **mangelnde Erheblichkeit** des Verstoßes dartun müssen. Darüber, daß der Ver zu beweisen hat, der Vmer habe Kenntnis vom Eintritt des Vsfalls gehabt: BGH 3. VI. 1977 VA 1977 S. 243–244 = VersR 1977 S. 733–735.

Für den Bereich der **Kraftfahrzeughaftpflichtv** trägt eine Neufassung des § 7 V AKB mit Wirkung ab 1. I. 1975 (VA 1975 S. 72) der Rechtsprechung des BGH Rechnung; die (volle) Leistungsfreiheit wird abgeschwächt zu einer Leistungsfreiheit in Höhe von maximal DM 5000.–:

> V. (1) Wird in der Kraftfahrzeug-Haftpflichtversicherung eine dieser Obliegenheiten vorsätzlich oder grobfahrlässig verletzt, so ist der Versicherer dem Versicherungsnehmer gegenüber von der Verpflichtung zur Leistung in den in den Absätzen 2 und 3 genannten Grenzen frei. Bei grobfahrlässiger Verletzung bleibt der Versicherer zur Leistung insoweit verpflichtet, als die Verletzung weder Einfluß auf die Feststellung des Versicherungsfalles noch auf die Feststellung oder den Umfang der dem Versicherer obliegenden Leistung gehabt hat.
>
> (2) Die Leistungsfreiheit des Versicherers ist auf einen Betrag von DM 1000,– beschränkt. Bei vorsätzlich begangener Verletzung der Aufklärungs- oder Schadenminderungspflicht (z.B. bei unerlaubtem Entfernen vom Unfallort, unterlassener Hilfeleistung, Abgabe wahrheitswidriger Angaben gegenüber dem Versicherer, wenn diese besonders schwerwiegend ist, erweitert sich die Leistungsfreiheit des Versicherers auf einen Betrag von DM 5000,–.
>
> (3) Wird eine Obliegenheitsverletzung in der Absicht begangen, sich oder einem Dritten dadurch einen rechtswidrigen Vermögensvorteil zu verschaffen, ist die Leistungsfreiheit des Versicherers hinsichtlich des erlangten Vermögensvorteils abweichend von Absatz 2 unbeschränkt. Gleiches gilt hinsichtlich des erlangten Mehrbetrages, wenn eine der in II. genannten Obliegenheiten vorsätzlich oder grobfahrlässig verletzt und dadurch eine gerichtliche Entscheidung rechtskräftig wurde, die offenbar über den Umfang der nach Sach- und Rechtslage geschuldeten Haftpflichtentschädigung erheblich hinausgeht; es wird vermutet, daß die Obliegenheitsverletzung mindestens auf grober Fahrlässigkeit beruht.

(4) Wird eine dieser Obliegenheiten in der Fahrzeug-, Kraftfahrtunfall- oder Gepäckversicherung verletzt, so besteht Leistungsfreiheit nach Maßgabe des § 6 Absatz 3 VVG."
Dazu vgl. BGH 22. XII 1976 VA 1977 S. 103–106 = VersR 1977 S. 272–275.

[40] 2. Teilweise Leistungsfreiheit

Bei grobfahrlässiger Verletzung der Obliegenheiten des § 62 I 1 wäre die harte Sanktion voller Leistungsfreiheit des Vers unangemessen. Deshalb beschränkt sich § 62 II 2 darauf, eventualiter die teilweise Leistungsfreiheit vorzusehen, wobei das Gesetz – in positiver Formulierung – davon spricht, der Ver bleibe „zur Leistung insoweit verpflichtet, als der Umfang des Schadens auch bei gehöriger Erfüllung der Obliegenheit nicht geringer gewesen wäre." Es kommt hiernach auf eine hypothetische Untersuchung der Frage an, welchen Erfolg die ordnungsgemäße Erfüllung der Abwendungs- und Minderungsobliegenheit gehabt hätte. Dabei kann sich durchaus herausstellen, daß der Vsschaden i. e. S. vollständig hätte abgewendet werden können; solchenfalls würde auch bei grober Fahrlässigkeit vollständige Leistungsfreiheit des Vers Platz greifen. Die im Gesetz vorgesehene Sanktion ist nicht mit einer Schadensersatzsanktion zu verwechseln, wenngleich sie ihr nahesteht. Denn es ist nicht zu fragen, welcher Vermögensschaden insgesamt dem Ver erwachsen ist, sondern es ist nur zu prüfen, inwieweit der Vmer Eigenschaden an der vten Sache hätte verhüten können, den nach dem Vsvertrag der Ver als Vsschaden i. e. S. ersetzen müßte, wenn nicht § 62 II 2 eingreifen würde. Der Unterschied der Fragestellung wird deutlich, wenn man an Fälle denkt, in denen infolge grobfahrlässig unterlassener Löschung des vten Gebäudes auch Nachbargebäude anderer Eigentümer vom Brand ergriffen sind, Nachbargebäude, die beim gleichen Ver vert sind. Sind in getrennten Vsverträgen Gebäude und Inhalt feuervert und unterläßt der Vmer grobfahrlässig die Löschung des Gebäudebrandes, bevor vtes Mobiliar von den Flammen ergriffen ist, so wird man bei Anwendung der Vorerstreckungstheorie (Anm. 29) auch hinsichtlich des Mobiliarschadens prüfen müssen, ob er auf die grobfahrlässige Verletzung der Abwendungsobliegenheit zurückzuführen ist.

Infolge der Praxis des Bundesgerichtshofes (Anm. 38, 40) wird in non-liquet-Fällen ein Vmer, der seine Schuldlosigkeit oder seine nur leichte Fahrlässigkeit nicht beweisen kann, als grobfahrlässig behandelt, nicht als Vorsatztäter. Dem in solcher Beweisnot Befindlichen kommt hiernach die Teilverwirkungsregelung des § 62 II 2 zugute.

Allerdings muß in den Fällen (erwiesener oder unterstellter) grober Fahrlässigkeit der Vmer beweisen, daß er bei ordnungsmäßiger Erfüllung der Obliegenheiten nichts oder wenig erreicht, also den Vsschaden i. e. S. nicht bzw. nur in bestimmtem geringen Umfang verhindert hätte. Diese Beweislastverteilung ergibt sich aus dem Wortlaut des § 62 II 2 sowie aus der Parallele zu § 6 III 2 (auf welche Begr. III S. 13 hinweist; dazu Anm. 52 zu § 6). Wie hier BGH 6. VI. 1966 VersR 1966 S. 747, 12. VII 1972 NJW 1972 S. 1810 = VersR 1972 S. 1040, OLG Stuttgart 28. XI. 1957 VersR 1958 S. 21, Prölss-Martin[21] Anm. 4 zu § 62, S. 340.

[41] 3. Andere Rechtsfolgen

Es wäre theoretisch nicht ausgeschlossen, die Abwendungs- und Minderungspflicht als echte Rechtspflicht auszugestalten, was im Falle jeder schuldhaften Verletzung (§ 276 I 1 BGB) nach allgemeinem Zivilrecht die Folge einer vertraglichen Schadensersatzpflicht des Vmers auslösen würde, wobei sich der Schaden gemäß § 249[1] BGB auf alle adäquaten Schadensfolgen erstrecken würde, z. B. auch auf Schäden an Nachbarhäusern anderer Eigentümer, die beim gleichen Ver vert sind.

VII. Unabdingbarkeit der Vorschrift § 62
Anm. 42

Von solcher Schadensersatzpflicht ging noch die Begr. I S. 72 aus. Nachdem sich aber spätestens 1939 die Obliegenheitstheorie durchgesetzt hat (Begr. III S. 13; Anm. 5), welche die nach Verschuldungsfragen abgestufte Leistungsfreiheit des Vers als Sanktion vorsieht, ist für einen vertraglichen Schadensersatzanspruch des Vers kein Raum mehr.

Ein deliktischer Schadensersatzanspruch des Vers gegen den Vmer scheitert an der Spezialregelung des § 62 II, besonders aber daran, daß der Vmer dem Ver allenfalls einen allgemeinen Vermögensschaden zufügt, der von § 823 I BGB nicht erfaßt wird. Fälle, in denen der Vmer dem Ver vorsätzlich-sittenwidrig einen Schaden durch Nichtrettung zufügt (§ 826 BGB), werden schwerlich vorkommen; hier allerdings würde sich der Schadensersatz auch auf Schäden an gleichzeitig vten Nachbarobjekten erstrecken können.

Eine Vertragsstrafenregelung für den Fall der Nichtrettung wäre mit dem (halb-) zwingenden Charakter des § 62 (§ 68a) unvereinbar.

Aus einem Vertragsverhältnis zwischen dem Vmer und einem Dritten, z.B. einem Hauswart, Bewachungsunternehmer, Mieter, Pächter kann sich eine vertragliche Rettungspflicht des Dritten ergeben, evtl. als ergänzende Leistungspflicht aus Treu und Glauben. Ist der Dritte Repräsentant des Vmers, so ist sein Verschulden − wenn mindestens grobfahrlässig − dem Vmer zuzurechnen (Anm. 25), kann also zur Leistungsfreiheit des Vers führen. Fehlt es an der Zurechenbarkeit, so gehen etwaige zivilrechtliche Ansprüche des Vmers gegen den Dritten gemäß § 67 auf den Ver über, und zwar auch dann, wenn der Dritte aus nur gewöhnlicher Fahrlässigkeit haftet.

Möglicherweise ist das Gesamtverhalten eines Vmers, der die Rettungsobliegenheit (womöglich vorsätzlich) verletzt hat, so bedenklich, daß der Ver das Recht erlangt, das Vsverhältnis als Dauerschuldverhältnis aus wichtigem Grunde fristlos zu kündigen (vgl. die entsprechenden Ausführungen in Anm. 84 zu § 61).

[42] VII. Unabdingbarkeit der Vorschrift

Gemäß § 68a kann sich der Ver auf eine Vereinbarung, durch welche von § 62 zum Nachteil des Vmers abgewichen wird, nicht berufen.

Eine derartige Abweichung läge vor, wenn Vsbedingungen die Rettungspflicht zur echten Rechtspflicht erhöben (womöglich mit Haftung für leichte Fahrlässigkeit und vollem Schadensersatz), oder wenn die Obliegenheitsverletzung bei leichter Fahrlässigkeit eine Sanktion auslösen soll oder wenn bei grobfahrlässiger Verletzung volle Leistungsfreiheit ohne Rücksicht auf die Kausalität normiert ist.

Eine unbedenklich zulässige Abweichung zugunsten des Vmers liegt vor, wenn der Vmer von der Obliegenheit befreit wird, Weisungen des Vers einzuholen (OLG Hamburg 26. IX. 1967 VersR 1969 S. 223−224), oder wenn in der Haftpflichtv die Rettungsobliegenheit vorerstreckt wird (wie in der Gewässerschädenhaftpflichtv: Anm. 31).

§ 68a gilt nicht für die Gütertransportv, Kreditv und laufende V (§ 187 I, II): Sieg Anm. 2 zu § 68a. Schon bei leichter Fahrlässigkeit wird der Gütertransportver bei entsprechender Vereinbarung voll von der Leistungspflicht befreit (RG 12. III. 1926 VA 1926 S. 301−302 Nr. 1652 = JRPV 1926 S. 99−100, § 9 II 2, V ADB mit Prölss-Martin[21] Anm. 1 zu § 9 ADB, S. 656).

Auch im Seevsrecht löst schon eine leichtfahrlässige Verletzung der Rettungspflicht nachteilige Folgen aus (arg. § 41 III ADS), und zwar nach Ritter-Abraham Anm. 32 zu § 41, S. 649, die von der Verbindlichkeitstheorie ausgehen (Anm. 4), Schadensersatzpflicht, jedoch limitiert auf „Leistungsfreiheit" des Vers.

§ 63

Aufwendungen, die der Versicherungsnehmer gemäß § 62 macht, fallen, auch wenn sie erfolglos bleiben, dem Versicherer zur Last, soweit der Versicherungsnehmer sie den Umständen nach für geboten halten durfte. Der Versicherer hat Aufwendungen, die in Gemäßheit der von ihm gegebenen Weisungen gemacht worden sind, auch insoweit zu ersetzen, als sie zusammen mit der übrigen Entschädigung die Versicherungssumme übersteigen. Er hat den für die Aufwendungen erforderlichen Betrag auf Verlangen des Versicherungsnehmers vorzuschießen.

Bei einer Unterversicherung sind die Aufwendungen nur nach dem in den §§ 56, 57 bezeichneten Verhältnisse zu erstatten.

Ersatz von Aufwendungen.

Gliederung:

Entstehung Anm. 1

Schrifttum Anm. 2

   I. Übersicht Anm. 3

  II. Rechtsnatur Anm. 4

 III. Begriff der Aufwendung Anm. 5–8
    1. Freiwillige Opfer Anm. 5
    2. Riskante Rettungsmaßnahmen Anm. 6
    3. Notwendige Folgeschäden Anm. 7
    4. Negative Abgrenzung Anm. 8

 IV. Arten der Aufwendung Anm. 9–19
    1. Übersicht Anm. 9
    2. Ausgabe von Geld Anm. 10
    3. Aufopferung von Sachen Anm. 11
    4. Aufwendung anderer Aktiva Anm. 12
    5. Entstehung von Verbindlichkeiten Anm. 13–14
      a) Rechtsgeschäftliche Obligationen Anm. 13
      b) Gesetzliche Obligationen Anm. 14
    6. Belastung mit Sachenrechten Anm. 15
    7. Entstehung sonstiger Passiva Anm. 16
    8. Sonderprobleme Anm. 17–19
      a) Aufwendung von Arbeitskraft Anm. 17
      b) Schäden an Leib und Leben Anm. 18
      c) Zinsen und Kosten Anm. 19

  V. Zweckrichtung der Aufwendung Anm. 20

 VI. Erforderlichkeit der Aufwendung Anm. 21

VII. Anspruch auf Aufwendungsersatz Anm. 22–28
    1. Gläubiger und Schuldner Anm. 22
    2. Art des Ersatzes Anm. 23
    3. Begrenzung des Ersatzes Anm. 24–27
      a) Bedeutung der Vssumme Anm. 24
      b) Ersatz bei Unterv Anm. 25
      c) Ersatz bei Franchisen Anm. 26
      d) Restfälle des Teilersatzes? Anm. 27
    4. Fälligkeit und Vorschuß Anm. 28

VIII. Abdingbarkeit des § 63 Anm. 29

 IX. Konkurrierende Ansprüche Anm. 30

[1] Entstehung:

§ 63 ist unverändert geblieben – Begr. I S. 72–73.

[2] Schrifttum:

Bruck S. 350–358, G. Büchner (Entschädigungsbegrenzungen und Rettungskostenersatz) VersR 1967 S. 628–633, Ehrenzweig S. 275–277, von Gierke II S. 206–207, Hagen I S. 645–646, Hennig, Die Rettungspflicht des Vmers, Leipzig Diss., Dresden 1936, S. 91–107, Isele, Geschäftsbesorgung, Umrisse eines Systems, Marburg 1935 (nicht speziell vsrechtlich), Josef (Die Pflicht des Vers zum Ersatz der Rettungskosten) NeumannsZ 1916 S. 425–427, Kisch (Die Pflicht des Vers zum Ersatze von Rettungskosten) WuRdVers 1916 S. 268–349, Klingenberg, Rettungspflicht und Rettungskosten im Vsrecht, Zürcher Diss. 1930, Martin (Aufwendungsersatz [§ 63 VVG] nach

I. Übersicht § 63

Abwendungs- und Minderungsmaßnahmen zugleich gegen vte und nicht vte Schäden in der Sachv) VersR 1968 S. 909–913, Prölss-Martin[21] Anm. 1–7 zu § 63, S. 341–346, Raiser AFB[2] Anm. 1–20 zu § 15 AFB, S. 355–367, Ritter-Abraham Anm. 1–21, 27–34 zu § 32, S. 526–540, 542–545, Schimming, Bergung und Hilfeleistung im Seerecht und im Seevsrecht, Karlsruhe 1971, Stiefel-Wussow-Hofmann AKB[10] Anm. 20 zu § 13 AKB, S. 593–594, Wilkens, Die Rettungspflicht, Eine rechtsvergleichende Darstellung, Karlsruhe 1970, S. 122–130, Woesner (Die Pflicht des Vers zum Ersatz der Aufwendungen des Vmers zwecks Abwendung und Minderung des Vsschadens) ZVersWiss 1960 S. 399–439.

[3] I. Übersicht

§ 63 steht in engem Zusammenhang mit § 62; denn er behandelt die finanziellen Auswirkungen einer Erfüllung der Rettungspflicht, nämlich den Ersatz von Aufwendungen zur Abwendung und Minderung des Schadens, verkürzt: den Ersatz von Rettungskosten (BGH 21. III. 1977 VersR 1977 S. 710 = MDR 1977 S. 1001). Im allgemeinen Schadensersatzrecht steht der „Schadenminderungs- oder -abwendungspflicht des Geschädigten . . . . die Pflicht des Schädigers gegenüber, dem Geschädigten den Aufwand für seine Maßnahmen zur Schadenminderung zu ersetzen" (BGH 10. V. 1960 BGHZ Bd 32 S. 285: vorsorgliche Bereitstellung von Ersatzfahrzeugen bei einem Straßenbahnbetrieb, sog. „Vorhaltekosten").

Die Vorschrift des § 63 wird für einzelne Schadensvszweige ergänzt oder modifiziert durch § 123 für die Tierv (vgl. Anm. 19), § 144 für die Transportv (vgl. Anm. 24). Auch in AVB finden sich gelegentlich spezielle Bestimmungen zum Rettungskostenersatz (vgl. Anm. 29).

In der Haftpflichtversicherung gilt es, die Rechtsschutzleistung des Vers von der Rettungslast des Vmers abzugrenzen. Die in § 150 behandelten Kosten des Rechtsschutzes werden vom Ver als Hauptleistung, als Vsschaden i.e.S. ersetzt (Eichler S. 413). Deshalb ist es irreführend, wenn RG 14. V. 1929 RGZ Bd 124 S. 237 den § 150 qualifiziert als „Vorschrift, die sich als eine für die Haftpflichtv besonders geregelte Anwendung der §§ 62, 63 . . . . darstellt." Aber neben der Rechtsschutzleistung des Vers bleibt immerhin noch ein gewisser Raum für den Ersatz von Aufwendungen gemäß § 63 (Johannsen Anm. F 77, S. 238, F 85, S. 248–251). Im Bereich der Kollisionshaftpflichtv, die der Kaskov angehängt ist, gilt nicht § 150, sondern der Aufwendungsersatz bestimmt sich nach den §§ 144, 62 (OLG Hamburg 17. IV. 1936 HansRGZ 1936 B Sp. 375–376). Für die Seeversicherung behandelt § 834 Nr. 3 HGB den Ersatz der „zur Rettung sowie zur Abwendung größerer Nachteile notwendig oder zweckmäßig aufgewendeten Kosten . . . ., selbst wenn die ergriffenen Maßregeln erfolglos geblieben sind". § 32 I Nr. 1, 2 ADS unterscheidet Aufwendungen, die der Vmer „den Umständen nach für geboten halten durfte", und Aufwendungen, die er „gemäß den Weisungen des Vers macht". § 32 II ADS fügt hinzu:

> „Die im Absatz 1 Nr. 1 und 2 bezeichneten Aufwendungen fallen dem Ver auch dann zur Last, wenn sie erfolglos bleiben; der Ver hat den für die Aufwendungen erforderlichen Betrag auf Verlangen des Vmers vorzuschießen. Ist ein Teil des Vswerts nicht vert und ist streitig, ob die Befolgung der Weisungen des Vers zur Abwendung oder Minderung des Schadens geboten erscheint, so hat der Ver den Betrag der durch die Befolgung entstehenden Aufwendungen auch insoweit vorzuschießen, als die Aufwendungen dem Vmer zur Last fallen; der Ver ist verpflichtet, die ganzen gemäß seinen Weisungen gemachten Aufwendungen zu ersetzen, wenn er die Befolgung der Weisungen den Umständen nach nicht für geboten halten durfte und die Aufwendungen erfolglos geblieben sind."

Jetzt vgl. auch 1.5.1.3, 1.5.2 ADS Güterv 1973.

Sowohl in der Binnentransportv als auch in der Seev erfahren die **Havariegrossefälle** eine Sonderbehandlung. Die große Haverei erfaßt „alle Schäden, die dem Schiffe oder der Ladung oder beiden zum Zwecke der Errettung beider aus einer gemeinsamen Gefahr . . . . vorsätzlich zugefügt werden, sowie auch die durch solche Maßregeln verursachten Schäden, ingleichen die Kosten, die zu demselben Zwecke aufgewendet werden" (§ 700 I HGB, vgl. auch § 78 I BSchG). Im Vsrecht werden die Havariegrosseaufwendungen nicht nach den Regeln über den Rettungskostenersatz liquidiert, sondern nach speziellen Vorschriften, welche gewisse dieser Schäden als Vsschaden i. e. S. ersatzpflichtig machen, z. B. Beiträge zur großen Haverei als Adhäsionshaftpflichtschäden (Anm. 42 vor §§ 49–80). Näheres über die Rechtslage § 133 für die Binnentransportv, §§ 834 Ziff. 1, 2, 835–838 HGB, §§ 29–31 ADS, 1.5.1.1, 1.5.2 ADS Güterv 1973, Kleusel 35 DTV-Kaskoklauseln 1978, für die Seev, ferner Cramer, Die V der Havariegrosseschäden, Hamburg 1932.

Weitere Rettungs-und Notfälle sind speziell behandelt in § 137 II, III für die Binnentransportv von Gütern, 1.5.1.2 ADS Güterv 1973 (früher § 95 II, III ADS) für die Seegüterv, § 109 III ADS für die Überfahrtsgeldv.

Bei einer Seev „Für behaltene Ankunft" oder „Für behaltene Fahrt" oder „Nur für Totalverlust" entfällt die Haftung des Vers für Rettungskosten, aber auch für Havariegrosseschäden und für die Fälle des § 95 III ADS (§§ 120 III, 123 ADS).

Für den verbleibenden Anwendungsbereich des § 63 gilt es, zunächst die Rechtsnatur des Aufwendungsersatzanspruches klarzustellen (Anm 4). Sodann ist – unter Heranziehung auch allgemein-bürgerlichrechtlichen Materials – der Begriff der Aufwendung zu behandeln (Anm. 5–8), und die verschiedenen Arten der Aufwendungen sind zu schildern (Anm. 9–19). Rettungsaufwendungen erfordern eine bestimmte Zweckrichtung (Anm. 20) und müssen erforderlich sein (Anm. 21). Der Anspruch auf Aufwendungsersatz ist näher zu analysieren im Blick auf Gläubiger und Schuldner (Anm. 22), die Art des Ersatzes (Anm. 23), die Begrenzung des Ersatzes (Anm. 24–27), auch Fälligkeit und Vorschuß (Anm. 28). Schließlich ist auf die Abdingbarkeit des § 63 einzugehen (Anm. 29) sowie auf konkurrierende Ansprüche (Anm. 30).

[4] II. Rechtsnatur

Falls ein Ver Aufwendungen nach § 63 zu ersetzen hat, so ersetzt er sie nicht als Vsschaden i. e. S., insbesondere nicht als Negation des vten Interesses, sondern kraft einer zusätzlichen Leistungsverpflichtung, die nur Vsschaden i. w. S. zum Gegenstand hat, ähnlich wie Ermittlungs- und Feststellungskosten gemäß § 66 I (zum Begriff des Vsschadens i. w. S.: Anm. 43 vor §§ 49–80).

Auch der Anspruch auf Aufwendungsersatz hat seine Rechtsgrundlage im Vsvertrag, nicht etwa in einem besonderen Geschäftsbesorgungsrechtsverhältnis wie Auftrag oder Geschäftsführung ohne Auftrag. Sieht man die Gefahrtragung als Hauptleistung des Vers an, so handelt es sich beim Aufwendungsersatz um eine Nebenleistung, die aufgrund einer echten Rechtspflicht des Vers geschuldet wird, und zwar regelmäßig als Geldleistung (Anm. 23), für deren Fälligkeit, Bevorschussung (Anm. 28), Verjährung, Klagefrist- und Konkursbehandlung eben jene Grundsätze gelten, die für die Hauptleistung des Vers maßgebend sind, d. h. die Verjährung richtet sich nach § 12 I, II (Anm. 8 zu § 12; RG 4. I. 1938 JW 1938 S. 876 [Seev]); die Klagefrist gemäß § 12 III kann auch für Ansprüche auf Aufwendungsersatz gesetzt werden (Anm. 23 zu § 12), im Konkurs des Schadensvers teilt der Aufwendungsersatzanspruch das Schicksal des Anspruchs auf Entschädigungsleistung als Masseforderung bzw. bevorrechtigte Konkursforderung gemäß § 13 bzw. § 80 VAG (Anm. 8 zu § 13; zu § 80 VAG vgl. auch Sieg VersR 1971 S. 684 m. w. N., a. M. Prölss-Schmidt-Sasse VAG[7] Anm. 4 zu § 80, S. 782).

Obgleich sowohl Aufwendungsersatz- als auch Schadensersatzansprüche Nachteile des Berechtigten ausgleichen, sind sie dogmatisch und in ihren Rechtsfolgen zu unterscheiden. Aufwendungen werden prinzipiell freiwillig gemacht, Schäden werden un-

III. Begriff der Aufwendung § 63
Anm. 5, 6

freiwillig erlitten. Mitwirkendes Verschulden (§ 254 BGB) spielt zwar beim Schadensersatzanspruch eine Rolle, nicht aber bei Aufwendungsersatz (BGH 16. XII. 1952 BGHZ Bd 8 S. 235); Entsprechendes gilt für die Vorteilsausgleichung (Steffen in: BGH Komm.[12] Anm. 24 zu § 670).

Zur Frage der Begrenzung der Aufwendungsersatzleistung durch die Vssumme Anm. 24 und speziell zum Fall der Unterv Anm. 25. Über den Ersatz bei Franchisen Anm. 26, über Restfälle des Teilersatzes Anm. 27.

Im Bereiche der Sachv kann es vorkommen, daß der Vmer die **versicherte Sache** aufwendet, **aufopfert**, mindestens teilweise. Schulbeispiele sind das Kappen eines Mastes des vten Schiffes, Seewurf vter Güter. In solchen Fällen steht die Vstechnik vor der Wahl, die Aufopferung als Vsschaden i.e.S. oder als Rettungsaufwendung zu behandeln. § 31 ADS bestimmt im Anschluß an die Havariegrosseprobleme: „Der Ver haftet für Aufopferung des vten Gegenstandes nach den für seine Haftung im Falle einer besonderen Haverei geltenden Bestimmungen", d.h. also die Aufopferung wird als Vsschaden i.e.S. behandelt. Ritter-Abraham Anm. 8 zu § 32, S. 529–530, Ritter LZ 1914 Sp. 361 wollen auch außerhalb der großen Haverei solche Aufopferungen als echten Vsschaden ansehen; dies entspreche der Auffassung des Vsverkehrs. Mit Recht wendet sich Kisch WuRdVers 1916 S. 335–338 gegen diese Ausweitung des § 31 ADS, während Woesner ZVersWiss 1960 S. 402 dem Vmer ein Wahlrecht eröffnet. In der Feuerv (§ 83 I 2) werden Schäden, die „bei dem Brande durch Löschen, Niederreißen oder Ausräumen verursacht" werden, als Vsschaden i.e.S. dem Brandschaden gleichgestellt, und das gleiche gilt für den Fall, daß vte Sachen bei dem Brande abhanden kommen. Hierdurch trägt der Ver als Adhäsionsgefahren die des Löschens usw. (Anm. 28 vor §§ 49–80), und es fragt sich hier in der Tat, ob der Vmer wählen könnte zwischen Erstattung als Vsschaden i.e.S. oder als Rettungsaufwand (dazu Anm. 43 vor §§ 49–80, jetzt auch Prölss-Martin[21] Anm. 3 zu § 83, S. 424).

[5] III. Begriff der Aufwendung
1. Freiwillige Opfer

Auszugehen ist davon, daß Aufwendungen freiwillige, gewollte, „finale" Vermögensopfer sind. Immaterielle Opfer sind keine erstattungsfähigen Aufwendungen (BGH 19. V. 1969 BGHZ Bd 52 S. 115–117). Prototyp sind die primär in § 700 I HGB, § 78 I BSchG genannten vorsätzlich zugefügten Opferschäden an Schiff oder Ladung. Aber man denke auch an das Ersticken eines Feuers mit einem Kleidungsstück, das Verspritzen eines Feuerlöschmittels.

Nur Aufwendungen, die der Vmer (oder Vte: § 79 I) macht, kommen im Rahmen des § 63 in Betracht; aber der Vmer bringt auch Opfer, wenn er Dritte heranzieht und seinerseits diesen Dritten Aufwendungen ersetzen, sie entlohnen oder entschädigen muß.

Ein Opferschaden kann auch darin bestehen, daß vte Sachen im Wege eines Notverkaufes veräußert werden: RG 28. VI. 1893 RGZ Bd 31 S. 131–134 behandelt einen Fall, in dem gegen Selbstentzündung vte Kohlen infolge von Stürmen durchnäßt wurden. Angesichts der akuten Gefahr einer Selbstentzündung im Falle der Weiterbeförderung wurden die Kohlen in einem Nothafen gelöscht und verkauft.

[6] 2. Riskante Rettungsmaßnahmen

Viele Rettungsmaßnamen sind mit einer Gefahr verbunden, die – je nach ihrer Bedrohlichkeit – von der entfernten Möglichkeit bis zu hoher Wahrscheinlichkeit eines Schadenseintritts reichen kann. Wer die Rettungsmaßnahme vollzieht, muß dann mit der Gefahr rechnen, sei es, indem er hofft, die Gefahr werde sich nicht verwirklichen, sei es, indem er sie in Kauf nimmt (im letztgenannten Fall des „dolus eventualis" steht eine Schädigung einem der in Anm. 5 behandelten freiwilligen Opfer besonders nahe). Denkbar ist aber auch, daß der Rettende sich der Gefahrenlage nicht bewußt wird; es genügt ihr objektives Gegebensein (Steffen in: BGHKomm.[12] Anm. 16 zu § 670).

Wer wertvolle empfindliche Möbelstücke aus den Flammen rettet, muß damit rechnen, daß sie angestoßen oder von Regen oder Schnee beeinträchtigt werden. Alles Löschen ist eine schadensgeneigte Tätigkeit. Gerettete Sachen werden leicht gestohlen. Das Abschleppen eines Kraftfahrzeuges führt erhöhte Haftungsgefahren herbei. Mit gewissen Rettungsmaßnahmen sind sogar Gefahren für Leib und Leben verbunden, ganz abgesehen von Gefahren für Kleidung oder die Polster eines Personenwagens bei Beförderung eines Verwundeten.

Besonders die Rechtsprechung hat in Ausweitung des Begriffes solche eintretenden Schäden den Aufwendungen zugerechnet, man spricht auch von **„bedingten Aufwendungen"**: Vgl. außerhalb des Vsrechts, besonders zu § 670 BGB, RG 28. XI. 1918 RGZ Bd 94 S. 169–172, 26. II. 1920 RGZ Bd 98 S. 199–200, 19. XI. 1928 RGZ Bd 122 S. 302–304, 7. V. 1941 RGZ Bd 167 S. 89–90, BGH 7. XI. 1960 BGHZ Bd 33 S. 257, 6. XII. 1962 BGHZ Bd 38 S. 304, BArbG 10. XI. 1961 NJW 1962 S. 414–415. Zum Vsrecht, besonders zu § 63, vgl. Woesner ZVersWiss 1960 S. 400, LG Hamburg 15. IV. 1977 VersR 1978 S. 857–858, a. A. jedoch Josef LZ 1913 Sp. 752–753.

Eine Schranke für den Aufwendungsersatz aus riskanten Rettungsmaßnahmen ergibt sich aus dem Kriterium der Erforderlichkeit: Bei der Prüfung des nach den Umständen Gebotenen ist bei riskanten Rettungsmaßnahmen die Risikolage abzuschätzen, und es kann sich ergeben, daß bei hoher Schadenswahrscheinlichkeit und möglicherweise hohem Schadensumfang der zu erwartende Erfolg einer Maßnahme nicht in einem tragbaren Verhältnis zu der Höhe der Aufwendungen steht. Vgl. Anm. 21.

[7] 3. Notwendige Folgeschäden

Rettungsmaßnahmen bringen öfters – abgesehen von den primären freiwilligen Opfern (Anm. 5) und den Schäden, die bei riskanten Maßregeln auftreten (Anm. 6) – unvermeidliche Folgekosten und andere Folgeschäden mit sich, die mit der Übernahme, Ausführung und Abwicklung notwendigerweise verbunden sind. Solche notwendigen Folgeschäden gehören zu den erstattungspflichtigen Aufwendungen (Steffen in: BGHKomm.[12] Anm. 3 zu § 670). RG 19. XI. 1928 RGZ Bd 122 S. 303 spricht von „Auslagen und Aufopferungen von Vermögenswerten . . . ., die nicht zur Ausführung des Auftrags gemacht sind, sondern nur als notwendige Folge der Ausführung erscheinen". Auch § 700 I HGB erwähnt solche Kosten. Zu denken ist z. B. an Prozeßkosten für Rechtsstreitigkeiten, die sich aus der Auftragsausführung oder Rettungsmaßnahme ergeben.

Wohl etwas zu weitgehend ist die Formulierung von Prölss-Martin[21] Anm. 2 zu § 63, S. 341–342: „Jede Vermögensminderung, die als adaequate Folge einer Maßnahme nach § 62, also nicht rein zufällig . . . . eintritt" (dagegen auch Woesner ZVersWiss 1960 S. 400–401).

[8] 4. Negative Abgrenzung

Auszuscheiden aus dem Aufwendungsbegriff sind – neben immateriellen Opfern (Anm. 5) – Ausgaben, die „sowieso", d. h. ohne Rücksicht auf die Rettungsmaßnahme erwachsen wären, z. B. Generalunkosten (Steffen in: BHGKomm.[12] Anm. 3 zu § 670). Aus dem Risikobereich wird das „allgemeine Lebensrisiko" nicht auf den Erstattungspflichtigen überwälzt: Wenn der Rettende während seiner Tätigkeit einen Schaden erleidet, der ihn in gleicher Weise auch bei anderen Tätigkeiten hätte treffen

IV. Arten der Aufwendung **§ 63**
Anm. 9—11

können, so geht dieser Schaden nicht zu Lasten des „Auftraggebers" (vgl. Steffen in: BGHKomm.[12] Anm. 19 zu § 670 und als Beispielsfall BGH 28. III. 1957 VersR 1957 S. 388—390: Risiko der Beschlagnahme eines LKWs im Interzonenverkehr 1950). Der BGH 13. VI. 1973 VersR 1973 S. 809—810 stellt bei „weiteren Schäden...., die der Vmer infolge seiner Rettungsmaßnahmen erleidet", auch darauf ab, ob der Vmer „mit der in der jeweiligen Situation zumutbaren Sorgfalt" den Folgeschaden hätte vermeiden können, ohne den Rettungszweck zu beeinträchtigen; angesichts des fahrlässigen Mißgriffs eines Monteurs wird der Aufwendungsersatzanspruch abgelehnt.

Über die Behandlung von Arbeitsleistungen vgl. Anm. 17.

[9] IV. Arten der Aufwendung
1. Übersicht

Wie bei der Betrachtung von Einzelschäden (Anm. 4, 6 vor §§ 49—80) lassen sich auch bei den Aufwendungen solche Nachteile unterscheiden, die auf der Aktivseite des Vermögens des Vmers eintreten, und solche, welche die Passivseite betreffen.

Auf der Aktivseite kommt die Aufwendung von Geld (Anm. 10) oder anderen Sachen (Anm. 11) in Betracht, aber auch die Aufwendung anderer Aktiva, z. B. Forderungen, Gewinnanwartschaften (Anm. 12).

Auf der Passivseite spielt die Eingehung von rechtsgeschäftlichen (Anm. 13) oder gesetzlichen Verbindlichkeiten (Anm. 14), möglicherweise aber auch die Belastung mit dinglichen Rechten (Anm. 15) oder sonstigen Passiva (Anm. 16) eine Rolle.

Einer Sonderbehandlung bedarf die Aufwendung von Arbeitskraft (Anm. 17) oder von Leib und Leben (Anm. 18), ferner die Frage der Zinsen und Kosten (Anm. 19).

[10] 2. Ausgabe von Geld

Wenn man statt von Rettungsaufwendungen von Rettungskosten spricht, so denkt man primär an die Hauptart der aufzuwendenden Aktiva, nänlich an Geld. Der Vmer muß Geld aufwenden, um Feuerlöschmittel zu kaufen, Hilfskräfte zu bezahlen, Bergungslohn zu begleichen.

Solchen Geldausgaben geht nicht selten in zeitlichem Abstand die Eingehung einer Verbindlichkeit voran. Dann hat der Vmer die Wahl, ob er vom Ver schon die Befreiung von der Verbindlichkeit fordern will (vgl. Anm. 13—14 mit § 257 BGB) oder ob er den Gläubiger befriedigen und nunmehr vom Ver das verauslagte Geld verlangen will.

[11] 3. Aufopferung von Sachen

Sachwerte können nicht nur final „aufgewendet" werden, sondern bei riskanten Rettungsmaßnahmen auch Schaden erleiden. Man denke einerseits an den Versuch, mit einem Kleidungsstück einen beginnenden Brand zu ersticken oder ihn mit Chemikalien zu löschen, andererseits an die Beschädigung von gerettetem Mobiliar oder an den Diebstahl ins Freie gebrachter Sachen.

Von der Aufopferung **unversicherter** Sachen, die als Rettungsaufwendungen erstattungsfähig sind, ist der Fall einer Aufopferung **versicherter Sachen** zu unterscheiden, von dem schon in Anm. 4 mit dem Hinweis die Rede war, daß hier bei einer V des Sachinteresses die Möglichkeit besteht, den Schaden an der aufgeopferten vten Sache entweder als Vsschaden i. e. S. oder als Rettungsaufwendung zu behandeln, sei es unbedingt (vgl. § 31 ADS), sei es kraft eines Wahlrechts des Vmers (bestritten bei Lösch-, Niederreißungs-, Ausräumungsschäden sowie Abhandenkommen: § 83 I 2).

Bei einer V mit der Klausel „Frei von Beschädigung" haftet der Ver dennoch für Aufopferungen, die in einer Beschädigung bestehen (§ 113[2] ADS), z. B. bei Beschädigung eines Motors durch Überanstrengung bei einem Abbringungsversuch (RG 19. II. 1930 JRPV 1930 S. 114–115 = Sasse Nr. 46, Vorinstanz: OLG Hamburg 11. X. 1929 JRPV 1930 S. 84–85 = Sasse Nr. 389 mit Ritter-Abraham Anm. 18 zu § 113, S. 1336–1337). Über den Notverkauf vter Sachen zwecks Abwendung und Minderung vgl. schon Anm. 5 mit Hinweis auf RG 28. VI. 1893 RGZ Bd 31 S. 131–134.

§ 256[1] BGB läßt ersehen, daß im Falle des Aufwendungsersatzes für andere Sachen als Geld der Ver den Ersatz **in Geld** zu leisten hat, nach Maßgabe des vollen Geldwertes der Sachen.

[12] 4. Aufwendung anderer Aktiva

Mehr theoretisch als praktisch kommt neben der Aufopferung von Geld oder anderen Sachen auch die Aufopferung anderer Aktiva des Vmers in Betracht, z. B. könnte er zur Belohung eines Retters eine gegen diesen gerichtete Forderung erlassen. Ausnahmsweise kann der Aufwendende auch entgehenden Gewinn als Ersatz für eine Gewinnanwartschaft verlangen, die er infolge der Rettungsmaßregel eingebüßt hat (dazu Kisch WuRdVers 1916 S. 277, Ritter-Abraham Anm. 6 zu § 32, S. 528, Woesner ZVersWiss 1960 S. 407, OLG Hamburg 12. X. 1934 HansRGZ 1934 B Sp. 680–682 = Sasse Nr. 432).

[13] 5. Entstehung von Verbindlichkeiten

a) Rechtsgeschäftliche Obligationen

Häufiger Fall der Aufwendung ist die Eingehung von Verbindlichkeiten, meistens kraft **Vertrages.** Zu denken ist an die dienstvertragliche Gewinnung von Hilfskräften; in Frage kommen aber auch werkvertragliche Vergütungen für vorgenommene Rettungsmaßnahmen, z. B. Trocknen durchnäßten Getreides, Abschleppverträge. Sind Hilfskräfte unentgeltlich tätig geworden, so können dennoch Aufwendungsersatzansprüche aus Auftragsvertrag (§ 670 BGB) den Vmer belasten, wobei auch an erlittene Schädigungen bei riskanten Rettungsmaßnahmen (Anm. 6) zu denken ist.

Die Fülle der in Betracht kommenden, meistens werkvertraglichen Verpflichtungen wird besonders deutlich bei der Gewässerschädenhaftpflichtv: Kosten für die Herausnahme des leck gewordenen Öltanks, wenn diese für die Durchführung der Rettungsmaßnahmen erforderlich ist, Ausbaggern, Abräumen, Abfahren, Ausfackeln ölverschmutzten Erdreichs, Anlage von Sperr- und Kontrollbrunnen, Beseitigung verschmutzten Wassers, Wiederauffüllen des Grundstücks, Wiederherstellung gärtnerischer Anlagen usw.

Ausnahmsweise kommen auch einseitige Rechtsgeschäfte als Rettungsmaßnahmen vor, z. B. eine **Auslobung** einer Belohnung durch öffentliche Bekanntmachung (§ 657 BGB), etwa für die Wiederherbeischaffung gestohlener vter Sachen.

Besonders zu erwähnen sind die schiffahrtsrechtlichen Fälle der **Bergung und Hilfeleistung,** die in praxi oft aufgrund von Rettungsverträgen erfolgen (Schimming a.a.O. S. 54–64, mit Vertragsmustern S. 156–162). Die Verträge sind durchweg Werkverträge auf der – auch im Gesetz (§ 741 I HGB) vorgesehenen – Basis: no cure – no pay (keine Verpflichtung bei mangelndem Erfolg). Hier enthält der Berge- oder Hilfslohn auch die Vergütung für gemachte Aufwendungen (vgl. § 94 II BSchG, Ausnahmen für Nebenkosten § 94 III BSchG, § 746 HGB).

Bei der Kaskov eines Kranes, der nach teilweiser Beladung mit Schwefelkies durchbricht, sind die Aufwendungen für Löschung und Umladung erstattungspflichtige Rettungskosten (KG 1. VI. 1932 JRPV 1932 S. 248–249).

Für Aufwendungen in Gestalt von eingegangenen Verbindlichkeiten gilt § 257 BGB:

IV. Arten der Aufwendung **§ 63**
Anm. 14—16

„Wer berechtigt ist, Ersatz für Aufwendungen zu verlangen, die er für einen bestimmten Zweck macht, kann, wenn er für diesen Zweck eine Verbindlichkeit eingeht, Befreiung von der Verbindlichkeit verlangen. Ist die Verbindlichkeit noch nicht fällig, so kann ihm der Ersatzpflichtige, statt ihn zu befreien, Sicherheit leisten."

[14] **b) Gesetzliche Obligationen**

Der Vmer kann **kraft Gesetzes** verpflichtet sein, „Rettungsaufwand" zu begleichen, besonders aus Geschäftsführung ohne Auftrag kann er seinerseits einem Dritten Aufwendungsersatz schulden (§§ 683, 670 BGB). Der Anspruch auf Berge- oder Hilfslohn entsteht für den Retter, falls eine Vereinbarung nicht zustandegekommen ist, kraft Gesetzes (§ 740 HGB, § 93 I, II BSchG; Schimming a.a.O. S. 54). In Betracht kommen auch Deliktsansprüche Dritter, wenn z.B. bei riskanten Rettungsmaßnahmen fahrlässig Eigentum Außenstehender verletzt wird (§ 823 I BGB). In Notstandslagen kann der Dritte Schadensersatz gemäß § 904 BGB fordern. Ferner sind neben privatrechtlichen Ansprüchen Dritter auch öffentlichrechtliche Verpflichtungen von Bedeutung, z.B. in der Gewässerschädenhaftpflichtv (VA 1965 S. 3).

In allen diesen Fällen entsteht die Obligation des Vmers zunächst ohne oder gar gegen dessen Willen; man könnte deshalb bezweifeln, daß der Vmer „Aufwendungen .... macht" (vgl. § 63 I 1). Wenn (später) der Vmer seine Verpflichtung erfüllt, so handelt er nicht mehr unmittelbar zum Zwecke für Abwendung oder Minderung des Schadens, sondern eben in Erfüllung seiner Legalobligation. Dennoch ist schon die Entstehung der hier behandelten gesetzlichen Schuldverhältnisse einer zielgerichteten Aufwendung gleichzustellen. Das Problem wird in diesem Sinne ohne nähere Begründung einhellig gelöst, z.B. bei Kisch WuRdVers 1916 S. 277—278, Ritter-Abraham Anm. 11 zu § 32, S. 531, Woesner ZVersWiss 1960 S. 411.

Es dürfte auch angängig sein, § 257 BGB, der primär für eingegangene, also rechtsgeschäftliche Verbindlichkeiten gilt (Anm. 13), analog auf Obligationen ex lege anzuwenden, dem Vmer also auch hier einen Befreiungsanspruch gegen den Ver zuzubilligen.

Eine Ausnahmeregelung für bestimmte, kraft Gesetzes entstehende Schulden normieren §§ 14 II VHB, 16 II VGB, wenn sie bestimmen, es werde kein Ersatz gewährt „für Leistungen der im öffentlichen Interesse bestehenden Feuerwehren oder anderer zur Löschhilfe Verpflichteter".

[15] **6. Belastung mit Sachenrechten**

Unter Umständen führen Rettungsmaßnahmen zu einer Belastung von Sachen des Vmers mit Pfandrechten. Als Musterbeispiel sei die grundsätzlich dingliche Haftung des Reeders für Bergungs- und Hilfskosten gemäß § 753 I HGB erwähnt, die in einem Pfandrecht an den geborgenen und geretteten Gegenständen (§ 751 HGB) zum Ausdruck kommt. Näheres bei Schimming a.a.O. S. 45—46.

Falls ein Schiff von einem Schwesterschiff des Reeders gerettet wird, erwirbt der Reeder ein Pfandrecht am eigenen geretteten Schiff bei erfolgreicher Bergung oder Hilfeleistung. Es fragt sich, ob der Ver dieses Schiffes solchenfalls für den Lohn haftet (dazu Schimming a.a.O. S. 143—151 unter Auseinandersetzung mit der Bedeutung einer Schwesterschiffklausel und mit RG 6. VII. 1892 RGZ Bd 32 S. 4—17).

[16] **7. Entstehung sonstiger Passiva**

Als Aufwendungen kommen auf der Passivseite neben schuldrechtlichen Verpflichtungen (Anm. 13—14) und dinglichen Belastungen (Anm. 15) auch faktisch notwendige

Aufwendungen und konkrete Verlustmöglichkeiten in Betracht (dazu Anm. 20–21 vor §§ 49–80, Anm. 78–79 zu § 49).

So kann es einer **sittlichen Pflicht** oder einer auf den Anstand zu nehmenden Rücksicht entsprechen, wenn der Vmer den freiwilligen Helfern bei einem Brandereignis einen Geldbetrag schenkt oder sie zu einem Essen einlädt oder ihnen zum mindesten Erfrischungen reichen läßt. Die hierfür gemachten angemessenen Aufwendungen fallen dem Ver zur Last (vgl. §§ 534, 814 HGB).

Eine **konkrete Verlustmöglichkeit** ergibt sich für den Vmer, wenn er z.B. im Zusammenhang mit einer Rettungsmaßnahme mit einem Rechtsstreit überzogen wird. Hier kann der Ver auch bei unbegründeten Ansprüchen des Dritten Rechtsschutzgewährung schulden.

[17] 8. Sonderprobleme

a) Aufwendung von Arbeitskraft

Der Vmer (und Vte) sind kraft Vsvertrages zur Abwendung und Minderung verpflichtet, und deshalb haben sie grundsätzlich keinen Anspruch auf eine Vergütung, wenn sie eigene Arbeitskraft bei den Rettungsmaßnahmen investieren (im Auftragsrecht kommt man aufgrund der Unentgeltlichkeit der Auftragsübernahme zu dem gleichen Ergebnis: Steffen in: BGHKomm.[12] Anm. 10 zu § 670). Auch wenn keine V bestünde, würde in gleicher Lage ein guter Risikoverwalter seine Kräfte und Mittel einsetzen, um Schaden abzuwenden und zu mindern; mit solcher Haltung kann auch ein Ver rechnen. Der Vmer muß insbesondere seine beruflichen und gewerblichen Möglichkeiten ausnutzen: Verfügt z.B. ein Spediteur über Lagerraum, so muß er nach einem Brande gerettete Sachen bei vorhandenem Platz unentgeltlich in diesem Lager unterbringen. Könnte er allerdings den Lagerraum gewinnbringend vermieten, so erlangt er gegen den Ver einen Anspruch auf Ersatz entgehenden Gewinns. Den Fall des Einsatzes eines eigenen Schleppers zu einer Rettungstätigkeit behandelt entsprechend OLG Hamburg 12.X.1934 HansRGZ 1934 B Sp. 680–682 = Sasse Nr. 232 unter Abstellung auf die „normale Pflichtgrenze" und unter Zuerkennung von entgangenem Gewinn. Wie hier Ritter-Abraham Anm. 6 zu § 32 S. 528, Woesner ZVersWiss 1960 S. 402–408, wohl jetzt auch Prölss-Martin[21] Anm. 2 zu § 63, S. 342. – Kisch WuRdVers 1916 S. 277 will eine Arbeitsleistung des Vmers vergüten, „wenn er berufsmäßig eine Tätigkeit der vorgenommenen Art gegen Entgelt durchzuführen pflegt."

Hat der Vmer **Arbeitnehmer**, so gilt für ihren Einsatz bei den Rettungsmaßnahmen im Rahmen der normalen Pflichtgrenze das Gleiche wie für den Vmer selbst. Muß allerdings z.B. für Löschhilfe oder Brandwache eine Überstundenvergütung bezahlt werden, so fällt sie dem Ver zu Last.

Werden für Rettungsmaßnahmen **zusätzliche Kräfte** gewonnen, so entstehen dadurch für den Vmer rechtsgeschäftliche Verbindlichkeiten, für die das in Anm. 13 Gesagte gilt.

[18] b) Schäden an Leib und Leben

Der erweiterte Begriff der Aufwendung bringt es bei riskanten Rettungsmaßnahmen mit sich, daß auch eintretende Schäden als Aufwendungen zu behandeln sind (Anm. 6). Das muß auch bei einer Sachv dazu führen, daß Körperschäden, die ein Rettender erleidet und für die der Vmer ersatzpflichtig ist, als Rettungskosten zu Lasten des Vers gehen, und zwar unter dem Gesichtspunkt entstehender Verbindlichkeiten (Anm. 13–14). Vgl. hierzu Prölss-Martin[21] Anm. 2 zu § 63, S. 343. Verliert ein Helfer bei einer Rettungsmaßnahme das Leben, etwa weil ein brennendes Haus einstürzt, so stehen in entsprechender Anwendung der §§ 844–846 BGB auch Hinterbliebenen Ansprüche

V. Zweckrichtung der Aufwendung § 63
Anm. 19, 20

gegen den Vmer unter den rechtlichen Gesichtspunkten des Auftrages und der Geschäftsführung ohne Auftrag zu (Leitentscheidung: RG 7. V. 1941 RGZ Bd 167 S. 85—90, zustimmend BGH 19. VI. 1952 NJW 1952 S. 1249).

Was eigene Körperschäden des Vmers anlangt, so halten Prölss-Martin[21] Anm. 2 zu § 63, S. 342 die Rechtslage für zweifelhaft, Raiser AFB[2] Anm. 3 zu § 15, S. 357 lehnt einen Ersatzanspruch ab. Soweit für den Vmer Heilungskosten erwachsen, dürfte jedoch ein Aufwendungsersatzanspruch gerechtfertigt sein (wie hier Woesner ZVersWiss 1960 S. 408).

Schlechthin ablehnend sowohl für Personenschäden des Vmers als auch Dritter Ehrenzweig S. 262: „Niemand darf von der Sachschaden-V die Leistungen der Personen-V erwarten." Dabei wird verkannt, daß der Ersatz für Personenschaden hier nicht unter dem Aspekt des Vsschadens i. e. S. gefordert wird, sondern unter dem Gesichtspunkt des Rettungsaufwandes. Allerdings schließen einige AVB solche Ansprüche aus, z. B. § 14 II VHB: „Für Aufwendungen, die durch Gesundheitsschädigungen verursacht sind, ... wird ein Ersatz nicht gewährt."

Über den Schutz durch die **soziale Unfallv:** Anm. 30.

Helm VersR 1968 S. 321 hebt hervor, daß ein Kraftfahrer, der in einem Falle der Selbstopferung „im Interesse des Vers mehr getan hat, als ihm die Rechtsordnung als Partner des Vsvertrages zumutet", seines Ersatzanspruches nicht verlustig geht, es sei denn, daß der Kraftfahrer das Opfer nicht für geboten halten durfte.

[19] c) Zinsen und Kosten

§ 256[1] BGB sieht generell für Aufwendungsersatzschulden vor:

„Wer zum Ersatze von Aufwendungen verpflichtet ist, hat den aufgewendeten Betrag oder, wenn andere Gegenstände als Geld aufgewendet worden sind, den als Ersatz ihres Wertes zu zahlenden Betrag von der Zeit der Aufwendung an zu verzinsen."

Da der Ver Ersatz der Rettungsaufwendungen schuldet, scheint die Bestimmung — welche einen Verzug des Schuldners nicht voraussetzt — anwendbar zu sein. Andererseits ist aber nicht zu verkennen, daß der nach § 63 geschuldete Aufwendungsersatz eng mit der Vsentschädigung i. e. S. zusammenhängt und daß § 11 I die Fälligkeit aller „Geldleistungen des Vers" speziell regelt. Dennoch dürfte es richtig und geboten sei, gestützt auf § 256[1] BGB, die sofortige Fälligkeit der Aufwendungsersatzschulden anzunehmen (Anm. 28).

In der Tierv erlangt der Vmer kraft der Sondervorschrift des § 123 I keinen Aufwendungsersatzanspruch hinsichtlich der Kosten der Fütterung und der Pflege des Tieres (dazu Begr. I S. 117; Hennig a. a. O. S. 104—105). Eine Ausnahme gilt in gewissen Fällen des Verzuges des Vers (KG 1. V. 1926 VA 1926 S. 274 Nr. 1630, OLG Düsseldorf 14. I. 1926 VA 1927 S. 36—38 Nr. 1688).

[20] V. Zweckrichtung der Aufwendung

Es muß sich um Aufwendungen handeln, „die der Vmer gemäß § 62 macht", möglicherweise „in Gemäßheit der" vom Ver „abgegebenen Weisungen" (§ 63 I 1, 2). Auch Aufwendungen bei der Einholung von Weisungen, z. B. Telegrammspesen, Telefongebühren, werden „gemäß § 62" gemacht.

§ 62 stellt die notwendige Zweckrichtung der Rettungsmaßnahmen und Aufwendungen heraus als Sorge „für die Abwendung und Minderung des Schadens", und dazu vgl. Anm. 16—21 zu § 62. Die Zweckrichtung ist insofern eine gemischte, als die Rettungsaufwendung einerseits den Belangen des Vmers dienen soll, andererseits wirtschaftlich regelmäßig auch dem Ver zugute kommt, nämlich immer dann, wenn die erreichte Einsparung am Vsschaden i. e. S. höher ist als die Rettungsaufwendungen.

Daneben dient die Rettungsaufwendung volkswirtschaftlichen Belangen der Erhaltung des Volksvermögens.

Bei dem Vmer können mit den spezifischen Rettungsbelangen im Blick auf das vte Interesse andere Zielrichtungen zusammentreffen und möglicherweise sogar kollidieren. Man denke an Fälle, in denen Sachen teilweise vert, teilweise unvert sind, z. B. könnte das Gebäude vert, der Inhalt unvert sein. Für ein Industrieunternehmen besteht öfters eine Feuerschv, nicht aber eine Betriebsunterbrechungsv. Sind auch Menschen oder Tiere in Gefahr, so genießt deren Rettung Priorität. In Zeiten wirtschaftlicher Depression oder bei veralteten Betrieben oder aus anderen Gründen (z. B. Landflucht) fehlt es möglicherweise bei den Rettungsmaßnahmen an der (vollen) Kooperationsbereitschaft des Vmers, der in Einzelfällen sogar Verständnis (und Unterstützung) bei Arbeitnehmern, Nachbarn oder gar der freiwilligen Feuerwehr findet. In den letztgenannten Fällen ist zu prüfen, ob der Vmer seine Rettungspflicht vorsätzlich verletzt hat (Beispiel: KG 8. XII. 1928 JRPV 1929 S. 50–51).

Rechtlich ist es prinzipiell unerheblich, wenn eine Rettungsaufwendung nicht nur der Rettung des vten Interesses, sondern gleichzeitig anderen Belangen dient, z. B. die Löschung des Gebäudebrandes zugleich der Rettung des unvten Mobiliars, die Rettung der Substanz des Industrieunternehmens der Verhütung einer Betriebsunterbrechung, die Benutzung der Feuerleiter nicht nur der besseren Brandbekämpfung, sondern auch der Rettung von Menschenleben. Über die Frage, welcher Ver Aufwendungsersatz schuldet, wenn **mehrere Interessen vert** sind und durch einheitliche Maßnahmen geschützt werden: Anm. 27. Möglicherweise ist ein Rettungsaufwand zugleich auch öffentlichrechtlich geboten, man denke an das Abschleppen eines den Verkehr behindernden kollidierten Kraftfahrzeuges oder die Bergung eines Schiffes, das die Fahrrinne versperrt. Hier schließt das öffentlichrechtliche Gebot die vsrechtliche Aufwendungsersatzregelung nicht aus (Woesner ZVersWiss 1960 S. 421–422, 423–424).

Hat eine Rettungsmaßnahme im Blick auf das vte Interesse **Erfolg**, so ist die Ersatzpflicht des Vers leichter feststellbar als im Falle der **Erfolglosigkeit**. Im letztgenannten Falle entfällt die Ersatzpflicht jedenfalls für solche Aufwendungen, welche mit der Rettung des vten Interesses überhaupt nichts zu schaffen haben. Beruhen Aufwendungen auf einer **Weisung des Vers** (§§ 62 I 1, 63 I 2), so braucht die Zweckrichtung nicht besonders geprüft zu werden. § 32 I Nr. 2 ADS stellt demzufolge die Ersatzpflicht für Aufwendungen, die der Vmer gemäß den Weisungen des Vers macht, besonders heraus.

Sind Aufwendungen nach ihrer Zweckrichtung und Höhe **teilbar**, so ersetzt der Ver nur den auf das vte Interesse aufgewendeten Teil, verhältnismäßig (Ritter-Abraham Anm. 18 zu § 32, S. 537, auch Kisch WuRdVers 1916 S. 281–282).

Die Zweckrichtung der Aufwendungen umschließt nicht die Notwendigkeit, daß der Vmer gerade im Hinblick auf die Ersatzpflicht des Vers tätig geworden ist (Kisch WuRdVers 1916 S. 279). Ausreichend ist die **objektive „Tatbestandsmäßigkeit"** der Rettungshandlung und -aufwendung (dazu generell Isele a.a.O. S. 38–39, speziell Woesner ZVersWiss 1960 S. 421–422). Wer als Nachbar Löschhilfe leistet und dabei seine Kleidung beschädigt, erlangt einen Ersatzanspruch auch dann, wenn er primär mit Rücksicht darauf tätig wird, das Übergreifen des Feuers auf sein eigenes Haus zu verhindern. Kisch WuRdVers 1916 S. 280–281 weist auf die Unanwendbarkeit der Rechtsgedanken der §§ 687 I, 685 I BGB (aus dem Recht der Geschäftsführung ohne Auftrag) hin: Auch derjenige, der eine Rettungshandlung vornimmt in der Meinung, daß das Geschäft sein eigenes sei, kann einen Aufwendungsersatzanspruch erlangen, und das gilt sogar, wenn er zunächst nicht die Absicht hatte, Ersatz zu fordern.

Macht der **Versicherer** eigene Rettungsaufwendungen, so fallen sie ihm selber zur Last. Es ist jedoch denkbar, daß der Ver insoweit als Beauftragter oder Geschäftsführer

VI. Erforderlichkeit der Aufwendung **§ 63**
Anm. 21

ohne Auftrag des Vmers tätig wird, so daß für den Ver ein Aufwendungsersatzanspruch gegen den Vmer entsteht, z. B. bei spezieller Rettung unvter Sachen (Näheres bei Kisch WuRdVers 1916 S. 244–249, Ritter-Abraham Anm. 11 zu § 32, S. 532).

[21] VI. Erforderlichkeit der Aufwendung

Im Rahmen der Rettungspflicht waren deren sachliche Begrenzungen zu behandeln (Anm. 33 zu § 62), insbesondere Zumutbarkeit und Angemessenheit. Dabei spielt – wie gezeigt – bereits eine vermögensmäßige Opfergrenze eine Rolle.

Die finanziellen Gesichtspunkte erlangen weitere Bedeutung im Zusammenhang mit dem Aufwendungsersatz; denn Aufwendungen fallen dem Ver nur zur Last, „soweit der Vmer sie den Umständen nach für geboten halten durfte" (§ 63 I 1). Hieraus ist ein Postulat der **Verhältnismäßigkeit** abzuleiten: die Aufwendungen müssen als freiwillige Opfer (Anm. 5) wirtschaftlich in einem vernünftigen Verhältnis zum angestrebten Rettungserfolg stehen, d. h. mindesten bei Erfolg einer Maßnahme müssen die eingesetzten Mittel sich lohnen. Überdies sind aber bei Beurteilung der Verhältnismäßigkeit die Erfolgschancen in das Kalkül einzubeziehen. Bei riskanten Rettungsmaßnahmen (Anm. 6) sind mögliche Schädigungen zu veranschlagen. Notwendige Folgekosten (Anm. 7) sind zu berücksichtigen. Schillers Taucher verdient keinen Aufwendungsersatz: „Der Mensch versuche die Götter nicht".

Ideelle Belange, speziell **Affektionsinteressen** des Vmers kommen bei der Beurteilung der (wirtschaftlichen) Verhältnismäßigkeit nicht in Betracht. Stehen für den Vmer neben vten Interessen auch andere, unvte Interessen wirtschaftlich auf dem Spiel, so kann es Bedeutung gewinnen, daß dem Ver Aufwendungen evtl. nur **teilweise** zur Last fallen („soweit": § 63 I 1). Unverhältnismäßige Aufwendungen sind also nicht schlechthin erstattungsfähig; es gilt kein Alles-oder-Nichts-Prinzip, sondern eine schmiegsame Anpassungsregelung.

Maßgeblich für die Frage der Erforderlichkeit und Verhältnismäßigkeit ist eine Beurteilung **ex ante** durch den **idealtypischen Vmer** (Anm. 33 zu § 62), dem auch bei der Feststellung des Gebotenen die erschwerten Umstände zugutezuhalten sind, die gerade hier obwalten werden; leichte Fahrlässigkeit bei der Beurteilung der Situation ist dem Vmer nicht zur Last zu legen (entsprechend dem Wertungsmaßstab des § 62 II 1) (BGH 21. III. 1977 VersR 1977 S. 710–711 = MDR 1977 S. 1001–1002).

Das Gesetz richtet insofern eine **wirtschaftliche Grenze** auf, als prinzipiell – bei Nichterteilung von Weisungen seitens des Vers – die **Vssumme** die Leistungspflicht des Vers begrenzt, gesamtheitlich für Vsschaden i. e. S. und für Aufwendungsersatz (§ 63 I 2, e contrario; Anm. 28 zu § 50, unten Anm. 24). Werden Aufwendungen **weisungsgemäß** gemacht, so hat sie der Ver auch insoweit zu ersetzen, als sie zusammen mit der übrigen Entschädigung die Vssumme übersteigen, insbesondere wegen Erfolglosigkeit der Rettungsmaßnahmen. Bei Weisungserteilung tritt für den Vmer die Notwendigkeit eigener Prüfung der Verhältnismäßigkeit zurück (Ritter-Abraham Anm. 21 zu § 32, S. 540). Jedoch darf auch hier der Vmer die Weisungen nicht blindlings befolgen (a. A. Bruck S. 354): Kraft seiner Ortsnähe und Kenntnis der Verhältnisse kann der Vmer feststellen, ob der Ver möglicherweise von einer falschen Sachlage ausgeht und ob die Situation sich geändert hat. Solchenfalls hat der Vmer, wenn möglich, Rückfrage zu halten, notfalls sogar weisungswidrig zu handeln (vgl. § 665 BGB analog; Kisch WuRdVers 1916 S. 273, Ritter-Abraham Anm. 21 zu § 41, S. 644–645, Woesner ZVersWiss 1960 S. 437).

Es kann Fälle geben, in denen Rettungsmaßnahmen nur **teilweise** geboten sind, z. B. kann in einem Rechtsstreit gelten: „Nicht ein Bestreiten jeglichen eigenen Verschuldens, wohl aber möglicherweise die Geltendmachung fremden Mitverschuldens, konnte der Kläger für geboten erachten. Des weiteren konnte ein Bestreiten der Höhe

.... in Betracht kommen" (OLG Hamburg 17. IV. 1936 HansRGZ 1936 B Sp. 377–378).

Macht ein **Dritter** Aufwendungen, für die der Vmer ex lege haftet (Anm. 14) so ergibt sich das Gebotensein der Aufwendung des Vmers aus seiner gesetzlichen Obligation sowie daraus, ob der Dritte die Aufwendung für geboten halten durfte (Woesner ZVersWiss 1960 S. 411 unter Hinweis auf OLG Braunschweig 1. III. 1955 VersR 1955 S. 245–246).

Durfte der Vmer eine Aufwendung den Umständen nach **nicht für geboten halten**, wird sie aber dennoch ergriffen, und zwar mit **Erfolg**, so kann dem Vmer ein Anspruch gegen den Ver zwar nicht aus § 63 I 1, wohl aber aus Bereicherungsgrundsätzen zustehen (Bruck S. 354, Ritter-Abraham Anm. 19 zu § 32, S. 538, Woesner ZVersWiss 1960 S. 437–438). Das kann sogar im Falle der Untersagung von Rettungsmaßnahmen durch den Ver gelten (Hennig a.a.O. S. 97).

Über die Erstattungsfähigkeit besonderer Kosten, die durch Lufttransport des Verletzten aus dem Ausland in ein inländisches Spezialkrankenhaus entstehen, für die **Krankenv**: OLG Hamburg 24. VIII. 1977 VersR 1978 S. 814–815 (unter Bezugnahme auf §§ 62, 63).

[22] VII. Anspruch auf Aufwendungsersatz

1. Gläubiger und Schuldner

Der vsvertragliche Anspruch auf Aufwendungsersatz steht, was den **Gläubiger** anlangt, dem **Versicherungsnehmer** zu, die Aufwendungen müssen über ihn liquidiert werden, speziell auch in den Fällen, in denen er mit (rechtsgeschäftlichen oder gesetzlichen) Verbindlichkeiten gegenüber Dritten belastet ist (Anm. 13–14). Diese Dritten habe keinen unmittelbaren Anspruch gegen den Ver, es sei denn, daß sie ausnahmsweise von ihm betraut sind (dann aber handelt es sich um Aufwendungen des Vers und nicht des Vmers; vgl. Anm. 20 a.E.). Insbesondere haben die Dritten gegen den Ver keinen Anspruch unter dem Gesichtspunkt der Geschäftsführung ohne Auftrag; denn der Dritte führte kein Geschäft des Vers, sondern ein solches des Vmers, dem z.B. die zu rettenden Sachen gehören (dazu Raiser AFB[2] Anm. 7 zu § 15, S. 360, Josef LZ 1930 Sp. 752–753 unter kritischer Auseinandersetzung mit LG Berlin 20. XI. 1911 VA 1912 Anh. S. 40–41 Nr. 657, Kisch WuRdVers 1916 S. 310–313 mit Anm. 24 unter kritischer Auseinandersetzung mit OLG Hamburg 2. VII. 1894 SeuffArch Bd 50 S. 25, teilweise abweichend auch Ehrenberg ZVersWiss 1906 S. 383, Woesner ZVersWiss 1960 S. 438–439 mit Anm. 198.

Bei einer **Mehrzahl von Vmern** kann der Aufwendungsersatzanspruch einem einzelnen Vmer zustehen, wenn er die Aufwendung gemacht hat oder – z.B. als Gesellschafter einer offenen Handelsgesellschaft nach § 128[1] HGB – persönlich für eine Verbindlichkeit haftet. Im übrigen ergibt sich die Gläubigerstellung bezüglich des Aufwendungsersatzes bei Bruchteil- und Gesamthandsgemeinschaft aus dem allgemeinen Zivilrecht unter Berücksichtigung der Rechtslage hinsichtlich des Vsschadens i.e.S. (vgl. Kisch WuRdVers 1916 S. 311–312).

Bei **Veräußerung** der vten Sache stehen Rettungskosten, die bei Vsfällen vor der Veräußerung aufgewendet worden sind, dem Veräußerer zu; der erworbene Ersatzanspruch geht nicht etwa auf den Erwerber über. Mit der Veräußerung tritt der Erwerber in das Vsverhältnis ein (§ 69 I); er erlangt die Vmerstellung und damit für Vsfälle „während der Dauer seines Eigentums" auch den Aufwendungsersatzanspruch (vgl. Kisch WuRdVers 1916 S. 314–315).

Der Aufwendungsersatzanspruch kann von dem Vmer – auch gesondert – **abgetreten** werden (Anm. 5 zu § 15), insbesondere auch an Dritte, die in Auslage getreten

VII. Anspruch auf Aufwendungsersatz § 63
Anm. 22

sind, so daß sie einen Anspruch gegen den Vmer besitzen. Tritt der Vmer seinen gegen den Ver gerichteten Befreiungsanspruch (§ 257 BGB; Anm. 13, 14) an den Dritten ab, so wandelt sich dieser in einen gegen den Ver gerichteten Geldanspruch um.

Ist der Vsvertrag Vertrag zugunsten Dritter, also V für fremde Rechnung, so ist (auch) der **Versicherte** mit der Rettungsobliegenheit belastet (Anm. 25 zu § 62), und demzufolge kann er bei eigenen Aufwendungen auch einen Aufwendungsersatzanspruch erlangen (Sieg Anm. 2 zu §§ 75, 76, Woesner ZVersWiss 1960 S. 438). Hinsichtlich der Verfügung über dieses Recht gilt § 76, d. h. der Vmer ist in der Regel berechtigt, im eigenen Namen über dieses materiell dem Vten zustehende Recht zu verfügen (Bruck S. 352–353, Woesner ZVersWiss 1960 S. 438, a. M. Kisch WuRdVers 1916 S. 313–314; über Abweichungen zugunsten des Vten: Sieg Anm. 44–46 zu §§ 75–76). Hat bei einer V für fremde Rechnung der Vmer Aufwendungen gemacht, so steht ihm allein der Aufwendungsersatzanspruch zu (Sieg Anm. 4 zu §§ 75, 76 gegen Prölss-Martin[21] Anm. 2 zu § 75, S. 407).

Schuldner des Aufwendungsersatzes ist immer ein **Versicherer,** und zwar derjenige Ver, der jenes Interesse vert hat, zu dessen Rettung der Aufwand gemacht worden ist. Bei Mitvern haften die mehreren Ver regelmäßig als Teilschuldner (Anm. 59 zu § 58), auch hinsichtlich des Aufwendungsersatzes. Weisungen kann der führende Ver zugleich namens der mitbeteiligten Ver nur erteilen, wenn eine Führungsklausel dies vorsieht (z. B. die Anschlußklausel: Anm. 64 zu § 58) oder wenn der führende Ver eine zusätzliche Vollmacht erhalten hat (Anm. 70 zu § 58), wobei zugunsten des Vmers auch eine Rechtsscheinshaftung platzgreifen kann. Bei mehrfacher V (außerhalb der Mitv) ist der Aufwendungsersatz entsprechend dem Vsschaden i. e. S. zwischen den Vern aufzuteilen (vgl. Anm. 50 zu § 58). Über den Fall widersprechender Weisungen vgl. § 62 I 2 mit Anm. 26 zu § 62. Hat nur einer der mehreren Ver Weisungen erteilt, so haftet nur er über die Vssumme hinaus gemäß § 62 I 2. Zur Behandlung der Rettungsaufwendungen bei Doppelv vgl. Anm. 39 zu § 59.

Bei Mitv, mehrfacher und Doppelv ist Identität des vten Interesses vorauszusetzen. Handelt es sich um differierende Interessen, so bereitet möglicherweise die Zuordnung und Aufteilung von Rettungsaufwendungen Schwierigkeiten.

Das gilt zunächst für getrennt nebeneinander vte gleichartige Interessen, z. B. Sachinteressen, etwa Gebäude und Mobiliar. Ist allerdings eine Zuordnung zu einem bestimmten Interesse möglich, so ist sie vorzunehmen (Kisch WuRdVers 1916 S. 281, 312). Rettungsmaßnahmen, man denke an Löschhilfe, lassen sich aber oft nicht bestimmten Interessen zuordnen. Hat einer der Ver Weisungen erteilt, so wird sich wegen der Haftungsregelung des § 63 I 2 der Vmer zweckmäßig primär an ihn halten. Im übrigen sollen nach Kisch WuRdVers 1916 S. 312 die Regeln gelten, „daß die Rettungskosten nach Maßgabe des Wertes der Interessen . . . . verteilt gedacht werden, und daß jeder den auf ihn entfallenden Teil von seinem Ver ersetzt bekommt" (ähnlich Woesner ZVersWiss 1960 S. 433, Ritter-Abraham Anm. 17 zu § 32, S. 536–537). Es erscheint zweifelhaft, ob diese Regel wirklich im Außenverhältnis des Vmers (oder der Vmer) zu den Vern gilt. Im Innenverhältnis der Ver zueinander entspricht sie der Interessenlage, vorausgesetzt allerdings, daß alle Interessen mit ihrem vollen Wert vert sind. Trifft das nicht zu, so ist auf das Verhältnis der ersatzpflichtigen Vsschäden i. e. S. zueinander abzustellen.

Für den Fall, daß ungleichartige Interessen nebeneinander vert sind, gelten Besonderheiten. Bei einem Nebeneinander von Substanz- und Gewinnvern werden die zur Rettung der Substanz gemachten Aufwendungen regelmäßig nur der Substanzv zugerechnet, obgleich die Rettung der Substanz auch der Gewinnerhaltung dient. So bestimmt für die Feuerbetriebsunterbrechungsv § 11 I FBUB: „Aufwendungen, die der Vmer zur Abwendung und Minderung des Unterbrechungsschadens macht, fallen dem

Ver zur Last....". Aufwendungen zur Abwendung und Minderung des Brandschadens gehen allein zu Lasten des Substanzvers, obgleich der gedehnte Vsfall der §§ 1,2 I FBUB auch schon den vorgängigen Sachschaden umfaßt. Diese Regelung entspricht dem älteren Vorbild der Seev: „Die V der Nebeninteressen soll.... Aufwendungen nur soweit umfassen, wie sie nicht schon durch die V des Hauptinteresses geschützt sind (oder geschützt sein könnten)" (Ritter-Abraham Anm. 16 zu § 32, S. 335–336 unter Hinweis u. a. auf Gewinn-, Mehrwert-, Schiffsgewinn-, Frachtven, sowie darauf, daß Ven „für behaltene Fahrt" oder „nur für Totalverlust" oft gerade für die V von Nebeninteressen verwendet werden.

Im Bereiche der **Pflichthaftpflichtversicherung** wird der Drittgeschädigte auch bei krankem Vsverhältnis geschützt, und zwar bei der Kraftfahrhaftpflichtv im Wege der Direktklage gemäß § 3 Nr. 1, 4, 5 PflVersG, bei anderen Pflichthaftpflichtven gemäß § 158c I, II. Der Ver kann solchenfalls gegen den **Versicherungsnehmer** Regreß nehmen (§ 3 Nr. 9 Satz 2 PflVersG, § 158 f). Hier gewinnt Bedeutung, daß eine Ausgleichspflicht auch hinsichtlich der Rettungsaufwendungen besteht, die der Ver gemacht hat. Rechtsgrundlagen bilden gemäß BGH 27. V. 1957 VersR 1957 S. 245 die §§ 675, 670 BGB (vgl. hierzu auch Woesner ZVersWiss 1960 S. 412–413).

Hat der Ver dem Vmer Rettungskosten ersetzt, für die **auch** ein **Dritter** einzustehen hat, so hat der Vmer seinen Ersatzanspruch analog § 255 BGB zum mindesten an den Ver abzutreten. KG 1. VI. 1932 JRPV 1932 S. 248–249 nimmt aber hier sogar einen gesetzlichen Rechtsübergang gemäß § 67 I¹ an, ebenso Sieg Anm. 50 zu § 67 m.w.N.

[23] 2. Art des Ersatzes

Der Ver hat den Aufwendungsersatz – ebenso wie den Vsschaden i. e. S. (§ 49) – grundsätzlich in Geld zu leisten.

Nur dann, wenn für den Vmer eine Verbindlichkeit entstanden ist, kann er vom Ver Befreiung von der Verbindlichkeit verlangen. Diese Regelung des § 257¹ BGB ist über eingegangene, also rechtsgeschäftliche Verbindlichkeiten (Anm. 13) hinaus auf Obligationen ex lege zu erstrecken (Anm. 14) und kann auch auf Fälle ausgedehnt werden, in denen der Vmer mit Sachenrechten, z. B. Pfandrechten aufwendungsweise belastet ist (vgl. Anm. 15 und Alff in: BGHKomm.¹² Anm. 1 zu § 257). Der Befreiungsanspruch ist dogmatisch den Naturalersatzansprüchen zuzuordnen (Anm. 13 zu § 49).

Wenn ausnahmsweise der Ver selbst Rettungsaufwendungen macht, so handelt es sich nicht mehr um Aufwendungsersatz (den der Vmer beanspruchen kann). Im Ergebnis läuft solches Verhalten auf einen Naturalersatz des Vers hinaus. Dazu Anm. 20 a. E.

[24] 3. Begrenzung des Ersatzes

    a) Bedeutung der Versicherungssumme

Der Schadensver muß aus vstechnischen Gründen sein Risiko begrenzen, was summenmäßig vermittels der **Versicherungssumme** (§ 50) geschieht. Diese Haftungsbegrenzung gilt regelmäßig dergestalt, daß sie neben dem Vsschaden i. e. S. auch die Rettungskosten umfaßt. Dies ergibt sich aus einem Umkehrschluß aus § 63 I 2, ferner aus Begr. I S. 72–73. Diese gesamtheitliche Leistungsbegrenzung umfaßt übrigens zusätzlich auch noch die Ermittlungs- und Feststellungskosten (Begr. I S. 74; Anm. 29 zu § 50, Anm. 20 zu § 66).

Im Falle der Überv bildet der Vswert die Höchstgrenze, ohne daß es darauf ankommt, ob eine Beseitigung der Überv gemäß § 51 I, II verlangt worden ist (vgl. Anm. 32 zu § 51). Man kann sich also im Wege einer Überv keinen erhöhten Rettungskostenersatz sichern (etwas anderes soll nach OLG Hamburg 29. III. 1935 JRPV 1935 S. 271–272 aber dann gelten, wenn die überhöhte Vssumme in besonderen Bedingungen vereinbart ist mit dem Zusatz: „Die Ersatzpflicht des Vers ist einschließlich Auf-

VII. Anspruch auf Aufwendungsersatz § 63
Anm. 25

wendungen und Havariegrosse mit der Höhe der Vssumme begrenzt"). Über die Rechtslage bei Doppelv vgl. Anm. 28 zu § 59 m. w. N. Auch die Doppelv ist kein Instrument zur Erlangung von Rettungskostenersatz über die Vssumme hinaus. Über den Fall der Unterv, einschließlich der V auf erstes Risiko, vgl. Anm. 25.

Die Begrenzung der Ersatzpflicht des Vers auf die Vssumme erleichtert in praxi die Prüfung der Erforderlichkeit der Aufwendung (Anm. 21); allerdings kann sich im Einzelfall ergeben, daß auch eine Aufwendung, die sich im Rahmen der Vssumme hält, den Umständen nach vom Vmer nicht für geboten gehalten werden durfte, besonders wenn sie erfolglos geblieben ist.

Bei summarischer Vssumme (Anm. 6 zu § 50) kommt es lediglich darauf an, ob der Aufwendungsersatz zusammen mit der Vsentschädigung i. e. S. die Vssumme übersteigt, mag auch der Schaden nur einen kleinen Teil der summarisch vten Sachen betroffen haben. Solchenfalls bleibt ein verhältnismäßig großer Spielraum für den Rettungskostenersatz. Bei positionsweiser V ist möglicherweise eine Rettungsmaßnahme und -aufwendung nur einer einzelnen Position zuzurechnen; man denke an die Trocknung einer separat vten Warenpartie. Hier begrenzt die Einzelvssumme zugleich den Rettungskostenersatz. Eine Vorsorgev ist nicht dazu geeignet, ausschließlich erhöhte Rettungskosten abzudecken. Eine spezielle V für Aufräumungs-, Abbruch- und Feuerlöschkosten mit gesonderten Vssummen kennen die Klauseln 6—8 der Zusatzbedingungen für Fabriken und gewerbliche Anlagen.

Die leistungsbegrenzende Funktion der Vssumme entfällt im Blick auf Rettungskosten in allen Schadensvszweigen bei **weisungsgemäß** gemachten Aufwendungen, ferner gemäß § 144 I in der Binnentransportrv, gemäß §§ 834 Nr. 3, 840 II HGB, §§ 32 I Nr. 1, 2, 37 II ADS in der Seev. Kraft der Weisungen hat der Ver in der allgemeinen Schadensv die Möglichkeit, den Umfang der Aufwendungen zu beeinflussen. In der Binnentransport- und besonders in der Seev können die — unbegrenzt ersatzfähigen — Aufwendungen sehr hoch sein, trotz des Regulativs der Erforderlichkeit (Anm. 21). Man denke etwa an Berge- und Hilfslohn; Schimming a. a. O. S. 139 weist auf den Fall hin, daß mehrere kostspielige Versuche zur Bergung eines Schiffes unternommen werden, wobei dem Berger auch für den Fall des Nichterfolgs eine Vergütung zugesagt werden muß und schließlich der Totalverlust doch nicht verhindert werden kann. Zwar kann der Ver (theoretisch) die Weisung geben, keine Aufwendungen zu machen (Ritter-Abraham Anm. 20 zu § 41, S. 644), aber in der Praxis wird das selten vorkommen.

Praktisch bedeutsam ist jedoch der **Abandon** des Vers gemäß § 145, in der Seev gemäß §§ 841—842 HGB, § 38 ADS, der gleichsam ein Gegengewicht bildet gegen die Gefahr übermäßiger Belastung des Vers mit Aufwendungsersatz: der Ver befreit sich nach dem Eintritt des Vsfalls durch Zahlung der Vssumme zuzüglich der bis zu seiner Erklärung aufgelaufenen Rettungskosten (zu denen auch entstandene Obligationen gemäß Anm. 13—14 zählen); der Ver erwirbt durch die Zahlung keine Rechte an den vten Gegenständen (hier liegt für den Vmer bei erfolgreicher Rettung eine Bereicherungschance). Aus dem Schrifttum vgl. nur Helberg, Der Abandon in der Seev, Mannheim-Berlin-Leipzig 1925, S. 147—148, Kisch WuRdVers 1916 S. 300—304, Ritter-Abraham Anm. 1—22 zu § 38, S. 622—627, Schimming a. a. O. S. 139—143.

Beruht eine Weisung des Vers auf schuldhaft falscher Unterrichtung des Vers durch den Vmer, so haftet der Ver nicht über die Vssumme hinaus für Rettungskosten (Hofmann S. 162).

[25] b) Ersatz bei Unterversicherung

Gemäß § 63 II sind bei Unterv die Aufwendungen **nur verhältnismäßig** zu ersetzen; die Vorschrift verweist auf § 56 und auf § 57³ (dazu schon Anm. 48 zu § 56, Anm. 29

zu § 57). Der Ver schuldet also nur Teilersatz, sei es in Geld, sei es als Teilbefreiung von Verbindlichkeiten (Anm. 34). Für die Proportion gelten die für den Vsschaden i. e. S. maßgebenden Grundsätze: Anm. 46, 47 zu § 56. Auch bei weisungsgemäß gemachten Aufwendungen schuldet der Ver im Falle der Unterv nur proportionalen Ersatz (Kisch WuRdVers 1916 S. 295–297, Woesner ZVersWiss 1960 S. 425–427 unter Auseinandersetzung mit Bruck S. 348). Berechnungsbeispiele bei Blanck, Entschädigungsberechnung in der Sachv, 4. Aufl., Karlsruhe 1977, S. 62–65, zur Betriebsunterbrechungsv bei Boldt VW 1965 S. 886, Zimmermann VW 1964 S. 988–991, vgl. auch § 11 III FBUB. In der See- und Transportv ist auch für den Rettungskostenersatz zu beachten, daß die Fiktion des gleichbleibenden Vswertes gilt (Anm. 32 zu § 56 und dazu RG 3. II. 1926 RGZ Bd 112 S. 384–388).

Bei einer **Erstrisikoversicherung** wird die Proportionalitätsregel – jedenfalls für den Vsschaden i. e. S. – ausgeschaltet. Das hat hinsichtlich des Rettungskostenersatzes die Folge, daß auch § 63 II hier unanwendbar ist, d. h. der Ver kann den Aufwendungsersatz hier nicht mit der Begründung kürzen, daß der Vswert die Vssumme überstiegen habe (Büchner VersR 1967 S. 629); die leistungsbegrenzende Funktion der Vssumme bleibt (abgesehen vom Weisungsfall sowie der Transport- und Seev) gesamtheitlich auch bei der Erstrisikov erhalten. Mit dieser Feststellung ist aber nicht die Frage beantwortet, ob der Ver die Aufwendungen zu ersetzen hat, soweit sie zur Bekämpfung eines über die Vssumme hinausgehenden Schadens aufgewendet sind. Die Frage wird bejaht von Woesner ZVersRWiss 1960 S. 421–428, der sich auf Bruck S. 355, Kisch WuRd Vers 1916 S. 295 beruft und meint, der Ver habe „die Rettungskosten ungebrochen zu ersetzen" (regelmäßig im Rahmen der Vssumme). Dagegen wendet sich mit guten Gründen Büchner VersR 1967 S. 629–631, der – ausgehend von der sachlichen Begrenzung der Rettungspflicht und des Aufwendungsersatzes (vgl. Anm. 33 zu § 62, Anm. 21) – abheben will „auf das Verhältnis der durch die jeweilige Maßnahme für beide Teile erzielbaren Ersparnisse". Wenn bei einer für Hausrat und Arbeitsgerät auf erstes Risiko genommenen, über DM 3000,– lautenden Außenv der Vmer mit einem Aufwand von DM 400,– einen drohenden Schaden von DM 6000,– auf DM 2000,– herabmindert, so „sind die Aufwendungen .... nicht etwa hälftig aufzuteilen, weil der drohende Vsschaden halb so groß ist wie der drohende Gesamtschaden, erst recht aber nicht voll dem Ver aufzubürden, weil sie zusammen mit der übrigen Entschädigung die Vssumme nicht übersteigen, sondern zu drei Vierteln vom Vmer und nur zu einem Viertel vom Ver zu tragen, weil es bei der Schadensbekämpfung darum ging, jenem einen Schaden von DM 3000,–, diesem nur einen solchen von DM 1000,– zu ersparen" (Büchner VersR 1967 S. 630).

Der entwickelte Grundsatz soll nach Büchner VersR 1967 S. 631–532 auch anwendbar sein bei **Maximaüberschreitungen** (zum Wesen des Maximums: Anm. 10 zu § 50). Nimmt man jedoch an, daß bei solcher Überschreitung die Proportionalitätsregel des § 56 gilt, so kommt man über § 63 II auch ohne weiteres zu einem proportionalem Rettungskostenersatz nach dem Verhältnis des Maximums zum Vswert. Vollen Ersatz von Bergungskosten über ein Maximum hinaus hat das OLG Hamburg 3. VI. 1929 VA 1929 S. 267–269 Nr. 2027 zugebilligt, dagegen RG 18. III. 1930 JRPV 1930 S. 152–153 (vgl. zu diesem Fall auch schon RG 25. XI. 1927 VA 1928 S. 47–48 Nr. 1824).

[26] c) Ersatz bei Franchisen

In den Fällen der Selbstbeteiligung des Vmers (Anm. 65–73 zu § 56) ist jeweils das Problem zu lösen, ob die Selbstbeteiligung sich auch auf Rettungskostenersatz auswirkt.

Bei den vielfältigen Formen der **Schadensselbstbeteiligung** ist von Fall zu Fall im Wege der Auslegung zu ermitteln, welche Konsequenz die getroffene Regelung für den

VII. Anspruch auf Aufwendungsersatz § 63
Anm. 27

Aufwendungsersatz hat (allzu generell im Sinne des stets vollen Ersatzes des Rettungsaufwandes trotz vereinbarter Selbstbeteiligung: Hofmann S. 163): Hat der Vmer von jedem Schaden eine bestimmte Quote selbst zu tragen, so dürften auch die Rettungskosten quotal aufzuteilen sein (Büchner VersR 1967 S. 633 Anm. 51). Das OLG Hamburg 29. III. 1935 JRPV 1935 S. 271–272 hat bei einer Seekaskov eine Klausel, wonach „der Vte die ersten 50 RM jeden Schadenersatzes an Dritte selbstzutragen hat" mit Recht nicht auf Aufwendungsersatzansprüche erstreckt. Bei der allgemeinen und Vermögensschadenhaftpflichtv bezieht sich eine vereinbarte Selbstbeteiligung des Vmers nicht auf die Kosten eines Haftpflichtprozesses (Johannsen Anm. G 52, 55, besonders mit Hinweis auf KG 2. XII. 1933 VA 1933 S. 415 Nr. 2635 = JRPV 1934 S. 92–93).

Was speziell **Franchisen** anlangt, so sind Integral- und Abzugsfranchisen zu unterscheiden. Generell läßt sich allerdings feststellen, daß die Franchise sich im Zweifel immer nur auf den Vsschaden i.e.S. bezieht (so denn auch ausdrücklich §§ 846, 847 HGB, §§ 34 II, 117 ADS), d.h. eine Franchise von DM 1000,– kann niemals dazu führen, daß Vsschaden i.e.S. von DM 900,– deshalb vom Ver ganz oder teilweise zu tragen ist, weil Rettungskosten von DM 300,– erwachsen sind (Büchner VersR 1967 S. 632, auch Bruck S. 357, Hagen I S. 646, Kisch WuRdVers 1916 S. 288, a. A. nur Ritter-Abraham Anm. 5 zu § 118, S. 1354).

Für **Integralfranchisen** hat im übrigen Büchner VersR 1867 S. 632 überzeugend dargetan, der Ver habe Aufwendungen nicht zu ersetzen, wenn der Vmer einen Schaden abwendet oder mindert, der die Franchise – z.B. drei Prozent des Vswertes – nicht erreicht hätte. Wird die Franchisengrenze nur deshalb unterschritten, weil die Rettungsmaßnahme Erfolg zeitigt, so geht der Rettungsaufwand allein zu Lasten des Vers (anders Ritter-Abraham Anm. 13 zu § 32, S. 533). Ehrenzweig S. 277 hebt nicht auf die objektive Interessenlage, sondern darauf ab, ob „der Vmer glauben durfte, daß der Schaden ohne die Rettungsmaßnahmen die Freigrenze übersteigen könnte."

Bei **Abzugsfranchisen** gehen die Rettungsaufwendungen voll zu Lasten des Vmers, falls der Schaden objektiv nicht über den Betrag der Franchise hinauszuwachsen droht. Bei höher drohendem Vsschaden i.e.S. ähnelt die Rechtslage jener bei der Erstrisikov: Die parallelen Interessen des Vmers und des Vers rechtfertigen eine Aufteilung der Aufwendungen nach Maßgabe der erzielbaren Ersparnisse (Büchner VersR 1967 S. 632–633, Prölss-Martin[21] Anm. 5 zu § 63, S. 346).

[27] **d) Restfälle des Teilersatzes?**

Falls in der **Haftpflichtversicherung** die Vssumme zur Deckung eines Haftpflichtschadens nicht ausreicht, liegt juristisch keine Unterv vor (Anm. 6 zu § 56). Über die Kosten eines solchenfalls auf Veranlassung des Vers geführten Rechtsstreits vgl. § 150 II 1 sowie § 3 II 1 AHB:

„Übersteigen die Haftpflichtansprüche die Vssumme, so hat der Ver die Prozeßkosten nur im Verhältnis der Vssumme zur Gesamthöhe der Ansprüche zu tragen, und zwar auch dann, wenn es sich um mehrere aus einem Schadensereignis entstehende Prozesse handelt."

Zu dieser „unechten Unterv" vgl. schon Anm. 6 zu § 56 m.w.N., ferner Prölss-Martin[21] Anm. 5 zu § 3 AHB, S. 797, Woesner ZVersWiss 1960 S. 431–432. Hier geht es um die Rechtsschutzleistung des Vers.

Was den echten Ersatz von Rettungskosten in der Haftpflichtv anlangt (Anm. 3), so vertreten Johannsen Anm. F 85, S. 249–251, Woesner ZVersWiss 1960 S. 429–431 (letzterer allerdings mit einer zur Erwägung gestellten Variante) die Auffassung, daß wegen Unanwendbarkeit des § 63 II nur die Vssumme den vollen Rettungskostenersatz begrenze (wenn keine Weisung des Vers vorliegt).

In der **Betriebsunterbrechungsversicherung** taucht die Spezialfrage auf, ob der Ver Rettungskosten auch erstatten muß, soweit sie dem Vmer nach Ablauf der Haftzeit nützen. Hierzu bestimmt § 11 II a FBUB:

„Die Aufwendungen werden nicht ersetzt, soweit
a) durch sie über die Haftzeit hinaus für den Vmer Nutzen entsteht".

Dazu vgl. Büchner VersR 1967 S. 629 Anm. 12, Fusshoeller-John Anm. 3 zu § 11 FBUB, S. 109, Stöcklein VW 1964 S. 906–908, Zimmermann VW 1964 S. 988–993, Der Betriebs-Unterbrechungs-Schaden, 2. Aufl., Karlsruhe 1968, S. 163–164.

Generell stellt sich die Frage, wie hinsichtlich des Aufwendungsersatzes zu entscheiden ist, wenn Aufwendungen **teils** der **Rettung vter, teils** der **Rettung unvter Interessen** dienen. Lassen sich die Aufwendungen der Art und Höhe nach trennen, so hat der Ver nur jene Rettungskosten zu ersetzen, welche den vten Interessen zurechenbar sind (Kisch WuRdVers 1916 S. 281, 312, Martin VersR 1968 S. 909–910, Woesner ZVersWiss 1960 S. 433). Die Zweifel beginnen bei „Unaufteilbarkeit" des Rettungsaufwandes. Der vte Aufwendende kann solchenfalls einen zivilrechtlichen Ausgleichsanspruch gegen den unvten Interessenten besitzen, z. B. aus Geschäftsführung ohne Auftrag oder bei Gemeinschaftsverhältnissen aus §§ 744 II, 748 BGB (Woesner ZVersWiss 1960 S. 433). Was aber die Haftung des Vers anlangt, so läßt sich aus der sachlichen Begrenzung der Rettungspflicht (Anm. 33 zu § 62) und dem Kriterium der Erforderlichkeit (Anm. 21) sowie aus dem Rechtsgedanken des § 63 II und seinen Ausprägungen (Anm. 25–26) ableiten, daß der Ver nur Teilersatz schuldet, entsprechend dem Verhältnis der beteiligten Interessen (vgl. Hennig a.a.O. S. 93, Kisch WuRdVers 1916 S. 281–282, Martin VersR 1968 S. 910–913 [teilweise abweichend], Prölss-Martin[21] Anm. 5 zu § 63, S. 346, Woesner ZVersWiss 1960 S. 433).

[28] 4. Fälligkeit und Vorschuß

§ 11 I spricht zwar generell von der Fälligkeit der „Geldleistungen des Vers", aber die Aufwendungsersatzschuld des Vers dürfte nicht erst mit Beendigung der nötigen Erhebungen fällig werden, sondern gemäß § 271 I BGB sofort (Anm. 3 zu § 11, a. M. Prölss-Martin[21] Anm. 1 zu § 63, S. 311); denn anderenfalls können für den Vmer wirtschaftliche Schwierigkeiten entstehen. Auch aus § 256 BGB läßt sich die sofortige Fälligkeit von Aufwendungsersatzschulden schließen. Die sofortige Fälligkeit erstreckt sich auch auf Befreiungsansprüche aus § 257[1] BGB.

Die Unanwendbarkeit des § 11 (mit der Regelung der Abschlagszahlungen in § 11 II) läßt sich auch folgern aus der Regelung des § 63 I 3, wonach der Ver den für die Aufwendungen erforderlichen Betrag auf Verlangen des Vmers **vorzuschießen** hat; auch dem Vten ist dieser Anspruch zuzubilligen (vgl. § 75 I 1). Die Vorschußpflicht gilt nicht nur für weisungsgemäß zu machende Aufwendungen (Kisch WuRdVers 1916 S. 325). Wenn notwendig, sind mehrfach Vorschüsse zu gewähren. Der Vorschuß ist nur **auf Verlangen** des Vmers oder Vten zu leisten; es handelt sich also um einen verhaltenen klagbaren Anspruch, der kraft des Verlangens sofort entsteht und fällig wird (Kisch WuRdVers 1916 S. 325–326).

Leistet der Ver den verlangten Vorschuß nicht, so folgt aus § 273 I BGB, daß der Vmer oder Vte seine durch den Vorschuß zu finanzierende Rettungsmaßnahme **zurückbehalten** kann, auch wenn der Ver nicht schuldhaft handelt (Kisch WuRdVers 1916 S. 326–327).

[29] VIII. Abdingbarkeit des § 63

Anders als § 62 ist § 63 nicht in § 68a für relativ zwingend erklärt worden.

Der Aufwendungsersatzanspruch kann hiernach zum Nachteil des Vmers (und Vten) ganz oder teilweise **wegbedungen** werden.

IX. Konkurrierende Ansprüche § 63
Anm. 30

Das geschieht im Blick auf riskante Rettungsmaßnahmen (Anm. 6) hinsichtlich Aufwendungen, die durch Gesundheitsschädigungen verursacht sind, in § 14 II VHB, § 16 II VGB (Anm. 18). In der Feuerbetriebsunterbrechungsv macht § 11 I FBUB ersichtlich, daß dem Ver nur Aufwendungen zur Abwendung und Minderung des Unterbrechungsschadens zur Last fallen, keine Aufwendungen zur Brandbekämpfung (Anm. 22).

[30] IX. Konkurrierende Ansprüche

Personen, die Rettungsdienste leisten, können gegen den Vmer zivilrechtliche Ansprüche erwerben, von denen der Ver den Vmer freizuhalten hat (Anm. 13–14); im Bereiche des Schiffahrtsrechts können aus Bergungen und Hilfeleistungen auch dingliche Belastungen für den Vmer entstehen, die gleichfalls vom Ver zu beseitigen sind (Anm. 15).

Soweit es sich um **Arbeitnehmer** des Vmers handelt, genießen sie den Schutz des sozialen Unfallv (§ 539 I Nr. 1 RVO) bei **Arbeitsunfällen.** Einbezogen in die gesetzliche Unfallv sind aber auch z.B. die in einem Unternehmen zur Hilfe bei Unglücksfällen Tätigen, ferner Personen, die bei Unglücksfällen oder gemeiner Gefahr oder Not Hilfe leisten, die sogen. **Nothelfer** (§ 539 I Nr. 8, 9a RVO). Dies hat zur Folge, daß grundsätzlich der Arbeitgeber zum Ersatz von Personenschaden nicht verpflichtet ist (§ 636 I RVO), und die Vorschrift gilt auch bei Arbeitsunfällen in Unternehmen der Feuerwehren sowie bei sonstigen Unternehmen zur Hilfe bei Unglücksfällen (§ 637 II, III RVO). Eine Haftung derjenigen, deren Ersatzpflicht durch die §§ 636, 637 RVO beschränkt ist, gegenüber den Trägern der Sozialv kommt nur bei Vorsatz oder grober Fahrlässigkeit nach § 640 RVO in Betracht, in der Praxis spielt sie im Zusammenhang mit vsvertraglichem Aufwendungsersatz keine Rolle. Die sozialvsrechtliche Regelung kommt also wirtschaftlich den privaten Schadensvern zugute, und zwar bei Schäden an Leib und Leben (Anm. 18).

Was **Sachschäden** anlangt, so sind sie in die soziale Unfallv bislang nicht einbezogen. Eine Ausnahme gilt nur kraft § 765a RVO, der durch § 8 G über die Entschädigung für Opfer von Gewalttaten vom 11. V. 1976 (BGBl. I S. 1181) geschaffen ist:

„(1) Den nach § 539 Abs. 1 Nr. 9 Vten werden auf Antrag die Sachschäden, die sie bei einer der dort genannten Tätigkeiten erleiden, sowie die Aufwendungen, die sie den Umständen nach für erforderlich halten dürfen, ersetzt. Der Anspruch richtet sich gegen den für die V zuständigen Vsträger.

(2) § 1542 Abs. 1 Satz 1 und § 640 Abs. 2 gelten entsprechend."

Die Vorschrift sieht nicht generell eine Sachentschädigung vor, sondern nur für Personen, die lediglich in ihrer Eigenschaft als Nothelfer Unfallvsschutz genießen. Die bürgerlichrechtlichen Ansprüche dieser Personen bleiben aber bestehen; sie gehen nach § 1542 I 1 RVO auf den Sozialvsträger über (Schulz-Lüke-Wolf, Gewalttaten und Opferentschädigung, Berlin-New York 1977, Anm. 2, 6 zu § 8, S. 170, 171). Der Sozialvsträger kann nach billigem Ermessen auf den Ersatzanspruch verzichten (§ 640 II RVO); aber solcher Verzicht ist nicht zu erwarten, wenn der Nothelfer einen Anspruch gegen einen Vmer erlangt, der seinerseits aus § 63 I 1, 2 Rettungskostenersatz vom Ver fordern kann. Über die arbeitsrechtliche Lage bei Sachschäden: Gitter, Schadensausgleich im Arbeitsunfallrecht, Tübingen 1969, S. 193–196, 218 m.w.N.

Über das Verhältnis der Aufwendungsersatzansprüche aus § 63 zu solchen aus **Auftrag oder Geschäftsführung ohne Auftrag** (§§ 670, 683 BGB) vgl. Anm. 6 zu § 62, oben Anm. 4, 20, 22, 27.

§ 64

Sollen nach dem Vertrag einzelne Voraussetzungen des Anspruchs aus der Versicherung oder die Höhe des Schadens durch Sachverständige festgestellt werden, so ist die getroffene Feststellung nicht verbindlich, wenn sie offenbar von der wirklichen Sachlage erheblich abweicht. Die Feststellung erfolgt in diesem Falle durch Urteil. Das gleiche gilt, wenn die Sachverständigen die Feststellung nicht treffen können oder wollen oder sie verzögern.

Sind nach dem Vertrage die Sachverständigen durch das Gericht zu ernennen, so ist für die Ernennung das Amtsgericht zuständig, in dessen Bezirke der Schaden entstanden ist. Durch eine ausdrückliche Vereinbarung der Beteiligten kann die Zuständigkeit eines anderen Amtsgerichts begründet werden. Eine Anfechtung der Verfügung, durch welche dem Antrag auf Ernennung der Sachverständigen stattgegeben wird, ist ausgeschlossen.

Eine Vereinbarung, durch welche von der Vorschrift des Abs. 1 Satz 1 abgewichen wird, ist nichtig.

Sachverständigenverfahren.

Gliederung:

Entstehung Anm. 1
Schrifttum Anm. 2
I. Verfahren der Schadensabwicklung Anm. 3
II. Bedeutung des Sachverständigenverfahrens Anm. 4
III. Rechtsquellen des Sachverständigenverfahrens Anm. 5–6
   1. Gesetzliche Rechtsquellen Anm. 5
   2. Vertragliche Rechtsquellen Anm. 6
IV. Abgrenzung des Sachverständigenverfahrens Anm. 7–12
   1. Schiedsgerichtliches Verfahren Anm. 8
   2. Gestaltendes Schiedsgutachterverfahren Anm. 9
   3. Angestellte Schadensregulierer Anm. 10
   4. Parteiinterne Sachverständige Anm. 11
   5. Sonstige Grenzfälle Anm. 12
V. Vereinbarung des Sachverständigenverfahrens Anm. 13–19
   1. Zeitpunkt Anm. 13
   2. Parteien Anm. 14
   3. Inhalt Anm. 15
   4. Rechtsnatur Anm. 16–18
      a) Materiellrechtliche Bedeutung Anm. 17
      b) Prozeßrechtliche Bedeutung Anm. 18

   5. Beendigung Anm. 19
VI. Der Sachverständige Anm. 20–35
   1. Ernennung Anm. 20–23
      a) Parteiseitige Ernennung Anm. 21
      b) Sachverständigenseitige Ernennung Anm. 22
      c) Ernennung durch Dritte Anm. 23
   2. Qualifikation Anm. 24
   3. Befangenheit Anm. 25
   4. Vertragsverhältnis Anm. 26–34
      a) Abschluß Anm. 26
      b) Rechtsnatur Anm. 27
      c) Pflichten des Sachverständigen Anm. 28–32
         aa) Gutachtenfeststellung Anm. 28–31
            aaa) Unmöglichkeit Anm. 29
            bbb) Nichtwollen Anm. 30
            ccc) Verzögerung Anm. 31
         bb) Nebenpflichten Anm. 32
      d) Rechte des Sachverständigen Anm. 33
      e) Beendigung Anm. 34
   5. Verhältnis zu Dritten Anm. 35
VII. Das Verfahren Anm. 36–48
   1. Einleitende Übersicht Anm. 36
   2. Sachverständigen- und Gerichtsverfahren Anm. 37–41
      a) Sachverständigen-, ohne Gerichtsverfahren Anm. 38
      b) Sachverständigen- neben Gerichtsverfahren Anm. 39
      c) Gerichts-, ohne Sachverständigenverfahren Anm. 40

I. Verfahren der Schadensabwicklung **§ 64**
Anm. 1–3

zu a)–c) Prozeßrechtliche Fragen
    Anm. 41
3. Ablauf des Sachverständigen-
    verfahrens Anm. 42–48
    a) Grundsätze Anm. 42
    b) Konstituierung Anm. 43
    c) Arbeitsweise Anm. 44
    d) Wahrheitserforschung Anm. 45
    e) Rechtliches Gehör Anm. 46
    f) Störungen Anm. 47
    g) Sonstiges Anm. 48
VIII. Die Feststellung Anm. 49–60
1. Zustandekommen Anm. 49
2. Form Anm. 50
3. Inhalt Anm. 51

4. Rechtsnatur Anm. 52
5. Verbindlichkeit Anm. 53
6. Unverbindlichkeit Anm. 54–60
    a) Fallgruppen Anm. 54
    b) Unrichtigkeit Anm. 55–60
        aa) Voraussetzungen
            Anm. 55–58
            aaa) Abweichung Anm. 56
            bbb) Erheblichkeit Anm. 57
            ccc) Offensichtlichkeit
                Anm. 58
        bb) Wirkungen Anm. 59
    cc) Kasuistik Anm. 60
IX. Die Unabdingbarkeit Anm. 61

[1] **Entstehung:**
§ 64 ist unverändert geblieben. – Begr. I S. 73–74.

[2] **Schrifttum:**
Asmus, Das Sachverständigenverfahren, ungedr. Hamburger Diss. 1961, (Sachverständigenverfahren und Sachverständigenfeststellung) ZVersWiss 1962 S. 197–253, (Juristische Personen als Sachverständige gemäß § 14 AKB?) VersR 1970 S. 495–497, Bachmann, Der Schiedsgutachter, Zürcher Diss. 1949, Bremer, Der Sachverständige, 2. Aufl., Heidelberg 1973, Bruck S. 445–454, Clasen (Die Schiedsgutachterklausel in Vsverträgen) JRPV 1927 S. 326–329, 337–341, 353–356, (Die Unverbindlichkeit des Schiedsgutachtens, Die Möglichkeit der Leistungsklage) JRPV 1928 S. 49–53, Ehrenzweig S. 190–195, Fuld (Schiedsgutachten und ihre Anfechtung) AssJhrb Bd 33 S. 21–36, Gottschalk (Zum Schadenfeststellungsverfahren im privaten Vsrecht) JW 1929 S. 2039–2040, Habscheid (Das Schiedsgutachten) in: Das deutsche Privatrecht in der Mitte des 20. Jahrhunderts, Festschrift für Heinrich Lehmann zum 80. Geburtstag, II. Band, Berlin-Tübingen-Frankfurt a. M. 1956, S. 789–811, Hagen I S. 597–608, Keining (Die Anfechtung eines Schiedsgutachtens wegen offenbarer Unbilligkeit) ÖffrV 1938 S. 429–432, Kisch (Die rechtliche Bedeutung des Schiedsgutachtens in Vssachen) RheinZ 1917 S. 12–31, Der Schiedsmann im Vsrecht, Mannheim-Berlin-Leipzig 1924, (Das Verfahren zur Ermittelung des Vsschadens) WuRdVers 1932 Nr. 1 S. 1–112, Prölss (Formelle Mängel des Sachverständigenverfahrens) Die Vspraxis 1935 S. 119–120, Prölss-Martin[21] Anm. 9–13 zu § 64, S. 346–358, Raiser AFB[2] Anm. 1–40 zu § 16, S. 368–391, Ritter-Abraham Anm. 1–72 zu § 74, S. 919–947, Ritzmann, Über den Feststellungsvertrag, Hamburger Diss. 1973, Sieg (Die feststellenden Schiedsgutachter im Privatvsrecht) VersR 1965 S. 629–635, Stiefel-Wussow-Hofmann AKB[10] Anm. 1–15 zu § 14, S. 646–663, Wedemeyer (Von der Schiedsgutachterklausel und vom Rücktritt eines Schiedsgutachters) WuRdVers 1913 S. 100–133, Weismann (Das Schiedsgutachten) ArchCivPrax Bd 72 S. 269–329. Speziell zum Ärzteausschuß in der Unfallv: Nachweise bei Wagner Anm. G 888, ferner laufend in Wagner Anm. G 297–304.

[3] **I. Verfahren der Schadensabwicklung**
Mit dem Vsfall tritt die Gefahrtragung des Vers aus ihrem latenten Stadium in ein akutes Stadium über, in der Schadensv entsteht ein Schaden (über das Verhältnis von Vsfall und Schaden vgl. Anm. 33 vor §§ 49–80). Spätestens nach Abschluß des Schadensfalls gilt es, ihn vsmäßig abzuwickeln, d. h. primär die Ersatzpflicht des Vers nach Grund und Höhe festzustellen.
Solche Schadensabwicklung kann schwierig sein, aus tatsächlichen und rechtlichen Gründen, die zuweilen ineinander fließen: Ist der Schaden an vten Interessen (Bezie-

hungen) infolge Verwirklichung der vten Gefahr eingetreten? Welchen Umfang hat der Schaden bei Zugrundelegung des maßgeblichen Wertmaßstabes angesichts des Grades der Beeinträchtigung der vten Wertbeziehung oder angesichts der Höhe der entstandenen vten Passiven? Kommt Vorteilsausgleichung in Betracht? Komplikationen ergeben sich bei Unterv oder Selbstbeteiligungsvereinbarungen.

Bei einfachen, kleinen Schadensfällen zahlt der Ver nicht selten den liquidierten Schadensbetrag ohne nähere Prüfung der Deckungsfrage und des Schadensumfanges, sei es zur Einsparung von Verwaltungskosten, wie sie mit jeder längeren Schadensabwicklung verbunden sind, sei es aus Kulanz (man denke an einen Sengschaden bei einer langjährig günstig verlaufenen Hausratv). Es handelt sich dann juristisch um eine „einfache Abrechnung" (Anm. 8 zu § 66).

Im Bereich der Unfallv, speziell nach § 11 AUB, ist der Ver verpflichtet, sich darüber zu erklären, ob er eine Entschädigungspflicht anerkenne. Auch ein solches einseitiges Schuldanerkenntnis (Anm. 9 zu § 66) hat jedoch regelmäßig keine weiterreichende rechtsgeschäftliche Bedeutung.

Erst wenn hinsichtlich der Leistungspflicht des Vers Zweifel, Streit, Ungewißheit bestehen, ergibt sich die Notwendigkeit, feinere juristische Instrumente einzusetzen. Letztlich kann es zu einem bestätigenden Schuldanerkenntnisvertrag (Anm. 10 zu § 66), einem Vergleich, einer Abfindungserklärung (Anm. 11 zu § 66), in seltenen Fällen zu einem abstrakten Schuldanerkenntnis (Anm. 12 zu § 66) kommen.

Der Vorbereitung solcher Lösungen dienen möglicherweise Feststellungsverträge (zum Schadenfeststellungsvertrag Anm. 4 zu § 66, zum Entschädigungsfeststellungsvertrag Anm. 5 zu § 66), insbesondere aber dient der Feststellung einzelner Voraussetzungen des Anspruches aus der V oder der Schadenshöhe häufig ein Sachverständigenverfahren (§§ 64, 184), dem seinerseits ein Feststellungsvertrag zugrundeliegt, bei dem Dritte mitwirken (Anm. 17).

Solches Verfahren kann einem Anerkenntnis, einem Vergleich, einer Abfindungserklärung vorangehen, es kann aber auch einem Schadenfeststellungsvertrag oder einer Entschädigungsvereinbarung vorangehen, darin eingebettet sein oder ausnahmsweise auch nachfolgen.

Wenn eine einverständliche Schadensregulierung nicht gelingt, muß ein Gerichtsverfahren bemüht werden, möglicherweise auch zur Korrektur einer außergerichtlichen Feststellung, auf deren Bindungswirkung es sodann ankommt (über Fälle der Unverbindlichkeit von Sachverständigenfeststellungen: Anm. 54–60).

[4] II. Bedeutung des Sachverständigenverfahrens

Sieht man von den Fällen einfacher Abrechnung ab, so tauchen bei zahlreichen Schadensabwicklungen Schwierigkeiten auf, die sich aus der Polarität der Interessen des Vmers und des Vers ebenso ergeben wie aus der Vielfalt der Lebensbereiche, in die das Vswesen hineinreicht und die sich in Schadensereignissen widerspiegelt. Die Schadenssachbearbeiter der Ver können nicht alle Bereiche in eigenem Sachwissen übersehen; deshalb sind im Bereiche der Privatversicherung besondere Sachverständigenverfahren eingeführt und verbreitet. Angestrebt wird neben der Heranziehung der Sachkunde die erhöhte Objektivität der Sachverständigen, die ihrerseits spezialisiert sein können, z.B. auf Gebäude, Kraftfahrzeuge, Schiffe, Mobiliar, Teppiche, Bilder, aber auch auf Betriebsunterbrechungsschäden oder – im medizinischen Bereich – auf Unfallfolgen.

Ein außergerichtliches Sachverständigenverfahren soll nicht nur die Vorzüge des Sachverstandes und der Objektivität vermitteln, sondern bietet gegenüber – sonst notwendigen, evtl. mehrinstanzlichen – gerichtlichen Feststellungen auch die Vorteile der Schnelligkeit und Kosteneinsparung, auch der größeren Geschmeidigkeit beim Erzielen

III. Rechtsquellen des Sachverständigenverfahrens **§ 64**
Anm. 5

von Kompromissen. Auf der anderen Seite sind — besonders für den Bereich der Unfallv, also im Hinblick auf die Ärztekommissionen (vgl. § 184) — Stimmen laut geworden, welche den Ausschluß des Verfahrens vor den ordentlichen Gerichten kritisiert haben, besonders soweit die Sachverständigen auch zur Beurteilung juristischer Probleme berufen sind (z.B. bei Fragen des Kausalzusammenhanges) und wegen eines gewissen „Übergewichts" der Ver bei der Auswahl geeigneter Sachverständiger (Spezialist gegen Hausarzt), obendrein in einer einzigen Instanz. Das hat kraft aufsichtsbehördlichen Einschreitens zunächst in der Unfallzusatzv (VA 1958 S. 35—38, BVerwG 22. XI. 1960 VA 1961 S. 65—67 = VersR 1961 S. 145—147), später auch in der allgemeinen Unfallv (§ 12 I Abs. 2 AUB) dazu geführt, daß innerhalb einer bestimmten Frist Vmer und Ver verlangen können, es sollten anstelle des Ärzteausschusses die ordentlichen Gerichte entscheiden. Kritische Stimmen zum Sachverständigenverfahren: Wilms Vspraxis 1952 S. 100—102, 1953 S. 38—39, Anonym ZfV 1956 S. 729—731. Andererseits vgl. zur Problematik des aufsichtsbehördlichen Einschreitens Asmus VersR 1963 S. 316—317, ferner in: Möller, Vsmedizin und Vsrecht, Festgabe für Hans Göbbels, Karlsruhe 1964, S. 13—14, Dern VW 1957 S. 35—36, Raestrup Monatsschrift für Unfallheilkunde 1959 S. 443, Sieg VersR 1965 S. 630, 635. Reformgedanken zum Sachverständigenverfahren schon bei Bruck HansRGZ 1935 A Sp. 19—26, Prange ÖffrV 1934 S. 287—290. Eine eingehendere gesetzliche Regelung unter Übernahme von Grundsätzen der AVB in das Gesetz empfehlen Asmus ZVersWiss 1962 S. 202, Goudefroy ZVersWiss 1943 S. 13. Zur Geschichte des vsrechtlichen Sachverständigenverfahrens Asmus Diss. a.a.O. S. 6—7.

Rechtstatsächlich spielt das Sachverständigenverfahren in fast allen Schadensvszweigen (abgesehen von der Haftpflichtv) sowie in der Unfallv eine erhebliche Rolle, nicht dagegen in der Lebens- und Krankenv. Eine Übersicht über einschlägige Klauseln in AVB findet sich bei Asmus Diss. a.a.O. S. 171—173, vgl. auch die Beispiele in Anm. 6.

[5] III. Rechtsquellen des Sachverständigenverfahrens

1. Gesetzliche Rechtsquellen

§ 64, der für die gesamte Schadensv gilt, und § 184, der speziell die Unfallv betrifft, behandeln das Sachverständigenverfahren in nur wenigen Rahmenrechtssätzen (Asmus ZVersWiss 1962 S. 202): Sie setzen eine vertragliche Vereinbarung des Sachverständigenverfahrens (Anm. 13—19) voraus und regeln lediglich die etwaige Unverbindlichkeit der Feststellung (Anm. 54—60, auch Anm. 29—31), zweitens die gerichtliche Ernennung der Sachverständigen (Anm. 23) und drittens die Unabdingbarkeit jener Regelungen (Anm. 61).

Für die Seeversicherung sieht § 884 Ziff. 4 HGB die Zuziehung von Sachverständigen vor (speziell für Kaskoschäden bei großer Haverie vgl. auch § 709 HGB).

Im Bereich der öffentlichrechtlichen Versicherung haben sich früh Schätzungsverfahren entwickelt, bei denen die (vor Schadenseintritt erfolgende) Festlegung des Vswertes und der Vssumme zu unterscheiden ist von der Schadensschätzung (vgl. über letztere z.B. § 49 hamburgisches FeuerkassenG.). Braunschweiger Fall: OLG Braunschweig 17. IV. 1975 VersR 1976 S. 329—330.

Über die mindestens analoge Anwendbarkeit der §§ 317—319 BGB vgl. RG 4. XI. 1930 JW 1931 S. 3194—3195 = VA 1930 S. 231—232 Nr. 2190, 21. VIII. 1936 RGZ Bd 152 S. 204—205. Über das Verhältnis von § 64 I 1 (offenbar erhebliche Abweichung) zu § 319 I 1 BGB (offenbare Unbilligkeit) vgl. unten Anm. 15, 28, 55. Einzelheiten zur Analogie ferner in Anm. 9, 49, 50, 54, 56.

[6] 2. Vertragliche Rechtsquellen

Antizipierte Vereinbarungen über Sachverständigenverfahren finden sich in fast allen AVB der Schadensv (Anm. 4). Hier seien als Beispiele die praktisch bedeutsamen Klauseln der Feuer- und Autokaskov wiedergegeben.

§ 15 AFB lautet:

> „(1) Jede Partei kann verlangen, daß die Höhe des Schadens durch Sachverständige festgestellt wird. Die Ausdehnung des Sachverständigenverfahrens auf sonstige Feststellungen, insbesondere einzelne Voraussetzungen des Entschädigungsanspruchs, bedarf besonderer Vereinbarung. Die Feststellung, die die Sachverständigen im Rahmen ihrer Zuständigkeit treffen, ist verbindlich, wenn nicht nachgewiesen wird, daß sie offenbar von der wirklichen Sachlage erheblich abweicht.
>
> (2) Für das Sachverständigenverfahren gelten folgende Grundsätze:
>
> a) Jede Partei ernennt zu Protokoll oder sonst schriftlich einen Sachverständigen. Jede Partei kann die andere unter Angabe des von ihr gewählten Sachverständigen zur Ernennung des zweiten Sachverständigen schriftlich auffordern. Erfolgt diese Ernennung nicht binnen zwei Wochen nach Empfang der Aufforderung, so wird auf Antrag der anderen Partei der zweite Sachverständige durch das für den Schadenort zuständige Amtsgericht ernannt. In der Aufforderung ist auf diese Folge hinzuweisen. Beide Sachverständige wählen zu Protokoll oder sonst schriftlich vor Beginn des Feststellungsverfahrens einen dritten als Obmann. Einigen sie sich nicht, so wird der Obmann auf Antrag einer Partei oder beider Parteien durch das für den Schadenort zuständige Amtsgericht ernannt.
>
> b) Die Feststellung der beiden Sachverständigen muß den Versicherungswert der Sachen unmittelbar vor und nach dem Schaden enthalten. Die Sachverständigen reichen ihre Feststellung gleichzeitig dem Versicherer und dem Versicherungsnehmer ein. Fertigen die Sachverständigen voneinander abweichende Feststellungen an, so übergibt der Versicherer sie unverzüglich dem Obmann. Dieser entscheidet über die streitig gebliebenen Punkte innerhalb der Grenzen beider Feststellungen und reicht seine Feststellung gleichzeitig dem Versicherer und dem Versicherungsnehmer ein.
>
> c) Jede Partei trägt die Kosten ihres Sachverständigen; die Kosten des Obmanns tragen beide je zur Hälfte.
>
> (3) Auf Grund der Feststellung der Sachverständigen oder des Obmanns wird die Entschädigung nach den Bestimmungen des § 3 (1) und (4) berechnet.
>
> (4) Durch das Sachverständigenverfahren werden die Pflichten des Versicherungsnehmers nach § 13 (1) c) nicht berührt."

§ 3 I und IV AFB betreffen die Entschädigungsberechnung, auch bei Unterv; § 13 Ic AFB betrifft Obliegenheiten des Vmers, insbesondere die Auskunfts- und Belegpflicht. Eine spezielle Klausel über ein Sachverständigenverfahren bei Zusammentreffen von Feuer- und Maschinenv bringt Ziff. 29 Klauseln der Zusatzbedingungen.

§ 14 AKB steht im Abschnitt über die Fahrzeugv und besagt:

> „1. Bei Meinungsverschiedenheit über die Höhe des Schadens einschließlich der Feststellung des Zeitwerts oder über den Umfang der erforderlichen Wiederherstellungsarbeiten entscheidet ein Sachverständigenausschuß.
>
> 2. Der Ausschuß besteht aus zwei Mitgliedern, von denen der Versicherer und der Versicherungsnehmer je eines benennt. Wenn der eine Vertragsteil innerhalb zweier Wochen nach schriftlicher Aufforderung sein Ausschußmitglied nicht benennt, so wird auch dieses von dem anderen Vertragsteil benannt.
>
> 3. Soweit sich die Ausschußmitglieder nicht einigen, entscheidet innerhalb der durch ihre Abschätzung gegebenen Grenzen ein Obmann, der vor Beginn des Verfahrens von ihnen gewählt werden soll. Einigen sie sich über die Person des Obmannes nicht, so wird er durch das zuständige Amtsgericht ernannt.
>
> 4. Ausschußmitglieder und Obleute dürfen nur Sachverständige für Kraftfahrzeuge sein.
>
> 5. Bewilligt der Sachverständigenausschuß die Forderung des Versicherungsnehmers, so hat der Versicherer die Kosten voll zu tragen. Kommt der Ausschuß zu einer Entscheidung, die über das Angebot des Versicherers nicht hinausgeht, so sind die Kosten des Verfahrens

IV. Abgrenzung des Sachverständigenverfahrens § 64
Anm. 7

vom Versicherungsnehmer voll zu tragen. Liegt die Entscheidung zwischen Angebot und Forderung, so tritt eine verhältnismäßige Verteilung der Kosten ein."

Sehr wichtig ist das Sachverständigenverfahren auch in der **Seeversicherung**. Für die Güterv bestimmt jetzt Ziff. 8 ADS Güterv 1973:

„8. Bestimmungen für den Schadenfall
8.1.1 Der Versicherungsnehmer hat die Anweisungen des Versicherers für den Schadenfall zu befolgen, den in der Police oder im Versicherungszertifikat bestimmten Havarie-Kommissar unverzüglich zur Schadensfeststellung hinzuzuziehen und dessen Havarie-Zertifikat dem Versicherer einzureichen.
8.1.2 Bei Nachweis wichtiger Gründe kann anstelle des vorgeschriebenen Havarie-Kommissars der nächste Lloyd's Agent zur Schadenfeststellung hinzugezogen werden.
8.2 Bei Streit über Ursache oder Höhe des Schadens können beide Parteien die Feststellung durch Sachverständige verlangen.
8.2.1 In diesem Fall benennen beide Parteien unverzüglich je einen Sachverständigen. Jede Partei kann die andere unter Angabe des von ihr benannten Sachverständigen zur Benennung des zweiten Sachverständigen schriftlich auffordern. Wird der zweite Sachverständige nicht binnen vier Wochen nach Empfang der Aufforderung bestimmt, so kann ihn die auffordernde Partei durch die Handelskammer – hilfsweise durch die konsularische Vertretung der Bundesrepublik Deutschland – benennen lassen, in deren Bezirk sich die Güter befinden.
8.2.2 Beide Sachverständige wählen vor Beginn des Feststellungsverfahrens einen Dritten als Obmann. Einigen sie sich nicht, so wird der Obmann auf Antrag einer Partei oder beider Parteien durch die Handelskammer – hilfsweise durch die konsularische Vertretung der Bundesrepublik Deutschland –, in deren Bezirk sich die Güter befinden, ernannt.
8.2.3 Die Feststellungen der Sachverständigen müssen alle Angaben enthalten, die je nach Aufgabenstellung für eine Beurteilung der Ursache des Schadens und der Ersatzleistung des Versicherers notwendig sind.
8.2.4. Die Sachverständigen legen beiden Parteien gleichzeitig ihre Feststellungen vor. Weichen diese voneinander ab, so übergibt der Versicherer sie unverzüglich dem Obmann. Dieser entscheidet über die streitig gebliebenen Punkte innerhalb der durch die Feststellungen der Sachverständigen gezogenen Grenzen und legt seine Entscheidung beiden Parteien gleichzeitig vor.
8.2.5 Jede Partei trägt die Kosten ihres Sachverständigen. Die Kosten des Obmanns tragen beide Parteien je zur Hälfte.
8.2.6 Die Feststellungen der Sachverständigen oder des Obmanns sind verbindlich, wenn nicht nachgewiesen wird, daß sie offenbar von der wirklichen Sachlage erheblich abweichen.
8.2.7 Wenn die Sachverständigen oder der Obmann die Feststellungen nicht treffen können oder wollen oder sie ungewöhnlich verzögern, so sind andere Sachverständige zu ernennen.
8.3 Der Versicherer kann die Zahlung verweigern, bis der Schaden gemäß den vorstehenden Bestimmungen festgestellt ist. Ist die gehörige Feststellung infolge eines Umstandes unterblieben, den der Versicherungsnehmer nicht zu vertreten hat, so kann der Versicherer die Zahlung verweigern, bis der Schaden in anderer geeigneter Weise festgestellt ist."

Für die **Seekaskov** gilt bei Teilschäden weiterhin § 74 ADS; dazu bedeutsam Klausel 30 DTV-Kaskoklauseln 1978 (Tenderung).

Für die **Unfallversicherung** bringt § 12 AUB eine ausführliche Regelung des Verfahrens vor dem Ärzteausschuß.

[7] IV. Abgrenzung des Sachverständigenverfahrens

Das Sachverständigenverfahren der §§ 64, 184 bedarf der Abgrenzung von anderen Institutionen, insbesondere vom schiedsgerichtlichen Verfahren (Anm. 8), gestaltenden Schiedsgutachterverfahren (Anm. 9), der Schadensregulierung durch angestellte Schadensregulierer (Anm. 10), der Mitwirkung parteiinterner Sachverständiger (Anm. 11) sowie sonstigen Grenzfällen (Anm. 12).

[8] 1. Schiedsgerichtliches Verfahren

Im vsrechtlichen Sachverständigenverfahren werden nur „**einzelne Voraussetzungen des Anspruchs aus der V oder die Höhe des Schadens**" festgestellt (§ 64 I 1), in der Unfallv auch „das Maß der durch den Unfall herbeigeführten Einbuße an Erwerbsfähigkeit" (§ 184 I 1). Kommt es auf der Grundlage der Sachverständigenfeststellung nicht zu einer Entschädigungsregelung, so müssen die ordentlichen Gerichte entscheiden.

Anders bei Vereinbarung eines schiedsrichterlichen Verfahrens i.S. der §§ 1025–1048 ZPO. Das **Schiedsgericht** entscheidet **anstelle des Staatsgerichts,** und zwar über die gesamte Rechtsstreitigkeit, nicht nur einzelne Voraussetzungen des Anspruchs (zur Abgrenzung vgl. z.B. BGH 25. VI. 1952 BGHZ Bd 6 S. 338–339, 17. V. 1967 BGHZ Bd 48 S. 25–31, OGH Wien 25, VII. 1956 Slg Nr. 77 = VsRundschau 1957 S. 160–161, 13. VII. 1966 VersR 1967 S. 692, Prölss-Martin[21] Anm. 2 zu § 64, S. 348 m.w.N.). Trotzdem hat aber Sieg VersR 1965 S. 629–635 zu zeigen versucht, daß gewisse Grundsätze des schiedsgerichtlichen Verfahrens auf das Schiedsgutachterverfahren entsprechend angewendet werden können.

In Vssachen kommen antizipierte **Schiedsgerichtsklauseln** in AVB bei kaufmännischen Vszweigen in Betracht; Vollkaufmannseigenschaft des Vmers und Vers vorausgesetzt (vgl. § 1027 ZPO).

So heißt es für die Speditionsv in § 18 I, II SVS:

„1. Für Klagen der Versicherer gegen den Spediteur auf Prämienzahlung oder Zahlung des Beteiligungsbeitrages nach § 14 SVS ist das Gericht der Niederlassung des Spediteurs zuständig.

2. Alle anderen auf diesem Vertrag beruhenden Streitigkeiten mit Kaufleuten unterliegen unter Ausschluß des ordentlichen Rechtsweges der Entscheidung durch ein Schiedsgericht, soweit der Streitgegenstand DM 10000,– nicht überschreitet. Zu diesem Schiedsgericht ernennen beide Parteien je einen Schiedsrichter, die unter sich einen Obmann wählen. Können sich die Schiedsrichter über die Person des Obmanns innerhalb einer Frist von 2 Wochen nicht einigen, so erfolgt seine Ernennung auf Antrag einer oder beider Parteien durch den Herrn Präsidenten des Deutschen Industrie- und Handelstages, Bonn.
Das Schiedsgericht entscheidet auch über die gerichtlichen und außergerichtlichen Kosten des Verfahrens nach den Vorschriften der ZPO.
Auch im übrigen gelten die Bestimmungen der ZPO. Der Schiedsspruch ist bei dem Landgericht zu hinterlegen, welches für den Ort zuständig ist, an welchem das Schiedsgericht tätig geworden ist.
Für Streitgegenstände über DM 10000,– und bei Streitigkeiten zwischen den Versicherern und einem Versicherten, der Nichtkaufmann ist, sind die ordentlichen Gerichte zuständig, es sei denn, daß beide Parteien vor Erhebung der Klage vor dem ordentlichen Gericht sich dahin verständigt haben, die Angelegenheit einem Schiedsgericht zu unterbreiten, das wie vorstehend vereinbart, zusammengesetzt wird.
Klagen gegen den Versicherer sind zu Händen der zuständigen Niederlassung der Oskar Schunck KG zu richten."

Schiedsgerichtsklauseln finden sich durchweg auch in Rückvsverträgen, dazu Gerathewohl S. 583–599, Grossmann S. 59–65, Prölss-Martin[21] Anm. 2, 4 zu § 186, S. 1098, 1100–1102 mit Hinweis auf einige Schiedssprüche.

Ein Sachverständigenverfahren wird nicht dadurch zum Schiedsgerichtsverfahren, daß einzelne Rechtsfragen den Sachverständigen zur Entscheidung übertragen werden, z.B. Kausalfragen; vgl. BGH 17. V. 1967 BGHZ Bd 48 S. 25–31, 17. III. 1971 VersR 1971 S. 537 = NJW 1971 S. 1456, Asmus ZVersWiss 1962 S. 238–239 und Sieg VersR 1965 S. 530.

IV. Abgrenzung des Sachverständigenverfahrens § 64
Anm. 9—11

[9] 2. Gestaltendes Schiedsgutachterverfahren

Die §§ 317—319 BGB behandeln den Fall der Bestimmung der Leistung durch Dritte, sei es nach billigem Ermessen, sei es nach freiem Belieben. Hier hat der Dritte oder haben die Dritten eine Gestaltungsaufgabe, der gestaltende Schiedsgutachter wird **normativ** tätig (Sieg VersR 1965 S. 630).

Demgegenüber treffen die Sachverständigen der §§ 64, 184 lediglich Feststellungen; der feststellende Schiedsgutachter wird **judikativ** tätig (Sieg VersR 1965 S. 630, vgl. auch Asmus Diss. a.a.O. S. 52, Bruck S. 446).

Angesichts der speziellen vsrechtlichen Regelung spielt es praktisch keine erhebliche Rolle, daß man die §§ 317—319 BGB auf feststellende Schiedsgutachterverträge mindestens analog anzuwenden pflegt (vgl. schon Anm. 5; Sieg VersR 1965 S. 634—635). Bruck S. 446 Anm. 192 erwägt nur eine Anwendung des § 318 II BGB (Anfechtung der getroffenen Bestimmung, dagegen Sieg VersR 1965 S. 695, der seinerseits nur eine Anwendbarkeit des § 318 I BGB [unten Anm. 49, 50, 54—56] prüft, aber für unnötig erklärt).

[10] 3. Angestellte Schadensregulierer

Die Sachverständigen der §§ 64, 184 stehen, auch soweit sie vom Ver ernannt werden, außerhalb der Sphäre des Vers. Deshalb sind die angestellten Regulierungsbeauftragten des Vers **nicht** als **Sachverständige** i.S. dieser Vorschriften zu qualifizieren (Prölss-Martin[21] Anm. 1 zu § 64, S. 348). Über sie Asmus Diss. a.a.O. S. 50, Clasen JRPV 1927 S. 338—339, Gottschalk JW 1929 S. 2039—2040, Raiser AFB[2] Anm. 1 zu § 16, S. 368—370.

Die Feststellungen solcher Schadensregulierer haben **keine verbindliche Wirkung**. Sie können Abmachungen über die Entschädigung nur treffen, wenn sie hierzu besonders bevollmächtigt sind (BGH 26. XI. 1952 VA 1953 S. 12—13 = VersR 1953 S. 13 in einer Unfallvssache, zugleich unter Ablehnung einer Rechtsscheinshaftung; BGH 5. XI. 1964 VersR 1965 S. 133—136 ebenso in einer Haftpflichtvssache, in der auch die Gesichtspunkte einer Duldungsvollmacht und einer Haftung des Vers für Erfüllungsgehilfen bei Vertragsverhandlungen geprüft werden). Vgl. ferner LG Hildesheim 18. IV. 1967 VersR 1967 S. 1008—1009, wo eine bloße Verhandlungsvollmacht von einer Abschlußvollmacht des Schadensregulierers unterschieden und gleichfalls eine Anscheinsvollmacht negiert wird.

Den Fall eines zur Schadensregulierung vom Ver (ausnahmsweise) bevollmächtigten Beauftragten behandelt KG 13. XI. 1926 JRPV 1927 S. 12—13, wo festgestellt wird, es handle sich nicht um ein Sachverständigenverfahren.

Bei einer Mitv bilden mehrere Beauftragte beteiligter Ver öfters eine Regulierungskommission (Raiser AFB[2] Anm. 1 zu § 16, S. 369); sie ist nicht mit einer Sachverständigenkommission zu verwechseln.

Zur Frage, ob angestellte Schadensregulierer vom Ver als Sachverständige im Rahmen einer Sachverständigenkommission ernannt werden können, vgl. Anm. 25.

[11] 4. Parteiinterne Sachverständige

Dem Ver oder Vmer bleibt es unbenommen, sich in Schadensfällen der sachverständigen Beratung eines Dritten zu bedienen, z.B. eines Bausachverständigen, Tierarztes, in der Unfallv eines Arztes. Auch hierzu Gottschalk JW 1929 S. 2039—2040.

So kann bei der Autokaskov ein Ingenieur herangezogen werden. Soll dieser für den Ver einen Kaskoschaden feststellen, und übersieht er dabei eine Schadensfolge, so will das LG Berlin 30. VIII. 1935 JRPV 1936 S. 239—240 (mit kritischer Anm. Durst) hieraus eine Haftung des Vers gegenüber dem Vmer herleiten; die Begründung der Entscheidung ist juristisch unscharf. Besser LG Berlin 29. XII. 1936 JRPV 1937 S. 283, wonach es nicht Aufgabe des Sachverständigen ist, sämtliche Schäden technisch einwandfrei herauszufinden. Deshalb habe der Ver nicht für den Sachverständigen wie für einen Erfüllungsgehilfen einzustehen.

In der Hagelv geht im Schadensfall einem Sachverständigenverfahren (genannt: förmliche Abschätzung bzw. Obmannsabschätzung) mit dem Ziel gütlicher Einigung eine einfache Abschätzung durch einen oder mehrere Schätzer voran, die der Ver bestellt (vgl. § 18 AHagelB).

Dem Gutachten eines nur parteiseitig herangezogenen Sachverständigen kommt nicht die Bindungswirkung des § 64 I 1 zu (LG Karlsruhe 28. IX. 1976 VersR 1977 S. 269, LG Wiesbaden 17. IX. 1976 VersR 1977 S. 269–270).

Zu den nur für eine Partei, und zwar für den Ver, tätigen Sachverständigen zählen auch die Havariekommissare des Seevsrechtes, welche gemäß § 74 X ADS als bevollmächtigt gelten, „Erklärungen des Vmers, welche die Feststellung des Teilschadens betreffen, entgegen zu nehmen und Geschäfte und Rechtshandlungen solcher Art für den Ver vorzunehmen"; Näheres Ritter-Abraham Anm. 59–65 zu § 74, S. 942–945, vgl. auch Anm. 20 zu § 77, S. 983, und für die Güterv Ritter-Abraham Anm. 16 zu § 93, S. 1109 sowie Ziff. 8.1.1 und 8.1.2 ADS Güterv 1973 (oben Anm. 6) mit Enge S. 76–77. Danach kann an die Stelle des Havariekommissars aus wichtigen Gründen der nächste Lloyd's Agent zur Schadensfeststellung herangezogen werden (zu diesem Begriff: OLG Hamburg 18. III. 1927 HansRZ 1927 Sp. 531).

[12] 5. Sonstige Grenzfälle

Zuweilen werden einvernehmlich von den Parteien Sachverständige herangezogen, ohne daß deren Gutachten die verbindliche Wirkung des § 64 zeitigen soll. Man spricht hier von einem sachkundigen Beirat (Raiser AFB[2] Anm. 1 zu § 16, S. 369–370, Fusshoeller-John Anm. 1 zu § 12 FBUB, S. 112, Asmus Diss. a.a.O. S. 51), gelegentlich auch von Sachverständigenberaterverfahren.

Im Schiffahrtsrecht macht in Fällen der Havariegrosse der Dispacheur die Dispache auf, die dem Verteilungsplan der großen Haverei beinhaltet (vgl. §§ 728–729 HGB, §§ 145–158 FGG). Die Rechtsbedeutung einer Dispache geht wegen der Vollstreckbarkeit (nach gerichtlicher Bestätigung) über die eines Schiedsgutachtens noch hinaus (Asmus Diss. a.a.O. S. 58, Wüstendörfer, Neuzeitliches Seehandelsrecht, 2. Aufl., Tübingen 1950, S. 398–399). Für seevsrechtliche Ansprüche bildet die Dispache die Grundlage (§ 30 I 1 ADS, Ritter-Abraham Anm. 7–10 zu § 30, S. 512–514).

Die gerichtlichen Sachverständigen werden im Prozeß tätig, im Zivilprozeß nach Maßgabe der Vorschriften über den Beweis durch Sachverständige (§§ 402–414 ZPO), im Strafprozeß gemäß §§ 72–85 StPO.

Eine öffentliche Bestellung und Vereidigung von Sachverständigen kennt § 36 GewerbeO. Die §§ 91 Ziff. 8, 106 I Ziff. 10, II HandswerksO betreffen handwerkliche Sachverständige. Über Wirtschaftsprüfer, vereidigte Buchprüfer, Steuersachverständige vgl. Bremer a.a.O. S. 103–107. Speziell über die Anerkennung von Sachverständigen im Kraftfahrzeugverkehr vgl. Bremer a.a.O. S. 94–95 und unten Anm. 24 zu § 14 IV AKB. Im vsrechtlichen Schiedsgutachterverfahren ist eine öffentliche Bestellung und Vereidigung der Sachverständigen nur zu fordern, falls die entsprechende Vereinbarung, insbesondere die AVB, dies vorsehen.

[13] V. Vereinbarung des Sachverständigenverfahrens
   1. Zeitpunkt

Ein feststellendes Schiedsgutachterverfahren setzt eine entsprechende vertragliche Vereinbarung – regelmäßig zwischen Ver und Vmer – voraus. Solche Vereinbarung

V. Vereinbarung des Sachverständigenverfahrens § 64
Anm. 14, 15

wird regelmäßig schon im Vsvertrag, und zwar in den AVB, getroffen, aber durchweg nicht dergestalt, daß in jedem Schadensfall das Sachverständigenverfahren notwendigerweise stattfindet, sondern so, daß das Verfahren von weiteren Voraussetzungen abhängt, z.B. von einem Verlangen einer Partei (§ 16 I 1 AFB) oder von Meinungsverschiedenheiten (§ 14 AKB) oder alternativ von einem Verlangen einer Partei oder wenn „die einfache Abschätzung nicht zu einer Einigung führt" (§ 18 A Ziff. 2, B Ziff. 1, C Ziff. 1 AHagelB). Die Seev scheint die apodiktische Regel aufzustellen: „Ein Teilschaden ist durch Sachverständige festzustellen" (§ 74 I ADS), jedoch kann diese Regel im Einzelfall bei contrarius consensus durchbrochen werden (Anm. 19. 37). Das RAA (VA 1936 S. 86) erwägt die Möglichkeit, daß die Ausübung des Rechtes auf Einleitung eines Sachverständigenverfahrens im Einzelfall bei geringfügigen Schäden schikanös und deshalb nach § 226 BGB unzulässig sein könnte.

Denkbar ist es, daß nicht im Vsvertrag, in den AVB, sondern nach einem Schadensfall erst durch gesonderten Vertrag ein Sachverständigenverfahren vereinbart wird. Das kann (auch durch Nichtkaufleute) formlos geschehen; die Formvorschrift des § 1027 ZPO gilt hier nicht. Jedoch kann analog § 3 I der Vmer eine Urkunde über das Zustandekommen der Schiedsgutachterabrede fordern (a. M. Kisch a.a.O. S. 18); denn die zusätzliche Vereinbarung bildet einen Bestandteil des Vsvertrages.

Ist ein Sachverständigenverfahren gescheitert, z.B. im Falle des Todes eines Sachverständigen oder weil Sachverständige die Feststellung nicht treffen können oder wollen oder sie verzögern, so hat nach der gesetzlichen Regel der §§ 64 I 3, 184 I 3 das ordentliche Gericht durch Urteil die Feststellung zu treffen. Dies schließt aber nicht aus, daß die Parteien ein neues Sachverständigenverfahren mit Ersatzsachverständigen vereinbaren.

[14] 2. Parteien

Wird das Schiedsgutachterverfahren schon im ursprünglichen Vsvertrag, insbesondere in den AVB vereinbart, so erfolgt die Abrede zwischen Ver und Vmer. Sie bindet sodann im Falle der Veräußerung der vten Sache auch den Erwerber (§ 69 I), im Falle der V für fremde Rechnung auch den Vten, im Falle der Abtretung den Zessionar (vgl. RG 3. VII. 1931 VA 1931 S. 232−234 Nr. 2305).

Die nachträgliche Vereinbarung des Schiedsgutachterverfahrens kann nach einem Schadensfall durch den Inhaber der behaupteten Entschädigungsforderung erfolgen. Bei der V für fremde Rechnung ist dies der Vmer, soweit er im eigenen Namen verfügungsberechtigt ist (§ 76 I); der Vte allein kann die Vereinbarung treffen, falls er im Besitze des Vsscheines oder der Zustimmung des Vmers ist (§ 75 II); dazu Kisch a.a.O. S. 19−20. Im Falle der Zession der Vsforderung hat der Zessionar die nachträgliche Vereinbarung zu treffen (Kisch a.a.O. S. 21). Über die Fälle nachträglicher Vereinbarung bei mehreren Vmern, gesetzlichen Verwaltern, Verpfändung und Pfändung der Vsforderung Kisch a.a.O. S. 19−22.

Auf der Verseite kann bei Mitv ein Sachverständigenverfahren auf den Anteil des führenden Vers beschränkt werden, wenn man die Prozeßführungsklausel der Feuerv auf Sachverständigenverfahren erstreckt (vgl. Anm. 63 zu § 58). Die Anschlußklausel der Transportv sieht eine Schadensregulierung, also auch ein Sachverständigenverfahren, nur mit dem führenden Ver vor (vgl. Anm. 64 zu § 58, Klausel 9.2 Satz 2 DTV-Kaskoklauseln 1978).

[15] 3. Inhalt

Die Vereinbarung der Parteien (Anm. 14) muß bei einem feststellenden Schiedsgutachtervertrag festlegen, über welche **Punkte** der Sachverständige oder die Sachverständigen **Feststellungen** treffen sollen. Das Gesetz (§§ 64 I 1, 184 I 1) stellt in dieser Richtung keine Vermutung auf. Jedoch ist in der Schadensv die Feststellung der Höhe des Schadens eine so typische Sachverständigenaufgabe, daß man bei Lückenhaftigkeit der Vereinbarung diese dahin ergänzen kann, daß das Verfahren sich auf diese Feststellung – möglicherweise nur auf sie – beziehen solle.

Die Vereinbarung kann neben der Höhe des Schadens „einzelne Voraussetzungen des Anspruchs aus der V" (§ 64 I 1) betreffen, in der Unfallv auch „das Maß der durch den Unfall herbeigeführten Einbuße an Erwerbsfähigkeit" (§ 184 I 1). Die AVB pflegen den Inhalt der zu treffenden Feststellungen näher zu umreißen. So spricht § 16 I 1, 2 AFB nur von der Höhe des Schadens; die Ausdehnung des Sachverständigenverfahrens auf sonstige Feststellungen „bedarf besonderer Vereinbarung". Bei größeren Schäden werden nicht selten mehrere Verfahren nebeneinander durchgeführt, z.B. für Gebäudeschaden und Maschinenschaden getrennt (Raiser AFB[2] Anm. 5 zu § 16, S. 371). Die Feststellung der Schadenshöhe umfaßt bei Waren im Zweifel auch die Feststellung des vorhanden gewesenen Warenbestandes; Entsprechendes gilt bei der V von anderen Sachinbegriffen. In der Einbruchdiebstahlv sind auch Menge und Art der gestohlenen Sachen zu ermitteln (RG 11. XI. 1913 VA 1914 Anh. S. 57 Nr. 815). Bei getrennter V verschiedener Sachinbegriffe können Zuordnungsprobleme von den Sachverständigen zu lösen sein. z.B. zu den Inbegriffen „Rohstoffe", „Naturerzeugnisse" (Prölss-Martin[21] Anm. 6 zu § 64, S. 351).

Jedoch gehört es **nicht** zu den Aufgaben der Sachverständigen festzustellen, ob vte Sachen, die sie bewerten sollen, wirklich vorhanden gewesen und auch nicht etwa gerettet worden sind (KG 30. XI. 1932 VA 1932 S. 107–108 Nr. 2547 = JRPV 1933 S. 121–122). Das OLG Hamm 26. IX. 1969 VersR 1970 S. 220 will generell Schiedsgutachterklauseln „eng und im Zweifel zugunsten der Zuständigkeit des ordentlichen Gerichts" auslegen.

Erstreckbar ist das Sachverständigenverfahren in der Feuerv z.B. auf Bewertungsgrundlagen oder Verursachungsprobleme (Raiser AFB[2] Anm. 6 zu § 16, S. 372). In der Autov entscheidet der Sachverständigenausschuß gemäß § 14 I AKB über die Höhe des Schadens einschließlich der Feststellung des Zeitwertes und „über den Umfang der erforderlichen Wiederherstellungsarbeiten". Nach KG 2. V. 1931 JRPV 1931 S. 272–273 soll der Abzug neu für alt nicht zur Zuständigkeit der Sachverständigen gehören (fraglich). In der Unfallv entscheidet der Ärzteausschuß nach § 12 I (1) AUB „über Art und Umfang der Unfallfolgen oder darüber, ob und in welchem Umfang der eingetretene Schaden auf den Vsfall zurückzuführen ist", also stets auch über die oft schwierige und in den rechtlichen Bereich hinüberreichende Kausalfrage. Es bestehen keine Bedenken, auch solche Probleme der „rechtlichen Einordnung" dem Sachverständigenverfahren zu überlassen (BGH 17. V. 1967 BGHZ Bd 48 S. 30–31).

Kisch a.a.O. S. 25–28 nennt als weitere, dem Sachverständigenverfahren zuweisbare Aufgaben die Prüfung, ob ein Vsfall vorliege, ob der Vmer diesen schuldhaft herbeigeführt habe, ob der Vmer eine Obliegenheit verletzt habe, ja sogar, ob der Vsvertrag gültig und nicht erloschen sei, ob der Anspruchsteller Gläubiger sei usw. Solche Aufgabenstellungen würden die Sachverständigen noch weitergehend mit Rechtsfragen belasten. Auch die Probleme der Unter- oder Überv, der Ermittlung einer Selbstbeteiligung können dem Sachverständigen anvertraut werden.

Dennoch bleibt das Verfahren Sachverständigenverfahren und wird nicht zum schiedsgerichtlichen Verfahren, solange die Aufgabe der Sachverständigen sich auf Voraussetzungen des Anspruchs beschränkt, wobei nicht nur an eine Mehrheit von Voraussetzungen zu denken ist, sondern sogar alle Voraussetzungen des Entschädigungsanspruchs in Betracht kommen (Kisch a.a.O. S. 28). Zwar kann sich aus der Verneinung des Vorliegens einer Voraussetzung, z.B. des Kausalzusammenhanges, die

V. Vereinbarung des Sachverständigenverfahrens **§ 64**
Anm. 16, 17

Nichtexistenz des Vsanspruchs folgern lassen, aber auch in solchem Falle werden die Sachverständigen nicht zu Schiedsrichtern; denn formell negieren sie nicht die Entschädigungsforderung, weisen nicht eine Klage ab, sondern konstatieren nur den Mangel einer Forderungsvoraussetzung (Kisch a.a.O. S. 27–28).

Das RG 7. II. 1936 VA 1936 S. 187–188 Nr. 2875 = JRPV 1936 S. 105–106 meinte, bei Ausweitung eines Sachverständigenverfahrens über die §§ 64, 184 hinaus unterfalle das Schiedsgutachten dem § 319 I BGB, es komme also auf offenbare Unbilligkeit, nicht auf offenbare erhebliche Unrichtigkeit des Gutachtens an. Diese Unterscheidung läßt sich jedoch nicht rechtfertigen (so auch Prölss-Martin[21] Anm. 6 zu § 64, S. 352).

Zum Inhalt der Schiedsgutachterabrede gehört ferner die **Bestimmung des oder der Sachverständigen.** Darüber speziell Anm. 20–25.

[16] 4. Rechtsnatur

Ein Schiedsgutachterverfahren hat teils materiellrechtliche Bedeutung (Anm. 17), teils prozeßrechtliche Auswirkungen (Anm. 18).

[17] a) Materiellrechtliche Bedeutung

Materiellrechtlich handelt es sich um eine Vertragsabrede, die – jedenfalls im Vsbereich – Bestandteil eines Vsvertrages ist oder wird, also um eine **Nebenabrede,** die wegen der Vereinbarung eines bestimmten Feststellungsverfahrens für die Feststellung einzelner Voraussetzungen des Anspruchs aus der V zur Folge hat, daß nach Eintritt des Vsfalls die **Entschädigungsforderung** (bzw. Forderung aus der Unfallv) **durch die Feststellung** (welche grundsätzlich verbindlich ist) **konkretisiert** wird, z.B. hinsichtlich ihrer Höhe. Kisch a.a.O. S. 32–33 spricht insoweit von einem rechtsgestaltend-normativen Element der Klausel, wobei diese Rechtsgestaltung i.w.S. auch dem nur feststellenden (nicht i.e.S. gestaltenden: Anm. 9) Schiedsgutachterverfahren wesenseigentümlich ist. Systematisch ist der Schiedsgutachtervertrag ein im bürgerlichen Recht ungeregelter Vertrag sui generis, der zu den Feststellungsverträgen zählt (ebenso wie Geständnis- und Vermutungsverträge, bei denen die Tatsachenfeststellung durch die Vertragspartner selbst getroffen wird) und der dazu dient, Streit und Ungewißheit zu beseitigen (Ritzmann a.a.O. S. 153–155).

Jedenfalls im Vsbereich hat wegen § 11 I die Vereinbarung des Sachverständigenverfahrens materiellrechtlich die **Hinausschiebung der Fälligkeit** der Entschädigungsforderung zur Folge (Anm. 7 zu § 11; RG 30. IV. 1937 RGZ Bd 155 S. 52–53, OGH Wien 10. XI. 1965 VersR 1965 S. 576, 28. V. 1969 VersR 1970 S. 94, OLG Bremen 16. XII. 1958 VersR 1960 S. 843, OLG München 15. XI. 1957 VersR 1959 S. 302–303, LG Berlin 24. II. 1964 VersR 1964 S. 649, LG Düsseldorf 16. X. 1968 VersR 1970 S. 615, LG München 19. II. 1975 VersR 1975 S. 1142, Stiefel-Wussow-Hofmann AKB[10] Anm. 4 zu § 14, S. 649). (Daß außerhalb der Vswirtschaft generell eine Fälligkeitsverschiebung mit einer Schiedsgutachterabrede verbunden sei, bezweifelt Ritzmann a.a.O. S. 52, 54–57.) Lehnt der Ver die Leistung allerdings grundsätzlich ab, so tritt ohne Rücksicht auf das vereinbarte Sachverständigenverfahren die Fälligkeit ein (BGH 23. VI. 1954 VersR 1954 S. 388–389, 10. II. 1971 VersR 1971 S. 435, weitere Nachweise Anm. 9 zu § 11).

Mit einer noch nicht fälligen Forderung kann der Vmer auch nicht gegen eine Prämienforderung aufrechnen (OLG München 15. XI. 1957 VersR 1959 S. 302–303).

Mag auch infolge der Vereinbarung des Sachverständigenverfahrens die Fälligkeit der Entschädigungsforderung hinausgeschoben sein, so kann doch schon vor dem Verfahrensabschluß gemäß § 11 II eine Abschlagszahlung vom Ver geschuldet und fällig werden (RG 30. IV. 1937 RGZ Bd 155 S. 50–55).

Bis zum Abschluß des Sachverständigenverfahrens hat der Ver ein **Leistungsverweigerungsrecht**, und dies hat gemäß § 202 I BGB eine Hemmung der Verjährung zur Folge (BGH 10. II. 1971 VersR 1971 S. 435).

Materiellrechtlich ist schließlich noch von Interesse, daß eine Schiedsgutachterklausel **Verpflichtungen** für die Beteiligten, z.B. zur Ernennung von Sachverständigen, begründen kann. Über diese verpflichtende Wirkung vgl. Kisch a.a.O. S. 32–37, ferner Anm. 21.

[18] b) Prozeßrechtliche Bedeutung

Die prozessuale Bedeutung der Schiedsgutachterklausel liegt primär in der Wirkung auf die Gestaltung des **Beweisverfahrens:** Das Gericht hat die durch die Gutachter getroffenen Feststellungen zu übernehmen; im Umfang des Schiedsgutachtens sind dem Gericht grundsätzlich Beweiserhebung und Beweiswürdigung entzogen (Ritzmann a.a.O. S. 53 m.w.N.). Demzufolge enthält die Schiedsgutachterklausel einen „Beweismittelvertrag" (Bachmann a.a.O. S. 59–62). Allein die prozessuale Bedeutung hervorhebend, würdigt Habscheid a.a.O. S. 803–811 das rechtsklärende Schiedsgutachterverfahren als „Beweisvertrag", dem im Vsrecht aber auch materiellrechtliche Wirkungen zukämen.

Solange das Schiedsgutachterverfahren nicht abgeschlossen ist, steht jeder Partei aufgrund der getroffenen Vereinbarung der Einwand der Vereinbarung des Schiedsgutachterverfahrens zu, welcher materiellrechtlich als dilatorische Einrede der mangelnden Fälligkeit zu qualifizieren ist und dazu führt, daß eine **Leistungsklage** als verfrüht, **als zur Zeit unbegründet abzuweisen** ist. Näheres, auch über abweichende Auffassungen, Anm. 41.

[19] 5. Beendigung

Die Sachverständigenklausel teilt das Schicksal des Vsvertrages, dessen Nebenabrede sie ist. Ist der Vsvertrag — etwa wegen betrügerischer Über- oder Doppelv (§§ 51 III, 59 III) — nichtig, so gilt das auch für die Klausel. Sollte ausnahmsweise nur die Klausel nichtig sein, etwa weil dem einen Teil ein Übergewicht eingeräumt wurde hinsichtlich der Ernennung von Sachverständigen (vgl. analog § 1025 II ZPO), so wird bei Anwendung des § 139 BGB doch regelmäßig anzunehmen sein, daß der Vsvertrag auch ohne den nichtigen Teil abgeschlossen werden sollte (Asmus Diss. a.a.O. S. 31).

Mit der Beendigung des Vsvertrages endet auch die Schiedsmannsklausel, jedoch ist zu beachten, daß formell der Vsvertrag erst abgewickelt ist, wenn die letzten Vsfälle erledigt sind, und diese Erledigung setzt möglicherweise den Abschluß von (überhängenden) Sachverständigenverfahren voraus.

Soweit ein **Vsfall keine Leistungspflicht** des Vers auslöst und dies außerhalb des Sachverständigenverfahrens festzustellen ist, z.B. wegen schuldhafter Herbeiführung des Vsfalles oder Verletzung einer Obliegenheit oder Nichtzahlung einer Folgeprämie, bleibt kein Raum für die Durchführung des Verfahrens (Kisch a.a.O. S. 45–46).

Im Einzelfall kann das Sachverständigenverfahren **entfallen,** wenn das Tätigwerden der Sachverständigen von dem Verlangen einer Partei abhängt und solches Verlangen nicht gestellt wird, ferner wenn die Parteien entgegen den AVB trotz Meinungsverschiedenheiten vereinbaren, ein anderes, z.B. ein gerichtliches Abwicklungsverfahren zu wählen (Kisch a.a.O. S. 45). Sogar ein (scheinbar) obligatorisches Sachverständigenverfahren wie nach § 74 I ADS entfällt, wenn sich die Parteien hinsichtlich des Teilschadens ohne Verfahrensdurchführung einigen. Einen einseitigen Verzicht auf das

VI. Der Sachverständige **§ 64**
Anm. 20, 21

Sachverständigenverfahren seitens des Vers entnimmt das OLG Hamm 31. I. 1913 VA 1914 Anh. S. 38–39 Nr. 802 einem Schreiben, in welchem der Ver auf den Klageweg (statt auf die Berufung eines Obmannes) verweist, nachdem sich die von den Parteien genannten Sachverständigen nicht geeinigt haben. Kein Verzicht auf das Sachverständigenverfahren ist dagegen darin zu sehen, daß der Ver sich erst im Prozeß auf die Schiedsgutachterklausel zur Höhe des Schadens beruft, nachdem er zunächst die Entschädigungspflicht überhaupt bestritten hatte (OLG Frankfurt 10. XII. 1919 JW 1920 S. 500).

Über den Fall, daß die Sachverständigen die Feststellung **nicht treffen können oder wollen oder sie verzögern**, §§ 64 I 3, 184 I 3 mit Anm. 29–31.

Über den Fall der **Unverbindlichkeit** einer getroffenen Feststellung, insbesondere wegen offenbarer Abweichung von der wirklichen Sachlage (§§ 64 I 1, 184 I 1 mit Anm. 54–60).

[20] VI. Der Sachverständige

1. Ernennung

Als Sachverständige kommen ein **Einzelner** oder eine **Mehrheit von Personen** in Betracht; oft (z. B. nach § 15 IIa Satz 1 AFB) ernennt jede Partei einen Sachverständigen. Stets (so nach § 15 IIa Satz 5 AFB) oder im Falle der Nichteinigung wählen die Sachverständigen einen **Obmann**. Die drei Sachverständigen können als **Sachverständigenkommission** ihre Feststellung treffen, aber es ist auch denkbar, daß – besonders im Falle der Nichteinigung der von den Parteien ernannten Sachverständigen – der Obmann allein feststellt. In der Unfallv (§ 12 AUB) wird die Kommission **Ärzteausschuß** genannt, die Kommissionsmitglieder entscheiden gemeinsam. Würden AVB schlechthin ein Sachverständigenverfahren vorsehen, so wäre die Vereinbarung in dubio wohl übungsgemäß dahin auszulegen, daß jede Partei einen Sachverständigen ernennt, daß im Falle der Nichteinigung die Sachverständigen einen Obmann wählen und daß die Kommission gemeinsam ihre Feststellung trifft.

In offenbar wachsendem Umfange kommt es vor, daß Vmer und Ver einen **gemeinsamen Sachverständigen** ernennen, dessen Feststellungen für beide Teile verbindlich sein sollen und dessen Kosten jede Partei zur Hälfte tragen soll.

Der erwähnte Fall des gemeinsamen Sachverständigen ist zu unterscheiden von dem Tatbestand, daß für **mehrere Vsverhältnisse**, die es gegeneinander abzugrenzen gilt, ein **gemeinsames Sachverständigenverfahren** durchgeführt wird, z. B. für Mehrkosten- und Feuerbetriebsunterbrechungsv gemäß Klausel 27 zu § 12 AMKB (VA 1977 S. 417).

Die AVB – ausnahmsweise die Satzung eines Vsvereins auf Gegenseitigkeit (§ 10 I Ziff. 6, II VAG) – pflegen Vorschriften über die **Ernennung (Bestellung) der Sachverständigen** zu enthalten. Die Regel bildet – wie schon erwähnt – die parteiseitige Ernennung (Anm. 21), oft in Verbindung mit der Ernennung eines Obmanns seitens der primär ernannten Sachverständigen (Anm. 22); in Betracht kommt aber auch eine Ernennung durch dritte Stellen, z. B. Gerichte oder Verwaltungsbehörden (Anm. 23).

[21] a) Parteiseitige Ernennung

Schon im Vsvertrag oder bei einer nachträglichen Vereinbarung eines Sachverständigenverfahrens (Anm. 13) können die Parteien einen **bestimmten** Sachverständigen vorsehen, der namentlich bezeichnet sein kann oder doch bestimmbar sein kann, z. B. als Vorsitzender einer Handwerksorganisation, einer Ärztekammer.

Häufiger bleibt die Person zunächst **unbestimmt**, und die Parteien sind bei Gegebensein der Verfahrensvoraussetzungen **verpflichtet**, ihren Sachverständigen zu

§ 64
Anm. 21

ernennen. Es handelt sich sodann um eine echte Rechtspflicht aus dem Vsvertrage, um eine Nebenpflicht, deren Erfüllung durch Klage und Zwangsvollstreckung (§ 888 I ZPO) erzwungen werden kann und deren schuldhafte Verletzung schadensersatzpflichtig macht (Bruck S. 448, Kisch a.a.O. S. 34–35). Der Vmer wird zwecks Erlangung der Entschädigung die Ernennungspflicht regelmäßig im eigenen Interesse erfüllen. Über einen Fall der Verletzung der Ernennungspflicht seitens des Vers RG 30. IV. 1937 RGZ Bd 155 S. 50–55: Verzug des Vers mit seiner Verpflichtung zur Berufung der Sachverständigenkommission, Schadensersatzpflicht wegen dieses Verzuges, „ohne daß es auf das Vorliegen eines Zahlungsverzuges ankommt". Der Ver muß den Gläubiger „so stellen, wie er bei rechtzeitiger Berufung der Sachverständigenkommission gestanden haben würde". Ähnlicher Fall OLG Hamburg 11. IX. 1936 HansRGZ 1938 A Sp. 96–98, jedoch wurde hier der Zahlungsverzug des Vers aus dem Verzug mit der Sachverständigenbestellung gefolgert.

Die Frage, ob im Einzelfall eine echte Ernennungspflicht von den Parteien gewollt ist, ist im Wege der Auslegung zu prüfen. Dabei kann sich ergeben, daß nur der Vmer oder nur der Ver verpflichtet sein soll. Denknotwendig ist die Begründung einer Rechtspflicht nicht, z.B. können die AVB vorsehen, daß im Falle der Nichternennung seitens der Partei ein **Gericht** den Sachverständigen ernennt (so § 15 IIa Satz 3 AFB, offenlassend ob daneben die Klagmöglichkeit eröffnet bleiben soll, vgl. Raiser AFB[2] Anm. 20 zu § 16, S. 378–379). Kisch a.a.O. S. 35–36 erörtert ferner die Möglichkeit, die Ernennung zum Gegenstand einer **Obliegenheit** zu machen oder durch contrarius consensus die Sachverständigenabrede zur Aufhebung zu bringen; eine Obliegenheit konstruiert auch Sieg VersR 1965 S. 632.

Als echte Rechtspflicht kann die Ernennungspflicht den Vmer und den **Erwerber der vten Sache** (§ 69 I) ferner **Gesamtrechtsnachfolger** des Vmers, z.B. den Erben des Vmers treffen (Kisch a.a.O. S. 37–38). Dagegen ist es bei der V für fremde Rechnung nicht angängig, dem Vten die Ernennungspflicht als echte Rechtspflicht anzuerlegen; denn es gibt keine Verträge zulasten Dritter. So schwächt sich in der Person des Vten die Mitwirkungspflicht zu einer bloßen Obliegenheit ab (Kisch a.a.O. S. 40). Andererseits erlangt der Vte, der über die Rechte aus der V für fremde Rechnung unter den Voraussetzungen des § 75 II verfügen kann, im Zweifel auch einen gegen den Ver gerichteten Anspruch auf Sachverständigenernennung (Kisch a.a.O. S. 39 spricht von einem Anhängsel der Vsforderung). Auch der **Zessionar** der Entschädigungsforderung erwirbt im Zweifel zugleich den gegen den Ver gerichteten Anspruch auf Sachverständigenernennung, während er umgekehrt – ohne Schuldübernahme – seinerseits zur Sachverständigenernennung nicht verpflichtet sein kann; auch bei ihm schwächt sich die Verhaltensnorm zu einer Obliegenheit ab (Kisch a.a.O. S. 41–43, vgl. RG 3. VII. 1931 VA 1931 S. 232–234 Nr. 2305).

Das RG 14. XII. 1939 RGZ Bd 162 S. 269–273 hat in einem Falle der Zwangsversteigerung dem Erwerber (Hypothekengläubiger), der auch Gläubiger der Vsforderung geworden ist, das Recht zur Bestellung des Schiedsgutachters versagt und dieses Recht dem ursprünglichen Vmer zugebilligt (problematisch).

Ist der Vmer geschäftsunfähig, so ist die durch ihn erfolgte Ernennung eines Sachverständigen nichtig; sie ist vom Vormund zu wiederholen (RG 3. III. 1905 VA 1905 Anh. S. 63–64 Nr. 131).

Nachstehend das **Muster** einer Ernennungsbeurkundung:

VI. Der Sachverständige § 64
Anm. 21

Sachverständigen-Ernennung

D............ unter .... Versicherungs-Schein Nr. ....
der Geschäftsstelle .... bei der
.... Versicherungs-Aktiengesellschaft,............ u. Beteiligte für ....
.... zu
unter Gruppe .... versicherte .... ist/sind
am .... 19................ von einem .... Schaden betroffen worden, dessen
Höhe nach Maßgabe der §§ 3 und 15 der Allgemeinen Feuerversicherungs-Bedingungen, / der
§§ 4 und 13 der Allgemeinen Bedingungen für die Sturmschadenversicherung* und gegebenenfalls
des § 1 der einschlägigen Sonderbedingungen für die Neuwertversicherung, jedoch unter Wahrung
aller vertragsmäßigen Rechte der Gesellschaft und d............ Versicherungsnehmer............ durch Sachverständige festgestellt werden soll. Zu diesem Zwecke werden als Sachverständige ernannt:

seitens d............ **Versicherungsnehmer**............:
Herr ....
seitens der .... **Versicherungs-Aktiengesellschaft,** .... u. Beteiligte
Herr ....

Die Herren Sachverständigen haben nach bestem Wissen und Gewissen ihre Schadenfeststellung
schriftlich nach den vorgenannten Bestimmungen zu fertigen und dem Beauftragten der ....
Versicherungs-Aktiengesellschaft auszuhändigen.

Beide Sachverständige haben vor Beginn des Feststellungsverfahrens einen dritten Sachverständigen als Obmann zu ernennen, welcher für den Fall einer Nichteinigung der Sachverständigen,
nachdem sie gesondert ihre Feststellung getroffen und beendet haben, in Tätigkeit tritt und alsdann
nur über die streitig gebliebenen Punkte innerhalb der Grenzen der Feststellung der Sachverständigen entscheidet (§ 15, 2b AFB,/§ 13, 2b AStB.*)

Die von den Herren Sachverständigen zu beurkundenden Feststellungen haben zu enthalten:

1. welchen Versicherungswert hatte............ d............ unter Gruppe Nr. ....
   versicherte .... unmittelbar vor dem
   .... Schaden vom .... 19................ unter Berücksichtigung
   der im § 3 der Allgemeinen Feuerversicherungs-Bedingungen / § 4 der Allgemeinen
   Bedingungen für die Sturmschadenversicherung* vorgeschriebenen Wertbemessung.
   (Bei Gebäuden und Maschinen ist auch der Neubau- bzw. Anschaffungswert anzugeben.)

2. welchen Wert ha............ diese .... bzw. die übrig
   gebliebenen Teile und Materialien unmittelbar nach dem .... Schaden unter
   Berücksichtigung ihrer Verwendbarkeit für die Wiederherstellung oder, wie hoch belaufen sich die Wiederherstellungskosten für d............ beschädigte ....
   in den Zustand unmittelbar vor dem .... Schaden?

3. wie hoch stellt sich demnach der Schaden an de............ unter Gruppe ....
   versicherte ....

4. inwieweit sind infolge dieses Ereignisses den .... Schaden betreffende
   Aufräumungskosten aufzuwenden, welche unter Gruppe .... mitversichert sind?

Ferner werden die Sachverständigen beauftragt:

....

....

................, den .... 19................

D............ Versicherungsnehmer............ Für die .... Versicherungs-Aktiengesellschaft
u. Beteiligte

---

* Nichtzutreffendes streichen

§ 64
Anm. 21

VI. Der Sachverständige

Wir, die vorseitig ernannten Sachverständigen, nehmen den uns erteilten Auftrag an und werden ihn nach besten Wissen und Gewissen ausführen. Die Allgemeinen Feuerversicherungs-Bedingungen / Die Allgemeinen Bedingungen für die Sturmschadenversicherung* und die einschlägigen Sonderbedingungen für die Neuwertversicherung haben wir eingesehen.

Zum Obmann ernennen wir
   Herrn ....
und in dessen Behinderung
   Herrn ....

...., den .... 19 ....

Sachverständiger für d........ Versicherungsnehmer............   Sachverständiger für die Versicherungs-Aktiengesellschaft u. Beteiligte

VI. Der Sachverständige

[22] d) Sachverständigenseitige Ernennung

Besonders der Obmann wird nach den AVB oft von den parteiseitig ernannten Sachverständigen gewählt (z.B. nach § 15 IIa Satz 5 AFB, § 12 II (1) a AUB, vgl. auch das Muster in Anm. 21).

Die Sachverständigen könnten aufgrund des mit ihnen geschlossenen Sachverständigenvertrags zur Wahlvornahme verpflichtet sein. Regelmäßig aber sehen auch hier die AVB vor, daß im Falle der Nichternennung eine dritte Stelle ernennend tätig wird, z.B. das Amtsgericht (§ 15 IIa Satz 6 AFB) oder in der Unfallv die Ärztekammer (§ 12 II (1)a AUB).

[23] c) Ernennung durch Dritte

Nicht nur die Parteien (Anm. 21) oder die Sachverständigen (Anm. 22), kommen für die Ernennung der Sachverständigen in Frage, primär oder hilfsweise kann die Ernennungsaufgabe auch dritten Stellen übertragen werden.

Oft wird das Amtsgericht mit der Ernennung betraut, so z.B. hilfsweise sowohl für den (zweiten) Sachverständigen als auch für den Obmann gemäß § 15 IIa Satz 3, 6 AFB. Der § 64 II regelt die Frage der örtlichen Zuständigkeit des Amtsgerichts: Primär entscheidet eine etwaige „ausdrückliche Vereinbarung der Beteiligten", bei deren Fehlen ist das Amtsgericht zuständig, „in dessen Bezirke der Schaden entstanden ist". Zuweilen ist die Feststellung dieses Ortes problematisch, z.B. in der Transportv. Hier hebt § 24 III 2 Fluß-Kasko-Police auf den Ort ab, „wo der Schaden festgestellt wird".

Es geht bei der gerichtsseitigen Ernennung (dazu generell RG 28. XI. 1918 RGZ Bd 94 S. 172–178) um eine Angelegenheit der freiwilligen Gerichtsbarkeit, behandelt im § 164 FGG. Bei dem Verfahren ist der Gegner soweit tunlich zu hören (§ 164 III FGG). Eine Anfechtung der Verfügung, durch welche dem Antrage stattgegeben wird, ist ausgeschlossen (§§ 64 II 3, 184 II; § 164 II FGG). Dieser Ausschluß betrifft aber nur Anfechtungsgründe materieller Art, nicht solche, die sich auf Verfahrensmängel stützen, z.B. auf örtliche Unzuständigkeit (KG 14. XII. 1928 JW 1929 S. 941, dazu kritisch Josef LZ 1929 Sp. 826–827).

Fällt ein gerichtlich ernannter Sachverständiger nachträglich fort z.B. weil er sein Gutachten nicht abgeben kann oder will, so soll nach OLG Naumburg 22. III. 1916 VA 1917 Anh. S. 70–71 Nr. 1010 ein neuer Sachverständiger ernannt werden; § 64 I 3 (Feststellung durch Urteil) soll hier nicht gelten (zustimmend Prölss-Martin[21] Anm. 11 zu § 64, S. 357).

Anstelle des Amtsgerichts können auch andere Stellen zur Ernennung der Sachverständigen oder des Obmanns eingesetzt sein, z.B. der Vorsitzende der Ärztekammer, die für den letzten inländischen Wohnsitz des Vten zuständig ist (so § 12 II (1) a, b AUB) oder die für den Ver zuständige Handelskammer (so § 12 II ADB 1963).

[24] 2. Qualifikation

Der Sachverständige kann eine natürliche, aber – wenn die AVB nichts Gegenteiliges vorsehen – auch eine juristische Person sein, die sodann durch ein Organ oder einen Mitarbeiter handelt, man denke an einen Technischen Überwachungsverein oder an eine Wirtschaftsprüfungsgesellschaft. Wenn für die Autokaskov § 14 IV AKB bestimmt: „Ausschußmitglieder und Obleute dürfen nur Sachverständige für Kraftfahrzeuge sein", so bleibt zweifelhaft, ob auch juristische Personen bestellt werden können (dafür überzeugend Asmus VersR 1970 S. 495–497, Prölss-Martin[21] Anm. 1 zu § 14 AKB, S. 914, LG Düsseldorf 16. X. 1968 VersR 1970 S. 615–616, dagegen Stiefel-Wussow-Hofmann AKB[10] Anm. 11 zu § 14, S. 656–657).

Hinsichtlich des Sachverstandes können die AVB die Anforderungen konkretisieren, was schon geschieht durch die Berufsbezeichnung Arzt, beim Obmann mit dem Zusatz „ein auf dem Gebiet der Unfallbegutachtung erfahrener Arzt" (§ 12 II (1)a AUB). Wenn § 14 IV AKB „Sachverständige für Kraftfahrzeuge" erfordert, so fragt es sich, ob der Begriff rechtstechnisch gebraucht wird, also für gemäß § 36 GewerbeO öffentlich bestellte Sachverständige (so Stiefel-Wussow-Hofmann AKB[10] Anm. 11 zu § 14, S. 556) oder gar nur für Sachverständige nach der Kraftfahrsachverständigen-VO vom 10. XI. 1956 (darüber Bremer a.a.O. S. 94–95). Mit Recht nimmt Asmus VersR 1970 S. 495–496 demgegenüber an, daß die Sachkunde eines Kraftfahrzeugmeisters vollkommen ausreiche.

Fehlt einem Sachverständigen die in den AVB vorausgesetzte Qualifikation, so kann ein Betroffener einer Feststellung „entgegenhalten, daß es an den vertragsmäßigen Voraussetzungen fehlt, die dem Spruch der Kommission ihre bindende Wirkung verleihen", der Spruch bleibe „wirkungslos" (RG 27. X. 1899 RGZ Bd 45 S. 350–353 in einem Fall, in dem ein Arzt nicht – wie vorgeschrieben – Kreisphysikus oder Gerichtsarzt oder medizinische Autorität in einer öffentlichen Heilanstalt oder einer Universität war).

Stellen die AVB für die Sachverständigen keine besonderen Anforderungen, so entfällt eine Überprüfbarkeit der Sachkunde; es kommt nur auf das Ergebnis der Feststellung an (OLG Hamm 25. VI. 1928 JRPV 1929 S. 149–150).

[25] 3. Befangenheit

In Sachverständigenverfahren gelten nicht die prozessualen Vorschriften, welche die Ablehnung gerichtlicher Sachverständiger ermöglichen (vgl. § 406 ZPO, § 74 StPO).

Die für die Ablehnung von Schiedsrichtern geltenden Grundsätze des § 1032 I ZPO können nicht ohne weiteres auf Schiedsgutachter übertragen werden; denn es ist in rechtstatsächlicher Hinsicht nicht zu verkennen, daß besonders die parteiseitig ernannten Sachverständigen (Anm. 21) stark in der Sphäre der sie bestellenden Partei zu stehen pflegen. Dehalb ist hier für ein gesondertes Zwischenverfahren zur Überprüfung der Unparteilichkeit kein Raum (so auch Sieg VersR 1965 S. 632, KG 17. IV. 1940 JRPV 1940 S. 85).

Erst wenn auf Grund eines Sachverständigengutachtens auf Leistung geklagt wird, kann die fehlende Verbindlichkeit eingewendet werden. Dabei hält die herrschende Auffassung die Unbefangenheit als solche nicht für ein zwingendes Erfordernis, sondern hebt darauf ab, ob im Ergebnis die getroffene Feststellung offenbar und erheblich von der wirklichen Sachlage abweicht: Kisch a.a.O. S. 64–65, BGH 31. I. 1957 VA 1957 S. 71 = VersR 1957 S. 122, auch schon RG 21. VIII. 1936 RGZ Bd 152 S. 206–208 (kein Vsrecht), ferner OLG Frankfurt 16. VI. 1955 VersR 1955 S. 641. Dahingestellt bleibt das Problem vom BGH 30. XI. 1977 VersR 1978 S. 123, OLG Hamburg 2. XI. 1927 HansRGZ 1928 A Sp. 37–38, OLG Schleswig 28. X. 1953 VersR 1954 S. 506. Anderer Meinung wohl Thomas-Putzo, Zivilprozeßordnung, 9. Aufl., München 1977, Anm. 1 zu § 1032, S. 1391–1392 (Befangenheit als selbständige Einwendung im Schiedsgutachterverfahren).

Anders als bisher geschildert ist die Interessen- und Rechtslage hinsichtlich des **Obmanns,** da seine Feststellung den Ausschlag gibt. Hier kommt es nicht darauf an, wie er bestellt ist, ob parteiseitig, sachverständigenseitig oder durch Dritte (Anm. 21–23). Mit überzeugender Begründung befürwortet Sieg VersR 1965 S. 632 die analoge Anwendung des § 1032 I ZPO, so daß dieser Schiedsgutachter aus denselben Gründen und unter den gleichen Voraussetzungen abgelehnt werden kann, die zur Ablehnung eines Richters berechtigen, insbesondere wegen Besorgnis der Befangenheit (§ 42 ZPO).

VI. Der Sachverständige § 64
Anm. 25

Dahingestellt von BGH 31. I. 1957 VA 1957 S. 71 = VersR 1957 S. 122, ablehnend OLG München 30. IV. 1976 BetrBer 1976 S. 1047 (kein Vsrecht). Über das Verfahren: Thomas-Putzo a. a. O. Anm. 2 zu § 1032, S. 1392; nach § 1045 ZPO entscheidet das Staatsgericht über die Ablehnung.

Entsprechend dem Rechtsgedanken des § 406 II 2 ZPO muß eine Partei, die einen Sachverständigen „ablehnen möchte, die Gegenpartei noch während des Schadenfeststellungsverfahrens in Kenntnis setzen" von den behaupteten Befangenheitsgründen; später kann sich die Partei auf die Befangenheit nicht mehr berufen (BGH 30. XI. 1977 VersR 1978 S. 123 in einem Fall, in welchem der Sachverständige erklärt haben soll, er werde die Partei „fertigmachen").

Analog § 41 Ziff. 1, 2 ZPO wird stets anzunehmen sein, daß ein Sachverständiger von der Ausübung der Tätigkeit ausgeschlossen ist in Sachen, in denen er **selbst Partei** ist, oder in Sachen seines **Ehegatten**.

Arbeitnehmer einer Partei sind als solche weisungsgebunden, bei ihnen geht es um die Befangenheit, und es kommt nach dem oben Gesagten darauf an, ob sie zum Obmann bestellt sind. Das Problem spielt eine Rolle bei angestellten Kraftfahrzeugsachverständigen eines Vers; es dürften keine Bedenken dagegen bestehen, solchen Angestellten parteiseitig, also seitens des Vers als Sachverständige zu benennen (Jacobi VersR 1959 S. 405–406, dagegen Kallfelz VersR 1959 S. 585–586). Entsprechendes gilt für den Bereich der Unfallv für den Vertrauensarzt der Vsgesellschaft (vgl. RG 6. XII. 1904 JW 1905 S. 90–92 = VA 1905 Anh. S. 10–11 Nr. 93, 12. VI. 1908 RGZ Bd 69 S. 167–171, gleichfalls mit Unterscheidung der Stellung des Obmanns von derjenigen anderer Sachverständiger, OLG Königsberg 8. VII. 1941 JRPV 1941 S. 217 = HansRGZ 1941 A Sp. 223–226).

Die Anwendbarkeit der zivilprozessualen Befangenheitsgrundsätze steht auch bei parteiseitig bestellten Sachverständigen dann außer Zweifel, wenn die AVB auf diese Grundsätze verweisen, wie z. B. § 23 III ADB 1963: „Die Ablehnung eines Sachverständigen richtet sich nach den Vorschriften der Zivilprozeßordnung". Aber auch hierauf kann sich eine Partei nicht mehr berufen, wenn sie die angebliche Befangenheit während des Verfahrens nicht geltendgemacht hat (RG 6. XII. 1904 JW 1905 S. 91 = VA 1905 Anh. S. 10–11 Nr. 93, BGH 31. I. 1957 VA 1957 S. 71 = VersR 1957 S. 122, Kisch a. a. O. S. 68).

Aus der Rechtssprechung zur Befangenheit: Recht zur Ablehnung eines Obmannes in der Unfallv, der den Anspruchsteller in einem früheren Verfahren als Simulanten bezeichnet hat (RG 6. XII. 1904 JW 1905 S. 90–92 = VA 1905 Anh. S. 10–11 Nr. 93). Recht zur Ablehnung eines Obmannes wegen Voreingenommenheit, wenn er wegen Säumigkeit der Gutachtenerstellung durch den Sachverständigen des Vers sein Obmannsgutachten vorzeitig erstattet hat, allein auf Grund des Gutachtens des Sachverständigen des Vmers (LG Zweibrücken 7. VI. 1913 VA 1913 Anh. S. 55–57 Nr. 814). Recht zur Ablehnung eines Sachverständigen des Vmers, der – unter Vorschiebung des Vmers – den Ver gehässig angreift (LG Zweibrücken 6. X. 1913 VA 1914 Anh. S. 29–32 Nr. 798). Recht zur Ablehnung eines Sachverständigen in der Flugzeugv, wenn dieser in der Polize als Stelle bezeichnet worden ist, die für den Luftpool ständig tätig wird (KG 1. II. 1930 JRPV 1930 S. 155–156; problematisch, da nicht als Obmann eingesetzt). Zur Gefährdung der Unparteilichkeit eines Sachverständigen, der seine Vergütung in Prozenten der ermittelten Entschädigungssumme berechnet: RAA VA 1915 S. 9; jedoch ist die Befangenheit in solchem Falle verneint von KG 6. VI. 1934 JRPV 1934 S. 348.

Über einen Fall der Bestechung eines Sachverständigen KG 12. XI. 1932 JRPV 1933 S. 77.

[26] 4. Vertragsverhältnis

a) Abschluß

Zu unterscheiden sind die Vereinbarung des Sachverständigenverfahrens (Anm. 13—19), die Ernennung des Sachverständigen (Anm. 20—23) und der mit jedem Sachverständigen zu schließende Vertrag, den Kisch a.a.O. S. 70 Verpflichtungsvertrag nennt. Die Verfahrensvereinbarung zwischen Ver und Vmer bildet die Grundlage für die weitere Abwicklung.

Diese erfolgt — rechtlich gesehen und zeitlich meistens erst nach Eintritt eines Vsfalles — erstens durch die **Ernennung der Sachverständigen**, die sich als einseitige empfangsbedürftige Willenserklärung darstellt und die dem Sachverständigen eine Rechtsmacht verleiht, nämlich die Befähigung, allein oder mit anderen eine bestimmte Feststellung zu treffen. Der Ernennung entspricht im Gesellschaftsrecht die **Bestellung** eines Organs oder Prokuristen; und sie erfolgt bei parteiseitiger Ernennung allein durch die ernennende Partei. Bei Ernennung durch ein Gericht, eine Behörde, eine andere dritte Stelle erfolgt die Ernennung durch diese Stelle im eigenen Namen nach Maßgabe der Verfahrensvereinbarung. Falls Sachverständige ihrerseits einen Obmann ernennen, muß gleichfalls angenommen werden, daß die Sachverständigen bei der Ernennung gemeinschaftlich im eigenen Namen handeln.

Abweichendes gilt für den **Verpflichtungsvertrag**, den zweiten Akt bei der Verwirklichung des Sachverständigenverfahrens. Als Vertrag setzt der Verpflichtungsvertrag die Mitwirkung des zu verpflichtenden Sachverständigen voraus; erst der Vertragsabschluß begründet die Obligation des Sachverständigen zum Tätigwerden. Zieht man wiederum die Parallele zum Gesellschaftsrecht, so entspricht der Abschluß des Verpflichtungsvertrages der **Anstellung** (im Gegensatz zur Bestellung).

Bei **parteiseitiger** Ernennung steht es fest, daß der ernennende Ver oder Vmer Vertragspartner des Sachverständigen wird, aber es ist bestritten, ob auch der nicht ernennende Vertragsteil in eine Vertragsbeziehung zum Sachverständigen tritt, wodurch der Verpflichtungsvertrag ein solcher zugunsten Dritter würde, d.h. der zwischen Sachverständigem und Vmer geschlossene Verpflichtungsvertrag würde auch zugunsten des Vers wirken, der Vertrag zwischen Sachverständigem und Ver auch zugunsten des Vmers. Einen Vertrag auch zugunsten der jeweils anderen Partei nehmen an Bachmann a.a.O. S. 81—82, Clasen JRPV 1927 S. 355, Ehrenzweig S. 193. Gottschalk JW 1929 S. 2039, Hagen I S. 600, Ritter-Abraham Anm. 20 zu § 74, S. 928—929, RG 18. VI. 1915 RGZ Bd 87 S. 194 (kein Vsrecht). Dagegen konstruieren Kisch a.a.O. S. 83—84, Stiefel-Wussow-Hofmann AKB[10] Anm. 3 zu § 14, S. 648 ein Vertragsverhältnis allein zwischen ernennender Partei und Sachverständigem. Von der Lösung der Streitfrage hängt es insbesondere ab, ob die andere — nicht ernennende — Partei vertragliche Schadensersatzansprüche gegen den Sachverständigen geltendzumachen in der Lage ist. Nach der h.M., die den Vorzug verdient, ist dies angängig.

Nimmt anstelle einer Partei eine **dritte Stelle**, z.B. ein Gericht die Ernennung vor, so erfolgt zwar die (einseitige) Ernennung im eigenen Namen durch die betreffende Stelle, aber der Verpflichtungsvertrag kommt mit jener Partei zustande, für welche die Stelle handelt. In der Zuteilung der Ernennungsbefugnis — regelmäßig in der Verfahrensvereinbarung — liegt zugleich die Erteilung einer Abschlußvollmacht hinsichtlich des Verpflichtungsvertrages. Das Gericht (oder die sonstige ernennende Stelle) schließt den Verpflichtungsvertrag mit dem Sachverständigen in Vollmacht der Partei ab (unscharf Kisch a.a.O. S. 70), die Partei wird daraus verpflichtet, z.B. zur Zahlung der Vergütung für den Sachverständigen.

Ernennen die von den Parteien bestellten Sachverständigen ihrerseits den Obmann oder wird der Obmann seitens des Gerichts oder einer anderen dritten Stelle be-

VI. Der Sachverständige § 64
Anm. 27, 28

nannt, so ist festzustellen, daß der Verpflichtungsvertrag mit beiden Parteien zustande kommt (Kisch a.a.O. S. 70); dem Obmann wird die Vergütung demnach von beiden Parteien geschuldet, als Gesamtschuldnern.

[27] b) Rechtsnatur

Die Sachverständigen (einschließlich der Obleute) werden im Zweifel nicht unentgeltlich tätig (über die Vergütung Anm. 33). Vgl. §§ 612 I, 632 I BGB.

Der Verpflichtungsvertrag begründet gegenseitige Rechte und Pflichten der Sachverständigen einerseits, der vertragschließenden Parteien andererseits. Der Obmann steht zu beiden Parteien in derartigen Vertragsbeziehungen. Folgt man der h.M. (vgl. die Nachweise Anm. 26), so ist jeder Verpflichtungsvertrag auch Vertrag zugunsten Dritter, d.h. es entstehen Rechte gegen den Sachverständigen auch zugunsten derjenigen Partei, die ihn nicht ernannt hat.

Inhaltlich stellt sich der Sachverständigenverpflichtungsvertrag im Falle der Entgeltlichkeit als Werkvertrag dar, gerichtet auf die Vornahme einer Feststellung, also einen durch Arbeit herbeizuführenden Erfolg (§ 631 BGB). Da der Werkvertrag eine Geschäftsbesorgung zum Gegenstand hat, gelten neben den Werkvertragsnormen die in § 675 BGB aufgeführten auftragsrechtlichen Bestimmungen. Dazu Kisch a.a.O. S. 74–76, der das Vorliegen eines Dienstvertrages für den Fall erwägt, in dem ein Ver einen Sachverständigen allgemein, von vornherein für vorkommende Fälle verpflichtet hat.

[28] c) Pflichten des Sachverständigen
    aa) Gutachtenfeststellung

Die synallagmatisch betonte Hauptpflicht des Sachverständigen besteht in der durch Arbeit zu bewirkenden Feststellung, insbesondere der Höhe des Schadens oder anderer Voraussetzungen des Anspruchs aus der V. Entscheidend ist letztlich der Erfolg, zum Ausdruck kommend in einer Feststellung, einem Gutachten. Aber die Herbeiführung dieses Erfolges erfordert Arbeit: Ermittlungen, Überlegungen, Schätzungen, Berechnungen, deren (regelmäßig schriftliche) Niederlegung, Verlautbarung.

Bei gemeinsam mit einem Mitgutachter, evtl. einem Obmann, also in einer Kommission zu erstattenden Gutachten erfordert die Erfolgsherbeiführung überdies Zusammenarbeit, durchweg auch örtlich und zeitlich, z.B. bei Besichtigungen, Befragungen Dritter.

Der Sachverständige haftet an und für sich für jedes Verschulden (§ 276 I 1 BGB) bei Nichterfüllung, Schlechterfüllung, Verzögerung der von ihm geschuldeten Leistung, ohne sich – wie ein Schiedsrichter – auf die Vergünstigung des § 839 II BGB berufen zu können (BGH 13. XII. 1956 BGHZ Bd 22 S. 345). Dabei ist es bedeutsam, daß der Sachverständige höchstpersönlich verpflichtet ist, also die Ausführung seiner Aufgabe nicht einem Substituten übertragen darf. Für Erfüllungsgehilfen hat der Sachverständige nach § 278[1] BGB einzustehen.

Es zeigt sich jedoch eine Tendenz, von den §§ 319 II 1 BGB, 64 I 1, 184 I 1 her den Haftungsbereich der Sachverständigen einzuschränken und sie nur bei offenbarer Unbilligkeit oder erheblicher offenbarer Unrichtigkeit ihrer Feststellung haften zu lassen, selbstverständlich obendrein nur bei Verschulden (BGH 22. IV. 1965 MDR 1965 S. 569–570). In solchen Fällen ist jedoch die Feststellung unverbindlich; insoweit entfällt eine Schädigung. Zur Anwendbarkeit des § 254 BGB bei Inanspruchnahme des Schiedsgutachters: LG Stade 26. XI. 1976 MDR 1976 S. 582–583.

Bei nicht zu vertretender nachträglicher Unmöglichkeit, z.B. bei erheblicher längerer Erkrankung, wird der Sachverständige von der Verpflichtung zur Leistung frei (§ 275 BGB). Ansonsten kann er (theoretisch) auf Leistung verklagt werden (Näheres bei Kisch a.a.O. S. 80—81). Bei zu vertretender Vertragsverletzung macht sich der Sachverständige — vorbehaltlich des über die Haftungseinschränkung Gesagten — schadensersatzpflichtig (vgl. §§ 280 I, 286 I, 635 BGB).

Für den Fall, daß die Sachverständigen — sei es auch wegen Verschuldens eines von ihnen — die **Feststellung nicht treffen können oder wollen oder sie verzögern,** sieht § 64 I 3 die Feststellung durch Urteil des Staatsgerichts vor, nicht etwa ein erneutes Sachverständigenverfahren. Das gilt nicht nur, wenn sämtliche Sachverständige ausfallen (so Ehrenzweig S. 194), sondern auch bereits bei Ausfall eines Sachverständigen (Raiser AFB[2] Anm. 33 zu § 16, S. 387—388). Die „Sanktion" des Gesetzes hat größere praktische Bedeutung als die Möglichkeit einer Klage oder eines Schadensersatzanspruches. Das Gesetz unterscheidet drei Tatbestände: Unmöglichkeit (Anm. 29), Nichtwollen (Anm. 30) und Verzögerung (Anm. 31).

[29] aaa) Unmöglichkeit

Eine Unmöglichkeit der Feststellung würde z. B. vorliegen, wenn die Verfahrensvereinbarung nur parteiseitige Sachverständige vorsieht und diese sich nicht einigen können. Die Unmöglichkeit kann ihren Grund aber auch in der Erkrankung eines Sachverständigen, in der Unzulänglichkeit der Unterlagen, in der Verweigerung der notwendigen Mitwirkung seitens des Vmers haben (zum letztgenannten Fall: LG Köln 25. I 1978 VersR 1978 S. 705—706). Auch aus der Sphäre des Vers kann bei mangelnder Kooperation die Unmöglichkeit der Feststellung resultieren (BGH 17. III. 1971 NJW 1971 S. 1455—1456 = VersR 1971 S. 537—538). Über den Einfluß des Todes eines Sachverständigen Anm. 34.

Eine Unmöglichkeit der Feststellung sollte jedoch nicht leichthin einfach deshalb angenommen werden, weil infolge Unzulänglichkeit der Unterlagen die Feststellung des Schadensumfanges und der Schadenshöhe — etwa bei einem Warenlager — Schwierigkeiten bereitet. Die Sachverständigen müssen sich um die Aufklärung des Sachverhalts bemühen, wobei zu beachten ist, daß den Vmer die Beweislast für Schadenseintritt und Schadenshöhe trifft (Anm. 34 zu § 55).

[30] bbb) Nichtwollen

Ein mangelnder Wille zur Feststellung i.S. der §§ 64 I 3, 184 I 3 kann aus der Sphäre jedes ernannten Sachverständigen, evtl. aber auch der ganzen Kommission herstammen. Auf den Grund der Verweigerung kommt es nicht an. Über eine Kündigung seitens des Sachverständigen vgl. Anm. 34. Auch wenn der Sachverständige mit oder ohne Grund sein Mandat „niederlegt", so ist damit das Sachverständigenverfahren gescheitert; die Feststellung hat durch Urteil zu erfolgen (anders Prölss-Martin[21] Anm. 11 zu § 64, S. 357 unter Berufung auf LG Berlin 24. II. 1964 VersR 1964 S. 649).

[31] ccc) Verzögerung

Eine Verzögerung der Feststellung ist regelmäßig erst dann anzunehmen, wenn dem Sachverständigen eine angemessene Zeit für erforderliche Ermittlungen usw. belassen worden ist, bei einer Kommission auch Zeit für die Kooperation. Regelmäßig wird seitens des Vmers und/oder des Vers eine Anmahnung der Feststellung mit Setzung einer Nachfrist erforderlich sein. Erst nach deren fruchtlosem Ablauf kann eine Verzögerung der Feststellung konstatiert werden, wobei die Verzögerung keinen Verzug, d.h. kein Verschulden der Sachverständigen voraussetzt. Höhe des Schadens, Umfang der erforderlichen Ermittlungen, Schwierigkeit der Überlegungen und Schätzungen, Länge des zu beratenden und abzustimmenden Gutachtens sind für die Frage, ob eine Verzöge-

VI. Der Sachverständige §64
Anm. 32, 33

rung i.S. der §§ 64 I 3, 184 I 3 anzunehmen ist, von Bedeutung. Trotz Vorliegen eines Verzögerungsfalles können die Parteien übereinkommen, das Sachverständigenverfahren mit neuen Sachverständigen fortzusetzen (LG Berlin 24. II. 1964 VersR 1964 S. 649–650).

[32] bb) Nebenpflichten
Neben der Hauptpflicht des Sachverständigen zur erfolgsausgerichteten Tätigkeit stehen Nebenpflichten, die sich teils aus dem Gesetz, teils mittelbar aus der Vereinbarung des Sachverständigenverfahrens, teils als ergänzende Leistungspflichten aus Treu und Glauben ergeben:
Aus dem Gesetz (§§ 675, 663 BGB) läßt sich bereits – vorvertraglich – ableiten, daß ein Sachverständiger, der öffentlich bestellt ist oder sich öffentlich erboten hat, verpflichtet ist, unverzüglich Anzeige zu erstatten, falls er einen Auftrag nicht annimmt (gesetzlich geregelter Fall der culpa in contrahendo). Aus den §§ 675, 666 BGB ergibt sich eine Benachrichtigungs- und Auskunftspflicht des Sachverständigen gegenüber der Partei, aus den §§ 675, 667 BGB eine Herausgabepflicht, z.B. hinsichtlich der dem Sachverständigen für seine Arbeit überlassenen Unterlagen.
Die Vereinbarung des Sachverständigenverfahrens bildet zugleich eine Rechtsquelle und Grundlage für das Tätigwerden des Sachverständigen. So sind gemäß § 15 IIa Satz 5 AFB die parteiseitig ernannten Sachverständigen verpflichtet, vor Beginn des Feststellungsverfahrens den Obmann zu wählen; der § 15 IIb Satz 1, 2 AFB schreibt vor: „Die Feststellung der beiden Sachverständigen muß den Vswert der Sachen unmittelbar vor und nach dem Schaden enthalten. Die Sachverständigen reichen ihre Feststellungen gleichzeitig dem Ver und dem Vmer ein." Wegen der Verpflichtung zur Obmannswahl ähnlich § 14 III 1 AKB. Beim Ärzteausschuß der Unfallv hat der Obmann Ort und Zeit des Zusammentritts zu bestimmen und hiervon den Parteien Nachricht zu geben; die Entscheidung ist schriftlich zu begründen und vom Obmann zu unterzeichnen (§ 12 II (2) b, c AUB).
Ergänzende Leistungspflichten der Sachverständigen aus Treu und Glauben können aus den Umständen ableitbar sein, z.B. eine Verpflichtung, sich zum Schadensort zu einer Besichtigung zu begeben oder bei einer Untersuchung im Rahmen der Ärztekommission mitzuwirken.

[33] d) Rechte des Sachverständigen
Mit der werkvertraglichen Verpflichtung zur Herstellung des Feststellungserfolges korrespondiert die Verpflichtung des „Auftraggebers" zur Entrichtung der Vergütung (§§ 631 I, 632 BGB).
Schuldner der Vergütung ist zunächst die den Sachverständigen ernennende Partei oder die Partei, für die eine dritte ernennende Stelle, z.B. das Gericht, tätig wird. Beim Obmann, auch dem von den Parteisachverständigen gewählten Obmann, werden beide Parteien gesamtschuldnerisch Vergütungsschuldner (ebenso Sieg VersR 1965 S. 635, vgl. ferner oben Anm. 26).
Von dieser externen Regelung der Vergütungsschuld sind die Normen zu unterscheiden, die im Verhältnis zwischen den Parteien des Vsvertrages die Tragung der Kosten des Sachverständigenverfahrens regeln (man vergleiche etwa § 14 V AKB sowie Anm. 17 zu § 66).
Es ist anzunehmen, daß diese versicherungsvertragliche Regelung zugleich zugunsten der Sachverständigen (als Vertrag zugunsten Dritter) wirkt, so daß sich im Falle des § 14 V 1 AKB jeder Sachverständige auch an den Ver halten kann, im Falle

des § 14 V 2 AKB auch an den Vmer. § 12 III AUB enthält eine ähnliche Regelung, maximiert jedoch die den Vmer möglicherweise treffenden Kosten.

Nimmt ein Sachverständiger eine Partei in höherem Umfang in Anspruch, als es der Regelung in der Sachverständigenverfahrensvereinbarung entspricht, so entsteht für sie ein **interner Ausgleichsanspruch** gegen den Partner des Vsvertrages.

Ein Auseinanderfallen der externen und internen Regelung verhindert weithin § 15 IIc AFB mit der Bestimmung: „Jede Partei trägt die Kosten ihres Sachverständigen; die Kosten des Obmanns tragen beide Parteien je zur Hälfte." Allerdings kann sich extern der Obmann wegen seiner vollen Vergütung in jede Partei halten, aber intern ergibt sich die Hälftelung auch aus § 426 I 1 BGB.

Problematisch ist die **Höhe** der Sachverständigenvergütung. Primär ist eine etwaige Vereinbarung, sekundär bei Bestehen einer Taxe die taxmäßige Vergütung, tertiär die übliche Vergütung (§ 632 II BGB) maßgebend. Bei einer vereinbarten Vergütung hat die Aufsichtsbehörde Bedenken geäußert, falls sie in Prozenten der zu ermittelnden Entschädigungssumme berechnet wird (VA 1915 S. 9), obgleich nicht zu verkennen ist, daß die Höhe des Objekts für die Honorierung von gewissem Einfluß sein kann. Das hebt auch das KG 19. V. 1928 JRPV 1928 S. 214–215 hervor, und betont zugleich, daß der Ver bei einer Vereinbarung des Honorars mit dem Obmann gehalten sei, auch die Belange des Vmers im Auge zu behalten und keine überhöhte Summe zu vereinbaren. Da Ver immer wieder den gleichen Sachverständigen zu betrauen pflegen, kommen zuweilen allgemeine Vereinbarungen zustande, welche die Ver begünstigen. Andererseits ist es mißlich, wenn die einerseits den Ver, andererseits den Vmer belastenden Vergütungen differieren. Taxmäßige Vergütungen werden behördlich festgesetzt, auf Landes- oder Bundesebene. Sie spielen besonders für die Ärzte, Architekten, Bücherrevisoren eine Rolle (vgl. Bremer a.a.O. S. 212–213). Über die übliche Vergütung kann leicht Streit entstehen; die zuständigen Kammern können darüber Auskunft geben (vgl. Bremer a.a.O. S. 213–215). Verbreitet sind bei zeitaufwendigen Tätigkeiten Tages- oder Stundensätze. Dem Obmann wird nicht selten eine etwas höhere Vergütung zugebilligt als den parteiseitig benannten Sachverständigen. Zur angemessenen Entschädigung bei ärztlichen Sachverständigen vgl. Schleyer NJW 1958 S. 2094–2096.

Als Werklohn wird die Vergütung fällig nach Beendigung der Sachverständigentätigkeit, mit der Vollendung der zu treffenden Feststellung (§§ 64 I 1; 646 BGB).

Ein besonderer **Aufwendungsersatzanspruch** des Sachverständigen läßt sich aus §§ 675, 670 BGB herleiten, wenn nicht ausnahmsweise anzunehmen ist, daß die vereinbarte Vergütung die Aufwendungen umfassen und decken solle. In Betracht kommen z.B. Reisekosten, Aufwendungen für Ferngespräche, Kosten von Fotokopien, Fotografien. Auf Verlangen hat der Vertragspartner Vorschuß zu leisten (§§ 675, 669 BGB), z.B. für aufwendige Flugkosten nach Übersee.

Eine weitere Nebenpflicht des Auftraggebers ergibt sich z.B aus §§ 642–643 BGB, wonach der Besteller bei der Herstellung des Werkes **mitzuwirken** hat. So kann der vom Vmer benannte Sachverständige vom Vmer fordern, daß er ihm z.B. Zugang zur Schadensstätte verschaffe, Unterlagen vorlege usw. Entsprechendes gilt für den Obmann, während der vom Ver ernannte Sachverständige darauf angewiesen ist, über den Ver, und möglicherweise als dessen Bevollmächtigter, die Mitwirkung des Vmers durchzusetzen (Kisch a.a.O. S. 79).

[34] e) Beendigung

Der Vertrag mit einem Sachverständigen endet normalerweise durch **Erfüllung,** Vornahme der Feststellung, Erstattung des Gutachtens, und nachdem die Vergütungsansprüche befriedigt sind.

VII. Das Verfahren § 64
Anm. 35, 36

Vorzeitigt endigt der Vertrag, ohne Vergütungsanspruch, bei **Tod** des Sachverständigen, der ja höchstpersönlich verpflichtet ist; der Erbe ist anzeigepflichtig (§§ 675, 673 BGB; Kisch a.a.O. S. 75). Infolge des Todes finden die §§ 64 I 3, 184 I 3 Anwendung, d.h. das Sachverständigenverfahren endet, die Feststellung erfolgt durch Urteil, es sei denn, daß die Parteien sich dahin einigen, es solle ein Ersatzsachverständiger bestellt werden. A. A. Prölss-Martin[21] Anm. 11 zu § 64, S. 357 (stets Fortführung des Verfahrens mit einem neuernannten Sachverständigen). Bei Tod eines gerichtlich ernannten Sachverständigen (§ 64 II) soll § 64 I 3 nicht gelten nach Auffassung des OLG Naumburg 22. III. 1916 VA 1917 Anh. S. 70–71 Nr. 1010 (sehr fraglich).

Der Ver und der Vmer können die Sachverständigenverpflichtungsverträge – auch mit dem Obmann – einvernehmlich **kündigen,** z.B. wenn außerhalb des Sachverständigenverfahrens eine Einigung der Parteien erfolgt; für den Vergütungsanspruch der Sachverständigen gilt § 649² BGB (vereinbarte Vergütung abzüglich ersparter Aufwendungen). Im übrigen aber muß das Kündigungsrecht der Besteller aus § 649¹ BGB als ausgeschlossen angesehen werden (a. M. Kisch a.a.O. S. 75); denn es ist nicht angängig, daß die Parteien in ein schwebendes Verfahren eingreifen und einem mißliebigen Sachverständigen oder Obmann die Kündigung aussprechen, etwa weil sich herausstellt, daß er nicht den Parteistandpunkt teilt (a.M. auch RG 21. VIII. 1936 RGZ Bd 152 S. 205–206, kein Vsrecht).

Der Sachverständige kann nach Fristsetzung kündigen, wenn sein Vertragspartner erforderliche Mitwirkungshandlungen unterläßt (§ 643 BGB); der Sachverständige erlangt dann einen Anspruch auf angemessene Entschädigung (§ 642 II BGB). Im übrigen steht dem Sachverständigen nur aus wichtigem Grund ein Kündigungsrecht zu (vgl. § 671 II BGB, Wedemeyer WuRdVers 1913 S. 131–133, weitergehend Kisch a.a.O. S. 75–76), z.B. bei Mißtrauen der Partei, Wegfall der Unbefangenheit, Änderung der Lebensstellung oder des Wohnsitzes. Ein Vergütungsanspruch entfällt wegen Nichtherstellung des „Werkes."

[35] 5. Verhältnis zu Dritten

Negativ ist festzustellen, daß vertragliche Beziehungen nicht bestehen zwischen den Sachverständigen, auch nicht mit dem Obmann (Kisch a.a.O. S. 85).

Ferner haben die Sachverständigen keine Rechte (z.B. Vergütungsansprüche, Mitwirkungsansprüche) gegen die Partei, welche sie nicht verpflichtet hat (Kisch a.a.O. S. 83), wobei aber zu prüfen ist, ob etwa ein Gericht oder eine andere dritte Stelle für eine Partei kraft Vollmacht tätig werden konnte (Anm. 26).

Leugnet man, daß der Sachverständigenvertrag Vertrag zugunsten Dritter, nämlich zugunsten der Gegenpartei sei (vgl. Anm. 26), so kann z.B. der Vmer keinen vertraglichen Schadensersatzanspruch gegen den vom Ver benannten Sachverständigen erlangen, etwa wegen schuldhafter Verzögerung oder Nichterstattung des Gutachtens.

Denkbar sind dagegen Ansprüche aus unerlaubter Handlung. Zwar findet § 839 BGB keine Anwendung, da der Sachverständige kein Beamter, insbesondere kein Richter ist (Kisch a.a.O. S. 84), aber Sachverständige könnten Beihilfe zum Vsbetrug leisten (vgl. §§ 823 II, 830 II BGB) oder einer Partei vorsätzlich sittenwidrig Schaden zufügen (§ 826 BGB).

[36] VII. Das Verfahren
1. Einleitende Übersicht

Da im Sachverständigenverfahren nur „einzelne Voraussetzungen des Anspruchs aus der V", insbesondere die Schadenshöhe, festgestellt werden (§§ 64 I 1, 184 I 1), bleibt daneben Raum für Gerichtsverfahren, und das Verhältnis von Sachverständigen-

und Gerichtsverfahren – einschließlich auftauchender prozeßrechtlicher Probleme – bedarf der Klärung (Anm. 37–41).

Sodann ist der Ablauf des Sachverständigenverfahrens zu schildern (Anm. 42–48): Nach Herausstellung der beherrschenden Grundsätze (Anm. 42) sollen die Konstituierung (Anm. 43), die Arbeitsweise (Anm. 44), speziell die Wahrheitserforschung (Anm. 45) und das rechtliche Gehör (Anm. 46), behandelt werden, unter Berücksichtigung etwaiger Störungen des Verfahrens (Anm. 47) und sonstiger Fragen (Anm. 48).

[37] 2. Sachverständigen- und Gerichtsverfahren

Nicht selten lassen sich Schäden und Unfall abwickeln, ohne daß überhaupt ein Sachverständigen- und/oder Gerichtsverfahren durchgeführt werden. Ein Sachverständigenvereinbarung in den AVB schließt nie aus, daß die Parteien sich ohne Einleitung oder Abwicklung des Sachverständigenverfahrens über den Entschädigungsanspruch einigen, und de facto werden die meisten kleineren Schäden schon im Interesse der Kostenersparnis ohne Sachverständige abgewickelt. Das Verfahren kann durch contrarius consensus selbst dann undurchgeführt bleiben, wenn die AVB – wie § 79 I ADS – uneingeschränkt bestimmen: „Ein Teilschaden ist durch Sachverständige festzustellen." Sachgerechter ist es daher, wenn z.B. § 15 I 1 AFB normiert, jede Partei könne verlangen, daß die Höhe des Schadens durch Sachverständige festgestellt wird. § 14 I AKB hebt auf eine „Meinungsverschiedenheit" über die Höhe des Schadens ab. Demgegenüber weist Raiser AFB[2] Anm. 4 zu § 16, S. 371 darauf hin, die Sachverständigen sollten einen Streit verhüten, nicht entscheiden; sowohl der Ver als auch der Vmer können ein Interesse an einer Sachverständigenfeststellung haben, auch wenn bei ihnen intern keine Meinungsverschiedenheit besteht. In diesem Sinne ist auch § 14 I AKB weit auszulegen. Deshalb ist es auch bedenklich, wenn der OGH Wien 13. IV. 1966 VersR 1966 S. 1196 davon ausgeht, der Sachverständigenausschuß sei nur hinsichtlich eines differierenden Teilbetrages anzurufen, falls der Ver einen anderen Teilbetrag des Schadens anerkenne; in Höhe dieses anerkannten Betrages werde die Entschädigung fällig.

Abgesehen von den Fällen einer Einigung über Grund und Höhe des Entschädigungsanspruches lassen sich Tatbestände unterscheiden, bei denen nur ein Sachverständigenverfahren abgewickelt wird (Anm. 38), von Tatbeständen, in denen Sachverständigen- und Gerichtsverfahren nebeneinander herlaufen (Anm. 39) und von Tatbeständen, bei denen nur ein Gerichtsverfahren zur Durchführung gelangt (Anm. 40).

Bei der Darstellung der Rechtslage bleiben die anormalen Fälle, bei denen das Gericht nach den §§ 64 I, 184 I tätig wird (Unverbindlichkeit der Feststellung, Versagen der Sachverständigen) hier außer Betracht; vgl. darüber Anm. 54–60, 29–31.

[38] a) Sachverständigen-, ohne Gerichtsverfahren

Besteht hinsichtlich der Eintrittspflicht des Schadens- oder Unfallvers kein Zweifel, und geht es nur um die Feststellung der Schadenshöhe, so kommt es normalerweise nur zur Durchführung des Sachverständigenverfahrens, und der Ver zahlt entsprechend der festgestellten Schadenshöhe seine Entschädigung. Entsprechendes gilt, falls den Sachverständigen die Feststellung anderer Leistungsvoraussetzungen anvertraut ist (dazu Anm. 15).

Dem Ergebnis des Sachverständigenverfahrens kommt – immer vorbehaltlich offenbarer erheblicher Unrichtigkeit – bindende Feststellungswirkung zu (Anm. 18), welche abzuleiten ist aus der Parteivereinbarung (Kisch a.a.O. S. 108–109) und welche

VII. Das Verfahren § 64
Anm. 39

ihre Kraft besonders im Prozeß dergestalt äußert, daß das Gericht den Inhalt der Sachverständigenfeststellung seinem Urteil zugrundelegen müßte (Kisch a.a.O. S. 111). Hieraus ergibt sich, daß der Ver regelmäßig nach Durchführung des Sachverständigenverfahrens ein für den Vmer positives Ergebnis realisieren wird, ohne daß der Vmer ein Gerichtsverfahren einzuleiten braucht. Der Ver gerät nicht in Verzug, wenn er sofort nach Vorliegen des Sachverständigengutachtens zahlt (OLG Breslau 25. II. 1937 JRPV 1937 S. 174). Würde der Ver den Vmer nicht freiwillig befriedigen, so würde die Durchführung des Verfahrens vor dem Staatsgericht keine Schwierigkeiten bereiten, wenn hinsichtlich der Eintrittspflicht des Vers – wie hier unterstellt – keine Zweifel obwalten.

[39] b) Sachverständigen- neben Gerichtsverfahren
Anders ist die Rechtslage, wenn der Ver seine Entschädigungspflicht womöglich dem Grunde und der Höhe nach leugnet. Solchenfalls kommen nacheinander oder parallel sowohl das Gerichts- als auch das Sachverständigenverfahren in Betracht, wobei es sich in praxi empfehlen kann, das Sachverständigenverfahren erst einzuleiten, „wenn einigermaßen zu übersehen ist, daß die übrigen Voraussetzungen für die Existenz der Vsforderung begründet sind" (Kisch RheinZ 1917 S. 30). Aber insoweit handelt es sich nur um eine praktische Verhaltensregel, nicht um ein Rechtsgebot. Das Sachverständigenverfahren kann auch schon eingeleitet und durchgeführt werden, solange vor Gericht noch über den Anspruch dem Grunde nach gestritten wird, und solche Durchführung kann sogar zweckmäßig sein, besonders im Interesse der Beweissicherung.

Das mögliche Nebeneinander der Verfahren macht zugleich die Feststellung notwendig, daß der Ver nicht dem Grunde nach seine Leistungspflicht anerkennt, wenn er bei der Einleitung des Sachverständigenverfahrens mitwirkt (OLG Hamburg 25. V. 1932 VA 1932 S. 234–236 Nr. 2430).

Ein Sachverständigenverfahren – besonders ein solches über die Höhe des Schadens – könnte allerdings überflüssig erscheinen, wenn der Ver dem Grunde nach seine Entschädigungspflicht negiert. Das RG 15. V. 1925 JRPV 1925 S. 175 wollte – überspitzt – unterscheiden, ob der Ver „die Leistung jedweden Schadensersatzes abgelehnt hat" (dann ausschließlich Leistungsklage gegen der Ver geboten) oder ob er „sich lediglich darauf beschränkt hatte, den Vsfall dem Grunde nach zu bestreiten, ohne den Schadensersatzanspruch endgültig .... abzulehnen" (dann zunächst bloße Feststellungsklage mit anschließendem Sachverständigenverfahren). Die Unterscheidung ist praktisch undurchführbar. Da immerhin das Sachverständigenverfahren generell vereinbart ist, kann der Vmer zunächst **stets auf Feststellung** der Entschädigungspflicht des Vers **dem Grunde nach klagen**. So auch BGH 7. III. 1966 VersR 1966 S. 673, wonach der Vmer für **befugt** zu erachten ist, das gerichtliche Verfahren nur mit dem Ziel der Feststellung des Anspruchs auf Vsschutz zu betreiben. Weitergehend im Sinne einer **Notwendigkeit der Feststellungsklage:** RG 22. XII. 1903 VA 1904 S. 69–71 Nr. 47, 13. VII. 1906 LZ 1907 Sp. 63, 15. XI. 1907 JW 1908 S. 19–20, 24. IX. 1915 LZ 1916 Sp. 61–62, 3. III. 1916 VA 1916 Anh. S. 43–45 Nr. 932, OGH Wien 22. IX. 1961 VersR 1963 S. 175 mit Anm. Wahle, 12. II. 1964 VersR 1965 S. 602–603, 10. XI. 1965 VersR 1966 S. 576, KG 10. V. 1924 JRPV 1925 S. 289–290, 18. XII. 1940 JRPV 1941 S. 46–47, OLG Bremen 16. XII. 1958 VersR 1960 S. 842–843, OLG Breslau 25. II. 1937 JRPV 1937 S. 174, OLG Düsseldorf 6. XI. 1939 JRPV 1940 S. 102–103, OLG Frankfurt 10. XII. 1919 VA 1921 Anh. S. 26–27 Nr. 1189 = LZ 1920 Sp. 447, 8. I. 1931 VA 1931 S. 41 Nr. 2268, 24. III. 1959 VersR 1959 S. 594, OLG München 11. XII. 1969 NJW 1970 S. 663–664; aus dem Schrifttum Prölss-Martin[21] Anm. 3 zu § 64, S. 349, Ritter-Abraham Anm. 5 zu § 74, S. 921–922. Über die (abweichende)

Auffassung, daß bei Ablehnung der Entschädigungsleistung des Vers dem Grunde nach der Ver stets berechtigt oder gezwungen sei, sofort – ohne Sachverständigeneinschaltung – auf Zahlung zu klagen, vgl. Anm. 40.

Falls im Verlaufe des auf Feststellung gerichteten Gerichtsverfahrens das Sachverständigenverfahren abgeschlossen wird, kann der Vmer bei weiterer Aufrechterhaltung der Leistungsverweigerung seitens des Vers seine Feststellungsklage in eine **Leistungsklage ändern.** Da kein Fall des § 264 ZPO vorliegen dürfte (Thomas-Putzo, ZPO⁹, Anm. 3 zu § 264, S. 447, a. M. Asmus Diss. a. a. O. S. 38, OLG Köln 13. V. 1931 VA 1931 S. 244 Nr. 2315), gilt § 263 ZPO; aber das Gericht wird die Klageänderung stets für sachdienlich erachten. Eine Klagefrist wird auch durch Erhebung der Leistungsklage gewahrt (OLG Köln a. a. O.).

Zur Frage, ob während des schwebenden Sachverständigenverfahrens das Gericht eine **einstweilige Verfügung** (§ 940 ZPO) erlassen kann, positiv KG 29. X. 1932 JRPV 1933 S. 59–60, negativ KG 19. VIII. 1932 JRPV 1932 S. 345–346.

[40] c) Gerichts-, ohne Sachverständigenverfahren

Besonders der Vssenat des Kammergerichts hat mehrfach die Auffassung vertreten, das Sachverständigenverfahren könne entfallen, der Vmer könne sofort auf Zahlung klagen, wenn der Ver dem Grunde nach eine Entschädigung abgelehnt habe: KG 21. I. 1925 JRPV 1925 S. 58, 21. I. 1925 JRPV 1925 S. 90–91, 2. XI. 1929 VA 1929 S. 338 Nr. 2087, 20. IV. 1932 JRPV 1932 S. 198–199, 10. III. 1937 JRPV 1937 S. 182–183, 6. XII. 1939 JRPV 1940 S. 22–23. Entsprechend will auch das OLG Hamburg 7. XII. 1955 VersR 1956 S. 42–43 eine Leistungsklage des Vmers jedenfalls dann zulassen, wenn der Ver jede Leistung endgültig und formell unter Setzung einer Klageausschlußfrist abgelehnt hat; zustimmend, ohne jede Einschränkung, OLG Nürnberg 16. X. 1959 VersR 1960 S. 975.

Aber eine so weitgehende Beiseitelassung der Sachverständigenvereinbarung verdient **keine Billigung** (anders noch Anm. 9 zu § 11). Jedoch gibt es eine ganze Reihe von **Ausnahmefällen, in denen** der Vmer **nach Leistungsversagung** seitens der Vers sogleich **auf Zahlung klagen** kann (vgl. auch Schack JW 1937 S. 3170–3172, Stiefel-Wussow-Hofmann AKB¹⁰ Anm. 5 zu § 14, S. 651–652):

Hier ist in erster Linie bedeutsam, daß in der Unfallv Vmer (und Ver) verlangen können, daß anstelle des Ärzteausschusses die ordentlichen Gerichte entscheiden (§ 12 II 2 AUB). Erhebt der Vmer Leistungsklage gegen den Ver, so liegt darin zugleich das Verlangen, daß das Sachverständigenverfahren unterbleibe. Zu diesem Fall Asmus Diss. a. a. O. S. 44–45. Über den notwendigen Inhalt einer Klagefristsetzung, falls der Unfallver den Anspruch ablehnt, vgl. BGH 12. V. 1966 VersR 1966 S. 627–628, 10. II. 1971 VersR 1971 S. 433–434 (Rechtsbelehrung über Verlust des Rechtes zur Anrufung des Ärzteausschusses).

Es kann auch im übrigen eine die Sachverständigenvereinbarung aufhebende Abrede zustandekommen, wonach die Meinungsverschiedenheit vollen Umfangs vor den Gerichten ausgetragen werden soll. Wenn sich die Parteien über die Höhe des Schadens einig sind und nur über den Grund streiten, so muß angenommen werden, daß sie beiderseits auch gegen die sofortige Leistungsklage keinen Einwand erheben (OLG Hamburg 7. XII. 1955 VersR 1956 S. 42–43; Asmus Diss. a. a. O. S. 38). Das gilt erst recht, falls das Sachverständigenverfahren Meinungsverschiedenheiten über die Höhe des Schadens voraussetzt, aber die Höhe des Schadens unstreitig ist (OLG München 18. XII. 1970 VersR 1971 S. 244).

Das OLG Bremen 16. XII. 1958 VersR 1960 S. 844 konstruiert in einem Einzelfall einen Verzicht beider Parteien auf die Einrede des Sachverständigenverfahrens,

VII. Das Verfahren § 64
Anm. 40

ebenso das OLG Frankfurt 9. II. 1965 VersR 1966 S. 179—180. Von einem Verzicht des Vers durch Nichterhebung der Einrede bis zum Schluß des Landgerichtsverfahrens spricht das OLG Karlsruhe 5. II. 1930 VA 1930 S. 31—32 Nr. 2119; ähnlich OLG Stuttgart 25. X. 1926 JRPV 1927 S. 98.

Hängt die Einleitung des Sachverständigenverfahrens von einem Verlangen des Vers oder Vmers ab, und wird ein solches Verlangen nicht gestellt, so ist Raum ausschließlich für das Gerichtsverfahren.

Das RG 17. XII. 1912 VA 1913 Anh. S. 29 Nr. 724 hebt darauf ab, daß die maßgebliche Sachverständigenvereinbarung nicht von Amts wegen zu berücksichtigen sei, sondern nur, wenn eine der Parteien die Verfahrensdurchführung verlange und sich hierauf — nicht erst in der Revisionsinstanz — einwandweise berufe; ähnlich KG 29. X. 1930 JRPV 1930 S. 435, OLG München 3. VI. 1960 VersR 1960 S. 652, Prölss-Martin[21] Anm. 1 zu § 14 AKB, S. 914.

Lehnt der Ver die Einberufung der Sachverständigenkommission ab, so soll nach OLG Köln 21. II. 1912 VA 1913 Anh. S. 61—62 Nr. 741 die Leistungsklage zulässig sein. Das gleiche gilt nach RG 19. IV. 1907 VA 1907 Anh. S. 94—94 Nr. 340 = LZ 1907 Sp. 663—664 auch dann, wenn der Ver es verabsäumt, innerhalb einer in den AVB vorgesehenen Frist das Sachverständigenverfahren einzuleiten. Das OLG Stuttgart 10. III. 1930 JW 1930 S. 3651 = VA 1930 S. 8—9 Nr. 2102 läßt es ausreichen, wenn der Ver ein dreiviertel Jahr den Vmer „hingehalten" hat (dazu aber OLG Frankfurt 8. I. 1931 VA 1931 S. 41 Nr. 2268).

Es kann Treu und Glauben widerstreiten, wenn der Ver sich auf die Vereinbarung des Sachverständigenverfahrens beruft, nachdem er bei der Ablehnung des Vsschutzes den Vmer (nicht auf eine Feststellungs-, sondern) auf eine Leistungsklage verwiesen hat (OLG Hamburg 22. IX. 1937 JW 1937 S. 3139—3172 mit Anm. Schack = JRPV 1937 S. 329—330). Dies kann auch mittelbar dadurch geschehen, daß eine Klagefristvereinbarung der AVB eine Leistungsklage des Vmers voraussetzt (RG 15. V. 1925 JRPV 1925 S. 175 mit Anm. Reydt JRPV 1925 S. 273—275; vgl. jedoch Anm. 36 zu § 12, wonach auch eine Feststellungsklage die Klagefrist wahren würde). Nach OLG Köln 30. I. 1959 VersR 1959 S. 192—193 soll es schon ausreichen, wenn der Ver allgemein auf die gerichtliche Geltendmachung verweist, ohne hinsichtlich des Betragsverfahrens die Sachverständigenentscheidung vorzubehalten, ähnlich OLG Stettin 29. X. 1928 VA 1929 S. 12—13 Nr. 1925 (unter Heranziehung der Unklarheitenregel) (beide Urteile begegnen Bedenken).

Ferner soll gemäß OLG Hamburg 22. IX. 1937 JW 1937 S. 3170 eine Leistungsklage — nachträglich — zulässig werden, wenn der Ver sich auf sie eingelassen und speziell einer Beweisaufnahme über die eigentlich dem Sachverständigenverfahren überlassenen Fragen nicht widersprochen hat. Ähnlich OLG Düsseldorf 15. XI. 1955 VersR 1956 S. 587: Die Vsgesellschaft hatte in der ersten Instanz vorbehaltlos zur Leistungsklage verhandelt und eine Entscheidung ergehen lassen: „Denn durch die Geltendmachung im jetzigen Zeitpunkt würde sie sich zu ihrem eigenen Verhalten in Widerspruch setzen." Das OLG Stuttgart 10. III. 1930 VA 1930 S. 8—9 Nr. 2102 sieht sogar einen Verstoß gegen die guten Sitten darin, daß der Ver während des schwebenden Rechtsstreits nicht in angemessener Zeit die Sachverständigenkommission berufen hat. Vgl. ferner KG 9. VII. 1932 JRPV 1932 S. 323 (Verstoß des Vers gegen Treu und Glauben).

Eine Leistungsklage des Vmers wird ferner möglich, wenn der Ver sich weigert, die Entscheidung des Obmanns einzuholen, bevor der vom Vmer bestellte Sachverständige seine Stellungnahme geändert habe (BGH 17. III. 1971 NJW 1971 S. 1455—1456 = VersR 1971 S. 536—538). Es handelt sich hier um einen Anwendungsfall der §§ 64 I 3, 184 I 3 (oben Anm. 29—31): Nach dem Scheitern des Sach-

§ 64
Anm. 41, 42

VII. Das Verfahren

verständigenverfahrens findet nur noch das Gerichtsverfahren statt, es sei denn, daß die Parteien sich einigen, Ersatzsachverständige zu ernennen (LG Berlin 24. II. 1964 VersR 1964 S. 649—650).

[41] Zu a)—c): Prozeßrechtliche Fragen

Wird ein Gericht wegen einer Rechtsstreitigkeit angerufen, für welche die Parteien einen Schiedsgutachtervertrag geschlossen haben, so gilt nicht § 1027 a ZPO (früher § 274 II Nr. 3 ZPO), da es sich nicht um ein schiedsrichterliches Verfahren handelt (OLG Frankfurt 8. I. 1931 VA 1931 S. 41 Nr. 2268, LG München 19. II 1975 VersR 1975 S. 1142). Das Gericht hat also die gegen einen Ver gerichtete Leistungsklage nicht als unzulässig abzuweisen, wenn der Ver sich auf die Schiedsgutachterabrede beruft. Es handelt sich nicht um eine prozeßhindernde Einrede, über die in abgesonderter Verhandlung zu entscheiden wäre. A. A. Sieg ZVersWiss 1962 S. 497 VersR 1965 S. 631, der von der Analogie zwischen Schiedsgerichts- und Schiedsgutachterverfahren ausgeht. Auch Habscheid a. a. O. S. 805—806 spricht von dem Fehlen einer Prozeßvoraussetzung und will die Leistungsklage in der Regel als unzulässig abweisen. Näheres über den Streitstand Ritzmann a. a. O. S. 51—57, Stiefel-Wussow-Hofmann AKB[10] Anm. 4 zu § 14, S. 650.

Erst recht handelt es sich nicht um die Einrede der Unzulässigkeit des Rechtsweges (vgl. § 282 III ZPO): OLG Düsseldorf 31. V. 1926 VA 1926 S. 238—239 Nr. 1606.

Positiv gesehen geht es bei dem Einwand der Schiedsgutachtervereinbarung um die bürgerlichrechtliche dilatorische Einrede der mangelnden Fälligkeit der Vsforderung (Anm. 17). Der Richter hat die Vereinbarung nicht von Amts wegen zu berücksichtigen. Wird der Einwand geltend gemacht, so ist eine Leistungsklage — mangels Fälligkeit — als verfrüht, als zur Zeit unbegründet abzuweisen: OGH Wien 22. XI. 1961 VersR 1963 S. 175—176, 12. II. 1964 VersR 1965 S. 602—603, 10. XI, 1965 VersR 1966 S. 576, 28. V. 1969 VersR 1970 S. 94, OLG Bremen 16. XII. 1958 VersR 1960 S. 842—844, OLG Düsseldorf 31. V. 1926 VA 1926 S. 238—239 Nr. 1606, OLG München 3. VI. 1960 VersR 1960 S. 652, 11. XII. 1969 NJW 1970 S. 663—664, Ehrenzweig S. 192. Im Armenrechtsverfahren erscheint für den Zahlungsanspruch die beabsichtigte Rechtsverfolgung zunächst nicht als aussichtsreich (OLG Hamburg 24. X. 1951 VersR 1952 S. 49—50).

Für ein Grundurteil (§ 304 I ZPO) ist kein Raum (OLG München 3. VI. 1960 VersR 1960 S. 652).

Die Voraussetzungen für eine bloße Aussetzung der Entscheidung (§ 148 ZPO) sind nicht gegeben, weil es sich bei dem Sachverständigenverfahren nicht um einen „anderen anhängigen Rechtsstreit" handelt (OLG Düsseldorf 1. III. 1962 VersR 1962 S. 705—706, welches jedoch § 356 ZPO entsprechend anwenden will, während Habscheid a. a. O. S. 806 eine Analogie zu § 148 ZPO befürwortet).

[42] 3. Ablauf des Sachverständigenverfahrens
  a) Grundsätze

Das Gesetzt enthält keine Vorschriften über die Abwicklung des Sachverständigenverfahrens, wenn man von den Störungsfällen der §§ 64 I 3, 184 I 3 absieht (dazu Anm. 47).

Bei der Vereinbarung des Sachverständigenverfahrens, insbesondere in den AVB, werden durchweg einige grundsätzliche Verfahrensregeln festgelegt. Ihre Nichtbeachtung kann zur Folge haben, daß eine auf der Mißachtung beruhende Sachverständigen-

VII. Das Verfahren § 64
Anm. 43

feststellung der Bindungswirkung entbehrt, weil das Verfahren nicht bedingungsgemäß durchgeführt worden ist, z.B. mit Sachverständigen, die der vorgeschriebenen Qualifikation (Anm. 24) entbehrten oder mit einer Feststellung, die nicht begründet ist, obgleich die AVB eine Begründung des Schiedsgutachtens fordern (Anm. 51; Sieg VersR 1965 S. 633–634). Auch RG 5. XII. 1912 VA 1913 Anh. S. 62–63 Nr. 742, BGH 31. I. 1957 VA 1957 S. 71 = VersR 1957 S. 122 stellen allein ab auf die Einhaltung der zwingenden Vertragsbestimmungen. Kisch a.a.O. S. 88–90 unterscheidet Abmachungen verschiedener Zwangsintensität: Soll eine Feststellung nur bei Beobachtung des vorgesehenen Verfahrens wirksam sein, so kommt es bei einem Verfahrensverstoß nicht darauf an, ob die Feststellung in ihrem sachlichen Inhalt richtig ist oder nicht, ähnlich Asmus ZVersWiss 1962 S. 219–221. RG 23. III. 1926 VA 1926 S. 287 Nr. 1640 = JRPV 1926 S. 130 hält einen Verstoß gegen eine Vorschrift der AVB (keine Aufstellung eines Verzeichnisses gestohlener Gegenstände) für irrelevant.

Es ist zweifelhaft, ob es ungeschriebene Grundsätze des Verfahrensrechtes gibt, die auch auf Sachverständigenverfahren Anwendung erheischen, Speziell z.B. zum Gebot rechtlichen Gehörs Anm. 46.

Über Heilung und Rüge von Verfahrensmängeln: Asmus ZVersWiss 1962 S. 222–224.

Soweit Verfahrensregeln fehlen, können die Sachverständigen ihr Verfahren selbst bestimmen. Der BGH 25. VI. 1952 BGHZ Bd 6 S. 340–341 (kein Vsrecht) folgert aus dem Fehlen richterlicher Funktionen beim Schiedsgutachter, „daß er auch nicht an unabdingbare Verfahrensgrundsätze richterlicher Streitentscheidung gebunden ist. Da sich sein Gutachten nicht auf der prozessualen Ebene bewegt, steht er in verfahrensrechtlicher Hinsicht völlig frei". Ebenso für die Sachverständigen des Vswesens BGH 31. I. 1957 VA 1957 S. 71 = VersR 1957 S. 122, auch schon RG 1. XII. 1903 VA 1904 S. 73 Nr. 49, OLG Hamburg 20. I. 1972 Recht und Schaden 1976 S. 107, Asmus ZVersWiss 1962 S. 203–204, Kisch a.a.O. S. 86.

Aus alledem ergibt sich, daß angebliche Verfahrensmängel, die sich nicht als Verstöße gegen (zwingende) AVB darstellen, nur beachtlich sind, wenn sie das Schiedsgutachten in seinem sachlichen Inhalt beeinflussen; nur insoweit unterliegt die Feststellung der Sachverständigen „einer allerdings beschränkten Nachprüfung durch das ordentliche Gericht" (BGH 31. I. 1957 VA 1957 S. 71 = VersR 1957 S. 122 und vorher schon RG 20. III. 1906 VA 1906 Anh. S. 93–95 Nr. 240, 15. XII. 1916 VA 1917 Anh. S. 26–27 Nr. 984 = LZ 1917 Sp. 734, 17. VI. 1919 VA 1919 Anh. S. 62–64 Nr. 1103, 10. II. 1942 JRPV 1942 S. 54, Asmus ZVersWiss 1962 S. 218–219; a.A. Sieg VersR 1965 S. 633–634, der analog § 1041 I Ziff. 1 ZPO stets nicht nur eine Inhalts-, sondern auch eine Verfahrensprüfung zulassen will).

[43] b) Konstituierung

Die AVB pflegen ausführliche Vorschriften über die Ernennung der Sachverständigen, speziell über die Konstituierung von Sachverständigenkommisionen zu bringen.

Die Beteiligten des Vsvertrages können mit einer Rechtspflicht oder Obliegenheit zur Ernennung ihrer Sachverständigen belastet sein (Näheres schon Anm. 21). Während der Vmer im allgemeinen aus eigenem Interesse die Ernennung vornehmen wird, erscheint eine Klage gegen den Vertragsgegner, besonders gegen den Ver, auf Ernennungsvornahme durchweg unzweckmäßig. Deshalb sehen AVB ersatzweise häufig die Ernennung durch ein Gericht vor, und sodann gelten §§ 64 II, 184 II (vgl. Anm. 23). Gemäß § 14 AKB geht das Benennungsrecht auf den andern Vertragsteil über, falls ein Vertragsteil die Benennung nicht vornimmt. Fehlt es an einer Vereinbarung über die gerichtsseitige oder sonstige Ernennung, so ist es auch angängig, daß der Vmer – unter

§ 64
Anm. 44, 45

VII. Das Verfahren

Ausschaltung des Sachverständigenverfahrens – sogleich eine Leistungsklage gegen den Ver anstrengt (Anm. 40).

Die parteiseitig ernannten Sachverständigen haben den Obmann zu wählen, ersatzweise ist auch hier die Ernennung durch ein Gericht üblich (Anm. 22, 23). Die Bestellung des Obmanns kann vorgesehen sein nur für den Fall der Nichteinigung der beiden parteiseitig bestellten Sachverständigen, die Bestellung kann aber auch obligatorisch sein, so daß ohne Obmann die Kommission nicht richtig besetzt ist (OLG Breslau 6. VII. 1932 JRPV 1932 S. 299–300).

Der zügigen Konstituierung des Sachverständigenverfahrens dienen Fristen, z. B. in § 15 II a Satz 3 AFB. Eine grundlegende Frist regelt § 12 I (2) (3) AUB: Vmer und Ver können innerhalb von sechs Monaten verlangen, daß anstelle des Ärzteausschusses die ordentlichen Gerichte entscheiden. Läßt der Anspruchserhebende die Frist verstreichen, ohne entweder die Entscheidung des Ärzteausschusses zu verlangen oder Leistungsklage zu erheben, so sind weitergehende Ansprüche, als sie von Ver anerkannt sind, ausgeschlossen. Vgl. auch RG 19. IV. 1907 VA 1907 Anh. S. 94–96 Nr. 340.

Über die Entschuldbarkeit einer Fristversäumung: RG 4. X. 1904 VA 1905 Anh. S. 61–63 Nr. 130.

[44] c) Arbeitsweise

Sobald der Ärzteausschuß zusammengestellt ist, hat gemäß § 12 II (2) a AUB der Unfallver unter Einsendung der erforderlichen Unterlagen den Obmann um die Durchführung des Verfahrens zu ersuchen. Im allgemeinen kennen jedoch die AVB solchen besonderen Eröffnungsvorgang nicht, und es ist eine Aufgabe der Sachverständigen und, falls vorhanden, des Obmanns die Arbeit zu organisieren.

Die AVB enthalten gelegentlich Vorschriften über die Bestimmung von Ort und Zeit des Zusammentritts, Benachrichtigung der Parteien (§ 12 II (2) b AUB). Fehlt es hieran, so haben die Sachverständigen aufgrund ihrer Pflicht zum Tätigwerden und zur Kooperation das Erforderliche zu veranlassen. Über die Zweckmäßigkeit einer Protokollführung Kisch a.a.O. S. 87.

Handelt es sich um eine Sachverständigenkommission, so reicht es nicht aus, daß die Mitglieder sich getrennt äußern, sondern es bedarf des Zusammentritts zu einer gemeinsamen Beratung (RG 27. V. 1910 VA 1910 Anh. S. 97–98 Nr. 551).

Bei einer Zweierkommission ist es unerheblich, wenn die beiden Sachverständigen sich dergestalt einigen, daß bei einzelnen Punkten A, bei anderen Punkten B nachgibt (OLG Düsseldorf 25. VI. 1934 JRPV 1935 S. 61).

Über die Wahrheitserforschung Anm. 45, über das rechtliche Gehör Anm. 46.

Die Arbeit der Sachverständigen soll ihren Abschluß finden in einer „Feststellung", in einem Gutachten. Darüber, insbesondere über das Zustandekommen (Abstimmungsverfahren), die Form, den Inhalt (Begründung), die Rechtsnatur, die Verbindlichkeit Anm. 49–60.

[45] d) Wahrheitserforschung

Die Sachverständigen müssen alle ihnen zugänglichen Erkenntnismittel heranziehen und ausschöpfen, um die Wahrheit bezüglich der von ihnen zu klärenden Fragen zu erforschen (Kisch a.a.O. S. 86). Ziel muß die Feststellung der „wirklichen Sachlage" (vgl. §§ 64 I 1, 184 I 1) sein.

Beweiserhebungen erfolgen durch die Sachverständigen selbst; eine Vornahme richterlicher Handlungen, wie sie von einem Schiedsgericht beantragt werden kann (§ 1036 ZPO), ist im Rahmen eines Sachverständigenverfahrens unstatthaft (Kisch a.a.O. S. 87, a.M. Sieg VersR 1965 S. 635).

VII. Das Verfahren § 64
Anm. 46

Auch hinsichtlich der Beweiserhebungen gilt der Grundsatz, daß die Sachverständigen das Verfahren selbst bestimmen (Anm. 42). Nur selten finden sich diesbezügliche Vorschriften in den AVB, z.B. über die Anhörung und, erforderlichenfalls, Untersuchung eines Unfallvten (§ 12 II (2)b AUB).

In der Praxis spielt die Einnahme des Augenscheins, z.B. an der Feuerschadenstätte oder am geschädigten Kraftfahrzeug, eine wichtige Rolle.

Ein Urkundenbeweis kommt besonders bei der Ermittlung des Bestandes der vten und beeinträchtigten Sachen in Betracht, ferner bei der Ermittlung von Werten, speziell Anschaffungswerten.

Die Sachverständigen können auch Zeugen, Auskunftspersonen vernehmen, ohne allerdings Zwangsmaßnahmen beim Ausbleiben des Zeugen ergreifen zu können und ohne die Möglichkeit der Beeidigung (Asmus ZVersWiss 1962 S. 216, Kisch a.a.O. S. 87).

Nur sehr selten wird in Betracht kommen, daß die Sachverständigen ihrerseits spezielle Sachverständige heranziehen. Immerhin wäre das aber bei einem Hausratschaden wegen eines besonders wertvollen Teppichs oder Gemäldes denkbar. Beispiel für die Bewertung pharmazeutischer Rohprodukte durch einen herangezogenen Sachverständigen BGB 31. I. 1957 VA 1957 S. 71 = VersR 1957 S. 122–123. Niemals können die herangezogenen dritten Sachverständigen völlig an die Stelle der primär berufenen Sachverständigen treten: OLG Naumburg 20. X. 1932 VA 1933 S. 83 Nr. 2526.

Eine beachtliche Rolle spielt in praxi die Parteivernehmung als Beweismittel, und zwar die Vernehmung des Vmers und/oder Vten. Zwar haben die Sachverständigen gegenüber diesen Personen keine Zwangsmittel, aber dem Ver gegenüber besteht die Auskunfts- und Aufklärungsobliegenheit, und der Ver kann verlangen, daß die Erfüllung dieser Obliegenheit gegenüber den Sachverständigen erfolgt. § 15 IV AFB bestimmt: „Durch das Sachverständigenverfahren werden die Pflichten des Vmers nach § 13 (1)c nicht berührt", und ebendort ist von den Obliegenheiten des Feuervten die Rede: Gestattung von Untersuchungen, Auskunfts-, Belegpflicht, Aufstellung von Schadensverzeichnissen. Der BGH 11. VI. 1976 MDR 1976 S. 1008 = VersR 1976 S. 823 unterscheidet allzustreng Auskünfte gegenüber dem Ver von solchen gegenüber der Sachverständigenkommission; nur erstere seien geboten.

Zur Sicherung von Beweisen kann besonders in Eilfällen ein gerichtliches Beweissicherungsverfahren einem Sachverständigenverfahren vorgeschaltet werden (Schnurre JRPV 1932 S. 289–290, Sieg VersR 1965 S. 633).

Läßt sich ein Punkt nicht klären, so ist zulasten des Vmers zu entscheiden (BGH 11. VI. 1976 VersR 1976 S. 823).

[46] e) Rechtliches Gehör

Bei einem Schiedsgerichtsverfahren eröffnet die Nichtgewährung des rechtlichen Gehörs einer Partei die Möglichkeit, die Aufhebung des Schiedsspruchs zu beanstragen (§ 1041 I Ziff. 4 ZPO). Ein Sachverständigen- ist kein Schiedsgerichtsverfahren, und es fragt sich, ob die Gewährung rechtlichen Gehörs ein (ungeschriebenes) Gebot allen Verfahrensrechtes ist. Das bejaht Sieg VersR 1965 S. 633, indem er § 1041 Ziff. 4 ZPO analog anwendet. Die wohl herrschende Meinung stellt beim Sachverständigenverfahren darauf ab, ob die AVB die Anhörung der Parteien vorschreiben: Für die Unfallv bestimmt § 12 II (2)b AUB, in der Sitzung des Ärzteausschusses sei der Vte, soweit möglich, zu hören (trotzdem soll nach KG 27. XI. 1940 JRPV 1941 S. 100–101, OLG Düsseldorf 12. XI. 1931 VA 1931 S. 293 Nr. 2347 ein Verstoß unbeachtlich sein). Fehlt es an einer Vorschrift, so stellt die Nichtanhörung keinen Verfahrensverstoß dar (Kisch a.a.O. S. 88, 89–90; RG 1. XII. 1903 VA 1904 S. 73 Nr. 49, BGH 25. VI. 1952

BGHZ Bd 6 S. 341). Asmus ZVersWiss 1962 S. 205–207, Bachmann a.a.O. S. 91–92 vertreten die Auffassung, auf Verlagen des Vmers müsse dessen Anhörung erfolgen.

Ist rechtliches Gehör vorgesehen, so ist § 65 auch im Sachverständigenverfahren anwendbar, d.h. der Vmer kann sich durch einen Bevollmächtigten vertreten lassen (Asmus ZVersWiss 1962 S. 207).

Der BGH 11. VI. 1976 VersR 1976 S. 823 stellt überdies das Postulat auf: „Als Schiedsgutachter sollten sie – ebenso wie ein Richter oder Schiedsrichter – nicht mit einer Partei hinter dem Rücken der anderen Partei verhandeln. Soweit sie eine mündliche Erörterung für erforderlich halten, sollten sie beide Parteien dazu einladen."

[47] f) Störungen

Die Abwicklung des Sachverständigenverfahrens kann Störungen erfahren, insbesondere solche aus der Sphäre der Parteien oder der Sachverständigen.

Der Fall, daß die Konstituierung der Sachverständigen Schwierigkeiten bereitet, wird durchweg dadurch gelöst, daß entweder aufgrund einer Rechtspflicht die säumige Partei zur Ernennung gezwungen wird oder dadurch, daß ersatzweise ein Gericht oder eine sonstige dritte Stelle den Sachverständigen ernennt (vgl. schon Anm. 43).

Können die Sachverständigen nicht tätig werden, weil eine Partei – besonders der Vmer – die erforderliche Mitwirkung versagt, z.B. den Zutritt zur Schadenstätte verwehrt, keine Unterlagen zur Verfügung stellt, keine Auskünfte erteilt, so kann sich ergeben, daß die Sachverständigen ihre Feststellungen nicht treffen können i.S. der §§ 64 I 3, 184 I 3 (Anm. 29); die Feststellung erfolgt in diesem Falle durch Urteil (so auch in einem Fall der mangelnden Kooperation des Vers: BGH 17. III. 1971 NJW 1971 S. 1455–1456 = VersR 1971 S. 536–538). Bei Verletzung der werkvertraglichen Mitwirkungspflicht des Auftraggebers der Sachverständigen, wie sie in den §§ 642–643 BGB geregelt ist (vgl. schon Anm. 33), kommt mehr theoretisch als praktisch auch eine Erfüllungsklage gegen den Auftraggeber in Betracht. Eher werden die betroffenen Sachverständigen (nach Fristsetzung) kündigen und eine angemessene Entschädigung verlangen (Anm. 34).

Die Sachverständigen können ausfallen, z.B. durch Tod, längere Krankheit. Wenn sich die Parteien des Vsverhältnisses nicht ausnahmsweise dahin einigen, daß ein neuer Sachverständiger ernannt werden solle, so ergibt sich aus dem Gesetz die Beendigung des Verfahrens, weil die Feststellung nicht getroffen werden kann (§§ 64 I 3, 184 I 3; Anm. 29, 34); wieder erfolgt die Feststellung durch Urteil. Letzteres gilt auch, wenn die Sachverständigen – oder einer von ihnen – die Feststellung nicht treffen wollen oder sie verzögern (§§ 64 I 3, 184 I 3; Anm. 30, 31). Auf den Grund der Weigerung oder Verzögerung kommt es nicht an. Wenn ein Sachverständiger merkt, daß der von ihm vertretene Standpunkt nicht durchdringt, so kommt es vor, daß er seine weitere Mitwirkung versagt und dadurch das Verfahren zum Scheitern bringt. Eine Klage auf Mitwirkung, gestützt auf den Sachverständigenvertrag, verspricht wenig Aussicht auf Erfolg. Deshalb sehen für den Fall der Nichteinigung der Sachverständigen manche AVB vor, daß der Obmann allein entscheiden könne (vgl. § 15 II b AFB, § 14 III AKB). Falls ein Sachverständiger seine Unterschrift (teilweise) anficht, soll das Gericht entscheiden nach LG Hamburg 6. XII. 1951 VersR 1952 S. 319–320.

[48] g) Sonstiges

Über die Kosten des Sachverständigenverfahrens: Anm. 17 zu § 66.

VIII. Die Feststellung § 64
Anm. 49

[49] VIII. Die Feststellung
   1. Zustandekommen
   Den Abschluß jeden Sachverständigenverfahrens soll eine „Feststellung" bilden, ein Gutachten über das Vorliegen oder Nichtvorliegen jener Voraussetzungen des Vsanspruches, die von den Sachverständigen zu untersuchen sind, meistens auch über die Höhe des Schadens.
   Handelt es sich um nur einen Sachverständigen, so bedarf es nur der Festlegung des Zeitpunktes der vollendeten Feststellung; man kann entsprechend § 318 I BGB abstellen auf die „Erklärung gegenüber einem der Vertragschließenden", also regelmäßig gegenüber dem Ver oder Vmer. Von der Verlautbarung an, auch wenn sie zunächst nur mündlich erfolgt (zur Formfrage: Anm. 50), ist die Feststellung unwiderruflich und verbindlich.
   Bei einer Mehrzahl von Sachverständigen, also einer Kommission, einem Ausschuß, ist an und für sich von § 317 II BGB auszugehen:
   „Soll die Bestimmung durch mehrere Dritte erfolgen, so ist im Zweifel Übereinstimmung aller erforderlich; soll eine Summe bestimmt werden, so ist, wenn verschiedene Summen bestimmt werden, im Zweifel die Durchschnittssumme maßgebend."
Soweit es sich nicht um Summen handelt, ist die Regelung schwer praktikabel, zumal da die parteiseitig ernannten Sachverständigen sich selten einigen werden. Bei den Summen, also besonders bei der Festlegung der Höhe des Schadens, kann die mechanische Abhebung auf das rechnerische Mittel dazu verleiten, daß der Sachverständige des Vmers von vornherein den Betrag übersetzt, während der Sachverständige des Vers die umgekehrte Tendenz verfolgen könnte.
   Die Probleme des § 317 II BGB werden vermieden, wenn die AVB bei Uneinigkeit der parteiseitig ernannten Sachverständigen keine Kommission zur Entscheidung vorsehen, sondern eine Feststellung allein durch den Obmann:
   „Dieser entscheidet über die streitig gebliebenen Punkte innerhalb der Grenzen beider Feststellungen...." (§ 15 II b Satz 4 AFB).
   „Soweit sich die Ausschußmitglieder nicht einigen, entscheidet innerhalb der durch ihre Abschätzung gegebenen Grenzen ein Obmann...." (§ 14 III 1 AKB).
In beiden Fällen tritt also hinsichtlich der Summenbestimmung an die Stelle mechanischer Ermittlung die Zubilligung eines Spielraumes für den Obmann (Asmus ZVersWiss 1962 S. 211, Bachmann a.a.O. S. 94—95). Dieser Spielraum kann sich bei Gattungssachen, z.B. Tieren einer Chinchilla-Farm, auf Menge, Art, Wert der Tiere beziehen; hält sich der Obmann nicht in der Begrenzung, so ist sein Spruch unwirksam (BGH 26. X. 1967 VersR 1967 S. 1141—1142 = NJW 1968 S. 593—594 und dazu Prölss-Martin[21] Anm. 3 zu § 15 AFB, S. 488). Früheres Beispiel: RG 17. X. 1930 RGZ Bd 130 S. 104—105. Unrichtig LG Duisburg 28. I. 1929 VA 1929 S. 338—339 Nr. 2088, wonach der Obmann erneut in Tätigkeit treten soll.
   Bei einer Kommissionsentscheidung bleibt es in der Unfallv beim Ärzteausschuß. § 12 II (2) AUB schiebt § 317 II BGB beiseite und läßt eine Mehrheitsentscheidung ausreichen (Wussow AUB[4] Anm. 14 zu § 12, S. 208, KG 25. III. 1933 JRPV 1933 S. 271, OLG Königsberg 8. V. 1931 JRPV 1931 S. 292—293 = LZ 1931 Sp. 1346—1347). Eine solche Kommissionsentscheidung setzt eine zusammenfassende Stellungnahme der Kommission voraus; getrennte Äußerungen der drei Mitglieder reichen nicht aus (RG 27. V. 1910 JW 1910 S. 716—717). Es soll dagegen genügen, wenn die Mitgutachter „sich einverstanden erklären wollen, ohne deshalb von ihrem Standpunkt abzuweichen" (OLG Düsseldorf 12. XI. 1931 VA 1931 S. 293 Nr. 2347; problematisch). Werden nur zwei parteiseitig ernannte Sachverständige tätig, so ist nichts dagegen einzuwenden, wenn sie sich einigen, indem sie sich gegenseitig Konzessionen machen (OLG Düsseldorf 25. VI. 1934 JRPV 1935 S. 60—62). Bei voneinander ab-

weichenden Gutachten sind die Sachverständigen aber nicht in der Lage, einen „Vergleich" abzuschließen (OLG Hamm 31. I. 1913 VA 1914 Anh. S. 38—39 Nr. 802).

[50] 2. Form

Die Sachverständigenfeststellung ist nach dem Gesetz nicht formbedürftig (Kisch a. a. O. S. 94), aber die AVB gehen durchweg von der Wahrung der Schriftform aus. So spricht § 15 IIb AFB von der Einreichung, Anfertigung und Übergabe der Feststellungen (dazu Prölss-Martin[21] Anm. 1 zu § 15 AFB, S. 488), § 12 II (2)c AUB von der schriftlichen Begründung der Entscheidung und Unterzeichnung durch den Obmann.

Fehlt es bei Kommissionsentscheidungen an einer Norm, welche die Unterschrift durch den Obmann genügen läßt, so ist es erforderlich, daß alle Sachverständigen unterzeichnen, auch wenn sie überstimmt sind (RG 21. II. 1911 JW 1911 S. 412). Die Pflicht zu unterzeichnen ergibt sich aus der werkvertraglichen Hauptpflicht jedes Sachverständigen (vgl. Anm. 28). Durch Klage des Vmers oder Vers kann die Unterschrift erzwungen werden, auch macht sich ein Sachverständiger schadensersatzpflichtig, wenn er durch Nichtunterschrift den Abschluß des Sachverständigenverfahrens vereitelt; es liegt sodann ein Fall des § 64 I 3 vor, und das Gericht muß durch Urteil entscheiden, weil ein Sachverständiger die Feststellung nicht treffen will. Kann allerdings der Obmann allein die Entscheidung fällen, so genügt auch dessen alleinige Unterschrift (OHG Wien 13. VI. 1966 VersR 1967 S. 592).

Unbenommen bleibt es einem überstimmten Sachverständigen, in einem Unterschriftenzusatz oder in einem Sondergutachten seine dissenting opinion niederzulegen; Rechtsbedeutung hat solches Vorgehen nicht. Beispiel: OLG Königsberg 8. V. 1931 JRPV 1931 S. 292—293.

Zur Formulierung der Feststellung Asmus ZVersWiss 1962 S. 230—234.

Das Gutachten (als Werk) ist vollendet, wenn es fertig und dem Vmer oder Ver bekanntgegeben ist (vgl. § 318 I BGB). Eine gleichzeitige Einreichung beim Ver und Vmer sieht § 15 IIb AFB vor. Die Bekanntgabe und Einreichung entsprechen dem Zugang einer Willenserklärung i. S. des § 130 I BGB (Asmus ZVersWiss 1962 S. 227—228). Es ist einer Gutachtenerstellung nicht gleichzuachten, wenn ein Sachverständiger empfiehlt, einen Antrag auf Feststellung zurückzuziehen (OLG München 15. XI. 1957 VersR 1957 S. 302—303). Eine formelle Zustellung der Feststellung ist nicht üblich und notwendig.

Mit der Bekanntgabe des Sachverständigengutachtens an die Parteien ist es „nicht mehr eine innere Angelegenheit der .... Sachverständigen" und deshalb unwiderruflich und unabänderbar (RG 4. XI. 1930 VA 1930 S. 231—232 Nr. 2190 = JW 1931 S. 3191). Erst recht ist es einem einzelnen Sachverständigen verwehrt, seine Unterschrift „zurückzuziehen" (OLG Düsseldorf 22. IX. 1941 HansRGZ 1941 A Sp. 226—229; dagegen hat eine [teilweise] Irrtumsanfechtung das LG Hamburg 6. XII. 1951 VersR 1952 S. 319—320 zugelassen).

Ausnahmsweise kann eine Schadensschätzung nachträglich dadurch ergänzt werden, daß mit Rotstift erkennbar gemacht wird, welche Gebäudeteile noch als brauchbar angesehen worden sind (OLG Düsseldorf 25. VI. 1934 JRPV 1935 S. 60—61). Anscheinend will das OLG Düsseldorf 25. VI. 1963 VersR S. 130—131 überhaupt eine Ergänzung unvollständiger Gutachten zulassen (im Gegensatz zur Berichtigung falscher Gutachten). Solche Ergänzung kennt auch der BGH 21. XII. 1964 VersR 1965 S. 332—335 (Vorinstanz: OLG Hamburg 29. XI. 1962 VersR 1963 S. 449—454) in einem Seevsfall (gedehnter Vsfall), vgl. ferner Asmus ZVersWiss 1962 S. 223—234, Sieg VersR 1965 S. 634.

VIII. Die Feststellung § 64
Anm. 51, 52

[51] 3. Inhalt
Der Inhalt des Gutachtens ergibt sich aus der Aufgabe, die dem Sachverständigen gestellt ist. Über die Ergänzbarkeit unvollständiger Gutachten vgl. bereits Anm. 50. Falls das Gutachten Fragen behandelt, die den Sachverständigen nicht unterbreitet sind, so ist insoweit das Gutachten unverbindlich; man denke an die Prüfung des Kausalzusammenhangs in einem Fall, in welchem den Sachverständigen diese Prüfung nicht übertragen worden ist, oder an die Feststellung der Ersatzpflicht des Vers in einem Fall, in welchem nur die Höhe des Schadens zu ermitteln war. Es ist jedoch im Einzelfall zu prüfen, ob möglicherweise nachträglich die Aufgabenstellung für die Sachverständigen erweitert worden ist, etwa durch eine Ergänzung des Schiedsgutachtenvertrages oder der Sachverständigenbeauftragung. Solche Erweiterung kann in stillschweigendem consensus erfolgen, auch können sich die Parteien auf das Fehlen der Zuständigkeit der Sachverständigen nicht mehr berufen, wenn sie im Verfahren die Aufgabenüberschreitung geduldet haben.

Zuweilen besagen AVB Näheres über den Inhalt des zu erstattenden Gutachtens. In der Feuerv muß die Feststellung „den Vswert der Sachen unmittelbar vor und nach dem Schaden enthalten" (§ 15 II b Satz 1 AFB). In der Autokaskov gehört die Feststellung des Zeitwertes und des Umfangs der erforderlichen Wiederherstellungsarbeiten zum Gutachteninhalt (§ 14 I AKB).

Problematisch ist es, ob die Sachverständigen ihr Ergebnis zu begründen haben. In der Unfallv ist eine schriftliche Begründung seitens des Obmanns vorgesehen (§ 12 II (2) c AUB); solange sie fehlt, ist das Gutachten unvollständig und unverbindlich (RG 2. XI. 1906 VA 1907 Anh. S. 54 Nr. 309, 29. IX. 1911 VA 1912 Anh. S. 73–74 Nr. 676, OLG Köln 27. I. 1933 VA 1933 S. 417 Nr. 2638 = JW 1933 S. 2158; Kisch a.a.O. S. 95). Zum Umfang der Begründung vgl. OLG Breslau 20. IX. 1937 JRPV 1938 S. 93, OLG Hamm 25. VI. 1951 VersR 1951 S. 258–259 mit Anm. Dern. Fehlt es an einer Bestimmung über den Begründungszwang, so ist das Fehlen einer Begründung unschädlich (Asmus ZVersWiss 1962 S. 232, Kisch a.a.O. S. 95, Sieg VersR 1965 S. 633–634). Jedoch empfiehlt sich eine Begründung, weil sie es regelmäßig erschwert, eine Unrichtigkeit einer Feststellung i. S. der §§ 64 I 1, 184 I 1 darzutun.

Die Feststellungen von Sachverständigen können auslegungsbedürftig sein (dazu OLG Hamm 25. VI. 1951 VersR S. 258–259 mit Anm. Dern, Asmus ZVersWiss 1962 S. 226–227).

[52] 4. Rechtsnatur
Über die Rechtsnatur des Schiedsgutachterverfahrens vgl. bereits Anm. 16–18.
Die Feststellung der Sachverständigen erfolgt in ihrem Gutachten, und es ist bestritten, ob dieses Gutachten als Willenserklärung der Sachverständigen oder als Wissenserklärung zu qualifizieren sei. Da es sich im Vsrecht nicht um gestaltende Schiedsgutachterverfahren handelt (Anm. 9), ist die Tätigkeit der Sachverständigen nicht auf einen Willensakt gerichtet. „Sie ist Verstandesarbeit, nicht Willensäußerung. Ihr Schwergewicht liegt, vom Standpunkt der Schiedsmänner aus gesehen, in der Auffindung dessen, was unabhängig von ihr bereits in der Wirklichkeit der Dinge besteht, nicht in der Erzeugung neuer Wirkungen" (Kisch a.a.O. S. 100–101, zustimmend Asmus ZVersWiss 1962 S. 224–226, Bachmann a.a.O. S. 98–99).

Auf Wissenserklärungen werden die meisten der für Willenserklärungen geltenden Rechtsgrundsätze entsprechend angewendet (Kisch a.a.O. S. 101), z.B. hinsichtlich der Vollendung der Erklärung, ihrer Unwiderruflichkeit, ihres Zuganges.

Ein schriftliches Gutachten stellt sich als Urkunde dar (Bachmann a.a.O. S. 99), die in einem etwa anschließenden Gerichtsverfahren für den Beweis – besonders für die

Höhe des Schadens – maßgebliche Bedeutung besitzt (Anm. 18; Kisch RheinZ 1917 S. 25).

[53] **5. Verbindlichkeit**

Regelmäßig ist die von den Sachverständigen getroffene Feststellung **verbindlich**, mögen auch die §§ 64 I 1, 184 I 1 den Ausnahmefall der Unverbindlichkeit in den Vordergrund stellen.

Die Verbindlichkeitswirkung beruht auf dem **Parteiwillen**: Kraft Vereinbarung zwischen Ver und Vmer soll der Spruch der Sachverständigen ihre Rechtsbeziehungen hinsichtlich gewisser Voraussetzungen des Vsanspruchs regeln (Kisch a.a.O. S. 108–109).

Anders als ein Schiedsspruch (§ 1040 ZPO) hat aber ein Schiedsgutachten nicht die Wirkungen eines rechtskräftigen gerichtlichen Urteils, insbesondere **keine Rechtskraftwirkung** im rechtstechnischen Sinne, keine Vollstreckungskraft (Kisch a.a.O. S. 109).

Wohl aber zeitigt kraft Parteiwillens das Schiedsgutachten der Sachverständigen **Verbindlichkeitswirkung**, namentlich in einem Prozeß vor den ordentlichen Gerichten. Letztere haben die getroffenen Feststellungen zu übernehmen (**Beweiswirkung**: Anm. 18). Daraus kann sich im Einzelfall ohne weiteres ergeben, daß die Klage **unbegründet** ist, z.B. dann wenn die Sachverständigen auch die Kausalfrage zu prüfen hatten und die Kausalität verneint haben (Kisch a.a.O. S. 111), oder dann, wenn die Schadenshöhe gleich Null festgestellt worden ist. Da die Sachverständigen nur einzelne Voraussetzungen des Vsanspruchs festzustellen haben, kann sich auch ergeben, daß **trotz positiven Gutachtens** (z.B. Bejahung der Kausalität) die Klage abzuweisen ist, weil **andere Einwände** durchschlagen, die das Gutachten nicht zu behandeln hatte (z.B. Prämienverzug, Obliegenheitsverletzung). Die Bindungswirkung beschränkt sich auf die von den Sachverständigen getroffenen Feststellungen. Wenn z.B. die Schadenshöhe festgestellt worden ist, so kann sich doch ergeben, daß die Entschädigungsforderung ganz oder teilweise unbegründet ist, z.B. wegen Unterv, vereinbarter Selbstbeteiligung.

Der Richter ist an das Gutachten in derselben Weise **gebunden**, wie etwa an einen unbestrittenen Vortrag der Parteien (Kisch a.a.O. S. 112). Dabei wird davon ausgegangen, daß dem Richter das Gutachten in prozeßordnungsmäßiger Weise zur Kenntnis gebracht wird, am zweckmäßigsten als Urkunde.

Auch schon **vor einem Prozeß** zeigt sich häufig die Verbindlichkeitswirkung eines Schiedsgutachtens. Da nunmehr die Vsforderung fällig wird und eine Leistungsklage nicht als verfrüht abzuweisen wäre (Anm. 17, 41), erfolgt in vielen Fällen nach Vorliegen des verbindlichen Gutachtens die außergerichtliche Schadensabwicklung, wenn weitere Meinungsverschiedenheiten nicht mehr vorliegen (Anm. 38). Ist von den Sachverständigen z.B. der Kausalzusammenhang verneint, so wird der Vmer zweckmäßigerweise von einer (aussichtslosen) Leistungsklage absehen.

Das Gutachten der Sachverständigen äußert seine verbindliche Wirkung **rückwirkend**, d.h. z.B. daß bei Identität von Schadenshöhe und Entschädigung der Ver von Anfang an den festgesetzten Betrag geschuldet hat (Kisch a.a.O. S. 110–111).

[54] **6. Unverbindlichkeit**

a) Fallgruppen

Ausnahmsweise entfällt die Verbindlichkeitswirkung des Sachverständigenspruches. Hauptfall ist jener der **Unrichtigkeit**, genauer: der offenbaren erheblichen Abweichung

VIII. Die Feststellung

§ 64
Anm. 54

von der wirklichen Sachlage; darüber speziell Anm. 55–60. Es müssen aber auch andere Tatbestände mangelnder Verbindlichkeit herausgestellt werden:
Da die Verbindlichkeitswirkung des Schiedsgutachtens ganz auf dem Parteiwillen beruht, bestimmt dieser Parteiwille den Aufgabenkreis der Sachverständigen (Anm. 15) und eine Überschreitung dieser „Zuständigkeit" hat im Bereich des „Überhanges" die (teilweise) Unverbindlichkeit zur Folge (RG 21. X. 1910 JW 1910 S. 836–837). § 15 I 2 AFB betont: „Die Feststellung, die die Sachverständigen im Rahmen ihrer Zuständigkeit treffen, ist verbindlich ....". Prölss-Martin[21] Anm. 2 zu § 15 AFB, S. 488 heben beispielhaft hervor, daß die Sachverständigen nicht über die Höhe des Aufwendungsersatzes (§ 63 I 1, 2) zu befinden haben. Jedoch ist zu beachten, daß durch Zusatzvertrag der Parteien des Vsvertrages nachträglich der Aufgabenkreis der Sachverständigen erweitert werden kann, auch stillschweigend.

Wenn der Obmann innerhalb der Grenzen der Feststellungen der beiden anderen Sachverständigen zu entscheiden hat und sich nicht an diese Begrenzung hält, so ist seine Feststellung unverbindlich (vgl. RG 17. X. 1930 RGZ Bd 130 S. 104–105, BGH 26. X. 1967 VersR 1967 S. 1141–1142 = NJW 1968 S. 593–594). Das Gericht, welches anstelle des Obmanns entscheidet, braucht sich nicht zu bemühen, doch noch dem Sachverständigenverfahren zu einem vorschriftsmäßigen Ende zu verhelfen; der Richter ist seinerseits nicht an die dem Obmann aufgegebene Begrenzung gebunden, kann sich also z.B. den früheren Standpunkt des Obmanns zu eigen machen (RG 17. X. 1930 RGZ Bd 130 S. 104–105).

Die Sachverständigen dürfen ihre Aufgabe nicht einer dritten Stelle – anderen Sachverständigen – übertragen. Deren Gutachten ist keine ordnungsgemäß zustandegekommene Feststellung (OLG Naumburg 20. X. 1933 VA 1933 S. 83 Nr. 2526).

Weisen die Sachverständigen oder einer von ihnen, nicht die in der Verfahrensvereinbarung vorgesehene Qualifikation auf, so bleibt das Gutachten „wirkungslos" (RG 27. X. 1899 RGZ Bd 45 S. 350–353, oben Anm. 24), wobei aber wiederum daran zu denken ist, daß eine Nachtragsvereinbarung die grundlegende Vereinbarung über das Sachverständigenverfahren abändern kann. Ist solche Änderung nicht erfolgt und erfolgt auch keine Einigung über die nachträgliche Ernennung eines qualifizierten Sachverständigen, so tritt an die Stelle des Sachverständigenverfahrens das gerichtliche Verfahren.

Bei Befangenheit eines Sachverständigen ist nach herrschender Auffassung zu unterscheiden (Anm. 25): Beim Obmann ist eine Ablehnung wegen Besorgnis der Befangenheit statthaft, gemäß Sieg VersR 1965 S. 632 unter analoger Anwendung des § 1032 I ZPO. Bei den parteiseitig benannnten Sachverständigen kommt solche Ablehnung nur in Betracht, falls die AVB auf die Zivilprozeßordnung verweisen, wie z.B. § 12 III ADB 1963. Über den Verlust des Ablehnungsrechts vgl. § 43 ZPO. Nach der Ablehnung ist die Feststellung durch Urteil zu treffen, sofern sich die Parteien nicht über die Bestellung eines neuen Sachverständigen einigen.

In den Fällen der §§ 64 I 3, 184 I 3, d.h. wenn die Sachverständigen die Feststellung nicht treffen können oder wollen oder sie verzögern (darüber schon Anm. 29–31) sieht das Gesetz eine Feststellung durch Urteil vor.

§ 318 II BGB schreibt vor:

„Die Anfechtung der getroffenen Bestimmung wegen Irrtums, Drohung oder arglistiger Täuschung steht nur den Vertragschließenden zu; Anfechtungsgegner ist der andere Teil. Die Anfechtung muß unverzüglich erfolgen, nachdem der Anfechtungsberechtigte von dem Anfechtungsgrunde Kenntnis erlangt hat. Sie ist ausgeschlossen, wenn dreißig Jahre verstrichen sind, nachdem die Bestimmung getroffen worden ist."

Wendet man die Vorschrift auf Schiedsgutachterverträge des Vsrechtes an (dafür RG 4. XI. 1930 JW 1931 S. 3194–3195 = VA 1930 S. 231–232 Nr. 2190, Asmus ZVersWiss 1962 S. 229–230, Bruck S. 446 Anm. 192, dagegen Sieg VersR 1965 S. 695), so liegt die Besonderheit darin, daß der Ver oder Vmer die Anfechtung erklären müssen, z.B. der Ver, wenn der Vmer die Sachverständigen hinsichtlich der Schadenshöhe arglistig getäuscht hat. Der Fall ist von jenem der offenbaren Unrichtigkeit zu unterscheiden. Die Unverzüglichkeitsfrist gilt – abweichend von §§ 121 I 1, 124 I BGB – hier auch bei Anfechtung wegen Drohung oder arglistiger Täuschung. Die Anfechtung hat zur Folge, daß die Sachverständigen nochmals in Tätigkeit treten müssen.

[55b) Unrichtigkeit

aa) Voraussetzungen

Aus der rechtlichen Verschiedenartigkeit zwischen Schiedsspruch und Schiedsgutachten – nur der Schiedsrichter ist an unabdingbare Verfahrensgrundsätze richterlicher Streitentscheidung gebunden – ergibt sich eine erweiterte Nachprüfbarkeit der Ergebnisse von Schiedsgutachten (BGH 25. VI. 1952 BGHZ Bd 6 S. 339–341). § 319 BGB unterscheidet bei der Regelung der Bestimmung der Leistung durch Dritte den Fall der Bestimmung nach billigem Ermessen von jenem der Bestimmung nach freiem Belieben; § 319 BGB lautet:

„Soll der Dritte die Leistung nach billigem Ermessen bestimmen, so ist die getroffene Bestimmung für die Vertragschließenden nicht verbindlich, wenn sie offenbar unbillig ist. Die Bestimmung erfolgt in diesem Falle durch Urteil; das gleiche gilt, wenn der Dritte die Bestimmung nicht treffen kann oder will oder wenn er sie verzögert.

Soll der Dritte die Bestimmung nach freiem Belieben treffen, so ist der Vertrag unwirksam, wenn der Dritte die Bestimmung nicht treffen kann oder will oder wenn er sie verzögert."

Die §§ 64 I 1, 184 I 1 konkretisieren für das Vsrecht den § 319 I 1 BGB, indem sie die von den Sachverständigen getroffene Feststellung für nicht verbindlich erklären, **„wenn sie offenbar von der wirklichen Sachlage erheblich abweicht".** Diese Formulierung läßt drei Voraussetzungen der Unverbindlichkeit erkennen: Abweichung (Anm. 56), Erheblichkeit (Anm. 57) und Offensichtlichkeit (Anm. 58).

Das RG 7. II. 1936 VA 1936 S. 187–188 Nr. 2875 = JRPV 1937 S. 105–106 will § 319 I BGB (abstellend auf offenbare Unbilligkeit), nicht die §§ 64 I 1, 184 I 1 anwenden, falls der Aufgabenbereich der Sachverständigen auf Sonderfragen erstreckt worden ist, z.B. die Frage, ob ein Unfall vorliege. Die generelle Formulierung des VVG (Feststellung von „Voraussetzungen") erfordert jedoch die volle Anwendung auf sämtliche vsrechtlichen Sachverständigenverfahren; die Spezialnormen des Vsrechts gehen der allgemeinen Vorschrift des § 319 I BGB vor (so auch LG Düsseldorf 4. III. 1954 VersR 1954 S. 236). Über die Anwendbarkeit des § 319 I BGB im Bereich der Seev: RG 2. X. 1918 RGZ Bd 93 S. 344–348.

[56] aaa) Abweichung

Erste Voraussetzung der Unverbindlichkeit ist die Diskrepanz zwischen getroffener Feststellung und wirklicher Sachlage, also die **Unrichtigkeit** der Feststellung.

Bei der Ermittlung solcher Diskrepanz will der BGH 1. IV. 1953 BGHZ Bd 9 S. 198–199 das **Gesamtergebnis** der getroffenen Feststellung an der wahren Sachlage messen. Es kann vorkommen, daß „zufällig das Ergebnis dieser behaupteten Fehler durch andere Fehler, die sich im Ergebnis etwa in gleicher Höhe gegenteilig, also hier zugunsten der Ver auswirken würden, wieder ausgeglichen werden würde" (ebenso BGH 31. I 1957 VersR 1957 S. 123 = VA 1957 S. 72, 28. IX. 1961 Der Betrieb 1964 S. 1549 [kein Vsrecht]). Daß es auf das Gesamtergebnis, auf den Gesamtschaden ankomme, hatte auch schon das RG 3. V. 1929 VA 1929 S. 247–248 Nr. 2011 = JRPV 1929 S. 237, 2. VIII. 1935 VA 1935 S. 278 Nr. 2843 angenommen; vgl. ferner OHG Wien 4. IV. 1974 VsRundschau 1974 S. 405–406.

VIII. Die Feststellung §64
Anm. 56

Eine „Fehlerkompensation", von der der BGH a.a.O. spricht, wird nur in seltenen Fällen angängig sein. Wenn die Sachverständigen den Schaden an der Inneneinrichtung eines Gebäudes irrigerweise nicht berücksichtigen, so handelt es sich nicht um ein ergänzungsbedürftiges und -fähiges Teilgutachten, sondern um ein (unrichtiges) Gesamtgutachten (RG 4. XI. 1930 JRPV 1930 S. 427 = JW 1931 S. 3194–3195 mit kritischer Anm. Ehrenzweig). Im Falle OLG Düsseldorf 2. VIII. 1937 JW 1937 S. 2669 = JRPV 1937 S. 342–343 war im Einvernehmen mit allen Beteiligten das Sachverständigenverfahren zweigeteilt; bei solcher Sachlage genügt die erhebliche Unrichtigkeit eines Teilgutachtens.

Es ist gleichgültig, auf welchen Gründen die Unrichtigkeit beruht. Sie kann sich z.B. ergeben aus einer falschen Beurteilung des Kreises der vten Sachen, z.B des Warenbestandes; es können auch einzelne Objekte bei der Schadensaufstellung außer acht gelassen oder – andererseits – fälschlich aufgeführt sein. Eine arglistige Täuschung seitens des Vmers kann eine Rolle spielen; dann kommt korrigierend eine Anfechtung gemäß § 318 II BGB (Anm. 54) in Betracht. Besonders schwierig sind Bewertungsfragen, bei denen nach dem Gesetz oder den AVB von einem bestimmten konkretisierenden Bewertungsmaßstab auszugehen ist, z.B. Zeitwert/Neuwert, Anschaffungs-, Veräußerungs-, Herstellungs-, Nutzungswert (Näheres Anm. 25–36 zu § 52). Bei Zugrundelegung eines unrichtigen Bewertungsmaßstabes müssen sich unrichtige Ergebnisse einstellen (Raiser AFB² Anm. 10 zu § 16, S. 375, BGH 30. XI. 1966 VersR 1978 S. 124). Speziell für einen Neuwertsfall (mit Problem der Bewertung der Reste) vgl. BGH 1. IV. 1953 BGHZ Bd 9 S. 199:

„Die richtige Berechnungs- und Schätzungsmethode ist aus den Vsbedingungen objektiv ermittelbar. Ob diese Feststellung einfach oder schwierig ist, ist für die Frage, ob die Abweichung von dem wirklichen Ergebnis, die sich bei einer unrichtigen Schätzungsmethode ergibt, offenbar ist, ohne Bedeutung. Der Einwand der Klägerinnen, daß der Obmann unrichtige Bewertungsmaßstäbe angelegt habe, ist hiernach engegen der Auffassung des Berufungsgerichts durchaus geeignet, zu einer Verneinung der Verbindlichkeit seines Spruches zu führen."

In einem Fall der irrigen Bemessung des Zeitwertes von Bildern (bei denen anders als bei „Waren" nicht auf die Herstellungskosten abzuheben ist) wird gleichfalls die Sachverständigenfeststellung für unverbindlich erklärt von KG 25. VII. 1936 JRPV 1937 S. 12. Der Begriff des Totalschadens ist verkannt worden gemäß KG 1. II. 1930 JRPV 1930 S. 155–156. Seine Behandlung gehört nicht zur Zuständigkeit der Sachverständigen gemäß OLG Celle 25. VI. 1940 JRPV 1941 S. 55–56, 13. X. 1952 VersR 1952 S. 400.

Die Unrichtigkeit kann besonders auch „darauf beruhen, daß der Sachverständige Erkenntnisquellen, die ein sorgfältiger unparteiischer Sachverständiger offensichtlich benutzt hätte, unbenutzt gelassen hat" (RG 27. XI. 1931 VA 1932 S. 3 Nr. 2367 = JRPV 1932 S. 7, dazu RG 1. XII. 1936 VA 1936 S. 295–296 Nr. 2949 = JRPV 1937 S. 11, BGH 30. XI. 1977 VersR 1978 S. 124). Weiteres Beispiel OLG Stuttgart 19. X. 1961 VersR 1962 S. 438–439 (Nichtbeachtung bisheriger ärztlicher Ermittlungen in der Unfallv).

Unerheblich ist die Frage des Verschuldens der Sachverständigen (Raiser AFB² Anm. 10 zu § 16, S. 375, RG 12. I. 1917 VA 1917 Anh. S. 28 Nr. 985, 1. XII. 1936 VA 1936 S. 295–296 Nr. 2949 = JRPV 1937 S. 11). Entscheidend ist allein die „objektive Sachwidrigkeit" (OLG Hamburg 29. XI. 1962 VersR 1963 S. 452).

Von einer Diskrepanz darf nicht immer schon dann gesprochen werden, wenn innerhalb eines vorgegebenen Bewertungsrahmens Bewertungen verschieden hoch ausfallen; denn es liegt im Wesen des Wertes und des Wertrahmens, daß alle Bewertungen noch als richtig zu behandeln sind, die nicht „aus dem Rahmen fallen" (Anm. 9, 41 zu

§ 52). So ist eine relevante Unrichtigkeit verneint worden von RG 29. XII. 1903 VA 1904 S. 153 Nr. 71, 16. XI. 1928 JRPV 1928 S. 369, LG Augsburg 13. III. 1968 VersR 1969 S. 789–790. Sind infolge ungenügender oder vernichteter Buchführung Unterlagen nicht verfügbar, so sind die Sachverständigen auf eine Schätzung angewiesen, und es ist „nicht angängig, die Unrichtigkeit einer Schätzung durch eine Gegenschätzung zu erweisen" (KG 1. IV. 1931 JRPV 1931 S. 240, vgl. auch RG 10. VII. 1917 LZ 1918 Sp. 110–111, BGH 31. I. 1957 VA 1957 S. 72 = VersR 1957 S. 123, KG 15. VI. 1935 JRPV 1935 S. 309–310, OLG Königsberg 18. I. 1929 VA 1929 S. 254–255 Nr. 2019).

Was den Zeitpunkt der Unrichtigkeit anlangt, so kommt es nach RG 15. XI. 1935 RGZ Bd 149 S. 223, 7. VII. 1938 JW 1938 S. 2836 darauf an, ob die Feststellung des Gutachtens „zur Zeit ihrer Vornahme von der wirklichen Sachlage erheblich" abweicht (vorher in der gleichen Richtung RG 12. VI. 1908 RGZ Bd 69 S. 168, 26. XI. 1912 LZ 1913 Sp. 400–402, 27. XI. 1931 VA 1932 S. 2–3 Nr. 2367 = JRPV 1932 S. 7–8). Noch präziser hebt das LG Augsburg 13. III. 1968 VersR 1969 S. 789–790 darauf ab, ob „die Feststellungen der Sachverständigen hinsichtlich der in Frage stehenden Gegenstände den bei Abgabe der Gutachten vorliegenden Erkenntnismitteln" entsprechen. Vgl. zur Zeitpunktfrage ferner Asmus ZVersWiss 1962 S. 240–241, OLG Celle 18. II. 1957 VersR 1957 S. 212, OLG Frankfurt 16. VI. 1955 VersR 1955 S. 642 a. E. sowie BGH 29. XI. 1962 VersR 1963 S. 452, wonach es auf die „Berücksichtigung der zur Zeit der Abgabe des Gutachtens vorliegenden Erkenntnismittel" ankommt (desgleichen BGH 31. I. 1957 VA 1957 S. 72 = VersR 1957 S. 123, 1. IV. 1965 VersR 1965 S. 505–506, OLG Hamburg 29. XI. 1962 VersR 1963 S. 452). Unstatthaft ist es, zum Beweis der Unrichtigkeit „neue Tatsachen als Grundlage für ein neues Gutachten zutage zu fördern und selbst ein neues Gutachten abgeben" zu wollen (RG 27. XI. 1931 VA 1931 S. 3 Nr. 2367 = JRPV 1932 S. 8). Noch präziser RG 14. V. 1929 HansRGZ 1929 A Sp. 414:

„Nun ist allerdings nicht zu erfordern, daß die offenbare Unrichtigkeit unmittelbar aus der Feststellung selbst erhellen muß, vielmehr ist eine Beweiserhebung nicht ausgeschlossen. Diese kann sich aber nur in der Richtung bewegen, daß sich im Zeitpunkt der Sachverständigen-Feststellung selbst die Unrichtigkeit dem Sachverständigen bei gewissenhafter Prüfung der damals für ihn vorliegenden Sachlage sofort habe aufdrängen müssen. Dagegen ist es unzulässig und würde auch die in .... den AVB getroffene Regelung fast wirkungslos machen, daß nachträglich durch umfängliche Beweiserhebungen Tatsachen ans Licht gebracht werden sollen, die dann jetzt zwar eine erhebliche Abweichung der Feststellung des Sachverständigen von der wirklichen, nachträglich ermittelten Sachlage ergeben, aber nicht dem Sachverständigen zur Zeit seiner Tätigkeit ohne weiteres hätten klar sein müssen."

[57] bbb) Erheblichkeit

Eine Abweichung zwischen „festgestellter" und wirklicher Sachlage soll nur dann zur Unverbindlichkeit der Feststellung führen, wenn sie erheblich ist: Minima non curat praetor. Unerhebliche Diskrepanzen sind in Kauf zu nehmen; denn immerhin entspricht die Sachverständigenfeststellung dem Parteiwillen, und sie verliert ihren Sinn, wenn jede kleine Unstimmigkeit das Gutachten unverbindlich macht.

Maßgeblich ist auch hier eine Gesamtbetrachtung der getroffenen Feststellung, d.h. eine wesentliche Diskrepanz bei der Bewertung einer einzelnen Sache, z.B. eines Teppichs, verschlägt nichts, wenn im Gesamtrahmen des verbrannten Hausstandes, also aller Objekte, die Differenz nicht ins Gewicht fällt.

Im übrigen ist der Begriff der Erheblichkeit schwammig. Er wird auch in § 51 I bei der Überv, in § 57² bei der taxierten V verwendet. Wie dort (vgl. Anm. 16 zu § 51, Anm. 36 zu § 57) mag auch hier als Richtschnur dienen, daß eine Diskrepanz von mehr als 10 v.H. – des Gesamtobjekts – nicht mehr hingenommen werden sollte: Bei

VIII. Die Feststellung § 64
Anm. 58

größeren Differenzen ergibt sich entweder eine mit dem Bereicherungsverbot nicht mehr vereinbare Begünstigung des Vmers oder umgekehrt eine unbillige teilweise Nichterfüllung der Obligation des Vers. Einen Prozentsatz der Abweichung von mehr als 10–15% fordert Asmus ZVersWiss 1962 S. 242, von 20–25% fordern das OLG Braunschweig 17. IV. 1975 VersR 1976 S. 329, OLG München 15. V. 1959 VersR 1959 S. 1017, Stiefel-Wussow-Hofmann AKB[10] Anm. 14 zu § 14 AKB, S. 660. Demgegenüber meinen Prölss-Martin[21] Anm. 7 zu § 64, S. 353, daß sich bestimmte Prozentsätze nicht nennen ließen. Die Frage ist offengelassen vom RG 16. XI. 1928 JRPV 1928 S. 369; abwägende Bemerkungen bringt OLG Schleswig 28. X. 1953 VersR 1954 S. 506 (Unfallv).

Das OLG Köln 17. III. 1969 VersR 1969 S. 627 will darauf abheben, ob „das Gesamtergebnis des Gutachtens von dem tatsächlich erkennbaren Schaden in einem solchen Maße abweicht, daß das Festhalten an dem Gutachten für eine der Parteien untragbar wäre."

In Österreich geht man hinsichtlich des Kriteriums der Erheblichkeit eigene Wege: OGH Wien 12. IX. 1973 VersR 1974 S. 1042 will prüfen, ob „das Schiedsgutachten die Grundsätze von Treu und Glauben verletzt und so einem objektiven und sachkundigen Beurteiler unbillig erscheinen muß".

Sollte der Begriff der Erheblichkeit von einem Berufungsgericht völlig verkannt worden sein, so ist ein revisibles Gesetz (§§ 64 I 1, 184 I 1) verletzt. Im allgemeinen aber handelt es sich bei der Beurteilung der Erheblichkeit um eine **nicht revisible Tatsachenfeststellung** (RG 16. XI. 1928 JRPV 1928 S. 369, 4. XI. 1930 JW 1931 S. 3195).

[58] ccc) Offensichtlichkeit

Ebenso wie das Kriterium der Erheblichkeit dient das Erfordernis einer offenbaren Diskrepanz dazu, nach Möglichkeit die Verbindlichkeit einer Sachverständigenfeststellung aufrecht zu erhalten; der Bestand getroffener Feststellungen soll geschützt werden, außer „in den wenigen Fällen **ganz offensichtlichen Unrechts**" (KG 23. XII. 1939 JRPV 1940 S. 62, OLG München 15. V. 1959 VersR S. 1017; vgl. auch BGH 11. VI. 1976 VersR 1976 S. 823). Nur als „Abhilfe bei offensichtlichen Fehlentscheidungen" soll die Unverbindlichkeit Platz greifen (OLG Schleswig 28. X. 1953 VersR 1954 S. 506; vgl. ähnlich OLG Celle 5. V. 1959 VersR 1959 S. 784).

Die §§ 64 I 1, 184 I 1 setzen voraus, daß die getroffene Feststellung „offenbar von der wirklichen Sachlage erheblich abweicht". Die Abweichung muß sich offenbaren, als erhebliche.

Die höchstrichterliche Rechtsprechung hat sich mit dem Kriterium immer wieder befaßt. Zum Parallelbegriff der offenbaren Unbilligkeit in § 319 I 1 BGB hat das RG 23. V. 1919 RGZ Bd 96 S. 62 ausgeführt:

„,Offenbar' im Sinne dieser Vorschrift ist eine Unbilligkeit oder Unrichtigkeit der von einem Sachverständigen getroffenen Feststellung nur dann, wenn sie aus sich selbst und so, wie sie abgegeben ist, zur Zeit ihrer Vornahme als unrichtig und unbillig erkennbar ist, diese ihre Eigenschaft offen zutage liegt, in die Augen springt. Das braucht allerdings nicht für jedermann offen zu liegen, es genügt, wenn es dem Sachkundigen gegenüber der Fall ist. Daraus folgt, daß eine Beweiserhebung über die Unbilligkeit und Unrichtigkeit nur insoweit nachgelassen werden kann, als sie eben dieses Offenliegen mindestens für den Sachkundigen dartun will."

Ergänzend hat das RG 16. XI. 1928 JRPV 1929 S. 369 zu § 64 I 1 herausgestellt:

„Die Revision bezeichnet es mit Recht als rechtsirrtümlich, wenn das Berufungsgericht davon ausgeht, daß „offenbar" nur eine solche Unrichtigkeit genannt werden kann, die sich dem Blicke jedes fachkundigen und unbefangenen Beurteilers sofort aufdrängt. Denn nicht auf die schnelle Erkennbarkeit des Fehlers kommt es an, sondern darauf, daß der Fehler als solcher offen zutage liegt. Dazu ist begrifflich aber nicht erforderlich, daß er sofort in die Augen springt, sondern nur, daß er sich bei vorgenommener Prüfung durch Sachkundige mit Deutlichkeit ergibt (RGZ Bd 96 S. 62). Welche Zeit diese Prüfung in Anspruch nimmt, wird regelmäßig vom Einzelfall abhängen. Es kann deshalb mit dem Berufungsgericht die offenbare Unrichtigkeit nicht schon darum verneint werden, weil es erst eines eingehenden Studiums bedurft hat, um sie zu entdecken."

Die spätere Rechtssprechung zur Offensichtlichkeit bringt wenig Neues. RG 14. V. 1929 HansRGZ 1929 A Sp. 413−414 überzeugt deshalb nicht, weil die Entscheidung wiederum sofortige Erkennbarkeit voraussetzt. Darauf, ob die erhebliche Unrichtigkeit „einem Sachverständigen bei unparteiischer und gewissenhafter Prüfung deutlich erkennbar war", stellt RG 15. XI. 1935 RGZ Bd 149 S. 223 ab, und ebenso RG 9. IV. 1935 VA 1935 S. 231 Nr. 2805 = JRPV 1935 S. 153, 7. VII. 1938 JW 1938 S. 2836, 10. II. 1942 JRPV 1942 S. 54 = DR 1942 S. 983−984. Der BGH 1. IV. 1953 BGHZ Bd 9 S. 199 schließt sich der reichsgerichtlichen Formulierung an, die untersucht, ob die erhebliche Abweichung der Feststellung „für jeden fachkundigen und unbefangenen Beurteiler bei gewissenhafter Prüfung offen zutage liegt" (ebenso BGH 31. I. 1957 VA 1957 S. 72 = VersR 1957 S. 123). Nach der Entscheidung BGH 30. XI. 1977 VersR 1978 S. 124 ist ein Schiedsgutachten „dann ‚offenbar unrichtig', wenn sich die Fehlerhaftigkeit des Gutachtens dem sachkundigen und unbefangenen Beobachter − wenn auch möglicherweise erst nach eingehender Prüfung − aufdrängt."

In einer seevsrechtlichen Entscheidung BGH 29. XI. 1962 VersR 1963 S. 452 heißt es:

„Für die Frage der offenbaren Abweichung kommt es allein auf die objektive Sachwidrigkeit, auf das sachliche Gesamtergebnis des Gutachtens an .... Dabei ist es ohne Belang, ob die Sachverständigen ihnen bekannte oder unbekannte Schadenposten übergangen oder notwendige Reparaturen nicht berücksichtigt haben, wobei diese Fragen aus der Sicht eines objektiven Sachverständigen unter Berücksichtigung der zur Zeit der Abgabe des Gutachtens vorliegenden Erkenntnismittel zu beurteilen sind."

Bewiesen wird die „offenbare", d.h. für jeden fachkundigen und unbefangenen Beurteiler bei gewissenhafter Prüfung offen zutage liegende Unrichtigkeit einer schiedsgutachterlichen Schadenfeststellung keineswegs schon dadurch, daß ein anderer Sachverständiger den Schaden rückschauend höher oder niedriger schätzt (BGH 31. I. 1957 VA 1957 S. 72 = VersR 1957 S. 123).

Rechtsprechung der Instanzgerichte zur Offensichtlichkeit: KG 1. IV. 1931 JRPV 1931 S. 240, OLG Braunschweig 17. IV. 1975 VersR 1976 S. 329, OLG Celle 18. II. 1957 VersR 1957 S. 212, 5. V. 1959 VersR 1959 S. 784, OLG Hamburg 3. XI. 1913 Mitt. 1913 S. 646−647, OLG Hamm 25. VI. 1928 JRPV 1929 S. 149, OLG Königsberg 18. I. 1929 JRPV 1929 S. 150, OLG München 15. V. 1959 VersR 1959 S. 1017−1018. Aus dem Schrifttum vgl. besonders Asmus ZVersWiss 1962 S. 241−242.

In Österreich weicht die Judikatur von der deutschen ab. Der OGH Wien 13. VI. 1966 VersR 1967 S. 592 meint:

„Als offenbar unbillig ist ein Schiedsgutachten anzusehen, wenn es die Maßstäbe von Treu und Glauben in gröbster Weise verletzt und seine Unrichtigkeit für einen sachkundigen und unbefangenen Beurteiler sofort erkennbar wird. Sie liegt nicht in jedem Fall einer unrichtigen objektiven Beurteilung vor."

[59] bb) Wirkungen

Mit einer unverbindlichen Feststellung ist das Sachverständigenverfahren „konsumiert", nunmehr entscheidet das Staatsgericht (Asmus ZVersWiss 1962 S. 248−249, Ehrenzweig S. 195). Schon RG 29. X. 1907 VA 1908 Anh. S. 24. Nr. 364 stellte fest:

VIII. Die Feststellung **§ 64**
Anm. 59

„Es entspricht im Zweifel nicht der Absicht der Parteien, den Rechtsweg so lange auszuschließen, bis feststeht, daß ein sachgemäßer Spruch der durch den Vertrag berufenen Personen überhaupt nicht zu erzielen ist und damit immer erneute Entscheidungen der Sachverständigen zu ermöglichen."

Die Unverbindlichkeit offenbar erheblich unrichtiger Feststellungen ergibt sich unmittelbar aus dem Gesetz (§§ 64 I 1, 184 I 1). Es bedarf keiner (außergerichtlichen) „Anfechtung" des Gutachtens (a. A. Bruck 7. Aufl. Anm. 15 zu § 64, S. 249; auch Prölss-Martin[21] Anm. 10 zu § 64, S. 356 sprechen von einer „Anfechtungsberechtigung"). Es bedarf auch keiner Gestaltungs- (Aufhebungs-)klage (unrichtig OLG Marienwerder 16. VI. 1914 VA 1914 Anh. S. 97–99 Nr. 843); denn die Rechtsfolge der Unverbindlichkeit tritt nicht erst durch (rechtsänderndes) Urteil ein (Asmus ZVersWiss 1962 S. 249).

Einigen sich die Parteien nicht außergerichtlich, so muß der Vmer zur Durchsetzung seiner vom Gutachten abweichenden (höheren) Forderung eine Leistungsklage anstrengen, und zwar in Höhe des vollen streitigen Betrages; das unverbindliche Gutachten entfaltet keine Beweiswirkung mehr. Der Ver kann Feststellung begehren, daß das Gutachten unverbindlich sei; hat er bereits aufgrund des (überhöhten) Gutachtens geleistet, so kommt eine Klage aus ungerechtfertigter Bereicherung in Betracht. Wird der Ver auf Grund einer (unverbindlichen) Sachverständigenfeststellung auf Leistung verklagt, so kann er die Unverbindlichkeit als Einwendung geltend machen (Asmus ZVersWiss 1962 S. 250–251).

„Die Unverbindlichkeit des Spruchs erstreckt sich ohne weiteres auf alle Feststellungen, die sich auf die Höhe des Schadens und der zu zahlenden Entschädigung beziehen" (BGH 1. IV. 1953 BGHZ Bd 9 S. 207 unter Bezugnahme auf RG 9. II. 1932 JRPV 1932 S. 74 a. E.). Der Ver muß das gesamte Gutachten der Sachverständigen angreifen, auch wenn er nur einen Einzelposten für überhöht festgestellt erachtet (KG 3. X. 1928 JRPV 1928 Sp. 349–351, Revisions-Urteil: RG 3. V. 1929 VA 1929 S. 247–248 Nr. 2011; beide Entscheidungen sprechen irreführend von Anfechtung).

Eine nur teilweise Unverbindlichkeit eines Gutachtens ist allenfalls dann anzunehmen, wenn hinsichtlich eines klar abgrenzbaren Fragenkreises die Sachverständigen ihre Zuständigkeit überschritten haben, z.B. durch Einbeziehung der Kausalfrage oder durch (abtrennbare) Abschätzung unvter Sachen. Hier befürworten Asmus ZVersWiss 1962 S. 246–247, Kisch a.a.O. S. 115–116 eine nur partielle Unverbindlichkeit. Das RG 22. II. 1916 VA 1916 Anh. S. 93 Nr. 958 läßt das Problem der Teilbeseitigung eines Schiedsgutachtens offen.

Für die Geltendmachung der Unverbindlichkeit läuft keine Frist (anders als für die Anfechtung gemäß § 318 II 2, 3 BGB). Es fragt sich nur, ob die Vsforderung verjährt ist (§ 12 I); ein Bereicherungsanspruch des Vers verjährt erst in dreißig Jahren (§ 195 BGB; Anm. 9 zu § 12). Ein Bereicherungsanspruch kann untergehen, wenn der Empfänger nicht mehr bereichert ist (§ 818 III BGB).

Zur Begründung der Klage gehören die Tatsachen, welche die erhebliche und offenbare Unrichtigkeit der Sachverständigenfeststellung ergeben. Klagebefugt können nicht nur der Ver oder der Vmer sein, sondern auch der in seinen Rechten beeinträchtigte Vte bei der V für fremde Rechnung, ein Realgläubiger in der Feuerv (OLG Colmar 14. IV. 1905 VA 1905 Anh. S. 72–73 Nr. 141), ein Zessionar der Vsforderung (Prölss-Martin[21] Anm. 10 zu § 64, S. 356).

Ein Beweissicherungsverfahren kann zweckmäßig sein (Schnurr JRPV 1932 Sp. 289–290).

An die Stelle der Sachverständigenfeststellung tritt die Feststellung durch Urteil (§§ 64 I 2, 184 I 2); bei einer Leistungsklage des Vmers enthalten die Urteilsgründe die Feststellung der Schadenshöhe oder der sonstigen Voraussetzungen der Vsforderung.

Dabei entscheidet das Gericht unabhängig vom vorangegangenen Sachverständigenverfahren, nur beschränkt durch die Vorschriften der Zivilprozeßordnung, namentlich die §§ 286, 287 ZPO (RG 17. X. 1930 RGZ Bd 130 S. 904–905, BGH 26. X. 1967 VersR 1967 S. 1141–1142 = NJW 1968 S. 593–594). Das Gericht kann jedoch die im Sachverständigenverfahren verwendeten Beweismittel seinerseits verwerten, kann sich auch einem erstatteten Gutachten anschließen. Ist z.B. die Obmannsfeststellung unverbindlich, weil sie unvollständig ist, so kann doch hinsichtlich der bewerteten Gegenstände die Obmannsauffassung beweiskräftig sein und vom Gericht übernommen werden (KG 2. X. 1926 JRPV 1926 S. 300–301 = HansRZ 1926 Sp. 940–941).

Hat sich der Obmann nicht an eine vorgeschriebene Begrenzung bei der Beurteilung der Schadenshöhe gehalten (vgl. Anm. 49), so ist seine Feststellung wegen dieses formellen Mangels unverbindlich, das Verfahren entsprach nicht dem vereinbarten (Anm. 54). Der „Spruch ist unwirksam, ohne daß es noch einer sachlichen Überprüfung auf offenbare Unrichtigkeit (§ 64 . . . .) bedarf" (BGH 26. X. 1967 VersR 1967 S. 1141–1142 = NJW 1968 S. 593–594). Dennoch kann in diesem Falle die Feststellung des Obmanns im Ergebnis richtig sein, und das Urteil kann sich der Obmannsfeststellung in der Sache anschließen (RG 17. X. 1930 RGZ Bd 130 S. 104–105).

Eine unverbindliche Feststellung bewirkt keine Fälligkeit (Anm. 17) der Leistung des Vers; bei gerichtlicher Entscheidung löst erst das Urteil die Fälligkeit aus (OLG Naumburg 5. XII. 1924 VA 1924 S. 97–98 Nr. 1397, Anm. 7 zu § 11; zweifelnd LG Berlin 24. II. 1964 VersR 1964 S. 649).

[60] cc) Kasuistik

Spezielle Fragen zu einzelnen AVB werden bei den einzelnen Vszweigen erörtert.
Vgl. die Nachweise zur
Feuerv bei Raiser AFB² Anm. 1–40 zu § 16, S. 368–391;
Autokaskov bei Stiefel-Wussow-Hofmann AKB¹⁰ Anm. 1–15 zu § 14, S. 646–663,
  auch Johannsen Anm. J 32, J 136, J 157;
Seev bei Ritter-Abraham Anm. 1–72 zu § 74, S. 919–947;
Unfallv bei Wagner Anm. G 295–304.

[61] IX. Die Unabdingbarkeit

Gemäß § 64 III ist eine Vereinbarung, durch welche von § 64 I 1 abgewichen wird, nichtig, d.h. die Unverbindlichkeitsregelung ist absolut zwingend; sie kann auch zugunsten des Vmers oder Vten nicht vertraglich abgeändert werden, etwa dahingehend, daß jede Sachverständigenfeststellung trotz Unrichtigkeit verbindlich sein soll. Entsprechendes gilt in der Unfallv gemäß § 184 III.

§§ 64 III, 184 III stehen aber nicht einer Vereinbarung entgegen, die den Kreis der unverbindlichen Feststellungen ausweitet, z. B. bei Befangenheit eines Sachverständigen (Anm. 25), bei Verfahrensmängeln. Nach dem Abschluß eines Sachverständigenverfahrens können die Parteien sich dahin einigen, die Feststellung als verbindlich zu behandeln; der Ver läßt sich bei der Auszahlung oft eine „Anerkennungs- und Verzichtserklärung" des Vmers geben, die diesen bindet (OLG Breslau 29. III. 1926 VA 1927 S. 45–46 Nr. 1695). Auch einer Schiedsgerichtsvereinbarung (Anm. 8) stehen die §§ 64 III, 184 III nicht im Wege (Begr. I S. 73, KG 15. XI. 1922 VA 1923 Anh. S. 86–88 Nr. 1341 = HansRZ 1923 Sp. 184–186).

Nicht für zwingend erklärt ist § 64 I 2, 3, II, und Entsprechendes gilt für § 184 I 2, 3, II. Es könnte deshalb in den AVB vorgesehen werden, daß bei einer offenbar erheblichen Unrichtigkeit eines Gutachtens ein neues Sachverständigenverfahren eingeleitet werden soll. Auch für den Fall des Versagens von Sachverständigen kann solche Neuernennung anderer Sachverständiger vorgesehen werden (Prölss-Martin[21] Anm. 13 zu § 64, S. 358 unter Hinweis auf AVB der Maschinenv: VA 1958 S. 136: „Ist ein Sachverständiger nicht in der Lage, die ihm gestellten Aufgaben in einem Zeitraum zu erfüllen, der den berechtigten Interessen der Parteien entspricht, so kann jede Partei eine Umbesetzung verlangen". Hinsichtlich der gerichtlichen Zuständigkeit für die Ernennung von Sachverständigen sieht § 64 II eine Vereinbarung der Beteiligten vor, die nicht auf das Amtsgericht abhebt, in dessen Bezirk der Schaden entstanden ist. Anstelle der gerichtlichen Ernennung kommt auch eine Ernennung durch andere dritte Stellen in Frage (Anm. 23).

§ 65

Auf eine Vereinbarung, nach welcher sich der Versicherungsnehmer bei den Verhandlungen zur Ermittelung und Feststellung des Schadens nicht durch einen Bevollmächtigten vertreten lassen darf, kann sich der Versicherer nicht berufen.

Vertretung des Versicherungsnehmers.

Gliederung:

Entstehung Anm. 1

Schrifttum Anm. 2

I. Grundsatz Anm. 3

II. Tragweite Anm. 4

III. Fallgruppen Anm. 5–11

1. Vsvermittler Anm. 6–8
   a) Vsvertreter Anm. 7
   b) Vsmakler Anm. 8
2. Schadenbüros, Unfallhelfer Anm. 9
3. Rechtsschutzversicherer Anm. 10
4. Haftpflichtversicherer Anm. 11

IV. Zwangscharakter Anm. 12

[1] Entstehung:
§ 65 ist unverändert geblieben. – Begr. I S. 74.

[2] Schrifttum:
Schirmer, Die Vertretungsmacht des Haftpflichtvers im Haftpflichtvsverhältnis, Karlsruhe 1969

[3] I. Grundsatz
Die Bestimmung des § 65 ist historisch zu erklären: Nach vorgesetzlichem Recht enthielten AVB nicht selten die Vorschrift, der Vmer dürfe sich bei den Schadensverhandlungen nicht durch einen Bevollmächtigten vertreten lassen (Begr. I S. 74). Solches Vertretungsverbot läßt sich nicht rechtfertigen: Es dient der einseitigen Machtverstärkung des Vers und ist um so weniger sachgerecht, als ein Vsfall erhebliche Abwicklungsschwierigkeiten auszulösen vermag, die auf juristischem und wirtschaftlichem Gebiet liegen, aber auch in andere Bereiche, z.B. der Technik, hineinreichen können.

[4] II. Tragweite
§ 65 steht im Abschnitt über die Schadensv. Die Vorschrift ist auch auf die Personenv zu erstrecken, nicht nur soweit sie als Schadensv betrieben wird: Auch auf die Summenv ist § 65 analog anwendbar. Die Abwicklung einer Unfall- oder Krankenv kann durchaus die Einschaltung eines Bevollmächtigten zweckmäßig erscheinen lassen.

Die Bestimmung hat den speziellen Tatbestand der „Verhandlungen zur Ermittelung und Feststellung des Schadens" zum Gegenstand. Diese Beschränkung erklärt sich aus der Gegenwehr gegen die früher verbreiteten Vertragsklauseln. Im Stadium vor den Schadensverhandlungen besteht kaum ein Bedürfnis für Vertretungshandlungen. Beim Vertragsschluß steht es dem Ver frei, Verhandlungen mit Bevollmächtigten zu führen oder abzulehnen. Für den Bereich der vorvertraglichen Anzeigepflicht behandelt § 19 den Fall des Abschlusses durch einen Bevollmächtigten und sieht Kenntnis-, Verschuldens- und Arglistzurechnung vor.

§ 65 behandelt nur die Frage der Bevollmächtigung; die Vorschrift geht davon aus, daß der Vmer Träger der Vsforderung ist und bleibt. Auf einer anderen Ebene liegt das Problem der Übertragung der Vsforderung, insbesondere der Zession. Das OLG Hamburg 28. II. 1891 HGZ 1891 Hptbl. S. 169–171 hatte einen Fall zu behandeln, in welchem eine Feuervspolize die Klausel enthielt: „Die Anstalt ist nicht verbunden, sich auf Verhandlungen über den Schaden und die Entschädigung mit anderen Personen als dem Vten einzulassen"; es wurde festgestellt, daß in dieser Bestimmung kein Zessionsverbot liege. Vertragliche Abtretungsverbote und -erschwerungen sind allerdings durch § 65 nicht verwehrt (Nachweise darüber Anm. 33–35 zu § 15); auch sie beruhen weithin auf dem Bestreben der Ver, es nur mit dem Vmer zu tun zu haben. Über Einziehungsermächtigungen Anm. 36 zu § 15.

Nur vom Vmer und der Vollmachtserteilung durch ihn ist in § 65 die Rede. Sinngemäß gilt die Vorschrift auch zugunsten des Vten bei der V für fremde Rechnung (vgl. § 79 I). Überhaupt kann sich jeder Gläubiger des Vers bei den Schadensverhandlungen durch einen Bevollmächtigten vertreten lassen, z. B. auch der Erwerber der vten Sache, ein Zessionar, Pfandgläubiger, Pfändungspfandgläubiger. Der Drittgeschädigte bei der Autohaftpflichtv kann auch durch einen Bevollmächtigten die action directe gegen den Ver richten.

[5] III. Fallgruppen

Rechtstatsächlich spielt die Einschaltung von Bevollmächtigten bei den Verhandlungen zur Ermittlung und Feststellung des Schadens eine erhebliche Rolle. Selbstverständlich kommen als Vertreter in erster Linie Rechtsanwälte in Betracht; über die Behandlung ihrer Gebühren vgl. Klimke, Erstattungsfähigkeit von Anwaltskosten im Zuge außergerichtlicher Schadenregulierung, Karlsruhe 1977, auch Anm. 17 zu § 66.

Im übrigen verdienen folgende Fallgruppen unter rechtlichen Gesichtspunkten Hervorhebung: Vsvermittler (Anm. 6–8), Schadenbüros, Unfallhelfer (Anm. 9), Rechtsschutzver (Anm. 10) und Haftpflichtver (Anm. 11).

[6] 1. Versicherungsvermittler

Weitgehend unterstützen Vsvermittler den Vmer bei der Schadensliquidation, wobei zu unterscheiden ist, ob es sich um Vsvertreter (Anm. 7) oder um Vsmakler (Anm. 8) handelt.

[7] a) Versicherungsvertreter

Vsagenten stehen zwar rechtlich in der Sphäre des Vers, aber wirtschaftlich-soziologisch betrachten sie die von ihnen geworbenen Vmer als ihre „Kunden" und betreuen sie auch in Schadensfällen, indem sie sich für eine schnelle und kulante Schadensliquidation einsetzen. Hierdurch entstehen gewisse Interessenkonflikte (Anm. 13, 177, 217, 223, 230 vor §§ 43–48). Mit der Rechtsstellung des Vsvertreters ist es grundsätzlich unvereinbar, daß er als Bevollmächtigter des Vmers tätig wird. Wenn er eine besondere Schadenserledigungsprovision (Anm. 265 vor §§ 43–48) bezieht, so vom Ver und oft in

III. Fallgruppen § 65
Anm. 8, 9

pauschalierter Form (z. B. nach § 30 II VO über die Tarife in der Kraftfahrtv: höchstens 2 v. H. des Beitrages bei Vorliegen einer schriftlichen Regulierungsvollmacht des Vers über mindestens DM 1000,– je Schadenfall). Über die Anwendbarkeit des Rechtsberatungsgesetzes, falls der Vsvertreter für einen Autohaftpflichtvmer unvte Kaskoschäden durch Inanspruchnahme Dritter verfolgt: KG 14. IX. 1937 JRPV 1938 S. 45–46.

[8] b) Versicherungsmakler

Noch wirkungsvoller als Vsvertreter pflegen Vsmakler sich in Schadensfällen für die von ihnen betreuten Vmer einzusetzen. Makler stehen in einem Doppelrechtsverhältnis zum Vmer und zum Ver, was aber eine Vollmachtserteilung seitens des Vmers nicht ausschließt, und diese Vollmacht kann – in teilweiser Abänderung des § 97 HGB – auf die Schadensabwicklung erstreckt werden, was besonders im Bereich der Transportv häufig geschieht (Näheres Anm. 42 vor §§ 43–48). Die besonderen Bemühungen der Vsmakler, die möglicherweise das ganze Gewicht ihres „Bestandes" in die Waagschale werfen, werden zuweilen entlohnt durch eine Schadensinkassocourtage, die der Vmer schuldet; über die Voraussetzungen: Anm. 110 vor §§ 43–48.

Es leuchtet ein, daß bei firmeneigenen Vermittlern, die durchweg als Vsmakler wirken, die Interessenwahrung besonders ausgeprägt ist; hier bildet eine Vollmachtserteilung seitens des Vmers die Regel.

[9] 2. Schadenbüros, Unfallhelfer

Besonders im Bereich der kaufmännischen Vszweige gibt es vereinzelte Unternehmen, die sich auf die Verfolgung und Durchsetzung von Haftungs- und Vsansprüchen spezialisiert haben: Schadenbüros, Schadenskontore, die sich besonders mit Ansprüchen in Schiffahrts-, Verkehrs-, Speditionssachen befassen. Dabei lassen sich diese Stellen entweder bevollmächtigen oder aber sie lassen sich die zu realisierenden Ansprüche abtreten, evtl. im Wege der Einziehungsermächtigung. Es handelt sich hier um die Besorgung fremder Rechtsangelegenheiten, gleichgültig ob eine Einziehung fremder oder zu Einziehungszwecken abgetretener Forderungen erfolgt, und erforderlich ist eine Erlaubnis nach § 1 I RechtsberatungsG.

Speziell in Kraftverkehrssachen breitet sich der Unfallhelfer aus. Zuweilen bilden sich Unfallhelferringe, an denen sich Abschleppunternehmer, Mietwagenunternehmer, auch Reparaturwerkstätten, Banken und Rechtsanwälte beteiligen (Becker, Kraftverkehrs-Haftpflichtschäden, 13. Aufl., Heidelberg-Karlsruhe 1978, S. 137–138). Auch hier spielen neben Vollmachtserteilungen Abtretungen der Ersatzansprüche gegen den Ver und gegen Dritte eine Rolle. Auch hier kann das Rechtsberatungsgesetz mit der Konsequenz der Nichtigkeit der Zessionen verletzt werden (vgl. nur BGH 18. IV. 1967 BGHZ Bd 47 S. 364–369 [Mietwagenunternehmer], 6. XI. 1973 BGHZ Bd 61 S. 317–325 [vorfinanzierende Bank], 18. I. 1974 VersR 1974 S. 494–496 [Mietwagenunternehmer], 9. X. 1975 VersR 1976 S. 247–251 [Bank], 21. X. 1976 VersR 1977 S. 250–252 [Bank], 21. X. 1976 VersR 1977 S. 280–282 [Bank], 29. VI. 1978 VersR 1978 S. 1041–1043 [Bank], vgl. aber auch BGH 10. V. 1974 VersR 1974 S. 973–975. Auch Verstöße gegen das Wettbewerbsrecht kommen in Betracht (vgl. BGH 18. I. 1974 VersR 1974 S. 494–496, 10. V. 1974 VersR 1974 S. 973–975, spezieller: BGH 22. XI. 1074 VersR 1975 S. 326–327: Ansprechen von Verunglückten am Unfallort zwecks Abschluß eines Mietvertrages). Über die Heranziehung von Unfallhelfern durch Minderjährige: BGH 12. X. 1976 VersR 1977 S. 180–182.

Vgl. zur organisierten Unfallfinanzierung auch Fischer VersR 1973 S. 595–600, ferner Ikinger VersR 1976 S. 906–912.

Zum Problem der Erstattungsfähigkeit der Kosten für die Inanspruchnahme von Fremdmitteln auf dem Wege über Unfallhelfer: BGH 6. XI. 1973 NJW 1974 S. 91–95 = VersR 1974 S. 90–92 mit Anm. Hartung VersR 1974 S. 147–148.

[10] 3. Rechtsschutzversicherer

In der Rechtsschutzv bezieht sich in der Regel der Vsschutz nicht auf die Wahrnehmung rechtlicher Interessen „aus Vsverträgen aller Art" (§ 4 I h ARB). Jedoch steht theoretisch solcher „contre assurance" nichts entgegen, zumal da in Deutschland das Gebot der Spartentrennung interne Interessenkonflikte zwischen Rechtsschutzvern und anderen Vsunternehmen verhindert.

So geht denn auch die Entwicklung dahin, Ansprüche aus Vsverträgen in den Rechtsschutz einzubeziehen. Nachdem zunächst nur ein Spezialrechtsschutzver diese Deckung gewährt hatte (Geller VW 1974 S. 1399), sieht jetzt eine Klausel zu §§ 21, 22, 25, 26 und 27 ARB (genehmigt von BAA am 10. II. 1978) vor:

> „Soweit der Vsschutz die Wahrnehmung rechtlicher Interessen aus schuldrechtlichen Verträgen umfaßt, erstreckt er sich abweichend von § 4 Abs. 1 h ARB auch auf Vsverträge aller Art mit anderen Vern. Dieser Vsschutz besteht nur, wenn der Wert des Streitgegenstandes einen im Vsschein genannten Betrag übersteigt."

Der rechtsschutzvte Vmer wird durch einen Rechtsanwalt vertreten, der im Regelfall durch den Rechtsschutzver namens und im Auftrage des Vmers beauftragt wird (§ 16 II ARB).

Seit langem gewährt im Bereiche der Transportv der Schutzverein Deutscher Rheder VaG auch Unterstützung bei der Ordnung ihrer Streitigkeiten aus Vsverträgen (Trappe in: Möller, Studien zur Rechtsschutzv, Karlsruhe 1975, S. 392, 398).

[11] 4. Haftpflichtversicherer

Die Aufgabe der Haftpflichtv, begründete Ansprüche Dritter zu befriedigen, unbegründete Ansprüche abzuwehren, läßt sich am besten lösen, wenn der Haftpflichtver vom Vmer bevollmächtigt wird. Eine Vollmachtserteilung enthalten dementsprechend

> § 5 Ziff. 7 AHB: „Der Ver gilt als bevollmächtigt, alle zur Beilegung oder Abwehr des Anspruchs ihm zweckmäßig erscheinenden Erklärungen im Namen des Vmers abzugeben."
>
> § 10 V AKB: „Der Ver gilt als bevollmächtigt, alle ihm zur Befriedigung oder Abwehr der Ansprüche zweckmäßig erscheinenden Erklärungen im Namen der vten Personen abzugeben."

Näheres über diese Vollmachten des Vers Johannsen Anm. G 9–19 Schirmer a.a.O. S. 5–149, Stiefel-Wussow-Hofmann AKB[10] Anm. 24 zu § 10 AKB, S. 465–470.

Sehr eingehend hat der BGH 28. VI. 1962 BGHZ Bd 38 S. 71–86 dargetan, daß es sich überwiegend um eine Besorgung eigener Rechtsangelegenheiten handle, wenn ein Haftpflichtver in Haftpflichtprozessen vor den Amtsgerichten die bei ihm vten Beklagten durch Regulierungsbeamte vertreten läßt; dies verstoße weder gegen § 157 ZPO noch gegen das Rechtsberatungsgesetz.

Im Bereiche der Pflichtv dauert der Regulierungsauftrag und die Vertretungsmacht des Haftpflichtvers auch dann noch an, wenn der Ver gegenüber dem Vmer leistungsfrei geworden ist (BGH 24. III. 1976 VersR 1976 S. 482).

[12] IV. Zwangscharakter

§ 65 ist als halbzwingende Norm formuliert (Prölss-Martin[21] Anm. 2 zu § 65, S. 358); der Ver kann sich auf ein Vertretungsverbot nicht berufen. Zweckmäßiger wäre eine absolut zwingende Vorschrift gewesen.

§ 66

Der Versicherer hat die Kosten, welche durch die Ermittelung und Feststellung des ihm zur Last fallenden Schadens entstehen, dem Versicherungsnehmer insoweit zu erstatten, als ihre Aufwendung den Umständen nach geboten war.

Die Kosten, welche dem Versicherungsnehmer durch die Zuziehung eines Sachverständigen oder eines Beistandes entstehen, hat der Versicherer nicht zu erstatten, es sei denn, daß der Versicherungsnehmer nach dem Vertrage zu der Zuziehung verpflichtet war.

Bei einer Unterversicherung sind die dem Versicherer zur Last fallenden Kosten nur nach dem in den §§ 56, 57 bezeichneten Verhältnisse zu erstatten.

Schadensabwicklung, Ermittlungs- und Feststellungskosten.

Gliederung:

Entstehung Anm. 1

Schrifttum Anm. 2

I. Formen der Schadensabwicklung Anm. 3–12
 1. Übersicht Anm. 3
 2. Feststellungsverträge Anm. 4–5
  a) Schadenfeststellungsvertrag Anm. 4
  b) Entschädigungsfeststellungsvertrag Anm. 5
 3. Rechtsformen Anm. 6–12
  a) Übersicht Anm. 6
  b) Aufsichtsrecht Anm. 7
  c) Aufzählung Anm. 8–12
   aa) Einfache Abrechnung Anm. 8
   bb) Einseitiges Schuldanerkenntnis Anm. 9
   cc) Bestätigender Schuldanerkenntnisvertrag Anm. 10
   dd) Vergleich, Abfindungserklärung Anm. 11
   ee) Abstraktes Schuldanerkenntnis Anm. 12

II. Ermittlungs- und Feststellungskosten Anm. 13–24
 1. Übersicht Anm. 13
 2. Rechtsnatur Anm. 14
 3. Begriff der Kosten Anm. 15
 4. Arten der Kosten Anm. 16–17
  a) Allgemeines Anm. 16
  b) Sachverständigenkosten Anm. 17
 5. Anspruch auf Kostenersatz Anm. 18–24
  a) Gläubiger und Schuldner Anm. 18
  b) Art des Ersatzes Anm. 19
  c) Begrenzung des Ersatzes Anm. 20–22
   aa) Bedeutung der Vssumme Anm. 20
   bb) Ersatz bei Unterv Anm. 21
   cc) Ersatz bei Franchisen Anm. 22
  d) Fälligkeit und Vorschuß Anm. 23
  e) Konkurrierende Ansprüche Anm. 24

III. Abdingbarkeit des § 65 Anm. 25

[1] Entstehung:

§ 66 ist unverändert geblieben. – Begr. I S. 74–75.

[2] Schrifttum:

Bostelmann (Die einverständliche Schadensregulierung in der Sach- und Personenv) ZVersWiss 1977 S. 569–697, Kisch (Das Verfahren zur Ermittlung des Vsschadens) WuRdVers 1932 Nr. 1 S. 1–112, Klimke, Erstattungsfähigkeit von Anwaltskosten im Zuge außergerichtlicher Schadenregulierung, Karlsruhe 1977, Ritzmann, Über den Feststellungsvertrag, Hamburger Diss. 1973.

[3] I. Formen der Schadensabwicklung

1. Übersicht

Die Schadensabwicklung, welche oft schwierige Fragen auftauchen läßt, kann sich in verschiedenartigen Rechtsvorgängen vollziehen.

In relativ seltenen Fällen kommt es zu **Deckungsprozessen,** die normalerweise durch Endurteil abgeschlossen werden, seltener durch Parteiakte wie Klagerücknahme, Prozeßvergleich, Klageverzicht, prozessuales Anerkenntnis.

Das **Sachverständigenverfahren** dient der Feststellung einzelner Voraussetzungen des Anspruchs aus der V und speziell der Feststellung der Schadenshöhe (§ 64 I 1). Zu ihm und besonders auch zum Verhältnis zu einem etwaigen Gerichtsverfahren vgl. Anm. 1–61 zu § 64, speziell Anm. 37–41 zu § 64.

Einer Feststellung des Schadens und der Entschädigung kann nicht nur das Sachverständigenverfahren dienen, sondern in schwierigen Fällen auch ein besonderer **Schadenfeststellungsvertrag** und/oder **Entschädigungsfeststellungsvertrag** (dazu Bostelmann ZVersWiss 1977 S. 599–690). Diese Typen der Feststellungsverträge bedürfen der Erörterung (Anm. 4–5).

Eine Klärung der Schadens- und Entschädigungsfrage ermöglicht die **Schadensabwicklung.** Dabei gilt es, verschiedene Institutionen und Fallgruppen, deren Rechtsbehandlung unterschiedlich ist, zu trennen und gegeneinander abzugrenzen: Nach einer **Übersicht über** die in Betracht kommenden **Rechtsformen** (Anm. 6) und einem Hinweis auf die Stellungnahme der **Aufsichtsbehörden** (Anm. 7) werden die in Betracht kommenden Rechtsformen aufgezählt (Anm. 8–12), nämlich die **einfache Abrechnung** (Anm. 8), das **einseitige Schuldanerkenntnis** (Anm. 9), der **bestätigende Schuldanerkenntnisvertrag** (Anm. 10), **Vergleich und Abfindungserklärung** (Anm. 11) sowie das **abstrakte Schuldanerkenntnis** (Anm. 12).

Diese Unterscheidung der verschiedenen rechtlichen Formen der Schadensabwicklung ist besonders deshalb geboten, weil die Möglichkeit, wegen Willensmängeln oder veränderter Sachlage eine getroffene Regelung wieder zu **beseitigen,** entsprechend der gewählten Rechtsform differiert.

[4] 2. Feststellungsverträge

   a) Schadenfeststellungsvertrag

Eine Vereinbarung, welche den Zweck hat, die Höhe eines eingetretenen Schadens festzulegen, kann besonders bei größeren Schäden zweckmäßig sein. Sie wird zwar im Zusammenhang mit einem bestimmten Vsverhältnis und Vsfall getroffen, gehört also in den Rahmen des Vsvertrages, läßt sich aber rechtlich doch von diesem abheben als nicht essentielle Zusatzabrede mit besonderen Rechtsfolgen. Die Ermittlung und Feststellung des Schadens, von der die §§ 65, 66 I sprechen, ist zwar ein überwiegend tatsächlicher Vorgang, hat aber doch erhebliche rechtliche Bedeutung, weil der „Betrag des Schadens" nach § 55 die Entschädigungsleistung des Vers maximiert. Die hier behandelte Abrede will die Schadenshöhe außer Streit setzen; es entspricht dem Parteiwillen, eine bindende rechtsgeschäftliche Einigung über die Schadenshöhe als (wichtigstes) Tatbestandselement der Entschädigung herbeizuführen. Dogmatisch zählt der Schadenfeststellungsvertrag zur Gruppe der Feststellungsverträge (Bostelmann ZVersWiss 1977 S. 615–620, Kisch WuRdVers 1932 Nr. 1 S. 51, genereller Ritzmann a.a.O. S. 41).

Der Schadenfeststellungsvertrag kann schon zu Beginn der Schadensverhandlungen geschlossen werden und dann Einzelheiten darüber enthalten, wie der Schaden ermittelt werden solle. Es dürfte jedoch die Regel bilden, daß erst nach Abschluß der Ermittlungen der Schaden mit bindender Wirkung konstatiert wird. Kisch WuRdVers 1932 Nr. 1 S. 14 will beide Vertragsformen unterscheiden; dagegen mit Recht Bostelmann ZVersWiss 1977 S. 605–606. Im Anschluß an ein Sachverständigenverfahren ist ein Schadenfeststellungsvertrag überflüssig, weil schon das Gesetz (§§ 64 I 1, 184 I 1) die Verbindlichkeit der getroffenen Feststellung vorsieht.

I. Formen der Schadensabwicklung **§ 66**
Anm. 5

Ob wirklich die für den Schadenfeststellungsvertrag wesentliche und typische **Bindungswirkung** von den Parteien gewollt ist, muß von Fall zu Fall entschieden werden. Wird nach einer Schadensermittlung ein „Protokoll" aufgenommen und sogar vom Vmer abgezeichnet, so soll darin nach Bostelmann ZVersWiss 1977 S. 599–600, Kisch WuRdVers 1932 Nr. 1 S. 13 keine bindende Abrede zu sehen sein (andererseits wird eine gewisse Beweisbedeutung nicht geleugnet). Nimmt zwar der Ver einseitig die Ermittelungen vor, teilt dann jedoch dem Vmer das Ergebnis dergestalt mit, daß der Vmer Gelegenheit zum „Widerspruch" innerhalb einer bestimmten Frist erhält, so kann im Falle des Schweigens des Vmers eine bindende Schadenfeststellung konstatiert werden (Bostelmann ZVersWiss 1977 S. 605–606).

Über die am Schadenfeststellungsvertrag beteiligten **Personen** Bostelmann ZVersWiss 1977 S. 623–643, speziell die Realgläubiger in den Fällen eines kranken Vsverhältnisses: Prölss ÖffRVers 1933 S. 53–55.

Zum Problem, unter welchen Voraussetzungen ausnahmsweise die **Bindungswirkung** der Schadenfeststellung **entfalle**, kann generell festgestellt werden, daß der Schadenfeststellungsvertrag immer dann gegenstandslos wird, wenn aus besonderen Gründen – trotz eingetretenen Schadens – eine Entschädigungspflicht des Vers entfällt. „Wird der Anspruch endgültig abgelehnt oder gerichtlich als unbegründet festgestellt, so geht mit dem Anspruch auch der Schadenfeststellungsvertrag unter, da er ja nur ein Tatbestandselement dieses Anspruchs regelt" (Bostelmann ZVersWiss 1977 S. 620, ähnlich Kisch WuRdVers 1932 Nr. 1 S. 52). Im übrigen ist die Schadenfeststellung wegen arglistiger Täuschung oder Drohung **anfechtbar** (§ 123 I BGB; Bostelmann ZVersWiss 1977 S. 643, Kisch WuRdVers 1932 Nr. 1 S. 47). Eine Irrtumsanfechtung läßt sich beim Schadenfeststellungsvertrag nicht darauf stützen, daß man sich über die Schadenshöhe geirrt habe; der Bewertungsirrtum ist ein unerheblicher Motivirrtum (Bostelmann ZVersWiss 1977 S. 644, Kisch WuRdVers 1932 Nr. 1 S. 47, LG Karlsruhe 28. IX. 1976 VersR 1977 S. 269, LG Wiesbaden 17. IX. 1976 VersR 1977 S. 269–270). § 64 I 1, der beim Sachverständigenverfahren auf die **offenbare erhebliche Unrichtigkeit** abstellt, ist weder unmittelbar noch analog anwendbar (Bostelmann ZVersWiss 1977 S. 644–647), ebensowenig § 319 II 1 BGB (ein Dritter hat nicht mitgewirkt) oder § 315 III BGB (es liegt keine Leistungsbestimmung nach billigem Ermessen vor). Mit der Lehre vom **Wegfall der Geschäftsgrundlage** bietet sich kaum eine Möglichkeit, eine Schadenfeststellung anzugreifen, weil diese Feststellung nicht die Grundlage, sondern das Ziel der Vereinbarung bildet (ähnlich Bostelmann ZVersWiss 1977 S. 646–647). So entspricht es der Auffassung von Kisch WuRdVers 1932 Nr. 1 S. 47–48 und Prölss-Martin[21] Anm. 1 zu § 64, S. 347–348, daß ein Schadenfeststellungsvertrag – abgesehen von den Fällen des § 123 I BGB – unangreifbar ist (vgl. auch BGH 24. V. 1956 VersR 1956 S. 365–367, 13. VII. 1961 VA 1961 S. 16–18 = VersR 1961 S. 723–725 [allerdings beide bei Entschädigungsfeststellungsverträgen]). Bostelmann ZVersWiss 1977 S. 647–650 will demgegenüber eine Möglichkeit der „**Unwirksamkeit unter dem Gesichtspunkt des besonderen Feststellungsinteresses**" eröffnen, und zwar dann, wenn in erheblichem Maße „die von beiden Parteien als feststehend vorausgesetzten Tatsachen nicht zutreffen", z.B. weil beide Teile übereinstimmend fälschlich davon ausgehen, daß die Fundamente einer Werkshalle nicht beschädigt worden seien.

[5] b) Entschädigungsfeststellungsvertrag

Noch wichtiger als die Feststellung der Schadenshöhe ist für den Vmer und Ver die Feststellung der zu zahlenden **Entschädigung**. Auch hier kann es zu einer Zusatzabrede (im Rahmen des Vsvertrages) kommen, die man zusammenfassend als Entschädigungsfeststellungsvereinbarung, kürzer: Entschädigungsvereinbarung, bezeichnen kann, mögen sich auch unter dieser Bezeichnung verschiedene Institutionen verbergen.

Bostelmann ZVersWiss 1977 S. 670–690 unterscheidet Entschädigungsfeststellungsverträge, welche die Schadensfrage einbeziehen (so daß ein besonderer Schadenfeststellungsvertrag entfällt) von Entschädigungsfeststellungsverträgen mit vorhergehendem Schadenfeststellungsvertrag und von Entschädigungsfeststellungsverträgen ohne Regelung der Schadensfrage.

Im letztgenannten Falle wird im Interesse einer schnellen gütlichen Einigung unter bewußtem Verzicht auf die Feststellung der Schadenshöhe eine bestimmte Entschädigungssumme festgelegt. Das geschieht durch Zahlung der Versicherungssumme auch in den Fällen des Abandon des Vers, z. B. in der Transportv nach § 145[1] (vgl. § 38 I ADS) und in der Haftpflichtv (§ 3 III Ziff. 1 S. 2 AHB und dazu Johannsen Anm. G 7, 8) sowie in der Autohaftpflichtv (§ 10 VI 4 AKB mit Stiefel-Wussow-Hofmann AKB[10] Anm. 30 zu § 10, S. 480–481). Jedoch kommt in diesen Fällen des (einseitigen) Abandon seitens des Vers kein Entschädigungsfeststellungsvertrag zustande (Bostelmann ZVersWiss 1977 S. 689–690).

Der Fall des Nacheinander von Schaden- und Entschädigungsfeststellung führt zur logischen und juristischen Trennung beider Rechtsverhältnisse. Bostelmann ZVersWiss 1977 S. 636 und Kisch WuRdVers 1932 Nr. 1 S. 46 erwähnen, daß selbst bei Anfechtung des Entschädigungsfeststellungsvertrages der Schadensfeststellungsvertrag bestandsfest bleiben könne.

Praktisch steht der Fall im Vordergrund, in welchem die Schadensfrage in die Entschädigungsvereinbarung einbezogen wird. Die Häufigkeit dieses Falles erklärt es auch, daß terminologisch Entschädigungsfeststellungsverträge als Schadenfeststellungsverträge bezeichnet werden, obgleich im Grunde hier die Entschädigung wichtiger ist als die Schadenshöhe (vgl. z. B. BGH 24. V. 1956 VersR 1956 S. 365–367, 13. VII. 1961 VA 1962 S. 16–18 = VersR 1961 S. 723–725).

Inhaltlich bezieht sich ein Entschädigungsfeststellungsvertrag auf die Festlegung der vom Ver zu zahlenden Entschädigung, für welche der eingetretene Schaden nur einen (maximierenden) Bestimmungsfaktor bildet (§ 55). Andere Bestimmungsfaktoren ergeben sich aus der Vssumme (§ 50), der Proportionalitätsregel bei Unterv (§ 56), etwaigen Selbstbeteiligungsregelungen (Anm. 65–73 zu § 56). Schon die Bestimmung des Vsschadens i. e. S. kann problematisch sein, hängt doch die Schadenshöhe von den Bewertungsgrundsätzen ab: Erwähnt seien die Probleme der etwaigen Neuwertbestimmung (mit Staffeln oder gleitendem Neuwert: Anm. 28 zu § 52), aber auch bei Zeitwertven der Abzug „neu für alt" (Anm. 33 zu § 55), ferner die Bewertung von Resten (Anm. 31 zu § 55), die Berücksichtigung des merkantilen Minderwertes (Anm. 32 zu § 55). Bei der Entschädigungsfestsetzung sind ferner auszugleichende Vorteile zu berücksichtigen, sei es, daß sie die Schadensersatzleistung des Vers mindern, sei es, daß die Vorteile auf den Ver zu übertragen sind (Anm. 54 vor §§ 49–80). Bei Haftpflichtschäden ist die Fülle der in Betracht kommenden Personen-, Sach- und Vermögensschäden zu berücksichtigen. Besonders bei „gedehnten Vsfällen" ist an die Möglichkeit später feststellbarer oder eintretender Schäden zu denken, und es fragt sich, ob solche „Spätschäden" in die Entschädigungsregelung einbezogen werden sollen. Schließlich müssen in einer abschließenden Entschädigungsvereinbarung auch die Vsschäden i. w. S. berücksichtigt werden, also Rettungskosten und Ermittlungs- und Feststellungskosten. Hinzu tritt eine etwaige Zins- oder gar Verzugsschadensregelung.

Als Partner eines Entschädigungsfeststellungsvertrages kommt besonders der Vmer in Betracht, der im Falle der V für fremde Rechnung nach § 76 I im eigenen Namen auch über Rechte zu verfügen vermag, welche dem Vten zustehen. Denn dem § 76 I unterfallen Verhandlungen über die Entschädigungsforderung (Sieg Anm. 19 zu

I. Formen der Schadensabwicklung § 66
Anm. 5

§§ 75, 76), so daß der Vmer im Entschädigungsfeststellungsvertrag auch den Umfang der Ansprüche des Vten regeln kann (sogar ein Erlaßvertrag käme in Betracht: Sieg Anm. 20—21 zu §§ 75, 76).

In der Haftpflichtv lassen sich Entschädigungsfeststellungsverträge unterscheiden, die zwischen Ver und Vmer/Vten geschlossen werden von den praktisch bedeutsameren Abkommen, die mit den Haftpflichtgläubigern zustandekommen, wobei der Ver im eigenen Namen auftreten kann (besonders wenn er kraft action directe in Anspruch genommen war) oder im Namen des haftpflichtigen Vmers/Vten (zur Vertretungsmacht des Haftpflichtvers Anm. 11 zu § 65).

Verbreitet ist eine **„Abfindungserklärung"** nach folgendem Muster:

Schaden-Nr. .... H .... Anspruchsteller: ....

H Vergleichs- und Abfindungs-Erklärung

Zwecks endgültiger Regelung der mir/uns oder meinen/unseren Rechtsnachfolgern aus dem Schadenereignis vom .... gegen
oder gegen jeden Dritten aus irgendwelchen Rechtsgründen zustehenden Schadenersatzansprüche erkläre(n) ich/wir, daß gegen Zahlung des Betrages von
DM .... (in Worten: ....)
meine/unsere gesamten vorerwähnten Ansprüche endgültig abgegolten sind.
Diese Erklärung erstreckt sich nicht nur auf die mir/uns bis jetzt bekannten, sondern auch auf alle etwaigen späteren Folgen des Schadenereignisses, und zwar auch solche, die bei Abgabe dieser Erklärung noch nicht erkennbar oder voraussehbar sind.
Der/die Unterzeichner versichert(n), daß die Ansprüche weder abgetreten noch gepfändet oder verpfändet sind.
Für mein Fahrzeug bestand am Schadentag ☐ eine ☐ keine ☐ Voll- ☐ Teil-Kaskoversicherung.
Gesellschaft: .... Geschäftsstelle: ....
Versicherungsschein Nr.: ....
Selbstbeteiligung: DM ....
Dieser Versicherer wurde in Anspruch genommen: ☐ Nein ☐ Ja
Anläßlich des Schadenereignisses stehen mir ferner Ansprüche zu gegen:

	☐ Krankenkasse	☐ Bundesversicherungsanstalt für Angestellte
Zutreffendes bitte	☐ Berufsgenossenschaft	☐ Landesversicherungsanstalt
☒ ankreuzen	☐ Knappschaft	
	☐ sonstige Stelle (bitte angeben): ....

Die Abfindungssumme ist binnen 3 Wochen an
Vor- und Zuname ....
Anschrift ....
auf Postscheckkonto Nr. .... Amt ....
auf Sparkassen/Bankkonto Nr. .... bei ....
zu überweisen.
Sollte nach Ablauf dieser Frist die Zahlung noch nicht erfolgt sein, bin ich/sind wir nicht mehr an diese Abfindungserklärung gebunden.

Ort, Datum .... Unterschrift ....

Die Abgabe der Abfindungserklärung setzt im Vsverhältnis einen Vertrag mit dem Vmer voraus, der jedoch **nicht verpflichtet** ist, solche Abfindungserklärung zu zeichnen. Es kann eine positive Vertragsverletzung seitens des Vers darin liegen, daß er vor Auszahlung der Entschädigung die Abgabe einer Abfindungserklärung verlangt (AG Schleswig 5. VI. 1968 VersR 1968 S. 959, vgl. auch AG Köln 25. VI. 1976 VersR 1977 S. 29—30).

Die Intensität der **Bindungswirkung** hängt davon ab, wie zivilrechtlich der Entschädigungsfeststellungsvertrag zu qualifizieren ist: Es kann sich insbesondere handeln um einen Vergleich (Anm. 11) oder um einen bestätigenden Schuldanerkenntnisvertrag (Anm. 10). Vgl. zur Bindungswirkung generell LG Kaiserslautern 2. IX. 1975 Recht und Schaden 1975 S. 234—235 mit kritischer Anm.

Über eine **Anfechtung** eines Entschädigungsfeststellungsvertrags wegen arglistiger Täuschung — wußte der Vmer, daß der als Totalverlust behandelte Lastkraftwagen mit verhältnismäßig geringen Aufwendungen wieder instandgesetzt werden konnte? — BGH 24. V. 1956 VersR 1956 S. 365—367.

[6] 3. Rechtsformen
a) Übersicht

Feststellungsverträge oder die Ergebnisse eines Sachverständigenverfahrens können die Grundlage bilden für die endgültige Schadensabwicklung. Angesichts dabei auftretender Gefahren oder Mißstände hat im Laufe der Jahrzehnte die **Versicherungsaufsichtsbehörde** gewisse einschlägige Sammelverfügungen erlassen, welche die Rechtspraxis stark beeinflussen (Anm. 7).

Als **Rechtsformen** für die Schadensabwicklung stehen zur Verfügung die einfache Abrechnung (Anm. 8), das einseitige Schuldanerkenntnis (Anm. 9), ein bestätigender Schuldanerkenntnisvertrag (Anm. 10), Vergleich oder Abfindungserklärung (Anm. 11) und — in seltenen Fällen — ein abstraktes Schuldanerkenntnis (Anm. 12).

[7] b) Aufsichtsrecht

Mit der Problematik der Abfindungserklärungen hat sich die Vsaufsichtsbehörde ab 1913 immer wieder befaßt. Die bis 1953 erlassenen **Rundschreiben** hat das BAA zusammengefaßt in VA 1953 S. 152—153:

„**III. HUK-Versicherung**

Abfindungserklärungen in der HUK-Versicherung

Das Reichsaufsichtsamt hatte bereits im Jahre 1913 zu der Frage der Abfindungserklärungen Stellung genommen und darauf hingewiesen, daß der Versicherungsnehmer, wenn sein Anspruch nach Grund und Höhe bewiesen und fällig ist, lediglich zur Ausstellung einer einfachen Quittung verpflichtet sei. Die Auszahlung der Entschädigung dürfe daher in einem solchen Falle nicht von der Unterzeichnung irgendwelcher Verzichterklärungen abhängig gemacht werden (VerAfP 1913 S. 10). Das Amt erkannte hierbei aber ausdrücklich an, daß es Fälle gebe, bei denen mit Rücksicht auf die Besonderheit der Sachlage eine andere Behandlung am Platze sein könne. Es hat dann in seinem Rundschreiben an die Unfall- und Haftpflichtversicherungsgesellschaften vom 29. August 1920 (VerAfP 1920 S. 192) den Gebrauch von Abfindungserklärungen und die Voraussetzungen ihrer Zulässigkeit geregelt. Danach gilt folgendes:

A. Unfallversicherung

1. Eine Abfindungserklärung darf nur verlangt werden, wenn ein wirklicher Vergleich abgeschlossen wird, d.h. wenn beide Teile eine alsbaldige und endgültige Regelung der aus dem Versicherungsfalle bereits entstandenen und etwa in Zukunft noch zu erwartenden Entschädigungsansprüche beabsichtigen. Sie darf dagegen nicht verlangt werden, wenn der Versicherte

I. Formen der Schadensabwicklung

eine Entschädigung nur für diejenigen Ansprüche verlangt und erhält, die bis zum Zeitpunkt der Zahlung entstanden und fällig geworden sind, vor allem also nicht, wenn dem Versicherten lediglich die tägliche Entschädigung für Kurkosten und vorübergehende Arbeitsunfähigkeit ausgezahlt wird, die er nach dem ärztlichen Befunde nachweislich zu verlangen hat.
2. Wird ein Vergleich abgeschlossen, so muß in dessen Wortlaut klar zum Ausdruck kommen, ob der Versicherte durch den Vergleich nur seine weiteren Ansprüche wegen vorübergehender Arbeitsunfähigkeit oder auch für den Fall der dauernden Arbeitsunfähigkeit (Invalidität) oder des Todes aufgibt. Letzterenfalls müssen diese Ansprüche besonders erwähnt werden unter Hinweis auf die entsprechenden Bestimmungen der Allgemeinen Versicherungsbedingungen.
3. In die Vordrucke für die Quittung über die erhaltene Entschädigung dürfen künftig Abfindungserklärungen nicht mehr aufgenommen werden. Für diese sind vielmehr besondere Vordrucke zu verwenden mit der deutlichen Überschrift ‚Vergleich und Abfindungserklärung'. Es ist jedoch nicht erforderlich, daß neben der von dem Versicherungsnehmer bzw. dem Geschädigten unterzeichneten Abfindungserklärung eine Quittung auf einem zweiten besonderen Schriftstück ausgestellt wird. Diese Quittung darf vielmehr auch in die Abfindungserklärung selber aufgenommen werden; unzulässig ist es jedoch, daß ein lediglich als Quittung bezeichnetes Formular eine Abfindungserklärung enthält.

B. Haftpflichtversicherung

Die Bestimmungen unter A 1 und 3 gelten entsprechend. Wenn es sich auch hier weniger um die Rechte der Versicherten als der Geschädigten handelt und die letzteren außerhalb des Versicherungsverhältnisses stehen, so sind doch die unmittelbaren Verhandlungen des Versicherers mit dem Geschädigten ein wichtiger Bestandteil seiner Geschäftsführung (vgl. § 156 VVG). Das Amt hat auch darüber zu wachen, daß dem Geschädigten nichts Unrechtes oder Unbilliges zugemutet wird oder gar der Geschäftsbetrieb hierbei mit den guten Sitten in Widerspruch gerät. Das Amt hatte geschäftsplanmäßige Erklärungen gefordert, daß die Unfall- und Haftpflichtversicherungsunternehmungen die vorstehenden Grundsätze künftig beachten werden. Diese Erklärungen sind von den Gesellschaften abgegeben worden (vgl. VerAfP 1921 S. 109).
In der Haftpflichtversicherung hat das Reichsaufsichtsamt durch Rundschreiben vom 25. November 1936 (vgl. VerAfP 1937 S. 76) ferner gefordert, daß die Haftpflichtversicherungsunternehmungen bei der Verwendung von Abfindungserklärungen oder Abfindungsangeboten im Verkehr mit dem Geschädigten folgende Bestimmungen einhalten:
1. In den Erklärungen oder den Angeboten ist vorzusehen, daß der Vergleichsbetrag innerhalb einer bestimmten Frist zu zahlen ist und daß nach Ablauf der Frist der Geschädigte nicht mehr an den Vergleich gebunden ist.
2. In den Erklärungen oder den Angeboten ist bestimmt anzugeben, an wen der Vergleichsbetrag zu zahlen ist.
Schließlich hat das Reichsaufsichtsamt zum Ausdruck gebracht (vgl. VerAfP 1937 S. 77), daß auch in der Kraftfahrversicherung das Verlangen einer Abfindungserklärung nur dann zulässig sei, wenn ein wirklicher Vergleich abgeschlossen wird, d. h., wenn beide Teile eine alsbaldige und endgültige Regelung der aus dem Versicherungsfall bereits entstandenen und in Zukunft noch zu erwartenden Entschädigungsansprüche beabsichtigen. Sie darf jedoch insbesondere dann nicht verlangt werden, wenn der Versicherte eine Entschädigung nur für diejenigen Ansprüche verlangt und erhält, die bis zum Zeitpunkt der Zahlung entstanden und fällig geworden sind.
Das Bundesaufsichtsamt schließt sich der Rechtsauffassung des Reichsaufsichtsamtes in vollem Umfange an und bringt diese Auffassung hiermit erneut zum Ausdruck.
VIII – A 31 – 937/53"

Die Verlautbarungen sind erläutert im Geschäftsbericht 1961 des BAA S. 48. Nur eine Erinnerung an die Anordnungen brachte VA 1962 S. 32.
  Auch in **geschäftsplanmäßigen Erklärungen** spielen die Abfindungserklärungen und Quittungen eine Rolle:
  Für die Kraftfahrtv heißt es in solcher Erklärung laut VA 1969 S. 79 (Ziff. 13):
  „Wir verpflichten uns, die für Abfindungserklärungen und Quittungen vorgesehenen Drucksachen dem Amt vorher zur Prüfung vorzulegen.

In die Vordrucke für die Quittungen über die erhaltene Entschädigung werden wir Abfindungserklärungen nicht aufnehmen. Für diese werden vielmehr besondere Vordrucke verwendet mit der deutlichen Überschrift ‚Abfindungserklärung'."

Eine gleichlautende Erklärung enthält für alle Sachvszweige VA 1969 S. 302 (Ziff. 7).

[8] c) Aufzählung
aa) Einfache Abrechnung

Wie bei allen schuldrechtlichen Verträgen bildet es auch bei Vsverträgen die Regel, daß der Schuldner seine Leistungspflicht erfüllt, indem er die geschuldete Leistung an den Gläubiger bewirkt (§ 362 I BGB). Das allgemein-zivilrechtliche Problem, ob es dabei nur um eine reale Leistungsbewirkung geht oder ob ein rechtsgeschäftlicher Erfüllungswille des Vers und/oder eine Annahme als Erfüllung seitens des Vmers vonnöten sind (dazu Anm. 167, 168 zu § 49) spielt hier keine Rolle (so auch Bostelmann ZVersWiss 1977 S. 586).

Solche einfache Abrechnung kann – selbst bei Einschaltung eines Rechtsanwaltes – auch angenommen werden, wenn der Vmer seine Schadensliquidation dem Ver übermittelt und letzterer unbeanstandet eine Leistung erbringt, mag diese auch tarifgemäße Abstriche gegenüber dem Verlangten enthalten. Selbst wenn auf Grund eines Protestes der Ver seine Abrechnung zugunsten des Vmers ändert, bleibt es bei einer einfachen Abrechnung (Bostelmann ZVersWiss 1977 S. 587).

Der Leistende kann vom Gläubiger gemäß § 368¹ BGB eine **Entschädigungsquittung** fordern. Die Quittung ist das Bekenntnis des Empfängers, daß er die Leistung empfangen habe; sie ist eine einseitige Erklärung des Empfängers, die regelmäßig keinen Vertrag und überhaupt kein Rechtsgeschäft in sich schließt, daher auch von einem Minderjährigen gegeben werden kann (Weber in: BGHKomm. Anm. 5 zu § 368). Nach § 370 BGB gilt der Überbringer einer Quittung als ermächtigt, die Leistung zu empfangen, sofern nicht die dem Leistenden bekannten Umstände der Annahme einer solchen Ermächtigung entgegenstehen.

Eine Bindungswirkung entfaltet die einfache Abrechnung nicht.

[9] bb) Einseitiges Schuldanerkenntnis

Bei einer schlichten Leistungserfüllung bleibt es auch dann, wenn ihr ein Anerkenntnis vorausgeht,

„das keinen besonderen rechtsgeschäftlichen Verpflichtungswillen des Schuldners verkörpert, das der Schuldner vielmehr zu dem Zwecke abgibt, dem Gläubiger seine Erfüllungsbereitschaft mitzuteilen und ihn dadurch etwa von sofortigen Maßnahmen abzuhalten oder dem Gläubiger den Beweis zu erleichtern. Solche Bestätigungserklärungen enthalten keine materiellrechtliche (potentiell konstitutive) Regelung für das Schuldverhältnis, sondern bewirken als „Zeugnis des Anerkennenden gegen sich selbst" im Prozeß allenfalls eine Umkehrung der Beweislast oder stellen ein Indiz dar, das aber jedenfalls durch den Beweis der Unrichtigkeit des Anerkannten entkräftet werden kann" (BGH 24. III. 1976 BGHZ Bd 66 S. 254–255).

In § 11 AUB ist eine besondere Erklärung des Unfallvers über seine Leistungspflicht vorgesehen:

„Der Ver ist verpflichtet, sich, soweit Todesfallsumme, Tagegeld, Krankenhaustagegeld oder Heilkosten beansprucht werden, spätestens innerhalb eines Monats, soweit Invaliditätsentschädigung beansprucht wird, innerhalb dreier Monate darüber zu erklären, ob und inwieweit eine Entschädigungspflicht anerkannt wird. Die Fristen beginnen mit dem Eingang der Unterlagen, die der Anspruchserhebende zur Feststellung des Unfallhergangs und der

I. Formen der Schadensabwicklung

Unfallfolgen sowie zum Nachweis des Abschlusses des für die Feststellung der Invalidität notwendigen Heilverfahrens beizubringen hat."

Ähnlich § 6 Musterbedingungen für die Unfall-Zusatzv (VA 1975 S. 296):

„Nach Prüfung der ihm eingereichten und von ihm beigezogenen Unterlagen erklärt der Ver innerhalb eines Monats gegenüber dem Anspruchserhebenden, ob und in welchem Umfang er eine Leistungspflicht anerkennt."

Auch in diesen Fällen besteht

„bei Berücksichtigung der beiderseitigen Interessenlage kein zureichender Grund, demgegenüber die voll anerkennende Erklärung anders zu behandeln und ihr eine weitergehende rechtsgeschäftliche Bedeutung beizumessen. Auch sie ist demnach nur eine einseitige Meinungsäußerung des Vers und Information an den Anspruchsberechtigten, die in Verbindung mit § 13 AUB die Fälligkeit der anerkannten Entschädigung herbeiführt, im übrigen aber keine rechtsgeschäftliche, potentiell schuldbegründende oder schuldabändernde Regelung bewirken soll. Daher vermag der Senat dem OLG Düsseldorf (VersR 1953, 23) und Wussow (AUB, 4. Aufl. § 11 Anm. 2) nicht zu folgen, die in der Anerkenntniserklärung des Vers nach § 11 AUB eine bindende Schuldbestätigung im Sinne der Rechtssprechung zum Schuldanerkenntnisvertrag sehen, dabei aber den vorstehend dargelegten rechtlichen Zusammenhang nicht hinreichend würdigen" (BGH 24. III. 1976 BGHZ Bd 66 S. 257).

[10] cc) Bestätigender Schuldanerkenntnisvertrag

Gesetzlich ungeregelt ist auch der bestätigende Schuldanerkenntnisvertrag, über den BGH 24. III. 1976 BGHZ Bd 66 S. 253–254 zusammenfassend gesagt hat:

„Das vertragliche bestätigende (deklaratorische) Schuldanerkenntnis, durch das dem anerkennenden Schuldner Einwendungen gegen seine Schuld in einem jeweils zu ermittelnden Umfang abgeschnitten werden, ist als ein im bürgerlichen Gesetzbuch nicht geregelter Vertragstypus seit langem in der Rechtsprechung .... und auch im neueren Schrifttum .... anerkannt. Mit einem solchen Vertrag verfolgen die Parteien den Zweck, das Schuldverhältnis insgesamt oder zumindest in bestimmten Beziehungen dem Streit oder der Ungewißheit zu entziehen und es (insoweit) endgültig festzulegen.... In dieser Festlegung besteht der rechtsgeschäftliche Gehalt des Schuldbestätigungsvertrags; der Vertrag wirkt insoweit regelnd auf die Rechtsbeziehungen der Parteien ein, als er die Verwirklichung einer Forderung von möglicherweise bestehenden Einwendungen (oder Einreden) befreit oder sogar ein noch nicht bestehendes Schuldverhältnis begründet, indem nämlich ein nur ‚möglicherweise' bestehendes Schuldverhältnis ‚bestätigt' wird..... In diesem Maße hat der Schuldbestätigungsvertrag eine (potentiell) konstitutive Wirkung.... Die Festlegung des Schuldverhältnisses reicht nur so weit, wie es dem erklärten Willen der Beteiligten entspricht. Sollte das Schuldverhältnis ohne Rücksicht auf möglicherweise bestehende Einwendungen (und Einreden) festgelegt werden oder wollte der Schuldner zumindest auf bestimmte Einwendungen verzichten, so kann diese Parteivereinbarung nicht nach § 812 Abs. 2 BGB rückgängig gemacht werden, falls sich später das ‚bestätigte' Schuldverhältnis als ursprünglich nicht bestehend oder eine ausgeschlossene Einwendung (Einrede) als an sich begründet herausstellen sollte ....".

Es gilt, im Einzelfall zu ermitteln, ob die Parteien einen bestätigenden Schuldanerkenntnisvertrag abschließen wollten.

„Welche Wirkungen von einem (nicht abstrakten) ‚Anerkenntnis' des Schuldners ausgehen, kann nur durch Auslegung des zum Ausdruck gebrachten Parteiwillens ermittelt werden. Dabei sind im Rahmen der jeweils auf das Schuldverhältnis anwendbaren Rechtsvorschriften und Vertragsbestimmungen vor allem der erkennbar mit dem Anerkenntnis verfolgte Zweck, die beiderseitige Interessenlage im konkreten Fall und die allgemeine Verkehrsauffassung über die Bedeutung eines solchen Anerkenntnisses bedeutsam .... Eine Vermutung dafür, daß die Parteien einen bestätigenden Schuldanerkenntnisvertrag abschließen wollten, gibt es nicht .... Die Annahme eines Schuldbestätigungsvertrags ist nur dann berechtigt, wenn die Parteien einen besonderen Anlaß zu seinem Abschluß hatten. Da der vertrags-

> typische Zweck darin liegt, das Schuldverhältnis – ganz oder teilweise – dem Streit oder der Ungewißheit der Parteien zu entziehen, setzt der bestätigende Schuldanerkenntnisvertrag auch notwendigerweise einen vorherigen Streit oder zumindest eine (subjektive) Ungewißheit der Parteien über das Bestehen der Schuld oder über einzelne rechtlich erhebliche Punkte voraus.... Zu Recht wird daher die vergleichsähnliche Rechtsnatur des Schuldbestätigungsvertrags betont...." (BGH 24. III. 1976 BGHZ Bd 66 S. 255).

Auf Vsverhältnisse angewendet bedeutet dies, daß nur in „Problemfällen" das Zustandekommen eines bestätigenden Schuldanerkenntnisvertrages anzunehmen ist. Fehlt es an einem Streit oder einer Ungewißheit hinsichtlich der Entschädigungsforderung des Vmers, so stellt sich ein ‚Anerkenntnis' des Vers nicht als Angebot zum Abschluß eines Schuldanerkenntnisvertrages dar, sondern nur als schlichtes einseitiges Schuldanerkenntnis (Anm. 9). Das gilt nicht nur, wenn die Verleistung in einer klar bestimmten Summe besteht (wie im BGH-Fall in der Unfalltod-Zusatzvssumme), sondern auch wenn ein komplizierterer Rechnungsvorgang vonnöten ist, der aber – mit einheitlichem sicherem Ergebnis – von jedem Vssachbearbeiter durchgeführt werden kann, wie z.B. in der Krankheitskostenv. Auch nach einem Sachverständigenverfahren genügt im allgemeinen ein einseitiges Schuldanerkenntnis des Vers. Die Problemfälle setzen ein, wenn z.B. Bestand und Wert der verbrannten oder gestohlenen Sachen umstritten sind oder wenn dem Vmer Obliegenheitsverletzungen vorgeworfen werden, welche vollständige oder teilweise Leistungsfreiheit des Vers zur Folge haben könnten.

Ein bestätigender Schuldanerkenntnisvertrag ist angenommen worden im Falle BGH 27. X. 1966 VersR 1966 S. 1174–1175, wo auf den Ausschluß von Einwendungen abgestellt wird, die der Ver ‚bereits bei Abgabe der Erklärung gekannt oder zumindest für möglich gehalten hat' (Verdacht vorsätzlicher Verletzung der Aufklärungsobliegenheit). Im Einzelfall ist zu klären, welche Zweifelpunkte bei Abschluß des bestätigenden Schuldanerkenntnisvertrages eine Rolle spielten, insbesondere ob diese Zweifel nur die Höhe oder auch den Grund der Vsforderung betrafen, wobei auch Fälle etwaiger Leistungsfreiheit zu berücksichtigen sind. Dazu sagt der BGH 19. IX. 1963 VersR 1963 S. 1200:

> „Zwar ist in dem.... Urteil des BGH vom 21. IX. 1955.... VersR 1955, 740 der Grundsatz ausgesprochen worden, daß dem Schuldner trotz eines bestätigenden Schuldanerkenntnisses nicht verwehrt sei, sich darauf zu berufen, daß eine Schuld überhaupt nicht entstanden sei, weil ein solches Anerkenntnis in der Regel nur die dem Schuldner im Zeitpunkt der Abgabe seiner Erklärung bekannten Einwendungen gegen eine bestehende Schuld ausschließe.... Jedoch kann ein deklaratorisches Schuldanerkenntnis, da es als Parteivereinbarung der Vertragsfreiheit unterliegt, auch die Bedeutung haben, daß mit ihm die Ersatzpflicht als solche dem Grunde nach anerkannt und dem Streit der Parteien entrückt werden soll, um also Zweifeln und Meinungsverschiedenheiten der Parteien über den Grund des Anspruchs oder seine Rechtsgrundlage im einzelnen ein Ende zu bereiten, und um somit ein nur ‚möglicherweise' bestehendes Schuldverhältnis als tatsächlich bestehend zu bestätigen. Dann ist der Anerkennende auch an seine Beurteilung der ihm bekannten Vorgänge im Zeitpunkt der Abgabe des Schuldanerkenntnisses gebunden, so daß unbeachtlich ist, ob er hierbei von rechtlich zutreffenden Voraussetzungen ausgegangen ist oder nicht, sowie ob er die ihm von vornherein bekannten Vorgänge später rechtlich anders würdigt oder würdigen lassen will."

Im genannten Falle ist dem Schuldanerkenntnisvertrag die weitergehende Bedeutung zugemessen worden.

Kein bestätigendes Schuldanerkenntnis ist in einem Schreiben eines Transportvers gesehen worden, der um Unterlagen bittet, „damit wir den Schaden so schnell wie möglich regulieren können" (BGH 17. I. 1951 VersR 1951 S. 71).

Andererseits kann ein bestätigender Schuldanerkenntnisvertrag auch stillschweigend zustandekommen, z.B. dadurch, daß der Haftpflichtver im Einvernehmen mit dem

I. Formen der Schadensabwicklung

Vmer Rechtsschutz gewährt mit der Folge, daß er dann später nicht mehr mit den ihm damals bekannten Einwendungen gehört werden kann (BGH 27. VI. 1953 VersR 1953 S. 318).

[11] dd) Vergleich, Abfindungserklärung

Schon beim bestätigenden Schuldanerkenntnisvertrag (Anm. 10) spielt der Zweck der Beseitigung von Streit oder subjektiver Ungewißheit eine Rolle, und man hat deshalb die „vergleichsähnliche Rechtsnatur des Schuldbestätigungsvertrags" betont (BGH 24. III. 1976 BGHZ Bd 66 S. 255). In der Entscheidung BGH 19. IX. 1963 NJW 1963 S. 2317 wird die Grenzziehung dadurch noch weiter erschwert, daß gesagt wird: „In der Regel werden solche schuldbestätigenden Verträge die Rechtsnatur eines Vergleichs (§ 779 BGB) haben, da der Begriff des ‚gegenseitigen Nachgebens' nicht im strengjuristischen Sinne zu verstehen ist, sondern hierfür grundsätzlich jedes, auch ganz geringfügiges Nachlassen von einer in Anspruch genommenen Rechtsstellung genügt, z.B. der Verzicht des ‚Gläubigers' auf die Erlangung eines vollstreckbaren Schuldtitels oder der des ‚Schuldners' auf richterliche Nachprüfung und Feststellung des ihm gegenüber geltend gemachten Anspruchs, statt deren eine Sicherheit des Gläubigers in Form eines schriftlichen Anerkenntnisses gewährt wird" (vgl. auch schon BGH 24. V. 1956 VersR 1956 S. 366).

Zur Aufrechterhaltung der Abgrenzung von bestätigendem Schuldanerkenntnisvertrag und Vergleich ist in der Tat auf das Begriffsmerkmal **gegenseitigen Nachgebens** zurückzugreifen. Falls der Ver einseitig – trotz Zweifeln – anerkennt, so liegt noch kein Vergleich vor (Steffen in: BGHKomm. Anm. 19 zu § 779). Entsprechendes gilt, wenn der Vmer sich einseitig auf Konzessionen einläßt.

Dagegen spricht es für die Annahme eines Vergleiches, wenn durch das Abkommen sämtliche Ansprüche endgültig abgegolten werden sollen. Das gilt erst recht bei Einbeziehung künftiger Schadensentwicklungen, etwa vermöge der Klausel: „Diese Erklärung erstreckt sich nicht nur auf die mir/uns bis jetzt bekannten, sondern auch auf alle etwaigen späteren Folgen des Schadenereignisses, und zwar auch solche, die bei Abgabe dieser Erklärung noch nicht erkennbar oder voraussehbar sind" (vgl. das in Anm. 5 abgedruckte Muster). Man wird sagen können, daß besonders im Bereich aller Arten der Haftpflichtv – sowohl im Haftungs- wie auch im Vsverhältnis – oft ein Bedürfnis nach solchen Vergleichen anzuerkennen sein wird.

Der Vergleich begründet als schuldrechtlicher Vertrag Verpflichtungen nach Maßgabe seines Inhaltes: Die Vsforderung entsteht als Vergleichsforderung neu, die Verjährung beginnt von neuem. Es können durch Vergleich auch noch nicht entstandene Forderungen erlassen werden (Steffen in: BGHKomm. Anm. 35 zu § 779). Aber es ist von Fall zu Fall zu prüfen, ob ein Vergleich nach dem Willen der Vertragschließenden umschaffend wirken soll, dergestalt, daß die Forderung ihren Charakter als Vsforderung verliert. Das wird z.B. verneint von RG 11. VI. 1940 RGZ Bd 164 S. 217–218 im Falle eines Vergleichs zwischen Erst- und in Konkurs geratenem Rückver, mit dem Ergebnis, daß das Konkursvorrecht des Erstvers durch den Vergleich nicht beseitigt ist.

Die Frage, ob ein Vergleich zustande gekommen sei, spielt eine praktisch sehr bedeutsame Rolle für die **Anwaltsgebühren**, nämlich für die Vergleichsgebühr (§ 23 BRAGO). Zu dieser Frage gibt es eine Fülle von Entscheidungen (dazu Nachweise bei Bostelmann ZVersWiss 1977 S. 673–678, Klingmüller-André VersR 1968 S. 857–884, Klingmüller-Müller VersR 1971 S. 25–67.

Die **Bindungswirkung** des Vergleiches hängt primär vom Gegenstand und Umfang des Vergleiches ab. Das Reichsgericht (RG 5. II. 1931 RGZ Bd 131

S. 281–283) zeigte die Tendenz, den **Vergleich zu begrenzen** und dem Geschädigten doch noch Ansprüche vorzubehalten:

"Es muß eine übereinstimmende Auffassung beider Parteien über den ungefähren Schadenskreis erkennbar sein, von dem sie beim Vergleichsschluß ausgingen. Dieser vorgestellte Schadenskreis muß als ein begrenzter erscheinen. Der nachträglich eingetretene Schaden muß objektiv völlig außerhalb des Vorgestellten liegen und subjektiv nach dem damaligen Sachstand unvorhersehbar gewesen sein. Dieser Schaden muß so erheblich sein, daß bei seiner Kenntnis beide Parteien, auch die Beklagten, nach den Grundsätzen des redlichen Verkehrs den Vergleich nicht geschlossen und die Beklagten seine Schließung dem Geschädigten nicht zugemutet hätten" (S. 283).

Ähnlich – gleichfalls nach einem ärztlichen Kunstfehler – RG 4. X. 1934 JW 1934 S. 3265–3267 mit Anm. Süss, 16. XII. 1938 RGZ Bd 159 S. 266 – hier trotz "vordruckmäßigen Erklärungen".

Der Bundesgerichtshof scheint eine "engere, dem Verletzten nachteiligere Auffassung" zu vertreten (Steffen in: BGHKomm. Anm. 33 zu § 779, auch BGH 16. VI. 1954 VersR 1954 S. 405–406, 5. VI. 1957 VersR 1957 S. 506–507). Immerhin hat aber auch der BGH 11. V. 1955 VersR 1955 S. 404–406 gelegentlich die reichsgerichtliche Lehre vom "begrenzten Schadenskreis" wieder aufgenommen, und er billigt überdies in gewissen Fällen den **Einwand der unzulässigen Rechtsausübung** zu, z. B. BGH 30. V. 1967 VersR 1967 S. 805:

"Der Schädiger kann sich gegenüber nachträglichen Ansprüchen des Verletzten nicht auf einen Abfindungsvergleich berufen, wenn sich nach dem Auftreten nicht vorhergesehener Folgen ein so krasses Mißverhältnis, eine so ungewöhnliche Diskrepanz zwischen dem Schaden und der Abfindungssumme ergibt, daß der Schädiger gegen Treu und Glauben verstieße, wenn er an dem Vergleich festhalten wollte . . . . "

Weitere Entscheidungen in dieser Richtung BGH 28. II. 1961 VersR 1961 S. 382–383, 21. XII. 1965 VersR 1966 S. 243–245, ferner Süss JZ 1958 S. 365–366. Kritisch dagegen Böhmer VersR 1955 S. 503, NJW 1956 S. 497–498, auf die eindeutige weite Formulierung der Abfindungserklärungen abhebend; so auch schon Moschel JW 1937 S. 1214–1218 unter Auseinandersetzung mit der reichsgerichtlichen Judikatur.

§ 779 I BGB erklärt einen Vergleich für **unwirksam**, "wenn der nach dem Inhalt des Vertrags als feststehend zugrunde gelegte Sachverhalt der Wirklichkeit nicht entspricht und der Streit oder die Ungewißheit bei Kenntnis der Sachlage nicht entstanden sein würde." Beim Vergleichsabschluß gehen beide Teile von einer gemeinsamen Basis aus, von einem "Sachverhalt", zu welchem alle tatsächlichen und rechtlichen Verhältnisse gehören, die für die Parteien festzustehen scheinen (Steffen in: BGHKomm. Anm. 42 zu § 779). "Der Ausdruck ,Sachverhalt' ist dabei nicht allzu wörtlich zu nehmen, umfaßt aber nicht den reinen Rechtsirrtum. Nur soweit der Rechtsirrtum Tatsachen einschließt, die die Parteien als geschehen oder bestehend angenommen haben, ist § 779 BGB anwendbar" (BGH 18. II. 1965 VersR 1965 S. 449).

Erste Voraussetzung der Nichtigkeit des Vergleichs ist nun, daß diese "Geschäftsgrundlage" fehlt; der zugrunde gelegte Sachverhalt entspricht nicht der Wirklichkeit. Wird z.B. nur über die Höhe einer Vsentschädigung gestritten, so gehen die Partner davon aus, daß ein Vsvertrag bestehe; besteht überhaupt kein Vsverhältnis, so fehlt dem Vergleich die Grundlage (Beispiel: RG 11. XII. 1925 RGZ Bd 112 S. 215–221). Einen "Sachverhaltsirrtum" hat der BGH 15. XII. 1969 VersR 1970 S. 243–245 auch dann angenommen, wenn in einem Schiffskaskoschadensfalle die Vergleichspartner an das Bestehen einer Taxe nicht gedacht haben und deshalb gemeint haben, es komme auf den wirklichen Vswert an. Umgekehrt hat der BGH

I. Formen der Schadensabwicklung §66
Anm. 12

18. II. 1965 VersR 1965 S. 449–451 die Auslegung einer üblichen Abfindungserklärung (Anm. 5) dahingehend gebilligt, es lasse sich die Absicht der Parteien erschließen,

> „den Schadenfall vorbehaltlos und endgültig bereinigen zu wollen. Vergleiche der hier vorliegenden Art lassen für eine einschränkende Auslegung entgegen ihrem Wortlaut in der Regel keinen Raum.... Demgegenüber kann sich die Revision nicht mit Erfolg darauf berufen, daß der Vertreter der Kl. bei seinem Vergleichsangebot von der bestehenden Leistungspflicht der Kl. ausgegangen sei. Denn auch für den Vergleich gilt der allgemeine Satz, daß es nicht darauf ankommt, wie die eine oder andere Partei eine Erklärung verstanden hat, sondern darauf, wie ein verständiger Beurteiler sie verstehen muß....".

Weitere Voraussetzung der Vergleichsunwirksamkeit ist es, daß der Streit oder die Ungewißheit bei Kenntnis der Sachlage nicht entstanden sein würde. „Es müssen streitausschließende Momente sein, auf die sich der gemeinsame Irrtum bezieht; der Irrtum ist also unerheblich, wenn der Streit auch bei richtigem Ausgangspunkt entstanden wäre" (Steffen in: BGHKomm. Anm. 45 zu § 779).

Neben den Rechtsbehelfen der Bestimmung von Gegenstand und Umfang des Vergleichs (nebst Einwand der unzulässigen Rechtsausübung) und neben der Unwirksamkeit gemäß § 779 I BGB kommen **allgemein-zivilrechtliche Rechtsbehelfe** in Betracht. Eine Irrtumsanfechtung darf allerdings Wesen und Zweck des Vergleichs nicht vereiteln; jedoch würde ein Berechnungsirrtum (Rechenfehler) zur Anfechtung berechtigen, wenn er nicht „gerade einen Punkt betrifft, um den die Parteien im Streit waren" (RG 2. XII. 1939 RGZ Bd 162 S. 201–202, kein Vsrecht). Eine Anfechtung wegen arglistiger Täuschung seitens des Vmers hat der BGH 18. II. 1965 VersR 1965 S. 449–451 mit Recht in einem Falle verwehrt, in dem der Vmer den Ver bei Vergleichsabschluß nicht darauf hingewiesen hatte, er habe sich in qualifiziertem Prämienverzug befunden (§ 39 II); es sei Sache des Vers, dafür zu sorgen, daß die Schadensabteilung des Vsunternehmens von der Mahnabteilung unterrichtet werde. Auch bei Nichtgegebensein der Voraussetzungen des § 779 BGB können schließlich ausnahmsweise die Regeln über das Fehlen oder den Fortfall der Geschäftsgrundlage zur Anwendung kommen (BGH 18. II. 1965 VersR 1965 S. 450–451; Einzelheiten bei: Steffen in: BGHKomm. Anm. 53 zu § 779).

[12] ee) Abstraktes Schuldanerkenntnis

Auf der Stufenleiter der denkbaren Rechtsformen für eine vsrechtliche Schadensliquidation steht gleichsam am Ende das abstrakte Schuldanerkenntnis, geregelt in § 781¹ BGB:

> „Zur Gültigkeit eines Vertrags, durch den das Bestehen eines Schuldverhältnisses anerkannt wird (Schuldanerkenntnis), ist schriftliche Erteilung der Anerkennungserklärung erforderlich."

Wird solches Schuldanerkenntnis im Wege des Vergleiches erteilt, so ist die Wahrung der Schriftform gemäß § 782 BGB nicht erforderlich.

Durch das abstrakte Schuldanerkenntnis wird eine neue, auf sich selbst gestellte selbständige Verpflichtung geschaffen. Die Praxis der Vswirtschaft bietet nur selten Beispiele für solche Schuldanerkenntnisse (abgelehnt z.B. im Falle BGH 19. IX. 1963 VersR 1963 S. 1198–1201 mit dem Hinweis, daß allerdings nur ein abstraktes Schuldanerkenntnis in solchen Fällen in Betracht komme, in denen es nicht möglich ist, den anerkannten bestätigten Anspruch „auf irgendeine Weise zu rechtfertigen").

Sogar einem konstitutiven abstrakten Schuldanerkenntnis gegenüber kann die Einwendung erhoben werden, daß eine Schuld in Wahrheit nicht bestanden habe (§ 812 II BGB; BGH 21. IX. 1955 VersR 1955 S. 741, 24. V. 1956 VersR 1956 S. 865).

[13] II. Ermittlungs- und Feststellungskosten

1. Übersicht

Bei der Ermittlung und Feststellung der Entschädigungen entstehen im Bereich der Schadensv nicht unerhebliche Kosten, beim Ver und beim Vmer, möglicherweise auch beim Vten der V für fremde Rechnung oder bei anderen Drittbeteiligten.

Die beim Ver entstehenden Kosten lassen sich aufgliedern in solche, die anläßlich eines konkreten einzelnen Schadens erwachsen, und in Generalunkosten, z.B. Kosten der Schadensabteilung. Auf etwas anderer Ebene liegt die Unterscheidung zwischen Aufwendungen für Schadenermittlung (zwecks Feststellung der Vsleistung nach Grund und Höhe) und Schadenbearbeitungskosten, soweit sie nicht den Aufwendungen für Schadenermittlung zuzurechnen sind (Höring VW 1957 S. 146). Eine weitere Differenzierung trennt interne und externe Aufwendungen, letztere z.B. für Sachverständige. Im Verhältnis zum Rückver bildet es die Regel, daß der Rückver mit den Schäden nur die konkret einem Einzelschaden zurechenbaren Aufwendungen erstattet, während eine Beteiligung an den Gemeinkosten vermöge der Rückvsprovision erfolgt (Gerathewohl S. 775–778). Lediglich in der Kraftfahrtv, wo in Verbindung mit der VO über die Tarife genaue Vorschriften über die Kostenzurechnung bestehen, ist es angängig, daß der Rückver Schadensregulierungskosten in weiterem Umfang, eben nach Maßgabe der „Zweckrechnung" übernimmt (Gerathewohl S. 778). Hier besteht für Kostenmanipulation kaum ein Spielraum.

In der (externen) Gewinn- und Verlustrechnung der Schadensvsunternehmen werden jetzt die Aufwendungen für Vsfälle einschließlich Schadenregulierungsaufwendungen für eigene Rechnung ausgewiesen; auch die Rückstellung für noch nicht abgewickelte Vsfälle berücksichtigt die Schadenregulierungsaufwendungen, unter Beachtung einschlägiger steuerlicher Vorschriften. Aufsichtsrechtliche Bestimmungen konkretisieren den Kreis der in Betracht kommenden Aufwendungen (z.B. eine Anordnung, betitelt: Umfang der (Schaden-)Regulierungsaufwendungen für das selbst abgeschlossene Schaden- und Unfall-Vsgeschäft: VA 1977 S. 261). Vgl. zur historischen Entwicklung nach den Rechnungslegungsvorschriften Höring VW 1957 S. 143–146.

Zur steuerrechtlichen Behandlung grundlegend, mit Unterscheidung der Schadenermittlungs- und Schadenbearbeitungskosten, BFH 19. I. 1972 BStBl. 1972 II S. 392 = VersR 1972 S. 838–842 und dazu Gerhardt VW 1972 S. 1435–1436, Ziegler in: Prölss-v.d.Thüsen, Die vstechnischen Rückstellungen im Steuerrecht, 3. Aufl., Karlsruhe 1973, S. 118–124 mit Wiedergabe einer Pauschalregelung durch Erlasse der Finanzverwaltung (S. 122–123, auch ZfV 1973 S. 195), Prüssmann-Uhrmann VersR 1975 S. 389–399.

Vsvertragsrechtlich ist die Frage von Bedeutung, ob der Vmer, bei dem gleichfalls Ermittlungs- und Feststellungskosten erwachsen können, insoweit einen Ersatzanspruch gegen den Ver erlangt oder ob gar umgekehrt der Ver verlangen kann, daß sich der Vmer an den ihm erwachsenen Kosten beteiligt, insbesondere beim Sachverständigenverfahren der §§ 64, 184 (dazu speziell Anm. 17). Über Besonderheiten der Hagelv vgl. Anm. 17, 25.

Man kann von dem Prinzip ausgehen, daß jeder Beteiligte seine Kosten selbst trägt. Aber dieser Grundsatz wird zugunsten des Vmers von § 66 I wesentlich durchbrochen.

Es gilt, die Rechtsnatur des Kostenerstattungsanspruchs des Vmers zu klären (Anm. 14), den Begriff der Ermittlungs- und Feststellungskosten zu definieren (Anm. 15), einige Arten der Kosten, darunter besonders die Kosten von Sachverständigen herauszustellen (Anm. 16–17) und sodann den Anspruch auf Kostenersatz

II. Ermittlungs- und Feststellungskosten

zu behandeln (Anm. 18—24), wobei — ähnlich wie beim Aufwendungsersatz (Anm. 22—28 zu § 63) — auf Gläubiger und Schuldner (Anm. 18), Art des Ersatzes (Anm. 19), Begrenzung des Ersatzes (Anm. 20—22) sowie Fälligkeit und Vorschuß (Anm. 23) und konkurrierende Ansprüche (Anm. 24) einzugehen ist.

[14] 2. Rechtsnatur

Falls ein Ver Ermittlungs- und Feststellungskosten nach § 66 I zu ersetzen hat, handelt es sich nicht um Ersatz von Vsschaden i.e.S. (insbesondere: Schaden als Negation des vten Interesses), sondern um eine Zusatzleistung, die als **Vsschaden i.w.S.** zu erfassen ist (Anm. 43 vor §§ 49—80), ähnlich wie die Aufwendungen zur Abwendung und Minderung i.S. des § 63 I 1.

Da die Kosten immerhin durch den Vsfall erwachsen und sonst den Vmer treffen würden, erscheint es angemessen, sie in die **Ersatzpflicht** des Vers einzubeziehen, allerdings nicht unbeschränkt (wie §§ 840 II, 834 Nr. 4 HGB es prinzipiell vorsehen), sondern dergestalt, daß der Ver sein Gesamtrisiko kalkulieren kann, d.h. bis zur Höhe der Vssumme. Der Ver hat also „dem Vmer nur für denjenigen Betrag der in Betracht stehenden Kosten aufzukommen, welche zusammen mit der sonstigen Entschädigung über die Vssumme nicht hinausgeht" (Begr. I S. 74, unten Anm. 20).

Der Anspruch auf Ersatz der Kosten beruht auf dem **Vsvertrag** (Kisch WuRdVers 1932 Nr. 1 S. 96—98 spricht dagegen von einem gesetzlichen Anspruch, der allerdings ex lege an die Tatsache des bestehenden Vsverhältnisses geknüpft sei). Regelmäßig handelt es sich um einen **Geldanspruch** (Anm. 19), für den gleiche Grundsätze gelten wie für die Hauptleistung des Vers, insbesondere hinsichtlich der **Verjährung** (Anm. 8 zu § 12) und der **Klagefrist** (Anm. 23 zu § 12). Dagegen werden die Schadenregulierungskosten nicht zu den nach § 80 VAG im **Konkurs** bevorrechtigten Forderungen gezählt von Sieg VersR 1971 S. 684 m.w.N. Über den **Gerichtsstand** Kisch WuRdVers 1932 Nr. 1 S. 108.

[15] 3. Begriff der Kosten

Bei der Bestimmung des Kreises der ersatzfähigen Ermittlungs- und Feststellungskosten ist vom Begriff der **Kosten** auszugehen, d.h. von juristisch und/oder wirtschaftlich notwendigerweise zu machenden Aufwendungen, die hier „durch die Ermittelung und Feststellung des .... Schadens" erforderlich werden. Anders aber als beim Aufwendungsbegriff des § 63 I 1 (Anm. 6 zu § 63) ist der Begriff der Kosten nicht auf Schäden zu erstrecken, die bei Ermittlungs- und Feststellungsmaßnahmen ungewollt eintreten; man denke an die Verletzung eines Sachverständigen bei der Besichtigung von Brandtrümmern.

Zur **Ermittlung** des Schadens gehört auch die Untersuchung der Schadensursache, nicht nur der schuldhaften Herbeiführung des Vsfalles, sondern auch z.B. der Brandursache, was schwierige chemische oder physikalische Analysen notwendig machen kann. Schon zur Ermöglichung der Ermittlung können Kosten entstehen, z.B. Kosten der **Dockung eines Schiffes** oder **Taucherkosten** (Ritter-Abraham Anm. 23 zu § 32, S. 541). Jedoch gehören Aufräumungs- und Abbruchkosten nicht zu den hier fraglichen Kosten; insoweit ist zum Teil eine besondere V gebräuchlich (Raiser AFB[2] Anm. 55, 57 zu § 1, S. 92—94). Die **Feststellungskosten** erwachsen besonders bei der Konstatierung der Höhe des Schadens, die äußerst schwierig sein kann, besonders bei Sachinbegriffen. Hier kann eine Überprüfung von Geschäftsbüchern, Rechnungen und anderen Unterlagen vonnöten sein, möglicherweise unter Rekonstruktion verlorener, z.B. verbrannter Belege. Die Feststellung findet ihren Niederschlag in Feststellungsverträgen (Anm. 4—5) und in verschiedenen Rechtsformen

(Anm. 8—12), wodurch Kosten der Rechtsberatung, Beurkundung, Schreibgebühren, Porti erwachsen können. Sowohl bei der Ermittlung als auch bei der Feststellung — beide Bereiche lassen sich nicht streng trennen — können Reisekosten, Personal- und Materialkosten erwachsen. Außenstehende — besonders Sachverständige — erlangen Ansprüche gegen ihren Auftraggeber, z.B. Untersuchungslaboratorien, Brandermittlungsinstitutionen, Detektive.

Gemäß § 66 I kommen nur Kosten in Betracht, die primär dem Vmer entstehen und die er erstattet zu haben wünscht. Kosten des Vers treffen von vornherein den Ver selbst. Wenn der Ver Untersuchungen in Auftrag gibt oder einen Sachverständigen bestellt, so bietet § 66 I keine Rechtsgrundlage für Ersatzansprüche des Vers gegen den Vmer (vgl. aber zum Sachverständigenverfahren Anm. 17 und zu anderweitigen Ersatzansprüchen Anm. 24 a.E., 25).

§ 66 I betont, daß dem Vmer nur die Kosten zu erstatten sind, die durch die Ermittelung und Feststellung des dem Ver „zur Last fallenden Schadens entstehen". Hier zeigt sich der Begleitcharakter des Kostenerstattungsanspruchs. Soweit zur Ermittlung und Feststellung von Schäden an unvten Interessen Kosten aufzuwenden sind, treffen diese Kosten den Ver nicht. Bei einem Zusammentreffen teils unvter, teils vter Schäden sind die anfallenden Kosten aufzuteilen (Kisch WuRdVers 1932 Nr. 1 S. 80). Ist der Ver wegen Eingreifens einer Ausschlußregelung haftungsfrei, z.B. wegen vorsätzlicher Herbeiführung des Vsfalles, so entfällt auch der Kostenersatzanspruch. Entsprechendes gilt, falls der Ver wegen einer Obliegenheitsverletzung des Vmers leistungsfrei ist. Stellt sich die Haftungs- oder Leistungsfreiheit des Vers erst heraus, nachdem der Ver bereits entschädigt hat, so erstreckt sich der Bereicherungsanspruch des Vers auf geleisteten Kostenersatz. Im Gegensatz zu der hier vertretenen Auffassung will Kisch WuRdVers 1932 Nr. 1 S. 80—81 Regulierungskostenersatz auch in Fällen zubilligen, in denen keine Vsentschädigung geschuldet wird; er stellt nur prospektiv darauf ab, ob „vom Standpunkt der vorzunehmenden Ermittelung aus gesehen" ein Schaden dem Ver möglicherweise zur Last fallen würde.

Auch beim Kostenersatz des § 66 I gilt das Postulat der Verhältnismäßigkeit: Die Kosten müssen im Zeitpunkt der Aufwendung (Kisch WuRdVers 1932 Nr. 1 S. 75) den Umständen nach geboten gewesen sein. Unnötige Kosten sind zu vermeiden, treffen jedenfalls nicht den Ver: Manche Reise läßt sich durch Briefwechsel ersparen. Man wird dem Ver das Recht zubilligen müssen, negative Weisungen dahingehend zu geben, daß gewisse Kosten nicht aufgewendet werden sollen, wobei dann allerdings vorauszusetzen ist, daß dem Vmer hieraus kein Nachteil erwächst. Bei Erteilung positiver Weisungen seitens des Vers kann letzterer sich nicht auf die Unangemessenheit dadurch verursachter Kosten berufen (Kisch WuRdVers 1932 Nr. 1 S. 75).

[16] 4. Arten der Kosten
  a) Allgemeines

Wie Aufwendungen (Anm. 9 zu § 63) können auch Kosten entweder die Aktiven des Vmers schmälern oder sein Passivvermögen vergrößern. Besonders Geldausgaben verringern das Aktivvermögen. Aber Kosten erwachsen dem Vmer auch bereits dann, wenn er mit einer Verbindlichkeit belastet ist, etwa gegenüber einer Werft, einem Untersuchungslaboratorium. Hier greift § 257 BGB ein, d.h. der Vmer kann vom Ver Befreiung von seiner Verbindlichkeit verlangen, braucht also nicht erst in Auslage zu treten.

Sonderprobleme läßt die Aufwendung von **Arbeitskraft** auftauchen, sei es eigene Arbeitskraft des Vmers, sei es der Einsatz von Arbeitnehmern des Vmers. Bei Anwendung eigener Arbeitskraft redet schon der Lebenssprachgebrauch nicht von

II. Ermittlungs- und Feststellungskosten § 66
Anm. 17

„Kosten"; der Kostenbegriff ist insoweit noch enger als der Aufwendungsbegriff (dazu Anm. 17 zu § 63). Kisch WuRdVers 1932 Nr. 1 S. 73 will allerdings darauf abheben, ob der Vmer eine Tätigkeit entfaltet hat, die er auch sonst berufsmäßig und entgeltlich ausübt (über die Erstattungsfähigkeit von Anwaltskosten bei einem in eigener Sache handelnden Anwalt vgl. Klimke a.a.O. S. 29–33 m.w.N.). Was die **Arbeitnehmer** des Vmers anlangt, so kommt es darauf an, ob infolge der Ermittlung und Feststellung zusätzliche Kosten erwachsen, z.B. für Überstunden, die gemacht werden müssen. Entstehen solche zusätzlichen Kosten nicht, so ist es nicht etwa angängig, anteilige Arbeitszeitvergütung für Schadenregulierungsarbeiten dem Ver zu belasten.

[17] b) Sachverständigenkosten

Bei den Kosten, welche dem Vmer durch die Zuziehung eines **Sachverständigen** oder eines **Beistandes** entstehen, gelten Besonderheiten, wobei zu unterscheiden ist, ob es sich um Kosten eines förmlichen Sachverständigenverfahrens (§§ 64, 184) handelt oder nicht.

Generell, also **ohne Rücksicht auf ein Sachverständigenverfahren**, bestimmt § 66 II, daß **Sachverständigen- und Beistandskosten,** die dem Vmer erwachsen, vom Ver **nicht zu erstatten** seien. Im Interesse der Begrenzung der den Ver treffenden Kostenlast geht das Gesetz davon aus, daß der Vmer selbst die Kosten tragen müsse, falls er „aus freien Stücken die Hilfe eines Dritten" in Anspruch nimmt (Begr. I S. 74). Das gilt für alle Arten von Sachverständigen und Beiständen, technische, betriebswirtschaftliche, juristische, auch für Bevollmächtigte bei den Schadensverhandlungen (Begr. I S. 74). Insbesondere gilt § 66 II auch im Falle der Heranziehung von **Rechtsanwälten** (LG Hamburg 13. V. 1976 VersR 1977 S. 365, LG Landshut 24. XI. 1965 VersR 1968 S. 55, AG Köln 25. VI. 1976 VersR 1977 S. 29–30) (Kisch WuRdVers 1932 Nr. 1 S. 79 mit Anm. 56 meint allerdings, die Gesetzesbegründung sei in ihrer Allgemeinheit nicht zu billigen; es komme stets darauf an, ob eine Bevollmächtigung den Umständen nach geboten ist). Nimmt ein Geschädigter anstelle des Haftpflichtigen zunächst seinen Kaskover in Anspruch und bedient er sich dabei eines Rechtsanwaltes, so soll nach KG 4. VI. 1973 VersR 1973 S. 926–928, LG Landshut 24. XI. 1965 VersR 1968 S. 55–56, AG Berlin-Neukölln 25. II. 1971 VersR 1972 S. 284–285 der Schädiger verpflichtet sein, dem Geschädigten auch jene Anwaltskosten zu ersetzen, die auf die Verfolgung des Kaskovsanspruches entfallen; die Kaskov jedoch deckt diese Anwaltskosten wegen § 66 II nicht.

Allemal sind aber zu § 66 II **drei Einschränkungen** zu machen:

§ 66 II erwähnt den Ausnahmefall, daß „der Vmer nach dem Vertrage zu der **Zuziehung verpflichtet** war": Die AVB können die Heranziehung eines Sachverständigen – auch außerhalb des bindenden Sachverständigenverfahrens – vorsehen. Gleichzustellen ist der Fall, daß der Ver dem Vmer die Anweisung gibt, den Schaden unter Zuziehung eines Sachverständigen zu ermitteln (Kisch WuRdVers 1932 Nr. 1 S. 78). Die dadurch entstehenden Kosten gehen zu Lasten des Vers.

Eine zweite Ausnahme muß gelten, falls die Ermittelung und Feststellung ohne die Hilfe des Sachverständigen oder Beistandes **nicht sachgerecht** durchgeführt werden können, wenn also die **Verhältnisse des konkreten Falles** zur Zuziehung zwingen, etwa wegen Krankheit (Unfall!) des Vmers.

Drittens ist zu beachten, daß **aus besonderem Rechtsgrund** die Zuziehung gerechtfertigt sein kann, insbesondere weil der Ver sich im **Verzuge** befindet und nunmehr anwaltliche Hilfe, in schwierigen Fällen der Ablehnung des Versicherungsschutzes womöglich die Erstellung eines Rechtsgutachtens, erforderlich wird; darüber Anm. 24.

Im Bereiche des Haftpflichtrechtes setzt sich immer stärker die Auffassung durch, daß der Ersatzpflichtige gehalten ist, als adäquat verursachten Folgeschaden

§ 66
Anm. 17

II. Ermittlungs- und Feststellungskosten

aus § 249 BGB sogleich – ohne Rücksicht auf Verzug – dem Schadensersatzgläubiger auch die Kosten eines von ihm beauftragten Anwaltes zu erstatten (Nachweise bei Klimke a.a.O. S. 19–21, ferner BGH 1. VI. 1959 BGHZ Bd 30 S. 154–159, 31. I. 1963 BGHZ Bd 39 S. 73–76, beide allerdings für Stationierungsschäden). Diese Judikatur wirkt sich bei den Haftpflichtvern aus, die den Vmer von begründeten Ansprüchen Dritter freizuhalten haben. Dabei aber geht es um Vsschaden i.e.S., nicht um den Ersatz von Ermittlungs- und Feststellungskosten.

Die **Kosten eines förmlichen Sachverständigenverfahrens** nach den §§ 64, 184 sind gesondert zu betrachten. Im Verhältnis zu den Sachverständigen ergibt sich die Haftung auch für die Vergütung aus den mit ihnen abgeschlossenen Verträgen (Anm. 33 zu § 64). Im Vsverhältnis ist die Frage zu beantworten, wer intern die Kosten des Sachverständigenverfahrens zu tragen hat. Hier gibt es verschiedenste **Gestaltungsmöglichkeiten**.

Eine schematische Teilung, ohne Rücksicht auf das Verfahrensergebnis, kennt § 15 II c AFB (Anm. 6 zu § 64):

„Jede Partei trägt die Kosten ihres Sachverständigen, die Kosten des Obmanns tragen beide je zur Hälfte."

Diese Lösung entspricht am weitestgehenden der internen Vergütungshaftung und dürfte deshalb auch immer dann anwendbar sein, wenn die AVB eine abweichende Lösung nicht treffen. Kisch WuRdVers 1932 Nr. 1 S. 76–77 will dagegen in Zweifelsfällen die gesamten Kosten des Sachverständigenverfahrens dem Ver auflasten.

In der Autokaskov bestimmt § 14 V AKB (Anm. 6 zu § 64) ziemlich verwickelt:

„Bewilligt der Sachverständigenausschuß die Forderung des Vmers, so hat der Ver die Kosten voll zu tragen. Kommt der Ausschuß zu einer Entscheidung, die über das Angebot des Vers nicht hinausgeht, so sind die Kosten des Verfahrens vom Vmer voll zu tragen. Liegt die Entscheidung zwischen Angebot und Forderung, so tritt eine verhältnismäßige Verteilung der Kosten ein."

Die Regelung setzt voraus, daß vor der Anrufung des Sachverständigenausschusses der Vmer seine Forderung, der Ver sein Angebot beziffert. Lehnt der Ver den Vsschutz völlig ab, so ist das Angebot mit Null anzusetzen, und die Kosten treffen voll den Ver, es sei denn, daß der ablehnende Standpunkt des Vers im Rechtsstreit durchdringt. Solchenfalls treffen die Kosten des Sachverständigenverfahrens voll den Vmer. Berechnungsbeispiel: AG Köln 26. IV. 1978 VersR 1978 S. 1033–1034.

In der Unfallv hängt nach § 12 II (3) AUB die Kostentragung gleichfalls vom Ergebnis der Entscheidung des Ärzteausschusses ab; der Ver muß vorher sein Angebot präzisieren. Der Höhe nach sind die den Vmer möglicherweise treffenden Kosten maximiert:

„Ist die Entscheidung des Ärzteausschusses für den Vten günstiger als das vor seinem Zusammentritt abgegebene Angebot des Vers, so sind die Kosten voll von diesem zu tragen. Anderenfalls werden sie dem Vmer auferlegt: Wenn nur Tagegeld strittig ist, bis zum 20fachen Betrag des vten Tagegeldsatzes, wenn nur Krankenhaustagegeld streitig ist, bis zum 10fachen Betrag des vten Krankenhaustagegeldsatzes, wenn nur Heilkosten strittig sind, bis zu 10 Prozent der vten Heilkosten, sonst bis zu 2 Prozent der vten Invaliditäts- oder Todesfallsumme."

Eigenständig ist die Kostenersatzregelung beim Abschätzungsverfahren der Hagelv. In § 1 III AHagelB heißt es:

„Zur Abgeltung der Abschätzungskosten (§ 20 Ziff. 1) werden bei jedem als ersatzfähig festgestellten Schaden 5% der Entschädigungssumme abgezogen."

Die Kosten belasten schon auf diese Weise wirtschaftlich den Vmer. Darüber hinaus bestimmt § 20 AHagelB:

II. Ermittlungs- und Feststellungskosten § 66
Anm. 18, 19

„Kostenersatz
1. Die Kosten der Abschätzung trägt die Gesellschaft, soweit sie den Betrag des in § 1 Ziff. 3 vorgesehenen Abzuges überschreiten. Die Gesellschaft kann jedoch von dem Vmer Ersatz der tatsächlich entstandenen Abschätzungskosten verlangen, wenn
a) der Schaden als nicht ersatzfähig festgestellt wird . . . . ,
b) der Vmer förmliche Abschätzung beantragt hat und das Endergebnis nicht mindestens 10% höher ist als das Ergebnis der einfachen Abschätzung,
c) der Vmer durch Versäumnis der Anzeigefrist Kosten verursacht hat.
2. Dem Vmer durch die Schadenfeststellung etwa entstehende Kosten werden von der Gesellschaft nicht erstattet."

Vgl. ferner z. B. § 34 Vspolice auf Kasko für die Schiffahrt auf Binnengewässern.

Die Kostenerstattungsregelungen umfassen sämtliche den Sachverständigen zu zahlende Beträge, also auch z. B. Reisekostenaufwendungen (Prölss-Martin[21] Anm. 12 zu § 64, S. 357). In einem nachfolgenden Rechtsstreit gehören die Schiedsgutachterkosten nicht zu den gemäß § 91 I 1 ZPO erstattungsfähigen Kosten des Rechtsstreites (OLG München 22. IV. 1977 MDR 1977 S. 848).

[18] 5. Anspruch auf Kostenersatz
a) Gläubiger und Schuldner

Wie auch sonst üblich spricht § 66 I nur vom Kostenerstattungsanspruch des Vmers, aber der Nebenanspruch kann auch Drittbeteiligten zustehen, welche Träger des Hauptanspruches auf Entschädigung sind, z. B. dem Vten bei der V für fremde Rechnung (§ 75 I 1). Hinsichtlich der Verfügung über den Nebenanspruch sind die §§ 75 II, 76 zu beachten. Soweit der Vmer verfügungsberechtigt ist, kommen als ersatzpflichtig auch Regulierungskosten in Betracht, die er selbst, also nicht der Vte aufwendet (dazu Kisch WuRdVers 1932 Nr. 1 S. 85–88).

Bei einer Mehrheit von Vmern, bei Veräußerung der vten Sache und hinsichtlich der Abtretbarkeit gilt entsprechend das für den Aufwendungsersatzanspruch in Anm. 22 zu § 63 Gesagte, vgl. auch Kisch WuRdVers 1932 Nr. 1 S. 83–85, 88–90.

Schuldner des Kostenersatzes ist der Ver, bei einer Mitv anteilig jeder der mitbeteiligten Ver, es sei denn, daß die Schadensfeststellung sich ausnahmsweise auf den Anteil des führenden Vers beschränkt hat. Bei mehrfacher V (außerhalb der Mitv) ist bei gesamtheitlichen Ermittlungs- und Feststellungskosten der Kostenersatz entsprechend dem Vsschaden i. e. S. zwischen den Vern aufzuteilen. Näheres Kisch WuRdVers 1932 Nr. 1 S. 94–95.

[19] b) Art des Ersatzes

Der Ver hat den Kostenersatz entsprechend § 49 grundsätzlich in Geld zu leisten. Jedoch gilt wie beim Aufwendungsersatz (Anm. 23 zu § 63) auch hier § 257¹ BGB, falls die Kostenaufwendung in Gestalt einer eingegangenen Verbindlichkeit gemacht worden ist, z. B. durch Bestellung eines Sachverständigen.

Hat intern der Ver die Sachverständigenkosten zu tragen (vgl. oben Anm. 17), so braucht extern, im Verhältnis zum Sachverständigen, der Vmer nicht in Auslage zu treten, sondern kann sogleich vom Ver Befreiung von seiner Verbindlichkeit verlangen. Sicherheitsleistung gemäß § 257² BGB kommt in praxi nicht in Betracht.

Übernimmt von vornherein der Ver die Kostenlast von Ermittlungs- oder Feststellungsmaßnahmen, so entfällt auf diese Weise ein Erstattungsanspruch des Vmers. Der Haftpflichtver kann wegen ihm erwachsener Kosten nicht unmittelbar gegen den Haftpflichtigen vorgehen (LG Köln 23. IV. 1966 DBetrieb 1966 S. 188).

[20] c) Begrenzung des Ersatzes
aa) Bedeutung der Versicherungssumme

Die Vssumme als Höchstbegrenzung der Haftung des Vers (§ 50) limitiert nicht nur den Ersatz von Vsschaden i.e.S., sondern umschließt auch den Vsschaden i.w.S., d.h. neben dem Aufwendungsersatz (Anm. 24 zu § 63) auch die Ermittelungs- und Feststellungskosten (Begr. I S. 74; ebenso – mit erheblichen rechtspolitischen Bedenken – Kisch WuRdVers 1932 Nr. 1 S. 104–106). Das kann sich besonders bei Totalschäden zu Lasten des Vmers auswirken. Ist eine Mehrzahl von Interessen mit getrennten Vssummen vert und sind die Regulierungskosten aufteilbar, so kann es geschehen, daß z.B. nach dem Brande eines Industriewerkes mit Totalzerstörung eines Gebäudes der Vsschaden i.e.S. die Vssumme für das Gebäude „aufzehrt", so daß für die Kosten nichts mehr übrigbleibt. Es kann nicht davon die Rede sein, daß die Kosten primär zu befriedigen seien. Allenfalls ist zu erwägen, der Entschädigungsforderung (auf Hauptforderung) und der Kostenerstattungsforderung (Nebenforderung) gleichen Rang einzuräumen und die zu zahlende Vssumme anteilig zu verrechnen. Solche Aufteilung der Vssumme könnte Bedeutung haben im Verhältnis zu Realgläubigern, deren Recht sich auf die (Haupt-)Forderung gegen den Ver erstreckt (§§ 1127 I, 1192 I BGB).

Während Rettungsaufwand unter bestimmten Voraussetzungen (§ 63 I 2) über die Vssumme hinaus zu ersetzen ist, gilt solche Ausnahmeregelung für Schadensregulierungskosten nicht.

Für die Seev gilt Abweichendes nach § 840 II HGB in Verbindung mit § 834 Nr. 4 HGB; allerdings ist hier der Ver bei Überschreitung der Vssumme zum Abandon nach § 841 I HGB berechtigt (dazu Kisch WuRdVers 1932 Nr. 1 S. 103).

[21] bb) Ersatz bei Unterversicherung

Im Falle der Unterv (§ 56) ist es unangebracht, den Ver voll für den Vsschaden i.w.S., insbesondere für die Schadenregulierungskosten haften zu lassen, soweit diese Kosten auf die Ermittlung und Feststellung des Gesamtschadens entfallen. Deshalb wird – ebenso wie in § 63 II – die Proportionalitätsregel durch § 66 III auf die Kosten erstreckt (Begr. I S. 75); für die Seev: § 843 HGB. Entsprechendes gilt, wenn eine Taxe höher ist als die Vssumme (§§ 53³, 66 III).

Bei einer Erstrisikov entfällt der Einwand der Unterv auch im Blick auf die Regulierungskosten. Nicht nur der Vsschaden i.e.S., auch der Vsschaden i.w.S. wird bis zur Grenze der Vssumme voll entschädigt (Kisch WuRdVers 1932 Nr. 1 S. 103).

[22] cc) Ersatz bei Franchisen

Wird eine Schadenselbstbeteiligung des Vmers vereinbart, so wird im Zweifel davon auszugehen sein, daß sie den Vsschaden i.e.S. zugrunde legt. Entfällt hiernach eine Entschädigungspflicht des Vers, so entfällt zugleich der Anspruch auf Schadenregulierungskosten.

Bei Integralfranchisen sind bei der Berechnung der Freigrenze Kosten der Schadensermittlung und -feststellung nicht zu berücksichtigen, was daraus abzuleiten ist, daß § 66 I auf die dem Ver zur Last fallenden Schäden abhebt. Klarstellend § 845 I HGB, § 34 II 3 ADS mit Hinweis auf § 32 I Nr. 3 ADS, vgl. ferner Ritter-Abraham Anm. 9 zu § 34, S. 576. – Kisch WuRdVers 1932 Nr. 1 S. 80, 98, 101 will die Schadenregulierungskosten ohne Rücksicht auf die Franchise stets vollen Umfangs liquidieren.

Bei der Abzugsfranchise wollen Ritter-Abraham Anm. 5 zu § 118, S. 1354 alle Schadensarten (i.e.S. und i.w.S.) zusammenrechnen und hiervon die Freigrenze

II. Ermittlungs- und Feststellungskosten § 66
Anm. 23, 24

abziehen, also bei einer Franchise von 10% z.B. bei einem Beschädigungsschaden von 6%, Schadenabwendungs- und Schadenfeststellungskosten von zusammen 7% = insgesamt 13% nunmehr 10% abziehen, so daß eine dreiprozentige Entschädigung zu leisten ist.

[23] d) Fälligkeit und Vorschuß

Trotz des weiten Wortlautes des § 11 I − „Geldleistungen" − ist bei den Regulierungskosten (ebenso wie beim Aufwendungsersatz: Anm. 28 zu § 63) regelmäßig von der sofortigen Fälligkeit der Erstattungsschuld nach § 271 I BGB auszugehen (Anm. 3 zu § 11). Für Befreiungsansprüche folgt die sofortige Fälligkeit aus § 257[1] BGB. Jedoch muß feststehen, daß ein Erstattungsanspruch des Vmers besteht, und dieser kann z.B. vom Ausgang eines Sachverständigenverfahrens abhängen (Anm. 17), ferner bei bestrittenen Vsansprüchen von der Beendigung nötiger Erhebungen, so daß mittelbar § 11 I auch für Regulierungskosten Bedeutung gewinnen kann. Vgl. dazu auch Kisch WuRdVers 1932 Nr. 1 S. 106−107.

Eine Vorschußpflicht des Vers hat § 66 − anders als § 63 I 3 − für Ermittlungs- und Feststellungskosten nicht vorgesehen (Kisch WuRdVers 1932 Nr. 1 S. 107−108).

[24] e) Konkurrierende Ansprüche

Besonders bei **Verzug des Vers** mit Leistung einer Entschädigung für Vsschaden i.e.S. kann ein Anspruch des Vmers auf Ersatz von Verzugschaden entstehen (§ 286 I BGB). Eine Mahnung seitens des Vmers erübrigt sich, wenn der Ver die Leistung bestimmt und endgültig verweigert (Anm. 15 zu § 11). Zum Erfordernis des Vertretenmüssens (Verschuldens) des Vers: § 285 BGB mit Anm. 17−26 zu § 11.

Nimmt nunmehr der Vmer zwecks Schadensregulierung anwaltliche Hilfe in Anspruch, so haftet der Ver für die dem Vmer erwachsenen Anwaltskosten als Verzugsschaden (vgl. auch Klimke a.a.O. S. 21−25, 44−45, AG Dingelfing 1. X. 1970 VersR 1971 S. 335−336, AG Köln 25. VI. 1976 VersR 1977 S. 29−30). Der Vmer verstößt nicht gegen seine Schadenminderungsobliegenheit oder § 254 BGB, wenn er nicht noch einmal ohne Rechtsanwalt seine Ansprüche zu verfolgen versucht.

Der Kostenerstattungsanspruch des Vmers beruht nunmehr nicht auf § 66, so daß auch § 66 II (Anm. 17) nicht entgegensteht. Der Anspruch ist Verzugsschadenersatzanspruch, kein Anspruch auf Ersatz von Vsschaden i.w.S.

Die Leistungsverweigerung des Vers kann sich auch als **positive Vertragsverletzung** darstellen, die gleichfalls den Ver schadensersatzpflichtig macht (Prölss-Martin[21] Anm. 3 zu § 66, S. 359), speziell hinsichtlich aufzuwendender Anwaltskosten. Das AG Schleswig 5. VI. 1968 VersR 1968 S. 959 sieht in dem Verlangen des Vers, vorweg eine Abfindungserklärung zu unterzeichnen, eine erhebliche schuldhafte Vertragsverletzung und grenzt den Fall des Schadensersatzes zutreffend vom Kostenersatzfall sowie § 66 II ab (vgl. dazu auch AG Köln 25. VI. 1976 VersR 1977 S. 29−30).

Bei Verzug und positiver Vertragsverletzung seitens des Vers geht es recht eigentlich nicht um Ermittlungs- und Feststellungskosten, sondern um Anspruchsrealisationskosten.

Wendet der Vmer Kosten auf Veranlassung des Vers auf, etwa Kosten für eine Laboratoriums- oder Röntgenuntersuchung, so kann sich eine Ersatzpflicht des Vers auch aus dem rechtlichen Gesichtspunkt des **Auftrages** (§ 670 BGB) oder der **Geschäftsbesorgung** (§ 675 BGB) ergeben (Prölss-Martin[21] Anm. 1 zu § 66, S. 359, auch Kisch WuRdVers 1932 Nr. 1 S. 106), ohne Rücksicht auf den Aspekt der Schadensregulierung (§ 66 I), also unabhängig davon, ob letztlich der Schaden dem Ver zur Last fällt.

Umgekehrt kann ausnahmsweise ein Ver hinsichtlich seiner Schadensregulierungskosten aus besonderen Gründen einen Ersatzanspruch gegen den Vmer erlangen. Hat z. B. ein Vmer einen Vsfall betrügerisch nur vorgetäuscht, so kann der Ver hinsichtlich der von ihm gemachten Aufklärungsaufwendungen, z. B. für Brandursachenermittlung oder für einen Detektiv, Schadensersatz aus unerlaubter Handlung (§ 823 II 1 BGB in Verbindung mit Betrug, § 826 BGB) fordern. Auch ein vertraglicher Schadensersatzanspruch läßt sich solchenfalls aus dem Gesichtspunkt der positiven Vertragsverletzung begründen (Prölss-Martin[21] Anm. 4 zu § 66, S. 359, vgl. auch Kisch WuRdVers 1932 Nr. 1 S. 68 Anm. 49). Das OLG Hamburg 20. III. 1934 JRPV 1934 S. 272 hat jedoch einen Schadensersatzanspruch des Vers aus § 826 BGB hinsichtlich aufgewendeter Sachverständigengebühren versagt in einem Falle, in dem die Haftung des Vers entfiel, weil der Vmer für einen Repräsentanten einzustehen hatte.

[25] III. Abdingbarkeit des § 66

Die Vorschrift, wonach der Ver die notwendigen Regulierungskosten zu erstatten hat (§ 66 I), ist nicht zwingend, also abänderbar. Tatsächlich werden Kosten der Ermittelung und Feststellung nicht selten dem Vmer auferlegt, insbesondere Kosten des Sachverständigenverfahrens (Nachweise: Anm. 17).

Eine pauschalierte Übernahme von Regulierungskosten kennen einige Vszweige, besonders die Krankenv, falls der Vmer im Schadensfall eine Inanspruchnahme-, Auszahlungs-, Schadenbearbeitungs- oder Krankenscheingebühr zu tragen hat (Anm. 67 zu § 56). In der Hagelv werden zur Abgeltung der Abschätzungskosten bei jedem als ersatzfähig festgestellten Schaden 5% der Entschädigungssumme abgezogen (§ 1 III AHagelB, Näheres oben Anm. 17).

Einzelne Kosten werden dem Ver auferlegt, wenn er z. B. gemäß § 13 I c 2 AFB, AEB, VHB „auf seine Kosten" Verzeichnisse der vorhanden gewesenen und vom Schaden betroffenen Sachen (mit Wertangaben) vorzulegen hat oder gemäß § 13 I c 3 AFB bei Gebäudeschäden einen Grundbuchauszug. In der Tierv gehen die Kosten der Zerlegung des Kadavers gemäß § 8 III ATierB in der Regel zu Lasten des Vmers. Über die Regulierungskosten in der Lebensv vgl. § 11 IV ALB.

Eine stillschweigende Wegbedingung des § 66 I ist nur mit Vorsicht zu konstruieren (deshalb erscheint es bedenklich, wenn Prölss-Martin[21] Anm. 6 zu § 66, S. 360 in Ziff. 4.1. AMB für die Maschinenv eine Abänderung des § 66 I annehmen).

Denkbar wäre eine Abänderung des § 66 auch zugunsten des Vmers, etwa in der Richtung, daß Regulierungskosten auch über die Vssumme hinaus ersetzt werden sollen (Kisch WuRdVers 1932 Nr. 1 S. 111).

Auch § 66 II und III sind nicht zwingend. Deshalb kann die Erstattung von Sachverständigen- und Beistandskosten vereinbart werden (für das Sachverständigenverfahren vgl. Anm. 17), bei Unterv kann die Anwendbarkeit der Proportionalitätsregel auf Ermittlungs- und Feststellungskosten durch Vereinbarung einer Erstrisikov beseitigt werden (Anm. 21).

§ 67

(1) Steht dem Versicherungsnehmer ein Anspruch auf Ersatz des Schadens gegen einen Dritten zu, so geht der Anspruch auf den Versicherer über, soweit dieser dem Versicherungsnehmer den Schaden ersetzt. Der Übergang kann nicht zum Nachteile des Versicherungsnehmers geltend gemacht werden. Gibt der Versicherungsnehmer seinen Anspruch gegen den Dritten oder ein zur Sicherung des Anspruchs dienendes Recht auf, so wird der Versicherer von seiner Ersatzpflicht insoweit frei, als er aus dem Anspruch oder dem Rechte hätte Ersatz erlangen können.

(2) Richtet sich der Ersatzanspruch des Versicherungsnehmers gegen einen mit ihm in häuslicher Gemeinschaft lebenden Familienangehörigen, so ist der Übergang ausgeschlossen; der Anspruch geht jedoch über, wenn der Angehörige den Schaden vorsätzlich verursacht hat.

Übergang von Ersatzansprüchen.

Gliederung:

Schrifttum Anm. 1

I. Grundlegung Anm. 2—25
  1. Rechtsquellen der Individualv Anm. 2—4
    a) Binnenv Anm. 2
    b) Seev Anm. 3
    c) Vsverhältnisse bei öffentlich-rechtlichen Vern Anm. 4
  2. Funktion des § 67 einschließlich bürgerlich-rechtlicher Vorteilsausgleichung Anm. 5—8
    a) Grundsatz Anm. 5
    b) Vsrechtliche Vorteilsausgleichung Anm. 6
    c) Bürgerlich-rechtliche Vorteilsausgleichung Anm. 7—8
  3. Weitere Regreßwege Anm. 9—13
    a) Originärer Anspruch des Zuwenders gegen den Drittschädiger Anm. 9—10
      aa) Fälle Anm. 9
      bb) Kritik Anm. 10
    b) Originärer Anspruch des Zuwenders gegen seinen Vten Anm. 11—12
      aa) Fälle Anm. 11
      bb) Unterstützender Forderungsübergang Anm. 12
    c) Einziehungsermächigung und gesetzliches Veräußerungsverbot zugunsten des Zuwenders Anm. 13
  4. Kritik an § 67 im Hinblick auf den Schädiger Anm. 14—15
    a) Stimmen für weitgehende Vorteilsanrechnung Anm. 14
    b) Gegenstimmen Anm. 15

  5. Kritik an § 67 im Hinblick auf den Vmer Anm. 16—18
    a) Fragwürdigkeit des Bereicherungsverbots Anm. 16—17
    b) Folgen für die Anwendung des § 67 Anm. 18
  6. Schadensv im Sinne des § 67 Anm. 19—21
    a) Nichtpersonenv Anm. 19
    b) Personenv Anm. 20—21
  7. Parallelregelung im Sozialvsrecht Anm. 22—24
    a) Quellen Anm. 22
    b) Unterschiede zum Privatvsrecht Anm. 23
    c) Gemeinsame Wurzel Anm. 24
  8. Ausländische Rechte Anm. 25

II. Außervsrechtliche Voraussetzungen des Übergangs Anm. 26—46
  1. Anspruch auf Ersatz des Schadens Anm. 26—36
    a) Gesetzlicher Anspruch Anm. 26—31
      aa) Privatrechtliche Grundlage Anm. 26—28
        aaa) Deliktsanspruch im weiteren Sinne Anm. 26
        bbb) Bereicherungsanspruch Anm. 27
        ccc) Anspruch aus Eigentum Anm. 28
      bb) Öffentlich-rechtliche Grundlage Anm. 29—31
        aaa) Anspruch aus Amtspflichtsverletzung Anm. 29—30
        bbb) Sonstiger öffentlich-rechtlicher Anspruch Anm. 31

b) Vertraglicher Anspruch Anm. Anm. 32—35
   aa) Sekundärer Schadenersatzanspruch Anm. 32
   bb) Erfüllungsanspruch Anm. 33
   cc) Gewährleistungsanspruch Anm. 34
   dd) Vsanspruch, Anspruch aus Garantievertrag Anm. 35
c) Besondere Voraussetzungen des Übergangs Anm. 36
2. Anspruch gegen einen Dritten Anm. 37—46
  a) Grundsatz Anm. 37
  b) Verschiedene Vermögensmassen desselben Vmers Anm. 38
  c) Personenvereinigungen Anm. 39—43
   aa) Gesamthand Anm. 39—41
    aaa) Gesamtwirkende Umstände Anm. 39
    bbb) Lockerungen in der Haftpflichtv Anm. 40
    ccc) Rückgriff gegen einen Gesamthänder bei bestehender Deckung? Anm. 41
   bb) Bruchteilsgemeinschaften Anm. 42
   cc) Juristische Personen Anm. 43
  d) Einfluß von Schuldverhältnissen zwischen Vmer und Schadenstifter Anm. 44—45
   aa) Nutzungsberechtigte Anm. 44
   bb) Fahrer Anm. 45
  e) Einfluß anderweitiger Ven Anm. 46

III. Vsrechtliche Voraussetzungen des Übergangs Anm. 47—63
1. Ersatzleistung des Vers Anm. 47—49
  a) Zeitpunkt und Empfänger der Leistung Anm. 47
  b) Art der Leistung Anm. 48
  c) Subsidiär- und Differenzven Anm. 49
2. Sonstige Leistungen des Vers Anm. 50—52
  a) Außerhalb der Haftpflichtv Anm. 50
  b) In der Haftpflichtv Anm. 51 bis 52
3. Leistungspflicht aus Vsverhältnis Anm. 53—58
  a) Grundlegung Anm. 53
  b) Bewußte Liberalitätsleistung Anm. 54
  c) Irrtümliche Ersatzleistung Anm. 55—57
   aa) Eingreifen des § 67 im allgemeinen Anm. 55
   bb) Besonderheiten in der Haftpflichtv Anm. 56
   cc) Ausschluß von § 67 Anm. 57
  d) Leistung aus vsähnlichem Schadenersatzverhältnis Anm. 58
4. Kongruenzprinzip Anm. 59—63
  a) Gleicher Gegenstand Anm. 59
  b) Gleiches Interesse Anm. 60—62
   aa) Grundlage Anm. 60
   bb) Abgrenzung in der Kraftfahrzeug-Kaskov Anm. 61
   cc) Vsentschädigung über Zeitwert Anm. 62
  c) Ausblick auf das Schadenersatzrecht Anm. 63

IV. Umfang und Sicherung des Übergangs Anm. 64—86
1. Umfang des Übergangs Anm. 64—69
  a) Problem Anm. 64
  b) Differenzprinzip (= Quotenvorrecht des Vmers) Anm. 65
  c) Dessen Rechtfertigung Anm. 66
  d) Begrenzung durch Kongruenzprinzip Anm. 67
  e) Besondere Fälle Anm. 68
  f) Entsprechende Anwendung des Kongruenz- und Differenzprinzips Anm. 69
2. Sicherung des Übergangs (§ 67 I 3) Anm. 70—86
  a) Überblick Anm. 70
  b) „Aufgabe" nach Vsfall vor Erhalt der Vsentschädigung Anm. 71—81
   aa) Rechtsnatur des Aufgabeverbots Anm. 71
   bb) Aufgabeverbot als Sonderfall allgemeiner Unterstützungspflicht? Anm. 72

§ 67

cc) Objektiver Tatbestand Anm. 73—77
  aaa) Von § 67 I 3 erfaßte Fälle Anm. 73—74
  bbb) Auszuscheidende Fälle Anm. 75
  ccc) Pfandrecht an der Schadenersatzforderung Anm. 76
  ddd) Gemeinsames Anm. 77
dd) Subjektiver Tatbestand Anm. 78
ee) Kausalitätserfordernis Anm. 79
ff) Rechtsnatur der Verwirkung Anm. 80
gg) Beweislast Anm. 81
c) „Aufgabe" vor Vsfall Anm. 82—85
  aa) Grundzüge Anm. 82
  bb) Verhältnis zur Anzeigepflicht Anm. 83
  cc) Auslegung von Haftungsausschlußklauseln Anm. 84 bis 85
d) Sonderfall des § 118 3 Anm. 86

V. Wirkungen des Übergangs Anm. 87—103
1. Vsrechtliche Wirkungen Anm. 87—93
  a) Automatik des Übergangs Anm. 87
  b) Befriedigungsvorrecht des Vmers (§ 67 I 2) Anm. 88—91
    aa) Inhalt Anm. 88—90
    bb) Verhältnis zu § 156 III Anm. 91
  c) Einfluß auf Schadenfreiheitsrabatt und ähnliche Vorteile Anm. 92
  d) Sonderfall des § 148 Anm. 93
2. Bürgerlich-rechtliche Wirkungen Anm. 94—103
  a) Pflichten des Altgläubigers Anm. 94
  b) Mit der Drittforderung verbundene Rechte Anm. 95
  c) Mit der Drittforderung verbundene Nachteile Anm. 96—98
    aa) Allgemeines Anm. 96
    bb) Insbesondere Einrede der Verjährung Anm. 97—98
  d) Schuldnerschutz der §§ 407, 412 BGB Anm. 99—100
    aa) Tilgung an Altgläubiger Anm. 99
    bb) Sonstige Rechtsgeschäfte mit Altgläubiger Anm. 100
  e) Schuldnerschutz der §§ 408, 409, 412 BGB Anm. 101—102
    aa) Zusammentreffen von Abtretung und gesetzlichem Übergang Anm. 101
    bb) Scheinbarer gesetzlicher Übergang Anm. 102
  f) Konkurrenz zwischen Alt- und Neugläubiger Anm. 103

VI. Ausschluß des Übergangs Anm. 104—117
1. Gesetzlicher Ausschluß des Übergangs (§ 67 II) Anm. 104—114
  a) Tatbestand Anm. 104—110
    aa) Anspruch des Vmers oder des Vten Anm. 104
    bb) Familienangehörigkeit Anm. 105
    cc) Häusliche Gemeinschaft Anm. 106
    dd) Maßgeblicher Zeitpunkt für Familienangehörigkeit und häusliche Gemeinschaft Anm. 107
    ee) Einschränkungen des Ausschlusses Anm. 108—109
      aaa) Vorsätzliche Handlung des Angehörigen Anm. 108
      bbb) Haftpflichtvsschutz des Angehörigen Anm. 109
    ff) Beweislast Anm. 110
  b) Weiterer Anwendungsbereich Anm. 111—112
    aa) In der Privatv Anm. 111
    bb) Außerhalb der Privatv Anm. 112
  c) Fernwirkungen Anm. 113
  d) Schicksal der dem Vmer verbliebenen Drittforderung Anm. 114
2. Exkurs Anm. 115—117
  a) Sonstiger Ausschluß des Übergangs und verwandte Fälle Anm. 115

§ 67

   b) Überblick über Kondiktionsfälle im Zusammenhang mit § 67 Anm. 116—117
      aa) § 812 I BGB Anm. 116
      bb) § 816 II BGB Anm. 117
VII. Mehrheit der Beteiligten Anm. 118 bis 137
   1. Mehrheit der Ver Anm. 118—123
      a) Nebenv Anm. 118—119
         aa) Einfache Nebenv Anm. 118
         bb) Mitv Anm. 119
      b) Doppelv Anm. 120—121
      c) Verwandte Fälle Anm. 122 bis 123
         aa) Ver und Dienstherr Anm. 122
         bb) Bestandsübertragung Anm. 123
   2. Mehrheit der Dritten Anm. 124
   3. Mehrheit auf Vmerseite Anm. 125—137
      a) Mehrheit von Vmern Anm. 125
      b) V für fremde Rechnung Anm. 126—135
         aa) Übergehender Anspruch Anm. 126
         bb) Regreß gegen den Vmer Anm. 127—133
            aaa) Vmer als Dritter, Haftungsausschlüsse Anm. 127
            bbb) Regreßausschlüsse Anm. 128—129
            ccc) Regreß nach § 67 Anm. 130—132
            ddd) Regreß außerhalb § 67 Anm. 133
         cc) Regreß gegen den Vten Anm. 134
         dd) Aufgabe des Drittanspruchs Anm. 135
      c) Vmer und Gefahrsperson Anm. 136
      d) Veräußerung der vten Sache Anm. 137
VIII. Verfahrensrecht Anm. 138—146
   1. Abgrenzung Anm. 138
   2. Vor Entschädigungsleistung des Vers Anm. 139
   3. Nach Entschädigungsleistung des Vers Anm. 140—146
      a) Prozeß zwischen Vmer und Drittem bereits rechtskräftig entschieden Anm. 140

      b) Prozeß mit Drittem anhängig Anm. 141—142
         aa) Prozeß Vmer—Dritter Anm. 141
         bb) Prozeß Ver—Dritter Anm. 142
      c) Prozeß mit Drittem nicht anhängig Anm. 143—145
         aa) Vmer klagt Anm. 143—144
            aaa) Mit Befugnis Anm. 143
            bbb) Ohne Befugnis Anm. 144
         bb) Ver klagt Anm. 145
      d) Streitgenossenschaft, Prätendentenstreit Anm. 146
IX. Geltungsbereich Anm. 147—174
   1. Normativer Geltungsbereich (konkurrierende Vorschriften) Anm. 147—159
      a) Konkurrenz mit § 158 f (§ 104) Anm. 147—151
         aa) Drittanspruch gegen Außenstehenden Anm. 147 bis 148
         bb) Drittanspruch gegen Vten Anm. 149
         cc) Drittanspruch gegen Vmer Anm. 150
         dd) Fingierter Drittanspruch gegen öffentlichen Dienstherrn (§ 158 c V) Anm. 151
      b) Konkurrenz mit § 3 Ziff. 9 PflichtVersG Anm. 152—154
         aa) Gesundes Vsverhältnis Anm. 152
         bb) „Krankes" Vsverhältnis Anm. 153
         cc) Insbesondere Regreß gegen Vten Anm. 154
      c) Konkurrenz mit Deliktsrecht Anm. 155
      d) Konkurrenz mit Geschäftsführungs- und Bereicherungsrecht Anm. 156—159
         aa) Geschäftsführung ohne Auftrag Anm. 156
         bb) Ungerechtfertigte Bereicherung Anm. 157—159
            aaa) Zurücktreten hinter § 67? Anm. 157—158
            bbb) Ergebnis Anm. 159
   2. Räumlicher Geltungsbereich (Internationales Privatrecht) Anm. 160—166

a) Grundlegung Anm. 160—161
  aa) Fragestellung Anm. 160
  bb) Vorgehen bei Lückenfüllung Anm. 161
b) Statut des Forderungsübergangs Anm. 162—164
  aa) Vertretene Ansichten Anm. 162
  bb) Stellungnahme: Vsvertragsstatut Anm. 163
  cc) Bestätigung durch die Rechtsprechung Anm. 164
c) Auffindung des Vsvertragsstatuts Anm. 165
d) Ergebnis Anm. 166

3. Verhältnis zur Parteiautonomie Anm. 167—174
  a) Abweichungen von § 67 zu Lasten des Vmers Anm. 167 bis 172
    aa) Gesetzeslage Anm. 167 bis 169
      aaa) § 68a Anm. 167
      bbb) § 187 Anm. 168
      ccc) § 118 Anm. 169
    bb) Zulässige generelle Vereinbarungen (zugleich Abtretungsvereinbarungen in der Summenv) Anm. 170—171
      aaa) Deklaratorische Abtretungen Anm. 170
      bbb) Konstitutive Abtretungen Anm. 171
    cc) Zulässige Einzelvereinbarungen Anm. 172
  b) Abweichungen von § 67 zu Lasten des Vers Anm. 173—174
    aa) Ausschluß des Übergangs Anm. 173
    bb) Verwandte Fälle Anm. 174

X. Surrogatslösungen Anm. 175—185
1. Kraft Vertrages (Teilungs- und Regreßverzichtsabkommen) Anm. 175—182
  a) Gegenstand der Untersuchung Anm. 175
  b) Voraussetzungen für die abkommensmäßige Berechtigung Anm. 176—178
    aa) Deckungspflicht Anm. 176
    bb) Kongruenz- und Differenzprinzip Anm. 177
    cc) Weitere Voraussetzungen Anm. 178
  c) Wirkung der abkommensmäßigen Abwicklung Anm. 179 bis 180
    aa) § 156 III (§ 67 I 2) Anm. 179
    bb) Schadenfreiheitsrabatt und ähnliche Vorteile Anm. 180
  d) Insbesondere: Vorhandensein eines Mitschädigers Anm. 181 bis 182
    aa) Möglichkeiten der Abwicklung Anm. 181
    bb) Zusammenfassung Anm. 182

2. Kraft Gesetzes (Regreß des Entschädigungsfonds) Anm. 183—185
  a) Rechtsgrundlage Anm. 183
  b) Verhältnis zu § 67 Anm. 184
  c) Ausgestaltung Anm. 185

[1] Schrifttum:

Bruck, Das Privatvsrecht, Mannheim-Berlin-Leipzig 1930, Bury, Übergang der Schadenersatzansprüche des Vmers auf den Ver, Göttinger Diss. 1914, Ehrenzweig, Deutsches (österreichisches) Vsvertragsrecht, Wien 1952, von Gierke, Vsrecht unter Ausschluß der Sozialv, 2. Hälfte, Stuttgart 1947, Harten, Der Rechtsübergang in der Seev, Ungedruckte Hamburger Diss. 1960, Helfesrieder, Die Personenv in ihrer Abgrenzung zur Schadensv nach schweizerischem Privatvsrecht, Basel 1953, Karrer, Regreß des Vers gegen Dritthaftpflichtige, Zürich 1965, Kisch, WuRdVers 1935 Heft 2 S. 1—134, Prölss, Vsvertragsgesetz, 17. Aufl., München 1968, Ritter-Abraham, Das Recht der Seev, 2 Bände, 2. Aufl., Hamburg 1967, Schiering, Abstrakte und konkrete Bedarfsdeckung im Vsrecht unter Berücksichtigung der sozialen Unfallv, Hamburg 1964, Schlegelberger, Seevsrecht, Allgemeine Deutsche Seevsbedingungen, Berlin-Frankfurt 1960, Schultz, Grundsätze der vsrechtlichen Vorteilsausgleichung, Hamburg 1934, Stiefel-Wussow, Kraftfahrv, Kommentar zu den Allgemeinen Bedingungen für die Kraftverkehrsv, 7. Aufl., München 1968.

[2] I. Grundlegung.
1. Rechtsquellen der Individualversicherung.
a) Binnenversicherung

Im Bereich der Binnenv bildet § 67 die grundlegende Norm für den gesetzlichen Übergang von Schadenersatzansprüchen des Vmers auf den entschädigenden Ver. Er findet nicht nur auf die im VVG ausdrücklich geregelten Zweige Anwendung, sondern schlechthin auf die Schadenv, mag der betreffende Zweig bei Schaffung des VVG schon vorhanden gewesen, mag er erst später eingeführt worden sein (BGH 24. IV. 1967 VerBAV 1967 S. 181).

Dem § 67 tritt in der Tierv § 118 zur Seite. Seinem Wortlaut nach weicht diese Bestimmung in drei Punkten von § 67 ab:

aa) Nicht ein Schadenersatz-, sondern ein Gewährleistungsanspruch wird für übergangsfähig erklärt,
bb) die in § 67 I 3 vorgesehene Verwirkung des Vsschutzes soll nicht nur bei Aufgabe des Rechts, sondern auch bei Verlorengehen des Anspruchs, Verschulden des Vmers vorausgesetzt, eintreten,
cc) in § 118 fehlt eine Parallele zu § 67 II.

Inwieweit sich aus diesen Abweichungen in der Formulierung sachliche Unterschiede gegenüber § 67 ergeben, wird noch zu prüfen sein.

Für die Binnentransportv schreibt § 148 vor, daß § 67 I 2 keine Anwendung findet.

Ausnahmsweise tritt anstelle des § 67 der § 774 BGB als Überleitungsnorm, vgl. unten Anm. 133, 185.

[3] b) Seeversicherung.

Für die Seev gilt § 67 laut § 186 nicht. Hier bilden die §§ 804, 805 HGB ein Analogon. Diese Bestimmungen sind in praxi durch die §§ 45, 46, 110 III ADS verdrängt. Das ist aber, was § 45 ADS angeht, nicht so zu verstehen, daß anstelle des gesetzlichen Übergangs eine Zession tritt, es handelt sich vielmehr um eine Verweisung auf den gesetzlichen Übergang (Ritter-Abraham Anm. 14 zu § 45, S. 682). Hier fehlt es an einer dem § 67 II entsprechenden Norm. Ferner ist eine Parallele zu § 67 I 2 in der Seeversicherung nicht vorhanden, bewußt, wie aus § 148 VVG zu schließen ist.

[4] c) Versicherungsverhältnisse bei öffentlich-rechtlichen Versicherern.

Soweit die Individualv durch öffentlich-rechtliche Ver betrieben wird, ist § 192 einschlägig. Danach findet Landesrecht Anwendung, sofern Vsverhältnisse bei einer nach Landesrecht errichteten öffentlichen Anstalt unmittelbar kraft Gesetzes entstehen oder infolge gesetzlichen Zwanges bei solcher Anstalt genommen werden (§ 192 I). Auf sonstige Ven, die bei einer nach Landesrecht errichteten öffentlich-rechtlichen Unternehmung genommen werden, findet das VVG subsidiär Anwendung, d. h. soweit nicht Satzungen oder AVB Abweichungen von ihm enthalten: § 192 II (vgl. zum Anwendungsbereich von § 192 I und II: Büchner, VVG und öffentlich-rechtliche Pflichtv in: Rechtsfragen der Individualversicherung, Festgabe für Erich R. Prölss, Karlsruhe 1957, S. 20—24).

Zahlreiche partikulare Normen sehen Entsprechungen zu § 67 vor. So etwa Badisches GebäudeversicherungsG vom 29. III. 1852 § 5 VI und VII (Schmidt-Müller = Stühler, Das Recht der öffentlich-rechtlichen Sachv, 2. Aufl. Karlsruhe 1968, S. 4), G wegen anderweitiger Einrichtung des Immobiliar-Feuervswesens in den Hohenzollernschen Landen vom 14. V. 1855 § 11 II (Schmidt-Müller = Stüler S. 40), G über das öffentliche Vswesen vom 7. XII. 1933 (Bayern) Art. 12 (Schmidt-Müller = Stüler S. 101), Satzung der Bayerischen Landesbrandversicherungsanstalt vom 15. XII. 1956 § 55 (Schmidt-Müller = Stüler S. 127), Satzung der Bayerischen Landestiervsanstalt vom 31. X. 1936 § 14 III (Schmidt-Müller = Stüler S. 154), FeuerkassenG vom 16. XII. 1929 (Hamburg) § 15 (Schmidt-Müller = Stüler S. 184), G über die Braunschweigische Landesbrandvsanstalt vom 9. V. 1913 § 37 V, VI (Schmidt-Müller = Stüler S. 288), G betreffend die Oldenburgische Landesbrandkasse vom 28. IV. 1910 § 8 IV (Schmidt-Müller = Stüler

I. Grundlegung § 67
Anm. 5—7

S. 324), G betreffend die Lippische Landesbrandvsanstalt vom 16. IV. 1924 § 64 (Schmidt-Müller = Stüler S. 372).

Manche dieser landesrechtlichen Normen weichen von § 67 insofern ab, als Entsprechungen zu § 67 I 2 oder zu § 67 I 3 oder zu § 67 II fehlen. Diese Unterschiede werden zum Teil dadurch ausgeglichen, daß sich bei manchen Vsträgern die Übung oder sogar die Observanz herausgebildet hat, die betreffenden Bestimmungen so auszulegen, wie es dem § 67 entspricht. Das gilt auch im Rahmen des § 192 I, also dort, wo das VVG nicht einmal subsidiär anwendbar ist (Büchner S. 29).

Auch was den Zeitpunkt des Überganges angeht, stimmt das Landesrecht nicht durchgängig mit § 67 überein. Vielmehr ist gelegentlich eine Vorverlegung dieses Zeitpunktes festzustellen, und zwar kommt es nach § 15 FeuerkassenG vom 16. XII. 1929 (Hamburg) auf die **Feststellung der Entschädigung**, nach § 64 G betreffend die Lippische Landesbrandvsanstalt vom 16. IV. 1924 auf die **Entstehung des Ersatzanspruchs** an.

[5] 2. Funktion des § 67 einschließlich bürgerlich-rechtlicher Vorteilsausgleichung.

a) Grundsatz.

Die amtliche Begründung zu § 67 führt für das Rückgriffsrecht des Vers zwei Umstände an: Weder soll der Dritte infolge der Leistung des Vers von seiner Verbindlichkeit befreit werden, noch soll die V zu einer Bereicherung des Vmers führen (Motive zum VVG, Neudruck, Berlin 1963, S. 139). Diese zweifache Zielsetzung wird auch im Schrifttum und in der Judikatur allgemein als Rechtfertigung für den gesetzlichen Forderungsübergang angesehen (BGH 17. III. 1954 BGHZ Bd 13 S. 28, 30; Möller DAR 1953 S. 107; Kisch S. 5f.; R. Schmidt VersR 1953 S. 457f.; v. Gierke S. 208f.; Kunst VersRdsch 1966 S. 397).

[6] b) Versicherungsrechtliche Vorteilsausgleichung.

Soweit eine wirtschaftliche Besserstellung des Vmers durch die Vsentschädigung vermieden werden soll, stellt sich der gesetzliche Forderungsübergang als eines der verschiedenen Mittel der vsrechtlichen Vorteilsausgleichung dar (vgl. Möller [Anm. 52, 54] vor §§ 49—80; ders. DAR 1953 S. 107; Schultz S. 57), die ihrerseits als notwendige Folge des in § 55 verankerten Bereicherungsverbots erscheint (Möller Anm. 8 zu § 55; diesen Zusammenhang leugnet Schultz S. 36f. ohne triftigen Grund). Zur vsrechtlichen Vorteilsausgleichung ausführlich: Lentzen, Die Konkurrenz des Vsanspruchs und des Entschädigungsanspruchs des Vmers gegen Dritte, Kölner Diss. 1936, S. 38—52.

Da der Gesichtspunkt der Bereicherung nur dort auftauchen kann, wo die Vsentschädigung lediglich die Funktion einer Wiedergutmachung haben soll (Gegenstück: Für den Vsfall wird eine feste Summe versprochen ohne Rücksicht auf eine Vermögensbeeinträchtigung des Vmers), ist das Anwendungsgebiet des § 55 und der mit ihm korrespondierenden Bestimmungen über die Doppelversicherung (§ 59) und den gesetzlichen Forderungsübergang (§ 67) auf die Schadensversicherung beschränkt (vgl. Möller Anm. 24 zu § 1, Anm. 7 zu 55). Damit im Einklang stehen denn auch die drei soeben genannten Vorschriften im zweiten, mit „Schadensv" überschriebenen Abschnitt des VVG.

[7] c) Bürgerlich-rechtliche Vorteilsausgleichung.

Nicht so sicheren Boden hat man unter den Füßen, wenn man § 67 im Lichte der bürgerlich-rechtlichen Vorteilsausgleichung untersucht. Hier handelt es sich um die Frage, ob der **Schädiger** insoweit von seiner Ersatzpflicht **entlastet** wird, als ein **Ver den Schaden ausgeglichen hat**. Man ist auf den ersten Blick geneigt, dem Schädiger die Berufung auf den Vorteilsausgleich mindestens in demselben Maße zu versagen, wie § 67 den Übergang der Ersatzforderung auf den Ver vorschreibt, denn diese Vorschrift geht ja davon aus, daß die Schadenersatzforderung bestehen bleibt und lediglich ihren Träger wechselt. Indes würde diese Wertung bei der Summenv versagen, bei der es keine cessio legis gibt. Abgesehen davon erscheint es aber auch (trotz der Gesetzesbegründung) zweifelhaft, ob § 67 tatsächlich den bürgerlich-rechtlichen Vorteilsausgleich in einem bestimmten Sinn präjudizieren wollte. Unsere Vorschrift könnte auch dahin verstanden werden, daß nur dann ein Forderungsübergang auf den Ver stattfindet, wenn die

Sieg

eigenständig aus dem bürgerlichen Recht zu beurteilende Frage nach der Vorteilsausgleichung verneinend beantwortet wird. Ob § 67 oder die bürgerlich-rechtliche Betrachtungsweise die Priorität bei Prüfung des Vorteilsausgleichs hat, soll hier nicht weiter vertieft werden, weil die Beantwortung das Ergebnis ohnehin nicht beeinflußt.

Nachdem zunächst die Vorteilsausgleichung im Lichte der adäquaten Kausalität gesehen wurde (anzurechnen zugunsten des Schädigers sind solche Vorteile, die in adäquatem Kausalzusammenhang mit dem Schadenfall stehen), wird unsere Frage neuerdings als ein Zumutbarkeitsproblem begriffen: Inwieweit ist es unter Berücksichtigung von Sinn und Zweck des Schadenersatzes dem Geschädigten zuzumuten, sich Vorteile auf seinen Ersatzanspruch anrechnen zu lassen? (BGH 15. I. 1953 BGHZ Bd 8 S. 325, 327; BGH 24. X. 1956 BGHZ Bd 22 S. 76; R. Schmidt VersR 1953 S. 457; Karrer S. 56 N. 6; Larenz, Lehrbuch des Schuldrechts,1. Bd, 9. Aufl., München 1968, S. 162; Esser MDR 1957 S. 522—524; Rother, Haftungsbeschränkung im Schadensrecht, München-Berlin 1965, S. 232, 234). Unter diesem Gesichtswinkel werden mit Recht von der ganz überwiegenden Meinung Vsleistungen bei der Berechnung des Schadenersatzanspruchs außer Betracht gelassen, mag ein Schadenver, mag ein Summenver eingetreten sein. Der Dritte soll keinen Vorteil davon haben, daß sich der Vmer (oder ein anderer für ihn) durch Eigenleistungen eine Deckung verschafft hat (vgl. Palandt-Danckelmann, BGB, 26. Aufl., München und Berlin 1967, vor § 249 Anm. 7 c bb, 7 e und die dort vermerkte Judikatur; ferner die bei Staudinger-Werner, Kommentar zum BGB, 10./11. Aufl., Berlin 1967, vor §§ 249—255 Anm. 111 Genannten).

[8] Daraus geht zugleich hervor, daß der Ver nicht etwa die Schuld des Dritten im Sinne des § 422 BGB mittilgt, wenn er seinen Vmer entschädigt (so aber Bury S. 51). Desgleichen kann keine Rede davon sein, daß Ver und Dritter etwa Gesamtschuldner sind, so aber Maas, Der Rückgriff in der deutschen privaten Schadensv nach Wesen und Abgrenzung, Münsteraner Diss. 1930, S. 13ff., 24ff. Seine eigenwillige Deutung kann vor allem deshalb nicht überzeugen, weil er sich zu der Konstruktion genötigt sieht, daß der Ver die Schuld des Drittschädigers mitübernehme. Jede Sachv nimmt daher nach Maas Züge der Forderungsv an, wenn ein dritter Schadenstifter vorhanden ist (gedeckt sein soll die Schadenersatzforderung des Vmers gegen den Dritten). Es ist aber offensichtlich nicht der Standpunkt des Gesetzes, daß der Charakter der V schillern soll, je nachdem ob ein Dritter verantwortlich gemacht werden kann oder nicht. Außerdem kann an dem Parteiwillen nicht vorübergegangen werden, daß eine Sachv geschlossen werden soll, ganz gleich, ob in einem späteren Schadenfall ein Dritter in Anspruch genommen werden kann. Bei der Auffassung von Maas müßte § 67 überflüssig sein und sich der Übergang der Ersatzforderung aus § 426 II ergeben. Die Konstruktion wäre dann die gleiche, die jetzt § 3 Ziff. 9 S. 2 PflichtVersG für einen ganz anders gelagerten Fall verwertet, für einen Fall, in dem aber die Gesamtschuldnerschaft des Vers ausdrücklich angeordnet ist: § 3 Ziff. 1 PflichtVersG. Gegen Maas vor allem Kisch S. 3—5 N. 1 und Lentzen, Die Konkurrenz des Vsanspruchs und des Entschädigungsanspruchs des Vmers gegen Dritte, Kölner Diss. 1936, S. 11—19, 47.

Nur bei einer Lebensv mit Sparcharakter wird insofern eine Ausnahme von der Nichtanrechnung gemacht, als die Erträgnisse des Kapitals als Minderungsposten in die Schadenberechnung einfließen (BGH 19. IV. 1963 BGHZ Bd 39 S. 249—255).

Lediglich Walter (JW 1937 S. 846f., 849) und Staudinger-Werner (a. a. O. Anm. 111, 114, 115) wollen bei der Lebens- und der Unfallsummenversicherung eine Anrechnung der Vsleistungen zugunsten des Schädigers vornehmen, allerdings nicht in vollem Umfang, sondern unter Abzug der dafür aufgewendeten Prämien (daß auch die private Krankenversicherung summenversicherungsartigen Ersatz vorsehen kann, wird von Walter und Werner nicht beachtet). Ihnen kann jedoch nicht gefolgt werden. Da von Summenv regelmäßig nur gesprochen werden kann, soweit kein Schaden ersetzt wird, bringen Walter und Werner Unvergleichbares in einen Zusammenhang (vgl. BGH 19. XI. 1955 BGHZ Bd 19 S. 94, 99). Überdies sind sie den Beweis dafür schuldig geblieben, daß es dem Vmer zumutbar ist, eine entsprechende Kürzung des Schadenersatzanspruchs hinzunehmen.

I. Grundlegung **§ 67**
Anm. 9—11

In einer vereinzelt gebliebenen Entscheidung hat BGH 13. VI. 1961 VersR 1961 S. 846, 847 die (nicht zu billigende) Ansicht vertreten, daß der Ausgleich durch Lebens- oder UnfallV unter Umständen zur Freistellung des Schädigers führen könne, nicht im Wege der Vorteilsanrechnung, sondern nach Maßgabe einer Billigkeitserwägung.

[9] 3. Weitere Regreßwege.
a) Originärer Anspruch des Zuwenders gegen den Drittschädiger.
aa) Fälle.

Die Ziele, die sich § 67 laut seiner Begründung setzt (Bereicherungsverbot beim Geschädigten, Verhinderung der Vorteilsanrechnung beim Schädiger), werden von ihm durch das Mittel der cessio legis erreicht. Sie ist aber nicht der einzige Weg, auf dem sich die genannte Zielsetzung verwirklichen läßt. Denkbar wäre auch, daß der zunächst in die Bresche springende Zahler die Schuld des Schädigers mittilgt und daher einen originären Anspruch gegen ihn erwirbt, der auf Bereicherung oder Geschäftsführung beruht. Mag auch Selb, Schadenersatz und Regreßmethoden, Heidelberg 1963, S. 30—36 diesen Weg für ungeeignet halten, so ist doch nicht von der Hand zu weisen, daß er in praxi vorkommt. Zu denken ist an den Regreß des Unterhaltsleisters gegen den Schädiger (vgl. §§ 843 IV, 844 II BGB, § 7 II RHG, § 13 II StVG, § 38 II LVG) und den Rückgriff eines Außenstehenden, der nach § 267 BGB die Haftpflichtschuld tilgt, ohne damit dem Geschädigten oder dem Schädiger ein Geschenk machen zu wollen (vgl. zu diesen Fällen Sieg DB 1960 S. 1328; ders. JZ 1964 S. 14—16 mit Kritik an der üblichen Auslegung des § 843 IV BGB).

Darüber, ob § 67 mit originären Ansprüchen gegen den Drittschädiger konkurrieren kann, vgl. unten Anm. 155—159.

[10] bb) Kritik.

Dem gesetzlichen Forderungsübergang, wie ihn § 67 praktiziert, ist ohne Bedenken der Vorzug zu geben, weil er allein klare Rechtsverhältnisse zwischen den drei Beteiligten schafft. Deshalb ist es nicht verwunderlich, daß die Gesetzgebung sich dieser Lösung in den einschlägigen, nach Ausgleich verlangenden Rechtslagen in zunehmendem Maße bedient. Einen Überblick über die mannigfachen Anwendungsfälle bieten Selb, Karlsruher Forum 1964, S. 9 und Hübener, Der gesetzliche Forderungsübergang im System der Rechtsordnung, Hamburger Diss. 1968, S. 47f. Wir werden unten Anm. 22—24 auf gesetzliche Forderungsübergänge in der Sozialv zurückzukommen haben.

Verwandt ist mit der Legalzession eine Konstruktion, die sich an § 255 BGB anlehnt. Auch hier kommt es zu einer Rechtsnachfolge, aber nicht automatisch, sondern kraft Abtretung, die der Vorleistende vom Zahlungsempfänger verlangen kann. So liegt es, wenn der Arbeitgeber dem verletzten Arbeitnehmer das Gehalt trotz Nichtleistung von Diensten weiterzahlt (seit BGH 19. VI. 1952 BGHZ Bd 7 S. 30—53 ständige Rechtsprechung) oder wenn der verletzte Gesellschafter seinen Anspruch auf Tätigkeitsvergütung gegen die Gesellschaft behält, obwohl er infolge eines Unfalles dienstunfähig ist (BGH 8. XI. 1966 BB 1966 S. 1411). Für den ersteren Fall stößt § 4 Gesetz über die Fortzahlung des Arbeitsentgelts im Krankheitsfall vom 27. VII. 1969 zum gesetzlichen Forderungsübergang vor.

Der Rechtsgedanke des § 255 BGB spielt für unser Thema insofern eine Rolle, als der Vmer zur Abtretung solcher Drittansprüche gehalten sein kann, die nicht kraft § 67 automatisch übergehen; vgl. unten Anm. 171, 172.

[11] b) Orignärer Anspruch des Zuwenders gegen seinen Versicherten.
aa) Fälle.

In zunehmendem Maße sieht die Rechts- oder Vertragsordnung vor, daß ein Ver dem Geschädigten auch dann Ersatz leisten muß, wenn sein Vmer wegen Mängeln im Vsverhältnis keinen Anspruch auf Deckung hat. Die bekanntesten Fälle sind die des § 158c und des § 3 Ziff. 4, 5 PflichtVersG. Der Ausgleich zwischen Ver und Vmer vollzieht sich im ersteren Fall nach den Grundsätzen des Aufwendungsersatzes (§ 158f darf den Blick dafür nicht trüben, daß eine solche Forderung in Wahrheit zugrunde liegt, wie sich namentlich in dem Anspruch des Vers auf Kostenersatz zeigt, vgl. Sieg DB 1960 S. 1328), in letzterem Falle nach den Grundsätzen des Gesamtschuldnerausgleichs (§ 3 Ziff. 9 S. 2 PflichtVersG).

Als Abwandlung von § 426 I begegnet uns auf vsrechtlichem Gebiet § 59 II (Ausgleich der Doppelver untereinander). Über das Zusammenspiel dieser Norm mit § 67 vgl. unten Anm. 120—121.

Hierher gehört aus der Vertragsordnung der Regreßanspruch gegen den eigenen Vmer nach §§ 10 Ziff. 3, 12 Ziff. 2, 15 Ziff. 1 und 2 SVS bzw. nach Ziff. 28, 31, 34 Sp-Police. Auf dieselbe Wurzel geht der originäre Anspruch des Sozialvsträgers gegen den Unternehmer nach § 640 RVO zurück (zur Rechtsgrundlage in beiden Fällen Sieg DB 1960 S. 1328).

[12] bb) Unterstützender Forderungsübergang.

Soweit in diesem Bereich eine Forderung des Geschädigten gegen den Vmer nicht wegbedungen ist (wie nach § 636 RVO oder nach § 41a ADSp), geht sie zur Unterstützung des Regresses auf den Ver über: § 158f, § 3 Ziff. 9 S. 2 PflichtVersG in Verbindung mit § 426 II BGB. Der Forderungsübergang erfüllt also hier eine andere Aufgabe als im Bereich des § 67. Er soll nicht eine Bereicherung des Vmers verhindern, sondern dem Ver zusätzliche Sicherung für dessen Regreßforderung schaffen. Vgl. zu dieser Funktion des Regresses im einzelnen: Hübener, Der gesetzliche Forderungsübergang im System der Rechtsordnung, Hamburger Diss. 1968, S. 113—137. Deshalb ist in diesen Fällen § 67 II nicht analog anwendbar.

[13] c) Einziehungsermächtigung und gesetzliches Veräußerungsverbot zugunsten des Zuwenders.

Anders löst das Gesetz den Ausgleich zwischen einstweiligem Zuwender und endgültig Verpflichtetem in den schwer verständlichen §§ 1531—1541 RVO. Wenn der Vte bedürftig wird, weil der Sozialvsträger die auf ihn entfallende Verpflichtung nicht schnell genug feststellen kann und deshalb zunächst der Sozialhilfeträger in Vorlage tritt, so wird dem letzteren eine Einziehungsermächtigung hinsichtlich des Vsanspruchs gegeben, die mit einem gesetzlichen Veräußerungsverbot des Vten gekoppelt ist, damit dieser nicht die Realisierung der Einziehung durch den Sozialhilfeträger durchkreuzen kann (vgl. zur Konstruktion Sieg SGb 1966 S. 161—164).

[14] 4. Kritik an § 67 im Hinblick auf den Schädiger.

a) Stimmen für weitgehende Vorteilsanrechnung.

Wenn oben Anm. 10 die gesetzliche Surrogation als der ideale Regreßweg bezeichnet wurde, so gilt das nur unter der Voraussetzung, daß man überhaupt die von § 67 angesteuerten Ziele akzeptiert. Das erscheint uns heute nicht mehr so selbstverständlich wie den Schöpfern des VVG vor rund sechzig Jahren. Wenden wir uns zunächst der Frage zu, ob es sinnvoll wäre, den Schädiger durch die Vsleistung zu entlasten. Sie wird in Deutschland de lege ferenda unterschiedlich beantwortet, im Ausland vielfach bejaht. Schon im Jahre 1932 hat Wilburg (Jher. Jb. Bd 82 S. 86f.) die Auffassung vertreten, es sei geradezu ein soziales Anliegen, den Schädiger bei geringeren Verschulden durch die Anrechnung von seiner Schadenersatzverpflichtung zu befreien. Auch die oben Anm. 8 zitierten Autoren Walter und Werner sind zu denen zu rechnen, die für die Berücksichtigung der Vsentschädigung zugunsten des Schädigers plädieren (wenn sie sich lediglich auf die Summenv beschränken, so liegt das daran, daß sie sich de lege lata wegen § 67 gehindert sehen, auch die Leistungen der Schadensv dem Schädiger gutzubringen). Neuerdings verficht Rother, Haftungsbeschränkung im Schadensrecht, München-Berlin 1965, S. 248f. diese These. Er meint, das geltende Recht trage mit dem Regreß ein pönales Moment in die zivilrechtliche Abwicklung hinein (so vor ihm schon Walter JW 1937 S. 846, 849). Auch Lohmar, Rechtfertigung der Vorteilsausgleichung im Vsrecht, Karlsruhe 1968, S. 28—31, scheint zu dieser Richtung zu gehören. Über ähnliche Tendenzen im ausländischen Recht vgl. unten Anm. 25.

I. Grundlegung § 67
Anm. 15, 16

[15] b) **Gegenstimmen.**

Es scheint allerdings, daß derartige Bestrebungen bei uns wenig Aussicht auf Verwirklichung haben. Selb, Schadenbegriff und Regreßmethoden, Heidelberg 1963, S. 50—52, hält die vom Gesetzgeber in § 67 und ähnlichen Bestimmungen getroffene Wertung für zutreffend. Er meint, wegen der weitgehenden Verlagerung des Schadens von der Einzelperson auf eine Gemeinschaft (Tendenz zum Sozialschaden) sei es nicht zu vertreten, den Schädiger auf Kosten der Allgemeinheit zu entlasten. Betrachtet man den Siegeszug, den die Legalzession in den letzten Jahrzehnten angetreten hat (vgl. oben Anm. 10), so findet man die Feststellung des BGH berechtigt, die Entwicklung gehe dahin, dem Schädiger die Berufung auf Ersatzleistungen anderer zu versagen (BGH 24. X. 1956 BGHZ Bd 22 S. 75).

Markantestes Beispiel für diese Tendenz ist die Gestaltung des Beamtenrechts. Bis 1937 konnte der Dienstherr des verletzten Beamten keinen Rückgriff nehmen; der Schädiger wurde durch seine, des Dienstherrn Leistung entlastet. Das wurde auf einem Teilgebiet anders, als das DBG von 1937 den Übergang von Ersatzansprüchen dann vorschrieb, wenn der Unfall eine Versorgung ausgelöst hatte. Erst eine Novelle zum BBG (§ 87a) tat den weiteren Schritt, die cessio legis auch dann anzuwenden, wenn der Beamte nur vorübergehend dienstunfähig wurde, der Dienstherr also Gehalt weiterzahlte, ohne die Gegenleistung zu empfangen. Dem § 87a BBG entspricht § 52 BRRG (vgl. Sieg VersRdsch 1968 S. 183).

Eine weitere schädigerfeindliche Komponente tritt hinzu, nämlich den Schadenstifter, selbst den haftpflichtvten, aus Gründen der Prophylaxe einen Teil des von ihm angerichteten Schadens selbst tragen zu lassen (so Keller in einem am 20. II. 1969 gehaltenen Vortrag vor dem Karlsruher Forum; Eike von Hippel, Schadenausgleich bei Verkehrsunfällen, Haftungsersetzung durch Vsschutz, Berlin-Tübingen 1968, S. 83—88). Wenn schon dem haftpflichtvten Schädiger, der immerhin selbst Prämien für seine Entlastung aufgebracht hat, angesonnen wird, den Schaden je nach Verschuldensgrad ganz oder zum Teil zu tragen, so spricht natürlich noch weniger dafür, dem Schadenstifter die Vorteile aus einer fremdfinanzierten V zugute kommen zu lassen. Auch der Referentenentwurf eines G zur Änderung und Ergänzung schadenersatzrechtlicher Vorschriften Teil II Begründung S. 144 denkt kaum an einen Abbau der Regreßvorschriften, wenn auch eine gewisse Lockerung in § 255a Entw. anklingt (vgl. a. a. O. S. 47).

[16] **5. Kritik an § 67 im Hinblick auf den Versicherungsnehmer.**

a) **Fragwürdigkeit des Bereicherungsverbots.**

Mit der Feststellung, daß die Entlastung des Schädigers durch die Vsleistung nicht wünschenswert ist, ist noch nichts Entscheidendes für die Beibehaltung des § 67 gesagt, denn es erhebt sich die Frage, ob es nicht sinnvoll wäre, dem Vmer auch in der Schadenv den Ersatzanspruch gegen den Dritten neben der erhaltenen Vsentschädigung zu belassen. Sie wäre a limine zu verneinen, wenn das hinter § 67 stehende Bereicherungsverbot eine überzeugende Rechtfertigung für unsere Vorschrift gäbe. Das ist aber nicht der Fall. Bei dieser Feststellung ist weniger an die Lockerungen des Bereicherungsverbots in der Nichtpersonenv gedacht (vgl. Möller Anm. 46—50 vor §§ 49—80), auch nicht an die ziemlich vereinzelt gebliebene Ansicht Winters (Konkrete und abstrakte Bedarfsdeckung in der Sachv, Göttingen 1962, S. 99—107), daß auch die Nichtpersonenv als Summenversicherung betrieben werden könne, sondern vielmehr an die allgemein anerkannte Möglichkeit, daß es die Parteien bei der Personenv in der Hand haben, ob sie Leistungen des Vers als Summen- oder Schadenv ausgestalten wollen (vgl. Möller Anm. 26 zu § 1, Anm. 3 vor §§ 49—80; amtliche Begründung zu § 1, Motive zum VVG, Neudruck, Berlin 1963, S. 71). Ein Prinzip, hier das Bereicherungsverbot, verliert dann an Glaubwürdigkeit und Durchschlagskraft, wenn die Parteien es auch nur auf einem Teilgebiet umgehen können, hier, indem sie in die Summenv ausweichen. Um solche Manipulationen zu vermeiden, wird hier der Anwendungsbereich des § 67 in der Personenv weiter gezogen als von der herrschenden Lehre (unten Anm. 20—21).

Selbst wo die Personenv nach dem Prinzip der Schadenv gestaltet ist, wird übrigens das Bereicherungsverbot nicht immer beachtet. So ist die Krankheitskostenv zwar

§ 67
Anm. 17, 18
I. Grundlegung

subsidiär gegenüber der gesetzlichen Unfall- und Rentenv, nicht aber gegenüber der gesetzlichen Krankenv (vgl. Prölss[17], Anm. 10 zu § 5 Musterbedingungen des Verbandes der privaten Krankenver, S. 897—898). Eine ähnliche Überschneidung ergibt sich beim Heilkostenersatz der Unfallv: Sieg JZ 1960 S. 437.

[17] Ist also — wie gezeigt — die Abgrenzung von Schaden- und Summenv, auf der das Bereicherungsverbot aufbaut, von der Vsseite her flüssig, so zeigt sich auch von der Ersatzseite her eine Durchlässigkeit zwischen beiden Arten. Gemeint sind hier die Fälle, in denen eine Summenvsleistung, die ihrer Zielsetzung nach eben nicht auf Ausgleich eines Schadens zielt, doch auf ihn Einfluß hat. Derartige Erscheinungen begegnen uns bei der Insassenunfallv, im Luftrecht und im Rahmen der Amtshaftung. Zwar soll die Summenleistung des Unfallvers an den Insassen nicht automatisch die Schadenersatzverbindlichkeit des Halters mindern (das hat aber mit der mehr oder minder großen Üblichkeit der Insassenunfallv nichts zu tun, wie OLG Kiel 1. II. 1935 HRR 1935 Nr. 1138 irrig annimt), dieser hat aber die Möglichkeit zu bestimmen, daß sie als Tilgung des Haftpflichtanspruchs gelten soll, sofern das Innenverhältnis zwischen Halter und Insasse eine solche Bestimmung zuläßt (BGH 19. XI. 1955 BGHZ Bd 19 S. 94, 99 = JZ 1956 S. 370 mit Anm. Sieg; BGH 23. IV. 1963 BB 1963 S. 626 = NJW 1963 S. 1201—1203; das Urteil läßt offen, ob dieses Bestimmungsrecht des Halters weiter geht, wenn er keinen Haftpflichtvsschutz genießt, was Lohmar a. a. O. S. 75 bejaht).

Nach § 50³ LVG mindern Leistungen des Unfallvers ohne weiteres die Schadenersatzverbindlichkeit des Luftfahrzeughalters. — Nach weit verbreiteter Ansicht sind Leistungen des Unfall- und Krankenvers, auch wenn es sich um Summenv handelt, anderweitiger Ersatz im Sinne des § 839 I 2 BGB, der die Amtshaftung insoweit zurücktreten läßt (vgl. Palandt-Danckelmann, BGB, 26. Aufl., München-Berlin 1967, Anm. 7 c bb vor § 249 mit Angabe von Judikatur). Mag auch die letztere Ansicht angreifbar sein (was hierzu unter Anm. 29—30 in bezug auf die Schadensv ausgeführt wird, gilt um so mehr für die Summenv), so kann doch dieser Fall mit als Beleg dafür gelten, daß eine feste Grenze zwischen Summen- und Schadenv nicht zu ziehen und damit die Berechtigung des auf die letztere gemünzten Bereichungersverbots fragwürdig ist.

Im Hinblick auf den Vmer kann auch schwerlich gesagt werden, daß § 67 lediglich die Ausformung eines vorgezeichneten allgemeinen bürgerlich-rechtlichen Prinzips bedeute. Als Ansatzpunkt für solche Auffassung könnte § 255 BGB dienen. Selbst wenn man annimmt, daß diese Vorschrift über ihren Wortlaut hinaus auszulegen ist (vgl. aber die vorsichtige Formulierung in BGH 30. IV. 1952 BGHZ Bd 6 S. 56, 61 f.), so bleibt doch immerhin die Besonderheit bestehen, daß der Vmer für die Leistung des Vers vorweg ein Äquivalent in Gestalt der Prämie oder des Beitrages erbracht hat. Daß es bürgerlich-rechtlich hinzunehmen ist, wenn der Schadenfall zu einer wirtschaftlichen Besserstellung des Vmers führt, zeigen ja auch die Fälle der Summenv. Auch Mertens, Der Begriff des Vermögensschadens im bürgerlichen Recht, Stuttgart-Berlin-Köln-Mainz 1967, S. 191 betont die Möglichkeit zusätzlicher (Unterstreichung von mir) Deckungsbeschaffung durch den Vmer, unabhängig vom Ersatzanspruch gegen den Dritten. Lohmar a. a. O. S. 32 weist darauf hin, daß das Vertragsrecht des BGB keine Vorteilsanrechnung kenne.

Nach alledem ergeben sich rechtspolitische Bedenken gegen § 67. Dabei will ich hier ganz unerörtert lassen, ob und inwieweit der Regreß wirtschaftlich sinnvoll ist (vgl. schon Schneider ZVerwWiss 1916 S. 226; Sieg JuS 1968 S. 360 insbesondere Note 32). Das würde zu einer Betrachtung unseres Problems aus der Gesamtschau, losgelöst vom punktuellen einzelnen Vsverhältnis, führen.

[18] **b) Folgen für die Anwendung des § 67.**
Da § 67 und damit das ihm zugrunde liegende Bereicherungsverbot geltenden Rechts ist (vgl. aber auch die Zitate bei Möller Anm. 45 vor §§ 49—80), gilt es, dem letzteren bei der Auslegung Respekt zu verschaffen und die aufgezeigten Grenzüberschreitungen auf ein möglichst geringes Maß zurückzuführen (vgl. dazu im einzelnen unten Anm.

I. Grundlegung **§ 67**
Anm. 19, 20

20—21). Was zunächst die Nichtpersonenv angeht, so sind die Durchbrechungen des Bereicherungsverbots auf den Regreß weitgehend deshalb ohne Einfluß, weil der Schädiger nach bürgerlich-rechtlichen Grundsätzen nur den Vermögensstand des Geschädigten herzustellen hat, der ohne das schädigende Ereignis vorhanden wäre. Was der Ver darüber hinaus leistet, kann den Dritten im Regreßwege nicht belasten. Diese Fälle bleiben auch insofern noch konstruktiv im System der Schadenv, als man sich hier der von Schiering S. 37, 119 geprägten Rechtsfigur der schadenabhängigen Pauschalregulierung bedienen kann.

In der Personenv verdienen die Bestrebungen Zustimmung, die für die Summenv eine besondere Rechtfertigung fordern (Schmidt = Rimpler, Arbeiten zum Handels-, Gewerbe- und Landwirtschaftsrecht, Nr. 62, Bd 2, S. 1234—1236; Schiering S. 52, 54, 119) und, wo diese nicht zu finden ist, den Abschluß nach Maßgabe der Schadenv befürworten (Möller JW 1938 S. 918 für die private Krankenv, ausdrücklich Pauschalierungen zulassend; Helfesrieder S. 45—47, 55 betreffend Tagegeld in der Unfall- und Krankenv).

[19] 6. Schadensversicherung im Sinne des § 67.

a) Nichtpersonenversicherung.

Das Hauptanwendungsgebiet des § 67 bildet die Nichtpersonenversicherung, denn sie kann nach herrschender Lehre nur als Schadenv betrieben werden (vgl. oben Anm. 16). § 67 greift sowohl bei der Aktiven- als auch bei der Passivenv ein (Kisch S. 8). Die Aktivenv kommt in drei Arten vor, wir unterscheiden Sach-, Forderungs- und Gewinnv (vgl. Möller Anm. 28 zu § 1, Anm. 12—16 vor §§ 49—80). Von diesen spielt die Forderungsv für § 67 kaum eine Rolle, vgl. unten Anm. 33. Was die Gewinnv angeht, so weist Mertens a. a. O. S. 190 ausdrücklich auf die Betriebsunterbrechungsv im Rahmen der bürgerlich-rechtlichen Vorteilsausgleichung hin.

Unter den Zweigen der Passivenv wird die Haftpflichtv von § 67 erfaßt, nicht jedoch die Rückv (Prölss[17] Anm. 4 zu § 67, S. 313; Kisch S. 7). Das ergibt sich sowohl aus § 186 als auch aus der Erwägung, daß die Rückv eine partiarische Rechtsbeziehung zwischen Erst- und Rückver schafft, woraus folgt, daß der Rückver im Rahmen des Abrechnungsverhältnisses anteilig an dem Erfolg des von dem Erstver durchgeführten Regresses partizipiert, ohne daß eine zweite cessio legis vom Erst- auf den Rückver notwendig wäre (anders Bruck S. 680 und für die Seev Ritter-Abraham Anm. 28 zu § 45, S. 688). Das gilt auch für Ausgleichsansprüche des Erstvers gegen einen anderen Ver, d.h. auch in diesem Fall findet kein Übergang auf den Rückver statt (anders auch hier Ritter-Abraham Anm. 28 zu § 45, S. 688).

[20] b) Personenversicherung.

Es ist heute in Deutschland überwiegend anerkannt, daß § 67 auch in der Personenv Anwendung findet, nämlich soweit sie nach Art der Schadenv betrieben wird (Kisch S. 7). Das gilt für die Heilkosten in der Unfallv und für die Krankheitskosten in der Krankenv (Möller Anm. 3 vor §§ 49—80; Prölss[17] Anm. 9 zu § 67, S. 320—321; Lohmar a. a. O. S. 50f.; BGH 17. X. 1957 BGHZ Bd 25 S. 330, 338 = VersR 1957 S. 729—731; OLG Stuttgart 22. X. 1959 VersR 1960 S. 87; LG Frankfurt 9. IV. 1964 VersR 1964 S. 955 = NJW 1964 S. 1729; LG Mainz 22. XII. 1966 VersR 1967 S. 961). Das RG lehnte die Anwendung von § 67 auf die Personenv ab, zuweilen ohne Differenzierung nach Schaden- und Summenv (RG 12. III. 1936 JW 1936 S. 2795; RG 7. VII. 1943 DR 1943 S. 1079; RG 4. I. 1937 RGZ Bd 153 S. 38ff.). Ebenso in neuerer Zeit OLG Düsseldorf 11. IX. 1957 VersR 1958 S. 235; Hofmann VersR 1958 S. 659.

Nicht zweifelhaft ist ferner, daß auch die Sterbegeldv als Teil der Lebensv so ausgestaltet sein kann, daß sie auf konkreten Ersatz der Bestattungskosten gerichtet ist, was die Anwendung von § 67 zur Folge hat (Möller Anm. 3, 26 vor §§ 49—80; Schiering S. 53). Theoretisch könnte die Sterbegeldv in den übrigen Zweigen der Personenv ebenso beschaffen sein, praktisch kommt sie aber dort nur als Summenv vor (Klingmüller, Das Krankenvsvertragsrecht in: Balzer-Jäger, Leitfaden der privaten Krankenv, Karlsruhe o. J., Sonderdruck, S. 4).

Schwieriger ist die Frage zu beantworten, ob auch **Tagegelder** der Unfall- und Krankenversicherung von § 67 erfaßt werden. Sie wird allgemein verneint. Ich habe mich in VersRdsch 1968 S. 185f. unter Hervorhebung der Vorsichtsmaßnahmen, die die Ver bei Eingehung von Tagegeldven zu beobachten pflegen, auf den gegenteiligen Standpunkt gestellt, muß aber einräumen, daß die mit jenen Maßnahmen bezweckte Eingrenzung des subjektiven Risikos nicht stets den Schluß zuläßt, daß damit der Schritt von der Summen- zur Schadenv getan sei. Kein Argument gegen den Regreß würde der Hinweis bedeuten, daß die Ver selbst es bisher nicht versucht haben, Rückgriff wegen gezahlter Tagegelder zu nehmen, ihnen also an diesem offensichtlich nicht gelegen sei. Auf das Parteiverhalten würde es nicht ankommen, wenn das Bereicherungsverbot nach objektiven Kriterien eingriffe.

Festzuhalten ist, daß die Tagegeldv als Schadenv nicht nur vereinbart werden **sollte** (vgl. Helfesrieder oben Anm. 18), sondern tatsächlich zum Teil auch so vereinbart **wird**. Zu denken ist hierbei an die mit Arbeitnehmern vereinbarten Ven, die ein Tagegeld erst ab 43. Tag der Arbeitsunfähigkeit vorsehen (Grewing, Unfallv, Wiesbaden 1966, S. 65), also von dem Zeitpunkt an, an dem die Gehaltsfortzahlung aussetzt. Zur Schadenv gehören die Tagegelder ferner dann, wenn sie bedingungsgemäß zur Hälfte für die Aufstockung des Behandlungskostenersatzes verwendet werden, wie nach § 18 II Ziff. 4 AKB, sofern der Unfall keine Arbeitsbehinderung ausgelöst hat. Dasselbe gilt, wenn das Tagegeld nach § 18 II Ziff. 5 AKB für den Ersatz ärztlicher Behandlungskosten ausgenutzt worden ist.

[21] Nach meiner Auffassung hat ferner das **Krankenhaustagegeld** Schadenvcharakter. Es dient anerkanntermaßen der Aufstockung der für die Krankenhauskosten zu gewährenden Vsentschädigung, weil diese meist in den Verträgen zu niedrig bemessen wird (vgl. Heyn ZVersWiss 1968 S. 576; Tauer-Linden, Krankenv in Vswirtschaftliches Studienwerk F II S. 92). Während das Bundesaufsichtsamt für das Vs- und Bausparwesen hier eine **Tendenz** zur Schadenv für gegeben hält (Rundschreiben R 1/68 vom 26. II. 1968 VerBAV 1968 S. 50f.), geht Obermeyer VW 1948 S. 202 erheblich weiter: Die Krankenhaustageldv sei der technischen Gestaltung nach eine Schadenv; dem stehe auch die Pauschalierung des Ersatzes, die sich aus praktischen Notwendigkeiten ergebe, nicht entgegen. Die abweichende Ansicht bestätigt neuerdings wieder OLG Hamm 14. VI. 1968 VersR 1969 S. 508f.

Läßt man die Tagegelder am Regreß teilnehmen, so vermeidet man die schwer verständliche Divergenz zur Sozialv, wo das funktionsgleiche Krankengeld zweifellos von § 1542 RVO und den ihm gleichstehenden Regreßnormen erfaßt wird. Hier wie dort handelt es sich der Sache nach um pauschalierte schadenabhängige Deckung in der Terminologie Schierings (vgl. hierzu auch unten Anm. 24).

Die deutschen Krankenver bieten vereinzelt eine Tagegeldv für den **Arbeitgeber**, wodurch die während der Arbeitsunfähigkeit der Arbeitnehmer weiterlaufenden Gehälter abgedeckt werden (Tauer-Linden a. a. O. S. 58). Auch hier haben wir es mit konkreter Bedarfsdeckung zu tun. § 67 findet Anwendung, allerdings wird hier der Ver erst in zweiter Stufe Rechtsnachfolger. Nach der oben Anm. 10 wiedergegebenen Rechtsprechung kann der Arbeitgeber die Fortzahlung des Gehalts von der Abtretung der kongruenten Schadenersatzansprüche des Arbeitnehmers abhängig machen. Ist die Abtretung vollzogen, der Anspruch also in des Arbeitgebers = Vmers Hand, so geht er daraufhin weiter nach § 67 auf den entschädigenden Ver über.

Im übrigen gehören die Leistungen der Personenv zur Summenv, also Kapital- und Rentenleistungen in der **Lebensv**, Invaliditäts- und Todesfallentschädigungen in der **Unfallv** (Möller Anm. 26 vor §§ 49—80).

[22] 7. Parallelregelung im Sozialversicherungsrecht.

a) Quellen.

Oben Anm. 10 wurde darauf hingewiesen, daß der Regreßweg des gesetzlichen Forderungsübergangs in der letzten Zeit immer mehr an Boden gewonnen hat. In der Sozialv war er von vornherein vorgesehen (vgl. BGH 30. III. 1953 BGHZ Bd 9 S. 179, 184—187).

I. Grundlegung § 67
Anm. 23—25

Heute findet sich die maßgebliche Norm für die Kranken-, die Unfall- und die Arbeiterrentenv in § 1542 RVO.

§ 1542 RVO

[1] Soweit die nach diesem Gesetze Versicherten oder ihre Hinterbliebenen nach anderen gesetzlichen Vorschriften Ersatz eines Schadens beanspruchen können, der ihnen durch Krankheit, Unfall, Invalidität oder durch den Tod des Ernährers erwachsen ist, geht der Anspruch auf die Träger der Versicherung insoweit über, als sie den Entschädigungsberechtigten nach diesem Gesetze Leistungen zu gewähren haben. Dies gilt nicht bei Ansprüchen, die aus Schwangerschaft und Niederkunft erwachsen sind. Bei den gegen Unfall Versicherten und ihren Hinterbliebenen gilt es nur insoweit, als es sich nicht um einen Anspruch gegen den Unternehmer oder die ihm nach § 899 Gleichgestellten handelt.
[2] Auf das Maß des Ersatzes für Krankenpflege und Krankenhauspflege sowie für Krankenbehandlung und Heilanstaltspflege ist § 1524 Abs. 1 Satz 2 bis 4 entsprechend anzuwenden, wenn der Versicherungsträger nicht höhere Aufwendungen nachweist.

Entsprechende Regelungen sehen vor: § 77 II AVG (für die Angestelltenv), § 109 RKnG (für die Knappschaftsv) und § 127 (betreffend Arbeitslosengeld) und § 141 (betreffend Arbeitslosenhilfe) Arbeitsförderungsgesetz vom 25. VI. 1969. Zum Vorläufer dieser beiden Bestimmungen, dem § 205 AVAVG, vgl. Sieg VersR 1969 S. 1—5.

[23] **b) Unterschiede zum Privatversicherungsrecht.**
Der sozialvsrechtliche Regreß weicht in manchen Punkten von dem nach § 67 ab. Im ersteren Bereich geht nämlich die Forderung nicht erst über, wenn der Sozialvsträger Leistungen gewährt, sondern schon dann, wenn er sie zu gewähren hat, praktisch also mit dem Schadenfall (vgl. BGH 10. VII. 1967 BGHZ Bd 48 S. 181—193). Damit ist für die Sozialv eine dem § 67 I 3 entsprechende Vorschrift überflüssig. Die sozialvsrechtlichen Subrogationsnormen kennen ferner keine Entsprechungen zu § 67 I 2 und § 67 II. Was zunächst § 67 I 2 angeht, so sind aus dessen Fehlen allerdings keine praktischen Schlüsse zu ziehen, weil es sich um eine selbstverständliche Regelung handelt, die überall da eingreift, wo ursprünglicher Gläubiger und gesetzlicher Rechtsnachfolger in Konkurrenz dem Schuldner gegenübertreten (vgl. Sieg JuS 1968 S. 359). Auf die analoge Anwendung des § 67 II im Bereich der Sozialv ist später zurückzukommen (Anm. 112).
Andererseits weisen die sozialvsrechtlichen Quellen zusätzliche Bestimmungen auf, die der Privatv fremd sind. Zu nennen sind hier § 1542 II RVO (Pauschalierung des Regreßanspruchs) und § 1543 RVO (Bindung des über den Schadenersatzanspruch befindenden Gerichts an Entscheidungen der Sozialvsträger über Grund und Höhe ihrer Verpflichtungen).

[24] **c) Gemeinsame Wurzel.**
Soweit der Sozialvsträger Geldleistungen gewährt (z. B. Krankengeld, Hausgeld, verschiedene Arten der Renten), deckt er keinen konkret berechneten Schaden ab. Man hat deshalb gemeint, daß hier im Unterschied zur Privatv einem Summenver der Regreß zugebilligt wird (R. Schmidt VersR 1963 S. 460). Das dürfte nicht zutreffend sein. Alle Geldleistungen des Sozialvers haben letztlich Lohnersatzfunktion. Daß der Bedarf nicht auf Heller und Pfennig berechnet, sondern im Interesse der Verwaltungsvereinfachung pauschaliert abgedeckt wird, hindert nicht, auch hier eine schadenabhängige Vsleistung anzuerkennen (vgl. Sieg VersRdsch 1968 S. 187f.; ebenso für die gesetzliche Unfallv Schiering S. 119).

[25] **8. Ausländische Rechte.**
Ein Blick auf ausländische Rechte soll hier nur insoweit geworfen werden, als sie charakteristische Züge für die Funktion des Regresses aufweisen.
Das französische Recht stimmt nach Art. 36 frzVVG weitgehend mit dem deutschen überein. Nicht nur das Prinzip ist dasselbe, sondern die Parallelität geht bis in die

§ 67
Anm. 26

II. Außerversicherungsrechtliche Voraussetzungen des Übergangs

Einzelheiten: Art. 36 II entspricht § 67 I 3; Art. 36 III dem § 67 II. Der Satz nemo subrogat contra se ist zwar nicht, wie bei uns in § 67 I 2, ausdrücklich ausgesprochen, seine Geltung wird aber für selbstverständlich angesehen: Sumien, Traité des Assurances terrestres et des Opérations à long Terme, 7. Aufl., Paris 1957, S. 121. Ein Unterschied zum deutschen Recht besteht darin, daß nach Art. 55 frzVVG der Regreß in der Personenv schlechthin ausgeschlossen ist, also auch soweit Krankheitskosten und Heilkosten erstattet wurden.

Bemerkenswert sind die Regelungen in Schweden und der Schweiz insofern, als dort der Regreß des Nichtpersonenvers eingeschränkt ist. Nach § 25 I schwedVVG (Übersetzung bei Roelli-Jaeger-Keller, Kommentar zum Schweizerischen Bundesgesetz über den Vsvertrag, 4. Bd, 2. Aufl., Bern 1962, S. 322) ist dem Ver der Rückgriff bei leichter Fahrlässigkeit, nicht hingegen bei Gefährdungshaftung versagt. § 25 II schwedVVG deckt sich dagegen wieder mit dem deutschen Recht: Der Unfall- oder Krankenver kann im Rahmen des Abs. 1 Regreß nehmen, soweit er schadenvsartige Leistungen erbracht hat.

In der Schweiz gibt es einen Regreß des Nichtpersonenvers nur bei unerlaubter Handlung des Dritten (Art. 72 I schweizVVG), was dahin ausgelegt wird, daß nur Ansprüche aus schuldhaft begangenem Delikt übergehen (vgl. Karrer S. 27f.; Oftinger, Schweizerisches Haftpflichtrecht, 1. Bd, 2. Aufl., Zürich 1958, S. 342f.). Der weite Bereich der Gefährdungshaftung und der Ansprüche aus Verträgen bleibt also ausgeklammert. Im übrigen entspricht Art. 72 II und III dem § 67 I 3 und II dtschVVG. Das schweizerische Bundesgericht lehnt einen Regreß bei der Personenv schlechthin ab (im Ergebnis also wie Frankreich, s. o.). Dagegen wird Kritik erhoben, soweit die Personenver nach Maßgabe der Schadenv Leistungen gewährt (Helfesrieder S. 47f,. 67, 70).

Über den Stand der internationalen Diskussion zum Regreßrecht unterrichtet Fleming (California Law Review Bd 54 [1966] S. 1478—1549). Eine starke Tendenz geht dahin, daß der Schadenstifter nur bei schwerem Verschulden im Rückgriffswege in Anspruch genommen werden soll, sofern eine Vtengemeinschaft zunächst für Ausgleich gesorgt hat.

[26] II. Außerversicherungsrechtliche Voraussetzungen des Übergangs.

1. Anspruch auf Ersatz des Schadens.

a) Gesetzlicher Anspruch.

aa) Privatrechtliche Grundlage.

aaa) Deliktsanspruch im weiteren Sinne.

Entsprechend der Zielsetzung des § 67 ist es gleichgültig, auf welcher Grundlage der Ersatzanspruch des Vmers beruht. In erster Linie kommen gesetzliche Ansprüche in Betracht, mögen sie auf Verschuldens-, mögen sie auf Gefährdungshaftung zurückgehen. Dabei kommt als Gegner nicht nur der unmittelbare Täter in Frage, sondern z. B. auch der Hehler (OLG Düsseldorf 27. VI. 1950 VW 1950 S. 304 mit zustimmender Anmerkung von Bischoff VersR 1950 S. 151; Stiefel-Wussow S. 489).

Auch der Ausgleichsanspruch des Vmers gegen einen Mitschädiger gehört zu den Ersatzansprüchen (OLG Hamm 24. X. 1961 VersR 1962 S. 502; BGH 13. V. 1955 BGHZ Bd 17 S. 214 = NJW 1955 S. 1314; BGH 17. V. 1956 BGHZ Bd 20 S. 371; BGH 9. XI. 1965 VersR 1966 S. 64; Harten S. 40), für die Haftpflichtversicherung, zu der auch die KVO-Versicherung gehört (LG Berlin 26. X. 1953 VersR 1953 S. 452; BGH 7. XII. 1961 LM Nr. 19 zu § 67 VVG), die bedeutendste Grundlage des Regresses, aber nicht die einzige (vgl. unten Anm. 32).

Nach heute herrschender Ansicht kann der Ausgleich nicht dadurch beeinflußt werden, daß der Gläubiger (der Geschädigte in der Haftpflichtv) dem zahlenden Deliktsschuldner oder dessen Haftpflichtver die Forderung abtritt; der Mitschuldner kann sich auch dann auf die Mithaftungsquote des Vmers berufen: Blomeyer, Allgemeines Schuldrecht, 4. Aufl., Berlin-Frankfurt/M. 1969, S. 302; Mittermeier VersR 1969 S. 398; BGH 13. V. 1955 BGHZ Bd 17 S. 214ff. = VersR 1955 S. 381—383 = LM Nr. 5 zu § 67 VVG = VerBAV 1955 S. 283; BGH 3. VII. 1962 VersR 1962 S. 725—727. Anders noch

II. Außerversicherungsrechtliche Voraussetzungen des Übergangs **§ 67**
Anm. 27

RG 6. VI. 1935 RGZ Bd 148 S. 137—145 = JW 1935 S. 3291 mit Anm. Oellers JW 1936 S. 799.
Für die Subrogation macht es keinen Unterschied, ob sich der deliktische Anspruch von vornherein in der Hand des Vmers befand oder ob er ihn seinerseits als Rechtsnachfolger erworben hat (vgl. oben Anm. 21 und Kisch S. 15f), ob er unmittelbar mit dem Vsfall entstanden ist oder nur mittelbar auf ihn zurückgeht.

[27] bbb) Bereicherungsanspruch.
Ob Bereicherungsansprüche unter § 67 fallen, ist umstritten. Während manche die Frage schlechthin bejahen (Bruck S. 667; Prölss § 67 Anm. 1; Ritter-Abraham § 45 Anm. 6), wird sie von anderen ebenso kategorisch verneint (Kisch S. 19; Stiefel-Wussow S. 489). Harten S. 46—59 will unterscheiden, ob der Bereicherungsanspruch auf Herausgabe (dann soll kein Übergang stattfinden) oder auf Wertersatz (dann soll Übergang zu bejahen sein) geht. Er meint, in letzterem Fall wie in dem des § 816 habe die Bereicherung schadenersatzartigen Charakter.

M. E. können Bereicherungsansprüche schlechthin nicht von der cessio legis erfaßt werden, denn sie sind vom Schadenersatz wesensverschieden. Während die Kondiktion auf die Verhältnisse beim Schuldner abstellt (besonders markant: § 818 III BGB), ist der Schadenersatzanspruch grundsätzlich nach den Verhältnissen des Gläubigers orientiert. Mit Recht werden daher beide scharf voneinander abgehoben, auch wenn die Kondiktion auf Wertersatz gerichtet ist (Larenz, Lehrbuch des Schuldrechts, 2. Bd 9. Aufl., München 1968, S. 392). Allerdings findet sich in RG 17. I. 1940 RGZ Bd 163 S. 21, 34 die beiläufige Bemerkung, daß die Klägerin, ein Ver, den auf sie übergegangenen Bereicherungsanspruch verfolgen könne, aber diese Entscheidung ist nicht beweiskräftig. Die Klägerin hatte als Haftpflichtver auf Grund einstweiliger Verfügungen nach § 940 ZPO den Geschädigten befriedigt, dessen Ansprüche sich im Hauptprozeß als unbegründet herausstellten. Damit hatte der Vmer einen Schadenersatzanspruch nach § 945 ZPO gegen den Geschädigten erworben (ebenso ist die Rechtslage, wenn ein vorläufig vollstreckbares Urteil oder ein Vollstreckungsbefehl später aufgehoben wird: §§ 700, 717 II ZPO). Anderer Ansicht ist OLG Frankfurt/M. 23. IV. 1959 VersR 1959 S. 894, wo die Schadenliquidation in Drittinteresse übersehen ist, die Wussow in der Anmerkung zwar behandelt, aber zu Unrecht ablehnt; vgl. zum Problem Sieg, Ausstrahlungen der Haftpflichtversicherung, Hamburg 1952, S. 223f. Der Bereicherungsanspruch, von dem das RG handelt, hätte erst nach Abtretung an den Ver von diesem geltend gemacht werden können (vgl. Sieg a. a. O. S. 216).

Mit einer verwandten Rechtslage hat sich LG Krefeld 18. VIII. 1960 VersR 1961 S. 958 beschäftigt: Die Klägerin, ein Haftpflichtver, hatte für ihren Vmer an das scheineheliche Kind eines getöteten Dritten Schadenersatz nach § 844 II BGB gezahlt. Nachdem der Ehelichkeits-Anfechtungsprozeß mit Erfolg durchgeführt worden war, ließ sich die Klägerin die Ansprüche ihres Vmers gegen den Erzeuger abtreten und verlangte nunmehr von diesem die Zahlung der Beträge, die sie für das scheineheliche Kind aufgewendet hatte. Das LG Krefeld gab der Klage statt. Es bejahte einen Anspruch des Vmers gegen den Erzeuger in analoger Anwendung von § 1709 II BGB. Es kann dahingestellt bleiben, ob diese Auffassung des LG zu teilen ist. Folgt man ihm, so geht jener Anspruch jedenfalls nicht nach § 67 auf den Ver über. Die Abtretung, die in casu vorlag, war also notwendig.

Praktische Bedeutung kann die Frage des Übergangs vor allem bei § 816 I gewinnen (Beispiel von Harten S. 57: Der Einlagerer hat Ware, die sich beim Lagerhalter befindet, unter Vsschutz gebracht, das Veruntreuungsrisiko ist mitgedeckt. Der Lagerhalter unterschlägt die Ware und verfügt über sie zugunsten des gutgläubigen X). Hier wird aber immer mit dem Kondiktionsanspruch ein deliktischer konkurrieren, der natürlich übergeht. Damit wird auch der Bereicherungsanspruch, soweit sich beide decken, konsumiert (Larenz, Allgemeiner Teil des Deutschen Bürgerlichen Rechts, München 1967, S. 270—73). Soweit der letztere über den Schadenersatzanspruch hinausgeht, verbleibt er dem Vmer. — Akut werden mag unser Problem auch im Rahmen des § 951 BGB: Versicherte Rohstoffe werden gestohlen und dem gutgläubigen X verkauft, der sie verarbeitet und damit Eigentum nach § 950 erlangt. Auch dieser Bereicherungsanspruch geht der Regel entsprechend nicht nach § 67 über (anders Harten S. 58).

Auf den ersten Blick scheint es widersprüchlich zu sein, die Übergangsfähigkeit des Ausgleichsanspruchs zu bejahen (oben Anm. 26), die des Bereicherungsanspruchs zu verneinen, obwohl beide nicht wesensverschieden voneinander sind (vgl. unten Anm. 157). Indes ist zu beachten, daß im Rahmen des § 67 nur solche Ausgleichsansprüche eine Rolle spielen, die aus der Haftung des Mitschädigers für eine **Schadensersatzverbindlichkeit** rühren. Diese Ausgleichsansprüche haben also mehr mit Delikts- als mit Bereicherungsforderungen gemeinsam.

Der Ausgleich vollzieht sich in diesen Fällen wie folgt: Realisiert der Vmer den Kondiktionsanspruch, so stellt sich die Vleistung nachträglich als grundlos heraus und der Vmer ist gehalten, sie nach Bereicherungsrecht zurückzuerstatten. Man wird den Vmer für verpflichtet halten müssen, die Bereicherungsforderung auf Verlangen des Vers in analoger Anwendung von § 255 BGB an diesen abzutreten (vgl. Kisch S. 20 für einen ähnlichen Fall). Wenn auch die Rechtfertigung des § 67 aus dem Gedanken des § 255 nicht schlüssig ist (vgl. de lege ferenda oben Anm. 17), so muß, solange das vrechtliche Bereicherungsverbot gilt, umgekehrt der § 255 zur Füllung von Lücken herangezogen werden, die § 67 läßt.

[28] ccc) Anspruch aus Eigentum.

Mit Recht wird übereinstimmend angenommen, daß der Anspruch aus dem Eigentum (§ 985 BGB) nicht auf den Ver übergehen kann (RG 4. III. 1924 RGZ Bd 108 S. 110; Bruck S. 669; Harten S. 41; v. Gierke S. 209; Kisch S. 16f.; Prölss § 67 Anm. 1). Das folgt daraus, daß er untrennbar mit dem Eigentum verbunden ist und der Vmer dieses allein durch Empfang der Vsentschädigung nicht verliert. Die Ver haben in den Zweigen, in denen die Entwendung der vten Sache den Vsfall bedeutet, in den AVB eine Surrogationsregelung entwickelt, die zwar auch noch zur vsrechtlichen Vorteilsausgleichung gehört, aber bei der der Zuwachs des Vmers nicht in einem Forderungsinteresse besteht (vgl. Möller Anm. 52, 54 zu §§ 49—80).

Zum Teil wird dem Vmer bei Wiederbeschaffung der Sache ein Wahlrecht gegeben: Er kann sie dem Ver zur Verfügung stellen (d. h. sie ihm übereignen) oder sie behalten, muß aber in letzterem Fall die Entschädigung zurückzahlen (§ 17 AVB HausratV, § 17 AVB EDV), womit der Kondiktionsanspruch des Vers erfüllt wird. Kein Wahlrecht besteht in der Kraftfahrzeug-Kaskov. Hier kommt es vielmehr darauf an, wann die entwendeten Sachen wieder herbeigeschafft werden. Liegt dieser Zeitpunkt innerhalb zweier Monate nach Eingang der Schadenanzeige, muß der Vmer sie behalten und die Entschädigung zurückzahlen. Bei späterer Wiederbeschaffung bleibt der Vsfall endgültig abgewickelt, der Ver gewinnt das Eigentum (§ 13 VII AKB. Zur sachenrechtlichen Konstruktion: Sieg VersR 1954 S. 205—208). Das Zonenamt des Reichsaufsichtsamts für das Versicherungswesen hat allerdings die Auffassung vertreten, daß der Ver in diesem Fall zur Rückübereignung an den Vmer gegen Erstattung der Entschädigung verpflichtet sei, wenn dieser es verlange (VA 1948 S. 47); der Fachausschuß Kraftverkehrsversicherung war derselben Ansicht. Über die **Einzelheiten** des Ausgleichs nach Wiederherbeischaffung der Sache — der, wie erwähnt, nichts mehr mit § 67 zu tun hat — vgl. die zitierten Bestimmungen der AVB. Sofern AVB schweigen, wird das oben behandelte Wahlrecht des Vmers gleichwohl zum Zuge kommen müssen: v. Gierke S. 210.

Der Vindikationsanspruch kann sich nach Maßgabe der §§ 989—992 BGB in einen Schadensersatzanspruch verwandeln, wenn der Besitzer zur Herausgabe nicht in der Lage ist. Dieser Anspruch kann auf den Ver übergehen (Harten S. 43—45), denn hier, wie auch sonst, kommt es auf den Inhalt des Anspruchs („Ersatz des Schadens"), nicht auf seine Wurzel an.

[29] bb) Öffentlich-rechtliche Grundlage.

aaa) Anspruch aus Amtspflichtverletzung.

Hat ein Beamter in Ausübung öffentlicher Gewalt einen Schaden schuldhaft verursacht, so haftet statt seiner die öffentliche Körperschaft, die ihn angestellt hat

II. Außerversicherungsrechtliche Voraussetzungen des Übergangs § 67
Anm. 30

(§ 839 BGB Art. 34 GG). Ihre Haftung ist jedoch, sofern dem Beamten nur Fahrlässigkeit zur Last fällt, **subsidiär**: § 839 I 2 (anders bei Beteiligung eines Nicht-Erwerbsschiffes des Staates wegen Art. 7 EG HGB: BGH 6. XI. 1951 BGHZ Bd 3 S. 321, 328 bis 332). Da der anderweitige Ersatz im Sinne dieser Vorschrift nach herrschender Lehre auch eine Vsentschädigung sein kann (Möller DAR 1953 S. 108; Stiefel-Wussow S. 494; Schumann VersR 1950 S. 144, kritisch dazu Frey am gleichen Ort; RG 31. V. 1943 RGZ Bd 171 S. 198—202; BGH 7. II. 1963 VersR 1963 S. 477—479; BGH 28. II. 1966 VersR 1966 S. 581; BGH 13. VI. 1966 VersR 1966 S. 875—877; BGH 20. III. 1967 BGHZ Bd 47 S. 196 = VersR 1967 S. 505), entsteht überhaupt kein Anspruch des Vmers, der auf den Ver übergehen könnte. Dem Vmer soll der Anspruch auf die Vsleistung sogar dann entgegengehalten werden können, wenn er Grund hat, seinen Ver zu schonen, etwa um einen Schadenfreiheitsrabatt nicht zu verlieren (OLG Schleswig 28. II. 1963 VersR 1965 S. 122).

Darin, daß die Vsentschädigung anderweitiger Ersatz im Sinne von § 839 I 2 sein soll, wird mit Recht Kritik geübt (Gerhard JW 1933 S. 778f.; Nelte JRPV 1934 S. 113—115; Münzel NJW 1966 S. 1341—1345; Prölss § 67 Anm. 4 am Ende; Bonsmann Zeitschr. f. Rechtspolitik 1969 S. 52f.), denn hier wird mit zweierlei Maß gemessen. So wenig sich ein sonstiger Schädiger auf Vsleistungen berufen kann (vgl. oben Anm. 15), dürfte dieser Einwand der öffentlichen Körperschaft zur Verfügung stehen. Die Subsidiaritätsklausel behielte auch dann noch ihren Sinn, z. B. im Verhältnis zu einem weiteren Schädiger.

[30] Sieht der **Vsvertrag nur subsidiäre Haftung** vor, so entfällt die Anwendung von § 839 I 2, d. h. dem Vmer stehen Amtshaftungsansprüche zu (RG 15. XI. 1932 JW 1933 S. 778f.; RG 31. V. 1943 RGZ Bd 171 S. 198—202). Für unsere Untersuchung ist das ohne Bedeutung, weil mangels Verleistung ein Übergang nach § 67 nicht in Betracht kommt.

Hat der **Beamte nicht in Ausübung öffentlicher Gewalt** gehandelt, so ist er zwar ebenfalls nur nach Maßgabe der Subsidiaritätsklausel verantwortlich, aber in diesem Fall haftet die öffentliche Körperschaft nicht nach Art. 34 GG, sondern gegebenenfalls nach §§ 31, 89 BGB (für selbständig handelnde Beamte mit eigenem Geschäftskreis) oder nach § 831 BGB (für die übrigen Beamten). Zu denken ist hierbei etwa an die Haftung aus Vernachlässigung der Verkehrssicherungspflicht (BGH 18. IV. 1955 LM Nr. 19 zu § 823 BGB D c; BGH 28. II. 1966 VersR 1966 S. 581) oder der Wegebaupflicht (OLG Bremen 25. III. 1953 VersR 1953 S. 321). In diesem Bereich versagt der Subsidiaritätseinwand (Palandt-Gramm, BGB, 26. Aufl., München-Berlin 1967, § 839 Anm. 7a), d. h. § 67 kommt wieder zum Zuge.

Dasselbe ist der Fall, wenn eine **öffentliche Körperschaft als Halter** eines Kraftfahrzeugs in Anspruch genommen werden kann (BGH 6. XI. 1951, BGHZ Bd 3 S. 321, 331). Trifft hier die Halterhaftung mit der aus § 839 BGB Art. 34 GG zusammen, so entscheidet sich die Frage, in welcher Höhe der Kaskover auf ihn übergegangene Ansprüche geltend machen kann, danach, wie die Haftungssssumme des § 12 I Ziff. 2 StVG (50 000,— DM) zu verteilen wäre, wenn die öffentlich-rechtliche Körperschaft lediglich aus Halterhaftung einzustehen hätte (OLG Schleswig 28. II. 1963 VesrR 1965 S. 122; BGH 20. III. 1967 BGHZ Bd 47 S. 196 = VersR 1967 S. 505; BGH 27. VI. 1968 VersR 1968 S. 997 = NJW 1968 S. 1962ff.).

> Beispiel: Der Kaskover entschädigt mit 18 000,— DM, der Vmer hat für Ersatzfahrzeug und Nutzungsausfall einen Schaden von 42 000,— DM (auch diese Sachfolgeschäden gehören zu den Sachschäden im Sinne des § 12 I Ziff. 2 StVG), Gesamtschaden also 60 000,— DM. Da nur 50 000,— DM zur Verfügung stehen, werden beide Schadenteile in das Verhältnis 6 zu 5 gesetzt. Der Anspruch des Vmers geht also in Höhe von 15 000,— DM auf den Kaskover über. Diese Rechtslage ist vom OLG Bremen 8. XI. 1966 VersR 1968 S. 389f. verkannt.

Der Referentenentwurf eines G zur Änderung und Ergänzung schadenersatzrechtlicher Vorschriften sieht in § 839 a I (zur Begründung: Teil II S. 128f) eine Lockerung der Subsidiaritätsklausel in dem Fall vor, daß die Amtspflichtverletzung auch nach

§ 67 II. Außerversicherungsrechtliche Voraussetzungen des Übergangs
Anm. 31—33

anderen Vorschriften eine Ersatzpflicht aus unerlaubter Handlung begründet (anders BGH 16. IV. 1964 BGHZ Bd 42 S. 176—182).

[31] bbb) Sonstiger öffentlich-rechtlicher Anspruch.

Daß im übrigen öffentlich-rechtliche Ansprüche übergangsfähig sind, wird mit Recht allgemein angenommen (Prölss § 67 Anm. 1; Kisch S. 12, 14; Harten S. 60; Bruck S. 667; Ritter-Abraham § 45 Anm. 5). Das gilt insbesondere für Forderungen auf Grund enteignungsgleichen Eingriffs (LG Kiel 24. X. 1956 VersR 1957 S. 685; zum Sonderfall des § 77 BLG vgl. BGH 31. I. 1966 VersR 1966 S. 366) oder aus Aufopferung (ebenso Voss VersR 1959 S. 1; zu denken ist vor allem an Impfschäden, die Leistungen eines privaten Krankenvers ausgelöst haben), ja sogar für Ansprüche auf Grund Enteignung (RG 15. I. 1918 LZ 1918 Sp. 766—768). Gemeinsam ist diesen Fällen, daß der Eingriff der öffentlichen Hand nicht schuldhaft erfolgt zu sein braucht. Mag es sich hier auch im engeren Sinne nicht um Schadenersatzansprüche, sondern um solche auf angemessene Entschädigung handeln, so laufen sie doch auf einen Ersatz für erlittene Vermögensnachteile hinaus und gehen deshalb auf den Ver über. Der Subrogation steht hier § 839 I 2 nicht im Wege. Gegenüber dem Aufopferungsanspruch hat BGH 16. II. 1956 BGHZ Bd 20 S. 82—84 lediglich den Anspruchsübergang auf einen Sozialversicherungsträger verneint.

Ein Übergang ist natürlich dann ausgeschlossen, wenn die Vsentschädigung nur subsidiär gegenüber der öffentlich-rechtlichen Entschädigung gewährt wird wie nach § 117 Ziff. 1 VVG. — Übergangsfähig ist der Anspruch einer öffentlichen Körperschaft gegen den Beamten, der fahrlässig ihr vtes Eigentum beschädigt hat (Kisch S. 15).

[32] b) Vertraglicher Anspruch.

aa) Sekundärer Schadenersatzanspruch.

Aus einem vertraglichen Schuldverhältnis können sich bei Leistungsstörungen sekundäre Schadenersatzansprüche ergeben. Daß sie übergangsfähig sind, ist allgemein anerkannt (Stiefel-Wussow S. 489; Prölss § 67 Anm. 1; Kisch S. 9; Harten S. 11, 17; v. Gierke S. 208). Die Rechtsprechung hat sich in diesem Zusammenhang vor allem mit Ersatzansprüchen aus positiver Forderungsverletzung (BGH 3. VII. 1962 VersR 1962 S. 725; OLG Karlsruhe 8. X. 1936 JRPV 1937 S. 141; LG Oldenburg 11. II. 1955 VersR 1955 S. 181) beschäftigt.

Auch Ansprüche eines Vmers (RG 18. XII. 1942 RGZ Bd 170 S. 246—252) oder eines Vten (OLG Stuttgart 28. XI. 1951 VersR 1952 S. 147f.) aus Schadenliquidation in Drittintersse sind übergangsfähig. Die erstgenannte Entscheidung wird manchmal falsch dahin interpretiert, daß das RG ausgesprochen habe, Ansprüche des Vmers und des Vten könnten übergehen.

Soweit eine vereinbarte Vertragsstrafe den Schadenersatz vertritt, sukzediert der Ver auch in den Anspruch auf sie (Kisch S. 54). In diesen Zusammenhang gehören auch solche sekundären Schadenersatzansprüche, die zwar nicht auf einem Vertrage beruhen, aber doch auf einem besonderen Rechtsband zwischen Beteiligten, so z. B. Forderungen des Kindes gegen seine Eltern, des Mündels gegen den Vormund, der Konkursbeteiligten gegen den Konkursverwalter, der Nachlaßbeteiligten gegen den Testamentsvollstrecker oder den Nachlaßverwalter, des Pfleglings gegen den Pfleger. Kisch S. 15f. weist darauf hin, daß sich aus der Geschäftsführung solcher Personen nicht nur Schäden am Aktivvermögen, sondern auch ein Zuwachs des Passivvermögens beim Betreuten ergeben kann. Auf den Haftpflichtver, der hierfür aufzukommen hat, geht also hier nicht nur ein Ausgleichsanspruch über (Beispiel aus der neueren Rechtsperchung: BGH 3. VII. 1962 VersR 1962 S. 725).

In diesen Zusammenhang gehören ferner Schadenersatzansprüche aus dem Verhältnis des Eigentümers zum Nießbraucher oder Pfandgläubiger.

[33] bb) Erfüllungsanspruch.

Erfüllungsansprüche, die nicht auf primären Schadenersatz gerichtet sind (darüber unten dd), können — wiederum wegen ihrer Wesensverschiedenheit gegenüber Schaden-

II. Außerversicherungsrechtliche Voraussetzungen des Übergangs § 67
Anm. 34

ersatzansprüchen — nicht übergehen. Deshalb ist § 67 auf die reine Kreditv nicht anwendbar (Kisch S. 20f., 25; Möller, Handwörterbuch der Sozialwissenschaften, Tübingen 1958, „Kreditversicherung" unter 6). Der Ver, der anstelle des Schuldners die vte Forderung befriedigt, sukzediert nicht auf Grund des § 67 in diese, denn sie hat mit dem Schadenfall nichts zu tun, sie bestand schon vorher. Das gilt sowohl für die vom Gläubiger (Delkrederev) als auch für die vom Schuldner zugunsten des Gläubigers (Kautionsv) genommene Deckung. (Bei letzterer kommt noch hinzu, daß der Ver überhaupt keinen Schaden ersetzt, sondern als selbstschuldnerischer Bürge bei Fälligkeit ohne weiteres vom Vten in Anspruch genommen werden kann, also einen Schaden verhütet.)

Mag auch die Vertrauenschadenv dogmatisch zur Kreditv gehören, so gelten die vorstehenden Ausführungen gleichwohl für sie nicht, weil hier erst der Vsfall eine Schadenersatzforderung entstehen läßt. § 67 ist also anwendbar. Bei der PKautV taucht das besondere Problem auf, ob sich der Regreß gegen den eigenen Vmer richten kann, darüber unten Anm. 131.

Das bedeutet natürlich nicht, daß der Ver in der reinen Kreditv endgültig den Schaden zu tragen hat. In der Delkrederev helfen sich die Parteien mit der Vereinbarung einer Abtretung (§ 11 AVB für die Ausfuhr-Kreditversicherung VerBAV 1958 S. 50ff.). Ist eine derartige Abrede in den AVB nicht getroffen, so besteht ein Anspruch des Vers auf Abtretung in analoger Anwendung des § 255 BGB (Kisch S. 20). Weipert, Teilzahlungsgeschäft und Versicherung, Karlsruhe 1966, S. 49 hält § 255 hier nicht für einschlägig, eine Analogie ist aber zu vertreten (vgl. oben Anm. 27). — Auf Ersatzlösungen für den hier nicht anwendbaren § 67 in der Kautionsv ist zurückzukommen bei der V für fremde Rechnung (unten Anm. 133).

Daß es in der Forderungsv besonderer Vorkehrungen bedarf, um den Ver schadlos zu stellen, ist für die Seev anerkannt; so erklären sich §§ 805 HGB, 110 III ADS neben den Subrogationsnormen der §§ 804 HGB, 45 ADS (vgl. Harten S. 33f.; Kisch S. 27 N. 39; Bruck S. 668).

Daß der Erfüllungsanspruch nicht übergangsfähig ist, spielt praktisch auch dann eine Rolle, wenn Eigentum und Gefahrtragung auseinanderfallen wie beim Versendungskauf (§ 447 BGB). Hat der Verkäufer als Eigentümer Ware unter Vsschutz gebracht, die auf dem Transport verlorengeht, so schuldet der Käufer gleichwohl den Kaufpreis. Der Anspruch hierauf geht aber nicht auf den Ver über. Abgesehen davon, daß es sich auch hier nicht um einen Schadenersatzanspruch handelt, ist für den Übergang deshalb kein Raum, weil der Vmer durch die Vsentschädigung nicht bereichert sein kann. Er schuldet nämlich diese dem Käufer als Surrogat nach § 281 BGB (Harten S. 31; Kisch S. 21). Obwohl der Verkäufer bei dieser Sachlage die Vsentschädigung weitergeben muß, ist die Deckung wirtschaftlich für ihn von Bedeutung: Der Käufer wird sich nämlich, mag er auch rechtlich zur Bezahlung des Kaufpreises verpflichtet sein, dieser Leistung eher zu entziehen suchen, wenn er nicht einmal ein Surrogat für die untergegangene Ware erhält. Wegen dieses wirtschaftlichen Zusammenhangs weist die Sachv des Verkäufers gewisse Anklänge an eine Kreditv auf. Vgl. im übrigen zum Zusammenhang zwischen Versendungskauf und V: Möller Anm. 92, 93 zu § 49.

[34] cc) Gewährleistungsanspruch.

Soweit die Gewährleistung in Gestalt des Schadenersatzes auftritt (vgl. § 463 BGB), ist an der Übergangsfähigkeit nicht zu zweifeln (Kisch S. 23; Harten S. 26f.), denn es kommt, wie erwähnt, auf den Inhalt, nicht auf die Wurzel des Ersatzanspruchs an. Aus demselben Grund sind sonstige Erscheinungsformen der Gewährleistung (Wandlung, Minderung, Lieferung mangelfreier Sache, Nachbesserung) nicht für die Subrogation geeignet (Bury S. 45; Möller DAR 1953 S. 108; Stiefel-Wussow S. 489; Harten S. 22—30. Anderer Auffassung v. Gierke S. 210; Ehrenzweig S. 286 N. 3; Prölss § 67 Anm. 1). Zum Teil besteht auch keine Notwendigkeit für sie (zum folgenden überzeugend Kisch S. 23f.). Die Gewährleistung knüpft an die Minderwertigkeit der Leistung an. Tritt der Vsfall ein, ehe die Gewährleistung abgewickelt worden ist, so braucht der Ver in der Regel nur Ersatz für die geringwertige Sache zu leisten. Für das, was den Inhalt der Gewährleistung ausmacht, ist der Vmer also nicht entschädigt worden. Anders liegt es in der Tierlebensv, die an den Gesundwert des Tieres anknüpft. Deshalb hat es hier seinen guten Sinn, daß § 118 Gewährleistungsansprüche auf den Ver übergehen läßt. Einer Verallgemeinerung ist diese Vorschrift mithin nicht fähig.

Das Gesagte gilt auch für die im Gefolge von Kauf- oder Werkverträgen vorkommenden Garantien, durch die die Gewährleistung ausgestaltet wird, meist in der Richtung, daß die kurzen Verjährungsfristen verlängert werden (vgl. Esser, Schuldrecht, 2. Aufl., Karlsruhe 1960, S. 488). Hiervon sind die selbständigen Garantieverträge zu unterscheiden, auf die im folgenden einzugehen ist.

[35] dd) **Versicherungsanspruch, Anspruch aus Garantievertrag.**

Zu den vertraglichen Ansprüchen, die auf Schadenersatz gerichtet und daher übergangsfähig sind, würde an sich auch der Anspruch gegen einen anderen Ver bei Doppelv gehören. Doch geht hier die Ausgleichsregelung nach § 59 II VVG vor (Kisch S. 10; Harten S. 33; Ehrenzweig S. 286; Bury S. 47; Ritter-Abraham § 45 Anm. 7; Schultz S. 63f.; Möller DAR 1953 S. 109).

§ 59 II kommt nicht zum Zuge, wenn einer der beiden beteiligten Ver nur subsidiär haftet. In diesem Fall kann § 67 ebenfalls nicht eingreifen, weil gegen den Subsidiärver keine Forderung besteht, die auf den Primärver übergehen könnte (Harten S. 33).

Fast einhellig wird angenommen, daß Ansprüche des Vmers aus einem Garantievertrag, durch den ein Dritter sich verpflichtet hat, dem Vmer primären Schadenersatz zu leisten, nach § 67 übergehen (Kisch S. 9—11; Harten S. 12; Prölss § 67 Anm. 1; v. Gierke S. 209). Beispiel für solchen Vertrag: X ist Besteller eines mit besonderen Risiken für den Unternehmer verbundenen Werkes. Der Unternehmer erklärt sich zum Abschluß des Werkvertrages nur einverstanden, weil X ihm zusichert, für jeden Schaden an den verwendeten Geräten aufzukommen. — Der herrschenden Lehre kann nicht gefolgt werden. Vielfach wird eine Auslegung der Garantiezusage ergeben, daß sie nur subsidiär gelten soll, d. h. wenn kein Vsschutz besteht. Diese Möglichkeit erörtert Kisch S. 10 Note 10 nur bei einer schenkweise gegebenen Garantie, sie kann aber ebenso bei jeder anderen causa eine Rolle spielen. Wenn sich ein Subsidiaritätsverhältnis nicht feststellen läßt, ist nicht einzusehen, warum sich der Ver vollen Umfanges bei dem Garanten soll erholen können oder, anders ausgedrückt, warum allein der Garant letzten Endes den Schaden tragen soll. Hier versagt die innere Rechtfertigung für § 67, daß der dem Schaden nähere stehende Dritte durch die V nicht entlastet werden soll. Der Ver steht dem Schaden nicht ferner als der Garant, deshalb erscheint eine Analogie zu § 59 VVG am Platze: Ver und Garant haften nach außen als Gesamtschuldner, unter ihnen besteht ein Ausgleichsverhältnis (ebenso Bury S. 48). Für die Analogie spricht ferner die nahe Verwandtschaft solcher Garantie mit dem Vsvertrag, worauf insbesondere Molitor, Schuldrecht, Besonderer Teil, 5. Aufl., München-Berlin 1961, S. 129, und Esser, Schuldrecht, 2. Aufl., Karlsruhe 1960, S. 431, hinweisen. Dafür, daß die Gesamtschuld auch durch getrennte und nicht gleichzeitig abgeschlossene Verträge zustande kommen kann, wenn nur die Zweckgemeinschaft vorhanden ist, vgl. Palandt-Danckelmann, 26. Aufl., München-Berlin 1967, § 421 Anm. 1, § 427 Anm. 1; Blomeyer, Allgemeines Schuldrecht, 3. Aufl., Berlin-Frankfurt/M. 1964, S. 306f.

Bezieht sich die Garantie auf eine Forderung und trifft sie mit einer Kreditv zusammen, so ist dies aus den oben Anm. 33 dargelegten Gründen für die Anwendung von § 67 kein Raum. Grundsätzlich sind auch hier Außen- und Innenverhältnis analog § 59 abzuwickeln, wofür dieselben Erwägungen sprechen, die oben für die Schadenersatzgarantie erörtert worden sind. Unterstützend sei hier noch auf den Rechtsgedanken des § 769 BGB hingewiesen. Das kann selbstverständlich nur gelten, soweit sich beide Sicherungsmittel decken. Das braucht indes nicht der Fall zu sein, weil sie, was den Vs- bzw. Garantiefall angeht, in verschiedenen Ausgestaltungen vorkommen können.

[36] c) **Besondere Voraussetzungen des Übergangs.**

Nach § 399 BGB sind Forderungen unabtretbar, wenn sich der Inhalt durch die Zession ändern würde oder wenn sie durch Vereinbarung mit dem Schuldner ausge-

II. Außerversicherungsrechtliche Voraussetzungen des Übergangs § 67
Anm. 36

schlossen ist. Diese Einschränkungen gelten auch für den gesetzlichen Übergang (§ 412), also auch für § 67.

Zur ersten Kategorie sollen Befreiungsansprüche des Arbeitnehmers gegen den Arbeitgeber, die aus dessen Fürsorgepflicht abgeleitet werden, gehören (BVerwG 14. II. 1968 DVBl. 1968 S. 432; ebenso die Vorinstanz OVG Münster 5. III. 1965 VersR 1965 S. 965—968; Prölss § 67 Anm. 1). Indes haben diese keinen höchstpersönlichen Charakter (ebenso Hanau VersR 1969 S. 295; Prölss Karlsruher Forum 1959 S. 43), wie ja auch im umgekehrten Fall Freistellungsansprüche des Arbeitgebers gegen den Arbeitnehmer mit Recht für übergangsfähig gehalten werden (BAG 9. XI. 1967 VersR 1968 S. 266).

Der Schadenersatzanspruch geht primär auf Naturalrestitution (§ 249 S. 1 BGB). Diese Ersatzform schließt den Übergang nicht aus: Prölss § 67 Anm. 1; Kisch S. 12 (die Einschränkung, die Kisch S. 62f. macht, halte ich nicht für begründet). Nach §§ 249 S. 2, 250 kann der Gläubiger unter den dort genannten Voraussetzungen Geldersatz verlangen. Daran ist auch der Ver gebunden, wenn die facultas vor dem Übergang auf ihn ausgeübt worden ist (Harten S. 69). Das Recht, den Vmer nach § 251 BGB in Geld zu befriedigen, bleibt dem Schädiger auch nach dem Übergang. — Auf keinen Fall tritt durch die cessio legis eine Zerreißung des Anspruchs ein etwa dergestalt, daß der Naturalersatzanspruch beim Vmer bliebe (BGH 8. II. 1952 BGHZ Bd 5 S. 105 = VersR 1952 S. 137 = LM Nr. 2 zu § 67 VVG m. Anm. Pritsch). In der Praxis spielt für § 67 allein der Geldersatz eine Rolle.

An ein vereinbartes Abtretungsverbot ist auch der Ver gebunden, d. h. die Forderung geht nicht auf ihn über (OLG Hamburg 7. VII. 1932 JW 1933 S. 1421f.). Der Vmer bleibt aber in diesem Fall gehalten, sie für Rechnung des Vers geltend zu machen und das Erstrittene an diesen auszukehren (Schlegelberger § 45 Rdz. 8; Kisch S. 62 N. 88; Ritter-Abraham § 45 Anm. 19; Schultz S. 59; RG 1. XI. 1919 RGZ Bd 97 S. 76—79). Wenn auch dieser Anspruch gegen den Vmer möglicherweise nicht zu demselben Erfolg führt wie der vom Ver selbst geltend gemachte Schadenersatzanspruch (wäre er übergangsfähig), so wird doch dem Ver in aller Regel aus der Unabtretbarkeitsvereinbarung kein Nachteil erwachsen. Deshalb ist die mehrfach erörterte Frage, ob der Ver bei solcher Vertragsgestaltung Konsequenzen für den Vsschutz in Analogie zu § 67 I 3 ziehen kann (R. Schmidt VersR 1953 S. 459; Bruck S. 668; Ehrenzweig S. 289; Ritter-Abraham § 45 Anm. 19) und ob der Abtretungsausschluß unter die vorvertragliche Anzeigepflicht bzw. die Gefahrstandspflicht fällt (vgl. Harten S. 72f.), ohne praktische Bedeutung.

Ist in den Vereinbarungen zwischen Vmer und Drittem allerdings auch die Geltendmachung der Drittforderung für Rechnung des Vers abbedungen, so kommt das einem vereinbarten Haftungsausschluß nahe. Ob der Ver ihn hinnehmen muß, hängt davon ab, ob sich derartige Vereinbarungen im Bereich des üblichen halten, verneinendenfalls ist der Ver von der Leistung frei (vgl. unten Anm. 82, 85). OLG Frankfurt/M. 23. V. 1924 VA 1925 Nr. 1507 hat indes eine derartige einseitig zu Lasten des Vers wirkende Abmachung zwischen Vmer und Drittem für nichtig gehalten und den Regreßanspruch des Vers bejaht (bedenklich).

Harten S. 75f. ist der Auffassung, daß sich ein stillschweigender Abtretungsausschluß, dem Ver erkennbar, dann ergebe, wenn ein Beauftragter (etwa ein Lagerhalter) weisungsgemäß das Gut des Kunden (Vmers) in dessen Namen und für dessen Rechnung unter Vsschutz bringt. Hier komme ein Regreß des Vers gegen den Beauftragten nicht in Betracht. Dem kann nicht gefolgt werden. Die Tatsache des Vsabschlusses durch einen Bevollmächtigten gibt weder Indiz noch Rechtfertigung für dessen Besserstellung gegenüber dem Ver. — In Harten entgegengesetztem Sinne hat RG 9. IV. 1913 LZ 1913 Sp. 944f. ein ausdrückliches Abtretungsverbot so ausgelegt, daß es nicht gegenüber einem Ver gelte.

Der Übergang kann ferner durch vor der Entschädigungsleistung getroffene Vereinbarung zwischen Ver und Vmer ausgeschlossen sein. Verfolgt der Vmer in diesem Fall auf Geheiß des Vers seinen Ersatzanspruch, obwohl er vom Ver bereits entschädigt worden ist, so muß er das vom Dritten Erlangte nach § 667 BGB herausgeben. Ob der Vmer gezwungen ist, den Schadenersatzanspruch zu realisieren, richtet sich nach den Abmachungen zwischen ihm und dem Ver (Kisch S. 97—99; LG Hamburg 22. VI. 1950

§ 67 II. Außerversicherungsrechtliche Voraussetzungen des Übergangs
Anm. 37—39

VersR 1950 S. 166f.). Wenn der Übergangsausschluß einseitig im Interesse des Vers liegt, sind Klauseln dieser Art nur im Rahmen des § 187 wirksam (vgl. unten Anm. 168).

[37] **2. Anspruch gegen einen Dritten.**
a) Grundsatz.

Die oft anzutreffende Formel, Dritter könne jeder sein, der nicht Vmer oder Vter ist, ist zu grobkörnig. Hat X das kaskovte Fahrzeug des Y beschädigt, so kann X vom Ver des Y auch dann in Anspruch genommen werden, wenn er zufällig ebenfalls bei diesem kaskovt ist und durch dasselbe Ereignis einen Sachschaden davongetragen hat (R. Schmidt NJW 1956 S. 1056; Prölss § 67 Anm. 2). Anders, wenn X bei diesem Ver haftpflichtvt ist, darüber unten Anm. 46. Wir müssen die obige Formel also dahin ergänzen, daß Dritter nicht sein kann, wer Vmer oder Vter desselben Vsverhältnisses ist, das die Entschädigung des Vers ausgelöst hat. Aber auch das ist noch nicht präzise genug. Wie die Ausführungen unten Anm. 40 ergeben werden, kommt es nämlich darüber hinaus darauf an, ob dem Vmer oder Vten in concreto Vsschutz zu gewähren ist. Dritter im Sinne des § 67 ist also jeder, der nicht aus dem gleichen Vsverhältnis berechtigt ist, aus welchem der Regreßanspruch herrührt (Stiefel-Wussow S. 489).

Dabei spielt es keine Rolle, wie schon oben zu 1. gezeigt, ob der Dritte dem Vmer bzw. dem Vten auf Grund Gesetzes oder Vertrages verpflichtet ist. In letzterer Hinsicht spielen in der Kaskov insbesondere Ansprüche gegen den Werkstätten- oder Tankstelleninhaber eine Rolle (vgl. BAG 9. XI. 1967 VersR 1968 S. 266). Über andere kraft Vertrages dem Vmer oder Vten verpflichtete Dritte ist unten Anm. 44—45 zu handeln.

Auf Besonderheiten, die sich aus dem Innenverhältnis zwischen Vmer und Vten im Hinblick auf § 67 ergeben, ist später einzugehen (unten Anm. 126—135).

[38] **b) Verschiedene Vermögensmassen desselben Versicherungsnehmers.**

Unserer Rechtsordnung sind mehrere Fälle eines Sondervermögens bekannt, das zwar derselben Person (Vmer) zusteht, die Herr des allgemeinen Vermögens ist, das aber einer fremden Verwaltung unterliegt. Als Beispiele seien genannt die Konkursmasse, der Nachlaß, das Treuhandvermögen. Wenn in diesen Fällen der Vmer leichtfahrlässig seine zum Sondervermögen gehörende Sache beschädigt und der Verwalter die Vsentschädigung zur Sondermasse einzieht, so geht ein sonst bestehender Masseergänzungsanspruch desselben gegen den Vmer nicht über. Hier ist der Vmer nicht „Dritter", er kann nicht darunter leiden, daß ein Teil seines Vermögens gesonderter Verwaltung untersteht. Zur Konstruktion vgl. unten Anm. 115.

Beschädigt der Verwalter eine Sache des Sondervermögens, so kann der entschädigende Ver gegen diesen als Dritten Rückgriff nehmen (Kisch S. 31). Verwandt ist der Fall, daß zwei Schiffe desselben Vmers zusammenstoßen, von denen das eine schuldig ist an der Beschädigung des anderen, des vten Schiffes. Kann der Ver hier Regreß gegen seinen Vmer als Reeder des schuldigen Schiffes nehmen? Wegen der beschränkten dinglichen Haftung ist zwar jedes der beiden Schiffe als Sondervermögen anzusehen; da aber der Anspruchsbegriff Personenverschiedenheit von Gläubiger und Schuldner voraussetzt, kommt es hier nicht zu einer Forderung des Reeders gegen sich selbst, die etwa auf den Ver übergehen könnte (Bruck S. 672; Ritter-Abraham § 45 Anm. 5), auch nicht bei Vereinbarung der Schwesterschiff- oder Hinterhangklausel, denn diese wirkt nur zugunsten des Reeders: Möller JRPV 1930 S. 262 N. 5. Noch weniger kann hiervon die Rede sein, wenn zwei Landfahrzeuge (Kraftfahrzeuge) desselben Eigentümers zusammenstoßen, denn hier gibt es allenfalls eine summenmäßig, keine auf Sachen beschränkte Haftung, es ist also nicht einmal der durch verschiedene Vermögensmassen erzeugte Anschein einer Personenverschiedenheit vorhanden.

[39] **c) Personenvereinigungen.**
aa) Gesamthand.
aaa) Gesamtwirkende Umstände.

Die Gesamthand begegnet uns bei der bürgerlich-rechtlichen Gesellschaft, der Erbengemeinschaft, dem Gesamtgut der ehelichen Gütergemeinschaften, der oHG und der KG.

II. Außerversicherungsrechtliche Voraussetzungen des Übergangs **§ 67**
Anm. 40—42

Für den Regreß interessieren die Fälle nicht, in denen das Verhalten eines der Gesamthänder den übrigen zuzurechnen und der Ver daher von der Leistung frei ist. So liegt es, wenn ein Beteiligter den Vsfall grobfahrlässig (§ 61 VVG; für die Binnentransportv gilt die Verschärfung des § 130) oder in der Haftpflichtv vorsätzlich (§ 152 VVG) herbeigeführt hat (OLG Neustadt 9. XII. 1955 VersR 1956 S. 153f. mit Anm. Fleck VersR 1956 S. 346; Oberbach, AVB für Haftpflichtversicherung Teil I, Berlin 1938 S. 249; Bruck, VVG, 7. Aufl., Berlin-Leipzig 1932, § 152 Anm. 5). Dasselbe ist der Fall, wenn in der Aktiven-V ein Gesamthänder schuldhaft und kausal im Sinne des § 6 VVG eine Obliegenheitsverletzung begangen hat. Auch hier tritt die Verwirkungsfolge gegen alle Beteiligten ein (Möller § 6 Anm. 65).

[40] bbb) Lockerungen in der Haftpflichtversicherung.

Für die Haftpflichtv liegt es in diesen Fällen jedoch zum Teil anders. Der BGH (13. VI. 1957 BGHZ Bd 24 S. 378 = VersR 1957 S. 258) erkennt bei ihr nicht die Einheitlichkeit des Vsverhältnisses an, sondern geht davon aus, daß das Vermögen jedes einzelnen MitVmers von Haftpflichtansprüchen befreit werden soll. Deshalb belastet die Obliegenheitsverletzung des einen Gesamthänders nicht den Deckungsanspruch der übrigen. Entschädigt der Ver hier den Geschädigten namens aller Gesamthänder, so geht der Ausgleichsanspruch der gedeckten Vmer gegen den nichtgedeckten auf den Ver über (die cessio legis ergreift also nicht den Schadenersatzanspruch des Dritten, sie bezieht sich nur auf die anteilige interne Haftungsquote). Der BGH spricht hier von einer analogen Anwendung des § 67; ich meine aber, daß das Ergebnis entsprechend der Formel oben Anm. 37 durch Auslegung dieser Vorschrift zu gewinnen ist. Wer — generell gesehen — Vmer ist, kann also im Einzelfall Dritter im Sinne des § 67 sein.

In der letztgenannten Entscheidung läßt es der BGH dahingestellt, ob dasselbe auch für die oHG und die KG zu gelten habe. M. E. ist die Frage zu bejahen, weil trotz §§ 124, 161 II HGB auch hier das Gesamthandprinzip entscheidend ist. Dem BGH haben sich angeschlossen Geigel-Geigel, Der Haftpflichtprozeß, 13. Aufl., München-Berlin 1967 S. 905; Prölss § 67 Anm. 2.

Das gleiche gilt, wenn derselbe Vertrag das Haftpflichtinteresse des Vmers und Vten deckt, aber dem Vten in casu keine Deckung zu gewähren ist. Auch hier geht der Ausgleichsanspruch des Vmers gegen den Vten nach § 67 auf den Ver über (BGH 6. VI. 1966 VersR 1966 S. 745, 747; Stiefel-Wussow S. 495; Prölss § 67 Anm. 2; OLG Frankfurt/M. 20. III. 1962 VersR 1962 S. 706). Das Ergebnis ist hier leichter zu begründen als bei der Gesamthand, weil deren Bindung von vornherein fehlt. Möhrings Ratschlag VersR 1962 S. 591, der Kraftfahrzeug-HaftpflichtVer möge in derartigen Fällen zur Vereinfachung des Regresses nur für den „gesunden" Vmer zahlen, geht an der Tatsache vorüber, daß er in aller Regel dem Geschädigten gegenüber auch für den „kranken" Vmer eintreten muß. Das macht auch keine Schwierigkeiten, weil der Regreß gegen den Vten aus § 67 dem aus § 158f vorgeht: vgl. unten Anm. 149.

[41] ccc) Rückgriff gegen einen Gesamthänder bei bestehender Deckung?

Hat der versicherte Gesamthänder zwar schuldhaft den Vsfall herbeigeführt, aber ist gleichwohl Deckung zu gewähren (bei leichter oder grober Fahrlässigkeit in der Haftpflichtv, bei leichter Fahrlässigkeit in den übrigen Zweigen außerhalb der Binnentransportv), so ist eine Ausgleichsforderung der übrigen Gesamthänder gegen den schuldigen, die übergehen könnte, nicht vorhanden (BGH 9. III. 1964 VersR 1965 S. 479 = VerBAV 1964 S. 230; Möller DAR 1953 S. 109), Einzelheiten unten Anm. 115.

[42] bb) Bruchteilsgemeinschaften.

Die für die Gesamthand entwickelten Grundsätze werden auch auf die Bruchteilsgemeinschaft anzuwenden sein. Wenn auch das Band unter den Gemeinschaftern loser ist als das unter Gesellschaftern, so zeigen doch die §§ 743 II, 744 I, 747 S. 2 BGB, daß die Vorstellung einer Teilung des Rechts der gesetzlichen Lage nicht gerecht wird. Auch hier ist vielmehr eine gemeinsame Rechtssphäre anzuerkennen, die sich z. B., um das unserem Fall Verwandte zu erwähnen, in der gemeinschaftlichen Zuständigkeit für

Ersatzforderungen widerspiegelt, falls die Sache beschädigt oder entzogen wird (vgl. zu alledem Larenz, Lehrbuch des Schuldrechts, 2. Bd 9. Aufl., München 1968, S. 313—316).

Was die Herbeiführung des Vsfalls anlangt, so läßt allerdings RG 13. V. 1938 RGZ Bd 157 S. 314ff. die vorsätzliche Herbeiführung durch einen Miteigentümer den anderen nicht entgelten; der Fall wies aber die Besonderheit auf, daß der Herbeiführende Vter war und es deshalb darum ging, ob der Vmer unter dessen Handlungsweise leiden sollte. Daß in der Aktiven-V die Obliegenheitsverletzungen eines Miteigentümers = Vmers die übrigen belasten, ist anerkannt (Möller § 6 Anm. 66).

Auch die Besonderheiten der Haftpflichtv, für die Gesamthand oben Anm. 40 dargestellt, finden hier ihre Entsprechung. OLG Hamm 24. X. 1961 VersR 1962 S. 502 hat bei schlichter Vmer-Mehrheit (ohne Gesamthand) die Grundsätze von BGH 13. VI. 1957 BGHZ Bd 24 S. 378 übernommen.

Schließlich ist allgemein anerkannt, daß es keinen Regreß gegen den leichtfahrlässig (oder in der Haftpflichtv auch grobfahrlässig) handelnden Miteigentümer gibt, sofern ihm Deckung zu gewähren ist (Stiefel-Wussow S. 490, Kisch S. 30f.), Einzelheiten unten Anm. 115.

[43] cc) Juristische Personen.

Da die juristischen Personen selbständige Rechtssubjekte sind, sind die den Schaden verursachenden Mitglieder in jeder Beziehung Dritte. Selbst deren vorsätzliche Handlungsweise schließt die Deckung nicht aus, andererseits sind sie schon bei leichter Fahrlässigkeit vom Regreß betroffen (Kisch S. 31). Das gilt auch bei einer Einmann-Gesellschaft, so daß ein Regreß gegen den einzigen Gesellschafter zulässig ist (Möller DAR 1953 S. 109), wie auch umgekehrt ein Regreß gegen die juristische Person, deren Alleingesellschafter als Vmer entschädigt wurde (KG 20. V. 1931 JRPV 1931 S. 323, bestätigt von RG 5. IV. 1932 HRR 1932 Nr. 1689; Prölss § 67 Anm. 2). Allerdings wird hier zu prüfen sein, ob nicht ein ausdrücklicher oder stillschweigender Haftungsausschluß zwischen Gesellschafter und Gesellschaft anzunehmen ist, an den auch der Ver gebunden wäre, auf den er aber evtl. nach § 67 I 3 reagieren könnte. Macht man also in diesem Bereich mit der Verschiedenheit von juristischer Person und Gesellschafter Ernst, so darf bei der Herbeiführung im Sinne des § 61 nichts anderes gelten: d. h. auch bei Herbeiführung durch den Einmann ist, sofern er nicht Repräsentant oder Vorstand ist, Deckung zu gewähren (anders Bruck S. 653 N. 25). Dem Ver wird damit nichts Unbilliges zugemutet, denn er gewinnt den Regreßanspruch der juristischen Person gegen den Gesellschafter, letztlich muß dieser also doch für seine Handlungsweise einstehen.

Man wird auch annehmen müssen, daß der Ver gegen ein Vorstandsmitglied, das den Schaden leichtfahrlässig herbeigeführt hat, Regreß nehmen kann (Möller DAR 1953 S. 109), obwohl das nicht zweifelsfrei ist. Man könnte nämlich die Ansicht vertreten, daß das Handeln des Vorstandsmitgliedes schlechthin wie Handeln des Vmers zu betrachten ist: Bei grobfahrlässiger Herbeiführung (bzw. Vorsatz in der Haftpflichtv) durch den Vorstand ist der juristischen Person keine Deckung zu gewähren, bei leichter Fahrlässigkeit müßte folgerichtig der Ver eintreten ohne Regreßmöglichkeit. Da jedoch die Entlastung der Vorstandsmitglieder nicht Sinn einer Sicherung der juristischen Person ist, wird man trotz gewisser Bedenken den Regreß hier bejahen.

Probleme aus der Vernachlässigung von Obliegenheiten tauchen hier nicht auf. Das Mitglied hat keine Obliegenheiten zu erfüllen. Der Vorstand, dem schuldhaft ein Obliegenheitsverstoß unterläuft, verwirkt damit der juristischen Person den Vsanspruch, so daß es nicht zum Regreß kommen kann.

[44] d) Einfluß von Schuldverhältnissen zwischen Versicherungsnehmer und Schadensstifter.

aa) Nutzungsberechtigte.

Mieter, Entleiher oder sonstige Nutzungsberechtigte können in der Kaskov „Dritte" sein ohne Rücksicht darauf, ob sie selbst das Fahrzeug gelenkt oder es einem Fahrer überlassen haben (OLG Hamm 27. XI. 1967 VersR 1969 S. 224f.; LG Berlin 19. III. 1953 VersR 1953 S. 191). In der Haftpflichtv kommen diese Personen nur dann als Dritte

II. Außerversicherungsrechtliche Voraussetzungen des Übergangs **§ 67**
Anm. 45

in Frage, wenn sie nicht selbst am Steuer gesessen haben (vgl. BGH 3. VII. 1962 BGHZ Bd 37 S. 306—310 = VersR 1962 S. 725 = LM Nr. 32 zu § 7 StVG mit Anm. Hauss), als Fahrer sind sie Vte und scheiden daher als Regreßverpflichtete aus.

Ist die Haltereigenschaft bei diesen Nutzungsberechtigten zu bejahen, was die Ausnahme bildet (BGH 23. V. 1960 VersR 1960 S. 650 = LM Nr. 15 zu § 67 VVG mit Anm. Haidinger), so ändert sich an den eben dargestellten Ergebnissen nur insofern etwas, als sie auch als Nichtfahrer Haftpflichtvsschutz genießen und daher nicht Dritte sein können (OLG Bremen 11. II. 1964 VersR 1965 S. 249).

Für die Kaskov ergibt sich eine Besonderheit dann, wenn der Nutzungsberechtigte die anteilige Prämie übernommen hat oder ihm auf ausdrückliche Anfrage vom Eigentümer bestätigt worden ist, daß für das Fahrzeug Kaskovschutz bestehe. Hieraus schließt die Rechtsprechung ständig, daß die Haftung für leichte Fahrlässigkeit im Verhältnis zwischen Vmer und Nutzungsberechtigten ausgeschlossen wurde, so daß dem Ver insoweit der Regreß versperrt ist (BGH 29. X. 1956 BGHZ Bd 22 S. 109 = VersR 1956 S. 725 mit Anm. Prölss VersR 1957 S. 124 = LM Nr. 8 zu § 67 VVG mit Anm. Haidinger; BGH 30. III. 1965 BGHZ Bd 43 S. 295 = VersR 1965 S. 508 = LM Nr. 24 zu § 67 VVG mit Anm. Pfretzschner; Möller DAR 1953 S. 108; LG Berlin 19. III. 1953 VersR 1953 S. 191). Da der Nutzungsberechtigte wie ein Vmer angesehen wird, hat er den Regreß selbst dann nicht zu fürchten, wenn sein Fahrer grobfahrlässig oder vorsätzlich handelte (ähnlich OLG Nürnberg 20. IX. 1954 VersR 1955 S. 90), es sei denn, es war dem Nutzungsberechtigten nicht erlaubt, das Fahrzeug fremden Händen anzuvertrauen.

Für die Haftungsmilderung soll es jedoch nicht genügen, daß die Kaskovsprämie im km-Mietpreis einkalkuliert ist. Es liegt auf der Hand, daß diese Kasuistik unerfreulich ist. Der BGH sollte dazu vorstoßen, bei allen dem Ver bekannten Nutzungsverhältnissen jene Haftungsbeschränkung anzunehmen.

Soweit ein Regreß ausgeschlossen ist, wird dem Ver nichts Unbilliges zugemutet. Er weiß aus dem Antrag, in welcher Weise der Wagen benutzt werden soll, er kennt die üblichen Vermietungsusancen und bekommt bei Selbstfahrervermietwagen eine höhere Prämie. Der Nutzungsberechtigte, der die Kaskovsprämie übernimmt, deckt mit dem fremden Sach- zugleich sein eigenes Haftpflichtinteresse ab (Haftungsersetzung durch Vsschutz, vgl. Sieg VersRdsch 1968 S. 198).

Auf stillschweigende Haftungsausschlüsse zwischen Vmer und Nutzungsberechtigtem ist § 67 I 3 nicht, auch nicht analog, anwendbar.

[45] bb) Fahrer.

Der angestellte Fahrer ist durch die Kaskov nicht mitgedeckt, ein Regreß gegen ihn ist also möglich (Stiefel-Wussow S. 490; Mahlberg NJW 1966 S. 2154; Prölss § 67 Anm. 2; BAG 22. III. 1968 NJW 1968 S. 1846f.). Die Auffassung von Hippels NJW 1966 S. 1013, NJW 1967 S. 814f., daß auch den Fahrer die Kaskov bei leichter Fahrlässigkeit schützt, hat sich bisher nicht durchgesetzt. Hat er nur in dieser Schuldform gehandelt, so kommen ihm allerdings die arbeitsrechtlichen Grundsätze der milderen Haftung bei schadengeneigter Tätigkeit zugute, die selbstverständlich auch gegenüber dem Ver als Rechtsnachfolger des Arbeitgebers = Vmers wirken. Zu beachten ist hier ferner, daß der Regreßanspruch, weil aus dem Arbeitsverhältnis fließend, vor den Gerichten der Arbeitsgerichtsbarkeit zu verfolgen ist. — Der Regreß gegen den angestellten Fahrer ist auch dann möglich, wenn dieser das Fahrzeug unerlaubt einem anderen überlassen hat, der den Schaden herbeiführt: LAG Stuttgart 31. III. 1965 Betrieb 1965 S. 898. Einen Überblick über die in Betracht kommenden Fälle gibt Ruhkopf VersR 1968 S. 1110. § 67 II ist nicht analog auf den Fahrer anzuwenden, d. h. selbst wenn er in häuslicher Gemeinschaft mit dem Vmer lebt, ist der Regreß nicht ausgeschlossen, es sei denn, der Fahrer gehört zu den Familienangehörigen und hat nicht vorsätzlich gehandelt (BAG 22. III. 1968 NJW 1968 S. 1846f.; BGH 30. IV. 1959 BGHZ Bd 30 S. 40 = BB 1959 S. 575, 579).

Wie der Regreß gegen den angestellten Fahrer möglich ist, so auch gegen den nicht angestellten (vgl. letztzitierte BGH-Entscheidung). Hier wirken sich die Haftungserleichterungen bei schadengeneigter Tätigkeit nicht aus (anders OLG Nürnberg 17. II. 1961 BB 1961 S. 332 bei einmaliger Wagenüberführung auf Grund Dienstvertrags). Der Regreßanspruch wird vor den ordentlichen Gerichten verfolgt.

Der Fahrer eines Nutzungsberechtigten ist in der Kaskov grundsätzlich voll regreßpflichtig. Eine Einschränkung gilt lediglich, wenn er angestellter Fahrer ist und der Nutzungsberechtigte nach den Ausführungen oben Anm. 44 nicht für leichte Fahrlässigkeit haftet. In solchem Fall ist es für den Regreß so anzusehen, als wenn der Nutzungsberechtigte selbst Vmer wäre, d. h. der angestellte Fahrer haftet nach den Grundsätzen der schadengeneigten Tätigkeit (vgl. BGH 29. X. 1956 BGHZ Bd 22 S. 109—123).

[46] e) Einfluß anderweitiger Versicherungen.

Oben Anm. 37 wurde gezeigt, daß das Bestehen anderweitiger Ven auf den Regreß grundsätzlich ohne Einfluß bleibt. Jedoch gibt es hiervon Ausnahmen. Zu diesen gehört das Regreßverzichtsabkommen der Feuerver (veröffentlicht VerBAV 1961 S. 18—21, 234—238). Dessen Auswirkung soll an folgendem Beispiel verdeutlicht werden: Durch leichte Fahrlässigkeit des Grundstückseigentümers A entsteht ein Brand an seinen Gebäuden, der auf Baulichkeiten des Nachbarn B übergreift. Kraft des Regreßverzichtsabkommens bleibt A vom Rückgriff des Feuervers von B verschont (Einzelheiten bei Heyen, Der Regreßverzicht der Feuerversicherer, 2. Aufl., Karlsruhe 1967, S. 19f.), mag dieser mit dem Feuerver von A identisch sein oder nicht. Der Verzicht ist, sofern der Schuldner mehr als zehn Personen beschäftigt, auf 400000,— DM beschränkt und greift nur ein, soweit die Regreßforderung 100000,— DM übersteigt. In allen anderen Fällen betragen die Grenzwerte 200000,— DM bzw. (mehr als) 50000,— DM (Grundverzicht nach Nr. 6a und b des Abkommens). Der vom Regreß Bedrohte kann nach Nr. 7a des Abkommens gegen Prämienzuschlag die obere Grenze des Grundverzichts erhöhen. Partner des Erweiterungsvertrages ist der Feuerver des Nachbarn, der insoweit durch den Verband der Sachversicherer e. V. vertreten wird, an den der Antrag des potentiell Regreßpflichtigen geleitet wird.

Juristisch liegt Vertrag zugunsten Dritter vor, durch den sich die beteiligten Feuerver zur Nichtgeltendmachung des Regreßanspruchs verpflichten: pactum de non petendo (Bischoff VerBAV 1961 S. 32; R. Schmidt VersR 1953 S. 459).

Ist der rückgreifende Ver gleichzeitig der Haftpflichtver des in Anspruch genommenen Dritten und hat er für diesen Fall Deckung zu gewähren, so kann der Dritte = Haftpflichtvmer den Rückgriff mit der Einrede der Arglist bekämpfen: dolo facit, qui petit quod statim redditurus est (vgl. Sieg, Ausstrahlungen der Haftpflichtversicherung, Hamburg 1952, S. 239; OLG Düsseldorf 24. V. 1937 JRPV 1938 S. 26f.). Möller DAR 1953 S. 109 spricht hier von der Unerträglichkeit des Regresses, Harten S. 106 von der Verpflichtung des Vers, auf den Regreß zu verzichten. Den Grundsatz der Arglisteinrede hat LG Koblenz 24. IX. 1957 VersR 1959 S. 92 richtig erkannt, aber ihn in concreto unrichtig angewendet: Der beklagte Werkstätteninhaber hatte gegen seinen Fahrer zumindest keinen vollen Freistellungsanspruch, für den die Klägerin als Haftpflichtver des Fahrers hätte aufkommen müssen, denn der Schadenfall war bei schadengeneigter Tätigkeit ohne grobe Fahrlässigkeit entstanden. Die Haftpflichtv darf entgegen der Meinung von LG Koblenz nicht zur Verschärfung der Haftung des Fahrers führen. — Die im Sachverhalt ähnlichen Entscheidungen RG 11. VII. 1939 RG 2 Bd 161 S. 34 und RG 17. VI. 1937 HRR 1937 Nr. 1300 sind überholt, weil der Fahrer jetzt seine Rechte aus der Haftpflichtv selbständig geltend machen kann.

Der Ausgleich vollzieht sich in den Fällen, in denen die Arglisteinrede durchgreift, durch einen internen Buchungsvorgang beim Ver (zugunsten Sachschaden, zu Lasten Haftpflichtschaden). Der Fahrer, gegen den nach den Ausführungen oben Anm. 45 der Rückgriff möglich ist, genießt jedoch für diesen keinen Haftpflichtvsschutz durch die Police des Halters (§ 11 Ziff. 3 AKB). Der Arbeitgeber ist auch nicht verpflichtet, für den Fahrer eine diesen gegen Rückgriffe schützende Haftpflichtv abzuschließen (BAG 22. III. 1968 NJW 1968 S. 1846f.). Vereinzelt ist Kaskovern die besondere Bedingung genehmigt worden, daß sie auf den Regreß gegen den berechtigten Fahrer verzichten, wenn dieser leichtfahrlässig gehandelt hat: VerBAV 1967 S. 167.

III. Versicherungsrechtliche Voraussetzungen des Übergangs § 67
Anm. 47—49

[47] III. Versicherungsrechtliche Voraussetzungen des Übergangs.
1. Ersatzleistung des Versicherers.
a) Zeitpunkt und Empfänger der Leistung.

§ 67 läßt den Ersatzanspruch übergehen, soweit der Ver dem Vmer den „Schaden ersetzt". Das bedeutet in zeitlicher Hinsicht, daß der Ver nicht schon, wie in der Sozialv, mit dem Schadenfall Rechtsnachfolger wird, auch nicht schon mit der Feststellung, mit dem Anerkenntnis oder mit der Fälligkeit des Vsanspruchs (BGH 13. VI. 1966 VersR 1966 S. 875; OLG Stuttgart 23. III. 1954 VersR 1954 S. 185; Kisch S. 42), sondern erst mit der Leistung. Entschädigt der Ver in Raten, so geht auch der Anspruch in entsprechender Höhe über, die Subrogation vollzieht sich also nicht erst, nachdem die Vsleistung voll ausgekehrt worden ist (Prölss § 67 Anm. 4; Kisch S. 46; Harten S. 93; Ehrenzweig S. 286; Bruck S. 673). Wegen der Automatik des Übergangs hat der Ver auch kein Zurückbehaltungsrecht an der Vsentschädigung, bis ihm der Drittanspruch abgetreten wird: LG Köln 9. III. 1956 VersR 1956 S. 405; Bruck S. 673.

Wenn § 67 davon ausgeht, daß dem Vmer der Schaden ersetzt worden ist, denkt das Gesetz hier an den Normalfall. Es steht gleich, wenn bei V für fremde Rechnung der empfangsberechtigte Vte entschädigt worden ist oder wenn an den Rechtsnachfolger (Zessionar, Pfändungsgläubiger der Vsforderung) oder an eine Partei kraft Amtes geleistet wurde. Dasselbe ist der Fall, wenn nach Pfandreife der Vertragspfandgläubiger oder vorher dieser und der Vmer gemeinschaftlich befriedigt worden sind. Das Pfandrecht spielt insbesondere in der Gebäudev eine Rolle. Hier ist darauf aufmerksam zu machen, daß § 67 nur bei „gesundem" Vsverhältnis eingreift. Hat der Feuerver auf Grund der §§ 102, 103 VVG, also im „kranken" Vsverhältnis, die Entschädigung an den Hypothekar ausgekehrt, so geht die Subrogation auf Grund des § 104 VVG der auf Grund des § 67 vor (Prölss § 67 Anm. 4; Kisch S. 45). Ebenso hat in der Pflicht-Haftpflichtv der Übergang nach § 158f. oder nach § 3 Ziff. 9 S. 2 PflichtversG i. Vbdg mit § 426 II BGB den Vorrang (BGH 23. V. 1960 VersR 1960 S. 650). Das folgt daraus, daß der Vmer nicht im Sinne des § 67 entschädigt worden ist, solange er sich dem Regreß des Vers ausgesetzt sieht. Einzelheiten unten Anm. 147, 153.

[48] b) Art der Leistung.

In aller Regel kommt der Ver seiner Verpflichtung durch Geldzahlung nach. Bei Erfüllung im Wege der Überweisung tritt der Forderungsübergang dann ein, wenn der Geldwert dem Konto des Vmers gutgeschrieben worden ist (§ 270 I BGB). Wenn der Vsvertrag eine Naturalleistung des Vers vorsieht wie in der Haftpflichtv (maßgeblicher Zeitpunkt für den Übergang ist hier in der Regel die Befriedigung des Geschädigten) und zuweilen in der Glasv, sukzediert der Ver entsprechend, wenn er diese erbracht hat, bei echter Naturalherstellung (Beispiel Glasv) aber erst mit der vollständigen Leistung (Kisch S. 46).

Der vertragsmäßigen Leistung stehen die Erfüllungssurrogate gleich (Kisch S. 42f.), d. h. die Leistung an Erfüllungs Statt (§ 364 I), die Hinterlegung unter Rücknahmeverzicht (§ 372), die Aufrechnung (§ 389) und der Abzug nach § 35b VVG.

[49] c) Subsidiär- und Differenzversicherungen.

In aller Regel darf der Ver seinen Vmer nicht zunächst auf den Anspruch gegen den Dritten verweisen, denn er haftet primär, anderenfalls wäre § 67 seiner wesentlichen Bedeutung entkleidet. Anders liegt es nur bei Subsidiär- und Differenzven, die als solche ausdrücklich gekennzeichnet sein müssen.

Eine Subsidiarität finden wir z. B. in der Maschinenv. Hier heißt es in Ziff. 2. 2. 12 AMB (VerBAV 1969 S. 2ff.), daß der Ver keine Entschädigung leistet für Schäden, für die ein Dritter als Lieferant, Werkunternehmer oder aus Reparaturauftrag einzutreten hat. Der Ver leistet, bis die Ersatzpflicht des Dritten geklärt ist, eine vorläufige Entschädigung, die vom Vmer zurückgezahlt werden muß, wenn die Ersatzpflicht des Dritten rechtskräftig festgestellt oder unstreitig wird. Die angeführte Bestimmung der AMB schließt § 67 aus. Es bedurfte aber dieser ausdrücklichen Erwähnung nicht, weil ein Übergang ohnehin nicht stattfinden kann: Ist einer der genannten Dritten verant-

Sieg

wortlich, entfällt die Leistungspflicht des Vers, ist er es nicht, ist kein Ersatzanspruch des Vmers vorhanden, der übergehen könnte. Weitere Beispiele für Subsidiärven vgl. oben Anm. 30 sowie § 2 III d ARB (Ver BAV 1969 S. 66ff., womit AG Essen 30. IX. 1965 VersR 1966 S. 255 überholt ist).

Hiervon zu unterscheiden sind die Ausfall- oder Differenzven (vgl. Bruck S. 666f.; Schultz S. 58). Bei ihnen muß der Vmer ebenfalls zunächst versuchen, seinen Anspruch gegen den Dritten durchzusetzen. Der Ver tritt aber für den Ausfall ein, wenn jener Anspruch nicht realisierbar ist. Kisch S. 35f. und Harten S. 65 verneinen hier die Anwendung von § 67. M. E. besteht aber kein Grund, die Subrogation auszuschließen, die gesetzlichen Voraussetzungen liegen vor. Selbstverständlich wird der wirtschaftliche Wert der übergegangenen Forderung gering sein, weil es sonst nicht zur Leistung des Vers gekommen wäre. Das ist aber kein Grund, dem Ver die Chance zu versagen, die Besserung der wirtschaftlichen Verhältnisse beim Dritten auszunutzen. Allerdings enthält die Differenzv einen gewissen Anklang an die Kreditv, so daß man meinen könnte, die cessio legis sei aus den oben Anm. 33 dargelegten Gründen zu verneinen. Das wäre aber ein Trugschluß. Sofern sich die Ausfallv auf eine Sache bezieht, bleibt sie Sachv.

[50] 2. Sonstige Leistungen des Versicherers.
a) Außerhalb der Haftpflichtversicherung.

Nach §§ 62, 63 VVG hat der Ver unter den dort genannten Voraussetzungen dem Vmer Aufwendungen zu ersetzen, die dieser für die Abwendung und Minderung des Schadens erbracht hat. Da diese Aufwendungen vor der Vollendung des Vsfalls entstehen, kommen sie nicht nur dem Ver, sondern auch dem Vmer zustatten. Deshalb rechtfertigt sich die Anwendung von § 67 VVG (KG 1. VI. 1932 JRPV 1932 S. 248f.; Ritter-Abraham § 32 Anm. 3; widersprüchlich Prölss § 67 Anm. 4, der die Anwendung des § 67 auf die Kosten nach § 62 ablehnt, aber gleichwohl den beiden folgenden Entscheidungen des BayrObLG und des BGH zustimmt. Anders Kisch S. 37, der allerdings Note 55 zugibt, daß seine Auffassung der herrschenden Lehre widerstreite). Mit Recht haben daher BayrObLG (25. III. 1966 VersR 1966 S. 556 mit Anm. Groth) und BGH (24. X. 1967 VersR 1967 S. 1168) angenommen, daß der Ver auch insoweit in die Schadenersatzforderung sukzediert, als es sich um die Belohnung für die Herbeischaffung gestohlener Ware handelt, wobei von einer Unterscheidung abgesehen wurde, ob der Vmer den Belohnungsaufwand zunächst verauslagt hatte oder ob ihn der Ver unmittelbar für den Vmer getragen hat. Die Anwendung der §§ 62, 63 (und damit des § 67) gründet sich hier darauf, daß der Vmer trotz der Entschädigungsleistung des Vers noch Eigentümer der gestohlenen Ware geblieben ist, er also noch ein eigenes Interesse an der Wiederherbeischaffung hatte.

Wo es sich dagegen lediglich um die Feststellung eines abgeschlossenen Schadenfalles handelt, greift § 67 nicht ein, denn insoweit erbringt der Ver keine Aufwendungen für den Vmer (selbst wenn er sie diesem nach § 66 I zu erstatten hat), sondern in eigener Sache, um Grund und Höhe seiner Verbindlichkeit zu prüfen. Mit Recht ist daher die Anwendung von § 67 fast durchgängig abgelehnt worden, wenn der Kaskover etwa Ersatz für Sachverständigengutachten, Strafaktenauszüge, Spesen seiner Regulierungsbeamten und dergleichen Kosten geltend machte (BGH 3. VII. 1962 VersR 1962 S. 725ff.; BGH 17. IX. 1962 VersR 1962 S. 1103, der Leitsatz 1 ist mißverständlich formuliert; OLG Frankfurt/M. 1. IV. 1958 VersR 1958 S. 709; OLG München 15. VI. 1959 VersR 1959 S. 944f.; OLG Köln 9. IV. 1959 VersR 1960 S. 894, 896. Anders implicite KG 23. XI. 1961 VersR 1962 S. 530). In aller Regel scheidet hier die Anwendung von § 67 schon deshalb aus, weil der Vmer insoweit keinen adäquaten Ersatzanspruch gegen den Schädiger hat. Sollte das ausnahmsweise der Fall sein, so kann sich der Ver, soweit er für die Feststellungskosten aufkommt, den Ersatzanspruch abtreten lassen.

Die unten Anm. 51 zu erörternde Frage, ob Prozeßkosten Rettungsaufwand sein können, wird außerhalb der Haftpflichtv nicht praktisch, weil der Ver den Vmer — wie erwähnt — nicht auf den Anspruch gegen den Schädiger verweisen darf (Einzelheiten bei Siebeck, Die Schadenabwendungs- und -minderungspflicht des Versicherungsnehmers, Karlsruhe 1963, S. 34f.).

III. Versicherungsrechtliche Voraussetzungen des Übergangs § 67
Anm. 51—53

[51] b) In der Haftpflichtversicherung.

Was die Regulierungskosten angeht, liegt es in der Haftpflichtv anders. Der Vsfall ist hier nicht mit dem schädigenden Ereignis abgeschlossen, sondern erst mit der Befreiung des Vmers von den gegen ihn erhobenen Ansprüchen, was die vorherige Feststellung der Haftpflichtforderung voraussetzt (bedenklich daher BGH 25. IV. 1955 VersR 1955 S. 340, 342). Hier bilden daher die Regulierungskosten Rettungsaufwand und begründen den Forderungsübergang nach § 67 (OLG Hamm 24. X. 1961 VersR 1962 S. 502—504; Woesner ZVersWiss 1960 S. 429 N. 158; Prölss § 67 Anm. 4).

Auch wegen der Kosten des Haftpflichtprozesses findet die Subrogation statt. Im einzelnen gilt hier folgendes: Ist der Haftpflichtprozeß für den Vmer ungünstig ausgegangen, so bilden die dem Geschädigten zu erstattenden Kosten einen Teil seines Schadenersatzanspruchs, gehören also zur Hauptleistung des Vers. Die für den Vmer aufgewendeten Kosten sind Rettungsaufwand (Sieg, Ausstrahlungen der Haftpflichtversicherung, Hamburg 1952, S. 134f.; Woesner ZVersWiss 1960 S. 429 N. 154). Hat der Haftpflichtprozeß für den Vmer Erfolg gehabt, so besteht zwar ein Erstattungsanspruch gegen den Geschädigten. Ist dieser aber nicht beitreibbar, sind die Kosten auch in diesem Falle als Teil des Rettungsaufwandes anzusehen, was die Anwendung von § 67 zur Folge hat. Möller in Oberbach, Grundlagen der allgemeinen Haftpflichtversicherung, Stuttgart-Köln 1950, B 2 S. 12f., und OLG Hamm 13. II. 1957 VersR 1957 S. 293 nehmen an, daß die Prozeßkosten schlechthin zur Hauptleistung des Vers gehören. Im Rahmen der hier abgehandelten Fragestellung ändert das am gefundenen Ergebnis nichts.

Eine andere Frage ist es natürlich, ob und inwieweit der Vmer einen bürgerlich-rechtlichen Ersatzanspruch hat, der auf den Ver übergeht. Meist wird es sich hier um einen Ausgleichsanspruch gegen einen Mitschädiger handeln. Die Rechtsprechung geht dahin, daß allein das Gemeinschaftsverhältnis unter den Gesamtschuldnern keine genügende Grundlage dafür bildet, daß sich der Mitschädiger gemäß seiner internen Haftungsquote auch an den Kosten beteiligen müßte. Vielmehr wird hierfür eine zusätzliche Rechtfertigung gefordert. Sie kann, sofern Vmer und Mitschädiger in einem Vertragsband stehen, in der positiven Forderungsverletzung des letzteren liegen (RG 19. III. 1940 JRPV 1940 S. 108; BGH 3. VII. 1962 VersR 1962 S. 725ff.). Fehlt es an einem Vertragsverhältnis zwischen diesen Personen, so kann die Kostenbeteiligung auf Verzug des Mitschädigers, auf unerlaubte Handlung gegenüber dem Vmer (BGH 3. VII. 1962 VersR 1962 S. 725ff.; OLG Schleswig 6. VII. 1956 SchlHolstAnz 1956 S. 348f.) oder auf ein sonstiges, das Gemeinschaftsverhältnis belastendes Moment (RG 24. I. 1918 RGZ Bd 92 S. 143ff.; BGH 17. XII. 1955 VersR 1956 S. 160f.) gestützt werden.

[52] Zu a) und b).

Sofern nach den obigen Ausführungen wegen der vom Ver erbrachten Aufwendungen ein Forderungsübergang stattfindet, bezieht er sich niemals auf dessen anteilige Generalunkosten (Gehälter seiner Sachbearbeiter etwa): OLG Hamm 24. X. 1961 VersR 1962 S. 502—504; LG Berlin 17. XII. 1953 VersR 1954 S. 39f.

[53] 3. Leistungspflicht aus Versicherungsverhältnis.

a) Grundlegung.

Obwohl § 67 es nicht ausdrücklich ausspricht, wird man davon ausgehen müssen, daß der Gesetzgeber an eine auf Rechtspflicht beruhende Entschädigungsleistung des Vers gedacht hat. Wie der Vertragspartner des Vers ad hoc zum „Dritten" werden kann (wenn ihm keine Deckung zu gewähren ist, vgl. oben Anm. 40, 42), so leistet der Ver, wenn er im Einzelfall nicht verpflichtet ist, nicht an den (in concreto berechtigten) „Versicherungsnehmer" im Sinne des § 67. Wie der Schuldner gegenüber dem Zessionar die Unwirksamkeit der Abtretung geltend machen kann, indem er dessen Aktivlegitimation bestreitet (Blomeyer, Allgemeines Schuldrecht, 4. Aufl., Berlin-Frankfurt 1969, S. 271), so müßte er sich auch entsprechend gegen die Aktivlegitimation des Vers wenden können, sofern die Voraussetzungen des gesetzlichen Übergangs nicht vorliegen.

Indes würde in das Massengeschäft der V eine unerträgliche Unsicherheit hineingetragen werden, wenn man es bei diesen Grundsätzen bewenden ließe. Aus Praktikabilitätsgründen ist daher der einhelligen Meinung zuzustimmen, wonach der Regreß auch dann zu bejahen ist, wenn der Ver bei zweifelhafter Deckung entschädigt hat (BGH 15. X. 1963 VersR 1963 S. 1192 = LM Nr. 22 zu § 67 VVG = VerBAV 1964 S. 57; BAG 9. XI. 1967 VersR 1968 S. 266; OLG Nürnberg 1. VII. 1958 VersR 1958 S. 857f.; OLG Nürnberg 8. X. 1965 VersR 1966 S. 621; OLG Köln 9. IV. 1959 VersR 1960 S. 894; LG Köln 21. I. 1962 VersR 1962 S. 1077; Kisch S. 39). Allein das entspricht auch dem Sinn des § 67: Der Vmer behält die Vsleistung endgültig, er muß daher die entsprechende Drittforderung verlieren, damit dem Bereicherungsverbot genügt wird.

Für die Haftpflichtv ist darauf aufmerksam zu machen, daß sich unsere Ausführungen nur auf die Zweifelhaftigkeit der Deckungsfrage, nicht auf die Dubiosität der Haftungsfrage beziehen. Der auf Grund § 67 vom HaftpflichtVer in Anspruch Genommene kann also einwenden, daß dem Geschädigten in Wahrheit keine Forderung oder nur eine Forderung in geringerer Höhe als vom Ver beglichen zugestanden habe (BGH 3. VII. 1962 VersR 1962 S. 725—728; BGH 6. VI. 1966 VersR 1966 S. 747; LG Osnabrück 12. XI. 1958 VersR 1959 S. 102. Unter diesem Gesichtspunkt hat LG Köln 21. IV. 1961 VersR 1966 S. 72 zutreffend entschieden, die Begründung ist allerdings irreführend. Unrichtig LG Ellwangen 25. VII. 1963 VersR 1964 S. 523—525). Hier handelt es sich nicht nur um die Verlagerung der Aktivlegitimation für eine bestehende Forderung, sondern um den Inhalt eben dieser Forderung. Bei solcher Gestaltung kann sich der Ver allenfalls beim Geschädigten erholen, der zu viel erhalten hat (vgl. oben Anm. 27).

[54] b) Bewußte Liberalitätsleistung.
Die Ansicht, daß auch bei bewußter Liberalität ein Übergang nach § 67 stattfindet, gewinnt in neuerer Zeit an Boden (Ritter-Abraham § 45 Anm. 11; Schlegelberger § 45 Rdz. 6; Prölss § 67 Anm. 4; Ehrenzweig S. 285 N. 1; R. Raiser VersR 1967 S. 312—317 mit Einschränkung beim VVaG; Sieg VersRdsch 1968 S. 198), wenngleich auch die Gegenauffassung namentlich in der Judikatur noch viele Anhänger hat: OLG Köln 9. IV. 1959 VersR 1960 S. 894; KG 5. XI. 1965 VersR 1967 S. 446; OLG Oldenburg 11. II. 1955 VersR 1955 S. 181; LG Köln 21. I. 1962 VersR 1962 S. 1077; LG Mannheim 14. II. 1962 VersR 1962 S. 317; Kisch S. 39f.; Stiefel-Wussow S. 495.

Den Befürwortern des Übergangs ist zuzustimmen, vor allem deshalb, weil sich die Fälle zweifelhafter Eintrittspflicht (wo einhellig der Übergang bejaht wird) und die Fälle bewußter Liberalität in praxi kaum von einander abgrenzen lassen, denn nur selten wird es so liegen, daß der Ver zahlt, obwohl die Deckungsfrage eindeutig zu verneinen ist. Läßt man aber bei zweifelhafter Eintrittspflicht nicht zu, daß der Deckungsfrage auf Bestreiten der Aktivlegitimation bis ins einzelne nachgegangen wird, so ist es nur folgerichtig, dem Dritten diesen Einwand auch hier zu versagen, die Fallgruppen unterscheiden sich nicht qualitativ, sondern nur quantitativ von einander. Im übrigen spricht auch hier der oben Anm. 53 hervorgehobene Sinn des § 67 für den Übergang.

Mit dieser weitgehenden Zulassung des Rückgriffs nähert sich die Privatv der Sozialv, wo nach § 1543 RVO im Regreßprozeß ebenfalls nicht nachgeprüft werden darf, ob und inwieweit der Sozialvsträger zu Recht gezahlt hat. Die Vorschrift hat sich dort derart bewährt, daß ihre Anwendung auch in den Zweigen der Sozialv bejaht wird, in denen eine Entsprechung zu § 1543 fehlt (Sieg VersR 1969 S. 3).

Angesichts der Zweifelhaftigkeit der Rechtslage ist dem Ver zu empfehlen, sich bei Auskehrung der Liberalitätszahlung den Drittanspruch abtreten zu lassen. Niemals kann er seine Leistung vom Vmer oder Vten kondizieren, wenn ihn seine Großmut reut: § 814 BGB. Auch wird der Vte nicht zum Dritten nach § 67, wenn er und der Vmer keine Deckung hatten, der Ver aber in Kenntnis dieses Umstandes gleichwohl entschädigt hat: LG Mannheim 14. II. 1962 VersR 1962 S. 317. Dieser Fall ist nicht zu verwechseln mit dem oben Anm. 45 behandelten.

[55] c) Irrtümliche Ersatzleistung.
aa) Eingreifen des § 67 im allgemeinen.
Hat der Ver irrtümlich geleistet, so entsteht die Frage, ob auch hier der Übergang nach § 67 anzunehmen oder ob der Ver auf einen Bereicherungsanspruch gegen seinen

III. Versicherungsrechtliche Voraussetzungen des Übergangs **§ 67**
Anm. 56

Vmer angewiesen ist. Daß letzterer Anspruch an sich besteht, kann nicht zweifelhaft sein. Man könnte geneigt sein, es dabei bewenden zu lassen, d. h. für § 67 eine solche Vsleistung zu verlangen, die als vertragsmäßige Bestand hat: so Ritter-Abraham § 45 Anm. 11; Harten S. 90 (allerdings mit Rücksicht auf den von § 67 abweichenden Wortlaut von § 804 HGB); Kisch S. 40; Bury S. 41 f. Indes hat die Rechtsprechung auch bei irrtümlicher Leistung den Übergang bejaht (BGH 15. X. 1963 VersR 1963 S. 1192 = LM Nr. 22 zu § 67 VVG = VerBAV 1964 S. 57; OLG Düsseldorf 28. XI. 1961 VersR 1962 S. 416f.). Das ist insofern folgerichtig, als der Ver hier nicht anders dastehen kann, als wenn er von vornherein wußte, daß er nicht leistungspflichtig ist (vgl. oben Anm. 54). Wenn die Leistungsfreiheit auf einer Obliegenheitsverletzung beruht, kann schon deshalb an dem Eingreifen von § 67 kein Zweifel sein, weil es dem Ver freisteht, ob er sich auf Leistungsfreiheit berufen will, diese schafft lediglich eine Einrede, keine Einwendung (vgl. unten Anm. 80).

Natürlich kann der Ver nicht den Regreßanspruch gegen den Dritten und den Kondiktionsanspruch gegen den Vmer verfolgen. Außerhalb der Haftpflichtv löst sich der Konflikt relativ einfach: Der Ver kann den Kondiktionsanspruch gegen seinen Vmer verfolgen. Realisiert er ihn, so entfällt damit die Voraussetzung für § 67, daß der Ver seinem Vmer den Schaden ersetzt hat (BGH 28. IX. 1961 VersR 1961 S. 992 = VerBAV 1962 S. 19; BGH 16. XI. 1961 VersR 1962 S. 22—24 = VerBAV 1962 S. 65f.). Der Forderungsübergang ist also hier auflösend bedingt durch die Durchsetzung des Bereicherungsanspruchs.

Daß ein Forderungsübergang in Höhe der Vsentschädigung eintritt, mag der Ver in Kauf genommen haben, zuviel zu leisten, mag bewußt, mag er irrtümlich zu hoch entschädigt haben, hat OLG Hamm 24. XI. 1955 VersR 1956 S. 209f. übersehen. Im betreffenden Fall hätte Beweis über die Behauptung des geschädigten Klägers erhoben werden müssen, der Schaden betrage rund 20 000,— DM. Nur wenn er mit dieser Behauptung durchdrang, konnte der Beklagte zur Zahlung an den Kläger in Höhe von rund 10 000,— DM verurteilt werden, nachdem der Ver bereits 10 000,— DM geleistet hatte, hinsichtlich deren der Kläger keine Aktivlegitimation mehr besaß. Mit dem Differenzprinzip hat der Fall entgegen dem Leitsatz nichts zu tun, denn hier schuldete der Beklagte vollen Ersatz, die Schadenersatzforderung blieb nicht hinter den Forderungen des ursprünglichen Gläubigers und seines Rechtsnachfolgers zurück.

[56] bb) Besonderheiten in der Haftpflichtversicherung.

Der oben Anm. 55 aufgezeigte Weg versagt in der Haftpflichtv, denn mag auch der Vmer keinen Anspruch auf Deckung gehabt haben, daß er durch die Leistung des Vers an den Geschädigten von seiner Haftpflichtverbindlichkeit endgültig befreit worden ist, (Voraussetzung für das Eingreifen von § 67), läßt sich nicht aus der Welt schaffen. Andererseits bleibt dem Ver der Kondiktionsanspruch. Zur Lösung dieser Konkurrenz sind verschiedene Wege beschritten worden.

Stiefel-Wussow Anhang zu §§ 10—13 Anm. 37 (wohl auch BGH 15. X. 1963 VersR 1963 S. 1192 = LM Nr. 22 zu § 67 VVG = VerBAV 1964 S. 57) meinen, auf § 67 könne sich der Ver bei dieser Sachlage nur berufen, wenn er auf den Kondiktionsanspruch verzichte. Das verkümmert indes die Rechte des Vers zu stark, denn abgesehen davon, daß der nach § 67 übergegangene Anspruch in der Haftpflichtv in der Regel nur auf die interne Haftungsquote des Mitschädigers geht, ist zunächst noch völlig offen, ob dieser Anspruch überhaupt erfüllt werden wird.

Clemm, Der Rückgriff des subsidiär haftenden Kraftfahrzeug-Haftpflichtversicherers, Diss. Berlin 1968, S. 83f., 93—97, vertritt die Auffassung, bei der gegebenen Sachlage habe der Ver die Drittforderung erfüllungshalber erworben; werde sie vom Mitschädiger getilgt, entfalle insoweit ein Bereicherungsanspruch. Wie bei Abtretungen im Rahmen des § 364 II BGB sei der Ver aus dem Treueverhältnis zu seinem Vmer gehalten, zunächst die Drittforderung einzuziehen, ehe er sich an seinen Vmer wende. In letzterem Falle könne der Vmer seine Leistung zurückhalten, bis ihm der (praktisch kaum wertvolle) Anspruch gegen den Mitschädiger rückzediert worden sei.

Indes läßt sich für diese Ansicht schwer eine Rechtfertigung finden. Der Ver, der irrtümlich seine Deckungspflicht angenommen hat, kann nicht schlechter dastehen, als wenn ihm als Pflichtver beim Eintritt gegenüber dem Geschädigten bewußt gewesen ist, daß das Deckungsverhältnis „krank" war. In diesem Falle ordnet das Gesetz den Übergang der Forderung des Geschädigten gegen den Vmer an (§ 158f; § 3 Ziff. 9 S. 2 PflichtversG), wobei es ganz in die Hand des Vers gegeben ist, ob er in dessen Anspruch gegen den Mitschädiger (vgl. unten Anm. 148) oder in dessen sonstiges Vermögen vollstrecken will. Entsprechendes muß im Falle der irrtümlichen Leistung gelten. Wenn der Ver den Mitschädiger vor dem Vmer in Anspruch nimmt (wozu er — wie gesagt — nicht verpflichtet ist), mindert das auf diese Weise Hereingekommene den Bereicherungsanspruch. Wenn er zunächst gegen den Vmer vorgeht, kann dieser die Leistung verweigern, bis ihm der Drittanspruch rückzediert worden ist (Clemm a. a. O. S. 80; vgl. zum vorangegangenen Baumann 2 VersWiss 1970.

[57] cc) Ausschluß von § 67.

War die Leistung des Vers zunächst mit Rechtsgrund erbracht, stellt sie sich aber nachträglich infolge Anfechtung des Vsvertrages als ungerechtfertigt heraus, so ist für § 67 kein Raum. Die rückwirkende Vernichtung des Vertrages läßt die erbrachte Entschädigung als außerhalb irgendwelcher Vsbeziehung geleistet erscheinen. Die cessio legis fällt — jedenfalls außerhalb der Haftpflichtv — automatisch fort. Hat der Ver in der Zwischenzeit bereits den Regreß durchgeführt, so muß er das Empfangene (ebenso wie die Prämien) herausgeben (Kisch S. 38, 40). Der Vmer muß seinerseits die Entschädigung zurückgewähren. Nach der herrschenden namentlich von der Rechtsprechung befolgten Saldotheorie schuldet nur der Teil dem anderen etwas, für den sich nach der Verrechnung ein Zuvielerhalt herausstellt. Die Bereicherungsansprüche können hier allerdings durch Schadenersatzansprüche des Anfechtenden (§ 823 II) oder des Anfechtungsgegners (§ 122) überlagert werden.

[58] d) Leistung aus versicherungsähnlichem Schadenersatzverhältnis.

Der Ver kann, obwohl kein Vsvertrag abgeschlossen worden ist, gleichwohl gehalten sein, einen Schaden zu vergüten, wie wenn ein solcher Vertrag bestünde. Das ist der Fall, wenn der Ver aus culpa in contrahendo haftet (hierzu neuerdings Köbler VersR 1969 S. 776/778), z. B. weil er einen Antrag verzögerlich beantwortet hat (vgl. Möller Anm. 51 zu § 44; Schumann HansRGZ A 1938 Sp. 85, 88) oder weil er für unrichtige oder unvollständige Auskünfte seines Agenten einstehen muß (vgl. BGH 20. VI. 1963 BGHZ Bd 40 S. 23—28). Zur Rechtsfigur der culpa in contrahendo wegen Lässigkeit des Vers kann es allerdings dort nicht kommen, wo nach Ablauf fester Fristen der Antrag als abgelehnt (§ 81 VVG) oder angenommen (§ 5 III PflichtversG) gilt. Bindungsfristen in AVB oder geschäftsplanmäßigen Erklärungen geben im übrigen einen Anhalt dafür, wie lange sich der Ver Zeit lassen kann.

Die Haftung aus Verschulden bei Vertragsschluß geht gewöhnlich nur auf das negative Interesse, dieses kann aber dem Erfüllungsinteresse gleichkommen. Das ist gerade im Vsrecht mehrfach anerkannt (RG 31. I. 1922 RGZ Bd 104 S. 20—23; RG 26. II. 1935 RGZ Bd 147 S. 103, 110; KG 15. XI. 1930 JRPV 1931 S. 40). Wenn der Ver auf dieser Rechtsgrundlage entschädigt, findet m. E. § 67 Anwendung. Zwar ist auch hier — wie in den Fällen der Anfechtung — kein Vsvertrag vorhanden, er wird aber als in der Hülle des Schadenersatzes steckend fingiert. Der Vmer, der auf dieser Basis die Vorteile des fiktiven Vertrages beansprucht, muß auch den Nachteil des § 67 hinnehmen. Dafür sprechen auch die eben angeführten RG-Entscheidungen, die den Schadenersatzanspruch des Vmers an den Normen des VVG und der AVB messen.

[59] 4. Kongruenzprinzip.

a) Gleicher Gegenstand.

Nach § 67 geht der Schadenersatzanspruch des Vmers über, soweit der Ver den Schaden ersetzt. Daraus folgt, daß zwischen dem vten Gegenstand und dem vten Interesse (unten Anm. 60) einerseits, dem Schadenersatzanspruch andererseits ein Zusammenhang bestehen muß, den man als Kongruenz (so die jetzt übliche Terminologie) oder Konvergenz (so die Diktion von Kisch S. 32) bezeichnet.

III. Versicherungsrechtliche Voraussetzungen des Übergangs **§ 67**
Anm. 60, 61

Sind bei einem Unfall mehrere Fahrzeuge des Vmers beschädigt worden, so geht auf den Kaskover eines dieser Fahrzeuge nur der darauf bezügliche Schadenersatzanspruch über. Dasselbe gilt, wenn nur der Anhänger oder nur der Triebwagen vt ist (nicht beachtet von OLG Braunschweig 26. III. 1964 VersR 1964 S. 816 ff. Dagegen Mahlberg VersR 1964 S. 1222; Stiefel-Wussow S. 495) oder wenn neben den vten Gebäudeteilen auch andere durch den Schadenfall in Mitleidenschaft gezogen worden sind (Kisch S. 34). Ist der Vmer nur wegen seines Fahrzeugs entschädigt worden, verbleibt ihm der Schadenersatzanspruch wegen seiner Ladung (Prölss § 67 Anm. 1). Niemals gehen auf den Vermögensver Ansprüche aus einem Personenschaden über und umgekehrt.

[60] b) Gleiches Interesse.
aa) Gundlage.

Das Schadenereignis an demselben Gegenstand kann die Vermögenssphäre des Betroffenen in den verschiedensten Richtungen tangieren und daher auch verschiedene Arten von Schadenersatzansprüchen auslösen. Besonders häufig ist der Fall, daß eine Sachbeschädigung Nutzungsausfall und die Erbringung von Auslagen nach sich zieht. Der Ersatzanspruch gegen den Schädiger umfaßt auch diese Teile des Schadens, aber der Forderungsübergang ergreift nur denjenigen Ausschnitt des Schadenersatzanspruchs, der dem Interesse entspricht, für das der Vmer vom Ver entschädigt worden ist (BGH 30. IX. 1957 BGHZ Bd 25 S. 340; BGH 11. VII. 1963 VersR 1963 S. 1185; Prölss § 67 Anm. 1; Harten S. 63). So geht auf den Sachver nicht der Anspruch aus Verletzung eines Forderungsinteresses (Harten S. 146) oder aus Nutzungsausfall (Kisch S. 34; Harten S. 62, 148) oder wegen Aufwendungen über; auf den Gewinnver nicht der Anspruch wegen des Substanzschadens (Kisch S. 34).

Von der cessio legis wird auch grundsätzlich der Verzugsschadenersatzanspruch des Vmers nicht erfaßt (Harten S. 64; Kisch S. 33 N. 50), weil er hierfür vom Ver in aller Regel nicht entschädigt wird. Etwas anderes gilt nur dann, wenn der Dritte unter dem Gesichtspunkt des Verzuges auch für mittelbare Schäden des Vmers aufkommen muß und diese dem letzteren vom Ver abgenommen werden (vgl. oben Anm. 51).

Das Kongruenzprinzip kann sich auch nachteilig für den Vmer auswirken. Ist er z. B. für den Sachschaden vom Ver entschädigt worden und erhält er später hierfür vom Schädiger Ersatz, so kann er dem Kondiktionsanspruch des Vers nicht entgegenhalten, er sei für den Nutzungsausfall bisher nicht entschädigt worden, er verrechne daher die Drittleistung auf diesen Schadensteil: BGH 21. XI. 1957 LM Nr. 9 zu § 67 VVG. — Auch insofern ist der Kongruenzgrundsatz dem Vmer ungünstig, als er das ihm vorteilhafte Differenzprinzip einschränkt, darüber unten Anm. 67.

[61] bb) Abgrenzung in der Kraftfahrzeug-Kaskoversicherung.

Die Bestimmung, was im Einzelfall bei der Sachv zum kongruenten Substanzschaden rechnet, ist nicht immer leicht zu treffen. Voranzuschicken ist, daß der Begriff „Sachschaden" hier erheblich enger ist als etwa im Falle des § 12 StVG (vgl. oben Anm. 30), insbesondere ist hier der Sachfolgeschaden nicht einbegriffen. Bei der Kaskov gehören in diesem Sinne zum Sachschaden die Reparatur- und Abschleppkosten, nicht jedoch der Verdienstausfall, die Kosten für einen Mietwagen, gewisse Auslagen, der Verlust des Schadenfreiheitsrabatts oder sonstiger Vergünstigungen für schadenfreies Fahren (Prölss § 67 Anm. 1; Stiefel-Wussow S. 495; BGH 18. I. 1966 BGHZ Bd 44 S. 382 = VersR 1966 S. 256). Was den Minderwert angeht, so sind die Ansichten geteilt. BGH 20. III. 1967 BGHZ Bd 47 S. 196 = VersR 1967 S. 505 hat den merkantilen Minderwert zum Sachfolgeschaden gerechnet, während BGH 28. I. 1958 VersR 1958 S.161 den Minderwert schlechthin (also merkantilen und technischen) zum Sachschaden zählt. Zutreffend erscheint, den technischen Minderwert als Sachschaden, den merkantilen als Sachfolgeschaden zu behandeln (Prölss § 67 Anm. 1; anders Stiefel-Wussow S. 495).

Wenn auch diese Aufteilung vor allem dann eine Rolle spielt, wenn der Schadenersatzanspruch nicht hinlänglich hoch ist, um Ver und Vmer zu befriedigen und auf die hieraus entstehende Problematik erst unten Anm. 64—69 einzugehen ist, so mußte die Abgrenzung gleichwohl schon an dieser Stelle behandelt werden, weil auch in jenen

Fällen zunächst über die Kongruenz Klarheit herrschen muß. — Selbstverständlich kann auch innerhalb des Sachschadens niemals der Ersatzanspruch im größeren Umfang auf den Ver übergehen, als er entschädigt hat.

[62] cc) Versicherungsentschädigung über Zeitwert.

Es gibt Fälle, in denen vrechtlich der Schaden höher vergütet wird, als bürgerlich-rechtlich eine Ersatzforderung überhaupt entstehen kann. Das tritt z. B. in der Kaskov auf Grund § 13 II AKB ein. Der Schädiger hat stets nur den Zeitwert zu ersetzen, wobei es eine rein bürgerlich-rechtliche Frage ist, ob hierfür der Verkaufs- oder der Wiederanschaffungspreis zugrunde zu legen ist (vgl. hierzu OLG Stuttgart 20. VII. 1966 NJW 1967 S. 252 mit Anm. Hohenester). Der Ver entschädigt nach § 13 II AKB höher. Im Umfang dieser Überschreitung des Zeitwerts liegt keine Substanz- (= Aktivenv) sondern eine Neuwertv (= Passivenv) vor: Möller Anm. 30 zu § 1; Anm. 20 vor §§ 49—80; Anm. 78 zu § 49. Aus dem Kongruenzprinzip ergibt sich, daß der Schadenersatzanspruch nur insoweit übergehen kann, als der Ver für Zeitwert entschädigt hat. Diese Feststellung hat vor allem Bedeutung, wenn eine Selbstbeteiligung vereinbart worden ist. Da diese den Substanzschaden betrifft, ergreift die cessio legis nur eine um die Selbstbeteiligung verringerte Schadenersatzforderung des Vmers. Diesem verbleibt also der Ersatzanspruch in Höhe der Selbstbeteiligung (BGH 4. IV. 1967 BGHZ Bd 47 S. 308—312. Mit dem Differenzprinzip hat das allerdings entgegen BGH a. a. O. S. 310 nicht zwangsläufig zu tun).

Beispiel: Die Kaskov ist mit einer Selbstbeteiligung von 300,— DM abgeschlossen. Der Wert des Wagens bei Eintritt des Totalschadens betrug 3000,— DM, der Listenpreis im Sinne des § 13 II AKB 4000,— DM. Der Ver hat mit 3700,— DM zu entschädigen (4000,— DM abzüglich 300,— DM Selbstbeteiligung). Auf ihn geht ein Anspruch von 2700,— DM über (Zeitwert abzüglich 300,— DM Selbstbeteiligung). Der Ersatzanspruch von 300,— DM verbleibt dem Vmer. Entsprechendes gilt bei jeder Neuwertv.

Die Kongruenz spielt auch dann eine Rolle, wenn der Ver etwa zu hoch entschädigt. Hatte z. B. der Feuerver nur 25 000,— DM zu leisten (Wiederbeschaffungswert gemindert um Abzug neu für alt, vgl. § 86 VVG), kehrt er aber 26 000,— DM aus, so geht auf ihn nur eine Forderung von 25 000,— DM über. Der Ver kann sich nicht auf den Standpunkt stellen, der Vmer habe noch weiteren Schaden infolge Nutzungsausfalls erlitten, so daß er — der Ver — auf alle Fälle für die von ihm ausgeworfenen 26 000,— DM gedeckt sei. In Höhe der überschießenden 1000,— DM fehlt es an der Kongruenz.

Andererseits ergibt sich aus diesen Grundsätzen zwangsläufig, daß der Schädiger im obigen Beispiel aus der Kaskov dem Vmer nicht entgegenhalten kann, er schulde ihm nicht jene 300,— DM, weil der Vmer von seinem Ver schon mehr als den Zeitwert erhalten habe. Ebenso wenig kann sich der Schädiger im Beispiel aus der Feuerv auf den Standpunkt stellen, er habe den Nutzungsausfall mit 1000,— DM weniger zu vergüten, weil der Vmer von seinem Ver 1000,— zu viel für Sachschäden erhalten habe, die auf den Nutzungsausfall zu verrechnen seien (vgl. BGH 11. VII. 1963 VersR 1963 S. 1185).

Leider hat das RG auf dem verwandten Gebiet des Verhältnisses zwischen Vsleistung und Amtshaftung den Kongruenzgrundsatz nicht beachtet. Wenn man sich schon auf den (abzulehnenden) Standpunkt stellt, daß Vsleistungen anderweiter Ersatz im Sinne des § 839 I 2 BGB sind (dazu oben Anm. 29), so müßten wenigstens solche Zuwendungen des Vers außer Betracht bleiben, die nicht dem Schadenersatzanspruch kongruent sind, der gegen die öffentliche Hand erhoben wird. RG 26. VIII. 1938 RGZ Bd 158 S. 176 ff. hat aber auch jene Vsleistungen dem Amtshaftungsanspruch vorgehen lassen.

[63] c) Ausblick auf das Schadenersatzrecht.

Die Kongruenz zwingt also dazu, den globalen Schaden aufzuspalten in eine Reihe von einzelnen Schadensarten. Möller (Summen- und Einzelschaden, Hamburg 1937 S. 9ff.) hat bereits vor mehr als dreißig Jahren die These vertreten, daß der aus dem Vsrecht kommende Begriff des Einzelschadens auch für das bürgerliche Recht, das nach dem Prinzip des Summenschadens arbeite, nutzbar gemacht werden müsse. Sofern in

IV. Umfang und Sicherung des Übergangs **§ 67**
Anm. 64—65

eine Schadenersatzbeziehung ein Ver eingeschaltet ist, ist zur Bestimmung dessen, was auf diesen übergeht, die Einzelschadenmethode unabweisbar. Daß ihr heute ein weiteres Feld auch außerhalb des Kongruenzgrundsatzes im Rahmen des § 67 einzuräumen ist, wird mehr und mehr anerkannt (vgl. Winter VersR 1967 S. 334ff.; Thiele AcP Bd 167 S. 202).

[64] IV. Umfang und Sicherung des Übergangs.
1. Umfang des Übergangs.
a) Problem.

Der Übergang des Ersatzanspruchs findet seine Begrenzung einerseits in der Höhe des Schadenersatzanspruchs, andererseits in dem Umfang der Ver-Leistung. Doch auch in diesem Rahmen geht nicht stets der volle kongruente Ersatzanspruch auf den Ver über, nämlich dann nicht, wenn er seinen Vmer nicht voll entschädigt hat (Ver und Vmer konkurrieren dann gegenüber dem Dritten) und außerdem die Schadenersatzforderung nicht ausreichend hoch ist, um beide Gläubiger voll zu befriedigen.

Beispiel: Der Vmer hat die Kaskov mit 500,— DM Selbstbeteiligung abgeschlossen. Das vte Fahrzeug mit einem Zeitwert von 4000,— DM wird von einem Totalschaden betroffen, an dessen Eintritt der Vmer und ein Dritter je zur Hälfte mitschuldig sind. Der Ver leistet 3500,— DM Ersatz, den Schaden in Höhe von 500,— DM hat der Vmer selbst zu tragen. Die Ersatzforderung gegen den Dritten beträgt 2000,— DM. Wie sind diese aufzuteilen zwischen Vmer und Ver?

Daß der Ver seinen Vmer nicht voll zu entschädigen braucht, kann verschiedene Gründe haben. Außer an die Unterv in weiterem Sinne (die Selbstbeteiligung einschließend) ist etwa an Obliegenheitsverletzungen zu denken, deren Folgen sich nach dem Kausalitätsprinzip des § 6 II oder des § 6 III 3 richten. Daß andererseits die Schadenersatzforderung nicht ausreicht, um beiden Gläubigern voll zu genügen, kann auf Mitverschulden des Vmers bzw. seines Fahrers (§§ 254 BGB, 9 StVG) oder darauf beruhen, daß er sich die Betriebsgefahr seines Fahrzeugs entgegenhalten lassen muß (§ 17 StVG) oder schließlich darauf, daß ihm lediglich nach dem StVG gehaftet wird und daher die Höchstgrenzen des § 12 zu beachten sind.

[65] b) Differenzprinzip (= Quotenvorrecht des Versicherungsnehmers).

Theoretisch ließe sich unsere Frage auf dreierlei Art lösen:

aa) Der Ver hat den Vorrang, der Vmer gelangt nur insoweit zum Zuge, als nach dem Übergang in Höhe der Vsleistung noch eine restliche Ersatzforderung verbleibt. Im obigen Beispiel würde also die letztere in Höhe von 2000,— DM auf den Ver übergehen, der Vmer ginge leer aus. Das ist der Standpunkt der absoluten Theorie (man spricht auch von einem Quotenvorrecht des Vers), die heute in der Privatv keine Anhänger mehr hat (über frühere Ansichten unterrichten Kisch LZ 1916 Sp. 14, ferner Bruck S. 674). Die höchstrichterliche Rechtsprechung hängt ihr jedoch für die Sozialv noch an (neuerdings wieder BGH 29. X. 1968 VersR 1968 S. 1182—1185), wenngleich diese Judikatur zunehmend auf Kritik stößt (vgl. zur Streitfrage Sieg JuS 1968 S. 357—362 mit weiteren Angaben aus Judikatur und Literatur). Selb, Das Quotenvorrecht der Sozialversicherungsträger, Wien-New York 1969, S. 17—40 verteidigt die Rechtsprechung.

bb) Ver und Vmer müssen sich prozentual in den Unterschied teilen, der zwischen Schaden und Schadenersatzforderung besteht. Hiernach würde in obigem Beispiel die Forderung in Höhe von 1750,— DM auf den Ver übergehen, in Höhe von 250,— DM würde sie dem Vmer verbleiben. Diese sogenannte relative Theorie wird heute noch für die Transportv vertreten (Harten S. 126—128; Karrer S. 64; OLG Hamburg 22. X. 1930 HansRGZ A 1931 Sp. 145—147; Ritter LZ 1907 Sp. 250—258. Anders Ritter-Abraham § 45 Anm. 22). Für die sonstige Privatv war Kisch (S. 50—52) ihr eifriger Verfechter (ders. LZ 1916 Sp. 15—20, ZVW 1916 S. 349—354).

cc) Auf den Ver kann nur derjenige Teil der Schadenersatzforderung übergehen, der nicht verbraucht wird für die Schadlosstellung des Vmers. Auf das obige Beispiel angewendet, würde der Vmer in Höhe von 500,— DM ersatzberechtigt bleiben, auf den Ver ginge die Forderung in Höhe von 1500,— DM über; der Vmer wäre voll entschädigt, der Ver hätte nach Durchführung des Regresses 2000,— DM endgültig ausgeworfen.

Dieses sogenannte Differenzprinzip, man spricht auch von einem Quotenvorrecht des Vmers, hat sich in Rechtsprechung und Literatur mit Recht durchgesetzt, jedenfalls außerhalb der Transportv (so schon Schneider ZVW 1916 S. 223—226. Später: Harten S. 111—125; Prölss § 67 Anm. 6; v. Gierke S. 209; BGH 17. III. 1954 BGHZ Bd 13 S. 28 = LM Nr. 3 zu § 67 VVG mit Anm. Benkard; BGH 30. IX. 1957 BGHZ Bd 25 S. 343—345; BGH 24. XI. 1964 VersR 1965 S. 165; BGH 20. III. 1967 BGHZ Bd 47 S. 196 = VersR 1967 S. 505).

[66] **c) Dessen Rechtfertigung.**

Die Begründung kann nicht dem § 67 I 2 entnommen werden (anders Prölss § 67 Anm. 6; Schneider ZVW 1916 S. 223f.), denn dieser befaßt sich nicht mit dem Umfang des Übergangs, sondern setzt zwei Gläubiger voraus, die deshalb nicht beide voll zum Zuge kommen können, weil das Vermögen des Schädigers hierfür nicht ausreicht. § 67 I 2 behandelt daher die Wirkung des Übergangs. Was diese Vorschrift aussagt, entspricht ohnehin einem allgemeinen Rechtsgedanken, der in §§ 268 III, 426 II 2, 774 I 2 BGB seine Ausprägung gefunden hat (wie hier: Palandt-Danckelmann, BGB, 27. Aufl., München-Berlin 1968, § 412 Anm. 1; Reinhardt und Schulz JuS 1961 S. 5; Harten S. 119—121; Kisch ZVW 1916 S. 351; Ritter-Abraham § 45 Anm. 14; G. und D. Reinicke NJW 1954 S. 1103). R. Schmidt VersR 1953 S. 460 spricht von einer Vorverlegung des in § 67 I 2 ausgesprochenen Prinzips, ebenso BGH 17. III. 1954 BGHZ Bd 13 S. 28 = LM Nr. 3 zu § 67 VVG mit Anm. Benkard.

Die Rechtfertigung der Differenztheorie ist also anderweit zu suchen. Sie liegt in der modernen Auffassung vom Wesen der Assekuranz. Diese will dem Geschädigten eine vorrangige Sicherung für den Ersatz etwaigen Schadens verschaffen, die nur im Bereicherungsverbot ihre Grenze findet. Die Lücke zwischen Schaden und Schadenersatzanspruch soll daher nicht der Vmer fühlen, sondern der Ver, der für seine Leistung in Gestalt der Prämie bezahlt worden ist und daher seine Entschädigung zu erbringen hat ohne Rücksicht darauf, ob und in welcher Höhe er einen Regreßanspruch gewinnt (vgl. insbesondere Harten S. 122—124; Sieg JuS 1968 S. 359).

Hierbei ist es völlig gleich, ob der Vmer zuerst den Dritten belangt und dann seinen Ver oder umgekehrt. Geht er ersteren Weg, erhält er in dem obigen Beispiel zu Anm. 65 vom Schädiger 2000,— DM, vom Ver weitere 2000,— DM. Der Ver kann hiervon nicht die Selbstbeteiligung abziehen, denn diese darf er nur dem Gesamtschaden entgegenhalten (Harten S. 125). — Das Differenzprinzip hat inzwischen auch Eingang gefunden in das öffentliche Dienstrecht: Der Beamte, der von seinem Dienstherrn nicht voll entschädigt worden ist, hat für seinen kongruenten Schaden den Vorgriff auf die Ersatzforderung; auf den Dienstherrn als Rechtsnachfolger nach § 87a BBG oder § 52 BRRG geht nur der Restanspruch über: BGH 24. IV. 1952 VersR 1952 S. 239 = LM Nr. 2 zu § 139 DBG; BGH 9. XI. 1956 BGHZ Bd 22 S. 136 = VersR 1957 S. 26.

[67] **d) Begrenzung durch Kongruenzprinzip.**

Das Differenzprinzip gilt nicht uneingeschränkt bei Unterv einerseits, unzulänglichem Schadenersatzanspruch andererseits, sondern es wirkt sich nur innerhalb kongruenter Schäden aus (BGH 30. IX. 1957 BGHZ Bd 25 S. 340 = LM Nr. 10 zu § 67 VVG mit Anm. Pagendarm; BGH 21. XI. 1957 LM Nr. 9 zu § 67 VVG; BGH 28. I. 1958 VersR 1958 S. 161 = LM Nr. 11 zu § 67 VVG; BGH 18. I. 1966 BGHZ Bd 44 S. 382; BGH 20. III. 1967 BGHZ Bd 47 S. 196 = VersR 1967 S. 505; Prölss § 67 Anm. 6; Bach VersR 1958 S. 657). Hat dasselbe Ereignis kongruente und inkongruente Schäden im Gefolge, so müssen zunächst die aus beiden Gruppen herzuleitenden Ansprüche anteilig um soviel gekürzt werden, daß sie zusammen den Schadenersatzanspruch nicht übersteigen. Der so gekürzte Anspruch bleibt dem Vmer, soweit es sich um den inkongruenten Ersatz handelt. An dem gekürzten Anspruch für den kongruenten Ersatz steht ihm das Quotenvorrecht zu, der Rest geht auf den Ver über.

IV. Umfang und Sicherung des Übergangs **§ 67**
Anm. 68

Beispiel: Der Vmer hat eine Kaskov mit 500,— DM Selbstbeteiligung abgeschlossen. Der Fahrzeugschaden beträgt 4000,— DM, der Nutzungsausfall 1000,— DM. Den Vmer trifft ein Fünftel Mitverschulden am Unfall. Der Schädiger hat also insgesamt 4000,— DM zu leisten. Sowohl der Fahrzeugschaden als auch der Nutzungsausfall sind um ein Fünftel zu reduzieren, also auf 3200,— DM und 800,— DM. An den 3200,— DM, die auf den Fahrzeugschaden entfallen, steht dem Vmer in Höhe von 500,— DM das Quotenvorrecht zu. Auf den Ver geht mithin der Anspruch in Höhe von 2700,— DM über, im Umfang von 1300,— DM verbleibt er dem Vmer (500,— DM Fahrzeugschaden + 800,— DM Nutzungsaufall).

Daß das Differenzprinzip sich nur am kongruenten Schaden auswirkt, begünstigt also den Ver; andererseits wird die Lage des Vmers günstiger, je mehr man in Zweifelsfällen zum kongruenten Schaden zählt (vgl. oben Anm. 61). Es ist zu beobachten, daß die Rechtsprechung oft unangebracht mit dem Differenzprinzip operiert. Beispiele: BGH 4. IV. 1957 BGHZ Bd 47 S. 310; BGH 21. XI. 1957 LM Nr. 9 zu § 67 VVG; OLG Hamm 24. XI. 1955 VersR 1956 S. 209f.; diese Fälle waren allein aus der Kongruenz zu entscheiden. Das Differenzprinzip spielt nur eine Rolle, wenn dem kongruenten Schaden kein voller Ersatzanspruch zur Seite steht.

[68] e) Besondere Fälle.

Das Prinzip der anteiligen Kürzung von kongruenten und inkongruenten Schäden ist uns bereits bei Untersuchung der Frage begegnet, inwieweit ein Anspruch auf den Ver bei der Halterhaftung der öffentlichen Hand übergeht (vgl. oben Anm. 30). — Ist über Zeitwert entschädigt, so verteilt sich die Regreßforderung in dem Kaskovbeispiel oben Anm. 62, sofern man das Mitverschulden des Vmers mit einem Fünftel annimmt, wie folgt: Der Schädiger hat insgesamt 2400,— DM (4/5 von 3000,— DM) zu ersetzen. Dem Vmer gebührt das Quotenvorrecht in Höhe von 300,— DM, auf den Ver geht die Restforderung von 2100,— DM über (Prölss § 67 Anm. 6). — Ohne Einfluß auf die Aufteilung der Ersatzforderung zwischen Vmer und Ver bleibt ein etwaiges Teilungsabkommen zwischen diesem und dem Haftpflichtver des Schädigers (Mahlberg VersR 1964 S. 1223), Einzelheiten unten Anm. 177.

Der Ver braucht hinsichtlich des auf ihn übergegangenen Teils mit der Durchsetzung seiner Regreßforderung nicht zu warten, bis der Vmer vom Dritten befriedigt worden ist. Ver und Vmer können vielmehr unabhängig voneinander vorgehen (Prölss § 67 Anm. 5; BGH 30. VI. 1964 VersR 1964 S. 966). Nur wenn das Vermögen des Dritten nicht ausreicht, um beide Gläubiger zu befriedigen, rangiert der Vmer vor dem Ver nach dem allgemeinen Prinzip, das auch in § 67 I 2 seinen Niederschlag gefunden hat (Näheres siehe unten Anm. 88—89).

Die Feststellung, inwieweit die Forderung nach Differenz- und Kongruenzgrundsätzen übergegangen, inwieweit sie dem Vmer verblieben ist, kann längere Zeit erfordern. Das ist insbesondere dann der Fall, wenn die Haftung nicht quoten-, sondern summenmäßig begrenzt ist, denn die Kürzung jedes einzelnen Schadenspostens erfolgt im Verhältnis des Gesamtschadens zum Höchstbetrag (vgl. Pfretzschner in Anm. zu BGH 18. I. 1966 LM Nr. 25 zu § 67 VVG). Bis zu dieser Klärung kann jeder der beiden Gläubiger ein **Leistungsurteil** gegen den Dritten nur in der Höhe erzielen, zu der er im Zeitpunkt der letzten mündlichen Verhandlung mit Sicherheit als aktivlegitimiert erscheint. Ein Gund- oder ein Feststellungsurteil, daß ihm Ansprüche zustehen, kann der Ver in diesem Stadium erzielen, wenn zu übersehen ist, daß überhaupt ein Teil des Schadenersatzanspruchs auf ihn übergegangen ist (Prölss § 67 Anm. 5; Stiefel-Wussow S. 497; BGH 30. VI. 1964 VersR 1964 S. 966). Das braucht namentlich dann, wenn die Mithaftungsquote des Vmers hoch ist, nicht der Fall zu sein.

Beispiel: Fahrzeugschaden des Vmers 2000,— DM; Selbstbeteiligung an der Kaskov 500,— DM; Mitverschulden des Vmers 3/4. Der Geschädigte hat insgesamt nur 500,— DM Ersatz zu leisten. Sie werden aufgezehrt durch das Quotenvorrecht des Vmers im Umfang seiner Selbstbeteiligung; auf den Kaskover geht nichts über.

Selbst wenn noch nicht geklärt ist, ob der Ver eine Aktivlegitimation zur Geltendmachung von Ansprüchen besitzt, steht einer Feststellungsklage nichts im Wege, daß

Sieg

der Dritte aus Anlaß des Unfalls überhaupt Schadenersatz schulde; es kann offen bleiben, wem er schuldet (BGH 13. VII. 1956 VersR 1956 S. 681).

[69] f) Entsprechende Anwendung des Kongruenz- und Differenzprinzips.

Es kann leicht eintreten, daß der Dritte vor der Entschädigungsleistung durch den Ver dem geschädigten Vmer eine pauschale Abschlagzahlung zukommen läßt, so daß sich die Frage erhebt, wie solche Leistung auf gedeckten und auf vsfreien Schaden zu verteilen ist. M. E. kann ein gerechter Aufteilungsmaßstab nur unter Berücksichtigung des erörterten Kongruenz- und Differenzgrundsatzes gefunden werden. Nehmen wir in dem oben Anm. 67 angeführten Beispiel an, daß der Dritte zwar vollen Ersatz schuldet, aber zunächst nur 4000,— DM an den Vmer zahlt, so sind hiervon 800,— DM auf den Nutzungsausfallschaden, 500,— DM auf die Selbstbeteiligung des Vmers an seinem Fahrzeugschaden, 2700,— DM auf den an sich gedeckten Kaskoschaden zu verrechnen. Der Kaskover hat als Entschädigung noch 800,— DM zu leisten, insoweit geht der restliche Ersatzanspruch auf ihn über. Dem Vmer verbleibt der Ersatzanspruch in Höhe von 200,— DM (restlicher Nutzungsausfall).

Bruck S. 675 N. 49 und Harten S. 97f. wollen hier eine verhältnismäßige Aufteilung der Abschlagszahlung auf gedeckten und vsfreien Schaden vornehmen, was aber den Interessen des Vmers nicht genügend gerecht wird. Entgegen Harten S. 98 und Ritter-Abraham § 45 Anm. 21 wird man anzunehmen haben, daß der Dritte bestimmen kann, wie die Verrechnung vorzunehmen ist (vgl. BGH 8. XII. 1966 BB 1967 S. 10). Die oben angegebene Verteilung gilt also nur dann, wenn keine solche Bestimmung vorliegt.

[70] 2. Sicherung des Übergangs (§ 67 I 3).

a) Überblick.

Durch § 67 I 3 trägt der Gesetzgeber Sorge, daß der gesetzliche Übergang auf den Ver nicht durch eine Maßnahme des Vmers durchkreuzt wird. Dabei ist in dieser Bestimmung an eine Aufgabe des Anspruchs nach dessen Entstehung, aber vor Zahlung der Vsentschädigung gedacht. Damit werden wir uns unten Anm. 71—81 zu beschäftigen haben. Beeinträchtigungen des Regresses sind auch durch schädliches Verhalten des Vmers in einem früheren oder späteren Zeitraum möglich, so dadurch, daß schon vor dem Vsfall vereinbarte Haftungsausschlüsse die Entstehung eines Ersatzanspruchs hindern oder daß der Vmer noch nach Empfang der Vsentschädigung als Nichtberechtigter gleichwohl wirksam über den Drittanspruch verfügt. Von der ersteren Fallgruppe ist unten Anm. 82—85 zu handeln, von der letzteren später bei den Wirkungen des Übergangs.

In den sozialvsrechtlichen Normen über die Legalzession fehlt eine Parallele zu § 67 I 3. Sie ist entbehrlich, weil dort Vsfall und Übergang der Drittforderung auf den Sozialvsträger zeitlich zusammenfallen, jenes Zwischenstadium also nicht vorhanden ist, in dem der Vte als Berechtigter der Entschädigungsforderung die Stellung des Vers verschlechtern kann. Im übrigen sind aber Privatver und Sozialvsträger gleichermaßen gefährdet durch vor dem Vsfall vereinbarte Haftungsausschlüsse.

[71] b) „Aufgabe" nach Versicherungsfall vor Erhalt der Versicherungsentschädigung.

aa) Rechtsnatur des Aufgabeverbots.

Mehrere Zweifelsfragen zur Auslegung des § 67 I 3 können nicht gelöst werden, ehe die Rechtsnatur des Aufgabeverbots geklärt ist. Es scheint mir nicht zutreffend, es als Ausprägung der Rettungspflicht der §§ 62, 63 zu qualifizieren (anders Harten S. 153; Bruck S. 678; Ritter-Abraham § 45 Anm. 25. Wie hier Siebeck, Schadenabwendungs- und -minderungspflicht des Versicherungsnehmers, Karlsruhe 1963, S. 35; Schultz S. 60f.). Die Begründung hierfür ergibt sich aus den Ausführungen oben Anm. 50. Hier kommt noch folgende Erwägung hinzu: Wenn wirklich die §§ 62, 63 den Tatbestand des § 67 I 3 umfassen sollten, wäre nicht einzusehen, warum der Gesetzgeber die „Aufgabe" eigens regelt. Da er das getan hat, dürfen nicht durch die Hintertür der §§ 62, 63 Tatbestandsmerkmale eingeführt werden, die § 67 I 3 nicht kennt.

IV. Umfang und Sicherung des Übergangs

Damit ist zunächst nur etwas Negatives zur Rechtsnatur dieser Bestimmung gesagt. Positiv wird man das Aufgabeverbot als Obliegenheit aufzufassen haben (so im Ergebnis auch Bruck S. 678 und Harten S. 153, die allerdings von der Obliegenheit der Schadenabwendung und -minderung sprechen; ferner Matusche VersR 1964 S. 1224f.), nicht als Rechtspflicht (so aber Schultz S. 61). Hierfür sprechen in erster Linie die Gründe, die oben zur Rechtfertigung der Differenztheorie (oben Anm. 66) angeführt worden sind: Nach einem Vsfall ist es vorrangige Aufgabe der V, den Vmer zu entschädigen, demgegenüber die Frage, ob und inwieweit der Ver sich beim Dritten erholen kann, in den Hintergrund tritt. Diesem Rangverhältnis würde die Qualifizierung als Rechtspflicht nicht entsprechen, denn dann müßte der Vmer für jede schuldhafte „Aufgabe" einstehen, ihn würde auch die Handlungsweise eines jeden Gehilfen belasten. Das erscheint zu hart und mit der heutigen Auffassung vom Zweck der Assekuranz nicht vereinbar. Das wird besonders evident, wenn man sich vergegenwärtigt, daß ja auch bei der Herbeiführung des Vsfalls, also einem für den Ver einschneidenderen Vorgang als es die Sicherung des Regresses ist, der Vmer bei eigner leichter Fahrlässigkeit und bei noch so schwerem Verschulden seiner einfachen Hilfspersonen gedeckt ist.

Aus der Qualifikation als Obliegenheit folgt, daß der Vmer bei Verletzung des Aufgabeverbots nicht für die Handlungsweise jeglicher Erfüllungsgehilfen nach § 278 einzutreten hat, sondern nur für seine Repräsentanten (ebenso Harten S. 165, der diesen Satz allerdings ohne Grund nur auf die Sachv bezieht).

[72] bb) Aufgabeverbot als Sonderfall allgemeiner Unterstützungspflicht?

Kisch S. 67—79 meint, außerhalb des Aufgabeverbots des § 67 I 3 bestehe vom Vsfall an eine generelle Unterstützungspflicht des Vmers. Dazu gehöre etwa die Feststellung der Person des Dritten, die Sicherung der Beweise und unter Umständen auch die Einklagung des Drittanspruchs. Das durch die Unterstützungspflicht begründete Rechtsverhältnis zwischen Vmer und Ver sei nach Auftragsgrundsätzen abzuwickeln, d. h. der Vmer mache sich schadenersatzpflichtig, wenn er schuldhaft die Unterstützungspflicht verletze, er habe in diesem Stadium für das Verhalten seiner Gehilfen einzustehen wie für eigenes. Dem kann nicht gefolgt werden, weil damit eine zu starke Belastung des Vmers verbunden wäre (vgl. oben Anm. 71).

Kisch ist allerdings zuzugeben, daß ein gewisses normatives Vakuum in Ansehung der Drittforderung zwischen Vsfall und Auskehrung der Vsentschädigung besteht. Im Abtretungsrecht wird es überbrückt durch das Kausalverhältnis, das der für einen späteren Zeitpunkt verabredeten Zession zugrunde liegt. Diese Lücke kann aber nicht durch Implizierung eines Auftragsverhältnisses, sondern sie muß vskonform ausgefüllt werden. Der Gesetzgeber hat hierfür in § 67 I 3 den Ansatzpunkt gegeben. Es gilt, das Begriffsmerkmal des Aufgebens elastisch zu fassen, dann wird die Einführung eines besonderen Rechtsverhältnisses für die Schwebezeit entbehrlich. Das zeigen auch gerade die Ausführungen Kischs: Während er das Verjährenlassen einmal unter dem Gesichtspunkt des Auftragsverhältnisses behandelt (S. 78), subsumiert er es an anderer Stelle unter die Anspruchsaufgabe (S. 80f.).

[73] cc) Objektiver Tatbestand.
aaa) Von § 67 I 3 erfaßte Fälle.

Die Bestimmung knüpft die Leistungsfreiheit des Vers daran, daß der Vmer den Ersatzanspruch (dazu gehört auch der Ausgleichsanspruch, vgl. oben Anm. 26, nicht aber der Anspruch gegen einen weiteren Ver, vgl. oben Anm. 35 und KG 8. II. 1922 VA 1922 Nr. 1282) oder ein zu dessen Sicherung dienendes Recht aufgibt. Als anerkannte Beispiele sind hier zu nennen der Erlaß und der Vergleichsabschluß (Harten S. 159; Kisch S. 80; Prölss § 67 Anm. 7; Bruck S. 677; Ehrenzweig S. 288; Ritter-Abraham § 45 Anm. 27; Schultz S. 60. Zum Vergleich s. insbesondere LG Elberfeld 21. XI. 1927 JRPV 1928 S. 263f.). Auch die Abtretung ist hierher zu zählen. Das bestreiten von den eben angeführten Autoren nur Ritter-Abraham § 45 Anm. 26, jedoch zu Unrecht. Die Zession verschafft dem Zessionar die Aktivlegitimation, so daß sie für den Ver verloren ist. Das ist das Ausschlaggebende. Über die Sicherungsabtretung vgl. unten Anm. 76.

Auch die Stundung kann Aufgabe sein (Harten S. 159). Zwar vernichtet sie nicht die Forderung, aber sie könnte sich gleichwohl für den Ver schädlich auswirken, wenn er zu dem hinausgeschobenen Fälligkeitszeitpunkt die Forderung nicht mehr realisieren kann, während ihm dies ohne die Stundung möglich gewesen wäre (hier wurde zur Verdeutlichung bereits auf das Kausalitätserfordernis — unten Anm. 79 — vorgegriffen), ganz abgesehen von dem Nachteil der Hinausschiebung der Verfügbarkeit über die Entschädigung.

Ist es zweifelhaft, ob eine Erklärung des Vmers gegenüber dem Dritten als Aufgabe aufzufassen ist („die Bezahlung meines Schadens geht mich nichts mehr an"), so ist eine Auslegung zu wählen, die dem Vmer den Vsanspruch erhält: OLG München 22. IX. 1960 VersR 1961 S. 568. Das Aufgeben kann andererseits, wie OLG Köln 16. IV. 1958 VersR 1958 S. 620 zeigt, konkludent erfolgen.

Soweit sich das Aufgeben auf ein dingliches Sicherungsrecht für die Ersatzforderung bezieht, bildet der Verzicht das hier einschlägige Rechtsgeschäft.

[74] Haben wir bisher Handlungen des Vmers unter dem Gesichtspunkt des Aufgebens gewürdigt, so fragt sich nunmehr, ob auch die Unterlassung dieses Tatbestandsmerkmal erfüllen kann. Das ist zu bejahen aus dem oben Anm. 72 erörterten Gesichtspunkt, daß § 67 I 3 einer flexiblen Auslegung bedarf (ebenso Harten S. 161; Siebeck, Schadenabwendungs- und -minderungspflicht des Versicherungsnehmers, Karlsruhe 1963, S. 35 N. 62; Kisch S. 80f.; OLG Celle 11. II. 1965 VersR 1965 S. 349. Anderer Ansicht Prölss § 67 Anm. 7; Matusche VersR 1964 S. 1224f.; Bruck S. 677; Ehrenzweig S. 289; Ritter-Abraham § 45 Anm. 26, 27; Schultz S. 60; KG 8. II. 1922 VA 1922 Nr. 1282; KG 2. III. 1921 VA 1922 Nr. 1233; KG 7. III. 1925 JRPV 1925 S. 119). Rechtsprechung und Literatur zu § 776 BGB, auf die sich die Gegenmeinung beruft, sind für unseren Fall unergiebig, weil die Interessenlage verschieden ist. Auch der vom Gesetz verwendete Terminus „Aufgeben" ist keineswegs nach dem Sprachgebrauch nur als Handlung zu verstehen. Auch aus § 118³ ist kein Gegenschluß zu ziehen. Zwar ist hier das Verlorengehenlassen gesondert neben dem Aufgeben genannt. Das zwingt aber nicht, das letztere Tatbestandsmerkmal im Rahmen des § 67 eng auszulegen, wenn sachliche Gründe für die weitere Interpretation sprechen.

Diejenigen, die Unterlassungen hier ausklammern, wollen die Lücke mit Hilfe der §§ 62, 63 schließen. Es ist aber oben Anm. 71 bereits dargetan, daß § 67 I 3 mit der Rettungspflicht nichts zu tun hat.

Natürlich stellt nicht jede Säumnis ein Aufgeben dar, das Korrektiv liegt im subjektiven Tatbestand. Objektiv kann also § 67 I 3 auch dann erfüllt sein, wenn der Vmer die Verjährungs- oder Ausschlußfrist ungenutzt verstreichen läßt. Mit OLG Celle 11. II. 1965 VersR 1965 S. 349 wird man aber anzunehmen haben, daß der Vmer seiner Obliegenheit genügt, wenn er den Ver so rechtzeitig auf den drohenden Fristablauf hinweist, daß dieser z. B. durch eine Feststellungsklage dessen nachteilige Folgen abwenden kann.

[75] bbb) Auszuscheidende Fälle.

Keine Aufgabe des Anspruchs ist dessen Einziehung durch den Vmer (Kisch S. 82; Prölss § 67 Anm. 7). Hier ergibt sich die Leistungsfreiheit des Vers nicht aus § 67 I 3, sondern weil der Schaden anderweit ersetzt worden ist. Das kann jedoch nur gelten, wenn derjenige die Ersatzforderung realisiert, dem auch die Vsentschädigung zusteht. Fallen Vmer und Vter auseinander und zieht der Vmer die Ersatzforderung ein, ohne sie gemäß seinem Innenverhältnis zum Vten zu verwenden, so ist dessen Schaden damit nicht ausgeglichen. Mehrfach erörtertes Beispiel: Für ein fremdfinanziertes Kraftfahrzeug, das dem Darlehensgeber zur Sicherung übereignet worden ist, hat der Darlehensnehmer eine Kaskov abgeschlossen. Dem Finanzierer ist ein Sicherungsschein ausgestellt worden, so daß er damit zum Vten wurde. Der Vmer läßt sich vom Schädiger Ersatz zahlen, er verwendet das Erhaltene für sich. Der Vte nimmt nunmehr den Kaskover in Anspruch.

Hier ist § 67 I 3 anwendbar (ebenso Matusche VersR 1964 S. 1224f.; anders Spriestersbach VersR 1964 S. 910). Der Vmer hat gegen die Obliegenheit verstoßen, den Ersatzanspruch des Vten nicht aufzugeben. Nach § 79 I VVG sind bei der V für fremde

IV. Umfang und Sicherung des Übergangs **§ 67**
Anm. 76, 77

Rechnung sowohl Obliegenheitsverletzungen des Vmers als auch solche des Vten schädlich. Die hieraus resultierende Einrede kann der Ver auch dem Vten entgegenhalten, denn der Sicherungsschein verbietet ihm nur, die darin besonders aufgeführten Einreden zu erheben, zu denen die aus § 67 I 3 herrührende im allgemeinen nicht gehört. Der Vte muß sich also an seinen Darlehensnehmer, den Vmer, halten. — Übrigens wird der Fall nicht allzu oft praktisch werden. Wenn der Dritte an den Vmer zahlt, entschädigt er einen Nichtberechtigten, denn berechtigt ist der Vte als Kraftfahrzeugeigentümer. Der Dritte ist nach § 851 BGB dann nicht befreit, wenn ihm das Eigentum des Finanzierers bekannt oder infolge grober Fahrlässigkeit unbekannt ist. Grobe Fahrlässigkeit in diesem Sinne wird im Kraftfahrzeug-Rechtsverkehr fast immer vorliegen, denn jeder muß damit rechnen, daß ein beteiligtes Fahrzeug fremdfinanziert und demzufolge sicherungsübereignet ist. Liegen die Dinge so, dann ist die Ersatzforderung des Vten gegenüber dem Dritten erhalten geblieben, sie kann auf den entschädigenden Ver übergehen, es liegt also kein Fall von § 67 I 3 vor.

Ähnliches wie bei der Einziehung der Forderung gilt, wenn der Vmer gegenüber dem Dritten oder umgekehrt der Dritte gegenüber dem Vmer aufrechnet (Harten S. 167; Kisch S. 81 f. N. 121). Die Aufrechnung ist Tilgungssurrogat der Schuld des Dritten. Der Vmer hat also auch hier seinen Schaden von anderer Seite ersetzt erhalten; wiederum wird der Ver entlastet, weil es an einem Vsschaden fehlt, nicht auf Grund § 67 I 3.

[76] ccc) Pfandrecht an der Schadenersatzforderung.

Zur Aufgabe gehören ferner solche Vorgänge nicht, die das Schicksal der Drittforderung zunächst in der Schwebe lassen, weil eine weitere Person, der Gläubiger des Vmers, in den Nexus eingeschaltet wird. Das wird für die Pfändung und Überweisung des Vsanspruchs zur Einziehung allgemein angenommen (Harten S. 167f.; Kisch S. 82 N. 121, S. 94; Bruck S. 677). Hingegen sollen Verpfändung und Sicherungsabtretung dem § 67 I 3 unterfallen (Harten S. 159; Kisch S. 83). Daß das nicht richtig sein kann, erhellt schon daraus, daß die Rechtsstellung des Vers bei Verpfändung und Pfändung die gleiche sein muß. Es wäre falsch, bei der ersteren deshalb ein „Aufgeben" anzunehmen, weil der Vmer hier aktiv tätig wird, bei der Pfändung nicht. Auf das Verhalten des Vmers kommt es nicht allein an, denn auch die Einziehung der Drittforderung und ihre Aufrechnung beruhen auf seiner Initiative, gleichwohl aber gehören diese Fälle nicht zu § 67 I 3, wie gezeigt wurde.

Ob der Ver überhaupt einen Nachteil durch das Gläubigerpfandrecht hat, ist zunächst ganz offen. Keineswegs kann der Ver seine Leistung zurückhalten, bis der Vmer ihm die Drittforderung pfandfrei verschafft hat. Letzteres nimmt Bruck S. 677 zu Unrecht an, dabei ist aber die Regreß gegenüber der Leistungspflicht des Vers überwertet. Der Vmer hat auch nicht die Pflicht, für die Beseitigung des Pfandrechts zu sorgen, um sich den Anspruch auf die Vsentschädigung zu erhalten (so Ritter-Abraham § 45 Anm. 26).

Wenn auch dem Ver in unserer Fallgruppe § 67 I 3 nicht zu Hilfe kommt, so ist er doch nicht schutzlos. Auf ihn geht der Ersatzanspruch mit dem dinglichen Recht des Gläubigers belastet über (so zutreffend Bruck S. 677; vgl. auch RG 7. VI. 1932 HRR 1933 Nr. 10; Wieczorek, ZPO, Berlin 1958, § 829 Anm. E IV). Gibt der Gläubiger sein Sicherungsrecht auf (z. B. er pfändet andere Gegenstände des Vmers, er nimmt andere ihm vom Vmer angebotene Sicherungen an, der Vmer befriedigt den Gläubiger), so erstarkt die in der Hand des Vers befindliche Ersatzforderung zu einer lastenfreien. Befriedigt sich der Gläubiger aus der Ersatzforderung, so hat der Dritte zugleich seine Schuld gegenüber dem Vmer getilgt. Die Folge ist, daß der Ver insoweit konzidieren kann (ähnlich Ritter-Abraham § 45 Anm. 26).

[77] ddd) Gemeinsames.

Zusammenfassend ist zu sagen, daß ein Aufgeben im Sinne unserer Bestimmung nur dann vorliegt, wenn die Stellung des Vers in Ansehung der Drittforderung irreparabel verschlechtert, ihm also die Einziehung zumindest erschwert wird. Dabei ist gleichgültig, ob der Vmer für seine Aufgabe eine Gegenleistung erhalten hat (Harten S. 163; Kisch S. 83), ob ihm etwa die abgetretene Ersatzforderung vom Zessionar abgekauft worden ist, ob er für die Herabsetzung der Forderung im Wege des Vergleichs einen Kredit eingeräumt erhalten hat. Solche Gegenleistungen treten nicht an die Stelle der Ersatzforderung, sie gehen nicht auf den Ver über. Andererseits tilgen sie auch nicht die Ersatzforderung, so daß sie auf diesem Wege dem Ver zugute kämen. Weil der Ver trotz der Gegenleistung an den Vmer um seine Regreßmöglichkeit gebracht wird, findet § 67 I 3 Anwendung.

Eine Aufgabe im Sinne unserer Bestimmung liegt entsprechend der am Anfang zu Anm. 77 gegebenen Umschreibung dann nicht vor, wenn dem Ver die Einziehung nicht erschwert worden ist, sondern wenn sie überflüssig wird, weil ein anderer sie an seiner Stelle besorgt, wie in den Fällen oben Anm. 75 der Vmer, in den Fällen oben Anm. 76 dessen Gläubiger.

[78] dd) Subjektiver Tatbestand.

Hier herrscht viel Verwirrung. Manche nehmen an, nur Vorsatz schade dem Vmer (Ehrenzweig S. 288; Prölss § 67 Anm. 7; Siebeck, Schadenabwendungs- und -minderungspflicht des Versicherungsnehmers, Karlsruhe 1963, S. 35; Kisch S. 89f.; Matusche VersR 1964 S. 1224f.; Ritter-Abraham § 45 Anm. 27; KG 8. II. 1922 VA 1922 Nr. 1282; KG 30. XI. 1921 VA 1922 Nr. 1254), andere lasten ihm auch grobe Fahrlässigkeit an (Bruck S. 678; Harten S. 162f.) und wieder andere jedes Verschulden (Schultz S. 61). Der herrschenden Lehre, die nur Vorsatz als subjektive Verwirkungsvoraussetzung ansieht, ist zu folgen. Zwar ergibt sich dieses Tatbestandsmerkmal nicht aus dem Gesetz, es steckt aber implicite im „Aufgeben".

§ 67 I 3 läßt sich dem Gedanken des venire contra factum proprium einordnen. Wer Ersatzansprüche aufgibt und dennoch Vsschutz beansprucht, handelt treuwidrig gegenüber dem Ver. Diese Zielsetzung des § 67 I 3 ist im Einzelfall bei der Würdigung des Tatbestandsmerkmals „Vorsatz" zu berücksichtigen.

[79] ee) Kausalitätserfordernis.

§ 67 I 3 läßt den Ver nur frei werden, soweit er ohne die Aufgabe des Anspruchs oder des Sicherungsrechts seinen Regreß hätte realisieren können. Damit ist hier ähnlich wie in § 6 III 2 VVG ein Kausalitätserfordernis eingebaut, nur daß es dort lediglich bei grober Fahrlässigkeit gilt, während es hier bei vorsätzlichem Verhalten zum Zuge kommt. Die Verwirkungsfolge tritt also nicht ein, wenn der Ersatzanspruch etwa infolge der schlechten Vermögenslage des Dritten ohnehin uneinbringlich war, wenn der Vmer auf eine Sicherung des Ersatzanspruchs verzichtet hat, der Ver sich aber gleichwohl beim Dritten erholen kann, oder wenn der Vmer einen Gesamtschuldner freigibt, der Ver aber bei einem anderen Ersatz findet (Kisch S. 92).

[80] ff) Rechtsnatur der Verwirkung.

Aus der Fassung des Gesetzes läßt sich nicht mit Sicherheit sagen, ob der Ver nur ein Leistungsverweigerungsrecht im Sinne einer Einrede oder eine rechtsvernichtende Einwendung erwirbt. Vorauszuschicken ist, daß der Ver auf die Leistungsfreiheit verzichten kann (Kisch S. 96; Harten S. 160), sei es, daß er schon vor der Aufgabe sein Einverständnis hiermit erklärt hat (er war z. B. selbst beim Abschluß des Vergleichs zwischen Vmer und Drittem beteiligt), sei es, daß er sie nachträglich genehmigt. Damit sind die Weichen dafür, ob wir es mit einer Einrede oder einer Einwendung zu tun haben, gestellt, und zwar in ersterem Sinn. Die Einwendung würde die Vsforderung automatisch und endgültig zerstören, ein Verzicht auf die Leistungsverweigerung wäre in Wirklichkeit Neubegründung der Vsforderung, eine Deutung, die lebensfremd wäre. Mit der Charakterisierung des Aufgabeverbots als einer Obliegenheit harmoniert überdies die Annahme besser, das daraus resultierende Verweigerungsrecht als Einrede zu qualifizieren (vgl. hierzu ausführlich Sieg VersR 1963 S. 1092f.). Der herrschenden Lehre (Prölss § 67 Anm. 7; Harten S. 170; Kisch S. 90), die hier eine Einwendung annimmt, vermag ich daher nicht zu folgen. Die Frage sei hier nicht weiter vertieft, denn ihre praktische Bedeutung ist nicht allzu groß. Als Einrede ist das Leistungsverweigerungsrecht im Prozeß vom Ver vorzubringen, es wird nicht von Amts wegen beachtet. An-

IV. Umfang und Sicherung des Übergangs **§ 67**
Anm. 81, 82

gesichts des komplizierten Tatbestands von § 67 I 3 würde überdies kaum ein Gericht von sich aus imstande sein, die Leistungsfreiheit zu bejahen, wenn sich nicht der Ver darauf beruft. — Für die Beweislast ist es gleichgültig, ob man sich für Einrede oder Einwendung entscheidet.

Die Verwirkung des Vsanspruchs führt nicht stets zur Leistungsfreiheit des Vers schlechthin. So bleibt er bei der Pflichthaftpflichtv dem Geschädigten (§ 158c VVG, § 3 Ziff. 4 PflichtversG), bei der Feuerv dem Realgläubiger (§§ 102, 107b) gleichwohl verantwortlich.

Hat der Ver in Unkenntnis seiner Leistungsfreiheit den Vmer entschädigt, so kann er seine Leistung kondizieren (Prölss § 55 Anm. 3). Daß die Forderung des Vmers nicht schlechthin zerstört, sondern lediglich mit einer Dauereinrede behaftet war, steht der Kondiktion nicht entgegen (§ 813 BGB). Gegner des Bereicherungsanspruchs ist auch dann der Vmer, wenn etwa der Haftpflichtver an den Geschädigten, der Kaskover an die Reparaturwerkstatt oder der Ver an den Zessionar der Vsforderung gezahlt hat, denn stets ist in diesen Fällen der Vmer unmittelbar bereichert.

[81] gg) Beweislast.

Da das Aufgabeverbot zu den Obliegenheiten gehört, gelten die dafür angestellten Untersuchungen über die Beweislast grundsätzlich auch hier (vgl. ausführlich Möller Anm. 52, 53 zu § 6; Sieg VersR 1963 S. 1089—1092 mit weiteren Nachweisen). Den Tatbestand der Aufgabe hat der Ver zu beweisen (Ritter-Abraham § 45 Anm. 27; Harten S. 171) einschließlich des hierfür erforderlichen Vorsatzes im Sinne der Ausführungen oben Anm. 78 (Kisch S. 95). Er ist ferner, anders als im Bereich des § 6, beweispflichtig für das Kausalitätsmoment, d. h. er muß dartun, daß er ohne die Aufgabe durch den Vmer Ersatz vom Dritten hätte erlangen können (anders Harten S. 171, der hier die Fassung von § 67 I 3 vernachlässigt; wie hier: Kisch S. 95; Ehrenzweig S. 288). Hier kommen dem Ver die Erleichterungen des § 287 ZPO zustatten. Dieses Vorbringen wird sich meist als Einrede (exceptio) gegenüber der Leistungs- oder Feststellungsklage des Vmers darstellen. Dem Vmer liegt es ob, im Wege der replicatio darzutun und zu beweisen, daß der Ver der Aufgabe zugestimmt oder nach Kenntniserlangung von ihr auf Rechte daraus verzichtet hat. Je nach Prozeßlage können auch Repliken des Vmers zugleich mit seiner Klage vorgetragen werden, an der Beweislast ändert sich dadurch nichts. Jede der Parteien, d. h. Ver oder Vmer, kann sich schließlich im Streit um die Vsleistung darauf berufen und muß es im Bestreitungsfalle beweisen, daß sie sich mit dem Gegner wegen der Zweifelhaftigkeit der Rechtslage verglichen habe, wobei sie ihren Antrag zumindest hilfsweise dem von ihr behaupteten Vergleichsinhalt anpassen muß.

[82] c) „Aufgabe" vor Versicherungsfall.
  aa) Grundzüge.

Der Vmer kann den Regreß des Vers auch dadurch erschweren oder unmöglich machen, daß er bereits vor dem Vsfall die Haftung des Dritten beschränkende Vereinbarungen trifft. An dieser Stelle ist nur von ausdrücklichen Abmachungen dieser Art die Rede. Mit dem Fall, daß aus dem Gebahren der Vertragspartner ein stillschweigender Haftungsausschluß gefolgert wird, haben wir uns bereits oben Anm. 44 beschäftigt. Die hier zu untersuchenden Abreden können entweder darin bestehen, daß die Haftung ganz ausgeschlossen oder gegenüber dem Gesetz beschränkt wird. Hierher gehört auch die Vereinbarung von kürzeren Verjährungsfristen, als sie das Gesetz vorsieht, und von Ausschlußfristen. Soweit derartiges auf Tarifverträgen beruht, ist es auf jeden Fall für den Vmer unschädlich, denn dem normativen Inhalt der Tarifverträge ist er, sofern er überhaupt tarifgebunden ist, unabhängig von seinem Willen unterworfen. Vom Ver können ihm allenfalls rechtsgeschäftliche Fristenregelungen angelastet werden. Stets bleibt der Ver ersatzpflichtig, wenn ihn der Vmer auf den drohenden Fristablauf rechtzeitig aufmerksam macht: vgl. oben Anm. 74.

Man kann zumindest von festem Gerichtsgebrauch, wenn nicht sogar von Gewohnheitsrecht sprechen, daß derartige Abreden vom Ver sanktionslos hingenommen werden müssen, wenn sie sich im Bereich des Üblichen halten. Unübliche Klauseln indes ziehen die Rechtsfolge des § 67 I 3 nach sich, wobei es praktisch keine Rolle spielt, ob man diese Bestimmung für direkt oder analog anwendbar hält (Bruck S. 677; Ehrenzweig S. 288f.; Kisch S. 86f.; Prölss § 67 Anm. 7; Ritter-Abraham § 45 Anm. 26, 27; R. Schmidt VersR 1951 S. 459; BGH 29. X. 1956 VersR 1956 S. 301 = LM Nr. 8 zu § 67 VVG mit Anm. Haidinger; BGH 29. IX. 1960 BGHZ Bd 33 S. 216 = LM Nr. 16 zu § 67 VVG mit Anm. Haidinger = VersR 1960 S. 1133; BGH 11. I. 1962 VerBAV 1962 S. 209 = VersR 1962 S. 150; OLG Hamm 27. XI. 1967 VersR 1969 S. 224. Abweichend Harten S. 157—159, 172f.; Möller DAR 1953 S. 108). OLG Düsseldorf 28. VII. 1959 VersR 1959 S. 822/825 (Vorinstanz gegenüber der soeben zitierten BGH-Entscheidung vom 11. I. 1962) meint, der Ausschluß eines Ausgleichsanspruchs sei vom Haftpflichtver eher hinzunehmen als der Ausschluß eines Schadenersatzanspruchs vom Sachver (bedenklich).

Als Faustregel gilt, daß die Üblichkeit bei Freizeichnungen für Zufall und leichte Fahrlässigkeit zu bejahen ist (Schlegelberger § 45 Rdz. 12; Sieg VersRdsch 1968 S. 195; BGH 29. X. 1956 LM Nr. 8 zu § 67 VVG mit Anm. Haidinger = VersR 1956 S. 301; BGH 6. VII. 1967 VersR 1967 S. 1066f. mit Anm. Wodrich; KG 23. VI. 1964 VersR 1964 S. 1135f.). Kisch S. 88 meint, bei Zweifeln über die Üblichkeit des Haftungsausschlusses sei zugunsten des Vmers zu entscheiden. Das ist nicht überzeugend. Der Vmer, der nach dem Vsfall auf einen Anspruch verzichtet, mag er sich auch nur auf Zufallshaftung gründen, verliert den Vsschutz. Es bedeutet eine durch das Gesetz nicht ausdrücklich gedeckte Besserstellung des Vmers, wenn der Ver u. U. bei vor dem Vsfall liegenden Anspruchsverzichten bis zur leichten Fahrlässigkeit des Dritten eintreten muß. Dann ist es aber zu verantworten, daß bei Zweifeln über die Voraussetzungen dieses Privilegs gegen den Vmer entschieden wird. Die Üblichkeit ist gleichsam Rechtfertigungsgrund für die Anspruchsaufgabe, die im Vorausverzicht liegt.

In diesem Bereich steht der Sozialvsträger schlechter als der private Ver, denn er kann sich seiner Leistungspflicht gegenüber dem Vten selbst dann nicht entziehen, wenn dieser eine unübliche Haftungsbeschränkung mit dem Dritten vereinbart hatte (Sieg VersRdsch 1968 S. 195).

[83] **bb) Verhältnis zur Anzeigepflicht.**

Bei der hier vertretenen Ansicht (auch auf vorherige Haftungsbeschränkungen kann § 67 I 3 anwendbar sein) ist die Frage, ob derartige Abreden unter die vorvertragliche Anzeigepflicht des Vmers oder in seine Gefahrstandspflicht fallen (bejahend Harten S. 156; Prölss § 67 Anm. 7; R. Schmidt VersR 1951 S. 459), nur von untergeordneter Bedeutung, nämlich nur für Verletzungsfolgen außerhalb der Leistungsfreiheit (Prämienerhöhung, Kündigung, Rücktritt, Anfechtung, §§ 16—30, 41 VVG), die hier nicht interessieren. Unabhängig davon, ob eine Anzeigepflicht besteht oder nicht, gilt folgendes: Hat der Vmer vor Abschluß des Versicherungsvertrages oder innerhalb des bestehenden Vertragsverhältnisses Anzeige von der vereinbarten Haftungsbeschränkung erstattet und hat der Ver gleichwohl das Risiko in Deckung genommen bzw. sich nicht von ihm getrennt, so kann er sich später nicht auf § 67 I 3 VVG berufen.

Dasselbe ist natürlich dann der Fall, wenn der Haftungsverzicht des Vmers durch besondere Vereinbarung mit dem Ver sanktioniert worden ist, wie es in der Feuerv durch die Klausel 3.06a geschehen kann. Danach bleibt die Entschädigungspflicht des Vers unberührt, wenn der Vmer während einer bestimmten Zeit (z. B. während Montagearbeiten auf seinem Grundstück durchgeführt werden) auf Ersatzansprüche gegen den Werkunternehmer verzichtet, sofern sie aus leicht fahrlässiger Verursachung eines Brandes oder einer Explosion herrühren.

[84] **cc) Auslegung von Haftungsausschlußklauseln.**

Oft wird der Ver auf einen Haftungsausschluß oder auf vertraglich vereinbarte Fristläufe erst aufmerksam, nachdem er seinen Vmer entschädigt hat, d. h. erst im Regreßverfahren. Im Zweifel beziehen sich solche Abreden auf Vertrags- und Deliktsansprüche (Mittermaier VersR 1969 S. 394; BGH 7. X. 1961 VerBAV 1962 S. 219—221; BAG 30. XI. 1962 BB 1962 S. 1433; BAG 10. VIII. 1967 BB 1967 S. 1334 = AP Nr. 37

IV. Umfang und Sicherung des Übergangs **§ 67**
Anm. 85

zu § 4 TVG Ausschlußfristen. Die abweichende Entscheidung BAG 28. VI. 1967 AP Nr. 36 zu § 4 TVG Ausschlußfristen mit ablehnender Anm. Sieg ist vereinzelt geblieben). Da der Ver als Rechtsnachfolger des Vmers fungiert, ist er an sie gebunden, auch dann, wenn sie über das Übliche hinausgehen (BGH 28. IX. 1961 VerBAV 1962 S. 19 = LM Nr. 17 zu § 67 VVG = VersR 1961 S. 992). Die Sanktion tritt hier lediglich im Vsverhältnis ein, d. h. der Ver kann seine Leistung kondizieren.

Umgekehrt kommt aber dem Ver als Rechtsnachfolger auch eine **Beschränkung** des Haftungsausschlusses zugute (vgl. LG Berlin 19. III. 1953 VersR 1953 S. 191), auch die sich aus den Grundsätzen von Treu und Glauben oder aus der Sittenwidrigkeit ergebende. So kann sich der Dritte auch gegenüber dem Ver nicht darauf berufen, daß sich der Haftungsausschluß seinem Wortlaut nach auf eigene grobe Fahrlässigkeit oder grobe Fahrlässigkeit bzw. Vorsatz seiner leitenden Angestellten bezieht (die Erwägung in BGH 16. XI. 1961 VerBAV 1962 S. 65, daß eine so weitgehende Freizeichnung nicht nur gegen Treu und Glauben verstoße, sondern auch den Vsschutz gefährde, ist nicht recht verständlich. Wenn sie wegen Treu- und Glaubenverstoßes unbeachtlich ist, kommt ja der Ver zu seinem Regreß, für die Verwirkung nach § 67 I 3 ist kein Anlaß).

Die **Einschränkung**, die die Rechtsprechung für den Fall macht, daß im Vertrage zwischen Vmer und Dritten die Haftungsbeschränkung mit der Vsentschädigung gekoppelt wurde (BGH 2. IV. 1962 VersR 1962 S. 552 = LM Nr. 4 zu § 276 BGB D b), halte ich **nicht für zutreffend** (richtig: Kisch S. 87 N. 131), denn hierdurch wird der Dritte auf Kosten des Sachvers seines Partners bevorzugt, obwohl ihm angesonnen werden könnte, das Risiko erhöhter Haftung seinerseits durch eine Haftpflichtv abzudecken. Dasselbe Bedenken spricht dagegen, die Grenze von Treu und Glauben beim Haftungsausschluß weiter zu ziehen als gewöhnlich, wenn der Kunde die Möglichkeit hat, Sachvsschutz zu nehmen und dies üblicherweise auch tut (so BGH 29. IX. 1960 BGHZ Bd 33 S. 216, 220 = LM Nr. 16 zu § 67 VVG mit Anm. Haidinger; BGH 5. VII. 1965 VersR 1965 S. 973—975). Hier kann übrigens ein bedenklicher Trugschluß vorliegen: Wenn wegen des Vsschutzes der Haftungsausschluß weiter als sonst ausgelegt wird, ist er nicht mehr üblich, der Vsschutz also gerade deshalb gefährdet. Das erkennt BGH 29. X. 1962 BGHZ Bd 38 S. 183—186 = VersR 1963 S. 45.

[85] Manchmal ist unklar, wie weit die Haftungsbeschränkung geht, insbesondere ob sie auch **grobe Fahrlässigkeit** des Dritten erfassen soll. Hier ist eine Auslegung am Platze, die dem Vmer den Vsschutz erhält, die also so erfolgt, daß die Klausel innerhalb des Üblichen bleibt (BGH 14. III. 1956 VersR 1956 S. 301f.; BGH 29. X. 1956 BGHZ Bd 22 S. 219 = LM Nr. 16 zu § 67 VVG mit Anm. Haidinger; BGH 29. IX. 1960 BGHZ Bd 33 S. 216, 221; BGH 2. IV. 1962 NJW 1962 S. 1195; KG 23. XI. 1961 VersR 1962 S. 530 mit Anm. Sprenger; KG 18. I. 1968 VersR 1968 S. 440—442; OLG Hamm 27. XI. 1967 VersR 1969 S. 224f.; OLG Saarbrücken 5. V. 1961 VersR 1961 S. 928; OLG Bremen 29. X. 1963 VersR 1964 S. 782—784). Der BGH geht zuweilen andere Wege. Beispiel: Eine Klausel sieht vor, daß der Mieter eines Kraftfahrzeuges von der Haftung frei ist, soweit die V Schäden deckt. Der Kaskover hatte seinen Vmer für einen vom Mieter verursachten Unfall entschädigt und nahm Regreß gegen den Mieter. Obwohl dieser grobfahrlässig den Schaden herbeigeführt hatte, hat der BGH die Regreßklage abgewiesen (BGH 28. IX. 1961 VerBAV 1962. 19 = VersR 1961 S. 992 = LM Nr. 17 zu § 67 VVG). Richtiger wäre es m. E. gewesen, die Klausel nicht auf grobe Fahrlässigkeit auszudehnen, den Ver also mit dem Regreß zum Zuge kommen zu lassen (ebenso Lange Anm. zu LG Ulm 9. II. 1962 VersR 1962 S. 535, dem der BGH gefolgt war). Die abweichende Auffassung des BGH führt zur **unerwünschten Häufung von Prozessen**: Der Ver hat, da die Klausel bei jener Auslegung einen unüblichen Ausschluß involviert, einen Kondiktionsanspruch gegen seinen Vmer; damit hat sich herausgestellt, daß der Schaden entgegen dem ersten Anschein nicht durch eine V gedeckt ist und der Vmer nunmehr den Mieter in Anspruch nehmen kann. Letztlich bleibt der Schaden also doch an diesem hängen.

Mit Recht macht OLG Hamburg 21. VI. 1962 VersR 1963 S. 183 darauf aufmerksam, daß sorgfältig geprüft werden müsse, wem ein vereinbarter Haftungsausschluß zugute kommen soll.

[86] **d) Sonderfall des § 118³.**

§ 118³ weicht vom Wortlaut des § 67 I 3 insofern ab, als er außer auf Aufgabe auf das vom Vmer verschuldete Verlorengehen des Anspruchs abstellt. Man hat gemeint, hieraus einen Gegenschluß des Inhalts ziehen zu können, daß in § 67 I 3 das Unterlassen nicht genügen dürfe (Ehrenzweig S. 289; KG 2. III. 1921 VA 1922 Nr. 1233). Diese Auffassung wurde oben Anm. 74 abgelehnt. Die hier vertretene Ansicht ist auch durchaus mit dem Wortlaut des Gesetzes vereinbar: Das Aufgeben als positive Handlung oder Unterlassung erfordert stets Vorsatz. Dabei hat es in § 67 I 3 sein Bewenden. In der Tierv kann darüber hinaus auch eine fahrlässige Unterlassung zur Verwirkung führen. Das ist eine singuläre, den Vmer belastende Vorschrift, die nur im Hinblick auf Gewährleistungsansprüche gilt, also keiner Verallgemeinerung fähig ist. Unzutreffend ist es daher auch, wenn v. Gierke S. 210 meint, § 118 sei neben § 67 überflüssig.

[87] **V. Wirkungen des Übergangs.**
1. Versicherungsrechtliche Wirkungen.
a) Automatik des Übergangs.

Die cessio legis tritt ein, wenn der Ver dem Vmer den Schaden ersetzt hat, und zwar ohne Rücksicht darauf, ob beide Parteien oder auch nur eine sich des Übergangs bewußt sind. Ebensowenig kommt es darauf an, ob die Parteien in diesem Zeitpunkt bereits die Drittforderung kennen: Es ist leicht möglich, daß erst die späteren Ermittlungen des Vers zu dem Ergebnis führen, daß ein dritter Schadenstifter verantwortlich ist (Kisch S. 55).

Die Subrogation des Vers ist eine **Folge** seiner Schadenersatzleistung. Das bedeutet, daß er diese nicht davon abhängig machen darf, daß der Vmer die Nebenpflichten, die sich **aus dem Forderungsübergang** ergeben, erfüllt. Der Ver hat also z. B. kein Zurückbehaltungsrecht, bis der Vmer ihm etwaige Urkunden ausgehändigt oder Auskünfte über die Forderung erteilt hat oder dem Verlangen nachgekommen ist, die cessio legis durch eine öffentlich beglaubigte Urkunde zu bestätigen, vgl. §§ 402, 403, 412 BGB (Kisch S. 49f.).

[88] **b) Befriedigungsvorrecht des Versicherungsnehmers (§ 67 I 2).**
aa) Inhalt.

Es wurde oben Anm. 66 gezeigt, daß § 67 I 2 keine Bedeutung für die Frage hat, in welchem Umfange die Drittforderung auf den Ver übergeht. Erst wenn deren Aufteilung zwischen Vmer und Ver feststeht, kommt diese Vorschrift zum Zuge. Sie gewährt dem Vmer den **besseren Rang bei der Befriedigung**. Reicht z. B. das Vermögen des Dritten nicht aus, um die Ansprüche von Ver und Vmer zu erfüllen, so ist zunächst der Vmer schadlos zu stellen. Erst danach kommt der Ver an die Reihe. Das verneinen Stiefel-Wussow S. 498 zu Unrecht mit der Begründung, das Vorrecht des Vmers aus § 67 I 2 könne sich nicht zweimal auswirken, d. h. bei der Feststellung, was übergeht (Quotenvorrecht des Vmers) und bei der Vollstreckung. Hier ist indes verkannt, daß das erstere Vorrecht — wie erwähnt — nur scheinbar mit § 67 I 2 zu tun hat. Daß die mit diesem harmonierenden Bestimmungen der §§ 268 III, 426 II 2, 774 I 2 BGB die ihnen hier gegebene vollstreckungsrechtliche Bedeutung haben, wird sonst nicht angezweifelt (BGH 11. VII. 1960 BGHZ Bd 33 S. 97 = VersR 1960 S. 724 = VerBAV 1960 S. 224; Kisch S. 110f.). Auch ein Sozialvsträger muß sich deshalb, weil es sich um einen allgemeinen Rechtsgedanken handelt, das Befriedigungsvorrecht seines Vten entgegenhalten lassen: BGH 16. XI. 1967 VersR 1968 S. 170f. Abweichend Selb, Das Quotenvorrecht der Sozialversicherungsträger, Wien-New York 1969, S. 24—30.

Im Vollstreckungsverfahren ergeben sich allerdings für den Vmer gewöhnlich keine Rechtsbehelfe, dieses sein Vorbefriedigungsrecht geltend zu machen (anders Kisch S. 111 N. 174, der aber keine einschlägigen Rechtsbehelfe nennt). Stellt sich heraus, daß er seine Forderung nicht mehr realisieren kann, weil ihm der Ver zuvorgekommen ist, so ist dieser zu einem schuldrechtlichen Ausgleich verpflichtet (Kisch S. 111 N. 174; Prölss § 67 Anm. 5), wie im sogleich zu behandelnden Fall des Konkurses Entsprechendes

V. Wirkungen des Übergangs **§ 67**
Anm. 89, 90

gilt, wenn Ver und Vmer denselben Gegenstand beim Dritten gepfändet haben, der Ver jedoch vor dem Vmer.

[89] Im Konkurs des Dritten gilt folgendes: Ist das Verfahren eröffnet worden, nachdem der Ver entschädigt hat, so können Ver und Vmer ihre Forderung anmelden, jeder den auf ihn entfallenden Teil. Das Vorrecht des Vmers wirkt sich im Konkursverfahren nicht aus. Jedoch kann er außerhalb desselben den Teil der Dividende herausverlangen, welcher ihm zugekommen wäre, wenn der Ver nicht am Konkurs teilgenommen hätte. Letzteres ist zwar nicht unbestritten, entspricht aber der herrschenden Lehre und führt zu einem vernünftigen Ergebnis (vgl. zu den entsprechenden Fragen bei der Bürgschaft: Hofmann BB 1964 S. 1398f. und die dort N. 6 Genannten).

Hat der Ver erst nach Konkurseröffnung beim Dritten an den Vmer gezahlt, so wird der Vmer die ganze Forderung angemeldet haben. Er bleibt auch trotz der späteren cessio legis in dieser Höhe am Verfahren beteiligt, was aus § 68 KO gefolgert wird. Ergibt sich für den Vmer nach Auskehrung der Dividende ein Überschuß, so gebührt dieser dem Ver. Beispiel: Vom Vmer angemeldeter Anspruch im Konkursverfahren: 1000,— DM; später zahlt der Ver auf diese Forderung 800,— DM; Konkursquote 40%. Auf die Forderung des Vmers entfallen im Konkurs 400,— DM; davon gebühren ihm 200,— DM; weitere 200,— DM dem Ver (vgl. auch hierzu Hofmann BB 1964 S. 1398f.). Hier wirkt sich also der Satz nemo subrogat contra se unmittelbar aus, ein Grund mehr dafür, ihn bei Konkurseröffnung nach Eintritt der cessio legis wenigstens mittelbar zum Zuge kommen zu lassen (vgl. vorigen Absatz).

Anders ist es, wenn für die Drittforderung schon beim Übergang ein Pfandrecht zugunsten des Vmers bestand: Hier erhält der Ver als Rechtsnachfolger für den auf ihn übergegangenen Teil der Ersatzforderung ein Pfandrecht im Range nach dem Pfandrecht des Vmers, der also dinglich geschützt ist.

[90] Das Vorrecht des Vmers wirkt sich aber nur beim kongruenten Schaden aus. Das ergibt sich daraus, daß überhaupt nur insoweit ein Konkurrenzverhältnis zwischen Vmer und Ver besteht, an das § 67 I 2 anknüpft. Das ist auch dadurch anerkannt, daß das Differenzprinzip, das — wie gezeigt wurde — nur innerhalb des kongruenten Schadens gilt, mit einer Vorverlegung des in § 67 I 2 ausgesprochenen Gedankens begründet wird (R. Schmidt VersR 1953 S. 460; BGH 17. III. 1954 BGHZ Bd 13 S. 28 = LM Nr. 3 zu § 67 VVG mit Anm. Benkard). Überdies zeigt das im Kommissionsbericht zu § 145a (jetzt § 148 VVG) gegebene Beispiel, daß der Gesetzgeber bei § 67 I 2 nur an den kongruenten Schaden gedacht hat.

Für die Konkurrenz zwischen Ver und Vmer bei inkongruenten Schäden (z. B. der Ver macht den übergegangenen Ersatzanspruch wegen des Fahrzeugschadens, der Vmer die bei ihm verbliebene Forderung wegen des Nutzungsausfalls geltend) gilt keine Sonderregelung, d. h. hier haben beide Forderungsteile zunächst gleichen Rang (vgl. BGH 8. XII. 1966 BB 1967 S. 10), bis sich in der Vollstreckung auf Grund des dort geltenden Prioritätsprinzips ein anderes Rangverhältnis ergibt.

Wie schwierig das Zusammenspiel der Kongruenz, des Zeitpunktes des Übergangs und der Tragweite des § 67 I 2 zu handhaben ist, zeigen die Ausführungen von Möring VersR 1959 S. 12f. Er bildet den Fall, daß der Kaskoschaden 30 000,— DM, der merkantile Minderwert 1000,— DM, die Haftungsquote des Dritten 2/3 beträgt. Hier muß zunächst geprüft werden, ob der merkantile Minderwert innerhalb der Kongruenz liegt, was Möring stillschweigend voraussetzt. Das ist nach meiner Auffassung nicht der Fall (s. oben Anm. 61). Deshalb gehen auf den Ver 20 000,— DM des Ersatzanspruchs über, dieser verbleibt in Höhe von 666,67 DM dem Vmer. Der Übergang findet in dem Zeitpunkt statt, in dem der Ver den Vmer entschädigt. Es kommt nicht darauf an, wann der Vmer für die 666,67,— DM vom Dritten befriedigt wird (vgl. oben Anm. 68). Da es sich um inkongruenten Schaden handelt, findet § 67 I 2 auch im Vollstreckungsstadium keine Anwendung (vgl. voriger Absatz).

Selbst wenn man den merkantilen Minderwert zum kongruenten Sachschaden zählt, kann Möring nicht gefolgt werden. Im letzteren Fall hätte der Vmer ein Quotenvorrecht in Höhe von 1000,— DM, auf den Ver ginge die Drittforderung in Höhe von 19 667,—

DM über, aber auch hier — entgegen Möring und Bach VersR 1958 S. 657 — im Zeitpunkt der Erbringung der Vsleistung. Vollstreckt der Ver vor dem Vmer und kann letzterer wegen schlechter Vermögenslage des Dritten seinen Anspruch nicht mehr realisieren, ist der Ver dem Vmer zu einem schuldrechtlichen Ausgleich verpflichtet (vgl. oben Anm. 88 a. E.).

Eine Gefährdung des Vers aus der angeblich zeitlichen Nachverlegung des Anspruchsübergangs, die Möring aufzeigt, besteht also in Wirklichkeit nicht. Deshalb ist dem Kaskover auch nicht anzuraten, seinem Vmer den merkantilen Minderwert zu ersetzen, um alsdann gegen den Dritten vorzugehen, sei es auf Grund Abtretung der Drittansprüche, sei es auf Grund eigenen Rechts (Bereicherung oder Geschäftsführung ohne Auftrag). Übrigens hätten diese Rechtswege entgegen Möring nichts mit § 67 zu tun.

Selbstverständlich genießt das Privileg des § 67 I 2 nur der Vmer, der von seinem Ver entschädigt wurde. Ist der Dritte, auf den der Ver rückgreift, zufällig bei diesem sachvt, so kann sich der Dritte nicht auf die hier in Rede stehende Vorschrift berufen (LG Köln 31. I. 1952 VersR 1952 S. 126 f.).

[91] bb) Verhältnis zu § 156 III.

In der Haftpflichtv ist die Vsforderung als besonderes Vollstreckungsobjekt anzusehen, das dem Geschädigten zur Verfügung steht (Sieg, Ausstrahlungen der Haftpflichtversicherung, Hamburg 1952, S. 124, 125, 173—177). Zur Verdeutlichung des Problems, das sich aus § 156 III in Verbindung mit § 67 I 2 ergibt, möge folgendes Beispiel dienen: Der bei der privaten Krankenkasse K vte Vmer erleidet einen schweren Unfall, den X verschuldet hat. X ist haftpflichtvt. Die Deckungssumme reicht nicht aus, um Vmer und K voll zu befriedigen. Nach § 156 III hätte der Haftpflichtver die Entschädigung zwischen Vmer und K verhältnismäßig aufzuteilen (daß sich die Geschädigtenmehrheit im Sinne dieser Vorschrift auch durch eine Rechtsnachfolge ergeben kann, ist anerkannt: Prölss § 156 Anm. 3, 6; Sieg VW 1948 S. 54; ders., Ausstrahlungen der Haftpflichtversicherung, Hamburg 1952, S. 174; zu einem ähnlichen Problem ebenso BGH 16. XII. 1968 BGHZ Bd 51 S. 226—236 = VersR 1969 S. 281, 283. Abweichend OLG Hamburg 1. X. 1947 VW 1948 S. 54). Das widerspricht jedoch § 67 I 2, wonach K seinem Vmer den Vortritt lassen müßte. In diesem Zwiespalt wird man annehmen müssen, daß die letztere Norm vorgeht (vgl. G. und D. Reinicke NJW 1954 S. 1103ff.). § 156 III hat an gleichrangige Dritte gedacht, die Vorschrift will nicht anderweitig begründete Vorrechte aufheben.

Aus diesem Grunde wird § 156 III im Verhältnis zwischen ursprünglichem Rechtsinhaber und gesetzlichem Rechtsnachfolger kaum praktisch werden, weil dem ersteren der allgemeine Grundsatz nemo subrogat contra se zur Seite steht (ihn hat das OLG Hamburg 1. X. 1947 VW 1948 S. 54 übersehen. Abweichend Selb, Das Quotenvorrecht der Sozialversicherungsträger, Wien-New York 1969, S. 43—46). Immerhin behält diese Vorschrift auch hier ihre Bedeutung für inkongruente Schäden, für die anstelle des sonst geltenden Prioritätsprinzips das Verteilungsprinzip tritt.

Der Haftpflichver, der bei der Verteilung § 156 III VVG nicht beachtet hat, haftet dem zu kurz Gekommenen. Dieser Anspruch des letzteren tritt neben den eventuell bestehenden Ausgleichsanspruch gegenüber seinem Ver (vgl. oben Anm. 88 a. E.).

[92] c) Einfluß auf Schadenfreiheitsrabatt und ähnliche Vorteile.

Durch den Regreß des Vers, mag er auch voll durchgeführt werden können, wird seine vorangegangene Inanspruchnahme nicht ungeschehen gemacht. Deshalb ist der Regreß ohne Einfluß auf die Verwirkung des Schadenfreiheitsrabatts oder einer Beitragsermäßigung aus technischem Überschuß (Klingmüller, Krankenversicherungsvertragsrecht, Sonderdruck aus Balzer-Jäger, Leitfaden der privaten Krankenversicherung, Karlsruhe o. J., S. 21; § 21 III, V, § 25 III 3 VO über die Tarife in der Kraftfahrtv vom 20. XI. 1967 in der Fassung der VO vom 6. XII. 1968). Wäre es anders, würde dem Vmer kein Schaden in Gestalt des Verlustes dieser Vorteile entstehen. Tatsächlich wird aber von einem solchen ausgegangen, indem man sich bei der Abgrenzung der kongruenten von den inkongruenten Schäden des Vmers Gedanken über diesen Posten macht (vgl.

V. Wirkungen des Übergangs § 67
Anm. 93, 94

oben Anm. 61). Entsprechendes gilt für die Beteiligungen am Unternehmensgewinn nach der Satzung oder nach § 38 VAG, sofern das Statut der Unternehmung bei diesen Ausschüttungen die Schadenfreiheit des Vertrages honoriert (vgl. Sieg BB 1969 S. 898 f.).

[93] **d) Sonderfall des § 148.**
Nach § 148 findet § 67 I 2 auf die Binnentransportv keine Anwendung. Konkurrieren hier Vmer und Ver, so bleibt beim Zugriff auf das Vermögen des Dritten das auch sonst geltende Prioritätsprinzip maßgebend (vgl. Harten S. 129. Abweichend Ritter-Abraham § 45 Anm. 14 für die Seev). Prölss § 148 Anm. 2 schließt aus dieser Vorschrift, daß deshalb auch das Differenzprinzip für die Binnentransportv nicht gelte. Das ist nicht zutreffend, denn wie oben Anm. 66 dargelegt, folgt das Differenzprinzip nicht aus § 67 I 2. Die Gründe, die für die Anwendung dieses Prinzips a. a. O. angeführt worden sind, gelten auch für die Transportv. Diesem Ergebnis scheinen die Gesetzesmaterialien entgegenzustehen, denn im Kommissionsbericht zu § 145a, der als § 148 Gesetz wurde, heißt es, daß in der Transportv die Unter- wie Selbstv behandelt wird. Das scheint auf die Anwendung der relativen Theorie hinauszulaufen (vgl. oben Anm. 65). Indes ist festzustellen, daß die Bedingungswerke der Binnentransportv nicht durchgängig die Gleichstellung der Unter- mit der Selbstv enthalten. Abgesehen davon ist sehr fraglich, ob diese Gleichstellung überhaupt einen Schluß auf den Umfang des Regresses zuläßt (vgl. Hinz, Die Über- und Unterversicherung im deutschen Privatversicherungsrecht, Diss. Hamburg 1964, S. 97 f.; Ritter-Abraham § 8 Anm. 4). Die angeführte Stelle des Kommissionsberichtes ist deshalb auch von Gerhard-Hagen (Kommentar zum VVG, Berlin 1908, § 148 Anm. 3) und Hagen (Ehrenbergs Handbuch des gesamten Handelsrechts, 8. Bd 2. Abt., Leipzig 1922, S. 265 N. 4) getadelt worden. Nimmt man noch hinzu, daß generell die Gesetzesmaterialien keinen Hinderungsgrund bilden dürfen, eine Norm im fortschrittlichen Sinn auszulegen, so ergibt sich, daß § 148 die Geltung des Differenzprinzips in der Binnentransportv nicht ausschließt.

[94] **2. Bürgerlich-rechtliche Wirkungen.**
a) Pflichten des Altgläubigers.
Der Forderungsübergang schafft ein besonderes Treueverhältnis zwischen Vmer und Ver, das vom Vmer die Rücksichtnahme auf die Interessen des Vers, soweit sie sich aus der cessio legis ergeben, erfordert (Esser, Schuldrecht, 2. Aufl., Karlsruhe 1960, S. 413, die 3. Auflage schweigt hierüber; Enneccerus-Lehmann, Recht der Schuldverhältnisse, 15. Bearbeitung, Tübingen 1958, S. 328). Dieses besondere Rechtsverhältnis wird zwar für die Abtretung zum Teil nicht anerkannt (Larenz, Lehrbuch des Schuldrechts, 1. Bd 9. Aufl., München 1968, S. 345), weil sich dort die entsprechenden Verpflichtungen bereits aus dem Grundverhältnis herleiten lassen, für die cessio legis ist es aber mangels einer entsprechenden Kausalbeziehung zu akzeptieren. Aus dem Treueverhältnis folgt für den Vmer die Pflicht, die Einziehung der Drittforderung durch den Ver zu fördern und alles zu unterlassen, was die Realisierung dieser Forderung erschweren könnte.

Einige Pflichten normiert das Gesetz ausdrücklich in §§ 402, 403, 412, um Zweifel auszuschließen: Der Vmer ist verpflichtet, Auskünfte zu erteilen (Einzelheiten bei Kisch S. 69), etwa in seinem Besitz befindliche Urkunden über die Forderung dem Ver zu überlassen und eine öffentlich beglaubigte Urkunde über die cessio legis auszustellen, sofern der Ver es verlangt und bereit ist, die Kosten vorzuschießen (bis dahin Zurückbehaltungsrecht des Vmers). Diese Urkunde kann für den Ver wegen § 410 I von Bedeutung sein, aber nur, wenn der Vmer dem Dritten nicht ohnehin den Übergang angezeigt hat (§ 410 II).

Eine Verletzung dieser Pflichten macht den Vmer schadenersatzpflichtig nach den Grundsätzen der positiven Forderungsverletzung. Hier ist seine Haftung strenger als im Bereich des § 67 I 3 (vgl. oben Anm. 71). Das ist gerechtfertigt, weil der Erhalt der Vsentschädigung den Vmer zu größeren Anstrengungen verpflichtet als im vorangegangenen Stadium und weil sein Fehlverhalten, nachdem der Schadenfall durch die Auskehrung der Vsentschädigung endgültig abgewickelt worden ist, nicht mehr an den Maßstäben der mit dem Vsfall zusammenhängenden Obliegenheitsverletzung gemessen werden kann.

[95] b) Mit der Drittforderung verbundene Rechte.

Nach § 401 i. V. m. § 412 geht die Drittforderung mit etwa für sie bestehenden Pfandrechten (mögen diese auf Vertrag oder Vollstreckungsakt beruhen: Kisch S. 54) und Bürgschaften über. Der Ver erwirbt diese Forderung in der Lage, in der sie sich bei seinem Vormann befand, also kommt ihm auch eine etwaige Mahnung des Vmers zustatten: Kisch S. 58. Der Ver sukzediert in die Forderung gegen den Dritten, nicht in die evtl. bestehende Forderung des Dritten gegen einen anderen auf Freihaltung, also nicht in die Forderung des Dritten gegen seinen Haftpflichtver (Kisch S. 54). Anders wäre es nur, wenn der Dritte ausnahmsweise seine Haftpflichtvsforderung an den Geschädigten (Vmer) abgetreten hat. Dann steht sie dem Vmer zu und geht als Sicherung des Schadenersatzanspruchs mit über. Anders Kisch S. 54. Es ist aber ungereimt, die Einräumung eines Pfandrechts und die Abtretung hier unterschiedlich zu behandeln. Der Dritte könnte auch seine Haftpflichtsforderung direkt an den rückgreifenden Ver abtreten, wie es im Falle OLG Hamburg 20. X. 1952 VersR 1953 S. 25 geschehen war (das Urteil ist im Ergebnis nicht richtig, weil die höchstrichterliche Auslegung des § 158c IV übersehen worden ist).

Eine Besonderheit besteht in der Kraftfahrzeug-Haftpflichtv. Nach § 3 Ziff. 1 PflichtversG kann der Geschädigte seinen Haftpflichtanspruch auch direkt gegen den Haftpflichtver des Schädigers geltend machen. Stand dem von seinem Ver entschädigten Vmer dieser Direktanspruch gegen den Haftpflichtver des Dritten (Dritter ist hier im Sinne des § 67 gmeint) zu, so geht er auch auf den ersteren Ver über (vgl. Hanau BB 1968 S. 1045). — In eine Forderung des Dritten gegen eine weitere Person kann der entschädigende Ver auch im Rahmen des § 426 BGB eintreten, wie folgendes Beispiel zeigt: Für den Unfall eines Geschädigten haften der Vmer und X als Gesamtschuldner. Entschädigt der Haftpflichtver des Vmers den Verletzten, so geht auf ihn der Ausgleichsanspruch des Vmers gegen X aus § 426 I über. Im Rahmen dieses Ausgleichsanspruchs ist somit der Vmer nach § 426 II Legalzessionar des Haftpflichtanspruchs geworden, in den nunmehr sein Haftpflichtver sukzediert. Das kann von praktischer Bedeutung werden, denn Zinslauf, Verjährung und Rechtskraft können beim originären Ausgleichsanspruch anders zu beurteilen sein als beim übergegangenen Haftpflichtanspruch (vgl. Sieg ZVersWiss 1965 S. 383). Es ist daher keineswegs gleichgültig, ob der Anspruch auf § 426 I oder auf § 426 II gestützt wird, wie Stiefel-Wussow S. 500 meinen.

[96] c) Mit der Drittforderung verbundene Nachteile.

aa) Allgemeines.

Nach §§ 404, 412 bleiben dem Dritten die Einwendungen erhalten, die zur Zeit des Forderungsübergangs bereits begründet, d. h. angelegt waren, mögen weitere Voraussetzungen für die Einrede auch erst nach jenem Zeitpunkt eingetreten sein. So kann sich der Dritte etwa berufen auf den Einwand des Mitverschuldens, auf die mitwirkende Betriebsgefahr des gegnerischen Fahrzeugs, auf die Grundsätze der Haftungsmilderung bei schadengeneigter Arbeit (die für die Vertrags- wie für die Deliktshaftung gelten: BAG 12. V. 1960 AP Nr. 16 zu § 611 BGB Haftung des Arbeitnehmers mit Anmerkung Larenz) oder auf die Ausgleichspflicht (wenn er als Mitschädiger herangezogen wird). Selbstverständlich darf er geltend machen, daß er nur in geringerer Höhe hafte, als der Ver entschädigt hat. Ferner kann er sich auf alle Rechtsgeschäfte mit dem Vmer vor dem Rechtsübergang beziehen, z. B. auf Erfüllung, Erlaß, Teilerlaß im Rahmen eines Vergleichs, Stundung oder Haftungsausschlüsse.

Der vom Haftpflichtver in Anspruch genommene Dritte kann sich auch darauf berufen, daß der Entschädigte überhaupt keinen oder nur geringeren Schaden davongetragen hat, als vom Haftpflichtver bei der Regulierung angenommen wurde (vgl. oben Anm. 53). Insbesondere kann er geltend machen, daß, wäre er früher eingeschaltet worden, die Ansprüche des Geschädigten wirksamer hätten bekämpft werden können (OLG Köln 6. X. 1965 VersR 1965 S. 1109).

Nach § 404 muß der Ver eine vor dem Übergang erfolgte Aufrechnung des Dritten gegenüber dem Vmer gegen sich gelten lassen. Da es nicht nur auf vollendete Einreden ankommt, sondern auch Einredelagen zu Lasten des Vers wirken, muß er auch eine nach

V. Wirkungen des Übergangs **§ 67**

der Subrogation erfolgende Aufrechnung unter den Voraussetzungen des § 406 hinnehmen (Prölss § 67 Anm. 7). Zu § 404 ist auch an den Fall zu denken, daß sich der als Dritter in Anspruch genommene Arbeitnehmer auf einen Freistellungsanspruch gegen seinen Arbeitgeber (= Vmer) beruft (Stiefel-Wussow S. 499), was ihm allerdings nur in dem sich aus unten Anm. 154 ergebenden Rahmen nützt.

Vom Gesetz brauchte nicht ausdrücklich ausgesprochen zu werden, daß auch Belastungen der Ersatzforderung, etwa das Pfandrecht eines Gläubigers des Vmers, vom Ver hinzunehmen sind, was aus deren dinglicher Natur folgt.

[97] bb) Insbesondere Einrede der Verjährung.

Zu den Einreden, die dem Schuldner erhalten bleiben, gehört auch die der Verjährung. Hatte die Verjährungsfrist bereits vor der Subrogation begonnen, so zählt die bis dahin abgelaufene Frist auch zu Lasten des Vers (BGH 11. VII. 1961 VersR 1961 S. 910; OLG Düsseldorf 3. I. 1956 VersR 1956 S. 325). Ebenso muß sich der Ver eine zur Zeit der Begründung seiner Rechtsnachfolge bereits abgelaufene Verjährung entgegenhalten lassen (BGH 18. II. 1964 VersR 1964 S. 540). War bei der Subrogation die Verjährung noch nicht in Lauf gesetzt, so kommt es, was den übergegangenen Forderungsteil anbetrifft, nunmehr auf die Kenntnis des Vers im Sinne der §§ 852 BGB, 14 StVG an (das kann sich unter Umständen zu dessen Nachteil auswirken, nämlich wenn der Vmer erst nach dem Ver die betreffende Kenntnis erlangt). Die vor dem Übergang etwa vorhandene Kenntnis der maßgeblichen Umstände auf seiten des Vers ist folgerichtig unbeachtlich, d. h. setzt die Frist nicht in Gang: BGH 27. III. 1962 VersR 1962 S. 734.

Gegenüber der Einrede der Verjährung kann sich der Ver auf die Replik der Hemmung berufen, solange der Dritte oder dessen Haftpflichtver über den Anspruch verhandelt hat. Der BGH wendet den in § 14 II StVG, § 6 II Ges über die Haftpflicht der Eisenbahnen und Straßenbahnen für Sachschäden ausgesprochenen Gedanken generell an: BGH 11. XI. 1958 VersR 1959 S. 34 = BB 1959 S. 42. Hatte der Vmer vor dem Übergang bereits Klage erhoben, so kommt die Unterbrechung auch dem Ver als Rechtsnachfolger zustatten. Nach dem Übergang spaltet sich das Schicksal der Ersatzforderung: Die Klage des Vmers unterbricht die Verjährung nur für den ihm verbliebenen Teil der Forderung, die Klage des Vers unterbricht hinsichtlich des übergegangenen Teils.

Entsprechendes gilt für sonstige Fristen, die die Forderung beeinflussen, etwa Ausschlußfristen oder Anmeldungsfristen für Stationierungsschäden (vgl. Krekeler VersR 1961 S. 872—874; BGH 20. XII. 1962 BGHZ Bd 38 S. 385; BGH 24. I. 1963 VersR 1963 S. 436; BAG 19. XI. 1968 VersR 1969 S. 337; LG Stuttgart 17./18. VII. 1961 VersR 1961 S. 1055; Stiefel-Wussow S. 499f. Abweichend für die Anmeldefrist nach dem Finanzvertrag, soweit ersichtlich, nur OLG Stuttgart 7. III. 1962 VersR 1962 S. 1196).

[98] zu aa) und bb)

Wie sich alle diese Beeinträchtigungen der Drittforderung auf den Vsschutz auswirken, ist oben Anm. 70—86 dargestellt. Gerade weil sie der Ver gegen sich gelten lassen muß, wird die Frage nach dem Einfluß auf die Vsforderung akut.

[99] d) Schuldnerschutz der §§ 407, 412 BGB.

aa) Tilgung an Altgläubiger.

Nach § 407 wird der Schuldner frei, wenn er nach der Abtretung, aber ohne Kenntnis von ihr, die Leistung an den Altgläubiger bewirkt. Bei der Legalzession kommt es auf die Kenntnis vom Rechtsübergang, genauer gesagt von den Tatsachen an, die den Rechtsübergang begründen. Dazu gehört, daß der Dritte von der Leistung des Vers wußte, fahrlässige Unkenntnis hiervon schadet ihm nicht (Prölss § 67 Anm. 4; Stiefel-Wussow S. 493; BGH 7. II. 1966 VersR 1966 S. 330). In dieser Beziehung steht sich der Dritte günstiger als beim gesetzlichen Forderungsübergang auf den Sozialvsträger. Dort ist er bereits dann nicht geschützt, wenn ihm die Vteneigenschaft des Verletzten bekannt war.

Hat der Dritte gutgläubig an den Vmer gezahlt, so kann der Ver diese Leistung von seinem Vmer nach § 816 II BGB kondizieren. Er hat nicht die Wahl, ob er seine eigene

Vsentschädigung in diesem Fall nach § 812 zurückfordern will (abweichend Ritter-Abraham § 45 Anm. 17; Schultz S. 60), denn der Vsfall ist durch die Drittleistung nicht rückwirkend beseitigt, sondern er ist durch die Zahlung des Vers in Verein mit dem Anspruchsübergang endgültig erledigt worden. Die Drittleistung nach dem Forderungsübergang wirkt daher nicht mehr auf den Vsfall ein, sondern sie führt zu einer Bereicherung des Vmers (wie hier: Kisch S. 64 N. 92; Harten S. 104, der aber S. 105, 170 zu Unrecht den dem § 67 I 3 entsprechenden § 45 II ADS ins Spiel bringt. Die Einziehung der Drittforderung, auch die unerlaubte nach Rechtsübergang, fällt nicht unter § 67 I 3, vgl. oben Anm. 75, 94). — Mit dem Anspruch aus § 816 II konkurriert ein Schadenersatzanspruch aus positiver Forderungsverletzung. Es ist bereits oben Anm. 94 ausgeführt worden, daß sich die Haftung des Vmers nach Erhalt der Vsentschädigung in diesem Sinne verschärft.

Der Dritte braucht aber die Schutzvorschrift des § 407 nicht für sich in Anspruch zu nehmen, er kann auch vom Vmer nach § 812 kondizieren (ständige Rechtsprechung und herrschende Meinung, vgl. die Zitate bei Palandt-Danckelmann, BGB, 26. Aufl., München-Berlin 1967, § 407 Anm. 1). In diesem Falle bleibt er dem Ver als dem Neugläubiger verpflichtet.

War der Dritte bei Leistung an den Vmer bösgläubig, so kann der Ver ihn nach wie vor in Anspruch nehmen. Er kann aber auch die an sich unwirksame Leistung genehmigen (§ 185 II BGB) und sie von seinem Vmer nach § 816 II kondizieren (auch das entspricht ständiger Rechtsprechung und herrschender Meinung; vgl. die Zitate bei Palandt-Gramm a. a. O. § 816 Anm. 1b). Hier konkurriert aber mit dem Bereicherungsanspruch kein Schadenersatzanspruch des Vers aus positiver Forderungsverletzung, weil er ja die Wirksamkeit der Drittleistung durch eigenen Entschluß (Genehmigung) herbeigeführt hat.

[100] bb) Sonstige Rechtsgeschäfte mit Altgläubigern.

Auch sonstige Rechtsgeschäfte zwischen Vmer und Drittem nach der cessio legis können bei gutem Glauben des letzteren gegenüber dem Ver wirksam sein (§§ 407, 412 BGB). Hier ist etwa zu denken an den Erlaß, den Vergleich, die Stundung. Zu Unrecht nimmt OLG München 22. IX. 1960 VersR 1961 S. 568 an, daß solcher Erlaß unwirksam sei; ähnlich für den Vergleich als obiter dictum LG Braunschweig 15. II. 1961 VersR 1961 S. 1131.

Von machen wird angenommen, im Verhältnis zwischen Vmer und Ver sei hier § 67 I 3 analog anzuwenden: Der Ver werde nachträglich frei und könne seine Entschädigungsleistung kondizieren (Harten S. 175; Ritter-Abraham § 45 Anm. 17; OLG München 22. IX. 1960 VersR 1961 S. 568). Dem ist nicht zuzustimmen. Nach den Ausführungen oben Anm. 94, 99 haftet der Vmer vielmehr auf Grund positiver Forderungsverletzung auf Schadenersatz (ähnlich Kisch S. 69, 72, 73).

[101] e) Schuldnerschutz der §§ 408, 409, 412 BGB.

aa) Zusammentreffen von Abtretung und gesetzlichem Übergang.

§ 408 I behandelt den Fall zweier Abtretungen durch denselben Altgläubiger an verschiedene Neugläubiger. Beruht der eine dieser Rechtsübergänge auf dem Gesetz, so ist zu unterscheiden: Liegt der gesetzliche Forderungsübergang vor der Abtretung oder vor der Überweisung kraft Beschlusses nach § 835 ZPO, so kann der zweite Neugläubiger auch bei gutem Glauben keine Rechte erwerben (im Falle der vollstreckungsrechtlichen Überweisung könnte der wahre Berechtigte, der Ver, nach § 771 ZPO intervenieren: Kisch S. 60). Leistet aber gleichwohl der Dritte gutgläubig an den zweiten Gläubiger, so ist er gegenüber dem Ver frei. Die Rechtsfolgen sind ähnlich denen nach § 407 (vgl. oben Anm. 99, 100): Der Ver hat gegen den zweiten Gläubiger einen Kondiktionsanspruch aus § 816 II, daneben gegebenenfalls einen Schadenersatzanspruch aus positiver Forderungsverletzung gegen seinen Vmer. — Auch hier braucht der Dritte den Schutz des § 408 nicht anzunehmen, er kann gegenüber dem zweiten Neugläubiger kondizieren. Dann behält der Ver seinen Regreßanspruch gegen den Dritten.

V. Wirkungen des Übergangs

Ist umgekehrt die **Abtretung** oder **Überweisung** der cessio legis vorangegangen, so konnte der Ver den Drittanspruch nicht bzw. nicht ohne Belastung erwerben. Gleichwohl kann der Dritte mit befreiender Wirkung unter den Voraussetzungen des § 408 II an ihn leisten. Hier ist der Ver einem Kondiktionsanspruch des vorrangigen Gläubigers nach § 816 II oder einem Bereicherungsanspruch des Dritten, der sich auf den Schutz des § 408 II nicht berufen will, nach § 812 ausgesetzt. Auf jeden Fall kann der Ver seinen Regreß nicht endgültig realisieren. Da die Abtretung **vor** dem Übergang ein Aufgeben im Sinne des § 67 I 3 ist (vgl. oben Anm. 73), war der Ver seinem Vmer gegenüber frei und kann seine Leistung kondizieren. Bei Pfändung und Überweisung richten sich die vsrechtlichen Folgen nach dem oben Anm. 76 Ausgeführten.

[102] bb) Scheinbarer gesetzlicher Übergang.

Der Schuldner wird auch dann geschützt, wenn er an den Zessionar leistet, obwohl keine Abtretung stattgefunden hat, sofern der Altgläubiger ihm die Zession angezeigt oder eine Urkunde über die Abtretung ausgestellt hatte, die der Zessionar dem Schuldner vorlegt: § 409. Auch diese Vorschrift gilt bei der Legalzession (§ 412). Indes hat § 409 im Rahmen des § 67 VVG kaum ein Anwendungsgebiet. Da die cessio legis bei zweifelhafter Vsverpflichtung und sogar bei bewußter Liberalität eintritt (s. oben Anm. 53, 54), wird der Ver in diesen Fällen nicht nur Scheingläubiger, sondern wirklicher Gläubiger. Bei irrtümlicher Vsleistung tritt gleichwohl die cessio legis ein (oben Anm. 55—57), so daß der Ver auch hier als wirklicher Gläubiger auftritt. Bedeutung kann § 409 indes erlangen, wenn der Dritte den Ver wegen dessen **summenmäßiger** Leistung befriedigt hat, obwohl insoweit keine gesetzliche Nachfolge eingetreten ist (vgl. OLG Hamm 14. VI. 1968 VersR 1969 S. 508 f.).

[103] f) Konkurrenz zwischen Alt- und Neugläubiger.

Vmer und Ver können, nachdem der Ver geleistet hat, hinsichtlich des Schadens konkurrieren. Das tritt nicht nur bei Zusammentreffen von kongruenten mit inkongruenten Schäden, sondern auch innerhalb der ersteren ein, wenn der Ver nicht voll ersetzt hat. Da in diesem Falle außerdem das Differenzprinzip zu beachten ist, wird dem Dritten viel zugemutet, wenn man ihm die Last der richtigen Verteilung auferlegt. Ein anderes Ergebnis läßt sich aber nicht begründen; zwischen Ver und Vmer besteht Teilgläubigerschaft (§ 420 BGB), d. h. jeder von beiden kann unabhängig vom anderen seinen Ersatzanspruch verfolgen (Prölss § 67 Anm. 6; BGH 18. I. 1966 BGHZ Bd 44 S. 382, 388—391 = LM Nr. 25 zu § 67 VVG mit Anmerkung Pfretzschner; BGH 25. I. 1966 VersR 1966 S. 364—366). Zu Unrecht nimmt OLG Braunschweig 26. III. 1964 VersR 1964 S. 816 (Vorentscheidung zum eben zitierten BGH-Urteil vom 18. I. 1966) Gesamtgläubigerschaft an, dagegen Mahlberg VersR 1964 S. 1223 f. In ernsten Zweifelsfällen ist dem Dritten zu empfehlen, unter Rücknahmeverzicht (§§ 372, 378 BGB) zu hinterlegen (Pfretzschner in der Anmerkung zu BGH 18. I. 1966 LM Nr. 25 zu 67 VVG), anderenfalls riskiert er, daß er dem wahren Berechtigten nochmals zahlen muß.

Günstiger wäre es für den Dritten, wenn seine beiden Gegner in Gesamtgläubigerschaft stünden. Ein solches Verhältnis ist zwischen mehreren Sozialvsträgern und zwischen einem Sozialvsträger und einem öffentlichen Dienstherrn angenommen worden (BGH 27. VI. 1958 VersR 1958 S. 533—535; BGH 17. XI. 1959 VersR 1960 S. 85 f.; BGH 11. II. 1964 VersR 1964 S. 376—378; BGH 28. XI. 1967 VersR 1968 S. 197, 199). Der Vorteil der Gesamtgläubigerschaft besteht für den Dritten darin, daß er auch bei unrichtiger Aufteilung frei ist und lediglich ein interner Ausgleich unter den Gläubigern stattfindet (§ 430 BGB). Der BGH begründet die Gesamtgläubigerschaft hier damit, daß dem Schuldner die schwierige Abgrenzung der Berechtigungen mehrerer Sozialvsträger oder eines Sozialvsträgers und eines öffentlichen Dienstherrn nicht zuzumuten sei und auch keine Notwendigkeit bestehe, dem benachteiligten Gesamtgläubiger die Forderung gegen den Schuldner zu erhalten, weil sein Mitgläubiger hier die Gewähr für die Durchführung des inneren Ausgleichs biete.

Wie erwähnt, gilt diese Form der Gläubigermehrheit aber nicht zwischen privatem Ver und Vmer. Einen geringen Schutz genießt der Dritte hier durch § 407 (wenn er dem Vmer zuviel zahlt) oder durch § 409 (wenn er dem Ver zuviel zahlt).

[104] **VI. Ausschluß des Übergangs.**
1. Gesetzlicher Ausschluß des Übergangs (§ 67 II).
a) Tatbestand.
aa) Anspruch des Versicherungsnehmers oder des Versicherten.

Nach § 67 II geht der Ersatzanspruch des Vmers unter den dort genannten Voraussetzungen nicht über. Handelt es sich um eine V für fremde Rechnung, so erfaßt unsere Vorschrift die Ersatzansprüche des Vten gegen dessen Angehörige (BGH 9. III. 1964 VersR 1964 S. 479 = VerBAV 1964 S. 230; Ehrenzweig S. 291). Besteht ein Anspruch des Vten gegen einen Angehörigen des Vmers, der mit diesem oder mit dem Vten in häuslicher Gemeinschaft lebt, so ist die cessio legis nicht ausgeschlossen, denn es kommt immer auf ein Angehörigenverhältnis zwischen dem aus dem Vertrage Berechtigten und dem Schadenstifter an.

Bei der Geamthand und bei der Bruchteilsgemeinschaft sind alle Beteiligten als Mit-Vmer zu verstehen (vgl. oben Anm. 39—42). Deshalb ist der Regreß gegen Angehörige eines jeden der Gesellschafter bzw. Gemeinschafter ausgeschlossen (BGH 9. III. 1964 VersR 1964 S. 479 = VerBAV 1964 S. 230; Stiefel-Wussow S. 505, allerdings nicht vereinbar mit den Ausführungen S. 504. Abweichend Prölss § 67 Anm. 8).

[105] **bb) Familienangehörigkeit.**

Zwischen dem Vmer und dem Schadenstifter muß ein Angehörigenverhältnis bestehen. Die Rechtsordnung kennt keinen einheitlichen Begriff hierfür (vgl. Beitzke, Familienrecht, 14. Aufl., München 1968, S. 11). Willkürlich wäre es, die Auslegung an § 4 II Ziff. 2 AHB zu orientieren (so aber Stiefel-Wussow S. 504). Abgesehen davon, daß diese Bestimmung nur für die Haftpflichtv gilt, ist ihre Zielsetzung auch eine andere als die des § 67 II. Diese Vorschrift bezweckt in erster Linie nicht den Schutz des Angehörigen, sondern den Schutz des Vmers. Er soll nicht darunter leiden, daß durch die Ersatzleistung des Angehörigen wirtschaftlich die Hausgemeinschaft — und damit mittelbar der Vmer — belastet wird.

Im Verfolg dieser Zielsetzung wird man zu den Angehörigen den Ehegatten des Vmers und alle mit ihm verwandten und verschwägerten Personen ohne Rücksicht auf den Grad anzusehen haben (ebenso Ehrenzweig S. 299; Bruck S. 671 N. 32; Kisch S. 100; Prölss § 67 Anm. 8; Hüskes VersR 1966 S. 21; Karrer S. 60; LG Passau 28. VI. 1966 VersR 1968 S. 43f.; vgl. auch Beitzke a. a. O. S. 10), daher auch die Stief-, die Adoptiv- (vgl. § 1757 BGB) und die für ehelich erklärten Kinder (vgl. § 1736 BGB). Dabei ist aber nicht haltzumachen, sondern ein Angehörigenverhältnis ist auch zwischen Pflegekindern und -eltern (Prölss § 67 Anm. 8) anzunehmen. Ein Anhaltspunkt hierfür ergibt sich aus §§ 583 V, 1262 II RVO: Aus Gründen der Entlastung des Familienhaushalts hat der Vte auch für diese Personengruppen den Anspruch auf den Kinderzuschuß.

Nicht hierher gehören geschiedene Ehegatten (Stiefel-Wussow S. 504) und Verlobte (Stiefel-Wussow S. 504; OLG Braunschweig 1. XII. 1959 BB 1960 S. 1080 hat Angehörigeneigenschaft beim Verlobten der Tochter des Vmers verneint). Mag auch der juristisch farblose Begriff des Familienangehörigen nicht zwangsläufig dazu führen, die Verlobten davon auszunehmen, so spricht dafür doch die oben erörterte wirtschaftliche Zielsetzung des § 67 II. Dabei wird nicht verkannt, daß im Einzelfall der Vmer auch unter der Inanspruchnahme seines Verlobten mitleiden könnte, aber das Gesetz muß an generalisierende Merkmale anknüpfen, und dem hat die Auslegung zu folgen.

Dem entspricht es, daß umgekehrt nicht gefragt wird, ob in casu der Vmer durch den Regreß gegen einen Angehörigen mittelbar beeinträchtigt wird, weshalb auch das Gesetz davon absieht, an die Unterhaltspflicht oder auch nur an die tatsächliche Unterhaltsleistung anzuknüpfen: Rodde VersR 1966 S. 432; Hanau BB 1968 S. 1045; AG Bonn 23. XII. 1964 VersR 1965 S. 514 (für den Fall analoger Anwendung des § 67 II vgl. unten Anm. 112); Kisch S. 103; Stiefel-Wussow S. 505. Zu Unrecht liest Hüskes VersR 1966 S. 21 die Aufstellung dieses Erfordernisses aus BGH 2. XI. 1961 VersR 1961 S. 1077 heraus. Hüskes widerspricht sich selbst, wenn er zu den Angehörigen die Verwandten und Verschwägerten rechnet, aber gleichwohl vorhandene oder in Zukunft zu erwartende Unterhaltspflicht fordert. Eine solche besteht nicht einmal zwischen allen Verwandten,

VI. Ausschluß des Übergangs **§ 67**
Anm. 106, 107

geschweige denn im Verhältnis zu Verschwägerten. Dafür, daß die häusliche Gemeinschaft anstelle der Unterhaltspflicht steht, läßt sich auf §§ 630 I, 1288 I und II RVO verweisen.

Daß § 67 II nicht auf den mit dem Vmer in häuslicher Gemeinschaft lebenden Fahrer anzuwenden ist, wurde bereits erörtert (oben Anm. 45). Dasselbe gilt für sonstige Hausgenossen im Dienstverhältnis (Kisch S. 100), sowie für den Internatsschüler im Verhältnis zum Schulträger als Vmer (OLG Düsseldorf 12. VII. 1961 VersR 1962 S. 607—609; Prölss § 67 Anm. 8).

[106] cc) Häusliche Gemeinschaft.

Der Familienangehörige muß mit dem Vmer in häuslicher Gemeinschaft leben. Dabei kommt es darauf an, daß sein Lebensmittelpunkt im Haushalt des Vmers liegt. Er muß mit Willen des Vmers aufgenommen worden sein und sich der Haushaltgemeinschaft einfügen (Prölss § 1 AED VB Anm. 6). Durch vorübergehende Lösungen etwa infolge Urlaubs oder Krankheit wird die häusliche Gemeinschaft nicht aufgehoben, wie sie umgekehrt durch gelegentlichen Aufenthalt (Besuch, auch längerfristigen) nicht hergestellt wird: Prölss § 1 AED VB Anm. 6; Stiefel-Wussow S. 505. Der BGH hat die Hausgemeinschaft bejaht, wenn der Vmer auswärts arbeitet und nur am Wochenende oder an den Feiertagen im Kreise seiner Familie lebt (BGH 2. XI. 1961 VersR 1961 S. 1077 = LM Nr. 18 zu § 67 VVG = VerBAV 1962 S. 36; zustimmend Prölss § 1 AED VB Anm. 6; Stiefel-Wussow S. 505. Ähnlich OLG München 15. VI. 1959 VersR 1959 S. 944). Das ist zutreffend, denn es ist nicht erforderlich, daß sich der Angehörige oder der Vmer überwiegend in der betreffenden Hausgemeinschaft aufhält (Kisch S. 100f.); gerade aus beruflichen Gründen kann oft eine längere Abwesenheit von der Wohnung erforderlich sein (man denke an Handelsvertreter), ohne daß dadurch der gemeinsame Haushalt entfällt. Dessen Begriff ist auch dann erfüllt, wenn Angehörige, von denen der eine der Vmer, der andere der Schadenstifter ist, bei einem Dritten wohnen, denn es kommt nicht darauf an, wer das Haupt des gemeinsamen Haushalts ist (Kisch S. 101, 103). Im Falle OLG Nürnberg 18. XII. 1958 VersR 1959 S. 283 ist indes mit Recht die häusliche Gemeinschaft verneint worden. In Zweifelsfällen Judikatur und Schrifttum zu §§ 48, 50 Ehegesetz heranzuziehen, wie OLG München 15. VI. 1959 VersR 1959 S. 944 für richtig hält, verbietet sich mit Rücksicht auf die ganz andere Zielsetzung des § 67 II: BGH 2. XI. 1961 VersR 1961 S. 1077 = LM Nr. 18 zu § 67 VVG = VerBAV 1962 S. 36.

[107] dd) Maßgeblicher Zeitpunkt für Familienangehörigkeit und häusliche Gemeinschaft.

Umstritten ist, auf welchen Zeitpunkt es für die Tatbestandsmerkmale Familienangehörigkeit und häusliche Gemeinschaft ankommt. Prölss § 67 Anm. 8 (ihm folgend Hüskes VersR 1966 S. 21; OLG München 15. VI. 1959 VersR 1959 S. 944) hält den Zeitpunkt der Entschädigungsleistung des Vers für maßgeblich. Wenn ihm auch zuzustimmen ist, daß sich diese Annahme mit der Zielsetzung des § 67 II gut vereinbaren läßt, so sprechen doch die besseren Gründe dafür, auf den Vsfall abzustellen (ebenso Kisch S. 104; Ehrenzweig S. 290; Stiefel-Wussow S. 506; Sieg VersRdsch 1968 S. 192). Anderenfalls wäre nämlich Manipulationen Tür und Tor geöffnet, d. h. Vmer und Schadenstifter könnten alsbald nach dem Schadenfall die Voraussetzungen für den Regreßausschluß künstlich herstellen, was weniger bei der Schaffung des Angehörigenverhältnisses als bei der Herstellung der häuslichen Gemeinschaft zu befürchten ist. Es sei in diesem Zusammenhang daran erinnert, daß man früher, als der Vsfall in der Haftpflichtv mit der Inanspruchnahme des Schädigers gleichgesetzt wurde, große Schwierigkeiten hatte, einem Verhalten des Vmers zu begegnen, durch das er erst zwischen Schadenereignis und Inanspruchnahme die Voraussetzungen für den Vsschutz schuf. Aus diesem Grunde wird heute in der Haftpflichtv an das Schadenereignis angeknüpft. Diese Erwägung schlägt auch für § 67 II durch. Die hier vertretene Ansicht ist auch systemgerecht, denn mit dem Schadenfall hat der Ver bereits eine Beziehung zu dem Drittanspruch erworben, die nicht mehr beeinträchtigt werden sollte (vgl. § 67 I 3). Diese Lösung ist auch keineswegs einseitig verfreundlich: Waren die genannten Voraussetzungen beim Eintritt des Schadenfalls vorhanden, liegen sie aber bei der Schadenregulierung nicht mehr vor, so ist gleichwohl der Übergang der Ersatzforderung ausgeschlossen (vgl. OLG Nürnberg 16. X. 1959 VersR 1960 S. 975f.).

§ 67
Anm. 108—110

[108] **ee) Einschränkungen des Ausschlusses.**
aaa) Vorsätzliche Handlung des Angehörigen.

Nach § 67 II geht der Anspruch, auch wenn die sonstigen Voraussetzungen für den Ausschluß des Regresses gegeben wären, gleichwohl über, wenn der Angehörige den Schaden vorsätzlich verursacht hat, wobei dolus eventualis genügt. Nicht ausreichend ist es jedoch, wenn der Angehörige lediglich die Gefahrlage, aus der später ein Schadenereignis entstehen könnte, vorsätzlich herbeigeführt hat (Kisch S. 102; Prölss § 67 Anm. 8). Deshalb ist dem Ver der Regreß versagt worden, wenn der Angehörige zwar vorsätzlich unbefugt das Fahrzeug des Vmers benutzt, beim Schadenereignis aber nur fahrlässig gehandelt hat (BGH 2. XI. 1961 VersR 1961 S. 1077 = LM Nr. 18 zu § 67 VVG = VerBAV 1962 S. 36; OLG München 15. VI. 1959 VersR 1959 S. 944; abweichend Stiefel-Wussow S. 505).

Ist hingegen der Angehörige Repräsentant des Vmers und führt er vorsätzlich oder auch nur grobfahrlässig (§ 61 VVG) den Schadenfall herbei, so ist der Ver frei, die Frage des Übergangs wird also nicht akut (Kisch S. 108). Da indes der Angehörige durchaus nicht stets oder auch nur in den meisten Fällen zugleich Repräsentant ist, ist Bruck S. 652 darin nicht zu folgen, daß sich aus § 67 II ein Argument gegen die Rechtsfigur des Repräsentanten ergebe.

[109] **bbb) Haftpflichtversicherungsschutz des Angehörigen.**

Zweifel sind aufgetaucht, ob der Ausschluß des Übergangs auch dann Platz greifen soll, wenn der Angehörige Haftpflichtvsschutz genießt. In diesem Falle träfe ihn der Regreß wirtschaftlich nicht, und damit hätte auch der Vmer eine mittelbare Beeinträchtigung nicht zu fürchten. Indes geht der BGH diesen Weg nicht (BGH 11. II. 1964 BGHZ Bd 41 S. 84 = VersR 1964 S. 391; BGH 8. I. 1965 BGHZ Bd 43 S. 72 = VersR 1965 S. 386; BGH 9. I. 1968 VersR 1968 S. 248f. Ebenso Prölss § 67 Anm. 8). Dem ist zuzustimmen, weil an dem Grundsatz festzuhalten ist, daß die Haftpflichtv die außerhalb ihrer bestehende Haftungslage nicht beeinträchtigen soll (Sieg, Ausstrahlungen der Haftpflichtversicherung, Hamburg 1952, S. 85f., 104—106). Überdies wäre bei gegenteiliger Auffassung dem Motiv des § 67 II gegenüber seinem Wortlaut eine zu bedeutsame Rolle zugewiesen (hierzu in anderem Zusammenhang Kisch S. 101).

Hanau BB 1968 S. 1046 und VersR 1969 S. 297 meint, daß in der Kraftfahrzeug-Pflichtv, sofern das Vsverhältnis „gesund" sei, etwas anderes zu gelten habe. Er argumentiert, daß in diesen Fällen der geschädigte Vmer zwei Ansprüche zur Wahl habe, den gegen den Angehörigen als Schadenstifter und den gegen dessen Haftpflichtver. Auf den Ver des Vmers könne zwar der erstere wegen § 67 II nicht übergehen, wohl aber der letztere. Hierin ist Hanau nicht zu folgen. Der Direktanspruch gegen den Haftpflichtver ist in Entstehung und weiterem Schicksal derart abhängig vom Haftpflichtanspruch, daß er kein getrenntes Schicksal haben kann. Diese rechtliche Verbundenheit ist einbegriffen, wenn ich ZVersWiss 1965 S. 379f. die Stellung des Kraftfahrzeug-Haftpflichtvers als die eines akzessorischen Gesamtschuldners bezeichnet habe. Zwar kann der Direktanspruch auf den entschädigenden Ver übergehen, aber nur in Verbindung mit dem zugrunde liegenden Haftpflichtanspruch seines Vmers (vgl. oben Anm. 95). Ebenso Müller-Vorwerk VersR 1969 S. 688—690.

[110] **ff) Beweislast.**

Der Streit um die Voraussetzungen des § 67 II wird in aller Regel im Prozeß zwischen dem rückgreifenden Ver und dem Schadenstifter ausgetragen. Da § 67 I und 67 II im Verhältnis von Regel und Ausnahme stehen, trifft den Schadenstifter die Beweislast dafür, daß er im Zeitpunkt des Schadenfalles Angehöriger des Vmers war und mit diesem in häuslicher Gemeinschaft lebte (Kisch S. 107). Es handelt sich um eine spezifisch vsrechtliche Einwendung, die nicht unter §§ 404, 412 BGB fällt, weil sie nicht dem Altgläubiger entgegengesetzt werden könnte (Sieg VersR 1969 S. 4).

Der Ver kann sich demgegenüber darauf berufen, daß der Angehörige vorsätzlich gehandelt habe. Hierin liegt eine Replik, die vom Ver zu beweisen ist. Da es sich um ein subjektives Tatbestandsmerkmal handelt, wird meist der Indizienbeweis in Betracht kommen.

VI. Ausschluß des Übergangs
§ 67
Anm. 111—113

Denkbar ist, daß der Streit um den Übergang der Drittforderung im Rahmen eines Feststellungsprozesses zwischen Vmer und Ver ausgetragen wird. Dann trifft den Vmer die Beweislast für Familienangehörigkeit und Haushaltszugehörigkeit des Schadenstifters (Kisch S. 107).

[111] b) Weiterer Anwendungsbereich.

aa) In der Privatversicherung.

In § 118 VVG fehlt eine dem § 67 II entsprechende Vorschrift. Die letztere Bestimmung ist aber auch auf die Tierv anwendbar. § 118 ersetzt lediglich § 67 I, will aber im übrigen den Regreß nicht abschließend regeln (ebenso Prölss § 118 Anm. 1, v. Gierke S. 210).

Die analoge Anwendung von § 67 II in der Seev ist zu bejahen, denn seine Motivation trifft auch hier zu. Daran kann angesichts der Analogien zu dieser Vorschrift selbst außerhalb der Privatv (s. unten Anm. 112) kaum ein Zweifel bestehen.

Es ist fraglich, ob § 67 I in dem Sinne lex specialis ist, daß er andere Rechtsgrundlagen, die dem Ver etwa gegenüber dem Schadenstifter zur Seite stehen könnten (z. B. einen Bereicherungsanspruch), verdrängt. Auf dieses Problem ist unten Anm. 157, 158 zurückzukommen. Wenn man annimmt, daß ein Bereicherungsanspruch mit dem übergegangenen Haftpflichtanspruch konkurrieren kann, wird man dem Sinn des § 67 II am besten gerecht, wenn man den Kondiktionsanspruch derselben Beschränkung unterwirft (so auch OLG Düsseldorf 22. V. 1962 VersR 1963 S. 350).

[112] bb) Außerhalb der Privatversicherung.

Nach nunmehr gefestigter Rechtsprechung wird § 67 II entsprechend angewendet in der Sozialv (BGH 11. II. 1964 BGHZ Bd 41 S. 79ff. = VersR 1964 S. 391 = LM Nr. 46 zu § 1542 RVO m. Anm. Hauß; BGH 9. I. 1968 VersR 1968 S. 248; OLG Stuttgart 15. VI. 1968 NJW 1968 S. 2147; LG Passau 28. VI. 1966 VersR 1968 S. 43f.; AG Bonn 23. XII. 1964 VersR 1965 S. 514. Vgl. auch Sieg VersR 1969 S. 3). Dasselbe gilt für das öffentliche Dienstrecht (BGH 8. I. 1965 BGHZ Bd 43 S. 72—80 = VersR 1965 S. 386; AG St. Ingbert 26. 10. 1966 VersR 1967 S. 1211). Nicht überzeugend meint Geyer VersR 1967 S. 213, daß es für die Familienangehörigkeit hier nicht auf den Zeitpunkt des Unfalls ankomme.

Neuerdings wird die entsprechende Anwendung von § 67 II auch im Bereich der Lohnfortzahlung befürwortet, d. h. der verletzte Arbeitnehmer soll dann nicht verpflichtet sein, den Ersatzanspruch gegen den Schädiger an den lohnfortzahlenden Arbeitgeber abzutreten, wenn im Verhältnis zwischen Verletztem und Schädiger die Voraussetzungen des § 67 II vorliegen: Hanau BB 1968 S. 1045; BGH 9. I. 1968 VersR 1968 S. 249. Anders aber LAG Baden-Württemberg, Kammer Mannheim 10. II. 1968 DB 1969 S. 397 = VersR 1969 S. 480 (Leitsatz).

[113] c) Fernwirkungen.

Die Anwendung des § 67 II bereitet Schwierigkeiten, wenn außer dem Angehörigen ein weiterer Schadenstifter vorhanden ist, auf den die Voraussetzungen dieser Vorschrift nicht zutreffen. Das soll am folgenden Beispiel verdeutlicht werden: S stößt als Fahrer des kaskovten Fahrzeugs seines Vaters (Vmers) mit dem Wagen des X zusammen; am Fahrzeug des Vmers entsteht ein Schaden von 4000,— DM; die Haftungsquote von S und X ist gleich hoch. X und S haften dem Vmer als Gesamtschuldner auf den Ersatz von 4000,— DM. Würde hier die Forderung gegen X in voller Höhe auf den Ver übergehen und würde X diesen Schaden ersetzen, so hätte er nach § 426 BGB einen Ausgleichsanspruch gegen S in Höhe von 2000,— DM. Damit wäre die Zielsetzung des § 67 II gefährdet (das nehmen Kisch S. 106f. und Bruck S. 671 N. 32 in Kauf). Um das zu vermeiden, wird ein Übergang der Schadenersatzforderung gegen X nur in der Höhe angenommen, die im Innenverhältnis zwischen S und X dem Tatbeitrag des letzteren entspricht, im gegebenen Beispiel also in Höhe von 2000,— DM. Hier wird also die interne Ausgleichsbeziehung der Gesamtschuldner aus Anlaß des Forderungsübergangs bereits im Außenverhältnis berücksichtigt (Stiefel-Wussow S. 506; Ehrenzweig S. 290f.; Sieg Anm. zu BGH 29. X. 1968 JZ 1969 S. 264).

Das Gesagte gilt nicht nur für den eigentlichen Bereich des § 67 II, sondern auch für die Fälle analoger Anwendung (oben Anm. 112): OLG Stuttgart 1. VII. 1965 VersR 1969 S. 240f.; OLG Stuttgart 15. VI. 1968 NJW 1968 S. 2147. LG Flensburg 26. I. 1966 VersR 1968 S. 47 ist insofern über das Ziel hinausgeschossen, als es den nichtangehörigen Mitschädiger überhaupt von der Regreßpflicht freigestellt hat.

[114] d) Schicksal der dem Versicherungsnehmer verbliebenen Drittforderung.
Nach § 67 II ist lediglich der Übergang der Drittforderung ausgeschlossen, d. h. diese bleibt dem Vmer. Es ist nicht etwa anzunehmen, daß der Ver mit seiner Entschädigungsleistung die Drittforderung mittilgt. Für einen solchen Eingriff in die Rechte seines Vmers fehlt ihm jede Legitimation. Andererseits läßt es das dem § 67 zugrunde liegende Bereicherungsverbot nicht zu, daß der Vmer vom Ver und vom Angehörigen Ersatz erlangt. Dem Ziel des § 67 II entspricht es, wenn man dem Vmer die freie Disposition über die Drittforderung gibt (anders Karrer S. 61 insbesondere daselbst N. 21). Realisiert er sie, so ist der Schaden anderwärts ausgeglichen, er hat keinen Anspruch auf Vsentschädigung und muß diese, wenn er sie gleichwohl empfangen hat, nach Bereicherungsgrundsätzen herausgeben (ähnlich Kisch S. 104; Bruck S. 671; Sieg VersRdsch 1968 S. 94; etwas abweichend Ehrenzweig S. 290; Stiefel-Wussow S. 507).

Auf den ihm durch § 67 II gebotenen Schutz kann der Vmer verzichten, indem er die Drittforderung nach Entschädigungsleistung durch den Ver an diesen abtritt oder sich damit einverstanden erklärt, daß der Ver die Drittforderung einzieht (§ 185 BGB): OLG Köln 9. IV. 1959 VersR 1960 S. 894—896.

Da der Ver niemals einen Anspruch auf die Drittforderung gegen den Angehörigen hat, schadet es dem Vmer nicht, wenn er diese Forderung aufgibt. § 67 I 3 findet hier keine Anwendung: Kisch S. 104 N. 161.

[115] 2. Exkurs.
a) Sonstiger Ausschluß des Übergangs und verwandte Fälle.
Wir haben bereits Fälle kennengelernt, in denen der Übergang nicht kraft Gesetzes, sondern durch Parteiwillen ausgeschlossen ist, sei es durch Vereinbarung zwischen Vmer und Ver, sei es durch solche zwischen Vmer und Schadenstifter (vgl. hierzu und zum folgenden oben Anm. 36). In beiden Fällen bleibt die Drittforderung unbeeinflußt von der Entschädigungsleistung durch den Ver. Ein Unterschied gegenüber § 67 II besteht nur insofern, als der Vmer in ersterem Falle verpflichtet sein kann, im letzteren Falle stets verpflichtet ist, die Drittforderung für Rechnung des Vers einzuziehen. Gelingt das, kann der Ver nicht nach § 812 I 2 BGB kondizieren mit der Begründung, für seine eigene Entschädigung sei durch die Drittleistung der Grund weggefallen. Vereinbarungen der hier behandelten Art haben gerade den Zweck, daß die Vsleistung als endgültig erbracht gelten soll und lediglich die Aktivlegitimation für den Regreß abweicht von der gesetzlichen Norm. Die Pflicht zur Weitergabe des Erlangten folgt aus § 667 BGB.

Nur scheinbar auf derselben Linie liegen die Fälle, in denen der Ver nicht zum Regreß gelangt, weil der MitVmer oder der Vmer, dessen Vermögen unter Sonderverwaltung steht, den Schadenfall leicht fahrlässig herbeigeführt hat (oben Anm. 38, 41, 42). Bei genauerer Prüfung zeigt sich, daß hier überhaupt kein Anspruch des Sondervermögensverwalters (etwa des Konkursverwalters) oder der übrigen Gesamthänder bzw. Gemeinschafter gegen den schuldigen Vmer = Schadenstifter besteht. Man darf nämlich nicht übersehen, daß dieser den Vsschutz durch seine eigene Beitragszahlung beschafft bzw. mitbeschafft hat. Aus diesem Umstand muß wie im Verhältnis zwischen Kraftfahrzeugvermieter und dem die Prämie übernehmenden Mieter (oben Anm. 44) ein stillschweigender Haftungsausschluß bei leichter Fahrlässigkeit als vereinbart gelten. Ich vermag daher Kisch S. 29 nicht zu folgen, der dem Konkursverwalter die Wahl einräumt, ob er den Anspruch gegen den Vmer oder den Vsanspruch zur Masse zieht. Das läuft auf die Lösung hinaus, die für § 67 II angemessen ist, hier aber nicht paßt: Dort hat der Angehörige mit dem Vsvertrage nichts zu tun, hier gehört der Schadenstifter zu den Parteien desselben.

VI. Ausschluß des Übergangs **§ 67**
Anm. 116, 117

Wiederum anders liegt es, wenn der Ver auf den Regreßanspruch verzichtet hat (Beispiele: Regreßverzichtsabkommen der Feuerver, Regreßverzicht des Kaskovers gegenüber dem Fahrer bei leichter Fahrlässigkeit). Hier findet ein Übergang der Drittforderung auf den Ver statt (eine Bereicherung des Vmers kann also nicht stattfinden), nur kann der Ver daraus keine Rechte herleiten. Zur Konstruktion s. oben Anm. 46.

[116] b) Überblick über Kondiktionsfälle im Zusammenhang mit § 67.

aa) § 812 I BGB.

Oben Anm. 114 wurde gezeigt, daß der Ver seine Leistung kondizieren kann, wenn der Vmer den Drittanspruch gegen den Familienangehörigen realisiert. Maßgebliche Norm hierfür ist § 812 I 2 BGB. Der Schaden als eine der Voraussetzungen für die Ver-Leistung ist von anderer Seite gutgemacht worden. Dasselbe ist der Fall, wenn der Vmer einen Bereicherungsanspruch, der nicht übergegangen war (vgl. oben Anm. 27), hereinbringt oder wenn zwischen Ver und Vmer die cessio legis ausgeschlossen wurde ohne Verpflichtung des Vmers, die Drittforderung für den Ver einzuziehen. Wegen Fehlens der cessio legis ist die Ver-Leistung nicht endgültig, die Drittleistung kann ihr die Rechtfertigung wieder nehmen. — Entsprechendes gilt hinsichtlich des nicht übergangsfähigen Eigentumsanspruchs (doch geht hier die meist vorhandene Vertragsregelung vor, vgl. oben Anm. 28) und des Erfüllungsanspruchs in der Kreditv. Weipert, Teilzahlungsgeschäft und Versicherung, Karlsruhe 1966, S. 50, verneint bei solcher Gestaltung einen Bereicherungsanspruch. Er übersieht aber, daß § 812 I 2 BGB zwei Alternativen enthält. Die erste ist hier gegeben, Weipert setzt sich nur mit der zweiten auseinander.

Auch wenn der Vsvertrag nach der Entschädigungsleistung des Vers angefochten wird, ergibt sich ein Kondiktionsanspruch wegen Wegfalls des Grundes. Es stellt sich dann heraus, daß der Forderungsübergang nach § 67 nicht stattgefunden hat (vgl. oben Anm. 57).

Kondiktionsansprüche wegen von vornherein fehlendem rechtlichen Grunde (§ 812 I 1) können bei irrtümlicher Leistung des Vers auftreten. Beispiele: Der Ver hat die Deckungsfrage falsch beurteilt (Fall OLG Düsseldorf 13. X. 1965 NJW 1966 S. 738 f.); der Ver ist über einen Vsfall getäuscht worden (Fall OLG Köln 7. VI. 1966 BB 1966 S. 1206 f. mit der Besonderheit, daß der Ver an den Vten geleistet, dieser wenigstens einen Teil der Entschädigung an den Vmer weitergegeben hat); der Ver hat nicht gewußt, daß der Schaden durch den Schadenstifter bereits ausgeglichen war. Soweit in diesen Fällen eine cessio legis stattgefunden hat, konkurriert mit dem Anspruch aus § 812 I 1 der übergegangene Anspruch aus § 67. Die Lösung ergibt sich aus den Ausführungen oben Anm. 55, 56.

[117] bb) § 816 II BGB.

Der Bereicherungsanspruch nach § 816 II unterscheidet sich von dem nach § 812 im Ziel dadurch, daß der Gegenstand der Herausgabe ein anderer ist. Bei § 812 ist es die Leistung des Vers, bei § 816 II ist es das vom Dritten Erlangte. Die letztere Norm spielt in unserem Bereich eine Rolle, wenn zwar ein endgültiger Forderungsübergang auf den Ver stattgefunden hat (endgültig ist die cessio legis bei irrtümlicher Leistung des Vers nicht), der Vmer aber gleichwohl wirksam über den Anspruch verfügt, sei es, weil dem Dritten der gute Glaube nach § 407 BGB zustatten kommt, sei es, weil der Ver die Verfügung des Vmers genehmigt (vgl. oben Anm. 99): Bruck S. 679; LG Nürnberg-Fürth 5. I. 1955 VersR 1955 S. 273.

Dasselbe muß gelten, wenn die Parteien des Vsvertrages die gesetzlich nicht eingreifende cessio legis durch eine Abtretung (des Bereicherungs-, des Erfüllungs-, des Eigentumsanspruchs, des Ersatzanspruchs gegen den Familienangehörigen) ersetzt haben, der Vmer aber gleichwohl die Drittforderung mit Wirksamkeit gegenüber dem Ver einzieht. Hier ist durch die Abtretung die Endgültigkeit der Ver-Leistung deklariert worden. Auch hier mindert das spätere Provenue nicht den Vsschaden, sondern ist seinerseits nach § 816 II auszukehren. — Schließlich gehört der oben Anm. 76 am Ende behandelte Fall hierher.

§ 67
Anm. 118, 119

[118] VII. Mehrheit der Beteiligten.
1. Mehrheit der Versicherer.
a) Nebenversicherung.
aa) Einfache Nebenversicherung.

Hat der Vmer für dasselbe Risiko bei mehreren Vern Deckung genommen, ohne daß Überv vorliegt, so geht auf jeden der Ver, unabhängig von dem Zeitpunkt der Entschädigung durch den Nebenver, der Teil des Ersatzanspruchs über, der seiner Entschädigungsleistung entspricht (Harten S. 130; Schlegelberger § 45 Rdz. 9; Bruck S. 674). Reicht der Ersatzanspruch nicht aus, um alle beteiligten Ver voll zu entschädigen, so findet der Übergang in demselben Verhältnis statt, in dem die Vsentschädigung zum Gesamtschaden steht (Kisch S. 52, 113—115; Ritter LZ 1907 Sp. 250—258). Das ergibt sich daraus, daß „soweit" in § 67 nicht auf die Summe, sondern auf den Quotienten zu beziehen ist: Der Ver, der z. B. $^3/_4$ des Schadens ersetzt, erhält $^3/_4$ des Ersatzanspruchs (mit § 59 II hat das Ergebnis also nichts zu tun, abweichend Prölss § 67 Anm. 4). Lediglich wenn der Vmer vsseitig nicht voll entschädigt wird, wird zu seinen Gunsten das quotale durch das Differenzprinzip verdeckt (vgl. zu alledem Sieg JuS 1968 S. 358).

Beispiel: Der Vmer hat sein Warenlager im Werte von 100000,— DM bei VU 1 mit 50000,— DM, bei VU 2 mit 30000,— DM, bei VU 3 mit 20000,— DM vt. Ein Totalschaden vernichtet das Warenlager. Wegen Mitverschuldens des Vmers ist der Schadenstifter zu $^4/_5$ ersatzpflichtig. Der Ersatzanspruch des Vmers geht auf VU 1 in Höhe von 40000,— DM, auf VU 2 in Höhe von 24000,— DM, auf VU 3 in Höhe von 16000,— DM über. Abweichend in der Einzeldurchführung Harten S. 133f. in Mitanwendung des Differenzprinzips. Indes kommt dieses hier nicht in Betracht, weil keine Unterv vorliegt. Deren Vorhandensein ist nämlich nicht am Einzelvertrage, sondern an den Vssummen insgesamt zu messen, wie Harten S. 135 N. 227 selbst ausführt. Nach Bruck S. 674 und Ehrenzweig S. 287 soll bei nicht ausreichendem Ersatzanspruch der erstzahlende Ver voll in diesen eintreten und sich mit dem weiteren Ver, nachdem dieser geleistet hat, ausgleichen. Das wird der sich bei richtiger Auslegung des § 67 ergebenden Proportionalregel nicht gerecht. Kisch LZ 1916 S. 20 übersieht hier den Kongruenzgrundsatz: Auf die beiden Ver können in seinem Beispiel nur je 2500,— DM übergehen; gegen Kisch: Hallbauer ZVersWiss 1916 S. 228.

Bei der Unterv ist auch hier zunächst das Differenzprinzip anzuwenden. Wäre also im vorigen Beispiel bei den gleichen Vssummen das Warenlager 120000,— DM wert und wären die Ven auf erstes Risiko abgeschlossen, so sieht die Abrechnung wie folgt aus: Die Summe der Vsentschädigungen von VU 1, VU 2 und VU 3 beträgt 100000,— DM. Von dem Ersatzanspruch gegen X, der hier insgesamt 96000,— DM ausmacht ($^4/_5$ von 120000,— DM), gebühren dem Vmer 20000,— DM. Die verbleibenden 76000,— DM werden auf VU 1, VU 2 und VU 3 im Verhältnis 5:3:2 aufgeteilt, d. h. die Ersatzforderung geht auf VU 1 in Höhe von 38000,— DM, auf VU 2 in Höhe von 22800,— DM und auf VU 3 in Höhe von 15200,— DM über.

[119] bb) Mitversicherung.

Die Mitv ist eine qualifizierte Form der Nebenv dergestalt, daß das Risiko im gemeinschaftlichen Zusammenwirken der Ver gedeckt wird. Am Umfang der cessio legis ändert sich hier nichts gegenüber der einfachen Nebenv. Oft ist die Mitv mit einer Führungsklausel verbunden. Hier taucht die Frage auf, ob der führende Ver auch die auf die übrigen Mitver übergegangenen Ersatzansprüche im eigenen Namen einklagen kann. Allein daraus, daß der Mitvsvertrag mit Führungsklausel versehen ist, ergibt sich die Zulässigkeit der Prozeßstandschaft nicht: BGH 24. III. 1954 VersR 1954 S. 249f. Der Führende muß sich ermächtigen lassen, die Ansprüche der anderen Mitver mit einzuklagen: BGH 7. V. 1957 VersR 1957 S. 441; Geigel-Geigel, Der Haftpflichtprozeß, München-Berlin 1967, S. 904. Ein schutzwürdiges Interesse hierfür wird in der Regel zu bejahen sein (vgl. Prölss § 67 Anm. 4). Die Ermächtigung kann von vornherein mit der Vereinbarung der Führungsklausel verbunden werden: Hübener, Die Führungsklausel in der Mitversicherung, Karlsruhe 1954, S. 56.

VII. Mehrheit der Beteiligten § 67
Anm. 120, 121

[120] b) Doppelversicherung.

Hat der Vmer das Risiko bei mehreren Vern derart in Deckung gegeben, daß Überv entsteht, so haftet dem Vmer jeder der Ver bis zum Höchstbetrage der auf ihn entfallenden Entschädigung als Gesamtschuldner (§ 59 I). Die Ver sind untereinander nach Maßgabe des § 59 II ausgleichspflichtig. Keiner der beteiligten Ver ist „Dritter" im Sinne des § 67 (s. oben Anm. 35). Wir haben es vielmehr mit der Frage zu tun, in welcher Höhe der gegen einen außenstehenden Dritten gerichtete Ersatzanspruch auf die beteiligten Doppelver übergeht.

Dabei wird zunächst der praktisch nicht häufige Fall behandelt, daß der Vmer die einzelnen Ver nur in der Höhe in Anspruch nimmt, die sich bei Durchführung des Ausgleichs gemäß § 59 II ergeben würde. Hier wickelt sich die cessio legis ab wie bei der Nebenv (Schlegelberger § 45 Rdz. 9).

Schwieriger ist die Rechtslage zu beurteilen, wenn sich der Vmer zunächst an einen Ver hält und von diesem mehr erlangt, als dessen interner Beteiligung entsprechen würde. Hier geht der Ersatzanspruch in Höhe der Leistung des entschädigenden Vers auf diesen über (Kisch S. 116; Prölss § 67 Anm. 4; Schlegelberger § 45 Rdz. 9). Er hat nun die Wahl, ob er zunächst den Ausgleich nach § 59 II durchführen oder den Ersatzanspruch realisieren will. Beschreitet er den ersteren Weg, so steht der Ersatzanspruch, soweit er Ausgleich vom anderen Ver erhält, diesem zu, im übrigen bleibt er dem ausgleichsberechtigten Ver (deshalb hätte im Falle OLG Stuttgart 19. II. 1964 VersR 1964 S. 584 der klagende Ver noch rund 450,— DM mehr vom Beklagten verlangen können. Der Fall weist die Besonderheit auf, daß die Doppelv durch Eigen- und Fremdv entstanden war. Die Begründung des OLG Stuttgart verkennt, daß der Klägerin die Hälfte des Haftpflichtanspruchs zustand außer der Hälfte vom Kaskoschaden, die sie auf Grund Ausgleichs vom anderen Kaskover erhalten hatte). Prölss § 67 Anm. 4, Schlegelberger § 45 Rdz. 9 und Harten S. 144f. nehmen automatischen Weiterübergang auf den ausgleichspflichtigen Ver in Analogie zu § 67 an. M. E. besteht lediglich ein Abtretungsanspruch.

Verfolgt der entschädigende Ver hingegen zunächst die Drittforderung, so mindert das, was er von dieser Seite erhält, den Ausgangsbetrag für den Ausgleich (Prölss § 67 Anm. 4; Harten S. 145; Schlegelberger § 45 Rdz. 9). Auch hier ist, wenn der Schadenersatzanspruch nicht ausreicht, um die beteiligten Ver voll zu befriedigen, die Differenz anteilig auf diese umzulegen.

[121] Beispiel: Der Vmer hat sein Warenlager im Werte von 100000,— DM bei VU 1 mit 90000,— DM, bei VU 2 mit 30000,— DM gedeckt. Der Schadenstifter hat wegen Mitverschuldens des Vmers $^4/_5$ des Totalschadens zu ersetzen. Der Vmer wird zunächst von VU 1 mit 90000,— DM, daraufhin von VU 2 mit 10000,— DM entschädigt. Der Drittanspruch geht auf VU 1 in Höhe von 72000,— DM ($^4/_5$ von 90000,— DM), auf VU 2 in Höhe von 8000,— DM ($^4/_5$ von 10000,— DM) über. Nach § 59 II haftet VU 1 im Innenverhältnis auf 75000,— DM, VU 2 auf 25000,— DM. Erlangt VU 1 jedoch auf Grund des Regresses 72000,— DM vom Dritten, so entfallen hiervon 60000,— DM auf seinen Eigenbehalt ($^4/_5$ von 75000,— DM). Um die überschießenden 12000,— DM mindert sich der Ausgleichsanspruch VU 1 gegen VU 2 (ursprünglich 15000,— DM), so daß er noch 3000,— DM von VU 2 zu beanspruchen hat.

VU 1 kann sich aber auch zunächst an VU 2 halten und von diesem 15000,— DM als Ausgleich nach § 59 II verlangen. Dann gebührt der in der Hand von VU 1 befindliche Drittanspruch gegen VU 2 in Höhe von 12000,— DM, denn VU 1 darf ihn nur in Höhe von 60000,— DM ($^4/_5$ von 75000,— DM) behalten. — In jedem Fall hat nach Durchführung des Ausgleichs und des Regresses VU 1 15000,— DM, VU 2 5000,— DM endgültig für den Schadenfall aufgewendet.

Auf Grund anderer Berechnungsweise gelangt Harten S. 143 zu demselben Endergebnis; er verwendet auch hier unzutreffend das Differenzprinzip.

Ich kann Klingmüller, Das Krankenversicherungsvertragsrecht, Sonderdruck aus Balzer-Jäger, Leitfaden der privaten Krankenversicherung, Karlsruhe o. J., S. 21, nicht darin folgen, daß dem Vmer die Vorteile des Schadenfreiheitsrabatts und der Prämienrückvergütung gegenüber demjenigen VU verbleiben, das lediglich nach § 59 II ausgleichspflichtig ist, denn auch dieser Ausgleich folgt aus dem Vsvertrag. Die hier vertretene Ansicht stimmt mit § 21 III, V, § 25 III 3 VO über die Tarife in der Kraftfahrtv vom 20. XI. 1967/6. XII. 1968 überein.

[122] c) Verwandte Fälle.

aa) Versicherer und Dienstherr.

Ähnliche Probleme wie bei Neben- und Doppelv tauchen auf, wenn nicht zwei Ver, sondern ein Ver und der öffentliche Dienstherr einem Verletzten Leistungen zu gewähren haben. Der Übergangsnorm des § 67 VVG tritt hier die des § 87a BBG bzw. die der Länderbeamtengesetze (vgl. § 52 BRRG) an die Seite.

Für die Problematik gibt der Fall LG Mainz 22. XII. 1966 VersR 1967 S. 961, OLG Koblenz 4. VII. 1967 VersR 1967 S. 962 ein anschauliches Beispiel. Unterstellt man, daß in jenem Fall ein Rechtsübergang in Höhe der gewährten Beihilfe auf den Dienstherrn stattgefunden hat (vgl. zur cessio legis bei Kann-Leistungen: Marschall von Bieberstein, Reflexschäden und Regreßrechte, Stuttgart-Berlin-Köln-Mainz 1967, S. 73; Geigel-Geigel, Der Haftpflichtprozeß, 13. Aufl., München-Berlin 1967, S. 808), so hätte die Klage des Dienstherrn Erfolg haben müssen, denn auf ihn war der Drittanspruch in Höhe von 5707,— DM schon mit dem Schadenfall übergegangen. Der private Ver fand daher, als er entschädigte, keinen Drittanspruch mehr vor, in den er hätte folgen können (hierin liegt der Unterschied zur internen Auseinandersetzung mehrerer Doppelver). Zu Unrecht gingen der Haftpflichtver des Beklagten und ihm folgend LG Mainz von einem Quotenvorrecht des Verletzten aus, nachdem ihm Beihilfe gewährt worden war. Das Quotenvorrecht spielt indes keine Rolle, weil der Schaden des Verletzten durch die Leistungen von Krankenv und Dienstherrn voll ausgeglichen war. Das ergibt sich daraus, daß nicht punktuell auf die einzelne Deckung, sondern auf das Zusammenwirken der Deckungen abzustellen ist (siehe oben Anm. 118).

[123] bb) Bestandsübertragung.

Hatte der abgebende Ver entschädigt und war er dadurch zum Gläubiger des Ersatzanspruchs geworden, so geht dieser mit der Bestandsübertragung weiter über auf den übernehmenden Ver (Scharping, Die Bestandsübertragung im Versicherungsrecht, Hamburg 1964, S. 89; OLG Koblenz 28. I. 1960 VersR 1960 S. 686f.). Wenn ein bei Bestandsübertragung schwebender Schaden erst von dem Übernehmer reguliert wird, kann kein Zweifel bestehen, daß der Anspruch unmittelbar auf diesen übergeht.

[124] 2. Mehrheit der Dritten.

Durch den Rechtsübergang ändert sich an dem Verhältnis mehrerer Dritter untereinander und der Dritten zum Ersatzberechtigten nichts. Handelt es sich um einen Schadenersatzanspruch, der sich gegen mehrere als Gesamtschuldner richtet, so haften sie in der gleichen Weise nunmehr gegenüber dem Ver. Betraf die cessio legis einen Ausgleichsanspruch, so kann der Ver von jedem der Mithaftenden den Betrag beanspruchen, der dessen Beteiligungsquote entspricht (Kisch S. 112), was nicht der Haftung nach Kopfteilen gleichzukommen braucht, wie Stiefel-Wussow S. 495 annehmen. Richtig: OLG Köln 8. XI. 1966 VersR 1967 S. 34.

Beispiel: An dem Unfall des X sind A, B und C zu gleichen Teilen schuldig; der Haftpflichtver von A befriedigt X. Auf ihn geht der Ausgleichsanspruch des A gegen B in Höhe von $1/3$ und gegen C in Höhe von $1/3$ über, nicht etwa haften B und C dem A bzw. dessen Rechtnachfolger gesamtschuldnerisch auf $2/3$ (Blomeyer, Allgemeines Schuldrecht, 4. Aufl., Berlin 1968, S. 301).

[125] 3. Mehrheit auf Versicherungsnehmerseite.

a) Mehrheit von Versicherungsnehmern.

Bei einer Mehrheit von Vmern, sei es, daß sie als Gesellschafter, sei es, daß sie als Gemeinschafter miteinander verbunden sind, kommt ein Regreß gegen einen einzelnen

VII. Mehrheit der Beteiligten **§ 67**
Anm. 126, 127

von ihnen in der Aktienv nicht in Betracht, weil hier das Schadenereignis einheitliche Folgen für alle Vmer auslöst: Entweder es besteht keine Deckung oder sie ist zu gewähren ohne Regreßmöglichkeit gegen einen Beteiligten auf Vmerseite. Hingegen ist in der Passiven-, insbesondere in der Haftpflichtv der Regreß gegen einen von mehreren MitVmern denkbar, vgl. oben Anm. 39—42.

[126] b) Versicherung für fremde Rechnung.

aa) Übergehender Anspruch.

Bei der V für fremde Rechnung geht, der Zielsetzung des § 67 entsprechend, der Drittanspruch des Vten auf den Ver über (Kisch S. 118; Prölss § 67 Anm. 3; Harten S. 85; Stiefel-Wussow S. 489; Bruck S. 667; Ritter-Abraham § 45 Anm. 13; Flechtheim LZ 1911 Sp. 681; Brockmann VersR 1960 S. 1; BAG 9. XI. 1967 VersR 1968 S. 266; OLG Köln 8. XI. 1966 VersR 1967 S. 34; OLG München 4. XI. 1960 VersR 1961 S. 337). Daran kann kein Zweifel bestehen, wenn der Vte in den Genuß der Vsentschädigung gelangt. Dasselbe ist aber anzunehmen, wenn der Ver mit befreiender Wirkung an den Vmer gezahlt hat (Kisch S. 119f.; Harten S. 92). Das ist nach dem Gesetz der Fall, wenn der Vte entweder seine Zustimmung zur Zahlung erteilt hat oder der Vmer im Besitz des Vsscheins ist (§ 76 II), nach manchen AVB auch ohne diese Voraussetzungen (z. B. § 12 [1] AFB). Allerdings könnte man hier erwägen, daß die cessio legis erst stattfindet, wenn der Vmer die Entschädigung an den Vten weiterleitet. Das würde jedoch die Stellung des Vers unbillig erschweren. Natürlich läuft der Vte bei der hier angenommenen Lösung die Gefahr, daß er den Drittanspruch früher verliert, als er in den Besitz der Vsentschädigung gelangt bzw. daß er letztere überhaupt nicht erhält. Indes wirkt sich auch im Regreßbereich § 76 III als Schutznorm für den Vten aus: Der Ver wird durch Leistung an den Vmer, sofern der Vte nicht hierzu seine Zustimmung gegeben hat, nur frei, wenn letzterer sein Einverständnis zum Vsvertrag erteilt hat (Ehrenzweig S. 291 läßt das für den Forderungsübergang nicht ausreichen). Damit hat das Gesetz zu dem Widerstreit zwischen Ver- und Vteninteresse Stellung bezogen. Der Ver tut also gut daran, sich die Zustimmung des Vten zur Auszahlung vorlegen zu lassen, wenn er die Zustimmung zum Vertrage nicht bereits hat. Anderenfalls kann der Übergang erst stattfinden, wenn der Vmer die Vsentschädigung dem Vten auskehrt (ebenso Hallbauer LZ 1910 S. 651).

Wenn im gleichen Vertrag Interessen des Vmers und Interessen des Vten gedeckt sind, können Ansprüche des einen oder anderen oder beider übergehen, je nachdem, wessen Interesse vom Ver entschädigt worden ist (RG 6. VI. 1935 RGZ Bd 148 S. 137—145; Ritter-Abraham § 45 Anm. 13). Ausnahmsweise kann bei der V für fremde Rechnung ein Anspruch des Vmers übergehen, der sich auf das Interesse des Vten bezieht, nämlich dann, wenn der Vmer nach dem Innenverhältnis berechtigt ist, im Wege der Schadenliquidation im Drittinteresse das damnum des Vten geltend zu machen (vgl. RG 18. XII. 1942 RGZ Bd 170 S. 242—246). Abgesehen von solchen Ausnahmefällen ist aber schwer denkbar, daß der Vmer einen Ersatzanspruch gegen einen Dritten haben sollte, wenn Interessen des Vten verletzt worden sind. Die Konstellation, an die Ehrenzweig S. 291 und Brockmann VersR 1960 S. 1 ihre These knüpfen, daß bei der V für fremde Rechnung auch der Anspruch des Vmers übergehe, wird also kaum praktisch werden. Bruck S. 667 und Flechtheim LZ 1911 Sp. 689 lehnen diesen Übergang mit Recht ab.

[127] bb) Regreß gegen den Versicherungsnehmer.

aaa) Versicherungsnehmer als Dritter, Haftungsausschlüsse.

Zweifelhaft ist, ob der Vmer Dritter im Sinne des § 67 sein, ob also auch ein Anspruch des Vten gegen den Vmer übergehen kann. Der Gesetzeswortlaut spricht nicht dagegen. Wenn § 67 von einem Anspruch des Vmers redet, so denkt das Gesetz hierbei an den Normalfall der V für eigene Rechnung. Tritt anstelle des Vmers der Vte, so kann der Vmer im Sinne dieser Bestimmung Dritter sein, denn er ist nunmehr nicht der Berechtigte an der Vsentschädigung (ebenso Kisch S. 123; Bischoff VersR 1961 S. 193; Prölss Karlsruher Forum 1959 S. 43; Brockmann VersR 1960 S. 3f.; Flechtheim LZ 1911 Sp.

§ 67
Anm. 128

682; BGH 11. VII. 1960 BGHZ Bd 33 S. 97 = VersR 1960 S. 724 = LM Nr. 14 zu § 67 VVG mit Anm. Haidinger. Anders Harten S. 86f.; Möller DAR 1953 S. 110; Prölss Anm. zu BGH 11. VII. 1960 NJW 1960 S. 1903).

Nicht wegen der Fassung des Gesetzes, sondern aus anderen Gründen ist allerdings der Regreß gegen den eigenen Vmer erheblich eingeschränkt. Er kommt dann nicht in Frage, wenn sich aus der Innenbeziehung zwischen Vmer und Vtem ergibt, daß ein Ersatzanspruch ausgeschlossen wurde, woran auch der Ver im Rahmen des oben Anm. 82 Ausgeführten gebunden ist. Die Ausschließung kommt gerade im Zusammenhang mit Verträgen, durch die der eine Teil (Vmer) gehalten ist, das Interesse des anderen zu versichern, häufig vor, namentlich bei Kundenven. Als Hauptbeispiele bieten sich hier die Fahrzeugbewachungs- und die Speditionsverträge an (§ 3 VO über das Bewachungsgewerbe vom 22. XI. 1963; § 41 [a] ADSp). Aber auch an Vertragsgestaltungen der Binnenschiffahrt (Sieg ZHR Bd 113 S. 101–103), der Lagerhaltung (Daube, Die rechtliche Konstruktion der Kundenversicherungen, Diss. Hamburg 1964, S. 63, 66), der Garderobenaufbewahrung (Daube S. 134–137) ist zu denken. Darüber hinaus wird die Haftungsersetzung durch Vsschutz für alle Verwahrungs-, Geschäftsbesorgungs- oder Werkverträge befürwortet, auf Grund deren ein Teil Sachen des anderen in Obhut hat (Daube S. 163), ebenso dann, wenn sich ein Partner veranlaßt sieht, eine Unfallfremdv zu schließen (Daube S. 182f.).

Wenn ein ausdrücklicher Haftungsausschluß fehlt, ist zu prüfen, ob sich dieser im Wege der Vertragsauslegung aus den Beziehungen zwischen Vmer und Vtem ergibt. Das wird in der Regel in demselben Umfang zu bejahen sein, wie dies bei dem die Kaskovsprämie übernehmenden Mieter der Fall ist (vgl. oben Anm. 44), d. h. für Zufall und leichte Fahrlässigkeit. Wurde dort die Haftungsbeschränkung dem zugebilligt, der die Prämie übernommen hat, ohne Vmer zu werden, so kann man sie dem nicht verweigern, der die volle Vmer-Stellung innehat (vgl. Sieg VersR 1955 S. 331; ders. BB 1967 S. 1401; ders. ZVersWiss 1963 S. 274). Auf diese Weise wird erreicht, daß sich der unerfahrene Vmer nicht schlechter steht als der geschäftsgewandte, der sich ausdrücklich eine Haftungsbegrenzung ausbedungen hat. Deshalb meint BGH 14. III. 1956 VersR 1956 S. 301 mit Recht, wer eine Fremdv eingehe, brauche die Haftung gegenüber dem Vten nicht ausdrücklich auszuschließen.

[128] bbb) Regreßausschlüsse.

Die oben Anm. 127 behandelte Konstruktion versagt vor allem, wenn der Vte, was durchaus denkbar ist, von dem Abschluß des Vsvertrages zu seinen Gunsten nichts wußte und auch bis zum Schadenfall nicht davon erfahren hat. Dann läßt sich ein stillschweigender Haftungsausschluß nicht rechtfertigen. Die Regreßbeschränkung folgt hier nicht aus dem Verhältnis zwischen Vmer und Vtem, sondern aus dem zwischen Vmer und Ver: Nach §§ 61, 79 kann sich der Ver bei der V für fremde Rechnung zu seinem **Vorteil** auf vorsätzliche oder grobfahrlässige Herbeiführung durch den Vmer berufen. Dann muß die Gleichstellung von Vmer- und Vtenverhalten auch zu **Lasten** des Vers gelten, d. h. bei zufälliger oder leicht fahrlässiger Herbeiführung, sei es durch den Vmer, sei es durch den Vten, muß er entschädigen, ohne Regreß nehmen zu können. Mit anderen Worten: Der Regreß ist dem Ver stets versagt, wenn der Vmer, wäre er selbst Risikoträger, Deckung beanspruchen könnte (ähnlich Flechtheim LZ 1911 Sp. 683; Moldenhauer LZ 1911 Sp. 688; Ehrenzweig S. 291; Prölss Anm. zu BGH 11. VII. 1960 NJW 1960 S. 1903; etwas einschränkend Kisch S. 123). Deshalb ist der Vmer auch dann nicht vom Rückgriff bedroht, wenn etwa seine Leute, in welcher Schuldform auch immer, den Schaden beim Vten angerichtet haben.

In den Zweigen, in denen der Ver die grobfahrlässige Herbeiführung decken muß (z. B. in der Unfallv nach § 181), ist der Rückgriff gegen den Vmer auch bei dieser Schuldform ausgeschlossen. Das letztere hat Bedeutung für die Insassen-Unfallv, bei der der Regreß hinsichtlich des Heilkostenersatzes an sich denkbar wäre (wie hier Möller DAR 1953 S. 110; Sieg JZ 1956 S. 371). Ist allerdings der Unfallver gleichzeitig der Haftpflichtver des Vmers, dann scheitert der Regreß schon an der exceptio doli des in Anspruch genommenen Vmers: s. oben Anm. 46 und Prölss Karlsruher Forum 1959 S. 43)

VII. Mehrheit der Beteiligten § 67
Anm. 129, 130

Soweit nicht die Haftung, sondern nur der Regreß gegen den Vmer ausgeschlossen ist, stellt sich die Frage nach der juristischen Konstruktion. Manche nehmen an, daß der Anspruch des Vten nicht auf den Ver übergehe (Kisch S. 123; Ehrenzweig S. 291; Flechtheim LZ 1911 Sp. 683; Prölss Anm. zu BGH 11. VII. 1960 NJW 1960 S. 1903. Ebenso LG Hamburg 22. VI. 1950 VersR 1950 S. 166f. bei ausdrücklichem Regreßverzicht des Vers). Das schafft jedoch Komplikationen, wie wir sie bei § 67 II kennengelernt haben: Trotz Entschädigung des Vers könnte nämlich der Vte seinen Anspruch gegen den Vmer verfolgen, müßte allerdings dann die Vsentschädigung auskehren an den Ver (vgl. oben Anm. 114). Abgesehen davon, daß der Vte letzteres kaum je tun würde (der Ver erführe von der späteren Ersatzleistung in der Regel nichts), ist diese Konstruktion auch deshalb mißlich, weil der Schutz des Vmers hierbei relativ schwach wäre. Nachhaltiger ist der Vmer gesichert, wenn die gegen ihn gerichtete Forderung des Vten zwar auf den Ver übergeht, dieser aber wegen der Vsbeziehung auf Dauer gehindert ist, sie geltend zu machen: pactum de non petendo (ebenso Bischoff VersR 1961 S. 194). Hieraus erwächst dem Vmer eine Einwendung, nicht nur eine Einrede.

[129] Zu aaa) und bbb).

In diesen Bereichen wirkt sich die Fremdv zugunsten des Vten wie eine Haftpflichtv zugunsten des Vmers aus (Überwindung der Haftpflichv, Haftungsersetzung durch Vsschutz, vgl. Möller JW 1934 S. 1079f.; Sieg ZHR Bd 113 S. 95—118).

Brockmann VersR 1960 S. 3ff. will den Regreß gegen den Vmer dann zulassen, wenn dieser die Prämie überwälzt. Diese Einschränkung bringt ein erhebliches Unsicherheitsmoment in die Abwicklung, weil Weiterbelastungen des Kunden häufig nicht offen, sondern verdeckt erfolgen. Die Ansicht Brockmanns entbehrt auch der inneren Rechtfertigung, denn dem Ver gegenüber muß der Vmer zunächst für die Prämie geradestehen, und ihn treffen manche Obliegenheiten. Die Befürchtung Brockmanns, der Vmer könnte mißbräuchlich fremdes Risiko versichern, nur um seiner eigenen Haftung ledig zu sein, dürfte praktisch nicht ins Gewicht fallen.

[130] ccc) Regreß nach § 67.

Nach dem Gesagten findet ein Regreß gegen den Vmer z. B. in folgenden Fällen statt, in denen der Ver nach der Vertragsgestaltung dem Vten in weiterem Umfang haftet als dem Vmer (hier erkennt auch Harten S. 87 N. 144 den Regreß gegen den Vmer an): Auf Verlangen des Vmers, des Halters eines fremdfinanzierten und sicherungsübereigneten Wagens, hat der Kaskover dem Sicherungseigentümer einen Sicherungsschein erteilt. Ein Schadenfall tritt nach Erlöschen des Vsschutzes ein, der Ver hat es unterlassen, den Sicherungseigentümer hierauf aufmerksam zu machen. Er kann diesem, obwohl kein Vsschutz besteht, zur Entschädigungsleistung verpflichtet sein (vgl. Sieg DB 1953 S. 483; ders. VersR 1953 S. 220). Der Regreß gegen den Vmer ist hier im Rahmen seiner Haftung gegenüber dem Vten möglich, obwohl der Ver nicht kraft Vs-, sondern kraft Auskunftsvertrages haftet (vgl. oben Anm. 58).

Dasselbe ist der Fall, wenn der Ver gegenüber dem Sicherungsscheininhaber, nicht aber gegenüber dem Vmer auf den Einwand der grobfahrlässigen Herbeiführung des Vsfalls verzichtet hat (die Sonderbedingung ist VerBAV 1956 S. 24 veröffentlicht) und der Vmer nunmehr in dieser Schuldform einen Schaden am Fahrzeug verursacht, den der Ver reguliert (OLG Stuttgart 14. V. 1965 VersR 1965 S. 873; Tron, Der Kraftfahrzeugsicherungsschein, Diss. Köln 1967 S. 160—162). Wirtschaftlich betrachtet ist hier der Vmer nicht einmal ein solcher, sondern einem beliebigen Dritten vergleichbar, denn die Prämie für den Einwandverzicht zahlt nicht er, sondern der Sicherungseigner. Daß bei dieser Klausel außerdem die Abtretung der Ansprüche des Sicherungseigners gegen den Halter vorgesehen wird, kann selbständige Bedeutung haben, vgl. unten Anm. 171.

Im übrigen haftet der Ver dem Sicherungsscheininhaber durchaus nicht stets auch dann, wenn er dem Vmer nichts schuldet. Das zeigen die Fälle BGH 14. III. 1963 BB 1963 S. 498 und BGH 25. XI. 1963 VerBAV 1964 S. 205—207. Zugunsten des Vten gehen Sicherungsscheine außerhalb der Kraftfahrzeugv, die sich Banken als

Sicherungseigner erteilen lassen, oft weiter; entsprechend eröffnet sich hier ein größeres Feld für den Regreß gegen den Vmer.

[131] Ein solcher kommt auch in der Personenkautionsv vor, durch die ein potentieller Schuldner die gegen ihn gerichtete Forderung des potentiellen Gläubigers (des Vten), herrührend aus bestimmter Handlungsweise des Schuldners, deckt. Die AVB (VerBAV 1959 S. 133ff.) lassen keinen Zweifel darüber, daß die Entschädigungsleistung des Vers den Schadenstifter = Vmer nicht befreien soll, vielmehr geht die Ersatzforderung des Vten auf den Ver nach § 8 Ziff. 2 AVB über. Die Personenkautionsv soll also ausgesprochenermaßen Fremdv zugunsten des Gläubigers bleiben, nicht zur eigenen Haftpflichtv des Schuldners werden: BGH 11. VII. 1960 BGHZ Bd 33 S. 97 = VersR 1960 S. 724 = NJW 1960 S. 1903 mit ablehnender Anm. Prölss = LM Nr. 14 zu § 67 VVG mit Anm. Haidinger. Zustimmend OLG Karlsruhe 23. XII. 1960 VersR 1961 S. 410; Sieg ZVersWiss 1963 S. 273 (in LG Hamburg 19. VII. 1951 VersR 1951 S. 275 ist der Regreß zu Unrecht verneint worden, zumal die dortige Gestaltung Anklänge einer Personengarantiev aufwies). Der Abtretung, die sich die Ver vorsorglich vom Vten geben lassen, bedarf es also hier nicht.

Das Eigentümliche der Personenkautionsv besteht darin, daß sich der Vsschutz gerade auf jene Forderung bezieht, um deren Übergang es sich handelt, und daß hier, soweit der Vsschutz reicht, kein anderer Schadenstifter als der Vmer denkbar ist. Trotz dieser Besonderheiten läßt sich die von den AVB geschaffene Rechtslage in etwa dem oben Anm. 128 erörterten Grundsatz subsumieren und ist deshalb als systemgerecht anzusehen: Bei der Personenkautionsv liegt es nicht so, daß dieser Ver auch leisten müßte, wenn man sich den Vmer als Herrn des Vermögens vorstellt, an dem er eine der als Vsfall umschriebenen Handlungen vornimmt. Deshalb fehlt hier ein Rechtfertigungsgrund für den Ausschluß des Regresses.

[132] Soweit nach dem Gesagten der Forderungsübergang beim einfachen Sicherungsschein in der Kraftfahrv (ohne Verzicht auf die Einrede aus § 61 bei grobfahrlässiger Herbeiführung), bei den Warensicherungsscheinen und bei der PKautv möglich ist, kann § 67 II nicht gelten. Der Vmer konnte in diesem Falle nicht damit rechnen, daß er durch die Ver-Leistung endgültig befreit wird, denn ihm gegenüber war keine Deckung zu gewähren. Der Grundgedanke des § 67 II trifft deshalb nicht zu.

Anders liegt es beim erweiterten Sicherungsschein in der Kraftfahrv (der Ver verzichtet auf die Einrede aus § 61 bei grobfahrlässiger Herbeiführung). Diese Erweiterung „erkauft" sich der Finanzierer, der zwar generell die Stellung eines Vten hat, im Hinblick auf diese Erweiterungsklausel aber wie ein Vmer zu behandeln ist. Hier hat es daher seinen guten Sinn, ihm das Privileg des § 67 II zu belassen.

[133] ddd) **Regreß außerhalb § 67.**

Es kommt namentlich bei den Kundenven vor, daß der Ver dem Vten in weiterem Umfang Deckung zu gewähren hat, als er den Vmer entlasten will, und daß er sich deshalb unter bestimmten Voraussetzungen den Rückgriff beim Vmer vorbehält. Hier kann der Regreß dann nicht auf § 67 gestützt werden, wenn die Haftung im Verhältnis zwischen Vmer und Vtem ausgeschlossen ist. Es ist kein Anspruch da, der übergehen könnte. Das übersieht Brockmann VersR 1960 S. 5f.

Der in solchen Fällen vorgesehene Regreß (vgl. etwa §§ 10 Ziff. 3, 12 Ziff. 2, 15 Ziff. 1—2 SVS; Ziff. 28, 31, 34 Sp-Police) beruht auf einem originären Anspruch, der letztlich im Aufwendungsersatz wurzelt (§§ 670, 675 BGB): vgl. Sieg DB 1960 S. 1328 und das Zitat daselbst N. 26 sowie oben Anm. 11. Dieser Rückgriff hat in Voraussetzung und Ziel Verwandtschaft mit dem nach § 158f., weshalb auch hier die analoge Anwendung von § 67 II zu verneinen ist (vgl. unten Anm. 149). Richtet sich der Regreß in solchen Fällen nicht gegen den Vmer, sondern einen Außenstehenden, so bleibt § 67 anwendbar: OLG Hamburg 21. VI. 1962 VersR 1963 S. 183; allerdings hätte das Gericht hier auf den übergegangenen Anspruch des Kunden abstellen müssen, nicht auf den des Vmers, denn bei der V für fremde Rechnung kann nur der Anspruch des Vten übergehen; richtig: LG Hamburg 22. VI. 1950 VersR 1950 S. 166.

VII. Mehrheit der Beteiligten § 67
Anm. 134—136

Ferner kann der Regreß nicht auf § 67 gestützt werden in der reinen Kautionsv. Es sei hier dahingestellt, ob der Kautionsvsvertrag wirklich zu den Vsgeschäften gehört (hierzu neuerdings ablehnend Gärtner VersR 1967 S. 118—121 mit weiteren Nachweisen. BFH 11. V. 1967 VerBAV 1968 S. 17—19 läßt die Frage offen). Fest steht, daß hier im Unterschied zur Personenkautionsv nicht erst der Vsfall eine Forderung hervorruft, was § 67 voraussetzt, sondern daß diese Forderung auf einen Kreditvertrag zurückgeht (vgl. Weipert, Teilzahlungsgeschäft und Versicherung, Karlsruhe 1966, S. 49) und vom Ver als selbstschuldnerischer Bürge befriedigt wird. Hier richtet sich der Regreß nach § 774 BGB (Prölss § 67 Anm. 2; ders. Anm. zu BGH 11. VII. 1960 NJW 1960 S. 1903; Gärtner VersR 1967 S. 121; BFH 11. V. 1967 VerBAV 1968 S. 17—19). BGH 11. VII. 1960 BGHZ Bd 33 S. 97 = VersR 1960 S. 724 = NJW 1960 S. 1903 = LM Nr. 14 zu § 67 VVG spricht nur scheinbar hiergegen. Das Urteil betraf die Personenkautionsv, die entscheidend von der reinen Kautionsv abweicht. Da der Rückgriff des Bürgen eine abschließende Regelung im BGB gefunden hat (§ 774 I 2 entspricht § 67 I 2; § 776 entspricht § 67 I 3), scheidet eine analoge Anwendung des § 67 II aus.

[134] cc) Regreß gegen den Versicherten.

Normalerweise kann der Vte, da die Vsentschädigung ihm zugute kommen soll, nicht regreßpflichtig nach § 67 sein (R. Schmidt VersR 1953 S. 489; Brockmann VersR 1960 S. 2. Mißverständlcih Bischoff VerBAV 1961 S. 195). Eine Ausnahme besteht nur dann, wenn der Vsvertrag das Risiko des Vmers und des Vten deckt und in casu lediglich dem Vmer Vsschutz zu gewähren ist. Die Einzelheiten sind oben Anm. 40 dargestellt. Brockmann VersR 1960 S. 2 meint zu Unrecht, Möller DAR 1953 S. 109 vertrete die Auffassung, auch der Anspruch gegen den Vten könne generell übergehen. Möller führt indes aus, daß auf den Kaskover der Anspruch gegen den Fahrer übergehe, möge dieser auch in der Haftpflichtv Vter sein. Daß das zutreffend ist, ist oben Anm. 45 dargestellt.

[135] dd) Aufgabe des Drittanspruchs.

Nach dem Gesagten kann also der Anspruch des Vten gegen einen beliebigen Dritten (oben Anm. 126) und ausnahmsweise gegen den Vmer (oben Anm. 130, 131) übergehen. Die Frage, unter welchen Voraussetzungen das Aufgeben des Anspruchs im Sinne von § 67 I 3 vsschädlich ist, beantwortet sich nach § 79: Weder der Vte noch der Vmer darf aufgeben (Kisch S. 121; Harten S. 166). Der letztere wird allerdings kaum in der Lage sein, den Drittanspruch des Vten zu beeinträchtigen, da ihm in aller Regel die Verfügungsmacht hierüber fehlen wird. Gibt in der Personenkautionsv der Vte seinen Anspruch gegen den Vmer auf, so ist der Ver schon deshalb frei, weil damit die Forderung untergeht, deren Erfüllung durch die V gesichert werden sollte.

Ist der Forderungsübergang durch Entschädigungsleistung des Vers bereits bewirkt, so verdichtet sich die bis dahin bestehende Obliegenheit zu einer Rechtspflicht, die Einziehung der Drittforderung durch den Ver zu fördern und alles zu unterlassen, was deren Realisierung erschweren könnte (oben Anm. 94). Diese Pflicht trifft auch den Vten. Das verstößt nicht gegen den Grundsatz, daß Verträge zu Lasten Dritter unserer Rechtsordnung femd sind. Das dem Vten zugewendete Recht ist von vornherein mit der Einschränkung verknüpft, daß er die dem Ver zuerkannte Rechtsstellung nicht schmälern darf.

[136] c) Versicherungsnehmer und Gefahrsperson.

Die Familienkrankenv ist herkömmlich so gestaltet, daß die eingeschlossenen Angehörigen des Vmers nicht Vte, sondern lediglich Gefahrspersonen sind (Klingmüller, Das Krankenversicherungsvertragsrecht, Sonderdruck aus Balzer-Jäger, Leitfaden der privaten Krankenversicherung, Karlsruhe o. J., S. 9; Gruneke, Versicherte Gefahr und Anzeigepflicht in der privaten Krankenversicherung, Diss. Köln 1965, S. 112; Sieg VersR 1956 S. 743). Es hieße, dem § 67 Gewalt antun, wenn die Ansprüche der Gefahrsperson, die keinerlei Rechte aus dem Vsvertrag hat, auf den Ver übergehen würden (vgl. aber BGH 13. VI. 1966 VersR 1966 S. 875—877). Es besteht auch keine Notwendigkeit, § 67 analog anzuwenden. Nach der herrschenden Lehre hat der Unterhaltspflichtige (hier:

§ 67
Anm. 137, 138

Vmer) einen Anspruch aus Geschäftsführung ohne Auftrag oder aus Bereicherung gegen den Schädiger der Gefahrsperson, soweit er den angerichteten Schaden wieder gutmacht z. B. durch Bezahlung der Heilkosten (vgl. Palandt-Gramm, BGB, 26. Aufl. München-Berlin 1967, § 843 Anm. 7 und die dort angegebene Rechtsprechung). Dieser geht zwar, weil er kein Schadenersatzanspruch ist, nicht unmittelbar nach § 67 über, der Ver kann ihn sich aber abtreten lassen. Könnte man § 843 IV BGB in dem Sinne verstehen, daß der Anspruch des Verletzten gegen den Schädiger auf den Unterhaltspflichtigen übergeht, soweit dieser die Heilkosten auslegt (so Sieg JZ 1964 S. 16), so wäre in der Hand des Vmers ein Schadenersatzanspruch vorhanden, in den der Ver nach § 67 sukzedieren könnte.

Wenn beide Ehegatten etwa ein gleich hohes Einkommen haben, scheidet ein Eintreten für die Behandlungskosten des anderen Teils auf Grund der Unterhaltspflicht aus, und damit fehlt es an einem Anspruch des Vmers gegen den Schädiger, der auf den Krankenver übergehen könnte. In solchem Falle empfiehlt es sich für den Ver, den angehörigen Ehegatten nicht als Gefahrsperson, sondern als Vmer zu decken. Dann bleibt ihm der Regreß gewahrt.

Die Gefahrsperson spielt, wenn auch in anderer Weise, ferner bei der Filmausfallv eine Rolle. Hier heißt es in § 11 Ziff. 3 der einschlägigen AVB (VerBAV 1951 S. 38ff.), daß ein Regreßanspruch gegen die Gefahrsperson vom Ver in der Regel nur dann geltend gemacht werden darf, wenn die vte Firma zustimmt. Der Anspruch geht also über auf den Ver, dieser kann ihn lediglich nicht ohne Einschränkung geltend machen. Juristisch liegt ein pactum de non petendo vor, auflösend bedingt durch die Zustimmung der vten Firma. Die Auffassung Rehbinders, Die Filmversicherung, Baden-Baden 1964, S. 68, daß bereits der Übergang auf den Ver der Zustimmung bedarf, findet in den AVB keine Stütze.

[137] d) Veräußerung der versicherten Sache.

War ein Schaden beim Veräußerer eingetreten, der zur Zeit des Eintritts des Erwerbers in das Vsverhältnis (§ 69) noch nicht abgewickelt war, so verbleibt die Entschädigungsforderung dem Veräußerer (Ehrenzweig S. 232). Die Auskehrung der Vsentschädigung an diesen läßt dessen Anspruch übergehen (Kisch S. 124). Das ist auch dann nicht anders, wenn etwa der Veräußerer die Vsforderung an den Erwerber zediert haben sollte (Kisch S. 124; abweichend Bruck S. 667; unklar Ritter-Abraham § 45 Anm. 13, die nicht erkennen lassen, auf welchen Zeitpunkt des Schadeneintritts sich ihre Äußerungen jeweils beziehen). Ist der Erwerber selbst der Schadenstifter, so war er zur Zeit des Schadenfalls Dritter im Sinne des § 67, und daran kann sich auch nichts dadurch ändern, daß er später infolge Übergangs des Vsverhältnisses Vmer wird. Auch hier bleiben also die Verhältnisse im Zeitpunkt des Vsfalls maßgebend (vgl. oben Anm. 107). Anderenfalls könnte dem Ver der Regreß dadurch abgeschnitten werden, daß der Schadenstifter die Sache erwirbt, die er beschädigt hat. — Im Hinblick auf § 67 II kommt es folgerichtig für Familienangehörigkeit und häusliche Gemeinschaft auf die Beziehung zum Veräußerer an.

Tritt der Schadenfall erst ein, nachdem der Veräußerungsvorgang vollzogen ist, so ist der Erwerber entschädigungsberechtigt und dessen Anspruch geht über. In diesem Fall kann der Veräußerer schadenstiftender Dritter im Sinne des § 67 sein. Mag er auch für die laufende Prämie nach § 69 II noch haften, so ist er doch nicht mehr Vmer: Kisch S. 126 N. 192.

[138] VIII. Verfahrensrecht.
1. Abgrenzung.

Beweislastfragen werden des besseren Verständnisses halber nicht zusammenhängend dargestellt, sondern sie sind jeweils bei Behandlung der einzelnen Sachmaterie erörtert worden.

Auf das Vollstreckungsrecht mit Einschluß des § 156 III und des Konkurses des Dritten wurde im Rahmen des § 67 I 2 bereits eingegangen (oben Anm. 88—91).

Im folgenden haben wir es daher mit den Auswirkungen der Rechtsnachfolge auf das Erkenntnisverfahren zu tun.

VIII. Verfahrensrecht § 67
Anm. 139—141

[139] **2. Vor Entschädigungsleistung des Versicherers.**

Ehe der Vmer vom Ver entschädigt worden ist, ist er Herr des Drittanspruchs. Er kann ihn geltend machen im Wege der Leistungs- oder Feststellungsklage. Er verstößt damit nicht gegen Obliegenheiten (s. oben Anm. 75). Was er auf Grund des Prozesses hereinholt, mindert den vsrechtlich zu ersetzenden Schaden. Der Ver kann dem Verfahren als einfacher Nebenintervenient (§§ 66, 67 ZPO) beitreten: Bruck S. 676; Ritter-Abraham § 45 Anm. 21.

In diesem Stadium kann auch der Ver bereits gegen den Dritten klagen, zwar nicht auf Leistung oder Feststellung, daß ihm geschuldet werde, wohl aber auf Feststellung, daß der Dritte auf Grund des Schadenfalls (schlechthin) Ersatz zu leisten hat (Prölss § 67 Anm. 4 unterscheidet die beiden Feststellungsanträge nicht genügend). Gegenstand der Feststellung kann nämlich auch ein zwischen anderen bestehendes Rechtsverhältnis sein (Baumbach-Lauterbach, ZPO, 29. Aufl., München-Berlin 1966, § 256 Anm. 2 B und die dort aufgeführten Entscheidungen). Das nach § 256 ZPO erforderliche Feststellungsinteresse kann z. B. darin liegen, daß auch diese Klage den Lauf der Verjährungs- oder Ausschlußfrist unterbricht (vgl. Sieg, Ausstrahlungen der Haftpflichtversicherung, Hamburg 1952, S. 170f.).

Hier wie zum folgenden gilt gemeinsam: Nicht nur der Rechtsweg (dazu schon oben Anm. 45), sondern auch die örtliche Zuständigkeit für die Klage des Vers ist präjudiziert durch das Verhältnis Vmer/Dritter (vgl. ArbG Köln 4. VI. 1968 BB 1969 S. 99).

[140] **3. Nach Entschädigungsleistung des Versicherers.**

a) Prozeß zwischen Versicherungsnehmer und Drittem bereits rechtskräftig entschieden.

Erfolgt der Rechtsübergang auf den Ver erst, nachdem der Prozeß zwischen dem Vmer und dem Dritten rechtskräftig entschieden worden ist, so kann der Ver die Vollstreckungsklausel nach § 727 ZPO auf seinen Namen erhalten. Gesteht der Dritte (als vormaliger Beklagter) die Klausel nicht zu, muß der Ver die Rechtsnachfolge durch eine öffentlich beglaubigte Urkunde nachweisen; zu deren Ausstellung ist der Vmer nach §§ 402, 412 BGB verpflichtet.

[141] **b) Prozeß mit Drittem anhängig.**

aa) Prozeß Versicherungsnehmer — Dritter.

Der Forderungsübergang während des Drittprozesses hat auf dessen Fortgang keinen Einfluß: § 265 II 1 ZPO. Diese Bestimmung gilt trotz ihres Wortlauts auch für den gesetzlichen Übergang: Blomeyer, Zivilprozeßrecht, Erkenntnisverfahren, Berlin-Göttingen-Heidelberg 1963, S. 233. Will der Vmer die Abweisung wegen fehlender Aktivlegitimation vermeiden, muß er den Klagantrag dahin ändern, daß nunmehr Leistung an den Ver begehrt wird (Blomeyer a. a. O. S. 238; Baumbach-Lauterbach, ZPO, 29. Aufl., München-Berlin 1966 § 265 Anm. 3 B). Dieser kann dem Vmer als einfacher Nebenintervenient beitreten (§§ 265 II 3, 66, 67 ZPO).

Wenn der Dritte einverstanden ist, kann die Parteistellung auf der Klägerseite ausgewechselt werden, d. h. der Ver an die Stelle des Vmers treten (§ 265 II 2 ZPO). Kommt es nicht hierzu, so wirkt das (günstige oder ungünstige) Urteil zwischen Vmer und Drittem gleichwohl gegenüber dem Ver Rechtskraft: § 325 ZPO. In diesem Fall gilt für die Klauselerteilung zugunsten des Vers das oben Anm. 140 Ausgeführte. Auch wenn der Vmer seinen Antrag umgestellt hatte, den Dritten auf Leistung an den Ver zu verurteilen, wird die Klausel diesem nicht unmittelbar gegeben, sondern als prozessualem Rechtsnachfolger (Sieg JR 1959 S. 167 und die dort N. 2 Genannten). Ob der Ver auch an einen Prozeßvergleich zwischen Vmer und Drittem gebunden ist, ist bestritten (vgl. Blomeyer a. a. O. S. 239), nach meiner Auffassung zu bejahen, weil die §§ 265, 325 den Beklagten in keiner Hinsicht durch die Rechtsnachfolge beeinträchtigen wollen.

Lag bereits eine Vorabentscheidung über den Grund (§ 304 ZPO) vor, so kann die Rechtsnachfolge im Betragsverfahren nicht mehr berücksichtigt werden, d. h. das Betragsurteil muß (bei Stattgabe der Klage) zugunsten des Vmers ergehen (Blomeyer a. a. O. S. 414; Kisch S. 60 N. 85; Prölss § 67 Anm. 4; BGH 9. XI. 1967 VersR 1968

S. 69; OLG Bremen 12. II. 1952 VersR 1952 S. 127). Dieser Fall wird also wie der oben Anm. 140 erörterte behandelt.

[142] bb) Prozeß Versicherer—Dritter.

Schwebt bei Entschädigungsleistung durch den Ver ein von ihm angestrengter Feststellungsprozeß gegen den Dritten (siehe oben Anm. 139), so kann der Ver nunmehr zur Klage auf Leistung an sich übergehen, was keine Klagänderung bedeutet: § 268 Ziff. 2 ZPO (Baumbach-Lauterbach a. a. O. § 268 Anm. 2 C). Mit dieser kann der Ver allerdings nur Erfolg haben, wenn sicher ist, daß ein Übergang auf ihn stattgefunden hat. Das kann trotz seiner Entschädigung wegen des Differenzprinzips manchmal zu verneinen sein (siehe oben Anm. 68). Bestehen zwar keine Zweifel an der Aktivlegitimation des Vers, wohl aber an dem Umfang der cessio legis, so kann im Regreßprozeß ein Zwischenurteil über den Grund nach allgemeinen Grundsätzen ergehen: § 304 ZPO (BGH 30. VI. 1964 VersR 1964 S. 966).

Die Klage auf Feststellung, daß der Dritte auf Grund des Schadenfalles schlechthin (unter Offenlassen, wem gegenüber) ersatzpflichtig ist, bleibt auch nach Regulierung durch den Ver von Bedeutung, wenn wegen des Differenzprinzips zweifelhaft ist, ob er überhaupt Rechtsnachfolger wurde, oder wenn der Vsfall den Ver auch in Zukunft noch zu Leistungen veranlassen wird, was namentlich für die Krankenv und die Haftpflichtv praktisch wird: BGH 13. VI. 1966 VersR 1966 S. 875; Prölss § 67 Anm. 4; vgl. hierzu auch OLG Celle 20. XII. 1940 HRR 1941 Sp. 487f. Statt der selbständigen kann auch die Zwischenfeststellungsklage nach § 280 ZPO die vom Ver gewünschte Klärung bringen, etwa wenn er zunächst einen Teil des Anspruchs mit der Leistungsklage verfolgt hatte: BGH 13. VII. 1956 VersR 1956 S. 661.

[143] c) Prozeß mit Drittem nicht anhängig.

aa) Versicherungsnehmer klagt.

aaa) Mit Befugnis.

Auch nach der Entschädigungsleistung durch den Ver kann der Vmer befugt sein, gegen den Dritten zu klagen. Das ist dann der Fall, wenn der Übergang auf den Ver vertraglich ausgeschlossen worden ist (oben Anm. 36 und OLG Stuttgart 28. XI. 1951 VersR 1952 S. 147f.) oder wenn der Ver den übergegangenen Anspruch fiduziarisch an den Vmer rückzediert (Inkassozession; Beispiele: OLG Karlsruhe 8. X. 1936 JRPV 1937 S. 141; OLG Bamberg 16. IX. 1955 VersR 1956 S. 68) oder wenn der Ver den Vmer ermächtigt, den übergegangenen Anspruch im eigenen Namen zu verfolgen (so § 12 Flußkasko-Police).

Eine derartige Ermächtigung ist zivilrechtlich wirksam, im Prozeß jedoch nicht stets beachtlich, weil die gewillkürte Prozeßstandschaft ein Interesse des Ermächtigten voraussetzt, den ihm nicht gehörenden Anspruch im eigenen Namen einzuklagen (vgl. BGH Großer Senat 10. XII. 1951 BGHZ Bd 4 S. 153, 164; Blomeyer, Allgemeines Schuldrecht, 4. Aufl., Berlin-Frankfurt/M. 1969, S. 264f.). Obwohl von den Gerichten mehrfach bejaht (BGH 8. II. 1952 BGHZ Bd 5 S. 105, 110; BGH 17. V. 1956 BGHZ Bd 20 S. 371 = VersR 1956 S. 364 = VerBAV 1956 S. 147. Auch RG 15. II. 1930 JRPV 1930 S. 111 scheint hierher zu gehören), ist ein solches Interesse schwer zu begründen. Da die Durchführung des Regresses dem Vmer nicht einmal zum Schadenfreiheitsrabatt oder zur Prämienrückgewähr verhilft (siehe oben Anm. 92), ist häufig das Interesse des Vers an der Einklagung durch den Vmer größer als das des Vmers, wird doch auch die verwandte fiduziarische Rückzession durch ein Interesse des Zedenten motiviert (Brox, Allgemeines Schuldrecht, München 1969 S. 213; Blomeyer, Allgemeines Schuldrecht, 4. Aufl., Berlin-Frankfurt/M. 1969 S. 264). Harten S. 174 N. 310 meint sogar, die Ermächtigung liege ausschließlich im Interesse des Vers. Damit wäre die prozessuale Wirksamkeit verneint (so Kisch S. 71; KG 11. I. 1954 VersR 1954 S. 192), die Harten aber gleichwohl S. 175 für die Seev bejaht. Um alle Zweifel zu vermeiden, sollte daher statt der Ermächtigung die fiduziarische Rückzession gewählt werden.

Kisch S. 70 macht darauf aufmerksam, daß zur Annahme einer Prozeßführungspflicht des Vmers im Interesse des Vers gewichtige Umstände vorliegen müßten. Das ist

VIII. Verfahrensrecht § 67
Anm. 144—146

angesichts des § 68a beherzigenswert. Trotz dieser Vorschrift erklären einige seltsamerweise, § 67 sei nachgiebigen Rechts: BGH 8. II. 1952 BGHZ Bd 5 S. 105, 110; OLG Bamberg 16. IX. 1955 VersR 1956 S. 68; Schmidt Anm. zu KG 11. I. 1954 VersR 1954 S. 192. — In allen Fällen kann der Ver, auf dessen Rechnung geklagt wird, dem Vmer als einfacher Nebenintervenient beitreten.

[144] bbb) Ohne Befugnis.

Klagt der Vmer in diesem Stadium unbefugt (die Folgen für das Vsverhältnis sind oben Anm. 94 behandelt), weiß aber der Dritte bei Klageerhebung nichts von der Rechtsnachfolge, so kommt diesem § 407 II BGB zustatten, d. h. das ihm günstige Urteil wirkt auch zu Lasten des Vers. Erfährt der Dritte im Prozeß von der cessio legis, so hat er die Wahl, ob er sich darauf berufen (das muß aber nach BGH 9. XI. 1967 VersR 1968 S. 69 schon im Verfahren über den Grund geschehen) und eine Abweisung der Klage wegen fehlender Aktivlegitimation erreichen oder ob er mit dem Kläger weiter prozessieren will (Kisch S. 61 schränkt dieses Wahlrecht dem Sinne des § 407 II zuwider ein). In letzterem Falle ist zu unterscheiden: Obsiegt der Dritte, ist der Ver daran gebunden; wird er verurteilt und befriedigt er daraufhin den Kläger (Vmer), so kommt ihm ebenfalls § 407 II zugute (hierzu und zum vorhergehenden Bötticher ZZP Bd 77 S. 486f.). Abweichend Soergel-Siebert-Schmidt, BGB, 10. Aufl., Stuttgart-Berlin- Köln-Mainz 1967, § 407 Anm. 6 und wohl auch BGH 9. XI. 1967 VersR 1968 S. 69: Der zahlende Schuldner habe Schutz nur nach § 407 I, d. h. er müsse in diesem Zeitpunkt noch gutgläubig sein; lediglich wenn er es auf Grund des vom Vmer erstrittenen Urteils zur Vollstreckung kommen lasse, werde er ohne Rücksicht auf Kenntnis von der cessio legis frei. Auch Blomeyer, Zivilprozeßrecht, Erkenntnisverfahren, Berlin-Göttingen-Heidelberg 1963, S. 240 schränkt die Tragweite des § 407 II m. E. zu Unrecht ein. Er meint, falls der Dritte (bei Klageerhebung gutgläubig, im Laufe des Prozesses von der cessio legis erfahrend) sich nicht auf die fehlende Aktivlegitimation seines Gegners berufe, seien §§ 265, 325 ZPO entsprechend anwendbar.

Es wurde oben bereits mehrfach davon gesprochen, daß der Ver an das dem Dritten günstige Urteil im Vorprozeß gebunden ist (nicht ist der Dritte umgekehrt im zweiten Prozeß an ein ihm ungünstiges Urteil im Vorprozeß gebunden: BGH 28. V. 1969 BB 1969 S. 850 = NJW 1969 S. 1479). In dieser Rechtskrafterstreckung liegt der Kern von § 407 II BGB. Wie im Falle des § 407 I braucht aber der Dritte diese Wohltat nicht anzunehmen, sich auf die Rechtskrafterstreckung also nicht zu berufen. Dann werden die Grenzen der Rechtskraft durch § 325 ZPO bestimmt (BGH in dem eben zitierten Urteil).

[145] bb) Versicherer klagt.

Der Ver kann nach der Entschädigungsleistung selbstverständlich die auf ihn übergegangene Ersatzforderung einklagen, gewöhnlich im Wege der Leistungsklage. Aber auch eine Feststellungsklage kann in diesem Stadium aus den oben Anm. 142 erörterten Gründen zulässig und geboten sein. Über das Verhältnis von Leistungs-, Feststellungs- und Grundurteil, falls das Differenzprinzip zum Zuge gelangt, vgl. oben Anm. 68.

[146] d) Streitgenossenschaft, Prätendentenstreit.

Überall, wo der Ver (oder mehrere Ver) und der Vmer aktivlegitimiert sind (auf den oder die Ver war nur ein Teil des Ersatzanspruchs übergegangen), können sie als einfache (nicht notwendige) Streitgenossen klagen: §§ 59, 61 ZPO (Kisch S. 110 N. 170; Ritter-Abraham § 45 Anm. 20).

Wenn der Vmer ohne Rücksicht auf den Forderungsübergang mit dem Dritten prozessiert, weil er die cessio legis nicht gelten lassen will, hat der Ver die Möglichkeit der Hauptintervention nach § 64 ZPO, im Falle oben Anm. 141 allerdings nur mit Zustimmung des Dritten: § 265 II 2 ZPO. Zu einem Prätendentenstreit kann es ferner kommen, wenn die Nachfolgeverhältnisse wegen der Entschädigung durch mehrere Ver oder durch einen Ver und einen Sozialvsträger bzw. öffentlichen Dienstherrn zweifelhaft sind (vgl. oben Anm. 103, 118—123). Ob dieser noch im Klauselerteilungsverfahren nach §§ 727ff. ZPO ausgetragen werden kann, ist sehr umstritten (vgl. Sieg JR 1959 S. 167, 168; ders. SGb 1967 S. 385—389).

[147] IX. Geltungsbereich.
1. Normativer Geltungsbereich (konkurrierende Vorschriften).
a) Konkurrenz mit § 158f (§ 104).
aa) Drittanspruch gegen Außenstehenden.

Nach § 158f geht der Anspruch des Geschädigten gegen den Vmer über, soweit er vom Haftpflichtver auf Grund § 158c befriedigt wird. Fast unbestritten gilt § 158f auch zu Lasten des Vten bei der V für fremde Rechnung: Prölss § 158f Anm. 4; BGH 28. XI. 1957 BGHZ Bd 26 S. 133ff.; OLG Düsseldorf 21. II. 1961 VersR 1961 S. 685. Ist das Vsverhältnis sowohl gegenüber dem Vmer als auch gegenüber dem V „krank", so haften sie dem Ver nach § 158f als Gesamtschuldner (Prölss § 158f Anm. 4; OLG München 14. VIII. 1956 VersR 1957 S. 89). Nach herrschender Lehre schließt die cessio legis nach dieser Vorschrift den Übergang des Drittanspruchs nach § 67 aus (BGH 23. V. 1960 BGHZ Bd 32 S. 331ff. = VersR 1960 S. 650 = LM Nr. 15 zu § 67 VVG mit Anm. Haidinger; Prölss § 158f Anm. 5. And. Ans. Wahle VersRundschau 1960 S. 45—51). Dem ist zuzustimmen, weil die letztere Bestimmung voraussetzt, daß der Vmer (für den Vten gilt hier und im folgenden dasselbe) endgültig befriedigt worden ist, was hier wegen des Regresses gegen den Vmer nicht zutrifft.

Aus dem gleichen Grunde geht der Drittanspruch des Vmers in der Feuerv nicht auf den Ver über, wenn dieser den Hypothekar nach §§ 102, 103 befriedigt hat. Hierdurch wird der Vmer, wie § 104 zeigt, nicht endgültig entlastet (Prölss § 104 Anm. 6; § 158f Anm. 5).

[148] Zurück zu § 158f: Der Ver, der sich bei solcher Sachlage den Drittanspruch (der zumeist ein Ausgleichsanspruch sein wird) zunutze machen will, ist gehalten, ihn zu pfänden und sich überweisen zu lassen nach Ausklagung jener auf ihn übergegangenen Forderung des Geschädigten. Von Pfändung und Überweisung kann abgesehen werden, wenn der Vmer den Ausgleichsanspruch abtritt (Möller DAR 1953 S. 111).

Hat der Ver irrtümlich angenommen, seinem Vmer gegenüber zur Deckung verpflichtet zu sein, so kann auf das oben Anm. 56 Ausgeführte verwiesen werden: Es konkurriert ein nach § 67 auf den Ver übergegangener Anspruch gegen den Mitschädiger mit dem Bereicherungsanspruch gegen den Vmer. Der Forderungsübergang nach § 158f findet indes hier nicht statt (Stiefel-Wussow Anhang zu §§ 10—13 Anm. 36; Geyer VersR 1966 S. 513).

Festzuhalten ist, daß der Ver, der nach § 158c entschädigt, nicht unmittelbar auf Grund des § 158f einen Schadensersatzanspruch gegen den Mitschädiger erwirbt, denn nach dieser Vorschrift geht lediglich der Anspruch des Geschädigten gegen den Vmer, nicht der Anspruch gegen den Mitschädiger auf den Ver über (BGH 23. V. 1960 BGHZ Bd 32 S. 331ff. = VersR 1960 S. 650 = LM Nr. 15 zu § 67 VVG mit Anm. Haidinger; BGH 15. X. 1963 VersR 1963 S. 1192; Prölss § 158f Anm. 4).

[149] bb) Drittanspruch gegen Versicherten.

Bei der Ver für fremde Rechnung, die zugleich Vs für eigene Rechnung ist, kann es eintreten, daß der Ver nur dem Vten gegenüber deckungsfrei ist. Leistet hier der Ver für den Vmer auf Grund „gesunden"Versicherungsverhältnisses, für den Vten auf Grund § 158c, so kann sich eine Bündelung von übergegangenen Ansprüchen, die sich gegen den Vten richten, ergeben. Dann geht nämlich der Ausgleichsanspruch des Vmers nach § 67, gleichzeitig aber auch der Anspruch des Geschädigten nach § 158f über. Hier ist wegen der rechtlichen Konsequenzen denjenigen zu folgen, die dem Übergang nach § 67 den Vorrang geben, ohne Rücksicht darauf, für wen der Ver hat zahlen wollen, es kommt nur darauf an, für wen einzutreten er dem Geschädigten gegenüber verpflichtet war (OLG München 29. X. 1958 VersR 1959 S. 129; OLG Frankfurt/M. 20. III. 1962 VersR 1962 S. 706—708 mit weiteren Nachweisen; LG Stuttgart 8. XII. 1955 VersR 1956 S. 792. Anders wohl Prölss § 158f Anm. 4 und OLG München 14. VIII. 1956 VersR 1957 S. 89).

Das hat zur Folge: Der Vte kann vom Ver nur in dem Umfang in Anspruch genommen werden, der seiner internen Haftungsquote entspricht; er kann einwenden, daß dem

IX. Geltungsbereich **§ 67**
Anm. 150, 151

Geschädigten in Wahrheit keine Forderung oder nur solche in geringerer Höhe als vom Ver beglichen zugestanden habe (vgl. oben Anm. 53), er kann sich auf § 67 II berufen (dieser wird beim Übergang aus § 158f nicht für anwendbar gehalten: OLG Frankfurt/M. 20. III. 1962 VersR 1962 S. 706—708; OLG Düsseldorf 13. X. 1965 NJW 1966 S. 738f; Prölss § 158f Anm. 5). Nach alledem ist der Vorrang des Regresses nach § 67 gegenüber dem nach § 158f für den Vten günstig; er bringt außerdem den Vorteil der endgültigen Bereinigung der tangierten Rechtsverhältnisse mit sich (deshalb ist OLG Düsseldorf 21. II. 1961 VersR 1961 S. 685 nicht zuzugeben, daß unentschieden bleiben könne, ob sich der Regreß gegen den Vten nach § 158f oder nach § 67 richte). Eine weitere Folge ist, daß ,,Dritter" im Sinne des § 67 nicht nur der Vte sein kann, für den der Ver überhaupt nicht einzustehen hat, sondern auch der Vte, für den der Ver nach § 158c eintreten muß.

§ 67 hat aber nur insoweit verdrängende Wirkung gegenüber § 158f, als er tatsächlich eingreift. Bezieht sich z. B. der nach § 67 übergegangene Drittanspruch nicht auf das Schmerzensgeld, weil der Vmer dafür nicht haftete, so ist dieser Teil des Regresses nach § 158f abzuwickeln (OLG Frankfurt/M. 20. III. 1962 VersR 1962 S. 706—708). Dasselbe gilt bei Überschreitung der Höchsthaftungsgrenzen des Halters nach dem StVG. Über weitere Folgen vgl. unten Anm. 154.

[150] cc) Drittanspruch gegen Versicherungsnehmer.

Vor Inkrafttreten des § 158i wurde der Fall des einseitig ,,kranken" Vsverhältnisses bei der V für fremde Rechnung nur in der Version praktisch, daß dem Vmer Deckung zu gewähren war, dem Vten nicht (davon sind wir oben Anm. 149 ausgegangen). Jetzt kann aber auch das Umgekehrte vorkommen, nämlich wenn der Vmer Obliegenheiten verletzt hat, der Vte nicht (die analoge Anwendung des § 158i auf den Fall der Deckungsfreiheit wegen Prämienverzugs des Vmers verbietet dessen eindeutiger Wortlaut: Prölss § 158i Anm. 3b. Anders Lorenz NJW 1969 S. 471).

Nach den tiefgründigen Ausführungen von Sendtner-Voelerndorff VersR 1969 S. 114—117 ist entgegen der amtlichen Begründung und einigen darauf fußenden Literaturstimmen (Prölss § 158i Anm. 5 A; derselbe VersR 1958 S. 269; Feyock VW 1965 S. 321; Rhein VW 1965 S. 1048) anzunehmen, daß der Ver in diesem Fall dem Vten Deckung zu gewähren hat, also nicht auf Grund § 158c leistet. (Die Entgegnung von Bauer VersR 1969 S. 598—600 überzeugt mich nicht.) Die Folge ist, daß dessen Anspruch nach § 67 VVG auf den Ver übergeht. Handelt es sich um einen Ausgleichsanspruch gegen den Vmer, dem keine Deckung zu gewähren ist, so haben wir es wiederum mit einer Konkurrenz zwischen § 67 und § 158f zu tun, für die das oben Anm. 149 Gesagte entsprechend gilt.

[151] dd) Fingierter Drittanspruch gegen öffentlichen Dienstherrn (§ 158cV).

Der Ver muß im ,,kranken" Vsverhältnis dem Geschädigten gegenüber auch dann eintreten, wenn beim Schadenfall eine fahrlässige Amtspflichtverletzung eines Beamten mitgewirkt hat. Dem Geschädigten gegenüber ist die Subsidiarität der Amtshaftung (vgl. oben Anm. 29) stärker als die Subsidiarität der VerHaftung nach § 158c IV. Hierbei soll es jedoch nach § 158c V nicht endgültig bleiben. Unter den dortigen Voraussetzungen kann vielmehr der ,,kranke" Ver, der den Geschädigten befriedigt hat, Regreß beim Dienstherrn nehmen. Die juristische Konstruktion ist schwierig. Man wird mit Sendtner-Voelerndorff, Ausgleichsansprüche nach dem Pflichtversicherungs-Änderungsgesetz vom 5. IV. 1965, Diss. Berlin 1967, S. 58—112 annehmen müssen, daß zugunsten des Vers ein Ausgleichsanspruch des Vmers gegen den Dienstherrn (vgl. insbesondere § 426 I 2 BGB) in voller Höhe der Ver-Leistung fingiert wird, in den der Ver auf der Grundlage seines Anspruchs aus § 158f durch Abtretung oder Vollstreckungsakt sukzedieren kann (vgl. oben Anm. 148). Der Regreß gegen den Dienstherrn ist also kein Anwendungsfall von § 67 VVG (ebenso Prölss § 158c n. F. Anm. 6). Weder hat der Geschädigte von § 158c V einen Nutzen noch der Vmer, an den sich der Dienstherr im weiteren Rückgriff halten kann (etwas abweichend Stiefel-Wussow S. 494).

§ 67
Anm. 152—154

[152] **b) Konkurrenz mit § 3 Ziff. 9 PflichtversG.**
aa) Gesundes Versicherungsverhältnis.

Befriedigt der Ver den Geschädigten im „gesunden" Vsverhältnis, so kommt ein Regreß gegen den Vmer nicht in Betracht: § 3 Ziff. 9 S. 1 PflichtversG. Obwohl der Kraftfahrzeug-Haftpflichtver Gesamtschuldner neben Vmer und Vtem ist, steht er nicht im Gesamtschuldverhältnis zu anderen Mitschädigern oder deren Haftpflichtvern. Deshalb erwirbt er den Ausgleichsanspruch gegen diese nicht unmittelbar nach § 426 I BGB, sondern auch hier als Rechtsnachfolger nach § 67 (Prölss § 3 Ziff. 9 PflichtversG Anm. 1, 3; Geyer VersR 1966 S. 512). Dabei ist es, damit § 426 wenigstens im Wege der Rechtsnachfolge ins Spiel kommen kann, so anzusehen, daß der Ver mit der eigenen Schuld auch die des Vmers tilgt: Clemm, Der Rückgriff des subsidiär haftenden Kraftfahrzeug-Haftpflichtversicherers, Diss. Berlin 1968, S. 26—37.

Die umgekehrte Frage, ob der Ausgleichsberechtigte wie ein unmittelbar Geschädigter den Direktanspruch gegen den Haftpflichtver des Mitschädigers hat (vgl. OLG Hamm 14. VI. 1968 VersR 1969 S. 508; der Leitsatz 2 geht weiter als die abgedruckte Urteilsbegründung), ist zu verneinen: Der Mitschädiger ist nicht Verkehrsopfer, dem der Direktanspruch zugute kommen soll.

[153] **bb) „Krankes" Versicherungsverhältnis.**

Hat der Ver den den Direktanspruch verfolgenden Geschädigten befriedigt, ohne seinem Vmer oder Vten gegenüber dazu verpflichtet zu sein, so gewinnt er einen Regreßanspruch nach § 3 Ziff. 9 S. 2 PflichtversG (auch diese Norm erstreckt sich auf den Vten: Prölss § 3 Ziff. 9 PflichtversG Anm. 1; Jürgen Prölss VersR 1969 S. 533). Diese Bestimmung ersetzt § 426 I BGB. Wie dort zur Unterstützung der Ausgleichsforderung der Anspruch des Gläubigers gegen einen anderen Mitschuldner auf den Tilgenden übergeht, so hier der Anspruch des Geschädigten gegen den Vmer bzw. Vten. Diese Lösung stimmt also mit der des § 158f überein: Prölss § 3 Ziff. 9 PflichtversG Anm. 2. Daraus ergibt sich u. a., daß auch hier § 67 II nicht gilt (vgl. oben Anm. 149).

Deshalb sind auch die Folgerungen keine anderen als die oben Anm. 147 aufgezeigten: Ist das Vsverhältnis gegenüber Vmer und Vtem „krank", haften sie dem Ver als Gesamtschuldner (LG Detmold 21. XII. 1966 VersR 1968 S. 340). Das ist die Folge davon, daß nur dem Geschädigten gegenüber der Ver als Gesamtschuldner haftet, im Auseinandersetzungsverhältnis diese Mithaft aber unberücksichtigt bleiben muß. Da die Tilgung gegenüber dem Geschädigten dem „kranken" Beteiligten keine endgültige Befreiung bringt, geht dessen Ausgleichsanspruch nicht ohne weiteres nach § 67 über (Geyer VersR 1966 S. 513). Prölss' Behauptung (§ 158f Anm. 3), daß die frühere einschlägige Rechtsprechung durch das PflichtversG überholt sei, geht daher entschieden zu weit. — Auch in der Kraftfahrzeug-Pflichtv sind die §§ 158c V und 158i (§ 3 Einleitung, § 3 Ziff. 6 PflichtversG) anzuwenden, so daß die darauf fußenden Ausführungen oben Anm. 150, 151 hier entsprechend gelten (vgl. zu § 158c V im Rahmen der Kraftfahrzeug-Haftpflichtv Sendtner-Voelerndorff, Ausgleichsansprüche nach dem Pflichtversicherungs-Änderungsgesetz vom 5. IV. 1965, Diss. Berlin 1967, S. 132—133).

[154] **cc) Insbesondere Regreß gegen Versicherten.**

Der Vte, dem keine Deckung zu gewähren ist, ist dem Rückgriff des Vers aus § 3 Ziff. 9 S. 2 ausgesetzt, auf den Ver geht nach § 426 II der kongruente Anspruch des Geschädigten über. Eine Rechtsprechung, die sich bereits vor Inkrafttreten des PflichtversG angebahnt hatte und sich unter dessen Geltung fortsetzt, nimmt hier an, daß sich der Fahrer im Regreßprozeß darauf berufen könne, der Vmer müsse ihn von dieser Inanspruchnahme des Vers freistellen und daß für diesen Freistellungsanspruch der Ver Deckung zu gewähren habe. Danach würde der Regreßanspruch nach § 3 Ziff. 9 S. 2 an der Dauereinrede der Arglist scheitern (vgl. oben Anm. 46): OLG Düsseldorf 1. VIII. 1967 VersR 1967 S. 1037; LG Aurich 6. III. 1968 VerBAV 1968 S. 280 = VersR 1969 S. 129 (Leitsatz) mit Anm. Böttger NJW 1969 S. 55; OLG Hamm 3. I. 1969 VersR 1969 S. 340. Dagegen haben sich J. Prölss VersR 1969 S. 533 und Wussow VersR 1968 S. 82 gewandt.

IX. Geltungsbereich **§ 67**
Anm. 155, 156

Die richtige Lösung liegt m. E. in der Mitte. Sie ergibt sich aus den Ausführungen oben Anm. 149: Soweit der Ver dem Vmer Deckung zu gewähren hatte, ist auf ihn der Ausgleichsanspruch des Vmers nach § 67 übergegangen, der den Vorrang vor dem des § 3 Ziff. 9 S. 2 hat. Wie jeder Dritte kann der Fahrer dem Ver alle Einwendungen entgegenhalten, die er gegenüber dessen Vormann hatte, er kann sich also auf seinen Freistellungsanspruch berufen. (Dieser gehört hier wie in den oben Anm. 36 behandelten Fällen dem Haftungsrecht, nicht dem Vsrecht an.) Soweit jedoch der Ver den Geschädigten befriedigt hat für Ansprüche, die nur gegenüber dem Fahrer geltend zu machen waren (z. B. Schmerzensgeld, Entschädigungen über die summenmäßigen Haftungsbegrenzungen hinaus), bleibt es bei § 3 Ziff. 9 S. 2. Für diesen Bereich ist Wussow und J. Prölss darin recht zu geben, daß der Fahrer dem Rückgriff nicht seinen Freistellungsanspruch entgegenhalten kann, denn für diesen braucht der Ver nicht einzutreten. Hier handelt es sich um die vsrechtliche Qualifikation des Freistellungsanspruchs. Er ist kein Schadenersatzanspruch auf Grund gesetzlicher Haftpflichtbestimmungen, der durch den Gebrauch des vten Fahrzeugs entstanden ist (vgl. § 10 Ziff. 1 AKB). Er wäre ebenso gegeben, wenn der Fahrer für seinen Arbeitgeber mit einem diesem nicht gehörenden Wagen unterwegs gewesen wäre, als der Unfall eintrat. Der Fahrer haftet also insoweit dem Ver; sein Freistellunganspruch gegen den Arbeitgeber bleibt unberührt.

[155] c) Konkurrenz mit Deliktsrecht.

Originäre Ansprüche des Vers gegen den schädigenden Dritten sind nur in seltenen Fällen zu bejahen. § 823 I scheidet als Rechtsgrundlage aus, weil der Dritte kein absolutes Recht des Vers verletzt, wenn er die Veranlassung zu Leistungen im Schadensfall gibt. § 823 II ist nicht anwendbar, weil sich der Ver nicht im subjektiven Schutzbereich der Norm befindet, an deren Verletzung die Schadensersatzpflicht geknüpft ist. Lediglich aus § 826 könnte sich ein Deliktsanspruch des Vers gegen den Dritten ergeben. Dieser müßte dann in einer gegen die guten Sitten verstoßenden Weise zumindest mit dem Eventualvorsatz gehandelt haben, mit der Verletzung der Güter des Vmers auch dem Ver Schaden zuzufügen (Bruck S. 680; v. Gierke S. 211). Dies vorausgesetzt, könnten sich sowohl der Schaden- als auch der Summenver beim Dritten erholen (Einzelheiten bei Kisch S. 130).

[156] d) Konkurrenz mit Geschäftsführungs- und Bereicherungsrecht.
aa) Geschäftsführung ohne Auftrag.

Daß der Ver einen originären Anspruch aus § 683 BGB gegen den Dritten haben könnte, wird allgemein abgelehnt, und zwar aus zwei Gründen, nämlich einmal, weil § 67 angeblich eine andere Normen verdrängende Spezialvorschrift sei (BGH 23. V. 1960 BGHZ Bd 32 S. 331ff. = VersR 1960 S. 650 = LM Nr. 15 zu § 67 mit Anm. Haidinger; BGH 11. VII. 1960 BGHZ Bd 33 S. 99 = VersR 1960 S. 724 = LM Nr. 14 zu § 67 VVG mit Anm. Haidinger; BGH 15. X. 1963 BGHZ Bd 38 S. 385 = VersR 1963 S. 1192 = LM Nr. 22 zu § 67 VVG; BGH 26. IV. 1966 VersR 1966 S. 664; BGH 5. V. 1969 VersR 1969 S. 641ff.; OLG Düsseldorf 28. XI. 1961 VersR 1962 S. 416; OLG Düsseldorf 22. V. 1962 VersR 1963 S. 350; Prölss § 67 Anm. 9; Stiefel-Wussow Anhang zu §§ 10—13 Anm. III, 39), zum anderen, weil es für die Rechtsfigur der Geschäftsführung ohne Auftrag an dem Willen des Vers, für einen Dritten zu handeln, und an dem erklärten oder vermuteten Einverständnis des Dritten mit der Geschäftsführung fehle (BGH 5. V. 1969 VersR 1969 S. 641ff.; OLG Düsseldorf 28. XI. 1961 VersR 1962 S. 416; OLG Düsseldorf 22. V. 1962 VersR 1963 S. 350). Das letztere Argument trifft in aller Regel zu (das erstere nicht, wie unten Anm. 157, 158 zu zeigen sein wird). Der Ver erbringt Leistungen, weil er dazu auf Grund des Vsvertrages oder auf Grund Gesetzes (so im Falle des § 158c, § 3 Ziff. 4 und 5 PflichtversG) verpflichtet ist, nicht um etwas für den Drittschädiger zu tun (hingegen ist die Argumentation BGH 23. V. 1960 BGHZ Bd 32 S. 331ff. = VersR 1960 S. 650, die auf die Vertretungsmacht abstellt, nicht stichhaltig; schon von jeher konnte entgegen der Ansicht des BGH der Haftpflichtver auch im eigenen Namen mit dem Geschädigten kontrahieren). Die These, daß jemand zugleich ein eigenes und ein fremdes Geschäft führen könne, ist bereits generell brüchig (vgl. Sieg JZ 1964 S. 16), hier

Sieg

§ 67
Anm. 157, 158

ist sie nicht verwendbar, weil es in der Regel schon am Fremdgeschäftsführungswillen fehlt.

Das kann ausnahmsweise dann anders sein, wenn der Haftpflichtver des Kraftfahrzeughalters den Geschädigten auch wegen des Schmerzensgeldes abfindet, obwohl sein Vmer nur als Halter haftet. Hier hat RG 19. III. 1940 JRPV 1940 S. 108f. dem Haftpflichtver einen Anspruch aus Geschäftsführung ohne Auftrag zugebilligt, wobei es ausdrücklich feststellt, daß die in §§ 677, 678 statuierten subjektiven Voraussetzungen vorlagen. Gegenüber Geschäftsführung ohne Auftrag scheidet § 812 als Anspruchsgrundlage aus: Esser, Schuldrecht, 3. Aufl., Karlsruhe 1969, S. 315. — Auch OLG Düsseldorf 24. V. 1937 JRPV 1938 S. 26f. hat hinsichtlich der Kosten des Vorprozesses den Mitschädiger unter dem Geschäftsführungsgesichtspunkt für erstattungspflichtig gehalten. Indes bedurfte es hier der Heranziehung des § 683 nicht, vgl. unten Anm. 159.

[157] bb) Ungerechtfertigte Bereicherung.
aaa) Zurücktreten hinter § 67 ?

Nach der herrschenden Lehre soll weder ein Geschäftsführungs- noch ein Bereicherungsanspruch des Vers gegen den Dritten in Betracht kommen, weil § 67 Spezialvorschrift sei, die selbst dann die Entstehung originärer Regreßansprüche hindere, wenn sie im Einzelfall nicht eingreife (vgl. die Zitate oben Anm. 156). Nur wo der Ver keine Leistung auf Grund des VVG erbracht habe, etwa dann, wenn er lediglich wegen eines Teilungsabkommens zu Leistungen genötigt gewesen sei, soll ihm § 812 zu einem Regreß gegen den Dritten verhelfen (BGH 5. V. 1969 VersR 1969 S. 641—643; LG Bochum 26. VIII. 1966 VersR 1966 S. 1131. And. Ans. OLG Nürnberg 21. V. 1968 VersR 1969 S. 718f. Weitere Zitate hierzu unten Anm. 181 [3]). Der Auffassung, daß hier ein Spezialitätsverhältnis vorliegt, vermag ich nicht zu folgen. Die Rechtsprechung und die ihr folgenden Autoren haben dieses Ergebnis nicht selbständig begründet und sich auch nicht mit RG 19. III. 1940 JRPV 1940 S. 108f. auseinandergesetzt, sondern berufen sich auf R. Raiser VersR 1951 S. 1—3.

(Denkbar wäre, daß der BGH bei einem Sachverhalt, wie er der letztzitierten RG-Entscheidung entspricht, vorangegangene Leistung des rückgreifenden Vers außerhalb des VVG annähme. Nur dann wäre die Kontinuität mit der Rechtsprechung des RG gewahrt. Es bliebe aber dann das Bedenken, daß Leistung außerhalb und innerhalb des VVG ein zweifelhaftes Kriterium für die Abgrenzung des Geltungsbereichs von § 67 VVG bildet, nachdem die Ansicht mehr und mehr an Boden gewinnt, daß diese Vorschrift auch bei bewußter Liberalität des Vers eingreift, siehe oben Anm. 54).

Indes überzeugt Raisers Argumentation nicht. Er geht davon aus, daß zwischen Ver und Drittem eine (unechte) Gesamtschuldnerschaft bestehe. Für das Verhältnis der Gesamtschuldner untereinander stelle der Gesetzgeber die Regel des § 426 I unter Vorbehalt anderer Ausgleichsbestimmungen zur Verfügung. Der Vorbehalt werde hier durch § 67 ausgefüllt. Damit sei eine abschließende Wertung getroffen, die das Bereicherungsrecht nicht durchkreuzen könne. Hieran ist zunächst zu monieren, daß zwischen Ausgleichs- und Bereicherungsanspruch kein Gegensatz besteht. Vielmehr ist der Ausgleichsanspruch verstärkte Kondiktion (vgl. Esser, Schuldrecht, 2. Aufl., Karlsruhe 1960, S. 448; LG Bochum 26. VIII. 1966 VersR 1966 S. 1131). Wie der Forderungsübergang nach § 426 II nicht die einzige Grundlage für den Regreß des Gesamtschuldners ist, so wenig gibt es irgendein Anzeichen dafür, daß § 67 andere Rechtsgrundlagen verdrängen wollte. Welche innere Berechtigung sollte auch dafür sprechen ? § 67 ist keinesfalls eine Schutznorm für den Dritten. Raiser selbst nimmt an, daß der Ver einen originären Regreßanspruch aus § 826 haben könnte. Wie soll es begründet werden, daß sich diese Norm neben § 67 behauptet, andere aber nicht ?

[158] Zur Formulierung des BGH, es komme darauf an, ob der Ver auf Grund des VVG geleistet habe, ist zu sagen: Warum der Ver entschädigt hat, ist für den Dritten völlig gleichgültig. Wie dieser nicht darunter leiden kann, daß sein Opfer vt ist, so darf er auch andererseits keine Vorteile aus diesem Umstand ziehen. — Raiser und die ihm Folgenden berufen sich ferner für die Ausschließlichkeit des § 67 auf dessen Abs. 2.

IX. Geltungsbereich **§ 67**
Anm. 159, 160

Auch das ist nicht stichhaltig. Wäre es ein durchgreifendes Argument, dürfte im Verhältnis zwischen Ver und Drittem überhaupt nicht mit Bereicherungsrecht operiert werden. Wie oben gezeigt wurde, wendet man es aber bei Leistungen des Vers auf Grund Teilungsabkommen an. Der scheinbare Konflikt zwischen § 812 einerseits, § 67 II andererseits löst sich einfach: Auf dem Wege der Bereicherung darf dem Vmer (und mittelbar dem Schädiger) nicht der Vorteil des § 67 II entzogen werden. Der Bereicherungsanspruch versagt also insoweit gegenüber einem Familienangehörigen, auf den die weiteren Voraussetzungen des § 67 II zutreffen.

Das besagt also nichts gegen die generelle Zulässigkeit des Bereicherungsanspruchs neben § 67. Man kann die Anwendung eines Rechtsinstituts (hier Bereicherung) nicht **schlechthin** ausschließen, weil das Ergebnis in **extremen Randfällen** dem Sinn einer anderen Vorschrift (hier § 67 II) nicht entspricht.

Unterstützend sei noch darauf hingewiesen, daß auch **§ 158 f niemals als abschließende Regreßregelung** aufgefaßt wurde, vielmehr hat die Rechtsprechung dem Ver gestattet, auch seine **Aufwendungen** zu liquidieren (Prölss § 158 f Anm. 7 und die dort Genannten), was jetzt durch § 3 Ziff. 10 PflichtversG legalisiert worden ist.

[159] bbb) Ergebnis.

§ 67 VVG verdrängt mithin den Bereicherungsanspruch nicht. Es läßt sich indes feststellen, daß meist die Kondiktion nicht notwendig ist, um dem Ver Genugtuung zu verschaffen, weil er anderweitig genügend geschützt ist. Wo der Bereicherungsanspruch des Haftpflichtvers gegen einen Mitschädiger abgewiesen wurde, hätte die Klage wenigstens zum Teil Erfolg gehabt, wenn der Ver den Ausgleichsanspruch des Vmers durch Vollstreckung oder Abtretung erworben hätte (oben Anm. 148). In Höhe der eigenen Haftungsquote des Vmers, die also nicht durch den Ausgleichsanspruch erfaßt ist, verbleibt dem irrtümlich geleistet habenden Ver der Kondiktionsanspruch (vgl. oben Anm. 56; Geyer VersR 1966 S. 514), dem „kranken" Haftpflichtver der Restanspruch aus § 158f, § 3 Ziff. 9 S. 2 PflichtversG, jeweils gegen den Vmer.

Auch wegen des Kostenersatzes ist der Ver meist nicht auf einen Bereicherungsanspruch gegen den Dritten angewiesen. Die **Rettungskosten** nach §§ 62, 63 VVG sind Vsentschädigung in weiterem Sinne, insoweit geht also der Anspruch des Vmers nach § 67 über (oben Anm. 50). Dasselbe gilt für die **Schadenfeststellungskosten** in der Haftpflichtv (vgl. oben Anm. 51). Außerhalb der Haftpflichtversicherung kann sich der Ver bei diesen Kosten dadurch helfen, daß er sich einen etwaigen kongruenten Ersatzanspruch des Vmers abtreten läßt (vgl. oben Anm. 50).

[160] 2. Räumlicher Geltungsbereich (Internationales Privatrecht).

a) Grundlegung.

aa) Fragestellung.

Es kann kein Zweifel bestehen, daß § 67 dann Anwendung findet, wenn sowohl auf den Vsvertrag als auch auf die Drittforderung deutsches Recht anwendbar ist (auch bei den Stationierungsschäden wird jetzt, anders als früher bei den Besatzungsschäden, vgl. Claims Tribunal 2. I. 1953 VersR 1953 S. 138, der Rechtsübergang anerkannt: Geigel-Geigel, Der Haftpflichtprozeß, 13. Aufl., München-Berlin 1967, S. 1024—1031). Uns interessieren im folgenden die Fälle der Diskrepanz zwischen dem Statut des Vsvertrages und dem der Drittforderung.

Beispiele: Das bei einem deutschen Kaskovervte in Deutschland zugelassene Fahrzeug kollidiert in Frankreich mit einem französischen Fahrzeug, dessen Fahrer schuldig ist. Der deutsche Kaskover entschädigt seinen Vmer. Geht die Schadenersatzforderung, obwohl für sie nach dem Grundsatz der lex loci commissi delicti das französische Recht maßgebend ist, nach § 67 VVG über?

Ein bei einem niederländischen Kaskover vtes niederländisches Fahrzeug kollidiert in der Bundesrepublik mit einem deutschen Fahrzeug, dessen Fahrer schuldig ist. Kann der niederländische Kaskover nach Abwicklung des Vsfalls den deutschen Fahrer verantwortlich machen? Richtet sich hier die cessio legis nach deutschem oder nach niederländischem Recht und ist sie in letzterem Fall von den deutschen Gerichten zu respektieren?

[161] bb) Vorgehen bei Lückenfüllung.

Das deutsche Recht enthält keine einschlägige international privat-rechtliche Norm. § 59 II 2 VVG, eine der ganz wenigen Kollisionsnormen des VVG, gibt uns keinen Fingerzeig, weil der Ausgleich unter Doppelvern von dem Ausgleich kraft cessio legis wesensverschieden ist.

Es liegt also eine Lücke vor, die der deutsche Richter nach dem ungeschriebenen deutschen Kollisionsrecht auszufüllen hat (Möller Einleitung vor Anm. 89 zu § 1; Roelli-Jaeger-Keller, Kommentar zum schweizerischen Bundesgesetz über den Versicherungsvertrag, 4. Bd 2. Aufl., Bern 1962, S. 3; Ryser, Der Versicherungsvertrag im internationalen Privatversicherungsrecht, Diss. Bern 1952 — gedruckt 1957 —, S. 11—13). Nach einer im Vordringen befindlichen Meinung, die sich auf Art. 25 GG stützen kann, hat er hierbei aber im Interesse der Rechtsharmonie auf die allgemeinen, im internationalen Rechtsverkehr herrschenden Anschauungen Rücksicht zu nehmen. Er hat also, wie Zweigert (Festschrift zum 70. Geburtstag von L. Raape S. 42) es in anderem Zusammenhang ausdrückt, auf solche allgemein anerkannten Kollisionsregeln zu schielen. Diese gehen also gleichsam in das innerstaatliche internationale Privatrecht ein (Lehmann-Hübner, Allgemeiner Teil des BGB, 15. Aufl., Berlin 1966, S. 45; v. Maydell, Sach- und Kollisionsnormen im internationalen Sozialversicherungsrecht, Berlin 1967, S. 17, 60f., 83; Ryser a. a. O. S. 13, 18, 44). Wir haben daher im folgenden bei der Lückenfüllung zwar vom deutschen Recht auszugehen, müssen jedoch auch einen Blick auf außerdeutsche Auffassungen werfen, sei es, daß diese die deutsche Lösung bestätigen, sei es, daß sie sie korrigieren.

[162] b) Statut des Forderungsübergangs.
aa) Vertretene Ansichten.

Bei der Sichtung des vorhandenen Materials lassen sich drei Hauptmeinungen herausschälen, je nachdem ob auf das Statut der Drittforderung oder auf das Statut des Vsvertrages oder auf eine Kombination beider abgestellt wird.

Vertreter der ersten Richtung sind vor allem Roelli-Jaeger-Keller a. a. O. S. 48—52 (woselbst S. 50 N. 13. Abs. weitere Literatur), Keller SchweizJZ 1960 S. 65—67, Wussow NJW 1964 S. 2325—2330 und wohl auch Gitter NJW 1965 S. 1108—1112.

Die Gegenansicht, nach der es auf das Zessionsgrundstatut (das ist hier das Statut des Vsvertrages) ankommt, wird verteidigt von Batiffol, Droit international privé, 4. Aufl., Paris 1967, S. 669, und Wolff, Das internationale Privatrecht Deutschlands, 3. Aufl., Berlin-Göttingen-Heidelberg 1954, S. 152.

Die Kombinationstheorien kommen in verschiedenen Schattierungen vor. Einige ihrer Vertreter gehen vom Zessionsgrundstatut aus, meinen aber, darüber hinaus müsse das Deliktsstatut (so soll das Drittschuldstatut hier der Einfachheit halber bezeichnet werden, weil die Drittforderung in aller Regel eine deliktische ist) die cessio legis respektieren (Lewald, Das deutsche internationale Privatrecht, Leipzig 1931, S. 275 bis 278) oder die Abtretbarkeit dieser Forderung bejahen (Rabel, The Conflict of Laws, Bd 3 2. Aufl., Ann Arbor 1964, S. 446—452; Beemelmans RabelsZ 1965 S. 523f., 535), oder das Deliktsstatut müsse eine im wesentlichen ähnliche cessio legis kennen wie das Zessionsgrundstatut (Kegel, Internationales Privatrecht, 2. Aufl., München-Berlin 1964, S. 247; Vischer, Internationales Vertragsrecht, Bern 1962, S. 243—245; Raape, Internationales Privatrecht, 5. Aufl., Berlin-Frankfurt/M. 1961, S. 507—510). Ähnlich verlangt Karrer S. 109—111, daß die gesetzliche Subrogation in beiden in Betracht kommenden Rechten anerkannt sei.

[163] bb) Stellungnahme: Versicherungsvertragsstatut.

Bei der Stellungnahme zu den vertretenen Ansichten wird man von dem Sinn der cessio legis ausgehen müssen, der Bereicherungsverhinderung beim Vmer. Ob und in welchem Umfang diese durchgeführt werden soll, kann nur das Vssatut entscheiden,

IX. Geltungsbereich **§ 67**
Anm. 164, 165

die Realisierung der von ihm vorgenommenen Wertung kann durch die Zufälligkeit des Hineinspielens eines fremden Deliktsstatuts nicht beeinträchtigt werden. Andererseits darf die Rechtsstellung des Deliktsschuldners durch den Forderungsübergang nicht verschlechtert werden. Allein der Gläubigerwechsel bedeutet aber keine rechtliche Beeinträchtigung des Schuldners, auch dann nicht, wenn er sich dadurch einem Ausländer gegenübersieht, wie er ja auch nicht dagegen gefeit ist, daß sein Gläubiger die Forderung an einen Ausländer abtritt (die materiellrechtliche Verteidigung gegen die Forderung bleibt ihm natürlich erhalten). Aus diesen Erwägungen folgt, daß sich die Legalzession nach dem Zessionsgrundstatut, dem des Vsvertrags, richtet, daß sie aber dann nicht zum Zuge gelangen kann, wenn nach dem Deliktsstatut die betreffende Forderung unabtretbar ist (verwandte Grundsätze gelten übrigens im intertemporalen Privatrecht: Voraussetzung für eine Abtretung nach neuem Recht ist, daß die Forderung nach der alten Rechtsordnung schon abtretbar war; die Abtretung selbst und die cessio legis werden nach neuem Recht beurteilt: Palandt-Danckelmann, BGB, 26. Aufl., München-Berlin 1967, Art. 170 EG Anm. 3; Sieg JZ 1961 S. 83. Man erkennt also auch hier die Bedeutung der Zessionsfähigkeit an).

Eine weitere Einschränkung der Maßgeblichkeit des Vsvertragsstatuts ergibt sich dann, wenn nach dem Deliktsstatut die Vsentschädigung dem schadenstiftenden Dritten zugute kommt, also auch dessen Schuld tilgt. Wenn die Rechtsordnung derartiges vorsieht, hat sie das Problem der Vorteilsanrechnung, das dem Deliktsstatut angehört (OLG Celle 21. VII. 1966 VersR 1967 S. 164f.) in einer für ihn günstigen Weise gelöst, zu einer cessio legis kommt es nicht. Diese Konstellation kann sich nach Schweizer Recht bei Gefährdungshaftung und rein vertraglicher Haftung des Dritten ergeben (siehe oben Anm. 25).

[164] cc) Bestätigung durch die Rechtsprechung.
Daß das Zessionsgrundstatut im Prinzip maßgebend ist, wird nicht nur von den oben unter aa) hierzu angeführten Autoren angenommen (weitere Belege aus Rechtsprechung und Literatur bei Roelli-Jaeger-Keller a. a. O. S. 50 N. 1 1. Abs.), sondern entspricht auch im wesentlichen der deutschen Judikatur, die diesen Grundsatz nicht nur für das private Vsrecht, sondern auch für das öffentliche Recht akzeptiert hat (OLG Schleswig 21. XII. 1950 VersR 1951 S. 66 = IPRspr. 1950/51 Nr. 25; OLG Hamburg 5. III. 1957 IPRspr. 1956/57 Nr. 50a; OLG Hamburg 1. VII. 1957 MDR 1957 S. 679; OLG Stuttgart 12. XI. 1959 VersR 1960 S. 722; OLG Bremen 30. VI. 1966 VersR 1967 S. 576; OLG Celle 21. VII. 1966 VersR 1967 S. 164f.; OLG Hamburg 6. XII. 1966 VersR 1967 S. 1205; OLG Düsseldorf 3. X. 1967 VersR 1969 S. 29; BGH 26. IV. 1966 VersR 1966 S. 662—664 = NJW 1966 S. 1260f.). Der BGH weist in der letztzitierten Entscheidung mit Recht darauf hin, daß § 52 EWG-VO Nr. 3, wonach der sich nach dem Recht eines Mitgliedstaats vollziehende Rechtsübergang auf den Sozialversicherungsträger auch in den anderen Mitgliedstaaten anerkannt wird, Ausdruck allgemeiner moderner Rechtsanschauung sei.

Allerdings haben der Oberste Gerichtshof für die britische Zone (17. XI. 1949 OGH E Bd 2, S. 379) und OLG Koblenz 28. I. 1960 VersR 1960 S. 686 eine abweichende Anknüpfung vorgenommen, beide Gerichte haben sich allerdings mit dem international-privatrechtlichen Problem nicht auseinandergesetzt. — Das Schweizerische Bundesgericht hat sich indes mehrmals zum Vsvertragsstatut bekannt, Belege bei Karrer S. 97—99. — BGH 7. XII. 1961 VersR 1962 S. 129 läßt offen, ob der Rechtsübergang nach schwedischem oder nach deutschem Recht zu beurteilen sei, da beide Rechte ihn kennten; ebenso im Ergebnis OLG Düsseldorf 23. XI. 1961 VersR 1962 S. 536.

[165] c) Auffindung des Versicherungsvertragsstatuts.
Wir haben erkannt, daß es prinzipiell auf das Vsvertragsstatut ankommt. Es bleibt noch zu erörtern, wonach sich dieses bestimmt. Auch hier befinden wir uns wieder auf dem Gebiet der Lückenfüllung, denn eine geschriebene Kollisionsregel besteht nicht. Nach deutschem internationalem Privatrecht, das sich in dieser Frage weitgehend mit ausländischen Kollisionsrechten deckt, kommt es in erster Linie auf den geäußerten

(BGH 11. II. 1953 BGHZ Bd 9 S. 34) oder konkludenten Parteiwillen (etwa in Gestalt einer Gerichtsstandvereinbarung) an. Soweit dieser nicht feststellbar ist, ist maßgeblich das Betriebsstatut, d. h. die Rechtsordnung, die am Sitz des inländischen, am Niederlassungsort des ausländischen Unternehmens gilt. Dabei spielt es praktisch keine Rolle, ob man das Betriebsstatut auf den hypothetischen Parteiwillen (subjektive Rechtfertigung) oder (jetzt zunehmend) auf die Interessenlage (Abstellung auf den **Schwerpunkt** des Schuldverhältnisses oder den engsten räumlichen Zusammenhang zwischen ihm und einer bestimmten Rechtsordnung) gründet (Einzelheiten bei Möller Anm. 89—92 zu Einleitung vor § 1; Prölss, VVG, Vorbemerkungen V 1—3). Der zusätzlichen Anknüpfung an den Wohnsitz des Vmers (so OLG Bremen 30. VI. 1966 VersR 1967 S. 576), an den Abschlußort (OLG Stuttgart 12. XI. 1959 VersR 1960 S. 722) oder an die Nationalität der Vertragsparteien (OLG Hamburg 6. XII. 1966 VersR 1967 S. 1205) bedarf es also nicht.

Rück- und Weiterverweisungen werden auch dann nicht anerkannt, wenn das Betriebsstatut maßgebend ist (Roelli-Jaeger-Keller a. a. O. S. 25). Wo sich das anzuwendende Recht aus dem ausdrücklichen oder konkludenten Parteiwillen ergibt, scheiden sie ohnehin aus.

[166] d) Ergebnis.

Zusammenfassend läßt sich sagen, daß § 67 Anwendung findet, wenn der Vsvertrag deutschem Recht untersteht (vgl. oben Anm. 165) und die Drittforderung nach deren Statut abtretbar ist.

Die gefundenen kollisionsrechtlichen Sätze weisen aber nicht nur dem deutschen materiellen Recht seine Grenzen, sind also nicht nur einseitige Kollisionsnormen, sondern treffen auch Aussagen darüber, wann eine nach ausländischem Recht eintretende Legalzession bei uns anzuerkennen ist. Das ist dann der Fall, wenn die Zessionsvoraussetzungen nach dem ausländischen Vsrecht vorliegen und das deutsche Recht die Abtretbarkeit der übergegangenen Forderung bejaht (unterstellt, Deliktsstatut ist das deutsche).

[167] 3. Verhältnis zur Parteiautonomie.

a) Abweichungen von § 67 zu Lasten des Versicherungsnehmers.

aa) Gesetzeslage.

aaa) § 68a.

Nach § 68a gehört § 67 zu den sogenannten halbzwingenden Bestimmungen — was seltsamerweise von den oben Anm. 143, letzter Absatz, Genannten geleugnet wird —, d. h. der Ver kann sich nicht auf Vereinbarungen berufen, die dem Vmer ungünstiger sind als das Gesetz. Eine AVB-Regelung, die den Vmer schlechter stellte, als es nach § 67 der Fall ist, wäre also nicht geradezu nichtig. Sie wird aber kaum vorkommen, da die Aufsichtsbehörde ihr nicht das Plazet geben würde. Die Satzung, die der Entscheidung OLG Hamm 19. IV. 1940 JRPV 1940 S. 91f. zugrunde lag, dürfte heute nicht mehr genehmigt werden (die Entscheidung betraf einen Vsfall, der sich vor Inkrafttreten des § 68a ereignet hatte). Überdies ist der Vmer dadurch gesichert, daß die Gerichte auch die halbzwingenden Bestimmungen zu beachten haben, selbst wenn sich der Vmer nicht auf die relative Unwirksamkeit ihm nachteiliger Vereinbarungen beruft (Möller Anm. 49 zu Einleitung vor § 1).

§ 67 ist an sich eine dem Vmer ungünstige Norm, weil dieser dadurch einen Anspruch verliert. Ziel des § 68a ist es, dem Vmer die Kautelen, unter denen der Rechtsverlust nach § 67 eintritt, zu erhalten. Das bedeutet im einzelnen (vgl. zum folgenden Ehrenzweig S. 290 insbesondere N. 17): Der Anspruchsübergang darf nicht für einen früheren Zeitpunkt als den der Entschädigungsleistung des Vers vereinbart werden, die Auseinandersetzung mit dem Dritten darf nicht zur Pflicht des Vmers gestaltet werden, sondern muß Angelegenheit des Vers bleiben, über § 67 I 2 und II dürfen sich die Vereinbarungen nicht hinwegsetzen. § 67 I 3 ist doppelt gesichert gegen die Parteiautonomie, nämlich außer durch § 68a durch § 15a: Da § 67 I 3 eine Obliegenheit des Vmers statuiert

IX. Geltungsbereich **§ 67**
Anm. 168—170

(vgl. oben Anm. 71), ist der Verstoß hiergegen an § 6 I—III zu messen, der ebenfalls halbzwingend ist (§ 15a).

Man wird aber nicht dabei haltmachen dürfen, als Abweichung in peius nur das anzusehen, was dem Wortlaut des § 67 widerspricht, vielmehr gehören auch die tragenden Grundsätze seiner Auslegung zu dem, was § 68a dem Vmer garantiert. Deshalb dürfte z. B. nicht zu Lasten des Vmers vom Differenz- oder Kongruenzprinzip abgewichen werden, im Rahmen von § 67 I 3 dürfte die Repräsentantenhaftung nicht durch die allgemeine Gehilfenhaftung ersetzt werden.

[168] bbb) § 187.

Im Bereich der im § 187 I genannten Zweige und der in § 187 II behandelten laufenden V gelten die Beschränkungen des § 68a nicht. Nur in diesem Rahmen sind Klauseln unbedenklich, wonach die Beitreibung des Drittanspruchs beim Vmer liegen soll, sei es, daß zu diesem Zwecke der Forderungsübergang ausgeschlossen wird, sei es, daß der Drittanspruch treuhänderisch auf den Vmer übertragen wird, sei es, daß er ermächtigt wird, den nunmehr in der Hand des Vers befindlichen Drittanspruch geltend zu machen (die prozessualen Fragen sind oben Anm. 143 dargestellt).

Klauseln dieser Art kommen aber auch in den Vszweigen vor, die nicht durch § 187 gedeckt sind, so z. B. in § 12 Flußkaskopolice, wonach der Vmer verpflichtet ist, auf Verlangen und Kosten des Vers den Drittanspruch im eigenen Namen geltend zu machen. An diese Verpflichtung ist der Vmer mithin nicht gebunden, denn § 187 I umfaßt nicht die gesamte Transport-, sondern nur die Gütertransportv. Der Gesetzgeber hat nicht versehentlich den Wortlaut von § 187 I so eng gefaßt, sondern die Beschränkungen der Vertragsfreiheit sind bewußt für die Schiffskaskov nicht aufgehoben worden, wie die Entstehungsgeschichte zeigt (Gerhard-Hagen, Kommentar zum VVG, Berlin 1908, § 187 Anmerkung). — Der vom § 187 umfaßte Bereich interessiert uns im folgenden nicht.

[169] ccc) § 118.

Prölss § 118 Anm. 3 meint, diese Vorschrift sei abänderlich. Das trifft weder nach dem Wortlaut noch nach dem Sinn des Gesetzes zu. Wie oben Anm. 111 erörtert, will § 118 den Regreß in der Tierv nicht abschließend regeln. Er ist als besondere Ausformung des § 67 I zu verstehen, weshalb § 68a auch den Regreß in der Tierv umfaßt. Es wäre auch befremdlich, daß gerade in diesem Versicherungszweig, in dem der Vmer besonders schutzbedürftig ist, Vertragsfreiheit herrschen sollte.

[170] bb) Zulässige generelle Vereinbarungen (zugleich Abtretungsvereinbarungen in der Summenversicherung).

aaa) Deklaratorische Abtretungen.

Manche AVB begründen die Verpflichtung des Vmers nach Entschädigung die Drittansprüche auf Verlangen des Vers abzutreten, obwohl der Forderungsübergang sich bereits aus § 67 ergibt. So liegt es z. B. bei § 9 (3) AB zur V von Tank- und Faßleckage (VerBAV 1968 S. 118—120).

Nicht so klar ist die Tragweite von § 11 AVB der privaten Krankenv, § 11 AVB für die Krankenhauskosten- und Krankenhaustagegeldv (Musterbedingungen). Soll der Ver die Abtretung nur insoweit verlangen können, als er schadenvsartige Leistungen erbracht hat (dann wäre das Abtretungsverlangen ohne Bedeutung, weil § 67 ohnehin eingreift), oder darüber hinaus für summenvsartige Entschädigungen? (Letzteres sehen zuweilen die kommunalen Haftpflichtschadenausgleiche vor: R. Schmidt, Internationales Versicherungsrecht, Festschrift für A. Ehrenzweig zum 80. Geburtstag S. 242f.) Hier gilt es zunächst festzuhalten, daß § 68a nicht im Wege steht, in der Summenv eine Abtretung zu vereinbaren. Wie oben Anm. 167 dargelegt, gilt § 68a nur innerhalb des Bereiches von § 67, also nicht für die Summenv. Ein Forderungsübergang in dieser würde auch nicht den Zielen des § 55 oder des § 67 zuwiderlaufen, im Gegenteil, er würde zur Verminderung der Bereicherung dienen, die bei der Summenv leicht eintreten kann. Prölss § 11 AVB für die Krankenhauskosten- und Krankenhaustagegeldv Anm. 2 meint, soweit § 67 nicht eingreife, werde er durch diese Bestimmung in Form einer Abtretungsverpflichtung eingeführt. Das kann doch nur bedeuten, daß Prölss eine Abtretung für vereinbart hält, soweit die Krankenv Summenv ist.

Das wird man indes nicht annehmen dürfen. Die genannten Bestimmungen verdanken ihr Dasein der Befürchtung, daß es angesichts der Fassung des § 1 II VVG zweifelhaft sein könnte, ob § 67 auf die schadensvsartigen Teile einer Personenv Anwendung findet (zu Unrecht verneint z. B. von OLG Braunschweig 5. V. 1955 VersR 1956 S. 592f. und Hofmann VersR 1958 S. 659). Das letztere sollte sichergestellt werden (R. Schmidt Anmerkung zu OLG Karlsruhe 2. V. 1956 MDR 1957 S. 169). Daß nicht an eine Erweiterung auf die Summenv gedacht ist, stimmt mit der Tendenz der Aufsichtsbehörde überein, Abtretungsklauseln in diesem Bereich nicht zu genehmigen, obwohl sie früher vorkamen (vgl. Bruck S. 666; Kisch WuR 1935 Heft 2 S. 7 N. 5; Lohmar, Rechtfertigung der Vorteilsausgleichung im Versicherungsrecht, Karlsruhe 1968, S. 30).

Inwieweit die Personenv Schaden-, inwieweit sie Summenv ist, steht natürlich auf einem anderen Blatt (hierzu oben Anm. 20, 21).

Hat die Statuierung von Abtretungsverlangen überhaupt eine Bedeutung, wenn § 67 ohnehin eingreift? Kisch S. 56 bemerkt zwar theoretisch zutreffend, daß der Ver dann einen doppelten Rechtsgrund für sein Vorgehen gegenüber dem Dritten habe. Praktische Folgerungen hat das aber nicht, denn die Rechtsstellung des Vers kann auf Grund der Abtretung keine bessere sein als auf Grund der cessio legis: Die oben Anm. 167 angeführten Kautelen des § 67 und der zu dieser Bestimmung entwickelten Rechtsprechung müßten auch insoweit zugunsten des Vmers eingreifen, als sich der Ver auf Abtretung stützt (R. Schmidt Anm. zu OLG Karlsruhe 2. V. 1956 MDR 1957 S. 169; Prölss § 11 AVB für die Krankenhauskosten- und Krankenhaustagegeldv, Anm. 2. Abweichend Hofmann VersR 1958 S. 659).

[171] bbb) Konstitutive Abtretungen.

Durch § 68a wird § 67 nicht etwa in dem Sinne halbzwingend, daß eine andere Rechtsnachfolge in den Drittanspruch als die gesetzliche nicht in Betracht käme. Das Bundesaufsichtsamt für das Versicherungs- und Bausparwesen hat daher für das Recht Kaskovern Sonderbedingungen genehmigt, die im Verhältnis zu Sicherungsscheininhabern (Vten) gelten (VerBAV 1956 S. 24). Danach verzichten die Ver auf die Einwendung aus § 61 VVG bei grobfahrlässiger Herbeiführung des Vsfalls (Ziff. 1), der Vte tritt dem Ver von vornherein die Ansprüche gegen den Fahrzeughalter aus dem Finanzierungsgeschäft oder der Bevorschussung der Reparaturkosten ab. Hier handelt es sich also nicht nur um Ansprüche auf Ersatz des Schadens im Sinne von § 67 (vgl. hierzu oben Anm. 130 und Geyer ZfV 1955 S. 332).

Rechtlich ist die Sonderbedingung wie folgt zu konstruieren: Es liegt eine aufschiebend (durch die Entschädigungsleistung des Vers) bedingte Abtretung zukünftiger Ansprüche vor (vgl. Kisch S. 56). Auf diese Abtretung hat OLG Düsseldorf 20. VII. 1961 VersR 1961 S. 889 den Regreß gestützt.

Die Kautelen, die § 67 und die dazu ergangene Rechtsprechung zugunsten des Vmers vorsehen (oben Anm. 167), müssen meines Erachtens auch dem vertraglichen Zedenten zustatten kommen. Das entspricht der Interessenlage sowie der Erwägung, daß er zwar formell freiwillig die Vorausabtretung vornimmt, de facto aber den gewünschten Vsschutz nicht anders erhalten kann als mittels jener Abtretung (vgl. auch die oben am Ende von Anm. 170 Zitierten).

[172] cc) Zulässige Einzelvereinbarungen.

Noch weniger bestehen Bedenken daran, daß sich der Ver nach Eintritt des Vsfalls Ansprüche abtreten läßt, die nicht kraft Gesetzes schon übergehen. Hierbei ist zu denken an Bereicherungs- oder Geschäftsführungsansprüche (oben Anm. 27, 136), an die vorsorgliche Abtretung von Schadenersatzansprüchen bei Liberalitätszahlungen des Vers (oben Anm. 54), an Ersatzansprüche, die mit Feststellungskosten korrespondieren (oben Anm. 50) oder an Erfüllungsansprüche in der Kredit-(Delkrede-)v. Es wurde gezeigt, daß der Vmer verpflichtet sein kann, einem solchen Abtretungsverlangen des Vers nachzukommen (oben Anm. 27). Dann aber darf er nicht darunter leiden, daß aus

IX. Geltungsbereich §67
Anm. 173, 174

gesetzestechnischen Gründen die cessio legis durch die Abtretung ersetzt wird, d. h. ihm kommt auch in diesem Fall der Schutz des § 67 mitsamt seinen Ausgestaltungen durch die Judikatur zugute.

Einzelvereinbarungen, die der Vmer in Abweichung von § 67 freiwillig eingeht, sind wirksam, aber eng auszulegen. So kann er auf den Schutz des § 67 II verzichten, indem er den Drittanspruch gegen den Familienangehörigen abtritt (oben Anm. 114), er kann ferner den Drittanspruch zedieren, ehe er Entschädigung vom Ver erlangt hat (diese Möglichkeit erwähnt BGH 13. VI. 1966 VersR 1966 S. 875—877 am Ende, ohne genügend zum Ausdruck zu bringen, daß der Vmer unter keinem Gesichtspunkt verpflichtet ist, solchem Abtretungsverlangen des Vers nachzukommen). In beiden Fällen wird dem Vmer im Zweifel der Schutz des § 67 I 2 bleiben.

Weiter kann sich der Vmer z. B. wirksam damit einverstanden erklären, daß er den Drittanspruch für Rechnung des Vers verfolgt. An derartige Klauseln in AVB ist zwar der Vmer außerhalb des § 187 nicht gebunden, wohl aber kann er eine dahingehende Einzelverpflichtung übernehmen.

[173] b) Abweichungen von § 67 zu Lasten des Versicherers.

aa) Ausschluß des Übergangs.

Es handelt sich hier praktisch um die Frage, ob Vmer und Ver wirksam vereinbaren können, daß der Rechtsübergang nicht stattfinden soll (der Vmer auch nicht gezwungen sein soll, die Drittforderung für Rechnung des Vers einzuziehen). § 68 a behandelt nur dem Vmer ungünstige Regelungen, würde also der eben besprochenen Klausel nicht im Wege stehen. Fraglich könnte aber sein, ob diese Vereinbarung wegen Durchbrechung des Bereicherungsverbots zu beanstanden ist. Wäre ein Konflikt mit dem Bereicherungsverbot zu bejahen und wäre dieses unabdingbar, dann könnten sich solche Abreden selbst innerhalb der von § 187 erfaßten Vsverträge nicht halten, denn es entspricht herrschender Lehre, daß die Vertragsfreiheit an absolut zwingenden Bestimmungen ihre Grenze findet (Möller Anm. 46 zu Einleitung vor § 1; v. Gierke, Versicherungsrecht unter Ausschluß der Sozialversicherung, erste Hälfte, Stuttgart 1937, S. 34; Prölss § 187 Anm. 1. Abweichend Ehrenzweig S. 22).

Oben Anm. 16—18 wurde dargelegt, daß das Bereicherungsverbot zwar de lege ferenda fragwürdig ist, daß ihm aber, da es dem geltenden Recht angehört, Respekt verschafft werden muß. Deshalb sind Klauseln der hier behandelten Art, wie sie z. B. in der Frachtv vorkommen (Argyriadis, Die Frachtversicherung, Hamburg 1961, S. 171 f.), unwirksam (Möller Anm. 54 am Ende vor §§ 49—80). Das gilt aber nur dann, wenn durch solche Abreden auch ein Bereicherungsanspruch des Vers gegen den Vmer, der nach Erhalt der Vsentschädigung die ihm verbliebene Drittforderung einzieht, ausgeschlossen werden soll. Bleibt dem Ver in solchem Fall der Bereicherungsanspruch nach § 812 I 2 1. Alternative (vgl. oben Anm. 116), dann ist dem Bereicherungsverbot auf diese Weise Rechnung getragen.

Allerdings kann der Ver nicht gezwungen werden, den Regreß im Einzelfall durchzuführen bzw. sich — was insbesondere für die Delkrederev gilt — die vte Forderung abtreten zu lassen. Das hindert aber nicht, von vornherein klauselmäßig gegebene Zusicherungen dieser Art für unwirksam zu erklären (entgegen der Annahme von Argyriadis a. a. O. S. 172 besteht hier keine strukturelle Verwandtschaft mit dem Regreßverzicht in der Feuerv. Dort ist eine Bereicherung des Vmers von vornherein ausgeschlossen, weil die Forderung übergeht, wenn sie auch vom Ver nicht geltend gemacht werden darf). Allenfalls könnte dann etwas anderes gelten, wenn erfahrungsgemäß in der betreffenden Branche die Verwaltungskosten zur Beitreibung des Drittanspruchs derart hoch sind, daß sie dessen Verfolgung nicht lohnen.

[174] bb) Verwandte Fälle.

Es wurde oben Anm. 33 erörtert, daß § 67 VVG in der reinen Kreditv keine Anwendung findet und daß es in der Unterart der Delkrederev keine gesetzliche Surrogatslösung gibt (anders in der reinen Kautionsv, oben Anm. 133). Hier ist der Ver nicht etwa wegen des Bereicherungsverbots gezwungen, sich die Forderung gegen den Schuldner abtreten

§ 67
Anm. 175, 176

X. Surrogatslösungen

zu lassen. Unterläßt er es, so ist auch hier einer Bereicherung des Vmers dadurch vorgebeugt, daß er die Vsentschädigung nicht behalten darf, wenn er später die vt gewesene Forderung einzieht; der Ausgleich zwischen Vmer und Ver vollzieht sich wieder nach § 812 I 2 1. Alternative.

Auch gegen Regreßverzichte (vgl. oben Anm. 115 am Ende) bestehen keine Bedenken. Hier scheidet eine Bereicherung des Vmers von vornherein aus, weil die Drittforderung übergeht auf den Ver. Dieser darf sie allerdings nicht geltend machen, wodurch der Regreßverzicht Anklänge an eine Haftpflichtv des Drittschädigers aufweist. Im Einzelfall kann bei Vereinbarungen zwischen Vmer und Ver, daß der Dritte nicht in Anspruch genommen werden soll, zweifelhaft sein, ob ein vom Ver anerkannter Haftungsausschluß im Verhältnis Dritter/Vmer vorliegt oder ein Regreßverzicht des Vers (vgl. OLG Köln 13. XII. 1962 VersR 1964 S. 140—142). Das Ergebnis der Freistellung des Dritten durch die vom Vmer besorgte V ist das gleiche.

[175] X. Surrogatslösungen.
1. Kraft Vertrages (Teilungs- und Regreßverzichtsabkommen).
a) Gegenstand der Untersuchung.

Teilungsabkommen kommen zwischen Privatvern, aber auch zwischen Sozialvsträgern bzw. Sozialhilfeträgern und Haftpflichtvern vor. Uns interessieren hier nur diejenigen Abkommen, die anstelle des § 67 treten, also die zwischen Privatvern. Als abkommensberechtigte Partner sind Kasko-, Haftpflicht- und private Krankenver anzutreffen, auf der abkommensverpflichteten Seite stehen gewöhnlich Haftpflichtver, ausnahmsweise auch Schiffskaskover, weil diese in Gestalt der mittelbaren Kollisionsschäden (vgl. § 129 II 2 VVG) auch ein angehängtes Haftpflichtinteresse decken. Wegen des Textes der wichtigsten Abkommen aus der Kraftfahrtv sei auf Stiefel-Wussow, Anhänge 8—11, verwiesen (Anhang 8 betrifft das Haftpflicht-/Haftpflicht-Rahmenteilungsabkommen, Anhänge 9 bis 11 enthalten Kasko-Haftpflichtabkommen).

Wenn auch die Abkommen einen Streit um Bestand und Höhe der Drittforderung erübrigen sollen, so haben sie sich gleichwohl nicht vollständig von § 67 gelöst. Dieser spielt vielmehr für die Voraussetzungen der abkommensmäßigen Bereinigung, für die Wirkung der Abkommensleistung auf beide Partner und deren Vmer sowie bei der Einschaltung eines außenstehenden Mitschädigers eine Rolle. Es liegt in der Natur der Sache, daß uns künftig die Teilungsabkommen mehr als die Regreßverzichtsabkommen beschäftigen werden.

[176] b) Voraussetzungen für die abkommensmäßige Berechtigung.
aa) Deckungspflicht.

Es gilt der Grundsatz, daß die Abkommen Anwendung finden, sofern beim Berechtigten der Tatbestand des § 67, das Vorhandensein einer Drittforderung unterstellt, vorliegen würde: Clasen, Teilungs- und Regreßverzichtsabkommen mit Haftpflichtversicherern, Karlsruhe 1958, S. 61; vgl. ferner OLG Frankfurt/M. 4. I. 1961 VersR 1961 S. 501; OLG Stuttgart 26. IV. 1956 VersR 1956 S. 455; LG Bonn 11. X. 1967 NJW 1968 S. 255. Das Prinzip wird allerdings durch manche Abkommenstexte beeinträchtigt.

Die meisten Abkommen sehen vor, daß der berechtigte Partner seine Leistung bedingungsgemäß gewährt haben muß. An die Aktivlegitimation werden also hier strengere Anforderungen gestellt als im Bereich des § 67. Liberalitätszahlungen, irrtümlich gewährte Entschädigungen genügen daher nicht für die Inanspruchnahme des verpflichteten Partners (Clasen a. a. O. S. 60; Stiefel-Wussow Anhang zu §§ 10—13 Anm. 40; Haidinger VersR 1951 S. 57), obwohl sie den Rechtsübergang nach § 67 begründen würden (vgl. oben Anm. 54—56). Eine Ausnahme findet sich in den Abkommen nur insoweit, als diese auch Anwendung finden sollen, wenn der Vmer des berechtigten Partners die Schadenmeldung nicht oder erst verspätet abgegeben hat, sein Ver aber gleichwohl entschädigt hat.

Beim Haftpflicht-/Haftpflicht-Rahmenteilungsabkommen genügt es, wenn der berechtigte Ver gegenüber dem Geschädigten in Verpflichtung war, mag auch sein Vmer keinen Anspruch auf Deckung gehabt haben. Dieses Abkommen greift also auch dann ein, wenn ein Haftpflichtver auf Grund § 3 Ziff. 4, 5 PflichtversG geleistet hat.

X. Surrogatslösungen **§ 67**
Anm. 177—179

[177] bb) Kongruenz- und Differenzprinzip.
Die Auslegung des § 67 ist hier insofern von Bedeutung, als unter die Abkommen nur solche (unwiderleglich vermuteten) Ansprüche fallen, die der Vsleistung kongruent sind (vgl. oben Anm. 59—63; Clasen a. a. O. S. 65). Daraus würde u. a. folgen, daß im Falle der Entschädigung nach § 13 II AKB der abkommensmäßige Regreß vom Zeitwert auszugehen hat, denn darüber hinaus ist keine kongruente Ersatzforderung denkbar, die ohne das Abkommen hätte übergehen können (oben Anm. 62). Dem Sinn der Abkommen entspricht es aber, von der **effektiven** Entschädigung (nach dem Listenpreis) auszugehen. Nur dadurch werden — unter Umständen kostspielige und umständliche — Feststellungen zum Zeitwert überflüssig.

Hingegen spielt das Differenzprinzip für die Teilungsabkommen keine Rolle (Clasen a. a. O. S. 51). Es hat nur dann Bedeutung, wenn der Vmer vom Ver nicht voll entschädigt worden und der Schadenersatzanspruch gegen den Dritten nicht hinlänglich hoch ist, um ursprünglichen Rechtsinhaber und Zessionar voll zu befriedigen (vgl. oben Anm. 64). Ob und in welcher Höhe ein Ersatzanspruch vorhanden ist, ist aber für die Anwendung der Teilungsabkommen bedeutungslos. In dem oben Anm. 64 angeführten Beispiel (Schaden am Fahrzeug: 4000,— DM; Selbstbeteiligung des Vmers: 500,— DM; Ersatzleistung des Kaskovers: 3500,— DM; Haftungsquote des Dritten: $\frac{1}{2}$) hat also die abkommensmäßige Quotierung von 3500,— DM auszugehen. Das bedeutet, daß der Haftpflichtver 1750,— DM an den Kaskover und 500,— DM an dessen Vmer zu leisten hat. Ohne das Abkommen brauchte er dem Kaskover nur 1500,— DM zu erstatten (im gleichen Sinne Mahlberg VersR 1964 S. 1223).

[178] cc) Weitere Voraussetzungen.
In dem Haftpflicht-/Haftpflicht-Rahmenteilungsabkommen findet sich die Bestimmung, daß innerbetriebliche Regulierungskosten und Kosten für freie Schadenregulierer sowie Kraftfahrzeugsachverständige nicht geteilt werden. Andere Kosten nehmen daher an der Quotierung teil (enger Clasen a. a. O. S. 63), wobei nach dem Sinn des Abkommens unterstellt wird, daß der Vmer des verpflichteten Partners ersatzpflichtig wäre (vgl. hierzu oben Anm. 51, 52).

Die Auslegung von § 67 spielt ferner eine Rolle, wenn zwischen den Vmern der abkommensbeteiligten Ver die Voraussetzungen seines Absatzes 2 gegeben sind (Familienangehörigkeit und häusliche Gemeinschaft). Da es hier mangels Rechtsübergangs nicht zu einem Regreß kommen **kann**, sollen auch die Abkommen nicht eingreifen (Stiefel-Wussow Anhang zu §§ 10—13 Anm. 24; Clasen a. a. O. S. 62; Haidinger VersR 1951 S. 58).

[179] c) Wirkung der abkommensmäßigen Abwicklung.
aa) § 156 III (§ 67 I 2).
Mehrere Abkommen sehen vor, daß sich die Leistung des verpflichteten Partners auf den gemäß § 156 III errechneten Betrag beschränkt. Wenn dieser Fall akut wird, ist das Ziel der Abkommen, eine Regulierung ohne Aufklärung der Haftpflichtlage durchzuführen, nicht erreicht, denn der Haftpflichtver muß nunmehr einen Verteilungsplan aufstellen **ohne** Berücksichtigung des Abkommens (Clasen a. a. O. S. 64; Stiefel-Wussow § 10 Anm. 26). Die sich daraufhin für den Vmer seines Partners ergebende Zuteilung stellt die Höchstleistung dessen dar, was der Verpflichtete auf Grund des Abkommens zu erstatten hat. Hierbei ist aber zu berücksichtigen, daß bei nur teilweiser Entschädigung des Vmers durch seinen Ver der erstere das Recht auf bevorzugte Befriedigung hat, weil sich § 67 I 2 auch im Falle des § 156 III durchsetzt (vgl. oben Anm. 91).

Beispiel: Bei einem Verkehrsunfall mit vielen Verletzten, an dem Vmer 1 schuld ist, hat Vmer 2 einen Fahrzeugschaden von 12 000,— DM erlitten. Sein Kaskover entschädigt mit 11 500,— DM, weil eine Selbstbeteiligung von 500,— DM vorgesehen ist. Nach dem Verteilungsplan des Haftpflichtvers von Vmer 1 sind alle Schäden mit $^5/_{12}$ zu ersetzen. Das bedeutet, daß Vmer 2 wegen seines Befriedigungsvorrechts 500,— DM verlangen kann, sein Kaskover 4500,— DM; das Abkommen zwischen den beiden Vern, nach dem der Kaskover 5750,— DM zu beanspruchen hätte, wirkt sich also nicht mehr aus.

Sieg

[180] bb) Schadenfreiheitsrabatt und ähnliche Vorteile.

Wir haben gesehen, daß sich der Regreß des Vers nicht in dem Sinne günstig auf den Vmer auswirkt, daß dieser sich dadurch Schadenfreiheitsrabatte und ähnliche Vorteile erhalten kann (oben Anm. 92). Das wäre unbillig, wenn seine Police lediglich deshalb belastet wird, weil sein Ver mit einem anderen durch ein Teilungsabkommen verbunden ist. Deshalb sieht § 21 III VO über die Tarife in der Kraftfahrtv vom 20. 11. 1967 in der Fassung der VO vom 6. 12. 1968 vor, daß der Vertrag dann als schadenfrei zu behandeln ist, wenn der Ver Aufwendungen erbracht hat, die lediglich auf allgemeinen Vereinbarungen der beteiligten Ver beruhen. Auf § 21 III nimmt dessen Absatz 5 Bezug, auf den wiederum § 25 III 3 hinweist, so daß diese Regelung auch für die Beitragsermäßigung aus technischem Überschuß gilt. Auch hier wird also das wirtschaftliche Ziel der Abkommen nicht völlig erreicht, denn zur Feststellung, ob der Ver lediglich auf Grund eines Abkommens Aufwendungen gehabt hat, ist eine — zumindest überschlägliche — Prüfung der Haftpflichtfrage erforderlich.

Das hier Ausgeführte gilt für die Vmer beider Abkommenspartner, denn jeder von diesen kann in die Lage kommen, nur auf Grund des Abkommens dem anderen Teil etwas leisten zu müssen.

[181] d) Insbesondere: Vorhandensein eines Mitschädigers.
aa) Möglichkeiten der Abwicklung.

Zur Verdeutlichung der hiermit verbundenen Problematik diene folgendes Beispiel: Der Kraftfahrzeughalter K erleidet einen Totalschaden an seinem Fahrzeug, der voll gedeckt ist bei VU K. Schuldhaft verursacht ist der Schaden durch den Radfahrer R und den Kraftfahrzeughalter und -fahrer K 1. Die interne Haftungsquote wird für R mit $\frac{1}{4}$, für K 1 mit $\frac{3}{4}$ festgestellt. K 1 ist bei VU H vt, zwischen VU K und VU H besteht ein Teilungsabkommen. Folgende Gestaltungen sind denkbar:

1. K nimmt seinen Kaskover in Anspruch, dieser entschädigt mit 12000,— DM. Verpflichtet das Abkommen zum Vorregreß, so ist VU K gehalten, den auf ihn übergegangenen Anspruch K/R (§ 67) zu verfolgen, ehe er sich an seinen Abkommenspartner wendet. VU K wird das zweckmäßigerweise nur in dem Umfang tun, in dem R auf Grund seines Innenverhältnisses zu K 1 haftet, also zum Betrage von 3000,— DM. Hinsichtlich des Restes von 9000,— DM findet das Teilungsabkommen Anwendung, d. h. VU K hat einen Anspruch gegen VU H in Höhe von 4500,— DM. Diese Art des Vorgehens hält mit Recht Pfennig VersR 1952 S. 418 für die beste.

2. VU K ist aber nicht gehalten, sich auf eine Forderung gegen R in Höhe von 3000,— DM zu beschränken. Er kann ihn auch bis zu 12000,— DM in Anspruch nehmen (anders ohne ersichtlichen Grund Stiefel-Wussow Anhang zu §§ 10—13 Anm. 42). Kommt R dieser Forderung in Höhe von 12000,— DM nach, hat er einen Ausgleichsanspruch gegen K 1 in Höhe von 9000,— DM, für den VU H eintreten muß (vgl. Clasen a. a. O. S. 65f.). VU H kann nunmehr auf Grund des Abkommens eine Beteiligung von VU K in Höhe von 4500,— DM verlangen. Das letztere ergibt zwar nicht der Wortlaut der Abkommen, wohl aber deren Sinn: Es soll eine hälftige Beteiligung des Kaskovers an den Aufwendungen des Haftpflichtvers erfolgen, wenn die Abwicklung nicht normal verläuft (beim normalen Verlauf ist der Kaskover der auf Grund des Abkommens Fordernde). Einer Abtretung, die Pfennig VersR 1952 S. 418 für nötig hält, bedarf es also nicht.

3. VU K verlangt, nachdem er K entschädigt hat, abkommensmäßige Beteiligung von VU H. Dazu ist er berechtigt, wenn keine Verpflichtung zum Vorregreß besteht (das Kasko-Haftpflicht-Standardteilungsabkommen behandelt nur den Vorregreß gegenüber Kraftfahrzeughaltern bzw. -fahrern). VU H muß VU K in Höhe von 6000,— DM befriedigen (G. Schmidt VersR 1965 S. 1117 meint zu Unrecht, aus der Rechtsprechung des BGH ergebe sich, daß der Abkommensberechtigte nur die Hälfte dessen vom Verpflichteten verlangen könne, was dessen Vmer unter Berücksichtigung seines Innenverhältnisses zum Mitschädiger schulde, in meinem Beispiel also 4500,— DM. Die von G. Schmidt angezogene BGH-Entscheidung — wie übrigens auch BGH 25. I. 1966 VersR 1966 S. 364, 366 — bezieht sich auf Gesamtgläubiger, sie läßt nicht die

X. Surrogatslösungen **§ 67**
Anm. 182

von Schmidt gezogenen Schlüsse auf Gesamtschuldner zu). Dem R gegenüber wirkt sich diese Zahlung so aus, als seien die Kaskoaufwendungen des VU K erstattet, d. h. dessen Regreßforderung gegen R geht unter: Clasen a. a. O. S. 64f.; Stiefel-Wussow Anhang zu §§ 10—13 Anm. 42; OLG Stuttgart 20. VII. 1951 VersR 1951 S. 259; LG Bochum 9. III. 1962 VersR 1964 S. 1115 (Leitsatz); LG Heilbronn 20. X. 1953 VersR 1954 S. 502.

Da die abkommensmäßige Leistung andererseits nicht etwa dem VU H über § 67 einen Ausgleichsanspruch gegen R verschaffen konnte, ist dieser also in Höhe von 3000,— DM ungerechtfertigt bereichert (vgl. oben Anm. 157 sowie LG Frankenthal 19. III. 1959 MDR 1961 S. 945; LG München I 19. IV. 1967 VersR 1968 S. 405; LG Köln 28. I. 1964 VersR 1964 S. 766; LG Oldenburg 18. XII. 1963 VersR 1964 S. 1040. Abweichend LG Köln 21. IV. 1961 VersR 1966 S. 72 und Stiefel-Wussow Anhang zu §§ 10—13 Anm. 40, die den Rechtsübergang nach § 67 auf den abkommensmäßig zahlenden Haftpflichtver bejahen). Entreichert um je 1500,— DM sind VU H und VU K. Beide hätten, wenn zunächst R in Anspruch genommen worden wäre, endgültig 4500,— DM aufwenden müssen. Das ergibt sich für VU H ohne weiteres aus den obigen Erörterungen zu 1. und 2., bei VU K sieht die Rechnung wie folgt aus: Kaskoaufwendungen = 12000,— DM, davon hereingebracht von R 3000,— DM, von VU H 4500,— DM; endgültige Belastung 4500,— DM.

VU H und VU K haben also einen Bereicherungsanspruch gegen R in Höhe von je 1500,— DM. Es ist also nicht richtig, daß die abkommensmäßige Erledigung den außenstehenden Mitschädiger endgültig befreit, wie Voss VersR 1954 S. 109 annimmt. Richtig ist, daß der nachträgliche Außenregreß des Abkommensberechtigten nicht (etwa über den Ausgleichsanspruch dieses Mitschädigers gegen den Haftpflichtvmer) zu einer überabkommensmäßigen Belastung des Haftpflichtvers führen darf. Diese Gefahr ist aber bei dem hier aufgezeigten Weg gebannt. Auf diese Weise hätte der Fall LG Stuttgart 20. VII. 1951 VersR 1951 S. 259 gelöst werden müssen.

4. Will der geschädigte K seinen Ver schonen, so **kann er R auf** 12000,— DM in **Anspruch nehmen**, die weitere Abwicklung verläuft dann wie im Falle 2. Die Leistung, die in diesem sowie in dem gleich zu erörternden Fall 5. VU K an VU H erbringen muß, ist übrigens, sofern VU K dem Finanzierungsinstitut seines Vmers K einen Sicherungsschein ausgestellt hatte, dem Sicherungsscheininhaber nicht anzuzeigen (Wussow VersR 1958 S. 207). Das ergibt sich daraus, daß VU K hier lediglich auf Grund des Abkommens leistet, nicht auf Grund vsvertraglicher Verpflichtung: K hat den Anspruch des Vten aufgegeben (§ 67 I 3), indem er R auf Ersatz belangt (vgl. oben Anm. 75).

5. K kann seinen Kaskover auch in der Weise schonen, daß er **K 1 und/oder VU H in Anspruch nimmt**. VU H kann sich nicht auf das Teilungsabkommen berufen, sondern muß K in Höhe von 12000,— DM befriedigen. Auf Grund § 67, der hier eingreift, weil VU H im Unterschied zum Fall 3. oben nicht auf Grund des Abkommens geleistet hat, geht nunmehr der Ausgleichsanspruch K 1 gegen R in Höhe von 3000,— DM auf VU H über. Sieht das Abkommen eine Vorregreßpflicht vor, so ist VU H gehalten, zunächst R in Anspruch zu nehmen, ehe er auf Grund des Abkommens von VU K hälftige Beteiligung am Rest von 9000,— DM verlangt. Ist keine Regreßpflicht vereinbart, kann VU H auf Grund des Teilungsabkommens 6000,— DM verlangen. Entsprechend dem oben 3. behandelten Fall haben nunmehr beide Ver einen Bereicherungsanspruch gegen R in Höhe von 1500,— DM.

[182] bb) Zusammenfassung.

Bei der Durchführung der Teilungsabkommen im Falle der Beteiligung eines nichtgebundenen Mitschädigers gehen die Meinungen auseinander. Die aufgezeigten Lösungen haben den Vorteil,

1. daß der unbeteiligte R durch das Teilungsabkommen weder begünstigt wird, noch daß sich seine Lage dadurch verschlechtert;
2. daß es auf die Reihenfolge der Inanspruchnahmen nicht ankommt, daß vielmehr im Endergebnis stets VU H und VU K je 4500,— DM, R 3000,— DM für den Schaden aufwenden müssen.

Wenn der Mitschädiger herangezogen wird, ist allerdings wiederum der Zweck der Abkommen, den Schaden ohne Prüfung der Haftpflichtfrage zu bereinigen, nicht zu erreichen. Deshalb werden die Partner, wenn der Vorregreß nicht vorgeschrieben ist, meist den Schaden von 12 000,— DM unter sich aufteilen und auf die Durchführung der Bereicherungsansprüche gegen R verzichten.

[183] **2. Kraft Gesetzes (Regreß des Entschädigungsfonds).**

a) Rechtsgrundlage.

Nach § 12 V PflichtversG kann der Fonds von den Personen, für deren Schadenersatzverbindlichkeiten er einzutreten hatte, Ersatz seiner Aufwendungen verlangen. Diese Vorschrift ist das Gegenstück zu § 3 Ziff. 10 S. 2 PflichtversG, der seinerseits als Legalisierung der Rechtsprechung zu § 158f VVG aufgefaßt werden kann (vgl. oben Anm. 158). Es handelt sich um einen originären Anspruch, eine Verwandtschaft mit § 67 besteht nicht.

§ 12 VI PflichtversG sieht einen dreifachen Anspruchsübergang vor. Betroffen von der cessio legis werden hiernach der Ersatzanspruch des Entschädigten gegen Halter, Fahrer und Eigentümer (im folgenden „Hauptforderung" genannt), der Ersatzanspruch gegen einen Mitschädiger (im folgenden „Parallelforderung" genannt) und der Anspruch von Halter, Fahrer und Eigentümer gegen einen Mitschädiger (Ausgleichsanspruch).

[184] **b) Verhältnis zu § 67.**

§ 12 VI PflichtversG stimmt mit § 67 nur im gesetzestechnischen Mittel überein, er stellt aber keine besondere Ausformung der letzteren Vorschrift dar. Das ergibt sich schon daraus, daß der Fonds kein Ver ist. Von den Merkmalen der V fehlt es bei ihm an der Entgeltlichkeit der Bedarfsdeckung: Die Zuweisungen der Kraftfahrzeughaftpflichtver und der Haftpflichtschadenausgleiche nach § 13 I PflichtversG sind nicht als Beiträge aufzufassen, sondern als Dotierungen für eine öffentliche Aufgabe, weshalb der Fonds eher ein Instrument der Versorgung als der V darstellt. Deshalb ist es systemgerecht, daß er nicht der Fachaufsicht des Bundesaufsichtsamts, sondern der Dienstaufsicht des Bundesministers der Justiz untersteht: VO des BJM über den Entschädigungsfonds vom 14. XII. 1965 § 3 (vgl. Baumann, Leistungspflicht und Regreß des Entschädigungsfonds für Schäden aus Kraftfahrzeugunfällen, ungedr. Berliner Diss. 1967, S. 122ff.; Sieg ZVersWiss 1969 S. 504. Im übrigen kann § 12 VI PflichtversG auch deshalb nicht als Anwendungsfall von § 67 angesehen werden, weil Halter, Fahrer und Eigentümer durch die Leistung des Fonds nicht endgültig befreit werden, wie sich aus dem gegen sie gerichteten Regreß ergibt.

Hier ist also im Unterschied zu dem oben Anm. 175—182 behandelten Fall der Teilungs- und Regreßverzichtsabkommen § 67 völlig verdrängt.

[185] **c) Ausgestaltung.**

Blicken wir zunächst auf die Hauptforderung, die übergeht, so fällt die Parallele zu § 158f ins Auge. Auch dort macht die cessio legis nicht beim Anspruch gegen den Vmer halt, sondern erstreckt sich auch auf die Ansprüche gegen die Vten (Fahrer und Eigentümer). Eigenartig ist aber, daß auch der Ausgleichsanspruch auf den Fonds unmittelbar übergeht. Diese Folgerung wird im Rahmen des § 158f abgelehnt; der „kranke" Haftpflichter kann den Ausgleichsanspruch nur gewinnen, nachdem er die auf ihn übergegangene Ersatzforderung ausgeklagt und auf Grund dieses Titels in den Ausgleichsanspruch vollstreckt hat.

Vollends an einer Parallele zu § 158f fehlt es, soweit auf den Fonds der Parallelanspruch übergeht. Die Erwägung zu § 158f, daß der Ver nur für Vmer und Vte dem Geschädigten gegenüber einzutreten hat, nicht aber für den Mitschädiger, würde entsprechend auch für den Fonds gelten. Deshalb stellt die Sukzession in die Parallelforderung eine Besonderheit dar (im Rahmen des § 67 ist der Eintritt des Vers in die Ersatzforderungen des Vmers gegen Gesamtschuldner — vgl. oben Anm. 26 — indes systemgerecht: Die Ventschädigung hat der Vmer zu beanspruchen, ohne Rücksicht darauf, ob ersatzpflichtige Schadenstifter vorhanden sind. Im „kranken" Vsverhältnis wird dagegen der Geschädigte befriedigt, weil er eine Ersatzforderung gegen eine bestimmte Person hat).

Wegen aller hier in bezug genommenen Einzelfragen zu § 158f wird auf die Ausführungen oben Anm. 147, 148 verwiesen.

Schwierig ist das Verhältnis der drei Legalzessionen (Hauptforderung, Parallelforderung, Ausgleichsforderung) zueinander (vgl. hierzu und zum folgenden Baumann a. a. O. S. 105—111, 155—158). Kern der Übergangsregelung bildet die Hauptforderung, denn für deren Schuldner ist der Fonds zunächst eingetreten. Insoweit ist § 12 VI PflichtversG mit § 774 BGB vergleichbar.

Im Zusammenhang damit geht die Parallelforderung über, wofür man eine Stütze in §§ 412, 401 BGB erblicken kann. Der Mitschädiger kann aber vom Fonds nur in der Höhe in Anspruch genommen werden, die seiner internen Haftungsquote entspricht, anderenfalls würde er die Zeche bezahlen müssen, ohne Ausgleich bei einem solventen Mitschuldner nehmen zu können.

Der ferner noch vorgesehene Übergang der Ausgleichsforderung ist dagegen ohne praktische Bedeutung, weil es infolge des Übergangs von Haupt- und Parallelforderung in der Regel an den Voraussetzungen einer Ausgleichspflicht des Mitschädigers fehlt.

Nachtrag

Zu Anm. 10

Entgegen dem allgemeinen Trend der Ausdehnung der cessio legis erwägt Gitter, Schadensausgleich im Arbeitsunfallrecht, Tübingen 1969, S. 259, 264 für § 1542 RVO deren Ersetzung durch einen originären Anspruch, wodurch der rückgreifende Sozialvsträger in die Lage versetzt würde, wirtschaftlichen und sozialen Erwägungen Raum zu geben, evtl. auf den Regreßanspruch zu verzichten (bedenklich).

Zu Anm. 11

Kritisch zum Regreß nach § 640 RVO Gitter a. a. O. S. 220f, 252—256.

Zu Anm. 29

Kritisch zum Urteil OLG Schleswig 28. II. 1963 VersR 1965 S. 122 neuerdings Klunzinger NJW 1969 S. 2115.

Zu Anm. 30

Der Standpunkt der Urteile BGH 20. III. 1967 BGHZ Bd 47 S. 196 = VersR 1967 S. 505 und BGH 27. VI. 1968 VersR 1968 S. 997 = NJW 1968 S. 1962ff. ist neuerdings bestätigt worden durch BGH 24. IX. 1969 VersR 1969 S. 1042.

Zu Anm. 60

Ein gutes Beispiel für die Anwendung des Kongruenzgrundsatzes in der privaten Krankenv bietet OLG Nürnberg 25. IX. 1968 VersR 1969 S. 933.

Zu Anm. 65

Gegen das Quotenvorrecht der Sozialvsträger neuerdings auch Gitter a. a. O. S. 260 bis 262.

Zu Anm. 92

Auch Klunzinger NJW 1969 S. 2114, 2116 geht davon aus, daß der Rückgriff des Kasko- und des Haftpflichtvers diesen nicht hindert, seinen VN zurückzustufen und ihm die Prämienrückvergütung zu versagen.

Zu Anm. 109

BGH 24. IX. 1969 VersR 1969 S. 1036 bestätigt, daß es auf den Haftpflichtvsschutz des Angehörigen nicht ankommt.

§ 67 Nachtrag

Zu Anm. 112

Gitter a. a. O. S. 257—259 setzt sich ausführlich (zustimmend) mit der Rechtsprechung des BGH zur analogen Anwendung des § 67 II VVG auseinander.

Zu Anm. 113

Vgl. zu einem Parallelfall, in dem die Inanspruchnahme eines an sich Verpflichteten zessiert, weil dessen Rückgriff einen weiteren Beteiligten belasten würde, der haftungsfrei bleiben soll: OLG Saarbrücken 27. III. 1969 NJW 1969 S. 2152f.

Zu Anm. 136

Ein Beispiel für die Selbständigkeit privater Krankenvverträge mit Familienangehörigen bietet AG Garmisch-Partenkirchen 9. 11. 1966 VersR 1969 S. 1015—1017.

Zu Anm. 162

Zur Legalzession in kollisionsrechtlicher Sicht neuerdings auch Birk, Schadenersatz und sonstige Restitutionsformen im internationalen Privatrecht, Karlsruhe 1969.

Zu Anm. 164, 166

Zur Frage der Anerkennung einer Legalzession nach ausländischem Recht vor deutschen Gerichten vgl. neuerdings LG Stuttgart 24. III. 1969 VersR 1969 S. 958. Ein Angehöriger der Streitkräfte der USA war in der Bundesrepublik Deutschland durch einen Verkehrsunfall schwer verletzt worden. Die USA gewährten ihm Krankenhauspflege und nahmen dieserhalb den schuldigen Verkehrsteilnehmer in Anspruch. Zu Unrecht meint LG Stuttgart, wenn eine Legalzession nach amerikanischem Recht stattgefunden hätte, wäre sie unbeachtlich, weil die Bemessung des Regreßanspruchs der Höhe nach erheblich von deutschen Rechtsvorschriften abweiche. Das ist kein Argument gegen die Aktivlegitimation der Klägerin: Zessionsgrundstatut ist das amerikanische, weil sich das besondere Gewaltverhältnis zwischen Soldaten und Dienstherrn hier nach amerikanischem Recht richtet. Die darauf fußende Legalzession ist von uns anzuerkennen, weil die Ersatzforderung nach deutschem Recht abtretbar ist (sie ginge überdies nach § 30 II SoldatenG ebenfalls auf den Dienstherrn über). Fraglich kann nur sein, in welcher Höhe die Subrogation stattgefunden hat. Da der Rechtsnachfolger keine weiteren Rechte erwerben kann als der Legalzedent, dessen Forderung sich aber nach deutschem Recht richtet, ergab sich unter diesem Gesichtspunkt die Begrenzung des eingeklagten Anspruchs.

Zu Anm. 170

BGH 24. IX. 1969 VersR 1969 S. 1036 bestätigt, daß die in den AVB der Krankenv vorgesehene Abtretung ihre Grenze an § 67 II findet.

Zu Anm. 184, 185

Die zitierte Dissertation von Baumann liegt unter dem gleichen Titel nunmehr gedruckt vor (Karlsruhe 1969).

§ 68

[1] Besteht das versicherte Interesse bei dem Beginn der Versicherung nicht oder gelangt, falls die Versicherung für ein künftiges Unternehmen oder sonst für ein künftiges Interesse genommen ist, das Interesse nicht zur Entstehung, so ist der Versicherungsnehmer von der Verpflichtung zur Zahlung der Prämie frei; der Versicherer kann eine angemessene Geschäftsgebühr verlangen.

[2] Fällt das versicherte Interesse nach dem Beginn der Versicherung weg, so gebührt dem Versicherer die Prämie, die er hätte erheben können, wenn die Versicherung nur bis zu dem Zeitpunkt beantragt worden wäre, in welchem der Versicherer von dem Wegfall des Interesses Kenntnis erlangt.

[3] Fällt das versicherte Interesse nach dem Beginn der Versicherung durch ein Kriegsereignis oder durch eine behördliche Maßnahme aus Anlaß eines Krieges weg oder ist der Wegfall des Interesses die unvermeidliche Folge eines Krieges, so gebührt dem Versicherer nur der Teil der Prämie, welcher der Dauer der Gefahrtragung entspricht.

[4] Fällt das versicherte Interesse weg, weil der Versicherungsfall eingetreten ist, so gebührt dem Versicherer die Prämie für die laufende Versicherungsperiode.

Interessemangel

Gliederung:

Entstehung Anm. 1

Schrifttum Anm. 2

I. Grundlegung Anm. 3—20
  1. Rechtsquellen Anm. 3—5
    a) Binnenv Anm. 3
    b) Seev Anm. 4
    c) Vsverhältnisse bei öffentlich-rechtlichen Vern Anm. 5
  2. Interessemangel im System des Schuldrechts Anm. 6—11
    a) Zweckfortfall nach bürgerlichem Recht Anm. 6
    b) Beziehung zu § 68 Anm. 7—8
      aa) Im allgemeinen Anm. 7
      bb) Beziehung zu § 68 I, II Anm. 8
    c) Wegfall der Geschäftsgrundlage? Anm. 9
    d) Schicksal des Vsvertrages Anm. 10—11
      aa) Grundsatz Anm. 10
      bb) Zweifelsfälle Anm. 11
  3. Anwendungsbereich des § 68 Anm. 12—20
    a) Schadensv Anm. 12—14
      aa) Passivenv Anm. 12
      bb) Insbesondere Rückv Anm. 13
      cc) Personenv Anm. 14
    b) Summenv Anm. 15
    c) Vorgehende Normen Anm. 16—20
      aa) Allgemeines Anm. 16
      bb) Einzelrechtserwerb: Aktivenv Anm. 17—18
      cc) Einzelrechtserwerb: Passivenv Anm. 19
      dd) Gesamtrechtsnachfolge Anm. 20

II. Interessemangel Anm. 21—40
  1. Begriff Anm. 21—26
    a) Elemente des Interessemangels, insbesondere Subjektmangel Anm. 21—24
      aa) Mangel am Vssubjekt Anm. 21—22
      bb) Mangel an Verfügungsgewalt Anm. 23
      cc) Verwandte Fälle Anm. 24
    b) Gefahrmangel Anm. 25
    c) Abgrenzung zur Doppelv Anm. 26
  2. Bedeutung der Einbeziehung des Gefahrmangels Anm. 27
  3. Weitere Beispiele Anm. 28—37
    a) Aus der Sachv Anm. 28—31
      aa) Nichtbestehen der Sache bei Eigentumsinteresse Anm. 28
      bb) Nichtbestehen der Sache bei anderen als Eigentumsinteressen Anm. 29
      cc) Besonderheiten bei anderen als Eigentumsinteressen Anm. 30
      dd) Nichtbestehen des Eigentums Anm. 31

- b) Aus der Forderungsv Anm. 32—33
  - aa) Nichtbestehen der Forderung Anm. 32
  - bb) Sonstige Fälle Anm. 33
- c) Aus der Gewinnv Anm. 34
- d) Aus der Haftpflichtv Anm. 35—36
  - aa) Beziehungsverknüpftes Objekt: Fahrzeug, Grundstück Anm. 35
  - bb) Restfälle Anm. 36
- e) Aus sonstiger Passivenv Anm. 37

4. Subjektive Momente Anm. 38—39
   - a) Fehlen subjektiven Tatbestands Anm. 38
   - b) Einfluß des Irrtums Anm. 39

5. Beweislast Anm. 40

III. Anfänglicher Interessemangel (§ 68 I) Anm. 41—61

1. Voraussetzungen Anm. 41—48
   - a) Wirksamer Vertrag Anm. 41—43
     - aa) Sittenwidrigkeit Anm. 41
     - bb) Andere Fälle unwirksamen Vertrages Anm. 42
     - cc) Scheinbare Unwirksamkeit (Geltung von § 68 I) Anm. 43
   - b) Vertrag über versicherbares Interesse Anm. 44—45
     - aa) Fälle unversicherbaren Interesses Anm. 44
     - bb) Lösung Anm. 45
   - c) Maßgeblicher Zeitpunkt Anm. 46—47
     - aa) Im allgemeinen Anm. 46
     - bb) Rückwärtsv Anm. 47
   - d) Vorgehende Vorschriften Anm. 48

2. Folgen Anm. 49—58
   - a) Geschäftsgebühr Anm. 49—53
     - aa) Materielles Recht Anm. 49—50
     - bb) Verfahrensrecht Anm. 51
     - cc) Aufsichtsbehördliche Genehmigung Anm. 52
     - dd) Verjährung Anm. 53
   - b) Fortfall der Geschäftsgebühr Anm. 54—55
     - aa) Bei Kenntnis des Vers Anm. 54
     - bb) Im Falle des § 68 III Anm. 55
   - c) Weitergehende Verpflichtungen des Vmers? Anm. 56—58
     - aa) Aus culpa in contrahendo Anm. 56
     - bb) Aus Verletzung vorvertraglicher Anzeigepflicht Anm. 57—58

3. Kenntnis des Vers und des Vmers Anm. 59—61
   - a) Kenntnis des Vers Anm. 59, 60
   - b) Kenntnis des Vmers Anm. 61

IV. Nachträglicher Interessemangel (Interessewegfall; § 68 II—IV) Anm. 62—76

1. Gemeinsame Voraussetzungen Anm. 62—63
   - a) Im allgemeinen Anm. 62
   - b) Rückwärtsv Anm. 63

2. Fall des § 68 II Anm. 64—69
   - a) Prämienzahlungspflicht nach Gesetz Anm. 64—65
     - aa) Voraussetzungen Anm. 64
     - bb) Durchführung Anm. 65
   - b) Prämienzahlungspflicht nach AKB Anm. 66—67
   - c) Weitergehende Verpflichtungen des Vmers aus § 40 I, II 1 Anm. 68—69
     - aa) Interessewegfall vor Auslaufen der Kündigungsfrist Anm. 68
     - bb) Interessewegfall nach Beendigung des Vsvertrages Anm. 69

3. Fall des § 68 III Anm. 70—74
   - a) Voraussetzungen Anm. 70—73
     - aa) Kriegsereignis Anm. 70—71
     - bb) Behördliche Maßnahme aus Anlaß des Krieges Anm. 72
     - cc) Unvermeidliche Folge des Krieges Anm. 73
   - b) Prämienzahlungspflicht Anm. 74

4. Fall des § 68 IV Anm. 75—76
   - a) Prämienzahlungspflicht nach Gesetz Anm. 75
   - b) Prämienzahlungspflicht nach AVB Anm. 76

Zusatz zu III und IV: Kosten des Rechtsstreits Anm. 77—78
1. Materiellrechtliche Vorfrage Anm. 77
2. Kostenlast Anm. 78

V. V für fremde Rechnung Anm. 79—91
1. Anwendungsbereich Anm. 79—81
   a) Allgemeines Anm. 79
   b) Vorgehende Vorschriften Anm. 80—81
      aa) Einzelrechtserwerb Anm. 80
      bb) Gesamtrechtsnachfolge Anm. 81
2. Grundsätzliches zum Interessemangel bei der V für fremde Rechnung Anm. 82
3. Fehlende Zustimmung des Vten Anm. 83—85
   a) Verhältnis zu § 68 Anm. 83
   b) Bei V für Rechnung wen es angeht Anm. 84
   c) Vergleich mit §§ 159, 179 Anm. 85
4. Alternierende Fremd-/Eigenv Anm. 86—87
   a) Kraftfahrzeugkaskov mit Sicherungsschein Anm. 86
   b) Interessemangel hierbei Anm. 87
5. Alternierende Eigen-/Fremdv Anm. 88
6. Kumulierte Eigen- und Fremdv Anm. 89
7. Fremdv mit verdeckter Eigenv Anm. 90—91
   a) Kundenv Anm. 90
   b) Interessemangel hierbei Anm. 91

VI. Partieller Interessemangel Anm. 92—110
1. Sachlicher partieller Interessemangel Anm. 92—100
   a) Abgrenzung vom vollständigen Interessemangel Anm. 92—93
      aa) Abstellung auf Vertrag und Vszweig Anm. 92
      bb) Abstellung auf Gegenstände und Wagnisse Anm. 93
   b) Gesetzliche Lage Anm. 94—97
      aa) Partieller Gefahrmangel Anm. 94
      bb) Partieller Interessemangel im engeren Sinne Anm. 95
      cc) Geschäftsgebühr in diesem Fall Anm. 96
      dd) Partieller Interessemangel auf Grund Vsfalles Anm. 97
   c) Lage nach den AVB Anm. 98
   d) Besonderheiten bei Inbegriffs- bzw. Sammelv Anm. 99—100
      aa) Aus dem Bereich des § 68 auszuscheidende Fälle Anm. 99
      bb) Geltung des § 68 Anm. 100
2. Zeitlicher partieller Interessemangel Anm. 101—110
   a) Rechtliche Bedeutung Anm. 101—102
   b) Abgrenzung zwischen dauerndem und vorübergehendem Interessemangel Anm. 103
   c) Inanspruchnahme auf Grund BLeistungsG Anm. 104
   d) Dienst in der Bundeswehr Anm. 105—107
      aa) Lebens- und Krankenv Anm. 105
      bb) Unfallv Anm. 106
      cc) Nichtpersonenv Anm. 107
   e) Lage nach den AVB Anm. 108—110
      aa) Regelung des § 5 AKB Anm. 108
      bb) Zweifelsfragen hierzu Anm. 109
      cc) Sonstige AVB Anm. 110

VII. Halbzwingender Charakter Anm. 111—121
1. Tragweite der Vertragsbeschränkung Anm. 111—114
   a) Bei analoger Anwendung des § 68 Anm. 111
   b) Normative Erweiterung der Vertragsbeschränkung Anm. 112
   c) Vertragsfreiheit Anm. 113—114
      aa) Gesetzeslage Anm. 113
      bb) Übergesetzliche Beschränkung? Anm. 114
2. Inhalt der Vertragsbeschränkung Anm. 115—121

§ 68
Anm. 1—4

a) Auflösend bedingter Vertrag Anm. 115
b) Vertragsstrafvereinbarung Anm. 116
c) Zu beanstandende AVB-Regelungen Anm. 117—118
aa) AFB/AEB, MBKK Anm. 117
bb) AKB Anm. 118
d) Saldierende Betrachtung? Anm. 119
e) Unbedenkliche Regelungen Anm. 120—121
aa) Beispiele Anm. 120
bb) Insbesondere AVB Hagel Anm. 121

[1] Entstehung:

Die Vorschrift ist durch Art. I Ziff. 2 Zweite VO zur Ergänzung und Änderung des VVG vom 6. IV. 1943 (RGBl I S. 178) neu gefaßt worden. Ursprünglich lautete § 68:

„Besteht das Interesse, für welches die Versicherung genommen ist, bei dem Beginne der Versicherung nicht oder gelangt, falls die Versicherung für ein künftiges Unternehmen oder sonst für ein künftiges Interesse genommen ist, das Interesse nicht zur Entstehung, so ist der Versicherungsnehmer von der Verpflichtung zur Zahlung der Prämie frei; der Versicherer kann eine angemessene Geschäftsgebühr verlangen.

Fällt das Interesse, für welches die Versicherung genommen ist, nach dem Beginne der Versicherung weg, so gebührt dem Versicherer die Prämie für die laufende Versicherungsperiode."

§ 68 I ist also lediglich redaktionell geändert worden, während die Neufassung von § 68 II—IV eine Besserstellung des Vmers gegenüber dem vorangehenden Rechtszustand bedeutet. — Begründung zur ursprünglichen Fassung: Begr. I S. 77—78, zur Zweiten VO; DJustiz 1943 S. 268.

[2] Schrifttum:

Bruck S. 494—503, Ehrenzweig S. 223—226, Evers, Interesse- und Gefahrfortfall in der Kraftfahrv, Hamburger Diss. 1954, von Gierke II S. 181—185, Johannsen Allg-Haftpflichtv: D 28, Kisch III S. 200—234, Lenski, Zur Veräußerung der vten Sache, Karlsruhe 1965, Ottow, Interessen- und Gefahrenwegfall, Hamburger Diss. 1965, Prölss-Martin[18] Anm. 1—9 zu § 68, S. 352—356, Puhl, Der Prämienanspruch bei Risikomangel oder -wegfall (§ 68 VVG), Erlanger Diss. 1936; Ritter-Abraham Anm. 1—19 zu § 4, S. 185—190, Sasse, Die fehlende Gefahrtragung des Vers in § 68 VVG, Hamburger Diss. 1952, Stiefel-Wussow[8] Anm. 1—20 zu § 6, S. 226—248, Thees DJustiz 1943 S. 280—282.

[3] I. Grundlegung.

1. Rechtsquellen.

a) Binnenversicherung.

Im Bereich der Binnenv bildet § 68 die grundlegende Norm für den Einfluß des Interessemangels auf das Vsverhältnis. Er findet nicht nur auf die im VVG ausdrücklich geregelten Zweige Anwendung, sondern auf die Schadensv schlechthin, mag der betreffende Zweig bei Schaffung des VVG schon vorhanden gewesen, mag er erst später eingeführt worden sein (BGH 24. IV. 1967 VA 1967 S. 181).

In der Tierv tritt dem § 68 II—IV der § 128 I 1 VVG an die Seite. In dieser Vorschrift wird entgegen §§ 69—72 die Veräußerung als Interessewegfall im Sinne des § 68 behandelt, das Prämienschicksal ist wie in § 68 IV geordnet.

[4] b) Seeversicherung.

Für die Seev gilt § 68 laut § 186 nicht. Hier bilden §§ 894—897 HGB ein Analogon. Diese Bestimmungen sind in praxi durch § 4 ADS verdrängt. § 4 I 1, 3 ADS entspricht tatbestandlich dem § 68 I, § 4 II ADS dem § 68 II—IV. Die Rechtsfolgen stimmen nicht überein.

I. Grundlegung **§ 68**
Anm. 5, 6

Das wirkt sich weniger bei § 4 I ADS aus (die Ristornogebühr, deren Höhe durch § 18 ADS festgelegt ist, ist mit der Geschäftsgebühr des § 68 I zu vergleichen) als bei § 4 II: Die Verpflichtung zur Prämienzahlung wird durch den Interessewegfall nicht berührt. Die Differenzierungen des § 68 II—IV entfallen hier.

Bemerkenswert ist schließlich, daß nach § 50 II ADS die V endet (also nicht übergeht), wenn ein vtes Schiff außerhalb der Reise veräußert wird. § 50 II ADS entspricht also § 128 I VVG (vgl. oben Anm. 3).

[5] c) Versicherungsverhältnisse bei öffentlich-rechtlichen Versicherern.

Soweit die Individualv durch öffentlich-rechtliche Ver betrieben wird, ist § 192 I einschlägig. Danach findet Landesrecht Anwendung, soweit Vsverhältnisse bei einer nach Landesrecht errichteten öffentlich-rechtlichen Anstalt unmittelbar kraft Gesetzes entstehen oder infolge gesetzlichen Zwanges bei solcher Anstalt genommen werden. Auf sonstige Ven bei öffentlich-rechtlichen Vsträgern findet das VVG subsidiär Anwendung, d. h. soweit nicht Satzungen oder AVB Abweichungen von ihm enthalten: § 192 II (vgl. zum Anwendungsbereich von § 192 I, II: Büchner in: Rechtsfragen der Individualv, Festgabe zum 50. Geburtstag von Erich R. Prölss, Karlsruhe 1957, S. 20—24).

Die meisten partikularen Normen regeln den Tatbestand des § 68 nicht (dann greift die Übung oder sogar die Observanz ein, das Gesetz so anzuwenden, wie es dem VVG entspricht, vgl. Büchner a. a. O. S. 29). Eine Ausnahme macht das G über die Braunschweigische Landesbrandvsanstalt vom 9. V. 1913, § 19 I (Schmidt—Müller-Stüler, Das Recht der öffentlich-rechtlichen Sachv, 2. Aufl., Karlsruhe 1968, S. 280f.). Hiernach wird der Vsvertrag nicht aufgehoben, wenn das vte Gebäude ganz oder teilweise abgebrochen, zerstört oder beschädigt wird; der Vertrag gilt mit der ursprünglichen Vssumme so lange für das Ersatzgebäude als fortbestehend, bis ein neuer Vsvertrag abgeschlossen worden ist. Die Bestimmung ist durch § 192 I VVG gedeckt (vgl. unten Anm. 114).

[6] 2. Interessemangel im System des Schuldrechts.

a) Zweckfortfall nach bürgerlichem Recht.

In den Fällen des § 68 kann der Ver als Schuldner seine Leistung, die Gefahrtragung, nicht erbringen, weil auf Gläubiger (= Vmer-)seite der Zweck hierfür fortgefallen ist. Während man früher geneigt war, den Wegfall des Gläubigerinteresses (durch Zweckerreichung oder Zweckfortfall) als eigenständigen Erlöschensgrund für die Forderung oder für das ganze Schuldverhältnis anzusehen (vgl. etwa Möller, Allgemeines Schuldrecht, Studienbehelf, Hamburg 1947, S. 64), geht heute die überwiegende Ansicht dahin, die auftauchenden Zweifelsfragen unter Zugrundelegung der Unmöglichkeitsregeln (wenn auch mit gewissen Modifikationen unter dem Gesichtspunkt der Risikoverteilung) zu lösen (vgl. Wieacker in: Festschrift für H. C. Nipperdey zum 70. Geburtstag, Bd I, München-Berlin 1965, S. 810f., Esser, Schuldrecht, Bd 1, 4. Aufl., Karlsruhe 1970, S. 222f., Blomeyer, Allgemeines Schuldrecht, 4. Aufl., Berlin-Frankfurt/M. 1969, S. 251, Beuthien, Zweckerreichung und Zweckstörung im Schuldverhältnis, Tübingen 1969, S. 306—308, Brox, Allgemeines Schuldrecht, 2. Aufl., München 1971, S. 189, OLG Frankfurt 16. IX. 1971 VersR 1972 S. 306 = JZ 1972 S. 245—248 m. Anm. Beuthien).

Aus diesem Schrifttum zeichnet sich folgende große Linie ab: Der Gläubiger wird frei oder (wenn der Schuldner schon zum Teil geleistet hatte) teilweise frei, wenn der Fortfallsgrund nicht zu seiner Sphäre gehört, vor allem, wenn er als höhere Gewalt anzusehen ist (§ 323 I BGB). Andernfalls behält der Schuldner seinen Geldanspruch, muß sich aber anrechnen lassen, was er infolge Befreiung von der Leistung erspart (§ 324 I BGB).

Stark gehen die Meinungen darüber auseinander, ob der Schuldner in ersterem Fall seine Aufwendungen ersetzt verlangen kann. Diese Frage wird bei Zweckerreichung eher bejaht als bei Zweckfortfall, unserem Tatbestand (Blomeyer a. a. O. S. 251, Wieacker a. a. O. S. 811. Weitergehend: Palandt-Heinrichs[31] Anm. 1 zu § 323, S. 327).

Sieg

[7] b) Beziehung zu § 68.
  aa) Im allgemeinen.

Auch Sasse a. a. O. S. 30, 36f. und Ritter-Abraham Anm. 4 zu § 4, S. 185 vergleichen § 68 mit bürgerlich-rechtlichen Unmöglichkeitsvorschriften (Kisch III S. 225f. führt den Gesichtspunkt der Zweckerreichung an). Auch § 68 I [anfänglicher Interessemangel] ist mit der nachträglichen Unmöglichkeit zu vergleichen, weil es bei letzterer anders als bei § 68 I [s. unten Anm. 46] auf den Vertragsschluß ankommt: Palandt-Heinrichs[31] Anm. 2 zu § 306, S. 304, Anm. 3 zu § 275, S. 261.

Den zivilrechtlichen Zweifelsfragen, die im Zusammenhang mit dem Zweckfortfall auftreten, braucht hier nicht nachgegangen zu werden, weil in Gestalt des § 68 eine ausgeformte Regelung vorliegt. Wegen der dadurch erzielten Rechtssicherheit ist es zu begrüßen, daß sich das VVG ausdrücklich dieses Tatbestands angenommen hat. Immerhin ist es lehrreich und für die Auslegung des § 68 nützlich, ihn an den Maßstäben des bürgerlichen Rechts zu messen.

Vorgezogen werden sollen hier § 68 III und IV, weil diese Absätze unproblematisch sind: Das Ergebnis des § 68 III entspricht völlig dem, das auch aus § 323 I BGB herzuleiten wäre. — Die Lösung des § 68 IV ist gerecht, weil hier der Ver die aus der Konkretisierung der Gefahrtragung resultierende Entschädigungsleistung voll erbracht hat.

[8] bb) Beziehung zu § 68 I und II.

§ 68 I und II kann (bis auf die Abstellung auf die Kenntniserlangung des Vers) generalisierend als systemgerechte Lösung betrachtet werden. Das VVG unterscheidet nicht, ob der Interessemangel dem Vmer zuzurechnen ist oder nicht (vgl. unten Anm. 38). Würde er in casu nicht zur Gläubigersphäre gehören, wäre nach § 323 I BGB pro rata abzurechnen, nicht nach Kurztarif, wie in § 68 II; ob dem Ver die Geschäftsgebühr (vgl. § 68 I) zustände, wäre sehr fraglich (vgl. oben Anm. 6 a. E.). In diesem Fall steht sich also der Vmer schlechter. Wenn hingegen der Interessewegfall dem Vmer zuzurechnen ist, würde er nach § 324 I BGB in der Regel mehr zu zahlen haben, als es nach § 68 I, II der Fall ist (vgl. Grieshaber, Das Synallagma des Vsvertrages, Mannheim-Berlin-Leipzig 1914, S. 48, 53).

Das Absehen vom Merkmal des Vertretenmüssens führt also zu einer Lösung, die zwischen den Ergebnissen der §§ 323 I und 324 I BGB liegt. Allerdings steht sich der Vmer insofern schlechter als nach bürgerlichem Recht, als der entscheidende Zeitpunkt für die Prämienreduktion nach § 68 II nicht der Interessefortfall selbst, sondern erst die Kenntnis davon beim Ver ist.

Zusammenfassend kann gesagt werden, daß die Lösungen des § 68, auf dem Hintergrund des BGB gesehen, eher ver- als vmerfreundlich erscheinen.

[9] c) Wegfall der Geschäftsgrundlage?

Feyock VersR 1969 S. 7 sieht im Interessemangel nach § 68 einen Wegfall der Geschäftsgrundlage. Das ist indes nicht zutreffend. Bei diesem Institut handelt es sich um das Problem, ob und inwieweit die Leistung dem Schuldner noch zuzumuten ist (Blomeyer, Allgemeines Schuldrecht, 4. Aufl., Berlin-Frankfurt/M. 1969, S. 138—142, Brox, Allgemeines Schuldrecht, 2. Aufl., München 1971, S. 131). So liegt es hier aber nicht. Es ist keine Rede davon, daß dem Ver die Leistung aus irgendeinem Grunde nicht anzusinnen wäre. Die Störung tritt vielmehr auf der Gläubigerseite ein. Gegen die Rechtsfigur des Wegfalls der Geschäftsgrundlage im Zusammenhang mit Zweckfortfall spricht sich auch Beuthien, Zweckerreichung und Zweckstörung im Schuldverhältnis, Tübingen 1969, S. 308 aus.

[10] d) Schicksal des Versicherungsvertrages.
  aa) Grundsatz.

Wenn sich die im Zweckfortfall liegende Unmöglichkeit nicht nur auf eine Leistung innerhalb eines umfassenden Schuldverhältnisses bezieht, sondern überhaupt keine Hauptleistungen erbracht werden können, ist das ursprüngliche Schuldverhältnis be-

I. Grundlegung § 68
Anm. 11—13

endet, d. h. hier, der Vsvertrag erlischt (ebenso Ehrenzweig, Die Rechtslage des Vsvertrages und die klassische Logik, Hamburg 1954, S. 47, RG 5. VI. 1943 RGZ Bd 171 S. 120, 121, AG Stuttgart 11. XI. 1953 VersR 1954 S. 35; anders Prölss-Martin[18] Anm. 1 zu § 68, S. 353, Sasse S. 149f., OLG Hamburg 7. XII. 1955 VersR 1956 S. 42f.). Deshalb zessiert in solchen Fällen das Klarstellungserfordernis des § 6 I 2 VVG: BGH 17. XI. 1955 BGHZ Bd 19 S. 32, 35, OLG Celle 19. XI. 1956 VersR 1957 S. 176f. Neue Rechtsfolgen können nicht entstehen.

Das schließt selbstverständlich nicht aus, daß noch Verbindlichkeiten aus dem erloschenen Vertrage vorhanden sein können, auf seiten des Vmers etwa in Gestalt rückständiger Prämie, auf seiten des Vers etwa in Gestalt noch nicht vergüteter Schäden.

[11] bb) Zweifelsfälle.

Die Beendigung des Vsvertrages tritt dann nicht ein, wenn trotz des Interessemangels noch primäre Leistungspflichten des Vers entstehen können, wie im Falle des § 128 oder aufgrund der Nachv etwa nach § 6 (1) AVB Tierv: AG Hildesheim 13. I. 1953 VersR 1953 S. 495. Andererseits zwingt § 6 III letzter Satzteil AKB (Anrechnung der unverbrauchten Prämie auf einen Vsvertrag für ein Ersatzfahrzeug desselben Vmers) entgegen OLG Schleswig 31. V. 1958 VersR 1960 S. 591f. nicht dazu, den Vsvertrag bis dahin als fortbestehend anzusehen (wie hier im Ergebnis Stiefel-Wussow[8] Anm. 18 zu § 6 AKB, S. 246): Es handelt sich lediglich um eine auf die Prämie bezügliche Folge aus dem alten Vertrag für den neuen.

Über weitere Fälle, in denen der Vsvertrag trotz Eingreifens des § 68 nicht erlischt, vgl. unten Anm. 92, 93, 100.

[12] 3. Anwendungsbereich des § 68.

a) Schadensversicherung.

aa) Passivenversicherung.

§ 68 gilt nach seiner Stellung im Gesetz (vgl. die Überschriften zum 2. Abschnitt und zum 1. Titel des 2. Abschnitts des VVG) für die gesamte Schadensv. Er spricht vom Nichtbestehen bzw. vom Wegfall des Interesses. Daher mag es auf den ersten Blick so scheinen, als sei diese Vorschrift nur auf die Aktivenv gemünzt. Es ist indes ein weiterer Interessebegriff, gerade für den Bereich des § 68, anerkannt, so daß auch die Passivenv unserer Vorschrift unterfällt (Möller Anm. 6 vor §§ 49—80, Anm. 38, 43, 47, 48 zu § 49, Sasse a. a. O. S. 22, 27, Evers a. a. O. S. 32, Johannsen AllgHaftpflichtv: D 28, S. 157, Ottow a. a. O. S. 48ff., Prölss-Martin[18] Anm. 4 zu § 68, S. 355, BGH 14. XI. 1960 VersR 1960 S. 1107f.). Vgl. ferner unten Anm. 35—37.

[13] bb) Insbesondere: Rückversicherung.

Zur Passivenv gehört die Rückv. Für sie gilt § 68 wegen § 186 VVG nicht. Auch fehlt es hier, anders als bei der Seev (vgl. oben Anm. 4), an Surrogatsnormen. Es ist Sache der Rückvsverträge, die Folgen des Interessemangels zu regeln. Schweigen sie, so ist m. E. § 68 nicht analog anzuwenden (anders die h. L., vgl. Kisch III S. 203, Ehrenberg, Die Rückv, Hamburg-Leipzig 1885, S. 173, Obermayer, Die Rückv, Erlanger Diss. 1912, S. 70f. Wie hier: Behrendt, Studien zu den Schadenexzedenten-Rückvsverträgen, Hamburger Diss. 1967, S. 132).

Das liegt daran, daß die Rückvsverträge individuell ausgestaltet sind und im Einzelfalle mehr oder minder starke gesellschaftsrechtliche Züge hineinspielen können (Prölss-Martin[18] Anm. 2 zu § 186, S. 1013f., Sieg Anm. 19 zu § 67, ZVersWiss 1969 S. 513). Tatbestandlich liegt ein Interessemangel in der Rückv nicht nur dann vor, wenn im Erstvsvertrage die Voraussetzungen des § 68 gegeben sind, sondern z. B. auch dann, wenn der Erstvsvertrag nichtig oder angefochten ist.

Die Rechtsfolgen sind dem BGB zu entnehmen, was gegenüber § 68 keinen allzu großen Unterschied bedeutet, vgl. oben Anm. 8.

[14] cc) Personenversicherung.

Wenn auch das Anwendungsgebiet des § 68 vornehmlich bei den Zweigen der Nichtpersonenv liegt, so verschließt er sich doch der Personenv nicht, soweit diese schadensvartig ausgestaltet ist (anders nur Thees DJustiz 1943 S. 281 N. 4). So etwa ist er anwendbar auf die Heilkosten in der Unfallv, die Krankheitskosten in der Krankenv, auf die Lizenzverlustv von Luftfahrern, auf die Filmausfallv (Möller in Wirtschaft und Recht der V, Festschrift zum 66. Geburtstag von P. Braeß, Karlsruhe 1969, S. 193). Vgl. unten Anm. 34, 37.

[15] b) Summenversicherung.

Auf die Summenv ist § 68 seiner Stellung im Gesetz nach nicht anwendbar. Auch bei ihr können aber Konstellationen entstehen, wie sie § 68 für die Schadensv regelt. Beispiele: Eine Lebens-, Kranken- oder Unfallv war für eine bestimmte Reise abgeschlossen worden, von der der Vmer Abstand nimmt; der Vmer hat eine Unfallv für einen bestimmten Beruf oder eine bestimmte Veranstaltung abgeschlossen, er übt diesen Beruf nicht mehr aus, er nimmt an der betreffenden Veranstaltung nicht teil. § 15 Musterbedingungen des Verbandes der privaten Krankenv (MBKK) enthält mehrere Fälle vorzeitiger Beendigung des Vsvertrages: Tod des Vmers oder Wegzug aus dem Tätigkeitsgebiet des Vers. Anscheinend soll dasselbe gelten hinsichtlich der Gefahrsperson.

M. E. bestehen keine Bedenken, in Fällen dieser Art § 68 analog anzuwenden (ebenso wohl Ottow a. a. O. S. 59 f.). Freilich kennt die Summenv kein Interesse in noch so weitem Sinne und daher auch keinen Interessemangel, wie ihn § 68 voraussetzt. Es wird indes zu zeigen sein (unten Anm. 25), daß diese Bestimmung auch den Gefahrmangel deckt, und ein solcher kann auch in der Summenv relevant werden. Das Ergebnis steht im Einklang mit der Ansicht Gärtners, Das Bereicherungsverbot, Berlin 1970, S. 81, 136, 158, wonach die Zurechnung eines bestimmten Vertrages zur Summen- oder Schadensv auf Parteivereinbarung beruht, also nicht zwingend vorgegeben ist.

Die hier vertretene Ansicht hat auch für sich, daß der Kranken- oder Unfallvsvertrag einheitlich behandelt werden kann, mag er summenvsmäßige, mag er schadensvsmäßige Bestandteile haben, vgl. oben Anm. 14.

[16] c) Vorgehende Normen.
aa) Allgemeines.

Das vsmäßig erhebliche Interesse besteht in der Beziehung des Vmers zum vten Gut. Veräußerung des vten Gutes würde daher einen Wegfall des Interesses im Sinne des § 68 II darstellen. Von dem Geltungsbereich dieser Vorschrift sind jedoch die Fälle der Veräußerung und der Zwangsversteigerung wegen der §§ 69—73 VVG auszuklammern. Auch die Gesamtrechtsnachfolge geht der Regelung des § 68 vor.

Im folgenden gilt es, den Anwendungsbereich dieser Vorschrift grundsätzlich abzustecken. Die Tragweite im einzelnen wird sich aus den Erläuterungen zu §§ 69—73 ergeben: Was beim Einzelrechtserwerb nicht vom Veräußerungs- oder Zwangsversteigerungsbegriff erfaßt wird, ist nach § 68 zu beurteilen, wenn nicht § 80 II hilft.

[17] bb) Einzelrechtserwerb: Aktivenversicherung.

In der Aktivenv wird also von § 68 nur derjenige Rechtserwerb betroffen, der nicht auf Rechtsgeschäft oder auf Zwangsversteigerung beruht, also auf privatrechtlichem Gebiet z. B. Ersitzung, Fund, Vermischung, Verbindung, Verarbeitung, Fruchterwerb; auf öffentlich-rechtlichem Gebiet z. B. Enteignung, Leistungsanforderung zu Eigentum nach § 2 I Ziff. 2, § 10 BLeistungsG, Eigentumserwerb auf Grund Requisition, prisenrechtlicher Kondemnation, Auslieferung von Sachen an den Feind auf Grund Waffenstillstandsabkommens. Schließlich fällt unter § 68 die strafrechtliche Einziehung auf Grund der §§ 40—41b StGB sowie die Überweisung an den Landesfiskus bzw. an den Berger nach § 35 StrandungsO.

In manchen dieser Fälle bedeutet nicht erst Eigentumsverlust, sondern schon Besitzverlust Interessewegfall, siehe unten Anm. 35, 72, 73.

II. Interessemangel **§ 68**
Anm. 18—21

Manche dieser öffentlich-rechtlichen Eingriffe können auch Forderungen erfassen. Sind sie vert, findet § 68 Anwendung.

[18] Da § 68 durch die §§ 69ff. verdrängt wird, greift er auch dann nicht ein, wenn die letztere Normengruppe analog angewendet wird, so in der Forderungs- und in der Gewinnv (vgl. Möller Anm. 40 zu § 53, Bericht über die Deutsche Rechtsprechung zum Binnenvsrecht in den Jahren 1937—1938, Rom 1940, S. 272, in: Wirtschaft und Recht der V, Festschrift für P. Braeß zum 66. Geburtstag, Karlsruhe 1969, S. 197 und die dort Genannten). Die Anwendbarkeit der §§ 69ff. ist hier namentlich für die Gewinnv umstritten (ablehnend Lenski S. 65—67 mit weiteren Zitaten).

Die Zweifel sind berechtigt. Anders als die Sach- und Forderungsven bezieht sich die Gewinnv nicht auf bestimmte Gegenstände, sondern auf die Sicherung des Vermögenszuwachses. Sie ist somit das Spiegelbild der Passivenven, die gegen Vermögensbeeinträchtigungen schützen (auf den Zusammenhang weist Hax, Vswirtschaftliches Studienwerk, Wiesbaden o. J., B I 2 S. 4—11 hin). Gleichwohl halte ich es für vertretbar, §§ 69ff. eingreifen zu lassen, für die Sachgewinnv deshalb, weil hier das Gewinninteresse nur als Anhang des Sachinteresses empfunden wird, für die Betriebsunterbrechungsv wegen der dominierenden Rolle, die der Betrieb arbeitsrechtlich und vsrechtlich (vgl. § 151 II VVG) spielt (vgl. Sieg DB 1965 S. 1585 und unten Anm. 37).

[19] **cc) Einzelrechtserwerb: Passivenversicherung.**

Für die Passivenv gelten die §§ 69—73 nicht, so daß hier auch der rechtsgeschäftliche Erwerb des beziehungsverknüpften Objekts dem § 68 zu subsumieren ist, soweit nicht die Ausnahmevorschriften der §§ 151 II, 158h eingreifen.

[20] **dd) Gesamtrechtnachfolge.**

Das Prinzip der Universalsukzession beruht auf der Fiktion der Identität von Rechtsvorgänger und Rechtsnachfolger im vermögensrechtlichen Bereich. Daher ändert sie grundsätzlich nichts an dem vsrechtlichen Interesse, d. h. § 68 findet keine Anwendung. Der Sukzessor setzt also den Vertrag fort, wie er mit seinem Vormann bestanden hat. Dabei spielt es keine Rolle, ob die Universalsukzession nach einer natürlichen Person (Erbfall, Nacherbfolge) oder durch Verschmelzung zweier juristischer Personen oder durch übertragende Umwandlung einer Kapitalgesellschaft in eine Personalgesellschaft oder in ein Einzelunternehmen (vgl. A. Hueck, Gesellschaftsrecht, 15. Aufl., München 1970, S. 263f.) eintritt. Auch die öffentlich-rechtliche Gesamtnachfolge (z. B. Eingemeindung) gehört hierher.

§ 68 greift hingegen ein, wenn z. B. die vte Forderung unvererblich ist oder wenn sich in der Haftpflichtv die Gefahr, an die der Vsvertrag anknüpft, beim Erben nicht verwirklichen kann, wie etwa bei einer Berufshaftpflichtv: vgl. RG 3. II. 1939 RGZ Bd 159 S. 337, 341, Sieg HansRGZ 1938 A Sp. 169f., JRPV 1938 S. 129, Johannsen AllgHaftpflichtv: D 28, S. 157f., Richter, Das rechtliche Schicksal der Haftpflichtv im Erbgang, Freiburger Diss. 1970, S. 140—151. Auch bei der Privathaftpflichtv würde der Vertrag mit dem Tode des Vmers nach § 68 II oder III erlöschen, wenn nicht durch Besondere Bedingung [VA 1971 S. 212] der Weiterbestand zugunsten Angehöriger vereinbart wäre.

Wenn hingegen ein Betrieb vererbt wird, den der Erbe alsbald nach dem Anfall an ihn einstellt (vgl. § 27 HGB), so sind die damit zusammenhängenden Vsverhältnisse zunächst auf ihn übergegangen. Interessewegfall ist bei solcher Gestaltung die Einstellung des Betriebes, nicht der Erbfall.

[21] **II. Interessemangel.**
1. Begriff.
a) Elemente des Interessemangels, insbesondere Subjektmangel.
aa) Mangel am Versicherungssubjekt.

§ 68 kennt zwei Grundtatbestände: Das Interesse besteht bei Beginn der V nicht (§ 68 I), das Interesse fällt nach Beginn der V fort (§ 68 II—IV). Gemeinsames Merkmal ist also der Interessemangel. Unter Interesse verstehen wir die Beziehung des Vmers zu seinem vten Gut. Daraus ergibt sich, daß es am Interesse mangeln kann, weil entweder der Vmer oder das Gut oder die Beziehung beim Beginn der V nicht vorhanden ist bzw. nach dem Beginn fortfällt.

Von diesen Komponenten ist der Mangel des Vssubjekts relativ unproblematisch. Theoretisch ist an den Fall zu denken, daß V für jemanden genommen wird, der bei Abschluß des Vertrages nasciturus ist und später nicht lebend zur Welt kommt, oder daß der Vsvertrag für eine künftige juristische Person abgeschlossen wird, die wider Erwarten nicht entsteht. In diesen Fällen wird oft eine Auslegung des Vsvertrages dahin, daß Vmer derjenige sein soll, der statt der erwarteten Person Interesseträger ist (bei juristischen Personen etwa der nichtrechtsfähige Verein, die Vorgesellschaft, der Stifter), helfen, so daß § 68 dann nicht anwendbar ist (Kisch III S. 201).

[22] Der Tod einer natürlichen Person ist in der Nichtpersonenv nur ausnahmsweise Anwendungsfall von § 68, weil das Vsverhältnis meist im Wege der Gesamtnachfolge auf den Erben übergeht (Ausnahmen oben Anm. 20). Hierbei macht es keinen Unterschied, ob der Tod vor oder nach dem materiellen oder technischen Beginn der V eintritt, denn die Gesamtsukzession erfolgt nicht nur in bestehende Rechte und Pflichten, sondern in Rechts- und Pflichtlagen.

In der Personenv, sei sie Schadens-, sei sie Summenv, bedeutet hingegen der Tod des Vmers oder der Gefahrsperson Interessemangel im Sinne unserer Vorschrift (vgl. oben Anm. 14, 15). — Bei der Verschmelzung juristischer Personen liegt Gesamtnachfolge vor, § 68 gilt nicht.

Bei der Auflösung der juristischen Person im Wege der Liquidation finden auf die Aktivenv §§ 69 ff. (vgl. oben Anm. 18), auf die Passivenv § 68 Anwendung, soweit nicht der gesamte Betrieb oder Kraftfahrzeuge veräußert werden (§§ 151 II, 158 h).

[23] **bb) Mangel an Verfügungsgewalt.**

Verliert der Vmer die Verfügungsgewalt über sein Vermögen, etwa durch Konkurseröffnung, so liegt weder ein Fall des § 68 noch der §§ 69 ff. vor. Das Vsverhältnis bleibt unverändert bestehen, nur werden die Rechte vom Konkursverwalter ausgeübt. Dasselbe gilt überall, wo eine Partei kraft Amtes den Vmer einschränkt, also bei Nachlaßverwaltung, Testamentsvollstreckung, Zwangsverwaltung, Vermögenskontrolle durch einen Treuhänder (vgl. KG 11. II. 1952 VersR 1952 S. 124, eine etwas widersprüchliche Entscheidung; Vorinstanz: LG Berlin 22. X. 1951 VersR 1952 S. 50 mit Anm. Hähnel).

Umgekehrt gilt dasselbe: Hat die Partei kraft Amtes einen Vsvertrag in bezug auf ihrer Verwaltung unterliegende Gegenstände abgeschlossen, so ändert sich an diesem nichts, wenn die Partei kraft Amtes fortfällt. Hiermit geht lediglich die Verfügung auf den Vermögensinhaber über.

[24] **cc) Verwandte Fälle.**

Man kann sich fragen, ob es am Vssubjekt fehlt, wenn der Vmer nach der Satzung des VVaG die persönlichen Voraussetzungen für die Mitgliedschaft nicht erfüllt. In diesem Falle ist m. E. § 68 nicht anwendbar. Die satzungsmäßigen Voraussetzungen mögen aufsichtsrechtlich von Bedeutung sein; Verstöße gegen den genehmigten Geschäftsplan (wozu die Satzung gehört) berühren nicht die privatrechtliche Wirksamkeit des Vertrages (vgl. aber Lenski a. a. O. S. 97 f.).

Wenn sich lediglich die Rechtsform (im Unterschied zur Identität) bei Gesellschaftsverhältnissen ändert, liegt weder ein Fall des § 68 noch ein Fall des § 69 vor. Beispiele bieten die verschiedenen Umwandlungsmöglichkeiten bei Kapitalgesellschaften untereinander, die Umwandlung einer bürgerlich-rechtlichen Gesellschaft in eine oHG bzw. KG oder umgekehrt (BGH 19. V. 1960 BGHZ Bd 32 S. 307, 310) sowie einer oHG in eine KG oder umgekehrt (vgl. A. Hueck, Gesellschaftsrecht, 15. Aufl., München 1970, S. 251 f.).

II. Interessemangel **§ 68**
Anm. 25—27

[25] b) Gefahrmangel.
Mit dem Fehlen des Subjekts oder des Objekts oder der Beziehung ist der Tatbestand des § 68 nicht erschöpft. § 68 I stellt die V für ein künftiges Unternehmen der V für ein künftiges Interesse gleich und geht davon aus, daß alsdann das Interesse nicht zur Entstehung gelangt. Diese Gleichsetzung von Unternehmen und Interesse zeigt, daß § 68 von einem weiteren Interessebegriff ausgeht als andere Vorschriften des VVG, er schließt nämlich den Gefahrmangel mit ein, sofern er ein dauernder ist.

Nach der hier vertretenen Ansicht ist also der Gefahrmangel unmittelbar von § 68 erfaßt (ebenso Hagen I, S. 371, 675), während andere auf diesen Sachverhalt § 68 analog anwenden wollen (Bruck S. 498, Ehrenzweig S. 114, 223; v. Gierke II S. 164, 176, Johannsen AllgHaftpflichtv: D 28, S. 157, Kisch III S. 205—207, Prölss-Martin[18] Anm. 1 zu § 68, S. 353, Sasse a. a. O. S. 7, 31, 33; LG Hamburg 5. VII. 1951 VersR 1951 S. 210 für § 4 ADS). Ein praktischer Unterschied ergibt sich daraus nicht. Der Sinn des § 68 liegt darin, die Leistungen des Vmers für den Fall zu ordnen, daß sich ein ersatzpflichtiger Schaden nicht mehr ergeben kann. Da ein solcher voraussetzt, daß die vte Gefahr das vte Interesse beinträchtigt, ist es gleichgültig, ob das eine oder das andere dauernd fehlt.

Eine Gleichstellung ist auch aus praktischem Gesichtspunkt erforderlich, da sich oft Interesse- und Gefahrmangel kaum voneinander abgrenzen lassen (Kisch III S. 207, Ehrenzweig S. 223).

Über die Bedeutung des Gefahrmangels für § 68 siehe unten Anm. 27.

[26] c) Abgrenzung zur Doppelversicherung.
Für § 68 kommt es nach dem oben Anm. 25 Ausgeführten darauf an, ob der Ver noch zu einer Leistung verpflichtet sein kann. Interessemangel liegt deshalb nicht vor, wenn lediglich der Vmer nicht mehr an der V interessiert ist, etwa weil er sich bei einem anderen Ver Deckung verschafft hat (LG Mannheim 27. II. 1963 VersR 1963 S. 572 = MDR 1963 S. 504 = BetrBer 1964 S. 13. Unter diesem Gesichtspunkt hat auch AG München 5. IX. 1966 VA 1968 S. 166 richtig entschieden, wenngleich die Begründung nicht befriedigt). § 59 zeigt, daß dadurch der erste Ver nicht leistungsfrei geworden ist. Doppelv kann also mit Interessemangel nicht zusammentreffen.

Der Fall des § 68 ist ferner nicht gegeben, wenn der Vmer oder die Gefahrsperson in der privaten Krankenv den Schutz der gesetzlichen Krankenv genießt (Sasse VersR 1956 S. 72). — Die AVB sehen hier vor, daß der Vmer in solchem Fall eine Anwartschaftsv beantragen kann, wodurch die Hauptv ruht; vgl. unten Anm. 110.

[27] 2. Bedeutung der Einbeziehung des Gefahrmangels.
Daß auch der Gefahrmangel den Tatbestand des § 68 erfüllt, hat vor allem für die Haftpflichtv (vgl. oben Anm. 12) und für die Summenv (vgl. oben Anm. 15) Bedeutung, aber nicht allein für diese.

Wenn etwa im Vsvertrage die Lagerung der Sachen an einem anderen als dem Vsort zu den objektiven sekundären Risikobeschränkungen oder der Verbleib der Sachen am Vsort zur Bedingung der Deckung gemacht worden ist, so liegt Interessemangel im Sinne des § 68 vor, wenn die vten Sachen überhaupt nie an den Vsort verbracht werden sollen oder von diesem dauernd weggeschafft worden sind, obwohl das Interesse im engeren Sinne (Beziehung des Vmers zu dem vten Gut) nach wie vor vorhanden ist. Bedenklich daher LG Bremen 20. VI. 1957 VersR 1958 S. 282. Wie hier: Ehrenzweig S. 75, Prölss, Das Recht der Einbruchdiebstahlv, 3. Aufl., München-Berlin 1966, S. 152, Wussow AFB Anm. 9 zu § 8, S. 361; AG Stuttgart 11. XI. 1953 VersR 1954 S. 35 mit Anm. Sasse VersR 1954 S. 556; vgl. auch AG Ebingen 28. XI. 1958 VersR 1959 S. 221.

Anders ist es dann, wenn der Vmer nach dem Vertrage gehalten ist, Wertgegenstände nachts unter sicherem Verschluß aufzubewahren. Hier haben wir es mit einer Obliegenheit zu tun (vgl. Möller Anm. 39, 40 zu § 32). Deren Verletzung kann Gefahrerhöhung nach §§ 23ff., aber nicht Interessemangel nach § 68 sein. Dasselbe gilt für die subjektiven Risikoausschlüsse der §§ 61, 152, 181 (vgl. hierzu BGH 3. III. 1966 VA

1967 S. 33). Der Vmer kann sich ja jederzeit wieder vertragsgemäß verhalten, und demgemäß ist die Deckungspflicht des Vers nicht endgültig aufgehoben.

Alles, was soeben zum Vsort ausgeführt worden ist, gilt auch für die Reiseroute, wenn diese zur objektiven Risikobeschreibung gehört. Die Begründung zu § 68 nennt als weiteres Beispiel, daß Sachen während einer Ausstellung vert werden sollten, die Ausstellung aber nicht stattfindet oder der Vmer von ihrer Beschickung Abstand nimmt.

Zu Unrecht hat AG Hildesheim 22. XII. 1953 VersR 1954 S. 80 Gefahrmangel angenommen, weil die als Zuchttier deklarierte Stute niemals zur Zucht verwendet werden sollte. Indes war das Tier trotz der falschen Bezeichnung vert, denn es lag offensichtlich keine spezielle Deckschadenv von weiblichen Tieren vor (vgl. hierzu Vassel und Hinne VA 1969 S. 225). Vmer und Agent haben aus vstechnischen Gründen in gegenseitigem Einverständnis das Tier falsch bezeichnet, das verdeckte Geschäft (V eines Zugtieres) war nach § 117 II BGB wirksam (vgl. Lange, BGB Allgemeiner Teil, 13. Aufl., München 1970, S. 274, Lehmann-Hübner, Allgemeiner Teil des Bürgerlichen Gesetzbuches, 15. Aufl., Berlin 1966, S. 213). Die Entscheidung wird zu Recht von Prölss-Martin[18] Anm. 2 zu § 68, S. 353 kritisiert.

[28] 3. Weitere Beispiele.

a) Aus der Sachversicherung.

aa) Nichtbestehen der Sache bei Eigentumsinteresse.

In der Sachv bedeutet das Nichtentstehen oder der Untergang der Sache, aus welchem Grunde auch eintretend (z. B. durch Naturereignisse, durch Verschrottung, durch anderweitige Zerstörung), Interessemangel. Dasselbe gilt bei Abriß des Gebäudes, selbst wenn dieses wieder aufgebaut wird (Ottow a. a. O. S. 21; abweichend Vassel ZfV 1954 S. 492). Beim Umbau eines Gebäudes kommt es auf die Erheblichkeit der Veränderung an. Je größer sie ist, desto mehr spricht für Anwendung von § 68. Ottow a. a. O. S. 21 will stets den Umbau als nicht von § 68 betroffen ansehen.

Beispiele zur Kraftfahrv siehe unten Anm. 35, wobei aber hier zu bemerken ist, daß in der Kaskov bereits die Reparaturunwürdigkeit zur Anwendung von § 68 ausreicht: BGH 14. XI. 1960 VersR 1960 S. 1107, AG Neu-Ulm 29. V. 1956 VersR 1957 S. 56; Ottow a. a. O. S. 20.

[29] bb) Nichtbestehen der Sache bei anderen als Eigentumsinteressen.

Ohne Bedeutung ist ein etwaiges anderes Interesse, das sich hinter dem Eigentumsinteresse verbirgt, etwa das Kreditinteresse des Abzahlungsverkäufers, der die verkaufte Ware auf eigene Rechnung vert hatte; vgl. Goldberg VA 1967 S. 38.

Es macht auch keinen Unterschied, ob das Eigentumsinteresse gedeckt war oder das Pfandinteresse (vgl. § 105 VVG und die Klausel der Feuerv 5.07, VA 1970 S. 16) oder das Anwartschaftsrechtsinteresse etwa des Vorbehaltkäufers, des Sicherungsgebers (vgl. BGH 28. X. 1953 NJW 1953 S. 1825 = VA 1954 S. 26 = VersR 1953 S. 448) oder das Gebrauchsinteresse etwa des Mieters (der Mieter ersetzt die alte Verglasung durch eine neue, Fall des § 68: LG Köln 24. XI. 1953 VersR 1954 S. 115, AG Grünberg 13. XI. 1925 NeumannsZ 1926 S. 48; vgl. aber auch § 10 (2) AVB Glas), des Pächters, des Nießbrauchers oder das Interesse, nicht haftpflichtig gemacht zu werden (hierzu gehört nach Möller Anm. 75 zu § 49 und Haidinger, Die Rechtsnatur der Bauwesenv, Hamburger Diss. 1971, die Bauwesenv; vgl. zur Streitfrage Sieg BetrBer 1964 S. 18 [Forderungsv], Lorenzen BetrBer 1965 S. 732, Martin VW 1971 S. 94, 150—152, 216f., [beide treten für Sachv ein]). Vgl. zum letzteren Kisch III S. 41.

Der Begriff Sachv wurde hier weit gefaßt im Sinne „als Sachv betriebene V". Für § 68 braucht zu der streitigen Frage, ob es sich hier in Wirklichkeit um Forderungs-, Chancen- oder Haftpflichtven handelt, nicht Stellung genommen zu werden (vgl. hierzu Bischoff ZVersWiss 1963 S. 193—219, VersR 1963 S. 9—14, der nur dann Sachv annehmen will, wenn zwischen Vmer und Eigentümer ein sachenrechtliches Verhältnis vorhanden ist).

II. Interessemangel

§ 68
Anm. 30—33

Um keine Mißverständnisse aufkommen zu lassen, sei hier betont, daß bisher nur von der V eigener beschränkter Interessen für eigene Rechnung die Rede war. Wegen der V solcher Interessen für fremde Rechnung (dazu kritisch Bischoff ZVersWiss 1963 S. 200—202) vgl. unten Anm. 90, 91.

Zusammenfassend ist zu sagen: Durch den Untergang der Sache entfallen all die erwähnten Nichteigentumsinteressen (vgl. Ottow a. a. O. S. 26, Molt, Der Kreditvsvertrag, Berlin-Stuttgart-Leipzig 1913, S. 61, Prölss ZVersWiss 1933 S. 218).

[30] cc) Besonderheiten bei anderen als Eigentumsinteressen.

Bei der V solcher beschränkter Interessen kann ein Interessemangel ferner dann vorliegen, wenn das zwischen Vmer und Sacheigentümer zugrunde liegende Rechtsverhältnis erlischt, beim Pfandgläubiger = Vmer also die zugrunde liegende Forderung untergeht, der Pfandvertrag aufgehoben wird; beim Nutzungsinteressenten = Vmer das Miet-, Pacht oder Nießbrauchverhältnis nicht oder nicht mehr besteht; beim Bauunternehmer = Vmer der Bauvertrag gelöst wird. Vgl. Prölss-Martin[18] Anm. C zu Zusatz II zu §§ 81—107c, S. 477.

Sofern der Vmer beschränkter Interessen kein dingliches Recht an der vten Sache hat, kann ein Interessemangel auch dadurch eintreten, daß der Eigentümer über die Sache verfügt, ohne daß der Rechtsnachfolger an dessen schuldrechtliche Abmachungen gebunden ist. Dasselbe Ergebnis würde übrigens eintreten, wenn der Vmer zwar ein dingliches Recht hat, dem Rechtsnachfolger des Eigentümers aber § 936 BGB zustatten kommt. — Vgl. auch unten Anm. 31 a. E.

[31] dd) Nichtbestehen des Eigentums.

Interessemangel liegt, sofern Eigentumsinteresse gedeckt war, vor, wenn das Eigentum des Vmers nicht entsteht oder aufhört, ohne daß ein Fall der §§ 69ff. oder der Gesamtnachfolge vorliegt (vgl. oben Anm. 17—20). Schließlich gehört hierher die Dereliktion (aus diesem Gesichtspunkt hat LG Detmold 8. II. 1957 VersR 1957 S. 243 = NJW 1958 S. 552 richtig entschieden).

In den letztgenannten Fällen kann aber zuweilen der Vertrag bei Bestand bleiben, wenn nicht das Eigentumsinteresse gedeckt war, sondern ein begrenztes der in Anm. 29 genannten Art.

[32] b) Aus der Forderungsversicherung.
aa) Nichtbestehen der Forderung.

Zunächst ist an den Fall zu denken, daß die Forderung wider Erwarten nicht entsteht oder zwar entstanden ist, aber rückwirkend durch Anfechtung oder Rücktritt vernichtet wird (Argyriadis, Die Frachtv, Hamburg 1961, S. 58, 60f.). Geht hingegen die einmal entstandene Forderung durch Erfüllung oder Erfüllungssurrogate unter, so liegt § 68 tatbestandlich nicht vor: Hier ist ein typischer Verlauf gegeben, den die Parteien des Vsvertrages von vornherein einkalkuliert hatten. Bürgerlich-rechtlich gesprochen: Der Zweck der V ist anderweitig erreicht worden, er ist nicht fortgefallen. Nur für den letzteren Tatbestand schafft § 68 eine Sonderregelung (siehe oben Anm. 6), abweichend Sasse a. a. O. S. 83.

Anders ist es, wenn keine Forderungsv für den Gläubiger besteht, sondern sein Interesse am Sicherungsgegenstand (Pfandobjekt) gedeckt ist; vgl. hierzu oben Anm. 30.

[33] bb) Sonstige Fälle.

Verwandelt sich die ursprüngliche Forderung in einen Schadensersatzanspruch, so ist Identität zu bejahen, d. h. § 68 greift nicht ein (vgl. § 767 I BGB); anders Ottow a. a. O. S. 25; wie hier: Molt, Der Kreditvsvertrag, Berlin-Stuttgart-Leipzig 1913, S. 91.

Sofern sich die V darauf bezieht, daß eine Forderung nicht durch Sachgefahren beeinträchtigt wird (Frachtv), ergibt sich ein Interessemangel im Sinne des § 68 daraus, daß jene Sache (Schiff oder Gut) untergeht (Argyriadis a. a. O. S. 174; Ottow a. a. O. S. 26, Molt a. a. O. S. 61).

Der gesetzliche Forderungsübergang ist Interessemangel im Sinne unserer Vorschrift. — Bei alledem ist zu beachten, daß § 68 II—IV nur bei einer Zeitv praktikabel ist (Amtliche Begründung zur Zweiten VO zur Ergänzung und Änderung des VVG vom 6. IV. 1943, DJustiz 1943 S. 269).

[34] c) Aus der Gewinnversicherung.

Wie die Frachtv, so kann auch die Gewinnv mit einer Sachgefahr verknüpft sein, sei es, daß sie sich an eine bestimmte Sache anschließt (an eine Ware, an ein Schiff, an ein Haus), sei es, daß ihr ein Inbegriff zugrunde liegt (Betriebsunterbrechungsv); Näheres: Möller Anm. 10—20 zu § 53. Der Untergang der verknüpften Sache oder des verknüpften Sachinbegriffs (es genügt Untergang so vieler Sachen aus dem Inbegriff, daß eine Gewinnchance nicht mehr realisiert werden kann) führt auch hier an den Interessemangel herbei (Ottow a. a. O. S. 30), ferner die Abstandnahme von der Unternehmung oder Veranstaltung, aus der sich der Gewinn ergeben sollte: Die gewinnvte Ware tritt die Reise nicht an, der Betrieb, für den die Betriebsunterbrechungsv lief, wird aufgegeben (Ottow a. a. O. S. 30), vielleicht deshalb, weil er in gepachteten Räumen stattfand, das Pachtverhältnis aber erlischt.

Bei den Gewinnnven, die an eine Personengefahr anknüpfen (vgl. oben Anm. 14), kann der Interessemangel in der Filmausfallv etwa in der Abstandnahme vom Filmvorhaben liegen; in der Lizenzverlustv für Luftfahrer in der Berufsaufgabe (vgl. Möller in Wirtschaft und Recht der V, Festschrift zum 66. Geburtstag von P. Braeß, Karlsruhe 1969, S. 192—196). Daß in der Personenv der Tod des Vmers oder der Gefahrsperson Interessemangel bedeutet, ist oben Anm. 22 bereits erwähnt.

Die Realisierung des Gewinnes bedeutet hier so wenig Interessemangel nach § 68 wie in der Kreditv die Erfüllung der Forderung (vgl. oben Anm. 32), anders Sasse a. a. O. S. 83, Ottow a. a. O. S. 29.

[35] d) Aus der Haftpflichtversicherung.

aa) Beziehungsverknüpftes Objekt: Fahrzeug, Grundstück.

Hier kommt es für § 68 darauf an, daß die Entstehung von gesetzlichen Passiven aus dem im Vertrage umschriebenen Deckungsbereich unmöglich ist. Deshalb genügt nicht die Abmeldung oder Stillegung des Kraftfahrzeugs (BGH 17. XI. 1955 BGHZ Bd 19 S. 31, 35 = VersR 1955 S. 754, OLG Hamm 8. XII. 1964 VersR 1966 S. 333, OLG Düsseldorf 4. VII. 1934 VA 1934 Nr. 2740 = JRPV 1935 Zusatzheft S. 21, OLG Celle 14. VI. 1954 VersR 1954 S. 453, OLG Schleswig 31. V. 1958 VersR 1960 S. 591f., LG Lüneburg 26. VI. 1952 VersR 1952 S. 271; LG Lüneburg 3. IX. 1953 VA 1953 S. 246, LG Limburg 21. I. 1959 VersR 1959 S. 330), auch nicht der Eintritt eines Totalschadens im Sinne der Kaskov (BGH 14. XI. 1960 VersR 1960 S. 1107, AG Neu-Ulm 29. V. 1956 VersR 1957 S. 56), wohl aber völliger Untergang des Fahrzeugs oder dessen Diebstahl ohne Aussicht auf Wiedererlangung (Feyock VersR 1969 S. 8, Stiefel-Wussow[8] Anm. 18 zu § 6 AKB, S. 245). Entsprechendes gilt für sonstige Fahrzeuge, an die die Haftpflichtv anknüpft.

Nicht ist der Tatbestand des § 68 erfüllt, wenn bei abgeschlossener Grundstückshaftpflichtv das Gebäude zerstört wird, denn die Haftpflichtgefahren sind damit nicht beseitigt (BGH 24. I. 1951 LM Nr. 1 zu § 41a VVG mit Anm. H. = NJW 1951 S. 314 mit Anm. Prölss = VersR 1951 S. 76 mit ablehnender Anm. Oberbach; Vorinstanz: OLG Hamm 9. III. 1950 VersR 1950 S. 85 mit Anm. Wehn VersR 1950 S. 99; Feyock VersR 1969 S. 7f. Zu Unrecht meint OLG Hamm 9. III. 1950 VersR 1950 S. 85 als obiter dictum, der Vmer habe nach einem totalen Kriegsschaden am Haus die Grundstückshaftpflichtsprämie nach § 68 III zurückverlangen können).

[36] bb) Restfälle.

Sofern die Haftpflichtv nur an die Tierhaltung anknüpft, ist Nichtanschaffung des Tieres, dessen Veräußerung oder Tod Interessemangel (Kisch III S. 203). § 68 ist ferner verwirklicht, wenn der Vmer sich gegen die Haftpflichtgefahr aus einer bestimm-

II. Interessemangel **§ 68**
Anm. 37, 38

ten Berufsbetätigung gedeckt hat, die er nie aufnimmt oder endgültig aufgibt, oder wenn der Vsschutz an sonstige persönliche Beziehungen anknüpft, die der Vmer abbricht: Möller Anm. 28 zu § 14, Kisch III S. 202, Ehrenzweig S. 223, Ottow a. a. O. S. 49, Prölss-Martin[18] Anm. 5 zu § 14, S. 139, Sasse a. a. O. S. 118; LG Berlin 13. XII. 1928 JRPV 1930 S. 407; vgl. ergänzend Johannsen AllgHaftpflichtv: Anm. D 28, S. 157f.

Wenn der als Jäger vte Vmer die Jagd aufgibt, liegt aus denselben Gründen wie bei der Vernichtung des Hauses in der Grundstückshaftpflichtv kein Interessemangel vor: Lupus NeumannsZ 1935 S. 863f.; anders Hora NeumannsZ 1935 S. 953f., Kühfuss NeumannsZ 1935 S. 954f. Die beiden letzteren berücksichtigen nicht, daß auch nach endgültiger Abstandnahme von der Jagd gedeckte Haftpflichtgefahren drohen, so z. B. aus dem Besitz und dem Gebrauch von Schußwaffen, aus der Haltung von zwei Hunden bzw. aus dem Abrichten und Ausbilden eigener oder fremder Hunde zur Jagd (vgl. auch Heimbücher VW 1971 S. 62f.).

Daß durch die soeben und in Anm. 35 genannten Ereignisse eine Gefahrminderung eintritt, genügt für § 68 nicht (siehe unten Anm. 94, 98). Indes wird seine Anwendung nicht deshalb ausgeschlossen, weil neben dem (wegen Interessemangels hinfälligen) Hauptrisiko ein anderes nebenher gedeckt ist, also z. B. in die Berufshaftpflichtv die Privathaftpflicht eingeschlossen ist. Wäre es anders, wäre der Anwendungsbereich des § 68 in der allgemeinen Haftpflichtv in einem für den Vmer unbilligen Maß eingeengt.

[37] e) Aus sonstiger Passivenversicherung.

Für die betriebsbezogene Rechtsschutzv läßt AG München 20. IV. 1965 VersR 1965 S. 705 zwar expressis verbis die analoge Anwendung von § 151 II dahingestellt, sein Ergebnis ist aber nur verständlich auf dem Boden der Verneinung dieser Frage, tatsächlich ist also § 68 II angewendet worden. M. E. hätte sich indes eine Analogie zu § 151 II empfohlen. Dieser ist Ausfluß des umfassenden Prinzips, daß sich der Betrieb zu einem rechtlich anerkannten Vermögens- und Lebensbereich entwickelt hat, um den sich als Kristallisationspunkt die auf ihn bezüglichen Schuldverhältnisse gruppieren, wobei der jeweilige Inhaber des Betriebes in den Hintergrund tritt. Diese Auffassung ist im Arbeitsrecht besonders weit fortgeschritten, im Vsrecht zollt ihr § 151 II Respekt (vgl. oben Anm. 18).

Bei der V gegen notwendige Aufwendungen ist zunächst, soweit die Krankenv in Frage kommt, auf die Ausführungen oben Anm. 14 zu verweisen. Hier ist zu ergänzen, daß ein Fall von § 68 ferner dann vorliegt, wenn die Aufwendungen auf Dauer die Eigenschaft als notwendige einbüßen, wenn also z. B. der Vmer von der im Vertrage als Gefahrsperson bezeichneten Ehefrau rechtskräftig geschieden worden ist (Ottow a. a. O. S. 59).

Eine andere bedeutsame Form der V gegen notwendige Aufwendungen ist die Neuwertv. Sie lehnt sich an eine Sachv an und teilt daher mit dieser die Gründe des Interessemangels (Ottow a. a. O. S. 54).

[38] 4. Subjektive Momente
a) Fehlen subjektiven Tatbestands.

Einen subjektiven Tatbestand enthält § 68 nicht, d. h. es ist gleichgültig, warum der Interessemangel eintritt. Auch seine willentliche Herbeiführung durch den Vmer ändert an den Rechtsfolgen des § 68 I und II nichts. Es kann keine Rede davon sein, daß der Vmer in solchem Fall unter dem Gesichtspunkt bürgerlich-rechtlichen Schadensersatzes zur Zahlung der vollen Prämie für die Vsperiode verpflichtet sei, wie Prölss-Martin[18] Anm. 7 zu § 68, S. 356 annehmen.

Die beiden Entscheidungen, die sie hierfür anführen (OLG Stettin 24. X. 1927 VA 1928 Nr. 1837 war Vorinstanz gegenüber RG 27. IV. 1928 VA 1928 Nr. 1911), haben mit § 68 nichts zu tun. Es handelte sich um laufende V. „Vte Sachen" entstehen hier erst mit der Einzelaufgabe (Lenski a. a. O. S. 78f.). Der Ver klagte aber gerade deshalb auf Schadensersatz, weil ab einem bestimmten Zeitpunkt keine Aufgaben mehr erfolgt waren. Das RG hat die zweitinstanzliche Verurteilung des Vmers zur Schadensersatzleistung mit der Begründung bestätigt, daß der Vmer sich darum hätte bemühen müssen, daß sein Rechtsnachfolger den Vertrag übernahm. Eine sehr bedenkliche Entscheidung. Zwar ist eine Vereinbarung denkbar, daß sich der Vmer um den Übergang des Vsrahmenverhältnisses auf den Erwerber bemüht (vgl. Sieg VersR 1953 S. 349), aber hieran fehlte es im entschiedenen Fall. Außerdem ist der Gesichtspunkt des § 254 BGB außer Betracht geblieben, unverständlicherweise, wie sich aus dem Sachverhalt ergibt.

Die Rechtsfolgen des § 68 I und II treten also auch dann ein, wenn der Vmer **vorsätzlich** den Interessemangel herbeiführt (Kisch III S. 212, 214, Bruck S. 500; anders AG Ebingen 28. XI. 1958 VersR 1959 S. 221). Er ist nicht verpflichtet, das Interesse aufrechtzuerhalten, nur weil er einen Vsvertrag abgeschlossen hat, noch trifft ihn eine Obliegenheit in dieser Richtung. Oben Anm. 8 wurde gezeigt, daß die Regelung des § 68 I, II bereits einkalkuliert, der Interessemangel könne auf Umstände in der Vmersphäre zurückzuführen sein.

Bei § 68 III ist von vornherein ausgeschlossen, daß der Vmer den Interessefortfall beeinflußt hat, bei § 68 IV spielt unsere Frage keine Rolle, weil der Vmer ohnehin zur Zahlung der Prämie für die laufende Vsperiode verpflichtet bleibt (der Einfluß subjektiver Umstände auf den Vsfall ergibt sich bei Schweigen des Vertrages aus §§ 61, 152 VVG).

[39] b) Einfluß des Irrtums.

§ 68 setzt voraus, daß **Interessemangel** vorliegt. Haben beide Parteien **irrtümlich** einen solchen **angenommen**, so ist der Vertrag gleichwohl in Kraft geblieben, d. h. der Ver kann in den Fällen des § 68 I—III die Differenz zwischen erhaltener Vmerleistung und voller Prämie für die laufende Vsperiode verlangen, der Vmer kann Deckung beanspruchen, wenn ein Vsfall eintrat. (Diese Konsequenz brauchte OLG Hamm 9. III. 1950 VersR 1950 S. 85 nicht zu ziehen, weil es einen stillschweigenden Aufhebungsvertrag annahm.)

Haben beide Parteien an das **Bestehen** des Interesses **irrig geglaubt**, so vermag das die Anwendbarkeit des § 68 I nicht zu hindern, ja, dieser Sachverhalt wird beim anfänglichen Interessemangel häufig vorliegen (Kisch III S. 213). Hier kann es ferner vorkommen, daß nur ein Partner über den Mangel irrte, darauf ist unten Anm. 45, 47, 54, 56 zurückzukommen.

Daß der Vmer von dem **nachträglichen** Interessemangel (= Interessewegfall) keine Kenntnis hat, wird kaum vorkommen. Hier kann es sich also in der Regel nur darum handeln, ob der Irrtum des **Vers** von Bedeutung ist. Das trifft für § 68 II zu. Die Kenntnis des Vers vom Wegfall ist maßgeblicher Zeitpunkt für die Abrechnung nach Kurztarif. Für § 68 III hingegen ist es belanglos, wann der Ver Kenntnis von diesem spezifischen Interessewegfall erhält, hier nützt ihm also sein Irrtum nichts. Für § 68 IV schließlich ist die Irrtumsfrage, wie auf der Hand liegt, ohne Bedeutung.

Das Gesagte gilt für den **Umfang** des Anspruchs. Für die **Fälligkeit** und die **Kostenlast** kommt es auf Kenntnis des Vers auch dort an, wo das VVG sie nicht verlangt, vgl. unten Anm. 77, 78.

[40] 5. Beweislast.

Die Beweislast für den Interessemangel trifft den Vmer. Auf Grund des Abschlusses des Vsvertrages ist zunächst die Prämienzahlungspflicht entstanden, und zwar ohne Rücksicht darauf, ab wann der Ver die Gefahr tragen soll (§ 35 VVG und oben Anm. 7). Mithin ist auch der anfängliche Interessemangel (ebenso wie der nachträgliche) Erlöschungsgrund für die Prämienschuld. Den Untergang seiner Verbindlichkeit hat stets der Schuldner zu beweisen (abweichend Kisch III S. 219).

Steht umgekehrt der Ver auf dem Standpunkt, es liege Interessemangel vor, und bestreitet er deshalb seine Eintrittspflicht für einen geltend gemachten Schaden, so gehört das Bestehen eines Interesses zu den anspruchsbegründenden Merkmalen für die Entschädigung, so daß auch hier den Vmer die Beweislast trifft (ebenso Kisch III S. 219). Gelingt ihm dieser Beweis, so ergibt sich, daß der Vsvertrag mindestens bis zum Eintritt des Vsfalles Bestand hatte.

III. Anfänglicher Interessemangel **§ 68**
Anm. 41—44

[41] III. Anfänglicher Interessemangel (§ 68 I).
1. Voraussetzungen.
a) Wirksamer Vertrag.
aa) Sittenwidrigkeit.
§ 68 I setzt einen wirksam abgeschlossenen Vertrag voraus. Anfänglicher Interessemangel liegt daher nicht vor, wenn der Vertrag nach § 138 BGB nichtig ist (Puhl a. a. O. S. 16 und Ottow a. a. O. S. 89 bemerken, daß nicht das Interesse sittenwidrig sein könne, sondern, was m. E. selbstverständlich ist, das Rechtsgeschäft darüber), weil beide Parteien die Sittenwidrigkeit gekannt, etwa gewußt haben, daß Schmuggelgut (Kisch III S. 485) oder Falschgeld oder Waren vert werden sollten, die unter Verstoß gegen Embargobestimmungen verschifft waren: BGH 24. V. 1962 NJW 1962 S. 1436 = VersR 1962 S. 659 = Hansa 1962 S. 1805 = MDR 1962 S. 719 mit Anm. Sieg S. 888; Ritter-Abraham Anm. 9 zu § 2, S. 170. (Für den Fall, daß nur ein Teil die Umstände, die die Sittenwidrigkeit begründen, kennt, vgl. unten Anm. 44—45.)

Ebenso ist die Frachtv nichtig, wenn der Frachtvertrag nichtig ist, Kenntnis beider Partner des Vsvertrages vorausgesetzt (Argyriadis, Die Frachtv, Hamburg 1961, S. 59f.). Ein weiterer Grund für die Nichtigkeit der Kreditv kann sich daraus ergeben, daß sie sich auf eine Schmiergeldforderung bezieht (Möller Anm. 88 zu § 49).

[42] bb) Andere Fälle unwirksamen Vertrages.
Wenn der Vsvertrag angefochten worden ist, richten sich etwaige Ansprüche, sofern der Vmer angefochten hat, nach § 122 BGB (Vmer schuldet Schadensersatz) oder § 823 II BGB (Ver schuldet Schadensersatz); sofern der Ver angefochten hat u. a. nach § 40 I VVG (Kisch III S. 220, Puhl a. a. O. S. 33), § 68 kommt nicht zum Zuge.

Ferner ist er nicht einschlägig bei Vertragsschluß durch vollmachtlosen Vertreter oder gesetzlichen Vertreter, dem die vormundschaftsgerichtliche Genehmigung fehlte (Folgen: Möller Anm. 17 zu § 40), ebensowenig, wenn dem Vmer bei Abschluß die Geschäftsfähigkeit fehlte.

[43] cc) Scheinbare Unwirksamkeit (Geltung von § 68 I).
OLG Hamburg 22. XII. 1924 HansRZ 1925 Sp. 273 = JRPV 1925 S. 64 hat Dissens angenommen in einem Fall, in dem der Ver den anfänglichen Interessemangel nicht kannte. Das Gericht hätte jedoch stattdessen die Sonderregelung des § 4 ADS, dem in der Binnenv § 68 entspricht, anwenden müssen.

Daß der Vsvertrag aufschiebend bedingt ist, hindert die Anwendung des § 68 I nicht, diese Vorschrift bezieht ja ausdrücklich den aufschiebend bedingten Vertrag ein (V für ein künftiges Unternehmen oder für ein künftiges Interesse): Ehrenzweig S. 224. Es kann keinen Unterschied machen, daß die gesetzliche Bedingung im Vertrage wiederholt wird. Anders wohl: Bruck S. 498 Note 85 und Puhl a. a. O. S. 16, die meinen, von § 68 I sei der aufschiebend bedingte Vertrag zu unterscheiden. OLG Kassel 8. XI. 1927 VA 1928 Nr. 1835 ergibt nichts für die Ansicht von Bruck und Puhl: § 68 I ist im Urteil einfach übersehen.

Hat die aufschiebende Bedingung nichts mit dem Interesse zu tun (Beispiel: Irgendeine Schadenv soll aufschiebend bedingt sein durch eine Gehaltserhöhung des Vmers) und steht fest, daß die Bedingung nicht eintritt, so liegt kein Fall von § 68 I vor. M. E. ist aber dem Ver in Analogie zu dieser Vorschrift eine angemessene Geschäftsgebühr zuzubilligen. Das Ergebnis entspricht dem beim auflösend bedingten Vertrag gefundenen (vgl. unten Anm. 115).

[44] b) Vertrag über versicherbares Interesse.
aa) Fälle unversicherbaren Interesses.
Der Vsvertrag kann fehlerhaft sein, weil ihm unverbares Interesse zugrunde liegt. Das ist etwa dann der Fall, wenn nur ein Teil die sittenwidrigen Umstände gekannt hat (vgl. oben Anm. 41 und die dort zitierte BGH-Entscheidung). § 2 I ADS führt als Beispiel die Wettv an. Aus dem VVG ist an §§ 159 II, 179 III zu denken: Die Gefahrs-

person hat ihre Zustimmung nicht gegeben. Hier ist man allerdings bei der Unfallfremdv geneigt, sie in eine solche für fremde Rechnung umzudeuten: § 179 II. Dann ist die Wirksamkeit unzweifelhaft. Vgl. BAG 18. II. 1971 BetrBer 1971 S. 873, BGH 8. II. 1960 BGHZ Bd 32 S. 44, 49 = BetrBer 1960 S. 388; Asmus ZVersWiss. 1970 S. 56; Prölss-Martin[18] Anm. 3 zu § 179, S. 964. Millauer, Rechtsgrundsätze der Gruppenv, 2. Aufl., Karlsruhe 1966, S. 91 befürwortet dasselbe für die Krankenv.

Während §§ 2, 3 ADS für Fälle solcher Art eine ausgefeilte Regelung über die Vmerpflichten enthalten (vgl. Argyriadis a. a. O. S. 59f.), schweigt das VVG. Sicher ist, daß § 68 I nicht unmittelbar eingreift (anders Millauer a. a. O. S. 90), weil § 2 ADS von einem aus Gründen des ordre public unverbaren Interesse, also von einem unerlaubten Vertrag ausgeht (Bruck S. 484, v. Gierke II S. 181, Kisch III S. 58, Ritter-Abraham Anm. 6 zu § 2, S. 169, Anm. 9 zu § 2, S. 170). Das verkennt OLG Hamburg 22. XII. 1924 in der oben Anm. 43 zitierten Entscheidung, welches § 2 statt § 4 ADS anwendet.

[45] bb) Lösung.

Aus der Regelung des § 68 I kann unter Heranziehung der den §§ 2 II, 51 III, 59 III zugrunde liegenden Gedanken eine Analogie gefunden werden (vgl. BGH 19. III. 1956 VersR 1956 S. 250 = VA 1956 S. 118) des folgenden Inhalts: Hat nur der Ver die diskriminierenden Umstände gekannt, steht ihm nichts zu (Bruck S. 495, Kisch III S. 58). Hat lediglich der Vmer Kenntnis gehabt, schuldet er Prämie für die volle Vsperiode (Bruck S. 496, Kisch III S. 58, Sieg MDR 1962 S. 889). Haben beide keine einschlägige Kenntnis, so gebührt dem Ver eine angemessene Geschäftsgebühr (Kisch III S. 58). Der Fall, daß beide Vertragsteile bösgläubig waren, gehört in anderen Zusammenhang (siehe oben Anm. 41). Das hier gefundene Ergebnis entspricht den Leitgedanken der §§ 2 II, 3 I, III ADS (Ritter-Abraham Anm. 30 zu § 3, S. 184).

[46] c) Maßgeblicher Zeitpunkt.

aa) Im allgemeinen.

Für die Abgrenzung des anfänglichen Interessemangels vom späteren (vom Interessewegfall) kommt es auf die Begriffe des formellen und des technischen Vsbeginns an. Formeller Vsbeginn ist gegeben, sobald der Vertragsschluß erfolgt, in der Regel also die Annahmeerklärung des Vers dem Vmer zugegangen ist. Der technische Vsbeginn ist der Zeitpunkt, zu dem die Gefahrtragung des Vers laut Vertrag anfangen soll und demzufolge die Prämienzahlung vorgesehen ist.

§ 68 I liegt vor, wenn das Interesse beim technischen Beginn fehlt, der Ver also niemals im Risiko gewesen ist (Kisch III S. 207f., Bruck S. 494, 498, v. Gierke II S. 185). Gelegentlich wird hier statt des Terminus „technischer Vsbeginn" der Ausdruck (vorgesehener) „materieller Vsbeginn" gebraucht. Gemeint ist stets das erstere, was insbesondere Sasse a. a. O. S. 9f. klar herausstellt.

Der Zeitpunkt des formellen Vsbeginns ist für die Abgrenzung zwischen § 68 I einerseits, § 68 II—IV andererseits gleichgültig. Meist wird der formelle Beginn mit dem technischen zusammenfallen oder der letztere dem Vertragsschluß folgen.

[47] bb) Rückwärtsversicherung.

Umgekehrt liegt es bei der Rückwärtsv. Auch bei ihr kommt es auf den technischen Beginn an.

Beispiel: Die Parteien vereinbaren am 1. 6., daß Deckung rückwirkend ab 1. 5. bestehen soll. War die vte Sache bereits am 1. 5. nicht mehr vorhanden, greift § 68 I ein. Geht sie danach unter, mag das auch noch vor dem 1. 6. geschehen sein, ist § 68 II—IV anzuwenden, denn der Ver hat im letztgedachten Falle eine Gefahr getragen.

Hier wird allerdings die Regelung des § 68 I zum Teil überlagert durch die des § 2 II. Weiß nämlich der Ver (sei es allein, sei es, daß auch der Vmer weiß), daß der Vsfall nicht eintreten kann, gebührt ihm keine Geschäftsgebühr; anders Möller Anm. 33

III. Anfänglicher Interessemangel § 68
Anm. 48—52

zu § 2, der § 68 I den Vorrang gibt, während m. E. das besonders starke aleatorische Moment bei der Rückwärtsv in diesem Punkt dieselbe Regelung wie beim unverbaren Interesse erheischt, siehe oben Anm. 45. Für das Wissen im Rahmen des § 2 ist der Zeitpunkt des formellen Vertragsschlusses maßgeblich, Kenntniserlangung zwischen Antrag und Annahme schadet also: Möller Anm. 42 zu § 2; a. A. Ehrenzweig S. 78.

[48] d) Vorgehende Vorschriften.
Oben in Anm. 17—19 sind die dem § 68 vorgehenden Vorschriften erörtert worden. An dieser Stelle ist zu betonen, daß auch § 68 I durch jene Normen verdrängt wird. Der Vorrang der §§ 69—73, 151 II, 158h gilt nämlich auch dann, wenn die Veräußerung bzw. Zwangsvollstreckung zwischen formellem und technischem Beginn stattfindet. Das nimmt die herrschende Lehre mit Recht mit Rücksicht auf den beabsichtigten Zweck (Erwerberschutz) an (vgl. Lenski a. a. O. S. 79 und die dort Note 52, 53 Genannten).

[49] 2. Folgen.
a) Geschäftsgebühr.
aa) Materielles Recht.
Nach § 68 I kann der Ver eine angemessene Geschäftsgebühr verlangen. Die Freiheit von der Prämienzahlungspflicht tritt automatisch ein, es bedarf keiner Anzeige oder gar Gestaltungserklärung des Vmers: Kisch III S. 212.
Was angemessen ist, sagt das Gesetz nicht. Orientierungshilfen können einige Urteile geben: AG Aachen 1. VI. 1950 VersR 1951 S. 35 mit Anm. Bischoff (weniger als 25% Jahresprämie, Kautionsv); OLG Hamburg 13. X. 1967 VersR 1968 S. 485 (30% Jahresprämie, Kraftfahrzeughaftpflichtv. § 4 VI AKB nennt als Höchstsatz für die Geschäftsgebühr auf Grund von § 40 II ebenfalls 30% Jahresprämie); LG Hamburg 2. X. 1970 VA 1971 S. 118 (27,5% Jahresprämie, Filmausfallv; 18,5% Jahresprämie, Filmnegativv; hierbei ist aber zu berücksichtigen, daß in den 27,5% für die Filmausfallv zugleich die Abgeltung für eine vorläufige Deckungszusage lag).
Die für § 40 II als angemessen angesehene Geschäftsgebühr braucht nicht stets auch angemessen im Sinne des § 68 zu sein. Die Zitierung der Urteile sollte — wie gesagt — nur Anhaltspunkte geben.

[50] Anerkannt ist, daß der Ver nicht nur einen Teil seiner Geschäftsunkosten, sondern auch besondere Auslagen wie Makler- oder Agentenprovisionen fordern kann (Möller Anm. 12 zu § 40, Bruck S. 501, Puhl a. a. O. S. 24; die letzteren beiden erwähnen insbesondere die Kosten für die Ausstellung des Vsscheins, die indes in den allgemeinen Unkosten enthalten sind).
Aus einem Vergleich des § 68 I mit § 68 II ergibt sich, daß die Geschäftsgebühr höchstens der Prämie gleichkommen darf, die für die geringste Vsdauer nach Kurztarif vorgesehen ist, denn das, was der Ver zu beanspruchen hat, wenn er keine Gefahr getragen hat, kann nicht höher sein als das, was er bei Gefahrtragung verlangen darf.

[51] bb) Verfahrensrecht.
Über die Angemessenheit entscheidet das Gericht, § 287 II ZPO läßt Erleichterungen bei der Feststellung zu. Nützlich kann es sein, eine amtliche Auskunft der Aufsichtsbehörde beizuziehen oder ein Sachverständigengutachten von ihr anzufordern, beides kann auch von Amts wegen geschehen (vgl. § 144 ZPO). Nach BGH 24. XI. 1951 VersR 1952 S. 37 ist solche Auskunft auch dann verwertbar, wenn das Aufsichtsamt sie auf Ermittlungen bei Vsgesellschaften stützt (bedenklich).

[52] cc) Aufsichtsbehördliche Genehmigung.
Nach § 40 II 3 gilt die Geschäftsgebühr als angemessen, die mit Genehmigung der Aufsichtsbehörde in den AVB festgesetzt worden ist. Eine entsprechende Vorschrift fehlt in § 68 I. Selbst wenn also genehmigte AVB für diesen Fall eine bestimmte Geschäftsgebühr enthalten sollten und der Ver sich daran hielte, könnte sich der Vmer auf Unangemessenheit berufen.

Sieg

Gleichwohl wäre die Genehmigung einer bestimmten Geschäftsgebühr bei § 68 I nicht überflüssig, sie dürfte eine **tatsächliche Vermutung** für die Angemessenheit schaffen, also keine Beweislastumkehr, aber eine Beweiserleichterung (prima facie-Beweis) für den Ver bedeuten.

[53] dd) Verjährung.

Streitig ist, ob der Anspruch auf die Geschäftsgebühr der kurzen Verjährung nach § 12 I unterliegt oder ob die gewöhnliche Frist gilt. Kisch III S. 217, Puhl a. a. O. S. 25 nehmen letzteres an. M. E. ist § 12 I anwendbar, denn der Anspruch aus § 68 I setzt einen wirksamen Vsvertrag voraus (vgl. oben Anm. 41, 42), fließt also aus diesem, wenn auch mit gesetzlich modifiziertem Inhalt. Überdies spricht das Vmerinteresse hier ebenso wie beim normalen Vertragsanspruch für die kurze Frist (ebenso Prölss-Martin[18] Anm. 2 zu § 12, S. 114).

[54] b) Fortfall der Geschäftsgebühr.

aa) Bei Kenntnis des Versicherers.

Zweifelhaft kann sein, ob dem Ver die Geschäftsgebühr auch dann zusteht, wenn er den Interessemangel gekannt hat. Wendet man hier die Sätze über das unverbare Interesse (oben Anm. 45) und die Rückwärtsv (oben Anm. 47) entsprechend an, so wäre die Frage zu verneinen. Indes hat die Meinung, daß die Geschäftsgebühr durch die Kenntnis des Vers vom Interessemangel nicht verwirkt wird (Bruck S. 500, Kisch III S. 216), hier einiges für sich, weil kein unerlaubtes oder besonders ausgeprägtes aleatorisches Moment im Spiel ist.

Immerhin erscheint es mir dann unangebracht, dem Ver eine Geschäftsgebühr zuzusprechen, wenn er Kenntnis vom Interessemangel hatte, der Vmer aber nicht (Kisch III S. 216 will hier unter Umständen mit § 254 BGB helfen).

[55] bb) Im Falle des § 68 III.

Der Gesetzgeber dürfte nicht genügend bedacht haben, daß der Interessemangel wegen Kriegsereignisses oder ähnlicher Umstände (§ 68 III) nicht nur **nach** dem technischen Beginn der V eine Rolle spielen kann, sondern auch im Rahmen des § 68 I. § 68 III läßt erkennen, daß der Vmer bei dem auf Kriegseinflüssen beruhenden Interessemangel privilegiert werden soll. Deshalb erscheint es angemessen, daß bei anfänglichem Interessemangel aus **Kriegsgründen** der Anspruch auf die Geschäftsgebühr entfällt. Das würde auch dem überwiegend gebilligten bürgerlich-rechtlichen Haftungsmaßstab entsprechen (vgl. oben Anm. 6 a. E., 7).

[56] c) Weitergehende Verpflichtungen des Versicherungsnehmers?

aa) Aus culpa in contrahendo.

Weitergehende Verpflichtungen als die zur Zahlung der Geschäftsgebühr bestehen für den Vmer **nicht**, auch dann nicht, wenn er bei Eingehung des Vsvertrages wußte, daß die V nicht in Risiko kommen könnte und keine Kenntnis hiervon gab. Dem Gesichtspunkt des Verschuldens bei Vertragsschluß, an den hier zu denken wäre, ist durch § 68 I bereits Rechnung getragen: Die Geschäftsgebühr entspricht dem Vertrauensinteresse.

Es liegt hier also anders als beim unverbaren Interesse (vgl. oben Anm. 45 und § 3 ADS).

[57] bb) Aus Verletzung vorvertraglicher Anzeigepflicht.

Die Rechtssätze über Verletzung der vorvertraglichen Anzeigepflicht können zu keinem von § 68 I abweichenden Ergebnis führen (Bruck 7. Aufl. Anm. 10 zu § 68, S. 258 f.). Schon tatbestandlich sind die §§ 16 ff. nicht erfüllt, wenn der Vmer den Interessemangel nicht angezeigt hat, denn dieser ist nicht gefahrerheblich, er bewirkt ja Leistungsfreiheit. Aber auch wenn der Vmer tatsächlich gegen §§ 16 ff. verstoßen hat, bleibt es bei § 68 I, wenn zugleich Interessemangel vorliegt.

III. Anfänglicher Interessemangel **§ 68**
Anm. 58—61

Das Gesetz reagiert auf die Verletzung der vorvertraglichen Anzeigepflicht je nachdem, ob den Vmer ein Verschulden trifft oder nicht, mit Rücktritt oder Kündigung. Da hier aber der wirksam abgeschlossene Vertrag niemals ins Leben getreten ist (vgl. oben Anm. 10), kommt eine Lösung von ihm nicht in Frage (Kisch III S. 221, Bruck S. 501, Puhl a. a. O. S. 32f. — Prölss-Martin[18] Anm. 7 zu § 68, S. 356 kann zugestimmt werden: § 68 ist abschließende vsrechtliche Regelung).

Allein § 68 I anzuwenden ist auch deshalb billig, weil die Verletzung der vorvertraglichen Anzeigepflicht hier das Risiko des Vers nicht erhöht hat, der Vmer also günstiger behandelt werden kann als nach § 40 I.

[58] Lediglich die **Anfechtung** des Vers wegen arglistiger Täuschung (§ 22) kann ihm weitergehende Ansprüche verschaffen (§ 40 I 1). Die Anfechtung wirkt dinglich zurück, hier ist deshalb niemals ein wirksamer Vsvertrag vorhanden gewesen, der erst durch den Interessemangel hätte hinfällig werden können (vgl. oben Anm. 42).

Die Anfechtungsmöglichkeit trotz Interessemangels verkennt OLG Hamburg 22. XII. 1924 HansRZ 1925 Sp. 273 = JRPV 1925 S. 64.

[59] **3. Kenntnis des Versicherers und des Versicherungsnehmers.**
a) Kenntnis des Versicherers.

Der Begriff der Kenntnis ist näher zu präzisieren. Wie aus den vorangegangenen Anmerkungen erhellt, kommt es bei der Sittenwidrigkeit, beim unverbaren Interesse, bei der Rückwärtsv und bei der Verwirkung des Anspruchs auf die Geschäftsgebühr auf Kenntnis des Vers von gewissen Umständen an.

Hier gelten folgende Grundsätze: Der Ver muß sich nicht nur die Kenntnis seiner Organe nach § 166 I BGB anrechnen lassen, sondern auch solcher Angestellter, die nach der Regelung im Betrieb rechtserhebliche Tatsachen zur Kenntnis zu nehmen haben. Es handelt sich um ein Problem der Wissenszurechnung (vgl. Ottow a. a. O. S. 81f., RG 8. III. 1921 RGZ Bd. 101 S. 403), hinsichtlich dessen bei Agenten auf Möller Anm. 3—15 zu § 44 verwiesen wird.

Angesichts der umfangreichen Organisation eines modernen Vers muß das Wissen im Zusammenhang mit der spezifischen Aufgabenstellung erlangt sein: Krebs VersR 1962 S. 13.

[60] Krebs geht allerdings zu weit, wenn er bei Einheitlichkeit der Policennummer, unter der die Deckung verschiedener Zweige dokumentiert wurde (Hauptbeispiel: Kraftfahrv), die Kenntnis des Sachbearbeiters eines Zweiges nicht insgesamt wirken läßt, sofern der andere Zweig von einer anderen Abteilung bearbeitet wird. Der Vmer kann nicht die innere Organisation bei seinem Ver kennen. Dieser muß dafür sorgen, daß die wissende Abteilung die andere unterrichtet. Daß verschiedene Abteilungen beteiligt sind, kann der Sachbearbeiter mühelos aus der Vertragsakte ersehen (vgl. hierzu auch Möller Anm. 39, 40 zu § 2). Was hier zum Verhältnis Abteilung/Abteilung ausgeführt wurde, gilt auch im Verhältnis Bezirksdirektion/Zentrale: BGH 29. V. 1970 VersR 1970 S. 660f.

Auf die Einheitlichkeit der Vsscheinnummer wird mit Recht abgestellt von Prölss-Martin[18] Anm. 2 zu § 20, S. 158, Ottow a. a. O. S. 82, BGH 24. I. 1963 VersR 1963 S. 227.

Für den Behördenbereich vertritt allerdings BFM 6. IV. 1971 BetrBer 1971 S. 999 eine Auffassung, die der von Krebs entspricht.

Das Gesagte gilt für die Frage, auf **wessen** Kenntnis es ankommt und **wann** diese Kenntnis erlangt ist.

[61] **b) Kenntnis des Versicherungsnehmers.**

Die vorstehenden Grundsätze der Wissenszurechnung gelten mutatis mutandis auch für den Vmer, und zwar sowohl hinsichtlich des Ob als auch des Wann. Auch hier besteht die Zurechnungslast, wenn seine Angestellten Kenntnis haben. Es handelt sich um die Kehrseite davon, daß sich der Vmer die Arbeitsteilung zunutze macht (RG

8. III. 1921 RGZ Bd 101 S. 403, Möller, Bericht über die deutsche Rechtsprechung zum Binnenvsrecht in den Jahren 1937—1938, Rom 1940, S. 299f.).

Der Wissenszurechnungsvertreter braucht also, im Unterschied zum Repräsentanten, nicht in einem Geschäftsbereich von einiger Bedeutung eingesetzt zu sein: BGH 13. V. 1970 VersR 1970 S. 613f.

In der Feuer- und Einbruchsdiebstahlv wird durch die Verantwortlichkeitsklausel (VA 1957 S. 61, 1962 S. 2) die Wissenszurechnung zugunsten des Vmers erheblich eingeschränkt.

[62] **IV. Nachträglicher Interessemangel (Interessewegfall; § 68 II—IV).**
1. Gemeinsame Voraussetzungen.
a) Im allgemeinen.

Wie oben Anm. 46 ausgeführt, kommt es für die Abgrenzung zwischen anfänglichem und nachträglichem Interessemangel auf den technischen Beginn der V an. § 68 II—IV gilt nur, wenn der Interessefortfall Beendigungsgrund für den Vertrag ist (vgl. oben Anm. 10), also z. B. nicht bei einverständlicher Aufhebung desselben. Über das Zusammentreffen mit der Kündigung vgl. unten Anm. 68, 69.

[63] **b) Rückwärtsversicherung.**

Auch bei der Rückwärtsv ist, was die Unterscheidung zwischen anfänglichem und nachträglichem Interessemangel angeht, der technische Vsbeginn maßgebend. Deshalb kann hier Interessewegfall schon vor dem formellen Vsbeginn eintreten (vgl. das Beispiel oben Anm. 47). Bei der Rückwärtsv hat § 2 nicht nur Vorrang gegenüber § 68 I (s. auch hierzu oben Anm. 47), sondern auch gegenüber § 68 II—IV.

Das wirkt sich, sofern Rückwärts- und Vorwärtsv vereinbart war, zu Lasten des Vers aus. Hat er Kenntnis vom Interessemangel (sei es allein, sei es zusammen mit dem Vmer), steht ihm kein Anspruch auf die Prämie nach § 68 II, III zu. Anders nur, wenn der Interessemangel gerade darin lag, daß inzwischen der Vsfall eingetreten war und nur der Ver dies wußte. Dann ist der Vertrag gültig. Der Ver schuldet Entschädigung und hat Anspruch auf die Prämie für die volle Vsperiode nach § 68 IV (Prölss-Martin[18] Anm. 2 A a zu § 2, S. 43 wollen aus nicht einleuchtendem Grund hier § 68 II maßgebend sein lassen). Wenn nur der Vmer Kenntnis vom Interessewegfall hat, ergeben sich für die Prämienzahlungspflicht keine praktischen Unterschiede gegenüber § 68 II—IV, ebensowenig wenn beide Vertragsteile nichtwissend sind (Prölss-Martin[18] Anm. 2 B, 2 D zu § 2, S. 43).

[64] **2. Fall des § 68 II.**
a) Prämienzahlungspflicht nach Gesetz.
aa) Voraussetzungen.

§ 68 II behandelt den Interessewegfall, der weder im Kriegsgeschehen (§ 68 III) noch im Vsfall (§ 68 IV) seine Grundlage hat. Er stellt auf die Kenntnis des Vers ab (hierzu oben Anm. 59, 60). Woher dem Ver diese Kenntnis kommt, ist gleichgültig (AG Stuttgart 11. XI. 1953 VersR 1954 S. 35). Meist wird er den Interessefortfall durch Anzeige des Vmers erfahren.

Für die Prämienberechnung wird fingiert, daß der Vmer von vornherein die V bis zu jenem Zeitpunkt beantragt habe.

[65] **bb) Durchführung.**

Das bedeutet, sofern ein einschlägiger Kurztarif existiert: Tritt der Interessewegfall im ersten Vsjahr ein, so wird nach diesem abgerechnet; wenn sich der Interessewegfall jedoch erst in einem späteren Vsjahr ereignet, so ist für das betreffende Vsjahr Prämie nur pro rata zu zahlen.

> Beispiel: Vertragsschluß 1. 7. 1971, technischer Vsbeginn 10. 7. 1971, Kenntniserlangung vom Interessewegfall 10. 10. 1971: Prämie ist nach Kurztarif für drei Monate abzurechnen. Ereignen sich Interessewegfall und Kenntniserlangung

IV. Nachträglicher Interessemangel   **§ 68**
Anm. 66—68

des Vers am 10. 10. 1972, wird Prämie für das Vsjahr 1972—1973 pro rata geschuldet.

Ebenso Evers a. a. O. S. 46f. Anderer Ansicht AG Ebingen 28. XI. 1958 VersR 1959 S. 221. Die Argumente dieses Gerichts überzeugen nicht; § 68 II ist keine Ausnahme von der Unteilbarkeitsregel, weil es solche nicht mehr gibt; die Vorschrift ist also nicht vom Unteilbarkeitsgrundsatz her zu interpretieren, sondern an den Sätzen auszurichten, die für den Zweckfortfall auf Gläubigerseite entwickelt worden sind (vgl. oben Anm. 7, 8). Das Gericht beruft sich ferner auf eine Auskunft des Aufsichtsamts, läßt aber nicht erkennen, wie das Aufsichtsamt seinen Standpunkt begründet hat. Nach Auffassung des AG Ebingen würde im letztgenannten Beispiel für das Vsjahr 1972/73 nach Kurztarif abzurechnen sein. — Wie AG Ebingen auch AG Stuttgart 11. XI. 1953 VersR 1954 S. 35 ohne Begründung.

Existiert ein einschlägiger Kurztarif nicht, wird Prämie auch dann pro rata berechnet (Amtl. Begründung DJustiz 1943 S. 269, Ottow a. a. O. S. 80), wenn Interessewegfall und Kenntnis beim Ver in das erste Vsjahr fallen. Die Berechnung kommt hier der des § 68 III nahe, unterscheidet sich aber von jener dadurch, daß es bei § 68 II stets auf die Kenntnis des Vmers ankommt. Außerdem wird im letzteren Falle dem Ver mindestens eine Prämie zuzubilligen sein, die der angemessenen Geschäftsgebühr entspricht: Er darf hier nicht weniger erhalten, als wenn er überhaupt kein Risiko trägt.

[66] b) Prämienzahlungspflicht nach AKB.
§ 6 III AKB enthält eine Sonderregelung. Er lautet:
Fällt das Wagnis infolge eines zu ersetzenden Schadens weg, so gebührt dem Ver in der Fahrzeugv der volle Beitrag für das laufende Vsjahr oder die vereinbarte kürzere Vertragsdauer. In allen sonstigen Fällen eines dauernden Wegfalls des vten Wagnisses gebührt dem Ver nur der auf die Zeit des Vsschutzes entfallende anteilige Beitrag. Hat das Vsverhältnis weniger als ein Jahr bestanden, so wird für die Zeit vom Beginn des Vsjahres bis zum Wagniswegfall der Beitrag nach Kurztarif, oder, wenn innerhalb eines Jahres eine neue Kraftfahrtv beim gleichen Ver abgeschlossen wird, der Beitrag anteilig nach der Zeit des gewährten Vsschutzes berechnet.

Die Bestimmung stellt den Vmer, was das Verhältnis zu § 68 II angeht, insofern günstiger, als es auf die Kenntnis des Vers vom Interessewegfall nicht ankommt. Die AKB haben die Nichtberücksichtigung der Kenntniserlangung beibehalten aus einer Zeit, als es auf sie nach der alten Fassung von § 68 II (vgl. oben Anm. 1) auch von Gesetzes wegen nicht ankam. Das Gesetz hat inzwischen einerseits die Prämienzahlungspflicht des Vmers eingeschränkt, andererseits aber die Kenntnis des Vers maßgebend sein lassen. Die AKB haben nur die erstere Komponente übernommen; die zweite kann nicht in sie hineininterpretiert werden, denn es war mannigfach Gelegenheit, die AKB auch insoweit dem Gesetz anzupassen.

[67] Im übrigen stellt § 6 III AKB klar, was sich bei richtiger Auslegung des § 68 II aus diesem für die Frage ergibt, wann nach Kurztarif, wann pro rata abzurechnen ist (vgl. oben Anm. 65).

Nur wenn der Fortfall innerhalb des ersten Jahres eintritt, ist also der Kurztarif anzuwenden. Insoweit verschafft aber § 6 III AKB dem Vmer noch eine Vergünstigung, als auch in diesem Falle nur ratierliche Prämie berechnet wird, sofern der Vmer ein Ersatzfahrzeug beim gleichen Ver in Deckung gibt. In letzterem Punkt spiegeln die AKB wider, was einer häufigen, den § 68 II ersetzenden Vereinbarung entspricht: Übertragung der unverbrauchten Zeitprämie auf einen surrogierenden Vertrag (zur Wirksamkeit vgl. unten Anm. 120).

[68] c) Weitergehende Verpflichtungen des Versicherungsnehmers aus § 40 I, II 1.
aa) Interessewegfall vor Auslaufen der Kündigungsfrist.
Der Interessewegfall kann zu einer Zeit eintreten, in der das Vsverhältnis bereits gekündigt ist. § 40 I, II 1 stellt den Vmer, was seine Pflicht zur Prämienzahlung an-

geht, ungünstiger als § 68 II. M. E. gebührt dem letzteren der Vorrang. Die Kündigung läßt das Vsverhältnis bei Bestand bis zum Auslauf der Frist. Innerhalb ihrer kann sich ein Umstand ereignen, der das Vsverhältnis unmittelbar auflöst (hier: Interessewegfall). Die Folgen bemessen sich dann nach dem letzteren. Jedes gekündigte Dauerschuldverhältnis (etwa Arbeitsverhältnis, Handelsvertretervertrag) kann noch innerhalb der Kündigungsfrist durch einen Umstand beeinflußt werden, der zur sofortigen Lösung führt (z. B. außerordentliche Kündigung, Tod des Leistungspflichtigen); vgl. Sieg AktGes 1964 S. 297 mit weiteren Angaben.

Aus dem Gesagten folgt zugleich: Ist der Vsvertrag durch Risikowegfall erloschen, so kann er nicht mehr durch Kündigung (fristlose oder fristgemäße) zur Auflösung gebracht werden, die Kündigung nach Interessewegfall wäre wirkungslos.

[69] **bb) Interessewegfall nach Beendigung des Versicherungsvertrages.**
Zweifelhafter ist die Entscheidung dann, wenn der Interessewegfall sich zu einer Zeit ereignet, zu der kraft der Kündigung das Vsverhältnis schon erloschen ist, die Prämienzahlungsperiode aber noch läuft.

> Beispiel: Die Vsperiode läuft vom 1. VI. 1971 bis 1. VI. 1972. Am 1. VIII. 1971 kündigt der Ver zum 1. IX. 1971 wegen unverschuldeter Verletzung der vorvertraglichen Anzeigepflicht (§ 41 II) oder wegen unverschuldeter Verletzung der Gefahrstandspflicht (§§ 24 I 2, 27 I). Am 1. X. 1971 tritt Interessewegfall ein.

Obwohl man auf den ersten Blick geneigt sein könnte, auch hier dem § 68 II den Vorrang einzuräumen, weil er gegenüber dem Unteilbarkeitsgrundsatz die modernere Regelung enthält, so läßt sich doch dieses Ergebnis nicht rechtfertigen. Wenn der Vsvertrag erloschen ist, trägt der Ver kein Risiko mehr, das wegfallen könnte. Daß ihn das alte Vsverhältnis nicht mehr zu interessieren braucht, zeigt sich am besten dann, wenn das betreffende Gut inzwischen anderweitig vert ist; Vgl. AG Kappeln 26. V. 1970 VersR 1971 S. 1162.

Dasselbe ergibt sich, wenn der Vertrag fristlos gekündigt wurde, etwa nach § 39 III oder nach § 6 I 2 und noch innerhalb der Vsperiode Interessewegfall eintritt: es bleibt bei § 40 I, II 1. Ebenso Feyock VersR 1969 S. 7, Prölss-Martin[18] Anm. 3 zu § 6 AKB, S. 791, LG Mannheim 27. II. 1963 VersR 1963 S. 572. In der Begründung ist dieser Entscheidung allerdings nicht zu folgen, denn ein Spezialitätsverhältnis liegt zwischen § 40 II und § 68 II nicht vor, weil die Tatbestandsmerkmale beider Normen sich nicht zum Teil decken.

[70] **3. Fall des § 68 III.**
a) Voraussetzungen.
aa) Kriegsereignis.

§ 68 III enthält drei Fälle qualifizierten nachträglichen Interessemangels, die in innerem Zusammenhang mit dem Krieg stehen, in der ersten Alternative den durch ein Kriegsereignis verursachten Interessewegfall.

Die folgenden Ausführungen basieren im wesentlichen auf Prölss DRZ 1946 Sp. 48 bis 52; einige Beispiele sind der Amtl. Begründung zu § 51 II DJustiz 1943 S. 269 entnommen. Kriegsereignis ist ein solches, daß sich als Ergebnis einer besonderen, durch den Krieg erhöhten Gefahr darstellt, oder anders ausgedrückt, jedes einen Schaden verursachende oder mitverursachende Ereignis, das ohne den Krieg nicht so geschehen wäre.

Krieg ist hier nicht völkerrechtlich zu verstehen (RG 3. VII. 1917 RGZ Bd 90 S. 380). Er kann vor Erfüllung der völkerrechtlichen Voraussetzungen beginnen und vor Beendigung des völkerrechtlichen „Krieges" aufhören. Für beides hat gerade der letzte Krieg beredte Beispiele geliefert.

[71] Kriegsereignisse können nicht nur im Operationsgebiet eintreten, wie der Luftkrieg zeigt. Ebenso kommt es nicht darauf an, ob eigene oder feindliche Kriegshandlungen den Schaden herbeigeführt haben. Kriegsereignisse können auch in nicht am Kriege beteiligten Staaten auftreten, ebenso nach Kapitulation (oder während Waffenstill-

IV. Nachträglicher Interessemangel § 68
Anm. 72—75

stands). Dabei ist nicht nur an Schäden durch Angehörige der Besatzungsmacht zu denken. Noch monatelang nach der Kapitulation vom Mai 1945 wirkte sich das Fehlen von Polizeikräften, die Unterbrechung von Telefonverbindungen, die Auflösung von Gefangenenlagern auf die Gefahrenlage aus, so daß auf diese Umstände zurückzuführende Schäden als durch Kriegsereignisse verursacht zu qualifizieren waren. Dasselbe war anzunehmen für einen Schaden, der entstand, weil die Besatzungsmacht das Betreten des Grundstücks durch heimische Feuerwehr nicht zuließ (KG 13. V. 1947 DRZ 1947 S. 414f. hat allerdings anders entschieden, dagegen zu Recht die Anmerkung von Prölss).

Kriegsereignis im Sinne unserer Bestimmung ist eher bei einem typischen als bei einem atypischen Kriegsgeschehen anzunehmen. Das letztere leitet über zu den Fällen, in denen der Krieg nur ein zufälliges Begleitmoment des Schadens darstellt, oder die darauf zurückzuführen sind, daß sich die Gefahr auf einem höheren Niveau stabilisiert und damit das Moment des Außerordentlichen verloren hat (Prölss-Martin[18] Anm. 5 zu § 1 AFB, S. 439). Auf dieses Stadium reagieren §§ 16ff.

[72] bb) **Behördliche Maßnahme aus Anlaß des Krieges.**

Hier sind Maßnahmen der eigenen Behörden gemeint, mag es sich um zivile, mag es sich um militärische Dienststellen handeln. Vor allem Beschlagnahmen von unbestimmter Dauer (vgl. unten Anm. 103) oder Stillegung von Betrieben aus Anlaß eines Krieges gehören hierher.

Wegen Erfassungen auf Grund BLeistungsG vgl. unten Anm. 104.

[73] cc) **Unvermeidliche Folge des Krieges.**

Zu den unvermeidlichen Folgen eines Krieges gehören etwa Requisition, Ablieferung von Sachen auf Grund Waffenstillstandsabkommens, Beschlagnahmen von unbestimmter Dauer seitens Besatzungstruppen, prisenrechtliche Kondemnation oder bereits prisenrechtliche Nehmung, wenn die Wiedererlangung aussichtslos ist (Ritter-Abraham Anm. 5 zu § 4, S. 186, vgl. auch Ottow a. a. O. S. 48). Praktisch spielt es keine Rolle, ob man diese Fälle hierher oder noch zu den Kriegsereignissen (oben Anm. 71) rechnet.

Ferner ist an das Erliegen eines Betriebes zu denken, weil infolge Krieges Rohstoffe nicht verfügbar sind, die dieser Betrieb verarbeitet, oder weil aus dem gleichen Anlaß der Maschinenpark nicht mehr ergänzt werden kann. Vgl. ferner zu diesem Tatbestandsmerkmal Sasse a. a. O. S. 98—100, Ottow a. a. O. S. 88.

[74] b) **Prämienzahlungspflicht.**

Der Ver kann hier nur Prämie pro rata temporis verlangen. Im Unterschied zu § 68 II kommt es für die Höhe seines Anspruchs nicht auf die Kenntnis an. Wegen der Konkurrenz mit § 68 I vgl. oben Anm. 55, wegen der Konkurrenz mit § 68 IV s. unten Anm. 75.

Auch § 68 III kann mit § 40 I, II 1 zusammentreffen. In diesem Fall geht § 68 III vor (Begründung oben Anm. 68), ebenso auch, wenn er mit § 40 III konkurriert.

[75] 4. **Fall des § 68 IV.**

a) **Prämienzahlungspflicht nach Gesetz.**

Nur wenn der Vsfall den Interessewegfall begründet, bleibt es beim sogen. Grundsatz der Unteilbarkeit der Prämie. § 68 IV ist Ausnahmevorschrift zu § 68 II, aber auch zu § 68 III. D. h.: Waren Kriegsschäden mitgedeckt und hat sich ein Totalschaden ereignet, der auf Umstände der in § 68 III genannten Art zurückzuführen ist, so ist die Prämie für die gesamte Vsperiode verfallen. Das rechtfertigt sich daraus, daß der Vmer in den Genuß der vollen Gegenleistung seines Partners gekommen ist.

§ 68 IV übernimmt, was die Prämienzahlungspflicht angeht, die in den §§ 95, 112, 119 für den Teilschaden (und damit für die weitere Teilhaftung des Vers) getroffene Regelung auf den Totalschaden, also den Fall, in dem der Ver überhaupt nicht mehr haftet. Voraussetzung ist aber, daß der Ver auf Grund des Vsfalles geleistet hat

§ 68
Anm. 76—79

(ebenso Prölss-Martin[18] Anm. 1 zu § 95, S. 401; anders Thees DJustiz 1943 S. 281), vgl. oben Anm. 7 a. E.

Der Totalschaden ist Interessewegfall und beendet das Vsverhältnis automatisch (vgl. oben Anm. 10). Eine darauf folgende Kündigung ginge ins Leere; insbesondere könnte der Vmer mittels einer solchen die laufende Vsperiode, für die er prämienzahlungspflichtig ist, nicht abkürzen: OLG Hamburg 1. X. 1924 HansRZ 1924 Sp. 857.

[76] b) Prämienzahlungspflicht nach AVB.

Auch gegenüber § 68 IV, wie schon gegenüber § 68 II festgestellt, bedeutet § 6 III AKB eine Günstigerstellung des Vmers. Nur in der Kaskov löst der Eintritt des Schadens dieselbe Wirkung auf die Prämienzahlungspflicht aus wie nach dem Gesetz. Im übrigen gilt die für den Vmer günstigere Regelung eines gewöhnlichen Interessewegfalls, vgl. oben Anm. 65—67.

Nach § 10 (1) AVB Glas bezieht sich der Vsschutz nach dem Vsfall auf die ersetzten Scheiben, für sie ist eine anteilige Prämie zu zahlen.

[77] Zusatz zu III und IV: Kosten des Rechtsstreits.
1. Materiellrechtliche Vorfrage.

In den Fällen des § 68 I und III ist die Beschränkung der Leistungspflicht des Vmers unabhängig davon, ob der Ver Kenntnis hatte vom Interessemangel. Gleichwohl ist dessen Kenntnis auch hier nicht ohne Bedeutung. Vor diesem Zeitpunkt kann der Rückforderungsanspruch des Vmers, der schon die volle Jahresprämie oder sogar Prämien für künftige Vsjahre gezahlt hatte, nicht fällig werden. Das betont die Amtl. Begründung zu § 68 III mit Recht (DJustiz 1943 S. 269), es gilt aber ebenso für § 68 I (und natürlich auch für § 68 II, wo die Kenntnis sogar begründend für die Rückforderung wirkt).

[78] 2. Kostenlast.

Das hat auch Kostenfolgen im Prozeß, die für § 68 I—III gleichermaßen gelten. Macht der Vmer eine Rückforderung geltend und trägt er im Prozeß den Interessemangel vor, so kann der Ver durch sofortiges Anerkenntnis nach § 93 ZPO erreichen, daß dem Vmer die Kosten auferlegt werden. § 93 ZPO lautet:

„Hat der Beklagte nicht durch sein Verhalten zur Erhebung der Klage Veranlassung gegeben, so fallen dem Kläger die Prozeßkosten zur Last, wenn der Beklagte den Anspruch sofort anerkennt."

Klagt umgekehrt der Ver die volle Prämie ein, weil er vom Interessemangel nichts wußte, und verteidigt sich der Vmer damit, daß das Interesse fehle, so kann der Ver durch sofortige Rücknahme der Klage oder durch Erklärung der Hauptsache als erledigt erreichen, daß dem Vmer die Kosten auferlegt werden, sei es, daß man eine Umkehrung des § 93 ZPO zugunsten des Klägers für zulässig hält, sei es unter Heranziehung des § 91 a ZPO (vgl. zu dieser Frage Baumbach-Lauterbach, ZPO, 30. Aufl., München 1970, Anm. 4 zu § 93, S. 209). Zutreffend daher OLG Düsseldorf 12. XII. 1934 HansRGZ 1935 A Sp. 405 = JRPV 1935 Zus. S. 63, dem Prölss-Martin[18] Anm. 7 zu § 68, S. 356 zustimmen.

[79] V. Versicherung für fremde Rechnung.
1. Anwendungsbereich.
a) Allgemeines.

Die §§ 74—80 behandeln die V für fremde Rechnung der Schadensv. § 179 II läßt diese Vorschriften entsprechend anwendbar sein auf die Unfallfremdv. Das Feld der V für fremde Rechnung könnte größer sein, wenn die problematische Vorschrift des § 80 I fehlte. Aus ihr in Verbindung mit § 52 folgt die Vermutung für die V eigenen Eigentumsinteresses (Möller Anm. 55 zu § 52; Prölss-Martin[18] Anm. 1 zu § 52, S. 281). Auch wenn dem Vmer das Eigentum fehlt, spricht also die Vermutung nicht für Fremdv, sondern es ist zu prüfen, ob auf dem Boden der Eigenv ein begrenztes Interesse an

V. Versicherung für fremde Rechnung **§ 68**
Anm. 80—83

der fremden Sache gedeckt sein sollte (vgl. OLG Celle 10. V. 1932 VA 1932 Nr. 2503 S. 325f. und oben Anm. 29, 30), was bei Bejahung komplizierte Verhältnisse schafft. Ist das zu verneinen, liegt Interessemangel nach § 68 vor.

AVB können allerdings so gestaltet sein, daß die Vermutung des § 80 I als widerlegt gilt, vgl. unten Anm. 88. OLG Celle (s. voriger Absatz) hat aus der Besonderheit des Sachverhalts gefolgert, daß der Vsvertrag V für fremde Rechnung einschließen sollte.

[80] b) Vorgehende Vorschriften.
aa) Einzelrechtserwerb.

Oben Anm. 16—20 wurde gezeigt, daß § 68 insoweit nicht eingreift, als §§ 69—73 und die Gesamtrechtsnachfolge reichen. Was zunächst die Veräußerung angeht, so ist hier in der Aktivenv für § 68 kaum Raum. Veräußert der Vte den vten Gegenstand, so tritt der Erwerber an die Stelle des Vten, der Vmer behält diese seine Position, Lenski a. a. O. S. 81 f. (anders Prölss-Martin[18] Anm. 2c zu § 69, S. 359). Wenn der Vmer nach § 185 BGB ermächtigt war, über den vten Gegenstand zu verfügen und er hiervon Gebrauch macht, so tritt der Erwerber nach § 69 in das Vsverhältnis ein, wiederum als Vter. Veräußert der Vmer unbefugt, so erlangt der Erwerber in der Regel kein Recht, der Vte bleibt Interesseträger, der Vsvertrag unberührt.

Etwas anderes könnte sich nur dann ergeben, wenn der Vmer zwar unbefugt über die Sache des Vten verfügt, aber der Erwerber Eigentümer kraft guten Glaubens wird. Hier ist aus dem Zweck des Gesetzes mit der herrschenden Lehre anzunehmen, daß ein Fall der §§ 69ff. vorliegt; d. h. der Erwerber rückt in die Stellung des Vten ein, der Veräußerer bleibt Vmer; vgl. zu alledem Lenski a. a. O. S. 80—88.

Einzelheiten vgl. Anm. zu § 69.

[81] bb) Gesamtrechtsnachfolge.

Wie die Veräußerung des vten Gegenstandes durch den Vten den Vsvertrag bei Bestand läßt (s. oben Anm. 80), so auch in der Regel die Gesamtnachfolge nach dem Vten. Wenn sich allerdings die durch Kautionsv geschützte Forderung nicht vom Vten = Gläubiger auf dessen Rechtsnachfolger vererben könnte, würde Interessefortfall gegeben sein; ebenso etwa, wenn eine Haftpflichtv lediglich zugunsten eines Dritten abgeschlossen worden war und dieser beerbt wird, ohne daß sich beim Erben die Gefahr verwirklichen kann, an die der Vsvertrag anknüpft (vgl. oben Anm. 20).

[82] 2. Grundsätzliches zum Interessemangel bei der Versicherung für fremde Rechnung.

Hier ist das Interesse eines Dritten, des Vten, gedeckt. Daher kommt es für § 68 I—IV darauf an, ob es an einer Beziehung des Vten zu seinem vten Gut fehlt (Bruck S. 478, Kisch III S. 200, Raiser Anm. 22 zu § 11, S. 297, Prölss-Martin[18] Anm. 3 zu § 74, S. 374) bzw. ob er das Gut noch jemals der Gefahr aussetzen wird, an deren Verwirklichung die Leistungspflicht des Vers geknüpft ist (vgl. oben Anm. 21—37).

Bei der Sittenwidrigkeit, der Rückwärtsv, dem unverbaren Interesse kommt es auf die Kenntnis des Vmers von gewissen Umständen an (vgl. oben Anm. 61). Wegen § 79 kann sich auch die Kenntnis des Vten ungünstig auswirken: BGH 19. III. 1956 VA 1956 S. 118.

[83] 3. Fehlende Zustimmung des Versicherten.
a) Verhältnis zu § 68.

Bei der V für fremde Rechnung hat zwar der Vte ein eigenes Recht, er kann aber in der Regel nicht darüber verfügen, weil er nicht im Besitz des Vsscheins ist (vgl. §§ 75 II, 76 I, II). Andererseits ist der Ver zur Zahlung an den Vmer nur verpflichtet, wenn er die Zustimmung des Vten zur V nachweist (§ 76 III). Wenn der Dritte nicht zustimmt und auch die V nicht als solche für eigene Rechnung des Vmers aufrechterhalten werden kann, liegt ein Fall von § 68 II vor, d. h. der Vsvertrag besteht zunächst, findet aber sein Ende, sobald der Ver Kenntnis von der Weigerung des Dritten erhält (nicht so deutlich: Prölss-Martin[18] Anm. 3 zu § 76, S. 379, Bühnemann ZVers-

Wiss 1970 S. 25, Schneider LZ 1910 Sp. 53f., 58). Ottow a. a. O. S. 17 und Kisch III S. 456 meinen dagegen, es fehle nur eine besondere Voraussetzung für die Zahlungspflicht des Vers. Das ist richtig, da sie aber **dauernd** fehlt (der Vte hat nicht nur die **eine** Leistung abgelehnt, vgl. § 333 BGB, sondern sich negativ zum Vertrage geäußert), liegt unser Fall nicht anders als der des Gefahrmangels, s. oben Anm. 25.

Unabhängig von § 76 III kann der Vte auch die **Einzelleistung** ablehnen (vgl. § 333 BGB, BGH 28. IV. 1954 VersR 1954 S. 297f.). Wenn hier das Risiko des Vers für die Zukunft bestehen bleibt, wenn also kein Totalschaden vorlag, greift § 68 nicht ein: Bruck S. 619 (?); anderer Ansicht wohl Prölss-Martin[18] Anm. 3 zu § 74, S. 374.

[84] **b) Bei Versicherung für Rechnung wen es angeht.**

RG 19. IX. 1919 VA 1920 S. 83f. Nr. 1169 geht von dem richtigen Ansatzpunkt aus, daß bei fehlender Zustimmung des Vten im Sinne des § 76 III der Ver nicht leistungspflichtig ist, wenn er sich auf diesen Umstand beruft. Das Gericht wendet aber in casu § 76 III zu Unrecht an, da es sich um eine V für Rechnung wen es angeht handelte. Hier bleibt der Ver für die Zukunft immer im Risiko. Abgesehen davon, daß Eigeninteresse mitgedeckt ist, wechseln die Vten, so daß hier die Ablehnung im Schadensfall nur eine solche nach § 333 BGB sein kann, also nicht Ablehnung des ganzen Vertrages (vgl. oben Anm. 83). Wie hier Kisch III S. 599; anders Prölss-Martin[18] Anm. 3 zu § 80, S. 385.

Das RG hat auch im übrigen nicht richtig entschieden. Da Eigentumsinteresse gedeckt war und der klagende Vmer im Zeitpunkt des Schadensfalles das Eigentum noch nicht verloren hatte, stand ihm die Vsentschädigung zu. Auf den Gefahrübergang, auf den es das Gericht abstellt, kam es nicht an (Möller Anm. 93 zu § 49). Eine Bereicherung des Vmers, der den Kaufpreisanspruch nach § 447 BGB behalten hat, war nicht zu befürchten, da der Käufer nach § 281 BGB Anspruch auf den Vserlös hatte: Sieg Anm. 33 zu § 67.

[85] **c) Vergleich mit §§ 159, 179.**

§ 76 III hat die Aufgabe, die Wettv einzuschränken, die eintreten könnte, wenn der Vmer auf Grund eines beim Vten eingetretenen Schadens kassieren dürfte, ohne daß letzterer überhaupt etwas von der V weiß. Indes sieht der Gesetzgeber die Wettv hier nicht als so gefährlich an wie in der Personenv (§§ 159 II, 179 III), wo die Erteilung der Zustimmung wirksamkeitsbegründend für den Vertrag ist (s. oben Anm. 44).

In der Nichtpersonenv ist dagegen die **Verweigerung** der Zustimmung vertragslösend. Mißlich ist allerdings, daß der Ver nicht verpflichtet ist, sich die Zustimmung des Vten zum Vertrage vorlegen zu lassen (Prölss-Martin[18] Anm. 3 zu § 76, S. 379), so daß der Vmer doch die Früchte der unerwünschten Wettv ernten kann. Das kann übrigens auch dann eintreten, wenn der Vte von dem Bestand des Vertrages weiß, das Innenverhältnis zum Vmer aber nicht so gestaltet ist, daß er die von diesem kassierte Vsentschädigung herausverlangen kann.

Auch hierin zeigt sich, daß die Regelung der V für fremde Rechnung nicht gelungen ist.

[86] **4. Alternierende Fremd-/Eigenversicherung.**

a) Kraftfahrzeugkaskoversicherung mit Sicherungsschein.

Im Leben spielt die Kraftfahrzeugkaskov mit Sicherungsschein (Wortlaut: Anm. 102 zu § 49) eine erhebliche Rolle. Durch ihn ist der Vorbehaltsverkäufer oder der Sicherungseigner des Kraftfahrzeugs als Vter wegen seines Kreditinteresses, der Vmer wegen seines Anwartschaftsinteresses gedeckt (BGH 28. X. 1953 VersR 1953 S. 448—450, BGH 25. IX. 1963 BetrBer 1964 S. 102, BGH 19. I. 1967 BetrBer 1967 S. 350f., Tron, Der Kraftfahrzeugsicherungsschein, Karlsruhe 1967, S. 42, Sieg Der Betrieb 1953 S. 483, VersR 1953 S. 219).

Es liegt in der normalen Abwicklung des Finanzierungsgeschäfts, daß sich diese V im Laufe der Zeit immer mehr von einer Fremd- in eine Eigenv verwandelt.

V. Versicherung für fremde Rechnung § 68
Anm. 87—89

[87] **b) Interessemangel hierbei.**

Hier fehlt es von vornherein am Interesse im Sinne des § 68 I, wenn das Fahrzeug dem Käufer = Vmer überhaupt nicht geliefert wird (vgl. den Fall BGH 20. II. 1967 BetrBer 1967 S. 516f.). Der Untergang des Fahrzeugs bedeutet Interessewegfall bei beiden Beteiligten (vgl. oben Anm. 29), also Eingreifen des § 68. Kein Interessemangel tritt jedoch ein, wenn die Forderung des Vten durch Erfüllung oder Erfüllungssurrogat untergeht oder wenn der Kreditgeber seine Sicherung aufgibt. Das hat lediglich zur Folge, daß dadurch die Eigenv des Vmers wächst (bei der Kraftfahrzeugv mit Sicherungsschein bedeutet die V für fremde Rechnung gleichsam eine Belastung der Eigenv des Vmers).

Umgekehrt wächst der Fremdvsteil an, wenn der Vte das Fahrzeug an sich nimmt, weil der Verwertungsfall eingetreten ist. Auch hier also findet § 68 keine Anwendung (vgl. Sieg VersR 1953 S. 219).

[88] **5. Alternierende Eigen-/Fremdversicherung.**

Während sich die Kaskov mit Sicherungsschein normalerweise von der Fremd- zur Eigenv entwickelt, soll nunmehr der umgekehrte Fall behandelt werden. Anzuknüpfen ist hierbei an BGH 28. X. 1953 VersR 1953 S. 448—450 = BetrBer 1953 S. 929: Eine feuervte Sache war sicherungsübereignet worden, von der Veräußerung hatte aber der Ver entgegen § 71 I keine Kenntnis erhalten. Aus § 2 AFB hat der BGH geschlossen, daß bei dieser Sachlage kein Fall von § 68 vorliege, sondern die V nunmehr solche für fremde Rechnung (des Erwerbers) sei. § 2 I AFB hat folgenden Wortlaut:

„Soweit nichts anderes vereinbart ist, sind nur die dem Vmer gehörigen Sachen vert. Vert sind auch Sachen, die vom Vmer unter Eigentumsvorbehalt erworben und ihm übergeben sind, sowie Sachen, die er sicherungshalber übereignet hat und für die dem Erwerber ein Entschädigungsanspruch gemäß § 71 Abs. 1 Satz 2 VVG nicht zusteht."

Der Vmer könne also die Vsentschädigung einziehen, müsse sie aber dem Erwerber auskehren. Hier handelt es sich also, im Unterschied zur Kaskov mit Sicherungsschein, nicht um eine deklarierte, sondern um eine konstruktive Fremdv. Prölss-Martin[18] Anm. 2 B b zu § 2 AFB, S. 440 und Bischoff ZVersWiss 1963 S. 200f. lehnen diese Entscheidung ab. M. E. ist ihr zuzustimmen. Eine V auf eigene Rechnung könnte man bei der geschilderten Sachlage nur annehmen, wenn man ein anderes als ein Eigentumsinteresse unterlegt. Das würde aber unklare Verhältnisse schaffen (vgl. oben Anm. 79). Die AVB (hier § 2 AFB) können also wertvolle Hilfe bei der Widerlegung der Vermutung des § 80 I (im Zweifel V für eigene Rechnung) leisten.

Umwandlung in V für fremde Rechnung tritt übrigens im Rahmen des § 2 AFB stets ein, wenn ein Stück aus einem vten Inbegriff sicherungsübereignet wird, weil hier ohne Rücksicht auf die Anzeige nach § 71 der § 69 nicht eingreifen kann.

Über einen verwandten Fall der Umdeutung in V für fremde Rechnung vgl. oben Anm. 44.

[89] **6. Kumulierte Eigen- und Fremdversicherung.**

Die Fälle sind nicht selten, in denen kraft Gesetzes, AVB oder Einzelvereinbarung Eigenv und Fremdv nebeneinander bestehen (im Falle Anm. 86—88 ergänzen sie sich, im Falle unten Anm. 90 tritt die Eigenv vsrechtlich nicht in Erscheinung). Gesetzliches Beispiel bildet die Kraftfahrthaftpflichtv, die den Halter als Vmer, Eigentümer und Fahrer als Vte deckt. Hierzu § 1 PflichtvsG.:

„Der Halter eines Kraftfahrzeugs oder Anhängers mit regelmäßigem Standort im Inland ist verpflichtet, für sich, den Eigentümer und den Fahrer eine Haftpflichtv zur Deckung der durch den Gebrauch des Fahrzeugs verursachten Personenschäden, Sachschäden und sonstigen Vermögensschäden nach den folgenden Vorschriften abzuschließen und aufrechtzuerhalten, wenn das Fahrzeug auf öffentlichen Wegen oder Plätzen (§ 1 des Straßenverkehrsgesetzes) verwendet wird."

Ähnliches gilt für die Betriebshaftpflichtv, die nach § 151 I auch die leitenden Angestellten einbezieht (diese Fremdv wird gewöhnlich erweitert auf alle Betriebsangehörigen).

In der Pflichtv kann Interessemangel im Sinne des § 68 nur vorliegen, wenn sich weder beim Vmer noch beim Vten die Gefahr verwirklichen kann (BGH 22. IX. 1958 BGHZ Bd 28 S. 137 = JZ 1959 S. 213 mit Anm. Prölss = VersR 1958 S. 749 = MDR 1958 S. 908 = NJW 1958 S. 1872). Feyock VersR 1969 S. 7f. eröffnet dem Interessemangel in der Kraftfahrthaftpflichtv ein zu großes Feld, wenn er ausschließlich darauf abstellt, daß Vmer oder Halter nicht mehr durch den Gebrauch des betreffenden Fahrzeuges haftpflichtig gemacht werden können.

Außerhalb der Pflichtv ist der Vmer in seiner Entschließung frei, ob er überhaupt V nehmen und damit auch evtl. einem Dritten Deckung verschaffen will. Deshalb kann er nicht gehalten sein, den Vertrag fortzusetzen, weil bei diesem Dritten sich die Gefahr noch verwirklichen kann, während beim Vmer selbst Interessemangel vorliegt. In der freiwilligen V bleibt es also in dieser Beziehung beim Grundsatz der Akzessorietät der Vten = Deckung, es sei denn, AVB sähen vor, daß der Vertrag mit dem bisherigen Vten als Vmer fortgesetzt wird (vgl. oben Anm. 20 und § 15 MBKK).

[90] **7. Fremdversicherung mit verdeckter Eigenversicherung.**

a) Kundenversicherung.

Bei Kundenven nimmt ein Unternehmer eine Sach- oder Gewinnv zugunsten des Eigentümers ihm zur Obhut übergebener Sachen (Kisch III S. 396, Flechtheim LZ 1911 Sp. 675—677, Moldenhauer LZ 1912 Sp. 688, Möller JW 1934 S. 1076—1079, Sieg ZfHR Bd 113 S. 95ff., ZVersWiss 1963 S. 274). Derartige Obhutsverhältnisse kommen vor allem aufgrund Werk-, Geschäftsbesorgungs- oder Verwahrungsverträgen vor. Die Beschaffung dieses Vsschutzes hat Einfluß auf Haftpflichtansprüche. Entweder sind diese von vornherein zwischen Kunden und Vmer ausgeschlossen oder durch die Entschädigung des Vers wird der Haftpflichtanspruch des Kunden getilgt (vgl. Sieg ZVersWiss 1963 S. 274, insbesondere Note 50, 51).

Auch die uneingeschränkte Kaskov fremder Fahrzeuge gemäß Sonderbedingung II Nr. 4 a zur Haftpflicht- und Fahrzeugv für Kraftfahrzeughandel und -handwerk gehört hierher:

„Für fremde Fahrzeuge ist die Fahrzeugv je nach dem Inhalt des Vertrages entweder
  a) eine uneingeschränkte, d. i. eine Fahrzeugv im Rahmen der §§ 12 bis 15 AKB oder
  b) ..."

Auf die Verbindung dieser Klausel mit der Haftung weisen Stiefel-Wussow[8] Anm. 15 zum 4. Teil, S. 706f. zutreffend hin. Weitere Beispiele für Kundenven bei Sieg Anm. 127 zu § 67.

[91] **b) Interessemangel hierbei.**

Solche Ven kommen in der Regel als Inbegriffsven vor, d. h. der Wegfall einzelner Sachen aus dem Inbegriff beeinflußt den Vsvertrag nicht, § 68 findet keine Anwendung (vgl. unten Anm. 99).

Soweit einzelne Sachen für fremde Rechnung in dieser Weise gedeckt werden, bedeutet der Untergang des betreffenden Objekts wiederum Interessemangel. Anders als bei der Kaskov mit Sicherungsschein ist hier nur ein Interesse gedeckt, das Sachinteresse des Kunden. Die Einbeziehung des Haftpflichtinteresses des Vmers erfolgt unausgesprochen gleichsam als Reflexwirkung. Deshalb bedeutet es keinen Interessemangel nach § 68, wenn das zwischen Vmer und Vtem bestehende Vertragsverhältnis gelöst wird (Prölss-Martin[18] Anm. 1 zu § 77, S. 380). Wohl aber kann im Vsvertrage vereinbart sein, daß Deckung nur für Schäden gewährt wird, die sich während jenes Vertragsverhältnisses Vmer/Kunde ereignen.

VI. Partieller Interessemangel

[92] VI. Partieller Interessemangel.
1. Sachlicher partieller Interessemangel.
a) Abgrenzung vom vollständigen Interessemangel.
aa) Abstellung auf Vertrag und Versicherungszweig.

§ 68 stellt offensichtlich darauf ab, daß der Ver aus einem bestimmten, in einer Police dokumentierten Vertrag nicht mehr in Anspruch genommen werden kann. Wenn daher wirtschaftlich zusammengehörige Gegenstände durch verschiedene Verträge vert sind und der Interessemangel sich auf die in einer Police gedeckten Gegenstände beschränkt, liegt insoweit vollständiger Interessemangel vor, § 68 ist also anzuwenden. Die trotz ihres wirtschaftlichen Zusammenhangs in anderen Policen vten Gegenstände werden nicht vom Interessefortfall betroffen, insoweit bleiben die Verträge natürlich aufrechterhalten.

Aber auch innerhalb desselben Vertrages kann vollständiger Interessemangel vorliegen, selbst wenn der Vertrag damit noch nicht hinfällig wird. Das ist dann der Fall, wenn in gebündelter V mehrere Zweige gedeckt sind (vgl. Möller Anm. 12, 13 zu § 30). Wir haben oben Anm. 28, 35 gesehen, daß die Reparaturunwürdigkeit in der Kaskov Interessemangel bedeutet, in der Kraftfahrthaftpflichtv nicht. Hier erlischt also die Kaskov, und deren Geschäftsgebühr bzw. Prämie ist nach § 68 in Verbindung mit § 6 III AKB abzurechnen; die Kraftfahrthaftpflichtv bleibt unberührt.

[93] bb) Abstellung auf Gegenstände und Wagnisse.

Man wird aber noch einen Schritt weitergehen können und vollständigen Interessemangel trotz Einheitlichkeit der Police, trotz Identität des Zweiges dann annehmen müssen, wenn der Vertrag in verschiedene Gegenstände oder Wagnisse mit unterschiedlich ausgeworfenen Prämien aufgespalten ist und der Interessemangel nur einzelne Gegenstände oder Wagnisse innerhalb des gesamten Vertragswerkes erfaßt. Den Fortfall hier nach § 68 zu behandeln, rechtfertigt sich aus der prämienmäßig leichten Abgrenzbarkeit des verbleibenden zum weggefallenen Vertragsteil. Solche Erwägung klingt auch in § 41a (s. unten Anm. 94) an. Sie hat z. B. in §§ 10, 26 ARB Niederschlag gefunden.

Das Ergebnis erscheint sinnvoll, weil andernfalls die Lösung von der Zufälligkeit abhinge, ob ein Vsschein oder mehrere ausgestellt worden sind (für letzteren Fall: oben Anm. 92). Die hier vertretene Ansicht ist auch für den Ver nicht unbillig. Hat er wegen der Kumulierung der vten Gegenstände bzw. Wagnisse eine günstigere Prämie bewilligt, als sie für das nunmehr verbleibende Restrisiko für sich allein berechnet worden wäre, so kann er dem dadurch zu befürchtenden Nachteil vorbeugen, indem er einen Vorbehalt aufnimmt, daß bei Verringerung der gedeckten Risiken die Prämie für den Rest neu zu berechnen sei. Über einen anderen im Hinblick auf § 68a zweifelhaften Weg: Sasse a. a. O. S. 163.

Dasselbe ist dem Ver übrigens zu empfehlen, wenn er die verschiedenen Gegenstände bzw. Wagnisse in mehreren Policen gedeckt (oben Anm. 92) und wegen der Größe des Objekts eine niedrigere Prämie bewilligt hat, als sie sich aus dem Tarif ergeben hätte.

Der Ver hat also anteilige Geschäftsgebühr, wenn Gegenstand bzw. Wagnis schon vor dem technischen Beginn weggefallen ist, zu beanspruchen, andernfalls ist insoweit nach § 68 II—IV abzurechnen.

[94] b) Gesetzliche Lage.
aa) Partieller Gefahrmangel.

Während beim vollständigen Risikofortfall der Gefahrmangel dem Interessemangel gleichsteht (oben Anm. 25), bietet das Gesetz eine unterschiedliche Regelung an, wenn der Mangel nur partiell ist. Zunächst zum Gefahrmangel: Aus § 41a ist zu ersehen, daß sich der partielle Gefahrmangel immer dann auf die Belastung des Vmers günstig auswirken soll, wenn die Prämienberechnung derart auf eine bestimmte Gefahrhöhe abgestellt ist, daß der Beitrag bei Herabsetzung jener vorausgesetzten Gefahr nicht mehr der gleiche bleiben kann und eine Herabsetzung auch relativ leicht zu bewerkstelligen ist. Die Hilfe, die hier dem Vmer geboten wird, wird allerdings nicht auf dem Wege des § 68 erreicht, was systemgerecht ist, da diese Vorschrift (in den in Anm. 92, 93 abgesteckten Grenzen) nur den **völligen** Interessemangel (einschließlich des vollen Gefahrmangels) im Auge hat.

Es ist daher für den Vertrag z. B. völlig ohne Bedeutung, wie häufig und in welchen Gegenden das vte Fahrzeug benutzt wird. — § 41a gilt für die Aktiven- und Passivenv. Allerdings führt er, anders als § 68, erst in der **künftigen** Vsperiode zu einer Prämienermäßigung. In dieser Beziehung enthalten manche AVB günstigere Regelungen für den Vmer, z. B. § 9 (3) ARB.

[95] bb) Partieller Interessemangel im engeren Sinne.

Der partielle Interessemangel fällt nicht unter § 68. Beispiel: LG I Berlin 22. I. 1932 JRPV 1932 S. 141f.: Der Vmer, Inhaber eines Lichtspieltheaters, hatte die vorzuführenden Filme feuervert. Im Laufe der Zeit wurden Bestand und Wert der durchlaufenden Filme immer geringer. Es liegt kein Fall von § 68 vor. LG I Berlin meinte, es sei nicht von Interesseminderung, sondern von Gefahrminderung auszugehen. Das ist aber nicht zutreffend. Zwar liegt dem Vertrage ein verdecktes Haftpflichtinteresse zugrunde, aber ein durch den Wert der Filme zahlenmäßig begrenztes, so daß Überv zu erörtern war.

Deren Regeln finden nämlich auf den partiellen Interessemangel Anwendung (oder eine Unterv wird ausgeglichen): Möller Anm. 8 zu § 41a, Anm. 15 zu § 51 und die dort Genannten.

Hierbei ist indes zu beachten, daß nur bei **erheblicher** Übersetzung der Vssumme deren Reduktion und damit eine Herabsetzung der Prämie verlangt werden kann und daß § 51 nur für die Aktivenv gilt. Die gewöhnliche Passivenv kennt keine Vssumme und daher auch nicht den Begriff der Überv.

[96] cc) Geschäftsgebühr in diesem Fall.

Dem Ver ist für den fortgefallenen Teil der Prämie eine entsprechende Geschäftsgebühr zuzubilligen, wenn schon beim technischen Vsbeginn der Interessemangel bewirkte, daß von vornherein Überv bestand, also niemals das Risiko in dem vorgesehenen Umfang getragen worden ist: Bruck S. 501, Ritter-Abraham Anm. 13 zu § 4 ADS, S. 189, Prölss-Martin[18] Anm. 6 a. E. zu § 68, S. 356, Puhl a. a. O. S. 46f. (ablehnend Kisch III S. 229). Es erscheint richtig, § 68 I ausdehnend auszulegen, wenn zwischen formellem und technischem Vsbeginn das Interesse zwar nicht völlig ausbleibt, aber doch zum Teil.

Entsteht jedoch erst **später** Überv, so ist für einen Anspruch auf anteilige Geschäftsgebühr kein Raum. Das würde dem Gedanken des § 68 II—IV widersprechen (anders wohl einige der im vorigen Absatz genannten Autoren, wie hier Kisch III S. 229).

[97] dd) Partieller Interessemangel auf Grund Versicherungsfalles.

Die §§ 95, 112, 119 enthalten eine Sonderregelung zu § 68 IV. Während letzterer davon ausgeht, daß der Vsfall einen **Totalschaden** verursacht hat, gehen jene drei Spezialnormen von einem **Teilschaden** aus. Dann bleibt der Vsvertrag erhalten; für die laufende Vsperiode ist die vereinbarte Prämie verfallen, obwohl der Ver nur noch ein Teilrisiko trägt (eine andere Regelung wäre auch mit § 68 IV nicht verträglich, wo dem Ver die Prämie für die laufende Vsperiode trotz künftiger **voller** Haftungsfreiheit verbleibt).

Für die nächste Vsperiode gebührt dem Ver bei der Feuer- und der Tierv nur ein verhältnismäßiger Teil der Prämie, was § 51 I entspricht. Bei der Hagelv (§ 112) ist im folgenden Jahr ohnehin neu zu deklarieren, wovon die Prämienbemessung abhängt.

[98] c) Lage nach den AVB.

Es wurde oben Anm. 35, 36 gezeigt, daß bei der Grundstücks- und bei der Jagdhaftpflichtv kein Fall von § 68 vorliegt, wenn das Gebäude auf dem Grundstück vernichtet wird, wenn der Vmer die Jagd aufgibt. Gleichwohl kann nicht übersehen werden, daß

VI. Partieller Interessemangel § 68
Anm. 99—101

sich das Risiko des Vers dadurch erheblich verringert. Dem trägt § 8 II 2 AHB Rechnung, indem er eine „Richtigstellung" der Prämie gemäß der Änderungsanzeige des Vmers oder eigener Feststellungen des Vers vorsieht. § 8 II 2 AHB lautet:

„Auf Grund der Änderungsanzeige oder sonstiger Feststellungen wird die Prämie entsprechend dem Zeitpunkt der Veränderung richtiggestellt. Sie darf jedoch nicht geringer werden als die Mindestprämie, die nach dem Tarif des Vers zur Zeit des Vsabschlusses galt ..."

Ein Ermäßigungsantrag ist nicht nötig, der Ver hat von sich aus Prämie herabzusetzen (Prölss-Martin[18] Anm. 3 zu § 8 AHB, S. 748, Wehn VersR 1950 S. 99).

Verwandt hiermit ist § 4 (2) AUB: Hat der Vmer der Unfallv seinen Beruf oder seine Beschäftigung gewechselt und ergibt sich dadurch ein niedrigerer Beitrag, so ist dieser nach Ablauf eines Monats vom Zugang der Änderungsanzeige zu berechnen.

Eine ähnliche Regelung wie §§ 95, 112, 119 VVG (oben Anm. 97) sehen vor § 4 Ziff. 5 AVB Filmausfallv, § 16 I FBUB, § 16 I AVB Maschinenbetriebsunterbrechungsv.

[99] **d) Besonderheiten bei Inbegriffs- bzw. Sammelversicherung.**

aa) Aus dem Bereich des § 68 auszuscheidende Fälle.

Bei einer Inbegriffsv im Sinne des § 54 sind nicht die Beziehungen des Vmers zu einzelnen Gegenständen innerhalb dieses Begriffs gedeckt, sondern zum Inbegriff selbst. Daher liegt hier kein Fall von § 68 vor, wenn einzelne Gegenstände vom Interessemangel betroffen werden, etwa durch Veräußerung oder Untergang (Sasse a. a. O. S. 63). Die Wendung, solche Gegenstände schieden nach § 68 II aus der V aus (so Lenski a. a. O. S. 95f., Prölss-Martin[18] Anm. 1 zu § 54, S. 283, Bischoff VersR 1963 S. 11), ist irreführend. Sie scheiden aus, weil das Interesse wegfällt; da es aber nicht ganz fortfällt, ist § 68 II gerade nicht anwendbar (richtig: Bischoff ZVersWiss 1963 S. 202), sondern § 51 I, II (Möller Anm. 30, 33 zu § 54). Allerdings sind die Voraussetzungen einer Überv hier sorgfältig zu prüfen, weil bei der Inbegriffsv Veränderungen der Vswerte von vornherein einkalkuliert sind.

Übrigens kommen Vereinbarungen vor, daß sicherungsübereignete Sachen des Inbegriffs gedeckt bleiben. Es wird insoweit die V für eigene Rechnung zu einer solchen für fremde Rechnung, vgl. oben Anm. 88.

Auch bei der Entfernung von geschlossenen Teilen des Inbegriffs kommt § 68 nicht zur Anwendung, ganz gleich, ob man hier einen Teilübergang des Vsverhältnisses auf den Erwerber bejaht oder nicht (vgl. im einzelnen Möller Anm. 32, 33 zu § 54 und die dort Genannten), der Rest bleibt vert.

[100] **bb) Geltung des § 68.**

Erst die Auflösung des Inbegriffs oder der Wegfall aller zu ihm gehöriger Sachen bedeutet Interessewegfall nach § 68 II, III (Möller Anm. 3, 31, 33 zu § 54, Ottow a. a. O. S. 22, 53, Stiefel-Wussow[8] Anm. 1 zum 4. Teil, S. 688f., Anm. 7 zum 4. Teil, S. 693f.).

Ist der Inbegriff nach Positionen vert, so bildet jede Position einen Inbegriff für sich, so daß Interessemangel vorliegen kann, wenn die gesamte Position fortfällt: Möller Anm. 15 zu § 51. Wir haben es hier mit dem Fall zu tun, daß eine Aufspaltung in Positionen nicht nur technische, sondern auch rechtliche Bedeutung hat, was auch sonst vorkommt (Prölss-Martin[18] Anm. 2 zu § 95, S. 401, Sieg JZ 1965 S. 577—579).

Einschlägige Entscheidungen liegen vor für die Hausratv (AG Charlottenburg 12. VI. 1957 VersR 1957 S. 678) und für die Sonderbedingungen zur Haftpflicht- und Kraftfahrzeugv für Kraftfahrzeughandel und -handwerk (BGH 8. V. 1961 BGHZ Bd 35 S. 153ff.). AG Charlottenburg a. a. O. setzt allerdings die **Aufspaltung** des Hausrats der **Auflösung** gleich (zu weitgehend).

[101] **2. Zeitlicher partieller Interessemangel.**

a) Rechtliche Bedeutung.

Der Unterschied zwischen dauerndem und zeitweiligem Interessemangel hat keine Bedeutung für § 68 I, weil dort gesetzlich eine zeitliche Fixierung in Gestalt des technischen Vsbeginns gegeben ist. Ist zu diesem Zeitpunkt das Interesse nicht vorhanden, erlischt der Vsvertrag (oben Anm. 10). Entsteht es später, bedarf es eines neuen Vertragsschlusses, es sei denn, der Vertrag war aufschiebend bedingt geschlossen (vgl. oben Anm. 43). Hier geht die Bedingung einem eventuell genannten Anfangstermin vor.

Anders bei § 68 II, III. Hier entsteht die Frage, ob diese Vorschrift nur den dauernden oder auch den vorübergehenden Interessemangel erfaßt. Der herrschenden Lehre, die den ersteren Standpunkt vertritt, ist zuzustimmen (Raiser Anm. 22 zu § 11 AFB, S. 297, Thees DJustiz 1943 S. 282, Ritter-Abraham Anm. 5 zu § 4, S. 186, Ottow a. a. O. S. 100).

Sasse a. a. O. S. 49 ff., 68 f. meint hingegen, § 68 beziehe sich auch auf den vorübergehenden Interessemangel, der Wortlaut des Gesetzes rechtfertige die Einschränkung, die die herrschende Lehre mache, nicht. Ihm kann indes aus mehreren Gründen nicht zugestimmt werden. Auch für den sachlichen partiellen Interessemangel enthält der Wortlaut von § 68 keine Einschränkung, und gleichwohl kann angesichts der §§ 41a, 51 kein Zweifel bestehen, daß er von § 68 nicht umfaßt wird (vgl. oben Anm. 95). Wie soll angesichts dessen begründet werden, daß diese Vorschrift in einer Richtung auf den partiellen Mangel auszudehnen ist, in einer anderen nicht?

Weiter: Die Amtl. Begründung zur Neufassung des § 68 läßt erkennen, daß zwischen dieser Vorschrift und § 51 ein enger Zusammenhang besteht (DJustiz 1943 S. 268). Auch bei § 51 nimmt aber die herrschende Lehre an, daß er für vorübergehende Überv nicht gilt (Raiser Anm. 3 zu § 11 AFB, S. 290, Hagen I S. 464, Hinz, Die Über- und Unterv im deutschen Privatrecht, Hamburger Diss. 1963, S. 30, anders Möller Anm. 19 zu § 51). Das alles hat auch seinen guten Sinn, denn das Massengeschäft der V kann sich nicht jedem kurz dauernden Wandel in der Interessenlage anpassen, die Verwaltungsarbeit des Vers stünde in keinem vernünftigen Verhältnis zum Prämienvorteil des Vmers. Das Wort „erheblich" in § 51 I zeigt deutlich, daß solche Erwägung auch dem Gesetzgeber nicht ferngelegen hat.

[102] Mit § 323 BGB, auf den sich Sasse a. a. O. S. 50 beruft, ist unserem Problem nicht beizukommen. § 68 II hat sich nämlich auch in seiner Neufassung den §§ 323, 324 BGB nicht angeschlossen (vgl. oben Anm. 7, 8). Auch der Vergleich mit der Miete, den Sasse a. a. O. S. 52 zieht, überzeugt nicht. Zwar kann die Miete als Dauerschuldverhältnis mit dem Vsvertrag verglichen werden, wie ja auch §§ 69 ff. ihr Vorbild in §§ 571 ff. BGB haben. Man muß aber dann, anders als Sasse, den Mieter mit dem Vmer vergleichen, denn beide schulden Geld. Dies vorausgesetzt, spricht § 552 BGB eher gegen als für Sasse.

Das Ergebnis der herrschenden Lehre ist auch nicht so unbillig, wie Sasse a. a. O. S. 51 meint: Der Vmer ist keineswegs gehalten, trotz Fortfalls des Interesses über mehrere Vsperioden hin die Prämie zu zahlen; dann ist eben der vorübergehende in einen dauernden Interessefortfall umgeschlagen, so daß aus diesem Grund § 68 Anwendung findet.

[103] b) Abgrenzung zwischen dauerndem und vorübergehendem Interessemangel.

In Anm. 101 wurde gezeigt, daß der vorübergehende Interessemangel keine Bedeutung für § 68 II—IV hat. Im Unterschied zum sachlichen partiellen Interessemangel gibt es hier auch keine Ersatznormen, wie sie dort in Gestalt der §§ 41a, 51 vorhanden sind.

Hieraus erhellt die Bedeutung der Feststellung, wann ein Interessemangel als endgültiger bezeichnet werden kann. Hier können AVB hilfreich sein. So heißt es etwa in § 21 (8) (9) ARB (Verkehrsrechtsschutz), daß die Stillegung des Fahrzeugs um weniger als fünf Monate unbeachtlich ist; dauert sie länger, kann der Vmer Herabsetzung des Beitrags oder sogar Aufhebung des Vertrages verlangen mit ähnlicher Wirkung auf die Prämie, wie sie § 68 II anordnet. Dieser Regelung verwandt ist die des § 26 (7) ARB (Familien- und Verkehrsrechtsschutz für Lohn- und Gehaltsempfänger).

Schweigen die AVB, so kommt es darauf an, ob das Interesse in absehbarer Zeit wieder entsteht. Das ist etwa zu verneinen, wenn die vte Sache gestohlen (oben Anm. 35) oder beschlagnahmt wird ohne Aussicht auf Wiedererlangung (Evers a. a. O. S. 77, Ottow a. a. O. S. 48, Stiefel-Wussow[3] Anm. 18 zu § 6, S. 245), gleichgültig ob solche

VI. Partieller Interessemangel

§ 68
Anm. 104—106

Beschlagnahme mit dem Krieg zusammenhängt (dann § 68 III, vgl. oben Anm. 72, 73) oder nicht (dann § 68 II).

In Zweifelsfällen sollte bei beabsichtigter Stornierung des Vertrages nicht an der Ansicht des Vmers darüber, ob der Interessewegfall endgültig oder vorübergehend ist, vorbeigegangen werden, denn er kann die Verhältnisse in der Regel am besten überschauen. Umgekehrt genügt seine persönliche Ansicht nicht, den Vertrag aufzuheben, wenn nicht objektive Umstände für die Endgültigkeit des Interessemangels sprechen.

[104] c) Inanspruchnahme auf Grund BLeistungsG.

Bei den Erfassungen nach dem BLeistungsG ist zu unterscheiden, ob sie zum Eigentumsverlust führen (vgl. oben Anm. 17) oder nicht. In letzterem Falle werden die Vsverhältnisse in der Regel bestehen bleiben, weil der Gefahrmangel nur ein vorübergehender ist. An diese Gestaltung knüpft das BLeistungsG an. Bei Beschädigung der Sache durch den Leistungsempfänger ist dieser zum Ersatz verpflichtet (§ 26 BLeistungsG), ohne daß er Abtretung des Vsanspruchs (der also als bestehend vorausgesetzt wird) verlangen könnte (§ 30^2 BLeistungsG).

Der Vmer hat im Gegenteil die Wahl, ob er seinen Schaden beim Leistungsempfänger oder bei seinem Ver liquidieren will. In letzterem Fall gehen auf diesen die Ansprüche des Vmers über (Bauch-Danckelmann-Kerst, Bundesleistungsgesetz, 2. Aufl., Stuttgart-Berlin-Köln-Mainz 1965, Anm. 3 zu § 30, S. 92).

Da in der Regel kein Interessewegfall vorliegt, ist der Vmer also auch zur weiteren Prämienzahlung verpflichtet. Der Gegenwert hierfür ist in der Entschädigung enthalten, die ihm aufgrund der Inanspruchnahme zusteht. Das ist für einen Spezialfall in § 88 BLeistungsG ausdrücklich gesagt, gilt aber auch sonst.

[105] d) Dienst in der Bundeswehr.

aa) Lebens- und Krankenversicherung.

Auf die Lebensv hat die Einziehung zur Bundeswehr keinen Einfluß, wobei es gleichgültig ist, wie lange sie dauert und ob sie im Frieden oder im Krieg erfolgt. Für die Prämie kommt eine Erstattung des Bundes gegenüber dem Wehrpflichtigen unter dem Gesichtspunkt der Sonderleistungen nach § 7 II Ziff. 6d, III Unterhaltssicherungsgesetz (USG) in Betracht.

Der Vmer der Krankenv, der nicht nur zu einer kurzen Reserveübung eingezogen wird, hat die Möglichkeit, die V in eine Anwartschaftsv umzuschließen (s. unten Anm. 110). Auch die Prämie hierfür kann Teil der Sonderleistungen nach Maßgabe des § 7 II Ziff. 2, III USG bilden (vgl. Amtl. Durchführungshinweis Nr. 36 zum USG).

[106] bb) Unfallversicherung.

In der Unfallv ist unser Sachverhalt in § 4 (5) AUB geregelt. Er lautet:

„Für den Dienst in der Wehrmacht oder in wehrmachtähnlichen Formationen gilt folgendes:

a) im Frieden
   Ziffern 1 und 2 gelten mit der Maßgabe, daß nach Ablauf eines Monats vom Tage des Eintritts in die Wehrmacht oder wehrmachtähnliche Formation der Vsschutz erlischt, wenn bis dahin mit dem Ver eine Einigung über den Beitrag nicht erzielt ist. — Unfälle bei militärischen Reserveübungen sind im Rahmen dieser Bedingungen in die V eingeschlossen.

b) Im Krieg oder im kriegsmäßigen Einsatz
   Der Vsschutz und die Pflicht, Beiträge zu zahlen, werden unterbrochen. Über den laufenden Monat hinaus bezahlte Beiträge werden auf die spätere Vszeit angerechnet oder, falls das Vsverhältnis vorzeitig beendigt wird, gemäß § 7 II 4 und 5 zurückerstattet. Der Vsschutz lebt nach Entlassung des Vten aus der Wehrmacht oder wehrmachtähnlichen Formation, frühestens mit Eingang der Anzeige hiervon an den Ver wieder auf."

Bei der Einziehung in Friedenszeiten ist also auch hier, ähnlich wie in der Krankenv, eine Überbrückungsv möglich, sofern sich die Parteien binnen eines Monats nach Eintritt in die Wehrmacht über den neuen Beitrag einigen. Hier besteht eine Lücke im USG, weil für die **Unfallv** kein Prämienersatz des Bundes gegenüber dem Wehrpflichtigen vorgesehen ist, es sei denn, man faßt die Unfallv als solche auf, „die im Vsfalle den Vmer vor Vermögensnachteilen" schützt (§ 7 II Ziff. 6d, III USG). Vgl. auch Wussow, AUB, 3. Aufl., Köln-Berlin-Bonn-München 1969, Anm. 20—24 zu § 4, S. 111—113.

Zur Unterbrechung des Vsschutzes (§ 4 (5b) AUB) vgl. Henke, Ausschlüsse und Grenzfälle in der Unfallv, Hamburg 1950, S. 61, Wussow, AUB a. a. O. Anm. 25, 26 zu § 4, S. 113—115.

[107] cc) Nichtpersonenversicherung.

Hier ist von Fall zu Fall zu entscheiden, ob die Einziehung zur Bundeswehr überhaupt einen Einfluß auf die vsrechtliche Gefahrlage ausübt und bejahendenfalls, ob der Gefahrmangel nur vorübergehend oder so lange anhält, daß er als dauernder bezeichnet werden muß. Letzteres wird bei Einberufung zum Grundwehrdienst (dann § 68 II) und bei Einberufung in Kriegszeiten (dann § 68 III) eher anzunehmen sein, als bei Einberufung zu einer Reserveübung.

Erlischt das Vsverhältnis durch die Einberufung nicht, ist auch hier unter den Voraussetzungen des § 7 II Ziff. 6c, d, III USG die Aufwandserstattung für die Prämie gegenüber dem Wehrpflichtigen vorgesehen (vgl. Amtl. Durchführungshinweis Nr. 54 zum USG).

[108] e) Lage nach den AVB.
aa) Regelung des § 5 AKB.

Manche AVB ziehen eine feste Grenze zwischen unbeachtlichem vorübergehendem Interessemangel und endgültigem, oder sie enthalten Spezialregelungen für die Interimszeit. Hier ist § 5 AKB zu nennen. Er lautet:

„(1) Wird das Fahrzeug vorübergehend aus dem Verkehr gezogen (Stillegung im Sinne des Straßenverkehrsrechts), so wird dadurch der Vsvertrag nicht berührt. Der Vmer kann jedoch Unterbrechung des Vsschutzes verlangen, wenn er eine Abmeldebescheinigung der Zulassungsstelle vorlegt und die Stillegung mindestens einen Monat beträgt. In diesem Fall richten sich die beiderseitigen Verpflichtungen nach den Absätzen 2 bis 6.

(2) In der Kraftfahrzeug-Haftpflichtv wird Vsschutz nach den §§ 10 und 11, in der Fahrzeugv nach § 12 Abs. 1 I und Abs. 2 und 3 gewährt. Das Fahrzeug darf jedoch außerhalb des Einstellraumes oder des umfriedeten Abstellplatzes nicht gebraucht oder nicht nur vorübergehend abgestellt werden. Wird diese Obliegenheit verletzt, so ist der Ver von der Verpflichtung zur Leistung frei, es sei denn, daß die Verletzung ohne Wissen und Willen des Vmers erfolgt und von ihm nicht grobfahrlässig ermöglicht worden ist.

(3) In der Kraftfahrtunfallv, die sich auf ein bestimmtes Fahrzeug bezieht, sowie in der Gepäckv wird kein Vsschutz gewährt.

(4) Wird das Fahrzeug zum Verkehr wieder angemeldet (Ende der Stillegung im Sinne des Straßenverkehrsrechts), lebt der Vsschutz uneingeschränkt wieder auf. Dies gilt bereits für Fahrten im Zusammenhang mit der Abstempelung des Kennzeichens. Das Ende der Stillegung ist dem Ver unverzüglich anzuzeigen.

(5) Der Vsvertrag verlängert sich um die Dauer der Stillegung.

(6) Wird nach Unterbrechung des Vsschutzes das Ende der Stillegung dem Ver nicht innerhalb eines Jahres seit der behördlichen Abmeldung angezeigt und hat sich der Ver innerhalb dieser Frist dem Vmer oder einem anderen Ver gegenüber nicht auf das Fortbestehen des Vertrages berufen, endet der Vertrag mit Ablauf dieser Frist, ohne daß es einer Kündigung bedarf. Das gleiche gilt, wenn das Fahrzeug nicht innerhalb eines Jahres seit der Stillegung wieder zum

VI. Partieller Interessemangel **§ 68**
Anm. 109, 110

Verkehr angemeldet wird. Für die Beitragsabrechnung gilt § 6 Abs. 3 mit der Maßgabe, daß an die Stelle des Tages des Wagniswegfalls der Tag der Abmeldung des Fahrzeuges tritt.

(7) Die Bestimmungen des Absatzes 1 Satz 2 und 3 und der Absätze 2 bis 6 finden keine Anwendung auf Verträge für Fahrzeuge, die ein Vskennzeichen führen müssen, auf Verträge für Wohnwagenanhänger und auf Verträge mit kürzerer Vsdauer als ein Jahr."

Diese Regelung ist zu begrüßen, weil sie klare Verhältnisse schafft: Ein Jahr nach der behördlichen Abmeldung des Fahrzeugs erlischt der Vertrag, wenn nicht vorher das Ende der Stillegung dem Ver angezeigt wurde, es sei denn, der Ver hat sich vorher auf den Fortbestand des Vertrages berufen (§ 5 VI AKB). Damit ist die oben Anm. 103 erörterte Frage, wann der vorübergehende Interessemangel einem endgültigen gleichgestellt werden kann, für diesen Bereich gelöst. — Über die Auswirkungen der Stillegungsv auf den Schadenfreiheitsrabatt und die Beitragsermäßigung aus technischem Überschuß vgl. § 21 I, IV, § 22 I VO über die Tarife in der Kraftfahrtv (VA 1970 S. 98ff.).

[109] bb) Zweifelsfragen hierzu.

§ 5 AKB greift nur ein, wenn das Fahrzeug mindestens einen Monat stillgelegt wird. Evers VW 1962 S. 595 meint, auch bei kürzerer Stillegung dürfte der Ver im Einzelfall eine Ruhev mit dem Vmer vereinbaren. Diese Anschauung verträgt sich nicht mit § 4 PflichtvsG.

Nach § 5 VII AKB findet keine Unterbrechung des Vsschutzes statt, wenn der Vertrag für kürzere Dauer als ein Jahr geschlossen wurde. In diesem Fall sowie auch hinsichtlich der besonderen Fahrzeuge, die § 5 VII AKB nennt, dürfte also der zeitweilige Interessewegfall der Regel entsprechend ohne Einfluß auf den Vertrag bleiben.

Zur Auslegung des § 5 IV AKB vgl. OLG Hamburg 25. VI. 1971 VersR 1971 S. 925.

[110] cc) Sonstige AVB.

Nach § 4 (1) AFB/AEB sind Sachen nur am Vsort vert. Werden sie dauernd entfernt, greift § 68 ein (vgl. oben Anm. 27). Das bestätigt § 4 (1) S. 3 AFB/AEB. Werden sie vorübergehend entfernt, ruht der Vsschutz innerhalb dieser Zeit. Leider werden die Wirkungen des Ruhens nicht genügend geregelt.

Verwandt hiermit ist die in § 22 (6), § 23 (5) ARB vorgesehene Unterbrechung des Vsschutzes, wenn das Fahrzeug, an das die V anknüpft, länger als fünf Monate stillgelegt wird bzw. der Vmer länger als fünf Monate daran gehindert ist, ein Fahrzeug zu führen.

In diesen Zusammenhang gehört ferner die Anwartschaftsv der privaten Krankenv (vgl. hierzu und zum folgenden Tauer-Linden, Krankenv, Vswirtschaftliches Studienwerk, Wiesbaden o. J., F II S. 70f.). Sie kommt entweder als Vorschaltung vor den eigentlichen Vertrag oder als Überbrückung während einer Unterbrechung des eigentlichen Vertrages vor für Zeiten, während deren der Vmer eines privaten Krankenvsschutzes nicht bedarf, aber doch Wert darauf legt, später unmittelbar und günstig vollen Vsschutz zu genießen. Solche Vorschalt- oder Unterbrechungszeit kann entstehen etwa durch Zugehörigkeit zur Polizei, zur Bundeswehr, zum Bundesgrenzschutz, durch vorübergehende Krankenvspflicht, durch vorübergehenden Auslandsaufenthalt. Die vorgeschaltete Anwartschaftsv kommt z. B. auch dann vor, wenn der selbständige Verlobte, bisher unvert, für sich und seine zukünftige Ehefrau unmittelbar mit der Eheschließung Vsschutz haben möchte. — Die Anwartschaftsv hat folgende Vorteile: Während der Anwartschaftszeit eingetretene Krankheiten sind nicht von der Leistungspflicht ausgeschlossen, wenn der volle Krankenvsschutz wirksam wird; die Anwartschaftszeit ersetzt eine Wartezeit; der Beitrag für die Vollv wird nach dem Eintrittsalter in der Anwartschaftsv berechnet.

Zur Unfallv vgl. oben Anm. 106.

Nehmen sich AVB des vorübergehenden Interessemangels nicht an, kommen Einzelvereinbarungen vor, nach denen sich der Vsvertrag um die Zeit verlängert, während deren der Ver keine Gefahr trägt.

[111] **VII. Halbzwingender Charakter.**
1. Tragweite der Vertragsbeschränkung.
a) Bei analoger Anwendung des § 68.

Nach § 68a gehört § 68 zu den halbzwingenden Vorschriften. Es erhebt sich die Frage, ob diese Beschränkung der Vertragsfreiheit auch in den Fällen analoger Anwendung des § 68 gilt. Das hat Bedeutung für die Summenv (oben Anm. 15), den aufschiebend (oben Anm. 43) und den auflösend bedingten Vsvertrag (unten Anm. 115). Wer den Gefahrmangel als nicht unmittelbar von § 68 umfaßt ansieht (vgl. oben Anm. 25), steht auch hier vor der Frage, ob der Vmer an ihn benachteiligende Vereinbarungen gebunden ist (verneinend AG Ebingen 28. XI. 1958 VersR 1959 S. 221, Sasse a. a. O. S. 39f.; deren Ergebnis kann zugestimmt werden, deren Begründung jedoch nicht: Der Gefahrmangel fällt nach hier vertretener Ansicht unmittelbar unter § 68).

Es gibt Stimmen, die Analogie und halbzwingenden Charakter für unvereinbar miteinander halten (vgl. Magnusson, Rechtsfragen zur Betriebsunterbrechungsv, Hamburg 1955, S. 124). Eine derart generelle Aussage läßt sich jedoch nicht treffen, vielmehr ist zu differenzieren, ob der Vmer in den Analogiefällen ebenso schutzbedürftig ist, wie er dem Gesetzgeber im Bereich der direkten Anwendung erscheint. Legt man diesen Maßstab an, so besteht keine Veranlassung, § 68 bei den bedingten Verträgen für halbzwingend zu halten. Es stände also einer Vereinbarung nichts im Wege, daß beim aufschiebend bedingten Vertrag, wenn die Bedingung ausbleibt, mehr als die Geschäftsgebühr zu zahlen ist; daß beim auflösend bedingten Vertrag nach Eintritt der Bedingung die Prämie für das ganze Vsjahr verfallen ist (vorausgesetzt immer, daß die Bedingung nicht das vte Interesse betrifft). Bei derart anomalen Vertragsgestaltungen braucht die Vertragsfreiheit nicht beschränkt zu werden.

Anders im Bereich der Summenv. Sie ist heute als Korrelat der staatlichen Daseinsvorsorge aufzufassen, woraus sich zwangsläufig die Schutzbedürftigkeit des Vmers ergibt. Man sollte daher Sasse a. a. O. S. 41f. nicht folgen, der nicht einmal den schadenvsartigen Teil der Personenv dem § 68a unterstellt.

[112] **b) Normative Erweiterung der Vertragsbeschränkung.**

Zu den halbzwingenden Vorschriften gehören auch diejenigen, die die Lücke schließen, die § 68 beim sachlichen partiellen Interessemangel läßt, nämlich die §§ 41a und 51 I, II (oben Anm. 94, 95). Das ergibt sich aus §§ 42, 68a.

Verwandt mit § 68 IV sind §§ 95, 119 (vgl. oben Anm. 97). Prölss-Martin[18] Anm. 4 zu § 95, S. 401 halten § 95 für abänderlich, was dann auch für § 119 gelten müßte. Diese Ansicht erscheint nicht zutreffend. In beiden Fällen handelt es sich um Ergänzungsregeln zu § 51 I, II, die wie die Grundvorschrift ebenfalls an der Vertragsbeschränkung teilhaben müssen.

Weiter steht § 128 I VVG im Zusammenhang mit § 68 (vgl. oben Anm. 3). Prölss-Martin[18] Anm. 2 zu § 128, S. 525 halten auch diese Vorschrift für abänderlich. Auch hier kann man ihnen nicht folgen. § 128 I behandelt die Veräußerung als Interessefortfall. Deshalb muß auch er als halbzwingend angesehen werden, zumal gerade der Vmer der Tierv besonders schutzbedürftig erscheint.

Manche halbzwingenden Bestimmungen beziehen sich, obwohl das Gesetz nur den Vmer erwähnt, auch auf den Vten (Möller Anm. 4 zu § 34a). Das scheidet hier aus, weil § 68 lediglich die Verpflichtungen des Vmers zur Entrichtung von Geschäftsgebühr bzw. Prämie ordnet.

[113] **c) Vertragsfreiheit.**
aa) Gesetzeslage.

Die Einschränkungen der Vertragsfreiheit gelten nach § 187 I nicht für die Transportv von Gütern, die Kreditv, die Kursverlustv, nach § 187 II nicht für die laufende V. Bei der laufenden V kommen sukzessive Risiken in Betracht. Wie sich bei ihnen die Frage der Gefahrerhöhung nur hinsichtlich der jeweils deklarierten Einzelinteressen stellt (Möller Anm. 9 zu § 30), muß dasselbe auch für das Gegenstück, die Gefahrminderung

VII. Halbzwingender Charakter § 68
Anm. 114—117

(§ 41 a), und folglich auch für das völlige Fehlen der Gefahr und des Interesses gelten (vgl. Lenski a. a. O. S. 78 f.).

Mit anderen Worten: § 68 findet bei der laufenden V hinsichtlich der einzelnen deklarierten Interessen Anwendung, allerdings ohne Beschränkung der Vertragsfreiheit. Deshalb ist § 10 Ziff. 2 AVB Waba, obwohl zu Lasten des Vmers von § 68 II abweichend, voll wirksam: Hammes, Die Warenv bei Abzahlungskäufen, Karlsruhe 1960, S. 17—19.

Weiter entbinden § 192 II und § 27 I² GüKG von den Beschränkungen der Vertragsfreiheit.

[114] bb) Übergesetzliche Beschränkung?

In allen in Anm. 113 behandelten Fällen sowie auch bei §§ 186, 192 I taucht die Frage auf, ob nicht trotz Gewährung der Vertragsfreiheit eine gewisse Bindung an § 68 besteht. Man wird indes nicht sagen können, daß diese Norm zum ordre public der Individualv gehört, so daß sie schlechthin zwingend wäre (vgl. Möller Anm. 15 und 110 zu § 6; Sieg VersR 1963 S. 1094 und die daselbst Note 62 Genannten). § 68 regelt nämlich nicht die Frage des Vsschutzes, sondern lediglich die Verpflichtungen des Vmers, wenn feststeht, daß kein Vsschutz zu gewähren ist.

Auch unter diesem Gesichtspunkt ist also § 19 I G über die Braunschweigische Landesbrandvsanstalt vom 9. V. 1913 (oben Anm. 5) nicht zu beanstanden.

[115] 2. Inhalt der Vertragsbeschränkung.

a) Auflösend bedingter Vertrag.

Die Benachteiligung des Vmers, die § 68a vermeiden will, braucht sich nicht aus den AVB zu ergeben, sie kann auch auf Einzelvereinbarung beruhen. Das wäre etwa der Fall, wenn die Parteien den Interessefortfall zur auflösenden Bedingung erklärt (es würde sich um eine condicio iuris handeln) und daran Prämienfolgen geknüpft hätten, die zu Lasten des Vmers von § 68 II, III abweichen, ebenso Sasse a. a. O. S. 162.

Anders zu behandeln ist der Fall, daß der Vsvertrag durch Eintritt einer auflösenden Bedingung endet, die nichts mit Interessewegfall zu tun hat. Hier ist zwar § 68 II entsprechend anwendbar, aber nicht halbzwingend (vgl. oben Anm. 111). Daß im Zweifel § 68 II entsprechend anzuwenden ist, rechtfertigt sich aus folgenden Gründen: Die Prämie für die volle Vsperiode kann der Ver nicht verlangen, weil das Prinzip der Unteilbarkeit der Prämie nicht mehr gilt. Andererseits ist außerhalb des Kriegsfalles durch die pro rata-Prämie den Interessen des Vers laut Wertung des Gesetzgebers nicht genügt.

[116] b) Vertragsstrafvereinbarung.

Zu § 68a in Widerspruch stünde eine AVB-Regelung über die Geschäftsgebühr, die diese unangemessen hoch ansetzt (vgl. § 68 I und oben Anm. 49). Die Reduzierung findet also nicht nur statt bei unverhältnismäßiger Höhe wie im Falle des § 343 BGB (ebenso Puhl a. a. O. S. 24). § 68a verbietet es, derartige potentielle Vereinbarungen als Vertragsstrafen aufzufassen, zumal dann auch der Vmer als Kaufmann unter Umständen ungeschützt bliebe (§ 348 HGB).

Dem § 68a würde es auch widersprechen, wenn die Herbeiführung des Interessemangels seitens des Vmers, sei es auch nur die schuldhafte Herbeiführung, unter Vertragsstrafe gestellt würde. Wie oben Anm. 38 dargelegt, ist der Vmer völlig frei in seinen Entschließungen und deren Durchführung, was das vte Interesse angeht. Diese Freiheit darf nicht auf dem Umweg über die Konventionalstrafe eingeschränkt werden (ebenso im Ergebnis Sasse a. a. O. S. 162).

[117] c) Zu beanstandende AVB-Regelungen.

aa) AFB/AEB, MBKK.

§ 8 (4)¹ AFB/AEB sieht vor, daß bei Beendigung des Vsverhältnisses vor Ablauf der Vertragszeit die Prämie für die laufende Vsperiode verfallen ist. Hierauf kann sich der Ver im Falle des § 68 nicht berufen, wobei es gleichgültig ist, wie man dieses Ergebnis begründet. Wer annimmt, daß Interessefortfall nicht Vertragsbeendigung bedeutet (vgl. oben Anm. 10), kommt zu dem Ergebnis, daß § 8 (4)[1] AFB/AEB schon nach dem Wortlaut nicht eingreift (so Sasse a. a. O. S. 164). Die Prämisse ist jedoch nicht richtig, so daß eine Auseinandersetzung mit der betreffenden AVB-Regelung notwendig ist.

Eine gesetzeskonforme Auslegung kann zu dem Ergebnis führen, daß sich Klauseln der genannten Art nicht auf den Interessewegfall beziehen, obwohl er Beendigungsgrund ist. Glaubt man, daß eine derart restriktive Auslegung nicht am Platze ist (so Raiser Anm. 52 zu § 9 AFB, S. 255, Ottow a. a. O. S. 82), so ist der Vmer an den betreffenden Teil der Regelung gleichwohl nicht gebunden, an seine Stelle tritt § 68. Ebenso Prölss, Das Recht der Einbruchdiebstahlv, 3. Aufl. München-Berlin 1966, S. 152, Wussow, AFB Anm. 9 zu § 8, S. 361, AG Ebingen 28. XI. 1958 VersR 1959 S. 221. Abweichend: Prölss-Martin[18] Anm. 2 zu § 68a, S. 356, Anm. 1 zu § 8 AFB, S. 447; dort werden Gefahrminderung und Gefahrwegfall verwechselt, um letzteren handelt es sich hier.

Das Ausgeführte gilt entsprechend für § 8 (6) MBKK.

[118] bb) AKB.

§ 6 III AKB (Wortlaut oben Anm. 66) trägt dem § 68 III nicht genügend Rechnung: Die Abrechnung nach Kurztarif, die § 6 III AKB vorsieht, wenn der Interessefortfall im ersten Vsjahr eintritt (sofern die unverbrauchte Prämie nicht auf ein Ersatzfahrzeug übertragen wird), führt zu ungünstigerem Ergebnis für den Vmer als die Abrechnung pro rata (Prölss-Martin[18] Anm. 3 zu § 6 AKB, S. 791, Sasse a. a. O. S. 165, Evers a. a. O. S. 50).

Einen Verstoß gegen § 68 bedeutet ferner § 6 IV[2] AKB. Er bezieht sich auf die V eines Fahrzeugs mit Vskennzeichen und knüpft an Satz 1 an, der von der Kündigung des Vsvertrages anläßlich der Veräußerung eines derartigen Fahrzeugs handelt. S. 2 lautet:

„In allen sonstigen Fällen des dauernden Wegfalles eines derartigen Wagnisses gebührt dem Ver der volle Beitrag für das laufende Vsjahr."

Wie auf der Hand liegt, weicht diese Regelung zum Nachteil des Vmers von § 68 II, III ab.

[119] d) Saldierende Betrachtung ?

Die hier kritisierten Bestimmungen des § 6 III, IV AKB sind auch nicht mit der Erwägung zu halten, daß § 6 III AKB in manchen Beziehungen günstigere Regelungen als die gesetzlichen für den Vmer enthält (vgl. oben Anm. 66, 67, 76). Eine derart saldierende Betrachtungsweise würde zu großer Unsicherheit führen, denn ob die betreffende Regelung in summa Vorteile hat oder nachteilig für den Vmer ist, ist oft schwer zu sagen (abweichend Prölss-Martin[18] Anm. 1 zu § 42, S. 242). Häufig lassen sich auch die Vor- und Nachteile, weil heterogen, nicht miteinander vergleichen.

[120] e) Unbedenkliche Regelungen.
aa) Beispiele.

Die Amtl. Begründung zur VO vom 6. IV. 1943 (DJustiz 1943 S. 269) führt aus, es sei zulässig, das Ruhen der V zu vereinbaren, wenn gleichzeitig die Prämienzahlungspflicht für den Ruhenszeitraum entfällt. Dem ist zuzustimmen.

Weiter soll es zulässig sein zu vereinbaren, daß die unverbrauchte anteilige Prämie auf die V eines Ersatzgegenstandes übertragen wird. M. E. verstößt das aber gegen § 68 III und § 68 II, sofern der Interessewegfall nach dem ersten Vsjahr eintritt oder sofern der Ver keinen Kurztarif aufgestellt hat (vgl. oben Anm. 65). Sasse a. a. O. S. 158 hält indes das Beispiel der Amtl. Begründung für zutreffend.

Darauf ist folgendes zu erwidern: Der Vmer kann bedingungslos die Auszahlung des ihm zustehenden Prämienanteils verlangen; das Recht, sich für den Ersatzgegenstand einen Ver frei zu wählen, darf ihm nicht ohne Gegenleistung genommen werden. Eine solche Gegenleistung würde es darstellen, wenn der Ver im Falle des § 68 II nach Kurztarif abzurechnen hätte, aber zugunsten des Vmers die ratierliche Prämie auf die V eines Ersatzgegenstandes überträgt.

I. Geltungsbereich § 68a
Anm. 1, 2

[121] bb) Insbesondere AVB Hagel.

Eine Prämienregelung bei Interessewegfall enthält ferner § 13 (1) AVB Hagel. Die Bestimmung lautet:

„Fällt das vte Interesse nach dem Beginn der V weg, so gebührt der Gesellschaft die Prämie für die laufende Vsperiode in voller Höhe, soweit die Aberntung der vten Bodenerzeugnisse vor dem Zeitpunkt begonnen hatte, an dem die Gesellschaft von dem Wegfall des Interesses Kenntnis erlangt. Hatte die Aberntung noch nicht begonnen, so gebührt ihr,

a) wenn sie die Kenntnis vor dem 16. Juni erlangt, die Hälfte der Prämie für die laufende Vsperiode,

b) wenn sie die Kenntnis nach dem 15. Juni erlangt, die Prämie für die laufende Vsperiode in voller Höhe."

Man wird annehmen müssen, daß diese Regelung nicht gegen § 68 II verstößt, weil hier der Kurztarif gleichsam in die AVB eingearbeitet worden ist (so im Ergebnis auch Prölss-Martin[18] Anm. 3 zu § 68, S. 354f.), und zwar inhaltlich unbedenklich, wenn man die Besonderheiten der Hagelv berücksichtigt (Mitv eines Gewinninteresses; Dauer des Vsjahrs höchstens bis 15. X.). Da jedes Jahr neu zu deklarieren ist, tritt der Interessewegfall also stets im ersten Vsjahr ein, so daß auch in dieser Richtung keine Einwendungen gegen den Surrogat-Kurztarif zu erheben sind (vgl. oben Anm. 65).

Indes ist § 13 (1) AVB Hagel mit § 68 III unvereinbar. Knoll VW 1954 S. 204 stellt ebenfalls die Übereinstimmung des § 13 (1) AVB Hagel mit § 68 II fest, weist aber auf die Unvereinbarkeit mit § 68 III nicht hin.

§ 68a

Auf eine Vereinbarung, durch welche von den Vorschriften des § 51 Abs. 1, 2 und der §§ 62, 67, 68 zum Nachteil des Versicherungsnehmers abgewichen wird, kann sich der Versicherer nicht berufen.

Unabdingbarkeit.

Gliederung:

Entstehung Anm. 1

I. Geltungsbereich Anm. 2

II. Inhalt Anm. 3—5

   1. Bedeutung der halbzwingenden Natur Anm. 3

   2. Beziehung zu anderen Vorschriften Anm. 4

   3. Abweichung zum Nachteil des Vmers Anm. 5

III. Die einzelnen halbzwingenden Vorschriften Anm. 6

[1] Entstehung:

§ 68a ist durch VO vom 19. XII. 1939 in das Gesetz eingefügt worden. Vorher waren die §§ 51 I, 62, 67, 68 nachgiebigen Rechts. § 68a wurde durch VO vom 6. IV. 1943 derart abgeändert, daß auch der neu eingefügte § 51 II der Vertragsbeschränkung unterworfen wurde (§ 51 II a. F. wurde nunmehr § 51 III).

[2] I. Geltungsbereich.

§ 68a gilt nicht für die Transportv von Gütern, die Kreditv und die Kursverlustv (§ 187 I), ebensowenig für die laufende V (§ 187 II). Weiter wird er eingeschränkt durch § 192 II (für Vsverhältnisse bei einer nach Landesrecht errichteten öffentlich-rechtlichen Anstalt, die nicht unmittelbar kraft Gesetzes entstehen oder kraft gesetzlichen Zwanges genommen werden) sowie durch § 27 I² GüKG (Haftpflichtv des Güterfernverkehrsunternehmers gegen Inanspruchnahme seitens Ladungsbeteiligter).

Sieg

[3] II. Inhalt.
1. Bedeutung der halbzwingenden Natur.

Vereinbarungen, die zu Lasten des Vmers von den in § 68a genannten Bestimmungen abweichen, sind nicht schlechthin nichtig, sondern nur der Ver kann sich nicht auf sie berufen; wohl aber könnte der Vmer ihre Anwendung fordern (Möller Anm. 4 zu § 15a). So kann er z. B. verlangen, daß die unverbrauchte ratierliche Prämie auf die V eines Ersatzgegenstandes übertragen wird, selbst wenn der Ver solches Ansinnen nicht stellen könnte (vgl. oben Anm. 120 zu § 68).

Der Unterschied zwischen halbzwingenden und zwingenden Normen deckt sich nicht mit dem Begriffspaar Einrede/Einwendung, d. h. auch die halbzwingenden Bestimmungen sind im Versäumnisverfahren von Amts wegen zu beachten. Ein Versäumnisurteil kann gegen den säumigen Vmer nicht ergehen, wenn sich der Ver auf eine Vereinbarung stützt, die den §§ 51 I, II, 62, 67, 68 zuwiderwirkt; Einzelheiten bei Möller Einl. Anm. 49.

Der Sinn des § 68a liegt darin, daß der Vmer nicht an einen Verzicht auf seine gesetzlichen Rechte, der sich auf die Zukunft bezieht, gebunden ist. Dabei spielt es keine Rolle, ob jener Verzicht Teil der AVB ist oder auf einer Einzelvereinbarung beruht. Hingegen braucht der Vmer nach Eintritt des Tatbestandes, den die halbzwingenden Normen regeln, den Schutz des § 68a nicht anzunehmen, insbesondere kann er sich beliebig vergleichen (vgl. Sieg Anm. 172 zu § 67).

[4] 2. Beziehung zu anderen Vorschriften.

§ 68a könnte also auch wie folgt gefaßt sein: „Die Rechtsstellung, die sich für den Vmer aus §§ 51 I, II, 62, 67, 68 ergibt, kann nicht im voraus eingeschränkt werden." Eine ähnliche Fassung findet sich z. B. beim Ausgleichsanspruch des Handelsvertreters: § 89b IV S. 1 HGB.

§ 68a macht die in ihm genannten Bestimmungen zu halbzwingend-ergänzenden Normen. D. h.: Wenn sich der Vmer gegen eine belastende Vereinbarung wendet, tritt an deren Stelle — ergänzend — das Gesetz. Es entsteht also kein nichtiger Teil, § 139 BGB findet keine Anwendung; vgl. Möller Einl. Anm. 48.

[5] 3. Abweichung zum Nachteil des Versicherungsnehmers.

Wann eine solche Abweichung vorliegt, kann zweifelhaft sein. Anm. 119 zu § 68 wurde bereits gezeigt, daß eine saldierende Betrachtung der einzelnen vom Gesetz abweichenden AVB-Bestimmungen nicht zulässig ist. Aber auch in persönlicher Hinsicht ist eine Generalisierung nicht erlaubt: Dem Vmer, der sich gegen eine bestimmte gegen das Gesetz verstoßende Vertragsbestimmung wendet, kann nicht entgegengehalten werden, daß sich diese zwar in seinem Fall gegen ihn auswirke, aber für andere Vmer einen Vorteil gegenüber dem Gesetz bedeute: RG 19. XII. 1939 RGZ Bd 162 S. 242. Die Entscheidung betrifft die Haftpflichtv. Die AVB sahen den Verstoß als Vsfall im Sinne des § 39 II (vgl. § 42) an, statt die Anspruchserhebung, was ständiger höchstrichterlicher Rechtsprechung entsprochen hätte. Die Entscheidung ist gleichzeitig ein Beleg dafür, daß es für die Anwendung der halbzwingenden Bestimmungen nicht nur auf deren Wortlaut ankommt, sondern auch auf die gefestigte Auslegung (vgl. Sieg Anm. 167 zu § 67).

Prölss-Martin[18] Anm. 1 zu § 42, S. 242 wenden sich gegen die eben wiedergegebene RG-Entscheidung, m. E. zu Unrecht: Die halbzwingenden Vorschriften wollen den einzelnen Vmer schützen, nicht die Vmerschaft als Gruppe. Im Ergebnis wie hier Möller Einl. Anm. 49.

[6] III. Die einzelnen halbzwingenden Vorschriften.

Die Besonderheiten, die sich für die einzelnen in § 68a aufgeführten Vorschriften ergeben, sind bzw. werden bei deren Behandlung dargestellt. Es kann deshalb hier verwiesen werden auf Möller Anm. 43 zu § 51; Möller Anm. zu § 62; Sieg Anm. 167—174 zu § 67; Sieg Anm. 111—121 zu § 68.

II. Veräußerung der versicherten Sache.
Vorbemerkungen zu §§ 69—73.

Gliederung:

Entstehung Anm. 1

Schrifttum Anm. 2

I. Rechtsquellen Anm. 3—5
 1. Binnenv Anm. 3
 2. Seev Anm. 4
 3. Vsverhältnisse bei öffentlich-rechtlichen Vern Anm. 5

II. Stellung der §§ 69—73 VVG im Rechtssystem Anm. 6—9
 1. Stellung im Vsrecht Anm. 6
 2. Verwandte Fälle Anm. 7—8
  a) Unmittelbares Vorbild Anm. 7
  b) Weitere Vertragsübergänge Anm. 8

 3. Interessenlage Anm. 9

III. Geltungsbereich Anm. 10—15
 1. Normativer Geltungsbereich Anm. 10—13
  a) Gesetzeskonkurrenz Anm. 10—11
   aa) Mit § 80 II VVG Anm. 10
   bb) Mit anderen Vorschriften Anm. 11
  b) Idealkonkurrenz Anm. 12
  c) Insbes. Verhältnis zur Gefahrerhöhung Anm. 13
 2. Räumlicher Geltungsbereich (Internationales Privatrecht) Anm. 14—15
  a) Maßgeblichkeit des Vsvertragsstatuts Anm. 14
  b) Tragweite des Vsvertragsstatuts Anm. 15

[1] Entstehung.

Die §§ 69—73 haben — mit Ausnahme einer Vorschrift — ihre Fassung seit dem Inkrafttreten des VVG behalten. Die Ausnahme betrifft § 70 II[1], dessen jetziger Wortlaut auf die VO vom 19. XII. 1939 zurückgeht. Vorher konnte der Vmer das Vsverhältnis nur mit sofortiger Wirkung kündigen. Die gesetzlich eingeführte Alternative, nach seiner Wahl auch auf den Schluß der laufenden Vsperiode kündigen zu können, entsprach allerdings einer schon zur ursprünglichen Fassung vertretenen Ansicht.

Bereits das preußische Recht hatte in § 2163 II 8 ALR einen gesetzlichen Übergang des Vsverhältnisses auf den Erwerber vorgesehen, jedoch war diese Bestimmung nachgiebiger Natur und wurde daher weitgehend durch AVB außer Kraft gesetzt (Lenski S. 1 f.). Dem beugt jetzt § 72 vor. Im ALR fehlten ferner Entsprechungen zu §§ 69 II, 70, 71 VVG. Andererseits war die Regelung insoweit umfassender als die heutige, als der Ausschluß des Übergangs ausdrücklich vorgesehen war, wenn mit der Veräußerung eine Veränderung des Ortes, der Aufsicht über die Sache, der Art der Aufbewahrung oder der Nachbarschaft verbunden war (vgl. dazu unten Anm. 13).

[2] Schrifttum.

Baur, Lehrbuch des Sachenrechts, [6]München 1970; Bruck S. 556—597; Bruck, VVG[7], Berlin-Leipzig 1932, Anm. zu §§ 69—73, S. 261—279; Cahn, Der Wechsel des Interessenten im Rechte der Schadensv, Mannheim-Leipzig 1914; Carstensen, Die Anwendbarkeit des § 69 VVG auf die Haftpflichtv, Kieler Diss. 1936; Dumont, Der Eigentumsübergang bei der Gebäudev, Kölner Diss. 1939; Ehrenberg, Die Veräußerung der vten Sache und die Haftpflichtv in Festgabe für Manes, Berlin 1927, S. 189—203; Ehrenzweig S. 226—239; Elkan, Die Bedeutung des Interesses für die Veräußerung der vten Sache, Hamburg 1928; von Gierke II S. 197—201; Johannsen Allg. Haftpflichtv: Anm. D; Kisch III S. 264—374, 551—566; Lenski, Zur Veräußerung der vten Sache, Karlsruhe 1965; Prölss-Martin[18] Anm. 1—9 zu § 69, Anm. 1—9 zu § 70, Anm. 1—3 zu § 71, Anm. 1—2 zu § 72, Anm. 1—5 zu § 73, S. 357—371; Raiser, Kommentar der Allgemeinen Feuervs-Bedingungen[2], Berlin 1937, Anm. 1—37 zu § 12, S. 298—316; Ritter-Abraham Anm. 1—72 zu § 49, S. 702—731, Anm. 1—18 zu § 50, S. 731—736; Vorwerk, Die Rechtsnachfolge in das vte Interesse, insbesondere die Veräußerung der vten Sache, Leipziger Diss. 1912; Weiß, Die Veräußerung der vten Sache und ihre Wirkungen auf das Vsverhältnis nach dem VVG, Göttinger Diss. 1916.

Die Monographie von Lenski zeichnet sich durch Verwertung besonders reichhaltigen Materials aus. Soweit Lenski im folgenden zitiert wird, sei hier generell auf seine Schrifttumsangaben hingewiesen. Von den bei Lenski erwähnten Autoren und Gerichtsentscheidungen werden im folgenden nur solche hervorgehoben, die eine besondere Auseinandersetzung verlangen.

[3] I. Rechtsquellen.
1. Binnenversicherung.

In der Binnenv bilden §§ 69—73 die Grundlage für die Folgen der Veräußerung bzw. der Zwangsversteigerung der vten Sache. Sie finden auch Anwendung auf diejenigen Sachvszweige, die im VVG nicht ausdrücklich geregelt sind (vgl. Anm. 3 zu § 68). In der Haftpflichtv treten den erwähnten Normen die §§ 151 II (für die Betriebshaftpflichtv) und § 158 h (für die Kraftfahrzeug- und die Luftfahrzeughaftpflichtv) an die Seite, vgl. zu ersterem Johannsen Anm. D 30—40.

§ 115 stellt für die Hagelv den Erwerb kraft Nießbrauchs, Pachtvertrages oder eines ähnlichen Nutzungsverhältnisses der Veräußerung gleich. Solche Gleichstellung findet sich auch in dem erwähnten § 151 II.

[4] 2. Seeversicherung.

Für die Seev gelten die §§ 69—73 nicht (§ 186). Hier bilden §§ 899, 900 HGB ein Analogon. Diese Bestimmungen sind in praxi verdrängt durch §§ 49, 50 ADS. Die wichtigsten Unterschiede gegenüber dem VVG bestehen im folgenden: Die in § 69 vorgesehenen Rechtsfolgen werden modifiziert, sofern eine Police ausgestellt worden ist (§ 49 I, II ADS; ist keine Police ausgestellt, trifft den Erwerber nicht nur für die laufende Vsperiode die Mithaft für die Prämie); § 49 III ADS verknüpft die Veräußerung mit der Gefahrstandspflicht; ein außerordentliches Kündigungsrecht des Vers (§ 70 I VVG) gibt es nicht; eine Parallele zu § 71 VVG (und selbstverständlich auch zu § 72) fehlt.

Für die Schiffsv gilt die Besonderheit, daß die Veräußerung als Interessewegfall behandelt wird, es sei denn, das Schiff wird während der Reise veräußert: § 50 II ADS § 49 ADS findet entsprechende Anwendung auf die Veräußerung einer Schiffspart: § 50 I.

[5] 3. Versicherungsverhältnisse bei öffentlich-rechtlichen Versicherern.

Im Rahmen des § 192 I, II VVG behauptet sich das Landesrecht anstelle oder neben dem VVG (vgl. Anm. 5 zu § 68). Die landesrechtlichen Quellen lassen zwar durchweg ebenfalls das Vsverhältnis im Falle der Veräußerung übergehen, weichen aber in der Ausgestaltung der Einzelfolgen zum Teil vom VVG ab, vor allem darin, daß der Erwerber nicht nur für die Prämie der laufenden Vsperiode (so § 69 II VVG), sondern für alle Rückstände als Gesamtschuldner mithaftet (§ 24 I Satzung Bayerische Landesbrandvsanstalt vom 15. XII. 1956, Schmidt-Müller-Stüler, Das Recht der öffentlich-rechtlichen Sachv², Karlsruhe 1968 S. 120; Art. 29 Bayerisches G über das öffentliche Vswesen vom 7. XII. 1933, Schmidt-Müller-Stüler S. 104; § 12 FeuerkassenG Hamburg vom 16. XII. 1929, Schmidt-Müller-Stüler S. 184; § 58 Badisches GebäudeVsG vom 29. III. 1852, Schmidt-Müller-Stüler S. 21).

§ 27 Satzung für die Ostfriesische Landschaftliche Feuervsanstalt vom 9. V./4. VI. 1913, Schmidt-Müller-Stüler S. 352 befaßt sich mit der Aktivlegitimation für einen schon entstandenen Vsanspruch, worüber das VVG schweigt. § 27 II der betreffenden Satzung lautet:
> „Ebenso geht der Anspruch auf die Entschädigungssummen, soweit solche nicht bereits ausgezahlt sind, auf den neuen Eigentümer über, falls der frühere Eigentümer nicht den Nachweis darüber erbringt, daß ihm das Recht auf die Entschädigung zusteht."

Damit erübrigt sich das Abtretungsverlangen des Erwerbers nach § 281 BGB.

[6] II. Stellung der §§ 69—73 VVG im Rechtssystem.
1. Stellung im Versicherungsrecht.

Das vsmäßig erhebliche Interesse besteht in der Beziehung des Vmers zum vten Gut. Veräußerung sowie Versteigerung des vten Gutes würden daher einen Wegfall des Inter-

II. Stellung der §§ 69—73 VVG im Rechtssystem

esses im Sinne des § 68 II darstellen, wenn die §§ 69—73 nicht den Übergang des Vsverhältnisses vorsähen (Einzelheiten Anm. 16—19 zu § 68).

Verwandt ist § 69 mit § 177 VVG, der dem namentlich bezeichneten Bezugsberechtigten oder subsidiär dem Ehegatten und den Kindern unter bestimmten Voraussetzungen ein Eintrittsrecht in den Lebensvsvertrag gibt. Auf die Parallele mit § 69 weisen Prölss-Martin[18] Anm. 6 zu § 177, S. 882 und Ehrenzweig S. 436 ausdrücklich hin.

Die Veräußerung der Sache hat zur Folge, daß im Vsverhältnis der Vmer wechselt. Das Gegenstück hierzu bildet die Bestandsübertragung nach § 14 VAG, bei der der Ver wechselt. Diese Tatbestände sowie der des § 177 VVG haben gemeinsam, daß die Gegenpartei einen neuen Schuldner erhält, ohne daß der Gläubiger zuzustimmen brauchte, wie es nach §§ 414, 415 BGB erforderlich wäre. Die Zustimmung wird im Falle der §§ 69ff., 177 unmittelbar durch das Gesetz, im Falle des § 14 VAG durch die aufsichtsamtliche Genehmigung ersetzt (vgl. Prölss-Schmidt-Sasse, VAG[6], München 1971 Anm. 7 zu § 14, S. 272). Wenn allerdings die Bestandsübertragung Teil einer Verschmelzung ist, fehlt es an einer Vergleichsmöglichkeit zu § 69, weil die Fusion Gesamtnachfolge darstellt.

[7] 2. Verwandte Fälle.

a) Unmittelbares Vorbild.

Der Eintritt in ein gesamtes Schuldverhältnis, wie ihn § 69 I VVG vorsieht, entspricht nicht der Konzeption des BGB, das lediglich die Nachfolge in einzelne Rechte (§§ 398ff.) oder einzelne Pflichten (§§ 414ff.) ordnet. Indes kennt auch das BGB, abgesehen von § 1251, hiervon eine Ausnahme, die erklärtermaßen (Begründung zu den Entwürfen eines G über den Vsvertrag ,Berlin 1906, S. 79) dem § 69 I VVG als Vorbild gedient hat: § 571 BGB. Danach tritt, sofern das Mietgrundstück dem Mieter überlassen worden ist, der Grundstückserwerber in das Mietverhältnis ein. § 571 gilt entsprechend für die Raummiete (§ 580), für die Miete eines eingetragenen Schiffs (§ 580a) und für die Pacht solcher Objekte (§ 581).

Die in §§ 115, 151 II VVG enthaltene Erweiterung des Veräußerungsbegriffs (vgl. oben Anm. 3) findet in § 577 BGB einen gewissen Vorläufer, § 73 VVG hat Entsprechungen in §§ 57—57d ZVG.

Während die §§ 69ff. VVG das Vsverhältnis in bezug auf Mobilien und Immobilien erfassen, bezieht sich § 571 BGB nur auf den letzteren Bereich. Der Mobiliarmieter bzw. -pächter ist geschützt durch § 986 II BGB, jedoch ohne Übergang des Rechtsverhältnisses auf den Erwerber.

[8] b) Weitere Vertragsübergänge.

Aus dem BGB ist hier zunächst § 1056 zu nennen. Der Eintritt in gesamte Rechtsverhältnisse hat durch das WohnungseigentumsG vom 15. III. 1951 weitere Anwendungsfälle erhalten: Nach § 37 II tritt beim Heimfall des Dauerwohnrechts oder des Dauernutzungsrechts der Eigentümer in die Miet- und Pachtverhältnisse ein, ebenso findet ein Vertragsübergang statt, wenn das Dauerwohn- oder das Dauernutzungsrecht veräußert wird, und zwar im Verhältnis zum Mieter oder Pächter einerseits (§ 37 III), im Verhältnis zum Eigentümer andererseits (§ 38 I). Mit demselben Instrumentarium arbeitet § 38 II WEG (Veräußerung des Grundstücks, Eintritt des Erwerbers in das Rechtsverhältnis zum Dauerwohn- oder Dauernutzungsberechtigten). § 38 bezieht sich auf alle beiderseitigen Rechte und Pflichten aus dem schuldrechtlichen Vertrag, denn für die sachenrechtlichen Beziehungen würde er eine Selbstverständlichkeit sein: Palandt-Degenhart, BGB[31], München 1972 Anm. 2 zu § 38 WEG, S. 2128.

Eine verwandte Erscheinung bietet das Arbeitsrecht: § 613a BGB in der Fassung des § 122 BetrVG 1972 sieht, was etwa der bisherigen Judikatur und der herrschenden Lehre im Schrifttum entspricht, vor, daß bei der Betriebsveräußerung der Erwerber in die Rechte und Pflichten aus den bestehenden Arbeitsverhältnissen eintritt (vgl. Klaus Schmidt BB 1971 S. 1201f.).

[9] 3. Interessenlage.

Wenn auch rechtstechnisch die angeführten Fälle insofern mit § 69 I VVG verwandt sind, als der Eintritt in ein gesamtes Rechtsverhältnis stattfindet, so darf das nicht darüber hinwegtäuschen, daß die Interessenlage verschieden ist. Im Vsrecht wird der Personenwechsel auf seiten der Partei behandelt, deren Schutz sich das Gesetz besonders angelegen sein läßt (des Vmers). Allen Bestimmungen, die oben Anm. 7, 8 angeführt worden sind, liegt indes eine Veräußerung auf der Gegenseite des Geschützten zugrunde.

Gehen wir von der Interessenlage aus, so ergibt sich eher eine Verwandtschaft des § 69 mit § 5 der 6. DVO zum EheG. Er lautet:

> „Für eine Mietwohnung kann der Richter bestimmen, daß ein von beiden Ehegatten eingegangenes Mietverhältnis von einem Ehegatten allein fortgesetzt wird oder daß ein Ehegatte an Stelle des anderen in ein von diesem eingegangenes Mietverhältnis eintritt. Der Richter kann den Ehegatten gegenüber Anordnungen treffen, die geeignet sind, die aus dem Mietverhältnis herrührenden Ansprüche des Vermieters zu sichern."

Eine weitere Verwandtschaft ist mit § 30 MSchG, der allerdings nur noch in West-Berlin gilt, erkennbar:

> „Will der Mieter einer Wohnung die Mieträume einem Dritten im Wege des Tausches überlassen, so kann das Mieteinigungsamt auf Antrag des Mieters die zum Eintritt des Dritten in den Mietvertrag erforderliche Einwilligung des Vermieters ersetzen.
>
> Entspricht das Mieteinigungsamt dem Antrag, so gilt der Eintritt des neuen Mieters in den Mietvertrag in dem Zeitpunkt als vollzogen, in dem der Mieter die Wohnung räumt.
>
> Der bisherige Mieter haftet für die Verpflichtungen, die während seiner Mietzeit entstanden sind, neben dem neuen Mieter weiter."

In beiden Fällen erfolgt aber der Eintritt in das Mietverhältnis nicht unmittelbar kraft Gesetzes, sondern kraft Richterspruchs.

[10] III. Geltungsbereich.

1. Normativer Geltungsbereich.

a) Gesetzeskonkurrenz.

aa) Mit § 80 II VVG.

Bei der V für Rechnung wen es angeht (§ 80 II VVG) sind die §§ 69ff. nicht anwendbar (vgl. auch Anm. 55 zu § 69). Die Veräußerung vom Vmer an den Erwerber (Vten) und an weitere Abkäufer (Vte) wird von den §§ 69ff. nicht erfaßt, weil es im Wesen der V für Rechnung wen es angeht liegt, daß der Erwerber nicht in das Vsverhältnis nachfolgt, sondern daß es jeweils in seiner Person entsteht (Kisch III S. 585ff., 601—606; Möller, Cif-Geschäft und V, Hamburg 1932, S. 137; ders., JRPV 1928 S. 337—342; Prölss-Martin[18] Anm. 2d zu § 69, S. 360, Anm. 2 zu § 80, S. 385; Raiser[2] Anm. 13 und 14 zu § 13, S. 324; Wussow AFB Frankfurt a. M. 1964 Anm. 3 zu § 12, S. 428; Ehrenzweig S. 213f.; v. Gierke Vsrecht Bd 1 Stuttgart 1947 S. 123. Anderer Ansicht: Bruck[7] Anm. 3 zu § 80, S. 293; ders., PVR S. 611; Embden, V für Rechnung wen es angeht, Hamburg 1930, S. 25—27; Ritter-Abraham Anm. 18, 21 zu § 52, S. 755f.).

Eine gesamtschuldnerische Haftung für die Prämie (§ 69 II) käme ohnehin für den Vten nicht in Betracht, der niemals Prämienschuldner ist; ebensowenig das Kündigungsrecht nach § 70 II, denn er hat kein Verfügungsrecht über den Vsvertrag. Das Kündigungsrecht des Vers (§ 70 I) kann bedenkenlos entfallen: Indem er sich auf die V für Rechnung wen es angeht eingelassen hat, hat er von vornherein jeden Interesseträger akzeptiert. Die Anzeigepflicht nach § 71 I[1] mit der Verletzungsfolge aus § 71 I[2] will auch Dreischmeier, VA 1969 S. 31, der an sich von der Geltung der §§ 69ff. im Falle des § 80 II ausgeht, nicht angewendet wissen.

Die Rechtsstellung des Vten bei der V für Rechnung wen es angeht ist erheblich emanzipierter als die des Erwerbers nach §§ 69ff. Überhaupt kommt es im ersteren Falle gar nicht darauf an, aus welchem Rechtsgrunde der Vte Interesseträger geworden ist, seine vsrechtliche Berechtigung braucht nicht auf einer Veräußerung zu beruhen (Kisch III S. 602; Möller JRPV 1928 S. 337—341).

III. Geltungsbereich §§ 69—73 Anm. 11—13

[11] bb) Mit anderen Vorschriften.

Einige weitere Bestimmungen des VVG stehen zu §§ 69—73 VVG in Gesetzeskonkurrenz, und zwar im Spezialitätsverhältnis (Sieg DöV 1939 S. 205). Das gilt zunächst für § 114, der für die Hagelv die §§ 70 I, 71 I², II ersetzt (gleichgültig, ob die Nachfolge auf Veräußerung oder Zwangsversteigerung beruht).

In der Tierv finden §§ 69—73 nur dann Anwendung, wenn das vte Tier zum Inventar eines Grundstücks gehört, das samt Inventar veräußert oder versteigert wird (§ 128 II), anderenfalls erlischt die Tierv (§ 128 I) als Sachv; innerhalb der laufenden Vsperiode wirkt sie aber unter den Voraussetzungen des § 128 I² wie eine Haftpflichtv, allerdings nur, wenn der erste Abkäufer Gewährleistungsansprüche gegen den Vmer stellt: AG Mülheim/Ruhr 25. VI. 1953 VersR 1953 S. 496.

Für die Gütertransportv setzt § 142 VVG die §§ 70 I, 71 außer Geltung. Für die Binnenschiffsv schränkt § 143 die §§ 70 I, 71 ein, und zwar auch für den Fall der Zwangsversteigerung des vten Schiffs.

[12] b) Idealkonkurrenz.

Eine Idealkonkurrenz zu §§ 69—73, 151 II, 158h kann vor allem eintreten bei Veräußerung eines Handelsgeschäfts (§§ 25, 26 HGB), Eintritt eines Gesellschafters in das Geschäft eines Einzelkaufmanns (§ 28 HGB), Vermögensübernahme (§ 419 BGB), Erbteilung (§§ 2059—2061 BGB), Erbschaftskauf (§§ 2382—2384). Bemerkenswert ist, daß Vermögensübernahme und Erbschaftskauf Drittwirkungen bereits an den **schuldrechtlichen** Vertrag knüpfen. Zur Konkurrenz mit §§ 69ff. kann es erst kommen mit der **dinglichen** Rechtsnachfolge. Daß hier keine Universalsukzession vorliegt, nimmt Lenski S. 40 zu Recht an.

Auch soweit das VVG das Übergangsprinzip über die Veräußerung hinaus erstreckt (§§ 115, 151 II), kommen Konkurrenzen vor. Wegen des Überblicks vgl. Sieg DöV 1939 S. 203—206, 225—227, ebenso auch wegen der anzuwendenden Prinzipien: Keine der konkurrierenden Normen beeinträchtigt den Übergang des Vsverhältnisses als eines **ganzen**, sondern sie weichen nur in **einzelnen Folgerungen** von den §§ 69 II bis 73 ab (Mithaftung des Erwerbers für die Prämie, außerordentliches Kündigungsrecht beider Parteien, Anzeigepflichten, Aktivlegitimation für schon entstandene Vsforderungen, strenges oder nachgiebiges Recht). Hier verdrängt nicht die eine Normengruppe die andere, vielmehr sind die Rechtsfolgen zu kombinieren. Die Einzelheiten bleiben den künftigen Erörterungen vorbehalten.

[13] c) Insbesondere Verhältnis zur Gefahrerhöhung.

Die oben Anm. 11 in Grundzügen entwickelte Idealkonkurrenz gilt auch beim Zusammentreffen der §§ 69ff. mit §§ 23ff. (Kisch ZVersWiss 1920 S. 217—222; Cahn S. 106ff.; Begründung zu den Entwürfen eines G über den Vsvertrag, Berlin 1906, S. 81; Sieg HansRGZ 1938 A Sp. 176). Es ist also nicht zutreffend, daß der Übergang des Vsverhältnisses dadurch ausgeschlossen wird, daß mit der Veräußerung eine Gefahrerhöhung verbunden ist, wie Burchard LZ 1911 Sp. 339f. und wohl auch Vorwerk S. 51 annehmen, vielleicht beeinflußt von § 2163 II 8 ALR (vgl. oben Anm. 1). Abgesehen davon, daß sich das letztere Ergebnis mit der — im Privatrecht allerdings wenig ausgebildeten — Konkurrenzlehre nicht vereinbaren läßt, sprechen auch praktische Gründe dagegen: Der Erwerberschutz verlangt, daß die §§ 69ff. auch in dem von Burchard und Vorwerk behandelten Falle nicht versagen. Der Ver ist genügend durch Kündigungsrechte (§§ 24, 70 I) und eventuell Leistungsfreiheit (§§ 25 II, 71) geschützt. Nur die hier vertretene Auffassung verträgt sich auch damit, daß die Sätze über eine **Gefahrminderung** nicht ausgeschlossen sind, wenn die Veräußerung solche bewirkt (Möller Anm. 12 zu § 41a).

Die Schöpfer der ADS hatten das richtige Gespür, wenn sie in § 49 III Veräußerung und Gefahrerhöhung in ein ausgewogenes Verhältnis brachten. § 49 III lautet:

„Der Versicherer haftet nicht für die Gefahren, die nicht eingetreten sein würden, wenn die Veräußerung unterblieben wäre. Dies gilt jedoch nicht im Falle der Veräußerung vter Güter, es sei denn, daß die Güter während der Dauer eines

Krieges veräußert werden und der Erwerber einem kriegführenden Staate angehört."

[14] 2. Räumlicher Geltungsbereich (Internationales Privatrecht).
a) Maßgeblichkeit des Versicherungsvertragsstatuts.

Es ist zu prüfen, ob und inwieweit die §§ 69 ff. Anwendung finden, wenn entweder der Veräußerungsvorgang oder das Vsverhältnis Auslandsberührung haben. Kommt es in derartigen Fällen auf das Veräußerungsstatut oder auf das Statut des Vsvertrages an? Bei der Stellungnahme hierzu ist vom Sinn der §§ 69 ff. auszugehen. Er liegt darin, daß der Erwerber von vornherein Vsschutz haben soll (vgl. § 72). Auf welchem Wege und unter welchen Modalitäten dieses Ziel zu erreichen ist, kann nur das Vsvertragsstatut entscheiden. Nach welchem Recht sich der Veräußerungsvorgang abspielt, kann also für unsere Frage nicht von Bedeutung sein.

Eine geschriebene Kollisionsnorm kennt unser Vsvertragsrecht nicht. Nach deutschem internationalem Privatvsrecht, das sich in dieser Frage weitgehend mit ausländischen Kollisionsrechten deckt, kommt es mangels ausdrücklichen oder konkludenten Parteiwillens auf das **Betriebsstatut** des Vers an. Das bedeutet: Die §§ 69 ff. finden im Zweifel Anwendung, sofern der Vsvertrag bei einem inländischen Ver oder bei einem ausländischen Ver mit Niederlassung im Inland abgeschlossen worden ist.

[15] b) Tragweite des Versicherungsvertragsstatuts.

Das gefundene Ergebnis gilt auch bei der V von Immobilien. Rothe, Über deutsches internationales Privatvsrecht, Leipziger Diss. 1934, S. 48 f. hält eine Ausnahme vom Betriebsstatut dann für notwendig, wenn sich die V auf ein inländisches Grundstück bezieht; hier soll stets deutsches Vsvertragsrecht anwendbar sein. Diese Ausnahme läßt sich indes nicht rechtfertigen (Möller Einleitung Anm. 96).

Die Grundsätze des Betriebsstatuts weisen nicht nur dem deutschen Recht seine Grenzen zu, sondern sind doppelseitige Kollisionsnormen, d. h. wir erkennen die Rechtsfolgen, die das ausländische Vsrecht im Falle der Veräußerung anordnet, auch bei uns an, wenn die V mit einem ausländischen, in Deutschland nicht niedergelassenen Ver abgeschlossen ist (vgl. Anm. 166 zu § 67).

§ 69

Wird die versicherte Sache von dem Versicherungsnehmer veräußert, so tritt an Stelle des Veräußerers der Erwerber in die während der Dauer seines Eigentums aus dem Versicherungsverhältnisse sich ergebenden Rechte und Pflichten des Versicherungsnehmers ein.

Für die Prämie, welche auf die zur Zeit des Eintritts laufende Versicherungsperiode entfällt, haften der Veräußerer und der Erwerber als Gesamtschuldner.

Der Versicherer hat in Ansehung der durch das Versicherungsverhältnis gegen ihn begründeten Forderungen die Veräußerung erst dann gegen sich gelten zu lassen, wenn er von ihr Kenntnis erlangt; die Vorschriften der §§ 406 bis 408 des Bürgerlichen Gesetzbuchs finden entsprechende Anwendung.

Übergang des Versicherungsverhältnisses.

Gliederung.

I. Voraussetzungen Anm. 1—60
Vorbemerkung Anm. 1

1. Veräußerung als rechtsgeschäftliche Einzelnachfolge Anm. 2—6
a) Beispiele Anm. 2
b) Auszuscheidende Fälle Anm. 3—4

    aa) Beschränkung des Verfügungsrechts, Umwandlungsfälle Anm. 3
    bb) Originärer Erwerb Anm. 4
c) Zweifelsfälle Anm. 5—6
    aa) Restfälle aus Gesellschafts- und Vereinsrecht Anm. 5
    bb) Anschaffung durch Pächter oder Nießbraucher Anm. 6

2. Einschaltung einer Zwischenperson Anm. 7—10
  a) Einschaltung eines Kommissionärs Anm. 7—8
    aa) Kein Übergang des Vsverhältnisses auf Kommissionär Anm. 7
    bb) Übergang des Vsverhältnisses auf Kommissionär Anm. 8
  b) Einschaltung einer sonstigen Zwischenperson Anm. 9—10
    aa) Veräußerung durch Nichtberechtigten Anm. 9
    bb) Veräußerung und Erwerb durch Partei kraft Amtes und gesetzlich Ermächtigten Anm. 10
3. Veräußerungsgeschäft Anm. 11—19
  a) Angefochtene Veräußerung Anm. 11—12
    aa) Einfluß auf Vsverhältnis Anm. 11
    bb) Schutz des Vers Anm. 12
  b) Sonstige Veräußerungsmängel Anm. 13
  c) Aufeinander folgende Veräußerungen Anm. 14—16
    aa) Grundsätzliches Anm. 14
    bb) Vorhandensein eines Traditionspapiers Anm. 15
    cc) Bedeutung der Orderpolice Anm. 16
  d) Beteiligung eines nicht voll Geschäftsfähigen Anm. 17—18
    aa) Veräußerer nicht voll geschäftsfähig Anm. 17
    bb) Erwerber nicht voll geschäftsfähig Anm. 18
  e) Einfluß des Kausalgeschäfts Anm. 19
4. Veräußerungsinhalt Anm. 20—29
  a) Übertragung von Eigentum mit Kreditsicherung Anm. 20—26
    aa) Überblick über die Theorien Anm. 20
    bb) Eigene Ansicht Anm. 21
    cc) Folgerung: Abweichungen vom BGH Anm. 22
    dd) Folgerung: Übereinstimmungen mit dem BGH Anm. 23
    ee) Anomale Entwicklung des Kreditverhältnisses Anm. 24
    ff) Weitere Rechtfertigung der Abstellung auf das Anwartschaftsrecht Anm. 25
    gg) Kraftfahrzeug-Kaskov mit Sicherungsschein Anm. 26
  b) Besondere Fälle der Eigentumsübertragung Anm. 27—28
    aa) Wohnungseigentum Anm. 27
    bb) Leasingverträge Anm. 28
  c) Übertragung eigentumsähnlicher Rechte, insbes. des Erbbaurechts Anm. 29
5. Einräumung von Nutzungsrechten Anm. 30—33
  a) V eigenen Interesses des Nutzungsberechtigten Anm. 30—31
    aa) Geltung der §§ 69ff.? Anm. 30
    bb) Sondernormen Anm. 31
  b) V fremden Interesses durch Nutzungsberechtigten Anm. 32—33
    aa) Nießbrauch Anm. 32
    bb) Dauerwohnrecht, Dauernutzungsrecht Anm. 33
6. Veräußerung einer Sache Anm. 34—39
  a) Grundfall des § 69 Anm. 34—35
  b) Teilübergang der V Anm. 36—37
    aa) Mehrere Zweige in einem Vertrag zusammengefaßt Anm. 36
    bb) Vertragsspaltung Anm. 37
  c) Inbegriffsv Anm. 38—39
    aa) Ausschluß des Übergangs Anm. 38
    bb) Übergang Anm. 39
7. Veräußerung anderer Aktiven Anm. 40—44
  a) Übertragung eines Rechts Anm. 40—43
    aa) Forderungsv Anm. 40
    bb) Begriff der Abtretung Anm. 41
    cc) Sonderfälle Anm. 42
    dd) V anderer Rechte Anm. 43
  b) Übertragung von Gewinnaussichten Anm. 44
8. Grenzen der Analogie zu § 69 Anm. 45—48
  a) Passivenv Anm. 45—47
    aa) Grundsätzliches (kein Übergang) Anm. 45—46
    bb) Ausnahmen (Übergang) Anm. 47
  b) Sprungübertragung Anm. 48
9. V ter Gegenstand Anm. 49—51
  a) Maßgeblicher Zeitpunkt für Vsvertragsschluß Anm. 49
  b) Wirksamer Vsvertrag Anm. 50—51
    aa) Allgemein Anm. 50
    bb) Anfechtbarer Vertrag Anm. 51

§ 69

10. Person des Veräußerers Anm. 52—60
    a) Vmer als Veräußerer Anm. 52
    b) Vter als Veräußerer Anm. 53—56
        aa) Veräußerung an Außenstehenden, Grundlegung Anm. 53
        bb) Veräußerung an Außenstehenden, Durchführung Anm. 54
        cc) Veräußerung an Vmer Anm. 55
        dd) Insbes. in Nutzungsverhältnissen Anm. 56
    c) Veräußerung bzw. Rückgabe durch Nichtberechtigten Anm. 57—60
        aa) Dem Vmer gehörende Gegenstände werden veräußert Anm. 57
        bb) Dem Vmer gehörende Gegenstände werden ihm zurückgegeben Anm. 58
        cc) Verfügung über Gegenstände des Vten Anm. 59
        dd) Verfügung über vom Nichtberechtigten vte Gegenstände Anm. 60

II. Wirkungen Anm. 61—99
Vorbemerkung Anm. 61
1. Vmerwechsel Anm. 62—64
    a) Übergang des Vsverhältnisses Anm. 62—63
        aa) Objektive Seite Anm. 62
        bb) Subjektive Seite Anm. 63
    b) Schwebende Rechtslagen Anm. 64
2. Nachfolge in die Rechte des Veräußerers (§ 69 III) Anm. 65—74
    a) Entsprechende Anwendung der Zessionsvorschriften im allgemeinen Anm. 65
    b) Entsprechende Anwendung von § 406 BGB Anm. 66
    c) Entsprechende Anwendung von § 407 I BGB Anm. 67—68
        aa) Tragweite Anm. 67
        bb) Grenzen Anm. 68
    d) Entsprechende Anwendung von § 407 II BGB Anm. 69
    e) Entsprechende Anwendung von § 408 BGB Anm. 70
    f) Kenntnis des Vers nach §§ 406 bis 408 BGB Anm. 71
    g) Entsprechende Anwendung in § 69 III nichtgenannter Zessionsvorschriften Anm. 72—73
        aa) Schuldnerschutzvorschriften Anm. 72
        bb) Weitere Vorschriften Anm. 73
    h) Abzulehnende weitere Analogien zu Zessionsvorschriften Anm. 74
3. Nachfolge in die Pflichten des Veräußerers Anm. 75—76
    a) Entsprechende Anwendung der Schuldübernahmevorschriften im allgemeinen Anm. 75
    b) Entsprechende Anwendung von §§ 417, 418 BGB Anm. 76
4. Subsidiäre Geltung der §§ 69ff.? Anm. 77—78
    a) Inbegriffsv des Erwerbers Anm. 77
    b) Einzelv des Erwerbers Anm. 78
5. Gesamtschuldnerische Haftung für die Prämie (§ 69 II) Anm. 79—92
    a) Umfang der Haftung Anm. 79—81
        aa) Grundsätzliches Anm. 79
        bb) Akzessorietät im Zeitpunkt des Beitritts Anm. 80
        cc) Lockerung der Akzessorietät nach dem Beitritt Anm. 81
    b) Verfahrensrecht Anm. 82—84
        aa) Veräußerung nach rechtskräftigem Abschluß des Prämienprozesses Anm. 82
        bb) Veräußerung während anhängigen Prämienprozesses oder vor dessen Beginn Anm. 83
        cc) Nachträglicher Fortfall der Mithaftung des Erwerbers Anm. 84
    c) Konkurrierende Vorschriften Anm. 85—88
        aa) Überblick Anm. 85
        bb) Handelsrecht Anm. 86
        cc) Vermögensübernahmen Anm. 87
        dd) Erbteilung Anm. 88
    d) Innenverhältnis Anm. 89
    e) Nachgiebiges Recht Anm. 90—92
        aa) Vereinbarungen zugunsten des Erwerbers Anm. 90
        bb) Vereinbarungen zugunsten des Veräußerers Anm. 91
        cc) Beiderseitige Begünstigung Anm. 92
6. Aktivlegitimation für Ansprüche gegen den Ver Anm. 93—96
    a) Anspruch auf Vsentschädigung Anm. 93—95
        aa) Maßgeblich: Vsfall Anm. 93
        bb) Was ist Vsfall? Anm. 94
        cc) Ansprüche des Erwerbers in besonderen Fällen Anm. 95

I. Voraussetzungen

§ 69
Anm. 1—3

b) Sonstige Ansprüche Anm. 96
7. Einfluß der Veränderung der Gefahrlage Anm. 97—99
   a) Veräußerung mit Gefahrwegfall Anm. 97—98

aa) Regel Anm. 97
bb) Verhältnis zu einschlägigen Vorschriften Anm. 98
b) Veräußerung mit Gefahrerhöhung Anm. 99

[1] I. Voraussetzungen.

Vorbemerkung.

§ 69 kennt vier Tatbestandsvoraussetzungen: Eine **Veräußerung** muß stattfinden, sie muß sich auf eine **Sache** beziehen, diese Sache muß **vert** und Veräußerer muß der **Vmer** sein.

Mit dem ersten Tatbestandsmerkmal befassen sich die Anmerkungen 2—33, mit dem zweiten die Anmerkungen 34—48, mit dem dritten die Anmerkungen 49—51, mit dem vierten die Anmerkungen 52—60.

[2] 1. Veräußerung als rechtsgeschäftliche Einzelnachfolge.

a) Beispiele.

Unter Veräußerung im Sinne des § 69 ist die rechtsgeschäftliche Einzelnachfolge in Eigentum zu verstehen, wie sie sich für Grundstücke aus §§ 873, 925 BGB, für Mobilien aus §§ 929—931 BGB, aber auch aus § 926 BGB ergibt. Daraus folgt, daß von § 69 nicht erfaßt werden die Gesamtnachfolge (vgl. Anm. 20 zu § 68), die Einzelnachfolge, die unmittelbar auf dem Gesetz oder auf Hoheitsakt beruht (vgl. Anm. 17 zu § 68), es sei denn, der Hoheitsakt sei eine Zwangsversteigerung (§ 73).

Beispiele für eine Veräußerung bilden vor allem die Erfüllungsgeschäfte, die auf Grund kauf- oder kaufähnlichen Vertrages (vgl. §§ 445, 493 BGB) vorgenommen werden, so etwa: die Gutsüberlassung, wie überhaupt die Vermögensübernahme nach § 419 BGB (Böhme BB 1957 S. 167), der Erbschaftskauf (Lenski S. 40), die Umwandlung von Gesamthand- in Bruchteil- oder Alleineigentum (etwa im Wege der Erbteilung) und umgekehrt (auch wenn ein Wechsel in der Person der Eigentümer nicht eintritt: BGH 8. II. 1965 VA 1967 S. 11—16; Lenski S. 49—51, 54; Böhme a. a. O.; Ausborn, Wohnungseigentum und privatrechtliche Gebäudev, Karlsruhe 1964, S. 146 N. 9), Eintritt eines Partners — auch als Kommanditist — in das Geschäft eines anderen (Johannsen Anm. D 30, Lenski S. 44), und zwar auch dann, wenn die vte Sache nicht dem Eintretenden gehört (anderenfalls läge Einbringung in eine Gesellschaft vor, die ebenfalls § 69 unterfällt: Böhme a. a. O.), sondern dem bisherigen Einzelkaufmann. Ebenso ist es gleichgültig, ob das Unternehmen dadurch OHG, KG oder bürgerlich-rechtliche Gesellschaft wird, wie es auch nicht darauf ankommt, ob der Eintretende juristische oder natürliche Person ist (BFH 14. X. 1971 BB 1972 S. 212). — Auch die Übertragung eines Bruchteils bei Bruchteilseigentum ist Veräußerung, wenngleich auch § 70 in diesem Fall eingeschränkt ist (vgl. Anm. 11 zu § 70).

Als weitere Beispiele sind anzuführen: Liquidation der juristischen Person oder **einer** Personengesellschaft, Übertragung des Vermögens einer Kapitalgesellschaft auf ihren alleinigen Gesellschafter (BFH 28. X. 1970 BB 1971 S. 856). Weitere Beispiele unten Anm. 5, 6 sowie Anm. 8 zu § 73.

[3] b) Auszuscheidende Fälle.

aa) Beschränkung des Verfügungsrechts, Umwandlungsfälle.

§ 69 greift nicht ein, wenn der Vmer lediglich das Verfügungsrecht über seine Sachen verliert, etwa durch Konkurseröffnung, Unterstellung unter einen Treuhänder, Nachlaßverwalter, Testamentsvollstrecker, Zwangsverwalter, Vormund, Pfleger (vgl. Anm. 23 zu § 68). Ferner erfaßt § 69 nicht die formwechselnde Umwandlung (vgl. Lenski S. 42ff.; Anm. 24 zu § 68; Böhme BB 1957 S. 167; BGH 10. V. 1971 NJW 1971 S. 1698). Diese Fälle können wegen des Umwandlungsgesetzes vom 15. VIII. 1969 größere Bedeutung erlangen.

Das Ergebnis ist das gleiche bei der echten Umwandlung, die mit Gesamtnachfolge verbunden ist (Lenski S. 44). Hierher gehören aus dem Handelsrecht alle Fälle, die von §§ 142, 161 II HGB beherrscht werden, ferner aus dem Familienrecht die Begründung einer vertraglichen Gütergemeinschaft (§ 1416, Lenski S. 47). Hier bleiben die Vsverhältnisse ohne besonderes Kündigungsrecht des § 70, ohne Anzeigepflicht nach § 71 erhalten. Zuweilen ist die Haftung für die Prämien besonders geregelt, wie etwa in §§ 1437, 1459 BGB.

Während zu Beginn dieser Anmerkung der Fortfall des Verfügungsrechts des Vmers behandelt wurde, muß hier ergänzt werden, daß im Hinblick auf § 69 VVG das gleiche gilt, wenn der Vmer seine Verfügungsgewalt wiedererhält, d. h. also jene Vorschrift ist nicht anwendbar (ebenso LG Berlin 9. II. 1953 VersR 1953 S. 142).

[4] bb) Originärer Erwerb.

Der originäre Erwerb ist in der Regel kein Veräußerungserwerb i. S. der §§ 69 ff. Die Fälle sind bei Lenski S. 31—33 zutreffend behandelt (Ersitzung, Fund, Aneignung, Vermischung, Verarbeitung, Umbildung, Verbindung, Fruchterwerb). Bei der Verbindung kann es so liegen, daß schon vorher oder zugleich mit ihr ein rechtsgeschäftlicher Erwerb des neuen Eigners durch Einigung mit dem Veräußerer stattfindet. Dann greifen §§ 69 ff. ein (Lenski S. 32).

[5] c) Zweifelsfälle.

aa) Restfälle aus Gesellschafts- und Vereinsrecht.

Keine Veräußerung liegt vor bei Eintritt von Gesellschaftern in eine oder bei Austritt von Gesellschaftern aus einer Personengesellschaft (Veräußerung allerdings dann, wenn in letzterem Fall nur ein Gesellschafter verbleibt, der das Geschäft nicht nach §§ 142, 161 II HGB übernimmt, wenn also liquidiert wird, Lenski S. 44). Der Wechsel aller Gesellschafter einer Personengesellschaft steht der Veräußerung nach § 69 gleich (ebenso Lenski S. 47), weil die verbleibende korporative Hülle bei diesen Gesellschaftsarten nicht voll ausgebildet ist. Dabei genügt es, wenn der Wechsel sämtlicher Gesellschafter nicht am gleichen Tage, sondern innerhalb eines kurzen Zeitraumes stattfindet. Entsprechendes gilt bei Inhaberwechsel am Miterbenanteil (vgl. Lenski S. 51 f.).

Keine Veräußerung ist anzunehmen bei Wechsel von Mitgliedern des nichtrechtsfähigen Vereins oder der juristischen Person, mögen auch alle Mitglieder gewechselt haben (ebenso RG 21. VII. 1943 RGZ Bd 171 S. 181; anders Lenski S. 46. Ich meine indes, daß das bleibende Element, die vollausgebildete korporative Organisation, hier zu anderer Entscheidung zwingt als bei Personengesellschaften). Ebenso ist es vsrechtlich unerheblich, wenn bei juristischen Personen oder nichtrechtsfähigen Vereinen die Vorstandsmitglieder wechseln (obiter dictum in RG 21. VII. 1943 RGZ Bd 171 S. 181).

Eine Ausnahme ist zu machen, wenn bei der GmbH der Einmanngesellschafter = Geschäftsführer wechselt. Hier verlangt das Interesse des Vers, die §§ 69 ff. anzuwenden.

Der Anfall des Vermögens eines Vereins oder einer Stiftung an den Fiskus ist Gesamtnachfolge und daher nicht den §§ 69 ff. zu subsumieren (Lenski S. 41).

[6] bb) Anschaffung durch Pächter oder Nießbraucher.

Zweifel sind aufgetaucht im Falle des § 589 II BGB. Nach dieser Vorschrift stellt die Ablehnung des Verpächters das Rechtsgeschäft oder zumindest die geschäftsähnliche Handlung dar, die die vom Pächter angeschafften Inventarstücke, die zunächst nach § 588 II in das Eigentum des Verpächters gelangt waren, auf den Pächter übergehen läßt. Hatte der Verpächter sie vt, greifen §§ 69 ff. ein (ebenso Kisch III S. 273 N. 25; Weiß, Die Veräußerung der vten Sache und ihre Wirkung auf das Vsverhältnis nach dem VVG, Göttinger Diss. 1916 S. 60; Bartmann LZ 1913 Sp. 831. Abweichend Lenski S. 34). § 594 I nimmt auf § 589 II Bezug. — Allerdings scheidet § 69 aus, wenn die abgelehnte Sache als Inbegriffsteil vom Verpächter vt war, vgl. unten Anm. 38.

Der Pächter, der nach § 588 II² BGB Inventarstücke anschafft, verschafft dem Verpächter nicht durch Rechtsgeschäft, sondern durch Einverleibung in das Inventar Eigentum, so daß kein Fall von § 69 vorliegt. Da zunächst der Pächter Eigentümer geworden

I. Voraussetzungen **§ 69**
Anm. 7—10

ist (vgl. Baur S. 512), ist die etwaige V des Veräußerers auf ihn übergegangen; sie ist erloschen mit der Einverleibung in das Inventar (§ 68 II). Entsprechendes gilt für den Nießbrauch nach § 1048. — Zu Nutzungsverhältnissen vgl. ferner unten Anm. 30—33.

[7] 2. Einschaltung einer Zwischenperson.
a) Einschaltung eines Kommissionärs.
aa) Kein Übergang des Versicherungsverhältnisses auf Kommissionär.

Bei der Verkaufskommission bereitet die Anwendung des § 69 keine Schwierigkeiten. Der Verkaufskommissionär erwirbt nicht selbst Eigentum, seine Veräußerung ist durch die Einwilligung des Kommittenten gedeckt. Das Vsverhältnis geht also von letzterem auf den Erwerber über (Lenski S. 29). Nicht so einfach ist die Rechtslage beim Einkaufskommissionär, denn hier ist zu unterscheiden, ob bei ihm ein Durchgangserwerb stattfindet oder ob er direkt für den Kommittenten erwirbt. Letzteres ist der Fall bei der Übereignung wen es angeht; in Abweichung von § 164 II BGB wird angenommen, daß der Mittelsmann für seinen Auftraggeber erwirbt, wenn er einen dahingehenden Willen hat und es dem Veräußerer gleichgültig ist, an wen er übereignet (so etwa beim Barkauf über Sachen des täglichen Gebrauchs, vgl. Baur S. 440 f.). Hier geht die V vom Veräußerer auf den Kommittenten über.

Entsprechendes ist anzunehmen, wenn der Auftraggeber mit dem Kommissionär ein antizipiertes Besitzkonstitut abgeschlossen hatte. Hier erwirbt der Kommissionär zwar zunächst selbst Eigentum, aber nur eine „logische Sekunde", denn unmittelbar, nachdem er Eigenbesitzer geworden ist, verwandelt sich diese seine Stellung in die eines Fremdbesitzers nach § 930 BGB (Baur S. 433). Das rechtfertigt es, auch hier das Vsverhältnis unmittelbar auf den Kommittenten übergehen zu lassen (nur für diesen Fall kann Bruck, Privatvsrecht, S. 569 und Cahn S. 77 f. gefolgt werden). Ebenso für ähnlichen Fall: LG Köln 7. X. 1971 VersR 1972 S. 337.

[8] bb) Übergang des Versicherungsverhältnisses auf Kommissionär.

Anders, wenn von vornherein nicht vorauszusehen ist, wie lange der Zwischenerwerb des Einkaufskommissionärs dauert, d. h. wann er die Übertragung des Eigentums auf den Kommittenten vornimmt (sei es auch im Wege des In-sich-Geschäfts, zu dem aber eine äußere Kenntlichmachung des Eigentumsübertragungswillens treten muß). Hier geht zunächst das Vsverhältnis auf den Kommissionär über, danach findet § 69 wiederum Anwendung, wenn dieser das Eigentum auf den Kommittenten überträgt (ebenso Lenski S. 30; Kisch III S. 357 N. 15; Elkan S. 35).

[9] b) Einschaltung einer sonstigen Zwischenperson.
aa) Veräußerung durch Nichtberechtigten.

Veräußert ein Nichtberechtigter im eigenen Namen, so hängt die Wirksamkeit des Geschäfts von der Zustimmung des Berechtigten ab: § 185 BGB. Wird sie nachträglich erteilt, so wird der Erwerber Eigentümer und das Vsverhältnis gilt rückwirkend als übergegangen. Die Rückwirkung findet ihre Grenze an § 184 II BGB. D. h.: Hat der bisherige Eigentümer vor der Genehmigung eine Vsentschädigung eingezogen, die auf ein Schadenereignis während des Schwebezustandes entfällt, so ist der Ver freigeworden. Ebenso kann der bisherige Eigentümer nicht etwa nach der Genehmigung eine Prämie, die er in der Schwebezeit bezahlt hat, vom Ver kondizieren. Die Auseinandersetzung muß in beiden Fällen dem Innenverhältnis zwischen Veräußerer und Erwerber vorbehalten bleiben.

[10] bb) Veräußerung und Erwerb durch Partei kraft Amtes und gesetzlich Ermächtigten.

Von vornherein wirksam ist die Veräußerung durch eine Partei kraft Amtes (Beispiele oben Anm. 3), d. h. die V des Eigentümers, mag sie von diesem, mag sie von der Partei kraft Amtes genommen sein, geht auf den Erwerber über: AG Hamburg 10. IV. 1953 VersR 1953 S. 253. Entsprechendes gilt, wenn der Pfandgläubiger die vte Sache (Kisch III S. 284, Sieg VersR 1953 S. 220) oder der Nutzungsberechtigte Inventarstücke im Rahmen des § 588 I oder des § 1048 BGB veräußert.

Sieg

Umgekehrt: **Erwirbt die Partei kraft Amtes** eine vte Sache, so geht das Vsverhältnis auf den über, für den gehandelt wird. Dieser Fall hat Ähnlichkeit mit dem des § 1370 BGB: Das Eigentum erwirbt derjenige Ehegatte, dem der zu ersetzende Haushaltsgegenstand gehörte, auch wenn das Erwerbsgeschäft von dem anderen Ehegatten vorgenommen wurde (vgl. Baur S. 432). Die V geht in solchem Fall nicht auf den Handelnden über, sondern auf denjenigen, für den erworben wird.

[11] 3. Veräußerungsgeschäft.
  a) Angefochtene Veräußerung.
  aa) Einfluß auf Versicherungsverhältnis.

Wird der zunächst erfolgte Übergang des Vsverhältnisses rückwirkend hinfällig (vgl. § 142 I BGB), so hat sich herausgestellt, daß der Vmer nicht gewechselt hat. Es liegt nicht etwa ein Übergang und später ein Rückerwerb vor, §§ 69—72 sind nicht anwendbar; Lenski S. 74 und die herrschende Lehre; anders Ritter-Abraham Anm. 10 zu § 49, S. 710; Raiser Anm. 3 zu § 12 AFB, S. 300; Bruck Anm. 7 zu § 69, S. 264. Die Ansicht der letzteren beiden widerspricht § 142 I BGB, die Meinung von Ritter-Abraham erscheint nicht praktikabel.

[12] bb) Schutz des Versicherers.

Auch hier aber sind, wie im Falle oben Anm. 9, der Rückwirkung Grenzen gesetzt (vgl. Johannsen Anm. D 36). Hat der Ver dem Zwischenerwerber Entschädigung geleistet, ohne die Anfechtbarkeit zu kennen oder kennen zu müssen, so ist er nach § 142 II, § 409 BGB freigeworden (vgl. auch § 576 und unten Anm. 72). Das übersieht Lenski S. 74. Die Analogie, die Cahn S. 65 zu § 770 I BGB ziehen will, ist daher überflüssig. Eine von dem Zwischenerwerber gezahlte Prämie hat der Ver zu Recht empfangen. Veräußerer und Zwischenerwerber müssen sich intern nach Bereicherungsgrundsätzen auseinandersetzen. Vgl. auch Anm. 10 zu § 73.

Für den Fall, daß lediglich das **Kausalgeschäft** angefochten wird, vgl. unten Anm. 14.

[13] b) Sonstige Veräußerungsmängel.

War die Veräußerung relativ unwirksam (§§ 135, 136 BGB), so geht gleichwohl das Vsverhältnis auf den Erwerber über, denn er ist außer gegenüber dem Geschützten allen gegenüber Eigentümer geworden (Lenski S. 78). Der Geschützte kann den Veräußerer auf Übereignung in Anspruch nehmen (denn ersterem gegenüber gilt der Veräußerer noch als Eigentümer) und vom Erwerber die Herausgabe der Mobilien bzw. die Eintragungsbewilligung (bei Immobilien) verlangen (Lehmann-Hübner, Allgemeiner Teil des Bürgerlichen Gesetzbuchs[5], Berlin 1966, S. 178f.).

Die relative Unwirksamkeit hat also viel Verwandtschaft mit der Vormerkung (Baur S. 175; Lehmann-Hübner S. 179; Lange, BGB, Allgemeiner Teil[13], München 1970, S. 320). Hier wie dort erwirbt der Geschützte nicht mit Rückwirkung (Baur S. 170), d. h. vom Zwischenerwerber geht das Vsverhältnis, sei es vom Veräußerer, sei es vom Zwischenerwerber eingegangen, auf den Geschützten über. Wenn Lenskis Äußerung (S. 78), der letztere brauche sich den Übergang der V (auf den Zwischenerwerber) nicht entgegenhalten zu lassen, in diesem Sinne gemeint ist, ist ihm zuzustimmen. War der Erwerber hinsichtlich des Verbots gutgläubig, so erwirbt er auch gegenüber dem Geschützten Eigentum (§ 135 II BGB). Hier bleibt es also beim Übergang des Vsverhältnisses auf den Erwerber.

Wird ein nichtiges Veräußerungsgeschäft bestätigt, so wirkt die Bestätigung nicht zurück. Erst wenn sie erteilt ist, geht das Vsverhältnis über (Lenski S. 78).

[14] c) Aufeinander folgende Veräußerungen.
  aa) Grundsätzliches.

Kein Zweifel herrscht, daß § 69 mehrmals innerhalb desselben Vsvertrages angewendet werden kann, nämlich wenn die Sache nacheinander eine Kette von Eigentümern durchläuft (vgl. § 579 BGB). Ebenso muß § 69 angewendet werden, wenn die vte Sache von dem ursprünglichen Vmer zurückerworben wird, sei es auf Grund eines neuen Kausalgeschäfts, sei es weil das alte Kausalgeschäft hinfällig ist und das dingliche Geschäft

I. Voraussetzungen **§ 69**
Anm. 15—17

daher nach Rücktritts- oder Bereicherungsgrundsätzen (so etwa nach der Anfechtung) rückabgewickelt wird (ebenso Lenski S. 74—76, 125; Kisch III S. 320; Ritter-Abraham Anm. 48 zu § 49, S. 724; Bruck, Privatvsrecht, S. 189 N. 116).

Daß es nunmehr so anzusehen sei, als wenn der Rückerwerber immer Vmer geblieben wäre (Ehrenzweig S. 231; Raiser Anm. 21 zu § 12 AFB, S. 310), ist nicht zutreffend, weil ja der Zwischenerwerber nach § 70 II hätte kündigen können. Ob beim Versuch der Erschleichung des außerordentlichen Kündigungsrechts durch den Rückerwerber § 70 II eine Einschränkung zu erfahren hat, ist unten Anm. 14 zu § 70 zu erörtern.

Kein Rückerwerb liegt vor, wenn bei auflösend bedingter Übereignung die Bedingung eintritt: Die V ist beim Veräußerer geblieben, vgl. unten Anm. 22.

[15] bb) Vorhandensein eines Traditionspapiers.

Der Veräußerungsbegriff wird nicht dadurch beeinträchtigt, daß über die Ware ein Traditionspapier ausgestellt worden ist (Konnossement, Ladeschein der Binnenschiffahrt, Orderlagerschein: §§ 424, 650 HGB, 26 BSchiffG i. V. m. § 450 HGB). Der Ansicht von Cahn S. 44f., daß allein die Übertragung auf Grund des Traditionspapiers den Indossatar nicht zum Vmer werden läßt, sondern erst dann Veräußerung eintritt, wenn der Erwerber das Gut in seinen tatsächlichen Machtbereich gebracht hat, läßt sich m. E. nicht halten, weil dann die Zwischenerwerber, obwohl Eigentümer, ohne Vsschutz wären (wie hier Elkan S. 35).

[16] cc) Bedeutung der Orderpolice.

In der Gütertransportv können die Vspolice sowie das Vszertifikat bei der laufenden V an Order lauten (§ 363 II HGB), was vor allem für die Seev eine Rolle spielt. Da hier in aller Regel Konnossement und Vspolice zusammen übertragen werden, hat die Frage, ob das Vsverhältnis schon mit der Veräußerung der Ware oder erst mit der wertpapiermäßigen Übertragung der Police übergeht (§ 364 II HGB), wenig Bedeutung (Cahn S. 97f.). Sollte ausnahmsweise die Police zunächst beim Veräußerer geblieben sein, so ändert das am Übergang des Vsverhältnisses nichts.

Anders Cahn S. 43, 97, 126 und Elkan S. 35, die den Übergang des Vsverhältnisses abhängig machen von der wertpapiermäßigen Übertragung der Police, wobei dann § 49 ADS für die Güterv ausgeschaltet wäre. Allerdings kann der Ver mit befreiender Wirkung nur an denjenigen zahlen, der Inhaber der Police ist (Ritter-Abraham Anm. 29 zu § 49, S. 719; ähnlich Kisch III S. 365f.). Also ist die Orderpolice nur von Bedeutung für den einzelnen Vsanspruch, nicht für das Vsverhältnis (vgl. Tsirintanis, Die Orderpolize, Hamburg 1930, S. 83—86).

[17] d) Beteiligung eines nicht voll Geschäftsfähigen.

aa) Veräußerer nicht voll geschäftsfähig.

Die Veräußerung eines beschränkt Geschäftsfähigen ist von vornherein wirksam, wenn sie mit Einwilligung des gesetzlichen Vertreters erfolgt. Fehlt diese, so validiert die Veräußerung rückwirkend durch Genehmigung (§§ 108, 184 BGB). Zuweilen ist außer dem Abschluß durch den gesetzlichen Vertreter oder außer seiner Zustimmung noch die Genehmigung des Vormundschaftsgerichts (§§ 1643, 1821, 1822 BGB) oder des Gegenvormunds (§§ 1812, 1813) notwendig. Letzteres hat allerdings für unser Thema nur Bedeutung bei der Veräußerung von Forderungen (vgl. Anm. 40), denn die Verfügung des Vormunds über Mobilien ist durch § 1812 gedeckt, die Verfügung über Grundstücke bedarf der Genehmigung des Vormundschaftsgerichts, womit die des Gegenvormunds entbehrlich ist.

Soweit die Genehmigung von Gegenvormund und Vormundschaftsgericht nachträglich erteilt wird (der Ausdruck „Genehmigung" deckt hier auch die vorherige Zustimmung, vgl. §§ 1829, 1832), liegt es wie bei der Genehmigung des gesetzlichen Vertreters, sie wirkt ex tunc. Allerdings ist der Rückwirkung eine Grenze gesetzt, die sich aus § 184 II BGB ergibt (vgl. oben Anm. 9).

Alle hier behandelten Einwilligungen und Genehmigungen, die sich auf die Veräußerung beziehen, umfassen deren gesetzliche Wirkungen, hier die Entlassung des nicht voll Geschäftsfähigen aus dem Vsverhältnis.

Sieg

[18] **bb) Erwerber nicht voll geschäftsfähig.**

Für den Erwerber, der nicht voll geschäftsfähig ist, gilt Entsprechendes. Wenn — wie es regelmäßig der Fall ist — durch den Erwerb über die Forderung aus dem Verpflichtungsgeschäft verfügt wird, muß der gesetzliche Vertreter, evtl. auch der Gegenvormund oder das Vormundschaftsgericht eingeschaltet werden. Mit dessen Zustimmung ist auch das Vsverhältnis übergegangen, ohne daß insoweit eine besondere Zustimmung nötig wäre: OLG Hamburg 9. I. 1963 VersR 1963 S. 225f.

Bei einer Handschenkung an einen beschränkt Geschäftsfähigen fragt sich, ob diese auf Grund § 107 BGB wirksam ist oder ob, sofern die geschenkte Sache vt ist, deshalb ein anderes zu gelten hat, weil der Minderjährige kraft § 69 II VVG Mitschuldner für die Prämie des laufenden Vsjahres wird (vgl. §§ 1643, 1822 Ziff. 10 BGB). Ob Rechtsgeschäfte, die gesetzlich einen Eintritt für fremde Schuld zur Folge haben, unter § 1822 Ziff. 10 fallen, ist bestritten (bejahend Palandt-Lauterbach, BGB[31], München 1972, Anm. 10 zu § 1822, S. 1495; Erman-Hefermehl, BGB[4], Münster 1967, Anm. 9 zu § 1822, S. 1096; Gernhuber, Familienrecht[2], München 1971 S. 616; Dölle, Familienrecht, Bd 2, Karlsruhe 1965, S. 781; KG 7. X. 1926 JW 1927 S. 2578. Anderer Ansicht Beitzke, Familienrecht[16], München 1972, S. 255). In unserem Falle gilt die Besonderheit, daß der Erwerber sich der Mithaft durch außerordentliche Kündigung entziehen kann (§ 70 III VVG). Deshalb scheidet hier eine Anwendung von §§ 1643, 1822 Ziff. 10 aus, gleichgültig, wie man auch sonst zur Streitfrage stehen mag.

Auch § 1822 Ziff. 5 schlägt, selbst wenn in bezug auf den geschenkten Gegenstand ein Vsverhältnis besteht, das länger als ein Jahr nach der Volljährigkeit des Erwerbers fortdauern sollte, nicht ein wegen des außerordentlichen Kündigungsrechts nach § 70 II mit der Folge des § 70 III.

[19] **e) Einfluß des Kausalgeschäfts.**

Auf das Kausalgeschäft kommt es für §§ 69ff. nicht an. Meist wird die Veräußerung causa solvendi geschehen, wobei es gleichgültig ist, ob die Verpflichtung aus einem Vertrag oder aus einer einseitigen Erklärung folgt (Auslobung, Stiftung), ob im ersteren Fall der Vertrag ein gegenseitiger, ein unvollkommen zweiseitiger oder ein einseitig verpflichtender ist.

Die Veräußerung braucht aber nicht auf der causa solvendi zu beruhen. Man denke etwa an Darlehen oder an Handschenkungen, die beide die Anwendung der §§ 69ff. auslösen. Vgl. zum Kausalgeschäft auch oben Anm. 14.

[20] **4. Veräußerungsinhalt.**

   a) Übertragung von Eigentum mit Kreditsicherung.

   aa) Überblick über die Theorien.

Veräußerung wird definiert als rechtsgeschäftliche Einzelnachfolge in Eigentum. Davon war auch oben Anm. 2 ausgegangen worden. Es fragt sich aber, ob es für die §§ 69ff. auf das formale Eigentum ankommt oder ob ein wirtschaftlicher Eigentumsbegriff maßgebend ist. Bereits das Reichsgericht hat sich für die Binnenv auf den ersteren Standpunkt gestellt (RG 19. IX. 1919 VA 1920 Nr. 1169 S. 83, worin wie in der Seegüterv auf den Gefahrübergang abgestellt wurde, ist Ausnahme geblieben). Der BGH ist ihm darin gefolgt (jüngst: BGH 8. II. 1965 VA 1967 S. 11—16). Das bedeutet für die wichtigsten Tatbestände, in denen die angeschnittene Frage akut wird, daß beim Eigentumsvorbehalt das Vsverhältnis zunächst beim Verkäufer verbleibt, daß es bei der Sicherungsübereignung auf den Sicherungsnehmer übergeht, daß die Folgen der §§ 69ff. bei Grundstücken erst mit der Eintragung des Erwerbers eintreten, nicht schon mit der Auflassung oder mit der Übergabe des Grundstücks (BGH 4. III. 1955 VA 1955 S. 281ff.).

Diese Judikatur hat im Schrifttum etwa ebensoviel Ablehnung wie Zustimmung gefunden. Die Gegner des BGH hängen im wesentlichen der Gefahrträgertheorie oder der Theorie des wirtschaftlichen Eigentums (maßgebend soll sein das „Eigentümerinteresse", auf den „wahren Vten" komme es an) an. Die Literatur ist schier unübersehbar. Da ohnehin nicht zu erwarten ist, daß der BGH seinen Standpunkt aufgibt (Möller Anm. 68 zu § 49), genügt hier ein Hinweis auf die Angaben bei Möller Anm. 53, 55, 61 und 66 zu § 49 und Lenski S. 3—9, die sich übrigens zur Theorie des wirtschaftlichen Eigentums bekennen: Möller, Vsvertragsrecht, Wiesbaden 1971, S. 34f.; Lenski, S. 9—20. Möller empfiehlt, die Unzuträglichkeiten der formellen Theorie durch Teilabtretung des Vsanspruchs (vom Vorbehaltsverkäufer an den -käufer, vom Sicherungsnehmer an den -geber), soweit kein Kreditinteresse mehr besteht, zu vermeiden.

[21] bb) Eigene Ansicht.

Mit Gärtner (VersR 1964 S. 702) bin ich der Auffassung, daß ein fester Ausgangspunkt nur zu gewinnen ist, wenn das Vsrecht dem bürgerlichen Recht, hier dem Schadenersatzrecht, folgt. Den gleichen Ausgangspunkt wählte auch Prölss JRPV 1935, S. 70, führte ihn aber nicht folgerichtig durch, wie Lenski, S. 19 richtig bemerkt.

Dem aufschiebend bedingten Eigentümer, in dessen Anwartschaftsrecht eingegriffen worden ist, wird ein Schadenersatzanspruch zugebilligt: Larenz, Lehrbuch des Schuldrechts, 2. Bd[9], München 1968, S. 408; Baur S. 104, 578; Medicus, Bürgerliches Recht[5], Köln-Berlin-Bonn-München 1971, S. 248f.; Ludwig Raiser, Dingliche Anwartschaften, Tübingen 1961, S. 42—44, 61—79 (hiervon zu unterscheiden ist die Bedeutung der Anwartschaft als Abschirmung gegenüber vertragswidrigen Verfügungen; diese Komponente interessiert hier nicht; vgl. auch § 851 BGB). Folgerichtig muß er auch aktivlegitimiert für den kongruenten Vsanspruch sein. Anderenfalls könnte der Vorbehaltsverkäufer den Vsanspruch, der Anwartschaftsberechtigte den Schadenersatzanspruch geltend machen, eine Spaltung, die offensichtlich mit § 67 VVG nicht vereinbar wäre, abgesehen von dem auch im übrigen unerwünschten Ergebnis.

Deshalb sollte das Vsverhältnis, das Eigentum deckt (nur für dieses Interesse spielt die Streitfrage eine Rolle), mit dem Eigentumsanwartschaftsrecht gekoppelt sein. Die soziale Komponente des Anwartschaftsrechts wird von Derleder BB 1969 S. 726 N. 17 unterstrichen. Blomeyer, Studien zur Bedingungslehre, Berlin 1939, Teil II, S. 127, 172f., 219, will es generell zum Eigentum aufwerten (distanzierend L. Raiser a. a. O. S. 52f., 68). Beider Auffassungen liegen auf der Linie der hier vertretenen Ansicht.

[22] cc) Folgerung: Abweichungen vom BGH.

Folgt man dem, so muß das Vsverhältnis entgegen dem BGH auf den Vorbehaltskäufer übergehen. Veräußert dieser die Anwartschaft unter Übergabe der Sache, liegt wiederum ein Anwendungsfall der §§ 69ff. vor: Prölss-Martin[18] Anm. 2 zu § 69, S. 359; Lenski S. 59; OLG Düsseldorf 7. X. 1940 HansRGZ 1942 A Sp. 63f.

Bei auflösend bedingtem Sicherungseigentum muß das Vsverhältnis entgegen dem BGH beim Geber bleiben, denn dieser hat hier ein dingliches Anwartschaftsrecht auf den Rückfall (L. Raiser a. a. O. S. 18 meint, die Sicherungsübertragung sei im Regelfalle als auflösend bedingte zu verstehen. Die Kautelarpraxis sieht anders aus). Entgegen Böhme BB 1957 S. 167 ist also der Eintritt der auflösenden Bedingung nicht Rückerwerbsfall (der das Eingreifen der §§ 69ff. auslösen würde), sondern Wegfall einer bis dahin vorhandenen Beschränkung des Eigentums, vgl. L. Raiser a. a. O. S. 17; Baur S. 557. Der Standpunkt BGH 28. IX. 1971 (Strafsenat) BetrBer 1971 S. 1338 = JR 1972 S. 383 m. Anm. Karlheinz Meyer, wonach das auflösend bedingte dem einfachen Sicherungseigentum gleichsteht, widerspricht daher der zivilistischen Auffassung vom Anwartschaftsrecht. Letzteres ist anerkannt von BGH 24. VIII. 1972 (Strafsenat) BetrBer 1972 S. 1296.

Was hier vom auflösend bedingten Eigentum gesagt wurde, gilt ebenso für die Eigentumsübertragung mit Endterminsbestimmung: § 163 BGB.

Vorbehaltsverkäufer und Sicherungsnehmer haben ein Sicherungsinteresse (vgl. Anm. 28 zu § 68; Blomeyer a. a. O. S. 172, 187f., 244—247), weshalb diesen, wenn der Vsfall während der Anwartschaftszeit eintritt, ein Pfandrecht an der Vsforderung zugebilligt werden sollte (vgl. L. Raiser a. a. O. S. 83, 103; Baur S. 104, 578; Medicus a. a. O. S. 249f.; Serick, Eigentumsvorbehalt und Sicherungsübertragung, Bd 1, Heidelberg 1963, S. 278). Das gilt aber nur, soweit sich die Interessen von formellem Eigentümer und Anwartschaftsberechtigtem decken. Die Ansprüche aus einer Gewinnv z. B. können dem Anwärter unbelastet zustehen (Serick a. a. O. S. 279).

[23] dd) Folgerung: Übereinstimmung mit dem BGH.

In den übrigen in Anm. 20 als exemplarisch bezeichneten Fällen stimme ich mit dem BGH überein, insbesondere auch was die Grundstücksübertragung angeht. Hier ist Veräußerung erst die Eintragung des Erwerbers im Grundbuch, bedingtes Grundeigentum gibt es nicht. Die in der vereinzelt gebliebenen Entscheidung RG 13. X. 1933 JW 1934 S. 553 = HansRGZ 1934 A Sp. 44 = JRPV 1933 S. 348 angestellten Überlegungen über das Schicksal des Kaufpreises sind nicht nur überflüssig, sondern mit dem eigenen Standpunkt des RG geradezu unvereinbar.

In einem Beschluß vom 18. XII. 1967 BGHZ Bd 49 S. 197ff. hat allerdings der BGH die Anwartschaft des Auflassungsempfängers, der einen Eintragungsantrag gestellt hat, zum Anwartschaftsrecht aufgewertet (vorbehaltlich der Nichtzurückweisung des Eintragungsantrages). Das würde die Gleichstellung mit dem Anwartschaftsrecht des Vorbehaltkäufers, also die Anwendbarkeit der §§ 69ff., bedeuten. Indes sind die gegen den Beschluß des BGH in der Literatur vorgebrachten Bedenken derart gravierend, daß ihm nicht zuzustimmen ist (vgl. Löwisch und Friedrich JZ 1972 S. 302ff., woselbst weitere Nachweise. S. 305 behandeln diese Autoren den hier interessierenden Schutz gegen tatsächliche Beeinträchtigungen des Grundstücks).

Bei der einfachen Sicherungsübereignung geht also auch nach der hier vertretenen Ansicht die V auf den Nehmer über, wobei der veräußernde Geber als Repräsentant angesehen werden kann. Hier begründet Tilgung der Schuld die Verpflichtung zur Rückübereignung. Kommt der frühere Gläubiger ihr nach, liegt wiederum ein Übergang des Vsverhältnisses vor, jetzt auf den Sicherungsgeber (Lenski S. 25); anders bei der Kraftfahrzeug-Kaskov mit Sicherungsschein, vgl. unten Anm. 26.

[24] ee) Anomale Entwicklung des Kreditverhältnisses.

Tritt der Verkäufer nach § 455 BGB vom Kaufvertrag zurück, so ist das vsrechtlich als Rückerwerb aufzufassen, der die V auf ihn übergehen läßt (bestritten, vgl. Lenski S. 21, 37). Zieht bei auflösend bedingter Sicherungsübereignung, wo der Geber nach meiner Ansicht Vmer bleibt, der Nehmer die Sache zur Verwertung an sich, so erlischt die Anwartschaft des Veräußerers. Die auflösende Bedingung, durch die dem Erwerber das Sicherungseigentum hätte entwunden werden können, kann nicht mehr eintreten, dessen Sicherungseigentum ist endgültig. Deshalb tritt er bei diesem Sachverhalt in die V ein; er hat, wenn die Abwicklung nicht vertragsgemäß erfolgt, ein stärkeres Recht als ein Pfandgläubiger (auf den die V nicht übergeht: Lenski S. 27). — Über einen Sonderfall vgl. unten Anm. 26.

[25] ff) Weitere Rechtfertigung der Abstellung auf das Anwartschaftsrecht.

M. E. ist mit dem Abstellen auf die dingliche Anwartschaft ein fester umrissenes Kriterium gewonnen, als es die Theorie des wirtschaftlichen Eigentums und die Gefahrträgertheorie zu bieten vermögen. Diese können schon deshalb nicht befriedigen, weil sie schuldrechtliche Elemente einbeziehen, während wir es mit einem sachenrechtlichen Fragenkreis zu tun haben, auch soweit § 823 I heranzuziehen ist (s. oben Anm. 21), denn diese Vorschrift knüpft ja an ein absolutes Recht an. Andererseits ist durch die hier vertretene Meinung die Starrheit der höchstrichterlichen Rechtsprechung überwunden. Der Vorbehaltkäufer und der Sicherungsgeber bei auflösend bedingter Sicherungsübereignung sind von meinem Standpunkt aus nicht gehalten, ein besonderes, vom Eigentumsinteresse verschiedenes auf eigene Rechnung zu decken; § 2 I² AFB, der auf die Inbegriffsv gemünzt ist, erscheint mir sinnvoll.

[26] gg) Kraftfahrzeug-Kaskoversicherung mit Sicherungsschein.

Häufig hat bei der einfachen Sicherungsübereignung der Sicherungsgeber im Zeitpunkt der Übertragung noch keine V abgeschlossen, er ist aber gehalten, eine solche zu nehmen, und zwar für Rechnung des Gläubigers. In der Kraftfahrzeugv ist es üblich, daß in solchem Falle der Sicherungsveräußerer sein Eigeninteresse mitdeckt (Möller Anm. 102 zu § 49; Anm. 86, 87 zu § 68; Prölss-Martin[18] Anm. 2d zu § 69, S. 360 meinen, daß das Interesse des Sicherungsgebers immer mitgedeckt sei). Hier wird mit fort-

I. Voraussetzungen §69
Anm. 27—29

schreitender Tilgung des Kredits die Eigenv aufgebaut, die Fremdv abgebaut, bis letztere völlig inhaltslos ist. Mit der Tilgung des Kredits treten hier also nicht die Wirkungen der §§ 69 ff. ein (vgl. oben Anm. 23), die V bleibt beim Sicherungsveräußerer.

Auf diese Weise wird vsmäßig derselbe Erfolg erzielt, wie wenn bei auflösend bedingter Sicherungsübereignung der Geber nur sein Interesse vt: Dann ist automatisch das Kreditinteresse des Nehmers mitgedeckt (vgl. oben Anm. 22), was man beim Vertrag mit Sicherungsschein durch Kombination mit einer V für fremde Rechnung erreicht. — Die Ansichnahme des Fahrzeugs durch den Gläubiger zum Zwecke der Verwertung läßt das Vsverhältnis beim alten, erst die Verwertung selbst bewirkt den Übergang der V auf den Erwerber (vgl. zu alledem Sieg VersR 1953 S. 220). Der Gläubiger ist ja bereits vorher durch seine Stellung als Vter geschützt.

[27] **b) Besondere Fälle der Eigentumsübertragung.**
  aa) Wohnungseigentum.

Neue Anwendungsmöglichkeiten der §§ 69 ff. haben sich seit Inkrafttreten des WEG vom 15. III 1951 ergeben. So gehört die Aufteilung zu Wohnungseigentum oder zu Teileigentum hierher (Hentschel VW 1952 S. 348), denn die Umwandlung von Alleineigentum in Miteigentum ist Veräußerung (vgl. oben Anm. 2). Aber auch die Übertragung des Wohnungseigentums hat die Anwendung der §§ 69 ff. zur Folge. Weil mit der Verfügung über einen Anteil auch die Verfügung über einen realen Sachteil verbunden ist (Ausborn, Wohnungseigentum und privatrechtliche Gebäudev, Karlsruhe 1964, S. 144—146), bedarf es hier noch nicht der Stellungnahme, ob § 69 auch bei der Veräußerung von Rechten anwendbar ist.

[28] **bb) Leasing-Verträge.**

In Leasing-Verträgen kommen Abreden vor, wonach das Eigentum am Ende der Pachtzeit auf den Pächter übergeht (ohne daß dieser eine Option auszuüben braucht), wenn er sämtliche Verbindlichkeiten aus dem Vertrag erfüllt hat (Fikentscher, Schuldrecht[3], Berlin-New York 1971, S. 424; Schmidt AcP Bd 166 S. 11). Hier geht das Vsverhältnis wie beim Vorbehaltskauf mit Einigung und Übergabe auf den Nehmer über.

Bei den sonst üblichen Arten des Leasing kommt ein so früher Übergang des Vsverhältnisses nicht in Frage, weil der Nehmer kein Anwartschaftsrecht auf die Sache hat (vgl. Fikentscher a. a. O. S. 423—426). Die Option ist schwächer als das Anwartschaftsrecht. Erst wenn nach ihrer Ausübung das dingliche Geschäft vollzogen wird, geht die V auf den Pächter über. War er vorher verpflichtet, das fremde Eigentumsinteresse (des Verpächters) zu decken (was häufig vorkommt: Langer BB 1969 S. 610), so verwandelt sich nunmehr die V in eine solche für eigene Rechnung. Über die Folgen vgl. unten Anm. 55).

[29] **c) Übertragung eigentumsähnlicher Rechte, insbes. des Erbbaurechts.**

Das Erbbaurecht wird in manchen Beziehungen wie Eigentum behandelt (vgl. §§ 11 II, 14, 24 ErbbauVO). Das gilt auch im Rahmen der §§ 69 ff. Deshalb geht das Vsverhältnis über, wenn bei Begründung eines Erbbaurechts bereits ein vtes Bauwerk vorhanden war, vgl. § 12 I² ErbbauVO (Staudinger-Ring, BGB[11], Berlin 1956, Anm. 6 zu § 23 ErbbauVO, S. 694; Elkan S. 55). Dasselbe ist auch dann der Fall, wenn das Erbbaurecht als solches veräußert wird, vgl. § 6 Nr. 2, § 21 Nr. 3 Feuerpflichtvsordnung der Feuersozietät Berlin. Die Bestimmungen lauten:

„§ 6. Wechsel in der Person des Versicherungsnehmers.
  1. Bei einem Wechsel im Eigentum des versicherten Gebäudes tritt der neue Eigentümer an Stelle des früheren in dessen Rechte und Pflichten aus dem Versicherungsverhältnis ein, soweit nicht in § 21 anderes bestimmt ist.
  2. Das Gleiche gilt für den Wechsel in der Person des Erbbauberechtigten."

„§ 21. Beitrags- und Kostenpflicht im Falle einer Rechtsnachfolge.
  1. . . . . .
  2. . . . . .
  3. Das Gleiche gilt für den Wechsel in der Person des Erbbauberechtigten."

Dasselbe gilt beim Heimfall an den Grundeigentümer (vgl. § 30 ErbbauVO; Elkan S. 55). Für alle diese Fälle ebenso Kisch III S. 269f. N. 17; Raiser Anm. 6 zu § 12 AFB, S. 301; Lenski S. 28. (Vgl. aber auch L. Raiser, Dingliche Anwartschaften, Tübingen 1961, S. 17). In diesen letzteren Fällen ist es gleichgültig, ob der Erbbauberechtigte die V freiwillig genommen hatte oder auf Grund vertraglicher Vereinbarungen mit dem Grundeigentümer: § 2 Ziff. 2 ErbbauVO).

Im Sonderfall des § 1067 BGB behandelt das Gesetz die Einräumung eines Nießbrauchs wie die Übereignung, nämlich soweit Gegenstände des Nießbrauchs verbrauchbare Sachen sind. Da dieser Eigentumswechsel an die Bestellung, also ein Rechtsgeschäft, anknüpft, liegt ein Fall von §§ 69ff. vor (ebenso Lenski S. 27).

[30] 5. Einräumung von Nutzungsrechten.

a) Versicherung eigenen Interesses des Nutzungsberechtigten.

aa) Geltung der §§ 69 ff. ?

Die Einräumung von Nutzungsrechten (Pacht, Nießbrauch, Dauernutzungsrecht, Dauerwohnrecht, beschränkte persönliche Dienstbarkeit nach § 1093) ist keine Veräußerung. Deshalb geht das Vsverhältnis in solchen Fällen nicht nach § 69 über (wie hier für Dauerwohn- und Dauernutzungsrecht: Hentschel VW 1952 S. 348).

Das ist für die Verpachtung eines Grundstücks mit Inventar zum Schätzungswert bestritten, ebenso wenn ein Nießbrauch mit solchem Inhalt eingeräumt wird. Wie hier: Kisch III S. 268 N. 15; Raiser Anm. 6 zu § 12 AFB, S. 301; Ehrenzweig S. 227 Anm. 6. Anderer Auffassung Lenski S. 26f.; Bruck Anm. 6 zu § 128, S. 377. Die Gegenmeinung steht nicht im Einklang mit § 128 II VVG: Obwohl diese Vorschrift die Grundstückspacht umfaßt, ist nicht die Pacht die Anknüpfung für den Übergang des auf Inventartiere bezüglichen Vsverhältnisses, sondern auch hier der Eigentumsübergang an den Inventartieren (vgl. Amtl. Begründung, wiedergegeben bei Gerhard-Hagen, Kommentar zum VVG, Berlin 1908, Anm. 3 zu § 128, S. 488).

Folgerichtig geht eine vom Nutzungsberechtigten auf eigene Rechnung genommene V nicht auf den Eigentümer über, wenn das Nutzungsrecht erlischt. Eine Parallele zu § 1056 BGB fehlt hier, und die Lücke ist wegen der unterschiedlichen Interessenlage zwischen § 571 und § 69 (vgl. Anm. 9 zu Vorbemerkungen zu §§ 69—73) nicht im Wege der Analogie zu schließen. Da der Übergang von Nutzungsinteressen außer bei Hagel- und der Betriebshaftpflichtv nicht ausreicht, um die §§ 69ff. anwenden zu können, liegt bei allen diesen Gestaltungen Interessewegfall nach § 68 II vor.

[31] bb) Sondernormen.

Sondernormen können aber etwas anderes ergeben. Zu ihnen gehören §§ 115 und 151 II VVG. Was letztere Vorschrift angeht, so sei auf Johannsen D 29—D 40 verwiesen. Soweit es sich im Falle LG Köln 7. X. 1971 VersR 1972 S. 337 um die Haftpflichtvsprämie handelt, hat das Gericht § 151 II übersehen. Wir beschäftigen uns also im folgenden lediglich mit § 115, für dessen Auslegung ohnehin aus § 151 II wenig zu gewinnen ist: Wir haben es mit einer S a c h v zu tun, die das Interesse des Nutzungsberechtigten als eigenes deckt. Da § 115 auf die Nutzungsberechtigung abstellt, fällt hierunter auch der Grundstückserwerber bis zu seiner Eintragung, wenn er schon vorher nutzen darf (Knoll, Hagelv, Vswirtschaftliches Studienwerk, Wiesbaden o. J. F V 7 S. 36).

Folgende Fälle sind durch § 115 gedeckt: Die V des Eigentümers geht über auf den Nutzungsberechtigten, die V des Nutzungsberechtigten geht über auf einen Unterberechtigten (so für beide Fälle auch Knoll a. a. O. S. 36f.). Entgegen Knoll a. a. O. S. 37 müssen im Rahmen des § 115 die §§ 69ff. auch dann Anwendung finden, wenn die betreffenden Nutzungsverhältnisse a u f g e g e b e n werden. Hier geht also die V über auf den Eigentümer bei Beendigung des Nutzungsverhältnisses, auf den Nießbraucher bzw. Pächter bei Beendigung des Unternutzungsverhältnisses, wie das ja auch bei Erlöschen des Erbbaurechts angenommen wird (vgl. oben Anm. 29).

Hingegen findet § 115 keine Anwendung, wenn das Grundstück von einem Nutzungsberechtigten auf einen anderen übergeht. Der neue Nutzer leitet sein Recht vom E i g e n tümer ab, es fehlt an der unmittelbaren Übertragung des Rechts, das dem Vsverhältnis

I. Voraussetzungen § 69
Anm. 32—34

zugrunde liegt (ebenso Knoll a. a. O. S. 37). Man kann auch nicht damit argumentieren, daß in solchem Falle der Eigentümer nur eine logische Sekunde die Rechtsstellung zwischen altem und neuem Nießbraucher vermittelt habe und deshalb sein gedachter unmittelbarer Zwischenbesitz für die Geltung von § 115 im Verhältnis zwischen den beiden Nießbrauchern unschädlich sei. Die Rechtslage unterscheidet sich nämlich von der oben Anm. 7 behandelten dadurch, daß dort der Kommissionär dasselbe Recht hat wie der Vormann (Veräußerer) und der Nachmann (Kommittent). Hier aber weicht das Recht des Mittelsmannes, des Eigentümers, wie offensichtlich ist, von dem der beiden Nießbraucher ab.

Maßgebender Zeitpunkt für den Übergang ist im Rahmen des § 115 stets die Übernahme des wirtschaftlichen Betriebes: Knoll a. a. O. S. 36f.

[32] b) Versicherung fremden Interesses durch Nutzungsberechtigten.
aa) Nießbrauch.

Nach § 1045 hat der Nießbraucher das Interesse des Eigentümers zu vn. Hört das Nutzungsverhältnis auf, so geht die V nicht etwa nach §§ 69ff. auf den Eigentümer über, denn es liegt weder eine Veräußerung noch ein veräußerungsähnlicher Vorgang i. S. des § 115 VVG vor: Es war das Eigentum an der Stammsache gedeckt und an ihm ändert sich nichts durch das Auslaufen des Nießbrauchs. Der Nutzungsberechtigte tut gut, diese Fremdv von vornherein nur auf die Dauer des Nießbrauchs abzuschließen. Ist diese Zeit von vornherein nicht absehbar, kann der Vsvertrag die Beendigung des Nutzungsverhältnisses als auflösende Bedingung oder den Eintritt des Eigentümers in den Vsvertrag vorsehen, so daß aus der V für fremde Rechnung eine solche für eigene wird (aber nicht kraft Gesetzes wie unten Anm. 55). Ist nichts von alledem geschehen, bleibt dem Nießbraucher nur das normale Kündigungsrecht, wenn sich das Auslaufen des Nutzungsverhältnisses abzeichnet. Wirkt in solchem Falle der Vsschutz zugunsten des Eigentümers noch über das Ende des Nießbrauchs hinaus, hat der Eigentümer dem Nießbraucher auf Grund des dem Nießbrauch zugrunde liegenden Kausalverhältnisses die anteilige Prämie zu erstatten.

Indes ändert die Überlassung des Nießbrauchs zur Ausübung nichts an der vsrechtlichen Gestaltung, d. h. der dinglich Berechtigte bleibt nach wie vor aus § 1045 zur Aufrechterhaltung der Fremdv verpflichtet. Intern kann natürlich der Ausübungsberechtigte verpflichtet werden, die Lasten, also auch die Vsprämien, zu tragen (Wolff-Raiser, Sachenrecht[10], Tübingen 1957, S. 476f.).

Hatte der Eigentümer bei Eingehung des Nießbrauchs bereits V genommen, so bleibt sie eine Eigenv. Nur intern hat der Nießbraucher für die Kosten aufzukommen (§ 1045 II).

[33] bb) Dauerwohnrecht, Dauernutzungsrecht.

Hentschel VW 1952 S. 348 nimmt an, daß auf Dauerwohn- und Dauernutzungsrecht § 1045 BGB entsprechend anwendbar sei. Das dürfte zu weit gehen; der Gesetzgeber kannte das Problem, hat aber eine Vspflicht nicht begründet. Oft kommen jedoch Vereinbarungen dieser Art vor, woran § 33 IV Ziff. 4 WEG denkt, der übrigens ebenfalls gegen eine gesetzliche Vspflicht spricht. Sind dahingehende Vereinbarungen vorhanden, so gestaltet sich das Vsverhältnis bei Aufhören des dinglichen Rechts wie oben Anm. 32 ausgeführt.

Einer Besonderheit ist hier jedoch Rechnung zu tragen. Im Unterschied zum Nießbrauch sind Dauerwohn- und Dauernutzungsrecht veräußerlich. Bestand Vspflicht, so wird man angesichts des § 38 I WEG anzunehmen haben, daß das Vsverhältnis auf den Erwerber des dinglichen Rechts übergeht. Das ergibt sich zwar nicht unmittelbar aus § 38 I WEG, erscheint aber sinnvoll, weil nur auf diese Weise der ununterbrochene Schutz des vten Eigentums gewährleistet ist.

[34] 6. Veräußerung einer Sache.
a) Grundfall des § 69.

Die Vorschrift geht davon aus, daß das eigene Interesse an der veräußerten Sache gedeckt ist. Es gibt aber eine Reihe von Sachen, die andere als Eigentumsinteressen

(z. B. Gebrauchs-, Sicherungs-, Haftpflichtinteressen) an fremder Sache decken, wo also die Vermutung des § 80 I, nicht jedoch die des § 52 VVG gilt. Wird hier die Sache veräußert, so greifen §§ 69 ff. nicht ein. Abgesehen davon, daß die Veräußerung in solchem Fall nicht durch den Vmer erfolgt, bleibt auch das Interesse der Vmer in der Regel das gleiche, wer auch immer Eigentümer der Sache sein mag. Setzt der neue Eigentümer das Rechtsverhältnis nicht fort, das jene beschränkten Interessen an fremder Sache entstehen ließ, so liegt Interessefortfall nach § 68 II vor (Anm. 30 zu § 68).

[35] Weiter haben die §§ 69 ff. in erster Linie den Fall im Auge, daß die veräußerte Sache den einzigen Gegenstand des Vsvertrages bildete, dann findet die für § 69 typische **Auswechselung des Vmers** statt. Gleichgültig in welchem wirtschaftlichen Zusammenhang die veräußerte Sache zu anderen steht: Sind Bestandteile und Zubehör gesondert vt und wird eins davon veräußert, so greifen §§ 69 ff. ein (Lenski S. 52). Sind Bestandteile **zusammen** mit der Hauptsache vt, werden aber nur die Bestandteile veräußert, so tritt eine Spaltung des Vsvertrages ein (vgl. unten Anm. 37). Das Entsprechende gilt für Zubehör (Lenski S. 52).

[36] b) Teilübergang der Versicherung.

aa) Mehrere Zweige in einem Vertrag zusammengefaßt.

§ 69 setzt nicht voraus, daß der Veräußerer schlechthin durch den Erwerber als Vmer verdrängt wird. Deckt der einheitliche Vertrag verschiedene Vszweige, die an dieselbe Sache anknüpfen (Hauptbeispiel Kraftfahrzeugv), so steht dem Übergang der Kaskov (nach § 69) und der Haftpflichtv (nach § 158h) nicht entgegen, daß die V insoweit erlischt, als das Unfallrisiko gedeckt war. § 6 Ziff. 1 AKB sagt hierzu:

„Wird das Fahrzeug veräußert, so tritt der Erwerber in die Rechte und Pflichten des Versicherungsnehmers aus dem Versicherungsvertrag ein. Dies gilt nicht für Kraftfahrtunfallversicherungen. Für den Beitrag, welcher auf die zur Zeit der Veräußerung laufende Versicherungsjahr entfällt, haften Veräußerer und Erwerber als Gesamtschuldner. Die Veräußerung ist dem Versicherer unverzüglich anzuzeigen."

[37] bb) Vertragsspaltung.

Wenn mehrere Sachen unter dem gleichen Vsschein gedeckt sind und nur ein Teil der Sachen veräußert wird, so tritt Nachfolge in das Vsverhältnis nur insoweit ein (Lenski S. 48). Hier kommt es zu einer Aufspaltung des Vertrags, denn der Ver hat es in bezug auf die nicht veräußerten Sachen nach wie vor auch mit seinem ursprünglichen Vmer zu tun. Aus einem Vertrage werden also zwei, nicht etwa bleibt der Vertrag einheitlich mit zwei Vmern bestehen (Johannsen Anm. D 36; Prölss-Martin[18] Anm. 2f. zu § 69, S. 360). Das kann für den Ver mißlich sein; abgesehen davon, daß er nunmehr mehr Verwaltungsarbeit hat, kann der Erwerber nach § 70 II außerordentlich kündigen, so daß das ursprüngliche Risiko zusammenschmilzt. Der Ver, der vielleicht gerade wegen der Größe des Objekts einen besonders günstigen Prämiensatz oder vorteilhafte Bedingungen eingeräumt hatte, kann für solche Spaltungsfälle vorsorgen wie Anm. 93 zu § 68 beschrieben. Die Lösung von Prölss-Martin[18] Anm. 2f zu § 69, S. 360 bevorzugt den Ver zu stark. Dabei wird hier mit Kisch III S. 350 davon ausgegangen, daß der Erwerber Vssumme und Prämie anteilig übernimmt nach dem Verhältnis des erworbenen Teils zu dem beim Veräußerer verbliebenen (anders Lenski S. 48).

[38] c) Inbegriffsversicherung.

aa) Ausschluß des Übergangs.

Werden nur einzelne Stücke aus dem vten Inbegriff veräußert, geht die V nicht über, sondern insoweit unter: vgl. Anm. 99 zu § 68; Lenski S. 96; OLG Bremen 23. VI. 1953 VersR 1953 S. 450 (anders anscheinend OLG Celle 24. VII. 1968 VersR 1969 S. 179—181). Die Begründung zu den Entwürfen eines VVG Berlin 1906, S. 81f. steht auf dem Standpunkt, daß bei der Inbegriffsv noch nicht die Veräußerung die Entlassung der Sache aus dem Vsschutz bedeute, sondern erst die Lösung aus dem Inbegriff. Das entspricht weder der heutigen Bedingungspraxis (vgl. § 2 AFB) noch dem § 80 I VVG. Es ist daher Lenski S. 96 zuzustimmen, daß es auf die Veräußerung, nicht auf die Fortschaffung der Sache ankommt (Gegenstimmen bei Lenski a. a. O. Anm. 5—10).

I. Voraussetzungen **§ 69**
Anm. 39—41

Unbestritten ist, daß die V des Veräußerers hinsichtlich der ihm verbliebenen Teile des Inbegriffs bestehen bleibt. Wird die veräußerte Sache in einen Inbegriff eingefügt, den der Erwerber vt hatte, so ergreift dessen V ipse iure die neu hinzugekommene Sache (Elkan S. 53f.), gleichgültig, ob sie bei dem Veräußerer überhaupt nicht vt oder als Inbegriffsteil oder einzeln vt war. In dem letzteren Falle geht also der Gedanke des § 54 der Regelung des § 69 vor (ebenso Vorwerk S. 54 gegen Cahn S. 53f.). Nach dem oben Anm. 21, 22 eingenommenen Standpunkt genügt es, wenn der Käufer **Vorbehaltseigentümer** wird.

Bei der Sicherungsübereignung einzelner Sachen aus dem vten Inbegriff ist zu unterscheiden: Die auflösend bedingte Sicherungsübereignung ändert nach hier vertretener Auffassung am Vsverhältnis nichts (vgl. oben Anm. 22). Bei der einfachen Sicherungsübereignung aus dem Inbegriff kann das Erlöschen nach § 68 II dadurch vermieden werden, daß die Parteien vereinbaren, die V könne insoweit als für fremde Rechnung (des Erwerbers) gelten (§ 2 AFB; Anm. 88 zu § 68).

[39] bb) Übergang.

Wird hingegen aus dem Inbegriff ein geschlossener Komplex veräußert, der wiederum einen Inbegriff bildet, so ist m. E. § 69 anzuwenden, erst recht, wenn der gesamte Inbegriff veräußert wird (Lenski S. 96f.). Im ersteren Falle bleibt die Inbegriffsv des Veräußerers neben der des Erwerbers auf Grund des § 69 noch bestehen, soweit überhaupt noch Gegenstände aus dem Inbegriff beim Veräußerer vorhanden sind. Es kommt wiederum zur Spaltung des Vertrages (vgl. oben Anm. 37 und Anm. 99 zu § 68). Abweichend Kiantos VersArch 1958 S. 179, der darauf abstellt, ob der **größte** Teil des Inbegriffs beim Veräußerer bleibt oder übergeht. Im ersteren Fall soll das Vsverhältnis völlig unbetroffen bleiben, im zweiten Fall ganz auf den Erwerber übergehen.

[40] 7. Veräußerung anderer Aktiven.
 a) Übertragung eines Rechts.
 aa) Forderungsversicherung.

Nach dem Wortlaut des Gesetzes gelten die §§ 69ff. für die Kreditv nicht. Indes steht die heute herrschende Lehre auf dem Standpunkt, daß eine **entsprechende** Anwendung zu bejahen ist (Zitate: Anm. 18 zu § 68; ferner Möller, Vsvertragsrecht, Wiesbaden 1971, S. 45; Argyriadis, Die Frachtv, Hamburg 1961, S. 174; Lenski S. 61). Dem ist zu folgen. Daß § 69 die Kreditv nicht erwähnt, mag damit zusammenhängen, daß sie bei Schaffung des VVG noch keine erhebliche Rolle spielte. Die Überschrift zu §§ 49ff. zu VVG, die zur Auslegung des § 69 herangezogen werden kann, deckt jedenfalls dessen Geltung für die Einzelnachfolge in vte Forderungen. Die Interessenlage hinsichtlich der V ist überdies bei Abtretung einer Forderung nicht anders als bei Veräußerung einer Sache.

Das Ergebnis läßt sich auch auf § 401 BGB stützen, jedenfalls soweit die Kreditv als Kautionsv genommen worden ist (ob letztere allerdings überhaupt der V zuzurechnen ist, ist bestritten; verneinend Sieg ZVersWiss 1969 S. 499; bejahend Prölss-Schmidt-Sasse, VAG[6], München 1971, Anm. 3 und 4e zu § 1 VAG S. 108, 113). Diese ist nämlich Unterfall der Bürgschaft; daß die daraus fließenden Rechte auf den Zessionar übergehen, ergibt sich aus § 401 BGB.

Die Kautionsv ist V für fremde Rechnung, der Zedent verfügt also als Vter (vgl. hierzu unten Anm. 53, 54). Es ist kein durchschlagender Grund vorhanden, bei der Delkrederev, die der Gläubiger auf eigene Rechnung nimmt, vsrechtlich anders zu entscheiden. Die hiernach vorzunehmende Gleichstellung von Sache und Recht entspricht der Auslegung des § 119 II BGB.

Die Kreditv kommt in sehr vielen Arten vor (vgl. von Halem, Vswirtschaftliches Studienwerk, Wiesbaden o. J. F V 9 S. 1—108). Da bei ihr nach § 187 I VVG völlige Vertragsfreiheit herrscht, kann trotz § 72 der Übergang auf den Erwerber der Forderungen ausgeschlossen werden.

[41] bb) Begriff der Abtretung.

Der Veräußerung der Sache entspricht bei analoger Anwendung des § 69 die Abtretung der Forderung. Ähnliche Zweifel wie beim Begriff der Veräußerung (vgl. oben

Anm. 20—25) treten auch hier auf. Entsprechend den Ausführungen oben zu Anm. 23 finden auf die Sicherungsabtretung die §§ 69ff. im Normalfalle Anwendung. Lediglich wenn ausnahmsweise automatischer Rückfall der Forderung an den Zedenten bei Erfüllung seiner Pflicht gegenüber dem Zessionar vereinbart worden ist, verbleibt die Forderungsv beim Sicherungszedenten.

Bei der Inkassozession finden §§ 69ff. keine Anwendung, auch hier bleibt der Zedent Vmer. Der Grund hierfür liegt darin, daß sie wie eine Einziehungsermächtigung behandelt wird (vgl. Blomeyer, Allgemeines Schuldrecht[4], Berlin-Frankfurt 1969, S. 264; daß die V auf einen Ermächtigten nicht übergeht, ist oben Anm. 10 erörtert), was sich u. a. darin zeigt, daß der Schuldner nur mit Forderungen gegen den Inkassozedenten aufrechnen kann: Esser, Schuldrecht, Bd. 1[4], Karlsruhe 1970, S. 412.

Neuerdings nimmt das Factoring-Geschäft (vgl. Fikentscher, Schuldrecht[3], Berlin-New York 1971 S. 322—324; Esser a. a. O. S. 412) zu. Der Factor hat eine stärkere Stellung als der Inkassozessionar, hier ist ein Übergang der Forderungsv angemessen. Übernimmt der Factor (Zessionar) darüber hinaus das Delkredere für die übertragenen Forderungen (Fikentscher a. a. O. S. 323), so ist der Altgläubiger dadurch ebenso geschützt wie durch eine Kreditv. Er wird deshalb seinerseits keine Kreditv eingegangen sein, so daß die analoge Anwendung der §§ 69ff. hier nicht praktisch wird.

[42] cc) Sonderfälle.

Wird ein Schiff veräußert, geht die Frachtforderung nicht auf den Erwerber über (Argyriadis, Die Frachtv, Hamburg 1961, S. 175). Daß gleichwohl § 49 ADS angewendet werden soll, wie Argyriadis a. a. O. meint, ist m. E. unzutreffend. Seiner Auffassung liegt die oben Anm. 21, 25 abgelehnte Ansicht zugrunde, daß die wirtschaftliche Gläubigerstellung maßgeblich sei.

Besonderer Erörterung bedarf die Mietkautionsv: Veräußert der Vermieter sein Grundstück, so werden die künftigen Mietzinsforderungen nicht abgetreten (was der Veräußerung i. S. d. § 69 gleichstehen würde). Aber gleichwohl bleiben wie im Falle des § 401 die für sie bestellten Bürgschaften nach § 572 BGB bestehen (Soergel-Siebert-Mezger, BGB[10], Stuttgart-Berlin-Köln-Mainz 1967 Anm. 1 zu § 572 S. 890). Da die Kautionsv der Bürgschaft näher steht als der V (vgl. oben Anm. 40), geht sie hier nach § 572 BGB (nicht nach § 69 VVG) über.

[43] dd) Versicherung anderer Rechte.

Beim Dauerwohnrecht und beim Dauernutzungsrecht handelt es sich um veräußerliche Rechte, so daß der Rechtsnachfolger unmittelbar vom Nutzungsberechtigten erwirbt, und zwar dasselbe Interesse. Aus diesem Grunde ist eine Analogie zu §§ 69ff. auch hier vertretbar, zumal für diese § 37 III in Vbdg. m. II WEG eine besondere Stütze bietet. Hier geht also die auf eigene Rechnung genommene V des Dauerwohn- bzw. des Dauernutzungsberechtigten über (über das Schicksal der für Rechnung des Eigentümers genommenen V s. oben Anm. 33).

[44] b) Übertragung von Gewinnaussichten.

Schließt sich die Gewinnv einer bestimmten Sache an (Ware, Haus, Schiff), so spricht für den Übergang, daß das Gewinninteresse als Anhang des Sachinteresses empfunden wird. Mit Recht wird darüber hinaus von der herrschenden Lehre angenommen, daß auch die Betriebsunterbrechungsv, wenn das Unternehmen veräußert wird, auf den Erwerber übergeht. Die Begründung hierfür liegt in der dominierenden Rolle, die dem Betrieb arbeitsrechtlich und vsrechtlich (§ 151 II) zugewiesen ist (vgl. Anm. 18 zu § 68; Möller, Vsvertragsrecht, Wiesbaden 1971 S. 45; Koumantos, Erwerberhaftung bei Unternehmensveräußerung, Hamburg 1955, S. 84).

Es gibt auch Gewinnven, die an eine Personengefahr anknüpfen (vgl. Anm. 34 zu § 68). Auch hier ist ein Übergang denkbar, z. B. wenn in der Filmausfallv der Produzent wechselt.

Im Gegensatz hierzu halten Lenski S. 65—67 und die dort Genannten Gewinnven schlechthin nicht für übergangsfähig.

I. Voraussetzungen

§ 69
Anm. 45—47

[45] 8. Grenzen der Analogie zu § 69.

a) Passivenversicherung.

aa) Grundsätzliches (kein Übergang).

Auf die Haftpflichtv lassen sich §§ 69ff. mangels ausdrücklicher Übergangsnormen wie §§ 151 II, 158h VVG nicht anwenden. Zwar handelt es sich auch bei ihr um eine Schadensv, aber eine Übertragung des Gegenstandes, gegen dessen Verlust oder Beschädigung die V schützen soll, ist undenkbar, denn die Haftpflichtv wird gegen die Belastung des ganzen Vermögens genommen. Deshalb sind die Versuche von Cahn S. 125, Carstensen S. 84f. und Ehrenberg S. 189f., die sachbezogene Haftpflichtv (z. B. Grundstücks-, Haus-, Tierhaftpflichtv) den §§ 69ff. zu unterstellen, m. E. nicht geglückt. Auch hier ist ja nicht die Haftung sachbezogen, sondern lediglich der Ursachenkreis, aus dem die Haftung entsteht (vgl. Johannsen Anm. D 31; Lenski S. 65; Sieg ZVersWiss 1966 S. 93). Bezeichnend dafür, daß bei der abweichenden Betrachtungsweise die Haftpflichtv kaum noch von einer Aktiven-V zu unterscheiden wäre, sind die Auffassungen Carstensens (die Tierhaftpflichtv soll nur im Falle des § 128 II auf den Erwerber übergehen) und Cahns (kein Übergang der Haftpflichtv, wenn die verknüpfte Sache einem Ortswechsel unterworfen wird).

Die Verwaltung eines großen Miethauses oder mehrerer Miethäuser kann aber ausnahmsweise als Unternehmen angesehen werden. Dann kann § 151 II eingreifen, vorausgesetzt, daß in letzterem Fall alle haftpflichtvten Grundstücke zusammen an einen Erwerber übertragen werden: Johannsen Anm. D 35 a. E.

[46] Die gleichen Gründe, die gegen die Übergangsfähigkeit der Haftpflichtv anzuführen sind, stehen auch einem Übergang der Rückv im Wege. Das kann vor allem Bedeutung bei der Bestandsübertragung des Erstvers gewinnen (wie hier Fromm-Goldberg, VAG, Berlin 1966, Anm. 9 zu § 14, S. 315 und die dort angeführte Literatur; anders Ritter-Abraham Anm. 72 zu § 49, S. 730).

§ 69 ist auch dann nicht anwendbar, wenn es sich um eine „verkappte" Haftpflichtv handelt, d. h. um die V einer fremden Sache, um auf diese Weise gegen Ansprüche wegen deren Beschädigung oder Untergang geschützt zu sein. Beispiele liefern die Kundenven und die Bauwesenv (vgl. Anm. 29 zu § 68): Hier bedeutet also der Eintritt eines Dritten in den Werk-, Verwahrungs- oder Geschäftsbesorgungsvertrag keine Veräußerung i. S. d. § 69 (anders Martin VW 1971 S. 94), es sei denn, der Vmer hätte seinen gesamten Betrieb veräußert (§ 151 II VVG).

[47] bb) Ausnahme (Übergang).

An einen Übergang der Haftpflichtv könnte man dort denken, wo der Vmer nur mit einem bestimmten Gegenstand haftet wie etwa der Reeder. Das spielt aber für unsere Frage deshalb keine Rolle, weil die wesentlichen Haftpflichtinteressen bereits durch die Kaskopolice gedeckt sind (§§ 129 II[2], 133 VVG; §§ 29, 78 ADS). Geht die Kaskov mit dem Schiff auf den Erwerber über, so auch die eben angeführten angehängten Haftpflichtven. Überhaupt teilen die Adhäsionsven, was den Übergang anbetrifft, das Schicksal der Hauptv (Carstensen S. 88).

Deshalb geht auch eine Neuwertv auf den Erwerber über, obgleich sie, was die Differenz zwischen Gegenwarts- und Neuwert angeht, V gegen notwendige Aufwendungen, also Passivenv ist.

Wie erwähnt, ist § 151 II VVG eine Ausnahmevorschrift. Innerhalb ihres Zwecks kann auch eine solche analog angewendet werden. Das ist für die Betriebsrechtsschutzv zu bejahen (vgl. Anm. 37 zu § 68). Diese geht demnach bei Veräußerung des Betriebes oder der Einräumung eines Nutzungsrechts an ihm über (vgl. hierzu auch Möller in Oberbach, Grundlagen der Haftpflichtv, Stuttgart-Köln 1951, B 2 S. 6). Anders bei der Rechtsschutzv, die nur an einzelne Sachen anknüpft, insbesondere bei der Autorechtsschutzv: Prölss-Martin[18] Anm. 2a zu § 69, S. 359. Hier geht die V nach den AVB nicht über, sondern sie erlischt (wenn sie nicht auf ein anderes Fahrzeug des Veräußerers umgeschrieben werden kann): AG München 5./6. IX. 1966 VersR 1968 S. 364 = VA 1968 S. 105.

§ 22 ARB (VA 1969 S. 73) lautet in den hier interessierenden Stellen: „(7) Ersatzfahrzeugregelung

1. Wird ein vtes Fahrzeug veräußert oder fällt das Wagnis auf sonstige Weise weg, geht der Vsschutz auf ein gleichartiges Fahrzeug des Vmers über, das an die Stelle des bisher vten Fahrzeuges tritt (Ersatzfahrzeug). Als gleichartige Fahrzeuge gelten jeweils . . . . .

2. Wird ein Fahrzeug, das an die Stelle des bisher vten Fahrzeuges treten soll, vor dem Wagniswegfall erworben, geht der Vsschutz mit dem Erwerb auf dieses Fahrzeug über. Das bisher vte Fahrzeug ist bis zur Veräußerung, längstens für die Dauer von einem Monat nach Erwerb des Ersatzfahrzeugs, jedoch nicht über die Dauer des Vsvertrags hinaus beitragsfrei mitvt. Bei Erwerb eines Fahrzeugs innerhalb eines Monats vor Wagniswegfall wird vermutet, daß es sich um ein Ersatzfahrzeug handelt.

3. Die gleiche Vermutung gilt, wenn das Ersatzfahrzeug innerhalb von sechs Monaten nach dem Wagniswegfall erworben wird . . . . .

4. Umfaßt der Vsschutz die Wahrnehmung rechtlicher Interessen aus schuldrechtlichen Verträgen, erstreckt er sich auf das Rechtsgeschäft, das dem Erwerb des Ersatzfahrzeugs zugrunde liegt, soweit der Abschluß dieses Rechtsgeschäfts in die Laufzeit des Vsvertrages fällt.

5. . . . . .

6. Ist ein Ersatzfahrzeug bei Wagniswegfall nicht vorhanden und wird ein solches vom Vmer auch nicht innerhalb von sechs Monaten nach Wagniswegfall erworben, so ist der Ver verpflichtet, den Vsvertrag auf Anzeige des Vmers zum Zeitpunkt des Wagniswegfalls aufzuheben . . . . ."

[48] b) Sprungübertragung.

Lenski S. 56—59 meint, daß auch die Übertragung anderer Interessen als Eigentumsinteressen an einer (fremden) Sache zur Anwendung der §§ 69ff. führen könne. Das ist insoweit nicht richtig, als es sich um unübertragbare Rechte handelt. Mieter, Pächter und Nießbraucher, die nach dem Ablauf des Besitzmittlungsverhältnisses einen Nachfolger in das Gebrauchs- oder Nutzungsrecht einweisen, verfügen damit nicht über ein ihnen zustehendes Recht, sondern die Nachfolger leiten ihre Rechte vom Eigentümer ab, der hier lediglich der äußeren Besitzlage nach übersprungen wird. Es mangelt also an der unmittelbaren Rechtsnachfolge zwischen altem und neuem Nutzungsberechtigten. Das Fehlen der Unmittelbarkeit bildet, wie Anm. 31 gezeigt, sogar im Rahmen des den Übergang erleichternden § 115 ein Hindernis für den Übergang der V auf den Nutzungsnachfolger. Um so mehr muß das hier gelten.

Die vom Gastwirt genommene Glasv erlischt also nach § 68 II, wenn der Vmer die gepachteten Räume an seinen Pachtnachfolger übergibt. Hier ist mit einer Analogie zu § 69 VVG, die Lenski S. 59 für richtig hält, nicht mehr zu helfen, sie würde die Konturen dieser Bestimmung verwischen. Ebenso LG Köln 7. X. 1971 VersR 1972 S. 337.

Dabei wird hier davon ausgegangen, daß der Gebäudeeigentümer nicht Vter solcher Glasv ist. Anderenfalls würde beim Aufhören des Nutzungsverhältnisses das oben zu Anm. 32, bei der Veräußerung der Muttersache durch den Eigentümer, das unten zu Anm. 54 Ausgeführte gelten. Daß der Eigentümer Vter sein soll, müßte ausdrücklich gesagt sein: vgl. Anm. 79 zu § 68. Selbst wenn es der Fall ist, handelt es sich hier wie beim Nießbrauch nicht um eine Art Kundenv (vgl. unten Anm. 46): Die V zugunsten des Eigentümers wird nicht durch die Abwälzung des Haftpflichtrisikos motiviert, sondern durch den Grundsatz: Wer den Nutzen einer Sache hat, soll auch die Lasten tragen.

§§ 69ff. gelten auch dann nicht, wenn Mieter, Pächter, Nießbraucher eine Unterbefugnis einräumen. Hier fehlt es schon am Umsatzgeschäft, das Kennzeichen einer Veräußerung ist. Über weitere Analogiegrenzen des § 69 siehe unten Anm. 57.

I. Voraussetzungen §69
Anm. 49—51

[49] 9. Versicherter Gegenstand.

a) Maßgeblicher Zeitpunkt für Versicherungsvertragsschluß.

Damit der Übergang nach § 69 stattfinden kann, muß im Zeitpunkt der Veräußerung ein formell wirksamer Vsvertrag vorliegen. Auf den (vorgesehenen) materiellen Vsbeginn kommt es nicht an (vgl. Anm. 48 zu § 68). Es ist daher möglich, daß die V auf den Erwerber übergeht zu einem Zeitpunkt, zu dem der Veräußerer noch keine Deckung hatte (bestritten; wie hier Lenski S. 79). Liegt der formelle Abschluß des Vsvertrages nach dem materiellen Vsbeginn (Rückwärtsv) und wird zwischen diesen beiden Zeitpunkten veräußert, so sollen Vor- und Nachteile der Rückwärtsv auch den Erwerber (Lenski S. 79f.) treffen. Es ist schwer vorstellbar, daß dieser Sachverhalt praktisch wird: Wer vt eine Sache, die ihm nicht mehr gehört? Wer erwirbt eine Sache bei Zweifeln darüber, ob sie überhaupt noch existiert (solche Zweifel sind Motiv für die Rückwärtsv)? Findet die Veräußerung nach der Antragstellung, aber vor Zugang der Annahmeerklärung des Vers statt, so scheiden die §§ 69ff. aus (Lenski S. 78).

[50] b) Wirksamer Versicherungsvertrag.

aa) Allgemein.

§ 69 setzt einen wirksamen Vsvertrag voraus. Beispiele nichtiger oder unerlaubter Vsverträge vgl. Anm. 41, 42, 44, 45 zu § 68.

Auch ein aufschiebend bedingter ebenso wie ein auflösend bedingter Vsvertrag kann auf den Erwerber übergehen, und zwar in derselben Schwebelage, in der er sich beim Veräußerer befand (Lenski S. 79 N. 54). Es steht auch nichts im Wege, als aufschiebende Bedingung gerade die Veräußerung zu vereinbaren, dann aber entstehen die Wirkungen des Vertrages erst beim Erwerber, es findet kein Übergang nach § 69 statt. Andererseits kann die Veräußerung wegen § 72 VVG nicht als auflösende Bedingung vereinbart werden.

Lenski S. 79 N. 54 behandelt in diesem Zusammenhang auch den genehmigungsbedürftigen Vsvertrag. Diese Frage wird kaum akut werden. Gesetzlicher Vertreter, Vormundschaftsgericht oder Gegenvormund werden, sofern der Vsvertrag genehmigungsbedürftig ist, auch über die Veräußerung zu befinden haben. Genehmigen sie, dann werden sie dem Vsvertrag die Genehmigung versagen, weil dieser nach der Veräußerung keinen Sinn mehr für den nicht voll Geschäftsfähigen hat.

Bei der laufenden V greift § 69 dann ein, wenn sich die Veräußerung nach der Deklaration des Einzelrisikos vollzieht, denn erst diese schafft die Konkretisierung des Vsverhältnisses, die für die Anwendung der §§ 69ff. notwendig ist (vgl. Anm. 113 zu § 68; Lenski S. 78f.; OLG Celle 24. VII. 1968 VersR 1969 S. 179—181).

[51] bb) Anfechtbarer Vertrag.

Auch wenn der Vsvertrag anfechtbar ist, geht die V, ehe die Anfechtung erfolgt ist, auf den Erwerber über. Nach dem Übergang kann, wenn das Anfechtungsrecht beim Vmer liegt, nur der Erwerber anfechten (Kisch III S. 297) oder der Veräußerer im Einverständnis mit dem Erwerber (so auch Esser, Schuldrecht Bd. I[4] Karlsruhe 1970, S. 425 für den Fall vertraglichen Eintritts in ein Dauerschuldverhältnis). Tatbestandlich bestehen für diese Anfechtung keine Besonderheiten; es gelten §§ 119—123 BGB, wobei zu bemerken ist, daß der Vsvermittler nicht Dritter i. S. d. § 123 II BGB ist. Der Erwerber kann nur dann anfechten, wenn der Veräußerer das Anfechtungsrecht nicht bereits durch Fristablauf oder Bestätigung verloren hatte (Kisch III S. 297; Vorwerk S. 25).

Ist der Ver anfechtungsberechtigt (hier sind §§ 119—122 BGB durch die §§ 16—21 VVG verdrängt, wenn sich der Irrtum auf Gefahrumstände bezieht; im übrigen bleibt es bei den §§ 119—123 BGB), so ist die Anfechtung nach dem Vertragsübergang an den Erwerber zu richten (Kisch III S. 297), ebenso wie die Rücktrittserklärung des Vers (etwa nach §§ 16 II, 17 I, 21 oder wenn der Ver im Falle des § 22 statt der Anfechtung den Rücktritt wählt). In beiden Fällen ist die Erklärung an den ursprünglichen Vmer wirksam, wenn der Ver nichts von der Veräußerung wußte: § 69 III i. V. m. § 407 BGB.

Sieg

Der Schutz des § 123 II BGB oder gar dessen rechtsähnliche Anwendung auf Irrtumsanfechtung bzw. Rücktritt kommt dem Erwerber nicht zustatten: Der Ver ficht seine gegenüber dem Veräußerer gegebene Annahmeerklärung an, weil dieser getäuscht hat, nicht ein Dritter. § 123 II liegt also tatbestandlich nicht vor.

Hier liegen die Verhältnisse nach der Anfechtung, wenn in der Schwebezeit Verfügungen im Vsvertrage getroffen worden sind, einfacher als bei der Anfechtung des Veräußerungsgeschäfts (vgl. oben Anm. 12): Das Rechtsverhältnis zwischen Leistendem und Leistungsempfänger ist nach Konditionsrecht abzuwickeln.

[52] 10. Person des Veräußerers.

a) Versicherungsnehmer als Veräußerer.

§ 69 geht davon aus, daß der Vmer veräußert. Dabei kann er sich natürlich vertreten lassen, sei es kraft Vollmacht, sei es kraft Gesetzes. Auch die in Vertretung ohne Vertretungsmacht vorgenommene Veräußerung hat den rückwirkenden Vsübergang zur Folge, wenn der Vmer die Veräußerung genehmigt: Kisch III S. 284; Cahn S. 65; Lenski S. 77. Die oben Anm. 9 aufgezeigten Schranken der Rückwirkung sind auch hier zu beachten.

Über die Fälle, daß die Veräußerung durch einen Dritten erlaubterweise im eigenen Namen erfolgt ist, ist oben Anm. 7—10 gehandelt.

Die Veräußerung braucht aber nicht stets alle Vorschriften der §§ 69ff. nach sich zu ziehen. Der Vmer kann z. B. eine Sache veräußern, aber weiterhin Vmer bleiben wollen. Die V wird hier zu einer V für fremde Rechnung. Auch diese Umwandlung ist ein Anwendungsfall der §§ 69ff., wenn auch §§ 69 II, 70 II hier nicht passen. Aber die Anzeigepflicht nach § 71 ist wertvoll für den Ver, ebenso das Kündigungsrecht nach § 70 I mit der Folge des § 70 III und die Regelung des § 69 III. Man darf aus der Anm. 88 zu § 68 zitierten Entscheidung des BGH, die auf eine bestimmte AVB-Regelung abgestellt ist, nicht den generellen Schluß ziehen, daß die Umwandlung der Eigen- zur Fremdv und umgekehrt die §§ 69ff. nicht berühre (vgl. auch unten Anm. 55).

[53] b) Versicherter als Veräußerer.

aa) Veräußerung an Außenstehenden, Grundlegung.

Ob die §§ 69ff. auch gelten, wenn der Vte den vten Gegenstand veräußert, ist sehr umstritten (verneinend KG 21. V. 1930 VA 1930 Nr. 2178 S. 218; OLG Hamm 9. VII. 1965 VersR 1966 S. 299f.; AG Ravensburg 19. X. 1956 VersR 1957 S. 53; Prölss-Martin[18] Anm. 2c zu § 69, S. 359. Bejahend Kisch III S. 554; Lenski S. 83; BGH 28. XI. 1957 BGHZ Bd 26 S. 134 [137]; KG 11. V. 1957 VersR 1957 S. 593f.).

Man wird hier wie auch sonst annehmen müssen, daß sich das VVG mit dem Ausdruck „Vmer" in § 69 einer Abbreviatur bedient und hierunter auch den Vten bei der V für fremde Rechnung verstanden wissen will. Das führt zu dem Ergebnis, daß auch hier ein Übergang des Vsverhältnisses auf den Erwerber als neuem Vten stattfindet, wobei die §§ 69ff. nur insoweit anzuwenden sind, als sie für diesen Fall passen.

[54] bb) Veräußerung an Außenstehenden, Durchführung.

Es gelten nicht §§ 69 II, 70 II. Kisch III S. 558, Lenski S. 105 und Dumont S. 48f. meinen zu Unrecht, der Erwerber habe ein Kündigungsrecht; übe er es aus, bleibe das Vsverhältnis zwischen Vmer und Ver bestehen. Da indes der Erwerber als Vter nicht Vertragspartei ist, kann er nicht kündigen; wohl kann er seine Zustimmung nach § 76 III VVG verweigern. Dann liegt ein Fall von § 68 II vor: Anm. 83 zu § 68.

Der Vmer hat kein besonderes Lösungsrecht, etwa nach Geschäftsgrundlagesätzen (ebenso Kisch III S. 557; Lenski S. 105; anderer Ansicht Dumont S. 48f.). Er kann je nach dem Innenverhältnis einen Prämienerstattungsanspruch gegen den neuen Vten, den Erwerber, haben. Zweifel der behandelten Art können nicht auftauchen, wenn der Vmer verpflichtet ist zur V, wer auch immer Vter sein mag. Das gilt z. B. für den Nießbraucher nach § 1045 BGB. Solche Pflicht kann vertraglich zu Lasten des Dauerwohn- oder des Dauernutzungsberechtigten oder des Pächters vorgesehen sein.

I. Voraussetzungen § 69
Anm. 55—58

[55] cc) Veräußerung an Versicherungsnehmer.

Wenn der Vte den vten Gegenstand an den Vmer veräußert, so verwandelt sich die Fremdv in eine Eigenv. Auch das ist ein Vorgang, der prinzipiell die §§ 69 ff. eingreifen läßt (anders Prölss-Martin[18] Anm. 2 c zu § 69, S. 359), auch hier wieder unter Ausschaltung des § 69 II. Indes kann (anders als oben Anm. 52) § 70 II in diesem Fall von praktischer Bedeutung werden: Man denke etwa daran, daß der Vmer als Interesseträger günstigere Vertragsbedingungen erzielen kann, als es möglich war, solange der Vte das Interesse beherrschte.

Zwar braucht die Umwandlung von Fremdv in Eigenv, wie § 80 II VVG zeigt, keine Veräußerung i. S. d. §§ 69 ff. darzustellen, das aber nur, wenn die V von vornherein für Rechnung wen es angeht genommen war, sei es ausdrücklich, sei es stillschweigend wie in § 2 AFB oder in der Kaskov mit Sicherungsschein (Prölss-Martin[18] Anm. 2 zu § 80, S. 385).

Ähnlich wie hier Kiantos VersArch 1958 S. 187f., der in diesem Zusammenhang ferner auf den Sonderfall der Miteigentümerschaft eingeht. Der Unterschied zwischen der V wen es angeht und der reinen V eigenen Eigentums, hinsichtlich dessen sich schon eine Übertragung abzeichnet, wird verwischt von Hentschel VW 1952 S. 348.

[56] dd) Insbesondere in Nutzungsverhältnissen.

Das oben Anm. 55 Gesagte gilt auch für den Fall, daß der Pächter oder der Nießbraucher die von ihm angeschafften Inventarstücke mit der Einverleibung in das Inventar zu Eigentum des Verpächters oder Nießbrauchbestellers gemacht (das ist, wie oben Anm. 6 ausgeführt, kein Veräußerungstatbestand nach § 69) und für diese eine V für fremde Rechnung genommen hat (vgl. § 1045 BGB). Lehnt jetzt der Verpächter oder Nießbrauchbesteller nach §§ 589 II, 594, 1048 BGB die angeschafften Inventarstücke ab, so werden sie Eigentum des Pächters bzw. Nießbrauchers, die V wird auch hier von einer Fremd- zu einer Eigenv. Dieser Fall ist verwandt mit dem oben Anm. 6 behandelten, wo aber davon ausgegangen wurde, daß der Verpächter die zunächst ihm gehörenden Inventarstücke unter Vsschutz gebracht hat.

[57] c) Veräußerung bzw. Rückgabe durch Nichtberechtigten.

aa) Dem Versicherungsnehmer gehörende Gegenstände werden veräußert.

Veräußert ein Nichtberechtigter Gegenstände, die der Eigentümer unter Vsschutz gebracht hatte, so kann der Erwerber entweder kraft guten Glaubens (§§ 892, 932—935 BGB) oder durch Genehmigung (§ 185) Eigentum erwerben. Der Erwerb kraft § 185 ist oben Anm. 9 behandelt. Ob der gutgläubige Erwerb die §§ 69 ff. zum Zuge kommen läßt, ist bestritten.

Die Frage ist mit der herrschenden Lehre (vgl. Lenski S. 36 und die dort Genannten) zu verneinen. § 69 verlangt die Veräußerung durch den Vmer oder den Vten (oben Anm. 53). Wenn ein Dritter im eigenen Namen handelt (oben Anm. 7—10), muß das entweder durch den Willen des Vmers getragen sein oder sein Wille wird durch den einer Partei kraft Amtes ersetzt. Ein solches Willenselement fehlt surrogatlos, wenn der Nichtberechtigte veräußert. Würde man auch hier, wie schon bei „Sache" (Rechte und Chancen werden von § 69 erfaßt, oben Anm. 40—44) und „Veräußerung" (sie braucht nicht den Vollerwerb des Gegenstandes zu erfassen, vgl. oben Anm. 21—23, 41, 43) eine Analogie oder eine extensive Auslegung zulassen, würde dem § 69 jedes feste Fundament genommen.

[58] bb) Dem Versicherungsnehmer gehörende Gegenstände werden ihm zurückgegeben.

Gibt der Nichtberechtigte die Sache wieder an den Eigentümer = Vmer heraus, so hat das Vsverhältnis auch in der Zwischenzeit unverändert bestanden. Darin ist man sich einig (Lenski S. 36). Voraussetzung ist allerdings, daß der im Besitzverlust liegende Interessenmangel nur ein **vorübergehender** war, andernfalls wäre die V erloschen (vgl. Anm. 103 zu § 68) und könnte dann, wenn der Vmer die Sache wiedererlangt, nur neu begründet werden.

Sieg

Wer entgegen der oben Anm. 21, 22 vertretenen Auffassung mit der herrschenden Lehre den Übergang auf den Vorbehaltskäufer nicht dem § 69 subsumiert, muß den Rückfall an den Verkäufer ebenso behandeln, wie im vorigen Absatz ausgeführt. Da nach meiner Ansicht mit der Übergabe an den Vorbehaltskäufer der Tatbestand des § 69 bereits verwirklicht worden ist, greift diese Bestimmung wiederum ein bei Rückerwerb des Vorbehaltsverkäufers (vgl. oben Anm. 24).

[59] cc) Verfügung über Gegenstände des Versicherten.

Veräußert ein Nichtberechtigter Gegenstände des Vten, so gilt das oben Anm. 57 verteidigte Prinzip, daß der gutgläubige Erwerb vom Nichtberechtigten dem Übergang des Vsverhältnisses entgegensteht, entsprechend, d. h. die V erlischt nach § 68 II.

Eine Ausnahme hat nur zu gelten, wenn der Vmer der unbefugt Veräußernde ist. Wendete man nämlich hier die Regel der Anm. 57 an, so gewänne der Vmer geradezu einen Anreiz zu solcher Handlungsweise: Er wäre der Pflicht aus dem Vsverhältnis nach § 68 II ledig (im Ergebnis ebenso die herrschende Lehre, vgl. Lenski S. 81). Der Vorgang ist also nach den Anm. 53, 54 behandelten Grundsätzen zu beurteilen.

[60] dd) Verfügung über vom Nichtberechtigten versicherte Gegenstände.

Hatte der Nichtberechtigte die für ihn fremde Sache als eigene unter Vsschutz gebracht, so liegt Interessemangel i. S. d. § 68 I vor. Ein wirksamer Vsvertrag ist nicht entstanden, von einem Übergang kann keine Rede sein. Cahn S. 75, Vorwerk S. 28f. und Elkan S. 45 nehmen eine Heilung des Vsvertrages in der Person des gutgläubigen Erwerbers an. Was jedoch nichtig ist (§ 68 I) kann nicht geheilt werden, vgl. Anm. 10 zu § 68. Wie hier Kroemer, Die Veräußerung der vten Sache im Rechte der Schadensv, Greifswalder Diss. 1914, S. 33. Lenski S. 38 tritt für analoge Anwendung des § 69 ein.

Nach der hier vertretenen Auffassung greifen die §§ 69ff. auch dann nicht ein, wenn der Nichtberechtigte die Sache an den Eigentümer herausgibt (ebenso Kisch III S. 271; anders Elkan S. 46, Cahn S. 76).

[61] II. Wirkungen.

Vorbemerkung.

§ 69 I befaßt sich nicht nur mit den Voraussetzungen, sondern zum Teil auch mit den Wirkungen der Veräußerung. Diese werden ferner in § 69 II, III geregelt. Die allgemeinen Wirkungen des Übergangs sollen in Anm. 62—78 behandelt werden. Die Auswirkungen auf einzelne charakteristische Verpflichtungen der Vertragsparteien sind in den Anm. 79—92 (Verpflichtungen des Vmers) und den Anm. 93—96 (Verpflichtungen des Vers) zu erörtern. Der enge Zusammenhang zwischen Interesse und Gefahr, der Anm. 25, 27 zu § 68 auf den Interessemangel projiziert wurde, ist auch bei der Interessenachfolge erheblich. Ihm wird Anm. 97—99 nachgegangen.

[62] 1. Versicherungsnehmerwechsel.

a) Übergang des Versicherungsverhältnisses.

aa) Objektive Seite.

Nach § 69 vollzieht sich der Vmerwechsel mit der Erfüllung des letzten Tatbestandsstückes der Veräußerung. § 7 VVG gilt also nicht. Es herrscht, in der Terminologie des bürgerlich-rechtlichen Fristenbereichs gesprochen, Naturalkomputation (Prölss-Martin[18] Anm. 3 zu § 69, S. 361).

Nunmehr ist der Erwerber Vertragspartei des Vers. Er hat alle Erklärungen, die den Vertrag betreffen, abzugeben, wie sie umgekehrt ihm gegenüber abzugeben sind. Ferner treffen ihn von da ab die Obliegenheiten (Kisch III S. 304; Böhme BB 1957 S. 167).

[63] bb) Subjektive Seite.

Soweit die Reaktionen des Vers auf Obliegenheits- oder Pflichtverletzungen vom Verschulden des Vmers abhängen, ist der Erwerber dann exculpiert, wenn er nichts von der V wußte. Mag in solchen Fällen auch den Veräußerer ein Verschulden treffen, hat der Erwerber nicht darunter zu leiden, da der Veräußerer in der Regel nicht sein Repräsentant oder Erfüllungsgehilfe ist (im Ergebnis ebenso Kisch III S. 304).

II. Wirkungen

Wie die charakteristischen Rechte und Pflichten aus dem Vsvertrag während der Übergangszeit geregelt sind (vgl. § 69 II), ist unten Anm. 79—96 zu behandeln.

[64] b) Schwebende Rechtslagen.

Nach § 69 I tritt der Erwerber unter den genannten Voraussetzungen anstelle des Veräußerers in das Vsverhältnis ein. Der Erwerber sukzediert also nicht nur in bestimmte Rechte und Pflichten, sondern in eine Rechtslage. Das bedeutet im einzelnen: Er muß die Folgen von Obliegenheitsverletzungen, die sich der Veräußerer hat zuschulden kommen lassen, hinnehmen, dem Erwerber gegenüber sind sie geltend zu machen. Hierbei ist vor allem an die Verletzung der vorvertraglichen Anzeigepflicht (§§ 16—22) oder der Gefahrstandspflicht (§§ 23—29a) zu denken (vgl. Kisch ZVersWiss 1920 S. 222; Lenski S. 85). Zu Lasten des Erwerbers laufen Fristen weiter, die dem Veräußerer gesetzt worden sind (Ausschluß-, Verjährungs-, Kündigungsfristen: RG 15. I. 1943 RGZ Bd 170 S. 285 = JRPV 1943 S. 39 = DR 1943 S. 647). Auch die Nachteile der Verzugsfolgen erleidet der Erwerber (§ 39 VVG: Böhme BB 1957 S. 168; Lenski S. 84).

Umgekehrt nimmt auch eine Frist, die der Veräußerer dem Ver gesetzt hatte, ihren weiteren Lauf (z. B. bei der Kündigung). — Über die Parallelität dieser Wirkungen mit denen bei der Bestandsübertragung vgl. Prölss-Schmidt-Sasse, VAG[6], München 1971 Anm. 7 zu § 14, S. 272f.).

[65] 2. Nachfolge in die Rechte des Veräußerers (§ 69 III).
a) Entsprechende Anwendung der Zessionsvorschriften im allgemeinen.

Nach § 69 III gelten die §§ 406—408 BGB zugunsten des Vers entsprechend. § 69 III sagt keine Selbstverständlichkeit. Zwar finden nach § 412 BGB fast alle Vorschriften des Abtretungsrechts auf den gesetzlichen Übergang entsprechende Anwendung. Aber § 69 I VVG ist kein Fall des gesetzlichen Übergangs nach § 412 (anders Prölss-Martin[18] Anm. 4 zu § 69, S. 362, wonach § 69 III überflüssig wäre), weil das BGB an die Einzelnachfolge denkt, nicht an den Eintritt in alle Aktiva (auf diese kommt es hier zunächst an) des Rechtsverhältnisses.

Im Prinzip ist § 69 III eine geglückte Vorschrift: Auch bei rechtsgeschäftlicher Vertragsübernahme läßt man die §§ 406ff. dem verbleibenden Partner zugute kommen, wenn er von vornherein mit der Ersetzung seines Vertragsgegners durch einen Dritten einverstanden ist (wie es der Ver kraft § 69 sein muß): Esser, Schuldrecht Bd. 1[4], Karlsruhe 1970, S. 425; Pieper, Vertragsübernahme und Vertragsbeitritt, Köln und Berlin 1963, S. 213.

Auffällig ist, daß § 69 III nur auf einige wenige Vorschriften des Zessionsrechts verweist, obwohl eine entsprechende Anwendung auch anderer Normen der §§ 398ff. sinnvoll erscheint (vgl. unten Anm. 72, 73).

[66] b) Entsprechende Anwendung von § 406 BGB.

§ 406 ist nur im Zusammenhang mit §§ 404, 407 zu verstehen: War die Schuld des Vers durch Aufrechnung untergegangen, ehe das Vsverhältnis übergegangen war, so bleibt dem Ver dieser Einwand nach § 404 auch gegenüber dem Erwerber. War die Aufrechnung zwar nach dem Übergang des Vsverhältnisses vom Ver oder vom Veräußerer erklärt worden, ohne daß der Ver vom Übergang Kenntnis hatte, so ist er nach § 407 BGB befreit worden. § 406 hat es nur mit den Restfällen zu tun, in denen die Aufrechnung bis zur Erlangung der Kenntnis vom Vsübergang noch nicht erklärt war. Er gestattet hier die Aufrechnung dem Ver gegenüber dem Erwerber unter den Voraussetzungen des Schlußhalbsatzes des § 406 (vgl. Palandt-Heinrichs, BGB[31], München 1972, Anm. 1a zu § 406, S. 385; Brox, Allgemeines Schuldrecht[2], München 1971, S. 217).

[67] c) Entsprechende Anwendung von § 407 I BGB.
aa) Tragweite.

Von erheblicher Bedeutung ist die entsprechende Anwendung des § 407 I. Er schützt den Ver gegen eine nochmalige Leistung, wenn er in Unkenntnis der Veräußerung für einen danach eingetretenen Schadenfall den bisherigen Vmer befriedigt hat. Diesen Schutz braucht allerdings der Ver nicht anzunehmen: Er kann die Entschädigung vom

Veräußerer kondizieren und an den Erwerber leisten. Was für die Erfüllung des Vers ausgeführt wurde, gilt auch vom Vergleich, von der Stundung und vom Erlaß seiner Verpflichtung.

Aber hierin erschöpft sich der Inhalt von § 407 I nicht: Er verleiht (wiederum Unkenntnis von der Veräußerung vorausgesetzt) weiteren Erklärungen des Vers an den Veräußerer Wirksamkeit gegenüber dem Erwerber, so etwa der Anfechtung, dem Rücktritt, der Aufrechnung (vgl. oben Anm. 66), der Fristsetzung, der Mahnung (vgl. OLG Frankfurt a. M. 12. XII. 1950 VersR 1951 S. 98), der Kündigung, der Deckungsablehnung, der Benennung eines Sachverständigen (§ 64 VVG): Lenski S. 90. § 407 gilt auch dann, wenn der Erwerber die vte Sache rückveräußert, aber der Ver hiervon keine Kenntnis erhält. Er kann den Ersterwerber als seinen Vmer behandeln: Palandt-Heinrichs, BGB[31], München 1971 Anm. 1 zu § 407, S. 386.

[68] bb) Grenzen.

Umgekehrt sind nicht alle Erklärungen des Veräußerers gegenüber dem Ver wirksam, nämlich diejenigen nicht, die dem Ver ungünstig sind, denn § 407 BGB ist Schutzvorschrift für den debitor cessus. § 407 gilt ferner dann nicht, wenn eine Orderpolice ausgestellt ist. Es ist gerade das Wesen des Wertpapiers, daß der Schuldner nur befreit wird, wenn er an den Vorleger leistet.

Die Police mit Inhaberklausel (§ 4 VVG), die praktisch nur in der Lebens- und in der Seev (vgl. § 14 ADS) vorkommt, stellt kein echtes skripturmäßiges Wertpapier dar; hier bleibt es bei § 407 I.

[69] d) Entsprechende Anwendung von § 407 II BGB.

Seine prozessuale Ergänzung findet § 407 I in II. Hier differenziert Lenski S. 90 nicht genug. Der Erwerber ist an das dem Ver günstige rechtskräftige Urteil im Prozeß zwischen letzterem und Veräußerer gebunden, ihm steht also die Einrede der Rechtskraft entgegen, wenn er einen nach der Veräußerung eingetretenen Schadenfall weiter verfolgen wollte, Unkenntnis des Vers von der Veräußerung auch hier vorausgesetzt. Auch diesen Schutz braucht der Ver nicht anzunehmen. Die Rechtslage richtet sich dann nach § 325 ZPO (BGH 28. V. 1969 BGHZ Bd 52 S. 150—154), der den debitor cessus geringer schützt als § 407 II.

Das ungünstige Urteil bindet hingegen den Schuldner nach § 407 II nicht. Beispiel: Der Ver hatte eine negative Feststellungsklage gegen den bisherigen Vmer, der Entschädigung für einen nach der Veräußerung eingetretenen Vsfall reklamierte, verloren. Es steht nunmehr gegenüber dem Erwerber nicht fest, daß dieser Entschädigung zu beanspruchen habe: BGH 28. V. 1969 BGHZ Bd 52 S. 150—154.

Zu beachten ist die Verzahnung zwischen § 407 II und 407 I: Hat der Veräußerer für einen nach der Veräußerung eingetretenen Schadenfall ein günstiges Urteil erstritten und erfährt der Ver von der Veräußerung erst während des Prozesses, aber vor der Zahlung, so ist er weder nach § 407 II geschützt noch nach § 407 I (Soergel-Siebert-Schmidt, BGB[10], Stuttgart-Berlin-Köln-Mainz 1967 Anm. 6 zu § 407, S. 514; bestritten. Nach Bötticher ZZP Bd 77 S. 487 behauptet auch hier § 407 II den Vorrang). Ihm ist daher zu empfehlen, bei ungeklärter Sachlage zu hinterlegen.

Ist der Rechtsstreit vor der Veräußerung anhängig geworden, so berührt das den Erwerber nicht, weil im Zeitpunkt der Veräußerung entstandene Vsansprüche materiell dem Veräußerer zustehen. Hier bleibt § 407 II außer Betracht.

[70] e) Entsprechende Anwendung von § 408 BGB.

§ 69 III erklärt auch § 408 BGB für entsprechend anwendbar. Veräußert also der Vmer (wirksam) an E 1, danach (unwirksam) an E 2 und erfährt der Ver nur von der Übertragung an E 2, so kann er im Rahmen des § 407 den letzteren als Vmer behandeln.

[71] f) Kenntnis des Versicherers nach § 406—408 BGB.

Die §§ 406—408 stellen auf die Kenntnis des Vers ab. Schon hier sei auf die Bedeutung der Veräußerungsanzeige nach § 71 VVG hingewiesen, deren Unterlassungsfolgen also in letzter Vorschrift nicht abschließend geregelt sind. Darüber, wann von Kenntnis des Vers gesprochen werden kann, vgl. Anm. 59, 60 zu § 68.

II. Wirkungen

§ 69
Anm. 72, 73

Bei der MitV mit Führungsklausel genügt die Kenntnis des führenden Vers (Prölss-Martin[18] Anm. 6 zu § 69, S. 363), wobei es gleichgültig ist, ob die Anzeigeklausel oder die weitergehende Anschlußklausel Vertragsinhalt ist (vgl. Sieg BB 1970 S. 853).

Lenski S. 91 ist nicht darin zuzustimmen, daß Kenntnis des Abschlußagenten dem Ver schadet, die Kenntnis des Vermittlungsagenten dagegen nicht. M. E. kommt es darauf an, ob der Agent mit der laufenden Bestandspflege des betreffenden Vertrages betraut ist. Dann ist seine Kenntnis der Kenntnis des Vers gleichzusetzen.

Die Beweislast für die Kenntnis liegt in den Fällen der §§ 406 und 407 beim Erwerber, im Falle des § 408 beim Ersterwerber (Lenski S. 91).

[72] g) Entsprechende Anwendung in § 69 III nichtgenannter Zessionsvorschriften.
aa) Schuldnerschutzvorschriften.

Es ist auffällig, daß sich § 69 III auf die Nennung der §§ 406—408 beschränkt, obwohl es sinnvoll wäre, auch andere Vorschriften aus dem 4. Abschnitt des 2. Buchs BGB anzuwenden. Das gilt zunächst für weitere Schuldnerschutzvorschriften, nämlich §§ 404, 409 BGB. Daß § 404 in § 69 III nicht erwähnt wird, ist wohl darauf zurückzuführen, daß der Gesetzgeber dessen Anwendung für selbstverständlich hielt, da „anstelle des Veräußerers der Erwerber" tritt.

Auch die entsprechende Anwendung von § 409 ist zu bejahen, weil der Ver in diesem Falle ebenso schutzbedürftig erscheint wie der Schuldner der abgetretenen Forderung (abweichend Josef ÖsterrZ 1916 S. 92f.; Schneider ZVersWiss 1911 S. 126; Englisch Annalen des gesamten Vswesens 1917 S. 337; Cahn S. 94).

Man hat sicheren Boden unter den Füßen, wenn man sich bei der Analogie an den Wortlaut dieser Vorschrift hält. Das bedeutet: Auf den Scheinerwerber gilt das Vsverhältnis als übergegangen, wenn der bisherige Vmer dem Ver die Veräußerung angezeigt hat, die Anzeige des Scheinerwerbers genügt nicht (herrschende Lehre, vgl. Lenski S. 93 und die daselbst N. 83, 84 Genannten). Weitergehend: Bruck PVR S. 583 N. 100; Vorwerk S. 32; Weiß S. 97. Der Ver darf sich nicht auf den Boden der Anzeige stellen, wenn er weiß, daß sie falsch ist, eine Veräußerung also nicht stattgefunden hat (ebenso Weiß S. 97; Körner, Rechtliche Stellung des Erwerbers bei Veräußerung der vten Sache nach dem VVG, Leipziger Diss. 1913, S. 37). Entsprechend einer im unmittelbaren Anwendungsgebiet von § 409 vertretenen Meinung nehmen manche an, daß es auch bei der Analogie auf den guten Glauben des Vers nicht ankommt (Kisch III S. 311; Burchard LZ 1911 Sp. 336; zweifelnd Vorwerk S. 33). M. E. darf aber die Tragweite der Analogie nicht übersehen werden: Es handelt sich nicht um eine einzelne Forderung, die ihren Gläubiger (scheinbar) wechselt, sondern um den völligen Austausch des Vertragspartners. Solcher sollte nicht vonstatten gehen, wenn der Ver weiß, daß keine Veräußerung vorliegt.

[73] bb) Weitere Vorschriften.

Auch die entsprechende Anwendung weiterer Abtretungsregeln führt zu sinnvollen Ergebnissen und ist daher zu bejahen. Das gilt etwa für § 399 1. Altern. (vgl. unten Anm. 98), für § 402 und für § 413.

Was zunächst § 402 angeht, so scheint dieser allerdings in unserem Zusammenhang entbehrlich zu sein, weil das Recht des Erwerbers auf Auskunftserteilung aus dem der Veräußerung zugrunde liegenden Kausalgeschäft als Nebenverpflichtung folgt (vgl. §§ 444, 445 BGB) und weil das Eigentum an der Police ohnehin nach § 952 I BGB auf den Erwerber übergeht, auch wenn sie ihm nicht übergeben worden ist, wobei es gleichgültig ist, ob die Police mit Inhaberklausel (§ 4 I VVG) versehen ist oder nicht (vgl. oben Anm. 68). Abweichendes gilt nur bei der Orderpolice, bei der das Eigentum am Papier nicht der Gläubigerschaft an der Forderung folgt. Eine Analogie zu § 402 BGB wird also nicht nötig sein, ist aber zulässig (herrschende Lehre vgl. Lenski S. 94 und die dort N. 102 Genannten).

§ 413 kann Bedeutung erlangen beim VVaG (Palandt-Heinrichs, BGB[31], München 1972 Anm. 1b zu § 413, S. 388). Die §§ 69ff. gehen zwar stillschweigend davon aus, daß auch das beim VVaG bestehende Vsverhältnis übergeht, daß also das Schuldverhältnis das Mitgliedschaftsverhältnis gewissermaßen nach sich zieht. Aber mit Rücksicht darauf, daß Satzungen von Vsvereinen a. G. manchmal persönliche Eigenschaften der Mitglieder voraussetzen, die der Erwerber nicht erfüllt, gewinnt § 413 i. Vbdg. mit § 399 2. Altern. Gewicht.

[74] h) Abzulehnende weitere Analogien zu Zessionsvorschriften.

Die Frage nach der analogen Anwendung weiterer in § 69 III nicht aufgeführter Vorschriften kann kaum praktisch werden (vgl. Lenski S. 94). In der Literatur werden Analogien zu §§ 401, 405, 410 erörtert (Ritter-Abraham Anm. 44 zu § 49 S. 723). Indes pflegt die Forderung des Vmers gegen den Ver in der Binnenv kaum je besichert zu werden (§ 401); der Ver wird auch nicht über ein Schein-Vsverhältnis eine Police ausstellen (§ 405 1. Altern.; die 2. Altern. erledigt sich durch § 72 VVG); § 410 schließlich wird ersetzt durch § 71 VVG (Weiß S. 97; Vorwerk S. 33). Wie hier im Ergebnis Lenski S. 94.

[75] 3. Nachfolge in die Pflichten des Veräußerers.

a) Entsprechende Anwendung der Schuldübernahmevorschriften im allgemeinen.

Die entsprechende Anwendung von Vorschriften des Schuldübernahmerechts ordnet § 69 nicht an. § 69 II ist kein Ersatz, und zwar wegen des engen Ausschnitts aus dem Vmerpflichten, mit dem er sich befaßt.

Für die Prämie, die auf die dem Zeitpunkt der Veräußerung voranliegenden Vsperioden entfällt, haftet nur der Veräußerer, für die Prämien nach der bei der Veräußerung laufenden Vsperiode nur der Erwerber. Sofern es sich um eine mehrjährige V handelt, liegt also privative Schuldübernahme vor (bei einjährigen Verträgen mit Verlängerungsklausel entsteht die Forderung jeweils erst in der Person des Erwerbers), und es fragt sich, ob und inwieweit die Lücke des VVG durch entsprechende Anwendung der §§ 414ff. BGB geschlossen werden kann. Auch bei der rechtsgeschäftlichen Vertragsübernahme werden sowohl die §§ 398ff. als auch die §§ 414ff. BGB für entsprechend anwendbar gehalten: Fikentscher, Schuldrecht[3], Berlin-New York 1971, S. 331.

[76] b) Entsprechende Anwendung von §§ 417, 418 BGB.

Offensichtlich kommen für eine Analogie nur §§ 417, 418 in Frage. § 417 I[1] ist übernehmbar (Pieper, Vertragsübernahme und Vertragsbeitritt, Köln-Berlin 1963, S. 213). Der Erwerber kann alle Einwendungen gegen die Prämienforderung (gemeint ist hier diejenige, für die er nach dem oben Anm. 75 Gesagten allein haftet) erheben, die auch dem Veräußerer zustanden, z. B. Erfüllung, Erfüllungssurrogate, Stundung, Verjährung. Über § 417 I[1] hinaus (vgl. Palandt-Heinrichs, BGB[31], 1972 Anm. 1b zu § 417 S. 391) gehen auch die Gestaltungsrechte auf ihn über (vgl. oben Anm. 62).

Auch § 417 II ist entsprechend anwendbar. Wenn hier von dem der Schuldübernahme zugrunde liegenden Rechtsverhältnis gesprochen wird, so ist damit nicht etwa die Veräußerung gemeint, denn diese zieht unmittelbar die Übernahme nach sich (genauer: Sie ist Übernahmetatbestand); auf deren Unwirksamkeit kann sich der Erwerber berufen (vgl. oben Anm. 11—18). Im Sinne des § 417 II kann der Erwerber jedoch gegenüber dem Ver nicht die Unwirksamkeit des Kausalgeschäfts, das der Veräußerung zugrunde liegt, geltend machen (vgl. Pieper a. a. O. S. 214).

Auch § 418 kann für das Verhältnis zwischen Vmer und Erwerber von Bedeutung sein: Die Sicherheiten, die sich der Ver für die Erfüllung der Prämienschuld möglicherweise hatte geben lassen, erlöschen (es sei denn, der Geber willigte ein, daß die Sicherheit nunmehr für die Schuld des Erwerbers haften soll). Diese Folgerung wird im allgemeinen damit motiviert, daß es der Gläubiger in der Hand habe, ob er dem Schuldnerwechsel zustimmen wolle (§§ 414, 415). Eine solche Wahl hat allerdings der Ver nicht, aber gleichwohl ist § 418 für anwendbar zu halten, weil anderenfalls dem Sicherungsgeber ein Opfer abverlangt würde. Im Interesse des Erwerbers wollen aber die §§ 69ff. eher dem Ver ein Opfer zumuten, das ohnehin durch § 70 I abgeschwächt wird.

II. Wirkungen

[77] 4. Subsidiäre Geltung der §§ 69ff.?
   a) Inbegriffsversicherung des Erwerbers.

Die §§ 69ff. haben zum Ziel, daß der Erwerber unmittelbar mit dem Erwerb des Gegenstandes Vsschutz genießt (vgl. § 72). Man kann daher die Frage aufwerfen, ob sie auch dann eingreifen, wenn dieses Ziel anderweit erreicht wird. Sie läßt sich nicht einheitlich beantworten.

Es wurde oben Anm. 38 bereits gezeigt, daß die §§ 69ff. dann nicht gelten, wenn der Gegenstand zwar beim Veräußerer (als Einzelsache) vt war, aber beim Erwerber durch Aufnahme in einen vten Inbegriff automatisch in die Deckung fällt. Der Grund, weshalb hier § 54 VVG den Vorzug genießt von §§ 69ff., ist ein praktischer: Die hinzuerworbene Sache hört, was ihr vsmäßiges Schicksal angeht, auf, Einzelsache zu sein. Es würde den Sinn der Inbegriffsv wesentlich schmälern, wenn jede der einzelnen Sachen, die zum Inbegriff gehören, ein vsrechtliches Sonderleben führen müßte, nur weil sie beim Veräußerer vt war. Diese Überlegungen haben um so mehr Gewicht, als der Inbegriff meist durch eine Vielzahl von einzelnen Erwerbshandlungen (vom Verkäufer aus gesehen: Veräußerungen) zusammengebracht wird.

[78] b) Einzelversicherung des Erwerbers.

Anders ist zu entscheiden, wenn der Erwerber aus tatsächlicher oder rechtlicher Unkenntnis vom Übergang der V seinerseits für Vsschutz gesorgt hat. Hier entfällt nicht der (durch § 70 II auflösend bedingte) Übergang, sondern es entsteht Doppelv. Zwar sind die §§ 69ff., wie erwähnt, auf den Erwerberschutz gemünzt; dieses Ziel darf aber nicht durch einseitige Berücksichtigung der Erwerber erreicht werden. Als Reflexwirkung zugunsten des Vers ergibt sich, daß ihm der Übergang auch Rechte verschafft, die ihm der Erwerber nicht beliebig entwinden kann.

Es liegt auch nicht etwa hinsichtlich der neuabgeschlossenen V Interessemangel (und daher Vertragsunwirksamkeit nach § 68 I) vor. Das hat KG 14. XI. 1942 HansRGZ 1943 A Sp. 46ff. richtig erkannt und die Wirksamkeit des zweiten Vertrages auch nicht wegen Fehlens der Geschäftsgrundlage oder Anfechtung aus Irrtum im Beweggrund verneint; die Entscheidung ist bestätigt worden von RG 25. VI. 1943 DR 1943 S. 1236 (vgl. auch Anm. 26 zu § 68).

[79] 5. Gesamtschuldnerische Haftung für die Prämie (§ 69 II).
   a) Umfang der Haftung.
   aa) Grundsätzliches.

Nach § 69 II haften für die Prämie der zur Zeit der Veräußerung laufenden Vsperiode Veräußerer und Erwerber als Gesamtschuldner. Dabei ist an die Jahresprämie gedacht. Also auch dann, wenn unterjährige Prämienzahlung vereinbart worden ist, muß der Erwerber für die Jahresprämie mitaufkommen (OLG Hamburg 9. I. 1963 VersR 1963 S. 225f.; Lenski S. 87 und die daselbst N. 29 Genannten). Damit hängt es zusammen, daß er auch für Teilzahlungszuschläge einzutreten hat, ebenso für die Akzessorien der Prämie, wie etwa Hebegebühren oder Vssteuern (Prölss-Martin[18] Anm. 5 zu § 69, S. 362; Möller Anm. 6, 30 zu § 38; Lenski S. 87).

Besteht der Erwerber aus einer Personengemeinschaft, so tritt diese ihrerseits gesamtschuldnerisch der Schuld des Veräußerers bei: Prölss-Martin[18] Anm. 5 zu § 69, S. 362. — Die Haftung nach § 69 II entfällt, wenn Erwerber oder Ver von dem außerordentlichen Kündigungsrecht nach § 70 I, II Gebrauch macht: § 70 III.

[80] bb) Akzessorietät im Zeitpunkt des Beitritts.

Ob der Erwerber auch für außergewöhnliche Nebenkosten wie Verzugszinsen, Prozeßzinsen, Mahngebühren, Kosten der Rechtsverfolgung, Vollstreckungskosten aufkommen muß, läßt sich nicht generell sagen (zweifelnd Ritter-Abraham Anm. 23 zu § 49 S. 717). Die Frage, was zur Prämie gehört, ist auch im Rahmen des § 39 VVG streitig, vgl. Möller Anm. 4 zu § 39, Prölss-Martin[18] Anm. 6 zu § 39, S. 229.

Waren diese Nebenkosten schon erwachsen, als der Gesamtschuldner hinzutrat, also im Zeitpunkt der Veräußerung, so haftet er für sie, denn der Erwerber hat die

Schuld so zu übernehmen, wie sie sich zur Zeit seines Beitrags präsentiert (wie er auch umgekehrt alle **Einwendungen** hat, die zu diesem Zeitpunkt gegen die Schuld begründet waren, § 417 I¹ gilt entsprechend, vgl. oben Anm. 76).

Ebenso hat ja auch beim Gegenstück zur Veräußerung, der Bestandsübertragung (vgl. Anm. 6 zu Vorbemerkungen zu §§ 69—73), der Übernehmer für alle jene Nebenverpflichtungen aufzukommen: Prölss-Schmidt-Sasse, VAG⁶, München 1971 Anm. 7 zu § 14, S. 272. Insoweit besteht also Akzessorietät: Sowohl der privative als auch der kumulative Schuldübernehmer haften für die fremde Schuld in dem im Übernahmezeitpunkt vorhandenen Umfang.

[81] cc) Lockerung der Akzessorietät nach dem Beitritt.

Danach allerdings kann sich das Schicksal der Gesamtschuld spalten. Während die §§ 422—424 BGB die gesamtwirkenden Tatbestände aufzählen, erklärt § 425 I alle sonstigen Umstände für subjektiv wirkend und gibt hierfür in § 425 II Beispiele.

Jene oben Anm. 80 angeführten außergewöhnlichen Nebenkosten rühren entweder vom Verzug oder vom Verschulden her, die nach § 425 II nicht gesamtwirkend sind. Mithin braucht für diese Kosten, wenn sie **nach** der Veräußerung entstanden sind, der Erwerber nur aufzukommen, wenn **er** im Verzug ist, wenn **ihn** ein Verschulden trifft. LG Lüneburg 26. VI. 1952 VersR 1952 S. 271, dem Prölss-Martin[18] Anm. 5 zu § 69, S. 362 und Lenski S. 87 folgen, übersieht, daß es für den Umfang der Mithaft maßgeblich auf den Zeitpunkt des Schuldbeitritts ankommt. Das LG Lüneburg hat deshalb den Beklagten zu Unrecht von der Haftung für die Mahngebühren, die Kosten des Rechtsstreits und die Verzugszinsen, die bis zum Erwerb des Fahrzeugs entstanden waren, freigestellt.

[82] b) Verfahrensrecht.

aa) Veräußerung nach rechtskräftigem Abschluß des Prämienprozesses.

Für die Frage, ob und inwieweit der Erwerber an ein Urteil zwischen Ver und Veräußerer über die Prämie gebunden ist, muß zunächst wiederholt werden, daß der Zeitpunkt des gesetzlichen Schuldbeitritts die ausschlaggebende Rolle spielt (vgl. oben Anm. 80). Wird veräußert, nachdem schon ein rechtskräftiges Urteil gegen den Vmer vorliegt, so ist der Erwerber daran gebunden (Grundsatz der Akzessorietät im Beitrittszeitpunkt). Das mag auf den ersten Blick hart erscheinen, weil der Erwerber keinen Einfluß auf den Prozeß nehmen konnte. Es folgt aber daraus, daß er nach § 69 I das Vsverhältnis in der Lage übernehmen muß, in der es sich bei der Veräußerung befindet. § 69 II konkretisiert diese Pflichtenlage in bezug auf die Prämie der laufenden Vsperiode.

War umgekehrt im Zeitpunkt der Veräußerung die Prämienklage des Vers gegen den Veräußerer rechtskräftig **abgewiesen** worden, so profitiert der Erwerber hiervon, d. h. er könnte einer gegen ihn gerichteten Klage die Rechtskraft entgegensetzen, wiederum wegen des Akzessorietätsgrundsatzes. Dieser kann sich also für und gegen den Erwerber auswirken.

Blomeyer, Zivilprozeßrecht, Erkenntnisverfahren, Berlin-Göttingen-Heidelberg, 1963, S. 479, 493 spricht von Rechtskrafterstreckung infolge zivilrechtlicher Abhängigkeit, deren Unterfall die hier vorliegende Verpflichtungsübernahme kraft Gesetzes bildet.

[83] bb) Veräußerung während anhängigen Prämienprozesses oder vor dessen Beginn.

Wird während des Prozesses veräußert, so kann der Ver die Klage auf den Erwerber ausdehnen, so daß nunmehr dieser und der Veräußerer Streitgenossen werden. Der neuverklagte Erwerber braucht aber ohne Genehmigung die bisherige Prozeßführung gegen sich nicht gelten zu lassen. In diesem Falle ist der vorangegangene Prozeßteil zu wiederholen. Eine Streitverkündigung gegenüber dem Erwerber kommt nicht in Betracht, weil er Gesamtschuldner ist.

Wird der Erwerber nicht mitverklagt, so wirkt das dem Ver günstige Urteil nicht gegen den ersteren (§ 425 II). Dem im zweiten Prozeß verklagten Erwerber stehen also alle Verteidigungsmittel gegen den Anspruch zur Verfügung.

Logisch wäre es, wenn man im umgekehrten Falle, daß der **Veräußerer** obgesiegt hat, dem Erwerber die Berufung auf die Rechtskraft ebenso versagt, wie man sie dem Ver vorenthält, wenn **er** gesiegt hat (vgl. vorigen Absatz). Indes ist diese Konsequenz

II. Wirkungen

nicht ausnahmslos zu ziehen, weil im Falle des § 69 die Gesamtschuldnerschaft durch Schuldbeitritt stattfindet, d. h. nicht von vornherein vorhanden war. Hier gilt der Grundsatz der Abhängigkeit der Schuld des Beitretenden von der Hauptschuld für den Zeitpunkt der Übernahme, der Grundsatz der Unabhängigkeit für die weitere Entwicklung. Das bedeutet: Hat der Veräußerer obgesiegt aus Gründen, die vor der Veräußerung liegen (ihm ist z. B. vorher gestundet worden, er hat vorher gezahlt), so kann sich der Erwerber auf die Rechtskrafterstreckung berufen, er braucht sich nicht sachlich einzulassen. Beruht hingegen der Sieg des Veräußerers auf Umständen nach der Veräußerung, so gilt § 425 II, d. h. die Rechtskraft wirkt nicht zugunsten des Erwerbers (vgl. zu alledem Blomeyer, Zivilprozeßrecht, Erkenntnisverfahren, Berlin-Göttingen-Heidelberg 1963, S. 476—479). Die soeben entwickelten Grundsätze gelten entsprechend auch für den Fall, daß die Veräußerung vor Beginn eines Prämienprozesses stattfindet.

[84] **cc) Nachträglicher Fortfall der Mithaftung des Erwerbers.**

Wie schon oben Anm. 79 erwähnt, ist die Gesamtschuldnerschaft des Erwerbers auflösend bedingt. Sie entfällt, wenn er oder der Ver außerordentlich kündigt (§ 70 III). Verklagt der Ver den Erwerber auf die laufende Jahresprämie, so ist darin ein Verzicht auf sein Kündigungsrecht nach § 70 I zu erblicken. Nicht so einfach ist die Rechtslage, wenn der Erwerber nach § 70 II kündigt, aber schon vorher ein Urteil auf Zahlung der laufenden Prämie gegen ihn ergangen war. Zu solcher Lage kann es kommen, weil dem Erwerber zwei verschiedene Monatsfristen für sein Kündigungsrecht zur Verfügung stehen. Übt er es aus, so ist damit die auflösende Bedingung für die Prämienmithaftung eingetreten. Betreibt der Ver gleichwohl die Vollstreckung, kann sich der Erwerber im Wege der Vollstreckungsgegenklage nach § 767 ZPO dagegen wehren.

[85] **c) Konkurrierende Vorschriften.**
   aa) Überblick.

Trifft § 69 VVG mit §§ 25, 28 HGB, 419, 2383, 2060 ff. BGB zusammen, so tritt zwar der Erwerber nach jenen Vorschriften nicht in das Vsverhältnis ein (Prölss-Martin[18] Anm. 8 zu § 69, S. 363; AG München 20. IV. 1965 VersR 1965 S. 705), aber er haftet nicht nur für die Prämie der laufenden Vsperiode, sondern auch für die weiteren Rückstände (hierzu und zum folgenden Lenski S. 87f.). Bei Sieg ÖffrechtlV 1939 S. 225ff. ist näher begründet, daß § 69 nicht im Spezialitätsverhältnis zu jenen anderen Normen steht, wie Durst NeumannsZ 1938 S. 977 annimmt, der daher zu einem unzutreffenden Ergebnis (§ 69 II soll § 25 I HGB verdrängen!) kommt (vgl. auch Anm. 11 zu Vorbemerkungen zu §§ 69—73).

[86] **bb) Handelsrecht.**

Der Haftung aus § 25 HGB kann der Erwerber des Handelsgeschäfts entgehen, wenn er es entweder nicht unter derselben Firma fortführt oder aber die Vereinbarung der Nichtübernahme der Schulden in das Handelsregister eintragen läßt bzw. dem Gläubiger mitteilt (§ 25 II HGB). Der letztere Ausschließungsgrund gilt auch beim Eintritt eines Gesellschafters in das Geschäft eines Einzelkaufmanns (§ 28 II HGB).

Diese handelsrechtliche Haftungsbeschränkung ändert aber nichts daran, daß der Erwerber bzw. der Eintretende für die Prämien der laufenden Vsperiode nach § 69 II einzustehen hat und daß das Vsverhältnis nach § 69 I auf ihn übergegangen ist (Ritter-Abraham Anm. 30 zu § 49 S. 719; Lenski S. 87 und die dort N. 31 Genannten, S. 88).

§ 26 HGB hat in unserem Falle keine Bedeutung: Die Forderung gegen den Veräußerer verjährt stets nach § 12 I VVG. Es wäre ungerecht, ihm den Nachteil einer längeren Verjährung aufzuerlegen, obwohl der Ver durch die Idealkonkurrenz mit § 25 HGB keinen Nachteil, sondern eventuell einen Vorteil hat.

[87] **cc) Vermögensübernahmen.**

Nach §§ 419 II, 2383 BGB haftet bei der Vermögensübernahme und beim Erbschaftskauf (dort unter den gleichen Voraussetzungen, wie die beschränkte Erbenhaftung herbeigeführt wird) der Erwerber nur mit dem übernommenen Vermögen. Diese Begrenzung der Haftung mit bestimmten Gegenständen tritt aber nur ein für Prämienrückstände aus einer früheren als der zur Zeit der Veräußerung laufenden Vsperiode (Lenski S. 88 N. 42; Prölss-Martin[18] Anm. 8 zu § 69, S. 363; Sieg ÖffrechtIV 1939 S. 225; OLG Hamburg 9. I. 1963 VersR 1963 S. 225). § 69 II VVG. der weder durch handelsrechtliche (vgl. oben Anm. 86) noch durch bürgerlich-rechtliche Normen verdrängt wird, kennt eine Beschränkung der Haftung (Haftung womit?) nicht.

In den Fällen der §§ 419, 2382 besteht die Besonderheit, daß die Erwerberhaftung bereits an den schuldrechtlichen Vertrag anknüpft, während § 69 VVG auf das dingliche Erfüllungsgeschäft abstellt (vgl. oben Anm. 11 zu Vorbemerkungen zu §§ 69—73). Die bürgerlich-rechtlichen Vorschriften können also für den Ver günstiger sein als § 69 II, nicht nur weil der Erwerber auch für ältere Rückstände haftet, sondern auch weil seine Haftung früher eintritt als nach dem VVG, ohne daß damit etwa die Übernehmerhaftung für Schulden, die zwischen obligatorischem und dinglichem Geschäft entstanden sind, ausgeschlossen wäre.

[88] dd) Erbteilung.

Auch die Erbteilung ist Anwendungsfall des § 69 (vgl. oben Anm. 2). Die für die ungeteilte Erbengemeinschaft automatisch vorhandene Haftungsbeschränkung des § 2059 I[1] BGB (Haftung mit dem Nachlaß) fällt mit der Teilung fort. Das schließt aber nicht aus, daß jeder Miterbe die Haftungsbeschränkung herbeiführen kann, wobei ihm allerdings der Weg der Nachlaßverwaltung wegen § 2062 versperrt ist. Drei der Beschränkungsmöglichkeiten, die § 2060 aufführt (also nicht die Dürftigkeitseinrede), haben die Besonderheit, daß sie zur Teilhaft führen. Auch nach § 2061 kann jeder Miterbe sich Teilhaft verschaffen, hier aber ohne gleichzeitige Haftungsbeschränkung.

Wie sich das in Kombination mit § 69 II auswirkt, sei an einem Beispiel klargemacht: Der Erblasser hinterläßt eine Prämienschuld für zwei Vsperioden in Höhe von je 900,— DM. Erben sind seine drei Söhne A, B und C zu gleichen Teilen, die alsbald den Nachlaß unter sich verteilen, dergestalt, daß A das vte Haus erwirbt. Vor der Teilung haften A, B und C gesamtschuldnerisch für 1800,— DM, aber beschränkt mit dem Nachlaß (was wichtig sein kann, wenn die Nachlaß-Schulden die Aktiva der Erbmasse übersteigen). Nach der Teilung haftet A nach § 69 II für 900,— DM Prämienschuld der laufenden Vsperiode wie jeder dritte Erwerber, d. h. ohne Möglichkeit der Haftungsbeschränkung. B und C haften als Veräußerer in Gesamtschuldnerschaft mit A, erstere beide aber mit den Möglichkeiten, die ihnen die §§ 2060, 2061 eröffnen, denn für sie handelt es sich nach wie vor um eine Nachlaß-Schuld. B und/oder C kann einen der drei Wege des § 2060 beschreiten, wodurch er nur noch für 300,— DM laufender Prämie haftet, und zwar beschränkt mit dem Nachlaß. Jeder von beiden kann auch nach § 2061 vorgehen, wodurch sich ebenfalls die Gesamthaft in Teilhaft umwandelt, in diesem Falle bleibt es aber bei der Haftung mit dem gesamten Vermögen.

Für die 900,— DM Prämienschuld, die auf die vorangegangene Vsperiode entfällt, gilt das soeben für B und C Ausgeführte auch für A, denn insoweit trifft ihn nicht die vsrechtliche Haftung, sondern seine Pflichten bemessen sich nach rein erbrechtlichen Sätzen.

[89] d) Innenverhältnis.

§ 69 II trifft nur, ebenso wie die oben Anm. 85 aufgeführten konkurrierenden Normen, eine Aussage über die Prämienhaftung im Verhältnis zum Ver. Veräußerer und Erwerber können untereinander beliebige Abmachungen darüber treffen, wen im Innenverhältnis die Prämienlast der laufenden Vsperiode treffen soll. Wenn nichts anderes vereinbart ist, wird als gewollt zu gelten haben, daß jeder von beiden so viel zur Jahresprämie beiträgt, wie seiner Eigentums- bzw. Gläubigerzeit entspricht (vgl. § 426 I[1] 2. Halbsatz: Lenski S. 89 und die dort N. 45 Genannten).

Beispiel: Die Jahresprämie beträgt 1200,— DM; das VsJahr läuft vom 1. IV. 1972— 1. IV. 1973. Veräußert wird am 1. VII. 1972. Zahlt der Veräußerer die Jahresprämie, kann er vom Erwerber 900,— DM verlangen. Begleicht der Erwerber die Jahresprämie,

II. Wirkungen § 69
Anm. 90—93

kann er vom Veräußerer 300,— DM als Erstattung fordern. In der genannten Höhe geht die Prämienforderung des Vers auf den Zahlenden über (§ 426 II). Als dritter Haftungsgrund für das Ausgleichsverhältnis kommt das der Veräußerung zugrunde liegende Kausalgeschäft in Betracht.

[90] e) Nachgiebiges Recht.
aa) Vereinbarungen zugunsten des Erwerbers.

Da § 72 VVG nur Vereinbarungen zu Lasten des Erwerbers ausschließt, steht aus diesem Grunde nichts im Wege, daß der Ver entweder gegenüber dem Veräußerer oder gegenüber dem Erwerber auf den gesetzlichen Schuldbeitritt nach § 69 II verzichtet. Es würde sich im ersteren Fall um einen Erlaßvertrag zugunsten Dritter handeln, der nicht Gesamtwirkung hat: § 423 BGB. Auf die Streitfrage, ob verfügende Verträge zugunsten Dritter möglich sind, soll hier nicht eingegangen werden. Wer sie verneint, muß dem Erwerber die Einrede aus pactum de non petendo geben.

Wird der Erlaßvertrag zwischen Ver und Erwerber abgeschlossen, so kann er dem Veräußerer allerdings nicht seinen Ausgleichsanspruch (vgl. oben Anm. 89) nehmen, denn andernfalls läge ein Vertrag zu Lasten Dritter vor; vgl. BGH 20. IV. 1967 BGH 2 Bd 47 S. 376 ff.

[91] bb) Vereinbarungen zugunsten des Veräußerers.

A priori getroffene Vereinbarungen zwischen Ver und Vmer in der Richtung, daß der Erwerber auch für weitere rückständige Prämien hafte, würden diesem gegenüber nicht durchsetzbar sein. Eine Abrede, daß ersterer im Veräußerungsfall nur den Erwerber für die laufende Prämie in Anspruch nehmen wolle, würde den Erwerber nicht unmittelbar benachteiligen (er muß ja als Gesamtschuldner mit seiner Inanspruchnahme rechnen). Sie könnte ihm aber den Regreßanspruch aus dem Innenverhältnis zum Vmer nicht nehmen (wie hier Lenski S. 89; anders Vorwerk S. 31; Weiß S. 98). Eine endgültige Entlassung des Veräußerers aus der Prämienhaftung läßt sich daher nur im Einvernehmen mit dem Erwerber erzielen. Sie ist dahin auszulegen, daß der Ver damit auf das Kündigungsrecht aus § 70 I verzichtet, anderenfalls fehlte solcher Vereinbarung angesichts des § 70 III die Rechtfertigung. Hingegen braucht man die hier behandelte Vereinbarung nicht als Verzicht des Erwerbers auf sein Kündigungsrecht aus § 70 II aufzufassen. Das wäre eine zu harte Folge angesichts dessen, daß nur über die Prämie der laufenden Vsperiode paktiert worden ist. Der Erwerber behält also sein Kündigungsrecht und verzichtet in diesem Fall nur auf die Folge des § 70 III.

Die Problematik entfällt, wenn man einschlägige Erklärungen des Vers gegenüber den Beteiligten schon in der Auslegungsstation nicht als Verzicht zugunsten des Veräußerers wertet, vgl. Prölss-Martin[18] Anm. 5 zu § 69, S. 362.

[92] cc) Beiderseitige Begünstigung.

Prämienvereinbarungen kommen vor allem in der Weise vor, daß der Veräußerer aus der Mithaft für die Zeit nach der Veräußerung, der Erwerber aus der Mithaft für die Zeit vor der Veräußerung entlassen werden soll (vgl. oben Anm. 89). Hat der Ver nicht zugestimmt, so wirken solche Klauseln nur im Innenverhältnis und bestätigen das, was ohnehin rechtens ist, sofern der Erwerber nicht nach § 70 II kündigt. Dieses Kündigungsrecht ist ihm aber nicht verwehrt, er muß nur den Veräußerer so stellen, als hätte er nicht gekündigt (vgl. oben Anm. 91, unten Anm. 13 zu § 70; etwas abweichend Reichert-Facilides Der Vsangestellte 7. Jahrgang Nr. 4 S. 6—7).

[93] 6. Aktivlegitimation für Ansprüche gegen den Versicherer.
a) Anspruch auf Versicherungsentschädigung.
aa) Maßgeblich: Versicherungsfall.

Zutreffend wird angenommen, daß der Vsfall den dies discretionis bildet. Tritt er vor der Veräußerung ein, so stehen die Ansprüche dem Veräußerer zu, tritt er danach ein, so ist der Erwerber aktiv legitimiert. Im ersteren Fall ist es nur anders, wenn die Entschädigungsforderung dem Erwerber gesondert abgetreten worden ist, was aber nach den AVB häufig von der Einwilligung des Vers abhängt (Raiser Anm. 14 zu § 12 AFB S. 306; Lenski S. 85 f.).

Sieg

Besteht der hiernach Berechtigte aus mehreren Personen, so kann Gesamthandgläubigerschaft oder Teilgläubigerschaft vorliegen, Lenski S. 50. Es handelt sich hierbei nicht um eine Frage, die nur mit § 69 zusammenhängt.

Hat der spätere Erwerber die Sache beschädigt, ehe sie ihm gehörte, oder hat umgekehrt der Veräußerer sie beschädigt, als sie ihm nicht mehr gehörte, so hindert die spätere oder frühere Vmereigenschaft nichts daran, daß der Anspruch nach § 67 auf den Ver übergeht: Anm. 137 zu § 67.

Für einen Vsfall nach der Veräußerung hat der Erwerber die Entschädigung auch dann zu beanspruchen, wenn er oder der Ver das Vsverhältnis nach § 70 I, II kündigt, aber der Vsfall vor Ablauf der Kündigungsfrist eingetreten ist. Näheres unten Anm. 47 zu § 70.

[94] bb) Was ist Versicherungsfall?

Zweifelhaft ist, was Vsfall im Sinne der oben Anm. 93 genannten Formel bedeutet. Hierfür gibt es keinen einheitlichen Begriff (vgl. Möller Anm. 49 zu § 1). Aus mehreren Gründen ist hier als maßgeblich der Zeitpunkt anzusehen, in dem alle Umstände vorliegen, die man im bürgerlichen Recht unter dem Begriff der haftungsbegründenden Kausalität zusammenfaßt. Dafür spricht einmal, daß es wünschenswert ist, im Haftpflicht- und Vsrecht mit einem einheitlichen Begriff des Schadenfalls zu operieren (vgl. oben Anm. 21), zum anderen, daß die Abstellung auf einen bestimmten Zeitpunkt klare Verhältnisse schafft, insbesondere eine Aufteilung der Vsentschädigung durch den Ver erübrigt.

Die Rechtsfigur des gedehnten Vsfalles (Möller Anm. 49 zu § 1; Wriede, Der gedehnte Vsfall, Hamburger Diss. 1949) ist für unsere Frage nicht ergiebig, Wriede bezieht daher auch § 69 nicht in seine Betrachtungen ein.

Ist das Schadenereignis in dem eben beschriebenen Sinne vor der Veräußerung eingetreten, so gebührt also dem bisherigen Vmer die Entschädigung, mögen auch die Schadenfolgen noch in eine Zeit hineinragen, in der bereits der Erwerber Eigentümer ist (Raiser Anm. 14 zu § 12 AFB S. 306; Kisch III S. 306 N. 11; Ehrenzweig S. 232; Lenski S. 86; wohl auch Bruck Anm. 5 zu § 92 S. 313 und OLG Frankfurt 30. I. 1929 JRPV 1929 S. 190.

So wenig wie auf die Schadenfolgen (so aber Josef Mitt. f. d. öffentlichen Feuervsanstalten, 1917 S. 201; derselbe LZ 1910 Sp. 285f.), kommt es auf die Fälligkeit der Vsforderung an [Böhme BB 1957 S. 168].

[95] cc) Ansprüche des Erwerbers in besonderen Fällen.

Tritt der Vsfall nach aufschiebend bedingter Veräußerung oder nach einfacher Sicherungsübereignung ein (die auflösend bedingte Sicherungsübereignung ist nach hier vertretener Auffassung kein Veräußerungsfall i. S. des § 69, oben Anm. 22), so gebührt die Entschädigung dem Erwerber des vten Gegenstandes (vgl. oben Anm. 22, 23, 93), aber dieser kann darüber nach pfandrechtlichen Grundsätzen nur zusammen mit dem Vorbehaltsveräußerer bzw. mit dem Sicherungsgeber verfügen. Im Ergebnis wie hier: Hallbauer Recht 1909 Sp. 694f.; Weiß S. 52. Über abweichende Meinungen: Lenski S. 23 N. 296. — Über den besonderen Fall der Kraftfahrzeugkaskov mit Sicherungsschein vgl. oben Anm. 26.

Die Vsregelung kann durch § 25 I² HGB überlagert sein: Führt der Erwerber das Handelsgeschäft mit Einwilligung des Veräußerers unter der bisherigen Firma fort, so gelten die Geschäftsforderungen, also auch entsprechende Vsansprüche, als auf ihn übergegangen, wenn nicht eine abweichende Vereinbarung in das Handelsregister eingetragen oder dem Ver mitgeteilt worden ist (§ 25 II HGB). Entsprechendes gilt beim Eintritt eines Gesellschafters in das Geschäft eines Einzelkaufmanns: Sieg ÖffrechtlV 1939 S. 226; AG München 20. IV. 1965 VersR 1965 S. 705.

[96] b) Sonstige Ansprüche.

Zweifelhaft ist die Behandlung der Ansprüche aus technischem Überschuß, auf Schadenfreiheitsrabatt, auf Beteiligung am Unternehmergewinn (für die Kraftfahrtv vgl. Sieg BB 1969 S. 898).

II. Wirkungen

§ 69
Anm. 97, 98

Zum technischen Überschuß bestimmt § 22 V VO über die Tarife in der Kraftfahrtv vom 20. XI. 1967 (Neufassung: VA 1972 S. 41), den Prölss-Martin[18] Anm. 4 zu § 69, S. 362 anscheinend übersehen:

> Ist der Vsvertrag auf einen anderen Vmer übergegangen, so entsteht für den Erwerber im Kalenderjahr des Vertragsüberganges kein Anspruch auf Beitragsermäßigung aus technischem Überschuß. Das gilt nicht in den Fällen des § 20 Abs. 4 Satz 2.

Der Grund für diese Regelung liegt darin, daß die Verteilung des technischen Überschusses meist mit der Schadenfreiheit gekoppelt ist. Deshalb gilt auch hier, worauf unten beim Schadenfreiheitsrabatt zurückzukommen ist, Personen-, nicht Fahrzeugbezogenheit.

Die Verweisung auf § 20 IV² bedeutet, daß der Anspruch auf den technischen Überschuß nur dann erhalten bleibt, wenn sich die Veräußerung zwischen Eheleuten abspielt.

Im letzteren Fall sowie für die Gewinnbeteiligung des Vmers ganz allgemein (vor allem beim VVaG) ist im Außenverhältnis der Erwerber aktiv legitimiert, wenn die Veräußerung vor dem Fälligkeitszeitpunkt liegt (vgl. Weiß S. 135; Prölss-Schmidt-Sasse, VAG⁶, München 1971 Anm. 4 zu § 38, S. 416). Im Innenverhältnis hat eine Aufteilung zwischen Erwerber und Veräußerer entsprechend ihrer Eigentumszeit während des für die Ausschüttung maßgebenden Berechnungszeitraums stattzufinden.

Haben Erwerber oder Ver außerordentlich gekündigt, so steht die Gewinnbeteiligung lediglich dem Veräußerer zu, denn in diesem Falle hat der Erwerber nicht zum Gewinn beigetragen. Das gilt auch dann, wenn die V auf Grund der Kündigung erst im folgenden Vsjahr ausläuft: Kisch III S. 371f. u. Anm. 53—55 zu § 70. Das Gesagte gilt vorbehaltlich anderweitiger Satzungsbestimmung, die sich aber im Rahmen des § 72 halten muß.

Ähnlich Prölss-Schmidt-Sasse, VAG⁶, München 1971 Anm. 4 zu § 38, S. 416; Kisch, Das Recht des VVaG, Berlin 1951, S. 223.

Was den Schadenfreiheitsrabatt angeht, so ist dieser personen-, nicht sachbezogen, d. h. die Veräußerung des Fahrzeugs ist ohne Einfluß auf den Schadenfreiheitsrabatt, vgl. § 20 IV der oben zitierten VO über die Tarife in der Kraftfahrtv:

> Geht der Vsvertrag auf einen anderen Vmer über, so entsteht für den Erwerber kein Anspruch auf Berücksichtigung von Gefahrenmerkmalen, die mit der Person des bisherigen Vmers verbunden sind. Geht der Vsvertrag auf den Ehegatten des Vmers über, so bleibt abweichend von Satz 1 die bisherige Zuordnung des Vsvertrages zu einer Schadenklasse unberührt.

[97] 7. Einfluß der Veränderung der Gefahrlage.

a) Veräußerung mit Gefahrwegfall.

aa) Regel.

In Anm. 25 zu § 68 ist der enge Zusammenhang zwischen Interesse- und Gefahrmangel dargestellt. Die Veräußerung wird von § 69 als Ausnahme vom Interessewegfall behandelt (das Vsverhältnis geht nicht unter, sondern auf den Erwerber über), nicht aber als Ausnahme vom Gefahrwegfall. D. h.: Geht mit der Veräußerung ein Gefahrwegfall Hand in Hand, so verbleibt es bei der Regel des § 68 II.

In Anm. 27 zu § 68 wurde bereits die manchen Vsverträgen eigene Beschränkung des Vsschutzes auf einen bestimmten Vsort behandelt, sei es, daß die Entfernung vom Vsort zur objektiven sekundären Risikobeschränkung, sei es, daß der Verbleib der vten Sache am Vsort zur Bedingung des Vsschutzes gemacht worden ist. Hier erlischt der Vsvertrag nach § 68 II, wenn die Veräußerung mit der Entfernung der Sachen vom Vsort verbunden ist: Lenski S. 95; Bischoff VersR 1963 S. 11; Begründung zu den Entwürfen eines G über den Vsvertrag Berlin 1906 S. 81; Cahn S. 126; Kisch ZVersWiss 1920 S. 217 N. 1.

[98] bb) Verhältnis zu einschlägigen Vorschriften.

§ 72 VVG steht diesem Ergebnis nicht entgegen (Weiß S. 83f.; Vorwerk S. 53), denn es handelt sich nicht um eine Vereinbarung, die sich gegen den Erwerber richtet. Die V würde auch erlöschen, wenn der bisherige Vmer die Sachen an einen anderen Vsort

§ 69, 70
Anm. 99

bringt. Daß hier § 69 dem § 68 VVG das Feld räumen muß, läßt sich dogmatisch mit § 399 1. Altern. BGB erklären, der zwar in § 69 III VVG nicht für entsprechend anwendbar erklärt, aber gleichwohl beachtlich ist, weil die Verweisung in § 69 III ohnehin keine Vollständigkeit aufweist (vgl. oben Anm. 73).

In erheblich weiterem Umfang nahm § 2163 II 8 ALR bei der Veräußerung Interessewegfall an. Die Vorschrift lautete:

> Eine Veränderung in der Person des Eigentümers der vten Sache ändert nichts in der V, wenn nicht damit zugleich eine Veränderung des Orts, der Aufsicht, der Art der Aufbewahrung oder der Nachbarschaft verbunden ist.

[99] b) Veräußerung mit Gefahrerhöhung.

Anderes hat zu gelten, wenn eine bestimmte Aufbewahrung der vten Sachen lediglich zu den Obliegenheiten gehört (vgl. Möller Anm. 39, 40 zu § 32). In diesem Fall ist § 69 nicht ausgeschlossen, mag auch der Erwerber unzuverlässiger als der Veräußerer und daher die Gefahr von Obliegenheitsverletzungen größer sein, mag der Erwerber überhaupt ein subjektiv ungünstigeres Risiko darstellen: Das alles würde lediglich Gefahrerhöhung bedeuten, die hier so wenig wie die objektive Gefahrerhöhung den Übergang nach § 69 ausschließt (vgl. Anm. 12 zu Vorbemerkungen zu §§ 69—73; Kisch ZVersWiss 1920 S. 216).

Während die Gefahrminderung nach Maßgabe des § 41a VVG zu einer Prämienermäßigung führen kann, ist umgekehrt der Ver bei Gefahrerhöhung im Binnenvsrecht nicht berechtigt, eine Erhöhung der Prämie zu fordern; anders in der Seev nach § 25 ADS. Er lautet:

> „Dem Ver gebührt eine Zuschlagprämie, wenn die Gefahr, die er trägt, infolge einer Gefahr, die er nicht trägt, geändert und er durch die Änderung von der Verpflichtung zur Leistung nicht befreit wird."

§ 70

Der Versicherer ist berechtigt, dem Erwerber das Versicherungsverhältnis unter Einhaltung einer Frist von einem Monat zu kündigen. Das Kündigungsrecht erlischt, wenn der Versicherer es nicht innerhalb eines Monats von dem Zeitpunkt an ausübt, in welchem er von der Veräußerung Kenntnis erlangt.

Der Erwerber ist berechtigt, das Versicherungsverhältnis zu kündigen; die Kündigung kann nur mit sofortiger Wirkung oder auf den Schluß der laufenden Versicherungsperiode erfolgen. Das Kündigungsrecht erlischt, wenn es nicht innerhalb eines Monats nach dem Erwerb ausgeübt wird; hatte der Erwerber von der Versicherung keine Kenntnis, so bleibt das Kündigungsrecht bis zum Ablauf eines Monats von dem Zeitpunkt an bestehen, in welchem der Erwerber von der Versicherung Kenntnis erlangt.

Wird das Versicherungsverhältnis auf Grund dieser Vorschriften gekündigt, so hat der Veräußerer dem Versicherer die Prämie zu zahlen, jedoch nicht über die zur Zeit der Beendigung des Versicherungsverhältnisses laufende Versicherungsperiode hinaus; eine Haftung des Erwerbers für die Prämie findet in diesen Fällen nicht statt.

Kündigungsrecht bei Veräußerung.

Gliederung:

Schrifttum Anm. 1

I. Allgemeines zum Kündigungsrecht (Voraussetzungen und Einwendungen) Anm. 2—20

   1. Veräußerung Anm. 2—4
      a) Irrtümliche Annahme der Veräußerung Anm. 2

      b) Kündigung vor Veräußerung Anm. 3—4
         aa) Unwirksamkeit Anm. 3
         bb) Heilung? Anm. 4

   2. Fristgerechte Kündigung Anm. 5 bis 7
      a) Lauf der Ausschlußfrist Anm. 5
      b) Hemmung der Ausschlußfrist Anm. 6

§ 70

c) Anfechtung der Versäumung der Ausschlußfrist? Anm. 7
3. Form der Kündigung Anm. 8
4. Auslegung der Kündigung Anm. 9
5. Beteiligte an der Kündigung Anm. 10—12
   a) Abgabe- und Empfangslegitimation Anm. 10
   b) Beteiligung mehrerer Anm. 11 bis 12
      aa) Allgemeines Anm. 11
      bb) Wohnungseigentum und veräußerliche Nutzungsrechte Anm. 12
6. Wegfall des Kündigungsrechts Anm. 13—15
   a) Verzicht Anm. 13
   b) Rückerwerb durch ursprünglichen Vmer Anm. 14—15
      aa) Kündigungsrecht aus § 70 II bei untätig gebliebenem Zwischenerwerber Anm. 14
      bb) Restfälle Anm. 15
7. Überschneidung mit Anfechtung Anm. 16—17
   a) Des Veräußerungsvertrages Anm. 16
   b) Des Vsvertrages Anm. 17
8. Hinweispflicht auf Wirkungslosigkeit der Kündigung Anm. 18—19
   a) Begründung Anm. 18
   b) Folgen der Verletzung Anm. 19
9. Beweislast Anm. 20
II. Kündigungsrecht des Vers (§ 70 I) Anm. 21—25
1. Ausschlußfrist Anm. 21—22
   a) Beginn Anm. 21
   b) Abdingbarkeit Anm. 22
2. Kündigungsfrist Anm. 23
3. Konkurrenz mit Kündigung wegen Gefahrerhöhung Anm. 24
4. Kündigung gegenüber besonderen Erwerbern Anm. 25
III. Kündigungsrecht des Erwerbers (§ 70 II) Anm. 26—40
1. Interessenlage Anm. 26
2. Abdingbarkeit Anm. 27—30
   a) Vereinbarung zwischen Ver und Veräußerer Anm. 27—29
      aa) Rechtslage bei öffentlich-rechtlichen Vsanstalten Anm. 27
      bb) Beispiel Anm. 28
      cc) Räumlicher Geltungsbereich des Preußischen Sozietätengesetzes Anm. 29
   b) Vereinbarung zwischen Erwerber und Veräußerer Anm. 30
3. Ausschlußfrist Anm. 31—37
   a) Beginn Anm. 31—36
      aa) Kenntniserlangung vom Erwerb Anm. 31
      bb) Kenntniserlangung von etwa notwendiger Genehmigung Anm. 32
      cc) Kenntniserlangung von der V im allgemeinen Anm. 33
      dd) Insbesondere von der Formnotwendigkeit der Kündigung Anm. 34
      ee) Insbesondere bei üblichen Ven Anm. 35
      ff) Insbesondere bei Pflicht-Ven Anm. 36
   b) Abdingbarkeit Anm. 37
4. Kündigungsfrist Anm. 38—39
   a) Wahl des Erwerbers Anm. 38
   b) Auslegung der Kündigung Anm. 39
5. Kündigung in Konkurrenzfällen Anm. 40
IV. Wirkungen der Kündigung (insbes. § 70 III) Anm. 41—58
1. Zusammentreffen der Kündigungen Anm. 41—42
   a) Stand der Ansichten Anm. 41
   b) Eigene Ansicht Anm. 42
2. Allgemeine Wirkung der Kündigung Anm. 43
3. Rechte des Vers Anm. 44—50
   a) Prämienzahlungsanspruch gegen Veräußerer Anm. 44—45
      aa) Rechtslage Anm. 44
      bb) Kritik Anm. 45
   b) Prämienzahlungsanspruch gegen Erwerber Anm. 46—47
      aa) Erwerber als Vmer zu behandeln Anm. 46
      bb) Erwerber als Vter zu behandeln? Anm. 47
   c) Prämienzahlungsobliegenheit des Erwerbers Anm. 48
   d) Anspruch auf Nachentrichtung gewährter Rabatte Anm. 49—50
      aa) Bei Vorbehalt im Vsvertrag Anm. 49
      bb) Bei fehlendem Vorbehalt Anm. 50

§ 70
Anm. 1—4   I. Allgemeines z. Kündigungsrecht (Voraussetzungen u. Einwendungen)

4. Verpflichtungen des Vers Anm. 51—52
   - a) Gewährung von Vsschutz Anm. 51
   - b) Rückzahlung voraus entrichteter Prämien Anm. 52
5. Überschreitung der zur Zeit der Veräußerung laufenden Vsperiode Anm. 53—55
   - a) Kündigung des Erwerbers Anm. 53—54
     - aa) Lösung nach Gesetzeswortlaut Anm. 53
     - bb) Korrektur des Gesetzeswortlauts Anm. 54
   - b) Kündigung des Vers Anm. 55
6. Innenverhältnis zwischen Veräußerer und Erwerber Anm. 56—58
   - a) Prinzip Anm. 56—57
     - aa) Kündigung des Erwerbers Anm. 56
     - bb) Kündigung des Vers Anm. 57
   - b) Sonderfälle Anm. 58

V. Gesetzeskonkurrierende Vorschriften Anm. 59—60
1. Hagelv Anm. 59
2. Binnentransportv Anm. 60

[1] Schrifttum.

Förstenberg, Das Kündigungsrecht des Vers, Leipziger Diss. 1932; Hahn, Rücktritt und Kündigung im Vsvertrage, Kölner Diss. 1936; Lauer, Die Kündigung in der Sachv bei Veräußerung des vten Objekts und die sich hierbei ergebenden Probleme, Kölner Diss. 1934; Waltenberger, Die Kündigung im Vsvertragsgesetz, Erlanger Diss. 1937.

[2] I. Allgemeines zum Kündigungsrecht (Voraussetzungen und Einwendungen).

1. Veräußerung.

a) Irrtümliche Annahme der Veräußerung.

Voraussetzung für die außerordentliche Kündigung nach § 70 I oder § 70 II ist eine wirksame Veräußerung. Nehmen die Parteien irrig eine solche an, was u. a. wegen der Umstrittenheit dieses Begriffs leicht vorkommen kann, so ist die außerordentliche Kündigung unwirksam. Für solchen Irrtum kommen hauptsächlich folgende Fallgruppen in Betracht: Es liegt Gesamtnachfolge oder überhaupt keine Nachfolge vor (Anm. 3, 22, 30, 32, 33, 41 zu § 69); es ist zwar Einzelnachfolge eingetreten, aber entweder richtet sie sich vsrechtlich nicht nach §§ 69ff. (Anm. 38, 42 zu § 69) oder § 70 II ist ausnahmsweise ausgeschlossen (Anm. 52, 54, 59 zu § 69).

Zu Unrecht hat LG Berlin 18. VI. 1951 VersR 1952 S. 31f. einem Grundstückseigentümer nach Wegfall der Treuhänderschaft das Kündigungsrecht nach § 70 II zugebilligt für einen Vsvertrag, den der Treuhänder für den Eigentümer eingegangen war. Hier lag kein Veräußerungsfall vor (Anm. 3 zu § 69); gegen LG Berlin zu Recht Schmitt in der Anm. a. a. O.

In diesen Zusammenhang gehört auch eine sachlich zu weit gehende Kündigung: Es sind nur einzelne Gegenstände von den gesamten, die die Police umfaßt, veräußert; weder Erwerber noch Ver kann das gesamte Vsverhältnis kündigen (vgl. Anm. 37, 39 zu § 69). Tun sie es doch, ist nur die Übermaßkündigung unbeachtlich, im übrigen ist die Kündigung wirksam (§ 139 2. Satzteil BGB).

[3] b) Kündigung vor Veräußerung.

aa) Unwirksamkeit.

Nach § 70 I, II kann das dort gegebene außerordentliche Kündigungsrecht nicht vor dem Zeitpunkt ausgeübt werden, in dem sich das letzte Tatbestandsstück der Veräußerung vollzieht, gegebenenfalls nicht vor Erteilung der Genehmigung für die Veräußerung. Eine Kündigung, die während eines mehrstufigen Veräußerungsgeschäfts oder (bei laufender V) vor Deklaration des Einzelrisikos (Anm. 50 zu § 69) oder vor Beginn der Veräußerung ausgesprochen wird, ist hinfällig: KG 14. XI. 1942 HansRGZ 1943 A Sp. 46ff. = JRPV 1943 S. 43; bestätigt von RG 25. VI. 1943 DR 1943 S. 1236; LG Bielefeld 29. IX. 1965 VersR 1967 S. 27.

[4] bb) Heilung?

In der letztgenannten Entscheidung wird erwogen, ob die verfrühte Kündigung dann geheilt wird, wenn bis zum Ablauf der Kündigungsfrist der Veräußerungstatbestand

I. Allgemeines z. Kündigungsrecht (Voraussetzungen u. Einwendungen) **§ 70**
Anm. 5—7

verwirklicht ist, was aber entgegen KG 22. X. 1930 VA 1930 S. 235 Nr. 2194 = HansRGZ 1930 A Sp. 734 abzulehnen ist (herrschende Lehre, vgl. die bei Lenski S. 122 Genannten). Dem Sinne nach wendet das KG auf diesen Sachverhalt § 185 BGB an (so ausdrücklich Pfeiffer JRPV 1933 S. 360; LG Lüneburg 2. IV. 1936 JRPV 1936 Zusatznr. S. 41f.), was aber unzulässig ist, weil § 185 der Rechtssicherheit halber bei einseitigen Erklärungen Einwilligung voraussetzt, Genehmigung genügt nicht. Aus dem gleichen Grunde ist die verfrühte Auflösungserklärung auch nicht als bedingte aufrechtzuerhalten, weil Gestaltungserklärungen die Abhängigkeit von einer fremdbestimmten (vom Empfänger aus gesehen) Bedingung nicht dulden (Ritter-Abraham Anm. 52 zu § 49 ADS S. 725; Bruck PVR S. 590 N. 119; LG Berlin 18. I. 1936 JRPV 1936 Zusatznr. S. 17f.).

Wer verfrüht gekündigt hat, mag nach Vollendung des Veräußerungstatbestandes seine Kündigung wiederholen oder die alte Kündigung bestätigen, was aber ebenfalls als Neuvornahme gilt (§ 141 BGB). Die Bestätigung kann auch konkludent erfolgen: Lenski S. 121f.; Raiser² Anm. 22 zu § 12 AFB S. 311; OG Danzig 31. III. 1931 JRPV 1931 S. 126.

[5] 2. Fristgerechte Kündigung.

a) Lauf der Ausschlußfrist.

§ 70 I, II setzen für die Ausübung der außerordentlichen Kündigung eine Einmonatsfrist, die mit dem Eintritt bestimmter im Gesetz genannter Umstände beginnt. Es handelt sich um eine Ausschlußfrist, auf die §§ 187 I, 188 II, 193 BGB Anwendung finden. Zur Wahrung der Ausschlußfrist ist Zugang beim Gegner erforderlich: Kisch III S. 314; Lenski S. 105, 115.

[6] b) Hemmung der Ausschlußfrist.

Es stellt sich die Frage, ob der Verlust des Kündigungsrechts auch dann eintritt, wenn der Berechtigte schuldlos die Ausschlußfrist versäumt hat. Im Bereich des § 12 III VVG wird heute die Entschuldbarkeit anerkannt (vgl. Möller Anm. 43—47 zu § 12). Für § 70 I, II ist m. E. die Berücksichtigung des Verschuldens nicht in dem gleichen Maße notwendig, denn hier droht nicht der einschneidende Anspruchsverlust, sondern lediglich die Aufrechterhaltung eines zwar nicht erwünschten Vsverhältnisses, das aber der kündigungswilligen Partei gleichwohl Vorteile bringt.

Hier genügt die Berücksichtigung der höheren Gewalt (wie das vereinzelt auch im Rahmen des § 12 vertreten wird: Hubernagel WuRdVers 1936 Nr. 2 S. 67f. und die bei Möller Anm. 45 zu § 12 angegebene Judikatur der Instanzgerichte). Damit ist nicht einer entsprechenden Anwendung von Verjährungsbestimmungen auf Ausschlußfristen das Wort geredet (von der Anführung von Literatur und Rechtsprechung zu dieser Streitfrage wird hier bewußt abgesehen, da sich die Kontroverse bisher hauptsächlich an Ansprüchen entzündet hat; § 70 I, II verbindet aber Gestaltungsrechte mit einer Ausschlußfrist), wenngleich die hier vertretene Ansicht auf dasselbe hinausläuft, was § 203 II BGB für die Verjährung sagt; ähnlich Kiantos VersArch 1958 S. 209 und Lesser JRPV 1927 S. 308. Ablehnend Lenski S. 116, der jedoch die subjektive Komponente, die sich ja auch im Falle des § 12 III VVG nicht aus dem Gesetz ergibt, aber gleichwohl anerkannt wird, außer Betracht läßt; wie Lenski auch Kisch III S. 314. — Wir kommen also zu dem Ergebnis, daß die Ausschlußfrist gehemmt ist, solange der Kündigungsberechtigte durch höhere Gewalt an der Ausübung seines Rechts gehindert war. Auch die Ablaufshemmung beim Mangel gesetzlicher Vertretung des Erwerbers (§ 206 BGB) greift ein. Zur Unterstützung der Begründung wird auf § 124 II² BGB verwiesen.

[7] c) Anfechtung der Versäumung der Ausschlußfrist?

Das Verstreichenlassen der Frist zur Kündigung ist nicht anfechtbar. Nur wenn das Schweigen im Rechtsverkehr als Willenserklärung aufzufassen ist, kennt das Gesetz etwa in § 5 IV VVG und § 1956 BGB eine Anfechtung des Schweigens. Deshalb hat OLG Celle 16. IX. 1969 BetrBer 1969 S. 1291 mit Recht die Anfechtung des Verstreichenlassens der in einem Prozeßvergleich vorgesehenen Widerrufsfrist verneint; ähnlich BGH 27. X. 1953 BetrBer 1953 S. 1024. Auch Möller Anm. 43 zu § 12 lehnt die Anfechtung im Parallelfall des § 12 III ab.

Sieg

Die Frage nach der Anfechtung des Schweigens spielt auch beim kaufmännischen Bestätigungsschreiben eine Rolle. Dort ist anerkannt, daß kein Anfechtungsgrund vorliegt, wenn lediglich über die Bedeutung des Schweigens geirrt wurde (BGH 7. X. 1971 BetrBer 1971 S. 1479; Staub-Ratz, Großkommentar zum HGB³, Berlin 1968 Anm. 91, 92 zu § 346, S. 85f.). Anfechtbar bleibt in solchen Fällen nur der Irrtum bei den Vertragsverhandlungen oder über den Inhalt des Bestätigungsschreibens (BGH 7. VII. 1969 BetrBer 1969 S. 933). Zu den beiden letzteren Fällen gibt es im Rahmen des § 70 keine Parallele, so daß die Frage nach der Anfechtbarkeit negativ zu beantworten ist; ebenso Lenski S. 115, 117; Raiser² Anm. 22 zu § 12 AFB S. 311. Anders Lesser ÖffrechtlV 1933 S. 4f. (für einen Spezialfall).

[8] 3. Form der Kündigung.

§ 70 I, II verlangt keine Form für die Kündigung. Nach § 72 ist es zulässig, daß für die Erwerberkündigung im Vsvertrage die Schriftform vorgesehen wird. Davon wird häufig Gebrauch gemacht, z. B. in § 19 AFB. Nach § 6 (2) in Verbindung mit § 4 (7) AKB soll die Kündigung des Erwerbers durch eingeschriebenen Brief erfolgen. Das bedeutet eine Schlechterstellung des Erwerbers im Sinne des § 72. Sie ist, weil nur Soll-Vorschrift nicht unwirksam, gleichwohl kann die betreffende Vorschrift der AKB nicht als geglückt angesehen werden, weil der durchschnittliche Erwerber den Unterschied zwischen Soll- und Muß-Vorschrift nicht kennt und daher meint, die Einschreibform sei zwingend.

Weil für den Erwerber nicht belastend, könnte der Vsvertrag auch für die Kündigung des Vers die Schriftform verbindlich machen. Das hat indes keine praktische Bedeutung, weil der Ver, kaufmännischen Gepflogenheiten entsprechend, schon aus Beweisgründen kaum jemals anders als schriftlich kündigen wird.

[9] 4. Auslegung der Kündigung.

Ob eine Willenserklärung eine Kündigung ist, ist durch Auslegung zu ermitteln (§ 133 BGB). Dabei besteht bei der Kündigung des Vers als des in der Regel geschäftsgewandteren Partners ein kleinerer Auslegungsspielraum als bei der entsprechenden Erklärung des Erwerbers. Mit Recht wird angenommen, daß das Bestreiten der Prämienzahlungspflicht nach § 69 II, wenn nicht andere Umstände hinzukommen, nicht als Kündigung aufzufassen ist, denn die Freistellung von der Verpflichtung des § 69 II durch § 70 III ist erst die Folge einer wirksamen Kündigung: Bruck[7] Anm. 12 zu § 70 S. 271; Raiser² Anm. 21 zu § 12 AFB S. 310; Prölss-Martin[18] Anm. 6 zu § 70, S. 366; Ehrenzweig S. 236. Anderer Ansicht OLG Düsseldorf 30. XII. 1927 VA 1928 S. 42 Nr. 1821. Ferner liegt keine Kündigung in der Veräußerungsanzeige des Erwerbers; Lenski S. 106.

Ergibt die Auslegung einer Erklärung, daß sie als Kündigung nach § 70 aufzufassen ist, wollte der Erklärende aber sich in Wahrheit nicht vom Vs-Verhältnis lösen, so kann die Kündigung wie jede Willenserklärung nach § 119 I BGB angefochten werden. Eine Begründung braucht weder die Ver- noch die Erwerberkündigung zu enthalten.

[10] 5. Beteiligte an der Kündigung.

a) Abgabe- und Empfangslegitimation.

Kündigungsberechtigt sind Ver (§ 70 I) und Erwerber (§ 70 II), d. h. bei aufeinanderfolgenden Veräußerungen der Letzterwerber. Dessen Vormann hat mit der Weiterveräußerung seine Stellung als Erwerber im Sinne des § 70 II verloren: Lenski S. 125 (nicht ganz unbestritten, vgl. die bei Lenski a. a. O. N. 265 Genannten). Wie auf der Aktivseite können auch auf der Empfangsseite Vertreter oder Parteien kraft Amtes auftreten (vgl. oben Anm. 10 zu § 69). Der Abschlußvertreter ist nach § 45 VVG befugt, die Kündigungserklärung für den Ver abzugeben, jeder Vsvertreter ist befugt, die Kündigungserklärung des Erwerbers entgegenzunehmen: § 43 Ziff. 2.

Kündigt ein Vertreter ohne Vertretungsmacht, wozu auch der Veräußerer bzw. dessen Konkursverwalter (Prölss-Martin[18] Anm. 4 zu § 70, S. 366; AG Hamburg 10. IV. 1953 VersR 1953 S. 253) oder der Einkaufskommissionär, auf den das Vsverhältnis nicht übergegangen ist (Anm. 7 zu § 69), gehören kann, so ist die Kündigung unwirksam, wenn

I. Allgemeines z. Kündigungsrecht (Voraussetzungen u. Einwendungen) **§ 70**
Anm. 11, 12

das Fehlen der Vertretungsmacht vom anderen Teil beanstandet wurde (§ 180 BGB). Fehlt es an solcher Beanstandung, so kann die Kündigung vom Vertretenen (rückwirkend) genehmigt werden: § 180 S. 2 in Verbindung mit § 177 BGB: Prölss-Martin[18] Anm. 4 zu § 70, S. 366. Der Fall der Kündigung durch Vertreter ohne Vertretungsmacht ist nicht mit § 185 zu lösen, weil in fremdem Namen gehandelt wurde (unrichtig deshalb OLG Stuttgart 5. X. 1955 VersR 1956 S. 251; Lenski S. 125. Richtig LG Berlin 18. I. 1936 JRPV 1936 Zusatznr. S. 17f.; Lesser JRPV 1931 S. 334; Hahn S. 31; Waltenberger S. 53). Der Vte bzw. der Vmer ist bei der V für fremde Rechnung nicht kündigungsberechtigt, vgl. Anm. 54 zu § 69.

[11] b) Beteiligung mehrerer.
aa) Allgemeines.

Besteht die Erwerberseite aus mehreren Personen in Gesamthänderschaft, so ist die Kündigung des Vers nur wirksam, wenn sie allen gegenüber ausgesprochen wird, wie umgekehrt in solchem Falle nur alle Erwerber nach § 70 II kündigen können. Bei der Bruchteilsgemeinschaft gilt wegen §§ 744, 745 das gleiche (Bruck PVR S. 587; derselbe[7] Anm. 2 zu § 70 S. 270; Lenski S. 101; Vorwerk S. 28). In allen diesen Fällen genügt die Kündigung seitens eines Bevollmächtigten aller Beteiligten bzw. die Kündigung ihm gegenüber.

Die Einheitlichkeit des Vsvertrages kann auch dadurch gewahrt bleiben, daß im Falle der Teilveräußerung das Kündigungsrecht nach § 70 I und II durch restriktive Auslegung dieser Norm entfällt. So liegt es meines Erachtens, wenn bei schon vorhandenem Bruchteilseigentum ein Zwerganteil veräußert wird. Die Veränderung auf der personellen Seite ist hier so geringfügig, daß sie sich auf die vte Beziehung zum (gleichgebliebenen) vten Objekt überhaupt nicht auswirkt, so daß das außerordentliche Kündigungsrecht der inneren Rechtfertigung entbehrt.

Um eine konkrete Zahl zu nennen: Relevant im Sinne des § 70 ist die Veräußerung erst, wenn der Bruchteil mehr als 10% beträgt. Das würde der Auslegung des § 51 VVG entsprechen (Möller Anm. 16 zu § 51), einer Norm, die hier deshalb herangezogen werden kann, weil, würde die Teilv nicht auf den Erwerber übergehen, bei den verbliebenen Miteigentümern Überv eintreten würde. Es hat daher eine gewisse Berechtigung, wenn Kroemer, Die Veräußerung der vten Sache im Recht der Schadensv, Greifswalder Diss. 1914, S. 52 die Bruchteilsveräußerung im Zusammenhang mit dem Vswert sieht; vgl. auch Anm. 95 zu § 68.

Beträgt der Bruchteil 10% oder darunter, so liegt also bei dessen Veräußerung ein Fall des § 69 vor, nur das Kündigungsrecht ist ausgeschlossen. Ähnliches wurde schon bei der V für fremde Rechnung festgestellt: Anm. 52—54 zu § 69.

Bei Nebenv hat der Erwerber allen Vern gegenüber zu kündigen, wenn er sich ganz von den Verträgen befreien will. Umgekehrt kann jeder einzelne Ver nur die Kündigung für seinen Anteil aussprechen. Bei der Mitv ist meist eine Führungsklausel vorgesehen. Hier ist die Kündigung des führenden Vers für alle Mitver verbindlich wie umgekehrt die Kündigung des Erwerbers ihm gegenüber genügt (Bruck PVR S. 587; derselbe[7] Anm. 4c zu § 70 S. 270. Lenski S. 105 differenziert nicht genug). Fehlt die Führungsklausel, so müssen die einzelnen Vsverträge ergeben, ob Beziehungslosigkeit zwischen ihnen herrscht wie bei der Nebenv (das soll nach Hübener, Die Führungsklausel in der Mitv, Karlsruhe 1954, S. 32 im Zweifel der Fall sein) oder ob aus der wirtschaftlichen Zusammengehörigkeit der Verträge, die dasselbe Risiko decken, folgt, daß das Kündigungsrecht nach § 70 I nur von allen Vern, das Kündigungsrecht nach § 70 II nur gegenüber allen Vern gebraucht werden kann.

[12] bb) Wohnungseigentum und veräußerliche Nutzungsrechte.

Es gibt (mit Sachbesitz verknüpfte) Rechte, die mehreren in der Weise zustehen, daß ein darauf bezügliches Vsverhältnis nur ein einheitliches Schicksal haben kann. So liegt es beim Wohnungseigentum. Veräußert ein Wohnungseigentümer sein Recht, so kann der Ver sein Kündigungsrecht nach § 70 I nur allen Wohnungseigentümern gegenüber geltend machen (Ausborn, Wohnungseigentum und privatrechtliche Gebäudev, Karlsruhe 1964, S. 146f.). Entsprechend kann der einzelne Erwerber nicht nach § 70 II VVG kündigen. Die durch die Auswechslung eines Wohnungseigentümers neu zusammengesetzte Gemeinschaft kann aber (gleichsam als Organ des Erwerbers) beschließen, daß das Vsverhältnis nach § 70 II zu kündigen ist, was der Verwalter alsdann auszuführen hat (Ausborn a. a. O. S. 148). In allen diesen Fällen macht es keinen Unterschied, ob das betreffende Wohnungseigentum an einen Außenstehenden veräußert wurde oder an jemanden, der bereits Mitglied der Gemeinschaft war (Ausborn a. a. O. S. 147, 149).

Das Wohnungseigentum besteht aus dem Miteigentumsanteil und aus dem Sondereigentum, wobei das Schwergewicht auf ersterem liegt. Deshalb hat auch hier der oben Anm. 11 entwickelte Grundsatz der Nichtkündbarkeit zu gelten, wenn (auf das ganze vte Objekt gesehen) ein Anteil von 10% oder darunter veräußert wurde.

Entsprechende Grundsätze haben, weil nur ein einheitliches Vsverhältnis sinnvoll ist, zu gelten, wenn ein Dauerwohnberechtigter oder ein Dauernutzungsberechtigter (von mehreren) sein Recht veräußert und eine Verpflichtung des dinglich Berechtigten besteht, für die V des Gebäudes zu sorgen (vgl. oben Anm. 33 zu § 69).

[13] 6. Wegfall des Kündigungsrechts.

a) Verzicht.

Wie auf jedes Gestaltungsrecht kann auch auf das Kündigungsrecht nach § 70 verzichtet werden. Konkludent verzichtet der Ver, wenn er vom Erwerber die Prämie nach § 69 II verlangt oder entgegennimmt (Böhme BB 1957 S. 168; Kisch III S. 316 N. 13; Bruck[7] Anm. 7 zu § 70 S. 271; Lenski S. 126 N. 269; Prölss-Martin[18] Anm. 3 zu § 70, S. 365; RG 21. XII. 1909 VA 1910 Anh. S. 38 Nr. 516 = JW 1910 S. 157).

Als ein Verzicht auf das Kündigungsrecht des Erwerbers ist es anzusehen, wenn er in Kenntnis der Rechtslage die Prämie für die laufende Vsperiode ohne Vorbehalt zahlt, denn hierzu wäre er bei einer Kündigung nicht verpflichtet (§ 70 III). Hingegen bedeutet die Vereinbarung mit dem Veräußerer, der Erwerber werde in den Vsvertrag eintreten, keine Beschränkung des Kündigungsrechts gegenüber dem Ver, sie hat nur Innenwirkung (vgl. oben Anm. 92 zu § 69).

Andererseits kann im Vsvertrag mit dem Veräußerer der Verzicht des Vers, nicht aber Ausschluß oder Erschwerung des Kündigungsrechts des Erwerbers vereinbart werden: Lenski S. 131 und die dort N. 309 Genannten; über Ausnahmen auf Grund § 192 II VVG s. unten Anm. 27—29.

[14] b) Rückerwerb durch ursprünglichen Versicherungsnehmer.

aa) Kündigungsrecht aus § 70 II bei untätig gebliebenem Zwischenerwerber.

Bestritten ist, ob auch der Rückerwerber das Kündigungsrecht aus § 70 II hat, d. h. derjenige, der die Sache zunächst veräußert hatte (wodurch die Rechtsfolgen der §§ 69ff. ausgelöst wurden) und sie danach wieder erwirbt. M. E. ist die Frage zu bejahen, und zwar ohne Rücksicht darauf, ob inzwischen eine neue Vsperiode seit der Veräußerung angelaufen ist (nur dann wollen Ehrenzweig S. 230f.; derselbe, Die Rechtslehre des Vsvertrages und die klassische Logik, Karlsruhe 1954 S. 40f.; Raiser[2] Anm. 21 zu § 12 AFB S. 310 dem Rückerwerber das Kündigungsrecht einräumen) oder ob sich Veräußerung und Rückveräußerung innerhalb derselben Vsperiode abspielen (ebenso Kisch III S. 320; Ritter-Abraham Anm. 48 zu § 49 ADS S. 724; Bruck PVR S. 589 N. 116; Hahn S. 133; Lenski S. 125). Der Grund hierfür liegt darin, daß der Ver nach der Erstveräußerung nicht mehr damit rechnen konnte, daß der Vsvertrag bis zum ursprünglich vorgesehenen Ende durchgeführt wird, weil ja der Zwischenerwerber hätte kündigen können.

Aber auch wenn dessen Kündigungsrecht im Zeitpunkt der Rückveräußerung nicht mehr besteht, ist dem Rückerwerber, dem ursprünglichen Vmer, das Kündigungsrecht nicht abzusprechen, denn es handelt sich um einen echten Veräußerungsfall. Der Vmer kann gute Gründe haben, sich von einem ihm in der Zwischenzeit vielleicht unbequem gewordenen Vsverhältnis zu lösen.

Nur dann, wenn Veräußerung und Rückerwerb lediglich zu dem Zweck vorgenommen worden sind, daß sich der Vmer das außerordentliche Kündigungsrecht verschafft, es sich also gleichsam erschleicht, könnte der Ver dem Einwand der Kündigung gegenüber einer

1. Allgemeines z. Kündigungsrecht (Voraussetzungen u. Einwendungen) **§ 70**
Anm. 15—18

Prämienklage die replicatio doli entgegenhalten (ähnlich Lenski S. 75, 125). Dieser Beweis wird dem Ver indes kaum jemals gelingen.

[15] bb) Restfälle.

Hat inzwischen der Erwerber nach § 70 II gekündigt, so lebt die ursprüngliche V nicht etwa wieder auf, wenn die Sache an den früheren Vmer rückveräußert wird. Wenn der Zwischenerwerber anderweit V genommen hat, geht diese auf den Rückerwerber über mit dem — hier unbestrittenen — Kündigungsrecht aus § 70 II; dem neuen Ver steht natürlich § 70 I zur Seite.

In allen Fällen des Rückerwerbs, in denen die V während des Zwischenerwerbs erhalten geblieben war, gewinnt auch der Ver das außerordentliche Kündigungsrecht nach § 70 I (Kisch III S. 320), obwohl er es wie vor der Erstveräußerung mit seinem ursprünglichen Vmer zu tun hat. Eine andere Lösung wäre angesichts des Kündigungsrechts des Erwerbers in diesem Fall (vgl. oben Anm. 14) nicht hinnehmbar.

[16] 7. Überschneidung mit Anfechtung.

a) Des Veräußerungsvertrages.

Ist das Veräußerungsgeschäft angefochten worden und hat vor der Anfechtung der Ver nach § 70 I oder der Erwerber nach § 70 II gekündigt, so erweist sich die Kündigung nunmehr als gegenstandslos, weil der Vmer nicht gewechselt hat (vgl. Anm. 11 zu § 69). Für den Schutz gegen die Rückwirkung der Anfechtung, den § 142 II BGB bietet, besteht hier, anders als wenn inzwischen eine Entschädigung oder eine Prämie gezahlt wurde (vgl. Anm. 12 zu § 69), kein Bedürfnis; ebenso Kisch III S. 319; Bruck PVR S. 591; Kiantos VersArch 1958 S. 224; Lenski S. 124.

[17] b) Des Versicherungsvertrages.

Das Anfechtungsrecht des Vers erleidet durch die Veräußerung keine Einschränkung, die Erklärung ist an den Erwerber zu richten (Anm. 51 zu § 69). An seinem Anfechtungsrecht ändert sich auch dann nichts, wenn der Erwerber vor der Ausübung nach § 70 II gekündigt hatte, ja selbst dann nicht, wenn diese Kündigung mit sofortiger Wirkung ausgesprochen wurde. Die Anfechtung hat wegen ihrer Rückwirkung auch dann noch einen Sinn, wenn sie auf einen für die Zukunft erloschenen Vertrag trifft, läßt man sie ja sogar gegenüber einem von Anfang an nichtigen Vertrag zu (Lange, BGB Allgemeiner Teil[13], München 1970, S. 312; Ramm, Einführung in das Privatrecht, Allgemeiner Teil des BGB, München 1969, S. 564f.; Lehmann-Hübner, Allgemeiner Teil des Bürgerlichen Gesetzbuches[15], Berlin 1966, S. 176). Auch kann der Ver nach § 70 I kündigen, obwohl er ein Anfechtungsrecht hat. Zwar wirkt letzteres stärker, möglicherweise sind aber die Voraussetzungen schwerer zu beweisen als die der außerordentlichen Kündigung.

Das Gesagte gilt entsprechend bei der Konkurrenz zwischen Rücktritts- und Kündigungsrecht des Vers (vgl. Anm. 51 zu § 69).

Hat umgekehrt der Veräußerer ein Anfechtungsrecht, so kann er es nur im Einvernehmen mit dem Erwerber ausüben: Anm. 51 zu § 69. Sofern kein Vsfall seit seiner Rechtsnachfolge eingetreten ist, wird der Erwerber in der Regel mit der Anfechtung einverstanden sein, denn Vsschutz kann er sich letztlich doch nicht auf Kosten des Veräußerers verschaffen: Die sofortige Kündigung nach § 70 II ist ihm versagt, wenn er Deckung beansprucht; die Kündigung zum Schluß der Vsperiode löst eine interne Ausgleichspflicht gegenüber dem Veräußerer aus (vgl. unten Anm. 45, 56). Wenn der Erwerber dem Veräußerer das Anfechtungsrecht aus der Hand schlägt, wird man ihn im Innenverhältnis für verpflichtet halten müssen, den Veräußerer von jeder Prämienzahlungspflicht freizustellen.

[18] 8. Hinweispflicht auf Wirkungslosigkeit der Kündigung.

a) Begründung.

Die Kündigung kann — wie gezeigt — aus verschiedenen Gründen wirkungslos sein. Sie kann auf irrtümlicher Annahme einer Veräußerung beruhen (oben Anm. 2), sie kann verfrüht (oben Anm. 3, 4) oder verspätet (oben Anm. 5) oder formfehlerhaft (oben

Sieg

Anm. 8) abgegeben sein. Sie kann, wenn aktiv oder passiv mehrere beteiligt werden müssen, daran scheitern, daß nicht alle mitgewirkt haben (oben Anm. 11—12), daß auf sie verzichtet worden ist (oben Anm. 13), daß sie durch Anfechtung des Veräußerungsvertrages überholt ist (oben Anm. 16).

In allen diesen Fällen gebieten es Treu und Glauben, daß der Ver den Kündigenden auf die Unwirksamkeit seiner Erklärung hinweist (vgl. Möller in „Kernfragen der Vsrechtsprechung", Berlin 1938 S. 47f.). Zwar ist, wie Möller a. a. O. S. 52 hervorhebt, bei der Anerkennung ergänzender Vertragspflichten Vorsicht am Platze, weil das VVG eine fast kodifikatorische Regelung zugunsten des Vmers enthält. Hier aber erscheint die Auferlegung einer Mitteilungspflicht am Platze, weil in anderen Dauerschuldverhältnissen entsprechend zu entscheiden wäre (vgl. Möller, Bericht über die deutsche Rechtsprechung im Binnenvsrecht in den Jahren 1937—1938, Rom 1940 S. 330; Prölss-Martin[18] Anm. 5 zu § 70, S. 366; Lenski S. 123; LG Berlin 1. IV. 1957 VersR 1957 S. 510f.). Anderer Auffassung (Ablehnung einer Mitteilungspflicht) Lesser JRPV 1929 S. 157f.; Lauer S. 20; Hahn S. 32. Eine Mittelmeinung wird vertreten von Raiser[2] Anm. 22 zu § 12 AFB S. 311.

Logisch wäre es, dem Vmer eine solche Hinweispflicht aufzuerlegen, wenn der Ver zu Unrecht aus § 70 I kündigt. Da indes hier nur erheblich geringere Anforderungen an das Verschulden zu stellen sind, wird eine Haftung des Vmers aus der Unterlassung solchen Hinweises kaum praktisch werden.

[19] b) Folgen der Verletzung.

Die Verletzung dieser ergänzenden Mitteilungspflicht ist unter dem Gesichtspunkt der positiven Forderungsverletzung zu beurteilen, nicht der culpa in contrahendo, denn das Gesetz geht in §§ 69ff. nicht von einem Neuabschluß mit dem Erwerber aus. Verletzt der Ver schuldhaft die Mitteilungspflicht, kann der Erwerber verlangen, so gestellt zu werden, wie wenn sie erfüllt worden wäre. Dabei ist anzunehmen, daß er wiederum gekündigt hätte. Der Schaden des Erwerbers besteht also darin, daß er nach § 69 II gesamtschuldnerisch für die Prämie des laufenden Vsjahres haftet. Von dieser Verpflichtung muß ihn der Ver befreien, d. h. er kann vom Erwerber keine Prämie verlangen. Das läuft im Ergebnis darauf hinaus, daß der Ver die nicht zurückgewiesene unwirksame Kündigung wie eine wirksame behandeln muß (Kiantos VersArch 1958 S. 198; Plath in Anm. zu AG Hoya 4. V. 1933 JRPV 1933 S. 292; Lenski S. 103, 111, 123; LG Berlin 1. IV. 1957 VersR 1957 S. 510).

Das ist nur dann anders, wenn die Kündigung des Erwerbers nicht nachholbar ist (z. B. wegen Versäumung der Ausschlußfrist, weil er auf sie verzichtet hat, weil keine Einzelnachfolge vorliegt). Hier ist die V in Kraft geblieben, und sie bleibt wirksam. Der Schaden des Erwerbers kann darin bestehen, daß er im Glauben an das Erlöschen der übernommenen V eine neue eingegangen ist. Deren Prämie ist ihm vom Ver des Veräußerers zu erstatten, wobei aber der Erwerber nach § 254 BGB gehalten ist, unverzüglich auf eine Aufhebung der zweiten V (§ 60 VVG) hinzuwirken.

Nicht richtig ist, daß der Ver mit der Unterlassung der Zurückweisung auf sein Kündigungsrecht verzichtet hat (so aber Bruck VVG[7] Anm. 7 zu § 70 S. 271; ders. PVR S. 188).

Die Frage nach dem Verschulden des Vers stellt sich in diesem Zusammenhang nur in bezug auf die Unterlassung der Hinweispflicht bei erkannter Unwirksamkeit der Kündigung, nicht etwa ist er gehalten, Nachforschungen nach der Wirksamkeit der Kündigung anzustellen. Anderenfalls wäre die Risikosphäre des Kündigenden auf die Gegenseite verlagert (ebenso Lenski S. 123).

[20] 9. Beweislast.

Bei Streit über die Wirksamkeit der Kündigung ist das Vorliegen von deren Voraussetzung von dem zu beweisen, der sich auf die Kündigung beruft. Zu den Voraussetzungen gehören: Veräußerung, formwirksame Kündigungserklärung durch den richtig aktiv Legitimierten an den richtig passiv Legitimierten, Zugang der Kündigung.

Nach der Fassung von § 70 I, II gehört die Rechtzeitigkeit der Kündigung nicht zu deren Voraussetzungen. Deshalb ist es Sache des Gegners, einzuwenden und evtl. zu

II. Kündigungsrecht des Versicherers (§ 70 I) §70
Anm. 21, 22

beweisen, die Kündigung sei verspätet erfolgt. Das schließt im Falle des § 70 I den Beweis des Erwerbers für den Zeitpunkt der Kenntniserlangung von der Veräußerung durch den Ver (ebenso Lenski S. 105), im Falle des § 70 II den Beweis des Vers für den Zeitpunkt der Kenntniserlangung des Erwerbers von dem Erwerb ein. So ist § 70 II S. 2 erster Halbsatz zu verstehen (darauf, daß es auf die Kenntnis vom Erwerb ankommt, ist unten Anm. 31 einzugehen). Ferner kann der Kündigungsgegner einwenden und muß notfalls beweisen, das Kündigungsrecht sei anderweit weggefallen, etwa durch Verzicht (oben Anm. 13), durch Erschleichung (oben Anm. 14) oder es sei durch Anfechtung des Veräußerungsvertrages überholt (oben Anm. 16).

Der Kündigende kann daraufhin replizieren (mit Beweislast auf seiner Seite), höhere Gewalt habe ihn an vorzeitiger Kündigung gehindert (oben Anm. 6); dem Erwerber ist ferner der Beweis eröffnet, daß er erst nach dem Erwerb von der V Kenntnis erhalten hat und wann (Lenski S. 117 und die dort N. 169, 170 Genannten). Daß es sich hierbei um eine Replik handelt, ergibt die Fassung des § 70 II S. 2: Kenntnis des Erwerbers von der V beim Erwerb wird zugunsten des Vers vermutet; der Beweis **späterer** Kenntniserlangung (durch den Erwerber) kann diese Vermutung beseitigen.

Wenn über die Berechtigung der **Anfechtung** einer Kündigung Streit entsteht (oben Anm. 9), trifft die Beweislast den Anfechtenden.

[21] II. Kündigungsrecht des Versicherers (§ 70 I).

1. Ausschlußfrist.

a) Beginn.

Die einmonatige Ausschlußfrist für die außerordentliche Kündigung des Vers beginnt mit der Kenntniserlangung von der Veräußerung (§ 70 I), Kenntnis der **bevorstehenden** Veräußerung steht nicht gleich; richtig Lenski S. 103 f. gegen Josef Mitt. f. d. öffentl. Feuervs-Anstalten 1916 S. 153. Sichere Kenntnis erwirbt der Ver durch die Anzeige des Veräußerers oder des Erwerbers nach § 71; es genügt aber auch die Kenntniserlangung auf anderem Wege, wobei als Minimum verlangt werden muß, daß der Ver Name und Anschrift des Erwerbers (als seines neuen Vmers) erfährt (Prölss-Martin[18] Anm. 2 zu § 70, S. 364; Lenski S. 102f.; RG 9. III. 1920 VA 1922 Anhang S. 50 Nr. 1274). Ist Gebäude mit Inventar vt, so kann die Ausschlußfrist zu verschiedenen Zeitpunkten beginnen, sofern der Ver von der Veräußerung des Grundstücks eher erfährt als von der Mitveräußerung des Inventars (etwas mißverständlich RG 9. III. 1920 VA 1922 Anhang S. 50 Nr. 1274, wo wohl nur gemeint ist, daß es nicht auf die Kenntnis der Mitveräußerung jedes einzelnen Inventarstücks ankommt).

Über die Frage, wessen Kenntnis im Unternehmen des Vers maßgebend ist, vgl. Anm. 59, 60 zu § 68. Wenn der Ver nur Andeutungen über eine Veräußerung erhält, braucht er diesen nicht nachzugehen, um sich Aufklärung zu verschaffen (Bruck PVR S. 587; ders.[7] Anm. 7 zu § 70 S. 271). — Bei mehreren Vern kommt es auf die Kenntnis desjenigen von ihnen an, der für den Ausspruch der Kündigung legitimiert ist (vgl. oben Anm. 13).

[22] b) Abdingbarkeit.

Die gesetzliche Ausschlußfrist beträgt nach § 70 I einen Monat. Sie kann im Vertrage zwischen Ver und Veräußerer verlängert oder verkürzt werden, beides wird nicht von § 72 erfaßt, die Kündigung des Erwerbers nach § 70 II bleibt unangetastet. Außerdem läßt sich generell nicht sagen, ob Abkürzung oder Verlängerung der Frist nachteilig für den Erwerber ist. Im ersteren Fall gewinnt er schneller Klarheit über das Schicksal des Vsverhältnisses, im letzteren Fall kann der materielle Vsschutz für ihn länger laufen, als es das Gesetz vorsieht; an beidem kann dem Erwerber gelegen sein.

Die herrschende Lehre mißt hingegen Vereinbarungen über die Ausschlußfrist an § 72. Nur Verkürzung wird von Ehrenzweig S. 235, Kiantos VersArch 1958 S. 193, Lenski S. 104 für zulässig gehalten, nur Verlängerung sieht Bruck PVR S. 588 als möglich an. — Allenfalls könnte man annehmen, die Ausschlußfrist des § 70 I sei schlechthin unabdingbar; man soll aber die Vertragsfreiheit nicht über das Notwendige hinaus beschränken.

[23] **2. Kündigungsfrist.**

Die Kündigung des Vers ist nicht notwendig, wenn eine bestimmte Vsdauer vereinbart ist und die gesetzliche Kündigungsfrist später enden würde als vertraglich vorgesehen. Über den vertraglich festgelegten Endzeitpunkt hinaus kann das Vsverhältnis auch im Falle der Veräußerung nie bestehen, denn der Erwerber kann nicht mehr Rechte (hier zeitlich gemeint) erhalten, als sie der Veräußerer hatte.

Die Kündigungsfrist nach § 70 I beträgt einen Monat. Kündigt der Ver fristlos oder mit kürzerer Frist, so ist die Umdeutung in eine Kündigung mit der gesetzlichen Frist angebracht (vgl. § 140 BGB). Nicht etwa ist die nichtfristgerechte Kündigung völlig unbeachtlich (so aber Ehrenzweig S. 235 N. 13), denn der Erwerber sieht aus ihr, daß der Ver sich auf jeden Fall vom Vsverhältnis lösen will (ebenso Bruck PVR S. 588; ders.[7] Anm. 8 zu § 70 S. 271; Lenski S. 102). Auch der Vertrauensschutz gebietet keine andere Lösung: Gerade dann, wenn der Erwerber auf den Wortlaut der (nichtfristgerechten) Kündigung vertraut, wird er sich schleunigst nach anderweitigem Vsschutz umsehen.

Vereinbarungen zwischen Veräußerer und Ver über die Kündigungsfrist sind nur dann wirksam, wenn sie die Monatsfrist verlängern, nicht dann, wenn sie sie abkürzen (§ 72 VVG), anders nur in den unten Anm. 27 zu erörternden Fällen.

[24] **3. Konkurrenz mit Kündigung wegen Gefahrerhöhung.**

In der Veräußerung kann gleichzeitig eine Gefahrerhöhung liegen. Sie ist als willkürliche (Cahn S. 106—108), aber unverschuldete zu qualifizieren (Kisch ZVersWiss 1920 S. 220f. nimmt se in m. E. nicht vertretbarer Weise an, daß die Veräußerung auch eine **verschuldete** Gefahrerhöhung involvieren könne). Deshalb gewinnt der Ver nach § 24 I² ein Kündigungsrecht mit Frist von einem Monat. Insoweit besteht also kein Unterschied gegenüber § 70 I. Indes kann das Kündigungsrecht durch § 24 doch bedeutungsvoll werden, weil die Ausschlußfrist zu einem anderen Zeitpunkt beginnt als nach § 70 I: Nach § 24 II kommt es auf die Kenntnis von der Gefahrerhöhung an. Das Kündigungsrecht nach § 70 I kann also schon erloschen sein, wenn das nach § 24 I noch besteht (Kisch ZVersWiss 1920 S. 220).

Ferner hat das letztere dann Bedeutung, wenn der Ver im Vertrage mit dem Veräußerer auf sein Kündigungsrecht im Veräußerungsfall verzichtet hatte. Solcher Verzicht ist so auszulegen, daß er nur für den Normalfall wirkt. Außerdem kann das Kündigungsrecht aus § 70 I wegen einer Erwerberkündigung nach § 70 II hinfällig sein (vgl. unten Anm. 42), während das nach § 24 auch in diesem Falle behauptet.

Ausgeschlossen ist das Kündigungsrecht nach § 24 VVG, wenn die Gefahrerhöhung unerheblich oder wenn als vereinbart anzusehen ist, daß das Vsverhältnis durch sie nicht berührt werden soll: § 29 VVG.

[25] **4. Kündigung gegenüber besonderen Erwerbern.**

Unten Anm. 40 wird zu zeigen sein, daß dem Erwerber eines Handelsgeschäfts, dem Vermögensübernehmer, dem Erbschaftskäufer das außerordentliche Kündigungsrecht aus § 70 II insoweit nichts nützt, als die Prämienbefreiung nach § 70 III letzter Satzteil nicht eintreten kann. Das wirft die Frage auf, ob solchen Erwerbern gegenüber seitens des Vers mit der Wirkung des § 70 III letzter Satzteil gekündigt werden kann. Sie ist bejahend zu beantworten. Dem Ver, der von seinem Kündigungsrecht nach § 70 I Gebrauch macht, sind die Prämienansprüche mit seinem Willen entzogen, die ihm nach den konkurrierenden Normen an sich trotz § 70 III letzter Satzteil zustehen würden.

[26] **III. Kündigungsrecht des Erwerbers (§ 70 II).**

1. Interessenlage.

Das Kündigungsrecht des Erwerbers ist eingeführt worden, um ihn von einem Vertrage zu befreien, den er als lästig empfindet, sei es, daß er überhaupt ohne Vsschutz bleiben will, sei es, daß er ihn sich anderweit günstiger verschaffen kann. In diesem Zusammenhang ist nochmals auf § 41 a VVG aufmerksam zu machen (vgl. oben Anm. 12 zu Vorbemerkungen zu §§ 69—73). Wenn beim Erwerber eine deutliche Gefahrminderung eintritt, kann er Herabsetzung der Prämie verlangen und wird in solchem Falle an einer Kündigung weniger interessiert sein.

III. Kündigungsrecht des Erwerbers (§ 70 II) §70
Anm. 27—29

Wie sich aus §§ 106, 107b VVG ergibt, ist zur Wirksamkeit dieser Kündigung nicht die Zustimmung der Realgläubiger nötig.

[27] 2. Abdingbarkeit.
  a) Vereinbarung zwischen Versicherer und Veräußerer.
  aa) Rechtslage bei öffentlich-rechtlichen Versicherungsanstalten.

Es war lange Zeit umstritten, ob das Kündigungsrecht des Erwerbers in den AVB der nach Landesrecht lebenden öffentlich-rechtlichen Vsanstalten ausgeschlossen werden könne. Bedeutung hat die Frage natürlich nur, wo kein Vszwang mit Monopol herrscht, denn dort verbietet sich das Kündigungsrecht des Erwerbers von selbst. Im übrigen spricht § 192 II VVG für die Wegbedingung, weil hiernach die Schranke des § 72 VVG nicht gilt.

Indes wurde die Ansicht vertreten, daß die Abbedingung des Kündigungsrechts generell nicht durch § 72 VVG verboten sei, sondern weil es Verträge zu Lasten Dritter nicht gebe und sich darüber auch § 192 II VVG nicht hinwegsetzen könne (so Hagen JRPV 1933 S. 81ff., 309ff.; Bruck[7] Anm. 5 zu § 72 S. 278; ders. PVR S. 597; OG Danzig 27. III. 1934 JW 1934 S. 981f.). Heute geht auf Grund der Entscheidung RG 13. VII. 1934 RGZ Bd 145 S. 143ff. die weitaus überwiegende Meinung dahin, daß § 70 II im Rahmen des § 192 II abdingbar ist (siehe Lenski S. 131—135 und die dort Genannten).

Das trifft auch zu. Mit der Abstellung auf den (unwirksamen) Vertrag zu Lasten Dritter ist unserer Frage nicht beizukommen. Der Erwerber als Nachfolger in ein Schuldverhältnis ist kein Dritter, so wenig wie der Zessionar oder der Schuldübernehmer es ist.

[28] bb) Beispiel.

Ein Beispiel für die Abbedingung des Kündigungsrechts bietet § 13 der AFB der Feuersozietät Berlin, die außerhalb des Pflichtvsgebiets und nicht für die Hausratv gelten. Er lautet in seiner Ziff. 2:

„Weder der Ver noch der Erwerber ist berechtigt, aus Anlaß der Veräußerung eine V zu kündigen, zu deren Annahme der Ver verpflichtet ist. Handelt es sich aber um eine V, die abzulehnen der Ver berechtigt ist, so können der Erwerber oder der Ver die V nach §§ 70, 71 VVG kündigen."

Inwieweit die Anstalt zur Annahme der V verpflichtet ist, ergibt sich aus § 10 des Preußischen G betreffend die öffentlichen Feuer-Vsanstalten vom 25. VII. 1910. Dieser hat folgenden Wortlaut:

„Eine öffentliche Feuervsanstalt kann die V eines Gebäudes ablehnen,
  1. wenn das Gebäude einer außergewöhnlichen Feuergefahr ausgesetzt ist,
  2. wenn die V die Leistungsfähigkeit der Anstalt übersteigt,
  3. wenn der Wert des Gebäudes einhundert D-Mark nicht übersteigt oder das Gebäude zum Abbruch bestimmt oder im Verfall ist oder seinen Gebrauchswert für den Eigentümer ganz oder zum wesentlichen Teil verloren hat,
  4. wenn das Gebäude auf fremdem Grund und Boden steht, ausgenommen den Fall des Erbbaurechts,
  5. wenn das Gebäude den ungünstigeren Teil eines im übrigen anderweit oder überhaupt nicht vten Gebäudebesitzes innerhalb des Gebiets der Anstalt darstellt,
  6. während der Dauer eines Kriegszustandes."

Es ergibt sich also deutlich, daß der Ausschluß des Kündigungsrechts den Erwerber nicht einseitig belastet, greift er doch nur ein, wenn sich auch der Ver seinen Partner nicht aussuchen kann; überdies verzichtet der Ver ebenfalls auf sein Kündigungsrecht.

[29] cc) Räumlicher Geltungsbereich des Preußischen Sozietätengesetzes.

Das G betreffend die öffentlichen Feuervsanstalten vom 25. VII. 1910 (kurz Preußisches Sozietätengesetz genannt) gilt in manchen Nachfolgeländern Preußens — wenn auch mit Änderungen — weiter, vgl. Schmidt-Müller-Stüler, Das Recht der öffentlich-rechtlichen Sachv[2], Karlsruhe 1968, S. 428. In den AVB der Anstalten der betreffenden

Länder finden sich denn auch Parallelbestimmungen zu dem oben Anm. 28 wiedergegebenen § 13 AFB der Feuersozietät Berlin.

[30] b) Vereinbarung zwischen Erwerber und Veräußerer.

Die häufig vorkommende Abrede in Kaufverträgen, daß der Erwerber in das Vsverhältnis eintrete, nimmt diesem nicht das Kündigungsrecht nach § 70 II (vgl. oben Anm. 92 zu § 69). Das Interesse des Veräußerers geht nur dahin, daß er im Endergebnis nicht über seine Eigentumszeit hinaus Prämie zu zahlen hat. Dieses Ziel läßt sich erreichen, ohne dem Erwerber das Kündigungsrecht zu nehmen. Er hat den Veräußerer so zu stellen, als hätte er nicht gekündigt (die Kündigung auf den Ablauf der Vs-Periode hat ohnehin eine interne Ausgleichspflicht zur Folge, vgl. unten Anm. 56). Die hier besprochene Abrede tritt anstelle des § 446 I (i. V. m. § 103) BGB, der im Vs-Recht nicht einschlägig ist, weil er die Lastentragung an die Übergabe knüpft, während es hier auf den Eigentumsübergang ankommt, ganz abgesehen davon, daß das Kausalgeschäft nicht immer Kauf ist.

Die herrschende Lehre geht allerdings einen Schritt weiter und sieht in einer derartigen Abrede das Versprechen des Erwerbers, nicht zu kündigen: Lenski S. 126; Kisch III S. 313 N. 1; Bruck PVR S. 589 N. 116; Hahn S. 33; Weiß S. 124; LG Berlin 20. III. 1937 JRPV 1937 S. 174f.

Aus dem hier vertretenen Standpunkt folgt zwangsläufig, daß die Vseintrittsklausel im Kausalvertrage keine Wirkung zugunsten des Vers entfalten kann; anders: LG Schwerin 26. IV. 1928 NeumannsZ 1928 S. 720; Hagen Handb. d. ges. Handelsrechts 8. Bd 1. Abt. Leipzig 1922 S. 671; Raiser[2] Anm. 25 zu § 12 AFB S. 312; Ehrenzweig S. 239; Lauer S. 29. Deshalb kann auch keine Rede davon sein, daß bei der hier behandelten Abrede eine Kündigung des Erwerbers wirkungslos oder zwar wirksam sei, aber der Ver die Wiederherstellung des Vertrages verlangen könne (so aber Prölss-Martin[18] Anm. 7 zu § 70, S. 367; ähnlich Reichert-Facilides, Der Vsangestellte, 7. Jg. Nr. 4 S. 7).

Die Auslegung der Absprache zwischen Erwerber und Veräußerer kann ausnahmsweise ergeben, daß der Erwerber nicht kündigen dürfe und dieses Verbot sogar Außenwirkung zugunsten des Vers habe: Lenski S. 130.

Vereinbaren die Parteien, daß der Erwerber die V nicht übernehme, so ist dieser gehalten, nach § 70 II zu kündigen. Da hier der Veräußerer keinen Anspruch darauf hat, daß sich der Erwerber intern an der Prämienlast beteiligt, kann es ihm gleichgültig sein, ob letzterer mit sofortiger Wirkung oder zum Ablauf der Vs-Periode kündigt.

[31] 3. Ausschlußfrist.

  a) Beginn.

  aa) Kenntniserlangung vom Erwerb.

§ 70 II S. 2 1. Satzteil läßt die Ausschlußfrist für die Ausübung des Kündigungsrechts mit dem Erwerb beginnen. Das ist unscharf formuliert. Wie § 70 I S. 2 und § 70 II S. 2 2. Satzteil zeigen, soll es für den Beginn stets auf die Kenntnis gewisser Umstände ankommen, hier also auf die Kenntnis vom Erwerb. Im Ergebnis ebenso Ehrenzweig, Die Rechtslehre des Vsvertrages und die klassische Logik, Karlsruhe 1954, S. 54f.; ders. S. 235 N. 14; ders. VersR 1951 S. 111f.; Kiantos VersArch 1958 S. 200; Frey Praxis 1932 S. 85; Bronisch-Cuntz-Sasse-Starke, Recht der privaten V, Frankfurt a. M. 1966 Anm. 1 zu § 70 S. 162. Erwerb und Kenntnis hiervon werden in der Regel zusammenfallen, aber es braucht nicht immer der Fall zu sein. Namentlich bei Grundstücken, wo die Eintragung den Erwerb bewirkt, kann es vorkommen, daß der Erwerber hiervon erst geraume Zeit später benachrichtigt wird. Abgesehen davon, daß es auf Verschulden in § 70 II nicht ankommt, ist dem Erwerber aber auch nicht zuzumuten, sich eventuell wiederholt nach der Eintragung zu erkundigen (so aber Lenski S. 115).

Es ist deshalb auch billig, an die Kenntnis vom Erwerb anzuknüpfen. Anderer Auffassung LG Kiel 4. VII. 1932 Praxis 1932 S. 85; Raiser[2] Anm. 22 zu § 12 AFB S. 311; Prölss-Martin[18] Anm. 4 zu § 70, S. 365; Hellweg ÖffrechtlV 1933 S. 47; Waltenberger S. 54.

[32] bb) Kenntniserlangung von etwa notwendiger Genehmigung.

Ist die Wirksamkeit der Veräußerung von einer Genehmigung abhängig, so beginnt die Frist zu laufen, sobald dem Erwerber die Genehmigung bekanntgemacht worden ist.

III. Kündigungsrecht des Erwerbers (§ 70 II) § 70
Anm. 33—35

Sie wirkt hier nicht zurück, denn anderenfalls könnte die Ausschlußfrist schon abgelaufen sein, ehe der Erwerber weiß, daß er wirksam das Recht erlangt hat (ebenso Lenski S. 107).

[33] cc) Kenntniserlangung von der Versicherung im allgemeinen.

Das Gesetz geht von dem Normalfall aus, daß mit der Kenntnis vom Erwerb die Kenntnis von der V zusammenfällt. Folgt letztere nach, so beginnt die Ausschlußfrist erst mit der Kenntnis von der V, d. h. der Erwerber muß wissen, daß er einen vten Gegenstand erworben hat und wer der Ver ist, denn das ermöglicht ihm die Kündigung (Kisch III S. 314 N. 5; Raiser[2] Anm. 23 zu § 12 AFB S. 312; Lenski S. 110; Waltenberger S. 56; Prölss-Martin[18] Anm. 4 zu § 70, S. 365; LG Saarbrücken 22. IV. 1965 VersR 1965 S. 945).

Weitere Einzelheiten braucht er nicht erfahren zu haben; hat er die genannten Grundkenntnisse, mag er sich erkundigen, am besten die Police zeigen lassen (LG Königsberg 22. VI. 1933 JRPV 1934 S. 47f.; Bruck PVR S. 590 N. 120; Raiser[2] Anm. 23 zu § 12 AFB S. 312; ähnlich Kiantos VersArch 1958 S. 195). Mit Recht wird der Standpunkt OLG Düsseldorf 13. XII. 1927 JRPV 1928 S. 63, die Frist beginne erst, wenn der Erwerber die Police erhalten habe, von den vorgenannten Autoren abgelehnt. Es kommt also nicht darauf an, wann der Erwerber Einzelheiten erfahren hat, sondern wann er sie hätte erfahren können, nachdem er weiß, daß die Sache bei einem bestimmten Ver gedeckt ist.

Ist dem Erwerber eine Partei kraft Amts beigegeben und bezieht sich der Vsvertrag auf Gegenstände, die dessen Verwaltung unterliegen, so fragt es sich, auf wessen Kenntnis es ankommt. Die Kenntnis des Erwerbers als des neuen Vmers kann nicht unbeachtet bleiben. Da aber die Partei kraft Amts, nicht der Erwerber, kündigungsberechtigt ist, ist auch ihre Kenntnis von Bedeutung. Deshalb dürfte es richtig sein, die Monatsfrist des § 70 II beginnen zu lassen, sobald einer der beiden Beteiligten (Erwerber oder Partei kraft Amts) Kenntnis von der V hat.

[34] dd) Insbesondere Kenntniserlangung von der Formnotwendigkeit der Kündigung.

Das oben Anm. 33 Ausgeführte gilt auch für den Fall, daß der Vsvertrag die Schriftform für die Kündigung vorsieht. Entgegen Hagemann LZ 1914 Sp. 1195 läuft die Ausschlußfrist hier nicht erst von der Kenntnis der Schriftform (wie hier Kisch III S. 315 N. 9; Bruck PVR S. 590 N. 118; Märklin LZ 1914 Sp. 1890f.). Der Erwerber ist genügend geschützt durch die oben Anm. 18, 19 behandelte Hinweispflicht des Vers.

Nicht begründbar ist die Auffassung, die formlose Kündigung sei voll wirksam, wenn der Erwerber von der Schriftform nichts gewußt habe (so aber AG Hoya 4. V. 1933 JRPV 1933 S. 292; Weiß S. 119). Damit ist verkannt, daß der Erwerber an den Inhalt des Vsvertrages gebunden ist und daß es einen Gutglaubensschutz in Richtung Formfreiheit nicht gibt.

[35] ee) Insbesondere bei üblichen Versicherungen.

Die Frage, ob sich der Erwerber, der sich trotz Üblichkeit der V nicht nach deren Bestehen erkundigt hat, behandeln lassen muß, als habe er diese Kenntnis gehabt, ist zu verneinen (anders Krings JRPV 1942 S. 29f.; Roesch Betrieb 1953 S. 99; Vassel in Finke, Handwörterbuch des Vswesens, Bd 1 Darmstadt 1958 Sp. 1225; OLG Graz 13. VI. 1941 Dt. Just. 1941 S. 1095f. mit zustimmender Anmerkung Thees; AG Stuttgart 1. IX. 1952 VersR 1952 S. 371 mit Anm. Weber, der sogar eine generelle Erkundigungspflicht, d. h. auch bei Nichtüblichkeit der V, annimmt). Böhme BB 1957 S. 168 unterscheidet nicht genug zwischen Pflichtv und üblicher V. Im letzteren Fall hält er für möglich, die Nichterkundigung als Verzicht auf das Kündigungsrecht zu deuten (so auch LG Mannheim 27. II. 1963 VersR 1963 S. 572 = MDR 1963 S. 504 = BB 1964 S. 13). Das geht, selbst wenn man seiner Prämisse folgen wollte, zu weit: Die Nichterkundigung könnte allenfalls der Kenntnis gleichgestellt werden und setzte also die Ausschlußfrist in Lauf.

Indes ist der Ansatzpunkt der Genannten schon nicht richtig. Damit wäre nämlich das Kennenmüssen der Kenntnis gleichgestellt, was § 70 II nicht tut. Hier kann allerdings der Rechtsgedanke des § 162 BGB zu einem anderen Ergebnis führen: Wer sich wider Treu und Glauben nicht unterrichtet, muß sich behandeln lassen, als sei er unterrichtet; im Ergebnis ebenso Lenski S. 114; Knoerrich VA 1958 S. 291; Bronisch VersR 1950 S. 43.

[36] ff) Insbesondere bei Pflichtversicherungen.

Nur bei Pflichtven ist das Tatbestandsmerkmal der Kenntnis leichter erfüllt. Hier ist auf die zu §§ 407, 412 BGB entwickelte Rechtsprechung, der die Literatur weitgehend gefolgt ist, hinzuweisen, wonach der Kenntnis vom Anspruchsübergang auf den Sozialvsträger die Kenntnis der Umstände gleichsteht, die die Sozialvspflicht (und damit den Übergang) begründen, siehe Anm. 99 zu § 67 mit weiteren Nachweisen.

Das spielt in unserem Rahmen vor allem für die Kraftfahrzeug- und die Luftfahrzeughaftpflichtv eine Rolle (§ 158h VVG). Hier weiß der Erwerber, daß Gegenstand des Rechtsgeschäfts ein Fahrzeug ist, das einer Pflichtv unterliegt. Das steht der Kenntnis vom Bestehen der V gleich. Ab Kenntnis von dem Erwerb läuft also die einmonatige Ausschlußfrist; nicht jedoch ist anzunehmen, daß die Unterlassung der Erkundigung des Erwerbers wie ein Verzicht auf das Kündigungsrecht nach § 70 II wirkt (vgl. oben Anm. 35). Bei der Kraftfahrtv kann also für die Haftpflichtv eine andere Ausschlußfrist laufen als für die Kasko- oder Reisegepäckv, hinsichtlich deren es bei der Regel oben Anm. 33 bleibt.

Für die Gebäudefeuerv ist die hier behandelte Frage kaum akut. Soweit es bei ihr eine Pflichtv gibt, ist sie gewöhnlich mit einem Monopol gekoppelt, und deshalb scheidet ein Kündigungsrecht des Erwerbers aus.

Eine Erkundigungspflicht verneinen schlechthin, also auch bei der Pflichtv, LG Saarbrücken 22. IV. 1965 VersR 1965 S. 945; Ehrenzweig S. 235 N. 14; Prölss-Martin[18] Anm. 4 zu § 70, S. 365; Knoerrich VA 1958 S. 290; Kiantos VersArch 1958 S. 197; Raiser[2] Anm. 23 zu § 12 AFB S. 312; Kisch III S. 314; Lenski S. 114. Das ist auch der Standpunkt des Bundesaufsichtsamts: VA 1958 S. 271.

[37] b) Abdingbarkeit.

Mit Rücksicht auf § 72 VVG kann die Ausschlußfrist im Vertrage zwischen Ver und Veräußerer verlängert, aber nicht abgekürzt werden; wo indes überhaupt das Kündigungsrecht wegbedungen werden kann (siehe oben Anm. 27), folgt a maiore ad minus auch eine Abkürzbarkeit der Ausschlußfrist.

[38] 4. Kündigungsfrist.

a) Wahl des Erwerbers.

Der Erwerber hat die Möglichkeit, mit sofortiger Wirkung oder auf den Schluß der laufenden Vsperiode zu kündigen. Nur dann, wenn der Vsvertrag von vornherein auf eine kürzere Zeit abgeschlossen worden ist, endet er durch die Kündigung mit jenem Zeitpunkt (sofern der Erwerber nicht mit sofortiger Wirkung kündigt). Das sagt § 6 (2) AKB ausdrücklich:

„Im Falle der Veräußerung sind Ver und Erwerber berechtigt, den Vsvertrag zu kündigen. Das Kündigungsrecht des Vers erlischt, wenn es nicht innerhalb eines Monats, nachdem er von der Veräußerung Kenntnis erlangt, dasjenige des Erwerbers, wenn es nicht innerhalb eines Monats nach dem Erwerb bzw. nachdem er Kenntnis von dem Bestehen der V erlangt, ausgeübt wird. Der Erwerber kann nur mit sofortiger Wirkung oder zum Ende des laufenden Vsjahres (bzw. der vereinbarten kürzeren Vertragsdauer), der Ver mit einer Frist von einem Monat kündigen. Kündigt der Erwerber, so hat der Veräußerer den Beitrag für das Vsjahr (bzw. die vereinbarte kürzere Vertragsdauer) zu zahlen, das zur Zeit der Beendigung des Vsvertrages läuft. Kündigt der Ver, so wird gemäß Absatz 3 verfahren. § 4 Abs. 5 bis 7 findet Anwendung."

Im übrigen würde eine zwischen Ver und Veräußerer vereinbarte Abkürzung der Kündigungsfrist an § 72 VVG scheitern, soweit sie nicht durch § 192 II VVG gedeckt ist.

[39] b) Auslegung der Kündigung.

Sofern sich der Erwerber nicht klar ausdrückt, ob er mit sofortiger Wirkung oder auf den Ablauf der Vsperiode kündigen will, muß eine Auslegung nach § 133 BGB seinen Willen erforschen. Im Zweifel wird die Kündigung mit sofortiger Wirkung gemeint sein

IV. Wirkungen der Kündigung (insbes. § 70 III)

(Lenski S. 106 und die dort N. 46 Genannten; Prölss-Martin[18] Anm. 6 zu § 70, S. 366). Zwar würde er auch bei Kündigung zum Ende der Vsperiode im Verhältnis zum Ver von der Verpflichtung zur Prämienzahlung frei sein, anders ist es aber im Innenverhältnis. Kündigt er mit sofortiger Wirkung, so findet bei Schweigen des Kausalvertrages auch im Innenverhältnis zum Veräußerer eine Mittragung der Prämie nicht statt, weil der Erwerber hier nichts auf Kosten des Veräußerers in Anspruch nimmt, was über das vom Gesetz bestimmte Mindestmaß hinausgeht. Anders ist es bei Kündigung zum Ende der Vsperiode. Hier wäre es unbillig, wenn er sich diesen Zeitraum der Deckung endgültig auf Kosten des Veräußerers sollte erhalten können. Bei der befristeten Kündigung ist m. E. im Wege ergänzender Vertragsauslegung (es handelt sich um den Kausalvertrag) anzunehmen, daß sich der Erwerber an den Kosten des Vsschutzes nach Maßgabe seiner Eigentumszeit beteiligen muß.

Wenn der Erwerber mit irgendeiner Frist kündigt, ist niemals eine solche mit sofortiger Wirkung gemeint, sondern eine solche zum Ablauf der Vsperiode. M. E. darf nicht davon ausgegangen werden, daß eine unrichtig befristete Kündigung wirkungslos sei (so aber Lenski S. 106, der jedoch daselbst Note 49 auch abweichende Meinungen anführt; Prölss-Martin[18] Anm. 6 zu § 70 S. 367; LG Berlin 1. IV. 1957 VersR 1957 S. 511). In letzterem Falle wie auch sonst bei unklarer Ausdrucksweise des Erwerbers sollte der Ver, ehe er die Kündigung des Erwerbers auslegt (wobei immer Zweifel bleiben können), bei diesem rückfragen, welche der beiden gesetzlichen Kündigungsmöglichkeiten er meint.

[40] **5. Kündigung in Konkurrenzfällen.**

Auf die Konkurrenz der §§ 69ff. mit anderen Übergangsnormen wurde oben Anm. 11 zu Vorbemerkungen zu §§ 69—73 hingewiesen. §§ 25, 28 HGB, 419, 2382 BGB gestalten die Haftung des Erwerbers für die Schulden des Vormannes grundsätzlich zwingend (erstere vorbehaltlich eines gehörig verlautbarten Haftungsausschlusses. Kann sich der Erwerber gleichwohl durch die Kündigung nach § 70 II von Prämienverpflichtungen befreien? Die Antwort muß verneinend lauten. § 70 III letzter Satzteil entbindet nur von der Eigenhaftung des Erwerbers, der zunächst durch die Veräußerung Vmer geworden ist und den § 69 II deshalb aus Vereinfachungsgründen gesamtschuldnerisch mit dem Veräußerer für die Prämie der laufenden Vsperiode haften läßt. An der Haftung für Fremdverbindlichkeiten, mit denen wir es in den genannten Konkurrenzfällen zu tun haben, ändert § 70 III nichts.

Die Kündigung des Erwerbers ist hier zwar nicht ausgeschlossen, sie führt aber nicht die Wirkung des § 70 III letzter Satzteil herbei. Man wird sie als Angebot an den Ver auffassen können, den Erwerber mit den Wirkungen des § 70 III letzter Satzteil aus dem Vsvertrag zu entlassen, wenn nicht der Ver seinerseits nach § 70 I kündigt, was automatisch die letztere Folge hat (vgl. oben Anm. 25). Vgl. zu dieser Problematik Kisch Mitt. f. d. öffentl. Feuervsanstalten 1913 S. 441.

[41] **IV. Wirkungen der Kündigung (insbes. § 70 III).**

1. Zusammentreffen der Kündigungen.

a) Stand der Ansichten.

Kündigt sowohl der Erwerber als auch der Ver, so soll nach herrschender Lehre diejenige Kündigung den Vorrang haben (d. h. die andere bleibt dann unberücksichtigt), die den Vsvertrag am ehesten zum Erlöschen bringt (Lenski S. 118. Für das frühere Recht: KG 23. X. 1929 Praxis 1930 S. 12; Bruck[7] Anm. 14 zu § 70 S. 272f.; ders. PVR S. 590).

Davon soll eine Ausnahme gemacht werden: Das Bundesaufsichtsamt VA 1963 S. 227 hat es für unbillig gehalten, daß der Ver dem Erwerber dessen Kündigung mit Ablauf der Vsperiode aus der Hand schlage mit der Ver-Kündigung. Als Begründung hat das Bundesaufsichtsamt angeführt, daß der Ver auch dann auf die Prämie der laufenden Vsperiode Anspruch behalte, wenn er nach § 70 I kündige, so daß diese Kündigung lediglich unbillig den Erwerber belaste.

Sieg

[42] b) Eigene Ansicht.

Das vom Bundesaufsichtsamt abgelehnte Ergebnis ist nicht nur unbillig, sondern es ist, geht man von einer richtigen Abwägung der Kündigungen gegeneinander aus, unrichtig, weshalb auch der herrschenden Lehre nicht gefolgt werden kann.

Der Sinn der §§ 69 ff. besteht darin, daß der Erwerber zunächst geschützt sein, aber bestimmen soll, ob er die Deckung behalten bzw. zu welchem Zeitpunkt er sich von dem Vertrage lösen wolle. Seine Interessen stehen daher im Vordergrund, nicht die des Vers. Deshalb kommt seiner Kündigung der Vorrang zu, wenn die Kündigung beider Teile zu verschiedenen Auslaufzeiten des Vertrages führen. Dieser Standpunkt geht über den des Bundesaufsichtsamts hinaus. Dessen Verlautbarung befriedigt auch deshalb nicht, weil es danach auf die Reihenfolge der Kündigungen entscheidend ankommen würde: Nur wenn der Ver später kündigt als der Erwerber, soll des ersteren Kündigung unbillig sein. Die Lösung einer Zweifelsfrage, die darauf abstellt, ob die eine Partei der anderen zuvorkommt, ist jedoch immer unbefriedigend.

Stets hat also bei konkurrierenden Kündigungen die des Erwerbers den Vorrang, auch dann, wenn sie der Kündigung des Vers nachfolgt, wobei es gleichgültig ist, ob sich der Erwerber für sofortige oder für Kündigung bis Ablauf der Vsperiode entscheidet. Dem Ver geschieht damit kein Unrecht, weil ihm in jedem Falle die Prämie bis zum Auslaufen der Vsperiode zusteht. Bedeutet die Veräußerung für ihn gleichzeitig eine Gefahrerhöhung, so bleibt ihm das Kündigungsrecht aus § 24 VVG (vgl. oben Anm. 24). Nur das Kündigungsrecht aus § 70 I muß zurücktreten gegenüber dem des Erwerbers.

[43] 2. Allgemeine Wirkung der Kündigung.

Das Vsverhältnis erlischt nach Ablauf der Kündigungsfrist (denn der Erwerber kündigt eventuell mit sofortiger Wirkung), und zwar ganz oder zum Teil, je nachdem, ob der Erwerber alle vten Gegenstände übernommen hat oder nur einen Teil. § 30 I gilt hier nicht. Soweit der Übergang nach §§ 69 ff. stattgefunden hat, ist jedoch eine außerordentliche Kündigung des Vers oder des Erwerbers, die sich nur auf einen Teil der veräußerten Gegenstände bezieht, für unwirksam zu erachten. Keinem der beiden Partner ist zuzumuten, daß das Vsverhältnis mehr als unabweislich nötig (bei Veräußerung einzelner Gegenstände aus einer vten größeren Menge) aufgespalten wird.

Anders ist es, wenn derselbe Gegenstand in verschiedenen Zweigen vt ist. Hier ist eine außerordentliche Kündigung, auf einen Zweig beschränkt, wirksam. § 6 (2) in Verbindung mit § 4 (5) AKB hat insoweit nur deklaratorischen Charakter. § 6 (2) AKB ist oben Anm. 38 zitiert. § 4 (5) AKB lautet:

> „Eine Kündigung kann sich sowohl auf den gesamten Vertrag als auch auf einzelne Vsarten beziehen; sie kann ferner, wenn sich ein Vertrag auf mehrere Fahrzeuge bezieht, sowohl für alle als auch für einzelne Fahrzeuge erklärt werden. Ist der Vmer mit der Kündigung von Teilen des Vertrages nicht einverstanden, was er dem Ver innerhalb von zwei Wochen nach Empfang der Teilkündigung mitzuteilen hat, so gilt der gesamte Vertrag als gekündigt."

Der letzte Satz ist nicht nur bestätigender Natur. Daß der eine Teil die Einzweigkündigung durch Widerspruch in eine Gesamtkündigung verwandeln kann, mußte ausdrücklich gesagt werden; der Rechtsgedanke entspricht dem des § 30 II VVG.

[44] 3. Rechte des Versicherers.

a) Prämienzahlungsanspruch gegen Veräußerer.

aa) Rechtslage.

Nach der außerordentlichen Kündigung bleibt der Veräußerer bis zum Ende der Vsperiode oder bis zur vereinbarten kürzeren Vsdauer zur Prämienzahlung verpflichtet, nach dem Wortlaut von § 70 III allein. Hat der Ver nicht nach § 70 I, sondern nach § 24 VVG gekündigt, weil mit der Veräußerung zugleich eine Gefahrerhöhung verbunden war, so kann das zu längerer Haftung des Veräußerers führen als nach § 70 III. Beispiel: Das Vsjahr läuft vom 1. VII. 1972 bis zum 1. VII. 1973 mit Verlängerungsklausel; Veräußerung: 1. III. 1973; der Ver erfährt hiervon am 1. IV. 1973. Er könnte

IV. Wirkungen der Kündigung (insbes. § 70 III) § 70
Anm. 45, 46

bis zum 1. V. 1973 zum 1. VI. 1973 kündigen, Prämie stünde ihm bis 1. VII. 1973 zu. Erfährt er erst am 1. VI. 1973, daß mit der Veräußerung eine Gefahrerhöhung verbunden ist, so kann er bis zum 1. VII. 1973 per 1. VIII. 1973 kündigen und hätte — würde der Grundsatz der Unteilbarkeit der Prämie ausnahmslos gelten — Anspruch auf die Prämie bis 1. VII. 1974. Diese Unbilligkeit ist abgeschnitten durch § 40 I² VVG. Der Veräußerer schuldet Prämie bis 1. VIII. 1973.

Hieran zeigt sich, daß das Kündigungsrecht wegen Gefahrerhöhung neben dem aus § 70 I auch für den Veräußerer Bedeutung haben kann. — Über einen weiteren Anwendungsfall von § 40 I² im Zusammenhang mit der Veräußerung des vten Gegenstandes siehe unten Anm. 54.

[45] bb) Kritik.

§ 70 III ist noch von dem (heute zum Teil überwundenen) Grundsatz der Unteilbarkeit der Prämie beherrscht. Er schafft, weil er den Veräußerer auch dann noch mit der Prämie der gesamten laufenden Vsperiode belastet, wenn der Vsschutz früher aufhört, einen unbefriedigenden Zustand. Systemgerecht wäre es, wenn sich die Prämienzahlungspflicht im Falle der Kündigung an § 68 II statt an § 68 IV orientierte, wie es jetzt rechtens ist. § 6 (2) Satz 5 in Verbindung mit § 6 (3) AKB mindert diese Härte wenigstens bei der Ver-Kündigung. § 6 (2) Satz 5 ist oben Anm. 38 zitiert. § 6 (3) lautet wir folgt:

> „Fällt das Wagnis infolge eines zu ersetzenden Schadens weg, so gebührt dem Ver in der Fahrzeugv der volle Beitrag für das laufende Vsjahr oder die vereinbarte kürzere Vertragsdauer. In allen sonstigen Fällen eines dauernden Wegfalls des vten Wagnisses gebührt dem Ver nur der auf die Zeit des Vsschutzes entfallende anteilige Beitrag. Hat das Vsverhältnis weniger als ein Jahr bestanden, so wird für die Zeit vom Beginn des Vsjahres bis zum Wagniswegfall der Beitrag nach Kurztarif, oder, wenn innerhalb eines Jahres eine neue Kraftfahrtv beim gleichen V abgeschlossen wird, der Beitrag anteilig nach der Zeit des gewährten Vsschutzes berechnet."

LG Mannheim 27. II. 1963 VersR 1963 S. 572f. und Lenski S. 118 sehen richtig, daß § 70 III, mag man das auch bedauern, dem § 68 II vorgeht.

[46] b) Prämienzahlungsanspruch gegen Erwerber.

aa) Erwerber als Versicherungsnehmer zu behandeln.

Kisch, Das Recht des VVaG, Berlin 1951 S. 223; ders. III S. 317f. N. 16 meint, man müsse § 70 III letzter Satzteil einschränkend auslegen in dem Sinne, daß der Erwerber von der gesamtschuldnerischen Haftung für die Prämie nicht frei wird, wenn er auf Grund eines Vsfalles zwischen Veräußerung und Auslaufen des materiellen Vsschutzes Deckung beanspruche. Die herrschende Lehre ist anderer Auffassung: Vorwerk S. 34, 36; Weiß S. 114; Ehrenberg ZVersWiss 1910 S. 198; Burchard LZ 1911 Sp. 338 N. 30.

Meines Erachtens läßt sich die Auffassung Kischs weder mit dem Gesetz vereinbaren, noch spricht eine Notwendigkeit für sie. Der Ver erhält ja die Prämie bis zum Schluß der Vsperiode vom Veräußerer, er bedarf keines Zweitschuldners.

In anderer Hinsicht ist aber die Inanspruchnahme des Vsschutzes durch den Erwerber bedeutungsvoll: Er verliert damit das Recht auf Kündigung mit sofortiger Wirkung (Folge: Er haftet im Innenverhältnis anteilig für die Prämie, vgl. unten Anm. 56). Das ist zu verantworten, weil der Vsvertrag nicht mehr als ihm aufgedrängt angesehen werden kann, wenn er Vsschutz begehrt.

Hat der Erwerber mit sofortiger Wirkung gekündigt, tritt aber vor Zugang der Kündigung ein Vsfall ein, so hat der Ver Deckung zu gewähren (Lenski S. 118 und die daselbst N. 176 Angeführten). Verlangt der Erwerber in diesem Falle Vsschutz, so hat seine vorher ausgesprochene Kündigung nicht die Wirkung, daß er sich im Innenverhältnis von der Beteiligung an der Prämienzahlungspflicht befreien könnte. — Im übrigen läßt die Inanspruchnahme von Vsschutz das Kündigungsrecht des Erwerbers und des Vers unberührt.

Sieg

Nach §§ 35b VVG, 406 BGB (in Verbindung mit § 69 III VVG) muß sich der Erwerber die **Aufrechnung** mit einer Prämienforderung gefallen lassen (nicht nur, wenn der Vsfall innerhalb der Ausschlußfrist eintritt, wie Böhme BB 1957 S. 168 meint).

[47] **bb) Erwerber als Versicherter zu behandeln?**

Nach § 35b VVG muß sich auch der Vte in der V für fremde Rechnung die Aufrechnung des Vers gefallen lassen. Das legt die Frage nahe, ob man die durch § 70 geschaffene Konstellation als V zugunsten Dritter (des Veräußerers zugunsten des Erwerbers) ansehen könnte (so, wenn auch zögernd, Vorwerk S. 36). Indes wird diese Konstruktion der vom Gesetz beabsichtigten Stellung des Erwerbers nicht gerecht. Er soll Vsschutz beanspruchen können, ohne vom Veräußerer abhängig zu sein.

Außerdem würde sich bei Annahme einer V zugunsten Dritter bei Schweigen des Kausalvertrages regelmäßig eine interne Mithaftung des Erwerbers für die Prämie ergeben (vgl. § 77 VVG), während nach hier vertretener Auffassung (vgl. unten Anm. 56) Einschränkungen am Platze sind, damit § 70 III letzter Satzteil nicht unterwandert wird. Schließlich wäre bei der hier abgelehnten Konstruktion jede V eine solche für Rechnung wen es angeht, was sicherlich nicht dem § 80 II VVG entspricht.

[48] **c) Prämienzahlungsobliegenheit des Erwerbers.**

Auch wenn der Erwerber zum Ende der laufenden Vsperiode gekündigt hat, ist die Mahnung nach § 39 VVG ausschließlich an den Veräußerer zu richten: Lenski S. 119. Die außerordentliche Kündigung läßt den Veräußerer weiter als Vmer erscheinen (Prölss-Martin[18] Anm. 8 zu § 70, S. 368; Hagen, Handbuch des gesamten Handelsrechts, 8. Bd 1. Abt. Leipzig 1922 S. 672; Gerhard-Hagen, Kommentar zum VVG, Berlin 1908 Anm. 5 zu §§ 69—73 S. 334).

Das Gesetz fordert nicht, daß der Ver den Erwerber von der Mahnung benachrichtigt, wie das etwa in §§ 101, 107b VVG, 34 I SchiffsrechteG, 34 I G über Rechte an Luftfahrzeugen zugunsten dinglich Berechtigter vorgeschrieben ist. Indes empfiehlt sich solche Benachrichtigung, wenn der Ver mehr Wert auf den Eingang der Prämie als auf das Erlöschen des Vsschutzes legt. Ist der Erwerber auch zur Prämienzahlung nicht verpflichtet, so wird er es doch tun, weil er am Fortbestand des Vsschutzes interessiert ist. Den Einwand fehlender Deckung müßte er sich entgegenhalten lassen.

Es empfiehlt sich, daß das Gesetz dem Ver eine Benachrichtigung des Erwerbers von der Mahnung zur Pflicht macht. De lege lata kann nicht mit einer analogen Anwendung der eben angeführten Bestimmungen über Mitteilungspflichten geholfen werden, weil sie zu speziell auf den Realgläubiger zugeschnitten sind; auch auf den vagen § 242 BGB läßt sich m. E. eine Mitteilungspflicht nicht gründen.

Schon nach geltendem Recht ist in entsprechender Anwendung von § 35a anzunehmen, daß der Ver die Prämienleistung durch den Erwerber nicht ablehnen darf, selbst wenn der Veräußerer widerspricht (§ 267 II BGB), Lenski S. 119. Vgl. zum gesamten Problemkreis, in Teilfragen abweichend, Frey VersR 1959 S. 324.

[49] **d) Anspruch auf Nachentrichtung gewährter Rabatte.**

aa) Bei Vorbehalt im Versicherungsvertrag.

Mehrfach ist die Frage erörtert worden, ob bei vorzeitiger Beendigung des Vertrages ein Anspruch auf Nachentrichtung von Rabatten besteht, die der Ver mit Rücksicht auf eine längere Laufzeit des Vertrages gewährt hat. M. E. besteht ein solcher Anspruch nicht, wofür auf die Erörterung der Parallelfrage in Anm. 93 zu § 68 verwiesen werden kann. Der Ver kann sich dadurch schützen, daß er einen Vorbehalt aufnimmt, wonach bei kürzerer Dauer des Vertrages als vorgesehen, rückwirkend Zusatzprämie zu entrichten ist, die dann allein der Veräußerer schuldet (arg. § 70 III letzter Satzteil). Durch Vereinbarung einer auflösenden Bedingung (Bedingung wäre vorzeitige Vertragsbeendigung) läßt sich dieser Erfolg nicht erzielen, weil die Bedingung grundsätzlich nicht zurückwirkt (stillschweigende Bedingung nehmen an Kiantos VersArch 1958 S. 221; Lesser JRPV 1930 S. 229f.; Frey JRPV 1930 S. 267f., wobei unter diesen keine Einigkeit darüber besteht, ob auch die Ver-Kündigung als auflösende Bedingung wirken soll).

IV. Wirkungen der Kündigung (insbes. § 70 III) § 70
Anm. 50—54

[50] bb) Bei fehlendem Vorbehalt.
Fehlt solcher Vorbehalt, so entsteht eine Nachforderung nicht. Auch § 30 I geht von der Regel des prämienneutralen (sachlich) teilbaren Vsvertrages aus. Daraus läßt sich der Schluß ziehen, daß auch die zeitliche Teilung im Zweifel prämienneutral ist. Deshalb kann der in Frage stehende Nachentrichtungsanspruch nicht unter irgendeinem Gesichtspunkt auf ungerechtfertigte Bereicherung gestützt werden (wie hier: Durst JRPV 1930 S. 267; Guckenheimer JRPV 1930 S. 269; Lenski S. 121). Abweichend außer denen, die mit der stillschweigenden auflösenden Bedingung operieren: AG Neubrandenburg 1. XI. 1927 Praxis 1928 S. 109 (condictio ob causam finitam).

[51] 4. Verpflichtungen des Versicherers.
 a) Gewährung von Versicherungsschutz.
Auch nach Auslaufen der Kündigungsfrist bleibt die Nachhaftung des Vers aus §§ 103, 107b (Korrelat für den hier nicht eingreifenden § 106 VVG), 158c II VVG, § 3 Ziff. 5 PflichtversG bestehen, wie sie umgekehrt vor Auslaufen der Kündigungsfrist entfallen kann, wenn die Anzeigepflicht nach § 71 I verletzt worden ist.

[52] b) Rückzahlung voraus entrichteter Prämien.
Hat der Veräußerer über die laufende Vsperiode hinaus Prämie entrichtet, so hat er nunmehr, nachdem auf Grund § 70 gekündigt worden ist, einen Bereicherungsanspruch gegen den Ver. Wäre nicht gekündigt worden, hätte der Veräußerer, sofern nicht der Kausalvertrag Abweichendes ergibt, einen entsprechenden internen Ausgleichsanspruch gegen den Erwerber. Man erledigt also das Innenverhältnis gleich mit, wenn man dem Veräußerer, nicht dem Erwerber, den Bereicherungsanspruch gibt. Bei anderer Auffassung würden insbesondere bei mehreren kurz aufeinander folgenden Veräußerungen Komplikationen eintreten; wie hier: Prölss-Martin[18] Anm. 8 zu § 70, S. 368; Lenski S. 119f.; Kiantos VersArch 1958 S. 219. Abweichende Meinungen referiert Lenski S. 120.
Nicht stets braucht der Bereicherungsanspruch auf die volle Prämie für die künftigen Vsjahre zu gehen, dies insbesondere nicht, wenn der Ver einen Vorbehalt zur Nachentrichtung gewährter Rabatte für mehrjährige Verträge aufgenommen hat (vgl. oben Anm. 49).
Eine praktische Lösung der Verbindung zwischen Rückzahlungsverpflichtung des Vers unter Aufhebung gewährten Rabatts bietet § 8 (4) Abs. 5 AFB. Er lautet:
„War die Prämie für mehrere Jahre vorausgezahlt, so wird der Betrag einbehalten, den der Ver bei Abschluß der V für die abgelaufene Zeit berechnet haben würde; der Mehrbetrag wird zurückerstattet."

[53] 5. Überschreitung der zur Zeit der Veräußerung laufenden Versicherungsperiode.
 a) Kündigung des Erwerbers.
 aa) Lösung nach Gesetzeswortlaut.
Das Gesetz spricht von der laufenden Vsperiode in § 70 II und III. In § 70 II muß mit diesem Ausdruck die zur Zeit des Kündigungszugangs, nicht die zur Zeit der Veräußerung laufende Vsperiode gemeint sein, denn es ist sehr leicht denkbar, daß der Erwerber von der V erst Kenntnis erhält, nachdem die zur Zeit der Veräußerung laufende Vsperiode bereits vorüber ist oder daß die Ausschlußfrist für seine Kündigung das Vsjahr der Veräußerung überdauert. Will man dem Erwerber hier nicht das Kündigungsrecht überhaupt nehmen, so muß — wie erwähnt — das im Zeitpunkt des Kündigungszugangs laufende Vsjahr gemeint sein (Kiantos VersArch 1958 S. 198 meint dagegen, das Kündigungsrecht des Erwerbers ende auf jeden Fall am Schluß der Vsperiode, womit er offensichtlich die zur Zeit der Veräußerung laufende meint; richtig ist nur, daß der Vsvertrag niemals über seine Endbefristung hinaus laufen kann).

[54] bb) Korrektur des Gesetzeswortlauts.
Das oben Anm. 53 gefundene Ergebnis ist für den Veräußerer hart. Er haftet alsdann für die Prämie eines Vsjahres, in dem er nicht einmal bei Beginn Interesseträger war.

Sieg

Hier muß m. E. die mißglückte Fassung des § 70 II, III in einem Teil der Fälle eine Korrektur erfahren. Der Erwerber, der die Kündigung nicht mehr in der zur Zeit der Veräußerung laufenden Vsperiode ausspricht, behält die Wahl, mit sofortiger Wirkung (das letztere nimmt Lenski S. 118 stets in dem Spezialfall an, daß der Erwerber für das Ende der laufenden Vsperiode kündigt, diese Kündigung dem Ver aber erst in der neuen Vsperiode zugeht) oder zum Ablauf der neuen Vsperiode kündigt. Im letzteren Falle ist es angemessen, daß der Ver den vollen Prämienanspruch gegen den Veräußerer hat, der seinerseits internen Ausgleich vom Erwerber verlangen kann (vgl. oben Anm. 39 und unten Anm. 56). Eine Unbilligkeit für den Veräußerer tritt jedoch dann ein, wenn der Erwerber im neuen Vsjahr mit sofortiger Wirkung kündigt und der Veräußerer deshalb keinen Ausgleichsanspruch hat (vgl. unten Anm. 56). Hier liegt die angemessene Lösung darin, dem Ver nur einen Prämienanspruch bis zum Auslaufen des materiellen Vsschutzes zuzubilligen, wofür § 40 I² VVG einen Anhaltspunkt bietet, vgl. auch oben Anm. 44.

[55] b) Kündigung des Versicherers

Was als laufende Vsperiode im Sinne des § 70 III zu verstehen ist, folgt aus der Auslegung von § 70 I und II, denn § 70 III zieht nur Konsequenzen aus diesen Bestimmungen. Wie oben Anm. 53 gezeigt, kann bei der Erwerberkündigung eine Vsperiode maßgeblich sein, die zur Zeit der Veräußerung noch nicht begonnen hatte. Auch im Rahmen des § 70 I ist derartiges denkbar, wie folgendes Beispiel zeigt: Das Vsjahr läuft vom 1. VII. 1972 bis zum 1. VII. 1973 mit Verlängerungsklausel. Am 1. VI. 1973 wird veräußert, wovon der Ver am 5. VI. 1973 erfährt. Er kündigt am 20. VI. 1973 (Zugang beim Erwerber) zum 20. VII. 1973. Laufendes Vsjahr im Sinne des § 70 III wäre das bis zum 1. VII. 1974 reichende. Das erscheint für den Veräußerer höchst unbillig. Man muß daher auch hier wie im Falle Anm. 54 § 40 I² entsprechend anwenden: Das Vsverhältnis wird am 20. VII. 1973 beendet, nur bis dahin ist Prämie zu zahlen. Diese Analogie liegt um so näher, als § 40 u. a. auf die Kündigung infolge Gefahrerhöhung abstellt, die, wie oben Anm. 24 gezeigt, mit der Kündigung infolge Veräußerung konkurrieren kann.

[56] 6. Innenverhältnis zwischen Veräußerer und Erwerber.

a) Prinzip.

aa) Kündigung des Erwerbers.

Während sich, sofern weder Ver noch Erwerber kündigt, aus der gesamtschuldnerischen Haftung für die Prämie des laufenden Vsjahres das Auseinandersetzungsverhältnis bei Schweigen des Kausalvertrages nach § 426 I, II BGB leicht bestimmen läßt (ebenso wenn die Erwerberkündigung wegen konkurrierender Haftungsvorschriften die Prämienbefreiung nach § 70 III nicht herbeiführt, vgl. oben Anm. 40), ist das Innenverhältnis schwieriger zu umreißen, wenn eine Seite außerordentlich gekündigt hat. Selbstverständlich kann der Kausalvertrag zwischen Erwerber und Veräußerer Bestimmungen darüber treffen, ob und inwieweit sich der erstere intern an der Außenhaftung des letzteren zu beteiligen hat. Die folgenden Ausführungen gelten daher nur für den Fall, daß der Kausalvertrag hierüber schweigt.

Es erscheint nicht richtig, im Falle der Kündigung stets eine interne anteilige Prämienhaftung des Erwerbers anzunehmen (so aber Burchard LZ 1911 Sp. 338 N. 30), denn dann wäre § 70 III letzter Satzteil seiner praktischen Bedeutung beraubt. Andererseits erscheint es für den Veräußerer unbillig hart, in jedem Falle endgültig die Prämienlast des ganzen Vsjahres tragen zu müssen. Um einen vernünftigen Ausgleich zwischen Erwerber und Veräußerer zu schaffen, ist es m. E. zu verantworten, dem ersteren dann einen Ausgleich entsprechend seiner Eigentumszeit aufzuerlegen, wenn er erst zum Ende der laufenden Vsperiode kündigt (vgl. oben Anm. 39), nicht jedoch, wenn er mit sofortiger Wirkung kündigt. Im letzteren Fall wirkt die Kündigung, was den Erwerber angeht, wie ein Rücktritt, vergleichbar etwa mit der Ausschlagung der Erbschaft (§ 1953 BGB).

V. Gesetzeskonkurrierende Vorschriften § 70, 71
Anm. 57—60

[57] bb) Kündigung des Versicherers

Auch die Kündigung des Vers nach § 70 I löst eine interne Beteiligungspflicht des Erwerbers aus, denn er wollte ja am Vertrage festhalten, muß also auch entsprechende Verpflichtungen auf sich nehmen. Allerdings kann er die Kündigung des Vers, sofern die Ausschlußfrist noch nicht abgelaufen ist, noch mit einer eigenen Kündigung mit sofortiger Wirkung beantworten (vgl. oben Anm. 42), womit er sich auch intern Ausgleichsbefreiung verschafft.

[58] b) Sonderfälle.

Beim Überschreiten der zur Zeit der Veräußerung laufenden Vsperiode kann das oben Anm. 56, 57 herausgearbeitete Prinzip dahin führen, daß der Erwerber dem Veräußerer die volle Jahresprämie zu erstatten hat, nämlich wenn er zum Ablauf des **neuen** Vsjahres kündigt (vgl. oben Anm. 53, 54).

Sofern der Erwerber die Prämie gezahlt hat, obwohl er nicht dazu verpflichtet war (vgl. oben Anm. 48), gewinnt er einen anteiligen Ausgleichsanspruch gegen den Veräußerer.

Zusammenfassend ist zu sagen, daß sich der Erwerber von Pflichten aus dem Vsvertrag mit allseitiger Wirkung nur befreien kann, wenn er mit sofortiger Wirkung kündigt (was auch noch **nach** Kündigung durch den Ver geschehen kann), was voraussetzt, daß er nicht vorher Vsschutz in Anspruch genommen hat.

[59] V. Gesetzeskonkurrierende Vorschriften.
1. Hagelversicherung.

In der Hagelv ist § 70 I durch § 114 I ersetzt: Die Kündigung des Vers kann nicht mit Monatsfrist ausgesprochen werden, sondern nur für den Schluß der laufenden Vsperiode, in der der Ver Kenntnis von der Veräußerung erhält. Es läuft aber von diesem Zeitpunkt an keine Ausschlußfrist für die Kündigung wie nach § 70 I VVG. Deshalb kann Prölss-Martin[18] Anm. 2 zu § 114, S. 497 nicht zugestimmt werden, daß die Rechtsstellung des Vmers **verbessert** wird (Sperrung von mir).

[60] 2. Binnentransportversicherung.

In der Gütertransportv entfällt das Kündigungsrecht des Vers nach § 70 I schlechthin: § 142 VVG. Indes hat das keine große praktische Bedeutung, weil § 142 abänderlich ist und § 5 (3) ADB das Gesetzesrecht der §§ 69ff. wieder herstellt. Er lautet:

„Im übrigen gelten die Vorschriften des Gesetzes über den Vsvertrag (VVG) über Gefahrerhöhung; jedoch findet § 142 VVG keine Anwendung."

In der Schiffsv wirkt die aus Anlaß der Veräußerung ausgesprochene Kündigung des Vers auf das Ende der Reise (statt der Kündigungsfrist von einem Monat): § 143 I; eine Ausschlußfrist gibt es nicht. Bei § 70 I hat es hingegen sein Bewenden, wenn die Verpflichtung zur Anzeige von der Veräußerung schon vor Beginn der Reise verletzt war und die Veräußerung dem Ver auch sonst bis zum Reisetermin nicht bekanntgeworden ist: § 143 II.

§ 71

Die Veräußerung ist dem Versicherer unverzüglich anzuzeigen. Wird die Anzeige weder von dem Erwerber noch von dem Veräußerer unverzüglich gemacht, so ist der Versicherer von der Verpflichtung zur Leistung frei, wenn der Versicherungsfall später als einen Monat nach dem Zeitpunkt eintritt, in welchem die Anzeige dem Versicherer hätte zugehen müssen.

Die Verpflichtung des Versicherers zur Leistung bleibt bestehen, wenn ihm die Veräußerung in dem Zeitpunkte bekannt war, in welchem ihm die Anzeige hätte zugehen müssen. Das gleiche gilt, wenn zur Zeit des Eintritts des Versicherungsfalls die Frist für die Kündigung des Versicherers abgelaufen und eine Kündigung nicht erfolgt ist.

Sieg

Anzeigepflicht bei Veräußerung.

Gliederung:

I. Zusammenhang mit § 70 Anm. 1
II. Erfordernisse der Anzeige Anm. 2—11
   1. Veräußerung Anm. 2—3
      a) Im allgemeinen Anm. 2
      b) Insbesondere: Verfrühte Anzeige Anm. 3
   2. Form Anm. 4
   3. Zeitpunkt Anm. 5
   4. Inhalt Anm. 6—7
      a) Mindesterfordernisse Anm. 6
      b) Konkludente Anzeige Anm. 7
   5. Beteiligte Anm. 8—10
      a) Aktivseite Anm. 8—9
         aa) Verhältnis der Anzeigepflichten von Erwerber und Veräußerer zueinander Anm. 8
         bb) V zugunsten Dritter, mehrere Veräußerer oder mehrere Erwerber Anm. 9
      b) Passivseite Anm. 10
   6. Hinweispflicht auf Wirkungslosigkeit der Anzeige Anm. 11
III. Rechtsnatur der Anzeigepflicht Anm. 12—16
   1. Verhältnis zu § 6 I VVG Anm. 12—13
      a) Tragweite von § 71 I² Anm. 12
      b) Vertragliche Vereinbarung von Leistungsfreiheit nötig? Anm. 13
   2. Geschäftsfähigkeit Anm. 14
   3. Willensmängel Anm. 15
   4. Anzeigepflicht anderer Personen als des Veräußerers und des Erwerbers Anm. 16
IV. Wirkungen der Anzeige Anm. 17
V. Wirkungen der Unterlassung der Anzeige Anm. 18—28
   1. Leistungsfreiheit Anm. 18—21
      a) Maßgeblichkeit des Erwerberverschuldens Anm. 18
      b) Beispiele zum subjektiven Tatbestand Anm. 19—20
         aa) Allgemeines Anm. 19
         bb) Insbesondere bei Sicherungsübereignung Anm. 20
      c) Weitere Voraussetzung der Leistungsfreiheit Anm. 21
   2. Entfallen der Leistungsfreiheit Anm. 22—24
      a) Kenntnis des Vers im anzeigepflichtigen Zeitpunkt Anm. 22
      b) Spätere Kenntnis Anm. 23
      c) AVB-Regelung Anm. 24
   3. Materiellrechtlicher Schadenersatzanspruch? Anm. 25
   4. Erweiterte Prämienzahlungspflicht des Veräußerers Anm. 26—27
      a) Prämisse Anm. 26
      b) Durchführung Anm. 27
   5. Prozeßkostennachteile für den Veräußerer Anm. 28
VI. Beweislast Anm. 29
VII. Konkurrenzen Anm. 30—35
   1. Idealkonkurrenz Anm. 30—33
      a) Mit §§ 23, 25 VVG Anm. 30—31
         aa) Gesetzeslage Anm. 30
         bb) Wirkung der Unterlassung der Anzeige Anm. 31
      b) Mit § 2384 BGB Anm. 32—33
         aa) Gesetzeslage Anm. 32
         bb) Wirkung der Unterlassung der Anzeige Anm. 33
   2. Gesetzeskonkurrenz Anm. 34—35
      a) Hagelv Anm. 34
      b) Binnentransportv Anm. 35

[1] I. Zusammenhang mit § 70.

Die in § 71 statuierte Anzeigepflicht steht in engem Zusammenhang mit dem Kündigungsrecht aus § 70 I. Das zeigt zunächst § 71 I²: Leistungsfreiheit des Vers tritt ein, wenn sich der Vsfall später als einen Monat nach dem Zeitpunkt ereignet, in dem ihm die Anzeige hätte zugehen müssen. Die Monatsfrist erklärt sich daraus, daß sich der Ver auch bei rechtzeitiger Anzeige nur mit Monatsfrist vom Risiko hätte befreien können: § 70 I¹.

Der Zusammenhang mit der Kündigung erhellt auch aus § 71 II²: Die Leistungspflicht des Vers bleibt bestehen, wenn der Ver erst später Kenntnis erhält, als § 71 I, II¹ voraussetzt, aber im Zeitpunkt des Vsfalles die Ausschlußfrist des § 70 I² abgelaufen war, ohne daß der Ver sie durch Kündigung ausgenutzt hatte.

II. Erfordernisse der Anzeige **§ 71**
Anm. 2—4

Diese enge Beziehung zwischen den §§ 70 und 71 bringt es mit sich, daß sich die Auslegung des letzteren mehrfach an die des § 70 anzulehnen hat. Aber es ist nicht der einzige Zweck der Anzeige, die Ausschlußfrist nach § 70 I in Gang zu setzen (vgl. unten Anm. 17). Deshalb ist die Anzeige auch erforderlich, wenn der Ver auf sein Kündigungsrecht nach § 70 I verzichtet hat (vgl. Anm. 13 zu § 69).

[2] II. Erfordernisse der Anzeige.
1. Veräußerung.
a) Im allgemeinen.

Die Anzeigepflicht setzt eine wirksame Veräußerung voraus. Wird bei der Anzeige irrig eine Veräußerung angenommen (über die Möglichkeiten s. Anm. 2 zu § 70), so kann der Ver sich in analoger Anwendung von § 409 BGB (vgl. Anm. 72 zu § 69) auf sie verlassen, sofern sie vom Veräußerer ausgeht. Erstattet der Erwerber eine inhaltlich unrichtige Anzeige (ob in Irrtum handelnd oder bewußt), so ist der Ver nicht geschützt. Beim geringsten Zweifel empfiehlt sich deshalb, daß er beim Veräußerer rückfragt.

Die Ansicht von Röpke JRPV 1933 S. 2 und Müller JRPV 1932 S. 303f., daß der Veräußerer auch eine nichtige Veräußerung anzuzeigen hat, wenn sie nur mit Besitzwechsel verbunden ist, ist abzulehnen, weil die §§ 69ff. nicht auf die tatsächliche Herrschaft über die vte Sache abstellen; wie hier: Raiser[2] Anm. 3 zu § 12 AFB S. 300; Hochgräber JRPV 1932 S. 351.

[3] b) Insbesondere: Verfrühte Anzeige.

Das oben Anm. 2 Ausgeführte gilt auch für eine verfrühte Anzeige, d. h. eine solche, die vor Vollendung der Veräußerung erstattet wird: Prölss-Martin[18] Anm. 1 zu § 71, S. 369 (der Ansicht von Hellweg ÖffrechtlV 1930 S. 53, 56, JRPV 1932 S. 340, wonach schon das obligatorische Geschäft anzuzeigen ist, stehen der eindeutige Wortlaut und auch der Sinn des § 71 entgegen). Hier bedarf es allerdings der analogen Anwendung von § 409 dann nicht, wenn die Veräußerung wegen einer noch ausstehenden Genehmigung noch nicht perfekt ist. Die nach § 184 I BGB eintretende Rückwirkung hat zur Folge, daß die Veräußerung als von Anfang an wirksam anzusehen ist, so daß die in der Schwebezeit erstattete Anzeige nicht mehr als verfrüht angesehen werden kann. Anderseits ist die Anzeige rechtzeitig erstattet, wenn Erwerber und Veräußerer mit ihr warten, bis die Genehmigung zur Veräußerung vorliegt (OLG Düsseldorf 7. X. 1940 HansRGZ A 1942 Sp. 63f., vgl. auch Anm. 32 zu § 70). Allerdings klaffen in diesem Fall Übergang des Vsverhältnisses und Entstehung der Anzeigepflicht zeitlich auseinander, aber das kommt auch sonst vor, etwa wenn der Erwerber von dem Erwerb oder der V erst später erfährt (vgl. unten Anm. 5).

Abgesehen von diesem Fall ist die verfrühte Anzeige, wenn sie vom Erwerber stammt, ein nullum, d. h. sie muß nach Vollendung der Veräußerung wiederholt werden. Kisch III S. 323, Raiser[2] Anm. 18 zu § 12 AFB S. 308f., Bruck PVR S. 583 Anm. 102 meinen allerdings, die verfrühte Anzeige könne die anderweitige Kenntnis i. S. d. § 71 II begründen. Das ist m. E. nicht zutreffend, weil niemals mit Sicherheit zu sagen ist, ob eine in Aussicht genommene Veräußerung auch wirklich durchgeführt wird. Der Anzeigende ist auch durch die hier vertretene Ansicht nicht unbillig belastet: Der Ver ist gehalten, auf die Unwirksamkeit der verfrühten Anzeige hinzuweisen, vorausgesetzt natürlich, daß er die Unwirksamkeit erkennt (vgl. unten Anm. 11). Wie hier: Lenski S. 146; Lesser JRPV 1933 S. 21.

[4] 2. Form.

Das Gesetz verlangt keine Form für die Anzeige. Die AVB können lt. § 72[2] die Schriftform (nicht Einschreibebrief) vorsehen. Indes hat die Vereinbarung der Schriftform wenig Wert, denn wird sie nicht beachtet, wird also nur mündlich oder fernmündlich angezeigt, so ist dem Ver dadurch die Veräußerung anderweit bekannt i. S. d. § 71 II[1] (Bruck[7] Anm. 7 zu § 71 S. 274; Lenski S. 146; OLG Hamburg 11. XI. 1932 JRPV 1933 S. 30 = JW 1933 S. 782. Allerdings trifft den Erwerber die Beweislast für die Kündigung, und deshalb ist ihm anzuraten, stets schriftlich zu kündigen).

Es bedarf hier also nicht einmal der replicatio doli des Erwerbers, wenn sich der Ver einredeweise auf Fehlen der Schriftform beruft (vgl. für die Schadenanzeige: OLG Köln 19. II. 1937 VA 1937 S. 155f. Nr. 2973).

[5] 3. Zeitpunkt.

Aus dem oben Anm. 1 aufgezeigten Zusammenhang zwischen Kündigung und Anzeige ergibt sich, daß die Anzeige zu erstatten ist vom Veräußerer, sobald er Kenntnis von der Vollendung der Veräußerung erhält, vom Erwerber, sobald er Kenntnis von der Vollendung seines Erwerbs und von der V hat; bei Pflichtven genügt seine Kenntnis in ersterer Hinsicht (vgl. zu alledem Anm. 31—36 zu § 70). Durch subjektive Umstände auf seiten des Erwerbers kann die Sanktion auf eine Verletzung der objektiven Anzeigepflicht jedoch entfallen, vgl. unten Anm. 18—20.

Da die Kenntnis vom Vollerwerb erst die Anzeigepflicht entstehen läßt, stellt sich die Frage des Verschuldens nicht, wenn beide Teile mit der Anzeige warten, bis sie vom Grundbuchamt über die erfolgte Umschreibung unterrichtet worden sind: Prölss-Martin[18] Anm. 1 zu § 71, S. 369; Bruck[7] Anm. 9 zu § 71 S. 274; Raiser[2] Anm. 18 zu § 12 AFB S. 309; Lenski S. 143. Entgegen Hellweg ÖffrechtlV 1933 S. 48 ist eine Erkundigungspflicht der Beteiligten beim Grundbuchamt zu verneinen.

Wirksam wird die Anzeige mit dem Zugang beim Ver; wann er von ihr Kenntnis nimmt, ist gleichgültig: Kisch III S. 324; R. Schmidt, Die Obliegenheiten, Karlsruhe 1953, S. 213 N. 1136.

[6] 4. Inhalt.
a) Mindesterfordernisse.

Da die Anzeige dem Ver Gelegenheit zur Prüfung geben soll, ob er sein Kündigungsrecht nach § 70 I ausüben will, ist erforderlich, daß sie die Person des Erwerbers und seine Anschrift bezeichnet, ebenso auch den Umfang der Veräußerung, wenn nur ein Teil der vten Gegenstände den Eigentümer bzw. Gläubiger wechselt: Kisch III S. 324; Bruck[7] Anm. 10 zu § 71 S. 275; Weiß S. 115; BGH 18. II. 1953 VersR 1953 S. 102 = VA 1953 S. 83 Nr. 29; Prölss-Martin[18] Anm. 1 zu § 71, S. 369; Lenski S. 139f.; Raiser[2] Anm. 18 zu § 12 AFB S. 309; AG Dortmund 28. IX. 1932 Praxis 1932 S. 89. Wenn ein Grundstück mit Inventar veräußert wird, der Erwerber aber nur einen Teil des Inventars übernimmt, genügt eine globale Anführung dessen, was den Eigentümer gewechselt hat: RG 9. III. 1920 VA 1922 Anhang S. 50 Nr. 1274 = JW 1921 S. 33.

Ferner ist nötig, daß die Anzeige den Zeitpunkt der Veräußerung angibt; Kisch III S. 324; Raiser[2] Anm. 18 zu § 12 AFB S. 309; Lenski S. 140.

Daß der Beruf des Erwerbers genannt wird, ist in aller Regel nicht erforderlich (anders etwa, wenn ein VVaG nach seiner Satzung nur Angehörige eines bestimmten Berufes vt). Wenn der Ver Wert darauf legt, den Beruf zu erfahren, mag er sich beim Erwerber erkundigen (Lenski S. 140; Kisch III S. 324).

[7] b) Konkludente Anzeige.

Es wird die Ansicht vertreten, die Anzeige könne auch konkludent erfolgen, insbesondere könne sie in einer Kündigung des Erwerbers liegen (Lenski S. 140; Roesch, Der Betrieb, 1953 S. 100). Es ist indes schwer vorstellbar, daß ein außerhalb des Vsvertrages Stehender kündigt, ohne gleichzeitig mitzuteilen, aus welchem Grunde er sich für befugt dazu hält. Sollte aber derartiges tatsächlich vorkommen, so wird der Ver, weil sein Vertrauen in die Erwerberkündigung nicht geschützt ist (vgl. oben Anm. 2), beim bisherigen Vmer rückfragen. Ergibt dessen Antwort, daß er veräußert hat, so stellt sich heraus, daß die (in der Kündigung liegende) Anzeige wirksam erstattet war.

[8] 5. Beteiligte.
a) Aktivseite.
aa) Verhältnis der Anzeigepflichten von Erwerber und Veräußerer zueinander.

Anzeigepflichtig sind Veräußerer und Erwerber. An die Verletzung der Veräußererpflicht ist allerdings keine spezifisch vsrechtliche Folgerung geknüpft (arg: § 71 I²).

II. Erfordernisse der Anzeige §71
Anm. 9, 10

Gleichwohl ist dessen Anzeige wichtig, weil nur sie den Gutglaubensschutz des Vers (§ 409 BGB anal.) vermittelt und weil sie insofern zugunsten des Erwerbers wirkt, als sie dessen Pflichtverletzung neutralisiert (vgl. § 71 II[1]). Das hat die Veräußereranzeige allerdings mit allen sonstigen Quellen gemeinsam, durch die der Ver von anderer Seite als vom Erwerber Kenntnis erhält.

Da u. U. erst die Veräußereranzeige dem Ver volle Gewißheit verschafft (vgl. oben Anm. 27), woran auch dem Erwerber gelegen ist, ist der Veräußerer aus dem Kausalgeschäft verpflichtet, zumindest auf Rückfrage des Vers Auskunft zu geben. Wegen dieser Anzeigepflicht (echte Rechtspflicht im Verhältnis zum Erwerber), scheidet eine analoge Anwendung des § 410 I BGB aus, vgl. § 410 II.

[9] bb) Versicherung zugunsten Dritter, mehrere Veräußerer oder mehrere Erwerber.

Bei der V zugunsten Dritter trifft, wenn der Vte veräußert, wie bei der Eigenv den Erwerber die Anzeigepflicht. Zweifelhaft kann nur sein, ob in diesem Falle ferner der Veräußerer und/oder der Vmer anzeigepflichtig ist. M. E. trifft die Pflicht beide, den Vmer, weil das Gesetz in § 71 von dem Normalfall ausgeht, daß er mit dem Veräußerer identisch ist, den bisherigen Vten kraft § 79 VVG (Bruck PVR S. 582; ders.[7] Anm. 4 zu § 71 S. 274; Kisch III S. 557).

Denkbar ist auch, daß der Vmer über Gegenstände des Vten zugunsten eines Gutgläubigen verfügt. Auch hier geht das Vsverhältnis auf den Erwerber über (vgl. Anm. 59 zu § 69). Anzeigepflichtig sind Vmer und Erwerber. Der Natur nach scheidet der Vte als Anzeigepflichtiger aus, er ist ja völlig unbeteiligt an der Veräußerung.

Besteht die Erwerber- und/oder die Veräußererseite aus mehreren Personen, so ist die Anzeige auch nur eines Mitgliedes der Gemeinschaft oder der Gesellschaft wirksam, denn es kommt nur darauf an, daß der Ver Kenntnis erhält (vgl. § 71 II[1]). Die Anzeige muß aber ergeben, wer von den mehreren Beteiligten veräußert bzw. erworben hat.

[10] b) Passivseite.

Die Anzeige muß an den Ver erfolgen. Hier ist insbesondere auf § 43 Ziff. 2 VVG hinzuweisen, wonach empfangslegitimiert jeder für den Vszweig bestellte Agent ist, mag er Abschluß-, mag er Vermittlungsagent sein: OLG Hamburg 11. XI. 1932 VA 1933 S. 109 Nr. 2549 = JW 1933 S. 782 = JRPV 1933 S. 30; Bruck PVR S. 583; ders.[7] Anm. 8 zu § 71 S. 274; Raiser[2] Anm. 18 zu § 12 AFB S. 309; Lenski S. 139. Legitimiert ist nicht nur der Agent, der den betreffenden Vsvertrag vermittelt oder abgeschlossen hat (Möller Anm. 23 zu § 43).

§ 43 Ziff. 2 deckt die Anzeige des Veräußerers und des Erwerbers (Prölss-Martin[18] Anm. 3 zu § 43, S. 245), nicht nur die des Veräußerers, wie Ehrenzweig S. 50, S. 237 N. 18 annimmt, denn mit der Veräußerung wird der Erwerber automatisch Vmer.

Für den Bezirksagenten ist die gesetzliche Empfangsvollmacht in räumlicher Hinsicht eingeschränkt durch § 46[1]. Jedoch kann Veräußerer oder Erwerber die Anzeige stets an den Agenten richten, der den Vertrag vermittelt oder abgeschlossen hat, mag er auch jetzt nicht mehr zuständig sein: § 46[2]. Dieser spricht allerdings nur von einer Aktivlegitimation, aber für die Empfangslegitimation kann nichts Abweichendes gelten: Möller Anm. 8 zu § 46.

Die Empfangsvollmacht des Vertreters kann im Vsvertrag eingeschränkt werden (vgl. § 47). Dann muß sich auch der Erwerber die Beschränkung entgegenhalten lassen (vgl. Möller Anm. 26 zu § 47). Das folgt aus dem Satz, daß der Erwerber das Vsverhältnis so übernehmen muß, wie es vom Veräußerer eingegangen war, es sei denn, der Vertrag enthalte Bestimmungen, die gegen nach § 72 halbzwingende verstoßen. § 72 bezieht sich aber nur auf die §§ 69—71, nicht auf §§ 43—46.

Die Anzeige kann auch an den Prokuristen, Generalhandlungsbevollmächtigten und Arthandlungsbevollmächtigten gerichtet werden, sofern die Rechtsstellung des letzteren Anzeigenentgegennahme einschließt. Selbstverständlich ist auch eine Anzeige an die Organe des Vers oder an den Ver schlechthin wirksam. — Bei Nebenv ist die Anzeige allen beteiligten Vern gegenüber zu erstatten, bei der Mitv mit Führungsklausel genügt die Anzeige an den führenden Ver. Fehlt hier eine Führungsklausel, so muß wie bei der Nebenv jedem Ver angezeigt werden.

[11] 6. Hinweispflicht auf Wirkungslosigkeit der Anzeige.

Die Anzeige kann aus manchen Gründen wirkungslos sein, z. B. weil es an einer Veräußerung fehlt (oben Anm. 2, 3) oder weil ihr Inhalt unvollständig ist (oben Anm. 6). In diesen Fällen ist der Ver, sofern er den Mangel entdeckt hat (Nachforschungen braucht er nicht anzustellen) gehalten, den Anzeigenden auf die Wirkungslosigkeit seiner Erklärung hinzuweisen (vgl. zur Begründung Anm. 18 zu § 70, ebenso Heine ZfV 1916 S. 309; anders Lenski S. 146).

Bei Verletzung dieser Mitteilungspflicht ist der Anzeigende so zu stellen, wie wenn sie erfüllt worden wäre. Dabei ist anzunehmen, daß die Anzeige wirksam wiederholt worden wäre, so daß diese also als erstattet gilt (vgl. Anm. 19 zu § 70).

Wer die analoge Anwendung von § 409 auch dann befürwortet, wenn der Ver den Inhaltsmangel der Veräußereranzeige e r k a n n t hat (was aber abzulehnen ist, vgl. oben Anm. 72 zu § 69), muß dem Ver ein Wahlrecht geben: Er kann sich auf den Standpunkt stellen, es sei veräußert worden, er braucht aber diesen Schutz des § 409 nicht anzunehmen. Für den letzteren Fall müßte auch für die Anhänger der weiten Auslegung des § 409 die eben behandelte Mitteilungspflicht akut werden.

[12] III. Rechtsnatur der Anzeigepflicht.

1. Verhältnis zu § 6 I VVG.

a) Tragweite von § 71 I².

Die sogenannte Anzeigepflicht ist nach neuerer herrschender Auffassung eine Obliegenheit: Möller Anm. 16 zu § 6; Lenski S. 150; Bruck PVR S. 582; Kisch III S. 330; R. Schmidt, Die Obliegenheiten, Karlsruhe 1953, S. 210 ff. Zur Annahme einer Vertragspflicht tendieren Weiler JRPV 1927 S. 239, 342; Lesser JRPV 1927 S. 252; Hagen in Gerhard-Hagen, VVG, Berlin 1908. Anm. 4 zu §§ 69—73 S. 333.

Die Verletzungsfolge ist in § 71 gesetzlich geregelt. § 6 I, der sich auf v e r t r a g l i c h vereinbarte Leistungsfreiheit bezieht, findet also keine Anwendung: Prölss-Martin[18] Anm. 2 zu § 71, S. 369; Prölss Anm. zu RG 8. VI. 1934 JW 1934 S. 2135; Gerhard Anm. zu RG 17. VI. 1927 JW 1927 S. 2800; Vorwerk S. 37; Lenski S. 144. Anderer Ansicht das RG in den soeben angeführten Entscheidungen sowie einige Instanzgerichte, vgl. Lenski S. 143 N. 61. Es bedarf auch der Heranziehung von § 6 I nicht, um die angebliche Schärfe, die sich aus dem Wort „unverzüglich" in § 71 I² zu Lasten des Erwerbers ergeben soll, zu hindern. Jene Strenge kann nämlich durch eine vernünftige Auslegung der eben genannten Vorschrift vermieden werden. Worum es geht, soll an einem Beispiel verdeutlicht werden: Veräußerung: 1. VII. 1972; der Erwerber erfährt von der V am 15. VII. 1972, zeigt aber nicht an, weil er krank ist. Am 20. VIII. 1972 tritt ein Vsfall ein.

Nach der hier vertretenen Meinung ist Deckung zu gewähren, während die Vertreter der Gegenansicht (Prölss und Gerhard in den eben genannten Anmerkungen zu RG-Entscheidungen; Prölss-Martin[18] Anm. 2 zu § 71, S. 369) annehmen, daß durch „unverzüglich" nur die verspätete Anzeige gedeckt ist, diese aber vor dem Vsfall erstattet sein muß. Die letzteren würden im Beispielsfall Deckung nur dann bejahen, wenn zwischen 16. VIII. und 19. VIII. 1972 noch eine Anzeige erstattet worden wäre (die ordnungsmäßige Anzeige hätte am 16. VII. 1972 beim Ver eingehen können, bis 16. VIII. war er lt. § 71 I² ohnehin im Risiko).

[13] b) Vertragliche Vereinbarung von Leistungsfreiheit nötig?

Gerhard Anm. zu RG 17. VI. 1927 JW 1927 S. 2800 meint — von seinem Standpunkt aus folgerichtig —, die AVB könnten diese Rechtslage zugunsten des Erwerbers verbessern, indem sie die Leistungsfreiheit nur eintreten ließen, wenn jede Obliegenheitsverletzung, die Nichtanzeige einschließend, verschuldet sei. Das wäre dann eine v e r t r a g l i c h vereinbarte Leistungsfreiheit i. S. d. § 6 I. M. E. deckt aber das Wort „unverzüglich" in § 71 I² nicht nur die Verspätung der Anzeige, sondern auch die Nichtanzeige. Jedenfalls dürfte d i e s e Auslegung dem Zweck der Regelung eher gerecht werden, als die hier abgelehnte (ebenso: Bruck[7] Anm. 5 zu § 71 S. 274; Lenski S. 140; Kisch III S. 325).

III. Rechtsnatur der Anzeigepflicht § 71
Anm. 14—16

[14] 2. Geschäftsfähigkeit.

Die Anzeige ist empfangsbedürftige Wissenserklärung (Kisch III S. 324; Bruck[7] Anm. 5 zu § 71 S. 274; Lenski S. 139). Ob sie Geschäftsfähigkeit voraussetzt, ist umstritten. Möller Anm. 69 zu § 6 bejaht; Kisch III S. 324, Bruck PVR S. 583, ders[7] Anm. 5 zu § 71 S. 274 und Lenski S. 139 verneinen. Möller hat die neuere zivilrechtliche Lehre auf seiner Seite, wonach für geschäftsähnliche Rechtshandlungen wie Anzeigen und Mitteilungen Geschäftsfähigkeit vorausgesetzt wird: Larenz, Allgemeiner Teil des deutschen Bürgerlichen Rechts, München 1967, S. 495—498; Soergel-Siebert-Hefermehl, BGB, 10. Aufl. Stuttgart-Berlin-Köln-Mainz 1967 Anm. 16—17 vor § 116, S. 452.

In unserem Fall ist indes folgendes zu bedenken: Nach § 71 II[1] kommt es nicht darauf an, auf welchem Wege der Ver Kenntnis von der Veräußerung erlangt. Wenn also die Anzeige den Tatsachen entspricht, d. h. wirklich eine Veräußerung stattgefunden hat, ist auch die eines Geschäftsunfähigen wirksam. Wenn indes die Anzeige falsch war, ist sie, wenn sie vom Erwerber stammt, völlig wirkungslos (guter Glaube des Vers wird nicht geschützt, vgl. oben Anm. 2), so daß auch hier die Geschäftsfähigkeit keine Rolle spielt. Wenn die falsche Anzeige vom Veräußerer stammt, kann der gutgläubige Ver sie als richtig behandeln (§ 409 anal.). Die letztere Folge setzt voraus, daß die Anzeige von einem Geschäftsfähigen erstattet wurde (Palandt-Heinrichs, BGB, 31. Aufl. München 1972 Anm. 1 zu § 409, S. 377), denn hier knüpft sich eine Rechtsfolge nicht an eine Tatsache (die Veräußerung, die ja gerade nicht vorhanden ist), sondern an die Anzeige. Nur hier kann also die Frage nach der Geschäftsfähigkeit des Anzeigenden relevant werden.

[15] 3. Willensmängel.

Daraus, daß die Anzeige eine Wissenserklärung ist, folgern Lenski S. 139 und Bruck PVR S. 583; ders.[7] Anm. 5 zu § 71 S. 274, daß Willensmängel keinen Einfluß auf ihre Wirksamkeit hätten. Das vereinfacht die Rechtslage jedoch zu sehr.

Zwar greifen §§ 119 ff. BGB nicht ein. Das bedeutet aber nicht, daß der Anzeigende unlöslich an seine Erklärung gebunden bleibt. Er kann sie vielmehr widerrufen oder berichtigen, mag er sich geirrt, mag er bewußt eine unrichtige Anzeige erstattet haben. Widerruf oder Berichtigung ist also nicht an die Gründe des § 119 BGB gebunden, ebensowenig an die Frist des § 121 I. Auch greift die Rückwirkung des § 142 I bei Berichtigung oder Widerruf nicht Platz (ähnlich Kisch III S. 324). Vgl. zu alledem Sieg Recht der Arbeit 1951 S. 413—416.

[16] 4. Anzeigepflicht anderer Personen als des Veräußerers und des Erwerbers.

Bruck PVR S. 582; ders.[7] Anm. 4 zu § 71 S. 274 meint, u. a. treffe auch den gesetzlichen oder den rechtsgeschäftlichen Vertreter die Anzeigepflicht (ebenso wohl Lenski S. 137). Diese Auffassung geht m. E. von einer falschen Basis aus. Da es sich bei der sogenannten Anzeigepflicht um eine Obliegenheit handelt (vgl. oben Anm. 12), besteht für niemanden ein Zwang, sie zu erfüllen. Die Frage kann also nur lauten: Unter welchen Umständen ist es dem Erwerber anzulasten, daß durch Versagen anderer in seinem Wirkungsbereich Tätiger die Anzeigepflicht verletzt worden ist?

Hierbei ist im Anschluß an Möller, Bericht über die deutsche Rechtsprechung zum Binnenvsrecht in den Jahren 1937/38, Rom 1940 S. 299f. zwischen Wissenszurechnung und Wissenserklärungsvertretung zu unterscheiden: Der Vmer gilt als wissend, sobald Tatsachen nicht von ihm selbst, sondern von Angestellten wahrgenommen werden, da er sich die Arbeitsteilung zunutze macht. Dabei spielt es keine Rolle, ob jene Angestellten ihre Kenntnis dem Prinzipal weitergegeben haben, ob sie schuldhaft gehandelt haben oder nicht. Unverzüglich nach Erhalt dieser (vielleicht fingierten) Kenntnis muß der Erwerber oder ein Wissenserklärungsvertreter die Anzeige erstatten. Wissenserklärungsvertreter können gesetzlich (KG 20. II. 1912 VA 1912 Anhang S. 121f. Nr. 708; KG 21. II. 1934 JRPV 1934 S. 204—206; OLG Breslau 25. II. 1913 VA 1913 Anhang S. 54f. Nr. 736) oder rechtsgeschäftlich bestellte (RG 17. XI. 1936 JW 1937 S. 299 = HansRGZ 1937 A Sp. 61f.) Vertreter sein, ebenso auch Parteien kraft Amtes (KG 17. V. 1933 Praxis 1933 S. 56; LG Arnsberg 4. I. 1935 Praxis 1935 S. 39f.). Deren Verschulden geht also zu Lasten des Erwerbers. Statt des Erwerbers gelten diese Personen als wissend, wenn sie sich im Interesse des Erwerbers die Arbeitsteilung zunutze machen und ein Arbeitnehmer die Kenntnis hat, an die die Anzeigepflicht anknüpft. Auf die Wissenserklärungsvertreter ist § 166 I BGB entsprechend anwendbar.

[17] **IV. Wirkungen der Anzeige.**

§ 71 behandelt lediglich die Folgen der **Unterlassung** der Anzeige. Auch deren **Erstattung** zeitigt Wirkungen, was Kisch III S. 324 unterbewertet. Es wurde bereits oben Anm. 1 darauf hingewiesen, daß sie in aller Regel die Ausschlußfrist des § 70 I^2 für die Ver-Kündigung in Gang setzt. Nur ausnahmsweise beginnt die Ausschlußfrist schon früher, nämlich wenn der Ver bereits auf anderem Wege von der Veräußerung Kenntnis erlangt hat.

Die inhaltlich richtige Anzeige zerstört ferner den guten Glauben des Vers. daß der Veräußerer nach wie vor Vmer sei (§ 69 III i. V. m. §§ 406—408 BGB), über die Auswirkung der **unrichtigen** Anzeige siehe oben Anm. 2, 3.

Schließlich verschafft die Anzeige dem Ver auch Klarheit über den Inhalt des Vsverhältnisses, das sich kraft § 69 I außerhalb rechtsgeschäftlicher Vereinbarungen geändert hat. Er erfährt dadurch, wer in Zukunft sein Vertragspartner ist, daß er für die laufende Vsperiode — vorbehaltlich der außerordentlichen Kündigung nach § 70 — einen Schuldmitübernehmer erhalten hat. Wegen dieser Klarstellungsfunktion ist die Anzeige nach § 71 verwandt mit der über Wohnungsänderung (§§ 10, 107a VVG) oder über Nebenv (§ 58 VVG).

[18] **V. Wirkungen der Unterlassung der Anzeige.**
   1. Leistungsfreiheit.
      a) Maßgeblichkeit des Erwerberverschuldens.

Die in § 71 I^2 angeordnete Leistungsfreiheit kann naturgemäß nur den Erwerber treffen. Wenn dieser mit sofortiger Wirkung kündigt, (vgl. Anm. 46 zu § 70), kann er schon aus diesem Grunde keine Deckung beanspruchen; hier bleibt eine Verletzung der Anzeigepflicht ohne Sanktion.

Nur die **schuldhafte** Verletzung der Anzeigepflicht, mag sie verspätet, mag sie bis zum Vsfall überhaupt nicht erfüllt sein (vgl. oben Anm. 12), zieht die Leistungsfreiheit nach sich. Auf wessen Entschuldigung kommt es an, damit die Leistungsfreiheit vermieden wird? Sicher ist nur, daß die Sanktion nicht eintritt, wenn beide Teile, Veräußerer und Erwerber, ihre Schuldlosigkeit dartun; ebenso sicher ist, daß Leistungsfreiheit dann gegeben ist, wenn umgekehrt keiner von beiden sich exculpieren kann. Über die Rechtslage, wenn nur der Erwerber oder nur der Veräußerer schuldhaft gehandelt hat, besteht Streit. Der Gesetzeswortlaut ist mehrdeutig. Meist wird verlangt, daß **beide** Beteiligte schuldlos unterlassen haben, damit Leistungsfreiheit vermieden wird: BGH 8. II. 1965 VA 1967 S. 11—16 Nr. 439; Böhme BB 1957 S. 168; weitere zahlreiche Zitate aus Literatur und Rechtsprechung bei Lenski S. 144 N. 67—71.

Dieser Auffassung kann indes nicht gefolgt werden. Die Leistungsfreiheit trifft lediglich den Erwerber. Deshalb steht, was die Folgen der Anzeigenverletzung angeht, sein Verhalten im Vordergrund (vgl. oben Anm. 8). Deshalb ist es erforderlich, aber auch genügend, wenn **er** sich entschuldigen kann. Verwandt mit der hier vertretenen Auffassung sind die Ansichten von Ehrenzweig, Die Rechtslehre des Vsvertrages und die klassische Logik, Karlsruhe 1954, S. 22; ders., Vsvertragsrecht, S. 237; Bruck[7] Anm. 14 zu § 71 S. 275; ders. PVR S. 584, die ebenfalls die Schuldlosigkeit **eines** Teils genügen lassen, aber nicht verlangen, daß dieser Teil der Erwerber sein muß.

Ob der Veräußerer schuldhaft oder schuldlos unterlassen hat, ist m. E. gleichgültig. Dessen schuldhaftes Verhalten vermag also den schuldlosen Erwerber nicht zu belasten (ebenso Weiß S. 115), wie umgekehrt die Schuldlosigkeit des Veräußerers dem schuldhaft handelnden Erwerber nicht zugute kommt.

[19] **b) Beispiele zum subjektiven Tatbestand.**
   aa) Allgemeines.

Unverschuldet ist die Unterlassung z. B. dann, wenn der Erwerber durch Krankheit verhindert war anzuzeigen und ihm auch nicht zum Vorwurf gemacht werden kann, daß

V. Wirkungen der Unterlassung der Anzeige § 71
Anm. 20, 21

er keinen anderen mit der Anzeige beauftragte. Ferner gehört hierher die falsche Belehrung durch einen Agenten (RG 25. IV. 1933 JRPV 1933 S. 168; KG 30. XI. 1932 JRPV 1933 S. 121; OLG Hamm 29. IX. 1928 VA 1929 S. 39 Nr. 1952; Raiser[2] Anm. 30 zu § 12 AFB S. 314; Lenski S. 143) oder einen Angestellten des Vers oder durch einen Rechtskundigen. Auch ist der Erwerber dann exculpiert, wenn er nicht auf die Anzeigepflicht hingewiesen worden ist. Die abweichende Auffassung von OLG Celle 12. I. 1934 HansRGZ 1935A Sp. 31f., Lenski S. 143 befriedigt nicht. Wenn überhaupt die Hinweisfrage akut wird, muß irgendjemand im Verbereich Kenntnis von der Veräußerung gehabt haben. Ist es ein Passivlegitimierter im Sinne der obigen Anm. 10, so erfolgt die Zurechnung zum Ver automatisch. Ist das nicht der Fall, liegt die Hinweispflicht auf die Anzeigeobliegenheit im Sinne der heutigen Rechtsprechung, vgl. Bukow in „Ausblick und Rückblick", Erich R. Prölss zum 60. Geburtstag, München 1967 S. 140—142.

Ob Rechtsirrtum einen Entschuldigungsgrund bildet, ist umstritten. Das RG verneinte nach einigem Schwanken (RG 16. IV. 1929 VA 1929 S. 246 f. Nr. 2010; RG 5. VII. 1929 RGZ Bd 125 S. 193; RG 19. VI. 1931 JRPV 1931 S. 238 = Praxis 1931 S. 61). Der BGH hat sich jedoch von diesem strengen Standpunkt mit Recht entfernt. Je komplizierter das Recht und seine Begriffe werden (hier etwa das Tatbestandsmerkmal „Veräußerung"), desto weniger kann es dem Bürger, ja sogar seinem Rechtsberater, zur Last gelegt werden, wenn er über die Tragweite eines Rechtsbegriffs irrt.

A b s t r a k t kann gesagt werden: Der unverschuldete Rechtsirrtum ist beachtlich. Ob aber im k o n k r e t e n Fall ein Entschuldigungsgrund anerkannt wird, bedarf sorgfältiger Prüfung. Der Erwerber muß die im Verkehr erforderliche Sorgfalt aufwenden, um sich über die Rechtslage (hier über die Anzeigepflicht, deren Voraussetzungen, Form, Inhalt und Adressierung) Klarheit zu verschaffen (ebenso Prölss-Martin[18] Anm. 2 zu § 71, S. 369). Dabei kann der ungewandte Vmer eher entschuldigt sein als der gewandte: KG 2. XII. 1931 JRPV 1932 S. 21; Lenski S. 142.

In dem gleichen Sinne BGH 8. II. 1965 VA 1967 S. 11—16 Nr. 439 speziell für § 71, allgemein: BGH 7. III. 1972 NJW 1972 S. 1045, wo die Entwicklung der höchstrichterlichen Rechtsprechung aufgezeigt wird.

[20] bb) Insbesondere bei Sicherungsübereignung.

Das Ausgeführte gilt auch für die Sicherungsübereignung, bei der der Einfluß der Rechtsunkenntnis auf das Verschulden besonders umstritten war (Lenski S. 141f., woselbst weiteres Material). Daß die Entschuldigung schlechthin zu verneinen ist, wenn die Sicherungsübereignung nicht angezeigt wird (so Prölss-Martin[18] Anm. 2 zu § 71, S. 369 mit weiteren Angaben), kann nicht akzeptiert werden, weil das Schicksal des Vsvertrages in solchem Fall nicht eindeutig feststeht, kommt es doch darauf an, ob auflösend bedingt oder unbedingt sicherungsübereignet ist (vgl. Anm. 22 zu § 69). Auch kann der Erwerber entschuldigt sein, wenn er über den Begriff der (unbedingten) Sicherungsübereignung irrt: Raiser[2] Anm. 30 zu § 12 AFB S. 314; Lenski S. 143.

[21] c) Weitere Voraussetzung der Leistungsfreiheit.

Nicht stets, wenn der Erwerber schuldhaft keine Anzeige erstattet hat, ist der Ver leistungsfrei. Nach § 71 I[2] tritt diese Folge nämlich nur dann ein, wenn sich der Vsfall später in einem Monat nach dem Soll-Zeitpunkt der Anzeige ereignet.

Auf wessen Anzeige kommt es hier an, auf die des Veräußerers oder auf die des Erwerbers? Wie oben Anm. 5 ausgeführt, können die Zeitpunkte für das objektive Entstehen der Anzeigepflicht verschieden sein. Außerdem kommt beim Erwerber als relevant noch der Zeitraum hinzu, in dem er trotz Wissens aller Umstände die Anzeige e n t s c h u l d i g t nicht erstattet hat. Da der Erwerberanzeige der Vorrang vor der Veräußereranzeige zukommt, läuft der Monatszeitraum des § 71 I[2] von dem Tage an, in dem der Erwerber vom Erwerb und von der V Kenntnis hat und ein etwaiger Entschuldigungstatbestand aufhört, also z. B. die Krankheit vorüber ist, der falsche Rechtsrat richtiggestellt wurde. Nehmen wir an, diese Situation sei am 1. II. eines Jahres eingetreten, so haftet der Ver bis 1. III. des betreffenden Jahres, mag er auch erst durch einen Vsfall vor diesem Stichtag Kenntnis von der Veräußerung erhalten haben: Böhme BB 1957 S. 168.

Bezeichnenderweise verlangt § 71 I² nicht, daß der Ver sein Kündigungsrecht nach § 70 I **ausübt**, um sich für einen nach der Monatsfrist eingetretenen Schadensfall Leistungsfreiheit zu sichern. Dieser Gesichtspunkt bestätigt, daß der BGH das Klarstellungserfordernis des § 6 I³ überspannt, indem er auch dann die Kündigung zur Voraussetzung der Leistungsfreiheit macht, wenn der Ver erst durch den Schadensfall von der Obliegenheitsverletzung Kenntnis erhalten hat (vgl. Möller Anm. 43 zu § 6).

[22] 2. Entfallen der Leistungsfreiheit.
a) Kenntnis des Versicherers im anzeigepflichtigen Zeitpunkt.
Selbst wenn der Erwerber schuldhaft seine Anzeigepflicht verletzt hat, bleibt der Ver auch nach Monatsfrist noch im Risiko, sofern er in dem maßgeblichen Zeitpunkt (vgl. oben Anm. 21) anderweitig Kenntnis von der Veräußerung hatte, sei es vom Veräußerer, sei es durch andere Quellen (Bruck⁷ Anm. 6 zu § 71 S. 274; Lenski S. 145). Der Kreis derer, die für den Empfang der Anzeige legitimiert sind, deckt sich nicht mit dem Kreis derer, deren Wissen als Kenntnis des Vers zu werten ist (vgl. Anm. 59, 60 zu § 68 und oben Anm. 10).

Das ergibt § 44 VVG (Bruck⁷ Anm. 17 zu § 71 S. 276; Raiser² Anm. 33 zu § 12 AFB S. 315; OLG Hamburg 11. XI. 1932 VA 1933 S. 109 Nr. 2549 = JRPV 1933 S. 30 = JW 1933 S. 781). Zwar ist der Vermittlungsagent der richtige Adressat der Veräußerungsanzeige (§ 43 Ziff. 2), aber erfährt er ohne Anzeige von der Veräußerung, hat damit nicht der Ver Kenntnis i. S. v. § 71 II¹. Diese Regel wird jedoch von zahlreichen Ausnahmen durchbrochen, vgl. Möller Anm. 11 zu § 44, insbesondere daselbst dd.

Nur positive Kenntnis des Vers kommt dem Erwerber zustatten, Kennenmüssen genügt nicht: Bruck⁷ Anm. 17 zu § 71 S. 276; Lenski S. 146.

[23] b) Spätere Kenntnis.
Erfährt der Ver erst nach dem oben Anm. 21 als maßgeblich bezeichneten Zeitpunkt von der Veräußerung, sei es von den Beteiligten, sei es auf sonstigem Wege, so beginnt die Ausschlußfrist des § 70 I erst damit. Läßt der Ver sie verstreichen, ohne zu kündigen, so kann er sich für einen danach eintretenden Vsfall nicht auf Leistungsfreiheit berufen: § 71 II².

Beispiel: Veräußerung: 1. II. 1972; Eintritt der Anzeigepflicht: 15. II. 1972; Kenntnis des Vers von der Veräußerung: 1. III. 1972. Hier ist Deckung zu gewähren für jeden Schadensfall, der nach dem 1. IV. 1972 eintritt, wenn der Ver nicht bis spätestens zum letzteren Tag gekündigt hat. Hat er nach dem 15. III. 1972 gekündigt, was nach § 70 I mit Frist von einem Monat zu geschehen hat, so lebt damit aber nicht der Vsschutz wieder auf. In diesem Fall wirkt die Kündigung also wie eine fristlose: OLG Hamburg 11. XI. 1932 JRPV 1933 S. 30 = JW 1933 S. 781f. = VA 1933 S. 109 Nr. 2549; Raiser² Anm. 33 zu § 12 AFB S. 315; Lenski S. 145.

Prölss-Martin¹⁸ Anm. 2 zu § 71, S. 369 verstehen LG Limburg 28. X. 1952 VersR 1953 S. 73 (Leitsätze) falsch, veranlaßt durch den ersten Leitsatz, der irrtümlich auf § 71 II verweist. In Wirklichkeit war in casu Leistungsfreiheit nach § 71 I² eingetreten.

[24] c) AVB-Regelung.
§ 71 ist zugunsten des Erwerbers abdingbar. Das ist geschehen durch § 2 I AFB (Wortlaut siehe Anm. 88 zu § 68). Danach hat die schuldhafte Verletzung der Anzeigepflicht nicht Leistungsfreiheit des Vers zur Folge, sondern BGH 28. X. 1953 VersR 1953 S. 448—450 = BetrBer 1953 S. 929 = BGHZ Bd 10 S. 376 = LM Nr. 3 zu § 71 VVG mit Anm. Haidinger = NJW 1953 S. 1825 = VA 1954 S. 26 Nr. 61 konstruiert, daß sich die Eigenv des Veräußerers in eine Fremdv zugunsten des Erwerbers umgewandelt habe. Der Veräußerer könne zwar die Vsleistung verlangen, müsse sie aber an den Erwerber weiterleiten. Dem Standpunkt des BGH ist zu folgen. Näheres siehe Anm. 88 zu § 68. Auch die Umwandlung von Eigen- zur Fremdv ist Veräußerung i. S. der §§ 69ff. (vgl. Anm. 52 zu § 69), so daß § 2 I AFB tatsächlich auf einen Anzeigeverzicht des Vers hinausläuft, wofür auch das Folgende spricht.

Nach dem Wortlaut des § 2 I AFB hängt die Fremdv davon ab, daß der Erwerber schuldhaft die Anzeige nicht oder zu spät erstattet, so daß also bis zum Schadensfall

V. Wirkungen der Unterlassung der Anzeige § 71
Anm. 25—27

offenstünde, ob der Veräußerer Vmer geblieben oder der Erwerber Vmer geworden ist. Diese Unklarheit kann nicht gewollt sein. Man wird deshalb § 2 I² AFB so aufzufassen haben, daß zugunsten des Erwerbers die §§ 69ff. stets ausgeschlossen sind, d. h. der Veräußerer bleibt Vmer (so implicite auch Lenski S. 148).

[25] **3. Materiellrechtlicher Schadenersatzanspruch?**

Aus der Qualifikation der Anzeigepflicht als einer Obliegenheit (oben Anm. 12) ergibt sich, daß die Verletzungsfolge nicht in vertraglichem Schadenersatz bestehen kann (R. Schmidt, Die Obliegenheiten, Karlsruhe 1953, S. 312, 316; Möller Anm. 17 zu § 6). Das sprechen für § 71 ausdrücklich aus Kisch III S. 330, Weiß S. 116, Vorwerk S. 39. Anderer Auffassung außer denjenigen, die in der Anzeige eine Rechtspflicht sehen (vgl. oben Anm. 12): Raiser² Anm. 36 zu § 12 AFB S. 316; KG 13. IV. 1929 JRPV 1929 S. 223, jedoch ohne überzeugende Begründung.

Von einigen wird eine Schadenersatzpflicht bejaht, wenn die Nichtanzeige einen Tatbestand der §§ 823, 826 erfüllt (Bruck PVR S. 586; ders.⁷ Anm. 18 zu § 71 S. 276; Kisch III S. 332; Lenski S. 150). Es ist indes schwer vorstellbar, wann das der Fall sein soll. § 823 I greift nicht ein, weil durch die Nichtanzeige kein absolutes Recht des Vers verletzt wird und auch darin kein integrierender Eingriff in seinen Gewerbebetrieb liegt. § 823 II scheidet aus, weil § 71 VVG kein Schutzgesetz zugunsten des Vers darstellt (BGH 28. V. 1953 LM Nr. 3 zu § 823 Bf BGB = NJW 1953 S. 1182 = VersR 1953 S. 283 hat nicht einmal zugunsten des geschädigten Dritten Schutzgesetzcharakter angenommen). Daß einer der Beteiligten vorsätzlich in sittenwidriger Weise den Ver dadurch schädigt, daß er keine Anzeige erstattet, wird nicht vorkommen, geschweige denn seitens des Vers nachweisbar sein. Überdies ist der Ver genügend geschützt durch § 69 III, vgl. Anm. 65—74 zu § 69.

Es steht allerdings nichts im Wege, daß Ver und Veräußerer vereinbaren, daß bei Nichtanzeige oder verspäteter Anzeige der Veräußerer schadenersatzpflichtig sei bzw. eine Vertragsstrafe zu zahlen habe: Kisch III S. 331. Vorwerk S. 39 nimmt darüber hinaus an, solche Vereinbarung könne auch zu Lasten des Erwerbers getroffen werden, jedoch steht dem m. E. § 72 entgegen.

[26] **4. Erweiterte Prämienzahlungspflicht des Veräußerers.**

a) Prämisse.

Von einigen Autoren wird angenommen, daß der Veräußerer bei Verletzung der Anzeigepflicht auch für die Prämie der Vsperiode haftet, die der Veräußerung nachfolgt (Kl. JRPV 1927 S. 298; Bruck PVR S. 586 N. 109, der eigenartigerweise sein Ergebnis auf § 407 stützt. § 407 ist indes eine Schuldnerschutzvorschrift, während es hier um die Gläubigereigenschaft des Vers geht). Andere stehen auf entgegengesetztem Standpunkt (Lenski S. 148 und die daselbst N. 89, 90 Genannten; OLG Köln 19. I. 1931 JRPV 1931 S. 109; Raiser² Anm. 16 zu § 12 AFB S. 307).

M. E. kann die Lösung nicht gefunden werden, ohne daß als Vorfrage die Kündigungsmöglichkeiten nach § 70 I und II geklärt sind. Läßt man das außer acht, so könnte der Fall eintreten, daß der Ver für einen Zeitraum die Gefahr trägt, für den er keine Prämie erhält.

Beispiel: Das Vsjahr läuft vom 1. II. 1972 bis zum 1. II. 1973 mit Verlängerungsklausel. Am 1. V. 1972 wird veräußert, ohne daß der Ver hiervon etwas erfährt. Die am 1. II. 1973 fällige Prämie klagt er beim Veräußerer ein. Nach der Ansicht von Lenski, Raiser und OLG Köln müßte der Ver schlechterdings abgewiesen werden. Er würde nunmehr die Prämie für das Vsjahr 1973—1974 vom Erwerber verlangen. Nehmen wir an, dieser erfährt dadurch erst von der V und kündigt nach § 70 II zum Ende jener Vsperiode. Er hat also bis 1. II. 1974 Deckung, ohne daß der Ver einen Prämienanspruch gegen ihn hätte (§ 70 III). — Das Beispiel erhellt, daß über die Prämienklage des von der Veräußerung nicht unterrichteten Vers nicht ohne Einbeziehung der Erwerberstellung entschieden werden kann.

[27] **b) Durchführung.**

Hat der Erwerber sein Kündigungsrecht aus § 70 II bereits verloren, so ist er allein für die Prämie der der Veräußerung nachfolgenden Vsperiode verantwortlich. Die Klage gegen den Veräußerer ist abzuweisen. Besteht des Erwerbers Kündigungsrecht aus § 70 II jedoch noch (vgl. hierzu und zum folgenden Anm. 53, 54 zu § 70), so ist zunächst festzustellen, ob er es ausübt (wenn nicht, ist er allein Prämienschuldner), wenn ja, ob mit sofortiger Wirkung oder zum Schluß der nunmehr laufenden Vsperiode. Im ersteren Fall ist der Veräußerer nur zur Zahlung der anteiligen Prämie bis zum Auslaufen des Vsschutzes zu verurteilen, im letzteren Fall zur Zahlung der vollen Jahresprämie (Grund: Der Veräußerer kann sich in diesem Fall beim Erwerber erholen).

Kündigt der Ver nach § 70 I, nachdem er im Prämienprozeß mit dem Veräußerer den Vmerwechsel erfahren hat, so schuldet der Veräußerer auch in diesem Fall die Prämie nur bis zum Auslaufen des Vsschutzes (vgl. Anm. 55 zu § 70), und zwar mit Rückgriffsrecht gegen den Erwerber.

Aus alledem ist zu ersehen, daß sich die Rechtsfolgen im Hinblick auf die Prämien nicht an der Unterlassung der Anzeige orientieren (diese ist nur Voraussetzung dafür, daß es überhaupt zur Fragestellung kommt), sondern an den Kündigungsmöglichkeiten, also an § 70. Das ist auch folgerichtig, weil der von der Anzeigepflicht handelnde § 71 auf die Prämienzahlungspflicht überhaupt nicht eingeht. Die hier gefundenen Ergebnisse verstoßen auch nicht gegen den Grundsatz, daß die Obliegenheitsverletzung nicht mit Schadenersatz geahndet werden darf (vgl. oben Anm. 25), denn um solchen handelt es sich hier nicht, sondern um die Vertragsleistung.

[28] 5. Prozeßkostennachteile für den Veräußerer.

Der Ver, der von der Veräußerung nichts weiß und seinen ursprünglichen Vmer auf die Prämie verklagt, braucht keine Kostennachteile zu erleiden. Obsiegt er (der Erwerber hatte sein Kündigungsrecht noch nicht verloren, er übt es in dem Sinne aus, daß er zum Schluß der neuen Vsperiode kündigt, vgl. oben Anm. 27), so trägt die Kostenlast nach § 91 ZPO automatisch der Veräußerer. Würde der Ver nach den Ausführungen oben Anm. 27 z. T. oder ganz unterliegen, so empfiehlt es sich, daß er die Klage unmittelbar nachdem jene Voraussetzungen geklärt sind, insoweit zurücknimmt (Umkehrung des § 93 ZPO) oder die Hauptsache insoweit für erledigt erklärt (§ 91a ZPO), jeweils unter Protest gegen die Kostenlast. Auf diese Weise kann der Ver erreichen, daß trotz Unterliegens die Kosten den Veräußerer treffen (vgl. Baumbach-Lauterbach, ZPO, 30. Aufl. München 1970 Anm. 4 zu § 93, S. 209; AG Berlin-Mitte ohne Datum JRPV 1930 S. 304. Ähnlich Lenski S. 151; Raiser[2] Anm. 36 zu § 12 AFB S. 316; Lesser JRPV 1925 S. 170f.).

Bei alledem ist zu beachten, daß von den Prozeßkosten auch die sogenannten Vorbereitungskosten umfaßt werden, also z. B. Mahnkosten, Kosten eines zur Beurteilung der Prozeßaussichten notwendigen Gutachtens, Beratung durch Anwalt, ob ein Prozeß eingeleitet werden soll: Baumbach-Lauterbach, ZPO, 30. Aufl. München 1970 Anm. 5 zu § 91, Stichwort „Vorbereitungskosten" S. 195.

Die gefundenen Ergebnisse widersprechen nicht der Rechtsnatur der Anzeige als einer Obliegenheit, denn dem Veräußerer wird nicht Schadenersatz auferlegt, sondern eine Kostenlast wird aktualisiert.

[29] VI. Beweislast.

Über die Beweislast bei Obliegenheitsverletzungen vgl. ausführlich Sieg VersR 1963 S. 1089—1093. Auf jene Ausführungen sei hier generell verwiesen. Es ergibt sich folgende Verteilung:

Der Erwerber, der einen Vsanspruch reklamiert, ist beweispflichtig für den Vsfall, dessen Zeitpunkt und den Zeitpunkt der Veräußerung, denn aus letzteren beiden ergibt sich seine Aktivlegitimation statt der des Veräußerers. Er hat ferner die Höhe des Schadens zu beweisen und die Zugehörigkeit zum normalen gedeckten Risikobereich (Kisch III S. 329; Raiser[2] Anm. 35 zu § 12 AFB S. 315; Lenski S. 151).

Der Ver ist beweispflichtig dafür, daß er weder vom Erwerber noch vom Veräußerer Anzeige erhalten hat, obwohl die objektiven Anzeigevoraussetzungen schon mehr als einen Monat vor dem Vsfall vorgelegen haben. Da es sich um eine Negative handelt, kann er abwarten, was der Erwerber im Hinblick auf eine Anzeigeerstattung vorträgt und sich damit begnügen, diese Angaben zu widerlegen. Der Erwerber ist also zu substantiiertem Bestreiten genötigt. Das verwechseln Kisch III S. 329, Bruck PVR S. 583, ders.[7] Anm. 11 zu § 71 S. 275, Raiser[2] Anm. 35 zu § 12 AFB S. 315 und Lenski S. 151 mit der Beweislast. Richtig: Vorwerk S. 38. — Die Berufung auf die Leistungsfreiheit stellt eine **Einrede** dar, keine Einwendung; d. h. die Leistungsfreiheit wird nicht von Amts wegen berücksichtigt (bestritten). Für die Beweislast ist diese Streitfrage ohne Bedeutung.

Gelingt dem Ver der eben umschriebene Beweis, so kann der Erwerber **replizieren** (mit Beweislast auf seiner Seite), daß ihn kein Verschulden treffe (Raiser[2] Anm. 35 zu § 12 AFB S. 315; RG 31. I. 1936 RGZ Bd 150 S. 188; Lenski S. 151 mit weiteren Nachweisen) oder daß der Ver im Soll-Zeitpunkt der Anzeige anderweitige Kenntnis gehabt habe oder daß der Ver später Kenntnis erlangt habe, aber immerhin so früh, daß von da an bis zum Vsfall mehr als ein Monat verstrichen ist (Kisch III S. 329; Lenski S. 151). **Exkurs:** Der Verschuldensentlastungsbeweis wird, weil auf subjektivem Gebiet liegend, in aller Regel Indizienbeweis sein: Der Erwerber hat die Tatsachen darzutun, aus denen sich der Schluß ergibt, daß ihm kein Vorwurf zu machen ist.

Der Ver kann nunmehr im Wege der **Duplik** zur letzteren Behauptung vortragen (mit Beweislast auf seiner Seite), daß er innerhalb der Ausschlußfrist gekündigt habe (Raiser[2] Anm. 35 zu § 12 AFB S. 315; Kisch III S. 329; Lenski S. 151).

[30] VII. Konkurrenzen.

1. Idealkonkurrenz.

a) Mit §§ 23, 25 VVG.

aa) Gesetzeslage.

Ist mit einer Veräußerung eine Gefahrerhöhung außerhalb des Personenwechsels als solcher verbunden, so besteht für den Vmer, d. h. Veräußerer und Erwerber (für letzteren nur, sofern er nicht mit sofortiger Wirkung nach § 70 II[1] kündigt, vgl. Anm. 46 zu § 70 und Kisch ZVersWiss 1920 S. 218), **neben** der Anzeigepflicht aus § 71, die aus § 23 II VVG (Kisch III S. 341; ders. ZVersWiss 1920 S. 218f.; Sieg ÖffrechtIV 1939 S. 226; Lenski S. 137 und die daselbst N. 6 Genannten). Die abweichende Ansicht von Burchard LZ 1911 Sp. 340, wonach die §§ 69ff. durch die §§ 23ff. verdrängt werden, ist nicht begründet, weil sich die Tatbestände **überschneiden**, nicht aber sich gleichen und einer von beiden noch zusätzliche Erfordernisse enthält, wie es beim Spezialitätsverhältnis (als Unterfall der Gesetzeskonkurrenz) erforderlich wäre.

Der Zeitpunkt des Entstehens dieser Anzeigepflicht kann abweichen von dem der Entstehung der Pflicht nach § 71, denn mit der Kenntnis der Veräußerung brauchen die Beteiligten nicht gleichzeitig Kenntnis von der Gefahrerhöhung zu haben.

[31] bb) Wirkung der Unterlassung der Anzeige.

Die schuldhafte Verletzung der Obliegenheit aus § 23 hat dieselben Folgen wie die Verletzung der Anzeigepflicht nach § 71. § 25 II[2] entspricht dem § 71 I[2], II[1]; § 25 III 1. Satzteil entspricht § 71 II[2]. Eigenen Wert gewinnt § 25 II, III, wenn dem Ver zwar die Veräußerung angezeigt worden ist bzw. er sie sonst kennt, wenn er aber von der Gefahrerhöhung weder durch Anzeige noch anderweit erfahren hat und der Erwerber sich nicht exculpieren kann. — Die belanglose Gefahrerhöhung ist nach § 29 VVG ohne Folgen.

Hat der Erwerber mit sofortiger Wirkung oder der Ver nach § 70 I gekündigt, so hat die Anzeigepflicht nach § 23 II keinen Sinn mehr, weil die Sanktion des § 25 II[2] nicht eintreten kann. Deshalb hat Kischs Ansicht ZVersWiss 1920 S. 218, die Anzeigepflicht nach § 23 II VVG bleibe auch in diesem Fall bestehen, keine praktische Bedeutung.

[32] b) Mit § 2384 BGB.

aa) Gesetzeslage.

Auch der Erbschaftskauf bedeutet Veräußerung i. S. d. §§ 69ff. (vgl. Anm. 11 Vorbemerkungen zu § 69ff., Anm. 2 zu § 69). Das Zusammentreffen der zivilrechtlichen mit der versicherungsrechtlichen Ordnung führt dazu, daß der Erbschaftskäufer auch für die Prämienrückstände haftet, die aus vergangenen Vsperioden stammen (Anm. 85 zu § 69), insoweit aber beschränkbar (Anm. 87 zu § 69) und daß er sich dieser Haftung durch das Kündigungsrecht nach § 70 II trotz § 70 III nicht entziehen kann (Anm. 40 zu § 70).

Auch auf dem Gebiet der Veräußerungsanzeige decken sich § 71 VVG und § 2384 BGB nicht völlig. Man muß sich das Nachlaßgericht als Empfangsstelle für sämtliche Nachlaßgläubiger vorstellen (§ 2384 II). Dann besteht eine Übereinstimmung mit § 71 insofern, als die Anzeigepflicht des Verkäufers (§ 2384 I^1) durch die Anzeige des Käufers ersetzt wird (§ 2384 I^2). Da der Zweck der Anzeige an das Nachlaßgericht darin besteht, den Nachlaßgläubigern die Information zu ermöglichen, reicht es aus, wenn Verkäufer oder Käufer die Nachlaßgläubiger direkt benachrichtigen: Staudinger-Ferid, BGB, 10.—11. Aufl. Berlin 1960 Rdz. 3 zu § 2384 S. 2030; Planck, BGB, 4. Aufl. Berlin-Leipzig 1930 Anm. 1 zu § 2384 S. 1060. (Hingegen fehlt jeder Anhaltspunkt dafür, daß die Unterrichtung von dem Erbschaftskauf, sei es an das Nachlaßgericht, sei es an Nachlaßgläubiger durch einen Außenstehenden genügt, Staudinger-Ferid a. a. O.; Planck a. a. O., während nach § 71 II^1 die Benachrichtigung durch jedweden ausreicht).

Die Übereinstimmung geht noch weiter. Nach § 2384 I sind die Tatsachen des Verkaufs und der Name des Käufers (man muß hinzufügen: mit Anschrift) anzugeben wie im Fall des § 71 (vgl. oben Anm. 6).

Soweit die Anzeigepflicht nach § 71 erfüllt ist, bedarf es wegen dieser Übereinstimmungen derjenigen aus § 2384 BGB im Verhältnis zum Ver nicht, während sich das Umgekehrte nicht sagen läßt: Die gezielte Anzeige an den Ver ist notwendig; daß er über das Nachlaßgericht vom Erbschaftsverkauf erfahren kann, genügt nicht.

[33] bb) Wirkung der Unterlassung der Anzeige.

§ 2384 BGB hat die Anzeige im Unterschied zu § 71 VVG zu einer echten Rechtspflicht des Verkäufers ausgestaltet. Das hat zur Folge, daß er bei Verletzung auf Schadenersatz haftet. Dieser kann nicht, wie manchmal angenommen wird, in vertraglichen Normen gefunden werden (so aber Staudinger-Ferid, BGB, 10.—11. Aufl. Berlin 1960 Rdz. 3 zu § 2384 S. 2030), denn Nachlaßgläubiger brauchen ja nicht stets Vertragsgläubiger zu sein, und außerdem dürfte § 2384 über den Schutzbereich einer Vertragsnorm hinausgehen. Die Rechtsgrundlage des Schadenersatzanspruchs bildet vielmehr § 823 II BGB, § 2384 ist Schutzgesetz für die Nachlaßgläubiger.

In diesem Punkt besteht also ein wesentlicher Unterschied zu den Ausführungen oben Anm. 25. Überdies haftet der Verkäufer für diese Schadenersatzforderung unbeschränkt, sie ist keine Nachlaßschuld (Staudinger-Ferid a. a. O.). Der Zusammenhang mit § 71 VVG ist wie folgt zu sehen: Hat der Veräußerer schuldhaft (§ 2384 spricht von „unverzüglich") weder dem Nachlaßgericht noch dem Ver Kenntnis gegeben, hat auch der Erwerber keine derartige Mitteilung gemacht, so ist der Veräußerer dem Ver gegenüber schadenersatzpflichtig.

[34] 2. Gesetzeskonkurrenz.

a) Hagelversicherung.

In der Hagelv ist § 71 ersetzt durch § 114 II VVG, der in der Fassung von § 7 Ziff. 4 AVB Hagel gilt. Die Bestimmung hat folgenden Wortlaut:

> 4. „Die Veräußerung ist vom Veräußerer oder vom Erwerber der Gesellschaft unverzüglich schriftlich anzuzeigen und auf Verlangen nachzuweisen. Wird die Anzeige weder von dem einen noch von dem anderen unverzüglich gemacht, so ist die Gesellschaft für alle Schäden, die nach dem Schluß der Vsperiode eintreten, in welcher ihr die Anzeige hätte zugehen müssen, von der Verpflichtung zur Leistung frei. Diese Rechtsfolge tritt nicht ein, wenn die Gesellschaft von dem Eigentumswechsel so früh Kenntnis erlangt hat, daß sie zum Schluß der Vsperiode kündigen konnte."

Der Unterschied gegenüber § 71 besteht also darin, daß bei verschuldeter Nichtanzeige Leistungsfreiheit für Vsfälle nach Schluß der Vsperiode (statt nach einem Monat

I. Normativer Geltungsbereich §§ 71, 72
Anm. 35, Anm. 1

ab Soll-Zeitpunkt der Anzeige) besteht, daß § 71 II¹ kein Analogon hat und daß § 71 II² mit Rücksicht auf die Bedeutung der Vsperiode in der Hagelv modifiziert ist.

[35] b) Binnentransportversicherung.

Nach § 142 findet auf die Güterv § 71 keine Anwendung. Die Bestimmung ist nachgiebig. Nach § 5 Ziff. 3 ADB (Wortlaut: Anm. 60 zu § 70) entfällt § 142 VVG, so daß es bei § 71 bleibt.

In der Schiffsv fällt die Anzeige von der Veräußerung zwar nicht kraft Gesetzes fort (§ 143 I), aber das Gesetz kennt keine Sanktion bei Verletzung der Anzeigepflicht. Nur wenn diese schon vor Reisebeginn verletzt worden ist, bleibt es bei § 71, es sei denn, der Ver habe vor Reiseantritt anderweitig Kenntnis gehabt von der Veräußerung: § 143 II.

§ 72

Auf eine Bestimmung des Vsvertrags, durch welche von den Vorschriften der §§ 69 bis 71 zum Nachteil des Erwerbers abgewichen wird, kann sich der Ver nicht berufen. Jedoch kann für die Kündigung, zu der nach § 70 Abs. 2 der Erwerber berechtigt ist, sowie für die Anzeige der Veräußerung die schriftliche Form bedungen werden.

Unabdingbarkeit.

Gliederung:

I. Normativer Geltungsbereich Anm. 1

II. Halbzwingende Natur Anm. 2—3
   1. Bedeutung Anm. 2
   2. Tragweite Anm. 3

III. Bestimmungen im Vsvertrage Anm. 4—13
   1. Von § 72 erfaßter Vertragsinhalt Anm. 4—6
      a) Das Vsverhältnis im ganzen betreffend Anm. 4
      b) Prämienzahlungspflicht und Kündigung betreffend Anm. 5
      c) Sonstige Vereinbarungen Anm. 6
   2. Von § 72 nicht erfaßter Vertragsinhalt Anm. 7—11
      a) Erwerber wird nicht benachteiligt Anm. 7—8
         aa) Im allgemeinen Anm. 7
         bb) Den Veräußerer belastende Bestimmungen Anm. 8
      b) Rechtfertigung für Benachteiligung des Erwerbers Anm. 9—11
         aa) Besondere Eigenschaften des Vmers erforderlich Anm. 9—10
         bb) Restfälle Anm. 11
   3. Erstreckung des Übergangs auf Fälle außerhalb von § 69 Anm. 12—13

IV. Bestimmungen in sonstigen Vereinbarungen Anm. 14—17
   1. Zwischen Erwerber und Veräußerer Anm. 14—16
      a) Modalitäten nach Übergang Anm. 14
      b) Ausschluß des Übergangs Anm. 15
      c) Vereinbarung des Übergangs Anm. 16
   2. Zwischen Erwerber und Ver Anm. 17

[1] I. Normativer Geltungsbereich.

§ 72 gilt lt. § 187 I, II nicht für die Transportv von Gütern, für die Kreditv und für die laufende V, ferner nach § 192 II nicht für Vsverhältnisse bei öffentlichen auf Landesrecht beruhenden Anstalten, die nicht unmittelbar kraft gesetzlichen Zwangs entstehen oder die nicht kraft gesetzlichen Zwangs genommen werden. Immerhin fragt sich, ob nicht unter den §§ 69—71 Bestimmungen sind, die gleichsam zum ordre public der Rechtsordnung gehören, die also auch in dem an sich vertragsfreien Raum beachtet werden müssen. Hierzu wird man das Kündigungsrecht des Erwerbers nach § 70 II zählen müssen, denn seine Belastung mit den Verpflichtungen eines ihm nicht willkommenen Vertrages möglicherweise auf Jahre hinaus erscheint nicht zumutbar (vgl. Möller in Oberbach, Grundlagen der allgemeinen Haftpflichtv, Stuttgart und Köln 1951 B 2 S. 15f.). Anders ist indes zu entscheiden, wenn der Ver ebenfalls auf sein Kündigungsrecht verzichtet hat (vgl. Einzelheiten Anm. 27—29 zu § 70). Hier ist die Abschneidung der Erwerberkündigung das Korrelat zur Vergrößerung des Ver-Risikos.

Eine Ausnahme vom halbzwingenden Charakter kennt § 72 selbst: Nach S. 2 kann für die Erwerberkündigung oder die nach § 71 zu erstattende Anzeige im Vsvertrag die Schriftform vorgesehen werden. Es wurde schon darauf hingewiesen, daß hierdurch nur die Vereinbarung der **einfachen** Schriftform gedeckt ist, nicht z. B. das Erfordernis des Einschreibbriefes (Anm. 8 zu § 70, Anm. 4 zu § 71). Prölss-Martin[18] Anm. 2 zu § 72, S. 370 meinen, wenn **generell** im Vsvertrag für Erklärungen des Vmers eine strengere Form vorgeschrieben sei, so sei daran auch der Erwerber gebunden. Hierfür spricht indes kein durchschlagender Grund. Für die Erwerberkündigung und für die Veräußerungsanzeige bildet also auch in solchem Fall die Schriftform die schwerstmögliche.

§ 72 führt nur §§ 69—71 an, nicht z. B. §§ 43ff. Der Erwerber ist also daran gebunden, wenn der Ver in wirksamer Weise die Empfangsvollmacht des Vsvertreters eingeschränkt hat (vgl. § 47). Das spielt für die Anzeige nach § 71 (vgl. Anm. 10 zu § 71) und für die Kündigung nach § 70 II eine Rolle.

[2] II. Halbzwingende Natur.
1. Bedeutung

§ 72[1] erklärt die §§ 69—71 im Hinblick auf den Erwerber (nicht den Veräußerer) für halbzwingend. Vereinbarungen im Vsvertrag, die zu Lasten des Erwerbers von den §§ 69—71 abweichen, sind also nicht nichtig, der **Erwerber** kann sich auf sie berufen, was nicht ausschließt, daß die §§ 69ff. auch von Amts wegen zu berücksichtigen sind: Anm. 3 zu § 68a. Da Nichtigkeit nicht eintritt, taucht die von § 139 BGB behandelte Frage, inwieweit die Teilnichtigkeit die Vollnichtigkeit nach sich zieht, nicht auf. Auf § 139 BGB stellen indes ab Kisch III S. 347 N. 4; Vorwerk S. 42; Weiß S. 120; Lenski S. 85 N. 7, im Ergebnis aber zutreffend. Will der Erwerber den Schutz des § 72 annehmen, so tritt anstelle der ihm gegenüber nicht wirksamen Vertragsbestimmung die entsprechende gesetzliche Norm: Anm. 4 zu § 68a.

Hier (wie bei den sonstigen halbzwingenden Bestimmungen des VVG) ist aber nicht nur an vertragliche Abreden gedacht, die den Erwerber gegenüber dem **Wortlaut** der §§ 69—71 schlechter stellen, halbzwingend sind auch die gefestigten **Auslegungsergebnisse**, die jene Normen inzwischen erfahren haben und durch Fortschreibung seitens Rechtsprechung und Literatur noch erfahren werden: Anm. 167 zu § 67.

Der Wortlaut von § 72 ist insofern zu eng geraten, als dort von Bestimmungen im **Vsvertrag** die Rede ist. Gleichzustellen sind auch sonstige Handlungsweisen der Parteien des Vsvertrages, die dem Erwerber zum Nachteil gereichen, so z. B. die durch die Veräußerung bedingte Kündigung des **Vers**. Die in diesem Sinne bedingte Kündigung des **Vmers** würde schon daran scheitern, daß einseitige Erklärungen nur dann von einer Bedingung abhängig gemacht werden können, wenn der Bedingungseintritt oder -ausfall von der Gegenseite herbeigeführt werden kann (vgl. AG Hamburg 10. IV. 1953 VersR 1953 S. 253).

[3] 2. Tragweite.

Nicht einheitlich ist die Frage zu beantworten, ob auch die **analoge** Anwendung der §§ 69ff. von § 72 erfaßt wird. Hier ist vorweg zu sagen, daß dieses Problem für die Forderungsv (Anm. 40—42 zu § 69) wegen § 187 I nicht auftaucht. Die Frage hat aber Bedeutung für das Dauerwohn- und das Dauernutzungsrecht (Anm. 43 zu § 69), für die Übertragung von Gewinnaussichten (Anm. 44 zu § 69) und für den Übergang der Betriebsrechtsschutzv (Anm. 47 zu § 69). Die halbzwingende Natur ist m. E. zu bejahen, wenn sich die vten Interessen eng an das Sachinteresse anschließen, also beim Dauerwohn- und Dauernutzungsrecht sowie bei den sachbezogenen Gewinnven. Hingegen kommt den §§ 69ff. keine halbzwingende Wirkung zu, soweit es sich um die Betriebsunterbrechungs- und um die Betriebsrechtsschutzv handelt. Hier wird die Analogie zu §§ 69ff. im wesentlichen auf § 151 II gestützt (Anm. 44, 47 zu § 69), der § 72 nicht anführt.

III. Bestimmungen im Versicherungsvertrag §72
Anm. 4—6

Die Neuwertv ist so eng mit der Sachv verbunden, daß sich hier wieder der halbzwingende Charakter der §§ 69ff. durchsetzt. Vgl. zum Fragenkreis der halbzwingenden Bestimmungen bei analoger Anwendung ferner Anm. 111 zu § 68.

[4] III. Bestimmungen im Versicherungsvertrag.
1. Von § 72 erfaßter Vertragsinhalt.
a) Das Versicherungsverhältnis im ganzen betreffend.

In den Schutzbereich des § 72 würde eine Vereinbarung fallen, nach der der Übergang der V bei Veräußerung nicht stattfinden soll (Lenski S. 98 und die dort N. 28 Genannten). § 72 will dem Erwerber zunächst den Vsschutz erhalten, mag er auch dadurch mit der Kündigung belastet sein, wenn er Prämienverpflichtungen vermeiden will (vgl. § 70 III). Der Übergangsausschluß wäre daher dem Erwerber per saldo nachteilig. Dasselbe ist der Fall, wenn der Vsvertrag vorsieht, das Vsverhältnis solle auch nach der Veräußerung mit dem Veräußerer fortgeführt werden unter Auswechselung des bisherigen Interesses gegen ein anderes, etwa ein Kreditinteresse (Prölss-Martin[18] Anm. 2d zu § 69, S. 359), oder der Übergang solle von der Genehmigung durch den Ver abhängig sein (Bruck[7] Anm. 4 zu § 72 S. 277; Kisch III S. 346).

Ebenso wäre der Erwerber nicht daran gebunden, wenn etwa die Voraussetzungen des Übergangs (Anm. 1—60 zu § 69) vertraglich eingeschränkt werden oder wenn die Veräußerung als auflösende Bedingung für den Vsvertrag stipuliert (vgl. Anm. 50 zu § 69; Cahn S. 95; Gerhard-Hagen, VVG, Berlin 1908 Anm. 7 zu §§ 69—73, S. 335) oder die Veräußerung automatisch als Gefahrerhöhung behandelt wird.

[5] b) Prämienzahlungspflicht und Kündigung betreffend.

Unter § 72 würde eine Vereinbarung fallen, wonach der Erwerber auch für die Prämienschuld der der Veräußerung vorangehenden Vsperioden haftet (entgegen § 69 II, Anm. 91 zu § 69) oder wonach er trotz außerordentlicher Kündigung zu Prämienzahlungen verpflichtet wird (entgegen § 70 III, Bruck[7] Anm. 4 zu § 72 S. 278). Dasselbe gilt, wenn der Vsvertrag vorsieht, daß der Erwerber einen Prämienzuschlag zu zahlen habe (Vorwerk S. 41; Cahn S. 96; Weiß S. 120; Lenski S. 84 N. 7 mit weiteren Nachweisen); anders nur, wenn das Wagnis durch die Veräußerung zu einer höheren Tarifgruppe gehört.

Ferner darf das Kündigungsrecht des Erwerbers nach § 70 II nicht ausgeschlossen, die Ausschlußfrist für die Ausübung dieses Rechts darf nicht verkürzt (Anm. 37 zu § 70), das fristlose Kündigungsrecht darf dem Erwerber ebensowenig genommen werden (Kisch III S. 347; Bruck[7] Anm. 4 zu § 72 S. 277) wie die Möglichkeit, erst zum Ende der Vsperiode zu kündigen (Anm. 38 zu § 70). Seine Kündigung darf nicht an die Zustimmung Dritter geknüpft werden, etwa an die des Hypothekengläubigers (Prölss-Martin[18] Anm. 1 zu § 72, S. 370; OLG Marienwerder 14. I. 1913 VA 1913 Anh. S. 86—88 Nr. 752). Bei der außerordentlichen Kündigung des Vers (§ 70 I) darf die Kündigungsfrist nicht verkürzt werden (Kisch III S. 347).

[6] c) Sonstige Vereinbarungen.

Dem Erwerber steht ein etwaiger Gewinnanspruch, der nach der Veräußerung fällig wird, zu, sofern der Vsvertrag nicht nach § 70 I oder II gekündigt wurde (Anm. 96 zu § 69). Dieser darf ihm nicht abgeschnitten werden, ebensowenig der Anspruch auf die Vsleistung für Vsfälle nach der Veräußerung. Von § 72 betroffen wäre also eine Vereinbarung, daß der Übergang des Vsverhältnisses erst eine bestimmte Zeit nach der Veräußerung eintreten soll (Kisch III S. 374; Raiser[2] Anm. 13 zu § 12 AFB S. 305; Vorwerk S. 41). Belastend wäre es ferner für den Erwerber, wenn etwa der Vsvertrag eine Schadenersatzpflicht bei Nichterfüllung der Anzeigepflicht nach § 71 vorsähe (Anm. 25 zu § 71) oder dem Ver das Leistungsverweigerungsrecht nach § 71 I² unabhängig vom Verschulden des Erwerbers gäbe, vgl. Anm. 12 zu § 71.

Auch würde in dessen Rechtsstellung eingegriffen, wenn der Vsvertrag bestimmt, daß für Erklärungen des Vers auch noch nach der Veräußerung der Veräußerer empfangsberechtigt bleibe (Kisch III S. 347; Bruck[7] Anm. 4 zu § 72 S. 278).

[7] 2. Von § 72 nicht erfaßter Vertragsinhalt.
  a) Erwerber wird nicht benachteiligt.
  aa) Im allgemeinen.

Hierher gehören alle Vereinbarungen, die die Rechtsstellung des Erwerbers nicht verschlechtern. Ein Beispiel bildet die Abdingung von § 69 III, denn es handelt sich um eine Vorschrift zugunsten des Vers. Ferner belastet es den Erwerber nicht, wenn der Ver von vornherein auf sein Kündigungsrecht aus § 70 I verzichtet, wie nach Ziff. 1.1.1. AMB. Dieser lautet:
> „Vt sind die Sachen, die in einem dem Vsschein beigefügten Maschinenverzeichnis aufgeführt sind; sie sind auch vt, wenn sie nicht oder nicht mehr dem Vmer gehören."

Dasselbe ist der Fall, wenn die Kündigungsfrist des § 70 I auf länger als einen Monat festgelegt (Anm. 23 zu § 70) oder wenn die Ausschlußfrist für die Kündigung des Vers verändert wird (Anm. 22 zu § 70). Auch eine Verlängerung der Ausschlußfrist für die Erwerberkündigung (§ 70 II) ist voll wirksam (Prölss-Martin[18] Anm. 4 zu § 70, S. 365; Bruck PVR S. 590; Ehrenzweig S. 235; Kiantos VersArch 1958 S. 210).

Nicht zu beanstanden ist eine Vereinbarung, nach der der Erwerber, auch wenn er nicht nach § 70 II kündigt, entgegen § 69 II von der Prämienmithaftung freigestellt wird (Anm. 90 zu § 69) oder wenn die Anzeigepflicht oder die Folgen von deren Verletzung wegbedungen sind wie nach Ziff. 1.1.1. AMB, vgl. § 71 I². Auch eine Vereinbarung des Inhalts, daß sich der Ver für die Prämie der laufenden Vsperiode an den Erwerber halten wird, ist nicht zu beanstanden, soweit dieser ohnehin als Gesamtschuldner haftet (sein Ausgleichsanspruch gegen den Vmer kann ihm damit nicht genommen werden, Anm. 91 zu § 69): Lenski S. 89; Vorwerk S. 31; Weiß S. 98.

[8] bb) Den Veräußerer belastende Bestimmungen.

Man findet die Ansicht vertreten, daß, da § 72 nur die Erwerberstellung gesichert sehen wolle, Vereinbarungen zulässig sind, die an seiner Stelle den Veräußerer belasten. Indes wird man hier den Einzelfall zu würdigen haben. Die Belastungen des Vmers dürfen nicht so erheblich sein, daß ihm der Entschluß zur Veräußerung erschwert wird. Diese Grenze wäre überschritten, wenn an die Veräußerung eine Vertragsstrafe zugunsten des Vers geknüpft wird oder wenn der Veräußerer sich verpflichtet, sich für die Nichtkündigung durch den Erwerber einzusetzen und für den Fall des Mißlingens dieser Bemühungen Schadenersatz verspricht (vgl. den Parallelfall Anm. 116 zu § 68) oder umgekehrt Schadenersatz dafür zusagt, daß es ihm nicht gelingt, den Erwerber zum Verzicht auf den Übergang des Vsverhältnisses zu bewegen.

Gleich zu behandeln sind Absprachen, wonach der Veräußerer noch mehrere Vsperioden nach der Veräußerung für die Prämie als Gesamtschuldner mithaftet. Alle diese Abreden halten in Abweichung von der hier vertretenen Ansicht für zulässig: Vorwerk S. 41f.; Cahn S. 95; Weiß S. 120; Bruck[7] Anm. 6 zu § 72 S. 278. M. E. verstoßen aber solche Vereinbarungen gegen das Vmer-Schutzprinzip und auch gegen die auf Fluktuieren der Güter gerichtete Wirtschaftsordnung. Sie sind daher, wenn auch nicht nach § 72 anstößig, so doch trotz § 137 nach § 138 BGB nichtig bei Aufrechterhaltung des Vs-Vertrages im übrigen, es sei denn, sie ließen sich nach Lage des Einzelfalles ausnahmsweise rechtfertigen. — Selbstverständlich verstößt solche Vertragsstraf-, Schadenersatz- oder Schuldbeitrittsabrede, wenn sie den jeweiligen Vmer belastet, gegen § 72, denn dann ist der Erwerber mitbetroffen.

Hingegen mag die vom Veräußerer übernommene Verpflichtung, als einfacher Bürge für die späteren Verpflichtungen des Erwerbers einzustehen, noch hinnehmbar sein (nur in diesem Punkt stimme ich Vorwerk S. 41 zu).

[9] b) Rechtfertigung für Benachteiligung des Erwerbers.
  aa) Besondere Eigenschaften des Versicherungsnehmers erforderlich.

Namentlich beim VVaG kommt es vor, daß nach dem Geschäftsplan nur Angehörige bestimmter Berufe oder Personen mit Wohnsitz in einem bestimmten Bezirk Vmer und damit Mitglieder werden können (§ 38 BGB gilt nicht für den VVaG: Kisch III S. 369f.).

III. Bestimmungen im Versicherungsvertrag § 72
Anm. 10—12

Erfüllt der Erwerber diese Voraussetzungen nicht, so erlischt die V nach § 68 II (Lenski S. 97f.; Kisch III S. 340; Carstensen S. 81). Zwar hindert solche Satzungsbestimmung nicht, daß ein Vertrag mit einem an sich nicht Vsfähigen zustande kommt (vgl. Anm. 24 zu § 68), dieses Ergebnis präjudiziert aber nicht die Lösung im Veräußerungsfall. Beim Abschluß des Vertrages kann der Ver prüfen, ob der Vs-Interessent den satzungsmäßigen Voraussetzungen entspricht; unter einer fehlerhaften Entschließung bei Antragsannahme kann der Vmer nicht leiden. Anders bei der Veräußerung. Hier hat der Ver keine Entschließung zu treffen; das Vsverhältnis geht, wenn die Voraussetzungen des § 69 I gegeben sind, automatisch über auf den Erwerber. Deshalb ist der Ver nicht am Vertrage festzuhalten, wenn sein potentieller neuer Partner nach der Satzung nicht Vmer sein kann.

Aber nur, wenn der Geschäftsplan die Weiterv des Erwerbers nicht gestattet, ist es gerechtfertigt, von der Anwendung der §§ 69ff. abzusehen. Es würde also den Übergang nicht hindern, wenn der Ver in einzelnen Vsverträgen vereinbarte, der Übergang auf einen Erwerber sei davon abhängig, daß dieser einem bestimmten Beruf angehöre oder in einem bestimmten Bezirk wohne, anderenfalls könnte § 72 zu leicht umgangen werden.

Selbst wenn der Geschäftsplan die Bindung an bestimmte Berufe vorsieht und der Erwerber diese Voraussetzung nicht erfüllt, erlischt der Vertrag nicht, wenn es sich um eine Pflichtv handelt. Hierbei ist vor allem an § 158h zu denken. Indes darf die Bedeutung dieser Vorschrift nicht überbewertet werden. In der Regel wird der Erwerber das Kraftfahrzeug bei der Zulassungsstelle auf sich umschreiben lassen. Dabei muß er die Doppelkarte des Vers vorlegen, so daß ein neuer Vsvertrag zustande kommt. § 158h ist hauptsächlich dann von Wert, wenn der Eigentumswechsel nicht mit dem Halterwechsel einhergeht. In solchem Falle muß der Gedanke, das Verkehrsopfer zu schützen, der Satzungsbegrenzung vorgehen. Damit der Ver so kurze Zeit wie möglich an die satzungsfremde Person gebunden ist, wird er nach § 70 I kündigen, sofern nicht der Erwerber nach § 70 II fristlos gekündigt hat. Die Satzung mag den Ver anhalten, solche Kündigung auszusprechen.

[10] Rehm ZVersWiss 1910 S. 484; Vorwerk S. 81f. und OLG Hamburg 4. I. 1926 JRPV 1926 S. 75 = VA 1928 S. 10 Nr. 1793 = HansRZ 1926 Sp. 171 (für den kleinen VVaG) betonen zu stark das mitgliedschaftliche Element, indem sie meinen, gegen seinen Willen könne der Erwerber nicht in die Mitgliedschaftsstellung (und damit in die Vmerrolle) gedrängt werden. Unten Anm. 15 ist in anderem Zusammenhang darauf zurückzukommen, daß der Wille des Erwerbers nicht entscheidend ist.

Ein Beispiel für partielles Erlöschen des Vsschutzes bei Veräußerung ergibt sich, wenn in der Feuerindustriev Klausel A V Nr. 19 vereinbart ist (VA 1970 S. 6). Sie lautet: „Werden in die V Gebrauchsgegenstände Betriebsangehöriger eingeschlossen, so wird eine Entschädigung nur insoweit geleistet, als keine Entschädigung aus einer anderen V verlangt werden kann."

Wenn der Arbeitnehmer seine beim Arbeitgeber eingebrachten Sachen an einen Betriebsfremden veräußert, so sind sie nicht mehr gedeckt, mag dieser auch die Sachen noch eine Weile im Gewahrsam des Arbeitgebers seines Rechtsvorgängers belassen, vgl. Anm. 38 zu § 69.

[11] bb) Restfälle.

Davon, daß mit der Veräußerung ein Gefahrenwegfall verbunden sein kann, war bereits Anm. 98 zu § 69 die Rede. Auch in diesem Fall erlischt die V nach § 68 II.

Ein hinzunehmender Nachteil kann für den Erwerber dadurch entstehen, daß er zu den Kosten des Nachtrags herangezogen wird, durch den der Übergang des Vsverhältnisses dokumentiert wird. Selbst wenn solche Kosten schon im Vsvertrag vorgesehen sind, ist § 72 VVG nicht berührt. Sie sind Aufwendungsersatz für den Ver, verursacht durch die Veräußerung, die nicht in seiner Sphäre liegt (Kisch III S. 348).

[12] 3. Erstreckung des Übergangs auf Fälle außerhalb von § 69.

§ 69 findet nicht Anwendung auf die Haftpflichtv (Ausnahmen §§ 151 II, 158h), ferner nicht auf die Sprungübertragung (Anm. 45, 46, 48 zu § 69) und nicht auf die

Tierv (Anm. 11 Vorbemerkungen zu §§ 69—73). Hier entsteht die Frage, ob Ver und Vmer im Vertrage vorsehen können, daß gleichwohl der Erwerber des beziehungsverknüpften Objekts in das Vsverhältnis eintritt. Verwandt hiermit ist die Frage, ob die Parteien vereinbaren können, daß bestimmte Tatbestände, die nach richtiger Auslegung nicht „Veräußerung" sind, als solche angesehen werden sollen, z. B. der Fruchterwerb, der Eintritt des Nacherbfalles hinsichtlich der vom Vorerben genommenen V (vgl. Lenski S. 41), die Enteignung (vgl. Möller in Oberbach, Grundlagen der allgemeinen Haftpflichtv, Stuttgart—Köln 1951, B 2 S. 16).

Für die Haftpflichtv ist die Frage mehrmals geprüft und überwiegend verneint worden, m. E. mit Recht (Lenski S. 65, Möller in Oberbach a. a. O. S. 4; Pfeiffer JRPV 1929 S. 247f. Abweichend ohne Begründung: KG 8. V. 1929 JRPV 1929 S. 247). Unser Vertragsrecht geht von der Einzelnachfolge in die Forderung oder in die Schuld aus (Anm. 7 Vorbemerkungen zu §§ 69—73). Sofern kein Fall gesetzlichen Eintritts in ein gesamtes Schuldverhältnis vorliegt, kann zwar vertraglich eine derartige Nachfolge vereinbart werden, aber nur im Zusammenwirken zwischen den bisherigen Vertragsparteien und dem Übernehmer (Erwerber): Esser, Schuldrecht, 4. Aufl. Bd. 1 Karlsruhe 1970, S. 424f. Da solche Zustimmung des Erwerbers fehlte, ja dieser sogar ausdrücklich zu erkennen gegeben hatte, daß er die V nicht wünsche, hätte im Falle OLG Celle 27. VII. 1968 VersR 1969 S. 179 die Berufung auch insoweit zurückgewiesen werden müssen, als die Prämie für das normale Tierlebensv-Risiko zur Debatte stand. In der Entscheidung ist § 128 I VVG übersehen. Die Rechtslage ist auch verkannt von LG Erfurt 19. III 1915 VA 1915 Anh. S. 46 Nr. 882.

[13] Im Zweifel wird, wenn der Erwerber später zustimmt, die Geltung von §§ 69 II, III, 70 I, III und 71 gewollt sein, nicht jedoch ausnahmslos die Regelung des § 70 II: Die Vertragsübernahme kommt ja ohne Mitwirkung des Erwerbers nicht zustande. In seiner Zustimmung liegt der Verzicht auf die Kündigung mit sofortiger Wirkung. Die Wirksamkeit einer derartigen Übernahmeklausel im Vsvertrag bleibt also zunächst im Fall der Veräußerung in der Schwebe.

Was hier für die Haftpflichtv gesagt wurde, gilt ebenso für die sonstigen oben angeführten Erstreckungen des in § 69 enthaltenen Prinzips.

[14] **IV. Bestimmungen in sonstigen Vereinbarungen.**
1. Zwischen Erwerber und Veräußerer.
a) Modalitäten nach Übergang.

Zwischen Veräußerer und Erwerber können beliebige Vereinbarungen, das Vsverhältnis betreffend, getroffen werden, so etwa über die Gewinnbeteiligung, über die Vsentschädigung, über die Prämienzahlungspflicht, über die Erstattung der Anzeige, über die Anfechtung des Vsvertrages, wenn der Anfechtungsgrund beim Vmer gegeben war (Anm. 51 zu § 69). Hierbei spielt es keine Rolle, ob solche Absprachen vor oder nach der Veräußerung getroffen worden sind. Auf die Rechtsstellung des Vers bleiben sie ohne Einfluß, es sei denn, es läßt sich eine ausdrückliche oder konkludente Handlung des Vers feststellen, durch die er die intern getroffene Regelung als für sich verbindlich anerkannt hat (Anm. 92 zu § 69, Anm. 30 zu § 70).

[15] **b) Ausschluß des Übergangs.**

Bestritten ist, ob die Parteien des Veräußerungsvertrages mit Wirksamkeit gegenüber dem Ver vereinbaren können, daß der Erwerber nicht in das Vsverhältnis eintritt (bejahend: Prölss-Martin[18] Anm. 1 zu § 72, S. 370; Gerhard-Hagen, VVG, Berlin 1908 Anm. 5 zu §§ 69—73, S. 333; Ritter-Abraham[2] Anm. 60 zu § 49 S. 727; Bruck[7] Anm. 3 zu § 72 S. 277; ders. PVR S. 595; Kramer JRPV 1927 S. 342; Kiantos VersArch 1958 S. 166; OLG Hamburg 10. II. 1927 HansGZ 1927 Sp. 88. Verneinend: Ehrenzweig S. 238f.; Kisch III S. 338; Raiser[2] Anm. 13 zu § 12 AFB, S. 305; Vorwerk S. 92; Weiß S. 123; Kersting JRPV 1928 S. 129ff.; Pfeiffer JRPV 1928 S. 345f.; LG Bremen 9. XI. 1926 JRPV 1927 S. 20; Lenski S. 99f.).

M. E. ist solche Abrede wirkungslos. Der Ver ist gehalten, jeden Erwerber zunächst zu akzeptieren; deshalb muß als Korrelat sichergestellt sein, daß das Vsverhältnis nicht

IV. Bestimmungen in sonstigen Vereinbarungen § 72
Anm. 16, 17

mit der Veräußerung endet. Das ergibt sich aus dem vertraglichen Synallagma im weiteren Sinne und dient außerdem der Vermeidung einer negativen Auslese. Kiantos und Bruck verkennen, daß, ließe man die behandelte Vereinbarung zu Lasten des Vers wirksam sein, ein Interessewegfall nach § 68 II vorliegen würde mit der Folge, daß der Ver höchstens Prämie nach Kurztarif verlangen könnte, nicht für die gesamte Vs-Periode, wie §§ 69 II, 70 III vorsehen. Das Urteil des OLG Hamburg, das die Gütertransportv betrifft, übersieht, daß § 187 nur von den Beschränkungen der Freiheit im Vsvertrag entbindet. Daß im Vorentwurf die gegenteilige Ansicht Boden gewonnen hatte, aber nicht in das VVG übernommen worden ist, spricht eher für als gegen die hier vertretene Meinung. Auf den Willen des Erwerbers kommt es bei § 69 so wenig an wie auf den Willen des Vers, vgl. hierzu auch oben Anm. 10. Aus dem gleichen Grunde ist ein einseitiger Verzicht des Erwerbers auf den Übergang (vgl. zu solchen Klauseln Möller Anm. 68 zu § 49) nicht wirksam, es sei denn, der Ver akzeptiert ihn.

[16] **c) Vereinbarung des Übergangs.**
Für den umgekehrten Fall, daß Erwerber und Veräußerer den Übergang vereinbaren, obwohl die gesetzlichen Voraussetzungen nicht gegeben sind, gilt die Regel: Rechtsgeschäftliche Vertragsübernahmen sind wirksam, wenn alle drei Beteiligten übereinstimmen: Der Ausscheidende, der Eintretende, der Partner beider, hier der Ver.

Ist solch dreiseitiger Konsens erzielt, so wird die Geltung von § 69 II und III mangels entgegenstehender Abrede gewollt sein. Hingegen haben §§ 70 und 71 kein Anwendungsfeld: Da erst aus Anlaß der Veräußerung die Vsübernahme akut wird, bedarf es weder des Kündigungsrechts des Vers noch des Erwerbers, jedenfalls nicht des Erwerberrechts auf Kündigung mit sofortiger Wirkung. — Da der Ver zustimmen muß, erfährt er ohnehin von der Veräußerung, § 71 ist obsolet. Der Vmer, der die Rechtsstellung des zukünftigen Interesseträgers nicht von der späteren Zustimmung des Vers abhängig machen will, kann V für Rechnung wen es angeht nehmen.

[17] **2. Zwischen Erwerber und Ver.**
§ 72 bedient sich des Instruments des halbzwingenden Rechts, das das VVG an vielen Stellen verwendet (z. B. §§ 15a, 34a, 42, 47, 68a). Im Unterschied zu jenen Bestimmungen ist aber das Ziel in § 72 ein anderes: Es soll nicht der Vmer schlechthin geschützt werden gegen ihn benachteiligende Vereinbarungen, obwohl er selbst daran mitgewirkt hat, sondern der Erwerber soll geschützt werden, weil er nicht teilgenommen hat an jenen ihn belastenden Abmachungen. Dieser Zweck wird nicht gefährdet, wenn der Erwerber vor oder nach der Veräußerung mit dem Ver Abreden trifft, die von den §§ 69—71 zu seinen Ungunsten abweichen (Lenski S. 98 und die dort N. 27 Genannten; OLG Düsseldorf 30. IV. 1934 JRPV 1935 S. 59f. = VA 1934 S. 207 Nr. 2709).

Selbstverständlich sind alle jene Abweichungen von §§ 69—71 wirksam, die den Erwerber **günstiger** stellen als das Gesetz oder die dem Gesetz gegenüber neutral sind (vgl. oben Anm. 7). Das gilt insbesondere von der Abmachung, daß das Vsverhältnis übergehen solle, obwohl die gesetzlichen Voraussetzungen nicht gegeben sind.

Bei dieser Vertragsübernahme kommt § 69 II, III zum Zuge, aber nicht uneingeschränkt die Kündigungsrechte aus § 70 I und II, nicht die Anzeigepflicht nach § 71. Die Gründe sind hier die gleichen wie oben Anm. 16 angeführt (vgl. hierzu Prölss-Martin[18] Anm. 7 zu § 70, S. 367). Ob die Zustimmung des Veräußerers notwendig ist, hängt davon ab, ob er betroffen wird. Das war zu bejahen im Fall OLG Hamm 8. XII. 1964 VersR 1966 S. 333: Die fahrzeugbezogene Rechtsschutzv konnte auf den Fahrzeugerwerber nur **übergehen**, wenn der Veräußerer die Option verlor, anstelle des ursprünglichen Fahrzeugs ein anderes auf die betreffende Police anzumelden. Da die Zustimmung des Veräußerers nicht gegeben war, lag im entschiedenen Fall kein Übergang, sondern ein **Neuabschluß** vor.

§ 73

Bei einer Zwangsversteigerung der versicherten Sache finden die Vorschriften der §§ 69 bis 72 entsprechende Anwendung.

Zwangsversteigerung.

Gliederung:

I. Bedeutung Anm. 1—4
  1. Sachlicher Geltungsbereich Anm. 1
  2. Analoge Anwendung? Anm. 2
  3. Normativer Geltungsbereich Anm. 3
  4. Landesrecht Anm. 4
II. Tatbestände Anm. 5—8
  1. Vollstreckung in Sachen Anm. 5—6
    a) Zwangsvollstreckung wegen Geldforderung Anm. 5
    b) Zwangsvollstreckung zur Erwirkung der Herausgabe Anm. 6
  2. Vollstreckung in Forderungen Anm. 7
  3. Versteigerung nach BGB Anm. 8
III. Durchführung Anm. 9—13
  1. Besonderheiten Anm. 9
  2. Aufhebung des Gerichtsbeschlusses, auf dem Eigentumsübergang bzw. Gläubigerwechsel beruht Anm. 10
  3. Kündigungsrecht (§ 70 II) Anm. 11
  4. Anzeigepflicht (§ 71) Anm. 12
  5. Halbzwingendes Recht (§ 72) Anm. 13

[1] I. Bedeutung.

1. Sachlicher Geltungsbereich.

§ 73 stellt einen Fall der Übereignung kraft Staatsakts der rechtsgeschäftlichen Veräußerung gleich. Dabei bedient er sich einer etwas verschwommenen Fassung. Die Bestimmung ist ihrem Sinngehalt nach so zu verstehen, daß sie jeden Eigentümerwechsel bzw. Gläubigerwechsel durch Akt eines Justizorgans auf Grund eines Vollstreckungstitels erfaßt (Sieg BB 1959 S. 1013, 1015; ähnlich Prölss-Martin[18] Anm. 1 zu § 73 S. 371; Kisch III S. 276; Ehrenzweig S. 229; Lenski S. 69 mit weiteren Nachweisen).

§ 73 läßt die §§ 69—72 entsprechend anwendbar sein. Hier war der Gesetzgeber übervorsichtig. Jene Wirkungsnormen sind vollinhaltlich übernehmbar. Die Verweisung auf die §§ 69—72 umschließt die Auslegung, die jene Bestimmungen durch Rechtsprechung und Literatur erfahren haben und noch erfahren werden, so daß die Anmerkungen zu jenen Vorschriften auf den Fall des § 73 übernommen werden können. Die geringfügigen Besonderheiten sind unten Anm. 9—13 dargestellt.

[2] 2. Analoge Anwendung?

Aus § 73 ist nicht zu schließen, daß sein Gedanke auch auf andere Fälle des Eigentumsübergangs kraft Staatshoheitsakts übernehmbar ist (Anm. 2 zu § 69. Anderer Ansicht Lenski S. 71f.; Ritter-Abraham[2] Anm. 7 zu § 49 S. 709; Vorwerk S. 11f., 45; Schlegelberger, Seevsrecht, ADS, Berlin-Frankfurt a. M. 1960, Anm. 1 zu § 49, S. 147; Weiß S. 55). Dabei ist nicht darauf abzustellen, daß § 73 Ausnahmevorschrift ist, denn auch solche kann innerhalb ihres Sinngehalts entsprechend angewendet werden. Maßgebend ist vielmehr die unterschiedliche Interessenlage. Als Hauptfall für die analoge Anwendung wird die Enteignung genannt. Hier ist aber der Erwerber, die öffentliche Hand, nicht im gleichen Maße schutzbedürftig wie der private Ersteher, und überdies hat die öffentliche Hand oft kein Interesse an der V, weil sie das Prinzip der sogenannten Selbstv befolgt. Entsprechendes gilt für die sonstigen Eigentumsübergänge kraft Hoheitsakts, vgl. Anm. 17, 103, 104 zu § 68. Wie hier im Ergebnis: Kisch III S. 277; Ehrenzweig S. 229 N. 13; Prölss-Martin[18] Anm. 1 zu § 69, S. 358, Anm. 1 zu § 73, S. 371.

Über das zum Teil abweichende Landesrecht s. unten Anm. 4.

[3] 3. Normativer Geltungsbereich.

Sowenig wie §§ 69—72 erfaßt § 73 die Haftpflichtv. Es gibt aber Ausnahmen in Gestalt der §§ 151 II, 158h VVG. Erstere Vorschrift verweist nur auf §§ 69—71, womit

I. Bedeutung   II. Tatbestände § 73
Anm. 4, 5

eine negative Entscheidung für den Fall der Zwangsversteigerung getroffen zu sein scheint. Indes ist diese Schlußfolgerung nicht zwingend. Der Gesetzgeber ging von dem Normalfall aus, daß der Betrieb als Inbegriff verschiedener Aktiven und Passiven nicht Gegenstand der Zwangsversteigerung sein könne. Indes sind Grenzfälle denkbar (Beispiel: Ein Häuserkomplex mit umfangreicher Verwaltung, einheitlich haftpflichtvt, wird geschlossen einem Ersteher zugeschlagen; ein weiteres Beispiel gibt Johannsen Bd. IV D 38), wo entgegen dem Wortlaut von § 151 II die Haftpflichtv bei der Versteigerung übergehen kann (vgl. auch Sieg BB 1959 S. 1014).

Auch § 158h erwähnt die Zwangsversteigerung nicht. Gleichwohl muß wegen des Gesetzeszwecks (Schutz des geschädigten Dritten) ein Übergang der Haftpflichtv auch in diesem Fall angenommen werden (Sieg BB 1959 S. 1014). — Schließlich fällt auf, daß §§ 128, 142 VVG nur von der Veräußerung sprechen. Indes ergibt sich aus der Begründung zu den Entwürfen eines G über den Vsvertrag Berlin 1906 S. 119, daß hierunter jedenfalls im Bereich des § 128 auch die Vollstreckung verstanden werden sollte. Daher erlischt die Tierv, wenn einzelne Tiere versteigert werden. Die sonst an die Stelle tretende Haftung des Vers für die Gewährleistung (§ 128 I²) entfällt hier allerdings, weil der Vollstreckungsschuldner dem Ersteher keine Gewährleistung schuldet. Man muß annehmen, daß auch bei § 142 das Wort „Veräußerung" zu eng geraten ist. Daher entfallen Kündigungsrecht aus § 70 I und Anzeigepflicht aus § 71 in der Gütertransportv, wenn die vte Sache versteigert wird.

[4] 4. Landesrecht.

In den sich anstelle oder neben den §§ 69—73 behauptenden Landesrechten (§ 192 I, II) wird zuweilen die Zwangsversteigerung der Veräußerung dadurch gleichgestellt, daß sich die betreffenden Normen schlechthin auf den Eigentumswechsel bzw. die Eigentumsänderung beziehen. Beispiele hierfür bieten § 24 I Satzung Bayerische Landesbrandvsanstalt vom 15. XII. 1956, Schmidt-Müller=Stüler, Das Recht der öffentlich-rechtlichen Sachv², Karlsruhe 1968 S. 120; § 58 Badisches GebäudevsG vom 29. III. 1852, Schmidt-Müller=Stüler S. 21.

Soweit die landesrechtlichen Quellen den Vorbehalt des § 192 I ausschöpfen und von Eigentumswechsel oder Eigentumsänderung sprechen, ist der Übergang des Vsverhältnisses nicht auf die rechtsgeschäftliche Veräußerung und auf die Fälle des § 73 beschränkt, sondern er findet hier ausnahmsweise auch bei anderen Eigentumsübergängen kraft Staatsakts statt, z. B. bei der Enteignung. Hier kommt es also, anders als bei der **vertraglichen** Erstreckung der §§ 69ff. auf die Enteignung (vgl. Anm. 12 zu § 72), auf das Einverständnis des Erwerbers nicht an.

Spricht das Gesetz nur von der Veräußerung (Beispiel: § 12 FeuerkassenG Hamburg vom 16. XII. 1929 Schmidt-Müller=Stüler S. 184), so ist der Zwangsvollstreckungserwerb eingeschlossen. Das folgt daraus, daß der Gesetzgeber mehrfach unter „Veräußerung" die Vollstreckung mitversteht (vgl. oben Anm. 3).

[5] II. Tatbestände.

1. Vollstreckung in Sachen.

a) Zwangsvollstreckung wegen Geldforderung.

Bei der Zwangsvollstreckung in Immobilien erfolgt der Eigentumsübergang und damit der Übergang des Vsverhältnisses mit dem Zuschlag (§ 90 ZVG), wenngleich auch evtl. noch nicht endgültig (vgl. unten Anm. 10): Sieg BB 1959 S. 1013; Lenski S. 68 mit weiteren Nachweisen. Den Immobilien stehen eingetragene Schiffe gleich.

Bei der Vollstreckung in Mobilien (dazu gehören auch nichteingetragene Schiffe) tritt der Eigentums- und Vsübergang mit dem Zuschlag an den Ersteher und der Ablieferung der Sache an ihn gemäß § 817 ZPO ein (Lenski S. 69 und die daselbst N. 5 und 6 Genannten; Sieg BB 1959 S. 1013). Hat der Gerichtsvollzieher nicht versteigert, sondern ist auf Grund Gerichtsbeschlusses der freihändige Verkauf durch ihn angeordnet worden (§ 825 ZPO), so bilden Einigung und Übergabe den Tatbestand, an den der Übergang des Vsverhältnisses anknüpft. Da auch hier ein Justizorgan im Rahmen der Vollstreckung tätig wird, greift § 73 ein.

§ 73
Anm. 6—9
II. Tatbestände III. Durchführung

Auch wenn das Vollstreckungsgericht angeordnet hat, daß die Sache dem Gläubiger zuzuweisen ist (§ 825 ZPO), findet § 73 Anwendung (vgl. zu alledem Lenski S. 69 mit weiteren Nachweisen; Sieg BB 1959 S. 1015).

[6] **b) Zwangsvollstreckung zur Erwirkung der Herausgabe.**

Hierbei ist darauf abzustellen, ob die Herausgabe zum Zwecke der Eigentumsübertragung (dies meist in Verbindung mit einem Titel aus § 894 ZPO) erfolgt. Nur in diesem Fall geht die V nach § 73 über, wenn der Gerichtsvollzieher die Sache dem Vollstreckungsgläubiger übergibt: Lenski S. 70; Sieg BB 1959 S. 1015. Bartmann LZ 1913 Sp. 835 und Kisch III S. 293 f. N. 25 sehen hierin einen direkten Anwendungsfall der §§ 69—72, was praktisch keinen Unterschied macht.

Weitergehend wendet Vorwerk S. 45 § 73 s t e t s bei einer Vollstreckung nach §§ 883 ff. ZPO an.

Zu a und b.

Bei allen diesen Gestaltungen gehen zugleich die sachgebundenen Gewinnven über, z. B. die Mietverlustv: Sieg BB 1959 S. 1014.

[7] **2. Vollstreckung in Forderungen.**

Es wurde oben Anm. 40 zu § 69 gezeigt, daß die §§ 69 ff. bei der Veräußerung von Forderungen entsprechend anzuwenden sind. Konsequent gilt das gleiche bei der Zwangsvollstreckung in Forderungen. Jedoch geht die Kreditv hier nur über, wenn dem Vollstreckungsgläubiger die Forderung an Zahlungsstatt zum Nennbetrag überwiesen worden ist (§ 835 ZPO), was nur selten beantragt wird (Sieg BB 1959 S. 1015; Kisch III S. 276; Lenski S. 69). Bei der normalen Art der Zwangsvollstreckung, der Überweisung zur Einziehung, bleibt der Vollstreckungsschuldner noch Gläubiger der Forderung, und deshalb ändert sich an dem Vsverhältnis nichts: Lenski S. 69; Sieg BB 1959 S. 1014.

Das Vollstreckungsgericht kann anordnen, daß eine Forderung zum Zwecke der Verwertung v e r s t e i g e r t wird: § 844 ZPO (Baumbach-Lauterbach, ZPO[30], München 1970, Anm. 2 zu § 844, S. 1481). Dann wird der Ersteher mit dem Zuschlag Vollgläubiger, und damit geht das Vsverhältnis auf ihn über: Lenski S. 69; Sieg BB 1959 S. 1014.

[8] **3. Versteigerung nach BGB.**

Nach § 1233 II BGB kann der Pfandgläubiger, sofern er einen Duldungstitel gegen seinen Schuldner erwirkt hat, die Sache durch einen Gerichtsvollzieher versteigern lassen. Auch das ist ein Anwendungsfall von § 73, denn wiederum wird durch ein Justizorgan Eigentum übertragen auf Grund eines Vollstreckungstitels. Wie im Falle oben Anm. 5 geht das Vsverhältnis mit dem Zuschlag und der Übergabe der Sache auf den Ersteher über.

Anders bei den Versteigerungen, die keinen Titel voraussetzen, so etwa bei der freiwilligen Versteigerung, dem Selbsthilfeverkauf, der Versteigerung zum Zwecke der Auflösung einer Gemeinschaft, der Pfandversteigerung nach § 1235 BGB. Gleichwohl ist der Ersteher, sofern die Sache vt war, nicht schutzlos. Wir befinden uns im direkten Anwendungsbereich der §§ 69—72 (Lenski S. 70, S. 71 N. 20. Anders Vorwerk S. 45; Weiß S. 55, die im Falle der §§ 1235 ff. mit § 73 operieren. Wie hier für den Selbsthilfeverkauf: Bartmann LZ 1913 Sp. 836, für die Versteigerung zur Gemeinschaftsauflösung: Kisch III S. 277).

§§ 69—72 finden auch dann direkte Anwendung, wenn das Vollstreckungsgericht anordnet (§§ 825, 844 ZPO), daß die gepfändete Sache oder Forderung durch einen Privatmann verkauft oder versteigert wird, denn hiermit ist auf die privatrechtliche Veräußerung verwiesen (Sieg BB 1959 S. 1014 N. 27).

[9] **III. Durchführung.**

1. Besonderheiten.

Sofern § 73 einschlägig ist, finden die §§ 69—72 Anwendung, immerhin mit einigen Ausnahmen. Nur von ihnen ist im folgenden zu handeln.

In allen Fällen, in denen der Vollstreckungsschuldner (= Vmer) die Sache oder die Forderung selbst ersteht, ändert sich am Vsverhältnis nichts, §§ 69 ff. sind nicht ein-

III. Durchführung § 73
Anm. 10, 11

schlägig (Lenski S. 124; Bruck PVR S. 589f. N. 117; ders.[7] Anm. 2 zu § 73 S. 278; Raiser[2] Anm. 9 zu § 12 AFB, S. 303; Prölss-Martin[18] Anm. 1 zu § 73, S. 371; Hahn, Rücktritt und Kündigung im Vsvertrag, Kölner Diss. 1936 S. 29; Lesser JRPV 1929 S. 311; LG I Berlin 11. II. 1930 JRPV 1930 S. 286).

Eine Besonderheit ergibt sich ferner bei der Immobiliarversteigerung. Während nämlich im allgemeinen die Entschädigung für einen vor der Veräußerung eingetretenen Vsfall dem Veräußerer gebührt (Anm. 93 zu § 69), steht sie hier dem Ersteher zu: Lenski S. 86 und die daselbst N. 15 Genannten; Sieg BB 1959 S. 1013: §§ 90 II, 20 II ZVG, 1127 BGB.

[10] 2. Aufhebung des Gerichtsbeschlusses, auf dem Eigentumsübergang bzw. Gläubigerwechsel beruht.

In mehreren Fällen des § 73 ist ein Gerichtsbeschluß Tatbestandsstück des Eigentümer- oder Gläubigerwechsels und damit des Übergangs des Vsverhältnisses. Hier erhebt sich die Frage, was zu gelten hat, wenn jener Beschluß wieder aufgehoben wird, etwa der Zuschlag in der Immobiliarvollstreckung (§ 90 ZVG) auf Grund sofortiger Beschwerde, der Überweisungsbeschluß (an Zahlungsstatt zum Nennbetrag, § 835 ZPO) oder der Beschluß, der die Sache dem Vollstreckungsgläubiger zu Eigentum zuweist (§ 825 ZPO), auf Grund Erinnerung.

Es ist nunmehr so anzusehen, als sei der Ersteher niemals Eigentümer geworden: Zeller, Kommentar zum ZVG, 8. Aufl. München 1971 Anm. 1 zu § 89 S. 854; Dessler-Schiffhauer, ZVG, 10. Aufl. Stuttgart-Berlin-Köln-Mainz 1968 Anm. 3 zu § 89 S. 329; Mohrbutter-Drischler, Die Zwangsversteigerungs- und Zwangsverwaltungspraxis, 5. Aufl. Köln-Berlin-Bonn-München, 1972 S. 433; Steiner-Riedel, ZVG, 7. Aufl. Berlin 1956 Anm. 1 zu § 89 S. 533. Deshalb hat unser Fall Verwandtschaft mit der Anfechtung der Veräußerung, vgl. Anm. 11, 12 zu § 69.

Das bedeutet im einzelnen: Das Vsverhältnis ist niemals auf den Ersteher übergegangen, eine in der Zwischenzeit ausgesprochene Kündigung nach § 70 I oder nach § 70 II wird wirkungslos (so wohl auch Ruhl-Drischler-Mohrbutter, Zwangsversteigerungs- und Zwangsverwaltungspraxis, 4. Aufl. Köln-Berlin, 1960 E I S. 705). Eine Anzeige nach § 71 ist aber bei Aufhebung des Zuschlags und der ähnlichen Beschlüsse gleichwohl notwendig (Prölss-Martin[18] Anm. 1 zu § 73, S. 371; Zeller a. a. O. Anm. 9 zu § 90 S. 860; Ruhl-Drischler-Mohrbutter a. a. O. E I S. 705), schon um den guten Glauben des Vers i. S. d. § 409 BGB zu zerstören. Die Anzeige ist ohne Rücksicht darauf nötig, ob dem Ver vorher Anzeige von dem (Schein-)Erwerb des Erstehers erstattet wurde, denn der Ver könnte ja auf andere Weise von dem das Eigentum zunächst vermittelnden Beschluß Kenntnis erlangt haben.

Der Vollstreckungsschuldner kann noch während des Laufes des Beschwerdeverfahrens das Grundstück veräußern, und zwar wirksam, wenn der Erwerber gutgläubig ist, § 892 BGB (der Beschlagnahmevermerk nach § 23 ZVG schafft nur ein relatives Veräußerungsverbot zugunsten des Gläubigers), oder wenn die Beschwerde Erfolg hat. Nur in letzterem Fall geht die V auf den Erwerber über (vgl. Anm. 57 zu § 69), dies aber ohne Rücksicht darauf, daß er wegen des Beschlagnahmevermerks die weitere Vollstreckung in das Grundstück hinnehmen muß.

[11] 3. Kündigungsrecht (§ 70 II).

Nach § 73 findet u. a. § 70 II entsprechende Anwendung. Hier ist bestritten, ob dieses außerordentliche Kündigungsrecht im Falle des § 94 ZVG (dem Ersteher wird ein Zwangsverwalter beigegeben) überhaupt ausgeübt werden kann (verneinend: KG 7. VII. 1914 VA 1914 Anh. S. 116f. Nr. 852; Püschel LZ 1915 Sp. 111), bejahendenfalls, ob es dem Ersteher oder dem Zwangsverwalter zusteht. M. E. besteht kein Grund, der Erwerberseite das Kündigungsrecht auch nur auf Zeit zu versagen. Die Kündigung ist Verfügung über den Vsvertrag. Bezieht sich dieser auf das ersteigerte Grundstück, so steht die Verfügungsmacht nicht dem Ersteher, sondern dem Zwangsverwalter zu, dieser kann also kündigen nach § 70 II (ebenso RG 2. II. 1915 RGZ Bd 86 S. 187, 189 und die bei Lenski S. 108f. Genannten. Anders Prölss-Martin[18] Anm. 5 zu § 14 S. 138; Schneider LZ 1915 Sp. 350ff.).

Nach § 70 II ist die Ausübung des Kündigungsrechts an eine Ausschlußfrist gebunden, die ab Kenntnis von der V läuft (dieser Zeitpunkt braucht nicht mit dem Zuschlag zusammenzufallen; deshalb ist die Fragestellung bei Lenski S. 108 und den dort Genannten schief). Darüber, wessen Kenntnis für den Fristablauf maßgebend ist, vgl. Anm. 33 a. E. zu § 70.

[12] 4. Anzeigepflicht (§ 71).

Umstritten ist weiter, wer bei Erwerb im Sinne des § 73 anzeigepflichtig ist. Die Verweisung auf § 71 kann nur bedeuten, daß die Pflicht den Vollstreckungsschuldner und den Ersteher trifft (Kisch III S. 322f. N. 1; Weiß S. 117; Prölss-Martin[18] Anm. 2 zu § 73, S. 371; Lenski S. 138f. mit weiteren Nachweisen; Sieg BB 1959 S. 1014). Es ist m. E. nicht zutreffend, dem Vollstreckungsgläubiger anstelle des Vollstreckungsschuldners oder mit diesem zusammen eine Anzeigepflicht aufzuerlegen (so aber Bartmann LZ 1913 Sp. 837; Bruck PVR S. 582; ders.[7] Anm. 4 zu § 71 S. 274, Anm. 2 zu § 73 S. 278). Ebensowenig ist einzusehen, warum nur der Ersteher anzeigepflichtig sein soll, wie Vorwerk S. 45f., Ehrenzweig S. 237 N. 19 und Pfeiffer JRPV 1932 S. 68 meinen.

Ist dem Ersteher ein Zwangsverwalter beigegeben (§ 94 ZVG), so trifft die Anzeigepflicht statt des Erstehers den Verwalter, vgl. Anm. 16 zu § 71.

[13] 5. Halbzwingendes Recht (§ 72).

Da § 73 u. a. § 72 in Bezug nimmt, haben wir es auch im Anwendungsbereich des ersteren mit halbzwingendem Recht zu tun.

Das ist nur anders im Fall der §§ 187, 192, d. h. es besteht volle Vertragsfreiheit. Werden hier für den Veräußerungsfall Abweichungen von §§ 69—72 vereinbart, so wird die Auslegung des Vsvertrages in der Regel ergeben, daß diese Ausnahmen auch für die Zwangsversteigerung gelten sollen. Dafür spricht, daß auch das Gesetz den Veräußerungsbegriff mehrfach in jenem weiteren Sinne versteht, vgl. oben Anm. 3.

Nachtrag
Vorbemerkungen zu §§ 69-73

Zu Anm. 8

Vgl. zum österreichischen Recht: Krejci, Betriebsübergang und Arbeitsvertrag, Wien 1972.

§ 69

Zu Anm. 3

Die Umwandlung einer oHG in eine bürgerlichrechtliche Gesellschaft ist keine Veräußerung. Für das Bußgeldverfahren hat OLG Stuttgart 1. III. 1972 BB 1973 S. 62 hieraus die Konsequenz gezogen, daß ein gegen die oHG anhängiges Verfahren nunmehr gegen die (schuldhaft tätig gewesenen) Gesellschafter fortzusetzen sei.

Zu Anm. 19

Steuerrechtlich braucht eine unentgeltliche Übertragung keine Veräußerung zu sein: § 24 II Umw.StG. Die privatrechtliche Beurteilung deckt sich also in diesem Punkt nicht mit der steuerrechtlichen.

Zu Anm. 60

Im Einklang mit der hier vertretenen Auffassung verneint OLG Düsseldorf 22. V. 1962 VersR 1963 S. 56, 133 auch eine V für fremde Rechnung (des Eigentümers), wenn der Nichtberechtigte die V nimmt.

Zu Anm. 79

Die Ansicht, daß mehrere Erwerber ihrerseits gesamtschuldnerisch der Prämienschuld des Veräußerers beitreten, findet ihre Bestätigung in BGH 24. I. 1973 NJW 1973 S. 455= BetrBer. 1973 S. 362, wo das entsprechende für den Fall ausgesprochen ist, daß der Vermieter an mehrere Erwerber veräußert.

III. Versicherung für fremde Rechnung.

Vorbemerkungen zu §§ 74—80.

Gliederung:

Entstehung Anm. 1
Schrifttum Anm. 2

  I. Rechtsquellen Anm. 3—5
    1. Binnenv Anm. 3
    2. Seev Anm. 4
    3. Vsverhältnisse bei öffentlich-rechtlichen Vern Anm. 5
  II. Vspflicht Anm. 6—8
    1. Kraft Gesetzes Anm. 6—7
      a) Übersicht Anm. 6
      b) Bemerkungen Anm. 7
    2. Kraft Verwaltungspraxis Anm. 8
  III. Stellung der §§ 74—80 im Rechtssystem Anm. 9—11
    1. Privatvsrecht Anm. 9
    2. Sozialvsrecht Anm. 10
    3. Wertpapierrecht Anm. 11

  IV. Normativer Geltungsbereich der §§ 74 bis 80 Anm. 12—16
    1. Entsprechende Anwendung Anm. 12
    2. Faktische V für fremde Rechnung Anm. 13
    3. Zwingendes Recht Anm. 14—16
      a) Überblick Anm. 14—15
        aa) Unwirksamkeit des Vertrages Anm. 14
        bb) Unbeachtlichkeit der Vertragsbestimmung Anm. 15
      b) Ordre public Anm. 16

  V. Kritik an §§ 74—80 Anm. 17

  VI. Verwandte Erscheinungen Anm. 18

[1] Entstehung:

Die §§ 74—77, 80 haben ihre Fassung seit dem Inkrafttreten des VVG behalten. § 78 ist durch die VO vom 19. XII. 1939 gestrichen worden, er ist in § 35b aufgegangen (Amtl. Begründung zur VO in Motive zum VVG, Berlin 1963, S. 645). Der jetzige Wortlaut des § 79 I beruht auf den VOen vom 19. XII. 1939 und 28. XII. 1942. Die alte Fassung erklärte nur in den Fällen der §§ 2, 19 Kenntnis und Arglist des Vten für beachtlich. Sie ist dahin erweitert worden, daß schlechthin Kenntnis und Verhalten des Vten in Betracht kommen, wie das beim Vmer der Fall ist. Von dieser Regel werden auch Kenntnis und Verhalten auf Grund von AVB erfaßt: Prölss-Martin[20] Anm. 1 zu § 79, S. 428. Besondere Bedeutung erhält die Neufassung für die Gefahrstandspflicht, die Obliegenheiten nach Eintritt des Vsfalls und für dessen Herbeiführung.

§§ 74—80 haben ihr Vorbild in der Seev, vgl. §§ 781, 783, 807, 886—890 HGB und die den ADS vorangehenden Bedingungen (Bruck, Materialien zu den ADS, Hamburg 1919, Bd 2 S. 10). Die V für Rechnung wen es angeht war nach § 2071 II 8 ALR nur Kaufleuten gestattet. Die Bestimmung lautet:

    „Nur Kaufleuten ist erlaubt, mit Verschweigung ihres Namens unter dem Ausdrucke: An Zeiger dieses oder für Rechnung dessen, den es angeht, V zu nehmen."

Jede V für fremde Rechnung erforderte einen Auftrag oder wenigstens die Zustimmung des Vten nach § 1945 II 8 ALR:

    „Wer für fremde Rechnung V nimmt, muß dazu mit Vollmacht oder Auftrag versehen seyn; widrigenfalls die V ungültig und die bedungene Prämie verfallen ist."

[2] Schrifttum:

Anli, V für fremde Rechnung, Heidelberger Diss. 1967; Bruck S. 597—626; Ehrenzweig S. 211—223; Ganz, Die Fremdv in der Schadens-, Lebens- und Unfallv, rechtsvergleichend, Berner Diss. 1971; Kisch III S. 374—621; Lenné, Das Vsgeschäft für fremde Rechnung, Marburg 1911; Millauer, Rechtsgrundsätze der Gruppenv, [2]Karlsruhe 1966; Prölss-Martin[20], Vorbemerkung zu § 74, §§ 74—80 S. 416—430; Raiser, Kommentar der Allgemeinen Feuervs-Bedingungen[2], Berlin 1937 Anm. zu § 13 AFB, S. 316—335; Ritter-Abraham[2] §§ 52—57 ADS, S. 745—784; Ruscher, Die Besonderheiten des Vsanspruchs bei der V für fremde Rechnung, Kölner Diss. 1969; Schwan, Der Anspruch auf die Vsleistung in der Gruppenunfallv, Kölner Diss. 1961; Trautmann, Das Innenverhältnis

Vor §§ 74—80
Anm. 3—6
I. Rechtsquellen, II. Versicherungspflicht

zwischen Vmer und Vtem bei der V für fremde Rechnung, Hamburger Diss. 1971; Weygand, Die Grundsätze der Kundenv, Berlin 1914.

[3] I. Rechtsquellen.
1. Binnenversicherung.

In der Binnenv bilden die §§ 74—80 die Grundlage für die V für fremde Rechnung. Sie gelten für alle Arten der Schadensv, auch für die Haftpflichtv (Möller Anm. 6 vor §§ 49 bis 80; Trautmann S. 3) und auch für diejenigen Schadensvszweige, die im VVG nicht ausdrücklich geregelt sind (vgl. Anm. 3 zu § 68). Sie werden ergänzt durch die §§ 35a, 35b, die zwar nicht nur von der V für fremde Rechnung handeln, deren wesentliches Anwendungsgebiet aber dieses Rechtsinstitut bildet.

Nach § 85 ist die Feuerv, nach § 151 I ist die Betriebshaftpflichtv von Gesetzes wegen zugleich V für fremde Rechnung (allerdings abdingbar). Die Praxis ist über § 151 I hinausgegangen: Nicht nur die leitenden, sondern alle Arbeitnehmer werden mitvt, Johannsen Band IV Anm. H 2.

[4] 2. Seeversicherung.

In der Seev gelten die §§ 74—80 nicht: § 186. Das Gesetzesrecht des HGB ist verdrängt durch §§ 52—57 ADS. Die Rechtslage stimmt weitgehend mit der überein, die sich auf Grund des VVG ergibt. Allerdings weist § 57 ADS noch nicht die weite Fassung auf, die § 79 VVG auf Grund der VO vom 19. XII. 1939 erhalten hat (vgl. oben Anm. 1).

[5] 3. Versicherungsverhältnisse bei öffentlich-rechtlichen Versicherern.

Im Rahmen des § 192 I, II VVG behauptet sich das Landesrecht anstelle oder neben dem VVG (vgl. Anm. 5 zu § 68). Eine ausdrückliche Regelung der V für fremde Rechnung ist selten. Immerhin befassen sich §§ 5, 57 III G über die Braunschweigische Landesbrandanstalt vom 9. V. 1913 (Schmidt-Müller=Stüler, Das Recht der öffentlich-rechtlichen Sachv[2], Karlsruhe 1968, S. 274) mit unserer Materie.

§ 17 IV Hamburger FeuerkassenG vom 16. XII. 1929 (Schmidt-Müller=Stüler S. 185) erwähnt die V für Rechnung wen es angeht.

[6] II. Versicherungspflicht.
1. Kraft Gesetzes.
a) Übersicht.

Fast unübersehbar und zunehmend sind die Fälle, in denen jemand verpflichtet wird, neben einer eigenen auch eine Fremdv abzuschließen (vgl. Möller Anm. 56—61 zu § 1; Prölss-Martin[20] Vorbemerkung IV, S. 24f.). Im folgenden sollen daher nur die Quellen angeführt werden, die eine isolierte Fremdv vorschreiben, zumal es sich hierbei zum Teil um entlegene Gebiete handelt.

§ 1045 BGB: V des Niessbrauchers zugunsten des Eigentümers; zu nehmen sind Feuerv und andere Schadensvsarten, soweit das einer ordnungsmäßigen Wirtschaft entspricht.

§ 8 III KrankenpflegeVO vom 28. IX. 1938 in der Fassung vom 8. XII. 1942 und § 9 III Säuglings- und KinderpflegeVO vom 15. XI. 1939 in der Fassung vom 19. VI. 1940 (beide aufrechterhalten durch § 22 II Krankenpflege G vom 15. VII. 1957): V des Trägers der Schule zugunsten der Lernschwestern (Krankenpflegeschüler) gegen Haftpflicht.

§ 6 II 6. VO zum HebammenG vom 16. IX. 1941: V des Trägers der Lehranstalt zugunsten der Hebammenschülerinnen gegen Haftpflicht.

§ 8 VO über den Geschäftsbetrieb der gewerblichen Pfandleiher vom 1. II. 1961: V der Pfandleiher zugunsten der Eigentümer; zu nehmen sind Feuer-, Leitungswasserschäden-, Einbruchdiebstahl- und Beraubungsv.

§ 2 IV VO über das Bewachungsgewerbe vom 22. XI. 1963 in der Fassung vom 13. IV. 1967: V des Bewachers zugunsten des Auftraggebers; zu nehmen ist V gegen Beschädigung und Abhandenkommen der bewachten Fahrzeuge und des Gepäcks.

III. Stellung der §§ 74—80 im Rechtssystem

§ 50 LVG in der Fassung des G vom 20. X. 1965 i. V. m. § 106 LuftverkehrsZuLO: V der Luftfahrtunternehmen zugunsten der Fluggäste gegen Unfälle.
§§ 6, 7 EntwicklungshelferG vom 18. VI. 1969: V des Trägers zugunsten der Entwicklungshelfer gegen Haftpflicht und Krankheit.

[7] b) Bemerkungen.
Das Dauerwohn- und das Dauernutzungsrecht nach dem WEG stehen in bezug auf die Vspflicht dem Niessbrauch nicht gleich (Anm. 33 zu § 69).

§ 6 II 6. VO zum HebammenG vom 16. IX. 1941 sah außer der Vspflicht der Haftpflichtgefahr (s. oben Anm. 6) eine V gegen Berufsunfälle der Hebammenschülerinnen vor. Insoweit dürfte die Bestimmung durch das G über Unfallv für Schüler und Studenten sowie Kinder in Kindergärten vom 18. III. 1971 gegenstandslos geworden sein. § 3 dieses G sieht ein außerordentliches Kündigungsrecht für Unfallvsverträge vor.

Einige der oben Anm. 6 angeführten Rechtsquellen befassen sich mit der Unfall- bzw. Krankenfremdv. Soweit es sich hierbei um Summenven handelt, sind die §§ 75—79 nur entsprechend anwendbar, vgl. § 179 II und unten Anm. 12.

Bei den oben Anm. 6 aufgeführten Sachven (ähnlich der Fall des § 50 LVG) können Kundenven vorliegen, d. h. die Beschaffung von Vsschutz für den Auftraggeber bzw. Eigentümer mindert die Haftung in dem Maße, wie der Kunde Ersatz aus der V erhält, oder der Übergang der Forderung des Vten gegen den Vmer nach § 67 ist ausgeschlossen (vgl. Anm. 127 zu § 67; Anm. 90 zu § 68; BGH 11. VII. 1960 BGHZ Bd 33 S. 97 = VA 1960 S. 224 = VersR 1960 S. 724). Verwandt hiermit ist der Haftungsausschluß des Spediteurs nach § 39 a ADSp, sofern er zugunsten seines Kunden den SVS oder die Sp-Police gezeichnet hat. Indes handelt es sich hier nicht um eine gesetzliche Vspflicht. — Bei den Kundenven versteckt sich also hinter dem fremden Sachinteresse das eigene Haftpflichtinteresse des Vmers.

Der BGH hat neuerdings anerkannt, daß die Haftung eines unmittelbaren Fremdbesitzers für leichte Fahrlässigkeit auch dann ausgeschlossen sein kann, wenn er zwar keine V für fremde Rechnung (KundenV) abgeschlossen, den mittelbaren Eigenbesitzer aber auf Vsnahme gedrängt hat; Einzelheiten bei Sieg VersR 1976 S. 105; vgl. Sellschopp, Die vertragliche Haftung des Lagerhalters, Hamburger Diss. 1974, S. 150f., 181ff. — Dieser nimmt übrigens S. 152 wie hier (Anm. 35 zu § 77 und Anm. 31 zu § 80) an, daß der Vte gegen den Vmer bei fehlendem Innenverhältnis einen Anspruch aus § 816 II auf Auskehrung der eingezogenen Entschädigung habe.

[8] 2. Kraft Verwaltungspraxis.
Bei Gruppenven, die als Begünstigungsverträge abgeschlossen werden, verlangt das Bundesaufsichtsamt, daß sie unter bestimmten Voraussetzungen als Fremdven für fremde Rechnung eingegangen werden, mag es sich um Unfall-, Haftpflicht- oder Krankenven handeln, vgl. Millauer S. 162, 163, 168, 171.

Früher kam es häufiger vor, daß die Verwaltungsbehörden die Erlaubnis zu einer gefährlichen Veranstaltung davon abhängig machten, daß der Antragsteller den Abschluß einer Unfallv zugunsten der Benutzer oder Zuschauer nachwies. Hier ist insofern ein Wandel eingetreten, als den Verwaltungsbehörden nunmehr die eigene Haftpflichtv des Unternehmers ein besseres Mittel zum Schutz der Dritten zu sein scheint. Bezeichnend hierfür ist § 60a GewO in der Fassung des G vom 15. II. 1963, der nur noch von der Haftpflichtv spricht, während die vorangegangene Fassung auch die Unfallv erwähnte.

[9] III. Stellung der §§ 74—80 im Rechtssystem.
1. Privatversicherungsrecht.
Die V für fremde Rechnung ist die mögliche Form jeder Schadensv. Es gibt indessen Vszweige, die nur als V für fremde Rechnung oder doch als V für Rechnung wen es angeht vorkommen. Hierzu gehört die Speditionsv: Nach § 1 SVS ist sie reine Fremdv, nach Nr. I Sp-Police ist sie V für Rechnung wen es angeht. — Ferner ist die Kautionsv hier anzuführen, wenn man sie überhaupt zur V zählt (dafür Ammon ZVersWiss 1970 S. 521 —533; BFH 9. XII. 1969 VA 1970 S. 313—315. Dagegen Sieg ZVersWiss 1969 S. 506f.,

Anm. 133 zu § 67 und die dort Genannten, implizite auch Finanzminister des Landes Nordrhein-Westfalen, Erlaß vom 21. VIII. 1970 VA 1970 S. 295 = BetrBer 1971 S. 1242).

Soweit Normen des VVG für halbzwingend oder zwingend erklärt sind, wirkt sich das grundsätzlich auch auf den Vten aus. Ebenso muß er die volle Vertragsfreiheit hinnehmen, wenn § 187 I oder II eingreift (die laufende V kann auch zugunsten Dritter genommen werden: Möller, Vsvertragsrecht, Wiesbaden 1961, S. 32). Daß die Wirkungen hier einen außerhalb des Vertrages Stehenden treffen, ändert nichts: Er erwirbt das Recht nur in der Intensität, in der die Parteien es ihm verschafft haben. Eine Ausnahme ist allerdings geboten: die laufende V als Gruppenv. Hier trifft die gesetzgeberische Motivation des § 187 nicht zu (Millauer S. 26). Indes spielt diese Frage keine große Rolle. Die Mehrzahl der Gruppenven geht auf Begünstigungsverträge zurück, für die die Gestaltungsmöglichkeiten der Vertragspartner durch aufsichtsamtliche Richtlinien ohnehin stark eingeschränkt sind.

[10] 2. Sozialversicherungsrecht.

In der Sozialv gibt es keine Parallele zur V für fremde Rechnung. Die Familienhilfe der gesetzlichen Krankenv (§§ 205—205 b RVO) ist eine V auf eigene Rechnung (Aye in Gesamtkommentar zur RVO, Bd 1 2. Buch, Wiesbaden 1972, Anm. 2 zu § 205, S. 98), ebenso übrigens die Familienv in der privaten Krankenv (Prölss-Martin[20] Anm. 2e Vorbemerkung vor § 74, S. 416; OLG Düsseldorf 18. XII. 1930 JRPV 1931 S. 106 f.).

Soweit in den Rentenven und in der Unfallv Hinterbliebene Ansprüche haben, sind nicht diese Gefahrsperson, sondern der Vte. Das Recht der Hinterbliebenen ähnelt also der privatsrechtlichen (unwiderruflichen) Bezugsberechtigung (übrigens auch hinsichtlich des originären Erwerbs, vgl. Bültmann, Rechtsnachfolge in sozialrechtliche Ansprüche, Berliner Diss. 1969 S. 137; Sieg BetrBer Beilage zu Heft 11/1972 S. 4). Die Bezeichnung „Bezugsberechtigung" wird für § 591 RVO von der Literatur (Schieckel-Göbelsmann in Gesamtkommentar zur RVO Bd 2 3. Buch, Wiesbaden 1972, zu § 591, S. 114), in § 203 RVO (Verweisung hierauf in § 589 I Ziff. 1 RVO) vom Gesetz gebraucht.

[11] 3. Wertpapierrecht.

In der Transportv können Vspolice sowie Vszertifikat der laufenden V an Order lauten (§ 363 II HGB), was vor allem für die Seev eine Rolle spielt. So wenig der Begebungsvertrag über ein Orderpapier Vertrag zugunsten Dritter ist (die Haftung gegenüber dem Dritten ergibt sich aus dem Wesen des Orderpapiers, nicht aus der Vertragsabrede: Hatzelmann, Wertpapierrecht, München 1969, S. 35), so wenig schafft der unter Ausstellung einer Orderpolice geschlossene VsVertrag V für fremde Rechnung. Die dominierende Legitimationswirkung der Orderpolice ist mit §§ 75 II, 76 II nicht verträglich (wo die Zustimmung den Policenbesitz ersetzen kann), zumal es zulässig ist, dem Vten oder dem Vmer selbständige Rechte zu geben ohne Rücksicht darauf, ob der Vssschein in seinem Besitz ist. Etwas abweichend, aber in bezug auf die Legitimationswirkung ebenso: Kisch III S. 619 f.

[12] IV. Normativer Geltungsbereich der §§ 74—80.

1. Entsprechende Anwendung.

Nach § 179 II² VVG finden auf die Unfallfremdv für fremde Rechnung die Vorschriften der §§ 75—79 entsprechende Anwendung. Das hat Bedeutung für den summenvsartigen Teil der Unfallv. Dafür, daß Unfallv für fremde Rechnung vorliegt, spricht bei der V auf eine andere Gefahrsperson eine Vermutung (§ 179 II¹). Sie ist vor allem dann von Bedeutung, wenn die schriftliche Einwilligung der Gefahrsperson nach § 179 III nicht vorliegt: Prölss-Martin[20] Anm. 3 zu § 179, S. 1046; BGH 8. II. 1960 BGH Z Bd 32, S. 44 bis 53; Millauer S. 82 f. und wohl auch Ruscher S. 193 wollen V für fremde Rechnung in diesem Falle nur nach Maßgabe des § 140 BGB annehmen. Indes reicht es, um dem Parteiwillen gerecht zu werden, aus, daß die Vermutung des § 179 II 1 widerlegbar ist.

IV. Normativer Geltungsbereich der §§ 74—80

Zweifelhaft kann sein, ob § 179 II auf die Krankenv entsprechend anwendbar ist. Obwohl diese der Lebensv näher steht als die Unfallv, wird man die Frage bejahen müssen. Ohnehin weisen die sogenannten summenvsartigen Teile der Krankenv (Tagegeld, Krankenhaustagegeld, Sterbegeld) starke Elemente der Schadensv auf (vgl. Sieg VersRdsch 1968 S. 185f.; Anm. 20, 21 zu § 67 mit weiteren Nachweisen; BGH 20. XII. 1972 VersR 1973 S. 224), was für das Krankenhaustagegeld auch von der Aufsichtsbehörde anerkannt ist (VA 1968 S. 50f.).

Daß sich auch die Krankenv des Instituts der V für fremde Rechnung bedienen kann, spielt vor allem für die Gruppenverträge eine Rolle (Millauer S. 92, 168, 171f.; Gärtner Das Bereicherungsverbot, Berlin 1970, S. 133). — Für die Lebensv ist eine V für fremde Rechnung nicht vorgesehen, § 159 enthält keine Parallele zu § 179 II. Das wird namentlich für die Gruppenlebensv bedauert: v. d. Thüsen in „Rechtsfragen der Individualv", Festgabe zum 50. Geburtstag von Erich v. Prölss, Karlsruhe 1957, S. 262 und die daselbst N. 9 Genannten. Vgl. Anm. 13—16 zu § 74.

[13] 2. Faktische Versicherung für fremde Rechnung.

Ruscher S. 152 meint, daß im Falle der §§ 102, 103, 107b VVG (dasselbe müßte für die Schiffshypothekengläubiger nach §§ 34 II, 36 SchRG, für die Gläubiger einer Luftfahrzeughypothek nach §§ 32, 34 II G über Rechte an Luftfahrzeugen gelten) eine Feuerv für fremde Rechnung, nämlich der Realgläubiger, vorliege. Das ist indes unzutreffend. Hier wie bei der „kranken" Pflichtv für Kraftfahrzeughalter (vgl. hierzu Keilbar, Die Rechtsstellung des Drittgeschädigten gegenüber dem Kraftfahrzeughaftpflichtver, Berliner Diss. 1967, S. 144f.) werden Ansprüche gegen den Ver aufrecht erhalten, nicht weil der Vmer sie beschafft hat (wie es für den Vertrag zugunsten Dritter und damit auch für die V für fremde Rechnung nötig ist), sondern obwohl er sie im Einzelfall nicht beschafft hat (im Ergebnis ebenso Prölss-Martin[20] Anm. 2d vor § 74, S. 416; Brisken, Der Schutz der Hypothekengläubiger bei der Gebäudev, Karlsruhe 1964, S. 67f.). Auch im gesunden Vsverhältnis sind weder Drittgeschädigte noch Hypothekare Vte: Anm. 7 zu § 74.

Faktisch wirkt sich § 70 VVG wie eine V für Rechnung des Erwerbers aus. Wenn Erwerber oder Ver von dem außerordentlichen Kündigungsrecht nach § 70 I oder II Gebrauch macht, ist der Erwerber von der Prämienzahlungspflicht frei (§ 70 III), genießt aber bis zum Ablauf der Kündigungsfrist Deckung. Die §§ 75—79 finden indes hier keine Anwendung (vgl. Anm. 47 zu § 70).

Jede Schadensv erfüllt die Funktion einer Haftpflichtv für fremde Rechnung, wenn der Regreß des Vers beschränkt wird. Beispiele hierfür bilden § 67 II, der Regreßverzicht der Feuerver gegenüber dem Nachbarn des Vmers (Anm. 46 zu § 67), der Regreßverzicht der Kaskover gegenüber Fahrer, Mieter und Entleiher bei leichter Fahrlässigkeit (§ 15 II AKB), der Regreßverzicht der Vermögensschäden-Haftpflichtver gegenüber Angestellten des Vmers bei Fahrlässigkeit (§ 7 Ziff. 4 II AHB Verm). Auch in diesen Fällen ist aber für die Anwendung der §§ 75—79 kein Raum.

[14] 3. Zwingendes Recht.

a) Überblick.

aa) Unwirksamkeit des Vertrages.

Nach Prölss-Martin[20] Anm. 5 zu § 75, S. 422; Anm. 4 zu § 76, S. 424; Anm. 3 zu § 79, S. 429 sind die zitierten Vorschriften nachgiebigen Rechts. Das trifft m. E. für §§ 75 I[1], 76 III, 79 II 1. Satzteil nicht zu, und zwar deshalb nicht, weil sämtliche Vorschriften unmittelbar oder mittelbar dem in Anlehnung an § 55 als zwingend zu erachtenden Verbot der Wettv (Eigenrechnungsv auf ein fremdes Risiko) Rechnung tragen (vgl. Schwan S. 86).

Im einzelnen gilt folgendes: Ist eine V für fremde Rechnung vereinbart, also die Auslegungsregel des § 80 I widerlegt, so können die Parteien nicht § 75 I[1] mit der Wirkung ausschließen, daß dem Vmer die Vsforderung zustehen soll. Tun sie es gleichwohl, ist der Vertrag nach § 68 I anal. zu behandeln (die Seev kennt eine Spezialregelung in

§ 2 ADS): Ehrenzweig S. 215; Ruscher S. 74—80 und die dort S. 74 Genannten; Anm. 45 zu § 68.

[15] bb) Unbeachtlichkeit der Vertragsbestimmung.

Wenn auch die V auf fremdes Interesse ohne Wissen des Dritten wirksam zustande kommen kann, so soll § 76 III wenigstens die Möglichkeit schaffen, vor Auszahlung der Entschädigung die Stellungnahme des Dritten zum Vertrage herbeizuführen. Nur wenn der Dritte einer für ihn abgeschlossenen V zustimmt, kann er seine Rechte gegenüber dem Vmer wahrnehmen und auf diese Weise eine Wettv inhibieren, vgl. Anm. 85 zu § 68. Wenn allerdings der Vte nach Gesetz oder AVB in der Lage ist, seine Rechte selbständig geltend zu machen, § 76 I, II also ausgeschaltet ist, spielt § 76 III keine Rolle. Der Ver kann in diesem Falle nicht mit befreiender Wirkung an den Vmer zahlen und wird deshalb nicht an ihn leisten.

Ruscher S. 190 und Lenné S. 86 meinen, in der Gruppenunfallv könne § 76 III wegbedungen werden. Das ist nicht folgerichtig, weil sich dann die Unfallv für fremde Rechnung stark der V für eigene Rechnung nähern würde, ohne daß die Kautel des § 179 III gälte. Wie hier: Gerhard-Hagen, Kommentar zum VVG, Berlin 1908, Anm. 5 zu §§ 75—76, S. 360.

§ 79 II 1. Satzteil belastet den Ver: Er kann sich entgegen § 79 I nicht auf die Kenntnis des Vten berufen, wenn der Vertrag ohne dessen Wissen abgeschlossen worden ist (anders nach § 79 III nur, wenn dem Ver nicht bekannt war, daß der Vmer auftragslos handelte). Der Ver hat daher ein Interesse daran, die Kenntnis des Dritten vom Vertrag sicherzustellen: Auf diesem Wege wird gleichzeitig die Gefahr einer Wettv beseitigt.

Während die Abdingung von § 75 I¹ zur Unwirksamkeit des Vertrages führt, hat die vertragliche Ausschließung von §§ 76 III, 79 II 1. Satzteil mindere Wirkungen: Sie ist unbeachtlich, während der Vertrag im übrigen erhalten bleibt, denn es ergibt sich ja aus ihm, daß V für fremde Rechnung genommen werden sollte, der Parteiwille wird also nicht über Gebühr mißachtet.

[16] b) Ordre public.

Von den oben Anm. 14, 15 angeführten Normen gehört § 75 I¹ zum ordre public, denn es handelt sich um die Standardvorschrift, die eine Wettv und damit einen krassen Fall der Bereicherung (der Vmer hat überhaupt keinen Schaden erlitten!) verhindern will (Möller Anm. 96 zur Einleitung). Das bedeutet: Wenn nach internationalprivatsrechtlichen Grundsätzen ausländisches Recht als Betriebsstatut anzuwenden ist (vgl. Möller Anm. 91 zur Einleitung) und dieses ausländische Recht eine Fremdv kennt, ohne daß dem Vten der Anspruch aus dem Vsvertrage zusteht, so dürfte der deutsche Richter nach Art. 30 EG BGB insoweit der fremden Rechtsordnung nicht folgen (vgl. Bruck, Zwischenstaatliches Vsrecht, Hamburg 1924, S. 36, 41).

[17] V. Kritik an §§ 74—80.

Die Regelung der V für fremde Rechnung kann nicht als geglückt angesehen werden. Indem §§ 75 und 76 die Legitimation zur Verfügung sowohl von der Innehabung des Vsscheins als auch von der Zustimmung des anderen Teils abhängig machen, können widersprüchliche Dispositionen stattfinden (vgl. Kisch III S. 510f): Der Vmer hat der Verfügung durch den Vten zugestimmt, aber den Vsschein behalten, oder er verfolgt den Vsanspruch nicht, so daß das Verfügungsrecht (wann?) auf den Vten übergeht (vgl. unten Anm. 32 zu §§ 75, 76). Auch kann der Ver leicht im Zweifel sein, wer der richtige Adressat seiner Erklärungen ist (Ehrenzweig S. 221).

§ 76 I, II räumt dem Vmer eine zu weitgehende Verfügungsmacht ein (v. d. Thüsen in „Rechtsfragen der Individualv", Festgabe für Erich R. Prölss zum 50. Geburtstag, Karlsruhe 1957, S. 260, 262). Für die Wahrung seiner Rechte würde es genügen, daß er die Entschädigungsforderung einziehen darf (Koenig in „Ausblick und Rückblick", Festgabe für Erich R. Prölss zum 60. Geburtstag, München 1967, S. 235, 238 f.).

Vgl. auch Anm. 85 zu § 68. Kritik an § 80 I ist schon an anderer Stelle (Anm. 79 zu § 68) geübt worden.

[18] VI. Verwandte Erscheinungen.

Die §§ 74—80 gehen, in der Terminologie des Vertrages zugunsten Dritter gesprochen, davon aus, daß das Deckungsverhältnis auf einem Vsvertrage beruht, während das Zuwendungsverhältnis (zwischen Vmer und Vtem) beliebigen Inhalt haben kann. Nicht zu verwechseln hiermit sind Gestaltungen, bei denen das Zuwendungsverhältnis V ist und der Ver, um seinen Verpflichtungen zu genügen, einen Werk-, Dienst- oder Kaufvertrag (als Deckungsverhältnis) zugunsten seines Vmers eingeht.

Markantes Beispiel hierfür sind die Gesamtverträge zwischen gesetzlichen Krankenkassen und Kassenärztlichen Vereinigungen nach § 368 g RVO. Die Krankenkassen schulden ihren Vten (diese Bezeichnung darf nicht irreführen, die Vten entsprechen in der Privatv den Vmern) Naturalleistungen im Zuwendungsverhältnis. Die Gesamtverträge, die dessen Erfüllung dienen, sind öffentlich-rechtliche Verträge zugunsten Dritter, nämlich der Vten (Peters, Handbuch der Krankenv, Teil 2, Stuttgart 1954, Anm. 3 c zu § 368, S. 425), keine Normenverträge, wie gelegentlich angenommen wird (zur Streitfrage: Sieg SGb 1965 S. 289 f. Soweit sie den Ärzten Pflichten auferlegen, ergibt sich die Wirksamkeit aus der gesetzlichen Vertretungsmacht der Kassenärztlichen Vereinigung für die Ärzte).

Parallelerscheinungen kommen im Privatvsrecht dort vor, wo der Ver Naturalersatz schuldet (Beispiele: Möller Anm. 14 zu § 49) und seinem Vmer die Vsleistung durch einen entsprechenden Vertrag zu dessen Gunsten verschafft. So liegt es etwa, wenn der Ver einen Vertrag mit dem Glasermeister abschließt, damit dieser die vt gewesene zerstörte Scheibe wieder einsetzt oder wenn der Fahrradver einen Kaufvertrag zugunsten seines Vmers eingeht, um seiner Ersatzpflicht nach Diebstahl des vten Fahrzeugs nachzukommen. Vertrag zugunsten Dritter liegt in diesen Fällen allerdings nicht vor, wenn der Ver seiner Naturalleistungspflicht durch Handeln in Vertretung des Vmers genügt, wie in der Haftpflichtv, oder wenn in den übrigen Fällen der Vmer als solutionis causa adiectus fungiert (an diese Fälle denkt Möller Anm. 18 zu § 49).

§ 74

Die Versicherung kann von demjenigen, welcher den Vertrag mit dem Versicherer schließt, im eigenen Namen für einen anderen, mit oder ohne Benennung der Person des Versicherten, genommen werden (Versicherung für fremde Rechnung).

Wird die Versicherung für einen anderen genommen, so ist, auch wenn der andere benannt wird, im Zweifel anzunehmen, daß der Vertragschließende nicht als Vertreter, sondern im eigenen Namen für fremde Rechnung handelt.

Begriff.

Gliederung:

I. Charakteristik der V für fremde Rechnung Anm. 1—3
  1. Rechtsnatur Anm. 1—2
    a) Abzulehnende Ansichten Anm. 1
    b) Vertrag zugunsten Dritter Anm. 2
  2. Verhältnis der §§ 74, 80 zueinander Anm. 3

II. Beziehungen zwischen Vmer und vtem Interesse Anm. 4—12
  1. Überblick Anm. 4
  2. V des eigenen Interesses für eigene Rechnung Anm. 5

3. V des fremden Interesses für fremde Rechnung Anm. 6—9
  a) Positive Abgrenzung Anm. 6
  b) Negative Abgrenzung Anm. 7
  c) Abspaltung aus EigenrechnungsV? Anm. 8—9
    aa) Allgemeines Anm. 8
    bb) Zusammentreffen mit Garantie Anm. 9

4. V des eigenen Interesses für fremde Rechnung Anm. 10

5. V des fremden Interesses für eigene Rechnung Anm. 11

6. Exkurs: Gefahrsperson in der NichtpersonenV Anm. 12

III. V für fremde Rechnung in der LebensV? Anm. 13—16
 1. Meinungsstand Anm. 13
 2. LebensV mit schadensvartigem Einschlag Anm. 14—15
  a) FirmengruppenV Anm. 14
  b) SterbegeldV Anm. 15
 3. Dogmatische Rechtfertigung Anm. 16
IV. Vertragsschluß Anm. 17—27
 1. Kontrahent als Vmer Anm. 17—20
  a) Rechtsnatur des § 74 II Anm. 17
  b) Tragweite des § 74 II Anm. 18
  c) Umdeutung, Teilnichtigkeit des Vertrages Anm. 19
  d) Person des Vten Anm. 20
 2. Kontrahent als Vertreter Anm. 21 bis 23
  a) Vertretung mit Vertretungsmacht, Ermächtigung Anm. 21
  b) Vertretung ohne Vertretungsmacht Anm. 22
  c) Beweislast Anm. 23
 3. Kontrahent als Mitglied einer Personenvereinigung Anm. 24
 4. Kontrahent als Ehegatte Anm. 25 bis 27
  a) Allgemeines Anm. 25
  b) Schlüsselgewalt Anm. 26—27
   aa) Fallgruppen Anm. 26
   bb) Erfaßte Vszweige Anm. 27
V. Anfechtbarkeit Anm. 28—33
 1. Wegen Irrtums Anm. 28—29
  a) Irrtum des Vmers Anm. 28
  b) Irrtum des Vers Anm. 29
 2. Wegen arglistiger Täuschung Anm. 30—32
  a) Täuschung durch Vertragspartei Anm. 30
  b) Täuschung durch „Dritten" Anm. 31
  c) Schadenersatz Anm. 32
 3. Einrede der Anfechtbarkeit? Anm. 33
VI. Beendigung des Vsvertrages für fremde Rechnung Anm. 34—38
 1. Erlöschen des Vsvertrages Anm. 34 bis 35
  a) Grundsätze Anm. 34
  b) Interessewegfall Anm. 35
 2. Umwandlung in EigenrechnungsV Anm. 36
 3. Konkurs Anm. 37—38
  a) Des Vten Anm. 37
  b) Des Vmers Anm. 38

[1] I. Charakteristik der Versicherung für fremde Rechnung.

1. Rechtsnatur.

a) Abzulehnende Ansichten.

In der Vergangenheit haben Konstruktionsversuche der §§ 74—80 eine erhebliche Rolle gespielt. Das Handeln des Vmers im eigenen Namen für fremde Rechnung ließ frühzeitig an die Kommission (Kommission i.w. S.) denken, so etwa Lenné S, 10—12, 35 [der aber S. 32f. zugleich Vertrag zugunsten Dritter annimmt]. Indes vermag diese Vertragsart die V für fremde Rechnung nicht zu erklären, weil sie das Ausführungsgeschäft, das hier ausschlaggebend ist, außer Betracht läßt. Kommission mag im Innenverhältnis zwischen Vmer und Vtem vorliegen, so wenn der Kommissionär oder Spediteur das Gut des Kunden vt, aber nicht jede V für fremde Rechnung ist Kommission. Insbesondere fehlt hier ein Abwicklungsgeschäft zwischen Kommittenten und Kommissionär, das dem Kommittenten erst die Früchte des Ausführungsgeschäfts verschafft, vgl. Keller, Kommentar zum Schweizerischen G über den Vsvertrag, 2. Aufl., Bern 1968, S. 293. Lediglich die bei der Einkaufskommission entwickelte Übereignung wen es angeht (Capelle, Handelsrecht, 17. Aufl. München 1975, S. 121f.) hat gewisse Verwandtschaft mit der V für Rechnung wen es angeht (§ 80 II): dem Partner des Kommissionärs wie dem Ver ist es in der Regel gleichgültig, wem das Erfüllungsgeschäft zugute kommt (vgl. Österr. OGH 18. II. 1970 VersR 1971 S. 140).

Mit der Kommissionstheorie verwandt ist die Anschauung, V für fremde Rechnung sei auf mittelbare Stellvertretung zurückzuführen, sieht man doch in der Kommission einen Anwendungsfall dieses Rechtsinstituts. [Vgl. hierzu und zu anderen Theorien, die angesichts der gesetzlichen Normierung und der AVB ohne praktischen Wert sind, Ritter-Abraham Anm. 5 zu § 52, S. 747; Anm. 9—11 zu § 52, S. 750; Anm. 12—13 zu § 52,

I. Charakteristik der V für fremde Rechnung § 74
Anm. 2

S. 751; Kisch III S. 385—393.] Auch dieser Konstruktionsversuch ist jedoch abzulehnen. Abgesehen davon, daß das Innenverhältnis häufig den Vmer nicht legitimiert, als (mittelbarer) Stellvertreter des Vten aufzutreten, ist diese Rechtsfigur zu farblos, als daß sie die Besonderheiten der V für fremde Rechnung zu erklären vermöchte; den Vmer etwa als direkten Stellvertreter des Vten anzusehen, wäre mit § 74 II offensichtlich nicht vereinbar.

Auch ein andersartiges Schuldverhältnis in dem Sinne, daß der Vte Mitpartei des Vsverhältnisses würde, liegt nicht vor, weil dieser auf den Gesamtvertrag keinerlei Einfluß hat.

Schließlich ist der Vte auch nicht nur solutionis causa adiectus; der Ver wird vom Vmer nicht angewiesen, an den Vten zu zahlen, andernfalls bliebe das Rechtsverhältnis bei jedem Schadenfall in der Schwebe: Da die Annahme der Anweisung einen Verzicht auf Einwendungen aus dem Deckungsverhältnis bedeutet, der Ver sich aber solcher Einwendungen nicht berauben will, könnte er erst jeweils nach einem Vsfall entscheiden, ob er die „Anweisung" annehmen wolle oder nicht.

[2] b) Vertrag zugunsten Dritter.

Am nächsten kommt die V für fremde Rechnung dem Vertrag zugunsten Dritter des BGB. Das entspricht auch heute herrschender Ansicht (BGH 19. 1. 1967 VersR 1967 S. 343, 344; RG 27. VI. 1939 RGZ Bd 161 S. 23, 27; BAG 30. I. 1958 NJW 1958 S. 764; Kisch III S. 378 ff.; Bruck S. 601, 612; Möller Anm. 48 zu §1; Prölss-Martin[20] Anm.1 zu § 75, S. 419; Trautmann S. 15—18 mit weiteren Nachweisen; Ruscher S. 22; Schwan S. 29; Keller, Kommentar zum Schweizerischen Bundesgesetz über den Vsvertrag, 2. Aufl., Bern 1968, S. 293; Anli S. 30). Dabei darf man allerdings zwei Besonderheiten nicht übersehen, was auch einige Vertreter der herrschenden Lehre betonen: Der Vte wird stärker als ein gewöhnlicher Dritter in das Deckungsverhältnis eingeschaltet (vgl. § 79, sein Vsschaden wird abgegolten, Lenné S. 32), er hat nicht die Verfügungsmacht über den Anspruch: § 76 I.

Im Lichte der §§ 328 ff. BGB ergibt sich folgendes Bild: Es handelt sich wegen § 75 I VVG um einen echten Vertrag zugunsten Dritter, obwohl der Dritte in der Regel nicht verfügungsberechtigt ist (§ 76 I, II VVG). Für die Unterscheidung zwischen echtem und unechtem Vertrag zugunsten Dritter kommt es jedoch auf die Rechtsinhaberschaft, nicht auf die Verfügungsbefugnis an (Ruscher S. 27—30 und die dort S. 31 N. 4 Genannten; abweichend Loppuch JRPV 1936 S. 292 f.). Damit ist gleichzeitig festgestellt, daß § 329 BGB auf die V für fremde Rechnung keine Anwendung findet.

§ 328 II BGB nennt verschiedene Arten des echten Vertrages zugunsten Dritter. Zunächst wird unterschieden, ob der Dritte das Recht sofort oder später erwerben soll. Bei der V für fremde Rechnung gilt, daß der Dritte frühestens mit dem technischen Vsbeginn, wenn der materielle Vsbeginn später liegt, zu jenem Zeitpunkt erwirbt (unscharf Ruscher S. 33; Lenné S. 127).

Die weitere Unterscheidung, ob der Dritte unwiderruflich oder widerruflich erwirbt, ist hier in letzterem Sinne zu beantworten. Wenn auch die Vsforderung dem Vten zusteht (§ 75 I), kann der Vmer doch über sie verfügen (§ 76 I, II), was einen Erlaß einschließt. Nie kann der Widerruf dazu führen, daß dem Vmer der Vsanspruch zusteht, vgl. unten Anm. 11. Unwiderruflich erwirbt der Vte den Anspruch nur, wenn § 76 I, II wegbedungen sind oder kraft Gesetzes nicht gelten.

§§ 330—332 BGB sind, soweit es sich um Vsverträge handelt, auf die Bezugsberechtigung zugeschnitten, die engere Verwandtschaft mit dem Vertrage zugunsten Dritter aufweist (es fehlen die eingangs dieser Anm. aufgezeigten Besonderheiten) als die V für fremde Rechnung. — Hingegen bleiben auf die letzere §§ 333, 334 anwendbar, worauf zurückzukommen ist.

§ 335 ist indes nicht übernehmbar. Bei der V für fremde Rechnung hat entweder der Dritte oder der Vmer das Verfügungsrecht. Hat es der Dritte (§ 75 II VVG), wovon § 335 BGB ausgeht, so kann nicht auch der Vmer Leistung an den Dritten fordern (Trautmann S. 13, 16 f.).

Sieg

[3] **2. Verhältnis der §§ 74, 80 zueinander.**
§ 74 I läßt es zu, daß der Vmer (fremdes Interesse) für fremde Rechnung vt. In Zweifelsfällen ist aber zunächst zu prüfen, ob der Vmer nicht die V (des eigenen Interesses) für eigene Rechnung genommen hat, was der Auslegungsregel des § 80 I entspricht. Erst wenn diese Frage verneint wird, also klar ist, daß fremdes Interesse vt werden sollte, taucht die weitere Frage auf, ob der Kontrahent den Abschluß im Namen des Interesseträgers oder im eigenen Namen getätigt hat. Innerhalb des wegen § 80 I engen Feldes der V fremden Interesses optiert § 74 II für die V für fremde Rechnung. Der logischen Reihenfolge der Prüfung tragen die ADS besser Rechnung als das VVG (richtig auch Österr. OGH 9. V. 1974 VersR 1975 S. 747): § 52 I ADS entspricht § 80 I VVG, § 52 II ADS dem § 74 II VVG. § 80 II schließlich läßt es zu, daß bei Vertragsschluß offen bleibt, ob eigenes oder fremdes Interesse (im eigenen Namen des Vmers) gedeckt ist; daß eine Eigenrechnungs- und eine FremdrechnungsV in einem Vertrag kombiniert werden können, erscheint dagegen selbstverständlich.

Das VVG geht von dem (in § 80 I als Regel angesehenen) Fall aus, daß Vmer und Interesseträger identisch sind. Deshalb erwähnt es den Vten außerhalb der §§ 74—80 nicht besonders. Grundsätzlich finden daher bei Rollenspaltung, wie sie in der V für fremde Rechnung zutage tritt, die auf den Vmer zugeschnittenen Bestimmungen auch auf den Vten Anwendung (BGH 15. XII. 1970 VersR 1971 S. 239 = NJW 1971 S. 459 = Betr. Ber 1971 S. 244; BGH 28. XI. 1957 BGHZ Bd 26 S. 133ff., 137; KG 1. II. 1960 VersR 1960 S. 889—892; OLG Köln 8. XI. 1966 VersR 1967 S. 34—36).

Über die Aufgliederung der §§ 75—79 s. Anm. 1 zu §§ 75—76.

[4] **II. Beziehungen zwischen Versicherungsnehmer und versichertem Interesse.**

1. Überblick.
Zur Abgrenzung der V für fremde Rechnung von verwandten Erscheinungen gilt es zunächst, die denkbaren Beziehungen zwischen Interesse und Anspruchträgerschaft aufzuzeigen. Dabei wird hier unter „Interesse" untechnisch nicht nur die Beziehung zu einem Vermögensgut, sondern auch die Beziehung zu Leben und Gesundheit verstanden, der vten Sache stellen wir zu Vergleichszwecken die Gefahrsperson an die Seite (zu deren Stellung im Vsverhältnis sei hier generell verwiesen auf Fuchs, Die Gefahrsperson im Vsrecht, Berliner Diss. 1973).

Es ergibt sich folgende Einteilung:
a) Im Normalfall, von dem das VVG ausgeht, deckt der Vmer eigenes Interesse für eigene Rechnung.
b) Das VVG behandelt aber in den §§ 74—80 auch den Fall, daß der Vmer fremdes Interesse für fremde Rechnung vt. Dazwischen liegen zwei Gestaltungen, die einer einheitlichen Regelung entbehren:
c) Der Vmer deckt eigenes Interesse für fremde Rechnung, d. h. er wendet den Vsanspruch einem Dritten zu;
d) er vt fremdes Interesse für eigene Rechnung.

In jeder dieser Gruppen kann der Vmer den Vertrag im eignen Namen abschließen oder sich vertreten lassen; das ist im Falle b) trotz § 74 II nicht anders: Der Prokurist P schließt im Namen des Verkaufskommissionärs K einen Vsvertrag in bezug auf das Kommissionsgut des X ab. Wesentlich ist hier, daß der Vsvertrag im Namen des K abgeschlossen wurde. Wird er von P als Untervertreter des K für den X abgeschlossen, liegt keine V für fremde Rechnung vor, sondern X hat (unter Vermittlung des K) das eigene Interesse für eigene Rechnung unter Vsschutz (Fall a)).

[5] **2. Versicherung des eigenen Interesses für eigene Rechnung.**
Von der V für fremde Rechnung ist zu unterscheiden, daß der Vmer ein eigenes (beschränktes) Interesse an der fremden Sache vt (Beispiel § 105 VVG). Hier wird V für

II. Beziehungen zwischen Vmer und vtem Interesse § 74
Anm. 6, 7

eigene Rechnung genommen. Anli S. 11 f. ist darin zu widersprechen, daß diese Gestaltung **einfacher** sein soll als die V des fremden (Eigentums-) Interesses für fremde Rechnung.

In der PersonenV bieten sich als Parallele die Familienkranken- und die LohnfortzahlungsV an. Die §§ 75 ff. sind hierauf nicht anwendbar, weil der Familienvater bzw. der Arbeitgeber das eigene Interesse, das aus der Unterhaltspflicht oder aus dem Arbeitsvertrage folgt, abdeckt (OLG Düsseldorf 18. XII. 1930 VA 1930 S. 247 f. Nr. 2205; OLG Hamm 16. III. 1973 VersR 1973 S. 834; v. Gierke, Vsrecht unter Ausschluß der SozialV, 1. Hälfte Stuttgart 1937 S. 132, 2. Hälfte Stuttgart 1947 S. 364; Prölss-Martin[20] Vorbemerkung 2e) vor § 74 S. 416; Wriede Bd VI Lieferung 3 Anm. A 23; Sieg VersR 1956 S. 743).

Je mehr allerdings die Ehefrauen als Gefahrspersonen der Familienkrankenv über eigene Einkünfte verfügen, also nicht auf den Unterhaltsanspruch gegen den Ehemann angewiesen sind, desto häufiger wird die FamilienkrankenV zu einer kombinierten EigenrechnungsV (des Ehemannes) und FremdrechnungsV der Gefahrsperson (der Ehefrau), vgl. OLG Hamm 19. IV. 1972 VersR 1972 S. 968; Köppen, Private KrankenV, Vswirtschaftliches Studienwerk, 2. Aufl., Wiesbaden o. J. F II S. 123.

[6] 3. Versicherung des fremden Interesses für fremde Rechnung.
a) Positive Abgrenzung

Bei der V für fremde Rechnung ist wesentlich ‚daß sich der Fremdvscharakter aus dem Vertrag oder aus den Umständen ergibt. Die Anwendung der §§ 75 ff. ist auch dann geboten, wenn der Vmer solcher V auch eigene Interessen mitverfolgt, z. B. weil er ein Pfandrecht (vgl. § 22 I² OLSchVO) oder einen Niessbrauch (vgl. § 1046 BGB) an der Vsforderung hat, oder weil ihm das Verfügungsrecht über diese die Möglichkeit gibt, sich für seine Forderung gegen den Vten bezahlt zu machen (§§ 76, 77). Auch bei den Kundenvn (Anm. 6, 7 zu den Vorbemerkungen) bedeutet die Wirkung zugunsten des Vmers nur einen Reflex aus der V des fremden Interesses für fremde Rechnung, vgl. Koenig in „Ausblick und Rückblick" Erich R. Prölss zum 60. Geburtstag, München 1967 S. 234 f. Diese Vn bleiben Sachv, sie werden nicht zur Haftpflichtv: BGH 20. III. 1974 VA 1975 S. 340.

Dasselbe gilt bei sonstigen Fremdvn, durch die der Vmer nebenbei sein Interesse, nicht haftpflichtig zu werden, abdeckt, z. B. für die neuerdings angebotene Dienstreise-Kaskov (Einzelheiten bei Scheinert VersPrax 1974 S. 8 f).

Wo hingegen eine Eigenrechnungsv in Bezug auf eine fremde Sache (wegen des Haftpflichtinteresses des Vmers) genommen wurde, verschwimmen die Grenzen zwischen Sach- und Haftpflichtv. — Wo in der Summenv die V fremden Interesses für fremde Rechnung nicht möglich ist, tritt die Bezugsberechtigung zugunsten der Gefahrsperson (oder die Vorausabtretung) an deren Stelle. Hier gelten nicht die §§ 75 ff., sondern die §§ 328 ff. BGB.

[7] b) Negative Abgrenzung.

Umgekehrt liegt dann keine V für fremde Rechnung vor, wenn die Eigenrechnungsv Vertragsinhalt geworden ist und lediglich kraft Gesetzes Auswirkungen zugunsten eines Dritten entfaltet. So wird die Gebäudev des Eigentümers nicht dadurch zu einer V für fremde Rechnung, daß sich die Hypothek auf die Vsforderung erstreckt (§ 1127 BGB); ebenso v. Gierke, Vsrecht unter Ausschluß der Sozialv, 1. Hälfte Stuttgart 1937 S. 127; Lenné S. 54 f.; Ruscher S. 149; Kisch III S. 399. Die hypothekarischen Belastungen beeinträchtigen dementsprechend nicht den Vswert: Lenné S. 68. Aus den gleichen Gründen scheidet auch V für Rechnung wen es angeht aus (anders: Wiesinger, Die Rechtsstellung des Hypothekengläubigers im privaten Feuervsrecht, Hamburg 1940 S. 39—64). Die Stellung des Pfandgläubigers ist stärker als die des Vten, weil letzterer nicht das Einziehungsrecht hat. Da der Hypothekar nicht Vter ist, schadet dessen Brandstiftung dem Vmer nicht, auf den leistenden Ver geht der Schadensersatzanspruch des Vmers gegen den Hypothekar nach § 67 über.

Auch der geschädigte Dritte in der Kraftfahrhaftpflichtv ist nicht Vter im Sinne der §§ 74 ff. Der Direktanspruch macht den Ver nach herrschender Lehre zum Gesamtschuldner des Haftpflichtanspruchs, dem Dritten gegenüber tilgt der Ver keine Vsanspruch: Eichler ‚Vsrecht, Karlsruhe 1966 S. 299; Feyock NJW 1965 S. 318; Prölss NJW 1965 S. 1737; H. W. Schmidt DAR 1965 S. 232f.; Sieg ZVersWiss 1965 S. 357ff. Anders Bott, Der Schutz des Unfallgeschädigten durch die Kraftfahrzeughaftpflichtv, Karlsruhe 1964 S. 76—83, der von einer Forderungsv ausgeht, die der Vmer dem Geschädigten verschafft hat; ähnlich Landwehr VersR 1965 S. 1113. Erst recht ist die Haftpflichtv außerhalb der Kraftfahrpflichtv keine V für Rechnung des Geschädigten.

Daß in „kranken" Vsverhältnissen die Realgläubiger und die Geschädigten nicht Vte sind, ist Anm. 13 zu den Vorbemerkungen ausgeführt.

[8] c) Abspaltung aus Eigenrechnungsversicherung?
aa) Allgemeines

Noch weniger ist Anlaß, Fremdrechnungsv anzunehmen, wenn die Eigenrechnungsv des Eigentümers auch Vorteile für Mieter, Pächter, Käufer hat. Martin hat neuerdings das Augenmerk auf diese Gestaltungen gerichtet (VersR 1975 S. 101; VersR 1974 S. 253; Prölss-Martin[20] Anm. 7 A vor § 51 S. 297f., Anm. 1 zu § 80 S. 429) und will sie vsrechtlich erfassen. Das ist m. E. nicht zutreffend, es handelt sich lediglich um Reflexwirkungen, die die Eigenv ausstrahlt. Jeder Gläubiger ist daran interessiert, daß sich sein Schuldner seine Erfüllungsfähigkeit erhält, er wird aber nicht schon allein deshalb in das Sicherungsverhältnis eingeschaltet. Von einer Mitv jener Nebeninteressen kann daher keine Rede sein. Martins Ansicht beschwört die schwer zu handhabende Rechtsfigur der gespaltenen Interessen herauf, ganz abgesehen davon, daß damit das Offenkundigkeitsprinzip des § 80 I ausgehöhlt wird.

Über weitere Fälle, die der Fremdrechnungsv nur ähneln, vgl. Anm. 13 zu den Vorbemerkungen. v. Gierke, Vsrecht unter Ausschluß der Sozialv, 1. Hälfte Stuttgart 1937 S. 126—132 spricht u. a. hier von mittelbar Vten. Er faßt hierunter allerdings recht heterogene Erscheinungen zusammen, so daß diese Begriffsbildung nicht fruchtbar ist. Wo der Ver Naturalersatz zu leisten hat, wird bei der Eigenrechnungsv zugleich das etwaige Fremdinteresse eines Dritten zwangsläufig berücksichtigt (wie umgekehrt bei der Fremdrechnungsv das etwaige Eigeninteresse des Vmers).

[9] bb) Zusammentreffen mit Garantie.

Beim Zusammentreffen von Garantie und Vsvertrag deckt weder der Ver das Interesse des Garanten mit, noch will der Garant den Ver entlasten. Der Vmer hat nur sein Interesse (und zwar dasselbe Interesse) bei Ver und Quasiver (= Garant) gedeckt, ihm stehen in Analogie zu § 59 VVG beide als Gesamtschuldner gegenüber (vgl. Anm. 35 zu § 67; Prölss-Martin[20] Anm. 2 zu § 67 S. 374). Nach LG Heilbronn 18. VII. 1974 VersR 1975 S. 30 und Martin VersR 1975 S. 101—104 soll allein der Garant haften. Die herrschende Lehre geht den umgekehrten Weg, vgl. die Zitate Anm. 35 zu § 67. Martin unterstellt mir zu Unrecht, ich ginge fehlsam von § 67 aus; gerade auf diese Norm stütze ich ja den Regreß des Vers a. a. O. nicht. Zur Doppelvsfrage vgl. auch Möller Anm. 12 zu § 58 a. E. (abweichend).

[10] 4. Versicherung des eigenen Interesses für fremde Rechnung.

Die V des eigenen Interesses zugunsten eines Dritten ist in der Nichtpersonenv selten, aber zulässig. Warum sollte nicht der Vmer mit dem Ver seines Hausrats vereinbaren können, daß etwaige Entschädigungsansprüche seinem Freund zustehen sollen? Wir haben es mit einem reinen Vertrag zugunsten Dritter im Sinne der §§ 328ff. BGB zu tun, mag der Dritte selbständig sein Recht ausüben dürfen (echter Vertrag zugunsten Dritter), mag er insoweit auf die Mitwirkung des Vmers angewiesen sein (unechter Vertrag zugunsten Dritter), jedenfalls greifen §§ 74ff. nicht ein, insbesondere nicht § 76 (Keller, Kommentar zum Schweizerischen Bundesgesetz über den Vsvertrag, 2. Aufl. Bern 1968 S. 293; Lenné S. 10; Kisch III S. 399).

Nach Keilbar, Die Rechtsstellung des Drittgeschädigten gegenüber dem Kraftfahrzeughaftpflichtver, Berliner Diss. 1967 S. 164—168 gehört auch der Direktanspruch in der Kraftfahrpflichtv hierher: Dem Geschädigten sei durch den Vsvertrag ein

III. V für fremde Rechnung in der Lebensv? § 74
Anm. 11—13

weiterer Schuldner in Gestalt des Haftpflichtvers zugewendet. Vgl. im übrigen zu dieser Pflichtv oben Anm. 7.

In der Personenv ist die hier behandelte Konstellation häufiger, gemeint ist die Bezugsberechtigung. Der Vsvertrag ist dann Vertrag zugunsten Dritter nach §§ 328ff. BGB, auch hier liegt keine V für fremde Rechnung nach §§ 74 ff. vor (wirtschaftlich läßt sich derselbe Erfolg durch Vorausabtretung des Vsanspruchs erzielen). Die Stellung des Bezugsberechtigten ist schwächer als die des Vten, weil der erstere nicht seinerseits eine Bezugsberechtigung einräumen kann; andererseits steht der Bezugsberechtigte günstiger als der Vte, weil er selbst das Verfügungsrecht über seine Forderung hat und nicht mit Obliegenheiten belastet ist. Die Bezugsberechtigung muß ausdrücklich eingeräumt sein, während sich V für fremde Rechnung aus den Umständen ergeben kann. Erstere kann vom Vmer jedem beliebigen Dritten eingeräumt werden, die Stellung des Vten vermag er nur dem Interesseträger zu verschaffen.

[11] 5. Versicherung des fremden Interesses für eigene Rechnung.

§ 75 I ist zwingenden Rechts, vgl. Anm. 14 zu den Vorbemerkungen, deshalb ist die V fremden Interesses für eigene Rechnung nicht zulässig (Kisch III S. 416). Oft wird die Auslegung aber ergeben, daß nur scheinbar ein fremdes Interesse, in Wirklichkeit aber ein beschränktes eigenes Interesse des Vmers vt ist (vgl. oben Anm. 5). In diesem Sinne ist wohl auch Lenné S. 9, 19—21, 27f. zu verstehen, der hier von V für fremde Rechnung i. w. S. spricht, ähnlich v. Gierke, Vsrecht unter Ausschluß der Sozialv, 1. Hälfte Stuttgart 1937 S. 127f.

In der Summenv ist die V einer Gefahrsperson in der Art, daß dem Vmer der Vsanspruch zustehen soll. ausdrücklich anerkannt in §§ 159 II, 179 III (Einwilligung der Gefahrsperson wird verlangt). Die Kritik v. Gierkes S. 128 hieran ist nicht begründet.

[12] 6. Exkurs: Gefahrsperson in der Nichtpersonenversicherung.

Bisher wurde von der Gefahrsperson als einem Beteiligten in der Personenv gesprochen. Es gibt aber ähnliche Rollenverteilungen auch in der Nichtpersonenv. Auch dort sind sie von dem Vten der V für fremde Rechnung zu unterscheiden, sie können dort nicht einmal Vte sein. Als Beispiele seien hier genannt die Filmausfall-, die Betriebsschließungs-, die Reiserücktritts-, die Vertragsschädenv mit O-Deckung (hierzu und zum folgenden Fuchs, Die Gefahrsperson im Vsrecht, Berliner Diss. 1973 S. 63—68, der hier nicht von Gefahrsperson, sondern von Gefährdungsträger spricht). Tod, Krankheit, Unfall der „Gefahrsperson" bilden die vte Gefahr, deren Verwirklichung beim Vmer den (gedeckten) Schaden auslöst. Vte Schäden sind entgangener Gewinn (Filmausfall-, Betriebsschließungsv) oder notwendige Aufwendungen (Reiserücktrittsv) oder Untergang von Sachen (Vertrauensschädenv mit O-Deckung). Rein logisch läßt sich die Unterscheidung zur Personenv nicht begründen, denn auch letztere kann in der Art betrieben werden, daß dem Vmer bei Unfall, Tod, Krankheit der Gefahrsperson Schadenersatz geleistet wird. Letztlich entscheidet also die geübte Praxis. Bezeichnend für die Unsicherheit ist es, daß sich der Ver in der Filmausfallv eine Einwilligung der Gefahrsperson geben läßt, um dem Erfordernis der §§ 159 II, 179 III zu genügen. Überhaupt neigt die Filmausfallv von den hier behandelten Zweigen am meisten zur Personenv (Fuchs a. a. O. S. 136—138; Möller in „Wirtschaft und Recht der V", Paul Braeß zum 66. Geburtstag, Karlsruhe 1969 S. 193).

[13] III. Versicherung für fremde Rechnung in der Lebensversicherung?
1. Meinungsstand.

Die herrschende Lehre verneint die Möglichkeit einer V für fremde Rechnung in der Lebensv (wenngleich das auch für die Gruppenv von einigen der folgenden Autoren bedauert wird): Möller Anm. 4 vor § 49; Kisch III S. 378; Millauer, Rechtsgrundsätze der Gruppenv, 2. Aufl. Karlsruhe 1966 S. 68—70; Winter ZVersWiss 1968 S. 48f.; Lenné S. 82f. Ohne nähere Begründung läßt v. Gierke, Vsrecht unter Ausschluß der Sozialv, 1. Hälfte Stuttgart 1937 S. 124, 2. Hälfte Stuttgart 1947 S. 344 trotz Fehlens einer Parallele zu § 179 II in § 159 die Lebensfremdv für fremde Rechnung zu. Anli S. 15 bejaht diese Vsform für Spezialarten der Lebensv, etwa die Aussteuerv. Das stimmt jedoch schon mit der Rechtswirklichkeit nicht überein, weil in der Aussteuerv Vmer und Gefahrsperson identisch zu sein pflegen.

Der echten Gruppenlebensv (nur von dieser ist künftig die Rede) spricht v. d. Thüsen VersR 1954 S. 156f. den Charakter der V für fremde Rechnung zu, indem er auf die aufsichtsamtlichen Anordnungen verweist, die die Gefahrsperson sogar von der Verfügungsbefugnis des Vmers (vgl. § 76) freistellten. Prölss-Martin[20] Anm. 2 B zu § 159 S. 935 formulieren vorsichtiger: Die Entwicklung dränge bei den Gruppenvn zur analogen Anwendung der §§ 75ff.

[14] **2. Lebensversicherung mit schadensversicherungsartigem Einschlag.**
a) Firmengruppenversicherung.

Der Gesetzgeber hat die V für fremde Rechnung in der Lebensv nicht vorgesehen, weil er diese Rechtsfigur der Interessev und der dieser verwandten Unfallv (Kisch III S. 378; Begründung zu § 179 VVG, Motive zum VVG, Neudruck Berlin 1963 S. 242) vorbehalten wollte. Bei näherer Betrachtung zeigt sich, daß auch die Lebensv Arten entwickelt hat, die einer Schadensv sehr nahekommen. Hierzu gehört in der Tat die von v. d. Thüsen und Prölss-Martin hervorgehobene Firmengruppenv. Hier wird in der Regel die Prämie bzw. der Beitrag nach dem Lohn abgestuft, und dementsprechend entfalten die Vsleistungen nicht nur dem Grunde, sondern auch der Höhe nach Lohnersatzfunktion, betroffen durch den Vsfall ist das Interesse an der Erhaltung der Arbeitskraft.

Dasselbe gilt für die verschiedenartigen Berufsversorgungswerke, namentlich der freien Berufe, sofern sie auf privatrechtlicher Basis Altersruhegeld, Berufsunfähigkeits- und Hinterbliebenenrenten gewähren (vgl. Möller Anm. 57 zu § 1; Millauer, Rechtsgrundsätze der Gruppenv, 2. Aufl. Karlsruhe 1966 S. 128, 138, 161; Sieg Betr. Ber. Beilage 3 zu H. 11 1972 S. 6).

Daß es sich um Personenv handelt, spricht nicht entscheidend gegen V für fremde Rechnung, denn es gibt ja auch sonst Personenvn (abgesehen von der Heilkostendeckung der Unfall- und der Krankenv), die nach Art der Schadensv betrieben werden, etwa die Filmausfallv, die Lizenzverlustv von Luftfahrern (Möller in „Wirtschaft und Recht der V", Paul Braeß zum 66. Geburtstag, Karlsruhe 1969 S. 193; Rehbinder, Die Filmv, Baden-Baden S. 67f.).

Hier kam es nur darauf an zu zeigen, daß die Regeln der §§ 75ff. entsprechend anwendbar sein können. Die Antwort auf die Frage nach dem Einwilligungserfordernis der Gefahrsperson ist damit nicht präjudiziert (vgl. über diesen Zusammenhang Magnusson in Möller-Winter, 2. Weltkongreß für Vsrecht, Karlsruhe 1967 Bd 5 S. 108).

[15] **b) Sterbegeldversicherung.**

Für die Sterbegelddeckung muß wegen ihrer Nähe zur Schadensv das gleiche gelten. Hier ist V für fremde Rechnung denkbar, wenn etwa ein Verein als Vmer, die Mitglieder als Gefahrspersonen und Berechtigte auftreten (vgl. Millauer, Rechtsgrundsätze der Gruppenv, 2. Aufl. Karlsruhe 1966 S. 66). Allerdings kann man an der Schadensvs-Verwandtschaft gewisse Zweifel haben, weil das einzelne Mitglied Sterbegeldvn bei mehreren Unternehmungen abgeschlossen haben kann. Letztlich schlägt aber dieses Bedenken nicht durch, denn es könnte auch innerhalb der Unfallv auftauchen, der Gesetzgeber hat sich aber dort expressis verbis (§ 179 II) darüber hinweggesetzt.

[16] **3. Dogmatische Rechtfertigung.**

Man könnte allerdings gegenüber der hier gefundenen Lösung einwenden, daß sie dem Gesetz widerspreche, denn der Gesetzgeber habe das Problem der V für fremde Rechnung in der Personenv nicht übersehen (wie § 179 II zeigt), diese Rechtsfigur aber für die Lebensv abgelehnt. Indes wäre solcher Einwand nicht überzeugend. Seit Erlaß des VVG haben sich nämlich auf dem hier in Rede stehenden Gebiet sowohl die Lebensverhältnisse (Aufkommen der Firmengruppenv, der Gruppensterbegeldv), als auch die rechtliche

IV. Vertragsschluß §74
Anm. 17, 18

Würdigung (Personenv kann Schadensv sein) entscheidend geändert. Daraus gewinnt eine Gesetzesanalogie (hier zu §§ 75—79), die sich mit der ergänzenden Rechtsfindung begegnet, ihre Legitimation. Daß hierzu Rechtsprechung und Wissenschaft berufen sind, wird in neuerer Zeit, da der Gesetzgeber öfter seiner Aufgabe nicht gerecht geworden ist, wieder stärker betont (Wannagat, Wiedergabe eines Vortrages SGb 1972 S. 295; Esser, Vorverständnis und Methodenwahl, Frankfurt/Main 1972 S. 194; F. v. Hippel, Rechtstheorie und Rechtsdogmatik, Frankfurt/Main 1964 S. 167).

[17] **IV. Vertragsschluß.**

1. Kontrahent als Versicherungsnehmer.

a) Rechtsnatur des § 74 II.

v. Gierke, Vsrecht unter Ausschluß der Sozialv, 2. Hälfte Stuttgart 1947 S. 194 meint, für das Vorliegen einer V für fremde Rechnung sprächen zwei Vermutungen: §§ 74 II, 80 I. Die letztere Bestimmung ist hier fehl zitiert, danach soll im Zweifel eigenes Interesse für eigene Rechnung vt sein. Wenn die Umstände oder der Vertragsinhalt ergeben, daß fremdes Interesse vt werden soll, so kommen hierfür zwei Varianten in Betracht: Der Kontrahent kann als Vertreter des Interesseträgers, also im fremden Namen, den Vertrag schließen (dann liegt V für eigene Rechnung des Interesseträgers vor). Er kann aber auch als Vmer in eigenem Namen auftreten (dann liegt V für fremde Rechnung vor). Die Auslegungsregel des § 74 II spricht für die letztere Version, und zwar selbst dann, wenn der Dritte benannt worden ist. Damit steht das VVG im Gegensatz zum bürgerlichen Recht, denn wenn der Vertragsinhalt auf Deckung des Risikos des Dritten geht, würde sich nach § 164 I² BGB aus den Umständen ergeben, daß der Kontrahent als Vertreter jenes Dritten abschließt (vgl. Ritter-Abraham Anm. 15 zu § 52, S. 753).

§ 74 stellt nicht, wie meist angenommen, eine Vermutung auf, denn vermutet werden können nur Tatsachen und einfache Rechtsbegriffe. Hier handelt es sich vielmehr um eine gesetzliche Auslegungsregel (BGH 7. I. 1965 NJW 1965 S. 758 = VersR 1965 S. 274; Kisch III S. 389). Solche Regeln werden häufig mit Vermutungen verwechselt, was erklärlich ist, weil sie beide eine Beweislastregelung enthalten. Für das Innenverhältnis zwischen Vmer und Vtem gilt § 74 II entgegen Kisch III S. 390 nicht; da es sich um eine Schutzvorschrift zugunsten des Vers handelt (Ehrenzweig S. 212), gilt sie nur in den Beziehungen, an denen dieser beteiligt ist. Der Ver hat nicht die Wahl, ob er den Schutz des § 74 II annehmen oder sich auf den Boden des § 164 I BGB stellen will.

[18] **b) Tragweite des § 74 II.**

Zwei Fragen sind zu unterscheiden, die häufig miteinander verquickt werden: Ergeben die Umstände, daß fremdes Interesse vt werden soll (dazu § 80 I)? Bejahendenfalls: Ergibt der Vertrag, daß das fremde Interesse im eignen oder im fremden Namen gedeckt wird (vgl. § 74 II)? In den einschlägigen Entscheidungen wird vielfach damit operiert, daß Verkaufskommissionäre, Spediteure, Pfandhalter und ähnliche am Wirtschaftsleben Teilnehmende kraft ihres Berufs V für fremde Rechnung eingehen (vgl. die bei Prölss-Martin[20] Anm. 1 zu § 74 S. 417 angeführten Entscheidungen, die übrigens zum Teil großzügig V für fremde Rechnung annehmen, um das Fazit des Interessemangels und damit der Leistungsfreiheit des Vers im Schadenfall zu vermeiden, vgl. OLG Hamm 15. XI. 1938 Hans RGZ 1939 A Sp. 122). Hiervon geht auch Keller, Kommentar zum Schweizerischen Bundesgesetz über den Vsvertrag, 2. Aufl. Bern 1968 S. 286 aus, der ferner noch Garageninhaber, Frachtführer, Lagerhalter, Färbereien, Pelzwarengeschäfte, Goldschmiede in diesem Zusammenhang aufzählt. Richtig ist indessen nur, daß diese Personen, wenn sie zum Vollwert vrn, fremdes Interesse decken. Damit ist aber außer beim Kommissionär noch nicht gesagt, daß sie dieses fremde Interesse auch im eigenen Namen (für fremde Rechnung) vrn wollen. Warum sollten sie nicht als Vertreter ihres Kunden in dessen Namen die V eingehen? Der Grund für die Unterstellung des Vertrages unter §§ 75 ff. liegt in solchen Fällen nicht im Beruf des Kontrahenten, sondern eben in § 74 II: Vertragsschluß in Vertretung müßte offenkundig sein. Letzteres ist vor allem dann nicht anzunehmen, wenn im gleichen Vertrag auch eigene Interessen des Kontrahenten gedeckt sind, OLG Hamburg 18. III. 1909 VA 1909 Anhang S. 104—107 Nr. 488.

Sieg

Diese Gestaltung ist übrigens nicht nur von Nachteil für den Vertragschließenden (er schuldet die Prämie), sondern bringt ihm auch den Vorteil, daß er über die Vsforderung verfügen kann: § 76 I, II. Die Deckung durch den Mittelsmann im eigenen Namen geschieht meist auf dessen laufende Police, wovon mittelbar auch der Kunde einen Vorteil hat.

[19] c) Umdeutung, Teilnichtigkeit des Vertrages.

Als Vmer muß der Kontrahent voll geschäftsfähig sein oder als beschränkt Geschäftsfähiger die Zustimmung seines gesetzlichen Vertreters haben (vorbehaltlich § 110 BGB: LG Bochum 5. V. 1969 VA 1969 S. 345 f.), wenn nicht dieser den Vertrag geschlossen hat. Nach § 1822 Ziff. 5 BGB (vgl. § 1643 I) ist ferner noch die vormundschaftsgerichtliche Genehmigung nötig, wenn der Vsvertrag länger als ein Jahr nach dem Eintritt der Volljährigkeit fortdauern soll. Ist diese vormundschaftsgerichtliche Genehmigung nicht zu erhalten, ist der Vertrag nicht etwa nach § 140 BGB umzudeuten in einen in Vertretung für den Interessenten abgeschlossenen (der Vertreter kann nach § 165 BGB beschränkt geschäftsfähig sein), denn das wäre nicht ein Minus, sondern ein Aliud (der Interessent wird zur Prämienleistung verpflichtet). Hier ist aber mit § 139 BGB zu helfen: Der Vertrag kann bestehen bleiben bis zur zeitlichen Höchstgrenze des § 1822 Ziff. 5, wenn er für die Beteiligten so viel praktischen Wert besitzt, daß sie ihn auch als selbständiges Rechtsgeschäft abgeschlossen haben würden. Daß die in § 139 vorgesehene Ausnahme (Vertrag bleibt zum Teil bestehen) bei einem wegen § 1822 Ziff. 5 nichtigen Vertrag angenommen werden kann, ist anerkannt (BGH 7. II. 1962 Betr. Ber. 1962 S. 389 mit Anm. Trinkner = NJW 1962 S. 734; Palandt-Heinrichs, BGB, 34. Aufl. München 1975 Anm. 2 zu § 139, S. 119; Woltereck VersR 1965 S. 649).

In der Lebens- und der Krankenv werden aber die Voraussetzungen für die Teilgeltung in aller Regel nicht vorliegen.— Ein Vsvertrag wird auch dann von § 1822 Ziff. 5 betroffen, wenn er nur kraft Verlängerungsklausel die zeitliche Grenze der genannten Bestimmung überschreitet. Nur das entspricht dem Schutz des Minderjährigen, der infolge Vorverlegung der Volljährigkeitsgrenze jetzt noch notwendiger ist als vorher (so Palandt-Diederichsen, BGB, 34. Aufl. München 1975 Anm. 6 zu § 1822 S. 1516; Staudinger-Engler, BGB, 10.—11. Aufl. Berlin 1969 Rdz. 94, 97 zu §§ 1821—1822 S. 816. Abweichend Woltereck VersR 1965 S. 650). Wenn die Ausnahmeregelung des § 139 eingreift, erlischt also der Vertrag nach der Volljährigkeit, er braucht nicht gekündigt zu werden.

[20] d) Person des Versicherten.

Ist die V der Auslegungsregel des § 74 II entsprechend für fremde Rechnung eingegangen, so braucht die Person des Vten nicht namentlich genannt und damit bestimmt zu sein, es genügt, wenn sie bestimmbar ist, z. B. durch den Gegenstand oder die Art des Interesses oder durch sonstige Individualisierungsmerkmale je nach Art der abgeschlossenen V (Anli S. 58, 112 schließt daraus, daß im Zweifel das außerordentliche Kündigungsrecht nach § 70 I im Falle der Veräußerung ausgeschlossen ist): Lenné S. 104; Ritter-Abraham Anm. 16 zu § 52 S. 754; OLG Dresden 2. I. 1928 VA 1928 S. 233 f. Nr. 1889 (die Entscheidung betrifft Unfallfremdv, ohne daß allerdings erkennbar wird, ob sie für eigene oder fremde Rechnung abgeschlossen war). Daß Bestimmbarkeit genügt, hat vor allem Bedeutung für Gruppenverträge und andere laufende Vn.

Die V für Rechnung eines nicht benannten Interessenten braucht nicht V für Rechnung wen es angeht im Sinne des § 80 II zu sein: Anli S. 58 N. 3, S. 61. Da der Vte nur Rechte gewinnt (allerdings unter Belastung mit Obliegenheiten, vgl. § 79), braucht er nicht einmal beschränkt geschäftsfähig zu sein. Auf seine Einwilligung zum Vertrage kommt es nicht an, auch dann nicht, wenn der Vmer ohne Verpflichtung V für fremde Rechnung nimmt. Der Vte braucht überhaupt nichts zu wissen vom Vsvertrag: Ruscher S. 36, Lenné S. 125, wie es auch gleichgültig ist, ob der Vsvertrag seinen Weisungen entspricht. Allerdings kann die Zustimmung zum Vertrage später, nämlich bei Einziehung der Vsforderung durch den Vmer, eine Rolle spielen: § 76 III.

Wer für einen Inbegriff von Sachen V nimmt, schließt damit nicht automatisch das Eigentum Dritter an den Inbegriffssachen ein: v. Gierke, Vsrecht unter Ausschluß der

IV. Vertragsschluß

§ 74
Anm. 21—23

Sozialv, 2. Hälfte Stuttgart 1947 S. 213. Das bedarf besonderer Vereinbarung oder gesetzlicher Vorschrift wie in § 2 I^2 AFB, § 85 VVG.

[21] 2. Kontrahent als Vertreter.
a) Vertretung mit Vertretungsmacht, Ermächtigung.
Die Vertragsauslegung oder die feststehenden Umstände gehen der Auslegungsregel des § 74 II vor. Wer sich als Organmitglied einer juristischen Person, als Prokurist, als Handelsbevollmächtigter ausgibt und V über Vermögensgegenstände nimmt, die ihm offensichtlich nicht gehören, will erkennbar nicht als Vmer gelten, mag er auch bei der Unterzeichnung des Vertrages nicht auf seine Organ- oder Vertreterstellung hinweisen. Hier liegt also keine V für fremde Rechnung vor (Ritter-Abraham Anm. 15 zu § 52 S. 754). Die Unterschrift unter einem Firmenstempel spricht auch ohne Vertretungszusatz dafür, daß der Unterzeichnende als Vertreter gehandelt hat: BGH 3. II. 1975 NJW 1975 S. 1166.

Ebenso wenig ist V für fremde Rechnung gegeben, wenn eine Partei kraft Amtes (Testamentsvollstrecker, Konkursverwalter, Nachlaßverwalter, Zwangsverwalter) kraft ihrer gesetzlichen Ermächtigung einen Vsvertrag über Gegenstände eingeht, die ihrer Verwaltung unterliegen. — Daß der Nießbraucher im Falle des § 1045 die V in Vertretung für den Eigentümer eingehen und daß die Kostentragungspflicht des Nießbrauchers nur sein Innenverhältnis zum Eigentümer betreffen soll, wird heute mit Recht nicht mehr angenommen, vgl. Lenné S. 64. — § 166 BGB ist bei einem durch Vertreter abgeschlossenen Vsvertrag durch §§ 2, 19 VVG verdrängt: Möller Anm. 40 zu § 2, Anm. 5 zu § 19; Lenné S. 108.

[22] b) Vertretung ohne Vertretungsmacht.
V für fremde Rechnung ist nicht nur ausgeschlossen, wenn der Kontrahent mit Vertretungsmacht (gesetzlicher oder rechtsgeschäftlicher), sondern auch dann, wenn er ohne Vertretungsmacht für den Interesseträger handelt. Die Wirksamkeit des Vertrages hängt dann von der Genehmigung des Vertretenen ab. Wird sie nicht erteilt, haftet der Vertreter im allgemeinen nach § 179 BGB auf Erfüllung oder auf Schadenersatz. Hier geht der aus § 40 VVG zu entnehmende Rechtssatz vor: Dem Ver gebührt die anteilige Prämie bis zu dem Zeitpunkt, in dem er von der endgültigen Unwirksamkeit des Vertrages Kenntnis erhält, vgl. Möller Anm. 17 zu § 40; Ritter-Abraham Anm. 4 zu § 52 S. 747.

Vertretung ohne Vertretungsmacht liegt nicht vor, wenn dem Vertreter zwar eine Vollmacht fehlte, der Vertretene sich aber nach den Grundsätzen der Anscheins- oder Duldungsvollmacht so behandeln lassen muß, als sei er rechtswirksam vertreten worden. Im ersteren Fall kennt der Vertretene das Handeln seines Vertreters nicht, er hatte aber die Möglichkeit hierzu und zum Einschreiten (Organisationsfehler, vgl. die vsrechtliche Entscheidung BGH 27. IX. 1956 Betr Ber 1956 S. 978). Bei der Duldungsvollmacht hat der Vertretene ebenfalls nicht den Willen zur Bevollmächtigung, er läßt aber einen anderen ohne Widerspruch so für sich handeln, daß der Rechtsverkehr auf eine dahinter stehende Vollmacht schließen kann. In beiden Varianten müssen Treu und Glauben für Vertrauensschutz des Partners (Vers) sprechen, vgl. Palandt-Heinrichs, BGB, 34. Aufl. München 1975 Anm. 4 b zu §§ 170—173 S. 156; Lange, BGB, Allgemeiner Teil, 14. Aufl. München 1973 S. 297.

[23] c) Beweislast.
Ergeben Vertragsauslegung und offenbare Umstände kein eindeutiges Bild, so spricht § 74 II für V für fremde Rechnung. Diese Auslegungsregel ist widerlegbar (unbestritten). So trifft den auf die Prämienzahlung in Anspruch genommenen Kontrahenten die Beweislast dafür, daß er als Vertreter gehandelt hat. Verlangt der Ver seine Prämie vom Interesseträger, muß ersterer beweisen, daß dieser durch den Kontrahenten wirksam verpflichtet worden ist. Bestreitet der Ver dem Kontrahenten das Einziehungsrecht nach § 76, muß der Ver die Vertretereigenschaft des Kontrahenten beweisen. Macht der Interesseträger einen Vsanspruch geltend, ohne Zustimmung des Kontrahenten und ohne den Vsschein vorlegen zu können, so muß er beweisen, daß er Vmer ist (der Kontrahent also für ihn als

Vertreter gehandelt hat), ein Einziehungsrecht des Kontrahenten daher nicht besteht. Dasselbe gilt, wenn der Interessent vom Ver Aushändigung des Vsscheins verlangt: Ritter-Abraham Anm. 15 zu § 52 S. 754; Kisch III S. 390. All das deckt sich mit der Beweislast, die auch sonst in Vertretungsverhältnissen gilt: Palandt-Heinrichs, BGB, 34. Aufl. München 1975 Anm. 5 zu § 164 S. 151.

[24] 3. Kontrahent als Mitglied einer Personenvereinigung.

Wer als Mitglied einer Bruchteilsgemeinschaft oder einer Gesamthand des BGB (Gesellschaft, Gütergemeinschaft, Erbengemeinschaft) V nimmt für einen Gegenstand, der der Gemeinschaft oder der Gesamthand gehört, kann entweder als Vertreter der übrigen handeln oder im eigenen Namen für deren Rechnung V nehmen, soweit es sich nicht um seinen eigenen Anteil handelt. § 74 II gilt auch hier, d. h. es liegt im Zweifel V für fremde Rechnung vor (RG 13. V. 1938 RGZ Bd 157 S. 313, 319; Keller, Kommentar zum Schweizerischen Bundesgesetz über den Vsvertrag, 2. Aufl. Bern 1968 S. 286; Lenné S. 53; Bruck S. 605 N. 30). Möller, Cif-Geschäft und V, Mannheim-Berlin-Leipzig 1932 S. 137 spricht hier von V für Rechnung wen es angeht, vgl. aber unten Anm. 17 zu § 80.

Wenn Ehegatten Miteigentümer sind und der abschließende teils für sich, teils im Rahmen seiner Schlüsselgewalt handelt, geht die Regelung des § 1357 BGB vor, d. h. für den Anteil des anderen Partners nimmt der Kontrahent keine V für fremde Rechnung, sondern berechtigt und verpflichtet den anderen Partner als Mitvmer, vgl. unten Anm. 26—27.

Bei den Gesamthänderschaften des Handelsrechts (oHG, KG.) ergeben wie bei juristischen Personen (denen sich oHG. und KG. wegen §§ 124, 161 II HGB annähern) die Umstände, daß für die oHG. bzw. KG. gehandelt wurde, wenn ein vertretungsberechtigter Gesellschafter die V in Bezug auf einen Gesellschaftsgegenstand nimmt (die Entscheidung BGH 9. III. 1964 VersR 1964 S. 475 ist daher bei Prölss-Martin[20] Anm. 1 zu § 74 S. 417 in unzutreffendem Zusammenhang zitiert). Daß in letzterem Fall die einzelnen Gesellschafter wegen ihrer Gesamthandbeteiligung außerdem Vte sind (trotz der Verselbständigung von oHG. und KG.), wie die letztzitierte BGH-Entscheidung angenommen hat, bleibt davon unberührt.

[25] 4. Kontrahent als Ehegatte.

   a) Allgemeines.

Nach § 1362 II BGB spricht die Vermutung dafür, daß zum persönlichen Gebrauch eines Ehegatten bestimmte Gegenstände diesem auch gehören. Wenn die Rechtslage in casu dem entspricht und der Ehemann z. B. den Schmuck seiner Frau vt, so steht der Auslegungsregel des § 74 II nichts entgegen, d. h. er handelt im eigenen Namen für fremde Rechnung. Dasselbe würde natürlich auch gelten, wenn umgekehrt die Frau z. B. das Sportgerät ihres Mannes vt.

[26] b) Schlüsselgewalt.

   aa) Fallgruppen.

Umstritten ist die Auslegung der Schlüsselgewalt der Ehefrau (§ 1357). Sie kann im hier gesteckten Rahmen vor allem für die Hausratv, die die Frau eingeht, eine Rolle spielen (vgl. unten Anm. 27). Das BGB geht in § 1357 von dem Fall aus, daß die Ehefrau als Hausfrau, nicht als Verdienerin, ihre ehelichen Pflichten erfüllt. Ist das der Fall und ist ferner die häusliche Gemeinschaft der Ehegatten gegeben, so wird durch einen Vsabschluß der vorgestellten Art, auch wenn die Frau nicht zu erkennen gibt, daß sie für den Ehemann abschließt (falsch in dieser Beziehung H. B. ZfV 1965 S. 71, wo verkannt ist, daß § 1357 das Offenkundigkeitsprinzip durchbricht), allein dieser berechtigt und verpflichtet (vgl. aber auch § 1357 I Nachsatz). § 74 II VVG wird also von § 1357 BGB durchkreuzt. Natürlich kann die Ehefrau auch in offener Vertretung für den Ehemann den Vsvertrag eingehen.

Wenn die Lebensverhältnisse der Ehegatten nicht die Grundlage haben, von der § 1357 ausgeht, d. h. wenn die Frau diejenige ist, die durch ihre Tätigkeit die finanzielle

V. Anfechtbarkeit § 74
Anm. 27, 28

Basis der Ehe schafft, und der Ehemann den Haushalt führt, wird man den Gedanken des § 1357 in Umkehrung anwenden müssen: Der Ehemann, im eigenen Namen handelnd oder offen lassend, für wen er auftritt, schließt die Hausratv für die Frau als Vmerin ab, auch hier häusliche Gemeinschaft der Ehegatten vorausgesetzt.

Die Zweifelsfälle liegen in der Mitte: Beide Ehegatten tragen finanziell durch ihre Arbeit etwa zu gleichen Teilen den häuslichen Aufwand, beide betätigen sich auch im Haushalt. Bei solcher Gestaltung erscheint es zutreffend, die eheliche Gemeinschaft als vertreten anzusehen, d. h. beide Ehegatten als Vmer zu betrachten, vgl. oben Anm. 5 zur Familienkrankenv. Hier ist derjenige Teil von § 1357 I, der die Wirkung für und gegen den Ehemann ausspricht, nicht angewendet. Das ist aber legitim, weil ja diese Regelung nur gelten soll, wenn sich aus den Umständen nichts anderes ergibt. Wenn der Ver Klarheit darüber haben will, wer sein Vertragspartner ist, sollte er also diese Umstände erforschen. Im einzelnen herrscht viel Streit, vgl. Henrich, Familienrecht, Berlin 1970 S. 56—60; Staudinger-Hübner, BGB, 10.—11. Aufl. Berlin 1964 Anm. 10 zu § 1357 (S. 138).

Sicher ist so viel, daß der kraft Schlüsselgewalt Handelnde zumindest beschränkt geschäftsfähig sein muß, vgl. § 165 BGB.

[27] bb) Erfaßte Versicherungszweige.

Eine Aufklärung der Umstände ist für den Ver auch deshalb ratsam, weil sich aus ihnen ergibt, welche Art von Vsverträgen der eine Ehegatte für den anderen nehmen kann. Bei der Hausratv liegt sicherlich „häuslicher Wirkungskreis" vor (AG Eschwege 14. VII. 1959 VersR 1959 S. 1038; H. B. ZfV 1965 S. 72; Staudinger-Hübner, BGB, 10.—11. Aufl. Berlin 1964 Anm. 21 zu § 1357 S. 143). Dasselbe ist auch anzunehmen für die Krankenv (anders H. B. ZfV 1965 S. 72).

Die angeführten Rechtssätze können aber je nach dem erkennbaren finanziellen Zuschnitt der Lebensführung der Ehegatten auch für andere Vsverträge, etwa solche der Lebens-, der Haftpflicht-, der Kraftfahr-, der Transportv, gelten. Je größer der Lebenszuschnitt, desto weiter ist der häusliche Wirkungskreis im Sinne des § 1357 zu verstehen. Nicht zutreffend ist, daß die Schlüsselgewalt eher zu bejahen sei bei Verlängerung als bei Neuabschluß (so aber H. B. ZfV 1965 S. 72), denn es könnte sein, daß der verpflichtete Ehegatte nur deshalb keine Gegenmaßnahme nach § 1357 II ergriffen hat, weil der Vertrag nur kurzfristig abgeschlossen worden war. Abschluß, Verlängerung, Erhöhung der Vssummen sind also nach demselben Maßstab zu beurteilen.

[28] V. Anfechtbarkeit.

Die Anfechtbarkeit wird im Folgenden nur insoweit behandelt, als sie Besonderheiten bei der V für fremde Rechnung aufweist.

1. Wegen Irrtums.

a) Irrtum des Versicherungsnehmers.

Wenn der Kontrahent als Vertreter für den Interessenten handeln wollte, aber V für fremde Rechnung gemäß der Auslegungsregel des § 74 II anzunehmen ist, kann er nach § 119 I BGB (Erklärungsinhaltsirrtum) anfechten. Die Anfechtung ist nicht durch § 164 II BGB ausgeschlossen, denn im Unterschied zu dieser Bestimmung sagt § 74 II nicht, daß der Willensmangel unbeachtlich sei (unbestritten).

Will der Vmer erst anfechten, nachdem der Schadensfall eingetreten ist, so ist die Zustimmung des Vten dann erforderlich, wenn der Vmer diesem gegenüber zur Verschaffung des Vsschutzes verpflichtet ist. Dieser Fall ist vergleichbar mit dem der Anfechtung des Vsvertrages durch den ursprünglichen Vmer nach Veräußerung der vten Sache, vgl. Anm. 51 zu § 69. Der Vmer schuldet dem Ver Ersatz des Vertrauensschadens nach § 122 BGB.

Der umgekehrte Fall, daß der Kontrahent V für fremde Rechnung eingehen wollte, aber der Vertrag ergibt, daß er als Vertreter gehandelt hat, ist angesichts der erschwerten Voraussetzungen für die Bejahung des wirksamen Vertreterhandelns (vgl. oben Anm. 21—22) kaum vorstellbar.

Der Vmer **kann** ferner anfechten, wenn das Interesse, das er decken wollte, gar nicht dem im Vsschein genannten Vten zusteht (Kisch III S. 412f.; Anli S. 32, 57). In diesem Falle **bedarf** es allerdings nicht der Anfechtung, denn es liegt anfänglicher Interessemangel vor (Anm. 82 zu § 68). Selbst wenn dennoch angefochten wird, richtet sich die Rechtsfolge nicht nach § 122 BGB, sondern nach § 68 I VVG (Anm. 49—53, 56 zu § 68).

Gehörte die vte Sache nicht dem Vten, sondern dem Vmer selbst, so wird häufig Umdeutung der Fremdrechnungsv in Eigenrechnungsv anzunehmen sein (anders Kisch III S. 416). Der umgekehrte Fall (gewollte Fremdv statt erklärter Eigenv) ist in § 80 I geregelt.

Wenn das Valutaverhältnis zwischen Vmer und Vtem nichtig oder anfechtbar ist, der Vmer aber gleichwohl V für fremde Rechnung genomen hat, liegt lediglich unbeachtlicher Motivirrtum vor: Kisch III S. 403.

[29] b) Irrtum des Versicherten.

Auch der Ver kann nach § 119 I anfechten, wenn er den Vertrag nicht als Fremdrechnungsvertrag, sondern als solchen mit dem Interesseträger, vertreten durch den Kontrahenten, eingehen wollte, etwa weil ihm ersterer für die Prämienzahlung sicherer erscheint oder weil er es auf der Gegenseite nur mit **einer** Person zu tun haben will. Ebenso ist die Anfechtung an sich zulässig, wenn sich der Irrtum auf die Person des bezeichneten Vten bezog derart, daß dieser in Wirklichkeit nicht Interesseträger ist.

Auch hier ist der Anfechtungstatbestand von § 68 I überlagert. Wird angefochten, so steht dem Vmer ein Schadenersatzanspruch nach § 122 BGB zu. Dem Vten gegenüber ist der Ver nicht nach § 122 BGB ersatzpflichtig, denn nur der wirksame Vertrag zugunsten Dritter schafft ein rechtliches Band zwischen diesem und dem Ver (Kisch III S. 403f; Enneccerus-Nipperdey, Allgemeiner Teil des bürgerlichen Rechts, 15. Aufl. Tübingen 1960 S. 1058; abweichend Anli S. 30). Im Wege der Drittschadenliquidation kann aber auch den Interessen des Vten genügt werden. Anfechtungsgegner ist der Vmer, nicht der Vte. Wegen Umdeutung der V für fremde Rechnung in solche für eigene Rechnung in diesem Falle s. oben Anm. 28.

Zu a) und b):

Ist wirksam angefochten, so verliert der Vte rückwirkend die Deckung, auf **seine** Kenntnis vom Irrtum kommt es nicht an, Konsequenz aus der Folgepflicht des Vten.

[30] 2. Wegen arglistiger Täuschung.
  a) Täuschung durch Vertragspartei.

Hat der Vmer getäuscht, kann der Ver ihm gegenüber anfechten, nicht nur zurücktreten (so aber Ruscher S. 38). Ob der Vte von der Täuschung gewußt hat oder von ihr hätte wissen müssen, ist gleichgültig. § 123 II[2] BGB ist hier nicht einschlägig; er knüpft an § 123 II[1] an, geht also von einer Täuschung durch einen Dritten, nicht von Täuschung einer Vertragspartei aus. Die Auswirkung auf den Vten ergibt sich hier aus § 123 I in Verbindung mit § 334 BGB, womit bestätigt wird, daß grundsätzlich der Vte das Verhalten des Vmers zu vertreten hat. Unrichtig daher Trautmann S. 10; KG 19. XII. 1931 JRPV 1932 S. 63; Bruck S. 603. Richtig: Prölss-Martin[20] Anm. 2 zu § 74 S. 418; KG 10. VII. 1935 JRPV 1935 S. 314 (betrifft Auswirkung der Täuschung des Vmers auf die Bezugsberechtigung der Lebensv); KG 30. I. 1935 JRPV 1935 S. 157f.; LG Liegnitz 11. XI. 1930 JRPV 1932 S. 377f.

Die Täuschungsanfechtung des Vers wirkt sich natürlich auch zu Lasten der Gefahrsperson aus. Diese hat zwar im Unterschied zum Vten keinen Anspruch (dessen sie verlustig gehen könnte), aber sie kann mittelbar doch Nachteile aus dem Vertragswegfall haben: KG 11. II. 1931 JRPV 1931 S. 148.

Hat der Ver arglistig getäuscht, so ist der Vmer ihm gegenüber anfechtungsberechtigt, muß aber hierbei evtl. auf den Vten Rücksicht nehmen, vgl. oben Anm. 28.

[31] b) Täuschung durch „Dritten".

Unrichtig ist die Meinung, die Willensmängel beurteilten sich allein nach den Vertragsparteien (so aber Ruscher S. 36 N. 1). Wenn der Vte arglistig getäuscht hat, kommt nicht

VI. Beendigung des Vsvertrages für fremde Rechnung § 74
Anm. 32—34

etwa § 123 II[1] in Anwendung, denn der Vte ist kein Dritter in diesem Sinne, weil er als begünstigte Partei (auf Grund des Vertrages zugunsten Dritter) zu behandeln ist. Daß der Ver in diesem Falle anfechten kann, und zwar gegenüber dem Vten (Kisch III S. 424 N. 2; Lenné S. 116), ergibt sich aus § 123 II[2]: Wenn dem Vten schon Kenntnis oder fahrlässige Unkenntnis von der Täuschung durch Außenstehende schadet, muß ihm um so mehr die eigene Täuschung zur Last gelegt werden können. Prölss-Martin[20] Anm. 2 zu § 74 S. 418 kommen in Anwendung von § 79 zu demselben Ergebnis. Ob der Vmer gutgläubig war, ist gleichgültig: Kisch III S. 404; Anli S. 29; Bruck S. 603.

Schließlich ist die Rechtslage noch für den Fall zu prüfen, daß ein Außenstehender getäuscht hat. Wir befinden uns im unmittelbaren Anwendungsbereich von § 123 II[2] BGB. Der Vertrag ist dem Vten gegenüber anfechtbar, wenn dieser die Täuschung kannte oder kennen mußte, wiederum ohne Rücksicht auf Gutgläubigkeit des Vmers: Anli S. 29.

[32] c) Schadenersatz.

Nach §§ 823 II, 826 kann sich aus der arglistigen Täuschung des Vmers eine Schadenersatzpflicht ergeben ohne Rücksicht darauf, ob angefochten worden ist oder nicht. Als berechtigt kommt nicht nur der Vertragspartner in Betracht, sondern auch der Vte, denn der Anspruch ist ein deliktischer. Er geht auf das negative Interesse (§ 249), das hier nicht durch das positive begrenzt ist wie in § 122 I BGB. Das negative erreicht das positive Interesse, wenn z. B. der Vte ohne den mangelbehafteten Vertrag eine anderweitige V eingegangen wäre, die ihm nunmehr, da ein Schadenfall vorliegt, Deckung geboten haben würde. Der Berechtigte kann auch nach Ablauf der Frist des § 124 BGB den aus der unerlaubten Handlung fließenden Schadenersatzanspruch nach Maßgabe des § 852 geltend machen.

Die Schadenersatzverpflichtung des Vmers gegenüber dem Ver ist begrenzt durch § 40 VVG, der halbzwingend (§ 42) ist. In der Lebensv können die AVB nicht wirksam vorsehen, daß bei Täuschungsanfechtung auch die Prämienreserve dem Ver verfallen sei: §§ 176, 178 II.

[33] 3. Einrede der Anfechtbarkeit?

Ist wirksam angefochten worden, so gewinnt der Ver hieraus, wenn er gleichwohl auf Leistung in Anspruch genommen wird, eine Einwendung nach § 334 BGB. Kisch III S. 424 meint, bereits die **Anfechtbarkeit** gebe dem Ver ein Leistungsverweigerungsrecht. Das ist jedoch nicht zutreffend. Die Anfechtbarkeit ist in §§ 770, 1137 BGB, 129 II HGB nur deshalb der Angefochtenheit gleichgestellt, weil der Verpflichtete nicht selbst ein Anfechtungsrecht hat. Das ist hier anders. Der Ver, der sich geirrt hat oder der getäuscht worden ist, kann anfechten.

Umgekehrt hat der auf Leistung der Prämie in Anspruch genommene Vmer aus dem gleichen Grunde keine Einwendungen, ehe er angefochten hat.

[34] VI. Beendigung des Versicherungsvertrages für fremde Rechnung.

1. Erlöschen des Versicherungsvertrages.

a) Grundsätze.

Gestaltungserklärungen, die den Vertrag betreffen, sind vom und gegenüber dem Vmer abzugeben, also insbesondere Kündigung und Rücktritt. Dabei kommt es nicht darauf an, aus welchem Grund gekündigt oder zurückgetreten wird. Das Gesagte gilt also sowohl für die fristgemäße als auch für die fristlose Kündigung, gleichgültig welche Partei die Gestaltungserklärung abgibt (Ehrenzweig S. 214, 216, 219 läßt ohne Grund die Empfangslegitimation des Vmers weitergehen als seine Erklärungslegitimation), und für den Rücktritt wegen schuldhafter Verletzung der vorvertraglichen Anzeigepflicht (z. B. der Vmer hat fahrlässig gefahrerhebliche Umstände beim Vten falsch angezeigt: Ruscher S. 38) oder wegen Nichtzahlung der Erstprämie (§ 38).

In keinem dieser Fälle ist die Zustimmung des Vten einzuholen.

Mit den Worten Kischs III S. 428: Der Vte hat das Verhalten des Vmers zu vertreten, dies sogar dann, wenn der Vmer verpflichtet ist, eine Fremdv einzugehen, vgl. Anm. 6—8 zu den Vorbemerkungen. Man kann von einer Folgepflicht des Vten sprechen.

Sieg

[35] b) Interessewegfall.

Der Vsvertrag erlischt ferner bei Interessewegfall. Hier kommt es auf die Beziehung des Vten zu dem vten Gut an (Anm. 82, 87 zu § 68). Deckt der Vertrag eigenes Interesse des Vmers und fremdes Interesse, so genügt es für das Erlöschen des Vsvertrages grundsätzlich, daß Interessefortfall beim Vmer vorliegt, denn bei kombinierter V (Eigenrechnungs- und Fremdrechnungsv) ergibt der Akzessorietätsgrunsdatz, daß das fremde Interesse nicht ohne das eigene gedeckt sein kann. Hiervon gibt es aber Ausnahmen, vgl. Anm. 89 zu § 68. Dem Interessewegfall gleichzustellen ist die Vertragsablehnung durch den Dritten, vgl. § 76 III (Anm. 83 zu § 68).

Bezieht sich die Fremdv auf einen Inbegriff von Sachen (z. B. Hausrat, Arbeitsgerät, untergestellte Fahrzeuge, lagernde Ware), wie häufig bei Kundenvn, so bleibt der Fremdvsvertrag bei Entfernung einer Sache aus dem Inbegriff bestehen, der Vsschutz erlischt nur bezüglich dieser herausgenommenen Sache. In diesem Falle liegt (partieller) Gefahrenwegfall vor, der dem Interessewegfall gleichzustellen ist (vgl. Anm. 25, 27 zu § 68).

[36] 2. Umwandlung in Eigenrechnungsv.

Die Fremdrechnungsv wird zur Eigenrechnungsv, wenn der Vmer den Vten oder umgekehrt der Vte den Vmer beerbt (§ 1922 BGB). Das gilt aber nur vorbehaltlich der Fälle, in denen der Nachlaß ein Sondervermögen bildet (Hauptbeispiel: § 1976; vgl. Fikentscher, Schuldrecht, 4. Aufl. Berlin -New York 1973 S. 176). Der Erbfolge ist die Verschmelzung juristischer Personen, von denen die eine Vmer, die andere Vter ist, gleichzustellen. — Für die PersonenV vgl. in diesem Zusammenhang Fuchs, Die Gefahrsperson im Vsrecht, Berliner Diss. 1973 S. 140, 147.

Umwandlung in Eigenrechnungsv tritt ferner ein, wenn der Vte die vte Sache oder den vten Miteigentumsanteil an den Vmer veräußert (Anm. 55 zu § 69), wodurch letzterer gleichzeitig zum Vten wird. Die Veräußerung des Vten an einen Außenstehenden bewirkt hingegen Übergang des Vsverhältnisses auf diesen, ebenso wenn der Vmer dessen Sache veräußert und der Erwerber Eigentümer wird (kraft § 185 oder § 932 BGB): Anm. 80 zu § 68, Anm. 53, 54, 59 zu § 69; teilweise abweichend: Anli S. 67f., 108—112.

Wenn der Vte im Einverständnis mit dem Ver die Schuldnerstellung des Vmers übernimmt (§§ 414, 415 BGB, vgl. Kisch III S. 582f.), geht wiederum die Fremdrechnungsv in Eigenrechnungsv auf, nur daß hier der Vte zum Vmer wird.

[37] 3. Konkurs.
a) Des Versicherten.

Nach § 14 kann sich der Ver für den Fall der Eröffnung des Konkurses über das Vermögen des Vmers ausbedingen, das Vsverhältnis mit einer Frist von einem Monat zu kündigen. Diese Bestimmung steht im Zusammenhang mit der Prämienzahlungspflicht des Vmers, ist also nicht auf den Konkurs des Vten anzuwenden. Letzterer läßt den Vsvertrag unberührt. Inwieweit der Konkurs das Recht auf die Entschädigungsforderung berührt, vgl. Anm. 38, 39 zu §§ 75—76.

[38] b) Des Versicherungsnehmers.

Im Konkurse des Vmers hat der Ver ein außerordentliches Kündigungsrecht, sofern er es sich ausbedungen hat (§ 14 VVG). Im übrigen ergeben sich nur wenig Besonderheiten gegenüber der gewöhnlichen Eigenrechnungsv. Wenn auch der Vsanspruch bei der Fremdrechnungsv nicht zur Konkursmasse des Vmers gehört, so unterliegt gleichwohl der Vsvertrag der Disposition seines Konkursverwalters, denn allein das Verfügungsrecht nach § 76 I, II kann für die Konkursmasse wertvoll sein (Anm. 41 zu §§ 75—76). Auch können Eingehung und Fortsetzung des Vsverhältnisses zu den Verpflichtungen des Gemeinschuldners gehören, die sein dem Konkursbeschlag unterliegendes Vermögen betreffen.

Während die eigene Hausratv des Gemeinschuldners nach § 15 konkursfrei ist, läßt sich dasselbe nicht sagen von dem Einziehungsrecht, das sich auf eine Hausratv zugunsten des Vten bezieht.

§ 75

Bei der Versicherung für fremde Rechnung stehen die Rechte aus dem Versicherungsvertrag dem Versicherten zu. Die Aushändigung eines Versicherungsscheins kann jedoch nur der Versicherungsnehmer verlangen.

Der Versicherte kann ohne Zustimmung des Versicherungsnehmers über seine Rechte nur verfügen und diese Rechte nur gerichtlich geltend machen, wenn er im Besitz eines Versicherungsscheins ist.

§ 76

Der Versicherungsnehmer kann über die Rechte, welche dem Versicherten aus dem Versicherungsvertrage zustehen, im eigenen Namen verfügen.

Ist ein Versicherungsschein ausgestellt, so ist der Versicherungsnehmer ohne Zustimmung des Versicherten zur Annahme der Zahlung sowie zur Übertragung der Rechte des Versicherten nur befugt, wenn er im Besitze des Scheines ist.

Der Versicherer ist zur Zahlung an den Versicherungsnehmer nur verpflichtet, wenn dieser ihm gegenüber nachweist, daß der Versicherte seine Zustimmung zu der Versicherung erteilt hat.

Stellung der Beteiligten zum Versicherer.

Gliederung:

I. Überblick Anm. 1

II. Vollzugsverhältnis Anm. 2—53
  1. Vter als Rechtsinhaber (§ 75 I) Anm. 2—7
    a) Rechte aus dem Vsvertrag Anm. 2—4
      aa) Recht auf Entschädigung in weiterem Sinn Anm. 2
      bb) Recht auf Zinsen und Verzugsschadenersatz Anm. 3
      cc) Grenzen Anm. 4
    b) Einwendungen des Vers Anm. 5
    c) Rechtsnachfolge Anm. 6—7
      aa) Gesamtnachfolge Anm. 6
      bb) Einzelnachfolge Anm. 7
  2. Vmer als Verfügungsberechtigter (§ 76) Anm. 8—30
    a) Regelmäßige Verfügungsmacht Anm. 8
    b) Quelle der Verfügungsmacht Anm. 9—10
      aa) Gesetz Anm. 9
      bb) Rechtsgeschäft Anm. 10
    c) Inhalt der Verfügungsmacht Anm. 11—22
      aa) Nach § 76 II Anm. 11—14
        aaa) Annahme der Zahlung Anm. 11
        bbb) Aufrechnung des Vmers mit Gegenforderungen gegen ihn Anm. 12
        ccc) Andere Aufrechnungen des Vmers Anm. 13
        ddd) Übertragung des Anspruchs Anm. 14
      bb) Nach § 76 III Anm. 15—18
        aaa) Funktion des § 76 III Anm. 15
        bbb) Verhältnis zur Zurückweisung nach § 333 BGB Anm. 16
        ccc) Zweifel an Zurückweisungsrecht bzw. Zustimmungsbedürftigkeit Anm. 17
        ddd) Folgen der Zurückweisung Anm. 18

cc) Nach § 76 I Anm. 19—22
   aaa) Allgemeines Anm. 19
   bbb) Erlaßvertrag Anm. 20
   ccc) Sittenwidrigkeit des Erlaßvertrages Anm. 21
   ddd) Treuhänderschaft des Vmers? Anm. 22
d) Auswirkungen der Verfügungsmacht Anm. 23—27
   aa) Prozeßrechtlich Anm. 23 bis 25
      aaa) Allgemein Anm. 23
      bbb) Einschaltung des Vten Anm. 24
      ccc) Bedingte Verurteilung? Anm. 25
   bb) Privatrechtlich Anm. 26
   cc) Insbesondere Aufrechnung des Vers gegenüber Vmer Anm. 27
e) Rechtsnachfolge in die Verfügungsmacht Anm. 28—29
   aa) Einzelnachfolge Anm. 28
   bb) Gesamtnachfolge in weiterem Sinne Anm. 29
f) Verzicht auf die Verfügungsmacht Anm. 30
3. Vter als Verfügungsberechtigter (§ 75 II) Anm. 31—37
   a) Quelle der Verfügungsmacht Anm. 31—32
      aa) Gesetzliche Voraussetzungen Anm. 31
      bb) Erweiterung Anm. 32
   b) Inhalt der Verfügungsmacht Anm. 33
   c) Verhältnis zu § 76 III Anm. 34
   d) Auswirkungen der Verfügungsmacht Anm. 35
   e) Rechtsnachfolge Anm. 36
   f) Konflikt zwischen Verfügungsmacht des Vmers und des Vten Anm. 37
4. Zwangsvollstreckung und Konkurs Anm. 38—43
   a) Vter ist Vollstreckungsschuldner oder Gemeinschuldner Anm. 38 bis 39
      aa) Tragweite der Pfändung Anm. 38
      bb) Folgerungen Anm. 39
   b) Vmer ist Vollstreckungsschuldner Anm. 40
   c) Vmer ist Gemeinschuldner Anm. 41—43
      aa) Verfügungsrecht des § 76 I, II Anm. 41
      bb) Aussonderung und Surrogate Anm. 42
      cc) Einziehung vor Eröffnung des Konkursverfahrens Anm. 43
5. Von §§ 75 II, 76 I, II abweichende Regelungen Anm. 44—50
   a) Zugunsten Vtem Anm. 44—46
      aa) Pflichtven Anm. 44
      bb) Sonstige Ven Anm. 45
      cc) Gemeinsames Anm. 46
   b) Zugunsten Vmer Anm. 47—49
      aa) Beispiele Anm. 47
      bb) Gemeinsames Anm. 48
      cc) Zulässigkeit Anm. 49
   c) Neutrale Abweichungen Anm. 50
6. Bereicherungsanspruch des Vers Anm. 51—53
   a) Nach Entschädigung an Vmer oder Vten Anm. 51—52
      aa) Regel Anm. 51
      bb) Auseinandersetzung mit Schrifttum Anm. 52
   b) Nach Weiterleitung der Entschädigung durch Vmer Anm. 53

III. Deckungsverhältnis Anm. 54—56
 1. Vertragsganzes Anm. 54
 2. Vsschein Anm. 55
 3. Prämienschuld, Prämienanmahnung Anm. 56

[1] I. Überblick.
Wie bei jedem Vertrag zugunsten Dritter sind auch bei der V für fremde Rechnung drei Rechtsverhältnisse zu unterscheiden: Das Deckungsverhältnis zwischen Versprechendem (Ver) und Versprechensempfänger (Vmer), das Zuwendungs- oder Valutaverhältnis zwischen Versprechensempfänger (Vmer) und Drittem (Vtem) und das (losere) Vollzugsverhältnis zwischen Versprechendem (Ver) und Drittem (Vtem).

Die §§ 75, 76 regeln primär das Vollzugsverhältnis (unten II), jedoch zeigen §§ 75 I² und 76 III Einschläge in das Deckungsverhältnis. Ein Teilausschnitt aus dem Deckungsverhältnis ist ferner in § 79 geregelt und bei dessen Erörterung zu behandeln.

Auf das Zuwendungs- oder Valutaverhältnis bezieht sich § 77.

[2] **II. Vollzugsverhältnis.**

1. Versicherter als Rechtsinhaber (§ 75 I).

a) Rechte aus dem Versicherungsvertrag.

aa) Recht auf Entschädigung in weiterem Sinn.

Nach § 75 I[1] stehen die Rechte aus dem Vsvertrage dem Vten zu. Hierunter sind alle, aber auch nur die Rechte zu verstehen, die mit der Gefahrtragung oder (nach dem Vsfall) mit der Entschädigung zusammenhängen: Kisch III S. 470, Ruscher S. 90. Ohne Grund wollen Prölss-Martin[20] Anm. 2 zu § 75, S. 420 hierunter nur Geldansprüche verstehen. Das ist indes zu eng. Abgesehen davon, daß der Vsfall ausnahmsweise auch Naturalersatzansprüche umfassen kann, soll der Vte nach dem Willen der Vertragsparteien auch bereits die Vorteile der Gefahrtragung haben.

Der Ersatz von Rettungskosten nach § 63 oder Schadenermittlungskosten nach § 66 gebührt dem Vten nur, sofern er (nicht der Vmer) diese Kosten getragen hat. Hat wegen des Schadens ein Sachverständigenverfahren stattgefunden (§§ 64, 184 VVG) und ist der Vte wegen der von ihm hierin verauslagten Kosten erstattungsberechtigt (so etwa, wenn das Ergebnis des Sachverständigenverfahrens nicht den Standpunkt des Vers bestätigt hat, vgl. Sieg VersR 1965 S. 633), so wird auch diese Forderung von § 75 I[1] erfaßt. Welche Kosten an der Erstattung teilnehmen, ist eine andere Frage. Die Rechtsprechung verneint die Erstattungsfähigkeit von Anwaltskosten im Schiedsgutachterverfahren (vgl. LG Regensburg 19. V. 1971 VersR 1972 S. 338), meines Erachtens zu Unrecht: Sieg VersR 1965 S. 633.

[3] **bb) Recht auf Zinsen und Verzugsschadenersatz.**

Als Annex zur Hauptforderung stehen dem Vten auch Ansprüche aus Verzug des Vers zu (so für den Vertrag zugunsten Dritter: Brox, Allgemeines Schuldrecht[3], München 1972, S. 205; Blomeyer, Allgemeines Schuldrecht[4], Berlin und Frankfurt/M. 1969, S. 261). Hier sind zunächst die gemäß § 11 IV VVG unabdingbaren Verzugszinsen nach § 288 BGB und die Prozeßzinsen nach § 291 BGB zu erwähnen. Fraglich ist, unter welchen Voraussetzungen der Vte Zinsen bereits ab Fälligkeit (§ 353 HGB) und in Höhe von 5 % (§ 352 I HGB) verlangen kann. Beide Bestimmungen fordern ein beiderseitiges Handelsgeschäft. Beim Ver liegt, sofern er nicht kleiner VVaG oder öffentlich-rechtliches Unternehmen ist, diese Voraussetzung stets vor. Was die andere Seite angeht, so ist meines Erachtens nicht zu fordern, daß der Vsvertrag für den Vmer ein Handelsgeschäft sein müsse. Verzugszinsen sind pauschalierter Mindestschaden dessen, dem die Leistung zusteht. Das ist hier der Vte, so daß es für Beginn des Zinslaufes und Höhe der Zinsen darauf ankommt, ob der vte Gegenstand zu seinem Handelsgewerbe gehört (anderer Ansicht ohne Begründung Ehrenberg, Versicherungsrecht, Bd. 1, Leipzig 1893, S. 78).

Ist der Verzugsschaden des Vten höher als 4 % bzw. 5 %, so kann er auch diesen nach § 286 BGB geltend machen. Ebenso steht ihm die Verzinsung nach §§ 94, 124 VVG zu.

[4] **cc) Grenzen.**

Prölss-Martin[20] Anm. 2 zu § 75, S. 420 wollen dem Vten den Anspruch auf Aufwendungsersatz (oben Anm. 2) schlechterdings geben, also auch dann, wenn der Vmer die Aufwendungen erbracht hat. Das ist nicht zutreffend. Bei den Nebenansprüchen ist darauf abzustellen, wen deren Voraussetzungen getroffen haben. Wie es beim Verzugsschadenersatzanspruch auf den Schaden des Vten ankommt (oben Anm. 3), so ist auch der Aufwendungsersatz davon abhängig, daß er entsprechende Leistungen getätigt hat. Was der Vmer dem Vten zuwendet, wird durch die Prämienzahlung begrenzt. Der Vmer will nicht darüber hinaus noch à fonds perdu Auslagen für den Vten machen.

Ansprüche auf Prämienrückvergütung, sei es wegen schadenfreien Verlaufs, sei es als Beteiligung am Unternehmergewinn stehen dem Vten nicht zu, denn sie sind Prämienteile, nicht Teile der Gefahrtragung oder der konkretisierten Entschädigungsleistung, auf die der Vte allein Anspruch hat (anders Prölss-Martin[20] Anm. 2 zu § 75, S. 420). Das ergibt sich schon daraus, daß derartige Rückvergütungen zum Teil in die Tarife einkalkuliert sind und daher automatisch die Prämie für die folgende Vsperiode mindern (vgl. Sieg BetrBer 1969 S. 898). Der technische Weg der Realisierung der Rückvergütung kann aber keinen Einfluß darauf haben, wem sie zusteht.

Wäre die Meinung von Prölss-Martin richtig, müßte ja bei zusammengefaßter V für fremde Rechnung mit V für eigene Rechnung (vgl. § 68 Anm. 86ff.) die Rückvergütung aufgeteilt werden zwischen Vmer und Vtem. Undurchführbar wäre die Verteilung ferner dann, wenn die Person des Vten überhaupt nicht feststeht. — Daß der Überschuß dem Vten dann zugute kommt, wenn dadurch Leistungen verbessert werden, ändert an dem gefundenen Ergebnis nichts, in diesem Fall hat die Prämie die Hauptleistung des Vers verbessert.

Oben Anm. 2 wurde erwähnt, daß dem Vten nur die Rechte zustehen, die mit der Gefahrtragung oder mit der Vsentschädigung zusammenhängen. Der Vmer bleibt Herr des Vertrages und Inhaber aller Rechte, die die Ausgestaltung des Vertragsganzen betreffen. Demgegenüber kann man nicht einwenden, bei dieser Betrachtungsweise wäre § 75 I² überflüssig. Der Vsschein hat nämlich, wie §§ 75 II, 76 II zeigen, Legitimationswirkung für die Geltendmachung des Vsanspruchs. — Nach Trautmann S. 6f. sollen dem Vten auch die Ansprüche auf Beseitigung von Über-, Doppelv, Herabsetzung der Taxe zustehen. Hierbei handelt es sich jedoch um Rechte, die den gesamten Vertrag beeinflussen und daher nicht von § 75 I¹ erfaßt werden (Möller Anm. 14 zu § 60). Zur Einwirkung auf das Vertragsganze bei der V für fremde Rechnung vgl. im übrigen unten Anm. 54—56.

[5] b) Einwendungen des Versicherers.

Daß der Ver den Anspruch des Vten dem Grunde oder der Höhe nach bestreiten kann, ist selbstverständlich. Nach § 334 BGB kann der Ver darüber hinaus Einwendungen aus dem Deckungsverhältnis, dem Vsverhältnis, erheben, mag der Vte, mag der Vmer das Recht geltend machen. Er kann sich etwa darauf berufen, daß der Vsvertrag von vornherein nichtig gewesen sei, bei Eintritt des Vsfalles nicht mehr bestanden habe oder danach durch Anfechtung oder Rücktritt beseitigt worden sei. Weiter gehört hierher der Einwand der Unterv (§ 56), mangelnder Zahlung der Erstprämie (§ 38) oder des Bestehens von Verzugsfolgen (§ 39) oder der Verjährung des Vsanspruchs (§ 12 I). Sofern der Ver geltend macht, daß er wegen Obliegenheitsverletzung oder Herbeiführung des Vsfalles frei sei, wird auf die Anmerkungen zu § 79 verwiesen.

Wie die angeführten Beispiele zeigen, ist der Terminus „Einwendungen" im weiteren Sinne gemeint, also auch die Einreden umfassend. Auch § 12 III gehört hierher, obwohl er eine Ausschlußfrist, keine Verjährungsfrist behandelt. Der Fristbeginn ist hier davon abhängig, daß der Ver den Vsanspruch abgelehnt hat. Wem gegenüber die Ablehnung auszusprechen ist, vgl. Anm. 26, 35.

[6] c) Rechtsnachfolge.
   aa) Gesamtnachfolge.

Das Recht aus § 75 I¹ ist, wenn es sich zu einem Entschädigungsanspruch verdichtet hat, stets vererblich, als Gefahrtragungsanspruch dann, wenn sich beim Erben dieselbe Gefahr verwirklichen kann wie beim Vten, vgl. Sieg HansRGZ 1938 A Sp. 169—175. Mit dem Hauptrecht gehen die Nebenrechte über, soweit sie noch nicht durch das Verhalten des Vten verbraucht sind: Das Recht auf Zurückweisung (§ 333 BGB), auf Zustimmung zum Vertrage (§ 76 III), auf Zustimmung zu gewissen Verfügungen des Vmers §(76 II). — Der Erbfolge stehen die Anm. 20 zu § 68 behandelten Universalsukzessionen gleich.

Wenn in der Unfall- oder der Krankenv der Tod des Vten den Vsfall bedeutet, geht der Vsanspruch auf den Erben als Rechtsnachfolger über, dieser erwirbt ihn nicht originär. Der Vsanspruch steht also den Nachlaßgläubigern zur Verfügung, mag der Erbe auch Haftungsbeschränkung herbeigeführt haben (er ist für die Eigengläubiger des Erben nicht zugriffsbereit bei bestehender Haftungsbeschränkung), er wird bei der Bemessung des Pflichtteils mitgerechnet, er unterliegt der etwaigen Verwaltung von Nachlaß- oder

II. Vollzugsverhältnis §§ 75, 76
Anm. 7—9

Nachlaßkonkursverwalter, er ist von Einfluß auf die Erbschaftssteuer. Daß der Erbe den Anspruch als Rechtsnachfolger gewinnt, entspricht jetzt gefestigter Rechtsprechung und herrschender Lehre (BGH 8. II. 1960 BGHZ Bd 32 S. 44—53; BGH 16. XI. 1967 VersR 1968 S. 138f. Weitere Fundstellen bei Mitsdörffer, Rechtsfragen der Insassenunfallv bei Kraftfahrzeugen, Freiburger Diss. 1974 S. 129 N. 445, 447, 452; S. 134f. und Ruscher S. 79—81). Es kann auch nicht anders sein, denn auch in der Lebensv besteht kein Streit darüber, daß bei fehlender Bezugsberechtigung der Anspruch zum Nachlaß gehört (Sieg in Festschrift für E. Klingmüller, Karlsruhe 1974 S. 453f., 463). Hinzu kommt noch, daß in der Unfallv das schädigende Ereignis Vsfall ist, der Vte also, in diesem Zeitpunkt den Anspruch gewinnt, mag er auch erst später den Unfallfolgen erliegen.

Mitsdörffer S. 136ff. bedauert, daß die Unfallfremdv für fremde Rechnung beim Tode des Vten ihrer Versorgungsfunktion oft nicht gerecht wird. Bedacht werden sollten (vgl. S. 151f.) statt der Erben in erster Linie Ehegatte und Kinder, in zweiter Linie Eltern und Geschwister (jeweils originär) und erst, wenn solche Angehörige nicht vorhanden seien, sollte der Anspruch in den Nachlaß fallen,. Mitsdörffer schwebt damit eine Lösung vor, die in der gesetzlichen Unfallv erreicht ist (§§ 590—596 RVO).

[7] bb) Einzelnachfolge.

Eine Einzelnachfolge in das Recht des Vten ist auf rechtsgeschäftlichem Wege in der Regel nicht möglich, weil ihm die Verfügungsbefugnis fehlt (§ 76 I, II), abgesehen von den häufig in den AVB enthaltenen Abtretungsverboten. Wenn der Vte ausnahmsweise berechtigt ist, über sein Recht zu verfügen (§ 75 II) und die AVB kein Abtretungsverbot enthalten, steht einer Einzelnachfolge nichts entgegen. Wegen § 75 II wird man nicht, wie bei manchen Verträgen zugunsten Dritter (vgl. Esser, Schuldrecht[4], 1. Bd, Karlsruhe 1970 S. 396), anzunehmen haben, daß nach dem Zuwendungszweck der Anspruch des Vten als unübertragbar zu gelten habe. Durch Zession erlischt das Zurückweisungsrecht nach § 333 BGB.

Ein Übergang der Ansprüche des Vten aus der für seine Rechnung abgeschlossenen Unfallfremdv auf den Sozialvsträger findet nicht statt, weil es sich nicht um Schadenersatzansprüche i. S. d. § 1542 RVO handelt (Prölss-Martin[20] Anm. 3 zu § 179 S. 1047f.; BGH 21. X. 1965 VersR 1965 S. 1166). Hierbei spielt es keine Rolle, ob die dem Vten zugewandten Ansprüche summenvs- oder schadenvsartiger Natur sind.

[8] 2. Versicherungsnehmer als Verfügungsberechtigter (§ 76).

a) Regelmäßige Verfügungsmacht.

Nach § 76 I kann nicht der Rechtsinhaber, der Vte, über seine Rechte verfügen, sondern dieses Recht steht dem Vmer im eigenen Namen zu. § 76 II schränkt diese Befugnis für den Fall ein, daß ein Vsschein ausgestellt worden ist, was regelmäßig geschieht. Dann werden nämlich aus der Masse der Verfügungen i. S. d. § 76 I Übertragung der Rechte und Annahme der Zahlung herausgenommen, so daß für die uneingeschränkte Verfügungsbefugnis nach § 76 I nur die restlichen Verfügungsfälle bleiben.

Die Rechtsmacht des Vmers in den Fällen des § 76 II ist davon abhängig, daß er im Besitz des Vsscheins ist (oder die Zustimmung des Vten vorliegt). Da der Vmer die Police vom Ver erhält, hat er also normalerweise auch für Annahme der Zahlung und für Übertragung der Rechte Verfügungsmacht.

Der sachliche Umfang der Verfügungsmacht geht so weit wie die Rechtsinhaberschaft des Vten, vgl. oben Anm. 2, 3.

[9] b) Quelle der Verfügungsmacht.

aa) Gesetz.

Die oben Anm. 8 behandelte regelmäßige Verfügungsmacht des Vmers (Annahme der Zahlung und Übertragung der Rechte bei Besitz am Vsschein, § 76 II, sonstige Verfügungsbefugnisse stets, § 76 I) hat Verwandtschaft mit der Ermächtigung nach § 185

BGB, nur daß sie auf dem Gesetz, nicht auf einer Willenserklärung des Rechtsinhabers beruht. Ein weiterer Unterschied besteht darin, daß die gesetzliche Ermächtigung hier eine **verdrängende** ist, d. h. der Vte nicht daneben verfügungsberechtigt bleibt.

Die herrschende Lehre nimmt an, daß im Fall des § 76 II **mittelbarer Besitz am Vsschein genügt**: Bruck[7] Anm. 6 zu § 75, S. 285; Ritter-Abraham[2] Anm. 15 zu § 53, S. 764; Kisch III S. 476 N. 7; Lenné S. 176. Anderer Ansicht: Stolle, Die V für fremde Rechnung, Göttinger Diss. 1906 S. 37; Schneider ZVersWiss 1905 S. 240. Das letztere ist zutreffend. Der Ver oder der Zessionar oder der Pfandnehmer wird sich den Vsschein vorlegen lassen, wenn er mit dem Vmer ein Verfügungsgeschäft über die Vsforderung abschließt, also muß der Vmer den unmittelbaren Besitz haben. Hat er die Police z. B. hinterlegt oder anläßlich der Verpfändung der Vsforderung dem Pfandnehmer übergeben, so kann er sie sich als Oberbesitzer vorübergehend herausgeben lassen, so daß der bisherige unmittelbare Fremdbesitzer zum mittelbaren Fremdbesitzer und der Vmer zum unmittelbaren Fremdbesitzer wird (gleichzeitig ist er in diesem Fall zweitstufiger mittelbarer Eigenbesitzer). In dem instruktiven Fall KG 18. X. 1922 HansRZ 1923 Sp. 214 bis 217 hatte der Ver ebenfalls darauf bestanden, daß der Kläger die Police im Prozeß vorlegte, die er sich vorübergehend von der kreditierenden Bank hatte geben lassen.

[10] bb) Rechtsgeschäft.

In den Fällen des § 76 II verliert der Vmer die gesetzliche Ermächtigung, wenn er den unmittelbaren Besitz an der Police verliert. An dessen Stelle kann die **rechtsgeschäftliche Ermächtigung** des Vten treten. § 76 II VVG bildet einen Anwendungsfall von § 185 BGB, auch hier mit dem Unterschied, daß die Zustimmung nach § 76 II eine eigene Verfügungsmacht des Vten ausschließt.

Wir haben es mit einer Zustimmung i. S. d. §§ 182—184 BGB zu tun. Sie kann also **vor** der Verfügung als Einwilligung oder **danach** als Genehmigung erteilt werden, sie kann für den **Einzelfall** oder **generell** ausgesprochen werden, sie kann sich auch **konkludent** aus dem Verhalten des Vten ergeben, etwa wenn er von der Einleitung von Abtretungs- oder Entschädigungsverhandlungen durch den Vmer erfährt und nichts dagegen unternimmt.

Die Zustimmung setzt Geschäftsfähigkeit des Vten voraus; sie kann sowohl dem Vmer als auch dessen Geschäftsgegner erklärt werden. Im ersteren Fall muß ihr Vorliegen vom Vmer gegenüber seinem Partner nachgewiesen werden.

[11] c) Inhalt der Verfügungsmacht.

aa) Nach § 76 II.

aaa) Annahme der Zahlung.

Der Vmer kann unter den Voraussetzungen des § 76 II die Zahlung entgegennehmen, ganz oder zum Teil. Keinen Unterschied begründet es, ob die Vsentschädigung in bar gezahlt oder auf Bank- oder Postscheckkonto des Vmers überwiesen wird. Der gute Glaube des Vers an die Zustimmung oder den Besitz des Vsscheins ist nicht geschützt.

Wie die Annahme der Zahlung ist die Erhebung einer Leistungsklage zu behandeln, die auf Verurteilung des Vers zur Zahlung an den Vmer gerichtet ist. Dasselbe gilt für einen Zahlungsbefehl auf Leistung an den Vmer. Wie die Leistungsklage des **Vmers**, so ist auch eine darauf folgende Zwangsvollstreckung in das Vermögen des Vers unter den Voraussetzungen des § 76 II zulässig.

Da die Einziehungsermächtigung gesetzlich angeordnet ist, bedarf es für ihr prozessuales Gegenstück, die Prozeßstandschaft, hier keiner besonderen Rechtfertigung (vgl. Lehmann-Hübner, Allgemeiner Teil des Bürgerlichen Gesetzbuches, 15. Aufl. Berlin 1966 S. 336.)

Prölss-Martin[20] Anm. 1 zu § 76 ‚S. 423 meinen, daß **Erfüllungssurrogate** ebenso zu behandeln seien wie die Annahme der Zahlung. Das trifft in dieser Allgemeinheit nicht zu. § 76 II will vermeiden, daß der Vmer die Entschädigung in seine Hand bekommt, ohne daß eine der Kautelen (Besitz des Vsscheins, Zustimmung des Vten) erfüllt ist.

II. Vollzugsverhältnis

Dieser Normgrund trifft beim Erlaß nicht zu, dieser gehört daher zu § 76 I; näheres unten Anm. 20, 21.

[12] bbb) Aufrechnung des Versicherungsnehmers mit Gegenforderungen gegen ihn.

Anders hingegen liegt es bei der Aufrechnung (also § 76 II anwendbar), wobei im folgenden als Gegenforderung an eine solche gedacht ist, die aus demselben Vsvertrage wie die Forderung des Vten fließt. Es kann keinen Unterschied machen, ob der Vmer die ganze Entschädigung zunächst einzieht und die von ihm geschuldete Prämie oder Nebenverpflichtung besonders tilgt, oder ob er durch Aufrechnung das Hin- und Herschieben von Werten vermeidet (vgl. hierzu und zum folgenden Ritter-Abraham[2] Anm. 3, 4 zu § 56, S. 776—778). Allerdings ist die Aufrechnung hier keine solche des § 387 BGB, weil es an dem Gegenseitigkeitserfordernis fehlt (Forderung: Vter gegen Ver; Gegenforderung: Ver gegen Vmer). Indes sieht § 35 b von dieser Voraussetzung ab. Er spricht allerdings nur von dem Abzugsrecht des Vers. Es ist aber hier wie bei der eigentlichen Aufrechnung sinnvoll, dieses Gestaltungsrecht jedem der beiden Partner zu geben. Wenn der Gesetzgeber schon die Schranken der Aufrechnung lockert, kann der Vmer nicht gut abhängig sein von der Entschließung des Vers; anders Ehrenzweig S. 218.

Im Ergebnis ebenso HansOLG 16. III. 1926 HansRZ 1926 Sp. 593 = Sasse, Deutsche Seev 1923—1957, Karlsruhe 1958, S. 159 zu § 56 ADS. Die Aufrechnung wurde im behandelten Fall nur deshalb nicht als wirksam angesehen, weil die Aufrechnungserklärung des Vmers nach Eröffnung des Konkursverfahrens über sein Vermögen erfolgte.

Das Abzugsrecht will nur von dem Gegenseitigkeitserfordernis des § 387 befreien, aber nichts an der Rückwirkung des § 389 BGB ändern, ebensowenig daran, daß eine Gestaltungserklärung nötig ist, denn welches Interesse sollte daran bestehen, Forderung und Gegenforderung ohne oder gar gegen den Willen auch nur eines der Beteiligten automatisch als erloschen zu betrachten (wie hier: Möller Anm. 6 zu § 35 b; Ruscher S. 48. Anders Prölss-Martin[20] Anm. 1 zu § 35 b, S. 229)?

[13] ccc) Andere Aufrechnungen des Versicherungsnehmers.

Indes macht die Verfügungsbefugnis des Vmers nicht vor der Schranke des § 35 b Halt. Im Wege des Aufrechnungsvertrages kann er sich damit einverstanden erklären, daß die Entschädigungsforderung auch zur Tilgung von Prämienrückständen aus anderen Verträgen verwendet wird, vgl. OLG Hamburg 20. I. 1954 Sasse, Deutsche Seev 1923 bis 1957, Karlsruhe 1958 S. 434; Prölss-Martin[20] Anm. 1 zu § 76, S. 423.

[14] ddd) Übertragung des Anspruchs.

Unter Übertragung der Rechte ist nicht nur die Vollabtretung zu verstehen, sondern auch die Inkasso- und die Sicherungszession. Das ergibt sich für die erstere daraus, daß ja auch der Vmer, wenn er selbst einzieht, des Vsscheins oder der Zustimmung des Vten bedarf. Die Sicherungsabtretung wirkt sich für den Vten nicht anders als die Vollabtretung aus. Wegen der Verwandtschaft mit der ersteren ist auch die Verpfändung als Übertragung i. S. v. § 76 II aufzufassen (ebenso Prölss-Martin[20] Anm. 1 zu § 76, S. 423; Trautmann S. 28; Ehrenzweig S. 219).

Die Abtretung ist aber nur wirksam, wenn sie nicht — wie oft — nach den AVB schlechthin oder doch bis zu einem gewissen Zeitpunkt (Feststellung des Vsanspruchs) ausgeschlossen ist (§ 399 2. Altern. BGB).

Fehlt dem Vmer die Verfügungsbefugnis, wird der Zessionar nicht geschützt, mag er auch in diesem Punkt gutgläubig sein. Er tut daher gut daran, sich den Vsschein vorlegen oder sich die Zustimmung des Vten nachweisen zu lassen. Zu Lasten des Zessionars gelten die Beschränkungen des § 76 II nicht, d. h. er kann die Vsforderung weiter zedieren, ohne im Besitz des Vsscheins zu sein oder die Zustimmung des Vten einholen zu müssen. Indes ist auch der Zessionar an § 76 III gebunden, weil diese Vorschrift zwingend ist (Anm. 15 Vorbemerkungen zu §§ 74—80) und nicht durch Zessionen umgangen werden kann. Er ist Rechtsnachfolger des Vten, der also „bisheriger Gläubiger" im Sinne der §§ 404ff. BGB ist (Kisch III S. 498).

Sieg

[15] bb) Nach § 76 III.
aaa) Funktion des § 76 III.
Die Zahlung an den Vmer ist noch unter eine weitere Kautel gestellt worden: Der Ver kann den Nachweis verlangen, daß der Vte seine Zustimmung zum Vertrage erteilt hat. Verpflichtet, diesen Nachweis zu fordern, ist der Ver nicht. § 76 III hat nur Bedeutung, wenn der Vmer seine Legitimation aus dem Vsschein ableitet, denn wenn sie sich aus der Zustimmung des Vten ergibt, hat dieser damit dem Vertrage sein Placet gegeben (Prölss-Martin[20] Anm. 3 zu § 76 S. 424).

Umgekehrt läßt sich dasselbe nicht sagen. Wer mit dem Vertrage einverstanden ist, hat damit nicht zugestimmt, daß der Vmer Verfügungen über die konkrete Vsforderung vornimmt, Ehrenzweig S. 220; vgl. im übrigen oben Anm. 10.

Die Zustimmung des Vten nachzuweisen, ist Sache des Vmers. Der Ver, der diesen Nachweis verlangt, leugnet damit motiviert die Aktivlegitimation des Vmers oder, was dasselbe besagt, er bestreitet sie qualifiziert.

[16] bbb) Verhältnis zur Zurückweisung nach § 333 BGB.
Vordergründig betrachtet, ist die Zielrichtung von § 76 III eine andere als die des § 333 BGB: Die erstere Bestimmung will verhindern, daß sich der Vmer an der eingezogenen Entschädigung bereichert, die letztere Vorschrift geht von dem Gedanken aus, daß niemandem ohne seinen Willen eine Wohltat aufgedrängt werden kann. Gleichwohl stehen beide Normen in einem inneren Zusammenhang.

Wegen § 333 BGB bleibt die Zuwendung des Rechts an den Vten zunächst in der Schwebe, ihre endgültige Wirksamkeit hängt von der Nichtzurückweisung ab. Das Schwebeverhältnis wird auf dem Wege des § 76 III VVG geklärt. Wie die Erbschaftsannahme die Ausschlagung hindert (§ 1943 BGB), so steht die Zustimmung nach § 76 III einer späteren Zurückweisung nach § 333 im Wege. Umgekehrt gilt Entsprechendes: Wer zurückgewiesen hat, kann nicht mehr wirksam dem Vertrage zustimmen.

Diesem Zusammenhang steht auch nicht entgegen, daß die Zurückweisung nach § 333 BGB dem Ver, die Zustimmung nach § 76 III VVG dem Vmer erklärt wird, denn auch in letzterem Fall erfüllt ja die Zustimmung ihre Funktion erst, wenn der Vmer sie dem Ver weitergibt. Das Verhältnis beider Erklärungen zueinander sehen richtig: Trautmann S. 20; Bruck S. 619; Anli. S. 91—94.

Die Zurückweisung setzt Geschäftsfähigkeit voraus: Esser, Schuldrecht, Bd 1 4. Aufl. Karlsruhe 1970 S. 393 N. 9.

[17] ccc) Zweifel an Zurückweisungsrecht bzw. Zustimmungsnotwendigkeit.
Es ist bestritten, ob bei laufenden Vn und bei Kollektivvn § 76 III abbedungen werden kann. Geht man von dem Gedanken aus, daß sich niemand eine Vermögensmehrung aufdrängen lassen muß, so hat auch in diesen beiden Fällen das Zurückweisungsrecht des Vten nach § 333 seinen Sinn. Dann aber ist es folgerichtig, auch § 76 III zum Zuge kommen zu lassen, dessen Funktion u. a. — wie gezeigt — die Auflösung des Schwebezustands, ob zurückgewiesen wird, bildet. Kisch III S. 501 hält hingegen bei der laufenden V, Lenné S. 86 und Ruscher S. 190 halten bei der Kollektivv § 76 III im Zweifel für wegbedungen. Anderer Auffassung mit Recht: Gerhard-Hagen, Kommentar zum VVG, Berlin 1908 Anm. 5 zu §§ 75 ,76 S. 360; vgl. auch Anm. 15 Vorbemerkungen zu §§ 74—80.

Bei gesetzlichen Pflichtvn zugunsten Dritter wird man differenzieren müssen, in wessen Interesse die Vsnahme angeordnet wurde. Wenn sie ausschließlich im Interesse des Vten liegt, hat dieser das Zurückweisungsrecht, und damit greift auch § 76 III ein (anders Lenné S. 105). Wenn die Pflichtv jedoch im Interesse anderer als des Vten statuiert wurde, würde der Vte mit der Zurückweisung nach § 333 die gesetzliche Zielrichtung durchkreuzen. Ihm ist daher das Zurückweisungsrecht hier versagt. Das gilt auch dann, wenn die gesetzlich angeordnete Vspflicht zwar vordergründig den Vten schützt, daneben aber auch den Vmer selbst. So kann der Eigentümer in den Fällen der §§ 1045 BGB, 22 I[2] OLSchVO nicht das Recht zurückweisen, weil er damit in den Nießbrauch bzw. in das Pfandrecht des Vmers an der Vsforderung eingreifen würde (anders Lenné S. 66, der damit helfen will, daß der Nießbraucher sein Interesse durch eine Eigenrechnungsv abdeckt). Folgerichtig gilt hier auch § 76 III nicht. Er ist überdies entbehrlich, denn in diesen Fällen ist kaum denkbar, daß der Vte nichts von der V erfährt.

II. Vollzugsverhältnis

In der Haftpflichtv steht dem Zurückweisungsrecht des Vten § 156 I VVG entgegen: Johannsen Bd IV Anm. B 88. — Bei der V für Rechnung wen es angeht wirkt die Ausschlagung des Vten nur gegen diesen, nicht gegen seine Nachmänner.

[18] ddd) Folgen der Zurückweisung.
Weist beim Vertrage zugunsten Dritter der Dritte das Recht nach § 333 zurück, so ist es Auslegungsfrage des Deckungsverhältnisses, ob nunmehr der Versprechensempfänger leistungsberechtigt wird, ob er einen anderen Dritten benennen kann, ob das Deckungsverhältnis erlischt (Palandt-Heinrichs, BGB, 34. Aufl. München 1975 Anm. 3 zu § 333 S. 361; Blomeyer, Allgemeines Schuldrecht, 4. Aufl. Berlin und Frankfurt/Main 1969 S. 260). Bei der V für fremde Rechnung kann nur das letztere gelten. Leistungsberechtigt kann der Vmer nicht werden, weil er das Risiko nicht läuft (Trautmann S. 20; Bruck S. 619). Einen anderen Vten kann er nicht benennen, weil das den Inhalt des Vsvertrages völlig verändern würde.

Die Zurückweisung nach § 333 geschieht rückwirkend. Die Gefahrtragung kann aber nicht rückwirkend beseitigt werden, was die Frage nach dem Prämienschicksal aufwirft. Da es sich um teilweisen Zweckfortfall handelt, ist die Lösung in Anwendung von § 324 I BGB zu suchen, vgl. Anm. 6, 8 zu § 68. Danach behält der Ver den Anspruch auf die Prämie, muß sich aber anrechnen lassen, was er infolge der Befreiung von der Vsleistung erspart. Um das praktikabel zu gestalten, ist anzunehmen, daß der Ver in Anwendung des in § 68 II ausgesprochenen Gedankens die Prämie für das Geschäftsjahr, in dem der Vsanspruch zurückgewiesen wird, nach Kurztarif oder pro rata verlangen kann, je nachdem, ob der Vsvertrag einjährig oder mehrjährig abgeschlossen ist, vgl. Anm. 65, 83 zu § 68.

[19] cc) Nach § 76 I.
aaa) Allgemeines.
Zu § 76 I gehören die Restfälle von Verfügungen, die nicht § 76 II unterstehen. Die Macht des Vmers geht hier weiter, sie besteht ohne Rücksicht auf Vsschein oder Zustimmung des Vten. Zu § 76 I gehören (vgl. Kisch III S. 471) alle die Einziehung vorbereitenden Handlungen, wie Mahnung, Verhandlungen über die Entschädigungsforderung, Betreibung des Beweissicherungsverfahrens nach §§ 485 ff. ZPO, Betreibung des Sachverständigenverfahrens nach §§ 64, 184 VVG (Kisch III S. 493), ferner Stundung und Abschluß eines Vergleichs.

Durch § 76 I ist ferner erfaßt: Feststellungsklage, Erwirkung eines Zahlungsbefehls oder Klage auf Leistung an den Vten, denn unter „verfügen" i. S. d. § 76 I muß schon um des Einklangs mit § 75 II willen, auch die Rechtsverfolgung fallen (Ruscher S. 107; Ritter-Abraham[2] Anm. 7 zu § 53, S. 760; Prölss-Martin[20] Anm. 1 zu § 76, S. 423; Bruck[7] Anm. 2 zu § 76, S. 286; Trautmann S. 24). Nur wenn die Klage auf Leistung an den Vmer geht, liegt der Sonderfall des § 76 II vor, vgl. oben Anm. 11, daselbst auch zur Prozeßstandschaft.

[20] bbb) Erlaßvertrag.
Auch der Abschluß eines Erlaßvertrages zwischen Vmer und Ver ist durch § 76 I gedeckt. Kisch III S. 494; Ritter-Abraham[2] Anm. 4 zu § 54, S. 766; Prölss-Martin[20] Anm. 1 zu § 76, S. 423; Raiser[2] Anm. 23 zu § 13, S. 330; Bruck[7] Anm. 2 zu § 76, S. 286; Trautmann S. 26 f.; Schwan S. 23; Lenné S. 161; Ehrenzweig S. 219; Ruscher S. 99 f., 114 (manche sprechen unzutreffend von „Verzicht"). Der Erlaßvertrag kann vor oder nach Eintritt des Vsfalles geschlossen werden. Die Bedenken in letzterer Beziehung (vgl. die bei Ruscher S. 99 N. 2 Genannten), die daher rühren, daß der Vte nunmehr einen unentziehbaren Anspruch erworben habe, sind unbegründet. Der Vte kann ja seinen Anspruch wider Willen unstreitig auch durch Abtretung seitens des Vmers verlieren (wenn dieser im Besitz des Vsscheins ist). Der Vte ist in solchen Fällen auf einen Anspruch gegen den Vmer aus dem Innenverhältnis angewiesen.

[21] ccc) Sittenwidrigkeit des Erlaßvertrages.
Der Erlaßvertrag kann in krassen Fällen nach § 138 BGB sittenwidrig sein, nämlich wenn der Vmer einigermaßen sichere Ansprüche des Vten aufgibt, um eigene zweifelhafte

Ansprüche durchzusetzen, und der Ver in Kenntnis dieser Umstände auf den Erlaßvertrag eingegangen ist: HansOLG 1. III. 1960 VersR 1960 S. 1132; vgl. auch Trautmann S. 71; Ruscher S. 103. Sehr weitgehend nimmt Johannsen, Bd IV Anm. H 17 Sittenwidrigkeit eines Erlaßvertrages an. Mit § 156 I hat diese Frage nichts zu tun. Der Erlaßvertrag würde zwar den Ver gegenüber dem geschädigten Dritten nicht befreien, hätte aber doch Bedeutung für den Rückgriff des Vers z. B. aus ungerechtfertigter Bereicherung.

Man darf das Verfügungsrecht des Vmers nicht durch zu weitherzige Anwendung von § 138 BGB aushöhlen (der Vte muß seinen Ausgleich beim Vmer suchen), was insbesondere für einen dem Vten ungünstigen Vergleich gilt.

[22] ddd) Treuhänderschaft des Versicherungsnehmers?

Die Rechtsnatur der Vmerstellung ist nicht geeignet, seine Verfügungsmacht nach § 76 I einzuengen. Man spricht von einer Treuhänderschaft des Vmers (Prölss-Martin[20] Anm. 1 zu § 76, S. 423; Asmus ZVersWiss 1970 S. 57; v. d. Thüsen in „Rechtsfragen der Individualv" Festgabe für Erich R. Prölss zum 50. Geburtstag, Karlsruhe 1957, S. 260; Raiser[2] Anm. 23 zu § 13 AFB, S. 330; OLG Celle 1. X. 1953 VersR 1953 S. 489), sei es bis zur Einziehung des Erlöses, sei es auch danach am Surrogat der Forderung (ausführlich Trautmann S. 83—94, 108—110). Man unterscheidet weiter, ob die Treuhand eigennützig oder uneigennützig ist (Schwan S. 23f., 85f.). M. E. überwiegt das erstere Element, wie § 77 zeigt. Für uneigennützige Treuhand (so dem Sinne nach die amtliche Begründung, vgl. Gerhard-Hagen, Kommentar zum VVG, Berlin 1908. Abs. 6 vor §§ 75—76, S. 352) könnte zwar sprechen, daß als Surrogat der gesetzlichen Ermächtigung in § 76 II die Zustimmung des Vten aufgeführt worden ist, die auf die Wahrung seiner Rechte zielt. Indes ist diese Zustimmung ja nur bei Annahme der Entschädigung und Übertragung der Forderung notwendig, nicht gemäß § 76 I in den restlichen Verfügungsfällen, und überdies ist die Verfügungsbefugnis kraft Zustimmung Ausnahme gegenüber der „geborenen" Verfügungsbefugnis des Vmers durch Besitz am Vsschein.

Eine Vertiefung dieser Fragen unterbleibt hier bewußt, weil die Rechtsfigur der Treuhand viel zu schillernd ist, als daß sich aus ihr konkrete Folgerungen ableiten ließen. Auch OLG Karlsruhe 17. XII. 1975 VersR 1976 S. 239 mit Anmerkung Martin operiert mit dem schwammigen Treuhandverhältnis zwischen Vmer und Vtem. Die Verpflichtung zur Einziehung des Vsanspruchs und zur Herausgabe der eingezogenen Entschädigung muß sich indes aus einem konkreten Rechtsverhältnis ergeben: Anm. 28—29 zu § 77. Zur Einziehungsverpflichtung vgl. ferner Anm. 35 zu § 80.

[23] d) Auswirkungen der Verfügungsmacht.
  aa) Prozeßrechtlich.
   aaa) Allgemein.

Soweit der Vmer nach dem Ausgeführten Verfügungsmacht und damit auch Prozeßstandschaft hat, wirkt das von ihm erstrittene Urteil Rechtskraft auch für und gegen den Vten, wie es auch sonst zwischen Prozeßstandschafter und Rechtsinhaber der Fall ist: Baumbach-Lauterbach, ZPO, 33. Aufl., München 1975, Anm. 5 B zu § 325, S. 756 (abweichend Kisch III S. 510). Zwar ist beim gewöhnlichen Vertrage zugunsten Dritter bestritten, ob das Urteil im Prozeß zwischen Versprechensempfänger und Versprechendem auch den Dritten bindet (Baumbach-Lauterbach a. a. O. Anm. 6 zu § 325, Stichwort „Vertrag zugunsten Dritter" S. 759), jedoch berührt diese Kontroverse nicht die V für fremde Rechnung, die sich durch Spaltung zwischen Rechtsinhaberschaft und Verfügungsbefugnis sowie dadurch auszeichnet, daß nur der Dritte oder der Versprechensempfänger verfügungsberechtigt ist.

Im Rechtsstreit zwischen Vmer und Ver kann der Vte als Zeuge fungieren (Ruscher S. 107). Im Prozeß des Vmers gegen den Ver kann dieser Widerklage erheben wegen der Prämienforderung, die den Vsanspruch überschreitet (soweit sich die Ansprüche der Höhe nach decken, kann der Ver aufrechnen: § 35b). Entsprechend kann im Prämienprozeß des Vers gegen den Vmer letzterer widerklagend den überschießenden Vsanspruch verfolgen (soweit sich Anspruch und Gegenanspruch der Höhe nach decken, kann auch der Vmer aufrechnen, vgl. oben Anm. 12).

II. Vollzugsverhältnis §§ 75, 76
Anm. 24—26

Für das Armenrecht kommt es im Falle der Prozeßstandschaft im allgemeinen darauf an, daß Prozeßstandschafter und Hintermann arm sind (Baumbach-Lauterbach a. a. O. Anm. 2 B zu § 114, S. 277). Das kann jedoch hier nicht gelten, wo die Prozeßstandschaft auf Gesetz beruht. Hier kommt es nur auf die Armut des Vmers als des Klägers an. Sie ist dann zu verneinen, wenn er einen Anspruch auf Vorschuß gegen den Vten hat (und dieser realisierbar ist), was häufig nach § 669 BGB der Fall sein wird.

Soweit der Ver klagen will, gilt folgendes: Eine negative Feststellungsklage ist gegenüber demjenigen (Vmer oder Vten) zu erheben, der sich des Anspruchs berühmt. Bei der Vollstreckungsgegenklage des Vers ist Gegner derjenige, der den vorangegangenen Titel erstritten hatte. Letzteres gilt auch für Schadenersatzklagen nach § 717 II ZPO.

[24] bbb) Einschaltung des Versicherten.

Dem Rechtsstreit zwischen Vmer und Ver kann der Vte als Nebenintervenient beitreten, sei es nach Streitverkündung (§ 74 ZPO), sei es spontan (§ 66 ZPO): Ehrenzweig S. 220. Er braucht sich jedoch mit dieser Beteiligungsrolle nicht zu begnügen, er kann auch Feststellungsklage erheben, daß Vsschutz zu gewähren sei. Daran hindert ihn die Verfügungsmacht des Vmers nicht, denn wenn schon ein Dritter auf Feststellung eines zwischen anderen bestehenden Rechtsverhältnisses klagen kann (Baumbach-Lauterbach, ZPO, 33. Aufl. München 1975, Anm. 3 B zu § 256, S. 534), so erst recht der Vte, um dessen eigenes Recht es geht, wenn auch die Verfügungsmacht nicht bei ihm liegt. Die Frage, ob im Einzelfall ein Feststellungsinteresse zu bejahen ist, ist damit nicht entschieden. Möglicherweise ist es deshalb zu verneinen, weil der Vte bei Lässigkeit des Vmers, obwohl die Voraussetzungen des § 75 II nicht vorliegen, die Leistungsklage erheben kann (vgl. unten Anm. 32).

Der Vte kann auf Grund des Innenverhältnisses einen gegenwärtigen Anspruch auf Zustimmung zur eigenen Verfügung über den Vsanspruch oder einen bedingten Anspruch auf Auskehrung dessen haben, was der Vmer durch die Einziehung erhält. Beide Ansprüche können dadurch gefährdet sein, daß der Vmer im ersteren Falle die Forderung selbst einzieht, im zweiten Falle sich anschickt, die Forderung abzutreten oder zu verpfänden. Bei solcher Gestaltung hilft dem Vten eine einstweilige Verfügung nach § 935 ZPO.

[25] ccc) Bedingte Verurteilung?

Kisch III S. 508f. meint, wenn der Vmer im Laufe des Leistungsprozesses den Vsschein nicht vorlegen und auch die Zustimmung des Vten nicht beibringen könne, sei die Verurteilung des Vers unter den Vorbehalt zu stellen, daß er nur zu zahlen brauche, wenn der Vsschein beigebracht oder die Zustimmung des Vten nachgewiesen werde (ähnlich auch Ehrenzweig S. 220). Zunächst ist terminologisch festzustellen, daß ein Vorbehaltsurteil i. S. d. §§ 302 IV, 600 II ZPO (als auflösend bedingtes) von Kisch nicht gemeint sein kann, sondern allenfalls ein Urteil, das die Leistung von dem Eintritt einer Bedingung abhängig macht. Solche Urteile sind selten (sie kommen u. a. im Rahmen des § 259 ZPO gelegentlich vor), aber zulässig, wie § 726 I ZPO zeigt, der besondere Voraussetzungen für die Erteilung der vollstreckbaren Ausfertigung von solchen Titeln normiert (vgl. auch § 750 II ZPO, wonach in solchem Fall ausnahmsweise auch die Klausel und die Urkunden, die ihr als Grundlage dienten, zugestellt werden müssen).

Indes liegen die Voraussetzungen einer bedingten Verurteilung in dem von Kisch angenommenen Sachverhalt nicht vor. Die Zustimmung des Vten und der Besitz des Vsscheins sind nämlich keine echten Bedingungen i. S. d. §§ 158ff. BGB, sondern condiciones iuris (vgl. Heinrich Lange, BGB Allgemeiner Teil, 14. Aufl. München 1973, S. 286). Sie sind klagbegründende Tatbestandsmerkmale. Ist nicht wenigstens eines von ihnen nachgewiesen, muß die Klage als unbegründet abgewiesen werden.

[26] bb) Privatrechtlich.

Soweit die Verfügungsmacht des Vmers reicht, hat der Ver sämtliche Erklärungen, die den Vsanspruch betreffen, diesem gegenüber abzugeben. (Ehrenzweig S. 216; Ruscher S. 90). Das gilt vor allem auch für die Setzung einer Ausschlußfrist nach § 12 III: BGH 14. XII. 1967 BGH Z Bd 49 S. 130 = VersR 1968 S. 185 mit Anmerkung Prölss. Da der Ver oft nicht zu übersehen vermag, wer von den Beteiligten verfügungsberechtigt ist, tut er gut daran, die Erklärungen beiden gegenüber abzugeben, wenn er irgendwelche Zweifel hat.

Die an den Vmer gemäß § 76 erbrachte Leistung gilt als Erfüllung gegenüber dem Vten (Prölss-Martin[20] Anm. 1 zu § 76, S. 423), ebenso befreien den Ver Erfüllungssurrogate, die auf Erklärungen zwischen ihm und dem Vmer beruhen. Mit der Erfüllung geht ein Ersatzanspruch des Vten gegen einen Dritten nach § 67 über auf den Ver, und zwar ohne Rücksicht darauf, ob der Vmer die Entschädigung weitergeleitet hat an den Vten, denn die Rollenspaltung kann sich nicht nachteilig für den Ver auswirken. Das erscheint aber für den Vten nur erträglich, wenn er der Auszahlung an den Vmer oder dem Vsvertrage zugestimmt hat, vgl. Anm. 126 zu § 67. — Der Rückgriff ist nach § 67 II ausgeschlossen, wenn ein Angehöriger des Vten, in häuslicher Gemeinschaft mit ihm lebend, den Schadenfall ohne Vorsatz verursacht hat.

Wenn nicht ein Fall des § 75 II vorliegt, ist der Ver gegenüber dem Vmer nicht befreit, wenn er an den Vten leistet, obwohl dieser Gläubiger ist, Auf guten oder bösen Glauben des Vers kommt es vorbehaltlich des unten Anm. 31 Auszuführenden nicht an.

[27] cc) Insbesondere Aufrechnung des Versicherers gegenüber Versicherungsnehmer.

Das Verfügungsrecht des Vmers beeinflußt auch die Aufrechnung des Vers. Richtet sich die Gegenforderung gegen den Vmer, so gründet sich die Aufrechnungsbefugnis wegen fehlenden Gegenseitigkeitserfordernisses (Schuldner des Vers ist der Vmer, Gläubiger ist der Vte) auf § 35 b (statt auf § 387 BGB). Diese Bestimmung ist nötig, denn durch § 334 BGB wäre die Aufrechnungsbefugnis des Vers nicht gedeckt.

Hat der Ver eine Gegenforderung gegen den Vten, so wäre zwar das Gegenseitigkeitserfordernis des § 387 BGB erfüllt. Gleichwohl aber kann der Ver nicht uneingeschränkt aufrechnen, nämlich insoweit nicht, als er damit in das Absonderungsrecht des Vmers nach § 77[2] eingreifen würde (Ritter-Abraham[2] Anm. 2 zu § 56, S. 775f.).

[28] e) Rechtsnachfolge in die Verfügungsmacht.

aa) Einzelnachfolge.

Eine Einzelnachfolge in das Verfügungsrecht ist nicht denkbar, weder durch Abtretung noch durch Verpfändung: Trautmann S. 47f.; Ruscher S. 89; Prölss-Martin[20] Anm. 1 zu § 76, S. 424. Auch bei Abtretung oder Verpfändung der Entschädigungsforderung durch den Vmer verbleibt ihm das Verfügungsrecht. Der Rechtsgedanke von § 401 BGB findet keine Anwendung, denn das VVG geht gerade von einer Spaltung zwischen Recht und Verfügungsmacht aus (ebenso im Ergebnis: Ruscher S. 89 und die dort Genannten. Abweichend Prölss-Martin[20] Anm. 4 zu § 76, S. 424). Wie der Vmer zugunsten des Vten auf sein Verfügungsrecht verzichten kann (vgl. unten Anm. 30), so auch zugunsten des nunmehr materiell Berechtigten, des Zessionars.

[29] bb) Gesamtnachfolge im weiteren Sinne.

Bei der Universalsukzession geht das Verfügungsrecht mit über (Ehrenzweig S. 219; Ruscher S. 89; Bruck S. 624), und zwar können es mehrere Erben nur gemeinschaftlich ausüben. Prölss-Martin[20] Anm. 1 zu § 76, S. 424 meinen, daß bei Testamentsvollstreckung der Vollstrecker das Verfügungsrecht habe. Das läßt sich jedoch nicht generell sagen, denn das Testamentsvollstreckeramt hat keinen festumrissenen Inhalt wie etwa das Amt des Konkursverwalters.

Der Universalsukzession sind die allgemeine Vermögensübernahme (§ 419 BGB) und deren besondere Anwendungsfälle wie Gutsübernahme, Geschäftsübernahme (§ 25 HGB), Erbschaftskauf (§ 2382 BGB) gleichzustellen, damit das Verfügungsrecht in demjenigen wirtschaftlichen Zusammenhang verbleibt, in den es der ursprüngliche Vmer gestellt hatte (vgl. auch Prölss-Martin[20] Anm. 1 zu § 76, S. 424; Ruscher S. 89; Kisch III S. 491).

II. Vollzugsverhältnis §§ 75, 76 Anm. 30—32

[30] f) Verzicht auf die Verfügungsmacht.

Der Vmer kann auf sein Verfügungsrecht zugunsten des Vten verzichten (Prölss-Martin[20] Anm. 1 zu § 76, S. 424). Man muß sich die Verfügungsmacht gleichsam als Belastung des Rechts des Vten vorstellen. Diesen Verzicht kleidet § 75 II in das Gewand der Zustimmung (Ritter-Abraham[2] Anm. 4 zu § 54, S. 766). Das hat zur Folge, daß die Erklärung entweder gegenüber dem Vten oder gegenüber dem Ver abgegeben werden kann (§ 182 BGB), also nicht nur gegenüber dem Ver.

Der Verzicht ist stets unabhängig von dem Einverständnis des Vers. Abweichend Ruscher S. 88, 108, der unzutreffend eine Parallele zum Abtretungsverbot zieht. Verzicht und Abtretung sind aber qualitativ unterschieden, abgesehen davon, daß das Zessionsverbot nur besteht, wo AVB es vorsehen (schwer vereinbar Ruscher S. 108 mit S. 110). Die Unterschiede, die Kisch III S. 490f. zwischen Verzicht und Zustimmung nach § 75 II herauszuarbeiten versucht, wirken konstruiert.

Für den Verzicht gilt im übrigen das oben Anm. 10 zur Zustimmung Ausgeführte. — Ob der Vmer berechtigt ist, sich durch Verzicht auf sein Verfügungsrecht der Mühe der Einziehung zu entschlagen, ist nach seinem Innenverhältnis zum Vten zu beurteilen.

Der Verzicht wird oft ohne Gegenleistung des Vten erfolgen. Gleichwohl unterliegt er nicht der Anfechtung der Gläubiger des Vmers nach § 3 I Ziff. 3, 4 AnfechtungsG vom 21. VII. 1879, denn der Vmer hat mit dem Verzicht nichts aus seinem Vermögen gegeben, in das die Gläubiger hätten vollstrecken können: Prölss-Martin[20] Anm. 1 zu § 76, S. 424 (vgl. auch unten Anm. 40).

[31] 3. Versicherter als Verfügungsberechtigter (§ 75 II).

a) Quelle der Verfügungsmacht.

aa) Gesetzliche Voraussetzungen.

Die Verfügungsmacht des Vten beruht auf Rechtsgeschäft des Vmers, nämlich dessen Zustimmung. § 75 II nennt daneben noch den Besitz des Vsscheins. Das ist aber kein Sonderfall, sondern ein Unterfall der Zustimmung. Das Gesetz geht davon aus, daß der Vmer, wenn er den Vsschein dem Vten überläßt, mit der Verfügung über die Vsansprüche durch den letzteren einverstanden ist. Danach dürfte das Verfügungsrecht nur bestehen, wenn der Vsschein mit Willen des Vmers in die Hand des Vten gelangt ist (was vermutet wird: Ehrenzweig S. 221). Man wird aber, obwohl der Vsschein gewöhnlich kein Wertpapier ist und daher ein Gutglaubensschutz des Vers bei Abhandenkommen ausscheiden müßte, einen Schritt weitergehen müssen: Auch wenn der Ver im guten Glauben auf Grund eines dem Vmer abhanden gekommenen Papiers an den Vten leistet, ist er frei, sofern der Vmer es schuldhaft versäumt hat, das Papier sorgfältig aufzubewahren oder wenigstens dessen Verlust dem Ver anzuzeigen. Eine Unterlassung in einer dieser Richtungen wiegt so schwer, daß ihre Folgen nicht den Ver treffen können; ebenso wohl Koenig in ,,Ausblick und Rückblick" Festgabe zum 60. Geburtstag von Erich R. Prölss, München 1967, S. 230.

Der Zessionar oder Pfandnehmer ist allerdings auch bei gutem Glauben nicht geschützt (anders ohne überzeugende Begründung: Anli S. 96).

Zur Frage, ob unmittelbarer Besitz erforderlich ist oder mittelbarer Besitz genügt, vgl. oben Anm. 9. — Über die Zustimmung gilt das oben Anm. 10 Ausgeführte. — Die Beweislast für diese Voraussetzung eigener Geltendmachung des Rechts liegt beim Vten. Wenn sich das Recht des Vten erst aus dem Zusammenhalt von Vsschein und Nachtrag ergibt, setzt § 75 II auch den Besitz des Nachtrags beim Vten voraus. — Bei der laufenden V kommt es auf die Einzelpolice, das Zertifikat, an: Möller Anm. 3 zu § 3.

[32] bb) Erweiterung.

Nach der Rechtsprechung kann der Vte auch dann selbst verfügen, wenn der Vmer zu erkennen gibt, daß er seinerseits von seinem Verfügungsrecht keinen Gebrauch machen wolle (BGH 4. V. 1964 BGHZ Bd 41 S. 327 = VersR 1964 S. 709 = NJW 1964 S. 1899; BGH 26. V. 1971 VersR 1971 S. 806 = MDR 1971 S. 735 = NJW 1971 S. 1456 = VA 1971 S. 255; ebenso Johannsen Bd IV Anm. H 13, H 15). Die Rechtsprechung arbeitet hier mit einer exceptio doli, die der Vte dem Bestreiten der Aktivlegitimation seitens des Vers entgegenhalten könne. Ebenso gut könnte man davon ausgehen, daß in der Untätigkeit des Vmers die konkludente Zustimmung liegt, daß nunmehr der Vte selbst um seinen Anspruch kümmert. Der BGH meint, diese Konstruktion verstoße gegen § 7(1) S. 2 AHB; indes ist dieser nicht so auszulegen, daß er die Zustimmung des Vmers zur Geltendmachung durch den Vten verbietet, vgl. unten Anm. 47. Dem BGH tritt Ruscher S. 112 bei. Jedenfalls erübrigt sich bei dieser Behandlungsweise die Erhebung eines Anspruchs des Vten gegen den Vmer auf Erteilung der Zustimmung oder gar auf klagweise Verfolgung des Vsanspruchs.

Oben Anm. 30 ist der Verzicht des Vmers auf seine Verfügungsmacht behandelt worden, wodurch diese sich in der Hand des Vten mit dem materiellen Recht vereinigt. Auch das ist, wie dort ausgeführt, als Unterfall der Zustimmung zu werten.

Der Sicherungsschein der Kaskov verschafft dem Vten Verfügungsmacht; BGH 20. XII. 1972 VA 1973 S. 72 = VersR 1973 S. 174.

[33] b) Inhalt der Verfügungsmacht.

Die Verfügungsmacht des § 75 II hat denselben Umfang wie die in § 76 I und II (zusammengenommen) umschriebene. Es kann daher auf die obigen Anmerkungen 11—14, 19, 20 verwiesen werden. Daß in § 75 II ausdrücklich die gerichtliche Geltendmachung erwähnt ist, dient nur der Klarstellung. Die Klagbefugnis steckt an sich schon in der Verfügungsmacht. Zur Aufrechnung ist zu bemerken: Der Vte kann aufrechnen mit der Vsforderung gegen eine gegen ihn gerichtete Forderung des Vers (§ 387 BGB). Der Vte kann jedoch nicht aufrechnen mit einer Gegenforderung des Vers gegen den Vmer, denn in dessen Schuldverhältnis kann er nicht eingreifen. Außerdem wäre eine solche Aufrechnung auch wirtschaftlich nicht interessant für den Vten. — Dafür, daß im Falle des § 75 II vom und gegen den Vten aufzurechnen ist, vgl. Kisch III S. 425; Ehrenzweig S. 216.

[34] c) Verhältnis zu § 76 III.

Ein Analogon zu § 76 III fehlt, wenn der Vte die Verfügungsmacht hat. Hier kann es nicht zu einer Bereicherung des Vmers wegen der V fremden Interesses kommen.

Allerdings kann der Vte, auch nachdem er die Zustimmung des Vmers (im weitesten Sinne, s. oben Anm. 31, 32) erhalten hat, noch immer das Recht zurückweisen (§ 333 BGB). Die Zustimmung des Vmers ist dann bedeutungslos, ebenso, wenn sie der Zurückweisung nachfolgt. In diesen Fällen kann die Zustimmung wieder relevant werden, wenn der Vte seine ablehnende Erklärung mit Erfolg anficht.

[35] d) Auswirkungen der Verfügungsmacht.

Prozessuale Probleme tauchen nicht auf, wenn der Vte verfügungsberechtigt ist. Im Prozeß Vter/Ver kann der Vmer Zeuge sein, er kann auch als Nebenintervenient beitreten, sei es nach Streitverkündung (§ 74 ZPO), sei es spontan (§ 66 ZPO), denn er kann ein Interesse daran haben, daß der Vte im Prozeß um die Vsentschädigung obsiegt, etwa weil er dem Vten für Beschaffung ausreichenden Schutzes verantwortlich ist.

Wegen der privatrechtlichen Auswirkungen kann auf das oben Anm. 26 Gesagte verwiesen werden: Der Ver hat in diesem Fall alle Erklärungen, die mit der Abwicklung des Vsfalles zusammenhängen, an den Vten zu richten. Die Aufrechnung, die der Ver aussprechen will, ist gedeckt durch § 387 BGB, wenn es sich um einen Gegenanspruch gegen den Vten handelt, durch § 35 b, wenn es sich um einen Gegenanspruch gegen den Vmer handelt (vgl. Ritter-Abraham[2] Anm. 3, 4 zu § 56 S. 777f.).

[36] e) Rechtsnachfolge.

Im Falle von § 75 II fallen Rechtsinhaberschaft und Verfügungsmacht zusammen. Deshalb bestehen hier keine Bedenken an der Abtretbarkeit und Verpfändbarkeit des Rechts einschließlich des Verfügungsrechts (vorausgesetzt, daß die AVB kein Abtretungsverbot enthalten) und schon gar nicht an der Universalsukzession in diese Rechte.

Das Verfügungsrecht allein kann auch hier nicht Gegenstand eines besonderen Rechtsgeschäfts sein. Immerhin ist eine Einziehungsermächtigung nach § 185 BGB wirksam; allerdings ist der Ermächtigte damit nicht gleichzeitig zur Einklagung der fremden Forderung im eigenen Namen befugt (es sei denn, es handele sich um den Vmer), denn die Prozeßstandschaft ist an zusätzliche Erfordernisse geknüpft.

Auf den Gesamtnachfolger geht das Zurückweisungsrecht (§ 333 BGB) über, bei der Einzelnachfolge ist das nicht denkbar (vgl. oben Anm. 7).

[37] f) Konflikt zwischen Verfügungsmacht des Versicherungsnehmers und des Versicherten.

Angesichts der verwickelten Regelung der §§ 75 II, 76 I, II, kann dem äußeren Anschein nach sowohl der Vmer, als auch der Vte Verfügungsmacht haben. Das ist dann der Fall, wenn der Inhaber des Vsscheins unter Beibehaltung des Besitzes dem anderen Teil Zustimmung erteilt oder wenn wechselseitig zwischen Vmer und Vtem Zustimmungen ausgetauscht werden. Kisch III S. 511 will hier die Grundsätze der Gesamtgläubigerschaft (§§ 428—430 BGB) anwenden, d. h. der Ver könne mit befreiender Wirkung an jeden von beiden zahlen, bei miteinander unvereinbaren Verfügungen (Abtretung der Vsforderung durch Vmer und Vten an verschiedene Zessionare) gehe die frühere vor.

Meines Erachtens kann es weder auf die Willkür des Vers noch auf die Zufälligkeit der Priorität ankommen. Treffen wechselseitige Zustimmungen aufeinander, so geht die Zustimmung des Vmers vor, weil sie bewirkt, daß sich in der Person des Vten der Normalfall des Zusammentreffens von Rechtsinhaberschaft und Verfügungsmacht erfüllt. Trifft Besitz am Vsschein mit der Zustimmung des Besitzers gegenüber dem anderen Teil zusammen, so geht die Zustimmung als die gezielte Einverständniserklärung zur Verfügung vor.

Es ist nicht zu verkennen, daß der Ver und der Zessionar (oder Pfandnehmer) es in solchen Fällen schwer haben, die Verfügungsmacht zu prüfen. Dem ersteren hilft die befreiende Hinterlegung (§§ 372, 378 BGB; Kisch III S. 482); dem letzteren ist zu empfehlen, sich nicht auf die Legitimationswirkung des Vsscheins zu verlassen, sondern beim anderen Teil rückzufragen, ob jenem gegenüber nicht eine Zustimmung seitens des Policeninhabers = Zedenten erfolgt ist bzw., wenn der sich auf die Zustimmung des Vten stützende Vmer zedieren will, beim Vten anzufragen, ob nicht ihm eine Zustimmung vom Vmer erteilt worden ist, die nach dem Ausgeführten vorgehen würde.

[38] 4. Zwangsvollstreckung und Konkurs.

a) Versicherter ist Vollstreckungsschuldner oder Gemeinschuldner.

aa) Tragweite der Pfändung.

Hat der Vmer bereits die Vsentschädigung eingezogen, so entstehen keine Schwierigkeiten. Sofern der Vte einen Anspruch auf Auskehrung hat, können seine Gläubiger diesen Anspruch pfänden und sich überweisen lassen. Drittschuldner ist in diesem Falle der Vmer. Unproblematisch ist ferner der Fall, daß der Vte nach § 75 II selbst das Einziehungsrecht hat. Dieses wird (wie gewöhnlich) von der Pfändung und Überweisung des Vsanspruchs erfaßt, Drittschuldner ist der Ver.

Schwieriger ist die Lage zu beurteilen, wenn der Vmer das Einziehungsrecht besitzt, es aber noch nicht ausgeübt hat. Auch hier können die Gläubiger des Vten auf den Vsanspruch greifen, Drittschuldner ist der Ver. Nach § 829 ZPO ist der Pfändungsbeschluß dem Vten und dem Ver zuzustellen. Kisch III S. 466 N. 4 irrt, wenn er meint, der Pfändungsbeschluß sei auch dem Vmer zuzustellen, auch ihm sei zu gebieten, sich jeder Verfügung über die Vsforderung zu enthalten. Dem Vmer als Außenstehendem kann indes nichts verboten oder geboten werden, seine Rechtsstellung darf durch den Vollstreckungszugriff der Gläubiger des Vten nicht beeinträchtigt werden, gegen ihn liegt ja kein Titel vor. Der Vmer könnte sich also mit Erfolg im Wege der Erinnerung (§ 766 ZPO) gegen solches Gebot wenden.

Deshalb kann auch der Drittschuldner (Ver) noch, nachdem ihm der Pfändungsbeschluß zugestellt worden ist, mit befreiender Wirkung an den Vmer zahlen. Das ist die Kehrseite der bestehengebliebenen Einziehungsbefugnis des Vmers und ergibt sich überdies auch aus § 829 ZPO, der dem Drittschuldner nur verbietet, an den Schuldner zu zahlen. Sollte ein Pfändungsbeschluß darüber hinaus ihm auch verbieten, an den Vmer zu zahlen, so könnte der Ver dagegen Erinnerung einlegen (§ 766 ZPO).

Vgl. zu alledem OLG Stuttgart 4. XI. 1959 NJW 1960 S. 204. Dort hatte ein Drittschuldner noch nach der Zustellung des Pfändungsbeschlusses Tilgung gegenüber einem Außenstehenden vorgenommen, wozu ihn sein Vertrag mit dem Schuldner berechtigte. Der Vollstreckungsgläubiger wollte diese Tilgung nicht gegen sich gelten lassen, er wurde jedoch abgewiesen. In der Besprechung zu diesem Urteil weicht Kubisch NJW 1960 S. 683 nur in der Begründung ab, nicht im Ergebnis.

[39] bb) Folgerungen.

Im Normalfalle, d. h. wenn der Vte nicht verfügungsberechtigt ist (§ 76 I, II), nützt dem Vollstreckungsgläubiger die Pfändung des Vsanspruchs allein nichts. Er ist gehalten, das aus dem Innenverhältnis fließende Recht des Vten gegen den Vmer pfänden und sich überweisen zu lassen, um nunmehr als Rechtsnachfolger des Vten den Vmer auf Zustimmung zu verklagen. Erst wenn der Vollstreckungsgläubiger insoweit erfolgreich war, kann er einen Überweisungsbeschluß hinsichtlich des Vsanspruchs erwirken (Prölss-Martin[20] Anm. 2 zu § 75, S. 420) und nunmehr gegen den Ver vorgehen; vgl. OLG Hamburg 5. VII. 1951 VersR 1951 S. 227 = NJW 1952 S. 388; Trautmann S. 21 f.

Erst ein umständlicher und zeitraubender Weg führt also den Gläubiger des Vten zum Ziel. Deshalb kann ein Bedürfnis nach einstweiliger Verfügung gegenüber dem Vmer vorhanden sein, sich der Einziehung oder sonstiger Verfügung über die Vsforderung zu enthalten (Prölss-Martin[20] Anm. 2 zu § 75, S. 420), weil sonst der Anspruch des Vten auf Zustimmung gefährdet wäre.

Der Zustimmung des Vmers steht nach § 75 II der Besitz des Vten am Vsschein gleich. Ein Anspruch des Vten auf den letzteren ist seltener als ein Anspruch auf Zustimmung, weil ja der Vmer auch nach dem Schadenfall Herr des Vsvertrages bleibt (es sei denn, der Vsfall bedeutet Interessefortfall nach § 68 IV).

Im Konkurs des Vten gehört die Vsforderung zur Konkursmasse. Soweit das materielle Recht bestimmten Gläubigern ein Absonderungsrecht an der Vsforderung zubilligt, wie den Realgläubigern nach §§ 1127, 1107, 1192, 1200 BGB, 32 I SchRG, dem geschädigten Dritten nach § 157 VVG, wirkt es sich bei der Fremdv im Konkurse des Vten aus (Prölss-Martin[20] Anm. 1 zu § 157, S. 716).

Im übrigen gilt Entsprechendes wie oben Anm. 38 und in den vorigen Absätzen dieser Anmerkung, nur tritt an die Stelle des Vollstreckungsgläubigers der Konkursverwalter, was die Realisierung der Vsforderung angeht. Er ist es auch, der zur Zustimmung nach § 76 II legitimiert ist.

[40] b) Versicherungsnehmer ist Vollstreckungsschuldner.

Wird der Vsanspruch beim Vmer gepfändet, so kann der Vte die Interventionsklage nach § 771 ZPO erheben (Trautmann S. 96 und die dort N. 329 Genannten). Das Verfügungsrecht des Vmers nach § 76 I, II kann der Vte nur beseitigen, wenn er aus dem Innenverhältnis erfolgreich auf Zustimmung i. S. d. § 75 II klagt. Dieses Verfügungsrecht unterliegt nicht dem Zugriff der Gläubiger des Vmers (RG 14. XI. 1930 RGZ Bd 130 S. 242; Prölss-Martin[20] Anm. 1 zu § 76, S. 424; Raiser[2] Anm. 23 zu § 13 AFB, S. 330; Ritter-Abraham[2] Anm. 5 zu § 54 ADS, S. 767; Ruscher S. 89; Kisch III S. 491; Bruck[7] Anm. 4 zu § 76, S. 286).

[41] c) Versicherungsnehmer ist Gemeinschuldner.

aa) Verfügungsrecht des § 76 I, II.

Im Konkurs des Vmers gehört das Verfügungsrecht zur Masse (ausgeübt wird es vom Konkursverwalter: Trautmann S. 50 f. und die daselbst N. 182 Genannten; Ruscher S. 89). Das ist eine Anomalie insofern, als nur das der Zwangsvollstreckung unterliegende Vermögen zur Konkursmasse gehört, worunter das Verfügungsrecht nicht fällt (vgl. oben

Anm. 40). Die Besonderheit rechtfertigt sich dadurch, daß das Verfügungsrecht der Realisierung eines Vorzugsrechts (§ 77²) zugunsten der Masse dient. Man kann die Rechtfertigung auch darin erblicken, daß demjenigen, dem die Verfügung über ein fremdes Recht gegeben wird, dieser Rechtsmacht nicht mehr würdig ist, wenn er schlecht wirtschaftet (vgl. Jaeger, Lehrbuch des Deutschen Konkursrechts, 8. Aufl. Berlin und Leipzig, 1932, S. 90, für einen anderen Fall der Diskrepanz zwischen Behandlung in der Einzelvollstreckung und im Konkurs).

Das Verfügungsrecht des Konkursverwalters kann der Vte überwinden, wenn er die Zustimmung zur Eigenverfügung nach § 75 II verlangen kann. Dem braucht der Konkursverwalter nur nachzukommen, wenn sichergestellt ist, daß der eventuelle Anspruch der Masse aus dem Innenverhältnis zum Vten realisiert worden ist. Etwas abweichend Ruscher S. 124, der von einer Abtretung des Einziehungsrechts spricht. Die Zustimmung, um die es sich hier handelt, hat indes Verzichtscharakter, Verzicht auf eine Befugnis, die sich auf der anderen Seite als Belastung des Rechts auswirkt, vgl. oben Anm. 31, 32.

[42] **bb) Aussonderung und Surrogate.**

Hinsichtlich des Vsanspruchs selbst entspricht der Interventionsklage (oben Anm. 40) das Aussonderungsrecht, das hier jedoch wegen der Unkörperlichkeit des Gegenstandes darauf hinausläuft, daß der Konkursverwalter auf Feststellung zu verklagen ist, wenn er nicht die Berechtigung des Vten anerkennt: Trautmann S. 99. Davon zu unterscheiden ist die Leistungsklage auf Zustimmung (oben Anm. 41).

Hat der Konkursverwalter schon verfügt, so verwandelt sich das an sich gegebene Ersatzaussonderungsrecht des § 46² KO wegen der Geldqualität des Leistungsgegenstandes gewöhnlich in eine Masseschuld nach § 59 Ziff. 1 oder Ziff. 3 KO (Jaeger a. a. O. S. 109; Trautmann S. 103), es sei denn, der Erlös ist noch unterscheidbar in der Masse (dann gilt § 46² KO): BGH 28. X. 1953 BGHZ Bd 10 S. 384 = NJW 1953 S. 1825 = VersR 1953 S. 448 = VA 1954 S. 26; Ruscher S. 125; Trautmann S. 100; Prölss-Martin[20] Anm. 2 zu § 75, S. 420. Voraussetzung ist, daß das Innenverhältnis zwischen Vtem und Vmer die Ersatzaussonderung rechtfertigt, was regelmäßig der Fall ist. Der Konkursverwalter kann selbstverständlich Gegenansprüche gegen den Vten aufrechnen.

Stärker ist die Stellung des Kommittenten als Versicherten im Konkurs des Kommissionärs, RG 22. XII. 1906 VA 1907 Anhang Nr. 328.

[43] **cc) Einziehung vor Eröffnung des Konkursverfahrens.**

War die Forderung schon vor Eröffnung des Konkursverfahrens vom Vmer, dem späteren Gemeinschuldner, eingezogen worden, so verbleibt dem Vten nur ein Anspruch als gewöhnlicher Konkursgläubiger (§ 61 Ziff. 6 KO): Jaeger a. a. O. S. 109. Ruscher S. 124 gibt hierfür eine unzutreffende Begründung; nicht weil es keine Ersatzaussonderung gibt, ist der Vte gewöhnlicher Konkursgläubiger, sondern weil die Verfügung schon vor Konkurseröffnung getroffen wurde. Die sogenannte Treuhandstellung des Vmers (vgl. oben Anm. 22) kann daran nichts ändern (unrichtig daher OLG Celle 1. X. 1953 VersR 1953 S. 489), weil sie überwiegend eigennützig ist und selbst als uneigennützige in unserem Zusammenhang kaum Wirkungen entfalten kann, weil es sich hier nicht um das eigentliche Treugut (die Vsforderung), sondern um das Surrogat handelt. Wie hier Trautmann S. 104—112.

[44] **5. Von §§ 75 II, 76 I, II abweichende Regelungen.**

   a) Zugunsten Versichertem.

   aa) Pflichtversicherungen.

Abweichungen von der Verteilung der Verfügungsmacht auf Grund der §§ 75 II, 76 I, II sind zahlreich. Sie beruhen teils auf Gesetz, teils auf Vertrag (AVB).

Zuweilen bedarf der Vte weder der Police noch der Zustimmung des Vmers. Beispiele:

   § 10 (4) AKB „Mitvte Personen können ihre Vsansprüche selbständig geltend machen".

§ 106 LuftverkehrsZulO (Unfallv der Fluggäste): „Den Vten oder Anspruchsberechtigten muß nach dem Unfall-Vsvertrag das Recht zustehen, den Anspruch auf die Vssumme selbständig gegen den Ver geltend zu machen".

Angesichts dieser Fassung kann Hofmann, Kommentar zum LVG, München 1971, S. 516 nicht zugestimmt werden, der auch auf die Fluggastunfallv § 75 II anwenden will. Dem § 106 LuftverkehrsZulO haben sich die Besonderen Bedingungen für die obligatorische Unfallv der Fluggäste angepaßt (Ziff. 3), VA 1972 S. 290:

„Die aus der V berechtigten Personen können ihre Ansprüche selbständig geltend machen".

[45] bb) Sonstige Versicherungen.

Auch außerhalb der Vspflicht können Vsansprüche Dritter von den Schranken des § 75 II gelöst sein, so etwa in § 16 (5) AKB (Kraftfahrzeugunfallv):

„Namentlich vte Personen können ihre Vsansprüche selbständig geltend machen".

Dasselbe gilt bei der Kaskov mit Sicherungsschein. Hier ist der Sicherungsnehmer als Vter frei in der Verfügung: Anm. 86, 87 zu § 68. Ferner ist § 11 AVB PKautv zu nennen:

„Die Personenkautionsv ist eine V für fremde Rechnung. Entschädigungsansprüche aus dem Vsvertrage kann nur der Vte geltend machen. Der Vsschein wird dem Vten — bei mehreren Vten dem zuerst Genannten — ausgehändigt".

Auch in der Firmengruppenv von Krankheitskosten kommen Abreden vor, daß Vte (= Arbeitnehmer) selbständig über ihre Rechte verfügen können (Millauer S. 171).

[46] cc) Gemeinsames.

Die dem Vten durch solche Klauseln eingeräumte Rechtsmacht ist wie im Falle des § 75 II eine verdrängende, d. h. der Vmer geht seiner Verfügungsmacht verlustig (ebenso Ruscher S. 94—98). Das allein wird dem Erfordernis leicht feststellbarer Verhandlungszuständigkeiten gerecht, an dem dem Ver gelegen ist.

In allen diesen Fällen ist der Vsschein seiner Legitimationswirkung entkleidet. Jedoch kann der Vte den Vmer ermächtigen, des ersteren Rechte wahrzunehmen, vgl. oben Anm. 36.

[47] b) Zugunsten Versicherungsnehmer.
  aa) Beispiele.

Zahlreich sind die Fälle, in denen auf Grund der AVB vereinbart ist, daß stets der Vmer die Verfügungsbefugnis hat, mögen auch die Voraussetzungen des § 76 II nicht vorliegen. Hierdurch wird zunächst vordergründig die Rechtsstellung des Vmers erweitert; maßgebend aber war nicht sein Interesse, sondern das des Vers, der nur einem Partner im Vsfalle gegenüberstehen will.

Als repräsentativ für die reine Sachv sei § 12 (1) (2) AFB angeführt:

„Bei der V für fremde Rechnung kann der Vmer über die Rechte des Vten im eigenen Namen verfügen. Der Vmer ist ohne Zustimmung des Vten zur Annahme der Entschädigungszahlung sowie zur Übertragung der Rechte des Vten befugt, auch wenn er nicht im Besitz des Vsscheins ist. Der Ver kann vor Auszahlung der Entschädigung den Nachweis verlangen, daß der Vte seine Zustimmung zu der V und zur Empfangnahme der Entschädigung erteilt hat.
Der Vte kann über seine Rechte nicht verfügen, selbst wenn er im Besitze des Vsscheins ist; er kann die Zahlung der Entschädigung nur mit Zustimmung des Vmers verlangen."

Hier ist also der Vsschein seiner Legitimationsfunktion entkleidet. Wie nach § 75 II hat allerdings die Zustimmung des Vmers insofern Bedeutung, als der Ver bei ihrem Vorliegen befreiend an den Vten zahlen kann.

II. Vollzugsverhältnis §§ 75, 76
Anm. 48—50

Als weitere Beispiele gehören hierher § 7 (1) S. 2 AHB:

„Die Ausübung der Rechte aus dem Vsvertrag steht ausschließlich dem Vmer zu",

ferner § 3 (2) AKB:

„Die Ausübung der Rechte aus dem Vsvertrag steht, wenn nichts anderes vereinbart ist (s. insbesondere §§ 10 Abs. 4 und 16 Abs. 5) ausschließlich dem Vmer zu";

sowie § 16 (1) S. 2 AUB:

„Im Falle der Fremdv steht die Ausübung der Rechte aus dem Vsvertrag ausschließlich dem Vmer zu".

Auch diese Bestimmungen werden so auszulegen sein, daß der Vte mit Zustimmung des Vmers seine Rechte selbständig geltend machen kann. Auch hier soll also lediglich die Funktion des Vsscheins als Legitimation für die Verfügungsmacht ausgeschlossen sein (anders der BGH vgl. oben Anm. 32). Johannsen Bd IV Anm. H. 14 hält darüber hinaus die Zustimmung der Vers für nötig, die auch in konkludentem Verhalten liegen könne.

Eine Besonderheit weist § 11 (2) ARB auf:

„Die Ausübung der Rechte des Vmers und der mitvten Personen aus dem Vsvertrag steht, sofern nicht etwas anderes vereinbart ist, ausschließlich dem Vmer zu; der Ver ist jedoch berechtigt, den mitvten Personen Vsschutz zu gewähren, solange der Vmer nicht widerspricht."

[48] bb) Gemeinsames.
Die oben Anm. 47 gebrachten Beispiele haben gemeinsam, daß die Legitimationsfunktion des Vsscheins beseitigt ist. Das hält Koenig in „Ausblick und Rückblick", Festgabe zum 60. Geburtstag von Erich R. Prölss, München 1967, S. 231, 237 generell für wünschenswert.

In allen diesen Fällen verbleibt es aber bei § 76 III als zwingender Norm, vgl. Anm. 15 zu Vorbemerkungen zu §§ 74—80 sowie Ruscher S. 94.

[49] cc) Zulässigkeit.
Es ist anomal, daß Rechtsinhaberschaft und Verfügungsmacht auseinanderfallen. Soweit AVB-Regelungen zugunsten des Vmers (im Interesse des Vers) von den §§ 75 II, 76 II abweichen, wird diese Regelwidrigkeit noch erweitert. Solche Vereinbarungen sind allerdings nicht bedenklich, etwa weil sie einem Vertragsfremden (dem Vten) Rechte nähmen, die er nach dem Gesetz haben soll, denn der Vte erwirbt hier von vornherein nur das eingeschränkte Recht.

Bedenken können aber aus § 137 BGB hergeleitet werden. Die Befugnis, über den Vsanspruch zu verfügen, steht dem Vten unter den Voraussetzungen des § 75 II zu, d. h. u. a. wenn er im Besitz des Vsscheins ist. Diese Verfügungsbefugnis wird ihm genommen. Das ist für die Übertragung des Vsanspruchs unschädlich, soweit die AVB die Abtretbarkeit ausschließen (§ 399 2. Altern. BGB), denn dann wirkt sich der Mangel der Verfügungsbefugnis des Vten nicht aus. Jedoch ist § 137[1] in den Restfällen der Verfügung berührt, insbesondere dadurch, daß der Vte das Einziehungsrecht einbüßen soll, selbst wenn er den Vsschein besitzt.

Praktisch wirkt sich aber auch das nicht aus, weil § 137[2] die schuldrechtliche Wirksamkeit von Verfügungsbeschränkungen nicht antastet und sich der Ver, wenn der Vte die Leistung verlangt, auf die Abrede mit dem Vmer berufen wird (§ 334 BGB). Im Ergebnis ebenso Kisch III S. 481 N. 14 (der allerdings auf § 137 BGB nicht eingeht); Schneider WuR 1913 S. 84f.; Richter, Die Rechtsstellung des Vten bei der V für fremde Rechnung, Leipziger Diss. 1933 S. 32.

[50] c) Neutrale Abweichungen.
Nach § 1046 BGB hat bei der V des Nießbrauchers zugunsten des Eigentümers (§ 1045) weder der Vmer noch der Vte das alleinige Einziehungsrecht, vielmehr können

Sieg

nur beide zusammen über die Vsforderung verfügen (Kisch III S. 512f.). Damit sind §§ 75 II, 76 I, II verdrängt. Hingegen bleibt § 75 I bei Bestand: Die Vsforderung steht dem Vten, dem Eigentümer, zu. Über Einzelheiten unterrichtet Lenné S. 105f.

[51] 6. Bereicherungsanspruch des Versicherers.
  a) Nach Entschädigung an Versicherungsnehmer oder Versicherten.
    aa) Regel.
Hat der Ver entschädigt, obwohl er auf Grund des Deckungsverhältnisses hierzu nicht oder nicht so verpflichtet war (Beispiele: oben Anm. 5; ferner Vorhandensein primärer oder sekundärer Risikobeschränkungen; Zahlung an den Vten, obwohl dieser weder den Vsschein noch die Zustimmung des Vmers hatte; Zahlung an den Vmer ohne die Voraussetzungen des § 76 II), so erwächst ihm ein Bereicherungsanspruch. Beim Vertrage zugunsten Dritter ist heftig umstritten, ob der Versprechende in solchem Falle beim Dritten oder beim Versprechensempfänger kondizieren kann. Die Frage ist nicht generell zu beantworten, vielmehr ist von Fall zu Fall zu differenzieren (BGH 24. II. 1972 BetrBer 1972 S. 635f. = NJW 1972 S. 864—866).

Dabei ist von Bedeutung, daß der V für fremde Rechnung ein Vertrag zugunsten Dritter eigener Art zugrunde liegt: Der Dritte bekommt etwas zugewendet, was seinen Schaden ausgleicht; sein Verhalten wirkt kraft § 79 auf die Deckungspflicht des Versprechenden ein. M. E. ist Bereicherungsschuldner derjenige, an den die Entschädigung ausgekehrt wurde. Ist das der Vmer, so schafft das — vermeintliche — Band des Deckungsverhältnisses die Unmittelbarkeit zwischen Be- und Entreicherung. Ist die Entschädigung vom Ver an den Vten ausgekehrt worden, so steht an Stelle des Deckungsverhältnisses das Vollzugsverhältnis, das hier enger gestaltet ist als sonst beim Vertrage zugunsten Dritter (vgl. Beginn dieses Absatzes) und deshalb das Unmittelbarkeitserfordernis zwischen Entreicherung auf der einen Seite, Bereicherung auf der anderen Seite erfüllt.

Gegenüber dem Vmer kann der Ver nicht mit einem Bereicherungsanspruch gegen den Vten aufrechnen, wenn er ohne die Voraussetzungen des § 75 II an letzteren gezahlt hat. § 35 b hilft dem Ver hier nicht. Er hat es seiner eigenen Nachlässigkeit zuzuschreiben, daß er nochmals an den Vmer leisten muß. Das Entsprechende gilt, wenn der Ver an den Vmer geleistet hat, obwohl die Voraussetzungen des § 76 II nicht vorhanden waren.

[52] bb) Auseinandersetzung mit Schrifttum.
Die Ansicht von Prölss-Martin[20] Anm. 2 zu § 75, S. 420., wonach sich die Kondiktion stets gegen den Vten richte, selbst wenn dieser die Vsentschädigung nicht erhalten hat, ist also abzulehnen. Auch Ehrenzweigs Standpunkt (S. 220 N. 15), daß der Vte, auch ohne die Entschädigung erlangt zu haben, auf Bereicherung in Anspruch genommen werden könne, wenn er seine Zustimmung zum Vertrage gegeben hat, berücksichtigt nicht genug die Interessen des Vten. Der hier vertretenen Ansicht stimmen zu bzw. kommen nahe Kisch III S. 479, 502 (der aber S. 506 nicht zu rechtfertigende Einschränkungen für den Fall macht, daß der Nießbraucher nach § 1045 BGB Sachen des Eigentümers unter Vsschutz gebracht hat); Raiser[2] Anm. 21 zu § 13, S. 330; Ritter-Abraham[2] Anm. 10 zu § 53, S. 761; Lenné S. 145.

[53] b) Nach Weiterleitung der Entschädigung durch Versicherungsnehmer.
Hat der Vmer die Entschädigung bereits an den Vten ausgekehrt, so ist zu unterscheiden: War das Zuwendungsverhältnis Schenkung, so richtet sich der Bereicherungsanspruch des Vers kraft § 822 BGB gegen den Vten. Lag jedoch ein entgeltliches Zuwendungsverhältnis vor, so steht dem Anspruch gegen den Vmer auf Erstattung der vollen Entschädigung § 818 III entgegen. Bei der Frage, ob und inwieweit der Empfänger (Vmer) nicht mehr bereichert ist, ist auch das zu berücksichtigen, was er auf Grund des

Geschäfts erlangt hat, das die Nichtmehr-Bereicherung verursacht hat. Das bedeutet hier, daß die Bereicherung z. B. auf Herausgabe der Entlohnung für die Beschaffung des Vsschutzes geht oder auf Herausgabe dessen, was der Vmer gegenüber dem Vten erspart hat, weil er sich mit der Besorgung der V Haftungsfreiheit verschafft hat (Kundenv).

Anders ist es nur dann, wenn der Vmer wußte, daß der Ver nichts schuldete und gleichwohl die Vsforderung eingezogen und den Erlös weitergeleitet hat. Hier geht seine Haftung wegen § 819, 818 IV BGB trotz der Entreicherung auf das ursprünglich Erlangte, § 818 III ist ausgeschaltet.

In den Ergebnissen weitgehend übereinstimmend Kisch III S. 503, 505 N. 10; Bruck S. 474.

[54] III. Deckungsverhältnis.
1. Vertragsganzes.

Nach § 75 I[1] stehen die Rechte aus dem Vsvertrage dem Vten zu. Damit sind jedoch nur die Rechte auf Entschädigung im weiteren Sinne gemeint (oben Anm. 2, 3). Alle Rechte, die mit dem Vertrag als solchem, mit dem Vertragsganzen, zusammenhängen, hat nur der Vmer inne; Kisch III S. 464, 471; Prölss-Martin[20] Anm. 2 zu § 74, S. 418; Ruscher S. 90; Anli S. 102f.; Koenig in „Ausblick und Rückblick" Festgabe für Erich R. Prölss zum 60. Geburtstag, München 1967, S. 223, 236. Abweichend Ehrenzweig S. 214, 219; Trautmann, S. 9 (der Vte soll im Rahmen des § 75 II auch das Kündigungs- und Rücktrittsrecht haben; für letzteres bleibt Trautmann ein Beispiel schuldig); Ritter-Abraham[2] Anm. 7 zu § 53, S. 760. Die Herrschaft des Vmers über den Gesamtvertrag gilt auch dann, wenn § 76 I zugunsten des Vten ausgeschlossen ist (oben Anm. 44—46); die Stellung zum Vertragsganzen gewinnt der Vmer nicht aus § 76 I, sondern er nimmt sie kraft des Vsvertrages unmittelbar ein. Vgl. auch oben Anm. 4.

Sollen Zweifel über den Vertrag im Klagewege behoben werden, so ist der Vmer aktiv oder passiv legitimiert: Kisch III S. 478 N. 12.

Bei Überv kann der Vmer unter den Voraussetzungen des § 51 Herabsetzung der Vssumme und damit der Prämie, bei Doppelv kann er deren Beseitigung nach § 60 verlangen (Möller Anm. 14 zu § 60).

Auch einverständliche Vertragsabänderungen sind zwischen Ver und Vmer vorzunehmen.

[55] 2. Versicherungsschein.

Folgerichtig steht nach § 75 I S. 2 das Recht auf Aushändigung des Vsscheins dem Vmer zu, ebenso das Recht auf Ausstellung einer Ersatzurkunde (Ausnahme s. unten) sowie auf Abschriftserteilungen nach § 3. Auch Billigung oder Mißbilligung des Policeninhalts (§ 5) ist allein Sache des Vmers. — Was § 75 I[2] für den Vsschein sagt, gilt gleichermaßen für die Einzelpolice bei laufender V und für Nachträge, durch die Vertragsänderungen dokumentiert werden.

Wegen §§ 75 I[1] VVG, 952 BGB steht die Police, die gewöhnlich nicht Wertpapier ist, im Eigentum des Vten (Kisch III S. 612). Dessen Herausgabeklage kann der Vmer die Einwendungen aus dem Innenverhältnis entgegensetzen (§ 986 BGB). Da die Ersatzurkunde ein Surrogat für die ursprüngliche Police darstellt, hat der Vte den Anspruch auf erstere gegenüber dem Vmer, wenn die mit dem Willen des Vmers in seinen Besitz gelangte Police ihm abhanden gekommen ist: Kisch III S. 464.

[56] 3. Prämienschuld, Prämienanmahnung.

Prämienschuldner ist allein der Vmer, der Vte kann es allenfalls derivativ werden: Sofern der Vmer gegen ihn auf Grund des Innenverhältnisses einen Befreiungsanspruch hat, kann der Ver diesen pfänden und sich überweisen lassen, oder der Vmer kann den Befreiungsanspruch, der Prämie entsprechend, an den Ver abtreten, wodurch er sich in einen Zahlungsanspruch verwandelt.

Sieg

Abgesehen von diesem Sonderfall ist die Mahnung nach § 39 VVG an den Vmer zu richten. Ob der Ver verpflichtet ist, auch den Vten zu benachrichtigen, ist bestritten. Nach § 35 a kann der Ver die Prämienzahlung durch den Vten selbst dann nicht ablehnen, wenn der Vmer ihr widerspricht (Abänderung von § 267 II BGB). Damit hat der Gesetzgeber deutlich zu erkennen gegeben, daß das wirtschaftliche Interesse des Vten an der Aufrechterhaltung des Vsschutzes auch in die rechtliche Sphäre ausstrahlt. Daher besteht m. E. eine Pflicht des Vers, von der Mahnung auch den Vten zu unterrichten (ebenso Möller Anm. 9 zu § 35 a. Abweichend Prölss-Martin[20] Anm. 3 zu § 35 a, S. 227) mit der Folge, daß er sich bei deren Vernachlässigung dem Vten gegenüber schadensersatzpflichtig machen kann; Einzelheiten Sieg Der Betrieb 1953 S. 483, ders. VersR 1953 S. 220. Ausdrücklich wird eine Anzeigepflicht des Vers in dieser Richtung statuiert in den Sicherungsscheinen der Kraftfahrzeugv und in § 11 AVB PKautv, dessen Satz 4 lautet:

„Der Ver ist verpflichtet, den Vten — gegebenenfalls den zuerst genannten — von allen in bezug auf das Vsverhältnis von oder gegenüber dem Ver abgegebenen Erklärungen zu verständigen, andernfalls diese Erklärungen dem bzw. den Vten gegenüber **nicht wirken**."

Zu weiteren Fragen des Deckungsverhältnisses vgl. Anm. 17—38 zu § 74.

§ 77

Der Versicherungsnehmer ist nicht verpflichtet, dem Versicherten oder, falls über das Vermögen des Versicherten der Konkurs eröffnet ist, der Konkursmasse den Versicherungsschein auszuliefern, bevor er wegen der ihm gegen den Versicherten in bezug auf die versicherte Sache zustehenden Ansprüche befriedigt ist. Er kann sich für diese Ansprüche aus der Entschädigungsforderung gegen den Versicherer und nach der Einziehung der Forderung aus der Entschädigungssumme vor dem Versicherten und dessen Gläubigern befriedigen.

Rechtsverhältnis zwischen Versicherungsnehmer und Versichertem.

Gliederung:

I. Überblick Anm. 1

II. Ansprüche des Vmers gegen den Vten bei intaktem Innenverhältnis Anm. 2 bis 22

  1. Voraussetzungen des Vmerschutzes nach § 77 Anm. 2—10

    a) Geschützte Ansprüche Anm. 2 bis 7

      aa) Dem Grunde nach Anm. 2—5

        aaa) Anspruch gegeben Anm. 2

        bbb) Anspruch fehlt wegen Utilitätsprinzips Anm. 3

        ccc) Anspruch fehlt aus sonstigen Gründen Anm. 4

        ddd) Insbesondere Arbeitsverhältnis Anm. 5

      bb) Der Höhe nach Anm. 6—7

        aaa) Allgemein Anm. 6

        bbb) Verwendungsersatz Anm. 7

    b) Einbeziehungsbefugnis des Vmers Anm. 8—9

      aa) Ausgangslage Anm. 8

      bb) Verlust Anm. 9

    c) Entbehrlichkeit des Schutzes Anm. 10

  2. Zurückbehaltungsrecht des Vmers (§ 77[1]) Anm. 11—14

    a) Vergleich mit § 273 BGB Anm. 11

I. Überblick

b) Voraussetzung Anm. 12
c) Wirkungen Anm. 13—14
  aa) Allgemeines Anm. 13
  bb) Gegenüber Gläubigern des Vten Anm. 14

3. Befriedigungsrecht des Vmers (§ 77²) Anm. 15—19
  a) Rechtsnatur Anm. 15
  b) Grenzen des Vorzugsrechts Anm. 16
  c) Folgen im Konkurs des Vten Anm. 17
  d) Folgen außerhalb des Vtenkonkurses (Pfandrechtskonkurrenz) Anm. 18
  e) Fehlerhafte Abwicklung Anm. 19

4. Vmerstellung außerhalb § 77 Anm. 20—22
  a) Enge Konnexität fehlt Anm. 20 bis 21
    aa) Einziehung Anm. 20
    bb) Aufrechnung Anm. 21
  b) Jede Konnexität oder die Einziehungsbefugnis des Vmers fehlt Anm. 22

III. Ansprüche des Vten gegen den Vmer Anm. 24—36

1. Innenverhältnis Anm. 23—26
  a) Im allgemeinen Anm. 23
  b) Bei Unfallfremdv für fremde Rechnung Anm. 24
  c) Bei gesetzlicher Pflicht zur Fremdv Anm. 25

  d) Unterschiedliche Intensität der Vmerpflichten Anm. 26

2. Pflichten des Vmers Anm. 27—30
  a) Hauptpflichten Anm. 27—29
    aa) Beschaffung von Vsschutz Anm. 27
    bb) Wahrnehmung der Vsforderung Anm. 28—29
      aaa) Einziehung Anm. 28
      bbb) Sonstiges Anm. 29
  b) Nebenpflichten Anm. 30

3. Folgen der Verletzung des Innenverhältnisses Anm. 31—33
  a) Erfüllungsanspruch Anm. 31
  b) Anspruch auf Schadenersatz wegen Nichterfüllung Anm. 32 bis 33
    aa) Materiellrechtlich Anm. 32
    bb) Konkurs des Vmers Anm. 33

4. Außervertragliche Folgen der Pflichtverletzung Anm. 34—35
  a) Schadenersatzanspruch aus unerlaubter Handlung Anm. 34
  b) Bereicherungsanspruch Anm. 35

IV. Ansprüche des Vmers gegen den Vten bei fehlendem Innenverhältnis Anm. 36—38

1. Beziehung zwischen Zuwendungs- und Deckungsverhältnis Anm. 36

2. Ausgleichung im Zuwendungsverhältnis Anm. 37—38
  a) Grundlage Anm. 37
  b) Auswirkung des Vsfalles Anm. 38

[1] I. Überblick.
§ 77 ist eine Schutzvorschrift zugunsten des Vmers. § 77² gibt ihm für seine etwaigen Ansprüche aus dem Valutaverhältnis ein Vorzugsrecht an der Vsforderung und (nach deren Einziehung) an der Vsentschädigung. Damit der Vmer auch in der Lage ist, das Vorzugsrecht auszuüben, gewährt ihm § 77¹ ein besonderes Zurückbehaltungsrecht. Es wird zu zeigen sein, daß § 77 keineswegs nur deklaratorischer Natur ist (so aber Trautmann S. 113 im Einklang mit der Gesetzesbegründung: Motive zum VVG, Neudruck Berlin 1963 S. 150).

Das VVG begnügt sich mit der Regelung der Ansprüche des Vmers gegen den Vten (davon unten II). Das Valutaverhältnis erschöpft sich jedoch darin nicht, vielmehr können sich aus ihm auch Ansprüche des Vten gegen den Vmer ergeben (davon unten III). — Schließlich sind die Rechtsverhältnisse bei fehlendem Valutaverhältnis zu klären (davon unten IV).

Sieg

[2] II. Ansprüche des Versicherungsnehmers gegen den Versicherten bei intaktem Innenverhältnis.

1. Voraussetzungen des Versicherungsnehmerschutzes nach § 77.

a) Geschützte Ansprüche.

aa) Dem Grunde nach.

aaa) Anspruch gegeben.

Ob der Vmer einen Anspruch gegen den Vten in bezug auf die V von dessen Sache hat, sagt naturgemäß das VVG nicht. Die Beantwortung dieser Frage hängt vom Valutaverhältnis ab. Sie ist zu bejahen, wo dieses Auftrag, Geschäftsbesorgung, Geschäftsführung ohne Auftrag im Sinne des § 683 BGB ist, denn in diesen Fällen kommt letztlich stets § 670 BGB zum Zuge. Dabei ist es gleichgültig, ob diese Auftragsgeschäfte selbständig bestehen oder in umfassendere Rechtsverhältnisse (z. B. Kommission, Frachtgeschäft, Lagergeschäft, Kauf, Werkvertrag, Übertragung der Vermögensverwaltung durch einen Ehegatten auf den anderen: Henrich, Familienrecht, Berlin 1970 S. 78; Beitzke, Familienrecht, 16. Aufl. München 1972 S. 78f.) eingebettet sind. In allen diesen Fällen kann die Pflicht zur Vsnahme ausdrücklich vereinbart sein oder sich aus den Umständen ergeben.

Auch aus Gemeinschaftsrecht kann ein interner Anspruch entstehen, so wenn der Verein für seine Mitglieder V nimmt, wenn der nichtvertretungsberechtigte Gemeinschafter oder Gesamthänder die ihm mit anderen gemeinschaftlich gehörende Sache vt. Über Grenzfälle aus dem Arbeitsverhältnis vgl. unten Anm. 5.

Die Fassung von § 77 ist zu eng geraten. Er bezieht sich nicht nur auf die Sachv, sondern das Sicherungsrecht gilt schlechthin bei der V für fremde Rechnung (vgl. Ruscher S. 59 N. 3). — Ist der Vte vertraglich oder kraft Gesetzes zum Ersatz verpflichtet, so befreit es ihn nicht, wenn er die Vsentschädigung nach § 333 BGB zurückweist.

[3] bbb) Anspruch fehlt wegen Utilitätsprinzips.

Keinen Erstattungsanspruch hat der Vmer, wenn das Zuwendungsverhältnis Schenkung ist (vgl. auch § 685 BGB), oft auch dann nicht, wenn es im Familienrecht (der gesetzliche Vertreter vt im eigenen Namen Sachen seines Kindes auf dessen Rechnung, um dem Kind die Prämien zu ersparen) wurzelt.

Möglich ist auch, daß die V für fremde Rechnung auf einer Verfügung von Todes wegen beruht etwa dergestalt, daß der Erbe Sachen eines Dritten vn soll, wobei eine **Auflage** oder ein **Vermächtnis** zugunsten des Dritten vorliegen kann; schließlich kann der Erblasser die Erbeinsetzung auch von der **Bedingung** abhängig machen, daß der Erbe V für fremde Rechnung nimmt. In allen diesen Fällen wird die Verfügung von Todes wegen in aller Regel dahin auszulegen sein, daß der Erbe (= Vmer) keinen Ersatzanspruch gegen den Vten erwirbt.

[4] ccc) Anspruch fehlt aus sonstigen Gründen.

Nießbraucher und Pfandleiher (vgl. Anm. 6 Vorbemerkungen zu §§ 74—80) bleiben ohne Erstattungsanspruch, weil ihr eigenes Interesse mitgedeckt ist. Solcher entfällt ferner, wenn die Kosten für die V oder die Provision des Vmers in dem **Preis** enthalten sind, den der Vte entrichtet (so z. B. bei der Abonnentenunfallv). Auch kann die **Geschäftsbesorgungsprovision** des Vmers so hoch sein, daß darin seine Aufwendungen für die Prämie aufgehen. Bei den Kundenven kann sich aus der Auslegung des Valutaverhältnisses ergeben, daß ein Ersatzanspruch des Vmers deshalb entfällt, weil der Prämienaufwand die Gegenleistung für den Haftungsausschluß ist (vgl. Anmerkung 127 zu § 67; Daube, Die rechtliche Konstruktion der Kundenv, Hamburger Diss. 1964, S. 133f.). Dieser Gedanke hat sich allerdings bei der Speditionsv nicht durchgesetzt: Sieg ZHR Bd 113 S. 110f. 116.

Schließlich kann der Vmer dann leer ausgehen, wenn er als Geschäftsführer ohne Auftrag handelte, die Vsnahme aber nicht dem Interesse oder dem Willen des Geschäftsherrn entsprach, dieser auch nicht genehmigt hat (§ 684 BGB).

II. Ansprüche des Versicherungsnehmers gegen den Versicherten
bei intaktem Innenverhältnis

§ 77
Anm. 5—7

[5] ddd) Insbesondere Arbeitsverhältnis.

Ob der Arbeitgeber, der eine Fremdv zugunsten seiner Arbeitnehmer eingeht, einen anteiligen Anspruch auf Erstattung der Prämien hat, richtet sich nach dem Umfang seiner Fürsorgepflicht. Sofern ihn solche trifft, bedeutet die Fremdv im wesentlichen die Abwendung eigener Haftung des Arbeitgebers mit der Folge, daß ein Erstattungsanspruch ausgeschlossen ist. Hierzu gehört die V von mitgebrachtem Werkzeug oder mitgebrachter Kleidung der Arbeitnehmer, die V von deren Fahrrädern und eventuell Motorrädern für die Zeit der Unterbringung auf dem Firmenabstellplatz. Zum Umfang dieser Fürsorgepflicht vgl. Schaub, Arbeitsrechts-Handbuch, München 1972, S. 421; Bobrowski-Gaul, Das Arbeitsrecht im Betriebe von der Einstellung bis zur Entlassung, 5. Aufl. Heidelberg 1965, S. 115f.; Monjau Der Betrieb 1972 S. 1435ff.; Nikisch, Arbeitsrecht, 1. Bd 3. Aufl., Tübingen 1961, S. 480; Schäcker BetrBer 1962 S. 641—645; Hohn BetrBer 1960 S. 1291 bis 1294.

Eine Vspflicht trifft den Arbeitgeber in allen diesen Fällen nicht (Keunecke VersR 1966 S. 509f.; Sieg VersR 1955 S. 329ff.; BAG 16. III. 1966 AP Nr. 1 zu § 611 BGB Parkplatz mit zustimmender Anm. A. Hueck = VersR 1966 S. 1039—1041. Anderer Auffassung: LAG Hamm 21. V. 1965 BetrBer 1965 S. 827. Vgl. zum Problem Becker—Schaffner VersR 1972 S. 322ff).

Niemals besteht ein anteiliger Erstattungsanspruch, wenn die Haftpflicht des Arbeitnehmers kraft § 151 I VVG oder kraft weiterer vsvertraglicher Abreden in die Betriebshaftpflichtv des Arbeitgebers eingeschlossen wird. Über die Verpflichtung zum Abschluß einer Dritthaftpflichtv mit Rücksicht auf die Realisierbarkeit des Freihaltungsanspruchs des Arbeitnehmers vgl. Gumpert BetrBer 1955 S. 483.

Hingegen kann sich aus dem Arbeitsverhältnis ein vollständiger oder teilweiser Prämienerstattungsanspruch des Arbeitgebers ergeben, wenn er die Kraftwagen seiner Arbeitnehmer während der Abstellung auf dem Firmenparkplatz umfänglicher vt, als es erforderlich wäre, um seine eigene Haftung für die Verkehrssicherheit des Parkplatzes zu decken (BAG 16. III. 1966 AP Nr. 1 zu § 611 BGB Parkplatz mit zustimmender Anm. A. Hueck = VersR 1966 S. 1039—1041; BAG 22. II. 1960 AP Nr. 36 zu § 611 BGB Fürsorgepflicht = Der Betrieb 1960 S. 519).

Ebenso kann eine Erstattungspflicht bestehen, wenn der Arbeitgeber zugunsten seiner Belegschaft eine Unfallfremdv eingeht.

[6] bb) Der Höhe nach.
aaa) Allgemein.

§ 77 gewährt dem Vmer eine Sicherung wegen der ihm in bezug auf die vte Sache zustehenden Ansprüche. Das Gesetz sagt nicht, welche Ansprüche im einzelnen es hierbei im Auge hat. Unbestritten gehören hierher der Anspruch auf Prämienersatz, Erstattung der Kosten für die Erfüllung von Obliegenheiten (Ruscher S. 59) und der Anspruch auf Provision wegen der Besorgung der V. Soweit sich die zu sichernde Forderung auf die Prämie stützt, kommt nur die tatsächlich berechnete, nicht die vielleicht höhere Tarifprämie in Betracht. Der Vte profitiert also von Prämiennachlässen, die dem Vmer etwa konzediert worden sind.

Andererseits umfaßt das Sicherungsrecht Erweiterungen der ursprünglichen Forderung, die durch Verzug des Vten entstanden sind (vgl. §§ 1257, 1210, 1273 BGB).

[7] bbb) Verwendungsersatz.

Umstritten ist, ob das Vorzugsrecht auch wegen der Ansprüche aus Verwendungen auf die Sache selbst gelten soll. Meines Erachtens ist diese Frage zu verneinen (ebenso Prölss-Martin[20] Anm. 3 zu § 77 S. 426. Anders Trautmann S. 116f.; Ruscher S. 57 N. 3; Ehrenzweig S. 221 N. 17; Kisch III S. 546; Bruck S. 613). Es ist nicht Aufgabe der Vsrechtsordnung, Vorzugsrechte für Forderungen zu schaffen, die nichts zu tun haben mit dem Vsverhältnis. Normen über Vorzugsrechte müssen, da die Aushöhlung der Masse durch sie ohnehin beklagt wird, restriktiv ausgelegt werden (vgl. Sieg Betr Ber 1971 S. 1537 insbesondere N. 17).

Anli S. 138 meint, das Vorzugsrecht wegen der Verwendungen sei deshalb zu bejahen, weil es oft die Fortsetzung des vor Untergang der Sache vorhanden gewesenen Pfandrechts darstelle (vgl. §§ 397, 407 II, 440 HGB). Dieses Junktim zwischen Sachpfandrecht und Vorzugsrecht an der (surrogierten) Vsforderung besteht jedoch nicht, wie ein Umkehrschluß zu § 22 I OLSchVO zeigt. Die Bestimmung lautet:

> „Der Lagerhalter hat wegen der Lagerkosten ein Pfandrecht an dem Gute, solange er es im Besitze hat, insbesondere mittels Konnossements, Ladescheins oder Lagerscheins darüber verfügen kann. Das Pfandrecht erstreckt sich auf die Forderung aus einer Feuerv."

Nur bei den nach der OLSchVO zu beurteilenden Lagerverträgen hat also der Gesetzgeber das Surrogationsprinzip anerkannt, wobei bemerkenswert ist, daß das Pfandrecht des Lagerhalters gerade **nicht** wegen der Verwendungsersatzansprüche gilt.

§ 273 II bestätigt das Ergebnis: Wer einen Gegenstand herausgegeben hat (der Vmer den Vsschein), hat ein Zurückbehaltungsrecht nur wegen der Verwendungen auf diesen Gegenstand, was hier bedeutet: wegen der Verwendungen auf dieses Vsverhältnis.

[8] b) Einziehungsbefugnis des Versicherungsnehmers.
   aa) Ausgangslage.

Nach § 77² soll nur dem i. S. v. § 76 II einziehungsberechtigten Vmer das Verwertungsrecht zustehen. Wenn der Vte seine Rechte selbständig geltend machen kann (Anm. 44—46 zu §§ 75—76), versagt dieser spezifische Schutz des Vmers. Das Vorzugsrecht hat er also, wenn ihm nach den AVB schlechthin das Einziehungsrecht zusteht (Anm. 47—49 zu §§ 75—76) oder wenn er Vsschein bzw. Zustimmung des Vten besitzt. Ehrenzweig S. 222 stellt zu einseitig auf den Vsschein ab. Das entspricht zwar dem Wortlaut des § 77, nicht jedoch der Gleichstellung von Besitz am Vsschein und Zustimmung des Vten gemäß § 76 II.

[9] bb) Verlust.

Weder Vsschein noch Zustimmung des Vten nützt dem Vmer, wenn er seinerseits der Einziehung durch den Vten zugestimmt oder auf sein Einziehungsrecht verzichtet hat (Anm. 30, 37 zu §§ 75—76). Von dieser Zustimmung (ebenso vom Verzicht) kann sich der Vmer nur lösen, wenn er dem gegenüber, dem er sie abgegeben hat (Vten oder Ver, Anm. 10, 31 zu §§ 75—76), ein Anfechtungsrecht hat. Allein die inzwischen eingetretene Illiquidität des Vten bildet keinen Anfechtungsgrund.

Schließlich hat d e r Vmer sein Einziehungsrecht verloren, der den Vsschein dem Vten gegeben hat (§ 75 II), es sei denn, der Vte hat dem Vmer gleichwohl seine Zustimmung zur Einziehung erteilt (Anm. 37 zu §§ 75—76). Letztere ist allerdings nicht konkursbeständig. Wie die Vollmacht erlischt, der im Innenverhältnis Auftrag zur Einziehung oder Geschäftsbesorgung zugrunde liegt (§ 23 KO), dürfte auch die Zustimmung nach § 76 II in diesem Fall wirkungslos werden. War sie s e l b s t ä n d i g erteilt, so kann sie der Konkursverwalter des Vten widerrufen (Jaeger, Lehrbuch des Deutschen Konkursrechts, 8. Aufl. Berlin und Leipzig 1932, S. 44). Dem einzelnen Vollstreckungsgläubiger des Vten gegenüber könnte sich jedoch der Vmer auf die Zustimmung des Vten berufen.

Überall, wo dem Vmer die Einziehungsbefugnis fehlt, versagt § 77. Der Vmer kann sich in solchem Falle die Vsentschädigung nur zunutze machen, indem er seine Ansprüche gegen den Vten ausklagt und auf Grund dieses Titels die Vsansprüche pfänden und sich überweisen läßt (Kisch III S. 485 N. 5). Der Rang dieses Pfandrechts richtet sich nach der Pfändung, es geht nicht anderen Pfandrechten vor (wie in den Fällen unten Anm. 18).

[10] c) Entbehrlichkeit des Schutzes.

Soweit der Rechtsgrund für die Forderung des Vmers gegen den Vten in Auftrag oder auftragsähnlichem Geschäft besteht, trifft den Vten an sich nach § 669 BGB eine Vorschußpflicht. Soweit der Vorschuß zu erlangen ist, bedarf der Vmer nicht des Schutzes des § 77. Indes wird sich aus der Auslegung des Valutaverhältnisses oft ergeben, daß die Vorschußpflicht als wegbedungen zu gelten hat.

Fast stets wird der Befreiungsanspruch nach § 257 BGB als ausgeschlossen anzusehen sein.

[11] 2. Zurückbehaltungsrecht des Versicherungsnehmers (§ 77^1).
   a) Vergleich mit § 273 BGB.

Das Zurückbehaltungsrecht nach § 273 I BGB setzt Fälligkeit des Anspruchs voraus, wegen dessen zurückbehalten wird. Dieses Erfordernis entfällt hier (Ehrenzweig S. 222; Trautmann S. 115; Ruscher S. 57 N. 3), nicht nur, weil § 77^1 es nicht erwähnt, sondern weil es der Interessenlage nicht entsprechen würde. Offensichtlich soll dem Vmer mehr Schutz zuteil werden, als das BGB normalerweise einem Gläubiger angedeihen läßt. Da oft die Fälligkeit des Vmeranspruchs erst in der Zukunft liegt, wäre sein Schutz lückenhaft, ließe man ihn von der Fälligkeit abhängen.

§ 273 I BGB verlangt weiter, daß Forderung und Gegenforderung auf demselben rechtlichen Verhältnis beruhen. Dieses Tatbestandsmerkmal wird weit ausgelegt, dasselbe wirtschaftliche Verhältnis genügt. Da § 77^1 von Ansprüchen „in bezug auf die vte Sache" redet, gehört Konnexität auch hier zu den Voraussetzungen des Zurückbehaltungsrechts.

Nach § 273 III BGB kann der Gläubiger die Ausübung des Zurückbehaltungsrechts durch Sicherheitsleistung abwenden. Es ist bestritten, ob auch dem Vten diese Befugnis zusteht (bejahend Trautmann S. 115. Verneinend Ruscher S. 57 N. 3; Ehrenzweig S. 222). Meines Erachtens ist die Frage zu verneinen. Das Zurückbehaltungsrecht ist, wie § 77^2 zeigt, eng mit dem Befriedigungsrecht verknüpft. Das Gesetz zielt also auf schnelle Erledigung des Valutaverhältnisses. Diese Bestrebung würde gehemmt, wenn man dem Vten gestattete, durch Sicherheitsleistung die besonderen Rechte des § 77 zu inhibieren. Ist das Valutaverhältnis in einen gegenseitigen Vertrag eingebettet (vgl. oben Anm. 2), kann der Gegner schon nach § 320 I^3 BGB nicht Sicherheit leisten.

[12] b) Voraussetzung.

Wie jedes Zurückbehaltungsrecht setzt auch das des § 77^1 voraus, daß der Gegner (Vte) überhaupt einen Anspruch hat, dessen Befriedigung durch das Zurückbehaltungsrecht zunächst verhindert wird, d. h., daß der Vmer nach dem Innenverhältnis verpflichtet ist, den Vsschein bzw. — bei der laufenden V — die Einzelpolice (Möller Anm. 3 zu § 3) herauszugeben. Wo das nicht der Fall ist, bedarf der Vmer nicht des Zurückbehaltungsrechts.

§ 77^1 spricht nur vom Vsschein. Das ist zu eng. Auch hier muß die Zustimmung des Vmers (§ 75 II) gleichstehen (vgl. oben Anm. 8).

[13] c) Wirkungen.
   aa) Allgemeines.

Für die Wirkungen des Zurückbehaltungsrechts ist § 274 BGB maßgeblich, obwohl der Wortlaut von § 77 VVG diese Rechtslage verdunkelt. Der Vmer gewinnt eine Einrede (also keine Berücksichtigung von Amts wegen), deren Voraussetzungen er im Prozeß beweisen muß und deren Erhebung bei Begründetheit zu seiner Verurteilung Zug um Zug führt. Das letztere gilt nicht nur, wenn Gegenstand der Klage des Vten die Herausgabe des Vsscheins ist, sondern auch dann, wenn er auf Zustimmung (§ 75 II) klagt: Auch Urteile auf Abgabe einer Willenserklärung können die Leistung des Schuldners von einer Gegenleistung des Gläubigers abhängig machen, wovon § 894 I^2 ZPO ausgeht, der für diesen Fall die Vollstreckungsmodalitäten regelt.

[14] bb) Gegenüber Gläubigern des Versicherten.

Das Zurückbehaltungsrecht des § 77^1 wirkt (wie auch das nach § 273 BGB) auch gegenüber dem Gläubiger des Vten, der als dessen Rechtsnachfolger gegen den Vmer auf Herausgabe des Vsscheins oder auf Zustimmung klagt: Ehrenzweig S. 222; vgl. Anm. 39 zu §§ 75—76.

Anders im Konkurs des Vten. Allerdings kann der Konkursverwalter nicht in Rechte Dritter eingreifen, so daß man auf den ersten Blick meinen könnte, die Einziehungsbefugnis des Vmers bleibe diesem erhalten. Das wäre jedoch ein Trugschluß. Die Einziehungsbefugnis besteht nicht selbständig, sondern ist nach § 76 II von der Innehabung des Vsscheins abhängig gemacht. (Die Zustimmung des Vten kann hier aus den oben Anm. 9 angeführten Gründen außer Betracht bleiben.) Dieser ist zwar in der Regel kein Wertpapier; was die Einziehung der Vsforderung angeht, hat er jedoch eine wertpapierrechtliche Funktion. Mit anderen Worten: Im Hinblick auf die Einziehung steht im Vordergrund der Vsschein, nicht das Einziehungsrecht. Der Konkursverwalter könnte also ohne Rücksicht auf letztere Befugnis des Vmers den Vsschein nach § 985 BGB herausverlangen (Eigentümer des Vsscheins ist nach § 952 der Vte). Dem dinglichen Anspruch gegenüber könnte sich der Vmer nicht auf sein Zurückbehaltungsrecht nach § 273 BGB berufen, denn dieses ist nicht konkursfest. Er müßte den Vsschein herausgeben und seine Gegenforderung nach konkursrechtlichen Grundsätzen verfolgen.

Daß diese Folgerung nicht gezogen werden soll, zeigt § 77^1 VVG, der also seine Hauptbedeutung im Konkurs des Vten hat (im Ergebnis ebenso Kisch III S. 598). Das Absonderungsrecht des § 49 I Ziff. 3 KO kommt dem Vmer nicht zu Hilfe, wie sich aus den Ausführungen oben Anm. 7 ergibt.

[15] 3. Befriedigungsrecht des Versicherungsnehmers (§ 77^2).
a) Rechtsnatur.

Das Befriedigungsrecht, das § 77^2 dem Vmer in Ansehung der Entschädigungsforderung bzw. der eingezogenen Entschädigung gibt, wirkt sich im Konnkurs des Vten als Absonderungsrecht aus (Jaeger, Lehrbuch des Deutschen Konkursrechts, 8. Aufl. Berlin und Leipzig 1932, S. 115 N. 20). Das ist insofern folgerichtig, als allgemein im Konkurse des Sicherungsgebers dem Sicherungsnehmer ein Absonderungsrecht gewährt wird. Allerdings kann man nicht sagen, daß das Zurückbehaltungsrecht des § 77^1 zu einem Verwertungsrecht verstärkt wird, denn die Zurückbehaltung bezieht sich auf den Vsschein bzw. die Zustimmung des Vmers zur Einziehung durch den Vten, das Verwertungsrecht auf die Vsforderung oder deren Surrogat. Außerdem kommt das Zurückbehaltungsrecht nur zum Zuge, wenn der Vte an sich ein Recht auf Herausgabe oder auf Erteilung der Zustimmung (vgl. oben Anm. 12) hatte, während § 77^2 auch eingreift, wenn von vornherein nur der Vmer einziehungsberechtigt sein und bleiben sollte.

§ 77 hat eine Parallele in den §§ 399, 407 II HGB. Auch das in diesen Bestimmungen dem Kommissionär bzw. dem Spediteur gegebene Vorzugsrecht wird als pfandähnlich bezeichnet (Heymann-Kötter, HGB, 4. Aufl. Berlin-New York 1971 Anm. 1 zu § 399, S. 890). Da das Gesetz zur Sicherung des Vmers den Weg des Pfandrechts wählt, scheidet nach der Einziehung der Vsforderung eine Aufrechnung aus (die Konstruktion ist umstritten, vgl. Trautmann S. 120f.; Bruck S. 614 f. N. 67). Vielmehr gilt der Vmer als vom Vten befriedigt, sobald ersterer die Vsforderung kassiert hat: § 1288 II BGB. Er schuldet nur noch Herausgabe des seine Forderung überschießenden Betrages.

In rechtsähnlicher Anwendung des § 1289 BGB bezieht sich das Vorrecht nicht nur auf die Vsforderung, sondern auch auf deren Zinsen. Reichen Hauptforderung und Zinsen nicht aus, um die Ansprüche des Vmers zu decken, so ist dieser einfacher Konkursgläubiger.

[16] b) Grenzen des Vorzugsrechts.

Das Vorzugsrecht ist aufs Engste mit der Vmer-Stellung verknüpft. Es erlischt, wenn der Vmer seine Forderung gegen den Vten abtritt oder wenn diese Forderung gepfändet wird. Dasselbe wird auch im Falle des § 399 HGB angenommen: Heymann-Kötter, HGB, 4. Aufl. Berlin-New York 1971, Anm. 2 zu § 399, S. 890f.

Der Vmer ist nur so lange schutzbedürftig, als er die Möglichkeit hat, über den einzuziehenden Betrag zu verfügen. Hat er die Vsforderung abgetreten oder verpfändet, so erlischt das Vorrecht (vgl. § 1282 II BGB), es geht nicht etwa auf den Zessionar über, selbst wenn diesem ausnahmsweise das Einziehungsrecht mitübertragen worden sein sollte (vgl. Anm. 28 zu §§ 75—76). Ebenso geht das Vorzugsrecht naturgemäß unter, wenn der Vmer die Vsforderung erläßt. Nicht hingegen verliert er seine Vorzugsstellung, wenn er

II. Ansprüche des Versicherungsnehmers gegen den Versicherten
bei intaktem Innenverhältnis

§ 77
Anm. 17—19

oder der Ver aufrechnet (Anm. 12, 27 zu §§ 75—76). Die Aufrechnung zählt ja auch zu den dem **Pfandgläubiger** einer Forderung eingeräumten Verwertungsarten (RG 3. V. 1904 RGZ Bd 58 S. 105—109; Lent-Schwab, Sachenrecht, 13. Aufl. München 1972, S. 279; Westermann, Sachenrecht, 5. Aufl. Karlsruhe 1966 S. 673f.; Wolff-Raiser, Sachenrecht, 10. Aufl. Tübingen 1957, S. 726 N. 7). Durch die Aufrechnung ist insoweit, als der Vmer seiner Schuld gegenüber dem Ver ledig geworden ist, die Forderung des ersteren gegen den Vten getilgt.

[17] c) Folgen im Konkurs des Versicherten.

Aus der Pfandrechtskonstruktion ergibt sich, daß der Vmer im Konkurs des Vten bei der Verteilung nur in Höhe des Ausfalls berücksichtigt wird. Die nach dem vermutlichen Ausfall berechneten Anteile werden vom Konkursverwalter zunächst zurückgehalten: Jaeger, Lehrbuch des Deutschen Konkursrechts, 8. Aufl. Berlin und Leipzig 1932, S. 121 bis 123. Aus der eingezogenen Vsforderung werden zunächst die Zinsen, danach die Hauptforderung des Vmers gedeckt: § 48 KO.

Selbstverständlich kann der Vmer auf sein Vorzugsrecht verzichten, sei es, daß er den Vsschein herausgibt, sei es, daß er der Einziehung durch den Konkursverwalter des Vten zustimmt bzw. auf sein Einziehungsrecht verzichtet, sei es, daß er die eingezogene Entschädigung voll weitergibt. In diesen Fällen wird der Ausschüttungsbetrag nach der Quote seiner **vollen** Forderung berechnet (Jaeger S. 124).

Nicht in jeder Überlassung des Vsscheins bzw. in jeder Zustimmung zur Einziehung durch den Konkursverwalter ist jedoch ein Verzicht des Vmers auf sein Vorrecht zu erblicken. Wie jeder Pfandgläubiger die Verwertung des Pfandgegenstandes dem Konkursverwalter überlassen **kann** und unter Umständen auf dessen Verlangen überlassen **muß** (§ 127 II KO), ohne damit sein Vorzugsrecht aufzugeben, so hat dasselbe auch hier zu gelten. In diesem Falle wird also der Konkursverwalter gleichsam für Rechnung des Vmers tätig (Jaeger S. 119f.; Sieg VersR 1971 S. 685).

[18] d) Folgen außerhalb des Versichertenkonkurses (Pfandrechtskonkurrenz).

Das Pfandrecht des Kommissionärs (§ 397 II HGB), Spediteurs (§ 410 HGB), Frachtführers (§ 440 HGB), Lagerhalters (§ 421 HGB) kann in aller Regel nicht mit dem Vorzugsrecht des § 77^2 VVG konkurrieren, weil sich das Sachpfandrecht gewöhnlich nicht am Surrogat (Vsforderung) der beschädigten oder verlorengegangenen Sache fortsetzt (das übersieht Trautmann S. 120. Wie hier Heymann-Kötter, HGB, 4. Aufl. Berlin-New York 1971 Anm. 1 zu § 397, S. 886; Helm, Speditionsrecht, Berlin-New York 1973, Anm. 8 zu § 410, S. B 56). Eine Ausnahme gilt nach § 22 OLSchVO zugunsten des Lagerhalters (Pfandrecht an der Feuervsforderung, Wortlaut oben Anm. 7). Wenn dieser nicht mit dem Vmer identisch ist, fragt sich, welchen Rang Lagerhalter und Vmer erhalten. Nach § 77^2 geht das Pfandrecht des Vmers vor. Das ist auch gerechtfertigt; durch ihn ist erst das Surrogat für das untergegangene Sachpfandrecht des Lagerhalters geschaffen worden.

Aus demselben Grund hat das Vmervorzugsrecht den Vorrang vor dem Pfandrecht, das dem **Realgläubiger** an der Vsforderung zusteht (vgl. Anm. 39 zu §§ 75—76; ebenso Trautmann S. 120f., wenn auch mit anfechtbarer Begründung). Dasselbe gilt für das Pfandrecht, das etwa Gläubiger des Vten durch Pfändung der Vsforderung erworben haben.

Hingegen geht in der Haftpflichtv, soweit der Vte nicht überhaupt ein selbständiges Einziehungsrecht hat (dann greift § 77 nicht ein), der geschädigte Dritte dem Vmer vor. Das ergibt die zugunsten des ersteren angeordnete Verfügungssperre des § 156 VVG (die sich im Konkurs des Vten zu einem Absonderungsrecht verdichtet: § 157 VVG).

[19] e) Fehlerhafte Abwicklung.

Der Ver, der das Vorzugsrecht des Vmers unbeachtet läßt, also die Vsentschädigung an den Vten, dessen Gläubiger oder dessen Konkursverwalter auskehrt, obwohl diese weder Vsschein noch Zustimmung des Vmers vorweisen können, macht sich dem letzteren gegenüber ersatzpflichtig. Diese Folge spricht § 889 HGB ausdrücklich aus, sie ist aber selbstverständlich.

[20] 4. Versicherungsnehmerstellung außerhalb § 77.
a) Enge Konnexität fehlt.
aa) Einziehung.

Wenn der Vmer zwar einziehungsberechtigt ist (vgl. oben Anm. 8), aber seine Forderung gegen den Vten nicht im Sinne des § 77 konnex ist, so hat er das gewöhnliche Zurückbehaltungsrecht (Einzelheiten oben Anm. 11). Dieses bewährt sich zwar auch in der Einzelvollstreckung durch Gläubiger des Vten, nicht aber in dessen Konkurs (vgl. oben Anm. 14). Der Konkursverwalter kann die Vsforderung einziehen, nachdem er Vsschein oder Zustimmung erhalten hat. Kisch III S. 548 meint, der Vmer habe in diesem Fall eine Masseforderung nach § 59 Ziff. 3 KO. Das ist aber nicht zutreffend. Da der Vmer hier vor der Konkurseröffnung kein Vorzugsrecht hatte, ist er einfacher Konkursgläubiger (ebenso Ehrenzweig S. 222). Soweit der Vte schon vor Konkurseröffnung eingezogen hatte, gilt das gleiche.

Bei den vom Vmer geltend gemachten Forderungen ist hier an solche aus Verwendungen auf die Sache zu denken oder aus der Beschädigung eines Kraftfahrzeugs durch den Vten bei der gleichen Gelegenheit, die dessen Unfallfremdvsansprüche auslöste (Trautmann S. 117 und die dort N. 395 Genannten verneinen hier die Konnexität). Im Falle des Österreichischen OGH 1. III. 1960 VersR 1960 S. 454 wurde dem Vmer ein Zurückbehaltungsrecht an seiner Zustimmung (§ 75 II) zugesprochen wegen entstandener Frachtkosten.

[21] bb) Aufrechnung.

Hat der Vmer die Entschädigungsforderung eingezogen und hat der Vte (wie in der Regel) einen Anspruch auf Auskehrung, so entsteht die Frage, ob sich der Vmer für seine nicht durch § 77 erfaßten Gegenansprüche durch Aufrechnung befriedigen kann. Dagegen bestehen keine Bedenken, wenn konkurrierende Gläubiger fehlen (anders KG 16. II. 1967 VersR 1967 S. 546; Prölss-Martin[20] Anm. 3 zu § 179 S. 1047; von der Thüsen in Rechtsfragen der Individualv, Festgabe zum 50. Geburtstag von E. R. Prölss, Karlsruhe 1957 S. 264). Daran kann das angebliche Treuhandverhältnis nichts ändern, vgl. Anm. 22 zu §§ 75—76. Diejenigen, die die Aufrechnung verneinen, müßten sich die Frage vorlegen (und bejahen), ob nicht der Forderung des Vten gegen den Vmer die Einrede der Arglist entgegensteht (dolo facit qui petit, quod statim redditurus est). Irrig operiert KG mit dem Bereicherungsverbot zu Lasten des Vmers: Die Entscheidung betrifft indes die Summenv, die ein Bereicherungsverbot nicht kennt. Wie hier BGH 4. IV. 1973 VersR 1973 S. 634 = VA 1973 S. 221 = NJW 1973 S. 1368 (für den Fall der Konnexität); bestätigt von BGH 30. XI. 1973 VersR 1974 S. 125. Ist aber die Vsforderung bereits von Gläubigern des Vten gepfändet worden, so ist die Aufrechnungsmöglichkeit wegen § 392 BGB beschränkt. Ist das Konkursverfahren über das Vermögen des Vten eröffnet worden, so kann die Aufrechnung des Vmers an § 55 I Ziff. 1 KO scheitern.

Zur Befugnis des Vmers, die Entschädigung aus der Unfallfremdv auf die Haftpflichtansprüche des Vten zu verrechnen, s. Anm. 37—39 zu § 80.

[22] b) Jede Konnexität oder die Einziehungsbefugnis des Versicherungsnehmers fehlt.

Steht die Forderung des Vmers gegen den Vten in keinem wirtschaftlichen Zusammenhang mit dem Valutaverhältnis, so scheiden Zurückbehaltungs- und Vorzugsrecht nach § 77 aus. Mangels Konnexität steht dem Vmer auch das bürgerlich-rechtliche Zurückbehaltungsrecht nicht zu. Er muß also, wenn überhaupt der Vte einen Anspruch darauf hat, diesem ohne Rücksicht auf die Gegenforderung die Legitimation zur Einziehung durch Übergabe des Vsscheins oder Zustimmung nach § 75 II verschaffen. Zieht der Vmer die Vsforderung ein, ist die Aufrechnungsfrage wie oben Anm. 21 zu lösen.

Hat der Vmer keine Einziehungsbefugnis, weil der Vte nach dem Valuta-Verhältnis zu Recht im Besitz des Vsscheins oder der Zustimmung des Vmers ist, so kann letzterer weder den Vten noch dessen Gläubiger an der Einziehung hindern. Der Vmer steht wie jeder nicht gesicherte Gläubiger da (Bruck S. 614, aber zu eng nur auf die Einzelvollstreckung eines Gläubigers gegen den Vten zugeschnitten).

III. Ansprüche des Versicherten gegen den Versicherungsnehmer **§ 77**
Anm. 23—25

Hat der Vmer nach dem Valutaverhältnis einen Anspruch auf Rückgabe des Vsscheins oder auf Erteilung der Zustimmung nach § 76 II, so hat nicht etwa der Vte — umgekehrt wie nach § 77 der Vmer — ein Zurückbehaltungsrecht, denn sein Anspruch auf Auskehrung entsteht erst nach der Einziehung.

[23] III. Ansprüche des Versicherten gegen den Versicherungsnehmer.
1. Innenverhältnis.
a) Im allgemeinen.

Die Ansprüche des Vten gegen den Vmer können mehrfältiger sein als die des Vmers gegen den Vten, wo es sich im wesentlichen um Prämienerstattung und Provision handelt (oben Anm. 6). Ob der Vte Ansprüche gegen den Vmer hat, richtet sich nach dem Innenverhältnis, beweispflichtig ist insoweit der Vte (Trautmann S. 55).

Von vielen Seiten wird angenommen, daß stets ein schuldrechtliches Band zwischen Vmer und Vtem bestehen müsse; wenn dies nicht vertraglicher Art sei, springe Geschäftsführung ohne Auftrag in die Bresche (Johannsen Bd IV Anm. H 16; Ruscher S. 66f., 120, 122; Millauer S. 81, 90; Asmus ZVersWiss 1970 S. 57; Trautmann S. 64, 91 sowie früher der BGH). Diese Ansicht ist nicht haltbar. Der BGH hat sie neuerdings zutreffend abgelehnt, vgl. Anm. 35 zu § 80. Geschäftsführung ohne Auftrag kann vorliegen (Anm. 31 zu § 80), diese Rechtsfigur bildet aber nicht automatisch das Auffangbecken, wenn vertragliche Schuldverhältnisse nicht gegeben sind.

Wer eine fremde Sache in der irrigen Meinung vt, es sei seine eigene, ist nach § 687 I kein Geschäftsführer ohne Auftrag, der Vsvertrag ist infolge Interessemangels inhaltslos (Anm. 31 zu § 68). Hiervon macht lediglich § 1959 BGB eine Ausnahme für Geschäfte des vorläufigen Erben vor der Ausschlagung, d. h. sie werden nach der Ausschlagung nach den Grundsätzen der Geschäftsführung ohne Auftrag abgewickelt (Erman-Bartholomeyczik, BGB, 5. Aufl. Münster 1972 Rdz. 5 zu § 1959 S. 1381). Vmer bleibt der vorläufige Erbe, der endgültige Erbe wird Vter.

Bringt ein Dieb die gestohlene Sache unter Vsschutz, so liegt Interessemangel nach § 68 vor: Anm. 31 zu § 68, Anm. 60 zu § 69.

[24] b) Bei der Unfallfremdversicherung für fremde Rechnung.

Ruscher S. 119 will bei der Unfallfremdv für fremde Rechnung eine Ausschüttungspflicht des Vmers auf § 179 III VVG gründen: Der Vmer, der die Entschädigung für sich behalte, schaffe damit eine V für eigene Rechnung, wozu er wegen fehlender Zustimmung des Vten nicht berechtigt sei. Indes betrifft § 179 III das Vsverhältnis, nicht das Innenverhältnis, aus dem sich allein die Anspruchsgrundlage ergibt.

Handelt es sich um eine Gruppenunfallv der Arbeitnehmer, so gibt das Arbeitsverhältnis Auskunft darüber, ob der Vsanspruch vom Arbeitgeber zu verfolgen und wie die eingezogene Entschädigung zu verwenden ist. In aller Regel wird sie weiterzuleiten sein an den Arbeitnehmer, aber auch eine Anrechnung auf Versorgungsleistungen, die der Arbeitgeber aus Anlaß desselben Unfalls gewährt, ist nicht ausgeschlossen (Anm. 40 zu § 80), ebensowenig eine Zuwendung zugunsten sozialer Betriebseinrichtungen: LAG Düsseldorf 25. VIII. 1955 BetrBer 1955 S. 931.

[25] c) Bei gesetzlicher Pflicht zur Fremdversicherung.

Was gilt, wenn der Vmer gesetzlich gehalten ist, V für einen Dritten zu nehmen, mit dem er nicht in vertraglichem Kontakt steht? Beispiel: Der Halter H gibt seinen Wagen in die Reparaturwerkstatt des R; dessen Monteur M verursacht damit bei der Probefahrt einen Schaden am Fahrzeug des X (vgl. Sieg VersR 1973 S. 194—197). Für die Ansprüche X gegen M besteht Deckung durch die Haftpflichtv des H, denn M war berechtigter Fahrer, aber es fehlt an einer Beziehung zwischen H und M. Schwierigkeiten ergeben sich jedoch hieraus nicht, weil bei gesetzlicher Pflicht zur Vsnahme zugunsten Dritter diese in der Regel selbst verfügungsberechtigt über die Vsansprüche sind (vgl. Anm. 44 zu §§ 75—76). Im übrigen ist davon auszugehen, daß die gesetzliche Pflicht als solche noch keine Rechtsbeziehung zwischen dem Verpflichteten und dem Geschützten schafft.

Hieraus folgt: Hat der gesetzlich Verpflichtete es unterlassen, Vsschutz zugunsten des Dritten zu nehmen, so kommt lediglich ein Anspruch des Dritten aus § 823 II BGB in Betracht, was voraussetzt, daß die anordnende Norm als Schutzgesetz zugunsten des zu Vden angesehen wird. Der Trend geht in diese Richtung (vgl. Büchner, Zur Theorie der obligatorischen Haftpflichtven, Karlsruhe 1970, S. 35f.), wenngleich heute der Schutzgesetzcharakter noch nicht anerkannt ist.

War einmal Vsschutz vorhanden, so richten sich die Folgen etwaigen sonstigen Fehlverhaltens des Vmers nach dem unten Anm. 31—33 Auszuführenden.

Zu Unrecht nehmen Hofmann, Kommentar zum LuftverkehrsG, München 1971 S. 517 und BGH 21. X. 1965 VersR 1965 S. 1166 an, die Unfallv schaffe zwischen Fluggast und Luftfahrtunternehmen die Beziehung der Geschäftsführung ohne Auftrag. Hier bilden die Nachwirkungen des Beförderungsvertrages die Grundlage für die Beziehung zwischen Vmer und Vtem.

[26] d) Unterschiedliche Intensität der Versicherungsnehmerpflichten.

Die in Betracht kommenden Innenverhältnisse sind oben Anm. 2—5 behandelt (vgl. auch Trautmann S. 58—64). Wo keine Rechtspflicht des Vmers zum Abschluß und zur Aufrechterhaltung des Vsvertrages besteht, können Ansprüche des Vten aus dem Innenverhältnis frühestens mit dem Vsfall entstehen (so bei Vsnahme kraft Geschäftsführung ohne Auftrag, Vsnahme des Gesamthänders, des Gemeinschafters, des Vereins; vgl. oben Anm. 2 und OLG Nürnberg 1. II. 1965 VersR 1965 S. 1145 = BetrBer 1965 S. 725). Kisch III S. 532 meint, wer einmal kraft Geschäftsführung ohne Auftrag Fremdv genommen habe, müsse sie auch fortsetzen. Woraus soll das folgen? Wie lange soll solche Pflicht dauern?

Noch später setzen Rechtspflichten des Vmers gegenüber dem Vten ein, wenn die Vsnahme auf einer Freigiebigkeit beruht, ohne daß den Vmer ein Schenkungsversprechen dazu verpflichtete (vgl. Anm. 35 zu § 80).

Wer aus freien Stücken Interessen eines anderen vt, kann nicht dafür haftbar gemacht werden, daß er dessen Rechte später nicht wahrnimmt (Prölss-Martin[20] Anm. 3 zu § 179, S. 1047: BGH 8. II. 1960 BGHZ Bd 32 S. 44—53; LAG Schleswig-Holstein 27. IV. 1965 Der Betrieb 1965 S. 1050f.). Hier setzt ein Innenverhältnis erst ein, wenn der Vmer die Entschädigung eingezogen hat.

[27] 2. Pflichten des Versicherungsnehmers.
a) Hauptpflichten.
aa) Beschaffung von Versicherungsschutz.

Je nach Beschaffenheit des Innenverhältnisses (vgl. oben Anm. 26 und Kisch III S. 528) ist der Vmer zur Bereitstellung des Vsschutzes und zu dessen Aufrechterhaltung durch Prämienzahlung, Erfüllung der vorvertraglichen Anzeigepflicht und der Gefahrstandspflicht gehalten. Weder darf er den Vsvertrag vorzeitig aufheben, noch darf er dem Ver einen Grund dafür geben, daß dieser ihn vorzeitig löst: Kisch III S. 533. Auch auf die Modalitäten der V (Vertragsdauer, Deckungssumme, zu deckende Gefahr, Auswahl des Vers, Prämienhöhe) kann sich das Innenverhältnis erstrecken. Oft wird eine global formulierte Vspflicht durch die Übung, insbesondere den Handelsbrauch oder die Regeln vernünftiger Wirtschaftsführung (so etwa beim Nießbraucher, Kisch III S. 530) ausgefüllt. Wenn Kommissionär, Spediteur oder Lagerhalter beauftragt wird, V für seinen Kunden zu nehmen, so ist eine Sachv gemeint, nicht eine Gewinnv.

[28] bb) Wahrnehmung der Versicherungsforderung.
aaa) Einziehung.

Ist der Vsfall eingetreten, so entscheidet darüber, wer den Vsanspruch zu verfolgen hat, in erster Linie der Vsvertrag (vgl. Anm. 44—50 zu §§ 75—76). Beläßt er es bei der gesetzlichen Lage, so spricht eine Vermutung für das Einziehungsrecht des Vmers, denn er hat in der Regel den Vsschein, an dessen Besitz § 76 II das Einziehungsrecht knüpft, und er hat auch wegen seiner Gegenforderungen ein Interesse daran, die Vsentschädigung

III. Ansprüche des Versicherten gegen den Versicherungsnehmer § 77
Anm. 29, 30

zunächst in die Hand zu bekommen. Der Vte, der behauptet, daß ihm nach dem Innenverhältnis das Einziehungsrecht zu verschaffen sei, ist also beweispflichtig.

Ebenso richtet sich nach dem Innenverhältnis, ob der Vmer verpflichtet ist, die Einziehung zu besorgen. Wiederum ist der Vte beweisbelastet, wenn er derartiges behauptet (daß bei Kollektivven eine Vermutung für die Einziehungspflicht des Vmers spreche, läßt sich im Unterschied zu Kisch III S. 535 nicht sagen). In diesem Falle ist der Vmer aber nicht verpflichtet, einen aussichtslosen Prozeß gegen den Ver zu führen (Prölss-Martin[20] Anm. 3 zu § 179 S. 1047), es sei denn, der Vte schösse die Kosten vor und erklärte sich bereit, den Vmer von weiteren Kosten freizuhalten (OLG Nürnberg 1. II. 1965 VersR 1965 S. 1145 = BetrBer 1965 S. 725).

Da in solchem Falle der Vmer den Deckungsprozeß nur widerstrebend führen wird (vgl. Ruscher S. 113), ist der Vte besser beraten, sich auf den Standpunkt zu stellen, daß nunmehr er einziehungsberechtigt ist (vgl. Anm. 32 zu §§ 75—76). Um Zweifel in dieser Richtung auszuschließen, mag er darauf dringen, daß ihm der untätige Vmer die Verfügungsbefugnis ausdrücklich verschafft (durch Zustimmung oder Übergabe des Vsscheins oder Verzicht auf sein Einziehungsrecht): Ruscher S. 117.

Hat der Vte gegenüber dem Vmer ein Recht darauf, selbst einzuziehen, so kann er nach § 985 BGB Herausgabe des Vsscheins oder, wo das nicht tunlich ist (etwa bei der laufenden V, die viele Vte deckt), die Zustimmung i. S. d. § 75 II oder den Verzicht auf das Einziehungsrecht verlangen. — Über die Einziehung der Vsentschädigung, wenn der Nießbraucher V genommen hat, vgl. Anm. 50 zu §§ 75—76.

[29] bbb) Sonstiges.

Zur vertraglichen Verpflichtung des Vmers auf Verschaffung des Vsschutzes gehört es stets, daß er die Obliegenheiten nach Eintritt des Vsfalles erfüllt. Wenn er einziehungsverpflichtet ist, muß er sich ferner am Schadenfeststellungsverfahren beteiligen, gegebenenfalls ein Beweissicherungsverfahren einleiten, den Ver mahnen, vor Ablauf der Ausschlußfrist des § 12 III oder vor Ablauf der Verjährungsfrist des § 12 I Klage erheben.

Mag der Vmer auch im Außenverhältnis in der Lage sein, über den Vsanspruch durch Abtretung, Verpfändung, Aufrechnung, Erlaß, Vergleich, Stundung zu verfügen (§ 76 I, II), so schließt das nicht aus, daß er damit gegen seine Verpflichtung aus dem Innenverhältnis verstößt.

Hat der Vmer die Entschädigung eingezogen, so ist er entweder auf Grund Vertrages oder nach §§ 677, 681, 667 BGB (echte Geschäftsführung ohne Auftrag) oder nach § 816 II zur Auskehrung verpflichtet. Das bezieht sich auch auf eine etwaige Kulanzentschädigung des Vers: BGH 21. X. 1965 VersR 1965 S. 1166; Prölss-Martin[20] Anm. 3 zu § 179, S. 1047; Asmus ZVersWiss 1970 S. 57. — Über die Gegenansprüche des Vmers, soweit sie von § 77 erfaßt werden, vgl. oben Anm. 2—19, soweit sie über § 77 hinausgehen, vgl. oben Anm. 20—22.

[30] b) Nebenpflichten.

Das Innenverhältnis entscheidet ferner darüber, inwieweit der Vmer zur Auskunft verpflichtet ist. Hauptsächliche Grundlage bilden §§ 666, 675, 681 BGB. Gegebenenfalls hat der Vmer den Vten zu unterrichten, wo er die V genommen und welchen Inhalt der Vertrag hat (LG Wiesbaden 26. III. 1968 VersR 1969 S. 824). Er hat ferner Anzeige zu erstatten über alle Umstände, die den Vsschutz gefährden können. Der Umfang dieser Anzeigepflicht deckt sich also etwa mit der des Vers gegenüber dem Sicherungsnehmer bei erteiltem Sicherungsschein.

Wo die Auskunftspflicht nicht aus Auftrag oder auftragähnlichen Innenverhältnissen herzuleiten ist, ergibt sie sich als Nebenpflicht zum Hauptvertrag aus § 242 BGB: Möller, Allgemeines Schuldrecht, Hamburg 1947, S. 10; BGH 28. X. 1953 BGHZ Bd 10 S. 385 = BetrBer 1953 S. 989 = NJW 1954 S. 70f.; BGH 22. I. 1957 BetrBer 1957 S. 276 = NJW 1957 S. 669f.

Bei manchen Kundenven erhält der Kunde vom Unternehmer durch Aufdruck auf dem Legitimationspapier über den Werk- oder Verwahrungs- oder Geschäftsbesorgungsvertrag Auskunft über die Einzelheiten des Vsschutzes, manchmal auch durch gesondert beigefügten Zettel (vgl. die Parkplatzeinstellscheine bei der Fahrzeug- und Gepäckv im Rahmen der Landfahrzeugbewachungsv).

Die Nebenpflichten sind auch zu erfüllen, wenn der Vte kraft Gesetzes vom Vmer zu vn war, zur Begründung vgl. oben Anm. 25, anders Kisch III S. 531. Den Kreis der Mitteilungsberechtigten weit zu ziehen, empfiehlt sich, weil auf diese Weise vermieden wird, daß der Vte ohne Kenntnis von der V bleibt (§ 76 III kann das nur unzureichend verhindern), wodurch es dem Vmer erleichtert wird, die V eines fremden Interesses zu einer solchen auf eigene Rechnung zu machen.

[31] 3. Folgen der Verletzung des Innenverhältnisses.
a) Erfüllungsanspruch.

Für die Folgen der Verletzung von Haupt- und Nebenpflichten gelten hier keine Besonderheiten. Der Vte hat die Erfüllungsklage. Zu ihrem Erfolg bedarf es, soweit die Auskunftspflicht streitig ist, lediglich der Glaubhaftmachung, daß eine V für Rechnung des Klägers abgeschlossen worden ist oder eine Verpflichtung des Beklagten besteht, solche einzugehen: RG 19. XI. 1938 RGZ Bd 158 S. 378, 380; Lüderitz, Ausforschungsverbot und Auskunftsanspruch bei Verfolgung privater Rechte, Recht und Staat Heft 319/320, Tübingen 1966 S. 34; vgl. auch § 2127 BGB.

Beruht die Vsverpflichtung auf einer erbrechtlichen Auflage, steht die Klage den in § 2094 BGB Genannten zu. Bei Gefahr im Verzuge wird dem Vten eine einstweilige Verfügung gewährt, so insbesondere, wenn das Verhalten des Vmers befürchten läßt, daß er durch Verfügungen über den Vsanspruch (außerhalb der Einziehung) die Rechtsstellung des Vten gefährdet (Anm. 24, 39 zu §§ 75—76). Ist der Vmer einziehungspflichtig, so steht dem Vten theoretisch auch die Klage auf gerichtliche Verfolgung des Vsanspruchs zu (Johannsen Bd IV Anm. H 16). Über Einschränkungen dieses Anspruchs vgl. oben Anm. 28.

Ein zusätzlicher Verzugsschadenersatzanspruch steht dem Vten zu, wenn der Vmer die Einziehung der Vsforderung oder die Auskehrung der eingezogenen Entschädigung schuldhaft (vgl. unten Anm. 32) verzögert. — Hat der Vte seinerseits Verpflichtungen gegenüber dem Vmer verletzt, und steht diesem eine Einrede oder Einwendung zu, so ist die Erfüllungsklage des Vten (mindestens zur Zeit) unbegründet, Verzugsfolgen zu Lasten des Vmers können nicht eintreten.

[32] b) Anspruch auf Schadenersatz wegen Nichterfüllung.
aa) Materiell-rechtlich.

Aus der Verletzung der Vmerpflicht, ausgenommen Nichtauskehrung der eingezogenen Vsentschädigung (hier Erfüllungs- zuzüglich Verzugsschadenersatzanspruch), kann sich ein Schadenersatzanspruch wegen Nichterfüllung ergeben, sei es aus positiver Forderungsverletzung (Ruscher S. 56), sei es aus Unmöglichkeit (Beispiel für letztere: Das Interesse ist infolge eines Vsfalles weggefallen, für den der Vte, hätte sich der Vmer pflichtgemäß verhalten, Deckung hätte beanspruchen können). Auch aus der Verletzung von Nebenpflichten kann dem Vten ein Schadenersatzanspruch erwachsen: Der Vte nimmt selbst V, weil er von der Fremdv nichts weiß (Kisch III S. 533f.).

Dem Vmer ist die Möglichkeit eröffnet, sich zu exkulpieren (vgl. § 282 BGB). Ist das Zuwendungsverhältnis Schenkung oder Geschäftsführung ohne Auftrag nach § 685 BGB, so haftet der Vmer nur bei Vorsatz und grober Fahrlässigkeit (§ 521 BGB), ebenso im Falle des § 680: BGH 8. II. 1960 BGHZ Bd 32 S. 44—53; Ruscher S. 54, 71 N 2.. Stehen Vter und Vmer im Gesellschaftsverhältnis, so hat letzterer nur für diejenige Sorgfalt einzustehen, die er in eigenen Angelegenheiten anzuwenden pflegt: § 708 BGB. Anli S. 136 meint, der Vmer hafte auch dem Vten gegenüber nach einem strengeren Maßstab, wenn er seine eigenen Angelegenheiten mit größerer als der verkehrsüblichen Sorgfalt erledige. Er will das aus dem Treuhandverhältnis schließen. Aus ihm Folgerungen abzuleiten, ist jedoch Anm. 22 zu §§ 75—76 abgelehnt worden. — Erfüllt der Erbe eine Auflage zur Vsnahme oder zur Aufrechterhaltung des Vsschutzes nicht, so kann er allerdings nicht auf Schadenersatz in Anspruch genommen werden, auch nicht durch eine der in § 2094 BGB genannten Personen. —

III. Ansprüche des Versicherten gegen den Versicherungsnehmer § 77
Anm. 33—35

[33] bb) Konkurs des Versicherungsnehmers.

Wie der Erfüllungsanspruch des Vten im Konkurs des Vmers zu behandeln ist, ist Anm. 42, 43 zu §§ 75—76 dargestellt worden. Hier ist die Stellung des Vten für den Fall zu untersuchen, daß sich der Erfüllungsanspruch durch eine Verfügung des Vmers über den Vsanspruch (Schadenersatzansprüche des Vten aus anderer Ursache sind gewöhnliche Konkursforderungen) in einen Schadenersatzanspruch wegen Nichterfüllung umgewandelt hat (Beispiele: Abtretung, Verpfändung des Vsanspruchs an Außenstehende; Vergleich, Erlaß, Aufrechnung mit bzw. gegenüber dem Ver). Es gilt folgendes: Steht die Gegenleistung für die Verfügung noch aus, so kann der Vte die Abtretung des hierauf gerichteten Anspruchs vom Konkursverwalter verlangen, gleichgültig ob dieser oder der Vmer verfügt hat (§ 46^1 KO).

Ist die Gegenleistung nach Konkursbeginn zur Masse eingezogen worden, so kommt es darauf an, ob sie noch unterscheidbar vorhanden ist. Bejahendenfalls geht der mit Aussonderungskraft ausgestattete Anspruch des Vten auf Herausgabe des Surrogats: § 46^2 KO. Ist die Gegenleistung nicht mehr unterscheidbar in der Masse, ist der Vte Massegläubiger nach § 59 Ziff. 1 oder 3 KO. War die Gegenleistung schon vor Konkurseröffnung vom Vmer eingezogen worden, ist der Vte einfacher Konkursgläubiger. Vgl. zu alledem Jaeger, Lehrbuch des Deutschen Konkursrechts, 8. Aufl. Berlin und Leipzig 1932, S. 108f.

[34] 4. Außervertragliche Folgen der Pflichtverletzung.
a) Schadenersatzanspruch aus unerlaubter Handlung.

Für einen Schadenersatzanspruch aus unerlaubter Handlung fehlt es regelmäßig an den Tatbestandsmerkmalen. Die Verletzung von Pflichten aus dem Innenverhältnis fällt, weil Vermögensschäden im Spiel sind, nicht unter § 823 I, an einem Schutzgesetz zu Gunsten des Vten i. S. d. § 823 II fehlt es. Ausnahmsweise kann aber die eine oder andere dieser Normen erfüllt sein.

§ 823 I ist verletzt, wenn der Vmer grobfahrlässig oder vorsätzlich den Vsfall herbeiführt, etwa durch Zerstörung der vten Sache. Hier liegt eine unerlaubte Handlung vor, deren Folgen durch die V nicht ausgeglichen werden, weil der subjektive Risikoausschluß des § 61 VVG eingreift. Kisch III S. 533f. N. 20 meint, in diesem Falle habe der Vmer unter Umständen nur das zu ersetzen, was der Ver im Falle einer Zerstörung der Sache durch einen Drittschädiger zu leisten gehabt hätte. Diese Begrenzung des Schadenersatzanspruches ist nicht begründet. In der vertragswidrigen Verwendung der eingezogenen Entschädigung kann eine Untreue nach § 266 StGB liegen, und zwar kommt hier der Treubruchtatbestand in Betracht (vgl. Mezger-Blei, Strafrecht, Besonderer Teil, 8. Aufl. München und Berlin 1964, S. 198f.). Das läuft also auf einen Ersatzanspruch nach § 823 II hinaus.

Es kommt vor, daß der Ver sich verpflichtet, den Vten auch bei grobfahrlässiger Herbeiführung durch den Vmer zu decken. Dann hat der Vte die Wahl, ob er den Delikts- oder den Vsanspruch verfolgen will. Für den Vmer ergibt sich kein Unterschied, denn auch in letzterem Falle ist er zur Schadloshaltung verpflichtet, nämlich im Regreßwege gegenüber dem Ver: Anm. 130 zu § 67; BGH 11. VII. 1960 BGHZ Bd 33 S. 97ff. = VA 1960 S. 224 = VersR 1960 S. 724.

Anders bei leicht fahrlässiger Beschädigung der vten Sache durch den Vmer, denn hier wird der Schaden durch den Vsschutz auch zugunsten des Vmers beseitigt; über die Regreßlage in diesem Falle vgl. Anm. 127, 128 zu § 67. — Auf § 826 wird ein Schadenersatzanspruch gegen den Vmer nur selten zu stützen sein. Trifft der Vorwurf der Sittenwidrigkeit Vmer und Ver (vgl. Anm. 21 zu §§ 75—76), so kann Erlaß oder Vergleich in krassen Fällen nichtig sein, der Vte hat keinen Schaden. Trifft die Sittenwidrigkeit nur den Vmer, so kann dem Vten der Schadenersatzanspruch aus dem Innenverhältnis (oben Anm. 25) genügen.

[35] b) Bereicherungsanspruch.

Bei fehlendem vertraglichen Innenverhältnis kann der Anspruch des Vten auf Auskehrung der Entschädigung nach §§ 677, 681^2, 667 BGB (Geschäftsführung ohne Auftrag) gegeben sein, sofern Fremdgeschäftsführungswille des Vmers und Wahrung der Interessen des Vten nachweisbar sind.

Auf jeden Fall läßt sich der Anspruch mangels eines Vertragsverhältnisses auf § 816 II gründen (zur Streitfrage: Anm. 31 zu § 80). Bei fehlender Verpflichtung zur Beschaffung von zusätzlichem Vsschutz taucht die Frage auf, ob der Vmer, wenn er gleichwohl für eine Unfallv des Verletzten gesorgt hat, hierauf gegen ihn gerichtete Haftpflichtansprüche verrechnen kann. Die Frage wird meist zu undifferenziert gestellt. Handelt es sich um eine Schadensv, ergibt sich zwangsläufig eine Anrechnung, denn der Anspruch des Vten gegen den Vmer geht ja nach § 67 VVG auf den Ver über (mag er auch vom Ver nicht durchsetzbar sein: Anm. 128 zu § 67). Das wird meist nicht beachtet (BGH 16. XI. 1967 VersR 1968 S. 138, wo es sich um die Anrechnung der Unfallfremdvsentschädigung auf Versorgungsbezüge handelt, läßt nicht erkennen, ob dem vten Beamten schaden- oder summenartige Leistungen zugeflossen waren). Es liegt hier nicht anders als im Falle der Sachv, vgl. oben Anm. 34. Auf die Insassenunvallv als Summenv ist, was die Verrechnung mit Haftpflichtansprüchen angeht, in Anm. 37—39 zu § 80 zurückkommen.

Anm. 21 zu §§ 75—76 wurde befürwortet, nicht stets Sittenwidrigkeit zu bejahen, wenn der Vmer im Einvernehmen mit dem Ver aus egoistischen Motiven den Vten-Anspruch erläßt. Entgegen anders lautender Meinung von Thiel VersR 1955 S. 727, 731 sollte auch in der Personenv nichts anderes gelten. Der Vte ist genügend geschützt durch die oben Anm. 24, 32 erörterten Ansprüche.

[36] IV. Ansprüche des Versicherungsnehmers gegen den Versicherten bei fehlendem Innenverhältnis.
1. Beziehungen zwischen Zuwendungs- und Deckungsverhältnis.

Von der Wirksamkeit des Zuwendungsverhältnisses ist das Vsverhältnis nicht abhängig (Kisch III S. 429, 580; OLG Dresden 27. XI. 1934 JRPV 1935 S. 11 = Praxis des Vsrechts 1935 S. 17), d. h. es bleibt auch dann bestehen, wenn ersteres von vornherein nichtig war, wenn es angefochten worden ist, wenn es aus irgendeinem Grunde ex nunc endet, zum Beispiel wegen Widerrufs nach § 530 BGB. Weder Ver noch Vmer können daraus Einwendungen ableiten: KG 28. X. 1933 JRPV 1934 S. 76 = Praxis des Vsrechts 1934 S. 24.

Ausnahmsweise kann die Wirksamkeit des Deckungsverhältnisses von der des Zuwendungsverhältnisses abhängig gemacht worden sein entweder durch ausdrückliche Bedingung (Kisch III S. 580) oder durch in den Vsvertrag zu interpretierende Bedingung. So ist die Unfallfremdv zugunsten der Arbeitnehmerschaft von dem jeweiligen Bestand der Belegschaft des Vmers abhängig: Anli S. 65; weiteres Beispiel bei Kisch III S. 582.

[37] 2. Ausgleichung im Zuwendungsverhältnis.
a) Grundlage.

Die Ausgleichung im Zuwendungsverhältnis richtet sich danach, um wieviel der Vte durch die Leistung des Vers bereichert ist (vgl. Blomeyer, Allgemeines Schuldrecht, 4. Aufl. Berlin und Frankfurt/Main 1969 S. 256). Hier führt allein die Gefahrtragungstheorie zu sicheren und annehmbaren Ergebnissen (vgl. Möller in Bericht über die deutsche Rechtsprechung zum Binnenvsrecht in den Jahren 1937/38, Rom 1940 S. 279—282). Bereichert ist der Vte um die Gefahrtragung. Diese kann nicht naturaliter zurückgegeben werden. An ihre Stelle tritt Wertersatz nach § 818 II BGB; der Wert der Gefahrtragung entspricht der Höhe der Prämie. Dabei spielt es keine Rolle, ob bei intaktem Zuwendungsverhältnis der Vmer einen Prämienerstattungsanspruch gehabt hätte oder nicht (vgl. oben Anm. 2—5).

Der Anspruch entfällt nur dann, wenn ausnahmsweise § 814 BGB verwirklicht ist.

[38] b) Auswirkung des Versicherungsfalles.

Ist ein Vsfall eingetreten, auf Grund dessen dem Vten Entschädigung zugeflossen ist, so bezieht sich der Bereicherungsanspruch des Vmers hierauf nicht, d. h. dem Vten bleibt die Entschädigung. Der Eintritt des Vsfalles wirkt sich nur im Vollzugsverhältnis (Ver/Vter) aus und belastet hier den Ver in Ausfluß des aleatorischen Charakters des (wirksamen) Deckungsverhältnisses. Auf das Zuwendungsverhältnis (Vmer/Vter) schlägt der Vsfall nicht durch. Für dieses bleibt es gleich, ob sich die Gefahrtragung zu einer Leistung des Vers konkretisiert hat oder nicht.

Die Frage, ob bei unwirksamem Zuwendungsverhältnis der Bereicherungsanspruch auf die Prämienerstattung geht oder ob die Vssumme herauszugeben ist, ist, soweit ersichtlich, bisher nur für die Lebensv untersucht worden (von Caemmerer in Festschrift für E. Rabel Bd I Tübingen 1954 S. 377; Hadding, Der Bereicherungsausgleich beim Vertrag zu Rechten Dritter, Tübingen 1970, S. 132 N. 7; Schmidt in Soergel-Siebert, BGB, 10. Aufl. Stuttgart-Berlin-Köln-Mainz, 1967 Rdz. 6 zu § 330, S. 415). Die Ansichten sind geteilt. Die dort zur Verteidigung der verschiedenen Meinungen vorgebrachten Begründungen sind hier, wo es sich um Schadensv handelt, nicht aussagekräftig. Vgl. Sieg in Festschrift für Ernst Klingmüller, Karlsruhe 1974 S. 462.

§ 78

Gestrichen durch VO vom 19. XII. 1939, vgl. Anm. 1 zu Vorbemerkungen zu §§ 74—80.

§ 79

Soweit nach den Vorschriften dieses Gesetzes die Kenntnis und das Verhalten des Versicherungsnehmers von rechtlicher Bedeutung ist, kommt bei der Versicherung für fremde Rechnung auch die Kenntnis und das Verhalten des Versicherten in Betracht.

Auf die Kenntnis des Versicherten kommt es nicht an, wenn der Vertrag ohne sein Wissen geschlossen worden ist oder eine rechtzeitige Benachrichtigung des Versicherungsnehmers nicht tunlich war.

Hat der Versicherungsnehmer den Vertrag ohne Auftrag des Versicherten geschlossen und bei der Schließung den Mangel des Auftrags dem Versicherer nicht angezeigt, so braucht dieser den Einwand, daß der Vertrag ohne Wissen des Versicherten geschlossen ist, nicht gegen sich gelten zu lassen.

Kenntnis und Verhalten des Versicherten.

Gliederung:

I. Überblick Anm. 1—3
  1. Entstehung Anm. 1
  2. Grundgedanken Anm. 2
  3. AVB-Regelung Anm. 3
II. Tatbestandsmerkmale des § 79 I Anm. 4—12
  1. „Vorschriften dieses Gesetzes" Anm. 4
  2. Obliegenheitsverletzungen Anm. 5 bis 8
    a) Allgemeines Anm. 5
    b) Unterlassungsobliegenheiten Anm. 6
    c) Tunsobliegenheiten Anm. 7—8
      aa) Prinzip Anm. 7
      bb) Sonderfall Anm. 8
  3. Herbeiführung des Vsfalles Anm. 9
  4. „Von rechtlicher Bedeutung" Anm. 10
  5. „Versicherten" Anm. 11—12
    a) Begriff Anm. 11
    b) Mehrere Vte Anm. 12
III. Tatbestandsmerkmale des § 79 II, III Anm. 13—15
  1. Fehlen des Wissens vom Vsvertrage (§ 79 II 1. Altern. III) Anm. 13—14
    a) Regel Anm. 13
    b) Ausnahme Anm. 14
  2. Untunlichkeit der Benachrichtigung seitens des Vten (§ 79 II 2. Altern.) Anm. 15

§ 79
Anm. 1—4

I. Überblick, II. Tatbestandsmerkmale des § 79 I

IV. Kombinierte Eigen- und Fremdv Anm. 16—21
  1. Fehlverhalten des Vten Anm. 16
  2. Fehlverhalten des Vmers Anm. 17 bis 21
    a) Akzessorietätsregel Anm. 17
    b) Ausnahmen Anm. 18—21
      aa) Rechtsprechung Anm. 18
      bb) Gesetz Anm. 19

      cc) Geschäftsplanmäßige Erklärung Anm. 20
      dd) Vertrag Anm. 21
V. Besonderheiten bei der Personenv Anm. 22—24
  1. Vter Anm. 22
  2. Gefahrsperson Anm. 23
  3. Bezugsberechtigter Anm. 24

[1] I. Überblick:

1. Entstehung.

In Anm. 1 zu Vorbemerkungen zu §§ 74—80 wurde bereits darauf hingewiesen, daß § 79 I seine jetzige Fassung durch die VOen vom 19. XII. 1939 und 28. XII. 1942 erhalten hat, und zwar handelt es sich um eine Erweiterung des § 79 I, II a. F. Leider hat man §§ 79 III, IV a. F. unverändert als § 79 II, III übernommen, wodurch die Vorschrift insgesamt schwer verständlich geworden ist. Das gilt vor allem für die unangebrachte Stellung des § 79 II 2. Altern., der die Zusammengehörigkeit von § 79 II 1. Altern. und § 79 III verdunkelt.

[2] 2. Grundgedanken.

§ 79 I spricht von Kenntnis und Verhalten. Erstere spielt bei den Obliegenheiten eine Rolle, letzteres kann sowohl die Herbeiführung des Vsfalles als auch Obliegenheiten betreffen. Nach dem halbzwingenden (vgl. Anm. 14, 15 zu Vorbemerkungen zu §§ 74—80) § 79 II sollen aus Obliegenheitsverletzungen des Vten, bei denen es auf seine Kenntnis ankommt, dann keine gravierenden Konsequenzen gezogen werden, wenn er von dem Vsvertrag nichts gewußt hat. In letzterem Falle kann man ihm nämlich keinen Vorwurf machen (Johannsen Bd IV Anm. H 19). § 79 II 1. Altern. ist also Teil der Zurechnung bei Obliegenheitsverletzungen.

Würde es hierbei sein Bewenden haben, so wäre dem Ver in weitem Umfang die Berufung auf Obliegenheitsverletzungen des Vten verschlossen, er müßte aus der Rollenspaltung auf der Gegenseite Nachteile auf sich nehmen. Um das zu vermeiden, bringt § 79 III zugunsten des Vers ein Korrektiv. Selbst wenn der Vte keine Kenntnis von der V hat, wird diese stets unwiderleglich vermutet, sofern der Vmer dem Ver nicht angezeigt hat, daß er auftragslos die V nahm. Der Bestimmung liegt die Erwägung zugrunde, daß der Ver bei Kenntnis des auftragslosen Handelns seinerseits den Vten benachrichtigen kann, um die für den Ver ungünstigen Folgen des § 79 II 1. Altern. zu beseitigen (Ehrenzweig S. 217).

[3] 3. AVB-Regelung.

Häufig finden sich in AVB Vorschriften, daß gewisse näher aufgeführte Bestimmungen der Vertragsregelung, die den Vmer betreffen, sinngemäß auf mitvte Personen Anwendung finden. Beispiele hierfür bieten § 3 (1) AKB, § 7 (1) AHB, § 12 III (1) AFB.

Da ihre Bedeutung angesichts des weitgefaßten § 79 I insofern minimal ist, als sich dasselbe im wesentlichen schon aus dem Gesetz ergibt, wird von ihrem Abdruck hier Abstand genommen.

[4] II. Tatbestandsmerkmale des § 79 I.

1. „Vorschriften dieses Gesetzes".

Zu den „Vorschriften dieses Gesetzes" zählt nicht § 22 VVG, denn er gibt kein Recht auf Anfechtung bei arglistiger Täuschung, sondern enthält nur eine Vorschrift über die Konkurrenz (anders Gruneke, Vte Gefahr und Anzeigepflicht in der privaten Krankenv Kölner Diss. 1965, S. 129; Prölss-Martin[20] Anm. 1 zu § 79 S. 428). Das Ergebnis ist aber

II. Tatbestandsmerkmale des § 79 I § 79
Anm. 5—7

eindeutig: Seine arglistige Täuschung schadet dem Vten, und zwar nach § 123 II 2 BGB, vgl. Anm. 31 zu § 74.

Hingegen muß man zu den „Vorschriften dieses Gesetzes" auch die AVB zählen, denn sie sind als integrierender Bestandteil der Vsvertragsordnung aufzufassen (vgl. Anm. 1 zu Vorbemerkungen zu §§ 74—80; Prölss-Martin[20] Anm. 1 zu § 79, S. 428. Anders Süss, Die Privatv im Kriege, Berlin 1940 S. 30), wie §§ 6, 32, 33 II VVG zeigen und wie sich daraus ergibt, daß die leges imperfectae der §§ 34, 93, 111 VVG erst durch die AVB ihre Sanktion erhalten.

[5] 2. Obliegenheitsverletzungen.
a) Allgemeines.

§ 79 I erlegt auch dem Vten Obliegenheiten auf (Möller Anm. 6 zu § 16; Johannsen Bd IV Anm. H 19). Es handelt sich also nicht um eine den Vmer belastende Zurechnungsnorm, wie Gruneke S. 114—118, S. 144 meint, denn die wichtigste Sanktion, die Leistungsfreiheit, trifft ja in der Hauptsache gar nicht den Vmer.

Bei Verletzung der vorvertraglichen Anzeigepflicht und der Gefahrstandspflicht kann sich der Ver, soweit seine AVB Leistungsfreiheit vorsehen, auf diese nur berufen, wenn er den Vertrag nach § 6 I³ VVG kündigt. Handelt es sich um eine reine Fremdv (es sind nicht zugleich Interessen des Vmers gedeckt), gilt dieses Klarstellungserfordernis auch hier: Johannsen Bd IV Anm. H 19.

Sofern nach dem Folgenden der Vte bei der Herbeiführung des Vsfalles und bei Obliegenheitsverletzungen für das Verschulden des Vmers einzustehen hat, wird dieser also wie ein Repräsentant des Vten angesehen.

[6] b) Unterlassungsobliegenheiten.

Wir unterscheiden Unterlassungs- und Tunsobliegenheiten. Bei den ersteren ist die Verletzung durch den Vten stets schädlich, ebenso wie die Verletzung durch den Vmer. Das folgt daraus, daß beide Beteiligte das Unterlassungsgebot zu befolgen haben (Möller, Verantwortlichkeit des Vmers für das Verhalten Dritter, Berlin 1939, S. 15f.). Allerdings gibt es Unterlassungsobliegenheiten, die nur der Vte verletzen kann, z. B. das Verbot der Anspruchsaufgabe nach § 67 I³ (Anm. 135 zu § 67).

BGH 14. XII. 1967 BGHZ Bd 49 S. 130ff. = VersR 1968 S. 185 = VA 1968 S. 111 deutet meines Erachtens § 79 falsch, weil das Gericht nicht zwischen Tuns- und Unterlassungsobliegenheiten unterscheidet, vgl. auch die Kritik von Prölss-Martin[20] Anm. 2 zu § 158 i, S. 743. Richtig erkennt die Entscheidung, daß es Obliegenheiten gibt, die nur jeder für sich allein erfüllen kann (vgl. das obige Beispiel zu den Unterlassungsobliegenheiten sowie unten Anm. 18). Im übrigen sollte man sich hüten, aus dieser Entscheidung allgemeine Schlüsse zu ziehen; sie ist, wie sie selbst betont, auf die Pflichthaftpflichtv zugeschnitten.

[7] c) Tunsobliegenheiten.
aa) Prinzip.

Bei den Tunsobliegenheiten genügt es, daß einer von beiden, Vmer oder Vter, sie objektiv richtig beobachtet: Möller, Verantwortlichkeit des Vmers für das Verhalten Dritter, Berlin 1939, S. 16f. Deshalb schadet es dem sie erfüllenden Vten nicht, wenn der Vmer untätig bleibt oder fehlsam handelt, mag auch der Vmer der Repräsentant des Vten sein. Umgekehrt nützt es dem Vten, wenn allein der Vmer (vertragsgerecht) tätig geworden ist (das ist übrigens keine Besonderheit der V für fremde Rechnung, denn stets nützt es dem Interesseträger, wenn irgend jemand statt seiner eine Obliegenheit vollständig erfüllt), unrichtig Ruscher S. 140.

So genügt es z. B., wenn die Anzeige von der Veräußerung der vten Sache entweder der Vte oder Vmer erstattet: Anm. 9 zu § 71 (auch die Anzeige des Erwerbers genügt, um nachteilige Folgen abzuwenden).

Hat einer von beiden (Vmer oder Vter) die betreffende Obliegenheit schuldhaft verletzt und hat sie auch der andere Teil nicht erfüllt, so kommt es auf das Verschulden des

Sieg

letzteren nicht an. Beispiel: Der Vmer hat schuldhaft gegen die vorvertragliche Anzeigepflicht verstoßen; der Ver ist zum Rücktritt berechtigt (§ 17) ohne Rücksicht auf einen subjektiven Tatbestand beim Vten, und das, obwohl den Vten der materielle Nachteil des Rücktritts trifft, vgl. Kisch III S. 421. In diesem Sinne ist der Satz Kischs (III S. 438) richtig, daß jeder von beiden das Verschulden des anderen Teils zu vertreten habe. Das gilt aber — wie gesagt — nur unter der Voraussetzung, daß die Obliegenheit nicht von irgendeiner Seite objektiv richtig erfüllt wurde.

[8] bb) Sonderfall.

Die Anzeigepflicht wird durch den Vten manchmal in „mittelbarer Täterschaft" verletzt: Er verschweigt dem Vmer gefahrerhebliche Umstände, dieser übernimmt die Angaben des Vten in den Antrag (vgl. insbesondere § 2 II² VVG; OLG Köln 6. VI. 1952 VersR 1952 S. 268 = VA 1952 S. 146 = NJW 1952 S. 1297); der Vte macht falsche Angaben in der Schadenanzeige, der Vmer gibt sie gutgläubig weiter an den Ver. Dieses Verhalten schadet dem Vten: Eine Tunspflicht ist von keiner Seite richtig erfüllt, das Verschulden des einen Teils ist vom anderen mitzuvertreten.

[9] 3. Herbeiführung des Versicherungsfalles.

Unstreitig greift der subjektive Risikoausschluß der §§ 61, 152 ein, wenn der Vte den Vsfall herbeigeführt hat. Damit hat § 79 I n. F. in einer alten Streitfrage Stellung bezogen. Das RG versagte nämlich dem Ver die Berufung auf § 61, wenn der Vte den Vsfall grobfahrlässig herbeigeführt hatte: vgl. RG 28. VI. 1927 RGZ Bd 117 S. 327—332 = JW 1927 S. 2801—2803; RG 13. V. 1938 RGZ Bd 157 S. 314—320 = JW 1938 S. 1953—1956. In der Überwindung dieses Standpunkts liegt ein Schwerpunkt des § 79 I n. F.

Aber auch die Herbeiführung durch den Vmer schadet dem Vten. Letzteres will Ehrenzweig S. 217 nur gelten lassen, wenn der Vmer Gefahrverwalter des Vten war. Er beruft sich hierbei auf Ehrenberg, Vsrecht, Bd 1 Leipzig 1893 S. 203, der jedoch nicht von der Herbeiführung des Vsfalles spricht. Der Ansicht von Ehrenzweig kann schon deshalb nicht gefolgt werden, weil dann das Wort „auch" in § 79 I kaum eine Bedeutung hätte. Abgesehen davon entspricht es dem Sinn dieser Regelung, den Vten dafür einstehen zu lassen, daß sich der Vmer seinem Partner (dem Ver) gegenüber vertragsuntreu verhalten hat; so auch die herrschende Lehre, vgl. Möller, Verantwortlichkeit, S. 14 und die dort N. 2 Genannten. Allein dieses Ergebnis wird dem § 334 BGB gerecht.

Im Rahmen des § 79 spielt es also in keiner Richtung eine Rolle, ob der Vmer der Repräsentant des Vten ist.

[10] 4. „Von rechtlicher Bedeutung".

Verhalten und Kenntnis sind bei der Herbeiführung des Vsfalles und bei Obliegenheitsverletzungen von rechtlicher Bedeutung. Dabei kommen als Folge der letzteren nicht nur Leistungsfreiheit in Betracht, sondern auch Rücktritt und Kündigung des Vers. So kann der Ver bei verschuldeter Verletzung der vorvertraglichen Anzeigepflicht zurücktreten (§§ 16 II, III, 17 I, II), bei verschuldeter Verletzung der Gefahrstandspflicht fristlos kündigen (§ 24 I). Treten jene Umstände ohne Verschulden ein, so muß der Ver die Kündigungsfrist von einem Monat einhalten (§§ 24 I, 27, 41 II).

[11] 5. „Versicherten".

a) Begriff.

Das RG hat im Zusammenhang mit der Herbeiführung des Vsfalles den Begriff des wahren wirtschaftlichen Vten geprägt. Es meinte damit denjenigen, dessen Sachen durch einen anderen (Vmer) gedeckt waren, aber durch V für eigene Rechnung. Hier sollte im Rahmen des § 79 a. F. das Verhalten des Sacheigentümers wie das eines Vten gewertet werden; ähnlich Klingmüller, 2. Weltkongreß für Vsrecht, 4. Bd Karlsruhe 1967 S. 93. Möller, Bericht über die deutsche Rechtsprechung zum Binnenvsrecht in den Jahren 1937/38, Rom 1940, S. 302 hat indessen zutreffend darauf hingewiesen, daß es des Begriffs des wahren wirtschaftlich Vten nicht bedürfe, um dem Ver zur Leistungsfreiheit zu verhelfen, wenn man nur den Interessebegriff richtig anwende. Dann ergebe sich nämlich,

III. Tatbestandsmerkmale des § 79 II, III

daß von vornherein Interessemangel herrschte (der Vmer hat das Eigentümerinteresse gedeckt, ohne Eigentümer zu sein): Anm. 31 zu § 68.

Das hat OLG Düsseldorf 22. V. 1962 VersR 1963 S. 56 richtig gesehen. Es hat dem sogenannten wahren wirtschaftlich Vten keinen Vsanspruch, sondern einen Schadenersatzanspruch gegen den Ver eingeräumt wegen fehlsamer Nachtragsaufnahme durch dessen Agenten.

[12] b) Mehrere Versicherte.

Sind durch einen Vertrag mehrere Vte gedeckt, so kann grundsätzlich weder Kenntnis noch Verhalten des einen Vten dem anderen schaden. Ruscher S. 138 will das nur bei Kollektivven gelten lassen, diese Begrenzung überzeugt aber nicht. Ich stimme Ruscher allerdings darin zu, daß der Grundsatz nicht ausnahmslos gilt. Was oben Anm. 6, 7 zur Zurechnung des Vmerverhaltens zu Lasten des Vten gesagt wurde, gilt auch dann, wenn auf Vtenseite mehrere Personen in Gesamthänderschaft oder als Bruchteilseigentümer stehen (Anm. 39, 42 zu § 67). Hier schadet also das Verhalten des einen den anderen. Anders nur in der Haftpflichtv, wo jeder einzelne Vte einen selbständigen Befreiungsanspruch von der gegen ihn erhobenen Forderung hat (Anm. 40 zu § 67).

Bei der Herbeiführung des Vsfalles gilt folgendes: Bei Gesamthänderschaft und Bruchteilseigentum schadet die Herbeiführung durch einen Vten auch den anderen (Anm. 39, 42 zu § 67), auch hier wieder anders in der Haftpflichtv (Anm. 40 zu § 67).

Vgl. zu alledem auch Prölss-Martin[20] Anm. 6 zu § 6 S. 80, z. T. abweichend. Möller, Bericht über die deutsche Rechtsprechung zum Binnenvsrecht in den Jahren 1937—1938, Rom 1940, S. 295 ist für die Bruchteilsgemeinschaft anderer Auffassung (es sei der Anspruch eines jeden Vten selbständig zu beurteilen), im übrigen vertritt Möller die hier dargelegte Auffassung.

[13] III. Tatbestandsmerkmale des § 79 II, III.

1. Fehlen des Wissens vom Versicherungsvertrage (§ 79 II 1. Altern., III).

a) Regel.

Der Vte, der von der V nichts weiß, gilt als exkulpiert, soweit es auf seine Kenntnis ankommt. Man wird hinzufügen müssen: § 79 II ist zu erstrecken auf das auf Grund der Kenntnis zu beobachtende Verhalten, also vor allem die Anzeige: Millauer S. 36. Wo das Verhalten eine selbständige Rolle spielt, also vor allem bei der Herbeiführung des Vsfalles, kann der Vte sich nicht darauf berufen, daß er nichts von der V gewußt habe: Ehrenzweig S. 217.

Im Geltungsbereich des § 79 II nützt dem Vten seine Unkenntnis allerdings dann nicht, wenn der Vmer ihn schuldhaft nicht informiert hat und darin eine Obliegenheitsverletzung liegt (vgl. oben Anm. 8) oder wenn dieser die vorvertragliche Anzeigepflicht verletzt hat (Prölss-Martin[20] Anm. 2 zu § 79, S. 428), eine Tunsobliegenheit ist dann beiderseits nicht erfüllt worden. Nach § 79 II ist das Wissen vom Vsvertrage dem Vten schädlich. Es muß gleichstehen, daß dieser dem Vmer Auftrag zur Vsnahme erteilt hat (Ehrenzweig S. 217), denn nunmehr muß er mit dem zu seinen Gunsten abgeschlossenen Vsvertrag rechnen und sich diesem Vertrage gemäß verhalten. Ein Auftrag zur Vsnahme kann auch stillschweigend erteilt werden, er liegt auf Käuferseite im Abschluß eines Cif-Vertrages (Bruck[7] Anm. 5 zu § 79, S. 291). Ebenso wie bei Auftragserteilung durch den Vten wird man entscheiden müssen bei V zu seinen Gunsten auf Grund Gesetzes, jedoch nur dann, wenn diese gesetzliche Vspflicht allgemein in den betreffenden Wirtschaftskreisen bekannt ist. Hierzu sind außer der kombinierten Eigen- und Fremdv die Fälle der §§ 1045 BGB, 2 IV VO über das Bewachungsgewerbe vom 22. XI. 1963 i. d. Fassung vom 13. IV. 1967 (Anm. 6 zu Vorbemerkungen zu §§ 74—80) zu zählen.

[14] b) Ausnahme.

Nach § 79 III nützt das Nichtwissen vom Vsvertrage dem Vten nichts, wenn der Vmer dem Ver verschwiegen hat, daß er auftragslos V nahm. Die Anzeige vom Fehlen des Auftrages ist eine Obliegenheit, weshalb es für die schädlichen Folgen zu Lasten des

Sieg

Vten auf das Verschulden des Vmers ankommt. Ist der subjektive Tatbestand zu bejahen, wird unwiderleglich Wissen des Vten vom Vsvertrage vermutet (Ehrenzweig S. 218). Das ist dann nicht der Fall, wenn die Anzeige nach § 79 III nicht vom Vmer, sondern von irgendeinem anderen erstattet wird, weil es für Anzeigeobliegenheiten gleichgültig ist, wer sie erfüllt (Bruck[7] Anm. 5 zu § 79, S. 291).

[15] 2. Untunlichkeit der Benachrichtigung seitens des Versicherten (§ 79 II 2. Altern.).

§ 79 II 2. Altern. hat durch die Schnelligkeit der modernen Nachrichtenübermittlung an Bedeutung verloren. Gemeint ist vom Gesetz folgendes: Der Vte, der die vorvertragliche Anzeigepflicht verletzt, ist exkulpiert, wenn eine rechtzeitige Benachrichtigung weder des Vmers noch des Vers, sofern dieser dem Vten bekannt ist (Bruck[7] Anm. 6 zu § 79, S. 291f.; Millauer S. 36 und die daselbst N. 81 Genannten; Prölss-Martin[20] Anm. 2 zu § 79, S. 428) tunlich war. Gruneke, Vte Gefahr und Anzeigepflicht in der privaten Krankenv, Kölner Diss. 1965 S. 125 hält sich zu eng an den Wortlaut des Gesetzes.

Da der Anspruch auf den Prämienzuschlag nach § 41 ohne Rücksicht auf Verschulden besteht, ist er auch dann gegeben, wenn der Ver sonstige Konsequenzen aus der Verletzung der vorvertraglichen Anzeigepflicht nicht herleiten kann (Bruck[7] Anm. 6 zu § 79, S. 292).

[16] IV. Kombinierte Eigen- und Fremdversicherung.

1. Fehlverhalten des Versicherten.

Klarheit besteht darüber, daß, sofern Vter und Vmer in einem Vertrage gedeckt sind, Obliegenheitsverletzungen und Herbeiführung des Vsfalles durch den Vten dem Vmer nur schaden, wenn der Vte sein Repräsentant ist (Prölss-Martin[20] Anm. 1 zu § 79 S. 428). Die Unabhängigkeit des Vmerschutzes vom Verhalten des Vten wird bestätigt von BGH 20. V. 1969 VersR 1969 S. 695 = BetrBer 1969 S. 814 = NJW 1969 S. 1387; BGH 13. VII. 1971 VersR 1971 S. 1119; Johannsen Bd IV Anm. H 19. Falsch: LG Mannheim 14. II. 1962 VersR 1962 S. 317f.

Nach diesem Grundsatz hat der Vmer auch dann Deckung, wenn beim Vten ein personenbezogener Haftungsausschluß vorliegt: BGH 10. III. 1966 VersR 1966 S. 674. — Der Ver braucht hier nicht nach § 6 I³ zu kündigen, wenn er sich auf Leistungsfreiheit gegenüber dem Vten beruft: Johannsen Bd IV Anm. H 19.

[17] 2. Fehlverhalten des Versicherungsnehmers.

a) Akzessorietätsregel.

Schwieriger ist die Frage zu beantworten, ob der Vmer, der durch Obliegenheitsverletzung oder Herbeiführung durch ihn oder einen Repräsentanten den eigenen Schutz verwirkt hat, damit auch den Vten um seine Vsansprüche bringt. Früher ging man ausnahmslos von der Akzessorietät der Deckung des Vten aus, d. h. er verlor den Vsschutz, wenn ihn der Vmer nicht beanspruchen konnte. Das ist im Prinzip auch heute noch so: BGH 12. III. 1959 NJW 1959 S. 1220 = VersR 1959 S. 329 = VA 1959 S. 277; BGH 8. II. 1965 VersR 1965 S. 425 = VA 1967 S. 11; BGH 6. V. 1965 BGHZ Bd 44 S. 1 ff. = VA 1965 S. 246 = VersR 1965 S. 701; BGH 22. IV. 1971 VersR 1971 S. 558; Johannsen Bd IV Anm. H 19.

Der Akzessorietätsgrundsatz ist in manche AVB ausdrücklich aufgenommen worden, so z. B. in § 3 (3) S. 1 AKB. Dieser lautet:

„Ist der Ver dem Vmer gegenüber von der Verpflichtung zur Leistung frei, so gilt dies auch gegenüber allen mitvten und sonstigen Personen, die Ansprüche aus dem Vsvertrage geltend machen."

[18] b) Ausnahmen.

aa) Rechtsprechung.

Soweit es sich um Obliegenheitsverletzungen des Vmers handelt, die nur seine Sphäre betreffen (z. B. Anzeige der Veräußerung des Betriebes, §§ 151 II, 71 VVG), bleibt der Vte davon unberührt: OLG Saarbrücken 17. VII. 1968 VersR 1968 S. 1133.

IV. Kombinierte Eigen- und Fremdversicherung §79
Anm. 19, 20

Die Lockerung des Akzessorietätsgrundsatzes ist nicht auf Fälle beschränkt, in denen **unterschiedliche Wagnisse** von Vmer und Vtem vorhanden sind. Das zeigt die Rechtsprechung zu § 12 III, wonach der Ausschlußfrist nur gegenüber demjenigen wirkt, dem sie gesetzt ist: OLG Hamm 28. IX. 1965 VersR 1967 S. 747—749; BGH 14. XII. 1967 BGHZ Bd 49 S. 130ff. = VersR 1968 S. 185 = VA 1968 S. 111. Die hier ventilierte Frage hat nichts mit der zu tun, **wem** von beiden Beteiligten die Frist zu setzen ist, sofern Unklarheiten bestehen, ob der Vte seinen Anspruch selbst einziehen kann (hierzu Johannsen Bd IV Anm. H 14). Die Fristsetzung hat überhaupt nur Wirkung, wenn sie dem einziehungsberechtigten Partner erklärt wird.

[19] bb) Gesetz.

In der Pflichthaftpflichtv braucht der Vte wegen § 158 i letztlich nicht für Obliegenheitsverletzungen des Vmers einzustehen. Dem trägt § 3 (3) S. 2 AKB Rechnung:
„Beruht die Leistungsfreiheit auf der Verletzung einer Obliegenheit, so kann der Ver wegen einer dem Dritten gewährten Leistung Rückgriff nur gegen diejenigen mitvten Personen nehmen, in deren Person die der Leistungsfreiheit zugrunde liegenden Umstände vorliegen."

§ 158 i ändert zwar formell nichts daran, daß der Vte wegen des Vmer-Verstoßes keine Deckung genießt. Mangels Rückgriffsmöglichkeit des Vers (vgl. OLG Stuttgart 24. VII. 1974 VersR 1975 S. 705) wirkt er sich aber praktisch als Lösung vom Akzessorietätsprinzip aus. Sendtner-Voelderndorff, Ausgleichsansprüche nach dem Pflichtvsänderungsg vom 5. 4. 1965, Berliner Diss. 1967, S. 193—201 vertritt mit guten Gründen gegen die herrschende Lehre die Auffassung, daß der Vte im Falle des § 158 i sogar **Deckung** zu beanspruchen habe, im Verhältnis zu ihm also kein „krankes" Vsverhältnis vorliege.

Mit § 158 i hat der Gesetzgeber eine Entscheidung getroffen, deren Teilinhalt (der BGH legt § 158 i zu eng aus; nach seiner Meinung übernimmt er diese Bestimmung **ganz**, vgl. oben Anm. 6) der BGH auch für vor Inkrafttreten des §158i zu beurteilende Fälle akzeptiert hat: BGH 14. XII. 1967 BGHZ Bd 49 S. 130 = VA 1968 S. 111 = VersR 1968 S. 185, 268 (ablehnende Anmerkung von Prölss).

Nach allgemeinen Grundsätzen ergibt sich eine Lockerung der Akzessorietät bei den Tunsobliegenheiten (oben Anm. 7): Hier schadet die Lässigkeit des Vmers dem Vten nicht, wenn er oder ein Außenstehender die Obliegenheit erfüllt.

[20] cc) Geschäftsplanmäßige Erklärung.

Auf Grund Geschäftsplanmäßiger Erklärung ist in der KraftfahrtV der Akzessorietätsgrundsatz weit über § 158 i hinaus zugunsten des Vten gelockert. Die Erklärung (VA 1973 S. 103) lautet:

„1. In Fällen von Leistungsfreiheit wegen Verletzung einer Obliegenheit oder wegen Gefahrerhöhung (§§ 23ff. VVG) werden wir in der K-Haftpflichtv auf die Geltendmachung unserer gesetzlichen Rückgriffsansprüche gegen den Vmer und mitvte Personen mit folgender Maßgabe verzichten:
Der Verzicht gilt für alle zur Zeit der Abgabe der Erklärung noch nicht abgewickelten und künftigen Regreßfälle. Er erstreckt sich auf denjenigen Betrag, der DM 5000,— bei dem einzelnen Rückgriffsschuldner überschreitet. Dieser Verzicht gilt nicht gegenüber einem Fahrer, der das Fahrzeug durch eine strafbare Handlung erlangt hat.

2. In den Fällen, in denen ein Vmer die Erst- bzw. Folgeprämie nicht gezahlt hat und der Ver deshalb leistungsfrei ist, werden wir in der K-Haftpflichtv auf die Geltendmachung des aus diesem Grunde bestehenden gesetzlichen Rückgriffsanspruchs gegen mitvte Personen verzichten, es sei denn, daß die mitvte Person von der Nichtzahlung wußte oder grob fahrlässig keine Kenntnis hatte.
Der Verzicht gilt für alle zur Zeit der Abgabe der Erklärung noch nicht abgewickelten und künftigen Regreßfälle. Er gilt nicht, soweit für die mitvten Personen anderweitig Vsschutz besteht."

§ 79
Anm. 20

IV. Kombinierte Eigen- und Fremdversicherung

OLG Köln 3. III. 1975 VersR 1975 S. 725 leitet aus dem Verzicht einen im Wege des § 242 BGB zu realisierenden Vertrauensschutz des Fahrers her. Diese Fassung ist nicht glücklich. In Ziff. 1 ist die Erwähnung der Gefahrerhöhung neben der Obliegenheitsverletzung überflüssig, denn die Unterlassung der Gefahrerhöhung ist ja eine Obliegenheit (Möller Anm. 19 zu § 23). Auch § 158 i VVG umfaßt deshalb ohne ausdrückliche Erwähnung die Gefahrerhöhung.

Im Folgenden ist zu erörtern, wie sich Ziff. 1 auswirkt, wenn sich Vmer und Vter einer Obliegenheitsverletzung schuldig gemacht haben.

  a) Wenn der Rückgriff auch ohne den Verzicht die 5000,— DM-Grenze nicht übersteigt, haften beide als Gesamtschuldner. Zwar fußt der Rückgriff nach § 3 Ziff. 9 S. 2 PflichtVersG auf § 426 I BGB, hinsichtlich dessen man annimmt, daß die intern zum Ausgleich Verpflichteten nicht als Gesamtschuldner, sondern nach Anteilen haften. Es ist aber anerkannt, daß die Ausgleichsschuldner gegenüber dem Ausgleichsberechtigten eine besondere Gruppe bilden können, woraus sich auch intern eine Gesamtschuld ergibt (Blomeyer, Allgemeines Schuldrecht, 4. Aufl. Berlin und Frankfurt/M. 1969 S. 307). Das liegt hier vor: BGH 20. I. 1971 BGHZ Bd 55 S. 281 = VersR 1971 S. 429 = BetrBer 1971 S. 1079 = VA 1971 S. 207; Prölss-Martin[20] Anm. 2b zu § 3 Ziff. 9 PflichtVersG, S. 770.

  b) Wie ist aber zu verfahren, wenn der Rückgriffsanspruch ohne den Verzicht 5000,— DM übersteigt? Hier beschränkt sich der Regreßanspruch nicht auf 5000,— DM, denn diese Marke ist nicht auf einen bestimmten Versicherungsfall, sondern auf jeden einzelnen Rückgriffsschuldner abgestellt; Ziff. 1 läßt das Sanktionsprinzip durchscheinen. Hier wird man den Ver für befugt halten müssen, die Rückgriffsverpflichteten nach billigem Ermessen (§ 315 BGB) als Teilschuldner in Anspruch zu nehmen derart, daß keiner von beiden mehr als 5000,— DM zu zahlen hat. Das wird meist darauf hinauslaufen, daß der Halter höher als der Fahrer haftet. Hat der Ver etwa Aufwendungen von 6000,— DM erbracht, so kann er z. B. den Halter zu 4000,— DM ,den Fahrer zu 2000,— DM in Anspruch nehmen. Der Ver hat bei der Aufteilung ähnliche Erwägungen anzustellen wie der Sozialversicherungsträger, der nach § 640 RVO Regreß gegen den Unternehmer und einen Betriebsangehörigen nehmen kann (Marschall von Bieberstein VersR 1972 S. 994, 997).

Ziff. 2 der geschäftsplanmäßigen Erklärung ist wenig praktikabel. Wann soll ein Fall grobfahrlässiger Unkenntnis von der Nichtzahlung der Prämie angenommen werden, d. h. welchen Vten kann man es ansinnen, sich beim Halter nach der pünktlichen Erfüllung der Prämienzahlungspflicht zu erkundigen? Genügt aber Kenntnis oder grobfahrlässige Unkenntnis von der Nichtzahlung, um den Sinn der Ziff. 2 zu erfüllen? Welcher Vte wird schon von dieser Tatsache auf die schwerwiegende Rechtsfolge schließen, daß er nunmehr im Rückgriffswege in voller Höhe in Anspruch genommen werden kann?

Die Abhängigkeit der Deckung des Vten von der des Vmers besteht also danach noch bei Prämienverzug, den der Vte kannte oder kennen mußte. In diesem Bereich bleibt auch in der Kraftfahrv noch heute die Frage akut, ob der Vte dem Rückgriff des Vers mit der Einrede „dolo facit qui petit, quod statim rediturus est" begegnen kann: Nehme ihn der Ver in Anspruch, stehe ihm kraft des Arbeitsverhältnisses ein Rückgriff gegen seinen Arbeitgeber, den Vmer, zu, von dem der Ver diesen befreien müßte. Bejahend: LG Lindau 4. XII. 1969 VersR 1970 S. 340; LG Kiel 21. IX. 1972 VersR 1973 S. 535.

Die letztere Prämisse ist jedoch falsch, für einen Schadenersatzanspruch aus dem Arbeitsverhältnis besteht keine Deckung. Richtig: BGH 20. I. 1971 BGHZ Bd 55 S. 281 = BetrBer 1971 S. 1079 = VA 1971 S. 207 = VersR 1971 S. 429; OLG Köln 3. III. 1975 VersR 1975 S. 725. (Diese Entscheidung leitet aus dem geschäftsplanmäßigen Rückgriffsverzicht eine Einrede des Fahrers, gestützt auf Vertrauensschutz, § 242 BGB, her.)

Der von An. ZFV 1976 S. 25 erörterte Fall des Fahrens eines Kraftfahrzeugs mit abgefahrenen Reifen löst sich wie folgt: Der Fahrer hat wegen § 158 i VVG die Verletzung der Gefahrstandspflicht durch den Vmer nicht automatisch mitzuverantworten, sondern nur dann, wenn die Voraussetzungen der §§ 25, 28 auch in seiner Person vorliegen. Auch in diesem Fall haftet er höchstens bis zum Betrage von 5000,— DM.

Im Einklang mit der hier vertretenen Auffassung neuerdings Chlosta VersR 1976 S. 238.

V. Besonderheiten bei der Personenversicherung §79
Anm. 21—24

[21] dd) Vertrag.
Aus besonderen Abreden kann sich ergeben, daß der Ver dem Vten in höherem Maße verantwortlich ist als seinem Vmer. Hauptbeispiele sind die Kautionsv, die Kraftfahrzeugkaskov mit Sicherungsschein, die sonstige Sachv mit Warensicherungsschein, die Kundenv; Einzelheiten Anm. 130, 131, 133 zu § 67.
Soweit hiernach der Akzessorietätsgrundsatz zugunsten des Vten durchbrochen wird, ist aber streng darauf zu achten, wieweit der Vertrag Ausnahmen von ihm macht: BGH 19. I. 1967 VersR 1967 S. 343 = VA 1967 S. 242 (Kraftfahrzeugkaskov mit Sicherungsschein).

[22] V. Besonderheiten bei der Personenversicherung.
1. Versicherter.
In der Unfallfremdv für fremde Rechnung gilt nach § 179 II VVG das oben zu I—IV Ausgeführte. Dasselbe ist analog für die (selten vorkommende) Krankenfremdv für fremde Rechnung anzunehmen. Bei der Herbeiführung des Vsfalles ist in diesen Zweigen nur Vorsatz schädlich (vgl. § 180 a VVG), mag der Vmer, mag der Vte vorsätzlich handeln. Anders Prölss-Martin[20] Anm. 1 zu § 181 a. F. S. 1052, wonach die vorsätzliche Herbeiführung durch den Vmer hier ohne Einfluß auf die Leistungspflicht des Vers sein soll. Dem kann nicht zugestimmt werden. Es liegt hier nicht anders als in der Nichtpersonenv, vgl. oben Anm. 9; zutreffend hingegen Prölss-Martin[20] Anm. 3 zu § 5 MBKK, S. 1033.

[23] 2. Gefahrsperson.
Ist in der Kranken- oder Unfallv Fremdv auf eigene Rechnung genommen, ist der Vertragsfremde also nur Gefahrsperson, so kommt es nach § 179 IV (Klingmüller, Das Krankenvsvertragsrecht in Balzer-Jäger, Leitfaden der privaten Krankenv, Karlsruhe o. J. C S. 17 f., will allerdings unzutreffend § 79 statt § 179 IV analog anwenden) auch auf die Kenntnis und das Verhalten der Gefahrsperson an. Der Anwendung von § 79 II (und damit auch des § 79 III) bedarf es nicht; er ist Schutzvorschrift zugunsten des Vten. Hier hat der Vmer, der nicht schutzbedürftig ist, den Anspruch: Gruneke, Vte Gefahr und Anzeigepflicht in der privaten Krankenv, Kölner Diss. 1965 S. 127.
Vorsätzliche Herbeiführung des Vsfalles durch die Gefahrsperson befreit also den Ver, natürlich auch vorsätzliche Herbeiführung durch den Vmer (§ 181 I). — Was die Obliegenheitsverletzungen angeht, so sei auf oben Anm. 5—8 Bezug genommen. Das gilt insbesondere für die Verantwortlichkeit bei der vorvertraglichen Anzeigepflicht. Hat der Familienangehörige als Gefahrsperson von Vorerkrankungen gewußt, der Vmer aber nicht, und hat letzterer sie dementsprechend im Antrag nicht angegeben, so ist das dem Vmer gleichwohl zuzurechnen: Gruneke S. 116, 126, 128, 130, 145.
Aus der Natur der Sache ergibt sich allerdings ein Unterschied zu den Ausführungen oben Anm. 5—8: Im Falle des § 79 handelt es sich um den Anspruch des Vten, der gefährdet ist, hier um den Anspruch des Vmers (vgl. Gruneke S. 114f., der aber S. 111 den § 179 IV falsch abgrenzt. Nicht soweit die private Krankenv Summenv ist, findet § 179 IV Anwendung, sondern soweit sie V für eigene Rechnung des Vmers ist). Es ergibt sich also, daß sich der Vmer behandeln lassen muß, als sei die Gefahrsperson sein Repräsentant. Darauf läuft der Sache nach auch die Feststellung von Gruneke S. 144 hinaus.

[24] 3. Bezugsberechtigter.
In der Unfallv spielt die Bezugsberechtigung eine gewisse Rolle. Hat der Bezugsberechtigte, ohne Vmer, Vter oder Gefahrsperson zu sein, den Unfall vorsätzlich herbeigeführt, so gilt nach § 181 II die Bezugsberechtigung als gestrichen. § 182 erlegt dem Bezugsberechtigten nach dem Eintritt des Vsfalles zu erfüllende Obliegenheiten auf. Er steht also insoweit wie ein Vter, weshalb auch die Entlastungsvorschrift des § 79 II 1. Altern. entsprechende Anwendung finden muß. Sonstige Obliegenheiten braucht der Bezugsberechtigte nicht zu beachten.

Zu Anm. 23—24.
Für die arglistige Täuschung durch die Gefahrsperson oder den Bezugsberechtigten gilt das Anm. 31 zu § 74 Ausgeführte; vgl. Möller Anm. 12 zu § 22, aber auch Prölss-Martin[20] Anm. 1 zu § 22, S. 174.

§ 80

Ergibt sich aus den Umständen nicht, daß die Versicherung für einen anderen genommen werden soll, so gilt sie als für eigene Rechnung genommen.

Ist die Versicherung für Rechnung „wen es angeht" genommen oder ist sonst aus dem Vertrage zu entnehmen, daß unbestimmt gelassen werden soll, ob eigenes oder fremdes Interesse versichert ist, so kommen die Vorschriften der §§ 75 bis 79 zur Anwendung, wenn sich ergibt, daß fremdes Interesse versichert ist.

Vermutung für Eigenversicherung; Versicherung für Rechnung „wen es angeht".

Gliederung:

I. Charakteristik des § 80 I Anm. 1—5
  1. Verhältnis zu sonstigen Bestimmungen des VVG Anm. 1—2
    a) Zu § 74 II Anm. 1
    b) Gesetzliche Ausnahmen Anm. 2
  2. Rechtsnatur Anm. 3
  3. Beweislast Anm. 4
  4. Einschränkung der Auslegungsregel Anm. 5

II. Deckung von Interessen an fremder Sache Anm. 6—9
  1. In Betracht kommende Interessen Anm. 6
  2. Vsmöglichkeiten Anm. 7—9
    a) V für fremde Rechnung Anm. 7
    b) V für eigene Rechnung Anm. 8 bis 9
      aa) Außerhalb Sachv Anm. 8
      bb) Durch Sachv Anm. 9

III. V für Rechnung wen es angeht (§ 80 II) Anm. 10—41
  1. Entstehung Anm. 10
  2. Vorkommen Anm. 11
  3. Schrifttum Anm. 12
  4. Einteilung Anm. 13—15
    a) Ausdrückliche V für Rechnung wen es angeht Anm. 13
    b) Konkludente V für Rechnung wen es angeht Anm. 14—15
      aa) Auslegung Anm. 14
      bb) Anfechtung Anm. 15
    c) Mögliche Interessegestaltungen Anm. 16—17
      aa) Alternative und sukzessive Interessen Anm. 16
      bb) Kumulative Interessen Anm. 17

  5. Charakteristik Anm. 18—21
    a) Verhältnis zum Interessebegriff Anm. 18—19
      aa) Wahrung des Interessebegriffs Anm. 18
      bb) Kritik an Gegenansicht Anm. 19
    b) Normativer Standort des § 80 II Anm. 20—21
      aa) Verhältnis zu den Auslegungsregeln der §§ 74 II, 80 I Anm. 20
      bb) Vorkommen in Passivenv und Summenv Anm. 21
  6. „wenn sich ergibt, ..." Anm. 22 bis 28
    a) Maßgeblicher Zeitpunkt Anm. 22 bis 26
      aa) Tragweite der Kontroverse Anm. 22
      bb) Vertretene Ansichten Anm. 23
      cc) Kritik an Ritter—Abraham Anm. 24
      dd) Kritik an Kisch Anm. 25
      ee) Eigene Ansicht Anm. 26
    b) Durchführung Anm. 27—28
      aa) Folgen, insbesondere für § 79 Anm. 27
      bb) Interessewechsel Anm. 28
  7. Besonderheiten der Schadensv bei der V für Rechnung wen es angeht Anm. 29—33
    a) Verfügungsrecht über die Vsforderung Anm. 29
    b) Innenverhältnis Anm. 30—31
      aa) Vertraglich Anm. 30
      bb) Außervertraglich Anm. 31
    c) Regreß Anm. 32—33
      aa) Fragestellung, alternative Interessen Anm. 32
      bb) Sukzessive und kumulative Interessen Anm. 33

I. Charakteristik des § 80 I

§ 80
Anm. 1—3

8. Kraftfahr-Insassenunfallv Anm. 34 bis 40

   a) Normative Grundlage Anm. 34

   b) Verpflichtung des Vmers Anm. 35—36

      aa) Zur Geltendmachung des Unfallvsanspruchs Anm. 35

      bb) Zur Auskehrung der Unfallvsentschädigung Anm. 36

   c) Anrechnung der Unfallvsentschädigung auf die Haftpflichtverbindlichkeit Anm. 37—39

      aa) Prinzip Anm. 37
      bb) Grenzen Anm. 38
      cc) Ausblick Anm. 39

   d) Anrechnung der Unfallvsentschädigung auf die Versorgungsverbindlichkeit Anm. 40

9. Auflösung Anm. 41

[1] I. Charakteristik des § 80 I.

1. Verhältnis zu sonstigen Bestimmungen des VVG.

a) Zu § 74 II.

Über das Verhältnis zwischen § 74 und § 80 I vgl. Anm. 3 zu § 74. § 80 I bildet danach das logische prius gegenüber § 74 II. Im Zweifel soll nach § 80 I V für eigene Rechnung gelten. Das bedeutet gleichzeitig, was diese Bestimmung als selbstverständlich voraussetzt, daß in der Regel eigenes Interesse vt ist, denn in der Schadensv wäre die V fremder Interessen für eigene Rechnung nicht zulässig (Anm. 11 zu § 74).

Die Auslegungsregel des § 80 I ist schwach (Prölss-Martin[20] Anm. 1 zu § 80 S. 429). Weitgehend werden „Umstände" anerkannt, die im Sinne einer V fremden Interesses gewertet werden (vgl. die Beispiele Anm. 18 zu § 74) oder im Sinne einer Offenlassung, ob eigenes oder fremdes Interesse gedeckt ist (§ 80 II). Die Auslegungsregel des § 80 I muß schwach sein, denn andernfalls würde, da diese Vorschrift in Verbindung mit § 52 vom Eigentumsinteresse ausgeht (Möller Anm. 55 zu § 52; Österr. OGH 18. II. 1970 VersR 1971 S. 140; v. Gierke, Vsrecht unter Ausschluß der Sozialv, 1. Hälfte Stuttgart 1937 S. 127; Anli S. 44. Anders Prölss-Martin[20] Anm. 1 zu § 52 S. 304; Kisch III S. 161 f.; Martin, Montagev, München 1972 Einleitung II zu § 52 S. 23) oft Interessemangel vorliegen (vgl. Anm. 79 zu § 68; Ehrenzweig S. 213, 215; Begründung zu § 80). Der Österreichische OGH ist bei derartiger Ausgestaltung in eine Treuhänderkonstruktion ausgewichen (im Vsverhältnis decke der Vmer eigenes Interesse als Treuhänder, im Innenverhältnis müsse er die Entschädigung weitergeben an den wahren Interesseträger). Diese Lösung ist infolge der andersartigen Auffassung von der Treuhand nach deutschem Recht nicht annehmbar; vgl. Österr. OGH 27. XI. 1963 VersR 1965 S. 447 mit Anm. Wahle. § 80 I ist ferner bei den zahlreichen in den AVB vorkommenden Fremdeigentumsklauseln verdrängt (vgl. Prölss-Martin[20] Anm. 7 C b vor § 51 S. 299).

[2] b) Gesetzliche Ausnahmen.

Das Gesetz kennt mehrere Ausnahmen von dem Grundsatz des § 80 I. Nach § 179 II soll im Zweifel V für fremde Rechnung gelten. Nach §§ 85, 151 VVG ist von Gesetzes wegen fremdes Interesse mitgedeckt, und zwar im Wege einer V für fremde Rechnung. Dasselbe gilt auf Grund des PflichtVersG.

Isolierte Fremdvn (d. h. ohne Kombination mit einer Eigenrechnungsv) kommen häufig vor: Anm. 6 zu Vorbemerkungen zu §§ 74—80.

Wo das Gesetz die V auf einen Vten erstreckt, braucht der Vmer bei der Geltendmachung der Vtenforderung nicht dessen Zustimmung nach § 76 III vorzulegen: Lenné S. 171.

[3] 2. Rechtsnatur.

Wie § 74 II so gibt § 80 I eine widerlegbare Auslegungsregel. Keller, Kommentar zum Schweizerischen BundesG über den Vsvertrag, 2. Aufl. Bern 1968 S. 294 nimmt für den vergleichbaren Art. 16 II Schweiz. VVG zu Unrecht eine unwiderlegliche Vermutung an, ebenso für das deutsche Recht Lenné S. 94. Aber schon daraus, daß es auf die Umstände ankommt, ist zu schließen, daß diese Beweisgegenstand sein können. Wie hier: Möller Anm. 55 zu § 52; Ritter-Abraham Anm. 14 zu § 52 S. 752. Wie im Falle des § 74 II handelt es sich auch hier nicht um eine Vermutung, Anm. 17 zu § 74.

Während aber § 74 II davon spricht, was „im Zweifel" anzunehmen ist, trifft § 80 I eine Aussage darüber, was „gilt". Daraus folgt, daß im letzteren Bereich die Irrtumsanfechtung ausgeschlossen ist, d. h. der Vmer, der fremdes Interesse vn wollte, kann nicht anfechten, wenn der Vertrag ergibt, daß eigenes Interesse vt ist (ebenso Kisch III S. 408; Ehrenzweig S. 213; Anli S. 34. Anders: Ritter-Abraham Anm. 14 zu § 52 S. 753; Bruck S. 606). Lenné S. 95 trifft das Richtige, wenn er in § 80 I eine Übertragung des § 164 II BGB sieht: Tritt der Wille, fremdes Interesse zu vn, nicht eindeutig hervor, so kommt der Mangel des Willens, eigenes Interesse zu vn, nicht in Betracht. Erheblich ist die Streitfrage nicht, denn es wird bei solcher Divergenz oft Interessemangel vorliegen.

[4] 3. Beweislast.

Die Beweislast gestaltet sich hier einfacher als im Falle des § 74 II, weil es nur darauf ankommt, ob eigenes oder fremdes Interesse gedeckt ist, die Vmer-Eigenschaft hingegen im Bereich des § 80 I feststeht. Der Dritte, der mit der Behauptung, sein Interesse sei gedeckt, Entschädigung vom Ver verlangt, muß das beweisen (er muß ferner Zustimmung des Vmers beweisen oder den Vsschein beibringen, denn anderenfalls fehlt ihm das Einzugsrecht, § 75 II, es sei denn, er behauptet und beweist, daß der Kontrahent in Vertretung des Petenten gehandelt hat).

Der Ver, der sich dem Vmer gegenüber auf Interessemangel beruft, zwingt den Vmer, sein Interesse (evtl. sein beschränktes Interesse an fremder Sache) nachzuweisen. Das folgt aus der allgemeinen Beweisregel, daß die Voraussetzungen des Anspruchs vom Kläger nachzuweisen sind: Anm. 40 zu § 68; Möller Anm. 55 zu § 52. Die Auslegungsregel des § 80 I besagt nur, wessen Interesse ab strakt gedeckt ist.

[5] 4. Einschränkung der Auslegungsregel.

Da der Vertrag im Zweifel (ohne Anfechtungsmöglichkeit) eigenes Interesse des Vmers deckt, und zwar, wenn er zum Vollwert vt, Eigentumsinteresse (§ 52), ergibt sich Unwirksamkeit des Vertrages wegen Interessemangels (§ 68), wenn der Vmer nicht Eigentümer ist. Was hier am Beispiel des Eigentumsinteresses aufgezeigt wurde, gilt natürlich auch bei einem sonstigen aus dem Vertrage zu entnehmenden gedeckten Interesse, das dem Vmer nicht zusteht.

Diese Folgerungen sind unerwünscht. Deshalb muß man die zu § 164 II BGB entwickelte Lehre übertragen, wonach entgegen dessen Wortlaut ein Vertrag mit dem Vertretenen zustande kommt, wenn der Verhandelnde für den Geschäftsinhaber auftreten und sein Vertragspartner mit dem Geschäftsinhaber kontrahieren will (Lange, BGB, Allgemeiner Teil, 14. Aufl. München 1973 S. 295; OLG Celle 7. III. 1963 Der Betrieb 1963 S. 547; RG 29. XI. 1907 RGZ Bd 67 S. 148f.; OLG Bremen 19. I. 1970 NJW 1970 S. 1277 mit Anm. Lorenz; BGH 18. III. 1974 BetrBer 1974 S. 757; BGH 27. VI. 1957 BetrBer 1957 S. 1014; Palandt-Heinrichs, BGB, 34. Aufl. München 1975 Anm. 4 zu § 164 S. 151).

Das bedeutet, übertragen auf § 80 I: Wenn der Kontrahent des Vers als Beherrscher fremden Interesses auftreten will und es dem Ver gleichgültig ist, ob das zu deckende Interesse bei seinem Kontrahenten oder bei einem Dritten liegt, ist das Interesse des Dritten gedeckt (Österr. OGH 18. II. 1970 VersR 1971 S. 140; Kisch III S. 407; Prölss-Martin[20] Anm. 1 zu § 80 S. 429).

Außerdem kann der Folge des Interessemangels, der im Grundfall des § 80 I leicht auftritt (Beispiel: Gedeckt ist auf den ersten Blick Eigentumsinteresse, Vmer ist nicht Eigentümer) dadurch begegnet werden, daß ein (in der Regel beschränktes) andersartiges Interesse des Vmers an der vten fremden Sache als gedeckt gilt (wobei man sich von § 52 VVG entfernt). Das ist nunmehr näher zu prüfen.

II. Deckung von Interessen an fremder Sache **§ 80**
Anm. 6—8

[6] II. Deckung von Interessen an fremder Sache.
1. In Betracht kommende Interessen.

Das vom Eigentum bzw. der Anwartschaft (vgl. Anm. 21, 22 zu § 69) verschiedene Interesse, das jemand an einer fremden Sache hat, kann bestehen

    a) in einem Recht (Beispiel: Hypothek),
    b) in einer Nutzungsmöglichkeit (Beispiel: Miete, Pacht),
    c) in der Befreiung von Erhaltungsaufwand (Beispiel: Nachbesserung, Reparaturen, die ohne Rücksicht auf Verschulden erbracht werden müssen),
    d) in der Befreiung von Haftpflichtansprüchen, die dem Eigentümer gegen den Besitzer bei Unmöglichkeit unbeschädigter Rückgabe erwachsen (laut Kisch III S. 120f. „Sachersatzinteresse"; vgl. Prölss-Martin[20] Anm. 6 vor § 51 S. 295f.).

Der Fall c) hat eine Parallele in der Personenv, nämlich in der Familienkrankenv, Anm. 5 zu § 74. Ob es auch zum Fall d) ein Pendant in der Personenv geben kann (Anrechnung der Entschädigung des Summenvers auf eine Haftpflichtschuld des Vmers), ist unten Anm. 37—39 zu prüfen. — Sind andere als Eigentumsinteressen an einer Sache vt, so bereitet die Bemessung des Vswertes Schwierigkeiten: Er kann in den Fällen b) und d) den Substanzwert der Sache zumindest **erreichen** (vgl. Möller Anm. 55 zu § 52). Die Regel des § 52 greift hier nicht.

[7] 2. Versicherungsmöglichkeiten.
a) Versicherung für fremde Rechnung.

Juristisch unproblematisch ist es, daß der Vmer als Nichteigentümer einer Sache sein Interesse in der Weise abdeckt, daß er eine V für fremde Rechnung (des Eigentümers) eingeht. Das Verfügungsrecht über die Vsforderung (§ 76) verschafft ihm dann die Möglichkeit, auf die Wiederherstellung der Sache einzuwirken, so daß seine Forderung wieder gesichert ist, seine Nutzung der Sache wieder ermöglicht wird oder der Ersatz des Vers den Eigentümer schadlos hält, so daß eine etwaige Ersatzforderung **gegen den Vmer** entfällt, und zwar bei Ausschluß des Regresses nach § 67 endgültig entfällt (so bei vielen Kundenvn, Anm. 7 zu Vorbemerkungen zu §§ 74—80).

Hier muß wegen § 80 I offenkundig sein, daß der Vmer fremdes Interesse decken will, die Auslegungsregel des § 74 II ergibt dann, daß er dies in Form einer Fremdrechnungsv tut. Nach Kisch III S. 255 soll der Vertrag, der zugleich das Eigentumsinteresse des einen und das Sachersatzinteresse eines anderen deckt, zur Gesamtgläubigerschaft nach § 428 BGB führen (wenngleich Kisch diese Bestimmung nicht zitiert), ein unpraktikables und auch unzutreffendes Ergebnis: Der Ver schuldet Ersatz des Eigentumsinteresses, durch die Abschneidung des Regresses wirkt sich die Fremdv wie eine Haftpflichtv des Vmers aus, sie ist aber keine Haftpflichtv.

[8] b) Versicherung für eigene Rechnung.
aa) Außerhalb Sachversicherung.

Der Interessent an einer fremden Sache kann sein Interesse (jedenfalls theoretisch) in der Weise decken, daß die Sache nur das Objekt bildet, durch dessen Veränderung sich die vte Gefahr verwirklicht. Der Interessent kann auf diese Weise eine Forderungs-, eine Gewinn-, eine Aufwandersatz- oder eine Haftpflichtv abschließen, diese dann eingreifend, wenn die Sache, die mit jenen Forderungen oder Verbindlichkeiten verknüpft ist, beschädigt, zerstört wird oder abhanden kommt. Juristische Bedenken bestehen nicht, denn nach § 80 I braucht das eigene Interesse des Vmers an der fremden Sache nicht auf einem dinglichen Recht zu beruhen (wie hier: Koch VersR 1967 S. 307—309; einschränkend Bischoff ZVersWiss 1963 S. 204, ders. VersR 1963 S. 10). Hier taucht die Frage, die § 80 I regelt, überhaupt nicht auf: Es ist klar, daß der Vmer **sein** Interesse unter Schutz bringt.

Sieg

[9] bb) Durch Sachversicherung.

Problematisch ist, ob der Vmer sein Interesse an einer fremden Sache durch eine Sachv als Eigenrechnungsv abdecken kann. Die Frage ist namentlich für das Haftpflichtrisiko bestritten. Möller Anm. 75, Anm. 95 zu § 49 und Koenig in „Ausblick und Rückblick" Erich R. Prölss zum 60. Geburtstag, München 1967 S. 235 sind der Auffassung, daß hier der zulässige Anwendungsbereich der Sachv überschritten sei und Haftpflichtv genommen werden müsse, vgl. auch Bischoff an den Anm. 8 zitierten Stellen. Anderer Auffassung ist insbesondere Martin (Prölss-Martin[20] Anm. 6 E und 7 C vor § 51 S. 296, 299; Martin VersR 1974 S. 821—828; schon vorher Brockmann ZfV 1964 S. 165—167). Ihm ist zugegeben, daß die Vorstellung einer materiellen Haftpflichtv, die formell nicht als solche bezeichnet wird und auf die die §§ 149 ff. nicht anzuwenden sind, nicht schwer fällt, denn auch die Adhäsions-Haftpflichtven der Transportv (vgl. §§ 129 II², 133) werden nicht nach §§ 149 ff. abgewickelt. Dennoch wirken die Ausführungen von Martin nicht ganz überzeugend, weil die Belegstellen aus der BGH-Rechtsprechung Fremdv betreffen (Sonderbedingung zur Haftpflicht- und Fahrzeugv für Kraftfahrzeughandel und -handwerk; PKautv), bei der, wenn sie mit Regreßausschluß des Vers gekoppelt ist, das Haftpflichtvsurrogat in Gestalt der Kundenv längst anerkannt ist.

Hier handelt es sich aber darum, ob eine Eigenrechnungsv auf eine fremde Sache lediglich zur Abdeckung des Haftpflichtrisikos des Vmers geschlossen werden kann. Der Beweis dafür, daß solches außerhalb der §§ 149 ff. möglich ist, ist noch nicht erbracht. Ich vermag auch die Notwendigkeit dafür nicht einzusehen. Warum soll nicht der Eigentümer als Anspruchsteller den Schutz der §§ 156, 157 genießen? Daß die Obhutsklausel gestrichen werden müßte, würde nicht Verzicht auf die Haftpflichtv bedeuten, denn diese Klausel gehört nicht zu ihrem Wesen. Auch daß wir hier eine Passivenv mit bestimmtem Vswert vor uns hätten, würden den Haftpflichtvscharakter nicht berühren.

Sachv und Haftpflichtv unterscheiden sich ferner darin, daß die letztere auch Rechtsschutz gibt (Verteidigung gegen Ansprüche). Das kann aber dem Vmer, der dem Eigentümer nichts zuschanzen will, worauf jener keinen Anspruch hat, nur willkommen sein (die Last des § 62 VVG übernimmt damit der Ver, und er wird sie im eigenen Interesse gern übernehmen). Das gleiche gilt in der Richtung, daß der Vmer bei der Haftpflichtv auch für grobe Fahrlässigkeit gedeckt ist. Glaubt der Ver, in subjektiver Hinsicht derart weiten Schutz nicht bieten zu können, kann § 152 eingeschränkt werden, der laut § 158a nicht einmal halbzwingend ist.

Zur Frage der V von Nutzungs- und Verwertungsinteressen an einer fremden Sache vgl. ausführlich Sieg Bd III Anm. A 32 (noch nicht veröffentlicht).

[10] III. Versicherung für Rechnung wen es angeht (§ 80 II).

1. Entstehung.

Die V für Rechnung wen es angeht ist in der Seegüterv ausgebildet worden. Im deutschen Raum waren seit etwa 1590 Policen im Gebrauch, die Deckung für eigene oder fremde Rechnung gewährten. Die Hamburgische Assecuranz- und Havereyordnung von 1731 nahm sich als erste deutsche Rechtsquelle (fußend auf der ordonnance de la marine von 1681) dieses Instituts an (Titel I § 4, Titel II § 3). Man legte diese Bestimmungen so aus, daß eigenes und fremdes Interesse gedeckt war, ohne daß die V ausdrücklich „für Rechnung wen es angeht" genommen werden mußte. Diese Freizügigkeit gegenüber den Interessenten mußte später dem Verlangen der Ver weichen, unterrichtet zu sein, ob sie Interessen ihrer Ver oder von Dritten gedeckt hielten. So erklärt sich die Fassung von § 52 III ADS, der wörtlich mit § 80 II VVG übereinstimmt. Nach dem preußischen ALR durften nur Kaufleute V für Rechnung wen es angeht nehmen: Anm. 1 zu Vorbemerkungen zu §§ 74—80.

Vgl. zur Entwicklung Ritter-Abraham Anm. 16 zu § 52 S. 754f.; Glitza (unten Anm. 12) S. 23—25.

Dogmatisch gehört die V für Rechnung wen es angeht zu denjenigen Rechtsgeschäften, bei denen ein Inhaltselement (und zwar das subjektive) zunächst unbestimmt bleibt und erst später ausgefüllt werden soll. Blankovollmacht, Blankowechsel, Blankoindossament werden aus dieser Sicht in einer Reihe mit der V für Rechnung wen es angeht

III. V für Rechnung wen es angeht (§ 80 II) **§ 80**
Anm. 11—13

genannt (Cohn, Das rechtsgeschäftliche Handeln für denjenigen, den es angeht, Marburg 1931 S. 21, der hier von bestimmungsbedürftigen Willenserklärungen spricht). Auf die Verwandtschaft mit der sachenrechtlichen Übereignung wen es angeht ist oben Anm. 1 zu § 74 hingewiesen.

[11] 2. Vorkommen.

Der Cif-Verkäufer ist kraft Handelsbrauchs verpflichtet, die von ihm zu besorgende V für Rechnung wen es angeht zu nehmen: BGH 5. XII. 1966 LM ADS Nr. 6 = MDR 1967 S. 200 = VersR 1967 S. 151; Möller, Cif-Geschäft und V, vgl. Anm. 12, S. 135. Da sie hier wie im fob und i-Geschäft von Haus zu Haus gilt, ist die Deckung nicht nur in subjektiver Hinsicht (ist Interesseträger Vmer oder ein Dritter ?) sondern auch in räumlicher Hinsicht (ist der Schaden auf dem See- oder Landtransport entstanden ?) jedem Zweifel entzogen. Häufig wird die V für Rechnung wen es angeht in laufender V genommen (Lenné S. 2, 108), so etwa wenn ein Überseespediteur alle von ihm besorgten Transporte unter Vsschutz bringt, sei es kraft Auftrages, sei es kraft Handelsbrauchs. Das schließt allerdings nicht aus, daß dieser Spediteur eine Einzelaufgabe eingeschränkt vornimmt, d. h. unter Abstellung auf einen bestimmten Vten. Solcher Aufgabe zu folgen, ist der Ver verpflichtet, vgl. BGH 5. XII. 1966 LM ADS Nr. 6 = MDR 1967 S. 200 = VersR 1967 S. 151.

Das Anwendungsgebiet der V für Rechnung wen es angeht wächst in dem gleichen Maße, wie die V wirtschaftlicher Einheiten zunimmt, d. h. die V von Objekten ohne Rücksicht darauf, ob sie dem Vmer oder einem Dritten gehören (Möller Anm. 55 zu § 52), sofern sie nur zu einem bestimmten Zweck zusammengefaßt sind. Letzteres geschieht auf breiter Basis in den technischen Vszweigen, vgl. § 2 I² AFB; § 1. 1 AMB (VA 1974 S. 307; dazu Prölss-Martin[20] Anm. 2 B Zusatz II zu §§ 81—107 c S. 550); § 1. 1 Baugerätev (VA 1974 S. 3, 102). Auch die Kaskov mit Sicherungsschein gehört hierher.

[12] 3. Schrifttum.

Glitza, Die V für Rechnung „wen es angeht" und entsprechende Rechtsinstitute im englischen, französischen und italienischen Recht, Hamburger Diss. 1964; Mitsdörffer, Rechtsfragen der Insassenunfallv bei Kraftfahrzeugen, Freiburger Diss. 1974; Möller, Cif-Geschäft und V, Mannheim-Berlin-Leipzig 1932; Möller JRPV 1928 S. 337—342. Auch die Anm. 2 zu Vorbemerkungen zu §§ 74—80 Zitierten behandeln zum Teil die V für Rechnung wen es angeht mit.

[13] 4. Einteilung.

a) **Ausdrückliche Versicherung für Rechnung wen es angeht.**

Nach § 80 II liegt V für Rechnung wen es angeht vor u. a. bei ausdrücklicher entsprechender Bezeichnung. Manchmal vereinbaren die Parteien V für Rechnung wen es angeht, obwohl von vornherein feststeht, daß Interessen des Vmers nicht entstehen können (vgl. Möller, Cif-Geschäft und V, S. 137 N. 5), so zum Beispiel in dem oben Anm. 11 erwähnten Fall, wo die Parteien im klaren darüber waren, daß der Spediteur keine eigene Ware zur Beförderung gibt. Dann liegt in Wahrheit V für fremde Rechnung mit unbenannten Vten vor, mag auch der erste Interessent als Vter benannt sein. Die Klausel „für Rechnung wen es angeht" ist gleichwohl wirksam, denn es genügt, daß unbestimmt gelassen werden soll, ob eigenes oder fremdes Interesse vt ist, es ist also nicht nötig, daß objektiv diese Unbestimmtheit herrscht.

Die Klausel will bei solcher Gestaltung zum Beispiel vermeiden, daß der wirkliche Eigentümer, dessen Erwerb am benannten Vten vorbeigegangen ist, ohne Deckung bleibt, vgl. auch hierzu BGH 5. XII. 1966 LM ADS Nr. 6 = MDR 1967 S. 200 = VersR 1967 S. 151. Der BGH hat an dieser Stelle ausgesprochen, daß selbst dann V für Rechnung wen es angeht vorliegen könne, wenn die entsprechend vorgedruckte Klausel im Vszertifikat gestrichen worden sei. Das soll dann belanglos sein, wenn die Streichung aus außervsrechtlichen Gründen erfolgte, etwa um die Aufnahme der Dokumente durch die Bank des Käufers zu erleichtern (zum zweiten Mal mit der Sache befaßt, hat der BGH die Streichung der Klausel für wirksam gehalten und daher die Klage eines Erwerbers nach dem benannten Vten abgewiesen: Urteil vom 16. XII. 1968 in der Sache II ZR 220/67).

In aller Regel werden bei der V für Rechnung wen es angeht die evtl. Vten nicht namentlich benannt. Ein Wesensmerkmal liegt aber hierin nicht (Ehrenzweig S. 60; anders Glitza S. 28). Beispiel: Die Parteien sind sich darüber klar, daß nur der Vmer oder ein bestimmter Dritter als Interesseträger in Frage kommt. Umgekehrt liegt nicht schon deshalb V für Rechnung wen es angeht vor, weil der Dritte nicht namentlich bezeichnet worden ist. Das kommt auch bei der gewöhnlichen V für fremde Rechnung vor; maßgebend für diese ist, daß nicht einmal eventualiter ein Interesse des Vmers gedeckt ist.

Die übliche Klausel „auf eigene und/oder fremde Rechnung" bringt richtig zum Ausdruck, daß Eigen- und Fremdrechnungsv nicht im Verhältnis von aut/aut stehen müssen, sondern daß teils eigenes, teils fremdes Interesse auf diese Weise gedeckt sein kann. § 80 II 2. Satzteil ist also wie folgt zu lesen: „... daß unbestimmt gelassen werden soll, ob und inwieweit eigenes oder fremdes Interesse vt ist."

[14] b) Konkludente Versicherung für Rechnung wen es angeht.
   aa) Auslegung.

V für Rechnung wen es angeht liegt auch vor, wenn die Vertragsauslegung ergibt, daß die Parteien offen lassen wollten, ob eigenes oder fremdes Interesse vt ist. Hauptbeispiele hierfür bieten die Fremdeigentumsklauseln bei V eines Inbegriffs (Prölss-Martin[20] Anm. 2 zu § 80 S. 430, Anm. 1 E a zu § 69 S. 403) sowie die Kaskov bei erteiltem Sicherungsschein, vgl. ferner oben Anm. 11.

Wo die Rechtsprechung sich gescheut hat, bei nicht deklariertem Fremdinteresse Interessemangel anzunehmen und wo sie sich daher für V für fremde Rechnung entschieden hat (oben Anm. 1), lag manchmal V für Rechnung wen es angeht vor: Der Vmer hatte sämtliche Hölzer auf seinem Lagerplatz als Eigentümer vt. Das Gericht sah auch eine noch unter Eigentumsvorbehalt des Verkäufers stehende Partie als mitgedeckt an. Da deren Anteil gegenüber dem Anteil der im Eigentum des Vmers stehenden Hölzer laufend wechselte, war V für Rechnung wen es angeht gegeben, ohne daß dies dem Gericht klar geworden wäre: vgl. OLG Celle 10. V. 1932 VA 1932 Nr. 2503 S. 325 (wo auf ein Verschulden des Vers abgestellt wird, der hätte erkennen können, daß nicht der ganze Lagerbestand im Eigentum des Vmers stand). In diese Linie gehört auch der Fall RG 15. III. 1932 JRPV 1932 S. 134.

[15] bb) Anfechtung.

Ergibt sich auf Grund solcher Auslegung, daß der Ver auch fremdes Interesse gedeckt halte, obwohl sein Wille nachweislich nur auf V des Eigentums des Vmers beschränkt war, so kann er nach § 119 I BGB (Erklärungsinhaltsirrtum in Gestalt des error in objecto) anfechten, vom RG im letztgenannten Urteil zu Unrecht verneint, weil Motivirrtum vorliege. Hingegen ist dem RG im Unterschied zur Meinung des Berichterstatters JRPV 1932 S. 134 darin zu folgen, daß kein Dissens gegeben ist.

Ob hier der Vertrag nach Anfechtung insoweit aufrecht erhalten werden kann, als eigene Sachen vt sind, entscheidet sich nach § 139 BGB: Im Mittelpunkt steht die abwägende Bewertung der maßgebenden Interessen (objektives Kriterium), wobei von den Bewertungsmaßstäben der Parteien bei Vertragsschluß (subjektives Kriterium) auszugehen ist. Allerdings ist hier nur darüber zu entscheiden, ob das Rechtsgeschäft nichtig ist oder wirksam bleibt bei gleicher Prämie, denn eine Anpassung der Gegenleistung an den restlichen Teil des Rechtsgeschäfts ist nicht zulässig: Larenz, Allgemeiner Teil des deutschen Bürgerlichen Rechts, 3. Aufl. München 1975 S. 395.

[16] c) Mögliche Interessegestaltungen.
   aa) Alternative und sukzessive Interessen.

Man pflegt bei der V für Rechnung wen es angeht alternative, sukzessive und kumulative Interessen zu unterscheiden (vgl. Ritter-Abraham Anm. 6 zu § 52 S. 748; Möller, Vsvertragsrecht, Wiesbaden 1971 S. 33; Anli S. 41 f.).

Von alternativem Interesse spricht man dann, wenn über das Eigentum Streit besteht zwischen Vmer und einem Dritten. Der Prozeßausgang entscheidet dann darüber,

III. V für Rechnung wen es angeht

ob eigenes Interesse des Vmers oder fremdes Interesse des Dritten gedeckt war, Einzelheiten bei Möller, Cif-Geschäft und V, S. 138.

Bei den sukzessiven Interessen ist zumeist bei Abschluß des Vertrages ein Veräußerungsvorgang ins Auge gefaßt. Der Vmer weiß aber nicht, ob und wann er stattfindet er will möglicherweise auch demjenigen Vsschutz verschaffen, an den der Erwerber weiterveräußert. Nimmt der Verkäufer keine V für Rechnung wen es angeht, so genießt der Käufer vor der Übereignung außervsmäßigen Schutz nach § 281 BGB, nach der Übereignung den Schutz auf Grund der §§ 69ff. VVG, anderer Auffassung Prölss-Martin[20] Anm. 1 zu § 80 S. 429, vgl. dagegen Anm. 8 zu § 74. Zu Unrecht berufen sich Prölss-Martin[20] Anm. 3 a. E. zu § 69 S. 406 auf Kisch III S. 254. Dieser geht davon aus, daß das Interesse des Käufers ausdrücklich mitvt wird. OLG Hamm, auf dessen Urteil vom 30. II. 1973 (VersR 1974 S. 154) sich die Ausführungen von Martin VersR 1974 S. 253 beziehen, hat daher der Klage qua Rechtsnachfolge in den Vsanspruch des Eigentümers zu Recht stattgegeben; soweit der Kläger selbst sein (vermeintliches) Eigentum vt hatte, lag Interessemangel nach § 68 I vor. Nimmt der Verkäufer V für Rechnung wen es angeht, so sind — ohne daß §§ 69ff. anwendbar sind — alle sukzessiven Interessen der (ersten und weiteren) Käufer vt (näheres Anm. 22—28).

[17] bb) Kumulative Interessen.

Bei den kumulativen Interessen sind gleichzeitig Eigen- und Fremdinteressen im Spiel, und zwar in Abhängigkeit voneinander. Hierher gehören u. a. die oben Anm. 14 referierten Fälle der konkludenten V für Rechnung wen es angeht.

Manche sprechen auch dann von kumulativen Interessen, wenn der Vmer als Miteigentümer die Sachv nimmt, die hinsichtlich seines Anteils Eigenrechnungsv, hinsichtlich des Anteils der Miteigner Fremdrechnungsv ist (Möller, Cif-Geschäft und V, S. 137; Kisch III S. 588; Glitza S. 19). Hier liegt in Wirklichkeit keine V für Rechnung wen es angeht vor, zutreffend Anli S. 42f. Es steht ja von vornherein fest, und daran soll sich nichts ändern, in welchem Umfang die V für eigene Rechnung, in welchem Umfang sie für fremde Rechnung läuft. Die kumulativen Interessen erfüllen nur dann das Merkmal der V für Rechnung wen es angeht, wenn sich das Verhältnis zwischen Eigenrechnungs- und Fremdrechnungsv während der Laufzeit des Vsvertrages ändern kann (soweit daher kumulative Interessen überhaupt zur V für Rechnung wen es angeht führen, liegt in Wirklichkeit ein Sonderfall sukzessiver Interessen vor).

Deshalb entsteht weder auf Grund § 151 II noch auf Grund der Kraftfahrpflichtv eine V für Rechnung wen es angeht (anders: Keller, Kommentar zum Schweizerischen Bundesgesetz über den Vsvertrag, 2. Aufl. Bern 1968 S. 284; Ruscher S. 15; Prölss-Martin[20] Anm. 1 B zu § 69 S. 401; Kisch III S. 589; Glitza S. 19f.). Die Deckung des Vmers besteht hier unabhängig von der Deckung der mitvten Personen.

Die Grenzen zwischen alternativen, kumulativen und sukzessiven Interessen sind fließend; juristische Bedeutung haben die Begriffe nicht; sie dienen nur zur Veranschaulichung des komplexen Instituts der V für Rechnung wen es angeht.

[18] 5. Charakteristik.
  a) Verhältnis zum Interessebegriff.
  aa) Wahrung des Interessebegriffs.

Die V für Rechnung wen es angeht will vermeiden, daß Interessemangel vorhanden ist, wenn das vte Interesse nicht dem Vmer (bei Eigenrechnungsv) oder nicht einem bestimmten oder bestimmbaren Vten (bei Fremdrechnungsv) zusteht (Kisch III S. 416, 587). Martin, Montagev, München 1972 S. 23 engt den Interessemangel zu stark ein, indem er bei nicht vorhandenem Eigentumsinteresse ein anderes Interesse unterlegen will. Die Begründung, daß der Ver die volle Prämie erhalten habe, sticht nicht, denn diese kann ja so kalkuliert sein, daß der Ver bei nicht vorhandenem Eigentum seines Vmers frei sein soll. Bei sukzessiven Interessen sorgen allerdings schon die Bestimmungen über die Veräußerung der vten Sache dafür, daß die V nicht erlischt.

Bei der V für Rechnung wen es angeht, bleibt nur das Subjekt des Interesses offen, das Objekt und die vte Beziehung stehen fest. Es kann daher keine Rede davon sein, daß die V für Rechnung wen es angeht alle denkbaren Interessen deckt, denen ein bestimmtes Gut (etwa Ware) während einer bestimmten Unternehmung (etwa Seereise) ausgesetzt ist. Daher sind, wenn Ware wie gewöhnlich mit dem Sachwert und einem Gewinnzuschlag vt ist, nicht gedeckt die Interessen des Spediteurs, Frachtführers, Lagerhalters, die alle mit jenem Transport zu tun haben und Forderungen aus ihm gegen die Ladungsbeteiligten erwerben können. Wie hier: Ritter-Abraham Anm. 18 zu § 52 S. 755; Prölss-Martin[20] Anm. 2 zu § 80 S. 430; v. Gierke, Vsrecht unter Ausschluß der Sozialv, 1. Hälfte Stuttgart 1937 S. 123; Anli S. 44; Bruck S. 608 f.; Möller, Cif-Geschäft und V, S. 135; Glitza S. 62; BGH 5. XII. 1966 LM ADS Nr. 6 = MDR 1967 S. 200 = VersR 1967 S. 151. Die V für Rechnung wen es angeht steht daher nicht im Widerspruch oder auch nur im Ausnahmeverhältnis zur Interessenlehre (vgl. Bruck S. 607; kritisch Lenné S. 71). Aus der hier vertretenen Ansicht folgt weiter, daß kumulative Interessen, sofern sie überhaupt zur V für Rechnung wen es angeht führen, gleichartig sein müssen, was von Glitza S. 143 (trotz des sonst zutreffenden Standpunkts zur Interessenlehre S. 62) verneint wird.

[19] bb) Kritik an Gegenansicht.

Die Beschränkung auf ein bestimmtes Interesse bei der V für Rechnung wen es angeht lehnen ab Kisch III S. 415; Lenné S. 98f.; Ruscher S. 7, 14. Lenné kann schon deshalb nicht zugestimmt werden, weil er mit dem verschwommenen Begriff des Modus arbeitet, der etwa der Gefahr gleichgestellt wird. Ruscher beruft sich zu Unrecht auf RG 9. XI. 1934 RGZ Bd 145 S. 384, 390. Das RG kommt zu dem Ergebnis, daß nicht nur das formelle Eigentum, sondern auch das wirtschaftliche Eigentümerinterseese (kritisch hierzu Möller, Cif-Geschäft und V S. 152; vgl. ferner Anm. 55, 92 zu § 49; Bloch, Das Vszertifikat in der Praxis der internationalen Warentransportv, Hamburger Diss. 1963 S. 39f.) zuzüglich Gewinninteresse gedeckt sei, also keineswegs schlechthin jedes Interesse. Abgesehen davon gewinnt das RG sein Ergebnis auf Grund subtiler Auswertung des konkreten Sachverhalts, so daß schon deshalb die Ziehung genereller Schlüsse aus dieser Entscheidung nicht erlaubt ist.

[20] b) Normativer Standort des § 80 II.
aa) Verhältnis zu den Auslegungsregeln der §§ 74 II, 80 I.

Zur V für Rechnung wen es angeht nimmt die Rechtsprechung gern Zuflucht, um dem (dem Wortlaut nach) strengen § 80 I (in Verbindung mit § 68 I) zu entgehen (Prölss-Martin[20] Anm. 1 zu § 80 S. 429; oben Anm. 1, 14): Dessen Auslegung spricht für V eigenen Interesses; ist es nicht vorhanden, liegt Interessemangel vor, der Ver ist frei. Während also auf Grund des § 80 I zu fragen ist, ob überhaupt Vsschutz besteht, handelt es sich in § 80 II darum, wer den unzweifelhaft zu gewährenden Vsschutz zu beanspruchen hat.

Bei der V für Rechnung wen es angeht bleibt der Interesseträger zunächst offen. Deshalb kann weder der Vmer noch der Ver wegen Irrtums anfechten, wenn sich ein anderer als Interesseträger herausstellt, als man angenommen hatte (Ritter-Abraham Anm. 17 zu § 52 S. 755; Bruck S. 611 N. 53).

§ 80 II zitiert § 74 II nicht, mit Recht. Wenn V für Rechnung wen es angeht (ausdrücklich oder nach den Umständen) vorliegt, scheidet die Eventualtät, daß der Kontrahent in Vertretung für den Interesseträger abgeschlossen haben könnte, aus (Lenné S. 100). Daher kommt das Anm. 28, 29 zu § 74 erörterte Anfechtungsrecht nicht in Frage.

[21] bb) Vorkommen in Passivenv und Summenv.

§ 80 II spricht vom (eigenen oder fremdem) Interesse. Das könnte auf den ersten Blick zu der Annahme führen, daß die Vorschrift nur auf die Aktivenv anwendbar ist. Diese Beschränkung gilt indes nicht; § 80 II hat einen weiteren Interessebegriff, die Passivenv umfassend, im Auge (Glitza S. 14). So kann also zum Beispiel der Grundstückseigentümer, der sich mit Veräußerungsgedanken trägt und seinen etwaigen Rechtsnachfolger gegen die Haftpflichtgefahr des Grundstücks gedeckt sehen möchte, eine V für Rechnung wen es angeht nehmen. Hierfür besteht sogar ein stärkeres Bedürfnis als in

III. V für Rechnung wen es angeht (§ 80 II) **§ 80**
Anm. 22, 23

der Aktivenv, weil die §§ 69 ff. nicht auf die Haftpflichtv angewendet werden können (Anm. 45 zu § 69).

§ 80 II steht unter den Vorschriften für die gesamte Schadensv. Bei wörtlicher Anwendung dürfte es also in der Summenv keine V für Rechnung wen es angeht geben, was auch von Glitza S. 13f. angenommen wird. Ihr scheint § 179 II Recht zu geben, der von seiner Verweisung § 80 II ausspart. Zutreffend nimmt indes die herrschende Lehre an, daß auch die Summenv als V für Rechnung wen es angeht abgeschlossen werden kann. (Trautmann S. 5, 61; Ruscher S. 198; Orlowski VersR 1954 S. 45). Hierfür spricht folgende logische Erwägung: Die Unfallsummenv (und in Analogie zu § 179 II auch die Krankensummenv) kann sowohl für eigene als auch für fremde Rechnung genommen werden. Dann muß aber auch das zwischen diesen beiden Gestaltungen liegende Institut der V für Rechnung wen es angeht (vgl. Möller, Vsvertragsrecht, Wiesbaden 1971 S. 33) der Summenv zur Verfügung stehen.

Das hat vor allem für die Insassenv (vgl. unten Anm. 34—40) Bedeutung, kann aber auch sonst praktisch werden: Der Unternehmer schließt, versehen mit den Zustimmungen der Gefahrspersonen, eine Tagegeldv auf die Beschäftigten ab; es schweben Verhandlungen über eine Betriebsvereinbarung, nach der der Unternehmer auch nach Ablauf der ersten sechs Wochen Arbeitsunfähigkeit zur Lohnfortzahlung verpflichtet bleibt; kommt die Betriebsvereinbarung zustande, ist der Unternehmer Interesseträger; zerschlagen sich die Verhandlungen, sind es die Arbeitnehmer. Hier läge V für Rechnung wen es angeht in Gestalt der Gruppenv vor (vgl. Millauer, Rechtsgrundsätze der Gruppenv, 2. Aufl. Karlsruhe 1966 S. 91). Allerdings läuft der Arbeitgeber auch keine Gefahr, wenn er bei unsicherer Interessenlage eine Fremdrechnungsv nimmt. Er hat ja die Möglichkeit, bei der Weiterleitung der Vsentschädigung zu bestimmen, daß sie auf die versorgungsartige Verbindlichkeit verrechnet wird, vgl. unten Anm. 40.

[22] 6. „... Wenn sich ergibt..."
a) Maßgeblicher Zeitpunkt.
aa) Tragweite der Kontroverse.

Nach § 80 II kommen die Vorschriften der §§ 75—79 zur Anwendung, wenn sich ergibt, daß fremdes Interesse vt ist; man kann ergänzen; wenn sich ergibt, daß eigenes Interesse vt ist, handelt es sich um eine Eigenrechnungsv. „Wenn" ist hier bedingend gemeint; im übrigen ist die Gesetzesfassung offen, so daß Zweifel darüber besteht, auf welchen Zeitpunkt abzustellen ist für die Zuordnung zur Fremdrechnungs- oder Eigenrechnungsv.

Die Kontroverse hat vor allem Bedeutung für die V sukzessiver Interessen, spielt aber auch bei kumulativen Interessen eine Rolle, wenn etwa Stücke aus einem vten Inbegriff übereignet werden, vgl. Anm. 88 zu § 68 (wird der ganze Inbegriff veräußert, liegt ein Fall der §§ 69ff. vor: Anm. 39 zu § 69; Prölss-Martin[20] Anm. 1Ea zu § 69 S. 403).

Bei den alternativen Interessen folgt aus der Natur der Sache, welcher Zeitpunkt maßgebend ist. Fällt die Entscheidung über das Eigentum zugunsten des Vmers aus, hat von Anfang an Eigenrechnungsv vorgelegen, im anderen Fall von vornherein Fremdrechnungsv. Hier tritt also vom Entscheidungszeitpunkt aus notwendigerweise eine Rückwirkung ein, weil ja das Urteil im Eigentumsprozeß nicht erst das Recht schafft, sondern nur feststellt, wem es schon vorher zustand (ebenso im Ergebnis Möller, Vsvertragsrecht, Wiesbaden 1971 S. S. 33; Glitza S. 140).

[23] bb) Vertretene Ansichten.

Ritter-Abraham Anm. 18, 21 zu § 52 S. 755, 756 lassen den Zeitpunkt des Vertragsschlusses entscheiden. Sei in ihm eigenes Interesse des Vmers gegeben, bleibe es bei Eigenrechnungs-, sei in ihm fremdes Interesse gegeben, bleibe es bei Fremdrechnungsv. Die späteren Interesseträger erwürben abgeleitete Rechte aus dem Vsvertrag nach den Regeln der §§ 49, 50 ADS, die §§ 69 ff. VVG entsprechen. Ebenso Dreischmeier VA 1969 S. 31, sofern der Vmer veräußert.

Entgegengesetzt nimmt Kisch III S. 590ff. an, daß erst der Vsfall — und zwar rückwirkend — darüber entscheidet, ob die V als Eigen- oder Fremdrechnungsv zu behandeln sei. Jeder Interesseerwerber erhalte die Vsansprüche originär aus dem Vertrag. Er leite seine Rechte weder vom Vmer noch vom vten Vormann ab. Dieser Ansicht stimmt Bruck S. 609—612 für die V des Cif-Geschäfts zu, im übrigen tritt er Ritter bei. Möller, Cif-Geschäft und V, S. 137 tendiert zum Standpunkt Kischs.

Eine vermittelnde Ansicht stellt weder auf den Abschluß des Vertrages noch auf den Vsfall ab, sondern läßt den Zeitpunkt des Wechsels des Interesseträger entscheiden. Diesen Standpunkt nimmt Glitza S. 46 ein, die aber unfolgerichtig doch eine Rückbeziehung (ähnlich Kisch) insofern vornimmt, als das Verhalten des vten Vormannes den Nachmann = Letztvten grundsätzlich nicht präjudizieren soll (Glitza S. 143 ff.). Ähnlicher Meinung ist Raiser, AFB, 2. Aufl. Berlin 1937 Anm. 14 zu § 13 S. 324.

[24] cc) Kritik an Ritter-Abraham.

Wer auf den Vertragsschluß abstellt, muß — wie erwähnt — die Interessennachfolger vsrechtlich als Erwerber im Sinne der §§ 69ff. ansehen. Deren Rechtsregeln entsprechen aber nicht dem, was Vmer und Ver mit dem Abschluß einer V für Rechnung wen es angeht bezwecken (vgl. Anm. 10 zu Vorbemerkungen zu §§ 69—73). Danach soll der ursprüngliche Vmer Prämienschuldner sein und bleiben, was mit § 69 unverträglich ist. Das Kündigungsrecht des Vers nach § 70 I verbietet sich (das, sowie das Absehen von der Anzeige nach § 71 nehmen selbst diejenigen an, die im übrigen §§ 69ff. zum Zuge kommen lassen wollen). Er mußte damit rechnen, einem Interesseträger Deckung zu gewähren, auf dessen Auswahl er keinen Einfluß hat. Ein Kündigungsrecht des Erwerbers nach § 70 II ist unnötig, denn diesen treffen nur Vorteile aus der V (deshalb ist entgegen Dreischmeiers Ansicht VA 1969 S. 31 § 72 überhaupt nicht berührt). Einer Anzeige an den Ver nach § 71 bedarf es nicht, da er — wie gezeigt — weder ein außerordentliches Kündigungsrecht noch einen Anspruch gegen den Erwerber gewinnt. Schließlich liegt es auch im Willen der den Vsvertrag schließenden Parteien, daß der Vmer stets verfügungsberechtigt nach § 76 bleiben soll, was bei Anwendung der Veräußerungsvorschriften nicht erzielbar wäre.

Wie hier schließen die Veräußerungsregeln bei der V für Rechnung wen es angeht aus: Prölss-Martin[20] Anm. 1 C zu § 69 S. 402, Anm. 2 zu § 80 S. 430; Keller, Kommentar zum Schweizerischen Bundesgesetz über den Vsvertrag, 2. Aufl. Bern 1968 S. 285; OLG Dresden 17. IV. 1931 Hans RGZ 1931 A Sp. 483. ebenso natürlich Kisch und die Vertreter der vermittelnden Ansicht. Daß sich die V für Rechnung wen es angeht von den Veräußerungsregeln emanzipieren muß, geht schon daraus hervor, daß andernfalls die Deckung sukzessiver Haftpflichtinteressen nicht möglich wäre, denn die Anwendung der §§ 69ff. entfällt bei Passivvn, Anm. 45, 46 zu § 69.

[25] dd) Kritik an Kisch.

Andererseits kann auch der Ansicht von Kisch nicht gefolgt werden, weil sie die Interessen des Vers zu wenig berücksichtigt. Er könnte aus irgendeinem präjudizierlichen Verhalten des vten Vormannes dem Nachmann gegenüber, in dessen Eigentumszeit der Vsfall eintritt, keine Einwendungen herleiten. Zwar liegt in der V für Rechnung wen es angeht ein erhöhtes subjektives Risiko für den Ver. Das darf aber nicht so weit gehen, daß er sanktionslos jedes Verhalten des Zwischenmannes hinnehmen muß (das tragen Ritter-Abraham Anm. 20 zu § 52 S. 756 mit Recht gegen Kisch vor). Kischs Standpunkt läuft auf eine wertpapiermäßige Haftung des Vers hinaus, die aber hier um so weniger am Platze ist, als selbst bei Vorhandensein einer Orderpolice über den Vsvertrag (vgl. Anm. 11 zu Vorbemerkungen zu §§ 74—80) dem Ver alle Einwendungen aus dem Vsverhältnis (und dieser Begriff ist weit zu fassen: Ritter-Abraham Anm. 69 zu § 49 S. 729; Möller Anm. 19 zu § 4) zustehen.

Kischs Ansicht führt auch dann zu unannehmbaren Ergebnissen, wenn etwa beim Vten 1) das Gut nur **beschädigt** wird und nach Veräußerung an den Vten 2) **untergeht**. Hier liegen mehrere Vsfälle vor, welcher soll die Rückwirkung auslösen?

[26] ee) Eigene Ansicht.

Zutreffend ist daher die vermittelnde Ansicht: Die V wird, solange der Vmer Interesseträger ist, als Eigenrechnungsv, solange ein anderer Interesseträger ist, als Fremd-

III. V für Rechnung wen es angeht (§ 80 II) § 80
Anm. 27

rechnungsv behandelt, und zwar ohne Rückwirkung. Jeder Vte erwirbt originär den Vsanspruch (Ausschluß der §§ 69ff.), aber niemals in größerer Intensität, als sein Vormann ihn hatte. Ritter-Abraham und Bruck meinen, nur bei Rechtsnachfolge in den Vsanspruch könnten dem Ver die Einwendungen, die er gegen den Vormann hatte, auch gegenüber dem Nachmann erhalten bleiben. Dabei ist jedoch § 334 BGB übersehen: Einwendungen aus dem Deckungsverhältnis (Vsverhältnis) kann der Versprechende (Ver) jedem Dritten (Vten) gegenüber geltend machen.

Nicht nur der Vmer, jeder Vte ist in der Lage, das Vsverhältnis während seiner Interesseträgerschaft ungünstig zu beeinflussen (vgl. für das Vsrecht § 79 I VVG, generell zum Heranwachsen des Dritten an das Deckungsverhältnis Esser, Schuldrecht, 1. Bd. 4. Aufl. Karlsruhe 1970 S. 395; Fikentscher, Schuldrecht, 4. Aufl. Berlin und New York 1973 S. 152). Eine solche Beeinflussung wirkt sich also beim Letztvten nicht nur aus, wenn er oder der Vmer eingewirkt hat, sondern auch dann, wenn Einwirkender ein vter Vormann war, eben wegen § 334 BGB; wie hier im Ergebnis Lenné S. 125.

Einen ähnlichen Standpunkt nimmt Anli S. 52—55 ein, der sich aber m. E. nicht genug von den §§ 69ff. löst. Die Einredenbehaftung nach § 334 BGB bildet nicht die einzige Schwäche, die dem Anspruch des Vten innewohnt. Aus der Natur der Sache folgt, daß er stets nur auflösend bedingt durch den Interesseübergang auf einen anderen Vten (was übrigens auch für den Anspruch des Vmers gilt) erwirbt. Diese Beschränkung des Erwerbs ist durch § 328 II BGB gedeckt (vgl. Blomeyer, Schuldrecht, 4. Aufl. Berlin und Frankfurt/Main 1969 S. 269; Esser, Schuldrecht, 1. Bd 4. Aufl. Karlsruhe 1970 S. 393). Die auflösende Bedingung wirkt nicht zurück. Sie liefert den Schlüssel dafür, daß es nicht notwendig ist, Rückwirkung anzunehmen, lediglich um die §§ 69ff. auszuschließen.

[27] b) Durchführung.
aa) Folgen, insbesondere für § 79.

Daß sich der Letztvte nicht nur das Verhalten des Vmers und sein eigenes, sondern auch das Verhalten seines vten Vormannes während dessen Interesseträgerschaft entgegenhalten lassen muß, hat vor allem Bedeutung für die Gefahrstandspflicht. Da der V für Rechnung wen es angeht die Rollenspaltung auf Vtenseite immanent ist, sei im Anschluß an Anm. 6, 7 zu § 79 das Grundsätzliche vorangeschickt: Bei Tunsobliegenheiten genügt es, wenn einer der Beteiligten (oder sogar ein Außenstehender) das geforderte Tun beobachtet, bei Unterlassensobliegenheiten müssen alle Beteiligten unterlassen.

Aus der oben Anm. 26 vertretenen Ansicht folgt von selbst, daß die Zurechnung nicht nur stattfindet, wenn der Handelnde Repräsentant des Letztberechtigten war. Mit einer gewissen Inkonsequenz lassen Glitza S. 144f., Raiser, AFB, 2. Aufl. Berlin 1937 Anm. 14 zu § 13 S. 324, obwohl sie § 334 BGB übersehen, den Nachmann doch für bestimmtes Fehlverhalten des Vormannes einstehen. Was diesen als Ausnahme erscheint, ist indes die Regel.

Hat der Letztvte selbst ein dem Vsanspruch schädliches Verhalten geübt, aber vor der Zeit seiner Interessetragung, also ehe er mit dem Vsvertrage in Berührung kam, so schadet ihm das zwar nach § 79 nicht, gleichwohl aber kann sich daraus eine Einwendung des Vers unter dem Gesichtspunkt des venire contra factum proprium ergeben (Glitza S. 143). Das Verhalten eines Vormannes vor oder nach dessen Interesseträgerschaft belastet den Vten nur, wenn jener sein Repräsentant oder der Vmer war.

Der Letzterwerber braucht sich das Verhalten des Zwischenerwerbers dann nicht entgegenhalten zu lassen, wenn dieser vom Vsvertrag nichts wußte (§79 I). Glitza (S. 120) meint, dieser Sachverhalt werde bei der V für Rechnung wen es angeht häufig gegeben sein. Hier ist indes zu beachten, daß dem Wissen vom Vertrage der Auftrag zur Vsnahme, sogar ein stillschweigend erklärter (so vom Cif-Käufer an den Cif-Verkäufer), gleichsteht: Anm. 13 zu § 79 (allerdings besagt vorliegende Kenntnis noch nichts über das Verschulden des Vten, das gesondert festzustellen ist; umgekehrt kann man die Verschuldensfrage nicht stellen, wenn keine Kenntnis von der V vorliegt).

Da also in aller Regel Kenntnis in Sinne des § 79 II zumindest beim Erstvten vorliegt, spielt die Ausnahmebestimmung des § 79 III, die bei Nichtkenntnis eingreift, keine

Sieg 999

große Rolle. Vgl. im übrigen Lenné S. 110—114; das dort zu § 79 III und IV Ausgeführte gilt nach der Neufassung des Gesetzes für § 79 II und III.

Aus § 334 BGB folgt weiter, daß der Letztberechtigte insoweit keine Vsansprüche erwirbt, als der Vormann sie während seiner Vtenzeit erlassen oder sich mit dem Ver darüber verglichen hat. Anders liegt es dann, wenn der Zwischenmann den Anspruch nach § 333 BGB zurückgewiesen hat. Hieraus gewinnt der Ver nur dem Ablehnenden gegenüber eine Einwendung; die Zurückweisung schafft keine Einwendung aus dem Vertrage im Sinne des § 334 (Anm. 17 zu §§ 75—76); im Ergebnis ebenso Glitza S. 101.

[28] bb) Interessewechsel.

In Anm. 26 ist dargelegt, daß die Interesseträgerschaft darüber entscheidet, ob Eigenrechnungs- oder Fremdrechnungsv vorliegt. Wann die Interesseträgerschaft wechselt, ist kein Problem der V für Rechnung wen es angeht, sondern ein mit dem Veräußerungsbegriff (Anm. 2 zu § 69) zusammenhängendes. Nach herrschender Lehre kommt es — vereinfacht ausgedrückt — in der Binnenv auf den formellen Eigentumswechsel, in der Seev auf die wirtschaftliche Eigentümerstellung an (Anm. 20, 23 zu § 69). Theoretisch ist für die Erlangung der Vtenstellung überhaupt nicht abgeleiteter Eigentumserwerb nötig, auch der originäre Erwerb käme in Betracht. Das würde aber sicherlich am Parteiwillen vorbeigehen: Vmer und Ver wollen nicht denjenigen zum Vten machen, der die ihm zunächst nicht gehörige Sache durch Vermischung, Bearbeitung, Vermengung zu seiner eigenen macht (Kisch III S. 602).

Die Universalsukzession bedeutet keinen Interessewechsel in dem hier besprochenen Sinn. Der Erbe des Vmers bleibt auch bei der V für Rechnung wen es angeht Vmer, er wird nicht Vter; der Erbe des Vten bleibt selbstverständlich Vter. Entsprechendes gilt für die Universalsukzession einer juristischen Person nach einer anderen, sei es auf privatrechtlichem, sei es auf öffentlichrechtlichem Gebiet, vgl. Anm. 20 zu § 68.

[29] 7. Besonderheiten der Schadensv bei der V für Rechnung wen es angeht.

a) Verfügungsrecht über die Vsforderung.

§§ 75 II und 76 II machen die Verfügung des Vmers bzw. des Vten, wenn die Zustimmung des anderen Teils nicht vorliegt, von der Innehabung des Vsscheins abhängig. Die V für Rechnung wen es angeht wird häufig als laufende V genommen. Dann kommt es auf die Vorlage nicht der General- oder Pauschalpolice, sondern der Einzelpolice, des Vszertifikats, an (BGH 16. XI. 1967 LM ADS Nr. 7 = VersR 1968 S. 42; Ritter-Abraham Anm. 14 zu § 53 S. 764). Soweit in § 75 II von Verfügungen des Vten über seine Rechte die Rede ist, handelt es sich entweder um die Rechte des Letztvten oder um Rechte des Zwischenvten, letzteres dann, wenn bei ihm ein Vsfall eingetreten ist, der nicht zum Untergang des vten Gutes geführt hat. Dann ist der Zwischenvte, obschon entschädigungsberechtigt in der Lage, noch über das beschädigte Gut zu verfügen und damit den Erwerber für die Zukunft zum Vten zu machen.

Entsprechend benötigt der verfügungsbereite Vmer, der nicht im Besitz des Vsscheins bzw. des Zertifikats ist, nach § 76 II die Zustimmung desjenigen Vten, während dessen Interesseträgerschaft der Vsfall eingetreten ist.

Wer auch immer den Anspruch geltend macht; Der Ver behält alle Einwendungen aus dem Deckungsverhältnis [vgl. oben Anm. 26, 27]. Das ist deshalb zu betonen, weil Becker, Seevspolice, Hamburg 1965 S. 26f. erwähnt, der Vte habe bei der V für Rechnung wen es angeht den Vsanspruch ohne Rücksicht auf die Prämienzahlung, wovon keine Rede sein kann; wie hier Glitza S. 56. Anm. 56 zu §§ 75—76 ist dargelegt worden, daß der Ver gehalten ist, bei Prämienverzug den Vten von einer Mahnung zu unterrichten. Das kann bei der V für Rechnung wen es angeht nur gelten, wenn der Dritte ausnahmsweise im Vsdokument benannt oder sonst dem Ver bekannt ist.

Bestritten ist, ob § 76 III auch bei der V für Rechnung wen es angeht anwendbar ist (bejahend: Anli S. 55; Bruck S. 610; Glitza S. 94. Verneinend: Kisch III S. 599; Ehrenzweig S. 214. Schwankend: Prölss-Martin[20] Anm. 3 zu § 80 S. 430, Anm. 2 B zu Ziff. 1 AMB S. 550). Die Frage ist aus den Anm. 15 zu Vorbemerkungen, Anm 17 zu §§ 75—76 angeführten Gründen zu bejahen. Gleichwohl ist unser Gesetz nicht so streng

III. V für Rechnung wen es angeht (§ 80 II) **§ 80**
Anm. 30, 31

wie das preußische ALR in § 2071 II 8 (vgl. Anm. 1 zu Vorbemerkungen zu §§ 74—80). Die Bestimmung wurde dahin ausgelegt, daß im Vsfall der Vmer nicht nur das Interesse des Vten, sondern auch dessen Auftrag oder Genehmigung nachzuweisen hatte (Rehbein-Reincke, ALR, 4. Aufl. Berlin 1889 S. 838 N. 202), während es heute in die Hand des Vers gegeben ist, ob er diesen Nachweis verlangen will.

[30] b) Innenverhältnis.

aa) Vertraglich.

§ 77 handelt vom Innenverhältnis zwischen Vmer und Vtem. Bei der V für Rechnung wen es angeht liegt die Besonderheit vor, daß möglicherweise mehrere Vte nacheinander gedeckt sind. Die V für Rechnung wen es angeht schafft per se kein Rechtsverhältnis zwischen irgendeinem Vten und dem Vmer. Liegt aber eine schuldrechtliche Beziehung zwischen Vmer und Erstvtem vor (Hauptfall: Geschäftsbesorgung, sei sie isoliert, sei sie Nebeninhalt eines Handelsgeschäfts), kraft deren der erstere V für Rechnung wen es angeht zu nehmen hat, so ist davon auszugehen, daß ein weiterer Vter nicht nur den Vsanspruch erhalten soll, sondern auch diejenige Rechtsmacht, die erforderlich ist, um diesen Anspruch gegenüber dem Vmer zu verfolgen. Mit anderen Worten: Der Geschäftsbesorgungsvertrag ist als solcher zugunsten Dritter, d. h. der späteren Vten, aufzufassen. Die Rechtsstellung des Vmers verschlechtert sich dadurch nicht; er kann den späteren Vten gegenüber alle Einwendungen geltend machen, die er zunächst gegenüber seinem Vertragspartner hatte (vgl. § 77² VVG). Insbesondere also kann er sich für seine Auslagen (Vsprämien) bezahlt machen. — Ich vermag daher der abweichenden Ansicht des BGH 16. XI. 1967 LM ADS Nr. 7 = VersR 1968 S. 42 nicht zu folgen.

[31] bb) Außervertraglich.

Der BGH verweist den späteren Vten in solchem Fall auf Ansprüche gegenüber seinem Vormann. Er meint, gegenüber dem Vmer entfalle auch ein Anspruch aus § 816, geht also davon aus, daß Nichtberechtigter nur ein solcher ist, dem weder das materielle Recht noch die Verfügungsmacht zusteht (Einzelheiten bei Trautmann S. 76—82). Auch das überzeugt nicht. Mit dem Nichtberechtigten ist in § 816 II jeder gemeint, dem das materielle Recht nicht zusteht. Das ergibt die Fassung des § 185 BGB. Wer lediglich ermächtigt ist, über ein fremdes Recht zu verfügen, bleibt Nichtberechtigter; die Ermächtigung hat nur Bedeutung für die Wirksamkeit der Leistung des Schuldners, dieser wird frei. Das auf Grund der gesetzlichen Einziehungsermächtigung des Vmers Einkassierte hat also einerseits den Ver befreit, andererseits aber dem Vten einen Kondiktionsanspruch nach § 816 II verschafft, sofern kein vertragliches Schuldverhältnis zwischen ihm und dem Vmer besteht. Ebenso Möller VerR 1950 S. 80f.; Taube, Ermächtigungs-V für fremde Rechnung, Hamburger Diss. 1948 S. 139—152; Erman-Seiler, BGB, 5. Aufl. Münster 1972 Rdz. 16 zu § 816 S. 1829; v. d. Thüsen VW 1953 S. 434f.; Ruscher, S. 122. Abweichend durchgängig die Rechtsprechung (sie ist bei Trautmann S. 77 N. 263 wiedergegeben) und ein Teil der Literatur: Mitsdörffer S. 37—39; Trautmann S. 78 N. 265, die statt dessen auf Geschäftsführung ohne Auftrag rekurrieren (vgl. nächster Absatz). Soweit ersichtlich vertritt lediglich Weber VersR 1954 S. 523f. die Auffassung, daß der Vmer die eingezogene Unfallvsentschädigung des Insassen behalten dürfe. — Mag auch sonst der Kondiktionsschuldner des § 816 nicht berechtigt sein, die Gegenleistung für das Erhaltene nach § 818 III in Abzug zu bringen (Esser, Schuldrecht, Bd. 2 4. Aufl. Karlsruhe 1971 S. 382; Brox, Besonderes Schuldrecht, 2. Aufl. München 1972 Rdz. 430 S. 244), so ist das hier wegen der Sondervorschrift des § 77² VVG doch der Fall.

Bei fehlendem Vertragsband im Verhältnis zwischen Vmer und Vtem kann der Anspruch u. U. auch auf §§ 677, 681², 667 BGB gestützt werden (der Gegenanspruch des Vmers ergibt sich dann aus § 683). Dann kommt es auf Fremdgeschäftsführungswillen des Vmers und auf Interessenwahrung (§ 677 BGB) gegenüber jedem späterem Vten an (Trautmann S. 64—69). Diese Voraussetzungen brauchen keineswegs bei jeder V für Rechnung wen es angeht vorzuliegen. Der BGH hat in der Entscheidung vom 16. XI. 1967 LM ADS Nr. 7 = VersR 1968 S. 42 Geschäftsführung ohne Auftrag nicht geprüft. Trautmann S. 73f. meint, es habe in jenem Fall ohnehin kein Fremdgeschäftsführungswille bestanden, weil ein bestimmter Vter nicht benannt gewesen sei. Letzteres ist aber nicht nötig, wie Trautmann S. 68 selbst festgestellt hat.

Die Voraussetzungen der Kondiktion sind leichter nachzuweisen als die der Geschäftsführung ohne Auftrag, schon weil bei letzterer an Abschluß des Vsvertrages und Einkassierung (bei der Geschäftsführung ohne Auftrag lediglich auf die Einziehung abzustellen, wie Möller VersR 1950 S. 82, halte ich nicht für zutreffend, weil der Vmer ja für diese einen gesetzlichen „Auftrag" hat), bei der Kondiktion nur an letzteren Umstand anzuknüpfen ist.

[32] **c) Regreß.**
   aa) Fragestellung, alternative Interessen.

Bei der V für Rechnung wen es angeht geht die Forderung desjenigen nach § 67 über, der vom Ver entschädigt worden ist; das kann der Vmer oder ein Vter sein (Anm. 126 zu § 67; Glitza S. 148). Schwieriger ist die Frage zu beantworten, ob auch gegen den Vmer oder einen anderen als den entschädigten Vten Regreß genommen werden kann.

Ist bei der V alternativer Interessen der Vte entschädigt worden für einen Vsfall, den der Vmer leicht fahrlässig herbeigeführt hat, so geht kein Anspruch über. Das folgt aus der Regel, daß sich die V für fremde Rechnung grundsätzlich wie eine Haftpflichtv zugunsten des Vmers auswirkt: Anm. 127, 128 zu § 67; Glitza S. 148. Hat hingegen der „Vte" den Schaden verursacht, stellt sich also der Vmer als Interesseträger heraus, so geht der Anspruch des letzteren gegen den „Vten" über (ebenso Glitza S. 149). In diesem Fall ist von Anfang an nur der Vmer gedeckt gewesen, der „Vte" hat keine Beziehung zum Vsvertrage erlangt, ist also als Dritter im Sinne des § 67 zu behandeln.

[33] **bb) Sukzessive und kumulative Interessen.**

Bei sukzessiven und kumulativen Interessen (sofern letztere überhaupt zur V für Rechnung wen es angeht führen, vgl. oben Anm. 17), kann aus dem Anm. 32 genannten Grund ebenfalls regelmäßig kein Regreßanspruch gegen den Vmer entstehen. Anders liegt es nur dann, wenn der Ver auf Grund besonderer Abmachungen dem Vten selbst dann haften muß, wenn er seinem Vmer gegenüber frei ist. Das kann bei der Kraftfahrzeugkasko mit erteiltem Sicherungsschein vorkommen, wenn der Ver auf den Einwand grobfahrlässiger Herbeiführung nur gegenüber dem Vten verzichtet hat, oder wenn der Ver nur auf Grund des Auskunftsverhältnisses zum Vten haftet, vgl. Anm. 130 zu § 67; diesen Sonderfall übersieht Glitza S. 149.

Führt ein Vter, der Interesseträger ist, den Schaden leicht fahrlässig herbei, so kommt natürlich ein Regreß nicht in Frage. Ist Schadenstifter ein Vormann des vten Interesseträgers, so geht ein Regreßanspruch des letzteren gegen den Vormann auf den Ver über: Da der Vormann nicht mehr Interesseträger ist, ist er aus dem Vsbereich ausgeschieden, also Dritter (Glitza S. 150).

[34] **8. Kraftfahr-Insassenunfallv.**
   a) Normative Grundlage.

Die Kraftfahr-Insassenunfallv ist V für Rechnung wen es angeht (Trautmann S. 5, 61; Ruscher S. 197), soweit sie auf Grund § 16 (1) AKB nach dem Pauschalsystem abgeschlossen wird, denn hier ergibt die Anzahl der beförderten Personen, mit welchem Teilbetrag der vten Summe die einzelnen Insassen jeweils gedeckt sind. Es handelt sich nicht nur um eine V mit noch unbekannten Vten und um eine V des Vmers als Insasse, vielmehr wird auch die dem Vmer zustehende Leistung durch die Zahl der beförderten Personen beeinflußt (vgl. oben Anm. 17). Nur von dieser Vsart soll im Folgenden die Rede sein, weil bei ihr das Innenverhältnis zwischen Vmer und Vtem problematisch ist.

Da die Insassen normalerweise nicht ihre Einwilligung in die V gegeben haben, handelt es sich nach § 179 II um eine Fremdrechnungsv, d. h. der Anspruch steht dem Vten zu, seine Geltendmachung liegt aber beim Vmer, sofern er nicht seine Zustimmung zur Verfügung durch den Vten gegeben hat: §§ 75 I, II, 76 I (daß sich der vte Insasse im Besitz des Vsscheins befindet, kommt praktisch nicht vor). § 76 III VVG ist durch § 3 (2) S. 2 AKB modifiziert: Es steht dem Ver nicht frei, seine Leistung an den Vmer von der

III. V für Rechnung wen es angeht (§ 80 II)

Zustimmung des Vten abhängig zu machen, vielmehr wird er durch Zahlung an den Vmer nur befreit, wenn der Vte zugestimmt hat.

[35] b) Verpflichtung des Versicherungsnehmers.
  aa) Zur Geltendmachung des Unfallversicherungsanspruchs.

Nach dem Innenverhältnis zwischen Vmer und Vtem richtet es sich, ob der Vmer eine Insassenunfallv eingehen und aufrechterhalten muß, ob er einen Entschädigungsanspruch zugunsten der verletzten Insassen geltend zu machen hat und ob er ihn dem Insassen zusätzlich zu etwaiger Haftpflichtentschädigung oder Versorgungsleistung belassen muß (vgl. unten Anm. 37—40). Als Innenverhältnisse kommen hier vor allem in Betracht: Arbeitsverhältnis (das Arbeitsverhältnis kann, muß aber nicht stets im Sinne einer Verpflichtung zur Verschaffung zusätzlichen Unfallvsschutzes ausgelegt werden), Gesellschaft, Unterhaltsverpflichtung, Auftrag, Geschäftsbesorgung und mit gewissem Vorbehalt auch Schenkung.

Da ein notarieller Vertrag über ein Schenkungsversprechen hier ausscheidet, ist Schenkung erst anzunehmen „mit der Bewirkung der versprochenen Leistung" (§ 518 BGB). Die Leistung ist aber nicht schon bewirkt mit der Verschaffung der Gefahrtragung, sondern erst mit der Zuwendung der Vsentschädigung; die Schenkung wirkt sich also nur dahin aus, daß der Vmer nach erfolgter Auskehrung der Entschädigung an den Insassen nicht die Anrechnung auf dessen andersartige Ansprüche vornehmen kann. Der Versuch Trautmanns (S. 59—61), bei der Schenkung schon zu einem früheren Zeitpunkt zu einem Anspruch des Vten gegen den Vmer zu gelangen, ist m. E. nicht geglückt. Die von ihm eingeschachtelt gedachte Geschäftsbesorgung scheitert daran, daß sie zu einer Verpflichtung des Vmers vor der Bewirkung der versprochenen Leistung führt, was § 518 zuwider läuft.

Besteht kein schuldrechtliches Innenverhältnis, so springt nicht automatisch Geschäftsführung ohne Auftrag in die Bresche, wie BGH 7. V. 1975 NJW 1975 S. 1273 = VersR 1975 S. 703 = VA 1975 S. 309 = BetrBer 1975 S. 763 überzeugend dargetan hat: Der Fremdgeschäftsführungswille wird oft fehlen, weil der Vmer ein eigenes Interesse an der Entschädigung der Insassen hat (etwa wenn sie Angehörige oder Geschäftsfreunde sind), er denkt nicht daran, die Unfallvsprämie qua Aufwendungsersatz von den Insassen anteilig zurückzufordern, er allein will die Herrschaft über den Vsvertrag behalten (Kündigung, Prämienzahlung). Auch ist die Anzeigepflicht nach § 681 BGB hier in der Regel nicht realisierbar.

In der Entscheidung über die Geltendmachung des Unfallvsanspruchs ist der Vmer also bei Fehlen eines ihn verpflichtenden Innenverhältnisses frei (anders diejenigen, die von Geschäftsführung ohne Auftrag ausgehen, vgl. unten Anm. 39), und zwar ohne Rücksicht darauf, ob der verletzte Insasse einen Haftpflichtanspruch gegen irgendeinen Beteiligten hat, ob dieser leicht oder schwer feststellbar ist, ob für einen Haftpflichtanspruch Vsdeckung besteht (sei es auf Grund gesunden, sei es auf Grund kranken Deckungsverhältnisses). In dieser Richtung ist der 2. Leitsatz der BGH-Entscheidung vom 7. V. 1975 zu eng ausgefallen. Es ist nicht einzusehen, woraus die **Verpflichtung** des Vmers mangels dahingehenden Innenverhältnisses resultieren sollte, dem Verletzten die Unfallvsdeckung dann zu verschaffen, wenn dieser **keinen** liquiden Anspruch auf vollen Schadenersatz hat.

Lediglich bei eigensüchtigem Zusammenwirken von Vmer und Ver zum Nachteil des Vten wäre ein Verzicht auf den Vsanspruch nach § 138 unbeachtlich. Der BGH nimmt in der Entscheidung vom 7. V. 1975 insoweit bestätigend auf OLG Hamburg 1. III. 1960 VersR 1960 S. 1132 Bezug. Die angeführte Entscheidung des BGH vom 7. V. 1975 bespricht Kaulbach VersR 1975 S. 1114 im Ergebnis zustimmend. Sein Hinweis darauf, daß sich die Insassenunfallv damit der Schadensv nähere, ist zutreffend, vgl. Anm. 39 zu § 80.

Im Einklang mit der hier vertretenen Ansicht, daß der Vmer mangels eines besonderen Verpflichtungsverhältnisses freie Hand in der Verfolgung des Unfallanspruchs habe, verneint LG Bonn 24. X. 1975 VersR 1976 S. 260 einen Auskunftsanspruch des Rechtsnachfolgers des tödlich verunglückten Insassen gegenüber dem Vmer.

[36] **bb) Zur Auskehrung der Unfallsentschädigung.**

Nach § 3 (2) S. 2 AKB kann die Entschädigung nur mit Zustimmung des Vten an den Vmer gezahlt werden. Deshalb werden die Fälle selten sein, in denen der Vmer die einkassierte Entschädigung dem Vten vorenthält. Zu helfen ist diesem dann, sofern kein vertragliches Innenverhältnis zum Vmer besteht, mit § 816 II, vgl. oben Anm. 31. Entgegen BGH 7. V. 1975 (Anm. 35), der damit die frühere Rechtsprechung des RG aufnimmt und sich auf Prölss-Martin[20] Anm. 3 zu § 80 S. 430 beruft, halte ich ein Treuhandverhältnis, weil nicht genug konturiert, nicht für gegeben, vgl. Anm. 22 zu §§ 75—76; ebenso Lenné S. 157 („verwirrender Begriff"); Ritter-Abraham Anm. 5 zu § 54 S. 767.

Ist die Entschädigung in des Vmers Hand, so kann er gegen den Auskehrungsanspruch mit einer aus demselben Ereignis herrührenden Haftpflichtforderung gegen den Vten aufrechnen: BGH 20. XII. 1972 VersR 1973 S. 634 = VA 1973 S. 221 = BetrBer 1973 S. 982; BGH 30. XI. 1973 VersR 1974 S. 125. Anders: Österr. OGH 30. V. 1973 VersR 1974 S. 455; der Österr. OGH beruft sich für das Aufrechnungsverbot auf das Treuhandverhältnis, kommt also aus diesem zum entgegengesetzten Schluß wie der BGH, ein Zeichen für die Unergiebigkeit dieser Rechtsfigur.

[37] **c) Anrechnung der Unfallsentschädigung auf die Haftpflichtverbindlichkeit.**

aa) Prinzip.

Das Anm. 35 zitierte BGH-Urteil vom 7. V. 1975 stellt auch die Weichen für einen Sachverhalt, in dem zunächst die Unfallsentschädigung geleistet wurde und nunmehr die Behandlung des Haftpflichtanspruchs des Insassen akut wird. Da der Vmer unter der Voraussetzung fehlenden abweichenden Innenverhältnisses (daß ihn das Innenverhältnis zur Geltendmachung des Vsschutzes verpflichtet, besagt noch nicht, daß er dem Vten die Unfallsentschädigung zusätzlich zum Schadenersatz zukommen lassen muß; einen Vorteil hat der Vte schon dadurch, daß er schnell, müheloser und risikoloser die Unfallsentschädigung erlangt, als seinen Haftpflichtschaden liquidiert) die volle Herrschaft über den latenten Unfallsanspruch hat, ist es nur folgerichtig, daß er (aber nicht sein Haftpflichtver, ebenso Mitsdörffer S. 105—107) auch in der Lage ist, wirksam zu erklären, daß die ausgekehrte Unfallsentschädigung auf den Haftpflichtanspruch angerechnet wird. Die Anrechnung ist der Bestimmung nach § 366 BGB **verwandt**, nicht **gleich**, weil der Vmer zwar nicht Schuldner der Vsentschädigung ist, diese aber doch beeinflussen kann. Für die Anrechenbarkeit hat sich außer den vom BGH Angeführten auch Weyers in „Vertragsschuldverhältnisse", München 1974 S. 508 ausgesprochen. Vgl. auch OLG Köln 17. IV. 1975 VersR 1975 S. 1113. Die Entscheidung ist, obwohl sie sich mit BGH 7. V. 1975 (vgl. Anm. 35 zu § 80) noch nicht auseinandersetzen konnte, zum Leitsatz 1) zutreffend, denn der **Haftpflichtver** kann die Anrechnung der Unfallsentschädigung auf den Haftpflichtanspruch nicht verlangen. Zu Unrecht meint aber das OLG (Leitsatz 2), daß die Aktivlegitimation der Witwe des verunglückten Insassen dadurch festgestanden habe, daß der Vmer ihr den Unfallsanspruch abgetreten habe. Hierbei ist übersehen, daß der Vmer nur ein **Einziehungsrecht** hat, das keiner Übertragung fähig ist, auf das jedoch zugunsten des Vten **verzichtet** werden kann (Anm. 28, 30 zu §§ 75—76), aber **nur** zu dessen Gunsten. Deshalb kam es für den Zinslauf entgegen der Meinung des OLG darauf an, seit wann dem beklagten Ver die Aktivlegitimation der Klägerin als Miterbin und als Rechtsnachfolgerin einer weiteren Miterbin nachgewiesen war.

Sind mehrere ersatzpflichtige Schädiger vorhanden, so kann sich Schädiger 2) (S 2) nicht darauf berufen, daß die vom Schädiger 1) (S 1) besorgte Unfallv den Verletzten bereits schadlos gestellt habe (Mitsdörffer S. 110). Auch kann S 1 in diesem Beispiel nur den Teil der Unfallsentschädigung zur Anrechnung verwenden, der seiner endgültigen Belastung (d. h. in Berücksichtigung des Ausgleichsanspruchs) entspricht.

Beispiel:

Sachverhalt: Schaden des Insassen I 10.000,—DM; zugeflossene Unfallsentschädigung aus V des S 1 6.000,— DM. S 1 und S 2 sind zu gleichen Teilen haftbar. Lösung: Zweckmäßigerweise erklärt S 1 dem I alsbald nach der Auszahlung der Unfallsent-

III. V für Rechnung wen es angeht (§ 80 II) § 80
Anm. 38, 39

schädigung daß damit der Haftpflichtanspruch so weit wie möglich [hier in Höhe von 5000,— DM] getilgt sei (wenn S 1 überhaupt die Anrechnung wünscht). Nunmehr kann I von S 1, S 2 und deren Haftpflichtvern als Gesamtschuldnern weitere 5000,— DM fordern.

 a) Zahlt der Haftpflichtver von S 1, gewinnt er in der gleichen Höhe einen Ausgleichsanspruch gegen S 2 und dessen Haftpflichtver auf Grund von § 426 BGB (denn er hat Leistungen in Höhe von 10000,— DM qua Haftpflichtschaden erbracht; die Anrechnung des S 1 bewirkt für die Regreßfrage, daß die Leistung des Summenvers wie eine schadenvsartige im Sinne des § 67 zu behandeln ist).

 b) Zahlt der Haftpflichtver von S 2, entfällt ein Ausgleichsanspruch gegen S 1 und dessen Haftpflichtver, denn für S 2 ist nur beglichen, was auch intern auf ihn entfällt.

Vgl. auch die Zahlenbeispiele bei Mitsdörffer S. 111—113 und Sieg JZ 1956 S. 370.

Wird der Haftpflichtprozeß ausgetragen, ehe I in den Genuß der Unfallventschädigung gelangt ist, muß dies natürlich im Urteil unberücksichtigt bleiben. Aber in diesem Fall hat es S 1 immer noch in der Hand zu bestimmen, was dem I aus der Unfallv zukommen soll.

[38] bb) Grenzen.

Die Unfallv gewährt nur Leistungen auf den Personenschaden, deshalb kann sich auch die Bestimmung nach § 366 BGB analog nur auf den Personenschaden beziehen, so daß der Anspruch aus Sachbeschädigung dem vten Insassen verbleibt, wie das auch in der gesetzlichen Unfallv trotz § 636 RVO der Fall ist (vgl. Sieg JZ 1956 S. 371).

Der Sozialvsträger, auf den Ansprüche nach § 1542 RVO (oder den entsprechenden Überleitungsnormen) übergegangen sind, braucht sich die Anrechnung nicht entgegenhalten zu lassen. Dieses Recht entsteht für den Vmer frühestens mit der Auskehrung der Unfallventschädigung an den Vten, also nach dem Unfall. Auf den Sozialvsträger geht aber der Anspruch schon mit dem Unfall über, so daß ihn spätere Beeinträchtigungen nicht treffen. — Anders ist es beim Übergang auf einen privaten Vsträger (Beispiel: Der verletzte Insasse hat die Heilkosten von seinem Krankenver ersetzt erhalten). Da dieser nach § 67 VVG erst mit seiner Zahlung in den Haftpflichtanspruch sukzediert, gehen dessen vorher eingetretene Beeinträchtigungen (durch die Bestimmung des Schädigers nach § 366 BGB analog) zu seinen Lasten.

Wie ein Dritter die Anrechnung nicht vornehmen kann, so kann der Vmer nicht Haftpflichtansprüche verrechnen, die sich gegen einen anderen Schädiger richten, es sei denn, hierbei handele es sich um den Fahrer. Letzteres folgt aus der Haftungseinheit zwischen Vmer und Fahrer. Im Ergebnis ebenso Mitsdörffer S. 109f.

Hinterbliebene (§§ 844 II BGB, 10 II StVG) können von der Anrechnung nur betroffen werden, sofern sie die Unfallventschädigung erhalten haben, d. h. soweit sie Erben des getöteten Insassen sind.

[39] cc) Ausblick.

Die reichhaltige Literatur zum Anrechnungsproblem ist größtenteils durch die Anm. 35 zitierte — wie ausgeführt — überzeugend begründete BGH-Entscheidung überholt. Bei Fehlen eines die Anrechnung hindernden Rechtsverhältnisses wurde die Lösung früher auf der Grundlage der Geschäftsführung ohne Auftrag gesehen, die der BGH zu Recht verwirft (ebenso in der Seev: Ritter-Abraham[2] Anm. 9 zu § 52 S. 750; Bruck S. 612). Zuzustimmen ist ihm auch darin, daß die Anrechnung nicht gegen § 179 III VVG verstößt: Der Vmer kann auch bei deren Zulassung nicht auf fremden Unfall spekulieren. Der Unfall kann ihn nicht bereichern, sondern die Anrechnung kann nur bewirken, daß sein Passivum verringert wird. Ältere abweichende Literatur und Rechtsprechung haben lediglich noch konstruktionsgeschichtliches Interesse, weshalb insoweit nur auf die Ausführungen bei Trautmann S. 64—74; Ruscher S. 203—214, 224—226; Mitsdörffer S. 62—123 verwiesen wird, die reichhaltiges Schrifttum für und gegen Geschäftsführung ohne Auftrag, die niemals unbestritten war, anführen.

Sieg

Es ist nicht zu verkennen, daß mit der Zulassung der Anrechnung die Summenvsleistung den Charakter einer Entschädigung (Schadensv) annimmt. Diese durch § 50³ LVG, § 4 RHG vorgezeichnete Entwicklung entspricht einem allgemeinen, nicht auf Deutschland beschränkten Trend (vgl. Bericht über den IV. Weltkongreß der AIDA, Lausanne 1974 BetrBer 1974 Heft 34 S. III). Auch die V von Tagegeldern und Krankenhaustagegeldern, obwohl theoretisch Summenvn, weisen Züge einer Schadenv auf (Anm. 20, 21 zu § 67). Rokas, Summenv und Schadenersatz, Berliner Diss. 1974 S. 199—201 läßt es generell zu, daß der Schädiger den Geschädigten auf summenmäßige Vsleistungen verweist (nicht nur aus einer Insassenunfallv, sondern sogar aus einer vom Geschädigten genommenen Unfallv), es sei denn, den Schädiger treffe schweres Verschulden, im einzelnen soll die freie Wertung nach der Interessenlage entscheiden.

[40] d) Anrechnung der Unfallvsentschädigung auf die Versorgungsverbindlichkeit.
Wenn beim Arbeitnehmer Ansprüche aus der Insassenunfallv mit Ansprüchen aus einer Versorgungszusage seines Arbeitgebers = Vmers zusammentreffen, stellt sich auch hier die Frage nach der Berechtigung einer Anrechnung. Man kann nicht davon ausgehen, daß der Arbeitgeber dem Arbeitnehmer den Unfallvsschutz zusätzlich zur Versorgungsleistung zukommen lassen wollte, denn da jeder Insasse (auch der Vmer selbst) gedeckt ist, zielt der Insassenunfallv nicht auf einen Schutz gerade der Arbeitnehmer ab. Das würde für eine Anrechnungsmöglichkeit sprechen. Mit Recht macht aber Mitsdörffer S. 122 darauf aufmerksam, daß damit der Grundgedanke des § 179 III durchkreuzt werden würde: Es soll keine Gefährdung der Gefahrsperson ohne ihre Einwilligung eintreten. Abstrakt wäre aber der betreffende Arbeitnehmer bedroht (und nur darauf, nicht auf die konkrete Gefährdung kommt es an), wenn der Arbeitgeber die Versorgungsleistung, die ihn später auf jeden Fall trifft, z. B. bei Tod als Versorgungsfall), durch die Anrechnung bei Unfalltod auf den Ver abwälzen könnte, mit anderen Worten: der Arbeitgeber wäre am Unfall interessiert. Anders ist es nur dann, wenn die Versorgungszusage lediglich für den Unfall im firmeneigenen Kraftfahrzeug abgegeben war. Hier scheidet ein spekulatives Moment aus (die Unfallvsentschädigung kann bestenfalls das Passivum „Versorgungsverbindlichkeit" ausgleichen), und deshalb ist die Anrechnung in diesem Fall zulässig.

[41] 9. Auflösung.
Die V für Rechnung wen es angeht wird zur Eigenv, wenn ausnahmsweise ein bestimmter Vter benannt war und nunmehr Universalsukzession zwischen beiden eintritt. (zum Beispiel der Vmer beerbt den Vten oder umgekehrt).

Bei der V alternativer Interessen führt ferner die Beendigung des Streits um das Interesse die Klärung herbei, ob die V als eigene oder als gewöhnliche Fremdrechnungsv zu gelten hat. Hingegen läßt sich bei V von sukzessiven und kumulativen Interessen nicht sagen, daß mit dem Wechsel der Interesseträgerschaft vom Vmer auf den Erstvten gewöhnliche V für fremde Rechnung eintritt. Es bleibt vielmehr bei der V für Rechnung wen es angeht, was vor allem Bedeutung hat, wenn der Erstvte weiter veräußert: Der weitere Vte gewinnt Vsansprüche nicht als Rechtsnachfolger, sondern originär.

Vereinbarungen über die Umwandlung in Eigenrechnungs- oder gewöhnliche Fremdrechnungsv, von denen Kisch III S. 593 spricht, sind möglich, solange der Vte noch keine konkreten Ansprüche erworben hat, jedoch wird das kaum praktisch werden.

Sachregister

1) Das Register verweist in den mageren Zahlen auf die Anmerkungen zu den angegebenen Vorschriften des VVG. Anmerkungen in Vorbemerkungen sind als solche gekennzeichnet, z. B.: vor §§ 49–80.

2) Die der Kommentierung der einzelnen Bestimmungen vorangestellten Gliederungsübersichten sind sehr detailliert, sie ersetzen insoweit ein Sachregister. Es empfiehlt sich daher, für die folgenden Stichworte zunächst die in Betracht kommende Gliederungsübersicht heranzuziehen. Für diese Stichworte enthält das Sachregister indes zusätzliche Fundstellen.

Abwendung und Minderung des Schadens: § 62
Bereicherungsverbot: § 55
Doppelversicherung, Begriff: § 59
Doppelversicherung, Beseitigung: § 60
Gewinnversicherung: § 53
Herbeiführung des Versicherungsfalles: § 61
Inbegriffsversicherung: § 54
Interesse: vor §§ 49–80 Anm. 12–21; § 49 Anm. 28–126
Interessemangel (anfänglich): § 68
Interessewegfall: § 68
Mehrfache Versicherung: § 58 Anm. 1–50
Mitversicherung: § 58 Anm. 51–75
Regreß des Versicherers: § 67
Rettungskosten: § 63
Rettungsobliegenheit: § 62
Sachverständigenverfahren: § 64
Schadenermittlungskosten: § 66
Schadenfeststellungskosten: § 66
Taxierte Versicherung: § 57
Übergang von Ersatzansprüchen: § 67
Überversicherung: § 51
Unterversicherung: § 56
Veräußerung des versicherten Gegenstandes (Begriff): § 69
Versicherung für fremde Rechnung (Begriff): § 74
Versicherung für Rechnung wen es angeht: § 80
Versicherungssumme: § 50
Versicherungswert: § 52

3) Die Hauptstichworte erscheinen im Fettdruck. Die Unterstichworte sind, weil eine eindeutige alphabetische Zuordnung oft nicht möglich wäre, grundsätzlich nach der §§-Folge angeführt.

4) Auf die Nachträge zur Kommentierung der §§ 67, 69–73 wird generell verwiesen.

A

Abandon
Verhältnis zum Vorteilsausgleich **vor §§ 49–80** 54
Schuldbefreiung **§ 49** 20
Verhältnis zum Rettungsaufwand **§ 63** 24
Unterschied zu Entschädigungsvereinbarung **§ 66** 5

Abfindungserklärung
s. auch Entschädigungsvereinbarung
Vergleichserklärung **§ 66** 5, 11
Aufsichtsstandpunkt **§ 66** 7 [auch geschäftsplanmäßige Erklärung]

Abgefahrene Reifen
Herbeiführung des Vsfalles **§ 61** 54 d

Abhandenkommen
Als Vsschaden **§ 49** 152
und Bereicherungsverbot **§ 55** 23

Abschreibev
In laufender V **§ 50** 10

1007

Absicht
s. auch Arglist
Betrügerische Absicht bei Überv § **51** 21, 47
Strafbare Überv § **51** 51
Betrügerische Übersetzung der Taxe § **57** 50
Betrügerische Absicht bei Doppelv § **59** 43
Strafbare Doppelv § **59** 47
Prämie bei absichtlicher Überv und Doppelv § **68** 45

Absonderung
des Vmers im Konkurse des Vten § **77** 15

Abtretung
s. Zession

Abtretungsverbot
Einfluß auf Übergang von Ersatzansprüchen § **67** 36

Abwendung und Minderung des Schadens
s. Vorbemerkung 2 zum Register, ferner Rettungsobliegenheit

Abzahlungskauf
Interesselage § **49** 91

Abzug neu für alt
Problematik § **55** 33
Entschädigung über Zeitwert § **67** 62, 177

Action directe
s. Kraftfahrversicherung

Adäquanztheorie
Kausalität § **49** 142, 143

Adhäsionsgefahren
in Feuerv § **49** 152

Adhäsionsv
In Seev **vor** §§ **49–80** 42; § **55** 21
In Feuerv **vor** §§ **49–80** 42; § **49** 103, 152
Vssumme **vor** §§ **49–80** 43
In Haftpflichtv § **49** 103
Vswert § **52** 15
TaxierteV § **57** 5
Übergang auf den Erwerber des Schiffs § **69** 47

Ärzteausschuß, Ärztekommission
s. auch Sachverständigenverfahren
Kausalfragen § **49** 165

Affektionswert
s. Liebhaberwert

Aktivenv
Arten **vor** §§ **49–80** 6
Begriff **vor** §§ **49–80** 6
Geltung des VVG **vor** §§ **49–80** 6
Interesse **vor** §§ **49–80** 6, 12–16; § **49** 44, 49, 56, 58–71
Zentralbegriff der V **vor** §§ **49–80** 11
Schäden **vor** §§ **49–80** 38; § **55** 22
Interesse an Rechten § **49** 69, 70
Gewinnv § **53** 33
Inbegriffsv § **54** 5
Rettungsobliegenheit § **62** 29, 30
Abgrenzung zur Haftpflichtv § **80** 9

Akzessorietät
Bei Gesamtschuld § **69** 80, 81, 83
In V für fremde Rechnung § **74** 29, 34; § **79** 9, 17–21

Alles- oder Nichts-Prinzip
Bei Herbeiführung des Vsfalles § **61** 79

Allgemeines Landrecht [Preußen]
siehe Landesrecht

Alternativursache
Kausalität § **49** 156

Amtshaftungsanspruch
Subsidiarität gegenüber Vsanspruch § **59** 54
Übergang des Ersatzanspruchs § **67** 29, 30, 62
Öffentliche Hand als Kraftfahrzeughalter § **67** 30
Verhältnis zu § 158c V § **67** 151

Anfangswert
Als Vswert § **52** 25
Fixierung durch Taxe § **57** 25

Anfechtung
s. auch Irrtum
des Kaufvertrages § **49** 94
des Verlangens nach Beseitigung der Überv § **51** 30
der Taxe § **57** 35–54
Verhältnis zu Interessemangel § **68** 42, 58
des Veräußerungsvertrages § **69** 11, 12; § **70** 16
des Vsvertrages § **69** 51; § **70** 17
der Versäumung der Ausschlußfrist § **70** 7
der Kündigung § **70** 8, 20
Konkurrenz mit Kündigung § **70** 17
bei V für fremde Rechnung § **74** 28–33

Anrechnung
der Unfallv-Entschädigung auf den Versorgungsanspruch § **77** 35; § **80** 40
der Unfallv-Entschädigung auf den Haftpflichtanspruch § **80** 37f.
der Eigenv-Entschädigung auf den Haftpflichtanspruch § **80** 39

Anschaffungswert
Begriff § **52** 31

Anschlußklausel
bei Mitv § **58** 64, 69

Anwartschaften
s. auch Veräußerung, Eigentümerinteresse
Gewinninteresse § **49** 54, 71
Versicherbares Interesse § **49** 70
auf Gebrauchsvorteile § **49** 71
Anwartschaftskauf § **49** 91
Sachinteresse § **53** 5 [Abgrenzung]
Nutzungsinteresse § **53** 9 [Abgrenzung]
Interessemangel, wenn Eigentum gedeckt § **68** 29
Bedeutung für Veräußerung allgemein § **69** 21, 22, 24, 25, 58

Bedeutung für Grundstücksveräußerung § 69 23
Bedeutung für Veräußerungsanzeige § 71 20
Deckung in V für Rechnung wen es angeht § 80 6

Anwartschaftsv
allgemein § 49 70, 91
in der Krankenv § 68 110

Anzeige
s. auch Obliegenheiten, vorvertragliche Anzeigepflicht
bei Mitv § 58 62, 67
bei Übergang von Ersatzansprüchen § 67 83
von Veräußerung des vten Gegenstandes § 71 1—35
als Rechtspflicht § 71 8, 33
an Vs-Vertreter § 71 10
Verspätete Anzeige der Veräußerung § 71 12, 13
in V für fremde Rechnung § 79 5, 7, 8

Arbeitskraft
als Rettungsaufwand § 63 17
bei Schadenermittlung und -feststellung § 66 16

Arbeitsverhältnis
s. auch Dienstvertrag
Erstreckung der V auf Arbeitnehmer § 49 103
Verhältnis Arbeitsunfall / Rettungskosten § 63 30
Arbeitnehmer einer Partei als Sachverständiger § 64 25
Einfluß auf Übergang von Ersatzansprüchen § 67 21, 36, 112
als Valutaverhältnis allgemein § 77 5; § 79 20
Gruppenunfallv § 77 24
Unfallfremdv zugunsten Arbeitnehmer § 77 36
Tageldv § 80 21
Insassenunfallv § 80 35
Anrechnung der Unfallv-Entschädigung § 80 40 [auf Versorgungsbezüge]

Arglist
s. auch Absicht
bei Übersetzung der Taxe § 57 54
bei Vertragsschluß § 58 27
bei Schadenermittlung § 58 27; § 61 76
Herbeiführung des Vsfalles § 61 26, 28
Vortäuschung eines Vsfalles oder der Schadenhöhe § 61 86
Einrede des Vmers bei Rückgriff seines Vers § 67 46
Verhältnis zu Interessemangel § 68 58
Anfechtung bei V für fremde Rechnung § 74 30—32
des Vten § 79 4
der Gefahrperson oder des Bezugsberechtigten § 79 23, 24

Aufgeben des Drittanspruchs
Verletzung einer Obliegenheit § 62 10
Folge für Vsanspruch § 67 70—86, 135

Aufopferung
s. auch Havariegrosse, Selbstaufopferung
als Vsschaden im weiteren Sinn § 63 4
als Voraussetzung für Rettungskostenersatz § 63 5, 11
vter und unvter Sachen § 63 11
Übergang von Aufopferungsansprüchen § 67 31

Aufräumungs- u. Abbruchkosten
besonders zu vn § 66 15

Aufrechnung
des Vers § 49 173 [erweiterte Aufrechnung]
des Vmers mit Drittanspruch § 67 76
bei Veräußerung § 69 66; § 70 46, 47
des Vmers bei V für fremde Rechnung §§ 75, 76 12, 13; § 77 15, 16, 21, 22
Aufrechnungsvertrag §§ 75, 76 13
des Vers bei V für fremde Rechnung §§ 75, 75 27—35
des Vten §§ 75, 76 33
des Vmers bei V für Rechnung wen es angeht § 80 36

Aufsichtsrecht
einzelne Vssparten vor §§ 49—80 7
Bedenken gegen Naturalleistung § 49 16
Bedenken gegen Nebenbetriebe § 49 16
zur Summenerhöhung § 56 24, 28
Hinwirken auf Erstrisikov § 56 61
Berechnung des entgangenen Gewinns § 57 15
Subsidiarität von Ven § 59 49
zu Sachverständigenverfahren § 64 4
Abfindungserklärungen § 66 7
Geschäftsgebühr bei Interessemangel § 68 52
Zusammentreffen zweier Kündigungen § 70 41, 42

Auftrag
s. Geschäftsbesorgung

Aufwendungen
V gegen Aufwendungen vor §§ 49—80 20; § 49 78
Geldleistung nach Aufwendungen § 49 10
Reiseausfallkostenv § 53 23
Frustrierte Aufwendungen § 53 30
zur Verhinderung des Vsfalles § 61 29
Bedingte Aufwendungen als Rettungskosten § 63 6
des Sachverständigen § 64 33
zur Schadenermittlung und -feststellung § 66 13
Leistung des Vers im kranken Vsverhältnis als Aufwendung § 67 158
Interessemangel bei V gegen Aufwendungen § 68 37

Ausgleichsanspruch
s. auch Vorteilsausgleichung
bei Doppelv § 59 32—35, 37, 44
Übergang auf Ver § 67 26, 51
Übergang auf Entschädigungsfonds und „kranken" Haftpflichtver § 67 185

Auskunftpflicht
(Auskunfts**obliegenheiten** s. Obliegenheiten)
des Vers gegenüber Sicherungsscheininhaber § 67 130; § 80 33
des Vmers gegenüber Vten § 77 30—32
des Halters bei Insassenunfallv § 80 35

Ausländisches Recht
bei Doppelv § 59 38
Herbeiführung des Vsfalles § 61 71
Rettungsobliegenheit § 62 3
Übergang von Ersatzansprüchen § 67 25, 164, 166

Ausländische Währung
s. Währung

Auslobung
Aufwand als Rettungskosten § 63 13

Ausräumen
Schaden durch Ausräumen als Vsschaden § 49 152

Ausschlußfrist
s. auch Fristversäumnis
für Kündigung auf Grund Veräußerung § 70 5, 21, 22, 31—37; § 71 23; § 72 5, 7
Verschulden beachtlich? § 70 6
Anfechtung der Versäumung § 70 7
bei V für fremde Rechnung § 79 18

Aussonderung
Konkurs des Vmers bei V für fremde Rechnung §§ 75, 76 42; § 77 33

Außenv
Vssumme § 56 39
Zusammentreffen mit Fremdv § 59 37

B

Bauwesenv
als Haftpflichtv § 49 75, 104
Vte Interessen § 49 105
Herbeiführung des Vsfalles § 61 13
Verhältnis zur Veräußerung der vten Sache § 69 46

Bedarf
s. Schaden, versicherter

Bedarfsdeckung
s. auch Vstheorien
abstrakte vor §§ 49—80 2, 11
konkrete vor §§ 49—80 2, 11, 44; § 55 4

Bedingung
Auflösend bedingter Kaufvertrag § 49 94
Bedingter Vsvertrag § 58 21
Nichtherbeiführung des Vsfalles als Bedingung? § 61 20, 21
Bedingte Aufwendungen als Rettungskosten § 63 6
Interessemangel und bedingter Vsvertrag § 68 48
Beendigung des Nutzungsverhältnisses als auflösende Bedingung § 69 32
Veräußerung als auflösende Bedingung § 69 50
Auflösend bedingte Prämiengesamtschuld § 69 84
Unwirksame bedingte Kündigung § 72 2
Bedingte Erbeinsetzung § 77 3
Wirksamkeit des Deckungsverhältnisses bedingt durch Wirksamkeit des Zuwendungsverhältnisses § 77 36
Bedingter Erwerb des Vsanspruchs bei V für Rechnung wen es angeht § 80 26

Bedingungstheorie
Kausalität § 49 141
zur Erklärung des § 61 § 61 20, 21

Befangenheit
des Sachverständigen § 64 25, 54

Befreiungsanspruch
in der Haftpflichtv § 49 13
wegen Rettungsaufwands § 63 23, 28
wegen Schadenfeststellungskosten § 66 19

Behaltene Ankunft
V für behaltene Ankunft § 49 83 [bestimmbares Interesse genügt]

Beirat
Kein Sachverständiger im Sinne des § 64 § 64 12

Bereicherungsanspruch
bei Doppelv § 59 26
Übergang auf Ver § 67 27, 116, 117, 157—159
des Vers bei V für fremde Rechnung §§ 75, 76 51—53
des Vten § 77 35; § 80 31, 36
des Vmers bei V für fremde Rechnung § 77 37, 38

Bereicherungsverbot
s. Vorbemerkung 2 zum Register, ferner Wette, Schaden, versicherter, Vorteilsausgleichung
Sachsummenv vor §§ 49—80 3; § 55 4; § 57 48
Prinzip vor §§ 49—80 45; § 55 4, 6, 8
Gleichbleibender Vswert vor §§ 49—80 46 [Beeinträchtigung des Verbots]
Taxe vor §§ 49—80 47; § 57 40, 48 [Beeinträchtigung des Verbots]
Vorteilsausgleichung allgemein vor §§ 49—80 51—54
Eigentliche Vorteilsausgleichung vor §§ 49—80 52
Uneigentliche Vorteilsausgleichung vor §§ 49—80 53; § 49 18

Vollzug **vor §§ 49–80** 54
Interessebeweisklausel **§ 49** 126
Vswert **§ 52** 30, 41, 56
Gewinnv **§ 52** 56; **§ 53** 32 [Beeinträchtigung des Verbots]
Übergang von Ersatzansprüchen **§ 55** 5; **§ 67** 6
Personenv **§ 55** 7
Zwingend in Schadensv **§ 55** 8
Fragwürdigkeit **§ 55** 10–13; **§ 59** 3; **§ 67** 16 [s. auch oben: Sachsummenv]
Doppelv **§ 59** 5–13, 26

Bergung und Hilfeleistung
Aufwendungen als Rettungskosten **§ 63** 13

Bergwerkseigentum
Verhältnis zum Interesse **§ 49** 59

Beschaffenheitsgefahr
Nicht nur in Transportv von Bedeutung **vor §§ 49–80** 30

Besitz (verlust)
Schlichter Besitz versicherbar? **§ 49** 114
Besitzverlust als Interessewegfall **§ 68** 17
Besitzübergang keine Veräußerung **§ 71** 2
Besitz am Vsschein **§§ 75, 76** 9, 10

Bestandsübertragung
Einfluß auf Übergang von Ersatzansprüchen **§ 67** 123

Bestandteile, wesentliche
s. auch Gebäude
in Inbegriffsv **§ 54** 16

Betriebshaftpflichtv
s. auch Haftpflichtv
Übergang des Vsverhältnisses bei Veräußerung **§ 69** 47
Übergang des Vsverhältnisses bei Zwangsversteigerung **§ 73** 3

Betriebsschäden
in Feuerv **§ 49** 151

Betriebsstatut
s. auch Internationales Privatrecht
Anknüpfung im Internationalen Privatrecht **§§ 69–73** 14

Betriebsunterbrechungsv
s. auch Seuchen, Gewinnv
Vsfall **vor §§ 49–80** 33
Überv **§ 51** 43
Vswert **§ 52** 21; **§ 56** 35
Bewertung im Vsfall **§ 52** 38
als Gewinnv **§ 53** 19
Spezialfälle **§ 53** 20, 30
Bündelung **§ 53** 24
Brutto- und Nettogewinn **§ 53** 29
Schadenberechnung **§ 53** 30
Kausalität **§ 53** 31
Rettungsobliegenheit **§ 53** 38; **§ 62** 30
Vorteilsausgleichung **§ 53** 39
Veräußerung des Betriebs **§ 53** 40; **§ 69** 44; **§ 72** 3

als Inbegriffsv **§ 54** 5
Prämienrückgewähr **§ 56** 22
Zeitliche Grenze **§ 56** 68
Selbstbeteiligung **§ 56** 72
Ersatz von Rettungskosten **§ 63** 27

Betrug
s. Absicht, Arglist, Anfechtung, Strafrecht

Bewachungsverträge
s. auch Kundenv
Kaskov beeinflußt Haftungsfreistellung **§ 61** 94

Beweisrecht
s. auch Vermutungen
Beweis**last** s. Gliederungsübersichten vor den einzelnen §§
Interessebeweisklausel **§ 49** 126
Gerichtsüberzeugung **§ 49** 160, 163
Anscheinsbeweis **§ 49** 162; **§ 55** 35; **§ 61** 38, 50
Beweiserleichterung **§ 55** 34, 36
Indizienbeweis **§ 55** 35; **§ 61** 37
Wahrscheinlichkeitsgrad **§ 55** 35; **§ 61** 35; **§ 64** 45
Glaubhaftmachung **§ 55** 35
Beweissicherung **§ 55** 38
Sachverständigenklausel als Beweisvertrag **§ 61** 39; **§ 64** 18
Beweiserhebung **§ 64** 45

Bezugsberechtigung
Verhältnis zur V für fremde Rechnung **§ 74** 10
Vorsätzliche Herbeiführung und Obliegenheitsverletzungen **§ 79** 24

Bindungswirkung
s. auch Prozeß
von Urteilen außerhalb der Prozeßparteien **§ 67** 54, 144; **§ 69** 69, 82, 83

Binnentransportv
s. auch Transportv
Gleichbleibender Vswert **vor §§ 49–80** 46
Mehrwertv **vor §§ 49–80** 46
Herbeiführung des Vsfalles **§ 61** 8
Sondervorschrift für Veräußerung des vten Gegenstandes **§ 70** 60; **§ 71** 35

Binnenv im Unterschied zur Seev [Grundsätzliches]
s. auch die Stichworte zu einzelnen Vssparten
Übergang von Ersatzansprüchen **§ 67** 2
Interessemangel **§ 68** 3
Veräußerung des vten Gegenstands **vor §§ 69–73** 3
V für fremde Rechnung **vor §§ 74–80** 3

Bonus-, Malussystem
in Kraftfahrv **§ 56** 65, 67

Bruch
Schadenursache oder Schadenart **§ 55** 20

Bruchteilsgemeinschaft
Bruchteil [Interesse] § 49 59, 89
Herbeiführung des Vsfalles § 61 63, 77
Übergang von Ersatzansprüchen § 67 42
Veräußerung eines Bruchteils § 70 11
V für fremde Rechnung § 74 24; § 79 12
V für Rechnung wen es angeht § 80 17

Bruchteilsv
Vorkommen § 52 48, 64
Verhältnis zur Unterv § 56 9, 56, 61, 64

Bürgschaft
als Vsleistung § 49 13
als Inhalt der Kautionsv § 67 133

BundesleistungsG
Inanspruchnahme als Interessemangel § 68 17, 104
Inanspruchnahme als Veräußerung § 73 2

Bundeswehr
s. auch Stationierungsschäden
Dienst als Interessewegfall § 68 105–107

C

casum sentit dominus
s. auch Eigentümerinteresse
Rechtfertigung für Eigentümerinteresse § 49 67

causa proxima-Lehre
Bedeutung für Seevsrecht § 49 144, 145, 154; § 61 30

cessio legis
zum Übergang von Ersatzansprüchen auf den Ver s. dort
cessio legis statt originärem Rückgriff? § 67 10
als Interessemangel bei Forderungsv § 68 33
Schuldnerschutz des Vers § 69 65, 72; § 71 2, 11, 17

Cif-Kauf
s. auch Überseekauf
V von imaginärem Gewinn § 53 7
Verhältnis zur V für Rechnung wen es angeht allgemein § 80 11
Sukzessive Interessen § 80 16
Auftrag des Käufers an Verkäufer zur Vsnahme § 80 27

Contre-assurance
in Rechtsschutzv § 65 10

culpa in contrahendo, zugleich **gewohnheitsrechtliche Haftung** des Vers für seine Vertreter
durch fehlerhafte Interessebezeichnung § 49 122
durch falsche Beratung des Vertreters § 54 15
bei Nachv § 56 24
bei ungewollter Unterv § 56 44
bei taxierter V § 57 16

bei Doppelv § 60 6
Leistung des Vers auf Grund culpa in contrahendo § 67 58
Verhältnis zum Interessemangel § 68 56, 57

D

Darf-Rechte
vbar § 49 70

Darlehen
als Vsleistung § 49 13; § 58 21; § 59 51
Interesse des Gebers § 49 98–102
Restschuldv § 49 98

Dauerwohn-, Dauernutzungsrecht
Rechtsnachfolge **vor** §§ **69–73** 8; § **69** 43
Vspflicht zugunsten Eigentümer? § 69 33
Kündigung des Vsvertrages bei Veräußerung § 70 12
Nachgiebige Regelung? § 72 3

Deckungssumme
s. Vssumme
in der Haftpflichtv § 50 3

Deliktsanspruch
Übergang auf Ver § 67 26
Erstreckung **vertraglichen** Haftungsausschlusses § 67 84
Deliktsanspruch des Vers gegen Schädiger § 67 155
Deliktsanspruch des Vten gegen Vmer § 74 32; § 77 34
Deliktsanspruch des Vers gegen Vmer § 74 32

Dienstvertrag
s. auch Arbeitsverhältnis
Interessenlage § 49 103

Differenzprinzip
Anwendbarkeit in Transportv? § 56 51
bei Übergang von Ersatzansprüchen § 67 65–69

Differenzv
Übergang von Ersatzansprüchen hierbei § 67 49, 177

Dispacheverfahren
Verhältnis zum Sachverständigenverfahren § 64 12

Dissens
über Interessemangel § 68 43

Doppelv
s. Vorbemerkung 2 zum Register
Entstehung durch Veräußerung § 49 90, 91; § 69 78
bei Sicherungsübereignung § 49 99
bei Kundenv § 49 119
und Überv § 51 8, 34, 41
und Vswert § 52 47
Gewinnv § 53 36
bei Summenv § 58 5
Übergang von Ersatzansprüchen bei Doppelv § 67 35, 120, 121

Verhältnis zu Interessemangel § 68 26
Durchschnittswert
   Bedeutung für Tierv § 52 39

E

Ehegatten
   s. auch Familienrechtliche Tatbestände, Repräsentant
   als Vmer: § 49 115; § 74 25—27
   Herbeiführung des Vsfalles § 61 67
   Ausschluß als Sachverständige § 64 25
Eigentümerinteresse = Interesse des **wirtschaftlichen** Eigentums
   s. auch Eigentum
   Grundsätzlich § 49 53—55, 60—68, 90—94
   Erbbaurecht § 49 59
   Vorbehaltskauf § 49 91
   des Sicherungsgebers § 49 99
   beim Werkvertrag § 49 104
   bei Kommission § 49 112
   des Vermächtnisnehmers § 49 119
   und Vswert § 52 18, 53—55
   mehrfache V § 58 15
   Doppelv § 60 5
   Herbeiführung des Vsfalles § 61 67, 69
   Veräußerung der vten Sache § 69 20—22
   bei V für fremde Rechnung § 79 11; § 80 19
Eigentum
   s. auch Eigentümerinteresse
   Gesamthand § 49 59, 89, 111, 115, 118
   Bruchteil § 49 59, 89
   Wohnungseigentum § 49 59
   Vorbehaltseigentum § 49 91; § 61 77
   Sicherungseigentum § 49 99, 101; § 61 77
   Ehegatten § 49 115
   Vswert § 52 55; § 80 1
   Eigentumsanspruch übergangsfähig auf Ver § 67 28
Einbruchdiebstahl-V
   Substanz- und Entziehungsschaden § 55 23
   Folgeschaden § 55 24
   Bruchteilsv § 56 9
   Warenbestandsv § 56 39
   Vorteilsausgleichung bei Unterv § 56 52
   Herbeiführung des Vsfalles § 61 55b
   Wiederherbeischaffung § 62 12
Einheitsv
   Vte Interessen § 49 105
Einmanngesellschaft
   Regreßfragen § 67 43
Einstweilige Verfügung
   s. auch Prozeß
   Verhältnis zu Sachverständigenverfahren § 64 39
   in V für fremde Rechnung §§ 75, 76 24, 39
Einzelrechtsnachfolge
   s. Veräußerung, Zession

Einzelschaden
   Maßgeblich im Vsrecht **vor §§ 49—80** 4
   Merkmale § 55 14, 16—19
Einziehung der Vsforderung
   s. Ermächtigung, Verfügungsmacht
Elektrogeräte
   Herbeiführung des Vsfalles durch … § 61 55a
Empfehlungen
   s. Verbandsempfehlungen
Enteignung
   Verhältnis zur Veräußerung § 69 2
   Verhältnis zur Zwangsversteigerung § 73 2, 4
Entschädigungsfonds
   Regreß gegen Schädiger § 67 183
   Entschädigungsfonds kein Ver § 67 184
   Übergang des Ausgleichsanspruchs § 67 185
Entschädigungsvereinbarung
   s. auch Abfindungserklärung, Vergleich
   Schadenfeststellungsvereinbarung § 66 4
   Begriff § 66 5, 11
Entwertungsstaffel
   als Form der Selbstbeteiligung § 56 72
Entziehungsschaden
   Allgemein **vor §§ 49—80** 39
   Verhältnis zum Bereicherungsverbot § 55 23 [Totalschaden]
Erbbaurecht
   Eigentümerinteresse § 49 59
   Vswert § 52 20
   Übergang des Vsverhältnisses § 69 29
Erbrechtliche Tatbestände
   s. auch Gesamtrechtsnachfolge, Gesamthand
   Erbschaftskauf § 49 94; § 71 32, 33
   Grundsätzliches § 49 118
   Vererblichkeit der Haftpflichtv § 49 118
   Vor- und Nacherbschaft § 49 118
   Interesse des Vermächtnisnehmers § 49 119
   Gesamtrechtsnachfolge kein Interessewegfall § 68 20
   Erbteilung als Veräußerung § 69 88
   bei V für fremde Rechnung § 74 36; § 80 28
   Innenverhältnis der V für fremde Rechnung § 77 3
   Vorläufiger Erbe als Vmer § 77 23
   Erbrechtliche Auflage § 77 31
Erfüllung
   s. auch Leistungspflicht des Vers
   Erfüllung des Vers und Surrogate § 49 167—175
   und Surrogate bei Doppelv § 59 19
   Erfüllungsanspruch übergangsfähig? § 67 33
   Erfüllung des Vers als Voraussetzung des Übergangs von Ersatzansprüchen § 67 47, 48
   Irrtümliche Leistung des Vers § 67 55—57, 148

Erfüllungssurrogate bei V für fremde Rechnung §§ **75, 76** 11
Ergänzungsv
  s. Exzedentenv
Erlaß
  s. auch Verzicht
  der Vsleistung § **49** 172
  bei Doppelv § **59** 20, 36
  des Drittanspruchs § **67** 70–86
  des Regresses § **67** 115
  bei V für fremde Rechnung §§ **75, 76** 20, 21
  bei Personenv für fremde Rechnung § **77** 35
  bei V für Rechnung wen es angeht § **80** 27
  des Vsanspruchs in Insassenunfallv § **80** 35
Ermächtigung
  s. auch Verfügungsmacht
  des Sozialhilfeträgers, den Drittanspruch geltend zu machen § **67** 13
  des Vmers, den übergegangenen Drittanspruch geltend zu machen § **67** 115, 143
  Veräußerung durch Ermächtigten und zugunsten eines Ermächtigten § **69** 10, 41
  Keine V für fremde Rechnung bei Abschluß durch Ermächtigten § **74** 21
  des Vmers bei der V für fremde Rechnung §§ **75, 76** 9–11, 37–39; § **80** 37
  Rechtsgeschäftliche Ermächtigung des Vten §§ **75, 76** 36
  bei V für Rechnung wen es angeht § **80** 31
Ermittlungs- und Feststellungskosten
  s. Schadenermittlungs- und -feststellungskosten
Ernteerzeugnisse
  Vswert § **56** 3
Ersatzwert
  Bestimmung § **52** 25
  Zeitpunkt § **56** 31
  bei taxierter V § **57** 26
Erstrisiko-V
  in laufender V § **50** 10
  Verhältnis zur Unterv § **56** 58–63
  Einwirkung der Aufsichtsbehörde § **56** 61
  Zusammentreffen mehrerer Erstrisiko-Vn § **59** 6, 37 [B]
  Einfluß auf Rettungskostenersatz § **63** 25
Ertragsv
  s. auch Gewinnv
  Neben Aktiven- und Passivenv? **vor §§ 49–80** 6
Europarecht
  Erste Koordinierungsrichtlinie „Schaden" § **58** 55
  Mitv § **58** 56, 57
  zum Übergang von Ersatzansprüchen § **67** 184
Exportschutzklausel
  Verhältnis zur Subsidiarität § **59** 51

Exzedenten-V
  in der Seev § **50** 26
  Allgemein § **58** 21

F

Factoring-Geschäft
  Schicksal der Forderungsv § **69** 41
facultas alternativa
  s. auch Wahlrecht
  zwischen Natural- und Geldersatz § **49** 19, 20
Fälligkeit der Vsleistung
  s. auch Leistungspflicht des Vers, Verzug
  Allgemein § **49** 18, 171, 175
  bei Wiederherstellungsvereinbarung § **49** 24
  des Anspruchs auf Rettungskostenersatz § **63** 28
  bei Sachverständigenverfahren § **64** 17
  des Anspruchs auf Kostenersatz der Schadenermittlung § **66** 23
  des Rückforderungsanspruchs bei Interessemangel § **68** 77
Fahrer
  s. auch Kraftfahrv, V für fremde Rechnung, Übermüdung
  Trunkenheit § **61** 54c, 54e
  Übergang von Ersatzansprüchen gegen Fahrer § **67** 44, 45
  Fahrer als Familienangehöriger § **67** 113
Fahrlässigkeit
  Fahrlässigkeit des Vmers, des Vten, des Erwerbers s. Verschulden
  Einfluß der V auf Haftungsverhältnis des Vmers gegenüber Dritten § **61** 94–98
  Einfluß der V auf die Haftung Dritter gegenüber dem Vmer § **67** 84, 85
Familienrechtliche Tatbestände
  s. auch Ehegatten
  Vte Interessen § **49** 115 [auch vorvertragliche Anzeigepflicht]
  Schlüsselgewalt § **49** 115, 168; § **74** 26, 27
  Eltern und Vormund als gesetzliche Vertreter § **49** 117
  Leistungsempfänger § **49** 168
  HausratsVO § **59** 14
  Herbeiführung des Vsfalles § **61** 67, 68
  Ausschluß des Übergangs von Ersatzansprüchen § **67** 104–117
  Familienkranken-V § **67** 136; § **80** 6
  Innenverhältnis bei V für fremde Rechnung § **77** 2, 3
Feststellungsvertrag
  s. Entschädigungsvereinbarung
Feuerblockpolice
  summarische V § **50** 6; § **54** 12; § **56** 11
Feuerv
  s. auch Neuwertv, Öffentlichrechtliche V, Realgläubiger

Gedehnter Vsfall **vor §§ 49—80** 34
Mittelbarer Schaden **vor §§ 49—80** 42; **§ 49** 151, 152
Schadenverhütung **§ 49** 2
Sicherungsübereignung **§ 49** 99; **§ 68** 88
Warensicherungsschein **§ 49** 101
Erstreckung auf Arbeitnehmer **§ 49** 103
Wichtige Klauseln **§ 49** 105, 113; **§ 52** 20; **§ 55** 26; **§ 56** 40; **§ 59** 52; **§ 61** 78; **§ 67** 83; **§ 68** 61
Betriebsschäden **§ 49** 151, 152
Adhäsionsgefahren **§ 49** 152
Feuerblock **§ 50** 6; **§ 54** 12; **§ 56** 11
Positionsweise V **§ 50** 6; **§ 51** 7; **§ 54** 11; **§ 56** 14
Außenv **§ 51** 7; **§ 56** 39
Stichtagsv **§ 51** 7; **§ 54** 31; **§ 56** 18
Manuskripte **§ 52** 13, 15
Neuwertv **§ 52** 28, 31
Vorschätzung **§ 52** 37; **§ 57** 12
Waldbrandv **§ 53** 17
Mitteilungsobliegenheiten **§ 53** 36; **§ 58** 29, 34, 40, 41
Inbegriffsv **§ 54** 9, 14, 15, 24; **§ 56** 40
Entziehungsschäden **§ 55** 23
Wiederherstellungsklauseln **§ 55** 26
Teilschadenberechnung **§ 55** 30
Bewertung der Reste **§ 55** 31
Vorsorgev **§ 56** 15, 27
Subsidiaritätsklausel **§ 59** 52
Verantwortlichkeitsklausel **§ 61** 78; **§ 68** 61
Vorerstreckungstheorie **§ 62** 29
Regreßverzichtsabkommen **§ 67** 46
Interessewegfall **§ 68** 117
Veräußerungsfragen **§ 70** 52; **§ 71** 24

Filmausfallv
Deckung mittelbarer Personengefahr **§ 53** 26
Berechnung des entgangenen Gewinns **§ 53** 30
Interessewegfall **§ 68** 14, 34
Personenv oder Nichtpersonenv **§ 74** 12

Firmenfortführung
Bedeutung für Vsvertrag bei Veräußerung **§ 69** 86, 95

Fob- und I-Geschäft
s. auch Überseekauf
V für Rechnung wen es angeht **§ 80** 11

Folgepflicht des Vten
s. Akzessorietät

Folgeschäden
Verhältnis zum mittelbaren Schaden **vor §§ 49—80** 42; **§ 55** 24
Abgrenzung zu Rettungskosten **§ 63** 7

Forderungsinteresse
s. Interesse, Kreditv

Form (vertragliche)
Einfache Schriftform statt vereinbartem Einschreibbrief **§ 70** 8
Formlose Erklärung statt vereinbarter Schriftform **§ 71** 4; **§ 72** 1

Frachtvertrag
s. Güterbeförderung

Franchise
s. auch Selbstbeteiligung
in Transportv **§ 56** 72
Arten **§ 56** 73
bei taxierter V **§ 57** 28
Einfluß auf Rettungsaufwand **§ 62** 21; **§ 63** 26
Einfluß auf Schadenfeststellungskosten **§ 66** 22

„Frei von gewissen Prozenten"
als Franchise **§ 56** 73

Fremdv
s. auch V für fremde Rechnung
Zusammentreffen mit Außenv **§ 59** 37

Fristversäumnis
s. auch Ausschlußfrist
bei Wiederherstellungsregelung **§ 49** 27
bei Geltendmachung der Drittforderung **§ 67** 97

Führungsklausel
Anzeigenklausel **§ 58** 62, 67
Prozeßführungsklausel **§ 58** 63, 68
Anschlußklausel **§ 58** 64, 69
Führungsvertrag **§ 58** 66
Außenverhältnis **§ 58** 67—70
Innenverhältnis **§ 58** 71—74

G

Garantievertrag
Zusammentreffen mit Vsvertrag **§ 58** 12
Übergang des Ersatzanspruchs auf Garanten? **§ 67** 35, 37
Zusammentreffen mit V für fremde Rechnung **§ 74** 9

Gastwirten, Einbringung bei
Interessenlage **§ 49** 110

Gebäude
Zugehörigkeit zur Gebäudev **vor §§ 49—80** 7
Vorschätzung **§ 51** 14; **§ 52** 37
Bauwert **§ 52** 23
als Teil des Inbegriffs **§ 54** 16, 19 [wesentlicher Bestandteil]
Herbeiführung des Vsfalles bei Gebäudev **§ 61** 77
Umbau: Interessewegfall? **§ 68** 28
als Beziehungsverknüpfung in der Haftpflichtv **§ 68** 35
Kündigungsrecht bei Veräußerung **§ 70** 21

Gebrauchsüberlassungsverträge
s. auch Leihe, Miete, Leasingverträge
Ausstrahlung der Vsdeckung auf die Haftung **§ 61** 95

Gebrauchswert § 52 23

Gebündelte V
  Interessemangel § 68 92
Gefahr
  s. auch Risiko
  Abstrakt/konkret **vor §§ 49—80** 22
  Versicherungswissenschaft zum Gefahrbegriff **vor §§ 49—80** 23
  Wirtschaftswissenschaften zum Gefahrbegriff **vor §§ 49—80** 24
  Versicherungsmathematik zur Gefahr **vor §§ 49—80** 24
  im allgemeinen Zivilrecht **vor §§ 49—80** 25
  Totalität und Spezialität **vor §§ 49—80** 28; **§ 49** 130
  Gruppen besonderer Gefahr **vor §§ 49—80** 30
  Komplexgefahr **§ 49** 131, 149
  Gefahrausschlüsse **§ 49** 150
  Adhäsionsgefahren **§ 49** 152
  „Gefahrunterv" **§ 56** 9
  Gefahrerhöhung durch Veräußerung **vor §§ 69—73** 13; **§ 69** 99; **§ 70** 24, 55; **§ 71** 30, 31
Gefahrerhöhung
  s. Gefahrstandspflicht
Gefahrmangel
  Gleichstellung mit Interessemangel **§ 68** 15, 25, 27
  Partieller Gefahrmangel **§ 68** 94
  in laufender V **§ 68** 113
  Regelung in AVB **§ 68** 117
  Gefahrwegfall bei Veräußerung **§ 69** 97, 98; **§ 72** 11
Gefahrminderung
  bei Inbegriffsv **§ 54** 30
  kein Interessemangel **§ 68** 36
  in laufender V **§ 68** 113
  Verhältnis zur Veräußerung **vor §§ 69—73** 13; **§ 69** 99
Gefahrsperson
  s. auch Filmausfallv
  Übergang von Ersatzansprüchen der Gefahrsperson **§ 67** 136
  Tod der Gefahrsperson **§ 68** 15
  Personenverknüpfte Gewinnv **§ 68** 34
  Zulässigkeit der Fremdv für eigene Rechnung **§ 74** 11
  in der Nichtpersonenv **§ 74** 12
  in der Gruppenlebensv **§ 74** 13
  Anfechtung des Vsvertrages durch Ver **§ 74** 30
  Obliegenheitsverletzung und Herbeiführung des Vsfalles durch Gefahrsperson **§ 79** 23
Gefahrstandspflicht
  s. auch Obliegenheiten
  in Inbegriffsv **§ 54** 26
  bei mehrfacher V **§ 58** 27

  Abgrenzung zur Herbeiführung des Vsfalles **§ 61** 23
  Abgrenzung zur Rettungsobliegenheit **§ 62** 7
  Verhältnis zur Veräußerung allgemein **vor §§ 69—73** 13; **§ 69** 99
  Verhältnis zur Veräußerungskündigung **§ 70** 24, 55
  Verhältnis zur Veräußerungsanzeige **§ 71** 30, 31
  bei V für Rechnung wen es angeht **§ 80** 27
Gefahrtragung
  Verhältnis zu Schadenersatz **vor §§ 49—80** 4
  vor Vsfall **§ 49** 2
  Verletzung der Gefahrtragungspflicht **§ 49** 2
  nach Vsfall **§ 49** 3
  Wirkung der Herabsetzung der Taxe **§ 57** 45
  Zeitraum **§ 58** 18
  bei mehrfacher V **§ 58** 50
  zugunsten des Vten **§§ 75, 76** 2
Gefahrübergang
  als Veräußerungstatbestand in der Seegüterv **§ 69** 20
Gefahrumstandsausschluß
  Rechtsnatur der Herbeiführung des Vsfalles **§ 61** 17
Geldersatz
  Regel **vor §§ 49—80** 8; **§ 49** 5, 7
  Ausländische Währung **§ 49** 7
  an Dritte **§ 49** 8
  Wiederherstellungskosten **§ 49** 9 [Maßstab für Leistungshöhe]
  in Passivenv **§ 49** 10
  Mischformen **§ 49** 19—21
  Wiederherstellungsregeln **§ 49** 22—27
Generalunkosten
  Abgrenzung zum Rettungsaufwand **§ 63** 8
  Abgrenzung zu Ermittlungs- und Feststellungskosten **§ 66** 13
Gerichtsverfahren
  s. auch Klage, Prozeß
  Verhältnis zum Sachverständigenverfahren **§ 64** 36—41
Gesamtgläubigerschaft
  mehrerer Sozialvsträger **§ 67** 103
Gesamthand
  s. auch Erbrechtliche Tatbestände, Eigentum, Gesamtrechtsnachfolge, Gesellschaft
  Herbeiführung des Vsfalles **§ 61** 62, 65
  Repräsentanz **§ 61** 77
  Übergang von Ersatzansprüchen **§ 67** 39—41
  Gesamthand als Vmer und Vter: **§ 74** 24; **§ 79** 12
Gesamtrechtsnachfolge
  s. auch Erbrechtliche Tatbestände, Gesamthand
  in Vsverträge **§ 49** 123, **§ 68** 20, 22, 81
  Herbeiführung des Vsfalles bei Miterben **§ 61** 62, 65

bei V für fremde Rechnung §§ **75, 76** 6, 29
bei V für Rechnung wen es angeht § **80** 28
Gesamtschuldnerschaft
  bei Doppelv § **59** 16, 31–39
  zwischen Vtem und Vmer bei krankem Pflichtsvverhältnis § **67** 147
  bei Veräußerung des vten Gegenstandes § **69** 79–92
Geschäftsbesorgung
  zur Abwendung und Minderung des Schadens § **62** 6
  Vertrag mit Sachverständigen § **64** 27, 32
  des Vmers bei Schadenfeststellung § **66** 24
  des Vmers für den Vten § **77** 2, 4; § **79** 2, 13, 14
  in V für Rechnung wen es angeht § **80** 30, 35
  bei Insassenunfallv § **80** 35
Geschäftsfähigkeit
  Veräußerung durch beschränkt Geschäftsfähigen oder Geschäftsunfähigen § **69** 17, 18
  Einfluß auf Veräußerungsanzeige § **71** 14
  des Vten nicht Voraussetzung für wirksamen Vsvertrag § **74** 20
Geschäftsführung ohne Auftrag
  des Vers für den Vmer bei Leistungsfreiheit § **61** 82
  Zusammenhang mit Rettungsaufwand § **63** 14
  Geschäftsführungsanspruch des Vers in Konkurrenz mit Regreßanspruch § **67** 156
  Innenverhältnis zwischen Vmer und Vtem § **77** 2, 23, 26
  bei V für Rechnung wen es angeht § **80** 31
  bei Insassenunfallv § **80** 35, 39
Geschäftsgebühr
  Umfang § **68** 49, 50, 116
  Verfahrensrecht § **68** 51
  Aufsichtsamtliche Genehmigung § **68** 52
  Verjährung § **68** 53
  Fortfall § **68** 54, 55
  bei partiellem Interessemangel § **68** 96
Geschäftsgrundlage
  bei taxierter V § **57** 55
  Wegfall der Geschäftsgrundlage als Interessewegfall § **68** 9
Geschäftsplanmäßige Erklärung
  zur Summenerhöhung in der Hausratv § **56** 24
  zur Glasv § **61** 99
  zu Abfindungserklärungen und Quittungen § **66** 7
Gesellschaft
  s. auch Gesamthand, Einmanngesellschaft
  Interessenlage bei Gesellschaften § **49** 111
  Herbeiführung des Vsfalles durch Gesellschafter § **61** 62

Umwandlung von Gesellschaftsformen § **68** 20, 24; § **69** 3
Gesellschafterwechsel als Veräußerung § **69** 5
Gesetzeskonkurrenz
  bei Rettungskosten § **63** 30
  bei Übergang von Ersatzansprüchen § **67** 147–169
  bei Interessemangel § **68** 16–20, 69, 74, 75
  bei Veräußerung des vten Gegenstandes allgemein **vor** §§ **69–73** 8–13; § **69** 85–88
  bei Veräußerungskündigung § **70** 24, 40, 59, 60
  bei Anzeigepflicht auf Grund Veräußerung § **71** 34–35
  bei V für fremde Rechnung § **74** 2, 28, 29; §§ **75, 76** 44–50
Gewährleistungsanspruch
  Übergang auf Ver § **67** 34
Gewinnv
  s. Vorbemerkung 2 zum Register, ferner Ertragsv, Interesse
  Angelehntes und isoliertes Interesse § **49** 71
  Gewinnentgang im bürgerlichen Recht § **53** 3, 30
  bei Cif-Kauf § **53** 7
  Zuckerfabrik und Zuckerhandel § **53** 17
  Konjunkturrisiko § **53** 27
  Gewinnberechnung § **53** 29–31
  Überv § **53** 35
  Verhältnis zum Bereicherungsverbot § **55** 12
  Mehrfache V § **58** 16
  Verhältnis zur Doppelv § **59** 4
  Interessemangel § **68** 34
  Veräußerung der gewinnverknüpften Sache § **69** 44; § **72** 3
  Zwangsversteigerung der gewinnverknüpften Sache § **73** 6
Gewohnheitsrecht
  s. auch culpa in contrahendo
  Repräsentantenhaftung § **61** 74
Gläubigerverzug
  bei Doppelv § **59** 21
  Vorbild für Regelung des Interessemangels? § **68** 6
Glasv
  Vorteilsausgleichung **vor** §§ **49–80** 54
  Geld- oder Naturalersatz § **49** 20, 21
  Fensterscheiben § **49** 95
  Zerstörung § **55** 23
  Regreßverzicht gegen Mieter § **61** 99
  Übergang des Vsverhältnisses § **69** 48
Gliedertaxe
  s. Unfallv
Grundgefahr
  Maßgebend für Prämienhöhe **vor** §§ **49–80** 22

1017

Grundpfandrecht
  s. Realgläubiger
Gruppenerläuterung
  in Industriefeuerv § **54** 18
Gruppenv
  als Kundenv § **49** 120
  laufende V als Gruppenv **vor §§ 74—80** 9
  V für fremde Rechnung **vor §§ 74—80** 12, 15; § **74** 13, 14, 16
  Vmer anzeige**pflichtig?** § **77** 28
  als V für Rechnung wen es angeht § **80** 21
Güterbeförderung
  s. auch Spediteur, Werkvertrag
  beim Überseekauf § **49** 92, 93, 106
  Vte Interessen § **49** 106
  Herbeiführung des Vsfalles § **61** 77 [Frachtführer Repräsentant?]
  Nichtigkeit der Frachtv bei Nichtigkeit des Frachtvertrages § **68** 41
Gutachten im Sachverständigenverfahren
  Inhalt § **64** 51, 52
  Verbindlichkeit und Unverbindlichkeit § **64** 53—60
Gutgläubigkeit
  des Drittschädigers bei Zahlung an Vmer § **67** 99, 144
  des Zessionars, der übergegangene Forderung erwirbt § **67** 101
  des Drittschädigers bei Zahlung an den zweiten Rechtsnachfolger § **67** 101
  des Vers, der ohne Kenntnis von Veräußerung ist § **69** 65—74
Gutsüberlassung
  Schicksal des Vsvertrages § **49** 118; § **69** 2

H

Haftpflichtv
  s. auch Kraftfahrv, Passivenv, Kundenv
  V gegen gesetzliche Schulden **vor §§ 49—80** 18; § **49** 73, 74
  Vsfall **vor §§ 49—80** 35
  Schaden des Dritten **vor §§ 49—80** 41
  Naturalersatz § **49** 13, 14, 168
  Prämienanpassung § **49** 17
  Sachersatzinteressen § **49** 51, 75, 95, 97, 98; § **80** 6
  Bauwesenv § **49** 75
  Vte Gefahr § **49** 76
  Rechtsschutzfunktion § **49** 79
  des Mieters § **49** 95
  zugunsten Arbeitnehmer § **49** 103; § **77** 5
  des Werkunternehmers § **49** 104
  des Spediteurs § **49** 113
  Vssumme § **50** 3, 24
  Vorsorgev § **50** 19
  Unterv § **56** 6
  Doppelv § **60** 5
  Herbeiführung des Vsfalles § **61** 9, 25, 29, 44, 80, 91
  Rettungsobliegenheit § **62** 13, 14, 15, 17, 31, 32 (zugleich Befriedigungs- und Anerkennungsverbot)
  Rettungskosten als Hauptleistung § **63** 3, 27
  Vertretungsmacht für Vmer § **65** 11
  Übergang von Ersatzansprüchen § **67** 26, 32, 40, 51, 56, 91, 109, 147—151
  Interessemangel § **68** 35, 36 (Fehlen des beziehungsverknüpften Gegenstandes)
  Übergang des Vsverhältnisses § **69** 45; § **72** 12, 13, 16, 17; § **73** 3
  Regreßverzicht als faktische Haftpflichtv **vor §§ 74—80** 13; § **80** 7, 9
  Haftpflichtv eine V für Rechnung wen es angeht? § **80** 7, 17, 24
  Abgrenzung zur Sachv § **80** 9
  V sukzessiver Haftpflichtinteressen § **80** 24
Haftungsausfüllung, Haftungsbegründung
  Bedeutung der Kausalität § **49** 132
Haftungsausschluß(klauseln)
  Kausalität § **49** 132
  Auslegung im Hinblick auf § 61 § **61** 99
  Stillschweigender Haftungsausschluß: Auswirkung auf Vsschutz § **67** 82
  Auslegung im Hinblick auf § 67 § **67** 84, 85
Haftungsbeschränkung
  Bedeutung für Vswert in der Passivenv § **52** 15; § **56** 6
  Zusammentreffen von Haftungsbeschränkungen § **59** 37
Haftungsersetzung durch Vsschutz
  s. auch Kundenv
  Speditionsv § **49** 113; § **61** 99
Hagelv
  Verkauf des Grundstücks § **49** 90
  Interesse bei Pacht § **49** 96
  Vssumme § **50** 19
  Vswert § **52** 23
  als Gewinnv § **53** 16
  Herabsetzung der Vssumme § **56** 22
  Franchise § **56** 73
  mehrfache V § **58** 47
  Sachverständigenverfahren § **64** 11; § **66** 17
  Interessemangel § **68** 121
  Übergang des Vsverhältnisses **vor §§ 69—73** 3; § **69** 31
  Kündigung auf Grund Veräußerung § **70** 59
  Veräußerungsanzeige § **71** 34
Halbzwingende Vorschriften
  s. Unabdingbarkeit
Hamburgische Assecuranz- und Havereyordnung siehe Landesrecht
Handelsbrauch
  Seev als taxierte V § **56** 18

Hausratv
s. auch Inbegriffsv
Neuwertv § 52 28
Arten § 54 11
HausratsVO § 54 14
Klarstellung § 54 17 (Abgrenzung zu Ausschluß)
§ 2 VHB § 54 20
Zugänge § 54 23–26
Vsort § 54 24, 27
Gefahrerhöhung § 54 26
Boden und Keller als Vsort § 54 27
Abgang aus Inbegriff § 54 28
Sparbücher § 55 23
Summenerhöhung § 56 24, 56 (Nachv)
Erstrisikov § 56 60
Taxierte V § 57 6
Aufspaltung des Hausrats § 68 100

Havariegrosse
s. auch Aufopferung
Deckung durch Seev § 63 3

Havariekommissare
in der Seev § 64 11, 12

Herbeiführung des Vsfalles
s. Vorbemerkung 2 zum Register, ferner Repräsentant
bei Gewinnv § 53 37
bei mehrfacher V § 58 27
Subjektives und moralisches Risiko § 61 3
Verhalten Dritter § 61 17; § 79 9, 23
Vorerstreckungstheorie § 61 25, 29; § 62 9, 28–31
Gebot der Menschlichkeit § 61 52 [Schuldausschließung]
Einfluß von Rechtsnachfolge § 61 65
Alles oder Nichts-Prinzip § 61 79
in der Haftpflichtv § 61 91

Herstellungswert
Berechnungsweise § 52 33, 34

Hinterlegung
als Erfüllungssurrogat des Vers § 49 174

Hinweispflichten des Vers
auf Unterv? § 56 53
auf Mangelhaftigkeit der Kündigung § 70 18, 19
an den Erwerber des vten Gegenstandes § 70 48
auf Notwendigkeit der Veräußerungsanzeige § 71 11, 19
an den Vten §§ 75, 76 56; § 80 29

Höchstvssumme
Begriff und Vorkommen § 50 11–13
Unterv § 56 19

Hypothek
s. auch Realgläubiger
Hypothekeninteressev § 49 70, 76, 98

I

Idealkonkurrenz
zwischen §§ 69 ff. VVG und §§ 25 ff. HGB: **vor §§ 69–73** 12
zwischen §§ 69 ff. VVG und § 23 VVG **vor §§ 69–73** 13; § 71 30, 31
zwischen §§ 69 ff. VVG und § 2384 BGB § 71 32, 33

Imaginärer Gewinn
s. Gewinnv

Inbegriffsv
s. Vorbemerkung 2 zum Register, ferner Gebäude
Vssumme § 51 14
Überv § 51 15, 30
in Summenv § 54 7
Auslegung § 54 15
Komplementärsachen § 54 16 [nicht zum „Inbegriff" gehörend]
Total- und Teilschaden § 55 22
Unterv § 56 30, 43
Zusammentreffen mit V einzelner Sachen § 59 37 [C]
Interessemangel § 68 91, 99, 100
Veräußerung einzelner Sachen § 69 38, 39, 77
V für fremde Rechnung § 74 35
V für Rechnung wen es angeht § 80 14

Indexierte Vssumme und indexierte Taxe
Allgemein § 52 40
Vssumme § 56 16
Taxe § 57 19

Indizienbeweis
s. Beweisrecht

Inkassozession
s. Zession

Innenverhältnis
Zum Valuta- = Zuwendungsverhältnis bei der V für fremde Rechnung s. Gliederung **vor § 77**
Innenverhältnis zwischen Veräußerer und Erwerber § 69 96; § 70 56
Innenverhältnis bei der V für Rechnung wen es angeht § 80 30, 31
Innenverhältnis bei der Insassenunfallv § 80 35

Insassenunfallv
s. Unfallv, Kraftfahrv und Gliederung zu § 80 34–40

Insolvenzdeckung
s. auch Kreditv
V gegen Insolvenz des Primärvers § 58 21

Instandhaltungsverträge
als Vsverträge? § 49 15

Insurance-Clause
Einfluß auf die Haftung § 61 94, 97

1019

Interesse
s. Vorbemerkung 2 zum Register, ferner Eigentümerinteresse
Gewinninteresse **vor §§ 49—80** 48; **§ 52** 21, 23
Bestimmung des Interessenten **§ 49** 55
Sachersatzinteresse **§ 49** 58, 75, 119
Grenze zwischen Forderungs- und Sachinteresse **§ 49** 69
Interesse und Vswert **§ 52** 19, 20, 21
Identität des Interesses **§ 56** 30; **§ 58** 15, 16
Enger und weiter Interessebegriff **§ 68** 12
Interessen bei V für fremde Rechnung **§ 74** 4—11
Interessen bei V für Rechnung wen es angeht **§ 80** 6, 18, 19
Sukzessive und alternative Interessen **§ 80** 16, 22, 41
Kumulative Interessen **§ 80** 17, 18, 22, 41

Interessemangel (anfänglicher und Interessewegfall)
s. Vorbemerkung 2 zum Register
Anfänglicher Interessemangel **§ 49** 121
Verhältnis zur Überv **§ 51** 15, 17—19
in Inbegriffsv **§ 54** 3, 33
Doppelv bewirkt nicht Interessemangel **§ 60** 12
Interessewegfall durch Herbeiführung des Vsfalles **§ 61** 84
in Tierv **§ 68** 3
Verhältnis zur Veräußerung **§ 68** 18
Veräußerung eines Schiffs **vor §§ 69—73** 4
Vorübergehender Interessemangel **§ 69** 58
bei V für fremde Rechnung **§ 74** 19, 35; **§§ 75, 76** 18
Konkurrenz mit Anfechtbarkeit **§ 74** 28, 29
bei V für Rechnung wen es angeht **§ 80** 3, 5, 20

Interessenumwandlung
s. Umwandlung

Internationales Privatrecht
s. auch Betriebsstatut, ausländisches Recht
bei Doppelv **§ 59** 38
bei Übergang von Ersatzansprüchen **§ 67** 160—166
bei Veräußerung des vten Gegenstandes **vor §§ 69—73** 14, 15
bei V für fremde Rechnung **vor §§ 74—80** 16

Intertemporales Recht
Abtretbarkeit einer Forderung **§ 67** 163 [Gesetzesänderung]

Interventionsklage
des Vers wegen Vollstreckung in übergegangene Forderung **§ 67** 101

Irrtum
s. auch Anfechtung
bei Übersetzung der Taxe **§ 57** 53
Verbotsirrtum **§ 61** 52 [als Entschuldigungsgrund]
Irrtum bei Vergleichsabschluß **§ 66** 12
Irrtümliche Leistung des Vers **§ 67** 55—57, 148
Einfluß auf Interessemangel **§ 68** 39
Irrtümliche Annahme der Veräußerung **§ 70** 2
Gebotsirrtum als Entschuldigungsgrund **§ 71** 19, 20
Irrtumsanfechtung bei V für fremde Rechnung **§ 74** 28, 29
Irrtümliche V fremder Sache **§ 77** 23
Irrtum des Vmers bei V für Rechnung wen es angeht **§ 80** 3
Irrtum des Vers bei V für Rechnung wen es angeht **§ 80** 15
Ausschluß der Irrtumsanfechtung bei V für Rechnung wen es angeht **§ 80** 20

J

Juristische Personen
Herbeiführung des Vsfalles **§ 61** 61
Übergang von Ersatzanspruch der juristischen Person gegen ihren Vorstand und ihre Mitglieder **§ 67** 43
Verschmelzung **§ 68** 20; **§ 80** 28
Nichtentstehung kein Interessemangel **§ 68** 21
Veränderungen innerhalb der juristischen Person als Veräußerung **§ 69** 5

K

Kann-Rechte
vbar **§ 49** 70

Katastrophe
Risikolage **vor §§ 49—80** 30

Kauf
s. auch Eigentümerinteresse, Veräußerung, Überseekauf
Grundstückskauf **§ 49** 90 [Interessenlage allgemein]
Hagelv bei Grundstückskauf **§ 49** 90
Abzahlungskauf **§ 49** 91 [Sicherung des Verkäufers]
Anwartschaftskauf **§ 49** 91
Entstehung von Doppelv **§ 49** 91
Kreditinteresse **§ 49** 91
Käufer als Repräsentant **§ 49** 91 [Vorbehaltskauf]
Eigentumsvorbehalt **§ 49** 91
Versendungskauf **§ 49** 92—93
Traditionspapier **§ 49** 93
Rückkaufsrecht **§ 49** 94
Erbschaftskauf **§ 49** 94
Schiffskauf **§ 49** 94

Ansichts- und Auswahlsendungen § 49 94
Gattungskauf § 49 94
Aufhebung des Kaufvertrages § 49 94
Vorkaufsrecht § 49 94
Verfolgungsrecht des Verkäufers § 49 94
Einkaufs- und Verkaufskommission § 49 112
Repräsentanz bei Versendungskauf § 61 77
Einfluß des Vsverhältnisses auf die Haftung des Verkäufers § 61 95 [Probe-, Vorführfahrt]

Kausalgeschäft
bei Veräußerung des vten Gegenstandes § 69 19

Kausalzusammenhang
s. Gliederungsübersicht § 49 127–166
Bedingungstheorie § 49 141
Adäquanztheorie § 49 142–143
causa proxima § 49 144, 154
in gesetzlicher Unfallv § 49 145
Schutzzwecktheorie § 49 146
Theorie des Rechtswidrigkeitszusammenhangs § 49 146
Hypothetische Verursachung § 49 155; § 52 8; § 55 26; § 61 30
Sachverständigenverfahren § 49 164, 165
bei der Überv § 51 38
in Gewinnv § 53 31
bei Verletzung von Mitteilungsobliegenheiten § 58 44
Herbeiführung des Vsfalles § 61 30 (konkurrierende Ursache), 36
bei Vorteilsausgleichung § 67 7
zwischen Aufgabe des Drittanspruchs und Nachteil des Vers § 67 79

Kautionsv
s. Kreditv

Kenntniszurechnung
s. auch Wissenszurechnung
Kenntnis des Vers § 68 59, 60, 77
Kenntnis des Vmers § 68 61
Kenntnis der Partei kraft Amtes § 70 33

Kernenergie
als Gefahr vor §§ 49–80 30
Verseuchung vor §§ 49–80 39; § 55 23

Klage
s. auch Prozeß
Feststellungsklage neben Sachverständigenverfahren § 64 39
Leistungsklage neben Sachverständigenverfahren § 64 40
des Vers gegen den Drittschädiger § 67 139, 142
des Vmers gegen den Drittschädiger § 67 141
des Vmers bei V für fremde Rechnung §§ 75, 76 23
des Vten ohne Zustimmung des Vmers §§ 75, 76 24

Klarstellung
bei Obliegenheitsverletzung § 58 43
Klarstellungserfordernis von Rechtsprechung überspannt § 71 21

Kollisionshaftpflichtv
s. auch Adhäsionsv
in der Seev § 52 15

Kombination von Vssparten
Begriff vor §§ 49–80 7

Kommanditgesellschaft
s. Gesellschaft

Kommission
Versicherungsinteresse § 49 112
Vspflicht § 49 112
Veräußerung der vten Sache § 69 7, 8, 31
Verhältnis zur V für fremde Rechnung § 74 1, 4, 18

Komplexgefahr
Verhältnis zur einfachen Gefahr vor §§ 49–80 31, 33, 34
Kausalzusammenhang § 49 131, 149

Komplexv
s. auch Inbegriffsv
Allgemein vor §§ 49–80 31
Vssumme § 56 40

Kongruenzprinzip
bei Übergang von Ersatzansprüchen § 67 59–63, 67, 90, 177

Konjunkturrisiko
Verhältnis zur Gewinnv § 53 27

Konkurs
s. auch Absonderung, Aussonderung, Verfolgungsrecht
Konkurs des Vmers § 52 8
Ermittlungs- und Feststellungskosten im Konkurs des Vers § 66 14
Konkurs des Drittschädigers § 67 89
Konkurs des Vten § 74 37; §§ 75, 76 38, 39; § 77 9, 14, 15, 17, 20, 21
Konkurs des Vmers bei V für fremde Rechnung § 74 38; §§ 75, 76 41–43; § 77 33
Widerruf der Einziehungsermächtigung durch Konkursverwalter § 77 9, 14

Kosten
s. auch Rettungskosten, Schadenermittlungs- und -feststellungskosten
Prozeßkosten in der Haftpflichtv § 56 6
in Sachverständigenverfahren § 64 33
Anwaltskosten beim Vergleich § 66 11
Anwaltskosten als Schadenermittlungs- und -feststellungskosten § 66 17
Prozeßkosten als Rettungskosten § 67 51
im Rechtsstreit bei Interessemangel § 68 77,
im Prämienstreit nach Veräußerung § 71 28

Kraftfahrv
s. auch Haftpflichtv, Insassenunfallv, Sicherungsschein, Teilungs- und Regreßverzichtsabkommen

1021

Action directe **vor §§ 49–80** 9; **§ 74** 7, 10
Vorteilsausgleichung **vor §§ 49–80** 54
Veräußerung **§ 49** 102; **§ 69** 26, 36
Kraftfahrzeughandel- und -handwerk **§ 49** 105; **§ 54** 31, 32
Vssumme **§ 50** 11
Zeitwert **§ 52** 27, 36
Totalschaden – Teilschaden **§ 55** 30
Minderwert **§ 55** 32
Abzug neu für alt **§ 55** 33
Bonus-, Malussystem **§ 56** 65, 67
Herbeiführung des Vsfalles **§ 61** 54, 77, 92
Beeinflussung der Haftung durch Kraftfahrv **§ 61** 95
Übergang von Ersatzansprüchen gegen Fahrer **§ 61** 99; **§ 67** 44, 45, 113
Verletzung von Rettungsobliegenheit; Minderung von Wiederherstellungskosten **§ 62** 18
Vorsätzliche Verletzung von Rettungsobliegenheit **§ 62** 39
Sachverständigenverfahren **§ 64** 6, 24
Wiederherbeischaffung des Kraftfahrzeugs **§ 67** 28
Kongruenzprinzip beim Regreß **§ 67** 61, 62, 67, 90
Konkurrenz zwischen § 67 VVG und § 3 Ziff 9 PflichtVersG **§ 67** 152–154
Reparaturunwürdigkeit **§ 68** 28
Wegfall des Interesses **§ 68** 35, 66, 67, 90, 108, 109, 118, 119
Überschußverteilung bei Veräußerung **§ 69** 96
Verteilung des Schadenfreiheitsrabatts bei Veräußerung **§ 69** 96
Kündigung nach Veräußerung **§ 70** 43, 45
Krankenv
s. auch Gefahrsperson
Abstrakte und konkrete Bedarfsdeckung **vor §§ 49–80** 3
Vsfall **vor §§ 49–80** 35
als Passivenv **§ 49** 78; **§ 55** 21
Vssumme **§ 50** 14
Selbstbeteiligung **§ 56** 65, 72
Wartezeit **§ 56** 68
Mehrfache V **§ 58** 47
Herbeiführung des Vsfalles **§ 61** 16, 31
Rettungsobliegenheiten **§ 62** 3
Übergang von Ersatzansprüchen **§ 67** 20, 21, 136, 170
Bundeswehrdienst **§ 68** 105
Anwartschaftsv **§ 68** 110
V für fremde Rechnung **vor §§ 74–80** 12; **§ 74** 5; **§ 79** 22
Herbeiführung und Obliegenheitsverletzung durch Gefahrsperson **§ 79** 23
Familienkrankenv **§ 80** 6

Krankes Vsverhältnis
s. auch Pflichtv
Anspruch des gleichwohl leistungspflichtigen Vers **§ 67** 11, 12
Konkurrenz zwischen § 67 und § 158f (§ 104) VVG **§ 67** 147–151
Konkurrenz zwischen § 67 VVG und § 3 Ziff. 9 PflichtVersG **§ 67** 152–154
Kredit
s. auch Darlehen
Personal- und Realkredit **§ 49** 98
Übertragung von Eigentum mit Kreditsicherung **§ 69** 20–26
Kreditv
Vertrauensschädenv **vor §§ 49–80** 35; **§ 49** 69
Politisches Risiko **§ 49** 69
Vte **Sach**forderungen **§ 49** 69
Kautionsv **§ 49** 69
Deckung von primären und sekundären (Schadensersatz-) Ansprüchen **§ 49** 69
bei Abzahlungskauf **§ 49** 91, 98
Vte Darlehensforderung **§ 49** 98
Verhältnis zu Gewinninteressev **§ 53** 8
als Inbegriffsv **§ 54** 5
Franchise **§ 56** 73
Taxierte V **§ 57** 7
Herbeiführung des Vsfalles **§ 61** 13
Übergang von Ersatzansprüchen **§ 67** 33, 35, 131, 133 [Kautionsv]
Interessemangel **§ 68** 32, 33
Übertragung des vten Rechts **§ 69** 40, 41
Vollstreckung in vtes Recht **§ 73** 7
Krieg
Kausalzusammenhang **§ 49** 150
Überv **§ 51** 37, 38
Geschäftsgebühr **§ 68** 55
Wegfall des Interesses **§ 68** 70–74
Kühlgüterv
Vtes Interesse **§ 49** 109
Kündigung
s. auch Obliegenheiten, Wichtiger Grund
bei Doppelv, zugleich schuldhafte Unterlassung **§ 60** 16
des Vertrages mit dem Sachverständigen **§ 64** 34
Interessewegfall vor Ablauf der Kündigungsfrist **§ 68** 68
Nach Veräußerung des vten Gegenstandes **§ 70** 1–60
bei V für fremde Rechnung **§§ 75, 76** 54
Kulanzentschädigung
bei Unterv **§ 56** 38
Übergang von Ersatzansprüchen **§ 67** 53, 54
Kundenv
s. auch Haftpflichtv, V für fremde Rechnung
Enger Begriff **§ 49** 119

Eintreten von Doppelv § 49 119
Erweiterter Begriff § 49 120
Laufende V als Kundenv § 49 120
Gruppenv § 49 120
Übergang von Ersatzansprüchen § 67 133
Interessemangel § 68 90, 91; § 74 35
Veräußerung der vmerfremden Sache § 69 46
Anwendungsfälle **vor** §§ 74–80 7; § 74 6
Aufwendungsersatzanspruch des Vmers gegen Vten § 77 4
Auskunftspflicht des Vmers gegenüber Vten § 77 30

Kunstwert
Objektiver § 52 12

Kurztarif
Anwendung bei Interessemangel § 68 65, 120
Verhältnis zur ratierlichen Prämie § 68 65
Anwendung bei Kündigung nach Veräußerung § 70 45

L

Lagervertrag
s. Verwahrungs- und Lagervertrag

Landesrecht
s. auch Öffentlichrechtliche V
zum Bereicherungsverbot § 55 7
Fehlen der Vssumme § 56 10
Preußisches ALR § 57 36; § 69 98; **vor** §§ 74–80 1; § 80 10, 29
Herbeiführung des Vsfalles § 61 7
Preußisches Sozietätengesetz § 70 29
Gleichstellung von Zwangsversteigerung und Veräußerung § 73 4
Hamburgische Assecuranz- und Havereyordnung § 80 10

Landwirtschaftliche V
s. auch Hagelv, Tierv
Vswert § 56 33, 34

Laufende V
bei Kundenv § 49 120
Abschreibev § 50 10
Abhängige Vssumme § 50 10
Maxima § 50 10; § 51 6
Deklaration § 51 6
Inbegriffsv § 54 13
Stichtagsv § 54 31
Zwingendes Verbot der Gewinntaxe bei Feuerv? § 57 51
Betrügerische Doppelv § 59 46
Beseitigung der Doppelv § 60 5
Übergang von Ersatzansprüchen § 67 168
Interessemangel § 68 38, 113
Veräußerung der deklarierten Sache § 69 50
V für fremde Rechnung **vor** §§ 74–80 9
Bestimmbarkeit des Interesseträgers § 74 20
V für Rechnung wen es angeht § 80 11
Vszertifikat § 80 29

Leasing-Verträge
über Kraftfahrzeug § 49 95
Herbeiführung des Vsfalles § 61 77
Übergang des Vsverhältnisses § 69 28

Lebensv
s. auch Restschuldv
Zulässigkeit der Bestattungsv § 49 16
Interessebegriff § 49 33
Lebensrückv § 49 77
Vssumme § 50 13, 31
Dividendensystem § 50 31
Herbeiführung des Vsfalles § 61 11, 15
Rettungsobliegenheit § 62 3
Lebensv mit Sparcharakter § 67 8
Bundeswehrdienst § 68 105
V für fremde Rechnung? **vor** §§ 74–80 12; § 74 13–16
Herbeiführung und Obliegenheitsverletzung durch Gefahrsperson § 79 23
Herbeiführung und Obliegenheitsverletzung durch Bezugsberechtigten § 79 24

Leihe
s. auch Gebrauchsüberlassungsverträge
Interessenlage § 49 97

Leistungsfreiheit
s. Obliegenheiten

Leistungspflicht des Vers
s. auch Fälligkeit der Verleistung
Leistungshandlung § 49 167
Leistungsempfänger § 49 168
Leistungsgegenstand § 49 169
Leistungsort § 49 170, 172
Leistungszeit § 49 171
Aufrechnung § 49 173
Verzug § 49 175
Leistungserfolg maßgeblich § 49 176
Vertragsänderung nach Leistung § 49 179, 180

Leitungswasserv
Herbeiführung des Vsfalles § 61 55 d

Lex imperfecta
Sanktionsvereinbarung erforderlich § 58 26, 39

Liberalitätsentschädigung
s. Kulanzentschädigung

Liebhaberwert
Objektiver § 52 11
Subjektiver [= Affektions] Wert § 52 13

Lloyds'
Mehrvssystem § 58 55
Lloyds' agent § 64 11

Löschen
Schäden durch ... als Vsschäden § 49 152

M

Mahnung
s. auch Hinweispflichten des Vers

bei V für fremde Rechnung §§ **75, 76** 56
bei V für Rechnung wen es angeht § **80** 29
Manuskripte
in Feuerv § **52** 13, 15
Maschinenv
Maschinenv als Teil der Gebäudev **vor** §§ **49—80** 7
Maschinengarantiev § **49** 105
Vorschätzung § **51** 14
Maschinenbetriebsunterbrechungsv § **53** 20
Folgeschäden § **55** 24
Selbstbeteiligung § **56** 72
Herbeiführung des Vsfalles § **61** 13
Übergang von Ersatzansprüchen § **67** 49
Veräußerung der vten Maschine § **72** 7
Maxima
in laufender V § **50** 10; § **51** 6
Verhältnis zur Überv § **51** 6
in Inbegriffsv § **54** 17
Verhältnis zur Unterv § **56** 37
Einfluß auf Rettungskosten § **63** 25
Mehrfache V
s. Vorbemerkung 2 zum Register, ferner Mitv
Gewinnv § **53** 36
Unterv § **56** 9
Vergleich zur Sozialv § **58** 12
Schutzv § **58** 21
Zessionsklausel § **58** 21
Doppelv § **59** 4
Aufteilung der Rettungskosten § **63** 22
Übergang von Ersatzansprüchen § **67** 118, 119
Kündigung nach Veräußerung § **70** 11
Mehrwertv
Vorkommen **vor** §§ **49—80** 46; § **52** 51; § **53** 7
Verhältnis zur allgemeinen Güterv § **58** 15
Miete
s. auch Gebrauchsüberlassungsverträge
Vbare Interessen allgemein § **49** 70
Vermieterinteressen § **49** 95 (Eigentumsinteresse)
Fensterscheiben § **49** 95
Mietwagen § **49** 95 (Umlegung der Vsprämie auf Mieter)
Schuhmaschinen § **49** 95, 97 (verdeckte Haftpflichtv des Mieters)
Mietzinsanwartschaften u. -forderungen § **49** 95
Mieterinteressen § **49** 95 (Gebrauchs- bzw. Haftpflichtinteresse)
Taxierte Mietverlustv § **57** 8
Übergang des Mietverhältnisses auf Erwerber der vermieteten Sache **vor** §§ **69—73** 9
Mietverlustv
als Forderungsv § **49** 95
als Gewinnv § **53** 15

Taxierte V § **57** 8
Minderwert
Merkantiler und technischer § **55** 32
Übergangsfähigkeit des Ersatzanspruchs wegen Minderwerts § **67** 61
Mindestvssumme
Begriff § **50** 11—13
Mischformen
zwischen Geld- und Naturalersatz § **49** 19—21
Geldersatz mit Zweckbindung § **49** 22
Miteigentum
s. Bruchteilsgemeinschaft
Mitteilung
s. Obliegenheiten
Mitverschulden
bei Herbeiführung des Vsfalles § **61** 79
bei Rettungsobliegenheit § **62** 6
Mitv
s. Vorbemerkung 2 zum Register, ferner Mehrfache V
Unterv § **56** 9
Primäre Beteiligung mehrerer Ver § **58** 4—6
Sekundäre Beteiligung mehrerer Ver § **58** 8—9
Vspool § **58** 9
Definitionen § **58** 23, 51, 53
Einheitliche oder isolierte Betrachtungsweise § **58** 75
Überv statt Doppelv § **59** 4
Übergang von Ersatzansprüchen § **67** 118, 119
Kenntnis der Veräußerung § **69** 71
Kündigung auf Grund Veräußerung § **70** 11
Mobiliarpfand
Regel: keine Erstreckung auf Vsforderung § **49** 98
Ausnahme: Lagerhalter § **49** 98
Sonderfall: Pfandleiher § **49** 98
Vorzugsrecht des Vmers an der Vsforderung des Vten § **77** 17—19
Montagev
s. auch Maschinenvn
Vte Interessen § **49** 105
Herbeiführung des Vsfalles § **61** 13

N

Nachschaden
Begriff § **56** 31
Nachv (Summenerhöhung)
s. auch Vssumme
Begriff § **50** 18
Generell § **52** 51; § **53** 7; § **56** 21, 24, 25
Inbegriffsv § **54** 25
Stichtagsv § **56** 18
Aufsichtsstandpunkt § **56** 24, 28
für Neubauten und Neuanschaffungen § **56** 27, 37

Beseitigung von Unterv § 56 53
bei taxierter V § 57 34
bei mehrfacher V § 58 15
Naturalersatz
als Ausnahme **vor §§ 49—80** 8; **§ 49** 6
Verhältnis zur Vorteilsausgleichung **vor §§ 49—80** 53
Motive für Naturalersatzvereinbarungen § 49 12
Arten **§ 49** 13
in einzelnen Zweigen **§ 49** 14
Zulässigkeit § 49 15, 16
Prämienanpassung **§ 49** 17
Unterv? **§ 49** 18; **§ 56** 16
Mischformen § 49 19—21 [Wahlrecht]
Untergang des Naturalersatzanspruchs durch Abandon § 49 20
Zwischenform (Geldersatz mit Bindung) § 49 22
bei Doppelv § 59 24, 39
Naturalersatzanspruch übergangsfähig? § 67 36, 48
Wirkung auf Vmer und Dritte **vor §§ 74—80** 18; **§ 74** 8
bei V für fremde Rechnung §§ 75, 76 2
Nebeninteresse
Begriff **vor §§ 49—80** 42
in der Seev **§ 49** 84
Nemo subrogat contra se
bei Übergang des Ersatzanspruchs § 67 66, 88—91
Neu für Alt
Abzug **§ 55** 33
Entschädigung über Zeitwert § 67 62, 172
Neuwertv
als Gebäudev **vor §§ 49—80** 7
Verhältnis zum Bereicherungsverbot **vor §§ 49—80** 50
Wiederherstellungsregelung § 49 23
als Passivenv § 49 78; § 52 28
Überv § 51 12
Bestimmung des Vswerts § 52 28, 34
Indexierte V **§ 52** 40
Restebewertung **§ 55** 31
Abzug neu für alt § 55 33; § 67 62
Unterv § 56 6, 36
Gleitende Neuwertv **§ 56** 17
Entwertungsstaffel **§ 56** 72
Mehrfache V **§ 58** 15
Verhältnis zur Doppelv **§ 59** 6
Übergang von Ersatzansprüchen § 67 62
Übergang des Vsverhältnisses § 69 47
Nichtberechtigter
Fehlendes Eigentum beim Vmer § 68 31
als Beteiligter am Veräußerungsvorgang § 69 9, 57—60
V einer fremden Sache § 77 23

Ermächtigter als Nichtberechtiger § 80 31
Nichtpersonenv
s. auch Schadensv
als Schadensv **vor §§ 49—80** 3; **§ 67** 19
als Summenv? **vor §§ 49—80** 3; **§ 68** 15
Niederreißen
Schäden durch .. als Vsschaden § 49 152
Nießbrauch
und Eigentums-Interesse § 49 70
Nutzungsinteresse § 49 114
Einräumung des Nießbrauchs als Veräußerung **vor §§ 69—73** 8; **§ 69** 6, 29, 30
Beendigung des Nießbrauchs § 69 32
Veräußerung der nießbrauchbelasteten Sache § 69 54
als Grundlage der V für fremde Rechnung §§ 75, 76 50
Nießbraucher als Vmer der V für fremde Rechnung § 77 4
Notstand
übergesetzlicher § 61 52
Nutzfeuer
s. Betriebsschäden
Nutzungsverhältnisse
s. auch Nießbrauch
Vbare Interessen § 49 96
Übergang von Ersatzansprüchen § 67 44
Interessemangel § 68 29
in der Hagelv **vor §§ 69—73** 3
Veräußerung des versicherten Gegenstandes **vor §§ 69—73** 8; **§ 69** 30, 31, 48, 54, 56
Kündigung auf Grund Veräußerung § 70 12

O

Obliegenheiten
s. auch Hinweispflichten des Vers, Rettungsobliegenheit, Klarstellung, Kausalzusammenhang
in Schadensv **vor §§ 49—80** 55
zu Lasten Dritter **vor §§ 49—80** 55
vor Vsfall § 49 2; § 57 31
Wiederherstellungsobliegenheit § 49 24, 27
Gefahrstandsobliegenheit § 54 25, 26; § 61 23, 24
zur Beweiserleichterung § 55 34, 36
in taxierter V § 57 31
Mitteilung von mehrfacher V § 58 26, 27, 39—45
Verbot der mehrfachen V § 58 48
Vermeidung von Doppelv § 59 48
Verhüllte Obliegenheiten § 59 48
Schadenverhütungsobliegenheit? § 61 19, 20, 26, 30
Abgrenzung zur Herbeiführung § 61 21—24
Rettungsobliegenheit § 61 25, 31
Ernennung eines Sachverständigen § 64 43
Erhaltung des Ersatzanspruchs § 67 71, 72

Aufbewahrung von Wertgegenständen § 68 27
Veräußerungsanzeige § 71 12, 13, 16, 25, 31
Klarstellungserfordernis § 71 21
Verletzung durch Vten § 79 2, 5–8, 13, 14
Verletzung durch Vmer bei V für fremde Rechnung § 79 17–21
Verletzung durch Gefahrsperson § 79 23

Obmann
s. auch Sachverständigenverfahren
Befangenheit § 64 25, 54
Zuständigkeit § 64 49, 50
Überschreitung der Zuständigkeit § 64 54
Gerichtliche Überprüfung seiner Feststellung § 64 59

Öffentlicher Dienst
Differenzprinzip beim Übergang von Ersatzansprüchen § 67 66
Konkurrenz zwischen Dienstherr und Ver bei Übergang von Ersatzansprüchen § 67 122
Übergang fingierten Amtshaftungsanspruchs § 67 151

Öffentlichrechtliche V
s. auch Landesrecht
Wiederherstellungsregel § 49 27
Vssumme § 50 4; § 51 5
Schätzung des Vswerts § 52 37, 49; § 57 13
Gebäudebegriff § 54 19
Bereicherungsverbot § 55 7
Unterv § 56 10
Verbot mehrfacher V § 58 48
Herbeiführung des Vsfalles § 61 7
Schätzungsverfahren § 64 5
Übergang von Ersatzansprüchen § 67 4
Interessemangel § 68 5, 114
Veräußerung der vtn Sache vor §§ 69–73 5
Kündigungsrecht bei Veräußerung § 70 27–29
Zwangsversteigerung der vtn Sache § 73 4
V für fremde Rechnung vor §§ 74–80 5

Offene Handelsgesellschaft
s. Gesellschaft

Offene Police
Abänderung in taxierte Police § 56 17
Öffnung der taxierten Police § 56 37, 38

Orderpapiere
s. auch Vsschein, Wertpapiere
beim Überseekauf § 49 92
beim sonstigen Kauf § 49 93
Bedeutung bei Veräußerung der vten Sache § 69 15

Orderpolice
s. auch Vsschein
Übergang des Vsverhältnisses § 69 16
keine Geltung von § 407 BGB § 69 68

Ordre public des Vsrechts
s. auch Unabdingbarkeit
Grenze der Taxvereinbarung § 57 40
Unerlaubter Vertrag § 68 44
Gehört § 68 VVG zum Ordre Public? § 68 114
bei Veräußerung der vten Sache § 72 1, 8
bei V für fremde Rechnung vor §§ 74–80 16

Originärer Erwerb
des Rückgriffs in Sozialv § 67 11
keine Veräußerung § 68 17; § 69 4
des Vsanspruchs § 80 26
des Vten bei V für Rechnung wen es angeht § 80 28

P

Pacht
s. auch Miete, Nutzungsverhältnisse
vbares Interesse § 49 70
Interessenlage § 49 96
Hagelv § 49 96; vor §§ 69–73 3
Inventar § 49 96
Veräußerung § 69 6

Pactum de non petendo
Regreßverzicht als ... § 67 46

Partei kraft Amtes
s. auch Ermächtigung, Verfügungsmacht
Herbeiführung des Vsfalles § 61 66
Einsetzung kein Interessewegfall § 68 23
Beziehung zur Veräußerung der vten Sache § 69 10; § 71 16
Zwangsverwalter als Partei kraft Amtes? § 73 11, 12
Partei kraft Amtes begründet nicht V für fremde Rechnung § 74 21

Parteiautonomie
s. auch Unabdingbarkeit
Abtretungsvereinbarung statt gesetzlichem Übergang § 67 170–172
Ausschluß des gesetzlichen Übergangs und Bereicherungsverbot § 67 173–174

Partenreederei
Interesse am Schiff § 49 59

Passivenv
Begriff vor §§ 49–80 6, 17–21
Geltung des VVG vor §§ 49–80 6
Zentralbegriff der V vor §§ 49–80 11
Interesse vor §§ 49–80 17–21; § 49 43, 48, 72–79
Gefahren vor §§ 49–80 29
Vsfall vor §§ 49–80 33
Schäden vor §§ 49–80 38
Neuwertv vor §§ 49–80 50
Höchstpersönliches Interesse § 49 87
und Überv § 51 12
Vswert § 52 15
Gewinninteresse § 53 9
als Inbegriffsv § 54 6
Bereicherungsverbot § 55 4

Unterv § 56 6
Erstrisikov? § 56*59
Taxierte V § 57 5
Mehrfache V § 58 14, 15
Doppelv § 59 9—13; § 60 7
Subsidiaritätsklauseln § 59 52
Herbeiführung des Vsfalles § 61 31
Rettungsobliegenheit § 62 31
Interessemangel § 68 35—37
Veräußerung der beziehungsverknüpften Sache § 69 45, 46
V für Rechnung wen es angeht § 80 21

Personenbeförderung
Vte Interessen § 49 107

Personengarantiev
s. Kreditv

Personenkautionsv
s. auch Kreditv
Herbeiführung des Vsfalles § 61 13

Personenschäden
s. auch Schaden, vter
Allgemein vor §§ 49—80 41

Personenv
Vsfall vor §§ 49—80 3
als Summenv vor §§ 49—80 3
als Schadensv vor §§ 49—80 3; § 53 26; § 55 7; § 67 20—21
V für fremde Rechnung vor §§ 49—80 9; § 74 5, 14; §§ 75, 76 6
und Gewinnv § 53 22, 26
Reiseausfallkostenv § 53 23
Filmausfallv § 53 30
Inbegriffsv § 54 7
Herbeiführung des Vsfalles § 61 11, 12, 14—16
Fremdpersonenv § 61 60
Übergang von Ersatzansprüchen § 67 20
Interessemangel § 68 14
Abgrenzung zur Nichtpersonenv § 74 12

Pfandrecht
s. auch Mobiliarpfand, Realgläubiger
Vbares Interesse § 49 70
Pfandleiher als Vmer der V für fremde Rechnung § 49 98; § 77 4
Belastung mit Pfandrecht als Rettungsaufwand § 63 15
Pfandrecht an Drittanspruch § 67 76
Interessemangel § 68 29, 32
Pfandrechtsähnlicher Vorzug des Vmers gegenüber Vtem § 77 15
Pfandrechtskonkurrenz zwischen Lagerhalter, Realgläubiger und Vmer § 77 18

Pflichtv
s. auch Haftpflichtv, Kraftfahrv, Vspflicht, vertragliche
Interessemangel bei Jagdhaftpflichtv § 68 36
Veräußerungskündigung § 70 35, 36, 51

Unabdingbarkeit der Veräußerungsvorschriften § 72 9
Vspflichten für fremde Rechnung **vor** §§ 74—80 6—8
Zurückweisung durch den Vten §§ 75, 76 17
Verfügungsmacht über Vsanspruch §§ 75, 76 44
Verletzung der Vspflicht zugunsten eines Dritten § 77 25
Erfüllung von Nebenpflichten des Vmers bei V für fremde Rechnung § 77 30
Obliegenheitsverletzung des Vmers bei V für fremde Rechnung § 79 13, 17—21

Positionen (Aufteilung der V in Positionen)
Vorsorgev § 50 6
Arten der Vssumme § 50 6; § 51 7
Verhältnis zur Inbegriffsv § 54 11
Verhältnis zur Unterv § 56 12

Positive Forderungsverletzung
Allgemein § 49 18, 175
Herbeiführung des Vsfalles als positive Forderungsverletzung? § 61 85
Verletzung der Rettungsobliegenheit als positive Forderungsverletzung? § 62 41
Einwirkung auf Schadenermittlungskosten § 66 24

Prämie
s. auch Unteilbarkeit
Anpassung bei Naturalersatzvn § 49 17
nach Beseitigung der Überv § 51 33—35
bei betrügerischer Überv § 51 49
Prämienrückgewähr § 56 22
Anpassung bei Unterv § 56 56, 62
nach Herabsetzung der Taxe § 57 47
bei mehrfacher V § 58 50
Unteilbarkeit § 59 45; § 61 84; § 70 45
bei betrügerischer Doppelv § 59 45
bei Subsidiärvn § 59 45
nach Beseitigung der Doppelv § 60 26
Herabsetzung nach § 41a § 68 93—95
Anspruch gegen Veräußerer § 70 44, 45
Anspruch gegen Erwerber § 70 46, 47
Zahlungsobliegenheit des Erwerbers § 70 48
Nachforderung bei Veräußerungskündigung § 70 49, 50
Rückzahlung bei Veräußerungskündigung § 70 52
Rückvergütung bei V für fremde Rechnung §§ 75, 76 4
Prämienverzug zu Lasten des Vten? § 79 20

Prätendentenstreit
s. auch Prozeß
Übergang von Ersatzansprüchen § 67 146

Preis
Einfluß auf Vswert § 52 18
Höchstpreis/Festpreis § 52 41

Prima facie-Beweis
  s. Beweisrecht (Anscheinsbeweis)
Probefahrt
  Beeinflussung der Haftung durch Vsverhältnis § 61 95
Proportionalregel
  Allgemein § 56 5
  bei Vsschaden im engeren Sinne § 56 46
  Mehrfache Anwendung § 56 47
  bei Vsschaden im weiteren Sinne § 56 48–49
Provenu
  Erlös aus übertragenem Ersatzanspruch vor §§ 49–80 54
  Aufteilung zwischen Vmer und Ver § 56 52
Provisionsv
  als Gewinnv § 53 14
Prozeß
  s. auch Beweisrecht, Klage, Kosten, Revisibilität, Bindungswirkungen, Prätendentenstreit, Streitgenossenschaft, Vermutungen, Einstweilige Verfügung
  Prozeßrechtliche Fragen bei Unterv § 56 54
  Rechtskraftgrenzen in der Doppelv § 59 37
  Feststellungsklagen unter Doppelvern § 59 39
  Prozeßrechtliche Bedeutung des Sachverständigenverfahrens § 64 18
  Verhältnis Gerichtsverfahren – Sachverständigenverfahren § 64 37–41
  Vorgehen gegen Drittschädiger § 67 68
  Prozeßrechtliche Fragen bei Übergang von Ersatzansprüchen § 67 138–146
  Streit um Geschäftsgebühr § 68 51
  Prozeßrechtliche Fragen bei Veräußerung des vten Gegenstandes § 69 82–84
  Prozeßrechtliche Fragen bei V für fremde Rechnung §§ 75, 76 23–25
  Grenzen der Prozeßführungspflicht des Vmers § 77 28
  Prozeß Vter/Vmer § 77 31
Prozeßführungsklausel
  bei Mitv § 58 63, 68
Prozeßstandschaft
  s. auch Ermächtigung, Verfügungsmacht
  bei Übergang des Ersatzanspruchs § 67 143
  des Vmers bei V für fremde Rechnung §§ 75, 76 23–26

Q

Quittung
  s. auch Abfindungserklärung
  über Leistung des Vers § 49 177; § 66 8
  Geschäftsplanmäßige Erklärung § 66 7
Quotenvorrecht
  bei Übergang von Ersatzansprüchen § 67 65–69

R

Realgläubiger
  Was gehört zur Gebäudev? vor §§ 49–80 7
  Wiederherstellungsregelung § 49 26
  Hypothekeninteressev § 49 70, 76, 98
  Einfluß auf Interessenlage bei Grundstückskauf § 49 90
  Erstreckung der Eigentumsv auf Realgläubiger § 49 98; § 74 7
  betrügerische Überv § 51 48
  Interessewert beim Realgläubiger § 52 20; § 58 15
  Herbeiführung des Vsfalles § 61 80
  Rettungsobliegenheit § 62 25
  Übergang des Anspruchs des Realgläubigers auf Ver § 67 147
  Pfandrechtskonkurrenz zwischen Realgläubiger und Vmer § 77 18
  Interesse des Hypothekars bei V für Rechnung wen es angeht § 80 6
Rechte
  Interesse an Rechten außerhalb Forderungen § 52 20
Rechtfertigungsgründe bei Herbeiführung des Vsfalles
  Allgemein § 61 44
  Übergesetzlicher Notstand § 61 52
Rechtliches Gehör
  im Sachverständigenverfahren § 64 46
Rechtsirrtum
  Verbotsirrtum § 61 52
  Entschuldigungsgrund bei Anzeigesäumnis § 71 19, 20
Rechtsnachfolge
  s. Erbrechtliche Tatbestände, Gesamtrechtsnachfolge, Übergang von Ersatzansprüchen, Veräußerung des vten Gegenstandes, Zession
Rechtsschutzv
  Vsfall vor §§ 49–80 35
  Naturalersatz § 49 14
  Rechtsnatur § 49 79 [zugleich Abwehrfunktion der Haftpflichtv]
  Herbeiführung des Vsfalles § 61 13, 44
  Contre-Assurance § 65 10
  Interessemangel § 68 37
  Übergang des VsVerhältnisses § 69 47; § 72 3, 17
Rechtswidrigkeitszusammenhang
  s. Schutzzwecktheorie
Reflexwirkungen
  der Eigenrechnungsv § 74 8
Regenv
  als Gewinnv § 53 21
  Berechnung des Schadens § 53 30
Regreß des Vers
  s. Vorbemerkung 2 zum Register, ferner Übergang von Ersatzansprüchen

Regreßverzicht
s. auch Teilungs- und Regreßverzichtsabkommen, Pactum de non petendo
des Glasvers gegen Mieter § **61** 99
Regreßverzicht des Vers gegenüber dem Vmer bei V für fremde Rechnung § **67** 128
Regreßverzicht als faktische Haftpflichtv für fremde Rechnung **vor §§ 74—80** 13; § **80** 7, 9

Regreßverzichtsabkommen
in der Feuerv § **67** 46

Regulierungskosten
s. Schadenermittlungs- und -feststellungskosten

Reiseausfallkostenv
V gegen notwendige Aufwendungen § **53** 23

Reisegepäckv
Herbeiführung des Vsfalles § **61** 55c

Reparaturkosten
Reparaturunwürdigkeit § **55** 22; § **57** 27; § **68** 28
Berechnung des Teilschadens § **55** 30
Minderung von Reparaturkosten als Rettungsobliegenheit § **62** 18

Repräsentant
bei Vorbehaltskauf § **49** 91
Familienmitglieder untereinander § **61** 67, 68
allgemein bei Herbeiführung des Vsfalles § **61** 70—77 [u. a. Gesamthand]
Unzurechnungsfähigkeit des Repräsentanten § **61** 77
Verantwortlichkeitsklausel § **61** 78; § **68** 61
bei Rettungsobliegenheit § **62** 25
Vmer als Repräsentant des Vten § **79** 5; § **80** 27
Vter als Repräsentant § **79** 16
Gefahrsperson als Repräsentant § **79** 23

Reste
Bewertung § **55** 31

Restschuldv
bei Abzahlungskauf § **49** 91
bei Darlehen § **49** 98

Rettungskosten
s. Vorbemerkung 2 zum Register, ferner Rettungsobliegenheit, Schadenermittlungs- und -feststellungskosten
Bedeutung der Vssumme § **50** 28
bei Gewinnv § **53** 38
bei Doppelv § **59** 28, 39
Abgrenzung § **62** 19
als Vsschaden im weiteren Sinn § **62** 20; § **63** 4
Verhältnis zu Betriebsausgaben § **62** 29
Bedingte Aufwendungen § **63** 6
Generalunkosten § **63** 8
Bergung und Hilfeleistung § **63** 13, 14 [Auslobung]
Öffentlichrechtlich gebotene Rettungskosten § **63** 20
Teilung der Rettungskosten § **63** 20, 27
Verhältnismäßigkeitsprinzip § **63** 21
Helfer als Geschäftsführer des Vmers § **63** 22
Regreß gegen Vmer seitens Ver § **63** 22
Übergang von Ersatzansprüchen § **67** 50, 51, 159
bei V für fremde Rechnung §§ **75, 76** 2, 4

Rettungsobliegenheit
s. Vorbemerkung 2 zum Register, ferner Rettungskosten, Herbeiführung des Vsfalles, Vorerstreckungstheorie
in Gewinnv § **53** 38
Abgrenzung zur Herbeiführung des Vsfalles § **61** 25
und Auftragsrecht § **62** 6
Verlängerte Rettungsobliegenheit § **62** 12
Zumutbarkeit, insbesondere Interessenkonflikt § **62** 19, 33
bei Unterv § **62** 21

Revisibilität
der Kausalitätsfeststellung § **49** 166
der Verschuldensfeststellung § **61** 51

Risiko
s. auch Gefahr, Kernenergie
Vssparten, anknüpfend an Risikoarten **vor §§ 49—80** 7
Begrenzung des Risikos **vor §§ 49—80** 11
Wesen **vor §§ 49—80** 20, 23
Verhältnis Gefahr/Risiko **vor §§ 49—80** 24
Gefahr im allgemeinen Zivilrecht **vor §§ 49—80** 25
Totalität oder Spezialität **vor §§ 49—80** 28
Adhäsionsgefahr **vor §§ 49—80** 28
in Passivenv **vor §§ 49—80** 29
Beschaffenheitsgefahr **vor §§ 49—80** 30
Katastrophenrisiko **vor §§ 49—80** 30
Kernenergierisiko **vor §§ 49—80** 30
Subjektives Risiko **vor §§ 49—80** 30; § **61** 3
Politisches Risiko **vor §§ 49—80** 30; § **49** 69
Komplexgefahr **vor §§ 49—80** 31, 33, 34
Kreditrisiko § **49** 69
Moralisches Risiko § **61** 3

Risikobegrenzung
primär, sekundär **vor §§ 49—80** 11

Rückerwerb
als Veräußerung § **70** 14—15

Rückgriff
s. Übergang von Ersatzansprüchen

Rücktritt
Konkurrenz mit Kündigung bei Veräußerung § **70** 17
bei V für fremde Rechnung §§ **75, 76** 54

Rückv
V gegen vertragliche Schulden **vor §§ 49—80** 19; § **49** 77

Lebensrückv § **49** 77
Verhältnis zum Erstver § **49** 167
Vssumme § **50** 32
Unterv § **56** 9
Selbstbeteiligung § **56** 72
Verhältnis zum Vmer § **58** 8, 57
Herbeiführung des Vsfalles § **61** 6
Regulierungskosten § **66** 13
Übergang von Ersatzansprüchen § **67** 19
Interessemangel § **68** 13

Rückwärtsv
Insolvenzdeckung § **58** 21
Verhältnis zum Interessemangel § **68** 47, 63

Ruhen des Vsvertrages
als Interessewegfall § **68** 120

S

Sache
s. auch Inbegriffsv, Vswert
Inbegriff **vor §§ 49–80** 40
Zusammengesetzte Sache **vor §§ 49–80** 40
Sacheinheit [Komplementärsache] § **54** 16
Nichtbestehen der Sache als Interessemangel § **68** 28, 29; § **74** 35
Beziehungsverknüpftes Objekt in der Haftpflichtv § **68** 35
Veräußerung einer Sache § **69** 34–39
V für Rechnung wen es angeht § **80** 6–9, 28

Sachersatzinteresse
s. Haftpflichtv

Sachinteresse
s. Interesse

Sachschäden
Allgemein **vor §§ 49–80** 41

Sachsummenv
Lockerung des Bereicherungsverbots? **vor §§ 49–80** 3, 45; § **55** 4; § **57** 48

Sachv
s. Stichwörter der einzelnen Vssparten, ferner Aktivenv, Sache

Sachverständigenverfahren
s. Vorbemerkung 2 zum Register, ferner Gutachten im Sachverständigenverfahren, Obmann
Bereicherungsmöglichkeit **vor §§ 49–80** 49
über Kausalität § **49** 164, 165
über Bewertung im Vsfall § **52** 38; § **64** 56
in Gewinnv § **53** 31
Verbindlichkeit des Gutachtens § **55** 13
bei Unterv § **56** 54
bei Doppelv § **59** 29
Bedenken an Sachverständigenverfahren § **64** 4
Verhältnis zum Schiedsgerichtsverfahren § **64** 8, 15, 41
Verzicht auf das Verfahren § **64** 19, 40
Kosten § **66** 17

Sachverständiger
s. auch Sachverständigenverfahren
Öffentliche Bestellung § **64** 12

Sammelv
s. Inbegriffsv

Schaden, versicherter = Bedarf
s. auch Bereicherungsverbot, Schadensbegriff
Verhältnis zur Gefahrtragung **vor §§ 49–80** 4
Einzelschaden/Summenschaden **vor §§ 49–80** 4, 38; § **49** 31; § **53** 3, 4; § **55** 14, 16–19
Geldersatz/Naturalersatz **vor §§ 49–80** 8
Zentralbegriff der V **vor §§ 49–80** 11
Grundsätzliches **vor §§ 49–80** 37–43
Total- und Teilschaden **vor §§ 49–80** 40; § **55** 30; § **57** 27
Unmittelbarer/mittelbarer Schaden **vor §§ 49–80** 42; § **55** 24
Vsschaden im engeren und weiteren Sinn **vor §§ 49–80** 43; § **56** 48, 49; § **63** 4, 11
Schadenhöhe und Bereicherungsverbot **vor §§ 49–80** 44–50; § **55** 3–5
Schadenhöhe/Vswert § **52** 43, 44
Aktiven- und Passivenschaden § **55** 21
Nachschaden § **56** 31

„Schaden von weniger als 3%"
Franchise § **56** 73

Schadenauswirkungsgefahr
Verwirklichung als Teil des Vsschadens **vor §§ 49–80** 22

Schadenbüro
als Vertreter des Vmers § **65** 9

Schadenermittlungs- und -feststellungskosten
s. Vorbemerkung 2 zum Register
Bedeutung der Vssumme § **50** 29
Unterv § **56** 48, 49
Doppelv § **59** 29, 39
in der Rechnungslegung des Vers § **66** 13
Steuerrechtlich § **66** 13
Aufräumungs- und Abbruchkosten § **66** 15
Erstattungsanspruch des Vmers § **66** 15
Anwaltskosten § **66** 17
als rückgriffauslösende Leistung des Vers § **67** 50
Regulierungskosten des Haftpflichtvers § **67** 51, 159

Schadenersatz, sekundärer
s. auch Positive Forderungsverletzung, Übergang von Ersatzansprüchen, Verzug
Schadenersatzanspruch als Gegenstand der Kreditv § **49** 69
Schadenersatzverbindlichkeit als Gegenstand der Haftpflichtv § **49** 73–76

Schadenfeststellung
s. Entschädigungsvereinbarung, Sachverständigenverfahren

Schadenfreiheitsrabatt
Verlust des Vmers trotz Übergangs des Ersatzanspruchs § **67** 92

Leistung des Vers auf Grund Teilungsabkommens § 67 180
Anspruch auf Schadenfreiheitsrabatt bei Veräußerung der vten Sache § 69 96
Schadenregulierer
Verhältnis zum Sachverständigenverfahren § 64 10
Schadensbegriff
s. auch Schaden, versicherter
Total- und Teilschäden **vor §§ 49—80** 40; § 55 22, 29, 30; § 56 5
Unmittelbare und mittelbare Schäden **vor §§ 49—80** 42; § 49 151, 152; § 55 24 [Folgeschäden]
Grundsätzlich § 55 14—19
Aktiven- und Passivenschäden § 55 21, 27
Substanz- und Entziehungsschäden § 55 23
Vsschäden im engeren und weiteren Sinn § 55 25
Schadensfall
s. Vsfall
Schadensgrenzwert
Wiederherstellungsregel § 52 43
Schadenshöhe
s. Schaden, versicherter
Schadenstaxe
bei taxierter Police § 57 14
Schadensv
s. Gliederung **vor §§ 49—80**
Bereicherungsverbot **vor §§ 49—80** 2, 3 [Abhebung zur Summenv]
Interessenlehre § 49 43
Kausalzusammenhang § 49 129
Kumulierung von Vn § 58 6
Anwendungsbereich des § 61 § 61 4
Sonderregelungen der Schadensv für Herbeiführung des Vsfalles § 61 13
Verhältnis zur Summenv § 67 17, 18
Schadenverhütung
nicht Pflicht des Vmers § 49 2; § 61 18, 19
Schätzung
des Vswerts § 52 37, 49
bei taxierter Police § 57 13
Verhältnis zum Sachverständigenverfahren § 64 5
Schenkung
Garantie als Schenkung § 67 37
als Innenverhältnis bei der V für fremde Rechnung § 77 3
als Innenverhältnis in der Insassenunfallv § 80 35
Schiedsgerichte
in kaufmännischen Vszweigen **vor §§ 49—80** 56
Abgrenzung zum Sachverständigenverfahren § 64 8, 15, 41
Schiedsgutachterverfahren
s. Sachverständigenverfahren

Schiffe
s. auch Partenreederei, Seev
Kauf § 49 94
Neubau § 49 105
Schiffsgewinnv § 53 13
Herbeiführung des Vsfalles § 61 77
Interessemangel § 68 4
Veräußerung **vor §§ 69—73** 4
Schiffahrtsrecht
Ausstrahlungen des § 61 § 61 94
Schlüsselgewalt
s. Familienrechtliche Tatbestände
Schmiergeldforderung
Unvbar § 68 41
Schuldanerkenntnis
des Vers § 66 9, 10, 12
Schulden
s. auch Haftpflichtv Rückv
V gegen gesetzliche Schulden **vor §§ 49—80** 18; § 49 73
V gegen vertragliche Schulden **vor §§ 49—80** 18, 19; § 49 73, 77
Schuldnerverzug
s. Verzug
Schuldübernahme
BGB-Vorschriften anwendbar bei Veräußerung des vten Gegenstandes § 69 75, 76
Schutzv
Mehrfache V § 58 21
als Subsidiärv § 59 50, 51
Schutzzwecktheorie
Maßgeblich für Vorteilsanrechnung **vor §§ 49—80** 51
Kausalzusammenhang § 49 146
Schwesterschiff- und Hinterhangklausel
bei Rettungskosten § 63 15
bei Übergang des Ersatzanspruchs § 67 38
Seev
s. auch Schiffe, Transportv
Schadenarten **vor §§ 49—80** 40; § 55 20, 22
Gleichbleibender Vswert **vor §§ 49—80** 46
Mehrwertv **vor §§ 49—80** 46; § 52 51; § 53 7
Vorteilsausgleichung **vor §§ 49—80** 54 [b. Verschollenheit des Schiffs]
Wirtschaftliches Eigentums- = Eigentümerinteresse § 49 55, 64
V für behaltene Ankunft § 49 83
Nebeninteressen § 49 84
Exzedentenv § 50 26
Kollisionshaftpflichtv § 52 15
Vswert § 52 29
Imaginärer Gewinn § 53 4, 12
Vsanspruch als verhaltener Anspruch § 55 29
Minderwert § 55 32
Abzug neu für alt § 55 33
Unterv § 56 6, 52
V mit zwei Vssummen § 56 55

Franchise § 56 72
Taxierte Police § 57 11, 18, 32
Herbeiführung des Vsfalles § 61 5
causa proxima-Regel anwendbar § 61 30
  (s. auch § 49 144, 145, 154)
Sachverständigenverfahren § 64 5
Übergang von Ersatzansprüchen § 67 3, 111
Schwesterschiff- und Hinterhangklausel § 67 38
Interessemangel § 68 4
Veräußerung des vten Gegenstandes vor §§ 69—73 4
Bedeutung des Wertpapiers für Veräußerung der vten Sache § 69 16
V für fremde Rechnung vor §§ 74—80 4
V für Rechnung wen es angeht § 80 10
Selbstaufopferung
s. auch Aufopferung
des Kraftfahrers als Rettungsobliegenheit § 62 31
Selbstbeteiligung
s. auch Franchise
Zwecke § 56 65
Abgrenzungen § 56 66—68
Teilv § 56 66
Wartezeit § 56 68
Begriff § 56 69
Arten § 56 70, 72
Obligatorische Selbstbeteiligung § 56 71; § 58 48
bei taxierter Police § 57 4, 36
bei Doppelv § 59 13, 18
Auswirkung auf Rettungskosten § 63 26
Selbstv
keine V im Rechtssinn § 58 12
Serientaxe
„Jedes Kollo eine Taxe" § 57 20
Seuchen
Verseuchungsgefahr in Kernenergiev vor §§ 49—80 39; § 55 23
Produktionsausfall infolge Seuchen § 53 20, 30
Vorteilsausgleichung bei Seuchenschäden § 53 39
Sicherungsbestätigung
s. Sicherungsschein
Sicherungseigentum
s. Anwartschaften, Sicherungsübereignung, Veräußerung
Sicherungsschein
in Feuerv § 49 98
Allgemein § 49 101
in Kraftfahrv § 49 102
Verzicht des Vers auf Herbeiführungseinwand § 61 65, 80, 92
Einfluß auf Übergang von Ersatzansprüchen § 67 130, 132, 171

Interessemangel § 68 86, 87
Übergang des Vsverhältnisses § 69 26
V für Rechnung wen es angeht § 80 11, 14, 33
Sicherungsübereignung
s. auch Eigentümerinteresse
Interessenlage § 49 98—102
Sicherungsgeber als Repräsentant § 61 77
Übergang des Vsverhältnisses § 69 22—23
Veräußerungsanzeige § 71 20
Sicherungszession
s. Zession
Sittenwidrigkeit
des Vsvertrages § 68 41, 44, 45
des Erlaßvertrages bei V für fremde Rechnung §§ 75, 76 21; § 77 35
Sollrechte
Vbar § 49 70
Solutionis causa adjectus
Vmer als solutionis causa adjectus vor §§ 74—80 18
Stellung des Vten § 74 1
Sondervermögen
s. auch Verfügungsmacht
Sondervermögensmassen des Vmers: Einfluß auf Übergang von Ersatzansprüchen § 67 38, 41, 42, 115
Bildung und Auflösung nicht Veräußerung § 69 3
Sozialv
Kausalzusammenhang in gesetzlicher Unfallv § 49 145
Übergang von Ersatzansprüchen auf den Sozialvsträger § 55 7; § 67 22—24
Mehrfache V § 58 12
Herbeiführung des Vsfalles § 61 14
Rettungskosten bei gesetzlicher Unfallv § 63 18, 30
Originärer Rückgriffsanspruch § 67 11
Übergang des Aufopferungsanspruchs? § 67 31
Bindungswirkung im Regreßprozeß § 67 54
Quotenvorrecht des Sozialvsträgers § 67 65
Gesamtgläubigerschaft mehrerer Sozialvsträger § 67 103
Regreß gegen Familienangehörige § 67 112
Internationales Privatrecht zum Forderungsübergang § 67 164
Kenntnis im Sinne der §§ 407, 412 BGB § 70 2
V für fremde Rechnung? vor §§ 74—80 10
Gesamtverträge zwischen Kassen und Kassenärztlichen Vereinigungen vor §§ 74—80 18
Übergang privaten Vsanspruchs auf Sozialvsträger? §§ 75, 76 7
Sozietätengesetz, Preußisches
s. Landesrecht

Spaltung des Vsvertrages
s. Vertragsspaltung
Sparbücher
Sach- und Forderungsv? § 55 23
Spediteur und Speditionsv
Summenschadenersatz vor §§ 49—80 4
Wesen § 49 113, 120; § 61 97 [Haftungsersetzung durch Vsschutz]
Übergang von Ersatzansprüchen § 49 120
Vssummen § 50 13
Selbstbeteiligung § 56 72
Führungsklausel § 58 71
Subsidiaritätsklausel § 59 51
Herbeiführung des Vsfalles § 61 13, 77, 97
Schiedsgerichtsklausel § 64 8
als V für fremde Rechnung vor §§ 74—80 9
Spezialität der Gefahr
s. auch Gefahr
Allgemein vor §§ 49—80 28
Kausalzusammenhang § 49 130
Sprungübertragung
als Veräußerung der vten Sache? § 69 48
Staatshaftung
s. Amtshaftungsanspruch
Stammv
Erhöhung § 56 27
Stationierungsschäden
Übergang von Ersatzansprüchen auf den Ver § 67 97
Sterbegeldv
als Schadensv § 67 20
als V für fremde Rechnung § 74 15, 16
Steuerrecht
Bedeutung der Vssparten für Steuerrecht vor §§ 49—80 7
und Vswert § 52 6
Schadenermittlungs- und -feststellungskosten § 66 13
Stichtagsv
bei Inbegriffv § 54 31
und Unterv § 56 18, 37
Strafrecht
s. auch Vsbetrug
Betrügerische Überv § 51 51
Betrügerische Doppelv § 59 47
Vortäuschung des Vsfalles § 61 28
Übergesetzlicher Notstand bei Herbeiführung des Vsfalles § 61 52
Kriminelle Herbeiführung des Vsfalles § 61 86
Einziehung von Sachen als Interessewegfall § 68 17
Streitgenossenschaft
bei Doppelv § 59 23
beim Übergang von Ersatzansprüchen § 67 146

Stundung
als Aufgabe des Drittanspruchs § 67 73
Sturmv
Herbeiführung des Vsfalles § 61 55 e
Subsidiarität
Allgemein § 58 21; § 59 48—54 [u. a. Exportschutzklausel]
Aufsichtsstandpunkt § 59 49
Klauselbeispiele § 59 52
Beseitigung der Doppelv § 60 5
Übergang von Ersatzansprüchen bei Subsidiärv § 67 30, 49
Subsidiäre Geltung der Veräußerungsvorschriften? § 69 77, 78
Substanzschaden
Allgemein vor §§ 49—80 39
Verhältnis zum Bereicherungsverbot § 55 23
Summarische V
Verhältnis zur Inbegriffsv § 54 12
Summarische Vssumme § 56 11
Summenausgleich
s. Vssumme
Summenerhöhung
s. Nachv
Summenschaden
Maßgeblich im allgemeinen Schuldrecht vor §§ 49—80 4; § 55 14
Summenv
Schadensv als Gegensatz vor §§ 49—80 2, 3
in Nichtpersonenv? vor §§ 49—80 3; § 68 15
Verhältnis zum Bereicherungsverbot vor §§ 49—80 45
Interessenlehre § 49 42
Kausalzusammenhang § 49 129
Überv § 51 3
Vswert § 52 14
Inbegriffsv § 54 7
als taxierte V § 57 5
Kumulierung § 58 5
Mitv § 58 51
Übergang von Ersatzansprüchen § 67 8
Annäherung an Schadensv § 67 17, 18; § 80 39
Abtretung des Drittanspruchs § 67 170, 171
Interessemangel § 68 15
V für Rechnung wen es angeht § 80 21

T

Tagegeldv
s. auch Krankenv, Unfallv
Doppelv § 59 3
Übergang von Ersatzansprüchen § 67 20, 21
als V für Rechnung wen es angeht § 80 21
Tarifverordnung
s. auch Kraftfahrv
Schadenklasseneinteilung § 56 67

1033

Auswirkung auf Teilungsabkommen § 67 180
Ansprüche aus technischem Überschuß und Schadenfreiheitsrabatt bei Veräußerung § 69 96

Taxierte V
s. Vorbemerkung 2 zum Register
Begriff vor §§ 49—80 47; § 57 3
Vssumme § 50 5
Überv § 51 11
Vorschätzung § 51 14; § 52 37
„Anfechtung" der Taxe § 52 25; § 57 35—52
in Gewinnv § 53 34; § 57 15, 48
Durchbrechung des Bereicherungsverbots? § 55 11
Gliedertaxe § 57 5
Öffnung der Taxe § 57 38—42

Teilgläubigerschaft
zwischen Vmer und Ver in Ansehung des Drittanspruchs § 67 103

Teilschaden
Begriff vor §§ 49—80 40
in Gewinnv § 53 30
Verhältnis zum Bereicherungsverbot § 55 22, 29, 30 [Unterschied zu Totalschaden]
Unterv § 56 5
Taxe § 57 27
Interessemangel § 68 75, 97

Teilungs- und Regreßverzichtsabkommen
s. auch Regreßverzicht
Verhältnis zum Übergang von Ersatzansprüchen § 67 46, 68, 175—182
Vorregreß § 67 181, 182

Teilv
s. Selbstbeteiligung

Tierv
Vswert § 52 23, 37; § 56 34
Durchschnittswert § 52 39
Inbegriffsv § 54 21
Untauglichkeit zur Verwendung § 55 2, 3
Herbeiführung des Vsfalles § 61 10, 29
Übergang von Ersatzansprüchen § 67 2, 34, 86, 111, 169
Interessewegfall § 68 3, 11, 27
Veräußerung vor §§ 69—73 11
Tiere als Teil landwirtschaftlichen Inventars § 69 30
Vereinbarungen bei Veräußerung § 72 12
Zwangsversteigerung § 73 3

Todesstoßtheorie
s. auch Kausalzusammenhang
Hypothetische Verursachung § 49 155; § 52 8; § 55 26

Totalität der Gefahren
s. auch Gefahr
Allgemein vor §§ 49—80 28
Vorkommen § 49 130

Totalschaden
Begriff vor §§ 49—80 40
in Seekaskov vor §§ 49—80 54
in Gewinnv § 53 30
Zerstörung § 55 20
Reparaturunfähigkeit und -unwürdigkeit § 55 22
Verhältnis zum Bereicherungsverbot § 55 22, 29, 30
Totalschaden/Teilschaden § 55 30
Unterv § 56 5
Taxierte V § 57 27
als Interessewegfall § 68 75, 97

Traditionspapiere
s. Orderpapiere

Transportv
s. auch Binnentransportv, Seev
Abschluß durch Spediteur § 49 113
Totalität der Gefahr § 49 130
Gleichbleibender Vswert § 51 10; § 52 25; § 56 32
Bestimmung des Vswerts § 52 23, 29
Schiffsgewinnv § 53 13
Provisionsv § 53 14
Teilschadenberechnung § 55 30
Behebung der Unterv § 56 42, 52
Differenztheorie anwendbar? § 56 51
Franchisen § 56 73
Besondere Taxe § 57 20
Schadenhöhe bei taxierter Police § 57 27
Anschlußklausel bei Mitv § 58 64, 69
Herbeiführung des Vsfalles § 61 55f—55j
Rettungskosten § 63 3
Übergang von Ersatzansprüchen § 67 65, 93
Kündigung auf Grund Veräußerung § 70 60
Veräußerungsanzeige § 71 35
Zwangsversteigerung § 73 3

Treuhand
Fiduziarische Zession § 67 143
Vmer als Treuhänder des Vten §§ 75, 76 22; § 77 21, 32
in V für Rechnung wen es angeht § 80 1, 36

Treupflicht
Besondere vsrechtliche Treupflicht? § 61 22

Trunkenheit
des Kraftfahrzeugfahrers § 61 54c
Duldung der Fahrt durch trunkenen Fahrer § 61 54e

Tunsobliegenheiten
Allgemein vor §§ 49—80 55
Verhältnis zur Herbeiführung des Vsfalles § 61 28
Veräußerungsanzeige § 71 9
bei V für fremde Rechnung § 79 7, 8, 18
bei V für Rechnung wen es angeht § 80 27

U

Übergang
s. auch Übergang von Ersatzansprüchen
Fälle des Übergangs des vom Vmer erzielten Vorteils auf den Ver **vor §§ 49–80** 54
des Interesses § **49** 123 [Ausnahmen vom Interessewegfall]

Übergang von Ersatzansprüchen
s. Vorbemerkung 2 zum Register
Instrument der Vorteilsausgleichung **vor §§ 49–80** 54; § **59** 30
bei Unterv § **56** 51, 71
bei Erstrisikov § **56** 63
bei Selbstbeteiligung § **56** 72
bei Taxe § **57** 30
Verhältnis zum Garantievertrag § **58** 12; § **67** 35
bei Doppelv § **59** 39; § **67** 35
bei Leistung des Vers trotz Herbeiführung des Vsfalles § **61** 83
Aufgabe des Ersatzanspruchs § **62** 10; § **67** 70–81
in Summenv § **67** 8
Krankes Vsverhältnis § **67** 11, 12
Rückv § **67** 19
Ausgleichsanspruch § **67** 26, 32
Unabtretbarer Anspruch § **67** 36
Regreßverzichtsabkommen der Feuerv § **67** 46
Rückgreifender Ver ist gleichzeitig Haftpflichtver § **67** 46
Kollision mit Übergangsnormen außerhalb § 67 § **67** 47
bei Leistung von Rettungskosten § **67** 50
bei Leistung von Schadenfeststellungskosten § **67** 50, 51
bei Leistung des Vers auf Grund culpa in contrahendo § **67** 58
Regreß gegen Vmer? § **67** 127–133
Regreßausschluß bei V für fremde Rechnung § **67** 128–129
Prozeßstandschaft § **67** 143
bei V für Rechnung wen es angeht § **80** 32, 33

Überlassung des Fahrzeugs
an Dritte als Herbeiführung des Vsfalles § **61** 54e

Übermüdung
des Fahrers § **61** 54c
Überbeanspruchung § **61** 54e

Überschußverteilung
bei Veräußerung § **69** 96

Überseekauf
s. auch Cif-kauf, Fob- und I-Geschäft
Interessenlage § **49** 64, 92, 93

Überv
s. Vorbemerkung 2 zum Register
Summenausgleich § **50** 6
Verlangen der Herabsetzung der Vssumme § **51** 23–35
Anfechtung des Verlangens § **51** 30
in Betriebsunterbrechungsv § **51** 43
Vswert und Überv § **52** 45
in Gewinnv § **53** 35
in Inbegriffsv § **54** 30, 31
Bereicherungsverbot § **55** 40
Taxierte V § **57** 44, 50
bei Mitv § **59** 4 [statt Doppelv]
Entstehung durch partiellen Interessewegfall § **68** 95, 96

Umwandlung
von Gesellschaftsformen als Interessewegfall § **68** 24
von Gesellschaftsformen als Veräußerung § **69** 3
der Eigenv in Fremdv § **69** 52
der Fremdv in Eigenv § **74** 36
der Eigenv in Fremdv bei V für Rechnung wen es angeht § **80** 22–26, 28

Unabdingbarkeit
s. Erläuterungen zu §§ 68a, 72, ferner Ordre Public, Parteiautonomie
Verbot der Summenv in Nichtpersonenv? **vor §§ 49–80** 3; § **68** 15
Betrügerische Überv § **51** 43, 50
Bereicherungsverbot § **55** 8, 40
Taxierte Police § **57** 48–51
Betrügerische Doppelv § **59** 46
Verletzung der Rettungsobliegenheit § **62** 42
Sachverständigenverfahren § **64** 61
Schadenermittlung und -feststellung durch Vertreter des Vmers § **65** 12
Unabdingbarkeit ergreift auch Auslegung § **67** 167; § **68** 117; § **68a** 5; § **72** 2
Unabdingbarkeit des § 67 § **67** 168, 169
Interessemangel § **68** 111–119
Veräußerungsanzeige § **71** 25
Zwangsversteigerung § **73** 13
V für fremde Rechnung **vor §§ 74–80** 14–16; § **79** 2

Unerlaubte Handlung
s. Deliktsanspruch

Unfallhelfer
Einfluß auf Rettungsaufwand § **63** 30
als Vertreter des Vmers § **65** 9

Unfallv
s. auch Gefahrperson
Komplexgefahr **vor §§ 49–80** 31
Vsfall **vor §§ 49–80** 35
Gliedertaxe § **57** 5
Luftfahrt-Unfallv § **59** 51; § **67** 17
Herbeiführung des Vsfalles § **61** 12, 16, 31; § **79** 22
Rettungsobliegenheit § **62** 3, 31
Sachverständigenverfahren § **64** 4, 40

Insassenunfallv § 67 17; § 80 21, 34–40
Bundeswehrdienst § 68 106
V für fremde Rechnung **vor §§ 74–80** 12; § 77 24
Kein Übergang des Vsanspruchs auf Sozialvsträger §§ 75, 76 7
Herbeiführung und Obliegenheitsverletzung durch Gefahrsperson § 79 23
Herbeiführung und Obliegenheitsverletzung durch Bezugsberechtigten § 79 24

Universalsukzession
s. Gesamtrechtsnachfolge

Unteilbarkeit
s. auch Prämie
Verhältnis zu Kurztarif und ratierlicher Prämie § 68 65

Unterlassung(sobliegenheiten)
Allgemein **vor §§ 49–80** 55
Herbeiführung des Vsfalles durch Unterlassung § 61 29
der Gefahrerhöhung § 62 7
in Haftpflichtv § 62 15
als Aufgabe von Ersatzansprüchen § 67 74, 86
der Veräußerungsanzeige § 71 18–28, 31, 33, 34
bei V für fremde Rechnung § 79 6
bei V für Rechnung wen es angeht § 80 27

Unterv
s. Vorbemerkung 2 zum Register, ferner Erstrisikov
und Naturalersatz § 49 18; § 56 16, 47
bei Positionsweiser V § 50 6; § 56 12
und Summenausgleich § 50 6; § 54 12
in Seehaftpflichtv § 52 15
bei Neuwertv § 52 28
in Passivenv § 52 46; § 56 6
in Gewinnv § 53 35
in Inbegriffsv § 54 31
bei Teilschäden § 56 5
unechte Unterv § 56 6
bei Mitv § 56 9
Verhältnis zur Rückv § 56 9
„Gefahrunterv" § 56 9
Mengenunterv § 56 30
Kulanzentschädigung § 56 38
Wirtschaftliche Unterv § 56 46
bei Rettungskosten § 56 48; § 63 25
Schadensfeststellungskosten § 56 49; § 66 21
Übergang von Ersatzansprüchen § 56 51; § 67 118
Grundurteil § 56 54
in Passivenv § 56 59
Verlangen des Aufsichtsamts § 56 61 [Erstrisiko]
Verhältnis zur Vorteilsausgleichung § 56 63

Verletzung der obligatorischen Unterv § 56 71
bei taxierter Police § 57 46
Verhältnis zur Rettungspflicht § 62 21

V

Venire contra factum proprium
Einwand des Vers gegenüber Vmer § 67 78
Einwand des Vers gegenüber Vtem § 80 27

Veränderungsverbot
als Rettungsobliegenheit § 62 11

Veräußerung des vten Gegenstandes
s. Vorbemerkung 2 zum Register, ferner Kauf, Eigentümerinteresse, Bedingung
Eigentums- und Eigentümerinteresse § 49 55
Grundstückskauf § 49 90
Abzahlungskauf § 49 91
Kraftfahr-Haftpflichtv § 49 102
Einzelnachfolge, Überblick § 49 123
Verhältnis zur Gewinnv § 53 40
bei Inbegriffsv § 54 32
Verhältnis zur Doppelv § 60 13
Außerordentliche Kündigung § 60 16, s. Gliederung **vor § 70**
Herbeiführung des Vsfalles § 61 65
Wen trifft Rettungsobliegenheit? § 62 25
Anspruch auf Rettungskostenersatz § 63 22
Übergang von Ersatzansprüchen § 67 137
Analoge Anwendung der §§ 69 ff.: § 68 18
Interessewegfall § 68 80
Veräußerung des Schiffs als Interessewegfall **vor §§ 69–73** 4
Systematische Stellung der §§ 69 ff. **vor §§ 69–73** 6–9
V für Rechnung wen es angeht **vor §§ 69–73** 10; § 80 16, 24
Überschußverteilung § 69 96
Anzeige von der Veräußerung s. Gliederung **vor § 71**
Unabdingbarkeit der §§ 69–71 s. Gliederung **vor § 72**
Unabdingbarkeit auch im Falle des § 73 § 73 13

Veräußerungswert
Berechnungsweise § 52 31, 32, 36

Verantwortlichkeitsklausel
s. Repräsentant

Verbandsempfehlungen
Zusammentreffen von Fremd- und Außenv § 59 37 [A]
Zusammentreffen von Erstrisikovn § 59 37 [B]
Zusammentreffen von Inbegriffsv mit V bestimmter Sachen § 59 37 [C]

Verbindlichkeitstheorie
bei Rettungsobliegenheit § 62 4

Verbriefung
s. auch Vsschein
bei Mitv § 58 58
Verein
Mitgliederwechsel keine Veräußerung § 69 5
Verfahrensrecht
s. Prozeßrecht
Verfolgungsrecht
des Verkäufers bei Versendungskauf § 49 94
Verfügungsmacht
s. auch Ermächtigung, Sondervermögen, Zustimmung
Verfügungsmangel kein Interessemangel § 68 23
Beschränkung der Verfügungsmacht keine Veräußerung § 69 3
des Vmers über Vsanspruch §§ 75, 76 8–30; § 77 8–10, 28
Verdrängende Verfügungsmacht des Vmers §§ 75, 76 9
in Konkurs des Vmers bei V für fremde Rechnung §§ 75, 76 41–43
Verdrängende Verfügungsmacht des Vten §§ 75, 76 46
Erweiterung der Verfügungmacht zugunsten Vmer §§ 75, 76 49
Grenzen der Verfügungsmacht des Vmers § 77 29
Verfügungsmacht bei V für Rechnung wen es angeht § 80 29
Verfügungsmacht bei der Insassenunfallv § 80 34
Vergleich
s. auch Abfindungserklärung, Entschädigungsvereinbarung
Vergleichserklärung in Haftpflichtv § 66 5
Allgemeines § 66 11
Anwaltskosten § 66 11
Irrtum § 66 12
Vergleich entgegen halbzwingenden Bestimmungen § 68a 3
bei V für Rechnung wen es angeht § 80 27
Verhältnismäßigkeitsgrundsatz
s. auch Unterv
Maßstab für Rettungskostenersatz § 63 21
Verjährung
des Bereicherungs- bzw. Geschäftsführungsanspruchs des Vers § 61 82
des Ersatzanspruchs des Vmers gegenüber Dritten § 67 97, 98
des Anspruchs auf Geschäftsgebühr § 68 53
bei Übergang des Vsverhältnisses § 69 64, 76, 86
bei V für fremde Rechnung §§ 75, 76 5
Verkaufspreisklausel
Verhältnis zur Gewinnv § 53 6

Verkehrswert
Beeinflussung durch Beförderungsvorgänge § 52 5
Verlustmöglichkeiten
s. auch Passivenv
V. gegen Verlustmöglichkeiten vor §§ 49–80 21; § 49 79
Vermittler
s. auch Kommission, Vsvermittler
vbare Interessen der Vermittler § 49 108
Vermögensgestaltungsziel
Kern einer Vstheorie vor §§ 49–80 2
Vermögensschäden
s. auch Schaden, vter
des Dritten, Deckung durch Haftpflichtv vor §§ 49–80 41
des Vten, Anspruch gegen Vmer § 77 34
Vermögensübernahme
als Veräußerung der vten Sache § 69 87
Vermögensv
s. auch Haftpflichtv, Rückv, Rechtsschutzv
Haftpflichtv grundsätzlich keine Sachv im Sinne des § 69 § 69 45
Rückv keine Sachv im Sinne des § 69 § 69 46
Rechtsschutzv grundsätzlich keine Sachv im Sinne des § 69 § 69 47
Vermutungen
s. auch Beweisrecht
für Eigentumsinteresse § 52 55
Unwiderlegliche Vermutung bei taxierter Police § 57 21, 32
Vermutung für Angemessenheit der Geschäftsgebühr § 68 52
für V für fremde Rechnung § 74 3, 17
der Einziehungspflicht des Vmers zugunsten des Vten § 77 28
für eigenes Interesse § 80 1, 2
Vermutung der V für fremde Rechnung bei V für Rechnung wen es angeht § 80 2, 3
Verpfändung
s. auch Mobiliarpfand, Realgläubiger
und Doppelv § 59 25
Herbeiführung des Vsfalles § 61 65
Rettungsobliegenheit § 62 25
des Vsanspruchs bei V für fremde Rechnung §§ 75, 76 14
Verschollenheit
in der Seekaskov vor §§ 49–80 54
Verschulden des Vmers, des Vten, des Erwerbers
s. auch Absicht, Arglist
Einschluß von Vorsatztaten vor §§ 49–80 42; § 61 88, 89
Mitteilung von mehrfacher V § 58 42
Verschulden bei Herbeiführung des Vsfalles § 61 41–55
Schuldausschließung § 61 52; § 71 21

Vsschutz bei grober Fahrlässigkeit § 61 88, 91
Rettungsobliegenheit § 62 35–38
Aufgabe des Drittanspruchs § 67 78
Herbeiführung des Interessemangels § 68 38
Veräußerungsanzeige § 71 18–20
Einfluß von Rechtsirrtum § 71 19, 20
Verschulden des Vten § 79 9, 10; § 80 27

V für fremde Rechnung
s. Vorbemerkung 2 zum Register, ferner V für Rechnung wen es angeht, Vsverhältnis
Überblick **vor §§ 49–80** 9
Leistung an Vten § 49 8, 168
in Feuerv § 49 68, 91, 103
Zusammentreffen mit V für eigene Rechnung § 49 91, 102; § 69 52
bei Ehegatten § 49 115
Kundenv § 49 119
Beseitigung der Überv § 51 27
Betrügerische Überv § 51 47; § 59 43
Subjektives Risiko § 55 16
Mehrfache V § 58 13
Doppelv § 59 27
Betrügerische Doppelv § 59 43
Herbeiführung des Vsfalles § 61 58–60, 89, 90
Rettungsobliegenheit § 62 25, 35
Übergang von Ersatzansprüchen § 67 75
Regreß gegen Vmer § 67 127–133
Regreß gegen Vten § 67 134, 149, 150, 154
Interessemangel § 68 79–91
Veräußerung durch Vten § 69 53–56; § 71 9
Stellung der Beteiligten zum Ver: s. Gliederung **vor §§ 75, 76**
Innenverhältnis zwischen Vmer und Vten: s. Gliederung **vor § 77**
Kenntnis und Verhalten des Vten: s. Gliederung **vor § 79**

V für Rechnung wen es angeht
s. Vorbemerkung 2 zum Register, ferner V für fremde Rechnung
Vte Interessen § 49 52, 67, 83, 85
in Kraftfahr-Haftpflichtv § 49 122
Eigentums-/Eigentümerinteresse § 52 55
Rettungskostenersatz § 63 22
Veräußerung des vten Gegenstandes § 69 10
Geschichtlich **vor §§ 74–80** 1

Vsarten (Risikoarten)
Einteilung **vor §§ 49–80** 7

Vsbeginn
Maßgeblich für Unterscheidung der Interessemängel § 68 46
Formeller, technischer, materieller Vsbeginn § 68 46

(Vs)betrug
Überv § 51 51
Doppelv § 59 40–47
Vortäuschung eines Vsfalles § 61 28

Herbeiführung des Vsfalles § 61 86
Beihilfe zum Betrug eines Sachverständigen § 64 35

Vsdauer
Zeitliche Überschneidung Kriterium für mehrfache V § 58 18

Vsfall
s. auch Vsgefahr
Begriff **vor §§ 49–80** 32–36
Mehrheit von Vmern bzw. Vten **vor §§ 49–80** 32
Verhältnis zum Schadenfall **vor §§ 49–80** 33
in Passivenv **vor §§ 49–80** 33
Gedehnter Vsfall **vor §§ 49–80** 34, 35; § 53 28; § 55 26; § 56 31; § 61 31; § 62 32
Umschreibung im Vertrag **vor §§ 49–80** 35
in einzelnen Sparten **vor §§ 49–80** 35
Haftungsfreier Vsfall **vor §§ 49–80** 36
als Interessewegfall § 68 75, 76
Verhältnis zur Veräußerung des vten Gegenstandes § 69 94, 95

Vsmakler
s. Vsvermittler

Vsort
Bedeutung für Vsfall **vor §§ 49–80** 32
bei Inbegriffsv § 54 24, 28
Boden und Keller § 54 27
Verhältnis zur Unterv § 56 30
Verhältnis zur Außenv § 56 39
bei mehrfacher V § 58 19
Verhältnis zum Interessemangel § 68 27

Vspflicht, vertragliche
s. auch Pflichtv
bei Kreditgeschäften § 49 100
bei Kommission § 49 112

Vspool
Verhältnis zur Mitv § 58 9

Vsschaden
s. auch Schaden, vter
Numerus clausus des Vsschadens im weiteren Sinn **vor §§ 49–80** 43
Vsschäden im engeren und im weiteren Sinn § 55 25; § 66 14
Berechnung der Passivschäden § 55 27
Berechnung der Aktivschäden § 55 28–32

Vsschein
s. auch Wertpapiere, Orderpolice
Gelber Vsschein § 49 101
als Wertpapier § 49 125, 168
bei Mitv § 58 58
bei Veräußerung des vten Gegenstandes § 69 15, 16, 68, 73
bei V für fremde Rechnung **vor §§ 74–80** 11; §§ **75, 76** 31, 55
bei V für Rechnung wen es angeht § 80 25

Vssparten
s. Vszweige

Vssumme
 s. Vorbemerkung 2 zum Register, ferner Überv, Unterv
 in Summenv **vor §§ 49–80** 2; **§ 50** 3
 Funktion **vor §§ 49–80** 44
 in Haftpflichtv (Deckungssumme) **§ 50** 3, 4
 Schadensv ohne Vssumme **§ 50** 4; **§ 51** 5; **§ 56** 10
 in öffentlichrechtlicher V **§ 50** 4; **§ 51** 5
 Positionsweise V **§ 50** 6; **§ 51** 7; **§ 54** 11; **§ 56** 12
 in Lebensv **§ 50** 13
 in Speditionsv **§ 50** 13
 in Krankenv **§ 50** 14
 Nachv **§ 50** 18; **§ 56** 24
 Vorweggenommene Änderung **§ 50** 19; **§ 56** 25
 Bedeutung für Rettungsaufwand **§ 50** 28; **§ 63** 24
 Dividendensystem der Lebensv **§ 50** 31
 Vssumme und Überv **§ 51** 4
 Summenausgleich **§ 51** 7; **§ 56** 14, 37
 bei Nebenv **§ 51** 8
 bei Inbegriffsv **§ 51** 14
 Bewegliche Vssumme **§ 56** 13
 Indexierte Vssumme **§ 56** 16
 Stichtagsv **§ 56** 18, 37
 Höchstvssumme **§ 56** 19
 Wertzuschlagsklausel **§ 56** 20, 26, 37
 Wiederauffüllung **§ 56** 21
 Herabsetzung **§ 56** 22 [nach vorsorglicher Überv]
 Vorsorgev **§ 56** 27
 Taxierte V **§ 57** 10, 18, 44
 Verhältnis zur Doppelv **§ 59** 7
 Bedeutung für Schadenfeststellungskosten **§ 66** 20

Vstheorien
 Überblick **vor §§ 49–80** 2
 Insbes. zur Gefahr **vor §§ 49–80** 23–25

Vsverein a. G.
 Übergang des Vsverhältnisses bei Veräußerung **§ 69** 73; **§ 72** 9, 10
 Verteilung des Gewinns bei Veräußerung **§ 69** 96

Vsverhältnis
 Veränderung des Vsverhältnisses durch Ver-Leistung **§ 49** 179
 Beendigung des Vsverhältnisses durch Ver-Leistung **§ 49** 180
 Mehrheit von Vsverhältnissen **§ 58** 20
 Bedingter Vsvertrag **§ 58** 21
 Krankes Vsverhältnis (Konstruktion) **vor §§ 74–80** 13; **§ 74** 7
 als Zuwendungsverhältnis **vor §§ 74–80** 18
 Herrschaft über Vsverhältnis **§§ 75, 76** 4, 54
 als Deckungsverhältnis bei V für fremde Rechnung **§§ 75, 76** 51, 54–56

Vsvermittler
 s. auch Vermittler
 Verhalten bei Abschluß einer taxierten V **§ 56** 16
 Haftung des Maklers bei ungewollter Unterv **§ 56** 44
 Vertreter des Vmers im Schadenfall **§ 65** 7, 8
 Kenntnis des Agenten als Kenntnis des Vers **§ 68** 59
 Empfänger der Veräußerungsanzeige **§ 71** 10; **§ 72** 1
 Kenntnis von Veräußerung **§ 71** 22

Vsvertragsstatut
 s. auch Internationales Privatrecht
 bei Übergang von Ersatzansprüchen **§ 67** 163–166

Vsvertreter
 s. Vsvermittler

Vswert
 s. Vorbemerkung 2 zum Register, ferner Überv, Unterv., Taxierte V
 nur in Aktivenv **vor §§ 49–80** 44
 Gleichbleibender Vswert **vor §§ 49–80** 46; **§ 51** 10; **§ 55** 10
 Wertermittlung durch Versteigerung **vor §§ 49–80** 54
 Bedeutung für Überv **§ 51** 9–12
 Bewertungszeitpunkt **§ 51** 10
 Wert abhängig von Beförderungsvorgang **§ 52** 5
 in Steuerrecht **§ 52** 6
 Zeit und Ort der Bewertung **§ 52** 9
 Affektionswert **§ 52** 13
 Wert des Eigentümerinteresses **§ 52** 18, 53–55
 in Betriebsunterbrechungsv **§ 52** 21, 38
 Gebrauchswert **§ 52** 23
 Bauwert **§ 52** 23
 Anfangswert **§ 52** 25, 31; **§ 57** 25
 Ersatzwert **§ 52** 25, 31; **§ 56** 31; **§ 57** 26
 Wertrahmen **§ 52** 30
 Herstellungswert **§ 52** 33, 34
 Vorschätzung **§ 52** 37
 Durchschnittswert in Tierv **§ 52** 39
 Prämienbestimmend **§ 52** 48
 Verkaufspreisklausel **§ 53** 6
 Bewertung von Resten **§ 55** 31
 Verhältnis zur Unterv **§ 56** 29–36
 Verhältnis zur Taxe **§ 57** 29
 Verhältnis zur Doppelv **§ 59** 6
 Feststellung in Sachverständigenverfahren **§ 64** 56
 Feststellung in Entschädigungsvereinbarung **§ 66** 5
 Entschädigung über Zeitwert **§ 67** 62, 177

Vszertifikat
 s. auch laufende V

1039

Bedeutung für Verfügungsmacht über Vs-
anspruch § 80 29
Vszweige
Begriff und Bedeutung **vor §§ 49—80** 7
Versorgungsverbindlichkeit
Anrechnung der Unfallsentschädigung § 77
35; § 80 50
Versteigerung, öffentliche
s. auch Zwangsversteigerung
als Wertermittlung **vor §§ 49—80** 54
Vertrag zugunsten Dritter
s. auch V für fremde Rechnung, Vsverhältnis
Konstruktion der V für fremde Rechnung
§ 74 2, 10, 34; §§ 75, 76 51
Beziehung zwischen Zuwendungs- und
Deckungsverhältnis § 77 36
Einwendungen des Vers § 80 26 [s. ferner
Akzessorietät]
Vertragsspaltung
durch Veräußerung eines Teils des vten
Gegenstandes § 69 35, 37, 39
Nachentrichtung von Rabatten durch Ver-
äußerer § 70 50
Vertragsstrafe
Unzulässig bei Verletzung der Rettungs-
obliegenheit § 62 41
Unzulässig gegenüber Regelung des Inter-
essemangels § 68 116
Vertragsübernahme
s. auch Schuldübernahme, Zession
durch Veräußerung des vten Gegenstandes
§ 69 65, 75; § 72 12
Vertrauensschadenv
s. Kreditv
Vertretung
s. auch Repräsentant, Familienrechtliche Tat-
bestände, Vollmacht
Herbeiführung des Vsfalles § 61 66
Vertretung des Vmers im Schadenfall § 65
7, 8
Insbes. in Haftpflichtv § 65 11
Veräußerung von Mündelgut § 69 17, 50
Erwerb von Mündelgut § 69 18
Vertretung des Vers bei Empfang der Ver-
äußerungsanzeige § 71 10, 22; § 72 1
Vertretung und Untervertretung bei Ver-
kaufskommission § 74 4
Vertretung des Interesseträgers und V für
fremde Rechnung § 74 17, 18, 26
Verhältnis zur V für fremde Rechnung § 74
21, 22
Schlüsselgewalt § 74 26, 27
Vertretung ohne Vertretungsmacht
Schafft keinen Interessemangel § 68 42
Veräußerungskündigung § 70 10
Beziehung zur V für fremde Rechnung § 74
22

Verursachung
s. Adäquanztheorie, Bedingungstheorie,
causa proxima-Lehre, Kausalzusammenhang, Schutzzwecktheorie
Verwahrungs- und Lagervertrag
Pfandrecht des Lagerhalters § 49 98
Vte Interessen § 49 109
Herbeiführung des Vsfalles § 61 77
Ausstrahlungen der V auf die Haftung § 61
98
Prämienersatzanspruch des Lagerhalters
§ 77 7
Pfandrechtskonkurrenz zwischen Lagerhalter
und Vmer § 77 18
Verwendungsersatz
s. auch Rettungskosten, Schadenermittlungs-
und -feststellungskosten
in V für fremde Rechnung § 77 7, 20
Verwirkung des Vsanspruchs
s. auch Obliegenheiten
als Einwand bei Herbeiführung des Vsfalles
§ 61 80
Verzeichnis
Bedeutung für Inbegriffsv § 54 10
Verzicht
s. auch Erlaß
auf Einwand der Herbeiführung des Vsfalles
§ 61 81
des Vers gegenüber Sicherungsscheininhaber
§ 67 130
des Vers auf Veräußerungskündigung § 70 13
des Vmers über die Verfügungsmacht §§ 75,
76 30; § 77 9, 17; § 80 37
des Konkursverwalters auf Verfügungsrecht
§§ 75, 76 41
des Vmers auf sein Vorrecht gegenüber dem
Vten § 77 17
Verzug
s. auch Fälligkeit
des Vers allgemein § 49 175; § 66 24
Gläubigerverzug bei Doppelv § 59 21
Fälligkeit des Anspruchs auf Ersatz von Rettungskosten § 63 28
Fälligkeit bei Sachverständigenverfahren
§ 64 17, 59
Verzug des Vers mit Berufung des Sachverständigen § 64 21
Verzug des Sachverständigen § 64 31, 35
Einfluß auf Ersatz der Schadenfeststellungskosten § 66 17
des Vmers als Veräußerer § 69 64
des Vers bei V für fremde Rechnung §§ 75,
76 3
des Vmers bei V für fremde Rechnung
§§ 75, 76 56; § 79 20
des Vmers gegenüber Vten § 77 31
des Vmers bei V für Rechnung wen es angeht § 80 29

Vollmacht
s. auch Vertreter
Anscheins- und Duldungsvollmacht in Beziehung zur V für fremde Rechnung § 74 22

Vollwertv
Prinzip § 56 4

Voraussetzungstheorie
Nichtherbeiführung als Voraussetzung des Vsschutzes § 61 20, 21

Vorbehaltseigentum
s. Anwartschaften, Eigentum, Kauf

Vorerstreckungstheorie
s. Herbeiführung des Vsfalles

Vorräte
Nachv § 56 25

Vorregreß
auf Grund Teilungsabkommen § 67 181, 182

Vorsatz
Vorsatz des Vmers, des Vten, des Erwerbers
s. Verschulden
Vorsätzliche Schadenverursachung durch Angehörige § 67 108

Vorschätzung
s. auch Taxierte V
Gebäude und Maschinen § 51 14; § 52 37
Abgrenzung zur Taxe § 57 12

Vorschuß
auf Rettungskostenersatz § 63 28
auf Ersatz von Schadenfeststellungskosten § 66 23

Vorsorgev
bei Positionsweiser V § 50 6
Allgemein § 50 19
Verhältnis zur Überv § 51 6
Verhältnis zur Unterv § 56 17
für Neubauten und Neuanschaffungen § 56 27

Vorteilsausgleichung
s. auch Bereicherungsverbot, Übergang von Ersatzansprüchen
Eigentliche vsrechtliche Vorteilsausgleichung **vor §§ 49–80** 51
Uneigentliche vsrechtliche Vorteilsausgleichung **vor §§ 49–80** 52
in Gewinnv § 53 39
bei Unterv § 56 51, 52
bei Erstrisikov § 56 63
bei Doppelv § 59 30, 39
Bürgerlichrechtliche Vorteilsausgleichung § 67 7 (Zumutbarkeit), 8 (Summenv?)
Vsleistung als Entlastung des Schädigers? § 67 14, 15

Vorvertragliche Anzeigepflicht
s. auch Obliegenheiten
bei Ehegatten § 49 115
durch Eltern § 49 117
Kausalzusammenhang § 49 133

bei taxierter V § 57 31
bei mehrfacher V § 58 27
Verletzung bei Interessemangel § 68 57, 58
Verletzung durch Vten § 79 5
Verletzung durch Vmer bei V für fremde Rechnung § 79 7, 13

W

Währung (ausländische)
Allgemein § 49 7
Ver-Leistung bei Indexierung § 52 40

Wahlrecht
s. auch Facultas alternativa
Wahl zwischen Natural- und Geldersatz § 49 19, 20
Wahl des Vswerts § 52 36
Wahl beim Zugriff auf Doppelver § 59 18
Wahl des Regreßweges durch Doppelver § 67 120
Wahl des Geschädigten bei mehreren Schädigern § 67 181

Waldv
Keine Gewinnv § 53 17

Warensicherungsschein
Vorkommen § 49 101

Warenv bei Abzahlungskäufen
Rechtsnatur § 49 91

Wartezeit
als Form der Selbstbeteiligung § 56 68

Wegfall des Interesses
s. Interessemangel

Weisungen
bei Rettungsobliegenheit § 62 22–25
Weisungen mehrerer Ver § 62 26
Als Voraussetzung für Rettungskostenersatz § 63 23

Werkvertrag
s. auch Güterbeförderung, Personenbeförderung
Interessenlage § 49 104, 105
Mehrfache V § 58 15
Herbeiführung des Vsfalles § 61 77
Ausstrahlungen der V auf die Haftung des Unternehmers § 61 96
Übergang von Ansprüchen aus Werkvertrag § 67 37

Wertpapiere
s. auch Orderpapiere, Vsschein
Vsschein als Wertpapier § 49 125, 168
Bedeutung bei Veräußerung § 69 15, 16, 68
Orderpolice hindert V für fremde Rechnung **vor §§ 74–80** 11
Bedeutung für V für Rechnung wen es angeht § 80 25

Wertzuschlagsklauseln
Allgemein § 56 20
Erhöhung des Wertzuschlags § 56 26

1041

Wette
s. auch Bereicherungsrecht
und V **§ 49** 32, 33
Affektionswert **§ 52** 13
Einschränkung der Wettv **§ 68** 85
Verhinderung der Wette durch zwingendes Recht in V für fremde Rechnung **vor §§ 74–80** 14–16

Wichtiger Grund
s. auch Kündigung
Feststellung der Unterv als wichtiger Grund **§ 56** 53
Verletzung einer Mitteilungsobliegenheit als wichtiger Grund **§ 58** 41
Herbeiführung des Vsfalles als wichtiger Grund **§ 61** 84
Verletzung einer Rettungsobliegenheit als wichtiger Grund **§ 62** 41
Fristlose Kündigung des Erwerbers **§ 69** 38, 39

Wiederherbeischaffung
Verhältnis zur Vorteilsausgleichung **vor §§ 49–80** 54
Rettungsobliegenheit **§ 62** 12
Einfluß auf Übergang von Ersatzansprüchen **§ 67** 28

Wiederherstellungsregel
Arten **§ 49** 9, 22–27
Bestimmung des Vswertes **§ 52** 36
Schadensgrenzwert **§ 52** 43
Bestimmung des Schadenumfangs **§ 55** 26
Abzug Neu für Alt **§ 55** 33

Wirtschaftlich Vte
s. auch Eigentümerinteresse
Herbeiführung des Vsfalles **§ 61** 69
Kritik am Begriff **§ 79** 5

Wissenserklärung
s. auch Obliegenheiten
Anzeige der mehrfachen V **§ 58** 26
Aufklärungsobliegenheit **§ 62** 15
Veräußerungsanzeige **§ 71** 15

Wissenszurechnung
s. auch Vertreter, Kenntniszurechnung
bei Interessemangel **§ 68** 59, 60, 61
bei Veräußerungsanzeige **§ 71** 16

Wohnungseigentum
Interesse **§ 49** 59
Übergang des Vsvertrages **§ 69** 8, 27
Veräußerungskündigung **§ 70** 12

Z

Zeitwert
als Vswert **§ 52** 27, 36
Entschädigung über Zeitwert **§ 67** 62, 177

Zentralbegriffe der Schadensv
Überblick **vor §§ 49–80** 11

Zerstörung
als Totalschaden **§ 55** 22

Zession
Zessionsklausel **§ 58** 21
bei Doppelv **§ 59** 25
Herbeiführung des Vsfalles durch Zedenten oder Zessionar **§ 61** 65
Rettungsobliegenheit **§ 62** 25
Rettungskostenersatz **§ 63** 22
Zessionsverbot **§ 65** 4
Zession des Drittanspruchs als Aufgeben **§ 67** 101
Zession der vten Forderung **§ 69** 40, 41
Zessionsregeln zugunsten Ver anwendbar bei Veräußerung **§ 69** 65–74
des Vsanspruchs bei V für fremde Rechnung **§§ 75, 76** 7, 14; **§ 77** 16
Abtretung der Verfügungsbefugnis? **§§ 75, 76** 28
Zession der Forderung aus dem Innenverhältnis **§ 77** 16

Zinsen
s. auch Verzug
in Haftpflichtv **§ 50** 24
Verzugszinspflicht des Vers **§ 50** 24
bei Rettungskostenersatz **§ 63** 19
bei V für fremde Rechnung **§§ 75, 76** 3
Erstreckung des Vorrechts des Vmers auf Zinsen **§ 77** 15

Zubehör
in Inbegriffsv **§ 54** 16

Zuckerfabriken und Zuckerhandel
Gewinnv **§ 53** 17

Zurückbehaltungsrecht
Hinsichtlich Rettungsmaßnahmen **§ 63** 28
des Vmers gegenüber dem Vten **§ 77** 11–14
Verstärkung zum Verwertungsrecht **§ 77** 15
Gewöhnliches Zurückbehaltungsrecht in V für fremde Rechnung **§ 77** 20

Zurückweisung
Erlöschen des Zurückweisungsrechts **§§ 75, 76** 7
des Vsanspruchs durch den Vten **§§ 75, 76** 15–18; **§ 77** 2

Zustimmung
s. auch Verfügungsmacht
zum Klageverfahren, obwohl Sachverständigenverfahren vereinbart **§ 64** 40
des Vten zum Vsvertrag **§ 67** 126; **§§ 75, 76** 15–18; **§ 80** 2, 29
des Vten zur Verfügung des Vmers **§ 67** 126; **§§ 75, 76** 9–10; **§ 80** 29
Fehlende Zustimmung als Interessemangel bei V für fremde Rechnung **§ 68** 83–85
zur Veräußerung **§ 71** 3
des Vmers zur Verfügung des Vten **§§ 75, 76** 31, 32, 67; **§ 80** 29

Zuwendungsverhältnis
 s. auch Innenverhältnis
 als Vsverhältnis **vor §§ 74—80** 18
 Bedingung für Deckungsverhältnis **§ 77** 36
Zwangsversteigerung
 s. auch Versteigerung, öffentliche, Zwangsvollstreckung, ferner Gliederungsübersicht
 § 73 1—13
Zwangsverwalter
 Kündigungsrecht und Anzeigeobliegenheit?
 § 73 11, 12

Zwangsvollstreckung
 s. auch Zwangsversteigerung
 § 67 I S. 2 als Rangordnung **§ 67** 88
 Vter als Vollstreckungsschuldner **§§ 75, 76** 38, 39
 Vmer als Vollstreckungsschuldner bei V für fremde Rechnung **§§ 75, 76** 40
Zweckerreichung bzw. Zweckfortfall
 Vorbild für Regelung des Interessemangels **§ 68** 6

Walter de Gruyter
Berlin · New York

Johann Georg Helm

Frachtrecht
Güterbeförderung auf der Straße

(Sonderausgabe der Kommentierung der §§ 425–452 HGB, GüKG, KVO, CMR, u. a. aus: Handelsgesetzbuch, Großkommentar, 3. Auflage, Band V)
Lexikon-Oktav. VIII, 591 Seiten. Halbleder DM 298,–

Mit der Kommentierung der das Frachtrecht betreffenden Vorschriften im Großkommentar zum Handelsgesetzbuch liegt nunmehr – erstmals seit dem Lehrbuch von Rundnagel in Ehrenbergs Handbuch des gesamten Handelsrechts (1915) – wieder eine eingehende Darstellung des gesamten deutschen Landfrachtrechts vor. Ausführlich kommentiert sind neben den Vorschriften des HGB vor allem die Kraftverkehrsordnung für den Güterfernverkehr (KVO) und das Übereinkommen über den internationalen Straßengüterverkehr (CMR). Abgedruckt und teilweise erläutert sind auch die Beförderungsbedingungen für den Möbelverkehr (BefBMÖ), die allgemeinen Beförderungsbedingungen für den gewerblichen Güternahverkehr mit Kraftfahrzeugen (AGNB), die Vorschriften für Eisenbahntransporte auf der Straße sowie die frachtrechtlich relevanten Bestimmungen des Güterkraftverkehrsgesetzes (GüKG). Grundrißartige Darstellungen in den Kommentierungen zu den HGB-Vorschriften geben einen Überblick über die Zusammenhänge und Parallelen. Ein Sachregister erleichtert die Benutzung des Werkes.

Insbesondere für die tägliche Rechtspraxis ist das vorliegende Buch nahezu unentbehrlich; es wertet die gesamte umfangreiche Rechtsprechung und Literatur bis zum Herbst 1978 aus und vermittelt dem Benutzer einen bisher nirgends gebotenen Überblick. Das Erscheinen dieses Teils des Großkommentars als Sonderausgabe soll denjenigen, die sich speziell mit dem Landfrachtrecht befassen, ermöglichen, die Kommentierung außerhalb des umfangreichen Großkommentars zu erwerben.

Preisänderung vorbehalten

Walter de Gruyter
Berlin · New York

Alfred Goldberg/Helmut Müller

Gesetz über die Beaufsichtigung der privaten Versicherungsunternehmen (Versicherungsaufsichtsgesetz) und Gesetz über die Errichtung eines Bundesaufsichtsamtes für das Versicherungswesen (Bundesaufsichtsgesetz)

Kommentar

Lexikon-Oktav. Etwa 1100 Seiten. 1980. Halbleder. Etwa DM 440,– (Großkommentare der Praxis)

Der Kommentar stellt ausführlich das geltende Recht unter Einbeziehung der Praxis der Aufsichtsbehörde dar; wesentliche Änderungen durch nationales und EG-Recht haben die Zulassungspraxis und die laufende Aufsicht des Bundesaufsichtsamtes erheblich beeinflußt.

Neben diesen rein versicherungstechnischen Fragen werden auch wichtige Gesichtspunkte aus dem Aktien-, Steuer-, Konkurs- und internationalen Aufsichtsrecht behandelt.

Das Werk schließt an den früher in der ‚Sammlung Guttentag' erschienenen Kommentar von Fromm/Goldberg an, ist aber breiter angelegt und wurde daher in die Reihe der Großkommentare der Praxis übernommen.

Preisänderung vorbehalten